Como a obra pode auxiliar no seu aprendizado?

Com esta obra você saberá tudo sobre o Direito Tributário a partir da visão doutrinária do Prof. Eduardo Sabbag, de forma aprofundada e reflexiva, abrangendo preceitos tanto do Código Tributário Nacional, como da Constituição Federal.

O que o livro oferece?

Durante a leitura, o autor especialista conduzirá você aos principais assuntos que já foram objeto de concursos públicos. Além do conteúdo teórico, você terá acesso ao material complementar na plataforma digital em diversos formatos, como:

- videoaulas dos principais temas abordados;
- áudios com dicas exclusivas do autor;
- mais de 2.000 questões gabaritadas dos mais importantes e recentes concursos públicos;
- três capítulos extras sobre Crédito Tributário, Legislação Tributária e Processo Tributário, disponibilizados exclusivamente *online*.

Em suma, trata-se de uma obra completa, inovadora, ampla e atualizada, essencial a qualquer biblioteca jurídica e àqueles que desejam ter sucesso no estudo do Direito Tributário, seja na graduação, seja em concursos públicos!

Como aproveitar tudo o que esta obra oferece?

- Acesse o *link*: https://somos.in/MDT13, ou use seu celular para ler o *QR Code* abaixo:

- Faça seu cadastro.
  - o Clique em "Não tem conta? Cadastre-se".
  - o Preencha as informações – insira um *e-mail* que você costuma usar, ok?
  - o Crie sua senha e finalize seu cadastro.

Pronto! Agora é só aproveitar o conteúdo digital desta obra.

Obs.: Se você já tem uma conta conosco, basta entrar com seu *login* e sua senha já criados.

Qualquer dúvida, entre em contato pelo *e-mail*: suportedigital@saraivaconecta.com.br

PROFESSOR EDUARDO SABBAG

MANUAL DE DIREITO TRIBUTÁRIO

Atualizado com as mais recentes decisões do **STF** e do **STJ**

13ª edição
2021

Acesse a PLATAFORMA DIGITAL - conteúdo extra em áudio, videoaulas e material adicional:
https://somos.in/MDT13

saraiva jur

DADOS INTERNACIONAIS DE CATALOGAÇÃO NA PUBLICAÇÃO (CIP)
VAGNER RODOLFO DA SILVA - CRB-8/9410

S114m Sabbag, Eduardo

Manual de direito tributário / Eduardo Sabbag. – 13. ed. – São Paulo: Saraiva Educação, 2021.
1.528 p.

ISBN: 978-65-5559-579-6

1. Direito. 2. Direito tributário. I. Título.

2021-51 CDD 341.39
CDU 34:336.2

Índices para catálogo sistemático:

1. Direito tributário 341.39
2. Direito tributário 34:336.2

saraiva EDUCAÇÃO | saraiva jur

Av. Paulista, 901, Edifício CYK, 3º andar
Bela Vista – SP – CEP 01310-100

SAC | sac.sets@somoseducacao.com.br

Direção executiva Flávia Alves Bravin
Direção editorial Renata Pascual Müller
Gerência de projetos e produção editorial Fernando Penteado

Planejamento Josiane de Araujo Rodrigues

Novos projetos Sérgio Lopes de Carvalho
Dalila Costa de Oliveira

Gerência editorial Isabella Sánchez de Souza
Edição Deborah Caetano de Freitas Viadana

Produção editorial Daniele Debora de Souza (coord.)
Verônica Pivisan Reis

Arte e digital Mônica Landi (coord.)
Camilla Felix Cianelli Chaves
Claudirene de Moura Santos Silva
Deborah Mattos
Guilherme H. M. Salvador
Tiago Dela Rosa

Projetos e serviços editoriais Daniela Maria Chaves Carvalho
Kelli Priscila Pinto
Marília Cordeiro
Nicoly Wasconcelos Razuk

Diagramação Adriana Santoro
Revisão Albertina Piva
Capa Tiago Dela Rosa
Produção gráfica Marli Rampim
Sergio Luiz Pereira Lopes
Impressão e acabamento Edições Loyola

Data de fechamento da edição: 7-12-2020

Dúvidas? Acesse www.editorasaraiva.com.br/direito

CL 606936 CAE 754528

Dedico esta obra à Dina, esposa e companheira,
que compartilha comigo os tantos momentos de
felicidade de nossa vida em comum.

Dedico, também, à Jamile e à Rania,
frutos do nosso amor, que tornam
nossas vidas mais cheias de sentido.

AGRADECIMENTOS

Muitos apoiaram a feitura desta obra; outros tantos incentivaram-na; vários compartilharam as horas de trabalho; todos torceram pelo sucesso.

Deixo registrados meus sinceros agradecimentos aos que, de perto ou não, deram sua real contribuição para que o Manual "acontecesse".

De mais a mais, registro o meu "muito obrigado", em especial:

– aos dedicados pesquisadores e monitores da Equipe, pelas incontáveis horas de dedicação: Camila, Christian, Juliana, Michel, Michele, Rina e Samir;

– às minhas ex-assistentes, Paula, Junia, Patrícia e Tamara, pela competência, auxílio e amizade;

– aos meus queridos irmãos, Tiago, Leila e Gustavo, pelas essenciais contribuições para o sucesso da obra;

– às exímias produtoras editoriais Roseli e Juliana, e a toda a equipe Know-how Editorial, pelo profissionalismo e empenho;

– ao estimado Luiz Roberto Curia, ex-Diretor da Saraiva, pela amizade e, sobretudo, pela idealização do projeto e pela confiança nele, desde seu nascedouro;

– aos caros amigos da Saraiva, de antes e de agora, Jônatas, Lígia, Deborah e Thaís, entre tantos outros, pela competência e apoio irrestritos;

– aos meus queridos pais, Stella e Nicolino (*in memoriam*), e demais irmãos, pelo apoio incondicional;

– e, acima de tudo, a Deus, que me dá saúde e coragem para escrever.

Eduardo de Moraes Sabbag

NOTA DO AUTOR À DÉCIMA TERCEIRA EDIÇÃO

É com imensa alegria que chegamos, em **2021**, a esta **décima terceira edição (13ª)** do *Manual de direito tributário*. A obra vem se destacando por superar, ano a ano, o sucesso da edição precedente, com o aumento do seu alcance entre os concursandos, estudantes de graduação e pós-graduação e, indistintamente, cultores do Direito em geral.

Impressionou-nos, mais uma vez, o fato de a obra continuar mantendo a sua liderança no segmento editorial, afeto ao Direito Tributário, permanecendo entre os livros de Direito mais vendidos do País. Tal fato nos enche de orgulho e faz com que o nosso empenho no aprimoramento do material seja cada vez maior.

Nesta edição, procedemos à correção de pequenas e naturais falhas da edição anterior e mantivemos as características técnicas, didáticas e de conteúdo que qualificam o livro.

Conforme a praxe adotada desde o lançamento desta obra, trouxemos uma meticulosa atualização jurisprudencial, a qual abarca todo o tratamento do Direito Tributário, no **STF** e no **STJ**, entre janeiro de 2020 e a data de fechamento da edição (**7 de dezembro de 2020**).

Para que o leitor possa dimensionar esse amplo trabalho de pesquisa, o qual visa lhe oferecer o que há de mais atual em Direito Tributário, a partir do dia a dia do STF e STJ, e, igualmente, propiciar a adequada sintonia entre a doutrina e a jurisprudência, apresentamos, a seguir, a lista dos **temas novos** que passam a compor esta **décima terceira edição:**

SISTEMA CONSTITUCIONAL TRIBUTÁRIO

CONTRIBUIÇÕES

CONTRIBUIÇÃO PROFISSIONAL

(STJ) As anuidades cobradas pelos conselhos profissionais (OAB) e o enquadramento classificatório como *contribuições de interesse das categorias profissionais.*

CONTRIBUIÇÕES (SEBRAE, APEX e ABDI)

(STF) As contribuições destinadas ao Sebrae, à Apex e à ABDI e a pertinência da materialidade "folha de salários".

CONTRIBUIÇÕES SOCIAL-PREVIDENCIÁRIAS

CONTRIBUIÇÃO PATRONAL

(STF) O *salário-maternidade* e a inconstitucional incidência da *contribuição previdenciária* a cargo do empregador (art. 195, I, "a", da CF).

(STJ) A incidência da contribuição previdenciária patronal sobre os valores pagos a título de *Hora Repouso Alimentação* (HRA).

CONTRIBUIÇÃO PREVIDENCIÁRIA SOBRE RECEITA BRUTA – CPRB

(STJ) As receitas decorrentes das operações de vendas de mercadorias destinadas à *Zona Franca de Manaus* (ZFM) e a exclusão da base de cálculo da CPRB.

PIS e COFINS

(STF) A constitucionalidade da lei ordinária introdutória da não cumulatividade à COFINS, em consonância com os princípios da legalidade, isonomia, capacidade contributiva global e não confisco.

(STF) A alíquota diferenciada (progressividade) para as contribuições social-previdenciárias – PIS e COFINS.

(STJ) O direito ao crédito presumido de PIS e COFINS e o conceito de "produção" de mercadorias (processo de industrialização).

(STJ) O termo inicial da correção monetária de ressarcimento de *crédito escritural excedente* de PIS e COFINS (regime não cumulativo) e a necessidade de transcurso do prazo de 360 dias para a análise pelo Fisco do pedido administrativo (art. 24 da Lei n. 11.457/2007).

(STJ) O direito das empresas situadas na *Zona Franca de Manaus* (ZFM) à tomada de créditos (PIS e COFINS) sobre insumos isentos que compram de fornecedores situados fora da área de livre comércio.

(STJ) A incidência do PIS e COFINS sobre receita derivada da operação triangular *back to back* e a não aplicação da norma isentiva (art. 5º da Lei n. 10.637/2002 e art. 6º da Lei n. 10.833/2002) e da norma imunizante (art. 149, § 2º, I, CF).

TAXAS

TAXA DE POLÍCIA

(STF) A *Taxa de Controle, Acompanhamento e Fiscalização das Atividades de Exploração e Aproveitamento de Recursos Hídricos* (TFRH) e a base de cálculo (custo da atividade estatal) à luz do princípio da proporcionalidade.

LIMITAÇÕES CONSTITUCIONAIS AO PODER DE TRIBUTAR

PRINCÍPIOS TRIBUTÁRIOS

PRINCÍPIO DA ANTERIORIDADE TRIBUTÁRIA

(STF) A redução de benefício fiscal equiparada à majoração indireta de tributo, perante o princípio da anterioridade tributária.

PRINCÍPIO DA VEDAÇÃO DO TRIBUTO COM EFEITO DE CONFISCO

(STF) A confiscabilidade e a base de cálculo (custo da atividade estatal) da *Taxa de Controle, Acompanhamento e Fiscalização das Atividades de Exploração e Aproveitamento de Recursos Hídricos* (TFRH).

PRINCÍPIO DA LEGALIDADE TRIBUTÁRIA

(STF) A redução de alíquota de *Imposto de Importação*, como mitigação ao *Princípio da Legalidade Tributária*, e a não obrigação do dever de indenizar.

PRINCÍPIO DA CAPACIDADE CONTRIBUTIVA e PROGRESSIVIDADE DE ALÍQUOTAS

(STF) A alíquota diferenciada (progressividade) para as contribuições social-previdenciárias – PIS e COFINS.

PRINCÍPIO DA IRRETROATIVIDADE TRIBUTÁRIA E A LEI INTERPRETATIVA

(STJ) A retroação da lei expressamente interpretativa (art. 106, I, do CTN) e o conceito de "licitação internacional" para efeito de concessão do benefício fiscal (*Drawback*).

IMUNIDADES TRIBUTÁRIAS

(STF) A imunidade tributária para as entidades beneficentes de assistência social e o papel da lei complementar.

(STF) A norma imunizante do art. 149, § 2º, I, da CF e as receitas decorrentes de *operações indiretas de exportação*, que comportam a participação negocial de *sociedade exportadora intermediária*.

IMPOSTOS EM ESPÉCIE

IMPOSTOS MUNICIPAIS

ITBI

(STJ) A declaração judicial de nulidade e a insubsistência do fato gerador, com o consequente direito à restituição do imposto.

IPTU

(STJ) A não incidência do IPTU sobre imóvel situado em *unidade de conservação integral* como "estação ecológica".

IMPOSTOS ESTADUAIS

ICMS

(STF) A compra de óleo básico de refinaria e a incidência de ICMS, afastando-se a aplicação da norma imunizante de operação interestadual de venda de lubrificantes (art. 155, § 2º, X, "b", CF).

(STJ) A exceção à manutenção de crédito para certos produtos e a necessidade da presença de contribuinte de etapa posterior que adquira a mercadoria isenta do imposto e com sua operação de saída normalmente tributada.

(STJ) O direito ao creditamento de ICMS perante o conceito de "essencialidade" do produto comercializado (a análise das sacolas plásticas, bandejas de isopor e, ainda, sacos e filmes plásticos para perecíveis).

(STJ) A não incidência do ICMS e o fenômeno físico da dilatação volumétrica de combustível, perante a variação de temperatura, comparando-se os momentos do carregamento e do descarregamento.

ICMS-IMPORTAÇÃO

(STF) A importação de gás natural e a sujeição ativa do ICMS-IMPORTAÇÃO.

IMPOSTOS FEDERAIS

IPI

(STJ) A não incidência do IPI diante do mero deslocamento para outro estabelecimento ou localidade, permanecendo o produto sob o domínio do contribuinte.

IMPOSTO DE IMPORTAÇÃO

(STF) A redução de alíquota de *Imposto de Importação*, como mitigação ao *Princípio da Legalidade Tributária*, e a não obrigação do dever de indenizar.

(STJ) O conceito de "licitação internacional" para efeito de concessão do benefício fiscal (*Drawback*) e a retroação da lei expressamente interpretativa (art. 106, I, do CTN)

(STJ) Os *serviços de capatazia* e o "valor aduaneiro", para fins de composição da base de cálculo do imposto de importação (II).

IMPOSTO DE RENDA

PESSOA FÍSICA (IRPF)

(STJ) A declaração conjunta de IRPF (marido e esposa) e a corresponsabilidade, por *solidariedade tributária*, de um dos cônjuges.

(STJ) A isenção da quota condominial do síndico e a dissociação do conceito de "renda", para fins de incidência do IRPF.

(STJ) O **IRPF e a isenção para portador(a) de moléstia grave, desde que fora da atividade laboral.**

(STJ) A não incidência do IRPF sobre o valor recebido a título de *ajuda compensatória mensal*, prevista no art. 476-A da CLT (*lay-off*).

PESSOA JURÍDICA (IRPJ)

(STJ) A compensação de prejuízo fiscal do IRPJ (mantido o limite de 30%), no caso de desaparecimento da empresa por *incorporação*.

RETENÇÃO NA FONTE – IRRF

(STJ) O momento do fato gerador do IRRF, em razão de pagamento feito à pessoa jurídica domiciliada no exterior: no vencimento ou pagamento da dívida, o que ocorrer primeiro, independentemente da data do registro contábil da dívida.

RESPONSABILIDADE TRIBUTÁRIA

RESPONSABILIDADE TRIBUTÁRIA DE TERCEIROS

(STF) A responsabilidade tributária (solidária) de terceiros e o papel do CTN perante a norma ordinária.

SUBSTITUIÇÃO TRIBUTÁRIA PROGRESSIVA

(STF) A *substituição tributária progressiva* ("pra frente") e a necessidade de requerimento administrativo para o aproveitamento de crédito.

(STJ) O desconto de créditos de PIS e COFINS pelo substituído sobre o ICMS recolhido pelo substituto, na *substituição tributária progressiva* ("pra frente"), diante da aquisição de bens para revenda.

DISSOLUÇÃO IRREGULAR

(STJ) A dissolução irregular posterior à citação da empresa e o termo "*a quo*" da prescrição para o redirecionamento em execução fiscal.

INCORPORAÇÃO

(STJ) A possibilidade de redirecionamento de execução fiscal em desfavor da empresa sucessora para cobrança de tributo com fato gerador posterior à *incorporação empresarial* e ainda lançado em nome da empresa sucedida, sem a necessidade de modificação da CDA, se o negócio jurídico não tiver sido oportunamente informado ao fisco.

PRESCRIÇÃO

(STJ) O termo "*a quo*" da prescrição diante da situação de anulação de acórdão favorável a contribuinte.

(STJ) O termo "*a quo*" da prescrição para o redirecionamento em execução fiscal, diante da dissolução irregular posterior à citação da empresa.

PRIVILÉGIOS DO CRÉDITO TRIBUTÁRIO

(STJ) O cabimento da coexistência de habilitação de crédito no juízo falimentar com a execução fiscal desprovida de garantia, desde que a Fazenda Pública se abstenha de requerer a constrição de bens em relação ao executado que também figure no polo passivo da ação falimentar.

(STJ) A desnecessidade de apresentação de certidão negativa de débitos tributários como requisito obrigatório para concessão do pedido de *recuperação judicial.*

EXECUÇÃO FISCAL

(STJ) A *ação cautelar de caução prévia à execução fiscal* e a não condenação em honorários advocatícios em desfavor de qualquer das partes.

Frise-se, ainda, que atualizamos a obra com as **Súmulas Vinculantes ns. 57 e 58**, editadas em **2020**, no **STF**, e que guardam pertinência com o Direito Tributário: a primeira, atrelada ao tema da *imunidade de imprensa*, e a segunda, adstrita ao *crédito presumido do IPI.*

Quanto aos testes de concursos, ofertados, desde sempre, neste *Manual* (cerca de **2.000** itens de concursos, realizados por cerca de **100** Bancas Examinadoras), julgamos oportuno neste momento proceder à exclusão daqueles itens mais antigos (concursos de **2011**).

É bom lembrar que, desde a 11ª edição (2019), incrementam a obra um **material extra em vídeo (e em áudio) e um caderno virtual de questões**, este com mais de **2.000 questões gabaritadas** de concursos recentes.

Desse modo, a presente edição ratifica o nosso propósito de ensinar a doutrina e a jurisprudência de maneira didática, sem renunciar ao aprofundamento teórico, ofertando, ainda, uma ampla visão do modo como a matéria é solicitada pelas Bancas de concursos públicos.

Estamos muito confiantes nesta **décima terceira (13ª) edição** do *Manual de direito tributário*. Certamente, o seu denso conteúdo, balizado no infalível tripé "doutrina-jurisprudência-concurso", será decisivamente útil a todos.

Boa sorte e bons estudos!

São os meus sinceros votos e de minha Equipe!

Eduardo de Moraes Sabbag
www.professorsabbag.com.br
www.facebook.com/professorsabbag
www.twitter.com/professorsabbag
www.instagram.com/professorsabbag
contato@professorsabbag.com.br

NOTA DO AUTOR À PRIMEIRA EDIÇÃO

A obra *Manual de direito tributário* é produto de enriquecedores anos de magistério na preparação de candidatos às provas de concursos públicos que exigem a disciplina jurídica.

Desde 1997, tenho me dedicado ao ensino do Direito Tributário em cursos preparatórios, em cursos de especialização e em palestras por todo o Brasil, com o propósito de difundir a Disciplina, de uma forma "suave e prazerosa", o que tem sido considerado nossa "marca registrada" no modo de lecionar. Diante dessa enriquecedora experiência docente, pensei na idealização de um compêndio que conseguisse reproduzir, com clareza e dinamismo, sem embargo da profundidade dogmática, a mensagem verbal transmitida dia a dia em sala de aula. Coube-me, assim, lapidar este *Manual* – mais abrangente e profundo –, depois do sucesso alcançado, em pouco mais de 4 anos, nas 11 edições de minha obra inaugural – *Elementos do direito tributário* (hoje, obra também editada pela Saraiva).

O *Manual de direito tributário* desenvolve-se na trilha de um desafiador propósito: explicar o Direito Tributário a partir da visão doutrinária, sem descurar da análise jurisprudencial, de ontem e de hoje, permitindo que o estudioso "entenda", de fato, o Direito em sua "linha de produção", por meio de uma linguagem sintética e democraticamente endereçada a todos os leitores.

Além disso, o propósito-desafio se estende à forma de explanação dos temas, com pontuais referências a testes de concursos públicos, a fim de que o leitor possa se sentir confiante acerca daquilo que tem sido solicitado nos exames, quer sejam da área jurídica (Magistratura, Procuradoria, Defensoria etc.), quer sejam da área fiscal (Receita Federal do Brasil, Tribunal de Contas, Secretaria da Fazenda etc.).

A propósito, os testes escolhidos foram exaustivamente pesquisados em cadernos de provas, realizadas pelas principais Bancas Examinadoras (Cespe, Esaf, FCC,

Vunesp, FGV, UFRJ, entre outras), nos últimos dez anos (ou mais), permitindo que o leitor se inteire, verdadeiramente, do nível de exigência nos mais variados certames.

Fugindo ao convencional, importa destacar que, para a apresentação dos testes, adotei um modelo próprio – e propositadamente adaptado –, para bem situá-los na matéria versada. Em outras palavras, o leitor será a eles atraído pela via da *curiosidade* – ou sobre o seu conteúdo, ou acerca da original estética da apresentação.

Quanto ao conteúdo, o leitor notará que a reprodução do teste vem em formato peculiar, sendo reduzido ao esquema de "item", apreciável como **correto** ou **incorreto**. Nessa medida, todos os testes pesquisados foram adaptados à seguinte estrutura frasal: [Note o item considerado (in)correto, em prova realizada pelo *(Instituição)*, para o cargo de *(cargo)*, em *(data)*].

Quanto ao plano estético da apresentação dos itens, verá o leitor que o acesso a eles será feito de forma visualmente convidativa, por meio de *links* laterais ao texto, com precisas inserções no contexto apresentado.

Resumidamente, em uma página, terá o leitor acesso a *três níveis* de leitura: a doutrinária, a jurisprudencial e aquela pragmática, necessária ao concursando. Aliás, este poderá, se o quiser, ler o texto sem os exercícios – ou, ainda, confrontando estes com aquele –, ou, quiçá, somente proceder à feitura dos exercícios, a título de revisão para provas, uma vez que a disposição favorece os níveis de leitura e propósitos do leitor.

Ainda com relação à apresentação das páginas, ressalto que os rodapés se ocupam sobretudo das citações bibliográficas – centenas, por sinal, procurando-se homenagear os estudiosos de Direito Tributário –, o que evita o estudo por meio de "remissão". Procurei resgatar todas as observações que ali poderiam estar inseridas ao corpo do texto, tornando o estudo mais ágil e objetivo.

No que tange à distribuição dos capítulos, a obra se inicia com a análise do Direito Tributário na *Constituição Federal*, prosseguindo com o estudo do Direito Tributário no *Código Tributário Nacional*. Ademais, o trabalho reúne dispositivos da Constituição Federal e do Código Tributário Nacional, evitando que o leitor tenha de buscar os comandos normativos em obras distintas, o que lhe confere organização no ato sublime de estudar. Ainda, para fins didáticos, terá o leitor, no Apêndice desta obra, contato com "Linha do Tempo", quadro-resumo concebido em nossas aulas com o intuito de sistematizar a assimilação da relação jurídico-tributária.

Há, também, três capítulos intitulados Impostos em Espécie, que trazem uma visão relativamente resumida dos impostos e destinam-se tanto aos candidatos a concursos que exijam o conhecimento de tais gravames como àqueles leitores que deles possam prescindir, servindo-lhes como leitura complementar.

Além disso, por ter sido elaborada conforme os programas básicos instituídos nas faculdades de Direito, a presente obra apresenta-se compatível com as exigências dos estudantes e profissionais militantes na área do Direito Tributário e perfeitamente adaptável às exigências didáticas dos cursos de graduação, pós-graduação e outros.

A obra, a par de sua proposta original, tem a pretensão de habilitar o leitor ao enfrentamento dos concursos mais intrincados do País, que requeiram o "texto de lei", nas minúcias, e a interpretação dele, na visão crítica, da qual, aliás, não me furto quando procuro emitir opinião sobre vários temas oscilantes.

Por derradeiro, escuso-me pelas imperfeições naturais deste trabalho motivador, esperando haver oferecido o conhecimento das premissas elementares da seara tributária, bem como uma visão sobre os concursos públicos, capazes de conferir ao estudioso o êxito pretendido no seu propósito.

Encerro esta nota agradecendo quaisquer observações e correções que aprouverem ao leitor colaborador e amigo, a fim de que aprimoremos os apontamentos aqui expendidos.

São Paulo, fevereiro de 2009.

Eduardo de Moraes Sabbag

ABREVIATURAS

ACO = Ação Cível Ordinária
ADI-MC = Medida Cautelar na Ação Direta de Inconstitucionalidade
ADI = Ação Direta de Inconstitucionalidade
ADIn = Ação Direta de Inconstitucionalidade
AgRg no Ag = Agravo Regimental no Agravo
AgRg no AgRg no AREsp = Agravo Regimental no Agravo Regimental no Agravo em Recurso Especial
AgRg no AREsp = Agravo Regimental no Agravo em Recurso Especial
AgRg nos EDcl no REsp = Agravo Regimental nos Embargos de Declaração no Recurso Especial
AgRg no REsp = Agravo Regimental no Recurso Especial
AgR-RE (ou AgR no RE) = Agravo Regimental no Recurso Extraordinário
AI-AgR (ou AgR no AI) =Agravo Regimental no Agravo de Instrumento
AgInt no AREsp = Agravo Interno no Agravo em Recurso Especial
Art. = Artigo
CC = Código Civil
CDA = Certidão de Dívida Ativa
Cespe = Centro de Seleção e de Promoção de Eventos
CF = Constituição Federal
Cf. = confronte
Cit. = citada
CLT = Consolidação das Leis do Trabalho
CP = Código Penal

CPC = Código de Processo Civil
CPP = Código de Processo Penal
CR (ou CF) = Constituição da República
CSRF = Câmara Superior de Recursos Fiscais
CT = Crédito Tributário
CTB = Código de Trânsito Brasileiro
CTN = Código Tributário Nacional
DA = Dívida Ativa
DF = Distrito Federal
DJU = Diário da Justiça da União
DO = Diário Oficial
e. g. = *exempli gratia* (expressão latina que significa "por exemplo")
EC = Emenda Constitucional
ED no RE = Embargos Declaratórios no Recurso Extraordinário
EDcl no REsp = Embargos Declaratórios no Recurso Especial
EDcl no AgRg no REsp = Embargos Declaratórios no Agravo Regimental no Recurso Especial
EF = Execução Fiscal
EREsp = Embargos de Divergência no Recurso Especial
Esaf = Escola Superior de Administração Fazendária
FCC = Fundação Carlos Chagas
FG = Fato Gerador
HC = *Habeas Corpus*
HI = Hipótese de Incidência
i. e. = *id est* (expressão latina que significa "isto é")
IEG = Imposto Extraordinário (de Guerra)
INSS = Instituto Nacional do Seguro Nacional
j. = julgado
LC = Lei Complementar
LEF = Lei de Execução Fiscal
LINDB = Lei de Introdução às Normas do Direito Brasileiro
MC-ADI = Medida Cautelar na Ação Direta de Inconstitucionalidade
Min. = Ministro
MP = Medida Provisória
MS = Mandado de Segurança
n. = número(s)
NCPC = Novo Código de Processo Civil (Lei n. 13.105/2015)
OT = Obrigação Tributária

p. = página
PEC = Proposta de Emenda Constitucional
pp. = páginas
p. ex. = por exemplo
Rel. (ou rel.) = Relator
Rel. p/ ac. = Relator para acórdão
Rep. Geral = Repercussão Geral
REsp = Recurso Especial
RE = Recurso Extraordinário
RE-AgR-AgR = Agravo Regimental no Agravo Regimental no Recurso Extraordinário
RIR = Regulamento do Imposto de Renda
RMS = Recurso Ordinário em Mandado de Segurança
STF = Supremo Tribunal Federal
STJ = Superior Tribunal de Justiça
TACivil = Tribunal de Alçada Civil
TFR = Tribunal Federal de Recurso
TRF = Tribunal Regional Federal
TST = Tribunal Superior do Trabalho
V. = *vide*
v. g. = *verbi gratia* (expressão latina que significa "por exemplo")

SUMÁRIO

CAPÍTULOS EXTRAS

1 INTRODUÇÃO

1 CONSIDERAÇÕES INICIAIS

1.1 O Direito Tributário e seu conceito

O Estado necessita, em sua *atividade financeira*, captar recursos materiais para manter sua estrutura, disponibilizando ao cidadão-contribuinte os serviços que lhe compete, como autêntico provedor das **necessidades coletivas**.

> Note o item considerado **CORRETO**, em prova realizada pela FCC, para o cargo de Juiz Substituto (TJ/PE), em 2015: *"A tributação tem por papel determinar qual proporção dos recursos da sociedade ficará sob o controle do governo, para ser gasta de acordo com algum procedimento de decisão coletiva, e qual proporção será deixada, na qualidade de propriedade pessoal, sob o arbítrio de particulares".*

A cobrança de *tributos* se mostra como a principal fonte das *receitas públicas*, voltadas ao atingimento dos objetivos fundamentais, insertos no art. 3º da Constituição Federal, tais como a construção de uma sociedade livre, justa e solidária, a garantia do desenvolvimento nacional, a erradicação da pobreza e da marginalização, tendente à redução das desigualdades sociais e regionais, bem como a promoção do bem-estar da coletividade[1]. Daí haver a necessidade de uma positivação de regras que possam certificar o tão relevante desiderato de percepção de recursos – o que se dá por meio da ciência jurídica intitulada *Direito Tributário,* também denominado *Direito Fiscal.*

A expressão "Direito Fiscal", chegando a nós por influências francesa (*Droit Fiscal*) e inglesa (*Fiscal Law*), foi substituída, com o tempo, pelas denominações domésticas "Direito Financeiro" e, mais especificamente, "Direito Tributário"[2] – esta

1. *V.* MELO, José Eduardo Soares de. *Curso de direito tributário.* 8. ed. São Paulo: Dialética, 2008, p. 10.
2. *V.* CARVALHO, Paulo de Barros. *Curso de direito tributário.* 16. ed. São Paulo: Saraiva, 2004, p. 18.

consagrada na EC n. 18/65 e, após, no próprio CTN. A bem da verdade, na trilha de Hugo de Brito Machado[3], parece-nos que o qualificativo "Fiscal" demarca algo amplo, abrangendo toda a problemática afeta ao Erário, e não apenas as questões adstritas ao tributo em si, o que faz pender sua tradução mais para "Direito Financeiro" do que para "Direito Tributário". Ademais, a expressão atrela-se tão somente a um dos sujeitos da relação – o Fisco –, o que denota o seu caráter reducionista.

Se Tributário é o Direito que nos orienta, em primeiro lugar, neste *Manual*, urge trazermos a lume, desde já, um conceito de **Direito**, para, em seguida, dimensionarmos a extensão semântica do qualificativo "Tributário".

O renomado jurista Hely Lopes Meirelles[4] lança mão de coerente definição:

> O Direito, objetivamente considerado, é o conjunto de regras de conduta coativamente impostas pelo Estado. Na clássica conceituação de Ihering, é o complexo das condições existenciais da sociedade, asseguradas pelo Poder Público. Em última análise, o Direito se traduz em princípios de conduta social, tendentes a realizar Justiça.

Com relação ao qualificativo **Tributário**, nota-se que a doutrina tem se dedicado com afinco à obtenção do conceito ideal para o Direito Tributário. Entre inúmeras tentativas definitórias disponíveis na seara dogmática, muda-se algum aspecto ali, outro acolá, porém mantêm-se presentes os elementos estruturais da definição nessa ramificação do Direito.

Tal linearidade conceitual pode ser ratificada nas escorreitas definições, adiante reproduzidas, que primam pelo preciso delineamento do objeto do Direito Tributário e de suas características principais:

Para Rubens Gomes de Sousa[5], o Direito Tributário é "(...) o ramo do direito público que rege as relações jurídicas entre o Estado e os particulares, decorrentes da atividade financeira do Estado no que se refere à obtenção de receitas que correspondam ao conceito de tributos".

Nos dizeres de Paulo de Barros Carvalho[6], "o Direito Tributário é o ramo didaticamente autônomo do Direito, integrado pelo conjunto de proposições jurídico-normativas, que correspondam, direta ou indiretamente, à instituição, arrecadação e fiscalização de tributos".

Segundo o entendimento de Hugo de Brito Machado[7], o Direito Tributário é o "ramo do direito que se ocupa das relações entre fisco e as pessoas sujeitas a imposições tributárias de qualquer espécie, limitando o poder de tributar e protegendo o cidadão contra os abusos desse poder".

---

3. V. MACHADO, Hugo de Brito. *Curso de direito tributário.* 29. ed. São Paulo: Malheiros, 2008, pp. 49-50.
4. MEIRELLES, Hely Lopes. *Direito administrativo brasileiro.* 27. ed. São Paulo: Malheiros, 2002, p. 35.
5. SOUSA, Rubens Gomes de. *Compêndio de legislação tributária.* 2. ed. Rio de Janeiro: Edições Financeiras, 1954, pp. 13 e 14; *v.* ______. ______. São Paulo: Resenha Tributária, 1975, p. 40.
6. CARVALHO, Paulo de Barros. *Curso de direito tributário,* 16. ed., p. 15.
7. MACHADO, Hugo de Brito. *Curso de direito tributário,* 29. ed., p. 49.

À luz do que preleciona Luciano Amaro[8], o Direito Tributário "é a disciplina jurídica dos tributos, com o que se abrange todo o conjunto de princípios e normas reguladores da criação, fiscalização e arrecadação das prestações de natureza tributária".

Diante de tão pontuais definições, entendemos que é possível extrair desse plano conceitual que o ***Direito Tributário* é ramificação autônoma da Ciência Jurídica, atrelada ao direito público, concentrando o plexo de relações jurídicas que imantam o elo "Estado *versus* contribuinte", na atividade financeira do Estado, quanto à instituição, fiscalização e arrecadação de tributos.**

Em palavras simples, diz-se que o *Direito Tributário* comporta o conjunto de normas que regulam o comportamento das pessoas de direcionar dinheiro aos cofres públicos.

Com efeito, o *Direito Tributário* é a representação positivada da ciência jurídica que abarca o conjunto de normas e princípios jurídicos, reguladores das relações intersubjetivas na *obrigação tributária*, cujos elementos são as partes, a prestação e o vínculo jurídico.

As *partes* destacam-se como o *ente público estatal*, de um lado, e o *contribuinte* (ou *responsável*), de outro. O *objeto* é a obrigação em si, que pode consistir numa *obrigação de dar*, de cunho patrimonial (levar a pecúnia aos cofres públicos), ou numa *obrigação de fazer* ou *não fazer*, de cunho instrumental (emitir notas fiscais, entregar Declarações etc.). Por fim, o *vínculo jurídico* (ou causa) é a *norma jurídica* que magnetiza o liame obrigacional. Todos esses elementos fundantes serão esmiuçados em momento ulterior, nesta obra, em capítulo próprio, quando se estudar a "obrigação tributária".

Por ora, urge destacar que tal relação jurídica é polarizada, sobressaindo:

(I) no **polo ativo (credor)**, os entes tributantes ou pessoas jurídicas de direito público interno, também conhecidos por *Fiscos* – a União, os Estados-membros, os Municípios e o Distrito Federal. Curiosamente, o "fisco", no Império Romano, era um cesto de junco, utilizado pelos soldados romanos para a arrecadação de tributos;

(II) no **polo passivo (devedor)**, o *contribuinte* (ou o *responsável*), representado pelas pessoas físicas ou jurídicas.

Desse modo, cria-se o cenário afeto à invasão patrimonial, caracterizadora do mister tributacional, em que o Estado avança em direção ao patrimônio do súdito[9], de maneira compulsória, a fim de que logre retirar uma quantia, em dinheiro, que se intitula *tributo*, carreando-o para os seus cofres. Tal invasão é inexorável, não havendo como dela se furtar, exceto se o tributo apresentar-se ilegítimo, *i.e.*, fora dos parâmetros impostos pela norma tributária, mostrando-se inconstitucional, o que

8. AMARO, Luciano. *Direito tributário brasileiro*. 14. ed. São Paulo: Saraiva, 2008, p. 2.
9. V. HARADA, Kiyoshi. *Direito financeiro e tributário*. 7. ed. São Paulo: Atlas, 2001, p. 241.

poderá ensejar a provocação do Poder Judiciário, no intuito de que se proceda à correção da situação antijurídica.

É oportuno mencionar, *ad argumentandum*, que o *Direito Tributário* visa projetar o contribuinte e o Fisco em uma mesma plataforma de igualdade, à qual se aplica, isonomicamente, a lei, trazendo a segurança que imantará o elo jurídico. Daí se ouvir falar que uma dada norma teria sido emitida "pró-fisco" ou, inversamente, "pró-contribuinte", uma vez propensa a desestabilizar para um lado, em detrimento do outro, o equilíbrio da relação.

A esse propósito, Ruy Barbosa Nogueira[10] assevera:

> O Direito Tributário continua ordenando segundo os princípios do Estado de Direito e então, em contrapeso à exigência e à coação unilateral do Fisco, é posto à disposição do obrigado um processo definitivo, por meio de vários remédios jurisdicionais disciplinados pelo próprio Estado, que outorgam ao obrigado uma tutela jurídica adequada para poder opor-se à exigência que considere injustificada.

Posto isso, uma vez assimilado o conceito de *Direito Tributário*, bem como o cenário no qual se desdobra a relação jurídico-tributária, urge conhecermos a relação dessa Disciplina jurídica com as receitas públicas.

1.2 O Direito Tributário e as receitas públicas

Todo e qualquer dinheiro que ingressa nos cofres públicos, a qualquer título, será denominado "entrada" ou "ingresso". Por outro lado, nem todo ingresso (ou receita) será uma *receita pública*.

De fato, enquanto o **ingresso** é marcado pela noção de *provisoriedade*, a **receita pública** atrela-se ao contexto de *definitividade*. Vale dizer, como regra, que os valores, a título de ingresso, entram nos cofres públicos com destinação predeterminada de saída, não configurando receita nova, o que não acontece com a receita pública.

São exemplos de **entradas ou ingressos provisórios:**

a) a *caução* ou a *fiança* (garantias de adimplemento da obrigação principal): como exemplo, cite-se a garantia ofertada pelo vencedor em dada licitação pública. Tal garantia ingressará nos cofres do Estado com previsão de saída, podendo, todavia, transformar-se em receita pública, se houver descumprimento contratual;

b) o *depósito prévio*: como exemplo, cite-se o depósito recursal, como condição à protocolização do recurso na órbita administrativa federal; tal requisito veio a ser considerado inconstitucional em decisões prolatadas pelo Pleno

10. NOGUEIRA, Ruy Barbosa. *Curso de direito tributário*. 14. ed. São Paulo: Saraiva, 1995, p. 115.

do STF, todas de relatoria do Ministro Marco Aurélio (**RE 388.359, j. em 28-03-2007; RE 390.513, j. em 28-03-2007 e RE 389.383, j. em 02-04-2007; e Súmula Vinculante n. 21**);

c) o *empréstimo compulsório*: conquanto se revista de natureza tributária, o empréstimo compulsório é gravame restituível, devendo sua lei instituidora prever o prazo e as condições de sua restituição aos contribuintes. Tornar-se-á, todavia, uma receita pública, caso não ocorra a restituição;

d) o *empréstimo público*: tendo natureza contratual, é entrada provisória para o Estado que, tomando uma quantia como empréstimo, deverá prever sua saída, a título de pagamento ao mutuante.

Desse modo, na trilha conceitual de Aliomar Baleeiro[11], a *receita pública* é "a entrada que, integrando-se no patrimônio público sem quaisquer reservas, condições ou correspondência no passivo, vem acrescer o seu vulto, como elemento novo e positivo".

Em outras palavras, a receita pública traduz-se no ingresso definitivo de bens e valores aos cofres públicos, ou seja, sem condição preestabelecida de saída.

Quanto ao objeto da "invasão patrimonial", a que se fez menção, calha trazer à baila o plano classificatório das *receitas públicas*, que podem ser:

a) **Receitas extraordinárias:** com entrada ocorrida em hipótese de anormalidade ou excepcionalidade, a *receita extraordinária*, longe de ser um ingresso permanente nos cofres estatais, possui caráter temporário, irregular e contingente. Assim, traduz-se em uma receita aprovada e arrecadada no curso do exercício do orçamento. Exemplos: a arrecadação de um *imposto extraordinário de guerra* (art. 154, II, CF);

b) **Receitas ordinárias:** com entrada ocorrida com regularidade e periodicidade, a *receita ordinária* é haurida dentro do contexto de previsibilidade orçamentária e no desenvolvimento normal da atividade estatal. As *receitas ordinárias* podem ser subdivididas, essencialmente, em ***receitas derivadas*** e ***receitas originárias***.

Quanto às **receitas derivadas**, o Estado, de modo vinculado (art. 5º, II, CF), e valendo-se do seu poder de império, na execução de atividades que lhe são típicas, fará "derivar" para seus cofres uma parcela do patrimônio das pessoas sujeitas à sua jurisdição. Tais entradas intitulam-se "receitas derivadas" ou "de economia pública", indicativas de receitas ordinárias obtidas à luz de imposição coativa e de manifestação soberana do Estado, no uso típico de sua autoridade ou de seu constrangimento, direcionados à invasão patrimonial dos particulares.

11. BALEEIRO, Aliomar. *Uma introdução à ciência das finanças*. Atualização de Dejalma de Campos. 16. ed. Rio de Janeiro: Forense, 2006, p. 126.

A esse propósito, Ruy Barbosa Nogueira[12] assevera que "o direito de tributar do Estado decorre do seu poder de império pelo qual pode fazer 'derivar' para seus cofres uma parcela do patrimônio das pessoas sujeitas à sua jurisdição e que são chamadas receitas derivadas ou tributos".

As *receitas derivadas* agrupam, pois, os rendimentos do setor público que procedem do setor privado da economia, por meio de prestações pecuniárias compulsórias – quase sempre, na forma de tributos –, devidas por pessoas físicas ou jurídicas de direito privado que desenvolvam atividades econômicas.

Com efeito, nessa direção seguiu o art. 9º da Lei n. 4.320, de 1964, que, estatuindo normas gerais de Direito Financeiro para elaboração e controle dos orçamentos e balanços das entidades impositoras, trouxe uma **definição legal de tributo**.

Note o item considerado **CORRETO**, em prova realizada pela FEPESE, para o cargo de Analista (MPE/SC), em 2014: *"Tributo é a receita derivada instituída pelas entidades de direito público, compreendendo os impostos, as taxas e a contribuição de melhoria nos termos da Constituição e das leis vigentes em matéria financeira, destinando-se o seu produto ao custeio das atividades gerais ou específicas exercidas por essas entidades".*

Observe-a:

> Tributo é a receita derivada, instituída pelas entidades de direito público, compreendendo os impostos, as taxas e contribuições, nos termos da Constituição e das leis vigentes em matéria financeira, destinando-se o seu produto ao custeio de atividades gerais ou específicas exercidas por essas entidades.

É imperioso frisar que, pouco tempo depois, a contar da publicação da Lei n. 4.320/64, em outubro de 1966, editou-se o *Código Tributário Nacional* (CTN), em cujo art. 3º lapidou-se o conceito de tributo desejado pelo legislador ordinário naquele estatuto:

> **Art. 3º** Tributo é toda prestação pecuniária compulsória, em moeda ou cujo valor nela se possa exprimir, que não constitua sanção de ato ilícito, instituída em lei e cobrada mediante atividade administrativa plenamente vinculada.

Note o item considerado **CORRETO**, em prova realizada pela FCC, para o cargo de Técnico da Receita Estadual da SEGEP/MA, em 2016: *"De acordo com a definição do CTN, 'tributo' é toda prestação pecuniária compulsória, em moeda ou cujo valor nela se possa exprimir, que não constitua sanção de ato ilícito, instituída em lei e cobrada mediante atividade administrativa plenamente vinculada".*
Observação: item semelhante, exigindo a literalidade do art. 3º do CTN (cópia do *conceito de tributo*), foi solicitado em prova realizada pela FAEPESUL, para o cargo de Fiscal Fazendário da Prefeitura de Grão Pará/SC, em 2016.

12. NOGUEIRA, Ruy Barbosa. *Curso de direito tributário*, 14. ed., p. 29.

Por fim, destaque-se que, nas *receitas derivadas*, a fonte é a *lei*, e tais entradas referem-se a prestações tributárias ou não tributárias.

Exemplos de **receitas derivadas:**

I. os tributos[a] (impostos, taxas[b], contribuições de melhoria e as contribuições).

a. Note o item considerado **INCORRETO**, em prova realizada pela FAEPESUL, para o cargo de Fiscal Fazendário da Prefeitura de Grão Pará/SC, em 2016: *"Os tributos constituem receita originária do Estado"*.

b. Note o item considerado **INCORRETO**, em prova realizada pelo Cespe, para o cargo de Procurador (Bacen), em 2013: *"As taxas remuneram serviços públicos e, portanto, são consideradas receitas originárias"*.

Note o item considerado **INCORRETO**, em prova realizada pela Vunesp, para o cargo de Analista Judiciário (TJ/PA), em 2014: *"A utilização efetiva ou potencial de serviço público, específico e divisível, prestado ao contribuinte ou posto à sua disposição, autoriza a cobrança, por parte da União, dos Estados, do Distrito Federal e dos Municípios, no âmbito de suas respectivas atribuições, de receita originária"*.

II. as multas pecuniárias (administrativas e penais):

No estudo das receitas públicas, as *multas*, conquanto dessemelhantes dos tributos, aproximam-se destes quando se mostram como nítidas receitas derivadas.

III. as reparações de guerra:

As reparações de guerra, ainda que reservadas ao plano teórico, em nosso pacífico Estado, devem ser consideradas receitas derivadas.

Passemos, agora, ao estudo das **receitas originárias**. Urge evidenciar, de pronto, que as receitas derivadas não se confundem com as "receitas originárias" – outro tipo de receita ordinária, que não decorre da coerção e soberania estatais, mas de um contrato ou de uma manifestação bilateral de vontade.

A *receita originária* é, em regra, proveniente da exploração estatal de seus bens e empresas comerciais ou industriais, à semelhança de particulares, nas atividades de locação, administração ou alienação. Frise-se que a denominação "receita originária" é equívoca, pois a atuação no mercado e na economia não é – nem pode ser – uma atividade "originária" do Estado. A bem da verdade, *ad argumentandum*, se a percepção do tributo é a principal forma de financiamento do Estado, é à receita tributária que se deveria atribuir o rótulo de "receita originária", afastando-lhe o timbre de receita derivada, e não o contrário, como se está a demonstrar.

Aliomar Baleeiro[13] define as receitas originárias como "as rendas provenientes dos bens e empresas comerciais ou industriais do Estado, que os explora à semelhan-

13. BALEEIRO, Aliomar. *Uma introdução à ciência das finanças*, 16. ed., p. 127.

ça de particulares, sem exercer os seus poderes de autoridade, nem imprimir coercitividade à exigência de pagamentos ou à utilização dos serviços que o justificam, embora, não raro, os institua em monopólios".

A definição em epígrafe oferta um claro horizonte por meio do qual se pode vislumbrar que, nas receitas originárias, a fonte é o *contrato*, e tais entradas referem-se, com exclusividade, a prestações não tributárias.

A título de exemplo, cite-se a ilustrativa **assertiva**, considerada **correta**, em prova de concurso, a qual vem auxiliar no estabelecimento do traço distintivo entre tributo e preço público:

> Uma mineradora explora jazidas de bauxita a serem utilizadas na fabricação de alumínio, nos domínios de sua propriedade particular. Para o exercício dessa atividade, foi necessário obter, perante o órgão público competente, uma autorização de pesquisa e exploração do mineral. A permissão para o desenvolvimento da atividade econômica é condicionada ao disposto em norma estabelecida pelo poder público, que prevê: *"A autorização de pesquisa importa o pagamento de 'TAXA' ANUAL, por hectare, admitida a fixação em valores progressivos, em função da substância mineral objetivada, extensão e localização da área"*. Considerando-se a definição e a classificação dos tributos, pergunta-se: *qual é a natureza jurídica do valor cobrado para permitir a exploração do minério?*
> RESPOSTA: *o valor cobrado a título de 'taxa' é, sim, um PREÇO PÚBLICO, pois a receita obtida é derivada da exploração direta pela empresa particular de um bem da União.*

A assertiva (adaptada), considerada **CORRETA**, foi solicitada em prova realizada pela CESGRANRIO, para o cargo de Advogado Junior da PETROBRAS, em 2018.

Nessa toada, não é despiciendo enfatizar que aquelas matérias intrinsecamente ligadas a **tributos** – *v.g.*, repartição de receitas tributárias – não se ligarão às receitas *originárias*, mas às receitas *derivadas*. Vale dizer que se reparte o produto das receitas derivadas, não o fazendo com relação ao montante pecuniário oriundo das receitas originárias.

Note o item considerado **INCORRETO**, em prova realizada pela FAEPESUL, para o cargo de Fiscal Fazendário da Prefeitura de Grão Pará/SC, em 2016: *"Os tributos constituem receita originária do Estado"*.

Vamos, agora, conhecer alguns bons exemplos de *receitas originárias*, como aquelas produzidas pelos bens e empresas de propriedade pública:

I. as receitas de aluguéis pela locação de bens públicos e as receitas de atividades industriais promovidas pelo ente público;

II. os preços públicos obtidos pela venda de produtos ou serviços produzidos ou prestados por empresas públicas e sociedade de economia mista:

Os **preços públicos**, hauridos de operações de venda de produtos ou serviços produzidos ou prestados por empresas públicas e sociedade de economia mista são induvidosas receitas originárias.

> Note o item considerado **INCORRETO**, em prova realizada pela Vunesp, para o cargo de Analista Judiciário (TJ/PA), em 2014: *"A utilização efetiva ou potencial de serviço público, específico e divisível, prestado ao contribuinte ou posto à sua disposição, autoriza a cobrança, por parte da União, dos Estados, do Distrito Federal e dos Municípios, no âmbito de suas respectivas atribuições, de preço público".*

III. as tarifas exigidas pelas entidades prestacionistas:

As tarifas, como exemplos de preços públicos, são os clássicos exemplos de receitas originárias, colocando-se em lado diametralmente oposto ao dos tributos – nítidas receitas derivadas. Com efeito, "trata-se de receita derivada e de receita originária, respectivamente, o tributo e a tarifa".

IV. as multas contratuais;

V. as doações recebidas e dividendos oriundos de uma empresa estatal lucrativa:

As *doações e dividendos percebidos*, como receitas resultantes de liberalidades graciosas, são bons exemplos de receitas originárias, não se enquadrando como receitas derivadas.

Diante do exposto, considerando-se a classificação das receitas públicas, a doutrina sente-se confortável em afirmar que são receitas derivadas e originárias, respectivamente, as *taxas* e os *preços públicos*. Aliás, **enquanto a taxa tem com sujeito ativo pessoa jurídica de direito Público, o preço público pode ser exigido por pessoa jurídica de direito privado.**

Por fim, como um importante exemplo de receita *originária*, destacam-se os **preços quase privados**. Estes decorrem de comércio de bens, mercadorias e/ou serviços fornecidos pelo Poder Público, mas em *regime de livre concorrência* com empresas privadas. Exemplo: o valor cobrado por uma instituição financeira, mantida pelo governo (*e.g.*, um banco constituído como sociedade de economia mista), para a manutenção de uma conta-corrente.

Para Alberto Deodato[14], "preço quase privado é o que, como se fora um particular, o Estado cobra do indivíduo por um serviço ou uma coisa dada. Esse serviço ou essa coisa lhe poderiam ser fornecidos pelo particular ou pela empresa privada, mas o Estado toma a si esse encargo para finalidades remotas de utilidade para a comunidade. O interesse do Estado não é o lucro que o serviço ou a coisa lhe vão dar, mas, muitas vezes, um interesse remoto para comunidade".

14. DEODATO, Alberto. *Manual de ciência das finanças*. 5. ed. São Paulo: Saraiva, 1954, p. 65.

Passemos, agora, à **classificação** do Direito Tributário, como um *direito público, obrigacional e comum.*

1.3 O Direito Tributário e sua natureza: direito público, obrigacional e comum

Quanto à sua natureza, é imperioso destacar que o *Direito Tributário* é ramo que deriva do *Direito Financeiro*, sendo deste a parte mais destacada e desenvolvida, "porque abrange todas as relações jurídicas entre a Fazenda Pública e o contribuinte, a que estão vinculados interesses essenciais do Estado e dos cidadãos"[15]. Enquanto o *Direito Financeiro* regula, em todos os momentos, a chamada *atividade financeira do Estado*, aquele – o *Direito Tributário* – trata da relação jurídica existente entre o Fisco e o contribuinte ou das "relações fático-econômicas indicativas de capacidade contributiva"[16], no concernente ao **conjunto das leis reguladoras da arrecadação dos tributos, bem como de sua fiscalização**.

> Note o item considerado **CORRETO**, em prova realizada pela COMPASS, para o cargo de Auditor fiscal de Tributos Municipais da Prefeitura Municipal de Carpina/PE, em 2016: *"O direito tributário é um ramo do direito financeiro que estuda a relação entre o Fisco e o contribuinte, no que se refere à instituição, arrecadação, fiscalização e extinção de tributos".*

Ademais, o *Direito Tributário* pode ser classificado como ramo jurídico pertencente ao *direito público*, com a figura do Estado sempre presente em um dos polos da relação jurídica – e sempre em situação de superioridade jurídica perante o particular –, haja vista o interesse tutelado ser socialmente coletivo (o interesse público), o que dota suas normas jurídicas de compulsoriedade.

Luciano Amaro[17] aduz que "a preponderância do interesse coletivo no direito dos tributos é evidente, daí derivando o caráter cogente de suas normas, inderrogáveis pela vontade dos sujeitos da relação jurídico-tributária".

Evidencia-se, pois, a noção de *verticalidade*, própria da "desigualdade jurídica", que marca as relações de direito público, em contraponto à *horizontalidade*, adstrita à "igualdade jurídica", que ocorre entre as partes que compõem a relação jurídica de direito privado. Desse modo, é fácil perceber que o interesse público deve prevalecer sobre o interesse particular, na seara da tributação, desde que se respeitem os direitos e garantias individuais.

Conforme assevera o insigne José Eduardo Soares de Melo[18], "o Direito constitui um sistema integrado por diversificadas normas que se encontram vinculadas, de modo horizontal e vertical, observando coerência e harmonia, em razão do que

15. NOGUEIRA, Ruy Barbosa. *Curso de direito tributário*, 14. ed., p. 20.
16. *Ibidem*, p. 36.
17. AMARO, Luciano. *Direito tributário brasileiro*, 14. ed., p. 5.
18. MELO, José Eduardo Soares de. *Curso de direito tributário*, 8. ed., p. 13.

as classificações, ou divisões operadas pelos legisladores, ou intérpretes, têm como objetivo básico oferecer apenas um caráter utilitário".

A bem da verdade, a classificação do Direito Tributário como ramo do direito público, conquanto antiga e didática, é meramente utilitária, nem sempre oferecendo um parâmetro certeiro de discriminação, no cotejo entre aquilo que é "público" e o que é, de fato, "privado". Aliás, tem-se evidenciado hodiernamente a necessidade de relativização da mencionada distinção, haja vista a notória publicização do direito privado.

O binômio classificatório "direito público-direito privado" vale, em verdade, para indicar que a norma tributária, sendo pública, possui certas características que sobressaem à luz de dados critérios. Portanto, se a norma tributária é pública:

(I) implica que o Estado é *parte da relação jurídica* (*critério subjetivo*);
(II) traz em seu bojo a *coatividade*, ou seja, a imperatividade própria das normas cogentes (*critério do conteúdo tutelado pela norma jurídica*);
(III) sinaliza que o interesse tutelado há de ser o *interesse público* (*critério do interesse amparado pela norma jurídica*).

Ainda quanto à natureza, pode-se asseverar que o *Direito Tributário* revela-se como um ordenamento **obrigacional** e **comum.**

Com efeito, o Direito Tributário é um direito *obrigacional*, pois vincula o Estado ao contribuinte, em uma relação de índole obrigacional, ou seja, em um liame estabelecido a partir da presença de *partes* (sujeito ativo e sujeito passivo), de *prestação* (objeto) e de *vínculo jurídico* (causa), como elementos estruturais da obrigação tributária. Por sua vez, o Direito Tributário é um direito comum, haja vista a fixação de regras de caráter geral, visando atingir uma generalidade de pessoas e situações.

1.4 O Direito Tributário e sua autonomia

O Direito Tributário desfruta de autonomia perante os demais ramos jurídicos. Apresenta-se, pois, como um direito *autônomo*, em face da homogeneidade de sua estrutura normativa e de seus preceitos elementares. Não é apenas um ramo didaticamente autônomo dos demais; frui, sem sombra de dúvida, uma autonomia *dogmática ou científica* (corpo de regras próprias orientadas por "princípios jurídicos próprios, não aplicáveis aos demais ramos da ciência jurídica"[19]) e uma autonomia *estrutural* (institutos dessemelhantes dos demais ramos do Direito).

Ruy Barbosa Nogueira[20] assevera que "foi especialmente depois da I Guerra Mundial que o Direito Tributário veio alcançar a situação de ramo jurídico autônomo, pelo conteúdo e pela forma, que hoje incontestavelmente possui".

19. HARADA, Kiyoshi. *Direito financeiro e tributário*, 7. ed., p. 242.
20. NOGUEIRA, Ruy Barbosa. *Curso de direito tributário*, 14. ed., p. 31.

Paulo de Barros Carvalho[21], com mestria, assevera:

> (...) o direito tributário positivo é o ramo didaticamente autônomo do direito, integrado pelo conjunto das proposições jurídico-normativas que correspondam, direta ou indiretamente, à instituição, arrecadação e fiscalização de tributos.

Curiosamente, não faltam autores que defendem apenas a autonomia didática[22], com exclusivismo. Independentemente da existência de uma forma ou outra de autonomia, é fato que sobejam os institutos genuinamente tributários, que ratificam a condição do Direito Tributário como um ramo científica e metodologicamente autônomo: o lançamento, a consulta, a substituição tributária, a relação jurídico-tributária, o arbitramento etc.

Nesse compasso, o legislador constituinte, em 1988, ao ratificar a noção de autonomia, houve por bem quando disciplinou no **art. 24, I:**

> **Art. 24.** Compete à União, aos Estados e ao Distrito Federal legislar concorrentemente sobre:
> **I** – direito tributário, financeiro (...).

É cediço que o Direito, em si, é uno e indivisível, entretanto, na busca da unidade do Direito, percebe-se que o Direito Tributário, cindível que é, longe está de ser totalmente "independente" em relação aos demais ramos da ciência jurídica e até mesmo de outras ciências.

A esse propósito, Luciano Amaro[23] assevera: "É evidente que não se pode falar em autonomia deste ou daquele ramo do direito querendo significar que ele tenha vida própria e independente dos setores da ciência jurídica".

Frise-se que a dependência que marca o seu convívio com outras ciências não vai de encontro à sua *autonomia científica e estrutural* perante os demais ramos do Direito, mas apenas sinaliza que é patente a existência de um grau de entrelaçamento, um viés de harmonização ou uma área aberta à intersecção.

Afirmar-se que o *Direito Tributário* é "absolutamente autônomo" (ou "totalmente autônomo" ou, ainda, "inteiramente independente") é apostar em análise precipitada e errônea. O que há, em verdade, é uma relativização da autonomia, em face da coexistência no Direito Tributário de realidades e institutos tipicamente particulares e de conceitos utilizados em outros ramos do Direito.

Luciano Amaro[24], com argúcia, prossegue no raciocínio:

---

21. CARVALHO, Paulo de Barros. *Curso de direito tributário,* 16. ed., p. 15.
22. *V.* BECKER, Alfredo Augusto. *Teoria geral do direito tributário.* 2. ed. São Paulo: Saraiva, 1972, p. 28.
23. AMARO, Luciano. *Direito tributário brasileiro,* 14. ed., pp. 7-8; *v.* CARVALHO, Paulo de Barros. *Curso de direito tributário.* 18. ed. São Paulo: Saraiva, 2007, p. 17.
24. AMARO, Luciano. *Direito tributário brasileiro,* 14. ed., p. 8.

> O ordenamento jurídico é um todo uno, não se pode reconhecer vida própria e independente a nenhum de seus setores. Cada qual dos ramos do direito se relaciona com os demais, embora possa ser tratado de maneira especializada e assumir ares de relativa autonomia.

Na mesma direção segue José Eduardo Soares de Melo[25], que assevera:

> O estudo, a compreensão e a aplicação do Direito Tributário não podem ser realizados de forma unilateral e isolada das inúmeras regras integrantes de demais segmentos jurídicos, uma vez que as normas tributárias incidem e recaem sobre uma infinidade de preceitos e institutos do universo jurídico, de natureza civil, comercial, trabalhista, previdenciária etc.

Nesse diapasão, evidencia-se que o *Direito Tributário* estabelece conexão com o *Direito Constitucional*, o *Direito Financeiro*, o *Direito Administrativo*, o *Direito Penal*, o *Direito Processual*, o *Direito Internacional Público*, o *Direito Civil* e com *outras* ciências.

Daí se afirmar, com boa dose de segurança, que o conhecimento do Direito Tributário está longe de prescindir do estudo das demais regras do ordenamento jurídico, afetas às outras ciências jurídicas, pois "o direito tributário está visceralmente ligado a todo o universo das regras jurídicas em vigor, não podendo dispensar, nas suas construções, qualquer delas, por mais distante que possa parecer"[26]. Mostram-se claudicantes quaisquer tentativas de legislar ou de se teorizar sobre o Direito Tributário, bem como de o lecionar, se não se avocarem os elementos dogmático-fundantes de outras searas da ciência jurídica.

Vamos analisar, sucintamente, esses "laços de convivência" com as demais ciências:

I. O Direito Tributário e o Direito Constitucional

Há entre esses dois ramos do Direito uma íntima ligação, da qual despontam vários pontos de intersecção, *v.g.*, os limites ao poder de tributar (princípios e imunidades), o estabelecimento dos preceitos específicos de certos impostos, as discriminações das rendas tributárias e das competências impositivas, as espécies de tributos, entre outras generalidades constitucionais da tributação.

Para Kiyoshi Harada[27], "o direito tributário tem relação direta com o Direito Constitucional por representar este o tronco da Árvore Jurídica donde se originam todos os ramos jurídicos".

25. MELO, José Eduardo Soares de. *Curso de direito tributário,* 8. ed., p. 12.
26. CARVALHO, Paulo de Barros. *Curso de direito tributário,* 16. ed., p. 15.
27. HARADA, Kiyoshi. *Direito financeiro e tributário,* 7. ed., p. 242.

Nessa toada, segue Luciano Amaro[28], para quem "a Constituição contém as bases do ordenamento jurídico, é nela que se encontra o próprio fundamento de validade do tributo". E, ainda, prossegue o autor[29], asseverando que "o conjunto de normas sobre tributos, contido na Constituição, compõe o que se poderia chamar de direito tributário constitucional".

II. O Direito Tributário e o Direito Financeiro

Há patente interligação entre esses dois ramos vizinhos do Direito, mantendo-se, entre eles, uma "*relação estreita*"[30]. O *Direito Tributário* não se confunde com o *Direito Financeiro*, que sob certo aspecto pode ser tido como abrangente daquele ramo jurídico[31].

Enquanto o *Direito Financeiro* – núcleo de derivação do Direito Tributário – é uma ciência jurídica que registra normativamente *toda a atividade financeira do Estado*, na busca de uma aplicação prática, o Direito Tributário, por sua vez, é a ciência jurídica que, disciplinando o convívio entre o "*tesouro público e o contribuinte*"[32], dedica-se à *receita tributária*, isto é, à parte mais desenvolvida daqueloutra disciplina. Ademais, o Direito Financeiro e o Direito Tributário se comunicam quando tratam, *v.g.*, de receitas públicas, entre outros temas.

Vale dizer que o *Direito Tributário* é "capítulo desgarrado" do Direito Financeiro, entretanto, à semelhança da máxima segundo a qual "o filho bom a casa torna", o Direito Tributário mantém íntimo elo com o Direito Financeiro, pelo fato de "terem princípios gerais comuns e, afinal, um e outro disciplinarem setores da mesma atividade: a atividade financeira"[33].

Para Luciano Amaro[34], "é possível falar-se no direito tributário, como ramo 'autônomo' da ciência jurídica, segregado do direito financeiro". E prossegue o autor[35], referindo-se ao cotejo desses dois ramos do Direito: "O direito tributário é apenas um setor do direito financeiro que, atingindo relativo grau de complexidade, passou a ser legislado em diploma normativo específico (...)".

Urge mencionar, ademais, que o *Direito Tributário* é ramo jurídico que se liga, na **perspectiva da instituição, arrecadação e fiscalização dos gravames**, a certos episódios da cronologia tributária: ao nascimento, à vida e à morte do tributo. Aquilo que se distanciar de tais atividades não habitará o campo do Direito Tributário, ingressando no espectro de abrangência do Direito Financeiro.

---

28. AMARO, Luciano. *Direito tributário brasileiro*, 14. ed., p. 11.
29. *Idem*.
30. HARADA, Kiyoshi. *Direito financeiro e tributário*, 7. ed., p. 242.
31. *V.* MACHADO, Hugo de Brito. *Curso de direito tributário*, 29. ed., p. 49.
32. NOGUEIRA, Ruy Barbosa. *Curso de direito tributário*, 14. ed., p. 33.
33. *Ibidem*, p. 68.
34. AMARO, Luciano. *Direito tributário brasileiro*, 14. ed., p. 1.
35. *Ibidem*, p. 9.

De fato, a destinação é elemento irrelevante para classificar juridicamente os tributos, dando-lhes esta ou aquela roupagem tributária, conforme o **art. 4º, II, do CTN**, segundo o qual:

> **Art. 4º** *A natureza jurídica específica do tributo é determinada pelo fato gerador da respectiva obrigação, sendo irrelevantes para qualificá-la*: (...)
>
> **II** – a destinação legal do produto da sua arrecadação. **(Grifos nossos)**

Sendo assim, o destino do importe arrecadado, a título de tributo, há de ser cuidado por diverso ordenamento jurídico, e não pelo *Direito Tributário*. Este só se ocupa dos momentos que se antepõem à extinção do liame fiscal, não se atendo à política do gasto estatal.

A esse propósito, Sacha Calmon[36] discorre com clareza:

> O que o Soberano, o Príncipe, o Estado, enfim, faz ou deixa de fazer com o dinheiro arrecadado dos particulares é, para o Direito Tributário, *res inter allios* e, realmente, não interessa. O destino do tributo, sua aplicação é "mera providência de tesouraria", como diria o inesquecível justributarista baiano Amílcar de Araújo Falcão. Importante é o momento da imposição; o motivo jurídico da percepção do gravame pelo Estado. Tributo é prestação pecuniária imposta aos particulares, e isso é sério, seríssimo.

III. O Direito Tributário e o Direito Administrativo

Há um forte elo entre essas disciplinas jurídicas no que toca ao funcionamento dos órgãos da administração pública. Até mesmo o setor exclusivamente específico, próprio da disciplina do funcionamento dos órgãos da atividade pública, mantém relações com o *Direito Tributário*[37].

De fato, o contexto fático que envolve o órgão tributário – as repartições e servidores –, nas atividades impositivas de arrecadação e fiscalização dos tributos, em razão do fato de serem tarefas administrativas, sujeitam-se às normas disciplinares do Direito Administrativo.

Sendo assim, o *Direito Tributário*, dando embasamento para os diversos procedimentos impositivo-tributários[38], "trata especialmente da organização administrativa tributária, do lançamento e do controle administrativo ou fiscalização, dispondo também sobre as relações entre funcionários fiscais e contribuintes"[39].

Por derradeiro, frise-se que, não obstante a forte ligação entre as duas mencionadas disciplinas jurídicas, não se pode afirmar que o *Direito Tributário Positivo* é ramo didaticamente dependente do *Direito Administrativo*.

36. COÊLHO, Sacha Calmon Navarro. *Comentários à Constituição de 1988:* sistema tributário. 7. ed. Rio de Janeiro: Forense, 1998, p. 15.
37. *V.* NOGUEIRA, Ruy Barbosa. *Curso de direito tributário*, 14. ed., p. 68.
38. *V.* HARADA, Kiyoshi. *Direito financeiro e tributário*, 7. ed., p. 242.
39. NOGUEIRA, Ruy Barbosa. *Curso de direito tributário*, 14. ed., p. 114.

IV. O Direito Tributário e o Direito Penal

Há clara intimidade entre o *Direito Tributário* e o *Direito Penal*, na medida em que o primeiro, marcado pela compulsoriedade na tributação, dá margem à aplicação de sanções, em caso de inadimplemento obrigacional ou de infração tributária, *v.g.*, a prisão, a multa, o regime especial de fiscalização, a interdição, o perdimento de bens, a apreensão de coisas etc.

Não há dúvida de que subsiste vigoroso elo entre o *Direito Penal* e o *Direito Tributário*, principalmente quanto à "interpretação dos chamados crimes tributários, como também à interpretação e aplicação das infrações fiscais que capitulam penas pecuniárias"[40]. Esse forte nexo leva o estudioso do Direito Tributário a bem trafegar em terreno do Direito Penal, ao lidar com os conceitos e institutos que lhe são genuínos, *v.g.*, contrabando, descaminho, apropriação indébita, entre outros, sem contar aqueles delitos de ordem precipuamente tributária, ali tratados, por exemplo, o ***excesso de exação***[41].

Evidencia-se, assim, que em muitos pontos não se "vê" o *Direito Tributário* sem "enxergar" o *Direito Penal*, sendo este o necessário pano de fundo daquele em inúmeras questões jurídicas que avocam a interdisciplinaridade. Paradoxalmente, o estudo de um tem provocado repulsa à análise do outro, por parte dos operadores do Direito. Parafraseando o estimado professor Hugo de Brito Machado[42], "os penalistas geralmente pouco conhecem do Direito Tributário, e os tributaristas quase nada sabem do Direito Penal".

V. O Direito Tributário e o Direito Processual

Torna-se fácil perceber a conexão dogmática entre o Direito Tributário e o Direito Processual, na medida em que a tributação, naturalmente, abre-se para a resistência, e esta, para a composição de litígios, no palco do contraditório e da ampla defesa.

Para Ruy Barbosa Nogueira[43], "na tela judiciária, as ações fiscais são regidas pelo CPC. Na tela administrativa, existe uma regulamentação dos procedimentos, regulamentação essa que é inspirada e se harmoniza mesmo com muitos institutos do Direito Processual (...)".

Ao Direito Processual incumbe a estipulação de regramentos que nortearão o *iter* procedimental da lide tributária, quer na seara do processo administrativo fiscal, quer na órbita judicial – neste caso, em si, no curso das ações judiciais, *e.g.*, em mandado de segurança, em ação declaratória, em ação anulatória, em ação repetitória, em ação consignatória, em embargos à execução fiscal, entre outras.

40. HARADA, Kiyoshi. *Direito financeiro e tributário*, 7. ed., p. 242.
41. *V.* NOGUEIRA, Ruy Barbosa. *Curso de direito tributário*, 14. ed., p. 69.
42. MACHADO, Hugo de Brito. *Crimes contra a ordem tributária*. São Paulo: Atlas, 2008, contracapa (texto).
43. NOGUEIRA, Ruy Barbosa. *Curso de direito tributário*, 14. ed., pp. 68-69.

VI. O Direito Tributário e o Direito Internacional Público

Há forte laço comunicante entre as searas jurídicas em destaque, uma vez imprescindível o devido tratamento a ser dado aos tratados e convenções internacionais, com o fito de inibir a bitributação internacional, ao lado da inafastável necessidade de sistematização dos impostos aduaneiros, perante suas implicações no plano econômico interno.

VII. O Direito Tributário e o Direito Civil

Há íntima articulação entre essas esferas jurídicas, principalmente, no aspecto material do fato gerador, ligado aos conceitos de propriedade e transmissão de bens móveis e imóveis, de compra e venda de imóveis[44], de prestação de serviços, entre outros.

Para Kiyoshi Harada[45], "o direito tributário tem conexões com o Direito Civil, no qual foi buscar várias de suas categorias jurídicas, muitas vezes, vinculando a estrutura privada desses conceitos à estrutura do direito público".

VIII. O Direito Tributário e outros ramos científicos

O Direito Tributário não se mostra, igualmente, infenso a implicações oriundas de outras searas científicas. Abaixo, citamos apenas três ramos científicos – *Ciência das Finanças, Merceologia e Economia* –, entre vários existentes (Política, História, Sociologia, Contabilidade, Estatística etc.), a fim de que o leitor perceba o viés de entrelaçamento com o Direito Tributário:

(I) Ciência das Finanças: na Ciência das Finanças, "o Direito Tributário vai buscar muitos princípios econômico-financeiros para base da elaboração de seus institutos"[46]. A propósito, a Ciência das Finanças se dedica à atividade financeira do Estado, em uma perspectiva meramente especulativa, própria da ciência pura, por meio da qual se informa o legislador, diante da evolução do Direito, sobre a conveniência fiscal de dado objeto investigável[47].

(II) Merceologia: na Merceologia, o Direito Tributário vai buscar o esclarecimento dos elementos de fato adstritos à incidência do IPI, do ICMS e dos impostos aduaneiros (de exportação e importação), uma vez que tal ciência se dedica à classificação, nomenclatura ou especificação das mercadorias[48].

(III) Economia: na Economia, buscar-se-á com o Direito Tributário a troca de informações, ligadas aos fatores de riqueza, produção, circulação, distribuição e consumo, uma vez que é patente a atuação do tributo como forma de intervenção

44. *V.* AMARO, Luciano. *Direito tributário brasileiro,* 14. ed., p. 12.
45. HARADA, Kiyoshi. *Direito financeiro e tributário,* 7. ed., p. 242.
46. NOGUEIRA, Ruy Barbosa. *Curso de direito tributário,* 14. ed., p. 64.
47. *V.* MACHADO, Hugo de Brito. *Curso de direito tributário,* 29. ed., p. 54.
48. *V.* NOGUEIRA, Ruy Barbosa. *Curso de direito tributário,* 14. ed., p. 65.

no campo econômico. Ademais, as duas disciplinas, unidas em saudável interdisciplinaridade, permitirão que se alcancem formas de obtenção de melhores resultados econômicos, com maior aproveitamento da elevada carga tributária do nosso país.

2 O DIREITO TRIBUTÁRIO E OS LIMITES AO PODER DE TRIBUTAR

2.1 Introdução

A Constituição Federal impõe *limites ao poder de tributar*, ou seja, limites à invasão patrimonial tendente à percepção estatal do tributo. Essas limitações advêm, basicamente, dos princípios e das imunidades constitucionais tributárias e estão inseridas nos **arts. 150, 151** e **152** da Carta Magna.

Nos capítulos seguintes iremos nos dedicar, com profundidade, ao estudo dos princípios tributários, conforme a ordem abaixo sugerida:

a) **Legalidade Tributária (art. 150, I);**
b) **Anterioridade Tributária (art. 150, III, "b" e "c");**
c) **Isonomia Tributária (art. 150, II);**
d) **Irretroatividade Tributária (art. 150, III, "a");**
e) **Vedação ao Confisco (art. 150, IV);**
f) **Não limitação ao Tráfego de Pessoas e Bens e a ressalva do Pedágio (art. 150, V);**
g) **Uniformidade Geográfica (art. 151, I);**
h) **Proibição da tributação federal diferenciada da renda da dívida pública e da remuneração dos agentes, em âmbito não federal (art. 151, II);**
i) **Proibição das Isenções Heterônomas (art. 151, III).**

2.2 Limitações constitucionais ao poder de tributar

Os princípios constitucionais tributários, que regulam a tributação, são considerados **limitações constitucionais ao poder de tributar**. Para a exata compreensão dessa expressão, convém enfrentarmos, de início, alguns conceitos elementares. Destaco dois deles: o conceito de **Estado** e o conceito de **Poder**.

Seguindo a trilha definitória de Georg Jellinek[49], citado por Dalmo de Abreu Dallari, o **Estado** é "*a corporação territorial dotada de um poder de mando originário*".

Assim, enquanto o *território* delimita a atuação de *soberania estatal*, esta sinaliza a posição de independência e supremacia deste Estado em relação ao povo. Aliás,

49. JELLINEK, Georg. *Teoría general del estado*. Buenos Aires: Albatroz, 1954, *apud* DALLARI, Dalmo de Abreu. *Elementos de teoria geral do estado*. 15. ed. São Paulo: Saraiva, 1991, p. 100.

para a formação do Estado, faz-se necessária a existência de três elementos fundantes e condicionais: um território, o povo e o governo soberano.

Diante desse quadro, uma *pergunta* exsurge: *como o ente político, intitulado "Estado", exige dos indivíduos uma parcela do seu patrimônio particular?*

A *resposta* é simples: tudo se dá no exercício da *soberania estatal*. De fato, dentre as várias facetas da soberania do Estado, destaca-se uma, o *poder de tributar*[50], como relevante fragmento dessa soberania.

Antes de nos debruçarmos sobre o conceito de "poder de tributar", urge definirmos o conceito de "poder", com o fito de apreendermos, com êxito, a ideia de que os princípios tributários aos quais chegaremos nos próximos tópicos desta obra são, inafastavelmente, *limitações constitucionais ao poder de tributar*.

Partindo-se da reflexão de Norberto Bobbio[51], o **poder** "é uma relação entre dois sujeitos onde um impõe ao outro sua vontade e lhe determina, mesmo contra vontade, o comportamento".

Desse traço conceitual, deduz-se que o *poder*, imanente às organizações sociais, desdobrar-se-á na interação de vontades, com a prevalência de uma sobre outra. Em outras palavras, o exercente do poder impõe sua vontade a outrem – o subordinado ao poder –, exigindo-lhe dado comportamento.

É imperioso destacar, todavia, que a noção de poder (político) não se confunde com a ideia de "força", e vice-versa. A esse propósito, Norberto Bobbio[52] nos ensina que "o fato de a possibilidade de recorrer à força ser o elemento que distingue o poder político das outras formas de poder não quer dizer que o poder político se resolva através do uso da força. O uso da força é uma condição necessária, mas não suficiente para a existência do poder político (...)".

Daí se assegurar que a relação de tributação não é relação de *poder-força*, mas, sim, uma relação de *poder-direito*. Sob essa diretriz, desponta a relação de tributação, assumindo um formato de "relação jurídica", e não de "relação de força". Desse ponto, já conseguimos migrar para a análise da expressão "poder de tributar".

Conquanto a expressão **poder de tributar** pareça indicar "força de comando" ou "poder de mando", não é essa a melhor exegese que se deve fazer da fatia da soberania financeira, intitulada por alguns de "soberania fiscal". O *poder de tributar* é, em verdade, um poder de direito, lastreado no consentimento dos cidadãos, destinatários da invasão patrimonial, tendente à percepção do tributo. Se há em seu emprego uma parcela de força, ela se mostra institucionalizada, dotada de juridicidade.

No estudo da *soberania estatal*, diz-se que, tendo o Estado surgido com a função precípua de prover necessidades coletivas, há de estar ele munido do poder de exigir dos governados uma participação nos encargos públicos.

50. *V.* MACHADO, Hugo de Brito. *Curso de direito tributário*, 29. ed., pp. 28-29.

51. BOBBIO, Norberto. O significado clássico e moderno de política. *In: Curso de introdução à ciência política*. Brasília: Universidade de Brasília, 1982, v. 7, p. 12.

52. BOBBIO, Norberto. O significado clássico e moderno de política, v. 7, p. 14.

Por essa razão, Ruy Barbosa Nogueira[53] assevera que "o poder de tributar é, portanto, uma decorrência inevitável da soberania que o Estado exerce sobre as pessoas de seu território, ao qual corresponde, por parte dos indivíduos, um dever de prestação".

Nessa esteira, com a argúcia que sempre lhe foi peculiar, seguiu o saudoso Ricardo Lobo Torres[54], para quem "a soberania financeira, que é do povo, transfere-se limitadamente ao Estado pelo contrato constitucional, permitindo-lhe tributar e gastar".

Sendo assim, como o poder envolve uma relação de pessoas, integrantes de um liame, em um plano de sujeição de um com relação ao outro, cabe indagarmos, na seara da tributação, como se dá esta relação entre o *contribuinte*, de um lado, e o *Estado*, de outro.

É cediço que o Estado necessita, em sua *atividade financeira*, captar recursos materiais para manter sua estrutura, disponibilizando ao cidadão-contribuinte os serviços que lhe compete, como autêntico provedor das necessidades coletivas. A cobrança de tributos se mostra como uma inexorável forma de geração de receitas, permitindo que o Estado suporte as despesas necessárias à consecução de seus objetivos.

Daí se afirmar, com a segurança doutrinária que nos oferta o eminente Hugo de Brito Machado[55], que o tributo tem por finalidade algo que não se confunde, em si, com a disciplina jurídica que dele cuida, *i.e.*, o Direito Tributário. Enquanto o **tributo** visa *suprir os cofres públicos* de *recursos bastantes ao custeio das atividades estatais, no plano da arrecadação,* o **Direito Tributário** almeja *efetivar o controle do poder de tributar, perpetrado pelo Estado que tributa.*

Aliomar Baleeiro[56], com precisão, já nos fazia relembrar: "o tributo é vetusta e fiel sombra do poder político há mais de 20 séculos. Onde se ergue um governante, ela se projeta sobre o solo de sua dominação. Inúmeros testemunhos, desde a Antiguidade até hoje, excluem qualquer dúvida". Hoje, na esteira de Hugo de Brito Machado[57], sentimo-nos autorizados a defender que "o Direito Tributário existe para delimitar o poder de tributar, transformando a relação tributária, que antigamente foi uma relação simplesmente de poder, em relação jurídica".

A sujeição do *contribuinte* ao poder do *Estado* se dá quando aquele, de um lado, atende à *norma jurídica* – que o leva à assunção do ônus tributário –, e este, de outra banda, instado igualmente a cumpri-la, na comum plataforma jurídico-tributária, expressa o poder de coação tendente à percepção do tributo.

---

53. NOGUEIRA, Ruy Barbosa. *Direito tributário:* estudo de casos e problemas. São Paulo: Bushatsky, 1973, p. 140.
54. TORRES, Ricardo Lobo. *Curso de direito financeiro tributário*. 12. ed. Rio de Janeiro: Renovar, 2005, pp. 63-64.
55. *V.* MACHADO, Hugo de Brito. *Curso de direito tributário,* 29. ed., p. 50.
56. BALEEIRO, Aliomar. *Limitações constitucionais ao poder de tributar.* Atualização de Misabel Abreu Machado Derzi. 7. ed. Rio de Janeiro: Forense, 1998, p. 1.
57. MACHADO, Hugo de Brito. *Curso de direito tributário,* 29. ed., p. 50.

Por essa razão, entendemos que a relação de poder na seara tributária, apresentando-se pela via da compulsoriedade, atrela-se à inafastável figura da *legalidade*, o que transforma a *relação tributária* em uma nítida *relação jurídica*, e não "de poder".

Valendo-se de analogia, para melhor explicar o fenômeno, poder-se-ia afirmar, à luz da ilustração abaixo sugerida: o *poder de tributar* ("prateleira") é cercado pela *norma jurídica* ("moldura"), dando suporte a uma *relação jurídico-tributária* ("livro"), cujo *conteúdo* (relação entre "credor x devedor") delimita o elo entre as partes. Observe o esquema mnemônico:

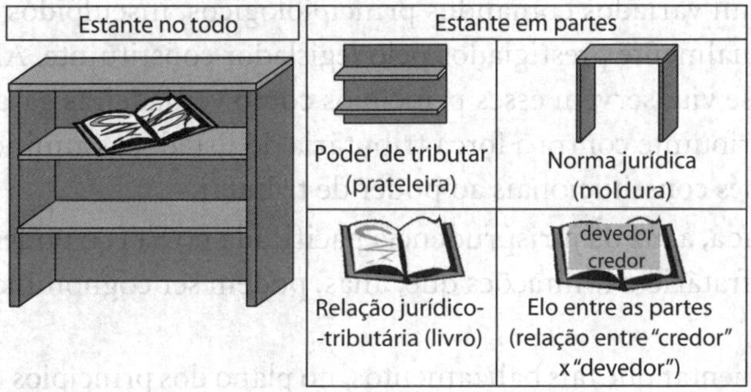

No plano paralelo, é possível comparar: enquanto "há **conteúdo** no **livro** que se encontra na **prateleira** cercada pela **moldura**", "há **relação entre 'credor x devedor'** na **relação jurídico-tributária** que se encontra no **poder de tributar** cercado pela **norma jurídica**".

O poder de tributar (*ius imperium*) não é, assim, absoluto. Limita-se por regramentos que vêm refrear o exercício arbitrário da tributação, amoldando-o de acordo com a carga valorativa ínsita ao texto constitucional. De modo reflexo, a Constituição Federal define o *modus operandi* do exercício desse poder, que deverá se dar de forma justa e equilibrada, sem provocar danos à liberdade e à propriedade dos contribuintes.

Evidencia-se, com clareza, que as relações de tributação entre governante e governado deverão transitar dentro do espaço modulador do texto constitucional, conforme se demonstrou no esquema em epígrafe, por meio da "moldura" da "prateleira", ou seja, dentro da norma jurídica que cerca o poder de tributar. Tal modulação se exterioriza nas **(I)** *normas jurídicas de competência tributária* e **(II)** *nos princípios constitucionais tributários.* Note:

(I) Normas jurídicas de competência tributária: destinam-se à delimitação do poder de tributar, uma vez que a própria Constituição Federal (arts. 153, 155 e 156) faz a repartição da força tributante estatal entre as esferas políticas (União, Estados-membros, Municípios e o Distrito Federal), de forma privativa e cerrada. A esse respeito, o insigne tributarista Roque Antonio Carrazza[58] preleciona:

58. CARRAZZA, Roque Antonio. *Curso de direito constitucional tributário.* 24. ed. São Paulo: Malheiros, 2008, p. 489.

> De fato, entre nós, a força tributante estatal não atua livremente, mas dentro dos limites do direito positivo. (...) Cada uma das pessoas políticas não possui, em nosso país, poder tributário (manifestação do *ius imperium* do Estado), mas competência tributária (manifestação da autonomia da pessoa política e, assim, sujeita ao ordenamento jurídico-constitucional). A competência tributária é determinada pelas normas constitucionais, que, como é pacífico, são de grau superior às de nível legal, que – estas, sim – preveem as concretas obrigações tributárias.

(II) Princípios constitucionais tributários: os arts. 150, 151 e 152 da Carta Magna hospedam variados comandos principiológicos, insculpidos à luz de pautas de valores pontualmente prestigiados pelo legislador constituinte. Aliás, em muitos casos, como já se viu, servem esses princípios como verdadeiras garantias constitucionais do contribuinte contra a força tributária do Estado, assumindo a postura de nítidas limitações constitucionais ao poder de tributar.

Nessa toada, à luz da jurisprudência pacificada no STF, o poder de tributar do Estado não é refratário a limitações que, aliás, podem ser cognominadas de **cláusulas pétreas.**

É bom salientar que tais balizamentos, no plano dos princípios tributários, não se resumem aos princípios encontrados na seção constitucional, intitulada "Das Limitações do Poder de Tributar". A Carta Magna, em toda a sua extensão, alberga normas que são tendentes a inibir o poder do Estado no campo da tributação, *v.g.*, as normas de imunidade tributária e as de proibição de privilégios e de discriminações fiscais. Desse modo, por oportuno, é recomendável ao estudioso conceber as *limitações do poder de tributar*, conceitualmente, de modo amplo e sistêmico, não as atrelando com exclusivismo aos limites dos princípios tributários.

Vencida essa etapa inaugural de assimilação de conceitos jurídicos – *v.g.*, de "Estado", de "poder", de "soberania" e, finalmente, de "poder de tributar" –, o que permitiu rotular os princípios tributários de "*limitações constitucionais ao poder de tributar*", temos plenas condições de, nos próximos capítulos, proceder ao aprofundamento de tais limitações, percorrendo os indigitados princípios tributários e as imunidades.

2 PRINCÍPIO DA LEGALIDADE TRIBUTÁRIA

1 CONSIDERAÇÕES INICIAIS

O princípio da legalidade é multissecular, com previsão inaugural na Carta Magna inglesa, de 1215, do Rei João Sem Terra. À época, a nobreza e a plebe, reunindo esforços e se insurgindo contra o poder unipessoal de tributar, impuseram ao príncipe João um *estatuto*, visando inibir a atividade tributária esmagadora do governo. Em outras palavras, objetivavam impor a necessidade de aprovação prévia dos súditos para a cobrança dos tributos, do que irradiou a representação "*no taxation without representation*".

O intento marcou a história do constitucionalismo inglês: tal *estatuto* foi a primeira constituição inglesa, chamada *Magna Charta Libertatum*, exsurgindo a partir do desejo popular de rechaçar a tributação tradutora de desapropriação e de chancelar a ideia de que a invasão patrimonial pressupõe o *consentimento popular*. Nascia, assim, o ideal de que, na esteira da legalidade, corre tão somente o tributo consentido.

Ademais, em outros momentos históricos, foi possível observar que o condicionamento do poder tributário serviu para limitar os poderes do Estado, *v.g.*, a *Independência dos EUA* e a própria *Revolução Francesa*, que, em grande parte, foram consequências da atividade tributária extorsiva.

A esse propósito, Dino Jarach[1] asseverou que "*foi por razões tributárias que nasceu o Estado moderno de Direito*".

No plano conceitual, o princípio da legalidade tributária se põe como um relevante balizamento ao Estado-administração no mister tributacional. O Estado de

1. JARACH, Dino. *Curso superior de derecho tributario*. Buenos Aires: Nueva, 1969, p. 24, *apud* NOGUEIRA, Ruy Barbosa. *Direito tributário*: estudo de casos e problemas, 1973, p. 150.

Direito tem-no como inafastável garantia individual a serviço dos cidadãos, implicando uma inexorável convergência – e, também, equivalência – de ambos: se há *Estado de Direito*, há, reflexamente, a *legalidade* no fenômeno da tributação. Em outro giro, se prevalece o arbítrio estatal, tampouco existirá o Estado de Direito. A esse propósito, Ruy Barbosa Nogueira[2] aduz: "*O princípio da legalidade tributária é o fundamento de toda a tributação, sem o qual não há como se falar em Direito Tributário*".

Tem-se dito, nesse diapasão, que o princípio da legalidade é "*o vetor dos vetores*"[3]. Outrossim, tal postulado, intitulado *princípio da legalitariedade*, por Pontes de Miranda, mostra-se como um princípio fundante dos demais, irradiando uma carga valorativa de calibragem, no modulado convívio Fisco *versus* contribuinte.

Hugo de Brito Machado[4] assegura, com propriedade, que, "no Brasil, como, em geral, nos países que consagram a divisão dos Poderes do Estado, o princípio da legalidade constitui o mais importante limite aos governantes na atividade de tributação".

No plano axiológico, o princípio da legalidade tributária, abrindo-se para a interpretação, apresenta-se carregado de carga valorativa, sendo informado pelos ideais de *segurança jurídica* e *justiça* – vetores que não podem ser solapados na seara da tributação.

Em nossa órbita doméstica, o princípio da legalidade tributária é previsão centenária, percorrendo todos os textos constitucionais, com exceção da Constituição Federal de 1937, omissa a respeito, podendo-se observá-lo, de modo genérico, no art. 5º, II, da atual Carta Magna, sob a disposição "*Ninguém é obrigado a fazer ou deixar de fazer alguma coisa senão em virtude de lei*".

No plano específico do Direito Tributário, desponta o **art. 150, I, CF/88**. Observe-o:

> **Art. 150.** Sem prejuízo de outras garantias asseguradas ao contribuinte, é vedado à União, aos Estados, aos Municípios e ao Distrito Federal:
> **I** – exigir ou aumentar tributo sem lei que o estabeleça.

Assim, prevalece o desígnio do legislador constituinte de que nenhum tributo será instituído ou aumentado, a não ser por intermédio da lei.

É fato que o preceptivo em epígrafe é a franca especificação do indigitado art. 5º, II, da CF/88, permitindo-se a adoção do importante aforismo *nullum tributum sine lege*. Em outras palavras, o tributo depende de lei para ser instituído e para ser majorado. Se o tributo é veículo de invasão patrimonial, é prudente que isso ocorra segundo a vontade popular, cuja lapidação se dá no Poder Legislativo e em suas Casas Legislativas. Tal atrelamento, no trinômio "tributo-lei-povo" assegura ao particular um "escudo" protetor contra injunções estatais feitas por instrumento diverso de lei.

---

2. NOGUEIRA, Ruy Barbosa. *Direito tributário*: estudo de casos e problemas, p. 139.
3. FIGUEIREDO, Lucia Valle. Princípio de proteção ao contribuinte, princípio da segurança jurídica. *Revista de Direito Tributário*, n. 47, p. 561.
4. MACHADO, Hugo de Brito. *Curso de direito tributário*, 29. ed., p. 35.

A Constituição Federal de 1988 foi explícita ao mencionar os elementos "instituição" e "aumento", levando o intérprete, à primeira vista, a associar a lei apenas aos processos de *criação* e *majoração* do tributo. Essa não parece ser a melhor exegese: a lei tributária deve servir de parâmetro para criar e, em outro giro, para extinguir o tributo; para aumentar e, em outra banda, reduzir a exação. Com efeito, conforme se estudará no transcorrer da obra, as desonerações tributárias, quer no plano da extinção (*e.g.*, isenções, remissões etc.), quer no plano das reduções (*v.g.*, redução de base de cálculo, concessão de crédito presumido etc.), adstringem-se à reserva de lei (art. 150, § 6º, CF). Daí se assegurar que o comando previsto no inciso I do art. 150 da CF/88 atrela-se, inexoravelmente, aos paradigmas fáticos *instituição-extinção* e *aumento-redução*.

É imperioso destacar que a tarefa de "instituir o tributo", conquanto unilateral na forma, não o é na essência. É que a instituição pressupõe o *consentimento popular* – consoante se asseverou em linhas anteriores –, uma vez que este ato, sendo reflexo, aponta que o destinatário do tributo está disposto a aceitar a invasão patrimonial privada em prol dos interesses coletivos, pagando-se tão somente aquilo que consentir a quem o exigir.

Pontes de Miranda, de há muito, preconizava a ideia de que a legalidade na tributação significa o povo tributando a si mesmo. Não há dúvida: sendo a lei uma expressão da vontade coletiva, não se pode imaginar que o povo possa oprimir a si mesmo. Com efeito, "o ser 'instituído em lei' significa ser o tributo consentido"[5], sinalizando que "é da essência de nosso regime republicano que as pessoas só devem pagar os tributos em cuja cobrança consentirem"[6].

Aliomar Baleeiro, citado por Maria de Fátima Ribeiro[7], reforçando a ideia de consentimento, ratifica: "*O tributo é ato de soberania do Estado na medida em que sua cobrança é autorizada pelo povo, através da representação*". Tal relação avoca a noção de segurança jurídica que, axiologicamente, imantará o convívio entre Estado-credor e Cidadão-pagador.

2 O TRIBUTO E AS LEIS *ORDINÁRIA* E *COMPLEMENTAR*

O consentimento emanará, como regra, da *lei ordinária*. Esta é o veículo normativo hábil a instituir e a aumentar as exações tributárias. Como é cediço, a lei ordinária é a lei comum, do dia a dia das Casas Legislativas, cuja elaboração prescinde de *quorum* privilegiado de votantes.

Exemplo: **(I)** se há um IPTU, em dada municipalidade, há, por certo, uma *lei ordinária municipal* que o instituiu e que deverá veicular, quiçá, um possível aumen-

5. MACHADO, Hugo de Brito. *Curso de direito tributário*, 29. ed., p. 34.
6. CARRAZZA, Roque Antonio. *Curso de direito constitucional tributário*, 24. ed., p. 245.
7. RIBEIRO, Maria de Fátima. Considerações sobre a prevalência dos tratados internacionais sobre a legislação tributária brasileira: o caso do Mercosul. *Scientia Juris*, Londrina, v. I, 1997, pp. 99-105.

to; (**II**) se há um IPVA, em dado Estado da Federação, há, certamente, uma *lei ordinária estadual* que o instituiu e que deverá veicular, talvez, um possível aumento; e (**III**) se há um ITR, na Federação, há, seguramente, uma *lei ordinária federal* que o instituiu e que deverá veicular, porventura, um possível aumento.

Vê-se, dessarte, que a lei consentida é aquela emanada da entidade titular da competência tributária correspectiva. Tal fenomenologia sinaliza a *unicidade das Casas Legislativas*, cujo aprofundamento será feito em momento ulterior, no estudo da *Competência Tributária*, todavia pode agora ser sucintamente prenunciado: (**I**) o tributo federal, dependendo de lei ordinária federal, provirá de ato do *Congresso Nacional*; (**II**) o tributo estadual, dependendo de lei ordinária estadual, provirá de ato da *Assembleia Legislativa* (ou da *Câmara Legislativa*, para o Distrito Federal); e, por fim, (**III**) o tributo municipal, dependendo de lei ordinária municipal, provirá de ato da *Câmara de Vereadores* (ou da *Câmara Legislativa*, para o Distrito Federal).

Todavia, há casos excepcionais de *tributos federais* que, obedecendo ao postulado da legalidade tributária, avocam o processo elaborativo desencadeado pela *maioria absoluta* dos representantes do Poder Legislativo Federal, a saber, a edição de **lei complementar**. Com efeito, no Brasil, é juridicamente possível a criação de certos tributos por meio de leis complementares.

> Note o item considerado **INCORRETO**, em prova realizada pelo IESES, para o cargo de Titular de Serviços de Notas e de Registros – Provimento (TJ/SC), em 2019: *"O princípio da legalidade tributária veda que a União, os Estados, o Distrito Federal e os Municípios exijam ou aumentem tributos em lei que os estabeleça, devendo ser utilizada, em regra, lei complementar para instituir tributos".*

> Note o item (adaptado) considerado **CORRETO**, em prova realizada pela UNOESC, para o cargo de Agente Fiscal Tributário Externo da Prefeitura Municipal de Iraceminha/SC, em 2016: *"Há alguns tributos que para serem exigidos ou majorados necessitam de lei complementar, são eles: Empréstimos compulsórios, contribuições previdenciárias novas ou residuais, impostos residuais e imposto sobre grandes fortunas".*

Segundo a literalidade do texto constitucional, são eles:

1. **Imposto sobre Grandes Fortunas** (art. 153, VII, CF);

> Note o item considerado **CORRETO**, no concurso realizado pela CEMAT, para o cargo de Advogado da Prefeitura de Pompeia/SP, em 2016: *"O imposto sobre grandes fortunas deve ser criado por Lei Complementar".*
>
> **Observação:** item semelhante foi considerado **CORRETO**, em prova realizada pela FGV, Sefaz/MT, para o cargo de Auditor Fiscal Tributário da Receita Municipal, em 2014.

2. **Empréstimos Compulsórios** (art. 148, I e II, CF);

> Note o item (adaptado) considerado **CORRETO**, em prova realizada pelo Cebraspe, para o cargo de Promotor de Justiça Substituto (MPE/RR), em 2017: *"Em matéria tributária, uma lei ordinária NÃO pode dispor, entre outros temas, sobre instituição de empréstimo compulsório para atender a despesas extraordinárias decorrentes de calamidade pública".*

> Note o item considerado **INCORRETO**, em prova realizada pela Consulplan Consultoria, para o cargo de Titular de Serviços de Notas e de Registro (TJ/MG), em 2015: *"Não é necessário lei complementar para instituir empréstimos compulsórios"*.

3. **Impostos Residuais** (art. 154, I, CF);

> Note o item considerado **INCORRETO**, em prova realizada pelo TRF/4ª Região, para o cargo de Juiz Federal Substituto (XVII Concurso), em 2016: *"A instituição de 'imposto inominado', de competência residual da União, poderá ocorrer mediante lei complementar ou ordinária, desde que seja não cumulativo e não tenha fato gerador ou base de cálculo próprios dos discriminados na Constituição Federal"*.

4. Contribuições Social-previdenciárias Residuais (art. 195, § 4º, CF c/c art. 154, I, CF).

Tem-se afirmado na doutrina que as leis complementares visam "complementar" o texto constitucional. De um modo geral, observa-se que o constituinte, originário ou reformador, atrela à lei complementar certas matérias de especial importância, tendentes a um dado grau de polemização, para cujo regramento seria prudente a obtenção de um maior consenso entre os parlamentares. Verifique que, nos casos acima expendidos, tal consenso se mostra inafastável, uma vez que encerram situações "limítrofes", vocacionadas à instabilidade na relação jurídica obrigacional tributária, quando se pensa, por exemplo, em atingir as fortunas vultosas ou mesmo o patrimônio privado pela tributação residual.

Assim, evidencia-se que a lei complementar se põe como instrumento de **utilização excepcional**, o que faz com que o legislador constituinte, pretendendo que tal matéria seja por ela disciplinada, estabeleça previsão explícita no texto constitucional, ressalvados casos esparsos, que avocam uma interpretação sistemática (*vide* art. 150, VI, "c", parte final, CF).

> Note o item considerado **CORRETO**, em prova realizada pela FGV, para o cargo de Auditor (CGE/MA), em 2014: *"A lei complementar só de forma excepcional é utilizada para criar tributos"*.

Quanto ao conceito de "maioria absoluta", necessária à aprovação de uma lei complementar, não é demasiado exemplificar que, havendo 113 parlamentares ocupantes de cargos eletivos existentes na Casa Legislativa, a maioria *absoluta* será formada pelo número inteiro imediatamente superior à metade ou à metade fracionada do total de *parlamentares existentes*, ou seja, 57 representantes.

Diversamente, a aprovação de uma lei ordinária, nessa mesma Casa Legislativa, não carecerá de tantos votos, mas necessitará igualmente número inteiro imediatamente superior à metade ou à metade fracionada do total de *parlamentares presentes* à sessão (*quorum* de instalação), ou seja, da intitulada "maioria simples". Exemplo:

Casa Legislativa *Alfa*:
Maioria Absoluta: entre 113 Parlamentares *Existentes*
Resposta: 57 parlamentares
Maioria Simples: entre 87 Parlamentares *Presentes*
Resposta: 44 parlamentares

É fácil perceber que a aprovação de uma lei complementar demanda maior esforço, o que a torna naturalmente mais estável, em face da eventual tentativa de modificação ulterior.

Por fim, registre-se que, segundo o art. 62, § 1º, III, CF, inserto pela EC n. 32/2001, as matérias cabentes à lei complementar não poderão ser objeto de **medida provisória**. Daí se afirmar que seria inconstitucional, por exemplo, um empréstimo compulsório ou, mesmo, uma residual contribuição social-previdenciária, instituídos por medida provisória.

> Note o item (adaptado) considerado **CORRETO** em prova realizada pela Vunesp, para o cargo de Procurador Jurídico da Prefeitura de Alumínio/SP, em 2016: *"De acordo com o princípio da legalidade tributária previsto na Constituição Federal do Brasil (CFB), uma espécie tributária que não passível de instituição por Medida Provisória é o 'empréstimo compulsório'"*.

Ainda sobre o ato de *instituir* o tributo, calha assinalar que é imperioso que na lei tributária se estabeleçam, com clareza meridiana, todos os elementos configuradores da relação obrigacional tributária, *v.g.*, o quanto se deve pagar; quem deverá proceder ao pagamento; por que se deve pagar; o ônus imposto para quem não pagar; entre outros indicadores[8].

3 A LEGALIDADE ESTRITA

Em outras palavras, a lei que institui um tributo deve conter, na esteira do **art. 97 do CTN**, elementos obrigatórios, conforme se nota no preceptivo abaixo reproduzido:

> **Art. 97.** Somente a lei pode estabelecer:
>
> **I** – a instituição de tributos, ou a sua extinção;
>
> **II** – a majoração de tributos, ou sua redução, ressalvado o disposto nos artigos 21, 26, 39, 57[9] e 65;
>
> **III** – a definição do fato gerador da obrigação tributária principal, ressalvado o disposto no inciso I do § 3º do artigo 52, e do seu sujeito passivo;

8. *V.* MACHADO, Hugo de Brito. *Curso de direito tributário*, 29. ed., p. 34; e cf. ROSA JUNIOR, Luiz Emygdio Franco da. *Manual de direito financeiro e direito tributário*. 12. ed. Rio de Janeiro: Renovar, 1998, p. 280.
9. O art. 57 do CTN encontra-se revogado pelo Decreto-lei n. 406/68 (art. 13).

IV – a fixação de alíquota do tributo e da sua base de cálculo, ressalvado o disposto nos artigos 21, 26, 39, 57[10] e 65;

V – a cominação de penalidades para as ações ou omissões contrárias a seus dispositivos, ou para outras infrações nela definidas;

VI – as hipóteses de exclusão, suspensão e **extinção** de créditos tributários, ou de dispensa ou redução de penalidades.

Note o item considerado **INCORRETO**, em prova realizada pela FADESPE, para o cargo de Advogado da Companhia de Saneamento do Pará (COSANPA), em 2017: *"Excepcionalmente, o decreto presidencial pode instituir novas formas de extinção do crédito tributário, contanto que tenha prazo temporário"*.

Desse modo, o art. 97 do CTN, veiculando nítidas explicitações do preceito constitucional, sinaliza a necessidade de composição de uma lista taxativa (*numerus clausus*) de rudimentos configuradores da estrita legalidade, a seguir expendida:

ALÍQUOTA
BASE DE CÁLCULO
SUJEITO PASSIVO
MULTA
FATO GERADOR

Conforme se notou no art. 97, I ao VI, do CTN, são prerrogativas legais em matéria tributária, ficando reservadas, exclusivamente, à lei estabelecer: instituição de tributos; suspensão, extinção e exclusão do crédito tributário; cominação de penalidade; fixação de alíquota e de base de cálculo; definição de fato gerador da obrigação principal e de sujeito passivo. Quanto à "majoração de tributos", há ressalvas descritas nos §§ 1º e 2º do próprio art. 97, cujo detalhamento será feito em tópico ulterior.

Tal composição exaustiva tem sido rotulada pelos teóricos, na forma de variadas denominações, a saber: ***Estrita Legalidade***, *Tipicidade Fechada (Regrada ou Cerrada)* e *Reserva Legal*.

Note o item (adaptado) considerado **INCORRETO**, na prova realizada pela FCC, para o cargo de Agente Fiscal de Rendas (Sefaz/SP), em 2013: *"É uma das limitações constitucionais ao poder de tributar: a 'legalidade tributária estrita', incluída na Constituição Federal de 1988 pela EC n. 42, de 19 de dezembro de 2003"*.

Impende mencionar que o intitulado *princípio da tipicidade* não é autônomo perante o princípio da legalidade tributária, mas "*um corolário do princípio da lega-*

10. *Idem*.

lidade", segundo o saudoso Ricardo Lobo Torres[11]. Na trilha de Alberto Xavier[12], "*antes é a expressão mesma desse princípio, quando se manifesta na forma de uma reserva absoluta de lei*", nos contornos da *segurança jurídica*. Para Sacha Calmon Navarro Coêlho, o ***princípio da tipicidade***, dizendo respeito *ao conteúdo da lei*, é uma extensão lógica do princípio da legalidade material.

A tipologia da lei tributária, sendo fechada e exauriente, remete o intérprete à noção de *tipo* ou de *tipificação*, em um elevado grau de determinação conceitual e fixação de conteúdo[13], o que implica ao aplicador da regra que submeta as matérias ali discriminadas à moldura legal, sob pena de violação da estrita legalidade.

Ives Gandra da Silva Martins[14] assevera que "é fechada a tipicidade de tributo e pena. É absoluta a reserva da lei. Sua veiculação normal deve conter toda a informação necessária para a aplicação da norma". Ou, ainda, nos dizeres de Sacha Calmon Navarro Coêlho[15]: "A tipicidade tributária é cerrada para evitar que o administrador ou o juiz, mais aquele do que este, interfiram na sua modelação, pela via interpretativa ou integrativa".

Nesse passo, não basta que se disponha na lei que um dado tributo fica assim instituído, deixando-se, por exemplo, para um ato infralegal a indicação da alíquota, da base de cálculo, do sujeito passivo ou do fato gerador. Ou, em outro giro, se houver omissão ou obscuridade quanto a esses elementos essenciais, descabe ao administrador e ao juiz integrarem a lei, colmatando a lacuna por analogia.

Pretende-se, sim, que a lei tributária proponha-se a definir *in abstracto* **todos os aspectos relevantes da fisiologia do tributo**, para que se possa, *in concreto*, identificar o quanto se pagará, por que se pagará, a quem se pagará, entre outras respostas às naturais indagações que se formam diante do fenômeno da incidência.

> Note o item considerado **CORRETO**, em prova realizada pela CS-UFG, para o cargo de Procurador (AL/GO), em 2015: *"A legalidade tributária corresponde ao 'princípio da reserva legal', dado que toda imposição tributária, em cada um dos aspectos do fato gerador, deve necessariamente estar prevista em lei no sentido estrito".*

Desse modo, a lei tributária deverá fixar, com hialina clareza, por exemplo, a alíquota, **a base de cálculo**, o sujeito passivo do tributo, a multa e o fato gerador, sendo-lhe vedadas as indicações genéricas no texto legal de tais rudimentos *numerus clausus* da tipologia cerrada.

11. TORRES, Ricardo Lobo. O princípio da tipicidade no direito tributário. Rio de Janeiro: *Revista de Direito Administrativo*, 2004, pp. 193-232.
12. XAVIER, Alberto. *Os princípios da legalidade e da tipicidade da tributação*. São Paulo: RT, 1978, pp. 69-70.
13. *Ibidem*, p. 92.
14. MARTINS, Ives Gandra da Silva. *Teoria da imposição tributária*. São Paulo: Saraiva, 1983, p. 185.
15. COÊLHO, Sacha Calmon Navarro. *Curso de direito tributário brasileiro*: comentários à Constituição Federal e ao Código Tributário Nacional. 6. ed. Rio de Janeiro: Forense, 2001, p. 200.

> Note o item considerado **INCORRETO**, em prova realizada pela FCC, para o cargo de Procurador do Município de Campinas, em 2016: *"Em relação à base de cálculo, não se submete à legalidade e à anterioridade tributária"*.

Uma fértil discussão acerca do tema tem sido travada na doutrina e nos tribunais: *se o prazo para pagamento do tributo é ou não componente da reserva legal*. Em outras palavras, tem-se questionado se é possível a alteração da data de pagamento do tributo por um ato normativo infralegal, *v.g.*, uma portaria.

O STF tem entendido que o Poder Executivo detém competência para expedir ato infralegal fixando o prazo de pagamento do tributo, ao fundamento de que a fixação de prazo para recolhimento das exações tributárias não é matéria reservada à lei. Note os entendimentos jurisprudenciais:

> **EMENTA:** (...) O Tribunal, por maioria, conheceu do recurso e lhe deu provimento, declarando a constitucionalidade do art. 66 da Lei n. 7.450/85 que *atribuiu ao Ministro da Fazenda competência para expedir portaria fixando o referido prazo, ao fundamento de que a fixação de prazo para recolhimento do tributo não é matéria reservada à lei.* Vencidos os Ministros Marco Aurélio, Sepúlveda Pertence e Carlos Velloso, por entenderem que a disciplina sobre prazo de recolhimento de tributos sujeita-se à competência legislativa do Congresso Nacional. **(RE 140.669/PE, rel. Min. Ilmar Galvão, j. em 02-12-1998) (Grifos nossos)**

> **EMENTA:** (...) Alegação descabida. Prevista, no dispositivo legal sob enfoque, a atualização monetária dos débitos de ICMS, não há como se falar, no caso, em ofensa ao princípio da legalidade. *De outra parte, não se compreendendo no campo reservado a lei, pelo Texto Fundamental, a definição do vencimento* e do modo pelo qual se procederá a atualização monetária das obrigações tributárias. **(RE 172.394/SP, rel. Min. Marco Aurélio, j. em 21-06-1995) (Grifos nossos)**

> **EMENTA:** (...) *Improcedência da alegação, tendo em vista não se encontrar sob o princípio da legalidade estrita* e da anterioridade a fixação do vencimento da obrigação tributária; já se havendo assentado no STF, de outra parte, o entendimento de que a atualização monetária do débito de ICMS vencido não afronta o princípio da não cumulatividade (RE 172.394). Recurso não conhecido. **(RE 195.218/MG, rel. Min. Ilmar Galvão, j. em 28-05-2002) (Grifos nossos)**

É salutar, todavia, em abono da dialética, observarmos os sedutores argumentos expendidos nos **votos vencidos** dos eminentes **Ministros Marco Aurélio e Sepúlveda Pertence**, no **RE 140.669-PE/98**[16], demonstrando que os insignes julgadores se opuseram à ideia de que o prazo para pagamento pode ser disciplinado por ato infralegal. Aduzem que não tem cabimento, de um lado, a exigência da legalidade para a formatação de todos os ângulos estruturais do tributo, e, de outro lado, a sua dispensa no momento da consumação do sacrifício patrimonial do contribuinte. Observe os selecionados trechos dos votos:

16. *V.* MACHADO, Hugo de Brito. *Curso de direito tributário*, 29. ed., p. 35, para quem o prazo para pagamento do tributo é elemento essencial à reserva legal.

Voto do **Ministro Marco Aurélio**: "(...) A segurança jurídica, a relação entre Estado e contribuinte reclama estabilidade somente possível de ser garantida via observância irrestrita ao mecanismo próprio que é o revelado pela edição de lei em sentido formal e material, isto tendo em vista a competência abrangente do Congresso Nacional para disciplinar a arrecadação de tributos". E citando Geraldo Ataliba e José Artur Lima Gonçalves[17], prossegue: "(...) tais autores ressaltam que o espaço de tempo para a satisfação do tributo muito tem a ver com o valor respectivo, sendo que a fixação de prazo para cumprimento de obrigação tributária não é matéria administrativa. Em última análise, segundo os citados tributaristas, o prazo para o recolhimento 'é tão juridicamente relevante quanto à base de cálculo e à alíquota, para determinação do *quantum*'. (...) A cobrança do tributo é uma atividade vinculada à lei, razão pela qual se mostra descabida constitucionalmente delegação que implique a possibilidade de, conforme a situação do caixa, vir a ser fixado, por ato do Ministro de Estado da Fazenda, este ou aquele prazo (...)".

Voto do **Ministro Sepúlveda Pertence**: "(...) Certo, a arrecadação tributária é matéria essencialmente administrativa. Por isso – como o dogma da indelegabilidade efetivamente não pode ser levado às últimas consequências – malgrado reservada à lei, a matéria comportará desenvolvimentos regulamentares, no campo próprio do regulamento – independentemente de autorização legal expressa – que é o da ordenação de atividade administrativa, fundada no poder hierárquico que lhe é essencial. Não é disso, porém, que se cogita aqui, mas da disciplina de prisma substantivo da relação entre os órgãos de arrecadação tributária e o contribuinte, qual o tempo do cumprimento de sua obrigação: dada a sua inegável relevância, não há como subtraí-lo da reserva constitucional à lei da regência da arrecadação de tributos (...)".

De nossa parte, entendemos que o **prazo para recolhimento do tributo**, conquanto ausente na lista exaustiva dos elementos configuradores da reserva legal, constante do art. 97 do CTN, apresenta-se como rudimento substancial para a completude da lei tributária, ao indicar o átimo de tempo em que se deve adimplir, com pontualidade, a obrigação tributária. Deixar tal determinação ao alvedrio do Poder Executivo, ao sabor da discricionariedade, é sufragar o perene estádio de insegurança jurídica, acintosa ao elemento axiológico justificador do postulado da estrita legalidade.

Por outro lado, recomendamos que, para concursos públicos, deve o leitor se manter fiel à lista exaustiva de elementos típicos da lei tributária, concebendo **o prazo para pagamento do tributo como item não adstrito à reserva legal**. Este tem sido o posicionamento adotado pelas principais Bancas Examinadoras, a saber, Esaf, Vunesp e Cespe/UnB (atual Cespe/Cebraspe). Curiosamente, o TRF da 3ª Região, em provas realizadas para o cargo de Juiz Federal Substituto, tem adotado posicio-

17. GONÇALVES, José Artur Lima; ATALIBA, Geraldo. Carga tributária e prazo de recolhimento de tributos. *Revista de Direito Tributário*, v. 45, 1988, pp. 24-31.

namento diverso – em mais de uma prova! –, entendendo que um decreto que reduz prazo de recolhimento é inconstitucional, uma vez que o prazo integra as exigências do princípio da legalidade, sendo vedado ao *decreto* tratar dessa matéria.

> Note o item considerado **CORRETO**, em prova realizada pela FGV, para o cargo de Auditor Fiscal Tributário da Receita Municipal (Sefaz/MT), em 2014: *"De acordo com o Código Tributário Nacional (CTN), a data de recolhimento de um tributo é tema reservado a um Decreto"*.

> Note o item considerado **INCORRETO**, em prova realizada pelo PGE/GO, para o cargo de Procurador do Estado, em 2013: *"Em decorrência do princípio da legalidade tributária, o prazo para pagamento do tributo deve ser estabelecido em lei em sentido estrito, isto é, ato emanado do Poder Legislativo na medida em que consolidado, 'no taxation without representation'"*.

Vale destacar, ademais, que exsurgem outros bons exemplos de matérias que passam ao largo da *estrita legalidade*. São eles:

3.1 A estipulação de obrigações acessórias (art. 113, § 2º, CTN)

> **Art. 113.** A obrigação tributária é principal ou acessória. (...)
> **§ 2º** A obrigação acessória decorre da legislação tributária e tem por objeto as prestações, positivas ou negativas, nela previstas no interesse da arrecadação ou da fiscalização dos tributos.

> Note o item considerado **INCORRETO**, em prova realizada pelo Instituto AOCP, para o cargo de Advogado da Prefeitura Municipal de Juazeiro/BA, em 2016: *"A 'obrigação acessória' decorre da legislação tributária e tem por objeto o pagamento das multas decorrentes da fiscalização dos tributos"*.

As obrigações acessórias, intituladas "*deveres de contorno*", segundo o jurista italiano Renato Alessi, citado por Geraldo Ataliba, referem-se àqueles deveres instrumentais do contribuinte que gravitam no entorno do tributo, na esteira das relações jurídico-tributárias, de cunho não patrimonial.

Nesse passo, as obrigações tributárias acessórias, consistentes nas prestações positivas ou negativas, de interesse da arrecadação e fiscalização dos tributos, podem ser previstas em atos infralegais (portarias, circulares, instruções normativas, entre outros), e não necessariamente em lei – esta, sim, necessária à veiculação dos deveres patrimoniais, ínsitos à obrigação tributária principal (art. 114 do CTN).

Tal entendimento vai ao encontro da chancela do estimado Hugo de Brito Machado[18], para quem as obrigações acessórias devem ser meros deveres instrumen-

18. *V.* MACHADO, Hugo de Brito. *Comentários ao Código Tributário Nacional*. São Paulo: Atlas, 2004, v. II, p. 305.

tais – adequados, necessários e não excessivos –, empregados no intuito de se aferir se as obrigações principais (estas, sim, previstas em lei) estão sendo adimplidas. Dessa forma, a multa pelo descumprimento de obrigação acessória deve se adstringir à lei tributária (art. 97, V, CTN), mas não à própria obrigação acessória.

Nesse passo, evidencia-se a obrigação acessória, em seu viés instrumental, como uma obrigação imposta para a fiel execução de uma lei, que, por sua vez, impõe a obrigação principal (*v.g.*, fiscalização do IRPF, a partir do montante declarado na Declaração do Imposto de Renda – DIRPF).

O **STJ** tem assim entendido, como se nota no didático trecho extraído do voto do Ministro Relator Castro Meira, no **RMS 17.940/MT**, 2ª Turma, em 10-08-**2004**:

> (...) A LC n. 87/96, que dispõe sobre o ICMS, da mesma forma, dita que 'o direito de crédito para efeito de compensação com débito do imposto, reconhecido ao estabelecimento que tenha recebido as mercadorias ou para o qual tenham sido prestados os serviços, está condicionado à idoneidade da documentação e, se for o caso, à escrituração nos prazos e condições estabelecidos na legislação (art. 23). *Como se vê a legislação federal prevê limitações e autoriza a criação de mecanismos para combater a sonegação fiscal. Assim, as condições para o controle do ICMS impostas pela norma mato-grossense não comportam vícios de legalidade.* (...)
>
> *A portaria estadual não está criando ou majorando a alíquota do ICMS, mas está instituindo obrigação acessória a este tributo:* "o fato gerador da obrigação acessória é qualquer situação que, na forma da legislação aplicável, impõe a prática ou a abstenção de ato que não configure obrigação principal (CTN, art. 115). Nos termos do Código Tributário Nacional, esse fato gerador pode ser definido pela legislação e não apenas pela lei". *Não há, pois, o malferimento do citado princípio constitucional porque o Código Tributário Nacional, em seu art. 113, § 2º, possibilita a instituição desta espécie de obrigação tributária por legislação de forma ampla.* (...)
>
> De fato, a exigência de preenchimento, pelo contribuinte, de formulários de pedidos de autorização e utilização de créditos do ICMS é legal. *Pode o Estado criar obrigação acessória, com o fim de exercer suas funções de controle e fiscalização, ainda que por mero ato administrativo, como é a portaria, já que o CTN se refere à "legislação tributária" e não à lei.* (...) Nesse sentido esta Corte tem precedentes, dos quais destaco: ROMS 8.254/RJ, rel. Min. Eliana Calmon, *DJU* de 29-11-1999; e REsp 89.967/RJ, rel. Min. Ari Pargendler, *DJU* de 18-05-1998. **(Grifos nossos)**

Ou, ainda, no trecho da seguinte ementa:

> **EMENTA:** EMBARGOS DE DECLARAÇÃO. MULTA. ATRASO NA ENTREGA DA DCTF. (...) 3. A *instrução normativa* 73/96 estabelece apenas os regramentos administrativos para a apresentação das DCTF's, *revelando-se perfeitamente legítima a exigibilidade da obrigação acessória, não havendo que se falar em violação ao princípio da*

legalidade. 4. Embargos de declaração acolhidos para sanar erro material. **(EDcl nos EDcl no AgRg no RE 507.467 – PR, STJ, 1ª T., j. em 05-05-2005). (Grifos nossos)**

3.2 A atualização monetária do tributo (art. 97, §§ 1º e 2º, CTN)

Art. 97. Somente a lei pode estabelecer:

(...)

§ 1º Equipara-se à majoração do tributo a modificação da sua base de cálculo, que importe em torná-lo mais oneroso.

§ 2º Não constitui majoração de tributo, para os fins do disposto no inciso II deste artigo, a atualização do valor monetário da respectiva base de cálculo.

A atualização monetária do tributo, quando obedecer a índices oficiais de correção de dado período, devida e publicamente revelados, será **inequívoca atualização**, e não "majoração de tributo".

Note o item considerado **INCORRETO**, em prova realizada pela Vunesp, para o cargo de Agente Fiscal Tributário da Prefeitura Municipal de Suzano/SP, em 2016: *"Constitui majoração de tributo a atualização do valor monetário da respectiva base de cálculo"*.

Observação: *item semelhante foi considerado* **INCORRETO**, *em prova realizada pela FCC, para o cargo de Profissional de Nível Superior (Direito) da ELETROBRAS-ELETROSUL, em 2016.*

Diversamente, se, sob a capa da "atualização", forem utilizados índices acima da correção monetária do período em análise, não se terá atualização, mas induvidoso aumento de tributo.

Daí se dizer que, no primeiro caso – em que há legítima atualização –, não há majoração do tributo, permitindo-se o tranquilo uso de **atos normativos infralegais**. De outra banda, no segundo caso, em que há **falsa "atualização"** – e verdadeira majoração do tributo –, há de se ter a lei, como *conditio sine qua non*, sob pena de eiva de legalidade tributária.

Note o item considerado **CORRETO**, em prova realizada pela UEG, PC-GO, para o cargo de Delegado de Polícia, em 2018: *"O Código Tributário Nacional, ao dispor sobre a aplicação do princípio da legalidade tributária, prescinde de sua observância na atualização do valor monetário da base de cálculo do tributo"*.

A esse propósito, impende citar a **Súmula n. 160 do STJ**, segundo a qual *"é defeso, ao Município, atualizar o IPTU, mediante decreto, em percentual superior ao índice oficial de correção monetária"*.

> Note o item considerado **INCORRETO** em prova realizada pelo Instituto Legatus, para o cargo de Procurador da Câmara Municipal de Bertolínia/PI, em 2016: *"É facultado ao prefeito elevar a base de cálculo do IPTU por meio de um decreto"*.

Em tempo: frise-se que o **STF**, em **2013**, considerou inconstitucional a majoração, sem edição de lei em sentido formal, do valor venal de imóveis para efeito de cobrança do IPTU, acima dos índices oficiais de correção monetária (**RE 648.245/Reperc. geral, rel. Min. Gilmar Mendes, Pleno, j. em 1º-08-2013**).

4 A MITIGAÇÃO DO PRINCÍPIO DA LEGALIDADE TRIBUTÁRIA

O Princípio da Legalidade Tributária comporta uma **atenuação ou mitigação** – ou, simplesmente, "exceção", para alguns doutrinadores.

> Note o item considerado **INCORRETO**, em prova realizada pela PUC/PR, para o cargo de Juiz Substituto (TJ/PR), em 2014: *"Da irradiação dos valores constitucionais para todo o sistema jurídico, é possível afirmar que inexistem hipóteses de mitigação ou atenuação do Princípio da Legalidade Tributária"*.

> Note o item considerado **CORRETO**, em prova realizada pela MPE/GO, para o cargo de Promotor de Justiça Substituto, em 2014: *"O princípio da legalidade é uma proteção contra o poder arbitrário do Estado de cobrar tributos criados por lei, está sujeito à mitigação"*.

> Note o item considerado **CORRETO** em prova realizada pela Serctam, para o cargo de Assistente Jurídico da Prefeitura de Quixadá/CE, em 2016: *"O princípio da legalidade tributária comporta atenuação ou mitigações"*.

> Note o item considerado **INCORRETO**, em prova realizada pela UEG, PC-GO, para o cargo de Delegado de Polícia, em 2018: *"Com origem na Magna Carta de 1215, quando desde então vigorava 'no taxation without representation', é direito fundamental do contribuinte, previsto no art. 150, I, da Constituição de 1988, que não encontra mitigação na ordem tributária brasileira"*.

Falar em "exceção" ao princípio em tela parece não ser a melhor exegese dos preceptivos que ressalvam a legalidade, haja vista referirem-se eles a exações tributárias que dependem de lei, mas que podem ter uma alteração de alíquotas empreendidas por ato do Poder Executivo. A bem da verdade, todos os tributos estão sujeitos ao princípio da legalidade, embora, em relação a alguns, sob as vestes de uma "aparente exceção", nos dizeres de José Eduardo Soares de Melo[19], o princípio se mostre *mitigado*, com relação **às alíquotas (e não com relação à base de cálculo!)**. Significa dizer que, em certas circunstâncias – e dentro dos limites legais –, não se submetem "completamente" ao princípio da legalidade tributária. Com efeito, há limites legais,

19. MELO, José Eduardo Soares de. *Curso de direito tributário*, 8. ed., p. 20.

dentro dos quais o Poder Executivo alterará as alíquotas dos tributos considerados "exceções". Frise-se que a "alteração de base de cálculo", aceita pelo art. 21 do CTN, não foi recepcionada pelo art. 153, § 1º, da CF, permanecendo apenas a possibilidade quanto às *alíquotas*.

> Note o item considerado **CORRETO**, em prova realizada pelo Fundatec, para o cargo de Procurador do Estado/RS (PGE/RS), em 2015: *"O princípio da legalidade tributária aplica-se a todos os tributos, mas se admite a alteração da alíquota de certos impostos federais, de caráter extrafiscal, desde que sejam atendidas as condições e os limites estabelecidos em lei".*

Evidencia-se, assim, que a terminologia mais burilada para o fenômeno em estudo deve ser aquela que sinaliza a "mitigação" ou "atenuação"[20] do postulado, e não a "exceção", propriamente dita.

É vital destacar, no estudo da legalidade tributária, que a doutrina tem lapidado a distinção entre *lei material* e *lei formal*.

A *lei material* é a própria norma, na condição de comando abstrato, geral e impessoal, dotado de hipoteticidade. Diz-se, assim, que determinada matéria se submete à chamada "reserva de lei material" ou "reserva material da lei".

Por outro lado, a *lei formal* é o ato normativo que detém a forma de lei. Assim, destaca-se como o comando que deve ser formulado por órgão titular da função legislativa, na condição de ato jurídico emanado pelo *Poder Competente*, segundo a forma estabelecida no texto constitucional. Diz-se, pois, que se trata de "reserva de lei formal" ou "reserva formal de lei"[21].

A partir desse traço distintivo, nota-se que o ato que tem a "forma de lei" – a lei formal – nem sempre indicará a presença da lei em sentido material. Ademais, é fácil perceber que as ressalvas à legalidade tributária, quando veiculadoras de uma atuação do Poder Executivo na seara tributacional, são verdadeiras ressalvas à "reserva da lei formal", e não à "reserva da lei material".

Segundo o **art. 153, § 1º, CF**, há **quatro impostos federais** que poderão ter suas alíquotas majoradas (ou reduzidas) por ato do Poder Executivo Federal, o que se dá comumente por *decreto* presidencial ou *portaria* do Ministro da Fazenda. São eles:

> Note o item considerado **CORRETO**, em prova realizada pela Fundep, para o cargo de Auditor fiscal da Receita Municipal da Prefeitura Municipal de Uberaba/MG, em 2016: *"Como forma de incentivo fiscal, existe uma restrição ao ente público que veda a alteração das alíquotas dos tributos sobre: (I) importação de produtos estrangeiros; (II) exportação, para o exterior, de produtos nacionais ou nacionalizados; (III) produtos industrializados; (IV) operações de crédito, câmbio e seguro, ou relativas a títulos ou valores mobiliários".*

20. BOTALLO, Eduardo Domingos. *Lições de direito público*. São Paulo: Dialética, 2003, p. 62.
21. *V.* MELO, José Eduardo Soares de. *Curso de direito tributário*, 8. ed., p. 20.

> Note o item considerado **CORRETO**, em prova realizada pela Fundatec, para o cargo de Procurador do Estado (PGE/RS), em 2015: *"O princípio da legalidade tributária aplica-se a todos os tributos, mas se admite a alteração da alíquota de certos impostos federais, de caráter extrafiscal, desde que sejam atendidas as condições e os limites estabelecidos em lei".*

1. Imposto sobre a Importação (II);
2. Imposto sobre a Exportação (IE);
3. Imposto sobre Produtos Industrializados (IPI);
4. Imposto sobre Operações de Crédito, Câmbio e Seguros (IOF).

Como se estudou, é defeso à lei instituir o tributo sem lhe precisar a alíquota, por exemplo, porquanto é de sua exclusiva competência descrever todos os aspectos da hipótese de incidência. Definindo-se a alíquota, como elemento essencial à reserva legal, é admissível que o Poder Executivo provoque uma alteração em sua fisionomia. Isso não significa que o Poder Executivo desfrutará de poder para fixar a alíquota a seu bel-prazer, mas de mera autorização para flexibilizá-la, segundo os parâmetros legais (máximo e mínimo, *teto* e *piso*, e não apenas um patamar destes). Tais balizas podem ser amplas, mas não serão ilimitadas.

Exemplo: Lei do **Imposto de Exportação** estipula alíquota de 20% para um certo bem exportável. Pode o Poder Executivo reduzi-la para dez (10%) e, se quiser, retorná-la a seu patamar máximo (20%)[22].

> Note o item considerado **CORRETO** em prova realizada pelo Cebraspe, para o cargo de Procurador do Município de Fortaleza/CE, em 2017: *"A alteração de alíquotas do imposto de exportação não se submete à reserva constitucional de lei tributária, tornando-se admissível a atribuição dessa prerrogativa a órgão integrante do Poder Executivo".*

Dessarte, não se trata de atuação arbitrária da autoridade administrativa, mas de nítida *"atuação legalmente cercada"*, em que há uma moldura ou circunferência traçada pela lei. Enquanto não exercida a possível alteração pelo Poder Executivo, deverá prevalecer aquela alíquota prevista na lei.

Insta frisar que, "se *quem pode o mais, pode o menos*", a atuação do Poder Executivo não está adstrita apenas à majoração das alíquotas, mas também à sua redução. Com efeito, tais impostos, ditos "flexíveis", abrem-se para o manejo de alíquotas no intuito de regulação do mercado ou da economia do País. Daí se dizer que tais exações são gravames regulatórios ou reguladores de mercado.

4.1 A mitigação da legalidade tributária e a extrafiscalidade

Com base nas premissas apresentadas, é possível entender a lógica de tal flexibilidade, de que dispõe o Poder Executivo, no manejo das alíquotas, prescindindo-se da anuência do Poder Legislativo. Tais impostos são dotados de *extrafiscalidade* – poderoso instrumento financeiro empregado pelo Estado a fim de estimular ou inibir

22. *V.* MELO, José Eduardo Soares de. *Curso de direito tributário*, 8. ed., p. 20.

condutas, tendo em vista a consecução de finalidades não meramente arrecadatórias. Note que a extrafiscalidade orienta-se para **fins outros** que não a captação de recursos para o Erário, visando corrigir externalidades. De fato, os impostos mencionados – II, IE, IPI e o **IOF** – atrelam-se à ordenação das relações econômico-sociais, servindo para a intervenção em dados conjunturais e estruturais da economia.

> Note o item considerado **INCORRETO**, em prova realizada pela FAEPESUL, para o cargo de Fiscal Fazendário da Prefeitura de Grão-Pará/SC, em 2016: *"Os tributos têm missão constitucional exclusiva de obtenção de receita para o ente tributante competente para a sua criação"*.

> Note o item considerado **CORRETO** em prova realizada pela FGV, para o cargo de Analista Administrativo (PROCEMPA), em 2014: *"A carga tributária da pessoa jurídica 'Relevância Ltda.' é majorada validamente por meio de decreto que eleva a alíquota de IOF que incide sobre sua atividade econômica"*.

Exemplo: quando há necessidade de um equilíbrio no mercado, o Poder Executivo Federal pode valer-se de um aumento de tais impostos regulatórios, a fim de que se fomentem comportamentos, como aquisição de bens produzidos no Brasil (aumentando-se o II), controle de inflação (aumentando-se o IOF) ou desestímulo a processos industriais **(aumentando-se o IPI)**.

> Note o item considerado **INCORRETO**, em prova realizada pela Fundep, para o cargo de Advogado da Câmara Municipal de São Lourenço/MG, em 2016: *"A majoração da alíquota do imposto sobre produtos industrializados (IPI) via ato do Poder Executivo fere o princípio da legalidade, que determina ser vedado à União, aos Estados, ao Distrito Federal e aos Municípios exigir ou aumentar tributo sem lei que o estabeleça"*.

É fato que, por meio desse mecanismo, não vai abolir o princípio da legalidade, banindo-o por completo, mas apenas amoldurar o campo dentro do qual o Poder Executivo transitará, deixando levá-lo às últimas consequências.

É cediço que o Estado tributa com vista a auferir receitas, e, assim, a *fiscalidade* ganha prevalência significativa. Todavia, a *extrafiscalidade*, afastando-se do mecanismo de pura arrecadação, objetiva corrigir anômalas situações sociais ou econômicas, buscando o atingimento de objetivos que preponderam sobre os fins simplesmente arrecadatórios de recursos financeiros para o Estado.

Vê-se, pois, que a fiscalidade, como função que demarca quase todos os tributos, visa à finalidade eminentemente arrecadatória, representando o mero tráfego do montante pecuniário, a título de tributo, que sai do patrimônio do destinatário da exação de modo compulsório em direção aos cofres públicos.

Para Luciano Amaro[23], a distinção entre tributos com finalidade *fiscal* e tributos com finalidade *extrafiscal* reside no objetivo visado pela lei de incidência. O eminente autor relata-nos o que se entende por tributos extrafiscais:

23. AMARO, Luciano. *Direito tributário brasileiro*, 14. ed., p. 89.

(...) Segundo o objetivo visado pela lei de incidência seja (a) prover de recursos à entidade arrecadadora ou (b) induzir comportamentos, diz-se que os tributos têm finalidade arrecadatória (ou fiscal) ou finalidade regulatória (ou extrafiscal). Assim, se a instituição de um tributo visa, precipuamente, a abastecer de recursos os cofres públicos (ou seja, a finalidade da lei é arrecadar), ele se identifica como tributo de finalidade arrecadatória. Se, com a imposição, não se deseja arrecadar, mas estimular ou desestimular certos comportamentos, por razões econômicas, sociais, de saúde etc., diz-se que o tributo tem finalidades extrafiscais ou regulatórias (...).

Diante do exposto, o princípio da legalidade tributária poderá ser mitigado, em situação excepcional de extrafiscalidade, permitindo-se ao Poder Executivo a flexibilização no manejo de alíquotas de certos gravames regulatórios. Daí, à luz das disposições em vigor da Constituição Federal, não ser possível afirmar que qualquer tributo só pode ter suas alíquotas aumentadas por lei.

Por fim, quanto à alteração de alíquotas e o possível prejuízo à indústria nacional – com a cogitação de direito à indenização e responsabilização civil do Estado –, em **10 de dezembro de 2019**, a 1ª Turma do **STF**, no **ARE n. 1.175.599-AgR** (rel. Min. Rosa Weber), entendeu que a alteração da alíquota do imposto de importação (II) por ato do poder público, como instrumento de política econômica, não gera direito à indenização. O caso versou sobre a indústria de brinquedos nacional e a redução do imposto de importação (II) de brinquedos na década de 1990 (*Informativo* n. 959, STF). Com efeito, por se tratar de ato legislativo, com efeito geral e abstrato, é inerente à política econômica a possibilidade de alteração para atender a circunstâncias internas e externas, da mesma forma que é própria do risco empresarial a necessidade de adaptação a tais mudanças. Não haveria, dessa forma, direito subjetivo à manutenção de determinada política econômica, desde que estabelecida genericamente e sem compromisso de sua permanência por determinado prazo. Ademais, não haveria afronta ao *princípio da boa-fé* ou *quebra de confiança* a legitimar a expectativa sólida no sentido de manutenção das alíquotas do imposto aduaneiro. Portanto, não se configuraria a responsabilidade civil do Estado pelos prejuízos resultantes da queda dos níveis de venda dos produtos nacionais. A diretriz jurisprudencial em apreço ratificou a orientação já adotada pela Corte Suprema em momento pretérito (RE 225.655 e RE 224.285).

5 O PRINCÍPIO DA LEGALIDADE TRIBUTÁRIA E A EMENDA CONSTITUCIONAL N. 33/2001

A EC n. 33/2001 trouxe a lume mais dois casos de mitigação ou ressalvas ao *Princípio da Legalidade Tributária*, ambas igualmente justificadas no contexto da extrafiscalidade, abrindo espaço à alteração de alíquotas por ato do Poder Executivo. Confira:

1. CIDE-Combustível: a CIDE é sigla designativa de "Contribuição de Intervenção no Domínio Econômico". A CIDE-Combustível é tributo federal, instituído no Brasil, em 2001, à luz da EC n. 33, por meio da Lei n. 10.336/2001. Conforme o disposto no art. 149, § 2º, II, c/c art. 177, § 4º, I, "b", *parte inicial*, ambos da CF, o Poder Executivo Federal poderá *reduzir* e *restabelecer* as alíquotas do tributo por meio de ato próprio – no caso, o *decreto presidencial*. Não pode, portanto, ultrapassar este patamar originário de alíquota, sob pena de vício de legalidade. Veja o comando:

> **Art. 177, § 4º** A lei que instituir contribuição de intervenção no domínio econômico relativa às atividades de importação ou comercialização de petróleo e seus derivados, gás natural e seus derivados e álcool combustível deverá atender aos seguintes requisitos:
> **I** – a alíquota da contribuição poderá ser: (...)
> **b)** reduzida e restabelecida por ato do Poder Executivo, (...)

Assim, vale dizer que esta mitigação da legalidade tributária consiste apenas na possibilidade de o Poder Executivo reduzir a alíquota e restabelecê-la ao limite máximo fixado inicialmente pela lei. A majoração, em si, da alíquota da CIDE-Combustível deve avocar a presença da lei, passando ao largo da ressalva ora estudada.

2. ICMS-Combustível: esta é a única ressalva indicadora de tributo não federal; os outros cinco tributos, pertencentes ao rol das ressalvas, como se notou, são gravames federais. Ademais, a mitigação não se refere ao **"ICMS" em si**, mas a um tipo todo particularizado deste imposto – o *ICMS-Combustível*, por nós assim intitulado. Observe o comando:

> **Art. 155, § 4º** Na hipótese do inciso XII, "h", observar-se-á o seguinte: (...)
> **IV** – as alíquotas do imposto serão definidas mediante deliberação dos Estados e Distrito Federal, nos termos do § 2º, XII, "g", observando-se o seguinte: (...)
> **c)** poderão ser reduzidas e restabelecidas, (...)
>
> **Art. 155, § 2º** O imposto previsto no inciso II atenderá ao seguinte: (...)
> **XII** – cabe à lei complementar: (...)
> **g)** regular a forma como, mediante deliberação dos Estados e do Distrito Federal, isenções, incentivos e benefícios fiscais serão concedidos e revogados;
> **h)** definir os combustíveis e lubrificantes sobre os quais o imposto incidirá uma única vez, qualquer que seja a sua finalidade, hipótese em que não se aplicará o disposto no inciso X, "b"; (...)

Conforme o disposto no art. 155, § 4º, IV, "c", da CF, tal ressalva à legalidade tributária refere-se ao ICMS de incidência unifásica (ou monofásica), nas operações com combustíveis e lubrificantes previstos em lei complementar federal.

Segundo o texto constitucional, cabe a esta lei complementar federal definir os combustíveis e lubrificantes sobre os quais o imposto (ICMS) incidirá uma única vez, qualquer que seja a sua finalidade (art. 155, § 2º, XII, "h", CF). Por sua vez, as alíquotas do ICMS incidente sobre esses combustíveis serão definidas mediante deliberação dos Estados e Distrito Federal. Com efeito, os Estados e DF, mediante *convênios interestaduais*, celebrados no âmbito do CONFAZ (Conselho de Política Fazendária), definem as alíquotas do ICMS incidente sobre tais combustíveis.

Frise-se que o convênio – e não um "decreto estadual"! – pode *definir e modificar* as alíquotas sem a necessidade de lei, o que torna esta ressalva bem mais abrangente do que aqueloutra, adstrita à CIDE-Combustível. Aliás, é possível assegurar que se trata de caso único em que *se fixam* alíquotas por ato do Poder Executivo. Ademais, o preceptivo igualmente menciona a sistemática de redução e restabelecimento de alíquotas, avocando-se-lhe idêntico tratamento adotado para a CIDE-Combustível.

Posto isso, é de rigor a memorização das **seis ressalvas** ao princípio da legalidade tributária, dentre as quais se destacam *cinco*, afetas a tributos federais – *quatro* impostos e uma contribuição interventiva – e *uma*, adstrita a tributo estadual (ICMS):

II
IE
IPI
IOF
CIDE-Combustível
ICMS-Combustível

Em **19 de setembro de 2017**, a 1ª Turma do **STJ**, no **REsp 1.586.950/RS** (rel. Min. Napoleão Nunes Maia Filho; rel. p/ ac. Min. Gurgel de Faria) entendeu que um decreto pode alterar alíquota de um dado tributo, ainda que não faça parte do rol constitucional de atenuações ao *princípio da legalidade tributária*, sob a justificativa de que o entendimento diverso poderia levar a prejuízo maior para o contribuinte. O § 2º do art. 27 da **Lei n. 10.865/2004** autorizou o Poder Executivo a reduzir ou restabelecer as alíquotas das contribuições ao PIS/PASEP e da COFINS sobre as receitas financeiras auferidas pelas pessoas jurídicas sujeitas ao regime não cumulativo. Com base nessa lei, após a edição do Decreto n. 5.164/2004, as alíquotas foram reduzidas a zero. Posteriormente, essa redução foi revogada pelo Decreto n. 8.426/2015, restabelecendo as alíquotas das contribuições nos limites previstos na Lei n. 10.865/2004. Para o STJ, "em razão da peculiaridade do caso, se essa lei fosse declarada inconstitucional, haveria um prejuízo enorme ao contribuinte, pois passariam a vigorar as alíquotas cheias previstas nas Leis n. 10.637/2002 e 10.833/2003". Uma vez sendo a Lei n. 10.865/2004 considerada constitucional, a Corte Suprema igualmente entendeu que os decretos que lhe foram subsequentes agiram dentro do limite previsto na legislação, não havendo que se falar em ilegalidade.

6 OS REFLEXOS DA EC N. 32/2001 NO PRINCÍPIO DA LEGALIDADE TRIBUTÁRIA

Após tramitar durante seis anos no Congresso Nacional, a PEC n. 472, pondo fim a intensos debates, resultou na EC n. 32/2001. Esta, consoante o comando inserto no art. 62, § 2º, CF, **permite** a utilização de medida provisória (MP) em matéria tributária.

> Note o item considerado **INCORRETO**, em prova realizada pelo IESES, para o cargo de Titular de Serviços de Notas e de Registros – Provimento (TJ/SC), em 2019: *"O princípio da legalidade veda de maneira expressa a utilização da medida provisória para tratar de matéria tributária"*.

A medida provisória se traduz em ato normativo de vida efêmera e de utilização excepcional no trato de certos assuntos, cujos pressupostos materiais atrelam-se a elementos de relevância e urgência. Resumidamente, é "ato político, normativo, discricionário, excepcional, cautelar, precário e com força de lei"[24].

Como é sabido, a medida provisória não apreciada pelo Congresso Nacional podia, até a EC n. 32/2001, ser reeditada dentro do seu prazo de eficácia de trinta dias, mantidos os efeitos de lei desde a primeira edição.

Com a EC n. 32/2001, o prazo de validade de uma MP passou a ser de 60 dias, admitida uma única prorrogação por mais 60 dias (art. 62, § 7º, CF). Não havendo a conversão em lei, no prazo supracitado, a medida provisória perderá eficácia desde a origem, devendo os produzidos efeitos serem regulados por *decreto legislativo* do Congresso Nacional (art. 62, § 3º, CF). Aliás, *é vedada a reedição*, na mesma sessão legislativa, de medida provisória que tenha sido rejeitada ou que tenha perdido sua eficácia por decurso de prazo (art. 62, § 10, CF). Por fim, não editado o *decreto legislativo* a que se refere o § 3º até sessenta dias após a rejeição ou perda de eficácia de medida provisória, as relações jurídicas constituídas e decorrentes de atos praticados durante sua vigência **conservar-se-ão por ela regidas** (art. 62, § 11, CF).

No cotejo entre a lei e a medida provisória, exsurgem importantes diferenças, que podem ser visualizadas a seguir, à luz do quadro mnemônico, aqui idealizado com base nas brilhantes ideias de Celso Antônio Bandeira de Mello[25]:

Diferenças entre MP e LEI		
1ª	**MP**	Forma *excepcional* de regulação de certos assuntos
	LEI	Forma *normal* de regulação de certos assuntos

24. NIEBUHR, Joel de Menezes. *O novo regime constitucional da medida provisória*. São Paulo: Dialética, 2001, p. 88.

25. *V.* MELLO, Celso Antônio Bandeira. Perfil constitucional das medidas provisórias. *Revista de Direito Público*, São Paulo: RT, n. 95, jul./set. 1991, pp. 28-32 (pp. 28-29).

Diferenças entre MP e LEI		
2ª	MP	Instrumento *precário*, com vida curtíssima
	LEI	Instrumento *não precário*, com prazo indeterminado, ressalvado o caso de lei de vigência temporária
3ª	MP	Pode ser infirmada pelo Congresso a qualquer tempo (dentro do prazo para a apreciação)
	LEI	Não pode ser infirmada pelo Congresso a qualquer tempo, ligando a sua persistência à vontade do órgão de que emanou
4ª	MP	A MP não convertida em lei perde sua eficácia desde o início *(ex tunc)*
	LEI	A lei, ao ser revogada, apenas cessa seus efeitos dali pra frente *(ex nunc)*
5ª	MP	A MP, para ser expedida, depende da ocorrência de certos pressupostos (relevância e urgência)
	LEI	Para a lei, a relevância da matéria não é condição para que seja produzida

A medida provisória, prevista no art. 62 da Carta Magna, em sua redação original, teve franca inspiração no *decreto-legge*, previsto no art. 77 da *Constituição Italiana de 1947*. Note o dispositivo de nossa Lei Suprema:

> **Art. 62. (...)**
> **§ 2º** Medida provisória que implique instituição ou majoração de impostos, exceto os previstos nos arts. 153, I, II, IV, V, e 154, II, só produzirá efeitos no exercício financeiro seguinte se houver sido convertida em lei até o último dia daquele em que foi editada.

O art. 62, § 2º, CF, ao permitir a utilização de medida provisória (MP) em matéria tributária, associou-a, com exclusividade, ao campo dos impostos, o que, em si, não contempla qualquer eiva de legalidade tributária.

A temática, conquanto aparentemente trivial – à luz da conhecida prática legislativa do Presidente da República na utilização imoderada deste poder excepcional de editar MP – merece desdobramentos importantes. Antes de os detalhar, note a crítica pontual do Ministro Relator **Celso de Mello**, no **RE 239.286-6/PR**[26], à crescente apropriação institucional do poder de legislar pelo Presidente da República, que tem permitido a degradação da medida provisória em nítida "desmedida provisória":

> (...) Devo ressalvar, inicialmente, na linha do voto vencido que proferi, em 13-08-1997, no julgamento final da ADI 1.135-DF, rel. p/ o acórdão Min. Sepúlveda Pertence, a minha posição pessoal, que, estimulada por permanente reflexão sobre o tema, repudia a possibilidade constitucional de o Presidente da República, mediante

26. Decisão publicada no *DJU* de 18-11-1999, no Informativo n. 171, de 15 a 19 de novembro de 1999, com voto transcrito no *clipping* do *DJ* de 19 de novembro de 1999.

> edição de medida provisória, dispor sobre a instituição ou a majoração de qualquer tributo.
>
> A crescente apropriação institucional do poder de legislar, pelo Presidente da República, tem despertado graves preocupações de ordem jurídica em razão de a utilização excessiva das medidas provisórias causar profundas distorções que se projetam no plano das relações políticas entre os Poderes Executivo e Legislativo.
>
> O exercício dessa excepcional prerrogativa presidencial, precisamente porque transformado em inaceitável prática ordinária de Governo, torna necessário – em função dos paradigmas constitucionais, que, de um lado, consagram a separação de poderes e o princípio da liberdade e que, de outro, repelem a formação de ordens normativas fundadas em processo legislativo de caráter autocrático – que se imponham limites materiais ao uso da extraordinária competência de editar atos com força de lei, outorgada, ao Chefe do Poder Executivo da União, pelo art. 62 da Constituição da República.
>
> É natural – considerando-se a crescente complexidade que qualifica as atribuições do Estado contemporâneo – que se lhe concedam meios institucionais destinados a viabilizar produção normativa ágil que permita, ao Poder Público, em casos de efetiva necessidade e de real urgência, neutralizar situações de grave risco para a ordem pública. (...)
>
> Cumpre ter presente, bem por isso, no que se refere ao poder de editar medidas provisórias, a advertência exposta em autorizado magistério doutrinário (FERREIRA FILHO, Manoel Gonçalves. "Do Processo Legislativo", 3. ed., Saraiva, item n. 152, 1995, p. 235): "Trata-se de um grave abuso. Ele importa no mesmo mal que se condenava no decreto-lei, isto é, importa em concentração do poder de administrar com o poder de legislar, uma violação frontal à separação dos poderes."
>
> Esse comportamento governamental faz instaurar, no plano do sistema político-institucional brasileiro, uma perigosa práxis descaracterizadora da natureza mesma do regime de governo consagrado na Constituição da República, como pude enfatizar, em voto vencido, no Supremo Tribunal Federal, quando do julgamento, em 1997, da ADI 1.687-DF (...).

Por outro lado, existem decisões do próprio **STF** dando total guarida à tese de permissão de criar tributos mediante medida provisória, haja vista o fato de que a Constituição Federal não prevê quaisquer restrições para obstaculizar essa veiculação. Observe a passagem do voto do Ministro **Carlos Velloso**, relator no **RE 138.284/CE-1992**:

> Há os que sustentam que o tributo não pode ser instituído mediante medida provisória. A questão, no particular, merece algumas considerações. Convém registrar, primeiro que tudo, que a Constituição, ao estabelecer a medida provisória como espécie de ato normativo primário, não impôs qualquer restrição no tocante à matéria. E se a medida provisória vem a se transformar em lei, a objeção perde objeto. É o que ocorreu, no caso. A MP n. 22, de 06-12-1988, foi convertida na Lei n. 7.689, de 25-12-1988. Não seria, portanto, pelo fato de que a contribuição fora criada, originariamente, mediante medida provisória, que seria ela inconstitucional.

Nesse sentido – ainda na linha de defesa da MP na seara tributária –, há quem afirme que o papel da medida provisória perante o tributo é limitado, servindo apenas como instrumento para *iniciar* o processo legislativo para a instituição ou aumento do imposto. De fato, como se verá no próximo princípio, a ser estudado, a MP deverá ser convertida em lei até o último dia do exercício em que tenha sido editada, ressalvadas as exceções constantes do art. 62, § 2º, CF.

Com efeito, subsiste terreno fértil a críticas severas à possibilidade trazida pela Emenda, permitindo-se à MP o exercício de uma função típica de lei – criar e aumentar imposto.

A corrente majoritária na doutrina não admite a medida provisória como ato normativo que acata os princípios constitucionais tributários, dentre os quais se destacam o princípio da legalidade tributária, o princípio da anterioridade tributária, o princípio da segurança jurídica.

Hugo de Brito Machado[27] e Luciano Amaro[28] não nutrem simpatia pela medida provisória na seara tributária, argumentando que a MP não é lei, e só esta pode instituir ou aumentar o tributo.

Na mesma linha da tese de imprestabilidade da MP como veículo implementador do princípio ora estudado, com destaque para sua "suprema negatividade, que raia pelo âmbito da insensatez e do disparate constitucional"[29], seguem Luiz Emygdio Franco da Rosa Junior[30], Yoshiaki Ichihara[31] e Clélio Chiesa[32].

É bom registrar que, de há muito, normas constitucionais, como resultado da atuação do poder constituinte derivado, têm se revelado, paradoxalmente, como "inconstitucionais". O próprio **STF**, no julgamento da **ADIN n. 830/93**, de relatoria do Ministro Moreira Alves, acenou com esta possibilidade. Note o trecho do voto do Ministro Relator:

> (...) Não há dúvida de que, em face do nosso sistema constitucional, é esta Corte competente para, em controle difuso ou concentrado, examinar a constitucionalidade, ou não de emenda constitucional – como sucede no caso – impugnada por violadora de cláusulas pétreas explícitas ou implícitas.

É fato que uma emenda constitucional que afronta os princípios constitucionais tributários, decorrencial e reflexamente, estiola direitos e garantias individuais, ferindo de morte, no art. 60, § 4º, IV, CF, o núcleo imodificável ou cláusula pétrea, "*da*

27. V. MACHADO, Hugo de Brito. *Curso de direito tributário*, 29. ed., p. 85.
28. V. AMARO, Luciano. *Direito tributário brasileiro*, 14. ed., p. 175.
29. VIEIRA, José Roberto. Legalidade tributária e medida provisória: mel e veneno. *In*: Fischer, Octávio Campos (Coord.). *Tributos e direitos fundamentais*. São Paulo: Dialética, 2004, pp. 175-216, (pp. 210-212).
30. V. ROSA JUNIOR, Luiz Emygdio Franco da. *Manual de direito financeiro e direito tributário*, 12. ed., p. 172.
31. V. ICHIHARA, Yoshiaki. *Princípio da legalidade tributária na Constituição de 1988*. São Paulo: Atlas, 1995, p. 106.
32. V. CHIESA, Clélio. *Medidas provisórias:* o regime jurídico constitucional. Curitiba: Juruá, 1996, p. 49.

qual o poder de reforma não pode olvidar"[33]. Este preceptivo hospeda "*matérias que sob nenhuma hipótese podem ser modificadas*"[34].

A EC n. 32, afrontando os princípios da legalidade e anterioridade tributárias[35], atinge o núcleo axiológico de tais postulados, *v.g.*, a segurança jurídica, incorrendo em inconstitucionalidade.

A esse respeito, segue a observação crítica do eminente Roque Antonio Carrazza[36]:

> Todavia, obtemperamos que tal Emenda Constitucional, na parte pertinente às medidas provisórias, afronta o princípio da legalidade tributária e, por via de consequência, a autonomia e independência do Poder Legislativo. Viola, pois, a cláusula pétrea do art. 60, § 4º, III, que estabelece que nenhuma emenda constitucional poderá sequer tender a abolir a separação de Poderes. Como se isso não bastasse, a mesma EC n. 32/2001 – sempre no que concerne às medidas provisórias – atropela o direito fundamental dos contribuintes de só serem compelidos a pagar tributos que tenham sido adequadamente "consentidos" por seus representantes imediatos: os legisladores. Invocável, portanto, na espécie, também a cláusula pétrea do art. 60, § 4º, IV, da CF, que veda o amesquinhamento, por meio de emenda constitucional, dos direitos e garantias individuais "lato sensu".

Por fim, insta mencionar as argutas palavras de José Roberto Vieira[37], que, com agudeza de espírito, assevera: "(...) essa emenda constitucional é portadora de algum mel e de muito veneno, talvez constituindo boa exemplificação daquela emenda que, na expressão irônica de *Manuel Maria Barbosa du Bocage*, o poeta português, é pior do que o soneto. (...) Aliás, promulgada em 11 de setembro de 2001, mesma data dos ataques terroristas a Nova Iorque e Washington, quiçá pudéssemos identificá-la, por analogia, como algo próximo de um ataque terrorista ao Estatuto Supremo".

Vários argumentos críticos à MP podem ser deduzidos:

a) a MP tem apenas "força de lei" (art. 62, *caput*, CF), não se confundindo, portanto, com a lei em si. Conquanto o STF tenha sacramentado este "caráter legal" de que se reveste a MP, não quer dizer tal chancela que a MP seja uma lei, propriamente dita. Aliomar Baleeiro[38], aliás, enfatiza este ponto, mostrando que o fato de o legislador ter usado a expressão "força de lei" indica exatamente que MP não é lei. Nessa esteira, segue Vitorio Cassone[39]: "(...) E, se tem 'força de lei', não é exatamente igual à lei, pelo fato

33. NIEBUHR, Joel de Menezes. *O novo regime constitucional da medida provisória*, p. 118.
34. SCHIER, Paulo Ricardo. *Direito constitucional:* anotações nucleares. Curitiba: Juruá, 2002, p. 91.
35. *V.* VIEIRA, José Roberto. *Legalidade tributária e medida provisória*, pp. 210-212.
36. CARRAZZA, Roque Antonio. *Curso de direito constitucional tributário*, 24. ed., pp. 276-277.
37. VIEIRA, José Roberto. *Legalidade tributária e medida provisória*, p. 212.
38. *V.* BALEEIRO, Aliomar. *Direito tributário brasileiro*. Atualização de Misabel Abreu Machado Derzi. 11. ed. Rio de Janeiro: Forense, 2007, p. 53.
39. CASSONE, Vittorio. Verbete 1/16467. *Repertório de Jurisprudência IOB*: Tributário, Constitucional e Administrativo. São Paulo: IOB, n. 19, out. 2001, pp. 569-575.

de estar sujeita às vicissitudes da 'conversão em lei', pelo Congresso Nacional, que pode dar-se total ou parcialmente, e, até, rejeitada ou não ser apreciada no prazo de 120 dias, gerando os efeitos que lhe são próprios (*ex tunc* ou *ex nunc*), conforme o caso. (...)";

b) a MP viola o princípio da estrita legalidade tributária, segundo o qual somente a lei pode instituir e majorar o tributo (art. 97, I e II, CTN). Ademais, atropela o direito fundamental dos contribuintes de só serem compelidos a pagar o tributo que tenha sido "consentido" por seus representantes. Daí se falar em possível afronta ao art. 60, § 4º, IV, CF, em um amesquinhamento de direitos e garantias individuais[40];

c) a indigitada Emenda viola a cláusula pétrea do art. 60, § 4º, III, CF, que estabelece que nenhuma emenda poderá abolir a *separação dos poderes*;

d) o próprio art. 59 da CF indica que "lei" e "medida provisória" são espécies normativas distintas;

e) o caráter efêmero das medidas provisórias, que permite desembocar numa latente insegurança para as relações jurídico-tributárias;

f) se a medida provisória tem como pressuposto constitucional os casos de *relevância* e *urgência*, não se deve aplicá-la na seara tributária, que, por si só, e como regra, afasta tais atributos. Estes, como é cediço, chocam-se, em tese, em insolúvel contradição, com o princípio da anterioridade tributária, no momento em que, atrelados a um imediatismo eficacial, contrapõem-se à antinômica noção de segurança jurídica e planejamento prévio na tributação. De fato, não é "relevante ou urgente" aumentar ou criar tributos, exceto para aumentar a arrecadação. Aliás, esta crítica tem merecido um estudo mais detalhado, conforme se notará no tópico seguinte.

6.1 A relevância e a urgência da medida provisória

Com relação à competência para a aferição dos pressupostos constitucionais de *relevância* e *urgência*, justificadores da edição da MP, muito se discute sobre a possibilidade de ser dada ao Poder Judiciário ou se restringir ao juízo político do Presidente da República. Estaria tal competência adstrita à discricionariedade do Presidente da República, ou o Poder Judiciário poderia fiscalizar a presença dos indigitados pressupostos?

Nos respeitáveis dizeres de Celso Antônio Bandeira de Mello[41], "se relevância e urgência fossem noções só aferíveis concretamente pelo Presidente da República, em juízo discricionário incontrastável, o delineamento e a extensão da competência

40. *V.* CARRAZZA, Roque Antonio. *Curso de direito constitucional tributário*, 24. ed., p. 277.

41. MELLO, Celso Antônio Bandeira de. *Curso de direito administrativo*. 13. ed. São Paulo: Malheiros, 2000, p. 100.

para produzir tais medidas não decorreriam da Constituição, mas da vontade do Presidente, pois teriam o âmbito que o Chefe do Executivo lhes quisesse dar. Assim, em vez de estar limitado por um círculo de poderes estabelecido pelo Direito, ele é quem decidiria sua própria esfera competencial na matéria, ideia antinômica a tudo que resulta do Estado de Direito".

E, ainda, em outra elogiável obra de sua autoria, Bandeira de Mello[42], ao se referir aos comentados pressupostos de relevância e urgência, assevera:

> (...) Segue-se que têm de ser judicialmente controlados, sob pena de ignorar-se o balizamento constitucional da competência para editar medidas provisórias. (...) Logo, o Judiciário (...) fulminará as medidas provisórias, por extravasamento dos pressupostos que a autorizam, nos casos de "certeza negativa" e reconhecer-lhes-á condições de válida irrupção nos demais.

A par disso, pondera Alexandre Mariotti[43]:

> Nada justifica, entretanto, que se caracterize como puramente político – isto é, insuscetível de controle jurisdicional – o juízo de existência dos pressupostos constitucionais autorizadores da edição das medidas provisórias. (...) E ainda que esses pressupostos tenham sido expressos, através de termos de significado vago e impreciso, é função indelegável do Supremo Tribunal Federal – encarregado precipuamente da guarda da Constituição (art. 102) – dar a palavra final sobre a sua interpretação.

O STF, de há muito, pacificou a questão, firmando orientação no sentido de que a aferição dos pressupostos de relevância e urgência reveste-se de caráter político, cabendo sua apreciação, em princípio, aos Poderes Executivo e Legislativo, ou seja, ao chefe do Poder Executivo e ao do Congresso Nacional. Entretanto, se um ou outro pressuposto mostrar-se descabido, no controle judicial, **o Poder Judiciário** deverá decidir pela ilegitimidade constitucional da medida provisória. Dessarte, deve haver, em primeiro lugar, o juízo de discricionariedade, de oportunidade e de valor, a ser feito pelo Presidente da República, sem embargo do ulterior e excepcional controle judiciário quando houver excesso do poder de legislar.

Atente para o julgado:

> Os conceitos de relevância e de urgência a que se refere o art. 62 da Constituição, como pressupostos para a edição de medidas provisórias, decorrem, em princípio, do juízo discricionário de oportunidade e de valor do presidente da República, *mas admitem o controle judiciário quanto ao excesso do poder de legislar,* o que, no caso, não se evidencia de pronto. **(ADIN n. 162, rel. Min. Moreira Alves, j. em 14-12-1989) (Grifo nosso)**

42. MELLO, Celso Antônio Bandeira. *Perfil constitucional das medidas provisórias*, p. 32.
43. MARIOTTI, Alexandre. *Medidas provisórias*. São Paulo: Saraiva, 1999, pp. 76-77.

Posteriormente, o próprio **STF** ratificou o entendimento:

> Os requisitos de relevância e urgência para edição de medida provisória são de apreciação discricionária do Chefe do Poder Executivo, não cabendo, salvo os casos de excesso de poder, seu exame pelo Poder Judiciário. Entendimento assentado na jurisprudência do STF. **(ADIn 2.150-MC, rel. Min. Ilmar Galvão, j. em 23-03-2000)**[44]

A bem da verdade, em âmbito tributário, o contexto de relevância e urgência parece ter sido visualizado pelo constituinte, nas situações excepcionais de beligerância e calamidade pública, no âmbito do imposto extraordinário de guerra (art. 154, II, CF) e dos empréstimos compulsórios de emergência (para guerra externa ou calamidade pública: art. 148, I, CF)[45].

6.2 A medida provisória e os tributos

Passando, agora, aos desdobramentos sobre a temática da MP na seara tributária, de início, calha mencionar que, antes da elaboração da indigitada Emenda, o **STF** já se posicionara favoravelmente à **possibilidade** de se utilizar MP para instituição de tributos. Observe as ementas da jurisprudência selecionada:

> **EMENTA:** Recurso extraordinário. 2. Medida provisória. Força de lei. 3. A Medida Provisória, tendo força de lei, é instrumento idôneo para instituir e modificar tributos e contribuições sociais. Precedentes. 4. Agravo regimental a que se nega provimento. **(AI-AgR 236.976/MG, rel. Min. Néri da Silveira, 2ª T., j. em 17-08-1999)**

> **EMENTA:** 1. (...) 2. *Legitimidade, ao primeiro exame, da instituição de tributos por medida provisória com força de lei*, e, ainda, do cometimento da fiscalização de contribuições previdenciárias pela Secretaria da Receita Federal. (...) **(ADI-MC 1.417/DF, rel. Min. Octavio Gallotti, Pleno, j. em 07-03-1996) (Grifo nosso)**

Não obstante o **STF** ter aceitado a possibilidade de criar ou aumentar tributo por meio de medida provisória, tal posicionamento sempre careceu de respaldo constitucional, uma vez que sua robustez advinha tão somente de chancela jurisprudencial. A EC n. 32/2001 trouxe, assim, o timbre constitucional à visão do **STF**, ao introduzir inúmeras modificações no art. 62 da CF, com a inclusão de 12 (doze) parágrafos ao comando.

Atualmente, sabe-se que a medida provisória, segundo a literalidade da Constituição Federal (art. 62, § 2º), é meio idôneo de instituição e majoração de *imposto*. O comando é claro: pode haver MP para *criar* um imposto e pode haver MP para *aumentar* um *imposto*.

---

44. Nesse sentido, também seguiu a Corte Suprema, em **duas ADIs**: (**I**) ADIMC 1.397/DF – Pleno, rel. Min. Carlos Velloso, j. em 28-04-1997, e (**II**) ADI 1.417/DF – Pleno, rel. Min. Octavio Gallotti, j. em 02-08-1999.
45. *V.* COÊLHO, Sacha Calmon Navarro. *Comentários à Constituição de 1988:* sistema tributário, 7. ed., p. 266.

Assim, não há inconstitucionalidade em um aumento de ITR, de IR ou de outro **imposto federal**, por exemplo, por medida provisória.

> Note o item considerado **INCORRETO**, em prova realizada pelo IMA, para o cargo de Advogado da Prefeitura Municipal de Buriti dos Lopes/PI, em 2016: *"As medidas provisórias não podem instituir nem aumentar tributos, pois, pelo princípio da legalidade, somente lei pode exigir ou aumentar tributo".*

A alusão a impostos federais, que avocam a MP federal, obsta, para alguns insignes doutrinadores[46], a extensão da temática às MPs estaduais, municipais ou distritais. Portanto, a excepcionalidade da medida implica que só o Presidente da República pode editá-la, não o Governador ou o Prefeito. Não obstante os respeitáveis argumentos, entendemos que a temática proposta no art. 62 da Carta Magna merece uma exegese ampliativa, autorizando-se os Estados, Municípios e Distrito Federal a editarem as medidas provisórias, desde que aceitas, em cada caso, pela Constituição do Estado, pela Lei Orgânica do Município e pela Lei Orgânica do Distrito Federal, respectivamente. A esse propósito, o insigne tributarista Roque Antonio Carrazza[47] assevera que "às medidas provisórias estaduais, municipais e distritais devem, 'mutatis mutandis', ser aplicados os princípios e limitações que cercam as medidas provisórias federais".

Dessarte, conquanto seja permitida a todas as pessoas políticas a utilização de medida provisória, reiteramos nossa preocupação com o mau uso desse instrumento, que, nas órbitas estadual, distrital e municipal, diante da maior fragilidade dos mecanismos de controle, tenderá a se agravar[48].

O **STF**, na **ADI n. 425/TO (rel. Min. Maurício Corrêa, julgamento em 04-09-2002)**, ratificou a possibilidade, anteriormente acolhida na **ADInMC n. 812-9/TO** (rel. Min. Moreira Alves, j. em 01-04-1993), externando que podem os Estados-membros editar medidas provisórias em face do *princípio da simetria*, obedecidas as regras básicas do processo legislativo no âmbito da União (CF, art. 62). Portanto, para a Corte Suprema, o eventual óbice ou limitação imposta às unidades federadas para a edição de medidas provisórias constitui forma de restrição não prevista no vigente sistema constitucional pátrio (CF, § 1º do art. 25). Há, portanto, legitimidade e facultatividade de sua adoção pelos Estados-membros, a exemplo da União Federal. Em **2006**, o **STF** corroborou o entendimento:

EMENTA: ADI. ARTIGO 51 E PARÁGRAFOS DA CONSTITUIÇÃO DO ESTADO DE SANTA CATARINA. ADOÇÃO DE MEDIDA PROVISÓRIA POR ESTADO-MEMBRO. POSSIBI-

46. *V.* TEMER, Michel. *Elementos de direito constitucional.* 16. ed. São Paulo: Malheiros, 2000, p. 152.
47. CARRAZZA, Roque Antonio. *Curso de direito constitucional tributário*, 24. ed., p. 302 (nota de rodapé n. 34).
48. *V.* NIEBUHR, Joel de Menezes. *O novo regime constitucional da medida provisória*, p. 169.

> LIDADE. ARTIGOS 62 E 84, XXVI, DA CF (...) INEXISTÊNCIA DE VEDAÇÃO EXPRESSA QUANTO ÀS MEDIDAS PROVISÓRIAS. NECESSIDADE DE PREVISÃO NO TEXTO DA CARTA ESTADUAL E DA ESTRITA OBSERVÂNCIA DOS PRINCÍPIOS E LIMITAÇÕES IMPOSTAS PELO MODELO FEDERAL. 1. (...) 2. No julgamento da ADI 425, rel. Min. Maurício Corrêa, *DJ* 19-12-2003, o Plenário desta Corte já havia reconhecido, por ampla maioria, a constitucionalidade da instituição de medida provisória estadual, desde que, primeiro, esse instrumento esteja expressamente previsto na Constituição do Estado e, segundo, sejam observados os princípios e as limitações impostas pelo modelo adotado pela Constituição Federal, tendo em vista a necessidade da observância simétrica do processo legislativo federal. Outros precedentes: ADI 691, rel. Min. Sepúlveda Pertence, *DJ* 19-06-1992 e ADI 812-MC, rel. Min. Moreira Alves, *DJ* 14-05-1993. 3. Entendimento reforçado pela significativa indicação na Constituição Federal, quanto a essa possibilidade, no capítulo referente à organização e à regência dos Estados, da competência desses entes da Federação para "explorar diretamente, ou mediante concessão, os serviços locais de gás canalizado, na forma da lei, vedada a edição de medida provisória para a sua regulamentação" (art. 25, § 2º). 4. Ação direta cujo pedido formulado se julga improcedente. (**ADI 2.391/SC, rel. Min. Ellen Gracie, Pleno, j. em 16-08-2006**)

Em face do exposto, a MP poderá versar sobre tributos, ressalvados aqueles que se ligam à lei complementar, salientando-se, ademais, que a MP estadual (distrital ou municipal) é instrumento jurídico factível. Depende, em verdade, de previsão no texto constitucional estadual (distrital ou na lei orgânica municipal), além da observância simétrica do processo legislativo federal.

6.2.1 *A medida provisória e a incompatibilidade com a lei complementar*

É defeso à MP tratar de matéria reservada à **lei complementar**, consoante o art. 62, § 1º, III, da CF. Trata-se de restrição material (por via indireta) à edição de MP na seara do Direito Tributário. Assim, os tributos adstritos à ação normativa da lei complementar não poderão ser instituídos ou majorados por medida provisória.

A razão é simples: a inequívoca falta de harmonização entre o natural imediatismo eficacial da medida provisória – perante a existência de critérios de relevância e urgência – e o criterioso processo elaborativo próprio de uma lei complementar, em face da necessidade de *quorum* privilegiado de votantes (maioria absoluta) na Casa Legislativa (art. 69 da CF).

Por outro lado, nada impedirá que a MP verse sobre temas não afetos à LC, por exemplo, a instituição de um imposto extraordinário (art. 154, II, CF), alguns elementos estruturantes dos tributos, previstos no art. 97 do CTN, entre outras situações. A propósito, observemos o quadro abaixo:

A MP x Art. 97 do CTN x Art. 146 da CF	
Art. 97. Somente a LEI pode estabelecer: **I** – a instituição de tributos, ou a sua extinção; **II** – a majoração de tributos, ou sua redução; **III** – a definição do FATO GERADOR da obrigação tributária principal e do seu SUJEITO PASSIVO (CONTRIBUINTE + RESPONSÁVEL); **IV** – a fixação de alíquota do tributo e da sua BASE DE CÁLCULO; **V** – a cominação de penalidades (dispensa e redução, por força do inciso VI); (...).	**Art. 146.** Cabe à LEI COMPLEMENTAR: **III** – estabelecer normas gerais em matéria de legislação tributária, especialmente sobre: **a)** definição de tributos e de suas espécies, bem como, em relação aos IMPOSTOS discriminados nesta Constituição, a dos respectivos FATOS GERADORES, BASES DE CÁLCULO e CONTRIBUINTES;
CONCLUSÃO: a MP poderá tratar de temas previstos no art. 97 do CTN, desde que não estejam previstos no art. 146, III, "a", CF. Daí ser admissível à MP a instituição e a **extinção de tributos** (menos os que demandam LC), a majoração e redução de tributos (menos os que demandam LC), o disciplinamento de alíquotas e a cominação de penalidades. De outra banda, será vedada a MP nos seguintes campos: estabelecimento de *normas gerais* sobre a definição de fatos geradores, bases de cálculo e contribuintes dos impostos.	

> Note o item considerado **CORRETO**, em prova realizada pelo TRF-3ª REGIÃO, para o cargo de Juiz Federal Substituto, em 2018: "*Medida provisória pode estabelecer a extinção de tributo*".

À guisa de memorização, vamos relembrar os tributos federais que avocam a lei complementar: *Impostos sobre Grandes Fortunas, Empréstimos Compulsórios, Impostos Residuais* e *Contribuições Social-previdenciárias Residuais*. Logo, não há que se falar, *v.g.*, em instituição de *Empréstimos Compulsórios* por medida provisória, ou mesmo em criação de *Impostos Residuais* por idêntico meio normativo.

Recomendamos, para tanto, a observação atenta de alguns **dispositivos constitucionais** afetos à *lei complementar*:

> **(I)** arts. 146 e 146-A da CF (para as **normas gerais**, em matéria de legislação tributária; conflitos de competência; limitações constitucionais ao poder de tributar);
>
> **(II)** art. 155, § 2º, XII, e alíneas, da CF (para o **ICMS**);
>
> **(III)** art. 155, § 1º, III, CF (para o **ITCMD**);
>
> **(IV)** art. 156, III e § 3º, CF (para o **ISS**);
>
> **(V)** art. 195, § 11, CF (para **contribuição social**, alterado pela **EC n. 103/2019**).

Observe-os, em detalhes:

(I) Quanto às matérias discriminadas nos arts. 146 e 146-A da CF

Art. 146. Cabe à lei complementar:

I – dispor sobre conflitos de competência, em matéria tributária, entre a União, os Estados, o Distrito Federal e os Municípios;

Note o item considerado **CORRETO**, em prova realizada pela FMP, para o cargo de Procurador do Estado (PGE/AC), em 2017: *"Cabe à lei complementar resolver eventuais conflitos de competência que possam surgir entre a União, os Estados, o Distrito Federal e os Municípios"*.

Note o item considerado **INCORRETO**, em prova realizada pela FCC, SABESP, para o cargo de Advogado, em 2018: *"Cabe à lei ordinária dispor sobre conflitos de competência, em matéria tributária, entre a União, os Estados, o Distrito Federal e os Municípios"*.

II – regular as limitações constitucionais ao poder de tributar;

Note o item considerado **CORRETO**, em prova realizada pela Vunesp, para o cargo de Procurador Jurídico da Prefeitura de Porto Ferreira/SP, em 2017: *"A tarefa de regular as limitações constitucionais ao poder de tributar é matéria que a Constituição Federal confere à 'lei complementar'"*.

III – estabelecer normas gerais em matéria de legislação tributária, (...)

a) definição de tributos e de suas espécies, bem como, em relação aos impostos discriminados nesta Constituição, a dos respectivos fatos geradores, bases de cálculo e contribuintes;

b) obrigação, lançamento, crédito, prescrição e decadência tributários;

c) adequado tratamento tributário ao ato cooperativo praticado pelas sociedades cooperativas;

d) definição de tratamento diferenciado e favorecido para as microempresas e para as empresas de pequeno porte, inclusive regimes especiais ou simplificados no caso do imposto previsto no art. 155, II, das contribuições previstas no art. 195, I e §§ 12 e 13, e da contribuição a que se refere o art. 239. **(EC n. 42/2003 e EC n. 103/2019)**

Art. 146-A. Lei complementar poderá estabelecer critérios especiais de tributação, com o objetivo de prevenir desequilíbrios da concorrência, sem prejuízo da competência de a União, por lei, estabelecer normas de igual objetivo.

Note o item considerado **CORRETO**, em prova realizada pela VUNESP, Câmara de Campo Limpo Paulista-SP, para o cargo de Procurador Jurídico, em 2018: *"O princípio da legalidade em direito tributário é central, assegurando a proteção do direito dos cidadãos à propriedade. A esse respeito, a Constituição Federal reserva à lei complementar o estabelecimento de normas gerais sobre obrigação, lançamento, crédito, prescrição e decadência tributários"*.

Note o item considerado **CORRETO**, em prova realizada pela FCC, SABESP, para o cargo de Advogado, em 2018: *"Lei complementar poderá estabelecer critérios especiais de tributação, com o objetivo de prevenir desequilíbrios da concorrência, sem prejuízo da competência de a União, por lei, estabelecer normas de igual objetivo"*.

(II) Quanto ao ICMS

Art. 155. Compete aos Estados e ao Distrito Federal instituir impostos sobre: (...)
§ 2º O imposto previsto no inciso II atenderá ao seguinte: (...)
XII – cabe à lei complementar:
a) definir seus contribuintes;
b) dispor sobre substituição tributária;
c) disciplinar o regime de compensação do imposto;
d) fixar (...) o local das operações relativas à circulação de mercadorias e das prestações de serviços;
e) excluir da incidência do imposto, nas exportações para o exterior, serviços e outros produtos além dos mencionados no inciso X, "a";
f) prever casos de manutenção de crédito, relativamente à remessa para outro Estado e exportação para o exterior, de serviços e de mercadorias;
g) regular a forma como, mediante deliberação dos Estados e do Distrito Federal, isenções, incentivos e benefícios fiscais serão concedidos e revogados;
h) definir os combustíveis e lubrificantes sobre os quais o imposto incidirá uma única vez, qualquer que seja a sua finalidade, hipótese em que não se aplicará o disposto no inciso X, "b";
i) fixar a base de cálculo, de modo que o montante do imposto a integre, também na importação do exterior de bem, mercadoria ou serviço.

(III) Quanto ao ITCMD

Art. 155. Compete aos Estados e ao Distrito Federal instituir impostos sobre: (...)
§ 1º O imposto previsto no inciso I: (...)
III – terá competência para sua instituição regulada por lei complementar:
a) se o doador tiver domicílio ou residência no exterior;
b) se o *de cujus* possuía bens, era residente ou domiciliado ou teve o seu inventário processado no exterior; (...)

(IV) Quanto ao ISS

Art. 156. Compete aos Municípios instituir impostos sobre: (...)
III – serviços de qualquer natureza, não compreendidos no art. 155, II, definidos em lei complementar; (...)
§ 3º Em relação ao imposto previsto no inciso III do *caput* deste artigo, cabe à lei complementar:
I – fixar as suas alíquotas máximas e mínimas;
II – excluir da sua incidência exportações de serviços para o exterior;
III – regular a forma e as condições como isenções, incentivos e benefícios fiscais serão concedidos e revogados.

(V) Quanto à Contribuição Social

Art. 195. (...)
§ 11. São vedados a moratória e o parcelamento em prazo superior a 60 (sessenta) meses e, na forma de lei complementar, a remissão e a anistia das contribuições sociais de que tratam a alínea "a" do inciso I e o inciso II do *caput*. (Redação dada pela **EC n. 103/2019**.)

Diante de todo o exposto, a temática da "medida provisória e os tributos" deve ser analisada com cuidado, sobressaindo os seguintes pontos, em resumo:

1. A MP, na visão do STF, é hábil a criar e majorar tributos;
2. A MP, segundo o texto constitucional (art. 62, § 2º), é instrumento adequado a criar e majorar impostos;
3. A MP, na visão do STF, pode ser editada pelos Estados-membros, levando-se em conta a observância simétrica do processo legislativo federal;
4. A MP não poderá ser utilizada em campos normativos adstritos à lei complementar, tais como: instituição de certos tributos federais; matérias dispostas no art. 146 da CF; e detalhamentos normativos adstritos ao ICMS, ao ITCMD, ao ISS e a certas contribuições social-previdenciárias.

3

PRINCÍPIO DA ANTERIORIDADE TRIBUTÁRIA

1 INTRODUÇÃO

O *princípio da anterioridade tributária*, expresso no art. 150, III, alíneas "b" e "c", da CF, destaca-se como um postulado tipicamente tributário, cujos efeitos direcionam-se para a seara da tributação, seja ela federal, estadual, municipal ou distrital[1].

A alínea "b" sempre esteve presente no texto constitucional, enquanto a alínea "c" teve sua inserção mobilizada pela EC n. 42/2003. As indigitadas alíneas hospedam anterioridades com denominações distintas. A alínea "b" atrela-se à "anterioridade anual", também intitulada "anterioridade de exercício", "anterioridade comum", ou, como preferem muitos estudiosos, simplesmente, "anterioridade". A alínea "c", por sua vez, refere-se à "anterioridade privilegiada", também reconhecida por "anterioridade qualificada", "anterioridade nonagesimal", "anterioridade mínima" ou, ainda, **"princípio da carência"** (esta, uma expressão de José Afonso da Silva).

A expressão foi cobrada em prova realizada pela Esaf, para o cargo de Analista de Finanças e Controle (CGU), em 2012.

> Note o item considerado **CORRETO**, em prova realizada pelo CEBRASPE, EMAP, para o cargo de Analista Portuário (Área Jurídica), em 2018: *"O 'princípio da carência tributária' proíbe a União, os Estados, o Distrito Federal e os Municípios de cobrar tributos antes de transcorridos noventa dias da data da publicação da lei que os instituir ou aumentar".*

À guisa de memorização, aprecie o quadro com o parâmetro terminológico[2] a seguir:

1. *V.* CARRAZZA, Roque Antonio. *Curso de direito constitucional tributário*, 24. ed., p. 185.
2. A terminologia utilizada para nominar as anterioridades tributárias do art. 150, III, "b" e "c", da CF deve ser confrontada com uma outra, correspondente ao rol de títulos válidos para a anterioridade tributária das

Art. 150, III, "b", CF	Art. 150, III, "c", CF
DENOMINAÇÃO	
Princípio da Anterioridade (...)	**Princípio da Anterioridade (...)**
(...) ANUAL (...) ÂNUA (...) DE EXERCÍCIO (...) COMUM **(...) GENÉRICA**	(...) MÍNIMA (...) MITIGADA (...) PRIVILEGIADA (...) QUALIFICADA (...) NONAGESIMAL

Note o item considerado **CORRETO**, em prova realizada pelo TRF, para o cargo de Juiz Federal Substituto (TRF/3ª Região), em 2016: *"O princípio da anterioridade genérica significa que as pessoas políticas não podem exigir tributos no mesmo exercício financeiro em que foi publicada a lei que os instituiu ou aumentou"*.

É fácil perceber, nessa medida, que a partir da EC n. 42/2003 – precisamente, de 2004 até o ano atual –, passou-se a exigir a **aplicação cumulativa** das duas vertentes cronológicas da anterioridade (o período anual e o período nonagesimal), a fim de se cumprir o desiderato constitucional.

Note o item considerado **CORRETO**, em prova realizada pela Fundatec, para o cargo de Procurador do Estado/RS, em 2015: *"A anterioridade de exercício e a nonagesimal são aplicáveis a todos os tributos, de forma cumulativa, excetuadas hipóteses previstas taxativamente no texto constitucional"*.

Com efeito, conforme ratifica Luciano Amaro[3], "a constituição exige (...) que a lei que crie ou aumente o tributo seja anterior ao exercício financeiro em que o tributo será cobrado e, ademais, que se observe a antecedência mínima de noventa dias entre a data de publicação da lei que o instituiu ou aumentou e a data em que passa a aplicar-se".

Enquanto o estudo da ***legalidade tributária*** leva o aplicador da norma a entender, na tributação, a extensão semântica do vocábulo "como", a análise da *anterioridade tributária* permitirá ao intérprete captar, em idêntica seara, a dimensão vocabular do termo "quando". Explicando: a legalidade tributária está para a "causa", enquanto a anterioridade tributária se liga ao "efeito"; a primeira diz com a resposta à indagação "*o que me imporá o pagamento?*", enquanto a segunda atrela-se à solução do questionamento "*quando pagarei?*".

Note o item (adaptado) considerado **CORRETO**, em prova realizada pela FCC, para o cargo de Procurador do Ministério Público de Contas (TCM/GO), em 2015: *"Exigir ou aumentar tributo sem lei que o estabeleça corresponde ao denominado Princípio da Legalidade"*.

---

contribuições da seguridade social, constantes do art. 195 da CF – *anterioridade especial, nonagesimal* ou *mitigada*, ou, ainda, *período de noventena* ou *de noventalidade*.

3. AMARO, Luciano. *Direito tributário brasileiro*, 14. ed., p. 121.

Em outras palavras, o *princípio da anterioridade tributária* avoca a análise da *eficácia da lei tributária*. O plano eficacial da norma possui particularidades temporais que transmitem ao destinatário do tributo "ondas" de segurança jurídica, por meio das quais se saberá o que o aguarda, no plano da tributabilidade, amplificando-lhe a confiança no Estado Fiscal[4].

De fato, a noção de *segurança jurídica* alastra-se por todo o ordenamento jurídico, em todas as direções, influenciando sobremaneira alguns postulados, em matéria tributária, com os quais se entrelaça ou, ainda, nos quais se desdobra, *v.g.*, o próprio princípio da anterioridade tributária.

Assim, a anterioridade objetiva ratificar o sobreprincípio da segurança jurídica, evitando-se que o contribuinte se veja diante de inesperada cobrança tributária.

Na esteira da segurança das relações jurídicas entre a Administração e os administrados, alcança-se o valor elevado da "certeza"[5], e "o que se enfatiza é a proteção do contribuinte contra a surpresa de alterações tributárias (...)"[6].

Nesse passo, diz-se que a segurança jurídica é o elemento axiológico do postulado em estudo, tendente a coibir a *tributação de surpresa* – por nós intitulada "tributação de supetão" ou "tributação de inopino" –, ou seja, aquela que surpreende o sujeito passivo da obrigação tributária sem lhe permitir o razoável tempo de preparo para o evento inexorável da tributação.

A esse respeito, chancela o eminente Sacha Calmon Navarro Coêlho[7], asseverando que o princípio da anterioridade tributária, sendo de fundo axiológico, é "nascido da aspiração dos povos de conhecerem com razoável antecedência o teor e o *quantum* dos tributos a que estariam sujeitos no futuro imediato, de modo a poderem planejar as suas atividades levando em conta os *referenciais da lei*".

2 O PRINCÍPIO DA ANTERIORIDADE E O DIREITO FUNDAMENTAL DO CONTRIBUINTE: UMA CLÁUSULA PÉTREA

O princípio da anterioridade tributária é inequívoca garantia individual do contribuinte, implicando que sua violação produzirá irremissível vício de inconstitucionalidade. Assim se posicionou o **STF** quando, ao analisar o art. 2º, § 3º, da EC n. 3, de 1993, que afastara o princípio da anterioridade tributária anual do antigo IPMF, entendeu que teria havido, com tal medida, uma violação à "garan-

4. *V.* CARRAZZA, Roque Antonio. *Curso de direito constitucional tributário*, 24. ed., p. 197.
5. CARVALHO, Paulo de Barros. *Curso de direito tributário*, 16. ed., pp. 148-149.
6. AMARO, Luciano. *Direito tributário brasileiro*, 14. ed., p. 123.
7. COÊLHO, Sacha Calmon Navarro. *Curso de direito tributário brasileiro:* comentários à Constituição Federal e ao Código Tributário Nacional, 6. ed., p. 226.

tia individual do contribuinte" (**STF, ADI n. 939-7, rel. Min. Sydney Sanches, j. em 15-12-1993**).

> Note o item considerado **CORRETO**, em prova realizada pela FGV Projetos, para o cargo de Juiz de Direito Substituto do Estado do Amazonas (TJ/AM), em 2013: *"O STF já julgou hipótese em que a EC n. 3 autorizou a instituição, por meio de lei complementar, de um novo tributo (diverso daqueles até então previstos na CF/88). A mesma Emenda dispôs que o novo tributo não estaria sujeito ao princípio da anterioridade. Sobre esse caso, a decisão do STF retrata que o novo tributo é constitucional, mas está sujeito à observância do princípio da anterioridade, que, como garantia individual, não poderia ser afastado sequer por Emenda".*

Vale a pena percorrermos um elucidativo trecho do voto do Ministro **Celso de Mello**:

> O princípio da anterioridade da lei tributária, além de constituir limitação ao poder impositivo do Estado, representa um dos direitos fundamentais mais importantes outorgados pela Carta da República ao universo dos contribuintes. (...) O respeito incondicional aos princípios constitucionais evidencia-se como dever inderrogável do Poder Público. A ofensa do Estado a esses valores que desempenham, enquanto categorias fundamentais que são, um papel subordinante na própria configuração dos direitos individuais ou coletivos, introduz um perigoso fator de desequilíbrio sistêmico e rompe, por completo, a harmonia que deve presidir as relações sempre tão estruturalmente desiguais entre as pessoas e o Poder. Não posso desconhecer (...) que os princípios constitucionais tributários, sobre representarem importante conquista político-jurídica dos contribuintes, constituem expressão fundamental dos direitos outorgados, pelo ordenamento positivo, aos sujeitos passivos das obrigações fiscais. Desde que existem para impor limitações ao poder de tributar, esses postulados têm por destinatário exclusivo o poder estatal, que se submete, quaisquer que sejam os contribuintes, à imperatividade de suas restrições.

Dessarte, vê-se que, para o **STF**, o princípio da anterioridade da lei tributária representa um dos *direitos fundamentais* mais relevantes outorgados ao universo dos contribuintes pelo texto constitucional, além de traduzir, na concreção do seu alcance, uma expressiva limitação ao poder impositivo do Estado.

Com efeito, levando-se em conta que o art. 5º, § 2º, da Constituição Federal dispõe que o rol dos *direitos fundamentais* não é dotado de taxatividade, a sua identificação abre-se para o cotejo dialógico entre a Constituição e o plano da realidade social[8], na busca de uma ideal exemplificação, no lugar da exaustão.

Se há direitos fundamentais arrolados no Título II do texto constitucional (arts. 5º ao 17), há de haver outros, pulverizadamente localizados, cabendo ao exegeta sua identificação. A propósito, despontam os direitos limitadores do poder de

---

8. *V.* AGRA, Walber de Moura. *Manual de direito constitucional*. São Paulo: RT, 2002, p. 229.

tributar do Estado, previstos nos arts. 150 a 152 (Título VI) – a saber, os princípios e as imunidades tributárias –, e, mais precisamente, o ora estudado princípio da anterioridade tributária.

A esse propósito, discorre Alexandre de Moraes[9], para quem "os direitos e garantias expressos na Constituição Federal não excluem outros de caráter constitucional decorrentes do regime e dos princípios por ela adotados, desde que expressamente previstos no texto constitucional, mesmo que difusamente".

Daí se assegurar que, mostrando-se tal postulado como "direito e garantia individual", afastada estará qualquer tentativa de emenda constitucional tendente a estiolar este núcleo imodificável do texto constitucional. Nessa toada, a limitação decorrente do princípio da anterioridade, por configurar cláusula pétrea da Constituição da República, não pode ser elidida por emenda constitucional.

3 O PRINCÍPIO DA ANUALIDADE

O princípio da anterioridade tributária não se confunde com o **princípio da anualidade tributária**.

> Note o item considerado **INCORRETO**, em prova realizada pela FEPESE, para o cargo de Promotor de Justiça/SC, em 2014: *"Pelo princípio da não surpresa do contribuinte, nos termos da Constituição Federal, são adotadas as seguintes fórmulas: a) princípio da anterioridade anual ou anterioridade de exercício determina que União, Estados, Distrito Federal e Municípios não cobrem tributos no mesmo exercício financeiro em que tenha sido publicada a lei que aumenta ou institui tributo; b) princípio da anualidade, caracterizada pela inclusão da lei tributária material na lei do orçamento ou ânua; e c) princípio da anterioridade nonagesimal, segundo o qual é vedado à União, Estados, Distrito Federal e Municípios cobrar tributos antes de decorridos noventa dias da data em que haja sido publicada a lei que os aumentou ou instituiu".*

Historicamente, o princípio da anualidade, vigente sob a égide da *Constituição Federal de 1946* (art. 141, § 34, 2ª parte), indicava que "um tributo somente poderia ser cobrado em cada exercício se tivesse autorizado pelo orçamento anual: daí a anualidade, porque, em todos os anos, o orçamento a ser executado teria de arrolar todos os tributos a serem cobrados, sob pena de entender-se não autorizada a exigência"[10].

Note o teor do preceptivo constante do texto constitucional de **1946**:

> **Art. 141. (...)**
>
> **§ 34. (...)** nenhum (tributo) será cobrado em cada exercício sem prévia autorização orçamentária, (...)

Em rápida visão retrospectiva, sabe-se que, em 1965, com a EC n. 18, o *princípio da anualidade* foi suprimido do texto constitucional, reaparecendo na dicção da Constituição Federal de 1967 (art. 150, § 29), com a idêntica e pretérita disposição textual.

9. MORAES, Alexandre de. *Direito constitucional*. 19. ed. São Paulo: Atlas, 2006, p. 106.
10. BRITO, Edvaldo Pereira de. Princípios constitucionais tributários. *Caderno de Pesquisas Tributárias*, n. 18, Coord. Ives Gandra da Silva Martins, São Paulo: Editora Resenha Tributária, 1993, p. 568.

Em 1969, com a EC n. 1 (art. 153, § 29), voltou novamente a ser abolido de nossa Carta Magna[11]. De lá para cá, perdurou a situação de omissão.

Como se pôde notar, a sistemática imposta pela anualidade era simples: nenhum tributo podia ser exigido sem que a lei instituidora ou majoradora tivesse obtido, antecipadamente, a autorização orçamentária. Assim, em primeiro lugar, publicava-se a lei tributária; após, como *conditio sine qua non*, obtinha-se a prévia autorização orçamentária; com esta, a lei não poderia mais ser alterada. Diante disso, a arrecadação de um novo tributo ou um aumento dos já existentes, eventualmente não inscritos na lei orçamentária, demandaria a espera do próximo orçamento, a fim de fazer nele constar tais medidas remodeladoras. Vale dizer, portanto, que a criação de um tributo poderia ocorrer, sem problemas; todavia, a exigência dele não se daria sem antes obter-se a autorização do Poder Legislativo, por meio da anual previsão do Orçamento[12].

No cotejo entre a anualidade e a anterioridade tributárias, é fácil observar que a exigência atual da anterioridade é mais branda do que aquela constante da superada regra da anualidade. Nesta, como se viu, havia a necessidade de a lei tributária ser aprovada pela lei orçamentária, além de votada pelos integrantes do Poder Legislativo. Na anterioridade, como se notará, a exigência se atém tão somente ao diferimento da eficácia da lei majoradora ou instituidora do tributo, independentemente da previsão orçamentária. Daí se afirmar que o princípio da anualidade é um postulado cujo alcance ou sentido acabam sendo alvo de restrição.

Registre-se, portanto, que a **anualidade não encontra** respaldo no hodierno sistema constitucional tributário brasileiro, uma vez que a exigência atual é apenas no sentido de exigir que a lei instituidora ou majoradora do tributo seja publicada antes do final do exercício financeiro, respeitada igualmente a anterioridade nonagesimal, à luz das esperas temporais descritas nas alíneas "b" e "c" do inciso III do art. 150 da CF.

> Note o item (adaptado) considerado **CORRETO**, em prova realizada pela FGV, Sefaz/MT, para o cargo de Auditor Fiscal Tributário da Receita Municipal, em 2014: *"O Princípio da Anualidade é um princípio que não veio expressamente albergado no texto da Constituição da República aprovada em 1988, ao contrário dos princípios da legalidade, anterioridade, irretroatividade e isonomia tributárias".*

> Note o item considerado **CORRETO**, em prova realizada pela CETAP, para o cargo de Analista (MPCM), em 2015: *"Com o advento do Princípio da Anterioridade (art. 150, III, 'b') que passou a regular a matéria tributária na CF/88, o Princípio da Anualidade (art. 165, III, CF/88 c/c art. 34, Lei 4.320/64) passou a ser adstrito à matéria orçamentária".*

---

11. *V.* MACHADO, Hugo de Brito. *Os princípios jurídicos da tributação na Constituição de 1988*. 5. ed. São Paulo: Dialética, 2004, p. 93.
12. *V.* COÊLHO, Sacha Calmon Navarro. *Comentários à Constituição Federal de 1988:* sistema tributário, 7. ed., p. 317.

É por tudo isso que se tem dito que o princípio da anualidade **não mais desfruta de endosso no direito positivo brasileiro**, de tal modo que uma lei instituidora ou majoradora de tributo pode ser aplicada no ano seguinte, ainda que não haja uma específica e anterior autorização orçamentária, sendo suficiente o atendimento ao princípio da anterioridade tributária.

Aliás, quanto à possível sobrevivência do princípio da anualidade nos dias atuais, na seara tributária, tem-se defendido majoritariamente sua impossibilidade, conquanto se possam notar vozes esparsas na doutrina no sentido de sua permanente aplicação.

O estimado professor Edvaldo Brito[13] tem ofertado argumentos favoráveis ao princípio da anualidade, entendendo que o comando da anterioridade tributária (art. 150, III, "b") e o dispositivo afeto à lei de diretrizes orçamentárias (art. 165, § 2º), ambos do atual texto constitucional, são integrativos. O eminente autor, ao asseverar que a aceitação da anualidade implica *"evitar interpretação por absurdo"*[14], traz importante conceito ao postulado. Note-o:

> (...) o princípio da anualidade consiste na necessidade de as alterações na legislação tributária, representadas pela instituição do novo tributo ou pela majoração do já existente, serem objeto de disposição da lei de diretrizes orçamentárias, sob pena de proibição para a aplicabilidade da respectiva norma, ainda que tenha sido publicada antes do início do exercício financeiro[15].

Conquanto demasiado sedutores os argumentos expendidos pelo insigne mestre baiano – os quais indicam que o princípio da anualidade é mais amplo, possui maiores garantias e, finalmente, parte ele de um ponto lógico e racional –, temos preferido, com a devida vênia, aconselhar a reserva da anualidade à seara do Direito Financeiro, da qual emanam inquestionavelmente reflexos indiretos para o Direito Tributário. Dúvida não há de que o princípio da anualidade "continua existindo em matéria orçamentária, o que, de algum modo, repercute no campo tributário (...)"[16]. O certo é que, para concursos públicos, as bancas têm entendido que tal princípio não faz parte do sistema constitucional tributário doméstico.

4 O PRINCÍPIO DA ANTERIORIDADE E SUA PREVISÃO NA CONSTITUIÇÃO FEDERAL DE 1988

Em consonância com o disposto no art. 150, III, alíneas "b" e "c", da Constituição Federal, temos:

---

13. *V.* BRITO, Edvaldo Pereira de. Princípios constitucionais tributários, p. 566.
14. *Ibidem*, p. 568.
15. *Ibidem*, p. 569.
16. CARRAZZA, Roque Antonio. *Curso de direito constitucional tributário*, 24. ed., p. 213.

Art. 150. Sem prejuízo de outras garantias asseguradas ao contribuinte, é vedado à União, aos Estados, ao Distrito Federal e aos Municípios: (...)

III – cobrar tributos: (...)

b) no mesmo exercício financeiro em que haja sido publicada a lei que os instituiu ou aumentou;

Note o item considerado **INCORRETO**, em prova realizada pelo Cespe/Cebraspe, para o cargo de Delegado de Polícia do Estado de Pernambuco, em 2016: *"Em razão do princípio da anterioridade tributária, a cobrança de tributo não pode ser feita no mesmo exercício financeiro em que fora publicada a norma impositiva tributária"*.

Note o item (adaptado) considerado **CORRETO**, em prova realizada pela FCC, TCM/GO, para o cargo de Procurador do Ministério Público de Contas, em 2015: *"A vedação à cobrança de tributos no mesmo exercício financeiro em que haja sido publicada a lei que os instituiu ou aumentou corresponde ao denominado Princípio da Anterioridade"*.

c) antes de decorridos noventa dias da data em que haja sido publicada a lei que os instituiu ou aumentou, observado o disposto na alínea "b";

Evidencia-se que o princípio da anterioridade, nas duas alíneas, dispõe sobre um átimo de tempo que deve intermediar a data da lei instituidora ou majoradora do gravame e a data de cobrança do tributo. Tal espaço se abre para duas exigências temporais, com dupla "projeção de tempo" a ser cumprida: a anual e a nonagesimal, **ressalvados os casos de exceção ao princípio, a serem oportunamente estudados**.

Note o item considerado **CORRETO**, em prova realizada pela Fundatec, para o cargo de Procurador do Estado/RS, em 2015: *"A anterioridade de exercício e a nonagesimal são aplicáveis a todos os tributos, de forma cumulativa, excetuadas hipóteses previstas taxativamente no texto constitucional"*.

Note que "(...) pelo princípio da anterioridade não se impede a criação nem a majoração de tributo. Apenas se preocupa em regular os efeitos de tal ato no tempo"[17]. Trata-se de uma distância temporal mínima entre a publicação e a força vinculante da lei, que perpetra, pela via da incidência tributária, uma instituição ou uma majoração de tributo[18]. A tais situações, dessarte, aplicar-se-á o intitulado *Princípio da Anterioridade Tributária*.

Na mesma linha de raciocínio, por exemplo, a **redução de benefício fiscal** que implica aumento de tributos provoca a observância do princípio da anterioridade.

A propósito, em 2 de setembro de **2014**, o **STF** julgou pertinente questão (**AgR no RE 564.225/RS**, rel. Min. Marco Aurélio), entendendo que o afastamento da

17. GOMES, Marcus Lívio; ANTONELLI, Leonardo Pietro. *Curso de direito tributário*. São Paulo: Quartier Latin, 2005, v. 1, p. 132.
18. *V.* SILVA NETO, José Francisco da. *Apontamentos de direito tributário*. 2. ed. Rio de Janeiro: Forense, 2004, p. 129.

aplicação de decretos estaduais que teriam reduzido benefício fiscal – norma que diminuiu a base de cálculo do ICMS – implicava, consequentemente, *aumento indireto de tributo*. Vale dizer que a redução de benefício fiscal vigente equipara-se a "aumento indireto de tributo", avocando-se o *princípio da anterioridade tributária*, em homenagem ao conteúdo teleológico da garantia que proíbe os aumentos súbitos de encargo fiscal e privilegia o planejamento.

Assim, na visão do **STF**, tanto o aumento de alíquota, quanto a redução de benefício fiscal, apontariam para o mesmo resultado, qual seja, o agravamento do encargo, estiolando a segurança jurídica e a garantia da certeza do Direito. Em tempo, a Corte Suprema pontuou que o vertente caso não pode ser confundido com a mera *revogação de isenção*, a qual é concebida iterativamente naquela Corte como hipótese que repele o princípio da anterioridade tributária.

A propósito, em **19 de maio de 2020**, a 1ª Turma do **STF**, no **RE n. 1.253.706-AgR/RS** (rel. Min. Rosa Weber), entendeu que o aumento indireto de tributo mediante a redução ou supressão de benefícios ou incentivos fiscais decorrentes do *Regime Especial de Reintegração de Valores Tributários para Empresas Exportadoras* (REINTEGRA) se sujeita à incidência dos *princípios da anterioridade tributária geral e nonagesimal*, previstos no art. 150, III, "b" e "c", da Constituição Federal.

Por outro lado, se de algum modo a lei beneficiar o contribuinte, rechaçado estará o princípio da anterioridade, pois tal postulado milita em favor do contribuinte, e nunca em seu detrimento. Vale dizer que, na esteira da doutrina majoritária, caso a lei extinga ou reduza o tributo, mitigue-lhe uma alíquota, conceda uma isenção ou, até mesmo, dilate o prazo para pagamento do gravame, sem provocar qualquer onerosidade (*v.g.*, com a simples atualização monetária do tributo), deverá produzir efeitos imediatos, com **pronta incidência**[19].

> Note o item considerado **CORRETO**, em prova realizada pela Fundep, para o cargo de Advogado da Câmara Municipal de São Lourenço/MG, em 2016: *"Determinada lei municipal de readequação das alíquotas do ITBI, que acarretou na sua redução, poderá ter aplicação imediata sem que isso caracterize violação ao princípio da anterioridade anual"*.

Note a seguir a jurisprudência do **STF**, que retrata com fidelidade esse modo de pensar:

> **EMENTA:** RECURSO EXTRAORDINÁRIO. MATÉRIA TRIBUTÁRIA. SUBSTITUIÇÃO LEGAL DOS FATORES DE INDEXAÇÃO. ALEGADA OFENSA ÀS GARANTIAS CONSTITUCIONAIS DO DIREITO ADQUIRIDO E DA ANTERIORIDADE TRIBUTÁRIA. INOCORRÊNCIA. SIMPLES ATUALIZAÇÃO MONETÁRIA QUE NÃO SE CONFUNDE COM MAJORAÇÃO DO TRIBUTO. RECURSO IMPROVIDO. (...) *A modificação dos fatores de indexação, com base em legislação superveniente, não constitui desrespeito a situações jurídicas consolidadas (CF, art.*

19. *V.* CARRAZZA, Roque Antonio. *Curso de direito constitucional tributário*, 24. ed., p. 198.

> *5º, XXXVI), nem transgressão ao postulado da não surpresa, instrumentalmente garantido pela cláusula da anterioridade tributária (CF, art. 150, III, "b").* – (...) Precedentes. **(RE--AgR 200.844/PR, 2ª T., rel. Min. Celso de Mello, j. em 25-06-2002) (Grifo nosso)**

Outra hipótese de não aplicação do *princípio da anterioridade tributária* foi lapidada pelo **STF**, levando-se em conta o julgado em epígrafe, que lhe serviu como precedente[20].

Em 1º de agosto de **2008**, na **ADI n. 4.016 MC/PR**, rel. Min. Gilmar Mendes, o **STF** enfrentou questão ligada à redução de desconto de imposto perante a aplicação do princípio da anterioridade (art. 150, III, "b" e "c", CF). No caso, o art. 3º da Lei n. 15.747/2007, alterando dispositivos da Lei n. 14.260/2003, ambas do Estado do Paraná, reduziu e extinguiu descontos relativos ao pagamento do IPVA (no caso, excluiu a hipótese de desconto para pagamento em parcela única à vista).

A Corte Suprema entendeu que a norma impugnada, com data de vigência imediata, não havia ofendido a regra da anterioridade tributária porque não constituiu aumento do imposto. E o **STF** aproveitou para repisar o seu entendimento, aliás, mencionado em parágrafo anterior: se até mesmo a revogação de isenção não tem sido equiparada à instituição ou majoração de tributo, a redução do desconto para pagamento do tributo também não o poderia.

No ensejo, afastou-se, também, a assertiva de que qualquer alteração na forma de pagamento do tributo equivaleria à sua majoração, ainda que de forma indireta. De fato, o **STF** já havia assim se posicionado, rechaçando a aplicação da anterioridade tributária em caso de alteração da data de vencimento das obrigações tributárias afetas a imposto e a contribuição social-previdenciária.

Note os entendimentos jurisprudenciais:

> **Em 1997: EMENTA:** ICMS. DECRETO N. 33.707/91-SP: ANTECIPAÇÃO DO PRAZO DE RECOLHIMENTO. ALEGADA OFENSA AOS PRINCÍPIOS CONSTITUCIONAIS DA LEGALIDADE, ANTERIORIDADE E DA VEDAÇÃO DE PODERES LEGISLATIVOS. *Não se compreendendo no campo reservado à lei a definição de vencimento das obrigações tributárias, legítimo o Decreto n. 33.707/91, que modificou a data de vencimento do ICMS. Improcedência da alegação no sentido de infringência ao princípio da anterioridade* e da vedação de delegação legislativa. Recurso extraordinário não conhecido. **(RE 203.684/SP, 1ª T., rel. Min. Ilmar Galvão, j. em 20-05-1997) (Grifo nosso)**

> **Em 2001: EMENTA:** DIREITO CONSTITUCIONAL, TRIBUTÁRIO E PROCESSUAL CIVIL. PIS. FINSOCIAL. PRAZO DE RECOLHIMENTO. ALTERAÇÃO PELA LEI N. 8.218, DE 29-08-1991. ALEGADA CONTRARIEDADE AO ART. 195, § 6º, DA CONSTITUIÇÃO FEDERAL. 1. Examinando questão idêntica, decidiu a 1ª Turma: "Improcedência da alegação

20. Ver, também, o RE 204.062/ES-1996 e ADInMC n. 2.325/DF, rel. Min. Marco Aurélio, j. em 29-11-2000.

de que, nos termos do art. 195, § 6º, da Constituição, a lei em referência só teria aplicação sobre fatos geradores ocorridos após o término do prazo estabelecido pela norma. *A regra legislativa que se limita simplesmente a mudar o prazo de recolhimento da obrigação tributária, sem qualquer repercussão, não se submete ao princípio da anterioridade.* Recurso extraordinário conhecido e provido". 2. Precedentes de ambas as Turmas, nos quais têm sido rejeitados os argumentos em contrário, ora renovados pela agravante. 3. Agravo improvido. **(RE-AgR 274.949/SC, 1ª T., rel. Min. Sydney Sanches, j. em 13-11-2001) (Grifo nosso)**

Impende destacar, em tempo, que o posicionamento levou o **STF** a uma padronização, em setembro de **2003**, com a edição da **Súmula n. 669**, cujo teor adiante segue: "*Norma legal que altera o prazo de recolhimento da obrigação tributária não se sujeita ao princípio da anterioridade*". Frise-se que, em 17 de junho de **2015**, o Plenário do **STF**, por maioria, acolheu proposta de edição de enunciado de súmula vinculante com o seguinte teor: "*Norma legal que altera o prazo de recolhimento da obrigação tributária não se sujeita ao princípio da anterioridade*". Assim, tornou vinculante o conteúdo do *Verbete 669 da Súmula do STF.* Trata-se da Súmula Vinculante n. 50 do STF. É relevante destacar que foi vencido o Ministro Marco Aurélio, para quem a alteração do prazo para recolhimento do tributo, por representar alteração substancial, a surpreender os contribuintes, deveria se sujeitar ao princípio da anterioridade tributária.

Note o item considerado **CORRETO**, em prova realizada pelo TRF/4ª Região, para o cargo de Juiz Federal Substituto (XVII Concurso), em 2016: "Segundo entendimento sumulado do STF, norma legal que altera o prazo de recolhimento da obrigação tributária não se sujeita ao princípio da anterioridade".

Observação: item semelhante foi considerado **CORRETO**, em provas realizadas pelas seguintes Instituições: **(I)** IADES, para o cargo de Analista Administrativo Operacional – Advogado da CEITEC S.A., em 2016; **(II)** Vunesp, para o cargo de Juiz de Direito Substituto do TJ/RJ – XLVII Concurso, em 2016; **(III)** TRF/4ª Região, para o cargo de Juiz Federal Substituto/XVI Concurso, em 2014; **(IV)** TRF/3ª Região, para o cargo de Juiz Federal Substituto, em 2016; **(V)** MPE/PR, para o cargo de Promotor de Justiça Substituto, em 2017; **(VI)** Cebraspe, para o cargo de Promotor de Justiça Substituto (MPE/RR), em 2017.

Note o item considerado **INCORRETO**, em prova realizada pelo CEBRASPE, STJ, para o cargo de Analista Judiciário, em 2018: "*De acordo com o STF, a norma legal que altera o prazo de recolhimento da obrigação tributária deve observar o princípio da anterioridade que for aplicável ao respectivo tributo*".

Observação: item semelhante foi considerado **INCORRETO**, em provas realizadas pelas seguintes Instituições: **(I)** IMA, para o cargo de Advogado da Câmara Municipal de Estreito/MA, em 2016; **(II)** Cespe/Cebraspe, para o cargo de Juiz de Direito Substituto da Justiça do Distrito Federal (TJDFT), em 2016; **(III)** Serctam, para o cargo de Assistente Jurídico da Prefeitura de Quixadá/CE, em 2016.

Note o item considerado **INCORRETO**, em prova realizada pelo CEBRASPE, POLÍCIA FEDERAL, para o cargo de Delegado de Polícia Federal, em 2018: *"A empresa XZY Ltda., contribuinte do ICMS, pagava mensalmente esse tributo a determinado estado da Federação, no dia 15 de cada mês. No dia 30-06-2017, esse estado editou ato normativo que alterava a data do pagamento do referido tributo para o dia 10 de cada mês, entrando tal ato em vigor no dia 01-07-2017. Sem saber da alteração, a empresa XZY Ltda. pagou o tributo no dia 15-07-2017, o que acarretou multa e juros de mora pelo pagamento com atraso. Nessa situação hipotética, a antecipação do prazo para o pagamento do ICMS só poderia ter sido feita por lei e somente poderia ter entrado em vigor no exercício financeiro seguinte".*

Frise-se que o entendimento de que a redução do tributo rechaça o princípio da anterioridade alcançará **todas as espécies tributárias**, incluindo as contribuições social-previdenciárias, para as quais vige, no caso de instituição e modificação, a anterioridade nonagesimal (art. 195, § 6º, CF). A propósito, havendo uma lei – ou, até mesmo, uma medida provisória – que reduza o valor de uma contribuição social-previdenciária, a incidência da lei redutora deverá se dar de imediato, sem respeito à noventena, que imporia a contagem do prazo de noventa dias a partir da publicação da lei (ou da data da medida provisória).

Note o item (adaptado) considerado **CORRETO**, em prova realizada pela FAUEL, para o cargo de Advogado da Prefeitura de Jacarezinho/PR, em 2016: *"Suponha que um Município 'X', em agosto de 2015, altere a legislação tributária para prever a majoração do prazo de recolhimento do ISS. Nesse contexto, a alteração de prazo para recolhimento de tributo não se submete ao princípio da anterioridade, seja a anterioridade geral ou nonagesimal".*

Note o item considerado **CORRETO**, em prova realizada pela FCC, para o cargo de Procurador do Estado de Mato Grosso (PGE/MT), em 2016: *"Um decreto editado pelo Governador de determinado Estado altera o prazo de recolhimento de ICMS, com vigência imediata a partir de sua publicação, no mês de janeiro de 2016. O referido decreto é compatível com a Constituição Federal, não estando sujeito ao princípio constitucional tributário da anterioridade".*

Note o item (adaptado) considerado **CORRETO**, em prova realizada pela FCC, para o cargo de Procurador do Estado de Mato Grosso (PGE/MT), em 2016: *"Tendo em vista calamidade pública, regularmente decretada pelo Governador do Estado, e a necessidade de elevação dos níveis de arrecadação de ICMS, IPVA e ITCMD, é defensável a adoção da seguinte medida: antecipação dos prazos de recolhimento dos impostos estaduais, para vigência imediata".*

Exemplos:

a) Em 20-03-2020, o Presidente da República editou medida provisória aumentando a alíquota da contribuição social a cargo das empresas, destinada à seguridade social. Quando tal norma incidirá? Resposta: no 91º dia a contar de 20-03-2020.

b) Em 20-03-2020, o presidente da República editou medida provisória reduzindo a alíquota da contribuição social a cargo das empresas, destinada à seguridade social. Quando tal norma incidirá? Resposta: na data da publicação da MP (20-03-2020).

Curiosamente, impende destacar que a visão minoritária da doutrina, que se opõe a essa tese pró-cidadã, lastreia-se no fato de que a aplicação imediata da norma tende a pôr em risco a segurança do Estado de Direito e o equilíbrio econômico-financeiro, com uma possível desestabilização das finanças públicas[21]. Não obstante, o entendimento majoritário, colhido entre os estudiosos, é o de que o princípio da anterioridade é instrumento protetivo do cidadão, perante o poder de tributar que lhe é imposto.

Hugo de Brito Machado[22], a esse propósito, salienta que "os princípios constitucionais foram construídos para proteger o cidadão contra o Estado, (...) Assim, o princípio da anterioridade, como os demais princípios constitucionais em geral, não impedem a vigência imediata de norma mais favorável ao contribuinte. (...)"

4.1 O princípio da anterioridade anual – art. 150, III, "b", CF

O *Princípio da Anterioridade Anual* determina que os entes tributantes (União, Estados, Municípios e Distrito Federal) não podem cobrar tributos no mesmo exercício financeiro em que tenha sido publicada a lei majoradora ou instituidora do tributo. Note o comando:

> **Art. 150.** Sem prejuízo de outras garantias asseguradas ao contribuinte, é vedado à União, aos Estados, ao Distrito Federal e aos Municípios: (...)
> **III** – cobrar tributos: (...)
> **b)** no mesmo exercício financeiro em que haja sido publicada a lei que os instituiu ou aumentou; (...)

A expressão *exercício financeiro* deve ser assimilada como *ano fiscal*, que, no Brasil, coincidentemente, representa o *ano civil* (período entre 1º de janeiro e 31 de dezembro)[23], nos termos do art. 34 da Lei n. 4.320, de 1964.

Nessa medida, tal espera anual, que sempre esteve presente na seara tributária brasileira, existindo com exclusividade até o advento da EC n. 42/2003, prevê uma postergação da eficácia da lei tributária para o 1º dia do exercício financeiro subsecutivo ao daquele em que tenha havido a publicação da lei instituidora ou majoradora da exação tributária. Daí se falar em "postergação ou diferimento de eficácia da lei tributária" ou, simplesmente, em adoção do "princípio da eficácia diferida".

Em outras palavras, o legislador constituinte sinaliza a possibilidade de se criar ou aumentar o tributo a qualquer tempo, todavia impõe que a eficácia da lei criadora ou majoradora fique suspensa até o início do ano posterior, quando deverá incidir[24]. Exemplos:

21. *V.* GOMES, Marcus Lívio; ANTONELLI, Leonardo Pietro. *Curso de direito tributário*, v. 1, pp. 159-160.
22. MACHADO, Hugo de Brito. *Os princípios jurídicos da tributação na Constituição de 1988*, 5. ed., p. 108.
23. *V.* AMARO, Luciano. *Direito tributário brasileiro*, 14. ed., p. 121.
24. *V.* ATALIBA, Geraldo. Limitações constitucionais ao poder de tributar. *Revista de Direito Tributário*, São Paulo, v. 51, 1997, p. 153.

a) Tributo criado ou majorado em março de 2002: incidência em 1º de janeiro de 2003;

b) Tributo criado ou majorado em novembro de 2003: incidência em 1º de janeiro de 2004.

4.1.1 O princípio da anterioridade anual e o art. 104 do CTN

O **art. 104 do CTN** também descreve o princípio da anterioridade tributária anual. Note-o:

> **Art. 104.** Entram em vigor no primeiro dia do exercício seguinte àquele em que ocorra a sua publicação os dispositivos de lei, *referentes a impostos sobre o patrimônio ou a renda*:
> **I** – que instituem ou majoram tais impostos;
> **II** – que definem novas hipóteses de incidência;
> **III** – que extinguem ou reduzem isenções, salvo se a lei dispuser de maneira mais favorável ao contribuinte, e observado o disposto no artigo 178. **(Grifo nosso)**

Sabe-se que tal preceptivo irradiou efeitos até a edição da EC n. 18/65, quando foi afastado, dando lugar à anterioridade da lei fiscal.

Para vários doutrinadores, esse comando se encontra revogado[25], ou, pelo menos, contempla incisos (I e II) "inapelavelmente derrogados"[26]. Com efeito, o mencionado dispositivo choca-se com o texto constitucional hodierno – a Carta Magna de 1988 –, uma vez que o princípio da anterioridade tributária, na esteira constitucional, diferentemente da dicção do art. 104 do CTN:

(1) não diz respeito apenas a impostos sobre o patrimônio e a renda, referindo-se a tributos em geral;

(2) não se atrela tão somente a "impostos", mas a tributos em geral, ressalvados os casos de exceção (art. 150, § 1º, CF);

(3) não se refere à "entrada em vigor" da lei, mas à sua eficácia.

Por outro lado, as Bancas Examinadoras têm considerado o art. 104 do CTN um **dispositivo aplicável**, a despeito das opiniões de inconstitucionalidade.

> Note o item considerado **CORRETO**, em prova realizada pelo Cespe, para o cargo de Analista Legislativo da Câmara dos Deputados, em 2014: *"Revogada a isenção, o tributo torna-se imediatamente exigível. Em caso assim, não há que se observar o princípio da anterioridade, dado que o tributo já é existente".*

25. V. PAULSEN, Leandro. *Direito tributário:* Constituição e Código Tributário Nacional à luz da doutrina e da jurisprudência. 9. ed. Porto Alegre: Livraria do Advogado, 2007, p. 856; e MACHADO, Hugo de Brito. *Curso de direito tributário*, p. 95.
26. OLIVEIRA, José Jayme de Macêdo. *Código Tributário Nacional*: comentários, doutrina e jurisprudência. São Paulo: Saraiva, 1998, p. 254.

Em termos práticos, adaptando o art. 104 do CTN à ideia de anterioridade vigente, em uma tentativa de interpretá-lo de acordo com a dicção do texto constitucional, a lei que instituir ou majorar um imposto (inciso I) ou que definir nova hipótese de incidência (inciso II) – não obstante a prolixidade do comando, que anuncia situações que são, de fato, a mesma coisa[27] –, deverá obedecer ao princípio da anterioridade tributária.

Com relação ao inciso III, entrará em vigor, no primeiro dia do exercício financeiro seguinte, a lei que "extinguir uma isenção", ou mesmo aquela que "reduzir uma isenção". O preceptivo traz importantes ressalvas:

a) na situação descrita no art. 178 do CTN, em que haverá um tipo privilegiado de isenção – aquela concedida por prazo certo e sob determinada condição. Nesse caso, haverá irrevogabilidade do benefício isencional;

b) na situação de a própria lei revogadora ou diminuidora da isenção estabelecer um início de vigência para data posterior ao dia 1º de janeiro do ano subsecutivo da publicação da norma, criando-se uma situação favorável ao contribuinte. Nesse caso, a data de entrada em vigor não será aquela prevista no *caput* (primeiro dia do exercício financeiro seguinte), mas o dia estipulado na lei revogadora ou diminuidora da isenção.

O **STF** tem entendido que, tirante o caso da isenção onerosa (submetida a lapso temporal e a certas condições), a revogabilidade das isenções não dotadas de onerosidade poderá ocorrer a qualquer tempo, sem a necessidade de respeitar o princípio da anterioridade tributária, devendo o tributo ser imediatamente exigível. A jurisprudência do **STF**, de há muito, assim se posiciona[28].

4.2 O princípio da anterioridade nonagesimal – art. 150, III, "c", CF

De início, é imperioso enaltecer que o *Princípio da Anterioridade Anual Tributária* foi revigorado com o advento da EC n. 42, de 19 de dezembro de 2003, segundo a qual se passou a vedar a cobrança de tributos antes de decorridos 90 (noventa) dias da data em que tenha sido publicada a lei que haja instituído ou majorado o tributo, em consonância com a alínea "c" do inciso III do art. 150 da Constituição Federal. Vejamos:

> **Art. 150.** Sem prejuízo de outras garantias asseguradas ao contribuinte, é vedado à União, aos Estados, ao Distrito Federal e aos Municípios: (...)
>
> **III** – cobrar tributos: (...)

27. V. MARTINS, Ives Gandra da Silva (Coord.). *Comentários ao Código Tributário Nacional:* artigos 96 a 138. São Paulo: Saraiva, 1998, v. II, p. 53.

28. Nessa linha intelectiva, seguem os precedentes: (I) RE 97.482, rel. Min. Soares Muñoz, 1ª T., j. em 26-10-1982; (II) RE 204.062/ES, rel. Min. Carlos Velloso, 2ª T., j. em 27-09-1996; e **(III) Súmula n. 615 (1984):** *O princípio constitucional da anualidade (§ 29 do art. 153 da Constituição federal) não se aplica à revogação de isenção do ICM.*

c) antes de decorridos noventa dias da data em que haja sido publicada a lei que os instituiu ou aumentou, *observado o disposto na alínea "b"*. **(Grifo nosso)**

> Note o item (adaptado) considerado **CORRETO**, em prova realizada pela FCC, para o cargo de Procurador do Ministério Público de Contas (TCM/GO), em 2015: *"Cobrar tributos antes de decorridos noventa dias da data em que haja sido publicada a lei que os instituiu ou aumentou corresponde ao denominado Princípio da Anterioridade Nonagesimal"*.

Dessa forma, robusteceu-se a anterioridade de exercício, na medida em que se passou a exigir, a partir de 2004, obediência à anterioridade anual, além da anterioridade nonagesimal, em nítida aplicação cumulativa (ver grifo no dispositivo), garantindo-se ainda mais o contribuinte contra uma tributação inopinada.

Sobre o tema em estudo, Alexandre de Moraes[29] ensina:

> (...) princípio da anterioridade mitigada ou nonagesimal não exclui a incidência do tradicional princípio da anterioridade, determinando o art. 150, III, "c", *que ambos sejam aplicados conjuntamente*, ou seja, em regra, *os tributos somente poderão ser cobrados no próximo exercício financeiro de sua instituição ou majoração, e, no mínimo, após 90 dias da data em que haja sido publicada a lei*, evitando-se, assim, desagradáveis surpresas ao contribuinte nos últimos dias do ano. **(Grifo nosso)**

À luz das palavras do ínclito autor, afirmamos que não é um expediente raro o presenciar da voracidade fiscal da Fazenda Pública, que sempre se valeu de vitanda sistemática, criando ou majorando tributos nos últimos dias do ano, a fim de que pudesse satisfazer sua volúpia arrecadatória, com valores a receber logo no início do exercício seguinte, em plena quebra de lealdade tributária.

A novidade trazida pelo teor da EC n. 42/2003, quanto ao Princípio da Anterioridade, vem obstar tal expediente ao exigir uma espera nonagesimal entre a exteriorização do instrumento normativo criador ou majorador e a exigência efetiva do gravame compulsório.

4.3 A regra geral da anterioridade e a aplicação cumulativa dos prazos – art. 150, III, "c", parte final, CF

Com o robustecimento da anterioridade de exercício, em face do "reforço de anterioridade", trazido pela EC n. 42, passou-se a exigir, a partir de 2004, a aplicação cumulativa das anterioridades anual e nonagesimal. O quadro a seguir ilustra, cronologicamente, a conjunta aplicação:

29. MORAES, Alexandre de. *Direito constitucional*, 19. ed., p. 787.

Antes de 2004	2004	2005	2006	2007	2008	2009	2010	2011	2012	2013	2014	2015	2016	2017	2018	2019	2020	2021...
←	→	→	→	→	→	→	→	→	→	→	→	→	→	→	→	→	→	→
Anterioridade Anual	Anterioridade Anual + Anterioridade Nonagesimal																	

Na prática, a aplicação conjunta mostra-se bem fácil. Observe os casos práticos a seguir:

a) ***Lei n.___ majorou um tributo em 15 de dezembro de 2020. Quando incidirá tal aumento?***

Resolução: em primeiro lugar, projete a incidência para o 1º dia do exercício seguinte àquele em que tenha havido o aumento do tributo, isto é, 1º-01-2021, em respeito à anterioridade anual. Logo após, projete a incidência para o 91º dia, a contar do termo inicial ofertado – 15 de dezembro de 2020 –, permitindo-se a identificação de uma data final, em meados de março de 2021. Por fim, compare as datas encontradas (1º-01-2021 x data final – meados de março/2021), escolhendo a "maior". Certamente, optará por aquela data de meados de março de 2021. Somente a partir dela, o contribuinte sujeitar-se-á à incidência desse tributo, majorado em 15 de dezembro de 2020;

b) ***Lei n.___ majorou um tributo em 5 de outubro de 2020. Quando incidirá tal aumento?***

Resolução: em primeiro lugar, projete a incidência para o 1º dia do exercício seguinte àquele em que tenha havido o aumento do tributo, isto é, 1º-01-2021, em respeito à anterioridade anual. Logo após, projete a incidência para o 91º dia, a contar do termo inicial ofertado – 5 de outubro de 2020 –, permitindo-se a identificação de uma data final, em meados de janeiro de 2021 (início). Por fim, compare as datas encontradas (1º-01-2021 x data final – meados de janeiro/2021), escolhendo a "maior". Certamente, optará por aquela data de meados de janeiro de 2021. Somente a partir dela, o contribuinte sujeitar-se-á à incidência desse tributo, majorado em 5 de outubro de 2020;

c) ***Lei n.___ majorou um tributo em 10 de agosto de 2020. Quando incidirá tal aumento?***

Resolução: em primeiro lugar, projete a incidência para o 1º dia do exercício seguinte àquele em que tenha havido o aumento do tributo, isto é, 1º-01-2021, em respeito à anterioridade anual. Logo após, projete a incidência para o 91º dia, a contar do termo inicial ofertado – 10 de agosto de 2020 –, permitindo-se a identificação de uma data final, no mesmo ano de 2020, em meados de novembro. Por fim, compare as datas encontradas (1º-01-2021 x data final – meados de novembro/2020), escolhendo a "maior". Certamente, optará pela data correspondente a 1º-01-2021, uma vez que a contagem dos 90 dias não extrapolou o ano de 2019. A partir dessa data (1º-01-2021), o contribuinte sujeitar-se-á à incidência desse tributo majorado em 10 de agosto de 2020.

Após os três exercícios de contagem de anterioridade tributária, acima apresentados, é bastante crível a seguinte conclusão sobre a **regra geral** da anterioridade, conjuntamente aplicada. Note-a:

REGRA GERAL DE ANTERIORIDADE TRIBUTÁRIA	
Caso o tributo seja criado ou majorado entre os meses de janeiro e setembro de um ano, a incidência do gravame ocorrerá sempre em 1º de janeiro do ano posterior. Todavia, se isso se der entre outubro e dezembro, em razão do impacto temporal dos 90 dias, a data de incidência poderá ser posterior* a 1º de janeiro do ano subsecutivo. * Observe que, caso a lei instituidora ou majoradora do tributo seja publicada nos primeiros dias de outubro, sua vigência se operará conforme quadro explicativo que segue logo abaixo:	
Lei 1º/10 { 91º dia: 31/12; ano seg.: 1º/01 } > data maior 1º/01	Lei 02/10 { 91º dia: 1º/01; ano seg.: 1º/01 } > data maior 1º/01
Lei 03/10 { 91º dia: 02/01; ano seg.: 1º/01 } > data maior 02/01 **Conclusão:** veja que ocorrerá a incidência da lei em 1º de janeiro para os tributos que forem criados ou majorados entre 1º de janeiro e dia 2 de outubro de um dado ano.	

Uma vez assimilada a *regra geral* da anterioridade tributária para os tributos, urge dimensionarmos o universo das ***exceções***, a fim de obtermos a visão totalizante da matéria.

4.4 As exceções ao princípio da anterioridade anual

O **art. 150, § 1º,** ***parte inicial*****, da CF** enumera importante lista de exceções ao princípio da anterioridade anual:

> **Art. 150. (...)**
>
> **§ 1º** A vedação do inciso III, "b", não se aplica aos tributos previstos nos arts. 148, I, 153, I, II, IV e V; e 154, II; (...)

Evidencia-se que o preceptivo, um tanto lacônico, exige que o estudioso proceda à devida tradução dos artigos e incisos ali mencionados pelos nomes designativos dos gravames correspondentes, considerados "exceções", aos quais não se aplica a vedação do inciso III, "b". Após fazê-lo, será possível descobrir um rol de tributos que têm – e sempre tiveram – a imediata eficácia da lei instituidora ou majoradora, que, prontamente incidindo, torna-os prontamente exigíveis.

Observe a lista de exceções à **anterioridade anual**, parcialmente revelada e até aqui ocupada por tributos exclusivamente federais:

Imposto sobre Importação (II)
Imposto sobre Exportação (IE)
Imposto sobre Produtos Industrializados (IPI)
Imposto sobre Operações Financeiras (IOF)
Imposto Extraordinário (de Guerra)
Empréstimo Compulsório para Calamidade Pública ou Guerra Externa (*EC-Calamidade/Guerra Externa*)

Note o item considerado **INCORRETO**, em prova realizada pelo Cebraspe, para o cargo de Delegado de Polícia Substituto (PC/GO), em 2017: *"O 'princípio da anterioridade do exercício' atinge, de forma ampla, as hipóteses de empréstimos compulsórios previstas no texto constitucional"*.

À luz do rol em epígrafe, é possível assegurar que há inafastável lógica na presença de tais tributos nesse tipo de lista, a qual sinaliza a imediata incidência da lei tributária: enquanto os primeiros se justificam pelo viés da *extrafiscalidade*, os últimos ancoram-se na esteira da *emergencialidade*. Com efeito, em *temas de comércio internacional* (II e IE), de mercado financeiro (IOF) e da produção nacional (IPI), é comum o caráter regulatório na tributação, revestindo tais impostos, ditos "flexíveis", de extrafiscalidade[30]. Da mesma forma, soaria irrazoável associar as situações limítrofes de guerra e calamidade pública a uma espera anual[31].

Curiosamente, até a EC n. 42/2003, o Empréstimo Compulsório, previsto no art. 148, I, da CF, era uma mera exceção doutrinária à anterioridade tributária anual, haja vista a falta de previsão literal no texto anterior ao art. 150, § 1º, da CF. Após a Emenda citada, como se verá adiante, passou a ser uma ressalva expressa no dispositivo constitucional, ao constar taxativamente no rol de exceções ora estudado.

4.4.1 *As exceções ao princípio da anterioridade anual e a Emenda Constitucional n. 33/2001*

Com a EC n. 33/2001, a lista, parcialmente revelada em epígrafe, ganhou o incremento de mais duas exceções – CIDE-Combustível e ICMS-Combustível –, totalizando o rol das oito exceções à anterioridade tributária anual.

No plano teleológico, a inclusão desses últimos gravames também se lastreou no contexto da extrafiscalidade, ao lado dos impostos federais reguladores de mercado (II, IE, IPI, IOF). Vamos analisar tais exações incluídas:

30. *V.* AMARO, Luciano. *Direito tributário brasileiro*, 14. ed., p. 125.

31. *V.* SILVA NETO, José Francisco da. *Apontamentos de direito tributário*, 2. ed., p. 134.

1. CIDE-Combustível: trata-se de tributo federal, instituído no Brasil, com fulcro na Lei Ordinária n. 10.336/2001, no intuito de promover tributação extrafiscal nas atividades ligadas a combustíveis. Conforme o disposto no art. 149, § 2º, II, c/c art. 177, § 4º, I, "b", *parte final*, ambos da CF, o Poder Executivo Federal poderá *reduzir* e *restabelecer* as alíquotas do tributo por meio de ato próprio – no caso, o *decreto presidencial* –, não se lhe aplicando a regra da anterioridade anual (art. 150, III, "b", CF)[32]. Note o comando:

> **Art. 177. (...)**
>
> **§ 4º** A lei que instituir contribuição de intervenção no domínio econômico relativa às atividades de importação ou comercialização de petróleo e seus derivados, gás natural e seus derivados e álcool combustível deverá atender aos seguintes requisitos:
>
> **I** – a alíquota da contribuição poderá ser: (...)
>
> **b)** reduzida e restabelecida por ato do Poder Executivo, não se lhe aplicando o disposto no art. 150, III, "b" da CF;

Verifica-se, dessarte, que as alíquotas da CIDE-Combustível, incidentes sobre atividades de importação ou comercialização de petróleo (e derivados), gás natural (e derivados) e álcool combustível, passarão ao largo do princípio constante do art. 150, III, "b", da CF – o postulado da anterioridade tributária anual –, quando houver sua redução e seu restabelecimento. Ademais, conforme se nota – e já se estudou –, o gravame é igualmente uma ressalva à legalidade tributária, pois se abre para a alteração de alíquotas por ato do Poder Executivo.

2. ICMS-Combustível: trata-se de uma exclusiva ressalva indicadora de tributo não federal, no rol de exceções ao princípio da anterioridade tributária anual. Frise-se, em tempo, que a mitigação não se refere ao "ICMS", em si, mas a um tipo todo particularizado desse imposto – o ICMS-Combustível, por nós assim intitulado. Veja o comando:

> **Art. 155. (...)**
>
> **§ 4º** Na hipótese do inciso XII, "h", observar-se-á o seguinte: (...)
>
> **IV** – as alíquotas do imposto serão definidas mediante deliberação dos Estados e Distrito Federal, nos termos do § 2º, XII, "g", observando-se o seguinte: (...)
>
> **c)** poderão ser reduzidas e restabelecidas, não se lhes aplicando o art. 150, III, "b".

Conforme o disposto no art. 155, § 4º, IV, "c", da CF, acima reproduzido, o intitulado "ICMS-Combustível" será uma ressalva à anterioridade anual, no tocante à redução e restabelecimento de sua alíquota, à semelhança da CIDE-Combustível. Todavia, o preceptivo é dependente de outros comandos, fazendo-se menção **às alíneas "g" e "h" do inciso XII do § 2º do art. 155 do texto constitucional**. Vamos a elas:

> **Art. 155. (...)**
>
> **§ 2º** O imposto previsto no inciso II atenderá ao seguinte: (...)
>
> **XII** – cabe à *lei complementar:* (...)

32. V. AMARO, Luciano. *Direito tributário brasileiro*, 14. ed., p. 125.

g) *regular a forma* como, mediante deliberação dos Estados e do Distrito Federal, isenções, incentivos e benefícios fiscais serão concedidos e revogados;

h) *definir os combustíveis e lubrificantes* sobre os quais o imposto incidirá *uma única vez*, qualquer que seja a sua finalidade, hipótese em que não se aplicará o disposto no inciso X, "b". **(Grifos nossos)**

Em consonância com o art. 155, § 2º, XII, "h", da CF, cabe à lei complementar definir os combustíveis e lubrificantes sobre os quais o imposto (ICMS) incidirá uma única vez (incidência unifásica ou monofásica), qualquer que seja a sua finalidade. Por sua vez, as alíquotas do ICMS incidente sobre esses combustíveis serão definidas mediante deliberação dos Estados e Distrito Federal. Portanto, tais entes políticos, mediante *convênios interestaduais*, celebrados no âmbito do CONFAZ (*Conselho de Política Fazendária*), definirão as alíquotas do ICMS incidente sobre esses combustíveis.

Posto isso, à guisa de memorização, é de rigor que se visualizem as **oito ressalvas** ao princípio da anterioridade tributária anual:

II
IE
IPI
IOF
Imp. Extraordinário
EC-*Calamidade/Guerra Externa*
CIDE-Combustível
ICMS-Combustível

4.5 As exceções ao princípio da anterioridade nonagesimal e a Emenda Constitucional n. 42/2003

Como se notou, em tópicos precedentes, o *Princípio da Anterioridade Anual Tributária* foi revigorado com o advento da EC n. 42, de 19 de dezembro de 2003. Essa Emenda vedou a cobrança de tributos antes de decorridos 90 (noventa) dias da data em que tenha sido publicada a lei que haja instituído ou majorado o tributo, em consonância com a alínea "c" do inciso III do art. 150 da Constituição Federal.

Entretanto, o Poder Constituinte Derivado, por questão ontológica, houve por bem excepcionar do período de 90 dias alguns tributos – quase todos já ocupantes do rol de exceções da anterioridade anual –, conforme se depreende do comando inserto no art. 150, § 1º, *in fine*, da CF:

Art. 150. (...)

§ 1º A vedação do inciso III, "b", não se aplica aos tributos previstos nos arts. 148, I, 153, I, II, IV e V; e 154, II; *e a vedação do inciso III, "c", não se aplica aos tributos previstos nos arts. 148, I, 153, I, II, III e V; e 154, II, nem à fixação da base de cálculo dos impostos previstos nos arts. 155, III, e 156, I.* **(Grifo nosso)**

Observe que o dispositivo em epígrafe hospeda duas listas de exceções à anterioridade tributária: a primeira, já estudada, indicando tributos que fogem à anterioridade anual; a segunda, a seguir apresentada, sinalizando gravames que se furtam à anterioridade nonagesimal.

Segue, pois, a lista de exceções à **anterioridade nonagesimal:**

Imposto sobre Importação (II) **Imposto sobre Exportação (IE)** **Imposto sobre Renda (IR)** **Imposto sobre Operações Financeiras (IOF)** **Imposto Extraordinário (de Guerra)** **Empréstimo Compulsório para Calamidade Pública ou Guerra Externa (EC-*Calamidade/Guerra Externa*)** **Alterações na base de cálculo do IPTU e do IPVA**

Note o item considerado **CORRETO**, em prova realizada pela FCC, para o cargo de Juiz Substituto (TJ/RR), em 2015: *"O Imposto de Renda está sujeito ao princípio da anterioridade, mas não ao princípio da noventena (anterioridade nonagesimal)"*.

É de notar a enorme semelhança entre a lista de exceções anterior e esta, com especial destaque para o IR e para as alterações na base de cálculo do IPTU e do IPVA, que aqui apareceram, e o devido realce para o IPI, a CIDE-Combustível e o ICMS--Combustível, que para cá não vieram.

Enquanto o Imposto sobre a Renda e as alterações na base de cálculo do IPTU e do IPVA não se submetem à anterioridade nonagesimal, mitigando-lhe os efeitos e avocando a anterioridade comum, o IPI, a CIDE-Combustível e o ICMS-Combustível não se sujeitam à anterioridade comum, respeitando a anterioridade nonagesimal.

Já se mostra patente, nesse momento, a necessidade de enfrentarmos as listas, de modo conjunto, em pleno confronto, a fim de identificarmos qual tributo obedece a uma anterioridade e não obedece à outra; qual gravame continua como exceção a um período, mas não continua como exceção a outro; e, finalmente, qual tributo se mostra como exceção às duas anterioridades.

Dessa forma, apreciemos o quadro explicativo a seguir, no intuito de demarcarmos o momento exato da incidência dos tributos, ocupantes das listas de exceções às anterioridades tributárias:

Exceções à Anterioridade Anual	II	IE	IPI	***	IOF	Imp. Ext.	Ecom CALA/ GUERRA	CIDE--COMB	ICMS--COMB	***	***
Exceções à Anterioridade Nonagesimal	II	IE	***	IR	IOF	Imp. Ext.	Ecom CALA/ GUERRA	***	***	Fixação da Base de Cálculo do IPTU	Fixação da Base de Cálculo do IPVA
Quando deverá ser pago o tributo?	**Paga *já, já****		90 dias após o aumento	1º de janeiro do ano seguinte	**Paga *já, já***			90 dias após o aumento		1º de janeiro do ano seguinte	

* **Paga *já, já*** é expressão por nós utilizada, com a acepção de *exigência imediata*, indicando uma concomitante exceção à anterioridade anual (*paga já*) e exceção à anterioridade nonagesimal (*paga já*). Daí o indicado macete "paga já, já".

À luz do quadro anterior, é possível chegarmos a importantes **conclusões**. Vamos a elas:

Conclusão 1: resumidamente, o quadro acima reproduzido permite que façamos três *confrontos conclusivos*:

– **1º Confronto:** nomes que estão nas duas listas de exceções à anterioridade (anual e nonagesimal). Trata-se de tributos que devem ser exigidos imediatamente, se aumentados ou instituídos. São eles: II, IE, IOF, Imp. Ext. e Empréstimo Compulsório (Calamidade Pública ou Guerra);

– **2º Confronto:** nomes que estão na lista de exceções à anterioridade anual, mas não estão na lista de exceções à anterioridade nonagesimal, devendo esta respeitar. Trata-se de tributos que devem ser exigidos 90 dias após o aumento. São eles: **IPI**, CIDE-Combustível e **ICMS-Combustível**.

Note o item (adaptado) considerado **CORRETO**, em prova realizada pela FGV Projetos, para o cargo de Analista Portuário (Advogado) da CODEBA – Cia. das Docas do Estado da Bahia, em 2016: *"Em maio de 2015, a União aumentou, por meio de lei, as alíquotas do IPI de itens de alimentação e higiene, devendo a norma entrar em vigor 90 (noventa) dias após a sua publicação, uma vez que o IPI não está sujeito ao princípio da anterioridade de exercício"*.

Note o item considerado **CORRETO**, em prova realizada pela Vunesp, para o cargo de Juiz Substituto (TJ/SP), em 2017: *"Sobre a hipótese de ICMS incidente sobre operações com combustíveis e lubrificantes, incide a anterioridade especial, no que se refere à diminuição e restabelecimento de alíquotas"*.

Observação: a Banca utilizou a terminologia "anterioridade especial" para o ICMS-Combustível. A nosso ver, salvo melhor juízo, tal rótulo apenas cabe à anterioridade tributária das contribuições da seguridade social, previstas no art. 195 da CF.

Quanto à Cide-Combustível e ao ICMS-Combustível, é importante destacar que o "aumento" refere-se ao restabelecimento da diminuída alíquota ao seu patamar máximo, previsto em lei. Temos afirmado que se houver extrapolação desse limite legal originário, a situação traduzir-se-á em efetivo aumento, avocando-se a obediência à regra geral da anterioridade tributária, sem embargo da regra da legalidade tributária;

– **3º Confronto:** nomes que estão na lista de exceções à anterioridade nonagesimal, mas não estão na lista de exceções à anterioridade anual. Trata-se de tributos exigidos a partir de 1º de janeiro do ano posterior ao aumento da exação, independentemente da data em que se der, no transcorrer do ano. São eles: **IR e alterações na base de cálculo do IPTU e do IPVA**.

> Note o item (adaptado) considerado **CORRETO**, em prova realizada pela FCC, para o cargo de Procurador do Estado de Mato Grosso (PGE/MT), em 2016: *"Tendo em vista calamidade pública, regularmente decretada pelo Governador do Estado, e a necessidade de elevação dos níveis de arrecadação de ICMS, IPVA e ITCMD, é defensável a adoção da seguinte medida: aumento, por meio de lei editada no mês de julho do ano corrente, das bases de cálculo do IPVA, para vigência no ano seguinte ao de sua edição".*

Observe, agora, um **quadro mnemônico geral**, em um confronto múltiplo, entre (**1**) as exceções ao princípio da legalidade, (**2**) as exceções ao princípio da anterioridade anual e (**3**) as exceções ao princípio da anterioridade nonagesimal:

<table>
<tr><td>Exceções à Legalidade (1)</td><td>II</td><td>IE</td><td>IPI</td><td>***</td><td>IOF</td><td>***</td><td>***</td><td>CIDE-
-COMB</td><td>ICMS-
-COMB</td><td>***</td><td>***</td></tr>
<tr><td>Exceções à Anterioridade Anual (2)</td><td>II</td><td>IE</td><td>IPI</td><td>***</td><td>IOF</td><td>IMP.
EXT.</td><td>EC –
CALA/
GUERRA</td><td>CIDE-
-COMB</td><td>ICMS-
-COMB</td><td>***</td><td>***</td></tr>
<tr><td>Exceções à Anterioridade Nonagesimal (3)</td><td colspan="2">II
IE</td><td>***</td><td>IR</td><td colspan="3">IOF
IMP. EXT.
EC – CALA/GUERRA</td><td colspan="2">***
***</td><td colspan="2">Fixação da Base de Cálculo do IPTU
Fixação da Base de Cálculo do IPVA</td></tr>
</table>

Por derradeiro, destaque-se que há alguns tributos – todos eles federais, por sinal – que são exceções concomitantes aos Princípios da *Legalidade*, da *Anterioridade Anual* e da *Anterioridade Nonagesimal*. São eles: II, IE, **IOF**. Trata-se de três impostos federais que apresentam um relevante ponto em comum: a extrafiscalidade.

> Note o item considerado **CORRETO**, em prova realizada pelo TRF-3ª REGIÃO, para o cargo de Juiz Federal Substituto, em 2018: *"O IOF pode ter sua alíquota alterada por meio de decreto do Poder Executivo e sem observância do princípio da anterioridade, desde que obedecidas as condições e os limites previstos em lei".*

Conclusão 2: se houver majoração do IPI, sua exigência deverá ocorrer após 90 dias, a contar da lei majoradora, não mais prevalecendo a exigência imediata do gravame, como ocorria até 2003, antes do advento da EC n. 42/2003. Tal entendimento foi chancelado na **ADI-MC 4.661 (rel. Min. Marco Aurélio, Pleno, j. em 20-10-2011)**.

Exemplo: para uma lei majoradora do **IPI**, publicada em 25 de outubro de 2020, a exigência dessa exação ocorrerá no 91º dia a contar deste termo de início, ou seja, em 23 de janeiro de 2021 (<u>Observação</u>: nas provas de concursos, não é comum exigir o dia exato, por questão de bom senso).

> Note o item considerado **CORRETO**, em prova realizada pela Copese/UFT, para o cargo de Procurador Municipal da Prefeitura de Palmas/TO, em 2016: *"Em relação à majoração de sua alíquota, o IPI não deve obediência ao princípio da legalidade, nem ao princípio da anterioridade, mas deve obediência ao princípio da anterioridade nonagesimal".*

Conclusão 3: se houver majoração do IR, em qualquer data do ano, sua incidência deverá ocorrer no 1º dia do exercício financeiro subsecutivo ao exercício em que tenha havido a majoração, independentemente do *prazo de 90 dias*, ao qual o IR se põe como exceção. Portanto, para este imposto federal, a EC n. 42 não trouxe modificação de relevo: ele está e sempre esteve sujeito à anterioridade anual, devendo continuar respeitando esta regra. A novidade, de pouco impacto, trazida pela indigitada Emenda, é a de que o IR passou a ser uma exceção à anterioridade tributária nonagesimal, passando ao largo da **noventena.**

Exemplo: para uma lei majoradora de IR, publicada em fevereiro de 2020, a exigência da exação se dará em 1º de janeiro de 2021. Por sua vez, para uma lei majoradora de IR, publicada em dezembro de 2020, a exigência da exação se dará, igualmente, em 1º de janeiro de 2021, sem que se respeite o átimo de 90 dias.

Conclusão 4: a EC n. 42/2003 dispôs, na parte final do art. 150, § 1º, CF, que são exceções à anterioridade nonagesimal as alterações na *base de cálculo* do IPTU e do IPVA. Esta base de cálculo, como é cediço, é o próprio valor venal do bem. Portanto, é possível que se proceda à fixação legal do *valor venal* de um imóvel ou de um veículo automotor, no fim de ano, e que tal modificação possa ser já aplicada no 1º dia do exercício financeiro seguinte. Note que a alteração vem ao encontro dos interesses do Fisco, pois se permitem modificações abruptas, com ágil eficácia da lei alteradora, mostrando-se, em tese, como ações estatais que violam a segurança jurídica do contribuinte.

Exemplo: *Lei n. _________, publicada em 31 de dezembro de 2020, altera o valor venal dos imóveis do Município________*. **Pergunta-se:** quando será eficaz a lei que veicula dado aumento?

A **resposta** é simples: a lei que veicula o mencionado aumento será eficaz no dia seguinte – 1º de janeiro de 2021 –, valendo o aumento para o exercício de 2021, pois se trata de norma que obedece à anterioridade anual, mas que se põe como exceção aos 90 dias.

Curiosamente, impende destacar que o raciocínio **não** vale para modificação de **alíquotas do IPVA e do IPTU**.

> Note o item considerado **CORRETO**, em prova realizada pela FCC, para o cargo de Juiz Substituto (TJ/RR), em 2015: *"A majoração da base de cálculo do IPVA não está sujeita ao princípio da noventena (anterioridade nonagesimal), mas a majoração de sua alíquota está".*

Neste caso, havendo lei que aumente as alíquotas, por exemplo, em dezembro de 2019, a incidência delas ocorreria, em tese, no 91º dia a contar da data do aumento, isto é, em meados de março de 2020. O problema está no fato de que a lei desses gravames, por ficção jurídica, estipula o dia 1º de cada ano como a data do fato gerador (1º-01-2020, no caso), o que nos faz concluir que aquele aumento de alíquota só poderá, de fato, incidir no ano posterior, ou seja, a partir de 1º-01-2021.

A propósito, **em março de 2015** foi ajuizada, no **STF**, a **Ação Direta de Inconstitucionalidade (ADI) n. 5.282**, de relatoria do Min. Marco Aurélio, com o objetivo de suspender, em caráter liminar, os arts. 5º e 6º da **Lei n. 18.371/2014**, do Estado do Paraná, que dispõem sobre alteração da data do fato gerador do IPVA paranaense. Observem-se os dispositivos:

Art. 5º O fato gerador do imposto de que trata a Lei n. 14.260, de 2003, referente ao exercício de 2015, em relação aos veículos automotores adquiridos em anos anteriores, ocorrerá no dia 1º de abril de 2015.

§ 1º O IPVA de que trata o *caput* deste artigo terá seu vencimento em 1º de abril de 2015. (...)

Art. 6º Esta Lei entra em vigor na data da sua publicação, produzindo efeitos a partir do 1º dia do quarto mês subsequente ao da publicação em relação ao art. 1º, ao inciso I do art. 4º e ao art. 7º.

Em síntese, a Lei majoradora foi publicada em 18 de dezembro de 2014, o que provocaria uma incidência da nova alíquota apenas a partir de 1º de janeiro de 2016, por força das anterioridades anual e nonagesimal (e das peculiaridades que cercam o *fato gerador contínuo*, próprio do IPVA). Ocorre que, diferentemente, a norma foi habilitada pelo legislador a incidir já a partir de 2015, uma vez que se postergou a data do fato gerador do imposto para 1º de abril de 2015. Assim, com essa manobra, a Lei poderia incidir no início de abril de 2015, tendo respeitado a anterioridade de exercício e a nonagesimalidade. Em **2 de maio de 2017**, houve manifestação da *Procuradoria-Geral da República* (PGR), no sentido da constitucionalidade da postergação do fato gerador do IPVA, determinada pela norma cotejada. Segundo o parecer da PGR, obedeceu-se aos princípios constitucionais da *irretroatividade* e da *anterioridade nonagesimal*. Ademais, a seu ver, a tributação com distintas alíquotas incidentes sobre veículos adquiridos em momentos diferentes não representa contrariedade ao *princípio da isonomia tributária*. Resta-nos aguardar as próximas fases processuais de tão instigante demanda. A nós, em princípio, o expediente parece de duvidosa constitucionalidade.

Conclusão 5: o art. 150, § 1º, do texto constitucional trata da temática das *exceções* à anterioridade, quer anual, quer nonagesimal. Caso o tributo não faça parte das listas de exceções já estudadas, respeitando-se, assim, a regra geral da anterioridade, deverá ser objeto da *aplicação cumulativa* das anterioridades anual e nonagesimal. Em outras palavras, nesses casos, será vedada a cobrança de tributos, no mesmo exercício financeiro *e* antes de 90 dias, levando-se em conta a data da publicação da lei que os instituiu ou aumentou, em total subserviência às esperas anual e nonagesimal. Portanto, no caso de um "**ICMS**, majorado em 30 de junho de 2020, a incidência da lei majoradora ocorrerá em 1º de janeiro de 2021".

Note o item considerado **CORRETO**, em prova realizada pela CS-UFG, para o cargo de Procurador (AL/GO), em 2015: *"Proposta legislativa de alteração da legislação tributária em matéria do ICMS deve observar a seguinte norma constitucional: a mera alteração da base de cálculo do ICMS está sujeita à observância dos princípios constitucionais tributários da legalidade e da anterioridade ânua e nonagesimal"*.

Observe outros **bons exemplos:**

a) ISS, majorado em 20 de outubro de 2020, terá sua alíquota incidente no 91º dia a contar dessa data inicial, ou seja, a partir do fim de janeiro de 2021 (com precisão, em 18 de janeiro de 2021);

b) ITCMD, majorado em 10 de março de 2020, terá sua alíquota incidente em 1º de janeiro de 2021;

c) Taxa, majorada em 17 de novembro de 2020, terá sua alíquota incidente no 91º dia a contar dessa data inicial, ou seja, a partir de meados de fevereiro de 2021 (com precisão, em 13 de fevereiro de 2021).

Os **exemplos citados** indicam uma solução que deverá se estender a todos os tributos que se enquadram como "regras" às anterioridades (anual e nonagesimal).

> Note o item (adaptado) considerado **CORRETO**, em prova realizada pelo IESES, para o cargo de Titular de Serviços de Notas e de Registros, em 2014: *"A Constituição Federal promulgada em 1988 consagra vários princípios tributários, entre eles o da anterioridade da lei tributária. Conforme o Texto Magno, devem observar este princípio, entre outros, os seguintes tributos, o ICMS e o ITCMD"*.

> Note o item (adaptado) considerado **CORRETO**, em prova realizada pela FCC, para o cargo de Procurador do Estado de Mato Grosso (PGE/MT), em 2016: *"Tendo em vista calamidade pública, regularmente decretada pelo Governador do Estado [em 2016], e a necessidade de elevação dos níveis de arrecadação de ICMS, IPVA e ITCMD, é defensável a adoção da seguinte medida: elevação, por meio de lei, das alíquotas do ITCMD aplicáveis a partir dos fatos geradores ocorridos durante o ano-calendário 2017, respeitando-se o prazo mínimo de noventa dias contados da edição da lei"*.

Note o quadro a seguir, que permite a memorização de todos os gravames considerados "regras" à dupla anterioridade:

Regra Geral	Caso o tributo seja criado ou majorado entre os meses de janeiro e setembro de um ano, a incidência do gravame ocorrerá sempre em 1º de janeiro do ano posterior. Todavia, se isso se der entre outubro e dezembro, em razão do impacto temporal dos 90 dias, a data de incidência será posterior a 1º de janeiro do ano seguinte.		
Impostos Municipais	**ISS**	IPTU	ITBI
Impostos Estaduais	ICMS (comum)	IPVA	ITCMD
Impostos Federais	Imposto sobre Grandes Fortunas	ITR	Imposto Residual
Outros Tributos	– Taxas; – Contribuições de Melhoria; – Empréstimos Compulsórios para Investimento Público de caráter urgente e relevante interesse nacional (art. 148, II, CF); – Contribuições, em geral, previstas no *caput* do art. 149 da CF (ressalvadas as Contribuições Social-previdenciárias, que avocam período de *anterioridade especial*, consoante o art. 195, § 6º, CF), a ser oportunamente estudado.		

Note o item considerado **CORRETO**, em prova realizada pela FGV, Câmara de Salvador-BA, para o cargo de Advogado legislativo, em 2018: *"Conforme previsto na Constituição da República de 1988, deve obediência integral aos princípios da legalidade, anterioridade anual e anterioridade nonagesimal, o IMPOSTO SOBRE SERVIÇOS DE QUALQUER NATUREZA"*.

4.6 O princípio da anterioridade especial para as contribuições social--previdenciárias

A *contribuição para a seguridade social* (PIS, COFINS, CSLL, entre outras) deverá ser exigida 90 dias – e não "três meses"! – após a publicação da lei que a instituiu ou a modificou, conforme se depreende **do art. 195, § 6º, da CF**:

Note o item considerado **INCORRETO**, em prova realizada pelo IBEG, para o cargo de Procurador Previdenciário (IPREV), em 2017: *"As contribuições para a seguridade podem ser exigidas imediatamente, por não se lhes aplicar a anterioridade da data da publicação da lei que as houver instituído ou modificado em relação ao exercício financeiro da cobrança"*.

> **Art. 195. (...)**
>
> **§ 6º** As contribuições sociais de que trata este artigo só poderão ser exigidas após decorridos noventa dias da data da publicação da lei que as houver instituído ou modificado, **não se lhes aplicando o disposto no art. 150, III, "b"**.

Note o item considerado **INCORRETO**, em prova realizada pelo Cebraspe, para o cargo de Delegado de Polícia Substituto (PC/GO), em 2017: *"Em regra, o 'princípio da anterioridade do exercício' aplica-se da mesma forma aos impostos e às contribuições sociais da seguridade social"*.

Dessa forma, **exemplificativamente**, "caso a União, em 1º de julho de 2020, publique lei aumentando a alíquota da COFINS, de 3% para 3,5%, de certas pessoas jurídicas, a primeira data em que o referido aumento poderá produzir efeitos será 29 de setembro de 2020.

Note o item considerado **INCORRETO**, em prova realizada pela Vunesp, para o cargo de Juiz de Direito (TJ/SP), em 2014: *"Tendo em vista o denominado princípio da anterioridade (comum), é correto afirmar que descabe a cobrança, no mesmo exercício financeiro da lei instituidora da Contribuição para a Seguridade Social, que está sujeita somente à anterioridade nonagesimal (art. 195, § 6º, CF)"*.

No estudo da *anterioridade especial*, própria das contribuições social-previdenciárias, algumas **observações** se fazem necessárias:

Observação 1: Trata-se de um período de ***anterioridade especial*** para um tipo particular de tributo – a contribuição social-previdenciária, prevista no art. 195, I ao IV, da CF. Nessa medida, não há que se falar em aplicação desse prazo nonagesimal a **outras contribuições**, que não se enquadram no rótulo de "contribuições para a seguridade social". Daí se dizer que não se deve associar o art. 195, § 6º, da CF, bem como a anterioridade genuína que encerra, às contribuições profissionais, nem às contribuições interventivas (CIDEs), constantes do *caput* do art. 149 da CF. A estas, como é cediço, aplicar-se-á a anterioridade comum, ao lado, é claro, da anterioridade de privilegiada (noventena), oriunda da EC n. 42/2003, como se faz com qualquer tributo que segue a regra das anterioridades – *v.g.*, taxas, contribuições de melhoria, entre outros.

Em um *quadro mnemônico*, podemos visualizar o *princípio da anterioridade* aplicável às **contribuições**, em geral:

Tipo de Contribuição	Anterioridade	Artigo	Termo *a quo*
Social--previdenciárias	Nonagesimal ou Mitigada (Noventena ou Noventalidade)	Art. 195, § 6º, CF	Publicação da lei que houver instituído ou **modificado**
Profissionais, Interventivas (CIDEs) e Sociais (não previdenciárias)	Anterioridade comum + Anterioridade de 90 dias (EC n. 42/2003)	Alínea "b" + Alínea "c" (Art. 150, III, CF)	Publicação da lei que houver instituído ou **aumentado**

Observação 2: Outra importante anotação diz com os verbos utilizados no preceptivo em análise (art. 195, § 6º, CF): *instituir* e *modificar*.

Com relação a este último elemento verbal ("modificar"), impende relembrarmos o que se chancelou no **STF** quanto a esse tema: nem todas as alterações realizadas nos elementos configuradores do tributo indicarão, por si sós, "aumento" de tributo (citou-se, nesta obra, a ADI n. 4.016 MC/PR-2008). No ensejo desse julgado, afastou-se, também, a assertiva de que qualquer alteração na forma de pagamento do tributo equivaleria à sua majoração, ainda que de forma indireta. Reveja o entendimento jurisprudencial, afeto à contribuição:

> **EMENTA:** DIREITO CONSTITUCIONAL, TRIBUTÁRIO E PROCESSUAL CIVIL. PIS. FINSOCIAL. PRAZO DE RECOLHIMENTO. ALTERAÇÃO PELA LEI N. 8.218, DE 29-08-1991. ALEGADA CONTRARIEDADE AO ART. 195, § 6º, DA CONSTITUIÇÃO FEDERAL. 1. Examinando questão idêntica, decidiu a 1ª Turma: "Improcedência da alegação de que, nos termos do art. 195, § 6º, da Constituição, a lei em referência só teria aplicação sobre fatos geradores ocorridos após o término do prazo estabelecido pela norma. *A regra legislativa que se limita simplesmente a mudar o prazo de recolhimento da obrigação tributária, sem qualquer repercussão, não se submete ao princípio da anterioridade.* Recurso extraordinário conhecido e provido". 2. Precedentes de ambas as Turmas, nos quais têm sido rejeitados os argumentos em contrário, ora renovados pela agravante. 3. Agravo improvido. **(RE-AgR 274.949/SC, 1ª T., rel. Min. Sydney Sanches, j. em 13-11-2001) (Grifo nosso)**

Impende destacar, em tempo, que o posicionamento levou o STF, em setembro de **2003**, à padronização da análise do tema, com a edição da **Súmula n. 669** (e atual **Súmula Vinculante n. 50**), cujo teor adiante segue: "*Norma legal que altera o prazo de recolhimento da obrigação tributária não se sujeita ao princípio da anterioridade*".

> Note o item considerado **CORRETO**, em prova realizada pelo TRF/4ª Região, para o cargo de Juiz Federal Substituto (XVII Concurso), em 2016: "*Segundo entendimento sumulado do STF, norma legal que altera o prazo de recolhimento da obrigação tributária não se sujeita ao princípio da anterioridade*".
>
> **Observação:** item semelhante foi considerado **CORRETO**, em provas realizadas pelas seguintes Instituições: **(I)** IADES, para o cargo de Analista Administrativo Operacional – Advogado da CEITEC S.A., em 2016; **(II)** Vunesp, para o cargo de Juiz de Direito Substituto do TJ/RJ – XLVII Concurso, em 2016; **(III)** TRF/4ª Região, para o cargo de Juiz Federal Substituto/XVI Concurso, em 2014; **(IV)** TRF/3ª Região, para o cargo de Juiz Federal Substituto, em 2016; **(V)** MPE/PR, para o cargo de Promotor de Justiça Substituto, em 2017; **(VI)** Cebraspe, para o cargo de Promotor de Justiça Substituto (MPE/RR), em 2017.

Observação 3: Por derradeiro, urge analisarmos a parte final do preceptivo, segundo a qual não se aplicará às contribuições sociais do art. 195, § 6º, a anterioridade tributária comum, prevista no art. 150, III, "b", da Constituição Federal. Note:

> **Art. 195. (...)**
>
> **§ 6º** As contribuições sociais de que trata este artigo só poderão ser exigidas após decorridos noventa dias da data da publicação da lei que as houver instituído ou modificado, *não se lhes aplicando o disposto no art. 150, III, "b"*. **(Grifo nosso)**

Temos defendido a ideia de que o afastamento da anterioridade comum, a que faz menção a parte final do art. 195, § 6º, não significa, por assim dizer, uma "exceção" a essa anterioridade de exercício.

Em uma interpretação sistemática, vê-se que o legislador, quando quis excepcionar o tributo deste princípio, fê-lo, de uma só vez e conjuntamente, no taxativo rol de "exceções" constantes do art. 150, § 1º, da CF, prevendo duas listas de ressalvas, sem que fizesse constar em quaisquer delas a menção à contribuição social-previdenciária:

> **Art. 150. (...)**
>
> **§ 1º** A vedação do inciso III, "b", não se aplica aos tributos previstos nos arts. 148, I, 153, I, II, IV e V; e 154, II; e a vedação do inciso III, "c", não se aplica aos tributos previstos nos arts. 148, I, 153, I, II, III e V; e 154, II, nem à fixação da base de cálculo dos impostos previstos nos arts. 155, III, e 156, I.

Dessarte, a exegese que nos parece mais acertada é a de que, no comando em tela, o legislador originário apenas quis demonstrar a existência de um prazo de *anterioridade especial* para um tributo específico – a contribuição social-previdenciária –, ao qual não se aplica o art. 150, III, "b", da CF.

Temos dito que o dispositivo encerra uma "estipulação genuína de prazo típico, com mitigação da anterioridade comum, para um gravame dotado de particularidade", sem que isso lhe confira o atributo de "exceção".

Para concursos públicos, recomendamos a memorização do dispositivo, que deve ser cobrado em sua literalidade.

De uma maneira ou de outra, o relevante é memorizar que, para as contribuições social-previdenciárias, subsiste um **período de anterioridade peculiar, de 90 dias**, cujo termo *a quo* será o da data da publicação da lei instituidora ou modificadora do gravame.

> Note o item considerado **INCORRETO**, em prova realizada pela Vunesp, para o cargo de Titular de Serviços de Notas e de Registros (TJ/SP), em 2014: *"Os impostos estão sujeitos ao princípio da anterioridade, e as contribuições sociais podem ser cobradas trinta dias após a sua criação oficial"*.

5 O PRINCÍPIO DA ANTERIORIDADE E OS INSTITUTOS JURÍDICOS DA VIGÊNCIA E EFICÁCIA DA NORMA TRIBUTÁRIA

No texto constitucional, o princípio da anterioridade tributária está textualmente relacionado à ideia de *publicação* da norma, a partir da qual se estipulará o prazo de espera – anual ou nonagesimal – para a sua incidência.

De modo análogo, os institutos jurídicos da *vigência* e *eficácia* da lei, longe de passarem ao largo da discussão da anterioridade tributária, aproximam-se do tema com expressiva intimidade, como ingredientes indispensáveis à precisa demarcação do momento da incidência da lei instituidora e majoradora do tributo.

De início, urge frisar que o *princípio da anterioridade* atrela-se à noção de *eficácia* da lei, enquanto a vigência liga-se a outro postulado – o da ***irretroatividade tributária***, a ser estudado, oportunamente, nesta obra. De fato, a geração de efeitos da lei tributária, na esteira de sua eficácia, ocorrerá no 1º dia do exercício financeiro seguinte ao da lei instituidora ou majoradora do gravame, respeitada a noventena, não importando, em tese, para tal constatação, a noção de vigência.

> Note o item considerado **CORRETO**, em prova realizada pela Cesgranrio, para o cargo de Analista Judiciário (Finep), em 2014: *"Há uma norma constitucional que veda a cobrança de tributos em relação aos fatos geradores ocorridos antes do início da vigência da lei que os houver instituído ou aumentado. Essa norma configura o princípio constitucional tributário da irretroatividade"*.

Nessa toada, como é fato notório que quase a totalidade das leis tributárias entram em vigor na própria data da publicação, permite-se o cálculo da anterioridade anual, por exemplo, valendo-se de simples operação:

Publicação e Vigência (mesma data) = Ano (X) => Eficácia = Ano (X+1)

5.1 A eficácia da norma tributária

Na lição de Maria Helena Diniz[33], "a eficácia vem a ser a qualidade do texto normativo vigente de poder produzir, ou irradiar, no seio da coletividade, efeitos jurídicos concretos, supondo, portanto, não só a questão de sua condição técnica de aplicação, observância, ou não, pelas pessoas a quem se dirige, mas também de sua adequação em face da realidade social, por ele disciplinada, e aos valores vigentes na sociedade, o que conduziria ao seu sucesso".

Partindo-se desse conceito, afirma-se, com segurança, que uma norma pode estar em vigor, mas não ser ainda eficaz. Basicamente, é o que se verifica de modo recorrente com a lei tributária: publicada a norma, esta passa a viger – quase sempre, a partir da mesma data da publicação –, sem irradiar efeitos concretos no ano da publicação, até que, respeitados os interregnos anual e nonagesimal, a norma passa a juridicamente incidir.

Nessa medida, por exemplo, o princípio da anterioridade faz com que lei tributária, majoradora ou criadora do tributo, publicada no dia 2 de outubro e vigente na data da publicação, ganhe eficácia no exercício financeiro seguinte.

Em outras palavras, é isso que o princípio da anterioridade tributária indica: ele obsta que uma norma vigente irradie efeitos no mesmo exercício financeiro em que haja sido publicada, adiando sua eficácia para o ano fiscal subsequente.

Segundo o art. 1º da *Lei de Introdução às Normas do Direito Brasileiro*, as leis brasileiras, salvo disposição em contrário, só passam a vigorar decorrido o prazo de ***vacatio legis*** de quarenta e cinco dias após a data de sua publicação. Trata-se de preceptivo que vem ao encontro do disposto no **art. 101 do CTN:**

> Note o item considerado **INCORRETO**, em prova realizada pela FGV, para o cargo de Auditor do Tesouro Municipal da Prefeitura de Recife/PE, em 2014: *"'Vacatio legis' é o período em que a norma jurídica não tem eficácia, embora esteja vigente".*

> **Art. 101.** A vigência, no espaço e no tempo, da legislação tributária rege-se pelas disposições legais aplicáveis às normas jurídicas em geral, ressalvado o previsto neste Capítulo.

Ad argumentandum, se uma lei tributária não dispuser sobre a data de sua entrada em vigor, deve-se aplicar a ela a regra da *vacatio legis*.

Em termos práticos, se tivesse havido aumento do tributo por meio de uma lei publicada em 15-12-2020, respeitando-se o período de *vacatio legis*, a suposta lei somente entraria em vigor no dia 29-01-2021, ou seja, 45 dias após a data da publicação.

33. DINIZ, Maria Helena. *Lei de Introdução ao Código Civil brasileiro interpretada*. 5. ed. São Paulo: Saraiva, 1999, p. 51.

É claro que tal norma só poderá atingir fatos geradores a ela posteriores, vale dizer, a partir de 29-01-2020, não podendo abarcar os fatos imponíveis ocorridos antes dessa data, em respeito ao princípio da irretroatividade tributária, a ser oportunamente estudado nesta obra.

Curiosamente, permanecendo ainda no exemplo, esta norma, embora vigente, não incidirá sem que se respeite o princípio da anterioridade (anual e nonagesimal). Vale dizer que, para uma lei publicada em 15-12-2020, haverá incidência no 91º dia, a contar dessa data, ou seja, em meados de março de 2021 (em 14-03-2021, com precisão).

Portanto, nesse curioso caso concreto, temos uma solução requintada: uma lei publicada em 15-12-2020, vigente a partir de 29-01-2021 e eficaz a partir de 15-03-2021.

5.2 A vigência da norma tributária

A vigência, como a aptidão formal da lei para produzir efeitos, adquire-se após o decurso do espaço de tempo intitulado *vacatio legis,* com previsão específica no CTN (arts. 101 a 104), para a legislação tributária, e, na Lei de Introdução às Normas do Direito Brasileiro (art. 1º), para as normas em geral. Note este último dispositivo:

> **Art. 1º** Salvo disposição contrária, a lei começa a vigorar em todo o país quarenta e cinco dias depois de oficialmente publicada.

Em geral, uma lei passa a ter eficácia após a sua entrada em vigor. Em Direito Tributário, entretanto, não basta o requisito "da vigência". No caso de lei que institui ou majora o tributo, teremos um requisito extra para a produção da eficácia da norma – o chamado princípio da anterioridade tributária (art. 150, III, "b" e "c", CF). Daí se afirmar que a lei tributária incidirá se obedecer à regra de vigência e à regra da anterioridade. Como a primeira, em geral, coincide com a data da publicação, não há grande dúvida ao intérprete, que acaba apenas aplicando o princípio da anterioridade tributária.

Podemos, assim, resumir o tema, da seguinte forma:

Incidência da lei tributária = Regra da Vigência + Regra da Anterioridade Tributária

Desse modo, caso o tributo seja exceção à regra da anterioridade, entendemos que não ficará livre de obedecer à regra da vigência.

Exemplo: Lei n. tal, majoradora do IOF, publicada em 15-12-2020, sem previsão de data de vigência.

Nesse caso, aplica-se a regra de vigência da *Lei de Introdução às Normas do Direito Brasileiro* (45 dias), embora se saiba que o IOF é exceção à regra da anterioridade tributária (art. 150, § 1º, CF). Em outras palavras, a incidência do IOF não será imediata, mas em 29-01-2021. Na prática, como se notou, tem-se evitado tal situação, com a concomitância entre a data da publicação e a data de vigência da lei tributária.

Não é demais relembrar que a vigência de uma lei que institui a contribuição social-previdenciária não se confunde com a eficácia da referida norma.

Enquanto a regra de vigência indica a aptidão para a produção de efeitos, a anterioridade tributária nonagesimal, própria das contribuições social-previdenciárias, é regra de produção de efeitos, propriamente dita. A primeira liga-se à Lei de Introdução às Normas do Direito Brasileiro (art. 1º); a segunda, versando sobre eficácia, adstringe-se ao art. 195, § 6º, CF. **Note os exemplos práticos:**

a) a **Lei n. 7.689**, instituindo a contribuição social sobre o lucro das pessoas jurídicas, foi publicada em 15 de dezembro de 1988 – data em que entrou em vigor, conforme o art. 12 da norma. A produção de seus efeitos, todavia, só se deu após 90 dias a contar da publicação;

b) a **LC n. 70/91**, instituindo contribuição para financiamento da Seguridade Social, foi publicada em 30 de dezembro de 1991 – data em que entrou em vigor, conforme o art. 13 da norma. A produção dos efeitos, porém, ficou predeterminada a partir do primeiro dia do mês seguinte aos noventa dias posteriores àquela publicação (art. 13, parte final);

c) a **Lei n. 959/2005**, dispondo sobre custas judiciais e emolumentos de serviços notariais e de registros públicos no Estado do Amapá, foi publicada em 30 de dezembro de 2005, com data para a entrada em vigor demarcada para 1º de janeiro de 2006. O **STF**, no presente caso, entendeu que, conquanto vigente em 1º de janeiro de 2006, a produção de efeitos dependeria da observância do princípio da anterioridade (anual e nonagesimal). Com sua aplicação, levando-se em conta a data da publicação da lei (30-12-2005), a incidência deveria ocorrer no 91º dia a contar dessa data (31-03-2006). Assim se dispôs no didático voto do Ministro Relator Sepúlveda Pertence **(ADI n. 3.694/AP, Pleno, j. em 20-09-2006)**.

6 O PRINCÍPIO DA ANTERIORIDADE TRIBUTÁRIA E A EMENDA CONSTITUCIONAL N. 32/2001

Em tópico precedente, foi possível entender os reflexos da EC n. 32/2001 no princípio da legalidade tributária. Notou-se que, após tramitar durante seis anos no Congresso Nacional, a PEC n. 472 resultou na referida Emenda.

Com a EC n. 32/2001, o prazo de validade de uma MP passou a ser de 60 dias, admitida uma única prorrogação por mais 60 dias (art. 62, § 7º, CF). Não havendo a conversão em lei, no prazo supracitado, a medida provisória perderá eficácia desde a origem, devendo os produzidos efeitos serem regulados por *decreto legislativo* do Congresso Nacional (art. 62, § 3º, CF). Aliás, é vedada a reedição, na mesma sessão legislativa, de medida provisória que tenha sido rejeitada ou que tenha perdido sua eficácia por decurso de prazo (art. 62, § 10, CF). Por fim, não editado o *decreto legislativo* a que se refere o § 3º até sessenta dias após a rejeição ou perda de eficácia de medida provisória, as relações jurídicas constituídas e decorrentes de atos praticados durante sua vigência conservar-se-ão por ela regidas (art. 62, § 11, CF).

A EC n. 32/2001, consoante o comando inserto no art. 62, § 2º, da CF, passou a permitir a utilização de medida provisória (MP) em matéria tributária, no campo dos impostos.

Quanto a esta limitação da MP, associável tão somente a *impostos*, já se entendeu que existem decisões do próprio STF dando total guarida à tese de abono da criação de *tributos* mediante medida provisória, haja vista o fato de que a Constituição Federal não prevê quaisquer restrições para obstaculizar essa veiculação (**RE 138.284/CE-1992**). Aliás, em tempo, trata-se de decisões prolatadas antes mesmo da EC n. 32/2001. Reveja-as:

> **EMENTA:** RECURSO EXTRAORDINÁRIO. 2. Medida provisória. Força de lei. 3. *A Medida Provisória, tendo força de lei, é instrumento idôneo para instituir e modificar tributos e contribuições sociais.* Precedentes. 4. Agravo regimental a que se nega provimento. **(AI-AgR 236.976/MG, rel. Min. Néri da Silveira, 2ª T., j. em 17-08-1999) (Grifo nosso)**

> **EMENTA:** 1. (...) 2. *Legitimidade, ao primeiro exame, da instituição de tributos por medida provisória com força de lei,* e, ainda, do cometimento da fiscalização de contribuições previdenciárias a Secretaria da Receita Federal. (...) **(ADIMC n. 1.417/DF, rel. Min. Octavio Gallotti, Pleno, j. em 07-03-1996) (Grifo nosso)**

É imperioso destacar, entretanto, que, embora o **STF** tenha aceitado a possibilidade de criar ou aumentar tributo por meio de medida provisória, tal posicionamento sempre careceu de respaldo constitucional, uma vez que sua robustez advinha tão somente de chancela jurisprudencial.

A propósito, antes mesmo da publicação da Emenda em comento, o **STF** já defendia a necessidade de aplicação do princípio da anterioridade tributária nos casos de tributos majorados por medida provisória. Vale dizer que, para a Corte Suprema, publicando-se a medida provisória até 31 de dezembro de um ano, permitia-se a cobrança do tributo no ano seguinte ao da publicação (**RE 232.084, rel. Min. Ilmar Galvão, 1ª T., j. em 04-04-2000**). É bom que se diga que a exigência era apenas quanto à "publicação" da MP, e não quanto à "conversão em lei", como se passou a exigir a partir da EC n. 32/2001. De fato, esta Emenda trouxe o timbre constitucional à visão do **STF**, no tocante à legalidade e à anterioridade tributárias, ao introduzir inúmeras modificações no art. 62 da CF, com a inclusão de 12 (doze) parágrafos ao comando, conforme se notará nos articulados seguintes.

No plano específico da anterioridade tributária, à luz do **art. 62, § 2º, da Carta Magna**, a medida provisória que implique instituição ou majoração de impostos só produzirá efeitos no exercício financeiro seguinte se houver sido convertida em lei até o último dia daquele em que foi editada.

Art. 62. (...)

§ 2º Medida provisória que implique instituição ou majoração de impostos, exceto os previstos nos arts. 153, I, II, IV, V, e 154, II, só produzirá efeitos no exercício financeiro seguinte se houver sido convertida em lei até o último dia daquele em que foi editada.

Evidencia-se, dessarte, que o legislador constituinte derivado pretendeu, com esse dispositivo, construir a compatibilidade entre a medida provisória e o princípio da anterioridade tributária, quer no plano da instituição do gravame, quer na seara da majoração da exação, ambas por medida provisória.

Ademais, insta frisar que o próprio legislador constituinte ressalvou a aplicação da regra aos seguintes tributos, todos eles impostos federais: **II, IE, IPI, IOF** e ao **Imp. Extraordinário (de Guerra)**.

À luz do preceptivo em epígrafe, o primeiro aspecto relevante é que o comando só se refere a *impostos*, com a explícita ressalva de alguns outros. Daí se assegurar, à luz da interpretação literal, que a exigência de conversão em lei até o último dia do ano de edição da medida provisória vale tão somente para esta espécie tributária.

Portanto, não se curvam à exigência de "*conversão em lei até o último dia do ano de edição da medida provisória*" os seguintes tributos:

a) Os impostos federais excepcionados (II, IE, IPI, IOF e Imp. Extraordinário [de Guerra])

Quanto ao momento da exigência desses impostos federais, ditos extrafiscais – II, IE, IPI e **IOF** –, eventualmente majorados por medida provisória, conquanto se saiba que o aumento é plenamente cabível por meio de ato normativo mais simples, a saber, o decreto presidencial, a doutrina tem entendido que a alteração de alíquotas de tais gravames pode se dar, sim, por meio de medida provisória, furtando-se à recomendada conversão em lei da própria MP e à obediência ao princípio da anterioridade, em uma espécie de renúncia do Poder Executivo a um campo de competência que lhe é próprio.

> Note o item considerado **CORRETO**, em prova realizada pelo TRF, para o cargo de Juiz Federal Substituto (TRF/3ª Região), em 2016: "*O IOF tem predominante função extrafiscal e não se submete à anterioridade tributária; o Poder Executivo pode manejar as suas alíquotas para ajustá-lo a objetivos de política monetária indicando o que almeja alcançar com a mudança de alíquota*".

Vale dizer que, em tese, havendo uma medida provisória que altere, por exemplo, as alíquotas de um **imposto de importação**, a incidência da norma majoradora ***será de imediato***, independentemente da conversão em lei.

O dado curioso é perceber que, no caso específico do **IPI**, majorado por MP, a incidência ficará postergada para o 91º dia a contar da publicação do instrumento majorador, à semelhança do ocorrido com as contribuições social-previdenciárias, como se verá, oportunamente.

Em relação ao **Imp. Extraordinário (de Guerra)**, seu aumento e sua instituição por medida provisória são cabíveis no contexto de emergencialidade (e não "extrafiscalidade"), afastando-se a conversão em lei da MP e o respeito ao princípio da anterioridade. Vale dizer que tal gravame, se majorado ou instituído, será de imediato exigido.

b) As taxas e contribuições de melhoria

Caso tenhamos uma taxa ou uma contribuição de melhoria, instituídas ou majoradas por medida provisória – o que se mostra, em tese, plenamente cabível, haja vista não serem exações dependentes de lei complementar –, a incidência da MP deverá atrelar-se ao princípio da anterioridade (anual e nonagesimal), independentemente da conversão em lei.

c) Os empréstimos compulsórios

Os empréstimos compulsórios, por dependerem de lei complementar, não podem ser objeto de medida provisória (art. 62, § 1º, III, CF). Da mesma forma, passam ao largo da MP os outros gravames dependentes de ***lei complementar***: o **imposto sobre grandes fortunas** (art. 153, VII, CF), os **impostos residuais** (art. 154, I, CF) e as **residuais contribuições social-previdenciárias** (art. 195, § 4º, CF).

d) As contribuições profissionais e as contribuições interventivas (CIDEs)

Para tais exações, vale a mesma regra atrelável às taxas e às contribuições de melhoria, já explicitadas no item "b".

e) As contribuições social-previdenciárias

No que tange às contribuições para a seguridade social, o entendimento do **STF** é no sentido de que o prazo nonagesimal, previsto no art. 195, § 6º, da CF, deverá fluir a partir da edição da originária medida provisória.

Sendo assim, no caso de aumento ou modificação de contribuição social-previdenciária por medida provisória, a incidência da MP deverá ocorrer no 91º dia a contar da publicação do instrumento normativo. A matéria será aprofundada em tópico próprio, adiante previsto.

Retomando o estudo da medida provisória na seara tributária, exsurge outro ponto vital, a ser comentado: o de que a EC n. 32/2001 ratifica o atrelamento da medida provisória ao *princípio da anterioridade anual* – único postulado de eficácia de lei tributária existente à época de sua edição.

Após a edição da EC n. 42/2003, com o advento da anterioridade nonagesimal, tal preceptivo mereceu uma interpretação sistemática, sob pena de esvaziar-se no tempo.

Em termos práticos, podemos afirmar que um imposto federal (majorado por medida provisória e convertido em lei ordinária), antes da EC n. 42/2003, foi devido no ano seguinte ao da conversão da MP em lei, observado o *Princípio da Anterioridade Comum* (art. 62, § 2º, CF).

Nos dias atuais, diferentemente, para a incidência de uma medida provisória no primeiro dia de um determinado ano, não é bastante que a medida provisória tenha sido convertida em lei até 31 de dezembro do ano anterior, mas que também tenha sido convertida em lei até 90 dias antes de 31 de dezembro desse mesmo ano anterior. Com efeito, é natural que, após a edição da EC n. 42/2003, **passou-se a exigir o respeito à noventena**.

> Note o item considerado **INCORRETO**, em prova realizada pela FMP/RS, para o cargo de Procurador do Estado/AC, em 2014: *"A majoração do Imposto sobre a Propriedade Territorial Rural por medida provisória só produzirá efeitos no exercício financeiro seguinte se referida medida houver sido convertida em lei até o último dia daquele exercício em que foi editada"*.

A propósito, o **Cespe/UnB**, atual **CEBRASPE**, em prova discursiva para o **Exame da OAB (2ª Fase)**, realizada em julho de **2010**, entendeu que se deve aplicar cumulativamente a anterioridade anual e a anterioridade nonagesimal, quando se tem um aumento de imposto por medida provisória. No caso, tratava-se de uma majoração de alíquota do ITR, com MP publicada em 30 de outubro.

Uma instigante discussão, surgida a partir desse ponto, é saber se o termo *a quo* desse prazo nonagesimal é a data da publicação da medida provisória originária ou a data de conversão da medida provisória em lei.

A nosso pensar, após a EC n. 42/2003, com o revigoramento do Princípio da Anterioridade a que se procedeu, não se deve menosprezar na contagem o transcurso do prazo para a conversão da medida provisória em lei. Vale dizer que nos parece mais adequado estipular o termo *a quo* do prazo nonagesimal como a data da conversão da medida provisória em lei.

Dessa forma, caso tenhamos o ITR, majorado por MP em setembro de 2019, com conversão em lei em dezembro de 2019, o tributo não seria cobrado a partir de 1º de janeiro de 2020, mas em meados de março de 2020, em face do respeito aos 90 dias, que intermediarão a lei de conversão e o pagamento do tributo. Ocorre que o fato gerador desse gravame, por ficção jurídica, dá-se em 1º de janeiro do ano, ocasião em que se estipulam a alíquota e a base de cálculo que vigerão durante todo o ano. Caso incida nova alíquota no transcorrer do período – o que ocorrerá no exemplo acima (MP incidindo em meados de março de 2020) –, só será possível se falar em incidência, de fato, no dia 1º de janeiro de 2021. Curiosamente, esse foi o entendimento da **Banca do Cespe/UnB**, no tocante a tal aspecto, na questão da **OAB** acima ventilada (**Gabarito:** "*Admite-se que o examinado indique como data o dia primeiro de janeiro do segundo ano seguinte ao da publicação da MP, em razão da determinação legal de que o fato gerador do imposto territorial rural ocorre em primeiro de janeiro (Lei n. 9.393/96*").

Todavia, essa orientação não desfruta de endosso generalizado na doutrina. No **STF**, por sua vez, há sinais no sentido da prevalência da tese de que a contagem da anterioridade deve ser feita a partir da publicação da medida provisória, independentemente da data da lei de conversão. Isso se mostrará evidente na análise da *anterioridade especial*, própria das contribuições social-previdenciárias, instituídas ou modificadas por MP, a ser feita em tópico posterior.

Nesse rumo, para concursos públicos, temos recomendado que se adote o entendimento do **STF**: a tese de que a contagem da anterioridade deve ser feita a partir da publicação da medida provisória, independentemente da data da lei de conversão.

Por sinal, a prova discursiva para o Exame da OAB (2ª Fase; Cespe/UnB), acima comentada, indicou no gabarito oficial que "o imposto só poderia ser cobrado após noventa dias contados de 30 de outubro, data de publicação da medida provisória". Observe que o Cespe/UnB adotou um posicionamento que havíamos anteriormente alertado.

Para uma melhor compreensão do relacionamento entre a MP e o princípio da anterioridade, é prudente se levar em conta que a MP deverá ser convertida em lei em 60 dias, consoante a inteligência do art. 62, § 3º, da CF, podendo ser prorrogada uma única vez, por igual período. Antes da EC n. 32/2001, como é cediço, a prorrogação era sucessiva; agora, ela é única.

Note o plano evolutivo:

O Princípio da Anterioridade e a Medida Provisória (Período entre 2000 e 2021...)	
Período	Condição
(...) 2000	Mera publicação da MP até o último dia do ano de edição da MP
2001	Mera publicação da MP até o último dia do ano de edição da MP
	EC n. 32/2001
2002	Conversão da MP em lei até o último dia do ano de edição da MP
2003	Conversão da MP em lei até o último dia do ano de edição da MP
	EC n. 42/2003
de 2004 até 2021 (...)	Conversão da MP em lei até o último dia do ano de edição da MP + Observância da noventena

A seguir, propomos vários casos práticos sobre diferentes tributos no intuito de indicar, no tempo, as possibilidades que se abrem para o cotejo do princípio da anterioridade com a medida provisória.

Saliente-se que as soluções propostas levam em conta o **respeito cumulativo** às **três exigências** a seguir destacadas:

Exigência	Efeitos
1ª	Anterioridade anual (= projeção da incidência para o ano seguinte) **(Art. 150, III, "b", CF)**
2ª	Anterioridade nonagesimal (= projeção da incidência para 90 dias a contar da publicação da medida provisória originária, segundo a visão do **STF**). Tal exigência será aplicada a partir de 2004. **(Art. 150, III, "c", CF)**
3ª	Incidência no dia 1º de janeiro posterior ao ano da conversão da MP em lei **(Art. 62, § 2º, CF)**. Tal exigência será aplicada nos casos de impostos.

Problema 1: ITR aumentado por medida provisória, publicada em setembro de **2002** e convertida em lei em dezembro de **2002**.

<table>
<tr><th>Exigência</th><th colspan="3">Efeitos</th></tr>
<tr><td>1ª</td><td>Anterioridade anual (Art. 150, III, "b", CF)</td><td>1º-01-2003</td><td rowspan="3">Conclusão:
No confronto das exigências (1ª), (2ª) e (3ª), prevalece a data maior, ou seja, 1º de janeiro de 2003 – data em que o imposto majorado será exigido.</td></tr>
<tr><td>2ª</td><td>Anterioridade nonagesimal (Art. 150, III, "c", CF)</td><td>xxxxxxxxxxxxx (período anterior à EC n. 42/2003)</td></tr>
<tr><td>3ª</td><td>Incidência no dia 1º de janeiro posterior ao ano da conversão da MP em lei (Art. 62, § 2º, CF – EC n. 32/2001)</td><td>Incidência em 1º-01-2003 (Conversão em dezembro de 2002)</td></tr>
</table>

Problema 2: ITR aumentado por medida provisória, publicada em setembro de **2002** e convertida em lei em janeiro de **2003**, em razão da prorrogação da medida provisória.

<table>
<tr><th>Exigência</th><th colspan="3">Efeitos</th></tr>
<tr><td>1ª</td><td>Anterioridade anual (Art. 150, III, "b", CF)</td><td>1º-01-2003</td><td rowspan="3">Conclusão:
No confronto das exigências (1ª), (2ª) e (3ª), prevalece a data maior, ou seja, 1º de janeiro de 2004 – data em que o imposto majorado será exigido.</td></tr>
<tr><td>2ª</td><td>Anterioridade nonagesimal (Art. 150, III, "c", CF)</td><td>xxxxxxxxxxxxxxxx (período anterior à EC n. 42/2003)</td></tr>
<tr><td>3ª</td><td>Incidência no dia 1º de janeiro posterior ao ano da conversão da MP em lei (Art. 62, § 2º, CF – EC n. 32/2001)</td><td>Incidência em 1º-01-2004 (Conversão em janeiro de 2003)</td></tr>
</table>

Problema 3: ITR aumentado por medida provisória, publicada em setembro de **2019** e convertida em lei em janeiro de **2020**, em razão da prorrogação da medida

provisória. Note que, neste exercício, deve ser considerada a anterioridade nonagesimal, fruto da EC n. 42/2003.

Exigência		Efeitos	
1ª	Anterioridade anual (Art. 150, III, "b", CF)	1º-01-2020	**Conclusão:** No confronto das exigências (1ª), (2ª) e (3ª), prevalece a data maior, ou seja, 1º de janeiro de 2021 – data em que o imposto majorado será exigido.
2ª	Anterioridade nonagesimal (Art. 150, III, "c", CF)	Dezembro de 2019 (período posterior à EC n. 42/2003)	
3ª	Incidência no dia 1º de janeiro posterior ao ano da conversão da MP em lei (Art. 62, § 2º, CF – EC n. 32/2001)	Incidência em 1º-01-2021 (Conversão em janeiro de 2020)	

Problema 4: ITR aumentado por medida provisória, publicada em dezembro de **2019** e convertida em lei em 20 de dezembro de **2019**.

Exigência		Efeitos	
1ª	Anterioridade anual (Art. 150, III, "b", CF)	1º-01-2020	**Conclusão:** No confronto das exigências (1ª), (2ª) e (3ª), prevalece a data maior, ou seja, aquela em meados de março de 2020 (91º dia a contar da publicação da MP). *Ad argumentandum*, como o fato gerador do ITR é periódico, definindo-se, por ficção jurídica, no dia 1º de cada ano, neste caso, o aumento repercutirá apenas no fato gerador de 1º-01-2021.
2ª	Anterioridade nonagesimal (Art. 150, III, "c", CF)	Meados de março de 2020 – 91º dia a contar da publicação da MP (período posterior à EC n. 42/2003)	
3ª	Incidência no dia 1º de janeiro posterior ao ano da conversão da MP em lei (Art. 62, § 2º, CF – EC n. 32/2001)	Incidência em 1º-01-2020 (Conversão em 20 de dezembro de 2019)	

Problema 5: Imposto Extraordinário (de Guerra), instituído por medida provisória, publicada em setembro de **2020**.

Exigência		Efeitos	
1ª	Anterioridade anual (Art. 150, III, "b", CF)	Ressalva ao princípio (Art. 150, § 1º, parte inicial, CF)	**Conclusão:** No confronto das exigências (1ª), (2ª) e (3ª), a incidência do IEG será imediata, por se tratar o gravame de ressalva absoluta. O mesmo raciocínio vale para os impostos: II, IE, IOF.
2ª	Anterioridade nonagesimal (Art. 150, III, "c", CF)	Ressalva ao princípio (Art. 150, § 1º, parte final, CF)	
3ª	Incidência no dia 1º de janeiro posterior ao ano da conversão da MP em lei (Art. 62, § 2º, CF – EC n. 32/2001)	Ressalva à exigência (imposto excepcionado)	

Problema 6: Taxa instituída por medida provisória, publicada em setembro de **2020** e convertida em lei em dezembro de **2020**, em razão da prorrogação da medida provisória.

Exigência		Efeitos	
1ª	Anterioridade anual (Art. 150, III, "b", CF)	1º-01-2021	**Conclusão:** No confronto das exigências (1ª), (2ª) e (3ª), prevalece a data maior, ou seja, 1º de janeiro de 2021 – data em que a taxa instituída será exigida. O mesmo raciocínio vale para as contribuições de melhoria, contribuições profissionais e interventivas (CIDEs).
2ª	Anterioridade nonagesimal (Art. 150, III, "c", CF)	Dezembro de 2020 (período posterior à EC n. 42/2003)	
3ª	Incidência no dia 1º de janeiro posterior ao ano da conversão da MP em lei (Art. 62, § 2º, CF – EC n. 32/2001)	Ressalva à exigência (só vale para impostos)	

Problema 7: IPI aumentado por medida provisória, publicada em setembro de **2020** e convertida em lei em outubro de **2020**, em razão da prorrogação da medida provisória.

Exigência		Efeitos	
1ª	Anterioridade anual (Art. 150, III, "b", CF)	Ressalva ao princípio (Art. 150, § 1º, parte inicial, CF)	**Conclusão:** No confronto das exigências (1ª), (2ª) e (3ª), prevalece a data referente ao 91º dia, a contar da publicação da MP.
2ª	Anterioridade nonagesimal (Art. 150, III, "c", CF)	Dezembro de 2020 – 91º dia a contar da publicação da MP	
3ª	Incidência no dia 1º de janeiro posterior ao ano da conversão da MP em lei (Art. 62, § 2º, CF – EC n. 32/2001)	Ressalva à exigência (imposto excepcionado)	

Problema 8: IR aumentado por medida provisória, publicada em setembro de **2020** e convertida em lei em outubro de **2020**, em razão da prorrogação da medida provisória.

Exigência		Efeitos	
1ª	Anterioridade anual (Art. 150, III, "b", CF)	1º-01-2021	**Conclusão:** No confronto das exigências (1ª), (2ª) e (3ª), prevalece a data maior, ou seja, 1º de janeiro de 2021 – data em que o imposto majorado será exigido. O mesmo raciocínio vale para as alterações na base de cálculo do IPTU e do IPVA, caso se veicule tal providência por meio de medida provisória.
2ª	Anterioridade nonagesimal (Art. 150, III, "c", CF)	Ressalva ao princípio (Art. 150, § 1º, parte final, CF)	
3ª	Incidência no dia 1º de janeiro posterior ao ano da conversão da MP em lei (Art. 62, § 2º, CF – EC n. 32/2001)	Incidência em 1º-01-2021 (Conversão em outubro de 2020)	

> Note o item considerado **CORRETO**, em prova realizada pela FGV Projetos, no X Exame de Ordem Unificado/OAB, em 2013: *"Suponha que determinada Medida Provisória editada pela Presidenta da República, em 29-09-2012, estabeleça, entre outras providências, o aumento para as diversas faixas de alíquotas previstas na legislação aplicável ao imposto de renda das pessoas físicas. Nesse caso, com base no sistema tributário nacional, tal Medida Provisória "não violaria o princípio da legalidade e só produzirá efeitos a partir do primeiro dia do exercício financeiro subsequente à data de sua conversão em lei"*.

Os concursos públicos têm solicitado com frequência o tema. Recomenda-se a memorização dos quadros em **epígrafe**.

7 O PRINCÍPIO DA ANTERIORIDADE NONAGESIMAL DAS CONTRIBUIÇÕES SOCIAL-PREVIDENCIÁRIAS E A MEDIDA PROVISÓRIA

No que tange às contribuições para a seguridade social, o entendimento do **STF** é no sentido de que o prazo nonagesimal deverá fluir a partir da edição da originária medida provisória. Sendo assim, no caso de aumento ou modificação de contribuição social-previdenciária por medida provisória, a incidência da MP deverá ocorrer no 91º dia a contar da publicação do instrumento normativo.

Em outras palavras, à luz da orientação prevalecente no **STF**, a alíquota de contribuição social-previdenciária, se vier a ser majorada por uma MP (editada na primeira metade do exercício financeiro), a qual tenha sido objeto de reedição e conversão em Lei, poderá ser imposta após decorridos 90 dias da data da publicação da MP originária.

De há muito, o plenário do **STF** vem sinalizando esse entendimento, como se pode notar na ementa do julgado, a seguir transcrita:

> **EMENTA:** CONSTITUCIONAL. TRIBUTÁRIO. CONTRIBUIÇÃO SOCIAL. PIS-PASEP. PRINCÍPIO DA ANTERIORIDADE NONAGESIMAL: MEDIDA PROVISÓRIA: REEDIÇÃO. I – *Princípio da anterioridade nonagesimal: CF, art. 195, § 6º: contagem do prazo de noventa dias, medida provisória convertida em lei: conta-se o prazo de noventa dias a partir da veiculação da primeira medida provisória.* (...) V. RE conhecido e provido, em parte. **(RE 232.896/PA, rel. Min. Carlos Velloso, Pleno, j. em 02-08-1999)**[34] **(Grifo nosso)**

Nessa toada, diz-se que, no caso de medida provisória, posteriormente convertida em lei, não havendo na conversão uma alteração significativa do texto, o termo

34. Ver, ainda, na mesma direção, no **STF**: **(I)** ADIn 1.135, rel. Min. Carlos Velloso, Pleno, j. em 13-08-1997; **(II)** RE 221.856/PE, rel. Min. Carlos Velloso, 2ª T., j. em 25-05-1998; **(III)** RE 222.719, rel. Min. Carlos Velloso, 2ª T., j. em 14-12-1998; **(IV)** ADI 1.610, rel. Min. Sydney Sanches, Pleno, j. em 03-03-1999; **(V)** RE 232.896, rel. Min. Carlos Velloso, Pleno, j. em 02-08-1999; **(VI)** ADIn 1.417, rel. Min. Octavio Gallotti, Pleno, j. em 02-08-1999; **(VII)** RE 231.630 (AgRg), rel. Min. Néri da Silveira, 2ª T., j. em 24-08-1999; **(VIII)** RE 269.428 (AgRg), rel. Min. Maurício Corrêa, 2ª T., j. em 08-08-2000; **(IX)** ADI 1.617, rel. Min. Octavio Gallotti, Pleno, j. em 19-10-2000; **(X)** AgRg no RE 315.681, rel. Min. Carlos Velloso, 2ª T., j. em 25-09-2001.

inicial do prazo de noventa dias, previsto no art. 195, § 6º, da CF, deve ser contado da data da publicação da medida provisória inaugural, e não da lei de conversão.

Aliás, tal entendimento se materializou no voto do Ministro Relator **Ilmar Galvão**, no **RE 197.790/MG-1997**, no qual se afirmou que *"a MP n. 86, editada em 25 de setembro de 1989 (...) foi convertida na Lei n. 7.856, publicada em 25 de outubro do mesmo ano, razão pela qual teve eficácia a partir de 24 de dezembro, quando fluiu o prazo de 90 dias previsto no art. 195, § 6º, da Constituição"*. Sobre a mesma questão, e com idêntico pensar, seguiu o **Ministro Relator Carlos Velloso**, no **RE 181.664-3/RS-1997**. Frise-se que tais julgados foram confeccionados à luz do regime anterior da MP, cuja prorrogação era sucessiva, com conversão em lei no prazo de 30 dias.

De outra banda, o prazo de noventa dias, previsto no art. 195, § 6º, da CF, será contado a partir da data da publicação da respectiva lei de conversão, e não daquela em que tenha sido editada a medida provisória, se esta houver sido substancialmente alterada pelo Congresso Nacional – hipótese de *conversão parcial*. É o que se pôde apreender do voto condutor proferido no **RE 169.740/PR** (**Relator Ministro Moreira Alves**), em que o **STF-Pleno** examinou a contribuição social objeto da MP n. 63/89, convertida na Lei n. 7.787/89.

Note o elucidativo trecho do voto do insigne magistrado:

> Em se tratando de medida provisória, sua conversão em lei pode dar-se total ou parcialmente. A *conversão é total* quando a lei que a realiza mantém, sem alterações, os dispositivos da medida provisória, dando-lhe eficácia permanente. Já a conversão é parcial quando a lei que a realiza mantém, sem alteração, parte dos dispositivos da medida provisória, alterando, porém – por acréscimo, supressão ou modificação –, a outra parte. Neste último caso, a medida provisória, em última análise, serve de suporte para a conversão naquilo em que é mantida, e atua como projeto de lei para permitir as emendas que, se vierem a ser transformadas em lei, são tidas como preceitos novos que implicitamente rejeitam a disciplina resultante da medida provisória no que foi alterada. (...) Assim sendo, quando a lei de conversão tiver de observar o prazo fixado no artigo 195, § 6º, da Constituição Federal, esse prazo, se se tratar da conversão total, se conta a partir da edição da medida provisória; se se tratar, porém, de *conversão parcial*, essa contagem se fará a partir da edição da medida provisória naquilo em que ela não foi modificada, ao passo que se fará a partir da publicação da lei de conversão parcial naquilo em que a medida provisória tiver sido alterada. **(Grifos nossos)**

Em 12 de fevereiro de **2014**, o Pleno do **STF**, no **RE 568.503** (rel. Min. Cármen Lúcia), analisou um caso de agravamento da carga tributária no momento de conversão da medida provisória em lei. Tratava-se da MP n. 164/2004, que não previa a majoração da alíquota em relação à água mineral, a qual foi introduzida somente com a sua conversão na Lei n. 10.865/2004, devendo, pois, ser observada a anterioridade nonagesimal a partir da publicação da mencionada Lei. Observe a ementa:

EMENTA: TRIBUTÁRIO. CONTRIBUIÇÃO SOCIAL. § 6º DO ART. 195, DA CONSTITUIÇÃO DA REPÚBLICA: APLICAÇÃO À CONTRIBUIÇÃO AO PIS. LEI DE CONVERSÃO DE MEDIDA PROVISÓRIA. DISPOSITIVO SUSCITADO AUSENTE DO TEXTO DA MEDIDA PROVISÓRIA: CONTAGEM DA ANTERIORIDADE NONAGESIMAL A PARTIR DA PUBLICAÇÃO DA LEI. 1. A contribuição ao PIS sujeita-se à regra do § 6º do art. 195 da Constituição da República. 2. *Aplicação da anterioridade nonagesimal à majoração de alíquota feita na conversão de medida provisória em lei.* 3. Recurso extraordinário ao qual se nega provimento. **(RE 568.503, rel. Min. Cármen Lúcia, Pleno, j. em 12-02-2014) (Grifo nosso)**

Confira a demonstração cronológica a seguir, que indica o confronto de dois prazos – um, de 120 dias, afeto à conversão da MP em lei, e outro, de 90 dias, adstrito à noventena da contribuição social-previdenciária.

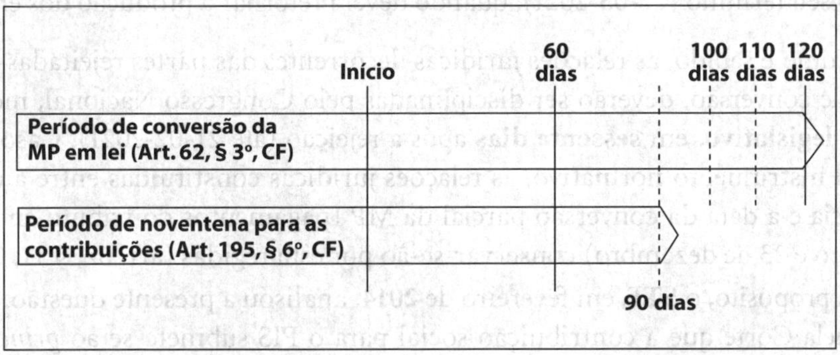

É fácil notar que, havendo incidência no 91º dia a contar da publicação da MP, há de haver natural prorrogação do instrumento normativo, em face da não ocorrência da conversão em lei nos primeiros sessenta dias (art. 62, §§ 3º e 7º, CF).

Observe, portanto, os casos práticos a seguir demonstrados, com contagens de dias, considerando-se que não teria havido, nos períodos destacados, nenhum período de recesso do Congresso Nacional (art. 62, § 4º, CF):

Caso Prático 1: MP institui ou modifica uma contribuição social-previdenciária (publicação em 09-09-2020) e, antes de completados os 90 dias para a sua incidência –, é rejeitada, em 15-10-2020, pelo Congresso Nacional (art. 62, § 10, CF).

Solução Proposta: tal MP não chegará a produzir qualquer efeito.

Caso Prático 2: MP institui ou modifica uma contribuição social-previdenciária (publicação em 09-09-2020) e, uma vez prorrogada, converte-se em lei em 23-12-2020 (ou seja, no 105º dia, a contar da publicação da MP). Sabe-se que a conversão se deu **sem** alteração substancial no texto originário da MP.

Solução Proposta: haverá normal incidência do tributo majorado no 91º dia a contar da publicação da MP, ou seja, em 9 de dezembro de 2020. Note que os efeitos da incidência continuarão válidos, sem solução de continuidade, uma vez que a conversão em lei, feita alguns dias após (23-12-2020), simplesmente ratificou o texto original da MP.

Caso Prático 3: MP institui ou modifica uma contribuição social-previdenciária (publicação em 09-09-2020) e, uma vez prorrogada, converte-se em lei em 23-12-2020 (ou seja, no 105º dia, a contar da publicação da MP). Sabe-se que a conversão se deu **com** alteração substancial no texto originário da MP, ou seja, com a chamada "conversão parcial".

Solução Proposta: haverá normal incidência do tributo majorado no 91º dia a contar da publicação da MP, ou seja, em 9 de dezembro de 2020. Note que os efeitos da incidência permanecerão provisoriamente válidos, havendo solução de continuidade, alguns dias após, com a conversão parcial em lei, feita em 23-12-2020. Esta data será o termo *a quo* para uma nova contagem de noventena, suspendendo-se a incidência até o seu término (22-03-2021), quando deverá retornar a produção dos efeitos.

Como é sabido, as relações jurídicas decorrentes das partes rejeitadas da MP, no ato de conversão, deverão ser disciplinadas pelo Congresso Nacional, mediante **decreto legislativo**, em **sessenta dias** após a rejeição (até 21-02-2021). Caso não se edite tal instrumento normativo, as relações jurídicas constituídas entre a data da incidência e a data da conversão parcial da MP (pagamentos do tributo entre 9 de dezembro e 23 de dezembro) conservar-se-ão por esta regidas (art. 62, § 11, CF).

A propósito, o **STF,** em fevereiro de **2014**, analisou a presente questão. Entendeu aquela Corte que a contribuição social para o PIS submete-se ao *princípio da anterioridade nonagesimal* (art. 195, § 6º, CF), e, nos casos em que a majoração de alíquota tenha sido estabelecida somente na lei de conversão da MP, o termo inicial da contagem será *a data da conversão da medida provisória em lei.*

Com base nessa orientação, o Plenário do **STF** negou provimento a recurso extraordinário em que se discutia a não sujeição dessa contribuição ao referido postulado constitucional (**RE 568.503, rel. Min. Cármen Lúcia, Pleno, j. em 12-02-2014**). No caso, ocorreu a majoração da alíquota do PIS (sobre água mineral), prevista na lei de conversão da MP n. 164/2004 – algo que não havia sido revelado, originariamente, no texto da indigitada Medida Provisória. O Min. Luiz Fux destacou que, em regra, o termo inicial para a contagem do prazo nonagesimal (os 90 dias) seria a data da publicação da MP, e não "a data da lei na qual fosse convertida". Todavia, se houvesse agravamento da carga tributária pela lei de conversão, a contagem do termo iniciar-se-ia da publicação da lei de conversão da MP.

Caso Prático 4: MP institui ou modifica uma contribuição social-previdenciária (publicação em 09-09-2020) e, uma vez prorrogada, não foi votada pelo Congresso Nacional, dentro do prazo de prorrogação. Assim, transcorreram os dois períodos sucessivos de sessenta dias, sem a conversão da MP em lei.

Solução Proposta: haverá normal incidência do tributo majorado no 91º dia a contar da publicação da MP, ou seja, em 9 de dezembro de 2020. Note que os efeitos da incidência permanecerão válidos, entre o 91º dia e o 120º dia (em 7 de janeiro de 2021, ou seja, a data do termo *ad quem* para a conversão da MP em lei).

Como é sabido, as relações jurídicas decorrentes dessa MP, não convertida em lei – mas que produziu normais efeitos durante alguns dias (de 9 de dezembro de 2020 a 7 de janeiro de 2021) –, deverão ser disciplinadas pelo Congresso Nacional, mediante *decreto legislativo*, em sessenta dias, contados agora da data de perda da eficácia da MP, pelo decurso de prazo noticiado (art. 62, § 11, CF). Assim, *ad argumentandum*, esse decreto legislativo deverá ser editado até 7 de março de 2021.

O mais importante aqui é frisar que as relações jurídicas constituídas entre a data da incidência e a data da perda da eficácia da MP (pagamentos do tributo entre 9 de dezembro de 2020 e 7 de janeiro de 2021) conservar-se-ão por esta regidas (art. 62, § 11, CF).

4 PRINCÍPIO DA ISONOMIA TRIBUTÁRIA

1 A IGUALDADE: CONSIDERAÇÕES INICIAIS

A regra da igualdade (ou da **isonomia**) consiste senão em aquinhoar igualmente aos iguais e desigualmente aos desiguais, na medida em que se desigualam. Tal afirmação originou-se do sábio ensinamento de *Duguit*, que, reproduzindo o pensamento de Aristóteles, permitiu que a clássica ideia da *igualdade relativa* fosse divulgada a nós por Ruy Barbosa[1].

> Note o item considerado **INCORRETO**, em prova realizada pelo Cespe, para o cargo de Analista de Administração Pública (TC/DF), em 2014: *"Dado o princípio da isonomia ou da igualdade, previsto na Constituição Federal, é vedada, na cobrança de tributos, a distinção entre contribuintes em razão da proveniência do bem ou do produto".*

A relativização da igualdade obsta que se trate com desigualização aqueles considerados "iguais", ou, ainda, que se oferte um linear tratamento isonômico àqueles tidos como "dessemelhantes", sob pena de se veicular uma condenável desigualdade no lugar de uma aconselhável isonomia.

Sendo assim, quando o tratamento diferenciado, dispensado pelas normas jurídicas, guarda relação de pertinência lógica com a razão diferencial (motivo da atitude discriminatória), não há que se falar em afronta ao princípio de isonomia. Por outro lado, a adoção de um dado fator de discriminação, sem qualquer correspondência com a lógica racional de diferenciação, **colocará em xeque** a almejada ideia de igualdade.

> Note o item considerado **CORRETO**, em prova realizada pelo Cespe/Cebraspe, para o cargo de Juiz de Direito Substituto do TJ/AM, em 2016: *"É vedada qualquer distinção em razão de ocupação profissional ou função exercida pelos contribuintes, independentemente da denominação jurídica dos rendimentos, títulos ou direitos".*

1. BARBOSA, Ruy. *Oração aos moços.* São Paulo: [s.e.] Arcádia, 1944, pp. 10-11.

A propósito, em 16 de dezembro de **2016**, o Pleno do **STF**, no **RE 640.905/SP** (rel. Min. Luiz Fux), ao apreciar um caso ligado à restrição de ingresso no parcelamento de COFINS, assim dispôs acerca do *princípio da isonomia*:

> O princípio da isonomia, refletido no sistema constitucional tributário (CF/1988, arts. 5º e 150, II), não se resume ao tratamento igualitário em toda e qualquer situação jurídica. Refere-se, também, à implementação de medidas com o escopo de minorar os fatores discriminatórios existentes, com a imposição, por vezes, em prol da igualdade, de tratamento desigual em circunstâncias específicas. A isonomia sob o ângulo da desigualação reclama correlação lógica entre o fator de discrímen e a desequiparação que justifique os interesses protegidos na Constituição, ou seja, adequada correlação valorativa.

Historicamente, o estudo da isonomia se mostrou necessário em face da propensão humana, quase inexorável, de buscar, de um lado, o atingimento de uma uniforme igualdade – atribuindo o mesmo a todos, como se todos iguais fossem –, e, de outro, a consecução do tratamento discriminatório, na tentativa de subtração do que a cada um pertence, com o fito de não se atribuir iguais condições a todos, uma vez que estes se mostram diferentes.

Entre nós, o *princípio da isonomia* foi prescrito, de forma genérica, no *caput* do art. 5º do texto constitucional, nos seguintes termos:

> Todos são iguais perante a lei, sem distinção de qualquer natureza, garantindo-se aos brasileiros e aos estrangeiros residentes no país a inviolabilidade do direito à vida, à liberdade, à igualdade, à segurança e à propriedade, (...).

É de fácil constatação a insigne posição ocupada pelo princípio da isonomia – considerado "sobreprincípio" para Paulo de Barros Carvalho[2] –, em comparação com outros princípios e normas constitucionais[3].

A propósito, a pujança normativa da cláusula relativa à igualdade no texto constitucional evidencia-se na escolha do legislador constituinte em inaugurar, com o direito à igualdade, a enumeração dos direitos e garantias, previstos no art. 5º do texto constitucional. Com isso, a ordem constitucional doméstica prevê que o princípio da igualdade, ocupando destacado lugar na enumeração de tais garantias individuais, a saber, o próprio *caput* do art. 5º, regerá todos os outros direitos que a ele sucedam[4].

Por fim, mister se faz destacar que, no plano doutrinário, surgem duas faces ou dimensões da igualdade: a *igualdade perante a lei* e a *igualdade na lei* (*através da lei*). Note-as:

---

2. CARVALHO, Paulo de Barros. O princípio da anterioridade em matéria tributária. *Revista de Direito Tributário*. São Paulo: Malheiros, n. 63, [s.d.], p. 104.
3. *V.* BORGES, José Souto Maior. Princípio da isonomia e sua significação na Constituição de 1988. *Revista de Direito Público*, São Paulo, n. 93, ano 23, jan./mar. 1990, p. 34.
4. *V.* CAMPOS, Francisco. *Direito constitucional*. Rio de Janeiro: Freitas Bastos, 1956, v. 2, p. 12.

A **igualdade perante a lei** mostra-se na substituição do governo dos homens pelo governo das leis, aproximando-se a isonomia do princípio da legalidade[5]. Aqui a igualdade não vem regular uma situação, levando-se em conta as condições pessoais dos sujeitos envolvidos, mas, em uma lógica estritamente formal, servir como imperativo de hipoteticidade da norma jurídica[6].

Trata-se de faceta da isonomia dirigida aos aplicadores do Direito, que deverão isonomicamente destinar a norma a todos aqueles que realizarem a conduta descrita na hipótese legal, sob pena de se atentar contra a legalidade e, decorrencialmente, contra a isonomia.

Na igualdade perante a lei, verificar-se-á tão somente se a lei está sendo cumprida, no plano formal, de maneira uniforme para todos os cidadãos a que se dirige.

A **igualdade na lei (ou por intermédio da lei)**, por sua vez, é diferente dimensão da isonomia, que se volta ao legislador, a fim de que este institua a norma com respeito ao imperativo corrente de que *os iguais deverão ser igualmente tratados, enquanto os desiguais, na medida de suas dessemelhanças, deverão diferentemente sê-lo.*

Vale dizer que esta dimensão da igualdade mostra-se como cláusula geral de proibição do arbítrio, obstaculizando ao legislador a adoção de critérios casuísticos e opções políticas no tratamento normativo das situações equivalentes, que o levem a promover discriminações gratuitas e artificiais.

Na perspectiva da "igualdade na lei", a **isonomia** se mostra como a paridade entre pessoas perante situações semelhantes ou, no plano da diferenciação possível, como a disparidade entre pessoas, em face de situações dessemelhantes.

Note o item considerado **INCORRETO**, em prova realizada pela Fundatec, para o cargo de Técnico da Receita Estadual (Sefaz/RS), em 2014: *"Não viola a isonomia tributária um tratamento distinto de pessoas que se encontrem em situação equivalente".*

A propósito destas últimas, insta mencionar que o legislador será chamado a enfrentar a legitimidade dos critérios adotados, com base na *razoabilidade*. Sendo assim, o Estado, diante de diferenças reais, pode se abrir à discriminação, desde que esta seja razoável, ou seja, mostre-se como racionalmente tolerável.

Aliás, o eminente constitucionalista José Joaquim Gomes Canotilho[7], quando se refere ao indigitado princípio da isonomia, explora-o à luz da proibição geral do arbítrio, no sentido de que "existe observância da igualdade quando indivíduos ou situações iguais não são arbitrariamente (proibição do arbítrio) tratados como desiguais. Por outras palavras: o princípio da igualdade é violado quando a desigualdade de tratamento surge como arbitrária".

5. V. CANOTILHO, José Joaquim Gomes. *Constituição dirigente e vinculação do legislador.* Coimbra: Coimbra, 1994, p. 381.
6. V. MACHADO, Hugo de Brito. *Os princípios jurídicos da tributação na Constituição de 1988*, 5. ed., p. 63.
7. V. CANOTILHO, José Joaquim Gomes. *Direito constitucional e teoria da Constituição.* 3. ed. Coimbra: Almedina, 1999, p. 398.

E, ao falar sobre a costumeira associação do princípio da igualdade com o princípio da proibição do arbítrio, o autor[8] aduz que este último "costuma ser sintetizado da forma seguinte: existe uma violação arbitrária da igualdade jurídica quando a disciplina jurídica não se basear num: (**i**) fundamento sério; (**ii**) não tiver um sentido legítimo; (**iii**) estabelecer diferença jurídica sem fundamento razoável".

Daí se falar nas **duas** *dimensões da igualdade*: (**I**) aquela por meio da qual a norma se destina isonomicamente a todos aqueles que realizarem a conduta descrita na hipótese legal; e (**II**) aqueloutra, em que se busca vedar as desequiparações irracionais, nas quais transborda a inadequação entre meio e fim, servindo como cláusula geral de proibição do arbítrio.

2 A ISONOMIA TRIBUTÁRIA

O **princípio da isonomia** ou igualdade tributária (ou **princípio da proibição dos privilégios odiosos**), por sua vez, está expresso no art. 150, II, nos seguintes termos:

> Note o item considerado **CORRETO**, em prova realizada pela Vunesp, para o cargo de Procurador do Município/SP, em 2014: *"Determina a Constituição Federal que, sempre que possível, os impostos terão caráter pessoal e serão graduados segundo a capacidade econômica do contribuinte, facultado à administração tributária, especialmente para conferir efetividade a esses objetivos, identificar, respeitados os direitos individuais e nos termos da lei, o patrimônio, os rendimentos e as atividades econômicas do contribuinte. Referida determinação reflete um princípio que, por seu turno, é corolário do princípio tributário da isonomia tributária".*

> Note o item considerado **INCORRETO**, em prova realizada pela Fundep, para o cargo de Advogado da Câmara Municipal de Itabirito/MG, em 2016: *"É facultado à União, aos Estados, ao Distrito Federal e aos Municípios instituir tratamento tributário desigual entre os contribuintes que se encontrem em situação equivalente".*

> Note o item considerado **CORRETO**, em prova realizada pelo MPE/GO (59º Concurso), para o cargo de Promotor de Justiça Substituto de Goiás, em 2016: *"O princípio da igualdade tributária recebe também a denominação de 'princípio da proibição dos privilégios odiosos'".*

> É vedado (...) instituir tratamento desigual entre contribuintes que se encontrem em situação equivalente, proibida qualquer distinção em razão da ocupação profissional ou função por ele exercida, independentemente da denominação jurídica dos rendimentos, títulos ou direitos.

Trata-se de postulado específico que veda o tratamento tributário desigual a contribuintes que se encontrem em situação de equivalência ou equipolência. Enquan-

8. CANOTILHO, José Joaquim Gomes. *Direito constitucional e teoria da Constituição*. 3. ed., p. 401.

to o art. 5º, *caput*, da CF, expõe a temática da igualdade de modo genérico, o art. 150, II, da CF, explora-a de modo específico, fazendo-a convergir para a seara da tributação.

No plano semântico, nota-se que o referido preceptivo se põe como um contraponto fiscal àquilo que se proclamou afirmativamente no art. 5º, *caput*, da Carta Magna. Com efeito, enquanto neste se busca afirmar, no plano positivo, uma realidade, dispondo-se que "*todos são iguais perante a lei, (...)*", no comando específico, afeto à isonomia tributária (art. 150, II, CF), almeja-se negativamente inibir uma dada conduta, por meio do mandamento "*é vedado instituir tratamento desigual (...)*".

Se o postulado da isonomia tributária preconiza que é defeso instituir tratamento desigual entre contribuintes que se encontrem em situação de equipolência, mostra-se, nessa dimensão negativa, como cláusula de defesa do cidadão contra o arbítrio do Estado, aproximando-se da ideia da "isonomia na lei (ou através de lei)".

O princípio da igualdade tributária é também conhecido por "princípio da proibição dos privilégios odiosos", na medida em que visa coibir a odiosidade tributária, manifestável em comandos normativos discriminatórios, veiculadores de favoritismos por meio da tributação.

No plano da trajetória política delineada em nosso País, o princípio da isonomia tributária desponta como postulado que merece inegável devoção. É sabido que, no período de vigência do regime ditatorial, pôde-se verificar por aqui inúmeras desigualdades tributárias ou favoritismos desarrazoados, tais como a concessão de isenção de imposto de renda para deputados, militares e magistrados. Tais desigualamentos, na forma de nítidas "liberalidades", traduziam-se em atitudes discriminatórias de concessão de privilégios a destinatários predeterminados, conforme o **cargo que ocupavam ou o ofício que exerciam.**

Note o item considerado **CORRETO**, em prova realizada pela FMP/RS, para o cargo de Procurador do Estado (PGE/AC), em 2014: *"Viola o princípio da isonomia tributária a lei que estabelecer distinção entre advogados e contadores, de modo a tributar de modo mais gravoso a renda auferida pelos primeiros".*

No período que sucedeu à ditadura, foi possível notar que aquelas odiosidades no tratamento tributário cederam passo à adoção de um critério de razoabilidade, na concessão de benefícios, no intuito de evitar a ofensa a tão sublime postulado constitucional. O princípio da igualdade tributária passou, assim, a servir como um escudo garantidor, em nítida proteção, contra as injustas discriminações em razão de classe ou condição social do cidadão-contribuinte.

Por outro lado, partindo-se da premissa de que "(...) a faculdade de discriminar é da essência do poder tributário"[9], é induvidoso que o princípio da isonomia tributária se revela como mandamento de difícil aplicabilidade, pois deverá ser burilado em meio a conflituosos e múltiplos interesses convergentes, que aglutinam

9. DÓRIA, Antonio Roberto Sampaio. *Direito constitucional tributário* e "*due process of law*". 2. ed. Rio de Janeiro: Forense, 1986, p. 128.

antagônicos elementos volitivos: a vontade do Estado tributante, a vontade do particular tributado e a vontade dos setores econômicos beneficiados por dada política desonerativa (benefícios e isenções).

Nesse passo, diz-se que o princípio da isonomia tributária é postulado vazio, recebendo o conteúdo axiológico de outros valores, como a *liberdade* e a **justiça**, ou, "*justiça tributária*", na expressão utilizada pelo **STF (RE 423.768, rel. Min. Marco Aurélio, Pleno, j. em 1º-12-2010)**. Daí se notar o previsível elemento desafiador ao exegeta que se põe diante do intrincado tema da interpretação do postulado da isonomia tributária: *indagar-se sobre a legitimidade dos critérios distintivos adotados na atividade de desigualização, além da simples valoração, em si, dos critérios adotados.*

> Note o item considerado **CORRETO** em prova realizada pela CESGRANRIO, LIQUIGÁS, para o cargo de Profissional Junior – Auditoria, em 2018: *"A Constituição Federal estabelece a vedação de instituir tratamento desigual entre contribuintes que se encontrem em situação equivalente, proibida qualquer distinção em razão de ocupação profissional ou função por eles exercida, independentemente da denominação jurídica dos rendimentos, títulos ou direitos. Nesse caso, está sendo aplicado na tributação o valor JUSTIÇA".* [E não o valor "segurança"!]

Trata-se, em verdade, de "desafio-dilema", pois o princípio não se mostra imune às naturais determinações impostas pelos poderes políticos, que, manipuladoramente, tendem a ofertar elementos exegéticos "seguros", na tentativa de justificarem um dado tratamento, sob a falsa capa da isonomia, mas que, de fato, veicula desigualamentos condenáveis.

Como se estudou no tópico precedente, adstrito às *considerações iniciais sobre a igualdade*, esta não comporta contextos absolutos, indicativos de uma igualdade linear entre pessoas, coisas ou situações, porquanto o legislador pode, legitimamente, estabelecer critérios razoáveis de discrime. A questão que desponta é a que tal mister faz convergir o problema da isonomia para o universo da verificação da compatibilidade entre o elemento de diferenciação utilizável e os interesses e valores protegidos pelo texto constitucional.

É óbvio que, no Estado de Direito, a igualdade jurídica não pode se restringir a uma igualdade meramente formal, vocacionada ao vago plano da abstração, sem interagir com as circunstâncias concretas da realidade social, que lhe permitem, de fato, voltar-se para a efetiva correção das desigualdades, que subjazem ao plano fenomênico do contexto social em que estamos inseridos.

Daí se dizer que o legislador infraconstitucional, ao pretender realizar o princípio da isonomia tributária – e o decorrencial postulado da capacidade contributiva, a ser estudado adiante –, deverá levar em consideração as condições concretas de todos aqueles envolvidos (cidadãos e grupos econômicos), evitando que incida a mesma carga tributária sobre aqueles economicamente diferenciados, sob pena de sacrificar as camadas pobres e médias, que passam a contribuir para além do que podem, enquanto os ocupantes das classes abastadas são chamados a suportar carga tributária aquém do que devem.

Bernardo Ribeiro de Moraes[10], nesse compasso, enuncia algumas regras que devem nortear a aplicação do princípio da isonomia tributária: "a) a igualdade jurídica tributária consiste numa igualdade relativa, com seu pressuposto lógico da igualdade de situações ou condições (...); b) não se admitem exceções ou privilégios, tais que excluam a favor de um aquilo que é exigido de outros em idênticas circunstâncias (...); c) a existência de desigualdades naturais justifica a criação de categorias ou classes de contribuintes, desde que as distinções sejam razoáveis e não arbitrárias".

Posto isso, seguindo a trilha do eminente doutrinador acima citado, a discriminação, além de conter um *viés finalístico* (sem propósito especulativo), justificando-se por evidente nexo com o propósito da legislação estatal, deve ser *razoável*, repousando na existência de diferença "real" (e não aquela aparente ou arbitrária).

2.1 A isonomia tributária e a cláusula *pecunia non olet*

O princípio tributário do *non olet* impõe que a hipótese de incidência tributária seja compreendida, independentemente da licitude ou ilicitude peculiares à atividade exercida.

Conforme ensina o saudoso Ricardo Lobo Torres[11], o tributo deve incidir sobre as atividades lícitas e, de igual modo, sobre aquelas consideradas ilícitas ou imorais.

De fato, há de haver uma universal incidência do tributo, porquanto a hipótese de incidência, materializando-se no fato imponível, é circunstância bastante para a irradiação equitativa da incidência tributária.

Para Luiz Emygdio F. da Rosa Jr.[12], quando a norma jurídica tributária define um dado paradigma como hipótese de incidência – fato econômico ao qual o Direito atribui relevância jurídica –, já está sopesando a situação em si e a capacidade contributiva da pessoa que a deflagra.

Nesse passo, o Direito Tributário preocupa-se em saber tão somente sobre a relação econômica relativa a um determinado negócio jurídico, o que se nota na dicção do art. 118 do CTN. Trata-se de **dispositivo que abarca** um importante princípio, criado por Albert Hensel e Otmar Bühler[13], segundo o qual o tributo *non olet*, ou seja, o tributo "não tem cheiro", significando que toda atividade ilícita deveria ser tributada. Veja-o:

> Note o item considerado **INCORRETO**, em prova realizada pelo MPE/GO (59º Concurso), para o cargo de Promotor de Justiça Substituto de Goiás, em 2016: *"Em relação ao princípio da isonomia tributária, a legislação tributária brasileira não acolheu os postulados da cláusula 'pecunia non olet'"*.

10. MORAES, Bernardo Ribeiro de. *Compêndio de direito tributário*. 3. ed. Rio de Janeiro: Forense, 1995, pp. 116-117.
11. V. TORRES, Ricardo Lobo. *Curso de direito financeiro e tributário*, 12. ed., p. 102.
12. V. Rosa JUNIOR, Luiz Emygdio F. *Manual de direito financeiro e tributário*. 17. ed. Rio de Janeiro: Renovar, 2003, p. 213.
13. V. TORRES, Ricardo Lobo. *Tratado de direito constitucional financeiro e tributário*. Rio de Janeiro: Renovar, 2005, v. III, p. 371.

Art. 118. A definição legal do fato gerador é interpretada abstraindo-se:

I – da validade jurídica dos atos efetivamente praticados pelos contribuintes, responsáveis, ou terceiros, bem como da natureza do seu objeto ou dos seus efeitos;

Note o item considerado **CORRETO**, em prova realizada pela Fundatec, para o cargo de Técnico Tributário da Receita Estadual (Sefaz/RS), em 2014: *"A validade jurídica dos atos efetivamente praticados por terceiros deve ser abstraída à definição legal do fato gerador"*.

Note o item considerado **CORRETO**, em prova realizado pelo Cebraspe, para o cargo de Procurador Municipal da Prefeitura de Belo Horizonte/MG, em 2017: *"Interpreta-se a definição legal de fato gerador abstraindo-se da validade jurídica dos atos efetivamente praticados pelos contribuintes, pois para a incidência do tributo, não é relevante a regularidade jurídica dos atos"*.

Note o item considerado **INCORRETO**, em prova realizada pela UEG, PC-GO, para o cargo de Delegado de Polícia, em 2018: *"A definição do fato gerador demanda não só ato jurídico válido, mas também natureza lícita do seu objeto e efeitos conforme o ordenamento jurídico."*

II – dos efeitos dos fatos efetivamente ocorridos.

Ao comentar o indigitado dispositivo, Aliomar Baleeiro[14] esclarece que

> a validade, invalidade, nulidade, anulabilidade ou mesmo a anulação já decretada do ato jurídico são irrelevantes para o Direito Tributário. Praticado o ato jurídico ou celebrado o negócio que a lei tributária erigiu em fato gerador, está nascida a obrigação para com o fisco. E essa obrigação subsiste independentemente da validade ou invalidade do ato. Se nulo ou anulável, não desaparece a obrigação fiscal que dele decorre, nem surge para o contribuinte o direito de pedir repetição do tributo acaso pago sob invocação de que o ato era nulo ou foi anulado. O fato gerador ocorre e não desaparece, do ponto de vista fiscal, pela nulidade ou anulação.

Nesse passo, infere-se do artigo em comento que, diante do fato típico tributário, há de prevalecer, em caráter exclusivo, a sua **análise objetiva**, como fator relevante, em homenagem à equivalência necessária que dá sustentação ao postulado da isonomia tributária.

Note o item considerado **INCORRETO**, em prova realizada pela FCC, para o cargo de Procurador do Estado de Terceira Cl asse (PGE/RN), em 2014: *"Somente os negócios jurídicos com agente capaz, objeto lícito e forma prevista ou não proibida em lei serão fatos geradores de tributos"*.

Note o item considerado **INCORRETO**, em prova realizada pela FCC, para o cargo de Procurador do Estado de Terceira Classe (PGE/RN), em 2014: *"Somente os negócios juridicamente válidos podem ser definidos como fato gerador de tributos"*.

14. BALEEIRO, Aliomar. *Direito tributário brasileiro*, 11. ed., p. 714.

Insta frisar que a indigitada máxima latina foi-nos apresentada pela pena de Amílcar de Araújo Falcão, lembrado por Aliomar Baleeiro[15], que nos conta o contexto histórico do qual emanou a conhecida expressão. Baleeiro, referindo-se ao diálogo ocorrido entre o Imperador *Vespasiano* e seu filho *Tito*, narra que este, indagando o pai sobre o porquê da tributação dos usuários de banheiros ou mictórios públicos na Roma Antiga, foi levado a crer pelo genitor que a moeda não exalava odor como as cloacas públicas, e, portanto, dever-se-iam relevar todos os aspectos extrínsecos ao fato gerador, aceitando-se, sim, a tributação sobre aqueles que utilizavam tais recintos.

Vale a pena apreciarmos os pontuais comentários expendidos por Amílcar de Araújo Falcão[16] acerca do clássico diálogo:

> Quis o imperador romano desse modo significar que o dinheiro não tem cheiro, importando essencialmente ao Estado o emprego que faça dos seus tributos e não a circunstância de reputar-se ridícula ou repugnante a fonte de que provenham. Claro está que, na sua versão atual, as expressões perderam o conteúdo cínico da anedota, para se penetrarem de alto sentido ético, qual o de procurar atingir isonomicamente a capacidade econômica do contribuinte sem preconceitos falsos ou ingênuos pruridos de sentimentalismo piegas quanto à licitude da atividade que constitua fato gerador do tributo.

Sendo assim, o vetusto aforismo latino impõe, na esteira do princípio da generalidade da tributação, que todos aqueles que realizarem o fato gerador do gravame poderão ser chamados a compor o polo passivo da relação jurídico-tributária, independentemente da denominação jurídica dos rendimentos, títulos ou direitos.

Daí se falar na clássica cláusula *pecunia non olet* (ou "denaro non puzza", para os italianos; ou, ainda, "money does not smell", para os ingleses), cujo lastro advém de conteúdo axiológico do valor "justiça", direcionando a exigibilidade da exação sobre quem possui capacidade contributiva, ainda que o rendimento provenha de atividade ilícita (*v.g.*, "o jogo proibido, *a prostituição, o lenocínio, a corrupção, a usura, o curandeirismo, o câmbio negro*")[17].

Ad argumentandum, na Itália, deu-se curioso episódio que merece uma citação nesta obra: uma prostituta, no exercício de sua profissão, ao movimentar vultosas cifras em sua conta bancária (cerca de um milhão de reais), entre 2005 e 2008, foi autuada pela Guarda de Finanças italiana, sendo chamada a pagar o imposto de renda devido. A polícia fiscal aplicou à mulher uma norma de 2006 que estabelece que a prostituição é "*um ato ilícito cujos lucros são taxados como rendas diferentes derivadas de faturamentos ilícitos*". A propósito, a legislação italiana (art. 11 da *Lei Italiana do Registro*) impõe que, se as circunstâncias dos negócios ou atos jurídicos

---

15. BALEEIRO, Aliomar. *Direito tributário brasileiro*, 11. ed., p. 715.
16. FALCÃO, Amílcar de Araújo. *Fato gerador da obrigação tributária*. 6. ed. Rio de Janeiro: Forense, 2002, p. 46 (nota de rodapé n. 35).
17. BALEEIRO, Aliomar. *Direito tributário brasileiro*, 11. ed., p. 716.

celebrados ou praticados forem inexistentes, nulas ou anuláveis, ou tiverem objeto impossível, ilegal, ilícito ou imoral, não exclui, modifica ou difere a tributação, desde que os seus resultados efetivos sejam idênticos aos normalmente decorrentes do estado de fato ou situação jurídica que constitua o fato gerador da obrigação tributária principal.

Na mesma direção, segue a lei francesa, segundo a qual "a tributação dos proventos da prostituição, por exemplo, ocorre, embora adote o fisco uma via indireta para atingi-los"[18].

Na Alemanha, por sua vez, deve haver prevalência da realidade econômica sobre a forma jurídica, no caso de distorção ou emprego anormal ou abusivo desta. Aliás, já em 1934, com a *Lei de Adaptação Tributária*, prescrevia-se a interpretação econômica do fato gerador das atividades ilícitas ou imorais e dos negócios jurídicos ineficazes, o que correspondia ao consenso da doutrina germânica, iniciada por Enno Becker[19].

Vê-se, dessarte, que não é de hoje – nem de exclusivo uso doméstico – a ideia da necessidade de *universalização dos tributos*, inibindo-os como meros instrumentos de segregação social, tendentes a veicular a arbitrariedade e o exercício odioso do poder.

Aliás, a legislação brasileira esparsa ratifica, semelhantemente, o teor do princípio do *non olet*: o art. 26 da Lei n. 4.506/64 (Lei do Imposto sobre a Renda) dispõe que "os rendimentos derivados de atividades ou transações ilícitas, ou percebidas com infração à lei, são sujeitos à tributação sem prejuízo das sanções que couberem".

Para Ezio Vanoni, citado por Bernardo Ribeiro de Moraes[20], "o que interessa ao Direito Tributário são os fatos econômicos e não a forma jurídica, razão pela qual a atividade ilícita, se rendosa, deve ser tributada".

Nessa esteira, para Ricardo Lobo Torres[21], "se o cidadão pratica atividades ilícitas com consistência econômica, deve pagar o tributo sobre o lucro obtido, para não ser agraciado com tratamento desigual frente às pessoas que sofrem a incidência tributária sobre os ganhos provenientes do trabalho honesto ou da propriedade legítima".

Por sua vez, para Amílcar de Araújo Falcão[22], "a validade da ação, da atividade ou do ato em Direito Privado, a sua juridicidade ou antijuridicidade em Direito Penal, disciplinar ou, em geral, punitivo, enfim, a sua compatibilidade ou não com os princípios da ética ou com os bons costumes não importam para o problema da incidência tributária, por isso que a ela é indiferente a validade ou nulidade do ato privado através do qual se manifesta o fato gerador: desde que a capacidade econômica legalmente prevista esteja configurada, a incidência há de inevitavelmente ocorrer".

---

18. *V.* FALCÃO, Amílcar de Araújo. *Fato gerador da obrigação tributária*, 6. ed., p. 43.
19. *V.* TORRES, Ricardo Lobo. *Normas de interpretação e integração do direito tributário*. 3. ed. Rio de Janeiro/São Paulo: Renovar, 2000, p. 260.
20. MORAES, Bernardo Ribeiro. *Compêndio de direito tributário*, 3. ed., v. 2, p. 353.
21. TORRES, Ricardo Lobo. *Tratado de direito constitucional financeiro e tributário*, 2005, v. III, p. 372.
22. FALCÃO, Amílcar de Araújo. *Fato gerador da obrigação tributária*, 6. ed., p. 45.

Vale dizer, à luz de tais entendimentos doutrinários uníssonos, que o fato tributário deverá ser analisado em sua nudez econômica, longe de conotações extrínsecas. Desse modo, irrelevante será se a atividade é "limpa" ou "suja", devendo o tributo gravar o resultado econômico de todas as circunstâncias fáticas, lícitas ou ilícitas[23].

Note alguns **exemplos** emblemáticos:

1. **cobrança de IPTU de proprietário de bem imóvel situado em zona urbana, cuja ocupação, em área de preservação ambiental, tenha sido considerada ilegal:** neste caso, o fato de cobrar IPTU dos ocupantes em nada altera a situação de ilicitude da ocupação, porquanto a simples cobrança do tributo não indica qualquer concordância do Poder Público em relação à situação fática geradora de sua incidência;

> Note o item (adaptado) considerado **CORRETO**, em prova realizada pelo MPE/GO (59º Concurso), para o cargo de Promotor de Justiça Substituto de Goiás, em 2016: *"Com base no princípio da isonomia tributária, e tendo por hipótese de fato gerador a propriedade de bem imóvel, seria lícita, por exemplo, a cobrança de tributo de proprietário de bem imóvel localizado ilegalmente em área de preservação ambiental".*

2. **cobrança de ITBI de adquirente de bem imóvel, conquanto o negócio translativo da propriedade tenha sido celebrado por pessoa absolutamente incapaz:** tal situação enquadra-se, com fidelidade, no inciso I do art. 118, bem como no inciso I do art. 126, ambos do CTN;
3. **cobrança de IPTU, incidente sobre a propriedade de casa, localizada na zona urbana, na qual se explora a prostituição.**

E mais outros **exemplos**, ainda que no âmbito da *licitude*:

I. Cobrança de ICMS, em razão da circulação de mercadoria, independentemente de ter havido pagamento do preço acordado pelo adquirente; **II.** Cobrança de ISS, em razão da prestação de serviços de terraplenagem, no âmbito da construção civil, ainda que a empresa prestadora não seja qualificada tecnicamente para este serviço[24]; **III.** Cobrança de IOF, incidente sobre empréstimo bancário, ainda que o solicitante tenha deixado o valor em conta corrente, sem o utilizar de fato para a finalidade que o levou a efetivar o mútuo.

Nessa mesma linha da licitude, frise-se que, em 17 de março de **2015**, a 2ª Turma do **STJ**, no **REsp 1.482.184/RS** (rel. Min. Humberto Martins), entendeu que

23. *V.* MARTINS, Ives Gandra da Silva. *Teoria da imposição tributária*, p. 320.
24. **Em 1997: EMENTA:** TRIBUTÁRIO. ISS. TERRAPLENAGEM. Os serviços de terraplenagem se incluem no âmbito da construção civil, sujeitando ao imposto sobre serviços a empresa que os explore, ainda que não qualificada tecnicamente para esse efeito (CTN, art. 118); Local da prestação do serviço, nesse caso, é aquele onde se efetuar a prestação (Dec.-Lei 406/1968, art. 12, "b"). Recurso especial conhecido e provido. **(REsp 73.692/ES, 2ª T., rel. Min. Ari Pargendler, j. em 20-11-1997)**

"o fato de parte de um imóvel urbano ter sido declarada como Área de Preservação Permanente (APP) e, além disso, sofrer restrição administrativa consistente na proibição de construir (nota 'non aedificandi') não impede a incidência de IPTU sobre toda a área do imóvel". No presente caso, o fato gerador permanece íntegro, qual seja, a propriedade do bem imóvel. O ônus (a restrição de uso ou limitação administrativa de proibição para construir, em razão de a área ser considerada "non aedificandi") não impede que haja disposição, utilização ou, até mesmo, alienação da propriedade.

> Note o item considerado **CORRETO**, em prova realizada pelo Cespe/UnB, para o cargo de Advogado da União (2ª Categoria) - AGU, em 2015: *"O princípio da isonomia tributária impõe que o tributo incida sobre as atividades lícitas e, igualmente, sobre as atividades ilícitas, de modo a se consagrar a regra da interpretação objetiva do fato gerador. Dessa forma, é legítima a cobrança de IPTU sobre imóvel construído irregularmente, em área 'non aedificandi', não significando tal cobrança de tributo concordância do poder público com a ocupação irregular"*.

A título de reforço de raciocínio, temos dito que não se pode pretender justificar a legitimidade da conduta ilícita ou imoral, sob a alegação de que sobre ela paira uma tributação estatal, e, *ipso facto*, revestida estará de legalidade. Aliás, a esse respeito, insta citar que, há algum tempo, o contexto foi verificado na frágil pretensão de empresas que administravam bingos nas cidades brasileiras – uma atividade que, inicialmente, era considerada lícita e que, posteriormente, foi desautorizada pelo governo –, redundando no indefensável pleito de retomada do funcionamento das casas, sob a alegação de que a atividade fora tributada pelo ISS.

Por fim, quanto à possível restituição do tributo em virtude da incidência tributária diante de um ato considerado nulo ou anulável, perante o Direito Privado, há que se fazer duas observações: **(I)** se o Judiciário declarar a nulidade do negócio jurídico, e este não tenha produzido os seus efeitos (*v.g.*, não houve o efetivo auferimento de renda para fins de incidência de IR), haverá direito à restituição do imposto eventualmente recolhido; **(II)** se o Judiciário declarar a nulidade do negócio jurídico, e este já tiver produzido os seus efeitos (*v.g.*, houve o efetivo auferimento de renda para fins de incidência de IR), a Fazenda não estará obrigada a restituir o tributo[25].

2.1.1 *A cláusula "pecunia non olet" e a intributabilidade dos atos ilícitos*

Não é inoportuno revelar, entretanto, a existência de forte linha argumentativa no sentido oposto, demonstrando que a incidência tributária não poderá se dar perante os atos ilícitos.

25. *V.* TORRES, Ricardo Lobo. *Curso de direito financeiro e tributário*, 12. ed., p. 249; *v.*, ainda, MARTINS, Alan. *In:* OLIVEIRA SILVA, Volney Zamenhof de (Coord.). *Código Tributário Nacional:* comentado, anotado e atualizado. 2. ed. Campinas: CS Edições, 2002, pp. 328 e 330.

Há quem diga que a incidência do tributo nas atividades ilícitas provocará uma antinomia com o **art. 3º do CTN**, segundo o qual "tributo é toda prestação pecuniária compulsória, em moeda ou cujo valor nela se possa exprimir, **que não constitua sanção de ato ilícito**, instituída em lei e cobrada mediante atividade administrativa plenamente vinculada" (**Grifo nosso**).

O conceito em epígrafe enuncia que tributo não constitui sanção por ato ilícito, subentendendo-se que as previsões legais supõem a prática de atividades lícitas, nunca ilícitas. Nesse diapasão, pergunta-se: *até que ponto a admissão da tributação de atos ilícitos não significaria negar o conceito de tributo, um dos sustentáculos dogmáticos do Direito Tributário?*

A resposta parece tornar-se mais intrincada, principalmente diante de conexas indagações e reflexões que exsurgem sobre o tema.

Argumenta-se, por exemplo, que os rendimentos oriundos de atividades ilícitas, por estarem divorciados de qualquer fator clássico de produção, não se traduziriam em verdadeira riqueza tributável, o que os tornaria, por isso mesmo, insuscetíveis de tributação. Em outras palavras, a origem ilícita dos rendimentos contaminaria os próprios efeitos, fulminando a incidência.

Ademais, argui-se que a tributação fundamentada em ato ilícito provocaria uma colisão entre os diversos ramos do Direito, estiolando a unidade do sistema jurídico. A esse propósito, não seria admissível que uma norma jurídica, de um lado, viesse a reprovar um determinado fato, considerando-o crime, e, de outro, o Estado se valesse desse mesmo fato para dele perceber o tributo. Diz-se que esse mesmo Estado, ao se ater aos efeitos econômicos das atividades efetivamente praticadas, chancelando a conduta ilícita, estaria "pactuando com o crime e com o criminoso"[26], tornando-se cúmplice da conduta que visa reprimir.

Como se pode notar, a temática é deveras controvertida, principalmente quando a casuística oferta ao intérprete situações limítrofes, *v.g.*, **(I)** a dúvida acerca da incidência ou não do IR sobre o rendimento auferido de um *roubo*, e, ainda, **(II)** acerca da incidência ou não do IR sobre o rendimento oriundo de uma dada *atividade empresarial ilícita* (sociedade irregular).

É indiscutível que a ilicitude da primeira situação é de maior intensidade. Se o imposto tem a sua origem em um fundamento estritamente ético, tributar o produto de um *roubo* parece ser exagero arrecadatório, deslocando a tributabilidade para fatos que não são morais.

A doutrina tem ofertado soluções plausíveis para estes casos, à luz das disposições normativas constantes dos Códigos Penal e de Processo Penal, que preveem o "perdimento de bens e recursos, fruto da infração"[27] ou o sequestro de bens imóveis ou móveis adquiridos pelo indiciado como proventos do crime. "Por isto mesmo

26. MORAES, Bernardo Ribeiro de. *Compêndio de direito tributário*, 3. ed., p. 352.
27. BALEEIRO, Aliomar. *Direito tributário brasileiro*, 11. ed., p. 716.

as autoridades da Administração Tributária, acertadamente, não cobram os impostos que seriam devidos pela importação de mercadorias nos casos de contrabando, ou descaminho. Decretam o perdimento das mercadorias e os impostos somente serão cobrados se e quando essas mercadorias são arrematadas em leilão promovido pela Fazenda"[28].

Por outro lado, na segunda situação, a atividade empresarial ilícita não pode ser beneficiada avocando-se a normal incidência tributária, em homenagem à equiparação racional com as empresas de atividade lícita e em prol da realização do princípio da isonomia tributária.

A esse propósito, Luciano Amaro[29] exemplifica:

> Assim, por exemplo, o exercício de profissão (para a qual o indivíduo não esteja legalmente habilitado) não impede a incidência de tributo sobre a prestação do serviço ou sobre a renda auferida; não se tributa o descumprimento da norma legal que disciplina o exercício regular da profissão, mas o fato de executar o serviço, ou o fato da percepção de renda. O advogado impedido que, não obstante, advogue, ou o indivíduo inabilitado que, apesar disso, clinique como médico, não podem invocar tais circunstâncias para furtar-se ao pagamento dos tributos que incidam sobre suas atividades, ou sobre a renda que aufiram, a pretexto de que o fato gerador não se aperfeiçoaria diante das irregularidades apontadas. (...).

2.1.2 A cláusula "pecunia non olet" e a plena capacidade tributária passiva (art. 126, CTN)

Tal panorama ratifica o paradigma de que a "capacidade tributária passiva" é plena, não comportando restrições. Note o **art. 126 do CTN**, que vem ao encontro do contexto preconizado pela **máxima latina**:

> Note o item considerado **CORRETO**, em prova realizada pelo Cespe, TRF/5ª Região, para o cargo de Juiz Federal, em 2013: *"O CTN adota expressamente o princípio do 'non olet', cuja aplicação implica tributação do produto da atividade ilícita, bastando, para tanto, que a hipótese de incidência da obrigação tributária se realize no mundo dos fatos".*

> **Art. 126.** A capacidade tributária passiva independe:
> **I** – da capacidade civil das pessoas naturais;

> Note o item considerado **INCORRETO**, em prova realizada pela Objetiva, para o cargo de Advogado da Prefeitura Municipal de Herval/RS, em 2016: *"A capacidade tributária passiva depende da capacidade civil das pessoas naturais".*

28. MACHADO, Hugo de Brito. *Curso de direito tributário*. 25. ed. São Paulo: Malheiros, 2004, p. 317.
29. AMARO, Luciano. *Direito tributário brasileiro*, 14. ed., pp. 276-277.

II – de achar-se a pessoa natural sujeita a medidas que importem privação ou limitação do exercício de atividades civis, comerciais ou profissionais, ou da administração direta de seus bens ou negócios;

Note o item considerado **CORRETO**, em prova realizada pela Consulplan, para o cargo de Titular de Serviços de Notas e de Registros (TJ/MG), em 2017: *"A capacidade tributária passiva independe de achar-se a pessoa natural sujeita a medidas que importem privação ou limitação do exercício de atividades civis, comerciais ou profissionais, ou da administração direta de seus bens ou negócios"*.

III – de estar a pessoa jurídica regularmente constituída, bastando que configure uma unidade econômica ou profissional.

O dispositivo em epígrafe diz respeito à capacidade jurídico-tributária, referindo-se à aptidão da pessoa, titular de direitos, para compor o polo passivo da relação jurídica que envolve a cobrança do tributo.

À luz do **inciso I** do art. 126, diz-se que a incapacidade civil – absoluta ou relativa – é de todo irrelevante para fins tributários. Os atos realizados por **menores de 16 anos** (*e.g.*, o recém-nascido) – ou até por aqueles entre 16 e 18 anos –, pelos ébrios habituais, pelos toxicômanos, pelos pródigos, pelos excepcionais (sem desenvolvimento mental completo), pelos deficientes mentais e pelos surdos-mudos, quando estes não puderem exprimir sua vontade, se tiverem implicações tributárias, ensejarão infalivelmente o tributo.

Note o item considerado **CORRETO**, em prova realizada pela FAURGS, para o cargo de Juiz de Direito Substituto do Estado do Rio Grande do Sul, em 2016: *"Um menor de 16 anos que tenha recebido por doação um imóvel urbano, escriturado e registrado onde necessário, possuirá capacidade tributária passiva em relação ao IPTU"*.

Quanto ao **inciso II** do indigitado dispositivo, a pessoa natural que, a despeito de sofrer limitações no **exercício de suas atividades civis**, comerciais ou profissionais, não está dispensada do pagamento de exações. À guisa de exemplificação, temos: o falido, o **interditado**, o réu preso, o inabilitado para o exercício de certa profissão (*v.g.*, o advogado suspenso pela OAB; o transportador autônomo com habilitação para dirigir suspensa; o financista com empresa sob intervenção do Banco Central).

Note o item considerado **INCORRETO**, em prova realizada pela Cotec/Unimontes, para o cargo de Advogado da Prefeitura de Bocaiuva/MG, em 2016: *"A limitação do regular exercício de atividades civis implica afastamento da capacidade passiva tributária, na forma da lei"*.

Note o item considerado **CORRETO**, em prova realizada pela Cotec/Unimontes, para o cargo de Advogado da Prefeitura de Bocaiuva/MG, em 2016: *"Interditados civilmente não perdem automaticamente a capacidade tributária passiva"*.

Por fim, quanto ao **inciso III**, a incidência tributária **ocorrerá independentemente da regular constituição da pessoa jurídica**, mediante a inscrição ou registro dos seus atos constitutivos no órgão competente. Se, à revelia dessa formalidade legal – o que torna a empresa comercial existente "de fato", e não "de direito" –, houver a ocorrência do fato gerador, *v.g.*, a comercialização de mercadorias, dar-se-á a imposição do tributo, exigível, no caso, sobre os sócios da pessoa jurídica, haja vista a responsabilização pessoal constante do art. 135, *caput*, CTN. A esse propósito, o **STJ** entendeu que "*(...) A situação irregular da Empresa no Distrito Federal não afasta a obrigação de recolher o tributo, pois a capacidade tributária de uma empresa independe da constatação da regularidade de sua formação. (...)*" **(CC 37.768/SP, 3ª T., rel. Min. Gilson Dipp, j. em 11-06-2003)**.

> Note o item considerado **CORRETO**, em prova realizada pela FAURGS, para o cargo de Juiz de Direito Substituto do Estado do Rio Grande do Sul, em 2016: *"Uma pessoa que venda mercadorias como autônoma, sem possuir pessoa jurídica regularmente constituída, é dotada de capacidade tributária passiva"*.

Ad argumentandum, destaque-se que a *sociedade em conta de participação* não é "pessoa jurídica", nem mantém relações jurídicas com terceiros, o que faz com que não possua capacidade tributária passiva. Para fins de responsabilização do tributo, atingir-se-ão os sócios que são credores e devedores de terceiros.

Por derradeiro, é importante frisar que as situações descritas no art. 126 servem tanto para "deveres" como para "direitos" dos contribuintes. Com efeito, o **STJ** entendeu que uma entidade, conquanto não formalmente constituída como pessoa jurídica, tem direito garantido de ingressar com o REFIS (**REsp 413.865/PR, 1ª T., rel. Min. Luiz Fux, j. em 26-11-2002**).

De fato, tratar universalmente tais contribuintes significa evitar a burla à tributação, uma vez que inúmeros proprietários de bens imóveis poderiam colocar seus bens em nome dos filhos menores, ou, ainda, incontáveis comerciantes deixariam de estar devidamente cadastrados perante o Fisco.

A lógica da equiparação está na racionalidade que deve vir a reboque do princípio da isonomia – e também no viés da capacidade contributiva –, evitando que, no caso, oferte-se um tratamento mais benévolo a autores, por exemplo, de ilícitos, em detrimento daqueles que se põem, diante do fenômeno da tributação, sob as vestes da legalidade, haurindo legitimamente os seus rendimentos, provindos de lícitas fontes.

2.1.3 A interpretação econômica

A matéria versada no art. 118 do CTN afina-se com a chamada "interpretação econômica ou funcional". A *interpretação econômica do fato gerador* traduz-se em expressão que comporta mais de um sentido, didaticamente demonstrados em duas possíveis "versões": a versão "original", em que desponta sentido peculiar, próprio de estudo alheio ao presente capítulo, e a versão "atenuada", peculiar ao art. 118 do CTN, sendo de real importância neste momento do estudo. Observe-as:

(I) **Na versão original:** mostra-se como a técnica hermenêutica que objetiva superar a legalidade e a liturgia das formas para atingir supostos objetivos imputados ao contribuinte. Nesse passo, a autoridade fiscal estará autorizada a desconsiderar os negócios jurídicos celebrados pelo particular, para escolher aquele que implique tributação mais elevada, permitindo-se tributar por analogia ou criar óbices, quiçá, à elisão tributária.

Aqui, como é cediço, sobejam os palpites fiscais, que procuram posicionar-se, de modo sobrepairante, ao rigor das formas estabelecidas pelo ordenamento positivo, muitas vezes, protetoras de opções fiscais, ofertadas ao contribuinte, que pode escolher, entre mais de uma, aquela que lhe acarrete menor incidência tributária.

Nesse passo, diz-se que a interpretação econômica, visando suprir a possível omissão legislativa, mostra-se superativa da lei formal, o que lhe dá margem a severas críticas: coloca invariavelmente em xeque o princípio da reserva legal, que encima toda e qualquer prática de interpretação e inibe o *princípio da economia fiscal*, ferindo o inegável direito do contribuinte de pagar menos imposto[30].

Por fim, entendemos que ao Fisco cabe o necessário e estrito respeito à legislação, imantando de legalidade e segurança jurídica o tributo exigível, sem pretender, aleatoriamente, por meio da interpretação econômica, imiscuir-se no rigor formal do ordenamento, por meio de procedimentos fiscais que superam, desconsideram ou eliminam as formas legitimamente adotadas pelo contribuinte.

(II) Na versão atenuada: mostra-se pelo art. 118 do CTN, segundo o qual o fato gerador (ou "hipótese de incidência", com maior rigor terminológico[31]) deve ser interpretado com total fidelidade ao modo como se encontra descrito na lei, sem atenção a fatores externos.

Por meio desse dispositivo, o legislador sinaliza que, ocorrida a hipótese econômica na lei abstratamente descrita, não cabe perquirir sua validade formal, a licitude do negócio jurídico subjacente, ou seus reais efeitos. Tal versão, dita "atenuada", sendo de real interesse neste capítulo, será desdobrada nos parágrafos seguintes.

Historicamente, a intitulada *interpretação econômica do fato gerador* – também denominada *teoria da consideração (ou consistência) econômica do fato gerador* ou, ainda, *doutrina da preponderância do conteúdo econômico dos fatos* – desenvolveu-se na Alemanha, com a doutrina de Enno Becker.

No arcabouço normativo alemão, dispunha o art. 4º do Ordenamento Tributário, de 31 de dezembro de 1919, que "*na interpretação das leis fiscais, deve-se levar em conta a sua finalidade, o seu significado econômico e a evolução das circunstâncias*".

---

30. V. OLIVEIRA, José Jayme de Macêdo. *Código Tributário Nacional*: comentários, doutrina e jurisprudência, p. 268.

31. *Ibidem*, p. 301.

Em termos simples, a interpretação econômica visa alcançar o significado econômico das leis tributárias, no propósito de, assim se pautando, com o abandono do formalismo jurídico, efetivar o princípio da isonomia e seu corolário, o princípio da capacidade contributiva.

Insta mencionar que não foi integralmente adotada, nessa medida, entre nós, a *teoria da consideração (ou consistência) econômica do fato gerador*. Entretanto, o CTN, de certo modo, no art. 118, prevê uma versão atenuada da interpretação econômica do fato gerador. Portanto, se a hipótese de incidência de um tributo for "auferir rendimentos", um sujeito que receba dinheiro por exercício ilegal da Medicina deverá pagar esse tributo. Não se estará tributando um fato ilícito, pois o fato tributável não terá sido "exercer ilegalmente a Medicina", mas, sim, o "auferir renda".

Na linha de defesa da interpretação econômica, destacou-se Amílcar de Araújo Falcão[32], para quem "a natureza do fato gerador da obrigação tributária, como um fato jurídico de acentuada consistência econômica, ou um fato econômico de relevância jurídica, cuja eleição pelo legislador se destina a servir de índice de capacidade contributiva".

Na mesma trilha, seguiu Fábio Fanucchi[33], entendendo que "os atos, fatos, contratos ou negócios, previstos na lei tributária como base de tributação, devem ser interpretados de acordo com os seus efeitos econômicos e não de acordo com a sua forma jurídica". Aliás, o autor salienta que deve haver a interpretação do tributo de acordo com a sua natureza econômica, "porque só ela é capaz de indicar-nos qual é a realidade que o legislador quis apreciar e valorar para efeitos tributários".

Na atualidade, tem entendido a jurisprudência ser possível a tributação de ato ilícito, independentemente de sua natureza.

O **STJ** orienta-se no sentido de que deve haver a tributação de **atividade (i)lícita**, com arrimo no art. 118 do Código Tributário Nacional:

Note o item considerado **CORRETO**, em prova realizada pela UEG, PC-GO, para o cargo de Delegado de Polícia, em 2018: *"O produto do crime se encontra sujeito à tributação na medida em que, conforme o Código Tributário Nacional, vigora para exação tributária a regra do 'non olet'".*

Em 1997: EMENTA: Tributário. ISS. Terraplenagem. Os serviços de terraplenagem se incluem no âmbito da construção civil, sujeitando ao imposto sobre serviços a empresa que os explore, ainda que não qualificada tecnicamente para esse efeito (CTN, art. 118); Local da prestação do serviço, nesse caso, é aquele onde se efetuar a prestação (Dec.-Lei 406/1968, art. 12, "b"). Recurso especial conhecido e provido. **(REsp 73.692/ES, 2ª T., rel. Min. Ari Pargendler, j. em 20-11-1997)**

32. FALCÃO, Amílcar de Araújo. *Fato gerador da obrigação tributária*, 6. ed., p. 45.
33. FANUCCHI, Fábio. *Curso de direito tributário brasileiro*. 4. ed. São Paulo: Editora Resenha Tributária, 1979, p. 200.

Em 1998: EMENTA: Recurso Especial. Penal, Peculato. Condenação. Sonegação Fiscal de Renda proveniente de atuação ilícita. Tributabilidade. Inexistência do *bis in idem*. Bens jurídicos tutelados nos tipos penais distintos. Punibilidade. São tributáveis, *ex vi* do art. 118, do CTN, as operações ou atividades ilícitas ou imorais, posto a definição legal do fato gerador é interpretada com abstração da validade jurídica dos atos efetivamente praticados pelos contribuintes, responsáveis ou terceiros, bem como da natureza do seu objeto ou dos seus efeitos. Não constitui *bis in idem* a instauração de ação penal para ambos os crimes, posto caracterizados peculato e sonegação fiscal, reduzindo-se, porém, a pena para o segundo crime à vista das circunstâncias judiciais. Recurso conhecido e provido. **(Resp 182.563/RJ, 5ª T., rel. Min. José Arnaldo da Fonseca, j. em 27-10-1998)**

Em 2008: EMENTA: TRIBUTÁRIO. APREENSÃO DE MERCADORIAS. IMPORTAÇÃO IRREGULAR. PENA DE PERDIMENTO. CONVERSÃO EM RENDA. 1. Nos termos do Decreto-lei n. 37/66, justifica-se a aplicação da pena de perdimento se o importador tenta ingressar no território nacional, sem declaração ao posto fiscal competente, com mercadorias que excedem, e muito, o conceito de bagagem, indicando nítida destinação comercial. 2. O art. 118 do CTN consagra o princípio do "non olet", segundo o qual o produto da atividade ilícita deve ser tributado, desde que realizado, no mundo dos fatos, a hipótese de incidência da obrigação tributária. 3. Se o ato ou negócio ilícito for acidental à norma de tributação (= estiver na periferia da regra de incidência), surgirá a obrigação tributária com todas as consequências que lhe são inerentes. Por outro lado, não se admite que a ilicitude recaia sobre elemento essencial da norma de tributação. 4. Assim, por exemplo, a renda obtida com o tráfico de drogas deve ser tributada, já que o que se tributa é o aumento patrimonial e não o próprio tráfico. Nesse caso, a ilicitude é circunstância acidental à norma de tributação. No caso de importação ilícita, reconhecida a ilicitude e aplicada a pena de perdimento, não poderá ser cobrado o imposto de importação, já que "importar mercadorias" é elemento essencial do tipo tributário. Assim, a ilicitude da importação afeta a própria incidência da regra tributária no caso concerto. 5. A legislação do imposto de importação consagra a tese no art. 1º, § 4º, III, do Decreto-Lei 37/66, ao determinar que "o imposto não incide sobre mercadoria estrangeira (...) que tenha sido objeto de pena de perdimento". 6. Os demais tributos que incidem sobre produtos importados (IPI, PIS e COFINS) não ensejam o mesmo tratamento, já que o fato de ser irregular a importação em nada altera a incidência desses tributos, que têm por fato gerador o produto industrializado e o faturamento, respectivamente. 7. O art. 622, § 2º, do Regulamento Aduaneiro (Decreto n. 4.543/2002) deixa claro que a "aplicação da pena de perdimento" (...) "não prejudica a exigência de impostos e de penalidades pecuniárias". 8. O imposto sobre produtos industrializados tem regra específica no mesmo sentido (art. 487 do Decreto 4.544/2002 – Regulamento do IPI), não dispensando, "em caso algum, o pagamento do imposto devido". 9. O depósito que o acórdão recorrido determinou fosse convertido em renda abrange, além do valor das mercadorias apreendidas, o montante relativo ao imposto de importação (II), ao imposto sobre produtos industrializados (IPI), à contribuição ao PIS e à COFINS. 10. O valor das mercadorias não pode ser devolvido ao contribuinte, já que a pena de perdimento foi aplicada, e as mercadorias foram liberadas mediante o depósito do valor atualizado. Os valores relativos ao IPI, PIS e COFINS devem ser convertidos em renda, já que a regra geral é de que a aplicação da pena de perdimento não afeta a incidência do tributo devido sobre a operação. 11. O recurso deve ser provido somente para possibilitar a liberação ao contribuinte do valor relativo ao imposto de importação. 12. Recurso especial provido em parte. **(REsp 984.607/PR, rel. Min. Castro Meira, 2ª T., j. em 07-10-2008)**

Na mesma linha de raciocínio, segue o **STF**, conforme se depreende do **HC n. 77.530/RS**, no qual se entendeu: "*É legítima a tributação de produtos financeiros resultantes de atividades criminosas, nos termos do art. 118, I, CTN*". Note a ementa abaixo reproduzida:

EMENTA: Sonegação fiscal de lucro advindo de atividade criminosa: *non olet*. Drogas: tráfico de drogas, envolvendo sociedades comerciais organizadas, com lucros vultosos subtraídos à contabilização regular das empresas e subtraídos à declaração de rendimentos: caracterização, em tese, de crime de sonegação fiscal, a acarretar a competência da Justiça Federal e atrair pela conexão, o tráfico de entorpecentes: irrelevância da origem ilícita, mesmo quando criminal, da renda subtraída à tributação. *A exoneração tributária dos resultados econômicos de fato criminoso – antes de ser corolário do princípio da moralidade – constitui violação do princípio de isonomia fiscal, de manifesta inspiração ética.* **(HC 77.530/RS, 1ª T., rel. Min. Sepúlveda Pertence, j. em 25-08-1998) (Grifo nosso)**

E, na mesma linha, em **2011**, o **STF** chancelou a possibilidade jurídica de tributação da renda ilícita, proveniente do "jogo do bicho":

EMENTA: *Habeas corpus*. Penal. Processual penal. Crime contra a ordem tributária. Artigo 1º, I, da Lei n. 8.137/90. (...) Alegada atipicidade da conduta baseada na circunstância de que os valores movimentados nas contas bancárias do paciente seriam provenientes de contravenção penal. Artigo 58 do Decreto-Lei n. 6.259/44 – Jogo do Bicho. Possibilidade jurídica de tributação sobre valores oriundos de prática ou atividade ilícita. Princípio do Direito Tributário do *non olet*. (...) 2. A jurisprudência da Corte, à luz do art. 118 do CTN, assentou entendimento de ser possível a tributação de renda obtida em razão de atividade ilícita, visto que a definição legal do fato gerador é interpretada com abstração da validade jurídica do ato efetivamente praticado, bem como da natureza do seu objeto ou dos seus efeitos. Princípio do *non olet*. *Vide* o HC n. 77.530/RS, 1ª T., Relator o Ministro Sepúlveda Pertence, *DJ* de 18/9/98. 3. Ordem parcialmente conhecida e denegada. **(HC 94.240, rel. Min. Dias Toffoli, 1ª T., j. em 23-08-2011)**

2.1.4 *A cláusula "pecunia non olet" e nossa linha conclusiva*

Em primeiro lugar, temos dito que o postulado da generalidade da tributação expõe a necessária *onipresença tributacional*, com a indiferença sobre quem realizou ou como foi realizada a atividade tributável, para o Direito Tributário, abrindo-se, entretanto, para o viés excepcional da isenção, sem que isto possa dar azo a uma desigualdade jurídico-formal.

É que, desgraçadamente, tem-se presenciado, às escâncaras, a ampliação de isenções para certos segmentos do setor produtivo e do capital especulativo, que acabam favorecendo a concentração do capital por parte daqueles que ocupam as classes mais bem favorecidas, e promovendo o chamado "engessamento social", com as restrições tributárias aos tantos e incontáveis contribuintes assalariados – e pagadores de tributos! – de nosso País. A aplicação da cláusula latina serve como mecanismo inibitório desse tipo de desequiparação irracional.

A intenção do Direito Tributário ao instaurar a norma do art. 118 do CTN foi de dar tratamento isonômico aos detentores de capacidade contributiva e, ao mesmo tempo, evitar que a atividade criminosa se configurasse mais vantajosa, inclusive pela isenção tributária.

Quanto à possível antinomia com o art. 3º do CTN, é importante frisar que, diferentemente das penalidades, que se aplicam pela ocorrência de atos ilícitos, os tributos adstringem-se à prática de atividade lícita, ou seja, as hipóteses de incidência das exações tributárias, previstas em lei, têm de ser relacionadas com atividades lícitas. Desse modo, a lei que institui um tributo não pode prever como hipótese de incidência um ato ilícito, como uma venda de drogas, no aspecto material de incidência do ICMS. As hipóteses de incidência dos tributos baseiam-se em práticas lícitas. Todavia, como é cediço, é plenamente aceitável a cobrança de tributos sobre atividades ilícitas, notadamente do IR sobre as rendas de lá hauridas.

Observe a ementa de julgado no Tribunal de Justiça do Distrito Federal, acerca da não incidência de **ICMS** sobre a **venda de mercadorias ilícitas**:

> **EMENTA:** PENAL E PROCESSUAL PENAL. RECURSO EM SENTIDO ESTRITO. CRIME CONTRA A ORDEM TRIBUTÁRIA (ART. 1º, I, DA LEI N. 8.137/90). (...). A peça acusatória narra a apreensão de mercadorias de origem ilícita, sendo tal circunstância insuficiente para caracterizar o fato gerador do ICMS. O princípio do "non olet" restringe-se aos casos de incidência de Imposto de Renda, pois é tributada a própria renda, sendo irrelevante sua origem. Objetos ilícitos não podem ser considerados, sob a ótica do Direito Tributário, mercadoria ou serviço capazes de gerar recolhimento de ICMS, sob pena de incidir o tributo inclusive sobre a substância entorpecente juntamente apreendida. NEGOU-SE PROVIMENTO AO RECURSO COM REMESSA DOS AUTOS À JUSTIÇA FEDERAL. UNÂNIME. **(TJ/DF, Proc. 1999 01 1 064530-2; RSE, rel. Min. Vaz de Mello, 2ª T. Criminal, j. em 03-02-2005)**

Nesse diapasão, entendemos que a incidência do tributo sobre as atividades ilícitas está longe de contrariar ou desvirtuar o dispositivo conceitual de tributo. Apresenta-se, em verdade, como uma regra política de desincentivo à prática criminosa, como reação da norma tributária a um comportamento devido, e não realizado.

É que o Estado, ao cobrar esses tributos sobre tais atividades, não está buscando o enriquecimento ilícito, nem mesmo ofertando proteção à prática delituosa. Ao contrário, a iniciativa estatal visa desestimular o desejo de exercício de atividades irregulares, atacando o cerne do interesse recalcitrante – o lucro da atividade, que se verá reduzido.

Adotar um entendimento oposto, *data venia*, parece pretender-se prestigiar o sentimentalismo em detrimento da isonomia tributária, "abrindo aos contraventores, aos marginais, aos ladrões, aos que lucram com o furto, o crime, o jogo de azar, o proxenetismo etc., a vantagem adicional da exoneração tributária, de que não gozam os contribuintes com igual capacidade contributiva decorrente da prática de atividades, profissões ou atos lícitos"[34].

Com efeito, a não tributação dos atos ilícitos abriria aos que detêm vocação criminosa a vantagem adicional da desoneração tributária, a qual não fruem os contribuintes "do bem", com igual capacidade contributiva, quando praticam seus legítimos atos e atividades.

Nesse passo, estamos com Baleeiro[35], para quem "o que importa não é o aspecto moral, mas a capacidade econômica dos que com ela se locupletam. Do ponto de vista moral, parece-nos que é pior deixá-los imunes dos tributos, exigidos das atividades lícitas, úteis e eticamente acolhidas".

Na mesma trilha, entende Albert Hensel[36], ao mencionar que "justamente o princípio da igualdade da tributação não consente que ao contribuinte seja permitido abrir as portas do eldorado fiscal por meio de atividades imorais ou ilícitas".

Posto isso, com base na interpretação a que procedemos, mostra-se insofismável a possibilidade de livre incidência de tributos, independentemente da regularidade jurídica dos atos ou da licitude do seu objeto ou dos seus efeitos. É claro que, por exceção, devemos admitir a não incidência nos casos em que o ilícito penetra no espectro da hipótese de incidência do gravame, *v. g.*, um ICMS sobre a venda de drogas.

3 A CAPACIDADE CONTRIBUTIVA: A EQUIDADE E A TRIBUTAÇÃO JUSTA

O princípio da capacidade contributiva, embora **vinculado ao postulado da isonomia**, em mútua implicação, com este não se confunde.

> Note o item considerado **INCORRETO**, em prova realizada pelo CAIP-IMES, para o cargo de Procurador (Consórcio Intermunicipal Grande ABC), em 2015: *"Sempre que possível, os impostos devem possuir caráter pessoal e serem graduados segundo a capacidade econômica do contribuinte facultando à administração tributária, especialmente para conferir efetividade a esse objetivo, identificar, respeitados os direitos individuais e dos termos da lei, o patrimônio, os rendimentos e as atividades econômicas do contribuinte. A assertiva refere-se ao princípio da isonomia ou igualdade".*

34. FALCÃO, Amílcar de Araújo. *Fato gerador da obrigação tributária*, 6. ed., p. 45.
35. BALEEIRO, Aliomar. *Direito tributário brasileiro*, 11. ed., p. 715.
36. HENSEL, Albert. *In*: FALCÃO, Amílcar de Araújo. *Fato gerador da obrigação tributária*, 6. ed., 2002, p. 45.

A capacidade contributiva evidencia uma das dimensões da isonomia, a saber, a *igualdade na lei*, quando se busca tratar de forma distinta situações diversas, conforme se estudou em ponto anterior.

Nesse sentido, diz-se que o princípio da capacidade contributiva está profundamente ligado ao da igualdade, mas neste não se esgota. Enquanto a isonomia avoca um caráter relacional, no bojo do confronto entre situações jurídicas, o princípio da capacidade contributiva, longe de servir apenas para coibir discriminações arbitrárias, abre-se para a consecução de um efetivo ideal de *justiça* para o Direito Tributário[37].

A busca da *justiça* avoca a noção de "equidade" na tributação. Esta, na visão dos economistas, liga-se ao modo como os recursos são distribuídos pela sociedade, desdobrando-se em ***duas dimensões***: **(I)** na *equidade horizontal*, em que deve haver o tratamento igual dos indivíduos considerados iguais, e **(II)** na *equidade vertical*, com o tratamento desigual aos indivíduos considerados desiguais.

Procedendo-se à aplicação dessas premissas à capacidade de pagar do contribuinte, note o esquema abaixo, para fins de memorização:

(a) **A Equidade Horizontal:** os contribuintes que possuam igual capacidade de pagar deverão contribuir com a mesma quantidade pecuniária, destinada aos cofres do Estado. É a ideia do "tratamento igual para os iguais";

(b) **A Equidade Vertical**[38]**:** os contribuintes que possuam desigual capacidade de pagar deverão contribuir com diferentes quantidades pecuniárias, destinadas aos cofres do Estado. É a ideia do "tratamento desigual para os desiguais". Aqui despontam os critérios de concretização do postulado da capacidade contributiva, *v.g.*, a progressividade, a seletividade, entre outros. Assim, indivíduos com rendas maiores deverão contribuir, proporcional e equitativamente, com mais recursos do que aqueles que possuem menores rendimentos. O objetivo dessa forma de tributação não é o de inverter a posição das classes de renda, mas reduzir a diferença entre elas, por sinal, exageradamente grande no Brasil.

De fato, a implementação do critério de distinção, para fins de aferição da real capacidade contributiva, está intimamente ligada ao modo como o Estado recebe os

37. *V.* ANDRADE, Rodrigo Fonseca Alves de. O princípio base da capacidade contributiva e a sua aplicação diante de uma pluralidade de tributos. *Revista de Informação Legislativa*, Brasília, ano 38, n. 149, jan./mar. 2001, p. 127.

38. Em 6 de outubro de **2016**, o Pleno do **STF**, nas **ADIs n. 4.762 e 4.697** (rel. Min. Edson Fachin), ao pugnar pela constitucionalidade de dispositivos da Lei n. 12.514/2011 (art. 6º, I, II e III), os quais teriam fixado valores diferenciados e progressivos de anuidades profissionais (contribuições), levando em conta o nível do profissional (técnico ou superior) e o porte da pessoa jurídica (montante do capital social), evidenciou que a norma cotejada estava em consonância com a **equidade vertical** eventualmente aferida em certos contribuintes. Houve a chancela da progressividade para a contribuição profissional.

recursos necessários ao atendimento das necessidades coletivas. Não basta arrecadar a receita, mas "arrecadar a receita exigida pela justiça"[39].

A propósito de "tributação justa", impende destacar que a LC n. 107/2005, ao estabelecer normas gerais sobre direitos e garantias aplicáveis na relação tributária do contribuinte com a administração fazendária do Estado do Paraná, versou sobre o tributo que "*deve ser e parecer justo*", consoante o art. 2º, § 5º, *in verbis*:

> **Art. 2º** *A instituição ou a majoração de tributo* atenderá aos *princípios* da eficiência econômica, da simplicidade administrativa, da flexibilidade, da responsabilidade e *da justiça*. (...)
>
> **§ 5º** *O tributo deve ser e parecer justo,* atendendo aos *critérios da isonomia, da capacidade contributiva, da equitativa distribuição do seu ônus, da generalidade, da progressividade e da não confiscatoriedade.* **(Grifos nossos)**

No mesmo sentido, seguiu o *Projeto de Lei Complementar do Senado n. 646/99*, o chamado "Código de Defesa do Contribuinte", em cujo art. 2º, parágrafo único, se nota, *ipsis litteris*:

> **Art. 2º** *A instituição ou majoração de tributos atenderá aos princípios da justiça tributária.*
>
> **Parágrafo único.** Considera-se *justa a tributação* que atenda aos *princípios da isonomia, da capacidade contributiva, da equitativa distribuição da carga tributária, da generalidade, da progressividade e da não confiscatoriedade.* **(Grifos nossos)**

Observa-se que ambos os dispositivos veiculam norma de expressivo alcance para a justificativa ético-jurídica da tributação, determinando-se que a instituição de tributos deva atender o *princípio da justiça tributária*. Ademais, associam a justa tributação ao atendimento dos princípios constitucionais da isonomia, capacidade contributiva, equitativa distribuição da carga tributária, generalidade, progressividade e não confiscatoriedade.

Nota-se, dessarte, que a capacidade contributiva deverá ser analisada, muitas vezes, ao lado de outros postulados, em plena atividade de *ponderação*. A título de exemplo, note a atividade de ponderação, por meio da qual se chega a certas conclusões, no cotejo de dois elementos axiológicos, a saber, a *segurança jurídica* e a *justiça*, quando se pretende aproximar, respectivamente, a *legalidade tributária* da *capacidade contributiva*:

(1) deve haver a tributação da capacidade contributiva que apenas esteja prevista em lei;

(2) deve haver o afastamento, pelo Poder Judiciário, de uma certa lei isentiva, cujo benefício se traduz em privilégio odioso[40];

---

39. RAWLS, John. *Uma teoria da justiça*. Tradução de Almiro Pisetta e Lenita Esteves. São Paulo: Martins Fontes, 1997, p. 307.

40. *V.* TORRES, Ricardo Lobo. *Tratado de direito constitucional financeiro e tributário:* os direitos humanos e a tributação. Imunidades e isonomia, v. III, p. 341.

(3) deve haver o reconhecimento de que, conquanto o tributo esteja previsto em lei, é possível que dado segmento de contribuintes não possua capacidade contributiva para suportá-lo.

Atuando positivamente, na esteira da concretização da justiça distributiva, ínsita ao postulado da capacidade contributiva, o legislador deverá procurar criar o que Casalta Nabais denomina "mínimo de igualdade", em duas perspectivas:

(I) o *mínimo de igualdade como ponto de partida*, que se mostra como a forma isonômica de concessão de oportunidades ou chances, à luz do grau de satisfação das necessidades primárias dos indivíduos (alimentação, vestuário, habitação, saúde etc.);

(II) o *mínimo de igualdade como ponto de chegada*, ou seja, a própria igualdade de resultados, dependente sobretudo da satisfação das mencionadas necessidades primárias[41].

Esta última – o mínimo de igualdade como ponto de chegada – leva-nos à inafastável demarcação conceitual dos contornos do *mínimo vital*, para uma adequada análise do postulado da capacidade contributiva, que ora se desdobra.

3.1 A capacidade contributiva e o mínimo vital

O *mínimo existencial*, também conhecido por várias expressões sinônimas – "mínimo necessário", "mínimo de existência", "mínimo indispensável" e "mínimo imponível" –, é corolário de um dos fundamentos do Estado brasileiro: a *dignidade da pessoa*.

Segundo registros históricos, a primeira referência à ideia de "mínimo vital" vem do século XIX, quando, em 25 de maio de 1873, o Estado alemão fixou em 1.000 *thalers* (moeda alemã) o limite de isenção para o contribuinte, equivalendo ao patamar mínimo para a sua subsistência.

Desde esse momento até os tempos hodiernos, os estudiosos, mesmo diante da ausência de normas constitucionais específicas sobre o tema, têm se dedicado à tormentosa tarefa de demarcação conceitual do mínimo vital, a partir de elementos definitórios, variáveis no tempo e no espaço[42], que, ofertados pelo legislador, por meio de decisão política, buscam traçar os contornos das necessidades básicas do indivíduo e de sua família.

Em nossa Carta Magna, o inciso IV do art. 7º, ao disciplinar os itens que compõem o salário mínimo, parece ofertar parâmetros para a fixação do mínimo existencial.

---

41. *V.* NABAIS, José Casalta. *O dever fundamental de pagar impostos.* Coimbra: Almedina, 1998, p. 436.
42. *V.* BORGES, José Souto Maior. *Isenções tributárias.* 2. ed. São Paulo: Sugestões Literárias, 1980, p. 62.

Entretanto, diante da ausência de normas constitucionais específicas sobre este importante plano de delimitação, entendemos que compete ao legislador traçar parâmetros que sigam, em dada base territorial, o padrão socialmente aceito para a definição das necessidades fundamentais mínimas do cidadão[43].

Nesse contexto, para Alfredo Augusto Becker[44], a renda ou capital presumido devem ser em valor acima do mínimo indispensável para a subsistência do cidadão, garantindo-lhe o mínimo existencial.

É importante asseverar que, no momento em que se busca definir o conceito desse mínimo de subsistência intangível, abre-se para o intérprete a possibilidade de aproximação entre a capacidade contributiva e a vedação do confisco (art. 150, IV, CF). Note que o mínimo vital e a vedação ao confisco são limites opostos, dentro dos quais gravitará a tributável capacidade contributiva.

Se o "mínimo vital" se traduz na quantidade de riqueza mínima, suficiente para a manutenção do indivíduo e de sua família, sendo intangível pela tributação por via de impostos, é de todo natural que a capacidade contributiva só possa se reputar existente quando se aferir alguma riqueza acima do mínimo vital. Abaixo dessa situação minimamente vital haverá uma espécie de isenção, para fins de capacidade contributiva aferível. Nesse passo, "a isenção do mínimo vital é inseparável do princípio da capacidade contributiva"[45].

Por derradeiro, antes de enfrentarmos a temática da capacidade contributiva na Carta Magna, impende verificarmos o nexo que se estabelece entre este postulado e a tributação extrafiscal, no item que adiante segue.

3.2 A capacidade contributiva e a extrafiscalidade

A par da forma de imposição tradicional, voltada com exclusividade à arrecadação de recursos financeiros (fiscais) para o atendimento das necessidades coletivas, exsurge a *tributação extrafiscal*, que se orienta para o **fim ordenador e reordenador da economia** e das relações sociais, e não para a missão meramente arrecadadora de riquezas.

> Note o item considerado **INCORRETO**, em prova realizada pela FAEPESUL, para o cargo de Fiscal Fazendário da Prefeitura de Grão Pará/SC, em 2016: *"Os tributos têm missão constitucional exclusiva de obtenção de receita para o ente tributante competente para a sua criação".*

Segundo Geraldo Ataliba[46], "consiste a extrafiscalidade no uso de instrumentos tributários para obtenção de finalidades não arrecadatórias, mas estimulantes, indutoras ou coibidoras de comportamentos, tendo em vista outros fins, a realização de outros valores constitucionalmente consagrados".

43. *V.* COSTA, Regina Helena. *Princípio da capacidade contributiva*. 3. ed. São Paulo: Malheiros, 2003, p. 70.
44. *V.* BECKER, Alfredo Augusto. *Teoria geral do direito tributário*, 2. ed., pp. 454-456.
45. SAINZ DE BUJANDA, Fernando. *Hacienda y derecho*. Madri: Instituto de Estudios Políticos, 1963, v. 34, p. 197.
46. ATALIBA, Geraldo. IPTU – Progressividade. *Revista de Direito Público* (RDP) 93/233.

A *extrafiscalidade* tem assim se revelado um poderoso expediente a serviço do Estado, quer quando pretende inibir condutas indesejáveis, quer quando almeja estimular comportamentos salutares.

Nesse passo, a *extrafiscalidade* se abre para a consecução de propósitos paralelos, como a "redistribuição da renda e da terra, a defesa da economia nacional, a orientação dos investimentos privados para setores produtivos, a promoção do desenvolvimento regional ou setorial, etc."[47].

Frise-se, ainda, que a tributação *extrafiscal* é dotada de importante atributo: a *excepcionalidade*. De fato, o tributo extrafiscal, conquanto cumpra relevante e inafastável papel regulatório, deve aparecer na via paralela da tributação fiscal, sem pretender substituí-la por completo.

É inarredável que a essência da tributação está na percepção de recursos, destinados ao atendimento da permanente necessidade do Estado, ou seja, na sua matriz de fiscalidade, restando à *extrafiscalidade* apenas a dimensão regulatória da economia.

Sabe-se que não é tarefa simples distinguir o tributo *fiscal* daquele que se mostra como *extrafiscal*. Este traço distintivo, fruto de originária reflexão econômica, mostra-se pouco preciso na aplicação jurídica. A par disso, uma fértil discussão tem levado muitos teóricos à instigante reflexão: *como se relaciona a tributação extrafiscal com o princípio da capacidade contributiva?*

À primeira vista, uma análise superficial pode levar o intérprete a prenunciar uma incompatibilidade entre a **extrafiscalidade** e o **princípio da capacidade contributiva**.

Todavia, entendemos que é louvável a aproximação de tais postulados[48], porquanto a tributação extrafiscal deve guardar correspondência com a riqueza tributável do contribuinte, além de se limitar aos contornos estabelecidos pelo mínimo vital, anteriormente estudado.

Em outras palavras, o viés extrafiscal há de rimar, em harmônica convivência, com as diretrizes principiológicas oriundas do texto constitucional, obtendo-se, assim, sua certificação de legitimidade. Posto isso, a capacidade contributiva dará lugar à extrafiscalidade se os fins indutores, almejados pelo legislador, estiverem amparados pela Carta Magna, sem prejuízo da necessária *razoabilidade*, que deve orientar a distinção perpetrada, como se notou no trecho extraído da ementa do **Agravo Regimental em Agravo de Instrumento n. 142.348-1**, relatado pelo Ministro Celso de Mello, no **STF**: "*(...) a concessão desse benefício isencional traduz ato discricionário que, fundado em juízo de conveniência e oportunidade do Poder Público, destina-se, a partir de critérios racionais, lógicos e impessoais estabelecidos de modo legítimo em norma legal, a implementar objetivos estatais nitidamente qualificados pela nota da extrafiscalidade (...)*".

Para nós, há de haver a convivência harmônica entre a capacidade contributiva e a tributação extrafiscal. Temos dito que *buscando-se a extrafiscalidade, ate-*

47. OLIVEIRA, José Marcos Domingues de. *Capacidade contributiva:* conteúdo e eficácia do princípio. 2. ed. Rio de Janeiro: Renovar, 1998, p. 115.
48. *V.* COSTA, Regina Helena. *Princípio da capacidade contributiva*, 3. ed., p. 71.

nuado deverá estar o princípio da capacidade contributiva, o que evidencia que o postulado da capacidade contributiva deverá ceder passo em face do predominante interesse extrafiscal.

À guisa de exemplificação, com o fito de realizar a função social da propriedade, a proteção ao meio ambiente, o incentivo à cultura, entre outras finalidades indutoras, o Estado poderá prescindir do rito gradualístico de alíquotas para os impostos, consoante a capacidade econômica de cada um, priorizando, assim, a finalidade extrafiscal.

Dessarte, o uso da tributação extrafiscal promoverá uma derrogação, ainda que parcial, do princípio da capacidade contributiva, respeitando-se, todavia, a área intangível e "blindada" pelos limites impostos pelo mínimo vital e pela proibição do confisco[49].

3.3 A capacidade contributiva e seu plano histórico

No Brasil, historicamente, o *princípio da capacidade contributiva* apareceu na Constituição Imperial de 1824, à luz do art. 179, XV, segundo o qual se estipulava que "*ninguém será exempto de contribuir para as despesas do Estado na proporção dos seus haveres*".

Na Constituição de 1891, o tema da capacidade contributiva foi suprimido. Logo após, retomou a estatura constitucional na Carta de 1934, que tratou do postulado, em mais de um comando, versando sobre os seguintes pontos: **(I)** a progressividade dos impostos incidentes nas transmissões de bens por herança ou legado (art. 128); **(II)** a proibição de que nenhum imposto poderia ser elevado além de 20% de seu valor no instante do aumento (art. 185); e **(III)** a proibição de que as multas de mora impusessem ônus exorbitante ao contribuinte, que não poderia superar 10% do valor do imposto ou taxa devidos (art. 184, parágrafo único).

A Constituição de 1937, por sua vez, não tratou do princípio, enquanto a democrática Constituição de 1946, diferentemente, trouxe, estampada no art. 202, a dicção mais próxima da que vemos hoje no texto constitucional de 1988: "*Os tributos terão caráter pessoal sempre que isso for possível, e serão graduados conforme a capacidade econômica do contribuinte*".

A EC n. 18, de 1965, ao imprimir a reforma constitucional tributária, revogou o mencionado art. 202, sendo seguida, na mesma linha de abstenção de tratamento da matéria, pela Constituição de 1967 e pela EC n. 1, de 1969.

Com o fim do período ditatorial, o *Princípio da Capacidade Contributiva* ressurgiu, uma vez que, "no decurso dos trabalhos da Assembleia Constituinte, não passou ao largo a inquietação sobre o anseio de justeza na distribuição do ônus tributário"[50]. O postulado foi reprojetado no texto constitucional de 1988, no art.

49. COSTA, Regina Helena. *Princípio da capacidade contributiva*, 3. ed., p. 73.
50. NOBRE JÚNIOR, Edílson Pereira. *Princípio constitucional da capacidade contributiva*. Porto Alegre: Sérgio Antônio Fabris, 2001, p. 38.

145, § 1º, com redação praticamente idêntica à do superado art. 202 do texto constitucional de 1946, alterando-se o vocábulo "tributos" por "impostos".

3.4 A capacidade contributiva na Carta Magna de 1988

O *princípio da capacidade contributiva* é considerado uma forma de instrumentalizar-se o princípio da igualdade, do qual se mostra como natural *decorrência* ou *corolário*, para uns, ou *subprincípio*, para outros. De fato, o princípio em análise se mostra como projeção do postulado da isonomia tributária, deste se avizinhando e com este se entrelaçando, no intuito de se alcançar o ideal de *justiça fiscal* – seu elemento axiologicamente justificador –, que, conquanto não apareça formalmente escrito no texto da Constituição, deverá ser apreendido no bojo de uma prática constitucional.

A "capacidade econômica ou contributiva" (*taxable capacity*) é a capacidade de pagar o tributo (*ability to pay*), estando prevista, como importante princípio, no art. 145, § 1º, da Constituição de 1988. Note o comando:

> **Art. 145.** A União, os Estados, o Distrito Federal e os Municípios poderão instituir os seguintes tributos: (...)
>
> **§ 1º** Sempre que possível, os impostos terão caráter pessoal e serão graduados segundo a capacidade econômica do contribuinte, facultado à administração tributária, especialmente para conferir efetividade a esses objetivos, identificar, respeitados os direitos individuais e nos termos da lei, o patrimônio, os rendimentos e as atividades econômicas do contribuinte.

Note o item considerado **CORRETO**, em prova realizada pela Vunesp, para o cargo de Auditor Fiscal Municipal (Prefeitura de São José do Rio Preto/SP), em 2014: *"Sempre que possível, os impostos terão caráter pessoal e serão graduados segundo a capacidade econômica do contribuinte, facultado à administração tributária, especialmente para conferir efetividade a esses objetivos, identificar, respeitados os direitos individuais e nos termos da lei, o patrimônio, os rendimentos e as atividades econômicas do contribuinte. Referida disposição constitucional reflete o princípio da capacidade contributiva".*

Note o item considerado **CORRETO**, em prova realizada pela FCC, SABESP, para o cargo de Advogado, em 2018: *"Sempre que possível, os impostos terão caráter pessoal e serão graduados segundo a capacidade econômica do contribuinte".*

Observação: item semelhante, reproduzindo a literalidade do art. 145, §1º, da CF, foi considerado **CORRETO** e solicitado em prova realizada pelo CESPE/CEBRASPE, para o cargo de Delegado de Polícia do Estado de Pernambuco, em 2016.

Note o item considerado **INCORRETO**, em prova realizada pelo Cespe/Cebraspe, para o cargo de Delegado de Polícia do Estado de Pernambuco, em 2016: *"De acordo com a CF, é vedado à Administração Tributária, visando aferir a capacidade econômica do contribuinte, identificar, independentemente de ordem judicial, o patrimônio, os rendimentos e as atividades econômicas do contribuinte".*

Segundo o saudoso Ricardo Lobo Torres, o princípio em análise determina "que cada um deve contribuir na proporção de suas rendas e haveres, independentemente de sua eventual disponibilidade financeira"[51].

Para Regina Helena Costa[52], destacam-se dois tipos de capacidade contributiva:

> **a) Capacidade Contributiva Absoluta (ou Objetiva):** é a capacidade identificada pelo legislador, que elege o evento ou fato-manifestação de riqueza, vocacionados a concorrer com as despesas públicas. Aqui se tem um sujeito passivo potencial;
> **b) Capacidade Contributiva Relativa (ou Subjetiva):** é a capacidade identificada pelo legislador, que elege o sujeito individualmente considerado, apto a contribuir na medida de suas possibilidades econômicas, suportando o impacto tributário. Nesta capacidade contributiva, desponta o rito gradualístico dos impostos, à luz da progressividade, bem como o respeito ao mínimo existencial e à não confiscabilidade.

É algo curioso o fato de que o art. 145, § 1º, CF, não menciona o termo "cidadão", como consta de certos textos constitucionais alienígenas – a Constituição Portuguesa de 1933 (art. 28) e a Constituição Italiana (art. 53, I) –, mas, sim, o vocábulo "contribuinte". De fato, a melhor demarcação dos destinatários do dever de pagar impostos deve se ligar à figura do *contribuinte*, levando-se em conta que as pessoas jurídicas, aqui instaladas, e os estrangeiros e os apátridas, por aqui residentes, submetem-se aos mesmos deveres cabentes aos *cidadãos em geral*.

Na busca da concretização do postulado, deverá o aplicador da norma proceder ao cotejo dos objetos iguais e dos objetos desiguais, o que implica a adoção de um critério ou termo de comparação. Esse *tertium comparationis* identifica-se com a ideia de capacidade contributiva.

Como assinala Dino Jarach[53], não se pode conceber "impostos cujo pressuposto de fato consista, por exemplo, em serem inteligentes ou estúpidos, ou serem loiros ou morenos, possuir nariz grego ou aquilino, as pernas direitas ou tortas (...) Os impostos não se cobram segundo o capricho dos legisladores providos de fantasias".

No mesmo sentido, segue Victor Uckmar, para quem o "único elemento para diferenciar as cargas tributárias entre várias pessoas é a sua capacidade econômica: portanto, não seria consentido estabelecer que os loiros devem pagar mais que os morenos ou que todas as pessoas calvas ou míopes devam, enquanto tais, pagar um tributo"[54].

---

51. TORRES, Ricardo Lobo. *Curso de direito financeiro e tributário*, 12. ed., p. 94.
52. COSTA, Regina Helena. *Princípio da capacidade contributiva*, 3. ed., p. 27.
53. JARACH, Dino. *O fato imponível*: teoria geral do direito tributário substantivo. Tradução de Dejalma de Campos. São Paulo: RT, 1989, pp. 95-96.
54. UCKMAR, Victor. *Princípios comuns de direito constitucional tributário*. Tradução de Marco Aurélio Greco. São Paulo: RT, 1976, pp. 69-70.

Na ordem constitucional pátria, a capacidade contributiva é um princípio autoaplicável, devendo ser observado não apenas pelo legislador, que é seu ***destinatário imediato***, mas também pelos operadores do direito[55]. Segundo o comando inserto no princípio, entendemos que ao legislador compete graduar a exação, enquanto ao administrador tributário cabe aferir tal gradação[56].

Para Alfredo Augusto Becker[57], o princípio da capacidade contributiva é endereçado exclusivamente ao legislador. Desse ponto de vista do eminente doutrinador, ousamos discordar, entendendo que o Poder Judiciário não deve atuar como mero legislador negativo, mas, de modo proativo, como nítido legislador positivo-supletivo[58]. Dessa forma, reafirmamos os passos de Gerson dos Santos Sicca[59], que, em brilhante artigo, fazendo alusão ao posicionamento adotado por Becker, assim discorre:

> Entre as considerações do emérito tributarista gaúcho, a afirmação de que o princípio é dirigido unicamente ao legislador deve ser vista com reservas. (...) Os princípios, entendidos como normas, embora notadamente dirigidos ao legislador, reclamam do Poder Judiciário a efetiva proteção de sua carga impositiva, já que não se constituem mais em meras exortações do legislador constituinte.

Não há dúvida de que o princípio da capacidade contributiva, quando se apresenta constitucionalizado, tem por destinatário o órgão legislativo, o autor da lei fiscal, apresentando-se, materialmente, na forma de "norma sobre como fazer lei". Entretanto, o princípio há de ser concretizado não só pelo legislador, mas também pelo aplicador da lei[60].

Diz-se que, se a lei ofender o princípio da capacidade contributiva, genericamente, dar-se-á uma hipótese de inconstitucionalidade material, permitindo ao Judiciário declarar a sua inconstitucionalidade, tanto por meio de uma ação direta de inconstitucionalidade (controle concentrado), quanto no bojo de uma ação comum, *incidenter tantum* (controle difuso).

Procedendo-se, neste momento, à análise do art. 145, § 1º, da CF, nota-se que o dispositivo faz menção (**I**) a **impostos**, tão somente, e (**II**) à fluida expressão "**sempre que possível**". Passemos a analisar tais particularidades:

3.4.1 A capacidade contributiva e a exclusiva associação a impostos

Evidencia-se que o texto constitucional, constante do art. 145, § 1º, da CF, apega-se, terminologicamente, a uma espécie de tributo, a saber, o **imposto**, do

55. *V.* BALEEIRO, Aliomar. *Limitações constitucionais ao poder de tributar*, 7. ed., p. 689.
56. *V.* COÊLHO, Sacha Calmon Navarro. *Comentários à Constituição de 1988:* sistema tributário, 7. ed., p. 56.
57. *V.* BECKER, Alfredo Augusto. *Teoria geral do direito tributário*, 2. ed., pp. 454-456.
58. BALEEIRO, Aliomar. *Limitações constitucionais ao poder de tributar*, 7. ed., p. 521.
59. SICCA, Gerson dos Santos. Isonomia tributária e capacidade contributiva no Estado contemporâneo. *Revista de Informação Legislativa*, Brasília, ano 41, n. 164, pp. 213-236, out./dez. 2004, p. 225.
60. *V.* TORRES, Ricardo Lobo. *Normas de interpretação e integração do direito tributário*, 3. ed., p. 224.

que decorre a terminologia, a ele empregada, de "**princípio da personalização dos impostos**".

> Note o item considerado **INCORRETO**, em prova realizada pelo Cespe, para o cargo de Especialista em Regulação (ANATEL), em 2014: *"Nos termos da CF, os impostos, as taxas e as contribuições de melhoria devem ser graduadas de acordo com a capacidade contributiva do contribuinte, por força do princípio da isonomia"*.

É bom repisar que a Constituição Federal de 1946 associava o postulado da capacidade contributiva a "tributos", diferentemente da atual previsão constitucional. É induvidoso, todavia, que se pode atrelar o comando a outros tributos, tais como:

a) às ***taxas***, no caso de assistência integral e gratuita para registros civis de nascimento e óbito, quando o solicitante for destituído de recursos (*vide* art. 5º, LXXIV e LXXVII). A propósito, o **STF**[61] já se posicionou nesse sentido (*vide* **ARegREx 176.382 5/CE, 2ª T., em maio de 2000**), entendendo aplicável o princípio da capacidade contributiva à *Taxa de Fiscalização dos Mercados de Títulos e Valores Mobiliários* (Lei n. 7.940/89), considerada constitucional, consoante a **Súmula n. 665**.

Ademais, o STF, com base no "princípio da razoabilidade", colocou em prática tal interpretação extensiva, aplicando o comando, igualmente, à taxa *judiciária progressiva*, "exceto se a progressividade de suas alíquotas e a ausência de teto para sua cobrança inviabilizarem ou tornarem excessivamente oneroso o acesso ao Poder Judiciário"[62].

b) às ***contribuições para a seguridade social***, no caso de diferenciação de alíquota em função de atividade econômica, utilização de mão de obra ou porte da empresa. Quanto ao tema da variação de alíquotas nas contribuições da seguridade social, em obediência ao *princípio da capacidade contributiva*, urge inteirarmo-nos dos posicionamentos do **STF**, nos **RREE 656.089/MG** e **599.309/SP**, ambos julgados em **24 de maio de 2017**:

b.1) O Pleno do **STF**, ao apreciar o Tema 515 da repercussão geral, iniciou o julgamento do **RE 656.089/MG** (rel. Min. Dias Toffoli), no qual se discute a constitucionalidade do art. 18 da **Lei n. 10.684/2003**. O dispositivo majorou de **3% para 4% a alíquota da COFINS**, a ser paga por instituições financeiras. Segundo o relator, o tratamento constante da indigitada norma não viola o *princípio da isonomia* nem o *da capacidade contributiva*. A previsão de alíquotas diferenciadas em função da atividade econômica pode se lastrear na *fiscalidade* ou na *extrafiscalidade* da exação. Se

61. Ver, a propósito, os seguintes julgados: **(I)** AgR-RE 176.3825/CE, 2ª T., j. em 09-05-2000; **(II)** AgR-RE 216.259, rel. Min. Celso de Mello, 2ª T., j. em 09-05-2000 (*Taxa de Fiscalização da CVM*); e **(III)** RE 232.393, rel. Min. Carlos Velloso, Pleno, j. em 12-08-1999.

62. Ver **STF, ADIn n. 948/GO**, Pleno, rel. Min. Francisco Rezek, j. em 09-11-1995.

calcada na *função fiscal*, a discriminação deve corresponder à capacidade contributiva; se pautada na *função extrafiscal*, a diferenciação deve respeitar a proporcionalidade, a razoabilidade bem como o postulado da vedação do excesso. De mais a mais, a norma de desequiparação e o seu critério de discrímen (a própria atividade econômica) devem obedecer ao conteúdo jurídico do princípio da igualdade. O relator concluiu que é proporcional e razoável que os contribuintes que exercem atividade econômica reveladora de grande capacidade contributiva devam contribuir mais para o custeio da seguridade social. Em **6 de junho de 2018**, o **STF**, reafirmando o art. 195, § 9º, da CF e admitindo o tratamento não linear das entidades descritas no dispositivo legal, entendeu que "*é constitucional a majoração diferenciada de alíquotas em relação às contribuições sociais incidentes sobre o faturamento ou a receita de instituições financeiras ou de entidades a elas legalmente equiparáveis*". Na visão da Corte Suprema, "*o próprio texto constitucional permite que o faturamento ou a receita sejam utilizados como 'fato signo presuntivo' de riqueza. Ambas as expressões são aptas, portanto, para receber tributação*". O Tribunal, por maioria e nos termos do voto do Relator, apreciando o tema 515 da repercussão geral, negou provimento ao recurso, vencido o Ministro Marco Aurélio. Ao final, o Tribunal, por maioria, fixou a seguinte tese: "*É constitucional a majoração diferenciada de alíquotas em relação às contribuições sociais incidentes sobre o faturamento ou a receita de instituições financeiras ou de entidades a elas legalmente equiparáveis*".

Em **4 de novembro de 2020**, o Pleno do **STF**, no **RE 633.345-AgR** (rel. Min. Marco Aurélio), entendeu que é constitucional o estabelecimento de alíquotas diferenciadas de contribuições sociais (da seguridade social), para certos contribuintes. O caso versou sobre alíquotas maiores de PIS e COFINS para as *empresas importadoras de autopeças não fabricantes de máquinas e veículos*, por força do § 9º do art. 8º da Lei n. 10.865/2004. Para a Corte Suprema, a sistemática não vulnera o princípio da isonomia nem mesmo o princípio da capacidade contributiva, tendo em vista a possibilidade de tratamento diverso no campo da política fiscal. Aliás, o art. 195, § 9º, da CF permite a gradação de alíquotas, conforme o porte da empresa, direcionada às bases de cálculo previstas no inciso I do dispositivo (folha de salários, receita ou faturamento e lucro). Da mesma forma, não se vislumbrou ofensa à liberdade concorrencial nem incompatibilidade com o propósito extrafiscal.

b.2) O Pleno do **STF**, ao apreciar o <u>Tema 470</u> da repercussão geral, iniciou julgamento do **RE 599.309/SP** (rel. Min. Ricardo Lewandowski), no qual se discute a constitucionalidade da **contribuição adicional de 2,5%** sobre a folha de salários de instituições financeiras, exigida pelo art. 3º, § 2º, da **Lei n. 7.787/89**, portanto, antes da EC 20/98.

É bom lembrar que a EC 20/98 foi a norma introdutora do § 9º no art. 195 da CF (*"As contribuições sociais previstas no inciso I do 'caput' deste artigo poderão ter alíquotas ou bases de cálculo diferenciadas, em razão da atividade econômica, da utilização intensiva de mão de obra, do porte da empresa ou da condição estrutural do mercado de trabalho"*).

Para o relator, no período anterior à EC 20/98, já se admitia a progressividade para a contribuição da seguridade social, levando-se em conta a maior ou menor capacidade de participação dos contribuintes na manutenção do sistema. Assim, a seu ver, a contribuição progressiva atende aos arts. 145, § 1º, e 194, parágrafo único, V, da Constituição, ao pretender sopesar a capacidade econômico-financeira dos contribuintes a quem se destina. Portanto, é norma concretizadora dos mandamentos constitucionais da *capacidade contributiva* e da *equidade* – este, na forma de participação no custeio, com respaldo no *princípio da solidariedade*. E, frise-se, tal *solidariedade* só se justifica no viés "intergeracional", ou seja, hábil a unir as gerações presentes e vindouras, quanto à obrigação de arcar simetricamente com os custos de manutenção da seguridade pública.

Após o voto do Ministro Ricardo Lewandowski (Relator), negando provimento ao recurso, no que foi acompanhado pelos Ministros Alexandre de Moraes, Edson Fachin, Roberto Barroso, Rosa Weber, Luiz Fux, Dias Toffoli, Gilmar Mendes e Celso de Mello, pediu vista dos autos o Ministro Marco Aurélio.

Do ponto de vista normativo, relembre-se que, logo após a EC 20/98, o art. 22, § 1º, da Lei n. 8.212/91 previu a contribuição adicional de 2,5% sobre a folha de salários a ser paga por um extenso rol de instituições financeiras e equiparadas[63].

Em 30 de março de **2016**, o Pleno do **STF**, ao julgar o **RE 598.572** (rel. Min. Edson Fachin), entendera que *"o artigo 22, § 1º, da Lei 8.212/91 não prevê nova contribuição ou fonte de custeio, mas mera diferenciação de alíquotas, sendo, portanto, formalmente constitucional"*. Do ponto de vista axiológico (constitucionalidade material), o STF aproveitou para enfatizar que o dispositivo cotejado *"antecipa a densificação constitucional do princípio da igualdade que, no Direito Tributário, é consubstanciado nos subprincípios da capacidade contributiva, aplicável a todos os tributos, e da equidade no custeio da seguridade social"*. Desse modo, concluiu a Corte Suprema que *"a escolha legislativa em onerar as instituições financeiras e*

63. **São elas**: bancos comerciais, de investimentos e de desenvolvimento; caixas econômicas; sociedades de crédito em geral (imobiliário, corretoras, entre outras); distribuidoras de títulos e valores mobiliários; empresas de arrendamento mercantil; cooperativas de crédito; empresas de seguros privados e de capitalização (e agentes autônomos de seguros privados e de crédito); e entidades de previdência privada abertas e fechadas.

entidades equiparáveis com a alíquota diferenciada, para fins de custeio da seguridade social, revela-se compatível com a Constituição".

c) **às contribuições profissionais**, em 6 de outubro de **2016**, o Pleno do **STF**, nas **ADIs n. 4.762 e 4.697** (rel. Min. Edson Fachin), enfrentou a discussão acerca da (in)constitucionalidade de dispositivos da Lei n. 12.514/2011 (art. 6º, I, II e III), os quais teriam fixado valores diferenciados e progressivos de anuidades profissionais (contribuições), levando em conta o nível do profissional (técnico ou superior) e o porte da pessoa jurídica (montante do capital social). Argumentou-se, por um lado, que tal variação feriria o *princípio da capacidade contributiva*, por não levar em conta a condição pessoal de cada contribuinte. Curiosamente, a contra-argumentação procurou demonstrar que a medida vinha ao encontro do princípio constitucional ventilado, uma vez que, prevendo patamares máximos de anuidades, protegia os contribuintes e impedia abusos na livre fixação de valores da contribuição profissional. Inicialmente, entendeu-se que as anuidades devidas aos conselhos profissionais, detendo a natureza jurídica de *contribuições corporativas*, são tributos finalísticos que "*se prestam a suprir os cofres dos órgãos representativos das categorias profissionais com o escopo de financiar as atividades públicas por eles desempenhadas*". Quanto ao mérito, afastando os argumentos de inconstitucionalidade formal e material da norma questionada, o Ministro relator Edson Fachin evidenciou que ela estabeleceu uma correlação razoável e admissível entre a desigualdade educacional, ao endereçar uma cobrança menor para o nível técnico (até R$ 250,00) e outra maior para o nível superior (até R$ 500,00). Da mesma forma, a medida legislativa, ao diferençar as *pessoas jurídicas* levando-se em conta o capital social[64], observou a *equidade vertical* eventualmente aferida em certos contribuintes. E, mais: no ponto em que *confronta a aplicação do princípio da capacidade contributiva às contribuições* profissionais, assim dispõe:

> (...) *a progressividade deve incidir sobre todas as espécies tributárias, à luz da capacidade contributiva do contribuinte.* Além disso, considerada a funcionalização da tributação para a realização da igualdade, esta é satisfeita por meio do pagamento de tributos, na medida da capacidade contributiva do contribuinte, por sua vez vinculado a um Estado soberano comprometido com a satisfação das necessidades coletivas do povo. Em síntese, a progressividade e a capacidade contributiva são os fundamentos normativos do Sistema Tributário Nacional. *Por conseguinte, esses princípios incidem sobre as contribuições sociais de interesse profissional.* (...) **(Grifos nossos)**

64. Segundo o art. 6º, III, "a", dispõe-se: para capital social de **até 50 mil reais**, uma anuidade de **500 reais**; já no art. 6º, III, "g", temos: para capital social **acima de até 10 milhões de reais**, uma anuidade de **4 mil reais**. Entre tais balizas, há outros "tetos" e respectivas anuidades.

Nesse passo, conquanto o postulado se nos apresente somente associável a impostos, segundo a literalidade do texto constitucional, entendemos que o princípio da capacidade contributiva deve, evidentemente, ser observado, também, por outros tributos, obedecendo, todavia, às peculiaridades de cada espécie tributária.

No plano doutrinário, desponta idêntico entendimento, conforme se nota nos dizeres de Anderson S. Madeira[65]:

> O princípio da capacidade contributiva é aplicável a todas as espécies tributárias. No tocante aos impostos, o princípio é aplicável em toda a sua extensão e efetividade. Já no caso dos tributos vinculados, é aplicável restritivamente, devendo ser respeitados apenas os limites que lhe dão os contornos inferior e superior, vedando a tributação do mínimo vital e a imposição tributária que tenha efeitos confiscatórios.

Portanto, a associação do *princípio da capacidade contributiva* a espécies diversas de impostos – por exemplo, às taxas e às contribuições sociais e corporativas – vem, doutrinária e jurisprudencialmente, tornando-se uma realidade insofismável.

Ad argumentandum, aproximando-se da ideia da não confiscabilidade, a doutrina diverge quanto à correta aplicação do princípio da capacidade contributiva, levando-se em conta, de um lado, o tributo, isoladamente considerado, e, de outro, a carga tributária, como um todo.

Para Alfredo Augusto Becker, a capacidade contributiva deve ser considerada em relação a um único tributo, não se levando em conta o conjunto da tributação[66]. Por outro lado, subsiste entendimento doutrinário[67] segundo o qual "o princípio da capacidade contributiva como um limite, assume uma função absolutamente fundamental diante de uma pluralidade de tributos. É o que se sucede, repita-se, acima de tudo, no que diz respeito à não confiscatoriedade, cujo sentido protetivo ganha maior expressão em face da carga tributária global – abstratamente considerada –, incidente sobre uma pessoa, atividade ou bem".

3.4.2 A capacidade contributiva e a expressão "sempre que possível"

A expressão "sempre que possível" apresenta-se dependente das possibilidades técnicas de cada imposto.

Com efeito, se o imposto sobre a renda, por exemplo, mostra-se vocacionado à variação de alíquotas, na busca do ideal de justiça, o ICMS, em princípio, repudia-a, uma vez que se trata de imposto incidente sobre o consumidor final, no plano

65. MADEIRA, Anderson S. *Direito tributário*. Rio de Janeiro: Rio IOB Thomson, 2006, p. 117.
66. BECKER, Alfredo Augusto. *Teoria geral do direito tributário*, 2. ed., p. 447.
67. ANDRADE, Rodrigo Fonseca Alves de. *O princípio base da capacidade contributiva e a sua aplicação diante de uma pluralidade de tributos*, p. 133.

da repercussão tributária, indo de encontro à ideia da pessoalidade anunciada no dispositivo.

Nesse contexto, surge a necessidade de conhecermos os *meios de exteriorização* ou *possibilidades de concretização* da capacidade contributiva, a saber, a *progressividade*, a *proporcionalidade* e a *seletividade*.

A propósito, para Ricardo Lobo Torres, o princípio da igualdade tributária alcança maior grau de concretude quando são observados certos *subprincípios constitucionais*, tais como a progressividade, a proporcionalidade, a seletividade, entre outros[68].

A bem da verdade, tais possibilidades de concretização do postulado são instrumentos ou técnicas que, longe de afrontarem a isonomia tributária, revelam-se como meios idôneos à diminuição da regressividade dos tributos, na busca do respeito à capacidade contributiva.

A análise do § 1º do art. 145 da Constituição Federal deve orientar o estudioso no sentido de que a expressão "sempre que possível" não confere poder discricionário ao legislador, mas designa, sim, por meio do advérbio "sempre", um inafastável grau de imperatividade no comando, "deixando claro que, apenas sendo impossível, deixará o legislador de considerar a pessoalidade para graduar os impostos pela capacidade econômica do contribuinte"[69].

Ademais, a menção ao "caráter pessoal" sinaliza a vocação do imposto para se relacionar com a pessoa do sujeito passivo da obrigação tributária principal, diante dos indícios e indicadores que melhor aquilatem o fato tributável. Entretanto, a mencionada sistemática de variação gradualística de alíquotas não será facilmente adaptável a todos os impostos. De fato, existem gravames que não se coadunam com a técnica da progressividade. São classificados pela Ciência das Finanças, ainda que de forma pouco científica, como *impostos reais (ITBI, por exemplo)*.

Nesse sentido, seguiram nossos Tribunais, valendo-se da edição de duas importantes súmulas:

(1) a **Súmula n. 45 do 1º TACivil/SP** ("*É inconstitucional o art. 10, da Lei 11.154, de 30-12-91, do Município de São Paulo, que instituiu alíquotas progressivas para o Imposto de Transmissão de Bens Imóveis*");

(2) a **Súmula n. 656 do STF** ("*É inconstitucional a lei que estabelece alíquotas progressivas para o ITBI com base no valor venal do imóvel*").

O teor da **Súmula n. 656 do STF** foi solicitado em prova realizada pela COPESE/UFT, para o cargo de Procurador da Prefeitura de Araguaína/TO, em 2014.

---

68. V. TORRES, Ricardo Lobo. *Tratado de direito constitucional financeiro e tributário:* os direitos humanos e a tributação. v. III, Imunidades e isonomia, p. 335.

69. BALEEIRO, Aliomar. *Limitações constitucionais ao poder de tributar*, 7. ed., p. 390.

Frise-se, em tempo, que a presente classificação, que divide os impostos em "reais" e "pessoais", não desfruta de endosso generalizado entre os juristas pátrios.

Para o insigne Sacha Calmon Navarro Coêlho[70], separar os impostos em *pessoais*, quando incidirem sobre as pessoas, e *reais* quando incidirem sobre as coisas, é atitude falha, uma vez que os impostos, quaisquer que sejam, são pagos sempre por pessoas. Mesmo o imposto sobre o patrimônio, o mais real deles, atingirá o proprietário independentemente da coisa, em face do vínculo *ambulat cum dominus*, designando que a coisa segue o dono.

Como se nota, nem sempre será facilmente avaliável a pessoalidade do imposto. Tal dificuldade se mostra evidente nos *impostos reais*, que abrangem os chamados *impostos indiretos*, ou seja, tributos que comportam, por sua natureza, a transferência do respectivo encargo financeiro, conforme dispõe o art. 166 do CTN. Trata-se de gravames marcados pela repercussão tributária, isto é, pela transferência do encargo tributário do realizador do fato jurídico-tributário para o consumidor final, adquirente do bem.

Os *impostos diretos*, recaindo sobre um único contribuinte, não admitem a traslação do ônus do tributo (*v.g.*, **o IR, o IPVA, o ITCMD, o ITBI**, entre outros). De outra banda, os ***impostos indiretos*** (*e.g.*, o **ICMS**, o **IPI** etc.), conquanto sejam recolhidos por um contribuinte determinado – chamado "contribuinte de direito" –, atingirão, na verdade, outra pessoa, ou seja, o adquirente do bem ou consumidor final, intitulado "contribuinte de fato"[71].

> Note o item (adaptado) considerado **CORRETO**, em prova realizada pela FGV, para o cargo de Procurador (ALERJ), em 2017: *"NÃO são tributos classificados como 'indiretos', entre outros: ITCMD, ITBI; ITR; IPVA; COSIP, CIDEs"*.

> Note o item (adaptado) considerado **CORRETO**, em prova realizada pelo TRF/2ª Região, para o cargo de Juiz Federal, em 2014: *"São exemplos de impostos que, classicamente e pela sua natureza, vêm a ser classificados como 'indiretos': IPI, ICMS e ISS"*.

Nos impostos indiretos, o postulado da capacidade contributiva será aferível mediante a aplicação da técnica da *seletividade*, uma nítida forma de extrafiscalidade na tributação, como se estudará em tópico ulterior.

3.4.3 A capacidade contributiva e a progressividade

O princípio da capacidade contributiva impõe, na esteira da justiça distributiva, que aqueles cidadãos dotados de maior poder aquisitivo devem pagar impostos

70. *V.* COÊLHO, Sacha Calmon Navarro. *Curso de direito tributário brasileiro*, 6. ed., pp. 78-79.
71. *V.* CONTI, José Maurício. *Princípios da capacidade contributiva e da progressividade*. São Paulo: Dialética, 1996, pp. 48-49.

com alíquotas maiores, de forma que o sacrifício econômico por eles sentido seja proporcionalmente maior do que o suportado pelos contribuintes mais economicamente vulneráveis.

Na lição de Roque Carrazza[72], "em nosso sistema jurídico, todos os impostos, em princípio, devem ser progressivos. Por quê? **Porque é graças à progressividade que eles conseguem atender ao princípio da capacidade contributiva**".

> Note o item considerado **CORRETO** em prova realizada pela FCC, para o cargo de Analista em Gestão Pública (Técnico de Nível Superior) da Prefeitura de Teresina/PI, em 2016: *"O imposto progressivo não fere o princípio da igualdade"*.

A progressividade traduz-se em técnica de incidência de *alíquotas variadas*, cujo aumento se dá à medida que se majora a base de cálculo do gravame. O critério da progressividade diz com o aspecto *quantitativo*, desdobrando-se em duas modalidades: a progressividade *fiscal* e a progressividade *extrafiscal*. A primeira alia-se ao brocardo "*quanto mais se ganha, mais se paga*", caracterizando-se pela finalidade meramente arrecadatória, que permite onerar mais gravosamente a riqueza tributável maior e contempla o grau de "riqueza presumível do contribuinte"[73]. A segunda, por sua vez, fia-se à *modulação de condutas*, no bojo do interesse regulatório.

Consoante a previsão explícita na Carta Magna, exsurgem 3 (três) impostos progressivos: o imposto sobre a renda, o IPTU e o ITR. A lista é composta de um imposto municipal e dois impostos federais. Ademais, o IPTU é o único imposto municipal (ou não federal) expressamente progressivo. Por fim, frise-se que a tributação sobre a propriedade, seja ela urbana ou rural, por meio do IPTU e do ITR, respectivamente, será **sempre progressiva**. Entretanto, não se pode perder de vista que, em fevereiro de **2013**, o **STF** declarou constitucional a progressividade para o **Imposto sobre Transmissão *Causa Mortis* e Doação (ITCMD)**, deixando evidente, de um lado, a explicitude constitucional da progressividade para o IR, ITR e IPTU, e, de outro, a força pretoriana na interpretação do tema, quanto à chancela do ITCMD progressivo. O assunto será detalhado em tópico posterior.

> Note o item considerado **INCORRETO**, em prova realizada pelo Cespe/Cebraspe, para o cargo de Procurador do Estado do Amazonas (PGE/AM), em 2016: *"É inconstitucional a fixação de alíquota progressiva para o ITCMD"*.

Ad argumentandum, quanto ao **IPVA**, entendemos que sua "progressividade" veio a lume de forma implícita com a EC n. 42/2003, conforme se depreende do comando inserto no art. 155, § 6º, II, da CF, ao viabilizar a diferenciação de suas alíquotas, em função do *tipo* e da *utilização* do veículo.

Note o dispositivo:

---

72. CARRAZZA, Roque Antonio. *Curso de direito constitucional tributário*, 24. ed., p. 88.
73. BECKER, Alfredo Augusto. *Teoria geral do direito tributário*, 2. ed., pp. 454-456.

> **Art. 155.** Compete aos Estados e ao Distrito Federal instituir impostos sobre: (...)
> **§ 6º** O imposto previsto no inciso III: (...)
> **II** – poderá ter alíquotas diferenciadas em função do tipo e utilização.

Passemos a analisar a progressividade nos impostos destacados, sob a égide da *progressividade fiscal*, para o IR, e da **progressividade extrafiscal**, para o IPTU e ITR, na ordem assim sugerida.

> Note o item considerado **INCORRETO**, em prova realizada pela FCC, para o cargo de Juiz Substituto (TJ/GO), em 2015: *"O IPTU admite progressividade extrafiscal, denominada no tempo, que varia de acordo com o valor venal do imóvel"*.

Por último analisaremos a temática do ITCMD.

3.4.3.1 A progressividade no ITR

O ITR, com o advento da EC n. 42/2003, à luz do **art. 153, § 4º, I, CF**, passou a ter previsão explícita de progressividade na Constituição Federal, devendo suas alíquotas desestimular a manutenção de propriedades improdutivas. Note o dispositivo:

> **Art. 153.** Compete à União instituir impostos sobre:
> **§ 4º** O imposto previsto no inciso VI do *caput*:
> **I** – será **progressivo** e terá suas alíquotas fixadas de forma a desestimular a manutenção de propriedades improdutivas; (...)

> Note o item considerado **INCORRETO**, em prova realizada pela VUNESP, TJ-SP, para o cargo de Titular de Serviços de Notas e de Registros, em 2018: *"Não há previsão constitucional para a progressividade do ITR"*.

Tal comando sinaliza a **progressividade extrafiscal para o ITR**, criando maior onerosidade para o proprietário que não dá destinação econômica ao seu imóvel rural ou o faz com precário rendimento.

> Note o item considerado **INCORRETO**, em prova realizada pela Cetro, para o cargo de Auditor Fiscal Municipal da Prefeitura de São Paulo/SP, em 2014: *"A função predominante do ITR é fiscal. Sua alíquota aumenta na medida em que aumenta a proporção da área utilizada, em relação à área total do imóvel, objetivando desestimular a manutenção de latifúndios"*.

Em 6 de fevereiro de **2018**, a 2ª Turma do **STF**, no **RE 1.038.357-AgR** (rel. Min. Dias Toffoli), entendeu que a progressividade do ITR pode existir em razão do tamanho da propriedade rural. O ITR progressivo se justifica pela *extrafiscalidade*, todavia, segundo a Corte Suprema, não haverá inconstitucionalidade na progressividade do imposto que levar em conta o grau de utilização da terra ("GU") – o que é de todo esperável – e, também, a área do imóvel. Um critério não esvazia o outro; pelo contrário, conjugam-se em total alinhamento com o art. 153, § 4º, I, CF. Com efeito, sacramentou-se a ideia de que "*quanto maior for o território rural e menor o seu aproveitamento, maior será a alíquota de ITR. Essa sistemática potencializa a função extrafiscal do tributo e desestimula a manutenção de propriedade improdutiva*".

3.4.3.2 A progressividade no IR

Segundo o art. 153, § 2º, I, da CF, o imposto sobre a renda será informado pelos critérios da **generalidade, universalidade e progressividade**. A ***generalidade*** diz respeito à sujeição passiva, indicando a incidência sobre todos os contribuintes que pratiquem o fato descrito na hipótese de incidência da exação. A *universalidade*, por sua vez, demarca o critério atrelável à base de cálculo do gravame, que deve abranger quaisquer rendas e proventos auferidos pelo contribuinte, independentemente da denominação da receita ou do rendimento:

> Note o item considerado **CORRETO**, em prova realizada pela CEC, para o cargo de Procurador Municipal da Prefeitura de Piraquara/PR, em 2014: *"O Imposto sobre a Renda e Proventos de Qualquer Natureza será informado pelos critérios da generalidade, da universalidade e da progressividade, na forma da lei"*.

> Note o item (adaptado) considerado **INCORRETO**, em prova realizada pela Vunesp, para o cargo de Auditor Fiscal Municipal (Prefeitura de São José do Rio Preto/SP), em 2014: *"O princípio da generalidade é um dispositivo constitucional cujo teor dita que, sempre que possível, os impostos terão caráter pessoal e serão graduados segundo a capacidade econômica do contribuinte, facultado à administração tributária, especialmente para conferir efetividade a esses objetivos, identificar, respeitados os direitos individuais e nos termos da lei, o patrimônio, os rendimentos e as atividades econômicas do contribuinte"*.

CTN: Art. 43, § 1º A incidência do imposto independe da denominação da receita ou do rendimento, da localização, condição jurídica ou nacionalidade da fonte, da origem e da forma de percepção. (Incluído pela LC n. 104/2001)

> Note o item considerado **CORRETO**, em prova realizada pela ATECEL, para o cargo de Assessor Jurídico da Câmara Municipal de Acari/RN, em 2016: *"A incidência do imposto sobre a renda e proventos de qualquer natureza independe da denominação da receita ou do rendimento, da localização, condição jurídica ou nacionalidade da fonte, da origem e da forma de percepção"*.

Por fim, a *progressividade* do IR – mesmo que insuficiente, como é sabido – prevê a variação positiva da alíquota do imposto à medida que há aumento de base de cálculo.

O IR, da forma como o conhecemos hoje, incidente sobre a renda total do contribuinte, foi instituído no Brasil, após diversas tentativas, em 1922, consoante o disposto no art. 31 da *Lei de Orçamento* n. 4.625, de 31 de dezembro. Feitas algumas alterações normativas, nos anos que se seguiram, já se podia notar no âmbito doméstico a existência de um progressivo imposto de renda, com alíquotas estabelecidas entre 0,5% e 8%[74].

No Brasil de hoje, o imposto sobre a renda, conquanto se revele um importante gravame para a arrecadação federal, aponta dados curiosos: estudos econômicos demonstram que a participação da tributação da renda na carga tributária brasileira é baixa, atingindo pouco mais de 20%, enquanto, em países desenvolvidos, essa participação representa cerca de 70%. Aliás, insta frisar que há sobre o patrimônio, de um modo geral, uma tímida expressividade da participação da tributação na carga tributária brasileira.

Em razão dessa situação, o sistema tributário brasileiro, apresentando um pequeno grau de progressividade no IR, transborda para o terreno da *regressividade*, em face do elevado número de tributos incidentes sobre o consumo de bens e serviços. Daí haver a imposição de maior ônus àqueles que ostentam menor aptidão para contribuir para o custeio das despesas do Estado, uma vez que, em regra, quem possui maiores renda e patrimônio, revelando maior capacidade para contribuir, é destinatário de uma imposição tributária menos gravosa.

É mister que a lei do Imposto sobre a Renda, na busca ideal de uma justiça fiscal, leve a cabo algumas medidas concretas, que, em breve resumo, seriam[75]:

(1) *consideração precisa das condições pessoais dos contribuintes (pessoas físicas ou jurídicas) e a prudente fixação de um "mínimo vital", compatível com a realidade:* o art. 6º da Carta Magna arrola, como direitos sociais, a educação, a saúde, o trabalho, a moradia, o lazer, a segurança, a previdência social, a proteção à maternidade e à infância e a assistência aos desamparados. Há de se buscar a efetividade na proteção de tais valores aqui prestigiados, à luz da tributação progressiva do imposto sobre a renda;

(2) *estipulação de um expressivo número de deduções para o IR devido, adequando a exigência fiscal ao perfil do contribuinte*: a dedutibilidade deve ser ampla, englobando todas as despesas necessárias à manutenção do indivíduo e de sua família, sem limitações arbitrárias, as quais, por amor à lógica e à justiça, não podem integrar o conceito de "renda". Há de haver uma política "de inclusão" de despesas dedutíveis – e não o contrário! –, alcançando-se, quiçá, os medicamentos e o material escolar, diversamente do que hoje presenciamos;

74. *V.* AMED, Fernando José; NEGREIROS, Plínio José Labriola de Campos. *História dos tributos no Brasil*. São Paulo: SINAFRESP, 2000, p. 255.

75. *V.* COSTA, Regina Helena. Conferência proferida no "Seminário sobre a Reforma Tributária", realizado pelo Centro de Estudos Judiciários, em 20/21-03-2003, em Fortaleza-CE, publicado na *Revista CEJ*, Brasília, n. 22, p. 25-30, jul./set. 2003, p. 28.

(**3**) *estabelecimento de um expressivo grau de progressividade de alíquotas, em função da quantidade de renda auferida*: há que se imprimir maior progressividade às alíquotas, de modo a cumprir, efetivamente, o desígnio constitucional.

Até pouco tempo, a legislação regente do imposto sobre a renda de pessoa física (IRPF) consignava, tão somente, duas alíquotas (15% e 27,5%). Em momento anterior, até 1995, havia também a previsão de uma terceira alíquota, de 35%.

Destaque-se, a propósito, que há vários países cuja prestação de serviços públicos é de melhor qualidade do que no Brasil, os quais possuem várias faixas diferentes de alíquotas para o IR, com percentuais que chegam a 60%. Citem-se a Alemanha (três alíquotas entre 22,9% e 53% do rendimento anual) e a França (doze alíquotas entre 5% e 57%).

Em dezembro de 2008, o governo brasileiro anunciou a criação de duas novas alíquotas intermediárias de Imposto de Renda para as pessoas físicas: 7,5% e 22,5%, elevando para quatro as alíquotas aplicadas a partir de 2009. Ficam mantidas as atuais alíquotas de 15% e 27,5%.

A iniciativa de tornar o IR um pouco mais "progressivo" fez parte do pacote de medidas utilizadas para amenizar a repercussão da crise financeira, que irradiou negativamente, em 2008, pelas economias de todo o mundo.

A decisão do governo federal, prestigiando a mobilidade econômica da sociedade brasileira, a par da valorização do potencial redistributivo do IR, traduziu-se em uma renúncia fiscal, estimada em R$ 5 bilhões, cujo volume deverá ser injetado na economia por meio do consumo, estimulando o crescimento da economia e o volume de crédito.

Por outro lado, a iniciativa tem sofrido críticas, sob o argumento de que se deveria buscar, efetivamente, a redução das alíquotas existentes, no lugar de trazer novos percentuais intermediários.

Acompanhe, a seguir, a atualização das faixas de alíquota do **IRPF**, nos exercícios de 2013 a 2016 (anos-calendário 2012 a 2015, respectivamente). A partir da publicação da MP n. 528/2011, alteraram-se os valores afetos às bases de cálculo do imposto de renda, cuja demonstração pode ser detectada na **tabela progressiva** adiante, utilizada para o *cálculo mensal* do IRPF. Observe, ainda, os valores correspondentes ao exercício de 2016 (ano-calendário 2015), os quais passaram a valer a partir de abril de 2015 (Lei n. 13.149/2015). Em tempo, frise-se que não houve alteração para os valores correspondentes ao exercício de **2020** (ano-calendário 2019).

IRPF							
Ano-Calendário 2012		**Ano-Calendário 2013**		**Ano-Calendário 2014**		**Ano-Calendário 2015**	
Exercício 2013		**Exercício 2014**		**Exercício 2015**		**Exercício 2016**	
Base de Cálculo	**Alíquota (%)**	**Base de Cálculo**	**Alíquota (%)**	**Base de Cálculo**	**Alíquota (%)**	**Base de Cálculo**	**Alíquota (%)**
Até 1.637,11	–	Até 1.710,78	–	Até 1.787,77	–	Até 1.903,98	–
De 1.637,12 até 2.453,50	**7,5**	De 1.710,79 até 2.563,91	**7,5**	De 1.787,78 até 2.679,29	**7,5**	De 1.903,99 até 2.826,65	**7,5**
De 2.453,51 até 3.271,38	**15**	De 2.563,92 até 3.418,59	**15**	De 2.679,30 até 3.572,43	**15**	De 2.826,66 até 3.751,05	**15**
De 3.271,39 até 4.087,65	**22,5**	De 3.418,60 até 4.271,59	**22,5**	De 3.572,44 até 4.463,81	**22,5**	De 3.751,06 até 4.664,68	**22,5**
Acima de 4.087,65	**27,5**	Acima de 4.271,59	**27,5**	Acima de 4.463,81	**27,5**	Acima de 4.664,68	**27,5**

Por derradeiro, frise-se que, conforme jurisprudência reiterada no **STF**, ficou sacramentado que não cabe ao Poder Judiciário autorizar a correção monetária da *tabela progressiva* do IRPF, na ausência de previsão legal nesse sentido. Tal entendimento fundamentou-se no uso regular do poder estatal de organizar a vida econômica e financeira do país, o qual deve ocorrer no espaço próprio das competências dos Poderes Executivo e Legislativo. Desse modo, não obstante o laborioso voto (vencido) do Min. Marco Aurélio, soçobraram as argumentações ligadas à possível violação dos princípios da *capacidade contributiva* e do *tributo com efeito de confisco* **(RE 388.312, rel. Min. Marco Aurélio, rel. p/ Ac. Min. Cármen Lúcia, Pleno, j. em 1º-08-2011)**. A nosso ver, *data maxima venia*, o veredicto legitima um nocivo aspecto do gravame, o qual mitiga sua vertente constitucional de progressividade e recrudesce os níveis de desigualdade social no Brasil.

3.4.3.3 A progressividade no IPTU

Até o exercício de 2001, muitos municípios efetuavam o lançamento do IPTU com base em alíquota única, em sintonia com o art. 156, § 1º, da Carta Constitucional.

Na verdade, o art. 156, § 1º, da Constituição Federal de 1988, na sua redação original, permitia, a título de exceção, a progressividade de alíquotas para o IPTU, desde que fosse para assegurar o cumprimento da função social da propriedade.

Existiam, então, duas formas de cobrança desse tributo: uma com finalidade arrecadatória, baseada na proporcionalidade da exação, e outra, de cunho extrafiscal, pela qual a mensuração do imposto poderia ser feita de modo progressivo, respeitado o objetivo de atender à função social da propriedade.

Aliás, o art. 182, § 4º, II, da CF dispunha acerca da progressividade extrafiscal do IPTU, que, adstrita à previsão no plano diretor do respectivo município, prestigiava a busca da função social da propriedade urbana, tributando-se mais gravosamente os proprietários de bens imóveis da zona urbana que não procediam a seu adequado aproveitamento. Evidenciava-se, assim, a consecução indireta de notável interesse público, ou seja, o adequado uso e gozo da propriedade territorial urbana.

Para a realização da técnica de progressividade extrafiscal no IPTU, constante do preceptivo constitucional acima destacado, eram utilizados variados critérios – sempre se respeitando os limites constitucionais da não confiscabilidade[76] –, ligados, por exemplo, ao tempo de ausentismo da propriedade (especulação imobiliária a partir da inatividade do bem), ao espaço territorial (localização física do imóvel), à superfície (metragem bruta do terreno), à destinação do imóvel (residencial, comercial ou industrial), à existência de construções (edificações), entre outros[77].

O **STF** sempre abonou tal sistemática:

> **EMENTA:** AGRAVO REGIMENTAL NO RECURSO EXTRAORDINÁRIO. CONSTITUCIONAL. TRIBUTÁRIO. IPTU. DIVERSIDADE DE ALÍQUOTAS. PROGRESSIVIDADE. ALEGAÇÃO IMPROCEDENTE. Diversidade de alíquotas para a cobrança do IPTU, em virtude de tratar-se de imóvel edificado, não edificado, residencial ou comercial. Progressividade de tributo. Alegação improcedente. Precedente. Agravo regimental não provido" **(AgRg no RE 432.989/MG, 2ª T., rel. Min. Eros Grau, j. em 05-05-2006)**

A propósito, em outubro de **2013**, o **STF** ratificou essa visão, ao evidenciar que *"a progressividade extrafiscal, baseada na função social da propriedade, sempre foi permitida pelo texto Constitucional. Esta é a modalidade de progressividade que se opera conforme as condições previstas pelo Estatuto da Cidade. (...)"*. **(AgR no ARE 639.632, rel. Min. Roberto Barroso, 1ª T., j. em 22-10-2013)**

> Note o item considerado **CORRETO**, em prova realizada pela Vunesp, para o cargo de Juiz de Direito Substituto do Estado de São Paulo (TJ/SP – 186º Concurso), em 2015: *"O STF, no julgamento do ARE 639.632 AgR/MS, ao analisar a questão relativa à cobrança progressiva do IPTU estabeleceu alguns parâmetros e, de acordo com tal julgamento, é correto afirmar que 'a progressividade extrafiscal também tem previsão normativa no Estatuto da Cidade'"*.

---

76. *V.* FURLAN, Valéria. *Imposto predial e territorial urbano.* 2. ed. São Paulo: Malheiros, 2004, p. 149.
77. *Ibidem*, pp. 154-158.

Com a **EC n. 29**, publicada em 13 de setembro de **2000**, alterou-se a redação do mencionado art. 156, dando nova conformação ao progressivo IPTU. Criou-se a possibilidade de tal imposto ser progressivo não apenas para o fim de se assegurar o cumprimento da função social da propriedade (**progressividade no tempo**) – o que já se permitia –, mas também em razão do *valor do imóvel*. Além disso, permitiu-se o estabelecimento de alíquotas diferentes em razão da *localização* e *uso* do imóvel.

A propósito, o tema tem sido exaustivamente exigido em provas de *concursos públicos*, conforme se nota nos exemplos de assertivas abaixo reproduzidas:

I. Quanto à progressividade no tempo para o IPTU:

a) "A instituição da progressividade no tempo confere ao IPTU uma função extrafiscal para obtenção de certas metas que prevalecem sobre os fins meramente arrecadatórios de recursos monetários".

A assertiva foi considerada **CORRETA**, em prova realizada pela UFMT, para o cargo de Defensor Público do Estado de Mato Grosso (V Concurso), em 2016.

b) "No tocante à aplicação da progressividade no tempo ao IPTU, é medida com função nitidamente fiscal, pois visa aumentar a arrecadação do Município mediante aumento progressivo das alíquotas do IPTU".

A assertiva foi considerada **INCORRETA**, em prova realizada pela UFMT, para o cargo de Defensor Público do Estado de Mato Grosso (V Concurso), em 2016.

II. Quanto à progressividade fiscal do IPTU e a variação de alíquotas em razão do valor do imóvel:

III. Quanto à progressividade fiscal do IPTU e o estabelecimento de alíquotas diferentes em razão da localização e uso do imóvel:

Note o dispositivo, alterado pela EC n. 29/2000:

Art. 156. Compete aos Municípios instituir impostos sobre: (...)
I – propriedade predial e territorial urbana; (...)
§ 1º Sem prejuízo da progressividade no tempo a que se refere o art. 182, § 4º, II, o imposto previsto no inciso I poderá:
I – ser progressivo em razão do valor do imóvel; e

Note o item considerado **CORRETO**, em prova realizada pela FEPESE, para o cargo de Advogado da Prefeitura Municipal de Criciúma/SC, em 2016: *"É inconstitucional a fixação de adicional progressivo do imposto predial e territorial urbano em função do número de imóveis do contribuinte".*

> Note o item considerado **INCORRETO**, em prova realizada pela ATECEL, para o cargo de Fiscal de Tributos da Prefeitura Municipal de Acari/RN, em 2016: *"O IPTU poderá ser progressivo em razão da localização do imóvel"*.

> Note o item considerado **CORRETO**, em prova realizada pela Copese/UFT, para o cargo de Procurador Municipal da Prefeitura de Palmas/TO, em 2016: *"O IPTU pode ser progressivo em razão do valor do imóvel e ter alíquotas diferentes de acordo com a localização e o uso do imóvel"*.

II – ter alíquotas diferentes de acordo com a localização e o uso do imóvel.

A partir daí, os Municípios rapidamente procederam à alteração das legislações, adaptando-se à nova realidade trazida pela Emenda e permitindo que, quanto maior fosse o valor venal do imóvel (que, de modo geral, era reajustado segundo os valores de mercado), maior seria a alíquota aplicada para aferição do tributo devido. Era o advento da "progressividade fiscal" para o IPTU.

Nesse ínterim, o desafio que se abriu aos operadores do Direito, no plano da interpretação, foi o de compatibilizar a nova diretriz de variação de alíquotas do IPTU com os princípios da capacidade contributiva e da isonomia tributária, levando-se em consideração, de um lado, (**I**) a natureza de "imposto real" para o IPTU, até então consagrada na doutrina e no STF, e, de outro, (**II**) a associação exclusiva daquele postulado – o da capacidade contributiva – a impostos ditos pessoais (art. 145, § 1º, CF).

A *progressividade fiscal* do Imposto Predial e Territorial Urbano – IPTU e sua relação com o *Princípio da Capacidade Contributiva* mostraram-se como fértil terreno para o debate jurídico.

O motivo estava no fato de que sempre subsistiu imensa dificuldade de aceitação da chamada *progressividade fiscal* para o IPTU, sob o argumento de que tal gravame não era o melhor instrumento de redistribuição de riqueza. Pelo contrário, tratava-se, sim, de um imposto *real*, e não pessoal, o que, à primeira vista, serviria para tornar inaplicável a regra contida no § 1º do art. 145 da Constituição Federal. Além disso, criticava-se a adoção dessa progressividade ao IPTU, levando-se em conta, por exemplo, o valor do imóvel, por temer que tal sistemática afetaria a tomada de decisões econômicas dos contribuintes, na formação particular do patrimônio imobiliário, além de se criar nociva dependência das informações – nem sempre consistentes – dos cadastros imobiliários, de posse das municipalidades.

Portanto, de início, couberam os seguintes questionamentos: (**I**) *Sabendo-se que o IPTU é um tributo de natureza real, poderia tal exação levar em consideração a condição pessoal do sujeito passivo?* E ainda: (**II**) *Como compatibilizar o § 1º do art. 145 com um possível IPTU "fiscal", e não "extrafiscal"?*

Como é cediço, historicamente, o **STF** sempre tendeu a associar o princípio da capacidade contributiva a impostos pessoais. Na atualidade, após a aceitação da progressividade do ITCMD pela Corte Suprema – o que será analisado no próximo tópico –, o **STF** alterou sua orientação intelectiva e vem defendendo que "nesse sentido, já se admitiria a progressividade de alíquota relativa ao ITCMD, imposto de caráter real e de competência tributária estadual, pois estaria em jogo a concretização constitucional da igualdade material tributária." (**RE 602.347/MG, Rep. Geral, rel. Min. Edson Fachin, Pleno, j. em 04-11-2015**).

Em retrospecto histórico da linha sempre adotada, note o trecho do voto do eminente Ministro **Ilmar Galvão**, em acórdão proferido em **1997**, nos autos do **RE 204.827-5/SP**, com referência ao julgamento do RE 153.771/MG:

> Demonstrou, então, o eminente Relator, com apoio em numerosos doutrinadores estrangeiros e nacionais, em voto que mereceu a aprovação da quase totalidade de seus pares, que *a progressividade de natureza fiscal, prevista no § 1º do art. 145 da Constituição, porque fundada na capacidade econômica do contribuinte*, aquilatada mediante identificação do patrimônio, dos rendimentos e das atividades econômicas do contribuinte, *não tem sentido quando se está diante de imposto com caráter real, como o IPTU*, que no sistema tributário nacional é *"inequivocadamente um imposto real, porquanto tem ele como fato gerador a propriedade, o domínio útil ou a posse de imóvel localizado na zona urbana do Município, sem levar em consideração a pessoa do proprietário, do titular do domínio útil ou do possuidor"*. **(Grifos nossos)**

Na mesma trilha, observe a própria ementa do julgado em epígrafe:

> **EMENTA:** *"No sistema tributário nacional é o IPTU inequivocamente um imposto real. Sob o império da atual Constituição, não há admitida a progressividade fiscal do IPTU, quer com base exclusivamente no seu art. 145, § 1º, porque esse imposto tem caráter real, que é incompatível com a progressividade decorrente da capacidade econômica do contribuinte,* quer com arrimo na conjugação desse dispositivo constitucional (genérico) com o artigo 156, § 1º (específico). A interpretação sistemática da Constituição conduz inequivocamente à conclusão de que o IPTU com finalidade extrafiscal, a que alude o inciso II do § 4º do artigo 182, é a explicitação especificada, inclusive com limitação temporal, do IPTU com finalidade extrafiscal aludido no artigo 156, I, § 1º. *Portanto, é inconstitucional qualquer progressividade, em se tratando de IPTU, que não atenda exclusivamente ao disposto no artigo 156, § 1º, aplicado com as limitações expressamente constantes dos §§ 2º e 4º do artigo 182, ambos da Constituição Federal.* Recurso Extraordinário provido, declarando-se inconstitucional o subitem 2.2.3 do setor II da Tabela III da Lei 5.641, de 22-12-1989, no Município de Belo Horizonte". **(Grifos nossos)**

E, ainda, observe o trecho do voto do Ministro **Moreira Alves**, no julgamento do **RE 153.771/MG**, ainda em **1997**:

> Ora, no sistema tributário nacional, é *o IPTU inequivocadamente um imposto real*, porquanto tem ele como fato gerador a propriedade, o domínio útil ou a posse de imóvel gerador da propriedade, o domínio útil ou a posse de imóvel localizado na

zona urbana do Município, *sem levar em consideração a pessoa do proprietário, do titular do domínio útil ou do possuidor*, tanto assim que o Código Tributário Nacional ao definir seu fato gerador e sua base de cálculo não leva em conta as condições da pessoa do sujeito passivo. (...). **(Grifos nossos)**

Basicamente, o **STF** se mostrava fiel ao entendimento de que, no sistema tributário nacional, o IPTU é inequivocamente um imposto real, porquanto tem ele, como fato gerador, a propriedade, o domínio útil ou a posse de imóvel, localizado na zona urbana do município, não se devendo levar em consideração a pessoa do proprietário, do titular do domínio útil ou do possuidor. Portanto, os impostos reais, segundo o STF, tenderiam à proporcionalidade, e não à progressividade, exceto no caso de se dar cumprimento à função social da propriedade (art. 5º, XXIII, CF), no bojo da aceitável progressividade extrafiscal.

O eminente Ministro **Moreira Alves** cita em seu voto o art. 130 do CTN, demonstrando que tal dispositivo demarca uma obrigação "*ob ou propter rem*, também denominada obrigação 'ambulatória', porque o devedor não é necessariamente o proprietário, titular do domínio útil ou possuidor ao tempo em que ocorreu o fato gerador e nasceu a obrigação tributária, mas pode ser o que estiver numa dessas posições quando da exigibilidade do crédito tributário, circunstância esta que mostra, claramente, que nesses impostos não se leva em consideração a capacidade contributiva do sujeito passivo (...)".

A esse propósito, discorre Sacha Calmon Navarro Coêlho[78]:

(...) Referimo-nos à obrigação ambulatória, em que a prestação era "certus na" e "certus quando", mas o sujeito passivo tanto podia ser conhecido como não, por isso que a coisa ambulava com o dono, e este nem sempre era o mesmo (*ambulant cum dominus*). Este tipo de obrigação era comum em tributos que recaíam sobre bens imóveis, terras e edificações. Os romanos não se preocupavam com a coisa, por isso que a sua propriedade "ambulava", em sentido legal, com seu dono, e este era exatamente quem devia pagar o tributo, fosse lá quem fosse (...).

De outra banda, na defesa do contrário entendimento doutrinário, oposto ao dessa linha clássica adotada pelo **STF** – hoje, já superada –, o estimado Professor Hugo de Brito Machado[79] assevera que "não se deve, portanto, afastar dos impostos ditos *reais* o princípio da capacidade contributiva. Pelo contrário, tal princípio deve ser aplicado intensamente em relação a eles".

Ainda, nessa mesma trilha, seguiu a ex-Desembargadora Federal do TRF da 3ª Região, Regina Helena Costa[80], atual Ministra do STJ, para quem "a todos os impos-

78. COÊLHO, Sacha Calmon Navarro. *Manual de direito tributário*. 2. ed. Rio de Janeiro: Forense, 2002, p. 206.
79. MACHADO, Hugo de Brito. *Os princípios jurídicos da tributação na Constituição de 1988*, 5. ed., p. 76.
80. COSTA, Regina Helena. *Princípio da capacidade contributiva*, 3. ed., p. 98.

tos é possível imprimir-se a técnica da progressividade, uma vez que esta é exigência do próprio postulado da capacidade contributiva, igualmente aplicável a todos eles".

Evidenciava-se, assim, no período anterior à Emenda, o entendimento do **STF** de que a sistemática progressiva de cobrança de impostos, concebida pela Constituição Federal, não abrangia os tributos reais e, consequentemente, não poderia ser aplicada ao IPTU.

Com base nessa premissa, suscitou-se a possível feição inconstitucional da Emenda ora comentada, uma vez que a nova sistemática de variação de alíquotas afrontaria os princípios da isonomia, da capacidade contributiva, além de ferir núcleo imodificável do texto constitucional (art. 60, § 4º, CF).

Basicamente, a linha de ataque ao teor da EC n. 29/2000 pautava-se na crítica de que a medida teria trazido uma exótica progressividade fiscal ao IPTU, o que não se sustentava, em resumo, pelos seguintes argumentos:

1. a Emenda laborou em erro ao estabelecer grandezas de variação do IPTU atinentes às características pessoais do contribuinte (o art. 156, § 1º, I e II, CF prevê uma progressividade em razão do valor do imóvel, com alíquotas diferenciadas em razão da localização e uso do imóvel);
2. o IPTU é um imposto real, consoante jurisprudência robusta, não obedecendo à progressividade fiscal desejada pela Emenda em estudo;
3. com a Emenda, houve a exótica extensão do *princípio da capacidade contributiva* (art. 145, § 1º, CF) a um imposto de índole real, no caso, ao IPTU;
4. há patente violação ao *princípio da vedação ao confisco* (art. 150, IV, CF);
5. há cristalina ofensa ao *princípio da isonomia tributária* (art. 150, II, CF). Note um exemplo: aplicando-se a sistemática de alíquotas recomendada na Emenda, o contribuinte ALFA, que era titular do domínio de um único imóvel, de valor venal de R$ 600.000,00, utilizável para sua residência, suportaria uma carga tributária majorada, sob o falso fundamento de que sua capacidade contributiva era maior do que aquela de contribuintes que possuíam imóveis de valores venais inferiores. De outro lado, o contribuinte BETA, sendo titular do domínio de dez ou mais imóveis, de valores venais individuais de menor expressão (R$ 60.000,00, por exemplo), utilizáveis para locação a terceiros e especulação imobiliária, suportaria carga tributária infinitamente inferior, em que pese à sua capacidade contributiva ser talvez superior à do primeiro.

Diga-se, em tempo, que, de outra banda, despontava a argumentação "pró-Emenda" das municipalidades, na defesa de sua constitucionalidade, baseando-se, em linhas gerais, nas seguintes premissas:

1. o art. 156 da Lei Maior, com a redação da EC n. 29/2000, não ultrapassava os limites materiais contidos no art. 60, § 4º, da CF e não abolia direitos ou garantias individuais, até porque não existia o suposto direito de só ser tributado progressivamente no caso dos impostos pessoais;

2. entre as cláusulas pétreas, não se incluía a vedação ao direito de se instituir imposto progressivo de natureza real;
3. a instituição de alíquotas diferenciadas, em razão da localização, do valor e do uso do imóvel dava-se em respeito ao princípio da isonomia, pois se tributava desigualmente os que se achavam em situação de desigualdade, atendendo-se ao princípio da capacidade contributiva;
4. a progressividade dos impostos era o melhor meio de se afastar as injustiças tributárias, pois quem tinha maior riqueza devia, em termos proporcionais de incidência, pagar mais imposto do que quem tinha menor patrimônio, ou seja, além de ser uma progressividade "justa", uma vez que proporcionava maior distribuição de rendas e justiça social (o viés extrafiscal), era uma progressividade "jurídica", na medida em que desigualava os desiguais, conforme suas desigualdades;
5. a Emenda apenas explicitava regra que já estava implícita na Carta original, cumprindo os princípios de moralidade e de justiça contributiva, segundo os quais os ônus sociais distribuem-se conforme o patrimônio e a capacidade econômica do contribuinte;
6. o art. 145 da CF, ao preceituar que "*os impostos, sempre que possível, terão caráter pessoal e serão graduados segundo a capacidade econômica do contribuinte*", não significava que estaria vedada a progressividade para impostos que, doutrinariamente, são conceituados como de natureza real. Aliás, já se entendia que a alíquota do IPTU poderia ser progressiva em função do adequado aproveitamento do imóvel, de acordo com a política urbana estabelecida no plano diretor do Município. Ademais, o mencionado "caráter pessoal" não era sinônimo de tributo pessoal;
7. a progressividade tributária era o meio para a realização da função social da propriedade e da justiça social, não exsurgindo pela medida o caráter confiscatório do imposto.

Na esteira de tantos argumentos "pró-Emenda", parte da doutrina posicionou-se no sentido de que não existia na Constituição Federal de 1988 qualquer vedação ao emprego do princípio da capacidade contributiva em relação aos impostos reais. Note o entendimento de Hugo de Brito Machado[81]:

> (...) Primeiro, note-se que o § 1º do art. 145 não veda de modo nenhum a realização do princípio da capacidade contributiva relativamente aos impostos reais. (...) À primeira vista, pode parecer que os impostos reais não se prestam para a realização do princípio da capacidade contributiva. Na verdade, porém, assim não é. (...) Por fim, é importante que se esclareça, porém, que o fato de ser utilizado um imposto,

81. MACHADO, Hugo de Brito. Progressividade e seletividade no IPTU. *In:* Peixoto, Marcelo Magalhães (Coord.). *IPTU, aspectos jurídicos relevantes.* São Paulo: Quartier Latin, 2002, pp. 259-62.

como o IPI, para a realização do princípio da capacidade contributiva, não confere a esse imposto um caráter pessoal. Por maior que seja o seu grau de seletividade em função da essencialidade do produto, segue sendo ele tipicamente um imposto real.

Ademais, ainda nessa trilha defensiva da Emenda, foi possível observar na doutrina o entendimento segundo o qual a progressividade fiscal instituída a partir da EC n. 29/2000 era, em verdade, o corolário ou o próprio "refinamento" do princípio da capacidade contributiva e, num grau dito "axiologicamente superior", do próprio princípio da isonomia, de modo que a carga tributária viesse a ser mais significativa para os contribuintes que revelassem superior riqueza patrimonial e menos onerosa para os cidadãos de mais baixa renda[82].

Viu-se, assim, que prestigiar a instituição da progressividade fiscal no IPTU seria o mesmo que garantir a todos o exercício da cidadania, viabilizando ao Estado o seu nobre exercício na aplicação normativa do tributo, bem como na execução das políticas públicas[83].

Como se nota, pode-se hoje dizer, sem medo de equívocos, que o assunto deixou a doutrina e os tribunais divididos. Inúmeras foram as opiniões a favor da progressividade, assim como aquelas que exteriorizavam uma frontal discordância com a técnica.

No plano da análise do tema pelo **STF**, viu-se que, de início, o Pretório Excelso, sem enfrentar os pontos centrais da discussão, concebeu apenas que as leis anteriores à Emenda eram inconstitucionais, quanto à técnica da *progressividade fiscal*, mas as que tivessem sido elaboradas após a EC n. 29/2000 seriam passíveis de aplicação.

Assim, a Corte Suprema firmou entendimento no sentido de ser inconstitucional a pretensão tributante do fisco municipal de impor a *progressividade fiscal*, aferível pela capacidade contributiva do sujeito passivo, para os eventos tributários verificados antes do advento da EC n. 29/2000.

Nesse passo, em **2003**, editou-se a **Súmula n. 668 do STF**, que reza: "*É inconstitucional a lei municipal que tenha estabelecido, antes da EC n. 29/2000, alíquotas progressivas para o IPTU, salvo se destinada a assegurar o cumprimento da função social da propriedade urbana*".

> Note o item considerado **INCORRETO**, em prova realizada pelo TJ/PA, para o cargo de Assessor Jurídico, em 2014: *"É constitucional a lei municipal que tenha estabelecido antes da EC 29/00 a progressividade das alíquotas do IPTU, exceto para o cumprimento da função social da propriedade urbana"*.

82. *V.* CARRAZZA, Elizabeth Nazar. *IPTU e progressividade*. 1. ed., 3ª tir. Curitiba: Juruá, 2002, p. 91.
83. *V.* DERZI, Misabel Abreu Machado. *Do imposto sobre a propriedade predial e territorial urbana*. São Paulo: Saraiva, 1982, p. 63.

> Note o item considerado **INCORRETO**, em prova realizada pela Serctam, para o cargo de Advogado da Prefeitura de Quixadá/CE, em 2016: *"Segundo o entendimento sumulado do STF, não é inconstitucional a lei municipal que tenha estabelecido, antes da EC n. 29/2000, alíquotas progressivas para o IPTU, salvo se destinada a assegurar o cumprimento da função social da propriedade urbana".*

Em 11 de março de **2015**, o Plenário iniciou julgamento de proposta de edição de enunciado de súmula vinculante (**PSV 96/DF**) que retrate a mencionada **Súmula n. 668 do STF**. Embora o tema já esteja consolidado, muitos casos sobre a matéria continuam a chegar ao STF. Vamos aguardar a elaboração do enunciado pela Corte Suprema.

Insta frisar que, sob a égide das Constituições de 1946 e de 1967/69, o **STF** consagrou o entendimento segundo o qual o uso de alíquotas progressivas para o IPTU, proporcionalmente ao número de imóveis do contribuinte, era inconstitucional, o que à época foi consubstanciado na **Súmula n. 589** (*"É inconstitucional a fixação de adicional progressivo do imposto predial e territorial urbano em função do número de imóveis do contribuinte"*). Assim, o **STF** deixou claro seu entendimento de que o IPTU era um imposto real, e não pessoal, afastando a aplicação do princípio da capacidade contributiva. De certa forma, com o advento da Súmula n. 668, mostrou-se superado o entendimento do enunciado anterior, elaborado naquela Corte, em 1976.

> Note o item considerado **INCORRETO**, em prova realizada pela FGV, para o cargo de Auditor do Tesouro Municipal da Prefeitura de Recife/PE, em 2014: *"Em determinado Município da Federação, foi editada lei fixando alíquotas progressivas do IPTU, em decorrência do número de imóveis de propriedade do contribuinte. Nesse sentido, a lei é constitucional por obedecer ao princípio da função social da propriedade".*

> Note o item considerado **CORRETO**, em prova realizada pela FGV, para o cargo de Auditor do Tesouro Municipal da Prefeitura de Recife/PE, em 2014: *"Em determinado Município da Federação, foi editada lei fixando alíquotas progressivas do IPTU, em decorrência do número de imóveis de propriedade do contribuinte. Nesse sentido, a lei é inconstitucional, sendo o IPTU um imposto de natureza real".*

A presente *Súmula n. 668* se revelou importante, no plano temporal, sobretudo em um aspecto: mesmo antes do advento de tal Emenda, havia leis municipais que previam a cobrança de IPTU mediante alíquotas progressivas, de acordo com a capacidade econômica do sujeito passivo. Além disso, de outra banda, havia municípios que, após a Emenda, vinham cobrando o IPTU progressivo, sob a nova roupagem oriunda do art. 156, § 1º, I e II, da CF, porém com lançamentos referentes a eventos tributários que se consumaram em período anterior à indigitada alteração constitucional.

Note os posicionamentos do **STF** que se seguiram à Súmula:

(I) EMENTA: A Turma aplicou o entendimento firmado no Enunciado 668 da Súmula do STF (*"É inconstitucional a lei municipal que tenha estabelecido, antes da EC n. 29/2000, alíquotas progressivas para o IPTU, salvo se destinada a assegurar o cumprimento da função social da propriedade urbana"*) e conheceu em parte de recurso extraordinário para, nessa parte, dar-lhe provimento a fim de afastar a cobrança de alíquotas progressivas do IPTU. (...) **(RE 212.558/RS, 2ª T., rel. Min. Ellen Gracie, j. em 29-06-2004)**

(II) EMENTA: O Tribunal, por maioria, deu provimento a recurso extraordinário para declarar a inconstitucionalidade do art. 17 da Lei 1.354, de 22 de dezembro de 1979, com a redação dada pela LC n. 178, de 22 de dezembro de 1996, ambas do Município de Maringá/PR, que estabeleciam alíquotas progressivas para o Imposto Predial e Territorial Urbano – IPTU. (...) *Tendo em conta a inexistência, à época, de lei federal regulamentando o art. 182, § 4º, da CF, e a ausência de Plano Diretor, adotou-se o entendimento do STF fixado no RE 153.771/MG ('DJU' de 05-09-1997), no sentido de que a única progressividade admitida pela CF/88, em relação ao IPTU, é a extrafiscal, destinada a assegurar o cumprimento da função social da propriedade urbana.* Vencido o Min. Carlos Velloso que negava provimento ao recurso e declarava a constitucionalidade da progressividade das alíquotas. **(RE 400.780/PR, Pleno, rel. Min. Marco Aurélio, j. em 12-08-2004) (Grifo nosso)**

(III) EMENTA: CONSTITUCIONAL. TRIBUTÁRIO. IPTU DO MUNICÍPIO DO RIO DE JANEIRO. PROGRESSIVIDADE ANTERIOR À EC 29/2000. TAXA DE COLETA DE LIXO E LIMPEZA PÚBLICA – TCLLP. (...). I – *A jurisprudência do STF é no sentido de que é inconstitucional a lei municipal que tenha estabelecido, antes da EC 29/2000, alíquotas progressivas para o IPTU, salvo se destinadas a assegurar o cumprimento da função social da propriedade urbana (Súmula 668 do STF)*. (...). IV – Agravo improvido. **(AgReg no RE 380.427/RJ, 1ª T., rel. Min. Ricardo Lewandowski, j. em 22-06-2007) (Grifo nosso)**

(IV) EMENTA: 1. IPTU: progressividade: Lei 5.641/89 do Município do Belo Horizonte: o STF firmou o entendimento – a partir do julgamento do RE 153.771, Pleno, 20-11-1996, Moreira Alves – de que *a única hipótese na qual a Constituição – antes da EC 29/00 – admitia a progressividade das alíquotas do IPTU era a do art. 182, § 4º, II, destinada a assegurar o cumprimento da função social da propriedade urbana*. 2. Progressividade: declaração de inconstitucionalidade: inviabilidade da concessão de efeitos *ex nunc*, no caso: precedentes. (...). **(AgRg no AI n. 486.301/MG, 1ª T., rel. Min. Sepúlveda Pertence, j. em 16-02-2007) (Grifo nosso)**

Também se mostrou inconstitucional, naquele momento anterior à EC n. 29/2000, a hipótese – sofisticada, até certo ponto – de **progressividade (por via) transversa**, como se notou no veredicto exarado no **RE 355.046**, rel. Min. Ellen Gracie, Pleno, j. em **1º-08-2011**. Tratava-se de caso de norma municipal que concedeu isenções parciais de IPTU inversamente proporcionais ao valor venal de imóveis. É fácil perceber que, revestindo-se dessa exótica indumentária, a isenção deixa de atuar como benefício fiscal, passando a compor o aspecto quantitativo da norma tributária impositiva. Após a EC n. 29/2000, até seria possível cogitar de sua validade; antes, não.

Em 4 de novembro de **2015**, o Pleno do **STF**, no **RE 602.347/MG** (rel. Min. Edson Fachin), entendeu, com base na Súmula n. 668, pela necessidade da "*cobrança do IPTU pela menor alíquota, entre 1995 e 1999, nos casos de declaração de inconstitucionalidade de sua progressividade, antes do advento da EC 29/2000*". Vale a pena observarmos a lógica do veredicto, inserta em trecho do **Informativo STF n. 806** (3 a 6 de novembro de **2015**):

> (...) a solução mais adequada seria manter a exigibilidade do tributo com redução da gravosidade ao patrimônio do contribuinte ao nível mínimo, ou seja, adotando-se a alíquota mínima como mandamento da norma tributária. Ressaltou que o reconhecimento da inconstitucionalidade da progressividade do IPTU não afastaria a cobrança total do tributo. Esta deveria ser realizada pela forma menos gravosa prevista em lei. Portanto, mesmo que a progressividade das alíquotas tenha sido declarada inconstitucional por Tribunal de Justiça, a única solução possível a compatibilizar a competência tributária dos Municípios e a exação menos gravosa possível ao contribuinte seria assentar a exigibilidade de IPTU na alíquota mínima prevista legalmente, alusiva a período anterior à EC n. 29/2000. Tal desfecho não incorreria em inconstitucionalidade, pois o IPTU seria cobrado de forma proporcional. (...) (**RE 602.347/MG, Rep. Geral, rel. Min. Edson Fachin, Pleno, j. em 04-11-2015**)

De fato, a progressividade fiscal do IPTU não existia no texto original da Constituição Federal de 1988, ao menos de forma expressa. Foi apenas com o advento da EC n. 29/2000 que se inseriu tal diretriz normativa no texto constitucional. Assim, somente após a vigência de tal Emenda pôde o fisco municipal exigir a progressividade segundo a capacidade econômica do contribuinte, mesmo diante da preexistente regra genérica de progressividade tributária constante no art. 145, § 1º, da CF. Registre-se, *ad argumentandum*, que há entendimento doutrinário segundo o qual a progressividade fiscal do IPTU sempre se mostrou "perfeitamente admitida e, até mesmo, implicitamente exigida pela nossa Carta Republicana"[84].

Em **2006**, o **STF**, no **RE 423.768-7/SP**, foi instado a se pronunciar sobre a Lei Municipal n. 13.250/2001, do município de São Paulo, a qual levou a cabo a variação de alíquotas consoante a EC n. 29/2000.

Para o relator da matéria, o eminente Ministro Marco Aurélio, "*o alvo do preceito é único, a estabelecer uma gradação que leve à justiça tributária, ou seja, onerando aqueles com maior capacidade para o pagamento do imposto*". Para o relator, acompanhado pelos votos dos Ministros Joaquim Barbosa, Cármen Lúcia, Eros Grau e Sepúlveda Pertence (decisão prolatada em 1º-12-2010), a Lei Municipal n. 13.250/2001 concretizou de modo legítimo a previsão constitucional, e a EC n. 29/2000 não afastou qualquer direito ou garantia individual, conforme se nota no trecho colhido de seu voto:

84. FURLAN, Valéria. *Imposto predial e territorial urbano*, 2. ed., pp. 139-140.

(...) Eis a questão que se coloca à Corte: é possível dizer-se que a EC n. 29/2000 veio a afastar cláusula pétrea? (...) Ora, a EC n. 29/2000 não afastou direito ou garantia individual. E não o fez porquanto o texto primitivo da Carta já versava a progressividade dos impostos, a consideração da capacidade econômica do contribuinte, não se cuidando, portanto, de inovação a afastar algo que pudesse ser tido como integrado a patrimônio. (...) Em síntese, esses dados não vieram a implicar o afastamento do que se pode ter como cláusula pétrea, mas simplesmente dar o real significado ao que disposto anteriormente sobre a graduação dos tributos. Daí concluir no sentido de conhecer e prover o extraordinário para afastar a pecha atribuída à EC n. 29/2000 e, com isso, ter como harmônica com a Carta da República, na redação decorrente da citada Emenda, a Lei do Município de São Paulo n. 6.989, de 29 de dezembro de 1966, na redação imprimida pela Lei n. 13.250, de 27 de dezembro de 2001.

Posto isso, atualmente, é dessa forma que a questão da progressividade do IPTU apresenta-se perante a doutrina e o STF, mostrando-se à luz de uma **dupla progressividade ao IPTU** – a progressividade *extrafiscal*, que lhe é – e sempre foi – genuína, e a progressividade *fiscal*, haurida da **EC n. 29/2000**.

Note o item considerado **INCORRETO**, em prova realizada pelo TJ/PR, para o cargo de Assessor Jurídico, em 2013: *"É constitucional a lei municipal que tenha estabelecido antes da EC n. 29/00 a progressividade das alíquotas do IPTU, exceto para o cumprimento da função social da propriedade urbana"*.

3.4.3.4 A progressividade no ITCMD

À luz do entendimento majoritário da doutrina e da jurisprudência, sempre foi comum a recusa à progressividade para o Imposto sobre Transmissão *Causa Mortis* e Doação (ITCMD). A propósito, pudemos demonstrar tal direção nas edições anteriores desta obra, destacando, até mesmo, a preferência das Bancas Examinadoras dos concursos por esse entendimento.

Por outro lado, não se pode perder de vista que a **Resolução n. 9/92** do Senado Federal, ao estabelecer alíquota máxima para o ITCMD, de que trata a alínea "a", inciso l, e § 1º, inciso IV do art. 155 da CF, assim dispõe: **(I)** a alíquota máxima do ITCMD será de oito por cento **(8%)**, a partir de 1º de janeiro de 1992; **(II)** as alíquotas dos impostos, fixadas em lei estadual, poderão ser progressivas em função do quinhão que cada herdeiro efetivamente receber, nos termos da Constituição Federal.

Em fevereiro de **2013**, o **STF** declarou constitucional a progressividade para o ITCMD. Dessa forma, com esse emblemático julgado, a Corte Suprema modifica a sua tradicional jurisprudência, colocando em xeque dois pilares exegéticos, ali já sacramentados:

1. os impostos ditos *reais* possuem caráter incompatível com a progressividade (exceto os casos do IPTU e do ITR, por força da expressa previsão constitucional). Daí a lapidação da conhecida ***Súmula 656 do STF***, afastando a progressividade para o ITBI;

2. a progressividade somente se afigura legítima se estiver expressa no texto constitucional, do que deflui a técnica tão somente para **três** impostos, taxativamente indicados: o **IR** (art. 153, § 2º, I, CF), o **ITR** (art. 153, § 4º, I, CF) e o **IPTU** (art. 182, § 4º, II, e art. 156, § 1º, I, ambos da CF).

Em rápida análise histórica, sabe-se que no **STF**, em junho de **2008**, iniciou o julgamento do recurso extraordinário (**RE 562.045**) interposto pelo Estado do Rio Grande do Sul, no qual se discutia a constitucionalidade de um dispositivo da lei gaúcha que previa a progressividade para o ITCMD. Os julgadores se dividiram: de um lado, com votos vencidos, entendeu-se que a progressividade para *impostos reais* só seria possível se estivesse expressamente estipulada na Carta Magna, tudo em consonância com o que se pode depreender da interpretação do art. 145, § 1º, da CF; de outra banda, os votos vencedores pautaram-se na ideia de que o art. 145, § 1º, da CF faz alusão a "caráter pessoal" dos impostos, não distinguindo *impostos pessoais* de *impostos reais*. Daí se defender, segundo estes últimos, que todos os impostos – mesmo os que não tivessem o indigitado "caráter pessoal" – acabavam guardando relação com a capacidade contributiva do sujeito passivo.

A conclusão do feito, com repercussão geral reconhecida, deu-se em 6 de fevereiro de **2013**, quando o Plenário, por maioria, deu provimento ao recurso extraordinário, considerando constitucional a progressividade para o ITCMD, à semelhança do que já se adota em legislação alienígena (Espanha, Itália, Alemanha etc.). Observe a ementa:

> **EMENTA:** EXTRAORDINÁRIO. ITCMD. PROGRESSIVIDADE. CONSTITUCIONAL. No entendimento majoritário do Supremo, surge compatível com a Carta da República a progressividade das alíquotas do Imposto sobre Transmissão *Causa Mortis* e Doação. Precedente: Recurso Extraordinário n. 562.045/RS, mérito julgado com repercussão geral admitida. **(AgR-RE 542.485, rel. Min. Marco Aurélio, 1ª T., j. em 19-02-2013)**

A linha de pensamento prevalecente na Corte Suprema baseou-se, em síntese, no fato de que o ITCMD, por ser um tributo que incide sobre as transferências de bens e direitos a título gratuito, pressupõe um signo presuntivo de acréscimo patrimonial – motivo bastante para se defender a progressividade. Aliás, com essa faceta, o ITCMD progressivo se aproxima mais do IR e menos do ITBI, evitando que se faça qualquer relação entre ele próprio e este imposto municipal (não progressivo, como se sabe, por força da Súmula n. 656 do STF).

Em tempo, diga-se que tal entendimento já encontrava ressonância nas palavras de Ricardo Lobo Torres[85]:

85. TORRES, Ricardo Lobo. *Curso de direito financeiro e tributário*. 12. ed. Rio de Janeiro: Renovar, 2005, p. 382.

> O imposto *causa mortis*, incidindo sobre o incremento do patrimônio de herdeiros e legatários sem qualquer trabalho ou esforço deles, denota excelente índice de capacidade contributiva e extraordinária aptidão para promover a justiça social, pelo que deve se afinar simultaneamente com os subprincípios da "progressividade", que recomenda a elevação das alíquotas na medida em que aumentar o bolo tributável, (...).

Por fim, com esse veredicto, o **STF** deixou claro o seu entendimento quanto aos "pilares exegéticos" acima prenunciados, evidenciando que:

1. todos os impostos, mesmo os que não têm o "caráter pessoal", guardam relação com a capacidade contributiva do sujeito passivo. Tal entendimento – chancelando a progressividade para o ITCMD – **não** anula a validade da *Súmula 656 do STF* (e até a da *Súmula 668 do STF*), mantendo-se ambas aplicáveis;
2. não se pode mais defender que "só a Constituição Federal pode autorizar outras hipóteses de tributação progressiva de impostos reais", uma vez que agora a progressividade pode estar expressa no texto constitucional ou não: na primeira hipótese, destacam-se o **IR**, o **ITR** e o **IPTU**; na última hipótese, por força pretoriana, tem-se o **ITCMD**;
3. não se pode admitir a progressividade do ITCMD, em função apenas da **proximidade parental** entre o "de cujus" e os "herdeiros". **(RE 854.869-AgR, rel. Min. Cármen Lúcia, 2ª T., j. em 25-08-2015)**.

> Note o item considerado **CORRETO**, em prova realizada pelo Cespe/Cebraspe, para o cargo de Auditor do Tribunal de Contas do Paraná (TCE/PR), em 2016: *"Conforme o STF, a proximidade parental entre o 'de cujus' e os herdeiros não é critério legítimo para a instituição de progressividade de alíquotas do ITCMD"*.

Desse modo, conclui-se que subsistem **quatro** impostos com previsão de progressividade em nosso sistema tributário: dois *federais* (IR, ITR), um *municipal* (IPTU) e, finalmente, um *estadual* (ITCMD).

3.4.4 A capacidade contributiva e a proporcionalidade

A técnica da proporcionalidade – obtida pela aplicação de uma alíquota única sobre uma base tributável variável – é um instrumento de justiça fiscal "neutro", por meio do qual se busca realizar o princípio da capacidade contributiva. Vale dizer que a técnica induz que o desembolso de cada qual seja proporcional à grandeza da expressão econômica do fato tributado.

Partindo-se da adoção de uma mesma relação matemática entre o tributo e a matéria tributável, a proporcionalidade faz com que a alíquota mantenha-se incólume, uniforme e invariável. Desse modo, tal sistemática torna a alíquota uma constante, e a base de cálculo, uma variável. Portanto, quer a base de cálculo sinalize um valor *alfa* ou um valor *beta*, a alíquota sobre estes montantes recairá por idêntica percentagem.

Registre-se, por oportuno, que a proporcionalidade não vem explícita no texto constitucional, como a **progressividade**.

Abaixo segue um **quadro comparativo**:

> Note o item considerado **INCORRETO**, em prova realizada pela Cetro, para o cargo de Auditor Fiscal Municipal da Prefeitura de São Paulo, em 2014: *"Serão 'progressivos' os que se caracterizarem pelo aumento da alíquota numa proporção ao aumento da base de cálculo, como, por exemplo, o IPI"*.

PROPORCIONALIDADE			PROGRESSIVIDADE		
Base de Cálculo	**Alíquota**	**$**	**Base de Cálculo**	**Alíquota**	**$**
10	10%	1	10	10%	1
100	10%	10	100	25%	25

No plano histórico, de há muito, a proporcionalidade transita em abundância como vetusta técnica tributária, tendo sido originariamente apresentada a nós por meio dos intitulados "quintos" (20%), "dízimos" (10%) ou "décimas prediais". Ainda na Roma Imperial, sobressaiu o instituto da *vicesima hereditatum* (5%) – um imposto proporcional incidente sobre a herança[86].

Nesse passo, é importante registrar que, embora os impostos proporcionais tenham sido muito utilizados na Idade Moderna, ocupando, ainda hoje, posição de destaque nos sistemas fiscais contemporâneos, já não são considerados os mais idôneos a atender o princípio da capacidade contributiva, persistindo sua aplicação em casos pouco ajustáveis à progressividade[87].

Com efeito, subsistem férteis críticas à **técnica da proporcionalidade**, como se nota da lição de Geraldo Ataliba[88], para quem "*os impostos que não sejam progressivos – mas que tenham a* **pretensão de neutralidade** *– na verdade, são regressivos, resultando em injustiça e inconstitucionalidade*".

> Note o item considerado **CORRETO**, em prova realizada pela Cetro, para o cargo de Auditor Fiscal Municipal da Prefeitura de São Paulo, em 2014: *"Tributos proporcionais são aqueles cuja alíquota permanece fixa e a base de cálculo é que varia, como, por exemplo, a regra geral do IPTU, no qual a base de cálculo é considerada o valor venal do imóvel"*.

86. *V.* BALEEIRO, Aliomar. *Uma introdução à ciência das finanças*, 16. ed., p. 216.
87. *Ibidem*, pp. 202-203.
88. ATALIBA, Geraldo. Progressividade e capacidade contributiva. *Separata da Revista de Direito Tributário*, 1991, p. 49.

Quanto à distorção conhecida por "regressividade", diz-se que o sistema tributário brasileiro encerra evidente paradoxo: o dilema de conciliar a ação afirmativa do Estado na distribuição equitativa da riqueza social com a impossibilidade de expansão da incidência tributária para além das fronteiras do mínimo vital e do não confisco. Tal paradoxo tem sido, lamentavelmente, solvido pela indesejável opção da tributação regressiva, que onera mais gravosamente as famílias com menor poder aquisitivo, amplificando a concentração de renda e as desigualdades sociais.

Passemos, então, a algumas considerações pontuais sobre este fenômeno anômalo, ou seja, a **regressividade**, em nosso sistema tributário.

3.4.4.1 A proporcionalidade e a regressividade no sistema tributário brasileiro

A *carga fiscal* ou *carga tributária* bruta corresponde à relação entre a totalidade de tributos pagos pela sociedade e o PIB. Quanto ao seu resultado, a carga fiscal será regressiva, quando provocar uma maior concentração de renda na sociedade.

Nesse passo, uma das discussões mais candentes sobre a inflação refere-se à "distribuição da carga tributária", porquanto, se de um lado ela atua como um tributo sobre os encaixes reais, afetando mais gravosamente as classes de menor poder aquisitivo, de outro, corrói a base e a recolha dos tributos, conquanto sejam guarnecidos por algum esquema de indexação. Nessa condição é que exsurge a tão propalada *regressividade do sistema tributário.*

O Brasil possui uma carga tributária elevada e em ascensão, e sua distribuição pela sociedade beneficia quem ganha mais e, de modo perverso, sacrifica quem ganha menos.

Em elucidativo artigo publicado por Gilberto Luiz do Amaral (e outros)[89], pudemos extrair curiosas estatísticas sobre a carga tributária brasileira, que reputamos merecedoras de registro neste trabalho: os autores evidenciam que a carga tributária sobre renda, consumo e patrimônio já consome 153 dias de trabalho do brasileiro, ou seja, 5 meses e 3 dias. Assim, em **2017**, **2018** e **2019**, o brasileiro trabalhou de 1º de janeiro a 2 de junho com o exclusivo propósito de pagar os tributos (impostos, taxas e contribuições) exigidos pelos governos federal, estadual, distrital e municipal. Comparativamente, constatam os autores, enquanto nas décadas de 70 e 80, o cidadão brasileiro trabalhava, respectivamente, 76 e 77 dias ao ano para arcar com o ônus tributário, na década de 90, o número subiu para 102 dias ao ano. Após o ano 2000, por sua vez, os números não pararam de crescer: em 2000, o brasileiro dispôs de 121 dias de seu ano para pagamento de tributos; em 2005, de 140 dias; em 2010, de 148

89. *V.* AMARAL, Gilberto Luiz; OLENIKE, João Eloi; AMARAL, Letícia Mary Fernandes do; YAZBEK, Cristiano Lisboa. *Estudo sobre os dias trabalhados para pagar tributos em 2018*. Disponível em: < https://d335luupugsy2.cloudfront.net/cms/files/21658/1528117190Estudo_dias_trabalhados.pdf>. Acesso em 23 de setembro de 2018.

dias; em 2015, de 151 dias; em 2017, de 153 dias; em 2018, igualmente, de 153 dias (5 meses e 2 dias). Portanto, hoje se trabalha o dobro do que se trabalhava na década de 70 para arcar com nossa dívida tributária. Por fim, os autores registram que países como *Dinamarca*, *Suécia* e *França* apresentam, curiosamente, números mais expressivos (o cidadão dinamarquês trabalha 176 dias do ano para pagar os tributos; o francês, 171 dias; o sueco, 163 dias), porém aqui ninguém duvida de que, em tais países, é possível desfrutar de uma efetiva contraprestação estatal quanto aos serviços públicos de qualidade que venham a ser prestados.

Seguindo na contramão das experiências internacionais, a estrutura tributária brasileira constitui-se, predominantemente, de *tributos indiretos*, ou seja, daqueles que incidem sobre o consumo, o lucro, o faturamento, tais como o ICMS, o IPI, o ISS, o PIS, a COFINS, a CSLL, entre outros. No plano arrecadatório, estes gravames sobressaem, de modo expressivo, em relação aos chamados "tributos diretos", geralmente incidentes sobre o patrimônio (IPTU, IPVA, ITR, ITBI, ITCMD, entre outros), com pouco volume arrecadável.

No Brasil, analisando-se a tributação nas últimas duas décadas, pode-se afirmar, sem receio de errar, que as cargas tributárias *direta* e *indireta*, mantiveram-se assim distribuídas: 40% para a primeira e 60% para a segunda.

É induvidoso que os *impostos indiretos*, particularmente, tendem à regressividade, pois os consumidores, ricos ou pobres, realizando transações de bens e serviços, pagam na mesma proporção, em relação ao valor do bem ou serviço adquirido, independentemente de suas capacidades de contribuição.

Daí se evidenciar, ano a ano, um Estado brasileiro que se torna cada vez mais financiado pelas classes de menor poder aquisitivo, com a população de baixa renda suportando uma elevada tributação indireta, o que contribui para o recrudescimento das desigualdades sociais. Infelizmente, nossa filosofia tributária busca onerar menos a renda e o patrimônio e gravar mais os bens e serviços. Ademais, os tributos indiretos provocam um imediato impacto nos custos e na competitividade das empresas quando veiculam uma tributação cumulativa sobre a produção e a circulação de mercadorias.

Segundo Marcio Pochmann[90], presidente do IPEA (*Instituto de Pesquisa Econômica Aplicada*), "os pobres no Brasil pagam 44% mais imposto, em proporção à sua renda, que os ricos. Embora os 10% mais pobres não paguem Imposto de Renda, consomem bens com alta carga de impostos indiretos, como os da cesta básica". Para Pochmann, ao apresentar dados que mostram a incidência de tributos mais fortes entre os hipossuficientes, afirma que 1,8% da renda dos mais pobres é gasta com

90. Ver <http://www.ipea.gov.br/003/00301009.jsp?ttCD_CHAVE=4547>. Jornal *Folha de S.Paulo*, sob o título "Pobres pagam 44% mais impostos, aponta estudo", em 16-05-2008.

IPTU, enquanto 1,4% da renda dos mais ricos é gasta com o imposto. Para ele, "*o IPTU das mansões é proporcionalmente menor que o da favela*".

De fato, há estudos que apontam curiosa proporção: à medida que a renda aumenta, os gastos familiares com habitação tendem a decrescer, pois as famílias mais abastadas promovem menor esforço financeiro para adquirir o imóvel. Daí se afirmar que a adoção, por exemplo, de uma alíquota única e invariável, incidente sobre a propriedade imobiliária, tende a provocar uma regressividade, onerando-se mais gravosamente as famílias mais pobres.

Por derradeiro, insta mencionar que o *Instituto Brasileiro de Planejamento Tributário* (IBPT)[91] divulgou, em junho de **2019**, um novo e profícuo estudo sobre o confronto entre "carga tributária" e "IDH" (o conhecido "Índice de Desenvolvimento Humano"). A propósito, o IDH – um índice padronizado de avaliação desenvolvido por um economista paquistanês em 1990 – é uma reconhecida medida comparativa de riqueza, alfabetização, educação, entre outros fatores. Ele varia de 0 (zero) a 1 (um): quanto mais próximo dessa última medida, maior será o grau de desenvolvimento aferido.

Desgraçadamente, as conclusões demonstraram que o Brasil detém uma elevadíssima carga tributária em comparação com o pífio retorno de bem-estar que essa receita pública oferta à sociedade brasileira (o IDH brasileiro, em 2018, foi de **0,759**). Entre os **30 países**[92] com maiores cargas tributárias, o Brasil ocupou a **30ª posição** – e essa lamentável situação de "lanterna" vem se repetindo há vários anos. Em renovação do estudo pelo IBPT, em **2019**, foi possível detectar que o Brasil, pelo 8º ano consecutivo, continua como o país com pior retorno de bem-estar à população nas esferas federal, estadual e municipal, quando comparado aos mencionados 30 países, em relação às áreas de saúde, educação e segurança. Nessa última pesquisa, teve destaque a **Irlanda**, ocupante da elogiável 1ª posição, um país que, mesmo tendo uma carga tributária não tão elevada, de (22,80%), consegue oferecer à população serviços públicos de qualidade (o IDH irlandês, em 2018, foi de **0,938**). Quanto ao **IDH**, aliás, pudemos notar que a

---

91. V. AMARAL, Gilberto Luiz; OLENIKE, João Eloi; AMARAL, Letícia Mary Fernandes do. *Estudo sobre Carga Tributária/PIB x IDH; Cálculo do IRBES (Índice de Retorno de Bem-Estar à Sociedade); Edição junho de 2019 – Com a Utilização da Carga Tributária de 2017 e IDH do Ano de 2018.* Disponível em: <https://drive.google.com/file/d/1Wd_BUjYlsUbk5jWZNA-t1_GMzA4c7epd/view>. Acesso em 26 de agosto de 2019.

92. Na pesquisa de **2019**, a qual levou em conta a carga tributária de 2017 e o IDH de 2018, os primeiros **cinco** lugares foram assim preenchidos: **Irlanda** (1º lugar: Carga Tributária/2017 de **22,80%** para um IDH/2018 de **0,938**); **Austrália** (2º lugar: Carga Tributária/2017 de **27,80%** para um IDH/2018 de **0,939**); **Suíça** (3º lugar: Carga Tributária/2017 de **28,50%** para um IDH/2018 de **0,944**); **Estados Unidos** (4º lugar: Carga Tributária/2017 de **27,10%** para um IDH/2018 de **0,924**); e **Coreia do Sul** (5º lugar: Carga Tributária/2017 de **26,90%** para um IDH/2018 de **0,903**). À guisa de curiosidade, vale a pena observarmos os resultados afetos à Argentina e ao Uruguai, ambos mais bem posicionados do que o nosso país: **Uruguai** (**18º lugar:** Carga Tributária/2017 de **29,30%** para um IDH/2018 de **0,804**); **Argentina** (**19º lugar:** Carga Tributária/2017 de **31,30%** para um IDH/2018 de **0,825**); e, lamentavelmente, na lanterna, **Brasil** (**30º lugar**: Carga Tributária/2017 de **34,25%** para um IDH/2018 de **0,759**). Frise se que, nos últimos anos, o estudo vem sendo renovado, e as novas pesquisas apontam uma alteração de posicionamento dos países.

Suíça e a **Austrália** apresentaram os melhores índices na disputa (0,944 e 0,939, respectivamente).

Tais estatísticas, reveladoramente tristes, apenas atestam que há um longo caminho a percorrer no sentido de alcançarmos, um dia, a meta da tributação justa, aliada a um racional sistema tributário.

3.4.5 A capacidade contributiva e a seletividade

A seletividade é forma de concretização do postulado da capacidade contributiva em certos tributos indiretos. Nestes, o postulado da capacidade contributiva será aferível mediante a aplicação da técnica da *seletividade*, uma evidente forma de extrafiscalidade na tributação.

Mais do que isso, apresenta-se a seletividade como uma inafastável expressão de *praticabilidade na tributação*, inibitória da regressividade, na medida em que se traduz em meio tendente a tornar simples a execução do comando constitucional, apresentável por meio da fluida expressão "sempre que possível", constante do art. 145, § 1º, CF. A seletividade mostra-se, assim, como o "praticável" elemento substitutivo da recomendada pessoalidade, prevista no citado dispositivo, no âmbito do ICMS e do IPI, como a solução constitucional de adaptação de tais gravames à realidade fático-social.

Como mais um meio de exteriorização do postulado da capacidade contributiva, a seletividade, prestigiando a *utilidade social* do bem e informando, basicamente, **dois impostos** – o **ICMS** (**art. 155, § 2º, III, CF**) e o **IPI** (**art. 153, § 3º, I, CF**) –, mostra-se como técnica de incidência de alíquotas que variam na razão direta da *superfluidade* do bem (*maior* alíquota – bem *mais* desimportante) ou, em outras palavras, na **razão inversa** da essencialidade (ou imprescindibilidade) do bem (*maior* alíquota – bem *menos* essencial). Portanto, **ICMS e IPI** detêm seletividade.

Note o item considerado **CORRETO**, em prova realizada pela FGV, MPE-AL, para o cargo de Analista do Ministério Público, em 2018: *"O princípio da seletividade diz respeito à incidência progressiva de alíquotas na razão inversa da essencialidade da mercadoria ou do serviço"*.

Note o item considerado **CORRETO**, em prova realizada pelo TJ/RJ, para o cargo de Juiz Substituto, em 2014: *"De acordo com o regramento constitucional, é correto afirmar, a respeito do ICMS, que atenderá ao seguinte: poderá ser seletivo, em função da essencialidade das mercadorias e dos serviços"*.

Note o item considerado **CORRETO**, em prova realizada pela Funcab, para o cargo de Auditor Fiscal (Sefaz/BA), em 2014: *"O princípio tributário da seletividade aplica-se ao ICMS"*.

Na lição de Aliomar Baleeiro[93], "a palavra (essencialidade) (...) refere-se à adequação do produto à vida do maior número dos habitantes do País. As mercadorias essenciais à existência civilizada deles devem ser tratadas mais suavemente ao

93. BALEEIRO, Aliomar. *Direito tributário brasileiro*, 11. ed., p. 348.

passo que as maiores alíquotas devem ser reservadas aos produtos de consumo restrito, isto é, o supérfluo das classes de maior poder aquisitivo. Geralmente são os artigos mais raros e, por isso, mais caros (...)".

Quanto à temática da superfluidade, frise-se que o Poder Judiciário poderá ser chamado a declarar se esta ou aquela mercadoria é ou não supérflua, não se reservando tal tarefa, com exclusivismo, ao legislador[94].

Em termos práticos, haverá desoneração de tais impostos nos bens considerados essenciais, como alimentos, vestuário etc. De modo oposto, onerar-se-ão mais gravosamente os produtos considerados supérfluos, de luxo ou suntuários, como os perfumes, as bebidas, os cigarros, entre outros bens. Em resumo: gravam-se menos os produtos indispensáveis; oneram-se mais os "produtos de consumo restrito, isto é, o supérfluo das classes de maior poder aquisitivo"[95].

Por essa razão, o estimado e saudoso professor Ricardo Lobo Torres[96] adverte, com a precisão que lhe é peculiar, que "a desigualdade consistirá em agravar a tributação dos bens úteis ou necessários ou abandonar a diferenciação de alíquotas".

Insta mencionar que, nesses impostos seletivos (ICMS e IPI), a capacidade contributiva será concretizável não apenas do ponto de vista pessoal-individual mas também do ponto de vista objetivo-genérico. Desse modo, a exteriorização da técnica não ocorrerá por meio da fórmula "*fulano é igual ou desigual a beltrano*", mas, na trilha do consumo objetivo, por intermédio da fórmula "*fulano é igual ou desigual a beltrano, em face do consumo de dado bem*"[97].

Em **5 de abril de 2017**, o Pleno do **STF**, no **RE 592.145/SP** (rel. Min. Marco Aurélio), julgou o mérito do tema com repercussão geral, entendendo que é constitucional, no âmbito do IPI seletivo e do tratamento isonômico, o art. 2º da Lei n. 8.393/91. Tal norma prevê as seguintes diretrizes: (1) uma alíquota máxima de IPI de 18%, para a saída do bem (açúcar de cana), uma vez presente a razoabilidade na busca do caráter seletivo do tributo, em função da essencialidade da mercadoria; (2) uma isenção para certos contribuintes situados em área da SUDENE e SUDAM e, por fim, uma redução de até 50% da alíquota do imposto, incidente sobre a saída do açúcar para o mercado interno (nos Estados do ES e RJ) – uma diretriz que se materializa em verdadeiro incentivo fiscal que, homenageando o princípio da isonomia, não viola o art. 151, I, CF.

É bom que se diga que tais impostos seletivos rechaçam a técnica da "progressividade", sob pena de, entendendo-se de modo diverso, esvaziarem assim os comandos constitucionais que a eles associam a própria técnica da *seletividade*, antes de

---

94. *V.* COÊLHO, Sacha Calmon Navarro. *Comentários à Constituição de 1988:* sistema tributário, 7. ed., p. 239.
95. BALEEIRO, Aliomar. *Direito tributário brasileiro*, 11. ed., pp. 347-348.
96. TORRES, Ricardo Lobo. *Tratado de direito constitucional financeiro e tributário:* os direitos humanos e a tributação. Imunidades e isonomia, v. III, p. 336.
97. *V.* TIPKE, Klaus; YAMASHITA, Douglas. *Justiça fiscal e princípio da capacidade contributiva.* São Paulo: Malheiros, 2002, p. 105.

veicularem uma iníqua graduação de alíquotas, que se estabeleceria, caso se lhes avocasse a progressividade, em total menoscabo da essencialidade do bem tributado[98].

Insta mencionar que a doutrina defende a existência de uma seletividade *facultativa* e de uma seletividade *obrigatória*, a depender do tipo de imposto: a seletividade do ICMS é ***facultativa*** – posição doutrinária dominante –, enquanto a seletividade do IPI é *obrigatória* ou *impositiva*[99].

A propósito, o tema tem sido exaustivamente solicitado em provas de *concursos públicos*, destacando-se os itens, considerados **corretos**, segundo os quais se afirma que:

1. "A seletividade para o **ICMS** é de natureza facultativa, portanto, **pode** ser ele seletivo";

O tema foi solicitado em prova realizada pelo Fundatec, para o cargo de Procurador do Estado (PGE/RS), em 2015.

2. "A seletividade para o **IPI** é de natureza obrigatória, portanto, **deve** ser ele seletivo".

O tema foi solicitado em prova realizada pela Funiversa, para o cargo de Delegado de Polícia/DF, em 2015.

3. "O princípio da seletividade aplica-se impositivamente ao **IPI** e facultativamente ao **ICMS** em função da essencialidade dos produtos, das mercadorias e dos serviços, de modo a assegurar a concretização da isonomia no âmbito da tributação do consumo".

O tema foi solicitado em prova realizada pelo Cebraspe, para o cargo de Procurador do Município de Fortaleza/CE, em 2017.

Entretanto, Roque Antonio Carrazza[100], citando Celso Antônio Bandeira de Mello, insiste em que o ICMS "deverá" ser seletivo, inexistindo faculdade ao legislador, mas nítida norma cogente, de observância obrigatória, pois, quando a Constituição confere a uma pessoa política um "poder", ela está, *ipso facto*, a lhe impor um "dever", razão por que tais pessoas políticas detêm poderes-deveres.

Quanto a esse tema, entendemos que a obrigatoriedade da técnica nos parece ser a única exegese aceitável, vindo ao encontro da necessária justiça tributária, alcançável pela via da tributação em cotejo com a essencialidade do bem. Todavia, para fins de *concursos públicos*, em provas objetivas, temos recomendado a obediência à literalidade constitucional, defendendo se o ICMS como *facultativamente* seletivo, e o IPI como *obrigatoriamente* seletivo.

98. *V.* MACHADO SEGUNDO, Hugo de Brito. A tributação da energia elétrica e a seletividade do ICMS. *Revista Dialética de Direito Tributário*, São Paulo, n. 62, nov. 2000, p. 70.

99. *V.* COÊLHO, Sacha Calmon Navarro. *Comentários à Constituição de 1988*, 7. ed., p. 239.

100. *V.* CARRAZZA, Roque Antonio. *ICMS*. 9. ed. São Paulo: Malheiros, 2003, p. 248.

5

PRINCÍPIO DA IRRETROATIVIDADE TRIBUTÁRIA

1 NOÇÕES INTRODUTÓRIAS

É bastante significativo o fato de o texto constitucional, no art. 150, III, "a", prever, de modo expresso, o princípio da irretroatividade tributária como um dos postulados limitadores da tributação. Temos assim afirmado, em razão do tratamento da irretroatividade, igualmente expresso, conquanto genérico, no art. 5º, XXXVI, a que procedeu o constituinte originário. Note os preceptivos, à luz da previsão constitucional, nas vertentes genérica e específica, respectivamente:

> **Art. 5º** Todos são iguais perante a lei, sem distinção de qualquer natureza, garantindo-se aos brasileiros e aos estrangeiros residentes no País a inviolabilidade do direito à vida, à liberdade, à igualdade, à segurança e à propriedade, nos termos seguintes: (...)
>
> **XXXVI** – *a lei não prejudicará o direito adquirido, o ato jurídico perfeito e a coisa julgada;* **(Grifo nosso)**
>
> **Art. 150.** Sem prejuízo de outras garantias asseguradas ao contribuinte, é vedado à União, aos Estados, ao Distrito Federal e aos Municípios: (...)
>
> **III** – cobrar tributos:
>
> **a)** em relação a fatos geradores ocorridos antes do início da vigência da lei que os houver instituído ou aumentado. **(Grifo nosso)**

Note o item considerado **CORRETO**, em prova realizada pela FCC, para o cargo de Auditor Fiscal da Fazenda Estadual (Sefaz/PI), em 2015: *"De acordo com a Constituição Federal, o princípio nela consagrado e conhecido como Princípio da Irretroatividade é aquele que veda a cobrança de tributos em relação a fatos geradores ocorridos antes do início da vigência da lei que os houver instituído ou aumentado"*.

Note o item considerado **CORRETO**, em prova realizada pelo MPE/RS, para o cargo de Promotor de Justiça do Estado do Rio Grande do Sul, em 2017: *"É vedado aos entes federados cobrar tributos em relação a fatos geradores ocorridos antes do início da vigência da lei que os houver instituído ou aumentado"*.

No cotejo de ambos os dispositivos, observa-se, à luz do art. 5º, XXXVI, da CF, que a retroatividade está genericamente afastada em obséquio ao *direito adquirido, ao ato jurídico perfeito e à coisa julgada*. Por outro lado, no art. 150, III, "a", da CF, a retroatividade – agora, tributária – se mostra especificamente rechaçada, em prol da vigência prospectiva da lei fiscal.

No plano histórico, insta realçar que o postulado tributário da irretroatividade transitou por todos os textos constitucionais domésticos, desde 1824, tirante a Constituição Federal de 1937, que o omitiu. Com efeito, a Constituição do Império, à época, pôde se abeberar do tema em fontes alienígenas, a saber, a Constituição Norte-americana de 1787, considerada o primeiro instrumento normativo a positivar o postulado da irretroatividade tributária, como cânone constitucional.

Hoje, é possível assegurar que, com certo exclusivismo, as Constituições citadas – a norte-americana e a brasileira, além das Constituições mexicana e norueguesa – hospedam o princípio da irretroatividade, dando-lhe *status* constitucional, com vistas à consolidação e à segurança das relações jurídicas[1].

Daí se dizer que na ordem jurídica brasileira, a retroatividade mostra-se, como regra, proibida, consoante o desígnio constitucional. Trata-se de dado relevante, pois as nações que não elevaram o postulado ao patamar constitucional, mantêm-no, geralmente, inserto na legislação infraconstitucional, *v.g.*, no Código Civil.

Voltando os olhos, novamente, para os postulados – genérico e específico – da irretroatividade, inicialmente demonstrados, vê-se que, enquanto a *lei* deve atingir *fatos* a ela posteriores, **a *lei tributária*, em idêntica trilha, deve atingir *fatos geradores* a ela subsecutivos.**

Note o item considerado **INCORRETO**, em prova realizada pela FCC, para o cargo de Procurador do Município de Campinas, em 2016: *"Os entes políticos tributantes não podem cobrar tributos em relação a fatos geradores ocorridos após o início da vigência da lei que os houver instituído ou aumentado"*.

Note o item considerado **INCORRETO**, em prova realizada pela EXATUS Consultoria, para o cargo de Profissional de Nível Superior I (Direito) da Eletrobras – Centrais Elétricas de Rondônia, em 2016: *"Sem prejuízo de outras garantias asseguradas ao contribuinte, é vedado à União, aos Estados, ao Distrito Federal e aos Municípios, cobrar tributos em relação a fatos geradores ocorridos após o início da vigência da lei que os houver instituído ou aumentado"*.

Note o item (adaptado) considerado **INCORRETO**, em prova realizada pelo Instituto Excelência, para o cargo de Advogado da Prefeitura Municipal de Ituiutaba/MG, em 2016:

1. *V.* VELLOSO, Carlos Mário da Silva. O princípio da irretroatividade da lei tributária. *RTDP* n. 15:13/23, pp. 16-17.

> *"De acordo com a Constituição Federal, sem prejuízo de outras garantias asseguradas ao contribuinte, é vedado à União, aos Estados, ao Distrito Federal e aos Municípios, cobrar tributos em relação a fatos geradores ocorridos após o início da vigência da lei que os houver instituído ou aumentado".*

Para Luciano Amaro, versando sobre a irretroatividade tributária, "o que a Constituição pretende, obviamente, é vedar a aplicação da lei nova, que criou ou aumentou tributo, a fato pretérito, que, portanto, continua sendo não gerador de tributo, ou permanece como gerador de menor tributo, segundo a lei da época de sua ocorrência"[2]. E prossegue o festejado autor[3]: "Lei tributária que eleja fatos do passado, como suporte fático da incidência de tributo antes não exigível (...) será inconstitucional, por ferir o princípio da irretroatividade da lei criadora ou majoradora do tributo".

Deve-se trazer a lume, desde já, que o legislador constituinte, ao indicar o elemento verbal "cobrar" (tributos), no inciso III do art. 150 do texto constitucional, parece não ter adotado criteriosa terminologia, uma vez que o princípio da irretroatividade tributária não diz com a "cobrança dos tributos", mas, por certo, com a *vigência da lei tributária*. Aliás, afirma-se, com acerto, que a problemática da cobrança sucede à da vigência da norma. Por essa razão, o postulado em estudo, apegando-se à ideia de vigência, liga-se à fenomenologia do *fato gerador do tributo*.

É dado inafastável que **as leis, como regra, devem dispor para o futuro**, orientando-se de modo prospectivo. Desse modo, aplica-se a irretroatividade à lei tributária em grau "genérico", ressalvadas as exceções às quais nos ateremos em momento ulterior, neste capítulo. Tudo isso em homenagem à segurança jurídica e à previsibilidade que lhe é intrínseca.

> Note o item considerado **INCORRETO**, em prova realizada pelo Cespe, para o cargo de Analista Legislativo da Câmara dos Deputados, em 2014: *"As leis, em face do caráter prospectivo de que se revestem, devem, ordinariamente, dispor para o futuro. Nesse sentido, o sistema jurídico-tributário assentou, como postulado absoluto, incondicional e inderrogável, o princípio da irretroatividade".*

A esse propósito, impende trazer à colação as palavras de Hans Kelsen[4], para quem "as leis retroativas são consideradas censuráveis e indesejáveis porque ferem nosso sentimento da justiça infligir uma sanção, especialmente uma punição, a um indivíduo por causa de uma ação ou omissão às quais o indivíduo não poderia saber que se vincularia tal sanção".

2. AMARO, Luciano. *Direito tributário brasileiro*, 14. ed., p. 118.
3. *Ibidem*, p. 119.
4. KELSEN, Hans. *Teoria geral do direito e do estado*. 3. ed. São Paulo: Martins Fontes, 1998, p. 61.

Nesse passo, Roque Antonio Carrazza[5] assevera:

> Demais disso, a ação do Fisco deve ser previsível. Em nome dessa previsibilidade, a lei que cria ou aumenta um tributo não pode alcançar fatos ocorridos antes de sua entrada em vigor. Sem esse penhor de confiança, toda a vida jurídica do contribuinte perigaria.

A regra, assim, é que, quanto às leis em geral, não lhes é dado abranger o passado, alcançando situações pretéritas. Se há atos a elas anteriores, devem ser eles regidos pela lei do tempo em que foram realizados, à luz do aforismo *tempus regit actum*, ou seja, o tempo rege o ato. Trata-se de regra geral oriunda do direito intertemporal, que sinaliza no sentido de que a lei tributária há de ser irretroativa. Sendo assim, frise-se que, quando houver situações em que a lei puder reportar-se a fatos pretéritos, modificando-lhe os efeitos jurídicos e elidindo a incidência da lei anterior, estar-se-á diante de casos de plena retroatividade da lei.

Cite-se, por oportuno, o pensamento de Walker, trazido à colação por João Franzen de Lima[6], no sentido de que "*as leis retroativas, somente tiranos as criam e só escravos a elas se submetem*".

Ad argumentandum, na retórica jurisprudencial, encontra-se um emblemático voto do Ministro Relator Moreira Alves, proferido na **ADIN n. 493/DF**, de 04-09-**1992**, em que se discute a existência de três graduações, por intensidade, de retroatividade: *máxima, média e mínima*. Em panorâmica síntese, afirma-se que a retroatividade será *máxima* quando a lei retroagir para atingir a coisa julgada ou os fatos jurídicos consumados; será *média*, se a lei nova apenas atingir os direitos já existentes, mas ainda não integrados ao patrimônio do titular; será *mínima*, se a lei nova atingir apenas os efeitos dos fatos anteriores verificados após a sua edição. Frise-se que a Constituição brasileira repudia as três possibilidades. Na ordem jurídica brasileira, a lei nova é inábil a atingir os *facta praeterita*, os fatos realizados e os *facta pendentia*.

1.1 A irretroatividade tributária e a segurança jurídica

A irretroatividade conecta-se à própria ideia do Direito, trazendo o timbre de segurança jurídica e a estabilidade dos direitos subjetivos ao espectro da relação impositivo-tributária, ao prever que é vedada a cobrança de tributos em relação a fatos geradores ocorridos **antes** do início da lei que os houver instituído ou aumentado.

> Note o item considerado **INCORRETO**, em prova realizada pela FCC, para o cargo de Procurador da Prefeitura de Campinas/SP, em 2016: "*Os entes políticos tributantes não podem cobrar tributos em relação a fatos geradores ocorridos após o início da vigência da lei que os houver instituído ou aumentado*".

5. CARRAZZA, Roque Antonio. Vigência e aplicação das leis tributárias. *In:* MARTINS, Ives Gandra da Silva. *Curso de direito tributário*. 7. ed. São Paulo: Saraiva, 2000, p. 104.
6. LIMA, João Franzen de. *Curso de direito civil brasileiro*. 2. ed. Rio de Janeiro: Forense, 1955, p. 88.

Com efeito, o princípio da irretroatividade tributária, como se verá adiante, atrela-se à criação e ao aumento do tributo, não havendo menção expressa à sua aplicação nos casos de redução ou dispensa do pagamento do tributo.

A *segurança jurídica* pode ser representada a partir de duas perspectivas:

(I) o cidadão deve saber antecipadamente qual norma é vigente, o que sinaliza a lógica precedência da norma perante o fato por ela regulamentado, *no contexto da irretroatividade*, e o antecipado conhecimento do plano eficacial da lei, *no bojo da anterioridade*. Assim, a segurança jurídica toma a *irretroatividade* e a *anterioridade* como seus planos dimensionais, primando pela possibilidade de o destinatário da norma se valer de um *prévio cálculo*, independentemente, pelo menos, de início, do conteúdo da lei;

(II) o cidadão deve, em um segundo momento, compreender o conteúdo da norma, no que tange à sua clareza, calculabilidade e controlabilidade.

Frise-se que as *normas de ordem pública*, não obstante subsistirem opiniões abalizadas no sentido da possibilidade de retroação, não podem se furtar do respeito ao princípio da irretroatividade, preservando-se o direito adquirido, ainda que venham a gozar de efeito imediato. Note a ementa:

EMENTA: (...) O disposto no artigo 5º, XXXVI, da Constituição Federal se aplica a toda e qualquer lei infraconstitucional, sem qualquer distinção entre lei de direito público e lei de direito privado, ou entre lei de ordem pública e lei dispositiva (...) **(ADI 493/DF, Pleno, rel. Min. Moreira Alves, j. em 25-06-1992)**

Se o Estado de Direito alia-se de modo íntimo à legalidade em prol da segurança jurídica, não se pode menosprezar o fato de que tal lei deve ser sempre aplicada para o futuro, sob pena de sua aplicação retroativa fazer "ruir o Estado de Direito"[7]. Para Sacha Calmon[8], a irretroatividade da lei fiscal, "*salvo quando interpretativa ou para beneficiar, é princípio geral de direito do Direito*".

O princípio da segurança jurídica é, assim, um subprincípio do Estado de Direito, assumindo valor ímpar no sistema jurídico e cabendo-lhe o papel diferenciado na realização da própria ideia de justiça material.

2 OS PRINCÍPIOS DA IRRETROATIVIDADE E ANTERIORIDADE TRIBUTÁRIAS

O convívio entre os dois postulados em epígrafe é bastante íntimo, provocando algumas confusões. Conforme se estudou no princípio da anterioridade tributária, subsiste um prazo de *vacatio legis* entre a publicação da lei tributária e o primei-

7. *V.* VELLOSO, Carlos Mário da Silva. O princípio da irretroatividade da lei tributária, p. 19.
8. COÊLHO, Sacha Calmon Navarro. *Comentários à Constituição de 1988*: sistema tributário, 7. ed., p. 319.

ro dia do exercício financeiro seguinte, computável ao lado do 91º dia a contar dessa data (EC n. 42/2003), para fins de incidência da lei tributária.

Exemplo: em 10 de agosto de 2020, publica-se uma lei instituidora de um certo tributo, entrando a norma em vigor nessa mesma data. De início, assegura-se que todos os fatos geradores anteriores à data mencionada (10-08-2020) não serão atingidos pela indigitada lei tributária. Ademais, conforme se viu em Capítulo precedente, o respeito à anterioridade tributária (anual e nonagesimal) fará com que se postergue a eficácia da lei para o primeiro dia do exercício financeiro seguinte, ou seja, para 1º de janeiro de 2021. Nessa medida, em consonância com os postulados da *anterioridade* e *irretroatividade tributárias*, a mencionada lei tributária atingirá apenas os fatos geradores ocorridos a partir de 1º de janeiro de 2021, em nítido protraimento da eficácia da lei impositiva. Ainda sobre o exemplo citado, vale dizer que, entre 10 de agosto de 2020 (publicação e vigência) e 1º de janeiro de 2021 (eficácia), deu-se uma paralisação da eficácia da norma, até que em dado momento viesse a incidir e produzir todos os efeitos na seara jurídica – no primeiro dia de 2021.

Por fim, diga-se que *"os* ***tributos excepcionados da regra da anterioridade*** *não deixam de submeter-se ao princípio da irretroatividade (...)"*[9].

> Note o item (adaptado) considerado **INCORRETO**, em prova realizada pela FGV Projetos, para o cargo de Analista Portuário (Advogado) da CODEBA – Cia. das Docas do Estado da Bahia, em 2016: *"Em maio de 2015, a União aumentou, por meio de lei, as alíquotas do IPI de itens de alimentação e higiene, podendo a norma ser aplicada a fatos geradores ocorridos antes do início da vigência da lei que as aumentou, uma vez que o IPI não se submete ao princípio da irretroatividade".*

3 O PRINCÍPIO DA IRRETROATIVIDADE TRIBUTÁRIA E A EXISTÊNCIA DE LEIS PRODUTORAS DE EFEITOS JURÍDICOS SOBRE ATOS PRETÉRITOS (ART. 106, I E II, CTN)

É cediço que o sistema jurídico-constitucional brasileiro não assentou, como **postulado absoluto**, incondicional e inderrogável, o princípio da irretroatividade tributária.

> Note o item considerado **INCORRETO**, em prova realizada pela FCC, para o cargo de Analista Judiciário (TRF/3ª Região), em 2014: *"A irretroatividade da lei tributária é uma regra absoluta, quer para criar, majorar ou reduzir tributos, independente de benefício ou prejuízo para o contribuinte".*

> Note o item considerado **INCORRETO**, em prova realizada pela Fundatec, para o cargo de Auditor Fiscal da Receita Estadual (Sefaz/RS), em 2014: *"Em face do princípio da irretroatividade constitucional, é inadmissível em qualquer circunstância a aplicação retroativa da legislação tributária".*

9. AMARO, Luciano. *Direito tributário brasileiro*, 14. ed., p. 127.

> Note o item considerado **INCORRETO**, em prova realizada pelo Cespe, para o cargo de Analista Legislativo da Câmara dos Deputados, em 2014: *"As leis, em face do caráter prospectivo de que se revestem, devem, ordinariamente, dispor para o futuro. Nesse sentido, o sistema jurídico-tributário assentou, como postulado absoluto, incondicional e inderrogável, o princípio da irretroatividade".*

> Note o item considerado **INCORRETO**, em prova realizada pelo IPAD, para o cargo de Analista (IPEM/PE), em 2014: *"Em relação à aplicação da legislação tributária, não se deve aplicar a ato ou fato pretérito, em razão do princípio da irretroatividade das leis tributárias".*

Em consonância com os incisos I e II do art. 106 do CTN, veem-se as hipóteses de convívio do princípio da irretroatividade com as leis produtoras de efeitos jurídicos sobre atos pretéritos, o que tem movido parte da doutrina, bem como as bancas de concursos, a etiquetarem tais situações de "exceções" ao princípio da irretroatividade tributária.

Observe o comando:

> **Art. 106.** A lei aplica-se a ato ou fato pretérito:
>
> **I** – em qualquer caso, quando seja expressamente interpretativa, excluída a aplicação de penalidade à infração dos dispositivos interpretados;
>
> **II** – tratando-se de ato não definitivamente julgado:
>
> **a)** quando deixe de defini-lo como infração;
>
> **b)** quando deixe de tratá-lo como contrário a qualquer exigência de ação ou omissão, desde que não tenha sido fraudulento e não tenha implicado em falta de pagamento de tributo;
>
> **c)** quando lhe comine penalidade menos severa que a prevista na lei vigente ao tempo da sua prática.

De início, com a devida vênia, não é inoportuno afirmar que não existem "exceções" ao princípio da irretroatividade tributária. De fato, **não há tributo que a tal regra não se submeta.**

> Note o item considerado **INCORRETO**, em prova realizada pela FAU/Unicentro, para o cargo de Advogado da Câmara Municipal de Ibiporã/PR, em 2016: *"O principio da irretroatividade da lei tributária aplica-se aos impostos, mas não às contribuições".*

> Note o item considerado **INCORRETO**, em prova realizada pela FAU/Unicentro, para o cargo de Advogado da Câmara Municipal de Ibiporã/PR, em 2016: *"O princípio da irretroatividade tributária aplica-se a todos os tributos, com exceção dos impostos".*

A bem da verdade, as hipóteses do art. 106, I e II, do CTN são a própria corroboração da *regra da irretroatividade*, pois é natural que se estipule, no plano da hermenêutica, a retroação para uma lei "interpretativa" e para uma lei mais benéfica, o que não se confunde com a dimensão semântica assumida pelo vocábulo "exceção".

Vale dizer que se trata de hipóteses que do postulado mais vêm ao encontro do que, propriamente, dele se afastam, como próprias ressalvas ou exceções.

Assim, com maior prudência e rigor técnico recomendáveis é mais adequado asseverar que, na seara tributária, não há incompatibilidade entre o princípio da irretroatividade e a existência de leis produtoras de efeitos jurídicos sobre atos pretéritos do que afirmar, categoricamente, que subsistem "exceções" ao princípio.

Temos dito, a corroborar o exposto acima, que, para além das mencionadas hipóteses, vigora altaneiro o princípio da irretroatividade tributária; de outra banda, para aquém dos limites do vertente postulado, exsurgem as hipóteses de seu convívio com as leis produtoras de efeitos jurídicos sobre atos pretéritos.

Vamos, agora, conhecer os dois tipos de leis que produzem efeitos jurídicos sobre atos pretéritos, harmonizando-se com o postulado da irretroatividade, conforme o **art. 106, I e II, CTN**: a *lei interpretativa* e a *lei benigna no plano das infrações.*

3.1 A lei interpretativa como produtora de efeito jurídico sobre atos pretéritos

O art. 106, I, CTN, dispõe que:

> **Art. 106.** A lei aplica-se a ato ou fato pretérito:
>
> **I** – em qualquer caso, quando seja expressamente interpretativa, excluída a aplicação de penalidade à infração dos dispositivos interpretados; (...)

> Note o item considerado **CORRETO**, em prova realizada pelo Cespe, para o cargo de Especialista em Regulação (ANATEL), em 2014: *"É possível a retroatividade de lei tributária, desde que a norma seja interpretativa e não ocasione a aplicação de penalidade ao dispositivo interpretado".*

> Note o item considerado **INCORRETO**, em prova realizada pela PUC/PR, para o cargo de Juiz Substituto (TJ/PR), em 2014: *"A despeito da consagração do Princípio da Irretroatividade, admite nossa legislação a retroatividade da lei interpretativa, a qual, sem a finalidade de inovar o sistema normativo, pode esclarecer o sentido da norma ainda que seu conteúdo divirja de posição já consolidada junto à jurisprudência".*

> Note o item considerado **INCORRETO**, em prova realizada pela VUNESP, TJ-SP, para o cargo de Titular de Serviços de Notas e de Registros, em 2018: *"De acordo com o CTN, a lei tributária nova pode retroagir, quando for expressamente interpretativa, inclusive para aplicação de penalidade".*

Em termos inaugurais, calha mencionar que a lei, se interpretativa, encerra inequívoco paradoxo, pois, "*no rigor dos princípios, não há leis interpretativas*"[10]. Em

10. CARRAZZA, Roque Antonio. *Vigência e aplicação das leis tributárias*, p. 103.

nossa ordem jurídica, a interpretação da lei, em caráter decisório-definitivo, será feita pelo Poder Judiciário, a quem compete desempenhar a função interpretativa conclusiva[11]. Assim, é defeso a uma lei proceder a um mister interpretativo de outra lei. Com efeito, "*não é tarefa do legislador 'ensinar' ao administrador público e ao juiz a maneira adequada de interpretar e aplicar a lei*"[12].

Critica-se, desse modo, tal atividade hermenêutica, afirmando-se que a sistemática transforma o legislador em juiz, "*arranhando o princípio de Montesquieu*"[13].

Nessa direção, assevera Roque Antonio Carrazza[14], para quem "há uma barreira constitucional à edição de leis interpretativas. Essa barreira está implicitamente contida no princípio da separação dos Poderes". De fato, prossegue o festejado Autor, "a tarefa de interpretar leis é cometida aos seus aplicadores, basicamente ao Poder Judiciário, que aplica a lei aos casos concretos submetidos a sua apreciação, definitivamente e com força institucional"[15].

Ademais, é possível extrair das palavras de Carlos Mário da Silva Velloso[16], citando Pontes de Miranda, que, se a lei se mostra como interpretativa e nada acresce, é de duvidosa aplicabilidade e de nenhuma valia, mostrando-se inócua; por outro lado, se inova, deixa de ser interpretativa para ser lei nova, propensa a modificar a realidade, avocando-se-lhe o princípio da irretroatividade. Portanto, não há falar na ordem jurídica brasileira, segundo o eminente Ministro, em lei interpretativa com efeito retroativo, sob pena de se colocar em xeque a segurança jurídica do Estado de Direito.

Luciano Amaro[17], nesse diapasão, discorrendo sobre a possível ociosidade da lei interpretativa que apenas repete a anterior, aduz que a tarefa de conciliação do princípio da irretroatividade com a retroação da lei interpretativa mostra-se impossível, quiçá inútil, o que a reveste de inconstitucionalidade. Nessa toada, com propriedade, assevera[18]:

> A dita lei interpretativa não consegue escapar do dilema, ou ela inova o direito anterior (e, por isso, é retroativa, com as consequências daí decorrentes), ou ela se limita a repetir o que já dizia a lei anterior (e, nesse caso, nenhum fundamento lógico haveria, nem para a retroação da lei, nem, em rigor, para sua edição) (...) o que evidencia a inutilidade desta.

---

11. MELLO, Oswaldo Aranha Bandeira de. *Princípios gerais de direito administrativo*. 2. ed. Rio de Janeiro: Forense, 1979, v. 1, p. 269.
12. CARRAZZA, Roque Antonio. *Vigência e aplicação das leis tributárias*, p. 103.
13. *V.* MAXIMILIANO, Carlos. *Hermenêutica e aplicação do direito*. 18. ed. Rio de Janeiro: Forense, 1999, pp. 93-94.
14. CARRAZZA, Roque Antonio. *Vigência e aplicação das leis tributárias*, p. 103.
15. *Idem*.
16. *V.* VELLOSO, Carlos Mário da Silva. *O princípio da irretroatividade da lei tributária*, p. 20.
17. *V.* AMARO, Luciano. *Direito tributário brasileiro*, 14. ed., p. 201.
18. *Ibidem*, pp. 201-202.

Esse raciocínio, que põe em dúvida a legitimidade de uma lei interpretativa, tem consistência, especialmente do *ponto de vista da lógica formal*[19], entretanto – é bom frisar, até para efeitos de solicitação em concursos públicos –, o art. 106, I, do CTN não foi ainda considerado inconstitucional pelos Tribunais, o que nos remete à sua plena aceitação, sem embargo de uma recomendável visão crítica, sempre salutar à análise do Direito.

Assim, não obstante as acerbas críticas até aqui aduzidas, que denotam a orientação da maior parte da doutrina – pela incompatibilidade de uma "lei interpretativa" com o princípio da irretroatividade –, para o **STF**, a existência da lei interpretativa é possível, desde que limitada a esclarecer preceitos anteriores da legislação, o que lhe dá o "direito de passagem" à via da retroação. Note o julgado, nessa linha de defesa da constitucionalidade do art. 106, I, do CTN, em didática ementa sobre o tema:

> **EMENTA:** AÇÃO DIRETA DE INCONSTITUCIONALIDADE. MEDIDA PROVISÓRIA DE CARÁTER INTERPRETATIVO. LEIS INTERPRETATIVAS. A QUESTÃO DA INTERPRETAÇÃO DE LEIS DE CONVERSÃO POR MEDIDA PROVISÓRIA. PRINCÍPIO DA IRRETROATIVIDADE. CARÁTER RELATIVO. LEIS INTERPRETATIVAS E APLICAÇÃO RETROATIVA (...) **1.** *É plausível,* em face do ordenamento constitucional brasileiro, *o reconhecimento da admissibilidade das leis interpretativas, que configuram instrumento juridicamente idôneo de veiculação da denominada interpretação autêntica.* **2.** As leis interpretativas – *desde que reconhecida a sua existência em nosso sistema de direito positivo* – não traduzem usurpação das atribuições institucionais do Judiciário e, em consequência, não ofendem o postulado fundamental da divisão funcional do poder. **3.** Mesmo as leis interpretativas expõem-se ao exame e à interpretação dos juízes e tribunais. Não se revelam, assim, espécies normativas imunes ao controle jurisdicional. (...) **4.** O princípio da irretroatividade somente condiciona a atividade jurídica do Estado nas hipóteses expressamente previstas pela Constituição, *em ordem a inibir a ação do Poder Público eventualmente configuradora de restrição gravosa (a)* ao "status libertatis" da pessoa (CF, art. 5º XL), (b) ao "status subjectionis" do contribuinte em matéria tributária (CF, art. 150, III, "a") e (c) à segurança jurídica no domínio das relações sociais (CF, art. 5º, XXXVI). **5.** *Na medida em que a retroprojeção normativa da lei não gere e nem produza os gravames referidos, nada impede que o Estado edite e prescreva atos normativos com efeito retroativo.* **6.** As leis, em face do caráter prospectivo de que se revestem, devem, ordinariamente, dispor para o futuro. O sistema jurídico-constitucional brasileiro, contudo, não assentou, como postulado absoluto, incondicional e inderrogável, o princípio da irretroatividade. **7.** A questão da retroatividade das leis interpretativas. **(ADI-MC 605/DF, Pleno, rel. Min. Celso de Mello, j. em 23-10-1991) (Grifos nossos)**

Por outro lado, é fato que a lei interpretativa, conquanto inábil a inovar, deve tender a retirar pontos obscuros e imprecisos da norma pretérita, elidindo dúvidas a

19. MACHADO, Hugo de Brito. *Curso de direito tributário*, 29. ed., p. 99.

seu respeito. A compatibilidade dessa norma com o postulado ora estudado desponta, a nosso ver, quando se restringe a tarefa da lei interpretativa ao ato, genuína e verdadeiramente, interpretativo. Assim, a expressão "em qualquer caso", constante do inciso I, deve ser concebida como cláusula remissiva à lei "exclusivamente" interpretativa. Nessa toada, arremata Valdir de Oliveira Rocha[20], para quem a lei interpretativa há de ser, em última análise, uma inequívoca norma "determinadora de conceito".

A norma fiscal interpretativa, possuindo natureza predominantemente declaratória e reprodutiva de direitos já assegurados por norma pretérita, deve operar em prol da segurança jurídica, integrando-se, de modo inafastavelmente sistêmico, com a ordem jurídica vigente, sendo-lhe vedada a aplicação isolada.

Vale dizer que a retroatividade da lei interpretativa há de se limitar à sua função específica, procurando esclarecer e suprir o que foi legislado, sem arrogar-se a *ius novum* trazendo a reboque uma possível e maior onerosidade ao contribuinte.

Uma lei interpretativa por definição, em sua genuína fisionomia, é aquela que espanca as obscuridades e ambiguidades, sem criar tributos, penas ou ônus, as quais não resultem expressa ou implicitamente do texto interpretado. Tais inovações, longe de se retroprojetarem, pelo contrário, projetam-se para o futuro[21]. Conforme salienta Leandro Paulsen[22], "o art. 106 do CTN traz casos excepcionais de retroatividade em situações não gravosas para o contribuinte".

É, dessarte, opinião corrente que a lei interpretativa só vestirá tal indumentária se não encerrar qualquer inovação e se resumir aos contornos de uma dada lei que, evitando:

I. introduzir novidade, adstringe-se a exteriorizar o objeto virtualmente reconhecível na norma interpretável;

II. alterar o disposto na lei precedente, limita-se a declarar um dado, dotado de imperfeição, contido na norma preexistente.

Sendo assim, tal norma passa a se mostrar como aquela que "revela o exato alcance da lei anterior, sem lhe introduzir gravame novo, nem submeter à penalidade por ato que repousou no entendimento anterior"[23].

Preocupado com tal balizamento estrutural, Paulo de Barros Carvalho aduz que "as leis interpretativas exibem um traço bem peculiar (...) circunscrevendo seus objetivos ao esclarecimento de dúvidas"[24].

É importante destacar que a atividade exegética em análise, por meio da lei interpretativa, figura como instrumento juridicamente idôneo para o que os teóricos

20. ROCHA, Valdir de Oliveira. *Determinação do montante do tributo*. 2. ed. São Paulo: Dialética, 1995, p. 70.
21. *V.* BALEEIRO, Aliomar. *Direito tributário brasileiro*, 11. ed., p. 670.
22. PAULSEN, Leandro. *Direito tributário*: Constituição e Código Tributário Nacional à luz da doutrina e da jurisprudência, 9. ed., p. 824.
23. BALEEIRO, Aliomar. *Direito tributário brasileiro*, 11. ed., p. 193.
24. CARVALHO, Paulo de Barros. *Curso de direito tributário*, 16. ed., p. 93.

têm chamado de "interpretação autêntica" ("legal" ou "legislativa"), como aquela perpetrada pelo próprio Poder do qual tenha emanado o ato normativo, ou seja, do Poder Legislativo.

A propósito, para Hugo de Brito Machado[25], "diz-se 'autêntica' ou 'legislativa', a interpretação feita pelo próprio legislador, mediante a elaboração de outra lei, dita interpretativa. 'Jurisprudencial' é a interpretação feita pelos órgãos do Poder Judiciário, a propósito de resolver as questões aos mesmos submetidas. 'Doutrinária', finalmente, é a interpretação feita pelos estudiosos da Ciência Jurídica, em seus trabalhos doutrinários".

Por essa razão, a interpretação autêntica deve ser feita em plena consonância com os pressupostos de validade que lhe dão guarida, sob pena de desvio de finalidade. É que, não raras vezes, pode o intérprete olhar para uma dada lei "interpretativa", assim qualificada pelo legislador, no afã de lhe imprimir efeito retroativo, sem perceber que se pode estar diante de verdadeira lei modificativa. Para isso, faz-se mister a sujeição da lei interpretativa ao crivo do Poder Judiciário, que deve zelar pelo controle de veracidade da natureza da norma[26].

Por isso, Luciano Amaro[27] assevera que "uma lei interpretativa retroagirá sempre, exceto para ensejar punição pelo descumprimento do preceito interpretado".

No Direito Comparado, diga-se de passo, nota-se que a opinião corrente associa a lei interpretativa a uma lei que, longe de constituir direito novo, limita-se a precisar a lei que lhe precede, sem criar antinomia, pois, ao invés, confunde-se com ela, faz corpo com ela.

O **STJ** tem caminhado nessa direção, como se nota no entendimento colhido de trecho do voto do Ministro Relator Garcia Vieira, proferido na Corte Superior, 1ª Turma, nos autos do **REsp 329.892/RS**, em 2 de outubro de **2001**:

> (...) *A Lei 9.528/97 (conversão da MP 1523), ao acrescentar ao art. 9º, da Lei 9.317/96, um quarto parágrafo, veicula norma restritiva ao direito do contribuinte.* Tratando-se de norma de caráter extensivo, *inaplicável o disposto no art. 106, inc. I, do CTN.* As disposições expressas no art. 8º, § 2º da Lei 9.317/96, conduzem a aplicação da nova medida somente no exercício financeiro seguinte ao da ampliação normativa. (...) **(Grifos nossos)**

E, ainda, no mesmo sentido, em **2003**:

> **EMENTA:** TRIBUTÁRIO. SISTEMA INTEGRADO DE PAGAMENTO DE IMPOSTOS E CONTRIBUIÇÕES (SIMPLES). APLICAÇÃO DA LEI NO TEMPO. 1. *A lei tributária mais benéfica e aquelas meramente interpretativas retroagem, a teor do disposto nos incisos*

25. MACHADO, Hugo de Brito. *Curso de direito tributário*, 29. ed., p. 116.
26. V. COSTA, Mário Luiz Oliveira da. Lei Complementar n. 118/2005: a pretendida interpretação retroativa acerca do disposto no art. 168, I, do CTN. *Revista Dialética de Direito Tributário*, n. 115, abr. 2005, p. 100.
27. AMARO, Luciano. *Direito tributário brasileiro*, 14. ed., p. 201.

I e II, do art. 106, do CTN. 2. O § 4º introduzido pela Lei n. 9.528/97 no art. 9º, da Lei n. 9.317/96, ao explicitar em que consiste "a atividade de construção de imóveis", *veicula norma restritiva do direito do contribuinte, cuja retroatividade é vedada.* (...) **(REsp 440.994, rel. Min. Luiz Fux, 1ª T., j. em 25-02-2003) (Grifos nossos)**

A propósito, o próprio art. 106, I, do CTN dispõe que a lei aplica-se a ato ou a fato pretérito, em qualquer caso, quando seja expressamente interpretativa, ressalvados os consectários punitivos por eventual infração ao dispositivo ora aclarado.

Assim, para Pedro Roberto Decomain[28], "a norma, que apenas interpreta, retroage. Mas aquela que, interpretando, diz que a norma interpretada na verdade aplica uma pena, tem aplicação apenas para fatos futuros, não para aqueles que aconteceram antes da entrada em vigor da norma interpretante, embora possam ter ocorrido depois da vigência da norma interpretada".

Com efeito, "se dúvida havia, e tanto havia que o próprio legislador resolveu fazer outra lei para espancar as obscuridades ou ambiguidades existentes no texto anterior, não é justo que se venha punir quem se comportou de uma ou de outra forma dentre aquelas que se podiam admitir como corretas"[29]. Uma norma que apenas interpreta, revelando o exato alcance da norma anterior, **sem introduzir gravame novo ou infligir penalidade** por ato que repousou o entendimento precedente, deve retroagir. De outra banda, a norma que prevê novo gravame ou que impõe penalidade quanto às infrações da lei anterior terá aplicação apenas para fatos futuros.

Note o item considerado **INCORRETO**, em prova realizada pelo Fundatec, para o cargo de Técnico Tributário da Receita Estadual (Sefaz/RS), em 2014: *"A lei interpretativa somente poderá retroagir quando for o caso de aplicação de penalidade à infração dos dispositivos interpretados".*

Insta mencionar que a retroação da lei interpretativa somente poderá se dar quando inexistente uma outra interpretação, vedando-se o que temos denominado de "sobreposição interpretativa". Se a norma interpretável já tiver sido objeto de interpretação realizada pelo Poder Judiciário, a superveniente lei interpretativa mostrar-se-á excedente, na tentativa de lhe atribuir novo sentido. Seus efeitos, além de extemporâneos, mostrar-se-ão inovadores, em plena vocação eficacial para os eventos subsecutivos à sua publicação, em homenagem à segurança jurídica. Como elucidativo exemplo, veremos, em tópico adiante, o caso da LC n. 118/2005.

Por derradeiro, impende destacar que, no plano da retroatividade, o papel desempenhado pela lei interpretativa é diferente daquele empreendido pelo outro tipo de lei, a ser estudado a seguir, que também prevê efeitos pretéritos – a lei mais benéfica. Enquanto a primeira insere-se no ordenamento, integrando a construção

28. DECOMAIN, Pedro Roberto. *Anotações ao Código Tributário Nacional.* São Paulo: Saraiva, 2000, p. 439.

29. MACHADO, Hugo de Brito. *Curso de direito tributário*, 29. ed., p. 100.

do sentido de norma já posta, a outra, dita *lex mitior*, trazendo novo enunciado legal, promove uma espécie de revogação, ainda que parcial, do anterior mandamento.

Aliás, à guisa de memorização, para concursos públicos, seguem algumas assertivas capciosas sobre o tema. Procure memorizá-las, considerando-as como **corretas**:

1. A lei interpretativa é retroativa, detendo vigência retrospectiva.
2. A lei modificativa não é retroativa, detendo vigência prospectiva.

Ou, ainda:

3. **Há possibilidade de retroatividade da aplicação da lei, de acordo com o CTN, em qualquer caso, quando a lei seja expressamente interpretativa, excluída a aplicação de penalidade à infração dos dispositivos interpretados.**

A assertiva foi considerada **CORRETA**, em prova realizada pela FCC, para o cargo de Procurador Municipal da Prefeitura de Cuiabá/MT, em 2014.

4. A lei tributária não se aplica a ato ou fato pretérito sempre que não seja expressamente interpretativa.
5. A lei tributária não se aplica a ato ou fato pretérito sempre que seja expressamente modificativa.

Por fim, frise-se que, em **10 de março de 2020**, a 1ª Turma do **STJ**, no **REsp 1.715.820-RJ** (rel. Min. Regina Helena Costa), entendeu que o conceito abrangente de "licitação internacional", revelado pelo **art. 3º da Lei n. 11.732/2008**, em razão do seu **caráter interpretativo** (art. 106, I, CTN), retroage às situações anteriores à sua entrada em vigor.

É que a **Lei n. 8.032/90 (art. 5º)**, que dispõe sobre a isenção e redução de impostos em importação, disciplinou a aplicação do regime de *drawback*-suspensão, especificamente às operações que envolvam o fornecimento de máquinas e equipamentos para o mercado interno. Por sua vez, passados cerca de 18 anos, em 2008, sobreveio a **Lei n. 11.732**, a qual, fazendo menção àquela norma anterior, lapidou o conceito de "licitação internacional", nos seguintes termos:

> "**Art. 3º** Para efeito de interpretação do **art. 5º da Lei nº 8.032**, de 12 de abril de 1990, 'licitação internacional' é aquela promovida tanto por pessoas jurídicas de direito público como por pessoas jurídicas de direito privado do setor público e do setor privado". **(Grifos nossos)**

Ora, como é cediço, na órbita do Direito Administrativo, tal conceito já existe no **art. 42 da Lei n. 8.666/93**, porém, aqui, é menos abrangente. A **Lei n. 11.732/2008** encampou, além das licitações realizadas no âmbito da Administração Pública, os certames promovidos pelo setor privado.

Para o **STJ**, a definição de "licitação internacional" amoldável ao regime aduaneiro do *drawback* incidente no fornecimento de bens voltado ao mercado interno deve ser aquela estampada na **Lei n. 11.732/2008 (art. 3º)**, por expressa previsão legal. Ademais, para a Corte Superior, a **Lei n. 11.732/2008** ostenta indiscutível caráter interpretativo, limitando-se a elucidar o sentido e o alcance de expressão constante de outra – **art. 5º da Lei n. 8.032/1990** –, sem impor nenhuma inovação ou modificação no regime especial de tributação nela disciplinado, razão pela qual é perfeitamente aplicável às situações anteriores a sua vigência.

3.1.1 *A Lei Complementar n. 118/2005: a pretendida interpretação retroativa de lei interpretativa*

É de todo oportuno, no estudo da aplicação retroativa da lei interpretativa, que enfrentemos a problemática da LC n. 118/2005, principalmente à luz da dicção trazida pelo art. 3º da indigitada norma, a seguir reproduzido:

> **Art. 3º** Para efeito de *interpretação* do inciso I do art. 168 da Lei n. 5.712, de 25 de outubro de 1966 – Código Tributário Nacional, a extinção do crédito tributário ocorre, *no caso de tributo sujeito a lançamento por homologação, no momento do pagamento antecipado* de que trata o § 1º do art. 150 da referida lei. **(Grifos nossos)**

Tal comando demarca a temática adstrita ao termo *a quo* para a contagem do quinquênio prescricional da restituição do indébito, conforme o art. 168, I, do CTN, o que, neste momento, foge a nosso interesse, embora venha a ser objeto de detalhamento em capítulo próprio nesta obra.

Desde já, entretanto, chama a nossa atenção o fato de que o art. 3º parece avocar o rótulo de norma interpretativa para a LC n. 118/2005, quando se expressa por meio do elemento textual "para efeito de interpretação do inciso I do art. 168 (...)".

De fato, a possibilidade de se imprimir o timbre de lei interpretativa à LC n. 118/2005 é deveras interessante, na ótica do Erário, uma vez que o teor ali disciplinado poderia atingir as situações já consolidadas. Refiro-me, com maior clareza, ao prazo de restituição de indébito dos tributos submetidos a lançamento por homologação, que, antes da LC n. 118/2005, ligava-se à consolidada tese dos "cinco + cinco", e, com o advento da comentada norma, restringindo-se para "cinco anos", ficou à mercê de uma possível aplicação com retroatividade. Vale dizer que tal retroação poderia levar o novo prazo a todos os processos de restituição de tributos em curso, diminuindo sensivelmente o volume de recursos tributários a devolver, em pleno desfavor dos contribuintes que já os haviam pleiteado.

A doutrina, rapidamente, mostrou-se contrária ao rótulo de "interpretativa", a ser dado à LC n. 118/2005. Observe:

Segundo Mário Luiz Oliveira da Costa[30], "o art. 3º da LC n. 118/2005 contrariou o disposto no próprio art. 106, I, do CTN em que pretendeu se fundamentar, por ser manifestamente incabível a edição de lei interpretativa tendo por objeto dispositivo legal que já fora exaustivamente interpretado pelo Poder Judiciário, em especial quando a suposta interpretação pretendida mostra-se contrária à jurisprudência atinente ao tema".

Como se notou, o art. 3º da LC n. 118/2005 pretendeu costear iterativa jurisprudência afeta ao prazo para restituição do tributo, denotando inequívoco desvio de finalidade, além de inafastável comportamento abusivo do legislador, que pretendeu invadir seara competencial alheia, no caso, própria do Poder Judiciário.

Sobejam, dessarte, argumentos no sentido de que o Poder Legislativo, nesse ato, violou o princípio da independência e harmonia entre os poderes, sem embargo do prejuízo provocado no campo da moralidade e isonomia.

A jurisprudência, de idêntico modo, posicionou-se contrariamente à feição interpretativa da LC n. 118/2005. O **STJ** (1ª Seção), no julgamento do **Agravo Regimental no Agravo de Instrumento n. 633.462**, em **2005**, por meio do voto do ex-ministro relator Teori Albino Zavascki, consolidou o entendimento na direção descrita, rechaçando a fisionomia de lei interpretativa à LC n. 118/2005. Note:

> (...) 1. (...) 2. O art. 3º da LC n. 118/2005, a pretexto de interpretar os arts. 150, § 1º, 160, I, do CTN, conferiu-lhes, na verdade, um sentido e um alcance diferente daquele dado pelo Judiciário. Ainda que defensável a 'interpretação' dada, não há como negar que a Lei inovou no plano normativo, pois retirou das disposições interpretadas um dos seus sentidos possíveis, justamente aquele tido como correto pelo STJ, intérprete e guardião da legislação federal. *Portanto, o art. 3º da LC n. 118/2005 só pode ter eficácia prospectiva, incidindo apenas sobre situações que venham a ocorrer a partir da sua vigência.* 3. O artigo 4º, segunda parte, da LC n. 118/2005, que determina a *aplicação retroativa do seu art. 3º*, para alcançar inclusive fatos passados, *ofende o princípio constitucional da autonomia e independência dos poderes (CF, art. 2º) e o da garantia do direito adquirido, do ato jurídico perfeito e da coisa julgada (CF, art. 5º, XXXVI)*. (...) **(AgRg no AG 633.462/SP, rel. ex-Min. Teori Albino Zavascki, 1ª T., j. em 17-03-2005) (Grifos nossos)**

Com o julgamento, surgiram dúvidas sobre a aplicação temporal da nova sistemática, perante a data de vigência da LC n. 118/2005 – no dia 9 de junho de 2005.

Entendeu-se que o art. 3º da LC n. 118/2005, ao prever o reduzido prazo de cinco anos para a restituição de tributos, só poderia ser aplicado aos pagamentos indevidos realizados após a data mencionada. Nesse passo, aqueles tributos recolhidos a maior em data anterior a 9 de junho poderiam avocar a aplicação da já superada, porém consagrada, tese dos "cinco + cinco".

30. COSTA, Mário Luiz Oliveira da. Lei Complementar n. 118/2005, p. 106.

Não demorou para o **STJ** consolidar seu entendimento na direção acima sugerida, sinalizando que às ações de repetição de indébito ajuizadas após 9 de junho de 2005 aplicar-se-ia o art. 3º da LC n. 118/2005, desde que os fatos geradores dos tributos tivessem ocorrido após a sua entrada em vigor, ou seja, em 9 de junho de 2005.

Dois julgados merecem destaque, oriundos da Corte Especial e da 2ª Turma, em junho e agosto de **2007**, respectivamente:

> **1. Em junho de 2007: *Arguição de Inconstitucionalidade nos Embargos de Divergência em Recurso Especial n. 644.736/PE, rel. ex-Min. Teori Albino Zavascki, Corte Especial, julgamento em 06-06-2007.***
> A ementa praticamente reproduz o teor inserto naqueloutra, acima descrita, afeta ao Agravo Regimental no Agravo de Instrumento n. **633.462** (rel. ex-Min. Teori Albino Zavascki, j. em 17-03-2005);
>
> **2. *Em agosto de 2007: Agravo Regimental no Recurso Especial n. 907.197/SP, rel. Min. Humberto Martins, 2ª Turma, julgamento em 28-08-2007.***
> **EMENTA:** PROCESSO CIVIL. TRIBUTÁRIO. REPETIÇÃO DE INDÉBITO. COMPENSAÇÃO DE TRIBUTO DECLARADO INCONSTITUCIONAL PELO STF. LC N. 118/2005. INAPLICÁVEL. ART. 170-A DO CTN. NÃO INCIDÊNCIA. MATÉRIA CONSTITUCIONAL. VIÁVEL EXAME NA VIA ESPECIAL. 1. A controvérsia essencial dos autos restringe-se aos seguintes aspectos: a) incidência, *in casu,* do disposto na LC n. 118/2005, que alberga novel disposição sobre o termo inicial para o prazo prescricional de cinco anos para se pleitear a repetição de indébito; (...) *2. Inaplicável à espécie a previsão do artigo 3º da LC n. 118, de 9 de fevereiro de 2005, uma vez que a Seção de Direito Público do STJ, na sessão de 27-04-2005, sedimentou o posicionamento segundo o qual o mencionado dispositivo legal se aplica apenas às ações ajuizadas posteriormente ao prazo de 120 dias ("vacatio legis") da publicação da referida Lei Complementar* (EREsp 327.043/DF, rel. Min. João Otávio de Noronha). Dessarte, na hipótese em exame, em que a ação foi ajuizada *anteriormente ao início da vigência da LC n. 118/2005,* aplica-se o prazo prescricional de *cinco anos,* contados do fato gerador, *acrescido de mais cinco anos,* a partir da homologação tácita. (...) Agravo regimental improvido. **(AgRg no REsp 907.197/SP, rel. Min. Humberto Martins, 2ª T., j. em 28-08-2007) (Grifos nossos)**

O mesmo **STJ**, alguns meses após, em novembro de **2007**, por meio de sua 1ª Turma, houve por bem quando detalhou, em didático acórdão, o modo como se deve contar o prazo prescricional de restituição:

> **EMENTA:** PROCESSUAL CIVIL E TRIBUTÁRIO. TRIBUTO SUJEITO A LANÇAMENTO POR HOMOLOGAÇÃO. REPETIÇÃO DE INDÉBITO/COMPENSAÇÃO. ARTIGO 3º, DA LC N. 118/2005. PRESCRIÇÃO. TERMO INICIAL. PAGAMENTO INDEVIDO. ARTIGO 4º, DA LC N. 118/2005. DETERMINAÇÃO DE APLICAÇÃO RETROATIVA. (...). 1. *O prazo prescricional das ações de compensação/repetição de indébito, do ponto de vista prático, deve ser contado da seguinte forma: relativamente aos pagamentos efetua-*

dos a partir da vigência da LC n. 118/2005 (09-06-2005), o prazo para se pleitear a restituição é de cinco anos a contar da data do recolhimento indevido; e relativamente aos pagamentos anteriores, a prescrição obedece ao regime previsto no sistema anterior, limitada, porém, ao prazo máximo de cinco anos a contar da vigência da novel lei complementar. 2. Isto porque a Corte Especial declarou a inconstitucionalidade da expressão "*observado, quanto ao art. 3º, o disposto no art. 106, I, da Lei n. 5.172, de 25 de outubro de 1966 – CTN*", constante do artigo 4º, segunda parte, da LC n. 118/2005 (AI nos EREsp 644.736/PE, rel. ex-Min. Teori Albino Zavascki, j. em 06-06-2007). 3. Deveras, a norma inserta no artigo 3º, da lei complementar em tela, indubitavelmente, cria direito novo, não configurando lei meramente interpretativa, cuja retroação é permitida, consoante apregoa doutrina abalizada: (...) 4. Consectariamente, *em se tratando de pagamentos indevidos efetuados antes da entrada em vigor da LC n. 118/05 (09-06-2005), o prazo prescricional para o contribuinte pleitear a restituição do indébito, nos casos dos tributos sujeitos a lançamento por homologação, continua observando a cognominada tese dos "cinco mais cinco", desde que, na data da vigência da novel lei complementar, sobejem, no máximo, cinco anos da contagem do lapso temporal* (regra que se coaduna com o disposto no artigo 2.028, do Código Civil de 2002, segundo o qual: "*Serão os da lei anterior os prazos, quando reduzidos por este Código, e se, na data de sua entrada em vigor, já houver transcorrido mais da metade do tempo estabelecido na lei revogada*"). 5. *Por outro lado, ocorrido o pagamento antecipado do tributo após a vigência da aludida norma jurídica, o "dies a quo" do prazo prescricional para a repetição/compensação é a data do recolhimento indevido.* (...) (Precedente: AgRg no REsp 354.135/PR, 1ª T., rel. Min. Denise Arruda, *DJ* de 29-11-2004). 20. Agravo regimental desprovido. **(AgRg no REsp 929.887/SP, 1ª T., rel. Min. Luiz Fux, j. em 13-11-2007) (Grifos nossos)**[31]

Nota-se que, do ponto de vista prático, a sistemática afeta ao pedido de restituição de tributo, obedecendo-se ao prazo prescricional imposto pela LC n. 118/2005, passa a ser a seguinte:

1. **Relativamente aos pagamentos efetuados a partir da vigência da LC n. 118/2005 (09-06-2005):** o prazo para se pleitear a restituição é de cinco anos, a contar da data do recolhimento indevido;
2. **Relativamente aos pagamentos efetuados antes da vigência da LC n. 118/2005 (09-06-2005):** o prazo para se pleitear a restituição obedece ao regime previsto no sistema anterior, limitado, porém, ao prazo máximo de cinco anos a contar da vigência da novel lei complementar.

Vamos, agora, aprofundar a análise da mencionada *lex mitior*.

31. **Observação:** a propósito, ver a importante ementa do **RE 566.621**, de relatoria da Min. Ellen Gracie, com julgamento realizado pelo Tribunal Pleno do STF, em 04-08-**2011** (Repercussão Geral – Mérito).

3.2 A lei benigna como produtora de efeito jurídico sobre atos pretéritos

O **art. 106, II, do CTN**, dispõe que:

> **Art. 106.** A lei aplica-se a ato ou fato pretérito: (...)
>
> **II** – tratando-se de ato não definitivamente julgado:
>
> **a)** quando deixe de defini-lo como infração;
>
> **b)** quando deixe de tratá-lo como contrário a qualquer exigência de ação ou omissão, desde que não tenha sido fraudulento e não tenha implicado em falta de pagamento de tributo;
>
> **c)** quando lhe comine penalidade menos severa que a prevista na lei vigente ao tempo da sua prática.

O supracitado dispositivo, aproximando-se do campo afeto às sanções tributárias, permite que se aplique retroativamente a lei nova, quando mais favorável ao sujeito passivo, comparativamente à lei vigente à época da ocorrência do fato.

Trata-se de comando que se refere às infrações e às penalidades, e não ao tributo, em si mesmo. O não pagamento do tributo não avoca a aplicação retroativa do art. 106, II, do CTN, caso sobrevenha, *v.g.*, uma norma isentiva da exação tributária. Aliás, é cediço que a vigência da lei isencional, diversamente daquela própria da lei anistiadora, é prospectiva, atingindo fatos a ela posteriores. Desse modo, **"a aplicação retroativa de lei tributária não é admitida quando estabelecer hipóteses de isenção"**. Ainda, no mesmo sentido, **"a lei tributária não será aplicada a fato anterior à sua vigência, quando extinguir tributo, já que vem em benefício do contribuinte"**.

A assertiva (adaptada), considerada **CORRETA**, foi solicitada em prova realizada pelo Cespe, para o cargo de Analista Legislativo da Câmara dos Deputados, em 2014.

A assertiva (adaptada), considerada **CORRETA**, foi solicitada em prova realizada pela FCC, para o cargo de Analista Judiciário (TRF/3ª Região), em 2014.

Note a ementa:

> **EMENTA:** TRIBUTÁRIO. IMPOSTO DE TRANSMISSÃO *CAUSA MORTIS*. LEI 10.705/00. ISENÇÃO. RETROATIVIDADE. IMPOSSIBILIDADE. (...) 3. Ocorrido o fato gerador do tributo anteriormente à vigência da lei que *veicula isenção, inviável a aplicação retroativa,* porquanto, "in casu", não se trata de norma de caráter interpretativo ou obrigação gerada por infração (art. 106 do CTN). (...) 4. Recurso provido. **(REsp 464.419/SP, 1ª T., rel. Min. Luiz Fux, j. em 15-05-2003) (Grifo nosso)**

Nessa medida, o dispositivo protetor dá azo à "retro-operância" da *lei mais branda*, intitulada *lex mitior*, na esteira da retroatividade benéfica ou benigna em Direito Tributário, exclusivamente para as infrações.

Um detalhe curioso, que aqui merece atenção, principalmente para provas de concursos, é que a expressão "em qualquer caso", constando apenas do inciso I, para as leis interpretativas, não aparece no inciso II, demonstrando certo caráter redutor neste comando.

A propósito, a dicção do inciso II tende a revelar, em sua plenitude, a função típica de uma norma explicitadora, para o Direito Tributário, do que a Constituição outorga para toda lei penal: "*a lei penal não retroagirá, salvo para beneficiar o réu*"[32]. Nessa trilha, é importante frisar, aliás, que segue o art. 2º, parágrafo único, do Código Penal ("*A lei posterior, que de qualquer modo favorecer o agente, aplica-se aos fatos anteriores, ainda que decididos por sentença condenatória transitada em julgado*").

Frise-se que se notou, nos últimos anos, de modo recorrente, a redução de multas, tanto moratórias quanto punitivas, administradas pela *Secretaria da Receita Federal* e pela *Secretaria da Receita Previdenciária*, hoje unificadas. Um bom exemplo se deu com o art. 61 da Lei n. 9.430/96: alternou-se entre 20% e 30%, chegando até a 40% e, ao final, retornando, de início, para 30% e, após, para 20%. Prevaleceu, assim, durante o tempo de oscilação, o menor percentual (20%).

Ao detalhar um pouco mais – e de modo esquemático – o inciso e suas alíneas, teremos:

O **inciso II do art. 106** circunscreve, taxativamente, na seara tributária, o campo da retroatividade *melius* a três situações pontuais, desde que "o ato não esteja definitivamente julgado", quais sejam:

(a) se a conduta não mais for tida como infração: de fato, nesse sentido, segue Luciano Amaro[33], para quem, "se a lei nova não mais pune certo ato, que deixou de ser considerado infração, ela retroage em benefício do acusado, eximindo-o de pena";

(b) se a conduta não mais se opuser a qualquer exigência de ação ou omissão, desde que não tenha sido fraudulenta e **não tenha implicado falta de pagamento do tributo**;

> Note o item considerado **INCORRETO**, em prova realizada pelo Cespe, para o cargo de Especialista em Regulação (ANATEL), em 2014: *"Suponha que uma lei nova tenha deixado de considerar certa conduta do contribuinte como contrária a qualquer ação ou omissão, e que o contribuinte tenha praticado, anteriormente, atos simulatórios e fraudulentos que propiciaram o não recolhimento do tributo devido. Nesse caso, aplica-se a retroatividade da lei nova, por ser mais benéfica ao contribuinte".*

32. V. ROCHA, Valdir de Oliveira. *In:* MARTINS, Ives Gandra da Silva (Coord.). *Comentários ao Código Tributário Nacional:* artigos 96 a 138. São Paulo: Saraiva, 1998, v. II, p. 56.
33. AMARO, Luciano. *Direito tributário brasileiro*, 14. ed., p. 203.

(c) se tiver havido a inflição de penalidade menos severa do que a que foi imposta pela lei vigente ao tempo da prática da conduta antijurídica – e só neste caso, próprio da benignidade: observe que a temática envolve a multa menos gravosa. Caso a lei posterior traga uma sanção mais rígida, não haverá que se falar em retroatividade.

Parece-nos que houve certa redundância na definição das alíneas "a" e "b", inseridas no inciso II, pois seus conteúdos são quase idênticos. Na verdade, como é óbvio, tanto faz se a conduta não mais é tida como infração ou se a conduta não mais se opõe a qualquer exigência de ação ou omissão[34]. Não obstante a ociosidade da alínea "b", havendo dúvida quanto à aplicação, deve prevalecer a alínea "a", mais abrangente quanto à proteção desonerativa[35].

A alínea "c", por sua vez, contempla, em sua essência, o *Princípio da Benignidade*. Assim, uma lei contemporânea do lançamento poderá elidir os efeitos da lei vigente na época do fato gerador, caso esta, em tempos remotos, houvesse estabelecido um percentual de multa superior ao previsto naquela, em tempos recentes. É a aplicação da *lex melius, lex mitior*[36] ou *retroatio in melius*, na seara da tributabilidade.

Exemplo:

Ano: 2018 →	Ano: 2019 →	Ano: 2020 →	Ano: 2021
Lei A →	Fato Gerador →	Lei B →	Auto de Infração
Multa: 40%	****	Multa: 10%	Multa: ?

À luz do quadro em epígrafe, pergunta-se: *qual percentual de multa deve ser aplicado no auto da infração, lavrado em 2021?* A **resposta** é simples: deverá ser aplicado o percentual de multa de **10%** (Lei B, de 2020), em nítida aplicação retroativa da multa mais benéfica, constante da alínea "c" do inciso II do art. 106 do CTN. Neste momento, **duas** observações se fazem necessárias:

I. será aplicada a lei que comina penalidade menos severa, independentemente de sobrevir uma terceira lei mais gravosa antes da aplicação efetiva pela autoridade ou pelo Juiz;

II. não se pode confundir a utilização do percentual mais benéfico de multa, constante da retroação benigna aqui estudada, com o total afastamento da multa, nos casos de denúncia espontânea (art. 138, CTN), que, aliás, somente ocorrerá antes de iniciado qualquer procedimento administrativo

34. *V.* MACHADO, Hugo de Brito. *Curso de direito tributário*, 29. ed., p. 71; ademais, *V.* OLIVEIRA, José Jayme de Macêdo. *Código Tributário Nacional*, p. 101.
35. *V.* AMARO, Luciano. *Direito tributário brasileiro*, 14. ed., pp. 203-204.
36. Expressão utilizada por AMARO, Luciano. *Direito tributário brasileiro*, 14. ed., p. 203.

ou medida de fiscalização, relacionados com a infração (art. 138, parágrafo único, CTN).

Diga-se, apenas para argumentar, que subsiste um lógico limite à retroação da alínea "c" do inciso II do art. 106 do CTN – o cumprimento da sanção, com o recolhimento da multa. De fato, como a sanção tributária reveste-se quase sempre da feição de multa, a norma tributária mais benigna retroagirá, desde que a penalidade não tenha sido recolhida. Vale dizer que, se o fato deixa de ser considerado uma infração tributária, a multa que tenha sido aplicada anteriormente: **(I)** não poderá mais ser cobrada; ou, **(II)** por outro lado, tendo havido o pronto recolhimento, não se poderá restituí-la.

A sistemática de cálculo, muito recorrente em **concursos públicos**, pode ser aqui aferida, em uma ilustrativa assertiva, considerada **correta** em prova realizada pela **FGV**, para o **XVIII Exame de Ordem Unificado**, em **2015**:

> Note o item considerado **INCORRETO**, em prova realizada pela FGV, para o XXI Exame de Ordem Unificado, em 2016: *"Determinado Estado da Federação publicou, em julho de 2015, a Lei n. 123, que majorou o valor das multas e das alíquotas de ICMS. Em fevereiro de 2016, em procedimento de fiscalização, aquele Estado constatou que determinado contribuinte, em operações realizadas em outubro de 2014, não recolheu o ICMS devido. Por conta disso, foi efetuado o lançamento tributário contra o contribuinte, exigindo-lhe o ICMS não pago e a multa decorrente do inadimplemento. O lançamento em questão só estará correto se as multas e as alíquotas forem as previstas na lei vigente ao tempo do fato gerador".*

Antônio, prestador de serviço de manutenção e reparo de instrumentos musicais, sujeito à incidência do ISS, deixou de recolher o tributo incidente sobre fato gerador consumado em janeiro de 2013 (quando a alíquota do ISS era de 5% sobre o total auferido pelos serviços prestados e a multa, pelo inadimplemento do tributo, era de 25% sobre o ISS devido e não recolhido). Em 30 de agosto de 2013, o Município credor aprovou lei que: **(a)** reduziu para 2% a alíquota do ISS sobre a atividade de manutenção e reparo de instrumentos musicais; e **(b)** reduziu a multa pelo inadimplemento do imposto incidente nessa mesma atividade, que passou a ser de 10% sobre o ISS devido e não recolhido. Em fevereiro de 2014, o Município X promoveu o lançamento do imposto, exigindo do contribuinte o montante de R$ 25.000,00, assim previstos: R$ 20.000,00 de imposto (5% sobre R$ 400.000,00, valor dos serviços prestados) e R$ 5.000,00 a título de multa pela falta de pagamento (25% do imposto devido). O lançamento está **CORRETO** em relação ao imposto, mas incorreto em relação à multa (que deveria ser de 10% sobre o ISS devido e não recolhido).

Em termos conclusivos, a norma nova e mais benéfica retroage, salvo se a multa já tiver sido recolhida. Aqui se dá o mesmo fenômeno da órbita penal. Não seria possível retroagir, se o recolhimento já fora realizado, assim como não se poderia retroceder, se a pena já tiver sido cumprida.

Veja a jurisprudência a seguir:

EMENTA: Art. 106, II, *c*, CTN. Retroatividade da lei mais benigna ao contribuinte. Possibilidade. O art. 106 do CTN admite a retroatividade, em favor do contribuinte, da Lei mais benigna, *nos casos não definitivamente julgados. Sobrevindo, no curso da execução fiscal, o DL 2.471/1988, que reduziu a multa moratória de 100% para 20% e, sendo possível a reestruturação do cálculo de liquidação, é possível a aplicação da Lei mais benigna, sem ofensa aos princípios gerais do direito tributário.* (...) (REsp 94.511/ Demócrito Reinaldo). **(REsp 182.416/SP, 1ª T., rel. Min. Humberto Gomes de Barros, j. em 17-08-1999) (Grifo nosso)**

Como parte final do presente estudo, à guisa de reforço, sugerimos ainda um quadro-exercício contendo maior complexidade de dados – agora, com alíquotas, multas e medidas de índole procedimental.

Ano: 2018 →	**Ano: 2019** →	**Ano: 2020** →	**Ano: 2021**
Lei A →	**Fato Gerador** →	**Lei B** →	**Auto de Infração**
Alíquota: 10%	*****	Alíquota: 12%	Alíquota: ?
Multa: 40%	****	Multa: 10%	Multa: ?
Procedimento de Fiscalização ALFA, utilizando-se o Formulário ALFA, com prazo para impugnação de lançamento em (X) DIAS	*****	Procedimento de Fiscalização BETA, utilizando-se o Formulário BETA, com prazo para impugnação de lançamento em (Y) DIAS	Procedimento de Fiscalização/ Formulário/ Prazo: ?

À luz do quadro em epígrafe, pergunta-se:

1. *Qual percentual de alíquota deve ser aplicado?*
2. *Qual percentual de multa deve ser aplicado?*
3. *Qual o Procedimento de Fiscalização, Formulário e Prazo deve ser adotado?*

As **respostas** são igualmente simples. O percentual de *alíquota* deverá ser aquele constante da **Lei A**, de 2018, contemporânea do fato gerador, ou seja, **10%**. Para a alíquota, aplicar-se-á sempre a lei do momento do fato gerador.

Com relação ao percentual de *multa*, deve ser retroativamente aplicada a **Lei B**, contemporânea do lançamento, uma vez que esta prevê um percentual mais benéfico, conforme o art. 106, II, "c", do CTN. Assim, a "alíquota de multa" será o de 10% (**Cuidado:** alguns concursos têm trazido a expressão "alíquota de multa", referindo-se, propriamente, ao percentual de multa).

Por fim, com relação às providências de índole procedimental – fiscalização, formulário e prazo –, será aplicada de imediato a lei do momento do lançamento (**Lei B**), conforme a previsão no § 1º do art. 144 do CTN. Assim, deverá ser adotado o Procedimento de Fiscalização BETA, utilizando-se o Formulário **BETA**, com prazo para impugnação de lançamento em (**Y**) DIAS.

3.2.1 *"Ato não definitivamente julgado": a condição à aplicação dos efeitos pretéritos à lei mais benigna*

O inciso II destaca uma condição inafastável à aplicação dos efeitos pretéritos à *lex mitior*: *desde que o ato não esteja definitivamente julgado.*

Note o item considerado **CORRETO**, em prova realizada pelo Cespe/UnB, para o cargo de Advogado da União (2ª Categoria) – AGU, em 2015: *"Conforme o princípio da irretroatividade da lei tributária, não se admite a cobrança de tributos em relação a fatos geradores ocorridos em período anterior à vigência da lei que os instituiu ou aumentou. Entretanto, o CTN admite a aplicação retroativa de lei que estabeleça penalidade menos severa que a prevista na norma vigente ao tempo da prática do ato a que se refere, desde que não tenha havido julgamento definitivo".*

Note o item considerado **INCORRETO**, em prova realizada pelo Cebraspe, para o cargo de Procurador do Município de Fortaleza/CE, em 2017: *"Admite-se a aplicação retroativa de norma tributária interpretativa e de norma tributária mais benéfica sobre penalidades tributárias, mesmo diante de ato amparado pela imutabilidade da coisa julgada".*

À guisa de reforço, observe adiante outras questões de concursos públicos consideradas **corretas**, que ilustram o posicionamento das Bancas Examinadoras sobre o tema:

a) "Não se pode afirmar que (...) o CTN autoriza a aplicação retroativa da lei quando a qualquer tempo deixar de definir determinados atos como infração (...)".

b) "Não se pode afirmar que a lei aplica-se a fato pretérito sempre que lhe comine penalidade menos severa que a prevista na lei vigente ao tempo de sua prática".

A assertiva (adaptada) foi considerada **CORRETA**, em prova realizada pelo COPESE/UFT, pela Prefeitura de Araguaína/TO, para o cargo de Procurador da Prefeitura de Araguaína/TO, em 2014.

Muito se tem discutido na doutrina e na jurisprudência sobre o alcance da expressão citada – "ato definitivamente julgado". A dúvida reside no momento do julgamento definitivo: se ocorreria na órbita administrativa ou na órbita judicial.

Aliomar Baleeiro[37], acerca da extensão da expressão em epígrafe, afirma que "a disposição não o diz, mas, pela própria natureza dela, há que se estender-se como compreensiva do julgamento tanto administrativo quanto judicial".

---

37. BALEEIRO, Aliomar. *Direito tributário brasileiro,* 11. ed., p. 671.

Assim, a lei mais benigna, quanto às infrações, desencadeará uma retroprojeção apenas quanto aos atos não definitivamente julgados, isto é, não definitivamente decididos na **órbita administrativa e na judicial**. Note o entendimento do **STJ**:

> Note o item considerado **INCORRETO**, em prova realizada pelo Cespe, para o cargo de Especialista em Regulação (ANATEL), em 2014: *"Aplica-se lei nova a ato ou fato pretérito somente quando este não estiver definitivamente julgado no âmbito judicial, devendo a esfera administrativa aguardar possível discussão judicial para entendê-lo como definitivamente julgado"*.

EMENTA: *TRIBUTÁRIO. MULTA. REDUÇÃO. LEI MAIS BENIGNA. A expressão "ato não definitivamente julgado", constante do artigo 106, II, "c", alcança o âmbito administrativo e também o judicial;* constitui, portanto, ato não definitivamente julgado o lançamento fiscal impugnado por meio de embargos do devedor em execução fiscal. Recurso especial não conhecido. **(REsp 187.051/SP, 2ª T., rel. Min. Ari Pargendler, j. em 15-10-1998) (Grifo nosso)**

Ainda, em julgamento realizado em **2004**:

EMENTA: TRIBUTÁRIO. EXECUÇÃO FISCAL. ART. 106 DO CTN. RETROATIVIDADE DA LEI MAIS BENIGNA. ATO NÃO DEFINITIVAMENTE JULGADO. O CTN, em seu artigo 106, estabelece que a lei nova mais benéfica ao contribuinte aplica-se ao fato pretérito, razão por que correta a redução da multa nos casos como os da espécie, em que a execução fiscal não foi definitivamente julgada. *O referido artigo não especifica a esfera de incidência da retroatividade da lei mais benigna, o que enseja a aplicação do mesmo, tanto no âmbito administrativo como no judicial.* Recurso especial provido. **(REsp 295.762/RS, rel. Min. Franciulli Netto, 2ª T., j. em 05-08-2004) (Grifo nosso)**

Com uma visão um pouco mais restritiva, segue Zelmo Denari[38], para quem o "ato não definitivamente julgado é aquele que não possui decisão final prolatada pelo Poder Judiciário". Assim, para o Autor, se a decisão administrativa ainda pode ser submetida ao crivo do Judiciário, e para este houve recurso do contribuinte, não há de se ter o ato administrativo ainda como definitivamente julgado.

Atente para a ementa:

EMENTA: TRIBUTÁRIO. BENEFÍCIO DA LEI N. 1.687/79, ART. 5º. REDUÇÃO DA MULTA PARA 5%. ATO DEFINITIVAMENTE JULGADO. ARTIGO 106, II, "C", DO CTN. *Se a decisão administrativa ainda pode ser submetida ao crivo do Judiciário, e para este houve recurso do contribuinte, não há de se ter o ato administrativo ainda como definitivamente julgado, sendo esta a interpretação que há de dar-se ao art. 106, II, "c" do CTN.* E não

38. COSTA JÚNIOR, Paulo José da; DENARI, Zelmo. *Infrações tributárias e delitos fiscais*. 3. ed. São Paulo: Saraiva, 1998, p. 52.

havendo ainda julgamento definitivo, as multas previstas nos arts. 80 e 81 da Lei n. 4.502/64, com a redação dada pelo art. 2º, alterações 22 e 23 do Decreto-lei n. 34/66, ficam reduzidas para 5% se o débito relativo ao IPI houver sido declarado em documento instituído pela Secretaria da Receita Federal ou por outra forma confessado, até a data da publicação do Decreto-lei n. 1.680/79, segundo o benefício concedido pelo art. 5º da Lei 1.687/79. Acórdão que assim decidiu é de ser confirmado. **(RE 95.900/BA, 2ª T., rel. Min. Aldir Passarinho, j. em 04-12-1984) (Grifo nosso)**

Nesse compasso, se já existe uma decisão transitada em julgado na órbita judicial, ainda que sobrevenha lei que preveja multa mais benéfica, não haverá a possibilidade de retroação.

Impende destacar, ademais, que a aplicação retroativa da lei mais benéfica, quanto à multa, ocorrerá até mesmo em fase de execução fiscal. De fato, na execução fiscal, as decisões finais correspondem às fases de arrematação, de adjudicação ou remição, ainda não oportunizadas, ou, de outra feita, com a extinção do processo, nos termos do art. 794 do CPC (atual art. 942 do NCPC). Torna-se irrelevante analisar se já houve ou não a apresentação dos embargos do devedor ou se estes já foram ou não julgados. Verifique a **ementa** a seguir:

Note o item considerado **INCORRETO**, em prova realizada pelo Cespe, para o cargo de Especialista em Regulação (ANATEL), em 2014: *"A 'multa moratória' não se enquadra no conceito de penalidade para fins de aplicação retroativa da lei".*

EMENTA: EXECUÇÃO FISCAL. REDUÇÃO DE MULTA EM FACE DO DEL 2.471/1988. ART. 106, II, "C", CTN. RETROATIVIDADE DA LEI MAIS BENIGNA AO CONTRIBUINTE. POSSIBILIDADE. O art. 106 do CTN admite a retroatividade, em favor do contribuinte, da lei mais benigna, nos casos não definitivamente julgados. Sobrevindo, no curso da execução fiscal, o Decreto-lei 2.471/1988, que reduziu a multa moratória de 100% para 20% e, sendo possível a reestruturação do cálculo de liquidação, é possível a aplicação da lei mais benigna, sem ofensa aos princípios gerais do direito tributário. Na execução fiscal, as decisões finais correspondem às fases de arrematação, da adjudicação ou remição, ainda não oportunizadas, ou, de outra feita, com a extinção do processo, nos termos do art. 794, CPC (atual art. 942 do NCPC). **(REsp 94.511/PR, 1ª T., rel. Min. Demócrito Reinaldo, j. em 21-10-1996)**[39] **(Grifos nossos)**

3.2.2 Observações complementares quanto à retroação da lei mais branda

a) Limitação temporal por lei ordinária: no **RE 407.190/RS**, de relatoria do Ministro Marco Aurélio, julgado em 27-10-**2004**, o **STF** entendeu que a retroação benigna em matéria de infrações não pode sofrer limitação temporal por lei ordiná-

39. Ver, ademais, no mesmo sentido: **(I)** EREsp 184.642/SP, 1ª T., rel. Min. Garcia Vieira, j. em 26-05-1999; **(II)** REsp 191.530/SP, 1ª T., rel. Min. Milton Luiz Pereira, j. em 07-06-2001; **(III)** REsp 196.665/RS, 1ª T., rel. Min. Humberto Gomes de Barros, j. em 16-11-1999.

ria, como tentara o INSS por meio da Lei n. 9.528/97, que dera nova redação ao art. 35 da Lei n. 8.212/91.

> **Art. 35.** Para os fatos geradores ocorridos a partir de 1º de abril de 1997, sobre as contribuições sociais em atraso, arrecadadas pelo INSS, incidirá multa de mora, que não poderá ser relevada, (...).

Entendeu-se estar a multa tributária inserta no campo das normas gerais de Direito Tributário, a qual, por isso, deve ser imposta de forma linear e uniformemente em todo território nacional, "*não se fazendo com especificidade limitadora geograficamente*".

Concluiu-se que a Lei n. 8.212/91, ao impor restrição temporal ao benefício de redução da multa, acabou por limitar regra da lei complementar (CTN, art. 106, II), violando o disposto na alínea "b" do inciso III do art. 146 da CF. Dessa forma, declarou-se a inconstitucionalidade da expressão "*para os fatos geradores ocorridos a partir de 1º de abril de 1997*", constante do *caput* do art. 35 da Lei n. 8.212/91, com a redação dada pela Lei n. 9.528/97.

b) A confissão de débito e o parcelamento não tornam o crédito definitivamente constituído: há contextos, como a confissão de dívida e o parcelamento, que não implicam novação, atingindo-se o objeto da prestação, com a substituição da dívida, mas apenas alteram a forma de pagamento. Vale destacar que tal entendimento é, a nosso ver, o mais razoável, não obstante subsistir a ideia de que a confissão de débito e o parcelamento tornam o crédito definitivamente constituído, equivalendo à situação de "ato definitivamente julgado", para fins de vedação à retroatividade da multa mais benéfica.

Com a devida vênia, dissentimos desse modo de ver. A pena menos severa da lei posterior substitui a mais grave da lei anterior, desde que, em relação ao crédito, não haja julgamento definitivo na via judicial. Temos entendido que, sobrevindo a legislação mais benéfica, serão alcançadas as parcelas pendentes de pagamento, nos casos de parcelamento.

c) Multas aplicáveis a infrações idênticas: a retroação da *lex mitior* deve ser pensada no cotejo de multas moratórias entre si e de multas de ofício entre si. Se houve infração sujeita a multa de ofício, não há que se invocar o percentual mais benéfico de multa moratória. Em outras palavras, a redução de uma multa moratória não alcançará as multas oriundas do descumprimento das obrigações de fazer, de caráter acessório e timbre punitivo.

Por outro lado, é importante frisar que a retroatividade pode abranger qualquer penalidade, quer a multa moratória, quer a multa punitiva. O CTN não fez tal distinção, o que impede qualquer restrição que se venha a fazer, no intuito de limitar a aplicação do dispositivo[40].

40. A esse propósito, ver, no **STJ**: **(I)** o EdivREsp 184.642/SP, 1ª T., rel. Min. Garcia Vieira, j. em 26-05-1999; e **(II)** o REsp 200.781/RS, 1ª T., rel. Min. Milton Luiz Pereira, j. em 12-06-2001.

d) Aplicação retroativa de ofício, quanto à lei mais benéfica: em voto prolatado no **REsp 488.326/RS** (1ª Turma), pelo ex-ministro relator Teori Albino Zavascki, com julgamento em 03-02-**2005**, ficou assente que o advento da lei mais benéfica é fato novo, superveniente ao ajuizamento da ação, que incumbe ao juiz tomar em conta mesmo de ofício, nos termos do art. 462 do CPC (atual art. 493 do NCPC). Verifique o trecho do voto:

> (...) Isso porque **(a)** o advento da lei mais benéfica é fato novo, superveniente ao ajuizamento da ação, que incumbe ao juiz tomar em conta mesmo de ofício, nos termos do art. 462 do CPC (atual art. 493 do NCPC) – "se, depois da propositura da ação, algum fato constitutivo, modificativo ou extintivo do direito influir no julgamento da lide, caberá ao juiz tomá-lo em consideração, de ofício ou a requerimento da parte, no momento de proferir a sentença"; **(b)** na inicial, de qualquer sorte, formulou-se pedido de anulação do auto de lançamento, postulação em que se contém, portanto, impugnação à multa. 3. Pelas razões expostas, dou provimento ao recurso especial, para determinar a aplicação do percentual de multa previsto na lei nova (Lei Estadual 10.932/97). É o voto.

4 ANÁLISE DO PRINCÍPIO DA IRRETROATIVIDADE TRIBUTÁRIA, À LUZ DO ART. 144, §§ 1º E 2º, DO CTN

O postulado da irretroatividade tributária, com o mencionado respaldo constitucional, encontra amparo no **art. 144, *caput*, do CTN**, cujo teor segue abaixo:

> Note o item (adaptado) considerado **CORRETO**, em prova realizada pela FAEPESUL, para o cargo de Fiscal Fazendário da Prefeitura de Grão Pará/SC, em 2016: *"O lançamento reporta-se à data da ocorrência do fato gerador da obrigação e rege-se pela lei então vigente naquela data, ainda que posteriormente modificada ou revogada".*
>
> **Observação:** item semelhante, reproduzindo o *caput* do art. 144 do CTN, foi considerado **CORRETO** e solicitado em prova realizada pelo TRF/3ª Região, para o cargo de Juiz Federal Substituto, em 2016.

> **Art. 144.** O lançamento reporta-se à data da ocorrência do fato gerador da obrigação e rege-se pela lei então vigente, ainda que posteriormente modificada ou revogada.

Como se nota, o lançamento tende a verificar a ocorrência do fato gerador, **regendo-se pela lei então vigente**, o que lhe avoca a feição *declaratória*, operando efeitos *ex tunc* (art. 142, CTN), como se estudará em momento ulterior, nesta obra.

> Note o item considerado **INCORRETO**, em prova realizada pelo CEBRASPE, STJ, para o cargo de Analista Judiciário, em 2018: *"Em regra, a constituição do crédito tributário é regida pela legislação vigente na data do vencimento do tributo".*

Vale dizer que o lançamento deve ser realizado em consonância com a situação de direito e com a situação de fato, contemporâneas do fato gerador, o que se permite afirmar que o "*lançamento tributário admite a retroatividade*", possuindo certo efeito retroativo[41].

4.1 Análise do art. 144, § 1º, do CTN

O § 1º do art. 144 do CTN dispõe sobre um certo afastamento do *caput* do art. 144 do CTN, sem que se possa dizer que prevê, assim, hipóteses de retroatividade tributária, ou mesmo casos de "ofensa" ao postulado em estudo. Simplesmente, registra hipóteses legais de efeito imediato. Note-o:

> **Art. 144. (...)**
> **§ 1º** Aplica-se ao lançamento a legislação que, posteriormente à ocorrência do fato gerador da obrigação, tenha instituído novos critérios de apuração ou processos de fiscalização, ampliado os poderes de investigação das autoridades administrativas, ou outorgado ao crédito maiores garantias ou privilégios, exceto, neste último caso, para o efeito de atribuir responsabilidade tributária a terceiros.

Assim, à guisa de memorização, o § 1º menciona as seguintes hipóteses de *aplicação imediata* da norma, com utilização da lei vigente à época do lançamento:

a) legislação que institua novos critérios de apuração ou processos de fiscalização, o que não se confunde, *ad argumentandum*, com "novas bases de cálculo", ou, mesmo, "novas alíquotas";

b) legislação que amplie os poderes de investigação das autoridades administrativas;

c) legislação que outorgue ao crédito maiores privilégios ou garantias.

> Note o item considerado **CORRETO**, em prova realizada pela VUNESP, PC-BA, para o cargo de Delegado de Polícia, em 2018: *"O artigo 144 do CTN dispõe que o lançamento se reporta à data da ocorrência do fato gerador da obrigação, regendo-se pela lei então vigente, ainda que posteriormente modificada ou revogada. O CTN excepciona essa regra, admitindo a aplicação da legislação tributária que, posteriormente à ocorrência do fato gerador da obrigação, INSTITUA NOVOS CRITÉRIOS DE APURAÇÃO OU PROCESSOS DE FISCALIZAÇÃO, AMPLIANDO OS PODERES DE INVESTIGAÇÃO DAS AUTORIDADES ADMINISTRATIVAS".*

A lei nova, que regula procedimentos, prerrogativas ou formalidades, adstritos à atividade do lançamento, sem qualquer pretensão de alterar, criar ou extinguir direitos materiais – relacionáveis, por exemplo, com os elementos estruturais da obrigação tributária (hipótese de incidência, base de cálculo, alíquota, sujeição passiva e fato gerador) – deverá ser aplicada *de imediato* e *aos casos pendentes*, como sói acontecer com as normas processuais em geral.

Com efeito, os aspectos formais ou procedimentais que cercam o lançamento não influem com poder de decisão, a ponto de afastarem a lei vigente na época do lançamento, em prol da aplicação daquela lei pretérita, do momento do fato gerador.

41. OLIVEIRA, José Jayme de Macêdo. *Código Tributário Nacional*, p. 371.

Exemplificadamente, conforme se dispõe no comando, a temática ligada à competência ou poderes de investigação da autoridade fiscal, aos critérios de apuração e aos processos de fiscalização não diz com a essência da obrigação tributária (relação jurídica de direito substantivo), mas, em verdade, com a forma de descortinar a própria existência desta ou, quiçá, obter seu adimplemento. Assim, abre-se para uma realidade formal, própria da relação jurídica não substancial, no bojo da relação jurídico-tributária, adstrita à constituição do crédito tributário.

Temos dito que o § 1º do art. 144 do CTN é, antes de didático, demasiado lógico. Visa atender aos interesses do Fisco, nos planos arrecadatório e fiscalizatório, sem afetar os direitos do contribuinte[42]. Veja o fácil exemplo: se uma autoridade exatora comparece à empresa, em 2016, no intuito de lavrar um auto de infração, relativo à ausência de pagamento de tributo em 2014, deverá aplicar, no que toca à substância da obrigação correspondente, a legislação vigente em 2014. Entretanto, no pertinente aos aspectos procedimentais do lançamento, ou seja, no que tange à realidade fática ocorrida em 2016, aplicar-se-á a legislação vigente neste ano da autuação[43].

A esse propósito, Amílcar de Araújo Falcão[44] dispõe que "o regime normativo substantivo por que se regerá a obrigação tributária será o da época do fato gerador e não o da época do lançamento, criando-se para o contribuinte então uma situação definitivamente constituída ou, como afirma Jèze, um direito adquirido que a legislação ulterior, inclusive a da época do lançamento, não pode alterar em detrimento do contribuinte".

Frise-se, em tempo, que o preceptivo, na parte final, traz importante **ressalva**.

Note:

> **Art. 144, § 1º** Aplica-se ao lançamento a legislação que, posteriormente à ocorrência do fato gerador da obrigação, tenha (...) outorgado ao crédito maiores garantias ou privilégios, *exceto, neste último caso, para o efeito de atribuir responsabilidade tributária a terceiros.* **(Grifo nosso)**

> Note o item considerado **INCORRETO**, em prova realizada pela VUNESP, PC-BA, para o cargo de Delegado de Polícia, em 2018: *"O artigo 144 do CTN dispõe que o lançamento se reporta à data da ocorrência do fato gerador da obrigação, regendo-se pela lei então vigente, ainda que posteriormente modificada ou revogada. O CTN excepciona essa regra, admitindo a aplicação da legislação tributária que, posteriormente à ocorrência do fato gerador da obrigação, OUTORGUE AO CRÉDITO MAIORES GARANTIAS OU PRIVILÉGIOS PARA O EFEITO DE ATRIBUIR RESPONSABILIDADE TRIBUTÁRIA A TERCEIROS".*

42. *V.* Diniz, Gustavo Saad. *In:* OLIVEIRA SILVA, Volney Zamenhof de (Coord.). *Código Tributário Nacional*: comentado, anotado e atualizado. 2. ed. Campinas: CS Edições, 2002, p. 464.
43. MACHADO SEGUNDO, Hugo de Brito. *Código Tributário Nacional:* anotações à Constituição, ao Código Tributário Nacional e às Leis Complementares n. 87/1996 e n. 116/2003. São Paulo: Atlas, 2007, p. 269.
44. FALCÃO, Amílcar de Araújo. *Fato gerador da obrigação tributária*, 6. ed., p. 56.

Como se observa, a lei que, posteriormente à ocorrência do fato gerador, outorgar ao crédito maiores garantias ou privilégios, estará longe de alterar a obrigação tributária a ela subjacente, nos seus aspectos estruturais, *v.g.*, hipótese de incidência, base de cálculo, alíquota, sujeição passiva e fato gerador. Entretanto, se, nessa toada, essa mesma lei acabar por atribuir responsabilidade a terceiro, atingida será a própria obrigação tributária, em um dos seus elementos fundantes, com a inclusão de pessoa no polo passivo da relação jurídico-tributária, tornando-a "inconstitucional por retroatividade"[45]. Isso se dá porque o aspecto pessoal integra a própria norma tributária impositiva.

Em outras palavras, "ainda que para o mesmo tributo a lei nova tenha previsto outros contribuintes ou responsáveis, não indicados na lei anterior, essa lei não se aplica mesmo que o lançamento desse tributo venha a acontecer quando já esteja ela em vigor. (...) Prevendo, para o tributo existente, novos contribuintes ou responsáveis, cria para eles vínculos tributários antes inexistentes, o que equivale a criar o próprio tributo em relação a tais pessoas"[46].

Vamos observar o entendimento jurisprudencial, no **STJ**, sobre o tema:

> **EMENTA:** TRIBUTÁRIO. PROCESSUAL CIVIL. ART. 6º DA LC N. 105/2001. APLICAÇÃO IMEDIATA. ART. 144, § 1º DO CTN. I – A Egrégia Primeira Turma desta Corte, à unanimidade, no julgamento do REsp 506.232/PR, de que foi relator o eminente Ministro Luiz Fux, *assentou entendimento no sentido da possibilidade de aplicação imediata do disposto no art. 6º da LC n. 105/2001, com base no art. 144, § 1º, do Código Tributário Nacional, inferindo-se, desse dispositivo, que as leis tributárias procedimentais ou formais têm aplicação imediata, ao passo que as leis de natureza material só alcançam fatos geradores ocorridos durante a sua vigência,* de modo que o referido dispositivo, da novel Lei Complementar, em conjunto com o art. 1º da Lei 10.174/2001 *podem "ser aplicados ao ato de lançamento de tributos cujo fato gerador se verificou em exercício anterior à vigência dos citados diplomas legais, desde que a constituição do crédito não esteja alcançada pela decadência"*, viabilizando a utilização de informações bancárias para esta finalidade. (...) **(AgRg no REsp 668.720/RS, 1ª T., rel. Min. Francisco Falcão, j. em 15-09-2005) (Grifos nossos)**

4.1.1 O princípio da irretroatividade tributária e a Lei n. 10.174/2001 (CPMF e o art. 144, § 1º, CTN)

Acerca do tema, a Lei n. 10.174/2001 trouxe um contexto elucidativo, o qual merece citação.

É que tal norma, alterando a Lei n. 9.311/96 (art. 11, § 3º), passou a permitir o que antes era vedado expressamente, qual seja, a utilização das informações decorrentes do cruzamento entre os dados da CPMF, quando ainda existia, e as declarações

45. AMARO, Luciano. *Direito tributário brasileiro*, 14. ed., p. 348.
46. DECOMAIN, Pedro Roberto. *Anotações ao Código Tributário Nacional*, p. 539.

de renda dos sujeitos passivos, com o intuito de proceder ao lançamento dos impostos supostamente sonegados.

Muitos contribuintes, movimentando cifras vultosas em contas-correntes, sem que as fizessem constar de suas declarações de rendimentos ofertadas à Secretaria da Receita Federal, insurgiram-se contra a Lei n. 10.174/2001, que permitiu a quebra do sigilo bancário na atividade investigativa de eventuais incongruências, por meio de instauração de procedimento fiscal.

Basicamente, a linha de defesa dos contribuintes fiscalizados pautava-se na suscitação de vício ao princípio da irretroatividade tributária, uma vez que o ato normativo estava sendo aplicado a fatos geradores ocorridos antes da sua vigência.

Por sua vez, a Administração Tributária argumentava que o lançamento tributário, de acordo com o art. 144, § 1º, do CTN, teria caráter retrospectivo, reportando-se, quanto aos aspectos materiais, à data da ocorrência do fato gerador da obrigação, regendo-se, então, pela lei vigente, ainda que posteriormente modificada ou revogada. Todavia, no que se ligava aos aspectos formais, a legislação, se viesse, por exemplo, instituir novos critérios de apuração ou processos de fiscalização, teria aplicabilidade imediata, não se configurando hipótese de aplicação retroativa da lei. No caso, o Fisco entendeu que, para a apuração do *quantum* do imposto sobre a renda, não se vislumbraria ilicitude alguma em calculá-lo com base em informações bancárias obtidas a partir da CPMF, uma vez que se tratava apenas de um novo meio de fiscalização.

O mencionado expediente adotado pelo Fisco Federal, no claro intuito de fortalecer seu poder investigatório, além de dificultar a sonegação do contribuinte, contou com a validação, em juízo, de sentenças e acórdãos que abonavam a legislação que prevê o repasse de informações sobre operações bancárias pela instituição financeira à autoridade fazendária, bem como a possibilidade de utilização dessas informações para verificar a existência de crédito tributário relativo a impostos e contribuições, com o decorrencial lançamento do crédito porventura existente.

O **STJ**, no julgamento do **REsp n. 558.633**, de relatoria do Ministro Francisco Falcão, reconheceu o direito de a Fazenda Nacional "quebrar" o sigilo bancário para investigar as informações sobre as CPMFs pagas pelos contribuintes, mesmo para os fatos geradores ocorridos antes da edição da Lei n. 10.174/2001, **desde que não atingidos pela decadência**. Observe as ementas prolatadas nas 1ª e 2ª Turmas, respectivamente:

> Note o item considerado **CORRETO**, em prova realizada pela FGV Projetos, para o cargo de Auditor do Estado do Maranhão (CGE/MA), em 2014: *"DCS – Corretagem e Seguros Ltda., se insurge em face da quebra de seu sigilo bancário para averiguação, pela Receita, de sua movimentação financeira. Até a lavratura do auto de infração, que ocorreu em 2000, só havia procedimento administrativo de fiscalização, sem qualquer processo judicial instaurado. Aduz a sociedade empresária que a LC n. 105/2001, que dispõe sobre o sigilo das operações financeiras, não poderia ter sua aplicação retroativa. Com base no exposto, 'é lícita e legítima a conduta do Fisco, uma vez que possível a retroatividade das leis tributárias procedimentais, relativas à constituição do crédito tributário não alcançado pela decadência, ainda que os fatos imponíveis a serem apurados lhes sejam anteriores'"*.

EMENTA: PROCESSUAL CIVIL, ADMINISTRATIVO E TRIBUTÁRIO. QUEBRA DE SIGILO BANCÁRIO. ART. 11, § 2º, DA LEI N. 9.311/96, COM A REDAÇÃO DADA PELO ART. 1º DA LEI N. 10.174/01. PROCEDIMENTOS DE FISCALIZAÇÃO. RETROATIVIDADE. ART. 144, § 1º, DO CTN. EMBARGOS DE DECLARAÇÃO. OMISSÃO. INOCORRÊNCIA. (...) II – *Não há que se falar em omissão no aresto, porquanto esta Corte se manifestou no sentido da possibilidade de retroatividade do disposto nos arts. 6º da LC n. 105/2001 e 1º da Lei 10.174/2001, com base no art. 144, § 1º, do CTN, inferindo-se, desse dispositivo, que as leis tributárias procedimentais ou formais têm aplicação imediata. III – Com isso, restou assentada a permissão do cruzamento dos dados obtidos com a arrecadação da CPMF, para fins de constituição de crédito relativo a outros tributos, aplicando-se tal entendimento a fatos geradores anteriores à vigência da norma que o instituiu.* IV – Embargos de declaração rejeitados. **(EDcl no AgRg no REsp 558.633/PR, 1ª T., rel. Min. Francisco Falcão, j. em 06-12-2005) (Grifo nosso)**

EMENTA: TRIBUTÁRIO. CPMF. QUEBRA DE SIGILO BANCÁRIO. PERÍODO ANTERIOR À VIGÊNCIA DO ART. 6º DA LC N. 105/2001. CARÁTER PROCEDIMENTAL DA NORMA. APLICAÇÃO IMEDIATA. EXEGESE DO ART. 144, § 1º, DO CTN. 1. É possível a aplicação do art. 6º da LC n. 105/2001, ainda que o período investigado seja anterior à sua vigência, porquanto se trata de disposição meramente procedimental. Inteligência do art. 144, § 1º, do CTN. 2. Recurso especial provido. **(REsp 628.527/PR, 2ª T., rel. Min. Eliana Calmon, j. em 06-09-2005)**

Tal posição foi acolhida pelo **STJ**, que, por unanimidade, acolheu o entendimento do Relator do Recurso Especial supracitado, ratificando o entendimento de que as leis tributárias procedimentais ou formais têm aplicação imediata, ao passo que as leis de natureza material só alcançam fatos geradores ocorridos durante sua vigência.

4.2 Análise do art. 144, § 2º, do CTN

O § 2º anuncia uma ressalva ao *caput* do art. 144, que, a nosso ver, encontra-se malposta. Note-a:

Art. 144. (...)

§ 2º O disposto neste artigo não se aplica aos impostos lançados por períodos certos de tempo, desde que a respectiva lei fixe expressamente a data em que o fato gerador se considera ocorrido.

Quando se quer afirmar que "*o disposto neste artigo não se aplica aos impostos lançados por períodos certos de tempo, desde que a respectiva lei fixe expressamente a data em que o fato gerador se considera ocorrido*", orienta-se, em verdade, para uma ressalva à conhecida regra da *aplicação da lei do momento do fato gerador*. Entretanto, a tal ressalva não tem o condão de contrariar frontalmente a regra, uma vez que prevalecerá a mera aplicação da lei – não a contemporânea do fato gerador, mas a que fixar expressamente a data em que tal fato imponível se considerar ocorrido.

Com efeito, se a lei fixar expressamente a data em que o fato gerador tiver ocorrido, avocando-se a sua aplicação, em última análise, vai acabar valendo a mesma máxima da "aplicação da lei vigente no momento do fato gerador"[47], só que agora com data expressamente fixada na própria lei.

Talvez o legislador melhor teria se saído se tivesse fixado a dita ressalva ao próprio § 1º do art. 144, e não ao *caput*, em si, como se deixa transparecer[48].

Superada a análise crítica inicial, observa-se que o dispositivo se refere à temática dos tributos lançados por período certo de tempo ou com fatos geradores *permanentes, contínuos* ou *continuados* (IPTU, IPVA, ITR, basicamente). Aliás, alguns autores[49] associam tal comando ao fato gerador do imposto de renda, o que, com a devida vênia, parece-nos pouco adequado.

Nesses tributos incidentes sobre o patrimônio, a lei pode, valendo-se de ficção jurídica, definir um específico momento de acontecimento do fato gerador. Assim sendo, a legislação aplicável será aquela vigente na data predeterminada, tendo em vista ser impossível uma inovação do fato jurídico permanente, a não ser que "a respectiva lei fixe expressamente a data em que o fato gerador se considera ocorrido". Exemplo: se uma lei municipal define o fato gerador do IPTU para 1º de janeiro de cada ano, aplicar-se-á a lei vigente em 1º de janeiro.

Portanto, o lançamento desses gravames deve se reportar à legislação vigente na data na qual a própria lei considerar o fato gerador como acontecido. Por isso, afirmamos há pouco que tudo não passa de uma aplicação da lei do momento do fato gerador, aqui e agora, legal e expressamente fixado.

5 O FATO GERADOR PENDENTE E A SÚMULA N. 584 DO STF, PERANTE O PRINCÍPIO DA IRRETROATIVIDADE TRIBUTÁRIA

Há fatos que se iniciam sob a égide de uma lei e se concluem quando já vigente uma nova lei. Nesses casos, pergunta-se: *como deverá agir a autoridade administrativa ou a autoridade judiciária na identificação da lei que deverá reger tais fatos? Aplicar-se-á a lei velha ou a lei nova?*

O **art. 105 do CTN**, preceptivo que "*diz com a existência ou não de efeito retroativo das normas de Direito Tributário*"[50], sinaliza uma possível resposta à indagação:

47. V. AMARO, Luciano. *Direito tributário brasileiro*, 14. ed., pp. 268-269.

48. V. LACOMBE, Américo Lourenço Masset. *In:* MARTINS, Ives Gandra da Silva (Coord.). *Comentários ao Código Tributário Nacional:* artigos 96 a 138, v. II, p. 291.

49. DECOMAIN, Pedro Roberto. *Anotações ao Código Tributário Nacional*, p. 539.

50. DECOMAIN, Pedro Roberto. *Anotações ao Código Tributário Nacional*, p. 439.

Art. 105. A legislação tributária aplica-se imediatamente aos fatos geradores futuros e aos pendentes, assim entendidos aqueles cuja ocorrência tenha tido início, mas não esteja completa nos termos do art. 116.

> Note o item considerado **CORRETO**, em prova realizada pela FCC, para o cargo de Juiz Substituto (TJ/SC), em 2017: *"A legislação tributária aplica-se imediatamente aos fatos geradores pendentes e futuros"*.

Segundo a dicção do artigo supracitado, a legislação nova aplica-se aos fatos geradores pendentes, isto é, aqueles fatos que se iniciam na vigência de uma legislação e se completam na vigência de outra legislação.

O desafio ao intérprete está em compatibilizar esse comando com o princípio da irretroatividade tributária (art. 150, III, "a", CF), segundo o qual se impede que tenha a lei tributária efeito retroativo, ou seja, veda-se a lei que se volte no tempo para apanhar atos ou fatos já praticados.

Na busca dessa compatibilização, é possível notar a chancela doutrinária – e até jurisprudencial – do art. 105 do CTN, admitindo-se a figura do "fato gerador pendente". Por outro lado, não são raros os entendimentos restritivos quanto ao preceptivo, concebendo-o como violador do princípio da irretroatividade tributária. Nessa trilha, a propósito, boa parte da doutrina tem preconizado que a Constituição Federal de 1988 teria propiciado a invalidação do "fato gerador pendente" feita no artigo[51], adjudicando-lhe um "contorno mais restrito"[52].

Resta-nos, portanto, avançar na convidativa problemática, enfrentando o dispositivo em apreço.

De início, impende traçarmos um conceito para o intitulado "fato gerador pendente": o *fato gerador pendente* é aquele que indica a situação fática cuja conclusão ou consumação pressupõe uma sequência concatenada de atos, continuação essa que já se iniciou, mas ainda não se completou, no momento em que uma dada lei aparece, entrando em vigor. Daí se afirmar que, em seu contexto, uma primeira parte de atos é praticada sob a égide da lei velha, e uma segunda parte ocorre já sob a égide da lei nova.

Quanto à sua aceitação, no plano doutrinário, há férteis debates, como se nota nos posicionamentos a seguir expendidos.

O eminente jurista Paulo de Barros Carvalho[53], defendendo a existência do "fato gerador pendente", preleciona:

> Entrando a lei em vigor, deve ser aplicada, imediatamente, a todos os fatos geradores que vierem a acontecer no campo territorial sobre que incida, bem como àqueles cuja

51. *V.* FONSECA, Fernando Henrique Costa Roxo da. *In:* OLIVEIRA SILVA, Volney Zamenhof de (Coord.). *Código Tributário Nacional*: comentado, anotado e atualizado. 2. ed. Campinas: CS Edições, 2002, p. 284.
52. OLIVEIRA, José Jayme de Macêdo. *Código Tributário Nacional*, p. 256.
53. CARVALHO, Paulo de Barros. *Curso de direito tributário*, 16. ed., p. 91.

ocorrência teve início, mas não se completou na forma prevista pelo art. 116. E ficam delineados, para o legislador do Código Tributário Nacional, os perfis de duas figuras que ele distingue: a de fato gerador futuro e a de fato gerador pendente.

De outro lado, na visão arguta de Hugo de Brito Machado[54], o imposto de renda seria um exemplo clássico de tributo que contempla o fato gerador pendente. O insigne mestre assevera que, como regra, o fato gerador do IR ocorre apenas no final do ano-base, quando se consuma e se completa. Desse modo, se antes desse termo *ad quem* surgir uma lei, esta será aplicada imediatamente, o que configurará o típico caso de aplicação imediata a fatos geradores pendentes, pois o fato gerador já teria sido iniciado, mas não estaria ainda consumado, e, sim, pendente. Entretanto, insiste o didático Autor[55] em que, no pertinente ao IR, a lei que agrava os encargos dos contribuintes somente deva ser aplicada no ano seguinte ao de sua publicação. Com efeito, o imposto de renda deve ser regulado por lei em vigor antes do respectivo período "ano-base", todavia, como se verá adiante, não tem sido este o entendimento prevalecente no Supremo Tribunal Federal.

Em visão oposta, segue o eminente doutrinador Sacha Calmon Navarro Coêlho[56], para quem não existe o intitulado "fato gerador pendente". O que estará "pendente" é o negócio jurídico ou a situação fática, na qual se traduz o fato gerador, e não ele próprio. Este pode ocorrer ou não ocorrer. Assim, "*ou se tem o fato gerador consumado ou não se tem*"[57]. Conforme se depreende do arts. 116 e 117 do CTN, o fato gerador, traduzível em situação de direito, pode estar submetido a uma condição (suspensiva ou resolutiva). O que se vê não é um fato gerador "pendente", mas um negócio jurídico sob condição. A propósito, sobrevindo a condição, aplicar-se-á a norma vigente no momento anterior ao do implemento da condição.

Na trilha da crítica ao dispositivo, segue Luciano Amaro[58], para quem o art. 105 teria vindo endossar a tese de que o fato gerador do IR – para ele, imposto de fato gerador periódico – enquadrar-se-ia convenientemente na forma típica de um fato gerador "pendente". Sendo assim, a norma do IR, sendo editada até o final do período anual, em geral, seria aplicável à renda que se estava formando desde o primeiro dia do período, em nítida aplicação retro-operante. O renomado autor critica a sistemática, fruto dessa interpretação, que permite lançar efeitos da norma do IR ao passado, em vez de fazê-la incidir sobre fatos futuros – e, além disso, sobre exercícios futuros.

54. *V.* MACHADO, Hugo de Brito. *Curso de direito tributário*, 29. ed., p. 98.
55. *Ibidem*, p. 99.
56. *V.* COÊLHO, Sacha Calmon Navarro. *Curso de direito tributário brasileiro*, 6. ed., pp. 564-565.
57. ROCHA, Valdir de Oliveira. *In:* MARTINS, Ives Gandra da Silva (Coord.). *Comentários ao Código Tributário Nacional*, p. 54; *v.* CORRÊA, Walter Barbosa. A propósito do fato gerador pendente. *Repertório IOB de Jurisprudência*, 15/277, Cad. 1, 1991, p. 275.
58. *V.* AMARO, Luciano. *Direito tributário brasileiro*, 14. ed., p. 195.

Vê-se, nas passagens doutrinárias descritas, que subsiste ampla controvérsia sobre a aceitação do "fato gerador pendente" como instituto jurídico compatível com o princípio da irretroatividade tributária.

De nossa parte, temos defendido a opinião de que a lei nova não mais alcança os fatos geradores pendentes, em face da incompatibilidade da parte final do art. 105 do CTN com a redação do Princípio da Irretroatividade Tributária, veiculado no inciso III da alínea "a" do art. 150 da Constituição de 1988. Acreditamos que "pendente" não é o fato gerador; mas o negócio jurídico que lhe dá lastro. O que, de fato, pode ocorrer é o fato gerador consistente em negócio jurídico sujeito à condição suspensiva (art. 117, I, CTN). Do exposto, será possível verificar que pendente estará o negócio jurídico, e não o fato gerador. Este ocorrerá ou não. Essa é razão pela qual, a nosso ver, a lei tributária só se aplica mesmo a fatos geradores futuros, pois o debatido "fato gerador pendente" nada mais é do que uma possibilidade jurídica. Se a condição jamais ocorrer, sua inexistência será inexorável.

Para a devida evolução no tema, faz-se mister analisar, nesse momento, a sistemática de apuração do imposto de renda e sua implicação no plano da irretroatividade tributária.

O imposto de renda se apresenta como tributo *sui generis*, no que tange à apuração, uma vez que esta servirá para exteriorizar, durante o ano fiscal, todos os acontecimentos deflagradores da hipótese de incidência do gravame. Nota-se, pois, que o fato gerador do IR não se forma "por instantaneidade", como se dá com vários impostos (*v.g.*, ICMS, IPI, contribuição de melhoria etc.), mas à luz de "concatenada sequência" de fatos que, uma vez agrupados, indicarão o acréscimo patrimonial tributável ou fato presuntivo da renda acrescida.

A nosso ver, o fato gerador do IR pode ser classificado, quanto ao tempo, em *complexo* ou *complexivo*. Não obstante, já se pôde notar que há quem o considere como "continuado" ou, até mesmo, como "periódico". Entendemos que, para concursos públicos, a melhor classificação é a que associa o IR a *fato gerador complexo ou complexivo*.

Partindo-se para sua definição, podemos afirmar que o *fato gerador complexivo* compreende a disponibilidade econômica ou jurídica de renda, adquirida num determinado espaço de tempo, que costuma coincidir com o ano civil – de 1º de janeiro até 31 de dezembro – denominado "ano-base", "período-base" ou "ano-calendário". Este é o ano em que os rendimentos são percebidos, ou seja, o período em que se realizam os diversos acontecimentos que compõem o fato gerador do imposto de renda. Por sua vez, no período que sucede a este, ter-se-á o "ano da declaração", também chamado de "exercício".

Assim, por exemplo, se o ano-base for 2019, o exercício será 2020. Naquele se deu o fato gerador; neste, a entrega da declaração. Daí se falar que o fato gerador do

IR está estruturado em um induvidoso dualismo, composto, de um lado, pelo ano--base e, de outro, pelo ano da declaração.

Nessa toada, evidencia-se que o fato gerador do imposto de renda mostra-se como a soma algébrica de inúmeros fatos isolados, em dado período preciso de tempo, de modo que o fato imponível somente se aperfeiçoa com a ocorrência do último daqueles fatos pontuais ou, até mesmo, com o transcurso do interregno determinado no tempo. Uma vez identificado o fato gerador do tributo, operacionaliza-se o princípio da irretroatividade tributária, por meio de uma lei que deve ser prévia ao *dies a quo* desse mesmo fato gerador[59]. Assim sendo, aos fatos geradores ocorridos em um determinado ano fiscal aplica-se a lei que estava em vigor no ano anterior. Note o esquema a seguir:

FG = F1 + F2 + F3 (conjunto de fatos)
TEMPO "X" = F1 + F2 + F3 (o conjunto de fatos no tempo determinado)
LEI → TEMPO "X" (a lei precede o conjunto de fatos)

Conquanto a questão se nos apresente com relativa simplicidade, o **STF** tem sacramentado um entendimento diverso, ao considerar que a lei que majora o IR, ainda que publicada nos últimos dias de dezembro, pode irradiar efeitos sobre todo o ano que se encerra, uma vez que o fato gerador do imposto, cujo início se dera em 1º de janeiro, ainda estaria por encerrar, ou seja, mostrar-se-ia ainda "pendente", o que torna plenamente aplicável o art. 105 do CTN.

O **STF**, desse modo, burilou seu pensamento, apegado de modo irrestrito a uma antiga súmula, de relevante impacto no enfrentamento dessa temática – a vetusta **Súmula n. 584**:

> **Ao Imposto de Renda calculado sobre os rendimentos do ano-base, aplica-se a lei vigente no exercício financeiro em que deva ser apresentada a declaração.**

A *Súmula n. 584* sinaliza que se aplicará uma lei vigente no exercício financeiro em que deva ser apresentada a declaração ao imposto de renda, calculado sobre os rendimentos do ano-base.

Em outras palavras, tal enunciado sumular almeja que se adote, às avessas, os postulados da anterioridade e irretroatividade tributárias. Veja por que, em linguagem simples: a lei "de hoje" atingirá fatos geradores "de ontem", ferindo de morte a irretroatividade tributária, enquanto, na mesma trilha do exotismo, o "amanhã" deverá se preparar para o "hoje", e não o contrário – o que seria razoável e normal, na perspectiva da segurança jurídica –, em inequívoca mácula à anterioridade tributária.

59. *V.* COÊLHO, Sacha Calmon Navarro. *Curso de direito tributário brasileiro*, 6. ed., p. 235.

O **STF**, assim, considera que, se uma lei majoradora das alíquotas do IR (Lei n. x – fictícia) é publicada em 10 de dezembro de 2020, todos os fatos geradores do tributo que se desenrolarem entre 1º de janeiro e 31 de dezembro de 2020 estarão sujeitos à majoração nela prevista. Na trilha desse entendimento, será aplicada ao imposto de renda, calculado sobre os rendimentos do ano-base, a lei vigente no exercício financeiro em que deva ser apresentada a declaração. Vale dizer que será aplicada ao IR, calculado sobre os rendimentos de 2020 (1º de janeiro e 31 de dezembro), a lei vigente no exercício financeiro em que deva ser apresentada a declaração, ou seja, a própria Lei n. x, publicada em dezembro de 2020, vigente em 2021 (ano da declaração).

É importante registrar que a *Súmula n. 584* foi elaborada em **1976**, uma época em que se concebeu a ideia de que o fato gerador do IR se dava no 1º dia do exercício da declaração, e não mediante a soma de uma série de atos que acontecem no decorrer do ano fiscal. Sempre se disse, na tentativa de abonar tal pensamento, que havia a possibilidade de, no transcorrer do período-base, serem celebrados alguns atos ou negócios jurídicos que, perante a lei vigente, ou seriam dotados de mera irrelevância ou, tendo relevância, atuariam de modo diverso daquele previsto na lei com vigência no primeiro dia do exercício financeiro seguinte.

Nesse passo, a mencionada Súmula, atentando para a definição legal do aspecto temporal da hipótese de incidência, em detrimento do fato econômico tributado, veio chancelar uma espécie de "falsa retroatividade" ou "pseudorretroatividade", também denominada "doutrina da retrospectiva" ou "retroatividade imprópria".

A bem da verdade, a *Súmula n. 584* se consagrou em ambiente de empedernida inconstitucionalidade, e, a despeito de estranha postura de inércia dos doutrinadores, irradiou-se negativamente sobre as mentes dos operadores do Direito, alçando-se ao chancelado formato de enunciado.

Entendemos que o fato gerador do IR deve ser regido pela lei vigente por ocasião de sua ocorrência, haja vista que o tempo rege o ato (*tempus regit actum*). O pensamento defendido no **STF** é, *concessa venia*, de duvidosa sustentabilidade, pois a lei majoradora do IR deve ser sempre pretérita em relação aos fatos presuntivos de riqueza, cujo conjunto comporá o fato gerador do imposto. Tal conjunto fático, assim composto, no âmbito do aspecto material do fato gerador do IR, rimará com os postulados da irretroatividade, da anterioridade, da confiança, da não surpresa, e, sobretudo, com o inafastável princípio da segurança jurídica.

Utilizando um tom diverso daquele proposto pelo **STF**, apresentamos a nossa visão crítica, a partir da seguinte situação: diante de uma lei majoradora das alíquotas do IR (Lei n. x), publicada em 10 de dezembro de 2020, todos os fatos geradores do tributo que se desenrolarem entre 1º de janeiro e 31 de dezembro de 2020 **não** estarão sujeitos à majoração nela prevista. Com efeito, afastando-se a aplicação da Súmula n. 584, a lei majoradora entrará em vigor em 2021, incidindo, de fato, no plano da exigibilidade, em 2022, quando deverá ser entregue a Declaração do Imposto de Renda.

Em suma, a crítica da quase unanimidade da doutrina brasileira é no sentido de que, uma vez publicada a lei durante um dado exercício financeiro, ela somente entrará em vigor no exercício financeiro subsecutivo, sendo-lhe vedada a aplicação imediata naquele exercício dentro do qual teria sido editada.

Nessa direção, **contrária à Súmula e à retroatividade imprópria**, algumas Bancas de concursos têm seguido. Por outro lado, é possível encontrar opinião diversa, em outras Bancas, que se apegam à literalidade da **Súmula n. 584**.

> Note o item considerado **CORRETO**, em prova realizada pelo Ministério Público Federal, para o provimento de cargo de Procurador da República (XXI Concurso): *"Lei editada em final de dezembro majora alíquota do IRPJ. Tem-se, então, que é válida essa majoração porque sobre os rendimentos do ano base aplica-se a lei vigente no exercício financeiro em que deve ser apresentada a declaração de rendimentos"*.

Dessarte, enquanto a orientação sumular permanecer válida, não se vislumbrará uma sintonia entre a sistemática adotada na identificação do fato gerador do IR, de um lado, e o respeito ao princípio da irretroatividade tributária, de outro. Nessa medida, torna-se demasiado sofrível, *data venia*, qualquer tentativa de defesa da mencionada Súmula, quando esta se mostra vocacionada a chancelar, a olhos vistos, a legitimidade de um IR, explícita e inconstitucionalmente, retroativo.

5.1 A Súmula n. 584 perante o STF e o STJ

Se sobejam as discussões na seara doutrinária afetas à dimensão ocupada pelo "fato gerador pendente", de idêntico modo, saltam aos olhos os intensos debates que o tema propiciou no **STF** e no **STJ**.

Como se verá a seguir, por meio de fartas citações jurisprudenciais, o **STF**, em sua majoritária composição, chancelou a aceitação da Súmula n. 584. De modo oposto, o **STJ** sempre a viu, negativamente, com boa dose de pessimismo. Vamos à análise:

5.1.1 A defesa da Súmula n. 584 no STF

O **STF**, de há muito, vem se mantendo fiel ao teor imposto pela Súmula n. 584, conforme se depreende dos julgados a seguir reproduzidos, em ordem cronológica, por nós sugerida:

Em 1985:

EMENTA: Imposto de renda. Embora recebidos no ano-base, os rendimentos estão sujeitos à tributação segundo a lei vigente no exercício financeiro a que ela se referir – Jurisprudência consubstanciada na Súmula 584. *RE não conhecido.* **(RE 104.259/RJ, 2ª T., rel. Min. Cordeiro Guerra, j. em 20-09-1985) (Grifo nosso)**

Em 1996:

EMENTA: Em 20 de novembro de 1996, o Ministro Relator Ilmar Galvão, em voto prolatado no **RE 183.119/SC**, assim sacramentou:

"(...) o fato gerador da obrigação tributária relativa ao Imposto de Renda e, pela mesma razão à contribuição social sobre o lucro, surge no último dia do exercício social quando se dá o levantamento do balanço social das empresas alusivo ao período encerrado, não contrariando o princípio da irretroatividade a exigência do tributo calculado com base em lei editada no curso do ano-base". **(Grifo nosso)**

Em 1997:

EMENTA: CONTRIBUIÇÃO SOCIAL. LEI N. 7.856, DE 25 DE OUTUBRO DE 1989, QUE, NO ART. 2º, ELEVOU A RESPECTIVA ALÍQUOTA DE 8 PARA 10%. LEGITIMIDADE DA APLICAÇÃO DA NOVA ALÍQUOTA SOBRE O LUCRO APURADO NO BALANÇO DO CONTRIBUINTE ENCERRADO EM 31 DE DEZEMBRO DO MESMO ANO. *Tratando-se de lei de conversão da Medida Provisória n. 86, de 25 de setembro de 1989, da data da edição desta é que flui o prazo de noventa dias previsto no art. 195, § 6º, da CF*, o qual, no caso, teve por termo final o dia 24 de dezembro do mesmo ano, possibilitando o cálculo do tributo, pela nova alíquota, sobre o lucro da recorrente, apurado no balanço do próprio exercício de 1989. *Recurso não conhecido.* **(RE 197.790/MG, Pleno, rel. Min. Ilmar Galvão, j. em 19-02-1997) (Grifos nossos)**

Em 1998:

EMENTA: (...) IMPOSTO DE RENDA SOBRE EXPORTAÇÕES INCENTIVADAS, CORRESPONDENTE AO ANO-BASE DE 1989. MAJORAÇÃO DE ALÍQUOTA PARA 18%, ESTABELECIDA PELO INC. I DO ART. 1º DA LEI N. 7.968/89. ALEGAÇÃO DE VIOLAÇÃO AO ART. 150, I, "A", DA CONSTITUIÇÃO FEDERAL DE 1988. (...) 5. Tratava-se, nesse precedente, como nos da Súmula, de Lei editada no final do ano-base, que atingiu a renda apurada durante todo o ano, já que o fato gerador somente se completa e se caracteriza, ao final do respectivo período, ou seja, a 31 de dezembro. Estava, por conseguinte, em vigor, antes do exercício financeiro, que se inicia a 1º de janeiro do ano subsequente ao da declaração. 6. Em questão assemelhada, assim também decidiu o Plenário do Supremo Tribunal Federal, no julgamento do R.E. n. 197.790-6-MG, em data de 19 de fevereiro de 1997. *7. R.E. conhecido e provido, para o indeferimento do Mandado de Segurança. 8. Custas "ex lege".* **(RE 194.612/SC, 1ª T., rel. Min. Sydney Sanches, j. em 24-03-1998) (Grifos nossos)**

À luz dos julgados acima destacados, em uma apresentação cronológica, ainda que por amostragem[60], é possível asseverar que o **STF**, em sua composição majoritá-

60. Recomendamos uma pesquisa jurisprudencial mais minuciosa no **STF**, a qual permitirá ao leitor identificar que inúmeros foram os entendimentos expendidos na direção desses julgados aqui demonstrados – diga-se, por amostragem –, principalmente no período entre 2000 e 2004. Sugerimos, assim, a seguinte leitura: RE 256.273/MG-2000; RE 250.521/SP-2000; RE 226.452/PE-2000; RE 232.084/SP-2000; RE 199.352/PR-2001; RE 312.139/SP-2002; AgR no RE 305.212/MG-2002; RE 293.323/CE-2002; RE 367.704/SP-2003; AgR no RE 315.986/SP-2003; AgR no RE 331.219/CE-2003; RE 306.567/PR-2004; RE 223.418/PR-2004; ED no AgR no RE 234.383/CE-2004; AgR no RE 429.035/SE-2004; AgR no AI 333.209/PR-2004.

ria, passou a seguir a tese segundo a qual, se o fato gerador da obrigação tributária relativa ao IR ocorrer durante o ano, a lei que estiver em vigor nesta data será aplicada de imediato, sem qualquer ofensa ao princípio da irretroatividade tributária e a outros postulados constitucionais.

Embora se note a iterativa chancela do **STF** quanto à validade da Súmula n. 584, ousamos discordar da vigorosa retórica jurisprudencial, preferindo assentar o tema sob duas ponderações básicas, quanto ao fato gerador do IR:

a) *Segundo o nosso entender*, havendo a publicação da lei majoradora ou instituidora do gravame no ano que precede ao dia de início do período-base, a vigência da norma recairá sobre o conjunto fático ocorrido neste ano-base, impondo-se a incidência do imposto no período seguinte, ou seja, no ano seguinte ao ano-base. Nesse caso, observados estarão os princípios da irretroatividade e da anterioridade tributárias. Exemplo:

(ANO X)
Lei majoradora do IR
↓
[(ANO X) + 1]
ANO-BASE (vigência da lei majoradora)
↓
[(ANO-BASE) + 1] ou, ainda, [(ANO X) + 2]
EXERCÍCIO (incidência da lei majoradora, com a exigibilidade do imposto majorado)

b) *Segundo o entender do STF*, havendo a publicação da lei majoradora ou instituidora do gravame no transcorrer do ano-base, a incidência da norma recairá de imediato sobre o conjunto fático ocorrido ainda neste ano-calendário, impondo-se a exigibilidade do imposto no período seguinte, ou seja, no ano seguinte ao ano-base. Nesse caso, entendemos que não terão sido observados os princípios da irretroatividade e da anterioridade tributárias. Exemplo:

(ANO X): **Lei majoradora do IR**
↓
(ANO X): **ANO-BASE (vigência da lei majoradora)**
↓
[(ANO X) + 1]: **EXERCÍCIO (incidência da lei majoradora, com a exigibilidade do imposto majorado, relativamente aos fatos geradores do ANO X)**

5.1.1.1 *A crítica à Súmula n. 584 no próprio STF*

Diga-se, em tempo, que, em junho de 1992, no julgamento do **RE 146.733**, o **STF**, afeto às contribuições incidentes sobre o lucro das pessoas jurídicas (Lei n. 7.689, de 15-12-1988), trouxe à baila a delicada temática da Súmula n. 584, como um dos fundamentos para a declaração de inconstitucionalidade do art. 8º da citada Lei n. 7.689/88 ("Art. 8º. *A contribuição social será devida a partir do resultado apurado no período-base a ser encerrado em 31 de dezembro de 1988*"). Por unanimidade, os Ministros Moreira Alves, Ilmar Galvão e Sepúlveda Pertence acenaram com a possibilidade de adoção do afastamento da Súmula n. 584, entretanto tal momento de reflexão mostrou-se isolado, perante a evolução jurisprudencial, acima observada. Note a ementa:

> **EMENTA:** CONTRIBUIÇÃO SOCIAL SOBRE O LUCRO DAS PESSOAS JURÍDICAS. LEI 7.689/88. (...) *Ao determinar, porém, o artigo 8º da Lei 7.689/88 que a contribuição em causa já seria devida a partir do lucro apurado no período-base a ser encerrado em 31 de dezembro de 1988, violou ele o princípio da irretroatividade contido no artigo 150, III, "a", da Constituição Federal, que proíbe que a lei que institui tributo tenha, como fato gerador deste, fato ocorrido antes do início da vigência dela. (...) Declaração de inconstitucionalidade do artigo 8º da Lei 7.689/88.* **(RE 146.733/SP, Pleno, rel. Min. Moreira Alves, j. em 29-06-1992) (Grifo nosso)**

Aliás, na linha minoritária do **STF**, sobressaiu o Ministro Carlos Velloso, para quem a situação considerada legítima, nos inúmeros julgados supracitados, ofende frontalmente o princípio da irretroatividade. No **RE 138.284-CE**, com julgamento em julho de **1992**, o julgador acompanhou a trilha minoritária sinalizada no RE 146.733, acima destacado, opondo-se à Súmula n. 584. Note a jurisprudência:

> **EMENTA:** CONSTITUCIONAL. TRIBUTÁRIO. CONTRIBUIÇÕES SOCIAIS. CONTRIBUIÇÕES INCIDENTES SOBRE O LUCRO DAS PESSOAS JURÍDICAS. Lei n. 7.689, de 15-12-1988. (...) V – *Inconstitucionalidade do art. 8º, da Lei n. 7.689/88, por ofender o princípio da irretroatividade (CF, art. 150, III, "a") qualificado pela inexigibilidade da contribuição dentro do prazo de noventa dias da publicação da lei (CF, art. 195, § 6º). Vigência e eficácia da lei: distinção. VI – Recurso Extraordinário conhecido, mas improvido, declarada a inconstitucionalidade apenas do artigo 8º da Lei n. 7.689 de 1988.* **(RE 138.284/CE, Pleno, rel. Min. Carlos Velloso, j. em 1º-07-1992) (Grifo nosso)**

O julgador entendeu que o citado dispositivo legal mostrava-se ofensivo ao princípio da irretroatividade, uma vez que o lucro, apurado no dia 31 de dezembro, seria o resultado de diversos negócios jurídicos realizados durante o período-base, ou seja, entre 1º de janeiro e 31 de dezembro. Sendo a incidência do gravame sobre esse lucro, como nítido saldo positivo de entradas e de saídas de fatos ocorridos durante todo o período, mostrava-se inafastável que o art. 8º da Lei n. 7.689, de 15-12-1988, estaria, pois, a incidir sobre fatos já ocorridos.

Nessa toada, o Ministro Carlos Velloso tem se mantido convicto da tese da inaplicabilidade da Súmula n. 584, o que se pode notar na recomendável leitura de alguns pontuais votos de sua autoria – não obstante, "vencidos" –, nos seguintes julgados: o **AgR/RE 433.878/MG**, de sua relatoria, com julgamento em 1º-02-**2005**; e os **RE 197.790/MG** e **RE 181.664/RS**, de relatoria do Ministro Ilmar Galvão, com julgamento em 19-02-**1997**.

Na mesma direção, insta mencionar que, em **1991**, momento um pouco mais remoto, no próprio **STF** (Pleno), o Ministro Célio Borja prolatou um emblemático voto na **ADI n. 513**, recomendando o afastamento da tese segundo a qual bastaria a lei nova estar em vigor, no exercício financeiro seguinte, para que fosse exigido, neste mesmo exercício, o pagamento do imposto. Nessa toada, o eminente julgador chancelou a ideia de que o cumprimento de uma obrigação pode se protrair no tempo, porém sempre deverá ser regulada pela lei anterior ao fato que a gerou. Note a ementa:

> **EMENTA:** (...) II. O parágrafo único, art. 11, da Lei n. 8.134/90, institui coeficiente de aumento do imposto de renda, e não índice neutro de atualização da moeda. *Por isso, ele não pode incidir em fatos ocorridos antes de sua vigência, nem no mesmo exercício em que editado, sob pena de afrontar as cláusulas vedatórias do art. 150, inciso III, alíneas "a" e "b", da Constituição Federal. Assim é, porque a obrigação tributária regula-se pela lei anterior ao fato que a gerou,* mesmo no sistema de bases correntes da Lei n. 7.713/88 (imposto devido mensalmente, à medida que percebidos rendimentos e ganhos de capital, e não no último dia do ano), em vigor quando da norma impugnada. *Ainda quando a execução da obrigação tributária se projeta no tempo, ela surge, também nesse sistema, contemporaneamente ao seu fato gerador.* **(ADI 513/DF, Pleno, rel. Min. Célio Borja, j. em 14-06-1991) (Grifos nossos)**

Em maio de **1998**, foi iniciado, no **STF**, o julgamento de recurso extraordinário em que se discute a constitucionalidade da **Lei n. 7.988 (art. 1º, I), de 28-12-1989**, que elevou de 6% para 18% a alíquota do IRPJ aplicável ao lucro decorrente de exportações incentivadas, apurado no ano-base de 1989 (exercício de 1990).

Levando-se em consideração que o fato gerador do IRPJ é *complexivo* e afastando a aplicabilidade da **Súmula n. 584 do STF**, o Min. Carlos Velloso, relator, proferiu voto no sentido da inconstitucionalidade da Lei relativamente ao ano-base de 1989, por ofensa ao *princípio da irretroatividade da lei tributária* (art. 150, III, "a", CF) – no que foi seguido pelos Ministros Joaquim Barbosa e Marco Aurélio.

O Min. Nelson Jobim presidente, em voto-vista, negou provimento ao recurso, acompanhando o voto do Min. Carlos Velloso, mas por outro fundamento. Asseverou que, uma vez alcançado o objetivo extrafiscal, não seria possível modificar as regras de incentivo, sob pena de quebra do vínculo de confiança entre o Poder Público e a pessoa privada e da própria eficácia de políticas de incentivo fiscal. Concluiu, destarte, que, no caso de o imposto de renda ser utilizado em caráter extrafiscal, a configuração do fato gerador dar-se-ia no *momento da realização da operação* para, então, ser tributado com alíquota reduzida. Dessa forma, depois da realização do comportamento estimulado, a lei nova apenas poderia ter eficácia para novas possibilidades de comportamentos, sob pena de ofensa ao *princípio da irretroatividade da lei em matéria de extrafiscalidade*.

Em 25 de setembro de **2014**, o Plenário do **STF**, no **RE 183.130/PR** (rel. orig. Min. Carlos Velloso; red. p/ o acórdão ex-Min. Teori Zavascki), em conclusão de julgamento e por maioria, negou provimento ao recurso extraordinário e, em consequência, afastou a incidência retroativa do art. 1º, I, da Lei n. 7.988/89. Prevaleceu o voto do Min. Nelson Jobim.

Em 3 de dezembro de **2015**, o Tribunal Pleno do **STF**, no **RE 592.396** (rel. Min. Edson Fachin), houve por bem em reafirmar a jurisprudência sacramentada no retrocitado RE 183.130, que serviu de precedente àquele julgado.

5.1.2 *O ataque à Súmula n. 584 no STJ*

Curiosamente, é possível encontrar no **STJ** uma certa repulsa à Súmula n. 584, preferindo esta Corte devotar prestígio aos princípios constitucionais tributários a seguir a trilha imposta, mecanicamente, pelo enunciado lapidado no STF.

Note as ementas selecionadas, em ordem cronológica, por nós sugerida:

Em 1998:

EMENTA: TRIBUTÁRIO. LEGISLAÇÃO TRIBUTÁRIA. APLICAÇÃO RETROATIVA. IMPOSSIBILIDADE. *A legislação tributária aplica-se aos fatos geradores futuros e pendentes, e não aos pretéritos.* O Decreto-lei n. 2.065/83 não pode ser aplicado retroativamente, regulando períodos de janeiro a dezembro de 1982 e janeiro a dezembro de 1983, não sendo para beneficiar o contribuinte. *Recurso improvido.* **(REsp 184.213/RS, 1ª T., rel. Min. Garcia Vieira, j. em 10-11-1998) (Grifos nossos)**

Em 2001:

EMENTA: TRIBUTÁRIO. IMPOSTO DE RENDA. CICLO DE FORMAÇÃO DO FATO GERADOR. MOMENTO DA DISPONIBILIDADE ECONÔMICA OU JURÍDICA DO RENDIMENTO. CTN, ARTS. 104, 106, 116. DECRETO-LEI 1.967/82. SÚMULA 584/STF. *(...) 3.* A lei vigente após o fato gerador, para a imposição do tributo, não pode incidir sobre o mesmo, sob pena de malferir os princípios da anterioridade e irretroatividade. *4. Precedentes jurisprudenciais. 5. Recurso não provido.* **(REsp 179.966/RS, 1ª T., rel. Min. Milton Luiz Pereira, j. em 21-06-2001) (Grifos nossos)**

Em 2004:

EMENTA: PROCESSO CIVIL E TRIBUTÁRIO. EMBARGOS DE DECLARAÇÃO. PRINCÍPIO DA ANTERIORIDADE. IMPOSTO DE RENDA. 1. A lei que altera o imposto de renda deve estar em vigor em um ano, para poder incidir no ano seguinte. A incidência se faz pela eficácia da norma. 2. Publicada a Lei 9.430/96, em 1º de janeiro do ano seguinte já estava com eficácia completa e passível de aplicação, para reflexo no pagamento do exercício de 1998. *3. Embargos de declaração acolhidos, mas sem efeitos modificativos.* **(EDcl no REsp 377.099/RS, 2ª T., rel. Min. Eliana Calmon, j. em 02-03-2004) (Grifos nossos)**

Aliás, urge mencionar que, neste último julgado, a Ministra Eliana Calmon, em elogiável voto, referiu-se à Súmula n. 584, nos seguintes termos:

> A Súmula 584 do STF está superada nos moldes colocados no seu verbete, entendendo-se que na atual redação da CF/88 aplica-se ao Imposto de Renda a lei vigente no ano antecedente, de modo a já estar ela com plena eficácia no início do ano-base. Assim sendo, a Lei 9.430/96 teve vigência em 1996 e, em 1º-01-1997, ou seja, no ano seguinte, plena eficácia, de modo a já incidir sobre os fatos geradores iniciados em janeiro de 1997.

6 PRINCÍPIO DA VEDAÇÃO AO CONFISCO

1 INTRODUÇÃO

É da essência do texto constitucional que a carga tributária seja aceitável, razão por que o legislador houve por bem regrar o poder de tributar com as conhecidas limitações principiológicas a este poder, destacando-se, sobretudo, o postulado constitucional que veda o tributo com efeito de confisco.

Note o dispositivo no texto constitucional:

> **Art. 150.** Sem prejuízo de outras garantias asseguradas ao contribuinte, é vedado à União, aos Estados, ao Distrito Federal e aos Municípios: (...)
> **IV** – utilizar tributo com efeito de confisco. (...).

O preceptivo é demasiado lacônico, abrindo-se para a interpretação e desafiando a doutrina, que tem se limitado a afirmar que será confiscatório o tributo que exceder a *capacidade contributiva* sem, todavia, ofertar critérios objetivos para a sua verificação.

Nesse passo, nota-se, igualmente, a recorrente menção ao *aniquilamento "total" da propriedade particular* como a demarcação do limite confiscatório – o que é deveras simplista –, na tentativa de bem definir o conceito. A dificuldade surge, por exemplo, quando se enfrentam os casos de *mutilação "parcial" da propriedade*, tornando fluida a indicação de qualquer parâmetro demarcatório da fronteira do confisco na tributação.

Desse modo, diante do tributo excessivo, caberá ao intérprete, na intrincada tarefa de **delimitar o "efeito de confisco"**, perscrutando o seu real conteúdo e aplicabilidade, utilizar-se dos elementos normativos, constitucionalizados ou não, quais sejam, os princípios tributários que apresentam pertinência ao tema – isonomia tributária, capacidade contributiva, razoabilidade e proporcionalidade –, além de estribar-se na guarida do *direito de propriedade*, igualmente de matiz fundamental.

> Note o item considerado **CORRETO**, em prova realizada pelo TRF/4ª Região, para o cargo de Juiz Federal Substituto (XVII Concurso), em 2016: *"Segundo entendimento da doutrina e do STF, a proibição do efeito confiscatório da exação tributária não está estabelecida em critérios objetivos, e a sua aplicação depende da análise da razoabilidade, da proporcionalidade e da moderação"*.

Ademais, não poderá o exegeta, em sua missão hermenêutica, perder de vista que, em determinadas situações especiais, o postulado da não confiscabilidade deverá ceder passo à *extrafiscalidade*, dando margem a uma exigência tributária mais elevada.

Ad argumentandum, fora do contexto tributário, urge destacar que o texto constitucional permite que se dê o confisco, sem correspondente indenização, em duas situações: (I) *pena de perdimento de bens* (art. 5º, XLVI, "b", CF) e (II) *expropriação de glebas destinadas a culturas de plantas psicotrópicas* (art. 243, parágrafo único, CF; atualizado com a EC n. 81/2014): *"Todo e qualquer bem de valor econômico apreendido em decorrência do tráfico ilícito de entorpecentes e drogas afins e da exploração de trabalho escravo será confiscado (...)"*.

Por fim, o princípio da vedação ao confisco apresenta-se como uma bússola ao intérprete, no sentido de estabilizar o sistema de limites impostos à avidez fiscal.

2 BREVE RELATO HISTÓRICO

O instituto do *confisco*, de previsão milenar, transitou nas narrativas históricas de inúmeros povos, desde o período da Roma Antiga até os tempos modernos, estes já caracterizados pela inserção de seu comando em textos constitucionais de inúmeras nações.

Perante a História, durante a passagem dos séculos, a retórica do confisco foi marcada por alto grau de evolução, ligando-se a diferentes contextos fáticos: (I) *às guerras*, em razão da apropriação dos bens públicos confiscáveis dos inimigos, como medida punitiva e preventiva[1]; (II) *ao tenso convívio entre a burguesia*, alvo do tributo, *e os reis*, detentores do poder de tributar[2], culminando nas famosas revoluções, que, em grande parte, eram inevitáveis consequências do descontentamento do povo com a opressão fiscal[3]; (III) *à crescente proteção da propriedade particular contra a apropriação estatal*.

1. *V.* GOLDSCHIMIDT, Fabio Brun. *O princípio do não confisco no direito tributário*. São Paulo: RT, 2003, p. 45.
2. *V.* COÊLHO, Sacha Calmon Navarro. *Comentários à Constituição de 1988*: sistema tributário, 7. ed., p. 333.
3. *V.* UCKMAR, Victor. *Princípios comuns de direito constitucional tributário*. Tradução e notas de Marco Aurélio Greco. 2. ed. São Paulo: Malheiros, 1999, p. 31.

Frise-se que a ideia da *vedação ao confisco* surgiu ao lado da concepção da *legalidade*, designativa de um tributo legítimo, se coletivamente consentido, pondo-se ambas como limites ao "poder de destruir" do Estado que tributa[4].

Aliás, Montesquieu[5], já no século XVIII, advertia que "*não há nada que a sabedoria e a prudência devam regular tão bem quanto a porção que se tira e a porção que se deixa aos súditos*".

Posto isso, nota-se, nos dias hodiernos, que o postulado em análise é a síntese de conquistas históricas em matéria fiscal, dotando-se de sublime conteúdo garantístico, na regulação da não confiscável capacidade particular de pagar o tributo perante o limitado poder estatal de exigi-lo.

3 O CONFISCO NA TRADIÇÃO JURÍDICA BRASILEIRA

No Brasil do Império, sob a égide das *Ordenações Filipinas*, o confisco era legítimo, mas com um viés punitivo, em face dos crimes de lesa-majestade[6], sem cogitação da fenomenologia tributária.

O eminente e saudoso tributarista Ricardo Lobo Torres[7] relata que, já no século XIX, o Decreto de 21 de maio de 1821 – ao proibir "*tomar-se a qualquer coisa alguma contra a sua vontade, e sem indenização*" –, foi considerado o primeiro documento legislado no nosso país a respeito do princípio que veda o confisco.

Conquanto ausente a previsão expressa da proibição do confisco nos textos constitucionais anteriores ao atual, manifestando-se, assim, implícita a sua garantia, a reboque do *direito de propriedade*, a evolução do não confisco no constitucionalismo brasileiro pode ser assim resumida[8]:

1. **Constituição de 1824 (art. 179, n. 20):** o texto constitucional do Império, ainda que calcado em disposição protetiva – "*(...) não haverá em caso algum confiscação de bens, (...)*" –, foi idealizado por representantes da aristocracia rural, os mais interessados em coibir o confisco de bens, que surgia com inequívoca ideia de penalização, como resultado da prática de um ato ilegal;
2. **Constituição de 1934 (art. 113, n. 29):** à semelhança da previsão constante da Carta anterior, o confisco continuava sendo vedado, agora em dispositivo igualmente proibitivo de outras situações, *v.g.*, pena de morte, pena de banimento e de caráter perpétuo. Frise-se que, na Carta Magna de 1934, estabeleceu-se, pela primeira vez, a indicação de parâmetros objetivos para a caracterização do efeito de **confisco na tributação**, conforme se lê no art.

4. *V.* CASTILHO, Paulo Cesar Baria de. *Confisco tributário*. São Paulo: RT, 2002, p. 41.
5. MONTESQUIEU. *Do espírito das leis*. São Paulo: Martin Claret, 2002, p. 221.
6. *V.* FERREIRA, Pinto. *Comentários à Constituição brasileira*. São Paulo: Saraiva, 1989, v. 5, p. 319.
7. *V.* TORRES, Ricardo Lobo. *Os direitos humanos e a tributação:* imunidades e isonomia. Rio de Janeiro: Renovar, 1995, p. 110.
8. *V.* BASTOS, Celso Ribeiro; MARTINS, Ives Gandra da Silva. *Comentários à Constituição do Brasil*. São Paulo: Saraiva, 1988, v. 6, t. 1, p. 161.

185: "*Nenhum imposto poderá ser elevado além de vinte por cento do seu valor ao tempo do aumento*";

3. **Constituição de 1946 (art. 141, § 31):** seguindo a trilha da proibição do confisco, da Carta Política pretérita, este texto, continuando a associar o confisco à apropriação de bens, trouxe a possibilidade de sequestro e perdimento de bens nos casos de enriquecimento ilícito na função pública;
4. **Constituição de 1967 (art. 150, § 11) e EC n. 1/69 (art. 153, §§ 11 e 12):** acabou por reproduzir a ideia do texto precedente, com pequenas alterações;
5. **EC n. 11/78 (art. 153, § 11):** afastou o vocábulo "confisco" do dispositivo anterior, que tratava da proibição da pena de morte, banimento e de caráter perpétuo.

Pode-se inferir, assim, que "*o princípio do não confisco faz parte da tradição constitucional brasileira*"[9], ainda que sua vertente tributária tenha despontado, com maior ênfase, no texto constitucional de 1934.

Na atual Constituição brasileira de 1988, a proibição do confisco ganhou a indumentária de vedação do "tributo com efeito de confisco", consoante o inciso IV do art. 150.

Ad argumentandum, no plano do Direito Comparado, em breve comentário, insta registrar a experiência argentina com o postulado. Conquanto o princípio da vedação ao confisco não esteja previsto de forma explícita no texto constitucional argentino, a Suprema Corte daquele país, com fundamento na garantia ao direito de propriedade, firmou outrora o entendimento[10] de que a alíquota incidente sobre os impostos imobiliários e sucessórios não podia ser superior a 33%, sob pena de o imposto (sobre a renda ou patrimônio) tornar-se confiscatório. Assim, por meio de um "standard jurídico", considerou confiscatório o *imposto imobiliário* que consumisse mais que o percentual de 33% da renda calculada (ou seja, a renda produzida pela exploração normal média do imóvel), e também estipulou que seria confiscatório o *imposto sobre heranças e doações* que excedesse ao percentual de 33% do valor dos bens recebidos pelo beneficiário. O objetivo foi invalidar os chamados "impostos esmagadores"[11].

4 O CONFISCO TRIBUTÁRIO: CONCEITO

À luz do vernáculo[12], define-se **confisco** ou **confiscação** como "o ato pelo qual se apreendem e se adjudicam ao fisco bens pertencentes a outrem, por ato administrativo ou por sentença judicial, fundados em lei".

9. FERNANDES, Cíntia Estefânia. Princípio da vedação de tributo com efeito de confisco. In: MARINS, James; MARINS, Gláucia Vieira (Coord.). *Direito tributário atual*. Curitiba: Juruá, 2000, p. 21.
10. *V.* VILLEGAS, Héctor. *Curso de direito tributário*. Tradução de Roque Antonio Carrazza. São Paulo: RT, 1980, p. 93.
11. *V.* BALEEIRO, Aliomar. *Limitações constitucionais ao poder de tributar*, 7. ed., pp. 569-570.
12. SILVA, De Plácido e. *Vocabulário jurídico*. 27. ed. Rio de Janeiro: Forense, 2006, p. 342.

É bastante sólida a conceituação doutrinária do vocábulo a partir da ideia de apreensão da **propriedade** pelo Estado sem que se ofereça ao destinatário da invasão patrimonial a compensação ou indenização correspectivas. É nesse sentido que "o interesse público autoriza a tomada da propriedade do particular via tributação, mas 'indeniza-lhe' a perda. E somente quando essa – nebulosa – reciprocidade estiver quebrada, atingir-se-á o efeito de confisco"[13].

> Note o item considerado **CORRETO**, em prova realizada pelo Instituto QUADRIX, para o cargo de Assessor Jurídico do CRO/PR, em 2016: *"'[...] estamos confirmando, destarte, que a norma constitucional [...] além de criar um limite explícito às discriminações arbitrárias de contribuições, reforça o direito de propriedade. Assim, por exemplo, em função dela, nenhuma pessoa, física ou jurídica, pode ser tributada por fatos que estão fora da regra matriz constitucional do tributo que lhe está sendo exigido, porque isto faz perigar o direito de propriedade' (Roque Antonio Carrazza, Curso de Direito Constitucional Tributário). Considerando o texto acima indicado, bem como os princípios constitucionais em matéria tributária, o princípio comentado pelo autor é o Princípio do não confisco".*

Para Paulo Cesar Baria de Castilho[14], "confisco tributário consiste em uma ação do Estado, empreendida pela utilização do tributo, a qual retira a totalidade ou parcela considerável da propriedade do cidadão contribuinte, sem qualquer retribuição econômica ou financeira por tal ato".

De modo geral, o conceito de *confisco* tem sido apresentado como a absorção da propriedade particular pelo Estado, sem justa indenização. No momento em que isso ocorre, no plano tributário, exsurge o *confisco em matéria tributária*, revestindo-se da roupagem de tributo inconstitucional.

4.1 O confisco tributário e o princípio da capacidade contributiva

De início, pode-se afirmar, sem receio de equívoco, que toda entidade impositora que confisca, na seara tributária, vai além da capacidade contributiva do cidadão, estiolando-a com intenção predatória. Por outro lado, a entidade política que se atém aos limites da capacidade contributiva do cidadão mantém-se na ideal zona intermediária entre o *confisco* e o *mínimo razoável* na tributação.

Nesse passo, vale a pena recordar que o *princípio da vedação ao confisco* deriva do *princípio da capacidade contributiva*, atuando aquele em conjunto com este[15], porquanto essa capacidade econômica se traduz na aptidão para suportar a carga tributária sem que haja perecimento da riqueza tributável que a lastreia, calcada no *mínimo existencial*. A propósito, o *mínimo existencial* (*vital ou necessário*) está delineado no art. 7º, IV, CF, cujo teor indica os parâmetros de quantidade de riqueza

13. GOLDSCHIMIDT, Fabio Brun. *O princípio do não confisco no direito tributário*, pp. 46 e 54.
14. CASTILHO, Paulo Cesar Baria de. *Confisco tributário*, p. 39.
15. *V.* AMARO, Luciano. *Direito tributário brasileiro*, 14. ed., p. 144.

mínima, suficiente para a manutenção do indivíduo e de sua família, isto é, um limite intangível pela tributação, no bojo da capacidade contributiva.

O tributo confiscatório representa, dessarte, o resultado do confronto desproporcional entre seus efeitos, tendentes à exacerbação, e sua causa determinante – a capacidade contributiva, "*dificultando sobremaneira a subsistência da pessoa ou sua capacidade de prosseguir gerando riquezas*"[16].

Para Ives Gandra da Silva Martins[17], no momento em que a tributação subtrai do contribuinte a capacidade de se sustentar e se desenvolver, afetando a garantia de atendimento às suas necessidades essenciais, tem-se o confisco.

Roque Carrazza[18], por seu turno, assevera que "não se pode, em homenagem aos princípios da capacidade contributiva e da não confiscatoriedade, assujeitar um mesmo fato econômico à incidência de tantos impostos, que acabem por retirar do contribuinte o mínimo vital a que estamos aludindo".

Em outras palavras, afirma-se que a linha de atuação do princípio da vedação ao confisco se estende por dois pontos limítrofes, diametralmente opostos: parte-se do nível ótimo de tributação, em que o tributo é possível e razoável, chegando-se ao extremo oposto, ponto da invasão patrimonial, a partir do qual será ela excessiva, indo "*além da capacidade contributiva do particular afetado*"[19].

É no centro desses pontos opostos, nesse espaço intermediário, que se desdobram os contornos do postulado da não confiscatoriedade, sobrepondo-se ao espectro de abrangência da própria capacidade contributiva[20]. Vale dizer que o campo do não confisco sobrepaira-se em relação à capacidade contributiva, enquanto a irradiação que transborda nas laterais equivale aos efeitos confiscatórios.

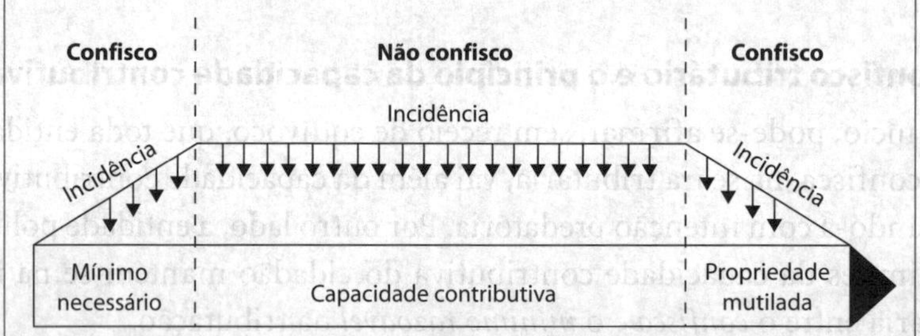

Assim, o efeito do confisco pode aparecer *aquém* da capacidade contributiva, de um lado, e *além* dela, de outro. No primeiro caso, furando-se o bloqueio imposto pelo mínimo existencial, o confisco agredirá a dignidade da pessoa; na outra situação, extrapolando-se o limite do tributo razoável e "*atingindo valor que exceda a capaci-*

16. BRUYN JÚNIOR, Herbert C. P. de. *O princípio do não confisco*. São Paulo: Novas Conquistas, 2001, pp. 72-73.
17. *V.* MARTINS, Ives Gandra da Silva. *Sistema tributário na Constituição de 1988*. São Paulo: Saraiva, 1990, p. 142.
18. CARRAZZA, Roque Antonio. *Curso de direito constitucional tributário*, 24. ed., p. 102.
19. VILLEGAS, Héctor. *Curso de direito tributário*, p. 89.
20. *V.* GOLDSCHIMIDT, Fabio Brun. *O princípio do não confisco no direito tributário*, p. 160.

dade contributiva"[21], mutilar-se-á a propriedade particular, podendo, até mesmo, levar à sua completa aniquilação[22].

Sendo assim, se "*a capacidade contributiva começa além do mínimo necessário à existência humana digna e termina aquém do limite destruidor da propriedade*"[23], a intributabilidade do mínimo existencial equivale à face negativa do princípio, ou seja, à não capacidade de pagar.

Nos dizeres de Klaus Tipke[24], "*a capacidade contributiva termina de modo onde começa o confisco que leva à destruição da capacidade contributiva*".

Temos insistido, com base no acima expendido, que a capacidade contributiva se esgota onde se inaugura o confisco; a morte daquela é o nascedouro deste.

4.2 O confisco tributário e o direito de propriedade

É imperioso estabelecermos a **conexão** do princípio ora estudado com o *direito de propriedade*.

A vedação constitucional do confisco tributário traduz-se na interdição, pela Carta Política, da pretensão governamental tendente à **injusta** apropriação do patrimônio particular, parcial ou integralmente, sem a correspondente indenização, levando ao seu comprometimento, em face da insuportabilidade da carga tributária imposta.

É sabido, da mesma forma, que o tributo é inexorável, entretanto o "poder de tributar" não pode se mostrar como um "poder de destruir" ou de aniquilar o patrimônio do particular.

Assinala Estevão Horvath[25] que "os autores em geral extraem o princípio tributário da vedação do confisco daqueloutro que protege a propriedade privada. Mesmo nos ordenamentos jurídicos que não o contemplam expressamente, diz-se que o princípio em cogitação existiria em qualquer sistema que protegesse a propriedade privada".

Se a tributação é modo de apropriação da propriedade do particular, extrai-se que depende tal invasão, em um Estado de Direito, do consentimento dos cidadãos, na via protetiva trazida do *princípio da legalidade*, como postulado garantidor da segurança jurídica. É que o povo outorga ao legislador o poder de representação, esperando que este se exerça, na via do tributo, por meio de norma que não vilipendie seu patrimônio[26].

21. CONTI, José Maurício. *Princípios da capacidade contributiva e da progressividade*, p. 55.
22. *V.* GOLDSCHIMIDT, Fabio Brun. *O princípio do não confisco no direito tributário*, p. 162.
23. *V.* TORRES, Ricardo Lobo. *Os direitos humanos e a tributação*: imunidades e isonomia, pp. 124, 127/129.
24. TIPKE, Klaus. Sobre a unidade da ordem jurídica tributária. *In:* SHOUERI, Luís Eduardo; ZILVETI, Fernando Aurélio. *Direito tributário*: estudos em homenagem a Brandão Machado. São Paulo: Dialética, 1998, p. 65.
25. HORVATH, Estevão. *O princípio do não confisco no direito tributário*. São Paulo: Dialética, 2002, p. 41.
26. *Ibidem*, p. 43.

Com efeito, o princípio que veda a confiscatoriedade "*otimiza o direito de propriedade*", reforçando-o na essência, uma vez derivável dos direitos fundamentais do contribuinte.

Assim, o postulado que coíbe o tributo confiscatório, como fiel da balança, conciliará o interesse público de percepção do tributo e o interesse privado de proteção da propriedade contra o arbítrio estatal, em nítida sistemática de confrontação[27]. Caso a tributação se furte da preservação do direito de propriedade, deixando de lubrificá-lo, viabilizá-lo e construí-lo, patente estará o cenário do confisco[28].

Daí se afirmar que o poder de tributar, na esteira da vedação à confiscabilidade tributária, deve carrear o "dever de conservar" a propriedade privada, que se contrapõe ao "poder de destruir", que se quer inibir. Aliás, diante da tese de Marshall (1819), segundo a qual "*the power to tax involves the power to destroy*", a própria Suprema Corte americana, em momento posterior, pronunciou-se na defesa de que "*o poder de tributar envolve também o de conservar*".

A esse respeito, Luciano Amaro[29] pondera:

> Desde que a tributação se faça nos limites autorizados pela Constituição, a transferência de riqueza do contribuinte para o Estado é legítima e não confiscatória. Portanto, não se quer, com a vedação ao confisco, outorgar à propriedade uma proteção absoluta contra a incidência do tributo, o que anularia totalmente o poder de tributar. O que se objetiva é evitar que, por meio do tributo, o Estado anule a riqueza privada.

Sobre a tributação estatal, respeitando direitos fundamentais do particular, segue o trecho do voto do Ministro **Celso de Mello**, do **STF**, relator do **RE 374.981/RS**:

> (...) A prerrogativa institucional de tributar, que o ordenamento positivo reconhece ao Estado, não lhe outorga o poder de suprimir (ou de inviabilizar) direito de caráter fundamental, constitucionalmente assegurado ao contribuinte, pois este dispõe, nos termos da Própria Carta Política, de um sistema de proteção destinado a ampará-lo contra eventuais excessos cometidos pelo poder tributante ou, ainda, contra exigências irrazoáveis veiculadas em diplomas normativos por este editados. (...)

É importante relatar que, não raras vezes, a confiscabilidade no tributo obsta que o cidadão exercite seu direito de propriedade sobre o próprio patrimônio, obrigando-o a se livrar do bem. Dessa forma, sobressai um paradoxal cenário: o legislador constituinte protege, "com a mão direita", a propriedade privada (art. 5º, XXII) e, "com a mão esquerda", abona a sua entrega à usurpação estatal pela via indireta da tributação escorchante.

---

27. *V.* COÊLHO, Sacha Calmon Navarro. *Comentários à Constituição de 1988*: sistema tributário, 7. ed., p. 333.
28. *V.* GOLDSCHIMIDT, Fabio Brun. *O princípio do não confisco no direito tributário*, p. 39.
29. AMARO, Luciano. *Direito tributário brasileiro,* 14. ed., p. 144.

Por isso, seguindo as precisas palavras de Sampaio Dória[30], "quando o Estado toma de um indivíduo ou de uma classe além do que lhe dá em troco, verifica-se exatamente o desvirtuamento do imposto em confisco, por ultrapassada a tênue linha divisora das desapropriações, a serem justa e equivalentemente indenizadas, e da cobrança de impostos, que não implica idêntica contraprestação. O poder tributário, legítimo, se desnatura em confisco, vedado quando o imposto absorve substancial parcela da propriedade ou a totalidade da renda do indivíduo ou da empresa".

Posto isso, conclui-se que a propriedade privada coloca-se no centro de convergentes propósitos: ao mesmo tempo em que deve servir para a consecução de sua função social (art. 5º, XXIII), abre-se para uma possível carga tributária exacerbada, que, conforme se estudará adiante, poderá ser admitida, desde que justificada, à luz do *princípio da razoabilidade*, quando o Estado procura alcançar interesses extrafiscais. Com efeito, a atividade tributária, devendo cifrar-se ao razoável, sem sacrificar o direito de propriedade, pode até comportar elevadas alíquotas em casos de extrafiscalidade e seletividade nos impostos[31].

5 O PRINCÍPIO DA VEDAÇÃO AO CONFISCO NO TEXTO CONSTITUCIONAL

Uma vez superadas as noções conceituais de "confisco" e de "confisco tributário", além das intercorrências entre este, de um lado, e a capacidade contributiva e o direito de propriedade, de outro, urge ingressarmos na análise do dispositivo constitucional, no qual se insere a vedação do tributo com efeito de confisco, a saber, o art. 150, IV, CF. Observe-o, em sua literalidade:

> **Art. 150.** Sem prejuízo de outras garantias asseguradas ao contribuinte, é vedado à União, aos Estados, ao Distrito Federal e aos Municípios: (...)
> **IV** – utilizar tributo com efeito de confisco. (...)

De início, iremos à análise do destinatário do postulado constitucional. Após, passaremos ao aprofundamento da questão ligada ao "efeito de confisco do tributo". Em tópico ulterior, enfrentaremos a temática do "efeito de confisco à luz da carga tributária total".

5.1 O princípio da vedação ao confisco: o destinatário do postulado

No estudo do princípio que veda o confisco na tributação, calha um importante questionamento: *a quem se destina o postulado da não confiscabilidade tributária?*

30. DÓRIA, Antônio Roberto Sampaio. *Direito constitucional tributário e due process of law,* 2. ed., p. 175, *apud* ROSA JUNIOR, Luiz Emygdio F. *Novo manual de direito financeiro e direito tributário à luz da nova Constituição.* 6. ed. Rio de Janeiro: Renovar, p. 226.

31. *V.* BASTOS, Celso. *Curso de direito financeiro e de direito tributário.* 3. ed. São Paulo: Saraiva, 1994, p. 134.

A nosso pensar, o tributo, dependendo de previsão em lei, será confiscatório se esta lhe servir como "veículo" da eventual tributação exacerbada. Daí se dizer que o princípio da vedação ao confisco se dirige ao "*legislador infraconstitucional*"[32]. Entretanto, é evidente que o princípio se direciona igualmente ao *intérprete* e ao *aplicador da lei*, especialmente ao *Poder Judiciário*, que terá condições de se opor à voracidade fiscal e fortalecer os interesses do jurisdicionado[33].

Como ressalta Horvath[34], "cabe ao Judiciário dizer a última palavra do que é o Direito. Assim, será ele, ao apreciar as situações concretas (ainda que tratem de leis não vigentes, ou em tese), que deverá dizer os limites da confiscatoriedade em cada uma delas".

A jurisprudência do **STF** (Pleno), na **ADI n. 1.075/DF**, de relatoria do Ministro Celso de Mello, com julgamento em 17-06-**1998**, sinalizou que, em sede de controle normativo abstrato, há a possibilidade de a Corte examinar se determinado tributo ofende, ou não, o princípio constitucional da não confiscatoriedade, consagrado no art. 150, IV, da Constituição.

Em face do raciocínio expendido, podemos afirmar que a diretriz do art. 150, IV, da Carta Magna volta-se, em um primeiro plano, para o legislador infraconstitucional e, em perspectiva ulterior, para o intérprete e aplicador da lei[35].

5.2 O princípio da vedação ao confisco: o efeito "de confisco" no tributo

O problema de maior complexidade no estudo do tributo com efeito confiscatório está na delimitação do "efeito de confisco", uma vez que tal resultado se dá de "modo indireto", como um terceiro elemento entre dois que se polarizam: o Estado tributante e o contribuinte tributado.

A aferição da tributação confiscatória é **"quase sempre casuística"**[36], diante da miríade de problemas nos quais a temática pode se hospedar. A dificuldade surge quando se invoca o princípio naqueles casos intrincados, "*quando se ingressa na área de vaguidade existente entre o trecho absolutamente claro e o trecho absolutamente escuro*"[37]. Numa análise curiosa, Aires Barreto[38] adverte que os doutrinadores têm fugido do tema "*vedação ao efeito de confisco*", como o diabo da cruz.

É de enaltecer que não há, no Brasil, parâmetros objetivos, com moldes cartesianos preestabelecidos, delimitadores do que vem a ser uma tributação tradutora de confiscatoriedade.

32. CASTILHO, Paulo Cesar Baria de. *Confisco tributário*, p. 78.
33. *V.* MACHADO, Hugo de Brito. *Curso de direito tributário*, 29. ed., p. 41.
34. HORVATH, Estevão. *O princípio do não confisco no direito tributário*, p. 119.
35. *V.* CASTILHO, Paulo Cesar Baria de. *Confisco tributário*, p. 78.
36. BOTALLO, Eduardo Domingos. Limitações constitucionais ao poder de tributar. *Revista de Direito Tributário*. São Paulo: Malheiros, n. 48, p. 58.
37. BARRETO, Aires Ferdinando. Vedação ao efeito de confisco. *Revista de Direito Tributário*. São Paulo: Malheiros, n. 64, p. 100.
38. *Ibidem*, p. 97.

Como é cediço, o comando constitucional não proíbe o "confisco" em si, mas veda a utilização do tributo com "efeito de confisco"[39]. Observe o dispositivo no texto constitucional:

> **Art. 150.** Sem prejuízo de outras garantias asseguradas ao contribuinte, é vedado à União, aos Estados, ao Distrito Federal e aos Municípios: (...)
> **IV** – utilizar tributo com *efeito de confisco*. (...) **(Grifo nosso)**

A amplitude do termo "efeito", na acepção de "*resultado ou consequência de uma ação*" permite uma análise mais abrangente dessa própria ação, no bojo do vocábulo "confisco", indicando "*o ato pelo qual o Fisco adjudica bens do contribuinte*"[40].

Daí se dizer que podem assumir a fisionomia de confisco a privação patrimonial, em si, e a situação na qual se produziu esse indesejado efeito. Vale dizer, em outras palavras, que "qualquer tentativa, por mais sub-reptícia que seja, de exacerbar a tributação, aproximando-a do confisco, ainda que parcial, tenderá a enquadrar-se na vedação constitucional"[41].

Nesse passo, o "tributo com efeito de confisco" pressupõe a tributação excessiva ou antieconômica, isto é, aquela tributação que imprime à exação conotações confiscatórias, "*esgotando a riqueza tributável dos contribuintes*"[42], em evidente menoscabo de sua capacidade contributiva e de seu direito de propriedade.

Pretender quantificar legalmente o fenômeno do confisco é tarefa complexa, pois a celeuma que o circunda não se fia, com exclusivismo, ao *critério objetivo*, no bojo de uma mera alíquota mal manejada, mas, sim, aos contornos do *critério subjetivo*, à luz do princípio da capacidade contributiva.

Desse modo, a atividade de demarcação dos índices de tolerabilidade do confisco, pretendendo-se descobrir "*quando se caracteriza o efeito confiscatório do tributo, vedado pela Carta Magna*"[43], é assaz desafiadora. Não menos problemática é a missão de compatibilizar a carga tributária com a capacidade econômica de cada um, pois tudo parece caminhar para "um círculo vicioso: é confiscatório o tributo que desrespeite a capacidade contributiva; a capacidade contributiva é superada quando o tributo passa a ter efeito confiscatório"[44].

A bem da verdade, ainda se busca o êxito na estipulação das linhas demarcatórias do confisco, em matéria de tributo, "*podendo-se dizer que sua doutrina está ainda por ser elaborada*"[45]. Temos enfatizado que sobejam os trabalhos científicos;

39. *V.* SCAFF, Fernando Facury. O estatuto mínimo do contribuinte. *In*: MARTINS, Ives Gandra da Silva (Coord.). *Revista Pesquisas Tributárias* (Nova Série 6). São Paulo: RT, 2000, p. 464.
40. JARDIM, Eduardo Marcial Ferreira. *Dicionário jurídico tributário*. 3. ed. São Paulo: Dialética, 2000, p. 45.
41. HORVATH, Estevão. *O princípio do não confisco no direito tributário*, pp. 40-41.
42. CARRAZZA, Roque Antonio. *Curso de direito constitucional tributário*, 24. ed., p. 496.
43. HARADA, Kiyoshi. *Sistema tributário na Constituição de 1988:* tributação progressiva. São Paulo: Saraiva, 1991, p. 114.
44. *Ibidem*, p. 116.
45. *V.* CARVALHO, Paulo de Barros. *Curso de direito tributário*, 16. ed., p. 161.

labutam a doutrina e a jurisprudência; soçobram as tentativas de exibição nítida das fronteiras nos territórios do confisco. Nesse diapasão, o art. 150, IV, da CF mostra-se intrincado e embaraçoso, oferecendo ao exegeta poucas opções: um rumo axiológico a ser seguido e um limite de confisco a ser descoberto[46].

No plano prático, alguns autores tentaram aclarar os limites dos efeitos do confisco. Hugo de Brito Machado, inicialmente, trouxe à baila a ideia de que o princípio será invocado se o tributo vier a confiscar os bens do contribuinte[47]. Refinando seu pensamento, em obra diversa e posterior, lançou mão o estimado professor de um critério mais claro, que merece transcrição: "... a proporcionalidade da carga tributária aos serviços públicos prestados. Havendo o desequilíbrio nessa balança, despontando a falta de equivalência entre o tributo e o serviço, haverá confisco"[48].

Desse modo, a aferição do parâmetro ideal para fins de detecção da confiscabilidade[49] dota-se, inexoravelmente, de acentuado grau de generalidade e abstração.

5.3 O princípio da vedação ao confisco: a carga tributária total

Tem-se entendido que a identificação do efeito confiscatório deve ser feita em função da totalidade da carga tributária, ou seja, no cotejo entre a capacidade tributária do destinatário do tributo e o grau de suportabilidade econômico-financeira da incidência de todos os tributos que podem sobre ele incidir, em dado período, destinados a uma mesma entidade tributante.

Neste sentido, Hugo de Brito Machado[50] aduz que "o caráter confiscatório há de ser avaliado em função do sistema, vale dizer, em face da carga tributária resultante dos tributos em conjunto". E prossegue o renomado autor[51], em obra distinta, afirmando "se o efeito de confisco fosse examinado em face de cada tributo especificamente, o Poder Público bem poderia praticar o confisco mediante a instituição e a cobrança de vários tributos, sem que nenhum deles, isoladamente, pudesse ser tido como confiscatório".

De fato, corre-se o risco de tornar o postulado inoperante, se prestigiarmos um controle individualizado, buscando-se enxergar o excesso na parte, sem atentar para o fato de que a soma algébrica de "partes não individualmente confiscatórias" pode ensejar um "todo", cujo conjunto hospeda uma carga tributária insustentável.

A universalidade da carga tributária, para fins de detecção do confisco tributário, é a única capaz de dimensionar se o pagador de tributos, ao se sujeitar a esta múltipla incidência, terá condições de viver e se desenvolver. Nessa direção, seguiu

46. CARVALHO, Paulo de Barros. *Curso de direito tributário*, 16. ed., pp. 161-162.
47. *V.* MACHADO, Hugo de Brito. *Curso de direito tributário*, 29. ed., p. 41.
48. *V.* MACHADO, Hugo de Brito. *Comentários ao Código Tributário Nacional*. São Paulo: Atlas, 2003, v. I, p. 168.
49. *V.* GOLDSCHIMIDT, Fabio Brun. *O princípio do não confisco no direito tributário*, p. 57.
50. MACHADO, Hugo de Brito. *Curso de direito tributário*, 29. ed., p. 41.
51. MACHADO, Hugo de Brito. *Comentários ao Código Tributário Nacional*, v. I, p. 166.

Ives Gandra da Silva Martins[52], asseverando que "há, pois, um tributo confiscatório e um sistema confiscatório decorrencial. A meu ver, a Constituição proibiu a ocorrência dos dois, como proteção ao cidadão".

No mesmo sentido, segue Rodrigo Fonseca Alves de Andrade[53], para quem "(...) resta claro que o princípio da capacidade contributiva como limite assume uma função absolutamente fundamental diante de uma pluralidade de tributos. É o que se sucede, repita-se, acima de tudo no que diz respeito à não confiscatoriedade, cujo sentido protetivo ganha maior expressão em face da carga tributária global – abstratamente considerada –, incidente sobre uma pessoa, atividade ou bem".

Ademais, prevaleceu a tese no **STF** de que o caráter confiscatório do tributo deve ser avaliado à luz de todo o sistema tributário, isto é, em relação à carga tributária total, resultante dos tributos em conjunto, exigidos por certa pessoa política, e não em função de cada tributo isoladamente analisado. O **STF** entendeu, por maioria, que se deveria analisar a alegação de confisco de conformidade com a totalidade da carga tributária direta, e não em função de cada tributo isoladamente. Debateu-se o aumento estabelecido de IRPF, conforme o art. 2º, parágrafo único, da Lei n. 9.783/99, que acrescentou sobrealíquotas de 9% e de 14%, dependendo da faixa salarial, aos descontos previdenciários dos funcionários públicos civis da União, que já descontavam 11%.

Note o trecho da ementa da **ADIMC n. 2.010/DF**, no **STF**, com julgamento em 30-09-**1999**, que ratifica a necessidade de aferição da carga tributária em sua globalidade:

> **EMENTA:** *(...) A identificação do efeito confiscatório deve ser feita em função da totalidade da carga tributária,* mediante verificação da capacidade de que dispõe o contribuinte – considerado o montante de sua riqueza (renda e capital) – *para suportar e sofrer a incidência de todos os tributos que ele deverá pagar, dentro de determinado período, à mesma pessoa política que os houver instituído* (a União Federal, no caso), condicionando-se, ainda, a aferição do grau de insuportabilidade econômico-financeira, à observância, pelo legislador, de padrões de razoabilidade destinados a neutralizar excessos de ordem fiscal eventualmente praticados pelo Poder Público. *Resulta configurado o caráter confiscatório de determinado tributo, sempre que o efeito cumulativo* – resultante das múltiplas incidências tributárias estabelecidas pela mesma entidade estatal – afetar, substancialmente, de maneira irrazoável, o patrimônio e/ou os rendimentos do contribuinte. (...) **(ADIMC 2.010/DF, Pleno, rel. Min. Celso de Mello, j. em 30-09-1999) (Grifos nossos)**

Nessa medida, despontará o caráter confiscatório de certo gravame se ficar evidenciado, diante das múltiplas incidências tributárias provindas de uma mesma

52. MARTINS, Ives Gandra da Silva. *Sistema tributário na Constituição de 1988*, p. 127.

53. ANDRADE, Rodrigo Fonseca Alves de. O princípio base da capacidade contributiva e a sua aplicação diante de uma pluralidade de tributos, p. 133.

entidade política, o efeito cumulativo da tributação irrazoável, vocacionada a agredir, substancialmente, o patrimônio do contribuinte.

6 O PRINCÍPIO DA VEDAÇÃO AO CONFISCO PERANTE AS ESPÉCIES TRIBUTÁRIAS

Segundo o preceptivo constitucional, o princípio da vedação ao tributo com efeito de confisco mostra-se vocacionado à aplicação sobre qualquer espécie tributária.

O texto constitucional não faz distinção entre as espécies tributárias, ao vedar a sua utilização com efeito de confisco. Proíbe, sim, de modo genérico, que o "tributo" apresente este resultado – o efeito de confiscabilidade. Nesse passo, nota-se que a proibição constitucional não varia à luz da espécie tributária *alfa* ou *beta*, irradiando efeitos sobre todas, mas no bojo dos possíveis efeitos confiscatórios, deriváveis dessas exações[54].

Vamos analisar os confrontos pertinentes, levando-se em conta a existência de cinco espécies tributárias, sob a égide da teoria pentapartida dos tributos: os impostos; as taxas; as contribuições de melhoria; os empréstimos compulsórios; e as contribuições.

6.1 O princípio da vedação ao confisco e os impostos

O princípio da vedação ao confisco não se aplica, em tese, aos *impostos extrafiscais* (*v.g.*, II e IE; ainda, o IPI e o IOF), que, conforme a emergência da situação posta, poderão conter alíquotas excessivamente gravosas, em homenagem à regulação da economia. A doutrina e a jurisprudência admitem alíquotas elevadas nesses tipos de impostos.

Ademais, o mesmo raciocínio tem sido aplicado aos casos de *progressividade extrafiscal*, admitindo-se a exacerbação na cobrança de IPTU e de ITR, quando atrelados ao cumprimento da função social da propriedade urbana e rural, respectivamente. **As alíquotas estabelecidas para esses impostos deverão ser razoáveis**, sob pena de veicularem uma vitanda expropriação da propriedade imobiliária, inviabilizando a sua manutenção.

Note o item considerado **INCORRETO**, em prova realizada pelo MPE/MA, para o cargo de Promotor de Justiça/MA, em 2014: *"O princípio tributário do não confisco é uma decorrência da premissa constitucional que assegura aos cidadãos o direito de propriedade, desde que essa desempenhe a sua função social. Portanto, constitui uma afronta a esse princípio o estabelecimento por lei de alíquota do Imposto Territorial Rural em 20% (vinte por cento) para as chamadas terras absolutamente improdutivas".*

54. *V.* JUSTEN FILHO, Marçal. Capacidade contributiva. *Caderno de Pesquisas Tributárias*. São Paulo: Resenha Tributária, v. 14, 1989, pp. 381-382.

Na mesma esteira, o referido princípio não é aplicável aos *impostos seletivos* (IPI e ICMS), que, assumindo a função de *gravames proibitivos*, voltam-se para o atingimento do interesse coletivo e do bem comum.

Sabe-se que a **seletividade é técnica de incidência de alíquotas, cuja variação dar-se-á em função da *essencialidade* do bem.** Os produtos de primeira necessidade devem ter baixa tributação, e os produtos supérfluos devem receber tributação mais elevada. Sendo assim, é incabível, por exemplo, arguir o confisco na tributação de cigarros ou bebidas, uma vez que o excesso se mostra justificável.

Note o item considerado **INCORRETO**, em prova realizada pelo Cespe/Cebraspe, para o cargo de Delegado de Polícia do Estado de Pernambuco, em 2016: *"O imposto sobre produtos industrializados (IPI), além de ser não cumulativo, será progressivo em função da essencialidade do produto".*

A propósito, segundo Aliomar Baleeiro[55], inexiste óbice constitucional a que se eleve substancialmente a carga tributária que recai sobre os produtos e serviços suntuários, de luxo ou supérfluos (como bebidas, carros importados, iates de passeio, armas etc.). Em função da essencialidade do produto, a seletividade que marca esses impostos indiretos (ICMS e IPI) ajusta-se às regras do não confisco e da livre concorrência entre as empresas.

Por fim, entendemos que também podem hospedar a tributação mais expressiva aqueles impostos que incidem sobre a energia elétrica e combustíveis (art. 155, § 3º, CF), a saber, **o II, o IE e o ICMS**, visando a coibir o consumo.

Note o item considerado **CORRETO**, em prova realizada pela FCC, para o cargo de Profissional de Nível Superior (Direito) da ELETROSUL – Centrais Elétricas S.A. (Florianópolis/SC), em 2016: *"De acordo com o que estabelece a Constituição Federal, operações com energia elétrica estão sujeitas à incidência, apenas, dos seguintes impostos: ICMS, Imposto de Importação e Imposto de Exportação".*

Ante o exposto, diz-se que as situações de "ressalvas" para os impostos em epígrafe, no bojo de um "fiscalismo mais enérgico", na expressão de Baleeiro[56], são justificadas pelo fato de que tais gravames, deixando de cumprir seu precípuo desiderato fiscal, abrem-se como elemento de controle, na via da extrafiscalidade[57].

Insta mencionar, entretanto, que a fronteira que separa os sublimes interesses extrafiscais da volúpia arrecadatória do Estado, ávido de recursos, é deveras imprecisa. Não raras vezes, viu-se a "extrafiscalidade como desculpa ou pretexto para estabelecer maior pressão fiscal"[58], não se podendo admitir que "a extrafiscalidade venha a pretender justificar o tributo confiscatório"[59].

55. *V.* BALEEIRO, Aliomar. *Limitações constitucionais ao poder de tributar*, 7. ed., p. 578.
56. *Ibidem*, p. 567.
57. *V.* CASTILHO, Paulo Cesar Baria de. *Confisco tributário*, p. 114.
58. BALEEIRO, Aliomar. *Limitações constitucionais ao poder de tributar*, 7. ed., p. 577.
59. *V.* TORRES, Ricardo Lobo. *Os direitos humanos e a tributação*: imunidades e isonomia, p. 119.

Por derradeiro, *ad argumentandum*, é possível defender uma legítima faceta confiscatória de mais um imposto em situação limítrofe, a saber, no *estado de guerra*, uma vez que é natural a imposição de medidas extremadas em momento de beligerância. Trata-se do *imposto extraordinário de guerra* (IEG), cuja instituição está disciplinada no art. 154, II, da CF.

A propósito, a limítrofe situação de beligerância – peculiar ao imposto extraordinário de guerra (art. 154, II, CF) e ao empréstimo compulsório (art. 148, I, CF), a ser estudado logo adiante –, enquanto tende à ruptura conjuntural e estrutural, avoca um panorama próprio, em que ocorrerá universalização do sacrifício e uma maior onerosidade tributária[60].

Por fim, frise-se que a instituição do federal **imposto sobre grandes fortunas**, prevista no art. 153, VII, da CF, não sofre interferência, em tese, da vedação principiológica em comento, ressalvada a hipótese de aniquilamento patrimonial, a ser aferida no caso concreto – quando (e se...) o imposto for instituído.

6.2 O princípio da vedação ao confisco e as taxas

O efeito de confisco nas taxas será aferido a partir da falta de correspondência entre o valor tributário exigido e o custo da atividade estatal, levando-se em conta que este se traduz em base de cálculo das taxas, nítidos gravames bilaterais ou contraprestacionais.

Frise-se que o **STF**, na **Representação n. 1.077/RJ** (Pleno), de relatoria do Ministro Moreira Alves, com julgamento em 28-03-**1984**, declarou a inconstitucionalidade de taxa judiciária fixada por lei estadual, sem limite máximo, assim se manifestando: *"Não pode taxa dessa natureza ultrapassar uma equivalência razoável entre o custo real dos serviços e o montante a que pode ser compelido o contribuinte a pagar"*.

O **STF** (Pleno), ainda, na Questão de Ordem em Medida Cautelar na **ADIMC-QO n. 2.551/MG**, de relatoria do Ministro Celso de Mello, com julgamento em 02-04-**2003**, assim decidiu:

> (...) TAXA: CORRESPONDÊNCIA ENTRE O VALOR EXIGIDO E O CUSTO DA ATIVIDADE ESTATAL. A taxa, enquanto contraprestação a uma atividade do Poder Público, não pode superar a relação de razoável equivalência que deve existir entre o custo real da atuação estatal referida ao contribuinte e o valor que o Estado pode exigir de cada contribuinte, considerados, para esse efeito, os elementos pertinentes às alíquotas e à base de cálculo fixadas em lei. Se o valor da taxa, no entanto, ultrapassar o custo do serviço prestado ou posto à disposição do contribuinte, dando causa, assim, a uma situação de onerosidade excessiva, que descaracterize essa relação de equivalência entre os fatores referidos (o custo real do serviço, de um lado, e o valor exigido do contribuinte, de outro), configurar-se-á, então, quanto a essa modalida-

60. *V.* BALEEIRO, Aliomar. *Limitações constitucionais ao poder de tributar*, 7. ed., p. 576.

de de tributo, hipótese de ofensa à cláusula vedatória inscrita no art. 150, IV, da Constituição da República. Jurisprudência. Doutrina (...).

Em **4 de dezembro de 2019**, o Pleno do **STF**, na **ADI n. 6.211/AP** (rel. Min. Marco Aurélio), considerou inconstitucional a *Taxa de Controle, Acompanhamento e Fiscalização das Atividades de Exploração e Aproveitamento de Recursos Hídricos* – TFRH, exigida no Estado do Amapá. A Corte Suprema, orientando-se pelo *princípio da retributividade*, o qual marca a taxa em seu caráter contraprestacional, entendeu que o tributo deve refletir, nos limites do razoável, o custeio da atividade estatal de que decorre. Como a TFRH é uma *taxa de polícia*, cumpriu perquirir, no caso concreto, a *proporcionalidade*, isto é, a razoável e necessária equivalência entre o valor da TFRH e o custo da atividade estatal no exercício do poder de polícia. Em análise de dados orçamentários, foi possível concluir que a arrecadação da taxa amapaense era quase dez vezes superior ao montante destinado à ação fiscalizatória. Assim, saltou aos olhos o caráter eminentemente arrecadatório do tributo, flertando com a falta de razoabilidade, de um lado, e com o confisco, de outro.

Por fim, frise-se que a aferição da confiscatoriedade dá-se, principalmente, pelo exame da base de cálculo (no caso da *taxa*), ou da alíquota (no caso do *imposto*), como sustenta José Eduardo Soares de Melo[61].

6.3 O princípio da vedação ao confisco e as contribuições de melhoria

À semelhança das taxas, o efeito de confisco na tributação por meio das contribuições de melhoria será aferido a partir da falta de correspondência entre o *quantum* de valorização experimentada pelo imóvel e o montante exigível, a título da exação contraprestacional em apreço.

6.4 O princípio da vedação ao confisco e os empréstimos compulsórios

Quanto à possível suscitação de confisco no empréstimo compulsório, ainda que se trate de gravame restituível, não se concebe que a exação tome todo o patrimônio ou renda do sujeito passivo[62].

A propósito, a limítrofe situação de beligerância, peculiar ao imposto extraordinário de guerra (art. 154, II, CF), pode igualmente ensejar o empréstimo compulsório (art. 148, I, CF). Aliás, no caso do empréstimo compulsório, a proibição do confisco há de ceder passo às outras circunstâncias[63], que lhe servem de pressupostos fáticos: a *calamidade pública* e o *relevante interesse nacional*.

61. *V.* MELO, José Eduardo Soares de. Capacidade contributiva. *Caderno de Pesquisas Tributárias*, São Paulo: Resenha Tributária, v. 14, 1989, p. 160.
62. *V.* COÊLHO, Sacha Calmon Navarro. *Curso de direito tributário brasileiro*, 6. ed., p. 145.
63. *V.* BASTOS, Celso Ribeiro; MARTINS, Ives Gandra da Silva. *Comentários à Constituição do Brasil*, p. 162.

6.5 O princípio da vedação ao confisco e as contribuições

No campo das contribuições, a noção de confisco despontará quando houver desproporção entre o vulto da exação e a atuação do Estado, ou, igualmente, quando inexistir a atuação estatal. Com efeito, se a contribuição é tributo que enfatiza a noção de benefício, sendo este o elemento natural e indispensável ao tributo, a correspondência entre o valor pago e a finalidade a ser perseguida é lógica e essencial.

No âmbito da confiscabilidade nas contribuições, destacou-se uma importante contribuição – a CPMF. A propósito desta figura tributária, antes de seu "sepultamento", em dezembro de 2007, arrecadava-se, aproximadamente, cinco vezes o que se logrou recolher na "infância" do tributo: em 1997, o primeiro ano de exigência da exação, o montante arrecadável gravitava em torno de R$ 7 bilhões; em 2007, dez anos após, as cifras chegaram ao inaudito patamar de R$ 34 bilhões, aproximadamente, ou seja, um aumento de 400%.

A confiscabilidade se mostrou patente nesta contribuição a partir do momento em que o legislador constituinte adotou um critério de validação finalística, dando destaque aos objetivos a serem atingidos – a solução aos problemas da saúde pública no Brasil.

Diante do desvio de finalidade deste tributo – o que muito se cogitou, durante o largo período de sua existência –, despontou a *tredestinação* (ou *adestinação*), atingindo-se gradualmente a capacidade contributiva do cidadão e afastando o gravame do campo da razoabilidade na tributação, para revesti-lo do caráter iníquo e confiscatório.

7 O PRINCÍPIO DA VEDAÇÃO AO CONFISCO E AS MULTAS

A multa não é tributo, mas sanção exigível perante o descumprimento de obrigação tributária, como nítida reação do Direito a um comportamento devido, e não realizado. Observe o **art. 3º do CTN**:

> **Art. 3º** Tributo é toda prestação pecuniária compulsória, em moeda ou cujo valor nela se possa exprimir, *que não constitua sanção de ato ilícito*, instituída em lei e cobrada mediante atividade administrativa plenamente vinculada. **(Grifo nosso)**

Em confronto com o dispositivo em epígrafe, que hospeda o conceito de tributo, a multa pode ser assim definida no plano conceitual: prestação pecuniária compulsória, que não constitua tributo, instituída em lei (art. 97, V, CTN) e cobrada mediante atividade administrativa plenamente vinculada (art. 142, CTN).

Como penalidade aritmeticamente aferível, a multa dota-se de valor preciso, que pode ser razoável ou não. Dessa forma, é possível indagar: *poder-se-ia aplicar o postulado tributário da vedação ao confisco a multas exacerbadas, sabendo-se que estas não se confundem com o tributo?*

O questionamento se mostra oportuno, máxime se levarmos em conta que vivemos hoje uma realidade de cobrança de multas intimidativas pelos fiscos, que se sentem, em muitos casos, empolgados a substituir o tributo por essas prestações, fazendo com que o tributo seja travestido de multa, o que raia pelo absurdo.

É natural que se devam aplicar pesadas multas a certos contribuintes, até porque é da essência dessa prestação pecuniária dissuadi-los da recalcitrância na conduta transgressora, principalmente quando estiverem em jogo superiores interesses da coletividade. Entretanto, a prática adotada deve ir ao encontro dos limites impostos pelo *princípio da proporcionalidade*, a ser detalhado no tópico seguinte.

Geraldo Ataliba[64], a esse respeito, assevera que "(...) quanto mais o Direito repute valioso um bem, tanto mais o protege. Na medida em que há mais o quer proteger, mais severa é a sanção que aplica ao que não obedece à lei que impõe tal respeito".

Mesmo reconhecendo que a doutrina procura trazer à baila diferentes finalidades e espécies de multa, tem prevalecido, por sua vez, o pensamento segundo o qual à multa se veda a vestimenta de "receita adicional de recursos em favor do Estado", em nítida subversão do arcabouço principiológico constante do texto constitucional, que oferta parâmetros imodificáveis ao poder de tributar.

Por outro lado, em homenagem ao rigor científico, é possível assegurar que não é nada simples a associação mecânica do postulado tributário do não confisco a multas, apenas pelo fato de serem escorchantes, embora seja crível que "é grande a tentação de procurar enquadrar quantia excessiva imposta como penalidade pela legislação tributária dentro da moldura do princípio da não confiscatoriedade"[65].

Impende registrar que a doutrina majoritária[66] tem se manifestado favoravelmente à aplicação do postulado tributário às multas exacerbadas. Afirma-se, em resumo, que tanto a multa moratória quanto a multa punitiva podem ser confiscatórias se extrapolarem os lindes do adequado, do proporcional, do razoável e do necessário, colocando em xeque as suas precípuas finalidades, com a ofensa ao art. 150, IV, e ao art. 5º, XXII, ambos da Carta Magna.

Não há dúvida de que uma multa excessiva, que extrapole os limites do razoável, ainda que visando a desestimular o comportamento ilícito iterativo, além de irradiar sua carga punitiva, em seus dois elementares caracteres – o *preventivo* e o *punitivo* –, mostra-se vocacionada a burlar o dispositivo constitucional inibitório de sua existência, agredindo o patrimônio do contribuinte.

64. ATALIBA, Geraldo. *Noções de direito tributário*. São Paulo: RT, 1964, p. 136.
65. HORVATH, Estevão. *O princípio do não confisco no direito tributário*, p. 114.
66. Ver (I) PONTES, Helenilson Cunha. *O princípio da proporcionalidade e o direito tributário*. São Paulo: Dialética, 2000, p. 133; (II) CASTILHO, Paulo Cesar Baria de. *Confisco tributário*, p. 133; (III) KREPSKY, Júlio César. *Limites das multas por infrações tributárias*. Leme: JH Mizuno, 2006, p. 178.

A jurisprudência do STF (Pleno), na **ADI n. 1.075/DF**, de relatoria do Ministro Celso de Mello, com julgamento em 17-06-**1998**, considerou confiscatória a penalidade pecuniária que estabeleceu multa de 300% sobre o valor do bem ou da operação da qual não tinha havido a emissão da nota fiscal correspondente, estabelecida pelo art. 3º, parágrafo único, da Lei n. 8.846/94. De modo acintoso, a situação posta era inaudita. Aplicava-se a penalidade sobre o valor da transação, e não em razão do imposto devido em decorrência dessa mesma transação. Neste caso, a venda de um bem por R$ 1.000,00, sem a emissão de nota fiscal, gerava a penalidade de R$ 4.000,00 (um aumento de 300%), independentemente de o valor do tributo decorrente da operação ser bem inferior (*v.g.*, de R$ 150,00) ou até mesmo ter sido pago de forma usual. O singelo descumprimento de uma obrigação acessória – não emissão de nota fiscal – gerava multa três vezes superior ao valor da transação. Nitidamente a situação era desproporcional.

> Note o item considerado **CORRETO**, em prova realizada pelo Cespe, para o cargo de Analista Legislativo da Câmara dos Deputados, em 2014: *"A jurisprudência do STF firmou-se no sentido de que é aplicável a proibição constitucional do confisco em matéria tributária, ainda que se trate de multa fiscal resultante do inadimplemento, pelo contribuinte, de suas obrigações tributárias".*

> Note o item considerado **CORRETO**, em prova realizada pelo Cespe/UnB, para o cargo de Advogado da União (2ª Categoria) – AGU, em 2015: *"O princípio da vedação à utilização de tributo com efeito de confisco, previsto expressamente na CF, aplica-se igualmente às multas tributárias, de modo a limitar, conforme jurisprudência pacífica do STF, o poder do Estado na instituição e cobrança de penalidades".*

> Note o item considerado **CORRETO**, em prova realizada pelo TRF, para o cargo de Juiz Federal Substituto (TRF/3ª Região), em 2016: *"As multas fiscais também são alcançadas pelo princípio da não confiscatoriedade".*

Note a didática ementa abaixo:

EMENTA: "(...) Hipótese que versa o exame de diploma legislativo (Lei 8.846/94, art. 3º e seu parágrafo único) que instituiu multa fiscal de 300% (trezentos por cento). A proibição constitucional do confisco em matéria tributária – ainda que se trate de multa fiscal resultante do inadimplemento, pelo contribuinte, de suas obrigações tributárias – nada mais representa senão a interdição, pela Carta Política, de qualquer pretensão governamental que possa conduzir, no campo da fiscalidade, à injusta apropriação estatal, no todo ou em parte, do patrimônio ou dos rendimentos dos contribuintes, comprometendo-lhes, pela insuportabilidade da carga tributária, o exercício do direito a uma existência digna, ou a prática de atividade profissional lícita ou, ainda, a regular satisfação de suas necessidades vitais básicas. O Poder Público, especialmente em sede de tributação (mesmo tratando-se da definição do "quantum" pertinente ao valor das multas fiscais), não pode agir imoderadamente, pois a atividade governamental acha-se essencialmente condicionada pelo princípio da razoabilidade que se qualifica como verdadeiro parâmetro de aferição da constitucionalidade material dos atos estatais (...)". **(ADI 1.075 MC, Pleno, rel. Min. Celso de Mello, j. em 17-06-1998)**

O **STF**, ainda, adotou idêntica diretriz no julgamento da **ADI n. 551/RJ**, de relatoria do Ministro Ilmar Galvão, com julgamento em 24-10-**2002**, em que foram considerados inconstitucionais os §§ 2º e 3º do art. 57 do ADCT, da Constituição do Estado do Rio de Janeiro, os quais estabeleciam que multas exigidas pelo não recolhimento de impostos e taxas não poderiam ser inferiores a duas vezes o valor destes, e, nos casos de sonegação, inferiores a cinco vezes o valor dos últimos.

A propósito, o **STF**, desde a **década de 60**, por meio de copiosa jurisprudência, rechaça veementemente as multas com feição confiscatória. Observe alguns[67] exemplos nas ementas abaixo selecionadas:

> **1. EMENTA – RE 60.476, 2ª T., rel. Min. Evandro Lins, j. em 28-11-1967:** Executivo fiscal. Graduação da multa de acordo com a gravidade da infração e com a importância desta para os interesses da arrecadação. *Pode o Judiciário, atendendo as circunstâncias do caso concreto, reduzir a sanção excessiva aplicada pelo fisco.* Precedentes do Supremo Tribunal Federal: recurso extraordinário conhecido, mas não aprovado. **(Grifo nosso)**
>
> **2. EMENTA – RE 81.550, 2ª T., rel. Min. Xavier de Albuquerque, j. em 20-05-1975:** ICM. Cooperativa de consumo. Incidência do tributo desde o advento do Decreto-lei n. 406/68, consoante orientação ultimamente firmada no Supremo Tribunal. 2. *Multa moratória de feição confiscatória. Redução a nível compatível com a utilização do instrumento da correção monetária.* 3. Recurso extraordinário conhecido e provido, em parte. **(Grifo nosso)**
>
> **3. EMENTA – RE 82. 510/SP, 2ª T., rel. Min. Leitão de Abreu, j. em 11-05-1976:** Multa fiscal. *Pode o Judiciário, atendendo as circunstâncias do caso concreto, reduzir multa excessiva aplicada pelo fisco.* Precedentes do STF. Recurso não conhecido. **(Grifo nosso)**
>
> **4. EMENTA – RE 91.707/MG, 2ª T., rel. Min. Moreira Alves, j. em 11-12-1979:** ICM. Redução de multa de feição confiscatória. *Tem o STF admitido a redução de multa moratória imposta com base em Lei, quando assume ela, pelo seu montante desproporcionado, feição confiscatória.* **(Grifo nosso)**

Dessa forma, pode-se concluir que é plenamente aplicável, à luz da doutrina e da jurisprudência, o princípio tributário da não confiscabilidade às multas que se nos apresentem iníquas.

67. Ver, ainda, no **STF**: **(I)** RREE 60.972 e 60.964, rel. Min. Aliomar Baleeiro, 2ª T., j. em 07-03-1967; **(II)** RE 60.413, rel. Min. Adalício Nogueira, 2ª T., j. em 17-10-1967; **(III)** RE 60.476, 2ª T., rel. Min. Evandro Lins, j. em 28-11-1967; **(IV)** RE 55.906, rel. Min. Luiz Gallotti, Pleno, j. em 27-05-1969; **(V)** RE 78.291, rel. Min. Aliomar Baleeiro, 1ª T., j. em 04-06-1974; **(VI)** RE 81.550, 2ª T., rel. Min. Xavier de Albuquerque, j. em 20-05-1975; **(VII)** RE 82.510, 2ª T., rel. Min. Leitão de Abreu, j. em 11-05-1976; **(VIII)** RE 91.707, 2ª T., rel. Min. Moreira Alves, j. em 11-12-1979.

8 A RAZOABILIDADE E A PROPORCIONALIDADE: LIMITES AO CONFISCO TRIBUTÁRIO

No estudo do confisco tributário, é bastante recorrente a menção ao princípio da proporcionalidade como um limite a ser seguido. Outras vezes, ainda, avoca-se como parâmetro o princípio da razoabilidade.

No plano histórico, o ***princípio da proporcionalidade* aproxima-se do *princípio da razoabilidade***, entretanto é diverso o ponto de origem de ambos: o primeiro provém do direito constitucional alemão, enquanto o segundo, do constitucionalismo norte-americano.

> Note o item considerado **CORRETO**, em prova realizada pelo IPAD, para o cargo de Analista (IPEM/PE), em 2014: *"Sem prejuízo de outras garantias asseguradas ao contribuinte, é vedado à União, aos Estados, ao Distrito Federal e aos Municípios utilizar tributo com efeito de confisco. Podemos dizer que se trata do respeito ao princípio da proporcionalidade razoável"*.

Para Celso Antônio Bandeira de Mello[68], "*o princípio da proporcionalidade não é senão faceta do princípio da razoabilidade*", servindo aquele como um específico aspecto deste, conquanto ambos derivem de idêntica matriz constitucional.

Partindo-se da ideia de que o postulado da proporcionalidade pode ser apreendido a partir do conceito de razoabilidade na tributação, convém tecermos algumas considerações iniciais sobre esta.

A *razoabilidade* é conceito jurídico indeterminado e elástico, podendo variar no tempo e no espaço. Como o próprio termo prenuncia, o ser "razoável" significa atuar com bom senso e moderação, ponderando com equilíbrio as circunstâncias que envolvam a prática do ato.

A razoabilidade na ação estatal justifica-se na veiculação de ações coerentes, que levem em conta o equilíbrio no binômio "meios empregados e fins alcançáveis". O princípio vem moldar a conduta da Administração, que, atuando com a racionalidade necessária, adotará critérios aceitáveis por qualquer pessoa equilibrada, afastando-se das condutas desarrazoadas e bizarras que se distanciam das finalidades da lei atributiva da discrição manejada[69].

Em resumo, o princípio da razoabilidade, em harmônico convívio com o postulado da proporcionalidade, apresenta-se no cenário em que o excesso e as atitudes incongruentes são proibidos à Administração, disposta a homenagear a prudência no nobre exercício da função estatal.

Nesse passo, deve o intérprete, no intrincado trabalho de aquilatar até que ponto o tributo é ou não confiscatório, valer-se da razoabilidade, que lhe servirá de "bússola" para diferençar aquilo que se põe como confiscatório, em dada conjuntu-

68. *V.* MELLO, Celso Antônio Bandeira de. *Curso de direito administrativo*, 13. ed., p. 81.
69. MELLO, Celso Antônio Bandeira de. *Curso de direito administrativo*, 13. ed., p. 79.

ra, sob certa cultura e condição de cada povo, e o que se mostra "razoável", do ponto de vista da tributação.

Para Sacha Calmon[70], o tributo, excedendo a capacidade contributiva relativa ou subjetiva, passará a ser confiscatório e, "neste sentido, o princípio do não confisco se nos parece mais como um princípio de razoabilidade na tributação (...)". E o mestre mineiro prossegue, afirmando com precisão que "tributar é atividade sujeita à legalidade e, pois, à razoabilidade. O confisco é atividade à margem da lei"[71].

O **STF** já se posicionou sobre o tema, entendendo que a ação estatal deve estar regrada pelo *princípio da razoabilidade*. Note o trecho da ementa da **ADIMC n. 2.010/ DF**, no STF, com julgamento em 30-09-**1999**:

> **EMENTA:** "(...) O Poder Público, especialmente em sede de tributação (...), não pode agir imoderadamente, pois a atividade estatal acha-se essencialmente condicionada pelo *princípio da razoabilidade* (...)". **(Grifo nosso)**

A propósito, na seara do Direito Comparado, a falta de razoabilidade foi detectada pela jurisprudência espanhola, que demonstrou o reconhecimento pelo Tribunal Superior de Justiça (da Catalunha) do alcance confiscatório do imposto sobre jogos de sorte, que foi majorado em 300% sobre o montante das cotas únicas cobradas sobre as máquinas recreativas[72]. Aliás, o art. 31 da Constituição espanhola de 1978 consagra de forma expressa o princípio que veda o tributo com efeito confiscatório.

Feitas as considerações iniciais sobre a razoabilidade na ação estatal, convém ingressarmos no terreno conceitual afeto ao *princípio da proporcionalidade*, também conhecido por "*princípio da proibição ao excesso*".

À semelhança do primeiro princípio, apresenta-se vocacionado a servir como um instrumento de controle de todo e qualquer ato emanado do Estado, com o fito de revesti-lo de constitucionalidade e legalidade e adequá-lo aos fins do Estado Democrático de Direito.

A aplicabilidade do princípio da proporcionalidade no Direito Tributário será feita à luz da casuística, inexistindo uma padronização limitadora de seu espectro de abrangência. Somente o caso concreto demarcará a adequação de seu uso. Entretanto, tem-se visto sua suscitação, de modo iterativo, no campo das *sanções políticas*, por meio das quais se almeja garantir a arrecadação tributária a toda força, em detrimento das garantias constitucionais fundamentais, em frontal ofensa ao postulado ora analisado[73].

---

70. V. COÊLHO, Sacha Calmon Navarro. *Comentários à Constituição de 1988*: sistema tributário, 7. ed., p. 333.
71. COÊLHO, Sacha Calmon Navarro. *Curso de direito tributário brasileiro*, 6. ed., p. 149.
72. VILLEGAS, Héctor. *Curso de direito tributário*, p. 107.
73. V. KREPSKY, Júlio César. *Limites das multas por infrações tributárias*, p. 178.

Observe-se, ainda, o trecho do voto do Ministro **Celso de Mello** do **STF**, relator do **RE 374.981/RS**, acerca das *sanções tributárias*:

> (...) *As sanções tributárias podem revelar-se inconstitucionais, por desatendimento à proporcionalidade em sentido estrito* (...), quando a limitação imposta à esfera jurídica dos indivíduos, embora arrimada na busca do alcance de um objetivo protegido pela ordem jurídica, assume uma dimensão que inviabiliza o exercício de outros direitos e garantias individuais, igualmente assegurados pela ordem constitucional (...). **(Grifo nosso)**

Note, no mesmo voto acima apresentado, pontuais lições sobre o *princípio da proporcionalidade*:

> (...) O princípio da proporcionalidade – que extrai a sua justificação dogmática de diversas cláusulas constitucionais, notadamente daquela que veicula a garantia do *substantive due process of law* – acha-se vocacionado a inibir e a neutralizar os abusos do Poder Público no exercício de suas funções, qualificando-se como parâmetro de aferição da própria constitucionalidade material dos atos estatais.
>
> A norma estatal, que não veicula qualquer conteúdo de irrazoabilidade, presta obséquio ao postulado da proporcionalidade, ajustando-se à cláusula que consagra, em sua dimensão material, o princípio do *substantive due process of law* (CF, art. 5º, LIV). Essa cláusula tutelar, ao inibir os efeitos prejudiciais decorrentes do abuso de poder legislativo, enfatiza a noção de que a prerrogativa de legislar outorgada ao Estado constitui atribuição jurídica essencialmente limitada, ainda que o momento de abstrata instauração normativa possa repousar em juízo meramente político ou discricionário do legislador (...).

Em **27 de abril de 2020**, o Pleno do **STF**, na **RE 647.885** (rel. Min. Edson Fachin), entendeu que as anuidades cobradas pelos conselhos profissionais (no caso, a OAB) caracterizam-se como tributos da espécie *contribuições de interesse das categorias profissionais,* nos termos do art. 149 da Constituição da República. Para além disso, a Corte Suprema asseverou que não é dado a conselho de fiscalização profissional perpetrar sanção de interdito profissional, por tempo indeterminado até que ocorra a satisfação da obrigação pecuniária, com a finalidade de fazer valer seus interesses arrecadatórios diante de uma infração disciplinar consistente na inadimplência fiscal. A medida, considerada desproporcional e caracterizada como **sanção política em matéria tributária**, poderia ser bem substituída por diversos meios alternativos judiciais e extrajudiciais para a cobrança de dívida civil, os quais não se prestam a obstaculizar a percepção de verbas alimentares ou a atentar contra a inviolabilidade do mínimo existencial do devedor. Por isso, infere-se a ofensa ao *devido processo legal substantivo e aos princípios da razoabilidade e da proporcionalidade*, haja vista a ausência de necessidade do ato estatal. Na oportunidade, foi fixada a tese de julgamento para efeitos de repercussão geral: "*É inconstitucional a suspensão rea-*

lizada por conselho de fiscalização profissional do exercício laboral de seus inscritos por inadimplência de anuidades, pois a medida consiste em sanção política em matéria tributária."

Em suma, o postulado da proporcionalidade desponta como inafastável instrumento de limitação da ação estatal, tendente a inibir o excesso de poder cometido por toda e qualquer pessoa que atue em nome do Estado.

Nesse passo, será observado o princípio ora analisado se houver a *razoabilidade* no (I) cotejo entre o objetivo visado com o ato de descumprimento da regra tributária *e* a gradação da sanção estipulada como reação do Direito àquela ação e (II) no patamar de suportabilidade pelo sujeito passivo da sanção pecuniária imposta.

Em outras palavras, segundo Helenilson Cunha Pontes[74], o indigitado princípio da proporcionalidade possui duas diferentes dimensões: (I) a *dimensão de bloqueio*, servindo como escudo protetor ao arbítrio estatal e (II) a *dimensão de resguardo*, hábil a veicular a concretização dos direitos constitucionais.

Nesse passo, apresenta-se como *limite*, de um lado, e *fim*, de outro, servindo como *juízo de adequação* entre o interesse público, que rege uma dada ação estatal, e os efeitos deflagrados por esta sobre o particular.

9 O PRINCÍPIO DA VEDAÇÃO AO CONFISCO E O PROJETO DE LEI COMPLEMENTAR (PLC) N. 168/89

Diante dos fluidos critérios de demarcação dos contornos da tributação confiscatória, que se impregnam de subjetivismo, no ato de se determinar precisamente aquilo que é razoável na tributação, em 1989, o então senador Fernando Henrique Cardoso apresentou *projeto de lei complementar* para regular a referida matéria (PLC n. 168/89), em uma tentativa de estabelecer critérios objetivos para a aferição da ocorrência do confisco tributário[75].

Abaixo segue o art. 7º, *caput* e § 2º, tratando dos principais aspectos da temática:

> **Art. 7º** Considerar-se-á caracterizada a utilização de tributo com efeito de confisco sempre que seu valor, na mesma incidência, ou em incidências sucessivas, superar o valor normal de mercado dos bens, direitos ou serviços envolvidos no respectivo fato gerador ou ultrapassar 50% do valor das rendas geradas na mesma incidência. (...)
>
> **§ 2º** Para os efeitos deste artigo computar-se-ão todos os tributos federais, estaduais ou municipais, que incidam no bem, direito ou serviço com fatos geradores simultâneos, ou decorrentes de um único negócio. (...)

74. *V.* PONTES, Helenilson Cunha. *Princípio da proporcionalidade no direito tributário*. 2000. Tese (Doutorado) – Faculdade de Direito da Universidade de São Paulo, São Paulo, pp. 69-70.

75. *V.* MARTINS, Ives Gandra da Silva. *Sistema tributário na Constituição de 1988*, p. 127.

Em síntese, seria considerada confiscatória a tributação que implicasse perda total do bem ou incidência superior a 50% do valor da operação.

De início, já salta aos olhos a ausência de cientificidade no cartesiano critério utilizado: *a perda total do bem significa confisco, entretanto, se houver uma perda equivalente a 90% dele, por exemplo, não o seria?!*

Ademais, o critério metodológico que utiliza, como parâmetro, uma incidência "superior a 50% do valor da operação" é, antes de tudo, verdadeiramente confiscatório, o que nos leva a duvidar se o projeto em epígrafe versou, de fato, sobre a vedação ao confisco ou sobre sua legitimação.

Vendo por outro lado, o projeto, arquivado ao final da legislatura do senador Fernando Henrique Cardoso, em 1994, nos termos dos arts. 332 e 333 do Regimento Interno do Senado Federal, teve o mérito de lançar a iniciativa de se tentar pôr um termo na fúria arrecadatória do Estado tributante brasileiro.

Destaque-se que outro ponto elogiável do projeto foi o de utilizar como parâmetro a *carga tributária total*, conforme previsto no § 2º acima reproduzido. Nesse passo, a sistemática imporia às entidades políticas uma espécie de "planejamento tributário às avessas", uma vez feito pelo Fisco, e não pelo contribuinte, no sentido de que as incidências tributárias, definidas pelo Estado tributante, deveriam respeitar o teto estabelecido (50%), em obediência ao postulado da vedação ao confisco.

10 ENTENDIMENTO CONCLUSIVO

É visível o recrudescimento indiscriminado da carga tributária no Brasil. Dia a dia, emanam dispositivos que aumentam ou instituem tributos, ornamentando o indigesto "bolo" da tributação brasileira.

A carga tributária, analisada global ou individualmente, deve rimar com as limitações constitucionais ao poder de tributar, a saber, os princípios tributários. Entre aqueles de expressivo cunho subjetivo, destaca-se o postulado que veda a confiscabilidade tributária, conforme se estudou neste capítulo que se encerra.

É fato que há fértil campo investigativo ainda a ser preenchido pelo estudo científico-jurídico, na seara da vedação ao tributo com efeito de confisco, buscando-se a nítida definição dos seus contornos conceituais.

Esperamos que as ideias aqui apresentadas possam servir de estímulo ao estudioso, para que renovadas investigações sejam empreendidas, na busca da ideal interpretação do princípio da vedação ao confisco.

7

PRINCÍPIO DA NÃO LIMITAÇÃO AO TRÁFEGO DE PESSOAS E BENS E A RESSALVA DO PEDÁGIO

1 CONSIDERAÇÕES INICIAIS

Segundo o princípio da não limitação (liberdade ou ilimitabilidade) ao tráfego de pessoas e bens, previsto no inciso V do art. 150 da CF, a *intermunicipalidade* e a *interestadualidade* não poderão ser fatos geradores de quaisquer tributos, sejam federais, estaduais ou municipais.

Vale dizer que o tráfego de pessoas e de bens, nos âmbitos interestadual e intermunicipal, será protegido por regra de "imunidade", sob a égide do referido princípio, que "é uma decorrência natural da unidade econômica e política do território nacional"[1].

Observe o dispositivo:

> **Art. 150.** Sem prejuízo de outras garantias asseguradas ao contribuinte, é vedado à União, aos Estados, ao Distrito Federal e aos Municípios: (...)
>
> **V –** estabelecer limitações ao tráfego de pessoas ou bens, por meio de tributos interestaduais ou intermunicipais, ressalvada a cobrança de pedágio pela utilização de vias conservadas pelo Poder Público.

Note o item considerado **CORRETO**, em prova realizada pelo IESES, TJ-AM, para o cargo de Titular de Serviços de Notas e de Registros, em 2018: "*É vedado à União, aos Estados, ao Distrito Federal e aos Municípios, estabelecer limitações ao tráfego, no território nacional, de pessoas ou mercadorias, por meio de tributos interestaduais ou intermunicipais*".

Observação: item semelhante, reproduzindo a literalidade do **art. 150, V, da CF**, foi considerado **CORRETO** e solicitado em provas realizadas pelas seguintes Instituições: **(I)** MPE/RS (Assessor), em 2014; **(II)** MPE/RS, para o cargo de Promotor de Justiça do Estado do Rio Grande do Sul, em 2017.

1. HARADA, Kiyoshi. *Direito financeiro e tributário*, 7. ed., p. 296.

> Note o item **CORRETO**, em prova realizada pela FCC (Auditor do Tribunal de Contas de São Paulo), em 2013: *"É vedada a limitação ao tráfego de pessoas ou bens por meio de tributos interestaduais ou intermunicipais. A proibição refere-se ao princípio da liberdade do tráfego de pessoas e bens, que deve ser observado por todos os entes federados, tendo como exceção a cobrança de pedágio pela utilização de vias conservadas pelo Poder Público".*

Como é cediço, compete ao legislador ordinário, no ato de instituição do tributo, confeccionar a lei da exação tributária, delimitando-lhe o fato gerador, entre outros elementos essenciais que compõem a tipologia tributária (art. 97, I a V, CTN).

À luz do princípio ora estudado, o fato gerador do tributo deverá ser distinto da **(I)** transposição de limites entre os Municípios (*intermunicipalidade*) e da **(II)** transposição de divisas entre Estados-membros (*interestadualidade*). Desse modo, "o que a Constituição veda é o tributo que onere o tráfego interestadual ou intermunicipal de pessoas ou de bens; o gravame tributário seria uma forma de limitar esse tráfego. Em última análise, o que está em causa é a liberdade de locomoção (de pessoas ou bens), mais do que a não discriminação de bens ou pessoas, a pretexto de irem para outra localidade ou de lá virem; ademais, prestigiam-se a liberdade de comércio e o princípio federativo"[2].

Insta mencionar que o **princípio da ilimitabilidade ao tráfego de pessoas e bens** não almeja obstar, de modo absoluto, a exigência de impostos sobre a circulação de bens ou pessoas em operações interestaduais ou intermunicipais. Não é essa a inteligência do postulado, porquanto quer ele, em verdade, coibir a instituição de tributo que contenha hipótese de incidência lastreada, como seu elemento fundante, na transposição de fronteiras interestadual ou intermunicipal[3]. **Exemplos:**

> Note o item **INCORRETO**, em prova realizada pela FAUEL (Advogado da Prefeitura de Cambira/PR), em 2016: *"É autorizado à 'U', 'E', 'DF' e 'M' estabelecer limitações ao tráfego de pessoas ou bens, por meio de tributos interestaduais ou intermunicipais, bem como a cobrança de pedágio pela utilização de vias conservadas pelo Poder Público".*

a) instituição de uma "taxa municipal de turismo", em cidade litorânea, com fato gerador calcado na transposição dos limites do município, a ser cobrada de todos aqueles banhistas que chegarem a cidade para turismo;

b) instituição de um imposto residual, com fato gerador calcado na transposição dos limites territoriais de um Estado-membro.

A propósito, será legítima a cobrança de uma "taxa de turismo", desde que se apresente dotada dos constitucionais elementos estruturantes de uma típica *taxa de polícia* (art. 145, II, CF c/c art. 78, CTN). Alguns municípios brasileiros têm respeitado tais diretrizes constitucionais.

2. AMARO, Luciano. *Direito tributário brasileiro*, 14. ed., pp. 145-146.
3. *V.* MACHADO, Hugo de Brito. *Curso de direito tributário*, 29. ed., p. 43.

Em dezembro de **2013**, foi publicada a **LC n. 185/2013**, a qual instituiu a ***Taxa de Preservação Ambiental* (TPA), no Município de *Bombinhas*** – um atraente balneário do litoral de Santa Catarina.

O objetivo a ser alcançado com o tributo foi o de mitigar os prejuízos de ordem ambiental provocados pelo elevado volume de pessoas e veículos na temporada de verão (15 de novembro a 15 de abril).

Desse modo, a TPA é cobrada de todos os veículos que cruzarem qualquer uma das duas entradas da cidade no período de temporada, renovando-se a cobrança a cada ano. Nos demais meses, não há cobrança.

A nosso ver, na análise estrita do plano jurídico-tributário, o tributo parece-nos adequadamente instituído, sendo de competência tributária municipal e assumindo a indumentária de uma taxa de polícia.

Com efeito, o art. 2º da LC n. 185/2013 assim apresentou o *fato gerador*:

> **Art. 2º** A TAXA DE PRESERVAÇÃO AMBIENTAL – TPA tem como fato gerador o exercício regular do poder de polícia municipal em matéria de proteção, preservação e conservação do meio ambiente no território do Município de Bombinhas, incidente sobre o trânsito de veículos utilizando infraestrutura física e a permanência de pessoas na sua jurisdição. **(Grifo nosso)**

A *base de cálculo* do tributo foi disciplinada no art. 3º:

> **Art. 3º** A TAXA DE PRESERVAÇÃO AMBIENTAL – TPA tem como base de cálculo o custo estimado da atividade administrativa em função da degradação e impacto ambiental causados ao Município de Bombinhas, no período compreendido entre 15 de novembro e 15 de abril do exercício seguinte. **(Grifo nosso)**

Portanto, a liberdade de locomoção, constitucionalmente prevista, pode vir a ser abalada com a "taxa de turismo", mas cabe ao intérprete aferir a natureza desta, caso a caso: se é constitucional ou não.

Daí se falar que o princípio da livre trafegabilidade de pessoas e bens mostra-se como a plena corroboração da *liberdade de locomoção* constitucionalmente protegida, constando do inciso XV do art. 5º da CF, cuja transcrição segue *ad litteram*:

> **Art. 5º, XV** – é livre a locomoção no território nacional em tempo de paz, podendo qualquer pessoa, nos termos da lei, nele entrar, permanecer ou dele sair com seus bens; (...)

Assim, o legislador constituinte pretendeu evitar que o Poder Público se valesse do tributo para atingir, mesmo que de modo reflexo, as liberdades pessoal e patrimonial, estipulando norma principiológica de limitação ao tráfego de pessoas ou bens como elemento corolário da garantia constitucional de liberdade de locomoção, estipulada no art. 5º, XV[4].

---

4. V. MORAES, Alexandre. *Direito constitucional*. 23. ed. São Paulo: Atlas, 2008, p. 865.

Pode-se afirmar que tal direito de ir, vir e permanecer, plasmado no princípio da ilimitabilidade ao tráfego de pessoas e bens, comporta, *ad argumentandum*, duas *atenuações*:

I. uma, de ordem constitucional, prevista na parte final do inciso V do art. 150 da CF, referente aos **pedágios**. De fato, **o pedágio é ressalva bem posta no mencionado preceptivo**, haja vista o fato de ser ele um gravame exigido pela utilização das rodovias conservadas pelo Poder Público, e não pela mera transposição de Município ou de Estado. De modo objetivo, o constituinte quis garantir que a exigibilidade do pedágio não fosse ameaçada pelo agito do princípio da liberdade de tráfego. Conforme aduz Luciano Amaro, "*o preceito em análise abre exceção, em sua parte final, para a cobrança de pedágio pela utilização de vias conservadas pelo Poder Público. Portanto, o pedágio, não obstante onere (e, nessa medida, limite) o tráfego, é lícito*"[5].

> Note o item considerado **INCORRETO**, em prova realizada pela EXATUS Consultoria, para o cargo de Profissional de Nível Superior I (Direito) da Eletrobras – Centrais Elétricas de Rondônia, em 2016: "*Sem prejuízo de outras garantias asseguradas ao contribuinte, é vedado à União, aos Estados, ao Distrito Federal e aos Municípios estabelecer limitações ao tráfego de pessoas ou bens, por meio de tributos interestaduais ou intermunicipais, mediante cobrança de pedágio pela utilização de vias conservadas pelo Poder Público*".

II. outra, de ordem doutrinária, atinente ao **ICMS**, exigido pelas autoridades fiscais nos postos de fiscalização, localizados nas estradas de rodagem, em divisas dos Estados-membros e Distrito Federal, em razão da ocorrência do fato gerador deste gravame tributário. Quanto a essa atenuação, diga-se que o ICMS deve ser recolhido pelo sujeito passivo, em virtude da circulação de mercadorias – o fato gerador do imposto –, e não pelas transposições territoriais supramencionadas.

Nesse passo, o postulado em estudo convive harmonicamente com duas exações: o ***pedágio*** e o *ICMS*.

> Note o item considerado **INCORRETO**, em prova realizada pelo Instituto Excelência, para o cargo de Advogado da Prefeitura Municipal de Ituiutaba/MG, em 2016: "*De acordo com a Constituição Federal, sem prejuízo de outras garantias asseguradas ao contribuinte, é vedado à União, aos Estados, ao Distrito Federal e aos Municípios, estabelecer limitações ao tráfego de pessoas ou bens, por meio de tributos interestaduais ou intermunicipais, sem ressalvas*".

2 ANÁLISE DOS PEDÁGIOS

A doutrina diverge com expressiva intensidade quanto à natureza jurídica do *pedágio*, entendendo alguns tratar-se de tributo na modalidade *taxa*, enquanto outros

5. AMARO, Luciano. *Direito tributário brasileiro*, 14. ed., p. 146.

associam a exação a *preço público* na espécie *tarifa*. O tema tem desafiado juristas brasileiros e estrangeiros, apresentando-se, até os dias atuais, deveras controvertido.

Assumindo a forma de *exação tributária*, o pedágio deverá avocar a aplicação das normas jurídicas aplicáveis aos tributos em geral, ou seja, os princípios constitucionais tributários (legalidade, anterioridade, isonomia, vedação ao confisco etc.). Por outro lado, se o pedágio for enfrentado como uma *exação não tributária*, não lhe estarão afetas as amarras constitucionais adstritas às limitações constitucionais ao poder de tributar.

Desse modo, a questão apresenta-se bastante problemática, o que nos move, desde já, a título de uma melhor inserção no estudo do tema, a apresentar os principais *pontos de divergência* que alimentam a controvérsia acerca da *natureza jurídica do pedágio*:

I. o pedágio é prestação comumente arrecadada e fiscalizada por entidade privada com fins lucrativos (as concessionárias), que se colocam na condição de "sujeitos ativos" – um paradoxo inconcebível no campo da obrigação tributária, uma vez que a sujeição ativa deve ser exercida por pessoa política de direito público interno. O pedágio é rotineiramente cobrado por empresa privada concessionária da exploração da via. Em alguns Estados, todavia, como o Rio Grande do Sul e São Paulo, há trechos de rodovias estaduais, por cujo uso se cobra pedágio, em vias administradas por *autarquia estadual* (Departamentos de Estradas de Rodagem – DER) ou por *sociedade de economia mista*, controlada pelo Estado (Desenvolvimento Rodoviário S.A. – DERSA);

II. o pedágio é prestação instituída e reajustada por atos diversos de lei, o que afasta da exação a vestimenta tributária, da qual depende a aplicação do princípio da legalidade tributária;

III. o art. 150, V, "parte final", CF, dispõe sobre o pedágio como ressalva a um princípio tributário, levando o intérprete a associá-lo com facilidade à fenomenologia tributária, o que avocaria, de modo inexorável, a aplicação dos princípios constitucionais tributários, entre os quais o *princípio da legalidade* (ver item anterior);

IV. não havendo a existência de via alternativa – rodovia de tráfego gratuito, localizada paralelamente àquela por cujo uso se cobra pedágio –, a exação se torna compulsória, sem liberdade de escolha, o que reforçaria a feição tributária, própria da taxa;

V. como taxa, na forma "pedágio-taxa", não se admite o fato gerador calcado na utilização "potencial" do serviço público (específico e divisível), haja vista o pedágio depender da "utilização efetiva" das vias conservadas pelo Poder Público, consoante a previsão constitucional;

VI. como taxa, exsurge outro problema: a compatibilidade com o fato gerador previsto para esta exação, ou seja, a prestação de serviço público. O pedágio não será cobrado por essa prestação do serviço, mas pela "utilização efetiva" do bem (via conservada) ao qual se referem os serviços prestados[6]. Como assevera Sacha Calmon[7], "*no Brasil, as taxas só podem ser instituídas por serviços específicos e divisíveis, ou pelo poder de polícia realizado (...) A mera utilização de bem público está na área de não incidência lógica. A cessão ou utilização de bens públicos fecunda outros institutos jurídicos, regrados pelo Direito Administrativo, não, porém, taxas. (...)*";

VII. o art. 146, II, CF, dispõe que a *lei complementar* deverá dispor sobre as normas gerais de Direito Tributário e, especialmente, sobre a definição de tributo e suas espécies. Sendo assim, enquadrando-se o pedágio como uma taxa, há de haver a publicação de uma lei complementar que venha disciplinar as normas gerais da exação.

Os tópicos acima demonstram o quão intrincado se apresenta o estudo da natureza jurídica do "pedágio", que sofre inúmeras interferências teóricas e fáticas, contribuindo para a indefinição conceitual que o caracteriza.

Nos tópicos seguintes, procuraremos traçar uma linha de pensamento lastreada na análise doutrinária e jurisprudencial, almejando alcançar um ambiente de "tranquilidade dogmática", a ser oferecido ao leitor no tocante ao estudo dos pedágios perante o princípio da liberdade ao tráfego de pessoas e bens.

2.1 O pedágio na tradição jurídica brasileira

Historicamente, no plano constitucional interno, o pedágio teve sua primeira aparição na **Carta de 1946**. Note o **art. 27**, que reproduz o princípio da liberdade de tráfego, com a menção a ele na parte final do preceptivo:

> **Art. 27.** É vedado à União, aos Estados, ao Distrito Federal e aos Municípios estabelecer limitações ao tráfego de qualquer natureza por meio de tributos interestaduais ou intermunicipais, *ressalvada a cobrança de taxas, inclusive pedágio*, destinadas exclusivamente à indenização das despesas de construção, conservação e melhoramento de estradas. **(Grifo nosso)**

Em momento posterior, a Carta Magna de 1967 (art. 20, II) ratificou a anterior previsão do pedágio, como ressalva ao princípio constitucional da ilimitabilidade ao tráfego de pessoas e bens. À época, entendia-se, de modo consensual na doutrina e na jurisprudência, que esta ressalva expressa no princípio tributário revestia a figura do pedágio da indumentária de tributo, na espécie "taxa".

---

6. *V.* LEONETTI, Carlos Araújo. Natureza jurídica do pedágio. *Biblioteca Central, UFSC*, Florianópolis, v. 25, n. 49, pp. 135-152, dez. 2004, pp. 135-152 (p. 147).
7. COÊLHO, Sacha Calmon Navarro. *Comentários à Constituição de 1988*, 7. ed., p. 70.

Com a EC n. 1/69 (art. 19, II), que deu nova redação ao texto da Constituição de 1967, suprimiu-se a mencionada ressalva, excluindo do texto constitucional a previsão do pedágio – ou "rodágio", na expressão predileta de Aliomar Baleeiro –, dando ensejo ao entendimento de que tal exação não era mais tributo na modalidade "taxa", mas *preço público* ou *tarifa*. A propósito, sobreveio o Decreto-Lei n. 971/69, que definiu o pedágio como *preço público* ou *tarifa*, esta, aliás, uma modalidade daquele[8].

A doutrina, diante dessa pontual modificação legislativa, passou a desconfiar da natureza tributária do pedágio, assimilando, confortavelmente, o entendimento segundo o qual o pedágio-taxa havia cedido passo a uma tarifa ou a um preço público[9].

Atualmente, à luz da Constituição Federal de 1988, temos a menção ao pedágio, no art. 150, V, como ressalva ao princípio tributário da ilimitabilidade ao tráfego de pessoas e bens, à semelhança da previsão constante dos textos constitucionais de 1946 e 1967.

A bem da verdade, a semelhança não é total, porquanto se nota uma pequena mudança textual entre a Carta Magna de 1967 e o texto constitucional de 1988: enquanto no anterior preceptivo (art. 20, II, CF/67) se previa o pedágio "*para atender ao custo das vias de transporte*", no atual art. 150, V, da Carta Magna de 1988, consta a cobrança de pedágio "*pelo uso de vias conservadas pelo Poder Público*". Antes o pedágio servia para atender "o custo" da via de transporte, independentemente do uso; agora passa a ser cobrado "pelo uso" dessa via trafegável, com a condição de ser esta conservada pelo Poder Público.

2.2 A análise do pressuposto fático do pedágio: o uso da via conservada pelo Poder Público

Como se notou, cobra-se o pedágio apenas pela utilização *efetiva* do serviço de *conservação* de rodovias, ainda que sob o errôneo **regime de direito privado**, à luz do texto constitucional. Assim, apenas pode ser exigido o pedágio pelo concreto e real uso da conservada via trafegável, e jamais pela sua disponibilidade, como fazia crer o texto da Carta de 1967.

> Note o item considerado **INCORRETO**, em prova realizada pela Fundep – Gestão de Concursos, para o cargo de Analista de Direito (Especialista de Serviços Públicos) da Prefeitura Municipal de Uberaba/MG, em 2016: *"Enquanto a tarifa possui natureza tributária, a taxa está submetida a regime de direito privado, de natureza contratual"*.

Há que se distinguir o *serviço de conservação*, ensejador do pedágio, das *obras de ampliação* de rodovias, uma vez que estas, criando uma dada realidade, por meio do empreendimento de construção civil, em nítido acréscimo que inova, amplia a

8. *V.* BALEEIRO, Aliomar. *Limitações constitucionais ao poder de tributar*, 7. ed., p. 177.
9. *V.* BALEEIRO, Aliomar. *Direito tributário brasileiro*, 11. ed., pp. 547-548.

estrutura viária anteriormente existente e afasta a cobrança do pedágio. Neste caso, pode originar a contribuição de melhoria. De fato, "o pedágio não pode ser instituído ao fundamento de construir estradas. Este fato não é serviço, é obra"[10].

A esse propósito, Luciano Amaro[11] argumenta:

> Não é a construção de uma estrada, de per si, que embasa a exigência do pedágio; pois essa obra pública pode dar lugar à contribuição de melhoria. Já o pedágio é cobrável de quem trafegue pela via pública, e, por isso, frui a utilidade propiciada pela obra do Estado.

Quanto à "conservação", em si, não vislumbramos grande dificuldade para se ter o adequado esclarecimento. Uma estrada de rodagem "conservada" será aquela que oferecer ao usuário as razoáveis condições de trafegabilidade e uma manutenção capaz de assegurar a continuidade na adequação desse serviço. Em termos práticos, a "conservação" a que faz menção o legislador deverá incluir atributos especiais à pista de rolamento: iluminação, acostamento, policiamento, serviço de resgate e de socorro, entre outros requisitos indispensáveis à exigibilidade do pedágio. Quanto à necessidade de "pista dupla", não a consideramos um requisito essencial, ainda que, neste aspecto, com a devida vênia, divirjamos do eminente professor Sacha Calmon Navarro Coêlho[12].

Posto isso, o fato jurídico-tributário que enseja o pedágio haverá de ser a *utilização* da via pública, e não a sua "construção" em si, ou mesmo a sua "conservação". Ademais, a mencionada utilização deve ser efetiva, e não simplesmente "potencial"[13].

Nota-se, dessarte, que o legislador constituinte de 1988, na trilha do que haviam feito os legisladores de 1946 e 1967, decidiu prever a possibilidade de custear a conservação das vias públicas por pedágio, a ser pago pelos usuários dessas "vias públicas conservadas" – expressão que, conquanto pareça óbvia, não o é, uma vez que no Brasil, desgraçadamente, coexistem rodovias em bom estado de conservação e outras em precário estado de trafegabilidade, sendo estas responsáveis, entre outros motivos, por centenas de acidentes que custam a vida de muitos usuários.

2.3 A análise da feição tributária do pedágio

Segundo o art. 150, V, parte final, do texto constitucional de 1988, o pedágio aparece como uma ressalva ao princípio constitucional afeto a tributos – o princípio da liberdade ao tráfego de pessoas e bens –, inserindo-se no capítulo dedicado às limitações constitucionais ao poder de tributar.

---

10. COÊLHO, Sacha Calmon Navarro. *Comentários à Constituição de 1988*: sistema tributário, 7. ed., p. 70.
11. AMARO, Luciano. *Direito tributário brasileiro*, 14. ed., p. 49.
12. *V.* COÊLHO, Sacha Calmon Navarro. *Comentários à Constituição de 1988*: sistema tributário, 7. ed., p. 70.
13. *V.* AMARO, Luciano. *Direito tributário brasileiro*, 14. ed., p. 49.

A indigitada ressalva parece oferecer ao pedágio a induvidosa feição tributária. Nessa trilha, a doutrina[14], de modo uníssono, vem entendendo que o pedágio pode assumir a forma de *tributo*.

Luciano Amaro[15], adotando de modo categórico a feição tributária para o pedágio, assim discorre sobre a mencionada ressalva, afirmando que "essa disposição deu legitimação constitucional expressa ao pedágio. Além disso, reconheceu-lhe natureza tributária (por oposição à ideia de que ele traduziria um preço público), pois essa figura está referida num dispositivo que cuida de tributos, e como exceção a um princípio que limita a criação de tributos".

Em outra passagem de sua premiada obra, o eminente autor afirma que "o direito brasileiro utiliza o vocábulo tributo em sentido genérico. Imposto, taxa, contribuição, empréstimo compulsório e pedágio são expressões empregadas para designar figuras tributárias"[16]. E arremata o raciocínio, asseverando que, "embora não catalogado com esse rótulo na Constituição ou no Código Tributário, o pedágio é irredutível, como já expusemos, às figuras da taxa de serviço ou de polícia"[17].

Todavia, seguindo entendimento oposto, o saudoso professor Ricardo Lobo Torres viu o pedágio como *preço público*, entendendo que a ressalva no dispositivo em comento é meramente didática[18].

No plano legislativo, é curioso observar a dissociação estabelecida entre "preço" e "pedágio", constante do **item 22.01** da Lista de Serviços anexa à **LC n. 116/2003**, o que reforça a tese da fisionomia tributária para o pedágio. Observe:

> **Lista de serviços anexa à Lei Complementar n. 116, de 31 de julho de 2003: (...)**
> **Item 22.01** – Serviços de exploração de rodovia mediante cobrança de *preço ou pedágio* dos usuários, envolvendo execução de serviços de conservação, manutenção, melhoramentos para adequação de capacidade e segurança de trânsito, operação, monitoração, assistência aos usuários e outros serviços definidos em contratos, atos de concessão ou de permissão ou em normas oficiais. **(Grifo nosso)**

Urge mencionar que o posicionamento doutrinário majoritário, na linha de defesa da feição tributária do pedágio, baseia-se na adoção de um exclusivo critério topológico-normativo, fiel à previsão do instituto em capítulo próprio de tributos, no texto constitucional. Tal posicionamento afasta outros recursos interpretativos sistêmicos que possam trazer a lume uma configuração mais abrangente da natureza jurídica do pedágio.

14. AMARO, Luciano. *Direito tributário brasileiro*, 14. ed., pp. 48-50; CARRAZZA, Roque Antonio. *Curso de direito constitucional tributário*, 24. ed., p. 544; PAULSEN, Leandro. *Direito tributário*: Constituição e Código Tributário Nacional à luz da doutrina e da jurisprudência, 9. ed., p. 229; e outros autores.
15. AMARO, Luciano. *Direito tributário brasileiro*, 14. ed., pp. 48-49.
16. AMARO, Luciano. *Direito tributário brasileiro*, 14. ed., p. 18.
17. AMARO, Luciano. *Direito tributário brasileiro*, 14. ed., p. 72.
18. *V.* TORRES, Ricardo Lobo. *Curso de direito financeiro e tributário*, 12. ed., p. 67.

2.3.1 A base de cálculo do pedágio-taxa

Entendendo-se o pedágio como tributo, na modalidade "taxa", a base de cálculo desse gravame contraprestacional, servindo de grandeza dimensional do fato gerador (o uso da via conservada pelo Poder Público), deverá ser o custo do serviço público, afeto à conservação.

Nessa medida, a entidade impositora deverá adotar parâmetros razoáveis, adstritos ao nível de utilização e de conservação da via, quais sejam, o tipo do veículo – considerando-se o peso e a capacidade de carga deste[19], a quantidade de eixos, as dimensões –, a distância percorrida pelo usuário, entre outros. É natural que não se poderão levar em conta grandezas que não apresentem pertinência com a aferição do custo da atividade estatal, por exemplo, aquelas ligadas ao valor venal do veículo automotor (ano de fabricação, potência do motor etc.).

2.3.2 A utilização potencial do serviço público perante o pedágio-taxa

Segundo o art. 79, I, "b", do CTN, os serviços públicos ensejadores da taxa de serviço consideram-se utilizados "potencialmente" pelo contribuinte quando, sendo de utilização compulsória, são postos à sua disposição mediante atividade administrativa em efetivo funcionamento.

Vale dizer que o *uso potencial* do serviço público ensejará a recolha da taxa, desde que o mencionado serviço seja de "utilização compulsória".

Não é necessário grande esforço exegético para se perceber que o serviço público considerado de "utilização compulsória" será aquele cujo destinatário dele não possa prescindir, dentro de uma certa coletividade. A expressão atrela-se a instituto jurídico que se dota de uma *compulsoriedade decorrencial* (ou reflexa), porquanto se mostra como produto do imperativo de ordem pública que tende à satisfação das necessidades e prerrogativas dos cidadãos-administrados. Trata-se, em verdade, de uma "utilização forçada", que independe da vontade do utente, uma vez nítida a função indelegável do Estado, *v.g.*, o *serviço de prestação jurisdicional*.

Ademais, urge destacar que a expressão "utilização compulsória" também é hábil a indicar o serviço prestado de forma obrigatória pelo Estado, ou seja, aquele serviço essencial a ser oferecido sem que possa haver solução de continuidade. Nesse caso, destacam-se os chamados "serviços prestacionais positivos", que demandam uma atuação prestacional ativa do Estado, *e.g.*, o serviço de água, de esgotamento sanitário, de coleta de lixo, entre outros. É bom frisar que a realização destes serviços pode se dar de forma direta ou indireta pelo Estado prestador do serviço positivo.

19. MORAES, Bernardo Ribeiro de. *A taxa no sistema tributário brasileiro*, p. 119.

2.3.3 *O selo-pedágio: um exemplo de pedágio-taxa*

No plano jurisprudencial, a 2ª Turma do **STF**, em maio de **1999**, acompanhada do entendimento majoritário dos Tribunais Regionais Federais, ao julgar os **Recursos Extraordinários 181.475** e **194.862/RS**, decidiu que o pedágio (o extinto "selo-pedágio") detinha natureza tributária de *taxa de serviço*, uma vez (**I**) dotado de especificidade e divisibilidade, além de (**II**) ser ressalva a um princípio genuinamente tributário – o da liberdade ao tráfego de pessoas e bens (art. 150, V, CF).

O "selo-pedágio", criado pela Lei n. 7.712/88, logo após a promulgação da atual Carta Magna, e extinto pela Lei n. 8.075/90, materializava-se em um selo mensal, afixável no vidro dianteiro do automóvel.

Observe a jurisprudência que deu legitimidade constitucional ao "selo-pedágio":

> **EMENTA:** CONSTITUCIONAL TRIBUTÁRIO. PEDÁGIO. LEI N. 7.712, DE 22-12-1988: I – *Pedágio. Natureza jurídica: taxa.* CF, art. 145, II, art. 150, V. II – *Legitimidade constitucional do pedágio instituído pela Lei n. 7.712, de 1988.* III – R.E. não conhecido. (STF, 2ª T., RE 181.475-6/RS – rel. Min. Carlos Velloso – j. em 04-05-1999); Concluído o julgamento dos recursos extraordinários em que se discute a constitucionalidade do selo-pedágio instituído pela Lei n. 7.712/88 (...). A Turma não conheceu dos recursos dos contribuintes, *por entender constitucional o referido tributo, tendo em vista sua natureza jurídica de taxa* **(RREE 181.475/RS e 194.862/RS, ambos de relatoria do Min. Carlos Velloso, 2ª T., j. em 04-05-1999). (Grifos nossos)**

É oportuno trazer à baila que, como expressivo complicador, o **STF**, em **1992**, havia se pronunciado de modo oposto, entendendo o pedágio como um *preço público*, conforme se nota da **ADIn n. 800-5**, movida pelo *Partido Socialista Brasileiro* contra o Governador do Estado do Rio Grande do Sul, em face da cobrança de pedágio, na rodovia estadual gaúcha de ligação de Passo Fundo a Erechim, que resultou no afastamento da natureza tributária do pedágio, considerando-o mero *preço público*. A análise do selo-pedágio como um verdadeiro tributo colocava em xeque este entendimento até então prevalecente.

No bojo da mencionada ADIn, o Ministro Relator Ilmar Galvão pautou sua análise diante de uma encruzilhada interpretativa: caso se estivesse diante de tributo, seria fora de dúvida que os princípios constitucionais tributários seriam aplicáveis ao caso. Se se estivesse, no entanto, diante de um caso de preço público, de tarifa, nenhum óbice existiria ao afastamento das limitações constitucionais ao poder de tributar. Preferiu o ínclito magistrado escolher esta última opção, indicativa da fisionomia não tributária, de preço público.

Observe um didático trecho do voto:

> Assim sendo, parece fora de dúvida que se está diante de preço público ou tarifa, seja, de "retribuições facultativas de aquisição de bens ou da utilização de serviços,

transferidos ou prestados pela Administração Pública ou por seus delegados ou mesmo por particulares, a quem os adquira ou os utilize voluntariamente". A circunstância, pois, de ser exigido pela Administração Pública não o descaracteriza.

E, ainda, citando o magistério de Hely Lopes Meirelles[20], o Ministro Relator destaca a diferença entre os serviços que ensejam a *tarifa* e aqueles que provocam a recolha da ***taxa***:

> Note o item (adaptado) considerado **CORRETO**, em prova realizada pela Esaf, para o cargo de Especialista em Regulação de Aviação Civil da ANAC – Agência Nacional de Aviação Civil, em 2016: *"Pode ser remunerado por taxa o serviço de coleta de lixo, e não os serviços de iluminação pública, segurança pública e limpeza pública de vias/logradouros"*.

Presta-se a "tarifa" a remunerar os serviços pró-cidadãos, isto é, aqueles que visam a dar comodidade aos usuários ou a satisfazê-los em suas necessidades pessoais (telefone, energia elétrica, transportes etc.), ao passo que a "taxa" é adequada para o custeio dos serviços pró-comunidade, ou seja, aqueles que se destinam a atender as exigências específicas da coletividade (água potável, esgoto, segurança pública, etc.) e, por isso mesmo, devem ser prestados em caráter compulsório e independentemente de solicitação do contribuinte.

Em resumo, segundo o eminente julgador, o serviço público considerado "não essencial à comunidade", mas de interesse de determinadas pessoas ou de certos grupos, deve ser remunerado por *tarifa*, fazendo-se com que os encargos de sua manutenção onerem, unicamente, aqueles que efetivamente o utilizem.

Daí o **STF** ter adotado, no início, o entendimento de que o pedágio era tarifa, pois não poderia ele ser exigido indiscriminadamente pela utilização de todas as estradas, mas tão somente em relação àquelas que apresentassem condições razoáveis de tráfego, sob pena de se estar exigindo verdadeiro imposto pela utilização de via pública específica, o que não se mostra ao alcance de os Estados.

2.4 A análise da suposta feição não tributária do pedágio

Hodiernamente, não se conhece na malha rodoviária brasileira a cobrança de pedágio-taxa, nos moldes constitucionais previstos à época do selo-pedágio. Pelo contrário, a cobrança de pedágio se faz, rotineiramente, nas rodovias de maior movimento e rentabilidade, por meio do *preço público*.

Enfrentando a celeuma, podemos dizer que, caso a administração da via pública, objeto de cobrança do pedágio, seja feita por órgão da administração indireta (autarquia ou empresa controlada por Estado, *v.g.*, DER ou DERSA, respectivamente),

20. MEIRELLES, Hely Lopes. *Direito municipal brasileiro*. 10. ed. São Paulo: Malheiros, 1998, p. 152.

a exação deverá ser considerada uma *taxa*. Por outro lado, se a via for explorada por entidade particular (concessionárias, permissionárias etc.), poderá haver uma escolha da exação pelo legislador – se *pedágio-taxa* ou *pedágio-tarifa*. Aliás, o próprio texto constitucional permite que se cobrem tarifas em certos serviços públicos prestados por permissionárias e concessionárias, conforme se lê no § 3º do art. 150 e no art. 175, ambos da CF.

No mais, a *Lei Federal n. 10.233/2001* (art. 13, I), que criou a Agência Nacional de Transportes Terrestres (ANTT), regulando a concessão de "*exploração de infraestrutura de transporte público*", em diversos dispositivos deixa claro que tal exploração, pela concessionária, será remunerada mediante a cobrança de *tarifas* (art. 28, I e II; art. 34-A, § 2º, VI e art. 35, VII).

Portanto, o pedágio pode ser **taxa** ou **preço público**, dependendo das circunstâncias e da maneira como for exigido.

Será necessário, relativamente a essas situações, aguardar novos julgados do STF, especialmente envolvendo a cobrança de pedágio por concessionárias, para se ter melhor visualização da complexa natureza jurídica do pedágio.

Diante da controvérsia, parece-nos adequado assegurar, de plano, na trilha de um posicionamento conciliatório, que o pedágio pode assumir a feição tributária, como taxa (um *pedágio-taxa*), ou não, revestindo-se da forma de preço público (um *pedágio-tarifa*). Esse é o posicionamento que recomendamos para provas de concursos públicos.

Não obstante, o Plenário do **STF**, em 11 de junho de **2014**, sacramentou o seguinte entendimento na **ADI n. 800** (rel. ex-Min. Teori Zavascki): "*O pedágio cobrado pela efetiva utilização de rodovias conservadas pelo Poder Público, cuja cobrança está autorizada pelo inciso V, parte final, do art. 150 da Constituição de 1988, não tem natureza jurídica de taxa, mas sim de preço público, não estando a sua instituição, consequentemente, sujeita ao princípio da legalidade estrita*".

Além disso, constou, na ementa do *Informativo n. 750 do STF*, intitulada "ADI: pedágio e preço público – 1", uma síntese acerca dos argumentos que associam o pedágio a uma taxa ou a um preço público:

> **INFORMATIVO (EMENTA):** (...) Afirmou que os defensores da natureza tributária, da subespécie taxa, o fariam sob os seguintes fundamentos: **a)** a referência ao pedágio, nas limitações constitucionais ao poder de tributar; **b)** o pagamento de um serviço específico ou divisível, prestado ao contribuinte ou posto à sua disposição; e **c)** a impossibilidade de remunerar serviços públicos por meio outro que não o de taxa. Aludiu, entretanto, que os defensores da natureza contratual da exação como preço público o fariam com base nas seguintes considerações: **a)** a inclusão no texto constitucional apenas esclareceria que, apesar de não incidir tributo sobre o tráfego de pessoas ou bens, poderia, excepcionalmente, ser cobrado o pedágio,

espécie jurídica diferenciada; **b)** a ausência de compulsoriedade na utilização de rodovias; e **c)** a cobrança se daria em virtude da utilização efetiva do serviço, e não seria devida com base no seu oferecimento potencial. (...)

Como se notou, esses últimos argumentos – os que associam o pedágio ao rótulo de *preço público* – acabaram sendo suficientes para o convencimento dos julgadores da Corte Suprema, à luz da **natureza contratual** da exação.

> Note o item considerado **INCORRETO**, em prova realizada pela FUMARC, para o cargo de Advogado da Prefeitura de Matozinhos/MG, em 2016: *"Suponha que um Município institua o pagamento de taxas estabelecendo como fato gerador do referido tributo a prestação e serviço público de sua competência. Em face de tal hipótese, a relação entre o prestador e o usuário do serviço será de índole contratual"*.

2.5 O pedágio: requisitos para a taxação ou tarifação

A *compulsoriedade* (*ou não*) do uso do serviço tem sido utilizada como critério para se distinguir a taxa da tarifa. Havendo ao usuário a opção entre o "usar" e o "não usar" o serviço, despontaria a tarifa; inexistindo a opção, exsurgiria a taxa[21].

Ademais, os defensores da tese em epígrafe amparam-se na antiga **Súmula n. 545 do STF**, editada na vigência da Constituição de 1946, segundo a qual "*preços de serviços públicos e taxas não se confundem, porque estas, diferentemente daqueles, são compulsórias e têm sua cobrança condicionada à prévia autorização orçamentária, em relação à lei que as instituiu*".

Não conseguimos considerar tal critério exaustivo e suficiente, pois a Súmula, ao mencionar que as taxas são compulsórias, e os preços não o são – o que é pouco inovador, pois os tributos são dotados de compulsoriedade (art. 3º do CTN) –, não teria querido assegurar que o fato gerador "utilizar o serviço público" será sempre compulsório, pois é sabido que a taxa de serviço pode ser de utilização efetiva ou potencial (art. 145, II, CF e art. 79, I, "b", CTN)[22].

Há autores, como Geraldo Ataliba[23], que entendem por suficiente que o serviço público seja dotado de especificidade e de divisibilidade, com prestação direta ou indireta pelo Poder Público, para que seja custeado por taxa, e não por tarifa.

Outros estudiosos, como Luciano Amaro[24], tentando avançar um pouco mais na distinção, entenderam que o serviço público ensejador da taxa deve conter, além dos atributos da especificidade e da divisibilidade, a *inerência ao Poder Público* (*v.g.*,

21. *V.* MARTINS, Ives Gandra da Silva. Taxa e preço público. *Caderno de Pesquisas Tributárias*, n. 10, pp. 174-176.
22. AMARO, Luciano. *Direito tributário brasileiro*, 14. ed., pp. 41-42.
23. ATALIBA, Geraldo. Considerações em torno da teoria jurídica da taxa. *RDP* n. 9, p. 51.
24. AMARO, Luciano. *Direito tributário brasileiro*, 14. ed., pp. 44-45.

a **emissão de passaportes**, prestação jurisdicional e outras tarefas estatais clássicas) ou a *indispensabilidade para a sobrevivência da coletividade*, podendo ser prestado até por empresa privada (*v.g.*, **o tratamento de água e esgoto**, energia elétrica, coleta de lixo, entre outros).

> Note o item (adaptado) considerado **CORRETO**, em prova realizada pelo IESES, para o cargo de Titular de Serviços de Notas e de Registros (TJ/PA), em 2016: *"De acordo com o artigo 77 do CTN, TAXA é um tributo 'que tem como fato gerador o exercício regulador do poder de polícia, ou a utilização efetiva ou potencial, de serviço público específico e divisível, prestado ao contribuinte ou posto à sua disposição'. De acordo com a definição citada, enquadra-se como fato gerador apto a cobrança de taxa a retirada de passaporte"*.

> Recomenda-se verificar a oscilação de entendimento dos Tribunais Superiores (STF e STJ), quanto à natureza jurídica da prestação pecuniária exigida pelo serviço de água e esgotamento sanitário, no **tópico 1.2 do Capítulo 16** deste *Manual*.

Quanto aos primeiros (ditos "ínsitos à soberania") – aqueles serviços inerentes ao Poder Público, denominados "propriamente públicos", prestados direta e efetivamente pela Administração Pública –, só se compadecem com a noção de **taxa**, que se mostra exclusiva e indispensável[25], quando não são passíveis de interrupção, pois esta atingiria o interesse da coletividade.

Os demais serviços (ditos "essenciais ao interesse público") – aqueles que podem ser delegados a outra entidade, pública ou privada –, podem ser remunerados por **taxa** ou por **tarifa**, dependendo do que a lei determinar, obedecendo-se, por óbvio, aos limites constitucionais. No caso de taxa, poderá haver a cobrança pelo uso efetivo ou pelo mero uso potencial.

Nesse passo, há certos serviços públicos que *devem* ser "taxados", enquanto outros *podem* ser taxados ou tarifados[26].

Posto isso, a noção dos requisitos necessários à taxação e à tarifação é fluida, não se filiando com exclusivismo a um ou a outro critério, mas à pertinência do serviço com o Poder Público e sua indispensabilidade para a coletividade.

2.6 O pedágio e a lesão ao direito à locomoção diante da inexistência de via alternativa

Em 19 de abril de **2005**, no **REsp 417.804/PR**, a 1ª Turma do **STJ**, sob a relatoria do ex-ministro Teori Albino Zavascki, julgou uma importante questão ligada ao

25. *V.* HORVATH, Estevão; OLIVEIRA, Regis Fernandes. *Manual de direito financeiro*. 6. ed. São Paulo: RT, 2003, pp. 51 e 55.
26. Nesse sentido: *V.* AMARO, Luciano. *Direito tributário brasileiro*, 14. ed., p. 45; *v.* BALEEIRO, Aliomar. *Uma introdução à ciência das finanças*, 16. ed., pp. 253-256; HARADA, Kiyoshi. *Direito financeiro e tributário*. 10. ed. São Paulo: Atlas, 2002, pp. 55-58; HORVATH, Estevão; OLIVEIRA, Regis Fernandes. *Manual de direito financeiro*, 7. ed., pp. 55-56.

pedágio e a possível lesão ao direito constitucional à locomoção, diante da inexistência de via alternativa.

Cuidou-se de ação civil pública, promovida pelo Ministério Público Federal, em face da União e de órgãos paranaenses – *Departamento Nacional de Estradas de Rodagem* (DNER), *Departamento de Estradas de Rodagem* (DER) do Estado e *Rodovias Integradas do Paraná S.A.* (VIAPAR) –, visando à sustação da cobrança de pedágio na rodovia BR-369, no trecho situado entre os Municípios de Cascavel e Ubiratã, com praça de cobrança localizada no Município de Corbélia, bem assim à devolução dos valores já recebidos a esse título, enquanto não se disponibilizasse aos usuários via alternativa gratuita.

Segundo o autor da demanda, diante da inexistência de via alternativa, a cobrança do pedágio ofendia o direito à livre locomoção, sem trazer critérios isonômicos de discrime para as pessoas de baixa renda.

O TRF da 4ª Região deu provimento à apelação do Ministério Público, condenando os réus à devolução dos valores cobrados a título de pedágio, alinhando, entre várias razões: (**I**) "quando não há presença de via alternativa para o trânsito dos veículos, impossibilitando desta forma que a população de menor poder aquisitivo se locomova sem o pagamento do pedágio, fica prejudicado o seu direito de livre locomoção, como no caso em questão"; (**II**) "por restringir também a circulação de riquezas, a cobrança do pedágio ofende o direito de todos os usuários da BR-369, independentemente de sua condição econômica".

A esse propósito, a doutrina de Hely Lopes Meirelles[27] sempre sinalizou que o pedágio – um preço público, para ele – deve ser condicionado à existência de (**I**) obra que traga ao usuário uma condição favorável de trafegabilidade e à de (**II**) via alternativa. Observe as palavras do eminente administrativista:

> O pedágio pode, pois, ser exigido pela utilização de rodovias, pontes, viadutos, túneis, elevadores e outros equipamentos viários que apresentem vantagens específicas para o usuário, tais como o desenvolvimento de alta velocidade, encurtamento de distâncias, maior segurança, diversificando-os de obras semelhantes que se ofereçam como alternativa para o utente. Na doutrina corrente, dois são os requisitos que legitimam a cobrança desse preço público: a condição especial da obra, mais vantajosa para o usuário, e a existência de outra, de uso comum, sem remuneração. Sem estes requisitos torna-se indevida a cobrança do pedágio.

Contra o entendimento do Tribunal, dirigiram-se recursos, cujas razões, em apertada síntese, baseavam-se no art. 9º, § 1º, da Lei n. 8.987/95, segundo o qual não se requer a existência do serviço público alternativo e gratuito para se autorizar a cobrança de tarifa que remunere o serviço prestado pela concessionária, salvo expressa determinação legal. Vale dizer que, somente nos casos expressamente previs-

27. MEIRELLES, Hely Lopes. *Direito municipal brasileiro*. 8. ed. São Paulo: Malheiros, 1996, p. 148.

tos em lei, a cobrança do pedágio poderia ser condicionada à oferta ao usuário de serviço público alternativo gratuito.

O **STJ**, que, inicialmente, hesitou diante da necessidade da via alternativa, conforme se nota no voto do Ministro Garcia Vieira, não acolheu ao final os argumentos do Autor da ação, entendendo que, no mérito, é improcedente o pedido para que seja sustada a cobrança de pedágio enquanto não oferecida ao usuário via alternativa gratuita para trafegar. Trata-se de exigência não estabelecida na lei, nem na Constituição. Para aquela Corte, a referida cobrança importa forma de limitar o tráfego de pessoas, embora conviva harmonicamente com o texto constitucional, nos termos do art. 150, V, da CF. Nessa medida, viu o **STJ** que a contrapartida de oferecimento de via alternativa gratuita como condição para a cobrança de pedágio não pode ser considerada exigência constitucional. Ela, ademais, não está prevista em lei ordinária. A Lei n. 8.987/95, que regulamenta a concessão e permissão de serviços públicos, nunca impôs tal exigência. Pelo contrário, nos termos do seu art. 9º, § 1º (introduzido pela Lei n. 9.648/98), "a tarifa não será subordinada à legislação específica anterior e somente nos casos expressamente previstos em lei, sua cobrança poderá ser condicionada à existência de serviço público alternativo e gratuito para o usuário".

Diante do caso apresentado, abonamos o posicionamento do STJ e entendemos que parece ter havido certo exagero quando se pretendeu rotular de inconstitucional a cobrança do pedágio, diante da falta de via alternativa. A Carta Magna não se furta de impor empecilhos à livre circulação das pessoas, desde que devidamente amparados em lei. O pedágio é cobrado com lastro em previsão constitucional, além de avocar necessário disciplinamento legal.

8

OUTROS PRINCÍPIOS CONSTITUCIONAIS TRIBUTÁRIOS

1 O PRINCÍPIO DA UNIFORMIDADE GEOGRÁFICA

Compete à União instituir *tributos federais* de modo uniforme em todo o Brasil, em absoluta ratificação do princípio da isonomia, sem embargo do fundamento no princípio federativo. Observe o dispositivo:

Art. 151. É vedado à União:

I – instituir tributo que não seja uniforme em todo o território nacional ou que implique distinção ou preferência em relação a Estado, ao Distrito Federal ou a Município, em detrimento de outro, admitida a concessão de incentivos fiscais destinados a promover o equilíbrio do desenvolvimento socioeconômico entre as diferentes regiões do País.

> Note o item considerado **INCORRETO**, em prova realizada pela CAIP-USCS, para o cargo de Advogado da Câmara Municipal de Atibaia/SP, em 2016: *"A Constituição Federal de 1998 permite que a União institua tributo que não seja uniforme em todo o território nacional ou que implique distinção ou preferência em relação a Estado, ao Distrito Federal ou a Município, em detrimento de outro, admitida a concessão de incentivos fiscais destinados a promover o equilíbrio do desenvolvimento socioeconômico entre as diferentes regiões do País"*.
>
> **Observação:** item semelhante foi considerado **INCORRETO**, em prova realizada pela CAIP-USCS, para o cargo de Advogado da Câmara Municipal de Atibaia/SP, em 2016.

Refere-se, assim, o postulado a todos os tributos, entre os quais estão os impostos. Note, para fins de associação, a lista de impostos federais disposta a seguir:

São impostos federais (art. 153 da CF): Imposto de Importação, Imposto de Exportação, IPI, IOF, IR, ITR, Imposto sobre Grandes Fortunas, Imposto Extraordinário (de Guerra) (art. 154, II, CF) e os Impostos Residuais (art. 154, I, CF).

Com efeito, o tributo federal deve conter a *mesma alíquota* em toda a extensão territorial do país. Essa é a razão por que se intitula o indigitado princípio de "*postulado* da *defesa da identidade de alíquotas*".

Kiyoshi Harada[1] discorre sobre o princípio com clareza:

> Esse princípio decorre da unidade política do Estado Federal Brasileiro, que faz com que o território nacional se apresente como um todo do ponto de vista econômico. Uniformidade de tributo federal não significa que não possa haver discriminações, isto é, que todos devem pagar exatamente igual. O que o referido princípio veda é a discriminação de tributo federal em virtude do lugar da ocorrência do fato gerador. Isto quer dizer, por exemplo, que o imposto sobre a renda, que incide sobre os ganhos de capital, deve ser o mesmo no Estado de São Paulo, no Estado do Paraná e em outros, em termos de base de cálculo e alíquota. Entretanto, a Carta Política de 1988, ao contrário das anteriores, ressalva a outorga de incentivos fiscais destinados a promover o desenvolvimento socioeconômico integrado do território nacional como um todo (...).

Em *termos práticos*, no caso de aumento de alíquotas de tributos federais, essa majoração deverá incidir em todo o Brasil; do contrário, estar-se-á ferindo o princípio constitucional da uniformidade tributária, corolário do princípio do *federalismo de equilíbrio*, vigente em nosso território, como núcleo imodificável, comumente apelidado de *cláusula pétrea* (art. 60, § 4º, I, CF).

Sobre *federalismo*, discorre acertadamente o culto professor baiano Dirley da Cunha Junior, sinalizando que "o Estado Federal é aquele que possui *mais de um governo*, vale dizer, aquele que se compõe de mais de uma organização política, todas elas politicamente autônomas em consonância com a própria Constituição. Em razão disso, no Estado Federal a autonomia dos governos locais (Estados-membros, Distrito Federal e, no Brasil, Municípios) está a salvo das incursões do governo central (União), tendo em vista que a autonomia dos entes federados ou federativos está assegurada pela própria Magna Carta"[2].

Assim, quer-se a paridade entre as entidades componentes de nossa Federação, proibindo-se a hierarquização. Os Estados-membros são, por exemplo, parificados, e não hierarquizados. Dessa feita, o princípio em comento não derroga o princípio federativo; pelo contrário, corrobora-o.

Há **exceção prevista no próprio dispositivo para os incentivos fiscais específicos**, isto é, aqueles destinados a promover o equilíbrio socioeconômico entre as diferentes regiões do País (art. 151, I, *in fine*, c/c art. 43, § 2º, III, ambos da CF). Neste caso, será possível a existência de tributos federais com alíquotas diferenciadas. Memorize que não se trata de qualquer "incentivo fiscal". Deve haver o cumprimen-

1. HARADA, Kiyoshi. *Direito financeiro e tributário*, 7. ed., p. 296.
2. CUNHA JUNIOR, Dirley da. *Curso de direito constitucional*. 2. ed. Salvador: JusPodivm, 2008, p. 802.

to do elemento finalístico que lhe dá lastro. Exemplo: uma isenção de IPI para empresas que se estabelecessem em pobre localização da região Nordeste; as conhecidas diferenciações estabelecidas para a *Zona Franca de Manaus*; entre outros casos.

Note o item considerado **CORRETO**, em prova realizada pela Fundep, para o cargo de Advogado da Câmara Municipal de São Lourenço/MG, em 2016: *"Uma importante exceção ao princípio da uniformidade geográfica é a concessão de incentivos fiscais destinados a promover o equilíbrio do desenvolvimento socioeconômico entre as diferentes regiões do país"*.
Observação: item semelhante foi considerado **CORRETO**, em prova realizada pela Alternative Concursos, para o cargo de Advogado Legislativo da Câmara Municipal de Vereadores de Campo Erê/SC, em 2016.

Com a didática que lhe é peculiar, Ruy Barbosa Nogueira[3] assevera:

> O art. 151, I, dispõe sobre a uniformidade dos tributos federais em todo o território nacional e admite a concessão de incentivos fiscais destinados a promover o equilíbrio do desenvolvimento socioeconômico entre as diferentes regiões do País. Esta exceção à uniformidade tributária em razão de diferenciações regionais é a dos chamados incentivos fiscais geográficos.

O tema tem sido exaustivamente solicitado em provas de concursos públicos. Observe, adiante, algumas assertivas **(in)corretas** que auxiliarão a compreensão da ressalva:

a) "A União não pode instituir tributo que não seja uniforme em todo o território nacional ou que implique distinção ou preferência em relação a Estado, ao Distrito Federal ou a Município, em detrimento de outro, o que torna inviável a concessão de incentivos fiscais, ainda que destinados a promover o equilíbrio do desenvolvimento socioeconômico entre as diferentes regiões do País".

A assertiva foi considerada **INCORRETA**, em prova realizada pelo MPE/RS, para o cargo de Assessor (Área do Direito), em 2014.

b) "Consoante o princípio da uniformidade, é vedado à União instituir tributo que não seja uniforme em todo o território nacional ou que implique distinção ou preferência em relação a estado, ao DF ou a município, em detrimento de outro. Todavia, entende o STF ser admissível a fixação de alíquotas do imposto sobre produtos industrializados (IPI), de forma diferenciada por regiões, uma vez que há previsão constitucional para a execução".

A assertiva (adaptada) foi considerada **CORRETA**, em prova realizada pelo TRF/2ª Região, para o cargo de Juiz Federal, em 2014.

3. NOGUEIRA, Ruy Barbosa. *Curso de direito tributário*, 14. ed., pp. 126-127.

Não se pode deixar de registrar que qualquer tipo de benesse fiscal tem a "ponta da discriminação", porquanto toda tentativa de igualizar os iguais, na relativização da isonomia, provocará uma desigualação entre estes iguais e outros, porventura, desiguais. Explicando melhor: se há um intuito de promover uma determinada região com a concessão de incentivos fiscais, a fim de que atraia vultosos investimentos e o fluxo de grandes empresas, tal benesse não se torna factível para aquela empresa, que até gostaria de para lá migrar, porém não possui recursos bastantes para financiar o deslocamento necessário. Daí se dizer que o incentivo fiscal igualiza as "grandes investidoras", todavia as desiguala perante as "pequenas empresas". É o paradoxo do incentivo fiscal: incentiva, igualizando, de um lado; discrimina, desigualando, de outro.

Para o **STF**, as autoridades públicas, buscando a implementação de suas políticas fiscais e econômicas, poderão conceder isenções fundadas no juízo de conveniência e oportunidade. Ao **Poder Judiciário** não é permitido estender isenção a quem reputar justo ou adequado, haja vista a benesse ter fundamento legal, estando a depender de vontade do legislador. Observe a jurisprudência:

> **EMENTA:** RECURSO EXTRAORDINÁRIO. IPI. CONCESSÃO DE BENEFÍCIOS. ALÍQUOTAS REGIONALIZADAS. LEI 8.393/91. DECRETO 2.501/98. ADMISSIBILIDADE. 1. Incentivos fiscais concedidos de forma genérica, impessoal e com fundamento em lei específica. Atendimento dos requisitos formais para sua implementação. 2. A Constituição na parte final do art. 151, I, admite a "concessão de incentivos fiscais destinados a promover o equilíbrio do desenvolvimento socioeconômico entre as diferentes regiões do país". 3. A concessão de isenção é ato discricionário, por meio do qual o Poder Executivo, fundado em juízo de conveniência e oportunidade, implementa suas políticas fiscais e econômicas e, portanto, a análise de seu mérito escapa ao controle do Poder Judiciário. Precedentes: RE 149.659 e AI 138.344-AgR. 4. Não é possível ao Poder Judiciário estender isenção a contribuintes não contemplados pela lei, a título de isonomia (RE 159.026). 5. Recurso extraordinário não conhecido. **(RE 344.331/PR, 1ª T., rel. Min. Ellen Gracie, j. em 11-02-2003)**

Apesar desse dispositivo não permitir o estabelecimento de regimes tributários diversos entre as várias regiões, busca-se a extensão da benesse apenas a algumas delas, aquelas mais necessitadas de recursos e benefícios. "Note-se que tal figura supõe uma política de fomento, em que se exigem de seu destinatário certas ações. Diferenças tributárias sem que se verifique o fomento, mesmo que referidas a regiões menos favorecidas, são inconstitucionais"[4].

4. DIAS DE SOUZA, Hamilton. *In:* MARTINS, Ives Gandra da Silva (Coord.) *Curso de direito tributário. Comentários ao Código Tributário Nacional*. São Paulo: Saraiva, 1998, v. 1, pp. 8-9.

2 PRINCÍPIO DA ISONÔMICA TRIBUTAÇÃO DA RENDA NOS TÍTULOS DA DÍVIDA PÚBLICA E NOS VENCIMENTOS DOS FUNCIONÁRIOS PÚBLICOS

O **inciso II do art. 151** proíbe que a União tribute a renda das obrigações da dívida pública dos entes periféricos, como as remunerações e os proventos dos agentes públicos destes, em níveis superiores aos que fixar para suas obrigações e seus agentes.

Observe o dispositivo:

> **Art. 151. É vedado à União:**
>
> **(...)**
>
> **II** – tributar a renda das obrigações da dívida pública dos Estados, do Distrito Federal e dos Municípios, bem como a remuneração e os proventos dos respectivos agentes públicos, em níveis superiores aos que fixar para suas obrigações e para seus agentes; (...)

> Note o item considerado **CORRETO**, em prova realizada pelo MPE/PR, para o cargo de Promotor de Justiça Substituto, em 2017: *"É vedado à União tributar a renda das obrigações da dívida pública dos Estados, do Distrito Federal e dos Municípios, bem como a remuneração e os proventos dos respectivos agentes públicos, em níveis superiores aos que fixar para suas obrigações e para seus agentes, assim como instituir isenções de tributos de competência dos Estados, do Distrito Federal ou dos Municípios"*.

> Note o item considerado **INCORRETO**, em prova realizada pela FCC, SABESP, para o cargo de Advogado, em 2018: *"Com relação às limitações ao poder de tributar, é lícito à União tributar a renda das obrigações da dívida pública dos Estados, do Distrito Federal e dos Municípios"*.

De certa forma, tal proibição de tributação federal discriminatória já se encontra prevista no inciso I do dispositivo constitucional. Entretanto, o legislador constituinte quis deixar bem clara a vedação à União que, dispondo de poderosa "arma" arrecadatória – o imposto sobre a renda –, poderia dele se valer para criar situações vantajosas no convidativo campo dos títulos da dívida pública ou mesmo na seleção de servidores públicos.

O postulado, aplicável exclusivamente ao imposto sobre a renda, endereça um **mandamento de isonomia** à União, que deve conferir a outrem o mesmo tratamento que lhe conferirá. Em termos precisos, temos **duas vedações no dispositivo:**

> Note o item considerado **CORRETO**, em prova realizada pela Cesgranrio, para o cargo de Profissional Júnior (Liquigás), em 2014: *"Quando a Constituição Federal estabelece que a União não pode tributar nem a renda das obrigações da dívida pública dos Estados, do Distrito Federal e dos Municípios, nem a remuneração e os proventos dos respectivos agentes públicos, em níveis superiores aos que fixar para suas obrigações e para seus agentes, está sendo realizado o princípio da isonomia"*.

Note o item considerado **CORRETO**, em prova realizada pelo IPAD, para o cargo de Analista (IPADEM/PE), em 2014: *"É vedado à União tributar a renda das obrigações da dívida pública dos Estados, do Distrito Federal e dos Municípios, bem como a remuneração e os proventos dos respectivos agentes públicos, em níveis superiores aos que fixar para suas obrigações e para seus agentes"*.

Observação: item semelhante foi considerado **CORRETO**, em prova realizada pela CAIP-USCS, para o cargo de Advogado da Câmara Municipal de Atibaia/SP, em 2016.

a) a **União** deve tributar sua renda na mesma medida que tributará a renda das obrigações da dívida pública dos Estados, do Distrito Federal e dos Municípios;

b) a **União** deve tributar a renda de seus servidores públicos na **mesma medida** em que tributará a renda dos agentes públicos dos Estados, do Distrito Federal e dos Municípios.

Note o item considerado **INCORRETO**, em prova realizada pelo MPE/RS, para o cargo de Promotor de Justiça do Estado do Rio Grande do Sul, em 2017: *"É vedado à União tributar a renda das obrigações da dívida pública dos Estados, do Distrito Federal e dos Municípios, bem como a remuneração e os proventos dos respectivos agentes públicos, ainda que em níveis inferiores aos que fixar para suas obrigações e para seus agentes"*.

Nessa medida, aquele rendimento gerado por um título estadual, distrital ou municipal será tributado pela União, por meio de IR idêntico ao aplicável sobre os rendimentos gerados pelos títulos que ela mesma emite. Imaginando o contrário, se assim não fosse, seria mais atraente o título federal, menos gravado do que os demais e com tributação mais pesada. Seria pura concorrência desleal de mercado de títulos públicos.

Quanto à segunda vedação, o Texto Constitucional parece ser mais acessível: o servidor público federal será tributado em seus rendimentos com o mesmo peso do IR incidente sobre os rendimentos dos servidores públicos estaduais, distritais e municipais.

Como se disse, o dispositivo é dotado de certa prolixidade, uma vez que o próprio princípio da isonomia se incumbe de coibir tratamentos discriminatórios desse jaez.

Para Hugo de Brito Machado[5], "(...) como o contribuinte do imposto de renda é a pessoa que a aufere, teve o constituinte o cuidado de vedar a tributação, pela União, das rendas auferidas dos Estados, do Distrito Federal e dos Municípios em níveis superiores ao da tributação da renda paga por ela própria. É um reconhecimento de que, em face do fenômeno da repercussão, o tributo terminaria por atingir as próprias pessoas jurídicas pagadoras da renda tributável".

5. MACHADO, Hugo de Brito. *Curso de direito tributário*, 29. ed., p. 290.

3 PRINCÍPIO DA PROIBIÇÃO DAS ISENÇÕES HETERÔNOMAS

O **art. 151, III, da CF** veda à União a concessão de isenção de tributos que refogem a seu plano de competência tributária. Em termos simples, quer-se proibir que a União venha atuar em seara competencial alheia, o que lhe é defeso em virtude da privatividade que demarca a competência tributária, quer na vertente de instituição do tributo, quer na de sua exoneração.

Observe o dispositivo que proíbe as isenções heterônomas:

> **Art. 151**. É vedado à União:
>
> (...)
>
> **III** – instituir isenções de tributos da competência dos Estados, do Distrito Federal ou dos Municípios.

Note o item considerado **CORRETO**, em prova realizada pela FUMARC, para o cargo de Advogado da Prefeitura de Matozinhos/MG, em 2016: *"Uma lei federal que institua isenção tributária de ISS será inconstitucional, uma vez que a Constituição da República Federativa do Brasil de 1988 proíbe a União de instituir isenções de tributos da competência dos Municípios"*.
Observação: item semelhante foi solicitado em prova realizada pela FAURGS, para o cargo de Juiz de Direito Substituto do Estado do Rio Grande do Sul, em 2016.

Note o item considerado **CORRETO**, em prova realizada pelo MPE/RS, para o cargo de Promotor de Justiça do Estado do Rio Grande do Sul, em 2017: *"É vedado à União instituir isenções de tributos de competência dos Estados, do Distrito Federal e dos Municípios"*.

Note o item considerado **INCORRETO**, em prova realizada pela FCC, SABESP, para o cargo de Advogado, em 2018: *"Com relação às limitações ao poder de tributar, é lícito à União instituir isenções de tributos da competência dos Estados, do Distrito Federal ou dos Municípios"*.

Hugo de Brito Machado[6] relembra que o art. 151, III "(...) impede que a União isente de tributos da competência dos Estados, do Distrito Federal ou dos Municípios. Essa regra também tem apenas o mérito de eliminar controvérsias, eis que na verdade bastaria o silêncio constitucional, posto que **competente para isentar é o titular da competência para tributar** (...)".

Note o item considerado **CORRETO**, em prova realizada pelo IBFC, Câmara de Feira de Santana-BA, para o cargo de Procurador Jurídico Adjunto, em 2018: *"A isenção é um favor legal, fruto do exercício da competência tributária por parte da entidade tributante"*.

Trata-se de mais uma garantia que guarnece o pacto federativo quando obsta a interferência de entes maiores no plano arrecadatório dos menores, colocando em xeque sua autonomia. Tal interferência é registrada no dispositivo constitucional na exclusiva situação de isenção, nada obstando a que estendamos a proibição a outros

6. MACHADO, Hugo de Brito. *Curso de direito tributário*, 29. ed., pp. 290-291.

benefícios, os quais a proibição também deve abranger – *v.g.*, anistia, remissão, concessão de crédito presumido etc. Registre-se que a intimidade do postulado com o pacto federativo rechaça a possibilidade de alteração da matéria por **emenda constitucional**, por força do art. 60, **§ 4º, I, da CF.**

De mais a mais, o dispositivo se endereça tão somente à União, não nos impedindo, igualmente, de vê-lo estendido aos Estados-membros, por exemplo, com relação aos tributos municipais. A lógica jurídica deve prevalecer.

O texto atual da Carta Magna trouxe uma inovação neste dispositivo. Conforme dispunha o § 2º do art. 19 da Constituição anterior, mediante lei complementar e atendendo a relevante interesse social ou econômico nacional, a União podia conceder isenções de impostos estaduais e municipais. Era uma interferência na competência tributária dos entes periféricos. Agora o item III veio, expressamente, vedar à União instituir isenções de tributos da competência dos Estados, do Distrito Federal ou dos Municípios. Esta medida constitucional, necessariamente, fortalece a competência tributária dos entes periféricos.

A isenção heterônoma é concedida por entidade política diversa daquela que detém a competência tributária. Nesse passo, será heterônoma uma isenção de IPVA ou IPTU concedida pela União. A heteronomia nas isenções é vedada, devendo prevalecer a regra afeta às isenções autonômicas (ou autônomas). Exemplos:

Estados e Distrito Federal devem isentar os *tributos estaduais*.
Municípios e Distrito Federal devem isentar os *tributos municipais*.
União deve isentar os *tributos federais*.

A ressalva à proibição da heteronomia das isenções deve encontrar justificação no **Texto Constitucional**, sob pena de irremissível inconstitucionalidade.

Note o item considerado **INCORRETO**, em prova realizada pela Alternative Concursos, para o cargo de Advogado Legislativo da Câmara Municipal de Vereadores de Campo Erê/SC, em 2016: *"É vedado à União instituir isenções de tributos da competência dos Estados, do Distrito Federal ou dos Municípios, ressalvando-se os casos de estado de necessidade, previstos na Constituição Federal".*

Observe os casos de ressalva à vedação da heteronomia das isenções, portanto, hipóteses de permissão da isenção heterônoma:

1. **Art. 156, § 3º, II, CF:** trata da possibilidade de concessão pela União, por lei complementar (art. 2º, I, da LC n. 116/2003), de isenção heterônoma do ISS nas exportações de serviços. O entendimento majoritário é o de que se trata de exceção à regra da vedação de prática de isenção heterônoma. A nosso sentir, é um bom exemplo, se não for o único, de heteronomia expressa no texto constitucional.
2. **Art. 155, § 2º, XII, "e", CF:** cuidava da isenção heterônoma de ICMS, concedida pela União, por lei complementar (art. 3º, II, da LC n. 87/96),

incidente sobre as operações com serviços e outros produtos destinados ao exterior, além dos mencionados no art. 155, § 2º, X, "a", da Carta Política. Entretanto, com o advento da EC n. 42/2003, que veio imunizar tais operações de modo abrangente (art. 155, § 2º, X, "a", CF), a desoneração revestiu-se da indumentária de imunidade.

3. **Tratados e convenções internacionais (exceção não prevista de maneira expressa na CF): acolhida como ressalva ao princípio** pela doutrina e jurisprudência do STF, refere-se à possibilidade de concessão de isenção de tributos estaduais e municipais pela via do tratado internacional. Como é cediço, a União, ao celebrar o tratado, não se mostra como pessoa política de Direito Público Interno, mas como pessoa política internacional, ou sujeito de direito na ordem internacional, passando ao largo da restrição constitucional. Em tempo, o Presidente da República firma tais acordos à frente dos interesses soberanos da nação, e não na defesa de seus restritos propósitos como entidade federada. Daí se assegurar que a concessão da isenção na via do tratado não se sujeita à vedação da concessão de isenção heterônoma.

> Note o item considerado **CORRETO**, em prova realizada pelo Cespe, para o cargo de Analista Legislativo da Câmara dos Deputados, em 2014: *"A norma constitucional que veda a concessão de isenções tributárias heterônomas é inoponível ao Estado federal brasileiro (vale dizer, à República Federativa do Brasil), incidindo, unicamente, no plano das relações institucionais domésticas que se estabelecem entre as pessoas políticas de direito público interno. Nada impede, portanto, que o Estado Federal brasileiro celebre tratados internacionais que veiculem cláusulas de exoneração tributária em matéria de tributos locais, pois a República Federativa do Brasil estará praticando ato legítimo que se inclui na esfera de suas prerrogativas como pessoa jurídica de direito internacional público, que detém – em face das unidades meramente federadas – o monopólio da soberania e da personalidade internacional".*

> Note o item considerado **CORRETO**, em prova realizada pela CESGRANRIO, Transpetro, para o cargo de Advogado Júnior, em 2018: *"Os governos do Brasil e do Canadá celebram um tratado que, entre outras disposições, prevê a ISENÇÃO DE ICMS em relação a determinadas mercadorias importadas que sejam pertencentes ao mesmo gênero de produtos nacionais, quando estes também possuírem isenção do imposto. Nessa condição, o tratado respeita a competência legislativa dos Estados, pois a União representa os interesses dos entes federativos ao se apresentar na ordem externa".*

Observe a jurisprudência do **STF**:

> **EMENTA:** CONSTITUCIONAL. TRIBUTÁRIO. (...) Âmbito de aplicação do art. 151, CF é o das relações das entidades federadas entre si. Não tem por objeto a União quando esta se apresenta na ordem externa. (...) **(ADI 1.600/UF, Pleno, rel. Min. Sydney Sanches, rel. p/ ac. Min. Nelson Jobim, j. em 26-11-2001)**

Aliás, em **2007**, o **STF** ratificou que *"o Presidente da República não subscreve tratados como Chefe de Governo, mas como Chefe de Estado, o que descaracteriza a* *existência de uma isenção heterônoma, vedada pelo art. 151, inc. III, da Constituição"* (**RE 229.096/RS, Pleno, rel. Min. Ilmar Galvão, rel. p/ o acórdão Min. Cármen Lúcia, j. em 16-08-2007**).

> Note o item considerado **CORRETO**, em prova realizada pela Vunesp, para o cargo de Juiz de Direito Substituto do Estado de São Paulo (TJ/SP – 186º Concurso), em 2015: *"Na hipótese da União, mediante tratado internacional, abrir mão de tributos de competência de Estados e Municípios, nos termos do decidido pelo STF (RE 229.096), é correto afirmar que 'se insere a medida na competência privativa do Presidente da República, sujeita a referendo do Congresso Nacional, com prevalência dos tratados em relação à legislação tributária interna'"*.

Frise-se que subsistia posicionamento diverso no **STJ**:

> **EMENTA:** TRIBUTÁRIO. ISENÇÃO. ICMS. TRATADO INTERNACIONAL. 1. O sistema tributário instituído pela CF/1988 vedou a União Federal de conceder isenção a tributos de competência dos Estados, do Distrito Federal e Municípios (art. 151, III). 2. Em consequência, não pode a União firmar tratados internacionais isentando o ICMS de determinados fatos geradores, se inexiste lei estadual em tal sentido. 3. A amplitude da competência outorgada à União para celebrar Tratados sofre os limites impostos pela própria Carta Magna. (...) **(REsp 90.871/PE, 1ª T., rel. Min. José Delgado, j. em 17-06-1997)**

Nessa medida, **é** plenamente crível a concessão de isenção de tributos estaduais e municipais pela via do tratado internacional, até porque "as limitações ao poder de tributar só se aplicam às relações jurídicas internas da União, jamais às relações internacionais (estabelecidas por meio de tratados) das quais a República Federativa do Brasil é parte"[7].

A heteronomia não encontrará guarida, em tempos atuais, fora dos casos de ISS, nas exportações, e, com certo esforço hermenêutico, nos casos dos tratados internacionais. A propósito, temos acompanhado a publicação de leis federais que isentam custas (taxas) estaduais, o que parece indicar violação à proibição das isenções heterônomas.

Por derradeiro, dois temas extras merecem ser trazidos a este estudo: **(I)** *as isenções heterônomas e os territórios federais* e **(II)** *a existência das moratórias heterônomas*.

(I) Isenções heterônomas e os territórios: à guisa de curiosidade, nos territórios, a União poderá isentar todos os tributos cuja competência tributária possui, ou seja, federais, estaduais e municipais, desde que, com relação a estes, os territórios não sejam divididos em municípios. Teremos aqui nítidos casos de isenções autonômicas ou autônomas. A isenção heterônoma só ocorreria se o território viesse a ser dividido em municípios e a União pretendesse isentar um imposto municipal;

(II) Moratórias heterônomas: o CTN prevê casos de moratória heterônoma (art. 152, I, "b") como aquela concedida pela União quanto a tributos de competên-

7. MAZZUOLI, Valerio de Oliveira. *Curso de direito internacional público*. 3. ed. rev., atual. e ampl. São Paulo: RT, 2009, p. 353.

cia dos Estados, Distrito Federal e Municípios. Trata-se de possibilidade *excepcional* e *inédita* na tributarística doméstica. Ademais, tal moratória é *condicional*, uma vez que a União deve conceder, simultaneamente, moratória dos próprios tributos federais e de suas obrigações de direito privado.

A doutrina tem demonstrado controvérsia sobre o tema. Nessa esteira, o insigne tributarista José Eduardo Soares de Melo[8] anuncia ser "criticável, todavia, a exclusiva faculdade cometida à União (art. 152, I, "b", CTN) por não possuir competência para se intrometer no âmbito tributário das demais pessoas de Direito Público".

A nosso ver, a moratória concedida pela União quanto a tributo de competência alheia põe em risco a autonomia dos entes menores, em detrimento do pacto federativo, o que reveste o dispositivo de inconstitucionalidade.

Embora assim entendamos, filiando ao modo de ver de José Eduardo Soares de Melo, que destaca a inconstitucionalidade do dispositivo da *moratória heterônoma*, é necessário frisar que inexistem notícias de que a União tenha usado esta medida, devendo-se, em provas objetivas de concursos públicos, presumir a constitucionalidade do preceptivo.

4 PRINCÍPIO DA NÃO DISCRIMINAÇÃO BASEADA EM PROCEDÊNCIA OU DESTINO

Em harmonia com o princípio da uniformidade da tributação federal no território nacional, previsto no art. 151, I, o **art. 152 da Carta Magna** também reproduziu princípio tradicional de que *é vedado aos Estados, ao Distrito Federal e aos Municípios estabelecer diferença tributária entre bens e serviços, de qualquer natureza, em razão de sua procedência ou destino.*

> Note o item considerado **CORRETO**, em prova realizada pelo IESES, TJ-AM, para o cargo de Titular de Serviços de Notas e de Registros, em 2018: *"É vedado aos Estados, ao Distrito Federal e aos Municípios estabelecer diferença tributária entre bens de qualquer natureza, em razão da sua procedência ou do seu destino"*.
>
> **Observação:** item semelhante, solicitando a cópia do **art. 152 da CF**, foi considerado **CORRETO**, em provas realizadas pelas seguintes Instituições: **(I)** IBFC, para o cargo de Titular de Serviços de Notas e de Registros (TJ/RR), em 2014; **(II)** Cebraspe, para o cargo de Juiz de Direito Substituto da Justiça do Distrito Federal – TJDFT, em 2016; **(III)** ATECEL, para o cargo de Assessor Jurídico da Câmara Municipal de Acari/RN, em 2016; **(IV)** Alternative Concursos, para o cargo de Advogado Legislativo da Câmara Municipal de Vereadores de Campo Erê/SC, em 2016; **(V)** MPE/RS, para o cargo de Promotor de Justiça do Estado do Rio Grande do Sul, em 2017; **(VI)** MPE/MG, para o cargo de Promotor de Justiça de Minas Gerais, em 2014; **(VII)** RHS Consult, para o cargo de Procurador da Prefeitura de Paraty/RJ, em 2016; **(VII)** Instituto Excelência, para o cargo de Advogado da Prefeitura Municipal de Ituiutaba/MG, em 2016.

8. MELO, José Eduardo Soares de. *Curso de direito tributário*, 8. ed., p. 343.

Note o item considerado **INCORRETO**, em prova realizada pelo TRF/2ª Região, para o cargo de Juiz Federal Substituto, em 2017: *"Para acabar com eventual 'guerra fiscal', a União Federal pode, mediante lei complementar, permitir que os Estados estabeleçam diferença de tratamento tributário em razão da procedência ou destino de bens e serviços".*
Observação: item semelhante, apontando para o equivocado papel da *lei complementar* na seara em apreço, foi considerado **INCORRETO**, em prova realizada pela FEPESE, para o cargo de Promotor de Justiça (MPE/SC), em 2014.

Observe o dispositivo constitucional:

Art. 152. É vedado aos Estados, ao Distrito Federal e aos Municípios estabelecer diferença tributária entre bens e serviços, de qualquer natureza, em razão de sua procedência ou destino.

Veja que o postulado se destina aos **Estados, ao Distrito Federal e aos Municípios**[a] (excluída a **União**[b]!), e não apenas a um deles.

a. Note o item considerado **CORRETO**, em prova realizada pela FCC, para o cargo de Procurador do Estado de Mato Grosso (PGE/MT), em 2016: *"Considere o seguinte princípio constitucional: '**Art. 152.** É vedado aos Estados, ao Distrito Federal e aos Municípios estabelecer diferença tributária entre bens e serviços, de qualquer natureza, em razão de sua procedência ou destino'. Os Estados e o Distrito Federal estão impedidos de instituir isenções ou alíquotas diferenciadas do ITCMD tendo como fator de discriminação o domicílio do respectivo donatário dos bens doados".*
Note o item considerado **CORRETO**, em prova realizada pelo Cespe/Cebraspe, para o cargo de Juiz de Direito (TJ/DF), em 2016: *"O estabelecimento de diferença tributária entre bens de qualquer natureza, em razão de sua procedência ou de seu destino, é proibido aos estados, ao DF e aos municípios".*
b. Note o item considerado **INCORRETO**, em prova realizada pelo MPE/PR, para o cargo de Promotor de Justiça Substituto, em 2017: *"É vedado à União, aos Estados, ao Distrito Federal e aos Municípios estabelecer diferença tributária entre bens e serviços, de qualquer natureza, em razão de sua procedência ou destino".*

Isso impede, em teoria, a guerra tributária e afirma a unidade geográfica do território nacional.

Com efeito, o postulado ora estudado decorre do princípio federativo, inibindo a existência de todo e qualquer tipo de barreira tributária no relacionamento entre Estados e Municípios. As tributações interestaduais, em verdade, sempre foram provocadoras de litígios tributários.

Como bem relata Kiyoshi Harada[9] "até recentemente alguns Estados-membros, por exemplo, além de estatuírem pautas fiscais para efeito de operações interestaduais do ICMS, deixavam de reconhecer o crédito do imposto em relação a certas mercadorias procedentes de determinados Estados da Federação". A partir do princípio

9. HARADA, Kiyoshi. *Direito financeiro e tributário*, 7. ed., p. 297.

constitucional, é possível concluir que a procedência e o destino de bens e serviços de qualquer natureza não poderão servir para "manipulação das alíquotas e da base de cálculo pelos legisladores dos Estados, dos Municípios e do Distrito Federal"[10].

Quanto às pautas fiscais mencionadas na citação em epígrafe, sabe-se que, em março de **2010**, o **STJ** editou a **Súmula de n. 431**, segundo a qual "*é ilegal a cobrança de ICMS com base no valor da mercadoria submetido ao regime de pauta fiscal*". O enunciado impeditivo vem corroborar o *princípio da reserva legal*, mormente à luz do art. 146, III, "a", da CF, o qual atrela à lei complementar o estabelecimento de normas gerais, entre outras funções, acerca das bases de cálculo dos impostos.

No âmbito do **ICMS** – uma das searas nas quais ocorre o fenômeno das pautas fiscais –, o Poder Executivo costuma estipular uma pauta de valores para mercadorias, a qual serve de orientação para as autoridades exatoras no momento do confronto fiscalizatório entre o valor das mercadorias transportadas e aquele constante das notas fiscais. Sempre é bom lembrar que, em caso de inidoneidade ou insuficiência documental, abrir-se-á o cenário para o *arbitramento* (art. 148 do CTN).

Em março de **2014**, a 1ª Turma do **STJ**, retomando os dizeres insertos na Súmula n. 431, enfrentou o caso das pautas fiscais na comercialização de *medicamentos* e ratificou que "*é ilegal a cobrança de ICMS com base no valor da mercadoria submetido ao regime de pauta fiscal. Súmula 431/STJ*". **(AgRg-AgRg-AREsp 350.678/RS, rel. Min. Napoleão Nunes Maia Filho, 1ª T., j. em 11-03-2014)**

Temos dito que tal postulado objetiva coibir *barreiras fiscais* dentro do território nacional prestigiando o "mercado comum brasileiro", haja vista vivermos em um país uno, com divisas entre estados e limites entre municípios, mas por uma questão político-territorial. Não se pode admitir a existência de políticas fiscais vocacionadas a ofender o espírito federativo "quando assentadas em discriminações quanto à origem ou destino de serviços e mercadorias"[11].

Tal regra vedatória tem **função dupla**: ao mesmo tempo que organiza os interesses fiscais das entidades políticas, evitando que se interpenetrem, ou seja, atuando "de fora pra dentro", impede os famosos "leilões" de favores fiscais, feitos por estados ou municípios, egoisticamente despreocupados com a guerra fiscal, e, nessa medida, atua "de dentro pra fora". Em aulas, denomino esse efeito reflexo de força *centrípeta* e *centrífuga* do postulado ora estudado.

À guisa de exemplificação, o culto professor Sacha Calmon Navarro Coêlho[12] narra curioso episódio, ocorrido em Minas Gerais, que pode bem exemplificar a lesão ao princípio. Relata o mestre que foram concedidos "'créditos fiscais presumidos' de ICM para os produtores mineiros relativamente ao leite remetido a indústrias mineiras, favor este inexistente para as operações que destinassem dito leite para fora

10. CARVALHO, Paulo de Barros. *Curso de direito tributário*, 16. ed., p. 163.
11. COÊLHO, Sacha Calmon Navarro. *Curso de direito tributário brasileiro*, 6. ed., p. 306.
12. *Idem*.

do Estado, com destino a indústrias sitas noutras unidades da Federação. Como o dispositivo constitucional sob comento já existia na Constituição de 1967, diversos mandados de segurança impetrados por indústrias de laticínios paulistas e fluminenses obtiveram liminares favoráveis, removendo a legislação discriminatória do Estado de Minas Gerais que distinguia pela origem e pelo destino da mercadoria".

Nesse passo, não é legítimo à entidade política prever quaisquer elementos discriminatórios, independentemente da denominação (*v.g.*, adicionais, redutores etc.), levando em consideração a procedência ou o destino do bem. Nesse campo, **apenas a União** está legitimada a estabelecer discriminações, desde que se traduzam em incentivos fiscais destinados a promover o equilíbrio socioeconômico entre as diferentes regiões do Brasil, consoante o inciso I do art. 151 da Carta Magna.

9

IMUNIDADES GERAIS E RECÍPROCA

1 INTRODUÇÃO

Quando se pretende estudar o tema das *imunidades tributárias*, urge, de início, ter presente que a maioria das normas imunizadoras (imunizantes ou imunitórias), contempladas na Constituição Federal, decorre dos sublimes princípios e **garantias constitucionais**, que, dotados de expressiva carga axiológica, são vocacionados a **limitar o poder de tributar**.

> Note o item considerado **CORRETO**, em prova realizada pelo Instituto QUADRIX, para o cargo de Assessor Jurídico do CRO/PR, em 2016: *"O direito à imunidade tributária é uma garantia fundamental constitucionalmente assegurada ao contribuinte, que nenhuma lei pode anular"*.

> Note o item considerado **CORRETO**, em prova realizada pela Funcab, para o cargo de Auditor Fiscal (Sefaz/BA), em 2014: *"O princípio da imunidade recíproca é decorrência lógica do princípio federativo e visa a assegurar a autonomia dos entes políticos"*.

Dessa forma, a norma imunizante, burilada pelo legislador constituinte, em nome do "cidadão-destinatário", visa preservar valores políticos, religiosos, sociais e éticos, colocando a salvo da tributação certas situações e pessoas (físicas e jurídicas).

Isso equivale a afirmar que existem estruturas fundamentais ao regime que não serão perturbadas pela tributação, em homenagem à norma imunizadora.

A imunidade para tributos representa uma delimitação negativa da *competência tributária*. É que o legislador constituinte adotou a técnica de traçar, de modo cuidadoso, as áreas que refutam a incidência das exações tributárias, levando-se em consideração nosso sistema rígido de distribuição de competências impositivas. Sendo assim, "a imunidade não exclui nem suprime competências tributárias, uma vez que estas representam o resultado de uma conjunção de normas constitucionais, entre elas, as de imunidade tributária"[1].

A competência tributária apresenta-se como a aptidão jurídica para criar, *in abstracto*, tributos, descrevendo, legislativamente, suas hipóteses de incidência, seus sujeitos ativos, seus sujeitos passivos, suas bases de cálculo e suas alíquotas. Perguntar-se-á: *quem a tem?* As pessoas políticas – a União, os Estados, os Municípios e o Distrito Federal –, que receberam do legislador constituinte a faculdade de instituir, em caráter privativo, todas as modalidades de tributos (impostos, taxas, contribuições de melhoria, empréstimos compulsórios e contribuições).

Em outras palavras, a Constituição disciplinou, rigorosa e exaustivamente, o exercício das competências tributárias, retirando do legislador ordinário a faculdade de definir, de modo livre, o alcance das normas jurídicas que criam, *in abstracto*, os tributos (normas jurídicas tributárias).

Nesse passo, pode-se afirmar, sem medo de equívoco, que a norma imunitória se mostra como um sinalizador de **"incompetência tributária"**, o que é de opinião generalizada entre os doutrinadores de prol.

> Note o item considerado **CORRETO**, em prova realizada pela FCC, para o cargo de Analista de Controle Externo (TCE/GO), em 2014: *"Sobre isenção, imunidade e remissão é correto afirmar que somente a imunidade define a incompetência tributária"*.

Para o eminente professor Paulo de Barros Carvalho[2], a imunidade se define como "a classe finita e imediatamente determinável de normas jurídicas, contidas no texto da Constituição Federal, e que estabelecem, de modo expresso, a incompetência das pessoas políticas de direito constitucional interno para expedir regras instituidoras de tributos que alcancem situações específicas e suficientemente caracterizadas".

É o que também assinala, com propriedade, José Souto Maior Borges[3], afirmando que "a regra jurídica de imunidade insere-se no plano das regras *negativas de competência*. O setor social abrangido pela imunidade está *fora* do âmbito da tributação. Previamente excluído, como vimos, não poderá ser objeto de exploração pelos entes públicos" (os grifos são do autor).

De fato, há determinados "campos competenciais", próprios de não incidência[4], onde não exsurge a tributação, inexistindo "competência tributária", por meio da supressão da competência impositiva[5], haja vista o fato de que o preceito imunitório vocaciona-se a demarcar áreas que delimitam zonas de intributabilidade.

1. CARVALHO, Paulo de Barros. *Curso de direito tributário*, 16. ed., p. 172.
2. CARVALHO, Paulo de Barros. *Curso de direito tributário*, 16. ed., p. 181.
3. BORGES, José Souto Maior. *Isenções tributárias*, p. 209.
4. *V.* AMARO, Luciano. *Direito tributário brasileiro*, 14. ed., p. 272.
5. *V.* NOGUEIRA, Ruy Barbosa. *Curso de direito tributário*, 14. ed., p. 167.

Segundo Amílcar de Araújo Falcão[6], a imunidade é "**uma forma qualificada ou especial de não incidência**, por supressão, na Constituição, da competência impositiva ou do poder de tributar, quando se configuram certos pressupostos, situações ou circunstâncias previstas pelo estatuto supremo".

> Note o item considerado **CORRETO**, em prova realizada pela CAIP-USCS, para o cargo de Advogado da CRAISA (Cia. de Abastecimento de Santo André/SP), em 2016: *"'Imunidade' é o obstáculo criado por uma norma constitucional que impede a incidência de lei ordinária de tributação sobre determinado fato ou em detrimento de determinada pessoa ou categoria de pessoas"*.

A corroborar o conceito expendido, Misabel Derzi[7] preconiza que "a imunidade é forma qualificada de não incidência que decorre da supressão da competência impositiva sobre certos pressupostos na Constituição".

Nesse sentido, temos por indisputável que desobedecer a uma regra de imunidade equivale a incidir em inconstitucionalidade. Ou, como assevera, expressivamente, Aliomar Baleeiro[8], as "*imunidades tornam inconstitucionais as* ***leis ordinárias*** *que as desafiam*".

> Note o item (adaptado) considerado **CORRETO**, em prova realizada pelo Quadrix, para o cargo de Advogado do CRQ – 18ª Região/Piauí, em 2016: *"O direito a imunidade tributária é uma garantia fundamental constitucionalmente assegurada ao contribuinte, que nenhuma lei pode anular"*.

Hugo de Brito Machado[9], por fim, ratifica o plano conceitual em epígrafe, ao definir imunidade como "o obstáculo criado por uma norma da Constituição que impede a incidência de lei ordinária de tributação sobre determinado fato, ou em detrimento de determinada pessoa, ou categoria de pessoas".

Com efeito, o legislador ordinário, quando descreve a norma jurídica, está impedido de inserir no polo passivo da relação jurídico-tributária as pessoas e as situações guarnecidas pelo manto protetor de uma norma imunizante, sob pena de inafastável inconstitucionalidade. Por muito maior razão, não o poderá fazer a Administração Fazendária, que, interpretando e aplicando a lei, vier a se furtar do dever de obediência às limitações imunitórias ao poder de tributar. Com efeito, "*a face mais visível das limitações do poder de tributar desdobra-se nos princípios constitucionais tributários e nas imunidades tributárias*"[10]. O poder de tributar será cercado por traços definitórios que lhe demarcarão "*o campo, o modo, a forma e a intensidade*"[11].

6. FALCÃO, Amílcar de Araújo. *Fato gerador da obrigação tributária*, 6. ed., p. 64.
7. DERZI, Misabel Abreu Machado. *Direito tributário, direito penal e tipo*. São Paulo: RT, 1988, p. 206.
8. BALEEIRO, Aliomar. *Direito tributário brasileiro*, 11. ed., p. 113.
9. MACHADO, Hugo de Brito. *Curso de direito tributário*, 29. ed., p. 230.
10. AMARO, Luciano. *Direito tributário brasileiro*, 14. ed., p. 106.
11. *Ibidem*, p. 107.

Nesse sentido, arremata Roque Antonio Carrazza[12]:

> (...) o legislador de cada pessoa política (União, Estados, Municípios ou Distrito Federal), ao tributar, isto é, ao criar *in abstracto* tributos, vê-se a braços com o seguinte dilema: ou praticamente reproduz o que consta da Constituição – e, ao fazê-lo, apenas recria, num grau de concreção maior, o que nela já se encontra previsto – ou, na ânsia de ser original, acaba ultrapassando as barreiras que ela lhe levantou e resvala para o campo da inconstitucionalidade.

Observa-se, assim, um interessante "efeito reflexo", resultante da norma que imuniza a tributação: ela, de um lado, impede que a entidade impositora avance no mister tributacional em detrimento da pessoa ou situação protegidas e, de outro, confere aos beneficiários um direito público subjetivo de não serem incomodados pela via do tributo. A norma imunizadora, em duplo papel, ao mesmo tempo em que delineia a competência tributária, restringindo-a, outorga a seu destinatário o direito público subjetivo de não sofrer a ação tributária do Estado – o que lhe dá o timbre de norma jurídica atributiva[13].

Para o **STF**, as imunidades e os princípios tributários são **limitações constitucionais ao poder de tributar,** ganhando a estatura de *cláusulas pétreas* – limites não suprimíveis por emenda constitucional, uma vez asseguradores de direitos e garantias individuais (art. 60, § 4º, IV, CF), aptos ao resguardo de princípios, interesses e valores, tidos como fundamentais pelo Estado.

> Note o item considerado **CORRETO**, em prova realizada pelo IBFC, Câmara de Feira de Santana-BA, para o cargo de Procurador Jurídico Adjunto, em 2018: *"Imunidade refere-se a uma limitação do poder de tributar que nenhuma lei tem atribuição para regular".*

Por derradeiro, à guisa de complementação, vale a pena trazermos à baila o dado conceitual, assinalado por Paulo de Barros Carvalho[14], que enfrenta o tema das imunidades tributárias a partir da divisão das normas jurídicas em *normas de comportamento* e *normas de estrutura*, inserindo, nestas últimas, as imunidades tributárias, que ajudam a delimitar as competências tributárias:

> As "normas de comportamento" têm por escopo, como o próprio nome já nos sinaliza, disciplinar a conduta humana, na vida social. Assim, albergam, no consequente, um comando voltado para o agir humano. Já as "normas de estrutura" têm por destinatário o legislador e, por isso, contém, no consequente, comandos que estabelecem o modo e as condições de produção de outras normas.

12. CARRAZZA, Roque Antonio. *Curso de direito constitucional tributário*, 24. ed., p. 390.
13. *V.* FERREIRA SOBRINHO, José Wilson. *Imunidade tributária*. Porto Alegre: Sergio Antonio Fabris, 1996, p. 102.
14. CARVALHO, Paulo de Barros. *Curso de direito tributário*, 16. ed., p. 172.

Como se pode notar, despontam várias definições para *imunidade tributária*, em diferentes perspectivas, colhidas da doutrina mais abalizada. Os teóricos tendem a mudar um elemento conceitual aqui, outro acolá, e os conceitos sobejam na retórica doutrinária.

Nesse diapasão, longe de buscar a fórmula conceitual perfeita e com a devida fidelidade à melhor doutrina, conceituamos imunidade como

> **a norma constitucional de exoneração tributária, que, justificada no conjunto de caros valores proclamados na Carta Magna, inibe negativamente a atribuição de competência impositiva e credita ao beneficiário o direito público subjetivo de "não incomodação" perante o ente tributante.**

Evidencia-se, a partir do conceito expendido, que a imunidade possui uma natureza dupla: de um lado, mostra-se como **norma constitucional que demarca a competência tributária**, ao apresentar fatos que não são tributáveis, no bojo do *aspecto formal* da imunidade; e, de outra feita, revela-se como direito público subjetivo das pessoas que, direta ou indiretamente, usufruem os seus benefícios, à luz do *aspecto substancial ou material* da norma.

> Note o item (adaptado) considerado **CORRETO**, em prova realizada pela CAIP-USCS, para o cargo de Advogado da Câmara Municipal de Atibaia/SP, em 2016: *"A imunidade tributária tem raiz constitucional, pois a atividade limitadora estabelecida na CF interfere na própria competência do ente tributante. Ademais, constitui limitação ao poder de tributar. Nada obsta que se espalhe pelo texto constitucional, contudo a maioria de suas regras estão concentradas na seção 'das limitações ao poder de tributar'"*.

> Note o item considerado **CORRETO**, em prova realizada pelo MPE/MA, para o cargo de Promotor de Justiça, em 2014: *"As imunidades fazem parte do delineamento da competência tributária conferida pela Constituição aos entes tributantes"*.

Por fim, insta registrar que a imunidade tributária atinge apenas a obrigação tributária principal, afeta ao dever patrimonial de pagamento do tributo, não tendo o condão de atingir as chamadas obrigações tributárias acessórias, ou seja, os deveres instrumentais do contribuinte, que permanecem incólumes. Em outras palavras, por exemplo, uma entidade beneficente ou um partido político não serão alvos de impostos, por força da imunidade tributária, mas poderão ser plenamente fiscalizados, ter de apresentar documentos e livros à autoridade fazendária, entre tantos outros deveres instrumentais. Este tema será detalhado nos tópicos subsequentes.

Assim, a norma imunitória determina até onde o poder tributário pode agir, estipulando os contornos da competência tributária das entidades políticas e, também, revela um direito subjetivo de todos aqueles que se mostram como destinatários de seus efeitos, de forma direta ou indireta.

2 A IMUNIDADE E A ISENÇÃO

Como se pôde apreender, à luz das considerações iniciais expendidas, a imunidade é instituto de sede constitucional. Enquanto a **norma imunizante** revela uma dispensa constitucional de tributo, a **regra isentiva** indica uma dispensa legal, no campo da tributação.

Note o item considerado **CORRETO**, em prova realizada pela Vunesp, para o cargo de Titular de Serviços de Notas e de Registros (TJ/SP), em 2014: *"Isenção é prevista em lei, já a imunidade é constitucionalmente estipulada".*

Note o item considerado **INCORRETO**, em prova realizada pela Vunesp, para o cargo de Titular de Serviços de Notas e de Registros (TJ/SP), em 2014: *"A isenção é criada por decreto do chefe do Executivo, já a imunidade é criada por decreto legislativo".*

Daí se afirmar que, no campo do tributo, a imunidade é uma forma de não incidência constitucionalmente qualificada, enquanto a isenção é uma possibilidade normativa de dispensa legalmente qualificada.

Para o **STF**, que se fia a esses rudimentos conceituais aqui brevemente expostos, o que se inibe na isenção é o lançamento do tributo, tendo ocorrido fato gerador e nascido o liame jurídico-obrigacional. Na imunidade, não há que se falar em relação jurídico-tributária, uma vez que a norma imunizadora está fora do campo de incidência do tributo, representando o obstáculo, decorrente de regra da Constituição, à incidência de tributos sobre determinados fatos, situações ou pessoas.

Para Paulo de Barros Carvalho[15], "o preceito de imunidade exerce a função de colaborar, de uma forma especial, no desenho das competências impositivas. São normas constitucionais. Não cuidam da problemática da incidência, atuando em instante que antecede, na lógica do sistema, ao momento da percussão tributária. Já a isenção se dá no plano da legislação ordinária. Sua dinâmica pressupõe um encontro normativo, em que ela, regra de isenção, opera como expediente redutor do campo de abrangência dos critérios da hipótese (...) do tributo".

Luciano Amaro[16], a esse respeito, preconiza que "a diferença entre a imunidade e a isenção está em que a primeira atua no plano da definição da competência, e a segunda opera no plano do exercício da competência".

É importante destacar, ademais, que enquanto a norma de isenção avoca a interpretação literal, a imunidade, por força da visão do **STF**, admite interpretação ampla à luz dos princípios constitucionalmente consagrados. Com efeito, o inciso I

15. CARVALHO, Paulo de Barros. *Curso de direito tributário*, 16. ed., p. 184.
16. AMARO, Luciano. *Direito tributário brasileiro*, 14. ed., p. 152.

do art. 111 do CTN prevê interpretação literal para as causas de exclusão do crédito tributário, a saber, a isenção e a **anistia**.

Note o item considerado **INCORRETO**, em prova realizada pelo TRF/4ª Região, para o cargo de Juiz Federal Substituto (XVII Concurso), em 2016: *"Na dicção do CTN, são causas de exclusão do crédito tributário: anistia, isenção e remição"*.

A esse propósito, em **12 de fevereiro de 2020**, o Pleno do **STF**, na **ADI n. 4.735** (rel. Min. Alexandre de Moraes) e no **RE 759.244** (rel. Min. Edson Fachin), ao estender o alcance da norma imunizante contida no inciso I do § 2º do art. 149 da CF para as receitas decorrentes de "operações indiretas de exportação", com a participação negocial de *sociedade exportadora intermediária*, evidenciou que a regra da imunidade, diferentemente da isenção (art. 111, I, CTN), deve ser analisada do ponto de vista teleológico/finalístico do Sistema Tributário Nacional.

Há dispositivos constitucionais que veiculam "falsas" isenções, hospedando, entretanto, nítidas *imunidades*. São eles: os **arts. 195, § 7º, e 184, § 5º**[17], ambos da Carta Magna. Em tais preceptivos, onde se lê "são isentas (...)", entenda-se "são imunes (...)". Observe-os:

Note o item (adaptado) considerado **CORRETO**, em prova realizada pela UNOESC, para o cargo de Agente Fiscal Tributário Externo da Prefeitura Municipal de Iraceminha/SC, em 2016: *"A CF/88 assim menciona: 'Art. 184. (...) § 5º São isentas de impostos federais, estaduais e municipais as operações de transferência de imóveis desapropriados para fins de reforma agrária'. Considerando a limitação constitucional ao poder de tributar, a disposição legal acima (destacada) trata de uma 'imunidade'"*.
Observação: item semelhante, exigindo a literalidade do art. 184, § 5º, CF, foi considerado **CORRETO**, em prova realizada pelo MPE/PR, para o cargo de Promotor de Justiça Substituto, em 2017.

Note o item considerado **CORRETO**, em prova realizada pelo FMP/RS, para o cargo de Procurador do Estado (PGE/AC), em 2014: *"As operações de transferência de imóveis desapropriados para fins de reforma agrária estão ao abrigo de imunidade no que concerne aos impostos federais, estaduais e municipais"*.

Art. 195. (...)
§ 7º São isentas de contribuição para a seguridade social as entidades beneficentes de assistência social que atendam às exigências estabelecidas em lei. **(Grifo nosso)**

Note o item considerado **CORRETO**, em prova realizada pela FGV Projetos, para o cargo de Auditor Fiscal Tributário da Receita Municipal de Cuiabá/MT, em 2016: *"São imunes de contribuição para a seguridade social as entidades beneficentes de assistência social que atendam às exigências estabelecidas em lei"*.

17. V. CARVALHO, Paulo de Barros. *Curso de direito tributário*, 16. ed., p. 191. V. AMARO, Luciano. *Direito tributário brasileiro*, 14. ed., p. 160.

Art. 184. (...)

§ 5º São isentas de impostos federais, estaduais e municipais as operações de transferência de imóveis desapropriados para fins de reforma agrária. **(Grifo nosso)**

Nesses casos, é fácil perceber que houve equivocidade do legislador constituinte, que se manteve fiel à ideia desonerativa do tributo, porém distante do purismo conceitual nos termos técnicos empregados.

É fato que tais dispositivos, constantes do texto constitucional, referem-se a normas de imunidade, e não a comandos isencionais. Haverá isenção apenas quando a previsão for legal, e não constitucional. Tal entendimento, aliás, encontra agasalho na judiciosa jurisprudência do **STF**:

EMENTA: Recurso Extraordinário. Alcance da imunidade tributária relativa aos títulos da dívida agrária. Há pouco, em 28-09-1999, a 2ª T. desta Corte, ao julgar o RE 169.628, relator o eminente Ministro Maurício Corrêa, decidiu, por unanimidade de votos, que *o § 5º do artigo 184 da Constituição, embora aluda à isenção de tributos com relação às operações de transferência de imóveis desapropriados para fins de reforma agrária, não concede isenção, mas, sim, imunidade*, que, por sua vez, tem por fim não onerar o procedimento expropriatório ou dificultar a realização da reforma agrária, sendo que os títulos da dívida agrária constituem moeda de pagamento da justa indenização devida pela desapropriação de imóveis por interesse social e, dado o seu caráter indenizatório, não podem ser tributados. (...). **(RE 168.110, 1ª T., rel. Min. Moreira Alves, j. em 04-04-2000) (Grifos nossos)**

Posto isso, é comum a aproximação dos comandos desonerativos atrelados à imunidade e à isenção, porém não se confundem, na medida em que sinalizam o dessemelhante intento de exoneração tributária, quer seja do legislador constituinte, quer seja do legislador ordinário.

3 A IMUNIDADE E A EXONERAÇÃO DAS ESPÉCIES TRIBUTÁRIAS

Nesse passo, já se torna possível observar que as imunidades atingem ***tributos* variados**, e não apenas uma espécie deles, *v.g.*, os impostos. Curiosamente, ainda que as **principais imunidades**, previstas na seção "Das limitações ao poder de tributar", às quais nos ateremos a seguir, versem com exclusivismo sobre *impostos* (art. 150, VI, e alíneas, CF), mister se faz apresentar alguns comandos imunitórios que preveem exonerações de **outros tributos**, *v.g.*, de taxas, até porque "*a proposição afirmativa de que a imunidade é instituto que só se refere aos impostos carece de consistência veritativa*"[18].

18. CARVALHO, Paulo de Barros. *Curso de direito tributário*, 16. ed., p. 178.

> Note o item considerado **CORRETO**, em prova realizada pelo FMP/RS, para o cargo de Juiz (TJ/MT), em 2014: *"As imunidades constam em diversos artigos do texto constitucional e, conforme o dispositivo, dizem respeito a impostos, a contribuições ou mesmo a taxa, não se podendo, onde a imunidade é relativa a impostos, pretender estendê-la a outras espécies tributárias"*.

Note os principais, no *quadro mnemônico* em destaque:

Artigo	Tributo(s)	Não incidência
Art. 149, § 2º, I, CF (EC n. 33/2001)	**Contribuição Social e CIDE**	*Receitas decorrentes de exportação*
Art. 5º, XXXIV, "a" e "b", LXXIII, LXXIV, LXXVI e LXXVII, CF	**Taxa**	***Propositura de ações ou solicitação de registros e certidões por aqueles reconhecidamente pobres***
Art. 195, § 7º, CF	**Contribuição Social**	*Entidades beneficentes de assistência social*

> Note o item considerado **CORRETO**, em prova realizada pela FGV Projetos, para o cargo de Auditor Fiscal Tributário da Receita Municipal de Cuiabá/MT, em 2016: *"É imune de taxas o exercício do direito de obtenção de certidões em repartições públicas, para defesa de direitos e esclarecimento de situações de interesse pessoal"*.

A propósito, urge destacar que inexistem imunidades previstas para **duas** espécies tributárias: as *contribuições de melhoria* e os *empréstimos compulsórios*.

Acresça-se, também, o fato de que as imunidades circunscritas, em geral, a um único tributo, diante de conveniências especiais, são denominadas **imunidades específicas, tópicas** ou **especiais**[19]. Há relevantes preceitos imunitórios afetos a um e outro impostos. Observe alguns bons **exemplos**:

a) não incidência do ICMS sobre operações que destinem mercadorias para o exterior, nem sobre serviços prestados a destinatários no exterior, (...) (art. 155, § 2º, X, "a", CF);

> Note o item (adaptado) considerado **CORRETO**, em prova realizada pela FAURGS, para o cargo de Juiz de Direito Substituto do Estado do Rio Grande do Sul, em 2016: *"As operações que destinem mercadorias para o exterior não são isentas de ICMS, [mas, sim, imunes]"*.

19. *V.* COSTA, Regina Helena. *Imunidades tributárias*: teoria e análise da jurisprudência do STF. 2. ed. São Paulo: Malheiros, 2006, p. 124.

b) não incidência do ICMS na operação que destine combustível a outro Estado da Federação (art. 155, § 2º, X, "b", CF);

A imunidade específica foi solicitada em prova realizada pela PUC/PR, para o cargo de Procurador do Estado (PGE/PR), em 2015.
Note o item considerado **CORRETO**, em prova realizada pela FCC, para o cargo de Procurador da Prefeitura de Campinas/SP, em 2016: *"Existe imunidade de ITBI para, dentre outras, a hipótese de incorporação de uma pessoa jurídica por outra, desde que a atividade preponderante da incorporadora não seja a compra e venda desses bens ou direitos, locação de bens imóveis ou arrendamento mercantil"*.

c) a não incidência de ITBI sobre a transmissão de bens ou direitos incorporados ao patrimônio de pessoa jurídica (art. 156, § 2º, I, CF);

O item relativo à imunidade específica, considerado **CORRETO**, foi solicitado em prova realizada pela FCC, para o cargo de Titular de Serviços de Notas e de Registros (TJ/PE), em 2013.

d) a imunidade da transmissão de bens imóveis decorrentes de extinção de pessoa jurídica, a não ser que o adquirente tenha como atividade preponderante a compra e venda e a locação de imóveis ou o arrendamento mercantil, em relação ao ITBI (Imposto sobre a Transmissão de Bens Imóveis) (art. 156, § 2º, I, CF);

A imunidade específica foi solicitada em prova realizada pela FCC, para o cargo de Julgador Administrativo Tributário do Tesouro Estadual (Sefaz/PE), em 2015.

e) a não incidência do ITR sobre pequenas glebas rurais, assim definidas em lei, quando as explore o proprietário que não possua outro imóvel (art. 153, § 4º, II, CF).

A imunidade específica foi solicitada em prova realizada pela PUC/PR, para o cargo de Auditor de Controle Externo (TCE/MS), em 2013.

Por derradeiro, impende destacar que há, em nosso sistema, as imunidades tributárias *explícitas*, previstas em normas expressas, e, no reverso, as imunidades tributárias *implícitas* (ou *ontológicas*), que, conquanto não textualmente contempladas por norma expressa, podem ser ontologicamente extraídas dos princípios contemplados no ordenamento jurídico. Como exemplos, podemos citar a *imunidade recíproca*, que se liga à ausência de capacidade contributiva e ao princípio federativo, e a *imunidade para entidade beneficente ou educacional*, fundadas na ausência de capacidade contributiva e no princípio da isonomia, entre outras[20]. A propósito,

20. COSTA, Regina Helena. *Imunidades tributárias*, 2. ed., p. 130; *v.* ademais, TORRES, Ricardo Lobo. *Tratado de direito constitucional financeiro e tributário*. v. III, p. 51.

a *imunidade ontológica* é assim considerada por decorrer da força dos princípios que constroem o texto constitucional, mostrando-se como uma consequência necessária dessa norma sobrepairante. Para Regina Helena Costa, contrapondo-se às imunidades ontológicas, destacam-se as ***imunidades políticas***, as quais devem estar explicitamente previstas na Constituição, uma vez que decorrem de opções do constituinte na sua tarefa de definir as estruturas socioeconômicas do ordenamento jurídico, aproximando a atividade de tributação aos objetivos delineados pelo Estado[21]. Com efeito, caso inexistissem expressamente no texto constitucional, elas não seriam extraíveis direta e necessariamente de algum princípio constitucional. Nessa toada, a autora classifica a *imunidade dos templos* (também a ser estudada) como *política*, e não *ontológica* [22].

> Note o item considerado **INCORRETO**, em prova realizada pela Vunesp, para o cargo de Juiz de Direito Substituto (TJ/SP), em 2017: *"A imunidade 'política' é também denominada de imunidade recíproca e veda a tributação sobre patrimônio, renda e serviços das pessoas jurídico-políticas (União, Estados, Distrito Federal e Municípios)"*.

4 ANÁLISE DAS ALÍNEAS DO INCISO VI DO ART. 150 DA CF

Passemos, agora, à análise do comando que hospeda as principais imunidades tributárias – o **art. 150, VI, "a", "b", "c", "d"** e **"e"** da Carta Magna:

> **Art. 150.** Sem prejuízo de outras garantias asseguradas ao contribuinte, é vedado à União, aos Estados, ao Distrito Federal e aos Municípios: (...)
> **VI** – instituir impostos sobre:
> **a)** patrimônio, renda ou serviços, uns dos outros;
> **b)** templos de qualquer culto;
> **c)** patrimônio, renda ou serviços dos partidos políticos, inclusive suas fundações, das entidades sindicais dos trabalhadores, das instituições de educação e de assistência social, sem fins lucrativos, atendidos os requisitos da lei;
> **d)** livros, jornais, periódicos e o papel destinado à sua impressão;
> **e)** fonogramas e videofonogramas musicais produzidos no Brasil contendo obras musicais ou literomusicais de autores brasileiros e/ou obras em geral interpretadas por artistas brasileiros bem como os suportes materiais ou arquivos digitais que os contenham, salvo na etapa de replicação industrial de mídias ópticas de leitura a *laser*. **(Incluída pela EC n. 75, de 15-10-2013)**

Como se observa, o dispositivo em epígrafe faz menção a uma espécie de tributo – ao imposto. Tal particularidade tem feito com que o presente comando seja insistentemente solicitado em provas de concursos, principalmente no que tange a

21. *Ibidem*, p. 129.
22. COSTA, Regina Helena. *Imunidades tributárias*, 2. ed., p. 156.

essa associação exclusiva a um tipo de tributo, não o fazendo atrelável a outras espécies tributárias. Observe a seguir alguns exemplos de assertivas **incorretas**, em que se pretende iludir o concursando com a prenunciada troca de categorias tributárias:

a) "Em relação 'às taxas', o nosso ordenamento jurídico, expressamente, dispõe que, ao se referir à imunidade recíproca, a Constituição Federal veda à União, aos Estados, ao Distrito Federal e aos Municípios instituir taxas e impostos uns dos outros".

> A assertiva (adaptada) foi considerada **INCORRETA**, em prova realizada pela FCC, para o cargo de Auditor Controle Externo (TCM/GO), em 2015.

b) "De acordo com a interpretação literal da norma da Constituição que prevê a imunidade tributária recíproca, esta alcança todos os 'tributos'".

> A assertiva (adaptada) foi considerada **INCORRETA**, em prova realizada pelo Cespe, para o cargo de Auditor Governamental (CGE/PI), em 2015.

c) "A Constituição Federal, no Capítulo reservado ao Sistema Tributário Nacional, discrimina as competências tributárias da União, dos Estados, do Distrito Federal e dos Municípios, distingue as espécies de tributos e estabelece as limitações ao poder de tributar, determinando que os 'tributos' instituídos pela União, pelos Estados e pelos Municípios, não obrigam os referidos entre si".

> A assertiva (adaptada) foi considerada **INCORRETA**, em prova realizada pela PUC/PR, para o cargo de Procurador do Estado (PGE/PR), em 2015.

d) "A regra constitucional que consolida a imunidade tributária recíproca veda à União, aos Estados, ao Distrito Federal e aos Municípios a possibilidade de instituição de 'impostos, taxas ou contribuições' sobre o patrimônio, renda e os serviços, uns dos outros".

> A assertiva (adaptada) foi considerada **INCORRETA**, em prova realizada pelo Cespe, para o cargo de Defensor Público de Segunda Categoria, em 2015.

e) "É vedado à União, aos Estados, ao Distrito Federal e aos Municípios instituir quaisquer 'tributos' sobre patrimônio, renda ou serviços, uns dos outros".

> A assertiva foi considerada **INCORRETA**, em prova realizada pela FAUEL, para o cargo de Advogado da Prefeitura de Cambira/PR, em 2016.
> **Observação:** item semelhante foi considerado **INCORRETO**, em prova realizada pela EXATUS Consultoria, para o cargo de Profissional de Nível Superior I (Direito) da Eletrobras – Centrais Elétricas de Rondônia, em 2016.

Nessa medida, as situações protegidas pela presente norma imunizante não serão objeto de incidência deste gravame. É que, "**de acordo com a interpretação literal da norma da Constituição que prevê a imunidade tributária recíproca, esta alcança os impostos**".

A assertiva (adaptada) foi considerada **CORRETA**, em prova realizada pela Vunesp, para o cargo de Procurador do Município (PGM/SP), em 2014.

Todavia, os eventos descritos nas alíneas do inciso VI não passam ao largo da incidência normal das outras exações tributárias, *v.g.*, das taxas ou das contribuições de melhoria. Estes gravames incidirão sem quaisquer óbices. Desse modo, **a imunidade recíproca dos entes federados não abrange as taxas.**

Note o item considerado **INCORRETO**, em prova realizada pelo IPAD, para o cargo de Procurador do Estado (PGE/PE), em 2013: *"A chamada imunidade recíproca, prevista na Constituição Federal de 1988, veda à União, aos Estados, ao Distrito Federal e aos Municípios cobrar taxas sobre patrimônio, renda ou serviços, uns dos outros".*

Note o item considerado **CORRETO**, em prova realizada pela FCC, para o cargo de Juiz de Direito (TJ/PE), em 2013: *"Os Estados, o Distrito Federal e os Municípios podem instituir taxas, dentre outros, sobre os templos de qualquer culto, serviços das instituições de educação e de assistência social, sem fins lucrativos".*

Posto isso, no plano da casuística, será perfeitamente crível que, sobre a propriedade dos templos, não incida o IPTU, mas que haja normal incidência, por exemplo, de uma *taxa de coleta de lixo.*

Da mesma forma, pode-se assegurar que sobre a propriedade de um prédio dedicado ao diretório de um partido político não deverá incidir o IPTU, entretanto sobre ele deverá se dar normal incidência de eventual contribuição de melhoria ou taxa, desde que instituídas, obviamente, por lei.

Por fim, é defensável que sobre a propriedade de um prédio pertencente à União não incida o IPTU, mas há de haver normal exigência, *v.g.*, de uma *taxa de limpeza urbana*.

É imperioso destacar que as cinco alíneas do inciso VI delineiam exonerações teleologicamente justificadas, uma vez que o legislador constituinte, valendo-se de tais benesses, e longe de se pautar com aleatoriedade, decidiu prestigiar *valores* constitucionalmente consagrados – ideias-forças ou postulados essenciais ao regime democrático[23] –, tais como a *liberdade religiosa*, a *liberdade política*, a *liberdade sindical*, a *liberdade de expressão*, os *direitos sociais e econômicos*, o *acesso à cultura*, o *incentivo à assistência social* etc., entre outros objetivos essenciais.

23. *V.* PAIVA, Ormezindo Ribeiro de. *Imunidade tributária*. São Paulo: Resenha Tributária, 1981, p. 7.

As indigitadas alíneas do inciso VI do art. 150 da Carta Magna, atrelando-se às exonerações de *impostos* sobre certas situações ou pessoas, serão dissecadas, conforme a sequência de itens a seguir apresentada:

- Imunidade das entidades políticas (**alínea "a"**);
- Imunidade dos templos religiosos (**alínea "b"**);
- Imunidades não autoaplicáveis (**alínea "c"**);
  - *Imunidade dos partidos políticos;*
  - *Imunidade dos sindicatos de empregado;*
  - *Imunidade das instituições de educação;*
  - *Imunidade das entidades de assistência social;*
- Imunidade de imprensa (**alínea "d"**);
- Imunidade musical (**alínea "e"**).

4.1 Imunidade das entidades políticas

4.1.1 Considerações iniciais

A imunidade das entidades políticas, também denominada "imunidade recíproca" (ou "imunidade mútua"), está prevista na **alínea "a" do inciso VI do art. 150 da Carta Magna**:

> Note o item considerado **CORRETO**, em prova realizada pelo IBFC, para o cargo de Titular de Serviços de Notas e de Registros (TJ/PR), em 2014: *"A Constituição Federal estabelece que é vedado à União aos Estados e aos Municípios instituir impostos sobre o patrimônio, renda ou os serviços, uns dos outros".*

> **Art. 150.** Sem prejuízo de outras garantias asseguradas ao contribuinte, é vedado à União, aos Estados, ao Distrito Federal e aos Municípios: (...)
> **VI** – instituir impostos sobre:
> **a)** patrimônio, renda ou serviços, uns dos outros; (...)

Trata-se da imunidade intergovernamental recíproca, assim nomeada por Sacha Calmon Navarro Coêlho[24], como a mais antiga exoneração tributária, tendo surgido com a 1ª Constituição Republicana de 1891 (art. 10, § 1º), por iniciativa de Ruy Barbosa, que, sob a influência do constitucionalismo norte-americano, deliberou inserir em seu anteprojeto a proibição expressa à tributação, por meio de imposto, entre as pessoas políticas.

Posteriormente, todas as Constituições Federais passaram a trazer uma disposição em seus textos, com aperfeiçoamentos redacionais, afeta ao preceito proibitivo da incidência de impostos que viessem a ser exigidos mutuamente entre as

24. *V.* COÊLHO, Sacha Calmon Navarro. *Curso de direito tributário brasileiro*, 6. ed., p. 259.

entidades impositoras, quais sejam, União, Estados-membros, Distrito Federal e Municípios.

O elemento teleológico que justifica a norma em comento atrela-se ao **princípio federativo** (art. 60, § 4º, I, CF), como cláusula pétrea, à luz do postulado da indissolubilidade do pacto federativo, que prevê uma "*convivência harmônica das entidades políticas componentes do Estado Federal Brasileiro*"[25].

> Note o item considerado **CORRETO**, em prova realizada pela Funcab, Sefaz/BA, para o cargo de Auditor Fiscal, em 2014: *"O princípio da imunidade recíproca é decorrência lógica do princípio federativo e visa a assegurar a autonomia dos entes políticos"*.

Com efeito, o preceito imunitório visa assegurar e confirmar o equilíbrio federativo entre as pessoas políticas tributantes e a preservação do desempenho dos órgãos públicos[26], que devem coexistir em clima de preservadas harmonia e autonomia, ratificando axiologicamente o *federalismo de equilíbrio* (ou *de cooperação*)[27], ou, na expressão utilizada pelos alemães, a "*lealdade mútua federal*", segundo a qual "*os entes devem agir amigavelmente*"[28].

Como é cediço, o princípio federativo indica que existe mais de uma esfera de poder dentro do mesmo território, dele decorrendo a *indissolubilidade do pacto federativo.*

É bastante crível a ideia segundo a qual, ainda que não estivesse contemplada tal imunidade em norma expressa, a imunidade recíproca defluiria logicamente do *equilíbrio federativo*, irradiando-lhe assim o timbre de uma norma *ontologicamente* imunizante.

No plano classificatório, a *imunidade recíproca* pode ser delineada como: (**a**) imunidade *subjetiva* ou pessoal, uma vez outorgada em função da condição de certas pessoas, no caso, as pessoas políticas de direito público interno[29]; e (**b**) imunidade *ontológica* (ou *implícita*[30]), uma vez decorrente da força dos princípios que edificam o texto constitucional, revelando-se uma consequência necessária destes[31]. No caso, **a imunidade recíproca é *ontológica* (e não "política")**, por ser extraível do *princípio da capacidade contributiva*, que falta às pessoas políticas, bem como do *princípio federativo*[32].

25. HARADA, Kiyoshi. *Direito financeiro e tributário*, 7. ed., p. 291.
26. *V.* TORRES, Ricardo Lobo. *Tratado de direito constitucional financeiro e tributário*, v. III, p. 223.
27. *V.* AMARO, Luciano. *Direito tributário brasileiro*, 14. ed., p. 151.
28. *V.* BALEEIRO, Aliomar. *Limitações constitucionais ao poder de tributar*, 7. ed., p. 296 (nota).
29. *V.* COSTA, Regina Helena. *Imunidades tributárias*, 2. ed., p. 125.
30. *Ibidem*, p. 138.
31. COSTA, Regina Helena. *Imunidades tributárias*, 2. ed., p. 128; *v.* COSTA, Regina Helena. *Princípio da capacidade contributiva*, 3. ed., p. 74.
32. *V.* DERZI, Misabel Abreu Machado. *Um retorno necessário a Aliomar Baleeiro:* reflexões sobre os efeitos decorrentes da incidência de impostos e contribuições sobre os bens adquiridos pelos entes estatais. *In:* DERZI, Misabel Abreu Machado; AMARAL, Francisco Xavier; AMARAL, Bruno Monteiro de Castro (Coord.). Juiz de Fora: IDENC, 2008, pp. 13-48 (p. 25).

Note o item considerado **INCORRETO**, em prova realizada pela Vunesp, para o cargo de Juiz de Direito Substituto (TJ/SP), em 2017: *"A imunidade política é também denominada de imunidade recíproca e veda a tributação sobre patrimônio, renda e serviços das pessoas jurídico-políticas (União, Estados, Distrito Federal e Municípios)"*.

Para a eminente tributarista Regina Helena Costa, a imunidade recíproca, tida como *"a mais importante das imunidades tributárias"*[33], fundamenta-se em dois pilares[34]: **(I)** supremacia do interesse público sobre o privado; **(II)** ausência de capacidade contributiva das pessoas políticas.

Quanto a este último fundamento, é cediço que, na Federação, as pessoas políticas são iguais, uma vez ausente a capacidade contributiva, porquanto seus recursos destinam-se à prestação de serviços públicos. Sua influência sobre a imunidade recíproca há de ser destacada, porém em caráter subsidiário[35].

Nessa esteira, o Ministro relator Maurício Corrêa, no **Agravo Regimental em Agravo de Instrumento n. 174.808**, citando Paulo de Barros Carvalho[36], referiu-se à imunidade recíproca como "uma decorrência pronta e imediata do postulado da isonomia dos entes constitucionais, sustentado pela estrutura federativa do Estado brasileiro e pela autonomia dos Municípios".

De fato, os entes políticos apresentam-se, reflexamente, parificados, e não hierarquizados. Essa forma de organização das entidades, uma perante outra, tende a rechaçar a cobrança mútua do *imposto*, porquanto este gravame, como exação unilateral, presume um *poder de sujeição* que une aquele que o exige àquele de quem se cobra, refletindo uma postura genuflexa inconciliável com a estrutura de parificação imposta pelo pacto federativo.

Nesse diapasão, afastada estará a mútua cobrança de **impostos**[37], exclusivamente, permanecendo, pelo menos, em tese, a cobrança recíproca dos demais tributos, *v.g.*, as taxas, as contribuições de melhoria.

Note o item considerado **CORRETO**, em prova realizada pelo IESES, para o cargo de Titular de Serviços de Notas e de Registros (TJ/PB), em 2014: *"As fundações mantidas pelos partidos políticos e os sindicatos de trabalhadores são imunes tão somente aos impostos, de acordo com o texto constitucional, devendo tais entidades, portanto, recolher os demais tributos do sistema"*.

Note o item considerado **INCORRETO**, em prova realizada pelo CEBRASPE, POLÍCIA FEDERAL, para o cargo de Delegado de Polícia Federal, em 2018: *"Os estados e os municípios estão imunes à instituição de contribuições sociais, pela União, sobre os seus serviços"*.

33. COSTA, Regina Helena. *Imunidades tributárias*, 2. ed., p. 138.
34. *Ibidem*, p. 138.
35. *V.* TORRES, Ricardo Lobo. *Tratado de direito constitucional financeiro e tributário*, v. III, p. 225.
36. CARVALHO, Paulo de Barros. *Curso de direito tributário*, 16. ed., p. 185.
37. *V.* TORRES, Ricardo Lobo. *Tratado de direito constitucional financeiro e tributário*, v. III, pp. 229 e 230.

Segundo Regina Helena Costa[38], *"não há, à evidência, impedimento à exigência de taxas, contribuição de melhoria e contribuições sociais"*. Argumenta-se que a normal cobrança das taxas justifica-se pelo fato de que este gravame não se rege pelo princípio da capacidade contributiva.

Quanto à **contribuição de melhoria**, deve haver a normal incidência, ficando o campo desonerativo afeto à eventual isenção (art. 177, I, CTN). Os empréstimos compulsórios, se instituídos na forma de impostos, deverão avocar a imunidade[39]. Por fim, *"a instituição das contribuições não encontra óbices nas imunidades recíprocas"*[40]. Exemplos: não deve haver a incidência de IPTU sobre a propriedade de prédio da União ou de Estado-Membro, porém sustentável será a exigibilidade de uma taxa municipal de lixo; não deve haver a incidência de IR sobre o acréscimo patrimonial de prefeitura municipal, porém sustentável será a exigibilidade de uma taxa federal de fiscalização etc.

> Note o item considerado **CORRETO**, em prova realizada pela FCC, para o cargo de Auditor Fiscal da Fazenda Estadual (Sefaz/PI), em 2015: *"Com base nas normas da CF e do CTN, a contribuição de melhoria pode ser cobrada da União, em relação a terreno baldio de sua propriedade, por Município que tenha realizado obra pública da qual tenha resultado valorização do referido imóvel"*.

Urge destacar que a presente alínea, adstrita à imunidade recíproca, a par de outros comandos – **(I)** a alínea "c" e **(II)** os §§ 2º e 4º do próprio art. 150 da CF – menciona um rol classificatório de impostos, haurido do CTN (arts. 19 a 73), segundo o qual a imunidade abrangeria tão somente *impostos sobre* patrimônio, renda e serviços.

Nessa medida, o dispositivo, literalmente interpretado, alcançaria vários impostos, quais sejam: o Imposto sobre Grandes Fortunas, o ITR, o ITCMD, o IPVA, o IPTU, o ITBI, o IR e o **ISS**. *A contrario sensu*, abrir-se-iam, entretanto, para a incidência, *e.g.*, os "impostos sobre o comércio exterior" (impostos de importação e exportação), além dos "impostos sobre a produção e circulação" (ICMS, IPI e IOF).

> Note o item considerado **CORRETO**, em prova realizada pela CESGRANRIO, Petrobras, para o cargo de Auditor Junior, em 2018: *"Uma sociedade empresária celebra contrato de prestação de serviços a ser realizado por pessoa jurídica de direito público federal. Caso houvesse a previsão de pagamento do imposto sobre serviços municipais, o ato não ocorreria diante da denominada IMUNIDADE"*.

A doutrina[41] não se mostra seduzida quanto à adoção dessa limitada dimensão exonerativa, que reduz a abrangência da benesse constitucional, impondo-se a incidência de um imposto aqui e a exoneração de outro acolá. Como assevera Aliomar

38. COSTA, Regina Helena. *Imunidades tributárias*, 2. ed., p. 139.
39. *V.* TORRES, Ricardo Lobo. *Tratado de direito constitucional financeiro e tributário*, v. III, p. 230.
40. *V.* TORRES, Ricardo Lobo. *Tratado de direito constitucional financeiro e tributário*, v. III, p. 230.
41. *V.* COSTA, Regina Helena. *Imunidades tributárias*, 2. ed., p. 148; TORRES, Ricardo Lobo. *Os direitos humanos e a tributação*: imunidades e isonomia, pp. 202-204.

Baleeiro, "a imunidade recíproca é um instituto jurídico-político expressamente consagrado na Constituição e não pode ser anulado pelas sutilezas e jogos de palavras do legislador ordinário"[42].

O **STF**, seguindo a mesma trilha crítica dessa restritiva exegese, houve por bem dar ao mencionado rol classificatório uma interpretação lata ou ampliativa, desconsiderando a inócua[43] classificação do CTN e afastando quaisquer impostos que possam onerar economicamente as finanças da entidade impositora, albergada pela regra imunizante. Sendo assim, não incidirão, *v.g.*, o imposto de importação sobre máquinas importadas por Município, nem mesmo o **IOF** nas operações financeiras realizadas por Município.

Note o item considerado **INCORRETO**, em prova realizada pelo TRF, para o cargo de Juiz Federal Substituto (TRF/3ª Região), em 2016: *"O IOF pode ser exigido nas operações financeiras dos Estados, DF e Municípios, porque essa tributação não é limitada pela imunidade constitucional recíproca"*.

Observe os entendimentos jurisprudenciais:

EMENTA: A proibição constante do art. 150, VI, "a", da CF/88 ("(...) é vedado à União, aos Estados, ao Distrito Federal e aos Municípios: VI – instituir imposto sobre: a) patrimônio, renda ou serviços, uns dos outros") impede a cobrança do *IOF* nas operações financeiras realizadas pelos Municípios. Precedente: AgRg n. 172.890 **(RE 196.415/PR, 2ª T., rel. Min. Ilmar Galvão, j. em 21-05-1996) (Grifo nosso)**

EMENTA: CONSTITUCIONAL. TRIBUTÁRIO. ICMS. IMUNIDADE TRIBUTÁRIA. INSTITUIÇÃO DE EDUCAÇÃO SEM FINS LUCRATIVOS. CF, art. 150, VI, "c". I. Não há invocar, para o fim de ser restringida a aplicação da imunidade, critérios de classificação dos impostos adotados por normas infraconstitucionais, mesmo porque não é adequado distinguir entre bens e patrimônio, dado que este se constitui do conjunto daqueles. O que cumpre perquirir, portanto, é se o bem adquirido, no mercado interno ou externo, integra o patrimônio da entidade abrangida pela imunidade. II. Precedentes do STF. III. R.E. não conhecido. **(RE n. 203.755/ES, 2ª T., rel. Min. Carlos Velloso, j. em 17-09-1996; ver, também, o RE 193.969, 2ª T., rel. Min. Carlos Velloso, j. em 17-09-1996)**

Impende destacar que o tema da interpretação do rol classificatório "impostos sobre o patrimônio, a renda e os serviços" já foi objeto de apreciação pela *Câmara Superior de Recursos Fiscais* (CSRF), órgão do Conselho de Contribuintes, atual *Conselho Administrativo de Recursos Fiscais* (CARF), que aprecia os recursos quando há divergência entre as Turmas, por diversas vezes, acatando a amplitude da imunidade. Note:

42. *V.* BALEEIRO, Aliomar. *Limitações constitucionais ao poder de tributar*, 7. ed., p. 285.
43. *V.* TORRES, Ricardo Lobo. *Tratado de direito constitucional financeiro e tributário*, v. III, p. 232.

EMENTA: IMUNIDADE. FUNDAÇÃO PÚBLICA. A imunidade do artigo 150, inciso VI, "a" e § 2º da Constituição Federal, alcança os Impostos de Importação e sobre Produtos Industrializados, vez que a significação do termo patrimônio não é o contido na classificação do imposto adotada pelo CTN, mas sim a do art. 47 do Código Civil, que congrega o conjunto normativo do art. 110 do próprio CTN. **(Ac. da 3ª T. da CSRF n. 03-02.853, rel. Designado Cons. Nilton Luiz Bartoli, j. em 24-08-1998)**

Frise-se que, em 23 de março de **2010**, a 2ª Turma do **STF**, no **RE 259.976-AgR** (rel. Min. Joaquim Barbosa), entendeu que a imunidade tributária usufruída pela **Ordem dos Advogados do Brasil** (OAB) é da espécie *recíproca* (art. 150, VI, "a", CF), na medida em que a OAB desempenha atividade própria de Estado (defesa da Constituição, da ordem jurídica do Estado democrático de direito, dos direitos humanos, da justiça social, bem como a seleção e o controle disciplinar dos advogados). O manto protetor da norma imunizante, alcançando apenas as finalidades essenciais da entidade protegida, mostra-se hábil a afastar, por exemplo, o IOF de operações financeiras e investimentos realizados pela Seccional da OAB, não impedindo, obviamente, o exame da correção do expediente pela autoridade fiscal.

Por sua vez, em 6 de setembro de **2018**, o Pleno do **STF**, no **RE 405.267** (rel. Min. Edson Fachin), entendeu que a **Caixa de Assistência dos Advogados de Minas Gerais** encontra-se tutelada pela *imunidade recíproca*, tendo em vista a impossibilidade de se conceder tratamento tributário diferenciado a órgãos da OAB, de acordo com as finalidades que lhe são atribuídas por lei. Frise-se que as *Caixas de Assistências dos Advogados* prestam serviço público delegado, possuem *status* jurídico de ente público e não exploram atividades econômicas em sentido estrito com intuito lucrativo.

É curioso notar que o presente veredicto superou a visão oposta, até então sacramentada na 2ª Turma do **STF**, no **RE 233.843** (rel. Min. Joaquim Barbosa, j. em 01-12-2009), quando se entendia que a Caixa de Assistência dos Advogados (arts. 45, IV, e 62 da Lei n. 8.906/94): **(I)** não desempenha as atividades inerentes à OAB; **(II)** é entidade destinada a prover benefícios pecuniários e assistenciais a seus associados; **(III)** não se revela como instrumentalidade estatal, o que repudia a proteção da imunidade.

Posto isso, a **OAB e as Caixas de Assistência de Advogados** desfrutam da imunidade tributária recíproca.

4.1.2 Imunidade das entidades autárquicas e fundacionais

A imunidade recíproca, prevista na alínea "a", deve ser analisada com a leitura concomitante do **§ 2º do art. 150 da CF**. Observe-o:

Art. 150. (...)

§ 2º A vedação do inciso VI, "a", é extensiva às autarquias e às fundações instituídas e mantidas pelo Poder Público, no que se refere ao patrimônio, à renda e aos serviços, vinculados a suas finalidades essenciais ou às delas decorrentes.

Tal dispositivo, afastando a incidência de impostos, impõe uma extensão da imunidade intergovernamental às ***autarquias*** e ***fundações públicas***, federais, estaduais ou municipais, que desempenham atividades próprias da soberania, em razão da personalidade jurídica de direito público de que são possuidoras, em plena homenagem ao caráter ontológico da imunidade recíproca[44].

> Note o item (adaptado) considerado **CORRETO**, em prova realizada pelo IOPLAN, para o cargo de Advogado da Prefeitura Municipal de São Domingos/SC, em 2016: *"As autarquias são entidades administrativas autônomas, integrantes da administração pública indireta. São prerrogativas estatais estendidas a elas a imunidade tributária recíproca e os privilégios processuais da Fazenda Pública"*.

> Note o item considerado **CORRETO**, em prova realizada pela FCC, SABESP, para o cargo de Advogado, em 2018: *"Com relação às limitações ao Poder de Tributar, a vedação à União, aos Estados, ao Distrito Federal e aos Municípios de instituir impostos sobre o patrimônio, renda ou serviços, uns dos outros é extensiva às AUTARQUIAS"*.

> Note o item considerado **INCORRETO**, em prova realizada pela FAURGS, para o cargo de Juiz de Direito Substituto do Estado do Rio Grande do Sul, em 2016: *"A imunidade recíproca, ou seja, entre a União, os estados, o Distrito Federal e os municípios, não é extensiva às suas fundações, porquanto se trata de benefício exclusivo à administração pública direta"*.

> Note o item considerado **CORRETO**, em prova realizada pelo IESES, para o cargo de Titular de Serviços de Notas e de Registros – Provimento (TJ/SC), em 2019: *"A imunidade recíproca das entidades políticas abrange, por extensão, as autarquias"*.

A inclusão das entidades mencionadas no texto constitucional se deu em datas diferentes: as *autarquias* entraram com a EC n. 18/65, enquanto as fundações vieram com a atual Carta Magna de 1988. Não obstante, as autarquias já desfrutavam de proteção implícita, conforme se nota na antiga **Súmula n. 73 do STF**, de **1963**: "*A imunidade das autarquias, implicitamente contida no art. 31, V, 'a', da Constituição Federal, abrange tributos estaduais e municipais*".

É importante destacar que, para Maria Sylvia Zanella Di Pietro[45], a autarquia é "a pessoa jurídica de direito público, criada por lei, com capacidade de autoadministração, para o desempenho de serviço público descentralizado, mediante controle administrativo exercido nos limites da lei".

Com relação às fundações instituídas e mantidas pelo Poder Público, destacam-se, conceitualmente, segundo Dirley da Cunha Jr.[46], como "pessoa jurídica de direi-

44. *V.* COSTA, Regina Helena. *Imunidades tributárias*, 2. ed., p. 141.
45. DI PIETRO, Maria Sylvia Zanella. *Direito administrativo*. 2. ed. São Paulo: Atlas, 1991, p. 270; *v.* MEIRELLES, Hely Lopes. *Direito administrativo brasileiro*. 5. ed. São Paulo: RT, 1990, p. 301.
46. CUNHA JR., Dirley da. *Curso de direito administrativo*. 6. ed. Salvador: JusPodivm, 2007, p. 138.

to público, integrante da Administração Pública Indireta, criada pelo Estado para a prestação de certos serviços públicos típicos, consistente num patrimônio público personalizado e regido por normas de direito público, afetado à consecução de um determinado fim público". É corrente na doutrina a afirmação de que as fundações de direito público não se distinguem das autarquias, uma vez que ambas possuem o mesmo regime jurídico. No caso, teremos as "autarquias fundacionais", contrapondo-se às autarquias propriamente ditas ("autarquias corporativas")[47].

Nesse momento, é igualmente oportuno fazer-se menção às chamadas **autarquias de regime especial.**

Temos defendido que a imunidade recíproca deve, naturalmente, ser-lhes extensível, conquanto o tema seja de raro tratamento na doutrina.

Na condição de *autarquias de regime especial*, devemos incluir as *Agências Reguladoras* e as *Agências Executivas*, sem embargo das *Associações Públicas* – se estas adotarem personalidade jurídica de direito público, consoante o art. 1º, § 1º, da Lei n. 11.107/2005.

Note os conceitos:

I. **Agência Executiva:** a Lei n. 9.649, de 27 de maio de 1998, autorizou o Poder Executivo a qualificar, por decreto presidencial específico, como **agência executiva**, a autarquia ou fundação pública que houvesse celebrado **contrato de gestão** com o respectivo ministério supervisor, para o fim de cumprir objetivos e metas com ele acertados, ou seja, no desempenho de atividades e serviços exclusivos do Estado. Portanto, as **agências executivas** são, sempre e efetivamente, integrantes da Administração Pública. Não constituem entidades novas na estrutura formal da Administração Pública, mas, sim, uma *qualificação especial* que poderá ser conferida pelo Poder Público;

II. **Agência reguladora:** é entidade administrativa com alto grau de especialização técnica, integrante da estrutura formal da Administração Pública. É instituída sob a forma de autarquia em regime especial, com a função de regular um setor específico de atividade econômica, ou de intervir de forma geral nas relações jurídicas decorrentes dessa atividade. Além disso, deve atuar com a maior independência possível perante o Poder Executivo e com imparcialidade em relação às partes interessadas (Estado, setores regulados e sociedade).

Frise-se que não existe nenhuma regra em nosso ordenamento, nem mesmo implícita, que permita levar à conclusão de que as agências reguladoras somente possam atuar sobre setores que envolvam prestação de serviços públicos, concedidos ou não.

47. *Ibidem*, pp. 138-139.

Ademais, somente duas agências reguladoras encontram fundamento expresso, embora indireto, na Constituição: a ANATEL e a ANP. É que a Constituição, após as Emendas Constitucionais n. 8 e 9, passou a prever, relativamente ao setor de telecomunicações e ao setor petrolífero, a instituição de um "órgão regulador". Ora, exatamente a ANP é um excelente exemplo de agência reguladora "*cujo objeto de fiscalização ou regulação não é uma atividade considerada como de serviço público*". O setor petrolífero, área objeto de regulação pela ANP, enquadra-se como atividade econômica em sentido estrito, e não de prestação de serviços públicos.

Como exemplos de Agências Reguladoras, temos: Agência Nacional das Águas (ANA); Agência Nacional de Aviação Civil (ANAC), Agência Nacional de Telecomunicações (ANATEL); Agência Nacional do Cinema (ANCINE); Agência Nacional de Energia Elétrica (ANEEL); Agência Nacional do Petróleo (ANP); Agência Nacional dos Transportes Aquaviários (ANTAQ); Agência Nacional dos Transportes Terrestres (ANTT); Agência Nacional de Saúde Suplementar (ANS); Agência Nacional de Vigilância Sanitária (ANVISA);

III. Associação pública: o consórcio público, como uma associação pública, terá personalidade jurídica de direito público e, portanto, estará sujeito ao regime de direito público. A corroborar a tese exposta, vale notar a alteração do art. 41, IV, do Código Civil Brasileiro, o qual lista as pessoas jurídicas de direito público interno, entre elas, "*as autarquias, inclusive as associações públicas*". Por conseguinte, as associações públicas deverão ser submetidas ao mesmo regime jurídico das autarquias, qual seja, o regime de direito público.

Ao lado disso, poderão os consórcios públicos adotar personalidade jurídica de direito privado, bastando o atendimento dos requisitos da legislação civil (Lei n. 11.107/2005; art. 6º, II). Por lógica, a decorrência natural seria a aplicação integral do regime de direito privado. Contudo, o § 2º do art. 6º da citada Lei excepciona essa sistemática, aliás, de forma acertada, ao determinar que "*no caso de se revestir de personalidade jurídica de direito privado, o consórcio público observará as normas de direito público no que concerne à realização de licitação, celebração de contratos, prestação de contas e admissão de pessoal, que será regido (sic) pela Consolidação das Leis do Trabalho – CLT*".

Por fim, registre-se que a Lei mencionada trouxe ainda a possibilidade de que o consórcio público seja integrado por entes federativos de níveis distintos. Assim, num mesmo consórcio, poderão estar presentes União, Estados, Distrito Federal e Municípios.

Posto isso, acreditamos que a imunidade recíproca deve, naturalmente, ser extensível às *autarquias de regime especial*, entre as quais se destacam as *Agências Reguladoras* e as *Agências Executivas*, sem embargo das *Associações Públicas*, quando se revestirem da personalidade jurídica de direito público.

Nesse passo, ainda quanto ao **§ 2º do art. 150 da CF**, destacam-se duas importantes informações, as quais merecem bastante cautela do estudioso:

1. Condição prevista no art. 150, § 2º, parte final, CF: há uma **condição** prevista na parte final do **§ 2º do art. 150 da CF**, o que torna a exoneração *condicionada*, e não "absoluta".

> Note o item considerado **CORRETO**, em prova realizada pelo Cespe, para o cargo de Titular de Serviços de Notas e de Registros (TJ/PI), em 2013: *"É vedado à União, aos Estados, ao Distrito Federal e aos Municípios cobrar impostos sobre o patrimônio e a renda das autarquias, tão somente no que se refere ao patrimônio, à renda ou aos serviços vinculados às suas finalidades essenciais"*.

Note-a:

> **Art. 150.** Sem prejuízo de outras garantias asseguradas ao contribuinte, é vedado à União, aos Estados, ao Distrito Federal e aos Municípios: (...)
>
> **§ 2º** A vedação do inciso VI, "a", é extensiva às autarquias e às fundações instituídas e mantidas pelo Poder Público, *no que se refere ao patrimônio, à renda e aos serviços, vinculados a suas finalidades essenciais ou às delas decorrentes.* **(Grifo nosso)**

É que a entidade autárquica ou fundacional, para fruir a imunidade, deve cumprir a finalidade essencial ou alguma que dela decorra.

Sendo assim, quando se menciona, na parte final do comando, a expressão "finalidades essenciais" – e "finalidades decorrentes das essenciais" –, tem-se uma cláusula que "*vem objetivar essa imunidade tipicamente pessoal*"[48], alcançando-se os *serviços, patrimônio e a renda*, ou seja, "*tudo quanto for de caráter instrumental ou funcional da autarquia*"[49].

Tal condição – é bom frisar – não veio assinalada na alínea "a", o que dá a este parágrafo uma menor abrangência do que aquela prevista para esta alínea, afeta às pessoas políticas.

A propósito, entende-se que "finalidade essencial" liga-se ao intento inerente à própria natureza da entidade autárquica ou fundacional, enquanto a "finalidade decorrente da essencial" se traduz no objetivo relacionado com o propósito principal da entidade, guardando com este certa correspondência.

Posto isso, é possível afirmar-se, pelo menos em tese, que deve incidir o IPTU sobre prédio pertencente a uma autarquia federal que não seja utilizado para a consecução dos precípuos objetivos autárquicos; ou mesmo, que deve incidir o IPTU sobre o terreno baldio de propriedade de autarquia. Note o entendimento jurisprudencial[50]:

48. COSTA, Regina Helena. *Imunidades tributárias*, 2. ed., p. 141.
49. BALEEIRO, Aliomar. *Direito tributário brasileiro*, 11. ed., p. 170.
50. *V.* COSTA, Regina Helena. *Imunidades tributárias*, 2. ed., pp. 235-236.

> **EMENTA:** IMUNIDADE FISCAL. AUTARQUIAS. (...) Assim, são devidos tributos municipais sobre terreno baldio de propriedade de autarquia. Recurso extraordinário conhecido e provido. **(RE 98.382/MG, 2ª T., rel. Min. Moreira Alves, j. em 12-11-1982)**

Em **2007**, o **STF** (**AgR-RE 357.175, rel. Min. Gilmar Mendes, 2ª T., j. em 23-10-2007**) houve por bem afastar a imunidade tributária (IPTU) referente a terreno vago de entidade de assistência social (*União Espírita Mineira*), na cidade de Belo Horizonte. Por sua vez, em **2013**, a Corte Suprema enfrentou a hipótese no âmbito das entidades educacionais (**art. 150, VI, "c", CF**) – um imóvel vago, sem edificação, pertencente à Fundação Getúlio Vargas (FGV), na cidade de São Paulo –, ratificando o entendimento recorrente:

> Note o item considerado **CORRETO**, em prova realizada pela FCC, para o cargo de Procurador do Estado de Mato Grosso (PGE/MT), em 2016: *"No que concerne às limitações do poder de tributar, à luz da Constituição Federal e da jurisprudência do STF, aplica-se a imunidade tributária para fins de incidência de IPTU aos imóveis temporariamente ociosos e sem qualquer utilização pertencentes a um determinado partido político"*.

> **EMENTA:** IMUNIDADE – INSTITUIÇÃO DE EDUCAÇÃO – *IMÓVEIS* LOCADOS E *NÃO EDIFICADOS* – INEXISTÊNCIA. Consoante dispõe o artigo 150, § 4º, da CF, as instituições de educação apenas gozam de imunidade quando o patrimônio, a renda e os serviços estão relacionados a finalidades essenciais da entidade. Imóveis locados e *lotes não edificados ficam sujeitos ao Imposto Predial e Territorial Urbano – IPTU.* **(AgR-AI 661.713, rel. Min. Dias Toffoli, rel. p/ ac. Min. Marco Aurélio, 1ª T., j. em 19-03-2013) (Grifos nossos)**

Em tempo, frise-se que o **ônus da prova** da não afetação do bem imóvel com o propósito autárquico recai sobre a entidade impositora que deseja tributar. Esta é a visão atual do **STJ**:

> Note o item considerado **CORRETO**, em prova realizada pelo IBEG, para o cargo de Procurador Municipal da Prefeitura de Guarapari/ES, em 2016: *"O ônus de provar que o imóvel não está afetado a destinação compatível com os objetivos e finalidades institucionais de entidade autárquica recaem sobre o ente tributante que pretenda mediante afastamento da imunidade tributária prevista no § 2º do art. 150 da CF, cobrar IPTU sobre o referido imóvel"*.

> **EMENTA:** O ônus de provar que o imóvel não está afetado à destinação compatível com os objetivos e finalidades institucionais de entidade autárquica recai sobre o ente tributante que pretenda, mediante afastamento da imunidade tributária prevista no § 2º do art. 150 da CF, cobrar IPTU sobre o referido imóvel. Isso porque, conforme orientação jurisprudencial predominante no STJ, presume-se que o imó-

vel de entidade autárquica está afetado à destinação compatível com seus objetivos e finalidades institucionais. Precedentes citados: AgRg no REsp 1.233.942/RJ, 1ª T.; e AgRg no AREsp 236.545/MG, 2ª T. **(AgRg no AREsp 304.126/RJ, rel. Min. Benedito Gonçalves, 1ª T., j. em 13-08-2013)**

Posto isso, a chamada *imunidade recíproca* alcança as autarquias e fundações instituídas e mantidas pelo Poder Público, no concernente à renda e aos serviços vinculados às suas finalidades essenciais.

2. O art. 150, § 2º, da CF e as empresas públicas e as sociedades de economia mista: as *empresas públicas* e as *sociedades de economia mista* serão, por natural exclusão, certeiros destinatários de impostos, até porque ambas não poderão desfrutar de privilégios fiscais não extensivos às empresas do setor privado **(art. 173, § 2º, CF)**.

Note o item considerado **INCORRETO**, em prova realizada pelo Cespe/Cebraspe, para o cargo de Delegado de Polícia do Estado de Pernambuco, em 2016: *"Como entidades integrantes da administração pública indireta, as empresas públicas e as sociedades de economia mista gozam de privilégios fiscais não extensivos às empresas do setor privado"*.

É demasiado previsível que a indicação de tais pessoas jurídicas transite nos testes de concursos públicos, exigindo-se do candidato a capacidade de memorização e a associação da imunidade recíproca apenas às pessoas jurídicas de direito público, no caso, às autarquias e às fundações públicas.

Observe a seguir alguns exemplos de assertivas **incorretas**, em que se pretende iludir o concursando com a prenunciada troca de pessoas jurídicas:

a) "A vedação de ser cobrado imposto sobre o patrimônio, a renda ou os serviços entre as pessoas jurídicas de direito público interno, detentoras do poder de instituir e cobrar tributos, caracteriza uma das formas de limitação do poder de tributar e abrange as autarquias e empresas públicas de qualquer esfera governamental".

A assertiva (adaptada) foi considerada **INCORRETA**, em prova realizada pelo IBFC, para o cargo de Titular de Serviços de Notas e de Registros (TJ/PR), em 2014.

b) "A vedação de ser cobrado imposto sobre o patrimônio, a renda ou os serviços entre as pessoas jurídicas de direito público interno, detentoras do poder de instituir e cobrar tributos, caracteriza uma limitação relativa ao poder de tributar e abrange, tão somente, as autarquias, fundações públicas e sociedades de economia mista".

A assertiva (adaptada) foi considerada **INCORRETA**, em prova realizada pelo FMP/RS, para o cargo de Juiz (TJ/MT), em 2014.

De fato, se o legislador constituinte excluiu da incidência tributária tão somente as autarquias e as fundações públicas – "*entes verdadeiramente públicos, que se in-*

tegram à estrutura política do país"[51] –, é de fácil constatação que haverá normal incidência sobre as empresas públicas e as sociedades de economia mista, uma vez que "**estas não gozam de imunidade tributária**".

> Note o item (adaptado) considerado **INCORRETO**, em prova realizada pelo TRF/4ª Região, para o cargo de Juiz Federal Substituto (XVI Concurso), em 2014: *"A prestação de ações e serviços de saúde por sociedades de economia mista não corresponde à própria atuação do Estado, razão pela qual a elas não se estende a imunidade tributária prevista na alínea a do inciso VI do art. 150 da Constituição Federal"*.

Quanto à sociedade de economia mista, a incidência já se consagrara no **STF**, conforme se nota na **Súmula n. 76**, de **1963**: "*As sociedades de economia mista não estão protegidas pela imunidade fiscal do Art. 31, V, 'a', Constituição Federal*".

Não obstante, as autarquias já desfrutavam de proteção implícita, conforme se nota na antiga **Súmula n. 73 do STF**, de **1963**: "*A imunidade das autarquias, implicitamente contida no art. 31, V, 'a', da Constituição Federal, abrange tributos estaduais e municipais*".

Ademais, não é estranha a irradiação da incidência tributária sobre as "excluídas" empresas públicas e sociedades de economia mista, uma vez que são detentoras de personalidade jurídica de direito privado e, como tal, não se tornam merecedoras do manto protetor da regra imunizante. À guisa de exemplificação, a Caixa Econômica Federal, uma empresa pública, deve recolher o IPTU sobre a propriedade dos bens imóveis dedicados às agências bancárias, além dos demais tributos.

Uma questão que se põe ao estudioso é saber se a **imunidade tributária recíproca se aplica a responsável tributário por sucessão imobiliária (art. 130, *caput*, CTN)**. É que a Municipalidade de Curitiba-PR procedeu à exigência do IPTU sobre imóvel de propriedade da União, mas que antes pertencia à extinta *Rede Ferroviária Federal S.A.* (RFFSA) – uma sociedade de economia mista, que veio a ser, posteriormente, incorporada pela própria União. Com a liquidação da pessoa jurídica e com a mencionada sucessão, a União se tornou responsável tributária pelos créditos inadimplidos pela RFFSA, nos termos do art. 130, *caput*, CTN. Diante desse cenário, cogitou-se da prevalência da imunidade recíproca para a União, numa espécie de "**imunidade superveniente**", o que não encontra guarida em nosso sistema. Em **2009**, reconheceu-se a Repercussão geral para a matéria suscitada. Em 5 de junho de **2014**, o **STF**, por unanimidade e nos termos do voto do então Ministro Joaquim Barbosa (relator), deu provimento ao recurso extraordinário, afastando-se a tese da imunidade tributária recíproca. Ressaltou que a União não poderia se livrar da responsabilidade tributária ao alegar simplesmente que o tributo seria devido por sociedade de economia mista, tampouco por sugerir a aplicação de regra constitucional que protegeria a autonomia política de entes federados. Explicou que o patri-

51. TORRES, Ricardo Lobo. *Tratado de direito constitucional financeiro e tributário*, v. III, p. 226.

mônio – material ou imaterial – transferido deveria garantir o crédito, e que o sucessor, ainda que se tratasse de um ente federado, deveria arcar com a dívida. (**RE 599.176/PR, rel. Min. Joaquim Barbosa, Pleno, j. em 05-06-2014**)

> Note o item considerado **INCORRETO**, em prova realizada pelo Cespe/Cebraspe, para o cargo de Auditor do Tribunal de Contas do Paraná (TCE/PR), em 2016: *"Se suceder empresa pública federal devedora de tributos estaduais e municipais, a União estará imune aos referidos gravames, em decorrência da imunidade recíproca"*.

Desse modo, a imunidade recíproca não alcança todas as pessoas que compõem a administração pública indireta, mormente aquelas dedicadas à exploração de atividade econômica despida de estatalidade.

Frise-se, todavia, que o **STF** tem entendido que certas *empresas públicas*, executoras de serviços públicos de prestação obrigatória e exclusiva do Estado, avocarão o beneplácito constitucional, uma vez que se mostram como "'*longa manus' das pessoas políticas que, por meio de lei, as criam e lhes apontam os objetivos públicos a alcançar*"[52]. Vale dizer que **empresas públicas prestadoras de serviços públicos de prestação obrigatória** pelo Estado estão protegidas pelo manto protetor da norma imunitória, não sendo alcançadas pelos impostos.

> Note o item considerado **INCORRETO**, em prova realizada pelo Cespe/Cebraspe, para o cargo de Juiz de Direito Substituto do TJ/AM, em 2016: *"Com base na jurisprudência do STF, a imunidade tributária dos impostos sobre a renda não alcança as empresas públicas prestadoras de serviços públicos"*.

> Note o item considerado **INCORRETO**, em prova realizada pela FAUEL, Prefeitura de Paranavaí-PR, para o cargo de Procurador do Município, em 2018: *"A 'imunidade recíproca' não pode ser estendida a empresas públicas ou sociedades de economia mista prestadoras de serviço público de cunho essencial e exclusivo"*.

Sendo assim, tais entidades, com características sobremodo peculiares, revestem-se da indumentária de *autarquias*, com estas se assemelhando em demasia.

O posicionamento cristalizou-se, no **STF**, em 22 de junho de **2004**, em emblemático julgado (**RE 407.099/RS**), de relatoria do Ministro Carlos Velloso, afeto à **Empresa Brasileira de Correios e Telégrafos** (**ECT**), ou seja, uma empresa pública que se dedica ao *serviço postal* e ao *correio aéreo* (art. 21, X, CF), desempenhando nítidas atividades dotadas de estatalidade, consideradas, verdadeiramente, "serviços públicos próprios da União, em regime de exclusividade, assim como o patrimônio da empresa, que é patrimônio da União"[53].

52. CARRAZZA, Roque Antonio. *Curso de direito constitucional tributário*, 24. ed., p. 730.
53. MARTINS, Ives Gandra da Silva. Imunidade tributária dos correios e telégrafos. *Revista Jurídica*, 288/32, p. 38.

Note o item considerado **INCORRETO**, em prova realizada pela Cesgranrio, para o cargo de Profissional Júnior (Liquigás), em 2014: *"A Constituição Federal possui regra sobre imunidade tributária, impedindo a instituição de tributos sobre o patrimônio, a renda ou os serviços prestados pelos entes da Federação. Nos termos da jurisprudência do Supremo Tribunal Federal, interpretando a referida Norma Constitucional, NÃO pode usufruir da imunidade a Empresa Brasileira de Correios e Telégrafos"*.

Nesse julgado, houve por bem o **STF** separar as "*empresas públicas prestadoras de serviços públicos*" das "*empresas públicas como instrumento de participação do Estado na economia*". Observe a ementa:

> **EMENTA:** *A Empresa Brasileira de Correios e Telégrafos – ECT está abrangida pela imunidade tributária recíproca prevista no art. 150, VI, "a", da CF, haja vista tratar-se de prestadora de serviço público de prestação obrigatória e exclusiva do Estado* (...) Com base nesse entendimento, a Turma reformou acórdão do TRF da 4ª Região que, em sede de embargos à execução opostos por Município, entendera que a atual Constituição não concedera tal privilégio às empresas públicas, tendo em conta não ser possível o reconhecimento de que o art. 12 do Decreto-Lei 509/69 garanta o citado benefício à ECT. (...) Salientou-se, ademais, a distinção entre empresa pública como instrumento de participação do Estado na economia e empresa pública prestadora de serviço público. (...) **(RE 407.099/RS, 2ª T., rel. Min. Carlos Velloso, j. em 22-06-2004) (Grifo nosso)**

Entretanto, mostra-se evidente o fato de que a ECT, cada vez mais, tem desempenhado papéis próprios da iniciativa privada, o que coloca em xeque o irrestrito alcance da jurisprudência em análise e avoca uma certa ponderação sobre o patrimônio, renda e serviços albergados por essa imunidade.

Não obstante, é importante destacar que, em 28 de fevereiro de **2013**, o **STF** (Pleno) finalizou uma questão pendente, com Repercussão Geral (**RE 601.392**), na qual se discutia a possível incidência de **ISS** sobre **serviços não tipicamente postais**, prestados em regime de concorrência pelos **Correios.** Em apertada votação, marcada por polêmica, o **STF** estendeu a manutenção da imunidade tributária, já prevista para os serviços prestados em regime de monopólio, para os **serviços não tipicamente postais**.

Note o item considerado **CORRETO**, em prova realizada pela FAUEL, Prefeitura de Paranavaí-PR, para o cargo de Procurador do Município, em 2018: *"A jurisprudência do STF orienta-se no sentido de que a imunidade recíproca deve ser reconhecida em favor da 'Empresa Brasileira de Correios e Telégrafos', ainda que o patrimônio, renda ou serviço desempenhado pela entidade não esteja necessariamente relacionado ao privilégio postal"*.

Quanto à imunidade tributária para o **ISS** – e a restituição do indébito –, sabe-se que, em **16 de março de 2017**, a 2ª Turma do **STJ**, no **REsp 1.642.250/SP** (rel. Min. Herman Benjamin), entendeu que a *Empresa de Correios e Telégrafos* (ECT) pode pleitear à repetição do indébito relativo ao **ISS** sobre serviços postais, independentemente da aplicação do **art. 166 do CTN**, ou seja, sem precisar provar ter assumido o encargo pelo tributo ou estar expressamente autorizada pelos tomadores dos serviços. Com efeito, se prevalece a imunidade tributária, não faz sentido conceber que há ISS (ou ICMS), por translação, na composição das tarifas postais. Desse modo, não havendo repasse do custo do imposto ao consumidor final, deve ser afastada a aplicação do art. 166 do CTN.

Para o **STF**, conforme entendimento exarado em julgado de 15 de outubro de **2014**, *"não se pode estabelecer, 'a priori', nenhuma distinção entre os imóveis afetados ao serviço postal e aqueles afetados à atividade econômica"*. No caso, a discussão se baseou na incidência ou não de **IPTU** sobre imóveis pertencentes à Empresa Brasileira de Correios e Telégrafos – ECT que não estavam afetados ao serviço público. Assim se estabeleceu:

> **EMENTA:** A imunidade tributária recíproca reconhecida à ECT alcança o IPTU incidente sobre imóveis de sua propriedade, bem assim os por ela utilizados. No entanto, se houver dúvida acerca de quais imóveis estariam afetados ao serviço público, cabe à administração fazendária produzir prova em contrário, haja vista militar em favor do contribuinte a presunção de imunidade anteriormente conferida em benefício dele. Com base nesse entendimento, o Plenário, por maioria, desproveu recurso extraordinário no qual se discutia o alcance da imunidade tributária recíproca relativa ao IPTU, incidente sobre imóveis de propriedade da ECT. **(RE 773.992, rel. Min. Dias Toffoli, Pleno, j. em 15-10-2014)**

No espectro de incidência do **IPVA**, em 26 de novembro de **2014**, o Pleno do **STF**, na **Ação Cível Ordinária (ACO) n. 879**, em voto de relatoria do Min. Marco Aurélio, entendeu que **"são imunes à incidência do IPVA os veículos automotores pertencentes à Empresa Brasileira de Correios e Telégrafos** – ECT (CF, art. 150, VI, '*a*')". Observe o julgado:

> Note o item considerado **INCORRETO**, em prova realizada pela FCC, para o cargo de Procurador do Estado de Mato Grosso (PGE/MT), em 2016: *"No que concerne às limitações do poder de tributar, à luz da Constituição Federal e da jurisprudência do STF, não estão imunes à incidência do IPVA veículos de propriedade da Empresa de Correios e Telégrafos, independentemente de serem utilizados no exercício de atividades em regime de exclusividade ou em concorrência com a iniciativa privada"*.

> **EMENTA:** TRIBUTÁRIO. IMUNIDADE RECÍPROCA DA EMPRESA BRASILEIRA DE CORREIOS E TELÉGRAFOS. IPVA. **1.** A jurisprudência do STF orienta-se no sentido de que a imunidade recíproca deve ser reconhecida em favor da ECT, ainda que o patrimônio, renda ou serviço desempenhado pela Entidade não esteja necessariamente relacionado ao privilégio postal. **2.** Especificamente com relação ao IPVA, cumpre reafirmar o quanto assentado na ACO n. 789/PI, redator para o acórdão o Ministro Dias Toffoli, ocasião na qual foi confirmada a outorga da imunidade recíproca para o fim de afastar a incidência sobre os veículos de propriedade da requerente. **3.** Ação Cível Originária julgada procedente. **(ACO 879, rel. Min. Marco Aurélio, rel. p/ ac. Min. Roberto Barroso, Pleno, j. em 26-11-2014)**

Ademais, em 9 de setembro de **2014**, em juízo de cognição sumária, havia sido publicada a decisão monocrática prolatada nos autos da **Ação Cível Ordinária** (ACO) **n. 2.470/DF**, de relatoria da Min. Rosa Weber, deferindo-se em parte a antecipação da tutela pleiteada para a ECT contra o Estado da Bahia. *In casu*, a medida visava, em síntese, (I) autorizar o emplacamento dos veículos da ECT no Estado da Bahia, adquiridos e de aquisição futura, sem a cobrança de **IPVA**; e (II) garantir aos veículos emplacados nessas condições a expedição de todos documentos que certifiquem a propriedade e garantam a livre circulação para o desempenho das atividades da ECT, devendo o Estado da Bahia se abster de adotar quaisquer providências sancionatórias pelo não recolhimento do IPVA. Em 4 de novembro de **2015**, foi publicada a decisão monocrática da Ministra Relatora Rosa Weber, julgando procedente o pedido deduzido, para declarar a inexistência do dever jurídico de recolhimento, pela ECT, do IPVA no Estado da Bahia, em face da imunidade tributária recíproca. O trânsito em julgado da decisão se deu em 17 de novembro de **2015**.

Já no âmbito do **ICMS**, em 29 de outubro de **2015**, o Pleno do **STF**, na **Ação Cível Originária** (ACO) **1.095** (rel. Min. Rosa Weber), entendeu que é indevida a cobrança de **ICMS** (pelo Estado de Goiás) incidente sobre o serviço de transporte de encomendas realizado pela ECT. A propósito, em março de 2008, no início do litígio, o **STF** havia concedido a então "tutela antecipada"[54], baseando-se na tese da garantia da imunidade tributária recíproca para a ECT, sob o influxo do paradigmático (e já mencionado) **RE 407.099 (rel. Min. Carlos Velloso, 2ª T., j. em 22-06-2004)**. Frise-se que este julgado serviu de lastro para a manutenção dessa orientação intelectiva do **STF** em várias outras oportunidades[55].

Em breve retrospecto histórico, no bojo do tema da "imunidade tributária da ECT e o ICMS", recorde-se que, em 5 de agosto de **2009**, após a reiteração da chancela da tese da imunidade recíproca para os Correios[56], o Pleno do **STF**, na **Arguição de Descumprimento de Preceito Fundamental** (ADPF) **n. 46**, de relatoria do Min. Marco Aurélio (rel. p/ ac. Min. Eros Grau) avançara significativamente na lapidação dos pertinentes conceitos de "serviço postal", "privilégio" e "monopólio":

EMENTA: (...) **1.** O serviço postal – conjunto de atividades que torna possível o envio de correspondência, ou objeto postal, de um remetente para endereço final e deter-

54. **Segue o precedente:** AgR na MC na ACO 1.095, rel. Min. Gilmar Mendes, Pleno, j. em 17-03-2008.

55. **Seguem os precedentes:** (I) AgR no AI 690.242, rel. Min. Ricardo Lewandowski, 1ª T., j. em 17-03-2009; **(II)** ACO 765, STF, rel. Min. Marco Aurélio, rel. p/ ac. Min. Menezes Direito, Pleno, j. em 13-05-2009; **(III)** ACO 789, rel. Min. Marco Aurélio, rel. p/ ac. Min. Dias Toffoli, Pleno, j. em 1º-09-2010; **(IV)** RE 601.392, rel. Min. Joaquim Barbosa, rel. p/ ac. Min. Gilmar Mendes, Pleno, j. em 28-02-2013.

56. **Seguem os precedentes:** (I) RE 354.897, rel. Min. Carlos Velloso, 2ª T., j. em 17-08-2004; **(II)** RE 398.630, rel. Min. Carlos Velloso, 2ª T., j. em 17-08-2004; **(III)** RE 424.227, rel. Min. Carlos Velloso, 2ª T., j. em 24-08-2004; **(IV)** RE 364.202, rel. Min. Carlos Velloso, 2ª T., j. em 05-10-2004; **(V)** AgR na ACO 765, rel. Min. Marco Aurélio, rel. p/ ac. Min. Joaquim Barbosa, Pleno, j. em 05-10-2006; **(VI)** AgR na ACO 811, rel. Min. Gilmar Mendes, Pleno, j. em 26-04-2007; **(VII)** RE 502.984, rel. Min. Celso de Mello, Pleno, j. em 17-08-2007; **(VIII)** ACO 959, rel. Min. Menezes Direito, Pleno, j. em 17-03-2008; **(IX)** ACO 819, rel. Min. Menezes Direito, Pleno, j. em 18-05-2009; **(X)** ACO 818, Pleno, rel. Min. Menezes Direito, Pleno, j. em 19-05-2009; e **(XI)** ACO 797, rel. Min. Eros Grau, Pleno, j. em 30-09-2009.

minado – não consubstancia atividade econômica em sentido estrito. Serviço postal é serviço público. **2.** A atividade econômica em sentido amplo é gênero que compreende duas espécies, o serviço público e a atividade econômica em sentido estrito. Monopólio é de atividade econômica em sentido estrito, empreendida por agentes econômicos privados. A exclusividade da prestação dos serviços públicos é expressão de uma situação de privilégio. Monopólio e privilégio são distintos entre si; não se os deve confundir no âmbito da linguagem jurídica, qual ocorre no vocabulário vulgar. **3.** A Constituição do Brasil confere à União, em caráter exclusivo, a exploração do serviço postal e o correio aéreo nacional [art. 20, X]. **4.** O serviço postal é prestado pela Empresa Brasileira de Correios e Telégrafos – ECT, empresa pública, entidade da Administração Indireta da União, criada pelo DL n. 509, de 10 de março de 1969. **5.** É imprescindível distinguirmos o regime de privilégio, que diz com a prestação dos serviços públicos, do regime de monopólio sob o qual, algumas vezes, a exploração de atividade econômica em sentido estrito é empreendida pelo Estado. **6.** A ECT deve atuar em regime de exclusividade na prestação dos serviços que lhe incumbem em situação de privilégio, o privilégio postal. **7.** Os regimes jurídicos sob os quais em regra são prestados os serviços públicos importam em que essa atividade seja desenvolvida sob privilégio, inclusive, em regra, o da exclusividade. (...) **(ADPF 46, rel. Min. Marco Aurélio, rel. p/ ac. Min. Eros Grau, Pleno, j. em 05-08-2009)**

Ainda no plano retrospectivo, em 12 de novembro de **2014**, o Pleno do **STF** (**RE 627.051**, rel. Min. Dias Toffoli) acabou por evidenciar que "*não incide o **ICMS** sobre o serviço de transporte de bens e mercadorias realizado pela Empresa Brasileira de Correios e Telégrafos – ECT*". Destacou-se, na ocasião, que a ECT não é uma empresa de transporte privado e que, quanto ao serviço postal, em sua destinação e função, há a *incindibilidade* de suas fases (recebimento e entrega de correspondências/encomendas + transporte)[57].

Dois dias após, em 14 de novembro de **2014**, o Pleno do **STF**, nas **Ações Cíveis Originárias – ACOs n. 958 e 865** (rel. Min. Luiz Fux), também reconheceu a imunidade tributária da ECT para evitar a incidência do ICMS pretendido pelo Distrito Federal, em função da circulação de mercadorias. Reafirmando a tese da imunidade recíproca, com olhos voltados para o veredicto inserto na *ADPF n. 46/2009*, o Min. Relator Luiz Fux repisou, ainda, o entendimento firmado pelo Plenário desta Corte, em 28 de fevereiro de 2013, no julgamento do emblemático *RE 601.392*, já mencionado em tópico anterior, no qual se discutiu a possível incidência de ISS sobre serviços não tipicamente postais, prestados pela ECT em regime de concorrência.

57. É curioso notar que, em 23 de outubro de **2014**, a 2ª Turma do **STJ**, no **RMS 46.170/MS** (rel. Min. Humberto Martins), entendera que a instituição assistencial/educacional sem fins lucrativos, franqueada da ECT não deve desfrutar da imunidade tributária quanto ao ICMS, uma vez que "*a atividade econômica franqueada dos Correios foge dos fins institucionais da entidade, ou seja, o serviço prestado não possui relação com seus trabalhos na área de assistência social, ainda que o resultado das vendas seja revertido em prol das suas atividades essenciais*".

Passados outros quatro dias, em 18 de novembro de **2014**, a 1ª Turma do **STF**, na **Ação Cível Originária** (**ACO**) **1.331** (rel. Min. Luiz Fux), reconheceu a imunidade recíproca, quanto ao ICMS, para os Correios (ECT), ratificando a orientação adotada pelo Pleno do STF na retrocitada *ADPF n. 46/2009*.

Já em **2015**, alguns veredictos foram exarados. Em 12 de março de **2015**, o Pleno do **STF**, no **RE 868.853/PR** (rel. Min. Cármen Lúcia), reconheceu a imunidade recíproca, quanto ao ICMS, para os Correios (ECT), ratificando a orientação adotada pelo Pleno do STF no retrocitado *RE 627.051* (com repercussão geral).

Em 18 de dezembro de **2015**, o Pleno do **STF**, no **Agravo Regimental na Ação Cível Originária (ACO-AgR) 1.454** (rel. Min. Teori Zavascki), reconheceu a imunidade recíproca, quanto ao ICMS, para os Correios (ECT), "mesmo quando relacionada às atividades em que a empresa não age em regime de monopólio", ratificando a orientação adotada pelo Pleno do STF, ainda no retrocitado *RE 627.051* (com repercussão geral).

Como se pôde notar, o **STF**, desde **2004**, vem produzindo, copiosamente, veredictos favoráveis à imunidade recíproca para a ECT[58].

No geral, percebe-se que a Corte Suprema vem enaltecendo a necessidade de se distinguirem, para efeitos de tratamento normativo, as *empresas públicas prestadoras de serviço público* e as *empresas públicas exploradoras de atividade econômica em sentido estrito* (*sem monopólio*) – estas últimas, a seu entender, sujeitas ao regime próprio das empresas privadas, incluindo as obrigações trabalhistas e tributárias (art. 173, § 1º, II, CF).

Curiosamente, em fevereiro de **2007**, o **STF**, na **Ação Cautelar n. 1.550-2**, movida pela *Companhia de Águas e Esgotos de Rondônia* (**CAERD**) – uma sociedade de economia mista prestadora de serviço público de saneamento básico (abastecimento de água e esgotos sanitários) – contra o Município de Guajará-Mirim, entendeu que a imunidade recíproca deveria alcançar a autora da Ação, sob a mesma linha argumentativa utilizada para a extensão da imunidade recíproca aos Correios.

Aliás, segundo Roque Antonio Carrazza[59], citado no acórdão, "as empresas públicas e as sociedades de economia mista, quando delegatárias de serviços públicos ou de atos de polícia, são tão imunes aos impostos quanto as próprias pessoas políticas, a elas se aplicando, destarte, o *princípio da imunidade recíproca*".

O Ministro **Gilmar Mendes**, relator do processo, comentando a decisão contra a qual foi ajuizada a ação, manifestou-se da seguinte forma: "*(...) o acórdão objeto do recurso extraordinário parece claramente afrontar jurisprudência desta Corte firmada no julgamento do RE 407.099/2004 (...) e a CAERD, de acordo com a jurisprudência*

58. **A guisa de complemento, seguem alguns julgados acerca da imunidade tributária para a ECT, após 2013:** (**I**) ED no AgR na ACO 819, rel. Min. Dias Toffoli, Pleno, j. em 23-05-2013; (**II**) ACO 912, rel. Min. Ricardo Lewandowski, Pleno, j. em 26-11-2013; e (**III**) AgR na ACO 803, rel. Min. Celso de Mello, Pleno, j. em 26-11-2014.

59. CARRAZZA, Roque Antonio. *Curso de direito constitucional tributário*, 24. ed., p. 729.

deste Tribunal, está abrangida pela imunidade tributária prevista no art. 150, inciso VI, 'a', da Constituição".

Fazendo referência à doutrina abalizada[60], o eminente julgador demonstra que às empresas estatais prestadoras de serviços públicos não se aplica a vedação do art. 150, § 3º, do texto constitucional – a ser detalhado em tópico ulterior –, mas, sim, a imunidade recíproca.

No presente caso, a CAERD não desempenha atividade econômica, própria das empresas privadas, porquanto está a cumprir as metas das políticas de saneamento do Poder Público, ou seja, um *munus* público-estatal, tendente à execução de uma atividade-obrigação do Estado, qual seja, o saneamento básico.

Por fim, em agosto de **2007**, o **STF** estendeu a imunidade recíproca à **INFRAERO**, afastando-lhe a incidência do **ISS** do Município de Salvador. Acompanhe a didática ementa do julgado:

> **EMENTA:** INFRAERO. EMPRESA PÚBLICA FEDERAL VOCACIONADA A EXECUTAR, COMO ATIVIDADE-FIM, EM FUNÇÃO DE SUA ESPECÍFICA DESTINAÇÃO INSTITUCIONAL, SERVIÇOS DE INFRAESTRUTURA AEROPORTUÁRIA. MATÉRIA SOB RESERVA CONSTITUCIONAL DE MONOPÓLIO ESTATAL (CF, ART. 21, XII, "C") (...) CRIAÇÃO DA INFRAERO COMO INSTRUMENTALIDADE ADMINISTRATIVA DA UNIÃO FEDERAL, INCUMBIDA, NESSA CONDIÇÃO INSTITUCIONAL, DE EXECUTAR TÍPICO SERVIÇO PÚBLICO (LEI N. 5.862/1972). CONSEQUENTE EXTENSÃO, A ESSA EMPRESA PÚBLICA, EM MATÉRIA DE IMPOSTOS, DA PROTEÇÃO CONSTITUCIONAL FUNDADA NA GARANTIA DA IMUNIDADE TRIBUTÁRIA RECÍPROCA (CF, ART. 150, VI, "A"). O ALTO SIGNIFICADO POLÍTICO-JURÍDICO DESSA GARANTIA CONSTITUCIONAL, QUE TRADUZ UMA DAS PROJEÇÕES CONCRETIZADORAS DO POSTULADO DA FEDERAÇÃO. IMUNIDADE TRIBUTÁRIA DA INFRAERO, EM FACE DO ISS, QUANTO ÀS ATIVIDADES EXECUTADAS NO DESEMPENHO DO ENCARGO, QUE, A ELA OUTORGADO, FOI DEFERIDO, CONSTITUCIONALMENTE, À UNIÃO FEDERAL (...). A INFRAERO, que é empresa pública, executa, como atividade-fim, em regime de monopólio, serviços de infraestrutura aeroportuária constitucionalmente outorgados à União Federal, qualificando-se, em razão de sua específica destinação institucional, como entidade delegatária dos serviços públicos a que se refere o art. 21, inciso XII, alínea "c", da Lei Fundamental, o que exclui essa empresa governamental, em matéria de impostos, por efeito da imunidade tributária recíproca (CF, art. 150, VI, "a"), do poder de tributar dos entes políticos em geral. Consequente inexigibilidade, por parte do Município tributante, do ISS referente às atividades executadas pela Infraero na prestação dos serviços públicos de infraestrutura aeroportuária e daquelas necessárias à realização dessa atividade-fim. O alto significado político-jurídico

60. Nesse sentido, ver os seguintes doutrinadores: (I) MELLO, Celso Antonio Bandeira. *Curso de direito administrativo*, 13. ed., p. 178; (II) DALLARI, Adilson. Imunidade de estatal delegada de serviço público. *Revista de Direito Tributário*, n. 65, 1995, pp. 22-41; (III) GRAU, Eros Roberto. Empresas estatais ou estado empresário. *In:* MELLO, Celso Antonio Bandeira (Coord.). *Curso de direito administrativo*. São Paulo: RT, 1986, pp. 105-107.

da imunidade tributária recíproca, que representa verdadeira garantia institucional de preservação do sistema federativo. (...) Inaplicabilidade, à Infraero, da regra inscrita no art. 150, § 3º, da Constituição. A submissão ao regime jurídico das empresas do setor privado, inclusive quanto aos direitos e obrigações tributárias, somente se justifica, como consectário natural do postulado da livre concorrência (CF, art. 170, IV), se e quando as empresas governamentais explorarem atividade econômica em sentido estrito, não se aplicando, por isso mesmo, a disciplina prevista no art. 173, § 1º, da Constituição, às empresas públicas (caso da Infraero), às sociedades de economia mista e às suas subsidiárias que se qualifiquem como delegatárias de serviços públicos. **(RE-AgR 363.412/BA, 2ª T., rel. Min. Celso de Mello, j. em 07-08-2007)**

Em 31 de maio de **2010**, o Ministro Luiz Fux, julgando questão análoga, ligada à exigência do **ISS** do Município de Vitória/ES sobre a **INFRAERO**, demonstrou que o **STJ** estava propenso a acompanhar o **STF**. Note um pequeno trecho da ementa:

EMENTA: (...) 1. As sociedades de economia mista e empresas públicas que prestam serviços públicos em caráter de exclusividade devem receber o mesmo tratamento conferido às autarquias, eis que, de forma reflexa, integram o conceito de Fazenda Pública. Precedente do STF. 2. A INFRAERO foi criada pela Lei n. 5.862/72, sob a forma de empresa pública, tendo por objeto implantar e administrar a infraestrutura aeroportuária, serviço público que, nos termos do art. 21, XII, alínea "c", da CF, é de competência exclusiva da União Federal. 3. Por se tratar de empresa pública que presta serviço público em caráter de exclusividade, está abrangida pela imunidade recíproca, sendo vedado ao Município cobrar imposto sobre os serviços prestados visando o atendimento da finalidade para a qual foi criada. (...)" **(REsp 1.190.088, rel. Min. Luiz Fux, j. em 31-05-2010)**

Ainda quanto à **INFRAERO**, vale destacar que o **STF**, no **RE 601.720** (rel. Min. Marco Aurélio), em **19 de abril de 2017**, apreciando o Tema 437 da repercussão geral, entendeu por maioria que "incide o IPTU, considerado imóvel de pessoa jurídica de direito público cedido a pessoa jurídica de direito privado, devedora do tributo".

O caso se referiu à possível tributação do IPTU sobre um imóvel de propriedade de ente público (INFRAERO), concedido à empresa privada exploradora de atividade econômica com fins lucrativos (Concessionária de Veículos – *BARRAFOR-RJ*).

De um lado, enfatizou-se que o IPTU deve ser visto como um "custo operacional", peculiar a todos que exercem a atividade econômica. O afastamento do ônus, mediante a prevalência da imunidade recíproca, implica desrespeito ao *princípio da livre concorrência* (CF, art. 170, IV). Nessa linha de pensamento, uma vez detectada a atividade econômica, há de prevalecer a tributação, já que nem mesmo as pessoas jurídicas de direito público gozam da benesse constitucional (CF, art. 150, § 3º). Por fim, destacou-se que a imunidade recíproca não existe para proteger empresa privada que, atuando livremente no desenvolvimento de atividade econômica, pretenda usufruir vantagem advinda da utilização de bem público.

Em linha argumentativa oposta, destacou-se que o particular concessionário de uso de bem público não poderia ser eleito, por força de lei municipal, o sujeito passivo de obrigação tributária referente ao imposto, porquanto sua posse seria precária e desdobrada. Com efeito, a situação avoca o resgate dos limites conceituais do fato gerador do IPTU, adstrito à propriedade, ao domínio útil e à posse (*ad usucapionem*) de bem imóvel. Ademais, "acende os radares" para algumas dúvidas fulcrais, a nosso ver, ainda insuficientemente enfrentadas:

(1) A posse precária é fato gerador do IPTU?;

(2) Podem ser contribuintes do IPTU os "meros detentores de terras públicas", desprovidos do ânimo de domínio?;

(3) O pacto federativo e a proibição de vantagem concorrencial – linhas intelectivas que embasaram essencialmente os votos vencedores – podem se sobrepor ao princípio da legalidade tributária (sujeição passiva – estrita legalidade – art. 97, III, parte final, CTN)?;

(4) A destinação do imóvel pode se sobrepor ao aspecto material do fato gerador do tributo? Tal destinação, se econômico-lucrativa ou não, pode ser considerada um fator relevante para a subsunção tributária? Em caso negativo, haver-se-ia, mesmo assim, de se cogitar de incidência tributária e do consequente nascimento da obrigação tributária?

(5) A interpretação adotada pelo STF baseia-se em método hermenêutico consentâneo com os elementos fundantes da Carta Magna?

Não obstante o grau de hesitação e incertezas que o tema encerra, o STF entendeu que, se o imóvel é público (imune), mas é ocupado por entidade não imune, a qual visa ao lucro, deverá haver a normal tributação do IPTU (no caso, pelo Município do Rio de Janeiro). Foram vencidos os ministros Edson Fachin (relator) e Celso de Mello, que negaram provimento ao recurso. Em 7 de novembro de **2018**, houve o trânsito em julgado da decisão.

Ad argumentandum, na linha do que foi decidido no julgamento do RE 601.720/RJ, no mesmo dia (em **19-04-2017**), o **STF**, no **RE 434.251/RJ** (rel. orig. Min. Joaquim Barbosa), deu provimento ao recurso extraordinário, vencido o Ministro Dias Toffoli, e entendeu por maioria pela inaplicabilidade da salvaguarda constitucional, no âmbito do IPTU, quando se tratar de bem imóvel da União, cedido a empreendimento privado explorador de atividade econômica (*DISBARRA* – Distribuidora Barra de Veículos Ltda.)

Em **2010** e **2011**, presenciaram-se **dois** casos no **STF**, ligados à possível imunidade de impostos para *sociedades de economia mista*. Um deles se referiu ao **IPTU** exigível sobre o patrimônio imobiliário da **CODESP** (*Companhia Docas do Estado de São Paulo*), uma sociedade incumbida de executar, como atividade-fim, em virtude de sua específica destinação institucional, serviços de administração de porto marítimo – uma matéria sob reserva constitucional de monopólio estatal (art. 21, XII, "f", CF). Observe a ementa:

> **EMENTA:** CODESP (...) POSSIBILIDADE DE A UNIÃO FEDERAL OUTORGAR, A UMA EMPRESA GOVERNAMENTAL, O EXERCÍCIO DESSE ENCARGO, SEM QUE ESTE PERCA O ATRIBUTO DE ESTATALIDADE QUE LHE É PRÓPRIO – OPÇÃO CONSTITUCIONALMENTE LEGÍTIMA – CODESP COMO INSTRUMENTALIDADE ADMINISTRATIVA DA UNIÃO FEDERAL, INCUMBIDA, NESSA CONDIÇÃO INSTITUCIONAL, DE EXECUTAR TÍPICO SERVIÇO PÚBLICO – CONSEQUENTE EXTENSÃO, A ESSA EMPRESA GOVERNAMENTAL, EM MATÉRIA DE IMPOSTOS, DA PROTEÇÃO CONSTITUCIONAL FUNDADA NA GARANTIA DA IMUNIDADE TRIBUTÁRIA RECÍPROCA (CF, ART. 150, VI, "a") – O ALTO SIGNIFICADO POLÍTICO-JURÍDICO DESSA GARANTIA CONSTITUCIONAL, QUE TRADUZ UMA DAS PROJEÇÕES CONCRETIZADORAS DO POSTULADO DA FEDERAÇÃO – IMUNIDADE TRIBUTÁRIA DA CODESP, EM FACE DO IPTU, QUANTO ÀS ATIVIDADES EXECUTADAS NO DESEMPENHO DO ENCARGO, QUE, A ELA OUTORGADO, FOI DEFERIDO, CONSTITUCIONALMENTE, À UNIÃO FEDERAL – DOUTRINA, JURISPRUDÊNCIA e PRECEDENTES DO STF – EMBARGOS DE DECLARAÇÃO REJEITADOS. A CODESP, que é sociedade de economia mista, executa, como atividade-fim, em regime de monopólio, serviços de administração de porto marítimo constitucionalmente outorgados à União Federal, qualificando-se, em razão de sua específica destinação institucional, como entidade delegatária dos serviços públicos a que se refere o art. 21, inciso XII, alínea "f", da Lei Fundamental, o que exclui essa empresa governamental, em matéria de impostos, por efeito da imunidade tributária recíproca (CF, art. 150, VI, "a"), do poder de tributar dos entes políticos em geral, inclusive o dos Municípios. – Consequente inexigibilidade, por parte do Município tributante, do IPTU referente às atividades executadas pela CODESP na prestação dos serviços públicos de administração de porto marítimo e daquelas necessárias à realização dessa atividade-fim. (...) **(ED-ED no RE 265.749, rel. Min. Celso de Mello, 2ª T., j. em 28-06-2011)**

O outro caso se referiu à exigência de impostos estaduais pelo Rio Grande do Sul de **quatro entidades hospitalares** – a saber, **Hospital Nossa Senhora da Conceição S.A., Hospital Cristo Redentor S.A., Hospital Fêmina S.A. e Grupo Hospital Conceição S.A. (GHC)** –, que se apresentavam como sociedades de economia mista prestadoras de ações e serviços de saúde, com capital social majoritariamente estatal. Observe a ementa:

Note o item considerado **INCORRETO**, em prova realizada pela FCC, para o cargo de Auditor Fiscal da Receita Estadual (SEGEP/MA), em 2016: "*De acordo com as regras constitucionais atinentes às limitações do poder de tributar, é vedado aos Municípios, instituir e cobrar o ISS sobre a prestação de serviço de saúde por hospitais de propriedade de entidade de economia mista, que cobra pelos serviços que presta, e cuja maior parte do capital pertence ao Estado*".

EMENTA: CONSTITUCIONAL. TRIBUTÁRIO. RECURSO EXTRAORDINÁRIO. REPERCUSSÃO GERAL. IMUNIDADE TRIBUTÁRIA RECÍPROCA. SOCIEDADE DE ECONOMIA MISTA. SERVIÇOS DE SAÚDE. 1. A saúde é direito fundamental de todos e dever do Estado (arts. 6º e 196 da CF). Dever que é cumprido por meio de ações e serviços que, em face de sua prestação pelo Estado mesmo, se definem como de natureza pública (art. 197 da Lei das leis). 2. A prestação de ações e serviços de saúde por sociedades de economia mista corresponde à própria atuação do Estado, desde que a empresa estatal não tenha por finalidade a obtenção de lucro. 3. As sociedades de economia mista prestadoras de ações e serviços de saúde, cujo capital social seja majoritariamente estatal, gozam da imunidade tributária prevista na alínea "a" do inciso VI do art. 150 da CF. 3. Recurso extraordinário a que se dá provimento, com repercussão geral. **(RE 580.264, Repercussão Geral, rel. Min. Joaquim Barbosa; rel. p/ Ac. Min. Ayres Britto, Pleno, j. em 16-12-2010)**

Em ambos os casos, prevaleceu a imunidade, homenageando-se as razões até aqui expendidas.

Frise-se que, em 3 de junho de **2013**, o Relator do **RE 610.517/RJ**, Ministro Celso de Mello, proferiu decisão monocrática estendendo a imunidade tributária recíproca, no âmbito do ISS, à **Casa da Moeda do Brasil (CMB)**. Tal empresa estatal mostra-se como uma *empresa pública federal*, dedicada à execução de serviços de *emissão de moeda*, sob a outorga da União, a quem foi constitucionalmente deferido, em regime de monopólio, o indigitado encargo (art. 21, VII, CF). Daí não remanescer dúvida de que tal empresa governamental é **delegatária de serviço público** e, *ipso facto*, prestadora de típico serviço público, titularizando interesses públicos. O presente *decisum* corrobora, salvo posterior juízo, a linha de entendimento adotada pela Corte Suprema para casos assemelhados, *e.g.*, ECT, INFRAERO, CAERD e CODESP. Em 23 de setembro de **2014**, foi publicada a decisão da 2ª Turma, na qual, por votação unânime, negou-se provimento ao *agravo regimental* interposto. Assim, mantiveram-se, na integralidade, os termos do voto do Relator, garantindo-se a proteção imunitória à *Casa da Moeda do Brasil* (CMB).

Note o item considerado **CORRETO**, em prova realizada pelo TRF, para o cargo de Juiz Federal Substituto (TRF/3ª Região), em 2016: "*A imunidade recíproca prevista para as pessoas políticas alcança empresas públicas e sociedades de economia mista delegatárias de serviços públicos que atuam em regime de monopólio*".

Em 17 de outubro de **2018**, o Pleno do **STF** deu provimento ao **RE 928.902/SP** (rel. Min. Alexandre de Moraes), para extinguir a execução de IPTU incidente sobre imóveis pertencentes à União (propriedade fiduciária), oferecidos ao *Programa de Arrendamento Residencial* (PAR), administrado e operacionalizado pela Caixa Econômica Federal (CEF). Como a União optou por não gerir o PAR por meio de sua Administração Direta, transferiu a sua administração e a operacionalização à CEF. Frise-se que essa empresa pública federal, ao assumir a tarefa que lhe foi delegada por lei, não está explorando atividade econômica, mas apenas prestando um serviço público, com vistas à consecução de direito fundamental (moradia). Com efeito, para o STF, "*o PAR representa política habitacional da União, tendo a finalidade de garantir a efetividade do direito à moradia e a redução da desigualdade social. Trata-se do legítimo exercício de competências governamentais, mesmo que a CEF seja instrumento de sua execução. Não existe nenhuma natureza comercial ou prejuízo à livre concorrência*". Diante do exposto, foi fixada a seguinte tese: "Os bens e direitos que integram o patrimônio do fundo vinculado ao Programa de Arrendamento Residencial (PAR), criado pela Lei 10.188/2001, beneficiam-se da imunidade tributária prevista no art. 150, VI, 'a', da Constituição Federal".

Em 5 de junho de **2014**, o Plenário do **STF** iniciou julgamento de recurso extraordinário em que se discute a aplicação da imunidade tributária recíproca à *Companhia de Saneamento Básico do Estado de São Paulo* – **SABESP (RE 600.867-SP**, rel. Min. Joaquim Barbosa). *In casu*, o Município de Ubatuba pretendeu exigir o **IPTU** sobre o patrimônio imobiliário da mencionada *sociedade de economia mista*. Em 2011, já havia sido reconhecida a repercussão geral para a matéria suscitada.

A SABESP, apesar de criada com o objetivo de planejar, executar e operar serviços públicos de saneamento básico em todo o Estado de São Paulo, possui personalidade jurídica de direito privado. A questão de fundo consiste em saber se a *imunidade recíproca* se aplica a uma entidade cuja composição acionária, objeto de negociação em Bolsas de Valores, revela objetivo de distribuição de lucros a investidores públicos e privados. Em tempo, recorde-se que o art. 173, § 2º, da CF veda às sociedades de economia mista o gozo de privilégios fiscais não extensivos às empresas do setor privado.

Com efeito, está-se diante de sociedade cuja participação acionária, em agosto de 2011, era dispersa entre o Estado de São Paulo (50,3%), investidores privados em mercado nacional (22,6% – Bovespa) e investidores privados em mercado internacional (27,1% – *New York Stock Exchange* – NYSE). Desse modo, a atividade em cotejo está aberta ao mercado, não sendo monopolizada pelo Estado.

Em **29 de junho de 2020**, foi finalizado o julgamento virtual, com a análise de mérito do tema com repercussão geral, negando-se provimento ao recurso extraordinário, nos termos do voto do ex-Ministro Joaquim Barbosa (Relator). Em **25 de agosto de 2020**, o Tribunal, por unanimidade, fixou a seguinte tese de repercussão geral (Tema 508): "*Sociedade de economia mista, cuja participação acionária é nego-*

ciada em Bolsas de Valores, e que, inequivocamente, está voltada à remuneração do capital de seus controladores ou acionistas, não está abrangida pela regra de imunidade tributária prevista no art. 150, VI, 'a', da Constituição, unicamente em razão das atividades desempenhadas".

Em idêntica trilha, em 23 de outubro de **2013**, o Relator da **ACO n. 2.243/DF**, Ministro Dias Toffoli, concedeu a antecipação dos efeitos da tutela para reconhecer à *Companhia de Saneamento de Alagoas* – **CASAL** a imunidade tributária quanto a impostos. A entidade – prestadora de serviço público essencial de abastecimento de água e tratamento de esgoto, fora da livre exploração e concorrência – é uma sociedade de economia mista, todavia o Estado de Alagoas detém sobre ela uma participação acionária de 99%, revestindo-a de estatalidade. Em 2 de fevereiro de **2016**, o ministro relator prolatou a decisão definitiva, em voto bastante didático, reconhecendo à CASAL "o direito à imunidade de impostos sobre patrimônio, renda ou serviços 'vinculados a suas finalidades essenciais ou às delas decorrentes' (art. 150, § 2º, da CF), excluídas da imunização eventuais patrimônio, renda e serviços que visem exclusivamente ao aumento patrimonial da autora".

Mais recentemente, a Corte Suprema voltou a enfrentar um importante caso sobre a imunidade recíproca e a sociedade de economia mista.

Em **6 de abril de 2017**, o **STF**, no **RE 594.015/SP** (rel. Min. Marco Aurélio), apreciando o Tema 385 da repercussão geral e por maioria, entendeu que "a imunidade recíproca, prevista no art. 150, VI, 'a', da Constituição não se estende a uma empresa privada arrendatária de imóvel público, quando seja ela exploradora de atividade econômica com fins lucrativos. Nessa hipótese é constitucional a cobrança do IPTU pelo Município".

O caso se referiu à possível tributação do IPTU sobre um imóvel de propriedade de ente público (*Petróleo Brasileiro S.A.* – PETROBRAS), no Porto de Santos-SP, o qual estava arrendado a uma empresa privada que o utilizava com fins lucrativos.

Para o Min. Marco Aurélio, há de prevalecer a incidência do gravame, uma vez que a recorrente é sociedade de economia mista com capital social negociado na bolsa de valores, ou seja, é pessoa jurídica de direito privado com claro objetivo de auferir lucro. A seu ver, a defesa da imunidade em comento deflagraria uma violação ao *princípio da livre concorrência*, ao garantir um privilégio desarrazoado. Na mesma linha intelectiva, para o Min. Roberto Barroso, "entender que os particulares que fazem uso dos imóveis públicos para exploração econômica lucrativa não devam pagar IPTU significaria colocá-los em vantagem concorrencial em relação às outras empresas". E prosseguiu, afirmando que "o bem é formalmente público, mas materialmente privado, uma vez que o particular tem quase todas as prerrogativas do proprietário, não havendo precariedade da posse".

Em linha argumentativa oposta, o Min. Edson Fachin ressaltou que a posse, sem o *animus domini*, não representa o fato gerador do IPTU, sem contar o fato de que a União é a proprietária legítima do imóvel em cotejo. Daí a necessidade da manutenção da imunidade tributária.

Não obstante o grau de hesitação e incertezas, que o tema encerra – para o qual endereçamos as mesmas dúvidas apresentadas em tópico precedente (ver o julgamento do **RE 601.720**, quanto ao imóvel da INFRAERO cedido à *Concessionária Barrafor/* RJ), o STF entendeu que deve haver a incidência do IPTU, pelo Município de Santos-SP. Foram vencidos a ministra Carmen Lúcia (presidente) e os ministros Celso de Mello e Edson Fachin, que davam provimento ao recurso. Em 22 de outubro de **2018**, houve o trânsito em julgado da decisão.

Diante do exposto – e ressalvadas as lacunas e hesitações que afetam os veredictos peculiares a esse sofisticado tema –, entendemos que as *empresas públicas* e as sociedades de economia mista deverão recolher os impostos, como regra, exceto no caso de desempenharem atividades na função exclusiva de Estado, o que lhes assegura os efeitos protetores da *imunidade recíproca*.

4.1.3 A imunidade recíproca e os impostos indiretos

É cediço que os *impostos diretos* não devem incidir sobre os entes públicos[61], por força do manto protetor da norma imunizante. Essa é a razão por que não haverá, por exemplo, a incidência de IPTU sobre a propriedade de bem imóvel da União, de IPVA sobre a propriedade de veículo automotor de Município, ou, mesmo, de IR sobre a remessa de juros para o exterior, feita por Estado-membro, em virtude de contrato de mútuo (ver **Emb-RE 79.157/PR, Pleno, rel. Min. Leitão de Abreu, j. em 30-08-1979**).

De outra banda, é igualmente sabido que a relação entre a imunidade recíproca e os *impostos indiretos* é de todo intrincada.

Há décadas, a questão da imunidade recíproca perante os impostos indiretos (ICMS e IPI, basicamente) se apresenta assaz tormentosa. Sua solução depende da maneira como se observa o fenômeno da *repercussão tributária* nos ditos *impostos indiretos*, atribuindo-se-lhe *relevância jurídica* ou *relevância econômica*.

Como é cediço, o fenômeno da repercussão tributária (ou traslação) envolve dois contribuintes, no âmbito dos *impostos indiretos*: o contribuinte de direito (*de jure*) e o contribuinte de fato (*de facto*). Aquele procede à recolha do imposto, diante da realização do fato gerador; este absorve o impacto da imposição tributária.

No estudo da matéria, destacam-se **dois** métodos interpretativos:

1ª Interpretação de cunho substancial: esta interpretação privilegia o fenômeno da repercussão tributária na dimensão econômica, havendo a incidência tributária de acordo com a localização do ente político, como contribuinte de direito ou como contribuinte de fato.

61. *V.* TORRES, Ricardo Lobo. *Tratado de direito constitucional financeiro e tributário*, v. III, p. 233.

Quem a defende – Aliomar Baleeiro, Geraldo Ataliba e outros – vislumbra a repercussão tributária na perspectiva exclusivamente econômica, despida de conteúdo jurídico. Note o esquema gráfico:

Interpretação de Cunho Substancial	
Se o ente político se apresenta como (...)	
(...) Contribuinte de Direito	INCIDE
(...) Contribuinte de Fato	NÃO INCIDE

2ª Interpretação de cunho formal: esta interpretação não privilegia o fenômeno da repercussão tributária na perspectiva econômica, mas a considera, ao contrário e com exclusivismo, na dimensão jurídica. Na verdade, se a dimensão jurídica não fosse crível, a própria Carta Magna não teria tratado de institutos jurídicos que avocam a relevância jurídica, quais sejam, o princípio da não cumulatividade, o princípio da seletividade, entre outros.

Nesse modo de ver, a figura do contribuinte de fato é estranha à relação jurídico-tributária. Desponta, apenas, o contribuinte de direito, como verdadeiro e único integrante de tal relação.

Portanto, quem a defende – Regina Helena Costa[62], Paulo de Barros Carvalho[63], José Marcos Domingues de Oliveira[64] e Bilac Pinto – vislumbra a repercussão tributária na perspectiva exclusivamente jurídica, despida de conteúdo econômico. Note o esquema gráfico:

Interpretação de Cunho Formal	
Se o ente político se apresenta como (...)	
(...) Contribuinte de Direito	NÃO INCIDE
(...) Contribuinte de Fato	INCIDE

Em análise menos atenta, poder-se-ia assegurar que uma exegese razoável seria aquela que afasta todo tipo de imposto, independentemente de haver a presença de contribuinte de fato e/ou contribuinte de direito, em homenagem ao caráter ontológico da norma desonerativa, que prima pela ausência de capacidade contributiva dos entes políticos[65].

Em análise mais acurada, notar-se-á que a jurisprudência, de há muito, vem adotando uma interpretação bastante abrangente, no tratamento específico dos impostos indiretos, optando pela desoneração.

62. *V.* COSTA, Regina Helena. *Imunidades tributárias*, 2. ed., p. 148.
63. *V.* CARVALHO, Paulo de Barros. *Curso de direito tributário*, 16. ed., pp. 185-186.
64. *V.* OLIVEIRA, José Marcos Domingues de. *Capacidade contributiva*, p. 86.
65. *V.* COSTA, Regina Helena. *Imunidades tributárias*, 2. ed., p. 153.

EMENTA: IMUNIDADE TRIBUTÁRIA. IMPOSTO SOBRE PRODUTOS INDUSTRIALIZADOS E IMPOSTO DE IMPORTAÇÃO. ENTIDADE DE ASSISTÊNCIA SOCIAL. IMPORTAÇÃO DE "BOLSAS PARA COLETA DE SANGUE". A imunidade prevista no art. 150, VI, "c", da Constituição Federal, em favor das instituições de assistência social, abrange o *Imposto de Importação e o Imposto sobre Produtos Industrializados*, que incidem sobre bens a serem utilizados na prestação de seus serviços específicos. Jurisprudência do Supremo Tribunal Federal. Recurso não conhecido. **(RE 243.807/SP, 1ª T., rel. Min. Ilmar Galvão, j. em 15-02-2000; ver, ainda, o AgRg no AI n. 378.454/SP, 2ª T., rel. Min. Maurício Corrêa, j. em 15-02-2000) (Grifo nosso)**

A bem da verdade, o julgado acima não consegue revelar a oscilação de entendimento afeta ao tema, no **STF**. É que a **1ª Turma** entendia que o imposto indireto (ICMS) **deveria incidir**, pois seu ônus seria suportado pelo adquirente (contribuinte de fato), e não pela pessoa política alienante (entidade imune), prestigiando-se, assim, a interpretação de cunho formal. Já a **2ª Turma**, reiteradamente, posicionava-se pela **não incidência tributária**, entendendo que o imposto estaria onerando o patrimônio, a receita ou os serviços da entidade imune, em homenagem à interpretação de cunho substancial.

A divergência foi resolvida no julgamento dos **Embargos de Divergência no Recurso Extraordinário n. 210.251/SP**, de relatoria da eminente Ministra Ellen Gracie, com julgamento em 26-02-**2003**. O Pleno do **STF** decidiu, por maioria, que a imunidade prevista no art. 150, VI, "c", da CF aplica-se às operações de vendas de mercadorias fabricadas por entidades imunes, **impedindo a incidência de ICMS**, desde que o lucro obtido seja vertido na consecução da finalidade precípua da entidade. Exemplo: entidade beneficente que procede à venda de produtos variados em bazares filantrópicos não deverá ser alvo de incidência de ICMS.

A orientação adotada acima foi reiterada pelo Pleno do **STF**, nos **Embargos de Divergência nos Embargos Declaratórios no Recurso Extraordinário n. 186.175/SP**, de relatoria da eminente Ministra Ellen Gracie, com julgamento em 23-08-**2006**, conforme se nota da ementa:

EMENTA: O Plenário do Supremo Tribunal Federal, ao apreciar o RE 210.251 – EDv/SP, fixou entendimento segundo o qual as entidades de assistência social são imunes em relação ao ICMS incidente sobre a comercialização de bens por elas produzidos, nos termos do art. 150, VI, "c" da Constituição. Embargos de divergência conhecidos, mas improvidos.

Uma importante questão que se apresenta bastante problemática liga-se à possível suscitação da imunidade recíproca nos casos de aquisição de bens por entidades imunes. Este tema será tratado no tópico seguinte.

4.1.3.1 A aquisição de bens por entidades imunes e os impostos indiretos

De início, impende revelar que tem prevalecido, no plano jurisprudencial, a interpretação de cunho formal do fenômeno da repercussão tributária. Nessa medida, nas operações de vendas de bens por entidade imune, prevalecerá a imunidade tributária; nas operações de aquisição de bens, deverá haver a normal incidência do gravame.

Entende-se que deve haver a incidência quando a entidade política se coloca como contribuinte de fato, adquirindo o bem, pois tal entidade-compradora não estaria pagando o tributo, mas o preço do bem adquirido. O tributo é devido pela empresa-alienante, colocada, por lei, na condição de contribuinte de direito, o único ocupante do polo passivo da relação jurídico-tributária.

Tal raciocínio pode ser extraído do recorrente caso afeto à incidência de ICMS sobre energia elétrica consumida por entidade política. Exemplo: uma concessionária presta o serviço de fornecimento de energia elétrica (ou de telefonia) e se coloca na condição de contribuinte de direito do ICMS, devido nessas operações, ao Estado-membro. O ente político (Município, por exemplo) ostenta a condição de contribuinte de fato, pois é a entidade destinatária dos serviços, devendo pagar o preço do serviço, fixado por ato governamental, no qual está embutido o ICMS. Entende-se que o valor pago refere-se ao preço do serviço, e não ao imposto. A repercussão se define neste caso em uma "regra jurídica", com fundamento jurídico, e não em função das leis de mercado. Portanto, não cabe a alegação, por parte do Município, da imunidade recíproca, incidindo-se normalmente o gravame. Da mesma forma, viabiliza-se a restituição do gravame, com base no art. 166 do CTN, pois fácil será a verificação da transferência do encargo. A propósito, na restituição, pode a concessionária tomar a iniciativa de devolver ao usuário o valor tributário excedente, retificando-se as faturas, e, após, com a prova disso, pedir a restituição do que se pagou indevidamente. É o entendimento prevalecente no **STF**.

O **STF**, de há muito, adota esse modo de ver, entendendo desimportante a condição de "contribuinte de fato", possivelmente ocupada pelo ente imune.

Observe os entendimentos jurisprudenciais:

> **I. Em 1971: EMENTA:** IMPOSTO DE CONSUMO, ATUALMENTE IMPOSTO SOBRE PRODUTOS INDUSTRIALIZADOS. IMUNIDADE RECÍPROCA DAS ENTIDADES PÚBLICAS. Tal imunidade não afasta a incidência desse imposto na aquisição de mercadorias por aquelas entidades, porque, no caso, a relação jurídico-tributária é estranha à entidade pública, visto que a relação é formada pelo Fisco e o responsável legal pelo imposto ou vendedor da mercadoria. **(RE 67.814/SP, 2ª T., rel. Min. Antonio Neder, j. em 22-11-1971)**

> **II. Em 1972: EMENTA:** IMPOSTO DE CONSUMO SOBRE MERCADORIA VENDIDA A COMPRADOR COM IMUNIDADE TRIBUTÁRIA. Se a lei menciona, como contribuinte do imposto de consumo, o vendedor da mercadoria, não enseja a imunidade tributária, a que se referem o art. 31, V, "a", da Constituição de 1946 e o art. 20, III, "a", da

Constituição de 1967, e o fato de ser essa mercadoria vendida à União, Estado ou Município, porque o contribuinte, no caso, não é qualquer dessas entidades, mas o vendedor, que é pessoa jurídico-privada. Recurso não provido. **(RE 69.117/SP, 1ª T., rel. Min. Rodrigues Alckmin, j. em 31-10-1972)**

III. Em 1974: EMENTA: 1. CONSTITUIÇÃO DE 1967, art. 20, III, "a". Imunidade tributária recíproca outorgada às pessoas jurídicas de direito público interno. Não se estende à pessoa ou entidade privada que venda mercadoria àquelas outras. Não importa saber qual seja o contribuinte de fato, nem é relevante a repercussão; no caso, o direito é concedido tão somente à entidade pública indicada no texto constitucional. 2. Recurso extraordinário provido. **(RE 78.623/SP, 2ª T., rel. Min. Antonio Neder, j. em 17-06-1974)**

Regina Helena Costa[66] relata que, no passado, sobre o tema da imunidade recíproca e os impostos indiretos, houve notáveis debates, travados no **STF**, entre os Ministros Aliomar Baleeiro e Bilac Pinto, defensores de opiniões diametralmente opostas.

Sob a égide da Carta Magna de 1946, entendeu o **STF**, durante muitos anos, que deveria prevalecer a teoria da repercussão, em sua dimensão econômica, prestigiando-se a interpretação de cunho substancial. Assim, se o ente público figurasse na condição de contribuinte de fato, como adquirente de mercadoria de terceiros, não haveria tributo a ser pago. Observe algumas ementas ratificadoras do entendimento:

I. Em 1967: EMENTA: Sendo o imposto de consumo eminentemente indireto, que recai, afinal, sobre o comprador, de seu pagamento estão isentas as Caixas Econômicas, que gozam de imunidade tributária, em face do art. 2º, parágrafo único, do Dec. n. 24.427, de 19-06-1934, revigorado pelo Dec. n. 8.555, de 26-12-1945. Recurso ordinário provido. **(RMS 17.380/SP, 1ª T., rel. Min. Barros Monteiro, j. em 13-11-1967)**

II. Em 1968: EMENTA: IMPOSTO DE CONSUMO. PREFEITURA COMPRADORA DE PRODUTOS DESTINADOS EXCLUSIVAMENTE AO SEU SERVIÇO. IMUNIDADE. REPERCUSSÃO FISCAL. 1. Indevido o tributo, em razão da imunidade constitucional (CF de 1946, art. 31, V, "a"). (...) **(RMS 19.000/SP, 1ª T., rel. Min. Victor Nunes, j. em 17-06-1968)** (**Observação: ver, ainda:** RMS 16.627/MG, 1ª T., rel. Min. Barros Monteiro, j. em 24-10-1967; RE 68.215, 2ª T., rel. Min. Themístocles Cavalcanti, j. em 08-05-1969)

Em consequência desse pensamento, que desfrutou de prestígio à época, o ministro **Aliomar Baleeiro**, no **RE 68.450/SP**, concluiu que o ente público poderia se opor ao pagamento do imposto quando figurasse como contribuinte de fato[67]. Para

66. *V.* COSTA, Regina Helena. *Imunidades tributárias*, 2. ed., pp. 239-245.

67. *V.* BALEEIRO, Aliomar. *Limitações constitucionais ao poder de tributar*, 7. ed., p. 287.

o eminente tributarista, importava saber quem iria ter o patrimônio mutilado pelo imposto[68]. Note a ementa:

> **Em 1969: EMENTA:** IMUNIDADE RECÍPROCA. As unidades administrativas, imunes à tributação, e as empresas beneficiadas por isenção de todos os impostos federais podem, através de mandado de segurança ou outro remédio judicial idôneo, opor-se ao pagamento do imposto de consumo, exigido de fabricantes ou outros contribuintes "de jure" pelos fornecimentos que lhes façam. **(RE 68.450/SP, 1ª T., rel. Min. Aliomar Baleeiro, j. em 04-12-1969)**

De modo oposto, o ministro do **STF**, **Bilac Pinto**, relatou acórdão que se tornou célebre e paradigmático – o **RE 68.741/SP**, em **1970** –, entendendo que a figura do contribuinte de fato era estranha à relação tributária, não podendo alegar, a seu favor, a imunidade tributária. Observe a ementa:

> **EMENTA:** IMUNIDADE FISCAL RECÍPROCA. NÃO TEM APLICAÇÃO NA COBRANÇA DO IMPOSTO SOBRE PRODUTOS INDUSTRIALIZADOS. O CONTRIBUINTE DE IURE E O INDUSTRIAL OU PRODUTOR. Não é possível opor à forma jurídica a realidade econômica para excluir uma obrigação fiscal precisamente definida na lei. O contribuinte de fato é estranho à relação tributária e não pode alegar, a seu favor, a imunidade recíproca. **(RE 68.741/SP, 2ª T., rel. Min. Bilac Pinto, j. em 28-09-1970)**

Portanto, para Bilac Pinto, não se podia opor à forma jurídica a realidade econômica – como desejava Baleeiro, no bojo da interpretação econômica da repercussão tributária –, porquanto a relação tributária se estabelecia unicamente entre o poder tributante e o contribuinte "de direito" (ou responsável), nos termos da lei, prescindindo-se do binômio conceitual "contribuinte de direito *versus* contribuinte de fato".

O curioso é que o entendimento de Bilac Pinto sinalizou uma evolução no entendimento jurisprudencial do STF, que passou então a adotar a tese inversa[69], avocando para a repercussão tributária uma interpretação de cunho formal, ou seja, admitindo a incidência dos impostos indiretos nas compras de bens por entidades políticas imunes.

Urge destacar que, em **1976**, foi elaborada no **STF** a **Súmula n. 591**, que vem ao encontro do entendimento acima chancelado: "*A imunidade ou a isenção tributária do comprador não se estende ao produtor, contribuinte do IPI*".

Observa-se que o teor da súmula impõe que a entidade compradora, ainda que imune, na condição de pessoa política – ou qualquer outra entidade imune, constante das demais alíneas, *v.g.*, templos, entidades beneficentes etc. –, não o será nas aquisições de bens de vendedores ("produtores", na dicção da súmula, à luz do fato

---

68. Quanto à sustentação da tese, ver BALEEIRO, Aliomar. *Limitações constitucionais ao poder de tributar*, 7. ed., pp. 281-288.

69. *V.* TORRES, Ricardo Lobo. *Tratado de direito constitucional financeiro e tributário*, v. III, p. 233.

gerador do IPI), quando se colocarem como contribuintes do imposto, recaindo sobre eles o ônus tributário.

Note o pontual comentário de Paulo de Barros Carvalho[70]:

> Problema surge no instante em que se traz ao debate a aplicabilidade da regra que imuniza a impostos cujo encargo econômico seja transferido a terceiros... Predomina a orientação no sentido de que tais fatos não seriam alcançados pela imunidade, uma vez que os efeitos econômicos iriam beneficiar elementos estranhos ao Poder Público, refugindo do espírito da providência constitucional.

Por derradeiro, insta mencionar que, nos casos de importação de bens por entidade imune, o ICMS deverá ser afastado, à semelhança do imposto de importação, uma vez que o importador (*v.g.*, um órgão da União) se apresenta como contribuinte (art. 4º, parágrafo único, I, da LC n. 87/96), não havendo que se falar em repercussão tributária[71].

4.1.4 Análise do art. 150, § 3º, da Carta Magna

Existem alguns casos em que a imunidade recíproca deixa de ser aplicável. São eles:

a) patrimônio, renda ou serviços, relacionados com exploração de atividades econômicas regidas pelas normas aplicáveis a empreendimentos privados, ou em que haja contraprestação ou pagamento de **preços** ou tarifas pelo usuário;

> Note o item considerado **INCORRETO**, em prova realizada pela FCC, para o cargo de Analista Judiciário do TRF/3ª Região, em 2014: *"As autarquias e fundações públicas não são alcançadas pela imunidade recíproca de tributos quando prestadoras de serviço público remunerado por taxa ou tarifa"*.

b) os imóveis imunes objeto de contrato de compromisso irrevogável e irretratável de compra e venda.

Ambos decorrem do art. 150, § 3º, da Carta Magna. Observe o comando constitucional:

> **Art. 150. (...)**
>
> **§ 3º** As vedações do inciso VI, "a", e do parágrafo anterior não se aplicam ao patrimônio, à renda e aos serviços, relacionados com exploração de atividades econômicas

70. CARVALHO, Paulo de Barros. *Curso de direito tributário*, 16. ed., p. 185.

71. V. MACHADO, Hugo de Brito. *Comentários ao Código Tributário Nacional*. São Paulo: Atlas, 2003, v. I, pp. 187-188.

regidas pelas normas aplicáveis a empreendimentos privados, ou em que haja contraprestação ou pagamento de preços ou tarifas pelo usuário, nem exonera o promitente comprador da obrigação de pagar imposto relativamente ao bem imóvel.

> Note o item considerado **INCORRETO**, em prova realizada pelo IESES, para o cargo de Titular de Serviços de Notas e de Registros – Provimento (TJ/SC), em 2019: *"A imunidade recíproca dos entes federados aplica-se ao patrimônio, à renda e aos serviços, relacionados com exploração de atividades econômicas regidas pelas normas aplicáveis a empreendimentos privados, ou em que haja contraprestação ou pagamento de preços ou tarifas pelo usuário, nem exonera o promitente comprador da obrigação de pagar imposto relativamente ao bem imóvel"*.

As atenuações à imunidade recíproca acima descritas almejam coibir a utilização fraudulenta da imunidade.

A parte inicial do § 3º faz menção ao possível elo entre a imunidade recíproca e a exploração de pessoas políticas de atividades econômicas regidas pelas normas aplicáveis a empreendimentos privados, ou em que haja contraprestação ou pagamento de preços ou tarifas pelo usuário.

Se há o interesse de uma pessoa política em explorar atividade econômica, é natural que o faça valendo-se de empresa pública ou sociedade de economia mista, e não por intermédio do próprio órgão público, sob pena de se ter uma deturpação das atividades típicas de Estado, que se contrapõem, na essência, ao intento lucrativo.

O dispositivo em estudo quer evitar a simbiose entre Estado, em sua função precípua, e a atividade econômica – uma união perigosa que poderia gerar uma concorrência desleal com a iniciativa privada.

Em outra dimensão, diz-se que o Estado, se desejoso de explorar atividade econômica, deve despir-se da indumentária de "Estado", conferida pelo direito público, e se colocar de modo parificado, perante os particulares, em relação isonômica.

É importante frisar que as *empresas concessionárias* podem ser bem enquadradas na exceção prevista no § 3º do art. 150, na medida em que executam serviços públicos de acordo com regras privadas, ou seja, promovem investimentos à custa de seu patrimônio e zelam pela boa execução do serviço, mediante contraprestação ou pagamento de tarifas pelo usuário, na busca do lucro, que lhe é assegurado por via contratual[72].

É curioso perceber que, no sistema constitucional de 1934 (art. 17, X), as concessionárias de serviço público desfrutavam da imunidade recíproca, em criticável generosidade da interpretação, provocando efeitos perversos, o que foi corrigido, por comando proibitivo, no texto constitucional de 1937 (art. 32, parágrafo único)[73].

72. V. JUSTEN FILHO, Marçal. *Concessões de serviços públicos*. São Paulo: Dialética, 1997, pp. 143-144.
73. V. TORRES, Ricardo Lobo. *Tratado de direito constitucional financeiro e tributário*, v. III, p. 223.

No mesmo sentido, segue Celso Antônio Bandeira de Mello[74], que afirma:

> As empresas estatais, conquanto prestadoras de serviços públicos, quando haja contraprestação ou pagamento de preços ou tarifas pelo usuário do serviço não se beneficiam da imunidade prevista no art. 150, VI, "a", da Constituição Federal – onde se proíbe que União, Estados, Distrito Federal e Municípios instituam impostos sobre patrimônio, renda ou serviços uns dos outros. É que o § 3º do mesmo artigo é explícito em excluir, em tais casos, a incidência da referida imunidade. Ora, como ditas empresas operam mediante as referidas contraprestações, salvo em hipóteses incomuns nas quais inexistam, ficarão ao largo do aludido dispositivo protetor.

Sendo assim, conquanto o regime aplicado à prestação do serviço público concedido seja o público, de outra banda, o regime remuneratório do concessionário será o tarifário (art. 175, III, CF). Tal situação impede que o regime tributário, a que se submete o concessionário, seja inibitório de qualquer imunidade *ex vi* do art. 150, § 3º, da Constituição Federal.

Por sua vez, a parte final do § 3º faz referência à ligação da imunidade recíproca com a não exoneração do promitente comprador da obrigação de pagar imposto relativamente ao bem imóvel.

O compromisso irretratável de compra e venda é um contrato mediante o qual o proprietário do imóvel (promitente vendedor) se compromete a aliená-lo a uma pessoa (promitente comprador) de maneira irrevogável. O contrato dá a este um direito real de aquisição de coisa alheia, mas não transfere a propriedade, o que será feito *a posteriori*, ao final do contrato. Como enfatiza o saudoso Ricardo Lobo Torres[75], "o imóvel prometido à venda, embora ainda pertença ao domínio do ente público, tendo em vista que a promessa é apenas um pré-contrato que não transfere a propriedade, fica sujeito a impostos (...)".

Feita a demarcação conceitual, torna-se possível perceber aonde o legislador constituinte pretendeu chegar com tal preceptivo: é sabido que uma pessoa que firma um compromisso irretratável de compra e venda com um ente imune não tem a propriedade do bem, o que alcançará com o término do contrato. Todavia, possui sobre o bem, desde então, o direito real de aquisição de coisa alheia, e isso, segundo o dispositivo constitucional, já é bastante para impor-lhe o dever de recolher os impostos incidentes sobre este bem imóvel, *v.g.*, o IPTU, ainda que a propriedade se mantenha com a entidade imune.

A bem da verdade, mesmo antes da Carta Magna de 1988, a jurisprudência do STF já acolhia como válida a tributação do imóvel objeto de compromisso irretratável de compra e venda, conforme se nota nas antigas súmulas adiante destacadas: (1)

---

74. MELLO, Celso Antônio Bandeira de. *Curso de direito administrativo*, 13. ed., p. 178.
75. *V.* TORRES, Ricardo Lobo. *Tratado de direito constitucional financeiro e tributário*, v. III, p. 236.

Súmula n. 75, de **1963**, em que, "*sendo vendedora uma autarquia, a sua imunidade fiscal não compreende o imposto de transmissão* inter vivos *que é encargo do comprador*"; e (2) **Súmula n. 583**, de **1976**, segundo a qual o "*promitente comprador de imóvel residencial transcrito em nome de autarquia é contribuinte do Imposto Predial e Territorial Urbano*".

Curiosamente, é importante frisar que o **STF** havia hesitado em se posicionar dessa forma[76]. De início, elaborou a **Súmula n. 74**, que impunha a manutenção da imunidade ("*O imóvel transcrito em nome de autarquia, embora objeto de promessa de venda a particulares, continua imune de impostos locais*"). Essa Súmula, no entanto, foi revogada, conforme se vê no acórdão do RE 69.781, cuja ementa segue abaixo:

> **EMENTA:** IMPOSTO PREDIAL. 1. Se pelo art. 34 do vigente CTN o contribuinte de tal imposto não é somente o proprietário do imóvel, o titular do seu domínio útil, ou o seu possuidor a qualquer título, não mais vigora a Súmula n. 74, segundo a qual o imóvel transcrito em nome de autarquia, embora objeto de promessa de venda a particulares, continua imune de impostos locais. 2. Recurso extraordinário conhecido e provido. **(RE 69.781/SP, Pleno, rel. Min. Barros Monteiro, j. em 26-11-1970)**

4.1.5 Imunidade tributária de cartórios

A nosso ver, as serventias notariais e registrais não gozam de imunidade tributária, devendo assumir os encargos tributários que lhe são pertinentes: ISS e outros tributos, *v.g.*, taxa de alvará etc.

A atividade de notário e registrador não é típica de servidores públicos, e as serventias extrajudiciais, mantidas pelo poder público, não constituem órgãos públicos. Os titulares dessas serventias, enquanto delegados de função pública, são particulares em colaboração com a Administração, ou seja, particulares alheios à intimidade do aparelho estatal, que acabam praticando atividades próprias do Poder Público. Nesse passo, os notários e registradores se desincumbem dessas atividades sob regime próprio, privado, desvinculado do regime a que se submetem os serviços públicos prestados diretamente pelo Estado, pelos próprios servidores públicos. Estes não se confundem, portanto, com os titulares das serventias.

Como se sabe, a imunidade recíproca não abrange as empresas públicas, sociedades de economia mista, suas subsidiárias e sociedades controladas direta ou indiretamente pelo poder público, nem agentes privados delegatários de serviços públicos (concessionários, permissionários e autorizatários).

Nesse passo, a LC n. 116/2003, em sua lista anexa, aponta como tributáveis, em seu item 21 e subitem 21.1, os serviços de registros públicos, cartorários e notariais. Observe:

76. *V.* TORRES, Ricardo Lobo. *Tratado de direito constitucional financeiro e tributário*, v. III, p. 227.

Lista de serviços anexa à Lei Complementar n. 116, de 31 de julho de 2003. (...)
21 – Serviços de registros públicos, cartorários e notariais.
21.01 – Serviços de registros públicos, cartorários e notariais.

Portanto, as municipalidades, ao exigirem o ISS, fazem-no à luz da prestação de serviços em regime de direito privado, que são remunerados pelo Estado, sob a forma de repasses àqueles que os executam – os titulares das serventias.

Não obstante, a celeuma ganhou expressivo viço, principalmente, após a confirmação pelo **STF** da natureza tributária das custas e emolumentos, como verdadeiras "taxas".

A situação, todavia, merece detalhamentos que devem, desde já, afastar as conclusões equivocadas, reafirmando nossa convicção tendente à defesa da incidência tributária na presente situação. Passemos a fazê-los:

É fato que as serventias extrajudiciais, instituídas pelo Poder Público para o desempenho de funções técnico-administrativas, destinadas a "*garantir a publicidade, a autenticidade, segurança e eficácia dos atos jurídicos*" (Lei n. 8.935/94, art. 1º), acabam exercendo uma parcela da autoridade estatal (do poder certificante) e desempenhando função eminentemente pública. Frise-se, outrossim, que executam sua atividade, buscando-se o lucro, o que evidencia o seu inequívoco caráter privado, em pura delegação, na dicção do art. 236 da Carta Magna:

Art. 236. Os serviços notariais e de registro são exercidos em caráter privado, por delegação do Poder Público.

Sendo assim, o notário e o registrador não são os titulares do tributo, mas apenas do repasse dos valores pagos pelo público ao ente tributante. Em melhor explicação: a taxa serve para remunerar, a título de contraprestação, os serviços notariais e registrais prestados direta ou indiretamente pelo Estado-membro ou Distrito Federal, o que o torna titular do tributo, e não os notários ou registradores.

O montante exigível a título de taxa ingressa nos cofres do Estado-membro ou do Distrito Federal, cabendo aos notários apenas uma parcela das taxas (emolumentos e custas), cobradas das pessoas que tomam os serviços em referência.

Fácil é notar que a taxa, decorrente de relação jurídico-tributária não se confunde com a remuneração do notário, que deflui do caráter econômico-privado da realização das atividades públicas que lhe foram delegadas, em plena relação de mercado.

Enquanto a taxa é cobrada no regime jurídico de direito público, os notários se remuneram a partir de repasses, prestando serviços sob sua conta e risco econômico, amealhando lucros e suportando eventuais prejuízos, no bojo de uma relação contratual, própria dos serviços que ensejam o ISS, conforme dispõe o § 3º do art. 1º da LC n. 116/2003, ainda que o pagamento do preço ou tarifa não seja feito pelo usuário final do serviço, mas pelo próprio Estado-membro delegante.

> **Art. 1º, § 3º** O imposto de que trata esta Lei Complementar incide ainda sobre os serviços prestados mediante a utilização de bens e serviços públicos explorados economicamente mediante autorização, permissão ou concessão, com o pagamento de tarifa, preço ou pedágio pelo usuário final do serviço.

Além disso, a situação encaixa-se perfeitamente no **§ 3º do art. 150** da Carta Magna, *in verbis:*

> **Art. 150, § 3º** As vedações do inciso VI, "a", e do parágrafo anterior não se aplicam ao patrimônio, à renda e aos serviços, relacionados com exploração de atividades econômicas regidas pelas normas aplicáveis a empreendimentos privados, ou em que haja contraprestação ou pagamento de preços ou tarifas pelo usuário, nem exonera o promitente comprador da obrigação de pagar imposto relativamente ao bem imóvel.

É patente, assim, a inaplicabilidade da imunidade recíproca aos particulares que prestam serviços públicos, pelo fato de que tal serviço não é prestado pela pessoa política, mas em nome próprio do concessionário, por sua conta e risco, mediante remuneração lucrativa. Segue-se daí que não é o Estado que está sendo tributado, mas o particular. Ademais, não é convincente o argumento de que há ausência de capacidade econômica, em razão do caráter lucrativo da prestação do serviço.

Impende ressaltar, nesse diapasão, que a imunidade não se aproveita aos particulares, mas tão somente às entidades tributantes, como pessoas jurídicas de direito público, no exercício de suas precípuas atividades. Além disso, privilegiar uma concessão administrativa, caracterizada pela assunção do risco do negócio pelo concessionário, atenuado pela percepção do montante contraprestacional tributário, tendente à obtenção do equilíbrio financeiro, é promover benefício desarrazoado e discriminatório.

Desse modo, havendo a prestação do serviço por agente delegatário de caráter privado, não há qualquer inconstitucionalidade na exigência do ISS, o que, em tese, poderia ocorrer se o serviço fosse prestado diretamente pelo Estado, ensejando uma remuneração integral por taxa, sem qualquer possibilidade de obtenção de lucro ou superávit. De fato, não há como compatibilizar o pleito da imunidade tributária com a atividade que almeja lucro, em ambiente de risco de negócio, com gestão econômica em caráter privado.

O tema foi objeto de análise pelo **STF**, na **ADIn n. 3.089**, em que a maioria dos ministros julgou no sentido de reconhecer a constitucionalidade da incidência do ISS sobre os serviços de registros públicos. Observe a ementa:

> Note o item considerado **CORRETO**, em prova realizada pela Vunesp, para o cargo de Juiz de Direito de São Paulo (TJ/SP – 182º Concurso), em 2009: *"Na ADI 3.089,* DJE *de 1º.08.08, o Supremo Tribunal Federal inclinou-se pela orientação de que os serviços de registros públicos, notariais e cartorários, embora públicos, não são imunes ao ISSQN".*

EMENTA: AÇÃO DIRETA DE INCONSTITUCIONALIDADE. CONSTITUCIONAL. TRIBUTÁRIO. ITENS 21 E 21.1. DA LISTA ANEXA À LC N. 116/2003. INCIDÊNCIA DO ISSQN SOBRE SERVIÇOS DE REGISTROS PÚBLICOS, CARTORÁRIOS E NOTARIAIS. CONSTITUCIONALIDADE. Ação Direta de Inconstitucionalidade ajuizada contra os itens 21 e 21.1 da Lista Anexa à LC n. 116/2003, que permitem a tributação dos serviços de registros públicos, cartorários e notariais pelo ISSQN. Alegada violação dos arts. 145, II, 156, III, e 236, *caput*, da Constituição, porquanto a matriz constitucional do ISSQN permitiria a incidência do tributo tão somente sobre a prestação de serviços de índole privada. Ademais, a tributação da prestação dos serviços notariais também ofenderia o art. 150, VI, "a" e §§ 2º e 3º da Constituição, na medida em que tais serviços públicos são imunes à tributação recíproca pelos entes federados. *As pessoas que exercem atividade notarial não são imunes à tributação, porquanto a circunstância de desenvolverem os respectivos serviços com intuito lucrativo invoca a exceção prevista no art. 150, § 3º da Constituição. O recebimento de remuneração pela prestação dos serviços confirma, ainda, capacidade contributiva. A imunidade recíproca é uma garantia ou prerrogativa imediata de entidades políticas federativas, e não de particulares que executem, com inequívoco intuito lucrativo, serviços públicos mediante concessão ou delegação, devidamente remunerados. Não há diferenciação que justifique a tributação dos serviços públicos concedidos e a não tributação das atividades delegadas. Ação Direta de Inconstitucionalidade conhecida, mas julgada improcedente.* **(ADI n. 3.089/DF, Pleno, rel. Min. Carlos Britto, rel. p/ acórdão Min. Joaquim Barbosa, j. em 13-02-2008) (Grifo nosso)**

Não obstante o nosso modo de ver, que rima com a linha de pensamento adotada pelo **STF**, em epígrafe demonstrada, urge trazermos à baila a linha argumentativa "pró-cartório", que, pretendendo provar a inconstitucionalidade *in genere* dos itens 21 e 21.1 da lista anexa à LC n. 116/2003, clama pelo afastamento da incidência tributária, a par da defesa da prevalência da imunidade recíproca. Em apertada síntese, destacam-se dois argumentos principais:

1. as atividades registrais, cartorárias e notariais, exercidas sob delegação estatal, conservam sua natureza jurídica pública, e, segundo a jurisprudência do STF, as custas judiciais e os emolumentos concernentes aos serviços notariais e registrais possuem natureza tributária, qualificando-se como taxas remuneratórias de serviços públicos. Sendo assim, a atividade notarial e registral, ainda que executada no âmbito de serventias extrajudiciais não oficializadas, constitui, em decorrência de sua própria natureza, função revestida de estatalidade, sujeitando-se, por isso mesmo, a um regime estrito de direito público (ver **ADI-MC n. 1.378/ES, Pleno, rel. Min. Celso de Mello, j. em 30-11-1995**). Portanto, é inconstitucional a cobrança do ISS sobre serviços notariais e registrais porque não há como incidir imposto sobre os referidos serviços, que já são remunerados mediante taxa;

2. na Lista de Serviços anexa à LC n. 116/2003 se incluem, nos termos do § 3º do seu art. 1º, tão somente os serviços públicos delegados para fins de exploração econômica mediante a cobrança de "preços", que têm na tarifa a sua unidade de medida, daí por que, embora previstos no subitem 21.01 da referida Lista, as atividades registrais, cartorárias e notariais não são alcançadas pelo ISS. Aliás, tais serviços, prestados pelos registradores públicos e notários, não têm o lucro como meta principal, mas, sim, a eficiente prestação dos serviços a eles delegados, tanto que são objeto de contraprestação por "emolumentos" (legítimas "taxas"), e regulados e fiscalizados pelo Poder Judiciário (art. 236, § 1º, CF).

É imperioso registrar que tais argumentos são deveras sedutores, a ponto de terem contagiado favoravelmente o entendimento do **STJ**, que, na esteira do voto do ministro Francisco Falcão, entendeu que deve prevalecer a não incidência tributária. Note a demarcação dos entendimentos naquela Corte:

I. Em 09-08-2005: EMENTA: TRIBUTÁRIO. MANDADO DE SEGURANÇA. ISS. SERVIÇOS CARTORÁRIOS, NOTARIAIS E DE REGISTRO PÚBLICO. NATUREZA PÚBLICA. ART. 236 DA CF/88. IMUNIDADE RECÍPROCA. EMOLUMENTOS. CARÁTER DE TAXA. NÃO INCIDÊNCIA. ART. 105, INCISO III, ALÍNEA "C", DA CARTA MAGNA. (...) II – *Os serviços cartorários, notariais e de registro público não sofrem a incidência do ISS, porquanto são essencialmente serviços públicos, prestados sob delegação de poder, a teor do art. 236 da CF/88, sendo que a referida tributação fere o princípio da imunidade recíproca, estampada no art. 150, inciso VI, da Carta Magna. III – Ademais, incabível a cobrança do aludido tributo, sob pena de ocorrência de bitributação, eis que os emolumentos exigidos pelos cartórios servem como contraprestação dos serviços públicos prestados, caracterizando-se como taxa.* Precedentes do STF: ADC n. 5 MC/DF, rel. Min. Nelson Jobim, *DJ* de 19-09-2003 e ADI n. 1.444/PR, rel. Min. Sydney Sanches, *DJ* de 11-04-2003. IV – Recurso especial conhecido parcialmente e, nesta parte, provido. **(REsp 612.780/RO, 1ª T., rel. Min. Francisco Falcão, j. em 09-08-2005) (Grifo nosso)**

II. Em 19-02-2008: reiterou-se o entendimento em epígrafe no **REsp 101.2491/GO, 1ª T., rel. Min. Francisco Falcão, j. em 19-02-2008**.

Diante do exposto – e à luz da visão prevalecente no **STF** –, entendemos que a imunidade tributária aos cartórios, além dos vícios acima apresentados, veicula inequívoco discrime desarrazoado, implicando a concessão de um privilégio odioso, violador do princípio da isonomia tributária. Portanto, há que prevalecer a incidência do ISS.

4.1.6 A imunidade tributária recíproca e as embaixadas ou consulados

O tema da *imunidade tributária recíproca* e as *embaixadas* ou *estabelecimentos consulares* vem sendo, de há muito, objeto de tratamento na jurisprudência dos tribunais superiores.

A ementa abaixo ilustra as ocorrências, no **STF**, entre 1998 e 2007 – conforme nota de rodapé[77] –, sempre indicadoras da prevalência da imunidade tributária:

> **EMENTA (1998):** EXECUÇÃO FISCAL MOVIDA PELA FAZENDA FEDERAL CONTRA ESTADO ESTRANGEIRO. IMUNIDADE DE JURISDIÇÃO. A imunidade de jurisdição não sofreu alteração em face do novo quadro normativo que se delineou no plano do direito internacional e no âmbito do direito comparado (cf. AgRg 139.671, Min. Celso de Mello, e AC 9.696, Min. Sydney Sanches), quando o litígio se trava entre o Estado brasileiro e o Estado estrangeiro, notadamente em se tratando de execução. Agravo regimental improvido. **(AgR na ACO n. 522**, rel. Min. Ilmar Galvão, Pleno, j. em **16-09-1998**)

Em 22 de novembro de **2013**, foi publicada uma decisão monocrática na **Ação Cível Originária (ACO) n. 1.437/DF**, referente à execução fiscal movida pela União em face do Consulado dos Estados Unidos da América em São Paulo, visando ao recebimento de IPI (e multa) pela importação de produtos, ocorrida em 1996, sob o regime de admissão temporária, para exibição em feira promocional na Capital paulista.

O relator Min. Marco Aurélio entendeu que deveria prevalecer a imunidade recíproca, não obstante a Procuradoria ter tentado demonstrar a relativização da *teoria da imunidade de jurisdição* ante o ato praticado a título particular (e não "de império" ou diplomático), e, também, ter opinado pela impossibilidade de enriquecimento sem causa dos Estados estrangeiros quando atuam como entes privados comuns, sob pena de violação do princípio da boa-fé e dos postulados de Direito Internacional.

O julgador destacou, ainda, que as *Convenções de Viena de 1961* (art. 23) e *de 1963* (art. 32) versam sobre imunidades pessoais de integrantes de missões diplomáticas e consulados, não abrangendo o fenômeno no tocante aos Estados estrangeiros. Entretanto, até mesmo razões de ordem prática vêm revelando, há muito, a prevalência da tese da imunidade tributária. E, ao se referir a execuções fiscais movidas contra o Estado Estrangeiro, assim aduziu:

> (...) Aí, entramos no domínio do impossível absoluto. Isso não é uma relação de trabalho. Isso não é uma relação resultante das consequências civis do ato ilícito.

77. **Ver, ainda, no mesmo sentido: em 1998,** o **AgR na ACO n. 527**, rel. Min. Nelson Jobim, Pleno, j. em 30-09-1998; **em 2002,** o **AgR na ACO n. 634**, rel. Min. Ilmar Galvão, Pleno, j. em 25-09-2002; **em 2003,** o **AgR na ACO n. 524**, rel. Min. Carlos Velloso, Pleno, j. em 26-03-2003; **em 2006,** o **AgR na ACO n. 543**, rel. Min. Sepúlveda Pertence, Pleno, j. em 30-08-2006; **em 2007,** o **AgR na ACO n. 633**, rel. Min. Ellen Gracie, Pleno, j. em 11-04-2007 **e** o **AgR na ACO n. 645**, rel. Min. Gilmar Mendes, Pleno, j. em 11-04-2007.

> Isso não tem a ver com o contrato realizado com o particular. É o Estado brasileiro querendo acionar perante a Justiça do Brasil o Estado estrangeiro. Isto continua sendo impensável. A imunidade continua prevalecendo em todas as hipóteses de relação entre as duas soberanias. (...)

Um detalhe importante já fora estabelecido: "*Salvo renúncia, é absoluta a imunidade do Estado estrangeiro à jurisdição executória*" **(AgR na ACO n. 543, rel. Min. Sepúlveda Pertence, Pleno, j. em 30-08-2006)**. Por essa razão, entendeu-se que, se a existência da demanda for comunicada ao Estado estrangeiro, e este não renunciar expressamente à imunidade de jurisdição, o processo deve ser extinto sem resolução de mérito.

Diante do exposto, *in casu*, negou seguimento ao pedido e julgou extinto, sem resolução do mérito, o processo de execução.

Por sua vez, é importante destacar que o **STJ** também apresenta copioso registro de tratamento da matéria. Observe as ocorrências, **entre 2005 e 2010**, sempre indicadoras da prevalência da tese da imunidade tributária:

> **EMENTA (2005):** TRIBUTÁRIO. RECURSO ORDINÁRIO. EXECUÇÃO FISCAL. ESTADO ESTRANGEIRO. IPTU E TAXAS. HONORÁRIOS ADVOCATÍCIOS. FAZENDA PÚBLICA CONDENAÇÃO. 1. Afasta-se a imunidade jurisdicional do Estado estrangeiro quando a questão subjacente é de natureza civil, comercial ou trabalhista, ou, de qualquer forma se enquadre no âmbito do direito privado. Tratando-se de questão tributária ou de direito público, sujeita-se a imunidade aos acordos internacionais firmados pelos Estados soberanos. 2. Os artigos 23 e 32 da Convenção de Viena imunizam o Estado estrangeiro e o Chefe da Missão "de todos os impostos e taxas, nacionais, regionais ou municipais, sobre os locais da Missão de que sejam proprietários ou inquilinos, excetuados os que representem o pagamento de serviços específicos que lhes sejam prestados". 3. É indevida a cobrança do IPTU, já que abarcado pela regra de imunidade prevista na Convenção. No que se refere às taxas de limpeza pública e iluminação, a cobrança seria, em princípio, possível, já que enquadrada na exceção consagrada nas normas em destaque. Entretanto, o Supremo Tribunal Federal, em inúmeras oportunidades, declarou **inconstitucionais** as referidas taxas em razão da ausência de especificidade. (...) Precedentes. 5. Recurso ordinário improvido. **(RO 45/RJ, rel. Min. Castro Meira, 2ª T., j. em 17-11-2005)**[78] **(Grifos nossos)**

Note o item considerado **INCORRETO**, em prova realizada pela Funcab, para o cargo de Auditor Fiscal (Sefaz/BA), em 2014: *"O serviço de iluminação pública será remunerado mediante taxa".*

78. **Ver, ainda, no mesmo sentido: em 2008**, o **EDcl no RO 43/RJ**, rel. Min. Luiz Fux, 1ª T., j. em 25-03-2008; **em 2010**, o **RO 102/RJ**, rel. Min. Eliana Calmon, 2ª T., j. em 22-06-2010.

> Note o item considerado **CORRETO**, em prova realizada pela Consulplan, para o cargo de Titular de Serviços de Notas e de Registro (TJ/MG), em 2015: *"Sobre o entendimento do STF, STJ e TJMG quanto aos tributos, são inconstitucionais as taxas que têm por base os serviços limpeza pública, iluminação pública e de conservação de calçamento, por se tratar de serviços indivisíveis e inespecíficos".*

Em 25 de fevereiro de **2014**, a 2ª Turma do **STJ**, no **Recurso Ordinário (RO) n. 138/RJ,** de relatoria do Min. Herman Benjamin, entendeu prevalecente a imunidade tributária recíproca para afastar a exigência de IPTU em face da propriedade, no Brasil, de bem imóvel por Estado Estrangeiro, conquanto tenha admitido, mesmo que em tese, a exigibilidade de "taxa de coleta de lixo domiciliar" – uma ocorrência já descrita no RO 45/RJ, rel. Min. Castro Meira, 2ª T., j. em 17-11-2005, acima explorado.

Em tempo, diga-se que, nesse caso, a petição inicial foi extinta de plano, antes mesmo de ter sido dada ciência ao Estado estrangeiro acerca da propositura da demanda, de modo que não lhe fora oportunizada eventual renúncia à imunidade de jurisdição. Assim, os autos retornaram à origem para a devida consulta sobre a prerrogativa em questão.

10

IMUNIDADE DOS TEMPLOS RELIGIOSOS

1 CONSIDERAÇÕES INICIAIS

A imunidade dos templos religiosos demarca uma norma constitucional de não incidência de impostos sobre os templos de qualquer culto. Não se trata de um benefício isencional, mas de uma exoneração de ordem constitucional, à qual se pode atribuir o rótulo de "imunidade religiosa". Está, assim, prevista na alínea "b" do inciso VI do art. 150 da Carta Magna:

> **Art. 150.** Sem prejuízo de outras garantias asseguradas ao contribuinte, é vedado à União, aos Estados, ao Distrito Federal e aos Municípios: (...)
> **VI** – instituir impostos sobre:
> **b) templos de qualquer culto;** (...)

> Note o item considerado **CORRETO**, em prova realizada pelo TRF/4ª Região, para o cargo de Juiz Federal Substituto (XVII Concurso), em 2016: *"É vedado à União, aos Estados e aos Municípios instituírem impostos sobre templos de qualquer culto"*.

No plano histórico, é importante frisar, de início, que o Brasil é um país majoritariamente católico, porém laico (ou leigo), isto é, aquele que não professa uma dada "religião de Estado", dita "religião oficial".

O fato de sermos um Estado laico não significa que deixamos de ser "teístas". Como é sabido, o Brasil é laico e teísta. É que o próprio "preâmbulo" do texto constitucional faz menção à "proteção de Deus" sobre os representantes do povo brasileiro, nossos legisladores constituintes, indicando que estes partiram da premissa de que um Ser Supremo existe, sem que isso significasse uma reaproximação do Estado com a Igreja, nem mesmo com uma específica religião, porquanto no decorrer de todo o texto fundamental o constituinte "se mantém absolutamente equidistante, seguindo o princípio da neutralidade e garantindo o pluralismo religioso"[1]. Não há, portanto, conteúdo sectário na expressão mencionada, constante do "preâmbulo". Em tempo: é bom frisar que o Estado brasileiro, não obstante teísta (ou deísta), deverá respeitar tanto o teísmo como o ateísmo – opções personalíssimas do indivíduo deísta, ateu ou agnóstico.

Curiosamente, até a proclamação da República, o catolicismo era a religião oficial no Brasil, com total restrição à laicidade, consoante o art. 5º da Carta Magna de 1824, que apontava a religião "Catholica Apostolica Romana" como a "Religião do Império".

À época, toleravam-se outras liturgias, desde que o culto fosse doméstico ou particular, em casas especialmente a isso destinadas, sem jamais ser exercido o culto em locais externos. Portanto, no Brasil Imperial, prestigiava-se uma religião, a católica, com a concessão de direitos especiais, em detrimento das demais. Era uma espécie de cesaripapismo, em que a escolha de sacerdotes ou bispos dependia do aval do Imperador, o que demonstrava a simbiose entre a Igreja e o Estado.

No Brasil Republicano, a religião de Estado cedeu passo a um "Estado de religiões", ou seja, a um Estado não confessional, à semelhança da maioria dos países espalhados pelo mundo. Entretanto, à guisa de curiosidade, sabe-se que, até os dias atuais, muitos Estados mantêm-se *confessionais* – países em que uma única confissão religiosa é reconhecida oficialmente pelo Estado, recebendo, em certos casos, os privilégios decorrentes dessa condição. Assim, adotam como religião oficial o *Islamismo* (a Arábia Saudita, o Afeganistão, o Egito, o Irã, o Iraque, a Jordânia e outros); o *Catolicismo* (o Vaticano, a Argentina, a Costa Rica, o Peru e outros); o *Budismo* (a Tailândia); o *Hinduísmo* (o Nepal); o *Protestantismo Anglicano* (o Reino Unido); e o *Protestantismo Luterano* (a Dinamarca e a Noruega).

No plano do Direito Comparado[2], insta registrar que os países tendem a proteger e a estimular a fé dos cidadãos, afastando a tributação das igrejas e, de modo reflexo, incentivando sua proliferação.

Nos Estados Unidos, há desoneração veiculada por legislação ordinária, via instrumento de isenção, haja vista não se ter desenvolvido a teoria das imunidades; na Alemanha, as entidades religiosas são consideradas "corporações de direito público" (Constituição/49, art. 140), entretanto subsiste o "imposto eclesiástico" (*Kirchensteuer*), mas o Estado subvenciona as igrejas; no Uruguai (Constituição/96, art. 5º), há regra desonerativa para todos os impostos; no Chile (Constituição/81, art. 19, § 6º), os templos ficam livres de toda classe de contribuições.

Voltando ao Brasil pós-império, com a proclamação da República, passamos a ser um Estado laico, deixando de dispensar maior proteção e favoritismos ao *cato-*

1. TORRES, Ricardo Lobo. *Tratado de direito constitucional financeiro e tributário*, v. III, p. 240.
2. *Ibidem*, p. 238.

licismo – ainda que religião majoritária –, com o propósito de tolerar, em clima harmônico, a pluralidade de religiões.

Durante o período republicano até a Carta Magna de 1937, a intributabilidade das religiões se deu por meio de legislação ordinária e, somente após a Constituição Federal de 1946, a não incidência ganhou a estatura constitucional[3].

2 A LAICIDADE NO BRASIL

A *laicidade*, que apresenta uma certa aproximação com *secularização*[4], propiciou um espaço às instituições públicas e à sociedade civil, que, mantendo total independência em relação aos dogmas religiosos, tende a rechaçar, ao menos teoricamente, a ingerência direta de qualquer organização religiosa nos assuntos de Estado.

Tal pluralismo religioso, na seara das religiões, corrobora o Estado de Direito, que prima pela necessária equidistância entre o Estado e as Igrejas, servindo como "*um dos pilares do liberalismo e do Estado de Direito*"[5]. A laicidade implica que, havendo privilégio, todos os templos devem dele usufruir.

Ad argumentandum, a laicidade não se mostra como um comando definitivo, incidindo em termos absolutos à semelhança de uma "regra", na lógica do "tudo ou nada", mas, consoante a trilha conceitual de Robert Alexy, como um *mandado de otimização*, a ser efetivado, diante do caso concreto, no limite de sua possibilidade fática e jurídica, levando-se em conta a ponderação de princípios constitucionais.

Nesse passo, há ações estatais que dão suporte à religião, mantendo-se o limite da neutralidade do Estado, sendo consideradas legítimas, e outras que tendem a sobrepujar a tutela constitucional da laicidade.

No primeiro caso, temos a conservação de igrejas barrocas e de monumentos sacros, distribuição de cestas básicas a pessoas carentes, programa de alfabetização de adultos, além da hipótese de feriados nacionais religiosos (Natal e Páscoa).

No segundo caso, muito se tem dito sobre a presença ostensiva dos crucifixos em tribunais e órgãos públicos. Os questionamentos têm sido recorrentes. *Até que ponto a legitimidade de atuação imparcial do Poder Judiciário é negativamente afetada quando os tribunais se associam a símbolos religiosos, identificando-se a um credo espe-*

---

3. *V.* TORRES, Ricardo Lobo. *Tratado de direito constitucional financeiro e tributário*, v. III, p. 238.
4. Ranquetat Júnior, citando Jean Baubérot, ensina que "*secularização* e *laicidade* são conceitos e processos sociais distintos. A secularização se refere ao declínio da religião na sociedade moderna e a perda de sua influência e de seu papel central e integrador. O processo de secularização relaciona-se com o enfraquecimento dos comportamentos e práticas religiosas. A laicidade é, sobretudo, um fenômeno político, vinculando-se com a separação entre o poder político e o poder religioso. Expressa a laicidade, a afirmação da neutralidade do Estado frente aos grupos religiosos e a exclusão da religião da esfera pública. A secularização apresenta uma dimensão sociocultural, correspondendo a uma diminuição da pertinência social da religião enquanto que a laicidade revela uma dimensão sociopolítica estreitamente conectada com a relação Estado e religião" (RANQUETAT JÚNIOR, César Alberto. Laicidade, laicismo e secularização: definindo e esclarecendo conceitos. *Revista Sociais e Humanas*. Universidade Federal de Santa Maria, Centro de Ciências Sociais e Humanas, Rio Grande do Sul, v. 21, 2008, pp. 1-14 / p. 11).
5. *Ibidem*, p. 239.

cífico[6]? O tema, aberto para valoração, comporta opiniões variadas, ficando aqui o convite à reflexão.

Voltando à temática da desoneração da imunidade, diz-se que esta prevê a intributabilidade das religiões como um direito e garantia fundamental da pessoa, afastando dos templos os impostos, independentemente da *extensão da igreja* ou do seu *número de adeptos.*

Por derradeiro, frise-se que o elemento teleológico que justifica a norma em comento atrela-se à **liberdade religiosa (art. 5º, VI ao VIII, CF)** e à postura de "*neutralidade ou não identificação do Estado com qualquer religião*" (art. 19, I, CF)[7].

> Note o item considerado **CORRETO**, em prova realizada pelo Instituto QUADRIX, para o cargo de Assessor Jurídico do CRO/PR, em 2016: *"Os templos de qualquer culto são imunes à tributação por meio de impostos. Essa imunidade representa a extensão do direito fundamental à liberdade de consciência e de crença, consagrado no art. 5º da CF".*

> Note o item considerado **CORRETO**, em prova realizada pela UEG, PC-GO, para o cargo de Delegado de Polícia, em 2018: *"A imunidade religiosa é consectária da garantia fundamental da liberdade religiosa, que tem alcance além do templo religioso".*

A liberdade religiosa significa que o cidadão poderá professar a fé, no culto e templo que lhe aprouverem, ou, ainda, não devotar preces a nenhuma religião, em livre escolha[8]. Para demonstrar a dimensão da liberdade religiosa no Brasil, tenho-me valido de uma máxima, em paráfrase, com certo tom jocoso: "*Entre nós, brasileiros: crer ou não crer... eis a 'opção'!*"

É nesse contexto que exsurge a regra imunitória, constante do art. 150, VI, "b", CF, à luz da laicidade, cujo teor prevê a desoneração de impostos dos templos de qualquer culto.

3 A IMUNIDADE RELIGIOSA E OS IMPOSTOS

Não é demasiado relembrar que a imunidade para os templos de qualquer culto trata da desoneração exclusivamente de **impostos.**

> Note o item considerado **INCORRETO**, em prova realizada pela Esaf, para o cargo de Especialista em Regulação de Avaliação Civil (ANAC), em 2016: *"Os templos de qualquer culto são imunes a todos os tributos".*

Nessa medida, não estão exonerados os demais *tributos*, diversos dos impostos, que terão a normal incidência, pois, "uma vez que o texto constitucional fala em 'impostos', relaciona-se ao fato de tal imunidade (...) não se aplicar 'às taxas, à

6. *V.* SARMENTO, Daniel. O crucifixo nos tribunais e a laicidade do Estado. *In:* LOREA, Roberto Arriada (Org.). *Em defesa das liberdades laicas.* Porto Alegre: Livraria do Advogado, 2008, pp. 189-201.
7. TORRES, Ricardo Lobo. *Tratado de direito constitucional financeiro e tributário*, v. III, p. 240.
8. *Ibidem*, p. 239.

contribuição de melhoria, às contribuições sociais ou parafiscais e aos empréstimos compulsórios'"[9].

Observe a ementa abaixo, colhida do **RE 129.930/SP**, de relatoria do Ministro Carlos Velloso, com julgamento em 07-05-**1991**, afeto à ação ajuizada pela *Igreja Primitiva de Jesus do Brasil* contra o *Sindicato dos Hospitais, Clínicas, Casas de Saúde, Laboratório de Pesquisas e Análises Clínicas e Instituições Beneficentes, Religiosas e Filantrópicas do Estado de São Paulo*, visando ao afastamento da incidência de contribuição sindical, instituída no interesse de categoria profissional (art. 149 da CF).

> **EMENTA:** CONSTITUCIONAL. TRIBUTÁRIO. CONTRIBUIÇÃO SINDICAL. IMUNIDADE. CF, 1967, ART. 21, § 2º, I, ART. 19, III, "b", CF, 1988, ART. 149, ART. 150, VI, "b". I. A imunidade do art. 19, III, da CF/67, (CF/88, ART. 150, VI) diz respeito apenas a impostos. A contribuição é espécie tributária distinta, que não se confunde com o imposto. É o caso da contribuição sindical, instituída no interesse de categoria profissional (CF/67, art. 21, § 2º, I; CF/88, art. 149), assim não abrangida pela imunidade do art. 19, III, CF/67, ou art. 150, VI, CF/88. II. Recurso Extraordinário não conhecido. **(RE 129.930/SP, 2ª T., rel. Min. Carlos Velloso, j. em 07-05-1991)**

Posto isso, a exoneração em tela visa afastar os impostos dos templos de qualquer culto, que se mantêm suscetíveis à tributação de **outros gravames tributários**[10].

> Note o item considerado **CORRETO**, em prova realizada pela FGV Projetos, para o cargo de Auditor Fiscal Tributário da Receita Municipal de Cuiabá/MT, em 2016: *"A imunidade dos templos de qualquer culto não alcança a COFINS (Contribuição para Financiamento da Seguridade Social) e a Contribuição ao PIS (Programas de Integração Social)".*

> Note o item considerado **INCORRETO**, em prova realizada pela FCC, para o cargo de Auditor Fiscal da Receita Estadual (SEGEP/MA), em 2016: *"De acordo com as regras constitucionais atinentes às limitações do poder de tributar, é vedado instituir e cobrar contribuição de melhoria decorrente da valorização de um terreno baldio de propriedade de instituição religiosa".*

4 A IMUNIDADE RELIGIOSA E OS CONCEITOS DE *CULTO* E *TEMPLO*

Para a compreensão exata do alcance da imunidade religiosa, deve o estudioso, preliminarmente, perpassar pelos conceitos de *culto* e *templo*.

Em breve incursão conceitual, seria possível afirmar que **culto** *é a manifestação religiosa cuja liturgia adstringe-se a valores consonantes com o arcabouço valorativo que se estipula, programática e teleologicamente, no texto constitucional*. Entretanto, a doutrina apresenta oscilação quanto ao conceito de *culto*.

A palavra "culto" é polissêmica, podendo significar o *arcabouço cerimonial* do templo ou o próprio *templo*. Para Carrazza[11], *culto* confunde-se com *confissão religio-*

9. ICHIHARA, Yoshiaki. *Direitos tributários*. 7. ed. São Paulo: Atlas, 1998, p. 240.
10. *V.* TORRES, Ricardo Lobo. *Tratado de direito constitucional financeiro e tributário*, v. III, p. 244.
11. *V.* CARRAZZA, Roque Antonio. *Imunidades tributárias dos templos e instituições religiosas*. São Paulo: Noeses, 2015, p. 66.

sa, ou seja, com a própria "entidade dotada de estrutura orgânica hierarquizada, instituída com o objetivo fundamental de agrupar, de modo permanente, pessoas que partilham das mesmas crenças transcendentais, vale dizer, que nutrem a mesma fé numa dada divindade.

Assim, o culto deve prestigiar a fé e os valores transcendentais que a circundam, sem colocar em risco a dignidade das pessoas e a igualdade entre elas, além de outros pilares de nosso Estado. Com efeito, é imprescindível à seita a obediência aos valores morais e religiosos, no plano litúrgico, conectando-se a ações calcadas em bons costumes (arts. 1º, III; 3º, I e IV; 4º, II e VIII, todos da CF), sob pena do não reconhecimento da qualidade de imune.

Portanto, não se protegem seitas com inspirações atípicas, demoníacas e satânicas[12], que incitem a violência, o racismo, os sacrifícios humanos ou o fanatismo devaneador ou visionário. Vale dizer, nesse passo, que "cabem no campo de sua irradiação semântica todas as formas racionalmente possíveis de manifestação organizada de religiosidade, por mais estrambóticas, extravagantes ou exóticas que sejam"[13].

De outra banda, o conceito de **templo** (do latim *templu*) detém larga amplitude semântica. A doutrina tem enfrentado dificuldades em reduzi-lo a planos cartesianos, e a prática tem mostrado uma inaudita expansão das igrejas pelo mundo, frustrando a tentativa de precisa definição do papel que tais entidades vêm ocupando na realidade hodierna.

Em resumo, pode-se afirmar que **3 (três) teorias** tentam definir o conceito de *templo*. Vamos denominá-las, para fins didáticos: **(I)** *clássico-restritiva*, **(II)** *clássico-liberal* e **(III)** *moderna*.

(I) Teoria Clássico-restritiva (Concepção do *Templo-coisa*): conceitua o *templo* como o **local** destinado à celebração do culto. Pauta-se na *coisificação* do templo religioso (*universitas rerum*, ou seja, o conjunto de coisas), que se prende, exclusivamente, ao local do culto. Exemplo: não deve haver a incidência de **IPTU** sobre o imóvel – ou parte dele, se o culto, *v.g.*, ocorre no quintal ou terreiro da casa – dedicado à celebração religiosa; não deve haver a incidência de IPVA sobre o chamado *templo-móvel* (barcaças, caminhões, vagonetes, ônibus etc.); entre outras situações.

Note o item (adaptado) considerado **CORRETO**, em prova realizada pela FGV Projetos, para o cargo de Analista Portuário (Advogado) da CODEBA – Cia. das Docas do Estado da Bahia, em 2016: *"O Município X realizou o lançamento do IPTU em face da contribuinte 'Igreja Cristã ABC', referente ao imóvel onde realiza seus cultos. Por não concordar com o lançamento, a referida Igreja ofereceu impugnação ao lançamento. Como possível tese de defesa da contribuinte, será possível argumentar que o IPTU não é devido, pois os templos de qualquer culto são imunes a qualquer imposto"*.

12. *V.* SARAIVA FILHO, Oswaldo Othon de Pontes. A imunidade religiosa. *RDDT*, n. 4, ROCHA, Valdir de Oliveira (Coord.), jan. de 1996, p. 61.
13. CARVALHO, Paulo de Barros. *Curso de direito tributário*, 16. ed., p. 187.

Como defensores dessa concepção, aproximam-se Pontes de Miranda, Sacha Calmon Navarro Coêlho, entre outros[14].

(II) **Teoria Clássico-liberal (Concepção do *Templo-atividade*):** conceitua o *templo* como tudo aquilo que, direta ou indiretamente, viabiliza o culto. Nessa medida, desoneram-se de impostos **o local** destinado ao culto e **os anexos** deste (*universitas juris*, ou seja, o conjunto de relações jurídicas, afetas a direitos e deveres)[15].

Como defensores dessa concepção, aproximam-se Aliomar Baleeiro, Roque Antonio Carrazza e Hugo de Brito Machado[16].

Note alguns didáticos exemplos na linha de defesa dessa concepção:

a) não deve haver a incidência de IPTU sobre a residência do religioso, sobre a casa ou salão paroquial, sobre o centro social, sobre todos os anexos ao templo, como nítidas pertenças do templo;
b) não deve haver a incidência de IPTU sobre o local destinado à aprendizagem da liturgia (conventos, casas paroquiais, seminários, abadias, escolas dominicais, santuários ou outras habitações de comunidades religiosas);
c) não deve haver a incidência de IPVA sobre o veículo (carro, avião, barco) utilizado pelo religioso para a realização do trabalho eclesiástico.

Para Aliomar Baleeiro[17], não se deve considerar templo "apenas a igreja, sinagoga ou edifício principal, onde se celebra a cerimônia pública, mas também a dependência acaso contígua, o convento, os anexos por força de compreensão, inclusive a casa ou residência do pároco ou pastor, desde que não empregados em fins econômicos".

É possível notar que as duas correntes até aqui apresentadas – a do templo-coisa e a do templo-atividade – apresentam uma característica comum: limitam a imunidade ao local do culto e ao conjunto de bens e atividades vinculadas a ele. O **STF**, aliás, sob a égide da **Carta Magna de 1946**, assim se posicionava:

> **EMENTA:** A imunidade estatuída no art. 31, v, "b", da Constituição (1946), é limitada, restrita, sendo vedado à entidade tributante lançar impostos sobre templos de qualquer culto, assim entendidos a igreja, o seu edifício, e dependências. Um lote de terreno, isolado, não se pode considerar o solo do edifício do templo. **(RE 21.826/DF, 2ª T., rel. Min. Ribeiro da Costa, j. em 02-07-1953)**

Passemos, agora, à concepção do *templo-entidade*.

14. *V.* CAMPOS, Flávio. Imunidade tributária na prestação de serviços por templos de qualquer culto. *Revista Dialética de Direito Tributário. In:* ROCHA, Valdir de Oliveira (Coord.), n. 54, mar. 2000, pp. 44-53 (p. 47).
15. Nesse sentido: *V.* CARRAZZA, Roque Antonio. *Curso de direito constitucional tributário,* 24. ed., p. 742; *v.* BALEEIRO, Aliomar. *Limitações constitucionais ao poder de tributar.* Atualização de Misabel Abreu Machado Derzi. 7. ed., p. 311; *v.* MACHADO, Hugo de Brito. *Curso de direito tributário,* 29. ed., p. 286.
16. *V.* CAMPOS, Flávio. Imunidade tributária na prestação de serviços por templos de qualquer culto, p. 47.
17. BALEEIRO, Aliomar. *Limitações constitucionais ao poder de tributar,* 7. ed., p. 311.

(III) Teoria Moderna (Concepção do *Templo-entidade*): conceitua o *templo* como **entidade**, na acepção de instituição, organização ou associação, mantenedoras do templo religioso, encaradas independentemente das coisas e pessoas objetivamente consideradas[18]. No sentido jurídico, possui acepção mais ampla que pessoa jurídica, indicando o próprio "estado de ser", a "existência", vista em si mesma.

Nessa medida, o *templo-entidade* **extrapola**, no plano conceitual, o formato da *universitas rerum*, destacado na teoria clássico-restritiva, e a estrutura da *universitas juris*, própria da concepção clássico-liberal, aproximando-se da concepção de *organização religiosa*, em todas as suas manifestações, na dimensão correspondente ao culto.

Note o item considerado **CORRETO**, em prova realizada pela UEG, PC-GO, para o cargo de Delegado de Polícia, em 2018: *"A imunidade religiosa é consectária da garantia fundamental da liberdade religiosa, que tem alcance além do templo religioso"*.

Curiosamente, segundo Flávio Campos[19], o texto constitucional registra o vocábulo **entidade** *"exatas cinquenta e duas vezes e, em todas elas, emprega-o com este sentido de 'instituição', 'associação', 'organização'"*.

Como defensores dessa concepção, aproximam-se José Eduardo Soares de Melo, Marco Aurélio Greco, Celso Ribeiro Bastos, entre outros[20].

A nosso sentir, a concepção moderna tem-se mostrado a mais adequada à satisfação da problemática que circunda a tributação dos templos religiosos que, em virtude do dinamismo que tem orientado a atividade, com questões jurídicas as mais variadas possíveis, requerem do exegeta um certo desprendimento das estruturas formais, a fim de atingir a *ratio legis* e propor a justiça fiscal aos casos concretos.

5 A IMUNIDADE RELIGIOSA E O ART. 150, § 4º, DA CF

Para uma adequada compreensão da imunidade religiosa (alínea "b"), bem como da imunidade que cerca as pessoas jurídicas da alínea "c", há de haver total compreensão do **art. 150, § 4º, da CF**. Observe-o:

> **Art. 150.** Sem prejuízo de outras garantias asseguradas ao contribuinte, é vedado à União, aos Estados, ao Distrito Federal e aos Municípios:
>
> **§ 4º** As vedações expressas no inciso VI, alíneas "b" e "c", compreendem somente o *patrimônio, a renda e os serviços, relacionados com as finalidades essenciais das entidades nelas mencionadas.* **(Grifo nosso)**

O grifo no dispositivo acima prenuncia a nossa preocupação com os detalhes nesse insertos. O preceptivo, de fato, requer análise detida. Em homenagem à melhor didática, sugerimos dividir a explicação em duas partes, assim organizadas:

18. *V.* SILVA, De Plácido e. *Vocabulário jurídico*, p. 533.
19. CAMPOS, Flávio. Imunidade tributária na prestação de serviços por templos de qualquer culto, p. 48.
20. *Ibidem*, p. 50.

- **O art. 150, § 4º, *parte inicial*, da CF: a desoneração para impostos sobre o patrimônio, a renda e os serviços;**
- **O art. 150, § 4º, *parte final*, da CF: a relação com as finalidades essenciais da entidade imune.**

Passemos à divisão textual sugerida:

5.1 O art. 150, § 4º, parte inicial, da CF: a desoneração para impostos sobre o patrimônio, a renda e os serviços

O art. 150, § 4º, da CF registra textualmente o rol classificatório "patrimônio, renda e serviços", à semelhança da alínea "a" do inciso VI (imunidade recíproca para as entidades federadas) e do § 2º (imunidade recíproca para as autarquias e fundações públicas) do mesmo artigo, afastando-se os impostos que tendem a incidir sobre tais elementos fundantes do fato jurídico-tributário conexo ao templo religioso.

O preceptivo que desonera alcança o patrimônio mobiliário e imobiliário dos templos, as rendas (decorrentes da prática do culto) e os serviços, quando vinculados a finalidades religiosas.

À guisa de exemplificação, levando-se em conta os signos "patrimônio", "renda" e "serviços", fácil é perceber que não deve haver a incidência dos seguintes impostos sobre o templo: IPTU sobre o prédio utilizado para o culto, ou sobre o convento; IPVA sobre o veículo pertencente à entidade a que se vincula o chefe religioso, ou sobre o chamado *templo-móvel*; ITBI sobre a aquisição de prédio destinado ao templo; IR sobre as doações, dízimos[21] ou espórtulas dos fiéis, ou sobre as rendas oriundas de aplicações financeiras do templo; ISS sobre o serviço religioso (batismos e conversões) etc.

Quanto à extensão da imunidade religiosa e suas implicações patrimoniais, perante a inadimplência da entidade imune, a 5ª Turma do **STJ**, em dezembro de **2004**, enfrentou curiosa situação: uma empresa propôs ação de despejo por falta de pagamento de aluguel devido por certa igreja. Como esta possuía apenas um imóvel apto para a penhora – e o valor dele era menor do que a dívida –, a empresa credora pediu a penhora de parte do faturamento diário da igreja, até a quitação da dívida. No caso, a igreja se manifestou afirmando que a arrecadação do templo (a renda) é impenhorável. O **STJ**, de acordo com o voto do relator, o Ministro José Arnaldo da Fonseca, por sua vez, entendeu que *"ainda que os templos de qualquer culto gozem da isenção tributária expressa por disposição constitucional, esta imunidade restringe-se aos tributos que recairiam sobre seus templos. As demais obrigações, como os encargos assumidos em contrato de locação, não estão abrangidas pelas normas constitucionais"*. Observe a ementa:

21. O *dízimo*, previsto no cânone 222, § 1º, do *Código de Direito Canônico*, é a "entrega espontânea de dinheiro, que o fiel faz, sem reservas ou condições, à sua Igreja" (CARRAZZA, Roque Antonio. *Imunidades tributárias dos templos e instituições religiosas...*, p. 55).

EMENTA: EXECUÇÃO. CULTO RELIGIOSO. AUSÊNCIA DE BENS QUE GARANTAM A EXECUÇÃO. PENHORA DA RECEITA DIÁRIA. EXCEPCIONAL POSSIBILIDADE. As doações dos seguidores e simpatizantes do culto religioso constituem em receita da pessoa jurídica e esta deve suportar as suas obrigações, dentre elas o crédito da agravante. Ante a ausência de bens que garantam a execução, excepcionalmente, lícito é que a sua receita diária seja penhorada, em percentual que não a inviabilize, até a satisfação do crédito da exequente, procedendo-se na forma prevista no art. 678, parágrafo único, do CPC (atual art. 863, §§ 1º e 2º, NCPC), nomeando-se administrador para a sua efetivação, observado o disposto no art. 728 do CPC [dispositivo revogado pela Lei n. 11.382/2006]. Recurso não conhecido. **(REsp 692.972/SP, 5ª T., rel. Min. José Arnaldo da Fonseca, j. em 16-12-2004)**

5.2 O art. 150, § 4º, parte final, da CF: a relação com as finalidades essenciais da entidade imune

O art. 150, § 4º, da CF, que deve ser lido em conjunto com a alínea "b" ora estudada, em uma interpretação sistemática, dispõe que haverá desoneração sobre "*(...) patrimônio, renda e os serviços relacionados com as finalidades essenciais das entidades (...)*".

De início, insta frisar que a dicção do comando tem servido para corroborar a ideia de que o legislador constituinte tendeu a prestigiar a *Teoria Moderna*, na esteira de uma **interpretação ampliativa**, pelos seguintes motivos: (**a**) por tratar, textualmente, do vocábulo *entidade*, chancelando a adoção da concepção do templo-entidade; (**b**) por se referir a "rendas e serviços", e, como é sabido, o templo, em si, não os possui, mas, sim, a "entidade" que o mantém; (**c**) por mencionar algo *relacionado* com a finalidade essencial – e não *esta em si* –, o que vai ao encontro da concepção menos restritiva do conceito de "templo".

Essa exegese, dita "ampliativa" – prevalecente na doutrina brasileira –, que tende a desconsiderar a *origem* do patrimônio, renda e serviço, vem prestigiar a atuação das entidades em ações correlatas com as "atividades essenciais", desde que se revertam a tais pessoas jurídicas os recursos hauridos nas citadas atividades conexas e que não se provoque prejuízo à livre concorrência.

Esse entendimento tem sido esposado por autores respeitáveis, quais sejam: Regina Helena Costa, Luciano Amaro, Hugo de Brito Machado, José Eduardo Soares de Melo, Celso Ribeiro Bastos, Ives Gandra da Silva Martins e outros[22].

Dessarte, como bem assevera Regina Helena Costa[23], "se os recursos obtidos com tais atividades são vertidos ao implemento das finalidades essenciais do templo parece difícil sustentar o não reconhecimento da exoneração tributária, já que exis-

22. *V.* CAMPOS, Flávio. Imunidade tributária na prestação de serviços por templos de qualquer culto, p. 51.

23. COSTA, Helena Regina. *Imunidades tributárias:* teoria e análise da jurisprudência do STF. São Paulo: Malheiros, 2001, p. 159.

te relação entre a renda obtida e seus objetivos institucionais, como quer a norma contida no § 4º do art. 150". E prossegue a estimada e didática professora de Direito Tributário[24], afirmando que "é a destinação dos recursos obtidos pela entidade o fator determinante do alcance da exoneração constitucional".

Em sentença elogiável, o magistrado Luiz Sergio Fernandes de Souza[25], decidindo com brilhantismo um caso afeto à entidade religiosa que pleiteou a imunidade tributária para IPTU, relativamente à propriedade de 94 imóveis localizados em uma mesma cidade do interior paulista, versou sobre o conceito de "atividade-fim" da entidade religiosa:

> (...) mesmo que se admita o emprego da metonímia (utilização do sinal, templo, no lugar da coisa significada, religião, pregação, difusão do evangelho etc.), há de se ter em conta a atividade-fim da corporação religiosa e não a atividade-meio, como o são os diversos negócios mobiliários e imobiliários, ou mesmo o patrimônio não consagrado, imediatamente, à finalidade religiosa. (...) É claro que, para cumprir seus objetivos religiosos, a Igreja depende de meios. Não importa quais sejam (investimentos no mercado de capitais, concessão de rádio e televisão, investimento em imóveis, indústria, comércio etc.), certo é que, em relação a estes, não se aplica a imunidade constitucional.

A propósito, analisando-se o § 2º do art. 150 da CF, ligado à imunidade recíproca (autarquias e fundações públicas) e à parte final do § 4º do mesmo artigo, pode-se estabelecer que a imunidade tributária, no *gênero*, comporta duas *espécies*, quais sejam: **(a)** a *imunidade vinculada*; e **(b)** a *imunidade relacionada*.

a) A *imunidade vinculada* está prevista no art. 150, VI, "a", e § 2º, da CF, atrelando-se, assim, aos casos próprios da *imunidade recíproca*, quer aqueles previstos na alínea "a", quer aqueles próprios das autarquias e fundações públicas. Esta imunidade, dita "vinculada", sendo mais restrita, refere-se aos impostos incidentes sobre o patrimônio, a renda e o serviço, *diretamente explorados*;

b) A *imunidade relacionada* está prevista no art. 150, VI, "b" e "c", e § 4º, do texto constitucional, afinando-se com a imunidade religiosa e com a imunidade condicionada (alínea "c"). Esta imunidade, dita "relacionada", sendo mais ampla, refere-se aos impostos incidentes sobre o patrimônio, a renda e o serviço, *direta ou indiretamente explorados*.

A *imunidade vinculada*, exigindo aproveitamento direto do patrimônio, da renda e do serviço, abrange apenas os bens necessários para poder funcionar. Exemplo: o prédio de instalação, os bens móveis etc.

---

24. COSTA, Regina Helena. *Imunidades tributárias*, p. 160.

25. SOUZA, Luiz Sergio Fernandes de. Sentença. Imunidade tributária. Templos de qualquer natureza... *Cadernos Jurídicos da Escola Paulista da Magistratura*, São Paulo, v. 3, n. 7, jan./fev. 2002, pp. 61-66 (p. 65).

A *imunidade relacionada*, por sua vez, abrange também os bens de aproveitamento indireto. Exemplo: o prédio alugado a terceiros; o imóvel dedicado ao lazer etc. Sendo assim, se há um imóvel, de propriedade de entidade assistencial, locado a terceiras pessoas, com os aluguéis sendo usados como fonte de custeio para cumprir as finalidades essenciais, não se tem este bem como vinculadamente imune, mas relacionadamente imune.

Em razão da abrangência desonerativa preconizada pela Teoria Moderna, plasmada na concepção do "templo-entidade", a referida expressão – "*relacionados com as finalidades essenciais das entidades nelas mencionadas*" – impõe os seguintes desdobramentos interpretativos, como **requisitos elementares**:

– **1º Requisito elementar:** é fundamental o reinvestimento integral do montante pecuniário, oriundo das atividades conexas ou correlatas, na consecução dos objetivos institucionais da Igreja, em prol de uma *correspondência fática*, que utilize a *destinação dos recursos* como fator determinante. Exemplo: renda de alugueres de *prédio locado*, de propriedade do templo, aplicada nos objetivos institucionais da Igreja; renda da comercialização de objetos sacros vertida para os propósitos religiosos etc. O reinvestimento não é só requisito necessário para fins de imunidade, mas também o é para a própria manutenção de muitos templos. Não é incomum que tais entidades religiosas venham a se manter com a ajuda caritativa ou mesmo com a renda de locações, ou seja, com o montante de que necessitam para a promoção do regular exercício do culto religioso e, ainda, da manutenção de obras assistenciais.

– **2º Requisito elementar:** é vital a inexistência de prejuízo à livre concorrência, vedando-se o cunho empresarial na atividade econômica desempenhada. Trata-se de um critério decisivo na aferição das situações de imunidade tributária, posto que um tanto subjetivo, principalmente na precisa demarcação dos traços empresariais da atividade em análise, evitando o que o direito americano denomina "*business purposes*". A esse propósito, Kiyoshi Harada adverte: "Os atos de mercancia, praticados por algumas seitas, ainda que disfarçadamente, e que contribuem para erguer rios e montanhas de dinheiro com a inocência de seus fiéis, não podem continuar à margem da tributação, sob pena de ofensa ao princípio da isonomia tributária"[26].

Note os **exemplos**, por nós formulados, que podem ofertar o sentido de burla à livre concorrência:

26. Harada, Kiyoshi. *Direito financeiro e tributário*, 7. ed., p. 293.

Exemplo 1: *Igreja* Alfa, *proprietária de* **dezenas** *de bens imóveis, locados a terceiros, questiona se deve haver a imunidade de IPTU sobre os bens a estes alugados.*

A resposta tende a ser negativa, pois há que se estender a imunidade aos tais bens imóveis da Igreja *Alfa*, desde que se prove tratar-se a atividade correlata de uma ação ocasional, e não de uma atividade principal. É razoável a locação de uma, duas ou mais, sem a finalidade econômica (*lucri faciendi causa*) e uma concorrência desleal; todavia, locando-se dezenas de bens, temos dito, em tom jocoso, que este templo assumiria a feição de uma verdadeira "imobiliária celestial", não se fazendo justiça ao lhe estender a benesse constitucional, que agride a *isonomia* e os princípios basilares da *livre concorrência* (art. 170, IV c/c art. 173, § 4º, CF).

O **STF** analisou caso análogo. Observe a jurisprudência:

> **EMENTA:** RECURSO EXTRAORDINÁRIO. 2. Imunidade tributária de templos de qualquer culto. Vedação de instituição de impostos sobre o patrimônio, renda e serviços relacionados com as finalidades essenciais das entidades. Artigo 150, VI, "b" e § 4º, da Constituição. 3. *Instituição religiosa. IPTU sobre imóveis de sua propriedade que se encontram alugados. 4. A imunidade prevista no art. 150, VI, "b", CF, deve abranger não somente os prédios destinados ao culto, mas, também, o patrimônio, a renda e os serviços "relacionados com as finalidades essenciais das entidades nelas mencionadas".* 5. O § 4º do dispositivo constitucional serve de vetor interpretativo das alíneas "b" e "c" do inciso VI do art. 150 da Constituição Federal. Equiparação entre as hipóteses das alíneas referidas. 6. Recurso extraordinário provido **(RE 325.822/SP, Pleno, rel. Min. Ilmar Galvão, j. em 18-12-2002) (Grifo nosso)**

O acórdão em epígrafe refere-se a uma emblemática situação, em que se discutiu a imunidade tributária dos bens imóveis da *Diocese de Jales/SP*, em face da correspectiva municipalidade, uma vez que esta fizera o lançamento do **IPTU** contra esses bens imóveis, excetuando os templos para o sagrado culto. Entendeu a maioria dos Ministros do **STF** que os bens pertencentes à Diocese, quando destinados às suas finalidades essenciais, não deveriam sofrer a cobrança dos impostos, em face da proteção constitucional disposta no art. 150, VI, "b", combinada com a leitura do disposto no § 4º do art. 150 da Constituição Federal.

O **STF**, ainda, já se valeu do critério ora estudado em situação análoga (**no RE 87.890/SP, 2ª Turma, rel. Min. Décio Miranda, j. em 24-08-1979**), decidindo que não poderia incidir o **ISS** sobre estacionamento explorado pelo *Jockey Club de São Paulo*, aberto somente aos seus membros, portanto, não aberto ao público, com exploração pela própria entidade. O Ministro Relator entendeu, no caso, que não remanescia a *finalidade econômica* na prestação de serviço à comunidade dos membros da associação, e que se relacionava à facilitação do comparecimento deles à sede social.

O princípio da livre concorrência, como limite à imunidade religiosa, foi analisado pelo Pleno do **STF**, em 15-12-**1993**, no julgamento da **ADIN n. 939/DF**, de relatoria do Ministro Sidney Sanches, no qual se afastou o IPMF das aplicações financeiras das entidades religiosas. Observe a ementa:

EMENTA: DIREITO CONSTITUCIONAL E TRIBUTÁRIO. AÇÃO DIRETA DE INCONSTITUCIONALIDADE DE EMENDA CONSTITUCIONAL E DE LEI COMPLEMENTAR. IPMF (...) 2. A EC n. 3, de 17-03-1993, que, no art. 2º, autorizou a União a instituir o IPMF, incidiu em vício de inconstitucionalidade, ao dispor, no § 2º desse dispositivo, que, quanto a tal tributo, não se aplica "o art. 150, III, 'b' e VI", da CF, porque, desse modo, violou os seguintes princípios e normas imutáveis (somente eles, não outros): (..) 2 – o princípio da imunidade tributária recíproca (que veda a União, aos Estados, ao Distrito Federal e aos Municípios a instituição de impostos sobre o patrimônio, rendas ou serviços uns dos outros) e que a garantia da Federação (art. 60, § 4º, I, e art. 150, VI, "a", da CF); (...)

De uma maneira ou de outra, os abusos deverão ser contidos, ressalvado o caso de correspondência fática com os objetivos institucionais do templo. Assim, continua presente e aplicável a advertência de Pontes de Miranda[27]: "(...) não criemos, com interpretações criminosas, problemas graves, que, em vez de servirem à espiritualidade, a porão em xeque e risco".

A imunidade religiosa não pode ser o fertilizante do desequilíbrio concorrencial, com atos que "levam ao enriquecimento pessoal dos membros da Igreja"[28] e que podem "atropelar o princípio constitucional da livre iniciativa"[29].

Retomando a linha dos exemplos, teremos:

Exemplo 2: *Igreja* Beta, *verificando o mercado de roupas, decidiu abrir uma fábrica, haja vista o êxito alcançado pelas empresas locais na mencionada atividade. Assim sendo, questiona se deve haver a imunidade de ICMS sobre a saída de mercadorias do estabelecimento comercial.*

A resposta tende a ser negativa, pois há que se estender a imunidade às mercadorias comercializadas pela Igreja *Beta*, desde que se prove tratar-se a atividade conexa de uma ação ocasional, a título precário, sem o cunho empresarial.

No presente caso, a referida atividade comercial ou econômica, se preponderante, poderá transformar o templo religioso em um verdadeiro "templo-empresa", provocando uma mutilação da concorrência, mediante a "blindagem" dos seus lucros com o manto da norma imunizante.

Com efeito, a imunidade deve cessar a partir do momento em que o templo passa a exercer atividade econômica em caráter empresarial, ou seja, aquela que coloque em risco o regime de livre concorrência.

---

27. PONTES DE MIRANDA, Francisco Cavalcanti. *Comentários à Constituição de 1967.* 3. ed. Rio de Janeiro: Forense, 1987, t. II, p. 425.
28. CARRAZZA, Roque Antonio. *Imunidades tributárias dos templos e instituições religiosas.* São Paulo: Noeses, 2015, p. 45.
29. SCHOUERI, Luís Eduardo. *Contribuição ao estudo do regime jurídico das normas tributárias indutoras como instrumento de intervenção sobre o domínio econômico.* Tese de Titularidade. Faculdade de Direito da USP, São Paulo, 2002, p. 381.

Exemplo 3: *Igreja* Gama *arrendou um terreno, localizado ao lado do templo, para uma empresa particular, a fim de que esta viesse a explorar a atividade econômica de estacionamento de veículos. Assim sendo, questiona se deve haver a imunidade quanto ao IR, relativamente à renda auferida da atividade.*

A resposta dependerá da constatação, no caso concreto, da caracterização de ofensa ao princípio da livre concorrência e do necessário emprego da receita correlata no custeio das atividades-fim do templo. Nessa medida, o exemplo dado, da forma como foi apresentado, tem despertado inúmeras dúvidas entre os doutrinadores, que divergem quanto ao deslinde da questão.

De nossa parte, entendemos que somente o caso concreto ofertará todos os dados necessários ao bom desfecho da situação, porquanto não se sabe acerca da abrangência da atividade econômica – se preponderante ou não –, e, ainda, se o estacionamento é aberto ao público em geral ou se é utilizado tão somente pelos fiéis.

Sem o equacionamento dessas dúvidas, torna-se difícil situar o problema no campo da incidência ou na seara da imunidade tributária.

Diante da situação apresentada, bastante capciosa, podemos assegurar com expressiva segurança que este estacionamento, sendo utilizado apenas pelos fiéis, pagando ou não pela utilização do recinto, será palco de um caso de inequívoca imunidade, porquanto a renda é proveniente dos seguidores do templo, como pessoas integrantes da entidade[30]. Por outro lado, sendo aberto ao público, para uso coletivo, a manutenção dos efeitos da norma imunitória já se torna duvidosa.

6 A IMUNIDADE RELIGIOSA: TEMAS RELEVANTES

Entre vários temas relevantes no estudo da imunidade religiosa, escolhemos três a serem analisados, na ordem adiante sugerida:

- **A imunidade religiosa e os tributos indiretos;**
- **A imunidade religiosa e os cemitérios;**
- **A imunidade religiosa e as lojas maçônicas.**

Passemos à análise:

6.1 A imunidade religiosa e os tributos indiretos

De início, impende registrar que todo o raciocínio expendido no estudo da alínea "a", afeta à imunidade recíproca, em cotejo com os tributos indiretos, pode ser aqui aplicado, sem alterações.

30. *V.* PEREZ, Fernando Augusto Monteiro. Extensão e alcance da imunidade dos templos de qualquer culto. *RTJE*, v. 178, set./out. 2000, pp. 64-78 (pp. 72-73).

Conforme se estudou na alínea precedente (ver Capítulo 9, item 4.1.3), desde **2003**, quando o Pleno do **STF** apreciou os **Embargos de Divergência no Recurso Extraordinário n. 210.251/SP**, de relatoria da eminente Ministra Ellen Gracie, com julgamento em 26 de fevereiro daquele ano, entendeu-se que a imunidade prevista no art. 150, VI, "c", da Carta Magna aplicava-se às operações de vendas de mercadorias fabricadas por entidades imunes, impedindo a incidência de ICMS, com a condição de que o lucro obtido fosse vertido à consecução da finalidade precípua da entidade.

Sabe-se que a orientação adotada acima foi reiterada em **2006**, pelo Pleno do **STF**, nos **Embargos de Divergência no Recurso Extraordinário n. 186.175/SP**, de relatoria da eminente Ministra Ellen Gracie, com julgamento em 23 de agosto daquele ano, conforme se nota da ementa:

> **EMENTA:** O Plenário do Supremo Tribunal Federal, ao apreciar o RE 210.251 – EDv/SP, fixou entendimento segundo o qual as entidades de assistência social são imunes em relação ao ICMS incidente sobre a comercialização de bens por elas produzidos, nos termos do art. 150, VI, "c" da Constituição. Embargos de divergência conhecidos, mas improvidos.

A bem da verdade, a discussão, que é bem antiga, foi pacificada com a prevalência do entendimento do então Ministro do **STF** Bilac Pinto, que relatou célebre acórdão (**RE 68.741/SP, em 1970**), entendendo que a figura do contribuinte de fato era estranha à relação tributária, não podendo alegar, a seu favor, a imunidade tributária.

Assim, passou-se a não se poder opor à forma jurídica a realidade econômica – como desejava Aliomar Baleeiro, no bojo da interpretação econômica da repercussão tributária –, além de firmar a ideia de que a relação tributária se estabelecia unicamente entre o poder tributante e o contribuinte ou responsável, nos termos da lei, prescindindo-se do binômio conceitual "contribuinte de direito *versus* contribuinte de fato".

Como é sabido, o entendimento de Bilac Pinto mudou a jurisprudência da Corte Suprema, que começou, desde então, a adotar tal postura, ou seja, admitir a incidência dos impostos indiretos nas compras de bens por entidades políticas imunes. Em outras palavras, corroborou a interpretação de cunho formal, plasmada na análise da repercussão tributária em uma perspectiva estritamente jurídica, e não econômica.

Em síntese, seguindo a linha de entendimento do **STF**, podemos assegurar: **(I) não incide** o ICMS nas operações de **vendas** de mercadorias fabricadas pelos templos (objetos sacros), com a condição de que o lucro obtido seja vertido na consecução da finalidade precípua da entidade religiosa; **(II) incide** o ICMS nas operações de **compras** de mercadorias, uma vez que na compra não se está pagando o tributo, mas o preço do bem.

6.2 A imunidade religiosa e os cemitérios

De há muito, o **STF** entende que alguns *cemitérios* devem desfrutar da imunidade religiosa quanto ao IPTU. Trata-se daqueles cemitérios que **(I)** funcionam como extensões de entidades religiosas (*v.g.*, cemitérios muçulmano, israelita, protestante etc.), **(II)** não tenham fins lucrativos e **(III)** dediquem-se exclusivamente à realização de serviços religiosos e funerários. O entendimento foi firmado em 21 de maio de **2008**, no Pleno do **STF**, ao apreciar o **RE 578.562** (rel. Min. Eros Grau). A questão de fundo versou sobre a exigibilidade do IPTU, por parte Municipalidade de Salvador, sobre a propriedade de cemitério pertencente à *Igreja de São Jorge e Cemitério Britânico de Salvador*, vinculada à Igreja Anglicana. Na ocasião, o STF procurou evidenciar a distinção entre os cemitérios de caráter comercial, que alugam jazigos e serviços com finalidade econômico-lucrativa, daqueles outros pertencentes a entidades religiosas, como extensão do templo dedicado ao culto da religião.

Nessa mesma época, em **2007**, iniciou-se uma relevante discussão no STF, acerca da imunidade de IPTU, relativamente à propriedade particular de um terreno no qual se localizava um cemitério privado (*Cemitério Santo André S/C Ltda.*), na cidade de Santo André, em São Paulo.

A proprietária do terreno interpôs o recurso extraordinário (**RE 544.815**), contestando a decisão do extinto Tribunal de Alçada Civil do Estado de São Paulo, que decidiu pela incidência do Imposto sobre Propriedade Predial e Territorial Urbana (**IPTU**) sobre o bem imóvel.

A recorrente, em resumo, alegou que o cemitério é imune à tributação, em razão do disposto no art. 150, VI, "b", da Constituição Federal, que dispõe sobre imunidade tributária aos templos de qualquer culto. Alegou que o terreno privado, no qual se localiza um cemitério, igualmente privado, deve ser considerado como "templo de qualquer culto", para fins de imunidade tributária, porquanto, em virtude do passamento de pessoas queridas, são realizadas homenagens e ritos diante dos seus túmulos, o que dá ao ato a forma de "culto", previsto na norma constitucional.

É importante frisar, à guisa de curiosidade histórica, que o **art. 72, § 5º, da Constituição Federal de 1891** apontava para o caráter secular dos cemitérios, deixando-os livres a todos os cultos religiosos:

> **Art. 72, § 5º** Os cemitérios terão caráter secular e serão administrados pela autoridade municipal, ficando livre a todos os cultos religiosos a prática dos respectivos ritos em relação aos seus crentes, desde que não ofendam a moral pública e as leis.

Todavia, o então Ministro relator Joaquim Barbosa, analisando a questão, frisou alguns pontos de relevo:

(1) a propriedade imóvel pertence a uma pessoa natural e laica;

(2) o imóvel estava alugado a uma empresa privada sem qualquer vínculo com as finalidades institucionais típicas de entidade eclesiástica;

(3) o imóvel é empregado em atividade econômico-lucrativa, cujo produto não é destinado à manutenção de atividades institucionais essenciais a qualquer entidade religiosa. Para o ínclito julgador, "*é inequívoco que o produto arrecadado com o pagamento dos alugueres da propriedade imóvel ou mesmo com o produto da venda ou cessão dos jazigos não se destina precipuamente à manutenção de atividades essenciais de entidade religiosa. Pelo contrário, o produto da exploração do imóvel visa ao acréscimo patrimonial do proprietário do terreno e de quem mais o explore economicamente*".

Nesse ínterim, o ínclito Ministro, evitando privilegiar a exploração econômica particular, em detrimento da proteção da liberdade religiosa, rejeitou a condição de templo de qualquer culto ao terreno em análise e concluiu que não é coerente que "terrenos explorados comercialmente por entidade não eclesiástica para fins que não são necessariamente próprios à expressão da crença sejam considerados como templos". Ademais, deixou claro que "serviço funerário é atividade de interesse público, especificamente de saúde pública e de saneamento, não se tratando ontologicamente de questão de índole religiosa, pois é possível conceber a existência de doutrina mística que ignore por completo esta questão".

Em sentido contrário, na linha de defesa da necessidade de prevalência da imunidade tributária, posicionou-se o Ministro Carlos Ayres Britto, argumentando que os cemitérios estão revestidos de religiosidade e de um sentimento puro, não se devendo tributar sobre um nobre "dever" – que é o de enterrar os mortos –, nem ser complacente com "a fúria arrecadadora, com essa sanha fiscal do poder público que não respeita sequer a última morada do indivíduo". Ainda aduziu o eminente julgador que "o local do culto vale por si mesmo, nada tem a ver com a entidade que eventualmente vitalize, até economicamente, este espaço".

Frise-se que, após o voto do então Ministro Joaquim Barbosa, que desproveu o recurso (sendo seguido pelos ministros: Ricardo Lewandowski, Cezar Peluso, Marco Aurélio e Cármen Lúcia), e o voto do Ministro Carlos Britto, que lhe deu provimento, houve pedido de vista dos autos pelo Min. Celso de Mello, em cujo período a parte Requerente peticionou pela desistência recursal, inclusive com a renúncia à alegação de direito sobre a qual se funda a própria demanda. Em fevereiro de **2016**, houve o trânsito em julgado.

De nossa parte, entendemos que aquela decisão denegatória da benesse imunizadora se mostrou judiciosa, haja vista o não preenchimento de qualquer um dos requisitos necessários ao reconhecimento da imunidade. Adiante, seguem os elementos fundantes para a concessão da benesse constitucional, os quais **não** se mostraram presentes no caso concreto:

a) **a propriedade do terreno por entidade eclesiástica:** no caso, a propriedade do bem imóvel é de particular, que, locando-o a terceiro (empresa de gestão de cemitério), aufere renda com a atividade específica;

b) **a utilização do terreno "por" entidade eclesiástica e "em" atividade inerente à atividade eclesiástica:** no caso, o terreno é utilizado por entidade privada (Cemitério Santo André S/C Ltda.), em atividade divorciada dos fins eclesiásticos;

c) **a ausência de capacidade contributiva de quem explora economicamente o bem imóvel:** como se trata de propriedade particular, a capacidade econômica exsurge sem óbices, podendo-se falar em ausência de capacidade contributiva apenas se houvesse a presença de uma pessoa religiosa como proprietária do bem em discussão;

d) **o possível risco, com a tributação, à livre iniciativa e à isonomia:** a tributação não promoverá qualquer desigualamento desarrazoado, uma vez que o discrime utilizado – ser proprietário de bem imóvel – é fato presuntivo de riqueza tributável que rima com a isonomia tributária, com a capacidade econômica e com a cláusula latina, segundo a qual o tributo *non olet*.

6.3 A imunidade religiosa e as lojas maçônicas

O tema da imunidade religiosa para as *lojas maçônicas* é de escasso tratamento na doutrina e na jurisprudência.

Em pesquisa a que procedemos, verificamos um pontual tratamento da situação em questão levada, em 2003, ao *Tribunal de Justiça do Distrito Federal* (Proc. n. 2003.01.5.009352-5), que considerou como "templos" as lojas maçônicas, para fins de imunidade tributária, afastando-se a incidência do IPTU.

De outra banda, para a Fazenda Pública do Distrito Federal, a loja maçônica não pode ser considerada uma entidade imune, e as suas salas de reuniões não são "templos", entendendo-se que a maçonaria não é uma religião.

A bem da verdade, trata-se de questão de alta indagação, cuja complexidade emerge da própria natureza semissecreta da maçonaria, o que dificulta o *iter* a ser trilhado na identificação segura da existência do caráter religioso nas lojas maçônicas.

O tema começa, assim, incipientemente, a ser debatido nos Tribunais.

EMENTA (1): TRIBUTÁRIO. IMUNIDADE. RECONHECIMENTO PELO PODER PÚBLICO. MAÇONARIA. ENTIDADE RELIGIOSA. A imunidade tributária para as entidades religiosas, dentre estas as lojas maçônicas, decorre da letra constitucional e dispensa qualquer procedimento administrativo para que exista e produza todos os seus efeitos. Apelo provido. Unânime. **(APC 5.176.5999, Rel. Valter Xavier, 1ª Turma Cível, j. em 28-06-1999, *DJ* 09-09-1999 p. 44)**

EMENTA (2): EMBARGOS À EXECUÇÃO FISCAL – IPTU – MAÇONARIA – IMUNIDADE TRIBUTÁRIA – POSSIBILIDADE – INTELIGÊNCIA DO PARÁGRAFO ÚNICO DO ARTIGO 8º DA LEI COMPLEMENTAR N.º 363/2001. 1. "A maçonaria é uma religião, no sentido estrito do vocábulo, isto é na 'harmonização da criatura ao Criador.' É religião maior e universal". **(Proc. 2003.0150093525 – APC, Rel. Asdrubal Nascimento Lima, 5ª Turma Cível, j. em 15-03-2004, *DJ* 24-06-2004, p. 64)**

EMENTA (3): EMBARGOS À EXECUÇÃO FISCAL – IPTU – MAÇONARIA – RELIGIÃO – IMUNIDADE TRIBUTÁRIA – LEI COMPLEMENTAR DISTRITAL – ISENÇÃO – HONORÁRIOS ADVOCATÍCIOS – VALOR EXACERBADO. 1. A imunidade é forma qualificada de não incidência, que decorre da supressão da competência impositiva sobre certos pressupostos previstos na Constituição. A maçonaria é uma sociedade de cunho religioso e suas lojas guardam a conotação de templo contida no texto constitucional, devendo, portanto, ficar imunes aos impostos. (...) **(Proc. 2000.0150021228 - APC, Rel. Sandra de Santis, 3ª Turma Cível, j. em 03-12-2001, *DJ* 03-04-2002, p. 38)**

No embate processual que marca os julgados em epígrafe, vê-se a defesa da tese de que a loja maçônica não pode ser considerada uma entidade imune porquanto as suas salas de reuniões não são "templos", as reuniões da maçonaria não são cultos e, ainda, não são religiosas as finalidades da entidade. Em resumo, a maçonaria não se confundiria com uma "religião". Ademais, outros argumentos também têm sido expendidos na direção contrária à defesa da imunidade para as lojas maçônicas. Resumidamente, são eles: (I) que os rituais da maçonaria são apenas "filosofias de vida", dissociadas do conceito de "divino"; (II) que o fato de ocorrer acessibilidade restrita às reuniões – o que não é comum aos templos, em geral – coloca em xeque a subsunção do fato à norma não seletiva de imunidade; e (III) que a imunidade para a maçonaria é fruto de "achismo", violador do princípio da isonomia.

Com a devida vênia, temos defendido o entendimento que reputamos plausível, em discordância dos argumentos supramencionados.

A análise da questão avoca alta indagação, cuja complexidade emerge da própria natureza semissecreta ou sigilosa da maçonaria, o que dificulta o *iter* a ser trilhado, na identificação segura da existência do caráter religioso nas lojas maçônicas. Com efeito, não se mostra simples a tarefa de definir os contornos procedimentais de uma sociedade considerada "secreta", mormente para aqueles não iniciados, como é o caso deste autor.

Felizmente, a literatura especializada propicia uma satisfatória "iluminação" sobre o tema, levando-nos a crer que há, em verdade, um caráter místico-religioso no templo maçônico.

A nosso sentir, a maçonaria deve ser considerada, para fins de imunidade tributária, uma entidade que, conquanto diversa de "religião" em sentido amplo, aspira à *religiosidade*, à semelhança de tantas outras que harmonicamente coexistem em nosso Estado laico e que recebem a benesse constitucional. Tal identidade se mostra evidente quando a instituição visa harmonizar a criatura ao Criador, por meio do sistema sacramental que lhe é inerente.

O rito litúrgico que imanta as suas reuniões cerca-se de cerimonial, doutrina e símbolos, sob os quais se estende a espiritualidade do maçom, que é levado à aprendizagem e ao estímulo de sua imaginação espiritual.

Se o "culto" é uma prática que se destina ao aperfeiçoamento dos sentimentos humanos, e, ainda, as cerimônias ritualísticas dos encontros maçônicos visam melhorar o caráter e a vida espiritual do homem, permitindo a ele meditar sobre sua missão e seus valores, não nos parece prudente dissociar o rito maçônico de "culto", difusor de religiosidade.

Quanto à tese de que o ritual secreto da maçonaria viria de encontro ao necessário caráter público de um templo merecedor da imunidade, a interpretação, salvo melhor juízo, não nos parece crível. Em toda liturgia religiosa, há mistérios que serão alcançáveis apenas a alguns, quer porque ocupam posição sacerdotal privilegiada, quer porque se elevam na fé. Aliás, é da natureza das religiões o seu alto grau de esoterismo. Na História Antiga, nem todos se aproximavam das divindades, mas apenas os faraós e sacerdotes. Entre os gregos, o conhecimento do "divino" era reservado a alguns iniciados. Os índios, em seus rituais místicos, enaltecem o "transcendente". Nesse passo, não vejo o caráter secreto da maçonaria como inibitório da imunidade, por acreditar que o esoterismo é atributo imanente de qualquer templo que se volte à prática da religiosidade.

A nosso sentir, a maçonaria deve ser considerada uma "religião" (no sentido estrito do vocábulo, isto é, na "harmonização da criatura ao Criador"), à semelhança de tantas outras que harmonicamente coexistem em nosso Estado laico. Seu rito está inserido em sistema sacramental e, como tal, apresenta-se pelo aspecto externo (a liturgia cerimonial, a doutrina e os símbolos) e pelo aspecto interno (a liturgia espiritual ou mental, acessível com exclusividade ao maçom que tenha evoluído na utilização da imaginação espiritual).

Ademais, o parágrafo único do art. 8º da LC n. 277/2000, acrescido pela LC n. 363/2001, ambas do Distrito Federal, prevê a isenção de IPTU para imóveis construídos e ocupados por "templos maçônicos". É curioso observar que o legislador distrital, ao dispor sobre a isenção de IPTU para as lojas maçônicas, referiu-se textualmente a estas como "templos religiosos". Note o artigo mencionado:

> Ficam isentos do pagamento do imposto sobre a propriedade predial e territorial urbana – IPTU os imóveis construídos e ocupados por *templos maçônicos e religiosos*, de qualquer culto, ficando remidos os respectivos débitos inscritos e não inscritos na dívida ativa, ajuizados e por ajuizar. **(Grifo nosso)**

Não se pode perder de vista que o conceito de religião é aberto, inexistindo um regramento legal ou constitucional. Vale dizer que a conceituação de religião, longe de ser "substancial" – em que se perscruta aleatoriamente o elemento conteudístico –, deverá ser *funcional*, abrindo-se para quaisquer agrupamentos litúrgicos em que os participantes se coobriguem moralmente a agir sob certos princípios. Nessa medida, o intérprete deve buscar o sentido mais abrangente, sob pena de colocar em risco as crenças de grupos minoritários[31].

Desse modo, temos afirmado, salvo melhor juízo e à semelhança do entendimento do egrégio Tribunal de Justiça do Distrito Federal[32], que a maçonaria é, sim, uma sociedade de cunho religioso, e suas lojas guardam a conotação de templo, contida no texto constitucional, devendo, portanto, ficar imunes aos impostos, em prol da liberdade religiosa que marca o ordenamento constitucional doméstico.

É importante destacar que o **STF (RE 562.351/RS)**, em julgamento finalizado em setembro de **2012**, entendeu que o dispositivo constitucional avocaria interpretação restritiva, uma vez que a expressão "templos de qualquer culto" estaria circunscrita aos cultos religiosos. Assim, afastou a imunidade às lojas maçônicas. Na decisão, o Ministro Ricardo Lewandowski, relator do caso, foi seguido pelos Ministros Ayres Britto, Dias Toffoli e Cármen Lúcia, ficando vencido o ministro Marco Aurélio.

7 A IMUNIDADE RELIGIOSA: UMA ANÁLISE CRÍTICA

Num cenário de proliferação de templos, haja vista a "*extrema facilidade com que se institui uma seita*"[33], e de ocorrência de inúmeros abusos, somos instados a refletir criticamente sobre a extensão do fenômeno e suas consequências.

De início, temos dito que é lamentável que tal expansão traga a reboque, em certos casos, o cenário fraudulento em que se inserem, sob a capa da fé, algumas "pseudoigrejas". Difusoras de uma religiosidade hipócrita, chegam a mascarar atividades ilícitas sob a função de "representantes do bem".

Na verdade, é corriqueira a divulgação na imprensa de casos retumbantes, em que certas entidades religiosas realizam negócios ilícitos, valendo-se da imagem puritana que a atividade naturalmente impinge. Perguntar-se-á: *será que o legislador constituinte, ao pretender garantir a liberdade religiosa, imaginou tamanha deturpação de sua intenção*?

Diante desse expressivo crescimento das igrejas, nos tempos hodiernos, é importante tecermos alguns comentários finais, ainda que o dito popular nos ensine que "religião é tema que não se discute", uma vez que o consenso neste assunto é praticamente inviável.

A imunidade religiosa é norma sublime que permite garantir a intributabilidade das religiões, entretanto, a nosso sentir, esvazia-se, na essência, quando se trazem à baila questões limítrofes, de conhecimento geral, ligadas:

a) à riqueza dos templos diante da falta de recursos dos fiéis;

31. *V.* TORRES, Ricardo Lobo. *Tratado de direito constitucional financeiro e tributário*, v. III, p. 241.
32. Ver, nesse sentido, no TJ/DF: APC e RMO n. 2000.01.5.002122-8, 3ª Turma Cível; e, ainda: APC n. 51.765/1999, 1ª Turma Cível.
33. Harada, Kiyoshi. *Direito financeiro e tributário*, 7. ed., p. 293.

b) à existência de milhares de brasileiros que não professam qualquer religião e que, de forma indireta, custeiam as atividades dos cultos, em face da desoneração de impostos a estes afeta e do princípio da generalidade da tributação que a todos atrela;

c) à conduta discriminatória de muitos cultos religiosos, colocando em xeque a isonomia preconizada no texto constitucional (*v.g.*, condenação do homossexualismo) e a política de saúde pública (*e.g.*, boicote ao uso de preservativos e à doação de órgãos);

d) à falta de controle sobre a arrecadação de recursos, facilitando a evasão de divisas e outros ilícitos.

É importante enfatizar que já tramitou no Congresso Nacional um Projeto de Emenda Constitucional (PEC n. 176-A/93), de autoria do Deputado Eduardo Jorge, propondo a supressão da imunidade tributária aos cultos religiosos. Em apertada síntese, o projeto soçobrou, sob dois argumentos: (**a**) a extinção do benefício violaria o princípio da liberdade religiosa (CF, art. 5º, VI); (**b**) a fiscalização estatal poderia esbarrar no possível fanatismo religioso de alguns servidores que tenderiam a prejudicar determinadas religiões.

A nosso ver, a questão é demasiado complexa, indicando ponto de convergência de inúmeros interesses e visões particulares – tendenciosos ou não. Ao mesmo tempo, os pontos críticos acima apresentados nos convidam a uma reflexão detida sobre o real cumprimento do desiderato dessa exoneração tributária, que quer prestigiar tão só a liberdade religiosa, e não "liberalidades religiosas".

Nesse passo, não cremos que a supressão da norma imunitória venha a ser a melhor solução. Todavia, uma regulação da fruição da benesse constitucional, à semelhança do que ocorre com as entidades imunes da alínea "c" do mesmo inciso VI do art. 150 da CF, que se atêm ao cumprimento dos requisitos impostos pelo art. 14 do CTN – tema a ser estudado no próximo Capítulo –, pode vir a se traduzir em uma saudável exigência, inibitória de eventuais abusos cometidos por certos condutores inescrupulosos de templos.

11

IMUNIDADES NÃO AUTOAPLICÁVEIS

1 CONSIDERAÇÕES INICIAIS

A alínea "c" do inciso VI do art. 150 da Carta Magna atrela-se às desonerações de impostos sobre **quatro** pessoas jurídicas, quais sejam: **(1)** os partidos políticos; **(2)** os sindicatos de empregados; **(3)** as instituições de educação; e **(4)** as entidades de assistência social.

Trata-se de dispositivo que hospeda *imunidades* – e não "isenções" –, intituladas "não autoaplicáveis", em razão do incremento normativo a que faz menção a parte final da alínea "c", atrelando a fruição da benesse constitucional ao cumprimento de *requisitos de legitimação*, constantes do art. 14 do CTN, conforme se explicará, em detalhes, neste tópico.

Ademais, devendo ser lido com a alínea "c", ora estudada, em uma interpretação sistemática, o **art. 150, § 4º, da Carta Magna** dispõe que haverá desoneração sobre "(...) patrimônio, renda e os serviços 'relacionados' com as finalidades essenciais das entidades (...)". Veja-o:

> **Art. 150.** Sem prejuízo de outras garantias asseguradas ao contribuinte, é vedado à União, aos Estados, ao Distrito Federal e aos Municípios: (...)
> **§ 4º** As vedações expressas no inciso VI, alíneas "b" e "c", compreendem *somente* o *patrimônio, a renda e os serviços, relacionados com as finalidades essenciais das entidades nelas mencionadas.* **(Grifo nosso)**

É fácil perceber que o presente dispositivo repete textualmente o rol classificatório "*patrimônio, renda e serviços*", à semelhança da alínea "a" do inciso VI (imunidade recíproca para as entidades federadas) e do § 2º (imunidade recíproca para as autarquias e fundações públicas) do mesmo artigo, afastando-se os impostos que tendem a incidir sobre tais elementos fundantes do fato tributável, conexo às pessoas políticas que constam da alínea "c".

Nesse passo, o comando desonerativo em apreço (art. 150, § 4º) alcança os *serviços*, o *patrimônio* (mobiliário e imobiliário) e as *rendas* (*v.g.*, nos *partidos políticos*, aquelas recebidas a título de contribuição dos filiados), quando vinculados a finalidades precípuas da pessoa jurídica imune.

Não é demasiado relembrar que, segundo o **art. 123 do CTN**, o patrimônio, a renda ou o serviço, como grandezas dimensionais ligadas ao fato gerador, serão protegidos quando a entidade imune realizar o próprio fato imponível, ou seja, "for proprietária", "auferir renda" ou "prestar o serviço". Desse modo, por exemplo, sendo locatárias (ou comodatárias) a igreja, o partido político ou a entidade beneficente, haverá normal incidência sobre o proprietário, pois as cláusulas contratuais que deslocam o ônus para terceiras pessoas não têm o condão de alterar a sujeição passiva. Observe o comando:

> **Art. 123.** Salvo disposições de lei em contrário, as convenções particulares, relativas à responsabilidade pelo pagamento de tributos, não podem ser opostas à Fazenda Pública, para modificar a definição legal do sujeito passivo das obrigações tributárias correspondentes.

Essa exegese, dita "ampliativa" – e prevalecente na doutrina brasileira –, tendendo a desconsiderar a *origem* do patrimônio, renda e serviço, vem prestigiar a atuação das entidades em ações correlatas com as "atividades essenciais", desde que **(I)** se revertam a tais pessoas jurídicas os recursos hauridos das citadas atividades conexas e que **(II)** não se provoque prejuízo à livre concorrência, "passando a atuar no mercado em condições privilegiadas frente aos seus competidores"[1]. Tais requisitos também serão ulteriormente detalhados neste item.

Como se pode notar, o legislador constituinte não imunizou apenas as atividades **essenciais**, mas também o patrimônio, a renda e os serviços com elas relacionados. Exemplos:

> Note o item considerado **CORRETO**, em prova realizada pelo FUNDEP, para o cargo de Auditor/Conselheiro Substituto do Tribunal de Contas (TCE/MG), em 2015: *"Ainda quando alugado a terceiros, permanece imune ao IPTU o imóvel pertencente a qualquer das entidades referidas pelo art. 150, VI, 'c', da Constituição Federal, desde que o valor dos aluguéis seja aplicado nas atividades essenciais de tais entidades".*

> Note o item considerado **INCORRETO**, em prova realizada pelo MPE/MA, para o cargo de Promotor de Justiça, em 2014: *"As imunidades são extensivas aos partidos políticos, no que se refere ao patrimônio, à renda e aos seus serviços vinculados ou não a suas finalidades essenciais".*

1. TORRES, Ricardo Lobo. *Tratado de direito constitucional financeiro e tributário*, v. III, p. 275.

a) imunidade de IPTU sobre o imóvel, pertencente a sindicato de trabalhadores, sendo dedicado à colônia de férias dos empregados;

b) imunidade de IPTU sobre o imóvel, pertencente a partido político, sendo dedicado à finalidade partidária correlata.

Antes de detalharmos as imunidades às pessoas jurídicas constantes da alínea "c", vale a pena conhecermos outros bons **exemplos**, acompanhados das respectivas ementas jurisprudenciais, ligados, por sua vez, à aplicação da *teoria ampliativa*, no bojo do § 4º do art. 150 da CF:

I. Imunidade de IPTU sobre o imóvel pertencente à instituição de assistência social, sendo utilizado para estacionamento de veículos:

EMENTA: IMUNIDADE E EXPLORAÇÃO DE ESTACIONAMENTO. Entendendo que a imunidade tributária conferida a instituições de assistência social sem fins lucrativos (CF/88, art. 150, VI, "c") abrange inclusive os serviços que não se enquadrem em suas finalidades essenciais, a Turma manteve acórdão do TJ/MG que reconhecera à instituição de assistência social mantenedora de orfanato a imunidade relativamente ao pagamento do IPTU cobrado de imóvel utilizado para estacionamento de veículos. **(RE 257.700/MG, 1ª T., rel. Min. Ilmar Galvão, j. em 13-06-2000)**

II. Imunidade de IR sobre a renda da locação de área interna pertencente à instituição de assistência social, destinada a estacionamento de veículos:

EMENTA: IMUNIDADE TRIBUTÁRIA. ART. 150, VI, "C", DA CF. INSTITUIÇÃO DE ASSISTÊNCIA SOCIAL. EXIGÊNCIA DE ISS CALCULADO SOBRE O PREÇO COBRADO EM ESTACIONAMENTO DE VEÍCULOS NO PÁTIO INTERNO DA ENTIDADE. Ilegitimidade. Eventual renda obtida pela instituição de assistência social, mediante cobrança de estacionamento de veículos em área interna da entidade, destinada ao custeio das atividades desta, está abrangida pela imunidade prevista no dispositivo sob destaque. Precedente da Corte: RE 116.188-4. Recurso conhecido e provido. **(RE 144.900/SP, 1ª T., rel. Min. Ilmar Galvão, j. em 22-04-1997)**[2]

III. Imunidade de IPTU sobre o imóvel pertencente à instituição de assistência social, sendo locado a particular:

EMENTA: IMUNIDADE TRIBUTÁRIA DO PATRIMÔNIO DAS INSTITUIÇÕES ASSISTENCIAIS (CF, ART. 150, VI, "c"). Sua aplicabilidade de modo a afastar a incidência do IPTU sobre imóvel de propriedade da entidade imune, ainda quando alugado a terceiro, sempre que a renda dos aluguéis seja aplicada em suas finalidades

2. Ver, ainda, quanto à imunidade do ISS exigível sobre o preço cobrado no estacionamento: RE 218.503, 1ª T., rel. Min. Moreira Alves, j. em 21-09-1999.

institucionais: precedentes. **(RE-AgR 390.451/MG, 1ª T., rel. Min. Sepúlveda Pertence, j. em 23-11-2004)**[3]

IV. Imunidade de IPTU sobre o imóvel pertencente à instituição de assistência social, sendo utilizado como escritório e residência de membros da entidade beneficente:

EMENTA: IMUNIDADE. INSTITUIÇÕES DE EDUCAÇÃO E ASSISTÊNCIA SOCIAL SEM FINS LUCRATIVOS. IMÓVEIS. ESCRITÓRIO E RESIDÊNCIA DE MEMBROS. O fato de os imóveis estarem sendo utilizados como escritório e residência de membros da entidade não afasta a imunidade prevista no artigo 150, inciso VI, "c", § 4º, da CF. **(RE 221.395/SP, 2ª T., rel. Min. Marco Aurélio, j. em 08-02-2000)**

V. Imunidade de ICMS sobre a venda de mercadorias realizada por entidade beneficente de assistência social: o Pleno do **STF**, ratificando o entendimento adotado nos Embargos de Divergência no Recurso Extraordinário n. 210.251/SP, de relatoria da mesma Ministra, com julgamento em 26-02-2003, assim dispôs:

EMENTA: O Plenário do STF, ao apreciar o RE 210.251(EDv/SP), fixou entendimento segundo o qual as entidades de assistência social são imunes em relação ao ICMS incidente sobre a comercialização de bens por elas produzidos, nos termos do art. 150, VI, "c" da Constituição. Embargos de divergência conhecidos, mas improvidos. **(EDivED-RE 186.175/SP, Pleno, rel. Min. Ellen Gracie, j. em 23-08-2006)**

Como assevera Luciano Amaro[4], "uma entidade assistencial pode, por exemplo, explorar um bazar, vendendo mercadorias, e nem por isso ficará sujeita ao imposto de renda".

Dessa forma, é fácil verificar que a Constituição Federal avoca a *interpretação ampliativa* quanto às atividades desempenhadas pelas entidades da alínea "c", sob pena de equivocada exegese, salientando-se que, como *conditio sine qua non*, deve haver o cumprimento de **dois** requisitos elementares: **(I)** a prova da inserção do montante pecuniário, arrecadável da atividade correlata, nos objetivos institucionais da entidade e **(II)** a prova da inocorrência de prejuízo à livre concorrência.

Dessa forma, falar com simplismo que "não é imune ao IPTU o imóvel pertencente à entidade que goza de imunidade tributária" não parece ser a visão mais adequada.

Nesse sentido, aliás, seguiu o **STF**, ao prolatar a **Súmula n. 724**: *"Ainda quando alugado a terceiros, permanece imune ao IPTU o imóvel pertencente a qualquer das entidades referidas pelo art. 150, VI, 'c', da Constituição, desde que o valor dos aluguéis seja aplicado nas atividades essenciais de tais entidades"*.

---

3. **Ver, ainda, no mesmo sentido:** RE 247.809, 1ª T., rel. Min. Ilmar Galvão, j. em 15-05-2001.
4. AMARO, Luciano. *Direito tributário brasileiro*, 14. ed., p. 154.

Frise-se que, em 18 de junho de **2015**, o Plenário do **STF**, por maioria, acolheu proposta de edição de enunciado de **súmula vinculante** com o seguinte teor: "*Ainda quando alugado a terceiros, permanece imune ao IPTU o imóvel pertencente a qualquer das entidades referidas pelo art. 150, VI, 'c', da CF, desde que o valor dos aluguéis seja aplicado nas atividades para as quais tais entidades foram constituídas*". Assim, tornou vinculante o conteúdo do Verbete 724 da Súmula do STF. Trata-se da **Súmula Vinculante n. 52 do STF**, acolhida a proposta redacional do Ministro Ricardo Lewandowski (Presidente). A esse respeito, observe-se que a parte final do texto da Súmula n. 724 não equivale exatamente à parte final do texto da **Súmula Vinculante n. 52**:

Note o item considerado **CORRETO**, em prova realizada pela FCC, para o cargo de Procurador do Estado de Mato Grosso (PGE/MT), em 2016: *"No que concerne às limitações do poder de tributar, à luz da Constituição Federal e da jurisprudência do STF, o imóvel pertencente a uma determinada instituição de assistência social sem fins lucrativos que atenda aos requisitos da lei está imune ao IPTU, ainda que alugado a terceiros, desde que o valor dos aluguéis seja aplicado nas atividades para as quais a instituição foi constituída".*

Parte final – Súmula n. 724, STF:	Parte final – Súmula Vinculante n. 52, STF:
"(...) desde que o valor dos aluguéis seja aplicado nas atividades essenciais de tais entidades."	"(...) desde que o valor dos aluguéis seja aplicado **nas atividades para as quais tais entidades foram constituídas**."

Note o item considerado **INCORRETO**, em prova realizada pelo IESES, para o cargo de Titular de Serviços de Notas e de Registros – Provimento (TJ/SC), em 2019: *"Segundo entendimento sumulado do STF, o imóvel pertencente a partidos políticos, inclusive suas fundações, bem como entidades sindicais dos trabalhadores, instituições de educação e instituições de assistência social, sem fins lucrativos, está albergado pela imunidade ao IPTU, mesmo quando alugado a terceiros, desde que o valor dos aluguéis seja aplicado em atividades definidas pelo Município".*

Entendemos que a supressão, no novel Enunciado, do tão discutido requisito de *essencialidade*, constante da Súmula n. 724 do STF, oferta maior elasticidade ao intérprete que, agora, deve se fiar aos contornos das atividades para as quais tais entidades foram constituídas.

Por derradeiro, repise-se que a imunidade tributária em estudo protege as instituições descritas na alínea "c" apenas da incidência tributária dos *impostos*, não as deixando incólumes diante da incidência das demais exações tributárias. Sendo assim, haverá normal exigibilidade, sobre os partidos políticos, sindicatos de trabalhadores e instituições de educação, de **taxas**, contribuições de melhoria, contribuições social-previdenciárias, entre outros tributos.

> Note o item considerado **INCORRETO**, em prova realizada pelo Cespe, para o cargo de Procurador do Estado (PGE/BA), em 2014: *"As taxas são alcançadas pelas imunidades constitucionais previstas para as entidades de educação".*

Entretanto, tal entendimento é aplicável a todas as pessoas jurídicas da alínea "c", menos às entidades beneficentes de assistência social, porquanto estas, além da imunidade quanto aos impostos, prevista nessa alínea, desfrutam da imunidade das contribuições social-previdenciárias, prevista no § 7º do art. 195 da Carta Magna.

Portanto, atente para o quadro mnemônico de **incidências e não incidências dos tributos, em geral**, perante as imunes pessoas jurídicas da alínea "c":

> Note o item considerado **CORRETO**, em prova realizada pela PUC/PR, para o cargo de Juiz Substituto (TJ/PR), em 2014: *"A imunidade que recai sobre os partidos políticos, as entidades sindicais e as instituições de educação e de assistência social não alcança as taxas e contribuição de melhorias a que poderiam estar sujeitas".*

	Imposto Direto	Imposto Indireto, nas compras (para o STF)	Imposto Indireto, nas vendas (para o STF)	Taxa	Contribuição de Melhoria	Empréstimo Compulsório	Contribuição (em geral)	Contribuição Social-previdenciária
Partidos Políticos	NÃO INCIDE	INCIDE	NÃO INCIDE	INCIDE	INCIDE	INCIDE*	INCIDE	INCIDE
Sindicatos de Trabalhadores	NÃO INCIDE	INCIDE	NÃO INCIDE	INCIDE	INCIDE	INCIDE*	INCIDE	INCIDE
Instituições de Educação	NÃO INCIDE	INCIDE	NÃO INCIDE	INCIDE	INCIDE	INCIDE*	INCIDE	INCIDE
Entidades de Assistência Social	NÃO INCIDE	INCIDE	NÃO INCIDE	INCIDE	INCIDE	INCIDE*	INCIDE	NÃO INCIDE

* Ressalvado o caso de o Empréstimo Compulsório surgir como "adicional de imposto", o que, em tese, seria suficiente para se falar na manutenção da proteção imunitória.

Feita a análise do art. 150, § 4º, da Carta Magna, urge analisarmos, uma a uma, as pessoas jurídicas imunes, que constam da alínea "c" do inciso VI do art. 150 da Carta Magna, todas elas afetas a *impostos*, exclusivamente.

No presente item, intitulado "Imunidades não autoaplicáveis", teremos a seguinte distribuição de subitens:

2 ESTUDO DAS IMUNIDADES CONSTANTES DA ALÍNEA "C"

O estudo das imunidades constantes da alínea "c" indica a desoneração de impostos de certas pessoas jurídicas, abaixo discriminadas. Daí afirmar que tal alínea, à semelhança das anteriores (alíneas "a" e "b"), hospeda as chamadas *imunidades subjetivas*. Note-as:

> Note o item considerado **INCORRETO**, em prova realizada pela Esaf, para o cargo de Especialista em Regulação de Avaliação Civil (ANAC), em 2016: *"A imunidade dos partidos políticos alcança impostos e taxas"*.

- **Imunidade dos partidos políticos;**
- **Imunidade dos sindicatos de empregados;**
- **Imunidade das instituições de educação;**
- **Imunidade das entidades de assistência social.**

> Note o item considerado **INCORRETO**, em prova realizada pelo IESES, para o cargo de Titular de Serviços de Notas e de Registros – Provimento (TJ/SC), em 2019: *"Os partidos políticos não gozam de imunidade tributária"*.

Passemos, agora, ao detalhamento da alínea "c".

2.1 Imunidade dos partidos políticos

Trata-se de imunidade fiscal que consta de nossa retórica constitucional desde a Carta Magna de 1946 (art. 31, V, "b"), mantendo-se presente nos textos constitucionais que a sucederam – Carta de 1967/1969 (art. 19, III, "c") e na Constituição atual (art. 150, VI, "c").

O elemento teleológico que sustenta tal imunidade é a *liberdade política* (art. 1º, V, CF). Com efeito, o partido político é criatura constitucional que dá sustentação e autenticidade ao regime democrático e ao liberalismo[5], situando-se entre as dimensões estatal e não estatal, em um campo intermediário de "*quase-estatalidade*"[6], porém com fins marcadamente públicos.

A imunidade conferida aos partidos políticos desfruta de notável importância no Estado Democrático, chegando a se confundir com a natureza deste. Daí falar, no plano doutrinário[7], que o preceptivo imunitório mostra-se como inequívoca cláusula pétrea, enquanto o partido político mistura-se com a própria ideia de soberania estatal.

5. *V.* TORRES, Ricardo Lobo. *Tratado de direito constitucional financeiro e tributário*, v. III, p. 246.
6. *Ibidem*, p. 248.
7. *V.* MACHADO, Hugo de Brito. *Curso de direito tributário*, 29. ed., p. 287.

Nesse contexto, o dispositivo constitucional mencionado sinaliza, como um dos fundamentos de nossa República, o *pluralismo político*, ratificando a desoneração, quanto aos impostos, de tais entidades.

Com vista à divulgação da ideologia partidária, muitos partidos políticos costumam criar fundações. Frise-se que a indigitada imunidade alcança as *fundações atreladas aos partidos políticos* (as chamadas "fundações partidárias"). Essa disposição veio incrementar a imunidade para os partidos políticos, a partir do texto constitucional de 1988.

Ademais, o partido político deverá obter o registro no Tribunal Superior Eleitoral como condição para a fruição da imunidade (art. 17, § 2º, CF). Nessa medida, os partidos não registrados, estrangeiros ou clandestinos[8], que apregoem finalidades dissonantes do regime democrático, não terão a guarida da norma imunizadora (exemplo: grupos que pretendem defender, ideologicamente, o neonazismo, a perseguição de minorias, a violência e intolerância sectárias etc.).

2.2 Imunidade dos sindicatos de empregados

De início, impende registrar que a presente imunidade protege tão somente o **patrimônio, a renda e os serviços** dos *sindicatos dos empregados*, isto é, as ditas "entidades obreiras", que estarão imunes à incidência de impostos sobre patrimônio, renda e serviços, a serem exigidos por *quaisquer entidades tributantes* – União, Estados-membros, Distrito Federal e Municípios. Sendo assim, os demais entes – **os sindicatos patronais ou dos empregadores – serão alvo de uma normal tributação.**

> Note o item considerado **INCORRETO**, em prova realizada pela UFMT, para o cargo de Defensor Público do Estado de Mato Grosso (V Concurso), em 2016: *"A imunidade tributária torna indevida a incidência de IPVA sobre os veículos pertencentes às entidades sindicais de trabalhadores e de empregadores, desde que sejam utilizados para atender a suas finalidades essenciais".*

Diga-se, em tempo, que essa disposição passou a incrementar a alínea "c", a par da previsão endereçada às fundações ligadas a partidos políticos, a partir do texto constitucional de 1988.

O elemento teleológico que justifica esse comando imunitório exsurge da proteção, na relação laboral, do polo considerado hipossuficiente, isto é, aquele ocupado pelo empregado. Ademais, tal proteção vem ao encontro dos direitos sociais previstos na Carta Magna (art. 8º da CF).

Não perca de vista que os efeitos protetivos do preceito imunitório alcançarão, naturalmente, as associações sindicais estaduais e nacionais, a saber, as *Federações* (conjunto de, pelo menos, cinco sindicatos, conforme o art. 534 da CLT) e as *Confe-*

8. V. TORRES, Ricardo Lobo. *Tratado de direito constitucional financeiro e tributário*, v. III, p. 248.

derações (conjunto de, pelo menos, três Federações, consoante o art. 535 da CLT). Da mesma forma, a regra estender-se-á às *Centrais Sindicais*.

2.3 Imunidade das instituições de educação

Trata-se de imunidade fiscal que consta de nossa retórica constitucional desde a Carta Magna de 1946 (art. 31, V, "b"), mantendo-se presente nos textos constitucionais que a sucederam – Carta de 1967/1969 (art. 19, III, "c") e na Constituição atual (art. 150, VI, "c").

Em outras nações – *v.g.*, Alemanha, Itália, Estados Unidos e outros países –, em razão da inexistência da teoria das imunidades, o benefício tem se mostrado, por meio das isenções, com um significado idêntico àquele por aqui empregado[9].

O elemento teleológico que justifica esse comando imunizador exsurge da proteção à educação e ao ensino (arts. 205, 208 e 214, CF). Em outras palavras, é inaceitável que se cobre o imposto sobre uma atividade que, na essência, equipara-se à própria ação do Estado, substituindo-a no mister que lhe é próprio e genuíno. Segundo Leopoldo Braga[10], a intributabilidade se justifica porquanto a entidade imune exerce "uma ação por bem dizer 'paralela' à do Estado, uma obra qualitativamente equiparável à que ao próprio Poder Público impende exercer no provimento das necessidades coletivas".

O *ensino* é a transmissão de conhecimento ou de informações úteis à **educação**. Esta deve ser compreendida de modo lato, incluindo, de um lado, a proteção à educação *formal* ou *curricular*, por meio de entidades que têm um objetivo estritamente didático, com currículos aprovados pelo Governo (*v.g.*, escolas, faculdades, universidades etc., independentemente da cobrança de **mensalidades**) e, de outro, a guarida à educação *informal* ou *extracurricular*, abrangendo instituições culturais que não se propõem precipuamente a fornecer instrução (bibliotecas, associações culturais, centros de pesquisa, museus, teatros, centros de estudos etc.)[11].

Note o item considerado **INCORRETO**, em prova realizada pela Esaf, para o cargo de Especialista em Regulação de Avaliação Civil (ANAC), em 2016: *"A imunidade das entidades educacionais é descaracterizada pela cobrança de mensalidades"*.

Segundo o saudoso Ricardo Lobo Torres[12], deve haver, todavia, a exclusão da proteção imunizante de entidades que não cumprem, em si, o desiderato educacional, a saber, "*os clubes esportivos e recreativos, as sociedades carnavalescas e outras entidades*

9. *V.* TORRES, Ricardo Lobo. *Tratado de direito constitucional financeiro e tributário*, v. III, pp. 253-254.
10. BRAGA, Leopoldo. *Do conceito jurídico de instituições de educação ou de assistência social*. Rio de Janeiro: s/ed., 1971, p. 89.
11. *V.* TORRES, Ricardo Lobo. *Tratado de direito constitucional financeiro e tributário*, v. III, p. 257.
12. *Ibidem*, p. 258.

dedicadas ao lazer". Para tais entidades, pode haver a concessão de benefício legal, por meio de isenções.

À semelhança das entidades beneficentes de assistência social, que serão adiante estudadas, as instituições de educação são imunes a *impostos*, uma vez que secundam o Estado no atendimento do "interesse público primário".

Como é cediço, o art. 150, § 4º, da Constituição Federal alcança o patrimônio mobiliário e imobiliário das entidades educacionais, as rendas e os serviços, quando vinculados a finalidades precípuas da instituição. Ademais, devendo ser lido com a alínea "c" ora estudada, em uma interpretação sistemática, o indigitado dispositivo dispõe que haverá desoneração sobre "*(...) patrimônio, renda e os serviços* **relacionados** *com as finalidades essenciais das entidades (...)*" **(Grifo nosso)**, em plena corroboração da **teoria "ampliativa"**.

Observe a interessante ementa jurisprudencial:

> **EMENTA:** IMUNIDADE. INSTITUIÇÃO DE EDUCAÇÃO INFORMAL: "Concedida a isenção do imposto de importação (art. 2º, I, da Lei n. 8.032/90) a favor da Fundação Amigos do Theatro pela compra de um piano de cauda, na qualidade de entidade cultural, uma vez que inserida na expressão 'entidade educacional'. Outrossim, não se pode dissociar cultura de educação". **(REsp 262.590/CE, rel. Min. Eliana Calmon, j. em 21-03-2002)**

Por outro lado, tais entidades educacionais não estão necessariamente dissociadas do fenômeno da isenção. Em 28 de abril de **2015**, a 1ª Turma do **STJ**, no **REsp 1.100.912/RJ** (rel. Min. Sérgio Kukina), entendeu que, "*conquanto a Lei n. 8.032/1990 estabeleça isenções de II e de IPI para as 'instituições de educação' (art. 2º, I, 'b', da Lei n. 8.032/90), as entidades com finalidade eminentemente cultural estão inseridas nessa expressão legal, visto que não se pode dissociar cultura de educação*". No caso, a *Associação de Amigos do Museu de Arte Moderna do Rio de Janeiro* (ASSMAM) objetivou afastar a incidência de impostos aduaneiros na importação de equipamentos que seriam utilizados no reaparelhamento da sala de projeção da cinemateca do MAM, sob o argumento de que há equivalência entre as expressões cultura e educação. Portanto, a ASSMAM estaria, sim, inserida na expressão "entidades educacionais", podendo desfrutar da indigitada isenção, independentemente – como se sabe – de estar atrelada aos condicionamentos da imunidade tributária (art. 14 do CTN).

2.4 Imunidade das entidades de assistência social

Trata-se de imunidade tributária que integra a nossa retórica constitucional desde a Carta Magna de 1946 (art. 31, V, "b"), permanecendo nos textos constitucionais que a sucederam – Carta de 1967/1969 (art. 19, III, "c") e na Constituição atual (art. 150, VI, "c").

Em outras nações – *v.g.*, Alemanha, Itália, Estados Unidos e outros países –, em razão da inexistência da teoria das imunidades, o benefício tem se mostrado por meio das isenções, com um significado idêntico àquele por aqui empregado[13].

O elemento teleológico que justifica esse comando imunizante exsurge da proteção à assistência social (arts. 203 e 204, CF), que se corporifica, em sua expressão mínima, em direitos humanos inalienáveis e imprescritíveis, tendentes à preservação do mínimo existencial[14].

As *instituições de assistência social* são aquelas que auxiliam o Estado (art. 204, II, CF) no atendimento dos direitos sociais (art. 6º da CF), tais como a saúde, a segurança, a maternidade, o trabalho, a moradia, a assistência aos desamparados etc.[15].

Tais entidades atuam, desinteressada e altruisticamente, como colaboradoras do Estado, na proteção das camadas desprivilegiadas da sociedade, compostas por milhares de pobres e desassistidos.

A realidade brasileira atual, marcada por expressivos índices de desigualdade social, tem aberto um fértil campo às entidades do chamado *terceiro setor*, ou seja, aquelas instituições preocupadas com a prática social da benemerência, sem fins lucrativos, gerando bens e serviços de caráter público[16], *v.g.*, entidades beneficentes, organizações de voluntariado, as Organizações Não Governamentais (ONGs), as Organizações Sociais (OS), as Organizações da Sociedade Civil de Interesse Público (OSCIPs), entre outras.

Trata-se de entidades privadas da sociedade civil, na forma de entes paraestatais, que, prestando atividade de interesse público, por iniciativa privada, não almejam o lucro, mas a prática de política assistencialista, ao lado do chamado "primeiro setor", que é o próprio Estado, e do "segundo setor", que é o mercado.

O art. 150, VI, "c", da CF prevê, desse modo, o afastamento dos impostos das entidades beneficentes de assistência social. Não é demasiado relembrar que tais entidades sujeitam-se às taxas e às contribuições de melhoria.

Por fim, frise-se que a **entidade de assistência social** (e não a entidade educacional!) é, concomitantemente, imune a *impostos* (art. 150, VI, "c", CF) e a *contribuições social-previdenciárias* (art. 195, § 7º, CF: cite-se, por exemplo, o *PIS*, conforme se nota no **RE 636.941, rel. Min. Luiz Fux, Pleno, j. em 13-02-2014)**.

---

13. *V.* TORRES, Ricardo Lobo. *Tratado de direito constitucional financeiro e tributário*, v. III, pp. 253-254.
14. *Ibidem*, p. 253.
15. *V.* MELO, José Eduardo Soares de. *Processo tributário administrativo federal, estadual e municipal*. São Paulo: Quartier Latin, 2006, p. 44.
16. *V.* CARDOSO, Laís Vieira. Imunidade e o terceiro setor. *In:* PEIXOTO, Marcelo Magalhães; CARVALHO, Cristiano (Coord.). *Imunidade tributária*. São Paulo: Editora MP/APET, 2005, p. 216.

2.4.1 *A assistência social e as entidades fechadas de previdência social privada*

Curiosamente, tem despontado a discussão sobre a imunidade para as entidades fechadas de previdência social privada ou fundos de pensão, em que os beneficiários são, geralmente, empregados de uma empresa ou de grupo de empresas. Tais entidades, igualmente, não têm fins lucrativos e visam complementar os proventos da aposentadoria que o regime geral pagará aos beneficiários.

Depois de muita hesitação doutrinária e jurisprudencial, o **STF**, partindo de uma interpretação magnânima e ampliativa (**RE 115.970**, em **1988**) e, felizmente, chegando a um posicionamento mais restritivo (**RE 136.332**, em **1992**), entendeu que deve subsistir a benesse, desde que, no cenário de ausência de contraprestação dos beneficiários, mantenha-se o caráter de *universalidade* e *generalidade* da assistência social.

É que, nesse caso, equiparam-se as entidades de previdência privada às entidades de assistência social, merecedoras da imunidade, desde que aquelas não exigissem dos associados contribuições para o custeio do próprio benefício. Note a paradigmática ementa:

> **EMENTA:** ENTIDADE DE PREVIDÊNCIA PRIVADA. Sendo mantida por expressiva contribuição dos empregados, ao lado da satisfeita pelos patrocinadores, não lhe assiste o direito ao reconhecimento da imunidade tributária, prevista no art. 19, III, "c", da Constituição de 1967, visto não se caracterizar, então, como instituição de assistência social. Recurso extraordinário de que, por maioria, não se conhece. **(RE 136.332/RJ, 1ª T., rel. Min. Octavio Gallotti, j. em 24-11-1992)**

Em **2001**, o **STF** reiterou o posicionamento no RE 259.756, cujo teor deu ensejo à edição da **Súmula n. 730**. Note a ementa **e** a súmula:

> **EMENTA:** IMUNIDADE. ENTIDADE FECHADA DE PREVIDÊNCIA PRIVADA. (...) o *fato de mostrar-se onerosa* a participação dos beneficiários do plano de previdência privada *afasta a imunidade* prevista na alínea "c" do inciso VI do artigo 150 da Constituição Federal. Incide o dispositivo constitucional, quando os beneficiários não contribuem e a mantenedora arca com todos os ônus. (...) **(RE 259.756/RJ, Pleno, rel. Min. Marco Aurélio, j. em 28-11-2001) (Grifos nossos)**

> **SÚMULA N. 730:** "A imunidade tributária conferida a instituições de assistência social sem fins lucrativos pelo art. 150, VI, "c", da Constituição, somente alcança as entidades fechadas de previdência social privada se não houver contribuição dos beneficiários".

Da mesma forma, tem sido reiterado o entendimento do **STF** no sentido de se comparar as entidades fechadas de previdência privada às instituições de assistência social, **desde que não exijam dos associados contribuições para o custeio do próprio benefício**:

> Note o item considerado **CORRETO**, em prova realizada pela FCC, Sefaz/PE, para o cargo de Auditor Fiscal do Tesouro Estadual, em 2014: *"A imunidade tributária conferida a instituições de assistência social sem fins lucrativos somente alcança as entidades fechadas de previdência social privada, se não houver contribuição dos beneficiários".*

> Note o item (adaptado) considerado **INCORRETO**, em prova realizada pelo IMA, para o cargo de Advogado da Câmara Municipal de Estreito/MA, em 2016: *"Segundo o STF, a imunidade tributária conferida a instituições de assistência social sem fins lucrativos pelo art. 150, VI, 'c', da constituição, alcança as entidades fechadas de previdência social privada mesmo que haja contribuição dos beneficiários".*

> **EMENTA:** RECURSO EXTRAORDINÁRIO. CONSTITUCIONAL. PREVIDÊNCIA PRIVADA. IMUNIDADE TRIBUTÁRIA. INEXISTÊNCIA. (...) 2. *As instituições de assistência social, que trazem ínsita em suas finalidades a observância ao princípio da universalidade, da generalidade e concede benefícios a toda coletividade, independentemente de contraprestação, não se confundem e não podem ser comparadas com as entidades fechadas de previdência privada que, em decorrência da relação contratual firmada, apenas contempla uma categoria específica, ficando o gozo dos benefícios previstos em seu estatuto social dependente do recolhimento das contribuições avençadas,* conditio sine qua non *para a respectiva integração no sistema.* Recurso extraordinário conhecido e provido. **(RE 202.700/DF, Pleno, rel. Min. Maurício Corrêa, j. em 08-11-2001)**[17] **(Grifo nosso)**

Não obstante, frise-se que, em 9 de abril de **2015**, o Plenário do **STF** rejeitou proposta de edição de enunciado de súmula vinculante, resultante da conversão do Enunciado 730 da Súmula lapidada pela Corte Suprema (**PSV-109**). Desse modo, preservada está a Súmula n. 730 do STF.

A bem da verdade, é bastante escassa a exemplificação de situação de imunidade, para tais entidades de previdência privada, pois depende de o empregador ou patrocinador financiar as contribuições no lugar do empregado. Um raro exemplo ocorreu com a *COMSHELL* (Sociedade de Previdência Privada, fundo de pensão dos empregados da Shell Brasil) e a *ICOLUB* (a fábrica de lubrificantes da empresa citada).

A imunidade tributária conferida a instituições de assistência social sem fins lucrativos pelo art. 150, VI, "c", da Constituição Federal, não alcança "todas" as entidades de previdência social privada, sem distinção.

17. **Ver, ainda, nesse sentido:** (I) RE 259.756/RJ, Pleno, rel. Min. Marco Aurélio, j. em 28-11-2001; e (II) RE 235.003/SP, 1ª T., rel. Min. Moreira Alves, j. em 26-02-2002.

Posto isso, o fato de mostrar-se onerosa a participação dos beneficiários do plano de previdência privada afasta a imunidade prevista na alínea "c" do inciso VI do art. 150 da Constituição Federal. De outra banda, incide o dispositivo constitucional quando os beneficiários não contribuem, e a mantenedora arca com todos os ônus.

2.4.2 *A assistência social e as entidades promotoras da integração no mercado de trabalho*

As entidades que promovem a integração no mercado de trabalho, quer como instituições de assistência social, quer como entidades educacionais, cumprem um dos objetivos possíveis da assistência social (art. 203, III, CF) e, *ipso facto*, avocam a imunidade.

É o caso das entidades que compõem o intitulado *Sistema "S"*, tais como SESI, SENAI, SENAC, SEBRAE, entre outras. Tais instituições, intituladas "serviços sociais autônomos", detêm natureza pública não em razão da generalidade dos participantes e beneficiários, mas em virtude dos fins sociais a que visam alcançar.

Daí falar, por exemplo, na imunidade de IPVA sobre a propriedade de veículos pertencentes à frota do SESC (TJ/DF, Turma Cível, REO e Ac. 44.728/97); e na imunidade de ISS sobre os serviços de hotelaria executados pelos "hotéis-escola", ligados a tais entidades (*v.g.*, o "*Hotel-Escola Senac de Águas de São Pedro*"); entre outras situações de imunidade.

No plano jurisprudencial, insta citar duas ementas, colhidas do **STF**, apresentando as entidades do Sistema "S" como instituições imunes, na feição educacional ou assistencial:

> **1. Imunidade para ITBI ao SENAC (instituição de educação):**
> **EMENTA:** Recurso extraordinário. SENAC. Instituição de educação sem finalidade lucrativa. ITBI. (...) a mesma fundamentação em que se baseou esse precedente (RE 237.718) se aplica a instituições de educação, como a presente, sem fins lucrativos, para ver reconhecida, em seu favor, a imunidade relativamente ao ITBI referente à aquisição por ela de imóvel locado a terceiro, destinando-se os aluguéis a ser aplicados em suas finalidades institucionais. Recurso extraordinário não conhecido. **(RE 235.737/SP, 1ª T., rel. Min. Moreira Alves, j. em 13-11-2001)**
>
> **2. Imunidade para ISS ao SESC (instituição de assistência social):**
> **EMENTA:** ISS. SESC. CINEMA. IMUNIDADE TRIBUTÁRIA (ART. 19, III, "C", DA EC N. 1/69). CTN (ART. 14). Sendo o SESC instituição de assistência social, que atende aos requisitos do art. 14 do CTN – o que não se pôs em dúvida nos autos –, goza da imunidade tributária prevista no art. 19, III, "c", da EC n. 1/69, mesmo na operação de prestação de serviços de diversão pública (cinema), mediante cobrança de ingressos aos comerciários (seus filiados) e ao público em geral. **(RE 116.188/SP, 1ª T., rel. Min. Octavio Gallotti, j. em 20-02-1990)**

Ainda no plano jurisprudencial, após decisão monocrática prolatada pelo Min. Dias Toffoli, em 11-03-**2013**, na qual se reconheceu a imunidade tributária (**ITBI**) diante da aquisição de bem imóvel pelo **SENAC** para a realização de seu propósito institucional, o **STF** pôs fim à questão, no mesmo ano, chancelando a benesse constitucional (**RE 470.520, rel. Min. Dias Toffoli, 1ª T., j. em 17-09-2013**). O dado curioso é que se tratava de compra de um terreno para a futura construção da edificação. Daí ter evidenciado, no referido julgado, com base em veredicto exarado no mês anterior, que "*a constatação de que um imóvel está vago ou sem edificação não é suficiente, por si só, para destituir a garantia constitucional da imunidade. A sua não utilização temporária deflagra uma neutralidade que não atenta contra os requisitos que autorizam o gozo e a fruição da imunidade*" (**RE 385.091, rel. Min. Dias Toffoli, 1ª T., j. em 06-08-2013**). Em outras palavras, se a entidade imune adquirir bem imóvel vago (sem edificação) para ulterior destinação ao propósito institucional, não haverá a necessidade de aguardar a realização objetiva do projeto arquitetônico para o desfrute da norma protetiva, ou seja, não se pode presumir que a alegação da interessada é simplesmente conjectural.

Por fim, no mesmo RE 385.091, o **STF** ratificou o entendimento de que, "*adquirido o 'status' de imune, as presunções sobre o enquadramento originalmente conferido devem militar a favor do contribuinte, de modo que o afastamento da imunidade só pode ocorrer mediante a constituição de prova em contrário produzida pela administração tributária*". Alguns dias depois, o **STJ** (**AgRg no AREsp 304.162/RJ, rel. Min. Benedito Gonçalves, 1ª T., j. em 13-08-2013**) teve a oportunidade de confirmar o entendimento da Corte Suprema, em caso assemelhado.

Posto isso, há que se estender a imunidade aos serviços sociais autônomos, que cumprem o sublime mister de integrar os trabalhadores no mercado de trabalho.

Por outro lado, tais entidades do Sistema "S" não estão necessariamente dissociadas do fenômeno da isenção. Em 18 de fevereiro de **2014**, a 2ª Turma do **STJ**, no **REsp 1.430.257/CE**, rel. Min. Mauro Campbell Marques, entendeu que o Serviço Nacional de Aprendizagem Industrial (**SENAI**) goza de isenção do **II** (Imposto de importação) e das contribuições **PIS-importação** e **COFINS-importação**, independentemente de a entidade ser classificada como beneficente de assistência social ou de seus dirigentes serem remunerados, portanto, de estar atrelada aos condicionamentos da imunidade tributária.

Isso porque subsiste a desoneração oriunda de norma isentiva ainda em vigor no ordenamento jurídico (arts. 12 e 13 da Lei n. 2.613/55), o que não macula a convivência harmônica com a norma de imunidade tributária. Observe os dispositivos da vetusta legislação da década de 1950:

> **Art. 12.** Os serviços e bens do S.S.R. **[Serviço Social Rural, uma autarquia ligada ao Ministério da Agricultura]** gozam de ampla isenção fiscal como se fossem da própria União. **(inserção nossa)**

> **Art. 13.** O disposto nos arts. 11 e 12 desta Lei se aplica ao Serviço Social da Indústria (SESI), ao Serviço Social do Comércio (SESC), ao Serviço Nacional de Aprendizagem Industrial (SENAI) e ao Serviço Nacional de Aprendizagem Comercial (SENAC).

3 ESTUDO COMPLEMENTAR DA ALÍNEA "C"

Feita a apresentação detalhada das pessoas jurídicas imunes, que constam da alínea "c", é necessário que se proceda a uma *observação complementar*, no estudo deste tópico, que afeta ao confronto entre o art. 150, VI, "c", parte final, da CF **e** o art. 14 do CTN.

A presente análise permitirá identificar o motivo por que dedicamos um capítulo desta obra, "Imunidades não autoaplicáveis", para destrinchar o assunto em comento, além de ofertar ao leitor o detalhamento dos incisos do importante art. 14 do CTN.

3.1 Confronto entre o art. 150, VI, "c", parte final, da CF e o art. 14 do CTN

O art. 150, VI, "c", parte final, da CF traz duas expressões que devem ser cuidadosamente interpretadas. Observe-as no próprio comando:

> **Art. 150.** Sem prejuízo de outras garantias asseguradas ao contribuinte, é vedado à União, aos Estados, ao Distrito Federal e aos Municípios: (...) VI – instituir impostos sobre: (...) c) patrimônio, renda ou serviços dos partidos políticos, inclusive suas fundações, das entidades sindicais dos trabalhadores, das instituições de educação e de assistência social, **(II)** *sem fins lucrativos*, **(I)** *atendidos os requisitos da lei*; (...) **(Grifos nossos)**

Como se pode notar nos grifos em epígrafe, é necessário que analisemos as **duas expressões**, na ordem invertidamente sugerida: (I) *Atendidos os requisitos da lei* e (II) *Sem fins lucrativos*:

(I) Atendidos os requisitos da lei: a alínea "c" é **dispositivo não autoaplicável**, não automático, carecendo de acréscimo normativo.

> Note o item considerado **CORRETO**, em prova realizada pelo Cespe, para o cargo de Promotor de Justiça (MPE/AC), em 2014: *"Determinada faculdade particular deixou de recolher ISS por mais de três anos. Notificada pelo fisco a apresentar prova de que poderia não recolher o tributo, a referida entidade alegou que estava amparada por dispositivo constitucional autoaplicável e não apresentou qualquer outra prova. Para usufruir da imunidade constitucional alegada, a faculdade deve demonstrar ao fisco que atende a todos os requisitos dispostos no CTN".*

Parafraseando Pontes de Miranda[18], trata-se de "*norma não bastante em si*". Entre as imunidades do inciso VI, dir-se-ia que a alínea "c" é a única que contempla *imunidade condicionada*, dependendo de lei que lhe traga *operatividade*, mediante "*a participação do legislador complementar na regulação dos condicionantes fácticos definidos pela norma imunizante*"[19].

A propósito, tal situação nos levou a situar o estudo da alínea "c" no capítulo denominado "Imunidades não autoaplicáveis".

Passemos, então, a certas **indagações pontuais**, com respostas didaticamente sequenciais, que facilitarão a compreensão do tema:

1º **Que lei é esta?** É a lei complementar, uma vez que a imunidade, assumindo a feição de *limitação constitucional ao poder de tributar*, avoca, *ipso facto*, no bojo do art. 146, II, CF, a indigitada lei complementar (**art. 146, II, da CF**[a]: "*Cabe à* **Lei Complementar**[b] *regular as limitações constitucionais ao poder de tributar*").

a. Note o item considerado **CORRETO**, em prova realizada pela Vunesp, para o cargo de Procurador Jurídico da Prefeitura de Porto Ferreira/SP, em 2017: *"A tarefa de regular as limitações constitucionais ao poder de tributar é matéria que a Constituição Federal confere à 'lei complementar'"*.

b. Note o item considerado **CORRETO**, em prova realizada pela FGV, para o cargo de Auditor do Tesouro Municipal da Prefeitura de Recife/PE, em 2014: *"Determinada escola foi autuada pelo Fisco Municipal por não ter recolhido o imposto sobre os serviços que presta, apesar de ter recebido o título de instituição de utilidade pública, tendo sua imunidade reconhecida por meio de ato declaratório próprio, não possuindo fins lucrativos. A Fazenda alega que a escola não se cadastrou junto à Secretaria de Educação, órgão que estabelece os critérios para que um estabelecimento possa ser considerado 'educacional' e, portanto, imune, sendo essa exigência ato privativo do Poder Executivo, que pode condicionar a fruição do benefício ao cumprimento de obrigações acessórias. Nesse caso, a Fazenda agiu incorretamente, uma vez que a exigência de cadastro representa limite, a ser fixado por lei complementar, à imunidade gozada pela escola"*.

Note o item considerado **CORRETO**, em prova realizada pelo Cespe, para o cargo de Juiz de Direito Substituto (TJ/DF), em 2014: *"A definição dos limites da regra constitucional de imunidade é matéria reservada à lei complementar, sendo, portanto, inconstitucional a lei ordinária em questão"*.

2º **Que lei complementar é esta?** É o próprio *Código Tributário Nacional* (CTN). Sabe-se que este surgiu como lei ordinária (Lei n. 5.172/66), todavia, em razão das matérias nele tratadas, logo passou a ter *status* de lei complemen-

18. PONTES DE MIRANDA, Francisco Cavalcanti. *Comentários à Constituição de 1967:* com a Emenda n. 1, de 1969, t. I. São Paulo: RT, 1969, p. 126.
19. CARVALHO, Paulo de Barros. *Curso de direito tributário,* 16. ed., p. 183.

tar, avocando-se quaisquer modificações ulteriores por instrumento normativo de idêntica estatura.

3º **Qual artigo do CTN confere operatividade à alínea "c"?** É o art. 14, I, II e III, do CTN, que enumera os *"requisitos de legitimação"*[20] para a fruição da benesse constitucional. Note-o:

> **Art. 14.** O disposto na alínea "c" do inciso IV do artigo 9º é subordinado à observância dos seguintes requisitos pelas entidades nele referidas:
>
> **I** – não distribuírem qualquer parcela de seu patrimônio ou de suas rendas, a qualquer título;
>
> **II** – aplicarem integralmente, no País, os seus recursos na manutenção dos seus objetivos institucionais;
>
> **III** – manterem escrituração de suas receitas e despesas em livros revestidos de formalidades capazes de assegurar sua exatidão.

Nessa medida, a pessoa jurídica que consta da alínea "c", cumprindo os requisitos explicitantes, previstos no art. 14 do CTN, terá direito à imunidade.

Com efeito, as normas veiculadas nos incisos do mencionado artigo são meramente explicitativas, com o intuito de conferir *operatividade* à alínea "c" do inciso VI do art. 150 da CF – e ao § 7º do art. 195 da CF, a ser estudado em Capítulo ulterior.

Sendo denominadas "normas de conduta", uma vez dirigidas aos beneficiados da imunidade, visam regular o *iter* procedimental a ser percorrido pelos interessados em usufruir as benesses da imunidade. Não servem, portanto, para "complementar" o arquétipo da norma imunizante, modificando-lhe a essência. Não podem restringir, deturpar, limitar ou anular o mandamento constitucional. Só disciplinam a fruição ou forma de gozo do benefício. Seria atentatório ao princípio da hierarquia das leis permitir que uma lei complementar viesse a condicionar, com restrições, o texto constitucional.

Frise-se que, "em caso de não preenchimento desses requisitos por esta ou aquela entidade, o que se dá é a não realização da hipótese de imunidade, do que decorre a submissão da entidade ao tributo"[21].

Nesse momento, urge detalharmos os três incisos do **art. 14 do CTN**, cuja explicação será feita em ordem invertidamente sugerida:

- **Inciso III:** manutenção da escrituração contábil em dia;
- **Inciso II:** proibição de remessa de valores ao exterior;
- **Inciso I:** proibição da distribuição do lucro com os mantenedores da instituição.

20. TORRES, Ricardo Lobo. *Tratado de direito constitucional financeiro e tributário*, v. III, p. 261.
21. AMARO, Luciano. *Direito tributário brasileiro*, 14. ed., p. 158.

Observemos, então, os **três incisos** do art. 14 do CTN:

Art. 14, III, CTN: impõe que as entidades imunes devam manter a escrituração de suas receitas e despesas em livros revestidos de formalidades capazes de assegurar sua exatidão. Assim, está a exigir o cumprimento dos *deveres instrumentais* do sujeito passivo. Observe:

> **Art. 14.** O disposto na alínea "c" do inciso IV do artigo 9º é subordinado à observância dos seguintes requisitos pelas entidades nele referidas: (...)
>
> **III** – manterem escrituração de suas receitas e despesas em livros revestidos de formalidades capazes de assegurar sua exatidão.

Assim, o sujeito passivo, conquanto desonerado das obrigações tributárias principais, em virtude da exoneração irradiada pela **imunidade, não deve se furtar do cumprimento das obrigações tributárias acessórias**. Observe, a propósito, a elucidativa ementa:

> Note o item considerado **INCORRETO**, em prova realizada pela FCC, para o cargo de Procurador do Estado de Mato Grosso (PGE/MT), em 2016: *"A obrigação tributária acessória, relativamente a um determinado evento que constitua, em tese, fato gerador de um imposto, não pode ser exigida de quem é imune ao pagamento do imposto"*.

> Note o item considerado **CORRETO**, em prova realizada pela Esaf, para o cargo de Especialista em Regulação de Aviação Civil da ANAC – Agência Nacional de Aviação Civil, em 2016: *"O sujeito passivo imune não é dispensado do cumprimento de obrigações acessórias"*.

> **EMENTA:** IMUNIDADE – LIVROS FISCAIS. O fato de a pessoa jurídica gozar da imunidade tributária *não* afasta a exigibilidade de manutenção dos livros fiscais. **(RE 250.844, rel. Min. Marco Aurélio, 1ª T., j. em 29-05-2012) (Grifo nosso)**

O próprio CTN, no § 1º do art. 14, prevê a suspensão da imunidade, caso as entidades não cumpram suas obrigações de manter a contabilidade formal afeta à prestação de contas, além dos demais deveres impostos nos incisos I e II do dispositivo, a serem adiante **apresentados.**

Pode-se dizer que, até 1996, o mencionado parágrafo não oferecia resultados práticos porque faltava aprovar, por meio de lei, os procedimentos a serem efetivamente adotados. Isso foi feito com a **Lei n. 9.430/96**, a qual, dispondo sobre a *legislação tributária federal*, fez menção à suspensão da imunidade, em seu **art. 32.**

Note-o:

> **Art. 32.** A suspensão da imunidade tributária, em virtude de falta de observância de requisitos legais, deve ser procedida de conformidade com o disposto neste artigo.
>
> **§ 1º** Constatado que entidade beneficiária de imunidade de tributos federais de que trata a alínea "c" do inciso VI do art. 150 da Constituição Federal não está obser-

vando requisito ou condição (...), a fiscalização tributária expedirá notificação fiscal, na qual relatará os fatos que determinam a suspensão do benefício, indicando inclusive a data da ocorrência da infração. (...)
§ 5º *A suspensão da imunidade* terá como termo inicial a data da prática da infração. **(Grifo nosso)**

Desde então, a *suspensão da imunidade* já foi aplicada inúmeras vezes para várias entidades imunes, sobretudo as beneficentes de assistência social.

Curiosamente, não temos presenciado a mesma aplicabilidade no campo dos partidos políticos, que, como é cediço, pelo fato de receberem inúmeros recursos em épocas eleitorais, são potenciais "candidatos" à utilização de contabilidade fraudulenta – o chamado "caixa dois" –, nos meandros de suas inatingíveis tesourarias.

Art. 14, II, do CTN: como se pode notar, o mencionado inciso impõe como condição à fruição da norma imunizante a **aplicação integral no Brasil** dos recursos financeiros adquiridos pela pessoa jurídica, os quais devem ser aplicados na manutenção dos seus objetivos institucionais. Observe:

Note o item considerado **CORRETO**, em prova realizada pelo Cespe, para o cargo de Titular de Serviços de Notas e de Registros (TJ/PI), em 2013: *"À União cabe instituir e cobrar imposto sobre a renda auferida por instituição de educação que aplique parcela de sua receita em país estrangeiro".*

Art. 14. O disposto na alínea "c" do inciso IV do artigo 9º é subordinado à observância dos seguintes requisitos pelas entidades nele referidas: **(...)**
II – aplicarem integralmente, no País, os seus recursos na manutenção dos seus objetivos institucionais.

A disposição proibitiva há de ser analisada *cum grano salis*, pois devem prevalecer os fins, e não os meios utilizados, sob pena de se considerar fraudulenta qualquer remessa de valores ao exterior. Os exemplos podem ilustrar melhor:

a) se uma entidade beneficente importa medicamentos para uso exclusivo no Brasil, e o preço, correspondente ao produto importado, for devidamente pago à entidade estrangeira, não ocorrerá a burla à imunidade;

b) se uma entidade educacional envia seus professores para um país estrangeiro, onde deverão cursar o mestrado, e, após, retornarem à atividade docente no Brasil, não ocorrerá a burla à imunidade, ainda que se tenha que remeter o valor pecuniário, correspondente às despesas do curso, à conta bancária da estrangeira instituição educacional.

Passemos, agora, ao inciso I do art. 14, que nos permitirá encerrar a compreensão da primeira expressão [(I) *Atendidos os requisitos da lei*] e ingressar, com facilidade, na outra expressão [(II) *Sem fins lucrativos*], ambas compondo o art. 150, VI, "c", parte final, da CF:

Art. 14, I, do CTN: o primeiro inciso do art. 14 do CTN proíbe a distribuição de qualquer parcela do patrimônio ou renda da pessoa jurídica. Note:

> **Art. 14.** O disposto na alínea "c" do inciso IV do artigo 9º é subordinado à observância dos seguintes requisitos pelas entidades nele referidas:
> **I** – não distribuírem qualquer parcela de seu patrimônio ou de suas rendas, a qualquer título; (...)

> Note o item considerado **CORRETO**, em prova realizada pela FCC, para o cargo de Agente de Fiscal de Rendas (Sefaz/SP), em 2013: *"A imunidade aos impostos que gravem o patrimônio, a renda ou os serviços das entidades de assistência social, sem fins lucrativos, desde que não distribuam qualquer parcela do seu patrimônio ou de suas rendas, a qualquer título".*

De início, impende ressaltar que tal dispositivo sofreu alteração textual, com a LC n. 104/2001 (art. 1º), sucedendo ao comando que possuía a seguinte redação:

> **Art. 14. (...)**
> **I** – não distribuírem qualquer parcela de seu patrimônio ou de suas rendas, a título de lucro ou participação no seu resultado.

Nesse conceito está imbricada a ideia da "proibição do lucro", o que avoca a análise da outra expressão, constante da parte final da alínea "c" do inciso VI do art. 150 da CF, isto é, "(...) sem fins lucrativos". Vamos a ela:

(II) Sem fins lucrativos: a suposta "impossibilidade de lucro", exigida na parte final da alínea "c", deve ser bem traduzida, em consonância com o art. 14, I, do CTN.

A primeira e equivocada impressão é a de que o preceptivo veda o lucro, todavia não deve ser esta a melhor exegese. Veda-se, sim, a apropriação particular do lucro, a lucratividade em si, ou, em outras palavras, o *animus distribuendi*. Permitem-se, pois, o resultado positivo[22], a sobra financeira, o superávit ou, em linguagem técnica, o *ingresso financeiro líquido positivo*.

Aliás, proibir o lucro (*animus lucrandi*) é algo que se traduz em completo desatino. O que se quer, em verdade, é que todo o resultado reverta em investimento para que a entidade cumpra seu desiderato institucional[23].

A propósito, não se pode confundir a *apropriação particular do lucro* – o que se proíbe – com a permitida e natural *remuneração dos diretores e administradores da entidade imune*, como contraprestação pela execução de seus trabalhos.

Temos defendido que a remuneração não pode ser obstada, desde que ela represente com fidelidade e coerência a contraprestação dos serviços profissionais executados, por meio de pagamento razoável ao diretor ou administrador da entida-

22. V. AMARO, Luciano. *Direito tributário brasileiro,* 14. ed., p. 159.
23. *Idem.*

de, sem dar azo a uma distribuição disfarçada de lucros. Portanto, admite-se o salário "*a preço de mercado e sem benefícios indiretos*"[24].

Nesse sentido, entendemos que carece de legitimidade o art. 12, § 2º, "a", da Lei n. 9.532/97, que, acintosamente, veda tal remuneração, pretendendo introduzir preceitos próprios no âmbito da imunidade e, com isso, vindo a ferir as disposições do Código Tributário Nacional e da Carta Magna. Observe o preceptivo:

> **Art. 12.** Para efeito do disposto no art. 150, VI, "c", da Constituição, considera-se imune a instituição de educação ou de assistência social que preste os serviços para os quais houver sido instituída e os coloque à disposição da população em geral, em caráter complementar às atividades do Estado, sem fins lucrativos. (...)
> **§ 2º** Para o gozo da imunidade, as instituições a que se refere este artigo, estão obrigadas a atender aos seguintes requisitos:
> **a)** *não remunerar, por qualquer forma, seus dirigentes pelos serviços prestados*; (...) **(Grifo nosso)**

Além disso, ainda analisando a mencionada Lei n. 9.532/97, insta registrar que, no art. 12, § 3º, o legislador ordinário se mostrou deveras audacioso, arrogando-se a faculdade de estipular os contornos semânticos da expressão "sem fins lucrativos", o que não lhe cabe fazer. Note:

> **Art. 12. (...)**
> **§ 3º** Considera-se *entidade sem fins lucrativos a que não apresente superávit* em suas contas ou, caso o apresente em determinado exercício, *destine referido resultado, integralmente, à manutenção e ao desenvolvimento dos seus objetivos sociais*. **(Grifos nossos)**

Frise-se que, em **1998**, houve por bem o Pleno do **STF**, apreciando a **ADI-MC n. 1.802-3/DF**, decretar a suspensão do art. 12, §§ 2º e 3º, e do art. 13, parágrafo único, ambos da Lei n. 9.532/97.

Conforme precedente no **STF (RE 93.770)**, e na linha da melhor doutrina, o que a Constituição remete à lei ordinária, no tocante à imunidade tributária, é apenas a fixação de normas sobre a constituição e o funcionamento da pessoa jurídica imune, e não aquilo que diga respeito aos lindes da imunidade, como campo reservado à lei complementar.

À luz do exposto, parece não ficarem incólumes à eiva da inconstitucionalidade formal os artigos mencionados, que se mostram imediatamente ilegais e mediatamente inconstitucionais.

Celso Ribeiro Bastos[25] escreve que, "se ao legislador ordinário fosse outorgado o direito de estabelecer condições à imunidade constitucional, poderia inviabilizá-la

24. TORRES, Ricardo Lobo. *Tratado de direito constitucional financeiro e tributário*, v. III, p. 262.
25. BASTOS, Celso Ribeiro. *Comentários à Constituição do Brasil*. São Paulo: Saraiva, 1993, v. 6, p. 185.

'*pro domo suo*'. Por esta razão, a lei complementar, que é lei nacional e da Federação, é a única capaz de impor limitações, de resto, já plasmadas no art. 14 do Código Tributário Nacional".

Para Sacha Calmon Navarro Coêlho[26], "será impertinente, dessarte, toda legislação ordinária ou regulamentar de qualquer das pessoas políticas que acrescente mais antepostos aos requisitos da lei complementar tributária (CTN) concernentes à imunidade. Pode o Fisco, esta é outra questão, investigar e fiscalizar a pessoa imune, suas atividades, no escopo de verificar se os pressupostos estão sendo rigorosamente observados. Não se tratará aí dos pressupostos, mas do respectivo cumprimento e sem os quais não haverá imunidade".

Em 18 de fevereiro de **2014**, o **STJ (AgRg no AREsp 187.172/DF, rel. Min. Napoleão Nunes Maia Filho, 1ª T.)** entendeu pela "preponderância" do art. 14 do CTN e destacou ser exemplo de acréscimo desarrazoado e ilegal de pressupostos não previstos na lei o "*condicionar a concessão de imunidade tributária à apresentação do certificado de entidade de assistência social, quando a perícia técnica confirma o preenchimento dos requisitos legais*".

Ademais, em **2 de março de 2017**, o **Plenário do STF** finalizou, conjuntamente, um vultoso julgamento de **um** recurso extraordinário (com repercussão geral reconhecida e relatoria do Min. Marco Aurélio), e de **quatro** ações diretas de inconstitucionalidade (relatoria do então Min. Joaquim Barbosa), debatendo, entre outros aspectos, a (in)constitucionalidade do art. 55 da Lei n. 8.212/91. São eles: **RE 566.622/RS e ADIs 2.028/DF, 2.036/DF, 2.621/DF e 2.228/DF.**

O decantado art. 55 da Lei n. 8.212/91 dispõe sobre as exigências que devem ser cumulativamente cumpridas por entidades beneficentes de assistência social para fins de concessão de imunidade tributária com relação às contribuições para a seguridade social.

No fundo, notou-se, *in casu*, o embate entre a lei ordinária e a lei complementar, na seara jurídico-tributária (art. 14 do CTN c/c o art. 146, II, CF). Com o veredicto, afirmou-se que a reserva de lei complementar, aplicada à regulamentação da imunidade tributária, prevista no art. 195, § 7º, da CF, limita-se à definição de contrapartidas a serem observadas para garantir a finalidade beneficente dos serviços prestados pelas entidades de assistência social, o que não impede seja o procedimento de habilitação dessas entidades positivado em *lei ordinária*. Assim, os aspectos meramente procedimentais, referentes à certificação, à fiscalização e ao controle administrativo continuam passíveis de definição em *lei ordinária*. Tais exigências não se confundem com bruscas alterações legislativas, tendentes a afetar negativamente o modo beneficente de atuação das entidades assistenciais: aqui, deve incidir, sim, a reserva legal qualificada prevista no art. 146, II, da CF.

26. COÊLHO, Sacha Calmon Navarro. *Comentários à Constituição de 1988*, 7. ed., p. 352. No mesmo sentido: *V.* CARVALHO, Paulo de Barros. *Curso de direito tributário*, 16. ed., pp. 169-170.

As sucessivas redações do art. 55, II e III, da Lei n. 8.212/91 têm em comum a exigência de registro da entidade no Conselho Nacional de Assistência Social (CNAS), a obtenção do certificado expedido pelo órgão e a validade trienal do documento. Como o conteúdo da norma tem relação com a certificação da qualidade de entidade beneficente, ficou afastada, no julgamento, a tese de vício formal. A norma trata de meros aspectos procedimentais necessários à verificação do atendimento das finalidades constitucionais da regra de imunidade. Portanto, com o veredicto, tornam-se mais límpidas as fronteiras entre a *lei complementar* e a *lei ordinária* na seara jurídico-tributária.

Em 18 de dezembro de **2019**, o Pleno do **STF**, nos **Embargos Declaratórios opostos ao RE 566.622** (rel. Min. Marco Aurélio; rel. p/ ac. Min. Rosa Weber), conferiu à tese relativa ao Tema 32 da repercussão geral a seguinte formulação: "*A lei complementar é forma exigível para a definição do modo beneficente de atuação das entidades de assistência social contempladas pelo art. 195, § 7º, da CF, especialmente no que se refere à instituição de contrapartidas a serem por elas observadas*" (*Informativos* n. 749, 844, 855, 914 e 938). Da leitura dos votos proferidos no julgamento embargado, é possível concluir que a maioria do colegiado reconhece a necessidade de *lei complementar* para a caracterização das imunidades propriamente ditas, admitindo, contudo, que questões procedimentais sejam regradas mediante *legislação ordinária*.

No tocante, especificamente, à certificação de entidade imune (beneficente), frise-se que, em **9 de maio de 2018**, o **STJ** aprovou a **Súmula n. 612**, segundo a qual "*o certificado de entidade beneficente de assistência social (CEBAS), no prazo de sua validade, possui natureza declaratória para fins tributários, retroagindo seus efeitos à data em que demonstrado o cumprimento dos requisitos estabelecidos por lei complementar para a fruição da imunidade*".

A propósito, em **12 de março de 2019**, a 1ª Turma do **STF** deu provimento ao **RMS 24.065/DF** (rel. Min. Luiz Fux) para anular decisão que exigiu a comprovação da aplicação anual de, pelo menos, 20% da receita bruta em gratuidade para o reconhecimento de imunidade de instituição beneficente e a renovação do Certificado de Entidade Beneficente de Assistência Social (CEBAS). Com efeito, o CEBAS é submetido à renovação periódica a partir da demonstração dos requisitos previstos em legislação complementar vigente em cada época. É por essa razão que o Plenário do STF houve por bem declarar inconstitucional o art. 2º, IV, do Decreto n. 752/93, no já mencionado julgamento conjunto das ADIs 2.028, 2.036, 2.228 e 2.621 e do RE 566.622 (Tema 032), quando se fixou a tese de que "os requisitos para o gozo de imunidade hão de estar previstos em lei complementar".

Na mesma linha de demonstração documental da benemerência, em 7 de dezembro de **2017**, a 1ª Turma do **STJ** (**REsp 1.345.462/RJ**, rel. Min. Gurgel de Faria), entendera que a apresentação anual, ao INSS, de *relatório circunstanciado* das atividades exercidas por entidades beneficentes de assistência social (art. 55 da Lei n. 8.212/91) não configura requisito legal para a fruição da imunidade tributária prevista no art. 195, § 7º, da CF. Para a Corte Superior, "*na falta de apresentação do 'relatório circunstanciado', deve-se oportunizar à requerente a referida comprovação, mas não lhe negar o direito à imunidade, sob pena de violação do princípio da proporcionalidade*". Com efeito, a falta de apresentação do documento em epígrafe não pode ser empecilho ao reconhecimento da benesse, caso a requerente tenha comprovadamente cumprido os requisitos do art. 14 do CTN. Em tempo, jogando luzes sobre o caso, repisem-se a necessidade de normatização por lei complementar e o fato de que o documento em cotejo não é requisito legal para a fruição da imunidade, mas apenas uma obrigação acessória que facilita a fiscalização do cumprimento da obrigação principal de aplicação integral do resultado operacional.

12 IMUNIDADE DE IMPRENSA

1 CONSIDERAÇÕES INICIAIS

O art. 150, VI, "d", da CF prevê a **exoneração imunitória** para os impostos que incidem sobre o livro, o jornal, o periódico e o papel destinado à impressão de tais veículos de pensamento.

> Note o item considerado **INCORRETO**, em prova realizada pela FCC, para o cargo de Juiz (TJ/PE), em 2013: *"Há 'isenção' de imposto sobre comercialização de livro, jornal, periódico e sobre a comercialização de papel destinado a impressão destes produtos"*.

O preceito constitucional, todavia, não desfruta de aplicação tranquila e uniforme, em face do viés subjetivo que demarca a sua análise.

Ademais, trata-se de dispositivo, diferentemente da alínea "c", anteriormente estudada, dotado de eficácia plena e aplicabilidade imediata, não necessitando de regulação por lei complementar.

É, assim, um comando normativo que hospeda uma imunidade *política* e *incondicionada*. Outrossim, impende frisar que as alíneas já estudadas no inciso VI do art. 150 do texto constitucional ("a", "b" e "c") tratam de imunidade com natureza *subjetiva* (atingem *pessoas jurídicas*). A alínea "d", por seu turno, versando sobre a chamada "imunidade de imprensa", possui natureza **objetiva** (atinge *bens* ou coisas – livros, jornais, periódicos e o papel destinado à impressão – ou seja, *três* veículos de pensamento e *um* insumo).

> Note o item considerado **INCORRETO**, em prova realizada pela Funcab, para o cargo de Auditor Fiscal (Sefaz/BA), em 2014: *"Somente os livros e revistas didáticos gozam de imunidade tributária constitucional objetiva"*.

> Note o item considerado **INCORRETO**, em prova realizada pela Esaf, para o cargo de Especialista em Regulação de Aviação Civil da ANAC – Agência Nacional de Aviação Civil, em 2016: *"A imunidade dos livros, dos jornais e dos periódicos é subjetiva"*.

As imunidades *objetivas*, também denominadas *reais*, são aquelas instituídas em virtude de determinados fatos, bens ou situações importantes para o bom desenvolvimento da sociedade. Assim, referem-se aos impostos ditos *reais* – ICMS, IPI, II (Imposto de Importação) e IE (Imposto de Exportação). Os demais impostos deverão incidir normalmente, no caso, sobre a pessoa jurídica pertinente.

Note os exemplos de ***normal tributação***: incidência de IR sobre as rendas da editora; de IPVA sobre os veículos da editora; de IPTU sobre o prédio da editora; de ITBI sobre a aquisição de bem imóvel pela editora; de Finsocial, incidente sobre o faturamento da editora (ver o julgado no **STF: RE 628.122, rel. Min. Gilmar Mendes, Pleno, j. em 19-06-2013**); entre outros tantos exemplos. Por essa razão, **"no que concerne às limitações do poder de tributar, à luz da Constituição Federal e da jurisprudência do STF, a imunidade tributária não abrange os serviços prestados por empresas que fazem a distribuição, o transporte ou a entrega de livros, jornais, periódicos e do papel destinado à sua impressão"**.

> A assertiva foi considerada **CORRETA**, em prova realizada pela FCC, para o cargo de Procurador do Estado de Mato Grosso (PGE/MT), em 2016.

Com efeito, segundo Roque Antonio Carrazza[1], referindo-se à imunidade constante da alínea "d", afirma ser ela "objetiva e, por isso, não alcança a empresa jornalística, a empresa editorial, o livreiro, o autor etc., que, por exemplo, deverão pagar o imposto sobre os rendimentos que obtiverem com o livro, o jornal, o periódico e o papel destinado à sua impressão". Nessa linha, frise-se que a imunidade **não é afetada** pelo interesse econômico-lucrativo da entidade.

> Note o item considerado **CORRETO**, em prova realizada pelo TRF/4ª Região, para o cargo de Juiz Federal Substituto (XVII Concurso), em 2016: *"É vedado instituir imposto sobre livros, jornais, periódicos e o papel destinado à sua impressão, mesmo quando a comercialização destes seja realizada por pessoa jurídica com o objetivo de auferir lucros com a atividade"*.

Frise-se que a presente norma desonerativa justifica-se, axiologicamente, na proteção da livre manifestação de pensamento e de expressão da atividade intelectual, artística e científica; da livre comunicação e do irrestrito acesso à informação e aos meios necessários para a sua concretização. Fácil é perceber que toda essa liberdade almejada deságua, em última análise, no direito à educação, que deve ser fomentado pelo Estado, visando ao pleno desenvolvimento da pessoa e ao seu preparo, para o exercício da cidadania e à sua qualificação para o trabalho, na atividade de aprender, ensinar, pesquisar e divulgar o pensamento, a arte e o saber (art. 5º, IV, IX, XIV, XXVII; arts. 205, 206, II, 215 e 220, §§ 2º e 6º, todos da CF).

Quanto à proteção da liberdade de pensamento, impende trazermos à colação a relevante advertência de Aliomar Baleeiro[2], que mostra como a mutilação da imu-

1. CARRAZZA, Roque Antonio. *Curso de direito constitucional tributário*, 24. ed., p. 790.
2. BALEEIRO, Aliomar. *Limitações constitucionais ao poder de tributar*, 7. ed., pp. 339-340.

nidade pode servir de instrumento de controle estatal das liberdades individuais, ou seja, da liberdade de informar e do livre direito do cidadão de ser informado:

> A Constituição almeja duplo objetivo ao estatuir essa imunidade: amparar e estimular a cultura através dos livros, periódicos e jornais; garantir a liberdade de manifestação do pensamento, o direito de crítica (...). (...) o imposto pode ser meio eficiente de suprimir ou embaraçar a liberdade da manifestação do pensamento, a crítica dos governos e homens públicos, enfim, de direitos que não são apenas individuais, mas indispensáveis à pureza do regime democrático.

De fato, o preceptivo imunitório vem evitar uma situação de perigosa submissão tributária das empresas jornalísticas – verdadeiras destinatárias dessa especial prerrogativa de ordem jurídica – ao poder impositivo do Estado.

Entretanto, não se pode deixar de assinalar, *ad argumentandum*, que a justificação axiológica passa a ser duvidosa se observarmos que há países (*v.g.*, os Estados Unidos[3]) que preservam a liberdade de expressão e, ao mesmo tempo, cobram impostos sobre livros e jornais. Além disso, é possível recordar que, à época do regime militar, permanecia o manto protetor da imunidade para livros e jornais, todavia a mutilação da livre manifestação de pensamento grassava a olhos vistos[4]. Daí se pretender afastar o elemento justificador dessa imunidade, calcado na liberdade de expressão, colocando-o como "argumento subalterno"[5], para se abrir espaço ao fundamento de *utilidade social*, em face da redução do custo dos veículos de pensamento. O raciocínio, demonstrado pelo eminente e saudoso professor Ricardo Lobo Torres[6], é bastante sedutor, merecendo a citação neste Manual, principalmente se levarmos em conta a premente necessidade de aumento nos índices de alfabetização no País, que passa, por certo, pelo "barateamento dos produtos, facilitando a sua divulgação e, com esta, a propagação da cultura nacional"[7].

Diga-se, em tempo, que o **STF** já se valeu desse elemento axiológico para justificar certas desonerações, como a que se deu com as listas telefônicas, referindo-se a estas como "periódicos de inegável utilidade pública".

Em face dos conceitos preliminares acima expendidos, vale a pena observar o art. 150, VI, "d", da CF, que desonera de ***impostos*** os livros, jornais, periódicos e o papel destinado à impressão.

Observe o dispositivo:

> **Art. 150.** Sem prejuízo de outras garantias asseguradas ao contribuinte, é vedado à União, aos Estados, ao Distrito Federal e aos Municípios:

3. *V.* TORRES, Ricardo Lobo. *Tratado de direito constitucional financeiro e tributário*, v. III, p. 282.
4. *Ibidem*, p. 284.
5. *Idem*.
6. *Ibidem*, pp. 282 e 283.
7. *V.* FERREIRA FILHO, Manoel Gonçalves. *Comentários à Constituição brasileira de 1988*. São Paulo: Saraiva, 1994, v. 3, p. 104.

(...) VI – instituir impostos sobre: (...)

d) *livros, jornais, periódicos e o papel destinado a sua impressão.* (...) **(Grifo nosso)**

É curioso notar que já se lapidaram dispositivos em certas Constituições de Estados-membros (*v.g.*, art. 193, VI, "d" – Constituição do Estado do Rio de Janeiro), bem como em leis estaduais (*v.g.*, art. 40, XIV, da Lei fluminense n. 1.423/89), os quais reproduziram a alínea "d" da Carta Magna, todavia o fizeram com acréscimos indevidos. Os dois artigos retrocitados previram a expressão extra "(...) e veículo de radiodifusão". Em 20 de agosto de **2014**, o Plenário do **STF** confirmou medida cautelar e julgou procedente o pedido formulado na **ADI n. 773/RJ** (rel. Min. Gilmar Mendes), para declarar a inconstitucionalidade da expressão inoportuna. Além disso, vale a pena pontuarmos alguns elementos conceituais que decorrem da doutrina e, igualmente, daquele julgado:

Os Estados federados têm autonomia, o que, entre outras capacidades, confere-lhes a de auto-organização. É desta que decorre o Poder Constituinte dos Estados federados, o chamado *Poder Constituinte Decorrente* (ou *derivado-decorrente*). Trata-se de um poder autônomo, em contraposição ao *Poder Constituinte Originário*, um poder soberano. É do *Poder Constituinte Decorrente* que emanam as respectivas **Constituições Estaduais** e sua legislação pertinente (art. 25, *caput*, CF), as quais deverão respeitar alguns preceitos limitadores. Entre estes, é de destacar os chamados *Princípios Constitucionais Estabelecidos*, ou seja, aqueles que se reportam a todos os entes federados – União, Estados, Municípios e Distrito Federal –, encontrando-se espalhados no texto constitucional. Trata-se de comandos que se revelam como limites à autonomia dos Estados federados, ou seja, são verdadeiros preceitos de observância obrigatória aos Estados-membros em sua capacidade de auto-organização. Alguns dizem respeito à seara tributária, como as *limitações constitucionais ao poder de tributar* (art. 150 da CF: **princípios e imunidades tributárias**). Diante desse cenário limitador, devemos entender que, se a Constituição Federal diz "x", em matéria de imunidade tributária, a Constituição Estadual não poderá dizer "x + 1". Posto isso, é vedada à Constituição Estadual a possibilidade de criação de imunidade tributária não prevista na Constituição Federal. A propósito, o Ministro Gilmar Mendes, relator da **ADI n. 773/2014**, a qual versou sobre o alargamento do texto da CF (art. 150, VI, "d", CF: *imunidade de imprensa*) pela Constituição do Estado do Rio de Janeiro, assim pontuou:

Note o item considerado **INCORRETO**, em prova realizada pela FMP, para o cargo de Procurador do Estado (PGE/AC), em 2017: *"A Constituição Estadual pode isentar determinadas operações dos tributos de competência estadual, devido à sua hierarquia perante a lei instituidora do tributo".*

Note o item considerado **INCORRETO**, em prova realizada pela FMP, para o cargo de Procurador do Estado (PGE/AC), em 2017: *"A Constituição Estadual é soberana para estabelecer normas sobre obrigação tributária, base de cálculo e fato gerador dos tributos estaduais".*

> Em matéria de imunidade, para os fins versados pelo constituinte, a norma do art. 150, VI, "d", há de ser observada na integralidade pelo Estado-membro. (...) Isso porque a eventual disciplina de nova modalidade de imunidade tributária pelo ente estadual acabaria certamente por violar: **(I)** o princípio da isonomia tributária e **(II)** o princípio federativo. (...) Assim, é com essas premissas que afirmo serem os referidos dispositivos constitucionais (art. 150, VI, "b", "c" e "d", da CF) verdadeiras normas de reprodução obrigatória.

Retomando o raciocínio, propomos, para facilitar o estudo a partir de agora, a seguinte distribuição de subitens:

- **Análise do livro – um veículo de pensamento (1.1);**
- **Análise do jornal – um veículo de pensamento (1.2);**
- **Análise do periódico – um veículo de pensamento (1.3);**
- **Análise do papel destinado à impressão – um insumo (1.4).**

Por fim, repisemos que a alínea "d" hospeda casos de imunidade tributária *objetiva*, afastando, essencialmente, tributos ditos "reais", como o ICMS, o IPI e o II.

> Note o item considerado **CORRETO**, em prova realizada pela UFMT, para o cargo de Defensor Público do Estado de Mato Grosso (V Concurso), em 2016: *"Os livros, jornais, periódicos e o papel destinado a sua impressão gozam de imunidade objetiva em relação ao ICMS"*.

> Note o item considerado **CORRETO**, em prova realizada pela Cesgranrio, para o cargo de Analista Jurídico (FINEP), em 2014: *"A impossibilidade de os Estados e o Distrito Federal instituírem ICMS sobre livros, jornais e periódicos, assim como sobre o papel destinado à impressão desse material enquadra-se como hipótese de imunidade tributária"*.

Passemos às análises indicadas.

1.1 Análise do livro – um veículo de pensamento

O conceito de livro é aberto, complexo e ambíguo. Pode ser impresso em papel; pode ser um livro virtual, no espaço cibernético; pode conter folhas soltas ou cosidas; pode vir com capa flexível ou dura; pode conter informação científica ou leviana; entre outras tantas multifacetadas possibilidades.

A nosso sentir, os livros são suportes materiais utilizados na propagação de um pensamento formalmente considerado. Nesse passo, o livro deve conter uma *base física* (em papel ou em mídia eletrônica) e uma *finalidade "espiritual"* de geração do bem educativo.

Incluem-se nessa categoria de veículo de pensamento, segundo o **STF**, os *manuais técnicos e apostilas*, conforme se nota da ementa abaixo reproduzida:

> **EMENTA:** IMUNIDADE. IMPOSTOS. LIVROS, JORNAIS, PERIÓDICOS E PAPEL DESTINADO À IMPRESSÃO. APOSTILAS. O preceito da alínea "d" do inciso VI do artigo 150 da

Carta da República alcança as chamadas apostilas, veículo de transmissão de cultura simplificado. **(RE 183.403/SP, 2ª T., rel. Min. Marco Aurélio, j. em 07-11-2000)**

Excluem-se, por sua vez, escapando à imunidade e evitando o elastecimento indevido do preceito imunitório, alguns "livros" que não veiculam ideias nem pensamentos formalmente considerados: *livro de ponto, livro de bordo, livros fiscais, livro-razão, livro de atas*[8].

No cotejo entre o *conteúdo difundido* e o *elemento teleológico*, tem prevalecido este em detrimento daquele. Vale dizer que a melhor exegese vem sinalizando, no campo da interpretação, que o importante é prestigiar a liberdade de expressão, independentemente do suporte físico difusor do conhecimento (papel, celuloide, plástico) ou da forma de transmissão (caracteres alfabéticos, signos, braile, impulsos magnéticos etc.).

Em outras palavras, "de nada vale arguir que a frequência da edição seja pequena, que o livro tenha características especiais, ou, ainda, que o papel não seja o mais indicado para a impressão. Provado o destino que se lhe dê, haverá a imunidade"[9].

À guisa de complementação, podemos citar dois bons *exemplos*:

a) o **"livro-piano"**: mostrando-se como um livro suave, adaptado às crianças, com base na melhor pedagogia musical, não pode, a nosso sentir, ser concebido como um "brinquedo", para fins de incidência de imposto. Assim, defendemos a imunidade a este livro infantil e a outros sucedâneos, que, em detrimento do suporte difusor, priorizem a difusão do conhecimento;

b) o "livro erótico": o tema oscila entre os estudiosos, subsistindo dois tipos de análise: **(b.1) a concepção liberal**, que se pauta pela ideia "*de que a imoralidade não pode se sobrepor à liberdade de expressão*", da qual decorre o repúdio a qualquer espécie de mecanismo inibitório desse tipo de texto, haja vista que tais livros apenas servem como motivadores do lado sexual das pessoas; **(b.2) a concepção conservadora**, sinalizando que a informação erótica é deletéria aos valores familiares, preservados pela Carta Magna (art. 227), contaminando a tranquilidade do lar com a influência maléfica da concupiscência desenfreada.

A nosso ver, temos defendido, com a devida vênia, a primeira concepção assinalada. Não acreditamos que uma informação erótica, de acesso restrito e, em alguns casos, de importância secular – como a obra *Kama Sutra*, que retrata um clássico trabalho literário sobre o amor, na literatura sânscrita –, possa ser corrosiva a valores familiares, atualmente tão suscetíveis a um erotismo ostensivo veiculado, dia a dia, por exemplo, em programas televisivos.

8. *V.* CARRAZZA, Roque Antonio. *Curso de direito constitucional tributário*. 24. ed. São Paulo: Malheiros, 2008, p. 779.
9. CARVALHO, Paulo de Barros. *Curso de direito tributário*, 16. ed., p. 189.

Tudo dependerá da mundividência de cada um no processo particular de valoração do contexto lascivo ou libidinoso, "porque onde o constituinte não distingue ou não quis distinguir, não cabe ao intérprete fazer distinções, a não ser em relação aos próprios objetos da imunidade"[10].

1.1.1 A imunidade de imprensa e a publicação eletrônica

A *publicação eletrônica* é obra de criação intelectual, em sentido lato, veiculada, com periodicidade variada, numa *mídia eletrônica*, a qual se mostra como o suporte físico que hospeda a indigitada obra de criação, *v.g.*, fitas magnéticas (cassetes e audiovisuais), disquete, CD e CD-ROM.

Temos defendido a imunidade tributária aos livros difundidos em meios ópticos (CD-ROM ou *Compact Disk for Reading Only Memory*), na qualidade de suportes sucedâneos do livro. A nosso sentir, tais suportes difusores não podem se sobrepor econômica e intelectualmente ao texto – ou outra mídia eletrônica – sob pena de se desvirtuar a ideia de desoneração que deve reger a situação. Se a mídia se mostra didática e instrutiva, buscando a difusão do conhecimento, não há como lhe negar a imunidade.

Nota-se, em verdade, "um novo fenômeno na história da humanidade no final do século XX, que é a emergência da cultura eletrônica ou do espaço cibernético, com todas as suas consequências no campo do direito"[11].

Diante da mudança de paradigmas na difusão de informação – do tipográfico (ou impresso) para o eletrônico (ou cibernético) –, à qual todos estão sujeitos, torna-se necessária uma *interpretação constitucional evolutiva*, que leve ao processo informal de reforma da Constituição. Tal fenômeno da mutação constitucional, bem situado por Luís Roberto Barroso[12], longe de significar aplicação por analogia da norma constitucional, ou violar os princípios fundamentais do sistema jurídico, visa atualizar o discurso do constituinte, buscando cercar a ampla realidade posta com sentidos adequados e adjetivação própria para o bem tratado no texto constitucional. Nesse plano exegético, não se prioriza a *occasio legis* – o momento histórico em que se edita a norma –, mas a *ratio legis*, na trilha do fundamento racional que a persegue em seu estádio de vigência.

Urge mencionar que a jurisprudência tem enfrentado o tema sem ofertar posicionamento uníssono, conquanto tenda a chancelar a imunidade. A doutrina, por sua vez, mostra-se dividida na interpretação do alcance do livro eletrônico.

A propósito, há posicionamento minoritário defendendo a necessidade do suporte físico impresso em papel, somado à finalidade espiritual de criação do bem. Se-

---

10. COÊLHO, Sacha Calmon Navarro. *Curso de direito tributário brasileiro*, 6. ed., p. 293.
11. TORRES, Ricardo Lobo. *Tratado de direito constitucional financeiro e tributário*, v. III, p. 286.
12. *V.* BARROSO, Luís Roberto. *Interpretação e aplicação da Constituição*. São Paulo: Saraiva, 2001, p. 144.

gundo essa linha de pensamento, não deve haver imunidade para os livros eletrônicos, sendo vedado, *in casu*, o salto da "cultura tipográfica" para a "cultura eletrônica"[13].

Por outro lado, a maioria da doutrina tem esposado entendimento dessemelhante, aceitando que tais veículos são passíveis da imunidade, independentemente da forma como sejam feitos.

Para Roque Antonio Carrazza[14], "devem ser equiparados ao livro, para fins de *imunidade*, os *veículos de ideias*, que hoje lhe fazem as vezes *(livros eletrônicos)* ou, até, o substituem". E o eminente tributarista prossegue com o raciocínio, afirmando que "a palavra 'livros' está empregada no Texto Constitucional não no sentido restrito de conjuntos de folhas de papel impressas, encadernadas e com capa, mas, sim, *no de veículos de pensamentos, isto é, meios de difusão da cultura*".

O legislador manifestou-se sobre o tema, ainda que por via oblíqua, referindo-se ao livro "em meio digital" como objeto equiparado a livro, quando, por meio do **art. 1º, II, e do art. 2º, parágrafo único, VII, ambos da Lei n. 10.753/2003**, instituiu a *Política Nacional do Livro*. Observe o texto legal:

> **Art. 1º Esta Lei institui a Política Nacional do Livro, mediante as seguintes diretrizes:**
>
> **(...)**
>
> **II** – *o livro é o meio principal e insubstituível da difusão da cultura e transmissão do conhecimento, do fomento à pesquisa social e científica, da conservação do patrimônio nacional, da transformação e aperfeiçoamento social e da melhoria da qualidade de vida;*
>
> **Art. 2º** *Considera-se livro, para efeitos desta Lei,* a publicação de textos escritos em fichas ou folhas, não periódica, grampeada, colada ou costurada, em volume cartonado, encadernado ou em brochura, em capas avulsas, em qualquer formato e acabamento.
> **Parágrafo único. São equiparados a livro:**
> **I** – fascículos, publicações de qualquer natureza que representem parte de livro;
> **II** – materiais avulsos relacionados com o livro, impressos em papel ou em material similar;
> **III** – roteiros de leitura para controle e estudo de literatura ou de obras didáticas;
> **IV** – álbuns para colorir, pintar, recortar ou armar;
> **V** – atlas geográficos, históricos, anatômicos, mapas e cartogramas;
> **VI** – textos derivados de livro ou originais, produzidos por editores, mediante contrato de edição celebrado com o autor, com a utilização de qualquer suporte;
> **VII** – livros em meio digital, magnético e ótico, para uso exclusivo de pessoas com deficiência visual;
> **VIII** – livros impressos no Sistema Braille. **(Grifos nossos)**

13. *V.* TORRES, Ricardo Lobo. *Tratado de direito constitucional financeiro e tributário*, v. III, pp. 286-288.
14. CARRAZZA, Roque Antonio. *Curso de direito constitucional tributário*, 24. ed., pp. 774-775.

Acresça-se a isso o fato de que o Dicionário Aurélio[15] já consigna a expressão "livro eletrônico" como "*versão de um livro publicada em mídia digital, como, p. ex., CD-ROM*".

A nosso pensar, tendemos a crer que se deve estender a imunidade às obras impressas ou virtuais, que abarquem conteúdo específico ou variado, com o fito de difundirem, sem óbices à teleologia da norma imunizante, um conhecimento formalmente considerado.

É importante destacar que, em fevereiro de **2010**, o Ministro **Dias Toffoli**, em **decisão monocrática** no **RE 330.817/RJ**, afastou a imunidade do livro eletrônico. O mencionado recurso extraordinário foi movido pelo governo do Rio de Janeiro contra acórdão da Justiça fluminense, que imunizara a Editora *Elfez Edição Comércio e Serviços* quanto ao pagamento de **ICMS** sobre a venda de CDs relativos à sua *Enciclopédia Jurídica Soibelman*. É oportuno registrar, ainda, que, antes de Toffoli, os Ministros Joaquim Barbosa, Eros Grau e Cezar Peluso já haviam votado monocraticamente contra a extensão da imunidade a conteúdos eletrônicos (ver, respectivamente, RE 416.579/RJ, RE 282.387/RJ e AI 530.958/GO). Ocorre, porém, que o Ministro Toffoli reconsiderou a sua decisão e manifestou pela existência da repercussão geral da questão constitucional suscitada. O Pleno do **STF** acatou a decisão em setembro de **2012**.

Em **8 de março de 2017**, o **STF** chancelou a **imunidade tributária** para o *livro eletrônico (e-book)* e para os *aparelhos leitores de livros eletrônicos (e-readers)* confeccionados exclusivamente para fixá-lo, ainda que equipados com outras funcionalidades. São exemplos de leitores digitais: *Lev* (Saraiva), *Kindle* (Amazon), *Kobo* (Livraria Cultura), entre outros.

> Note o item considerado **INCORRETO**, em prova realizada pela FAUEL, Prefeitura de Paranavaí-PR, para o cargo de Procurador do Município, em 2018: *"A imunidade tributária referente aos livros, jornais, periódicos e o papel destinado a sua impressão, não se aplica ao livro eletrônico".*

Para a Corte Suprema, o art. 150, VI, "d", da CF não se refere exclusivamente ao "método gutenberguiano de produção de livros". Curiosamente, a referência histórica foi feita a *Johann Gutenberg* (1396-1468), um alemão a quem se atribui a invenção ou o aperfeiçoamento da máquina de impressão tipográfica, no século XV. Portanto, a confecção do primeiro livro impresso de que se tem notícia está ligada à figura de *Gutenberg*. Assim, a menção ao ato de produzir um livro pelo "método gutenberguiano" quer dizer, em síntese, pelo método tipográfico ou impresso.

Quanto à análise dos *leitores digitais*, o STF se valeu de uma aproximação, por analogia, do "papel utilizado para a impressão", já tradicionalmente imune, ao papel eletrônico (*e-paper*), imunizando-os indistintamente. A seu ver, "apesar de não se

15. *Dicionário Aurélio Eletrônico* – século XXI. Versão 3.0, novembro de 1999.

confundirem com os livros digitais propriamente ditos, esses aparelhos funcionam como o papel dos livros tradicionais impressos, e o propósito seria justamente mimetizá-lo". Desse modo, procurando aproximar a Constituição da realidade (*interpretação evolutiva*), afirmou-se que "(...) as mudanças históricas e os fatores políticos e sociais da atualidade, seja em razão do avanço tecnológico, seja em decorrência da preocupação ambiental, justificam a equiparação do 'papel', numa visão panorâmica da realidade e da norma, aos suportes utilizados para a publicação dos livros". O entendimento, todavia, não alcança os aparelhos multifuncionais, como *tablets*, *smartphones* e *laptops*, os quais são muito além de meros equipamentos utilizados para a leitura de livros digitais.

Ademais, frisou-se que o vocábulo "papel" não é essencial ou condicionante para o conceito final do livro e, pragmaticamente, para o desfrute da imunidade cultural. Quanto à abrangência do *binômio papel-livro*, o suporte (ou continente) está para o conteúdo assim como o "corpus mechanicum" está para o "corpus misticum" das obras. Com efeito, *o livro tipográfico* depende de um suporte tangível (ou físico) – peculiar aos códices –, enquanto o *livro digital* associa-se a um suporte intangível. Assim, o *suporte físico* é elemento acidental ao conceito de *livro*, podendo este prescindir daquele.

Nessa linha intelectiva, serão considerados imunes, indiferentemente, um livro veiculado por CD-ROM ou o próprio audiolivro ou *audio book* (estando em formato de CD-ROM ou não). Com efeito, a moderna visão vai ao encontro da difusão da cultura e da democratização ou liberdade de ser informado e de formar opinião, permitindo uma louvável exegese contemporânea das normas constitucionais.

Em **24 de abril de 2020**, foi publicada a **Súmula Vinculante n. 57**, cujo teor assim se apresentou: "*A imunidade tributária constante do art. 150, VI, "d", da CF/88 aplica-se à importação e comercialização, no mercado interno, do livro eletrônico (e-book) e dos suportes exclusivamente utilizados para fixá-los, como leitores de livros eletrônicos (e-readers), ainda que possuam funcionalidades acessórias*".

Por fim, no mesmo dia, em **8 de março de 2017**, **o Plenário do STF** finalizou o julgamento do **RE 595.676/RJ** (rel. Min. Marco Aurélio), em que se discutia o alcance da *imunidade de imprensa*, de modo a abarcar componentes eletrônicos que acompanhavam e complementavam material didático impresso, utilizados em curso prático de montagem de computadores. Tratava-se de um conjunto integrado, de cunho educativo, em que os fascículos impressos ensinam como montar um sistema de testes, enquanto os elementos eletrônicos permitem o demonstrativo prático da montagem pretendida. Com repercussão geral reconhecida para a matéria suscitada desde 2010, houve o julgamento do mérito, fixando-se a seguinte tese: "*A imunidade da alínea 'd' do inciso VI do artigo 150 da Constituição Federal alcança componentes eletrônicos destinados, exclusivamente, a integrar unidade didática com fascículos*".

1.2 Análise do jornal – um veículo de pensamento

Os jornais são gazetas, diárias ou não, que visam carrear notícias e informações a seus leitores.

A nosso ver, a regra imunizante refere-se à mídia escrita, e não aos instrumentos que podem ser considerados "metaforicamente" jornais, tais como os "jornais de tela" ou "jornais da televisão"[16].

A imunidade, na dimensão desse veículo de pensamento, é plena, incluindo até as propagandas ali feitas, como já decidiu o **STF** por diversas vezes, desde que venham impressas no corpo do jornal ou periódico.

> **EMENTA:** JORNAIS E PERIÓDICOS – ISS. IMUNIDADE TRIBUTÁRIA (EXEGESE DO ART. 19, III, "D", DA EC. n. 1/1969). A imunidade estabelecida na Constituição é ampla, abrangendo os serviços prestados pela empresa jornalística na transmissão de anúncios e de propaganda. Recurso extraordinário não conhecido. **(RE 87.049/SP, Pleno, rel. Min. Xavier de Albuquerque, j. em 13-04-1978) (Observação:** este julgado serviu de precedente para o **RE 91.662/SP, 2ª T., rel. Min. Décio Miranda, j. em 04-11-1980)**

De fato, as propagandas veiculadas neste meio constituem-se importantes fontes de renda para os jornais, ou seja, "parcelas substanciais para a sobrevivência do veículo de informação"[17], barateando o seu custo, o que vem a calhar no contexto da *utilidade social*.

Vale dizer, por outro lado, que ocorrerá normal incidência tributária relativamente aos encartes de propaganda distribuídos com jornais e periódicos, porquanto não correspondem aos objetos tutelados pelo preceito imunizante. Observe o julgado:

> **EMENTA:** TRIBUTÁRIO. ENCARTES DE PROPAGANDA DISTRIBUÍDOS COM JORNAIS E PERIÓDICOS. ISS. ART. 150, VI, "D", DA CONSTITUIÇÃO. Veículo publicitário que, em face de sua natureza propagandística, de exclusiva índole comercial, não pode ser considerado como destinado à cultura e à educação, razão pela qual não está abrangido pela imunidade de impostos prevista no dispositivo constitucional sob referência, a qual, ademais, não se estenderia, de qualquer forma, às empresas por eles responsáveis, no que concerne à renda bruta auferida pelo serviço prestado e ao lucro líquido obtido. Recurso não conhecido. **(RE 213.094/ES, 1ª T., rel. Min. Ilmar Galvão, j. em 22-06-1999)**

Impende ressaltar que, dentre os vários elementos axiologicamente justificadores da imunidade em estudo – direito à liberdade de pensamento, utilidade social, interesse social e outros –, destacou-se a "*extrafiscalidade*", em julgado do **STF**, afeto às informações veiculadas nos jornais. Note o trecho do voto do Ministro Maurício Corrêa, no **RE 189.192/SP** (2ª T.) em 25-03-**1997**:

16. *V.* TORRES, Ricardo Lobo. *Tratado de direito constitucional financeiro e tributário,* v. III, p. 295.
17. *V.* TORRES, Ricardo Lobo. *Tratado de direito constitucional financeiro e tributário,* v. III, p. 295.

(...) Com efeito, não se pode relevar que a imunidade dos jornais decorre de um exercício da *extrafiscalidade* pelo poder público, ou seja, o Estado abre mão de uma maior arrecadação para propiciar o desenvolvimento de uma situação mais benéfica à coletividade. No caso, a informação através dos jornais. **(Grifo nosso)**

Por fim, segundo o **STF**, a imunidade tributária deve ser interpretada com reservas, no caso de *encomenda*, por entidade imune, de *serviços de composição gráfica*, desempenhados por terceiros. No caso, discutiu-se a exigibilidade de **ISS** sobre a confecção/impressão de jornais por empresa – uma mera prestadora de serviços –, a qual havia sido contratada por entidade religiosa imune. O **STF** entendeu pelo afastamento da imunidade tributária (art. 150, VI, "d", CF) e prevalência da incidência do ISS. **(AgR no RE 434.826/MG, rel. orig. Min. Cezar Peluso; rel. p/ o ac. Min. Celso de Mello, 2ª T., j. em 19-11-2013)**

1.3 Análise do periódico – um veículo de pensamento

Os periódicos, para fins de imunidade, referem-se às revistas e aos álbuns, editados com frequência ou não.

O legislador não distingue os tipos de revista, considerando merecedoras da proteção imunizante até mesmo as revistas de pouco conteúdo intelectual e aquelas que contêm material pornográfico ou fescenino (*v.g.*, revistas eróticas).

De outra banda, não podem ser considerados "periódicos", para fins de imunidade, os *materiais de propaganda ou de interesse interno de empresas* e os *calendários comerciais*, pois não veiculam pensamentos e ideias formalmente consideradas, com objetivo cultural ou político. A esse propósito, o **STF** se posicionou:

EMENTA: ICM. Os calendários comerciais não se constituem em periódicos para os efeitos da imunidade constitucional assegurada pelo art. 19, III, "d", da Constituição Federal, pois não se destinam a veicular ou transmitir pensamentos e ideias. RE não conhecido. **(RE 87.633/SP, 2ª T., rel. Min. Cordeiro Guerra, j. em 15-12-1978)**

Ademais, a imunidade de imprensa protege os **álbuns de figurinhas** e os fascículos semanais e sequencialmente formadores do livro. É que, em decisão prolatada pela Ministra Ellen Gracie, em 25 de maio de **2004**, a 2ª Turma do **STF** deu provimento ao **RE 221.239**, interposto por uma editora, contra decisão do Tribunal de Justiça do Estado de São Paulo, que havia afastado a imunidade tributária de algumas publicações, no caso, do "álbum de figurinhas". Observe a ementa:

Note o item considerado **CORRETO**, em prova realizada pelo Fundep, para o cargo de Auditor/Conselheiro Substituto do Tribunal de Contas (TCE/MG), em 2015: *"A imunidade prevista no artigo 150, VI, 'd', da Constituição Federal, abarca álbuns de figurinhas destinados ao público infantojuvenil".*

EMENTA: CONSTITUCIONAL. TRIBUTÁRIO. IMUNIDADE. ART. 150, VI, "D" DA CF/88. "ÁLBUM DE FIGURINHAS". ADMISSIBILIDADE. (...) 2. O Constituinte, ao instituir esta benesse, não fez ressalvas quanto ao valor artístico ou didático, à relevância das informações divulgadas ou à qualidade cultural de uma publicação. 3. Não cabe ao aplicador da norma constitucional em tela afastar este benefício fiscal instituído para proteger direito tão importante ao exercício da democracia, **por força de um juízo subjetivo acerca da qualidade cultural ou do valor pedagógico** de uma publicação destinada ao público infantojuvenil. 4. Recurso extraordinário conhecido e provido. **(RE 221.239/SP, 2ª T., rel. Min. Ellen Gracie, j. em 25-05-2004)**

In casu, a editora alegou que os livros ilustrados (com cromos de complementação, feitos com figurinhas) são elementos da didática moderna, necessários à educação infantil, merecendo, assim, ser contemplados pela imunidade constitucional, haja vista incentivarem a cultura e garantirem a liberdade de pensamento.

É curioso notar que a natureza jurídica do álbum de figurinhas, se *periódico* ou *livro para colorir*, acaba causando certa hesitação, máxime quando se observa o art. 2º, parágrafo único, IV, da retrocitada Lei n. 10.753/2003 ("**Art. 2º** (...) **Parágrafo único**. São equiparados a livro: (...) IV – álbuns para colorir, pintar, recortar ou armar;"). O enquadramento parece-nos passível de oscilação.

Se o constituinte, ao instituir a benesse imunitória, não fez ressalvas redutoras de alcance da norma quanto ao valor artístico ou didático do veículo de pensamento, não cabe ao aplicador da norma constitucional pretender rechaçar esse benefício fiscal, valendo-se, como censor onipotente, de um juízo subjetivo acerca da qualidade cultural ou do valor pedagógico de uma publicação destinada ao público infantojuvenil.

É induvidoso que o "álbum de figurinhas" estimula o público infantil a se familiarizar com a informação veiculada nos meios de comunicação impressos, atendendo, em última análise, à difusão do conhecimento e à liberdade de expressão, sem se furtar da necessidade do benefício tributário.

Impende destacar, ainda, que o **STF** considerou imunes ao **ISS** as **listas telefônicas**, a par dos catálogos e guias, na condição de **"periódicos"**, sob o argumento de que cumprem importante papel de utilidade social. Note a jurisprudência, que serviu de precedente para julgados que se seguiram:

EMENTA: IMUNIDADE TRIBUTÁRIA (ART. 19, III, "D", DA CF). ISS LISTAS TELEFÔNICAS. A edição de listas telefônicas (catálogos ou guias) é imune ao ISS (art. 19, III, "d", da CF), mesmo que nelas haja publicidade paga. Se a norma constitucional visou facilitar a confecção, edição e distribuição do livro, do jornal e dos "periódicos", imunizando-se ao tributo, assim como o próprio papel destinado à sua impressão, é de se entender que não estão excluídos da imunidade os "periódicos" que cuidam apenas e tão somente de informações genéricas ou específicas, sem caráter noticioso, discursivo, literário, poético ou filosófico, mas de "inegável utilidade pública", como é o caso das listas telefônicas. (...) **(RE 101.441/RS, Pleno, rel. Min. Sydney Sanches, j. em 04-11-1987)**[18]

Curiosamente, o **STJ**, em **1994**, quando foi instado a se pronunciar sobre o tema, refutou a tese da imunidade para as *listas telefônicas*:

> **EMENTA:** TRIBUTÁRIO. ISSQN. IMUNIDADE. LISTAS TELEFÔNICAS. CONCEITO DE PERIÓDICOS. CF/1967 (EMENDA 1/69), ART. 19, III, "D" – LEI 6.874/80 – DECRETO 88.221/83. 1. A periodicidade, por si, não privilegia a publicação com a imunidade tributária. 2. *As listas telefônicas,* apesar de utilíssimo acervo de informações com formato convencional de livros e periódicos, *não se destinam ao específico fim da cultura e a liberdade de pensamento, objetivando "a propagação de ideias no interesse social da melhoria do nível intelectual, técnico, moral, político e humano da comunidade". 3. A conceituação legal (Lei 6.874/80, art. 1º e Decreto n. 88.221/83, art. 1º, § 1º) não resguardou a imunidade das listas telefônicas.* 4. Precedentes jurisprudenciais. 5. Recurso improvido. **(REsp 313/MG, 1ª T., rel. Min. Milton Luiz Pereira, j. em 09-03-1994) (Grifos nossos)**

Para nós, a imunidade tributária do livro, do jornal e dos periódicos é ancilar da liberdade de opinião e de informação, devendo abranger todas as formas de transmissão e difusão de qualquer forma de conhecimento. Trata-se de "*manifesto descabimento da pretensão fazendária*"[19], não podendo prosperar qualquer hesitação no reconhecimento da imunidade.

É possível que o intérprete, diante dos dispositivos constitucionais que imunizam de impostos os veículos de pensamento, sinta-se seduzido por uma exegese mesquinha, impressionando-se, negativamente, por exemplo, com a superficialidade das informações veiculadas por uma lista telefônica, ou com o caráter excessivamente lúdico de um álbum de figurinhas, pretendendo afastar-lhes a proteção da imunidade. Não nos parece a melhor interpretação; pelo contrário, é, em verdade, a pior entre as piores.

1.4 Análise do papel destinado à impressão – um insumo

O papel é o único insumo previsto na alínea "d", ao lado dos três veículos de pensamento (livros, jornais e periódicos) ali protegidos.

18. **Observação: o mesmo entendimento foi corroborado em:** (**I**) RE 111.960/SP, 1ª T., rel. Min. Sydney Sanches, j. em 12-04-1988; (**II**) RE 134.071/SP, 1ª T., rel. Min. Ilmar Galvão, j. em 15-09-1992; (**III**) RE 199.183/SP, 2ª T., rel. Min. Marco Aurélio, j. em 17-04-1998.

19. CARVALHO, Paulo de Barros. *Curso de direito tributário*, 16. ed., p. 189.

O legislador fez menção exclusiva a esse insumo, todavia não remanesce dúvida de que o alcance da norma poderia ter sido mais abrangente, prevendo a desoneração tributária para outros bens, *v.g.*, máquinas, tinta, tiras de plástico para amarração, e produtos diversos utilizados na fabricação de livros, jornais e periódicos.

Pergunta-se: *como a jurisprudência, então, tem enfrentado a questão?*

Certos Tribunais[20] vêm entendendo que a imunidade deve ser estendida, por exemplo, à tinta destinada à impressão desses veículos de pensamento, com o fundamento de que é um insumo imprescindível para sua publicação.

O **STF**, por sua vez, mantém-se fiel à literalidade do texto constitucional, interpretando restritivamente a alínea e vedando-lhe alcançar outros insumos. Aceita, nesse passo, a imunidade para todo e qualquer tipo de *papel* que venha a ser utilizado na produção de livros, jornais e periódicos, guardando com ele correspondência, na materialidade e natureza. Em outras palavras, chancelou uma imunidade para materiais que se mostrem assimiláveis ao papel, abrangendo, em consequência, para esse efeito o papel para telefoto, o papel fotográfico (para fotocomposição por *laser*) e os filmes fotográficos, sensibilizados ou não impressionados (para imagens monocromáticas).

Pacificou, assim, o entendimento segundo o qual "o benefício constitucional alcança não só o papel utilizado diretamente na confecção dos bens referidos, como também insumos nela consumidos, como são os **filmes e papéis fotográficos**" **(RE 174.476, Pleno, rel. Min. Maurício Corrêa, j. em 26-09-1996)**.

A partir desse julgado, que serviu de precedente para inúmeros outros[21] que a ele sobrevieram, sacramentou-se a *interpretação restritiva* para o insumo mencionado na parte final da alínea "d" – o papel destinado à impressão de livros, jornais e periódicos.

Essa diretriz jurisprudencial **exclui** do alcance tutelar da garantia constitucional em estudo quaisquer outros insumos, ainda que referentes a:

a) importação de insumos gráficos[22];

---

20. **Ver, nesse sentido:** TRF/2ª Região/RJ, AMS 96.02.21983-1/RJ, 2ª T., rel. Des. Fed. Sérgio Feltrin Corrêa, *DJU* 18-07-2000.

21. **Ver, a título exemplificativo, nesse sentido:** **(I)** RE 190.761, rel. Min. Maurício Corrêa, rel. p/ ac. Min. Marco Aurélio, Pleno, j. em 26-09-1996; **(II)** RE 174.476, rel. Min. Maurício Corrêa, rel. p/ ac. Min. Marco Aurélio, Pleno, j. em 26-09-1996; **(III)** RE 203.859, rel. Min. Carlos Velloso, rel. p/ ac. Min. Maurício Corrêa, Pleno, j. em 11-12-1996; **(IV)** RE 204.234, rel. Min. Carlos Velloso, rel. p/ ac. Min. Maurício Corrêa, Pleno, j. em 11-12-1996; **(V)** RE 178.863, rel. Min. Carlos Velloso, 2ª T., j. em 25-03-1997; **(VI)** RE 178.863, rel. Min. Carlos Velloso, 2ª T., j. em 25-03-1997; **(VII)** AgR-RE 208.466, rel. Min. Maurício Corrêa, 2ª T., j. em 29-04-1997; **(VIII)** RE 193.973, rel. Min. Octavio Gallotti, 1ª T., j. em 03-06-1997; **(IX)** RE 203.706, rel. Min. Moreira Alves, 1ª T., j. em 25-11-1997; **(X)** RE 231.378, rel. Min. Néri da Silveira, 2ª T., j. em 21-09-1998; **(XI)** RE 289.370, rel. Min. Moreira Alves, 1ª T., j. em 10-04-2001; e **(XII)** ED-RE 276.842, rel. Min. Carlos Velloso, 2ª T., j. em 09-10-2001.

22. **Precedentes:** **(I)** RE 203.124/RS, rel. Min. Nelson Jobim, 2ª T., j. em 26-10-1998; e **(II)** RE 203.267/RS, rel. Min. Carlos Velloso, rel. p/ ac. Maurício Corrêa, Pleno, j. em 11-12-1996.

b) **tintas**[23];

> Note o item considerado **INCORRETO**, em prova realizada pela FCC, para o cargo de Auditor Controle Externo (TCM/GO), em 2015: *"De acordo com a Constituição Federal, é vedado aos Municípios instituir impostos sobre livros, jornais, periódicos, papel, tinta e demais insumos empregados na sua impressão"*.

c) maquinários e peças necessárias à produção (impressora rotativa de jornal e chapas de gravação para composição de imagem monocromática)[24];
d) equipamentos a serem utilizados no parque gráfico[25];
e) tiras plásticas (fios de polipropileno) para amarração de jornais[26];
f) filmes (*películas de polímero de propileno*) utilizados para dar resistência a capas de livros[27];
g) produtos à base de solução alcalina, para acelerar o processo de secagem da tinta na impressão de jornais[28].

Nessa esteira, despontou a **Súmula n. 657 do STF**, segundo a qual *"a imunidade prevista no art. 150, VI, 'd', da CF abrange os filmes e papéis fotográficos necessários à publicação de jornais e periódicos"*. Daí falar que, segundo a jurisprudência do **STF**, a imunidade do papel destinado à impressão de livros, jornais e periódicos não é restrita ao papel, sendo por isso extensiva aos filmes e papéis fotográficos necessários à publicação de jornais e periódicos.

> Note o item considerado **CORRETO**, em prova realizada pelo FUNDEP, para o cargo de Auditor/Conselheiro Substituto do Tribunal de Contas (TCE/MG), em 2015: *"A imunidade prevista no art. 150, VI, d, da Constituição Federal, abrange os filmes e papéis fotográficos necessários à publicação de jornais e periódicos"*.
> **Observação:** item semelhante foi solicitado em prova realizada pelo Cespe, TJ/SE, para o cargo de Titular de Notas e de Registros, em 2014.

> Note o item considerado **INCORRETO**, em prova realizada pelo Instituto Quadrix, para o cargo de Assessor Jurídico do CRO/PR, em 2016: *"A imunidade prevista no art. 150, VI, 'd', da CF (livros, jornais, periódicos e o papel destinado a sua impressão), não abrange os filmes e papéis fotográficos necessários à publicação de jornais e periódicos"*.

23. **Precedentes:** (I) RE 265.025, rel. Min. Moreira Alves, 1ª T., j. em 12-06-2001; e (II) AgR no AI 307.932, rel. Min. Néri da Silveira, 2ª T., j. em 19-06-2001.
24. **Precedentes:** (I) RE 213.688/PR, rel. Min. Marco Aurélio, 2ª T., j. em 17-04-1998; e (II) AgR no RE 244.698, rel. Min. Ellen Gracie, 1ª T., j. em 07-08-2001.
25. **Precedentes:** (I) AgR no RE 195.576/SP, rel. Min. Marco Aurélio, 2ª T., j. em 22-05-1998; e (II) RE 215.798, rel. Min. Ilmar Galvão, 1ª T., j. em 16-12-1997.
26. **Precedentes:** (I) AgR no RE 208.638, rel. Min. Sepúlveda Pertence, 1ª T., j. em 02-03-1999; e (II) RE 220.154, rel. Min. Octavio Gallotti, 1ª T., j. em 17-03-1998.
27. **Precedente:** RE 392.221, rel. Min. Carlos Velloso, 2ª T., j. em 18-05-2004.
28. **Precedente:** RE 204.234/RS, rel. Min. Carlos Velloso, rel. p/ ac. Maurício Corrêa, Pleno, j. em 11-12-1996.

Note o item (adaptado) considerado **INCORRETO**, em prova realizada pelo Quadrix, para Advogado do CRQ/18ª Região/PI, em 2016: *"A imunidade prevista no art. 150, VI, 'd', da CF (livros, jornais, periódicos e o papel destinado a sua impressão), não abrange os filmes e papéis fotográficos necessários à publicação de jornais e periódicos"*.

É importante esclarecer que, na doutrina[29], entretanto, tem havido uma sedutora defesa da interpretação extensiva para os insumos da alínea "d" do inciso VI do art. 150 da CF, pretendendo homenagear a teleologia da cláusula constitucional em detrimento de uma exegese literal. Tal interpretação, dita "finalística", destina-se a assegurar o próprio exercício das liberdades de manifestação do pensamento e de informação jornalística, vocacionadas, na especificidade dos fins a que se dirigem, a conferir efetividade e a atribuir concreção a valores inafastáveis do texto constitucional. Para os defensores dessa exegese, a interpretação literal não presta obséquio nem ao Direito nem à Justiça.

Por outro lado, a jurisprudência vem se mantendo irredutível quanto à interpretação literal. Um bom exemplo se viu no desenrolar do emblemático **RE 202.149: em breve relato histórico, em 2008,** o Ministro do **STF** Menezes Direito afastara a tese da imunidade para o ICMS, IPI e II, relativamente ao despacho aduaneiro de *peças sobressalentes de equipamento de preparo e acabamento de chapas de impressão* "offset" *para jornais*, por se tratar de equipamento acessório. Houve divergência nos votos e, em **2011**, finalizou-se o julgamento com o voto (favorável) de **desempate** da **Ministra Cármen Lúcia**, em cuja ementa constou que *"a imunidade tributária relativa a livros, jornais e periódicos é ampla, total, apanhando produto, maquinário e insumos. A referência, no preceito, a papel é exemplificativa e não exaustiva"*. Em 14 de abril de **2015**, o Ministro Celso de Mello admitiu e julgou os **embargos de divergência** – opostos pela União com o propósito de uniformização da jurisprudência –, vindo a adotar um oposto entendimento restritivo quanto à já garantida imunidade. Para o Ministro, aquele veredicto da 1ª Turma, ao acolher a tese da imunidade, teria gerado um dissenso com relação à jurisprudência dominante nas duas Turmas da Corte Suprema[30], embora tenha deixado evidente, na ocasião, que ele próprio divergia desse posicionamento, sendo até a favor da interpretação extensiva da imunidade. Desse modo, reformando a decisão sob a égide do *princípio da colegialidade*, adequou aquele entendimento favorável da 1ª Turma à orientação dominante e restritiva da

29. *V.* MACHADO, Hugo de Brito. *Curso de direito tributário*, 29. ed., p. 289; *v.* CARRAZZA, Roque Antonio. *Curso de direito constitucional tributário*. 24. ed. São Paulo: Malheiros, 2008, p. 784; *v.* COSTA, Regina Helena. *Imunidades tributárias*, p. 192.

30. O Ministro citou os seguintes julgados para destacar a orientação predominante do **STF**, quanto à aceitação da *interpretação restritiva* do preceito constitucional: **(I)** AgR no RE 327.414, rel. Min. Celso de Mello, 2ª T., j. em 07-03-2006; **(II)** AgR no RE 495.385, rel. Min. Eros Grau, 2ª T., j. em 29-09-2009; **(III)** AgR no RE 372.645, rel. Min. Cármen Lúcia, 1ª T., j. em 20-10-2009; **(IV)** AgR no RE 530.121, rel. Min. Ricardo Lewandowski, 1ª T., j. em 09-11-2010; **(V)** AgR no RE 435.978, rel. Min. Cármen Lúcia, 1ª T., j. em 08-02-2011; **(VI)** AgR no RE 504.615, rel. Min. Ricardo Lewandowski, 1ª T., j. em 03-05-2011; e **(VII)** AgR no RE 631.864, rel. Min. Ricardo Lewandowski, 1ª T., j. em 03-05-2011.

Corte Suprema. Em 30 de **abril de 2015**, foi interposto *agravo regimental*, cujo julgamento ocorreu, finalmente, em **4 de junho de 2018**, confirmando-se a interpretação restritiva e a vedação da imunidade tributária.

A propósito, dias antes, em **29 de maio de 2018**, a 1ª Turma do **STF**, no **ARE 1.100.204/SP** (rel. orig. Min. Marco Aurélio, red. p/ ac. Min. Alexandre de Moraes), entendeu que a imunidade do art. 150, VI, "d", da CF não abarca o maquinário utilizado na produção de livros, jornais e periódicos. Para a Corte Suprema, aquilo que é considerado "equipamento do parque gráfico" (uma *máquina automática grampeadeira*) não se confunde com o material assimilável ao papel – o que poderia dar margem à cogitação de imunidade –, razão pela qual deve ser afastada a benesse constitucional, evitando-se uma interpretação ampla e irrestrita no tema.

Diante de todo o exposto, ainda que atendam às mesmas funções do livro, do jornal e dos periódicos, concordamos que não se deve ofertar grande elastecimento ao dispositivo, razão pela qual não abonamos a imunidade para peças teatrais, para os filmes cinematográficos, para os programas científicos ou didáticos, para os jornais televisivos ou por radiodifusão etc. O mesmo raciocínio se estende às fitas de videocassete, aos DVDs, aos CDs etc., quando não veiculadores do "livro" em si. Em outras palavras, a mídia falada e a vista escapam ao alcance da norma exonerativa. A propósito, veja-se a **Súmula n. 662** do **STF**, editada em **2003**: *"É legítima a incidência do ICMS na comercialização de exemplares de obras cinematográficas, gravados em fitas de videocassete"*.

Protege-se, sim, a mídia escrita, isto é, materializada em papel ou em mídia eletrônica, desde que com o "livro" se mantenha conexa (*v.g.*, o imune CD-ROM, cópia de um livro).

Nas palavras de Aliomar Baleeiro[31], "livros, jornais e periódicos são todos os impressos ou gravados, por quaisquer processos tecnológicos, que transmitam aquelas ideias, informações, comentários, narrações reais ou fictícias sobre todos os interesses humanos, por meio de caracteres alfabéticos ou por imagens e, ainda, por signos Braille destinados a cegos".

Assim, se diversos são os jornais, se diferentes são as revistas, se variados são os tipos de livros, veiculados por qualquer forma, antiga ou moderna, devem desfrutar da imunidade; quanto ao papel, restringe-se a imunidade apenas àquele destinado à impressão de jornais, revistas e periódicos.

Posto isso, concluímos que o tema da imunidade de imprensa não se mostra "imune" ao panorama de alterabilidade, diante da jurisprudência, que ainda oscila, e da doutrina, que também se movimenta. Há de se acompanhar a constante evolução do tema.

31. BALEEIRO, Aliomar. *Limitações constitucionais ao poder de tributar*, 7. ed., p. 354.

1.4.1 O papel destinado à impressão e a não cumulatividade do art. 155, § 2º, II, "b", da CF

O **art. 155, § 2º, II, "b", da CF** estabelece que a isenção ou a não incidência, salvo determinação em contrário da legislação, acarretará a anulação do crédito relativo às operações anteriores.

É patente o atrelamento da disposição constitucional aos institutos da isenção e não incidência. Sendo assim, à imunidade tributária não se aplica ao retrocitado comando, porquanto a imunidade não se confunde com a isenção.

Segundo a orientação do **STF**, na **Ação Cautelar n. 2.559** (rel. Min. Celso de Mello, 2ª T., j. em 14-06-**2010**), garante-se, pois, o integral creditamento do imposto pago na entrada da mercadoria no estabelecimento industrial, independentemente da imune operação subsequente. Em outras palavras, afasta-se a obrigatoriedade do estorno do imposto. De fato, se o Fisco pretendesse inviabilizar a utilização do crédito contábil decorrente do imposto recolhido – com a consequente exigência do estorno –, frustraria inexoravelmente a concretização da tutela constitucional veiculada na presente imunidade. Para exemplificar, quando a empresa fabricante compra insumos e matéria-prima para a fabricação de papel (destinado à impressão de livros, jornais e periódicos), credita-se contabilmente do imposto recolhido na operação anterior (entrada do bem), ainda que subsista a imunidade tributária na operação subsecutiva (saída do bem).

Desse modo, a imunidade de imprensa impõe a inexigibilidade do estorno do crédito, sob pena de o imposto pago na aquisição da matéria-prima transmutar-se em tributo ulteriormente incidente sobre o produto final (e imune), o que é inadmissível.

13 IMUNIDADE MUSICAL

1 INTRODUÇÃO E CONCEITO

A **Emenda Constitucional n. 75** – fruto da intitulada "PEC da Música" e publicada em 15 de outubro de **2013** – acrescentou a alínea "e" ao inciso VI do art. 150 da Carta Magna, prevendo, assim, a ***imunidade musical***. Segue o teor da nova alínea:

> Note o item considerado **CORRETO**, em prova realizada pela Fundep, para o cargo de Auditor fiscal da Receita Municipal da Prefeitura Municipal de Uberaba/MG, em 2016: *"Quanto às limitações do poder de tributar, sem prejuízo de outras garantias asseguradas ao contribuinte, é vedado à União, aos Estados, ao Distrito Federal e aos Municípios instituir impostos sobre fonogramas e videofonogramas musicais produzidos no Brasil contendo obras musicais de autores brasileiros, salvo na etapa de replicação industrial de mídias ópticas de leitura a 'laser'".*
>
> **Observação:** item semelhante, requerendo a literalidade do dispositivo constitucional – art. 150, VI, "e", CF –, foi considerado **CORRETO**, em prova realizada pelas seguintes Instituições: **(I)** IDECAN, para o cargo de Advogado da Prefeitura Municipal de Miraí/MG, em 2016; **(II)** FCC, para o cargo de Auditor Fiscal da Fazenda Estadual/Sefaz/PI, em 2015.

Art. 150. Sem prejuízo de outras garantias asseguradas ao contribuinte, é vedado à União, aos Estados, ao Distrito Federal e aos Municípios: (...)

VI – instituir impostos sobre: (...)

e) fonogramas e videofonogramas musicais produzidos no Brasil contendo obras musicais ou literomusicais de autores brasileiros e/ou obras em geral interpretadas por artistas brasileiros bem como os suportes materiais ou arquivos digitais que os contenham, salvo na etapa de replicação industrial de mídias ópticas de leitura a *laser*.

O propósito do novel comando imunitório é desonerar de *impostos* os *fonogramas* (a obra artística da produção de *som*) e *videofonogramas* (a obra artística da produção de *imagem e som*), musicais ou literomusicais, produzidos no Brasil, sem prejuízo da extensão da imunidade tributária aos suportes ou arquivos que os contenham. Desse modo, a *obra intelectual* do artista musical, em sua inteireza, passa a ficar protegida da tributação.

Ademais, o poder constituinte derivado houve por bem ao ofertar proteção à *mídia física*, a qual veicula materialmente aquela obra intelectual. Trata-se dos suportes materiais ou arquivos digitais, a saber, os CDs, os DVDs, os *Blue-Rays* e os próprios celulares, *tablets* e similares.

Destaque-se que a norma imunizante em apreço, a par do objetivo de *reduzir a carga de impostos de tais produtos*, ou seja, propiciar a baixa de preços, tanto nos CDs, DVDs e *Blue-Rays* que contenham a obra artística musical como nas músicas comercializadas pela internet ou via telefonia, almeja, por certo, *desestimular a comercialização clandestina* de "cópias piratas". A propósito, em ambas as direções, a benesse constitucional vem ratificar axiologicamente o acesso à cultura e ao conhecimento, à semelhança da *Imunidade de Imprensa*, prevista na alínea anterior (art. 150, VI, "d", CF).

Logo que se pensa na acepção do vocábulo *imunidade*, tem-se a fácil constatação de que o termo corresponde a algo que é "livre de, dispensado de, resguardado de ou contra, isento, incólume, liberado"[1]. Tal conceito de exoneração pode ser naturalmente deslocado para o âmbito semântico das *imunidades tributárias*.

Como já se demonstrou em capítulo precedente, coexistem várias definições para a *imunidade tributária*, em diferentes perspectivas. Os teóricos tendem a mudar um elemento conceitual aqui, outro acolá, e as propostas demarcatórias do signo guerreado sobejam no arcabouço doutrinário. Nesse ínterim, impende recapitularmos o nosso conceito de *imunidade tributária*:

> **Norma constitucional de exoneração tributária, que, justificada no conjunto de caros valores proclamados na Carta Magna, inibe negativamente a atribuição de competência impositiva e credita ao beneficiário o direito público subjetivo de "não incomodação" perante o ente tributante.**

No que concerne à *imunidade tributária musical*, o desiderato do legislador constituinte, ao vedar a cobrança de impostos sobre os fonogramas, videofonogramas e seus suportes materiais ou arquivos digitais, foi o de homenagear a cultura difundível por esses veículos.

No Capítulo precedente desta obra, afeto à *Imunidade de Imprensa*, já tivemos oportunidade de destacar:

> Com efeito, o afastamento da tributação vem proteger a livre manifestação de pensamento e a expressão da atividade artística e intelectual, sem embargo de dar

---

1. No plano lexicográfico, o clássico *Aurélio* registra o verbete *imunidade* como a "condição de não ser sujeito a algum ônus ou encargo" (FERREIRA, Aurélio Buarque de Holanda. *Novo dicionário da língua portuguesa*. 2. ed., 24. impr., Rio de Janeiro: Ed. Nova Fronteira, 1986, p. 927, verbete "imunidade").

guarida à livre comunicação e ao irrestrito acesso à informação. Não é demasiado perceber que toda essa liberdade almejada deságua, em última análise, no *direito à educação*, que deve ser fomentado pelo Estado, visando ao pleno desenvolvimento da pessoa e ao seu preparo, para o exercício da cidadania, e à sua qualificação para o trabalho, na atividade de aprender, ensinar, pesquisar e divulgar a arte, o pensamento e o saber (art. 5º, IV, IX, XIV, XXVII; arts. 205, 206, II, 215 e 220, §§ 2º e 6º, todos da CF).

A propósito, a *cultura* pode ser considerada como toda manifestação do homem, seja artística, literária, musical, desportiva, religiosa, gastronômica, capaz de introduzi-lo no meio social. No plano lexicográfico, o verbete "cultura" encontra-se dicionarizado, representando

> o conjunto de características humanas que não são inatas, e que se criam e se preservam ou aprimoram através da comunicação e cooperação entre indivíduos em sociedade. [...] A parte ou o aspecto da vida coletiva, relacionados à produção e transmissão de conhecimento, a criação intelectual e artística. O processo ou estado de desenvolvimento social de um grupo, um povo, uma nação, que resulta do aprimoramento de seus valores, instituições, criações etc.; civilização e progresso. Atividade e desenvolvimento intelectuais de um indivíduo; saber, ilustração, instrução[2].

Nessa esteira, como veículos difusores de informação, educação, lazer, entretenimento e liberdade de expressão – em resumo, da própria cultura musical de um povo –, os fonogramas, videofonogramas e os suportes materiais ou arquivos digitais que os contenham foram protegidos pela imunidade tributária por constituírem acervo do patrimônio da cultura nacional brasileira.

Em tempo, frise-se que a defesa da cultura nacional é de *competência comum* da União, Estados, Distrito Federal e Municípios, conforme dispositivo constitucional:

> **Art. 23.** É competência comum da União, dos Estados, do Distrito Federal e dos Municípios:
> **V** – proporcionar os meios de acesso à cultura, à educação, à ciência, à tecnologia, à pesquisa e à inovação; (...) **(Atualizado com a EC n. 85/2015)**

Com efeito, os meios de difusão da nossa cultura desfrutam de proteção constitucional e estatal, com o nobre propósito de fazê-la alcançar ilimitadamente todas as classes sociais. Aliás, os entes federados devem incentivar a educação e cultura, visando ao seu constante enriquecimento, o que servirá inexoravelmente como um dos meios de identificação de um povo entre as diferentes civilizações. Nessa medida, as manifestações culturais do nosso povo, de nossa gente, jungidas

2. FERREIRA, Aurélio Buarque de Holanda. *Novo dicionário da língua portuguesa*..., cit., p. 508, verbete "cultura".

ao contexto artístico-musical, revelam-se como impenetráveis garantias, agora sob os efeitos protetores da imunidade tributária.

Segundo Leandro Paulsen, "a imunidade de impostos destinada aos meios de comunicação, culturais e educacionais lastreia-se (...) no mesmo princípio de uma vedação absoluta ao poder de tributar, objetivando permitir: a) liberdade de imprensa; b) liberdade de veiculação de ideias; c) liberdade de difusão cultural; d) liberdade no âmbito da educação"[3].

Com a novel modificação no texto constitucional, houve por bem o nosso constituinte que, para além da decantada *imunidade de imprensa*, burilada na alínea "d" do inciso VI do art. 150 da CF, conferiu guarida à obra artística musical brasileira, no bojo da *imunidade musical*.

2 A IMUNIDADE TRIBUTÁRIA MUSICAL E O PROPÓSITO INIBITÓRIO DA CONTRAFAÇÃO

Conforme se assinalou, a atual previsão constitucional objetivou frear a contínua claudicância e enfraquecimento da indústria fonográfica brasileira, provocada em grande parte pelo deletério comércio paralelo de réplicas das obras musicais – sempre vendidas a preços reduzidos e com qualidade equivalente. Tal realidade é conhecida de todos como *pirataria*, cuja prática consiste na reprodução de obras sem a prévia autorização de seus autores.

O art. 5º, XXVII, da CF garante aos autores o direito de utilização, publicação e reprodução de suas obras, sendo assegurada a devida *proteção*, conforme disposto no inciso XXVIII do comando normativo supramencionado. Ocorre que essa proteção vem sendo desafiada acintosamente por contrafatores, os quais oferecem ao mercado produtos "pirateados", provocando uma concorrência desleal com os autores das obras originais.

Não é sem razão que, no Código Penal, o tema é tratado na perspectiva da **violação de direito autoral** (Título III – *Dos Crimes Contra a Propriedade Imaterial*; Capítulo I – *Dos Crimes Contra a Propriedade Intelectual*), consoante o disposto no art. 184, §§ 1º e 2º:

> Note o item considerado **CORRETO**, em prova realizada pelo Cespe, para o cargo de Defensor Público Substituto (DPE/RN), em 2015: *"Vanessa foi presa em flagrante enquanto vendia e expunha à venda cerca de duzentos DVDs piratas, falsificados, de filmes e séries de televisão. Realizada a devida perícia, foi confirmada a falsidade dos objetos. Incapaz de apresentar autorização para a comercialização dos produtos, Vanessa alegou em sua defesa que desconhecia a ilicitude de sua conduta. Com relação a essa situação hipotética, a conduta de Vanessa ofende o direito constitucional que protege a autoria de obras intelectuais e configura crime de violação de direito autoral"*.

3. PAULSEN, Leandro. *Direito tributário*: Constituição e Código Tributário Nacional à luz da doutrina e da jurisprudência. 15. ed. Porto Alegre: Livraria do Advogado, 2013, p. 223.

Art. 184. Violar direitos de autor e os que lhe são conexos: (...)

§ 1º Se a violação consistir em reprodução total ou parcial, com intuito de lucro direto ou indireto, por qualquer meio ou processo, de obra intelectual, interpretação, execução ou fonograma, sem autorização expressa do autor, do artista intérprete ou executante, do produtor, conforme o caso, ou de quem os represente:

Pena – reclusão, de 2 (dois) a 4 (quatro) anos, e multa.

§ 2º Na mesma pena do § 1º incorre quem, com o intuito de lucro direto ou indireto, distribui, vende, expõe à venda, aluga, introduz no País, adquire, oculta, tem em depósito, original ou cópia de obra intelectual ou fonograma reproduzido com violação do direito de autor, do direito de artista intérprete ou executante ou do direito do produtor de fonograma, ou, ainda, aluga original ou cópia de obra intelectual ou fonograma, sem a expressa autorização dos titulares dos direitos ou de quem os represente. **(Grifos nossos)**

É curioso notar que o **STF** já teve a oportunidade de indeferir *habeas corpus* em que a Defensoria Pública do Estado de São Paulo requeria, com supedâneo no *princípio da adequação social*, a declaração de atipicidade da conduta imputada a condenado – um vendedor de CDs e DVDs "pirateados", falsificados ou contrafeitos. Isso porque, no entender da douta Defensoria Pública, a referida conduta seria socialmente adequada, haja vista que a coletividade não recrimina, de fato, tal praticante, mas, ao contrário, estimula a sua prática em virtude dos altos preços desses produtos, insuscetíveis de ser adquiridos por grande parte da população. Como é sabido, entre as funções do *princípio da adequação* está a de restringir o âmbito de abrangência do tipo penal, limitando a sua exegese, e dele elidindo as condutas consideradas socialmente adequadas e aceitas pela sociedade.

Urge mencionar que o **STF** refutou a tese em epígrafe, sob o entendimento de que a "tolerância social" não convalida a conduta ilícita do contrafator. Na mesma esteira, seguiu o **STJ**, consoante se nota nas ementas abaixo reproduzidas:

EMENTA (I): PENAL E PROCESSUAL PENAL. *HABEAS CORPUS*. CRIME DE VIOLAÇÃO DE DIREITO AUTORAL. VENDA DE CD'S "PIRATAS". ALEGAÇÃO DE ATIPICIDADE DA CONDUTA POR FORÇA DO PRINCÍPIO DA ADEQUAÇÃO SOCIAL. IMPROCEDÊNCIA. NORMA INCRIMINADORA EM PLENA VIGÊNCIA. ORDEM DENEGADA. **I.** A conduta do paciente amolda-se perfeitamente ao tipo penal previsto no art. 184, § 2º, do Código Penal. **II.** Não ilide a incidência da norma incriminadora a circunstância de que a sociedade alegadamente aceita e até estimula a prática do delito ao adquirir os produtos objeto originados de contrafação. **III.** Não se pode considerar socialmente tolerável uma conduta que causa enormes prejuízos ao Fisco pela burla do pagamento de impostos, à indústria fonográfica nacional e aos comerciantes regularmente estabelecidos. **IV.** Ordem denegada. **(HC 98.898, rel. Min. Ricardo Lewandowski, 1ª T., j. em 20-04-2010) (Grifos nossos)**

> **EMENTA (II):** (...) esta Corte Superior firmou o entendimento de que a aceitação popular à contrafação de CDs e DVDs não imuniza seu autor contra as consequências penais da referida conduta, sendo vedada a aplicação dos princípios da insignificância e adequação social. (...) "(...) Em tais circunstâncias, não há como reconhecer o caráter bagatelar do comportamento imputado, não só pelo bem jurídico tutelado, mas pelas características do delito que, pela disseminação das mídias, animada pelo motivo de lucro, imprime à conduta reprovabilidade suficiente para concluir pela adequação social e necessidade de intervenção estatal. (...)" **(AgRg no AREsp 60.864/RS, rel. Min. Sebastião Reis Júnior, 6ª T., j. em 07-05-2013) (Grifo nosso)**[4]

Posto isso, evidencia-se que a jurisprudência pátria orienta-se no sentido de considerar, típica, formal e materialmente, a conduta prevista no art. 184, §§ 1º e 2º, do Código Penal, rechaçando, assim, a adoção do ***princípio da adequação social.***

> Note o item considerado **INCORRETO**, em prova realizada pelo Cespe, para o cargo de Titular de Serviços de Notas e de Registros (TJ/RR), em 2013: *"De acordo com o entendimento pacificado no STJ e no STF, a venda de CDs e DVDs piratas é conduta atípica, devido à incidência do princípio da adequação social".*

> Note o item considerado **INCORRETO**, em prova realizada pelo Cespe, para o cargo de Analista Judiciário (Área: Judiciária) do TRE/RJ, em 2012: *"A venda de cópias não autorizadas de CDs e DVDs – cópias piratas – por vendedores ambulantes que não possuam outra renda além da advinda dessa atividade, apesar de ser conduta tipificada, não possui, segundo a jurisprudência do STJ, tipicidade material, aplicando-se ao caso o princípio da adequação social".*

Da mesma forma, a jurisprudência acabou por demolir a tese da aplicação do *princípio da insignificância*. Com efeito, sabe-se que tal postulado não se vincula tão somente ao valor econômico dos bens apreendidos. Diferentemente, tal princípio carece de dimensionamento à luz do grau de reprovabilidade da conduta, o qual, nesses casos, é alto, tendo em vista as consequências deletérias para as artes, a cultura e a economia do País – o que comumente se noticia na mídia em geral. A propósito, é ilustrativo o excerto adiante reproduzido:

> **EMENTA:** (...) **II.** No caso posto em análise, trata-se da exposição à venda de 74 (setenta e quatro) cópias contrafeitas de CDs e DVDs de títulos diversos, sem expressa autorização dos titulares dos direitos ou de quem os represente. **III.** Tal conduta não é dotada de uma mínima ofensividade, inexpressiva lesividade ao bem

4. **Ver, ainda, no mesmo sentido:** **(I)** AgRg nos EDcl no AREsp 265.891/RS, rel. Min. Campos Marques (Desembargador convocado do TJ/PR), 5ª T., j. em 07-05-2013; **(II)** AgRg no AREsp 97.669/SC, rel. Min. Alderita Ramos de Oliveira (Desembargadora convocada do TJ/PE), 6ª T., j. em 05-02-2013; **(III)** AgRg no REsp 1.306.420/MS, rel. Min. Laurita Vaz, 5ª T., j. em 21-05-2013; **(IV)** AgRg no REsp 1.356.243/MS, rel. Min. Marco Aurélio Bellizze, 5ª T., j. em 12-03-2013; **(V)** HC 175.811/MG, rel. Min. Adilson Vieira Macabu (Desemb. Convocado do TJ/RJ), 5ª T., j. em 12-06-2012; **(VI)** HC 233.230/MG, rel. Min. Jorge Mussi, 5ª T., j. em 16-04-2013; **(VII)** HC 233.382/SP, rel. Min. Og Fernandes, 6ª T., j. em 07-03-2013; e **(VIII)** REsp 1.193.196/MG, rel. Min. Maria Thereza de Assis Moura, 3ª T., j. em 26-09-2012.

jurídico tutelado, tampouco de reduzido grau de reprovabilidade, porque, além de violar seriamente o direito autoral, causa grandes prejuízos, não apenas aos artistas, mas também aos comerciantes regularmente estabelecidos, a todos os integrantes da indústria fonográfica nacional e, ainda, ao Fisco. IV. A propagação do comércio de mercadorias "pirateadas", com o objetivo de lucro, revela alto grau de reprovabilidade da conduta do agente, que, embora rotineira, não a torna socialmente adequada e aceitável. (...) **(HC 214.978/SP, rel. Min. Assusete Magalhães, 6ª T., j. em 06-09-2012) (Grifos nossos)**

Da mesma forma, não se olvide do fato de que a comercialização de produtos "piratas" é – com certa tolerância estatal, reconhece-se – objeto de fiscalização e repressão do Estado, e vem sendo alvo de medidas de contenção. Observe a ementa que trata desse aspecto:

> **EMENTA:** (...) O fato de, muitas vezes, haver tolerância das autoridades públicas em relação a tal prática não pode e não deve significar que a conduta não seja mais tida como típica, ou que haja exclusão de culpabilidade, razão pela qual, pelo menos até que advenha modificação legislativa, incide o tipo penal, mesmo porque o próprio Estado tutela o direito autoral. (...) Além do mais, não se pode considerar socialmente tolerável uma conduta que causa sérios prejuízos à indústria fonográfica brasileira e aos comerciantes legalmente instituídos, bem como ao Fisco, pelo não pagamento de impostos, sendo certo que, de acordo com o que se depreende da denúncia, no caso concreto, trata-se de várias dezenas de CDs e DVDs, de títulos variados, falsificados. Destaque-se, ainda, que a "pirataria" é combatida por inúmeros órgãos institucionais, como o Ministério Público e o Ministério da Justiça, que fazem, inclusive, campanhas em âmbito nacional destinadas a combater tal prática. (...) **(AgRg no REsp 1.18.8810/MG, rel. Min. Maria Thereza de Assis Moura, 6ª T., j. em 17-04-2012) (Grifos nossos)**

Foi nesse contexto que, em 23 de outubro de **2013**, o **STJ** editou a **Súmula n. 502**, com o seguinte enunciado: *"Presentes a materialidade e a autoria, afigura-se típica, em relação ao crime previsto no art. 184, § 2º, do CP, a conduta de expor à venda CDs e DVDs 'piratas'"*.

> Note o item considerado **INCORRETO**, em prova realizada pelo Cespe, para o cargo de Juiz de Direito (TJ/DFT), em 2016: *"Por adequação social, nos termos da Súmula 502, ainda que presentes a materialidade e a autoria, a conduta de expor à venda CDs e DVDs piratas, não tipifica o crime em relação ao direito autoral previsto no art. 184, § 2º, do Código Penal"*.

> Note o item considerado **CORRETO**, em prova realizada pelo IBFC, para o cargo de Papiloscopista Policial de 3ª Classe da Polícia Civil do Rio de Janeiro, em 2014: *"Segundo o entendimento sumulado pelo STJ, aquele que expõe à venda CDs e DVDs piratas pratica crime de violação de direito autoral, previsto no art. 184, § 2º, do Código Penal"*.

Diante do exposto, dando asas à interpretação sistemática do fenômeno, nota-se que a ciência penal já apresentava a todos o elevado grau de reprovabilidade da conduta, ofertando um favorável ambiente à modificação da Constituição. Afinal, à luz da *interpretação evolutiva*, faz-se mister a sistemática informal de reforma do texto constitucional, a qual se traduz na "atribuição de novos conteúdos à norma constitucional, sem modificação de seu teor literal, em razão de mudanças históricas ou de fatores políticos e sociais que não estavam presentes nas mentes dos constituintes", conforme se depreende das lições de Luís Roberto Barroso[5].

Nessa medida, ao desonerar de impostos as obras musicais, o constituinte oportuniza ao consumidor um contato com as obras originais a preços mais acessíveis, além de desestimular o comércio paralelo de obras "pirateadas".

3 OS CONCEITOS TÉCNICOS EMPREGADOS NO ART. 150, VI, "E", DA CF

O dispositivo em epígrafe apresenta inúmeros termos técnicos, com certo viés esotérico, demandando uma precisa tradução. Notemos o preceptivo:

> **Art. 150.** Sem prejuízo de outras garantias asseguradas ao contribuinte, é vedado à União, aos Estados, ao Distrito Federal e aos Municípios: (...)
> **VI** – instituir impostos sobre: (...)
> **e)** fonogramas e videofonogramas musicais produzidos no Brasil contendo obras musicais ou literomusicais de autores brasileiros e/ou obras em geral interpretadas por artistas brasileiros bem como os suportes materiais ou arquivos digitais que os contenham, salvo na etapa de replicação industrial de mídias ópticas de leitura a *laser*.

> Note o item considerado **CORRETO**, em prova realizada pela Vunesp, para o cargo de Agente Fiscal Tributário da Prefeitura Municipal de Suzano/SP, em 2016: *"No que se refere aos fonogramas e videofonogramas musicais produzidos no Brasil, contendo obras musicais ou literomusicais de autores brasileiros e/ou obras em geral interpretadas por artistas brasileiros, bem como os suportes materiais ou arquivos digitais que os contenham, salvo na etapa de replicação industrial de mídias ópticas de leitura a laser, é correto afirmar que são imunes à tributação em razão de disposição constitucional"*.

Apenas para reforçar, observa-se que o dispositivo supracitado faz menção tão somente a uma espécie de tributo – o *imposto*. Assim, a *imunidade musical* veda a incidência de impostos sobre os fonogramas, videofonogramas e os suportes materiais ou arquivos digitais que os contenham.

Fonograma é o "registro exclusivamente sonoro em suporte material, como disco, fita magnética etc."[6]. Em termos simples, podemos dizer que *fonograma* é toda

5. BARROSO, Luís Roberto. *Interpretação e aplicação da Constituição:* fundamentos de uma dogmática constitucional transformadora. 5. ed. rev., atual. e ampl. São Paulo: Saraiva, 2003, p. 146.
6. FERREIRA, Aurélio Buarque de Holanda. *Novo dicionário da língua portuguesa...*, cit., p. 797, verbete "fonograma".

gravação de som. A propósito, o conceito encontra-se normatizado, consoante se observa no art. 5º, IX, da *Lei sobre os Direitos Autorais*, a de n. 9.610/98:

> **Art. 5º** Para os efeitos desta Lei, considera-se:
> **IX** – *fonograma* – toda fixação de sons de uma execução ou interpretação ou de outros sons, ou de uma representação de sons que não seja uma fixação incluída em uma obra audiovisual; (...) **(Grifo nosso)**

Por sua vez, *videofonograma* é o "produto da fixação de imagem e som em suporte material."[7]. A título de exemplificação, podemos citar a gravação da imagem e do som de um *show* em um DVD.

Os *suportes materiais*, tais como DVDs, CDs, *Blu-Rays*, também serão objeto de desoneração de impostos. Da mesma forma, a desoneração alcançará os *arquivos digitais*, *v.g.*, músicas baixadas pela *internet* ou por meio de aplicativos de música para celular.

Registre-se que a imunidade deve alcançar fonogramas e videofonogramas que contenham obras musicais ou literomusicais. Desse modo, estarão abarcadas as gravações de som e, igualmente, aquelas que unem "som e letra", no bojo do processo de criação.

4 OS IMPOSTOS AFASTADOS POR FORÇA DA IMUNIDADE MUSICAL

A imunidade musical possui característica *objetiva*, pois afeta apenas os impostos relacionados à música, a saber, o ICMS, entre outros. Aqueles tributos incidentes sobre a gravadora (IPTU, IPVA, taxas, contribuições) continuarão a incidir normalmente, porquanto a norma imunizante é clara ao desonerar apenas as obras musicais e os objetos afetos a ela.

> Note o item considerado **INCORRETO**, em prova realizada pela FCC para o cargo de Procurador do Município da Prefeitura de São Luiz/MA, em 2016: *"A Constituição Federal atribui competência aos entes federados para instituir e cobrar impostos. De acordo com o texto constitucional, incide o ICMS, de competência estadual, na etapa de comercialização de videofonogramas musicais produzidos no Brasil, contendo obras musicais de autores brasileiros"*.

Na fase preliminar de produção de CDs, DVDs e BDs (ou *Blu-rays discs*) – contratação de estúdio, músico, mixagem –, há a normal incidência de dois impostos: o IR e o ISS (este por força dos subitens 13.02 e 13.03 da lista anexa à LC n. 116/2003)[8]. A nosso ver, a imunidade deve alcançar essa etapa, embora saibamos que os dois impostos desfrutem de razoável justificativa para a incidência: o IR, por onerar a

7. FERREIRA, Aurélio Buarque de Holanda. *Ibidem*, p. 1775, verbete "videofonograma".
8. **Subitem 13.02**: Fonografia ou gravação de sons, inclusive trucagem, dublagem, mixagem e congêneres; **Subitem 13.03**: Fotografia e cinematografia, inclusive revelação, ampliação, cópia, reprodução, trucagem e congêneres.

pessoa jurídica, e não o bem musical; o **ISS**, por alcançar a prestação de serviço, e não o próprio bem. Estamos cientes de que, em nenhum dos casos, o imposto atinge diretamente o fonograma ou videofonograma. Não obstante, entendemos que tal etapa preambular de produção incorpora custos tributários no produto musical, o qual começará ali a percorrer as etapas de produção em direção ao consumidor final. Portanto, há de se desonerar o bem do custo dos impostos, tudo em homenagem ao vetor axiológico que a norma pretende realizar.

> Note o item considerado **INCORRETO**, em prova realizada pela FCC, para o cargo de Juiz Substituto do TJ/CE, em 2014: *"Raquel, violonista, Flávia, flautista e Beatriz, pianista, também são cantoras de música popular brasileira. Essas três artistas brasileiras decidiram, em novembro de 2013, gravar um DVD com canções, cujas letras e melodias são de autores brasileiros. Decidiram produzir o DVD no Estado do Ceará, porque, além de ser mais barato do que produzi-lo em outro Estado, ou até mesmo no exterior, foram informadas de que o DVD já estaria nas lojas a tempo para as vendas de Natal. A criação desse DVD está sujeita ao Imposto sobre Serviços de Qualquer Natureza, relativamente à gravação das canções".*

Após a elaboração da matriz, deverá ocorrer o processo de replicação da mídia – etapa que não está abrangida pela imunidade, havendo normal incidência do **IPI**, conforme se detalhará no tópico seguinte.

> Note o item considerado **CORRETO**, em prova realizada pela FCC, para o cargo de Juiz Substituto do TJ/CE, em 2014: *"Raquel, violonista, Flávia, flautista e Beatriz, pianista, também são cantoras de música popular brasileira. Essas três artistas brasileiras decidiram, em novembro de 2013, gravar um DVD com canções, cujas letras e melodias são de autores brasileiros. Decidiram produzir o DVD no Estado do Ceará, porque, além de ser mais barato do que produzi-lo em outro Estado, ou até mesmo no exterior, foram informadas de que o DVD já estaria nas lojas a tempo para as vendas de Natal. A criação desse DVD está sujeita ao Imposto sobre Produtos Industrializados, na fase de multiplicação industrial de seus suportes materiais gravados".*

Ao final do ciclo, na fase de distribuição e comercialização, é comum a incidência do IR e do ICMS. À semelhança do que se argumentou na fase preambular, explicada em parágrafo anterior, pugnamos pelo afastamento do IR e, fundamentalmente, do **ICMS**, até hoje exigido na sistemática da *substituição tributária progressiva* (ou *para frente*). Portanto, o CD/DVD/BD, ao deixar a fábrica e seguir para o lojista, não mais provocará a recolha pelo fabricante do ICMS-ST, uma vez prevalecente a imunidade tributária. Aliás, com a norma imunizante vigente, a sistemática da substituição tributária para este bem perde todo o sentido.

> Note o item considerado **INCORRETO**, em prova realizada pela FCC, para o cargo de Juiz Substituto do TJ/CE, em 2014: *"Raquel, violonista, Flávia, flautista e Beatriz, pianista, também são cantoras de música popular brasileira. Essas três artistas brasileiras decidiram, em novembro de 2013, gravar um DVD com canções, cujas letras e melodias são de autores brasileiros. Decidiram produzir o DVD no Estado do Ceará, porque, além de ser mais barato do que produzi-lo em outro Estado, ou até mesmo no exterior, foram informadas de que o DVD já estaria nas lojas a tempo para as vendas de Natal. A criação desse DVD está sujeita ao ICMS, nas vendas dos DVDs pelos estabelecimentos varejistas aos consumidores finais".*

5 A RESSALVA À IMUNIDADE: REPLICAÇÃO INDUSTRIAL DE MÍDIAS ÓPTICAS DE LEITURA *A LASER*

O novo comando constitucional ressalva da imunidade musical a replicação industrial de mídias ópticas de leitura *a laser*. Assim, a reprodução das obras musicais, a partir da matriz produzida, não será guarnecida pelo manto protetor da imunidade tributária. A ressalva foi defendida aguerridamente pela bancada amazonense, no processo de aprovação da PEC, no intuito de conferir proteção à etapa de reprodução do bem, comumente realizada pelas indústrias instaladas na Zona Franca de Manaus.

Não foi sem razão que a EC n. 75/2013, logo na semana de sua "gestação", provocou reações adversas: em 18-10-2013, o Estado do Amazonas ingressou com uma **Ação Direta de Inconstitucionalidade n. 5.058** para impugnar a validade da indigitada Emenda, sob a alegação de que a *imunidade musical* provocaria prejuízos ao modelo de estímulo regional da Zona Franca de Manaus, bem como a violação aos arts. 150, I, da CF e 40 e 92 do ADCT.

Em termos resumidos, o Estado do Amazonas alega violação ao princípio da legalidade tributária e aduz que a norma desonerativa ocasionará perdas econômicas à região incentivada, desestabilizando um modelo que é responsável, há muito, pela redução de desigualdades regionais e sociais nas terras amazonenses. À guisa de ilustração, cite-se o trecho **ADI n. 5.058**, o qual ilustra o cenário:

> Ao conceder a imunidade tributária aos fonogramas e videofonogramas e aos suportes materiais ou arquivos digitais que os contenham, a Emenda acaba por violar princípios e dispositivos que resguardam a Zona Franca de Manaus, causando grave desequilíbrio regional que constituinte originário pretendeu evitar. Isso porque a ressalva atinente às etapas de replicação industrial de mídias ópticas de leitura a *laser*, além de representar um casuísmo, não é suficiente para resguardar o Modelo da Zona Franca de Manaus.
>
> Por outro lado, demonstrar-se-á que a EC n. 75/2013 merece, alternativamente, uma interpretação conforme que garanta a primazia da vontade do Constituinte Originário diante das características asseguradas à Zona Franca de Manaus por cláusula pétrea, enquanto perdurar o regime do art. 40 do ADCT, e, portanto, impassíveis de emenda (art. 60, § 4º, CF/88).

Para o Estado do Amazonas, o novo dispositivo constitucional faz com que o Estado-membro perca a exclusividade nas etapas da produção e distribuição dos CDs/DVDs/BDs no território nacional, competindo-lhe, de modo incentivado, apenas a fase de replicação. Nessa medida, as indústrias do segmento de produção e distribuição dos fonogramas e videofonogramas não precisam mais se instalar na Zona Franca de Manaus para usufruir os benefícios fiscais concedidos naquela região.

Em contrapartida, na Zona Franca de Manaus e nas demais regiões incentivadas, estão instaladas as empresas de replicação da obra musical, e, como a imunidade não afasta a incidência de impostos nessa fase, ainda remanesce um campo arrecadatório nessa etapa, por mais que sobre eles pese a força exonerativa dos incentivos fiscais.

Frise-se que, em **2019**, no **STF**, houve o julgamento virtual da **ADI n. 5.058**, cujo desdobramento foi o seguinte: finalizou-se o julgamento em 19 de setembro de **2019**, e o Tribunal, por unanimidade, conheceu da ação direta e julgou improcedente o pedido, nos termos do voto do Relator.

6 A CRÍTICA AO TEXTO DA PRESENTE NORMA IMUNIZANTE

No plano textual, nota-se que a alínea "e" não foi prestigiada com a melhor técnica legislativa e, quiçá, estilística. A presença de lacunas e vícios, adiante demonstrados, tende a demandar grande esforço interpretativo dos operadores do Direito que precisarem decifrar a *mens legislatoris* com precisão.

De início, salta aos olhos a presença incômoda de um pleonasmo vicioso, no momento em que se repete, desnecessariamente, o qualificativo "musicais" para os fonogramas e videofonogramas: "(...) fonogramas e videofonogramas musicais produzidos no Brasil contendo obras musicais (...)".

Entretanto, problema maior exsurge nas expressões lacunosas que compuseram o texto. Vamos a elas:

1. *Produzidos no Brasil* ("Fonogramas e videofonogramas musicais *produzidos no Brasil*..."): a "produção" no Brasil quer significar que a edição do fonograma se deu em estúdio localizado no Brasil? Que a execução do *show* do músico, para fins de elaboração do videofonograma, deve ter ocorrido no Brasil? Ora, perguntar-se-ia, com grande curiosidade: e se a edição do fonograma (som gravado de música brasileira) ou do videofonograma (show de artista brasileiro) for feita em território estrangeiro (estúdio em *Miami*, EUA)? Isso seria motivação bastante para o afastamento da imunidade? São dúvidas que avocarão intensos debates;

2. *Fonogramas e videofonogramas exclusivamente musicais* ("Fonogramas e videofonogramas musicais produzidos no Brasil contendo obras musicais ou literomusicais..."): se o vetor axiológico que a norma imunizante visa prestigiar é a cultura artística, esta não pode ser amesquinhada quanto ao "tipo" de arte. A música é arte, mas há fonogramas e videofonogramas não musicais que também o são. Citem-se os recitais, os documentários e, avançando um tanto no tema, as peças teatrais e espetáculos variados (circenses, *stand-ups* etc.). A demarcação dos limites artísticos dessa *imunidade cultural* também deverá provocar candentes discussões;

3. *A utilização ambígua no texto das partículas e/ou* ("Fonogramas e videofonogramas musicais produzidos no Brasil contendo obras musicais ou literomusicais de autores brasileiros e/ou obras em geral interpretadas por artistas

brasileiros..."): de início, convém enfrentarmos o viés gramatical da sequência empregada "e/ou", para, só após, decifrarmos o sentido jurídico no texto. As duas conjunções ("e" e "ou") trouxeram ao texto mais dúvidas do que clareza, principalmente em razão do uso da "barra". Isso porque os estudos linguísticos já protagonizaram aquecidas discussões sobre o alcance da controvertida sequência "e/ou" – escorreita, para uns; desnecessária, para outros. O dilema, na verdade, surge na interpretação da ambígua conjunção "ou", a qual possui dois valores: um *inclusivo* (Cobram-se tributos ou multas) e outro *exclusivo* (Cobram-se tributos ou multas). No primeiro caso, a cobrança alcança, de modo concomitante, as duas prestações pecuniárias; no segundo caso, a exigência refere-se, alternativamente, ao tributo ou à multa, vale dizer, cobram-se tributos (excluídas as multas) ou cobram-se multas (excluídos os tributos). A partir dessa breve explicação lógico-gramatical, temos condições de confrontá-la com a hipótese constitucionalmente normatizada, assegurando, desde já, que o legislador teria querido proteger dois tipos de fonogramas ou videofonogramas:

(1) aqueles que contêm OBRAS musicais ou literomusicais de autores brasileiros **E** OBRAS em geral interpretadas por artistas brasileiros; e

(2) aqueles que contêm OBRAS musicais ou literomusicais de autores brasileiros **OU** OBRAS em geral interpretadas por artistas brasileiros.

Partindo da fácil premissa de que a expressão "obras em geral" é mais abrangente que "obras musicais ou literomusicais", somos instados a concluir, lógica e semanticamente, que a frase 2 apresentou a conjunção "ou" com o valor *inclusivo*, equivalendo à partícula "e". Não teria sentido a exclusão do contexto anterior, se o elemento posterior (*obras em geral*) engloba-o. Em outras palavras, "e/ou" significaria "*e* ou *ou*", uma coisa concomitante à outra. Posto isso, entendemos que a sequência empregada "e/ou" mostrou-se redundante e pleonástica, podendo ter sido plenamente substituída pela simples partícula "e".

A partir desse subsídio gramatical, a questão jurídico-tributária central que exsurge é a seguinte: se a obra protegida é GERAL, esta inclui a obra artística musical e outras tantas, as quais podemos detectar por força da interpretação – os recitais, os documentários, os espetáculos em si (teatrais, musicais, cinematográficos, circenses) etc. *A contrario sensu*, se o intuito era proteger tão somente a obra artística musical, qual teria sido a razão em mencionar no texto a expressão "obras em geral"? Nem precisamos adivinhar o imbróglio que tal inconsistência textual poderá provocar no enfrentamento da questão. Faltaram zelo e gramaticalidade ao constituinte;

4. A "imunidade tupiniquim" e seu viés protecionista (Fonogramas e videofonogramas (...) contendo obras (...) de autores brasileiros e/ou obras (...) interpretadas por artistas brasileiros): a louvável intenção de proteger a obra artística doméstica poderá encontrar severas barreiras no âmbito do Direito Internacional. Isso porque o Brasil, sendo membro da OMC (Organização Mundial do Comércio), está vinculado ao *Protocolo de Marrakesh,* que altera o antigo Acordo

Geral sobre Tarifas e Comércio (*General Agreement on Tariffs and Trade* ou GATT[9]), a que devemos subserviência. Com efeito, as normas tarifárias do GATT – a par das hodiernas regras da OMC –, visando harmonizar as políticas aduaneiras entre os Estados signatários e coibir as práticas protecionistas, proíbem qualquer discriminação tributária que venha a se estabelecer entre produtos nacionais e estrangeiros.

Desse modo, é crível imaginar que os países signatários do GATT que se sentirem prejudicados com a interna medida protecionista poderão promover severas retaliações ao Brasil, sem embargo das sanções extrajurídicas que soem ser impostas, nesses casos, pelos organismos internacionais.

É fato que o confronto entre a norma constitucional e o preceito convencional vem, há muito, provocando incessantes discussões entre os internacionalistas[10]. E, por mais que o **STF** tenha iterativamente pugnado pela prevalência do texto constitucional sobre os tratados comuns, incorporados ao direito interno com o mesmo *status* das leis ordinárias, é cediço que o "veredicto no jogo internacional" tende a ser insidiosamente diverso: corre-se o risco de o **STF** entender que o novel preceito imunizante não viola a Carta Política, todavia, de outra banda, o Brasil agonizar os inúmeros ônus econômicos do inadimplemento de um tratado, por força do **art. 27 da *Convenção de Viena sobre o Direito dos Tratados*** (Decreto n. 7.030, de 14 de dezembro de 2009).

Diante de tais lacunas e incongruências, acreditamos que o tema da *imunidade musical* não se mostra "imune" ao panorama de alterabilidade, à luz das vindouras jurisprudência e doutrina que deverão, oscilando aqui e ali, firmar-se. Há de se acompanhar a constante evolução do tema.

---

9. A propósito, leu-se neste ***Manual* (8. ed., 2016, p. 662)**: "Um importante acordo internacional em matéria tributária ao qual o Brasil aderiu é o GATT (Acordo Geral sobre Tarifas e Comércio), substituído pela OMC (Organização Mundial de Comércio), que entrou em vigor em 1º-01-1995, regulando a tributação de mercadorias exportadas ou importadas e a bitributação. À guisa de curiosidade, o GATT (Acordo Geral sobre Tarifas e Comércio) é um acordo firmado em 1947, na Suíça, sendo dele o Brasil um Estado-parte. Caracteriza-se como pacto que visa estabelecer e administrar regras para o procedimento em comércio internacional, ajudar os governos a reduzir tarifas alfandegárias ou aduaneiras e abolir as barreiras comerciais entre as partes contratantes. Vale dizer que, na esteira do intitulado tratamento nacional, o GATT prevê uma equivalência de tratamento entre o produto nacional e o produto importado quando ingressa em nosso território".
10. Sobre o tema, são de notável precisão as palavras de Mazzuoli: "O problema da concorrência entre tratados internacionais e leis internas de estatura infraconstitucional pode ser resolvido, no âmbito do direito das gentes, em princípio, de duas maneiras. Numa, dando prevalência aos tratados sobre o direito interno infraconstitucional, a exemplo das constituições francesa de 1958 (art. 55), grega de 1975 (art. 28, § 1º) e peruana de 1979 (art. 101), garantindo ao compromisso internacional plena vigência, sem embargo de leis posteriores que o contradigam. Noutra, tais problemas são resolvidos garantindo-se aos tratados apenas tratamento paritário, tomando como paradigma leis nacionais e outros diplomas de grau equivalente. Ou seja, havendo conflito entre tratado e lei interna a solução é encontrada aplicando-se o princípio *lex posterior derogat priori*. O Brasil, segundo a Egrégia Corte, enquadra-se nesse segundo sistema (monismo nacionalista moderado). Há mais de vinte anos (desde 1977, com o resultado do RE 80.004) vigora na jurisprudência do STF o sistema paritário, em que o tratado, uma vez formalizado, passa a ter força de lei ordinária, podendo, por isso, revogar as disposições em contrário, ou ser revogado (*rectius*: perder eficácia) diante de lei posterior" (MAZZUOLI, Valerio de Oliveira. A opção do Judiciário brasileiro em face dos conflitos entre tratados internacionais e leis internas. *Revista Meio Jurídico*, ano IV, n. 41, jan. 2001, pp. 36-41).

7 CONCLUSÕES

A EC n. 75/2013 veio revitalizar a garantia de acesso à cultura, prestando homenagem à livre manifestação do pensamento, à liberdade de expressão, ao acesso à informação e, sobretudo, ao direito à educação.

A contrafação, ao prejudicar sensivelmente os autores das obras, os empresários e a sociedade, é responsável por prejuízos expressivos para a nação, na medida em que aumenta o desemprego e reduz o recolhimento de impostos. Por tudo isso, acreditamos que a desoneração prevista no art. 150, VI, "e", da CF deverá provocar reflexos positivos na indústria fonográfica nacional, a qual vem, conforme se evidenciou, claudicando diante do "fantasma da pirataria".

Nesse passo, anseia-se que a imunidade tributária seja concretizada em sua plenitude, de modo que o consumidor seja o verdadeiro beneficiário da norma imunizante, pois, caso a benesse seja utilizada em favor da indústria fonográfica ou de interesses escusos, estará esvaziada a norma constitucional. Desse modo, far-se-á mister que as gravadoras e indústrias repassem a não incidência para o preço final dos produtos, sob pena de se frustrar o desiderato exonerativo. Resta aguardar o encaminhamento da norma diante da realidade, sem perder de vista o resultado do julgamento virtual, em **2019**, no **STF**, da **ADI n. 5.058**, cujo desdobramento foi o seguinte: finalizou-se o julgamento em 19 de setembro de **2019**, e o Tribunal, por unanimidade, conheceu da ação direta e julgou improcedente o pedido, nos termos do voto do Relator.

No plano fiscalizatório, todos podem contribuir: a *sociedade*, certificando-se da redução de preços dos bens protegidos na fase final da cadeia de consumo; e o *Estado*, fortalecendo dia a dia as medidas de combate à "pirataria", no intuito de mitigar os efeitos perniciosos da prática criminosa.

Na perspectiva exegética (e interdisciplinar) das *imunidades culturais* – alíneas "d" e "e" do art. 150, VI, da CF –, o cenário deverá ser promissor. Com efeito, é sabido que tanto a *imunidade de imprensa* como a *imunidade musical* vêm ao encontro de semelhantes vetores axiológicos (cultura, informação, educação etc.). A depender da interpretação endereçada à novel norma imunizante, elastecendo ou comprimindo os seus efeitos protetivos, a linha exegética adotada poderá repercutir reflexamente no desfecho de casos afetos à imunidade de imprensa (alínea "d"); da mesma forma, a interpretação aqui adotada poderá reverberar na exegese da incipiente *imunidade musical*. Por isso, o "capítulo" no qual se desdobra o clássico embate entre a *interpretação literal* e a *interpretação extensiva*, na busca da melhor exegese das imunidades tributárias, está longe do seu fim.

Por derradeiro, as inconsistências do texto veiculador da *imunidade musical*, demonstradas nesse artigo, devem ceder passo a uma interpretação capaz de realizar os altaneiros objetivos da norma desonerativa que imuniza a obra artística musical, até porque "as normas constitucionais não podem ser interpretadas considerando somente a interpretação chamada 'literal' ou 'gramatical'. Deve considerar todo o ordenamento jurídico e, principalmente, os princípios que o norteiam, para que se encontre o real sentido e alcance da norma jurídica"[11].

É nesse tom que se justifica a interpretação ampliativa para a imunidade[12], "levando em consideração seus objetivos e os princípios e valores que a norma pretende albergar (interpretação teleológica), bem como os demais dispositivos do ordenamento jurídico (interpretação sistemática)"[13].

Sem a pretensão de termos esgotado o novidadeiro assunto, que se mostra vocacionado a multifacetadas análises, essa é a nossa modesta visão sobre o tema das *imunidades musicais*.

11. PAZELLO, Fernanda Ramos. *Desonerações tributárias das operações de exportação:* a imunidade das contribuições sociais e a isenção do ISS. São Paulo, 2008. 133f. Dissertação (Mestrado em Direito do Estado – Orientador: Estevão Horvath) – Pontifícia Universidade Católica de São Paulo, p. 58. (Grifos da autora)

12. Sobre a necessidade de uma interpretação orientada pelos valores e princípios constitucionais para a exegese das normas imunizantes, v. CARRAZZA, Roque Antonio. *Curso de direito constitucional tributário.* 27. ed. rev., ampl. e atual. São Paulo: Malheiros, 2011, pp. 781-783; GONÇALVES, José Artur Lima. A imunidade tributária do livro. In: MACHADO, Hugo de Brito (Coord.). *Imunidade tributária do livro eletrônico.* 2. ed. São Paulo: Atlas, 2003, pp. 139 a 163 (p. 146); ver, ainda, o parecer de FALCÃO, Amílcar de Araújo. Imunidade e isenção tributária – Instituição de assistência social (Parecer), cit., p. 372.

13. PAZELLO, Fernanda Ramos. *Desonerações tributárias das operações de exportação...*, cit., p. 62.

14

SISTEMA TRIBUTÁRIO NACIONAL

1 DEFINIÇÃO DE TRIBUTO

Art. 3º Tributo é toda prestação pecuniária compulsória, em moeda ou cujo valor nela se possa exprimir, que não constitua sanção de ato ilícito, instituída em lei e cobrada mediante atividade administrativa plenamente vinculada.

Note o item considerado **CORRETO**, em prova realizada pela FUMARC, para o cargo de Advogado da Prefeitura de Matozinhos/MG, em 2016: *"Considerando o conceito legal de tributo constante do CTN (Lei n. 5.172/66), são elementos caracterizadores dele: prestação pecuniária compulsória, estabelecida em moeda ou cujo valor nela se possa exprimir, não caracterizar sanção de ato ilícito, ser instituído em lei, ser cobrado mediante atividade administrativa plenamente vinculada"*.

Note o item considerado **CORRETO**, em prova realizada pela FAEPESUL, para o cargo de Fiscal Fazendário da Prefeitura de Grão Pará/SC, em 2016: *"Tributo é toda prestação pecuniária compulsória, em moeda ou cujo valor nela se possa exprimir, que não constitua sanção de ato ilícito, instituída em lei e cobrada mediante atividade administrativa plenamente vinculada"*.

Conforme ensina Ruy Barbosa Nogueira, "os tributos (...) são as receitas derivadas que o Estado recolhe do patrimônio dos indivíduos, baseado no seu poder fiscal (poder de tributar, às vezes consorciado com o poder de regular), mas disciplinado por normas de direito público que constituem o Direito Tributário"[1].

Detalhando: **o tributo...**

1. NOGUEIRA, Ruy Barbosa. *Curso de direito tributário*, 14. ed., p. 155.

> – **é..................prestação pecuniária;**
> – **é..................compulsório;**
> – **não é..........multa;**
> – **é..................instituído por meio de lei;**
> – **é..................cobrado mediante lançamento.**

O tributo, portanto, resulta de uma exigência do Estado, que, nos primórdios da história fiscal, decorria da vontade do soberano, então identificada com a lei, e hoje se funda na lei, como expressão da vontade coletiva"[2]. Nessa medida, "o tributo é uma prestação que deve ser exigida nos termos previamente definidos pela lei, contribuindo dessa forma os indivíduos para o custeio das despesas coletivas[3].

1.1 A prestação pecuniária

O tributo é prestação pecuniária, isto é, a obrigação de prestar dinheiro ao Estado. O art. 3º do CTN, em sua parte inicial, dispõe que "o tributo é prestação pecuniária, em moeda (...)". Não obstante a redundância no dispositivo, é possível asseverar que o dispositivo objetivou evitar o tributo *in natura* (em bens) ou o tributo *in labore* (em trabalho, em serviços).

A pecúnia representa a prestação em dinheiro, *em moeda corrente* (*Real*, no Brasil) ou em *cheque, conforme o* **art. 162, I, do CTN**. Observe o dispositivo:

> **Art. 162.** O pagamento é efetuado:
> **I** – em moeda corrente, cheque ou vale postal;
> **II** – nos casos previstos em lei, em estampilha, em papel selado, ou por processo mecânico.

Este preceptivo dispõe que, além da *moeda* e do *cheque*, pode-se pagar o tributo por meio de *vale postal* (inciso I) e, *havendo previsão em lei*, por *estampilha*, *papel selado* ou *por processo mecânico* (inciso II).

Quanto ao pagamento de tributo por meio de **cheque**, a legislação tributária pode determinar as garantias necessárias, sem que tal exigência *torne impossível o pagamento ou deixe mais oneroso* do que se fosse feito em moeda corrente (art. 162, § 1º, CTN). Ademais, não perca de vista que o crédito pago por cheque somente se considera extinto com o resgate deste pelo sacado, em razão do caráter *pro solvendo* do título (art. 162, § 2º, CTN). Observe os dispositivos:

> Note o item considerado **INCORRETO**, em prova realizada pela FGV, para o cargo de Procurador (ALERJ), em 2017: *"O pagamento do tributo não pode ser efetuado em cheque"*.

2. AMARO, Luciano. *Direito tributário brasileiro*, 14. ed., p. 17.
3. *Ibidem*, p. 16.

Art. 162. (...)
§ 1º A legislação tributária pode determinar as garantias exigidas para o pagamento por cheque ou vale postal, desde que não o torne impossível ou mais oneroso que o pagamento em moeda corrente.
§ 2º O crédito pago por cheque somente se considera extinto com o resgate deste pelo sacado.

As formas de pagamento destacadas no inciso II do art. 162 do CTN são antiquadas. Há muito, pagamento por meio de *vale postal* deixou de ser utilizado. A *estampilha*, mencionada pelo legislador, é o selo. O pagamento por *papel selado* (papel em que o selo já se encontra presente) e por *processo mecânico* (impressão declarada mecanicamente no papel) praticamente não são mais utilizados, estando em franco desuso.

O pagamento pela **estampilha** merece aqui um desdobramento, embora se trate de forma obsoleta. Como se evidenciou, o CTN prevê a possibilidade de se pagar o tributo, nos casos previstos em lei, por meio de **(1)** *estampilha*, **(2)** *papel selado*, ou **(3)** *processo mecânico* (art. 162, II). O crédito pagável em *estampilha* considera-se extinto com a inutilização regular daquela (art. 162, § 3º). A perda ou destruição da *estampilha* – ou o erro no pagamento por esta modalidade – **não dão direito à restituição**, salvo nos casos expressamente previstos na legislação tributária, ou naquelas em que o erro seja imputável à autoridade administrativa (art. 162, § 4º). O pagamento em *papel selado* ou por *processo mecânico* equipara-se ao pagamento em estampilha (art. 162, § 5º).

Note o item (adaptado) considerado **INCORRETO**, em prova realizada pelo Instituto Nosso Rumo, para o cargo de Analista Advogado do CREA/SP, em 2017: *"O sujeito passivo tem direito, independentemente de prévio protesto, à restituição total ou parcial do tributo, seja qual for a modalidade do seu pagamento, quando houver a perda ou destruição da estampilha, ou o erro no pagamento por esta modalidade".*

Note o item considerado **CORRETO**, em prova realizada pela FCC, para o cargo de Técnico da Receita Estadual (SEGEP/MA), em 2016: *"O § 4º do art. 162 do CTN estabelece que a perda ou destruição da estampilha, ou o erro no pagamento por esta modalidade, não dão direito a restituição, salvo nos casos expressamente previstos na legislação tributária, ou naquelas em que o erro seja imputável à autoridade administrativa. Em muitas outras hipóteses, porém, essa restituição é possível. De acordo com o CTN, o sujeito passivo tem direito à restituição total ou parcial do tributo, no caso de cobrança de tributo a maior que o devido em face da legislação tributária aplicável, independentemente de prévio protesto".*

O *caráter pecuniário* é requisito inafastável para a configuração do fenômeno tributário. Não há como estabelecer associação entre o *tributo* e a *obrigação que não seja pecuniária*, *v.g.*, a de prestar serviço militar obrigatório, ou a de trabalhar no Tribunal do Júri ou nas eleições. Assim, é defeso, em princípio, o pagamento de tributos em bens distintos de pecúnia. Diz-se "em princípio", haja vista o disposto no art. 156, XI, do CTN, inserido neste Código pela LC n. 104/2001, que delineia a *Dação em Pagamento*, como a mais nova causa extintiva do crédito tributário. Refere-se ela, todavia, apenas a ***bem imóvel***. Tal comando veio abrandar a natureza do tributo como prestação exclusivamente pecuniária, devendo ser interpretado em concomitância com o art. 3º em análise.

Note o item considerado **INCORRETO**, em prova realizada pela Vunesp, para o cargo de Advogado (CETESB), em 2013: *"Extingue o crédito tributário a dação em pagamento em bens móveis, na forma e condições estabelecidas em lei"*.

Note o item considerado **CORRETO**, em prova realizada pelo IADES, para o cargo de Analista Administrativo Operacional (Advogado) da CEITEC S.A., em 2016: *"Com base em previsão no CTN, diferentemente do que ocorre no Direito Civil, só se permite a dação em pagamento em bens imóveis, ou seja, a substituição do dinheiro por bens imóveis"*.

Note o item considerado **CORRETO**, em prova realizada pela Vunesp, para o cargo de Juiz Substituto (TJ/SP), em 2017: *"Sobre a 'dação em pagamento', é instituto de Direito Civil acolhido pelo CTN, como forma de extinção do crédito tributário, mediante a entrega de bens imóveis, no modo e condições estabelecidos pela lei"*.

Note o item considerado **CORRETO**, em prova realizada pelo BIO-RIO, para o cargo de Advogado da Prefeitura de Barra Mansa/RJ (SAAE), em 2016: *"Com base em previsão no CTN, diferentemente do que ocorre no direito civil, só se permite a dação em pagamento em bens imóveis, ou seja, a substituição do dinheiro por bens imóveis"*.

É bom lembrar, aliás, que é vedado o pagamento de tributos – ou a extinção do crédito tributário – com *títulos da dívida pública*. O tema foi objeto da *Lei n. 10.179/2001*, a qual dá chancela apenas a alguns títulos, quando vencidos, como papéis hábeis à quitação de tributos. São eles: *Letras do Tesouro Nacional* (LTN), *Letras Financeiras do Tesouro* (LFT) e *Notas do Tesouro Nacional* (NTN). Como tais títulos são escriturais (não há cártulas, mas apenas registros eletrônicos), inexiste, na prática, hipótese de pagamento ou compensação de tributos com títulos públicos. A exceção ocorre tão somente com relação ao percentual de 50% do ITR, o qual pode ser pago com *Título da Dívida Agrária* (TDA), hipótese expressamente prevista no art. 105 da Lei n. 4.504/64. Desse modo, em termos práticos, **não há possibilidade de pagamento de tributos federais com os títulos públicos**, emitidos na forma da Lei n. 10.179/2001, uma vez que tais títulos já foram todos resgatados nos respectivos vencimentos, não havendo nenhum na condição de vencido[4]. A mesma vedação se es-

4. Ver a **Solução de Consulta COSIT n. 57, de 20 de fevereiro de 2014 – Receita Federal do Brasil: EMENTA: ASSUNTO**: Normas de Administração Tributária – Somente há possibilidade de pagamento de tributos federais com os títulos públicos que cumpram estritamente os requisitos dos arts. 2º e 6º da Lei n. 10.179/2001. Os títulos públicos classificados como dívidas Agrupadas em Operações Especiais, UO de n. 71.101, são regu-

tende à *compensação* e à *dação em pagamento*, como causas diversas de extinção de crédito tributário:

> Note o item considerado **CORRETO**, em prova realizada pelo Cebraspe, para o cargo de Analista Judiciário do TRE/PE (Área: Contabilidade), em 2017: *"É vedado o pagamento de tributos com títulos da dívida mobiliária"*.

– **Compensação tributária**: a Lei n. 9.430, de 1996, prevê, expressamente, na alínea "c"' do § 12 do art. 74, que é vedada a compensação tributária nas hipóteses em que o crédito se refira a título público;

– **Dação em pagamento**: para o **STJ**, "não há como se admitir a dação em pagamento por via de título da dívida pública, porquanto este procedimento escapa à estrita legalidade", uma vez que "a dação em pagamento, para o fim de quitação de obrigação tributária, só é aceita em hipóteses elencadas legalmente" (**AgRg no REsp 691.996/RJ, rel. Min. Luiz Fux, 1ª T., j. em 07-03-2006**) (Ver, ainda, no mesmo sentido: **REsp 651.404/RS, rel. Min. Luiz Fux, 1ª T., j. em 09-11-2004**). Aliás, nessa direção, em 5 de agosto de **2014**, a 2ª Turma do **STJ**, no **AgRg no AREsp 502.344/RS** (rel. Min. Herman Benjamin), entendeu que é ilegítima a extinção do crédito tributário, mediante *dação em pagamento* (ou compensação), de créditos tributários federais com créditos oriundos de precatórios devidos por estado-membro, haja vista que "a inexistência de identidade entre o devedor do precatório e o credor do tributo afasta a incidência do dispositivo constitucional".

Por derradeiro, insta mencionar que a obrigação de pagar o tributo – ou a multa – é chamada de *obrigação principal* (art. 113, § 1º, CTN). Além disso, o art. 114 do CTN reza que "*o fato gerador da obrigação tributária principal é a situação definida em lei como necessária e suficiente à sua ocorrência*". Assim, é possível correlacionar *o caráter pecuniário do tributo* com o *princípio da legalidade tributária*.

1.2 A prestação compulsória

O tributo é prestação compulsória, logo, *não contratual*, *não voluntária* ou *não facultativa*. Com efeito, o Direito Tributário pertence à seara do Direito Público, e a supremacia do interesse público dá guarida à imposição unilateral de obrigações, independentemente da anuência do obrigado.

A prestação pecuniária é dotada de ***compulsoriedade***, ou seja, de *coercibilidade*, não dando azo à autonomia de vontade. Traduz-se o tributo em *receita derivada*,

lamentados pelo Decreto-lei n. 6.019, de 23 de novembro de 1943, não possuindo relação com a Lei n. 10.179/2001. É ineficaz a consulta que apresente dúvida meramente procedimental e não se refira à interpretação da legislação tributária federal. Consulta parcialmente conhecida. **DISPOSITIVOS LEGAIS**: Lei 10.179, de 2001, artigos 2º e 6º. Decreto-lei n. 6.019, de 1943 (**PUBLICAÇÃO**: 10 de março de 2014: http://normas.receita.fazenda.gov.br/sijut2consulta/link.action?visao=anotado&idAto=50446; Visita ao site em 5 de novembro de 2017).

uma vez cobrada pelo Estado, no uso de seu *poder de império*, tendente a carrear recursos do patrimônio do particular para o do Estado.

Note o item considerado **CORRETO**, em prova realizada pela Vunesp, para o cargo de Agente Fiscal Tributário da Prefeitura Municipal de Suzano/SP, em 2016: *"Quanto à sua natureza jurídica, os tributos são receitas compulsórias"*.

Note o item considerado **INCORRETO**, em prova realizada pelo IESES, para o cargo de Titular de Serviços de Notas e de Registros – Provimento (TJ/SC), em 2019: *"Tributo é toda prestação pecuniária compulsória, em moeda ou cujo valor nela se possa exprimir, que não constitua sanção de ato ilícito, instituída em lei e cobrada mediante atividade administrativa discricionária"*.

Segundo Paulo de Barros Carvalho, "prestação pecuniária compulsória quer dizer o comportamento obrigatório de uma prestação em dinheiro, afastando-se, de plano, qualquer cogitação inerente às prestações voluntárias"[5].

É importante assinalar que o traço da *compulsoriedade* deriva, à semelhança do caráter pecuniário, da *legalidade*, uma vez que, à luz do art. 5º, II, da CF, *"ninguém será obrigado a fazer ou deixar de fazer alguma coisa, se não for por meio de <u>lei</u>"* (**Grifo nosso**). Ademais, o art. 150, I, da CF condiciona a majoração e a instituição do tributo à lei. Esta, como se nota, a todos obriga. Na seara tributária, se a lei prevê o fato gerador *alfa* para o tributo *beta*, havendo sua concretização, tornar-se-á devido o tributo, independentemente de fatores extrínsecos ao fato imponível, que porventura desbordem da questão tributária (ver arts. 118, 123 e 126 do CTN).

Luciano Amaro[6] conota que "o nascimento da obrigação de prestar (o tributo) é compulsório (ou forçado), no sentido de que esse dever se cria por força da lei (obrigação *ex lege*), e não da vontade dos sujeitos da relação jurídica (obrigação *ex voluntate*)".

Assim, não há que se optar pelo pagamento do tributo, mas a ele se submeter, uma vez ínsita sua natureza compulsória. Posto isso, valendo-se de expressão neológica, tributo é prestação *acontratual*.

1.3 A prestação diversa de sanção

O **tributo não é multa**, e a multa não é tributo. Entretanto, sabe-se que a multa deve estar prevista em **lei**, uma vez que é ela componente adstrito à reserva legal, consoante se depreende da dicção do art. 97, V, do CTN:

Note o item considerado **CORRETO**, em prova realizada pelo Fundatec, para o cargo de Técnico Tributário da Receita Estadual (Sefaz/RS), em 2014: *"A definição de tributo contida no CTN não se estende às penalidades pecuniárias tributárias"*.

5. CARVALHO, Paulo de Barros. *Curso de direito tributário*, 16. ed., p. 25.
6. AMARO, Luciano. *Direito tributário brasileiro*, 14. ed., p. 22.

> Note o item considerado **CORRETO**, em prova realizada pela FAEPESUL, para o cargo de Fiscal Fazendário da Prefeitura de Grão Pará/SC, em 2016: *"Os tributos não têm natureza de sanção de ato ilícito"*.

> Note o item considerado **INCORRETO**, em prova realizada pela CAIP-USCS, para o cargo de Advogado da Câmara Municipal de Atibaia/SP, em 2016: *"'Tributo' é prestação pecuniária, em moeda ou cujo valor nela se possa exprimir, que constitua sanção de ato ilícito, instituída em lei e cobrada mediante atividade administrativa plenamente vinculada"*.

> Note o item considerado **INCORRETO**, em prova realizada pela VUNESP, TJ-SP, para o cargo de Titular de Serviços de Notas e de Registros, em 2018: *"De acordo com o CTN, está em conformidade com o conceito de 'tributo' a noção de prestação pecuniária que constitua sanção de ato ilícito"*.

Art. 97. Somente a lei pode estabelecer: (...)

V – a cominação de penalidades para as ações ou omissões contrárias a seus dispositivos, ou para outras infrações nela definidas.

Para o saudoso professor Ricardo Lobo Torres[7], "são inconfundíveis o tributo e a penalidade. Aquele deriva da incidência do poder tributário sobre a propriedade privada. A penalidade pecuniária resulta do poder penal do Estado e tem por objetivo resguardar a validade da ordem jurídica. O próprio art. 3º do CTN, ao se definir o tributo, exclui do seu conceito a prestação 'que constitua sanção de ato ilícito'. Logo, o art. 3º estaria em aparente conflito com o art. 113, § 1º".

A multa é a reação do Direito ao comportamento devido que não tenha sido realizado. Trata-se de *penalidade* cobrada pelo descumprimento de uma obrigação tributária, possuindo nítido caráter *punitivo* ou *de sanção.* Em face do descumprimento de uma obrigação tributária, quer seja *principal* (art. 113, § 1º, CTN), quer seja *acessória* (art. 113, § 2º, CTN), ensejar-se-á a aplicação da **penalidade** (ver art. 113, § 3º, *in fine*, CTN). Observe o dispositivo:

> Note o item considerado **INCORRETO**, em prova realizada pela FUMARC, para o cargo de Advogado da Prefeitura de Matozinhos/MG, em 2016: *"Considerando o conceito legal de tributo constante do CTN (Lei n. 5.172/66), a multa imposta pelo descumprimento de obrigação tributária pode ser considerada tributo"*.

Art. 113. A obrigação tributária é principal ou acessória.

> Note o item considerado **CORRETO**, em prova realizada pela Consulplan, para o cargo de Técnico em Contabilidade (SURG), em 2014: *"Nos termos do Código Tributário Nacional a obrigação tributária é Principal ou Acessória"*.

7. TORRES, Ricardo Lobo. *Curso de direito financeiro e tributário*, 12. ed., p. 236.

§ 1º A obrigação principal surge com a ocorrência do fato gerador, tem por objeto o pagamento de tributo ou penalidade pecuniária e extingue-se juntamente com o crédito dela decorrente.

§ 2º A obrigação acessória decorre da legislação tributária e tem por objeto as prestações, positivas ou negativas, nela previstas no interesse da arrecadação ou da fiscalização dos tributos.

§ 3º A obrigação acessória, pelo simples fato da sua inobservância, converte-se em obrigação principal relativamente à **penalidade pecuniária**.

Note o item considerado **INCORRETO**, em prova realizada pelo Instituto AOCP, para o cargo de Analista Legislativo (Direito) da Câmara Municipal de Rio Branco/AC, em 2016: *"A obrigação tributária acessória, com a sua inobservância, permanece acessória quanto à penalidade pecuniária"*.

Note o item considerado **CORRETO**, em prova realizada pela Esaf, para o cargo de Especialista em Regulação de Aviação Civil da ANAC – Agência Nacional de Aviação Civil, em 2016: *"A inobservância da obrigação tributária acessória a converte em obrigação tributária principal relativamente à penalidade pecuniária"*.
Observação: item semelhante foi considerado **CORRETO**, em prova realizada pela Sydcon, para o cargo de Advogado da Câmara Municipal de Santa Rita do Trivelato/MT, em 2016.

Nessa toada, o art. 157 do CTN preconiza que "a imposição de penalidade não ilide (*sic*; leia-se *elide*, isto é, *elimina*, *suprime)* *o* pagamento integral do crédito tributário". Veja-o:

Art. 157. A imposição de penalidade não ilide o pagamento integral do crédito tributário.

Tal comando vem corroborar a distinção conceitual e estrutural entre *tributo* e *multa*, indicando que a multa não suprime a obrigação de pagar integralmente o crédito tributário. Paga-se o tributo porque se realiza um fato gerador; recolhe-se a multa porque se descumpriu uma obrigação tributária. O primeiro, isto é, o tributo, funda-se no *poder fiscal*; a multa, por sua vez, no *poder de punir*. São, igualmente, prestações pecuniárias, porém independentes, podendo o sujeito passivo suportar as duas consequências patrimoniais. Noutra vertente, dir-se-ia que o pagamento do tributo, se realizado a destempo, não inibe a incidência de multa, exceto no contexto de denúncia espontânea (art. 138 do CTN).

Por fim, diga-se que o pagamento, tanto do tributo quanto da multa, é considerado *obrigação principal* (art. 113, § 1º, CTN).

Vale lembrar, ainda, que o **tributo não resulta de sanção por ato ilícito**, ou seja, "não se paga tributo porque se praticou uma ilicitude, embora se possa ter de pagá-lo com abstração do fato de ela ter sido praticada"[8].

> Note o item considerado **CORRETO**, em prova realizada pela Cesgranrio, para o cargo de Analista Jurídico (FINEP), em 2014: *"Segundo o Código Tributário Nacional, o tributo não se constitui como sanção de ato ilícito"*.
>
> **Observação:** item semelhante foi considerado **CORRETO**, em prova realizada pelas seguintes instituições: **(I)** QUADRIX, para o cargo de Técnico Administrativo (Cobra Tecnologia S.A.), em 2014; **(II)** FAEPESUL, para o cargo de Fiscal Fazendário da Prefeitura de Grão Pará/SC, em 2016.

Nesse sentido, preleciona Kiyoshi Harada:

> A expressão não significa, necessariamente, que o tributo sempre pressupõe a licitude de ato que o gerou, como sustentado por alguns autores, mesmo porque os atos ilícitos são passíveis de tributação, sob pena de violação do princípio constitucional de isonomia. O que a expressão significa é que a cobrança de tributo não representa imposição de penalidade[9].

Hugo de Brito Machado[10] assevera que "o tributo se distingue da penalidade exatamente porque esta tem como hipótese de incidência um ato ilícito, enquanto a hipótese de incidência do tributo é sempre algo lícito. Não se conclua, por isto, que um rendimento auferido em atividade ilícita não está sujeito ao tributo. Nem se diga que admitir a tributação de tal rendimento seria admitir a tributação do ilícito".

É importante frisar que "*é legítima a incidência de juros de mora sobre multa fiscal punitiva, a qual integra o crédito tributário*". Essa é a visão prevalecente (e recorrente) nas duas Turmas da 1ª Seção do **STJ (AgRg no REsp 1.335.688/PR, rel. Min. Benedito Gonçalves, 1ª T., j. em 04-12-2012)**.

Por fim, mencione-se que, em 17 de março de **2015**, a 2ª Turma do **STJ**, no **REsp 1.496.354/PR** (rel. Min. Humberto Martins), entendeu que, na hipótese de sobre a mesma base de cálculo já incidir uma multa (a *multa de ofício*, com base no art. 44, I, da Lei n. 9.430/96), não se admitirá a exigência concomitante de outra penalidade pecuniária (a *multa isolada*, prevista no art. 44, II, "a" e "b", da Lei n. 9.430/96). Em conformidade com a lógica derivada do *princípio penal da consunção* (também conhecido como *princípio da absorção*), a multa mais grave (a de ofício) absorverá a de menor gravidade (a isolada). Portanto, somente incidirá a *multa de ofício*.

8. AMARO, Luciano. *Direito tributário brasileiro*, 14. ed., p. 25.
9. HARADA, Kiyoshi. *Direito financeiro e tributário*, 7. ed., pp. 253-254.
10. MACHADO, Hugo de Brito. *Curso de direito tributário*, 29. ed., p. 57.

1.4 A prestação instituída por lei

O tributo é prestação instituída por meio de *lei*, sendo, portanto, obrigação *ex lege*. Seu nascimento se dá pela simples realização do fato descrito na hipótese de incidência prevista em lei, sendo a vontade das partes de todo irrelevante (ver art. 123 do CTN). A *legalidade* avoca (I) o *caráter pecuniário* do tributo e (II) sua *compulsoriedade*, sendo estes, portanto, atributos dela decorrentes. Vale dizer que a ***legalidade*** e esses atributos se inter-relacionam, reflexamente.

De fato, "dizer que a prestação tributária é instituída em lei já expressa que o nascimento da obrigação tributária não tem por base a vontade dos sujeitos da relação jurídica, mas sim o comando legal"[11].

Em breve revisitação na temática do *princípio da legalidade*, depreende-se que o tributo depende de lei (ordinária ou complementar), consoante o art. 150, I, da CF c/c art. 97, I e II, do CTN. Trata-se de postulado com *ressalvas* adstritas a tributos, cujas alíquotas poderão ser alteradas por ato do Poder Executivo – II, IE, IPI, IOF, CIDE-Combustível e ICMS-Combustível. Recomenda-se, nesse momento, a leitura do art. 153, § 1º; do art. 155, § 4º, IV, "c"; e do art. 177, § 4º, I, "b", todos da CF.

Ademais, é mister enaltecer que a EC n. 32/2001 derrogou (modificação parcial) o art. 3º do CTN, pois previu a possibilidade de instituição e majoração de *imposto* por **medida provisória**, ressalvados os tributos instituídos por *lei complementar*, conforme já estudamos (art. 62, § 1º, III, CF).

1.5 A prestação cobrada por lançamento

Definido conceitualmente no art. 142 do CTN como ***atividade administrativa plenamente vinculada***, o lançamento mostra-se como procedimento de exigibilidade do tributo. Consuma-se em ato documental de cobrança, por meio do qual se pode quantificar (*quantum debeatur*) e qualificar (*an debeatur*) a obrigação tributária que lhe é preexistente.

> Note o item considerado **INCORRETO**, em prova realizada pela CAIP-USCS, para o cargo de Advogado da Câmara Municipal de Atibaia/SP, em 2016: *"'Tributo' é prestação pecuniária compulsória, em moeda ou cujo valor nela se possa exprimir, que não constitua sanção de ato ilícito, instituída em lei e cobrada mediante atividade administrativa discricionária"*.

Por ser ato vazado em documento escrito, *não* se admite lançamento *verbal*. Além disso, o lançamento é ***ato vinculado***, logo, não discricionário. De fato, o lançamento é balizado ou regrado na lei, vedando-se ao administrador tributário, na ação estatal de exigir tributos, a utilização de critérios de *oportunidade* ou *conveniência* (discricionariedade). O tributo deve ser carreado aos cofres públicos, uma vez que a

11. AMARO, Luciano. *Direito tributário brasileiro*, 14. ed., p. 26.

estes se mantém afetado, sob pena de responsabilização do agente público, caso tome caminho dessemelhante (ver art. 142, parágrafo único, CTN).

Frise-se, pois, que da *lei* emanam (I) *o caráter* ***pecuniário*** *do tributo*, (II) *o timbre de* ***compulsoriedade*** *da exação* e, finalmente, (III) *a feição* ***documental*** *do lançamento tributário*.

O lançamento *não* é um ato *autoexecutório*, ou seja, não pode ser executado *de plano*. Assim, o contribuinte pode desviar-se do pagamento do tributo, caso dele discorde, e discuti-lo administrativa ou judicialmente, não devendo ser alvo implacável de atos autoexecutáveis de coerção, que visem compeli-lo, coativamente, a efetuar o recolhimento do gravame.

2 COMPETÊNCIA TRIBUTÁRIA

A competência tributária é a outorga atribuída, privativa e constitucionalmente, ao ente político para que este, com base na lei, proceda à instituição da exação tributária. O exercício pode ocorrer a qualquer tempo, o que a dota de **imprescritibilidade.**

Note o item considerado **CORRETO**, em prova realizada pela Esaf, para o cargo de Especialista em Regulação de Aviação Civil da ANAC – Agência Nacional de Aviação Civil, em 2016: *"A competência pode ser exercida a qualquer tempo, não sendo limitada a prazo".*

Em outras palavras "competência tributária é a aptidão para criar tributos. (...) O poder de criar tributo é repartido entre os vários entes políticos, de modo que cada um tem competência para impor prestações tributárias, dentro da esfera que lhe é assinalada pela Constituição"[12].

A Constituição Federal consagrou o *princípio do federalismo* (art. 60, § 4º, I, CF), delimitando entre as pessoas políticas (União, Estados-membros, Distrito Federal e Municípios) o poder de tributar.

Kiyoshi Harada[13], discorrendo sobre o convívio das entidades impositoras, ensina que "a ausência de hierarquia entre elas fez que o Texto Magno estabelecesse a repartição de competência legislativa de cada uma, delimitando o campo de atuação de cada pessoa jurídica de direito público interno, notadamente em matéria tributária, que mereceu um tratamento específico em atenção à tipicidade da Federação Brasileira, onde o contribuinte é súdito, ao mesmo tempo, de três governos distintos. (...) A essa atribuição de impostos a cada uma das entidades políticas, de forma privativa, estabelecida na Carta Política, denomina-se discriminação constitucional de rendas tributárias".

12. AMARO, Luciano. *Direito tributário brasileiro*, 14. ed., p. 93.
13. Harada, Kiyoshi. *Direito financeiro e tributário*, 7. ed., p. 281.

A atribuição da competência tributária às pessoas jurídicas de Direito Público está prevista nos arts. 153 a 156 da Constituição Federal, dividindo-se, entre elas, o poder de instituir e cobrar tributos. Desse modo, cada entidade impositora está obrigada a comportar-se nos limites da parcela de poder impositivo ou potestade tributária que lhe foi atribuída pela Constituição.

Note o item considerado **CORRETO**, em prova realizada pelo IESES, para o cargo de Analista de Processos Organizacionais – Direito da BAHIAGÁS (Cia. de Gás da Bahia), em 2016: *"A Constituição Federal em seus arts. 153, 155 e 156, sob as epígrafes estabeleceu a competência dos entes políticos para tributar"*.

A atribuição constitucional de *competência tributária* compreende **a competência legislativa plena** (art. 6º do CTN). Observemos o comando normativo:

Note o item considerado **CORRETO**, em prova realizada pela Vunesp, para o cargo de Juiz de Direito Substituto do TJ/RJ (XLVII Concurso), em 2016: *"Competência tributária está inserida no âmbito da competência legislativa plena"*.

Note o item considerado **CORRETO**, em prova realizada pela RHS Consult, para o cargo de Procurador da Prefeitura de Paraty/RJ, em 2016: *"A atribuição constitucional de competência tributária compreende a competência legislativa plena"*.

Art. 6º A atribuição constitucional de competência tributária compreende a competência legislativa plena, ressalvadas as limitações contidas na Constituição Federal, nas Constituições dos Estados e nas Leis Orgânicas do Distrito Federal e dos Municípios, e observado o disposto nesta Lei.

Parágrafo único. Os tributos cuja receita seja distribuída, no todo ou em parte, a outras pessoas jurídicas de direito público pertencerá à competência legislativa daquela a que tenham sido atribuídos.

Note o item considerado **CORRETO**, em prova realizada pelo IESES, TJ-AM, para o cargo de Titular de Serviços de Notas e de Registros, em 2018: *"Os tributos cuja receita seja distribuída, no todo ou em parte, a outras pessoas jurídicas de direito público pertencerá à competência legislativa daquela a que tenham sido atribuídos"*.

Observação: item idêntico, requerendo a cópia do **art. 6º, parágrafo único, do CTN,** foi solicitado em prova realizada pela FAUEL, para o cargo de Advogado da Prefeitura de Jacarezinho/PR, em 2016. Por sua vez, a negativa da afirmação inserida no dispositivo legal, considerada **INCORRETA**, foi solicitada em prova realizada pela ATECEL, para o cargo de Assessor Jurídico da Câmara Municipal de Acari/RN, em 2016.

Nesse contexto, diz-se que há, em nossa ordem constitucional, coincidência da *competência legislativa* com a *competência tributária*. Todavia, deve-se notar que a *competência tributária*, como poder de **instituição** de tributo, não se confunde com a *competência para **legislar** sobre Direito Tributário*. Esta é *genérica*; aquela, *específica*. Tal competência para legislar é denominada *competência concorrente*, conforme o art. 24 da CF.

A sistemática a que se refere o art. 24, §§ 1º ao 4º, da CF, para o exercício da competência concorrente é bastante peculiar. Com o fito de tornar o tema mais assimilável, acompanhe, numa progressão de raciocínio, as **indagações**, bem como as pertinentes **respostas:**

I) *A quem compete estabelecer normas gerais, no âmbito da legislação concorrente, sobre o Direito Tributário?* À União.

II) *A quem compete suplementar as normas gerais da União, mediante lei própria?* Aos Estados e Distrito Federal.

III) *Não existindo normas gerais da União, qual será o papel dos Estados e Distrito Federal?* Exercerão a **competência legislativa plena**, editando leis de normas gerais próprias, que lhes obrigarão, em caráter exclusivo. É o caso do IPVA, cuja competência legislativa foi constitucionalmente exercida pelos Estados da Federação, à falta de normas gerais.

Note o item considerado **CORRETO**, em prova realizada pela FGV Projetos, no XV Exame de Ordem Unificado/OAB, em 2014: *"O art. 146, III, 'a', da Constituição Federal estabelece que lei complementar deve trazer a definição dos fatos geradores, da base de cálculo e dos contribuintes dos impostos previstos na Constituição. Caso não exista lei complementar prevendo tais definições relativamente aos impostos estaduais, os estados 'podem instituir e cobrar seus impostos, pois possuem competência legislativa plena até que a lei complementar venha a ser editada'"*.

IV) *E se, no caso anterior, sobrevier lei federal sobre normas gerais?* Será suspensa a eficácia da lei estadual ou do Distrito Federal, naquilo que lhe for contrário. Memorize: é suspensão, e não revogação, pois não há hierarquia entre as leis.

Segue a jurisprudência do **STF** quanto à *competência legislativa plena*:

EMENTA: RECURSO. AGRAVO DE INSTRUMENTO. COMPETÊNCIA. A teor do disposto no artigo 28, § 2º, da Lei n. 8.038/90, compete ao relator a que for distribuído o agravo de instrumento, no âmbito do STF, bem como no STJ, com o fim de ver processado recurso interposto, o julgamento respectivo. IPVA. DISCIPLINA. Mostra-se constitucional a disciplina do IPVA mediante norma local. *Deixando a União de editar normas gerais, exerce a unidade da federação a competência legislativa plena.* § 3º do artigo 24, do corpo permanente da Carta de 88 –, sendo que, com a entrada em vigor do sistema tributário nacional, abriu-se à União, aos Estados, ao Distrito Federal e aos Municípios, a via da edição de leis necessárias à respectiva aplicação – § 3º do artigo 34 do ADCT da Carta de 1988. **(AI-AgR 167.777/SP, 2ª T., rel. Min. Marco Aurélio, j. em 04-03-1997) (Grifo nosso)**

Insta mencionar que todos os entes tributantes estão obrigados a observar as *normas gerais* de Direito Tributário, as quais estarão estabelecidas em *leis complementares*, conforme determina o art. 146, III, da CF.

2.1 Competência tributária e capacidade tributária ativa

A *competência tributária* é **indelegável**, intransferível, inalterável e irrenunciável, uma vez que admitir a delegação de competência para **instituir um tributo** é admitir que seja a Constituição alterada por norma infraconstitucional.

> Note o item (adaptado) considerado **CORRETO**, em prova realizada pelo FAUEL, para o cargo de Advogado da Câmara Municipal de Maria Helena/PR, em 2017: *"O Chefe do Poder Executivo Municipal de 'Goiabinha' encaminhou, à Câmara de Vereadores, projeto de lei que visa à majoração da arrecadação tributária. Dentre as disposições legais, procedeu à elaboração de convênio com o Município de 'Juqueí', vizinho, para que este exerça, em seu lugar, sua competência tributária, instituindo e arrecadando o ISS que lhe seria devido, ficando o Município de 'Goaibinha' com uma 'retribuição compensatória'. A medida, na visão do Prefeito, economizaria os gastos com a arrecadação e fiscalização. Conclui-se que não deverá ser aprovada, pois a competência tributária é indelegável, salvo atribuição das funções de arrecadar ou fiscalizar tributos".*

> Note o item considerado **CORRETO**, em prova realizada pela FCC, SABESP, para o cargo de Advogado, em 2018: *"A competência tributária, em regra, é indelegável"*.

> Note o item considerado **INCORRETO**, em prova realizada pela Fundatec, para o cargo de Técnico Tributário da Receita Estadual da Sefaz/RS, em 2014: *"A capacidade tributária ativa está sempre associada àquele ente público tributante que institui o tributo"*.

A propósito, vale a pena observar o item (adaptado) e considerado **correto**, em prova realizada pela CAIP-USCS, para o cargo de Advogado da Câmara Municipal de Atibaia/SP, em **2016**, o qual prima pela completude do tema:

> Segundo a doutrina, a "competência tributária" é aptidão para criar tributos em abstrato, por meio de lei, com todos os elementos essenciais (hipótese de incidência, sujeito ativo, sujeito passivo, base de cálculo, alíquota). Referida aptidão abrange, também, a possibilidade de aumentar, parcelar, diminuir, isentar, modificar e perdoar tributos. Ademais, esgota-se na lei. Uma vez exercitada, a competência tributária desaparece e cede espaço para o surgimento da capacidade tributária ativa. Por fim, no seu exercício, possui características específicas, como a privatividade, indelegabilidade, incaducabilidade, inalterabilidade, irrenunciabilidade, facultatividade do exercício.

Note o **art. 8º do CTN:**

> **Art. 8º** O não exercício da competência tributária não a defere a pessoa jurídica de direito público diversa daquela a que a Constituição a tenha atribuído.

> Note o item considerado **INCORRETO**, em prova realizada pela ATECEL, para o cargo de Assessor Jurídico da Câmara Municipal de Acari/RN, em 2016: *"O não exercício da competência tributária a defere a pessoa jurídica de direito público diversa daquela a que a Constituição tenha atribuído"*.

Note o item considerado **CORRETO**, em prova realizada pela FCC, SABESP, para o cargo de Advogado, em 2018: *"O não exercício da competência tributária não a defere a pessoa jurídica de direito público diversa daquela a que a Constituição Federal a tenha atribuído"*.

A *competência tributária* é política e **indelegável** (art. 7º, *caput*, CTN), não se confundindo com a *capacidade tributária ativa*, que é "administrativa e **delegável**".

Note o item considerado **INCORRETO**, em prova realizada pelo IBEG, para o cargo de Procurador Previdenciário (IPREV), em 2017: *"A 'competência tributária' é delegável, salvo atribuição das funções de arrecadar ou fiscalizar tributos, ou de executar leis, serviços, atos ou decisões administrativas em matéria tributária, conferida por uma pessoa jurídica de direito público a outra, nos termos do § 3º do artigo 18 da CF/88"*.

Note o item considerado **INCORRETO**, em prova realizada pelo TRF/2ª Região, para o cargo de Juiz Federal Substituto, em 2017: *"Denomina-se 'capacidade tributária ativa' a aptidão do Estado para instituir tributos, que é indelegável"*.

Note o item considerado **INCORRETO**, em prova realizada pela FCC, SABESP, para o cargo de Advogado, em 2018: *"Constitui delegação de competência o cometimento, a pessoas de direito privado, do encargo ou da função de arrecadar tributos"*.

O exercício da competência tributária, conquanto irrenunciável e intransferível, pode ser considerado *facultativo*. De fato, no plano da conveniência, cada ente tributante decide sobre o exercício da competência tributária. Não obstante, o **art. 11 da Lei de Responsabilidade Fiscal (LC n. 101/2000)** dispõe que, no plano de gestão fiscal da pessoa política, deve haver a instituição de "todos" os tributos que compete à entidade, sob pena de sanções (art. 11, parágrafo único). O dispositivo merece interpretação cautelosa, pois o legislador quis, salvo melhor juízo, estimular a instituição do tributo economicamente viável, cuja competência estaria inadequadamente estanque. Portanto, entendemos que é defensável a *facultatividade* do exercício da competência tributária, uma vez que o art. 11 da *Lei de Responsabilidade Fiscal* não traduz, incontestavelmente, mecanismo efetivo de obrigatoriedade.

No entanto, é razoável admitir a delegação de atribuições administrativas, *v.g.*, a *transferência das funções de arrecadar ou fiscalizar tributos a outra pessoa jurídica de Direito Público*, o que não se confunde com a imprópria "delegação de competência tributária", consoante o disposto no **art. 7º, § 3º, do CTN**. Portanto, o ato de **produzir normas** é indelegável, porém o ato de **arrecadar ou fiscalizar** o tributo pode ser delegável.

Note o item considerado **INCORRETO**, em prova realizada pela FMP, para o cargo de Procurador do Estado (PGE/AC), em 2017: "As funções de fiscalização e *arrecadação dos tributos podem ser delegadas, e também a produção de normas para definição dos tributos a serem arrecadados"*.

Note o item considerado **INCORRETO**, em prova realizada pela FMP, para o cargo de Procurador do Estado (PGE/AC), em 2017: *"Somente a prerrogativa de fiscalizar os tributos pode ser delegada"*.

A propósito, vale a pena observar o item considerado **correto**, em prova realizada pelo Cebraspe, para o cargo de Procurador do Estado (PGE/AM), em **2016**, o qual merece ser citado:

A capacidade tributária ativa difere da competência tributária, podendo ser delegada a outras pessoas jurídicas de direito público. Nesse caso, a delegação envolverá a transferência legal dos poderes de cobrança, arrecadação e fiscalização.

Veja o dispositivo:

Art. 7º (...)
§ 3º Não constitui delegação de competência o cometimento, a pessoas de direito privado, do encargo ou da função de arrecadar tributos.

Note o item considerado **INCORRETO**, em prova realizada pela FAUEL, para o cargo de Advogado da Prefeitura de Jacarezinho/PR, em 2016: *"Constitui delegação de competência o cometimento a pessoas de direito privado, do encargo ou da função de arrecadar tributos, sendo a elas conferidas as garantias e os privilégios processuais que competem à pessoa jurídica de direito público que a conferir"*.

Tal transferência tem sido chamada na doutrina de atribuição de capacidade tributária ativa. No Brasil, o presente cenário é comum a **certas autarquias** (entidades corporativas, como o CREA, CRC, CRM, CRECI etc.), que recebem da União a atribuição de exigir um tributo – a contribuição profissional ou corporativa (art. 149, *caput*, CF) – dos profissionais vinculados àquelas entidades profissionais.

Note o item considerado **INCORRETO**, em prova realizada pela Vunesp, para o cargo de Advogado da Câmara Municipal de Registro/SP, em 2016: *"Constitui delegação de competência o cometimento, a pessoas de direito privado, do encargo ou função de arrecadar tributos, como se verifica em relação às instituições financeiras"*.

Note o teor do ***caput* do art. 7º do CTN**:

Art. 7º A competência tributária é **indelegável, salvo** atribuição das funções de arrecadar ou fiscalizar tributos, ou de executar leis, serviços, atos ou decisões administrativas em matéria tributária, conferida por uma pessoa jurídica de direito público a outra (...).

Note o item considerado **INCORRETO**, em prova realizada pelo IBEG, para o cargo de Procurador Previdenciário (IPREV), em 2017: *"A 'competência tributária' é delegável, salvo atribuição das funções de arrecadar ou fiscalizar tributos, ou de executar leis, serviços, atos ou decisões administrativas em matéria tributária, conferida por uma pessoa jurídica de direito público a outra, nos termos do § 3º do artigo 18 da CF/88"*.

Não se perca de vista que "a atribuição [de arrecadar e fiscalizar] pode ser revogada, a qualquer tempo, por ato unilateral da pessoa jurídica de direito público que a tenha conferido", conforme se lê no **§ 2º do art. 7º do CTN.**

Frise-se que, na esteira da delegação das atribuições administrativas, seguem, também, as *garantias* e *privilégios processuais* da fazenda pública, *v.g.*, a capacidade processual para o ajuizamento de execução fiscal, conforme a dicção do **art. 7º, § 1º, do CTN:**

> **Art. 7º (...)**
>
> **§ 1º** A atribuição compreende as garantias e os privilégios processuais que competem à pessoa jurídica de direito público que a conferir.

> Note o item considerado **INCORRETO**, em prova realizada pela FAUEL, para o cargo de Advogado da Prefeitura de Jacarezinho/PR, em 2016: *"A delegação de atribuição das funções de arrecadar ou fiscalizar tributos, ou de executar leis, serviços, atos ou decisões administrativas em matéria tributária não compreende as garantias e os privilégios processuais que competem à pessoa jurídica de direito público que a conferir"*.

Com efeito, a pessoa jurídica que detém capacidade tributária ativa poderá ocupar o polo ativo da relação jurídico-tributária, na condição de "sujeito ativo", pois é titular do poder de *exigir* o tributo, conforme o **art. 119 do CTN**, *in verbis*:

> **Art. 119.** Sujeito ativo da obrigação é a pessoa jurídica de direito público, titular da competência para *exigir* o seu cumprimento. **(Grifo nosso)**

Por fim, impende mencionar que a atribuição das funções administrativas, no bojo da delegação de capacidade tributária ativa, pode indicar, por determinação legal, que os recursos arrecadados serão de livre disponibilidade da entidade delegatária, para fins de sustentação das finalidades precipuamente institucionais. Quando tal circunstância ocorre, exsurge o fenômeno conhecido por parafiscalidade, o que impõe, em certos casos, a denominação das contribuições especiais, previstas no art. 149, *caput*, da CF, de *contribuições parafiscais.*

Entretanto, não se pode confundir a *parafiscalidade* com a chamada "sujeição ativa auxiliar", quando ocorre a arrecadação do tributo pelo ente delegatário, mas em nome do ente político competente para instituir o tributo. Vale dizer que o "sujeito ativo auxiliar", diferentemente da entidade parafiscal, é um mero agente que tem a função de recolher e repassar o tributo ao ente político. Assim, é dado relevante nessa sistemática saber para quem se dirige o produto da arrecadação. Exemplo: quando pagamos a conta de luz ou de telefone à concessionária respectiva, ali seguirá o ICMS recolhido. A *entidade arrecadadora* deverá repassá-lo ao Estado-membro, na condição de mera intermediária no processo arrecadatório dessa exação estadual.

2.2 Detalhando a classificação da competência tributária

A *competência tributária* pode ser classificada em: (I) *privativa*; (II) *comum*; (III) *cumulativa*; (IV) *especial*; (V) *residual*; e (VI) *extraordinária*. É vital ao estudioso do Direito Tributário que conheça os detalhes de cada espécie.

2.2.1 Competência privativa

É o poder que têm os entes federativos para instituir os *impostos* que são enumerados **exaustivamente na Constituição Federal**. Nesse passo, "designa-se privativa a competência para criar impostos atribuída com exclusividade a este ou àquele ente político"[14]. Afirma-se, pois, que **"não se reparte ou partilha" a competência privativa dos impostos, mas, sim, a própria receita desses tributos** (tema a ser estudado no item 8 do Capítulo 19).

> Note o item considerado **INCORRETO**, em prova realizada pela FMP, para o cargo de Procurador do Estado (PGE/AC), em 2017: *"A Constituição Federal define perfeitamente cada tributo, não havendo espaço para o legislador infraconstitucional definir os tributos"*.

> Note o item considerado **INCORRETO**, em prova realizada pela Esaf, para o cargo de Especialista em Regulação de Aviação Civil da ANAC – Agência Nacional de Aviação Civil, em 2016: *"No tocante aos impostos, o exercício da competência é partilhado entre os entes políticos"*.

Os constitucionalistas distinguem a competência *privativa* da competência *exclusiva*, afirmando que a primeira – a competência privativa – seria passível de delegação, o que nos faria concluir, rigorosamente, que a competência tributária é "exclusiva", e não privativa. Entretanto, o art. 153 da CF, a par da doutrina majoritária, indica, no plano terminológico, que se consagrou o outro atributo para a competência tributária: a *privatividade*. Portanto, adotamos, nesta obra, a expressão *competência privativa*.

Trata-se, pois, de competência *privativa*, terminologicamente, no sentido de que a própria Constituição já determina o rol dos impostos relativos a cada ente tributante. Observe: o *art. 153 da CF* enumera os **impostos federais**, de competência privativa da União; o *art. 155 da CF* enumera os **impostos estaduais**, de competência privativa dos Estados e Distrito Federal; e os *arts. 156 e 147, parte final, ambos da CF*, enumeram os **impostos municipais**, de competência privativa dos Municípios e Distrito Federal. Isso porque "a Constituição não cria tributos; ela outorga competência tributária, ou seja, atribui aptidão para criar tributos"[15].

> Note o item considerado **CORRETO**, em prova realizada pela FAEPESUL, para o cargo de Fiscal Fazendário da Prefeitura de Grão Pará/SC, em 2016: *"Competência dos Estados: o Imposto sobre Circulação de Mercadorias e Serviços, o Imposto sobre a Propriedade de Veículos Automotores e o Imposto de Transmissão 'Causa Mortis' e Doação"*.

14. AMARO, Luciano. *Direito tributário brasileiro*, 14. ed., p. 95.
15. *Ibidem*, p. 99.

Nessa toada, afirma-se que a Constituição Federal prevê, de modo taxativo ou *numerus clausus*, as listas de impostos federais, estaduais e municipais. Entretanto, com maior rigor, pode-se dizer que a lista de situações materiais que ensejam a incidência de impostos da União **não é taxativa**, em face da possibilidade do exercício da competência residual (art. 154, I, CF). Note as listas no quadro mnemônico a seguir:

LISTAS DE IMPOSTOS

IMPOSTOS FEDERAIS	
COMPETÊNCIA TRIBUTÁRIA DA UNIÃO	
Art. 153, CF	**Art. 154, CF**
1. Imposto sobre Importação (Inciso I) **2.** Imposto sobre Exportação (Inciso II) **3.** Imposto sobre Renda (Inciso III) **4.** Imposto sobre Produtos Industrializados – IPI (Inciso IV) **5.** Imposto sobre Operações Financeiras – IOF (Inciso V) **6.** Imposto Territorial Rural – ITR (Inciso VI) **7.** Imposto sobre Grandes Fortunas (Inciso VII)	**1. Imposto Residual (Inciso I)** **2. Imposto Extraordinário (de Guerra) (Inciso II)**

IMPOSTOS ESTADUAIS (Art. 155, CF)		
COMPETÊNCIA TRIBUTÁRIA DOS ESTADOS-MEMBROS E DO DISTRITO FEDERAL		
1. ITCMD (Inciso I)	**2.** ICMS (Inciso II)	**3.** IPVA (Inciso III)

Note o item considerado **CORRETO**, em prova realizada pela FAEPESUL, para o cargo de Fiscal Fazendário da Prefeitura de Grão Pará/SC, em 2016: *"Competência dos Estados: o Imposto sobre Circulação de Mercadorias e Serviços, o Imposto sobre a Propriedade de Veículos Automotores e o Imposto de Transmissão 'Causa Mortis' e Doação"*.

IMPOSTOS MUNICIPAIS (Art. 156, CF)		
COMPETÊNCIA TRIBUTÁRIA DOS MUNICÍPIOS E DO DISTRITO FEDERAL		
1. IPTU (Inciso I)	**2.** ITBI (Inciso II)	**3.** ISS (Inciso III)

Impende destacar, em tempo, que as siglas dos impostos, acima apresentadas, não equivalem, inexoravelmente, a seus verdadeiros nomes (*nomen juris*).

Inclui-se, ademais, na *competência privativa*, o poder para a criação de outros tributos, diversos dos impostos.

No plano de instituição pela **União**, destacam-se (**I**) o *Empréstimo Compulsório* (art. 148, CF) e (**II**) as *Contribuições Especiais* (art. 149, *caput*, CF).

Já no plano de instituição pelos Estados, Distrito Federal e Municípios, à luz da *competência privativa*, teremos: **(I)** as *contribuições sociais* para custeio do Sistema de Previdência e Assistência Social de seus servidores (art. 149, § 1º, CF), de competência dos **Estados, Distrito Federal e Municípios**; e **(II)** a *Contribuição para o Custeio do Serviço de Iluminação Pública* (CIP ou COSIP – art. 149-A, CF – EC n. 39/2002), de competência dos **Municípios e Distrito Federal**.

> Note o item (adaptado) considerado **CORRETO**, em prova realizada pela FAEPESUL, para o cargo de Fiscal Fazendário da Prefeitura de Grão Pará/SC, em 2016: *"A Cosip pode ser instituída e cobrada pelos Municípios e pelo Distrito Federal"*.

Alguns autores preferem denominar *Competência Especial* a competência para a instituição do *Empréstimo Compulsório* e das *Contribuições Especiais*, dada a discussão acerca de sua natureza tributária. Hoje, no entanto, o **STF** considera ambos como gravames que possuem natureza jurídica tributária distinta das demais espécies de tributos.

Portanto, pode-se falar que *competência privativa* é o poder legiferante das entidades tributantes (União, Estados, Municípios e Distrito Federal), quanto à criação de tributos que lhes são genuína e exclusivamente peculiares.

2.2.2 Competência comum

A delimitação do conceito de competência comum não desfruta de uniformidade na doutrina. Há quem a associe aos tributos *vinculados*, a saber, às *taxas* e às *contribuições de melhoria*[16]. Nessa vertente, a *competência comum* indicaria que, "de modo comum", União, Estados, Municípios ou Distrito Federal poderão ser os sujeitos ativos das *taxas* ou *contribuições de melhoria*, ou seja, "dos mesmos tributos, guardado, entretanto, o vínculo entre o tributo e o serviço prestado ou a atividade exercida"[17]. Apenas para incrementar, frise-se que o autor também inclui no rol as contribuições previdenciárias dos servidores públicos, previstas no art. 149, parágrafo único, da CF, em razão de seu caráter contraprestacional. Diante do exposto, em tema de competência tributária, o qualificativo comum serviria para criar oposição ao signo "privativo", na medida em que o cenário descrito não ocorre com outros gravames. Exemplo: se pensamos no IPI, será identificada automaticamente a competência da União; se pensamos no IPVA, será identificada automaticamente a competência dos Estados e Distrito Federal; e, assim, sucessivamente. De outro lado, há quem considera inadequada a associação da tal competência comum aos tributos vinculados: para Hugo de Brito Machado[18], "só a pessoa jurídica de Direito público

16. *V.* TORRES, Ricardo Lobo. *Curso de direito financeiro e tributário*, 12. ed., p. 363.
17. *Idem*.
18. MACHADO, Hugo de Brito. *Curso de direito tributário*, 29. ed., p. 260-261.

que exercita a atividade estatal específica pode instituir o tributo vinculado a essa atividade. A competência tributária, assim, é privativa do ente estatal que exercita a atividade respectiva". O tema é fértil a debates, sempre válidos. De todo modo, as bancas de concurso tendem a associar a ***competência tributária comum*** às taxas e contribuições de melhoria.

> Note o item considerado **CORRETO**, em prova realizada pela *FGV Projetos*, para o cargo de Auditor do Estado do Maranhão (CGE/MA), em 2014: *"A competência dos entes federativos para instituir taxas é 'comum' (...) a fixação das taxas, em cada caso, vai depender da aferição constitucional das competências administrativas"*.

2.2.3 Competência cumulativa

A competência *cumulativa* ou *múltipla*, prevista no art. 147 da CF, prende-se ao poder legiferante de instituição de impostos pela *União*, nos Territórios, e pelo *Distrito Federal*, em sua base territorial.

O dispositivo faz menção tão somente a *impostos*, porém é comando plenamente aplicável às demais espécies tributárias, *e.g.*, às *taxas* e às *contribuições de melhoria*. Note-o:

> **Art. 147.** Competem à União, em Território Federal, os impostos estaduais e, se o Território não for dividido em Municípios, cumulativamente, os impostos municipais; ao Distrito Federal cabem os impostos municipais.

Compete à União, nos Territórios, os impostos federais, estaduais e os municipais, desde que, com relação a estes últimos, os Territórios não sejam divididos em municípios (*v.g.*, o caso antigo do arquipélago de Fernando de Noronha).

> Note o item considerado **CORRETO**, em prova realizada pela CAIP-USCS, para o cargo de Advogado da CRAISA (Cia. de Abastecimento de Santo André/SP), em 2016: *"Competem à União, em Território Federal, os impostos estaduais e, se o Território não for dividido em Municípios, cumulativamente, os impostos municipais; ao Distrito Federal cabem os impostos municipais"*.
>
> **Observação:** item semelhante foi considerado **CORRETO**, em provas realizadas pelas seguintes instituições: **(I)** ATECEL, para o cargo de Assessor Jurídico da Câmara Municipal de Acari/RN, em 2016; **(II)** COPESE/UFT, para o cargo de Procurador da Prefeitura de Araguaína/TO, em 2014; **(III)** RHS Consult, para o cargo de Procurador da Prefeitura de Paraty/RJ, em 2016.

Desse modo, a União deve instituir os impostos ***federais e estaduais***, nos Territórios, em qualquer caso. Os impostos municipais, por sua vez, serão de competência da União, respeitada a condição anunciada, isto é, a inexistência de municípios no Território. *A contrario sensu*, se houver municípios, nos Territórios, competirão aos **próprios municípios** os impostos municipais respectivos. Assim, caso o Território *seja* dividido em Municípios, a competência destes, com relação aos impostos municipais, permanecerá incólume.

Note o item considerado **INCORRETO**, em prova realizada pela RHS Consult, para o cargo de Procurador da Prefeitura de Paraty/RJ, em 2016: *"É vedado a União instituir, nos Territórios Federais, os impostos atribuídos aos Estados"*.

Note o item considerado **INCORRETO**, em prova realizada pela RHS Consult, para o cargo de Procurador da Prefeitura de Paraty/RJ, em 2016: *"Competem à União, em Território Federal, somente os impostos estaduais"*.

Note o item considerado **INCORRETO**, em prova realizada pela CONSULPLAN, para o cargo de Analista Judiciário do TRF/2ª Região, em 2017: *"A competência tributária é parcela do poder de tributar conferida pela Constituição a cada ente político, para criar tributos. Dessa forma, como os territórios são entes políticos, têm competência tributária para instituir impostos municipais"*.

Note o item considerado **INCORRETO**, em prova realizada pela RHS Consult, para o cargo de Procurador da Prefeitura de Paraty/RJ, em 2016: *"No caso de o Território ser dividido em Municípios, os impostos municipais cabem exclusivamente ao Distrito Federal"*.

Curiosamente, tal competência cumulativa impõe efeitos no plano da *isenção* dos impostos, uma vez que o poder de instituir o gravame é correlato ao poder de isentá-lo. Nessa medida, dir-se-ia que compete à União, nos Territórios, *ipso facto*, isentar os impostos *federais*, *estaduais* e *municipais*, respeitada, quanto a estes, a condição já anunciada, sem que se macule o princípio constitucional constante do **art. 151, III, da CF.**

> **Art. 151.** É vedado à União: (...)
>
> **III** – Instituir isenções de tributos da competência dos Estados, do Distrito Federal ou dos Municípios.

Exemplo: seria constitucional uma *lei federal*, isentante de *IPTU*, para *município* localizado em *Território*, cuja base territorial não venha dividida em circunscrições administrativas autônomas municipais. Tratar-se-ia da intitulada "isenção autonômica ou autônoma".

No tocante ao Distrito Federal, a parte final do art. 147 da CF sinaliza que a ele competem os impostos *municipais*. Aliás, como é cediço, o Distrito Federal não pode ser dividido em municípios (art. 32, CF).

Em interpretação sistemática com o *caput* do art. 155 da CF, conclui-se que, cumulativamente, competem ao Distrito Federal, os impostos municipais e os estaduais, isto é, ***seis impostos*** (IPTU, ISS, ITBI, ICMS, IPVA, ITCMD).

> Note o item (adaptado) considerado **CORRETO**, em prova realizada pela FAEPESUL, para o cargo de Fiscal Fazendário da Prefeitura de Grão Pará/SC, em 2016: *"São de competência do Distrito Federal, exemplificativamente: o Imposto sobre Circulação de Mercadorias e Serviços, o Imposto sobre a Propriedade Predial e Territorial Urbana, o Imposto sobre Serviços de Qualquer Natureza, o Imposto sobre a Propriedade de Veículos Automotores, e o Imposto de Transmissão 'Causa Mortis' e Doação".*

2.2.4 *Competência especial*

A competência *especial* traduz-se no poder de instituir os *empréstimos compulsórios* (art. 148, CF) e as *contribuições especiais* (art. 149, CF), justificando-se tal classificação pelo fato de terem subsistido, durante largo período, inúmeras polêmicas acerca da natureza tributária desses dois tributos.

Os *empréstimos compulsórios* são tributos (autônomos perante as demais espécies tributárias) que contêm cláusula de restituição, instituídos pela União, por lei complementar, em face de três pressupostos fáticos: **(I)** calamidade pública, **(II)** **guerra externa** e **(III)** investimento público de caráter urgente e relevante interesse nacional (art. 148, I e II, CF c/c art. 15, I e II, CTN). Nesse passo, entende-se superada, de modo incontroverso, a antiga **Súmula n. 418 do STF** ("*O empréstimo compulsório não é tributo, e sua arrecadação não está sujeita à exigência constitucional da prévia autorização orçamentária*"). O tributo será detalhado em capítulo posterior.

> Note o item considerado **CORRETO**, em prova realizada pela Cesgranrio, para o cargo de Profissional Júnior (Liquigás), em 2014: *"Nos termos da Constituição Federal, a União poderá instituir empréstimos compulsórios, mediante Lei Complementar, para atender a despesas extraordinárias decorrentes de guerra externa".*

Da mesma forma, é inafastável a natureza tributária das *contribuições especiais*, *i.e.*, tributos finalísticos, à semelhança dos já mencionados empréstimos compulsórios, não se lhes aplicando – a ambos! – o art. 4º, I e II, do CTN.

Tais *contribuições especiais*, de âmbito federal, constam do art. 149, *caput*, da CF. Podem ser assim denominadas: contribuições *profissionais* ou *corporativas*; contribuições *interventivas* ou *CIDEs*; e contribuições *social-previdenciárias* (art. 195 da CF). No art. 149, § 1º, da CF, exsurgem as contribuições sociais, federais, estaduais ou municipais, para os servidores públicos da União, dos Estados, Distrito Federal e Municípios (*vide* **EC n. 103/2019**). Ademais, desponta, no art. 149-A da CF, uma contribuição municipal, de competência dos **Municípios e Distrito Federal** – a Contribuição para o Custeio do Serviço de Iluminação Pública (CIP ou COSIP).

> Note o item considerado **CORRETO**, em prova realizada pela Vunesp, para o cargo de Analista/Advogado (CR-Bio, 1ª Região), em 2017: *"Na forma das respectivas leis, poderão instituir contribuição para o custeio do serviço de iluminação pública os Municípios e o Distrito Federal"*.
>
> **Observação:** item semelhante, indicando a competência dos municípios e Distrito Federal para a instituição da COSIP, foi considerado **CORRETO**, em prova realizada pela FAEPESUL, para o cargo de Fiscal Fazendário da Prefeitura de Grão Pará/SC, em 2016.

2.2.5 Competência residual

A competência *residual* ou *remanescente* encontra guarida em dois dispositivos do texto constitucional: o art. 154, I, e o art. 195, § 4º. A temática afia-se ao poder de instituir o **tributo diverso daqueles já existentes**. Daí falar em competência *residual*, na acepção "daquilo que resta, de algo genuinamente restante ou residuário".

Para Luciano Amaro[19], "diz-se residual a competência (atribuída à União) atinente aos outros impostos que podem ser instituídos sobre situações não previstas".

O art. 154, I, da CF trata da competência residual para os ***impostos***; o art. 195, § 4º, da CF dispõe acerca da competência remanescente para as *contribuições para a seguridade social*.

Há posicionamento doutrinário, segundo o qual haveria uma "competência residual" para as *taxas* e *contribuições de melhoria*. Recomendamos cautela no tema, pois ele tende a gerar confusão. É que existem *competências administrativas*, em determinadas áreas, que estão repartidas, conforme a vontade do legislador constituinte, expressamente, entre a **União** e os **Municípios** (ver arts. 21, 23, 25, 30 e 32, todos da CF). Nesse passo, o art. 25, § 1º, da CF determina que competem aos **Estados-membros** todas as atribuições que **não** foram deferidas a outro ente. Daí falar em "competência residual" para Estados e Distrito Federal, no tocante às taxas e contribuições de melhoria, quanto aos serviços, ao poder de polícia e às obras públicas não inseridos nas atribuições da União e dos Municípios. O tema, todavia, não desfruta de endosso generalizado. Vamos analisá-los, um a um, em abono da melhor didática:

> **Art. 154.** A União poderá instituir:
>
> **I** – mediante lei complementar, impostos não previstos no artigo anterior, desde que sejam não cumulativos e não tenham fato gerador ou base de cálculo próprios dos discriminados nesta Constituição; (...)

19. AMARO, Luciano. *Direito tributário brasileiro*, 14. ed., p. 95.

Trata-se do **dispositivo** que hospeda a *competência residual* para os impostos.

> Note o item considerado **CORRETO**, em prova realizada pela Vunesp, para o cargo de Titular de Serviços de Notas e de Registros (TJ/SP), em 2014: *"Em relação à competência residual tributária da União Federal, outorgada pela Constituição, é correto afirmar que é direito de a União instituir impostos não previstos no artigo 154, I, da Carta Magna, desde que eles sejam não cumulativos e não tenham base de cálculo própria dos demais impostos descritos na Constituição"*.

No campo dos *impostos*, a competência residual indica que o imposto novo, dito *imposto inominado*, deverá ser instituído, por **lei complementar**, pela União, obedecendo-se a duas limitações: **(I)** respeito ao princípio da não cumulatividade; e **(II)** proibição de coincidência entre o seu fato gerador ou a sua base de cálculo com o fato gerador ou a base de cálculo de outros impostos.

> Note o item considerado **INCORRETO**, em prova realizada pelo TRF/4ª Região, para o cargo de Juiz Federal Substituto (XVII Concurso), em 2016: *"A instituição de 'imposto inominado', de competência residual da União, poderá ocorrer mediante lei complementar ou ordinária, desde que seja não cumulativo e não tenha fato gerador ou base de cálculo próprios dos discriminados na Constituição Federal"*.

Assim, o imposto novo não poderá incidir em cascata, gerando uma sobreposição de incidências, à semelhança do ICMS e do IPI (ver art. 155, § 2º, I, CF e art. 153, § 3º, II, CF, respectivamente). Além disso, deverá haver uma ***inovação estrutural***, no cotejo com os demais impostos, o que torna a sua instituição bastante dificultosa.

> Note o item considerado **INCORRETO**, em prova realizada pela FMP, para o cargo de Procurador do Estado (PGE/AC), em 2017: *"O imposto instituído com base na competência residual da União pode inclusive ter o mesmo fato gerador dos demais discriminados na Constituição, se a destinação for outra"*.

Quanto às **contribuições para a seguridade social**, o raciocínio é parcialmente idêntico, haja vista a imposição constante do **art. 195, § 4º, da CF**, que atrela a matéria ao comando inserto no art. 154, I, da CF. Note o preceptivo:

> **Art. 195.** A seguridade social será financiada por toda a sociedade, de forma direta e indireta, nos termos da lei, mediante recursos provenientes dos orçamentos da União, dos Estados, do Distrito Federal e dos Municípios, e das seguintes contribuições sociais: (...)
>
> **§ 4º** A lei poderá instituir outras fontes destinadas a garantir a manutenção ou expansão da seguridade social, obedecido o disposto no art. 154, I.

Sendo assim, dir-se-ia que as contribuições residuais para a seguridade social devem respeitar os seguintes parâmetros:

a) instituição, por *lei complementar*, pela União;

b) respeito ao *princípio da não cumulatividade*;

c) proibição de coincidência entre o seu fato gerador ou a sua base de cálculo com o fato gerador ou a base de cálculo **de outras contribuições** (e não de impostos!). Esta "adaptação" adveio de exegese insculpida no **STF**, para o qual *"não se aplica às contribuições sociais novas a segunda parte do inciso I do art. 154 da Carta Magna, ou seja, que elas não devam ter fato gerador ou bases de cálculo próprios dos impostos discriminados na Constituição"*. Trata-se, pois, de uma *inovação estrutural*, quanto às demais contribuições, e não quanto aos impostos propriamente ditos. Em outras palavras, **nada obsta** a que uma contribuição para a seguridade social nasça com fato gerador ou base de cálculo de um imposto listado na Constituição.

Note o item (adaptado) considerado **CORRETO**, em prova realizada pela FGV Projetos, para o cargo de Auditor Fiscal Tributário da Receita Municipal de Cuiabá/MT, em 2016: *"A CF/88 autoriza a instituição de 'novas contribuições de seguridade social', destinadas a garantir a sua manutenção ou expansão. NÃO é requisito para a sua instituição: ter base de cálculo distinta dos impostos já previstos na Constituição Federal"*.

Note o item considerado **CORRETO**, em prova realizada pela UFMT, para o cargo de Defensor Público do Estado de Mato Grosso (V Concurso), em 2016: *"Segundo o entendimento do STF, a instituição de contribuição sobre base de cálculo própria de imposto não configura 'bitributação'"*.

Nessa direção, segue o entendimento do **STF**:

> **EMENTA:** CONTRIBUIÇÃO SOCIAL. PRESTAÇÃO DE SERVIÇOS SEM VÍNCULO EMPREGATÍCIO. LC N. 84/96. A jurisprudência do STF sedimentou-se, a partir do julgamento do RE n. 228.321, relatado pelo Min. Carlos Velloso perante o Plenário, no sentido da constitucionalidade do inciso I do artigo 1º da LC n. 84/96, afastando-se a possibilidade de se ter a adequação da parte do artigo 154, I, da CF, vedadora da cumulatividade e da tomada, como fato gerador, de base utilizada relativamente a impostos nela contemplados. **(RE 242.615/BA, 2ª T., rel. Min. Marco Aurélio, j. em 17-08-1999)**[20]

Posto isso, memorize que a competência residual ou remanescente pode estar associada a impostos ou a contribuições para a seguridade social, sempre no bojo de *lei complementar*, o que veda, de pronto, seu exercício por *medida provisória* (art. 62, § 1º, III, CF).

Por fim, deve ser enfatizado que o **STF, quando** decidiu a respeito do tema da competência residual no julgamento da ADIN n. 939/DF (rel. Min. Sydney Sanches, Pleno, j. em 15-12-1993), apreciando o extinto IPMF, fez prevalecer a ideia, veiculada no voto do Min. Carlos Velloso, de que "a proibição inscrita no art. 154 da Constituição dirige-se ao legislador ordinário, e não ao constituinte derivado". Em outras palavras,

20. **Ver nesse sentido:** (I) RE 258.470/RS, 1ª T., rel. Min. Moreira Alves, j. em 21-03-2000; (II) RE 228.321/RS, Pleno, rel. Min. Carlos Velloso, j. em 01-10-1998; (III)RE 231.096/MG, 1ª T., rel. Min. Moreira Alves, j. em 02-03-1999.

a previsão de competência para a instituição de um tributo, por meio de *emenda constitucional*, não se enquadra no exercício da competência residual da União. A esse respeito, vale a pena relembrar o IPMF e a CPMF, cujas previsões se deram no bojo das EC n. 3/93 e EC n. 12/96, respectivamente.

2.2.6 *Competência extraordinária*

A competência *extraordinária* é o poder de instituição, pela União, por lei ordinária federal, do **imposto extraordinário (de guerra)**, conforme se depreende do art. 154, II, da CF c/c o art. 76 do CTN. A instituição por *lei ordinária* não inviabiliza a possível criação por *medida provisória*, uma vez que esta, como se sabe, é vedada tão só para os casos adstritos à lei complementar (ver art. 62, § 1º, III, CF). Note os comandos:

> Note o item considerado **CORRETO**, em prova realizada pela FCC, para o cargo de Auditor do Tesouro Estadual (Sefaz/PE), em 2014: *"A União poderá instituir, mediante lei ordinária, na iminência ou no caso de guerra externa, impostos extraordinários, compreendidos ou não em sua competência tributária, os quais serão suprimidos, gradativamente, cessadas as causas de sua criação".*

Na CF:

Art. 154. A União poderá instituir: (...)

II – na iminência ou no caso de guerra externa, impostos extraordinários, compreendidos ou não em sua competência tributária, os quais serão suprimidos, gradativamente, cessadas as causas de sua criação.

No CTN:

Art. 76. Na iminência ou no caso de guerra externa, a União pode instituir, temporariamente, impostos extraordinários compreendidos ou não entre os referidos nesta Lei, suprimidos, gradativamente, no prazo máximo de cinco anos, contados da celebração da paz.

> Note o item considerado **CORRETO**, em prova realizada pela COMPASS, para o cargo de Auditor fiscal de Tributos Municipais da Prefeitura Municipal de Carpina/PE, em 2016: *"Na iminência ou no caso de guerra externa, a União pode instituir, temporariamente, impostos extraordinários compreendidos ou não entre os referidos nesta Lei, suprimidos, gradativamente, no prazo máximo de cinco anos, contados da celebração da paz".*

O Imposto Extraordinário poderá ser criado em situação de beligerância, na qual se vir inserido o Brasil, com o intuito de gerar receitas extras à manutenção de nossas forças armadas. Assim, o contexto é restritivo: *guerra externa*, *iminente* ou *eclodida*, e não uma mera "guerra civil" ou **"comoção intestina"**.

> Note o item considerado **INCORRETO**, em prova realizada pelo TRF/4ª Região, para o cargo de Juiz Federal Substituto (XVII Concurso), em 2016: *"A União, na iminência ou nos casos de guerra externa ou de grave comoção intestina, poderá instituir impostos extraordinários, compreendidos ou não em sua competência tributária, os quais serão suprimidos, gradativamente, cessadas as causas de sua criação".*

Curiosamente, a situação de guerra externa pode ensejar a instituição do Imposto Extraordinário ou do Empréstimo Compulsório (art. 148, I, CF), ou de ambos, se aprouver à União, detentora de competência tributária de tais exações. *Ad argumentandum*, no âmbito dos traços distintivos entre ambos, poder-se-ia estabelecer: o Imposto Extraordinário surge por lei ordinária (ou MP), não é restituível e não se vincula à despesa que o fundamentou (art. 167, IV, CF); o Empréstimo Compulsório surge por **lei complementar (MP, aqui, não!)**, é restituível e tem receita afetada à despesa que o fundamentou (art. 148, parágrafo único, CF).

> Note o item (adaptado) considerado **CORRETO**, em prova realizada pelo Cebraspe, para o cargo de Promotor de Justiça Substituto (MPE/RR), em 2017: *"Em matéria tributária, uma lei ordinária NÃO pode dispor, entre outros temas, sobre instituição de empréstimo compulsório para atender a despesas extraordinárias decorrentes de calamidade pública"*.

Um ponto de extremo relevo deve ser enfatizado: o fato gerador da indigitada exação não será a guerra! Nem poderia ser! Também não pode conter ele a materialidade de tributo diverso de imposto, *v.g.*, de taxa! A esse respeito, o legislador constituinte sinalizou, conforme se nota na parte final do inciso II do art. 154, que o Imposto Extraordinário poderá, **estando ou não compreendido no campo de competência da União**, conter fato gerador de qualquer *imposto* ou até um fato gerador novo, não havendo limitação quanto à sua estrutura de incidência. Trata-se de uma permissão expressa na Constituição Federal para a ***bitributação* e para o *bis in idem***, uma vez ampla a liberdade de escolha do fato imponível para o Imposto Extraordinário.

> Note o item considerado **INCORRETO** em prova realizada pela FCC, para o cargo de Analista Administrativo (Técnico de Nível Superior) da Prefeitura de Teresina/PI, em 2016: *"Haverá inconstitucionalidade ainda que a bitributação esteja prevista no próprio texto constitucional"*.

Por fim, registre-se que tal imposto, sendo criado, terá exigência imediata, pois se trata de exceção às anterioridades *anual* e *nonagesimal* (art. 150, § 1º, CF).

Além disso, insta enfatizar que o gravame tem índole *provisória*, uma vez que, **cessadas as causas de sua criação, deve desaparecer.** Conforme o texto constitucional, o imposto pode até perdurar após a celebração da paz, desde que seja gradativamente extinto. A esse respeito, tentou o CTN (art. 76) ser mais preciso, dispondo que a cobrança do imposto será suspensa, no prazo máximo de cinco anos, a contar da data da celebração da paz. Portanto é vedado o interregno temporal superior a um quinquênio entre a celebração da paz e a extinção do imposto.

Com efeito, conforme se estudou no Capítulo 1, tal imposto é uma receita pública que se enquadra como "extraordinária", ou seja, um ingresso que ocorre em situação de excepcionalidade, com forte caráter temporário.

Observe, a seguir, um quadro comparativo entre a *Competência Extraordinária*, ora estudada, e a *Competência Residual*.

COMPETÊNCIA RESIDUAL	COMPETÊNCIA EXTRAORDINÁRIA
ART. 154 DA CF	
INCISO I	INCISO II
IMPOSTO RESIDUAL	IMPOSTO EXTRAORDINÁRIO
Tributo Federal (União)	Tributo Federal (União)
Competência tributária residual ou remanescente	Competência tributária extraordinária
Pode ser instituído a qualquer tempo	Só pode ser instituído nos **casos de guerra externa (iminente ou deflagrada)**
O contexto é de "imposto novo"	O contexto é de "imposto para situação de beligerância"
Lei complementar	**Lei ordinária**
Imposto permanente, sem limitação de tempo	Imposto provisório, com limitação de tempo
Observar o princípio da não cumulatividade	Não observar o princípio da não cumulatividade
Observar os princípios da anterioridade anual e nonagesimal	Não observar os princípios da anterioridade anual e nonagesimal
Proibição de coincidência entre o fato gerador ou a base de cálculo dele com os de outros impostos	Permissão de coincidência entre o fato gerador dele com os de outros impostos
Há limitações quanto à sua estrutura de incidência	Não há limitações quanto à sua estrutura de incidência
Respeito ao princípio da exclusividade das competências impositivas	Sem respeito ao princípio da exclusividade das competências impositivas

Note o item considerado **CORRETO**, em prova realizada pela CAIP-USCS, para o cargo de Advogado da Câmara Municipal de Atibaia/SP, em 2016: *"A competência tributária residual é a que outorga à União (e só à União) o poder de instituir novos impostos, distintos dos já previstos na Constituição Federal de 1988"*.

Note o item considerado **CORRETO**, em prova realizada pela Alternative Concursos, para o cargo de Advogado Legislativo da Câmara Municipal de Vereadores de Campo Erê/SC, em 2016: *"A instituição de impostos extraordinários pela União, somente será permitida nos casos de guerra externa ou na sua iminência"*.

Como se disse, em epígrafe, tem-se, com o Imposto Extraordinário, uma permissão expressa na Constituição Federal para a *bitributação* e para o *bis in idem*, uma vez ampla a liberdade de escolha do fato imponível para esse gravame.

A **bitributação** é a sistemática em que mais de um ente tributante cobra um ou mais tributos sobre **o mesmo fato gerador**. Ao veicular uma vitanda *solidariedade ativa*, o fenômeno apresenta-se criticável e passível de correção por ação judicial, exceto quanto ao Imposto Extraordinário, em que se tem uma bitributação constitucionalmente admitida.

> Note o item considerado **INCORRETO**, em prova realizada pela FCC, para o cargo de Procurador do Município de Campinas, em 2016: *"Em relação à base de cálculo, se for a mesma para dois ou mais impostos ocorrerá a 'bitributação', ainda que com fatos geradores diferentes".*

Afora a ressalva constitucionalmente prevista, quando depara o contribuinte com uma bitributação, pode se valer de uma ação judicial apta a corrigir tal solidariedade credora – *Ação de Consignação em Pagamento* –, uma vez que não pode haver "solidariedade ativa" no Direito Tributário, mas tão somente a solidariedade passiva (arts. 124 e 125 do CTN). A Ação Consignatória tem respaldo nos arts. 890 e seguintes no CPC (atual art. 593 e seguintes do NCPC) e no art. 164 do CTN, cuja transcrição, na parte que nos interessa, segue adiante:

> **Art. 164.** A importância do crédito tributário pode ser consignada judicialmente pelo sujeito passivo, nos casos: (...)
> **III** – de exigência, por mais de uma pessoa jurídica de direito público, de tributo idêntico sobre o mesmo fato gerador.

A propósito, é de todo oportuno tecer alguns comentários sobre o instituto similar, igualmente condenável, conhecido como ***bis in idem*** – sistemática em que um ente tributante cobra mais de um tributo sobre o mesmo fato gerador.

No questionamento judicial tributário, pode o operador do Direito, em face do *bis in idem*, valer-se das ações judiciais típicas do Processo Tributário, não havendo ação específica como método corretivo para tal "anomalia jurídica", como existe para o instituto da *bitributação*, *i.e.*, a ação de consignação em pagamento.

Em **2016**, em prova realizada pela FCC, para o cargo de Analista Administrativo (Técnico de Nível Superior) da Prefeitura de Teresina/PI, exigiram-se, em confronto, os conceitos de *bis in idem* e "bitributação". Observe os itens considerados **corretos**:

a) *"Há 'bis in idem' quando uma pessoa jurídica de direito público tributa mais de uma vez o mesmo contribuinte sobre o mesmo fato gerador"*;

b) *"Ocorre 'bitributação' quando duas pessoas de direito público tributam o mesmo contribuinte sobre o mesmo fato gerador"*.

Encerramos, assim, o presente capítulo com um quadro de memorização da terminologia utilizada para a *classificação das competências tributárias*:

DENOMINAÇÃO DA COMPETÊNCIA	TRIBUTOS	ENTIDADES POLÍTICAS
PRIVATIVA	Impostos, como regra. Outros tributos, inclusive.	União, Estados, Municípios e Distrito Federal
COMUM	Taxas e Contribuições de Melhoria	União, Estados, Municípios e Distrito Federal
CUMULATIVA OU MÚLTIPLA	Tributos em geral (o art. 147 da CF menciona *impostos*)	União e Distrito Federal
ESPECIAL	Empréstimos Compulsórios	**União**
	Contribuições (art. 149, *caput*, CF)	União
	Contribuições Sociais (art. 149, *caput*, CF)	Estados, Municípios e Distrito Federal
	Contribuição – CIP ou COSIP (art. 149-A, CF)	Municípios e Distrito Federal
RESIDUAL ou REMANESCENTE	Impostos e Contribuições para a Seguridade Social (art. 154, I, c/c art. 195, § 4º, ambos da CF)	União
EXTRAORDINÁRIA	Imposto Extraordinário (de Guerra)	União

Note o item considerado **CORRETO**, em prova realizada pela FCC, para o cargo de Auditor Fiscal da Receita Estadual (Sefaz/RJ), em 2014: *"Na iminência ou no caso de guerra externa, a União, mediante lei complementar, poderá instituir empréstimos compulsórios, para atender a despesas extraordinárias, dela decorrentes".*

15

ESPÉCIES DE TRIBUTOS E IMPOSTOS

1 CONSIDERAÇÕES INICIAIS

Segundo o entendimento doutrinário dominante, defende-se que subsistem **5 (cinco)** espécies de tributos, autônomas e inconfundíveis, no atual sistema tributário constitucional brasileiro, à luz da intitulada teoria *pentapartida*.

Curiosamente, o art. 145 da Carta Magna, na esteira do art. 5º do CTN, faz menção a apenas **3 (três)** espécies tributárias, *i.e.*, os *impostos*, as *taxas* e as *contribuições de melhoria*, fazendo transparecer que o ordenamento jurídico doméstico teria adotado uma divisão tricotômica, cujas bases sustentam a teoria *tripartida*. Não é à toa que o saudoso professor Ricardo Lobo Torres[1] aduz que "a Constituição de 1988, a exemplo do texto anterior, é confusa no classificar quantitativamente os tributos. A leitura do art. 145 pode levar a se concluir pela classificação tripartida do tributo, que abrangeria os impostos, as taxas e a contribuição de melhoria".

Observe os dispositivos:

Art. 145 (CF). A União, os Estados, o Distrito Federal e os Municípios poderão instituir os seguintes tributos:

I – impostos;

II – taxas, em razão do exercício do poder de polícia ou pela utilização, efetiva ou potencial, de serviços públicos específicos e divisíveis, prestados ao contribuinte ou postos a sua disposição;

III – contribuição de melhoria, decorrente de obras públicas.

1. TORRES, Ricardo Lobo. *Curso de direito financeiro e tributário*, 12. ed., p. 371.

Art. 5º (CTN). Os tributos são impostos, taxas e contribuições de melhoria.

Note o item considerado **CORRETO**, em prova realizada pelo IESES, para o cargo de Titular de Serviços de Notas e de Registros (TJ/RO), em 2017: *"Considerando as disposições expressas do CTN, os tributos são impostos, taxas e contribuições de melhoria"*.

Note o item considerado **INCORRETO**, em prova realizada pelo IESES, para o cargo de Titular de Serviços de Notas e de Registros – Provimento (TJ/SC), em 2019: *"A contribuição de melhoria não é um tributo"*.

Sendo assim, faz-se mister enfrentarmos as principais correntes doutrinárias que pretenderam estabelecer classificações dos tributos, a fim de delimitar o campo de estudo que ora se inicia.

A primeira corrente, capitaneada por Geraldo Ataliba[2], esposou entendimento calcado em uma teoria denominada *dicotômica* – também conhecida por teoria *clássica, dualista* ou *bipartite (bipartida)* –, que separava os tributos em apenas ***2 (duas) espécies***: *tributos vinculados* a uma atuação estatal (taxas e contribuições de melhoria, ambos aglutináveis na forma de "taxas") e *tributos não vinculados* (impostos). Assim, todo o arcabouço tributário se resumia no dicotômico binômio "imposto-taxa". Esta antiga concepção pode ser considerada válida apenas para fins meramente didáticos.

Frise-se que fizeram coro a Geraldo Ataliba outros tributaristas de nomeada, a saber, Pontes de Miranda[3] e Alfredo Augusto Becker[4], para quem "da análise da regra jurídica tributária apenas Impostos ou Taxas podem ser inferidos".

À época da elaboração do CTN, em 1966, prevalecia a *teoria tripartite (tripartida* ou *tricotômica)*, com fundamento em seu art. 5º, segundo a qual os tributos, independentemente da denominação adotada ou da destinação da receita, deveriam ser divididos em **3 (três)** espécies: **(I)** *impostos*, **(II)** *taxas* e **(III)** *contribuições de melhoria*.

Diga-se, em tempo, que essa teoria, que *"sempre gozou de grande prestígio entre os tributaristas"*[5], foi influenciada pelo *Código Tributário alemão* de 1919, estando presente já na *Constituição Federal de 1946*, na posterior *EC n. 18/65* e, após, no art. 5º do CTN, culminando com a inserção no atual texto constitucional (art. 145 da CF).

Segundo Rubens Gomes de Sousa[6], deveria prevalecer uma classificação tripartite: impostos, taxas e contribuições, estando compreendidas, neste último grupo, todas as receitas tributárias que não fossem impostos nem taxas.

2. ATALIBA, Geraldo. *Hipótese de incidência tributária*. 6. ed. São Paulo: Malheiros, 2002, pp. 130-133.
3. PONTES DE MIRANDA, Francisco Cavalcanti. *Comentários à Constituição de 1967*, V. II, p. 351.
4. BECKER, Alfredo Augusto. *Teoria geral do direito tributário*, p. 345.
5. TORRES, Ricardo Lobo. *Curso de direito financeiro e tributário*, 12. ed., p. 371.
6. SOUSA, Rubens Gomes de. *Compêndio de legislação tributária*. São Paulo: Resenha Tributária, 1975, p. 40.

Tal linha de pensamento foi seguida por importantes doutrinadores, para quem, de modo demasiado restritivo, o fato gerador era o elemento determinante da natureza jurídica do tributo (ver art. 4º do CTN). De fato, "os impostos não incorporam, no conceito, a destinação a esta ou àquela atuação do Estado que, de algum modo, possa ser referida ao contribuinte"[7].

Observe o **art. 4º do CTN:**

Art. 4º A natureza jurídica específica do tributo é determinada pelo fato gerador da respectiva obrigação, sendo irrelevantes para qualificá-la:

Note o item considerado **CORRETO**, em prova realizada pela Vunesp, para o cargo de Advogado (IPT/SP), em 2014: *"A natureza jurídica do tributo é determinada pelo fato gerador da respectiva obrigação".*

I – a denominação e demais características formais adotadas pela lei;

II – a destinação legal do produto da sua arrecadação.

Note o item considerado **INCORRETO**, em prova realizada pela FCC, para o cargo de Procurador da Prefeitura de Campinas/SP, em 2016: *"A natureza jurídica específica do tributo é determinada pelo fato gerador da respectiva obrigação, sendo relevante para qualificá-la a destinação legal do produto da sua arrecadação".*

Note o item considerado **CORRETO**, em prova realizada pela VUNESP, PauliPrev-SP, para o cargo de Procurador Autárquico, em 2018: *"Segundo o CTN, a natureza jurídica específica do tributo é determinada pelo fato gerador da respectiva obrigação, sendo irrelevante para qualificá-la a destinação do produto da sua arrecadação".*

Nesse sentido, Sacha Calmon Navarro Coêlho[8] enfatiza que "tributo é categoria genérica que se reparte em espécies: impostos, taxas e contribuições de melhoria".

Na mesma trilha, seguiu Américo Masset Lacombe[9], para quem "tributos são impostos, ou taxas ou contribuições de melhoria. Tanto as demais contribuições sociais ou especiais, ou lá que nome venham a ter, como os empréstimos compulsórios, nada mais são que ou impostos ou taxas. Eles se revestem ou da categoria de imposto ou da categoria de taxa".

Para Paulo de Barros Carvalho[10], há três espécies de tributos: o imposto, a taxa e a contribuição de melhoria, afirmando-se que o empréstimo compulsório pode assumir quaisquer dessas configurações, e as contribuições ou são impostos ou são taxas.

7. AMARO, Luciano. *Direito tributário brasileiro*, 14. ed., p. 82.
8. COÊLHO, Sacha Calmon Navarro. *Comentários à Constituição de 1988*. 7. ed. Rio de Janeiro: Forense, 1998, p. 2.
9. LACOMBE, Américo Masset Lourenço. Taxa e preço público, p. 8.
10. CARVALHO, Paulo de Barros. *Curso de direito tributário*, 16. ed., p. 27-45.

É relevante apresentar o pensamento do eminente e saudoso tributarista Ricardo Lobo Torres[11], para quem a Constituição teria adotado a *divisão quadripartida*: "o tributo compreende o imposto, taxa, a contribuição e o empréstimo compulsório". O estimado professor acredita que as contribuições sociais, de intervenção no domínio econômico e de interesse de categorias profissionais ou econômicas, referidas no art. 149, amalgamam-se, no eixo conceitual, às contribuições de melhoria, mencionadas no art. 145, III, "subsumindo-se todas no conceito mais amplo de contribuições especiais".

Luciano Amaro[12], por sua vez, adepto dessa corrente, entende que as espécies tributárias são: *impostos*, *taxas* (de serviço, de utilização de via pública e, ainda, a contribuição de melhoria), *contribuições* (sociais, econômicas e corporativas) e *empréstimos compulsórios*. Para este autor, portanto, ao contrário do que entende grande parte da doutrina, a *contribuição de melhoria* não constituiria uma espécie tributária autônoma, mas seria uma modalidade da categoria *taxa*.

Fato é que, nas décadas de 1980 e 1990, sobrevieram, respectivamente, os *empréstimos compulsórios* e as *contribuições*, como nítidas figuras tributárias. Nesse diapasão, fez-se mister cotejar tais exações com o art. 3º do CTN, definidor de tributo, inferindo-se que elas se mostravam como nítidas prestações pecuniárias, compulsórias, diversas de multa, instituídas por meio de lei e cobradas por meio de lançamento. Por isso mesmo, tributos eram.

Daí o surgimento da teoria *pentapartida*, que hoje predomina entre nós, na doutrina[13], e no **STF**, indicando o entendimento ao qual nos filiamos, conquanto chancelemos, com louvor, a análise de Luciano Amaro[14] sobre os critérios de classificação dos tributos:

> Os critérios de classificação dos tributos não são certos ou errados. São mais adequados, menos adequados, ou inadequados (a) no plano da teoria do direito tributário, ou (b) no nível do direito tributário positivo, como instrumento que permita (ou facilite) a identificação das características que devem compor cada espécie de tributo (...).

11. TORRES, Ricardo Lobo. *Curso de direito financeiro e tributário*, 12. ed., pp. 371-372.
12. AMARO, Luciano. *Direito tributário brasileiro*, 14. ed., p. 81.
13. *Nessa linha intelectiva, ver, entre outros, os seguintes autores:* **(I)** MARTINS, Ives Gandra da Silva. As contribuições especiais numa divisão quinquipartida dos tributos. *Comentários ao Código Tributário Nacional*. São Paulo: Bushatsky, 1977, v. 3, p. 25; **(II)** BASTOS, Celso Ribeiro. *Curso de direito financeiro e direito tributário*. São Paulo: Saraiva, 1991, p. 146; **(III)** CASSONE, Vittorio. *Direito tributário*. 18. ed. São Paulo: Atlas, 2007, p. 51; **(IV)** HARADA, Kiyoshi. *Direito financeiro e tributário*, 7. ed., São Paulo: Atlas, p. 155; **(V)** MARTINS, Sergio Pinto. *Manual de direito tributário*. 3. ed. São Paulo: Atlas, 2004, p. 101; **(VI)** BARRETO, Paulo Ayres. *Contribuições...*, São Paulo: Noeses, 2006, p. 29; **(VII)** DENARI, Zelmo. *Curso...*, Rio de Janeiro: Forense, 1991, pp. 48, 105 e 116; **(VIII)** FERREIRA FILHO, Manoel Gonçalves, *Comentários...*, São Paulo: Saraiva, 1994, v. 3, p. 91; **(IX)** MELO, José Eduardo Soares de. *Contribuições Sociais...*, São Paulo: Malheiros, 1993, p. 90-95.
14. AMARO, Luciano. *Direito tributário brasileiro*, 14. ed., p. 69.

Aliomar Baleeiro[15] foi um dos primeiros doutrinadores, no Brasil, a admitir a possibilidade de existência de cinco espécies tributárias, embora não o tenha afirmado categoricamente. Apesar de admitir, em princípio, apenas três espécies tributárias (impostos, taxas e contribuições de melhoria), já via as contribuições especiais como uma categoria tributária juridicamente autônoma[16], registrando, ainda, que os empréstimos compulsórios revestiam-se da indumentária de tributo.

Nesse passo, a teoria pentapartida (pentapartite ou quinquipartida) baseia-se na distribuição dos tributos em cinco autônomas exações: impostos, taxas, contribuições de melhoria, empréstimos compulsórios e as contribuições.

Note o item considerado **CORRETO**, em prova realizada pelo IMA, para o cargo de Advogado da Prefeitura Municipal de Buriti dos Lopes/PI, em 2016: *"São espécies tributárias, impostos, taxas, contribuições de melhoria e empréstimos compulsórios e contribuições especiais"*.

Note o item considerado **CORRETO**, em prova realizada pelo IBFC, Câmara de Feira de Santana-BA, para o cargo de Procurador Jurídico Adjunto, em 2018: *"As espécies tributárias na visão da teoria de classificação chamada de 'pentapartida' são: impostos, taxas, contribuições de melhoria, empréstimos compulsórios e contribuições parafiscais ou especiais"*.

Note o elucidativo trecho do voto do Ministro do **STF, Moreira Alves**, em 29-06-**1992**, no **RE 146.733-9/SP** (Pleno):

> (...) De fato, a par das *três* modalidades de tributos (os *impostos, as taxas e as contribuições de melhoria*), a que se refere o art. 145, para declarar que são competentes para instituí-los a União, os Estados, o Distrito Federal e os Municípios, os arts. 148 e 149 aludem a *duas outras* modalidades tributárias, para cuja instituição só a União é competente: *o empréstimo compulsório e as contribuições sociais*, inclusive as de intervenção no domínio econômico e de interesse das categorias profissionais ou econômicas. **(Grifos nossos)**

É importante observar o didático trecho do voto do Ministro do **STF, Carlos Velloso**, em **1º-07-1992**, no **RE 138.284/CE** (Pleno), por nós, aqui e visualmente, organizado:

Note o item considerado **CORRETO**, em prova realizada pela FGV, para o cargo de Procurador do Município (PGM-Niterói/RJ), em 2014: *"Em um precedente específico, o STF detalhou as espécies tributárias à luz do Sistema Tributário implantado pela Constituição de 1988. Isso se deu no julgamento do RE n. 138.284/CE, do qual foi Relator o Ministro Carlos Velloso, cujo voto foi acompanhado pela unanimidade dos demais Ministros. Em tal precedente, o STF concluiu que as espécies tributárias são impostos, taxas, empréstimos compulsórios e contribuições de melhoria e parafiscais"*.

15. V. BALEEIRO, Aliomar. *Direito tributário brasileiro*. Atualização de Misabel Abreu Machado Derzi. 11. ed. Rio de Janeiro: Forense, 2007, pp. 63 e 71.
16. *Ibidem*, p. 155 (nota 8).

"(...) As diversas espécies tributárias, determinadas pela hipótese de incidência ou pelo fato gerador da respectiva obrigação (CTN, art. 4º) são as seguintes:

(1) a) os **impostos** (CF arts. 145, I, 153, 154, 155 e 156);

(2) b) as **taxas** (CF, art. 145, II);

(3) c) as **contribuições**, que podem ser assim classificadas:

c.1. **de melhoria** (CF, art. 145, III);

c.2. **parafiscais** (CF, art. 149), que são:

c.2.1. **sociais**,

c.2.1.1. **de seguridade social** (CF, art. 195, I, II [alterado pela **EC n. 103/2019**] e III),

c.2.1.2. **outras de seguridade social** (CF, art. 195, § 4º),

c.2.1.3. **sociais gerais** (o salário-educação, SESI, SENAI, etc. (...));

c.3. **especiais**;

c.3.1. **de intervenção no domínio econômico** (CF, art. 149) e

c.3.2. **corporativas** (CF, art. 149). (...)

(4) d) os **empréstimos compulsórios** (CF, art. 148)."

Embora as duas decisões do **STF**, posto que contemporâneas, apresentem certa divergência quanto ao número exato de tributos – cinco, no primeiro julgado, e quatro, neste último –, fica assente que o Pretório Excelso ratifica o entendimento segundo o qual, além dos impostos, taxas e contribuições de melhoria, incrementam o sistema tributário nacional os empréstimos compulsórios (art. 148 da CF) e as contribuições (art. 149 da CF). "*Assim sendo, para a classificação dos tributos terá que se levar em conta o disposto nos arts. 148 e 149*"[17].

É importante frisar que o critério da pentapartição prestigia os tributos finalísticos – os empréstimos compulsórios e as contribuições (art. 149 da CF) –, ou seja, exações em que a denominação e a destinação são destacadas pelo próprio legislador constituinte, não tendo relevância para a identificação do fato gerador do tributo, como ocorre com os impostos, taxas e contribuições de melhoria.

Nesse compasso, diz-se que o art. 4º, I e II, do CTN ***não* se aplica** aos empréstimos compulsórios e às contribuições.

Observe o quadro mnemônico a seguir:

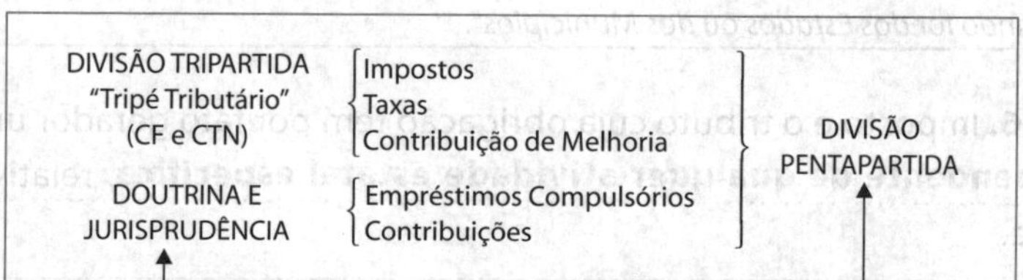

De uma maneira ou de outra, "as variações da doutrina em torno do tema têm sido numerosas. A par das classificações bipartidas, há as tripartidas, quadripartidas,

17. TORRES, Ricardo Lobo. *Curso de direito financeiro e tributário*, 12. ed., p. 371.

quinquipartidas. E o campo é propício para a ampliação do rol, dependendo do nível de especificação analítica a que se chegue"[18].

Ad argumentandum, há até quem defenda que, com o advento da EC n. 39/2002, que trouxe à baila a *Contribuição para o Serviço de Custeio de Iluminação Pública* (CIP ou COSIP), de competência privativa dos **Municípios e Distrito Federal**, consoante o art. 149-A da CF, passou a viger uma nova concepção classificatória dos tributos: a teoria *hexapartida*, dada a singularidade do tributo ora surgido, não confundível com as demais exações – tema que será explicado em momento ulterior deste capítulo.

Note o item considerado **CORRETO**, em prova realizada pela Vunesp, para o cargo de Analista/Advogado (CR-Bio, 1ª Região), em 2017: *"Na forma das respectivas leis, poderão instituir contribuição para o custeio do serviço de iluminação pública os Municípios e o Distrito Federal".*

Observação: item semelhante, indicando a competência dos municípios e Distrito Federal para a instituição da COSIP, foi considerado **CORRETO**, em prova realizada pela FAEPESUL, para o cargo de Fiscal Fazendário da Prefeitura de Grão Pará/SC, em 2016.

Passemos, agora, à análise dos cinco tipos de tributos. Neste capítulo, estudaremos os Impostos. Os próximos capítulos serão dedicados aos quatro outros tributos, um a um.

1.1 Impostos

Imposto é tributo cuja obrigação tem por fato gerador uma situação independente de qualquer atividade estatal específica, relativa à vida do contribuinte, à sua atividade ou a seu patrimônio – é o que se depreende da dicção do **art. 16 do CTN**.

Note o item considerado **CORRETO**, em prova realizada pela FCC, para o cargo de Analista Judiciário (TRT 20ª Região/SE), em 2016: *"De acordo com o CTN, a exação cuja obrigação tem por fato gerador uma situação independente de qualquer atividade estatal específica, relativa ao contribuinte, denomina-se 'imposto', tanto quando a competência for da União, como quando for dos Estados ou dos Municípios".*

Art. 16. Imposto é o tributo cuja obrigação tem por fato gerador uma **situação independente de qualquer atividade estatal específica**, relativa ao contribuinte.

Note o item considerado **CORRETO**, em prova realizada pela FMP, para o cargo de Procurador do Estado (PGE/AC), em 2017: *"O fato gerador da obrigação afeta ao imposto deve configurar uma situação que independa de uma atividade estatal específica relativa ao contribuinte".*

18. AMARO, Luciano. *Direito tributário brasileiro*, 14. ed., p. 65.

Note o item considerado **CORRETO**, em prova realizada pelo CEBRASPE, STJ, para o cargo de Analista Judiciário, em 2018: *"O imposto se distingue das demais espécies de tributos porque tem como fato gerador uma situação que independe de atividades estatais específicas"*.

Note o item considerado **CORRETO**, em prova realizada pelo IESES, para o cargo de Titular de Serviços de Notas e de Registros – Provimento (TJ/SC), em 2019: *"'Imposto', de acordo com o CTN, é o tributo cuja obrigação tem por fato gerador uma situação independente de qualquer atividade estatal específica, relativa ao contribuinte"*.

Para Paulo de Barros Carvalho[19], "podemos definir imposto como o tributo que tem por hipótese de incidência um fato alheio a qualquer atuação do Poder Público".

O art. 145, I, da CF também prevê essa figura tributária, sem tecer considerações sobre o aspecto material do gravame.

> **Art. 145.** A União, os Estados, o Distrito Federal e os Municípios poderão instituir os seguintes tributos:
>
> **I** – impostos; (...)

Nesse passo, o imposto define-se como *tributo não vinculado*[20] à atividade estatal, o que o torna atrelável à atividade do particular, ou seja, ao **âmbito privado do contribuinte**.

Note o item considerado **CORRETO** em prova realizada pelo Cebraspe, para o cargo de Procurador do Município de Fortaleza/CE, em 2017: *"O imposto é espécie tributária caracterizada por indicar fato ou situação fática relativa ao próprio contribuinte no aspecto material de sua hipótese de incidência"*.

Dessarte, "é da índole do imposto, no nosso direito positivo, a inexistência de participação do Estado, desenvolvendo atuosidade atinente ao administrado"[21].

Na esteira de uma classificação qualitativa, os "tributos vinculados são os tributos devidos em decorrência de uma prestação estatal em favor do contribuinte; vinculadas são as taxas e as contribuições; não vinculados, os impostos"[22].

Esses elementos conceituais nos permitem perceber que o tributo vinculado tende a se afastar do princípio da capacidade contributiva, exsurgindo no ambiente que favorece o sistema de custo/benefício ou equivalência. É o que os torna "comutativos ou retributivos". Por outro lado, o tributo não vinculado – no caso, o impos-

19. CARVALHO, Paulo de Barros. *Curso de direito tributário*, 16. ed., p. 36.
20. *V.* MACHADO, Hugo de Brito. *Curso de direito tributário*, 29. ed., p. 296.
21. CARVALHO, Paulo de Barros. *Curso de direito tributário*, 16. ed., p. 36.
22. TORRES, Ricardo Lobo. *Curso de direito financeiro e tributário*, 12. ed., pp. 371 e 372.

to – encontra sua essencial justificativa no princípio da capacidade contributiva, o que lhe avoca o rótulo de "tributo contributivo"[23].

Assim, para o pagamento do imposto, basta a realização, pelo particular, do fato gerador, não correspondendo, em si, "a preço por vantagens que o Estado conceda ao obrigado, mas a captação de riqueza para o tesouro público"[24].

Essa é a razão por que se diz que o imposto é *tributo unilateral*. Em outras palavras, costuma-se rotular a exação de *tributo sem causa* ou *gravame não contraprestacional*, uma vez desvinculado de qualquer atividade estatal correspectiva.

Para José Eduardo Soares de Melo[25], o imposto sinaliza "um tipo de tributo que tem como elemento fundamental um ato, negócio ou situação jurídica respaldada em substrato econômico, pertinente a uma pessoa privada, sem qualquer participação direta e imediata do Poder Público".

De fato, a título de exemplificação, "quando *Caio* se torna proprietário de um bem imóvel, localizado na zona urbana, ele deve pagar o IPTU, sem qualquer atuação estatal paralela"; de outra banda, "quando o *Município X* presta a *Caio* um serviço público específico e divisível, *Caio* deve pagar uma taxa de serviço ao ente político".

Fica fácil perceber que, no âmbito do *imposto*, "o contribuinte age, e ele próprio arca com o gravame"; na seara da *taxa*, por sua vez, "o Estado age, e o contribuinte arca com a exação".

Com efeito, "o fato gerador do imposto é uma situação (por exemplo, aquisição de renda, prestação de serviços etc.) que não supõe nem se conecta com nenhuma atividade do Estado especificamente dirigida ao contribuinte"[26], significando que para exigi-lo "de certo indivíduo não é preciso que o Estado lhe preste algo determinado"[27].

O **STJ**, a propósito, já decidiu que o contribuinte não poderia obrigar o Município a realizar certa obra ou serviço, sob a alegação de que havia pago o IPTU:

> **EMENTA:** TRIBUTÁRIO. CONTRIBUINTE DO IPTU. CONTRAPRESTAÇÃO DO ESTADO AO RECOLHIMENTO DO IMPOSTO. INEXISTÊNCIA DE PREVISÃO LEGAL. CONCEITOS DE CONTRIBUINTE E CONSUMIDOR. EQUIPARAÇÃO. IMPOSSIBILIDADE. CÓDIGO DE DEFESA DO CONSUMIDOR. INAPLICABILIDADE *IN CASU*. 1. Os impostos, diversamente das taxas, têm como nota característica sua <u>desvinculação a qualquer atividade estatal específica em benefício do contribuinte</u>. 2. <u>Consectariamente, o Estado não</u>

23. *V.* TORRES, Ricardo Lobo. *Curso de direito financeiro e tributário*, 12. ed., pp. 371 e 372.
24. NOGUEIRA, Ruy Barbosa. *Curso de direito tributário*, 14. ed., p. 158.
25. MELO, José Eduardo Soares de. *Curso de direito tributário*, 8. ed., p. 55.
26. AMARO, Luciano. *Direito tributário brasileiro*, 14. ed., p. 30.
27. *Idem.*

pode ser coagido à realização de serviços públicos, como contraprestação ao pagamento de impostos, quer em virtude da natureza desta espécie tributária, quer em função da autonomia municipal, constitucionalmente outorgada, no que se refere à destinação das verbas públicas. (...) 5. Recurso especial desprovido. **(REsp 478.958/PR, 1ª T., Min. Luiz Fux, j. em 24-06-2003) (Grifos nossos)**

Insta mencionar que o imposto é, concomitantemente, *exação não vinculada* e *gravame de arrecadação não afetada*. É que a receita dos impostos visa custear as despesas públicas gerais ou universais, *v.g.*, educação, segurança pública, **limpeza pública** etc. Além disso, a receita do imposto não pode se atrelar a qualquer órgão, fundo ou despesa, à luz da proibição derivada do princípio da não afetação, previsto no inciso IV do art. 167 da Carta Magna, a ser detalhado no próximo tópico.

> Note o item considerado **CORRETO**, em prova realizada pela FCC, Sefaz/PE, para o cargo de Auditor Fiscal do Tesouro Estadual (Sefaz/PE), em 2014: *"O Município de Caruaru/PE, mediante a edição da Lei n. 5.658/14, instituiu a cobrança de TLP – Taxa de Limpeza Pública, que tem como fato gerador os serviços de conservação e limpeza de logradouros públicos pelo referido município. Na situação hipotética, a cobrança desse tributo é ilegítima, pois o fato gerador corresponde a serviço público universal e indivisível, que não possibilita a individualização dos respectivos usuários"*.

1.1.1 O princípio da não afetação e os impostos

O postulado da não afetação (ou não vinculação) dos impostos, previsto no inciso IV do art. 167 da CF, dispõe que **é proibida a vinculação de receita de impostos a órgão, fundo ou despesa**.

Note o comando, na redação dada pela EC n. 42/2003:

Art. 167. São vedados: (...)

IV – ***a vinculação de receita de impostos a órgão, fundo ou despesa, ressalvadas a repartição do produto da arrecadação dos impostos a que se referem os arts. 158 e 159***, a destinação de recursos para as ações e serviços públicos de saúde, para manutenção e desenvolvimento do ensino e para realização de atividades da administração tributária, como determinado, respectivamente, pelos arts. 198, § 2º, 212 e 37, XXII, e a prestação de garantias às operações de crédito por antecipação de receita, previstas no art. 165, § 8º, bem como o disposto no § 4º deste artigo; (...)

> Note o item (adaptado) considerado **INCORRETO**, em prova realizada pela Fundatec, para o cargo de Auditor da Receita Estadual (Sefaz/RS), em 2014: *"Os impostos poderão ter a sua receita vinculada a órgão, fundo ou despesa"*.

Note o item considerado **INCORRETO**, em prova realizada pela FMP/RS, para o cargo de Juiz (TJ/MT), em 2014: *"Considerando as normas constitucionais e características de cada espécie, é correto afirmar que a competência para a instituição de impostos é outorgada forte no critério da base econômica ou materialidade (revelações de riqueza do contribuinte) e não no da finalidade, mas não há impedimento a que o legislador, ao instituir um imposto, vincule o seu produto a determinado órgão ou ao custeio de determinada despesa ou investimento".*

Por força de tal vedação, que mais se mostra como *regra* do que como "princípio" – haja vista não se pôr como "um fim a ser buscado, mas uma vedação a ser observada pelo legislador"[28] –, não se pode majorar um imposto e vincular tal aumento a uma dada finalidade, sob pena de irremissível inconstitucionalidade. Portanto, a regra, dirigida ao legislador, visa "vincular a receita pública a certas despesas"[29].

No plano da motivação, o mandamento em análise visa assegurar que o conjunto das receitas componha uma "massa distinta e única"[30], hábil a cobrir o conjunto das despesas. Quer-se, assim, evitar que a receita de impostos, por antecipação, fique comprometida, "inviabilizando de apresentar proposta orçamentária apta à realização do programa de governo aprovado nas urnas"[31].

Diversamente da previsão constante da *Constituição Federal de 1967* (§ 2º, art. 62), que determinava a não afetação a todos os tributos[32], o texto constitucional hodierno atrelou o postulado, de índole orçamentária, a *impostos*, e não a "tributos". Daí afirmar que a afetação compõe o desenho legislativo das demais figuras tributárias, a saber, da taxa, da contribuição de melhoria, do empréstimo compulsório e das contribuições (das CIDEs, das contribuições corporativas e das sociais)[33].

Como se depreende do dispositivo em epígrafe, o *princípio da não afetação dos* ***impostos***[a] não é absoluto, comportando **exceções**[b], constitucionalmente expressas, que o mitigam, assim resumidas: (**1ª**) a *repartição de receitas tributárias*; (**2ª**) a destinação de recursos para as ações e serviços públicos de *saúde*, para manutenção e desenvolvimento do *ensino* e para realização de atividades da *administração tributária*; e (**3ª**) a prestação de garantias (**i**) para operações de crédito por antecipação de

28. PAULSEN, Leandro. *Direito tributário:* Constituição e Código Tributário *Nacional* à luz da doutrina e da jurisprudência. 9. ed. Porto Alegre: Livraria do Advogado, 2007, p. 422.
29. TORRES, Ricardo Lobo. *Curso de direito financeiro e tributário*. 12. ed. Rio de Janeiro: Renovar, 2005, p. 119.
30. BALEEIRO, Aliomar. *Direito tributário brasileiro*. Atualização de Misabel Abreu Machado Derzi. 11. ed. Rio de Janeiro: Forense, 2007, p. 199.
31. PAULSEN, Leandro. *Direito tributário:* Constituição e Código Tributário *Nacional* à luz da doutrina e da jurisprudência. 9. ed. Porto Alegre: Livraria do Advogado, 2007, p. 421.
32. *V.* TORRES, Ricardo Lobo. *Curso de direito financeiro e tributário*. 12. ed. Rio de Janeiro: Renovar, 2005, p. 121.
33. *Idem.*

receita, (ii) para a União (garantia e contragarantia) e (iii) para pagamento de débitos para com esta.

> **a.** Note o item considerado **CORRETO**, em prova realizada pelo CEBRASPE, para o cargo de Delegado de Polícia Substituto (PC/GO), em 2017: *"A aplicação do princípio da não vinculação de receita a despesa específica é limitada aos 'impostos'"*.
>
> **b.** Note o item considerado **CORRETO**, em prova realizada pela Fundep, para o cargo de Auditor/Conselheiro Substituto do Tribunal de Contas (TCE/MG), em 2015: *"A previsão constitucional geral é de que é vedada a vinculação de receita de impostos a órgão, fundo ou despesa, ressalvadas as exceções admitidas pela Constituição"*.

Observe o quadro mnemônico, que auxilia na memorização de tais exceções:

Exceções ao *princípio da não afetação dos impostos*
1ª Repartição constitucional dos impostos;
2ª Destinação de recursos para a *saúde*; Destinação de recursos para o desenvolvimento do *ensino*; Destinação de recursos para a atividade de administração tributária;
3ª Prestação de garantias para: **(i)** operações de crédito por antecipação de receita; **(ii)** a União (garantia e contragarantia); e **(iii)** pagamento de débitos para com esta.

Sob uma perspectiva mais detalhada de exposição das exceções ao princípio, teremos:

1. A repartição do produto da arrecadação de impostos;
2. A destinação de recursos para (I) as ações e serviços públicos de *saúde*, para (II) manutenção e desenvolvimento do *ensino* (e não, por exemplo, para assuntos como "segurança pública" ou "fundo de amparo ao trabalhador"!) e para (III) realização de atividades da *administração tributária* (fruto da EC n. 42/2003), como determinado, respectivamente, pelos seguintes dispositivos:

(I) Art. 198. (...)

§ 2º A União, os Estados, o Distrito Federal e os Municípios aplicarão, anualmente, em ações e serviços públicos de saúde recursos mínimos (...)

(II) Art. 212. A União aplicará, anualmente, nunca menos de *dezoito*, e os Estados, o Distrito Federal e os Municípios *vinte e cinco por cento*, no mínimo, da receita resultante de impostos, compreendida a proveniente de transferências, na manutenção e desenvolvimento do ensino.

(III) Art. 37. A administração pública direta e indireta de qualquer dos Poderes da União, dos Estados, do Distrito Federal e dos Municípios obedecerá aos princípios de legalidade, impessoalidade, moralidade, publicidade e eficiência e, também, ao seguinte: (...)

XXII – as administrações tributárias da União, dos Estados, do Distrito Federal e dos Municípios, atividades essenciais ao funcionamento do Estado, exercidas por servidores de carreiras específicas, terão recursos prioritários para a realização de suas atividades e atuarão de forma integrada, inclusive com o compartilhamento de cadastros e de informações fiscais, na forma da lei ou convênio. **(Incluído pela EC n. 42/2003)**

3. A prestação de garantias às operações de crédito por antecipação de receita, previstas no art. 165, § 8º, bem como o disposto no **§ 4º** deste artigo:

Art. 165. (...)

§ 8º A lei orçamentária anual não conterá dispositivo estranho à previsão da receita e à fixação da despesa, não se incluindo na proibição a autorização para abertura de créditos suplementares e contratação de operações de crédito, ainda que por antecipação de receita, nos termos da lei.

Art. 167.(...)

§ 4º É permitida a vinculação de receitas próprias geradas pelos impostos a que se referem os arts. 155 e 156, e dos recursos de que tratam os arts. 157, 158 e 159, I, *a* e *b*, e II, para a prestação de garantia ou contragarantia à União e para pagamento de débitos para com esta.

Em tempo, urge relatar um caso retumbante na jurisprudência do **STF**, afeto à Lei n. 6.556/89 do Estado de São Paulo. Na ocasião, buscou-se a vinculação de receita do ICMS (majorado de 17% para 18%) ao aumento de capital da Caixa Econômica do Estado de São Paulo, para financiamento de programa habitacional. O referido aumento foi declarado inconstitucional pelo **STF**. Observe a ementa:

EMENTA: IMPOSTO – VINCULAÇÃO A ÓRGÃO, FUNDO OU DESPESA. A teor do disposto no inciso IV do artigo 167 da CF, é vedado vincular receita de impostos a órgão, fundo ou despesa. A regra apanha situação concreta em que lei local implicou majoração do ICMS, destinando-se o percentual acrescido a um certo propósito – aumento de capital de caixa econômica, para financiamento de programa habitacional. Inconstitucionalidade dos artigos 3º, 4º, 5º, 6º, 7º, 8º e 9º da Lei n. 6.556, de 30 de novembro de 1989, do Estado de São Paulo. **(RE 213.739, rel. Min. Marco Aurélio, Pleno, j. em 06-05-1998)** (**Observação:** ver, ainda, o RE 172.153, rel. Min. Maurício Corrêa, 2ª T., j. em 12-12-1997)

Na mesma direção, em **13 de junho de 2018, o Plenário do STF**, por maioria e nos termos do voto da relatora (Min. Cármen Lúcia), julgou procedente o pedido formulado na **ADI n. 553/RJ**, proposta pelo Governador do Estado do Rio de Janeiro, para declarar a inconstitucionalidade do art. 226, § 1º, da Constituição daquele Estado-membro. Trata-se de mais um exemplo de norma que afrontou o art. 167, IV, da CF. Note o dispositivo na Constituição fluminense:

> **Art. 226.** Fica criado o *Fundo de Desenvolvimento Econômico*, voltado para o apoio e estímulo de projetos de investimentos industriais prioritários do Estado.
>
> § 1º Ao *Fundo de Desenvolvimento Econômico* serão destinados recursos de, no mínimo, 10% (dez por cento) do total anualmente transferido para o Estado, proveniente do Fundo de Participação dos Estados, previsto no artigo 159, inciso I, letra "a", da Constituição da República, dos quais 20% (vinte por cento) se destinarão a projetos de microempresas e de empresas de pequeno porte.

Por outro lado, é importante registrar que a EC n. 42/2003, incluindo o parágrafo único no art. 204 da CF, facultou aos Estados e ao Distrito Federal vincular até cinco décimos por cento (0,5%) de sua receita tributária líquida a programa de apoio à inclusão e promoção social, vedada a aplicação desses recursos no pagamento de **(I)** despesas com pessoal e encargos sociais; **(II)** serviço da dívida; e **(III)** qualquer outra despesa corrente não vinculada diretamente aos investimentos ou ações apoiados.

Aliás, utilizando essas mesmas ressalvas, o legislador constituinte derivado (EC n. 42/2003) incluiu o § 6º ao art. 216 da CF, prevendo que "é facultado aos Estados e ao Distrito Federal vincular a fundo estadual de fomento à cultura até cinco décimos por cento (0,5%) de sua receita tributária líquida, para o financiamento de programas e projetos culturais".

Nesse rumo, mencione-se que o *Fundo de Combate e Erradicação da Pobreza*, instituído para vigorar até o ano de 2010, foi prorrogado por tempo indeterminado por meio da EC n. 67/2010, visando viabilizar a todos os brasileiros o acesso a níveis dignos de subsistência. Os recursos do mencionado Fundo serão aplicados em ações suplementares de nutrição, habitação, educação, saúde, reforço de renda familiar e outros programas de relevante interesse social voltados para melhoria da qualidade de vida. Ele é composto da receita de alguns impostos (IPI-Seletivo e Imposto sobre Grandes Fortunas), entre outras fontes, conforme a dicção do art. 80, ADCT, *ad litteram*:

> **Art. 80.** Compõem o Fundo de Combate e Erradicação da Pobreza:
>
> **II** – a parcela do produto da arrecadação correspondente a um adicional de cinco pontos percentuais na alíquota do Imposto sobre Produtos Industrializados – IPI, ou do imposto que vier a substituí-lo, incidente sobre produtos supérfluos e aplicável até a extinção do Fundo;
>
> **III** – o produto da arrecadação do imposto de que trata o art. 153, inciso VII, da Constituição; (...)

Daí se poder concluir que o postulado da não afetação (ou não vinculação) dos impostos, previsto no inciso IV do art. 167 da CF, ao proibir a vinculação de receita de impostos a órgão, fundo ou despesa, não o faz como regra absoluta, mas como mandamento que comporta importantes relativizações.

1.1.2 *Os impostos e a privatividade das competências*

É importante frisar que o regime jurídico-constitucional dos impostos é bastante peculiar. O legislador constituinte repartiu a competência legislativa para instituí-los entre as entidades impositoras, ou seja, as pessoas jurídicas de direito público interno – União, Estados, Distrito Federal e Municípios. Desse plano decorre, terminologicamente, o contexto da *competência privativa* para a instituição dos impostos. Estes foram, então, nominalmente enumerados, indicando-se a cada uma das pessoas políticas quais os que lhes cabem instituir[34].

O quadro adiante permitirá que o leitor tome contato com os nomes técnicos dos impostos, a partir de siglas correntes, percebendo que nem sempre a abreviatura corresponde à sua fiel tradução por extenso:

1. **II** – Imposto sobre importação de produtos estrangeiros.
2. **IE** – Imposto sobre exportação, para o exterior, de produtos nacionais ou nacionalizados.
3. **IR** – Imposto sobre renda e proventos de qualquer natureza.
4. **IPI** – Imposto sobre produtos industrializados.
5. **IOF** – Imposto sobre operações de crédito, câmbio e seguro ou relativas a títulos ou valores mobiliários.
6. **ITR** – Imposto sobre propriedade territorial rural.
7. **IExt** – Imposto extraordinário (de guerra).
8. **IGF** – Imposto sobre grandes fortunas.
9. **ITCMD** – Imposto sobre transmissão *causa mortis* e doação, de quaisquer bens ou direitos.
10. **ICMS** – Imposto sobre operações relativas à circulação de mercadorias e sobre prestações de serviços de transporte interestadual e intermunicipal e **de comunicação**.
11. **IPVA** – Imposto sobre propriedade de veículos automotores.
12. **IPTU** – Imposto sobre propriedade territorial urbana.
13. **ITBI** – Imposto sobre transmissão *inter vivos*, a qualquer título, por ato oneroso, de bens imóveis, por natureza ou acessão física, e de direitos reais sobre imóveis, exceto os de garantia, bem como cessão de direitos a sua aquisição.
14. **ISS** – Imposto sobre serviços de qualquer natureza.

Note o item considerado **INCORRETO**, em prova realizada pela FCC, para o cargo de Procurador do Município da Prefeitura de São Luiz/MA, em 2016: *"A Constituição Federal atribui competência aos entes federados para instituir e cobrar impostos. De acordo com o texto constitucional, incide o ISS, de competência municipal, sobre a prestação de serviço de comunicação"*.

34. *V.* CARVALHO, Paulo de Barros. *Curso de direito tributário*, 16. ed., p. 37.

Por fim, urge relembrar que os impostos, previstos na Constituição Federal, deverão ser instituídos, como regra, por meio de lei ordinária. Todavia, **dois** casos de **impostos federais** atrelam-se à *lei complementar*: **o imposto sobre grandes fortunas** (art. 153, VII, CF) e o imposto residual (art. 154, I, CF).

> Note o item considerado **CORRETO**, em prova realizada pela Consulplan, para o cargo de Titular de Serviços de Notas e de Registro (TJ/MG), em 2015: *"Não é necessário lei complementar para instituir o IPI"*.

> Note o item considerado **INCORRETO**, em prova realizada pela Funcab, para o cargo de Auditor Fiscal (Sefaz/BA), em 2014: *"O imposto sobre grandes fortunas poderá ser instituído pelos Municípios, através de lei ordinária"*.

> Note o item considerado **CORRETO**, em prova realizada pela FGV, para o XIX Exame de Ordem Unificado, em 2016: *"O Estado X, visando aumentar a sua arrecadação, instituiu novo imposto, não previsto na Constituição Federal. Sobre a hipótese, é possível assegurar que o Estado X não pode instituir o imposto novo, tendo em vista que a competência residual para a instituição de novos impostos é somente da União"*.

Aqueles que avocam a lei ordinária, como é cediço, podem estar adstritos à medida provisória, enquanto os últimos, adstringindo-se à lei complementar, deverão rechaçar a via da medida provisória, consoante o art. 62, § 1º, III, CF, já estudado em capítulo precedente.

1.1.3 Classificação dos impostos

Há várias classificações que podem ser adotadas para os *impostos*. Sugerimos, aqui, as que consideramos úteis ao nosso estudo: (**a**) Impostos *diretos* e *indiretos*; (**b**) Impostos *pessoais* e *reais*; (**c**) Impostos *fiscais* e *extrafiscais*; (**d**) Impostos divididos *segundo a classificação imposta pelo CTN*; (**e**) Impostos *progressivos*, *proporcionais* e *seletivos*. Vamos a elas:

a) Impostos *Diretos* e *Indiretos*

O **imposto *direto*** é aquele que não repercute, uma vez que a carga econômica é suportada pelo contribuinte, ou seja, por aquele que deu ensejo ao fato imponível. São exemplos de impostos diretos: IR, IPTU, IPVA, ITBI, ITCMD, entre outros. Por outro lado, o **imposto *indireto*** é aquele cujo ônus tributário repercute em terceira pessoa, não sendo assumido pelo realizador do fato gerador. Vale dizer que, no âmbito desse gravame, transfere-se o ônus para o *contribuinte de fato*, não se onerando diretamente o *contribuinte de direito. São exemplos de impostos indiretos:* ICMS e IPI, basicamente.

Note o item considerado **INCORRETO**, em prova realizada pela Fundep, para o cargo de Auditor fiscal da Receita Municipal da Prefeitura Municipal de Uberaba/MG, em 2016: *"Os tributos diretos referem-se aos tributos que incidem sobre o patrimônio e a renda dos contribuintes, em que é possível transferir o ônus pelo pagamento do tributo para outrem".*

Note o item considerado **INCORRETO**, em prova realizada pela Fundep, para o cargo de Auditor Fiscal da Receita Municipal da Prefeitura Municipal de Uberaba/MG, em 2016: *"Os tributos indiretos referem-se aos tributos que incidem sobre os atos praticados pelos contribuintes, por exemplo, produção de bens e prestação de serviços. E, ainda, não é possível transferir o ônus tributário pelo pagamento do tributo para outrem".*

Sendo assim, enquanto o *imposto direto* é aquele em que não há repercussão econômica do encargo tributário, tendo "a virtude de poder graduar diretamente a soma devida por um contribuinte, de conformidade com sua capacidade contributiva"[35], o *imposto indireto*, "não dispondo de um parâmetro direto para apurar a capacidade econômica do contribuinte"[36], é aquele em que o ônus financeiro do tributo é transferido ao consumidor final, por meio do fenômeno da *repercussão econômica* (*translação*).

b) Impostos *Pessoais* e *Reais*

Os impostos *pessoais* levam em conta as condições particulares do contribuinte[37], ou seja, aquelas qualidades pessoais e juridicamente qualificadas do sujeito passivo da obrigação tributária. Assim, o *imposto pessoal* possui um caráter eminentemente subjetivo (Exemplo: imposto sobre a renda).

Já os impostos *reais*, também intitulados "impostos de natureza real", são aqueles que se atêm à matéria tributária[38], ou seja, ao próprio bem ou coisa (*res*, em latim), sem cogitar das condições pessoais do contribuinte (Exemplos: IPI, ICMS, IPTU, IPVA, ITR, IOF; ou seja, com exceção do IR, todos os demais).

Em resumo, "os 'impostos pessoais' levam em conta as qualidades individuais do contribuinte, sua capacidade contributiva para a dosagem do aspecto quantitativo do tributo, enquanto os 'impostos reais' são aqueles decretados sob a consideração única da matéria tributável, com total abstração das condições individuais de cada contribuinte"[39].

c) Impostos *Fiscais* e *Extrafiscais*

Os impostos *fiscais* são aqueles que, possuindo intuito estritamente arrecadatório, devem prover de recursos o Estado (Exemplos: IR, ITBI, ITCMD, ISS etc.).

35. NOGUEIRA, Ruy Barbosa. *Curso de direito tributário*, 14. ed., p. 159.
36. *Idem*.
37. V. MELO, José Eduardo Soares de. *Curso de direito tributário*, 8. ed., p. 62.
38. *Idem*.
39. HARADA, Kiyoshi. *Direito financeiro e tributário*, 7. ed., pp. 255-256.

Por outro lado, os **impostos *extrafiscais*** são aqueles com finalidade regulado-ra (ou regulatória) de mercado ou da economia de um país (Exemplos: II, IE, IPI, IOF etc.), voltando-se para a correção de externalidades.

> Note o item considerado **INCORRETO**, em prova realizada pela Cetro, para o cargo de Auditor Fiscal Municipal da Prefeitura de São Paulo/SP, em 2014: *"Quanto à finalidade do tributo, os classificados como 'extrafiscais' submetem-se ao princípio da anterioridade tributária e ao princípio da legalidade".*

> Note o item considerado **CORRETO**, em prova realizada pelo TRF, para o cargo de Juiz Federal Substituto (TRF/3ª Região), em 2016: *"O IOF tem predominante função extrafiscal e não se submete à anterioridade tributária; o Poder Executivo pode manejar as suas alíquotas para ajustá-lo a objetivos de política monetária indicando o que almeja alcançar com a mudança de alíquota".*

> Note o item considerado **INCORRETO**, em prova realizada pela FAEPESUL, para o cargo de Fiscal Fazendário da Prefeitura de Grão Pará/SC, em 2016: *"Os tributos têm missão constitucional exclusiva de obtenção de receita para o ente tributante competente para a sua criação".*

d) Impostos divididos segundo a classificação adotada no CTN

O *Código Tributário Nacional* divide os impostos, terminologicamente, em **quatro** grupos. Trata-se de rol classificatório, previsto entre os **arts. 19 a 73 do CTN**, que desfruta de pouco prestígio na **doutrina** e no próprio **STF**, mas entendemos prudente aqui apresentar. Note-o:

d.1) Impostos sobre o comércio exterior: II e IE;

d.2) Impostos sobre o patrimônio e a renda: IR, ITR, IPVA, IPTU, ITBI, ITCMD, ISGF;

d.3) Impostos sobre a produção e a circulação: ICMS, IPI, IOF e ISS;

d.4) Impostos especiais: Imposto Extraordinário (de Guerra).

Em capítulo precedente, no estudo das *imunidades tributárias*, pudemos perceber a tímida, senão nula, aplicabilidade dessa classificação quando se enfrentou o rol classificatório de impostos, para o qual a imunidade se endereça (art. 150, VI, "c" e §§ 2º e 4º, CF), a saber, *impostos sobre patrimônio, renda e serviços*. Como se notou, a doutrina[40] e a jurisprudência[41], ofertando uma interpretação lata ou ampliativa ao rol classificatório, tenderam a repudiar essa limitada dimensão exonerativa, que reduz a abrangência da benesse constitucional, impondo-se a incidência de um imposto aqui e a não incidência de outro acolá. Assim, desconsideraram a inócua classificação

---

40. Para o aprofundamento, ver: (I) COSTA, Regina Helena. *Imunidades tributárias*, 2. ed., p. 148; *e (II)* TORRES, Ricardo Lobo. *Os direitos humanos e a tributação*, pp. 202-204.

41. Ver, no plano jurisprudencial: **RREE 203.755/ES e 193.969/SP, 2ª T., rel. Min. Carlos Velloso, j. em 17-09-1996.**

do CTN e afastaram quaisquer impostos que pudessem onerar economicamente as finanças da entidade impositora, albergada pela regra imunizante, em homenagem ao vetor axiológico correspectivo.

e) Impostos *Proporcionais, Progressivos e Seletivos*

Os impostos *proporcionais*, *progressivos* e *seletivos* inserem-se, respectivamente, nos contextos da *proporcionalidade*, *progressividade* e *seletividade*. Vamos conhecer essas técnicas de exteriorização do *princípio da capacidade contributiva*, por meio das quais se concretiza o postulado da isonomia tributária, lembrando que seu detalhamento se deu em capítulo precedente.

a) PROPORCIONALIDADE: meio de exteriorização da capacidade contributiva, que se revela pela técnica de incidência de *alíquotas fixas (únicas)*, em razão de bases de cálculo variáveis. Trata-se de um instrumento de justiça fiscal "neutro", porquanto a sistemática torna a alíquota uma constante, e a base de cálculo, uma variável. Dessa forma, qualquer que seja a base de cálculo, a alíquota sobre ela terá o mesmo percentual.

Embora os impostos proporcionais tenham sido muito utilizados na Idade Moderna, ocupando, ainda hoje, posição de destaque nos sistemas fiscais contemporâneos, já não são considerados os mais idôneos a atender o princípio da capacidade contributiva, persistindo sua aplicação em casos pouco ajustáveis à progressividade[42]. Partindo-se da adoção de uma mesma relação matemática entre o tributo e a matéria tributável[43], a *proporcionalidade* faz com que a alíquota, uniforme e constante, seja invariável e a base de cálculo, variável. Destaque-se, ainda, que a proporcionalidade não vem explícita no texto constitucional como a progressividade. São exemplos de impostos proporcionais, entre outros: ICMS, IPI, ITBI etc.

Apenas para argumentar, os chamados "impostos fixos" (ou "*imposto de alíquota fixa*"), de certa forma, contrapõem-se aos impostos proporcionais e progressivos. O imposto *fixo* "é aquele em que o montante a pagar é representado por uma quantia predeterminada, normalmente quantidade certa de UFM, UFESP ou UFIR"[44].

b) PROGRESSIVIDADE: técnica de incidência de *alíquotas variadas*, cujo aumento se dá na medida em que se majora a base de cálculo do gravame, sem haver, é claro, uma relação de proporcionalidade. O critério refere-se ao aspecto quantitativo, do qual decorrem a progressividade fiscal e a extrafiscal. A primeira alinha-se ao brocardo "quanto mais se ganha, mais se paga", de finalidade meramente arrecadatória, admitindo onerar mais gravosamente a riqueza tributável de maior monta. A segunda, por seu turno, atua na modulação de condutas, no âmbito do interesse regulatório, promovendo a correção de externalidades.

42. *V.* BALEEIRO, Aliomar. *Uma introdução à ciência das finanças*, p. 216.
43. *V.* MACHADO, Hugo de Brito. *Curso de direito tributário*, 29. ed., pp. 298 e 300.
44. HARADA, Kiyoshi. *Direito financeiro e tributário*, 7. ed., pp. 255-256.

Conforme previsão explícita na CF, temos **3 (três)** *impostos progressivos*: dois federais e um imposto municipal. São eles: **ITR** (art. 153, § 4º, I, da CF – EC n. 42/2003); **IR** – Imposto sobre a Renda (art. 153, § 2º, I, da CF); e **IPTU** (art. 156, § 1º, I e II, da CF c/c art. 182, § 4º, II, da CF).

Em fevereiro de **2013**, o **STF**[45] declarou constitucional a progressividade para o Imposto sobre Transmissão *Causa Mortis* e Doação (ITCMD). Com a orientação, deixou evidente, de um lado, a explicitude constitucional da progressividade para os três impostos retrocitados (IR, ITR e IPTU), e, de outro, a força pretoriana na interpretação do tema, quanto à aceitação do ITCMD progressivo.

c) SELETIVIDADE: é forma de concretização do postulado da capacidade contributiva em certos tributos indiretos, em evidente forma de *extrafiscalidade* na tributação ou, ainda, como uma inafastável expressão de *praticabilidade na tributação*, inibitória da regressividade. A técnica de incidência revela que as alíquotas podem variar na *razão inversa* da essencialidade do bem. Em outras palavras, permite-se gravar o bem mais desnecessário com uma alíquota mais pesada, ou seja, na *razão direta* da superfluidade do bem. Assim, haverá desoneração de tais impostos nos bens considerados essenciais, como alimentos, vestuário etc. De modo oposto, onerar-se-ão mais gravosamente os produtos considerados supérfluos, de luxo ou suntuários, como os perfumes, as bebidas, os cigarros, entre outros bens. Em resumo: gravam-se menos os produtos indispensáveis; oneram-se mais os "produtos de consumo restrito, isto é, o supérfluo das classes de maior poder aquisitivo"[46].

Mais precisamente com relação às bebidas e aos cigarros, entendemos que a técnica da seletividade manifesta-se, na esteira da extrafiscalidade, com um viés inibitório, ou seja, as alíquotas dos impostos seletivos vão variar na *razão direta da nocividade do bem*. Entendemos que sobressai, na questão, o peso da nocividade, em comparação, propriamente, com o da superfluidade.

Os impostos que detêm *seletividade* são o ICMS (art. 155, § 2º, III, CF) e o IPI (art. 153, § 3º, I, CF). É de natureza *facultativa* a seletividade para o ICMS, portanto "pode" ser ele seletivo; a seletividade para o IPI é de natureza *obrigatória*, então "deve" ser ele seletivo.

45. Ver, no plano jurisprudencial: AgR-RE 542.485, rel. Min. Marco Aurélio, 1ª T., j. em 19-02-2013.

46. BALEEIRO, Aliomar. *Direito tributário brasileiro*, 11. ed., 347-348.

16

TAXAS

1 O FATO GERADOR

A taxa é um tributo imediatamente ***vinculado à ação estatal***, atrelando-se à atividade pública, e não à ação do particular.

É, assim, um gravame com hipótese de incidência plasmada em atividade da Administração Pública, que se refere, direta e imediatamente, ao contribuinte, destinatário daquela investida do Estado. De fato, a taxa é "tributo em cuja norma está feita a previsão, no núcleo do seu antecedente normativo, de uma atuação estatal diretamente referida ao sujeito passivo"[1].

Como bem assevera Luciano Amaro[2], "o fato gerador da taxa não é um fato do contribuinte, mas um fato do Estado. O Estado exerce determinada atividade e, por isso, cobra a taxa da pessoa a quem aproveita aquela atividade".

Por essa razão, diz-se que "os tributos podem ser vinculados a uma atuação do Estado – **taxas e contribuições de melhoria** – e não vinculados – impostos"[3].

> Note o item **CORRETO**, em prova realizada pelo IMA (Advogado da Prefeitura Municipal de Buriti dos Lopes/PI), em 2016: *"São espécies de tributos vinculados: taxas e contribuições de melhoria"*.

> Note o item considerado **CORRETO**, em prova realizada pela FUMARC, COPASA, para o cargo de Analista de Saneamento, em 2018: *"Sobre o regime de instituição e cobrança de taxa, é correto afirmar que o referido tributo é vinculado"*.

1. LACOMBE, Américo Masset Lourenço. Taxa e preço público. *Caderno de Pesquisas Tributárias*. São Paulo: Resenha Tributária, v. 10, 1985, p. 21.
2. AMARO, Luciano. *Direito tributário brasileiro*, 14. ed., p. 31.
3. CARVALHO, Paulo de Barros. *Curso de direito tributário*, 16. ed., p. 35.

Como tributo, avoca inexoravelmente os efeitos garantidores dos princípios constitucionais tributários: legalidade, **anterioridade**, irretroatividade, isonomia e outros. A propósito da legalidade tributária, a taxa deverá ser instituída por **lei (ordinária)**.

Note o item considerado **INCORRETO**, em prova realizada pela FUMARC, COPASA, para o cargo de Analista de Saneamento, em 2018: *"Sobre o regime de instituição e cobrança de taxa, é correto afirmar que* não se submete ao princípio da anterioridade".

Note o item (adaptado) **CORRETO**, em prova realizada pela FUMARC (Advogado da Prefeitura de Matozinhos/MG), em 2016: *"Suponha que um Município institua o pagamento de taxas estabelecendo como fato gerador a prestação e serviço público de sua competência. Diante disso, a instituição ou majoração dessa taxa se sujeitará ao princípio da legalidade estrita"*.

Note o item (adaptado) **INCORRETO**, em prova realizada pela FUMARC (Advogado da Prefeitura de Matozinhos/MG), em 2016: *"Suponha que um Município institua o pagamento de taxas estabelecendo como fato gerador a prestação e serviço público de sua competência. Diante disso, essa taxa poderá ser majorada mediante decreto municipal"*.

Note o item considerado **INCORRETO**, em prova realizada pela FUMARC, COPASA, para o cargo de Analista de Saneamento, em 2018: *"Sobre o regime de instituição e cobrança de taxa, é correto afirmar que* não se submete ao princípio da legalidade para fins de majoração".

No plano competencial tributário, a taxa deverá ser exigida pelas entidades impositoras – União, Estados, Municípios e Distrito Federal –, em face da atuação a elas adstrita, não se admitindo a exigência em virtude de atividade de empresa privada.

A propósito, nos territórios, em tese, taxas poderão ser criadas, pela União ou por Municípios, à semelhança do que ocorre com os impostos, segundo o art. 147 da Carta Magna.

Ademais, a doutrina costuma rotular a competência tributária para as taxas de "**competência comum**".

Note o item considerado **INCORRETO**, em prova realizada pelo IESES, para o cargo de Titular de Serviços de Notas e de Registros – Provimento (TJ/SC), em 2019: *"As taxas são tributos de competência privativa da União, dos Estados e do Distrito Federal"*.

Como já se estudou, a delimitação do conceito de competência comum não desfruta de uniformidade entre os estudiosos. Há quem a associe aos tributos *vinculados*, a saber, às *taxas* e às *contribuições de melhoria*[4]. Nessa vertente, a *competência comum* indicaria que, "de modo comum", União, Estados, Municípios ou Distrito

4. V. TORRES, Ricardo Lobo. *Curso de direito financeiro e tributário*, 12. ed., p. 363.

Federal, poderão ser os sujeitos ativos das *taxas* ou *contribuições de melhoria*, ou seja, "dos mesmos tributos, guardado, entretanto, o vínculo entre o tributo e o serviço prestado ou a atividade exercida"[5]. Diante do exposto, em tema de competência tributária, o qualificativo comum serviria para criar oposição ao signo "privativo", na medida em que o cenário descrito não ocorre com outros gravames. Exemplo: se pensamos no IPI, será identificada automaticamente a competência da União; se pensamos no IPVA, será identificada automaticamente a competência dos Estados e Distrito Federal; e, assim, sucessivamente. De outro lado, há quem considera inadequada a associação da tal competência comum aos tributos vinculados: para Hugo de Brito Machado[6], "só a pessoa jurídica de Direito público que exercita a atividade estatal específica pode instituir o tributo vinculado a essa atividade. A competência tributária, assim, é privativa do ente estatal que exercita a atividade respectiva". O tema é fértil a debates, sempre válidos. De todo modo, as bancas de concurso tendem a associar a ***competência tributária comum*** às taxas e contribuições de melhoria.

Note o item considerado **CORRETO**, em prova realizada pela *FGV Projetos*, para o cargo de Auditor do Estado do Maranhão (CGE/MA), em 2014: *"A competência dos entes federativos para instituir taxas é 'comum' (...) a fixação das taxas, em cada caso, vai depender da aferição constitucional das competências administrativas"*.

O disciplinamento do tributo ora estudado vem expresso no art. 145, II, da CF c/c o art. 77 do CTN:

Art. 145, II, CF[a]: A União, Estados, Municípios e Distrito Federal[b] poderão instituir os seguintes tributos: (...) II – taxas, em razão do exercício do poder de polícia ou pela utilização, efetiva ou potencial, de serviços públicos específicos e divisíveis, prestados ao contribuinte ou postos à sua disposição.

a. Note o item considerado **CORRETO**, em prova realizada pela FCC, para o cargo de Procurador do Estado de Terceira Classe (PGE/RN), em 2014: *"A instituição de taxas por parte dos Estados pressupõe o exercício efetivo do poder de polícia ou a utilização, efetiva ou potencial de serviços públicos específicos e divisíveis, prestados ao contribuinte ou postos à sua disposição"*.

Note o item considerado **CORRETO**, em prova realizada pela Vunesp, para o cargo de Analista Judiciário (TJ/PA), em 2014: *"A utilização efetiva ou potencial de serviço público, específico e divisível, prestado ao contribuinte ou posto à sua disposição, autoriza a cobrança, por parte da União, dos Estados, do Distrito Federal e dos Municípios, no âmbito de suas respectivas atribuições, de taxa"*.

b. Note o item considerado **CORRETO**, em prova realizada pela FMP, para o cargo de Defensor Público Substituto (DPE/PA), em 2015: *"Impostos e taxas podem ser instituídos, observadas as normas constitucionais, por todos os entes da Federação"*.

5. V. TORRES, Ricardo Lobo. *Curso de direito financeiro e tributário*, 12. ed., p. 363.
6. MACHADO, Hugo de Brito. *Curso de direito tributário*, 29. ed., p. 260 -261.

Art. 77 do CTN: As taxas cobradas pela União, Estados, Municípios e Distrito Federal, no âmbito de suas respectivas atribuições, têm como fato gerador o exercício regular do poder de polícia, ou a utilização, efetiva ou potencial, de serviço público específico e divisível, prestado ao contribuinte ou posto à sua disposição.

Observa-se, portanto, que o fato gerador da taxa é (1) o exercício regular do poder de polícia ou (2) a utilização, efetiva ou potencial, de serviço público específico e divisível, prestado ao contribuinte ou posto à sua disposição.

Note o item considerado **CORRETO**, em prova realizada pela COSEAC, para o cargo de Técnico em Contabilidade da UFF, em 2015: *"o imposto é pago independentemente de uma contraprestação imediata e direta do Estado cujo fato gerador não depende de qualquer atividade estatal específica; a taxa pressupõe um serviço público específico prestado ao contribuinte e uma contraprestação imediata e direta do Estado".*

Nesse passo, os dois fatos imponíveis da taxa adstringem-se à ação do Estado, e não à do particular, o que, diferindo do imposto, transforma a taxa em exação bilateral, contraprestacional ou sinalagmática. Aliás, "em qualquer das hipóteses previstas para a instituição de taxas (...), o caráter sinalagmático deste tributo haverá de mostrar-se à evidência"[7].

Note o item considerado **CORRETO**, em prova realizada pelo CEBRASPE, STJ, para o cargo de Analista Judiciário, em 2018: *"O imposto se distingue das demais espécies de tributos porque tem como fato gerador uma situação que independe de atividades estatais específicas".*

Sobre a noção de contraprestação, Kiyoshi Harada[8] nos brinda com relevante reflexão:

> Ainda que, no plano pré-jurídico, quando o legislador está para criar a taxa, a ideia de contraprestação tenha motivado sua instituição legal, tal noção deve desaparecer assim que introduzida no ordenamento jurídico positivo. O móvel da atuação do Estado não é o recebimento da remuneração, mas a prestação do serviço público ou o exercício do poder de polícia, impondo restrições ao exercício dos direitos individuais e de propriedade, na defesa do bem comum.

Urge ressaltar que, na ausência de disposição legal em contrário, as taxas – e as contribuições de melhoria –, em face de sua índole contraprestacional, não se fazem automaticamente abranger pela isenção, conforme se nota no inciso I do art. 177 do CTN.

Sendo assim, à luz da concepção da *exclusividade das taxas*, despontam duas espécies destas, em nosso sistema tributário. Seguindo a ordem imposta pelo art. 77 do CTN, temos:

– **Taxa de polícia ou de fiscalização (art. 78, CTN);**

7. CARVALHO, Paulo de Barros. *Curso de direito tributário*, 16. ed., p. 40.
8. HARADA, Kiyoshi. *Direito financeiro e tributário*, 7. ed., p. 256.

– Taxa de serviço ou de utilização (art. 79, CTN).

> Note o item considerado **INCORRETO**, em prova realizada pela FUMARC, para o cargo de Advogado da Prefeitura de Matozinhos/MG, em 2016: *"Considerando o conceito legal de tributo constante do CTN (Lei n. 5.172/66), as taxas cujos fatos geradores sejam prestação de serviço público possuem natureza contratual e não podem ser consideradas tributos"*.

Passemos, então, à análise.

1.1 Análise da taxa de polícia

A *taxa de polícia*, também chamada *taxa de fiscalização*, será exigida em virtude de atos de polícia, realizados pela Administração Pública, pelos mais diversos órgãos ou entidades fiscalizadoras.

Para Luciano Amaro[9], "a taxa de polícia é cobrada em razão da atividade do Estado, que verifica o cumprimento das exigências legais pertinentes e concede a licença, a autorização, o alvará etc.".

É imperioso antecipar que a chamada *polícia administrativa* não se confunde com a polícia judiciária nem com a polícia de manutenção da ordem pública.

O **art. 78 do CTN** define, com exclusivismo, o conceito de *poder de polícia*. Observe-o, *in verbis*:

> **Art. 78.** Considera-se *poder de polícia* atividade da administração pública que, limitando ou disciplinando direito, interesse ou liberdade, regula a prática de ato ou abstenção de fato, em razão de interesse público concernente à segurança, à higiene, à ordem, aos costumes, à disciplina da produção e do mercado, ao exercício de atividades econômicas dependentes de concessão ou autorização do Poder Público, à tranquilidade pública ou ao respeito à propriedade e os direitos individuais ou coletivos. **(Grifo nosso)**

Há inúmeras *atividades fiscalizatórias* que podem permitir a cobrança do tributo, deflagrando-se as conhecidas *taxas de polícia*. Veja as principais:

a) **Taxa de alvará (ou de funcionamento):** exigida dos construtores dos imóveis, a taxa de alvará, também conhecida por taxa de localização, vem remunerar o município pela atividade fiscalizatória relativa às características arquitetônicas da obra realizada. A jurisprudência é farta sobre esse tipo de taxa de fiscalização[10];

---

9. AMARO, Luciano. *Direito tributário brasileiro*, 14. ed., p. 33.

10. Acerca do tema, observe os inúmeros julgados, no STJ (REsp 152.476/SP, 2ª T., rel. Min. Adhemar Maciel, j. em 01-09-1998) e no STF [(I) RE 115.983, 2ª T., rel. Min. Carlos Madeira, j. em 10-05-1988; (II) RE 115.213, 1ª T., rel. Min. Ilmar Galvão, j. em 13-08-1991; (III) RE 116.518, 1ª T., rel. Min. Ilmar Galvão, j. em 13-04-1993; (IV) RE 198.904, 1ª T., rel. Min. Ilmar Galvão, j. em 28-05-1996; (V) RE 140.278, 1ª T., rel. Min. Sydney Sanches, j. em 27-08-1996; (VI) RE 230.973, 2ª T., rel. Min. Néri da Silveira, j. em 04-05-1999].

> Note o item considerado **INCORRETO**, em prova realizada pelo Cespe, para o cargo de Analista Legislativo da Câmara dos Deputados, em 2014: *"Caso um município pretenda instituir tributo que tenha como fato gerador o exercício de atividade fiscalizatória de determinado setor econômico necessária para a posterior concessão de alvará de funcionamento, tal exação somente poderá ser imposta por meio de taxa, decorrente do exercício regular do poder de polícia, desde que o serviço público seja específico e divisível e sua utilização pelo contribuinte seja efetiva".*

b) **Taxa de fiscalização de anúncios:** visa ressarcir o município na ação fiscalizatória de controle da exploração e utilização da publicidade na paisagem urbana, com vista a evitar prejuízos à estética da cidade e à segurança dos munícipes. Em Belo Horizonte, em 1999, foi considerada constitucional uma taxa de fiscalização de anúncio (**RE 216.207/MG, 1ª T., rel. Min. Ilmar Galvão, j. em 02-03-1999**);

c) **Taxa de fiscalização dos mercados de títulos e valores mobiliários pela CVM:** o fato gerador é o exercício do poder de polícia atribuído à *Comissão de Valores Mobiliários* (CVM), *ex vi* do art. 2º da Lei n. 7.940/89. Esta taxa de polícia teve a constitucionalidade reconhecida pelo Pleno do **STF**, em 22-04-**1999**, no **RE 177.835**, de relatoria do Ministro Carlos Velloso. Em 24-09-**2003**, o **STF** sumulou a matéria (**Súmula n. 665**: *"É constitucional a taxa de fiscalização dos mercados de títulos e valores mobiliários instituída pela Lei n. 7.940/89"*);

d) **Taxa de controle e fiscalização ambiental (TCFA):** trata-se de taxa que sucedeu a Taxa de Fiscalização Ambiental (TFA), tendo sido agraciada com a constitucionalidade reconhecida pelo Pleno do **STF**, em 10-08-**2005**, no **RE 416.601**, de relatoria do Ministro Carlos Velloso;

e) **Taxa de fiscalização dos serviços de cartórios extrajudiciais:** a Lei n. 8.033/2003, do Estado do Mato Grosso, instituiu uma taxa de fiscalização de controle dos atos dos serviços notariais e de registro, para implantação do sistema de controle das atividades dos notários e dos registradores, bem como para obtenção de maior segurança jurídica quanto à autenticidade dos respectivos atos, com base no poder que assiste aos órgãos diretivos do Judiciário, notadamente no plano da vigilância, orientação e correição da atividade em causa, a teor do § 1º do art. 236 da Carta Magna (**ADIn 3.151/2004-MT, rel. Min. Carlos Britto, com trânsito em julgado em junho de 2006**).

f) **Taxa para o FUNDAF:** em 19 de setembro de **2013**, o **STJ** (**REsp 1.275.858/DF**, rel. Min. Benedito Gonçalves, 1ª T.) enfrentou relevante questão ligada à definição da natureza jurídica dos valores cobrados, pela União, a título de *contribuição para o Fundo Especial de Desenvolvimento e Aperfeiçoamento das Atividades de Fiscalização – FUNDAF*, se taxa ou preço público. Entendeu o STJ que se tratava de *taxa* e, *ipso facto*, considerou-a inexigível. Nessa linha, ratificou o posicionamento do **STF** no **AgR-ED no RE 684.842**

(rel. Min. Luiz Fux, 1ª T., j. em 11-12-2012). O art. 6º do Decreto-lei n. 1.437/75, dispõe que o FUNDAF será

> destinado a fornecer *recursos para financiar o reaparelhamento e reequipamento da Secretaria da Receita Federal, a atender aos demais encargos específicos inerentes ao desenvolvimento e aperfeiçoamento das atividades de fiscalização dos tributos federais* e, especialmente, a intensificar a repressão às infrações relativas a mercadorias estrangeiras e a outras modalidades de fraude fiscal ou cambial, inclusive mediante a instituição de sistemas especiais de controle do valor externo de mercadorias e de exames laboratoriais. **(Grifos nossos)**

Desse modo, é fácil perceber que o pressuposto autorizador da exação é o exercício da fiscalização alfandegária pelas autoridades da Receita Federal, no entreposto aduaneiro administrado pela União, caracterizando, assim, o exercício regular do poder de polícia.

O **STJ** entendeu indevida a cobrança dos valores em discussão, basicamente, com fundamento nos seguintes argumentos:

> **(I)** a exação exigida tem natureza de taxa, uma vez que é compulsória e decorre do exercício do poder de polícia;
> **(II)** em sendo taxa, deve obedecer ao Princípio da Legalidade Estrita, de modo que, não havendo na lei instituidora da parcela exigida, previsão a respeito dos elementos constitutivos da obrigação tributária (os quais estão previstos apenas em Instruções Normativas da Receita Federal), não há embasamento para sua exigência. Consequentemente, a Corte Superior deu guarida à pretensão restituitória da recorrida, com base na tese dos "cinco mais cinco", uma vez que a demanda foi proposta no dia 15 de abril de 2005, ou seja, antes da entrada em vigor da LC n. 118/2005, não se cogitando da aplicação dessa norma, mas da contagem elástica.

Por fim, será legítima a cobrança de certas "taxas de turismo", desde que se apresentem dotadas dos vitais elementos estruturantes de uma típica *taxa de polícia* (art. 145, II, CF c/c art. 78 do CTN). Alguns municípios brasileiros têm respeitado tais diretrizes normativas.

A propósito, em dezembro de **2013**, foi publicada a LC n. 185/2013, a qual instituiu a *Taxa de Preservação Ambiental* (TPA), no Município de **Bombinhas** – um atraente balneário do litoral de Santa Catarina. A nosso ver, o tributo revestiu-se de constitucionalidade (para detalhamento, ver o tema no Capítulo 7, item 1).

Por outro lado, a retórica jurisprudencial já apresentou casos de "taxas de polícia", que não se conformaram ao figurino constitucional. Cite-se, em tempo, o caso da *Taxa de uso e ocupação de solo e espaço aéreo*, prevista na Lei n. 1.199/2002, do Município de **Ji-Paraná/RO**. O fato gerador da exação era o uso e a ocupação do solo e espaço aéreo por postes de transmissão de energia elétrica, entre outros equipamentos urbanos (*v.g.*, instalação de telefones públicos, de sistema de TV a cabo).

O Município rondoniense defendeu que se tratava de uma "taxa de polícia", indispensável para a fiscalização que deveria empreender quanto à segurança da população (a saber: recuos de testadas e sacadas de edificações; colocação de placas; podas de árvores; controle de veículos com gabarito elevado), não sendo uma taxa cobrada pela mera "colocação de postes". Ademais, arguiu que cabe aos municípios a atividade de instalação de equipamentos necessários à prestação de serviços de transmissão e distribuição de energia elétrica.

Todavia, a taxa foi considerada inconstitucional pelo **STF (RE 581.947, rel. Min. Eros Grau, Pleno, j. em 27-05-2010, Repercussão Geral)**, entre vários argumentos aventados, por **(I)** incompatibilidade de seu fato gerador – "uso e a ocupação do solo e espaço aéreo" – com o de taxas; e **(II)** usurpação da competência exclusiva da União para explorar os serviços e instalações de energia elétrica e da sua competência privativa para legislar sobre o assunto (CF, arts. 21, XII, "b", e 22, IV).

Curiosamente, em 15-05-**2001**, a Ministra Eliana Calmon, no **RMS n. 12.081/SE** (2ª Turma), apreciando o pleito da *Empresa Energética de Sergipe S.A.* (ENERGIPE), em mandado de segurança preventivo contra o Prefeito do Município de **Barra dos Coqueiros**, que objetivava afastar a exigibilidade da *taxa de exploração de atividade em logradouros públicos* (instalação de postes para serviços de energia elétrica e telecomunicações), entendeu que é ilegítima a instituição de mais um tributo sobre o fornecimento de energia elétrica, além dos constantes do **art. 155, § 3º, da CF** (II, IE, ICMS). Observe a ementa:

> Note o item considerado **CORRETO**, em prova realizada pela FCC, para o cargo de Profissional de Nível Superior (Direito) da ELETROSUL – Centrais Elétricas S.A. (Florianópolis/SC), em 2016: *"De acordo com o que estabelece a Constituição Federal, operações com energia elétrica estão sujeitas à incidência, apenas, dos seguintes impostos: ICMS, Imposto de Importação e Imposto de Exportação"*.

> **EMENTA:** ADMINISTRATIVO E TRIBUTÁRIO. TAXA DE LICENÇA PARA PUBLICIDADE E PELA EXPLORAÇÃO DE ATIVIDADE EM LOGRADOUROS PÚBLICOS. 1. A intitulada "taxa", cobrada pela colocação de postes de iluminação em vias públicas não pode ser considerada como de natureza tributária porque não há serviço algum do Município, nem o exercício do poder de polícia. 2. Só se justificaria a cobrança como PREÇO se se tratasse de remuneração por um serviço público de natureza comercial ou industrial, o que não ocorre na espécie. 3. Não sendo taxa ou preço, temos a cobrança pela utilização das vias públicas, utilização esta que se reveste em favor da coletividade. (...). **(RMS 12.081/SE, rel. Min. Eliana Calmon, 2ª T., j. em 15-05-2001)**

Em 06-06-**2002**, o Ministro José Delgado, no **RMS n. 12.258/SE** (1ª Turma), apreciando o pleito da *Companhia Sul Sergipana de Eletricidade* (**SULGIPE**), em mandado de segurança preventivo contra o Prefeito do Município de **Estância**, que objetivava afastar a exigibilidade de idêntica taxa (*taxa de exploração de atividade em* *logradouros públicos*, pela utilização do solo urbano por equipamentos destinados à transmissão e distribuição de energia elétrica para atendimento da rede pública), também entendeu que ela era ilegítima, pelos mesmos argumentos expendidos pela Ministra Eliana Calmon (**RMS n. 12.081/SE**).

Segundo o **art. 78, parágrafo único, do CTN**, pagar-se-á a taxa de polícia em virtude do *exercício regular do poder da polícia administrativa*, hábil a limitar direitos ou liberdades individuais em prol da coletividade. Atente para o dispositivo:

> **Art. 78 do CTN: (...)**
>
> **Parágrafo único.** Considera-se *regular* o exercício do poder de polícia **quando desempenhado pelo órgão competente nos limites da lei aplicável**, com observância do processo legal e, tratando-se de atividade que a lei tenha como discricionária, sem abuso ou desvio de poder. **(Grifo nosso)**

> Note o item considerado **CORRETO**, em prova realizada pelo CS-UFG, para o cargo de Procurador (AL/GO), em 2015: *"O projeto de lei estadual que estabeleça a cobrança de taxa de fiscalização de posturas e bons costumes de bares e estabelecimentos congêneres é inconstitucional, na medida em que está ausente competência administrativa do Estado".*

Urge, dessarte, tecermos algumas observações sobre a extensão da expressão "exercício regular".

A dúvida sobre a abrangência da indigitada expressão sempre transitou, em abundância, nos órgãos julgadores, levando-os a refletir se "exercício regular" significava um policiamento efetivo e concreto ou uma atividade fiscalizatória em condições de ser concretizável.

O **STF**, em reiterados pronunciamentos, entendeu que o exercício regular significava policiamento efetivo, concreto ou real, traduzível por uma inequívoca materialização do poder de polícia. Observe os entendimentos jurisprudenciais:

> **I. Em 1993: EMENTA:** TAXA DE LICENÇA DE LOCALIZAÇÃO, FUNCIONAMENTO E INSTALAÇÃO. COBRANÇA PELA MUNICIPALIDADE DE SÃO PAULO. (...) O STF já se pronunciou pelo reconhecimento da legalidade da taxa cobrada pelo Município de São Paulo, *pois se funda no poder de polícia efetivamente exercitado através de seus órgãos fiscalizadores* (...). **(RE 116.518/SP, 1ª T., rel. Min. Ilmar Galvão, j. em 13-04-1993) (Grifo nosso)**
>
> **II. Em 1996: EMENTA:** (...). TAXA DE LOCALIZAÇÃO E FUNCIONAMENTO. ARTIGO 145, II, CF. FISCALIZAÇÃO. PODER DE POLÍCIA. SÚMULA 279. 1. A União, os Estados, o Distrito Federal e os Municípios poderão instituir taxas, em razão do exercício do poder de polícia ou pela utilização, efetiva ou potencial, de serviços públicos específicos e divisíveis, prestados ao contribuinte ou postos a sua disposição. É o que estatui a Constituição Federal, no art. 145 e seu inciso II, focalizados no RE. 2. Interpretando essa norma, assim como as que a precederam, seja na Constituição ante-

rior, seja no CTN, a jurisprudência do STF firmou-se no sentido de que só *o exercício efetivo, por órgão administrativo, do poder de polícia*, na primeira hipótese, ou a prestação de serviços, efetiva ou potencial, pelo Poder Público, ao contribuinte, na segunda hipótese, *é que legitimam a cobrança de taxas, como a de que se trata neste Recurso: taxa de localização e funcionamento. 3. No caso, o acórdão extraordinariamente recorrido negou ter havido efetivo exercício do poder de polícia, mediante atuação de órgãos administrativos do Município*, assim como qualquer prestação de serviços, efetiva ou potencial, pelo Poder Público, ao contribuinte, que justificasse a imposição da taxa em questão. (...) **(RE 140.278/CE, 1ª T., rel. Min. Sydney Sanches, j. em 27-08-1996) (Ver, ainda, em 1996: RE 195.788, 1ª T., rel. Min. Octavio Galloti, j. em 04-06-1996) (Grifos nossos)**

III. Em 1999: EMENTA: TRIBUTÁRIO. MUNICÍPIO DE BELO HORIZONTE. TAXA DE FISCALIZAÇÃO DE ANÚNCIOS (TFA). CONSTITUCIONALIDADE. *De presumir-se a efetividade da fiscalização exercida pelos agentes da Municipalidade de Belo Horizonte*, uma das maiores do País, no controle da exploração e utilização da publicidade na paisagem urbana, com vista a evitar prejuízos à estética da cidade e à segurança dos munícipes. (...) **(RE 216.207/MG, 1ª T., rel. Min. Ilmar Galvão, j. em 02-03-1999) (Grifo nosso)**

O **STJ**, por sua vez, tem seguido idêntica linha de raciocínio, como se nota na ementa abaixo:

EMENTA: TRIBUTÁRIO. TAXA DE LOCALIZAÇÃO E FISCALIZAÇÃO. ANÚNCIO LUMINOSO. COBRANÇA PELA FAZENDA MUNICIPAL: IMPOSSIBILIDADE, SALVO SE DEMONSTRADA A EFETIVA CONCRETIZAÇÃO DO PODER DE POLÍCIA. (...) I – *A Fazenda Pública municipal só pode* **cobrar taxa de localização e fiscalização de anúncios luminosos** *se demonstrar a efetiva concretização do exercício do poder de polícia.* II – Precedentes das Turmas de Direito Público do STJ: REsp 17.810/SP, REsp 27.615/SP e REsp 90.235/BA. III – Recurso especial conhecido e provido. **(REsp 152.476/SP, 2ª T., rel. Min. Adhemar Maciel, j. em 1º-09-1998)**

> Note o item (adaptado) considerado **INCORRETO**, em prova realizada pela FCC, para o cargo de Analista Legislativo (AL/PE), em 2014: *"Taxa de fiscalização de anúncios é a taxa decorrente da prestação de serviço público passível de ser validamente cobrada".*

Entretanto, é de notar que o próprio **STF** vem alterando o modo de ver, dando à expressão um sentido menos literal: o de que o simples fato de existir um órgão estruturado e em efetivo funcionamento viabiliza a exigência da taxa.

Assim, vem entendendo que se torna desnecessário que o cidadão-contribuinte tenha sofrido, concretamente, a fiscalização, mostrando-se válida a taxa de polícia ainda que o contribuinte tenha os próprios meios de "se policiar".

Tal entendimento, revisto, até certo ponto, pode ser encontrado no **RE 416.601** (Pleno), de relatoria do ministro Carlos Velloso, em 10-08-**2005**, em que se discutiu a exigência da *Taxa de Controle e Fiscalização Ambiental* – TCFA (Lei n. 10.165/2000) das empresas potencialmente poluidoras, independentemente de sofrerem fiscalização efetiva.

Frise-se que, em **2001**, o **STF** já havia acenado nessa direção, conforme se nota na ementa abaixo reproduzida:

> **EMENTA:** TAXA DE LICENÇA PARA LOCALIZAÇÃO E FUNCIONAMENTO. EXERCÍCIO DO PODER DE POLÍCIA. ART. 145, II, DA CONSTITUIÇÃO. (...) A cobrança da taxa de localização e funcionamento, pelo Município de São Paulo, prescinde da efetiva comprovação da atividade fiscalizadora, diante da notoriedade do exercício do poder de polícia pelo aparato administrativo dessa municipalidade. (...) **(RE-AgR 222.252, 1ª T., rel. Min. Ellen Gracie, j. em 17-04-2001)**

O entendimento de que a regularidade do exercício do poder de polícia não é imprescindível para a cobrança da taxa de localização e fiscalização, bastando a existência de órgão e estrutura competentes para o respectivo exercício foi sacramentado em **2010**, no **STF**, em decisão com repercussão geral reconhecida (**RE 588.322, rel. Min. Gilmar Mendes, Pleno, j. em 16-06-2010**).

Quanto aos casos em que o procedimento fiscalizatório é cíclico, devendo ser renovado, em dada periodicidade, o **STF** tem entendido que deve haver a repetição concreta da ação fiscalizatória, como condição à exigência da taxa renovável.

O **STJ** vinha acenando, até **2002**, na mesma direção, conforme se nota em trecho colhido da ementa do **REsp 43.517/SP** (1ª Turma), de relatoria do Ministro César Asfor Rocha, com julgamento em 13-04-**1994**:

> **EMENTA:** (...) Sem a previsão legal da periodicidade e inexistindo a efetiva contraprestação de serviços públicos ou o exercício, em concreto, do poder de polícia, é ilegítima a cobrança anual da taxa de licença de localização e funcionamento.

Curiosamente, conforme se disse, o **STF** tem admitido situação que parece vir de encontro ao entendimento em epígrafe: a constitucionalidade da **taxa de renovação anual de licença para localização, instalação e funcionamento de estabelecimentos comerciais e similares**, desde que haja órgão administrativo que exercite o poder de polícia, ou seja, presumindo-se tal atividade de policiamento, ainda que o órgão fiscalizador não tenha empreendido fiscalizações individualizadas nos estabelecimentos do contribuinte[11].

11. Esse posicionamento pode ser verificado na jurisprudência, que ora demarcamos: **(I)** RE 115.213/SP, 1ª T., rel. Min. Ilmar Galvão, j. em 13-08-1991; **(II)** RE 198.904/RS, 1ª T., rel. Min. Ilmar Galvão, j. em 28-05-1996; e no já comentado **(III)** RE 416.601 (Pleno), de relatoria do Ministro Carlos Velloso, em 10-08-2005, em que se discutiu a exigência da *Taxa de Controle e Fiscalização Ambiental* (TCFA. Lei n. 10.165/2000) das empresas potencialmente poluidoras, independentemente de sofrerem fiscalização efetiva.

Alterando agora o rumo da discussão, numa aproximação com o *postulado da legalidade tributária*, quando se analisam certas taxas de polícia (e até certas contribuições profissionais[12]), será crível admitir, na esteira do **STF**, a complementação de tal aspecto com o tratamento ofertado por um ato infralegal, sem que se cogite de ofensa ao *princípio da reserva legal*. Em **2016, o STF enfrentou o tema** no bojo de uma taxa (*Taxa para Expedição da Anotação de Responsabilidade Técnica* – ART): em 30 de junho de **2016**, o Pleno do **STF**, nos **RE 838.282/SC** (rel. Min. Dias Toffoli), enfrentou a questão ligada à exigência da *Taxa para Expedição da Anotação de Responsabilidade Técnica* (ART), baseada na Lei n. 6.994/82 (art. 1º, § 1º), a qual estabeleceu limites máximos (tetos) para a exigência do tributo. Ao prescrever teto e possibilitar a ato normativo infralegal (regulamento) a fixação, em proporção razoável com os custos da atuação estatal, do valor da correspondente taxa de polícia, a indigitada Lei revelou-se consentânea com a Constituição. O excerto adiante, colhido da ementa do julgado, comprova que a legalidade tributária nas taxas não deve ser marcada por uma ortodoxia exauriente:

> No tocante às taxas cobradas em razão do exercício do poder de polícia, elas podem ter um grau de indeterminação, por força da ausência de minuciosa definição legal dos serviços compreendidos. Pode haver maior abertura dos tipos tributários quando se está diante de taxa ou de contribuição parafiscal, já que, nessas situações, sempre há atividade estatal subjacente, o que acaba deixando ao regulamento uma carga maior de cognição da realidade, especialmente em matéria técnica. Assim, a ortodoxa legalidade tributária, absoluta e exauriente, deve ser afastada, tendo em vista a complexidade da vida moderna e a necessidade de a legislação tributária adaptar-se à realidade em constante transformação. Nesse sentido, deve-se levar em conta o princípio da praticidade no Direito Tributário e a eficiência da Administração Pública. Essa tem sido a tendência jurisprudencial da Corte.

12. Na mesma data, em 30 de junho de **2016**, o Pleno do **STF**, no **RE 704.292/PR** (rel. Min. Dias Toffoli), declarou a inconstitucionalidade do art. 2º da Lei n. 11.000/2004, de forma a excluir de sua incidência a autorização dada aos conselhos de fiscalização de profissões regulamentadas para fixar as contribuições anuais devidas por pessoas físicas ou jurídicas. Os fundamentos teóricos utilizados para o deslinde do outro caso (RE 838.284/SC) foram aqui lembrados, entretanto eles próprios serviram para evidenciar a impropriedade de se deixar ao puro arbítrio do administrador a fixação do valor do tributo, sem qualquer previsão legal de teto para o seu máximo. Entendeu-se que, com o exótico expediente, os conselhos de fiscalização passam a substituir o parlamento no mister legiferante, em nítido desapoderamento do legislador, gerando incerteza jurídica e falta de transparência. Ora, uma atividade é a de complementação do aspecto quantitativo do fato gerador; outra, diversa, é a inovação da ordem jurídica, com a respectiva degradação da *reserva legal*, consagrada no art. 150, I, da CF – o que se observou no caso em cotejo. Em arremate, concluiu-se que é essencial à lei (em sentido estrito) prescrever o limite máximo do valor do tributo, ou, na pior das hipóteses, os critérios transparentes para se chegar àquele montante.

Em 19 de outubro de **2016**, o Tribunal, por maioria e nos termos do voto do Relator, fixou tese nos seguintes termos: "*É inconstitucional, por ofensa ao princípio da legalidade tributária, lei que delega aos conselhos de fiscalização de profissões regulamentados a competência de fixar ou majorar, sem parâmetro legal, o valor das contribuições de interesse das categorias profissionais e econômicas, usualmente cobradas sob o título de anuidades, vedada, ademais, a atualização desse valor pelos conselhos em percentual superior aos índices legalmente previstos*". Foi vencido o Ministro Marco Aurélio, que fixava tese em outros termos. Em seguida, o Tribunal, por unanimidade e nos termos do voto do Relator, indeferiu o pedido de modulação.

Com efeito, a complementação do aspecto quantitativo do fato gerador por ato infralegal se justifica na maior capacidade da Administração em conhecer de perto a realidade fiscalizatória e os custos que dimensionam esse labor. O relator entendeu que o legislador não teria condições de estabelecer e fixar uma relação de custos de todas as atividades exercidas na área. Nessa mesma trilha, diz-se que a lei não transfere para o regulamento o trato dos elementos essenciais e substanciais do fato gerador – estes, ao contrário, continuam na lei de regência da exação. Em outras palavras, o Legislativo não abdica de sua competência tributária, podendo, aliás, a qualquer momento deliberar de maneira diversa e firmar novos critérios políticos ou outros paradigmas a serem observados pelo regulamento. Em suma, para o STF, confirmando a razoável equivalência entre o valor da exação e os custos que ela pretende ressarcir, frisou-se que "*esse diálogo realizado com o regulamento é mecanismo que objetiva otimizar a justiça comutativa*".

Em 6 de outubro de **2016**, o **STF**, apreciando o Tema 829 da repercussão geral, negou provimento ao recurso extraordinário (vencidos os Ministros Marco Aurélio e Ricardo Lewandowski). Logo após, em 19 de outubro de **2016**, o Tribunal, por unanimidade e nos termos do voto do Relator, fixou tese nos seguintes termos: "***Não viola a legalidade tributária** a lei que, prescrevendo o teto, possibilita o ato normativo infralegal fixar o valor de taxa em proporção razoável com os custos da atuação estatal, valor esse que não pode ser atualizado por ato do próprio conselho de fiscalização em percentual superior aos índices de correção monetária legalmente previstos*".

> Note o item considerado **CORRETO**, em prova realizada pela CONSULPLAN, Câmara de Belo Horizonte, para o cargo de Procurador, em 2018: "*Lei de determinado Estado da Federação cria taxa de fiscalização de atividade profissional e delega ao respectivo conselho a possibilidade de fixar o valor da exação, através de regulamento, observado o limite máximo de "x" vezes o maior valor de referência vigente na respectiva unidade da federação. Chamado a opinar sobre a lei em questão, entende-se que a lei é constitucional, sendo admitido o diálogo desta com o regulamento na fixação do aspecto quantitativo da regra matriz de incidência, fixado um teto legal*".

1.2 Análise da taxa de serviço

A *taxa de serviço*, também denominada *taxa de utilização*, será cobrada em razão da prestação estatal de um *serviço público específico* e *divisível*. À guisa de memorização, procure assimilar:

TAXA DE SERVIÇO
SERVIÇO PÚBLICO ESPECÍFICO e DIVISÍVEL

Observe que se trata de requisitos *cumulativos* que dão os contornos necessários à exigibilidade da taxa de serviço, sempre dotada de *especificidade* e *divisibilidade*, conforme dispõe o art. 79, II e III, CTN. Note:

Art. 79. Os serviços públicos a que se refere o art. 77 consideram-se: (...)
II – específicos, quando possam ser destacados em unidades autônomas de intervenção, de utilidade ou de necessidade públicas;
III – divisíveis, quando suscetíveis de utilização, separadamente, por parte de cada um dos seus usuários.

> Note o item (adaptado) considerado **INCORRETO**, em prova realizada pelo Instituto Excelência, para o cargo de Advogado da Prefeitura Municipal de Ituiutaba/MG, em 2016: *"Acerca dos serviços públicos ensejadores das taxas de serviços, consideram-se 'específicos', quando suscetíveis de utilização, separadamente, por parte de cada um dos seus usuários".*

De início, impende situarmos a noção de "serviço público". Seguindo as precisas palavras de Hugo de Brito Machado[13], o *serviço público* será "toda e qualquer atividade prestacional realizada pelo Estado, ou por quem fizer suas vezes, para satisfazer, de modo concreto e de forma direta, necessidades coletivas".

Assim, o serviço público estipendiado pela taxa de utilização em comento será:

a) **Específico:** também intitulado serviço público "singular" (ou *ut singuli*), é aquele destacável em unidades autônomas de utilização[14], permitindo-se identificar o sujeito passivo ou discriminar o usuário. Direciona-se, assim, a um número determinado de pessoas;

b) **Divisível:** é aquele passível de individualização ou "suscetível de utilização individual pelo contribuinte"[15], ou seja, o serviço quantificável, que traz um benefício individualizado para o destinatário da ação estatal. Conforme aduz Luciano Amaro[16], "o imposto é o modo de financiamento próprio dos serviços públicos indivisíveis, e a taxa, dos serviços divisíveis". Com efeito, a divisibilidade "pressupõe que o Estado os destaque ou especialize, segregando-os do conjunto de suas tarefas para a eles vincular a cobrança das taxas"[17].

> Note o tem considerado **INCORRETO**, em prova realizada pela Funiversa, para o cargo de Delegado de Polícia/DF, em 2015: *"Fatos geradores das taxas são a prestação de serviço público e o poder de polícia, sendo necessário, no primeiro caso, que o serviço público seja indivisível, prestado ao contribuinte ou posto à sua disposição".*

Aliás, o serviço público, **mostrando-se *específico*, será, necessariamente, *divisível***, manifestando-se esse atributo como corolário daquele. Todavia, há entendimento doutrinário oposto: "Se o serviço for indivisível descabe taxá-lo, se divisível, a taxa pode ser instituída. Ou seja, o que importa é a 'divisibilidade', e não a especificidade do serviço"[18].

13. MACHADO, Hugo de Brito. *Curso de direito tributário*, 29. ed., p. 426.
14. *V.* NOGUEIRA, Ruy Barbosa. *Curso de direito tributário*, 14. ed., p. 162.
15. NOGUEIRA, Ruy Barbosa. *Curso de direito tributário*, 14. ed., p. 162.
16. AMARO, Luciano. *Direito tributário brasileiro*, 14. ed., p. 32.
17. *Ibidem*, p. 34.
18. *Idem*.

Note o item considerado **CORRETO**, em prova realizada pela Consulplan, para o cargo de Titular de Serviços de Notas e de Registros (TJ/MG), em 2015: *"Consideram-se serviços públicos 'específicos' quando podem ser destacados em unidades autônomas de intervenção, de utilidade, ou de necessidades públicas; e 'divisíveis', quando suscetíveis de utilização, separadamente, por parte de cada um dos seus usuários".*

Note o item considerado **CORRETO**, em prova realizada pela Vunesp, para o cargo de Agente Fiscal Tributário da Prefeitura Municipal de Suzano/SP, em 2016: *"De acordo com o CTN, um dos fatos geradores que autorizam a cobrança das taxas é a utilização de serviço público específico e divisível, prestado ao contribuinte ou posto à sua disposição. Assim, são considerados 'específicos', quando possam ser destacados em unidades autônomas de intervenção, de utilidade, ou de necessidades públicas".*

Desse modo, podemos concluir que a taxa de serviço somente será exigida se houver uma prestação de um serviço público específico e divisível. Em resumo, diz-se que "serviço divisível, necessário para a instituição da taxa, é o suscetível de utilização individual pelo contribuinte, e específico é o destacável em unidade autônoma"[19].

Fácil é perceber que não são poucos os serviços públicos que preenchem com nitidez os requisitos em epígrafe, *v.g.*, os serviços de água, de esgotamento sanitário, entre outros. Pelo menos, para fins meramente didáticos, deve-se dizer que tais serviços podem ensejar a cobrança da *taxa de serviço*, haja vista a presença dos traços da *especificidade* e *divisibilidade*, na esteira do seu caráter de essencialidade. Todavia, as indigitadas ações estatais têm sido estranha e comumente remuneradas por meio de *tarifas*, em evidente cenário de pseudotributação, como se inessenciais fossem – e, *ipso facto*, delegáveis, no bojo de uma tarifação, em vez de taxação. A propósito, em item ulterior, ainda neste capítulo, será feito o detalhamento de "tarifa", em cotejo com a taxa.

A jurisprudência, em decorrência disso, mantém-se cambiante diante dessa temática, ora associando tais serviços públicos ao campo das taxas, ora à seara das tarifas.

Observe os entendimentos jurisprudenciais, por meio das ementas abaixo reproduzidas, que sinalizam a divergência de posicionamento quanto à natureza jurídica da prestação pecuniária exigida pelo **serviço de água e esgotamento sanitário:**

> **Entendimento I (STF):**
> **EMENTA:** A Turma (...) considerara dispensável lei para a instituição de preço progressivo, aplicável ao fornecimento de água pela Companhia de Água e Esgotos de Brasília – CAESB, a ser pago por usuários que excederem os limites de consumo previamente estabelecidos (na espécie o Decreto 10.157/87). Considerou-se que *o serviço de fornecimento de água é submetido ao regime de **preço público**, e não de taxa*, sendo possível a majoração por meio de decreto. Precedentes citados: RREE 85.268/PR e 77.162/SP e ADC 9/DF-2001. **(RE-AgR 201.630/DF, rel. Min. Ellen Gracie, 1ª T., j. em 11-06-2002) (Grifo nosso)**

19. NOGUEIRA, Ruy Barbosa. *Curso de direito tributário*, 14. ed., p. 162.

Entendimento II (STJ):

EMENTA: A recorrente sustenta que, quando o serviço público é prestado por terceiros, como no caso, sua remuneração se faz por meio de tarifa ou preço público, e não por taxa. *Contudo a jurisprudência deste Superior Tribunal considera que o valor exigido como contraprestação pelo serviço de água e esgoto possui natureza jurídica de* ***taxa***, submetendo-se, portanto, ao regime jurídico-tributário, especialmente no que diz com a observância do princípio da legalidade, sempre que seja de utilização compulsória, independentemente de ser executado diretamente pelo Poder Público ou por empresa concessionária. Precedentes citados: REsp 530.808/MG; REsp 453.855/MS; REsp 127.960/RS e REsp 167.489/SP. **(REsp 782.270/MS, rel. Min. Teori Albino Zavascki, 1ª T., j. em 18-10-2005) (Grifo nosso)**

Ainda que subsista a discussão, para concursos públicos, já foi possível considerar que, quanto às taxas, a venda de serviços de natureza econômica por parte do Estado, tal como o fornecimento de água, é uma *receita derivada*.

O dado curioso é perceber que o **STJ**, logo após alguns anos, alterou o seu modo de ver, aproximando-se do veredicto do **STF**, quanto à associação do *serviço de fornecimento de água* ao regime de *preço público*, e não de "taxa". Desse modo, "*este Tribunal Superior, encampando entendimento sedimentado no Pretório Excelso, firmou posição no sentido de que a contraprestação cobrada por concessionárias de serviço público de água e esgoto detém natureza jurídica de tarifa ou preço público.*" **(EREsp 690.609/RS, rel. Min. Eliana Calmon, 1ª T., j. em 26-03-2008)**. Por essa razão, não se pode supor aplicável o prazo quinquenal estabelecido no CTN (art. 168) para restituição de créditos tributários, uma vez que a tarifa (ou preço) não tem natureza tributária. Daí o motivo para se ter editado a **Súmula n. 412 do STJ**, segundo a qual "*a ação de repetição de indébito de tarifas de água e esgoto sujeita-se ao prazo prescricional estabelecido no Código Civil*" [**prescrição decenal: dez anos**, de acordo com o art. 205 do Novo Código Civil], rechaçando-se as disposições previstas no CTN (arts. 165 e 168) para a garantia do direito à restituição do indébito tributário.

> Note o item considerado **INCORRETO**, em prova realizada pela FUMARC, para o cargo de Advogado da Prefeitura de Matozinhos/MG, em 2016: "*Suponha que um Município institua o pagamento de taxas estabelecendo como fato gerador do referido tributo a prestação e serviço público de sua competência. Em face de tal hipótese, a prescrição a ser aplicada para eventual repetição de indébito decorrente da cobrança da referida taxa observará o Código Civil e seus prazos prescricionais*".

A propósito, em junho de **2013**, o **STJ** considerou constitucional a **tarifa de esgotamento sanitário**, uma vez que a concessionária pode realizar uma ou mais, entre várias etapas de desdobramento do serviço, sobretudo porque a finalidade da cobrança da tarifa é manter o equilíbrio financeiro do contrato, possibilitando a prestação contínua do serviço público. Com efeito, o serviço de esgotamento sanitário é formado por um complexo de atividades (a coleta, o transporte, o tratamento e o escoamento final de dejetos), e, conforme a legislação em vigor (art. 9º do Decreto

n. 7.217/2010), qualquer uma delas é suficiente para, autonomamente, permitir a cobrança da respectiva tarifa. (**REsp 1.339.313/RJ, rel. Min. Benedito Gonçalves, 1ª T., j. em 12-06-2013**) (Ver, ainda, **a Rcl 12.314/RJ, rel. Min. Mauro Campbell Marques, 1ª T., j. em 28-08-2013**)

Do ponto de vista terminológico, em 10 de março de **2015**, a 2ª Turma do **STJ**, no **REsp 1.513.218/RJ** (rel. Min. Humberto Martins), reiterou o termo "tarifa", assim dispondo na ilustrativa ementa:

> **EMENTA:** (...) 2. Considerando que a tarifa de água deve ser calculada com base no consumo efetivamente medido no hidrômetro, a tarifa por estimativa de consumo é ilegal, por ensejar enriquecimento ilícito da Concessionária. 3. É da Concessionária a obrigação pela instalação do hidrômetro, a cobrança, no caso de inexistência do referido aparelho, deve ser cobrada pela tarifa mínima. (...) **(Grifos nossos)**

Diante do exposto, observa-se que, na última década, o **STF** e o **STJ** vêm adotando um pensamento uniforme ao dispor que o serviço de fornecimento de água deve ser submetido ao regime de preço público (com tarifação), e não ao regime tributário de taxa.

Nesse modo, é de todo oportuno esclarecer que, além de conter os atributos de *especificidade* e *divisibilidade*, o serviço público, ensejador da taxa de serviço, poderá ser de utilização *efetiva* ou de utilização *potencial*.

Analise o dispositivo:

> **Art. 79.** Os serviços públicos a que se refere o artigo 77 consideram-se:
> **I** – utilizados pelo contribuinte:
> **a) efetivamente**, quando por ele usufruídos a qualquer título;

> Note o item considerado **CORRETO**, em prova realizada pela FCC, para o cargo de Auditor Fiscal da Fazenda Estadual (Sefaz/PI), em 2015: *"Consideram-se serviços públicos 'efetivamente' utilizados pelo contribuinte, aqueles por ele usufruídos a qualquer título"*.

> **b) potencialmente**, quando, sendo de utilização compulsória, sejam postos à sua disposição mediante atividade administrativa em efetivo funcionamento; (...)

> Note o item considerado **INCORRETO**, em prova realizada pela FCC, para o cargo de Auditor Fiscal da Fazenda Estadual (Sefaz/PI), em 2015: *"Consideram-se serviços públicos 'potencialmente' utilizados pelo contribuinte, aqueles prestados por pessoa jurídica de direito público diversa da que instituiu a taxa"*.

Sendo assim, a utilização do serviço público deflagrador da **taxa de serviço** será:

a) **Efetiva:** se o serviço for concretamente prestado à coletividade, com fruição fática e materialmente detectável. Vale dizer, um serviço *fruído*, a qualquer título;

b) **Potencial:** se o serviço, sendo de utilização obrigatória, for colocado à disposição do usuário-contribuinte, sem a correspondente utilização. Diz-se serviço *fruível* ou potencialmente utilizado. É que "certos serviços trazem vantagens pela sua existência mesma (...), representam vantagem efetiva para quem pode dispor deles"[20]. Em outras palavras, "a razão de ser da taxação do uso potencial está, a nosso ver, em que há atividade para cuja execução o Estado se aparelha, mas que podem não estar à disposição de todos os indivíduos da comunidade"[21]. Memorize que "potencial" é a utilização do serviço, e não a "**disponibilização**" dele próprio. Seria um despautério cobrar, por exemplo, uma *taxa de esgotamento sanitário* em município onde inexistisse o próprio serviço de esgoto. Frise-se que "potencial" é a utilização do serviço público, ensejador da taxa de serviço, **nada tendo a ver com a taxa de polícia.**

Note o item considerado **INCORRETO**, em prova realizada pela FUMARC, COPASA, para o cargo de Analista de Saneamento, em 2018: *"Sobre o regime de instituição e cobrança de taxa, se seu fato gerador for o serviço público, a cobrança válida independe da disponibilização dos equipamentos necessários ao uso do serviço".*

Note o item considerado **INCORRETO**, em prova realizada pela FCC, para o cargo de Procurador da Prefeitura de Recife/PE, em 2014: *"Instituição de taxas pelo exercício potencial ou efetivo do poder de polícia ou pela utilização de serviços públicos específicos e indivisíveis, prestados ao contribuinte".*

Note o item considerado **INCORRETO**, em prova realizada pelo Cespe, para o cargo de Titular de Serviços de Notas e de Registros (TJ/DF), em 2014: *"As taxas cobradas pelo DF, no âmbito de suas atribuições, podem ter como fato gerador o exercício efetivo ou potencial do poder de polícia".*

Luciano Amaro[22] relata um didático exemplo:

Suponha-se que a legislação proíba os indivíduos, habitantes de certa área densamente povoada, de lançar o esgoto em fossas, obrigando-os a utilizar o serviço público de coleta de esgoto. Ora, a taxa que for instituída pelo Estado pode ser cobrada de quem tem o serviço à disposição, ainda que não utilize efetivamente.

A propósito, em abril de **2008**, tivemos um relevante caso, de apreciação do **STJ**, que entendeu incabível a cobrança de *taxa de fiscalização por uso potencial de sistema público de esgoto sanitário*, produzido em condomínio domiciliar, porquanto, na hipótese, a companhia de esgoto não dispunha de sistema de tratamento que

20. BALEEIRO, Aliomar. *Direito tributário brasileiro*, 11. ed., p. 564.
21. AMARO, Luciano. *Direito tributário brasileiro*, 14. ed., p. 39.
22. *Ibidem*, p. 36.

atendesse o imóvel respectivo, cujo condomínio tem estação própria de tratamento de esgoto, de acordo com os padrões ambientais da fundação estadual responsável pela disciplina da engenharia de meio ambiente.

Observe a ementa:

> **EMENTA:** (...) TAXA DE ESGOTO. (...) 4. Art. 77 do CTN. Se o acórdão recorrido firmou a premissa de que a CEDAE – Cia. Estadual de Águas e Esgotos do Rio de Janeiro – não dispõe de sistema de tratamento de esgoto que atenda ao imóvel da autora, torna-se indevida qualquer contraprestação, em virtude, inclusive, de suposta utilização potencial do serviço. 5. Recurso especial conhecido em parte e não provido. **(REsp 1.032.975/RJ, 2ª T., rel. Min. Castro Meira, j. em 1º-04-2008)**

Evidencia-se, desse modo, que, quando se apresenta potencial a utilização do serviço, atrelável à taxa exigível, esta se dota de compulsoriedade, enquanto o uso, de potencialidade[23]. O importante é ressaltar que, conquanto o serviço estatal mantenha-se à disposição de certo grupo de cidadãos, é princípio de justiça que, independentemente de sua fruição, o grupo beneficiado o financie[24].

Observe, agora, o quadro mnemônico, destacando-se os principais atributos da taxa de serviço:

<table>
<tr><th colspan="2">TAXA DE SERVIÇO</th></tr>
<tr><td colspan="2">SERVIÇO PÚBLICO ESPECÍFICO e DIVISÍVEL</td></tr>
<tr><td colspan="2">DE UTILIZAÇÃO</td></tr>
<tr><td>EFETIVA</td><td>POTENCIAL</td></tr>
</table>

O *quadro* acima demonstra, por outro ângulo, que o serviço não específico (inespecífico) ou o serviço não divisível (indivisível) tende a rechaçar a exigência de taxa. Além disso, indica que a taxa será cobrável "tanto na fruição efetiva quanto na fruição potencial de certos serviços"[25].

É nesse ínterim que se faz necessária a análise do serviço público que se contrapõe ao quadro apresentado, a ele se mostrando diametralmente oposto: o serviço público *geral* (*universal* ou *ut universi*), isto é, aquele prestado indistintamente à coletividade, inviabilizando a identificação precisa do sujeito passivo e a quantificação do importe tributário devido. É o que ocorre com *segurança, limpeza, iluminação* e ***saúde*** públicas, entre outros exemplos.

> Note o item (adaptado) considerado **CORRETO**, em prova realizada pela Esaf, para o cargo de Especialista em Regulação de Aviação Civil da ANAC – Agência Nacional de Aviação Civil, em 2016: *"Não pode ser remunerado por taxa o serviço de saúde pública"*.

23. AMARO, Luciano. *Direito tributário brasileiro*, 14. ed., p. 36.
24. *Ibidem*, p. 39.
25. *Ibidem*, p. 40.

O serviço público geral provoca a percepção de receitas públicas, **de modo difuso**, pela via arrecadável dos impostos.

> Note o item considerado **INCORRETO**, em prova realizada pelo TRF, para o cargo de Juiz Federal Substituto (TRF/3ª Região), em 2016: *"Pagando um imposto, o contribuinte pode exigir do Poder Público uma contraprestação individual e específica"*.

Sobre o tema em comento, adstrito à não incidência de taxas sobre os serviços públicos universais, há bons e clássicos exemplos, alguns até com jurisprudência iterativa, como demonstraremos a seguir:

a) Segurança pública: trata-se de serviço público ao qual todos têm direito, conforme se depreende do art. 144, *caput*, V e § 5º, da Carta Magna. A segurança pública é um retumbante exemplo de serviço público geral, não passível de remuneração por meio de taxa, mas, difusamente, por impostos. Nessa medida, uma *taxa de segurança pública* dota-se, indelevelmente, de inconstitucionalidade, pois a atividade é indivisível, devendo ser prestada a todos os cidadãos da coletividade, não podendo vir a ser especificada para certo grupo de contribuintes, ainda que dispostos a pagar por isso. Note a ementa:

> **EMENTA:** TAXA DE SEGURANÇA PÚBLICA. Por aparente ofensa ao art. 144, *caput*, inciso V e § 5º da CF (...), o Tribunal deferiu medida liminar em ação direta de inconstitucionalidade proposta pelo Conselho Federal da OAB, para suspender, com eficácia *ex nunc* e até final do julgamento da ação, a expressão "serviço ou atividade policial-militar, inclusive policiamento preventivo", constante do art. 2º bem como da Tabela V, ambos da Lei n. 6.010/96 do Estado do Pará, que institui a *Taxa de Segurança* (...). *Entendeu-se que, sendo a segurança pública dever do Estado e direito de todos exercida para a preservação da ordem pública e da incolumidade das pessoas e do patrimônio através, entre outras, da polícia militar, só pode ser sustentada por impostos, e não por taxa.* **(ADInMC n. 1.942/PA, Pleno, rel. Min. Moreira Alves, j. em 05-05-1999) (Ver, também, a ADInMC n. 2.424/CE, rel. Min. Néri da Silveira, j. em 06-03-2002) (Grifos nossos)**

b) Limpeza pública: há inconstitucionalidade, para o **STJ**, na taxa de limpeza dos logradouros públicos, atrelada a atividades como varrição, lavagem, capinação, desentupimento de bueiros e bocas de lobo. Trata-se de taxa que, de qualquer modo, tem por fato gerador prestação de um serviço inespecífico, indivisível, não mensurável ou insuscetível de ser referido a determinado contribuinte, não podendo ser ele custeado senão por meio do produto da arrecadação dos impostos gerais.

Observe os entendimentos jurisprudenciais:

> **I. No STJ:**
> **EMENTA:** TAXA DE LIMPEZA PÚBLICA. Tributário. Taxa de limpeza urbana. Lei n. 6.989/96-SP (...). A Taxa de Limpeza Urbana, no modo como disciplinada no Município

de São Paulo, remunera – além dos serviços de "remoção de lixo domiciliar" – outros que não aproveitam especificamente ao contribuinte ("varrição, lavagem e capinação"; "desentupimento de bueiros e bocas de lobo"); (...) tudo com afronta aos arts. 77, *caput*, e 79, II, do CTN. Embargos de divergência acolhidos. **(EDiv-REsp 102.404/SP, 1ª T., rel. Min. Ari Pargendler, j. em 16-12-1997)**

II. No STF:

EMENTA: TRIBUTÁRIO. MUNICÍPIO DO RIO DE JANEIRO. ILEGALIDADE DA TAXA DE COLETA DE LIXO E LIMPEZA PÚBLICA. ART. 145, II, DA CONSTITUIÇÃO FEDERAL. Tributo vinculado não apenas à coleta de lixo domiciliar, mas também à limpeza de logradouros públicos, hipótese em que os serviços são executados em benefício da população em geral (*uti universi*), sem possibilidade de individualização dos respectivos usuários e, consequentemente, da referibilidade a contribuintes determinados, não se prestando para custeio mediante taxa. (...) **(AI-AgR 245.539/RJ, 1ª T., rel. Min. Ilmar Galvão, j. em 14-12-1999)**[26]

Impende frisar que a equivocada "taxa de limpeza pública" **não se confunde** com a costumeira *taxa municipal de "coleta domiciliar de lixo"*, que tem sido considerada válida pelo STJ, uma vez tendente a beneficiar unidades imobiliárias autônomas, de propriedade de diferentes lindeiros das vias públicas servidas, além de serem suscetíveis de utilização, de modo separado, por parte de cada usuário. Observe a jurisprudência:

EMENTA: (...) TAXA DE COLETA DE LIXO E TAXA DE COLETA DE LIXO E DE LIMPEZA PÚBLICA. (...) I – É legítima a cobrança da Taxa de Coleta de Lixo (...), consoante firme e reiterada jurisprudência desta Corte, porquanto em tal exação encontram-se presentes os requisitos de divisibilidade e especificidade (arts. 77 e 78 do CTN). (...) **(REsp 137.013/RS, 1ª T., rel. Min. Demócrito Reinaldo, j. em 25-05-1999) (Ver, ainda, nesse sentido: REsp 95.863/SP, 1ª T., rel. Min. José Delgado, j. em 07-11-1996)**

Curiosamente, essa taxa de coleta de lixo adapta-se, com fidelidade, ao caso da taxa de utilização potencial, uma vez que todos os proprietários das unidades imobiliárias – habitando-as ou não – serão considerados sujeitos passivos da exação, independentemente da fruição do serviço de coleta oferecido.

A propósito, em **2009**, foi editada a **Súmula Vinculante n. 19**, segundo a qual *"A taxa cobrada exclusivamente em razão dos serviços públicos de coleta, remoção e tratamento ou destinação de lixo ou resíduos provenientes de imóveis, não viola o artigo 145, II, da Constituição Federal"*.

26. **Vejam-se outros julgados no STF:** (I) RE 204.827, rel. Min. Ilmar Galvão, Pleno, j. em 12-12-1996; (II) RE 199.969, rel. Min. Ilmar Galvão, Pleno, j. em 27-11-1997; (III) RE 188.391, rel. Min. Ilmar Galvão, Pleno, j. em 15-06-2000; e (IV) RE 361.437, 1ª T., rel. Min. Ellen Gracie, j. em 19-11-2002.

Note o item (adaptado) considerado **CORRETO**, em prova realizada pela Vunesp, para o cargo de Advogado da Câmara Municipal de Registro/SP, em 2016: *"Certo município, por seu turno, realiza cobrança de taxa exclusivamente em razão de serviços públicos de coleta, remoção e tratamento de lixo proveniente de imóveis nele localizados. Em tal circunstância, não viola a disposição constitucional, pois a taxa é cobrada pela utilização, efetiva ou potencial, de serviço público específico e divisível, prestado aos contribuintes ou postos à sua disposição".*

Note o item considerado **INCORRETO**, em prova realizada pela FCC, para o cargo de Julgador Administrativo Tributário do Tesouro Nacional (Sefaz/PE), em 2015: *"É inconstitucional a taxa cobrada exclusivamente em razão dos serviços públicos de coleta, remoção e tratamento ou destinação de lixo ou resíduos provenientes de imóveis, uma vez que realizados em benefício da população em geral e de forma indivisível".*

Note o item considerado **CORRETO**, em prova realizada pelo Cespe, para o cargo de Especialista e Regulação (ANATEL), em 2014: *"Segundo o STF, é constitucional a cobrança de taxa em razão dos serviços públicos de coleta, remoção e tratamento ou destinação de lixo e resíduos provenientes de imóveis".*

c) Iluminação pública: o **STF** julgou inconstitucional a "**taxa** de iluminação pública", em face da ausência da especificidade e divisibilidade. Com efeito, o serviço de iluminação pública não pode ser remunerado mediante taxa, uma vez que não configura serviço público específico e divisível, prestado ao contribuinte ou posto à sua disposição (CF, art. 145, II). Veja a jurisprudência:

Note o item considerado **CORRETO**, em prova realizada pelo TRF, para o cargo de Juiz Federal Substituto (TRF/3ª Região), em 2016: *"Tratando-se de serviço indivisível e inespecífico, a iluminação pública não pode ser remunerada mediante taxa".*

EMENTA: TRIBUTÁRIO. MUNICÍPIO DE NITERÓI. TAXA DE ILUMINAÇÃO PÚBLICA. ARTS. 176 E 179 DA LEI MUNICIPAL N. 480, DE 24-11-1983, COM A REDAÇÃO DADA PELA LEI N. 1.244, DE 20-12-1993. Tributo de exação inviável, posto ter por fato gerador serviço inespecífico, não mensurável, indivisível e insuscetível de ser referido a determinado contribuinte, a ser custeado por meio do produto da arrecadação dos impostos gerais. Recurso não conhecido, com declaração de inconstitucionalidade dos dispositivos sob epígrafe, que instituíram a taxa no município. **(RE 233.332/RJ, Pleno, rel. Min. Ilmar Galvão, j. em 10-03-1999)**

Em **2003**, publicou-se a **Súmula n. 670 do STF**, segundo a qual *"o serviço de iluminação pública não pode ser remunerado mediante taxa"*. Frise-se que, em 11 de março de **2015**, o Plenário do **STF** acolheu proposta de edição de enunciado de súmula vinculante com o seguinte teor: *"O serviço de iluminação pública não pode ser remunerado mediante taxa"*. Assim, tornou vinculante o conteúdo daquele Verbete 670 da Súmula do STF. Trata-se da Súmula Vinculante n. 41 do STF. Por fim, sabe-se que a inviabilidade dessa taxa acabou criando o cenário hábil à incidência da *Contribuição para o Serviço de Iluminação Pública*, fruto da EC n. 39/2002, a qual se encontra prevista no art. 149-A, CF.

d) Asfaltamento: as obras de **pavimentação asfáltica**, estando inseridas no contexto de obra pública, devem ensejar contribuição de melhoria, e não "taxa", em face da ausência dos requisitos da especificidade e divisibilidade.

> Note o item considerado **INCORRETO**, em prova realizada pela Funcab, para o cargo de Auditor Fiscal (Sefaz/BA), em 2014: *"É legítima a instituição de taxa pela prestação do serviço de asfaltamento de via pública"*.

Essa é a razão por que não devem subsistir em nosso ordenamento as *taxas de pavimentação asfáltica* ou *taxas de asfaltamento*.

Observe que a retórica jurisprudencial registra três relevantes casos em que o **STF** se posicionou pela inconstitucionalidade da *taxa de pavimentação asfáltica*:

1. **Taxa de Pavimentação de *Anápolis*,** em **Goiás**, em **1979**[27];
2. **Taxa de Pavimentação de *Itupeva*,** em **São Paulo**, em **1980**[28];
3. **Taxa de Pavimentação de Via Pública Urbana de *Assis Chateaubriand*,** no **Paraná**, em **1982**[29].

Para ilustrar, aproveitamos para trazer um exemplo de uma *taxa de manutenção de via pública*, que suscitou uma questão de prova de concurso público, realizada pelo Cespe/UnB (e aqui adaptada), para o cargo de Procurador do Município de Aracaju/SE, em 28-01-2008. Conquanto se trate de solicitação antiga, reputamos pertinentemente didático apresentá-la:

> **Em razão da necessidade de promover a melhoria do asfaltamento das ruas do Município Alfa, o Prefeito encaminhou à Câmara de Vereadores projeto de lei complementar que instituía a *taxa de manutenção de vias públicas*. Os legisladores aprovaram o texto tal qual foi encaminhado à Casa e que foi sancionado pelo chefe do Poder Executivo. O art. 2º da Lei Complementar tinha a seguinte redação: <u>Art. 2º</u> *O contribuinte da taxa de conservação e manutenção de vias públicas é o proprietário de veículos automotores matriculados no órgão de trânsito com jurisdição no Município Alfa, usuário de vias de rodagem que compõem o complexo viário da cidade Alfa.* (...)**

Diante dos fatos hipotéticos acima narrados, podemos inferir que:

1. a taxa não observou a exigência de divisibilidade do serviço público;

27. Ver, a respeito, o **RE 89.749/GO**, Pleno, rel. Min. Soares Muñoz, j. em 29-03-1979.
28. Ver, a respeito, o **RE 90.090/SP**, 2ª T., rel. Min. Décio Miranda, j. em 18-04-1980.
29. Ver, a respeito, o **RE 95.348/PR**, 1ª T., rel. Min. Alfredo Buzaid, j. em 01-10-1982.

2. a instituição de taxa deve ocorrer por meio de lei complementar, por se tratar de nítido imposto e, assumindo a forma de "imposto residual", deve avocar-lhe a lei mencionada, segundo o art. 154, I, da CF;
3. o fato gerador da taxa é o mesmo de um imposto estadual, o IPVA, o que implica inconstitucionalidade da taxa em questão, por veicular uma bitributação.

Nesse passo, urge enaltecer que os mesmos argumentos acima expendidos, no âmbito da proibitiva "taxa de asfaltamento", podem ser estendidos à "taxa de calçamento". Trata-se de um tributo inconstitucional, uma vez que faltam à atividade de calçamento a especificidade e a divisibilidade, próprias de uma legítima taxa de serviço. Observe a ementa do **STJ**, na qual se prevê a impropriedade do tributo:

> **EMENTA:** TRIBUTÁRIO. TAXA DE CONSERVAÇÃO DE CALÇAMENTO. ILEGALIDADE. Sem os requisitos da especificidade e da divisibilidade, previstos no CTN, não se justifica a cobrança da taxa. O serviço de conservação de calçamento tem caráter genérico e não divisível ou específico, sendo prestado à coletividade como um todo, sem benefício direto para determinado imóvel ou certo contribuinte. **(REsp 17.702/SP, rel. Min. Hélio Mosimann, 2ª T., j. em 10-12-1993)**

Não obstante, há que se ter cautela com um dado jurisprudencial: em **1963**, editou-se a **Súmula n. 129 do STF** ("*Na conformidade da legislação local, é legítima a cobrança de taxa de calçamento*"), cujo teor não mais se coaduna com as disposições da atual Carta Magna. Portanto, deve-se considerar **superado esse vetusto enunciado**.

> Note o item considerado **CORRETO**, em prova realizada pela Consulplan, TJ/MG, para o cargo de Titular de Serviços de Notas e de Registro (TJ/MG), em 2015: *"Sobre o entendimento do STF, STJ e TJMG quanto aos tributos, são inconstitucionais as taxas que têm por base os serviços limpeza pública, iluminação pública e de conservação de calçamento, por se tratar de serviços indivisíveis e inespecíficos".*

2 INFORMAÇÕES COMPLEMENTARES SOBRE TAXAS

É prudente explicitarmos, a título de informações complementares, **dois** tópicos de relevo sobre o estudo das taxas:

– **A base de cálculo nas taxas;**
– **O confronto "taxa *versus* tarifa".**

Passemos à análise dos temas.

2.1 A base de cálculo nas taxas

A *base de cálculo* (ou *base imponível*) é uma grandeza dimensional do fato gerador, ou seja, uma perspectiva que o dimensiona, com o intuito de permitir, aritmeticamente, no cotejo com a alíquota, a detecção do *quantum debeatur*, para a devida quantificação do tributo.

A *base de cálculo*, para Aires Barreto[30], é "a definição legal da unidade de medida, constitutiva do padrão de referência a ser observado na quantificação financeira dos fatos tributários. Consiste em critério abstrato para medir os fatos tributários que, conjugado à alíquota, permite obter a 'dívida tributária'".

Nesse passo, a base imponível se mostra como ordem de medida dimensional (ou dimensória) do aspecto material da hipótese de incidência, vale dizer, do próprio **fato gerador**, dando-lhe a exata expressão econômica.

Note o item considerado **CORRETO**, em prova realizada pela FCC, para o cargo de Procurador do Município de Campinas, em 2016: *"Em relação à base de cálculo, tem relação direta e imediata com o fato gerador, sendo expressão econômica que dará azo à apuração do valor do tributo devido"*.

Desse modo, a sua possível inadequação pode representar uma distorção do fato gerador, **desnaturando o próprio tributo**, que pode, por exemplo, apresentar-se como um imposto Y e ser, de fato, um imposto Z; ou, ainda, mostrar-se como tributo X e ser, de verdade, um tributo Y.

Note o item considerado **CORRETO**, em prova realizada pelo MPE/GO (59º Concurso), para o cargo de Promotor de Justiça Substituto de Goiás, em 2016: *"Não bastasse a ordem natural das coisas, o arcabouço jurídico-constitucional inviabiliza a tomada de valor alusivo a certo tributo como base de incidência de outro"*.

Segundo Paulo de Barros Carvalho[31], "acaso o legislador mencione a existência de taxa, mas eleja base de cálculo mensurada de fato estranho a qualquer atividade do Poder Público, então a espécie tributária será outra, naturalmente um imposto".

Nesse compasso, entende-se que, **em nenhuma hipótese, pode subsistir imposto com base de cálculo de taxa, ou taxa com base de cálculo de imposto**, sob pena de termos um tributo pelo outro, dando ensejo ao intitulado "imposto disfarçado".

Note o item considerado **CORRETO**, em prova realizada pela CONSESP, para o cargo de Agente (Sercomtel S.A. Telecomunicações), em 2015: *"As taxas não poderão ter base de cálculo própria de impostos"*.

Note o item (adaptado) considerado **CORRETO**, em prova realizada pelo IESES, para o cargo de Titular de Serviços de Notas e de Registros (TJ/MS), em 2014: *"Em matéria tributária, NÃO consta expresso no texto constitucional o mandamento segundo o qual 'as taxas poderão ter base de cálculo própria de impostos'"*.

Note o item considerado **INCORRETO**, em prova realizada pela FCC, SABESP, para o cargo de Advogado, em 2018: *"As taxas poderão ter base de cálculo própria de impostos, desde que a base permita a interpretação extensiva"*.

---

30. BARRETO, Aires. *Base de cálculo, alíquota e princípios constitucionais*. São Paulo: RT, 1987, pp. 39-40.
31. CARVALHO, Paulo de Barros. *Curso de direito tributário*, 16. ed., p. 39.

Segundo Hugo de Brito Machado[32], o tributo disfarçado ou oculto "é aquela prestação pecuniária que, não obstante albergue todos os elementos essenciais do conceito de tributo na teoria geral do Direito, é exigida pelo Estado sem obediência às normas e princípios que compõem o regime jurídico do tributo".

Atente para a jurisprudência, no **STJ**:

> **EMENTA:** TRIBUTÁRIO. TAXA DE LICENÇA DE LOCALIZAÇÃO. ESCRITÓRIO DE ADVOCACIA. LEI N. 4.215/63, ARTS. 1º E 67. EXERCÍCIO DO PODER DE POLÍCIA. BASE IMPONÍVEL, FATO IMPONÍVEL. NÚMERO DE EMPREGADOS. DISCREPÂNCIA. (...) III – A base imponível da taxa há de refletir correspondência com a hipótese de incidência. Assim, a fixação do *quantum debeatur* não pode levar em consideração circunstâncias estranhas à taxa, pena de confundir-se o que é imposto com taxa ou contribuição de melhoria. IV – recurso provido. **(REsp 2.220/SP, 1ª T., rel. Min. Geraldo Sobral, j. em 12-09-1990)**

A propósito, tal proibição está cristalinamente disciplinada em dois comandos normativos – um, na Carta Magna, e outro, no CTN –, a seguir expostos, respectivamente:

> **Art. 145, § 2º, da CF:** As taxas não poderão ter base de cálculo própria de impostos.
>
> **Art. 77, parágrafo único, do CTN:** A taxa não pode ter base de cálculo ou fato gerador idênticos aos que correspondam a imposto, nem ser calculada em função do capital das empresas.

Note o item considerado **CORRETO**, em prova realizada pela FCC, para o cargo de Procurador Municipal da Prefeitura de Cuiabá/MT, em 2014: *"Visando ao aumento da arrecadação municipal, a Secretaria de Finanças de Cuiabá elaborou diversas propostas de lei ordinária a serem encaminhadas à Câmara Municipal. A proposta que NÃO afronta o disposto na Constituição Federal é: instituir em 2014 e cobrar em 2015 uma nova taxa específica sobre o serviço de coleta de lixo de materiais eletrônicos dos proprietários de imóveis localizados tanto no perímetro urbano como na área rural do município, cuja base de cálculo não pode ser a mesma utilizada para a cobrança do IPTU".*

Note o item considerado **CORRETO**, em prova realizada pela FCC, para o cargo de Auditor da Receita Estadual (Sefaz/RJ), em 2014: *"O projeto de lei em questão não merece prosperar, em relação aos motéis, pois as taxas não podem ter base de cálculo própria de impostos, nem idênticas às que correspondam à base de cálculo de impostos".*

Com efeito, a base de cálculo do imposto atrela-se ao valor (venal) do bem, enquanto a base de cálculo da taxa adstringe-se ao custo da atividade estatal respectiva.

32. MACHADO, Hugo de Brito. *Curso de direito tributário*, 29. ed., p. 68.

Nessa esteira, mencione-se a **Súmula n. 595 do STF**, segundo a qual "*é inconstitucional a taxa municipal de conservação de estradas de rodagem cuja base de cálculo seja idêntica à do imposto territorial rural*".

O saudoso professor Ricardo Lobo Torres[33], versando sobre o tema das taxas com bases de cálculo de impostos, relata que "o STF vem construindo casuisticamente a sua jurisprudência sobre o tema, declarando inconstitucionais diversas taxas, como as de licença para localização e as de assistência hospitalar, médica ou educacional". O eminente e saudoso mestre tem razão, conforme se pode notar na jurisprudência adiante explicitada, que tem considerado inconstitucionais as taxas com bases imponíveis inadequadas. Veja-as:

a) Taxa de licença de publicidade: criada com base de cálculo afeta ao tamanho da placa de publicidade. Observe a jurisprudência, no **STJ**:

> **EMENTA:** TRIBUTÁRIO. TAXA DE LICENÇA DE PUBLICIDADE. BASE DE CÁLCULO. A taxa de licença de publicidade não pode ter como base de cálculo "o espaço ocupado pelo anúncio na fachada externa do estabelecimento", porque o trabalho da fiscalização independe do tamanho da placa de publicidade (CTN, art. 78). Recurso especial conhecido e provido, em parte. **(REsp 78.048/SP, 2ª T., rel. Min. Ari Pargendler, j. em 18-11-1997)**

b) Taxa de fiscalização de estabelecimentos (**TFE**): em 20 de junho de **2017**, a **2ª Turma** do **STF**, no **ARE n. 990.914/SP** (rel. Min. Dias Toffoli), entendeu que *taxa de polícia* não pode ter como base de cálculo o número de empregados ou ramo de atividade exercida pelo contribuinte, mas o custo da ação estatal, medido em intensidade, extensão e periodicidade (art. 78, CTN). No caso *sub examine*, a Corte Suprema, por maioria, negou provimento a agravo em que se discutia a legitimidade da *Taxa de Fiscalização de Estabelecimentos* (TFE), instituída pela Lei n. 13.477/2002 do Município de São Paulo.

A controvérsia cingiu-se à possibilidade de a base de cálculo da mencionada TFE ser o custo do poder de polícia, sendo este aferível, proporcionalmente, pelo tipo de atividade desenvolvida no estabelecimento pelo contribuinte – no caso, a *Empresa Brasileira de Correios e Telégrafos* (ECT).

O **STF** orienta-se, de há muito, no sentido de que "o número de empregados é dado insuficiente para aferir o efetivo Poder de Polícia". Cite-se, a propósito, o vetusto **RE n. 88.327**, julgado em 5 de setembro de **1979** (rel. Min. Décio Miranda), no qual o Tribunal Pleno já havia assentado a ilegitimidade de taxas cobradas em razão do número de empregados. Em **2013**, a orientação foi ratificada na **1ª Turma**, ao julgar o **RE n. 554.951** (rel. Min. Dias Toffoli, j. em 15-10-2013). Logo após, em **2014**,

33. TORRES, Ricardo Lobo. *Curso de direito financeiro e tributário*, 12. ed., p. 405.

a própria 1ª Turma, no **ARE n. 744.804-AgR** (rel. Min. Dias Toffoli, j. em 05-08-2014), reiterou que "os critérios do número de empregados ou da atividade exercida pelo contribuinte para aferir o custo do exercício do poder de polícia desvinculam-se do maior ou menor trabalho ou atividade que o Poder Público se vê obrigado a desempenhar". Idêntica diretriz foi corroborada na **2ª Turma**, em **2014**, ao julgar o **ARE n. 803.725-AgR** (rel. Min. Gilmar Mendes, j. em 10-06-2014). Mais recentemente, em **2018**, a mesma 2ª Turma, no **ARE n. 1.044.238/2ºAgR** (rel. Min. Edson Fachin, j. em 23-02-2018), entendeu que "a utilização do tipo de atividade" não é critério válido para a fixação da base de cálculo das taxas de funcionamento e fiscalização instituídas pelos Municípios. Frise-se, por derradeiro, que, na mesma esteira, seguiu o **STJ**, o qual assentou que "a base de cálculo da taxa impugnada não pode variar em função do número de empregados ou da quantidade de equipamentos existentes no estabelecimento sujeito ao poder de polícia". (**REsp 733.411/SP, Rel. Min. Eliana Calmon, 2ª T., j. em 02-08-2007)**

Outro aspecto, ligado à *Taxa de Fiscalização de Estabelecimentos* – TFE, merece aqui ser ventilado: em **2017**, a 1ª Turma do **STF**, ao julgar o **ARE 906.203-AgR** (rel. Min. Roberto Barroso, j. em 25-08-2017) e entendendo que é constitucional a base de cálculo da taxa de polícia prevista na Lei municipal n. 13.477/2002, afastou a previsão de um valor único e anual para o tributo, a ser exigido dos Correios (ECT). Com efeito, o exercício do poder de polícia subjacente à taxa tem forte relação com a área do estabelecimento fiscalizado, ao fixar parâmetros objetivos e guardar correspondência com os custos do policiamento administrativo, não devendo ser acobertado por um estanque valor único, incapaz de estabelecer gradualisticamente uma distinção quanto ao tamanho dos estabelecimentos da ECT. Por essa razão, o relator asseverou que houve, no caso, uma desvinculação do *princípio da justiça comutativa*. Em **6 de junho de 2018**, o Plenário iniciou julgamento de embargos de divergência: para o relator, "o STF tem reiteradamente decidido que o princípio da capacidade contributiva se aplica às taxas, e que seu valor, por força da aplicação do princípio da justiça comutativa, deve guardar razoável proporção com os custos da atuação estatal subjacente. Assim, os princípios da capacidade contributiva e da justiça comutativa devem ser ponderados na fixação do valor das exações dessa espécie". Em **19 de dezembro de 2019**, os autos foram conclusos ao relator. Vamos aguardar o deslinde do caso.

c) **Taxa de serviços urbanos:** criada com base de cálculo coincidente com a base imponível do IPTU. Observe a jurisprudência, no **STF**:

> **EMENTA:** TRIBUTÁRIO. TAXA DE SERVIÇOS URBANOS. LEI N. 5.386/83 (ART. 126). CAMPINAS/SP. BASE DE CÁLCULO IDENTIFICÁVEL COM A DO IPTU. DESCARACTERIZAÇÃO JURÍDICA DA TAXA (...). A coincidência de bases imponíveis, referentes a exações tributárias diversas, afeta a validade jurídico-constitucional do tributo instituído. Não se revela exigível, em consequência, porque infringente da vedação estabelecida pelo ordenamento constitucional (CF/69, Art. 18, § 2º; CF/88, Art. 145,

§ 2º), a taxa de serviços urbanos, cuja base de cálculo repouse em elementos – localização, área e dimensões do imóvel –, que se identifiquem, em seus aspectos essenciais, com o conteúdo da base imponível pertinente ao IPTU. **(RE 120.811/SP, 1ª T., rel. Min. Ilmar Galvão; rel. p/ acórdão Min. Celso de Mello, j. em 02-03-1993)**

d) Taxas de licenciamento de importação: essa taxa, também conhecida por "taxa pela expedição de guias de importação", ou, simplesmente, por "taxa de expediente", foi criada com base de cálculo coincidente com a base imponível do *imposto sobre a importação*. Se a exação ignora o valor do serviço prestado, para adotar como base de cálculo aquele da mercadoria importada, ou seja, um critério igual àquele utilizado no lançamento do imposto de importação, ela não constitui "taxa", mas *imposto*, desafiando a vedação inscrita no art. 77, parágrafo único, do CTN.

Veja a jurisprudência, no **STF**:

EMENTA: TRIBUTÁRIO. TAXA DE LICENCIAMENTO DE IMPORTAÇÃO. ART. 10 DA LEI n. 2.145/53. REDAÇÃO DADA PELO ART. 1º DA LEI N. 7.690/88. Tributo cuja base de cálculo coincide com a que corresponde ao imposto de importação, ou seja, o valor da mercadoria importada. **Inconstitucionalidade que se declara do dispositivo legal em referência, em face da norma do art. 145, § 2º, CF/88.** Recurso não conhecido. **(RE 167.992/PR, Pleno, rel. Min. Ilmar Galvão, j. em 23-11-1994)**

Note o item (adaptado) considerado **CORRETO**, em prova prático-profissional (Direito Tributário), realizada pela FGV Projetos, no XVI Exame de Ordem Unificado/OAB, em 2015: *"O deputado federal Y apresentou projeto de lei ordinária federal, no qual pretende instituir uma taxa de licenciamento de importação, cuja base de cálculo é o valor aduaneiro do produto importado. Diante do quadro apresentado, 'a referida taxa possui a mesma base de cálculo do imposto de importação. O art. 145, § 2º, da Constituição Federal, veda a instituição de taxa com base de cálculo própria de imposto. Sendo assim, a taxa será inconstitucional, caso o projeto de lei seja aprovado'".*

Observe a jurisprudência, no **STJ**:

EMENTA: TRIBUTÁRIO. TAXA DE EXPEDIENTE. IMPORTAÇÃO. BASE DE CÁLCULO. INCONSTITUCIONALIDADE. A taxa de expediente, instituída pela Lei n. 2.145/53, com redação dada pela Lei n. 7.690/88, é flagrantemente inconstitucional, eis que possui base de cálculo própria do imposto de importação. Recurso provido. **(REsp 205.685/ES, 1ª T., rel. Min. Garcia Vieira, j. em 20-05-1999) (Ver, nesse sentido: REsp 73.459/ES, 1ª T., rel. Min. Humberto Gomes de Barros, j. em 11-10-1995)**

O saudoso professor Ricardo Lobo Torres[34], versando sobre esse caso específico, aponta que, *"como o imposto incide sobre situações que denotam capacidade con-*

34. TORRES, Ricardo Lobo. *Curso de direito financeiro e tributário*, 12. ed., pp. 404-405.

tributiva, desvinculadas de serviços prestados, conclui-se que a base de cálculo que o expressa não pode ter relação com a das taxas, que é tributo contraprestacional".

e) **Taxa de Segurança contra incêndio:** tem sido considerada inconstitucional, principalmente quando há identidade entre sua base de cálculo com a do IPTU, ou seja, quando a base imponível for constituída a partir de um percentual de valor da área construída do bem imóvel. A ementa abaixo retrata a inconstitucionalidade da Lei n. 3.310/79, do Estado do Espírito Santo, que criou sua Taxa de Segurança contra incêndios.

> **EMENTA:** TAXA DE SEGURANÇA CONTRA INCÊNDIO DO ESTADO. Sua inconstitucionalidade, por identidade de base de cálculo (valor unitário do metro quadrado) com a do IPTU (art. 18, § 2º, da Constituição de 1967 – Emenda n. 1/69) **(RE 120.954, Pleno, rel. Min. Octávio Gallotti, j. em 14-03-1996)**

A propósito, tem havido uma curiosa tentativa, por parte de algumas municipalidades, de instituição de "taxa dos bombeiros", isoladamente ou embutida no próprio Imposto Predial e Territorial Urbano (IPTU).

A mencionada "taxa dos bombeiros", voltada para o investimento em segurança humana e eficácia do trabalho desenvolvido pelo Corpo de Bombeiros, com vistas a cobrir despesas com manutenção dos serviços de prevenção e de extinção de incêndios, apareceu em alguns municípios de São Paulo e Paraná, além de também ter surgido – e persistido em vários deles –, como um tributo estadual, em Estados como Rio de Janeiro, Alagoas, Pernambuco, Piauí, Sergipe e Ceará.

Não obstante o nobilíssimo propósito, a tributação sempre nos pareceu arbitrária e propensa à inconstitucionalidade.

É cediço que a ***segurança pública*** é dever do Estado e direito de todos, exercida para a preservação da ordem pública e incolumidade das pessoas e do patrimônio. As atividades prestadas pelo Corpo de Bombeiros estão incluídas no serviço de segurança pública, como se infere da leitura do inciso V do art. 144 da Carta Magna.

> Note o item (adaptado) considerado **CORRETO**, em prova realizada pelo IESES, para o cargo de Titular de Serviços de Notas e de Registros (TJ/PA), em 2016: *"De acordo com o artigo 77 do CTN, TAXA é um tributo 'que tem como fato gerador o exercício regulador do poder de polícia, ou a utilização efetiva ou potencial, de serviço público específico e divisível, prestado ao contribuinte ou posto à sua disposição'. De acordo com a definição citada, NÃO se enquadra como fato gerador apto a cobrança de taxa a prestação de serviço inerente à segurança pública".*

No caso da "taxa de bombeiros", ausentam-se do correspectivo serviço público a especificidade e a divisibilidade, sinalizando uma nova modalidade de tributo, haja vista a impossibilidade do Corpo de Bombeiros de individualizar e quantificar a ação estatal para cada contribuinte.

Para tornar a exação mais exótica, as municipalidades, geralmente, têm pretendido ratear o custo do serviço proporcionalmente entre os contribuintes, conforme a "carga de incêndio" de cada imóvel, ou seja, quanto maior o imóvel, maior passa a ser o imposto cobrado.

A nosso ver, a associação da cobrança a imposto sobre a propriedade de bem imóvel é inadequada, uma vez que a extinção de incêndios não beneficia somente os proprietários, possuidores ou titulares de domínio útil de bens imóveis localizados na zona urbana municipal, mas toda a sociedade, que pode ter todos os seus bens, imóveis, móveis e semoventes, e a própria vida dos indivíduos ameaçados pelo sinistro.

Frise-se que, para "pânico" geral, o **STJ** considerou-a válida, confirmando o entendimento do Tribunal de Justiça de **Minas Gerais**, que chancelou a *Taxa de Incêndio*, instituída pela Lei Estadual n. 14.938/2003. Note a ementa:

> **EMENTA:** TRIBUTÁRIO. RECURSO ORDINÁRIO EM MANDADO DE SEGURANÇA. TAXA DE INCÊNDIO. LEI ESTADUAL N. 14.938/03. CONSTITUCIONALIDADE. 1. É legítima a taxa de incêndio instituída pela Lei Estadual n. 6.763/75, com redação dada pela Lei n. 14.938/03, uma vez que preenche os requisitos da divisibilidade, da especificidade e a sua base de cálculo não guarda semelhança com a base de cálculo de nenhum imposto. 2. Recurso ordinário improvido. **(RMS 21.280/MG, 2ª T., rel. Min. João Otávio de Noronha, j. em 22-08-2006)**

Data venia, o entendimento apresentado não nos parece adequado. A questão, assim posta, dando guarida à malsinada "taxa de bombeiro", viola o texto constitucional, em mais de um elemento fundante, o que a reveste como um todo de invalidade.

Em tempo, frise-se que, em **1º de agosto de 2017**, o **STF**, apreciando o **Tema 16** da repercussão geral, por maioria e nos termos do voto do Relator, negou provimento ao recurso, ao julgar o **RE 643.247/SP** (rel. Min. Marco Aurélio), e fixou a seguinte tese: "*A segurança pública, presentes a prevenção e o combate a incêndios, faz-se, no campo da atividade precípua, pela unidade da Federação, e, porque serviço essencial, tem como a viabilizá-la a arrecadação de impostos, não cabendo ao Município a criação de taxa para tal fim*". O veredicto deverá implicar a solução de outros 1.316 processos sobrestados, conforme noticiou o próprio *site* do STF.

No caso, discutiu-se a constitucionalidade da paulistana ***Taxa de Combate a Sinistros***, instituída por Lei municipal de São Paulo (Lei n. 8.822/78). Em resumo, a controvérsia gravitou em torno das tradicionais indagações, entre outras:

(I) *O serviço de combate a incêndio deve ser remunerado por meio de taxa ou de imposto?*

(II) *Se o serviço for passível de remuneração por meio de taxa, é o município ou o Estado-membro que detém a competência para exigir o tributo?*

Para o **STF**, a segurança pública é um dever do Estado e um direito de todos, devendo objetivar a preservação da ordem pública e a incolumidade das pessoas e do patrimônio. Para tal intento, deve se valer da *polícia militar*, uma corporação cuja atividade estatal somente pode ser sustentada por *impostos*, e não por taxa. A propósito, a prevenção e o combate a incêndios são atividades essenciais do Estado e se fazem mediante a atuação da própria *polícia militar*, retratada no *corpo de bombeiros*, um órgão estadual. Desse modo, é inadmissível que, a pretexto de prevenir sinistro relativo a incêndio, venha o Município a substituir-se ao Estado, com a criação de tributo sob o rótulo de taxa.

Retomando-se o raciocínio no contexto geral da **base de cálculo das taxas**, podemos asseverar que se requer uma correlação razoável ou uma equivalência razoável entre o valor pago e o custo da ação estatal. É claro que não se exige uma precisão matemática, mas, ao mesmo tempo, não pode haver total desvinculação entre o custo da manifestação estatal e o importe tributário cobrável a título de taxa.

A propósito, em 4 de dezembro de **2019**, o Pleno do **STF**, na **ADI n. 6.211/AP** (rel. Min. Marco Aurélio), considerou inconstitucional a ***Taxa de Controle, Acompanhamento e Fiscalização das Atividades de Exploração e Aproveitamento de Recursos Hídricos – TFRH***, exigida no Estado do Amapá. A Corte Suprema, orientando-se pelo *princípio da retributividade*, o qual marca a taxa em seu caráter contraprestacional, entendeu que o tributo deve refletir, nos limites do razoável, o custeio da atividade estatal de que decorre. Como a TFRH é uma *taxa de polícia*, cumpriu perquirir, no caso concreto, a *proporcionalidade*, isto é, a razoável e necessária equivalência entre o valor da TFRH e o custo da atividade estatal no exercício do poder de polícia. Em análise de dados orçamentários, foi possível concluir que a arrecadação da taxa amapaense era quase dez vezes superior ao montante destinado à ação fiscalizatória. Assim, saltou aos olhos o caráter eminentemente arrecadatório do tributo, flertando com a falta de razoabilidade, de um lado, e com o confisco, de outro. De fato, para o STF, "*ao onerar excessivamente as empresas que exploram recursos hídricos, a pretexto de suportar os gastos decorrentes do controle e da fiscalização das respectivas atividades, a taxa sob análise adquire feições verdadeiramente confiscatórias, no que, fazendo as vezes de espécie tributária diversa – imposto –, extrapola obtenção do fim que lhe fundamenta a existência, dificultando, ou mesmo inviabilizando, o desenvolvimento da atividade econômica, circunstância a justificar a atuação judicial no sentido de fulminar, em âmbito abstrato, os preceitos impugnados*".

É importante ressaltar que a crônica jurisprudencial mostrou dois importantes fatos tributários, que podem ser considerados como **ressalvas** à regra de que "a base de cálculo das taxas não se confunde com a base imponível dos impostos". Vamos explorar tais "ressalvas", em **dois** itens, assim sugeridos: **(I)** a base de cálculo e a taxa de coleta de lixo; e **(II)** a base de cálculo e as custas judiciais.

Vamos à compreensão dessas **duas** possíveis "ressalvas":

(I) A base de cálculo e a taxa de coleta de lixo: há certas taxas (de coleta de lixo, de localização etc.) instituídas com base na **dimensão** da área construída do imóvel beneficiado. Em uma análise superficial, poder-se-ia entender pela inconstitucionalidade da exação, perante a proibição imposta pelo **art. 145, § 2º, da Carta Magna.** Todavia, como se verá adiante, prevalecerá a aceitabilidade do tributo.

> Note o item considerado **INCORRETO**, em prova realizada pela CAIP-USCS, para o cargo de Advogado da CRAISA (Cia. de Abastecimento de Santo André/SP), em 2016: *"As taxas poderão ter base de cálculo própria de impostos"*.

> Note o item considerado **CORRETO**, em prova realizada pela FGV, Câmara de Salvador-BA, para o cargo de Advogado legislativo, em 2018: *"O Município Delta aprovou a cobrança de taxa em razão da prestação do serviço público de coleta, remoção e tratamento de lixo. A base do cálculo desse tributo levaria em conta A DIMENSÃO DE CADA IMÓVEL atendido pelo serviço. João, irresignado com a cobrança, contratou advogado e ingressou com medida judicial para não pagar o tributo, isso sob o argumento de sua inconstitucionalidade. À luz da sistemática constitucional, o entendimento de João está ERRADO, pois a taxa decorre da prestação de um serviço público específico e divisível"*.

Para o **STF**, conforme se notará na ementa a seguir, a sistemática apresentada é válida, pois o cálculo com base na metragem do imóvel não implica, por si só, identidade com a base de cálculo de imposto, *v.g.*, do IPTU. Aquela Corte entende que os imóveis maiores produzirão mais lixo do que os de menores dimensões, o que daria sustentação à grandeza dimensional do fato gerador, calcada na metragem do imóvel.

Da mesma forma, havendo uma taxa de fiscalização que venha a ser calculada em razão da extensão da obra, entende-se o dado dimensível como perfeitamente compatível com a quantificação da atividade de fiscalização por ela remunerada, sem qualquer identidade com a base de cálculo do imposto predial.

Veja as ementas da jurisprudência do **STF**:

> **EMENTA:** CONSTITUCIONAL. TRIBUTÁRIO. TAXA DE COLETA DE LIXO. BASE DE CÁLCULO. IPTU. MUNICÍPIO DE SÃO CARLOS-SP. I. O fato de um dos elementos utilizados na fixação da base de cálculo do IPTU – a metragem da área construída do imóvel –, que é o valor do imóvel (CTN, art. 33), ser tomado em linha de conta na determinação da alíquota da taxa de coleta de lixo não quer dizer que teria essa taxa-base de cálculo igual à do IPTU: o custo do serviço constitui a base imponível da taxa. Todavia, para o fim de aferir, em cada caso concreto, a alíquota, utiliza-se a metragem da área construída do imóvel, certo que a alíquota não se confunde com a base imponível do tributo. Tem-se, com isto, também, forma de realização da isonomia tributária e do princípio da capacidade contributiva: CF, artigos 150, II, 145, § 1º. II. RE não conhecido. **(RE 232.393/SP, Pleno, rel. Min. Carlos Velloso, j. em 12-08-1999) (Grifos nossos)**

> **EMENTA:** MUNICÍPIO DE BELO HORIZONTE. TAXA DE FISCALIZAÇÃO, LOCALIZAÇÃO E FUNCIONAMENTO. ALEGADA OFENSA AO ART. 145, § 2º, DA CONSTITUIÇÃO. Exação fiscal cobrada como contrapartida ao exercício do poder de polícia, sendo

calculada em razão da área fiscalizada, dado adequadamente utilizado como critério de aferição da intensidade e da extensão do serviço prestado, não podendo ser confundido com qualquer dos fatores que entram na composição da base de cálculo do IPTU, razão pela qual não se pode ter por ofensivo ao dispositivo constitucional em referência, que veda a bitributação. Serviço que, no caso, justamente em razão do mencionado critério pode ser referido a cada contribuinte em particular, e de modo divisível, porque em ordem a permitir uma medida tanto quanto possível justa, em termos de contraprestação. Recurso não conhecido. **(RE 220.316/MG, Pleno, rel. Min. Ilmar Galvão, j. em 12-08-1999) (Ver, ainda: RE 214.569/MG, 1ª T., rel. Min. Ilmar Galvão, j. em 13-04-1999) (Grifos nossos)**

Diante do exposto, não se pode confundir uma (inconstitucional) taxa de polícia, cuja base de cálculo é, por exemplo, o número de empregados ou a atividade desenvolvida, com a (constitucional) taxa de polícia, cuja base de cálculo se pauta pela "área de fiscalização", ou seja, pela área ocupada pelo estabelecimento comercial, porquanto esta, ao demarcar o espaço físico fiscalizável, traduz fielmente o custo da atividade estatal corporificada no policiamento administrativo. Este último modelo de taxa, além dos veredictos acima apresentados, desfrutou de chancela mais recente no **STF** (**AgR no RE 906.257, rel. Min. Gilmar Mendes, 2ª T., j. em 08-03-2016**).

A propósito, veja-se a **Súmula Vinculante n. 29 do STF**, editada em fevereiro de **2010**: *"É constitucional a adoção, no cálculo do valor da taxa, de um ou mais elementos da base de cálculo própria de determinado imposto, desde que não haja identidade entre uma base e outra"*.

Note o item considerado **INCORRETO**, em prova realizada pela Vunesp, para o cargo de Juiz de Direito Substituto do TJ/RJ (XLVII Concurso), em 2016: *"Com base em súmula do STF, é inconstitucional a adoção, no cálculo do valor de taxa, de um ou mais elementos da base de cálculo própria de terminado imposto, ainda que não haja integral identidade entre uma base e outra"*.

Note o item considerado **INCORRETO**, em prova realizada pelo Cespe/Cebraspe, para o cargo de Juiz de Direito Substituto da Justiça do Distrito Federal (TJDFT), em 2016: *"De acordo com a jurisprudência sumulada do STF acerca da legislação tributária, a adoção, no cálculo do valor de taxa, de um ou mais elementos da base de cálculo própria de determinado imposto pode ser feita, mesmo em caso de identidade integral entre uma base e outra"*.

Note o item considerado **CORRETO**, em prova realizada pela FUNRIO, para o cargo de Procurador Municipal da Prefeitura de Trindade/GO, em 2016: *"É constitucional a adoção, no cálculo do valor de taxa, de um ou mais elementos da base de cálculo própria de determinado imposto, desde que não haja integral identidade entre uma base e outra"*.

Observação: item idêntico, exigindo a literalidade do enunciado sumular, foi considerado **CORRETO**, em prova realizada pelo TRF, para o cargo de Juiz Federal Substituto, TRF/3ª Região, em 2016.

Posto isso, é de notar que, de há muito, a jurisprudência do **STF**[35] – hoje com a chancela de um enunciado vinculante – aponta para a constitucionalidade da cobrança de taxa de coleta de lixo domiciliar, com base de cálculo atrelada à **área do imóvel**.

> Note a questão discursiva (adaptada), na prova prático-profissional (Área: Direito Tributário), realizada pela FGV Projetos, para o XXIII Exame de Ordem Unificado, em 2017: *"O Município Beta instituiu, por meio de lei municipal, uma 'taxa de limpeza' cujo fato gerador é, exclusivamente, o serviço público de coleta, remoção e tratamento de lixo domiciliar de imóveis no município. A lei também determinou a 'utilização da área' do imóvel como BASE DE CÁLCULO da taxa.* PERGUNTA-SE: *A BASE DE CÁLCULO adotada pelo Município Beta violou a regra constitucional de que taxas não podem ter base de cálculo própria de impostos?"*. RESPOSTA (Gabarito Oficial – FGV): *"Não. É constitucional a adoção, no cálculo do valor de taxa, de um ou mais elementos da base de cálculo própria de determinado imposto, desde que não haja integral identidade entre uma base e outra, conforme a Súmula Vinculante 29 do STF"*.

(II) A base de cálculo e as custas processuais: as custas processuais assumem a feição tributária de *taxas de serviços*, podendo ser exigidas com base no **valor** da causa ou da condenação, desde que a alíquota, sempre respeitando um teto previsto, não seja escorchante e confiscatória. À semelhança do item anterior, em uma análise superficial, poder-se-ia entender pela inconstitucionalidade da exação, perante a proibição imposta pelo art. 145, § 2º, da Carta Magna. Todavia, como se verá adiante, prevalecerá a aceitabilidade do tributo.

As custas "*são as despesas do processo ou os encargos decorrentes dele, desde que fixados ou tarifados em lei*"[36].

Muito já se discutiu sobre a natureza jurídica das *custas processuais*, colocando-se em xeque sua fisionomia tributária. A jurisprudência, todavia, vem considerando as custas como espécie de tributo, na forma de "taxa", que visa remunerar o Estado, em caráter retributivo, na prestação de serviços, pelo poder público, direta ou indiretamente, à população.

As *custas processuais*, como gênero, podem se dividir em: **(I)** "taxa judiciária", **(II)** "custas (em sentido estrito)" e **(III)** "emolumentos" – todos como nítidas taxas de serviço.

Antes de detalhar as espécies em epígrafe, impende destacar que a jurisprudência chancela a natureza tributária, de modo indistinto, a todas.

Para o **STF**, desde a vigência da EC n. 1/69, as custas e os emolumentos já assumiam a natureza de *taxas*, razão por que só podem ser fixadas em lei, dado o princípio constitucional da reserva legal para a instituição ou aumento de tributo[37].

---

35. Para aprofundamento, recomendamos a análise dos seguintes julgados: **(I)** RE 232.577-EDv, rel. Min. Cezar Peluso, Pleno, j. em 17-02-2010; **(II)** RE 901.412-AgR, 2ª T., rel. Min. Dias Toffoli, j. em 27-10-2015; e **(III)** RE 971.511-AgR, 1ª T., rel. Min. Edson Fachin, j. em 14-10-2016.
36. SILVA, De Plácido e. *Vocabulário jurídico*, p. 405.
37. A propósito, em **2012**, o **STJ** declarou a inconstitucionalidade da "taxa de desarquivamento de autos findos", instituída por uma portaria do Tribunal de Justiça de São Paulo (**RMS 31.170/SP, rel. Min. Teori Albino Zavascki, 1ª T., j. em 21-08-2012**).

Tal posicionamento foi chancelado no voto do ministro do **STF**, Moreira Alves, no **RE 116.208/MG** (Pleno), com julgamento em 20-04-**1990**.

> **EMENTA:** (...) A jurisprudência do STF firmou orientação no sentido de que **as custas judiciais e os emolumentos concernentes aos serviços notariais e registrais possuem natureza tributária, qualificando-se como taxas remuneratórias de serviços públicos**, sujeitando-se, em consequência, quer no que concerne à sua instituição e majoração, quer no que se refere à sua exigibilidade, ao regime jurídico-constitucional pertinente a essa especial modalidade de tributo vinculado, notadamente aos princípios fundamentais que proclamam, dentre outras, as garantias essenciais **(a) da reserva de competência impositiva, (b) da legalidade, (c) da isonomia e (d) da anterioridade**. Precedentes. Doutrina. (...). **(ADI-MC 1.378/ES, Pleno, rel. Min. Celso de Mello, j. em 30-11-1995)**

> Note o item considerado **CORRETO**, em prova realizada pelo IESES, para o cargo de Titular de Serviços de Notas e de Registros (TJ/MS), em 2014: *"As custas judiciais possuem natureza tributária, qualificando-se como taxas remuneratórias de serviços públicos"*.

> Note o item considerado **INCORRETO**, em prova realizada pelo IESES, para o cargo de Titular de Serviços de Notas e de Registros (TJ/PB), em 2014: *"Lei estadual pode estabelecer normas gerais para fixação de emolumentos relativos aos atos praticados pelos serviços notariais e de registro, ficando a critério do legislador determinar sua natureza tributária ou tarifária"*.

> Note o item considerado **CORRETO**, em prova realizada pela FGV Projetos, no XVII Exame de Ordem Unificado/OAB, em 2015: *"Em 17/07/2014, o Tribunal de Justiça do Estado X da Federação instituiu, por meio de Provimento da Corregedoria-Geral da Justiça, as custas judiciais e os emolumentos cartorários vigentes a partir da data da publicação. Sobre a hipótese, 'as custas judiciais e os emolumentos cartorários têm natureza jurídica de taxa de serviço. Sendo assim, o provimento da Corregedoria-Geral viola os princípios da legalidade, da anterioridade de exercício e nonagesimal'"*.

Observe, ademais, o trecho colhido da ementa da **ADI-MC n. 1.772/MG (Pleno)**, de relatoria do Ministro Carlos Velloso, com julgamento em 15-04-**1998**:

> **EMENTA:** (...) Taxa judiciária e custas: são espécies tributárias, classificando-se como taxas, resultando da prestação de serviço público específico e divisível e que têm como base de cálculo o valor da atividade estatal referida diretamente ao contribuinte, pelo que deve ser proporcional ao custo da atividade do Estado a que está vinculada, devendo ter um limite, sob pena de inviabilizar o acesso de muitos à Justiça. (...)

A corroborar o exposto acima, note o trecho da ementa da **ADI n. 1.145/PB (Pleno)**, de relatoria do Ministro Carlos Velloso, com julgamento em 03-10-**2002**:

EMENTA: (...) as custas, a taxa judiciária e os emolumentos constituem espécie tributária; são taxas, segundo a jurisprudência iterativa do STF.

Em idêntica trilha, veja o trecho da ementa na **ADI n. 1.444/PR** (**Pleno**), de relatoria do Ministro Sydney Sanches, com julgamento em 12-02-**2003**:

EMENTA: As custas e os emolumentos judiciais ou extrajudiciais, por não serem preços públicos, mas, sim, taxas, não podem ter seus valores fixados por decreto, sujeitos que estão ao *princípio constitucional da legalidade*. (...) O art. 145 admite a cobrança de "taxas, em razão do exercício do poder de polícia ou pela utilização, efetiva ou potencial, de serviços públicos específicos e divisíveis, prestados ao contribuinte ou postos a sua disposição". Tal conceito abrange não só as custas judiciais, mas, também, as extrajudiciais (emolumentos), pois estas resultam, igualmente, de serviço público, ainda que prestado em caráter particular (art. 236, CF).

Vamos, agora, aos **conceitos** das espécies das custas processuais:

a) **Emolumentos:** são devidos pelos serviços notariais e de registro, estes prestados por meio de delegação ao setor privado, *ex vi* do art. 236, da Constituição Federal, regulamentado pela Lei n. 8.935/94. Nesse passo, os emolumentos são devidos pela realização dos atos de registro e baixa a cargo dos distribuidores. Os emolumentos destacam-se, portanto, como custas, na espécie "custas extrajudiciais", "pois estas resultam, igualmente, de serviço público, ainda que prestado em caráter particular (art. 236, CF)" (ver, logo acima, a ADI n. 1.444/PR-2003);

b) **Custas (em sentido estrito):** trata-se das "custas judiciais", que são devidas pelo processamento dos feitos a cargo dos serventuários de justiça, ou seja, pela atuação dos escrivães, oficiais de justiça, contadores, avaliadores, depositários, entre outros;

c) **Taxa judiciária:** é devida em razão da atuação dos agentes políticos – magistrados e membros do Ministério Público –, em qualquer procedimento judicial. É regulada por certas legislações pertinentes, variando o texto legal e seu valor, de um ente político para outro.

No Estado do Rio de Janeiro, por exemplo, o dispositivo legal abaixo disciplina a taxa judiciária fluminense da seguinte forma:

A *Taxa Judiciária* incide sobre os serviços de atuação dos magistrados e dos membros do Ministério Público, em qualquer procedimento judicial, e será devida, conforme o caso, por aqueles que recorrem à Justiça Estadual, perante qualquer juízo ou Tribunal, pelo interessado na prática do ato (art. 10, X, do Decreto-lei n. 5, de 15-03-1975).

Embora o tema esteja bem definido no plano jurisprudencial, a doutrina sempre oscilou diante da possível ausência de compulsoriedade da taxa judiciária.

Para Bernardo Ribeiro de Moraes[38], a compulsoriedade e a feição tributária faltam à taxa judiciária, o que levou o eminente tributarista a inseri-la no ambiente dos *preços públicos*, como uma receita originária. Observe:

> A cobrança é exigida apenas das pessoas que procuram o aludido serviço, caracterizando-se, portanto, numa obrigação *ex voluntate*, contratual, não típica dos tributos, mas elemento essencial para os preços públicos. A receita obtida pelo Estado, pelos aludidos serviços ou atos, não é tributária. Ao contrário, trata-se de uma receita originária, oriunda do patrimônio do Estado, decorrente da venda de certos serviços aos interessados. Há o pagamento de um preço público, cobrado pela compensação da obtenção de uma utilidade ou gozo de um serviço.

De outra banda, prevalece hoje, no plano jurisprudencial, o entendimento segundo o qual a taxa judiciária desfruta da feição tributária, na forma de taxa hábil a remunerar os serviços (públicos) jurisdicionais prestados pelo Estado à população. Assim, apresenta-se como exação vinculada, em que o mencionado vínculo consiste na atividade estatal de efetiva prestação de um serviço público, que se mostra dotado de:

a) **especificidade:** o serviço é prestado a determinadas pessoas, os litigantes em juízo, ofertando-lhes o aparato organizacional voltado para o atendimento da necessidade pública;
b) **divisibilidade:** é possível mensurar individualmente o custo da atividade estatal.

No Estado de São Paulo, a matéria está prevista no art. 1º da Lei Estadual n. 11.608/2003, indicando-se que o fato gerador da "taxa judiciária" se dá com "a prestação de serviços públicos de natureza forense, devida pelas partes ao Estado, nas ações de conhecimento, na execução, nas ações cautelares, nos procedimentos de jurisdição voluntária e nos recursos".

A mesma Lei, no art. 2º, *caput*, disciplina os atos abrangidos por essa "taxa judiciária", a saber: "todos os atos processuais, inclusive os relativos aos serviços de distribuidor, contador, partidor, de hastas públicas, da Secretaria dos Tribunais, bem como as despesas com registros, intimações e publicações na Imprensa Oficial".

Nota-se, assim, que o legislador denominou de "taxa judiciária" o que poderia ter chamado de "custas", em seu sentido estrito (custas judiciais).

É importante tratarmos, ainda, da questão da **confiscabilidade** de certas taxas judiciárias. Para o Plenário do **STF**, a taxa judiciária que não estabelece limite por meio

38. MORAES, Bernardo Ribeiro de. *Doutrina e prática das taxas*. São Paulo: RT, 1976, p. 108; *v.*, ademais, ________. *A taxa no sistema tributário brasileiro*, pp. 62-63.

do qual seja viabilizada uma relação de equivalência entre o valor da taxa e o custo real dos serviços, ou do proveito do contribuinte, é flagrantemente inconstitucional.

Na **Representação n. 1.077**, de 28-03-**1984**, no **STF**, após precisar a natureza e as características da taxa judiciária, o Ministro relator Moreira Alves assim dispôs:

> **EMENTA:** (...) Sendo – como já se salientou – a *taxa judiciária*, em face do atual sistema constitucional, "taxa", que serve de contraprestação à atuação de órgãos da justiça, cujas despesas não sejam cobertas por "custas" e "emolumentos", tem ela – como toda taxa com caráter de contraprestação – um limite, que é o custo da atividade do Estado, dirigido àquele contribuinte. Esse limite, evidente, é relativo, dada a dificuldade de se saber, exatamente, o custo dos serviços a que corresponde tal prestação. O que é certo, porém, é que não pode taxa dessa natureza ultrapassar uma "equivalência razoável" entre o custo real dos serviços e o montante a que pode ser compelido o contribuinte a pagar, tendo em vista a base de cálculo estabelecida pela lei e o *quantum* da alíquota por esta fixado.

Observe, ainda, o trecho colhido da ementa da **ADI-MC n. 1.772/MG** (Pleno), de relatoria do Ministro Carlos Velloso, com julgamento em 15-04-**1998**:

> **EMENTA:** (...) IV. Necessidade da existência de limite que estabeleça a equivalência entre o valor da taxa e o custo real dos serviços, ou do proveito do contribuinte. Valores excessivos: possibilidade de inviabilização do acesso de muitos à Justiça, com ofensa ao princípio da inafastabilidade do controle judicial de lesão ou ameaça a direito: CF, art. 5º, XXXV (...).

A orientação foi, ainda, novamente adotada no julgamento da **ADIn MC n. 1.926/MG** (Pleno), de relatoria do Ministro Sepúlveda Pertence, com julgamento em 19-04-**1999**:

> **EMENTA:** (...) II. Legítimas, em princípio; a taxa judiciária e as custas *ad valorem* afrontam, contudo, a garantia constitucional de acesso à jurisdição (CF, art. 5º, XXXV), se a alíquota excessiva ou a omissão de um limite absoluto as tornam desproporcionadas ao custo do serviço que remuneraram: precedentes[39].

O **STF**, por derradeiro, corroborou o entendimento no excerto abaixo transcrito, extraído da Questão de Ordem na Medida Cautelar em Ação Direta de Inconstitucionalidade (**ADI-MC-QO n. 2.551/MG-Pleno**), de relatoria do Ministro Celso de Mello, com julgamento em 02-04-**2003**:

39. Para esse caso, vejam-se os precedentes: **(I)** RP 1.077/RJ, 28-03-1984, Moreira, *RTJ* 112/34; **(II)** RP 1.074/MT, 15-08-1984, Falcão, *RTJ* 112/499; **(III)** ADIn 948/GO, 09-11-1995, Rezek; **(IV)** ADIn MC 1.378 5, 30-11-1995, Celso, *DJ* 30-05-1997; **(V)** ADIn MC 1.651/PB, Sanches, *DJ* 11-09-1998; **(VI)** ADIn MC 1.772/MG, 15-04-1998, Velloso.

EMENTA: TAXA. CORRESPONDÊNCIA ENTRE O VALOR EXIGIDO E O CUSTO DA ATIVIDADE ESTATAL. A taxa, enquanto contraprestação a uma atividade do Poder Público, não pode superar a relação de razoável equivalência que deve existir entre o custo real da atuação estatal referida ao contribuinte e o valor que o Estado pode exigir de cada contribuinte, considerados, para esse efeito, os elementos pertinentes às alíquotas e à base de cálculo fixadas em lei. Se o valor da taxa, no entanto, ultrapassar o custo do serviço prestado ou posto à disposição do contribuinte, dando causa, assim, a uma situação de onerosidade excessiva, que descaracterize essa relação de equivalência entre os fatores referidos (o custo real do serviço, de um lado, e o valor exigido do contribuinte, de outro), configurar-se-á, então, quanto a essa modalidade de tributo, hipótese de ofensa à cláusula vedatória inscrita no art. 150, IV, da Constituição da República. Jurisprudência. Doutrina.

Nessa toada, dessarte, criou-se o ambiente bastante favorável no **STF** à edição da **Súmula n. 667** (09-10-**2003**), cujo enunciado prescreve: *"Viola a garantia constitucional de acesso à jurisdição a taxa judiciária calculada sem limite sobre o valor da causa"*.

Note o item considerado **CORRETO**, em prova realizada pelo IMA, para o cargo de Advogado da Câmara Municipal de Estreito/MA, em 2016: *"Segundo os entendimentos do STF acerca dos temas tributários, viola a garantia constitucional de acesso à jurisdição a taxa judiciária calculada sem limite sobre o valor da causa"*.

Note o item considerado **CORRETO**, em prova realizada pela Sertam, para o cargo de Assistente Jurídico da Prefeitura de Quixadá/CE, em 2016: *"Viola a garantia constitucional de acesso à jurisdição a taxa judiciária calculada sem limite sobre o valor da causa"*.

Urge destacar, a título de complementação deste estudo, outra questão que suscitou férteis debates no STF: o tema da destinação dos valores arrecadados como taxa judiciária e sua possível vinculação a certos órgãos e fundos.

A jurisprudência é firme em reconhecer a sua inconstitucionalidade, quando existe vinculação do produto da sua arrecadação a órgão ou fundo privado.

Observe o trecho colhido da ementa da **ADI-MC n. 1.889/AM** (Pleno), de relatoria do Ministro Nelson Jobim, com julgamento em 03-11-**1999**:

EMENTA: CONSTITUCIONAL. INCONSTITUCIONALIDADE DA LEI N. 2.429/96, COM AS ALTERAÇÕES INTRODUZIDAS PELA LEI N. 2.477/97 DO ESTADO DO AMAZONAS. CUSTAS JUDICIAIS. CRIAÇÃO DO FUNDO DE REAPARELHAMENTO DO PODER JUDICIÁRIO. FUNREJ. É assente a jurisprudência deste Tribunal quanto à inconstitucionalidade da vinculação de emolumentos à entidade com personalidade jurídica de direito privado ou a determinado Órgão ou Fundo; do cálculo das custas com base no valor dos bens imóveis envolvidos no litígio; e quanto à inexistência de teto para cobrança de taxas cujo valor tem por base o proveito auferido pelo contribuinte, sobre as quais incide alíquota variável (...).

A corroborar o exposto acima, observe o trecho da ementa da **ADI n. 1.145/PB** (Pleno), de relatoria do Ministro Carlos Velloso, com julgamento em 03-10-**2002**:

> **EMENTA:** CONSTITUCIONAL. TRIBUTÁRIO. CUSTAS E EMOLUMENTOS. NATUREZA JURÍDICA. TAXA. DESTINAÇÃO DE PARTE DO PRODUTO DE SUA ARRECADAÇÃO A ENTIDADE DE CLASSE. CAIXA DE ASSISTÊNCIA DOS ADVOGADOS. INCONSTITUCIONALIDADE. Lei n. 5.672, de 1992, do Estado da Paraíba. (...) III. Impossibilidade da destinação do produto da arrecadação, ou de parte deste, a instituições privadas, entidades de classe e Caixa de Assistência dos Advogados. Permiti-lo importaria ofensa ao princípio da igualdade. Precedentes do Supremo Tribunal Federal. IV. Ação direta de inconstitucionalidade julgada procedente[40].

Infelizmente, as custas processuais, posto que detentoras de natureza tributária, vêm sendo utilizadas, em muitos Estados, para beneficiar as associações de magistrados, de **membros do Ministério Público** e também as Caixas de Assistência dos Advogados. Parece não ser a sua adequada missão.

Em **2004**, com a **EC n. 45**, foi acrescentado ao **art. 98 da Constituição Federal o § 2º**, em uma tentativa de coibir os abusos, que se multiplicavam, por meio de repasses, considerados inconstitucionais, pelo STF, há mais de duas décadas. Observe o **art. 98, § 2º**: *"As custas e emolumentos serão destinados exclusivamente ao custeio dos serviços afetos às atividades específicas da Justiça"*.

Nesse rumo, o art. 9º da Lei n. 11.608/2003, disciplinando a *taxa judiciária do Estado de São Paulo*, impôs que os valores arrecadados a título desse tributo devam integrar fundos especiais destinados à expansão, aperfeiçoamento e modernização do Poder Judiciário do Estado. Note:

> **Art. 9º (Lei n. 11.608/2003).** Do montante da taxa judiciária arrecadada, (...) e 9% (nove por cento) distribuídos, em partes iguais, aos Fundos Especiais de Despesas do Primeiro Tribunal de Alçada Civil, do Segundo Tribunal de Alçada Civil e do Tribunal de Alçada Criminal, instituídos pela Lei n. 9.653, de 14 de maio de 1997, para expansão, aperfeiçoamento e modernização do Poder Judiciário do Estado.

Conquanto o intuito seja nobre e, de certa forma, em consonância com o teor do art. 98, § 2º, haja vista o atrelamento do repasse com os "serviços afetos às atividades específicas da Justiça", entendemos que os fundos não devem ser custeados por taxas – e, sim, por impostos –, exatamente em razão do que autoriza, e ao mesmo tempo delimita, o art. 145, II, da Carta Magna. E, como impostos – é bom que se diga –, tendem a esbarrar na proibição do princípio da não afetação, constante do art. 167, IV, CF.

40. **Ver, no mesmo sentido, no STF:** **(I)** ADI MC 1.772/MG; **(II)** ADI MC 1.378/ES; **(III)** ADI 948/GO; **(IV)** RE 116.208/MG; **(V)** ADI 2.059/PR; **(VI)** ADI 1.709/MT; **(VII)** ADI MC 1.778/MG; **(VIII)** REP 1.296/RS; **(IX)** REP 1.094; **(X)** REP 1.139; e **(XI)** ADI MC 2.040/PR.

Qualificando-se as custas processuais, em sua expressão mais lata, como taxas, não é admissível que o produto de sua arrecadação venha a ser afetado ao custeio de serviços públicos diversos daqueles a cuja remuneração tais valores se destinam. A referibilidade mostra-se ferida de morte.

Nesse caso, descaracterizar-se-ia a função constitucional da taxa – que é tributo vinculado –, dando primazia à satisfação das necessidades financeiras ou à realização dos objetivos sociais de entidades meramente privadas. É que, em tal situação, subverter-se-ia a própria finalidade institucional do tributo, sem mencionar o fato de que esse privilegiado tratamento dispensado a simples instituições particulares importaria em evidente transgressão estatal ao postulado constitucional da igualdade.

Todavia, em 8 de novembro de **2006**, a maioria dos ministros do **STF**, no julgamento da **ADI n. 3.643**, proposta pela Associação dos Notários e Registradores do Brasil (Anoreg/BR), questionando o inciso III do art. 4º da Lei n. 4.664 do Estado do Rio de Janeiro, que destina 5% dos emolumentos dos serviços extrajudiciais de notários e registradores ao Fundo Especial da Defensoria Pública do Estado do Rio de Janeiro (FUNDPERJ), considerou o dispositivo constitucional. De acordo com o Ministro relator Carlos Ayres Britto, "o dispositivo questionado na ADI não instituiu uma exação que se amolde à definição de imposto. Criou, isto sim, uma taxa em razão do poder de polícia". Para o Ministro, ainda, "destinar parcela da arrecadação da taxa de polícia em comento, mediante lei formal de cada qual dos estados da federação em nada se contrapõe aos dispositivos constitucionais".

Os argumentos do ínclito julgador, imbuídos de nobres razões de justiça fiscal, favoráveis ao importante trabalho das Defensorias, em nosso país, *data venia*, não nos convencem da constitucionalidade do elo a ser criado entre o serviço prestado pelos cartórios, os emolumentos recolhidos para fazerem frente a esse serviço e a atuação da Defensoria Pública.

Posto isso, em síntese do que analisamos neste item, temos visto que a jurisprudência do **STF** (sumulada, inclusive, nos termos do Enunciado 667) é pacífica em reconhecer a inconstitucionalidade de uma taxa judiciária (**I**) cujo limite transborde a relação de equivalência entre o seu valor e o custo real dos serviços, ou do proveito do jurisdicionado-contribuinte; e (**II**) que estabeleça vinculação do produto da sua arrecadação a órgãos ou fundos, ainda que por meio de repasses a "serviços afetos às atividades específicas da Justiça".

2.2 O confronto "taxa *versus* tarifa"

A taxa não se confunde com a tarifa. Ambas são prestações pecuniárias tendentes a suprir de recursos os cofres estatais, em face de serviços públicos prestados. Desse modo, a taxa e a tarifa, semelhantemente, são prestações contraprestacionais e dotadas de referibilidade.

A taxa foi detalhada nos tópicos precedentes. A tarifa (espécie de preço público), por sua vez, pode ser agora conceituada como o preço de venda do bem, exigido por empresas prestacionistas de serviços públicos (**concessionárias e permissionárias**), como se comuns vendedoras fossem. Assim, a contrapartida dos serviços públicos poderá se dar por meio de uma taxa ou de uma tarifa, excetuados aqueles considerados "essenciais", que avocarão com exclusivismo as taxas.

O traço marcante que deve diferir **taxa** de **preço público** – do qual a tarifa é espécie – está na *inerência ou não da atividade à função do Estado*. Se houver evidente vinculação e nexo do serviço com o desempenho de função eminentemente estatal, teremos a taxa. De outra banda, se presenciarmos uma desvinculação desse serviço com a ação estatal, inexistindo óbice ao desempenho da atividade por particulares, vislumbrar-se-á a tarifa.

Nesse passo, frise-se que o traço diferenciador entre os institutos ventilados não reside, por exemplo, na compulsoriedade ou facultatividade do serviço, como pretende impor a **Súmula n. 545 do STF**, *in verbis*:

> **Preços de serviços públicos e taxas não se confundem, porque estas, diferentemente daqueles, são compulsórias e têm sua cobrança condicionada à prévia autorização orçamentária, em relação à lei que as instituiu.**

Tal Súmula, bastante antiga, contextualizou-se, por aqui, em julgados da década de 1960. Atualmente, entendemos que sua aplicabilidade mostra-se restrita, pois o critério relevante que deve ser utilizado para diferençar tais institutos jurídicos não é o de saber se o pagamento é voluntário ou compulsório, mas, sim, o de verificar se a atividade concretamente executada pelo Poder Público configura um serviço público ou não.

Portanto, sempre que o **serviço (específico e divisível) deva ser prestado diretamente pela Administração Pública**, por imposição constitucional, o regime será o de *taxa*, ainda que a lei adote outro.

> Note o item (adaptado) considerado **CORRETO**, em prova realizada pela FGV, para o cargo de Auditor (AL/BA), em 2014: *"A base de cálculo da taxa está vinculada a uma atuação estatal"*.

Nos casos em que a execução do serviço puder ser delegada a outra entidade, pública ou privada, o legislador poderá optar entre o regime de taxa e o de tarifa. De fato, o regime jurídico servirá como "bússola" para se encontrar a contraprestação adequada: se taxa ou tarifa.

Do acórdão do **RE n. 89.876/RJ**, relatado pelo eminente Ministro Moreira Alves, e da conferência por ele proferida no "X Simpósio Nacional de Direito Tributário" (*Tema: Taxa e Preço Público*), realizado em São Paulo, em 19 de outubro de

1985, cujo resumo nos apresenta Vittorio Cassone[41], é possível extrair as seguintes conclusões acerca da classificação dos serviços públicos:

a) **serviços públicos propriamente estatais:** são de competência exclusiva do Estado, como extensão de sua soberania. São indelegáveis e remunerados por meio de taxa. Exemplos: serviço judiciário, emissão de passaportes etc.;

b) **serviços públicos essenciais ao interesse público:** são, também, remunerados por meio de taxa, *desde que a lei os considere de utilização obrigatória*. Exemplos: serviço de distribuição de água, de coleta de lixo, de esgoto, de sepultamento;

c) **serviços públicos não essenciais:** são, de regra, delegáveis, podendo ser concedidos e remunerados por meio de preços públicos. Exemplos: serviços postal, telefônico, de distribuição de gás, de energia elétrica. A cobrança dar-se-á por meio de tarifa.

Aqui podem ser destacados, também, os serviços públicos do tópico precedente – os "essenciais ao interesse público" –, mas que não venham a ser considerados legalmente obrigatórios. Exemplo: tarifa municipal de esgoto, sabendo-se que no município se autorizam as fossas particulares.

Para fins didáticos, impende enumerar os demais traços distintivos entre **taxa** e **tarifa**, salientando que nem sempre haverá total precisão no critério distintivo adotado:

I. A necessidade de lei: a **tarifa não é tributo**, independendo de lei, mas de contrato administrativo. Logo, sua obrigação é **contratual**. É prestação voluntária que remunera serviços públicos facultativos (essenciais ou inessenciais, dependendo do caso). A **taxa**, por sua vez, é tributo, uma exação compulsória e nasce por meio de lei. Assim, sua obrigação é legal[42]. É prestação que remunera serviços públicos obrigatórios (e essenciais).

> Note o item considerado **CORRETO**, em prova realizada pelo TRF, para o cargo de Juiz Federal Substituto (TRF/3ª Região), em 2016: *"A tarifa pública e o preço público não se submetem ao regime jurídico tributário porque sua natureza é contratual"*.

Sobre este confronto, urge observar a ementa abaixo, acerca da "taxa de armazenagem" que, embora impropriamente assim denominada, foi concebida pelo **STJ** com características legais de *preço público*. Disso decorreu o entendimento segundo o qual o seu aumento poderia ser feito por ato próprio da autoridade administrativa (Portaria), por não se encontrar sujeita aos princípios regedores da relação jurídico-tributária.

41. *V.* CASSONE, Vittorio. *Direito tributário*. 18. ed. São Paulo: Atlas, 2007, pp. 65-66; *v.*, ainda: *Informativo do STF* n. 270, de 27 a 31 de maio de 2002.

42. *V.* AMARO, Luciano. *Direito tributário brasileiro*, 14. ed., pp. 40-41.

EMENTA: TAXA DE ARMAZENAGEM PORTUÁRIA. FIXAÇÃO POR MEIO DE PORTARIA. LEGALIDADE. PRECEDENTES. Tratando-se de preço público e, não de taxa, é legítima sua fixação por meio de Portaria Ministerial. Recurso conhecido e provido. **(REsp 115.066/SP, 2ª T., rel. Min. Francisco Peçanha Martins, j. em 18-03-1999)**[43]

Por fim, impende mencionar a **Súmula n. 148 do STF**, segundo a qual "*é legítimo o aumento de tarifas portuárias por ato do Ministro da Viação e Obras Públicas*".

II. Os Direitos Público e Privado: quanto ao regime jurídico adotado, no campo das **tarifas** (ou dos preços públicos), prevalecem as regras do Direito Privado, por não serem tributos[44]. Ao contrário, na seara das **taxas**, prevalecem as normas de Direito Público, uma vez que o fenômeno tributacional é corolário do poder de império estatal, avocando os regramentos afetos ao próprio Direito Público.

III. A compulsoriedade: as **tarifas** são prestações pecuniárias **não compulsórias**, uma vez que permitem a voluntariedade ao interessado, não lhe impondo consequências fiscais, caso não cumpra as cláusulas constantes do contrato que o faria pagar a exação não tributária. Assim, evidencia-se o caráter da voluntariedade ou da facultatividade nas tarifas (ou nos preços públicos), o que os distingue das **taxas**, que são espécies tributárias inexoravelmente compulsórias.

> Note o item considerado **INCORRETO**, em prova realizada pela Cetro, para o cargo de Auditor Fiscal Municipal da Prefeitura de São Paulo, em 2014: *"'Preços de serviços públicos' e 'taxas' não se confundem, porque aqueles, diferentemente destas, são compulsórios e têm sua cobrança condicionada à prévia autorização orçamentária, em relação à lei que os instituiu".*

IV. A autonomia de vontade: nas **tarifas** (ou preços públicos), há a autonomia da vontade ou a liberdade de contratar. De fato, o "preço é a remuneração contratual livremente pactuada entre as pessoas públicas (despidas de privilégios) e os usuários de serviços realizados sob regime de Direito Privado"[45]. Nas **taxas**, há a compulsoriedade e a submissão aos efeitos tributários, quando houver a realização do fato gerador do tributo.

V. A prestação de serviços com finalidade econômico-lucrativa: caso o Estado pretenda desempenhar atividades econômicas com o fito de lucro, assemelhando-se à empresa integrante da iniciativa privada, o que nada obsta a que o faça, poderá ver-se remunerado por prestações pecuniárias que chamaremos de **tarifas** (ou preços públicos), regidas pelo Direito Privado. O Estado, por sua vez, remunerar-se-á por meio de **taxas**, quando proceder à prestação dos serviços públicos (*res extra commercium*), se específicos e divisíveis, regidos pelo Direito Público.

---

43. **Ver, ainda, no STJ:** **(I)** REsp 159.551/SP, 1ª T., rel. Min. Garcia Vieira, j. em 03-03-1998; e **(II)** AgRg no REsp 242.088/RJ, 1ª T., rel. Min. José Delgado, j. em 15-05-2000.
44. *V.* LACOMBE, Américo Masset Lourenço. Taxa e preço público, p. 21.
45. MELO, José Eduardo Soares de. *Curso de direito tributário*, 8. ed., p. 73.

VI. A essencialidade dos serviços públicos: os *serviços públicos não essenciais* (serviços postal, telefônico, de distribuição de gás, de energia elétrica etc.), sendo delegáveis, podem ser concedidos e remunerados por meio de **tarifas** (ou preços públicos). Já os *serviços públicos propriamente estatais* (serviços judiciários, de emissão de passaportes etc.), sendo de competência indelegavelmente exclusiva do Estado e pura extensão de sua soberania, somados aos *serviços públicos essenciais ao interesse público* (serviços de distribuição de água, de coleta de lixo, de esgoto, de sepultamento etc.) – desde que a lei considere estes últimos de utilização obrigatória –, são remunerados por meio de **taxas**.

Atenção ao quadro mnemônico:

TAXA	PREÇO PÚBLICO
É tributo	Não é tributo
Prestação pecuniária compulsória	Prestação pecuniária facultativa
Sem autonomia de vontade	Com autonomia de vontade
Decorre de lei	Decorre de contrato administrativo
Rescisão inadmissível	Rescisão admissível
Obrigação *ex lege*	Obrigação *ex voluntate*
Obedece aos princípios de direito tributário	Não obedece aos princípios de direito tributário, mas aos princípios de direito administrativo
Regime jurídico de direito público	Regime jurídico de direito privado
Existe taxa de serviço de utilização potencial	Só existe tarifa cobrada em face de serviço de utilização efetiva
Existe taxa cobrada em razão de poder de polícia	Não existe tarifa cobrada em razão de poder de polícia
Exigida por pessoas jurídicas de direito público	Exigida por pessoas jurídicas de direito público e de direito privado
Receita *derivada* de direito público, com uso de poder de império estatal (a receita "deriva" do patrimônio do particular)	Receita *originária* de direito privado, sem uso de poder de império estatal (a receita "origina-se" do próprio patrimônio do estado)
Cobrança não proporcional ao uso	Cobrança proporcional ao uso

A título de revisão, vale a pena observar as ilustrativas (e **corretas**) assertivas, solicitadas em provas de concursos, acerca da distinção entre *taxas* e *tarifas* (*preços*):

Assertiva 1: "A respeito do 'preço público', podemos afirmar: é voluntário, pois só ocorre cobrança se for utilizado efetivamente o serviço; constitui receita originária e facultativa; remunera atividades estatais delegáveis; e possui natureza contratual, sendo promovido por livre encontro de vontades".

O item (adaptado) foi solicitado em prova realizada pela ATECEL, para o cargo de Fiscal de Tributos da Prefeitura Municipal de Acari/RN, em 2016.

Assertiva 2: "Sobre o 'preço público', não podem ser consideradas como suas características: é cobrado pela prestação de serviços inerentes e próprios do Estado; tem como característica a compulsoriedade; os serviços em que incide serão prestados exclusivamente por ente público; decorrerá de contrato regido por regime de direito público".

O item (adaptado) foi solicitado em prova realizada pela ATECEL, para o cargo de Fiscal de Tributos da Prefeitura Municipal de Equador/RN, em 2016.

Assertiva 3: "Preço público é uma prestação pecuniária não compulsória, decorrente de uma relação contratual ou de cunho negocial. Não é sujeito às limitações ao poder de tributar. É uma receita originária (e não derivada) e seu pagamento não é compulsório".

O item (adaptado) foi solicitado em prova realizada pela FGV Projetos, para o cargo de Auditor Fiscal Tributário da Receita Municipal de Cuiabá/MT, em 2016.

Por derradeiro, conforme já se estudou neste Capítulo, o **STF** e o **STJ** – este último, mediante uma virada jurisprudencial – firmaram posição no sentido de que a contraprestação cobrada por concessionárias de *serviço público de água e esgoto* detém natureza jurídica de **tarifa** ou **preço público**. Com base nisso, editou-se a **Súmula n. 412 do STJ**, segundo a qual "*a ação de repetição de indébito de tarifas de água e esgoto sujeita-se ao prazo prescricional estabelecido no Código Civil*" [**Prescrição decenal: dez anos**, de acordo com o art. 205 do Novo Código Civil].

17

CONTRIBUIÇÃO DE MELHORIA

1 EVOLUÇÃO HISTÓRICA

No Brasil, destaca-se o tributo denominado "contribuição de melhoria". Há outras denominações, colhidas do Direito Comparado[1]: na Inglaterra, temos *betterment tax*; na França, *contribuition sur les plus values*; na Itália, *contributi di miglioria*; na Espanha, *contribuición de mejoras*; e, na Alemanha, *Erschliessungsbeitrag* e a *Strassenanliegerbeitrag*.

Nos Estados Unidos, a propósito, segundo o ínclito Geraldo Ataliba[2], a contribuição de melhoria recebe o nome de *special assessment* (formato contratual da contribuição de melhoria[3]), financiando trens metropolitanos, magníficos viadutos, pontes, estradas, hidrovias e demais obras de vulto.

Em homenagem à digressão histórica, registra-se que a primeira remissão expressa à contribuição de melhoria, propriamente dita, remonta ao século XVII, na França[4], quando, em 1672, resolveu-se cobrar um tributo relativo à abertura de uma rua da cidade de Paris. Até aquela época, o que havia "*eram simples taxas de melhoramento, de alargamento, de demolição etc.*"[5].

De fato, tanto a *betterment tax* inglesa como a *special assessment* americana, que precederam a edição do diploma legal francês de 1672, não tinham como fato

1. *V.* SILVA, Edgard Neves da. *In:* MARTINS, Ives Gandra da Silva (Coord.). *Curso de direito tributário*, 7. ed. São Paulo: Saraiva, 2000, pp. 773-774.
2. *V.* ATALIBA, Geraldo. *Hipótese de incidência tributária*, 6. ed., p. 172.
3. *V.* ATALIBA, Geraldo. *Natureza jurídica da contribuição de melhoria*. São Paulo: RT, 1964, p. 53.
4. *V.* MOREIRA, João Baptista. Contribuição de melhoria. *In:* Novelli, Flávio Bauer (Coord.). *Tratado de direito tributário*. Rio de Janeiro: Forense, 1981, v. 8, p. 168.
5. *Idem*.

gerador a valorização dos imóveis situados na vizinhança, mas, sim, a melhoria, genericamente falando, da vida dos proprietários dos imóveis lindeiros[6].

No século XX, a contribuição de melhoria, em seus mais diferentes formatos, foi intensamente utilizada em quase todos os países, sob a crença de ser um tributo genuinamente justo, que vinha a calhar na necessidade de urbanização (ou reurbanização) das cidades, principalmente após as duas grandes guerras.

No Brasil do século XX, a contribuição de melhoria surge, pela primeira vez, na *Carta Magna de 1934* (art. 124). Entretanto, diz-se que a primeira utilização de uma exação nos seus moldes teria ocorrido por aqui no século XIX, em 1812, na Bahia, ainda durante o domínio português, com a exigência de "fintas" na edificação de obras públicas[7].

Na *Constituição Federal de 1937* o gravame desaparece, dando a impressão de que tinha se transformado em "taxa". Entretanto, o **STF**, ainda durante a vigência da indigitada Constituição, em dezembro de 1943, no **RE 5.500/RS**, de relatoria do Ministro Philadelpho Azevedo, reconheceu a constitucionalidade do tributo, como genuína contribuição de melhoria.

Nesse passo, com a *Carta Constitucional de 1946* (art. 30, I e parágrafo único), a exação volta a ter estatura constitucional, aparecendo, pela primeira vez, a menção aos limites de cobrança *individual* e *global*.

A *Emenda n. 18/65* manteve a menção aos limites total e individual, mas disciplinou que o tributo estaria destinado a ressarcir os cofres públicos dos custos da obra pública realizada. Nessa medida, a Emenda inaugurou um caráter híbrido à contribuição de melhoria, na medida em que esta passou a se lastrear, simultaneamente, no custo da obra e na mais-valia imobiliária[8].

Em 25 de outubro de 1966, com a publicação do *Código Tributário Nacional* (Lei n. 5.172), que tratou do tema nos arts. 81 e 82, reafirmaram-se os limites mencionados no texto constitucional vigente, de 1946. Após quatro meses, em 24 de fevereiro de 1967, publicou-se o *Decreto-lei n. 195*, que tratou de pormenorizar os dois artigos.

A *Carta Magna de 1967*, entrando em vigor em 15 de março, manteve a contribuição de melhoria como espécie tributária (art. 18), disciplinando-a no art. 19, III e § 3º.

Dois anos após, em 1969, sobreveio a *Emenda Constitucional* n. 1, que manteve a natureza tributária do gravame no art. 18, II.

Em 1983, com a *Emenda Constitucional* n. 23, reproduziu-se o mencionado art. 18, II, mas agora sem menção ao "limite individual" e ao termo "valorização" – este, aliás, sendo substituído por "imóveis beneficiados".

6. *V.* LEONETTI, Carlos Araújo. *A contribuição de melhoria na Constituição de 1988*. Florianópolis: Editora Diploma Legal, 2000, p. 93.
7. *V.* MOREIRA, João Baptista. Contribuição de melhoria, p. 278.
8. *V.* MORAES, Bernardo Ribeiro de. *Compêndio de direito tributário*. 4. ed. Rio de Janeiro: Forense, 1995, v. 1, p. 571.

Finalmente, a Constituição Federal de 1988 tratou do tema, no art. 145, III, conquanto o tenha feito de modo demasiado lacônico, não se fazendo menção a quaisquer limites, nem mesmo ao custo ou à valorização.

2 CONSIDERAÇÕES INICIAIS

A contribuição de melhoria está prevista no nosso ordenamento jurídico na *Constituição Federal* (**art. 145, III**) e no *Código Tributário Nacional* (**arts. 81 e 82**), manifestando-se no poder impositivo de exigir o tributo dos proprietários de bens imóveis valorizados com a realização de uma obra pública.

> **Art. 145.** A União, os Estados, o Distrito Federal e os Municípios poderão instituir os seguintes tributos: (...)
> **III** – contribuição de melhoria, decorrente de obras públicas.

> **Art. 81.** A contribuição de melhoria **cobrada pela União, pelos Estados, pelo Distrito Federal ou pelos Municípios, no âmbito de suas respectivas atribuições, é instituída** para fazer face ao custo de obras públicas de que decorra valorização imobiliária, tendo como limite total a despesa realizada e como limite individual o acréscimo de valor que da obra resultar para cada imóvel beneficiado.

Note o item considerado **CORRETO**, em prova realizada pela FCC, Sefaz/PI, para o cargo de Auditor Fiscal da Fazenda Estadual, em 2015: *"Com base nas normas da CF e do CTN, a contribuição de melhoria pode ser cobrada da União, em relação a terreno baldio de sua propriedade, por Município que tenha realizado obra pública da qual tenha resultado valorização do referido imóvel".*

Note o item (adaptado) considerado **CORRETO**, em prova realizada pelo CFC, para o cargo de Técnico em Contabilidade, em 2014: *"O tributo cobrado pela União, pelos Estados, pelo Distrito Federal ou pelos Municípios, no âmbito de suas respectivas atribuições, instituído para fazer face ao custo de obras públicas de que decorra valorização imobiliária e a Contribuição de Melhoria".*

Como **espécie tributária autônoma**, distingue-se das demais, quais sejam, dos impostos, das **taxas**, do empréstimo compulsório e das contribuições.

Note o item (adaptado) considerado **INCORRETO**, em prova realizada pelo IESES, para o cargo de Titular de Serviços de Notas e de Registros – Provimento (TJ/SC), em 2019: *"A contribuição de melhoria não é um tributo".*

Note o item (adaptado) considerado **INCORRETO**, em prova realizada pela Vunesp, para o cargo de Contador Judiciário (TJ/SP), em 2015: *"A contribuição de melhoria cobrada pela União, pelos Estados, pelo Distrito Federal ou pelos Municípios no âmbito de suas respectivas atribuições, tem como fato gerador o exercício regular do poder de polícia, ou a utilização, efetiva ou potencial, de serviço público específico e divisível, prestado ao contribuinte ou posto à sua disposição".*

Nesse aspecto, Rubens Gomes de Sousa[9] considera a contribuição de melhoria um "tributo especial", pois não se confunde com o imposto, nem com a taxa. Com esta, precisamente, não se mistura, porquanto pressupõe[10] uma obra pública, e não um serviço público, dependendo de um fator intermediário, que é a valorização do bem imóvel. Com o imposto, por sua vez, não se confunde, uma vez que dele se distingue porque[11] depende de atividade estatal específica.

Não é demasiado relembrar que, nos casos de imputação de pagamento, em que existam simultaneamente dois ou mais débitos vencidos do mesmo sujeito passivo para com a mesma pessoa jurídica de direito público, consoante o **art. 163 do CTN**, teremos a seguinte ordem de **imputação de pagamento:**

> Note o item considerado **INCORRETO**, em prova realizada pelo Cespe, para o cargo de Defensor Público Federal de Segunda Categoria (DPU), em 2015: *"Caso determinado contribuinte tenha dois ou mais débitos tributários vencidos com a União, estes deverão ser cobrados na seguinte ordem de precedência: impostos, taxas e contribuição de melhoria".*

> **Art. 163.** Existindo simultaneamente dois ou mais débitos vencidos do mesmo sujeito passivo para com a mesma pessoa jurídica de direito público, relativos ao mesmo ou a diferentes tributos ou provenientes de penalidade pecuniária ou juros de mora, a autoridade administrativa competente para receber o pagamento determinará a respectiva imputação, obedecidas as seguintes regras, na ordem em que enumeradas:
>
> **(...)**
>
> **II – primeiramente, às contribuições de melhoria, depois às taxas e por fim aos impostos; (...)**

> Note o item considerado **CORRETO**, em prova realizada pela FGV, para o XVI Exame de Ordem Unificado, em 2015: *"Determinado contribuinte verificou a existência de débitos vencidos de IPTU e de uma TAXA DE COLETA DE LIXO com o Município 'M'. Os dois tributos são relativos ao ano-calendário de 2012 e se referem ao imóvel onde reside. O contribuinte pagou ao Município 'M' o montante insuficiente para a quitação de ambos os tributos. Diante de tais débitos, a autoridade administrativa municipal que recebeu o pagamento determinará, primeiramente, a imputação do pagamento à taxa e, posteriormente, ao imposto".*

No âmbito da aplicação dos princípios aos tributos em geral, impende repisarmos alguns vetores, a fim de bem entender a contribuição de melhoria: para os *im-*

9. *V.* SOUSA, Rubens Gomes de. *RDP* 24/215 *apud* ATALIBA, Geraldo. *Hipótese de incidência tributária*, 6. ed., p. 170.
10. *V.* CARVALHO, Paulo de Barros. *Curso de direito tributário,* 16. ed., p. 42.
11. *V.* MACHADO, Hugo de Brito. *Curso de direito tributário,* 29. ed., p. 63.

postos, destaca-se a "*capacidade contributiva do contribuinte*"; para as *taxas*, o princípio justificador é o da "retribuição ou remuneração dos serviços públicos"; por fim, para as contribuições de melhoria, prevalece a ideia de "proporcionalidade ao benefício especial recebido, em decorrência da obra pública".

Entretanto, é relevante frisar que a doutrina, de certo modo, diverge quanto à associação da contribuição de melhoria à base axiológica que lhe dá lastro.

Kiyoshi Harada[12] faz menção ao *princípio da equidade*, porquanto, para o tributarista, não é justo toda a comunidade arcar com o custo de uma obra que trará benefício direto para certas pessoas.

Geraldo Ataliba[13], por sua vez, associa o tributo ao *princípio da atribuição da mais-valia imobiliária gerada pela obra pública*, pois, se o proprietário não concorre com a obra – que gera a valorização –, não é justo que se aproprie deste específico benefício, impedindo que haja lucro sem esforço.

A devolução do enriquecimento auferido de maneira dolosa pelo proprietário do imóvel, decorrente de valorização oriunda de obra pública no local em que se situa o prédio, atende o princípio da justiça e encerra vera moralidade, ao se restituir parcialmente a benesse do dinheiro público. Nessa direção, segue, ademais, Antonio Roberto Sampaio Dória[14], para quem "essa espécie tributária (contribuição de melhoria) evita o locupletamento injustificado de proprietários favorecidos por obras públicas".

Segundo Hugo de Brito Machado[15], a contribuição de melhoria, como instrumento de realização do ideal de justiça, tem uma finalidade específica, de ordem "redistributiva": evitar uma injusta repartição dos benefícios decorrentes de obras públicas.

Para o saudoso professor Ricardo Lobo Torres[16], a contribuição de melhoria é tributo afinado com a ideia de justiça fiscal, subordinando-se ao *princípio do custo/benefício*, embora não lhe seja estranho o *princípio da capacidade contributiva*. Para o eminente tributarista, "cuida-se de custo (para a Administração) e de benefício (para o contribuinte), integrados na mesma equação, em contato permanente e interação dialética. O princípio do custo/benefício aparece em simetria com a problemática mais-valia/despesa pública, ligada ao fundamento do tributo". Quanto à capacidade contributiva, afirma que esta influi negativamente no tributo em exame, uma vez que serve como obstáculo à realização de obras públicas em favor de população carente, que não terá condições de arcar com o custo.

---

12. *V.* HARADA, Kiyoshi. *Direito financeiro e tributário*, 7. ed., p. 257.
13. *V.* ATALIBA, Geraldo. *Hipótese de incidência tributária*, 6. ed., pp. 176-177.
14. DÓRIA, Antonio Roberto Sampaio. *Da lei tributária no tempo.* São Paulo: Obelisco, 1968, p. 139.
15. *V.* MACHADO, Hugo de Brito. *Curso de direito tributário*, 29. ed., p. 435.
16. *V.* TORRES, Ricardo Lobo. *Curso de direito financeiro e tributário*, 12. ed., p. 408.

A esse propósito, não se pode perder de vista que, havendo disposição legal, é possível que nesse caso ocorra uma isenção, conforme se lê no **art. 177, I, do CTN:**

> **Art. 177.** Salvo disposição de lei em contrário, a isenção não é extensiva:
> **I** – às taxas e às contribuições de melhoria;

Em suma, **evitando o enriquecimento ilícito do particular**, a contribuição de melhoria respalda-se no fundamento moral de que se deve indenizar o Estado por essa vantagem econômica especial, ainda que não a tenha querido.

> Note o item considerado **CORRETO**, em prova realizada pelo CEBRASPE, EBSERH, para o cargo de Advogado, em 2018: *"A contribuição de melhoria tem por objetivo custear obra pública e evitar enriquecimento ilícito do proprietário de imóvel valorizado pela mesma edificação".*

Assim sendo, toda vez que o poder público realizar uma obra pública que trouxer benefícios, traduzíveis em "valorização", para os proprietários de bens imóveis, poderá ser instituída a contribuição de melhoria, desde que vinculada à exigência por lei, "fazendo retornar ao Tesouro Público o valor despendido com a realização de obras públicas, na medida em que destas decorra valorização de imóveis"[17].

A contribuição de melhoria é tributo afeto à *competência comum* da União, dos Estados-membros, dos Municípios e do Distrito Federal, podendo, assim, **tratar-se de tributo federal, estadual ou municipal**.

> Note o item semelhante foi considerado **CORRETO**, em prova realizada pelo IESES, para o cargo de Titular de Serviços de Notas e de Registros (TJ/PB), em 2014: *"De acordo com a Constituição Federal de 1988, a União, os Estados, o Distrito Federal e os Municípios poderão instituir os seguintes tributos: impostos, taxas e contribuição de melhoria".*

> Note o item considerado **CORRETO**, em prova realizada pela FCC, para o cargo de Procurador do Estado de Terceira Classe (PGE/RN), em 2014: *"É possível a instituição de contribuição de melhoria relativa à valorização imobiliária decorrente de obra pública realizada pela União, Estados, Distrito Federal e Municípios".*

Tal competência pode ser ratificada no **art. 3º do DL n. 195/67:**

> **Art. 3º** A Contribuição de Melhoria a ser exigida pela União, Estado, Distrito Federal e Municípios para fazer face ao custo das obras públicas, será cobrada pela Unidade Administrativa que as realizar, (...).

Curiosamente, nas poucas ocasiões em que por aqui se viu o tributo, este se apresentou no campo de competência dos Municípios, o que pode levar o estudioso a equivocidades, acreditando tratar-se de tributo com índole exclusivamente municipal.

17. MACHADO, Hugo de Brito. *Curso de direito tributário*, 29. ed., p. 436.

Como é cediço, a *competência comum* adstringe-se aos tributos **contraprestacionais** – taxas e contribuições de melhoria –, indicando a atribuição particularizada às entidades políticas a fim de que imponham os mesmos tributos, guardando, todavia, o vínculo entre o gravame e a ação estatal correspectiva[18].

> Note o item considerado **CORRETO**, em prova realizada pela FMP, para o cargo de Defensor Público Substituto (DPE/PA), em 2015: *"A contribuição de melhoria é tributo contraprestacional, visto que pressuposto para a sua cobrança é a existência de obra pública da qual decorra a valorização de imóveis".*

Em tom oposto, manifesta-se Hugo de Brito Machado[19], para quem a expressão "competência comum" não é adequada para os **tributos vinculados**. Segundo o ínclito tributarista, "somente a pessoa jurídica de direito público legitimada para exercitar a atividade estatal que se constitui no respectivo fato gerador pode instituir a taxa ou a contribuição de melhoria".

> Note o item considerado **CORRETO**, em prova realizada pelo IMA, para o cargo de Advogado da Prefeitura Municipal de Buriti dos Lopes/PI, em 2016: *"São espécies de tributos vinculados: taxas e contribuições de melhoria".*

3 O FATO GERADOR

O fato gerador da contribuição de melhoria é a valorização imobiliária decorrente de uma obra pública. A valorização imobiliária é parte da hipótese de incidência do tributo, sem a qual o fato gerador não se completa.

Nesse diapasão, para que se configure o fato imponível da exação, não basta que haja obra pública, nem que haja incremento patrimonial imobiliário. É preciso haver direta relação entre a obra e a valorização.

Dessa forma, a nosso ver, como elementos ínsitos ao fato gerador, temos:

(I) a necessidade de valorização: de fato, apenas a obra não será suficiente. Na trilha de Hugo de Brito Machado[20], seguimos com a convicção de que a obrigação de pagar não decorre da obra, mas da valorização imobiliária. Esta, traduzindo a mais-valia que se agrega ao patrimônio do contribuinte, deve ocorrer a olhos vistos, entretanto isso não basta. Há de haver uma valorização conectada com a obra pública, da qual decorra[21].

> Note o item considerado **INCORRETO**, em prova realizada pela FCC, para o cargo de Fiscal do Tesouro Estadual (Sefaz/PE), em 2014: *"A União, os Estados, o Distrito Federal e os Municípios poderão instituir contribuição de melhoria, decorrente de obra pública, ainda que não haja valorização imobiliária dela decorrente".*

18. *V.* TORRES, Ricardo Lobo. *Curso de direito financeiro e tributário*, 12. ed., p. 363.
19. *V.* MACHADO, Hugo de Brito. *Curso de direito tributário*, 29. ed., pp. 294-295.
20. *Ibidem*, p. 436.
21. *V.* AMARO, Luciano. *Direito tributário brasileiro*, 14. ed., p. 46.

Observação: item semelhante foi solicitado em prova realizada pela FMP/RS, para o cargo de Procurador do Estado/AC, em 2014.

Bernardo Ribeiro de Moraes[22] discorda, afirmando que, se a contribuição é de "melhoria", esta, sim, é imprescindível, e não a "valorização" em si. Defende o raciocínio, definindo "melhoria" como qualquer vantagem ou melhoramento, não indicadores, por si sós, de valorização ou acréscimo de valor.

Para nós, com a devida vênia, **"melhoria" traduz-se em valorização**, expressando "a elevação de algo para um estado ou condição superior"[23].

Note o item considerado **CORRETO**, em prova realizada pelo Cespe, para o cargo de Analista Legislativo da Câmara dos Deputados, em 2014: *"O fato gerador da contribuição de melhoria não é a realização da obra em si, mas sua consequência. Com isso, para efeito de cobrança do tributo, deve-se considerar 'melhoria' como sinônimo de valorização do imóvel beneficiado"*.

É possível que incidam sobre a *mais-valia* imobiliária dois tributos: a contribuição de melhoria e o imposto de renda sobre o lucro imobiliário. Como é cediço, o tributo em nosso sistema é definido pelo ***fato gerador***, conforme o art. 4º do CTN, não havendo coincidência típica e total entre os fatos imponíveis de uma contribuição e de um imposto. De uma maneira ou de outra, o legislador estabeleceu no **art. 17 do DL n. 195/67** que a contribuição de melhoria recolhida poderá ser deduzida do lucro a ser tributável a título de imposto de renda sobre a valorização imobiliária[24].

> **Art. 17.** Para efeito do imposto sobre a renda, devido, sobre a valorização imobiliária resultante de obra pública, deduzir-se-á a importância que o contribuinte houver pago, o título de Contribuição de Melhorias.

(II) a necessidade de que esta valorização ocorra sobre bens imóveis: o **Decreto-lei n. 195, de 1967**, legislação que trata do assunto específico da Contribuição de Melhoria, dispõe, em seu **art. 2º**, que o fato gerador do referido tributo será a valorização do *imóvel de propriedade privada* em virtude de **obras públicas**.

Note o item considerado **CORRETO**, em prova realizada pela FCC, para o cargo de Procurador Autárquico (ManausPrev), em 2015: *"De acordo com o que estabelece o CTN, a contribuição de melhoria é um tributo que pode ser cobrado de sujeito passivo que teve seu imóvel valorizado em decorrência da realização de obra pública"*.

Observe o comando, que traz o rol de obras públicas ensejadoras do tributo:

22. V. MORAES, Bernardo Ribeiro de. *Compêndio de direito tributário*, 4. ed., v. 1, pp. 576, 597-598.
23. AMARO, Luciano. *Direito tributário brasileiro*, 14. ed., p. 46.
24. V. MARQUES, Carlos Roberto. *Contornos e fundamentos modernos da contribuição de melhoria*. Rio de Janeiro: Lumen Juris, 2005, p. 59.

Art. 2º Será devida a *Contribuição de Melhoria,* no caso de *valorização* de imóveis de propriedade privada, em virtude de qualquer das seguintes *obras públicas:*

I – abertura, alargamento, pavimentação, iluminação, arborização, esgotos pluviais e outros melhoramentos de praças e vias públicas;

II – construção e ampliação de parques, campos de desportos, pontes, túneis e viadutos;

III – construção ou ampliação de sistemas de trânsito rápido, inclusive todas as obras e edificações necessárias ao funcionamento do sistema;

IV – serviços e obras de abastecimento de água potável, esgotos, instalações de redes elétricas, telefônicas, transportes e comunicações em geral ou de suprimento de gás, funiculares, ascensores e instalações de comodidade pública;

V – proteção contra secas, inundações, erosão, ressacas, e de saneamento de drenagem em geral, diques, cais, desobstrução de barras, portos e canais, retificação e regularização de cursos d'água e irrigação;

VI – construção de estradas de ferro e construção, pavimentação e melhoramento de estradas de rodagem;

VII – construção de aeródromos e aeroportos e seus acessos;

VIII – aterros e realizações de embelezamento em geral, inclusive desapropriações em desenvolvimento de plano de aspecto paisagístico. **(Grifos nossos)**

Essa atuação é uma *obra pública* que causa valorização imobiliária, isto é, aumenta o valor de mercado de imóveis localizados em suas imediações. Trata-se de obra pública permanente, e não temporária, que tenha ocasionalmente sido construída para atender certa demanda provisória.

Parte da doutrina[25] entende que a lista em comento não é taxativa, mas exemplificativa, admitindo-se que outras obras possam gerar o incremento imobiliário justificador do gravame. A nosso ver, com a devida vênia, ainda que reconheçamos a dificuldade de se bem estabelecer, em lista taxativa, um rol de obras capazes de entronizar no patrimônio alheio a valorização imobiliária necessária ao fato gerador do tributo, entendemos que a presente lista desfruta de taxatividade[26].

Um bom conceito de "obra pública" advém da lavra de Celso Antônio Bandeira de Mello, que a define como "a construção, edificação, reparação, ampliação ou manutenção de um bem imóvel, pertencente ou incorporado ao patrimônio público"[27].

Diante dos dois elementos fundantes – valorização imobiliária e obra pública –, observa-se que a contribuição de melhoria se apresenta como um tipo de **tributo**

25. *V.* MORAES, Bernardo Ribeiro de. *Compêndio de direito tributário.* 3. ed. Rio de Janeiro: Forense, 1999, v. 1, p. 601.

26. *V.* MACHADO, Hugo de Brito. *Curso de direito tributário,* p. 437; *v.* MOREIRA, João Baptista. Contribuição de melhoria, p. 226.

27. MELLO, Celso Antônio Bandeira de. Taxa de Serviço (parecer). *Revista de Direito Tributário,* n. 9-10, 1979, pp. 25-31.

vinculado que tem por hipótese de incidência uma atuação estatal indiretamente referida ao contribuinte. Nesse passo, "*sempre que nos depararmos com a vinculação indireta, mediata, indica a existência de uma contribuição de melhoria*"[28].

> Note o item considerado **CORRETO**, em prova realizada pelo IESES, para o cargo de Analista de Processos Organizacionais – Direito da BAHIAGÁS (Cia. de Gás da Bahia), em 2016: *"A espécie de tributo contribuição de melhoria é um tributo vinculado. O Estado só poderá cobrar uma contribuição de melhoria se realizar uma obra pública da qual decorra a valorização do imóvel de propriedade do contribuinte".*

Kiyoshi Harada[29] afirma se tratar de uma atuação estatal mediatamente referida ao contribuinte. De fato, a obra pública liga-se indiretamente (ou mediatamente) ao contribuinte da exação, que fruirá a valorização imobiliária – a circunstância intermediária do gravame imposto –, posto que estranha, por sua vez, à atividade estatal.

Tal incremento valorativo deflagra o dever de pagar a contribuição de melhoria, o que nos permite inferir que o tributo ora estudado, à semelhança das taxas, é bilateral, contraprestacional ou sinalagmático, avocando-se-lhe a noção de *referibilidade*.

Ademais, frise-se que o fato gerador da contribuição de melhoria é *instantâneo*, ocorrendo uma única vez. Portanto, o pagamento é único, devendo ser realizado após o término da obra, uma vez identificada a valorização experimentada pelo imóvel. A conclusão da obra é condição para a cobrança da exação – é o que decorre da interpretação do **art. 9º do Decreto-lei n. 195:**

> Executada a obra de melhoramento na sua totalidade ou em parte suficiente para beneficiar determinados imóveis, de modo a justificar o início da cobrança da Contribuição de Melhoria, proceder-se-á ao lançamento referente a esses imóveis depois de publicado o respectivo demonstrativo de custos.

Nesse passo, consolida-se o critério prevalecente no fato gerador da contribuição de melhoria – o "critério da valorização", e não o do "benefício".

Portanto, o lançamento do tributo e a cobrança só podem ocorrer após a conclusão da obra, nada impedindo que se publique o edital de cobrança durante a realização das obras (ver art. 5º, parágrafo único, DL n. 195/67). Assim, deve haver a preteridade de execução das obras, relativamente à imposição tributária.

Para Hugo de Brito Machado[30], nas obras de pavimentação de uma avenida, é possível que a contribuição seja lançada em relação aos imóveis da área onde vai fi-

28. CARVALHO, Paulo de Barros. *Curso de direito tributário*, 16. ed., p. 35.
29. *V.* HARADA, Kiyoshi. *Direito financeiro e tributário*, 7. ed., p. 257.
30. MACHADO, Hugo de Brito. *Curso de direito tributário*, 29. ed., p. 440.

cando pronta a pavimentação, em que a obra possa se considerar concluída. Dessa forma, a notificação pode ser remetida àqueles proprietários de imóveis da área onde vai ficando pronta a construção.

É bom frisar que o texto normativo da Constituição Federal de 1988 não faz menção à "valorização", nem ao "benefício" do imóvel.

Na EC n. 23/83, cujo teor foi recepcionado pelo texto constitucional atual, fez-se referência à expressão "imóveis beneficiados" como elemento estruturante do fato gerador. Todavia, como é cediço, o art. 145, III, da Carta Magna tratou com bastante vagueza o tributo, apenas a ele fazendo concisa menção. Isso não impediu que a jurisprudência continuasse a sinalizar a imprescindibilidade da "valorização imobiliária", conforme se nota nas ementas a seguir:

No STF:

EMENTA: RECURSO EXTRAORDINÁRIO. (...) Não obstante alterada a redação do inciso II do art. 18 pela EC n. 23/83, a *valorização* imobiliária decorrente de obra pública – requisito ínsito à contribuição de melhoria – persiste como fato gerador dessa espécie tributária. (...) **(RE 115.863/SP, 2ª T., rel. Min. Célio Borja, j. em 29-10-1991)**

EMENTA: CONTRIBUIÇÃO DE MELHORIA. VALORIZAÇÃO IMOBILIÁRIA. CF/67, ART. 18, II, COM A REDAÇÃO DA EC N. 23/83. CF/88, ART. 145. III. Sem valorização imobiliária, decorrente de obra pública, não há contribuição de melhoria, porque a hipótese de incidência desta é a valorização, (...) **(RE 114.069/SP, 2ª T., rel. Min. Carlos Velloso, j. em 15-04-1994)**

No STJ:

EMENTA: TRIBUTÁRIO. CONTRIBUIÇÃO DE MELHORIA. FATO GERADOR. BASE DE CÁLCULO. REQUISITOS DA VALORIZAÇÃO OU DE ESPECÍFICO BENEFÍCIO. ARTIGO 18, II, CF/67 (EC 23/83) (...) 2. Ilegalidade do lançamento de contribuição de melhoria baseado no custo, sem a demonstração dos pressupostos de *valorização* ou específico benefício, consequente da obra pública realizada no local de situação do imóvel. (...) **(REsp 634/SP, 1ª T., rel. Min. Milton Luiz Pereira, j. em 09-03-1994)**

EMENTA: TRIBUTÁRIO. CONTRIBUIÇÃO DE MELHORIA. 1. A entidade tributante ao exigir o pagamento de contribuição de melhoria tem de demonstrar o amparo das seguintes circunstâncias: (...) b) a obra provocou a *valorização* do imóvel; (...) 2. É da natureza da contribuição de melhoria a valorização imobiliária (...) **(REsp 169.131/SP, 1ª T., rel. Min. José Delgado, j. em 02-06-1998)**

Desse modo, tanto o **STF** quanto o **STJ** entendiam que ao tributo se acoplava, de modo ínsito, o requisito da valorização imobiliária. O custo da obra, isoladamente analisado, seria dado insuficiente para a cobrança, pois se mostrava sobremodo fluido, podendo a obra ter tido custo pequeno, mas causado grande valorização, como ter custado muito, e causado diminuta valorização[31].

Não há dúvida de que a obra, em si, é insuficiente para demarcar o fato gerador do tributo, estando à mercê da ocorrência de um "fator exógeno"[32], ou seja, a valorização imobiliária, salientando-se que esta, quiçá, não venha a ser o resultado produzido pela ação estatal.

Acerca do tema em análise, um bom exemplo ocorre nas obras de *asfaltamento* e *recapeamento asfáltico*.

No primeiro caso, a obra gera valorização imobiliária, passível de remuneração por meio da **contribuição de melhoria.**

> Note o item considerado **CORRETO**, em prova realizada pela VUNESP, PauliPrev-SP, para o cargo de Procurador Autárquico, em 2018: *"A Prefeitura do Município X está interessada em realizar obras públicas destinadas ao ASFALTAMENTO de vias urbanas. Caso as obras sejam concluídas, é razoável esperar a valorização dos imóveis situados nas vias asfaltadas. Contudo, a Prefeitura não detém os recursos necessários à realização da obra, tampouco considera justo com os moradores de vias não beneficiadas o recurso a um aumento geral de impostos na cidade ou a realização de uma operação de crédito, com o propósito de custear as referidas obras. Nesse contexto específico, o Município poderia se valer da cobrança de CONTRIBUIÇÃO DE MELHORIA, tendo como limite total a despesa realizada com as obras de asfaltamento, e, como limite individual, o acréscimo de valor que da obra resultar para cada imóvel beneficiado".*

Frise-se que o tributo não pode ser "substituído" por uma "taxa", em face da ausência dos requisitos da especificidade e divisibilidade, razão por que não devem subsistir em nosso ordenamento as "taxas de pavimentação asfáltica" ou "taxas de asfaltamento". Infelizmente, estas têm sido utilizadas como tributo substitutivo da contribuição de melhoria, a fim de facilitar sua cobrança[33]. Observe que a retórica jurisprudencial registra três relevantes casos em que o **STF** se posicionou pela inconstitucionalidade da taxa de pavimentação asfáltica:

1. **Taxa de Pavimentação de *Anápolis***, em **Goiás** em **1979**[34];
2. **Taxa de Pavimentação de *Itupeva***, em **São Paulo** em **1980**[35];
3. **Taxa de Pavimentação de Via Pública Urbana de *Assis Chateaubriand***, no **Paraná** em **1982**[36].

Observação: a propósito, insta registrar que muitas municipalidades têm adotado outra forma de arrecadar valores da coletividade para o custeio das obras de

31. *V.* ATALIBA, Geraldo. *Hipótese de incidência tributária*, 6. ed., p. 171.
32. CARVALHO, Paulo de Barros. *Curso de direito tributário*, 16. ed., p. 42.
33. *V.* HARADA, Kiyoshi. *Direito financeiro e tributário*, 7. ed., p. 258.
34. Ver, a respeito, o **RE 89.749/GO**, Pleno, rel. Min. Soares Muñoz, j. em 29-03-1979.
35. Ver, a respeito, o **RE 90.090/SP**, 2ª T., rel. Min. Décio Miranda, j. em 18-04-1980.
36. Ver, a respeito, o **RE 95.348/PR**, 1ª T., rel. Min. Alfredo Buzaid, j. em 1º-10-1982.

pavimentação. Não se trata de taxa, nem mesmo de contribuição de melhoria. Trata-se de "planos comunitários de pavimentação", intitulados "PCPs", de iniciativa da Administração ou dos proprietários dos imóveis lindeiros, com previsão de um percentual de adesão mínima (*v.g.*, 70%) dos proprietários. Nesse passo, prestigiando-se o viés participativo do gravame, chama-se a coletividade a participar dos custos da obra pública. Geralmente, aqueles proprietários que não aderem ao plano passam a ser compulsoriamente cobrados por meio da contribuição de melhoria. A nosso ver, a iniciativa tem muitos pontos positivos, principalmente no que tange ao caráter democrático e transparente da exação que, nessa sistemática, sai da retórica para a prática. Todavia, a constitucionalidade da medida deve ser aferida no caso concreto, diante da lei ordinária municipal veiculadora do "PCP" e das normas afetas ao tributo, previstas no CTN e na CF.

No segundo caso, adstrito ao *recapeamento asfáltico*, a obra não gera valorização imobiliária, coibindo-se a remuneração por meio da contribuição de melhoria. O *recapeamento asfáltico* é obra que gera tão somente "benefício", **não ocasionando incidência de eventual contribuição de melhoria**, pois se traduz em serviço de manutenção da via pública. Note as ementas jurisprudenciais:

> **EMENTA:** RECURSO EXTRAORDINÁRIO. CONSTITUCIONAL. TRIBUTÁRIO. CONTRIBUIÇÃO DE MELHORIA. ART. 18, II, DA CF/67, COM REDAÇÃO DADA PELA EC N. 23/83. RECAPEAMENTO ASFÁLTICO. (...) *Hipótese de recapeamento de via pública já asfaltada: simples serviço de manutenção e conservação que não acarreta valorização do imóvel, não rendendo ensejo a imposição desse tributo.* RE conhecido e provido. **(RE 115.863/SP, 2ª T., rel. Min. Célio Borja, j. em 29-10-1991) (Grifo nosso)**

> **EMENTA:** CONTRIBUIÇÃO DE MELHORIA. *Recapeamento de via pública já asfaltada, sem configurar a valorização do imóvel,* que continua a ser requisito ínsito para a instituição do tributo, mesmo sob a égide da redação dada, pela EC n. 23, ao art. 18, II, da Constituição de 1967. Recurso extraordinário provido, para restabelecer a sentença que julgara inconstitucional a exigência. **(RE 116.148/SP, 1ª T., rel. Min. Octavio Gallotti, j. em 16-02-1993) (Grifo nosso)**

Desse modo, mesmo à luz da vigente Carta Magna, continua pacífico o entendimento do **STF** no sentido de que o fato gerador da contribuição de melhoria é a efetiva valorização do imóvel, decorrente de obra pública, pelo que o recapeamento de via pública já asfaltada, por si só, não autoriza a cobrança do tributo pelo município.

Evidente que, em algumas hipóteses, a obra pública pode acarreta, não uma valorização, mas, sim, desvalorização dos imóveis adjacentes, cabendo ao lesionado provar o ocorrido. Nesse caso, **não terá lugar a contribuição de melhoria**, pelo contrário, competirá ao Estado oferecer ao interessado – o proprietário prejudicado – uma indenização correspondente. Caso a indenização não seja oferecida, ou, se oferecida, seja injustamente pequena, caberá ao lesionado buscar a reparação por meio da via judicial.

> Note o item considerado **CORRETO**, em prova realizada pelo Cespe, para o cargo de Contador (MTE), em 2014: *"A contribuição de melhoria deve levar em conta, para sua instituição, a valorização do imóvel urbano ou rural causada pela obra pública. Dessa forma, obras públicas que provoquem a depreciação do valor do imóvel não podem fundamentar a incidência do tributo".*

Ad argumentandum, é vital, para fins de tributação, que com a obra pública ocorra o **aumento positivo do valor do imóvel**, não se devendo falar em tributo, nos casos, por exemplo, de "desvalorização da moeda". Para o **STJ**, *"se não houver aumento do valor do imóvel, não pode o poder público cobrar-lhe a mais-valia"*. **[REsp 200.283/SP (Ementa), 1ª T., rel. Min. Garcia Vieira, j. em 04-05-1999]**

> Note o item considerado **CORRETO**, em prova realizada pela Cetro, para o cargo de Auditor Fiscal Municipal da Prefeitura de São Paulo, em 2014: *"Não é a realização da obra pública que gera a obrigação de pagar contribuição de melhoria. Essa obrigação só nasce se da obra pública decorrer valorização do imóvel do contribuinte".*

Assim, no sistema do DL n. 195/67, estabeleceu-se uma *presunção relativa* ou *juris tantum* de que a obra fará o incremento do valor dos imóveis. Todavia, o legislador admite provas em contrário, por meio da via permissiva do contraditório, na impugnação prevista no **art. 82, I e II, CTN c/c art. 6º do DL n. 195/67:**

> **Art. 82.** A lei relativa à contribuição de melhoria observará os seguintes requisitos mínimos:
>
> **I** – publicação prévia dos seguintes elementos:
>
> **a)** memorial descritivo do projeto;
>
> **b)** orçamento do custo da obra;
>
> **c)** determinação da parcela do custo da obra a ser financiada pela contribuição;
>
> **d)** delimitação da zona beneficiada;
>
> **e)** determinação do fator de absorção do benefício da valorização para toda a zona ou para cada uma das áreas diferenciadas, nela contidas;
>
> **II** – fixação de prazo não inferior a 30 (trinta) dias, para impugnação pelos interessados, de qualquer dos elementos referidos no inciso anterior;

> **Art. 6º** Os proprietários de imóveis situados nas zonas beneficiadas pelas obras públicas têm o prazo de 30 (trinta) dias, a começar da data da publicação do Edital referido no artigo 5º, para a impugnação de qualquer dos elementos dele constantes, cabendo ao impugnante o ônus da prova.

À guisa de memorização, segue o *quadro mnemônico* contendo os itens considerados **requisitos mínimos** para sua exigência, previstos no **art. 82 do CTN**:

REQUISITO (I)	Publicação prévia do edital, com relação à data da cobrança do tributo	**a)** memorial descritivo do projeto; **b)** orçamento do custo da obra; **c)** determinação da parcela do custo da obra a ser financiada pela contribuição; **d)** delimitação da zona beneficiada; **e)** determinação do fator de absorção do benefício da valorização para toda a zona ou para cada uma das áreas diferenciadas, nela contidas.
REQUISITO (II)	Fixação de prazo não inferior a **30 (trinta) dias**, para impugnação pelos interessados, de qualquer dos elementos referidos no requisito (I).	

Note o item considerado **INCORRETO**, em prova realizada pelo Cespe, TJ/BA, para o cargo de Titular de Serviços de Notas e de Registros, em 2013: *"A lei que instituir a contribuição de melhoria deve fixar um prazo máximo de dez dias para que os interessados possam impugnar o memorial descritivo do projeto e o orçamento do custo da obra"*.

Note o item considerado **INCORRETO**, em prova realizada pela Cetro, para o cargo de Auditor Fiscal Municipal da Prefeitura de São Paulo, em 2014: *"Entre os requisitos a serem observados antes do lançamento da contribuição de melhoria está a fixação de prazo não superior a 30 dias para impugnação, pelos interessados de qualquer dos elementos publicados previamente e listados no inciso I do artigo 82 do CTN"*.

Note a jurisprudência a seguir, produzida em segundo grau de jurisdição (TJ/RS), segundo a qual subsiste a presunção relativa, em favor do poder público, de que é certo o *quantum* de valorização com a obra feita:

> **EMENTA:** TRIBUTÁRIO. CONTRIBUIÇÃO DE MELHORIA. SISTEMA DE DUPLO LIMITE. VALORIZAÇÃO REAL DO IMÓVEL. ÔNUS DA PROVA. 2.2. Presume-se que a obra pública agregou ao imóvel a mais-valia real, conforme a partilha procedida *não houve melhoria no sentido de valor, ou houve em menor quantia, ou que houve até mesmo piora no sentido de desvalor*. Carregar o ônus da prova ao Poder Público é não só inviabilizar a administração como ir de encontro a princípio básico de direito público em geral, e de direito tributário em especial. Vigora, no caso da contribuição de melhoria, a mesma presunção que vigora ao IPTU e ao IPVA relativamente ao valor da base de cálculo. O Poder Público, dentro de critérios objetivos estabelecidos em Lei, define qual valor cada imóvel presumivelmente agregou. Se tal não corresponde à valorização real, cabe ao contribuinte demonstrar. 3. Apelação desprovida. **(TJRS – APC 70005149901 – 1ª C. Cív. rel. Des. Irineu Mariani, j. em 18-06-2003) (Grifo nosso)**

Todavia, o **STJ** esposa entendimento diverso, entendendo que *cabe ao Poder Público* provar que valorizou de fato o bem imóvel com a obra estatal, conforme se pode notar da jurisprudência a seguir:

> **EMENTA:** TRIBUTÁRIO. CONTRIBUIÇÃO DE MELHORIA. 1. A entidade tributante ao exigir o pagamento de contribuição de melhoria tem de demonstrar o amparo das seguintes circunstâncias: (...) b) a obra provocou a valorização do imóvel; (...) **(REsp 169.131/SP, 1ª T., rel. Min. José Delgado, j. em 02-06-1998)**

Tal entendimento – o de que cabe à Administração Pública a prova da valorização – foi reafirmado, no **STJ (REsp 1.326.502/RS, rel. Min. Ari Pargendler, 1ª T., j. em 18-04-2013).**

4 O SUJEITO PASSIVO

Enquanto o *sujeito ativo* da contribuição de melhoria pode ser a **União, Estados, Municípios e Distrito Federal**[a], o **sujeito passivo**[b] do gravame, como *contribuinte*, será o *proprietário* do imóvel, por estar diretamente ligado ao fato gerador da exação, à luz de uma relação pessoal e direta **(art. 121, parágrafo único, I, CTN)** que mantém com este fato jurídico-tributário.

> **a.** Note o item considerado **INCORRETO**, em prova realizada pela Objetiva, para o cargo de Advogado da Prefeitura Municipal de Herval/RS, em 2016: *"A contribuição de melhoria, instituída para fazer face ao custo de obras públicas de que decorra valorização imobiliária, só poderá ser cobrada pela União"*.
>
> Note o item considerado **CORRETO**, em prova realizada pela Atecel, para o cargo de Assessor Jurídico da Câmara Municipal de Acari/RN, em 2016: *"A contribuição de melhoria cobrada pela União, pelos Estados, pelo Distrito Federal ou pelos Municípios, no âmbito de suas respectivas atribuições, é instituída para fazer face ao custo de obras públicas de que decorra valorização imobiliária, tendo como limite total a despesa realizada e como limite individual o que acréscimo de valor que da obra resultar para cada imóvel beneficiado"*.
>
> Note o item considerado **CORRETO**, em prova realizada pela Atecel, para o cargo de Fiscal de Tributos da Prefeitura Municipal de Acari/RN, em 2016: *"A espécie tributária Contribuição de Melhoria poderá ser cobrada pela União, Estados, Distrito Federal e Municípios"*.
>
> **b.** Note o item considerado **CORRETO**, em prova realizada pela FCC, para o cargo de Procurador Autárquico (ManausPrev), em 2015: *"De acordo com o que estabelece o Código Tributário Nacional, a contribuição de melhoria é um tributo que pode ser cobrado de sujeito passivo que teve seu imóvel valorizado em decorrência da realização de obra pública"*.

Nessa medida, o sujeito passivo – quer como contribuinte, quer como responsável – não deve ser alterado por convenções particulares opostas ao Fisco, que pretendam subverter a condição legal afeta ao polo passivo da relação obrigacional tributária. Aliás, consoante a dicção do **art. 123 do CTN**, as convenções particulares não poderão ser opostas ao Fisco para modificar o polo devedor da relação jurídica. Observe os dispositivos:

Art. 121. Sujeito passivo da obrigação principal é a pessoa obrigada ao pagamento de tributo ou penalidade pecuniária.

Parágrafo único. O sujeito passivo da obrigação principal diz-se:

I – contribuinte, quando tenha relação pessoal e direta com a situação que constitua o respectivo fato gerador;

Note o item considerado **INCORRETO** em prova realizada pelo Cebraspe, para o cargo de Procurador do Município de Fortaleza/CE, em 2017: *"O sujeito passivo da obrigação principal denomina-se 'contribuinte' quando, dada sua vinculação ao fato gerador, sua sujeição decorre expressamente de determinação legal, ainda que não tenha relação pessoal e direta com a ocorrência de tal fato"*.

Art. 123. Salvo disposições de lei em contrário, as convenções particulares, relativas à responsabilidade pelo pagamento de tributos, não podem ser opostas à Fazenda Pública, para modificar a definição legal do sujeito passivo das obrigações tributárias correspondentes.

Dessarte, "do crescimento valorativo que o imóvel experimente, em razão da obra efetuada pelo Estado, quer o direito positivo brasileiro que seu proprietário colabore com o Erário, pagando a chamada contribuição de melhoria"[37]. Nessa medida, o sujeito passivo da contribuição de melhoria será o proprietário do imóvel, que foi beneficiado pela realização da obra pública (**art. 3º, § 3º, e art. 8º, *caput*, parte inicial, ambos do DL n. 195/67**). Note os preceptivos:

Art. 3º (...)

§ 3º A Contribuição de Melhoria será cobrada dos proprietários de imóveis do domínio privado, situados nas áreas direta e indiretamente beneficiadas pela obra.

Art. 8º Responde pelo pagamento da Contribuição de Melhoria o proprietário do imóvel ao tempo do seu lançamento, e esta responsabilidade se transmite aos adquirentes e sucessores, a qualquer título, do domínio do imóvel.

Urge ressaltar que o contribuinte deverá ser proprietário ao tempo do lançamento do tributo. Se houver transferência de domínio do imóvel, ocorrerá a transferência da responsabilidade tributária (art. 8º, *caput*, parte final, DL n. 195/67).

Se, por ocasião da aquisição do imóvel pelo demandado, a obra estava em andamento e, tendo havido a comunicação regular pelo Poder Público aos contribuintes de que se procederia à arrecadação, responderá pelo lançamento feito, oportunamente, o contribuinte em nome de quem esteja registrado o imóvel, por ocasião do lançamento realizado, ainda que não comunicado o fato pelo alienante.

Entendemos que é possível enquadrar no polo passivo, igualmente, os enfiteutas, ou titulares de domínio útil (relativamente aos imóveis objeto de aforamento,

37. CARVALHO, Paulo de Barros. *Curso de direito tributário*, 16. ed., p. 42.

v.g., os terrenos de marinha) e os demais possuidores que, apesar de não terem título de domínio sobre o bem, agem como se o tivessem. Curiosamente, o CTN, ao tratar dos contribuintes dos impostos territorial rural (ITR) e predial e territorial urbano (IPTU), nos arts. 29 e 32, respectivamente, assim dispôs, não se entendendo por que não o fez ao redigir os arts. 81 e 82, pertinentes à contribuição de melhoria.

Quanto à delimitação da sujeição passiva, identificando-se quem deve ser devedor de tributo, há que se respeitar a chamada *área de influência* ou *zona de beneficiamento*, o que força a exigir o gravame daqueles proprietários de imóveis contíguos ou lindeiros (art. 82, § 1º, *in fine*, do CTN c/c art. 3º, parte final, do DL n. 195/67), em relação ao setor imobiliário sobre o qual irradiou a valorização. Veja o dispositivo:

> **Art. 3º (...)**
>
> **§ 3º** A Contribuição de Melhoria será cobrada dos proprietários de imóveis do domínio privado, situados nas áreas direta e indiretamente beneficiadas pela obra.

> **Art. 82. (...)**
>
> **§ 1º** A contribuição relativa a cada imóvel será determinada pelo rateio da parcela do custo da obra a que se refere a alínea "c", do inciso I, pelos imóveis situados na zona beneficiada em função dos respectivos fatores individuais de valorização.

Registre-se, a propósito, que há *vários tipos de valorização: longitudinal*, quando se valorizam os imóveis ao longo da obra; *radial*, quando se valorizam os imóveis ao redor da obra; *em pontos extremos*, quando se valorizam os imóveis nas extremidades da obra[38].

Kiyoshi Harada[39] destaca que essa delimitação se traduz na maior dificuldade na cobrança desse tributo. Com efeito, deve haver a mensuração individualizada da valorização, analisando-se individualmente os bens imóveis, para se cobrar equitativamente o tributo.

Por fim, é importante apresentar uma curiosa situação[40]: obras realizadas por Estados ou Municípios, em um complexo interestadual ou intermunicipal, gerando valorização de imóveis situados em mais de um Município ou Estado-membro. Não se pode cobrar tributo fora da área territorial de competência da pessoa política, independentemente da zona de influência. A exigência deve se limitar ao território da entidade tributante, sob pena de se veicular uma extraterritorialidade, somente admissível por lei complementar ou convênio, conforme o **art. 102 do CTN.** Note-o:

---

38. V. HARADA, Kiyoshi. *Direito financeiro e tributário*, 7. ed., p. 258.
39. *Idem.*
40. SILVEIRA, Rodrigo Maitto da. *In:* PEIXOTO, Marcelo Magalhães; LACOMBE, Rodrigo Santos Masset (Coord.). *Comentários ao Código Tributário Nacional.* São Paulo: MP Editora, 2005, pp. 755-756.

Art. 102. A legislação tributária dos Estados, do Distrito Federal e dos Municípios vigora, no País, fora dos respectivos territórios, nos limites em que lhe reconheçam extraterritorialidade os convênios de que participem, ou do que disponham esta ou outras leis de normas gerais expedidas pela União.

5 A BASE DE CÁLCULO DO TRIBUTO

A base de cálculo da contribuição de melhoria é o ***quantum* de valorização** experimentada pelo imóvel, ou seja, o incremento valorativo real que a obra pública promoveu ao bem imóvel da zona valorizada.

Em outras palavras, traduz-se no *plus* valorativo ou no acréscimo de valor (sobrevalor), deduzido de uma operação aritmética, esposada pelo **STJ**, a saber:

BASE DE CÁLCULO = Valor do IMÓVEL (após a obra) – Valor do IMÓVEL (antes da obra)

Confira-se a orientação na jurisprudência do **STJ**:

EMENTA: TRIBUTÁRIO. CONTRIBUIÇÃO DE MELHORIA. 1. A entidade tributante ao exigir o pagamento de contribuição de melhoria tem de demonstrar o amparo das seguintes circunstâncias: (...) c) *a base de cálculo é a diferença entre dois momentos: o primeiro, o valor do imóvel antes da obra ser iniciada; o segundo, o valor do imóvel após a conclusão da obra.* (...) 4. Adoção, também, da corrente doutrinária que, no trato da contribuição da melhoria, adota o critério de mais-valia para definir o seu fato gerador ou hipótese de incidência (no ensinamento de Geraldo Ataliba, de saudosa memória) **(REsp 169.131/SP, 1ª T., rel. Min. José Delgado, j. em 02-06-1998) (Grifo nosso)**

Nesse sentido, o **STF** acompanha:

EMENTA: CONTRIBUIÇÃO DE MELHORIA. VALORIZAÇÃO IMOBILIÁRIA. CF/67, ART. 18, II, COM A REDAÇÃO DA EC N. 23/83. CF/88, ART. 145, III. Sem valorização imobiliária, decorrente de obra pública, não há contribuição de melhoria, porque a hipótese de incidência desta é a valorização, e a sua base é a diferença entre dois momentos: o anterior e o posterior à obra pública, vale dizer, o *quantum* da valorização imobiliária. **(RE 114.069/SP, 2ª T., rel. Min. Carlos Velloso, j. em 15-04-1994)**

Sendo assim, sobre a base de cálculo identificada, aplicar-se-á um percentual legal de alíquota, definindo-se o *quantum debeatur*. Nesse sentido, ratificam Roque Antonio Carrazza[41] e Sacha Calmon Navarro Coêlho[42].

É possível, todavia, encontrar posicionamento doutrinário minoritário, segundo o qual a contribuição de melhoria não possui alíquota, nem base de cálculo. Seguindo-se a linha do modelo americano de cobrança, adiante apresentado, defende-

41. *V.* CARRAZZA, Roque Antonio. *Curso de direito constitucional tributário*, 24. ed., p. 552.
42. *V.* COÊLHO, Sacha Calmon Navarro. *Curso de direito tributário brasileiro*, 6. ed., p. 386.

-se a ideia de que, ocorrendo a valorização real e efetiva do imóvel no valor de **100**, este valor deverá ser o montante a se pagar a título de contribuição de melhoria. Assim, o *quantum* de valorização, antes de se mostrar como "base de cálculo", é, sim, o próprio importe tributário a pagar pela contribuição de melhoria (**100**), não sendo necessária a aplicação de nenhuma alíquota.

Diante do exposto, preferimos adotar o entendimento clássico de que subsistem base de cálculo e alíquota, demarcadoras do tributo.

5.1 A base de cálculo e os dois modelos de cobrança – o "americano" e o "alemão"

As experiências estrangeiras na seara da contribuição de melhoria dividem-se na adoção de um entre dois modelos de cobrança existentes: o *americano* e o *alemão*.

O primeiro – o modelo americano – prioriza a *valorização do imóvel*; o segundo – o modelo alemão –, o *custo da obra*. Em termos práticos, teremos:

a) **No modelo americano:** se Caio é proprietário de um imóvel no valor de *500*, e, após a obra, obtém uma *plus* valia de *50*, passando o seu imóvel a valer *550*, deverá recolher *50* aos cofres públicos, a título de contribuição, pela melhoria (valorização) no bem;

b) **No modelo alemão:** se os imóveis de Tício, Mévio e Tibúrcio – três proprietários de casas, na zona de influência, próxima à obra pública – foram abrangidos por uma valorização, oriunda de obra com um custo de *210* ao Estado, cada um deles deverá desembolsar *70* aos cofres públicos, rateando, assim, o custo da obra (210 x = 70).

Note que no sistema alemão a contribuição de melhoria prestigia o custo da obra, ou seja, não se utiliza o critério da mais-valia imobiliária, havendo o mero rateio entre os beneficiários do valor correspondente ao gasto com a obra pública.

Na doutrina pátria, João Baptista Moreira[43] mostra-se como o grande defensor da contribuição de melhoria fundada nesse critério do custo da obra pública. Para o estudioso, o modelo alemão é, sim, vantajoso com relação à sistemática de cobrança lastreada na valorização imobiliária. Observe seu comentário[44]:

> O modelo alemão é perfeito. Seu fato gerador, instantâneo, característico do Direito Tributário alemão, é a "definitiva realização da obra pública nova." A base de cálculo é o custo total da obra. A imposição consiste em repartir, pelos proprietários dos terrenos situados na Zona de Influência, os gastos da obra pública, em proporcionalidade à área, à situação física, ao uso arquitetônico ou social e ao gabarito de construção escolhido.

43. *V.* MOREIRA, João Baptista. Contribuição de melhoria, p. 658.
44. *Idem.*

Conquanto sedutores os argumentos apresentados, com a devida vênia, predispomo-nos a oferecer resistência à implantação doméstica do modelo teutônico. A nosso ver, o Brasil é uma nação na qual muito se tem por fazer, em infraestrutura, quanto ao financiamento de obras públicas. O sistema alemão de cobrança da presente exação vocaciona-se a transferir os encargos estatais aos contribuintes. Não se faz grande esforço para perceber que aqueles mais necessitados de obras públicas são exatamente os que possuem menor potencial contributivo. Disso decorre que o modelo alemão, longe de realizar a justiça fiscal, em nossas terras, tende a recrudescer a regressividade no sistema tributário brasileiro, promovendo desigualização, no lugar de isonomia[45].

A bem da verdade, nenhum dos modelos previstos, por si só, é capaz de conferir a ideal justiça fiscal ao tributo. Esta é a razão por que se adotou no Brasil, à semelhança das experiências peruana e colombiana, o *sistema misto* (*mitigado ou heterogêneo*), no qual a contribuição de melhoria é cobrada à luz do critério da mais-valia imobiliária, porém tendo como limite total o custo da obra. "Percebe-se (...) que a valorização é o fundamento buscado, mas com limite no custo da obra, como a nossa ordenação."[46]

5.2 A base de cálculo e os limites de cobrança

No âmbito da base de cálculo da contribuição de melhoria, há dois limites que influenciam com expressividade o processo de cobrança da exação. São eles: o limite total (ou global) e o limite individual. Passemos a detalhá-los:

a) Limite total (ou global)

É o parâmetro que se impõe como **"teto" de cobrança**, demarcando um ponto acima do qual não se pode arrecadar, sob pena de transformar a contribuição em verdadeiro imposto, servindo ao enriquecimento injusto do Estado. Sabe-se que "a Emenda Constitucional n. 23, de 1º de dezembro de 1983, fixou apenas o limite global"[47]. Entretanto, não se pode admitir uma arrecadação acima do montante do custo da obra.

> Note o item considerado **CORRETO**, em prova realizada pelo IMA, para o cargo de Procurador da Prefeitura de Paraibano/MA, em 2014: *"O limite total à cobrança da contribuição de melhoria é o valor total da despesa realizada pelo Poder Público na obra"*.

45. *V.* COÊLHO, Sacha Calmon Navarro. *Comentários à Constituição de 1988*, 7. ed., p. 86.
46. SILVA, Edgard Neves da. *In:* MARTINS, Ives Gandra da Silva (Coord.). *Curso de direito tributário*, 7. ed., p. 774.
47. CARVALHO, Paulo de Barros. *Curso de direito tributário*, 16. ed., p. 41.

Ipso facto, nada obsta a que a contribuição seja instituída e cobrada para custear ou recuperar todo o gasto ou apenas parte dele, *v.g.*, metade da obra, conforme se nota da dicção do art. 4º, § 2º, do DL n. 195/67.

b) Limite individual

Indicando uma proteção a cada proprietário, o limite individual exterioriza que não se manifesta lícita a cobrança sobre cada um em montante superior ao da mais-valia imobiliária percebida. O referido limite impõe que **a administração analise discriminadamente a valorização imobiliária**, uma vez que a obra que valoriza um imóvel em 10% pode não ter valorizado outro imóvel, em idêntico percentual de valorização.

> Note o item considerado **CORRETO**, em prova realizada pela Atecel, para o cargo de Fiscal de Tributos da Prefeitura Municipal de Acari/RN, em 2016: *"A espécie de tributo Contribuição de Melhoria, instituída para fazer face ao custo de obras públicas de que decorra valorização imobiliária, terá como limite individual o acréscimo de valor que da obra resultar para o imóvel beneficiado".*

Nesse diapasão, o valor cobrado a título de contribuição de melhoria decorrente de obra pública não pode exceder o montante da valorização imobiliária. Assim, "não se pode cobrar contribuição de 100 de um proprietário cujo imóvel teve uma melhoria de 10, ou não teve nenhuma melhoria"[48]. Daí a doutrina manter-se fiel à observância desse limite. A jurisprudência, por sua vez, tem um histórico semelhante: até mesmo após a EC n. 23/83, que chegou a extirpar o limite de cobrança em apreço, manteve-se convicta da necessidade dele:

> **EMENTA:** TRIBUTÁRIO. CONTRIBUIÇÃO DE MELHORIA. CTN ARTS. 81 E 82. (...) 3. É ilegal a contribuição de melhoria instituída sem observância do limite individual de cada contribuinte. (...) **(REsp 362.788/RS, 2ª T., rel. Min. Eliana Calmon, j. em 28-05-2002)**

A sistemática de cálculo desse limite individual está prevista no **art. 3º do DL n. 195/67**, bem como no **§ 1º do art. 82 do CTN:**

> **Art. 3º** A Contribuição de Melhoria a ser exigida pela União, Estados, Distrito Federal e Municípios, para fazer face ao custo das obras públicas, será cobrada pela Unidade administrativa que as realizar, adotando-se como critério o benefício resultante da obra, *calculado através de índices cadastrais das respectivas zonas de influência, a serem fixados em regulamentação deste Decreto-Lei.*
>
> **(...)**

48. AMARO, Luciano. *Direito tributário brasileiro*, 14. ed., p. 47.

§ 2º A determinação da Contribuição de Melhoria far-se-á rateando, proporcionalmente, o *custo parcial ou total das obras,* entre todos os imóveis incluídos nas respectivas zonas de influência. **(Grifos nossos)**

Art. 82. (...)

§ 1º A contribuição relativa a cada imóvel será determinada pelo rateio da parcela do custo da obra a que se refere a alínea "c", do inciso I, pelos imóveis situados na zona beneficiada em função dos respectivos fatores individuais de valorização.

O comando em epígrafe faz menção a índices, cuja regulamentação deveria ocorrer pelo DL n. 195/67. Sabe-se que tal regulamento não foi ainda elaborado, apesar disso a doutrina[49] e o **STF**[50] esposam a orientação no sentido de que a instituição de contribuição de melhoria independeria dessa regulamentação, entendendo que o diploma normativo em comento é autoaplicável.

Tal sistema de duplo limite, já consagrado na Carta Magna de 1946 (art. 30, parágrafo único), reverberou textualmente no CTN (art. 81, *caput*, parte final).

Pelo prisma da Administração Pública, o *limite* (máximo a cobrar coletivamente) é o *custo da obra*, e, pelo prisma do administrado, o *limite* (máximo a pagar individualmente) é a *mais-valia*. Vale dizer que o máximo valor tributário a ser pago pelo contribuinte é o que corresponde à *mais-valia real* (valorização efetiva do imóvel) respeitado o teto do custo da obra. Em outras palavras, o tributo perpassa uma repartição do custo da obra entre os proprietários dos imóveis valorizados, levando-se em conta a quantidade de valorização obtida por imóvel. Assim, aqueles que absorveram maior valorização estarão sujeitos à contribuição em maior intensidade.

Nesse ponto, é fato, a contribuição de melhoria se torna um tributo de difícil implementação prática, devido à dificuldade de a entidade política, realizadora da obra pública, promover com precisão as avaliações e as estimativas de custo, que mais se aproximem da realidade.

Por derradeiro, é importante destacar que o art. 3º, § 2º, anteriormente reproduzido, contempla regra que não se coaduna com a dicção do preceptivo no CTN, pois a determinação da contribuição de melhoria não se faz pelo mero custo da obra, mas, sim, "*tendo como limite total a despesa realizada e como limite individual o acréscimo de valor que da obra resultar para cada imóvel beneficiado*" (art. 81, parte final, CTN). Observe o teor do **art. 81 do CTN**:

Note o item considerado **CORRETO**, em prova realizada pela Funiversa, para o cargo de Delegado de Polícia/DF, em 2015: *"A contribuição de melhoria pode ser instituída em razão de obra pública e da consequente valorização imobiliária, tendo como limite total a despesa com a realização da obra e, por limite individual, o acréscimo de valor ao imóvel do contribuinte beneficiado".*

49. *V.* BALEEIRO, Aliomar. *Direito tributário brasileiro*, 11. ed., p. 584; *v.* LIMA, Ruy Cirne. Município pode lançar contribuição de melhoria sem esperar regulamento. *Revista de Direito Público*, n. 10, p. 269.

50. Ver RE 76.278, rel. Min. Djaci Falcão, 1ª T., j. em 19-11-1973.

Observação: item semelhante foi considerado **CORRETO**, em provas realizadas pelas seguintes Instituições: **(I)** Cespe, para o cargo de Analista de Administração Pública (TC/DF), em 2014; **(II)** Consulplan, para o cargo de Titular de Serviços de Notas e de Registro (TJ/MG), em 2015.

Art. 81. A contribuição de melhoria **cobrada pela União, pelos Estados, pelo Distrito Federal ou pelos Municípios, no âmbito de suas respectivas atribuições, é instituída** para fazer face ao custo de obras públicas de que decorra valorização imobiliária, *tendo como limite total a despesa realizada e como* limite individual *o acréscimo de valor que da obra resultar para cada imóvel beneficiado.* **(Grifo nosso)**

Note o item considerado **INCORRETO**, em prova realizada pelo Cespe/Cebraspe, para o cargo de Juiz de Direito (TJ/DF), em 2016: *"A contribuição de melhoria apresenta, como limite total, a despesa realizada e, como limite individual, o dobro do acréscimo de valor que resultar da obra pública para cada imóvel beneficiado".*

c) Análise conjunta dos limites

Muito se tem discutido sobre a existência, ou não, do **limite total** para a contribuição de melhoria, traduzível pelo próprio custo total da obra. Sabe-se que tal parâmetro se manteve presente nos principais momentos da evolução histórica, constitucional ou não, da contribuição de melhoria.

A doutrina divide-se em intrincado problema interpretativo.

De um lado, Ives Gandra da Silva Martins[51], Hugo de Brito Machado[52], Bernardo Ribeiro de Moraes[53] e outros entendem que o limite permanece válido, devendo ser respeitado, sob pena de o tributo, travestindo-se de "imposto", permitir um enriquecimento ilícito do Estado.

De outra banda, despontam os doutrinadores que advogam a tese segundo a qual, a partir da Carta Magna de 1988, não haveria mais o limite global ou total, persistindo tão somente o limite individual. Dentre eles, destacam-se: Roque Antonio Carrazza[54], Geraldo Ataliba[55], Valdir de Oliveira Rocha[56] e Kiyoshi Harada, além de outros. A razão está na evidência de que o fato gerador prende-se à valorização imobiliária decorrente de obra pública, não havendo motivo para que se limite o tributo

51. MARTINS, Ives Gandra da Silva. A contribuição de melhoria no sistema constitucional brasileiro. *Repertório IOB de Jurisprudência*, n. 13/94, pp. 255-259.
52. MACHADO, Hugo de Brito. *Curso de direito tributário*, 29. ed., p. 439.
53. MORAES, Bernardo Ribeiro de. *Compêndio de direito tributário*, 4. ed., v. 1, p. 607.
54. CARRAZZA, Roque Antonio. *Curso de direito constitucional tributário*. 24. ed. São Paulo: Malheiros, 2008, p. 556.
55. ATALIBA, Geraldo. *Hipótese de incidência tributária*. 4. ed. São Paulo: RT, 1990, p. 174.
56. ROCHA, Valdir de Oliveira. Contribuição de melhoria na Constituição de 1988. *Repertório IOB de Jurisprudência*, n. 19/93, pp. 383-385, texto n. 1/6689.

por meio de parâmetro exógeno, divorciado da mais-valia imobiliária. Diz-se, então, que, se há o intento de evitar o enriquecimento do Estado, impondo-se o teto, deve haver também o mesmo propósito de coibir o locupletamento do particular, rechaçando-se o mesmo teto que antes se quis impor. Daí falar que, nesse caso, sobreviveria apenas o limite individual.

Para Kiyoshi Harada, "nada impede, pois, de o legislador ordinário estabelecer como limite individual da contribuição de melhoria o acréscimo que da obra pública resultar para cada imóvel beneficiado, sem se importar se o somatório desses acréscimos irá ou não ultrapassar o custo total da obra"[57].

Com a devida vênia, entendemos que o limite global há de ser reconhecido como válido e onipresente, uma vez que continua previsto no Decreto-lei n. 195/67 (art. 3º, parte final), prevalecendo, assim, até que nova legislação seja editada.

O CTN (art. 81, parte final) reportou-se aos limites total e individual, enquanto o dispositivo da vigente Constituição (art. 145, III), silenciando a respeito, nada estabeleceu em contrário, com relação à existência de um limite, apenas, em detrimento de ambos, operando-se, a nosso ver, a recepção do dispositivo. Não se pode considerar o Decreto-lei e o CTN incompatíveis com a nova ordem instalada, até porque não se deu incompatibilidade, segundo se prevê no art. 34, § 5º, do ADCT, inexistindo qualquer conflito que imponha óbice à teoria da recepção.

Cobrar mais do que o custo da obra, a título de contribuição de melhoria, tendo-se como limite apenas a mais-valia imobiliária, é exigir imposto sobre aquela valorização, sem previsão constitucional. **Só a União poderia fazê-lo**, atendidos os requisitos constitucionais para o exercício de sua competência residual (art. 154, I, CF).

Veja a jurisprudência:

> **EMENTA:** CONTRIBUIÇÃO DE MELHORIA. BASE DE CÁLCULO. VALORIZAÇÃO IMOBILIÁRIA. A base de cálculo da contribuição de melhoria é a valorização imobiliária. *Tem como limite total a despesa realizada e como limite individual o acréscimo de valor que da obra resultar para cada imóvel beneficiado.* **(REsp 200.283/SP, 1ª T., rel. Min. Garcia Vieira, j. em 04-05-1999) (Grifo nosso)**

> **EMENTA:** TRIBUTÁRIO. CONTRIBUIÇÃO DE MELHORIA. CTN ARTS. 81 E 82. 1. *A contribuição de melhoria tem como limite geral o custo da obra, e como limite individual a valorização do imóvel beneficiado.* (...) **(REsp 362.788/RS, 2ª T., rel. Min. Eliana Calmon, j. em 28-05-2002) (Grifo nosso)**

Na combinação de situações possíveis entre o *limite individual* e o *limite total*, entendemos que **três hipóteses** podem ocorrer:

a) a soma das contribuições individuais sendo inferior ao custo da obra;

57. HARADA, Kiyoshi. *Direito financeiro e tributário*, 7. ed., p. 257.

b) a soma das contribuições individuais sendo igual ao custo da obra;

c) a soma das contribuições individuais sendo superior ao custo da obra.

Em (**a**) e (**b**), não haverá problema, pois o art. 81 do CTN veda, sim, outro tipo de situação, qual seja, a de que o sujeito ativo arrecade quantia superior ao custo da obra; em (**c**), haverá violação do art. 81 do CTN, devendo ser respeitado o sistema de duplo limite.

Posto isso, a melhor análise a ser feita acerca dos "tetos de cobrança", que limitam a exigência da contribuição de melhoria, é aquela que se pauta na defesa da manutenção dos **dois limites** (limite *individual* e limite *total*). Estes devem ser aplicados em conjunto, de modo que se permita um trabalho de interpretação da norma ao caso concreto, com lucidez e parcimônia.

De modo sucinto, observe, em ordem cronológica, o que prescrevem as normas, acerca dos limites *individual* e *global*:

ANÁLISE CRONOLÓGICA LIMITES DE COBRANÇA DA CONTRIBUIÇÃO DE MELHORIA					
Ordem	**Ano**	**Instrumento normativo**	**Menção a limites**	**Tratamento**	**Comando normativo**
1º	**1946**	CF/46	Individual + Total	Explícito	Art. 30, parágrafo único, CF
2º	**1966**	CTN	Individual + Total	Explícito	Art. 81, parte final, CTN
3º	**1967**	DL n. 195/67	Total, somente	Implícito para o limite individual, que permaneceu em nível infraconstitucional	Art. 3º, parte final, do DL n. 195/67
4º	**1967**	CF/67	Total, somente	Implícito para o limite individual, que permaneceu em nível infraconstitucional	Art. 19, § 3º, CF
5º	**1969**	EC n. 1/69	Individual + Total	Explícito	Art. 18, II, parte final, CF
(...)	(...)	(...)	(...)	(...)	(...)
6º	**1983**	EC n. 23/83	Total, somente	Implícito para o limite individual, que permaneceu em nível infraconstitucional	Art. 1º da EC n. 23/83, que alterou o art. 18, II, parte final, CF
7º	**1988**	CF/88	xxxxxx	Implícito para ambos os limites, que permaneceram em nível infraconstitucional	Art. 145, III, CF

À luz do quadro em epígrafe, é possível observar que:

a) os limites de cobrança, individual e total, que foram explicitamente revelados na Carta Magna de 1946 e no CTN, em 1966, não foram normativamente contemplados no DL n. 195/67 e na Constituição Federal de 1967, apenas ressurgindo com a EC n. 1/69 (art. 18, II);
b) apesar da omissão ao limite individual da exação (limite da mais-valia imobiliária) no texto constitucional de 1967, a doutrina pátria, de modo geral, sempre se posicionou no sentido de que este continuava implícito, uma vez que, do contrário, se estaria praticando verdadeiro confisco[58];
c) a EC n. 23/83 (Emenda "Passos Porto") tratou de extirpar novamente o limite individual, consagrando tão somente o limite global (limite do custo). Nesta Emenda, cujo teor foi recepcionado pelo texto constitucional atual, fez-se referência à expressão "imóveis beneficiados", como elemento estruturante do fato gerador;
d) com a Carta Magna de 1988, saiu também o limite do custo da obra (art. 145, III), subsistindo, porém, ambos, em nível infraconstitucional (CTN, art. 81, parte final).

A bem da verdade, mesmo diante das "idas e vindas" do limite individual, no plano normativo, tanto o **STF** quanto o **STJ** entendiam que ao tributo se acoplava, de modo indissociável, ao requisito da valorização imobiliária, ou seja, ao limite da mais-valia imobiliária. O custo da obra, isoladamente analisado, seria dado insuficiente para a cobrança, pois se mostrava sobremodo fluido, podendo a obra ter tido custo pequeno, mas causado grande valorização, como ter custado muito e causado diminuta valorização[59].

À guisa de curiosidade, diga-se que, além do limite individual e do limite total, existe outro limite de cobrança, previsto no **art. 12 do DL n. 195/67**, qual seja:

> **Art. 12.** A Contribuição de Melhoria será paga pelo contribuinte de forma que a sua parcela anual não exceda a 3% (três por cento) do maior valor fiscal do seu imóvel, atualizado à época da cobrança.

Portanto, temos que os tetos de cobrança que limitam a exigência da contribuição de melhoria remetem ao limite individual e ao limite total, devendo ambos ser aplicados conjuntamente, de maneira a se permitir o mais adequado trabalho de interpretação da norma tributária ao caso em exame.

---

58. *V.* BALEEIRO, Aliomar. *Direito tributário brasileiro*, 11. ed., p. 581; *v.* MORAES, Bernardo Ribeiro de. *Compêndio de direito tributário*, 4. ed., v. 1, p. 575.
59. *V.* ATALIBA, Geraldo. *Hipótese de incidência tributária*, 6. ed., p. 171.

6 REQUISITOS MÍNIMOS PARA A INSTITUIÇÃO

O procedimento que visa à cobrança da contribuição de melhoria é *ato jurídico complexo*, que compreende uma série de atos preparatórios e declaratórios, previstos em lei, cuja preterição pode determinar a anulação do lançamento.

Trata-se de várias exigências editalícias indispensáveis. Com efeito, o edital compreende uma sequência concatenada de etapas e atos administrativos, articulados entre si, e um tem que preceder o outro, obrigatoriamente, sob pena de inexigibilidade do tributo. A inobservância da ordem recomendada é letal à exigibilidade do tributo.

Segundo o **STF**, o edital deve ser prévio em relação à cobrança, mas pode ser posterior à obra:

> **EMENTA:** CONTRIBUIÇÃO DE MELHORIA. (...). OFENSA AO ART. 18, II, DA CF. DIVERGÊNCIA JURISPRUDENCIAL QUANTO À APLICAÇÃO DO ART. 5º DO DL N. 195/67. Prevalência da tese de que a publicação prévia do edital previsto no mencionado dispositivo é necessária para a cobrança da contribuição de melhoria, e não para a realização da obra. Recurso extraordinário conhecido e provido. **(RE 98.408/PR, 1ª T., rel. Min. Soares Muñoz, j. em 19-04-1983)**

Conforme se depreende do **art. 82 do CTN c/c o art. 5º do DL n. 195/67**, despontam como requisitos mínimos à instituição do gravame:

> **Art. 82 (CTN). (...)**
> **I** – publicação prévia dos seguintes elementos:
> **a)** memorial descritivo do projeto;
> **b)** orçamento do custo da obra;
> **c)** determinação da parcela do custo da obra a ser financiada pela contribuição;
> **d)** delimitação da zona beneficiada;
> **e)** determinação do fator de absorção do benefício da valorização para toda a zona ou para cada uma das áreas diferenciadas, nela contidas.

> **Art 5º (DL n. 195/67)** Para cobrança da Contribuição de Melhoria, a Administração competente deverá publicar o Edital, contendo, entre outros, os seguintes elementos:
> **I.** Delimitação das áreas direta e indiretamente beneficiadas e a relação dos imóveis nelas compreendidos;
> **II.** memorial descritivo do projeto;
> **III.** orçamento total ou parcial do custo das obras;
> **IV.** determinação da parcela do custo das obras a ser ressarcida pela contribuição, com o correspondente plano de rateio entre os imóveis beneficiados.

Para José Eduardo Soares de Melo, desponta total ineficácia das normas do art. 82 do CTN, pois este, ao contar com a "participação" do sujeito passivo nos projetos, obras e custos, contraria a nota característica dos tributos em geral[60].

---

60. *V.* MELO, José Eduardo Soares de. *Curso de direito tributário*, 8. ed., p. 83.

É inegável que a ampla publicação do orçamento da obra e a homenagem ao direito de o contribuinte impugná-lo traduzem-se em verdadeiros incômodos aos maus administradores públicos, vocacionados a servir a si, quando executam as conhecidas obras superfaturadas, com desvios de verbas, à custa do cidadão brasileiro, pagador de tributos. Trata-se de empecilho que pode justificar, entre outras causas, a inaplicabilidade desse tributo, que tende a ser substituído pelas inconstitucionais taxas de asfaltamento.

É de conhecimento público que muitas obras públicas são contratadas por valores inauditamente vultosos, superiores aos que o mercado impõe, o que leva a Administração e as empreiteiras a serem as primeiras a pretender escamotear os dados de que dispõem – aos quais todos devem ter acesso –, indo de encontro à transparência dos atos da Administração Pública. Enquanto essa realidade se mantiver na prática, a contribuição de melhoria ficará à teoria reservada, como um retórico tributo.

7 A CONTRIBUIÇÃO DE MELHORIA E A DESAPROPRIAÇÃO

Trazendo mais um tema relevante para o estudo, devemos enfrentar o confronto da **contribuição de melhoria e a desapropriação de bem imóvel**.

Para a boa compreensão do tema, é necessário o domínio conceitual de alguns elementos prévios:

a) Valorização geral do imóvel: ela se dá quando a obra pública tem a aptidão de beneficiar, indistintamente, todos os proprietários da zona valorizada (no caso, um grupo considerável de beneficiários). Citem-se, por exemplo, a construção de uma avenida, a colocação de postes de iluminação pública, a estruturação de sistema de saneamento básico, a criação de terminal rodoviário, entre outras hipóteses. Do ponto de vista da tributação, teremos, nesse caso, o cenário ideal e correto para a cobrança da **contribuição de melhoria**, com o justo propósito de "diluir" o custo da obra entre os proprietários beneficiados;

b) Valorização especial (específica ou individual) do imóvel: ela se dá quando a obra pública favorece somente um ou alguns proprietários (identificados ou, pelo menos, identificáveis). Citem-se, por exemplo, a construção de poço artesiano, a transposição do leito de um rio de pequenas dimensões, o asfaltamento de pequeno trecho de rodovia, entre outras hipóteses. Nesse caso, como o benefício ocorre de modo direto, será possível o "desconto" ("abatimento" ou "compensação"), permitindo-se ao Estado subtrair da indenização a ser paga o montante equivalente às vantagens individualmente auferidas. Trata-se do conhecido "abatimento proporcional do valor da indenização".

A partir dos conceitos acima apresentados, torna-se mais fácil entender que, quando há uma valorização de área remanescente não desapropriada, em decorrência de obra pública, o Estado poderá realizar *a cobrança de contribuição de melhoria* ou *o abatimento proporcional*, na indenização a ser paga, da valorização trazida ao imóvel. É questão de justiça.

Em **2011**, o **STJ**[61], após iterativa jurisprudência[62], ratificou o entendimento supramencionado. No presente caso, a Corte Superior entendeu que uma valorização imobiliária não pode ser deduzida da indenização a ser paga ao proprietário de área desapropriada, na qual houve obra que beneficiou todos os imóveis contíguos (*valorização geral*). Se tal valorização tivesse beneficiado um ou alguns proprietários identificáveis (*valorização individual*), cogitar-se-ia da "compensação" (ou "abatimento proporcional do valor da indenização"). Não foi o caso.

Detalhando: na situação enfrentada pelo **STJ**, a área remanescente não desapropriada valorizou em decorrência da construção de uma rodovia estadual, em Santa Catarina (a Rodovia SC-473). A valorização experimentada pela área remanescente foi *geral*, vale dizer, incrementou o valor de modo isonômico, com relação a todos os imóveis lindeiros à rodovia construída. Ela não foi *individual* (*específica* ou *especial*). Assim, a mais-valia deu margem à cobrança da *contribuição de melhoria*. Consequentemente, no caso, não se cogitou da "compensação" ou do "abatimento".

Em **2015**, a **UFPR** solicitou o tema em questão de concurso, cuja assertiva, considerada **CORRETA**, aqui reputamos prudente reproduzir:

> Na desapropriação indireta, quando há valorização geral e ordinária da área remanescente ao bem esbulhado em decorrência de obra ou serviço público, não é possível o abatimento no valor da indenização devida ao antigo proprietário, cabendo ao Poder Público, em tese, a utilização da contribuição de melhoria.

> A assertiva foi considerada **CORRETA**, em prova realizada pela UFPR, para o cargo de Procurador da Prefeitura de Curitiba-PR, em 2015.

Um exemplo prático pode auxiliar ainda mais a compreensão: João é proprietário de uma chácara, ao lado de uma rodovia que está sendo construída. Recebeu do Estado uma indenização pela desapropriação de parte do imóvel. Com o passar dos anos, houve nova tentativa de desapropriação da área remanescente, já bastante valorizada com a pretérita construção da rodovia.

Análise: no caso, se tiver havido, após os anos, uma *valorização geral*, teremos o cenário para a exigência da contribuição de melhoria. Por outro lado, se ficar provada a *valorização individual*, será possível a "compensação", ou seja, o "abatimento proporcional do valor da indenização".

61. Ver, no **STJ: REsp 1.092.010/SC, 2ª T., rel. Min. Castro Meira, j. em 12-04-2011.**
62. Para aprofundamento, ver: **(I)** REsp 795.580/SC, 2ª T., rel. Min. Castro Meira, j. em 11-12-2006; **(II)** REsp 795.580/SC, 2ª T., rel. Min. Castro Meira, j. em 11-12-2006; **(III)** REsp 793.300/SC, 1ª T., rel. Min. Denise Arruda, j. em 08-08-2006; **(IV)** REsp 831.405/SC, 1ª T., rel. Min. Luiz Fux, j. em 09-10-2007.

18

EMPRÉSTIMO COMPULSÓRIO

1 EVOLUÇÃO HISTÓRICA

O empréstimo compulsório, historicamente, sempre esteve presente em nosso texto constitucional.

A Carta Magna de 1946 estipulava, em seu art. 4º, que "somente a União, em casos excepcionais definidos em lei complementar, poderá instituir empréstimos compulsórios".

À época, a Lei n. 4.156, de 28 de novembro de 1962, sob a égide da mencionada Carta de 1946, levou a cabo a instituição do **Empréstimo Compulsório sobre o Consumo de Energia Elétrica** (ECCEE), em favor das *Centrais Elétricas Brasileiras S.A.* (Eletrobras), incidente sobre o consumo de energia elétrica.

O gravame foi instituído pela União, em 1961, com base em competência impositiva que lhe foi outorgada pelo texto constitucional de 1946, para a instituição de impostos[1]. Revestiu-se da indumentária de sociedade de economia mista, como *holding* do setor elétrico, com o objetivo de construir e operar usinas geradoras/produtoras e linhas de transmissão e distribuição de energia elétrica (art. 2º da Lei n. 3.890-A/61). O propósito era o de superar a crise gerada pela desproporção entre a demanda e a oferta de energia no país, vale dizer, atuar em um setor estratégico para o desenvolvimento nacional. O ECCEE permitiu que a Eletrobras tivesse fôlego para intervir no setor de energia elétrica subscrevendo ações, tomando obrigações e financiando as demais empresas atuantes no setor das quais o Poder Público (Federal, Estadual ou Municipal) fosse acionista.

1. V. MARQUES, Márcio Severo. Empréstimo compulsório na Constituição Federal. *Revista de Direito Tributário*, São Paulo, v. 65, 1994, pp. 182-199 (p. 191).

No plano jurisprudencial, sabe-se que, em 9 de dezembro de **2015**, o **STJ** lapidou a **Súmula n. 553**: "*Nos casos de empréstimo compulsório sobre o consumo de energia elétrica, é competente a Justiça estadual para o julgamento de demanda proposta exclusivamente contra a Eletrobras. Requerida a intervenção da União no feito após a prolação de sentença pelo juízo estadual, os autos devem ser remetidos ao Tribunal Regional Federal competente para o julgamento da apelação se deferida a intervenção*".

Por sua vez, em **26 de junho de 2019**, a 1ª Seção do **STJ**, no **REsp 1.576.254/RS** (rel. Min. Mauro Campbell Marques), entendeu que **não é cabível** a execução regressiva (direito de regresso) proposta pela Eletrobras contra a União em razão da condenação de ambas ao pagamento das diferenças de juros e correção monetária na devolução do **ECCEE** ao particular contribuinte da exação. O caso é palpitante, pois se estima que a conta das diferenças, a serem devolvidas, gravita em torno de R$ 13,9 bilhões. Não se pode perder de vista que o emprego dos recursos provenientes da arrecadação do tributo não o foi em exclusivo benefício da Eletrobras, mas sim na construção e realização de uma política pública estratégica e de âmbito nacional no campo energético formulada pela própria União. Esse histórico de coparticipação de receitas gerou, hoje, a aquecida controvérsia sobre a corresponsabilidade quanto à devolução dos valores.

Para o relator, a União teria uma verdadeira *responsabilidade subsidiária*, porquanto inexiste o direito de regresso da Eletrobras contra a União, já que esta só é garantidora. Embora o relator tenha usado no julgamento, inicialmente, a estranha expressão "responsabilidade solidária subsidiária", o voto indica que se quis dizer "responsabilidade subsidiária", evidenciando que a União, ente criador, só é legitimamente devedora em caso de insuficiência de pagamento pela Eletrobras. Assim, se há um benefício de ordem, este deve ser cumprido. Tanto é verdade que, na hipótese de um consumidor/contribuinte/credor optar por acionar diretamente a União, esta é que terá direito de regresso contra a Eletrobras ou benefício de ordem, se houver patrimônio suficiente.

Por derradeiro, em **12 de junho de 2019**, a 1ª Seção do **STJ**, nos **EDv nos EAREsp 790.288/PR** (rel. Min. Gurgel de Faria), entendeu que, com suporte em dois repetitivos (REsp 1.003.955/RS e REsp 1.028.592/RS), no caso do **ECCEE**, são devidos juros remuneratórios sobre a diferença de correção monetária não paga nem convertida em ações, no percentual de 6% ao ano, nos termos do art. 2º do Decreto-lei n. 1.512/76.

Retomando-se a digressão histórica do empréstimo compulsório, sabe-se que o tratamento da exação se tornou mais minudente a partir da Emenda 18/65, em cuja vigência se prolatou a **Súmula n. 418 do STF**, no bojo da *teoria coativista*, segundo a qual o empréstimo compulsório detinha a natureza jurídica não tributária, como um "contrato coativo".

Ainda sob a égide da EC n. 18/65, despontou o art. 15 do CTN, descrevendo as hipóteses autorizativas do empréstimo compulsório, quais sejam:

> **Art. 15.** Somente a União, nos seguintes casos excepcionais, pode instituir empréstimos compulsórios:
>
> **I** – guerra externa ou sua iminência;
>
> **II** – calamidade pública que exija auxílio federal impossível de atender com os recursos orçamentários disponíveis;
>
> **III** – conjuntura que exija a absorção temporária de poder aquisitivo.

Nos textos constitucionais posteriores, o teor da matéria foi mantido, ressalvado o disciplinamento na EC n. 1/69, que trouxe certa dubiedade na compreensão do tributo. É que, à luz da interpretação do texto da Emenda citada, despontavam duas espécies de empréstimos compulsórios: o empréstimo compulsório *excepcional*, uma figura não tributária (**art. 18, § 3º**), e o empréstimo compulsório *especial*, com feição tributária (**art. 21, § 2º, II**). Observe os dispositivos, à luz da EC n. 1/69:

> **Art. 18. (...)**
>
> **§ 3º** Somente a União, nos *casos excepcionais* definidos em lei complementar, poderá instituir empréstimo compulsório. **(Grifo nosso)**
>
> **Art. 21. (...)**
>
> **§ 2º** A União pode instituir: (...)
>
> **II** – empréstimos compulsórios, nos *casos especiais* definidos em lei complementar, aos quais se aplicarão as disposições constitucionais relativas aos tributos e às normas gerais do direito tributário. **(Grifo nosso)**

Tal classificação, entretanto, não prosperou, uma vez que, no julgamento da inconstitucionalidade do Decreto-lei n. 2.047/83, antes mesmo da promulgação da Carta Magna de 1988, o **STF** eliminou a pretendida dicotomia[2]:

> **EMENTA:** EMPRÉSTIMO COMPULSÓRIO. DL 2.047, DE 20-07-1983. SÚMULA 418. A SÚMULA 418 PERDEU VALIDADE EM FACE DO ART. 21, § 2º, II, DA CF (REDAÇÃO DA EC 1/69). (...) Não há distinguir, quanto à natureza, o empréstimo compulsório excepcional do art. 18, § 3º, da CF, do empréstimo compulsório especial, do art. 21, § 2º, II, da mesma CF. (...) **(RE 111.954/PR, Pleno, rel. Min. Oscar Correa, j. em 1º-06-1988)**

Acresça-se, ainda, que o **STF**, no mesmo julgado, deixou nítida sua predileção pelo enquadramento do gravame como uma figura tributária, determinando que se "aplicassem aos empréstimos compulsórios as disposições constitucionais relativas aos tributos e às normas gerais de direito tributário"[3]. Observe:

2. *V.* MARTINS, Ives Gandra da Silva. Os empréstimos compulsórios e as contribuições especiais. *In:* MARTINS, Ives Gandra da Silva (Coord.). *Curso de direito tributário.* 5. ed. Belém: Cejup, 1997, v. 2, p. 99.
3. HARADA, Kiyoshi. *Direito financeiro e tributário*, 7. ed., p. 259.

> **EMENTA:** (...) O empréstimo sujeita-se às imposições da legalidade e igualdade, mas, por sua natureza, não à anterioridade, nos termos do art. 153, § 29, *in fine*, da CF (demais casos previstos na Constituição). (...)

A bem da verdade, já em 1965, com a EC n. 18, no relatório de lavra de Rubens Gomes de Sousa, era possível perceber a visão ratificadora da natureza tributária do empréstimo compulsório.

Com o advento da Carta Magna de 1988, os empréstimos compulsórios receberam tratamento no art. 148, derrogando-se o inciso III do art. 15 do CTN, que previa a instituição da exação em face de conjuntura econômica que exigisse a absorção temporária de poder aquisitivo da moeda. Permaneceram, à luz dos permissivos constitucionais (incisos I e II do art. 148), o empréstimo compulsório para atender as *despesas extraordinárias* (calamidade pública e guerra externa) e aquele para o *investimento público de caráter urgente e relevante interesse nacional.*

2 AS TEORIAS EXPLICATIVAS SOBRE A NATUREZA JURÍDICA DO EMPRÉSTIMO COMPULSÓRIO: CONTRATO OU TRIBUTO

É de relato histórico a existência paralela de duas teorias[4] que sempre tentaram decifrar a natureza jurídica do empréstimo compulsório: a primeira sustentava que o empréstimo compulsório não era tributo, mas um "empréstimo público"; a segunda, congregando a maioria dos estudiosos da matéria, defendia que o empréstimo compulsório não era empréstimo público, mas, verdadeiramente, um tributo.

No contexto da primeira teoria, editou-se a **Súmula n. 418 do STF**, que se originou do acórdão extraído do **Recurso em Mandado de Segurança n. 11.252/PR** (Pleno), de relatoria do Ministro Antonio Villas, em 23 de março de **1964**. Observe o enunciado da Súmula:

> O empréstimo compulsório não é tributo, e sua arrecadação não está sujeita à exigência constitucional da prévia autorização orçamentária.

É que, sob a égide da Carta Magna de 1946, os tribunais brasileiros, incluindo o **STF**, rechaçavam a fisionomia tributária do empréstimo compulsório, razão pela qual remanescia fértil terreno à propagação da ideia coativista do empréstimo compulsório, o que facilitou a edição da indigitada Súmula. Entendia-se, à época, que o empréstimo compulsório era um "contrato ou empréstimo coativo", marcado pela cláusula de restituição e pela coatividade própria dos contratos de adesão[5].

Esse modo de pensar, todavia, foi sendo, paulatinamente, minado pelas encetantes críticas da doutrina, capitaneadas por Alcides Jorge Costa[6] e Amílcar de Araú-

---

4. V. LENZ, Carlos Eduardo Thompson Flores. Empréstimo compulsório e princípio da anterioridade. *Revista de Direito Tributário*, v. 11, n. 40, abr./jun. 1987, pp. 149-157 (pp. 150-151).
5. V. TORRES, Ricardo Lobo. *Curso de direito financeiro e tributário*, 12. ed., p. 426.
6. V. COSTA, Alcides Jorge. Natureza jurídica dos empréstimos compulsórios. *Revista de Direito Tributário*, São Paulo, v. 70, out./dez. 1962, p. 5.

jo Falcão[7], os quais defendiam a natureza tributária dos empréstimos compulsórios. A diferença entre eles se mostrava no modo como concebiam a espécie tributária: "com hibridismo" ou "sem hibridismo". A primeira concepção – a do empréstimo compulsório como tributo híbrido (metade tributo, metade mútuo) –, defendida por Alcides Jorge Costa, calcava-se na *teoria mista*; a segunda – a do empréstimo compulsório como tributo não híbrido –, esposada por Amílcar de Araújo Falcão, lastreava-se na *teoria pura*.

Frise-se que Amílcar de Araújo Falcão, o principal defensor brasileiro da teoria pura[8], aliou-se ao entendimento de vários estudiosos – Alfredo Augusto Becker[9], Pontes de Miranda[10], Aliomar Baleeiro[11], Geraldo Ataliba[12], Rubens Gomes de Sousa[13], Ruy Barbosa Nogueira[14] e outros –, o que dava sinais de que a doutrina, de um modo geral estava demasiado predisposta a se posicionar afirmativamente na defesa da feição tributária do empréstimo compulsório.

Como se afirmou, desde a EC n. 18/65, notava-se uma incipiente visão ratificadora da natureza tributária do empréstimo compulsório, chancelada pelo **STF** antes mesmo da Carta Magna de 1988, conforme se notou no **RE 111.954/PR**, Pleno, de relatoria do Ministro Oscar Correa, já mencionado no início deste Capítulo.

Com o advento da Carta Magna de 1988, o empréstimo compulsório passou a ocupar o **art. 148, em dois incisos**, abaixo reproduzidos:

> **Art. 148.** A União, mediante lei complementar, poderá instituir empréstimos compulsórios:
> **I** – para atender a *despesas extraordinárias*, decorrentes de *calamidade pública*, de *guerra externa* ou sua iminência;
> **II** – no caso de *investimento público* de caráter urgente e de relevante interesse nacional, respeitando o art. 150, III, "b".
> **Parágrafo único.** A aplicação dos recursos provenientes de empréstimo compulsório será vinculada à despesa que fundamentou sua instituição. **(Grifos nossos)**

Assim, não é de hoje que, para a doutrina majoritária, o empréstimo compulsório apresenta-se **como um inequívoco *tributo***[15], e não como um "contrato". Disso

---

7. *V.* FALCÃO, Amílcar. Conceito e espécies de empréstimo compulsório. *Revista de Direito Público*, São Paulo: RT, n. 14, out./dez. 1970, pp. 38-46 (p. 39).
8. *V.* TORRES, Ricardo Lobo. *Curso de direito financeiro e tributário*, 12. ed., p. 426.
9. *V.* BECKER, Alfredo Augusto. *Teoria geral do direito tributário*. 3. ed. São Paulo: Lejus, 1998, pp. 395-396.
10. *V.* PONTES DE MIRANDA, Francisco Cavalcanti. *Comentários à Constituição de 1967 com a Emenda 1/69*. 2. ed. São Paulo: RT, 1970, t. II, p. 383.
11. *V.* BALEEIRO, Aliomar. *Uma introdução à ciência das finanças*. 16. ed. Rio de Janeiro: Forense, 2006, pp. 471-472.
12. *V.* ATALIBA, Geraldo. *Empréstimos públicos e seu regime jurídico*. São Paulo: RT, 1973, pp. 68-69.
13. *V.* SOUSA, Rubens Gomes *et al*. *Comentários ao Código Tributário Nacional*. São Paulo: RT, 1975, p. 163.
14. *V.* NOGUEIRA, Ruy Barbosa. *Curso de direito tributário*. 14. ed. São Paulo: Saraiva, 1995, p. 122.
15. Para aprofundamento, seguem os autores: *v.* TORRES, Ricardo Lobo. *Curso de direito financeiro e tributário*, 12. ed., p. 425; *v.* CARVALHO, Paulo de Barros. *Curso de direito tributário*, 16. ed., pp. 32-33; *v.* CARRAZZA,

decorre a constatação de que se encontra superada a vetusta **Súmula n. 418**, conforme advertem José Eduardo Soares de Melo[16] e o próprio **STF**[17].

Entretanto, vale a pena mencionar a respeitável voz discordante de Hugo de Brito Machado[18], para quem falta ao empréstimo compulsório a indumentária tributária:

> Insistimos em esclarecer que, do ponto de vista de uma Teoria Geral do Direito, e tendo-se em vista o conceito universal de tributo como receita, no sentido não apenas financeiro, mas econômico, o empréstimo compulsório não é tributo, pois não transfere riqueza do setor privado para o Estado. No Direito brasileiro, tributo é receita, no sentido econômico e não apenas no sentido financeiro (Lei n. 4.320, de 17.3.1964, arts. 9º e 11, §§ 1º e 2º). Por isto não devemos colocar o empréstimo compulsório como espécie de tributo.

De todo modo, *data maxima venia*, entendemos que há bons argumentos para a defesa da *feição tributária* do empréstimo compulsório, mormente em provas de concursos públicos. Destacamos alguns:

(a) o empréstimo compulsório encaixa-se no conceito de tributo – previsto, genericamente, no texto constitucional, e, especificamente, no CTN (art. 3º), conforme adverte Roque Antonio Carrazza[19];

(b) a inserção do empréstimo compulsório no texto constitucional de 1988, topologicamente fincada no Capítulo I, do Título VI (que trata do "Sistema 'Tributário' Nacional"), e a sua regulação no "Código 'Tributário' Nacional" (art. 15, CTN) robustecem a indumentária de tributo para a exação, conforme salienta Melo[20];

(c) o empréstimo compulsório se revela como um *tributo finalístico*, justificado por uma finalidade pública relevante, que a Constituição lhe endereça. Ainda que deva ser restituído ao pagador (sobressaindo a ideia de "mútuo", a qual bem polariza com a ideia de *tributo*) e, além disso, que contenha no *nomen juris* a própria palavra "empréstimo", não se deve afastar a sua feição tributária. Em tempo, por ser um tributo finalístico, <u>não</u> se lhe aplica o **art. 4º, I e II, do CTN**. Este comando vale apenas para os *impostos, taxas e contribuições de melhoria*. Observe-o, mas não antes de ler o oportuno **art. 5º**:

Roque Antonio. *Curso de direito constitucional tributário*. 24. ed. São Paulo: Malheiros, 2008, pp. 557-558; *v.* MELO, José Eduardo Soares de. *Curso de direito tributário*, 8. ed., p. 86; *v.* HARADA, Kiyoshi. *Direito financeiro e tributário*, 7. ed., pp. 258-259; *v.* LACOMBE, Américo Lourenço Masset. *In:* PEIXOTO, Marcelo Magalhães; LACOMBE, Rodrigo Santos Masset. *Comentários ao Código Tributário Nacional*. São Paulo: MP Editora, 2005, p. 128; *v.* COÊLHO, Sacha Calmon Navarro. *Curso de direito tributário brasileiro*, 6. ed., pp. 125-126; e tantos outros.

16. *V.* MELO, José Eduardo Soares de. *Curso de direito tributário*, 8. ed., p. 85.
17. Ver, no **STF: RE 111.954/PR, Pleno, rel. Min. Oscar Correa, j. em 01-06-1988.**
18. MACHADO, Hugo de Brito. *Curso de direito tributário*, 38. ed., 2017, p. 68.
19. *V.* CARRAZZA, Roque Antonio. *Curso de direito constitucional tributário*. 24. ed. São Paulo: Malheiros, 2008, pp. 557-558.
20. *V.* MELO, José Eduardo Soares de. *Curso de direito tributário*, 8. ed., p. 85.

Art. 5º, CTN. Os tributos são impostos, taxas e contribuições de melhoria.

Art. 4º, CTN. A natureza jurídica específica do tributo é determinada pelo fato gerador da respectiva obrigação, sendo irrelevantes para qualificá-la: **I** – a denominação e demais características formais adotadas pela lei; **II** – a destinação legal do produto da sua arrecadação.

Deveras, a natureza jurídica dos três tributos citados no art. 5º será definida pelo fato gerador. Ao reverso, os empréstimos compulsórios se apresentam como tributos atrelados a uma finalidade constitucionalmente definida, o que os mantém refratários ao dispositivo.

Note o item considerado **CORRETO**, em prova realizada pela FCC, para o cargo de Analista Judiciário (Área Judiciária) do TRF 4ª Região, em 2019: *"Conforme o CTN, que estabelece normas gerais de direito tributário, a natureza jurídica específica do tributo é determinada pelo fato gerador da respectiva obrigação, sendo irrelevantes para qualificá-la a denominação e demais características formais adotadas pela lei e a destinação legal do produto da sua arrecadação"*.

Superados o breve relato histórico e o enquadramento do empréstimo compulsório no figurino tributário, aproveitamos para sugerir, em tempo, o seguinte conceito para o *empréstimo compulsório* – ou "empréstimo forçado", como preferem alguns doutrinadores[21]:

O empréstimo compulsório é a tributária prestação pecuniária – imposta pela União, por lei complementar – que, visando atender constitucionais pressupostos autorizativos, alcançará, autônoma e compulsoriamente, signos presuntivos de riqueza, sob a promessa de ulterior devolução do importe mutuado.

2.1 A autonomia do empréstimo compulsório

A questão da autonomia do empréstimo compulsório, como exação dotada de atributos característicos e genuínos, perante as demais espécies tributárias, tornou-se mais um instigante tema para candentes debates.

Buscou-se identificar, sob vigoroso dissenso, se o empréstimo compulsório assumiria feição autônoma ou se revestiria da indumentária de alguma espécie tributária já consagrada.

Uma primeira corrente[22] posicionou-se no sentido de associar o empréstimo compulsório a um *imposto de natureza restituível*. A segunda corrente[23] pautou-se

21. Para conferência da expressão, ver, entre outros, (I) TORRES, Ricardo Lobo. *Curso de direito financeiro e tributário*, 12. ed., p. 425; e (II) AMARO, Luciano. *Direito tributário brasileiro*, 14. ed., p. 51.

22. *V.* COÊLHO, Sacha Calmon Navarro. *Curso de direito tributário brasileiro*, 6. ed., pp. 122-128.

23. *V.* CARVALHO, Paulo de Barros. *Curso de direito tributário*, 16. ed., p. 33.

pela inexistência de autonomia para o empréstimo compulsório, um *tributo restituível*, porém acoplável a quaisquer das formas correspondentes às espécies do gênero "tributo". Por fim, uma terceira corrente defendeu tratar-se o gravame tributário de espécie autônoma, calcado numa classificação pentapartida das espécies tributárias, à qual havemos por bem nos filiar.

Com efeito, entendemos que o empréstimo compulsório é modalidade autônoma de tributo, perante as demais, cuja diferença específica encontra a sua melhor representação na necessária previsão legal de sua restituibilidade.

Como é cediço, a teoria pentapartida dos tributos baseia-se na distribuição dos gravames em cinco autônomas exações: impostos, taxas, contribuições de melhoria, empréstimos compulsórios e as contribuições.

Observe o elucidativo trecho do voto do Ministro do **STF**, Moreira Alves, em 29-06-**1992**, no **RE 146.733-9/SP** (Pleno):

> De fato, a par das *três* modalidades de tributos (os *impostos, as taxas e as contribuições de melhoria)*, a que se refere o art. 145, para declarar que são competentes para instituí-los a União, os Estados, o Distrito Federal e os Municípios, os arts. 148 e 149 aludem a *duas outras* modalidades tributárias, para cuja instituição só a União é competente: *o empréstimo compulsório e as contribuições sociais,* inclusive as de intervenção no domínio econômico e de interesse das categorias profissionais ou econômicas. **(Grifos nossos)**

Da mesma forma, reveja, ainda, o didático trecho do voto do ministro do **STF**, Carlos Velloso, em 1º-07-**1992**, no **RE 138.284/CE** (Pleno), por nós aqui visualmente organizado:

"As diversas espécies tributárias, determinadas pela hipótese de incidência ou pelo fato gerador da respectiva obrigação (CTN, art. 4º), são as seguintes:

(1) a) os **impostos** (CF, arts. 145, I, 153, 154, 155 e 156);

(2) b) as **taxas** (CF, art. 145, II);

(3) c) as **contribuições**, que podem ser assim classificadas:

- c.1. **de melhoria** (CF, art. 145, III);
- c.2. **parafiscais** (CF, art. 149), que são:
  - c.2.1. **sociais**,
    - c.2.1.1. **de seguridade social** (CF, art. 195, I, II [alterado pela **EC n. 103/2019**] e III),
    - c.2.1.2. **outras de seguridade social** (CF, art. 195, § 4º),
    - c.2.1.3. **sociais gerais** (o salário-educação, SESI, SENAI, SENAC, (...));
- c.3. **especiais**;
  - c.3.1. **de intervenção no domínio econômico** (CF, art. 149) e
  - c.3.2. **corporativas** (CF, art. 149) (...)

(4) d) os **empréstimos compulsórios** (CF, art. 148)".

Embora as duas decisões do **STF**, posto que contemporâneas, apresentem certa divergência quanto ao número exato de tributos – cinco, no primeiro julgado, e, aparentemente, quatro, neste último –, fica assente que o Pretório Excelso ratifica o entendimento segundo o qual, além dos impostos, taxas e contribuições de melhoria, incrementam o sistema tributário nacional os empréstimos compulsórios (art. 148) e as contribuições (art. 149). *"Assim sendo, para a classificação dos tributos terá que se levar em conta o disposto nos arts. 148 e 149"*[24].

Por fim, é importante frisar que o critério da pentapartição prestigia os tributos finalísticos – os empréstimos compulsórios e as contribuições (art. 149 da CF) –, ou seja, exações em que a denominação e a destinação são destacadas pelo próprio legislador constituinte, não tendo o fato gerador qualquer relevância para a identificação da natureza jurídica do tributo, como ocorre com os impostos, taxas e contribuições de melhoria.

Assim, o empréstimo compulsório pode ser considerado um gravame que desfruta de total autonomia com relação às demais espécies tributárias, com as quais não se confunde, exteriorizando um traço distintivo genuíno, como "nota peculiar e distintiva"[25], a saber, a *restituibilidade*.

3 O TRIBUTO E A LEI COMPLEMENTAR

O empréstimo compulsório, como tributo autônomo, perante as demais exações tributárias, enquadra-se no **art. 3º do CTN:**

> **Art. 3º** Tributo é toda prestação pecuniária compulsória, em moeda ou cujo valor nela se possa exprimir, que não constitua sanção de ato ilícito, instituída em lei e cobrada mediante atividade administrativa plenamente vinculada.

Trata-se de gravame compulsório, com lastro legal, uma vez que impõe uma obrigação *ex lege* de carrear para o Fisco o montante pecuniário mutuado. Assim, não se pode associar o empréstimo compulsório à seara da "contratualidade", pois se trata de inexorável tributo, e, como tal, voluntário não pode ser.

Urge destacar que, diante da imperatividade da lei tributária, afastada estará a possibilidade de o Poder Executivo pretender instituir o tributo, por meio, *v.g.*, de *decreto*. Da mesma forma, o lastro legal mencionado, adstringindo-se à ***lei complementar***, refutará a possibilidade pretensamente sucedânea de instituição do gravame por *lei ordinária* ou por *norma infralegal*.

> Note o item considerado **INCORRETO**, em prova realizada pela Consulplan, para o cargo de Titular de Serviço de Notas e de Registro (TJ/MG), em 2015: *"Não é necessário lei complementar para instituir empréstimos compulsórios"*.

24. TORRES, Ricardo Lobo. *Curso de direito financeiro e tributário*, 12. ed., p. 371.
25. MELO, José Eduardo Soares de. *Curso de direito tributário*, 8. ed., p. 86.

> Note o item (adaptado) considerado **CORRETO**, em prova realizada pelo CEBRASPE, para o cargo de Promotor de Justiça Substituto (MPE/RR), em 2017: *"Em matéria tributária, uma lei ordinária NÃO pode dispor, entre outros temas, sobre instituição de empréstimo compulsório para atender a despesas extraordinárias decorrentes de calamidade pública"*.

No Brasil, persiste controvérsia doutrinária sobre se, por meio de **leis delegadas**, podem ser criados os tributos. A Constituição Federal, entretanto, veda expressamente a utilização de tais normas jurídicas para a instituição de empréstimos compulsórios, conforme se nota no **§ 1º do art. 68 da Carta Magna:**

> **Art. 68.** As leis delegadas serão elaboradas pelo Presidente da República, que deverá solicitar a delegação ao Congresso Nacional.
>
> **§ 1º** *Não serão objeto de delegação* os atos de competência exclusiva do Congresso Nacional, os de competência privativa da Câmara dos Deputados ou do Senado Federal, *a matéria reservada à lei complementar*, nem a legislação sobre (...) **(Grifos nossos)**

Quanto à lei instituidora, à luz do que dispõe o *caput* do art. 148 da CF, a definição da espécie tributária *empréstimo compulsório* cabe à **lei complementar** – e a norma vale para os dois tipos do tributo: o ***empréstimo-calamidade*** e o *empréstimo--investimento*.

> Note o item considerado **CORRETO**, em prova realizada pela CONSULPLAN, para o cargo de Titular de Serviços de Notas e de Registros (TJ/MG), em 2017: *"Sobre os empréstimos compulsórios, à luz da disciplina constante da Constituição Federal, a sua instituição deve ocorrer mediante lei complementar"*.

> Note o item considerado **CORRETO**, em prova realizada pela FGV Projetos, para o cargo de Analista Portuário (Advogado) da CODEBA – Cia. das Docas do Estado da Bahia, em 2016: *"A União instituiu, por meio de lei ordinária, empréstimo compulsório para atender a despesa extraordinária decorrente de calamidade pública. Tal lei é inconstitucional, uma vez que os empréstimos compulsórios devem ser instituídos por meio de lei complementar, e não lei ordinária"*.

> Note o item considerado **CORRETO**, em prova realizado pelo Cebraspe, para o cargo de Procurador Municipal da Prefeitura de Belo Horizonte/MG, em 2017: *"A União pode instituir empréstimos compulsórios para atender a despesas extraordinárias decorrentes de calamidade pública, desde que o faça mediante lei complementar"*.

É que "exige a Constituição o rigor formal da lei complementar, certamente com o propósito de evitar os abusos que houve no passado"[26]. Na esteira da restitui-

26. AMARO, Luciano. *Direito tributário brasileiro*, 14. ed., p. 51.

bilidade que demarca a exação, é fácil perceber que o tributo sinaliza o importe pecuniário que deve ir à direção dos cofres estatais, na mesma proporção daquele mútuo que "volta" ao patrimônio do contribuinte. Essa "via de mão dupla" nem sempre teve um tráfego tão tranquilo...

Com efeito, a norma instituidora do tributo deve disciplinar a devolução e o prazo de resgate, vinculando o legislador. Do contrário, novas leis poderiam ser editadas, procrastinando *ad aeternum* a devolução do tributo e quebrando o elo de lealdade que deve unir o Estado-tributante ao contribuinte-cidadão. Observe o dispositivo:

> **Art. 15.** Somente a União, nos seguintes casos excepcionais, pode instituir empréstimos compulsórios: (...)
>
> **Parágrafo único.** A lei fixará obrigatoriamente o prazo do empréstimo e as condições de seu resgate, observando, no que for aplicável, o disposto nesta Lei.

A exigência do empréstimo compulsório não pode se perpetuar no tempo, devendo ser exigido enquanto estiver presente o pressuposto fático, de índole constitucional.

Estando assim subordinada à lei complementar – e sempre dela dependente –, ver-se-á rechaçada, de plano, a possibilidade de criação do empréstimo compulsório por medida provisória, uma vez que, **"onde a primeira versar, a outra não irá disciplinar"** – frase mnemônica, por nós utilizada, com suporte no **inciso III do § 1º do art. 62 da Carta Magna**:

> Note o item considerado **INCORRETO**, em prova realizada pela FCC, para o cargo de Procurador do Município de Campinas, em 2016: *"A União, mediante medida provisória, poderá instituir empréstimos compulsórios para atender as despesas extraordinárias decorrentes de calamidade pública, de guerra externa ou sua iminência"*.

> **Art. 62.** Em caso de relevância e urgência, o Presidente da República poderá adotar medidas provisórias, com força de lei, devendo submetê-las de imediato ao Congresso Nacional.
>
> **§ 1º** *É vedada a edição de medidas provisórias sobre matéria:* (...)
>
> **III** – *reservada a lei complementar*; (...) **(Grifos nossos)**

4 TRIBUTO E A COMPETÊNCIA PARA SUA INSTITUIÇÃO

O empréstimo compulsório é *tributo federal*, ou seja, de competência tributária da *União*. Nessa medida é vedado a um Município instituir o empréstimo compulsório. Da mesma forma, **é defeso ao Distrito Federal e a qualquer Estado-mem-**

bro fazê-lo, sob pena de usurpação da competência tributária, que privativamente foi conferida à União, no âmbito desse tributo.

> Note o item considerado **CORRETO**, em prova realizada pelo TJ/PR, para o cargo de Assessor Jurídico, em 2013: *"Os empréstimos compulsórios poderão ser instituídos exclusivamente pela União, por meio de lei complementar, com recursos vinculados à despesa que lhes fundamentou a origem".*

> Note o item considerado **INCORRETO**, em prova realizada pela CONSULPLAN, para o cargo de Titular de Serviços de Notas e de Registros (TJ/MG), em 2017: *"Sobre os empréstimos compulsórios, à luz da disciplina constante da Constituição Federal, a sua instituição pelos Estados deve ser previamente autorizada pelo Senado Federal".*

Não é despiciendo relembrar que aos **impostos, taxas e contribuições de melhoria** se permite a possibilidade de criação por meio de lei federal, estadual, distrital ou municipal, dependendo da pessoa política que se valer do poder indelegável de instituir a respectiva exação. No caso dos empréstimos compulsórios, não é esse o caminho. **Somente a União poderá criá-lo**, por meio de lei federal, no caso, lei complementar.

> Note o item considerado **CORRETO**, em prova realizada pelo Instituto Legatus, para o cargo de Procurador da Câmara Municipal de Bertolínia/PI, em 2016: *"Os Municípios, juntamente com a União, Estados e Distrito Federal, poderão instituir impostos, taxas e contribuição de melhoria".*

> Note o item considerado **CORRETO**, em prova realizada pelo IESES, para o cargo de Titular de Serviços de Notas e de Registros (TJ/RO), em 2012: *"Compete exclusivamente à União instituir empréstimos compulsórios".*

Com efeito, conforme se estudou no Capítulo 1, tal tributo é uma receita pública que se enquadra como "extraordinária", ou seja, um ingresso que ocorre em situação de excepcionalidade, com forte caráter temporário.

5 TRIBUTO E OS CONCEITOS NECESSÁRIOS À COMPREENSÃO DE SEUS PRESSUPOSTOS FÁTICOS

As circunstâncias deflagrantes ou pressupostos fáticos do empréstimo compulsório encontram-se previstos nos **incisos I e II do art. 148 da Carta Magna**, adstritos aos chamados empréstimo-calamidade e empréstimo-investimento:

> Note o item considerado **INCORRETO**, em prova realizada pela Funiversa, para o cargo de Auditor do Controle Interno (SEAP/DF), em 2014: *"Os empréstimos compulsórios somente podem ser instituídos pela União, mediante lei complementar, para atender a despesas extraordinárias, decorrentes de calamidade pública, de guerra externa ou sua iminência".*

1. **Inciso I:** despesas extraordinárias decorrentes de calamidade pública, guerra externa ou sua iminência;
2. **Inciso II:** investimento público de caráter urgente e de relevante interesse nacional.

Nesse passo, a Constituição Federal indica os critérios formais e materiais para a criação dos empréstimos compulsórios, associando os critérios materiais a dois pressupostos inafastáveis que autorizam o uso da indigitada faculdade impositiva: *despesas extraordinárias* (de calamidade pública, guerra externa ou sua iminência) **E** *investimento público* (de caráter urgente e relevante interesse nacional).

Alguns aspectos sobre os *pressupostos fáticos* em epígrafe merecem detalhamento:

a) A noção de despesas extraordinárias: a "extraordinariedade" indica uma situação em que se fará necessária a utilização dos recursos da exação em apreço, diante de uma anormalidade fática, não previsível, caracterizada pelo esgotamento dos fundos públicos ou inanição do Tesouro[27]. Do contrário, o tributo seria adotado, de modo iterativo, sem homenagem à episodicidade que o demarca. Daí falar na imprescindibilidade da completa exauriência dos cofres estatais, que ultima a indispensável obtenção de recursos a tornar possível a recomposição do alterado equilíbrio. Se houver fontes orçamentárias suficientes, não se justifica a cobrança do tributo. A esse respeito, o culto professor Sacha Calmon Navarro Coêlho preconiza que as despesas extraordinárias "são aquelas absolutamente necessárias, após esgotados os fundos públicos inclusive o de contingência. Vale dizer, a inanição do Tesouro há de ser comprovada"[28].

Passemos, assim, aos delineamentos conceituais do que vêm a ser as despesas extraordinárias decorrentes (I) de *calamidade pública* e (II) de *guerra externa*:

a.1) A noção de despesa extraordinária decorrente de calamidade pública: não obstante a indeterminação do conceito, a **des**pesa extraordinária decorrente de calamidade pública refere-se a situações limítrofes, indicadoras de catástrofes da natureza ou hecatombes avassaladoras (terremotos, maremotos, incêndios, enchentes catastróficas, secas transanuais, tufões, ciclones etc.)[29].

Sacha Calmon Navarro Coêlho[30] aduz, acerca das despesas extraordinárias, com propriedade:

> (...) E tais despesas não são quaisquer, senão as que decorrerem da premente necessidade de acudir as vítimas das calamidades públicas sérias, tais como terremotos, maremotos, incêndios e enchentes catastróficas, secas transanuais, tufões, ciclones etc. (...) De verdade, a hecatombe deve ser avassaladora, caso contrário se

27. *V.* DECOMAIN, Pedro Roberto. *Anotações ao Código Tributário Nacional*, p. 88.
28. COÊLHO, Sacha Calmon Navarro. *Comentários à Constituição de 1988*: sistema tributário. 7. ed. Rio de Janeiro: Forense, 1998, p. 147.
29. *Idem.*
30. *Idem.*

banalizaria a licença constitucional, ante *acts of God* que sempre ocorrem, sistematicamente, ao longo das estações do ano.

Todavia, urge enfatizar que a aferição do caráter limítrofe do cataclismo, conquanto subjetiva, há de ser razoável, sob pena de banalizar a licença constitucional. Sendo assim, a mera chuva de estação, a enchente corriqueira, a seca periódica ou o pequeno abalo sísmico não serão hábeis a deflagrar a tributividade do fato jurígeno da exação.

Impende registrar, ainda, que, mesmo diante de uma catástrofe em dado município ou Estado-membro, o tributo continua sendo federal, não havendo a necessidade de que o cataclismo tenha proporções territoriais gigantescas, a fim de justificar a competência da União.

Para Paulo de Barros Carvalho[31], a noção de calamidade pública é mais lassa, podendo abranger até "outros eventos, de caráter socioeconômico, que ponham em perigo o equilíbrio do organismo social, considerado na sua totalidade".

Por fim, registre-se que a doutrina tem se posicionado favoravelmente à decretação do *estado de calamidade* para a exigência do gravame[32].

a.2) A noção de despesa extraordinária decorrente de guerra externa: o tributo deve estar atrelado a um pressuposto fático de "guerra" – ou, com maior rigor técnico, "conflito armado internacional" –, cuja deflagração tenha sido perpetrada por nação estrangeira, independentemente de uma formal "declaração de guerra"[33].

Desse modo, não inclui a guerra iniciada pelo Brasil, pois esta seria ilegítima. Nosso Estado prima pela defesa da paz (art. 4º, VI, CF), sendo possível a declaração de guerra tão somente no caso de agressão estrangeira (art. 84, XIX). Assim, a "guerra de conquista" é-nos constitucionalmente estranha, rechaçando o contexto adequado ao empréstimo compulsório[34].

Por derradeiro, registre-se que o permissivo constitucional não abarca as convulsões sociais internas.

b) A noção de investimento público de caráter urgente e de relevante interesse nacional: trata-se de investimento que se traduz em uma *antecipação de receita* de importe pecuniário, do patrimônio particular para os cofres estatais. Vale dizer que aquilo que seria arrecadado, *v.g.*, em vários anos, poderá sê-lo em um par deles, com ulterior devolução.

O legislador constituinte inaugurou esse pressuposto fático, no Texto Constitucional de 1988, ao mesmo tempo que afastou a possibilidade de criação do tributo

31. CARVALHO, Paulo de Barros. *Curso de direito tributário*, 16. ed., p. 32.
32. *V.* COÊLHO, Sacha Calmon Navarro. *Curso de direito tributário brasileiro*, 6. ed., p. 122; *v.* LACOMBE, Américo Lourenço Masset. *In:* PEIXOTO, Marcelo Magalhães; LACOMBE, Rodrigo Santos Masset. *Comentários ao Código Tributário Nacional*, p. 146.
33. LACOMBE, Américo Lourenço Masset. *In:* PEIXOTO, Marcelo Magalhães; LACOMBE, Rodrigo Santos Masset. *Comentários ao Código Tributário Nacional*, p. 146.
34. *Ibidem*, p. 145.

em face de conjuntura econômica limítrofe que exigisse a absorção temporária de poder aquisitivo da moeda[35].

Acerca do permissivo constitucional ora debatido, faz-se necessário estabelecer sua correlação com o princípio da anterioridade tributária – a ser detalhado no próximo item –, demonstrando a lógica que imanta esse pressuposto autorizativo.

Uma vez tratando-se de investimento público de caráter urgente, seria, em tese, de todo incoerente a observância do princípio da anterioridade. Entretanto, não é o que ocorre, pois o investimento público de elevado interesse nacional pode exigir recursos que de outra forma somente seriam carreados ao erário em alguns anos, pela via de outros gravames. Assim, torna-se plausível a criação de um empréstimo compulsório que servirá como meio de antecipação da arrecadação de valores destinados aos cofres públicos. Dessarte, a título de ilustração, o que seria inicialmente dirigido à Administração no prazo de oito anos, pode ser abreviado para um prazo de dois anos, na forma de empréstimo compulsório, e restituído em anos posteriores com os recursos oriundos da arrecadação tributária. Dessa maneira, será possível a antecipação do investimento público, sem violação do princípio da anterioridade.

Acresça-se, por derradeiro, que o investimento deve irradiar efeitos em base territorial nacional, não se justificando a criação da exação especificada para cobrir gastos com emprego em apenas uma determinada região do território.

6 EMPRÉSTIMO COMPULSÓRIO E O PRINCÍPIO DA ANTERIORIDADE TRIBUTÁRIA

O inciso I do art. 148 da Carta Magna hospeda situações que são consideradas ***exceções*** à anterioridade tributária, impondo-se a incidência imediata da norma tributária, enquanto o inciso II enumera uma hipótese de regra ao postulado[36], protraindo-se a incidência.

Dessarte, não é adequado afirmar, por exemplo, que o empréstimo compulsório se subordina, **em quaisquer hipóteses**, ao princípio da anterioridade da lei que o houver instituído.

> Note o item considerado **INCORRETO**, em prova realizada pelo Cebraspe, para o cargo de Delegado de Polícia Substituto (PC/GO), em 2017: *"O 'princípio da anterioridade do exercício' atinge, de forma ampla, as hipóteses de empréstimos compulsórios previstas no texto constitucional"*.

Conclui-se, nessa toada, que o empréstimo compulsório, instituído nos casos de calamidade pública e guerra externa (inciso I), terá exigência imediata, uma vez que se põe como exceção às anterioridades anual e nonagesimal (art. 150, § 1º, CF). De outra banda, com relação aos empréstimos compulsórios criados para viabilizar investimen-

35. *V.* DECOMAIN, Pedro Roberto. *Anotações ao Código Tributário Nacional*, p. 88.
36. *V.* AMARO, Luciano. *Direito tributário brasileiro*, 14. ed., p. 51.

to público de caráter urgente e relevante interesse nacional (inciso II), **será vital a observância do princípio da anterioridade** (art. 148, II, CF c/c art. 150, § 1º, CF).

> Note o item considerado **INCORRETO**, em prova realizada pelo IBEG, para o cargo de Procurador Previdenciário (IPREV), em 2017: *"No caso de empréstimo compulsório para investimento público de relevante interesse nacional e de caráter urgente, não se aplica o princípio da anterioridade"*.

> Note o item considerado **CORRETO**, em prova realizada pela Consulplan, para o cargo de Titular de Serviços de Notas e de Registros (TJ/MG), em 2017: *"Sobre os empréstimos compulsórios, à luz da disciplina constante da Constituição Federal, podem ser instituídos no caso de investimento público de caráter urgente e de relevante interesse nacional, vedada a cobrança no mesmo exercício financeiro em que haja sido publicada a lei que os instituiu"*.

Observemos o quadro a seguir, que nos permite recapitular o confronto do *empréstimo compulsório* com o *princípio da anterioridade tributária*:

O EMPRÉSTIMO COMPULSÓRIO E O PRINCÍPIO DA ANTERIORIDADE TRIBUTÁRIA	
DISPOSITIVO CONSTITUCIONAL	**DISPOSITIVO CONSTITUCIONAL**
ART. 150, § 1º, CF (EC N. 42/2003)	**ART. 148, II, PARTE FINAL, CF**
Art. 150. (...) **§ 1º** A vedação do inciso III, "b", não se aplica aos tributos previstos nos arts. **148, I**, 153, I, II, IV e V; e 154, II; e a vedação do inciso III, "c", não se aplica aos tributos previstos nos arts. **148, I**, 153, I, II, III e V; e 154, II, nem à fixação da base de cálculo dos impostos previstos nos arts. 155, III, e 156, I.	**Art. 148.** A União, mediante lei complementar, poderá instituir empréstimos compulsórios: (...) **II** – no caso de investimento público de caráter urgente e de relevante interesse nacional, observado o disposto no **art. 150, III, "b"**.
CONCLUSÃO	**CONCLUSÃO**
O *empréstimo-calamidade*, previsto no art. **148, I**, da CF, é considerado uma **exceção às duas anterioridades tributárias** – **anual** e **nonagesimal** –, conforme se depreende das duas ressalvas constantes do art. 150, § 1º, CF (vide as remissões no art. 150, § 1º, CF, na parte superior).	O *empréstimo-investimento*, previsto no art. 148, II, da CF, é "regra" à **anterioridade anual**, consoante a literalidade do referido inciso. Naturalmente, conclui-se que será, da mesma forma, "regra" à **anterioridade nonagesimal**, porquanto, em 2003, com a EC n. 42, tal inciso não foi considerado exceção à anterioridade (*vide* listas de exceções no art. 150, § 1º, CF, ao lado, na parte superior).

Atentemos, agora, para alguns **exemplos de aplicação** do *princípio da anterioridade tributária* ao *empréstimo compulsório*:

a) Empréstimo compulsório *Alfa*, instituído em **15 de dezembro de 2020**, para atender as despesas extraordinárias de calamidade pública: exigência imediata, isto é, a partir de *16 de dezembro de 2020*;

b) Empréstimo compulsório *Beta*, instituído em **15 de agosto de 2020**, para atender um investimento público urgente e de relevante interesse nacional: exigência a partir de *1º de janeiro de 2021*;

c) Empréstimo compulsório *Gama*, instituído em **15 de dezembro de 2020**, para atender um investimento público urgente e de relevante interesse nacional: exigência a partir do nonagésimo primeiro dia (91º), a contar de *15 de dezembro de 2020*.

Por fim, apreciemos um quadro mnemônico mais abrangente:

EMPRÉSTIMOS COMPULSÓRIOS	
Art. 148, I, CF	**Art. 148, II, CF**
PRESSUPOSTO FÁTICO	**PRESSUPOSTO FÁTICO**
Calamidade pública ou guerra externa (iminente ou deflagrada)	Investimento público de caráter urgente e relevante interesse nacional
EMPRÉSTIMO COMPULSÓRIO EXCEPCIONAL	**EMPRÉSTIMO COMPULSÓRIO ESPECIAL**
Despesas extraordinárias (calamidade e guerra externa)	Antecipação de receita
CARÁTER EMERGENCIAL: oscilações meteorológicas ou socioeconômicas.	**CARÁTER URGENTE:** investimento público urgente.
Princípio da Anterioridade Tributária: é uma ressalva! Trata-se de exceção ao princípio constitucional em análise, em suas duas facetas (anual e nonagesimal).	**Princípio da Anterioridade Tributária: é regra! Não se trata de exceção** ao princípio constitucional em análise, em suas duas facetas (anual e nonagesimal).

6.1 O empréstimo compulsório e os demais princípios constitucionais tributários

O empréstimo compulsório deve obediência aos princípios constitucionais tributários, em geral, exceto ao princípio da anterioridade tributária, no caso específico das despesas extraordinárias ligadas à calamidade pública e à guerra externa.

Nesse passo, o tributo deve obedecer ao *princípio da legalidade tributária* (art. 150, I, CF), sendo instituído por meio de *lei complementar*, como já se expendeu, rechaçando qualquer outra norma dessemelhante, quer lei ordinária, quer decreto presidencial, quer, ainda, uma medida provisória.

Ademais, o empréstimo compulsório deve respeito ao princípio da irretroatividade tributária (art. 150, III, "a", CF), não se permitindo que a lei instituidora atinja fatos jurígenos anteriores à sua edição. Desse modo, a lei complementar, instituidora ou majoradora do gravame, deverá conter vigência prospectiva.

Não se pode descurar, igualmente, da subserviência do empréstimo compulsório ao princípio da isonomia tributária (art. 150, II, CF), na esteira do postulado que com esta se avizinha, servindo-lhe de corolário – o princípio da capacidade contributiva (art. 145, § 1º, CF). De fato, a capacidade econômica do sujeito passivo pode ser bem aferida, no cotejo com o empréstimo compulsório, garantindo-se a isenção aos mais carentes, que merecem passar ao largo do sacrifício fiscal que lhes é imposto[37].

Posto isso, "os detalhes relativos ao fato gerador, à base de cálculo, às alíquotas e aos contribuintes dos empréstimos compulsórios, serão fornecidos pela legislação específica ao tributo, sendo certo, porém, que as indagações sobre a tributividade do fator de incidência escolhido, sobre a capacidade contributiva do sujeito passivo e a *proibição do confisco*, restam como recomendações necessárias ao legislador, quando ele se dispuser à instituição de empréstimos compulsórios"[38].

7 O FATO GERADOR

É importante evidenciar que os pressupostos autorizativos anteriormente demonstrados não se confundem com o fato gerador do empréstimo compulsório.

O legislador constituinte não indicou explicitamente o fato jurígeno do tributo, nem os elementos fundantes relativos ao aspecto material de incidência (alíquota, base de cálculo, sujeito passivo etc.), cabendo à lei complementar fazê-lo por completo. Memorize, todavia, **que as situações deflagrantes não são definidas, originariamente, pelo legislador complementar**, mas pelo legislador constituinte, que demarcou àquele os pressupostos fáticos ensejadores do gravame.

Assim, a nosso ver, o legislador federal, por meio da lei complementar, dispõe de ampla liberdade para definir o fato imponível, não obstante subsistirem vozes respeitáveis na doutrina[39] que saem à defesa de que o tributo deverá ter como fato gerador apenas os atos, fatos ou situações compreendidas no campo de competência da União, não se tolerando a invasão na seara impositiva dos Estados ou dos Municípios. Aliás, a doutrina que assim se posiciona, apressa-se em ressalvar esse entendimento nos casos de "guerra externa", quando o empréstimo compulsório se aproxima do imposto extraordinário de guerra, ao qual pode ser ofertado qualquer tipo de fato gerador (art. 154, I, CF). Vale dizer que, para tais autores, no caso de despesa extraordinária de guerra externa – e somente nessa hipótese –, o empréstimo compulsório poderia surgir com o fato jurígeno de um imposto não federal.

Como assevera Luciano Amaro[40], "é evidente que o fato gerador do empréstimo compulsório não é a guerra nem a calamidade nem o investimento público, (...); a guerra, a calamidade e o investimento público, nas circunstâncias previstas, con-

---

37. *V.* COÊLHO, Sacha Calmon Navarro. *Curso de direito tributário brasileiro*, 6. ed., p. 123.
38. FANUCCHI, Fábio; MARTINS, Rogério V. Gandra Martins (atual.). *In:* MARTINS, Ives Gandra da Silva (Coord.). *Comentários ao Código Tributário Nacional*. São Paulo: Saraiva, 1998, v. 1, p. 145.
39. *V.* DECOMAIN, Pedro Roberto. *Anotações ao Código Tributário Nacional*, p. 90; *v.* FANUCCHI, Fábio; MARTINS, Rogério V. Gandra Martins (atual.). *In:* MARTINS, Ives Gandra da Silva. *Comentários ao Código Tributário Nacional*, v. 1, p. 144.
40. AMARO, Luciano. *Direito tributário brasileiro*, 14. ed., p. 51.

dicionam o exercício da competência tributária e direcionam a aplicação do produto da arrecadação".

Assim, memorize: *o fato gerador não é a guerra, ou a calamidade pública, nem o investimento público*[41], mas qualquer situação abstrata, prevista na lei, como capaz de deflagrar a relação jurídico-tributária.

Com a devida vênia, acreditamos que o aspecto material da hipótese de incidência do empréstimo compulsório pode ser o de qualquer imposto, como o foi, no passado, marcando esta exação tributária, que despontou como verdadeiro *adicional de imposto federal* (IR), no caso do Empréstimo-Calamidade (DL n. 2.047/83), incidente sobre a renda, e como *adicional de imposto estadual* (ICMS), no caso do Empréstimo sobre a Aquisição de Veículos e Consumo de Combustíveis (DL n. 2.288/86), com fato gerador praticamente coincidente com o do imposto estadual (ICM, à época).

Desse modo, o fato de terem surgido como "adicionais de impostos" mostra a vocação do gravame para penetrar no aspecto material de incidência desse gravame, e não de outros. Não obstante, entendemos que é defensável a ideia de que o empréstimo compulsório surja com fato jurígeno de uma *taxa*, ou, mesmo, de uma *contribuição de melhoria*, mas isso só tem relevância no plano teórico e científico.

Vale frisar, em tempo, que o empréstimo compulsório destaca-se como tributo finalístico, ou seja, um gravame afetado a um propósito, com total irrelevância do fato gerador que o corporifica e com ampla prevalência da finalidade para a qual tenha sido instituído. Não se deve confundir a destinação dos recursos com o fato imponível, ou seja, a situação material sobre a qual incidirá o empréstimo compulsório[42]. Nesse diapasão, afirma-se que não se aplica o **art. 4º do CTN** ao empréstimo compulsório. Observe-o:

> **Art. 4º** A natureza jurídica específica do tributo é determinada pelo fato gerador da respectiva obrigação, sendo irrelevantes para qualificá-la:
>
> **I** – a denominação e demais características formais adotadas pela lei;
>
> **II** – a destinação legal do produto da sua arrecadação.

De fato, a natureza jurídica de certos tributos – impostos, taxas e contribuições de melhoria – será definida pelo fato gerador. Ao reverso, os empréstimos compulsórios se põem como tributos atrelados a uma finalidade específica, de cunho emergencial ou urgente, não se lhes aplicando o dispositivo em epígrafe.

7.1 Análise do art. 15 do CTN

O empréstimo compulsório está disciplinado no **art. 15, I, II e III do CTN**. Observe o preceptivo:

---

41. *V.* AMARO, Luciano. Conceito e classificação dos tributos. *Revista de Direito Tributário*, n. 55, São Paulo: RT, 1991, pp. 239-296 (p. 265).

42. *V.* AMARO, Luciano. *Direito tributário brasileiro*, 14. ed., p. 60.

Art. 15. Somente a União, nos seguintes casos excepcionais, pode instituir empréstimos compulsórios:

I – guerra externa, ou sua iminência;

II – calamidade pública que exija auxílio federal impossível de atender com os recursos orçamentários disponíveis;

III – conjuntura que exija a absorção temporária de poder aquisitivo.

Parágrafo único. A lei fixará obrigatoriamente o prazo do empréstimo e as condições de seu resgate, observando, no que for aplicável, o disposto nesta Lei.

É fácil perceber que os dois primeiros incisos foram incorporados pelo texto constitucional de 1988. A mesma senda, entretanto, não trilhou o inciso III.

É que o inciso III do art. 15 do CTN foi elaborado com vistas a municiar o Estado de um meio eficaz para combater a inflação, esterilizando o poder aquisitivo da população. Trata-se de medida que, com nítida função econômica, foi outrora adotada por inúmeros países europeus – em razão, sobretudo, dos efeitos negativos do pós-Segunda Guerra Mundial –, sendo trazida para nosso ordenamento como meio excepcional de intervenção na economia do País. Em outras palavras, caso a conjuntura econômica estivesse passando por uma situação de extrema gravidade, a ponto de exigir medidas imediatas de enxugamento do poder aquisitivo da população, para reduzir o consumo e evitar a alta de preços, o empréstimo compulsório, com fulcro no art. 15, III, do CTN, viria a calhar. Entende-se que seria a forma mais "democrática" – quiçá, "participativa" – de combater a inflação.

Um exemplo emblemático desse tipo de exação se deu com o *Empréstimo Compulsório sobre a Aquisição de Veículos e Consumo de Combustíveis* (DL n. 2.088/86), considerado inconstitucional no **RE 121.336/CE (Pleno)**, de relatoria do Ministro Sepúlveda Pertence, com julgamento em 11-10-**1990**. Insta frisar, todavia, que, antes mesmo desse julgamento, o comando havia sido derrogado pela Constituição Federal de 1988, que não o recepcionou[43], diferentemente do que fez com relação aos dois primeiros incisos.

Ad argumentandum, diga-se que, em 1990, com o *Plano Collor* (Lei n. 8.024/90), cogitou-se da existência de um disfarçado empréstimo compulsório, quando se retiveram as quantias depositadas em caderneta de poupança, a pretexto de conter a inflação. O detalhe é que tal contexto, respaldado no inciso III do art. 15 do CTN, já não encontrava guarida no Texto Constitucional de 1988.

Diante do exposto, é inarredável concluir que "o tratamento constitucional dado aos empréstimos compulsórios, na CF/88, é ligeiramente distinto deste veiculado no CTN, e naturalmente sobre ele deve prevalecer"[44]. Dessa forma, caso o gravame, sendo instituído no Brasil, venha a se revestir da indumentária sugerida pelo

43. V. HARADA, Kiyoshi. *Direito financeiro e tributário*, 7. ed., p. 259.

44. MACHADO SEGUNDO, Hugo de Brito. *Código Tributário Nacional*, p. 137.

inciso III do art. 15 do CTN, estará ele imantado de irremissível inconstitucionalidade[45]. Dir-se-ia, ademais, que o inciso III tem, nas palavras de Aliomar Baleeiro[46], um caráter puramente extrafiscal, como instrumento de combate à inflação, além de ser "de duvidosa cientificidade"[47].

Por derradeiro, temos visto que, hodiernamente, o pressuposto fático constante do inciso III é bem suprido com as *contribuições especiais*.

8 ANÁLISE DO PARÁGRAFO ÚNICO DO ART. 148 DA CF

O parágrafo único do art. 148 da Carta Magna dita que a **aplicação dos recursos provenientes de empréstimo compulsório será vinculada** à despesa que fundamentou sua instituição. Há total imperatividade no comando, não remanescendo qualquer possibilidade de exceção. Observe o dispositivo:

> Note o item considerado **CORRETO**, em prova realizada pelo IESES, para o cargo de Titular de Serviços de Notas e de Registros (TJ/MS), em 2014: *"A aplicação dos recursos provenientes de empréstimo compulsório será vinculada à despesa que fundamentou sua instituição"*.
> **Observação:** item semelhante foi considerado **CORRETO**, em prova realizada pela Consulplan, para o cargo de Titular de Serviços de Notas e de Registros (TJ/MG), em 2017.

Art. 148. (...)

Parágrafo único. A aplicação dos recursos provenientes de empréstimo compulsório será vinculada à despesa que fundamentou sua instituição.

Aliás, os empréstimos compulsórios e as contribuições possuem um relevante traço comum: *a vinculação de receita*.

Portanto, não se admite a "tredestinação" (desvio da finalidade), que representa a malversação do dinheiro público, prática lamentavelmente presente na sistemática tributária do Brasil.

9 A DEVOLUÇÃO DO VALOR COMPULSORIAMENTE MUTUADO

Como é cediço, o traço distintivo do empréstimo compulsório, com relação às demais espécies tributárias, é a *restituibilidade*. Tal evidência sempre se mostrou clara nesse tributo, a ponto de Pontes de Miranda[48] chamá-lo de "tributo com cláusula de restituição".

45. *V.* LACOMBE, Américo Lourenço Masset. *In:* PEIXOTO, Marcelo Magalhães; LACOMBE, Rodrigo Santos Masset. *Comentários ao Código Tributário Nacional*, p. 144.
46. *V.* BALEEIRO, Aliomar. *Direito tributário brasileiro*, 11. ed., p. 185.
47. TORRES, Ricardo Lobo. *Curso de direito financeiro e tributário*, 12. ed., p. 425.
48. PONTES DE MIRANDA, *apud* BALEEIRO, Aliomar. *Limitações constitucionais ao poder de tributar*, 7. ed., p. 1666.

A propósito, Amílcar de Araújo Falcão[49] asseverava que "esses empréstimos compulsórios ou forçados são também chamados, com muito acerto aliás, de tributos restituíveis, *refundable taxes, sweetened taxes*".

O tributo desponta no contexto de simultaneidade de *deveres*: um, para o contribuinte, quanto ao dever de pagar; outro, para o Fisco, no tocante à devolução da quantia paga. De fato, "o empréstimo compulsório é um ingresso de recursos temporários nos cofres do Estado, pois a arrecadação acarreta para o Estado a obrigação de restituir a importância que foi emprestada"[50].

Dessa forma, "o aspecto estrutural mais significativo é o de consistir em uma prestação pecuniária *restituível*"[51]. Enquanto os impostos, por exemplo, são efetiva receita, os empréstimos compulsórios implicam a obrigação de o Estado proceder à respectiva devolução do valor arrecadado[52].

Vale dizer que a hipótese de incidência do gravame deve prever, com clareza meridiana, o retorno patrimonial ao particular-contribuinte da quantia mutuada, em dinheiro, com todos os acréscimos hábeis a recompor o valor original ofertado, sob pena de descaracterizar a essência da exação, maculando-a de inconstitucionalidade[53].

Observe as ementas, no **STF**, indicando o entendimento do Pretório Excelso:

> **EMENTA:** EMPRÉSTIMO COMPULSÓRIO (DL. 2.288/86, ART. 10): INCIDÊNCIA NA AQUISIÇÃO DE AUTOMÓVEIS DE PASSEIO, COM RESGATE EM QUOTAS DO FUNDO NACIONAL DE DESENVOLVIMENTO: INCONSTITUCIONALIDADE. (...) a Constituição vinculou o legislador à essencialidade da restituição na mesma espécie, seja por força do princípio explícito do art. 110 do CTN, seja porque a identidade do objeto das prestações recíprocas é indissociável da significação jurídica e vulgar do vocábulo empregado. (...) **(RE 121.336/CE, Pleno, rel. Min. Sepúlveda Pertence, j. em 11-10-1990)**

> **EMENTA:** EMPRÉSTIMO COMPULSÓRIO. AQUISIÇÃO DE COMBUSTÍVEIS. O EMPRÉSTIMO COMPULSÓRIO ALUSIVO À AQUISIÇÃO DE COMBUSTÍVEIS. Decreto-lei n. 2.288/86 mostra-se inconstitucional, tendo em conta a forma de devolução – **quotas do Fundo Nacional de Desenvolvimento** – ao invés de operar-se na mesma espécie em que recolhido. Precedente: RE 121.336-CE. **(RE 175.385/SC, Pleno, rel. Min. Marco Aurélio, j. em 1º-12-1994)**

Note o item considerado **INCORRETO**, em prova realizada pela Vunesp, para o cargo de Juiz (TJ/SP), em 2014: *"É possível, no que diz respeito a tal tributo, que a forma de sua restituição ao contribuinte não se dê em espécie, mas sim em quotas de fundos oficiais ou em ações do Poder Público, podendo ser instituído por meio de medida provisória, dada a urgência verificada"*.

49. FALCÃO, Amílcar. Conceito e espécies de empréstimo compulsório, p. 39.
50. AMARO, Luciano. *Direito tributário brasileiro*, 14. ed., p. 50.
51. TORRES, Ricardo Lobo. *Curso de direito financeiro e tributário*, 12. ed., p. 425.
52. *V.* AMARO, Luciano. *Direito tributário brasileiro*, 14. ed., p. 61.
53. *V.* MELO, José Eduardo Soares de. *Curso de direito tributário*, 8. ed., p. 87.

Para José Eduardo Soares de Melo, os empréstimos compulsórios (art. 148) serão *confiscatórios* quando houver disparidade entre os valores entregues provisoriamente aos cofres públicos, para atender aos pressupostos fáticos – despesas extraordinárias e investimento público –, e o montante a ser devolvido, no caso, inferior ao mutuado[54]. Para o estimado professor[55], o elemento "restituível", próprio da exação, "deve estabelecer, de modo específico e exaustivo, as condições de restituição do valor mutuado (ainda que coativamente), de modo a se recompor o patrimônio do contribuinte em sua situação original (anterior à ocorrência do empréstimo)".

Por fim, a temática da restituibilidade transborda para uma instigante discussão: a possibilidade de sanções pelo descumprimento do dever de restituir.

Há quem afirme que a sanção possível será apenas a "cessação do pagamento do empréstimo, quando ainda exigível, e a devolução do que já houver sido pago, antes mesmo do prazo de restituição previsto na norma instituidora"[56].

De outra banda, argumenta-se na possibilidade de responsabilização administrativa, civil e criminal dos administradores de recursos provenientes do empréstimo compulsório, independentemente da validade da imposição tributária, que não deve ser afetada pelo desvio de recursos[57]. Nesse sentido, observe as palavras de Alfredo Augusto Becker[58]:

> A natureza jurídica do tributo (e o dever jurídico-tributário) não depende da destinação financeira ou extrafiscal que o sujeito ativo da relação jurídica tributária vier a dar ao dinheiro (...). Nenhuma influência exerce sobre a natureza jurídica do tributo ter uma destinação determinada: ser ou não ser, mais tarde, devolvido ao próprio e mesmo contribuinte, em dinheiro, em títulos ou em serviços. Nada disto desnatura o tributo que continuará sendo, juridicamente, tributo, até mesmo se o Estado lhe der uma utilização privada (não estatal) e esta utilização privada estiver predeterminada por regra jurídica[59].

Na mesma trilha de Becker, seguiram Rubens Gomes de Sousa[60], Aliomar Baleeiro[61] e Amílcar de Araújo Falcão[62].

A nosso ver, deve prevalecer o entendimento do eminente Ministro Carlos Velloso, no **RE 183.906-6/SP (Pleno)**, com julgamento em 4 de outubro de **2000**, quando, acatando a simetria da tese da "vinculação da destinação específica ao fato

---

54. *V.* MELO, José Eduardo Soares de. *Curso de direito tributário*, 8. ed., p. 35.
55. *Ibidem*, p. 86.
56. *V.* DECOMAIN, Pedro Roberto. *Anotações ao Código Tributário Nacional*, p. 90.
57. *V.* PAULSEN, Leandro. *Direito tributário*, p. 121.
58. BECKER, Alfredo Augusto. *Teoria geral do direito tributário*, 2. ed., pp. 260 e 358.
59. BECKER, Alfredo Augusto. *Teoria geral do direito tributário*, 2. ed., pp. 260 e 358.
60. SOUSA, Rubens Gomes de. *Comentários à Constituição de 1946*. 3. ed. Rio de Janeiro, 1960, v. II, pp. 93-95.
61. BALEEIRO, Aliomar. *Limitações constitucionais ao poder de tributar*. Atualização de Misabel Abreu Machado Derzi. 7. ed. Rio de Janeiro, 2006, pp. 670-371, n. 5.
62. FALCÃO, Amílcar de Araújo. *Introdução ao direito tributário*. Rio de Janeiro: Financeiras S.A., 1959, p. 151.

gerador" das contribuições com a tese da "ilegitimidade tributária da sua tredestinação", como imperativo do "controle de proporcionalidade", asseverou com propriedade:

> Uma ressalva é preciso ser feita. É que, caso há, no sistema tributário brasileiro, em que a destinação do tributo diz com a legitimidade deste e, por isso, *não ocorrendo a destinação do mesmo, surge para o contribuinte o direito de não o pagar.* Refiro-me às contribuições parafiscais-sociais, de intervenção no domínio econômico e de interesse de categorias profissionais ou econômicas – art. 149, CF – e aos *empréstimos compulsórios* (art. 148, CF). **(Grifo nosso)**

Com efeito, se não se cumpre a destinação para a qual o tributo tenha sido criado, a essência do gravame é alcançada de modo indelével pela inconstitucionalidade.

Se os empréstimos compulsórios – e as contribuições, às quais chegaremos no próximo capítulo – não forem *ab initio* afetados ao ente político que exerce a finalística atividade pública, especial e constitucionalmente prevista, e para cujo exercício foram eles criados, e, se *a fortiori*, não se pode assegurar o emprego da arrecadação do tributo nessa finalidade predeterminada, então serão inexoravelmente imantados de inconstitucionalidade.

Nesse sentido, leciona Misabel Abreu Machado Derzi[63]:

> A Constituição de 1988, pela primeira vez, cria tributos finalisticamente afetados, que são as contribuições e os empréstimos compulsórios, dando à destinação que lhe é própria relevância não apenas do ponto de vista do Direito Financeiro ou Administrativo, mas igualmente de Direito Tributário.

E acrescenta a eminente tributarista:

> O contribuinte pode opor-se à cobrança de contribuição que não esteja afetada aos fins, constitucionalmente admitidos; igualmente poderá reclamar a repetição do tributo pago, se apesar de lei, houver desvio quanto à aplicação dos recursos arrecadados. É que, diferentemente da solidariedade difusa ao pagamento de impostos, a Constituição prevê a solidariedade do contribuinte no pagamento de contribuições e *empréstimos compulsórios* e a consequente faculdade outorgada à União de instituí-los, de forma direcionada e vinculada, a certos gastos. *Inexistente o gasto ou desviado o produto arrecadado para outras finalidades não autorizadas na Constituição, cai a competência do ente tributante para legislar e arrecadar.* **(Grifos nossos)**

A esse propósito, impende transcrever as lúcidas palavras de José Marcos Domingues de Oliveira[64]:

63. DERZI, Misabel Abreu Machado. Notas atualizadoras de *Limitações constitucionais ao poder de tributar*, de Aliomar Baleeiro. 7. ed., Rio de Janeiro: Forense, 2006, pp. 598-599.

64. OLIVEIRA, José Marcos Domingues de; ROCHA, Valdir de Oliveira (Coord.). Contribuição provisória sobre movimentação financeira – capacidade contributiva e outros questionamentos. *In: Contribuições sociais –*

E se o desvio de finalidade pode ensejar a nulidade do imposto (porque a afetação deste é constitucionalmente proibida), deve-se entender, pela mesma razão, que o desvio de finalidade das contribuições e dos empréstimos compulsórios, cuja afetação é determinada na Constituição, torna-os ilegítimos desde a sua instituição. Isto se pode explicar também pela "natureza justificadora" que a destinação específica (finalidade) exerce sobre os fatos geradores desses tributos.

A corroborar o entendimento acima, impende destacar as palavras de Werther Botelho Spagnol[65], segundo o qual, "em caso de não atendimento da finalidade do tributo, a devolução dos valores arrecadados torna-se obrigatória". E prossegue o autor[66]:

> (...) Em sendo assim, não há que se falar em mero interesse do contribuinte na concreta aplicação dos recursos, mas em *direito subjetivo* à repetição dos valores pagos, uma vez que a Constituição só autoriza a exigência de uma contribuição em atenção a um objetivo específico.

Nessa medida, entendemos que o desvio de finalidade gera efeito tríplice: a suspensão do pagamento, o direito à restituição e a responsabilização do agente público.

---

problemas jurídicos (Cofins, PIS, CSLL e CPMF). São Paulo: Dialética, 1999, p. 164.

65. SPAGNOL, Werther Botelho. *Da tributação e sua destinação.* Belo Horizonte: Del Rey, 1994, p. 88.

66. *Ibidem*, p. 89.

19

CONTRIBUIÇÕES

1 A FEIÇÃO TRIBUTÁRIA

A natureza jurídica das *contribuições* sempre gerou grande divergência na doutrina, que oscilava entre a adoção da feição tributária e seu repúdio.

Com o advento da Carta Magna de 1988, o legislador constitucional definiu a competência para a instituição das *contribuições*, no Capítulo I do Título VI, que trata do sistema tributário nacional, fulminando as dúvidas quanto à sua natureza tributária. Dessa forma, à luz do texto constitucional hodierno, parece inafastável a fisionomia tributária dessa exação.

Entretanto, permanecia o dissenso com relação à identificação da espécie de tributo à qual pertenciam as *contribuições*, havendo aqueles, como Ruy Barbosa Nogueira e Aliomar Baleeiro, que atrelavam as *contribuições*, por eles chamadas de "parafiscais", a tributos que oscilavam entre as taxas e os impostos, não sendo propriamente uma espécie autônoma; outros, como Hugo de Brito Machado, preconizavam que as contribuições possuíam especificidade e características próprias, de tal ordem que, na verdade, constituíam-se uma espécie distinta e autônoma de tributo.

É fato curioso notar que o legislador constituinte, na parte final do § 6º do art. 150, referiu-se ao binômio "tributo **ou** contribuição", deixando transparecer uma possível incomunicabilidade entre os institutos jurídicos e uma distinção, propriamente dita, entre eles. Com a devida vênia, pensamos tratar-se de imprecisão técnica, veiculadora de uma inadvertida dicotomia conceitual, a que todos – o legislador, inclusive – não deixam de estar sujeitos. Como bem ensina Kiyoshi Harada[1], o legislador constituinte não é um sacerdote do Direito, mas um homem comum do povo.

1. *V.* HARADA, Kiyoshi. *Direito financeiro e tributário*, 7. ed., p. 260.

Conforme se estudou em capítulo precedente, entende-se que subsistem no sistema tributário doméstico, à luz da teoria *pentapartite,* **5 (cinco)** inconfundíveis espécies tributárias. Esse é o entendimento que tem prevalecido na **doutrina majoritária** e no **STF**, separando-se os tributos em: **(I)** *impostos* (art. 145, I, CF c/c art. 16 do CTN); **(II)** *taxas* (art. 145, II, CF c/c arts. 77 e 78 do CTN); **(III)** *contribuições de melhoria* (art. 145, III, CF c/c arts. 81 e 82 do CTN); **(IV)** *empréstimos compulsórios* (art. 148, CF); **(V)** *contribuições* (art. 149, CF).

Frise-se que o **STF** (*e.g.*, no **RE 562.276/Rep. Geral, rel. Min. Ellen Gracie, Pleno, j. em 03-11-2010**) vem reafirmando inexistir dúvida quanto à submissão das contribuições (no caso, *contribuições de seguridade social*) – exatamente por terem natureza tributária – às normas gerais de direito tributário, que, por sua vez, avocam a lei complementar (art. 146, III, "b", CF).

A nosso ver, a associação da *contribuição* à figura do "imposto" parece não ser adequada, porquanto este "apoia-se no *poder de império* (o *casus necessitatis*)"[2], e as contribuições adstringem-se à *solidariedade* em relação aos integrantes de um grupo social ou econômico, na busca de uma dada finalidade. Com efeito, "as contribuições se distinguem uma das outras pela finalidade a cujo atendimento se destinam"[3]. E prossegue o eminente autor[4], em outra passagem de seu festejado Curso:

> É a circunstância de as contribuições terem destinação específica que as diferencia dos impostos, enquadrando-as, pois, como *tributos afetados* à execução de uma atividade estatal ou paraestatal específica, que pode aproveitar ou não ao contribuinte (...). **(Grifo nosso)**

Aliás, as *contribuições* e os (já estudados) *empréstimos compulsórios* têm um traço característico comum: possuem ambos *a vinculação de receita.*

Nos impostos, "basta a ocorrência do fato para nascer a obrigação tributária, ao passo que nas contribuições a obrigação só nasce se verificados, concomitantemente, o benefício e o fato descrito na norma. É por essa razão que encontramos várias contribuições no direito positivo com descrição abstrata de fatos idênticos aos previstos em normas instituidoras de impostos"[5].

O saudoso professor Ricardo Lobo Torres[6], referindo-se ao fato imponível dessas exações, assevera que "o fato gerador pode consistir no recebimento do salário em folha de pagamento (contribuição previdenciária), no faturamento ou no ingresso de receita (COFINS), no lucro líquido (CSLL), na movimentação financeira (CPMF), na importação (COFINS-Importação) etc. Essa proximidade com o imposto abriu no direito brasileiro o caminho para a criação de contribuições sociais

---

2. GRECO, Marco Aurélio. *Contribuições (uma figura "sui generis")*. São Paulo: Dialética, 2000, p. 83.
3. AMARO, Luciano. *Direito tributário brasileiro*, 14. ed., p. 56.
4. *Ibidem*, p. 85.
5. DIAS DE SOUZA, Hamilton. *In*: MARTINS, Ives Gandra da Silva (Coord.). *Curso de direito tributário*. 7. ed. São Paulo: Saraiva, 2000, p. 503.
6. TORRES, Ricardo Lobo. *Curso de direito financeiro e tributário*, p. 409.

anômalas (COFINS, CSLL, CPMF), que substancialmente são 'impostos com destinação especial'".

Da mesma forma, a contribuição **não pode ser considerada "taxa"**, por não remunerar serviços cobrados ou disponibilizados aos contribuintes. De fato, havendo *referibilidade direta* entre a atividade estatal e o sujeito passivo, ter-se-á taxa; se a *referibilidade* for *indireta*, sendo desenvolvida para o atendimento do interesse geral, porém deflagrando um especial benefício a uma pessoa ou grupo de pessoas, ter-se-á a contribuição[7].

> Note o item considerado **INCORRETO**, em prova realizada pela FMP, para o cargo de Defensor Público Substituto (DPE/PA), em 2015: *"Contribuições sociais e taxas têm como traço comum a previsão necessária na hipótese de incidência respectiva de contraprestação estatal endereçada de modo direto e efetivo ao sujeito passivo"*.

Por fim, a contribuição não pode ser considerada "contribuição de melhoria", uma vez que inexiste a valorização de imóvel ocasionada pela execução de obra pública em sua proximidade.

É fato induvidoso que a destinação ou finalidade do produto da arrecadação dos tributos é irrelevante para a qualificação da espécie tributária ou de sua natureza jurídica específica – se imposto, taxa ou contribuição de melhoria –, consoante o comando inserto no **art. 4º, I e II, do CTN**.

> Note o item considerado **CORRETO**, em prova realizada pela FCC, para o cargo de Analista Judiciário (Área Judiciária) do TRF 4ª Região, em 2019: "*Conforme o CTN, que estabelece normas gerais de direito tributário, a natureza jurídica específica do tributo é determinada pelo fato gerador da respectiva obrigação, sendo irrelevantes para qualificá-la a denominação e demais características formais adotadas pela lei e a destinação legal do produto da sua arrecadação*".

A esse respeito, Hamilton Dias de Souza preleciona:

> No fundo, entretanto, o fato gerador das contribuições tem uma configuração toda especial, pois não é, como nos impostos, condição necessária e suficiente ao surgimento da obrigação, por supor a existência de um especial interesse (benefício) do sujeito passivo em certa atividade estatal. Assim, *o pressuposto ou causa da obrigação é esse benefício,* embora se tome como parâmetro, referencial ou fato de exteriorização, *algo que ocorre no mundo fenomênico,* semelhantemente aos impostos[8]. **(Grifos nossos)**

7. *V.* DIAS DE SOUZA, Hamilton. *In*: MARTINS, Ives Gandra da Silva (Coord.). *Curso de direito tributário*, 7. ed., pp. 494-495.
8. DIAS DE SOUZA, Hamilton. *In*: MARTINS, Ives Gandra da Silva (Coord.). *Curso de direito tributário*, 7. ed., p. 503.

Não é à toa, ainda na mesma toada, que Miguel Reale[9], discorrendo sobre o fato imponível das contribuições, em precisas palavras, assevera que "o fato gerador não atua como mera causa da exação, como acontece com os impostos, mas sim como causa qualificada pela finalidade que lhe é inerente".

No campo das contribuições, todavia, a finalidade traduz-se em "natureza justificadora", que a destinação específica exerce sobre os fatos imponíveis da afetada exação. Em todas as contribuições, nota-se que a "referência feita é à atividade estatal que provoca um especial benefício para um indivíduo ou grupo de indivíduos, não ao fato gerador"[10].

Como bem assevera Luciano Amaro[11], "a busca da determinação da natureza específica do tributo à vista do fato gerador não permite, no rigor da sistematização procedida pelo Código, enquadrar todas as figuras tributárias naquela lista tríplice".

Daí falar que as espécies tributárias se diferenciam, na essência, a partir de seu *fato gerador*. Entretanto, com o histórico de certas contribuições que foram instituídas com o mesmo fato gerador de impostos (*v.g.*, aquelas com o mesmo fato gerador do IR), houve a necessidade de uma inauguração constitucionalmente prescritiva de um novo critério de distinção (de natureza jurídica específica), para os impostos e contribuições sociais.

Parafraseando Aires Barreto[12], a hipótese de incidência das contribuições traduzir-se-á em uma "atuação estatal obliquamente vinculada ao contribuinte", em um contexto inexorável de vinculação estrita de suas receitas.

Posto isso, o que marca indelevelmente as *contribuições especiais* é que o seu bolo de arrecadação deve ser carreado para o financiamento de atividades de interesse público, beneficiando certos grupos e, direta ou indiretamente, o contribuinte.

O estudo das *contribuições* demanda a análise do art. 149 da CF, segundo o qual, no **plano competencial**, destacam-se:

> Note o item considerado **INCORRETO**, em prova realizada pela FCC, para o cargo de Auditor Fiscal da Fazenda Estadual (Sefaz/PI), em 2015: *"A Constituição Federal atribui competência a determinados entes federados para instituir contribuições de naturezas diversas. Desse modo, as contribuições sociais serão instituídas preferencialmente pela União e, no caso de omissão, poderão sê-lo, subsidiariamente, por Estados e Municípios"*.

a) contribuições *federais*, de competência exclusiva da **União** (art. 149, *caput*, CF);

9. REALE, Miguel. Contribuições sociais. *In: Aplicações da Constituição de 1988.* Rio de Janeiro: Forense, 1990, p. 68.
10. DIAS DE SOUZA, Hamilton. *In*: MARTINS, Ives Gandra da Silva (Coord.). *Curso de direito tributário*, 7. ed., p. 505.
11. *V.* AMARO, Luciano. *Direito tributário brasileiro*, 14. ed., p. 57.
12. BARRETO, Aires. *Base de cálculo, alíquota e princípios constitucionais*, p. 73.

b) contribuições *federais, estaduais* e *municipais*, de competência da União, dos Estados, Distrito Federal e Municípios (art. 149, § 1º, CF, atualizado pela **EC n. 103/2019**);

c) contribuição *municipal*, de competência dos Municípios e Distrito Federal (art. 149-A, CF).

Memorize os dispositivos constitucionais:

Art. 149. Compete exclusivamente à ***União*** instituir contribuições sociais, de intervenção no domínio econômico e de interesse das categorias profissionais ou econômicas, como instrumento de sua atuação nas respectivas áreas, observando o disposto nos arts. 146, III, e 150, I e III, e sem prejuízo do previsto no art. 195, § 6º, relativamente às contribuições a que alude o dispositivo. **(Grifo nosso)**

Note o item considerado **INCORRETO**, em prova realizada pela FUMARC, para o cargo de Titular de Serviços de Notas e de Registros (TJ/MG), em 2012: *"Segundo normatização da Constituição Federal de 1988, acerca das contribuições sociais e de intervenção no domínio econômico, é correto afirmar que são de competência concorrente entre a União e os municípios".*

Note o item considerado **CORRETO**, em prova realizada pelo IESES, para o cargo de Titular de Serviços de Notas e de Registros (TJ/RO), em 2012: *"Compete exclusivamente à União instituir contribuições sociais, de intervenção no domínio econômico e de interesse das categorias profissionais ou econômicas, como instrumento de sua atuação nas respectivas áreas".*

§ 1º A União, os Estados, o Distrito Federal e os Municípios instituirão, por meio de lei, contribuições para custeio de regime próprio de previdência social, cobradas dos servidores ativos, dos aposentados e dos pensionistas, que poderão ter alíquotas progressivas de acordo com o valor da base de contribuição ou dos proventos de aposentadoria e de pensões. (Parágrafo com redação alterada pela **EC n. 103/2019**, que também acrescentou os §§ **1º-A**, **1º-B** e **1º-C** ao **art. 149** da Constituição Federal.)

(...)

Art. 149-A. Os ***Municípios e o Distrito Federal*** poderão instituir contribuição, na forma das respectivas leis, para o custeio do serviço de iluminação pública, observado o disposto no art. 150, I e III. **(Grifo nosso)**

Note o item considerado **INCORRETO**, em prova realizada pela FCC, para o cargo de Procurador da Prefeitura de Campinas/SP, em 2016: *"Os Estados, os Municípios e o Distrito Federal poderão instituir contribuição, na forma das respectivas leis, para o custeio do serviço de iluminação pública".*

2 AS CONTRIBUIÇÕES E OS PRINCÍPIOS TRIBUTÁRIOS

As *contribuições, como* espécies autônomas de tributo, avocam-se-lhes, normalmente, os princípios constitucionais tributários em geral, a saber, os princípios da legalidade, da anterioridade, da capacidade contributiva, da vedação ao confisco, entre outros. O próprio *caput* do art. 149 do texto constitucional faz textual menção aos postulados quando condiciona a exação à observância do "disposto nos arts. 146, III, e 150, I e III". Há, todavia, peculiaridades relevantes no cotejo com os princípios em espécie. Veja algumas:

a) Princípio da legalidade tributária: as *contribuições* devem ser instituídas, como regra, por ***lei ordinária***. Em termos práticos, não se pode admitir, por exemplo, uma majoração de contribuição social sobre o lucro líquido (CSLL) por meio de um *decreto presidencial*.

A ressalva existe para a contribuição residual da seguridade social, isto é, aquela que incide sobre uma base imponível nova, diferente das discriminadas nos incisos I ao IV do art. 195 da CF. Sua instituição ocorre no âmbito da *competência tributária residual* – à semelhança dos impostos (art. 154, I, CF) –, e avoca a lei complementar, o que a torna incompatível, *ipso facto*, com a medida provisória (art. 62, § 1º, III, CF).

Sob outro enfoque, insta frisar que as *contribuições*, na esteira do posicionamento adotado pelo **STF (RE 138.284/CE e RE 157.482/ES)**, estão sujeitas à lei complementar de *normas gerais* em matéria tributária (art. 146, III, "b", CF), isto é, às próprias disposições do CTN afetas a temas como obrigação, lançamento, crédito, decadência e prescrição. Frise-se que o art. 146, III, "a", da CF condiciona os *impostos*, com exclusivismo, à lei complementar definidora de fatos geradores, bases de cálculo e contribuintes. *A contrario sensu*, afirma-se que as *contribuições* não dependem de lei complementar para a definição desses elementos fundantes – fatos geradores, bases de cálculo e contribuintes –, podendo tais matérias estar adstritas à lei ordinária.

Insta mencionar que a CIDE-Combustível apresenta-se como uma ressalva à legalidade tributária, no tocante à redução e ao restabelecimento de alíquotas, conforme se nota no art. 177, § 4º, I, "b", da CF.

Acresça-se, voltando os olhares para o **§ 6º do art. 150 da CF**, no âmbito do cotejo da *legalidade com as contribuições*, que *"a lei poderá atribuir ao sujeito passivo de obrigação tributária a condição de responsável pelo pagamento de impostos ou contribuição, cujo fato gerador deva ocorrer posteriormente, assegurada a imediata e preferencial restituição da quantia paga, caso não se realiza o fato gerador presumido"*.

b) Princípio da anterioridade tributária: todas as *contribuições* (*v.g.*, CIDEs, Contribuições Corporativas, Contribuições Sociais Gerais e outras) devem respeitar os princípios da anterioridade anual e da anterioridade nonagesimal (art. 150, III, "b" e "c", CF, respectivamente). Observe a ementa:

> **EMENTA:** AÇÃO DIRETA DE INCONSTITUCIONALIDADE. IMPUGNAÇÃO DE ARTIGOS E DE EXPRESSÕES CONTIDAS NA LC N. 110/2001. PEDIDO DE LIMINAR. A natureza jurídica das duas exações criadas pela lei em causa, neste exame sumário, é a de que são elas tributárias, caracterizando-se como contribuições sociais que se enquadram na subespécie "contribuições sociais gerais" *que se submetem à regência do artigo 149 da Constituição, e não à do artigo 195 da Carta Magna* (...). **(ADI-MC 2.556/DF, Pleno, rel. Min. Moreira Alves, j. em 09-10-2002) (Grifo nosso)**

Há, todavia, ressalvas importantes: (I) CIDE-Combustível, que foge à regra da anterioridade anual (art. 177, § 4º, I, "b", CF), no concernente à redução e ao restabelecimento de alíquotas, e (II) as contribuições da seguridade social, que devem respeitar um período especial de noventa dias (anterioridade *mitigada* ou *noventena*), consoante o art. 195, § 6º, da CF.

c) Princípio da capacidade contributiva: o art. 145, § 1º, CF associa o postulado, textual e exclusivamente, a *impostos*, embora se saiba que, outrora, a Constituição Federal de 1946 tenha atrelado o comando a "tributos", diferentemente da atual previsão constitucional.

É induvidoso, todavia, que se pode unir o princípio em comento a outros tributos, *e.g.*, às contribuições para a seguridade social – no caso de diferenciação de alíquota em função de atividade econômica, utilização de mão de obra ou porte da empresa. Veja o dispositivo:

> **Art. 195.** A seguridade social será financiada por toda a sociedade, de forma direta e indireta, nos termos da lei, mediante recursos provenientes dos orçamentos da União, dos Estados, do Distrito Federal e dos Municípios, e das seguintes contribuições sociais: **(...)**
> **§ 9º** As contribuições sociais previstas no inciso I do *caput* deste artigo poderão ter alíquotas diferenciadas em razão da atividade econômica, da utilização intensiva de mão de obra, do porte da empresa ou da condição estrutural do mercado de trabalho, sendo também autorizada a adoção de bases de cálculo diferenciadas apenas no caso das alíneas "b" e "c" do inciso I do *caput*. **(Redação dada pela EC n. 103/2019)**

O mesmo raciocínio, conforme se estudou em capítulo precedente, estende-se às taxas, segundo entendimento do **STF**.

d) Princípio da Vedação ao Confisco: no campo das contribuições, a noção de confisco despontará quando houver desproporção entre o vulto da exação e a atuação do Estado, ou, igualmente, quando inexistir a atuação estatal. Com efeito, se a contribuição é tributo que enfatiza a noção de benefício, sendo este o elemento natural e indispensável ao tributo, a correspondência entre o valor pago e a finalidade a ser perseguida é lógica e essencial.

Para Ives Gandra da Silva Martins[13], "as contribuições especiais não podem ser cobradas, por sua vinculação, além dos custos necessários aos serviços e finalidades a que se destinam".

Nessa medida, nota-se o convívio das contribuições com os princípios constitucionais tributários, sem embargo de inúmeras outras intercorrências que avocam os efeitos dos demais postulados tributários.

13. MARTINS, Ives Gandra da Silva (Coord.). *Curso de direito tributário*, 7. ed., p. 490.

3 O CONCEITO DE CONTRIBUIÇÕES PARAFISCAIS OU ESPECIAIS

As *contribuições* são tributos destinados ao financiamento de gastos específicos, sobrevindo no contexto de intervenção do Estado no campo social e econômico, sempre no cumprimento dos ditames da política de governo.

O art. 149, *caput*, CF associa as contribuições, de modo explícito, a "*instrumentos de ação nas respectivas áreas*". Desse modo, infere-se que as *contribuições* estão inseridas no plano fático que lhes é imanentemente peculiar e naturalmente próprio – o da *parafiscalidade*.

> Parafiscal quer dizer "ao lado do fiscal"[14], algo que anda paralelamente com o Estado. Traduz-se na entidade que se mostra como um "quase Estado", uma "extensão" do Estado[15].

Os tributos, como regra, são instituídos, arrecadados e fiscalizados pela mesma entidade impositora. Todavia, no bojo da *parafiscalidade*, despontam as *contribuições parafiscais*, cuja instituição é realizada por uma pessoa política – geralmente a União –, e as atividades de arrecadação e fiscalização, pelo ente parafiscal ou parafisco. Na trilha da melhor terminologia, dir-se-ia que o poder político e legiferante de instituição do gravame é conhecido por *competência tributária* – uma atividade indelegável. De outra banda, o poder administrativo de arrecadação e fiscalização da *contribuição parafiscal* recebe o nome de ***capacidade tributária ativa*** – um mister delegável (ver arts. 7º e seguintes do CTN).

> Note o item considerado **INCORRETO**, em prova realizada pelo TRF/2ª Região, para o cargo de Juiz Federal Substituto, em 2017: *"Denomina-se 'capacidade tributária ativa' a aptidão do Estado para instituir tributos, que é indelegável"*.

A contribuição *parafiscal* é tributo devido a entidades paraestatais, em razão de atividades especiais por elas desempenhadas. Atribui-se, assim, a titularidade delas a tais órgãos da administração descentralizada, diversos daqueles entes que detêm o poder de as instituir, com o fim de arrecadá-las em benefício próprio. Para o saudoso professor Ricardo Lobo Torres[16], "é a arrecadação do *Parafisco*, isto é, dos órgãos paraestatais incumbidos de prestar serviços paralelos aos da Administração, através de orçamento especial, que convive com o orçamento fiscal (art. 165, § 5º, CF)". Com efeito, "as exações parafiscais são contribuições cobradas por autarquias, órgãos paraestatais de controle da economia, profissionais ou sociais, para custear seu financiamento autônomo"[17].

Na lição de Ruy Barbosa Nogueira[18], "as funções desses órgãos são funções estatais descentralizadas ou de interesse público, e essas arrecadações são as chama-

14. CASSONE, Vittorio. *Direito tributário*. 18. ed. São Paulo: Atlas, 2007, p. 74.
15. *Idem*.
16. *V.* TORRES, Ricardo Lobo. *Curso de direito financeiro e tributário*, p. 411.
17. NOGUEIRA, Ruy Barbosa. *Curso de direito tributário*, p. 178.
18. *Ibidem*, p. 179.

das 'finanças paralelas' porque via de regra não são recolhidas ao tesouro público, não entram para o orçamento do Estado".

Frise-se que a *parafiscalidade* tem uma lógica histórica associada à descentralização administrativa que se verificou no mundo, especialmente a partir dos anos 30 e intensamente após a 2ª Guerra Mundial. A terminologia contribuições parafiscais surge exatamente em razão de serem instituídas quando motivadas por intervenções no domínio econômico, bem como no interesse das categorias profissionais, e até mesmo no plano da seguridade social[19].

A esse propósito, José Marcos Domingues de Oliveira[20] ressalta que "a criação de entidades 'paraestatais', com 'personalidade jurídica própria', gravitando embora em torno do Estado (Administração Indireta), e assumindo funções das quais a Administração Direta não dava conta, fez surgir a necessidade de novas receitas 'paralelas' ao orçamento fiscal (daí 'parafiscais') que financiassem (com a 'finalidade' de financiar) as correspectivas despesas, assim, descentralizadas".

Gilberto de Ulhôa Canto[21] nos relata que "no Brasil (...) quase todos os autores que versaram o tema antes da Constituição Federal de 1988 concluíram que, sob a estrutura constitucional tributária brasileira, as contribuições parafiscais sociais, corporativas e econômicas participavam da natureza de tributos com destinação específica do produto da respectiva arrecadação".

A bem da verdade, as *contribuições* desfrutam de inúmeros qualificativos na doutrina: uns a chamam de "parafiscais"; outros, "especiais". Há, também, quem as denomine "sociais". Urge mencionar que o nome que se atribui ao instituto, por maior que seja o rigor terminológico adotado, não desfruta de tanta relevância quanto se imagina. Parafraseando Geraldo Ataliba, "os institutos jurídicos são aquilo que sua essência jurídica revela"[22]. "Na verdade, entretanto, a correta classificação da figura de que se cuida depende do trato que lhe é dado pelo Direito Positivo"[23].

Enalteça-se, entretanto, que as *contribuições*, na atualidade, revestem-se de características sobremodo peculiares, o que dificulta o enquadramento **preciso e onipresente** na rubrica "parafiscais".

Note o item considerado **INCORRETO**, em prova realizada pelo FCC, para o cargo de Agente de Tributos Estaduais (Sefaz/SP), em 2014: *"Todas as contribuições relacionadas na Constituição Federal são denominadas 'contribuições parafiscais', porque ocorre o fenômeno denominado' parafiscalidade'"*.

19. V. DENARI, Zelmo. *Curso de direito tributário*. 8. ed. São Paulo: Atlas, 2002, p. 117.
20. OLIVEIRA, José Marcos Domingues de. Contribuição provisória sobre movimentação financeira – Capacidade contributiva e outros questionamentos. *In:* Rocha, Valdir de Oliveira (Coord.). *Contribuições sociais:* problemas jurídicos (Cofins, PIS, CSLL e CPMF). São Paulo: Dialética, 1999, p. 169.
21. CANTO, Gilberto de Ulhôa. Contribuições sociais. *Caderno de Pesquisas Tributárias*. São Paulo: Coedição Resenha Tributária e CEU, 1991, v. 7, pp. 27-29.
22. ATALIBA, Geraldo. *Hipótese de incidência tributária*, 6. ed., p. 192.
23. DIAS DE SOUZA, Hamilton. *In*: MARTINS, Ives Gandra da Silva (Coord.). *Curso de direito tributário*, 7. ed., p. 505.

A esse propósito, Ives Gandra da Silva Martins[24] assevera que "as contribuições sociais (...) não se encontram mais na parafiscalidade, isto é, à margem do sistema, mas a ele agregadas".

Daí adotar, em certos casos, com maior precisão, o qualificativo terminológico "especiais", que avoca uma abrangência mais expressiva.

Nesta obra, à guisa de esclarecimento, conquanto admitamos que a terminologia "parafiscais" esteja em franco desuso, preferimos mantê-la, aqui e alhures, ao lado do termo "especiais", ou mesmo utilizar a expressão genérica "contribuições", o que nos parece mais apropriado.

Vamos, agora, detalhar o **art. 149, *caput*,** CF:

> **Art. 149.** Compete exclusivamente à *União* instituir *contribuições sociais, de intervenção no domínio econômico* e *de interesse das categorias profissionais ou econômicas*, como instrumento de sua atuação nas respectivas áreas, observando o disposto nos arts. 146, III, e 150, I e III, e sem prejuízo do previsto no art. 195, § 6º, relativamente às contribuições a que alude o dispositivo. **(Grifos nossos)**

Como se nota, o preceptivo discrimina as seguintes **contribuições federais:** (I) **contribuições sociais**; (II) contribuições de intervenção no domínio econômico; e (III) contribuições de interesse das categorias profissionais ou econômicas.

> Note o item considerado **CORRETO**, em prova realizada pela Cesgranrio, para o cargo de Profissional Junior (Liquigás), em 2014: *"Na organização constitucional das competências tributárias, existem tributos exclusivos da União. Nessa categoria, encontra-se a contribuição social".*

Como se nota, trata-se de competência exclusiva da União, e não competência dita "concorrente".

Passemos, então, ao detalhamento dessas três espécies de *contribuições*, em ordem assim sugerida:

1º) Estudo das Contribuições de Interesse das Categorias Profissionais ou Econômicas;

2º) Estudo das Contribuições de Intervenção no Domínio Econômico;

3º) Estudo das Contribuições **Sociais**.

> Note o item considerado **INCORRETO**, em prova realizada pela Fundatec, para o cargo de Técnico Tributário da Receita Estadual (Sefaz/RS), em 2014: *"A contribuição [Social] não tem natureza tributária e será instituída pelas seguintes pessoas jurídicas: União, Estados, Distrito Federal e Municípios".*

24. MARTINS, Ives Gandra da Silva (Coord.). *Curso de direito tributário*, p. 489.

4 ESTUDO DAS CONTRIBUIÇÕES DE INTERESSE DAS CATEGORIAS PROFISSIONAIS OU ECONÔMICAS

As contribuições de interesse das categorias *profissionais* (dos trabalhadores) ou *econômicas* (dos empregadores, *v.g.*, do Sindicato Nacional da Indústria de Componentes para Veículos Automotores – *Sindipeças*), também chamadas de *contribuições profissionais* ou *corporativas*, são de **competência exclusiva da União**, apresentando-se, sempre, *ipso facto*, como tributos federais. Ademais, obedecem aos princípios constitucionais tributários, sem qualquer ressalva.

> Note o item considerado **INCORRETO**, em prova realizada pelo Cespe/Cebraspe, para o cargo de Delegado de Polícia do Estado de Pernambuco, em 2016: *"Compete à União e aos estados federados instituir contribuições sociais que sejam de interesse das categorias profissionais"*.

> Note o item considerado **INCORRETO**, em prova realizada pela FAURGS, para o cargo de Assessor Jurídico do Tribunal de Justiça/RS, em 2016: *"Os Estados podem instituir tributos, tais como taxas e contribuições de interesse das categorias profissionais"*.

> Note o item considerado **INCORRETO**, em prova realizada pelo FCC, para o cargo de Analista de Procuradoria (PGE/BA), em 2013: *"Todos os entes federados têm competência para instituir contribuição de interesse de categorias profissionais ou econômicas"*.

> Note o item considerado **INCORRETO**, em prova realizada pelo Cespe, para o cargo de Defensor Público (DPE/TO), em 2013: *"As contribuições de interesse das categorias profissionais ou econômicas são de competência da União, dos estados, do DF e dos municípios"*.

O que marca, de modo característico, a contribuição profissional ou econômica é a referibilidade. Aliás, aqui está o traço característico que a distingue das CIDEs, a serem oportunamente estudadas. A propósito, as CIDEs, exatamente por serem destinadas a finalidades não diretamente referidas ao sujeito passivo (não sendo este necessariamente beneficiado com a atuação estatal nem a ela dando causa), falta-lhe a *referibilidade*. Essa é condição constitucional necessária para a incidência das contribuições de interesse de categoria profissional, e não para as CIDEs. Assim se orientou a 1ª Seção do **STJ**, em **2007**, no **EREsp 724.789/RS** (rel. Min. Eliana Calmon, j. em 09-05-2007).

Para Luciano Amaro[25], "a União disciplina por lei a atuação dessas entidades, conferindo-lhes, para que tenham suporte financeiro, a capacidade de arrecadar contribuições legalmente instituídas".

25. AMARO, Luciano. *Direito tributário brasileiro*. 14. ed., p. 55.

Há dois bons exemplos deste "tributo": (I) a **Contribuição-anuidade (tributo, indiscutivelmente)** e (II) a **Contribuição sindical** (esta, com a natureza tributária em xeque, conforme se detalhará).

4.1 Contribuição-anuidade

Visa prover de recursos (anuidades) os órgãos controladores e fiscalizadores das profissões, a saber, os Conselhos Regionais de Fiscalização (CREA, CRM, CRC, CRE, entre outros), cujas atividades são legalmente reputadas como de interesse público. Tais órgãos ou *parafiscos* são, geralmente, pessoas jurídicas de direito público (autarquias), que se colocam como sujeitos ativos (art. 119, CTN) de uma relevante contribuição profissional ou corporativa.

A **Lei n. 12.514/2011**, ao tratar das contribuições devidas aos Conselhos profissionais em geral, assim dispõe:

> **Art. 7º** Os Conselhos poderão deixar de promover a cobrança judicial de **valores inferiores a 10 (dez) vezes o valor de que trata o inciso I do art. 6º**. [Art. 6º As anuidades cobradas pelo conselho serão no valor de: **I** – para profissionais de nível superior: até R$ 500,00 (quinhentos reais); (...)] **(Grifo nosso)**

> **Art. 8º** Os Conselhos não executarão judicialmente dívidas referentes a anuidades inferiores a **4 (quatro) vezes** o valor cobrado anualmente da pessoa física ou jurídica inadimplente.
> **Parágrafo único.** O disposto no *caput* não limitará a realização de medidas administrativas de cobrança, a aplicação de sanções por violação da ética ou a suspensão do exercício profissional. **(Grifo nosso)**

Em 26 de março de **2014**, a 1ª Turma do **STJ** (**REsp 1.404.796/SP**, rel. Min. Mauro Campbell Marques) entendeu que esse **art. 8º** é inaplicável às execuções ficais propostas antes da vigência do referido diploma legal, ou seja, antes de 31 de outubro de 2011. Vale dizer que, nesse período anterior, os Conselhos não estavam impedidos de executar judicialmente dívidas referentes a anuidades inferiores a 4 (quatro) vezes o valor cobrado anualmente da pessoa física ou jurídica inadimplente.

Em **2 de fevereiro de 2017**, a 2ª Turma do **STJ**, por maioria, no **REsp 1.524.930/RS** (rel. Min. Og Fernandes), entendeu que "o prazo prescricional para cobrança das anuidades pagas aos conselhos profissionais tem início somente quando o total da dívida inscrita, acrescida dos respectivos consectários legais, atingir o patamar mínimo estabelecido pela Lei n. 12.514/11".

O patamar mínimo, a que alude o art. 8º da Lei n. 12.514/2011, é correspondente ao montante total de quatro anuidades (com o valor do ano do ajuizamento), acrescidas de multas, juros e correção monetária. Se o débito exequendo for inferior ao piso mínimo, fica desautorizado o processamento da execução fiscal.

Diante disso, o termo a quo para a contagem da prescrição tributária será a data em que o crédito se tornar exequível, ou seja, quando o total da dívida inscrita atingir o retrocitado patamar mínimo exigido pela norma.

Numa aproximação com o postulado da legalidade tributária, quando se analisam certas **contribuições profissionais** (e até certas taxas[26]), não será crível admitir, na esteira do **STF**, a complementação de tal aspecto com o tratamento ofertado por um ato infralegal, sem que se cogite de ofensa ao *princípio da reserva legal*. Em **2016**, o **STF** enfrentou o tema no bojo de uma contribuição profissional (contribuição para os Conselhos de Fiscalização de Profissões).

Na mesma data, em 30 de junho de **2016**, o Pleno do **STF**, no **RE 704.292/PR** (rel. Min. Dias Toffoli), declarou a inconstitucionalidade do art. 2º da Lei n. 11.000/2004, de forma a excluir de sua incidência a autorização dada aos conselhos de fiscalização de profissões regulamentadas para fixar as contribuições anuais devidas por pessoas físicas ou jurídicas. Os fundamentos teóricos utilizados para o deslinde do outro caso (RE 838.284/SC) foram aqui lembrados, entretanto eles próprios serviram para evidenciar a impropriedade de se deixar ao puro arbítrio do administrador a fixação do valor do tributo, sem qualquer previsão legal de teto para o seu máximo. Entendeu-se que, com o exótico expediente, os conselhos de fiscalização passam a substituir o parlamento no mister legiferante, em nítido desapode-

---

26. Em 30 de junho de **2016**, o Pleno do **STF**, no **RE 838.282/SC** (rel. Min. Dias Toffoli), enfrentou a questão ligada à exigência da *Taxa para Expedição da Anotação de Responsabilidade Técnica* (ART), baseada na Lei n. 6.994/82 (art. 1º, § 1º), a qual estabeleceu limites máximos (tetos) para a exigência do tributo. Ao prescrever teto e possibilitar a ato normativo infralegal (regulamento) a fixação, em proporção razoável com os custos da atuação estatal, do valor da correspondente taxa de polícia, a indigitada Lei revelou-se consentânea com a Constituição. O excerto adiante, colhido da ementa do julgado, comprova que a legalidade tributária nas taxas não deve ser marcada por uma ortodoxia exauriente:

No tocante às taxas cobradas em razão do exercício do poder de polícia, elas podem ter um grau de indeterminação, por força da ausência de minuciosa definição legal dos serviços compreendidos. Pode haver maior abertura dos tipos tributários quando se está diante de taxa ou de contribuição parafiscal, já que, nessas situações, sempre há atividade estatal subjacente, o que acaba deixando ao regulamento uma carga maior de cognição da realidade, especialmente em matéria técnica. Assim, a ortodoxa legalidade tributária, absoluta e exauriente, deve ser afastada, tendo em vista a complexidade da vida moderna e a necessidade de a legislação tributária adaptar-se à realidade em constante transformação. Nesse sentido, deve-se levar em conta o princípio da praticidade no Direito Tributário e a eficiência da Administração Pública. Essa tem sido a tendência jurisprudencial da Corte. Com efeito, a complementação do aspecto quantitativo do fato gerador por ato infralegal se justifica na maior capacidade da Administração em conhecer de perto a realidade fiscalizatória e os custos que dimensionam esse labor. O relator entendeu que o legislador não teria condições de estabelecer e fixar uma relação de custos de todas as atividades exercidas na área. Nessa mesma trilha, diz-se que a lei não transfere para o regulamento o trato dos elementos essenciais e substanciais do fato gerador – estes, ao contrário, continuam na lei de regência da exação. Em outras palavras, o Legislativo não abdica de sua competência tributária, podendo, aliás, a qualquer momento deliberar de maneira diversa e firmar novos critérios políticos ou outros paradigmas a serem observados pelo regulamento. Em suma, para o STF, confirmando a razoável equivalência entre o valor da exação e os custos que ela pretende ressarcir, frisou-se que "*esse diálogo realizado com o regulamento é mecanismo que objetiva otimizar a justiça comutativa*".

Em 6 de outubro de **2016**, o **STF**, apreciando o Tema **829** da repercussão geral, negou provimento ao recurso extraordinário (vencidos os Ministros Marco Aurélio e Ricardo Lewandowski). Logo após, em 19 de outubro de **2016**, o Tribunal, por unanimidade e nos termos do voto do Relator, fixou tese nos seguintes termos: "*Não viola a legalidade tributária a lei que, prescrevendo o teto, possibilita o ato normativo infralegal fixar o valor de taxa em proporção razoável com os custos da atuação estatal, valor esse que não pode ser atualizado por ato do próprio conselho de fiscalização em percentual superior aos índices de correção monetária legalmente previstos*".

ramento do legislador, gerando incerteza jurídica e falta de transparência. Ora, uma atividade é a de complementação do aspecto quantitativo do fato gerador; outra, diversa, é a inovação da ordem jurídica, com a respectiva degradação da *reserva legal*, consagrada no art. 150, I, da CF – o que se observou no caso em cotejo. Em arremate, concluiu-se que é essencial à lei (em sentido estrito) prescrever o limite máximo do valor do tributo, ou, na pior das hipóteses, os critérios transparentes para se chegar àquele montante.

Em 19 de outubro de **2016**, o Tribunal, por maioria e nos termos do voto do relator, fixou tese nos seguintes termos: "*É inconstitucional, por ofensa ao princípio da legalidade tributária, lei que delega aos conselhos de fiscalização de profissões regulamentadas a competência de fixar ou majorar, sem parâmetro legal, o valor das contribuições de interesse das categorias profissionais e econômicas, usualmente cobradas sob o título de anuidades, vedada, ademais, a atualização desse valor pelos conselhos em percentual superior aos índices legalmente previstos*". Foi vencido o Ministro Marco Aurélio, que fixava tese em outros termos. Em seguida, o Tribunal, por unanimidade e nos termos do voto do relator, indeferiu o pedido de modulação.

Em **27 de abril de 2020**, o Pleno do **STF**, na **RE 647.885** (rel. Min. Edson Fachin), entendeu que as anuidades cobradas pelos conselhos profissionais (no caso, a **OAB**) caracterizam-se como tributos da espécie *contribuições de interesse das categorias profissionais*, nos termos do art. 149 da Constituição da República. Para além disso, a Corte Suprema asseverou que não é dado a conselho de fiscalização profissional perpetrar sanção de interdito profissional, por tempo indeterminado até que ocorra a satisfação da obrigação pecuniária, com a finalidade de fazer valer seus interesses arrecadatórios diante de uma infração disciplinar consistente na inadimplência fiscal. A medida, considerada desproporcional e caracterizada como *sanção política em matéria tributária*, poderia ser bem substituída por diversos meios alternativos judiciais e extrajudiciais para a cobrança de dívida civil, os quais não se prestam a obstaculizar a percepção de verbas alimentares ou a atentar contra a inviolabilidade do mínimo existencial do devedor. Por isso, infere-se a ofensa ao *devido processo legal* substantivo e aos *princípios da razoabilidade e da proporcionalidade*, haja vista a ausência de necessidade do ato estatal. Na oportunidade, foi fixada a tese de julgamento para efeitos de repercussão geral: "*É inconstitucional a suspensão realizada por conselho de fiscalização profissional do exercício laboral de seus inscritos por inadimplência de anuidades, pois a medida consiste em sanção política em matéria tributária*".

4.2 Contribuição sindical

A *contribuição sindical*, vulgarmente conhecida por "imposto sindical", durante um longo período, desfrutou do *status* de *contribuição parafiscal* (ou *especial*), na subespécie "corporativa ou profissional" –, como tal, apresentando-se como um tributo federal, de competência exclusiva da União.

No plano jurisprudencial, o **STF** assim se orientava, ao afirmar que "*a contribuição é espécie tributária distinta, que não se confunde com o imposto. É o caso da contribuição sindical*, instituída no interesse de categoria profissional (...)" (**RE 129.930/SP**, 2ª T., rel. Min. Carlos Velloso, j. em 07-05-**1991**). E em momento mais recente: "*As contribuições sindicais compulsórias possuem natureza tributária, constituindo receita pública, estando os responsáveis sujeitos à competência fiscalizatória do Tribunal de Contas da União*". (**MS 28.465**, rel. Min. Marco Aurélio, 1ª T., j. em 18-03-**2014**)

Sua decantada feição tributária impunha-lhe a sujeição às normas gerais de Direito Tributário, tornando-a obrigatória a todos os trabalhadores celetistas, integrantes da categoria, sindicalizados ou não. Naturalmente, não se estendia àqueles vinculados a regimes próprios de previdência, como os servidores públicos.

Assim, tais trabalhadores arcavam com o pagamento do montante equivalente à importância de um dia de trabalho, consoante o inciso I do art. 580, CLT, segundo o qual "*a contribuição sindical será recolhida, de uma só vez, anualmente, e consistirá na importância correspondente à remuneração de 1 (um) dia de trabalho, para os empregados, qualquer que seja a forma da referida remuneração*".

Na condição de sujeito ativo, destacava-se o Ministério do Trabalho que, valendo-se de lançamento por homologação, impunha aos empregadores descontá-la de seus empregados e recolhê-la à Caixa Econômica Federal. Não perca de vista que o sindicato é mero destinatário do produto de arrecadação, não podendo ocupar o plano da sujeição ativa.

Com a *Reforma Trabalhista*, estabelecida pela **Lei n. 13.467/2017**, atingiu-se a essência dessa figura tributária.

Observemos a alteração provocada nos **arts. 578 e 579 da CLT**, os quais passaram a exigir uma prévia e expressa autorização para o desconto da contribuição sindical:

ANTES da Reforma Trabalhista	**APÓS a Reforma Trabalhista**
Arts. 578 e 579 da CLT	**Arts. 578 e 579 da CLT**
Art. 578. As contribuições devidas aos Sindicatos pelos que participem das categorias econômicas ou profissionais ou das profissões liberais representadas pelas referidas entidades serão, sob a denominação de *contribuição sindical*, pagas, recolhidas e aplicadas na forma estabelecida neste Capítulo. **Art. 579.** A contribuição sindical é devida por *todos* aqueles que participarem de uma determinada categoria econômica ou profissional, ou de uma profissão liberal, em favor do Sindicato representativo da mesma categoria ou profissão, ou, inexistindo este, na conformidade do disposto no art. 591.	**Art. 578.** As contribuições devidas aos sindicatos pelos participantes das categorias econômicas ou profissionais ou das profissões liberais representadas pelas referidas entidades serão, sob a denominação de contribuição sindical, pagas, recolhidas e aplicadas na forma estabelecida neste Capítulo, desde que prévia e expressamente autorizadas. **(Grifo nosso)** **Art. 579.** O desconto da contribuição sindical está condicionado à autorização prévia e expressa dos que participarem de uma determinada categoria econômica ou profissional, ou de uma profissão liberal, em favor do sindicato representativo da mesma categoria ou profissão ou, inexistindo este, na conformidade do disposto no art. 591 desta Consolidação. **(Grifo nosso)**

A modificação introduzida pela *Reforma Trabalhista* retirou a compulsoriedade da exação. Para Leandro Paulsen[27], "sendo a compulsoriedade elemento conceitual do tributo, pode-se dizer que já não existe mais contribuição de natureza tributária destinada aos sindicatos". Não obstante a efervescência do tema, estamos tendentes a ratificar essa novel linha intelectiva.

Em **29 de junho de 2018, o Plenário do STF**, ao julgar a **ADI n. 5.794/DF** (rel. Min. Edson Fachin, red. p/ o ac. Min. Luiz Fux) – ajuizada pela *Confederação Nacional dos Trabalhadores em Transporte Aquaviário e Aéreo, na Pesca e nos Portos* (CONTTMAF) –, entendeu que são compatíveis com a Constituição Federal os dispositivos da Lei n. 13.467/2017 (*Reforma Trabalhista*) que extinguiram a obrigatoriedade da *contribuição sindical* e condicionaram o seu pagamento à prévia e expressa autorização dos filiados. Na mesma data, julgaram-se a retrocitada ADI n. 5.794, outras dezoito ADIs com o mesmo objeto e uma Ação Declaratória de Constitucionalidade (a ADC n. 55).

O Tribunal asseverou que a Constituição assegura a livre associação profissional ou sindical, de modo que ninguém é obrigado a se filiar ou a se manter filiado a sindicato (CF, art. 8º, V). O *princípio constitucional da liberdade sindical* garante tanto ao trabalhador quanto ao empregador a liberdade de se associar a uma organização sindical, passando a contribuir voluntariamente com essa representação. Na visão da Corte Suprema, não se pode admitir que o texto constitucional, de um lado, consagre a liberdade de associação, sindicalização e expressão (CF, arts. 5º, IV e XVII, e 8º, *caput*) e, de outro, imponha uma contribuição compulsória a todos os integrantes das categorias econômicas e profissionais.

E mais: o **STF**, já em **2006**, considerara constitucionais as normas que afastavam o pagamento compulsório de contribuição sindical, sem que isso viesse a ser considerado uma interferência indevida na autonomia e organização dos sindicatos. Com efeito, o art. 47 do *Estatuto da OAB* (Lei n. 8.906/94) dispõe que "*o pagamento da contribuição anual à OAB isenta os inscritos nos seus quadros do pagamento obrigatório da contribuição sindical*". (**ADI 2.522, rel. Min. Eros Grau, Pleno, j. em 08-06-2006**)

Por outro lado, é importante destacar a orientação intelectiva que não prevaleceu nesse impactante julgamento – constante dos votos vencidos dos Ministros Edson Fachin (relator), Rosa Weber e Dias Toffoli –, a qual pode ser assim resumida:

– se é "receita pública" a parte da contribuição sindical obrigatória (10%) destinada à *Conta Especial Emprego e Salário* (FAT), nos termos do art. 589 da CLT, a exação só poderia ter sido alterada mediante a indicação da estimativa do seu impacto orçamentário e financeiro [ADCT, art. 113: "*A proposição legislativa que crie ou altere despesa obrigatória ou renúncia de*

27. PAULSEN, Leandro. *Curso de direito tributário*. 9. ed., São Paulo: Saraiva, 2018, p. 449.

receita deverá ser acompanhada da estimativa do seu impacto orçamentário e financeiro"];

– a inexistência de uma fonte obrigatória de custeio inviabiliza o direito constitucionalmente reconhecido a um regime sindical, que é sustentado no tripé da (I) unicidade sindical, (II) representatividade obrigatória e (III) custeio das entidades sindicais por meio de um tributo, a contribuição sindical, expressamente autorizada pelo art. 149, *caput*, da CF.

Em outro giro, urge destacar que a contribuição sindical nunca se confundiu com a **contribuição confederativa** (art. 8º, IV, *parte inicial*, CF). Esta, também chamada de *Contribuição de Assembleia*, sempre foi desprovida de natureza tributária e, portanto, de compulsoriedade.

A bem da verdade, a contribuição confederativa é exigida dos filiados à entidade sindical respectiva – dir-se-ia "é obrigatória a eles" –, para o exercício eficaz do direito de oposição. Este direito, aliás, é um ponto de relevo, cuja apreciação tem sido feita pelo **STF**. É que a obrigação de pagamento – defendida por alguns estudiosos – de *contribuição confederativa* imposta à totalidade da categoria, isto é, aos laboristas em geral, sem distinção entre filiados e não filiados, implica violação à garantia de liberdade de filiação sindical. A imposição indiscriminada do pagamento da contribuição fere o princípio da liberdade de associação e de sindicalização, expresso nos arts. 5º, XX, e 8º, V, da Constituição Federal, tornando passíveis de devolução os valores descontados ilegalmente.

Aliás, sobre o tema há o **Precedente Normativo n. 119 do TST**, segundo o qual as cláusulas de acordos, convenções coletivas ou sentenças normativas que obrigam trabalhadores não sindicalizados ao recolhimento da contribuição confederativa ofendem o direito de livre associação e sindicalização garantido pela Constituição Federal e, com base nele, alguns sindicatos têm sido acionados judicialmente para devolver valores descontados a este título e nessas condições.

O **STF** também endossa a restrição à compulsoriedade da exação. Observe os entendimentos jurisprudenciais:

> **EMENTA:** (...) Ambas as Turmas desta Corte (assim, nos RREE 178.927 e 198.092) têm entendido que *a contribuição confederativa de que trata o art. 8º, IV, da CF só é compulsória para os filiados do sindicato*, por se tratar de encargo que, despido de caráter tributário, não sujeita senão os filiados de entidade de representação profissional (...). **(RE 195.978-9-SP, 1ª T., rel. Min. Moreira Alves, j. em 22-04-1997) (Grifo nosso)**

> **EMENTA:** *A contribuição confederativa instituída pela assembleia geral somente é devida por aqueles filiados ao sindicato da categoria.* É inconstitucional a exigência da referida contribuição de quem a ele não é filiado (...). **(RE 188.807-5-SP, 2ª T., rel. Min. Maurício Corrêa, j. em 25-03-1997) (Grifo nosso)**

Nesse sentido, faz-se mister mencionar a **Súmula n. 666 do STF**, segundo a qual "a contribuição confederativa de que trata o art. 8º, IV, da Constituição, só é exigível dos filiados ao sindicato respectivo". Em 11 de março de **2015**, o Plenário do **STF** acolheu proposta de edição de enunciado de súmula vinculante com o seguinte teor: "*A contribuição confederativa de que trata o art. 8º, IV, da Constituição Federal, só é exigível dos filiados ao sindicato respectivo*". Assim, tornou vinculante o conteúdo do Verbete 666 da Súmula do STF. Trata-se da **Súmula Vinculante n. 40 do STF**.

Note o item considerado **INCORRETO** em prova realizada pela Serctam, para o cargo de Advogado da Prefeitura de Quixadá/CE, em 2016: "*Segundo o entendimento sumulado do STF, a contribuição confederativa de que trata o art. 8º, IV, da Constituição, não é exigível dos filiados ao sindicato respectivo*".

Frise-se que os membros da organização sindical têm a faculdade de não a pagar, desligando-se do sindicato, caso lhes apraza, e, mesmo assim, podem se manter aptos ao exercício da atividade profissional ou econômica.

Por derradeiro, a indigitada contribuição confederativa é norma autoaplicável, uma vez que não está a depender de regulamentação por lei ordinária, tratando-se de exação sujeita apenas à deliberação da *Assembleia Sindical*, no exercício de seu poder autônomo. Nesse passo, tem sido hoje considerada a principal fonte de recursos das entidades sindicais, responsável pela manutenção de suas estruturas e dos benefícios repassados aos contribuintes, tais como: assistência jurídica, contábil, médica, cursos e outros.

Em termos conclusivos: a *contribuição sindical* detinha natureza tributária e era legalmente devida por todos os trabalhadores, filiados ou não à organização sindical correspondente; a *contribuição confederativa* nunca deteve natureza tributária, sempre foi fixada por Assembleia Geral e continua sendo exigida dos filiados ao respectivo sindicato para o custeio do sistema confederativo de representação sindical. O **STJ**[28] e o **STF**[29] sempre trataram com clareza dessa distinção, enfatizando, àquele momento, a já superada natureza tributária da contribuição sindical.

28. **EMENTA (STJ):** 1. *A contribuição sindical rural é espécie de contribuição profissional (de natureza tributária) prevista no art. 149 da CF de 1988.* 1.1) Essa contribuição foi instituída pelos arts. 578 e seguintes da CLT em c/c o DL n. 1.166/71; 1.2) A competência tributária para instituir essa contribuição é da União Federal, conforme determina o art. 146 da Constituição Federal; (...) *Por possuir natureza tributária, a contribuição sindical rural passou a ser cobrada de todos os contribuintes definidos na lei que a institui, sem observância da obrigação de filiação ao sindicato, haja vista ela não se confundir com a contribuição sindical aprovada em assembleia geral, de natureza não tributária e de responsabilidade, apenas, dos que estão filiados ao sindicato;* (...). **(STJ, REsp 636.334/PR, 1ª T., rel. Min. José Delgado, j. em 26-10-2004) (Grifos nossos)**

29. **EMENTA (STF):** A *contribuição federativa* prevista no art. 8º, IV, da CF/88 ("*IV – a assembleia geral fixará a contribuição que, em se tratando de categoria profissional, será descontada em folha, para custeio do sistema confederativo da representação sindical respectiva, independentemente da contribuição prevista em lei;*") distingue-se da *contribuição sindical* por não possuir natureza tributária (...) e, portanto, não tem caráter compulsório para os trabalhadores não filiados ao sindicato. Com base nesse entendimento, a Turma não conheceu de recursos extraordinários interpostos por diversos sindicatos que pretendiam cobrar a referida contribuição federativa de todos os membros das respectivas categorias. **(RREE 198.092/SP, 170.439/MG, 193.972/SP, rel. Min. Carlos Velloso, j. em 27-08-1996) (Grifos nossos)**

Veja, agora, um quadro sinótico, para recapitulação da matéria:

CONTRIBUIÇÃO SINDICAL	CONTRIBUIÇÃO CONFEDERATIVA
Art. 8º, IV, parte final, CF c/c art. 578 e ss., CLT (Lei n. 13.467/2017)	Art. 8º, IV, parte inicial, CF
Era tributo	Nunca foi tributo
Era compulsória	É voluntária
Obrigação *ex lege* (legal)	Obrigação *ex voluntate* (contratual)
Poder Legislativo	Assembleia Geral
Respeitava os princípios constitucionais tributários (*Legalidade, Anterioridade* etc.)	Não se cogita do respeito aos princípios constitucionais tributários (*Legalidade, Anterioridade* etc.)
Era exigível de todos os trabalhadores	É exigível dos trabalhadores sindicalizados
Observação: era tributo, uma contribuição parafiscal (ou especial), na subespécie "contribuição profissional" (ou "corporativa").	**Observação:** há a *Súmula n. 666 do STF* (atual **Súmula Vinculante n. 40**), cujo teor corrobora a natureza não tributária desta exação.

Desde junho de **2009**, discute-se no **STF**, entre outras questões, no bojo da **ADI n. 4.067/DF**, a constitucionalidade da inclusão das **centrais sindicais** no rol das entidades beneficiárias da *contribuição sindical*. Após a vista do Min. Gilmar Mendes, aguarda-se o julgamento do caso, desde fevereiro de **2018**. Vamos acompanhar o deslinde dessa relevante discussão.

4.3 Questões relevantes sobre as contribuições profissionais ou corporativas

Neste tópico, enfrentaremos **questões de relevo** para a temática das contribuições corporativas ou profissionais, por meio de "perguntas e respostas":

a) *Há uma bitributação no confronto "Contribuição-Anuidade* versus *Contribuição Sindical"?*

b) *O que é a chamada "Contribuição assistencial"? Confunde-se com a Contribuição confederativa?*

c) *As Contribuições para os Serviços Sociais Autônomos (Sistema "S") são contribuições corporativas?*

d) *As Anuidades cobradas pela OAB são contribuições corporativas?*

a) Há uma bitributação no confronto "contribuição-anuidade *versus* contribuição sindical"?

Interessante questão é a que tem sido posta diante da provável *bitributação* entre a contribuição *profissional-sindical* e a contribuição *profissional-anuidade*.

O Judiciário, mantendo posição vacilante sobre o debate, tem afirmado que os Conselhos Regionais de Fiscalização e os Sindicatos têm natureza e finalidade distintas, e, consequentemente, dessemelhantes são os fatos geradores das correspectivas contribuições profissionais, o que fulmina a tese da bitributação. Tal raciocínio lastreia-se na ideia de que aos Conselhos compete atuar como entes de fiscalização profissional, enquanto aos Sindicatos cabe a atuação sobre as relações e condições de trabalho, portanto, atividades intrinsecamente diferenciadas. Sob esse prisma, dessarte, são devidos os dois recolhimentos.

De outra banda, insta mencionar que há entendimento doutrinário divergente, segundo o qual estaria evidenciada a bitributação, uma vez que os fatos geradores seriam idênticos e os tributos seriam pagos sob a mesma finalidade.

O debate, como se nota, é fértil. Acreditamos, todavia, que a tese da bitributação se mostra fragilizada, diante da clara existência de fatos geradores inconfundíveis.

Por fim, é importante destacar que o **Estatuto da OAB (Lei n. 8.906/94)** é norma única que isenta do pagamento da contribuição sindical os advogados inscritos em seus quadros – pagantes, por outro lado, das anuidades ao órgão de classe. Essa é a dicção inserta no art. 47 da mencionada Lei: "*O pagamento da contribuição anual à OAB isenta os inscritos nos seus quadros do pagamento obrigatório da contribuição sindical*".

Daí, por exemplo, o advogado que exerce a sua atividade profissional num banco, sendo inscrito na OAB, estará isento da contribuição exigida pelo *Sindicato dos Bancários*.

A nosso ver, a norma deve abranger individualmente os advogados e, também, as sociedades de advogados de que estes façam parte, desde que regularmente registradas na OAB.

Relembre-se que, em 8 de junho de **2006**, o Plenário do **STF**, por unanimidade, na **ADI n. 2.522**, de relatoria do Min. Eros Grau, confirmou a constitucionalidade do art. 47 da Lei n. 8.906/94.

b) O que é a chamada "contribuição assistencial"? Confunde-se com a contribuição confederativa?

As contribuições sindical e confederativa **não** se confundem com a **contribuição assistencial (ou desconto assistencial)**. Esta é estabelecida em *convenção coletiva de trabalho*, com determinação de condições direcionadas aos integrantes da categoria profissional, sendo formalizada entre dois sindicatos convenentes (trabalhadores e empregadores) e, por vezes, estipulada nas sentenças normativas proferidas em dissídios coletivos.

Enquanto a contribuição confederativa serve para o custeio do sistema confederativo, a contribuição assistencial tem por finalidade custear os serviços assistenciais prestados pelo sindicato ou os decorrentes da negociação coletiva.

Frise-se que a contribuição confederativa é de atribuição exclusiva e incondicionada das assembleias sindicais, característica que afasta a possibilidade de ser inserida em *convênio coletivo de trabalho*. Ademais, é fato que *contribuição confederativa* não "absorveu" a *contribuição assistencial*, pois são distintas as suas finalidades, conquanto aglutinadas na **alínea "b" do art. 548 da CLT**.

> **Art. 548.** Constituem o patrimônio das associações sindicais:
>
> **a)** as contribuições devidas aos Sindicatos pelos que participem das categorias econômicas ou profissionais ou das profissões liberais representadas pelas referidas entidades, sob a denominação de *contribuição sindical*, pagas e arrecadadas na forma do Capítulo III deste Título;
>
> **b)** as *contribuições dos associados*, na forma estabelecida nos estatutos ou pelas Assembleias Gerais. (...) **(Grifo nosso)**

A propósito, é bom relembrar que a EC n. 45/2004 promoveu alterações substanciais no art. 114 da Constituição Federal, modificando as competências da Justiça do Trabalho. Disso decorreu que todas as ações, envolvendo Execuções Fiscais, promovidas por órgãos sindicais, passaram da Justiça Comum (Federal) para a Justiça do Trabalho.

c) As contribuições para os serviços sociais autônomos (sistema "S") são contribuições corporativas?

As *Contribuições para os Serviços Sociais* passam de uma dezena – onze, ao todo –, traduzindo-se nas receitas repassadas a entidades, na maior parte de direito privado, não integrantes da administração pública, mas que realizam atividades de interesse público.

Trata-se de organismos conhecidos como "Serviços Sociais Autônomos", quais sejam: INCRA: Instituto Nacional de Colonização e Reforma Agrária; SENAI: Serviço Nacional de Aprendizagem Industrial; SESI: Serviço Social da Indústria; SENAC: Serviço Nacional de Aprendizagem do Comércio; SESC: Serviço Social do Comércio; DPC: Diretoria de Portos e Costas do Ministério da Marinha; SEBRAE: Serviço Brasileiro de Apoio às Pequenas e Médias Empresas; SENAR: Serviço Nacional de Aprendizagem Rural; SEST: Serviço Social de Transporte; e SENAT: Serviço Nacional de Aprendizagem do Transporte.

O surgimento de tais organismos remonta à década de 1940, e apenas quatro entre eles (SEBRAE, SENAR, SEST e SENAT) foram instituídos após a Constituição de 1988.

Em **10 de abril de 2019**, a 1ª Seção do **STJ**, no **EREsp 1.619.954/SC** (rel. Min. Gurgel de Faria), destacou que também são serviços sociais autônomos e pessoas jurídicas de direito privado a Agência Brasileira de Desenvolvimento Industrial – ABDI

(Lei n. 11.080/2004) e a Agência de Promoção de Exportações do Brasil – APEX (Lei n. 10.668/2003).

Ademais, o **STJ**, no citado **EREsp 1.619.954/SC**, explicitou que *"os serviços sociais autônomos integrantes do denominado Sistema 'S', vinculados a entidades patronais de grau superior e patrocinados basicamente por recursos recolhidos do próprio setor produtivo beneficiado, ostentam natureza de pessoa jurídica de direito privado e não integram a Administração Pública, embora colaborem com ela na execução de atividades de relevante significado social. São meros destinatários de parte das contribuições sociais instituídas pela União, parcela nominada, via de regra, de 'adicional à alíquota' (art. 8º da Lei n. 8.029/1990) (...)"*.

Em geral, as contribuições incidem sobre a folha de salários das empresas pertencentes à categoria correspondente e se destinam a financiar atividades que visam ao aperfeiçoamento profissional e à melhoria do bem-estar social dos trabalhadores.

Em **23 de setembro de 2020**, o Pleno do **STF**, no **RE 603.624/SC** (rel. Min. Rosa Weber; red. p/ ac. Min. Alexandre de Moraes), entendeu, em repercussão geral, que a materialidade econômica para a incidência de certas contribuições – as CIDEs e as contribuições em geral, entre as quais as contribuições ao Sebrae, Apex e ABDI – não se esgota na previsão de faturamento, receita bruta, valor da operação e valor aduaneiro (no caso de importação), podendo comportar, também, a incidência sobre *folha de salários*.

É que as contribuições sobre a *folha de salários* devidas ao Sebrae, à Apex e à ABDI, com fundamento na Lei n. 8.029/90, foram recepcionadas pela EC n. 33/2001. Após a alteração promovida pela citada Emenda Constitucional, no **art. 149, § 2º, III, da CF**, não se estabeleceu delimitação exaustiva das bases econômicas passíveis de tributação por toda e qualquer contribuição social e de intervenção do domínio econômico (CIDE). É bem por essa razão que o art. 149, § 2º, III, da CF utiliza a expressão "poderão ter alíquotas", garantindo, assim, a ideia de facultatividade a abranger tanto as alíquotas quanto as bases de cálculo das contribuições sociais e das CIDEs.

Entendemos que, entre as contribuições de interesse das categorias profissionais ou econômicas, estão aquelas pertencentes ao ***Sistema S***, haja vista custearem o próprio serviço social sindical. Com efeito, segundo o art. 240 da CF, "ficam ressalvadas do disposto no art. 195 as atuais contribuições compulsórias dos empregadores sobre a folha de salários, destinadas às entidades privadas de serviço social e de formação profissional vinculadas ao sistema sindical".

Entretanto, há, ainda, vigorosa divergência na doutrina e na jurisprudência acerca da exata natureza jurídica de tais contribuições: se são contribuições *sociais gerais* ou contribuições de *seguridade social*; se são contribuições *interventivas* ou, ainda, se configuram contribuições de *interesse das categorias profissionais* – posicionamento a que nos filiamos, não obstante o enquadramento classificatório oscilante, observado na jurisprudência, que segue adiante:

STF

Para o **STF**, as contribuições constantes do **art. 240 da CF** são "contribuições sociais gerais", e não "contribuições corporativas". A retórica jurisprudencial aponta que o STF, em julho de **1992**, por meio de seu Tribunal Pleno, procedeu ao controle de constitucionalidade sobre a lei instituidora da Contribuição Social sobre o Lucro Líquido (CSLL), no julgamento do **RE 138.284-8/CE**, definindo o rol classificatório das espécies tributárias. Nesse emblemático julgado, o **STF** etiquetou as contribuições constantes do art. 240 da CF de "contribuições sociais gerais". Em junho de 1993, o mesmo **STF** ratificou o posicionamento no **RE 148.754-2/RJ**, gerando precedentes nas demais decisões daquela Corte.

STJ

Seguindo a classificação adotada pelo STF, no RE 138.284/CE, o **STJ** tem igualmente concebido as contribuições do Sistema "S" como "contribuições sociais gerais", justificando que os serviços sociais autônomos devem ser mantidos por toda a sociedade, e não somente por determinadas corporações. A propósito, em 14 de dezembro de **2014**, a 1ª Turma do **STJ**, no **REsp 662.911/RJ** (rel. Min. Luiz Fux), reiterou que *"as contribuições sociais, previstas no art. 240, da CF, têm natureza de 'contribuição social geral', e não contribuição especial de interesses de categorias profissionais* (STF, RE 138.284/CE) (...)".

Entretanto, com o passar dos anos, a celeuma no entorno da classificação das contribuições do Sistema "S" só parece aumentar. Em **10 de abril de 2019**, a 1ª Seção do **STJ**, no **EREsp 1.619.954/SC** (rel. Min. Gurgel de Faria), citando a orientação já adotada pelo **STF** (RE 849.126-AgR, rel. Min. Luiz Fux, 1ª T., j. em 18-08-2015), destacou que é "oportuno rememorar que o STF tem entendimento segundo o qual as contribuições destinadas a terceiros (SESC, SENAC, SEBRAE, APEX e ABDI) têm natureza de 'contribuição de intervenção no domínio econômico – CIDE' (...)".

Com efeito, conforme se retomará em tópico ulterior, o **STJ** e o **STF** (respectivamente, **AgRg-Ag 600.795/PR, 2ª T., rel. Min. Herman Benjamin, j. em 05-12-2006, e RE 396.266, rel. Min. Carlos Velloso, Pleno, j. em 26 11 2003**), em especial para a Contribuição ao **SEBRAE**, já haviam sinalizado a adoção do rótulo de CIDE, partindo da premissa de que o SEBRAE não possui qualquer finalidade de fiscalização ou regulação das atividades das micro e pequenas empresas, mas, sim, o objetivo de influenciar positivamente, valendo-se de sua atuação de fomento e apoio, nas empresas ligadas às áreas industrial, comercial e tecnológica. A propósito, frise-se que as bancas de concursos não têm hesitado em associar a Contribuição ao SEBRAE a uma *contribuição de intervenção no domínio econômico* – CIDE.

Por derradeiro, o **STJ**, em **2019**, no **EREsp 1.619.954/SC**, acima citado, entendeu que "*as entidades dos serviços sociais autônomos não possuem legitimidade passiva 'ad causam' nas ações judiciais em que se discute a relação jurídico-tributária entre o contribuinte e a União e a repetição de indébito das contribuições sociais recolhidas*". Na ocasião, fizeram parte da controvérsia os seguintes *serviços sociais autônomos*:

(I) Serviço Brasileiro de Apoio às Micro e Pequenas Empresas – **SEBRAE** (Lei n. 8.029/90), (II) Agência Brasileira de Desenvolvimento Industrial – **ABDI** (Lei n. 11.080/2004) e (III) Agência de Promoção de Exportações do Brasil – **APEX** (Lei n. 10.668/2003). Com efeito, uma vez arrecadado o tributo, o montante será posteriormente destinado ao terceiro (o serviço social autônomo), numa espécie de "destinatário de subvenção econômica". Explicando melhor: as entidades do Sistema "S" são meros destinatários de parte das contribuições instituídas pela União, parcela nominada, via de regra, de "adicional à alíquota" da CIDE (art. 8º, Lei n. 8.029/90), a qual, por opção política, tem um percentual a eles (serviços sociais) destinado como espécie de receita para execução das políticas correlatas a cada um. O repasse da arrecadação do tributo caracteriza uma transferência de receita corrente para pessoas jurídicas de direito privado (arts. 9º e 11, Lei n. 4.320/64), como um tipo de *subvenção econômica* (arts. 12, §§ 2º e 3º, e 108, II, Lei n. 4.320/64). Após o repasse, os valores não mais têm a qualidade de "crédito tributário"; são, a partir de então, meras *receitas* dos serviços sociais autônomos (arts. 15 e 17, Lei n. 11.080/04 e art. 13, Lei n. 10.668/2003). Essa é a razão pela qual tais entes não podem figurar, ao lado da Fazenda Nacional, no polo passivo de ações judiciais em que são partes "contribuinte x União/INSS", e nas quais se discutem a relação jurídico-tributária e a repetição de indébito.

d) As anuidades cobradas pela OAB são contribuições corporativas?

Há mais de cinquenta anos paira acirrada polêmica acerca da natureza jurídica da Ordem dos Advogados do Brasil (OAB). No começo, entendeu-se que a Ordem não estava sujeita a qualquer controle, embora tivesse a natureza jurídica de autarquia, recebendo delegação do Estado para fiscalizar, punir e arrecadar contribuições dos advogados, além de participar, de várias maneiras, de nosso processo político-institucional e de poder impedir, a seu exclusivo critério, por meio do Exame de Ordem, o exercício da advocacia dos reprovados no certame profissional.

Com o tempo, argumentou-se que a prestação de contas a impediria de desempenhar a sua missão constitucional, retirando-lhe "autonomia", o que, de modo evidente, chocava-se com a atividade dos demais Conselhos profissionais, que prestam contas ao Tribunal de Contas da União, assim como "*toda e qualquer pessoa física ou entidade pública que utilize, arrecade, guarde, gerencie ou administre dinheiros, bens e valores públicos ou pelos quais a União responda, ou que em nome desta assuma obrigações de natureza pecuniária*" (art. 70, parágrafo único, CF).

Paralelamente a esse tormentoso debate, estendia-se a discussão acerca da natureza jurídica das anuidades exigidas pela OAB – se tributária ou não tributária. A doutrina, majoritariamente, sempre viu a feição tributária nas anuidades exigidas pela Ordem. Por outro lado, a jurisprudência não lograva se manter uníssona, ora concebendo a natureza tributária, ora afastando-a. O próprio **STJ** não conseguia, em suas Turmas, uma uniformidade.

1. Entendendo que a anuidade é tributo (STJ, 1ª Turma):

EMENTA: A OAB possui natureza jurídica de autarquia de regime especial, *e a anuidade cobrada por ela tem característica de contribuição parafiscal.* Sucede que as execuções para a cobrança dessa contribuição devem seguir perante a Justiça Federal, sob os ditames da Lei n. 6.830/1980. Com esse entendimento, a Turma, por maioria, negou provimento ao REsp. Precedentes citados: REsp 463.258/SC e EDcl no REsp 463.401/SC. **(REsp 614.678/SC, 1ª T., rel. ex-Min. Teori Albino Zavascki, j. em 20-05-2004) (Grifo nosso)**

2. Entendendo que a anuidade não é tributo (STJ, 2ª Turma):

EMENTA: A OAB é uma autarquia especial não sujeita a controle estatal (Lei n. 4.320/1964), *e a contribuição cobrada por ela não tem natureza tributária* e não se destina a compor a receita da Administração Pública, mas, sim, dela própria. Assim, a cobrança dessas anuidades não está sujeita à incidência da Lei n. 6.830/1980. **(REsp 462.823/SC, 2ª T., rel. Min. Eliana Calmon, j. em 11-05-2004) (Grifo nosso)**

Ocorre que houve importante modificação no entendimento jurisprudencial, em face do teor do julgamento da Ação Direta de Inconstitucionalidade **(ADIN) 3.026/DF**, no **STF** (rel. Min. Eros Grau).

A ADIN, proposta pelo Sr. Procurador-Geral da República, versando sobre a exigência de concurso público para o provimento de cargos de servidores da OAB (art. 79 da Lei n. 8.906/94), foi julgada improcedente (sessão de 08-06-2006), tendo sido vencidos os Ministros Gilmar Mendes e Joaquim Barbosa. Na ocasião, firmou-se o entendimento de que a OAB não é pessoa jurídica de direito público nem autarquia (nem mesmo de regime especial), não tendo qualquer vinculação com a administração pública indireta. Ademais, assegurou-se que garantida está sua independência na consecução de suas missões históricas e constitucionais.

Curiosamente, a 3ª Turma do **STJ**, em 2005, já havia esposado tal entendimento. Observe a jurisprudência:

EMENTA: (...) 2. Não procede a alegação de que a OAB sujeita-se aos ditames impostos à Administração Pública Direta e Indireta. 3. A OAB *não é uma entidade da Administração Indireta da União.* A Ordem é um *serviço público independente,* categoria ímpar no elenco das personalidades jurídicas existentes no direito brasileiro. 4. *A OAB não está incluída na categoria* na qual se inserem essas que se tem referido como *"autarquias especiais"* para pretender-se afirmar equivocada independência das hoje chamadas "agências". 5. Por não consubstanciar uma entidade da Administração Indireta, *a OAB não está sujeita a controle da Administração,* nem a qualquer das suas partes está vinculada. Essa não vinculação é formal e materialmente necessária. 6. *A OAB ocupa-se de atividades atinentes aos advogados, que exercem função constitucio-*

nalmente privilegiada, na medida em que são indispensáveis à administração da Justiça (artigo 133 da CB/88). É *entidade cuja finalidade é afeita a atribuições, interesses e seleção de advogados. Não há ordem de relação ou dependência entre a OAB e qualquer órgão público*. 7. A OAB, cujas *características são autonomia e independência, não pode ser tida como congênere dos demais órgãos de fiscalização profissional. A OAB não está voltada exclusivamente a finalidades corporativas. Possui finalidade institucional*. (...)". **(CC 47613-TO, 3ª T., rel. Min. José Arnaldo da Fonseca, rel. p/ acórdão Min. Paulo Medina, j. em 22-06-2005) (Grifos nossos)**

Ora, se a OAB não é uma autarquia, nem mesmo de regime especial; se não apresenta qualquer relação com órgão público; se não se confunde com os demais conselhos de fiscalização; se não está voltada com exclusivismo para as finalidades corporativas; enfim, se apresenta características dissonantes de uma entidade impositora de tributos, torna-se delicada a manutenção do entendimento que chancela a fisionomia tributária da anuidade da OAB.

Pelas razões expostas, bastante fortalecidas pelo entendimento do **STF** na **ADIN n. 3.026/DF**, entendemos que tal anuidade não se coaduna com a feição tributária de contribuição parafiscal, não obstante reconhecermos que o tema é, ainda, vocacionado a novos e calorosos debates.

Não obstante, vale a pena destacar o mais recente veredito do **STF** sobre o caso: em **27 de abril de 2020**, o Pleno do **STF**, na **RE 647.885** (rel. Min. Edson Fachin), entendeu que as anuidades cobradas pelos conselhos profissionais (no caso, a OAB) caracterizam-se como tributos da espécie *contribuições de interesse das categorias profissionais*, nos termos do art. 149 da Constituição da República. Para além disso, a Corte Suprema asseverou que não é dado a conselho de fiscalização profissional perpetrar sanção de interdito profissional, por tempo indeterminado até que ocorra a satisfação da obrigação pecuniária, com a finalidade de fazer valer seus interesses arrecadatórios diante de uma infração disciplinar consistente na inadimplência fiscal. A medida, considerada desproporcional e caracterizada como *sanção política em matéria tributária*, poderia ser bem substituída por diversos meios alternativos judiciais e extrajudiciais para a cobrança de dívida civil, os quais não se prestam a obstaculizar a percepção de verbas alimentares ou a atentar contra a inviolabilidade do mínimo existencial do devedor. Por isso, infere-se a ofensa ao *devido processo legal* substantivo e aos *princípios da razoabilidade e da proporcionalidade*, haja vista a ausência de necessidade do ato estatal. Na oportunidade, foi fixada a tese de julgamento para efeitos de repercussão geral: "*É inconstitucional a suspensão realizada por conselho de fiscalização profissional do exercício laboral de seus inscritos por inadimplência de anuidades, pois a medida consiste em sanção política em matéria tributária*".

5 ESTUDO DAS CONTRIBUIÇÕES DE INTERVENÇÃO NO DOMÍNIO ECONÔMICO

As contribuições de intervenção no domínio econômico, também chamadas de *contribuições interventivas* ou, simplificadamente, de CIDEs, sendo de competência exclusiva da **União**, apresentam-se, sempre, *ipso facto*, como tributos federais.

> Note o item considerado **INCORRETO**, em prova realizada pelo Fumarc, TJ/MG, para o cargo de Titular de Serviços de Notas e de Registros, em 2012: *"Segundo normatização da Constituição Federal de 1988, acerca das contribuições sociais e de intervenção no domínio econômico, é correto afirmar que são de competência concorrente entre a União e os municípios"*.

> Note o item considerado **CORRETO**, em prova realizada pela FAURGS, para o cargo de Assessor Jurídico do Tribunal de Justiça/RS, em 2016: *"As contribuições de intervenção no domínio econômico são instituídas exclusivamente pela União"*.

O Brasil é um Estado intervencionista, propenso a adotar medidas voltadas ao comando da vida econômica por meio de sua atuação estatal. Nesse particular, justifica-se a existência das Contribuições de Intervenção no Domínio Econômico ou CIDEs. De fato, há atividades econômicas que devem sofrer intervenção do Estado Federal, a fim de que sobre elas se promova ora um controle fiscalizatório, regulando seu fluxo produtivo, ora uma atividade de fomento, tendente à melhoria do setor beneficiado, escolhido com pontualidade.

Assim, a **União**, em seu propósito desenvolvimentista, realiza atividades de efetiva intervenção no controle do mercado, exigindo-se as CIDEs para financiar os custos e encargos correspondentes.

> Note o item considerado **CORRETO**, em prova realizada pelo IESES, para o cargo de Contador Júnior da Gás Brasiliano Distribuidora S.A. (GasBrasiliano/Araraquara/SP), em 2017: *"Contribuições de Intervenção no Domínio Público (CIDE): são contribuições regulatórias, utilizadas como instrumento de política econômica para enfrentar determinadas situações que exijam a intervenção da União na economia do país. São geralmente utilizadas no setor de Combustíveis"*.

> Note o item considerado **INCORRETO**, em prova realizada pelo Cespe/UnB, para o cargo de Auditor Fiscal da Receita Estadual (Sefaz/ES), em 2013: *"Compete aos estados e aos municípios instituir contribuições de intervenção no domínio econômico"*.

Entende-se que as CIDEs são constitucionalmente destinadas a finalidades não diretamente referidas ao sujeito passivo, e este não necessariamente será beneficiado com a atuação estatal nem a ela dará causa. Como as CIDEs afetam toda a sociedade e obedecem ao princípio da solidariedade, refletindo políticas econômicas de governo, não podem ser utilizadas como forma de atendimento ao interesse de grupos de operadores econômicos. Por essa razão, falta a essa contribuição a *referibilidade*. Aliás, aqui está o traço característico que distingue as CIDEs das contribuições de interesse de categorias profissionais e econômicas: a referibilidade. Essa é condição constitucional necessária para a incidência das contribuições de interesse de categoria profissional, e não para as CIDEs. Assim se orientou a 1ª Seção do **STJ**, em **2007**, no **EREsp 724.789/RS** (rel. Min. Eliana Calmon, j. em 09-05-2007).

> Note o item considerado **CORRETO**, em prova realizada pelo TRF-3ª Região, para o cargo de Juiz Federal Substituto, em 2018: "A Primeira Seção do STJ firmou orientação no sentido de que *as contribuições especiais atípicas (de intervenção no domínio econômico) são constitucionalmente destinadas a finalidades não diretamente referidas ao sujeito passivo, o qual não necessariamente é beneficiado com a atuação estatal nem a ela dá causa (referibilidade). Esse é o traço característico que as distingue das contribuições de interesse de categorias profissionais e de categorias econômicas (EREsp 724.789/RS, Rel. Min. Eliana Calmon, Primeira Seção, DJ 28.5.2007). À luz dessa decisão, é CORRETO afirmar que a REFERIBILIDADE é condição constitucional necessária para a incidência das contribuições de interesse de categoria profissional*".

> Note o item (adaptado) considerado **INCORRETO**, em prova realizada pelo TRF-3ª Região, para o cargo de Juiz Federal Substituto, em 2018: *"A referibilidade é condição constitucional necessária para a incidência das contribuições de intervenção no domínio econômico"*.

> Note o item (adaptado) considerado **INCORRETO**, em prova realizada pelo TRF-3ª Região, para o cargo de Juiz Federal Substituto, em 2018: *"As contribuições de intervenção no domínio econômico só podem ser cobradas de sujeito passivo diretamente relacionado com a atuação estatal a ser financiada"*.

Nessa medida, exsurge o caráter *extrafiscal* das contribuições interventivas, como nítidos instrumentos de planejamento, corrigindo as distorções e abusos de segmentos descompassados, e não somente carreando recursos para os cofres públicos, como instrumentos de arrecadação.

A intervenção é feita, geralmente, por pessoas jurídicas de direito privado, que se responsabilizam, como entes parafiscais, pela regulação das atividades econômicas às quais se atrelam, geralmente relativas às disposições constitucionais da ordem econômica e financeira (art. 170, I a IX, e seguintes da CF).

Segundo o art. 149, § 2º, I, II e III, da CF, aplicam-se às CIDEs – e, igualmente, às contribuições sociais – as seguintes regras:

1. não incidirão sobre as receitas decorrentes de exportação (ver art. 149, § 2º, I, CF – EC n. 33/2001);
2. incidirão também sobre a importação de produtos estrangeiros ou serviços (nova redação dada pela EC n. 42/2003);
3. poderão ter alíquotas: **(I)** *ad valorem*, tendo por base o faturamento, a receita bruta ou o valor da operação e, no caso de importação, o valor aduaneiro; ou **(II)** *específica*, tendo por base a unidade de medida adotada (EC n. 33/2001);
4. obedecerão a todos os princípios constitucionais tributários, ressalvado o caso da CIDE-Combustível (art. 177, § 4º, I, "b", CF; EC n. 33/2001), que passa ao largo dos princípios da legalidade tributária e anterioridade tributária anual;

5. poderão incidir uma única vez, conforme a estipulação prevista em lei.

Há dois bons exemplos desse tributo, que aqui reputamos pertinente detalhar: (I) **a Cide-Combustíveis** e (II) **a Cide-Remessas**. Ademais, serão apresentadas, resumidamente, (III) **Outras Contribuições de Intervenção no Domínio Econômico** (CIDEs).

5.1 CIDE-Combustíveis

Instituída pela Lei n. 10.336/2001, a CIDE-Combustíveis incide sobre a importação e a comercialização de petróleo e gás natural – e seus derivados –, e álcool etílico combustível.

Com a EC n. 42/2003, permitiu-se a possibilidade de criação da **CIDE-Combustíveis**, alcançando a ***importação*** *de produtos estrangeiros e serviços*, em razão do alargamento do campo de sua incidência – e das **contribuições sociais** –, que até então se atrelavam apenas à importação de *petróleo, gás natural e seus derivados, bem como ao álcool combustível.*

Quanto à destinação do produto da arrecadação da CIDE-Combustíveis, impende observar o art. 1º, § 1º, I a III, da Lei n. 10.336/2001, em total conformidade com o **art. 177, § 4º, II, "a", "b", "c", da CF/88.**

Note o item (adaptado) considerado **CORRETO** em prova realizada pelo IDECAN, para o cargo de Administrador do Ministério da Saúde (MS), em 2017: *"Com referência ao produto de arrecadação da Cide-Combustível, deverá ser destinado a pagamento de subsídios a preços ou transporte de álcool combustível, de gás natural e seus derivados e de derivados de petróleo; financiamento de projetos ambientais relacionados com a indústria do petróleo e do gás; e financiamento de programas de infraestrutura de transportes"*.

Art. 1º, § 1º, I a III, da Lei n. 10.336/2001:

I – *pagamento de subsídios a preços ou transporte* de álcool combustível, de gás natural e seus derivados e de derivados de petróleo;

II – financiamento de projetos ambientais relacionados com a indústria do petróleo e do gás; e

III – financiamento de *programas de infraestrutura de transportes.* **(Grifos nossos)**

Dessarte, trata-se de tributo que foi concebido para destinar os recursos arrecadados para **três contextos constitucionalmente delimitados:** (i) **financiamento de projetos ambientais**, (ii) **programa de infraestrutura de transportes e** (iii) **pagamento de subsídio a preços ou transporte de combustíveis.**

Note o item (adaptado) considerado **INCORRETO**, em prova realizada pelo IDECAN, para o cargo de Administrador do Ministério da Saúde (MS), em 2017: *"Com referência ao produto de arrecadação da Cide-Combustível, deverá ser destinado a financiamento de projetos de saúde, de educação e programas sociais, como, por exemplo, o 'Fome Zero' e o 'Bolsa--Família'"*.

> Note o item (adaptado) considerado **INCORRETO**, em prova realizada pelo IDECAN, para o cargo de Administrador do Ministério da Saúde (MS), em 2017: *"Com referência ao produto de arrecadação da Cide-Combustível, deverá ser destinado integralmente ao 'Fundo Nacional de Saúde', para financiamento das ações e serviços de saúde"*.

O texto constitucional não traz especificidades sobre as hipóteses de incidências das CIDEs, porém exterioriza detalhes afetos ao alcance da exação, consoante a dicção dos arts. 149, § 2º, II, e 177, § 4º, ambos da CF, dispondo que:

> **(I)** o tributo será exceção aos princípios da *legalidade* e *anterioridade tributárias*, quanto ao *restabelecimento* de alíquotas, que tenham sido reduzidas por ato do Poder Executivo;
>
> **(II)** o tributo poderá ter sua alíquota diferenciada em razão da natureza do produto.

São contribuintes da Cide-Combustíveis o produtor, o formulador e o importador, pessoa física ou jurídica, que realizarem operações de importação e de comercialização, no mercado interno de vários combustíveis, quais sejam: gasolinas e suas correntes; *diesel* e suas correntes; querosene de aviação e outros querosenes; óleos combustíveis (*fuel-oil*); gás liquefeito de petróleo, incluindo o derivado de gás natural e de nafta, e o álcool etílico combustível.

A *base de cálculo* da Cide-Combustíveis é a unidade de medida legal para os produtos importados e comercializados no mercado interno, enquanto as alíquotas do tributo – que podem ser diferenciadas em razão da natureza do produto – são *específicas* (art. 5º da Lei n. 10.336/2001).

Vale lembrar que o contribuinte pode deduzir o valor da exação dos montantes de PIS e COFINS, devidos na comercialização no mercado interno (art. 8º da Lei n. 10.336/2001).

Frise-se, em tempo, que a CIDE-Combustíveis cabe à administração da *Secretaria da Receita Federal do Brasil* (SRFB).

Por derradeiro, urge mencionar que a EC n. 44/2004 previu a repartição de receitas da CIDE-Combustíveis, feita pela **União** com **Estados e Distrito Federal**, no percentual de **29%** (vinte e nove por cento), conforme o art. 159, III, CF. Estes últimos – **Estados e Distrito Federal** – devem repassar **25%** (vinte e cinco por cento) do que receberem da União aos **Municípios** (art. 159, § 4º, CF). Portanto, para concursos públicos, memorize os dois importantes percentuais: **29%** (da União para Estados e Distrito Federal) e **25%** (dos Estados para Municípios).

5.2 CIDE-Remessas

A CIDE-Remessas (ou CIDE-*Royalties*), instituída pela Lei n. 10.168, de 29 de dezembro de 2000, buscando atender ao *Programa de Estímulo à Interação Universidade-Empresa para o Apoio à Inovação*, visa fomentar o desenvolvimento tecnológico brasileiro, mediante o incentivo à pesquisa (art. 1º), em total ratificação do disposto no art. 214, IV, da CF.

O **fato gerador** do tributo pode ser assim desdobrado (art. 2º, *caput* e §§ 1º e 2º, **Lei n. 10.168/2000**, já alterada pela Lei n. 10.332/2001):

O pagamento a residente ou domiciliado no exterior, a fim de REMUNERAR:

a) Art. 2º, *caput*: a detenção da licença de uso de conhecimentos tecnológicos;

b) Art. 2º, *caput*: a aquisição de conhecimentos tecnológicos;

c) Art. 2º, *caput*: a "transferência de tecnologia", que, para este exclusivo fim, compreende:

c.1) Art. 2º, § 1º: a exploração de patentes;

c.2) Art. 2º, § 1º: o uso de marcas;

c.3) Art. 2º, § 1º: o fornecimento de tecnologia;

c.4) Art. 2º, § 1º: a prestação de assistência técnica;

d) Art. 2º, § 2º: a prestação de serviços técnicos e de assistência administrativa e semelhantes;

e) Art. 2º, § 2º: os *royalties*, a qualquer título.

Voltando o olhar exclusivamente para o item "c" (e subitens), verifica-se que o objetivo da *CIDE-Remessas* é o de fomentar o desenvolvimento da tecnologia dentro do território brasileiro, propondo-se tributar justamente os casos em que não ocorre a "absorção de tecnologia", vale dizer, nas hipóteses em que o código-fonte da tecnologia permanece no exterior, no domínio estrangeiro, sendo transferido/fornecido, mas sem ser absorvido. Se a tecnologia lá permanece, tributa; se o código-fonte da tecnologia é para cá transferido/fornecido e aqui é absorvido/apropriado, não tributa. O contrário seria exoticamente inadequado: tributar a hipótese em que a tecnologia fosse nacionalmente incorporada. Em outras palavras, diz-se que o objetivo do tributo é fazer com que a tecnologia (nas várias vertentes: licença, conhecimento/comercialização, transferência) seja concretamente adquirida no mercado nacional, e não lá fora, evitando-se as remessas de remuneração ou *royalties* para além de nossas fronteiras. Assim se dá a intervenção no domínio econômico.

Em **2007**, assistimos à modificação da Lei n. 10.168/2000: o advento de uma isenção e a previsão de incidência em hipótese controvertida. Observemos o dispositivo alterado pelo **art. 20 da Lei n. 11.452, de 2007**:

> **Art. 2º, § 1º-A (Lei n. 10.168/2000).** A contribuição de que trata este artigo NÃO INCIDE sobre a remuneração pela licença de uso ou de direitos de comercialização ou distribuição de programa de computador, salvo quando envolverem a transferência da correspondente tecnologia. **(Incluído pela Lei n. 11.452, de 2007) (Grifos nossos)**

A propósito, em 15 de agosto de **2017**, o **STJ**, no **REsp 1.642.249/SP** (rel. Min. Mauro Campbell Marques, 2ª T.), entendeu que configura fato gerador da *CIDE-*

-*Remessas* o envio ao exterior de remuneração pela licença de uso ou de direitos de comercialização ou distribuição de programa de computador (*software*), ainda que desacompanhado da "transferência da correspondente tecnologia" (ou seja, da própria "absorção de tecnologia"), porquanto a isenção para tais hipóteses somente adveio com a Lei n. 11.452/2007, precisamente, a partir de 1º de janeiro de 2006.

A alíquota da contribuição é de **10%**, e os sujeitos passivos serão, conforme o disposto no art. 2º, § 4º, da Lei n. 10.168/2000, as seguintes **pessoas jurídicas**:

> **(I)** a *detentora de licença* de uso ou adquirente de conhecimentos tecnológicos;
>
> **(II)** a *signatária de contratos*:
>
> **(II.a)** que impliquem transferência de tecnologia firmados com residentes ou domiciliados no exterior; ou
>
> **(II.b)** que tenham por objeto serviços técnicos e de assistência administrativa, a serem prestados por residentes ou domiciliados no exterior; e, por fim,
>
> **(III)** a que *pagar, creditar, entregar, empregar* ou *remeter "royalties"*, a qualquer título, a beneficiários residentes ou domiciliados no exterior, pelos contratos de transferência mencionados. **(Grifos nossos)**

Por fim, frise-se que a *CIDE-Remessas* cabe à administração da *Secretaria da Receita Federal do Brasil* (SRFB).

5.3 Outras contribuições de intervenção no domínio econômico (CIDEs)

1. Contribuição do (extinto) IAA – Instituto do Açúcar e do Álcool: como um veículo de intervenção estatal na atividade produtora de açúcar, esse tributo foi exigido dos produtores de açúcar e de álcool para o custeio da atividade intervencionista da União na economia canavieira nacional[30].

2. Contribuição do (extinto) IBC – Instituto Brasileiro do Café: como veículo de intervenção estatal na atividade produtora de café, este tributo foi exigido dos exportadores de café, em valor fixado em dólar, o que o caracterizou, negativamente, como "confisco cambial", por representar retenção da parcela de valor obtido pela venda do café no exterior.

3. Adicional de Frete para Renovação da Marinha Mercante – AFRMM (Lei n. 10.893/2004): o AFRMM é uma *contribuição parafiscal*, conforme se depreende da **Súmula n. 553 do STF** ("*O Adicional ao Frete para Renovação da Marinha Mercante (AFRMM) é contribuição parafiscal (...)*").

Observe, ainda, o entendimento jurisprudencial:

30. V. RE 158.208/RN, Pleno, rel. Min. Marco Aurélio, j. em 27-11-1996.

> **EMENTA:** CONSTITUCIONAL. TRIBUTÁRIO. ADICIONAL AO FRETE PARA RENOVAÇÃO DA MARINHA MERCANTE – AFRMM: CONTRIBUIÇÃO PARAFISCAL OU ESPECIAL DE INTERVENÇÃO NO DOMÍNIO ECONÔMICO. CF. ART. 149, ART. 155, § 2º, IX. ADCT, ART. 36. I – Adicional ao frete para renovação da marinha mercante – *AFRMM – é uma contribuição parafiscal ou especial, contribuição de intervenção no domínio econômico, terceiro gênero tributário, distinta do imposto e da taxa.* (CF, art. 149) (...). **(RE 177.137/RS, Pleno, rel. Min. Carlos Velloso, j. em 24-05-1995) (Grifos nossos)**

Tal adicional é cobrado mediante a incidência de alíquotas diferenciadas sobre o frete, dependendo do tipo de navegação (internacional, de cabotagem, fluvial ou lacustre), por ocasião da entrada da embarcação no porto de descarga.

À guisa de curiosidade, o AFRMM é um antigo tributo, tendente a fomentar, no Brasil, a atividade comercial da Marinha Mercante e a indústria de construção e reparação naval, crucial para o controle da balança comercial e, fundamentalmente, para o atendimento das necessidades de qualquer nação comercialmente expansionista.

A propósito, em nosso país, tal indústria apresenta-se desgraçadamente claudicante. Em rápida digressão histórica, nota-se que o AFRMM despontou a partir do governo Kubitschek, em que foram previstos vários estímulos à indústria naval, destacando-se a criação do Fundo de Marinha Mercante (FMM) e do indigitado Adicional de Frete. Logo após, foram lançados sucessivos planos nacionais de construção naval. Com tais medidas, o Brasil alcançou, nos anos 1970, a notável condição de segundo parque mundial de construção naval. Todavia, com o evolver dos anos, o País não conseguiu acompanhar as robustas indústrias exportadoras da Ásia (do Japão, da Coreia e, mais recentemente, da China). O resultado era previsível: os estaleiros e armadores brasileiros sucumbiram, mesmo com os subsídios do AFRMM, à força avassaladora da indústria naval asiática.

4. Adicional de Tarifa Portuária – ATP (Lei n. 7.700/88): o ATP é uma *contribuição parafiscal*, na subespécie "contribuição de intervenção no domínio econômico". É o que decidiu o **STF:**

> **EMENTA:** CONSTITUCIONAL. TRIBUTÁRIO. ADICIONAL DE TARIFA PORTUÁRIA – ATP. LEI 7.700, DE 1988, ART. 1º, § 1º. I – *Natureza jurídica do ATP: contribuição de intervenção no domínio econômico,* segundo o entendimento da maioria, a partir dos votos dos Ministros Ilmar Galvão e Nelson Jobim. II – Voto do Relator, vencido no fundamento. Natureza jurídica do ATP: taxa, criado por lei, Lei 7.700/88, art. 1º, § 1º, remunera serviço público (CF, art. 21, XII, "d" e "f"; art. 175. Decreto 25.408/34). III – Constitucionalidade do ATP: Lei 7.700/88, art. 1º, § 1º. IV – RE conhecido e provido. **(RE 209.365/SP, Pleno, rel. Min. Carlos Velloso, j. em 04-03-1999; ver ademais, o RE 218.061/SP, Pleno, rel. Min. Carlos Velloso, j. em 04-03-1999) (Grifo nosso)**

O fato gerador da contribuição adstringe-se às "operações realizadas com mercadorias importadas ou exportadas, objeto do comércio na navegação de longo curso" (art. 1º, § 1º, da Lei n. 7.700/88). Por sua vez, o produto da arrecadação sempre esteve vinculado "à aplicação em investimentos para melhoramento, reaparelhamento, reforma e expansão de instalações portuárias" (art. 2º, parágrafo único, da Lei n. 7.700/88). Daí a noção precisa, esposada pelo Ministro Ilmar Galvão, no emblemático **RE 209.365/SP**, acima destacado, de que a exação, estando atrelada às finalidades destacadas, configurava exemplo irretorquível de *contribuição de intervenção no domínio econômico.*

5. Contribuição ao INCRA: na visão do **STJ (REsp 977.058/RS, rel. Min. Luiz Fux, 1ª T., j. em 22-10-2008)**, "*a Política Agrária encarta-se na Ordem Econômica (art. 184 da CF/1988), por isso que a exação que lhe custeia tem inequívoca natureza de Contribuição de Intervenção Estatal no Domínio Econômico, coexistente com a Ordem Social, onde se insere a Seguridade Social custeada pela contribuição que lhe ostenta o mesmo 'nomen juris'*". Nesse sentido, Leandro Paulsen[31] procede a breve histórico acerca do tributo:

> A contribuição ao INCRA, de 0,2% sobre folha, que remonta à Lei n. 2.613/55, ao Decreto-lei n. 1.146/70 e à LC n. 11/71, tem sido entendida, pelo STJ, como contribuição de intervenção no domínio econômico ainda vigente. O STJ teve várias posições sobre a matéria. Inicialmente, entendeu que a contribuição havia sido revogada tacitamente quando do advento do plano de custeio da seguridade social, com a Lei n. 8.212/91. Posteriormente, entendeu que já com a Lei n. 7.787/89 fora revogada a contribuição. Atualmente, tem havido manifestações no sentido de que não foi revogada pela Lei n. 7.787/89, tampouco pela Lei n. 8.212/91, de modo que continua vigendo.

Com efeito, tal contribuição não se confunde com a "Contribuição para a Seguridade Social", uma vez que o desígnio daquela em nada se equipara à contribuição securitária social. Para o **STJ**, na condição de CIDE, a Contribuição ao INCRA tem finalidade específica constitucionalmente determinada de promoção da reforma agrária e de colonização, visando atender aos princípios da função social da propriedade e a diminuição das desigualdades regionais e sociais (art. 170, III e VII, CF). A arrecadação do gravame será destinada a programas e projetos vinculados à reforma agrária (e atividades complementares).

Em 25 de fevereiro de **2015**, a 1ª Turma do **STJ** aprovou o enunciado da **Súmula n. 516**, segundo o qual "*a contribuição de intervenção no domínio econômico para o INCRA (Decreto-Lei n. 1.110/1970), devida por empregadores rurais e urbanos, não foi extinta pelas Leis ns. 7.787/1989, 8.212/1991 e 8.213/1991, não podendo ser compensada com a contribuição ao INSS*".

31. PAULSEN, Leandro. *Contribuições* – Custeio da Seguridade Social. Porto Alegre: Livraria do Advogado, 2007, p. 172.

6. Contribuição ao SEBRAE: em tempo, urge registrar que as bancas de concursos não têm hesitado em associar a Contribuição ao SEBRAE, uma contribuição do Sistema "S", a uma *contribuição de intervenção no domínio econômico*.

Com efeito, precisamente para essa contribuição, o **STJ** e o **STF** já haviam sinalizado a adoção desta classificação, partindo da premissa de que o SEBRAE não possui qualquer finalidade de fiscalização ou regulação das atividades das micro e pequenas empresas, mas, sim, o objetivo de influenciar positivamente, valendo-se de sua atuação de fomento e apoio, nas empresas ligadas às áreas industrial, comercial e tecnológica. Observe as ementas:

> **NO STJ (2006):**
> **EMENTA:** (...) 1. É pacífico no STJ o entendimento de que, a Contribuição para o SEBRAE (§ 3º, do art. 8º, da Lei 8.029/90) configura intervenção no domínio econômico, e, por isso, é exigível de todos aqueles que se sujeitam às Contribuições para o SESC, SESI, SENAC e SENAI, independentemente do porte econômico (micro, pequena, média ou grande empresa). (...) **(AgRg no Ag 600.795/PR, 2ª T., rel. Min. Herman Benjamin, j. em 05-12-2006)**

> **NO STF (2003):**
> **EMENTA:** CONSTITUCIONAL. TRIBUTÁRIO. CONTRIBUIÇÃO: SEBRAE: CONTRIBUIÇÃO DE INTERVENÇÃO NO DOMÍNIO ECONÔMICO. (...) A contribuição do SEBRAE – Lei 8.029/90, art. 8º, § 3º, redação das Leis 8.154/90 e 10.668/2003 – é contribuição de intervenção no domínio econômico, não obstante a lei a ela se referir como adicional às alíquotas das contribuições sociais gerais relativas às entidades de que trata o art. 1º do DL 2.318/86, SESI, SENAI, SESC, SENAC. Não se inclui, portanto, a contribuição do SEBRAE, no rol do art. 240, CF III. (...) **(RE 396.266, rel. Min. Carlos Velloso, Pleno, j. em 26-11-2003)**

Em **10 de abril de 2019**, a 1ª Seção do **STJ**, no **EREsp 1.619.954/SC** (rel. Min. Gurgel de Faria), citando a orientação já adotada pelo STF (RE 849.126-AgR, rel. Min. Luiz Fux, 1ª T., j. em 18-08-2015), destacou que é "oportuno rememorar que o STF tem entendimento segundo o qual as contribuições destinadas a terceiros (SESC, SENAC, SEBRAE, APEX e ABDI) têm natureza de contribuição de intervenção no domínio econômico – CIDE (...)".

Posto isso, as contribuições ao SEBRAE, diferentemente daquelas constantes do art. 240 da CF, podem ser classificadas como *contribuições de intervenção no domínio econômico*, naturalmente dependentes de lei ordinária. Assim, igualmente, vêm se orientando as bancas de concursos.

6 ESTUDO DAS CONTRIBUIÇÕES SOCIAIS

No presente estudo, voltado às contribuições em geral, as *contribuições sociais* destacam-se como as mais importantes, tanto do ponto de vista do volume de arrecadação quanto do ponto de vista acadêmico e profissional. Elas são "as relevantes, as que pesam nos bolsos e recheiam os cofres dos Estados"[32].

Para Kiyoshi Harada[33], "a contribuição social é espécie tributária vinculada à atuação indireta do Estado. Tem como fato gerador uma atuação indireta do Poder Público mediatamente referida ao sujeito passivo da obrigação tributária".

Nessa trilha, segue Luciano Amaro[34], para quem "a Constituição caracteriza as contribuições sociais pela sua destinação, vale dizer, são ingressos necessariamente direcionados a instrumentar a atuação da União no setor da ordem social".

Desde já, é importante destacar que, em 16 de março de 2007, publicou-se a Lei n. 11.457, unificando duas Receitas – a *Secretaria da Receita Federal* e a *Secretaria da Receita Previdenciária* – em um órgão único, ou seja, a *Secretaria da Receita Federal do Brasil (SRFB)* ou *Super-Receita*. O novo órgão passou a acumular as competências dos entes aglutinados, modificando a dinâmica da sujeição ativa das contribuições sociais, que passaram a ser de administração deste novo órgão – a SRFB –, sob a fiscalização dos intitulados Auditores-Fiscais da Receita Federal do Brasil (AFRFB).

Ademais, o art. 16 da Lei n. 11.457/2007 dispõe que compete privativamente à *Procuradoria-Geral da Fazenda Nacional* a representação judicial e extrajudicial e a apuração da liquidez e certeza da dívida ativa da União, relativas às contribuições sociais.

A corroborar o exposto acima, em 24 de abril de **2014**, a 2ª Turma do **STJ**, no REsp 1.355.613/RS, rel. Min. Humberto Martins, assim entendeu:

> Com o advento da Lei n. 11.457/2007, as atividades referentes a tributação, fiscalização, arrecadação, cobrança e recolhimento das contribuições sociais vinculadas ao INSS foram transferidas à Secretaria da Receita Federal do Brasil, órgão da União, cuja representação, após os prazos estipulados no seu art. 16, ficou a cargo exclusivo da Procuradoria-Geral da Fazenda Nacional para eventual questionamento quanto à exigibilidade das contribuições previstas no nas alíneas "a", "b" e "c" do parágrafo único do art. 11 da Lei n. 8.212/91, ainda que em demandas que têm por objetivo a restituição de indébito tributário.

O art. 149, *caput*, da CF dá guarida às chamadas *contribuições sociais*, cuja terminologia, sendo demasiado fluida, provoca intensa discussão.

Segundo o **STF**, entendem-se como "contribuições sociais" as **(I)** *contribuições sociais gerais* (aquelas não destinadas à seguridade), as **(II)** *contribuições de seguridade social* e as **(III)** outras *contribuições sociais*. Portanto, despontam as seguintes contribuições sociais:

1. **as contribuições gerais;**

32. COÊLHO, Sacha Calmon Navarro. *Curso de direito tributário brasileiro*, 6. ed., p. 406.
33. Harada, Kiyoshi. *Direito financeiro e tributário*, 7. ed., p. 259.
34. AMARO, Luciano. *Direito tributário brasileiro*. 14. ed., p. 53.

2. **as contribuições social-previdenciárias;**
3. **as "outras" contribuições.**

Tal enquadramento classificatório deriva do emblemático voto do **Ministro do STF, Carlos Velloso**, prolatado em 1º de julho de **1992**, no **RE 138.284-8/CE**, cujo resumo pode ser assim demonstrado:

CONTRIBUIÇÕES SOCIAIS		
(I) Contribuições Sociais Gerais (A "contribuição do Salário-educação" e as "contribuições do Sistema 'S'")	**(II) Contribuições de Seguridade Social** (As chamadas "contribuições nominadas", previstas no art. 195, I ao IV, CF)	**(III) Outras Contribuições Sociais** (As chamadas "contribuições residuais", constantes do art. 195, § 4º, CF)

Em razão da extensão da matéria, apresentamos, desde já, a distribuição dos tópicos da parte restante deste capítulo, afetos à matéria das "contribuições sociais", na ordem a seguir sugerida:

1. **"As Contribuições Sociais Gerais" (Terminologia adotada pelo STF):**
   - **a)** a contribuição ao Salário-educação (art. 212, § 5º, CF);
   - **b)** as contribuições ao Sistema "S" (art. 240, CF).
2. **"As Contribuições de Seguridade Social" (Terminologia adotada pelo STF):**
   - **a)** *1ª Fonte de Custeio:* Importador (art. 195, IV, CF);
   - **b)** *2ª Fonte de Custeio:* Receita de Loterias (art. 195, III, CF);
   - **c)** *3ª Fonte de Custeio:* Trabalhador (art. 195, II, CF, alterado pela **EC n. 103/2019**);
   - **d)** *4ª Fonte de Custeio:* Empregador e Empresa (art. 195, I, CF):
     - **d.1)** Contribuição sobre o Lucro Líquido (CSLL);
     - **d.2)** Contribuição ao PIS/Pasep;
     - **d.3)** Contribuição para Financiamento da Seguridade Social (COFINS);
     - **d.4)** Contribuição Social Patronal sobre a Folha de Pagamentos.
3. **"As Outras Contribuições Sociais"** (Terminologia adotada pelo STF);
4. **Estudo Complementar das Contribuições:**
   - **a)** Contribuição Provisória sobre Movimentação Financeira (CPMF);
   - **b)** Contribuição para o Serviço de Iluminação Pública (COSIP);
   - **c)** Contribuição para o Fundo de Garantia do Tempo de Serviço (FGTS);
   - **d)** Contribuição Social ao Fundo de Assistência e Previdência do Trabalhador Rural (FUNRURAL).

6.1 As contribuições sociais gerais

A retórica jurisprudencial aponta que o **STF**, em julho de **1992**, por meio de seu Tribunal Pleno, procedeu ao controle de constitucionalidade sobre a lei instituidora da Contribuição Social sobre o Lucro Líquido (CSLL), no julgamento do **RE 138.284-8/CE**, definindo o rol classificatório das espécies tributárias.

Quanto às *contribuições parafiscais*, definiu-se, naquele julgado, que tais tributos seriam classificados de acordo com a *afetação* respectiva, traçada pelo legislador constituinte. Desse modo, a afetação *alfa* legitimaria a contribuição *alfa*; a afetação *beta* sinalizaria a contribuição *beta*. Em junho de 1993, o mesmo STF ratificou o posicionamento no RE 148.754-2/RJ, gerando precedentes nas demais decisões daquela Corte.

Em 9 de outubro de **2002**, o Pleno do **STF**, no julgamento da Medida Cautelar na **ADI n. 2.556-2/DF**, de relatoria do Min. Moreira Alves, reconheceu, por maioria de votos, a natureza tributária para certas contribuições, denominando-as *contribuições sociais gerais*. Tratava-se das contribuições criadas pela LC n. 110/2001, cuja finalidade era *obter recursos para o pagamento do acordo firmado com os correntistas do FGTS* que não tiveram suas contas corrigidas em conformidade com os expurgos inflacionários referentes aos planos econômicos Collor, Bresser e Verão. O Ministro relator Moreira Alves chegou a mencionar que, diante da necessidade de buscar o exato enquadramento classificatório das indigitadas espécies tributárias, previstas na LC n. 110/2001, ou como *contribuições sociais* (do art. 149 da CF), ou como *contribuições para a seguridade social* (do art. 195 da CF), preferia atrelá-las à primeira terminologia, como uma subespécie intitulada *contribuições sociais gerais*, afastando--se-lhes a aplicação do art. 195.

Nesse compasso, aquela Corte entendeu que as *contribuições sociais gerais* não se restringiam àquelas delimitadas constitucionalmente, o que dava legitimidade às "atípicas" *contribuições sociais gerais*, ou seja, àquelas instituídas sem uma finalidade estipulada pelo legislador constituinte.

Como é cediço, até o advento da LC n. 110/2001, inexistiam contribuições despidas de afetação delimitada constitucionalmente, e tal posicionamento veio inaugurar uma nova perspectiva terminológica para as contribuições. Aliás, não há na Constituição Federal dispositivo que autorize a instituição de "novas" *contribuições sociais gerais*, pois o art. 195, § 4º, da CF é aplicável a outras – e exclusivamente novas – contribuições social-previdenciárias.

Resumidamente, podemos destacar as seguintes características principais das *contribuições sociais gerais*:

I. são de competência da União;

II. são regidas pelo mesmo regime jurídico das demais contribuições previstas no art. 149 da CF;

III. sujeitam-se de forma integral ao regime constitucional tributário, sem comportar exceções;

IV. são instituídas por lei ordinária e obedecem ao princípio da anterioridade comum (art. 150, III, "b" e "c", da CF);

V. custeiam a atuação do Estado em outros campos sociais, diversos daqueles previstos no art. 195 da CF, quais sejam, **saúde, previdência e assis-**

tência social, estes pertencentes à Seguridade Social e financiados pelas contribuições para a seguridade social;

> Note o item considerado **CORRETO**, em prova realizada pela FCC, para o cargo de Analista de Procuradoria (PGE/BA), em 2013: *"A contribuição social para a seguridade social tem por finalidade gerar recursos para a saúde, previdência e assistência social, sendo tributo de receita vinculada".*

VI. só podem incidir sobre uma única base econômica, por contribuinte, para cada objetivo determinado.

Feitas tais observações, passemos agora a esmiuçar as *contribuições sociais gerais* que, assumindo tal enquadramento terminológico, desfrutam de amplo endosso na doutrina e na jurisprudência. São elas:

a) **Contribuição ao Salário-educação (art. 212, § 5º, CF);**

b) **Contribuições ao Sistema "S" (art. 240, CF).**

Vamos detalhá-las:

a) **A contribuição ao Salário-educação:** a contribuição ao salário-educação foi concebida para financiar, como adicional, o ensino fundamental público, como prestação subsidiária da empresa ao dever constitucional do Estado de manter o ensino primário gratuito de seus empregados e filhos destes.

Segundo o **STF**, tal contribuição é uma "contribuição social geral", tendo sido concebida pelo **art. 178** da EC n. 1/69 e recepcionada pela Constituição Federal de 1988, em função do disposto no art. 212, § 5º, da CF. Esse comando, com a nova redação dada pela EC n. 53/2006, prevê a referida contribuição como fonte adicional de financiamento da educação básica pública (educação infantil – creche e pré-escola –, o ensino fundamental e o ensino médio).

Observe a jurisprudência:

> **EMENTA:** CONSTITUCIONAL. TRIBUTÁRIO. SALÁRIO-EDUCAÇÃO. CONSTITUCIONALIDADE. RECEPÇÃO. I – O salário-educação, na vigência da EC 01/69 (art. 178), foi considerado constitucional. II – *A CF/88 recepcionou o referido encargo como contribuição social destinada ao financiamento do ensino fundamental (art. 212, § 5º), dando-lhe caráter tributário.* Essa recepção manteve toda a disciplina jurídica do novo tributo, legitimamente editada de acordo com a ordem pretérita. III – O art. 25 do ADCT revogou todas as delegações de competência outorgadas ao Executivo, sobre a matéria reservada ao Congresso Nacional, mas não impediu a recepção dos diplomas legais legitimamente elaborados na vigência da Constituição anterior, desde que materialmente compatíveis com a nova Carta. IV – Até a publicação da Lei n. 9.424/96, o salário-educação continuou regido pelas regras construídas no sistema precedente. V – Recurso não conhecido. **(RE 272.872/RS, Pleno, rel. Min. Ilmar Galvão, j. em 04-04-2001) (Grifo nosso)**

Ainda:

> **EMENTA:** TRIBUTÁRIO. SALÁRIO-EDUCAÇÃO. (...) A CF/88 acolheu o salário-educação, havendo mantido de forma expressa – e, portanto, constitucionalizado –, a contribuição, então vigente, a exemplo do que fez com o PIS-PASEP (art. 239) e com o FINSOCIAL (art. 56 do ADCT), valendo dizer que a recepcionou nos termos em que a encontrou, em outubro/88. Conferiu-lhe, entretanto, caráter tributário, por sujeitá-la, *como as demais contribuições sociais*, à norma do seu art. 149, sem prejuízo de havê-la mantido com a mesma estrutura normativa do Decreto-lei n. 1.422/75 (mesma hipótese de incidência, base de cálculo e alíquota), só não tendo subsistido à nova Carta a delegação contida no § 2º do seu art. 1º, em face de sua incompatibilidade com o princípio da legalidade a que, de pronto, ficou circunscrita. Recurso não conhecido. **(RE 290.079/SC, Pleno, rel. Min. Ilmar Galvão, j. em 17-10-2001)**

A esse propósito, impende citar a **Súmula n. 732 do STF**, segundo a qual "*é constitucional a cobrança da contribuição do salário-educação, seja sob a Carta de 1969, seja sob a Constituição Federal de 1988, e no regime da Lei 9.424/96*".

Quanto à sujeição ativa, frise-se que a contribuição ao salário-educação passou a ser recolhida pela *Receita Federal do Brasil* (SRFB). Antes da criação do novo órgão, o recolhimento era feito pela extinta Secretaria da Receita Previdenciária, então vinculada ao Ministério da Previdência e Assistência Social (ver Instrução Normativa n. 566/2005).

b) Contribuições destinadas aos Serviços Sociais Autônomos (Sistema "S"): tais contribuições, também denominadas "contribuições de terceiros", são destinadas, conforme se estudou em tópico precedente, **às entidades privadas de serviços sociais autônomos e de formação profissional, vinculadas ao sistema sindical**. Tais organismos – SENAI, SESI, SESC, SEST, SENAT, SENAC etc. –, pertencentes ao chamado Sistema "S", dedicam-se ao ensino profissionalizante e à prestação de serviços no âmbito social e econômico.

> Note o item considerado **INCORRETO**, em prova realizada pela UFMT, para o cargo de Defensor Público do Estado de Mato Grosso (V Concurso), em 2016: *"A contribuição social do salário-educação, recolhida pelas empresas na forma da lei, é destinada às entidades privadas de serviço social e de formação profissional vinculadas ao sistema sindical".*

Exigem-se as *contribuições de terceiros* dos empregadores, destinando-se o recurso às entidades privadas mencionadas, uma vez que o importe arrecadado não é adequado para financiar a seguridade social, conforme exclusão prevista no art. 240 da CF.

A base de cálculo da exação atrela-se às remunerações pagas, devidas ou creditadas aos empregados e avulsos, ou seja, à folha de pagamento desses segurados. Por sua vez, a alíquota, de modo geral, pode chegar a 5,8%, dependendo do ramo de atuação da empresa.

Quanto à *sujeição ativa*, frise-se que as contribuições do sistema "S" passaram a ser administradas pela Receita Federal do Brasil (SRFB). Antes da criação do novo órgão, o recolhimento era feito pela extinta Secretaria da Receita Previdenciária, então vinculada ao Ministério da Previdência e Assistência Social (ver Instrução Normativa n. 567/2005).

Há divergência na doutrina e jurisprudência acerca da exata natureza jurídica de tais contribuições. Temos mantido, nesta obra, o entendimento de que se trata de *contribuições de interesse das categorias profissionais*. Todavia, não tem sido esse o posicionamento do STF e do STJ, que a concebem como "contribuição social geral". Diante da fluidez com que o tema se apresenta, quer na doutrina, quer na jurisprudência, dificultando a uniformidade quanto à natureza jurídica do gravame, recomendamos a máxima cautela em provas de concurso público.

6.2 As contribuições de seguridade social

O orçamento da seguridade social é composto de receitas oriundas de *recursos dos entes públicos* (financiamento indireto) – por meio dos impostos – e de receitas hauridas das *contribuições específicas* (financiamento direto). Estas últimas são instituídas por lei, com respaldo constitucional, para o custeio da seguridade social (art. 195 da CF c/c art. 11 da Lei n. 8.212/91).

Nesse diapasão, toda a sociedade, de forma direta ou indireta, financia a seguridade social, o que revela a concretização do *princípio da solidariedade* neste gravame.

A doutrina tem procurado associar as contribuições à ideia de *solidariedade*, como relevante vetor axiológico. Para Marco Aurélio Greco[35], as contribuições adstringem-se ao conceito de "solidariedade em relação aos demais integrantes de um grupo social ou econômico, em função de certa finalidade".

Assim, desponta a noção de *referibilidade* (indireta) nas contribuições, à luz do art. 195, I a IV, da CF, segundo o qual toda a sociedade será chamada ao custeio.

Frise-se, em tempo, que o princípio da solidariedade cria um contexto particularizante para as contribuições de seguridade social, qual seja, o de que todos poderão ser chamados a contribuir, independentemente de pertencerem a determinado grupo diretamente relacionado com a atuação estatal. É algo que marca de modo indelével as contribuições de seguridade social, estabelecendo o dever de solidariedade de todos os integrantes da sociedade em seu financiamento.

No estudo do *princípio da anterioridade*, no início desta obra, verificou-se que a contribuição para a seguridade social será cobrada **90 dias** após a publicação da lei que a instituiu ou modificou, conforme o disposto no art. 195, § 6º, da CF. Esse período de 90 dias, que deve intermediar a publicação da lei instituidora ou modificadora e o pagamento do tributo, é conhecido como *anterioridade especial* (nonagesimal ou mitigada), ou período de noventena (ou de noventalidade), entre outras denomi-

35. GRECO, Marco Aurélio. *Contribuições (uma figura "sui generis")*, p. 83.

nações. Portanto, as contribuições para a seguridade social, incluindo as residuais, obedecerão a um período de anterioridade especial de 90 dias, **independentemente** do ano civil (1º de janeiro a 31 de dezembro), afeto à anterioridade anual (ou de exercício), aplicável aos tributos em geral.

> Note o item considerado **INCORRETO**, em prova realizada pelo IBEG, para o cargo de Procurador Previdenciário (IPREV), em 2017: *"As contribuições para a seguridade podem ser exigidas imediatamente, por não se lhes aplicar a anterioridade da data da publicação da lei que as houver instituído ou modificado em relação ao exercício financeiro da cobrança"*.

> Note o item considerado **INCORRETO**, em prova realizada pelo Cebraspe, para o cargo de Delegado de Polícia Substituto (PC/GO), em 2017: *"Em regra, o 'princípio da anterioridade do exercício' aplica-se da mesma forma aos impostos e às contribuições sociais da seguridade social"*.

É importante relembrar que, para o **STF**, o conceito de *modificação* pressupõe a onerosidade efetiva para o contribuinte, o que impõe a aplicação do dispositivo apenas nos casos de aumento de alíquota ou de base de cálculo, ou, até mesmo, no de inclusão de um sujeito passivo. Tal entendimento levou aquela Corte a afirmar que a simples modificação em data de pagamento (antecipação) de contribuição previdenciária não seria suficiente para avocar a noventena.

Observe a jurisprudência:

> **EMENTA:** PIS. FINSOCIAL. PRAZO DE RECOLHIMENTO. ALTERAÇÃO PELA LEI 8.218/91. Em decisões mais recentes (RREE 228.796 e 240.266), o Plenário desta Corte, em casos análogos ao presente com referência à alteração pela Lei 8.218/91 do prazo de recolhimento do PIS e do FINSOCIAL, se tem orientado no sentido de que *a regra legislativa que se limita meramente a mudar o prazo de recolhimento da contribuição, sem qualquer outra repercussão, não se submete ao princípio da anterioridade mitigada previsto no § 6º do art. 195 da CF.* Dessa orientação divergiu o acórdão recorrido. RE conhecido e provido. **(RE 245.124/PR, 1ª T., rel. Min. Moreira Alves, j. em 12-09-2000**[36] **(Grifo nosso)**

Em **2003**, o **STF** houve por bem sumular a matéria:

> **SÚMULA N. 669 (e atual SÚMULA VINCULANTE n. 50): Norma legal que altera o prazo de recolhimento da obrigação tributária não se sujeita ao princípio da anterioridade.**

> Note o item considerado **CORRETO**, em prova realizada pelo TRF/4ª Região, para o cargo de Juiz Federal Substituto (XVII Concurso), em 2016: *"Segundo entendimento sumulado do STF, norma legal que altera o prazo de recolhimento da obrigação tributária não se sujeita ao princípio da anterioridade"*.

36. **Ver, ademais, no STF:** (I) RE 182.971/SP, 1ª T., rel. Min. Ilmar Galvão, j. em 05-08-1997; e (II) RE-AgR 274.949/SC, 1ª T., rel. Min. Sydney Sanches, j. em 13-11-2001.

Observação: item semelhante foi considerado **CORRETO**, em provas realizadas pelas seguintes Instituições: **(I)** IADES, para o cargo de Analista Administrativo Operacional – Advogado da CEITEC S.A., em 2016; **(II)** Vunesp, para o cargo de Juiz de Direito Substituto do TJ/RJ – XLVII Concurso, em 2016; **(III)** TRF/4ª Região, para o cargo de Juiz Federal Substituto/XVI Concurso, em 2014; **(IV)** TRF/3ª Região, para o cargo de Juiz Federal Substituto, em 2016; **(V)** MPE/PR, para o cargo de Promotor de Justiça Substituto, em 2017; **(VI)** Cebraspe, para o cargo de Promotor de Justiça Substituto (MPE/RR), em 2017.

Temos insistido, ainda, em afirmar que, com advento da EC n. 42/2003 e a nova sistemática de cálculo do *princípio da anterioridade* (ver art. 150, III, "c", CF), nada mudou para as contribuições da seguridade social, uma vez que o prazo de 90 dias, exigido pela Emenda, coincide com o usual prazo de carência ou eficácia nonagesimal das contribuições para a seguridade social (art. 195, § 6º, CF). Nesse sentido, à guisa de exemplificação, uma contribuição social-previdenciária instituída em janeiro de 2021 deve obedecer a: (I) 90 dias, relativos ao período de anterioridade nonagesimal (art. 195, § 6º, CF), e aos mesmos (II) 90 dias, exigidos pela Emenda (art. 150, III, "c", CF), que devem intermediar a lei instituidora/modificadora e o pagamento do tributo. Tal fato nos faz concluir que ambos os prazos de 90 dias são, tão somente, **um prazo** de 90 dias, como produto de uma aglutinação de duas contagens temporais em uma.

No plano constitucional, desponta o **art. 149, § 1º, da CF** (atualizado pela **EC n. 103/2019**), que prevê **contribuições previdenciárias federais, estaduais e municipais**, de competência da União, dos Estados, Distrito Federal e dos Municípios, a serem exigidas dos servidores públicos estatutários, para o custeio de regime próprio de previdência social (RPPS). Frise-se que o tributo aqui versado é uma contribuição social-previdenciária, e não uma CIDE ou uma contribuição corporativa.

Note o item considerado **CORRETO**, em prova realizada pela FCC, para o cargo de Auditor Fiscal da Fazenda Estadual (Sefaz/PI), em 2015: *"A Constituição Federal atribui competência a determinados entes federados para instituir contribuições de naturezas diversas. Desse modo, as contribuições para o custeio do regime previdenciário dos servidores públicos estatutários, em benefício desses servidores, poderão ser instituídas pelos Municípios".*

Diga-se que a alíquota não será inferior à alíquota cobrada pela União de seus servidores públicos federais – hoje, no percentual de 11%. Se a alíquota **"não será inferior"** significa que "poderá ser superior", o que, embora óbvio, pode tornar-se confundível no momento da resolução do teste na prova do concurso.

Note o item considerado **CORRETO**, em prova realizada pela UFMT, para o cargo de Defensor Público do Estado de Mato Grosso (V Concurso), em 2016: *"Os Estados, o Distrito Federal e os Municípios instituirão contribuição, cobrada de seus servidores efetivos, para o custeio, em benefício destes, de regime próprio de previdência, cuja alíquota não será inferior à da contribuição dos servidores titulares de cargos efetivos da União".*

Como quadro comparativo entre as *entidades impositoras* e as *competências impositivas para as contribuições*, em seu sentido mais lato, podemos apresentar:

	Contribuições (art. 149, *caput*, CF)	Contribuições (art. 149, § 1º) (ver EC n. 103/2019)	Contribuição para o Serviço de Iluminação Pública	Contribuição de Melhoria
Municípios	Não	Sim	Sim	Sim
Distrito Federal	Não	Sim	Sim	Sim
Estados	Não	Sim	Não	Sim
União	Sim	Sim	Não	Sim

Note o item considerado **INCORRETO**, em prova realizada pelo TRF, para o cargo de Juiz Federal Substituto (TRF/3ª Região), em 2016: *"Em caso de relevante interesse público, os Estados e o DF podem instituir contribuições de intervenção no domínio econômico"*.

Por sua vez, no campo das **imunidades**, impende reafirmar duas importantes normas de não incidência para as contribuições para a seguridade social: **(I)** imunidade de contribuição da seguridade social para as entidades beneficentes de assistência social (art. 195, § 7º, CF); e **(II)** imunidade de todas as contribuições sociais para as receitas decorrentes de exportação (art. 149, § 2º, I, CF – EC n. 33/2001).

É importante destacar, ainda, que, na visão do **STF (RE 627.815/Reperc. geral, rel. Min. Rosa Weber, Pleno, j. em 23-05-2013)**, revela-se inconstitucional a incidência da contribuição ao **PIS** e da **COFINS** sobre a receita decorrente da *variação cambial positiva* obtida nas operações de exportação. Com efeito, se a proteção é para *receitas decorrentes de exportação* – e não para meras "receitas de exportação" –, há que se prestigiar a maior amplitude da exoneração constitucional, dando-se guarida a todas as receitas que resultem da exportação, ou seja, desonerando-se as exportações por completo, com o propósito de que as empresas brasileiras não sejam coagidas a exportar tributos.

Daí afirmar que as contribuições sociais e de intervenção no domínio econômico, previstas no *caput* do art. 149 da Constituição Federal, *não incidirão* sobre as receitas decorrentes de exportação.

Em **12 de fevereiro de 2020**, o Pleno do **STF**, na **ADI n. 4.735** (rel. Min. Alexandre de Moraes) e no **RE 759.244** (rel. Min. Edson Fachin), entendeu que a norma imunizante contida no inciso I do § 2º do art. 149 da CF alcança as receitas decorrentes de "operações indiretas de exportação", caracterizadas por haver participação negocial de *sociedade exportadora intermediária*. O caso se referiu à necessidade de equiparação no tratamento fiscal entre o exportador direto e o indireto, mais precisamente, às exportações de açúcar e álcool realizadas por intermédio de sociedades comerciais exportadoras.

De fato, inexiste controvérsia a respeito da imunidade sobre as receitas decorrentes de *exportação direta*, isto é, quando a produção é comercializada diretamente com adquirente domiciliado no exterior. No caso em apreço, por sua vez, enfrentaram-se apenas as receitas decorrentes de "exportação indireta", quando a produção é comercializada entre produtor e vendedor. Para fins didáticos, tais empresas podem ser ordenadas em duas categorias: (**i**) a primeira, composta por sociedades comerciais regulamentadas pelo Decreto-Lei n. 1.248/72, que possuem *Certificado de Registro Especial*, chamadas habitualmente de "trading companies"; (**ii**) a segunda, formada com aquelas que não possuem o referido certificado e são constituídas de acordo com o Código Civil.

Assim, para o STF, se a regra imunizante é para evitar a indesejada exportação de tributos e permitir que os produtos nacionais se tornem mais competitivos no exterior, contribuindo para a geração de divisas e o desenvolvimento nacional, não há como simplesmente cindir as negociações realizadas no âmbito das "exportações indiretas", de modo a tributar as operações realizadas no mercado interno e imunizar exclusivamente a posterior remessa ao exterior. Tributar a operação interna acaba por onerar, em verdade, a exportação inteira e fere, ainda, a livre concorrência.

Ademais, do ponto de vista da interpretação da norma, a Corte Suprema asseverou que não se trata de dar interpretação mais ampla e irrestrita para alargar o preceito. A regra da imunidade, diferentemente da isenção (art. 111, I, CTN), deve ser analisada do ponto de vista teleológico/finalístico do Sistema Tributário Nacional.

Posto isso, a presente imunidade também deve abarcar as "exportações indiretas", em que aquisições domésticas de mercadorias são realizadas por sociedades comerciais com a finalidade específica de destiná-las à exportação, cenário em que se qualificam como operações-meio, integrando, em sua essência, a própria exportação. Em outras palavras: deve-se partir da compreensão da natureza objetiva da imunidade, que está a indicar que imune não é o contribuinte, mas, sim, "o bem quando exportado", portanto é irrelevante se promovida exportação direta ou indireta.

Foi fixada a seguinte tese para os fins da sistemática da repercussão geral: "*A norma imunizante contida no inciso I do § 2º do art. 149 da Constituição da República alcança as receitas decorrentes de operações indiretas de exportação caracterizadas por haver participação de sociedade exportadora intermediária*".

Por outro lado, a Corte Suprema acolheu importantes casos de incidência, a saber: (**a**) para o **STF**[37], a **CPMF**, que não foi contemplada pela referida imunidade, porquanto a sua hipótese de incidência (*movimentações financeiras*) não se confunde com receita; (**b**) para o **STF**[38], a **CSLL**, que foi excluída do alcance do comando imunitório, haja vista a distinção ontológica entre os conceitos de *lucro e receita*.

---

37. **JURISPRUDÊNCIA**: ver, a propósito, com julgamento no **STF** (Pleno), em **12-08-2010**: (**I**) RE 566.259/Reperc. geral, rel. Min. Ricardo Lewandowski; e (**II**) RE 474.132, rel. Min. Gilmar Mendes.

38. **JURISPRUDÊNCIA**: ver a decisão do Pleno do **STF** que, após reconhecer a repercussão geral do tema, julgou o fundo da controvérsia constitucional, proferindo decisão no RE 564.413 (rel. Min. Marco Aurélio, Pleno, j.

Vale a pena destacar, ainda, que haverá normal incidência das contribuições da seguridade social (COFINS e PIS) sobre o faturamento das empresas que realizam as operações relativas *à energia elétrica, serviços de telecomunicação, derivados de petróleo, combustíveis e minerais* (art. 155, § 3º, CF), uma vez que o dispositivo trata de não incidência de certos *impostos* **(II, IE e ICMS)**.

> Note o item considerado **CORRETO**, em prova realizada pela FCC, para o cargo de Profissional de Nível Superior (Direito) da ELETROSUL – Centrais Elétricas S.A. (Florianópolis/SC), em 2016: *"De acordo com o que estabelece a Constituição Federal, operações com energia elétrica estão sujeitas à incidência, apenas, dos seguintes impostos: ICMS, Imposto de Importação e Imposto de Exportação"*.

A esse propósito, destaca-se a **Súmula n. 659 do STF**, segundo a qual *"é legítima a cobrança da Cofins, do PIS e do FINSOCIAL sobre as operações relativas à energia elétrica, serviços de telecomunicações, derivados de petróleo, combustíveis e minerais do País"*.

> Note o item considerado **INCORRETO**, em prova realizada pelo Cespe, para o cargo de Juiz (TJ/MA), em 2013: *"O STF considera ilegítima a cobrança de COFINS, PIS e FINSOCIAL sobre as operações relativas à energia elétrica, serviços de telecomunicações, derivados de petróleo, combustíveis e minerais do país"*.

> Note o item considerado **INCORRETO**, em prova realizada pela Serctam, para o cargo de Advogado da Prefeitura de Quixadá/CE, em 2016: *"Segundo o entendimento sumulado do STF, não é legítima a cobrança da COFINS, do PIS e do FINSOCIAL sobre as operações relativas a energia elétrica, serviços de telecomunicações, derivados de petróleo, combustíveis e minerais do País"*.

Veja a jurisprudência:

> **EMENTA:** CONSTITUCIONAL. TRIBUTÁRIO. COFINS. DISTRIBUIDORAS DE DERIVADOS DE PETRÓLEO, MINERADORAS, DISTRIBUIDORAS DE ENERGIA ELÉTRICA E EXECUTORAS DE SERVIÇOS DE TELECOMUNICAÇÕES. CF, art. 155, § 3º. LC n. 70, de 1991. I – *Legítima a incidência da COFINS sobre o faturamento da empresa. Inteligência do disposto no § 3º do art. 155, CF, em harmonia com a disposição do art. 195, caput, da mesma Carta.* Precedente do STF: RE 144.971-DF, Velloso, 2ª T., RTJ 162/1075. II – RE conhecido e provido. **(RE 227.832/PR, 2ª T., rel. Min. Carlos Velloso, j. em 1º-07-1999**[39] **(Grifo nosso)**

Passemos, agora, à análise do **art. 195, *caput*, da CF:**

---

em 12-08-2010). Ver, ademais, no mesmo sentido, o ARE 681.728-AgR, rel. Min. Celso de Mello, 2ª T., j. em 12-06-2012.

39. **Ver, ademais, no STF:** (**I**) RE 230.337/RN, Pleno, rel. Min. Carlos Velloso, j. em 01-07-1999; e (**II**) RE 233.807/RN, Pleno, rel. Min. Carlos Velloso, j. em 01-07-1999.

> **Art. 195.** A *seguridade social* será financiada por toda a sociedade, de forma direta e indireta, nos termos da lei, mediante recursos provenientes dos orçamentos da União, dos Estados, dos Municípios e do Distrito Federal e das seguintes *contribuições sociais: **I** – do empregador; **II** – do trabalhador; **III** – receita de concursos de prognósticos;* e ***IV*** – do *importador* de bens ou serviços do exterior, ou de quem a lei a ele equiparar. (EC n. 42/2003) **(Grifos nossos)**

Como se pode notar, com o advento da EC n. 42/2003, passamos a ter quatro fontes de custeio da seguridade social, previstas no art. 195, I a IV, da CF: as contribuições pagas pelos *empregadores* e *empresas*, aquelas pagas pelos *trabalhadores*, as contribuições incidentes sobre a *receita dos concursos de prognósticos* e, por fim, aquelas pagas pelo *importador* de bens ou serviços do exterior.

Todas elas, previstas no *caput* do indigitado dispositivo, podem ser instituídas por *lei ordinária* ou, até mesmo, por *medida provisória*. Qualquer contribuição previdenciária, que venha a ser criada além das fontes acima enumeradas, configurará o exercício da *competência residual*, cuja previsão subsiste no § 4º do art. 195 da CF. Estas, de outra banda, dependem de *lei complementar*, rechaçando a medida provisória (art. 62, § 1º, III, CF).

No âmbito da COFINS, vale a pena recordar o relevante embate jurisprudencial travado no âmbito da isenção da contribuição em favor de sociedades civis de prestação de serviços relativos ao exercício de profissão legalmente regulamentada (*v.g.*, a da sociedade de advogados). A **LC n. 70/91** (art. 6º, II), inicialmente, previu para a hipótese em tela a isenção da COFINS. Cerca de cinco anos após, publicou-se a **Lei (Ordinária) n. 9.430/96**, em cujo art. 56 se estabeleceu a regra de incidência da indigitada contribuição. Em outras palavras, era uma lei ordinária revogando uma isenção inicialmente prevista em uma lei complementar.

Em pouco tempo, a discussão já estava nos tribunais, e o **STJ** decidiu a favor das sociedades profissionais, chancelando a manutenção da norma isentiva e afastando a aplicação da Lei n. 9.430/96, consoante o disposto na **Súmula n. 276/STJ** (*"As sociedades civis de prestação de serviços profissionais são isentas da Cofins, irrelevante o regime tributário adotado")*.

Como a matéria possui índole constitucional, o **STF** foi chamado à peleja e enfrentou a questão, em nível de Repercussão Geral, assim disciplinando: "*(...) A LC n. 70/91 é apenas formalmente complementar, mas materialmente ordinária, com relação aos dispositivos concernentes à contribuição social por ela instituída. (...)*" (**RE 377.457, rel. Min. Gilmar Mendes, Pleno, j. em 17-09-2008**). Desse modo, a Suprema Corte entendeu que a LC n. 70/91 foi editada fora do campo material que a Constituição lhe tinha reservado, não criando óbice a um ulterior tratamento por lei ordinária.

Com isso, a **Súmula n. 276** tornou-se sem efeito e foi cancelada (**AR 3.761/PR, rel. Min. Eliana Calmon, 1ª T., j. em 12-11-2008**), levando o mesmo **STJ**, em 31 de março de **2014**, a editar a **Súmula n. 508:** "*A isenção da COFINS concedida pelo art. 6º, II, da LC n. 70/1991 às sociedades civis de prestação de serviços profissionais foi re-*

vogada pelo art. 56 da Lei n. 9.430/1996". Posto isso, ao término do embate, prevaleceu a incidência.

Recomenda-se acompanhar, ainda, o desfecho dos **Embargos de Divergência no Agravo de Instrumento n. 597.906**, apresentados pela União contra decisão da 1ª Turma do STF que manteve a decisão monocrática proferida pelo Ministro Marco Aurélio. A União busca no STF reverter a decisão do STJ, o qual entendeu que um escritório de advocacia está isento da Cofins em função da conhecida Súmula n. 276. A decisão monocrática negou provimento ao agravo de instrumento da União. O julgamento foi sobrestado por falta de *quorum* e, desse modo, suspenso em 26 de novembro de **2014**. Frise-se que o voto do Ministro Gilmar Mendes (Relator), já prolatado, foi no sentido de acolher os Embargos de Divergência para reformar o acórdão recorrido e reafirmar a tese de que *foi revogada, pelo art. 56 da Lei n. 9.430/96, a isenção concedida às sociedades civis de profissão regulamentada, anteriormente prevista no art. 6º, II, da LC n. 70/91*, no que foi acompanhado pelos Ministros Rosa Weber, Celso de Mello e Ricardo Lewandowski (Presidente).

Observe o quadro mnemônico das fontes nominadas de custeio da seguridade social:

Fontes Nominadas de Custeio da Seguridade Social			
Art. 195, *caput*, CF			
Inciso IV	**Inciso III**	**Inciso II**	**Inciso I**
Importador	Receita de loterias	Trabalhador	Empregador e a Empresa

Feitas essas observações preliminares, segue adiante a disposição da matéria, afeta às fontes nominadas de custeio da seguridade social, em ordem de estudo por nós sugerida, a fim de melhor detalharmos esse amplo assunto:

a) **1ª Fonte de Custeio da Seguridade Social: o importador (art. 195, IV, CF);**
b) **2ª Fonte de Custeio da Seguridade Social: a receita de loterias (art. 195, III, CF);**
c) **3ª Fonte de Custeio da Seguridade Social: o trabalhador (art. 195, II, CF, alterado pela EC n. 103/2019);**
d) **4ª Fonte de Custeio da Seguridade Social: o empregador e a empresa (art. 195, I, CF).**

Enfrentando, assim, o tema:

a) 1ª fonte de custeio: o importador

Com a EC n. 42/2003, que inseriu o inciso IV ao art. 195 da CF, evidenciou-se a possibilidade de criação de contribuição para a seguridade social, alcançando a *importação de produtos e serviços estrangeiros*, em razão do alargamento da incidência das contribuições sociais e de intervenção do domínio econômico (CIDEs), conforme se nota no art. 149, § 2º, II, da CF.

Nessa esteira, em 29 de janeiro de **2004**, com o advento da Medida Provisória n. 164 (convertida na Lei n. 10.865/2004), foram instituídas as *contribuições* para: **(I)** os Programas de Integração Social e de Formação do Patrimônio do Servidor Público (PIS) e **(II)** o Financiamento da Seguridade Social (COFINS), incidentes sobre a *importação de bens e serviços*. Assim, surgiram as contribuições para a seguridade social, intituladas "PIS/Pasep-IMPORTAÇÃO" e "COFINS-IMPORTAÇÃO".

Observe o *quadro mnemônico*, contendo as principais informações sobre tais tributos:

Contribuição para a Seguridade Social	PIS-Importação e COFINS-Importação
Previsão	Art. 195, IV, CF (EC n. 42/2003); art. 149, § 2º, II, da CF; e MP 164/2004 (convertida na Lei n. 10.865/2004 e atualizada pela Lei n. 12.865/2013)
Fato Gerador	A entrada de bens estrangeiros no território nacional ou o pagamento, o crédito, a entrega, o emprego ou a remessa de valores a residentes ou a domiciliados no exterior, como contraprestação por serviço prestado (art. 3º da Lei n. 10.865/2004)
Base de Cálculo	A Lei n. 12.865/2013, dando nova redação ao **art. 7º da Lei n. 10.865/2004**, dispôs que a *base de cálculo* será: **(I)** o valor aduaneiro, na hipótese do inciso I do *caput* do art. 3º desta Lei; ou **(II)** o valor pago, creditado, entregue, empregado ou remetido para o exterior, antes da retenção do IR, acrescido do ISS e do valor das próprias Contribuições, na hipótese do inciso II do *caput* do art. 3º desta Lei. Em tempo, o **art. 3º da Lei n. 10.865/2004**, por sua vez, disciplina que o *fato gerador* será: **(I)** a entrada de bens estrangeiros no território nacional; ou **(II)** o pagamento, o crédito, a entrega, o emprego ou a remessa de valores a residentes ou domiciliados no exterior como contraprestação por serviço prestado.
Sujeito Passivo	**(I)** o importador, pessoa física ou jurídica, que promova a entrada de bens estrangeiros no território nacional ou contrate serviços de residente ou domiciliado no exterior; e **(II)** o beneficiário do serviço, na hipótese em que o contratante também seja residente ou domiciliado no exterior (art. 1º e § 1º, da Lei n. 10.865/2004)
Sujeito Ativo	Secretaria da Receita Federal do Brasil (SRFB)

Em 18 de agosto de **2015**, a 2ª Turma do **STJ**, no **REsp 1.254.117/SC** (rel. Min. Mauro Campbell Marques), entendeu que "*há incidência de contribuição para o PIS/PASEP-Importação e de COFINS-Importação sobre a importação de animal silvestre [girafas destinadas à exposição em zoológico], ainda que sua internalização no território nacional tenha ocorrido via contrato de permuta de animais*". No plano jurídico-

-interdisciplinar, as girafas objeto do contrato de permuta se enquadram no conceito de "bem" definido na legislação civil (art. 82, Código Civil) para fins de incidência das contribuições. Quanto às características do contrato e permuta e a base de cálculo dos tributos confrontados, veja-se o excerto da ementa:

> **EMENTA:** (...) 7. Ainda que no contrato de permuta o pagamento não se realize com moeda, mas sim com a entrega do bem que se pretende trocar, tal fato não retira a possibilidade de se atribuir valor financeiro, ou preço, à operação realizada, sobretudo porque o art. 533 do Código Civil de 2002 determina a aplicação à permuta das disposições referentes à compra e venda. Dessa forma, o valor da operação, somados às demais parcelas que integram o valor aduaneiro, servirá de base de cálculo para a incidência das contribuições em questão, nos termos do inciso I do art. 7º da Lei n. 10.865/04. (...) **(REsp 1.254.117/SC, rel. Min. Mauro Campbell Marques, 2ª T., j. em 18-08-2015)**

b) 2ª fonte de custeio: a receita de loterias

Trata-se de fonte de custeio da seguridade social, oriunda das contribuições incidentes sobre a receita de concurso de prognósticos, isto é, de todo e qualquer concurso de sorteio de números ou outros símbolos, loterias e apostas, no âmbito federal, estadual, distrital ou municipal, promovidos por órgãos do Poder Público ou por sociedades comerciais ou civis, **ressalvados os "jogos de azar"**.

Observe o *quadro mnemônico*, contendo as principais informações sobre o tributo:

Contribuição para a Seguridade Social	Contribuição sobre a Receita de Concursos de Prognósticos
Previsão	Art. 195, III, CF c/c art. 212 do Decreto n. 3.048/99
Fato Gerador	Auferir receita de concursos de prognósticos
Base de Cálculo	Receita Líquida (total da arrecadação) ou a Receita Bruta (movimento global de apostas) do concurso de prognósticos
Sujeito Passivo	Entidade que realiza o concurso de prognóstico (órgãos do Poder Público ou organismos privados)
Sujeito Ativo	Secretaria da Receita Federal do Brasil (SRFB)

c) 3ª fonte de custeio: o trabalhador

A contribuição social-previdenciária recolhida pelo trabalhador apresenta-se como mais uma fonte de custeio da seguridade social. Houve por bem o legislador constituinte incluir a contribuição do trabalhador no rol das fontes de financiamento da Seguridade Social, uma vez que esse mesmo trabalhador, quando em necessidade, usufrui diretamente os benefícios previdenciários.

Aqui se somam as contribuições previdenciárias do trabalhador avulso e do segurado empregado, incluindo o doméstico, calculadas mediante a aplicação de certa alíquota sobre o salário de contribuição mensal. Este salário, consoante os ditames da legislação vigente, define-se em faixas de valor, sujeitas a limites máximo e mínimo, sobre as quais, correspondente e destacadamente, recaem alíquotas variadas do tributo.

Frise-se que o art. 30, I, da Lei n. 8.212/91 determina que a empresa, sob os efeitos da responsabilidade tributária, está obrigada a reter a contribuição, descontando-a da respectiva remuneração despendida, e a repassá-la ao Fisco, sob pena de configuração do crime de apropriação indébita.

Observe o *quadro mnemônico*, contendo as principais informações sobre o tributo:

Contribuição para a Seguridade Social	Contribuição Social do Trabalhador
Previsão	Art. 195, II, CF (alterado pela **EC n. 103/2019**)
Fato Gerador	Remuneração paga ou creditada pelos serviços prestados pelo segurado, independentemente do título que lhe seja dado (art. 201, I, do Decreto n. 3.048/99)
Base de Cálculo	**Salário de contribuição** (art. 214, I e II, do Decreto n. 3.048/99). As alíquotas variam de 8% a 11% (MPS n. 142/2007 e Portaria n. 48/2009)
Sujeito Passivo	Trabalhador (segurado empregado, incluindo o doméstico e o trabalhador avulso)
Sujeito Ativo	Secretaria da Receita Federal do Brasil (SRFB)
Quanto ao **salário de contribuição**, acima destacado, é importante memorizar as parcelas dele integrantes ou não. Observe: **a) Parcelas integrantes do salário de contribuição:** gratificação natalina ou **13º salário** (ver Súmulas n. 688 e n. 207, ambas do STF), gratificações em geral (prêmios, comissões, gorjetas etc.), férias, diárias para viagens (excedentes a 50% da remuneração mensal), adicionais em geral (serviço noturno, periculosidade etc.), planos de saúde (quando não disponibilizados à totalidade dos empregados) e reembolsos não comprovados (creche, babá etc.). **b) Parcelas não integrantes do salário de contribuição:** benefícios previdenciários, indenizações em geral (terço constitucional de férias, férias indenizadas, indenização do FGTS, aviso prévio indenizado, licença-prêmio indenizada, abono do PIS/PASEP etc.).	

d) 4ª fonte de custeio: o empregador e a empresa

O inciso I do art. 195, ao utilizar o texto "[(...) e das seguintes contribuições sociais] *do empregador, da empresa e da entidade a ela equiparada na forma da lei* (...)", permite-nos compreender que compõem essa fonte de receita da seguridade social todos os empregadores e também todas e quaisquer empresas, sejam ou não empregadoras (*por exemplo*, as equiparadas ou "pessoas jurídicas empregadoras em potencial"). Veja a jurisprudência:

EMENTA: RECURSO EXTRAORDINÁRIO. AGRAVO REGIMENTAL. COFINS. PESSOA JURÍDICA SEM EMPREGADOS. EXIGÊNCIA. 1. O enunciado do art. 195, *caput*, da CF/88 "a seguridade social será financiada por toda a sociedade" revela a intenção do legislador constituinte de não excluir de ninguém a responsabilidade de custeá-la. *O vocábulo "empregador" constante do inciso I desse artigo abrange a pessoa jurídica empregadora em potencial.* Precedentes: RE 335.256-AgR e RE 442.725-AgR. 2. Agravo regimental improvido. **(RE-AgR 249.841/PR, 2ª T., rel. Min. Ellen Gracie, j. em 28-03-2006) (Grifo nosso)**

A propósito, os conceitos de *empregador* e de *equiparado* podem ser extraídos do **art. 2º e § 1º da CLT:**

Art. 2º Considera-se *empregador* a empresa, individual ou coletiva, que, assumindo os riscos da atividade econômica, admite, assalaria e dirige a prestação pessoal de serviço.
§ 1º Equiparam-se ao *empregador*, para os efeitos exclusivos da relação de emprego, os profissionais liberais, as instituições de beneficência, as associações recreativas ou outras instituições sem fins lucrativos, que admitirem trabalhadores como empregados. **(Grifos nossos)**

Tal fonte de custeio atrela-se às contribuições do empregador e das pessoas jurídicas em geral, incidentes sobre:

1. a folha de pagamentos e rendimentos do trabalho, pagos ou creditados à pessoa física que lhe preste serviço;
2. a receita ou o faturamento;
3. o lucro.

Essas contribuições do inciso I do art. 195 da CF – é salutar relembrar – poderão ter alíquotas ou bases de cálculo diferenciadas, em razão da atividade econômica, da utilização intensiva de mão de obra, do porte da empresa ou da condição estrutural do mercado de trabalho, avocando-se-lhes, portanto, a aplicação do princípio da capacidade contributiva (ver art. 195, § 9º, CF [alterado pela **EC n. 103/2019**] c/c art. 145, § 1º, CF), na esteira de um dos seus meios de exteriorização, a saber, a progressividade.

Ademais, não se admitem remissões e anistias das contribuições previstas no art. 195, I, "a", e II, da CF, cujo produto esteja atrelado ao custeio dos benefícios do Regime Geral de Previdência Social (RGPS), conforme se depreende do **§ 11 do art. 195 da CF**, alterado pela **EC n. 103/2019**:

Art. 195, § 11. São vedados a moratória e o parcelamento em prazo superior a 60 (sessenta) meses e, na forma de lei complementar, a remissão e a anistia das contribuições sociais de que tratam a alínea "a" do inciso I e o inciso II do *caput*.

Frise-se que o **art. 195, § 12, da CF** prevê que a lei deve estabelecer os setores de atividade econômica para os quais haverá a não cumulatividade das contribuições previstas no art. 195, I, "b", e IV, da CF. Nessa medida, será constitucional a aleatória instituição de regimes tributários distintos (incidência cumulativa e incidência não cumulativa) para tais contribuições. Aliás, já há previsão de contribuição não cumulativa para o PIS/Pasep (Lei n. 10.637/2002), para a COFINS (Lei n. 10.833/2003) e para PIS-Importação e COFINS-Importação (Lei n. 10.865/2004). Observe o dispositivo, inserido pela EC n. 42/2003:

> **Art. 195, § 12.** A lei definirá os setores de atividade econômica para os quais as contribuições incidentes na forma dos incisos I, "b", e IV do *caput*, serão não cumulativas.

Em **2 de setembro de 2020**, o Pleno do **STF**, no **RE 570.122/RS** (rel. Min. Marco Aurélio; red. p/ ac. Min. Edson Fachin), fixando a tese de repercussão geral (Tema 34), assim lapidou: "*É constitucional a previsão em lei ordinária que introduz a sistemática da não cumulatividade à COFINS, dado que observa os princípios da legalidade, isonomia, capacidade contributiva global e não confisco*".

A propósito dos contornos do veredito em epígrafe, a Corte Suprema estabeleceu algumas balizas:

1. Não há ofensa ao art. 246 da CF na hipótese de mera majoração de alíquotas de contribuições sociais, o que rechaça a aplicação da reserva de lei complementar, haja vista não se tratar de novo tributo;
2. Não há ofensa ao *princípio que veda o tributo com efeito de confisco*, uma vez que é juridicamente insustentável buscar guarida nesse princípio em sede de jurisdição constitucional, tendo em conta a orientação segundo a qual a caracterização desse efeito pressupõe a análise de dados concretos e de peculiaridades de cada operação ou situação, tomando-se em conta custos, carga tributária global, margens de lucro e condições pontuais do mercado e de conjuntura econômica.
3. Não há ofensa ao *princípio da isonomia ou capacidade contributiva*, perante as eventuais diferenças entre os regimes de lucro real ou de lucro presumido, inclusive a respeito do direito ao creditamento, uma vez que a sujeição ao regime do lucro presumido é uma escolha feita pelo contribuinte, considerado o seu planejamento tributário.

Ainda sobre a técnica da não cumulatividade, em **15 de outubro de 2019**, a 1ª Turma do **STJ**, no **RE 1.428.247-RS** (rel. Min. Gurgel de Faria; rel. p/ ac. Min. Regina Helena Costa), entendeu que é possível o desconto de créditos existentes de PIS e COFINS, pelo contribuinte substituído, sobre o ICMS recolhido pelo substituto, no regime de substituição tributária progressiva (ICMS-ST), na aquisição de bens para revenda. Para a Corte Superior, o direito ao creditamento independe da ocorrência de tributação na etapa anterior, vale dizer, não está vinculado à eventual incidência da contribuição ao PIS e da COFINS sobre a parcela correspondente ao ICMS-ST na operação de venda do substituto ao substituído. Nesse contexto, sendo prévio o fato gerador da substituição tributária, o direito ao crédito do substituído decorre da repercussão econômica do ônus gerado pelo recolhimento antecipado do ICMS-ST atribuído ao substituto, compondo, desse modo, o custo de aquisição da mercadoria adquirida pelo revendedor.

Frise-se que o **art. 195, § 13, da CF** foi revogado pela **EC n. 103/2019**. Ademais, a referida Emenda Constitucional incluiu o § 14 no dispositivo legal. Observe:

> **Art. 195, § 14.** O segurado somente terá reconhecida como tempo de contribuição ao Regime Geral de Previdência Social a competência cuja contribuição seja igual ou superior à contribuição mínima mensal exigida para sua categoria, assegurado o agrupamento de contribuições.

A **Lei n. 12.546/2011** instituiu as contribuições *previdenciárias substitutivas* incidentes sobre a receita bruta das empresas (CPRBs) abrangidas pela desoneração da folha. Observem-se os arts. **7º, 8º e 9º** da Lei mencionada:

> **Art. 7º** Contribuirão sobre o valor da receita bruta **[CPRB]**, excluídas as vendas canceladas e os descontos incondicionais concedidos, em substituição às contribuições previstas nos incisos I e III do *caput* do art. 22 da Lei n. 8.212, de 24 de julho de 1991, à alíquota de 2% (dois por cento): (...) **(Grifos nossos)**
>
> **Art. 8º** Contribuirão sobre o valor da receita bruta **[CPRB]**, excluídas as vendas canceladas e os descontos incondicionais concedidos, à alíquota de 1% (um por cento), em substituição às contribuições previstas nos incisos I e III do *caput* do art. 22 da Lei n. 8.212, de 24 de julho de 1991, as empresas que fabricam os produtos classificados na Tipi, aprovada pelo Decreto n. 7.660, de 23 de dezembro de 2011, nos códigos referidos no Anexo I. **(Grifos nossos)**
>
> **Art. 9º** Para fins do disposto nos arts. 7º e 8º desta Lei: (...) **II** – exclui-se da base de cálculo das contribuições a receita bruta: **a)** de exportações (...);

Em 8 de setembro de **2015**, a 2ª Turma do **STJ**, no **REsp 1.528.604/SC** (rel. Min. Mauro Campbell Marques), entendeu que, "*à exceção dos ICMS-ST, e demais deduções previstas em lei, a parcela relativa ao ICMS inclui-se no conceito de receita bruta para fins de determinação da base de cálculo da contribuição substitutiva prevista nos arts. 7º e 8º da Lei n. 12.546/2011*". Adotando tal orientação, percebe-se que o STJ assumiu aqui, *mutatis mutandis*, para as *contribuições previdenciárias substitutivas* incidentes sobre a receita bruta (CPRBs), a mesma lógica daquela adotada no julgamento do emblemático **REsp 1.330.737/SP (rel. Min. Og Fernandes)**, em 10 de junho de **2015**, em sede de recurso repetitivo, quanto à legalidade da inclusão do ISS na base de cálculo do PIS e da COFINS (a própria receita bruta), na sistemática não cumulativa. Sobre esse tema, recomenda-se a leitura do tópico específico no Capítulo 30 (item 2.6.9).

Em **8 de setembro de 2020**, a 1ª Turma do **STJ**, no **REsp 1.579.967-RS** (rel. Min. Gurgel de Faria), entendeu que as receitas decorrentes das operações de vendas de mercadorias destinadas à Zona Franca de Manaus (ZFM) devem ser excluídas da base de cálculo da *contribuição previdenciária sobre a receita bruta* (**CPRB**). A **Lei n. 12.546/2011** (com redação dada pela **Lei n. 12.844/2013**) criou espécie de *contribuição previdenciária substitutiva sobre a receita bruta* (**CPRB**) e dispôs que, "*para fins do disposto nos arts. 7º e 8º, exclui-se da base de cálculo das contribuições a receita bruta de exportações*" (**art. 9º, II, "a"**). As vendas para a ZFM são equiparadas, para fins fiscais, às exportações (art. 4º do Decreto-lei n. 288/67: "*a exportação de mercadorias de origem nacional para consumo ou industrialização na Zona Franca de Manaus, ou reexportação para o estrangeiro, será para todos os efeitos fiscais, constantes da legislação em vigor, equivalente a uma exportação brasileira para o estrangeiro*"). No plano jurisprudencial, a **2ª Turma do STJ**, em **2018**, assim entendera: "*a venda de mercadorias para empresas situadas na Zona Franca de Manaus equivale à exportação de produto brasileiro para o estrangeiro, em termos de efeitos fiscais, segundo interpretação do Decreto-lei n. 288/67, de modo que, com base nesse entendimento consolidado, é possível concluir que não incide sobre tais receitas a contribuição substitutiva prevista na Lei n. 12.546/2011*" (**AgInt no REsp 1.736.363/PR, rel. Min. Mauro Campbell Marques, 2ª T., j. em 06-09-2018**). Posto isso, as vendas de mercadorias para a ZFM, na linha de pacífico entendimento jurisprudencial do **STJ**, são alcançadas pela regra do **art. 9º, II, "a"**, da **Lei n. 12.546/2011**, devendo ser excluídas da base de cálculo da *contribuição previdenciária sobre a receita bruta* (**CPRB**).

Feitas as observações preliminares sobre o tema, passemos então ao detalhamento das contribuições para a seguridade social, incidentes sobre o empregador ou a empresa, salientando, desde já, que a matéria é ampla – o que requer fôlego e atenção do leitor –, razão por que procuramos organizadamente dispor a matéria do seguinte modo.

São contribuições para a seguridade social, incidentes sobre o empregador ou empresa:

d.1) Contribuição sobre o Lucro Líquido (CSLL);

d.2) Contribuição ao PIS/PASEP;

d.3) Contribuição para Financiamento da Seguridade Social (COFINS);

d.4) Contribuição Social Patronal sobre a Folha de Pagamentos.

Detalhando o tema:

d.1) Contribuição sobre o Lucro Líquido (CSLL)

A CSLL, instituída pela Lei n. 7.689/88, é gravame que incide sobre o lucro líquido das pessoas jurídicas. Aplicam-se ao gravame as mesmas normas de apuração e de pagamento estabelecidas para o Imposto de Renda das Pessoas Jurídicas (IRPJ).

Observe o *quadro mnemônico*, contendo as principais informações sobre o tributo:

Contribuição para a Seguridade Social	Contribuição Social sobre o Lucro Líquido (CSLL)
Previsão	Art. 195, I, "c", CF c/c art. 28 da Lei n. 9.430/96
Fato Gerador	Auferimento de lucro
Base de Cálculo e Alíquota	Lucro, após certos ajustes. A alíquota será de 9%
Sujeito Passivo	Pessoas jurídicas ou equiparadas
Sujeito Ativo	Secretaria da Receita Federal do Brasil (SRFB)

d.2) Contribuição ao PIS/PASEP

Concebidas originariamente em leis complementares distintas (LC n. 7/70, para o PIS, e LC n. 8/70, para o PASEP), tais contribuições, destinadas ao financiamento da seguridade social, foram unificadas e, a partir de 1º de julho de 1976, passaram a ser denominadas, simplificadamente, PIS/Pasep.

Com o advento da Constituição de 1988 (art. 239, *caput* e § 3º[40]), ficou estipulado que os recursos do PIS/Pasep iriam financiar o programa do seguro-desemprego e o abono salarial, sendo este consistente no pagamento de um salário mínimo anual aos empregados que recebem até dois salários mínimos de remuneração mensal, desde que seus empregadores contribuam para o PIS/Pasep (art. 239, § 3º, CF).

Observe o *quadro mnemônico*, contendo as principais informações sobre o tributo:

Tipos de Contribuições para o PIS/PASEP			
Tipos	**Sujeito Passivo**	**Fato Gerador**	**Base de Cálculo**
PIS/PASEP (1)	Pessoas Jurídicas de Direito Privado e as que lhes são equiparadas	Obter faturamento mensal*	Faturamento mensal* (art. 1º, § 2º, Lei n. 10.637/2002)
PIS/PASEP (2)	Entidades sem fins lucrativos (empregadoras)	Pagamento de salários	Folha de pagamentos

40. **LEGISLAÇÃO: "Art. 239, CF.** A arrecadação decorrente das contribuições para o PIS, criado pela LC nº 7/70, e para o PASEP, criado pela LC nº 8/70, passa, a partir da promulgação desta Constituição, a financiar, nos termos que a lei dispuser, o programa do seguro-desemprego e o abono de que trata o § 3º deste artigo. (...) § 3º Aos empregados que percebam de empregadores que contribuem para o PIS ou para o PASEP, até dois salários mínimos de remuneração mensal, é assegurado o pagamento de um salário mínimo anual, computado neste valor o rendimento das contas individuais, no caso daqueles que já participavam dos referidos programas, até a data da promulgação desta Constituição".

PIS/PASEP (3)	Pessoas Jurídicas de Direito Público Interno	Arrecadação de receitas ou transferências correntes e de receitas de capital	Valor das receitas ou transferências correntes e de receitas de capital recebidas
* O *faturamento mensal* corresponde à **receita bruta**, assim entendida a totalidade das receitas auferidas pela pessoa jurídica, sendo irrelevantes o tipo de atividade por ela exercida e a classificação contábil adotada para essas receitas, observadas as exclusões admitidas em lei específica. Para Harada (*Direito Financeiro...*, p. 271), "'faturamento' é o ato de faturar, podendo significar, também, o somatório de diversas faturas, conforme ficou consagrado na prática comercial, quando se diz que o faturamento mensal de determinada empresa é de tantos reais, expressando o volume de vendas realizadas".			

No tocante à **não cumulatividade**, a partir de 1º de janeiro de 2003, com a edição da Lei n. 10.637/2002, foi instituída, com ressalvas previstas, a *não cumulatividade* na cobrança das contribuições para o **PIS/Pasep** sobre faturamento, cuja alíquota é de **1,65%**.

Sobre a *não cumulatividade* da contribuição social e a correção monetária do crédito escritural, em **12 de fevereiro de 2020**, a 1ª Seção do **STJ**, no **REsp 1.767.945-PR** (rel. Min. Sérgio Kukina), entendeu que o termo inicial da correção monetária de ressarcimento de *crédito escritural excedente* de contribuições sociais sujeitas ao regime não cumulativo ocorre somente após escoado o prazo de 360 dias para a análise do pedido administrativo pelo Fisco (art. 24 da Lei n. 11.457/2007).

Quando se trata de **PIS não cumulativo** (e COFINS, igualmente), o *crédito escritural* dessas contribuições não é "receita bruta da empresa" – ou ainda, não resulta de dívida do Fisco com o contribuinte –, devendo servir apenas para a dedução do valor devido da contribuição. Por essa razão, não deve haver a incidência de correção monetária ou juros sobre esses créditos escriturais (**Súmula n. 125, CARF**).

Por outro lado, há uma exceção: a jurisprudência deste **STJ** compreende pela desnaturação do crédito escritural e, consequentemente, pela possibilidade de sua atualização monetária, se ficar comprovada a resistência injustificada da Fazenda Pública ao aproveitamento do crédito, por exemplo, se houve necessidade de o contribuinte ingressar em juízo para ser reconhecido o seu direito ao creditamento, ou o transcurso do prazo de 360 dias de que dispõe o Fisco para responder ao contribuinte, sem qualquer manifestação fazendária. Nesse caso, o termo inicial da correção monetária do pleito de ressarcimento de crédito escritural excedente de tributo sujeito ao regime não cumulativo ocorre somente quando caracterizado o ato fazendário de resistência ilegítima, no caso, o transcurso do prazo de 360 dias para a análise do pedido administrativo sem apreciação pelo Fisco.

No plano interdisciplinar, não é demasiado relembrar que essa mesma **1ª Seção do STJ**, a respeito de créditos escriturais do **IPI**, por força do princípio da não cumulatividade aplicável a esse imposto, firmara as seguintes (e idênticas) diretrizes:

a) "A correção monetária não incide sobre os créditos de IPI decorrentes do princípio constitucional da não cumulatividade (créditos escriturais), por ausência de previsão legal" (**REsp 1.035.847/RS, rel. Min. Luiz Fux, 1ª Seção, *DJe* 03-08-2009 – Tema 164**);

b) "É devida a correção monetária ao creditamento do IPI quando há oposição ao seu aproveitamento decorrente de resistência ilegítima do Fisco" (**Súmula n. 411, STJ**); e

c) "Tanto para os requerimentos efetuados anteriormente à vigência da Lei 11.457/07, quanto aos pedidos protocolados após o advento do referido diploma legislativo, o prazo aplicável é de 360 dias a partir do protocolo dos pedidos (art. 24 da Lei 11.457/07)" (**REsp 1.138.206/RS, rel. Min. Luiz Fux, 1ª Seção, *DJe* 1º-09-2010 – Temas 269 e 270**).

Quanto à tomada de créditos do tributo sobre insumos isentos (e as relações com a *Zona Franca de Manaus*), em **3 de março de 2020**, a 1ª Turma do **STJ**, no **REsp 1.259.343-AM** (rel. Min. Sérgio Kukina; rel. p/ ac. Min. Regina Helena Costa), entendeu que é possível às empresas situadas na *Zona Franca de Manaus* (ZFM) tomarem créditos de **PIS** (e COFINS) sobre insumos isentos que compram de fornecedores situados fora da área de livre comércio.

A controvérsia cingiu-se à demanda de uma empresa amazonense, estabelecida na ZFM, que produzia *refeições prontas* e, para tanto, adquiria de fornecedores externos (situados fora do Amazonas) a maior parte dos insumos necessários ao processo produtivo.

O **STJ** entendeu que a empresa situada na ZFM pode, sim, tomar crédito de PIS e COFINS sobre os insumos isentos vindos de fora, ainda que tais contribuições não tenham sido recolhidas na operação anterior.

Com efeito, as vendas para a ZFM são equiparadas, para fins fiscais, às *exportações* (art. 4º do Decreto-lei n. 288/67: "*a exportação de mercadorias de origem nacional para consumo ou industrialização na Zona Franca de Manaus, ou reexportação para o estrangeiro, será para todos os efeitos fiscais, constantes da legislação em vigor, equivalente a uma exportação brasileira para o estrangeiro*").

Em consonância com os arts. 3º, § 2º, II, das Leis n. 10.637/2002 e 10.833/2003, a isenção da contribuição ao **PIS** (e à COFINS) sobre a receita decorrente da aquisição de bens e serviços não impede o aproveitamento dos créditos, salvo quando revendidos ou utilizados como insumo em produtos ou serviços sujeitos à alíquota 0 (zero), isentos ou não alcançados pela contribuição, o que não foi o caso dos autos. Nos demais casos, o creditamento não está obstado, conforme, aliás, reconhece a própria *Receita Federal do Brasil* (*Solução de Consulta* n. 162, de 16-05-2019, *DOU* 21-05-2019).

No tocante às **alíquotas** do PIS/PASEP, em **4 de novembro de 2020**, o Pleno do **STF**, no **RE 633.345-AgR** (rel. Min. Marco Aurélio), entendeu que é constitucional o estabelecimento de alíquotas diferenciadas de contribuições sociais (da seguridade social), para certos contribuintes. O caso versou sobre alíquotas maiores de **PIS** (e COFINS) para as *empresas importadoras de autopeças não fabricantes de máquinas e veículos*, por força do § 9º do art. 8º da Lei n. 10.865/2004. Para a Corte Suprema, a sistemática não vulnera o princípio da isonomia nem mesmo o princípio da capacidade contributiva, tendo em vista a possibilidade de tratamento diverso no campo da política fiscal. Aliás, o art. 195, § 9º, da CF permite a gradação de alíquotas, conforme o porte da empresa, direcionada às bases de cálculo previstas no inciso I do dispositivo (folha de salários, receita ou faturamento e lucro). Da mesma forma, não se vislumbrou ofensa à liberdade concorrencial nem incompatibilidade com o propósito extrafiscal.

Em uma breve análise da **base de cálculo** da presente exação, à luz do **art. 2º da Lei n. 9.718/98**, a contribuição para o **PIS/Pasep** e, igualmente, a COFINS, no regime cumulativo, serão calculadas com base no seu *faturamento*. Por outro lado, no regime não cumulativo, o tratamento para o **PIS/Pasep** (e para a COFINS) segue a mesma linha intelectiva. O art. 1º da Lei n. 10.637/2002 (**PIS-Pasep** não cumulativo) estabelece que o **PIS/Pasep** terá como fato gerador o *faturamento mensal*, assim entendido o total das receitas auferidas pela pessoa jurídica, independentemente de sua denominação ou classificação contábil. Por sua vez, o art. 1º da Lei n. 10.833/2003 (COFINS não cumulativa) dispõe que a COFINS incidirá sobre o total das receitas auferidas no mês pela pessoa jurídica, independentemente de sua denominação ou classificação contábil. Pelo exposto, independentemente do regime pelo qual o contribuinte tenha optado – cumulativo ou não cumulativo –, o *faturamento* será a tônica para o fato gerador do **PIS/Pasep** (e da COFINS), devendo ser ele compreendido como a *receita bruta da empresa*.

No **plano jurisprudencial**, algumas importantes discussões têm transitado no entorno do tributo.

A primeira delas disse respeito à incidência ou não do **PIS/Pasep** sobre atos ou negócios jurídicos praticados por **cooperativa** prestadora de serviço com terceiros (não cooperados) tomadores de serviço. Observemos algumas informações preliminares sobre o tema: como é sabido, o art. 146, III, "c", da CF é um dispositivo que aspirou trazer um controle à fúria fiscal na tributação das *cooperativas* – sociedades de pessoas, de natureza civil, com adesão voluntária e ilimitada de associados. Aliás, o próprio **art. 174, § 2º, da CF** dispôs que a lei apoiará e estimulará o cooperativismo, devendo-se inferir que "adequado tratamento tributário" significa aquele com carga tributária inferior à das demais atividades produtivas.

A **Lei n. 5.764/71** define a *Política Nacional de Cooperativismo*, instituindo o *Regime Jurídico das Sociedades Cooperativas*. Estas representam formas de reunião (cooperativa *versus* associados), com o intuito de realizar atos de interesse comum, ou seja, "atos cooperativos", definidos no **art. 79** da citada Lei como "*aqueles praticados entre as cooperativas e seus associados, entre estes e aquelas e pelas cooperativas entre si quando associados, para a consecução dos objetivos sociais*". Daí se afastar a incidência de tributos nas operações em que a cooperativa não tenha interesse negocial ou fim lucrativo. Pretende-se evitar, assim, que as pessoas que se reúnam em cooperativas sejam duplamente tributadas – quer como "cooperativa", quer como "cooperado".

Com efeito, quando o assunto é "tributação *versus* cooperativas", há que se distinguir *os atos cooperativos, por meio dos quais a entidade atinge os seus fins, daqueles atos não cooperativos, ou seja, os que extrapolam as finalidades institucionais. Os primeiros não serão alcançados pela tributação (art. 79 da Lei n. 5.764/71); os últimos serão (arts. 85, 86 e 88 do mesmo Diploma)*. Assim, quando a cooperativa presta serviços a seus associados, sem interesse negocial ou fim lucrativo, não deverá pagar tributos (PIS e COFINS, por exemplo), até porque não está buscando lucro, mas servir aos associados.

O **STJ**[41], em **2004**, firmara entendimento no sentido de que os atos praticados pelas cooperativas de crédito não são passíveis de incidência tributária. Vamos observar um excerto da ementa que, por ser bastante didático, reputamos pertinente aqui divulgar:

> **EMENTA:** *(...)* **2.** *O ato cooperativo não gera faturamento para a sociedade. O resultado positivo decorrente desses atos pertence, proporcionalmente, a cada um dos cooperados. Inexiste, portanto, receita que possa ser titularizada pela cooperativa e, por consequência, não há base imponível para o PIS.* **3.** *Já os atos não cooperativos geram faturamento à sociedade, devendo o resultado do exercício ser levado à conta específica para que possa servir de base à tributação (art. 87 da Lei nº 5.764/71).* **4.** *Toda a movimentação financeira das cooperativas de crédito, incluindo a captação de recursos, a realização de empréstimos aos cooperados bem como a efetivação de aplicações financeiras no mercado, constitui ato cooperativo, circunstância a impedir a incidência da contribuição ao PIS. (...)*

Ratificando a orientação intelectiva, o **STJ**[42], em **2016**, reafirmou que os chamados *atos cooperativos*, próprios ou internos – aqueles praticados, *intuitu personae*, (a) entre as cooperativas e seus associados, (b) entre estes e aquelas e (c) pelas cooperativas entre si, quando associados cooperados, para a consecução dos objetivos sociais, à luz do art. 79 da Lei n. 5.764/71 –, não guardam relação com as hipóteses de incidência do **PIS** e da COFINS. Por outro lado, o **STF**[43], em **2014**, entendera que deve haver a incidência de **PIS/Pasep**, uma vez que tais receitas auferidas pelas cooperativas de trabalho são próprias (e não do cooperado), o que perfaz o fato gerador da obrigação tributária correspectiva.

Uma outra discussão de destaque ocorreu em **2017**, quando o **STJ**[44] entendeu que devem incidir o **PIS** e a COFINS sobre o valor do percentual repassado pelas

41. **JURISPRUDÊNCIA:** REsp 591.298/MG, rel. Min. Teori Albino Zavascki; rel. p/ ac. Min. Castro Meira, 1ª Seção, j. em 27-10-2004. Ver, ainda, no mesmo sentido, o **AgRg no AgRg no REsp 795.257/MG, 1ª T., rel. Min. Luiz Fux, j. em 14-11-2006.**
42. **JURISPRUDÊNCIA: REsp 1.141.667/RS** e **REsp 1.164.716/MG**, ambos de relatoria do Min. Napoleão Nunes Maia Filho, 1ª Seção, j. em 27-04-2016.
43. **JURISPRUDÊNCIA: RE 599.362**, rel. Min. Dias Toffoli, Pleno, j. em 06-11-2014.
44. **JURISPRUDÊNCIA:** REsp 1.441.457/RS, rel. Mauro Campbell Marques, 2ª T., j. em 16-03-2017.

empresas de transporte de passageiros às empresas rodoviárias, quando da venda de passagens aos usuários. *In casu*, a relação jurídico-tributária que se estabelece entre as *empresas de transporte* e as *empresas rodoviárias* (ou *terminais rodoviários*) apresenta peculiaridades de ordem contratual: as primeiras prestam o serviço de transporte para o usuário; as últimas, os terminais rodoviários, retêm, a título de comissão, uma parte do valor da passagem comercializada (11% da receita). Nota-se, pois, que o valor retido não transita pelo caixa da empresa de transporte, uma vez que o tributo é retido e recolhido pelo próprio terminal rodoviário. Assim, no entender das empresas de transporte, esse valor retido não poderia integrar o seu faturamento. Entretanto, não foi esse o entendimento do **STJ**, que concebe o faturamento da empresa de transporte como o valor integral da venda das passagens, sendo ilegítima a supressão da etapa econômica que se materializa com a retenção, até porque a parcela não é extrínseca ao cálculo, mas interna, porquanto a retenção é feita com valores da própria prestadora do serviço, pagos a esta pelo usuário. Desse modo, para o cálculo do faturamento – e incidência do **PIS** e da COFINS –, deve ser considerado o montante total pago pelos usuários, nele incluída a parte destinada, por retenção, à empresa rodoviária.

Em tempo, mais um caso teve relevo na jurisprudência: no âmbito do **princípio da anterioridade tributária**, o **STF**[45] deixou claro que o PIS é uma contribuição que deve obediência ao *princípio da anterioridade nonagesimal* (art. 195, § 6º, CF), ainda que a alteração pretendida tenha sido veiculada em uma *emenda constitucional*. Se uma emenda constitucional apresenta-se como um novo texto, que veicula uma nova norma, e não uma mera prorrogação da emenda anterior, há de haver a observância do *princípio da anterioridade nonagesimal* (art. 195, § 6º, CF), sem prejuízo igualmente do *princípio da irretroatividade tributária* (art. 150, III, "a", CF). Para a boa compreensão do paradigmático caso no âmbito do PIS, vale a pena relembrarmos alguns aspectos formais relativos às três *emendas constitucionais atinentes ao tributo* (as de números 1, 10 e 17):

1º momento: a princípio, a inaugural EC n. 1/94[46] previu a cobrança do PIS, devido pelas instituições financeiras e equiparadas, nos exercícios financeiros de 1994 e 1995, calculado mediante a aplicação da alíquota diferenciada de 0,75% sobre a receita bruta operacional, com destinação da receita ao *Fundo Social de Emergência* (FSE);

2º momento: logo após o término desse primeiro período de cobrança (exercícios 1994-1995), veio a EC n. 10 (de março de 1996) e estipulou, novamente, a instituição

45. **JURISPRUDÊNCIA:** RE 587.008, rel. Min. Dias Toffoli, Pleno, j. em 02-02-2011.

46. **LEGISLAÇÃO: "Art. 72, V, EC n. 1/94:** A parcela do produto da arrecadação da contribuição de que trata a LC n. 7, de 7 de setembro de 1970, devida pelas pessoas jurídicas a que se refere o inciso III deste artigo, a qual será calculada, nos exercícios financeiros de 1994 e 1995, mediante a aplicação da alíquota de *setenta e cinco centésimos por cento* sobre a receita bruta operacional, como definida na legislação do imposto sobre renda e proventos de qualquer natureza; (...)". (Grifo nosso)

do gravame, mas para o período entre 01-01-1996 a 30-06-1997, mantida a alíquota, a qual passou a ser alterada por lei ordinária;

3º momento: por último – e, mais uma vez, após o término do período (já) renovado –, a EC n. 17 (de novembro de 1997) reinstituiu a contribuição, com incidência entre 01-07-1997 a 31-12-1999, preservadas as demais características da norma anterior.

Tal cenário levou o **STF**[47], em **2018**, a reafirmar a orientação de que as emendas citadas (mormente as de número 10 e 17, nos 2º e 3º momentos) não se revelaram como meras prorrogações da inaugural EC n. 1/94, uma vez que ocorreu a efetiva inovação do ordenamento jurídico nas reinstituições do tributo, até mesmo com aplicação retroativa. Assim, para a Corte Suprema, o tributo não pode ser cobrado em relação a fatos geradores ocorridos antes do início da vigência de cada uma dessas Emendas, nem antes de decorridos noventa dias de suas publicações. Ao momento do julgamento, houve a fixação da seguinte tese: "*São constitucionais a alíquota e a base de cálculo da contribuição ao PIS, previstas no art. 72, V, do ADCT, destinada à composição do Fundo Social de Emergência, nas redações da ECR 1/94 e das EC 10/96 e 17/97, observados os princípios da anterioridade nonagesimal e da irretroatividade tributária*".

Segue mais um caso importante na jurisprudência: em 13 de dezembro de **2018**, o Pleno do **STF** deu provimento ao **RE 577.494** (rel. Min. Edson Fachin) e fixou a tese ao Tema 64 da sistemática da repercussão geral, entendendo que "*não ofende o art. 173, § 1º, II, da Constituição Federal, a escolha legislativa de reputar não equivalentes a situação das empresas privadas com relação à das sociedades de economia mista, das empresas públicas e respectivas subsidiárias que exploram atividade econômica, para fins de submissão ao regime tributário das contribuições para o **PIS** e para o **PASEP**, à luz dos princípios da igualdade tributária e da seletividade no financiamento da Seguridade Social*". Para a Corte Suprema, não há ofensa à igualdade tributária quando se confrontam o **PIS-PASEP** (mais gravoso) cobrado de certas estatais – sociedades de economia mista e empresas públicas – que exploram atividade econômica e o PIS (menos gravoso), exigido das empresas privadas. Assim, na visão do **STF**, não havendo inconstitucionalidade nessa diferenciação, é aceitável a adoção de regime mais gravoso para as sociedades públicas em comparação ao adotado para as demais empresas privadas.

Outro caso relevante foi finalizado, em 5 de setembro de **2019**, quando a 1ª Turma do **STJ**, no **REsp 1.651.347-SP** (rel. Min. Gurgel de Faria), entendeu que a receita derivada da *operação triangular*, denominada *back to back*, não se confundindo com uma "operação de exportação", não goza de isenção da contribuição do **PIS**

47. **JURISPRUDÊNCIA:** RE 578.846/SP, rel. Min. Dias Toffoli, Pleno, j. em 06-06-2018.

(e da COFINS)[48] (e, ainda, dos efeitos protetivos da norma imunizante – art. 149, §2º, I, CF). As operações de compra e venda realizadas no exterior por sociedade empresária brasileira, denominadas *back to back*, não guardam relação com a "operação de exportação de mercadorias". Com efeito, é da própria essência da "operação de exportação" a saída de bens do território nacional; por outro lado, na operação *back to back*, o bem é adquirido pela pessoa brasileira no estrangeiro para que lá seja vendido. Em regra, a operação triangular se dá por conta e ordem do comprador brasileiro, responsável somente pelo pagamento (operação financeira). Por conseguinte, a receita derivada dessa operação de compra e venda, no exterior, não caracteriza receita de exportação e, portanto, não goza de isenção/imunidade da contribuição do **PIS** (e da COFINS).

Por derradeiro, quanto ao direito ao *crédito presumido* desta contribuição social, em 15 de outubro de **2019**, a 2ª Turma do **STJ**, no **REsp 1.670.777-RS** (rel. Min. Og Fernandes), entendeu que têm direito ao crédito presumido de **PIS/PASEP** (e COFINS) as pessoas jurídicas (cooperativas, inclusive) que "produzam" mercadorias por meio de *processo de industrialização*, e não aquelas que simplesmente executem atividades secundárias ao processo. Assim, para fazer jus ao benefício fiscal, deve haver a chamada "produção", para fins de reconhecimento do direito aos créditos presumidos de PIS e COFINS, de que trata o art. 8º, § 1º, I, e § 4º, I, da Lei n. 10.925/2004. Essa "produção" pode ser conceituada, segundo o legislador, como uma *atividade (de industrialização) que modifica os produtos animais ou vegetais, transformando-os em outros*. A título de exemplo, cite-se o que pode ser feito com os grãos de soja, de milho e de trigo: eles podem ser industrializados ou, simplesmente, comercializados (por cerealistas). No primeiro caso, haverá a transformação em óleo de soja, farelo de soja, leite de soja, óleo de trigo, farinha de trigo, pães, massas, biscoitos, fubá, polenta etc. Aqui haverá o direito ao crédito presumido. De outra banda, se a atividade empresarial se restringir apenas à "limpeza, secagem, classificação e armazenagem" – um labor próprio das empresas cerealistas –, não provocando "transformação do produto", inexistirá o direito ao aproveitamento do crédito presumido.

d.3) Contribuição para Financiamento da Seguridade Social (COFINS)

Instituída pela Lei n. 70/91, a COFINS veio substituir o antigo FINSOCIAL.

Observe o *quadro mnemônico*, contendo as principais informações sobre o tributo:

48. **LEGISLAÇÃO: (I) Art. 5º (Lei n. 10.637/2002)**. "A contribuição para o PIS/Pasep não incidirá sobre as receitas decorrentes das operações de: I – exportação de mercadorias para o exterior; (...)"; e **(II) Art. 6º (Lei n. 10.833/2002)**. "A COFINS não incidirá sobre as receitas decorrentes das operações de: I – exportação de mercadorias para o exterior; (...)"

Contribuição para a Seguridade Social	Contribuição para Financiamento da Seguridade Social (COFINS)
Previsão	Art. 195, I, "b", CF c/c Lei n. 10.833/2003
Fato Gerador	Auferimento de faturamento mensal*
Base de Cálculo e Alíquota	Faturamento mensal ou receita bruta mensal, após a dedução das parcelas do faturamento (art. 1º, § 2º, Lei n. 10.833/2003) A alíquota será de 7,6% (art. 2º)
Sujeito Passivo	Pessoas jurídicas de Direito Privado e as que lhes são ***equiparadas*** (nos termos da legislação do IR)
Sujeito Ativo	Secretaria da Receita Federal do Brasil (SRFB)

* O *faturamento mensal* corresponde à **receita bruta**, assim entendida a totalidade das receitas auferidas pela pessoa jurídica, sendo irrelevante o tipo de atividade por ela exercida e a classificação contábil adotada para essas receitas, observadas as exclusões admitidas em lei específica. Para Harada (*Direito Financeiro...*, p. 271), "'faturamento' é o ato de faturar, podendo significar, também, o somatório de diversas faturas, conforme ficou consagrado na prática comercial, quando se diz que o faturamento mensal de determinada empresa é de tantos reais, expressando o volume de vendas realizadas".

O regime de incidência da Contribuição da **COFINS não cumulativa** está previsto na Lei n. 10.833/2003, permitidindo-se o desconto de créditos apurados com base em custos, despesas e encargos da pessoa jurídica. A alíquota da COFINS não cumulativa é de **7,6%**.

A propósito da **não cumulatividade da COFINS**, em **2 de setembro de 2020**, o Pleno do **STF**, no **RE 570.122/RS** (rel. Min. Marco Aurélio; red. p/ ac. Min. Edson Fachin), fixando a tese de repercussão geral (Tema 34), assim lapidou: "*É constitucional a previsão em lei ordinária que introduz a sistemática da não cumulatividade à COFINS, dado que observa os princípios da legalidade, isonomia, capacidade contributiva global e não confisco*".

Quanto aos contornos do veredito em epígrafe, a Corte Suprema estabeleceu algumas balizas:

1. Não há ofensa ao art. 246 da CF na hipótese de mera majoração de alíquotas de contribuições sociais, o que rechaça a aplicação da reserva de lei complementar, haja vista não se tratar de novo tributo.
2. Não há ofensa ao *princípio que veda o tributo com efeito de confisco*, uma vez que é juridicamente insustentável buscar guarida nesse princípio em sede de jurisdição constitucional, tendo em conta a orientação segundo a qual a caracterização desse efeito pressupõe a análise de dados concretos e de peculiaridades de cada operação ou situação, tomando-se em conta custos, carga tributária global, margens de lucro e condições pontuais do mercado e de conjuntura econômica.
3. Não há ofensa ao *princípio da isonomia ou capacidade contributiva*, perante as eventuais diferenças entre os regimes de lucro real ou de lucro presumido, inclusive

a respeito do direito ao creditamento, uma vez que a sujeição ao regime do lucro presumido é uma escolha feita pelo contribuinte, considerado o seu planejamento tributário.

Ainda sobre a *não cumulatividade* da contribuição social e a correção monetária do crédito escritural, em **12 de fevereiro de 2020**, a 1ª Seção do **STJ**, no **REsp 1.767.945-PR** (rel. Min. Sérgio Kukina), entendeu que o termo inicial da correção monetária de ressarcimento de *crédito escritural excedente* de contribuições sociais sujeitas ao regime não cumulativo ocorre somente após escoado o prazo de 360 dias para a análise do pedido administrativo pelo Fisco (art. 24 da Lei n. 11.457/2007).

Quando se trata de **COFINS não cumulativa** (e PIS, igualmente), o *crédito escritural* dessas contribuições não é "receita bruta da empresa" – ou ainda, não resultam de dívida do Fisco com o contribuinte –, devendo servir apenas para a dedução do valor devido da contribuição. Por essa razão, não deve haver a incidência de correção monetária ou juros sobre esses créditos escriturais (**Súmula n. 125, CARF**).

Por outro lado, há uma exceção: a jurisprudência deste **STJ** compreende pela desnaturação do crédito escritural e, consequentemente, pela possibilidade de sua atualização monetária, se ficar comprovada a resistência injustificada da Fazenda Pública ao aproveitamento do crédito, por exemplo, se houve necessidade de o contribuinte ingressar em juízo para ser reconhecido o seu direito ao creditamento, ou o transcurso do prazo de 360 dias de que dispõe o Fisco para responder ao contribuinte, sem qualquer manifestação fazendária. Nesse caso, o termo inicial da correção monetária do pleito de ressarcimento de crédito escritural excedente de tributo sujeito ao regime não cumulativo ocorre somente quando caracterizado o ato fazendário de resistência ilegítima, no caso, o transcurso do prazo de 360 dias para a análise do pedido administrativo sem apreciação pelo Fisco.

No plano interdisciplinar, não é demasiado relembrar que essa mesma **1ª Seção do STJ**, a respeito de créditos escriturais do **IPI**, por força do princípio da não cumulatividade aplicável a esse imposto, firmara as seguintes (e idênticas) diretrizes:

a) "A correção monetária não incide sobre os créditos de IPI decorrentes do princípio constitucional da não cumulatividade (créditos escriturais), por ausência de previsão legal" (**REsp 1.035.847/RS, rel. Min. Luiz Fux, 1ª Seção, *DJe* 03-08-2009 – Tema 164**);

b) "É devida a correção monetária ao creditamento do IPI quando há oposição ao seu aproveitamento decorrente de resistência ilegítima do Fisco" (**Súmula n. 411, STJ**); e

c) "Tanto para os requerimentos efetuados anteriormente à vigência da Lei 11.457/07, quanto aos pedidos protocolados após o advento do referido diploma legislativo, o prazo aplicável é de 360 dias a partir do protocolo dos pedidos (art. 24 da Lei 11.457/07)" (**REsp 1.138.206/RS, rel. Min. Luiz Fux, 1ª Seção, *DJe* 1º-09-2010 – Temas 269 e 270**).

Por fim, quanto à tomada de créditos do tributo sobre insumos isentos (e as relações com a *Zona Franca de Manaus*), em **3 de março de 2020**, a 1ª Turma do **STJ**, no **REsp 1.259.343-AM** (rel. Min. Sérgio Kukina; rel. p/ ac. Min. Regina Helena Costa), entendeu que é possível às empresas situadas na *Zona Franca de Manaus* (ZFM) tomarem créditos de **COFINS** (e de PIS) sobre insumos isentos que compram de fornecedores situados fora da área de livre comércio. A controvérsia cingiu-se à demanda de uma empresa amazonense, estabelecida na ZFM, que produzia *refeições prontas* e, para tanto, adquiria de fornecedores externos (situados fora do Amazonas) a maior parte dos insumos necessários ao processo produtivo.

O **STJ** entendeu que a empresa situada na ZFM pode, sim, tomar crédito de PIS e COFINS sobre os insumos isentos vindos de fora, ainda que tais contribuições não tenham sido recolhidas na operação anterior. Com efeito, as vendas para a ZFM são equiparadas, para fins fiscais, às exportações (art. 4º do Decreto-lei n. 288/67: "*a exportação de mercadorias de origem nacional para consumo ou industrialização na Zona Franca de Manaus, ou reexportação para o estrangeiro, será para todos os efeitos fiscais, constantes da legislação em vigor, equivalente a uma exportação brasileira para o estrangeiro*").

Em consonância com os arts. 3º, § 2º, II, das Leis n. 10.637/2002 e 10.833/2003, a isenção da contribuição à **COFINS** (e ao PIS) sobre a receita decorrente da aquisição de bens e serviços não impede o aproveitamento dos créditos, salvo quando revendidos ou utilizados como insumo em produtos ou serviços sujeitos à alíquota 0 (zero), isentos ou não alcançados pela contribuição, o que não foi o caso dos autos. Nos demais casos, o creditamento não está obstado, conforme, aliás, reconhece a própria *Receita Federal do Brasil* (*Solução de Consulta* n. 162, de 16-05-2019, *DOU* 21-05-2019).

No tocante às **alíquotas** da COFINS, em **4 de novembro de 2020**, o Pleno do **STF**, no **RE n. 633.345-AgR** (rel. Min. Marco Aurélio), entendeu que é constitucional o estabelecimento de alíquotas diferenciadas de contribuições sociais (da seguridade social), para certos contribuintes. O caso versou sobre alíquotas maiores de **COFINS** (e de PIS) para as *empresas importadoras de autopeças não fabricantes de máquinas e veículos*, por força do § 9º do art. 8º da Lei n. 10.865/2004. Para a Corte Suprema, a sistemática não vulnera o princípio da isonomia nem mesmo o princípio da capacidade contributiva, tendo em vista a possibilidade de tratamento diverso no campo da política fiscal. Aliás, o art. 195, § 9º, da CF permite a gradação de alíquotas, conforme o porte da empresa, direcionada às bases de cálculo previstas no inciso I do dispositivo (folha de salários, receita ou faturamento e lucro). Da mesma forma, não se vislumbrou ofensa à liberdade concorrencial nem incompatibilidade com o propósito extrafiscal.

Em uma breve análise da **base de cálculo** da presente exação, à luz do **art. 2º da Lei n. 9.718/98**, a contribuição **COFINS** e, igualmente, para o PIS/Pasep, no regime cumulativo, serão calculadas com base no seu *faturamento*. Por outro lado, no regime não cumulativo, o tratamento para a **COFINS** (e para o PIS/Pasep) segue a mesma linha intelectiva. O art. 1º da Lei n. 10.833/2003 (**COFINS** não cumulativa) dispõe que a **COFINS** incidirá sobre o total das receitas auferidas no mês pela pessoa jurídica, independentemente de sua denominação ou classificação contábil. Por sua vez, o art. 1º da Lei n. 10.637/2002 (PIS-Pasep não cumulativo) estabelece que o PIS/Pasep terá como fato gerador o *faturamento mensal*, assim entendido o total das receitas auferidas pela pessoa jurídica, independentemente de sua denominação ou classificação contábil. Pelo exposto, independentemente do regime pelo qual o contribuinte tenha optado – cumulativo ou não cumulativo –, o *faturamento* será a tônica para o fato gerador da **COFINS** (e do PIS/Pasep), devendo ser ele compreendido como a *receita bruta da empresa*.

> Note o item considerado **CORRETO**, em prova realizada pelo TRF 3ª Região, para o cargo de Juiz Federal Substituto, em 2018: *"A Contribuição para o Financiamento da Seguridade Social – COFINS, exigida das pessoas jurídicas pode incidir de acordo com dois regimes jurídicos distintos: cumulativo e não cumulativo"*.

Uma verdade é inafastável: o fato gerador e a **base de cálculo** da **COFINS** (e também do PIS-pasep, já estudado), quanto aos limites conceituais de "faturamento", vêm revelando forte vocação para intensos debates e controvérsias no **plano jurisprudencial**, o que os faz dominar a pauta nos tribunais superiores. Vejamos:

No âmbito das receitas de locação (e venda) de bens móveis (e imóveis), a jurisprudência do **STJ** sacramentou o entendimento de que "a COFINS incide sobre as receitas provenientes das operações de locação de bens móveis". Trata-se da **Súmula n. 423**, elaborada em **2010**, muito em razão de jurisprudência anteriormente consolidada. Veja a ementa a seguir, que ilustra o posicionamento em formação:

> **EMENTA:** (...) TRIBUTÁRIO. COFINS. LC N. 70/91. ATIVIDADE DE LOCAÇÃO DE BENS MÓVEIS. INCIDÊNCIA. (...) 2. É firme na 1ª Seção o entendimento segundo o qual as receitas decorrentes de atividade de comercialização de bens imóveis sujeitam-se à incidência da COFINS, por integrarem esses valores o faturamento da empresa, compreendido como o resultado econômico da atividade empresarial exercida. 3. Por essa mesma razão, equipara a jurisprudência dominante as operações compra e venda de imóveis à de locação desses bens, já que ambas geram valores que irão compor o faturamento da empresa. 4. Nessa linha de entendimento, segundo a qual (a) a base de incidência da COFINS é o faturamento, assim entendido o conjunto de receitas decorrentes da execução da atividade empresarial e (b) no conceito de mercadoria da LC n. 70/91 estão compreendidos até mesmo os bens imóveis, com mais razão se há de reconhecer a sujeição das receitas auferidas com as operações de locação de bens móveis à mencionada contribuição. **(REsp 1.010.388/PR, rel. Min. Teori Albino Zavascki, 1ª T., j. em 03-02-2009) (Grifos nossos)**

Quanto aos bens imóveis, se a correção monetária e os juros (receitas financeiras) decorrerem diretamente das operações de venda de imóveis realizadas pelas empresas – operações essas que constituem os seus objetos sociais –, esses rendimentos deverão ser considerados como um produto da venda de bens ou serviços, ou seja, constituem faturamento, base de cálculo das contribuições ao PIS e da COFINS, pois são receitas inerentes e acessórias aos referidos contratos e devem seguir a sorte do principal. Assim entendeu o **STJ**, em **2014** (**REsp 1.432.952/PR**, rel. Min. Mauro Campbell Marques, 2ª T., j. em 25-02-**2014**).

Outrossim, no julgamento do **RE 585.235/MG**, submetido à Repercussão geral, o **STF** definiu que a noção de faturamento deve ser compreendida no sentido estrito de receita bruta das vendas de mercadorias e da prestação de serviços de qualquer natureza, ou seja, a soma das receitas oriundas do exercício das atividades empresariais, consoante interpretação dada em **três** importantes precedentes: dois deles, da 2ª Turma, de relatoria do Min. Cezar Peluso (**1. AgR no RE 371.258/SP**, j. em 03-10-2006; e **2. RE 400.479-8/RJ**, j. em 10-10-2006); e um do Tribunal Pleno, de relatoria do Min. Eros Grau (**RE 527.602/SP**, j. em 05-08-2009). Nesse último, aliás, ficou estabelecido que somente são excluídos do conceito de faturamento *"os aportes financeiros estranhos à atividade desenvolvida pela empresa"*.

No âmbito do **fato gerador** da **COFINS** e os **atos cooperativos** – conforme se notou no anterior **item d.2** deste Capítulo –, a orientação intelectiva do **STJ**[49], em **2016**, foi no sentido de que os chamados *atos cooperativos*, próprios ou internos – aqueles praticados, *intuitu personae*, (a) entre as cooperativas e seus associados, (b) entre estes e aquelas e (c) pelas cooperativas entre si, quando associados cooperados, para a consecução dos objetivos sociais, à luz do art. 79 da Lei n. 5.764/71 –, não guardam relação com as hipóteses de incidência da **COFINS** (e do PIS).

No tocante ao valor do percentual repassado pelas **empresas de transporte de passageiros** às empresas rodoviárias, quando da venda de passagens aos usuários – conforme se notou no anterior **item d.2** deste Capítulo –, a orientação intelectiva do **STJ**[50], em **2017**, foi no sentido da incidência da **COFINS** (e do PIS). Desse modo, para o cálculo do faturamento – e incidência da **COFINS** (e do PIS) –, deve ser considerado o montante total pago pelos usuários, nele incluída a parte destinada, por retenção, à empresa rodoviária.

E, em mais um caso – quanto à base de cálculo da **COFINS e à locação de vagas em estacionamentos de *shopping centers*** –, o **STJ**[51], em **2015**, entendeu que a receita proveniente da locação de vagas em estacionamento em centros comerciais ou *shopping centers* – mesmo que em benefício de sua infraestrutura ou a favor dos condôminos – compõe a base de cálculo da COFINS, uma vez que tais valores fazem parte de seu faturamento, por força do art. 2º da LC n. 70/91. Assim, os referidos locais de comércio são unidades econômicas autônomas para fins de tributação, nos

49. **JURISPRUDÊNCIA: REsp 1.141.667/RS** e **REsp 1.164.716/MG**, ambos de relatoria do Min. Napoleão Nunes Maia Filho, 1ª Seção, j. em 27-04-2016.
50. **JURISPRUDÊNCIA: REsp 1.441.457/RS**, rel. Mauro Campbell Marques, 2ª T., j. em 16-03-2017.
51. **JURISPRUDÊNCIA: REsp 1.301.956/RJ**, rel. Min. Benedito Gonçalves, 1ª T., j. em 10-02-2015.

termos do art. 126, III, do CTN. A propósito, em situação bastante análoga, o **STJ**[52], como já se afirmou, vem reiteradamente entendendo pela legalidade da incidência da COFINS sobre receitas provenientes da **administração e locação de lojas e salas comerciais** em *shopping centers* e centros comerciais. É fato que os casos se referem todos a bens imóveis aptos à locação e obtenção de renda.

Outro caso relevante foi finalizado, em 5 de setembro de **2019**, quando a 1ª Turma do **STJ**, no **REsp 1.651.347-SP** (rel. Min. Gurgel de Faria), entendeu que a receita derivada da *operação triangular*, denominada *back to back*, não se confundindo com uma "operação de exportação", não goza de isenção da contribuição da **COFINS** (e do PIS)[53] (e, ainda, dos efeitos protetivos da norma imunizante – art. 149, § 2º, I, CF). As operações de compra e venda realizadas no exterior por sociedade empresária brasileira, denominadas *back to back*, não guardam relação com a "operação de exportação de mercadorias". Com efeito, é da própria essência da "operação de exportação" a saída de bens do território nacional; por outro lado, na operação *back to back*, o bem é adquirido pela pessoa brasileira no estrangeiro para que lá seja vendido. Em regra, a operação triangular se dá por conta e ordem do comprador brasileiro, responsável somente pelo pagamento (operação financeira). Por conseguinte, a receita derivada dessa operação de compra e venda, no exterior, não caracteriza receita de exportação e, portanto, não goza de isenção/imunidade da contribuição da **COFINS** (e do PIS).

Por derradeiro, quanto ao direito ao *crédito presumido* desta contribuição social, em 15 de outubro de **2019**, a 2ª Turma do **STJ**, no **REsp 1.670.777-RS** (rel. Min. Og Fernandes), entendeu que têm direito ao crédito presumido de **COFINS** (e PIS/PASEP) as pessoas jurídicas (cooperativas, inclusive) que "produzam" mercadorias por meio de *processo de industrialização*, e não aquelas que simplesmente executem atividades secundárias ao processo. Assim, para fazer jus ao benefício fiscal, deve haver a chamada "produção", para fins de reconhecimento do direito aos créditos presumidos de PIS e COFINS, de que trata o art. 8º, § 1º, I, e § 4º, I, da Lei n. 10.925/2004. Essa "produção" pode ser conceituada, segundo o legislador, como uma *atividade (de industrialização) que modifica os produtos animais ou vegetais, transformando-os em outros*.

A título de exemplo, cite-se o que pode ser feito com os grãos de soja, de milho e de trigo: eles podem ser industrializados ou, simplesmente, comercializados (por cerealistas). No primeiro caso, haverá a transformação em óleo de soja, farelo de soja,

52. **JURISPRUDÊNCIA:** sobre o tema, ver **(I)** AgRg no REsp 1.164.449/PR, rel. Herman Benjamin, 2ª T., j. em 16-03-2010; e **(II)** AgRg no Ag 1.213.712/PR, rel. Mauro Campbell Marques, 2ª T., j. em 21-09-2010.

53. **LEGISLAÇÃO: (I) Art. 5º (Lei n. 10.637/2002).** "A contribuição para o PIS/Pasep não incidirá sobre as receitas decorrentes das operações de: I – exportação de mercadorias para o exterior; (...)"; e **(II) Art. 6º (Lei n. 10.833/2002).** "A COFINS não incidirá sobre as receitas decorrentes das operações de: I – exportação de mercadorias para o exterior; (...)"

leite de soja, óleo de trigo, farinha de trigo, pães, massas, biscoitos, fubá, polenta etc. Aqui haverá o direito ao crédito presumido. De outra banda, se a atividade empresarial se restringir apenas à "limpeza, secagem, classificação e armazenagem" – um labor próprio das empresas cerealistas –, não provocando "transformação do produto", inexistirá o direito ao aproveitamento do crédito presumido.

d.4) *Contribuição Social Patronal sobre a Folha de Pagamentos*

Tal contribuição, comumente chamada de *contribuição social patronal*, visa custear o Regime-Geral de Previdência Social – RGPS (arts. 1º a 193, Decreto n. 3.048/99).

Observe o *quadro mnemônico*, contendo as principais informações sobre o tributo:

Contribuição para a Seguridade Social	Contribuição Social Patronal sobre a Folha de Pagamentos
Previsão	Art. 195, I, "a", CF c/c art. 195, I, do Decreto n. 3.048/99
Fato Gerador	Folha de salário e demais rendimentos pagos ou creditados, a qualquer título, à pessoa física
Base de Cálculo e Alíquota	Total das remunerações pagas, devidas ou creditadas ao segurado empregado, ao trabalhador avulso e ao segurado contribuinte individual (Alíquota de 20%)
Sujeito Passivo	Empregador, empresa e equiparado
Sujeito Ativo	Secretaria da Receita Federal do Brasil (SRFB)

No âmbito da base de *cálculo* do gravame – o total das remunerações pagas, devidas ou creditadas ao segurado empregado, ao trabalhador avulso e ao segurado contribuinte individual –, inúmeras questões vêm sendo enfrentadas pelo **STJ**, mormente acerca de verbas que compõem o salário de contribuição, quer com a feição remuneratória, quer com a natureza indenizatória. Frise-se que o parâmetro para incidência da contribuição previdenciária está no caráter salarial ou remuneratório da verba, enquanto a não incidência deverá prevalecer nas verbas de natureza indenizatória ou compensatória.

Vamos apresentar a seguir algumas verbas que integram o salário de contribuição, mesmo sabendo que o tema é mais caro à ciência alheia – o Direito Previdenciário[54] – do que, propriamente, ao Direito Tributário:

54. **DOUTRINA:** para o aprofundamento do tema, ver a excelente obra de AMADO, Frederico. *Curso de direito e processo previdenciário*. 7. ed., reform. e atual. Salvador: JusPodivm, 2015, pp. 277-306 (Capítulo 4 – Salário de Contribuição).

1. **Salário-paternidade:** trata-se de verba que deve ser tributada por se tratar de licença remunerada prevista constitucionalmente, ou seja, um ônus para a empresa – art. 7º, XIX, da CF c/c o art. 473, III, da CLT e o art. 10, § 1º, do ADCT –, e não por estar incluído no rol dos "benefícios previdenciários". Essa é a orientação intelectiva do **STJ**[55]. Portanto, **INCIDE** a contribuição previdenciária.

   Atenção: como se verá adiante, o **salário-maternidade NÃO MAIS** possui natureza salarial, em conformidade com a atual orientação do STF. É que, em **5 de agosto de 2020**, o Pleno do **STF**, no **RE 576.967/PR** (rel. Min. Roberto Barroso), entendeu que o salário-maternidade, configurando verdadeiro benefício previdenciário – por não se tratar de contraprestação pelo trabalho ou de retribuição em razão do contrato de trabalho –, não se amolda ao conceito de "folha de salários" e demais rendimentos do trabalho pagos ou creditados, a qualquer título à pessoa física que lhe preste serviço, mesmo sem vínculo empregatício.

> Note o item considerado **INCORRETO**, em prova realizada pelo Cespe/Cebraspe, para o cargo de Auditor do Tribunal de Contas do Paraná (TCE/PR), em 2016: *"Não incide contribuição previdenciária sobre o salário-paternidade"*.

2. **Gratificação natalina (décimo-terceiro salário)**[56]**:** o art. 28, § 7º, da Lei n. 8.212/91 prevê textualmente que o 13º salário integra o salário de contribuição. Frise-se que, em **2003**, foi publicada a **Súmula n. 688 do STF** ("*É legítima a incidência da contribuição previdenciária sobre o 13º salário*"). Portanto, **INCIDE** a contribuição previdenciária.

3. **Auxílio quebra de caixa:** trata-se de um auxílio mensal recebido pelo empregado (operador de caixa, auxiliar de caixa, conferente, tesoureiro, cobrador ou qualquer outro), por mera liberalidade do empregador, como uma forma de compensar os riscos assumidos pela função exercida – a temida diferença entre a quantia existente em caixa e a que efetivamente deveria existir. Havendo previsão em norma coletiva, esse tipo de empregado fará jus ao pagamento do "auxílio quebra de caixa". O **STJ**[57], em **2015**, entendeu que "*incide contribuição previdenciária sobre o auxílio quebra de caixa, consubstanciado em pagamento efetuado mês a mês ao empregado em razão da função que desempenha, que tenha sido pago por liberalidade do*

---

55. **JURISPRUDÊNCIA:** confira-se a verba na paradigmática orientação do **STJ**, no **REsp 1.230.957/RS**, rel. Min. Mauro Campbell Marques, 1ª T., j. em 26-02-**2014**.

56. **JURISPRUDÊNCIA:** recorde-se que, já em **1963**, editou-se a **Súmula n. 207 do STF** ("*As gratificações habituais, inclusive a de natal, consideram-se tacitamente convencionadas, integrando o salário*") (ver, ainda, o art. 28, § 7º, da Lei n. 8.212/91).

57. **JURISPRUDÊNCIA: REsp 1.434.082/RS**, rel. Min. Humberto Martins, 2ª T., j. em 1º-10-2015.

empregador, mesmo que não se verifiquem diferenças no caixa". Com efeito, se tal verba tem nítida natureza salarial – como qualquer outra gratificação feita por liberalidade do empregador – e integra a remuneração, incide o tributo. A 1ª Turma do **STJ**[58], embora divergisse sobre o tema, pôs fim à hesitação, em **2017**, orientando-se no sentido de defender que "a *verba relativa a 'quebra de caixa' possui natureza salarial e sobre ela incide contribuição previdenciária patronal*". A propósito, não é demasiado relembrar que, já em **2003**, foi editada a **Súmula n. 247 do TST**, com o seguinte teor: "*A parcela paga aos bancários sob a denominação 'quebra de caixa' possui natureza salarial, integrando o salário do prestador de serviços, para todos os efeitos legais*". Portanto, **INCIDE** a contribuição previdenciária.

4. **Licença casamento e licença para prestação de serviço eleitoral ("Licença TRE-Eleição"):** o **STJ**[59], em **2014**, entendeu que incide a contribuição previdenciária a cargo da empresa sobre os valores pagos a título de ***licença casamento*** (art. 473, II, CLT) e de ***licença para prestação de serviço eleitoral*** (art. 98, Lei n. 9.504/97). Com efeito, ambas revelam inafastável caráter remuneratório ou salarial, integrando parcela do salário cujo ônus é do empregador. Portanto, **INCIDE** a contribuição previdenciária.

5. **Parcelas pagas a título de participação nos lucros:** houve intensa discussão sobre a natureza de tais parcelas, referentes ao período entre a promulgação da CF/88 e a entrada em vigor da Medida Provisória n. 794/94, que regulamentou o art. 7º, XI, da CF. Segundo o **STF**[60], sobre os valores em exame, incide a respectiva contribuição previdenciária. Com efeito, antes da CF/88, a participação dos empregados nos lucros da empresa tinha caráter salarial, avocando a incidência do tributo. Portanto, **INCIDE** a contribuição previdenciária.

6. **Hora Repouso Alimentação (HRA):** em 27 de novembro de **2019**, a 1ª Seção do **STJ**, no **EREsp 1.619.117-BA** (rel. Min. Herman Benjamin), entendeu que incide a contribuição previdenciária patronal sobre os valores pagos a título de *Hora Repouso Alimentação* – HRA (art. 3º, II, da Lei n. 5.811/1972 e art. 71, § 4º, da CLT). Embora a 1ª Turma do STJ tenha reconhecido que a HRA reveste-se de natureza jurídica autenticamente inde-

---

58. **JURISPRUDÊNCIA: EREsp 1.467.095/PR**, rel. Min. Mauro Campbell Marques; rel. p/ ac. Min. Og Fernandes, 1ª Seção, j. em 10-05-2017.
59. **JURISPRUDÊNCIA: REsp 1.455.089/RS**, rel. Min. Humberto Martins, 2ª T., j. em 16-09-2014.
60. **JURISPRUDÊNCIA: RE 569.441, rel. Min. Dias Toffoli, rel. p/ ac. Min. Teori Zavascki, Pleno, j. em 30-10-2014.** A propósito, acerca do tema, confiram-se os precedentes: **(I)** RE 398.284, rel. Min. Menezes Direito, 1ª T., j. em 23-09-2008; e **(II)** AgR-RE 393.764, rel. Min. Ellen Gracie, 2ª T., j. em 25-11-2008.

nizatória[61], prevalece, na 2ª Turma do STJ, com vários precedentes[62], a compreensão de que a HRA possui natureza remuneratória, devendo incidir sobre ela a *contribuição previdenciária patronal*. A propósito dessa linha prevalecente, a HRA é paga como única e direta retribuição pela hora em que o empregado fica à disposição do empregador, ou seja, o trabalhador recebe salário normal pelas oito horas regulares e a HRA pela 9ª (nona) hora, em que ficou à disposição da empresa. Logo, o empregado fica efetivamente 9 (nove) horas contínuas trabalhando ou à disposição da empresa e recebe exatamente por esse período, embora uma dessas horas seja paga em dobro, a título de HRA. Trata-se de uma situação análoga à da hora extra: uma remuneração pelo tempo efetivamente trabalhado ou à disposição do empregador e, como se sabe, aliás, sujeita à contribuição previdenciária. Assim, a HRA possui nítida natureza remuneratória, submetendo-se à tributação pela *contribuição previdenciária patronal*, nos termos dos arts. 22, I, e 28 da Lei n. 8.212/1991.

7. **Outras verbas de natureza salarial ou remuneratória:** integrando o conceito de "remuneração", é possível assegurar que **INCIDE** a contribuição previdenciária no pagamento das seguintes verbas, entre outros exemplos:
   – salário *in natura* (habitação, vestuário, alimento etc.);
   – auxílio-alimentação (pago em espécie, mediante crédito em conta corrente);
   – adiantamento de salário;
   – adicional de horas extraordinárias;
   – adicional noturno[63];
   – adicional de insalubridade e periculosidade.

E se frise: isso vale tanto para os empregados celetistas (art. 7º, VIII, XVI e XVII, CF) quanto para os servidores públicos (art. 39, § 3º, CF c/c arts. 41 e 49, Lei n. 8.112/91).

Por outro lado, existem inúmeras verbas que **não** possuem o caráter salarial, mas, sim, indenizatório, não integrando o salário de contribuição (art. 28, § 9º, Lei n. 8.212/91). Tal atributo as torna refratárias à incidência da contribuição previdenciária. Vamos conhecer algumas:

61. **Precedente (1ª Turma STJ):** REsp 1.328.326/BA, rel. Min. Gurgel de Faria; rel. p/ ac. Min. Regina Helena Costa, *DJe* 26-05-2017.
62. **Precedentes (2ª Turma STJ): (I)** AgInt no REsp 1.727.114/BA, rel. Min. Francisco Falcão, *DJe* 14-05-2019; **(II)** AgInt no AREsp 1.122.223/SP, rel. Min. Francisco Falcão, *DJe* 13-08-2019; **(III)** AgRg no REsp 1.449.331/SP, rel. Min. Assusete Magalhães, *DJe* 13-05-2016; **(IV)** REsp 1.144.750/RS, rel. Min. Humberto Martins, *DJe* 25-05-2011; **(V)** EDcl no REsp 1.157.849/RS, rel. Min. Herman Benjamin, *DJe* 26-05-2011.
63. **JURISPRUDÊNCIA:** recorde-se que, já em **1974**, editou-se o **Enunciado n. 60 do TST** ("*I – O adicional noturno, pago com habitualidade, integra o salário do empregado para todos os efeitos*").

1. **Salário-família**[64]**: à semelhança do raciocínio empreendido no item anterior**, se há pagamento habitual, exsurge o caráter salarial da verba, provocando a incidência da contribuição previdenciária; caso contrário, não. Desse modo, não há como admitir a incidência do gravame sobre o salário-família. A doutrina é assente em apontar que, não obstante o caráter sugestivo do rótulo "salário", a natureza jurídica da verba em comento não é a de "salário", uma vez que não é pago em virtude da contraprestação de serviços do empregado, tratando-se, verdadeiramente, de benefício previdenciário (art. 70, Lei n. 8.213/91 e art. 28, § 9º, "a", Lei n. 8.212/91). Relembre-se que a classificação oposta ocorre com o *salário-maternidade, salário-paternidade, salário "in natura"*, conforme já estudado. Portanto, **NÃO INCIDE** a contribuição previdenciária.

2. **Aviso prévio indenizado:** o pagamento decorrente da falta de aviso prévio, isto é, o *aviso prévio indenizado*, visa reparar o dano causado ao trabalhador que não fora alertado sobre a futura rescisão contratual com a antecedência mínima estipulada na Constituição Federal (ver, ainda, o art. 487, § 1º, da CLT). Desse modo, tal verba não possui caráter salarial, em razão do fato de não retribuir o trabalho, mas sim servir para reparar um dano. Essa é a orientação intelectiva do **STJ**[65]. Portanto, **NÃO INCIDE** a contribuição previdenciária.

3. **Terço de férias e outros adicionais não incorporáveis à aposentadoria do servidor público:** em 11 de outubro de **2018**, o **STF**[66], julgando o mérito do tema 163, com repercussão geral, fixou a seguinte tese: "*Não incide contribuição previdenciária sobre verba não incorporável aos proventos de aposentadoria do servidor público, tais como 'terço de férias', 'serviços extraordinários', 'adicional noturno' e 'adicional de insalubridade'*". Portanto, **NÃO INCIDE** a contribuição previdenciária. A propósito, em **3 de setembro de 2019**, a 1ª Turma do **STJ**, nos **EDcl no AgInt no REsp 1.659.435/SC** (rel. Min. Napoleão Nunes Maia Filho), alinhando-se à orientação do **STF**, entendeu que **NÃO INCIDE** contribuição previdenciária sobre verba não incorporável aos proventos de aposentadoria do servidor público, tais como terço de férias, serviços extraordinários, adicional noturno e adicional de insalubridade.

4. **Auxílio-Creche: também conhecido por *Reembolso-creche*, a verba é refratária à incidência da contribuição previdenciária, conforme legis-**

64. **JURISPRUDÊNCIA: REsp 1.275.695/ES**, rel. Min. Mauro Campbell Marques, 2ª T., j. em 20-08-2015.
65. **JURISPRUDÊNCIA:** confira-se a verba na paradigmática orientação do STJ, no **REsp 1.230.957/RS**, rel. Min. Mauro Campbell Marques, 1ª. T., j. em 26-02-**2014**.
66. **JURISPRUDÊNCIA: RE 593.068**, rel. Min. Roberto Barroso, Pleno, j. em 11-10-2018.

lação de regência[67]. No plano jurisprudencial, o STJ ratifica a orientação, conforme se nota no teor da Súmula n. 310: "*O auxílio-creche não integra o salário de contribuição*". **Observação:** veja-se o posicionamento jurisprudencial, no âmbito do FGTS, que guarda relação com a temática em exame.

Auxílio-creche e FGTS: o **STJ**[68], em **2014**, entendeu que o auxílio-creche não está incluído no conceito de "remuneração", para fins de cálculo do **FGTS**. Portanto, a verba **não** integra a *base de cálculo do Fundo de Garantia do Tempo de Serviço* (FGTS). A propósito, há expressa determinação legal de não inclusão no conceito de "remuneração", para fins de cálculo do FGTS, conforme se extrai da redação do art. 15, § 6º, da Lei n. 8.036/90. ("***Não se incluem na remuneração, para os fins desta Lei, as parcelas elencadas no § 9º do art. 28 da Lei nº 8.212, de 24 de julho de 1991.***")

5. **Importância paga nos quinze dias que antecedem o auxílio-doença (o "absenteísmo"):** essa importância paga não é destinada a retribuir o trabalho, sobretudo porque, no intervalo dos quinze dias consecutivos, ocorre a interrupção do contrato de trabalho, ou seja, nenhum serviço é prestado pelo empregado. Essa é a orientação intelectiva do **STJ**[69]. Portanto, **NÃO INCIDE** a contribuição previdenciária. **Observação:** veja-se o posicionamento jurisprudencial, no âmbito do FGTS, que guarda relação com a temática em exame.

Absenteísmo e FGTS: o **STJ**[70], em **2014**, entendeu que "*a importância paga pelo empregador durante os primeiros quinze dias que antecedem o afastamento por motivo de doença integra a base de cálculo do Fundo de Garantia do Tempo de Serviço (FGTS)*". A orientação tem suporte em regramento normativo específico[71]. Com efeito, a inserção tem fulcro nos arts. 15, § 5º, da Lei n. 8.036/90 e 28, II, do Decreto n. 99.684/90.

6. **Prêmios, ganhos ou gratificações de caráter eventual**[72]: o ponto central da discussão cingiu-se à verificação da *habitualidade* no pagamento, vale dizer, quando há um pagamento dotado de constância ou habitualidade, desponta o caráter salarial da verba, atraindo a incidência da contribuição previdenciária; caso contrário, não. Desse modo, não há como admitir a

67. **LEGISLAÇÃO:** art. 28, § 9º, "s", da Lei n. 8.212/91.
68. **JURISPRUDÊNCIA: REsp 1.448.294/RS**, rel. Min. Mauro Campbell Marques, 2ª T., j. em 09-12-2014.
69. **JURISPRUDÊNCIA:** confira-se a verba na paradigmática orientação do STJ, no **REsp 1.230.957/RS**, rel. Min. Mauro Campbell Marques, 1ª T., j. em 26-02-**2014**.
70. **JURISPRUDÊNCIA: REsp 1.448.294/RS**, rel. Min. Mauro Campbell Marques, 2ª T., j. em 09-12-2014.
71. **LEGISLAÇÃO: (I) Art. 15, § 5º (Lei n. 8.036/90)**. "O depósito de que trata o *caput* deste artigo é obrigatório nos casos de afastamento para prestação do serviço militar obrigatório e licença por acidente do trabalho". (Grifo nosso) e **(II) Art. 28 (Decreto n. 99.684/90)**. "O depósito na conta vinculada do FGTS é obrigatório também nos casos de interrupção do contrato de trabalho prevista em lei, tais como: (...) **II** – licença para tratamento de saúde de até quinze dias (...). (Grifo nosso)
72. **JURISPRUDÊNCIA: REsp 1.275.695/ES**, rel. Min. Mauro Campbell Marques, 2ª T., j. em 20-08-2015.

incidência do gravame sobre os prêmios e gratificações de caráter eventual (art. 28, § 9º, "e-7" e "z", Lei n. 8.212/91). Portanto, **NÃO INCIDE** a contribuição previdenciária.

7. **Férias indenizadas e o terço constitucional de férias (1/3):** a verba em exame, não retratando ganho habitual do empregado, mas um ganho com natureza indenizatória ou compensatória, rechaçará a incidência do tributo, por expressa previsão legal (art. 28, § 9º, "d", Lei n. 8.212/91). Essa é a orientação intelectiva do **STJ**[73]. Curiosamente, no mesmo julgado, a Corte Superior deixou claro que o **adicional de férias gozadas** possui natureza indenizatória ou compensatória, não constituindo ganho habitual do empregado, razão pela qual sobre ela não será também possível a incidência de contribuição previdenciária (a cargo da empresa)[74]. Portanto, NÃO INCIDE a contribuição previdenciária quanto ao terço constitucional de férias (indenizadas ou gozadas). **Observação:** vejam-se os posicionamentos jurisprudenciais, no âmbito do IR e FGTS, que guardam relação com a temática em exame.

   (I) Férias indenizadas e IR: no âmbito do IR, prevalece igualmente a não incidência, conforme se nota nos seguintes entendimentos sumulares: **(I) Súmula n. 125 do STJ, de 1994** ("*O pagamento de férias não gozadas por necessidade do serviço não está sujeito à incidência do imposto de renda*"); e **(II) Súmula n. 386 do STJ, de 2009** ("*São isentas de imposto de renda as indenizações de férias proporcionais e o respectivo adicional*").

   (II) Terço de férias gozadas e FGTS: o **STJ**[75], em **2014**, entendeu que "*a importância paga pelo empregador a título de terço constitucional de férias gozadas integra a base de cálculo do Fundo de Garantia do Tempo de Serviço (FGTS)*". Concebeu o STJ que "*somente em relação às verbas expressamente excluídas pela lei é que não haverá a incidência do FGTS. Desse modo, impõe-se a incidência do FGTS sobre o terço constitucional de férias (gozadas), pois não há previsão legal específica acerca da sua exclusão, não podendo o intérprete ampliar as hipóteses legais de não incidência*". Para a Corte Superior, o FGTS é um direito autônomo dos trabalhadores urbanos e rurais de índole social e trabalhista, não sendo possível sua equiparação com a sistemáti-

---

73. **JURISPRUDÊNCIA:** confira-se a verba na paradigmática orientação do **STJ**, no **REsp 1.230.957/RS**, rel. Min. Mauro Campbell Marques, 1ª T., j. em 26-02-**2014**.

74. **JURISPRUDÊNCIA:** frise-se que o **STF**, em **2008** e **2009**, em suas duas Turmas, já havia proclamado que o valor obtido a título de terço de *férias gozadas* não compõe o salário de contribuição [**Precedentes/STF: (I)** AgRg no RE 587.941, rel. Min. Celso de Mello, 2ª T., j. em 30-09-2008; e **(II)** AgRg no AI 712.880, rel. Min. Ricardo Lewandowski, 1ª T., j. em 26-05-2009]. Da mesma forma, seguiu o **STJ**, em **2010**, **2012** e **2014**, procurando realinhar a sua jurisprudência com a Suprema Corte [**Precedentes/STJ: (I)** AgR no REsp 1.210.517, rel. Min. Herman Benjamin, 2ª T., j. em 02-12-2010; **(II)** EDcl no AgRg no AREsp 85.096, rel. Min. Herman Benjamin, 2ª T., j. em 26-06-2012; e, mais recentemente, em **2014**, na *sistemática de recurso repetitivo*, o **(III)** REsp 1.230.957, rel. Min. Mauro Campbell Marques, 1ª T., j. em 26-02-2014].

75. **JURISPRUDÊNCIA: REsp 1.436.897/ES**, rel. Min. Mauro Campbell Marques, 2ª T., j. em 04-12-2014.

ca utilizada para fins de incidência de contribuição previdenciária e imposto de renda, de sorte que é irrelevante a natureza da verba trabalhista (remuneratória ou indenizatória/compensatória) para fins de incidência da contribuição ao FGTS.

(III) Terço de férias indenizadas e FGTS: o STJ[76], em **2014**, deixou claro que, no caso de *férias indenizadas*, há expressa determinação legal de não inclusão no conceito de "remuneração", para fins de cálculo do FGTS, conforme se extrai da redação do art. 15, § 6º, da Lei n. 8.036/90. ("***Não se incluem na remuneração, para os fins desta Lei, as parcelas elencadas no § 9º do art. 28 da Lei nº 8.212, de 24 de julho de 1991.***")

> Note o item considerado **INCORRETO**, em prova realizada pelo Cespe/Cebraspe, para o cargo de Auditor do Tribunal de Contas do Paraná (TCE/PR), em 2016: "*Incide contribuição previdenciária sobre o terço constitucional de férias gozadas, mas não sobre o terço das férias indenizadas*".

8. **Salário-maternidade:** em **5 de agosto de 2020**, o Pleno do **STF**, no **RE 576.967/PR** (rel. Min. Roberto Barroso), entendeu que o **salário-maternidade**, configurando verdadeiro benefício previdenciário – por não se tratar de contraprestação pelo trabalho ou de retribuição em razão do contrato de trabalho –, **não** se amolda ao conceito de "folha de salários" e demais rendimentos do trabalho pagos ou creditados, a qualquer título à pessoa física que lhe preste serviço, mesmo sem vínculo empregatício.

Como é sabido, o salário-maternidade é prestação previdenciária paga pela Previdência Social à segurada durante os 120 (cento e vinte) dias em que permanece afastada do trabalho em decorrência da *licença-maternidade*. Sua natureza remuneratória sempre desfrutou de endosso no plano da norma e, ainda, no da jurisprudência: o **art. 28, §§ 2º e 9º, "a", da Lei n. 8.212/91** previa textualmente que o salário-maternidade integra o salário de contribuição, enquanto o STJ, em relevante diretriz, entendia que deveria haver a incidência da contribuição previdenciária sobre a verba em cotejo **(REsp 1.230.957/RS, rel. Min. Mauro Campbell Marques, 1ª T., j. em 26-02-2014)**

Com o paradigmático veredito, em virada jurisprudencial, a Corte Suprema deixa claro que o salário-maternidade **não** pode compor a base de cálculo da contribuição previdenciária a cargo do empregador, não encontrando fundamento no art. 195, I, "a", da Constituição. Qualquer incidência não prevista no referido dispositivo constitucional configura fonte de custeio alternativa e residual, devendo estar prevista em *lei complementar* (art. 195, § 4º). Desse modo, há inconstitucionalidade formal no art. 28, § 2º, e na

76. **JURISPRUDÊNCIA: REsp 1.436.897/ES**, rel. Min. Mauro Campbell Marques, 2ª T., j. em 04-12-2014.

parte final da alínea "a" do § 9º da Lei n. 8.212/91. Para além disso, e homenageando o *postulado da isonomia*, a Corte Suprema evidenciou que as normas impugnadas, ao imporem tributação que incide somente quando a trabalhadora é mulher e mãe, cria obstáculo geral à contratação de mulheres, por questões exclusivamente biológicas, uma vez que torna a maternidade um ônus. Tal discriminação não encontra amparo na Constituição, que, ao contrário, estabelece isonomia entre homens e mulheres, bem como a proteção à maternidade, à família e à inclusão da mulher no mercado de trabalho. Por fim, foi proposta a seguinte tese: "*É inconstitucional a incidência de contribuição previdenciária a cargo do empregador sobre o salário-maternidade*".

9. **Outras verbas de natureza indenizatória**[77]: são conhecidas as verbas de natureza indenizatória que, fugindo do conceito de "remuneração", mostram-se infensas ou refratárias à incidência da contribuição previdenciária. Desse modo, é possível assegurar que **NÃO INCIDE** a contribuição previdenciária nas seguintes verbas, entre outros exemplos:

– auxílio-doença pago até o 15º dia pelo empregador[78];
– auxílio-acidente[79];
– auxílio/Vale-transporte[80];
– auxílio/Vale-alimentação (parcela *in natura*)[81-82];
– auxílio/Vale-cultura[83];
– ajudas de custo em geral[84];
– abonos convertidos em pecúnia (por exemplo, *abono de férias*[85]);
– abono do PIS e PASEP[86];
– diárias para viagens[87];
– cessão de direitos autorais[88];

---

77. **JURISPRUDÊNCIA:** para uma abrangente visualização do pensamento do **STJ**, recomenda-se a leitura das ilustrativas ementas de dois importantes julgados, de relatoria do Ministro Luiz Fux, exarados na 1ª Turma: (I) AgRg no REsp 957.719/SC, j. em 17-11-2009; e (II) EDcl no AgRg no REsp 957.719/SC, j. em 20-05-2010.
78. **LEGISLAÇÃO:** art. 28, § 9º, "n", da Lei n. 8.212/91.
79. **LEGISLAÇÃO:** por similitude, o art. 28, § 9º, "n", da Lei n. 8.212/91.
80. **LEGISLAÇÃO:** art. 28, § 9º, "f", da Lei n. 8.212/91.
81. **LEGISLAÇÃO:** art. 28, § 9º, "c", da Lei n. 8.212/91.
82. **JURISPRUDÊNCIA:** para o aprofundamento da temática da não incidência da contribuição previdenciária sobre o **auxílio ou vale-alimentação ("in natura" ou não)**, ver os seguintes precedentes: (I) REsp 1.051.294/PR, rel. Min. Eliana Calmon, 2ª T., j. em 10-02-2009; e (II) REsp 1.185.685/SP, rel. Min. Hamilton Carvalhido, rel. p/ ac. Min. Luiz Fux, 1ª T., j. em 17-12-2010.
83. **LEGISLAÇÃO:** art. 28, § 9º, "y", da Lei n. 8.212/91.
84. **LEGISLAÇÃO:** art. 28, § 9º, "g", da Lei n. 8.212/91.
85. **LEGISLAÇÃO:** art. 28, § 9º, "e", n. 6, da Lei n. 8.212/91.
86. **LEGISLAÇÃO:** art. 28, § 9º, "l", da Lei n. 8.212/91.
87. **LEGISLAÇÃO:** art. 28, § 9º, "h", da Lei n. 8.212/91.
88. **LEGISLAÇÃO:** art. 28, § 9º, "v", da Lei n. 8.212/91.

– participação nos lucros e resultados da empresa[89];
– aviso prévio indenizado;
– licença-prêmio não gozada e convertida em dinheiro, portanto, indenizada[90-91];
– indenizações pela adesão a programas de demissão voluntária[92-93].

6.3 "Outras" contribuições

As "outras contribuições", valendo-se aqui da dicção do **STF**[94], são aquelas que podem ser instituídas no plano da *competência residual* (ou *remanescente*) da União, conforme o disposto no **art. 195, § 4º, da CF**[95]. Esse dispositivo, por sua vez, pressupõe a aplicação de outro, o **art. 154, I, da CF**[96]. Procedendo-se ao confronto dos dispositivos constitucionais retrocitados, infere-se que as *contribuições residuais para a seguridade social* devem respeitar os seguintes parâmetros:

a) instituição, por ***lei complementar***, vedando-se a utilização de medida provisória (art. 62, § 1º, III, CF);

> Note o item considerado **INCORRETO**, em prova realizada pela Vunesp, para o cargo de Titular de Serviços de Notas e de Registros (TJ/SP), em 2014: *"Em relação à competência residual tributária da União, outorgada pela Constituição, é correto afirmar que esse direito não está sujeito ao princípio de legalidade e somente pode ser utilizado em caso de guerra ou comoção interna grave"*.

b) instituição pela União, portanto o tributo é exclusivamente federal;
c) respeito ao *princípio da não cumulatividade*;
d) proibição de coincidência entre o seu fato gerador ou a sua base de cálculo com o fato gerador ou a base de cálculo *de outras contribuições* (e não com

89. **LEGISLAÇÃO:** art. 28, § 9º, "j", da Lei n. 8.212/91.
90. **LEGISLAÇÃO:** art. 28, § 9º, "e", n. 8, da Lei n. 8.212/91.
91. **JURISPRUDÊNCIA:** confira-se, no âmbito do **IR**, a **Súmula n. 136/STJ**: "O pagamento de licença-prêmio não gozada por necessidade do serviço não está sujeito ao Imposto de Renda".
92. **LEGISLAÇÃO:** art. 28, § 9º, "e", n. 5, da Lei n. 8.212/91.
93. **JURISPRUDÊNCIA:** confira-se, no âmbito do **IR**, a **Súmula n. 215/STJ**: "A indenização recebida pela adesão a programa de incentivo à demissão voluntária não está sujeita à incidência do imposto de renda".
94. **JURISPRUDÊNCIA: RE 138.284-8/CE, rel. Min. Carlos Velloso, Pleno, j. em 01-07-1992** (Ver, ainda, a ratificação do veredito no RE 148.754, rel. Min. Carlos Velloso, rel. p/ ac. Min. Francisco Rezek, Pleno, j. em 24-06-1993).
95. **LEGISLAÇÃO: "Art. 195.** A seguridade social será financiada por toda a sociedade, de forma direta e indireta, nos termos da lei, mediante recursos provenientes dos orçamentos da União, dos Estados, do Distrito Federal e dos Municípios, e das seguintes contribuições sociais: (...) **§ 4º.** A lei poderá instituir *outras fontes* destinadas a garantir a manutenção ou expansão da seguridade social, *obedecido o disposto no art. 154, I*". **(Grifos nossos)**
96. **LEGISLAÇÃO: "Art. 154.** A União poderá instituir: **I** – mediante lei complementar, impostos não previstos no artigo anterior, desde que sejam não cumulativos e não tenham fato gerador ou base de cálculo próprios dos discriminados nesta Constituição".

o fato gerador ou a base de cálculo de impostos!). Esse modo peculiar de interpretar tem respaldo na orientação do **STF**[97], segundo o qual *"não se aplica às contribuições sociais novas a segunda parte do inciso I do artigo 154 da Carta Magna, ou seja, que elas não devam ter fato gerador ou bases de cálculo próprios dos impostos discriminados na Constituição"*. Trata-se, portanto, da necessidade de uma *inovação estrutural* quanto às demais contribuições, e não quanto aos impostos propriamente ditos. Em outras palavras, **nada impede que uma contribuição para a seguridade social surja com fato gerador ou base de cálculo de um imposto já listado na Constituição.** O que lhe é proibido é a coincidência com a base de cálculo de outras contribuições (aquelas dos incisos I ao IV do art. 195 da CF).

> Note o item considerado **INCORRETO**, em prova realizada pela Vunesp, para o cargo de Juiz (TJ/RJ), em 2012: *"Acerca das contribuições especiais, estabelecidas constitucionalmente, é correto afirmar que não podem ter a mesma base de cálculo de qualquer imposto"*.

Por fim, memorize que a *competência residual* pode estar associada a *impostos* ou a *contribuições para a seguridade social*, sempre no bojo de lei complementar, o que rechaça, como se sabe, o exercício por *medida provisória* (art. 62, § 1º, III, CF).

6.4 Estudo complementar das contribuições

O presente estudo visa enfrentar a estrutura de certas *contribuições* que têm merecido, na doutrina e na jurisprudência, um tratamento diferenciado, em razão das características próprias que assumem pela sua fisiologia.

Destacam-se, no presente tópico, **quatro** contribuições:

a) CPMF;

b) COSIP;

c) FGTS (contribuição não tributária);

d) FUNRURAL.

Vamos detalhá-las:

a) Breve análise da Contribuição Provisória sobre Movimentação Financeira (CPMF)

Sucessora do antigo IPMF (*Imposto sobre Movimentação ou Transmissão de Valores e de Créditos e Direitos de Natureza Financeira*), a *Contribuição Provisória sobre Movimentação Financeira* – CPMF – surgiu com o objetivo primordial de cus-

97. **JURISPRUDÊNCIA:** RE 228.321, rel. Min. Carlos Velloso, Pleno, j. em 01-10-1998. Ver, ainda, no mesmo sentido: **(I)** RE 231.096/MG, 1ª T., rel. Min. Moreira Alves, j. em 02-03-1999; **(II)** RE 242.615/BA, 2ª T., rel. Min. Marco Aurélio, j. em 17-08-1999; e **(III)** RE 258.470/RS, 1ª T., rel. Min. Moreira Alves, j. em 21-03-2000.

tear a solução dos problemas da saúde pública, tendo existido no Brasil entre agosto de 1993 e dezembro de 2007.

A CPMF, propriamente dita, surgiu como tributo federal, à luz da EC n. 12/96 (art. 74 do ADCT), cujo teor definiu os pressupostos gerais de cobrança desse tributo, tais como:

> **(I)** a alíquota será não superior a 0,25% (§ 1º);
> **(II)** a arrecadação será destinada ao Fundo Nacional de Saúde (§ 3º);
> **(III)** deve haver a obediência do gravame ao princípio da anterioridade qualificada ou nonagesimal, prevista no art. 195, § 6º, CF, não se lhe aplicando o art. 150, III, "b", CF (§ 4º);
> **(IV)** deve haver a exigência do tributo pelo prazo não superior a dois anos (§ 4º);
> **(V)** deve haver a sua incidência, ao lado do IOF, sobre o ouro, quando definido em lei como ativo financeiro ou instrumento cambial (§ 2º).

Quanto à sua natureza jurídica, a CPMF mostrou-se como *contribuição para a seguridade social*, desfrutando de total autonomia com relação às demais espécies tributárias. Desde seu nascedouro, a partir da Lei n. 9.311/96, o resultado de sua arrecadação esteve vinculado – pelo menos em tese – ao custeio de ações e serviços de saúde, isto é, a um dos itens que compõem as ações destinadas à seguridade social. Daí adotar, nesta obra, esse posicionamento classificatório.

No plano histórico-normativo, a hoje extinta CPMF despontou como uma exação de constitucionalidade duvidosa – desde seu nascedouro e durante toda a sua existência, marcada por arbitrárias prorrogações de suas normas –, traduzindo-se, sob a capa de um gravame provisório, em um inequívoco tributo permanente. De forma lamentável, o tempo de vida dessa contribuição foi caracterizado pela chancela do Judiciário, a despeito de invariáveis e reiterados questionamentos acerca de sua legitimidade.

Finalmente, em 13 de dezembro de 2007, poucos dias antes do prazo de expiração da EC n. 42/2003, o Plenário do Senado Federal rejeitou, em primeiro turno, o art. 2º da Proposta de Emenda à Constituição (PEC) que prorrogaria a CPMF até 2011.

Com isso, a contribuição deixou de ser cobrada no Brasil a partir de 31 de dezembro de 2007. A derrota do governo no Senado, com a rejeição da prorrogação da cobrança da CPMF, implicou uma "perda" de receita anual estimada em, aproximadamente, R$ 40 bilhões. Com maior honestidade, diríamos: "perda" de receita, para o Estado, e "ganho", para o contribuinte, que deixou de pagar um retórico tributo voltado para a solução da saúde pública.

Entretanto, a todo momento, temos vivenciado o desejo incontido, de parte do nosso Legislativo, da retomada do tributo. Parece que o Estado não consegue se desprender das amarras deletérias da CPMF, o que o leva, automática e nostalgicamente, a trazer o debate a lume toda vez que as contas públicas não fecham diante do *déficit* público. É um assunto maçante que o cidadão brasileiro tende a rechaçar com veemência.

b) Análise da Contribuição para o Serviço de Iluminação Pública (COSIP)

Historicamente, o serviço de iluminação pública sempre ensejou controvérsias acerca de seu custeio.

Os municípios, visando burilar a ideal figura tributária, hábil ao ressarcimento da atuação estatal de fornecimento de energia, pensaram ora nos *impostos*, ora nas *taxas*: nos *impostos*, haja vista ser o natural tributo tendente a custear as despesas públicas gerais do Estado, não referíveis a contribuintes determinados, o que se coaduna com o serviço de iluminação pública; nas *taxas*, por ser um tributo vinculado à atividade estatal – no caso, o serviço de iluminação –, ainda que se antevisse a inadequação do gravame, em razão da ausência de especificidade e divisibilidade do serviço.

Com o evolver dos anos, o **STF** começou a tomar posição e afastou com veemência as *taxas de iluminação pública*.

Observe a jurisprudência:

> **EMENTA:** TRIBUTÁRIO. MUNICÍPIO DE NITERÓI. TAXA DE ILUMINAÇÃO PÚBLICA. ARTS. 176 E 179 DA LEI MUNICIPAL N. 480, DE 24.11.83, COM A REDAÇÃO DADA PELA LEI N. 1.244, DE 20.12.93. *Tributo de exação inviável, posto ter por fato gerador serviço inespecífico, não mensurável, indivisível e insuscetível de ser referido a determinado contribuinte, a ser custeado por meio do produto da arrecadação dos impostos gerais.* Recurso não conhecido, com declaração de inconstitucionalidade dos dispositivos sob epígrafe, que instituíram a taxa no município. **(RE 233.332/RJ, Pleno, rel. Min. Ilmar Galvão, j. em 10-03-1999) (Grifo nosso)**

Em outubro de **2003**, publicou-se a **Súmula n. 670 do STF**, segundo a qual "*o serviço de iluminação pública não pode ser remunerado mediante taxa*". Em março de **2015**, o STF tornou vinculante o conteúdo do referido Verbete 670. Trata-se da **Súmula Vinculante n. 41 do STF**.

> Note o item considerado **CORRETO**, em prova realizada pelo Cespe/Cebraspe, para o cargo de Juiz de Direito (TJ/DF), em 2016: *"De acordo com a jurisprudência sumulada do STF acerca da legislação tributária, o serviço de iluminação pública não pode ser remunerado mediante taxa".*

> Note o item considerado **INCORRETO**, em prova realizada pela Fundep, para o cargo de Advogado da Câmara Municipal de Itabirito/MG, em 2016: *"É vedado aos Municípios e ao Distrito Federal instituir contribuição para o custeio do serviço de iluminação pública".*

> Note o item considerado **CORRETO**, em prova realizada pelo Cespe/Cebraspe, para o cargo de Juiz de Direito Substituto da Justiça do Distrito Federal (TJDFT), em 2016: *"De acordo com a jurisprudência sumulada do STF acerca da legislação tributária, o serviço de iluminação pública não pode ser remunerado mediante taxa"*.

É fácil perceber que o serviço de iluminação pública exterioriza, por si só, uma dificuldade na identificação do sujeito passivo, o que, a olhos vistos, cria sérios embaraços à tipologia tributária, provocando um cenário vocacionado à violação dos princípios da legalidade e da isonomia tributárias, além de mácula à razoabilidade e à proporcionalidade na tributação.

Não obstante, o legislador constituinte derivado, passando ao largo das controvérsias apresentadas, sentiu-se à vontade para editar, de afogadilho, nos últimos dias do ano de 2002, a **EC n. 39/2002**, que trouxe à baila a COSIP.

> Note o item (adaptado) considerado **CORRETO**, em prova realizada pela UNOESC, para o cargo de Agente Fiscal Tributário Externo da Prefeitura Municipal de Iraceminha/SC, em 2016: *"(...) A EC n. 39/2002 acrescentou o art. 149-A à CF, inovando e instituindo a COSIP. Logo, possuem competência tributária para a criação do referido tributo os Municípios e o Distrito Federal"*.

Ad argumentandum, critica-se, não sem razão, o processo elaborativo da EC n. 39/2002. É que o trâmite, de modo exótico e inédito, deu azo à violação do processo legislativo, não se permitindo votar a Emenda – como deve ser – em dois turnos, nas duas Casas do Congresso Nacional, com o devido respeito ao interstício mínimo previsto nos Regimentos Internos da Câmara e do Senado. Os dois turnos foram realizados, cumulativa e açodadamente, no mesmo dia, para que se evitassem os efeitos retardadores da aplicação do princípio da anterioridade tributária, caso houvesse a transposição do ano que se findava. Infelizmente, em casos semelhantes, o **STF** tem entendido que a interpretação do Regimento Interno das Casas Legislativas é matéria *interna corporis*, não sendo suficiente para a declaração de inconstitucionalidade formal do tributo.

Observe o dispositivo que hospeda o gravame:

> **Art. 149-A.** Os **Municípios e o Distrito Federal** poderão instituir contribuição, na forma das respectivas leis, para o custeio do serviço de iluminação pública, observado o disposto no art. 150, I e III.
>
> **Parágrafo único.** É facultada a cobrança da contribuição a que se refere o *caput*, na fatura de consumo de energia elétrica.

> Note o item considerado **CORRETO**, em prova realizada pela Vunesp, para o cargo de Analista/Advogado (CR-Bio, 1ª Região), em 2017: *"Na forma das respectivas leis, poderão instituir contribuição para o custeio do serviço de iluminação pública os Municípios e o Distrito Federal"*.
>
> **Observação:** item semelhante, indicando a competência dos municípios e Distrito Federal para a instituição da COSIP, foi considerado **CORRETO**, em prova realizada pela FAEPESUL, para o cargo de Fiscal Fazendário da Prefeitura de Grão Pará/SC, em 2016.

À luz do preceptivo em epígrafe, permitiu-se aos **Municípios e Distrito Federal** a instituição, por meio de lei ordinária, da *Contribuição para o Custeio do Serviço de Iluminação Pública* (CIP ou COSIP). Portanto, a COSIP, nesse quesito competencial, difere das federais contribuições constantes do *caput* do art. 149 da CF, a saber, as de interesse de categorias profissionais, as de intervenção no domínio econômico e as sociais para a seguridade social. Por outro lado, a COSIP, ainda nesse viés competencial, aproxima-se das municipais contribuições de melhoria e daquelas previstas no art. 149, § 1º, da CF.

Note o item considerado **CORRETO**, em prova realizada pelo FCC, para o cargo de Auditor do Controle Externo (TCM/GO), em 2015: *"De acordo com a Constituição Federal, os Municípios podem instituir contribuições para o custeio do serviço de iluminação pública, na forma das respectivas leis"*.

Observação: item semelhante, indicando a competência do gravame para os municípios, foi considerado **CORRETO**, em prova realizada pelas seguintes instituições: (**I**) Prefeitura do Rio de Janeiro, para o cargo de Assessor Jurídico da SMA/RJ, em 2013; (**II**) FAEPESUL, para o cargo de Fiscal Fazendário da Prefeitura de Grão Pará/SC, em 2016.

Note o item considerado **INCORRETO**, em prova realizada pela FCC, para o cargo de Procurador do Município de Campinas, em 2016: *"Os Estados, os Municípios e o Distrito Federal poderão instituir contribuição, na forma das respectivas leis, para o custeio do serviço de iluminação pública"*.

Note o item considerado **INCORRETO**, em prova realizada pela EXATUS Consultoria, para o cargo de Profissional de Nível Superior I (Direito) da ELETROBRAS – Centrais Elétricas de Rondônia, em 2016: *"Os Municípios e os Estados poderão instituir contribuição, na forma das respectivas leis, para o custeio do serviço de iluminação pública"*.

Como é cediço, a lei ordinária deve trazer os elementos configuradores de todo tributo (art. 97, I a V, CTN) no bojo da reserva legal ou tipicidade cerrada, quais sejam: alíquota, base de cálculo, sujeito passivo, multa e fato gerador.

Estranhamente, o texto constitucional atrela a COSIP apenas a três princípios constitucionais tributários – *legalidade, irretroatividade e anterioridade* –, o que parece denotar uma imprópria postura reducionista, haja vista a inafastável conexão dos tributos a **todos** os princípios constitucionais tributários, como inexoráveis limitações ao poder de tributar (arts. 150 a 152 da CF), ressalvados os casos discriminados no texto constitucional.

A propósito do princípio da anterioridade tributária, frise-se que à COSIP se associam os princípios da *anterioridade anual* e da *anterioridade qualificada* (art. 150, III, "b" e "c", CF), não se lhe aplicando a anterioridade mitigada ou nonagesimal do § 6º do art. 195, própria das contribuições para a seguridade social.

À primeira vista, resistimos a crer que, seguindo esse plano de formatação legal da COSIP, alguns desses elementos possam ser induvidosamente dotados de constitucionalidade.

As dúvidas que lançamos são singelas diante da vaguidão conceitual do serviço de "iluminação pública": *qual será a base de cálculo do gravame? Que alíquota será razoável? Quem é o sujeito passivo? Se o tributo é sinalagmático, como fica a questão da referibilidade?*

Com efeito, é possível inferir que o fato gerador da COSIP é a prestação do serviço de iluminação pública, o que denota o caráter vinculado desse gravame genuinamente finalístico. Havendo a atividade estatal mencionada, há de haver a exigência da exação, atrelada à atuação estatal – o financiar de um serviço de iluminação pública –, entretanto tal sinalagma, por si só, **não certifica a "referibilidade" do tributo, uma vez que não é possível discriminar quais são os usuários do serviço disponibilizado.**

Note o item considerado **CORRETO**, em prova realizada pela FAEPESUL, para o cargo de Fiscal Fazendário da Prefeitura de Grão Pará/SC, em 2016: *"A COSIP é recurso que financia um serviço público de natureza 'uti universi', geral, portanto indivisível e insuscetível de referibilidade a um indivíduo ou a um grupo de indivíduos determinável".*

Ad argumentandum, à luz do necessário enquadramento classificatório da exação, não há como associar a COSIP, por exemplo, **a uma taxa**, uma vez faltantes os elementos da *especificidade* e *divisibilidade* para a exação. Com efeito, o serviço de iluminação pública não é prestado a um número determinado ou determinável de contribuintes, mas, sim, a qualquer pessoa sobre a qual incidam os raios de luz, oriundos dos postes de iluminação, nos logradouros públicos. Frise-se que, diante dessa situação, há de se olhar para o Enunciado n. 670 do STF (atual Súmula Vinculante n. 41), e associar a COSIP a taxas é permitir nítida burla à jurisprudência já sumulada.

Note o item considerado **INCORRETO**, em prova realizada pela FAEPESUL, para o cargo de Fiscal Fazendário da Prefeitura de Grão Pará/SC, em 2016: *"A COSIP é uma taxa que visa custear os serviços de iluminação pública, segundo o Sistema Tributário Brasileiro".*

Note o item considerado **INCORRETO**, em prova realizada pelo Cebraspe, para o cargo de Procurador do Município de Fortaleza/CE, em 2017: *"O fato gerador da contribuição de iluminação pública é a prestação de serviço público, específico e divisível, colocado à disposição do contribuinte mediante atividade administrativa em efetivo funcionamento".*

O fato curioso é que **muitos municípios** instituíram suas COSIPs, "aproveitando" o teor das leis instituidoras das já inconstitucionais "taxas de iluminação pública", em uma exótica "reciclagem normativa". Cite-se o Município de Fortaleza, em cuja Lei n. 8.678/2002 (art. 3º), instituidora da COSIP, previu-se, textualmente, que este tributo substituirá a Taxa de Iluminação Pública, adotando-se o mesmo fato gerador, sujeito passivo, hipótese de incidência, base de cálculo e alíquota.

> Note o item considerado **INCORRETO**, em prova realizada pela FCC, para o cargo de Procurador da Prefeitura de Recife/PE, em 2014: *"A Prefeitura do Recife, por meio de sua Secretaria de Finanças, resolveu enviar proposta ao legislativo municipal para a instituição de novas taxas aplicáveis aos munícipes recifenses. É prescrição normativa constitucional que deve ser observada por esta proposta legislativa instituir em 2014 taxa para o custeio do serviço de iluminação pública que possa ser cobrada ainda no primeiro semestre do mesmo ano, tendo em vista as necessidades deste serviço nos bairros carentes do Recife".*

Parte da doutrina desfruta de pensamento dessemelhante, entendendo que a COSIP é um "imposto travestido de contribuição". E, se assim o é, deflagra, de plano, as seguintes celeumas: **(I)** uma bitributação com o ICMS, no campo de incidência sobre a energia; **(II)** ofensa ao *pacto federativo*, pois haveria invasão de competência dos municípios no âmbito do ICMS, que é imposto estadual; **(III)** ofensa ao *princípio da não afetação dos impostos*, pois o imposto não pode ter sua arrecadação vinculada a qualquer despesa (art. 167, IV, CF); **(IV)** a necessidade de lei de caráter nacional para definir fato gerador, base de cálculo e contribuintes (art. 146, III, "a", CF).

Por derradeiro, diga-se que o parágrafo único do art. 149-A da CF dispõe que é facultada a cobrança da COSIP na *fatura de consumo de* **energia elétrica.**

Desgraçadamente, na maior parte dos municípios, a cobrança da energia consumida (conta de luz elétrica) é feita de modo "casado" com a exigência da COSIP, sendo impossível a quitação de uma sem o fazer com relação à outra. A ardilosa sistemática, inibitória de litigiosidade, cria uma espécie de blindagem ao mecanismo de cobrança, que se mantém inatacável, além de obstar que se tragam as exigências à discussão, individualizadamente, o que parece afrontar o art. 39, I, do *Código de Defesa do Consumidor*, a par do art. 5º, LIV e LV, e do art. 60, § 4º, ambos da CF. O tema não é infenso a férteis debates.

Posto isso, diante da classificação a que devemos nesta obra proceder – não sem esforço –, ficamos instados a rotular a COSIP de "tributo", associando-a à espécie das **contribuições**, como uma **contribuição *sui generis***, sem que se confunda tal contribuição com as três outras, previstas no *caput* do art. 149 da CF: *contribuições sociais, corporativas ou interventivas.*

> Note o item considerado **CORRETO**, em prova realizada pela FAEPESUL, para o cargo de Fiscal Fazendário da Prefeitura de Grão Pará/SC, em 2016: *"A COSIP é uma contribuição que tem por escopo custear o serviço de iluminação pública".*

> Note o item considerado **CORRETO**, em prova realizada pelo Cebraspe, para o cargo de Procurador do Município de Fortaleza/CE, em 2017: *"Os municípios e o DF têm competência para instituir contribuição para o custeio do serviço de iluminação pública, tributo de caráter 'sui generis', diferente de imposto e de taxa".*

Aliás, o **STF** (Pleno), com julgamento em repercussão geral, adotou a classificação da COSIP como contribuição *sui generis*, chancelando a constitucionalidade da exação, conforme a ementa abaixo:

EMENTA: CONSTITUCIONAL. TRIBUTÁRIO. RE INTERPOSTO CONTRA DECISÃO PROFERIDA EM ADI ESTADUAL. CONTRIBUIÇÃO PARA O CUSTEIO DO SERVIÇO DE ILUMINAÇÃO PÚBLICA – COSIP. ART. 149-A, CF. LC N. 7/2002, DO MUNICÍPIO DE SÃO JOSÉ, SANTA CATARINA. (...) III – Tributo de caráter *sui generis*, que não se confunde com um imposto, porque sua receita se destina a finalidade específica, nem com uma taxa, por não exigir a contraprestação individualizada de um serviço ao contribuinte. IV – Exação que, ademais, se amolda aos princípios da razoabilidade e da proporcionalidade. **(RE 573.675 Repercussão Geral, rel. Min. Ricardo Lewandowski, Pleno, j. em 25-03-2009)**

c) Análise da Contribuição para o Fundo de Garantia do Tempo de Serviço (FGTS)

O **FGTS**, instituído pela Lei n. 5.107/66 – e, atualmente, regulado pela Lei n. 8.036/90 –, é fundo constituído por depósitos mensais, efetuados pelos empregadores em nome de seus empregados (art. 15 da Lei n. 8.036/90).

Sendo um direito do trabalhador, garantido pelo Estado, os depósitos do FGTS pressupõem vínculo jurídico, sob a disciplina do *Direito do Trabalho*. Quanto à sua classificação, sabe-se que o art. 7º, III, da CF inseriu o FGTS como um direito social e trabalhista dos trabalhadores brasileiros, urbanos e rurais, o que parece ter fulminado a celeuma doutrinária quanto à sua natureza jurídica – se previdenciária, tributária, indenizatória, entre outras. O FGTS assume a indumentária de "pecúlio permanente", que pode ser sacado pelos seus titulares em diversas circunstâncias definidas pela lei, conforme o art. 20 da Lei n. 8.036/90.

Diante desse cenário, entende-se que o **FGTS não detém natureza tributária**, mas, sim, natureza trabalhista e social, o que lhe retira o timbre de "contribuição fiscal ou parafiscal". A propósito, o **STF**[98] e o **STJ** (este, até mesmo com orientação sumular)[99] endossam, de há muito, essa classificação.

Note o item considerado **CORRETO**, em prova realizada pelo IOPLAN, para o cargo de Advogado da Prefeitura Municipal de São Domingos/SC, em 2016: *"Segundo a 'Súmula 353 do STJ', 'as disposições do CTN não se aplicam às contribuições do Fundo de Garantia por Tempo de Serviço (FGTS)'. Podemos afirmar que a justificativa para tal entendimento é a seguinte: o produto da arrecadação não é considerado receita pública, devendo ser carreada às contas vinculadas dos empregados"*.

98. **Vejam-se os precedentes no STF:** **(I)** RE 100.249, rel. Min. Oscar Correa, rel. p/ ac. Min. Néri da Silveira, Pleno, j. em 02-12-1987; **(II)** RE 134.328, rel. Min. Ilmar Galvão, 1ª T., j. em 02-02-1993; **(III)** RE 120.189, rel. Min. Marco Aurélio, 2ª T., j. em 26-10-1998.

99. **Vejam-se os precedentes no STJ:** **(I)** REsp 383.885/PR, rel. Min. José Delgado, 1ª T., j. em 07-05-2002; **(II)** REsp 396.275/PR, rel. Min. Luiz Fux, 1ª T., j. em 1º-10-2002. Aliás, em junho de 2008, editou-se a **Súmula n. 353 do STJ**, segundo a qual "*as disposições do Código Tributário Nacional não se aplicam às contribuições para o FGTS*".

Note o item considerado **INCORRETO**, em prova realizada pelo IOPLAN, para o cargo de Advogado da Prefeitura Municipal de São Domingos/SC, em 2016: *"O FGTS é caracterizado como uma contribuição parafiscal, possuindo destinação específica para a arrecadação".*

Observe, no **STF**, a jurisprudência, antes mesmo da Constituição de 1988:

EMENTA: FUNDO DE GARANTIA POR TEMPO DE SERVIÇO. SUA NATUREZA JURÍDICA. CONSTITUIÇÃO, ART. 165, XIII. LEI N. 5.107, DE 13.9.1966. *As contribuições para o FGTS não se caracterizam como crédito tributário ou contribuições a tributo equiparáveis.* (...) Dessa garantia, de índole social, promana, assim, a exigibilidade pelo trabalhador do pagamento do FGTS, quando despedido, na forma prevista em lei. Cuida-se de um direito do trabalhador. Dá-lhe o Estado garantia desse pagamento. A contribuição pelo empregador, no caso, deflui do fato de ser ele o sujeito passivo da obrigação, de natureza trabalhista e social, que encontra, na regra constitucional aludida, sua fonte. *A atuação do estado, ou de órgão da administração pública, em prol do recolhimento da contribuição do FGTS, não implica torná-lo titular do direito à contribuição, mas, apenas, decorre do cumprimento, pelo poder público, de obrigação de fiscalizar e tutelar a garantia assegurada ao empregado optante pelo FGTS.* Não exige o Estado, quando aciona o empregador, valores a serem recolhidos ao erário, como receita pública. *Não há, daí, contribuição de natureza fiscal ou parafiscal.* Os depósitos do FGTS pressupõem vínculo jurídico, com disciplina no direito do trabalho (...). **(RE 100.249, Pleno, rel. Min. Oscar Correa, j. em 02-12-1987; ver, ademais:** RE 134.328, 1ª T., rel. Min. Ilmar Galvão, j. em 02-02-1993) **(Grifos nossos)**

Na mesma trilha, entende o **STJ**, no que é seguido pelo **STF**, que não se aplicam ao FGTS, mesmo que por interpretação extensiva ou analógica, as disposições do CTN, *v.g.*, o art. 135, III, do CTN, que permite o redirecionamento de execução fiscal, ou, também, as disposições afetas à prescrição (art. 174, CTN). A propósito, esse tema da prescrição será detalhado em tópicos posteriores. Vejam-se, no **STJ**, os entendimentos jurisprudenciais:

EMENTA: PROCESSUAL CIVIL. EXECUÇÃO. MASSA FALIDA. CRÉDITOS DE FGTS. (...) 3. *A contribuição para o FGTS não tem natureza tributária. Sua sede está no artigo 165, XIII, da Constituição Federal. É garantia de índole social. 4. Os depósitos de FGTS não são contribuições de natureza fiscal.* Eles pressupõem vínculo jurídico disciplinado pelo Direito do Trabalho. 5. Impossibilidade de, por interpretação analógica ou extensiva, aplicarem-se ao FGTS as normas do CTN. 6. Precedentes do STF (RE 100.249-2); *Idem*, no STJ (RESP 11.089/MG). 7. Recurso parcialmente conhecido e, nesta parte, desprovido. **(REsp 383.885, 1ª T., rel. Min. José Delgado, j. em 07-05-2002) (Grifo nosso)**

EMENTA: PROCESSUAL. EXECUÇÃO FISCAL. RESPONSABILIDADE TRIBUTÁRIA. SÓCIO. AUSÊNCIA DE COMPROVAÇÃO DE EXCESSO DE MANDATO, INFRAÇÃO À LEI OU AO REGULAMENTO. 1. A responsabilidade do sócio não é objetiva. Para que exsurja a sua responsabilidade pessoal, disciplinada no art. 135 do CTN, é mister que haja comprovação de que o sócio agiu com excesso de mandato ou infringiu a lei, o contrato social ou o estatuto. 2. *Em julgamento, a Corte decidiu que as contribuições para o FGTS não têm natureza tributária, por isso são inaplicáveis às execuções fiscais destinadas à cobrança dessas contribuições, as disposições do CTN.* 3. Precedentes. 4. Recurso improvido. (**REsp 396.275, 1ª T., rel. Min. Luiz Fux, j. em 1º-10-2002; ver, ademais,** REsp 703.347, 2ª T., rel. Min. Eliana Calmon, j. em 1º-03-2005) **(Grifo nosso)**

Observe, ainda, no **STF**, o mesmo posicionamento:

EMENTA: FGTS. NATUREZA. *O fundo de garantia do tempo de serviço tem natureza trabalhista e social, não se lhe aplicando as normas disciplinadoras da prescrição e da decadência relativas aos tributos.* Precedente: RE 100.249, julgado pelo Pleno, conhecido e provido, por maioria, tendo sido redator designado o Ministro Néri da Silveira, com aresto veiculado no Diário da Justiça de 1º de julho 1988, à página 16.903. **(RE 120.189, 2ª T., rel. Min. Marco Aurélio, j. em 26-10-1998) (Grifo nosso)**

Uma instigante dúvida reside em saber qual o prazo de prescrição para a cobrança de valores não depositados no FGTS, se quinquenal ou trintenário. A matéria vem sendo tratada, de há muito, nos planos legislativo e jurisprudencial.

Na década de 1980, o TST (Tribunal Superior do Trabalho) editou a **Súmula n. 95**, segundo a qual "*é trintenária a prescrição do direito de reclamar contra o não recolhimento da contribuição para o Fundo de Garantia do Tempo de Serviço*". Em 1990, sob a égide da CF/88, publicou-se a **Lei n. 8.036**, em cujo **art. 23, § 5º**, se disciplinou que "o processo de fiscalização, de autuação e de imposição de multas reger-se-á pelo disposto no Título VII da CLT, respeitado o privilégio do FGTS à prescrição trintenária". Seguindo o entendimento perfilhado pelo TST, quanto ao prazo trintenário de prescrição, o **STF**, em suas duas Turmas, assim estabeleceu, em várias oportunidades[100]. Em **1998**, o **TRF** (4ª Região) chancelou a matéria, na **Súmula n. 43:** "*As contribuições para o FGTS não têm natureza tributária, sujeitando-se ao prazo prescricional de trinta anos*". No **mesmo ano**, o **STJ** editou a **Súmula n. 210**, segundo a qual "*a ação de cobrança das contribuições para o FGTS prescreve em trinta (30) anos*". Por fim, em **2003**, sobreveio a **Súmula n. 362** do **TST**, que substituiu o retrocitado **Enunciado n. 95**, a qual previu: "*É trintenária a prescrição do direito de reclamar contra o não recolhimento da contribuição para o FGTS, observado o prazo de 2 (dois) anos após o término do contrato de trabalho*". Nota-se, em suma, que o prazo prescricional de 30 anos para o FGTS se estabeleceu com razoável definitividade no cenário jurídico, antes e depois da Carta Política de 1988.

100. Vejam-se os precedentes no **STF**: **(I)** RE 134.328, rel. Min. Ilmar Galvão, 1ª T., j. em 02-02-1993; **(II)** RE 116.761, rel. Min. Moreira Alves, 1ª T., j. em 02-02-1993; **(III)** RE 120.189, rel. Min. Marco Aurélio, 2ª T., j. em 26-10-1998.

Diante desse veredicto, a questão que se pôs foi a seguinte: como compatibilizar tal entendimento com o art. 7º, XXIX, da CF, segundo o qual

> são direitos dos trabalhadores urbanos e rurais, além de outros que visem à melhoria de sua condição social, ação, quanto aos créditos resultantes das relações de trabalho, com prazo prescricional de cincos anos para os trabalhadores urbanos e rurais, até o limite de dois anos após a extinção do contrato de trabalho. **(EC 28/2000; Grifo nosso)**

Percebe-se que o constituinte desejou reger o cômputo do prazo prescricional, e o fez de modo bastante patente, ao prever o prazo de cinco anos. Não obstante, dois anos após, adveio o mencionado § 5º do art. 23 da Lei n. 8.036 que, tratando de modo diverso, estipulou o prazo de trinta anos.

A nosso ver, o legislador ordinário ultrapassou barreiras que são, na essência hierárquica das normas, intransponíveis. Além disso, um prazo de trinta anos, em tempos hodiernos, parece-nos excessivo e descontextualizado, colocando em xeque o princípio da segurança jurídica. É cediço que prazos demasiadamente elásticos eternizam pretensões e desequilibram relações jurídicas. Causa-nos perplexidade e dúvida imaginar uma cobrança de dívida ocorrendo 30 anos após o seu inadimplemento e isso ser aclamado pelo Direito. Ademais, se o Fundo integra o rol dos direitos dos trabalhadores e deriva, *ipso facto*, do vínculo de emprego, não há razão para o afastamento do prazo quinquenal previsto no art. 7º, XXIX, da CF.

Tal discrepância é, em verdade, um daqueles temas jurídicos que, ano a ano, veio se arrastando e causando incômodos e expectativas de mudanças. Durante mais de duas décadas, o **STF** chancelou um veredicto e consolidou uma jurisprudência que, hoje, precisa ser repensada e, quiçá, modificada. Há de se ter uma superação da diretriz jurisprudencial anterior, concernente à prescrição trintenária do FGTS.

Em 24 de maio de **2013**, o **STF** reconheceu a repercussão geral da matéria. Em 13 de novembro de **2014**, em emblemático julgado, **o Pleno do STF, no ARE 709.212**, de relatoria do Min. Gilmar Mendes, entendeu que "*se limita a cinco anos o prazo prescricional relativo à cobrança judicial de valores devidos, pelos empregados e pelos tomadores de serviço, ao FGTS*". Por via de consequência, o Plenário reconheceu a inconstitucionalidade dos arts. 23, § 5º, da Lei n. 8.036/90 e 55 do Regulamento do FGTS aprovado pelo Decreto n. 99.684/90, na parte em que ressalvam o "privilégio do FGTS à prescrição trintenária", por afronta ao art. 7º, XXIX, da CF.

Com a alteração dessa jurisprudência, longamente adotada pela Corte, a praxe tem exigido a modulação dos efeitos da decisão, tudo em homenagem à estabilidade das relações jurídicas. Daí o STF, por maioria, ter atribuído à decisão de inconstitucionalidade o efeito *ex nunc* (prospectivo). Em termos práticos, para aqueles cuja ciência da lesão ocorreu após a data do presente julgamento (13-11-2014), aplica-se, desde logo, o prazo de cinco anos. Por outro lado, para os casos em que o prazo prescricional já estava em curso, aplica-se o que ocorrer primeiro: 30 anos, contados do termo inicial, ou 5 anos, a partir da data da decisão. Tais diretrizes constam da nova redação da Súmula n. 362 do TST.

Ad argumentandum, em **16 de março de 2017**, o Pleno do **STF**, no **RE 522.897** (rel. Min. Gilmar Mendes), finalizando o julgamento, negou provimento a recurso interposto em face de decisão do TST, a qual havia dado guarida ao prazo de prescrição trintenária, com lastro em seu Enunciado n. 362. Em mais um momento, a prescrição quinquenal, estatuída no inciso XXIX do art. 7º da CF, foi ratificada, em homenagem à tese acolhida no Plenário do STF, no citado ARE 709.212, em 2014.

De acordo com a legislação vigente, cabem ao *Ministério do Trabalho e Emprego* a fiscalização e a apuração das contribuições ao FGTS, bem como a aplicação das multas decorrentes de infrações a essa legislação – tarefa exercida pela Secretaria de Inspeção do Trabalho – SIT, órgão integrante da estrutura do Ministério.

A representação judicial e extrajudicial do FGTS é de responsabilidade da *Procuradoria-Geral da Fazenda Nacional* (PGFN), instituição vinculada à Advocacia-Geral da União, que também exerce a Consultoria Jurídica do Ministério da Fazenda e, bem assim, as atribuições de inscrição em dívida ativa e execução dos créditos de natureza fiscal da Fazenda Nacional. Tal representação também pode ser exercida pela Caixa Econômica Federal, Agente Operador do Fundo, mediante convênio com a Procuradoria-Geral da Fazenda Nacional.

Frise-se que as Microempresas (ME) e Empresas de Pequeno Porte (EPP), optantes pelo *Simples Federal* – e, hoje, pelo *Simples Nacional* –, estão sujeitas à incidência e recolhimento normais do FGTS, sem a sua inclusão no sistema unificado.

A título de reforço, não se deve confundir o FGTS com as contribuições sociais federais, criadas pela LC n. 110/2001. Conforme já se estudou, tais exações foram consideradas, pelo STF, "contribuições sociais gerais". **(STF, MC na ADI 2.556, rel. Min. Moreira Alves, Pleno, j. em 09-10-2002)**

Tal norma instituiu duas contribuições sociais, ambas com o objetivo de incrementar as receitas ao FGTS. É que se tornou necessária a complementação de atualização monetária a que tinham direito os trabalhadores, em virtude dos expurgos inflacionários das contas vinculadas ao referido Fundo (referentes aos planos econômicos Collor, Bresser e Verão) que não foram devidamente implementadas pela Caixa Econômica Federal.

Em 17 de março de **2015**, a 2ª Turma do **STJ**, no **REsp 1.487.505/RS** (rel. Min. Humberto Martins), entendeu que "*a contribuição social prevista no art. 1º da LC n. 110/2001, a ser suportada pelo empregador, não se encontra revogada, mesmo diante do cumprimento da finalidade para qual a contribuição foi instituída*". A contribuição prevista no art. 1º da LC n. 110/2001 incide sobre o saldo de FGTS quando houver despedida sem justa causa, sendo suportada pelo empregador. Não há motivos para inferir que seja temporária, como ocorre com aquela prevista no art. 2º da mesma Lei, cujo prazo de vigência foi de sessenta meses, a contar de sua exigibilidade.

A propósito, em **6 de junho de 2017**, a 2ª Turma do **STJ**, no **REsp 1.635.047/RS** (rel. Min. Mauro Campbell Marques), entendeu que é devida, pelos optantes do Simples Nacional, a contribuição ao FGTS prevista no art. 1º da LC n. 110/2001 (contribuição de 10% sobre o saldo da conta do FGTS dos empregados despedidos sem justa causa).

d) Análise da Contribuição Social ao Fundo de Assistência e Previdência do Trabalhador Rural (FUNRURAL)

Em 1963, com a instituição do *Estatuto do Trabalhador Rural* (Lei n. 4.214), criou-se o chamado **Fundo de Assistência e Previdência do Trabalhador Rural (FUNRURAL)**, a ser custeado por uma *contribuição social rural* incidente sobre o *valor comercial dos produtos agropecuários*. À época, o próprio produtor rural recolhia a contribuição na alíquota de 1%.

Em 1971, editou-se a **LC n. 11**, a qual instituiu o Programa de Assistência ao Trabalhador Rural (**PRORURAL**), assim disciplinando no seu art. 1º e § 1º:

> **Art. 1º** É instituído o Programa de Assistência ao Trabalhador Rural (PRORURAL), nos termos da presente Lei Complementar.
>
> **§ 1º** Ao Fundo de Assistência ao Trabalhador Rural – FUNRURAL –, diretamente subordinado ao Ministro do Trabalho e Previdência Social e ao qual é atribuída personalidade jurídica de natureza autárquica, caberá a execução do Programa de Assistência ao Trabalhador Rural, na forma do que dispuser o Regulamento desta Lei Complementar. **(Grifos nossos)**

Do ponto de vista histórico, em **1963**, com a instituição do *Estatuto do Trabalhador Rural* (Lei n. 4.214), criou-se o chamado **Fundo de Assistência e Previdência do Trabalhador Rural (FUNRURAL)**, a ser custeado por uma *contribuição social rural* incidente sobre o *valor comercial dos produtos agropecuários*. Em **1971**, editou-se a **LC n. 11**, a qual alterou a forma de custeio do FUNRURAL, fazendo com que a previdência dos trabalhadores rurais passasse a ser custeada por **duas** modalidades de contribuição:

1. **A primeira**, com alíquota de 2% – após, alterada para 2,5% –, incidente sobre o valor comercial dos produtos rurais, a cargo dos produtores rurais (art. 15, I, LC n. 11/71 c/c Lei n. 6.195/74);
2. **A segunda**, com alíquota de 2,6% (2,4% para o FUNRURAL), incidente sobre a folha de salários, a cargo das empresas vinculadas à previdência social urbana (art. 15, II, LC n. 11/71).

Ambas foram recepcionadas pela Carta Magna de 1988, externando compatibilidade plena com o art. 195, I, da CF, entretanto acabaram sendo rapidamente revogadas por normas editadas nos anos posteriores: em **1989**, a **Lei n. 7.787 extinguiu a segunda**; em **1991**, a **Lei n. 8.213** (art. 138), unificando os regimes previdenciários urbano e rural, **revogou a primeira.** Em resumo, uma delas teve um período de vida maior do que a outra, resistindo por mais dois anos.

Note que o advento da Lei n. 7.787, em 1989, provocou apenas a extinção de uma das (duas exações, até então existentes) contribuições ao FUNRURAL – a *contribuição sobre a folha de salários* –, permanecendo exigível, até 1991 (com a Lei n. 8.213), a outra, a saber, a *contribuição sobre o valor comercial dos produtos rurais.* Vamos conferir no quadro resumitivo o desdobramento intertemporal:

As Contribuições ao FUNRURAL (art. 15, I e II, da LC n. 11/71)	
De 1971 a 1989	**De 1989 a 1991**
Permaneceram exigíveis... as duas contribuições ao FUNRURAL	Permaneceu exigível... apenas a contribuição ao FUNRURAL incidente sobre o valor comercial dos produtos rurais, a cargo dos produtores rurais

Quanto ao tema, em seu desdobramento intertemporal, observe o entendimento do **STJ**:

> **EMENTA:** TRIBUTÁRIO E PROCESSUAL CIVIL. (...) CONTRIBUIÇÃO PARA O FUNRURAL. AQUISIÇÃO DE PRODUTO RURAL. ART. 15, I, DA LC N. 11/1971. EXTINÇÃO. LEI 8.212/1991. PRECEDENTES DA 1ª SEÇÃO. (...) 3. Está assentada, em ambas as Turmas da 1ª Seção, a orientação segundo a qual a contribuição do artigo 15, I, da LC n. 11/71, incidente sobre o valor comercial dos produtos rurais, permaneceu vigente até o advento da Lei n. 8.213/1991. Nesse sentido: REsp 381.164/SC, 2ª T., Min. João Otávio de Noronha, *DJ* de 23.05.06; REsp 527.754/PR, 1ª T., Min. Denise Arruda, *DJ* de 24.04.06. 4. Recurso especial parcialmente conhecido e, nesta parte, improvido. **(REsp 637.880/RS, rel. Min. Teori Albino Zavascki, 1ª T., j. em 12-09-2006) (Grifo nosso)**

Em 1991, o art. 25 da Lei n. 8.212 instituiu a contribuição para o produtor rural pessoa física empregador sobre a receita bruta da comercialização da produção. Observe o dispositivo, com as alterações produzidas pelas Leis ns. 8.540/92, 9.528/97, 10.256/2001 e 11.718/2008:

> **Art. 25.** A *contribuição* do empregador rural pessoa física, em substituição à contribuição de que tratam os incisos I e II do art. 22, e a do segurado especial, referidos, respectivamente, na alínea "a" do inciso V e no inciso VII do art. 12 desta Lei, destinada à Seguridade Social, é de: **(Redação dada pela Lei n. 10.256, de 2001.)**
> **I** – 2% da receita bruta proveniente da comercialização da sua produção; **(Redação dada pela Lei n. 9.528, de 10.12.97.)**

II – 0,1% da receita bruta proveniente da comercialização da sua produção para financiamento das prestações por acidente do trabalho. **(Redação dada pela Lei n. 9.528, de 10.12.97.)**

§ 1º O segurado especial de que trata este artigo, além da contribuição obrigatória referida no *caput*, poderá contribuir, facultativamente, na forma do art. 21 desta Lei. **(Redação dada pela Lei n. 8.540, de 22.12.92) (Grifo nosso)**

§ 2º A pessoa física de que trata a alínea "a" do inciso V do art. 12 contribui, também, obrigatoriamente, na forma do art. 21 desta Lei. **(Redação dada pela Lei n. 8.540, de 22.12.92.)**

Desde 1991, foram expressivas as alterações legislativas na estrutura do citado art. 25 da Lei n. 8.212. Isso se torna patente quando voltamos os olhos para a redação genuína do dispositivo, percebendo, na ocasião, a sua cartesiana exteriorização do art. 195, § 8º, da CF, vale dizer, veiculando a contribuição do produtor rural segurado especial, que trabalhava em regime de economia familiar, sem o uso de empregados (art. 12, VII, da Lei n. 8.212/91).

Com a Lei n. 8.540/92, além da contribuição referida, exsurgiu outra (e nova) exação, com supedâneo na norma do **art. 195, I, da CF**: a contribuição do produtor rural pessoa física empregador (art. 12, V, "a", da Lei n. 8.212/91). E aqui está o cerne de toda a polêmica que gravita em torno no FUNRURAL, como se detalhará adiante.

A Lei n. 9.258/97, alterando o *caput* do art. 25 da Lei n. 8.212/91, apenas deixou claro que os sujeitos passivos da obrigação tributária eram o empregador rural pessoa física e o segurado especial.

Diante da incômoda dúvida sobre como deveria ser realizado o recolhimento pelo produtor rural pessoa física empregador – se ele seria feito apenas quanto à exação em cotejo ou de modo cumulado com as demais contribuições, incidentes sobre a folha de salários, o faturamento e o lucro –, nesse ínterim, sobreveio a Lei n. 10.256/2001, cuidando da mencionada técnica da substituição. Assim, essa norma permitiu que a contribuição do produtor rural pessoa física empregador, prevista no art. 25 da Lei n. 8.212/91, pudesse ser substitutiva da contribuição de que tratam os incisos I e II do art. 22 da mesma Lei.

À guisa de complemento, frise-se que o art. 25-A equiparou ao empregador rural pessoa física o consórcio simplificado de produtores rurais, formado pela união de produtores rurais pessoas físicas.

Ademais, vale a pena lembrar que tal contribuição não se confunde com aquela imposta ao empregador rural enquanto "segurado" (art. 195, II, CF, alterado pela **EC n. 103/2019**), mas apenas enquanto empregador, à luz do art. 195, I, "a", da CF.

Ainda, no âmbito da inconstitucionalidade da contribuição ora guerreada, hão de ser feitas algumas considerações:

Conforme se prenunciou acima, insinuando a polêmica trazida pela Lei n. 8.540/92, a jurisprudência foi incisiva quanto a esse ponto nodal. Com efeito, o

FUNRURAL esteve, durante um longo tempo, em uma instigante controvérsia jurídica e, agora, com os posicionamentos mais recentes do **STJ** e do **STF**, a matéria chega a um veredicto definitivo.

O Pleno do **STF**, em 1º de agosto de **2011**, em repercussão geral, no **RE 596.177**, de relatoria do Min. Ricardo Lewandowski, já havia declarado a inconstitucionalidade do art. 1º da **Lei n. 8.540/92**, com base nos seguintes fundamentos:

> **(I)** o referido dispositivo teria criado residual hipótese de incidência de contribuição social não prevista no art. 195, I, da CF. Conforme se estudou, a Contribuição ao FUNRURAL incidente sobre o valor comercial dos produtos rurais foi extinta a partir da vigência da Lei n. 8.213/91 (art. 138). Não obstante, em seguida, foi instituída outra contribuição – que não apresenta similitude com a do FUNRURAL –, devida pelas empresas produtoras rurais sobre o valor da comercialização de sua produção, por meio da Lei n. 8.540/92. Esta previu, indubitavelmente, uma nova fonte de custeio para a seguridade social, violando o art. 195, § 4º, da CF, o qual avoca lei complementar para o residual gravame. Frise-se que, em 17 de novembro de 2009, a 1ª Turma do STJ, no AgRg no REsp 1.119.692/RS, de relatoria do Min. Benedito Gonçalves, já havia ventilado essa lesão;
> **(II)** os empregadores rurais pessoa física estariam sujeitos a uma dupla tributação ao recolher a Contribuição para Financiamento da Seguridade Social – COFINS, além daquela instituída pela Lei n. 8.540/92, ferindo, portanto, o *princípio da isonomia* (art. 150, II, CF). A quebra da igualdade se torna patente quando se percebe que a carga de tributação hábil a custear a seguridade social e incidente sobre o produtor rural empregador tornou-se excessiva em comparação àquela que recai sobre as pessoas urbanas, ou mesmo com relação ao segurado especial. Não percamos de vista que o custeio da seguridade social demanda a adoção no *princípio da equidade*.

Fixou-se, assim, a seguinte tese: "É inconstitucional a contribuição, a ser recolhida pelo empregador rural pessoa física, incidente sobre a receita bruta proveniente da comercialização de sua produção, prevista no art. 25 da Lei 8.212/1991, com a redação dada pelo art. 1º da Lei 8.540/1992".

A 1ª Turma do **STJ**, em 2 de setembro de **2014**, no emblemático **REsp 1.070.441/SC** (rel. Min. Sérgio Kukina), absorveu a inconstitucionalidade da Lei que institui o FUNRURAL nos moldes já assentados pelo STF (no RE 596.177), unificando de forma definitiva esse tema.

Em **30 de março de 2017**, o Pleno do **STF**, por maioria de votos (6 a 5), no **RE 718.874/RS/RG** (rel. Min. Edson Fachin; rel. p/ Ac. Min. Alexandre de Moraes), reconheceu a constitucionalidade da contribuição exigida do produtor rural pessoa física empregador, nos termos do art. 25 da Lei n. 8.212/91, fixando a seguinte tese: "É constitucional, formal e materialmente, a contribuição social do empregador rural pessoa física, instituída pela Lei n. 10.256/2001, incidente sobre a receita bruta obtida com a comercialização de sua produção".

Não se pode perder de vista que essa mesma contribuição havia sido considerada inconstitucional, pelo próprio **STF**, alguns anos antes: **(1) RE 363.852/MG** (Caso *Mataboi*), sem repercussão geral, julgado em 03-02-2010; e **(2) RE 596.177**, com repercussão geral, julgado em 01-08-2011.

O que nos causa estranheza, no veredicto inserto no **RE 718.874/RS-RG**, é que as duas decisões do STF, que lhe foram anteriores, evidenciaram alguns pontos inquestionáveis:

> **(I)** Foram consideradas inconstitucionais, formalmente – mas SEM repercussão geral –, as seguintes normas: Leis 8.540/1992, 9.528/1997 e Lei 8.212/91 (artigos 12, incisos V e VII, 25, incisos I e II, e 30, inciso IV);
> **(II)** Foi considerada inconstitucional, formalmente – e COM repercussão geral –, a Lei 8.212/1991 (artigo 25, incisos I e II, conforme Leis 8.540/1992 e 9.528/1997);
> **(III)** Inexistência de discussão acerca da Lei 10.256/2001, a qual surgiu após a Emenda Constitucional 20/1998.

Diante dessa abrupta virada jurisprudencial, entendemos que é premente a uniformização da questão. Esse oscilante cenário na linha interpretativa adotada pelos Tribunais Superiores, sobre causar insegurança jurídica, ratifica a necessidade de uma rediscussão e, principalmente, de uma solução definitiva.

7 O SIMPLES FEDERAL E O SIMPLES NACIONAL

Os **arts. 170, IX, e 179, ambos da CF**, preveem o tratamento diferenciado, simplificado e favorecido para as microempresas (ME) e empresas de pequeno porte (EPP).

> Note o item considerado **CORRETO**, em prova realizada pela FAURGS, para o cargo de Assessor Jurídico do Tribunal de Justiça/RS, em 2016: *"O tratamento diferenciado e favorecido para as microempresas é possibilitado pelo Sistema Tributário Nacional"*.

> **Art. 170.** A ordem econômica, fundada na valorização do trabalho humano e na livre iniciativa, tem por fim assegurar a todos existência digna, conforme os ditames da justiça social, observados os seguintes princípios: (...)
> **IX** – tratamento favorecido para as empresas de pequeno porte constituídas sob as leis brasileiras e que tenham sua sede e administração no País.

> **Art. 179.** A União, os Estados, o Distrito Federal e os Municípios dispensarão às microempresas e às empresas de pequeno porte, assim definidas em lei, tratamento jurídico diferenciado, visando a incentivá-las pela simplificação de suas obrigações administrativas, tributárias, previdenciárias e creditícias, ou pela eliminação ou redução destas por meio de lei.

Nesse contexto, com a Lei n. 9.317/96, exsurgiu o *Sistema Integrado de Impostos e Contribuições das Microempresas e Empresas de Pequeno Porte* (**SIMPLES**), permitindo-se que as pessoas jurídicas, optantes pelo regime, recolhessem, mensalmente, de forma simplificada, por meio de um único documento de arrecadação (DARF), os seguintes ***impostos e contribuições***, todos federais: IRPJ; IPI; PIS/PASEP; CSLL; COFINS; e Contribuições para a Seguridade Social, a cargo da pessoa jurídica. É de notar que a empresa inscrita no SIMPLES federal estava dispensada do recolhimento de certas contribuições, quais sejam: *Contribuições a Terceiros* (Sistema "S") e a *Contribuição Sindical*.

Por outro lado, frise-se que vários tributos não foram alcançados pela sistemática unificadora, devendo ser pagos separadamente, por força do art. 3º, § 2º, da Lei n. 9.317/96: IOF, II, IE, IR, ITR, FGTS, CPMF e as Contribuições a cargo do Trabalhador.

O SIMPLES federal vigorou até 31-07-2007. Todavia, desde 2003, o texto constitucional já previa a possibilidade de um sistema mais abrangente, com tendência a uma unificação mais ampla. De fato, com a EC n. 42/2003, que acrescentou a alínea "d" ao inciso III do art. 146 da CF, dispôs-se que à lei complementar caberia a definição de um sistema simplificado que alcançasse mais tributos, *v.g.*, o ICMS (art. 155, II, CF) e outros. Note os dispositivos, já atualizados pela EC n. 42/2003:

> **Art. 146.** Cabe à *lei complementar*: **(...)**
>
> **III** – estabelecer *normas gerais* em matéria de legislação tributária, especialmente sobre: **(...)**
>
> **d)** definição de *tratamento diferenciado e favorecido para as microempresas e para as empresas de pequeno porte*, inclusive *regimes especiais ou simplificados* no caso do imposto previsto no *art. 155, II*, das contribuições previstas no art. 195, I e §§ 12 e 13 (revogado pela **EC n. 103/2019**), e da contribuição a que se refere o art. 239.
>
> **Parágrafo único.** A lei complementar de que trata o inciso III, "d", também poderá instituir um *regime único de arrecadação dos impostos e contribuições da União, dos Estados, do* ***Distrito Federal*** *e dos Municípios, observado que:*

Note o item considerado **INCORRETO**, em prova realizada pelo Cespe/Cebraspe, para o cargo de Delegado de Polícia do Estado de Pernambuco, em 2016: *"Lei complementar que estabelece normas gerais em matéria tributária não pode instituir um regime único de arrecadação dos impostos e das contribuições da União, dos estados, do DF e dos municípios"*.

Note o item considerado **CORRETO**, em prova realizada pela FAURGS, para o cargo de Assessor Jurídico do Tribunal de Justiça/RS, em 2016: *"O Distrito Federal pode ter um regime único de arrecadação de impostos, opcional para os contribuintes"*.

> **I** – será opcional para o contribuinte;

II – poderão ser estabelecidas condições de enquadramento diferenciadas por Estado;

Note o item considerado **CORRETO**, em prova realizada pela FMP, para o cargo de Procurador do Estado (PGE/AC), em 2017: *"A Constituição Federal prevê, em situações excepcionais, que sejam estabelecidas condições de enquadramento em regime especial tributário diferenciadas por Estado".*

III – o recolhimento será unificado e centralizado e a distribuição da parcela de recursos pertencentes aos respectivos entes federados será imediata, vedada qualquer retenção ou condicionamento;

IV – a arrecadação, a fiscalização e a cobrança poderão ser compartilhadas pelos entes federados, adotado cadastro nacional único de contribuintes. **(Grifos nossos)**

Art. 146-A. *Lei complementar* poderá estabelecer critérios especiais de tributação, com o objetivo de prevenir desequilíbrios da concorrência, sem prejuízo da competência de a União, por lei, estabelecer normas de igual objetivo. (...). **(Grifos nossos)**

Nesse contexto, publicou-se a **LC n. 123/2006** (atualizada pela LC n. 128/2008 e alterada pela LC n. 147/2014 e pela **LC n. 155**, esta última de **27-10-2016**), instituindo, em seu art. 12, o *Regime Especial Unificado de Arrecadação de Tributos e Contribuições devidos pelas Microempresas e Empresas de Pequeno Porte*, também conhecido por **Simples Nacional** (ou, coloquialmente, "Supersimples"), em substituição ao anterior regime, vindo abarcar tributos federais, estaduais e municipais, com destaque para o ICMS e o ISS. Em termos cronológicos, é possível afirmar que o *SIMPLES Nacional*, previsto originalmente na *Lei Geral das Microempresas* (de 2006), somente veio a entrar em vigor em 1º de julho de 2007, ocasião em que, substituindo o *SIMPLES Federal* (de 1996), consolidou um tratamento tributário favorecido e diferenciado, aplicável às micro e pequenas empresas.

Conforme o disposto no art. 3º, I e II, da LC n. 123/2006, consideram-se **microempresas ou empresas de pequeno porte**, a sociedade empresária, a sociedade simples, **a empresa individual de responsabilidade limitada e o empresário** (o exercente profissional de atividade econômica organizada para a produção ou a circulação de bens ou de serviços – art. 966 do Novo Código Civil), excluindo-se as fundações de direito privado[101], desde que:

101. Para o **STJ**, "(...) a fundação de direito privado não pode optar pelo regime de tributação Simples Nacional disposto na LC n. 123/2006. (...) O legislador elegeu apenas a sociedade empresária, a sociedade simples e o empresário a que se refere o art. 966 do Código Civil de 2002 para qualificarem-se, preenchidos os demais requisitos legais, como Microempresas ou Empresas de Pequeno Porte. Dessa forma, não há que se falar em direito líquido e certo da recorrente em optar pelo regime de tributação SIMPLES, uma vez que a fundação não se confunde com a sociedade para fins de aplicação do art. 3º da LC n. 123/2006". **(REsp 1.136.740/RS, rel. Min. Mauro Campbell Marques, 2ª T., j. em 18-03-2010) (Grifos nossos)**

> Note o item (adaptado) considerado **INCORRETO**, em prova realizada pelo Cespe/Cebraspe, para o cargo de Auditor do TCE/RN, em 2015: *"Com relação às microempresas e aos empresários e empresas irregulares, para os efeitos da LC n. 123/2006, uma sociedade empresária e uma sociedade simples podem ser consideradas microempresas; esse conceito, todavia, não abrange a empresa individual de responsabilidade limitada nem o empresário individual de responsabilidade limitada"*.

1. no caso da MICROEMPRESA (ME), aufira, em cada ano-calendário, **receita bruta** igual ou inferior a **R$ 360.000,00 (trezentos e sessenta mil reais)**; e

> Note o item considerado **CORRETO**, em prova realizada pela FCC, para o cargo de Juiz de Direito – TJ/RR, em 2015: *"É considerada microempresa, a empresa individual de responsabilidade limitada que aufira, em cada ano-calendário, receita bruta igual ou inferior a R$ 360.000,00"*.

2. no caso da EMPRESA DE PEQUENO PORTE (EPP), aufira, em cada ano-calendário, **receita bruta** superior a R$ 360.000,00 (trezentos e sessenta mil reais) e igual ou inferior a R$ 3.600.000,00 (três milhões e seiscentos mil reais). Este último percentual passará a ser o de **R$ 4.800.000,00 (quatro milhões e oitocentos mil reais)**, a partir de **1º-01-2018**, por força da impactante alteração trazida pela **LC n. 155, de 27-10-2016** (ver o art. 3º, II c/c o art. 11, III). **A propósito, a LC n. 155 revogou o art. 19, I, II e III, da LC n. 123/2006, o qual agora se apresenta com nova redação, provocando alterações no campo do ICMS e do ISS. Vamos observá-lo:**

> Note o item considerado **INCORRETO**, em prova realizada pelo IESES, TJ-AM, para o cargo de Titular de Serviços de Notas e de Registros, em 2018: *"As empresas de pequeno porte podem aderir ao Simples Nacional desde que não possuam receita bruta anual igual ou superior a R$ 3.600.000,00 (três milhões e seiscentos mil reais)"*.

Art. 19 (LC n. 155/2016). Sem prejuízo da possibilidade de adoção de todas as faixas de receita previstas nos Anexos I a V desta Lei Complementar, os Estados cuja participação no PIB brasileiro seja de ATÉ **1% (um por cento)** poderão optar pela aplicação de sublimite para efeito de recolhimento do *ICMS* na forma do Simples Nacional nos respectivos territórios, para empresas com **receita bruta anual** de até **R$ 1.800.000,00 (um milhão e oitocentos mil reais)**.

I – os Estados cuja participação no PIB brasileiro seja de ATÉ 1% **(um por cento)** poderão optar pela aplicação, em seus respectivos territórios, das faixas de receita bruta anual até **35% (trinta e cinco por cento)**, ou **até 50% (cinquenta por cento)**, ou **até 70% (setenta por cento)** do limite previsto no inciso II do *caput* do art. 3º;

II – os Estados cuja participação no PIB brasileiro seja de MAIS DE 1% **(um por cento)** e de MENOS DE 5% **(cinco por cento)** poderão optar pela aplicação, em seus respectivos territórios, das faixas de receita bruta anual até **50% (cinquenta por**

cento) ou **até 70% (setenta por cento)** do limite previsto no inciso II do *caput* do art. 3º; e

III – os Estados cuja participação no PIB brasileiro seja IGUAL OU SUPERIOR A 5% **(cinco por cento)** ficam obrigados a adotar todas as faixas de **receita bruta anual**.

(...)

§ 4º Para os Estados que NÃO tenham adotado sublimite na forma do *caput* e para aqueles cuja participação no PIB brasileiro seja **superior a 1% (um por cento)**, para efeito de recolhimento do **ICMS** e do **ISS**, observar-se-á obrigatoriamente o sublimite no valor de **R$ 3.600.000,00 (três milhões e seiscentos mil reais). (Grifos nossos)**

A **receita bruta** deve equivaler ao produto da venda de bens e serviços nas operações de conta própria, o preço dos serviços prestados e o resultado nas operações em conta alheia, não incluídas as vendas canceladas e os descontos incondicionais concedidos (art. 3º, § 1º, da LC n. 123/2006).

Note o item considerado **CORRETO**, em prova realizada pela Esaf, para o cargo de Auditor Fiscal da Receita Federal do Brasil, em 2014: *"A LC n. 123/06 prevê tratamento tributário diferenciado para Microempresas e Empresas de Pequeno Porte, que consiste em um regime especial unificado de arrecadação de tributos e contribuições devidos por estas entidades, denominado Simples Nacional. Sobre este, considera-se 'receita bruta' o produto da venda de bens e serviços nas operações de conta própria, o preço dos serviços prestados e o resultado nas operações em conta alheia, excluídas as vendas canceladas e os descontos incondicionais concedidos".*

Com efeito, para o **STJ**, verifica-se a "ausência de contrariedade aos **princípios constitucionais da igualdade e da capacidade contributiva**, salientando-se que a optante pelo Simples Nacional é, sempre, beneficiada em relação às empresas médias ou de grande porte" **(RMS 29.568/AM, rel. Min. Castro Meira, 2ª T., j. em 20-08-2013)**. Por sua vez, o **STF**, em outubro de 2013, ratificou essa linha intelectiva. Observe a ilustrativa ementa:

Note o item considerado **CORRETO**, em prova realizada pela Fundatec, para o cargo de Auditor Fiscal da Receita Estadual – Sefaz/RS, em 2014: *"Com base na ordem jurídica vigente, é possível afirmar que não há ofensa à isonomia tributária se a lei, por motivos extrafiscais, imprime tratamento desigual a microempresas e empresas de pequeno porte, afastando do regime de tributação simplificada (SIMPLES) as empresas que denotam capacidade contributiva superior a essas".*

EMENTA: Recurso extraordinário. Repercussão geral reconhecida. Microempresa e empresa de pequeno porte. Tratamento diferenciado. Simples Nacional. Adesão. Débitos fiscais pendentes. LC n. 123/06. Constitucionalidade. Recurso não provido.

1. O Simples Nacional surgiu da premente necessidade de se fazer com que o sistema tributário nacional concretizasse as diretrizes constitucionais do favorecimento às microempresas e às empresas de pequeno porte. A LC n. 123, de 14 de dezembro de 2006, em consonância com as diretrizes traçadas pelos arts. 146, III, "d", e parágrafo único; 170, IX; e 179 da CF, visa à simplificação e à redução das obrigações dessas empresas, conferindo a elas um tratamento jurídico diferenciado, o qual guarda, ainda, perfeita consonância com os princípios da capacidade contributiva e da isonomia. 2. Ausência de afronta ao princípio da isonomia tributária. O regime foi criado para diferenciar, em iguais condições, os empreendedores com menor capacidade contributiva e menor poder econômico, sendo desarrazoado que, nesse universo de contribuintes, se favoreçam aqueles em débito com os fiscos pertinentes, os quais participariam do mercado com uma vantagem competitiva em relação àqueles que cumprem pontualmente com suas obrigações. 3. A condicionante do inciso V do art. 17 da LC n. 123/06 não se caracteriza, "a priori", como fator de desequilíbrio concorrencial, pois se constitui em exigência imposta a todas as pequenas e as microempresas (MPE), bem como a todos os microempreendedores individuais (MEI), devendo ser contextualizada, por representar, também, forma indireta de se reprovar a infração das leis fiscais e de se garantir a neutralidade, com enfoque na livre concorrência. 4. A presente hipótese não se confunde com aquelas fixadas nas Súmulas 70, 323 e 547 do STF, porquanto a espécie não se caracteriza como meio ilícito de coação a pagamento de tributo, nem como restrição desproporcional e desarrazoada ao exercício da atividade econômica. Não se trata, na espécie, de forma de cobrança indireta de tributo, mas de requisito para fins de fruição a regime tributário diferenciado e facultativo. 5. Recurso extraordinário não provido. **(RE 627.543, rel. Min. Dias Toffoli, Pleno, j. em 30-10-2013) (Grifos nossos)**

Frise-se que há um rol de pessoas jurídicas que não poderão se beneficiar do tratamento jurídico diferenciado previsto no **Simples Nacional (art. 3º, § 4º, I ao XI, da LC n. 123/2006)**, exatamente pela falta de enquadramento no perfil de **ME** ou **EPP** (ou, ainda, da adequada manutenção nele). Caso ocorra o motivo para a exclusão do tratamento jurídico diferenciado previsto na LC n. 123/2006, os efeitos ocorrerão a partir do mês seguinte ao que incorrida a situação impeditiva (§ 6º).

Trata-se de **onze situações** representativas daquele tipo de empresa não enquadrada como ME ou EPP:

1. cujo capital participe outra pessoa jurídica;

Note o item considerado **CORRETO**, em prova realizada pela FGV, para o cargo de Auditor do Tesouro Municipal da Prefeitura Municipal de Recife/PE, em 2014: *"O Sistema Simples Nacional, instituído pela LC n. 123/06 não permite o ingresso no sistema de pessoa jurídica de cujo capital participe outra pessoa jurídica"*.

Observação: item semelhante foi considerado **CORRETO**, em prova realizada pela FCC, para o cargo de Auditor Fiscal da Receita Estadual – Sefaz/RJ, em 2014.

2. que seja filial, sucursal, agência ou representação, no País, de pessoa jurídica com sede no exterior;
3. cujo capital participe pessoa física que seja inscrita como empresário ou seja sócia de outra empresa que receba tratamento jurídico diferenciado nos termos desta Lei Complementar, desde que a receita bruta global ultrapasse o limite de que trata o inciso II do *caput* deste artigo;
4. cujo titular ou sócio participe com mais de 10% (dez por cento) do capital de outra empresa não beneficiada por esta Lei Complementar, **desde que a receita bruta global ultrapasse o limite de que trata o inciso II do *caput* deste artigo** [**Hoje, o limite é o de R$ 4.800.000,00 (quatro milhões e oitocentos mil reais**) (Alteração feita pela LC n. 155/16) **Atenção:** a participação do sócio na outra empresa deve ser superior a 10%!];
5. cujo sócio ou titular seja administrador ou equiparado de outra pessoa jurídica com fins lucrativos, desde que a receita bruta global ultrapasse o limite de que trata o inciso II do *caput* deste artigo [**Hoje, o limite é o de R$ 4.800.000,00 (quatro milhões e oitocentos mil reais**) (Alteração feita pela LC n. 155/16) **Atenção:** a condição para a vedação ao benefício é ultrapassar o limite mencionado!];
6. constituída sob a forma de cooperativas, salvo as de consumo;
7. **que participe do capital de outra pessoa jurídica;**

> Note o item considerado **CORRETO**, em prova realizada pela Cetro, para o cargo de Auditor Fiscal Municipal da Prefeitura de São Paulo, em 2014: *"Considerando o disposto na LC n. 123/06, a pessoa jurídica que participe do capital de outra pessoa jurídica não poderá se beneficiar do tratamento jurídico diferenciado previsto na referida Lei Complementar, incluído o Regime Especial Unificado de Arrecadação de Tributos e Contribuições devidos pelas Microempresas e Empresas de Pequeno Porte – Simples Nacional, para nenhum efeito legal"*.

8. que exerça atividade de banco comercial, de investimentos e de desenvolvimento, de caixa econômica, de sociedade de crédito, financiamento e investimento ou de crédito imobiliário, de corretora ou de distribuidora de títulos, valores mobiliários e câmbio, de empresa de arrendamento mercantil, de seguros privados e de capitalização ou de previdência complementar;
9. resultante ou remanescente de cisão ou qualquer outra forma de desmembramento de pessoa jurídica que tenha ocorrido em um dos 5 (cinco) anos-calendário anteriores;
10. constituída sob a forma de **sociedade por ações;**

> Note o item considerado **CORRETO**, em prova realizada pelo IESES, TJ-AM, para o cargo de Titular de Serviços de Notas e de Registros, em 2018: *"Não poderá beneficiar-se do tratamento diferenciado previsto na lei do Simples Nacional a pessoa jurídica constituída sob a forma de sociedade por ações"*.

11. cujos titulares ou sócios guardem, cumulativamente, com o contratante do serviço, relação de pessoalidade, subordinação e habitualidade. (Incluído pela LC n. 147/2014)

Retomando-se o curso do raciocínio, sabe-se que o **SIMPLES Nacional** passou a viger a partir de 1º de julho de 2007, revogando, assim, a Lei n. 9.317/96, do anterior SIMPLES federal.

O novo Sistema **não é um tipo de (novo) imposto ou tributo**[102]; também não é "isenção" ou "conjunto de benefícios"[103]. Trata se, em verdade, de um sistema de pagamento unificado de vários tributos, em regra, mais benéfico do que a tributação convencional, em que a adesão é *facultativa* (ver art. 146, III, "d", parágrafo único, I, CF), exceto no caso de microempresas ou empresas de pequeno porte cuja opção esteja expressamente vedada (art. 17, I a XVI, LC n. 123/2006). Ademais, a Corte Superior chancela a ideia de que "*a adesão ao Simples Nacional é uma faculdade do contribuinte, que pode anuir ou não às condições estabelecidas, razão pela qual não há falar-se em coação*" **(RMS 30.777/BA, rel. Min. Luiz Fux, 1ª T., j. em 16-11-2010)**.

Note o item considerado **INCORRETO**, em prova realizada pela FGV, para o cargo de Auditor do Tesouro Municipal da Prefeitura de Recife/PE, em 2014: *"Com relação ao sistema Simples Nacional, instituído pela LC n. 123/06, pode-se afirmar que se trata de um sistema de imposto único que objetiva favorecer o pequeno e o micro empresários".*

Note o item considerado **INCORRETO**, em prova realizada pela FUNDATEC, para o cargo de Auditor Fiscal da Receita Estadual – Sefaz/RS, em 2014: *"Segundo a LC n. 123/06: O denominado Simples Nacional é um novo tributo que visa facilitar a vida das microempresas e das empresas de pequeno porte".*

Passemos, agora, à análise daquelas empresas enquadradas como ME ou EPP, porém, em razão dos motivos adiante explicitados, não poderão recolher os tributos na forma do Simples Nacional. A mencionada *motivação* vem descrita no **art. 17, I ao**

102. Com efeito, para o **STJ**, "os arts. 146, III, 'd' e parágrafo único, e 170, IX, da Constituição Federal revelam que o Simples Nacional não se define como novo tributo, mas como um sistema – considerado em seu todo – mais benéfico de cobrança de impostos já existentes, favoravelmente às microempresas e às empresas de pequeno porte. Tem-se, assim, o sistema comum, nele inseridos os não optantes, e o sistema especial denominado Simples Nacional, integrado pelas empresas optantes. (...) Em outras palavras, aplicam-se todas as normas do Simples Nacional ou nenhuma, não se admitindo a criação de um sistema híbrido, um 'tertium genus' para efeito da cobrança de tributos das MEs e das EPPs, formado, apenas, pelas normas mais benéficas, extraídas do sistema comum e do sistema especial". **(RMS 29.568/AM, rel. Min. Castro Meira, 2ª T., j. em 20-08-2013) (Grifo nosso)**

103. É curioso destacar que, em 9 de dezembro de **2014**, a 2ª Turma do **STJ**, no **REsp 1.497.591/PE** (rel. Min. Humberto Martins), entendeu que a sistemática de arrecadação imposta às empresas optantes pelo SIMPLES já é uma forma de benefício fiscal, obstando a cumulação com outro tipo de benesse (isentiva ou remissiva) que venha a ser atribuída a tributo incluído na sistemática. Como exemplo dessa não extensão do benefício, com o fito de evitar a dupla vantagem, citou-se ***a suspensão do IPI na saída do produto do estabelecimento industrial*** **(art. 29 da Lei n. 10.637/2002)**.

XVI, da LC n. 123/2006[104]. Vamos conhecê-la a partir dos itens abaixo, os quais reproduzem, simetricamente, os **16 incisos** do dispositivo:

1. que explore atividade de prestação cumulativa e contínua de **serviços de assessoria creditícia**, gestão de crédito, seleção e riscos, administração de contas (inciso I);

> Note o item considerado **CORRETO**, em prova realizada pelo Cespe/Cebraspe, para o cargo de Assessor Técnico Jurídico do TCE/RN, em 2015: *"Pessoa jurídica que se dedica à atividade de compra de direitos creditórios resultantes de vendas mercantis a prazo ou de prestação de serviços ('factoring'), ou que tenha sócio domiciliado no exterior, não pode recolher impostos nem contribuições que compõem o Simples Nacional, por força de expressa vedação legal"*.

2. **que tenha sócio domiciliado no exterior (inciso II);**

> Note o item considerado **CORRETO**, em prova realizada pelo Cespe/Cebraspe, para o cargo de Juiz de Direito Substituto da Justiça do Distrito Federal (TJDFT), em 2016: *"A microempresa ou a empresa de pequeno porte que tenha sócio domiciliado no exterior não poderá recolher os impostos e as contribuições na forma prevista no Simples Nacional"*.

3. de cujo capital participe entidade da administração pública, direta ou indireta, federal, estadual ou municipal (inciso III);
4. *revogado* (inciso IV; revogação pela LC n. 123/2006);
5. **que possua débito, sem exigibilidade suspensa, com o INSS ou com outro Fisco (inciso V)**[105-106]. Frise-se, *ad argumentandum*, que o STJ firmou entendimento no sentido de que o expediente condicionador *"não configura ofensa aos princípios constitucionais da isonomia, da livre iniciativa e da livre*

104. Atualizada pela LC n. 128/2008 e alterada pelas LC n. 147/2014 e 155/2016.

105. Para o **STJ**, "(...) a norma deve ser interpretada à luz dos princípios da razoabilidade e da proporcionalidade, razão pela qual concluiu que a existência de dívida de pequena monta (R$ 160,00), a qual já fora quitada, não poderia impedir a adesão ao regime de tributação simplificada (...)". **(AgRg no AREsp 270.377/SC, rel. Min. Herman Benjamin, 2ª T., j. em 16-05-2013)**.

106. Para o **STJ**, "(...) A simples garantia da execução fiscal por penhora não suspende a exigibilidade do crédito tributário e, portanto, não atende ao requisito do art. 17, V, da LC n. 123/06 para fins de ingresso ou permanência da empresa no Simples Nacional. (...)" **(AgRg no REsp 1.201.597/RS, rel. Min. Castro Meira, 2ª T., j. em 03-05-2012)**.

No mesmo sentido – e esclarecendo o veredicto com mais detalhes –, o **STJ**, em outro julgado, evidencia que "é certo que a efetivação da penhora (entre outras hipóteses previstas no artigo 9º, da Lei 6.830/80) configura garantia da execução fiscal (pressuposto para o ajuizamento dos embargos pelo executado), bem como autoriza a expedição de certidão positiva com efeitos de negativa (artigo 206, do CTN), no que concerne aos débitos pertinentes. Entrementes, somente as causas suspensivas da exigibilidade do crédito tributário, taxativamente enumeradas no artigo 151 do CTN (moratória; depósito do montante integral do débito fiscal; reclamações e recursos administrativos; concessão de liminar em mandado de segurança; concessão de liminar ou de antecipação de tutela em outras espécies de ação judicial; e parcelamento), inibem a prática de atos de cobrança pelo Fisco, afastando a inadimplência do contribuinte, que é considerado em situação de regularidade fiscal. Assim é que a constituição de garantia da execução fiscal (hipótese não prevista no artigo 151, do CTN) não tem o condão de macular a presunção de exigibilidade do crédito tributário. Outrossim, a atribuição de efeito suspensivo aos embargos à execução limita-se a sobrestar o curso do processo executivo, o que não interfere na exigibilidade do crédito tributário". **(RMS 27.473/SE, rel. Min. Luiz Fux, 1ª T., j. em 22-02-2011)**.

concorrência, nem caracteriza meio de coação ilícito a pagamento de tributo, razão pela qual inaplicáveis, à espécie, as Súmulas 70, 323 e 547, do STF". **(RMS 27.473/SE, rel. Min. Luiz Fux, 1ª T., j. em 22-02-2011**[107]**)**

Note o item considerado **INCORRETO**, em prova realizada pela FCC, para o cargo de AFTE/PE, em 2014: *"Não poderão recolher os impostos e contribuições na forma do Simples Nacional a microempresa ou a empresa de pequeno porte que possua débito com o Instituto Nacional do Seguro Social – INSS, ou com as Fazendas Públicas Federal, Estadual ou Municipal, ainda que estejam com a exigibilidade suspensa".*

6. que preste serviço de transporte intermunicipal e interestadual de passageiros, exceto quando na modalidade fluvial ou quando possuir características de transporte urbano ou metropolitano ou realizar-se sob fretamento contínuo em área metropolitana para o transporte de estudantes ou trabalhadores (inciso VI atualizado pela LC n. 147/2014);

7. que seja geradora, transmissora, distribuidora ou comercializadora de energia elétrica (inciso VII);

8. que exerça atividade de importação ou fabricação de automóveis e motocicletas (inciso VIII);

9. que exerça atividade de importação de combustíveis (inciso IX);

10. que exerça atividade de produção ou venda no atacado de:

I. *cigarros, cigarrilhas, charutos, filtros para cigarros, armas de fogo, munições e pólvoras, explosivos e detonantes* **(inciso X, "a")**;

II. *bebidas não alcoólicas (refrigerantes, inclusive águas saborizadas gaseificadas; preparações compostas para elaboração de bebida refrigerante; cervejas sem álcool) e bebidas alcoólicas (exceto aquelas produzidas ou vendidas no atacado por micro e pequenas cervejarias, vinícolas ou destilarias ou, ainda, por produtores de licores)* **(inciso X, "b" e "c",** *com alteração dada pela* **LC n. 155/2016**, *cuja vigência será para* **1º-01-2018**, *por força de seu art. 11, III)*;

11. *revogado* (inciso XI; revogação pela LC n. 147/2014);

12. que realize cessão ou locação de mão de obra (inciso XII);

13. *revogado* (inciso XIII; revogação pela LC n. 147/2014);

14. que se dedique ao loteamento e à incorporação de imóveis (inciso XIV);

15. que realize atividade de locação de imóveis próprios, exceto quando se referir à prestação de serviços tributados pelo ISS (inciso XV);

16. que apresente ausência de inscrição ou irregularidade em cadastro fiscal federal, municipal ou estadual, quando exigível (inciso XVI). Em 2 de junho de **2016**, a 2ª Turma do **STJ**, no **REsp 1.512.925/RS** (rel. Min. Mauro Camp-

107. Ver precedentes acerca dessa orientação intelectiva na **1ª Turma do STJ: (I) RMS 30.777**, rel. Min. Luiz Fux, j. em 16-11-2010; **(II) RMS 27.376/SE**, rel. Min. Teori Albino Zavascki, j. em 04-06-2009; e **(III) RMS 25.364/SE**, rel. Min. Denise Arruda, j. em 18-03-2008.

bell Marques), entendeu que essa omissão descrita na norma é completamente distinta do fato de o interessado não possuir o *alvará de localização e funcionamento* – um documento de cunho eminentemente administrativo, e não fiscal. Com efeito, para a Corte Superior, a falta desse documento não configura, propriamente, uma "irregularidade em cadastro fiscal", mencionada no art. 17, XVI, da LC n. 123/2006, mormente se o interessado está quite com suas *obrigações tributárias principais e acessórias* (reler, em tempo, os comentários já trazidos para o inciso V deste mesmo art. 17). Na visão do **STJ**, "entende-se que o significado da expressão 'cadastro fiscal' deve ser buscado dentro da própria LC n. 123/2006. Do que se extrai da lei, o 'cadastro fiscal' não se identifica com a abertura, registro, alteração e baixa da empresa (art. 4º, § 1º). Outrossim, também não guarda identidade com a inscrição, o funcionamento, o alvará e a licença (art. 4º, § 3º)". Posto isso, a posse (ou não) do documento citado não pode ser elemento cartesiano para a análise do ingresso ou da manutenção no regime do *Simples Nacional*.

Os tributos anteriormente excluídos do Simples Federal continuam não sendo alcançados pelo Simples Nacional, ficando à parte do novo Sistema.

Em breve recapitulação, recordemos o rol de impostos e contribuições excluídos do regime unificado do Simples Nacional: IOF, **II, IE, ITR**, IR (e IR-Ganho de Capital), **FGTS**, CPMF e as Contribuições a cargo do Trabalhador, entre outros[108]. Além desses, por razões óbvias, podemos citar outros impostos (**IPTU, ITBI, IPVA**, ITCMD, Imposto Extraordinário, Imposto Residual e Imposto sobre grandes fortunas) e, também, as **taxas** (*v.g.*, a *Taxa de Controle e Fiscalização Ambiental* – TCFA), cuja exclusão do SIMPLES foi retratada no **REsp 1.242.940/PR (rel. Min. Benedito Gonçalves, 1ª T., j. em 23-10-2012)**:

> **EMENTA**: (...) Não se revela possível abranger no sistema de arrecadação diferenciado, por ausência de previsão legal, a Taxa de Controle e Fiscalização Ambiental-TCFA, cuja finalidade específica decorre do poder fiscalizador do IBAMA, em face da previsão contida no art. 145, II, da Constituição Federal de 1988, conforme já decidiu o STF no julgamento do RE 416.601/DF. (...).

> Note o item (adaptado) considerado **CORRETO**, em prova realizada pela AMAUC, para o cargo de Fiscal de Tributos da Prefeitura do Município de Paial/SC, em 2016: *"O Simples Nacional, de acordo com art. 13 da LC n. 123/2006, implica o recolhimento mensal, mediante documento único de arrecadação. São alguns exemplos de tributos não enquadrados no sistema unificado: o Imposto sobre a Importação de Produtos Estrangeiros – II; o Imposto sobre a Exportação, para o Exterior, de Produtos Nacionais ou Nacionalizados – IE; o Imposto sobre a Propriedade Territorial Rural – ITR".*

108. Ver art. 13, § 1º, I a XV, da LC n. 123/2006, atualizado pela LC n. 128/2008 e pela LC n. 147/2014.

> Note o item (adaptado) considerado **INCORRETO**, em prova realizada pela FGV, para o cargo de Auditor Fiscal Tributário da Receita Municipal (Sefaz/MT), em 2014: *"O Simples Nacional, sistema simplificado de tributação instituído pela LC n. 123/2006, compreende o pagamento unificado de um conjunto de tributos da União, dos Estados, do Distrito Federal e dos Municípios. Podem optar por tal recolhimento simplificado as microempresas e as empresas de pequeno porte. No rol de tributos compreendidos no recolhimento simplificado, está a Contribuição para o FGTS"*.

> Note o item (adaptado) considerado **CORRETO**, em prova realizada pela COSEAC/UFF, para o cargo de Técnico em Contabilidade, em 2015: *"De acordo com a LC 123/06, fica instituído o Simples Nacional, que implica o recolhimento mensal de certos impostos e contribuições. Não fazem parte desse rol os seguintes impostos: IR; ITR; IOF; IPTU; ITBI; IPVA"*.

Frise-se que, no âmbito do imposto de renda, enquanto o IRPJ está incluído no Sistema unificado (art. 13, I, da LC n. 123/2006), excluem-se, de modo oposto, três tipos de IR, os quais incidem sobre:

– aplicações de renda fixa ou variável (art. 13, § 1º, V, da LC n. 123/2006);

– **ganho de capital** (art. 13, § 1º, VI, da LC n. 123/2006);

> Note o item (adaptado) considerado **INCORRETO**, em prova realizada pela FGV, para o cargo de Auditor Fiscal Tributário da Receita Municipal (Sefaz/MT), em 2014: *"O Simples Nacional, sistema simplificado de tributação instituído pela LC n. 123/2006, compreende o pagamento unificado de um conjunto de tributos da União, dos Estados, do Distrito Federal e dos Municípios. Podem optar por tal recolhimento simplificado as microempresas e as empresas de pequeno porte. No rol de tributos compreendidos no recolhimento simplificado, está o Imposto de Renda sobre o Ganho de Capital na alienação de bens (IR-Ganho de Capital)"*.

– pagamentos ou créditos efetuados pela pessoa jurídica a pessoas físicas (art. 13, § 1º, XI, da LC n. 123/2006);

Vamos conhecer, agora, o novo rol de tributos unificados no âmbito do SIMPLES Nacional. Note o quadro mnemônico:

SIMPLES NACIONAL (LC N. 123/2006)	
TRIBUTOS	
IMPOSTOS	*CONTRIBUIÇÕES*
IRPJ	PIS/PASEP
IPI	COFINS
ICMS	CSLL
ISS	CONTRIBUIÇÃO PATRONAL PREVIDENCIÁRIA (CPP)

> Note o item considerado **CORRETO**, em prova realizada UECE-CEV, para o cargo de Auditor Fiscal de Tributos da Prefeitura de Amontada/CE em 2016: *"O Simples Nacional implica o recolhimento mensal, mediante documento único de arrecadação, dos seguintes impostos e contribuições: IRPJ; IPI; CSLL; COFINS; Contribuição para o PIS/Pasep; Contribuição Patronal Previdenciária/CPP; ICMS; ISS"*.

É vital memorizar o impacto que as **importações** provocam no rol supracitado. Assim, merecem destaque as seguintes situações:

1. O SIMPLES Nacional abarca o **IPI, o PIS/PASEP e a COFINS** nas *operações internas*. Portanto, não inclui os gravames citados quando incidentes na *importação de bens e serviços* (os casos de IPI-Importação, PIS-Importação e COFINS-Importação; art. 13, § 1º, XII, da LC n. 123/2006)[109];

> Note o item (adaptado) considerado **CORRETO**, em prova realizada pela Funiversa, para o cargo de Contador (MTUR), em 2010: *"Tributo recolhido por meio do Simples Nacional é o PIS/PASEP não incidente na importação de bens e serviços".*
> **Observação:** item semelhante foi considerado **CORRETO**, em prova realizada pela Funiversa, para o cargo de Contador – Mtur, em 2010.

2. O SIMPLES Nacional não inclui o **ICMS** devido nas seguintes situações pontuais, entre outras: **(I)** na *substituição tributária (aquisições em outros Estados e DF)*, **(II)** na *importação de bens, por ocasião do desembaraço aduaneiro e* **(III)** *nas operações e prestações desacobertadas de documento fiscal*[110]. A propósito, o **STJ** já evidenciou que, *"nos termos do art. 13, § 1º, XIII, 'g', da LC n. 123/06, norma compatível com a Constituição Federal de 1988, o enquadramento no regime Simples Nacional* não afasta a incidência do ICMS devido nas operações com mercadorias oriundas de outros Estados, sujeitas à antecipação do recolhimento do imposto" **(AgRg no RMS 29.259/AM, rel. Min. Napoleão Nunes Maia Filho, 1ª T., j. em 06-10-2015)**. Portanto, faz-se necessário memorizar essas **quatro** situações.

> Note o item (adaptado), considerado **CORRETO**, em prova realizada pela FCC, para o cargo de Auditor Fiscal da Receita Estadual – Sefaz/RJ, em 2014: "De acordo com a LC n. 123/2006, a empresa sujeita ao regime do Simples Nacional recolhe mensalmente um determinado percentual sobre o seu faturamento. Trata-se do *Documento de Arrecadação do Simples* – DAS, normatizado pelo *Comitê Gestor do Simples Nacional*. Nesse recolhimento estão englobados vários tributos, inclusive o ICMS. Entretanto, pela mesma lei, tal recolhimento efetuado por empresa do Simples Nacional sediada no RJ não exclui a incidência do imposto estadual em situações específicas, devidos na qualidade de contribuinte ou responsável, em relação aos quais será observada a legislação aplicável às demais pessoas jurídicas, com pagamento direto ao seu Estado. Serão objeto de pagamento do ICMS devido diretamente ao Estado do RJ pela microempresa ou Empresa de Pequeno Porte as

109. "**EMENTA:** (...) A interpretação extensiva da lei de isenção, para atingir tributos futuramente criados, não se coaduna com o sistema tributário brasileiro. O art. 3º, § 4º, da Lei 9.317/96 deve ser interpretado de forma sistemática com o disposto no art. 150, § 6º, da Constituição e no art. 111 do CTN. As empresas optantes pelo SIMPLES são isentas apenas das contribuições que já haviam sido instituídas pela União na data da vigência da Lei n. 9.317/96. Com efeito, firmou-se nesta Corte o entendimento de que não há isenção do PIS-Importação e da COFINS-Importação, na hipótese de pessoas jurídicas optantes pelo Simples, porque a Lei n. 9.317/96 não poderia isentar contribuições que foram criadas por lei posterior, nos termos do art. 177, II, do CTN, que preceitua que a isenção não é extensiva aos tributos instituídos posteriormente à sua concessão. (...)". **(AgRg no REsp 1.434.314/PE, rel. Min. Mauro Campbell Marques, 2ª T., j. em 08-04-2014). (Grifo nosso)**

110. Ver o art. 13, § 1º, XIII, "a" a "h", da LC n. 123/2006 (alterado pela LC n. 128/2008 e pela LC n. 147/2014).

seguintes situações: **(I)** por ocasião do desembaraço aduaneiro; **(II)** na operação ou prestação desacobertada de documento fiscal; **(III)** nas operações ou prestações sujeitas ao regime de substituição tributária; **(IV)** nas aquisições em outros Estados e no Distrito Federal de bens ou mercadorias, não sujeitas ao regime de antecipação do recolhimento do imposto, relativo à diferença entre a alíquota interna e a interestadual".

Note o item (adaptado) considerado **INCORRETO**, em prova realizada pela Funiversa, para o cargo de Contador (Mtur), em 2010: *"O Simples Nacional implica o recolhimento mensal, mediante documento único de arrecadação, de tributos devidos pelas microempresas ou empresas de pequeno porte. No rol de tributos compreendidos no recolhimento simplificado, está o ICMS devido nas operações ou nas prestações sujeitas ao regime de substituição tributária"*.

3. O SIMPLES Nacional não inclui o **ISS** devido **(I)** nos *serviços sujeitos à substituição tributária*, nem **(II)** nas *importações de serviços* (art. 13, § 1º, XIV, "a" e "b", da LC n. 123/2006, respectivamente).

7.1 Dicas finais

DICA 1. O SIMPLES Nacional utiliza uma única base de cálculo – a *receita bruta* da pessoa jurídica, auferida no mês –, sobre a qual incidirá, a partir de **1º-01-2018** (art. 11, III, da LC n. 155/2016), certo percentual de **alíquotas efetivas**, calculadas a partir das **alíquotas nominais** constantes das tabelas dos Anexos I a V da indigitada Lei Complementar, sem embargo do adequado enquadramento como ME ou como EPP. A propósito, a retrocitada LC n. 155 trouxe várias particularidades para a aferição das alíquotas *efetivas* e *nominais* (ver art. 18, §§ 1º, 1º-A, 1º-B, 2º e 3º). Por fim, vale enfatizar que o recolhimento é mensal[111], utilizando-se o documento único de arrecadação (DARF), conforme o *caput* do **art. 13 da LC n. 123/2006**.

DICA 2. De acordo com o **inciso IV do parágrafo único do art. 146 da CF**, as atividades de arrecadação, fiscalização e de cobrança dos tributos submetidos ao regime único poderão ser compartilhadas pelos entes federados. Observe o comando:

> **Art. 146.** (...) **Parágrafo único.** A lei complementar de que trata o inciso III, "d", também poderá instituir um *regime único de arrecadação dos impostos e contribuições da União, dos Estados, do Distrito Federal e dos Municípios* (...).
> **IV** – a arrecadação, a fiscalização e a cobrança poderão ser compartilhadas pelos entes federados, adotado cadastro nacional único de contribuintes. *(EC n. 42/2003)* **(Grifos nossos)**

111. A Lei n. 123/2006 estabelece em seu art. 21, § 1º, que, "na hipótese de a microempresa ou a empresa de pequeno porte possuir filiais, o recolhimento dos tributos do **Simples Nacional** dar-se-á por intermédio da matriz". O tema foi objeto de análise no **EDcl no AgRg no REsp 1.435.960/SC, rel. Min. Humberto Martins, 2ª T., j. em 27-05-2014.**

DICA 3. A empresa inscrita no SIMPLES Nacional, à semelhança do que ocorria no SIMPLES Federal, está dispensada do recolhimento de certas *contribuições*: Contribuições a Terceiros (Sistema "S"), Contribuição ao Salário-educação e a Contribuição Sindical[112] (art. 13, § 3º, da Lei n. 123/2006). Ademais, as empresas que eram optantes do anterior regime foram automaticamente enquadradas no novo Sistema, devendo essa opção automática ser regulamentada pelo Comitê Gestor **(art. 16, §§ 4º e 5º, da Lei n. 123/2006, atualizada pela LC n. 127/2007)**.

DICA 4. As ME e EPP, que estejam no SIMPLES Nacional, deverão apresentar à Secretaria da Receita Federal do Brasil, anualmente, uma *Declaração única e simplificada de informações socioeconômicas e fiscais*. A declaração constitui confissão de dívida e instrumento hábil e suficiente para a exigência dos tributos e contribuições que não tenham sido recolhidos e sejam resultantes das informações nela prestadas **(art. 25, *caput* e § 1º da LC n. 123/2006, atualizada pela LC n. 128/2008)**.

DICA 5. O art. 23 da LC n. 123/2006 prevê que "as microempresas e as empresas de pequeno porte optantes pelo Simples Nacional não farão jus à apropriação nem transferirão créditos relativos a impostos ou contribuições abrangidos pelo Simples Nacional".

Note o item considerado **CORRETO**, em prova realizada pela FCC, para o cargo de AFTE/PE, em 2014: *"O regime de apuração do Simples, apesar de dispensar aos seus optantes um regime tributário mais favorável, impede o direito ao aproveitamento de créditos relativos ao IPI e ao ICMS"*.

Note o item considerado **CORRETO**, em prova realizada pela FEPESE, para o cargo de Auditor Fiscal de Tributos Municipais da Prefeitura de Florianópolis/SC, em 2014: *"De acordo com a LC n. 123/06, é vedado o aproveitamento de créditos não apurados no Simples Nacional, inclusive de natureza não tributária, para extinção de débitos do Simples Nacional"*.

DICA 6. O art. 41 da LC n. 123/2006 prevê que "os processos relativos a impostos e contribuições abrangidos pelo Simples Nacional serão ajuizados em face da União, que será representada em juízo pela Procuradoria-Geral da Fazenda Nacional (...)".

Note o item considerado **CORRETO**, em prova realizada pela FCC, para o cargo de AFTE/PE, em 2014: *"Os processos relativos a impostos e contribuições abrangidos pelo Simples Nacional serão ajuizados em face da União, que será representada em juízo pela Procuradoria-Geral da Fazenda Nacional"*.

DICA 7. De acordo com o **art. 2º, I, II e III, da LC n. 123/2006**, o tratamento diferenciado e favorecido a ser dispensado às microempresas e empresas de pequeno porte será gerido pelas instâncias ou órgãos presididos e coordenados por representantes da União (§ 1º), a saber:

112. Como é sabido, com a *Reforma Trabalhista*, estabelecida pela **Lei n. 13.467/2017**, atingiu-se, letalmente, a essência dessa figura tributária.

1. Comitê Gestor do Simples Nacional (CGSN), vinculado ao Ministério da Fazenda, para tratar dos aspectos tributários;
2. Fórum Permanente das Microempresas e Empresas de Pequeno Porte, para tratar dos demais aspectos[113], ressalvados aqueles afetos ao CGSIM, a seguir apresentado;
3. **Comitê para Gestão da Rede Nacional para Simplificação do Registro e da Legalização de Empresas e Negócios – CGSIM**, para tratar do processo de registro e de legalização de empresários e de pessoas jurídicas. (Redação dada pela LC n. 147/2014)

> Note o item considerado **CORRETO**, em prova realizada pela FEPESE, para o cargo de Auditor Fiscal de Tributos Municipais da Prefeitura de Florianópolis/SC, em 2014: *"De acordo com a LC n. 123/06, o 'Comitê para Gestão da Rede Nacional para a Simplificação do Registro e da Legalização de Empresas e Negócios' é a instância gestora do Simples Nacional, cuja competência é regulamentar a inscrição, cadastro, abertura, alvará, arquivamento, licenças, permissão, autorização, registros e demais itens relativos à abertura, legalização e funcionamento de empresários e de pessoas jurídicas de qualquer porte, atividade econômica ou composição societária".*

DICA 8. Segundo o **art. 30, I, da LC n. 123/2006**, a exclusão do Simples Nacional, por opção da própria ME ou EPP, deverá ser comunicada à Secretaria da Receita federal até o **último dia útil do mês de janeiro** (ver o art. 30, § 1º, I).

> Note o item considerado **CORRETO**, em prova realizada pela FEPESE, para o cargo de Auditor Fiscal de Tributos Municipais da Prefeitura de Florianópolis/SC, em 2014: *"De acordo com a LC n. 123/06, o prazo em que as microempresas ou empresas de pequeno porte deverão comunicar ao órgão competente (Secretaria da Receita Federal) a sua exclusão, por opção, do Simples Nacional é o seguinte: "até o último dia útil do mês de janeiro"*.

DICA 9. A **LC n. 155/2016** trouxe importante inovação sobre o *aporte de capital* e o chamado *investidor-anjo*, tendo sua vigência sido demarcada para **1º de janeiro de 2017** (art. 11, II). Com o propósito de incentivo da inovação e dos investimentos produtivos, a ME e a EPP poderão admitir o *aporte de capital* – sem que este venha a integrar o capital social ou receita da sociedade (art. 61-A, § 1º) –, desde que a operação conste de um *contrato de participação*, com vigência não superior a sete anos (art. 61-A e § 1º). A *pessoa física* ou *pessoa jurídica* (até mesmo um *fundo de investimento* – art. 61-D) que procede a esse aporte de capital recebe o nome de **investidor-anjo** (art. 61-A, § 2º). Este não é considerado sócio, nem tem direito à gerência ou ao voto na administração da empresa, porém deve ser remunerado por seus aportes, até o prazo máximo de cinco anos, não podendo o valor remuneratório ser superior a 50% (cinquenta por cento) dos lucros da sociedade

113. Conforme o § 5º do art. 2º da LC n. 123/2006 (já atualizado pela Lei n. 12.792/2013), o *Fórum Permanente das Microempresas e Empresas de Pequeno Porte* "tem por finalidade tem por finalidade orientar e assessorar a formulação e coordenação da política nacional de desenvolvimento das microempresas e empresas de pequeno porte, bem como acompanhar e avaliar a sua implantação, sendo presidido e coordenado pela Secretaria da Micro e Pequena Empresa da Presidência da República".

(art. 61-A, § 6º). Ele também não responde por qualquer dívida da empresa, inclusive em recuperação judicial (art. 61-A, § 4º). Aliás, o direito de resgate somente pode ser exercido depois de contados dois anos, no mínimo, da data do aporte (art. 61-A, § 7º). Por fim, se houver a venda da empresa, o *investidor-anjo* possui direito de preferência na aquisição (art. 61-C).

DICA 10. Em 10 de novembro de **2016**, o Pleno do **STF** iniciou o julgamento do **RE 598.468/SC** (rel. Min. Marco Aurélio), no qual se discute o reconhecimento a empresas optantes pelo SIMPLES de certas imunidades tributárias, a saber, para o IPI nas exportações, as CIDEs e as Contribuições Sociais (arts. 149, § 2º, I e 153, § 3º, III, da CF). Em **22 de maio de 2020**, foi finalizado o julgamento virtual, e o Tribunal, por maioria, apreciando o Tema 207 da repercussão geral, deu parcial provimento ao recurso extraordinário, para, reformando o acórdão recorrido, conceder parcialmente a segurança pleiteada para reconhecer o direito à imunidade constitucional prevista nos artigos 149, § 2º, e 153, § 3º, III, sobre as receitas decorrentes de exportação e sobre a receita oriunda de operações que destinem ao exterior produtos industrializados, nos termos do voto do Ministro Edson Fachin (Redator para o acórdão). Em seguida, foi fixada a seguinte tese: *"As imunidades previstas nos artigos 149, § 2º, I, e 153, § 3º, III, da Constituição Federal são aplicáveis às empresas optantes pelo Simples Nacional"*.

DICA 11. Em **2010**, foi elaborada a **Súmula n. 448 do STJ**, segundo a qual *"a opção pelo SIMPLES de estabelecimentos dedicados às atividades de creche, pré-escola e ensino fundamental é admitida somente a partir de 24-10-2000, data de vigência da Lei n. 10.034/2000"*.

DICA 12. Em **24 de abril de 2019**, entrou em vigor a **Lei Complementar n. 167**, que cria a **Empresa Simples de Crédito (ESC)**, de âmbito municipal ou distrital. O objetivo é tornar mais barato o *crédito* para microempreendedores individuais, microempresas e empresas de pequeno porte, mormente diante de um conhecido lapso de mercado que ocorre no setor bancário doméstico: o crédito pífio para empreendedores de menor porte. Em resumo, a **ESC** aparece como convidativa alternativa perante o tradicional e elitista sistema financeiro oficial.

Na prática, qualquer pessoa poderá abrir uma **ESC** para emprestar recursos no mercado local para micro e pequenas empresas (cabeleireiros, mercadinhos, padarias, docerias etc.). Não há exigência de capital mínimo para a abertura da **ESC**, porém a *receita bruta anual* permitida (leia-se: decorrente exclusivamente dos *juros remuneratórios*, haja vista ser vedada a cobrança de quaisquer outros encargos, mesmo sob a forma de "tarifa") será de no máximo R$ 4,8 milhões. Apesar do nome, a ESC terá regime tributário de empresa convencional, pelo lucro real ou presumido, não podendo, portanto, enquadrar-se no Simples, que é o regime aplicado exclusivamente às micro e pequenas empresas.

Por fim, a **ESC** submete-se a um regime próprio de alíquotas para pagamento de seus tributos federais (PIS, COFINS, CSLL, IRPJ).

A **Lei Complementar n. 167** também criou um *regime especial* simplificado de tributação para *startups*. Observe a legislação:

> Art. 65-A. É criado o **Inova Simples**, regime especial simplificado que concede às iniciativas empresariais de caráter incremental ou disruptivo que se autodeclarem como "***startups***" ou empresas de inovação tratamento diferenciado com vistas a estimular sua criação, formalização, desenvolvimento e consolidação como agentes indutores de avanços tecnológicos e da geração de emprego e renda.
>
> § 1º Para os fins desta Lei Complementar, considera-se "***startup***" a empresa de caráter inovador que visa a aperfeiçoar sistemas, métodos ou modelos de negócio, de produção, de serviços ou de produtos, os quais, quando já existentes, caracterizam "***startups***" de natureza incremental, ou, quando relacionados à criação de algo totalmente novo, caracterizam "***startups***" de natureza disruptiva.
>
> § 2º As "***startups***" caracterizam-se por desenvolver suas inovações em condições de incerteza que requerem experimentos e validações constantes, inclusive mediante comercialização experimental provisória, antes de procederem à comercialização plena e à obtenção de receita.

8 REPARTIÇÃO TRIBUTÁRIA DAS RECEITAS

De início, é importante mencionar que o tema da "repartição constitucional das receitas tributárias" não é próprio do estudo do Direito Tributário, mas, sim, do Direito Financeiro, ao qual cabe, com maior proximidade, regular o destino do numerário arrecadado, bem como o repasse entre as entidades federadas. Entretanto, preferimos tratá-lo com bastante detalhe, neste *Manual*, em virtude da iterativa cobrança nos concursos públicos, conforme se notará no desenrolar do tópico, que traz expressiva enumeração de itens de prova.

Passemos a seu detalhamento:

O presente assunto ocupa, topograficamente, no **texto constitucional**, a Seção VI do Capítulo I (*Do Sistema Tributário Nacional*) do Título VI (*Da Tributação e do Orçamento*), desdobrando-se entre os arts. 157 a 162. É de notar, portanto, a inserção da temática em capítulo dedicado ao "Sistema Tributário Nacional". A propósito, nos EUA, o tópico recebe a doutrinária denominação "discriminação por produto" (ou *grants-in-aids*).

> Note o item considerado **INCORRETO**, em prova realizada pela FMP, para o cargo de Procurador do Estado (PGE/AC), em 2017: *"Cabe à lei complementar determinar o percentual de partição das receitas tributárias entre os entes da federação"*.

A repartição de parcela da arrecadação tributária, entre as entidades impositoras, é **meio garantidor da *autonomia política*** dos entes federados, uma vez que esta inexiste se estiver dissociada da autonomia financeira. Aliás, frise-se que **"não se reparte ou partilha" a competência privativa dos impostos, mas, sim, a própria receita desse tributo.**

> Note o item considerado **CORRETO**, em prova realizada pela FGV Projetos, para o cargo de Auditor do Estado do Maranhão (CGE/MA), em 2014: Quanto à *discriminação constitucional de rendas, 'ela está relacionada com a autonomia dos Entes Federativos e, portanto, vincula-se à cláusula pétrea da forma federativa do Estado Brasileiro'".*

> Note o item considerado **INCORRETO**, em prova realizada pela Esaf, para o cargo de Especialista em Regulação de Aviação Civil da ANAC – Agência Nacional de Aviação Civil, em 2016: *"No tocante aos impostos, o exercício da competência é partilhado entre os entes políticos".*

É sabido que competem à União mais impostos do que aos Municípios e Estados-membros da Federação. Aliás, a soma algébrica dos impostos municipais (três) e estaduais (três) não supera o número de impostos federais (nove, ao todo). Diante desse desequilíbrio de competências, com concentração de renda nos cofres da União, entendemos que houve por bem o legislador em conceber uma *repartição das receitas*, cabendo à União fazer o repasse aos Estados e Distrito Federal, e, por sua vez, aos Estados, efetuar uma redistribuição aos Municípios.

Fato é que os **Municípios** não deverão fazer quaisquer repasses, mas somente deles participar, como legítimos destinatários. Da mesma forma, o **Distrito Federal**, em razão de não ser constituído por municípios, não terá a quem repasses fazer. Assim, os *Municípios* e o *Distrito Federal* **não** repartem, só se beneficiam da repartição.

É imperioso registrar que a *repartição de receitas tributárias* convive harmonicamente com o *princípio da não afetação* **dos impostos**, mostrando-se-lhe como expressa ressalva. É o que se depreende da leitura do **art. 167, IV, da CF**, na redação dada pela EC n. 42/2003:

> Note o item considerado **CORRETO**, em prova realizada pelo Cebraspe, para o cargo de Delegado de Polícia Substituto (PC/GO), em 2017: *"A aplicação do princípio da não vinculação de receita a despesa específica é limitada aos 'impostos'".*

> **Art. 167.** São vedados: (...)
> **IV** – a vinculação de receita de impostos a órgão, fundo ou despesa, ressalvadas a repartição do produto da arrecadação dos impostos a que se referem os arts. 158 e 159, (...)

Como se nota, o dispositivo prevê exceções, entre as quais se destaca a repartição do produto da arrecadação de impostos (arts. 158 e 159). Nessa medida, o compartilhamento de receita, quer de imposto, quer de contribuição, previsto nos arts. 158 e 159, mostra-se como *mitigação do postulado* que veda a vinculação de receita tributária a órgão, fundo ou despesa.

Por fim, urge frisar que as transferências tributárias constitucionais da União para os Estados, Distrito Federal e Municípios podem ser classificadas em transferências *diretas* (repasse de parte da arrecadação para determinado governo) ou transferências *indiretas* (mediante a formação de *Fundos Especiais*). No entanto, independentemente da modalidade, as transferências sempre ocorrem do governo de maior nível para os de menores níveis, quais sejam: da União para Estados e Distrito Federal; da União para Municípios; ou dos Estados para Municípios. Vamos conhecer agora as transferências diretas.

8.1 Transferências *diretas* feitas da União para os Estados e Distrito Federal

a) **100%**[a] do produto da arrecadação do **IR-FONTE (IRRF)**[b], incidente na fonte pagadora, sobre rendimentos pagos a qualquer título, por eles (Estados e Distrito Federal), suas autarquias e fundações que instituírem e mantiverem (art. 157, I, CF).

a. Note o item considerado **INCORRETO**, em prova realizada pelo TRF/2ª Região, para o cargo de Juiz Federal Substituto, em 2017: *"Pertence aos Estados e ao Distrito Federal metade do produto da arrecadação do imposto da União sobre renda e proventos de qualquer natureza, incidente na fonte, sobre rendimentos pagos por eles, a qualquer título"*.

b. Note o item considerado **CORRETO**, em prova realizada pela FAU/Unicentro, para o cargo de Advogado da Câmara Municipal de Irati/PR, em 2016: *"De acordo com a 'Repartição das Receitas Tributárias', tema este tratado no art. 157 e seguintes da CF, assevera-se que pertence aos Estados e ao Distrito Federal o produto da arrecadação do imposto da União sobre renda e proventos de qualquer natureza, incidente na fonte, sobre rendimentos pagos, a qualquer título, por eles, suas autarquias e pelas fundações que instituírem e mantiverem"*.

O mecanismo pode ser assim detalhado: o IRRF é imposto federal, incidente sobre os rendimentos pagos pela entidade retentora aos empregados. A União, em vez de se apropriar do imposto, incidente sobre os rendimentos pagos aos servidores estaduais ou distritais pelos próprios Estados ou Distrito Federal (e suas autarquias e fundações), repassa integralmente o seu valor a estes (Estados ou Distrito Federal).

Essa repartição aponta como destinatários do numerário dividido os Estados-membros e o Distrito Federal, sem prejuízo de suas autarquias e fundações. Não se incluem, portanto, *as sociedades de economia mista e as empresas públicas estaduais*.

O curioso é observar que o Sistema Tributário Nacional contempla a hipótese de existência de um tributo de competência de um ente federado, mas com arrecadação destinada integralmente a outro ente.

Por fim, frise-se que, em **2010**, lapidou-se a **Súmula n. 447 do STJ**, segundo a qual "*os Estados e o Distrito Federal são partes legítimas na ação de restituição de imposto de renda retido na fonte proposta por seus servidores*".

> Note o item considerado **CORRETO**, em prova realizada pela FCC (Procurador do Estado de Mato Grosso), em 2016: *"O Estado é parte legítima para figurar no polo passivo das ações propostas por servidores públicos estaduais que visam ao reconhecimento do direito à isenção ou à repetição do indébito relativo ao imposto de renda retido na fonte"*.

b) 30% do produto da arrecadação do **IOF-Ouro**, quando definido em lei como ativo financeiro ou instrumento cambial, para o Estado de origem, no qual houver extração do ouro (art. 153, § 5º, I, CF).

O IOF-Ouro, quando definido em lei como ativo financeiro ou instrumento cambial, terá o produto da arrecadação repartido com o Estado de origem, no qual houver extração do ouro (art. 153, § 5º, I, CF). O bolo arrecadado pela União deverá ser fatiado, nos seguintes percentuais: **30% para os Estados e Distrito Federal e 70% para os Municípios**. Frise-se que, no caso do Distrito Federal, a repartição com este será integral (100%), pois não há municípios.

> Note o item considerado **INCORRETO**, em prova realizada pelo IESES, TJ-AM, para o cargo de Titular de Serviços de Notas e de Registros, em 2018: *"O ouro, quando definido em lei como ativo financeiro ou instrumento cambial, sujeita-se à incidência de IOF, sendo a receita gerada integralmente dividida entre os Estados, conforme origem, os quais ficam com 70% e os Municípios, conforme origem, os quais ficam com 30% do fruto da arrecadação"*.

Daí afirmar que o IOF-Ouro é um tributo cuja repartição tributária se desdobra de modo compartilhado. Note o comando constitucional:

Art. 153. (...)

§ 5º O ouro, quando definido em lei como ativo financeiro ou instrumento cambial, sujeita-se exclusivamente à incidência do imposto de que trata o inciso V do *caput* deste artigo, devido na operação de origem; a alíquota mínima será de um por cento, assegurada a transferência do montante da arrecadação nos seguintes termos:

I – trinta por cento para o Estado, o Distrito Federal ou o Território, conforme a origem;

II – setenta por cento para o Município de origem.

Memorize, por fim, que o dispositivo não faz menção ao "IOF", em si, mas ao IOF-Ouro, isto é, aquele incidente na operação com o referido ativo financeiro.

c) 20% do produto de arrecadação do **Imposto Residual** (art. 154, I, CF).

> Note o item considerado **INCORRETO**, em prova realizada pelo Cespe/Cebraspe, para o cargo de Auditor do Tribunal de Contas do Paraná (TCE/PR), em 2016: *"No que concerne à repartição de receitas tributárias, se, com a instituição de um imposto fundamentado em sua competência extraordinária, a União arrecadar R$ 1.000.000, serão devidos R$ 250.000 aos estados"*.

O federal imposto residual, criado por lei complementar, deverá ter sua receita apropriada pela União no percentual de 80%. É que vinte por cento do valor arrecadado serão repartidos com os **Estados e Distrito Federal**.

> Note o item considerado **CORRETO**, em prova realizada pela Consultec, para o cargo de Procurador da Prefeitura de Ilhéus/BA, em 2016: *"A União reparte com os Estados e Distrito Federal o produto de sua arrecadação com imposto residual"*.

Desse modo, a título de exemplificação, considerando que a União tenha instituído, mediante o exercício de sua *competência tributária residual*, um novo imposto e que tenha aumentado em mais de **20 milhões de reais** a arrecadação tributária federal, nesse caso, pertencerão aos Estados e ao Distrito Federal 20% (ou 1/5) do produto da referida arrecadação **(4 milhões)**.

> **d) 29%** do produto de arrecadação da **CIDE-Combustível** (art. 159, III, CF – EC n. 44/2004).

A CIDE-Combustível é um tributo cuja repartição tributária se desdobra em fases sucessivas. Inicialmente, o bolo arrecadado pela União deverá ser fatiado com os Estados e Distrito Federal, no percentual de 29%. Isso significa que a União abocanha o pedaço equivalente a 71% da arrecadação do tributo federal, deixando o restante para as entidades subalternas. Após, como se detalhará em iminente tópico, o percentual de 29% sofrerá uma nova repartição – agora, dos Estados e Distrito Federal para os Municípios –, havendo uma redistribuição de 25% do valor inicialmente repartido. Ou seja: os Municípios ficam com ¼ do valor (25% x 29 = 7,25% da receita total da CIDE-Combustível), enquanto os Estados e Distrito Federal ficam com ¾ do valor (75% x 29 = 21,75% da receita total da CIDE-Combustível).

> **CONCLUSÃO QUANTO ÀS TRANSFERÊNCIAS *DIRETAS* FEITAS DA UNIÃO PARA OS ESTADOS E DISTRITO FEDERAL:** Desse modo, conclui-se que os Estados-Membros e o Distrito Federal, quanto aos tributos da União, participam dos seguintes gravames federais: IRRF, IOF-Ouro, Imposto Residual e CIDE-Combustível.

8.2 Transferências *diretas* feitas da União para os Municípios

> **a) 100%** do produto da arrecadação do **IR-FONTE (IRRF)**, incidente na fonte pagadora, sobre rendimentos pagos a qualquer título, por eles (Municípios), suas autarquias e fundações que instituírem e mantiverem (art. 158, I, CF).

> Note o item considerado **CORRETO**, em prova realizada pela Copese/UFT, para o cargo de Procurador Municipal da Prefeitura de Palmas/TO, em 2016: *"Pertence aos municípios o produto da arrecadação do imposto da União sobre renda e proventos de qualquer natureza, incidente na fonte, sobre rendimentos pagos, a qualquer título, por eles, suas autarquias e pelas fundações que instituírem e mantiverem".*

Essa repartição se refere aos Municípios, sem prejuízo de suas autarquias e fundações. Não se incluem, portanto, as sociedades de economia mista e as empresas públicas municipais. Portanto, memorize: não está excluído da repartição o produto da arrecadação do IR-FONTE (IRRF) sobre rendimentos pagos, a qualquer título pelos Municípios e suas autarquias e fundações.

O mecanismo pode ser assim detalhado: o IRRF é imposto federal, incidente sobre os rendimentos pagos pela entidade retentora aos empregados. A União, em vez de se apropriar do imposto, incidente sobre os rendimentos pagos aos servidores municipais pelos próprios Municípios (e suas autarquias e fundações), repassa integralmente o seu valor a estes (Municípios).

Conforme enfatizamos alhures, é bastante curioso observar que o Sistema Tributário Nacional contempla a hipótese de existência de um tributo de competência de um ente federado, mas com arrecadação destinada integralmente a outro ente.

b) 50% do produto da arrecadação do **ITR** – Imposto sobre a Propriedade Territorial Rural, relativamente aos imóveis nesta situados. O percentual, como se explicará, pode chegar a **100%**.

O percentual de repartição tributária do ITR, como regra, será de 50% (art. 158, II, CF).

Trata-se de repartição tributária afeta a um imposto federal (ITR), cujo destinatário será o Município, e não os Estados ou Distrito Federal.

Todavia, o limite poderá atingir o patamar de 100% para os Municípios, caso estes se dediquem às atividades de fiscalização e cobrança do tributo (delegação de *capacidade tributária ativa*), desde que dessa atividade não resulte uma redução de imposto ou qualquer forma de renúncia fiscal. Note os mandamentos constitucionais:

Note o item (adaptado) considerado **CORRETO**, em prova realizada pela FCC (Procurador do Município de São Luiz/MA), em 2016: *"Um Município brasileiro publicou matéria, no periódico local, esclarecendo aos munícipes de que a Secretaria Municipal de Finanças efetivamente fiscaliza e cobra o IPTU referente à totalidade dos imóveis em seu território, e que, também, há 6 anos, optou por fiscalizar e cobrar o ITR de todos os imóveis desse território, sem proporcionar qualquer redução deste imposto ou renúncia fiscal. O mesmo periódico, em matéria recentemente publicada, informou que o tal Município é um dos campeões de arrecadação do ICMS, IPVA, ITCD, ISSQN, IPTU e ITBI em seu Estado. Com base na CF, acerca da repartição de receitas tributárias, a esse Município pertencem: '100% da receita do ITR'; '50% da receita do IPVA' e '25% da receita do ICMS'".*

Art. 153. (...)

§ 4º O imposto previsto no inciso VI do *caput*:

III – será fiscalizado e cobrado pelos Municípios que assim optarem, na forma da lei, desde que não implique redução do imposto ou qualquer outra forma de renúncia fiscal. (Incluído pela EC n. 42/2003)

> Note o item considerado **CORRETO**, em prova realizada pela FCC, Prefeitura de São Luís-MA, para o cargo de Auditor Fiscal de Tributos I, em 2018: *"Relativamente ao ITR, compete à União instituí-lo (art. 153, 'caput', inciso VI). De acordo com a Constituição Federal, ainda, e desde que não implique redução deste imposto ou qualquer outra forma de renúncia fiscal, o ITR poderá ser, na forma da lei, fiscalizado e cobrado pelos Municípios que assim optarem"*.

Art. 158. Pertencem aos Municípios: (...)

II – **cinquenta por cento** do produto da arrecadação do imposto da União sobre a propriedade territorial rural, relativamente aos imóveis neles situados, cabendo a totalidade na hipótese da opção a que se refere o art. 153, § 4º, III;

> Note o item considerado **INCORRETO**, em prova realizada pelo Cespe/Cebraspe, para o cargo de Auditor do Tribunal de Contas do Paraná (TCE/PR), em 2016: *"No que concerne à repartição de receitas tributárias, caso arrecade R$ 3.000.000 referentes ao imposto sobre a propriedade territorial rural incidente sobre imóveis rurais localizados em determinado município, a União deverá R$ 750.000 a esse município"*.

> Note o item considerado **CORRETO**, em prova realizada pela VUNESP, Câmara de Campo Limpo Paulista-SP, para o cargo de Procurador Jurídico, em 2018: *"A respeito da repartição constitucional das receitas tributárias, pertencem aos Municípios 50% do produto da arrecadação do imposto da União sobre a propriedade territorial rural, relativamente aos imóveis neles situados"*.

Fato é que o ITR, de há muito, permanece na pauta das discussões dos rumos das finanças públicas no Brasil. Parece evidente que os Municípios anseiam por ampliar ou até mesmo totalizar a arrecadação desse tributo. Não é à toa que, à luz da Constituição de 1988, a competência do tributo pertence à União, que se apropria de 50% dos recursos, porém os demais 50% são repassados aos municípios. Nesse rumo, assegura-se que pelo menos *cinquenta por cento* da arrecadação do imposto territorial pertence aos municípios em que os imóveis rurais estejam situados.

Em razão da importância do tema, entendemos pertinente recapitular alguns conceitos:

A *competência tributária* é política e indelegável (art. 7º, *caput*, CTN), não se confundindo com a *capacidade tributária ativa*, que é "administrativa e delegável". Com maior detalhamento, diz-se que a *competência tributária* é indelegável, intransferível e irrenunciável, uma vez que admitir a delegação de competência para instituir um tributo significa, inadvertidamente, permitir que seja a Constituição alterada por norma infraconstitucional.

No entanto, é razoável aceitar a delegação de atribuições administrativas, *v.g.*, a transferência das funções de **arrecadar ou fiscalizar** tributos a outra pessoa jurídica de Direito Público, o que não se confunde com a imprópria "delegação de competência tributária", consoante o disposto no **art. 7º, § 3º, CTN.**

Note o item considerado **INCORRETO**, em prova realizada pela FMP, para o cargo de Procurador do Estado (PGE/AC), em 2017: *"Somente a prerrogativa de fiscalizar os tributos pode ser delegada".*

Veja o dispositivo:

Art. 7º (...)

§ 3º Não constitui delegação de competência o cometimento, a pessoas de direito privado, do encargo ou da função de arrecadar tributos.

Note, ainda, o teor do ***caput*** **do art. 7º do CTN**:

Art. 7º A competência tributária é indelegável, salvo atribuição das funções de arrecadar ou fiscalizar tributos, ou de executar leis, serviços, atos ou decisões administrativas em matéria tributária, conferida por uma **pessoa jurídica de direito público a outra** (...).

Note o item considerado **INCORRETO**, em prova realizada pelo IBEG, para o cargo de Procurador Previdenciário (IPREV), em 2017: *"A 'competência tributária' é delegável, salvo atribuição das funções de arrecadar ou fiscalizar tributos, ou de executar leis, serviços, atos ou decisões administrativas em matéria tributária, conferida por uma pessoa jurídica de direito público a outra, nos termos do § 3º do artigo 18 da CF/88".*

Note o item considerado **INCORRETO**, em prova realizada pela Consulplan, para o cargo de Analista Judiciário do TRF/2ª Região, em 2017: *"A competência tributária é indelegável. Assim sendo, a execução das leis, atos ou decisões administrativas em matéria tributária não pode ser conferida por uma pessoa jurídica de direito público a outra".*

O ITR é de competência da União, contudo os Municípios, nos termos da lei, poderão optar em arrecadar e fiscalizar esse imposto, conforme chancela a Constituição Federal. Nesse caso, frise-se, o Município que assim optar não passará a ser titular de uma "competência tributária delegada". Com efeito, a competência tributária não admite delegação.

Em tempo, quanto ao ITR, não é demasiado relembrar que a competência tributária permanece com a União, podendo haver a delegação de capacidade tributária ativa, conforme previsão na Lei n. 11.250/2005.

Frise-se que o legislador constituinte derivado (EC n. 42/2003) trouxe uma condição: desde que da atividade não resulte uma redução de imposto ou qualquer forma de renúncia fiscal. Isso é bastante natural, uma vez que as renúncias fiscais, *v.g.*, *isenção do imposto*, dependem de lei, em homenagem ao princípio da legalidade tributária, o que implica que só a União, titular da competência, detém o poder de afastar legalmente a incidência do imposto.

Impende mencionar, ainda, que a atribuição das funções administrativas, no bojo da delegação de capacidade tributária ativa, pode indicar, por determinação legal, que os recursos arrecadados serão de livre disponibilidade da entidade delegatária, para fins de sustentação das finalidades precipuamente institucionais. Quando tal circunstância ocorre, exsurge o fenômeno conhecido por "parafiscalidade".

Mais uma vez, relembre-se que o "Sistema Tributário Nacional" contempla hipóteses de existência de tributo de competência de um ente federado, porém com arrecadação destinada totalmente a outro ente. Notou-se, até agora, que dois impostos se enquadram nessa situação: o IRRF e o ITR (em delegação de capacidade tributária ativa).

c) 70% do produto de arrecadação do **IOF-Ouro**, quando definido em lei como ativo financeiro ou instrumento cambial, para o Município de origem, no qual houver extração do ouro (art. 153, § 5º, II, CF).

O IOF-Ouro, quando definido em lei como ativo financeiro ou instrumento cambial, terá o produto da arrecadação repartido com o Estado de origem, no qual houver extração do ouro (art. 153, § 5º, I, CF).

O bolo arrecadado pela União deverá ser fatiado nos seguintes percentuais: 30% para os Estados e Distrito Federal e 70% para os Municípios. Frise-se que, no caso do Distrito Federal, a repartição com este será integral (100%), pois não há municípios.

Daí falar que o IOF-Ouro é um tributo cuja repartição tributária se desdobra de modo compartilhado.

CONCLUSÃO QUANTO ÀS TRANSFERÊNCIAS *DIRETAS* FEITAS DA UNIÃO PARA OS MUNICÍPIOS: Desse modo, conclui-se que os Municípios, quanto aos tributos da União, participam dos seguintes gravames federais: IRRF, ITR e IOF-Ouro.

8.3 Transferências *diretas* feitas dos Estados-Membros para os Municípios

a) 50% do produto da arrecadação do **IPVA**, relativo aos veículos automotores licenciados em seus territórios.

Note o item considerado **CORRETO**, em prova realizada pela FAFIPA, para o cargo de Advogado I da Prefeitura Municipal de Toledo/PR, em 2016: *"Sobre a repartição das receitas tributárias que contempla o percentual pertencente aos municípios do produto da arrecadação do imposto do Estado sobre a propriedade de veículos automotores licenciados em seus territórios, temos o índice de 50% (cinquenta por cento)"*.

Observação: item semelhante foi considerado **CORRETO**, em prova realizada pela FADESP, para o cargo de Advogado da Prefeitura Municipal de Mojuí dos Campos/PA, em 2016.

No âmbito do IPVA, a repartição é equânime entre Estado-membro e Município, no qual se realizam os licenciamentos dos veículos: ½ para um; ½ para outro.

No plano prático, poderíamos dizer que, caso um município tenha arrecadado, no último exercício financeiro, R$ 1.000.000,00 (um milhão de reais), relativos ao pagamento do IPVA afeto aos veículos licenciados em seu território, a ele caberá a importância de R$ 500.000,00 (quinhentos mil reais).

b) 25% do produto da arrecadação do **ICMS** (**3/4**, *no mínimo*, na proporção do valor adicionado nas operações realizadas em seus territórios e até **1/4** de acordo com a lei estadual, desde que não exclua, por completo, a participação do Município).

Note o item (adaptado) considerado **CORRETO**, em prova realizada pela CEMAT, para o cargo de Advogado da Prefeitura de Pompeia/SP, em 2016: *"Pertencem aos Municípios os vinte e cinco por cento (25%) do produto da arrecadação do imposto estadual ICMS"*.

Note o item considerado **CORRETO**, em prova realizada pelo IESES, TJ-AM, para o cargo de Titular de Serviços de Notas e de Registros, em 2018: *"Os Estados devem entregar aos Municípios 25% do produto da arrecadação do ICMS"*.

O ICMS é um imposto que tem a arrecadação repartida com os municípios. Nota-se que o Estado-membro (ou Distrito Federal) apropria-se de 75% do volume de arrecadação do ICMS, enquanto ¼ (ou 25%) é dividido com os Municípios. Curiosamente, muitos itens de provas têm trazido a indicação do volume repartido de ICMS com o equivocado percentual de "50%", o que demonstra certa predileção das Bancas, especificamente, por essa situação de erro.

Segundo o **parágrafo único do art. 158 da CF**, o creditamento desses 25% nos cofres municipais será feito de dois modos: uma quantidade mínima (¾), na proporção do valor adicionado nas operações relativas à circulação de mercadorias e nas prestações de serviços; outra quantidade máxima (¼), de acordo com disposição legal. Veja o dispositivo:

> **Art. 158.** Pertencem aos Municípios:
>
> **Parágrafo único.** As parcelas de receita pertencentes aos Municípios, mencionadas no inciso IV, serão creditadas conforme os seguintes critérios:
>
> **I** – três quartos, no mínimo, na proporção do valor adicionado nas operações relativas à circulação de mercadorias e nas prestações de serviços, realizadas em seus territórios;
>
> **II** – até um quarto, de acordo com o que dispuser lei estadual ou, no caso dos Territórios, lei federal.

A propósito, o mencionado "valor adicionado" será definido em **lei complementar** (art. 161, I, CF).

Evidencia-se, portanto, uma repartição sucessiva: uma entre Estados (ou DF) e municípios, na qual transita o percentual distribuído de 25%; outra, entre os próprios municípios, afeta à ulterior divisão do percentual repartido, ou seja, uma redistribuição daquela repartição.

Exemplificando: em uma dada arrecadação de ICMS, no montante fictício de "48", o valor repartido com os municípios será de "12" (25% x 48 = 12). Desses, o montante mínimo de "9" (¾ x 12 = 9) ficará para ser redistribuído, proporcionalmente, com base no valor adicionado; por sua vez, o montante máximo de "3" (¼ x 12 = 3) será repartido de acordo com o que dispuser a lei estadual. Aliás, em razão das limitações de "máximo" e "mínimo", nada obsta a que esta divisão (9x3) venha a ser (10x2) ou (11x1).

Acerca dessa "redistribuição", devemos memorizar que a Carta Política de 1988 reparte as receitas tributárias do ICMS da seguinte maneira: **três quartos**, no mínimo, do que é destinado aos Municípios serão devidos na *proporção do valor adicionado nas operações relativas à circulação de mercadorias e nas prestações de serviços, realizadas em seus territórios*; e até **um quarto** do que é destinado aos Municípios será creditado conforme dispuser lei estadual.

c) 25% do produto da arrecadação da **CIDE-Combustível REPARTIDA** (29%), entregue pela União ao Estado (em que se situe o referido Município), com base no art. 159, III, CF – EC n. 44/2004.

Conforme se estudou, a CIDE-Combustível é um tributo cuja repartição tributária se desdobra em fases sucessivas. Inicialmente, o bolo arrecadado pela União deverá ser fatiado com os Estados e Distrito Federal, no percentual de 29%. Após, o percentual de 29% sofrerá uma nova repartição – agora, dos Estados para os Municípios –, equivalente a 25%. Ou seja: os Municípios ficam com ¼ do valor (**25% x 29 = 7,25%** do total da receita da CIDE-Combustível), enquanto os Estados e Distrito Federal ficam com ¾ do valor (**75% x 29 = 21,75%** do total da receita da CIDE--Combustível).

CONCLUSÕES QUANTO ÀS TRANSFERÊNCIAS *DIRETAS* FEITAS AOS MUNICÍPIOS:

1. DOS ESTADOS-MEMBROS PARA OS MUNICÍPIOS: Desse modo, conclui-se que os Municípios, quanto aos impostos dos Estados-Membros (e gravame repartido da União), participam dos seguintes gravames estaduais e federais: IPVA, ICMS e CIDE-Combustível (repartida).

2. DA UNIÃO E DOS ESTADOS-MEMBROS PARA OS MUNICÍPIOS: Diante do exposto, de modo somatório, os Municípios, quanto aos impostos da União e dos Estados-Membros, participam dos seguintes gravames estaduais e federais: IRRF, ITR, IOF-Ouro, IPVA, ICMS e CIDE-Combustível (repartida).

OBSERVAÇÃO: *a contrario sensu*, os Municípios **não** participam da repartição dos seguintes gravames: ITCMD, II, IE, IOF (este, diverso do IOF-Ouro), Imposto Extraordinário (IEG) e o Imposto sobre Grandes Fortunas (IsGF) – portanto, de um imposto estadual e de cinco federais.

Ressalte-se que, consoante o **art. 162 da CF**, "a União, os Estados, o Distrito Federal e os Municípios divulgarão, até o **último dia** do mês subsequente ao da arrecadação, os montantes de cada um dos tributos arrecadados, os recursos recebidos, os valores de origem tributária entregues e a entregar e a expressão numérica dos critérios de rateio". Além disso, o parágrafo único do artigo em análise dispõe que "os dados divulgados pela União serão discriminados por Estado e por Município; os dos Estados, por Município".

Por fim, vale a pena atentar para o teor do **art. 160**, que trata, ao lado do **art. 198, § 2º, ambos da CF**, da possibilidade de bloqueio dos valores repartidos. Note-os:

> **Art. 160.** É vedada a retenção ou qualquer restrição à entrega e ao emprego dos recursos atribuídos, nesta seção, aos Estados, ao Distrito Federal e aos Municípios, neles compreendidos adicionais e acréscimos relativos a impostos.
>
> **Parágrafo único.** A vedação prevista neste artigo não impede a União e os Estados de condicionarem a entrega de recursos:
>
> **I** – ao pagamento de seus créditos, inclusive de suas autarquias;
>
> **II** – ao cumprimento do disposto no art. 198, § 2º, incisos II e III.
>
> **Art. 198. (...)**
>
> **§ 2º** A União, os Estados, o Distrito Federal e os Municípios aplicarão, anualmente, em ações e **serviços públicos de saúde** recursos mínimos derivados da aplicação de percentuais calculados sobre:
>
> **II** – no caso dos Estados e do Distrito Federal, o produto da arrecadação dos impostos a que se refere o art. 155 e dos recursos de que tratam os arts. 157 e 159, inciso I, alínea "a", e inciso II, deduzidas as parcelas que forem transferidas aos respectivos Municípios;
>
> **III** – no caso dos Municípios e do Distrito Federal, o produto da arrecadação dos impostos a que se refere o art. 156 e dos recursos de que tratam os arts. 158 e 159, inciso I, alínea "b" e § 3º.

Note o item considerado **INCORRETO**, em prova realizada pelo IESES, TJ-AM, para o cargo de Titular de Serviços de Notas e de Registros, em 2018: "A vedação da retenção ou qualquer restrição à entrega e ao emprego dos recursos atribuídos na seção da repartição das receitas tributárias da Constituição Federal não impede a União ou Estados a condicionarem a entrega dos recursos ao cumprimento das regras constitucionais de aplicação de recursos mínimos na ÁREA DE EDUCAÇÃO".

8.4 Análise final da repartição das receitas tributárias

A repartição de tributos não engloba todas as espécies tributárias, mas somente **duas**: os *impostos* e uma exclusiva contribuição – a *CIDE-Combustível*. Com efeito, as *taxas* e *contribuições de melhoria*, por serem tributos contraprestacionais, não se vocacionam à repartição das receitas tributárias.

> Note o item considerado **INCORRETO**, em prova realizada pela Consulplan, para o cargo de Titular de Serviços de Notas e de Registros (TJ/MG), em 2015: *"Somente os impostos submetem-se à regra da repartição de receitas tributárias"*.

> Note o item considerado **CORRETO**, em prova realizada pelo Cespe, para o cargo de Analista Legislativo da Câmara dos Deputados, em 2014: *"A Constituição Federal de 1988, ao definir as competências tributárias dos entes políticos, preocupou-se com a repartição das receitas tributárias entre as unidades federadas, inclusive diante da preponderância de impostos e contribuições sociais em favor da União, à qual coube a maior fonte de receitas fiscais"*.

Quanto aos *empréstimos compulsórios*, devem estar afetados à despesa que os fundamentou, rechaçando a repartição de receitas, consoante o art. 148, parágrafo único, CF.

Da mesma forma, veda-se a sistemática às *contribuições*, por serem gravames finalísticos, tirante o caso da CIDE-Combustível, como já se afirmou, apesar da intrínseca vinculação que a caracteriza.

Entre os *impostos*, destacam-se aqueles que **não** sofrem repartição do produto arrecadado. São eles:

a) **IPTU, ITBI e ISS:** atente para o fato de que todos eles, nesse rol mencionados, são *municipais*, de competência dos Municípios e Distrito Federal. Daí concluir que tais entidades impositoras não dividem, na repartição de receitas, a fatia do "bolo"; pelo contrário, só recebem "pedaços" dos demais entes;

b) **ITCMD:** observe que este é o **único** *imposto estadual* que não participa da repartição de receitas. Os demais – ICMS e IPVA – têm parcelas repartidas com os Municípios;

c) **II, IE, Imposto sobre Grandes Fortunas, Imposto Extraordinário e IOF (diverso do IOF-Ouro):** veja que estes **cinco** *impostos federais* são os únicos que não participam do compartilhamento de receitas. Os demais **(quatro)** – IPI, IR, ITR e o Imposto Residual – têm parcelas repartidas com os Estados, Distrito Federal e Municípios.

Passemos, agora, à análise das *transferências indiretas*, isto é, ao estudo dos *Fundos Especiais*, consoante o art. 159 da CF.

8.5 Transferências *indiretas* – estudo dos Fundos Especiais

À luz dos incisos I e II do art. 159 da CF, atualizado pela **EC n. 84/2014**, aos *Fundos Especiais* se realizam as transferências *indiretas,* tendo como base a arrecadação do Imposto sobre Produtos Industrializados (**IPI**) e/ou do Imposto sobre a Renda (**IR**), *excluídas, com relação a este gravame, as transferências do IRRF,* previstas nos arts. 157, I e 158, I, ambos da CF. É o que estatui o § 1º do art. 159 da CF.

Os *Fundos Especiais* somam **quatro** ao todo. Há **três** *Fundos* que, da arrecadação do **IR** e do **IPI** (art. 159, I, "a" a "d", CF), apropriam **49%** [**21,5% + 24,5% (22,5% + 1% + 1%) + 3%**]. Por sua vez, há **um** *Fundo de Compensação de Exportações*, que apropria **10%** da arrecadação total do **IPI** (art. 159, II, CF). Aliás, o Tribunal de Contas da União efetuará o cálculo das quotas referentes aos fundos de participação a que alude este inciso II, no âmbito do IPI repartido (art. 161, parágrafo único, CF).

> Note o item considerado **INCORRETO**, em prova realizada pelo Cespe/Cebraspe, para o cargo de Juiz de Direito Substituto do TJ/AM, em 2016: *"A CF estabelece o limite de 47% do produto da arrecadação do IR e do IPI para Estados e Municípios, por meio dos respectivos fundos de participação".*

> Note o item considerado **CORRETO**, em prova realizada pela Vunesp, para o cargo de Procurador Jurídico da Prefeitura de Porto Ferreira/SP, em 2017: *"Na repartição das receitas tributárias, a União entregará, do produto da arrecadação de dois impostos (IR e IPI), '49%' aos Fundos de Participação dos Estados (FPE), do Distrito Federal e dos Municípios. Desse percentual, caberá ao Fundo de Participação dos Municípios (FPM) o montante de '22,5%'".*

Vamos conhecer os **três** primeiros Fundos e, posteriormente, o **quarto**:

1) **Fundo de Participação dos Estados e do Distrito Federal (FPE):** constituído por **21,5%** (vinte e um inteiros e cinco décimos por cento) do produto da arrecadação do **IR** e do **IPI**;
2) **Fundo de Participação dos Municípios (FPM):** constituído por **22,5%** (vinte e dois inteiros e cinco décimos por cento) do produto da arrecadação do **IR e do IPI**. Com a EC n. 84/2014, pode-se falar no percentual de **24,5%**, fruto da inclusão de adicionais, caso se considerem o **1%** (um por cento) que será entregue no primeiro decêndio do mês de dezembro de cada ano e, além disso, por força da indigitada Emenda, o outro **1%** (um por cento), o qual será entregue no primeiro decêndio do mês de julho de cada ano (art. 159, I, "e", CF, incluído pela EC n. 84/2014). A propósito, o art. 2º da EC n. 84/2014 também trouxe importante detalhe cronológico sobre o fracionamento desse 1% (um por cento) extra, a que o FPM passou a ter direito:

> Note o item considerado **CORRETO**, em prova realizada pela UECE-CEV, para o cargo de Técnico em Contabilidade da Prefeitura de Amontada/CE, em 2016: *"O dinheiro recebido, mensalmente, pelas prefeituras municipais, a título de Fundo de Participação dos Municípios (FPM), é produto da arrecadação do IPI e do IR".*

Note o item considerado **CORRETO**, em prova realizada pelo TRF/2ª Região, para o cargo de Juiz Federal Substituto, em 2017: *"A União entregará parcela do produto da arrecadação dos impostos sobre renda e proventos de qualquer natureza (IR) e sobre produtos industrializados (IPI) diretamente ao Fundo de Participação dos Municípios no primeiro decêndio do mês de julho de cada ano"*.

Note o item considerado **INCORRETO**, em prova realizada pela VUNESP, Câmara de Campo Limpo Paulista-SP, para o cargo de Procurador Jurídico, em 2018: *"Deve ser recolhido pela União ao Fundo de Participação dos Municípios o montante de 25% da arrecadação do imposto de renda"*.

Para os fins do disposto na alínea 'e' do inciso I do *caput* do art. 159 da Constituição Federal, a União entregará ao Fundo de Participação dos Municípios o percentual de 0,5% (cinco décimos por cento) do produto da arrecadação dos impostos sobre renda e proventos de qualquer natureza e sobre produtos industrializados no primeiro exercício em que esta Emenda Constitucional gerar efeitos financeiros, acrescentando-se 0,5% (cinco décimos por cento) a cada exercício, até que se alcance o percentual de 1% (um por cento).

Em termos simples, teremos **24%**, em julho de 2015, e **24,5%**, a partir de julho de 2016.

Em 23 de novembro de **2016**, o **STF**, ao julgar o **RE 705.423/SE** (rel. Min. Edson Fachin), por unanimidade e nos termos do voto do Relator, fixou tese nos seguintes termos: "*É constitucional a concessão regular de incentivos, benefícios e isenções fiscais relativos ao **IR** e **IPI** por parte da União em relação ao **Fundo de Participação de Municípios (FPM)** e respectivas quotas devidas às Municipalidades*". Ao momento do julgamento (**17-11-2016**), ficaram vencidos os Ministros Luiz Fux e Dias Toffoli.

A questão de fundo enfrentou um dilema: *se a concessão de benefícios, incentivos e isenções fiscais relativos ao **IR** e ao **IPI** pode impactar o cálculo do valor devido aos Municípios a título de participação na arrecadação dos referidos tributos (**FPM**)*. No enfrentamento da questão, frisou-se que os Municípios não têm direito subjetivo constitucional para invalidar o exercício da competência tributária da União – até porque o poder de conceder incentivos e renúncias fiscais está jungido ao plano da competência impositiva –, desde que observados os parâmetros de controle constitucionais, legislativos e jurisprudenciais atinentes ao expediente desonerativo. Nessa vertente, as opções federativas tomadas pelo Poder Constituinte não podem ser submetidas à apreciação do STF, numa tentativa de seu refazimento ou sua invalidação. Aliás, a vocação extrafiscal do IPI, de todos conhecida, pode ser colocada em xeque, a prevalecer o fundamento de que o incentivo fiscal provocaria uma queda de arrecadação ou distribuição no plano do FPM. Portanto, é legítima a concessão de incentivos fiscais no âmbito do

IR e do IPI, ainda que a desoneração impacte negativamente no cômputo do FPM.

3) **Fundos Regionais:** constituídos por **3%** do produto da arrecadação do **IR** e do **IPI**.

Para **provas de concursos**, quanto ao **IPI**, memorize que **49%** do seu volume arrecadado destinam-se à composição de Fundos específicos, sem contar os percentuais que vão para os Estados (7,5%) e Municípios (2,5%), nas *transferências diretas*.

Note o item (adaptado) considerado **INCORRETO**, em prova realizada pela CEMAT, para o cargo de Advogado da Prefeitura de Pompeia/SP, em 2016: *"Do produto da arrecadação do IR e do IPI, a União fica com a maior parte, 51% (cinquenta e um por cento) e, entrega somente os 49% (quarenta e nove por cento) aos Estados, Municípios e outros"*.

Com relação ao **IR**, seria apropriado afirmar, com maior rigor, que são destinados aos Fundos constitucionais os 49%, excluído o montante das transferências do IRRF, já mencionadas em tópico anterior.

1. Fundo de Participação dos Estados e do Distrito Federal (FPE): constituído por **21,5%** (vinte e um inteiros e cinco décimos por cento) do produto da arrecadação do **IR** e do **IPI** (art. 159, I, "a", CF).

Sua distribuição se dá em função do número da população e de modo inversamente proporcional à renda *per capita* da unidade federativa. Nas provas de concurso, tem aparecido com frequência o percentual de repartição (21,5%).

A propósito da distribuição de valores ao FPE, o inciso II do art. 161 da CF prevê que "cabe à lei complementar estabelecer normas sobre a entrega dos recursos de que trata o art. 159, especialmente sobre os critérios de rateio dos fundos previstos em seu inciso I, objetivando promover o equilíbrio socioeconômico entre Estados e entre Municípios".

No plano jurisprudencial, em 24 de fevereiro de **2010**, o **STF** declarou, por oito votos contra um, a inconstitucionalidade de todo o art. 2º da LC n. 62/89, que define os critérios de rateio do *Fundo de Participação dos Estados e do DF* (FPE). Assim, o atual modelo de distribuição de recursos do FPE está com os dias contados – até 31 de dezembro de 2012, para que o Congresso Nacional aprove uma nova lei. Caso contrário, o FPE será extinto, devendo entrar em vigor uma nova norma sobre o mesmo assunto.

A decisão do Supremo foi provocada por quatro Ações Diretas de Inconstitucionalidade (ADIs), que possuem relação de conexão e que foram ajuizadas pelo Rio Grande do Sul (ADI n. 875), Mato Grosso e Goiás (ADI n. 1.987), Mato Grosso (ADI n. 3.243) e Mato Grosso do Sul (ADI n. 2.727). Observe o trecho da ementa, que traz os fundamentos da decisão:

EMENTA: (...) Em seguida, diante da reunião das ações para julgamento em conjunto, fez-se a delimitação de seu objeto. Assinalou-se que, com exceção da ADI n. 1.987/DF, a qual teria objeto distinto, uma vez que proposta em face da suposta omissão do Congresso Nacional em regulamentar o art. 161, II, da CF, as demais ações diretas estariam dirigidas, no seu conjunto, contra o art. 2º, I e II, e §§ 1º, 2º e 3º, e Anexo Único da LC n. 62/89. Apontou-se que, na ADI n. 2.727/DF, impugnar-se-ia, ainda, parte da Decisão Normativa 44/2001, editada pelo Tribunal de Contas da União. Frisou-se, no ponto, que a referida decisão normativa, no entanto, apenas "aprova, para o exercício de 2002", os coeficientes para o cálculo das quotas de distribuição dos recursos do Fundo de Participação dos Estados – FPE e do Fundo de Participação dos Municípios – FPM, e que sua eficácia temporária, já exaurida naquele ano de 2002 (...) No que se refere à questão constitucional, concluiu-se que o art. 2º, I e II, §§ 1º, 2º e 3º e o Anexo Único da LC n. 62/89, passados vinte anos de sua edição, não atenderiam satisfatoriamente à exigência constante do art. 161, II, da CF, segundo o qual lei complementar deve estabelecer os critérios de rateio do FPE, com a finalidade de promover o equilíbrio socioeconômico entre os entes federativos. Asseverou-se que ela continuaria a reger a distribuição dos recursos do FPE, ou seja, até hoje estariam sendo aplicados os índices previstos, inicialmente, apenas para os exercícios de 1990 e 1991. Mencionados índices teriam sido definidos não mediante a análise de dados e informações que efetivamente retratavam a realidade socioeconômica dos Estados brasileiros à época, mas por acordo entre os entes federativos formalizado no âmbito do CONFAZ, com base na média histórica dos coeficientes aplicados anteriormente à CF/88, quando a apuração se dava tendo como parâmetro os artigos 88 e seguintes do CTN. Ressaltou-se que violaria o bom senso imaginar que lei editada em 1989, com base apenas em médias históricas apuradas à época, pudesse ainda retratar a realidade socioeconômica dos entes estaduais. Reputou-se, por conseguinte, que a manutenção de coeficientes de distribuição que não mais encontrariam amparo na realidade socioeconômica dos entes federativos produziriam severas distorções no modelo inicialmente delineado pela CF/88, com repercussões gravosas à economia dos Estados. Percebeu-se, ainda, que apesar de dispor que 85% dos recursos seriam destinados às regiões Norte, Nordeste e Centro-Oeste, a LC n. 62/89 não estabeleceria os critérios de rateio exigidos constitucionalmente, apenas definindo, diretamente, os coeficientes de participação dos Estados e do Distrito Federal, o que não pareceria ser o comando do art. 161, II, da CF. **(Em 24-02-2010: ADI 875/DF, rel. Min. Gilmar Mendes; ADI 1987/DF, rel. Min. Gilmar Mendes; ADI 2727/DF, rel. Min. Gilmar Mendes; ADI 3243/MT, rel. Min. Gilmar Mendes).**

Como se nota da elucidativa ementa, a lei que rege o *Fundo de Participação dos Estados*, datada de 1989, não estabelece os critérios de distribuição dos recursos, o que deveria ter sido feito em até dois anos depois que entrou em vigor. Não é sem razão que o Ministro Gilmar Mendes comparou-a a uma "fotografia congelada", incapaz de retratar o contexto socioeconômico do Brasil hodierno.

> **2. Fundo de Participação dos Municípios (FPM):** constituído por **22,5%** (vinte e dois inteiros e cinco décimos por cento) do produto da arrecadação do **IR** e do **IPI** (art. 159, I, "b", "d" e "e", CF).

Veja que os Estados e Distrito Federal (21,5%), conforme se estudou há pouco, acabam recebendo uma quantia repartida inferior aos Municípios (22,5%). Entretanto, com toda a precisão numérica, deve-se falar em **24,5%**, fruto da inclusão dos **dois adicionais**, constitucionalmente previstos: o **1%** (um por cento) anual do primeiro decêndio do mês de dezembro (art. 159, I, "d", CF) e o outro **1%** (um por cento) anual do primeiro decêndio do mês de julho (art. 159, I, "e", CF – EC n. 84/2014).

Como é de esperar, os itens elaborados nas provas de concurso procuram confundir o candidato com a troca dos percentuais (de 22,5% por 21,5%, ou até por outro percentual). Lembre-se: o *FPM* é **maior do que** o *FPE*.

O Fundo de Participação dos Municípios (22,5%) é, ainda, fragmentado em *retransferências*, que se dão da seguinte forma:

- **10%** são distribuídos às capitais estaduais, conforme coeficientes que levam em conta a quantidade de população e o inverso da renda *per capita* do respectivo Estado;
- **86,4%** são distribuídos aos municípios do interior do País, de acordo com coeficientes definidos por faixa populacional no Decreto-lei 1.881/81. O art. 1º, § 2º, do Decreto-Lei 1.881/81, alterando os §§ 2º e 4º do art. 91 do CTN, prevê a estrutura de coeficientes de acordo com o número de habitante dos municípios. Para se ter uma ideia, observe alguns coeficientes: a) Até 16.980 habitantes: Pelos primeiros 10.188 (0,6); b) Acima de 156.216 habitantes: (4,0);
- **3,6%** são destinados à Reserva do Fundo de Participação dos Municípios.

> **3. Fundos Regionais:** constituídos por 3% do produto da arrecadação do IR e do IPI (art. 159, I, "c", CF).

Sua distribuição se dá em programas de financiamento do setor produtivo das regiões Nordeste (1,8%), Norte e Centro-Oeste (1,2%), **por meio de suas instituições financeiras de caráter regional** (art. 159, I, "c", CF).

> Note o item considerado **INCORRETO**, em prova realizada pelo TRF/2ª Região, para o cargo de Juiz Federal Substituto, em 2017: *"A União entregará diretamente aos Estados das Regiões Norte, Nordeste e Centro-Oeste parcela do produto da arrecadação do IR e do IPI, de acordo com os planos regionais de desenvolvimento"*.

Daquilo que for repassado à Região Nordeste (1,8%), a **metade (50%)** deve ser assegurada ao semiárido.

> Note o item considerado **INCORRETO**, em prova realizada pelo IESES, TJ-AM, para o cargo de Titular de Serviços de Notas e de Registros, em 2018: *"Ao semiárido do Nordeste dever ser destinado um terço dos recursos destinados à Região por meio das aplicações em programas de financiamento ao setor produtivo das regiões Norte, Nordeste e Centro-Oeste"*.

Passemos agora ao estudo do *quarto* Fundo. Ele objetiva compensar as perdas tributárias que os Estados têm em dada circunstância.

Vamos conhecê-lo:

> **4. Fundo de Compensação de Exportações (FPEx):** constituído por **10%** da arrecadação total do IPI.

> Note o item considerado **INCORRETO**, em prova realizada pela CEMAT, para o cargo de Advogado da Prefeitura de Pompeia/SP, em 2016: *"Do produto da arrecadação do IPI, a União entrega o valor integral aos Estados e ao Distrito Federal referente às suas respectivas exportações de produto industrializados".*

É espécie de fundo *compensatório* para os Estados e Distrito Federal, em virtude da imunidade de ICMS para as exportações, prevista no art. 155, § 2º, X, "a", CF.

Sua distribuição aos **Estados e Distrito Federal** é proporcional ao valor das exportações de "produtos industrializados" que venham a ser realizadas pela unidade federativa (art. 159, II, CF).

> Note o item considerado **INCORRETO**, em prova realizada pelo TRF/2ª Região, para o cargo de Juiz Federal Substituto, em 2017: *"A União entregará parcela da arrecadação do IPI diretamente aos Municípios, proporcionalmente ao valor das respectivas exportações de produtos industrializados ocorridas em seus territórios".*

Todavia, a participação de cada ente federado é limitada a **20%** do total do Fundo, no intuito de inibir favorecimentos a entidades federadas mais desenvolvidas. É o que estatui o § 2º do art. 159 da CF.

Ademais, urge mencionar que, com o FPEx, ocorre uma repartição sucessiva. Cada Estado, à luz do § 3º do art. 159 da CF, deve repassar **25%** (25% x 10 = 2,5% da arrecadação total do IPI) aos Municípios situados em seu território, nos mesmos moldes estipulados no **art. 158, parágrafo único, I e II, CF:**

> Note o item considerado **INCORRETO**, em prova realizada pela Copese/UFT, para o cargo de Procurador Municipal da Prefeitura de Palmas/TO, em 2016: *"Os Estados entregarão aos seus municípios dez por cento dos recursos que receberem da União, relativos ao IPI, repassados proporcionalmente ao valor das respectivas exportações de produtos industrializados".*

Art. 158. Pertencem aos Municípios: (...)

Parágrafo único. As parcelas de receita pertencentes aos Municípios, mencionadas no inciso IV, serão creditadas conforme os seguintes critérios:

I – três quartos, no mínimo, na proporção do valor adicionado nas operações relativas à circulação de mercadorias e nas prestações de serviços, realizadas em seus territórios;

II – até um quarto, de acordo com o que dispuser lei estadual ou, no caso dos Territórios, lei federal.

Em suma: o IPI é um tributo cuja repartição tributária se desdobra em fases sucessivas. Inicialmente, o bolo arrecadado pela União deverá ser fatiado com os Estados e Distrito Federal, no percentual de 10%. Após, como se estudará adiante, tal percentual sofrerá uma nova repartição – agora, dos Estados para os Municípios –, havendo uma redistribuição de 25% do valor inicialmente repartido de IPI (art. 159, § 3º, CF). Ou seja: os Municípios ficam com ¼ do valor (25% x 10 = 2,5% da receita total do IPI), enquanto os Estados e Distrito Federal ficam com ¾ do valor (75% x 10 = 7,5% da receita total do IPI).

> **4.1) 25%** do montante entregue pela União, a título de **IPI REPARTIDO** (10%), aos Estados e Distrito Federal (art. 159, § 3º, CF), proporcionalmente ao valor das exportações de produtos industrializados.

Conforme já se estudou, o IPI é um tributo cuja repartição tributária se desdobra em fases sucessivas. Inicialmente, o bolo arrecadado pela União deverá ser fatiado com os Estados e Distrito Federal, no percentual de 10%. Após, o percentual de 10% sofre uma nova repartição – agora, dos Estados para os Municípios –, equivalente a 25%.

Ou seja: os Municípios ficam com ¼ do valor (25% x 10% = 2,5% da receita total de IPI), enquanto os Estados e Distrito Federal ficam com ¾ do valor (75% x 10% = 7,5% da receita total de IPI).

A propósito, no tocante às transferências indiretas, os municípios se beneficiam de **22,5%** (ou **24,5%**) de **FPM**, sobre a receita de IR e IPI, além de **2,5%** de **FPex**, sobre a receita total de IPI.

Por todo o exposto, conclui-se que essas são as principais ideias acerca da repartição das receitas tributárias, quer no âmbito das *transferências diretas*, quer no universo das *transferências indiretas*.

8.6 A Emenda Constitucional n. 93/2016 e as desvinculações de receita tributária

Em 8 de setembro de **2016**, foi publicada a **Emenda Constitucional n. 93**, a qual modificou o *Ato das Disposições Constitucionais Transitórias* (ADCT), alterando o art. 76 e incluindo os arts. 76-A e 76-B. O constituinte reformador prorrogou, até **2023**, a chamada *Desvinculação de Receitas da União* (DRU) e, ainda, estabeleceu a possibilidade de desvinculação de receitas dos Estados, Distrito Federal e Municípios (DRE e DRM). Trata-se de uma permissão constitucional, franqueada à entidade tributante, para a livre utilização de um montante de arrecadação tributária (**30%**). Frise-se, ainda, que a EC n. 93/2016 deve produzir efeitos retroativamente a 1º de janeiro deste ano, possibilitando que a entidade impositora promova a realocação de recursos oriundos da desvinculação agora permitida.

As desvinculações de órgão, fundo ou despesa, até **31 de dezembro de 2023**, são as seguintes:

1. Para a **União** (tributos federais já criados ou que vierem a ser criados): **30%** (trinta por cento)[114] da arrecadação relativa às **contribuições sociais**, às **CIDEs** e às **taxas**[115];
2. Para os **Estados e Distrito Federal** (tributos estaduais já criados ou que vierem a ser criados): **30%** (trinta por cento) da arrecadação relativa a **impostos**, **taxas** e **multas**, além de seus adicionais e acréscimos legais respectivos, e outras receitas correntes. Há aqui algumas receitas/recursos/fundos que devem ser excepcionados dessa desvinculação[116];
3. Para os **Municípios** (tributos municipais já criados ou que vierem a ser criados): **30%** (trinta por cento) da arrecadação relativa a **impostos**, **taxas** e **multas**, além de seus adicionais e acréscimos legais respectivos, e outras receitas correntes. Há aqui algumas receitas/recursos/fundos que devem ser excepcionados dessa desvinculação[117].

---

114. O percentual anterior era de **20%**.

115. Nota-se que alguns **tributos federais** estão protegidos da sistemática de desvinculação de receitas, não compondo a lista mencionada. São eles: impostos federais, contribuições de melhoria (federais), empréstimos compulsórios e contribuições profissionais (ou corporativas).

116. **São exceções à Desvinculação de Receitas dos Estados/DF (DRE):** **(I)** recursos para o financiamento das ações e serviços públicos de saúde e para a manutenção e desenvolvimento do ensino; **(II)** receitas que pertencem aos Municípios decorrentes de transferências previstas na Constituição Federal; **(III)** receitas de contribuições previdenciárias e de assistência à saúde dos servidores públicos estaduais/distritais; **(IV)** demais transferências obrigatórias e voluntárias entre os entes da Federação com destinação especificada em lei; **(V)** fundos instituídos pelo Poder Judiciário, pelos Tribunais de Contas, pelo Ministério Público, pelas Defensorias Públicas e pelas Procuradorias-Gerais dos Estados e do Distrito Federal.

117. **São exceções à Desvinculação de Receitas dos Municípios (DRM):** **(I)** recursos para o financiamento das ações e serviços públicos de saúde e para a manutenção e desenvolvimento do ensino; **(II)** receitas de contribuições previdenciárias e de assistência à saúde dos servidores públicos municipais; **(III)** transferências obrigatórias e voluntárias entre os entes da Federação com destinação especificada em lei; **(IV)** fundos instituídos pelo Tribunal de Contas do Município.

20

FONTES DO DIREITO TRIBUTÁRIO

1 CONSIDERAÇÕES INICIAIS

Uma das acepções do vocábulo "fonte", segundo os dicionários, é aquilo que origina, produz; é origem ou causa.

A expressão "fonte do direito" retrata o ponto originário de onde provém a norma jurídica, isto é, as formas reveladoras do Direito. Desse modo, é o lugar onde surge uma regra jurídica ainda não existente.

Para Ruy Barbosa Nogueira[1], existem **fontes reais** (ou **materiais**) e **fontes formais** do Direito Tributário. Observe as pontuais palavras do ínclito tributarista:

> As *fontes reais* se constituem dos suportes fáticos das imposições tributárias, sendo a subjacência sobre que incide a tributação, afinal, a própria riqueza ou complexo dos bens enquanto relacionados com as pessoas, que, depois de serem discriminadas na lei tributária (patrimônio, renda, transferências), passam a constituir os "fatos geradores dos tributos". As **fontes reais ou materiais** são também denominadas em doutrina "pressupostos de fato da incidência", fatos imponíveis, ou melhor, tributáveis. Já as *fontes formais*, prossegue o preclaro doutrinador, "são também chamadas de formas de expressão do direito, sendo os modos de exteriorização do direito, os atos normativos pelos quais o Direito cria corpo e nasce para o mundo jurídico". **(Grifos nossos)**

Note o item considerado **CORRETO**, em prova realizada pela Alternative Concursos, para o cargo de Advogado Legislativo da Câmara Municipal de Vereadores de Campo Erê/SC, em 2016: *"As 'fontes materiais do Direito Tributário' são os fatos ou situações da vida social que serão tributadas, como a de auferir renda, a de propriedade de um veículo automotor, a de venda de uma mercadoria, a de transferência de propriedade de um imóvel".*

1. NOGUEIRA, Ruy Barbosa. *Curso de direito tributário*, 14. ed., pp. 47 e 49.

Da leitura do ilustrativo excerto em epígrafe extrai-se que as **fontes formais** referem-se às normas jurídicas tomadas em seu sentido amplo. Denominadas "veículo introdutor de normas", por Paulo de Barros Carvalho[2], aglutinam o conjunto de normas que compõem o ramo das ciências jurídicas. Tais fontes corporificam-se nos atos normativos por meio dos quais a ciência jurídica ganha vida, nascendo para o mundo jurídico.

Em nossa seara, as fontes formais constituem o *Direito Tributário Positivo*, podendo ser extraídas do exame dos arts. 96 e 100 do CTN. Dividem-se em ***fontes formais primárias* (ou *principais*)** e *fontes formais secundárias* (ou normas *complementares*). Assim, aglutinam todas as disposições legislativas ou regulamentares que validamente disciplinam a determinação, a apuração, o controle e o procedimento de formalização do crédito tributário, **não** incluindo, entretanto, a doutrina e a jurisprudência.

> Note o item considerado **CORRETO**, em prova realizada pela Alternative Concursos, para o cargo de Advogado Legislativo da Câmara Municipal de Vereadores de Campo Erê/SC, em 2016: *"As fontes principais caracterizam-se como sendo àquelas em que se exprime a vontade do legislador em relação a determinado fato social. Citam-se, como exemplo, a Constituição Federal, as leis complementares e as medidas provisórias".*

Com efeito, a *doutrina* e a *jurisprudência* **não** são *fontes formais* do Direito Tributário. No plano conceitual, a *doutrina* tem um importante papel no âmbito do Direito, como elemento vital à sua compreensão. Representa, ademais, a produção científica e conceitual realizada pelos juristas e estudiosos na elaboração e sistematização de conceitos, bem como na explicação de institutos jurídicos de tributação. É o produto da interpretação da lei e o resultado da pesquisa científica. Por sua vez, a *jurisprudência* designa o conjunto das soluções dadas pelo Poder Judiciário a questões de Direito, de forma reiterada e harmônica (no mesmo sentido). Sua importância para o Direito Tributário é inquestionável, por duas razões básicas: **(I)** tem a função de aclarar e dirimir dúvidas quanto à aplicação do Direito e **(II)** antecipa-se ao legislador no trabalho de lapidação de princípios e conceitos, atinentes ao fato gerador, à base de cálculo e aos demais elementos fundantes do tributo.

As **fontes reais**, por sua vez, referem-se aos pressupostos ou suportes fáticos das imposições tributárias, ou seja, o patrimônio, a renda e os serviços em geral, utilizados como incidência tributária. São conhecidas, doutrinariamente, como "pressupostos de fato da incidência ou fatos imponíveis"[3]. O seu estudo desperta com frequência o interesse de áreas alheias ao Direito, *v.g.*, Sociologia, Política ou Economia.

Vittorio Cassone[4] demonstra que tais *fontes reais* – o próprio "*cenário político, o patrimônio, a renda, os serviços, transferências, movimentações financeiras etc.*" –,

2. CARVALHO, Paulo de Barros. *Curso de direito tributário*, 16. ed., p. 46.
3. NOGUEIRA, Ruy Barbosa. *Curso de direito tributário*, 14. ed., p. 47.
4. CASSONE, Vittorio. Fontes do direito tributário: espécies e efeitos práticos. *Cadernos de Direito Tributário e Finanças Públicas*. São Paulo: RT, n. 15, jan./fev. 2007, p. 154.

após habilitadas legalmente a dar surgimento à obrigação tributária, transformam-se em *fatos tributáveis* ou *jurígenos*.

Na presente obra, em prol do dogmatismo necessário, dedicar-nos-emos ao estudo das fontes formais do direito tributário.

2 FONTES FORMAIS DO DIREITO TRIBUTÁRIO

As *fontes formais* correspondem ao conjunto das normas no Direito Tributário, estando inseridas no **art. 96 do CTN**, sob o rótulo de "legislação tributária". Aliás, a expressão é o nome do Título do Livro Segundo (Normas Gerais de Direito Tributário) do CTN. Observe o dispositivo:

> **Art. 96.** A expressão "legislação tributária" compreende as leis, os tratados e as convenções internacionais, os decretos e as normas complementares que versem, no todo ou em parte, sobre tributos e relações jurídicas a eles pertinentes.

É fácil perceber que o art. 96 contempla uma "cláusula aberta", porquanto a "legislação tributária" deverá se revestir de todos os instrumentos introdutores de normas jurídicas tributárias que versem, parcial ou totalmente, sobre os tributos e sobre as relações jurídicas a eles conexas[5].

É importante, para a boa compreensão do tema, que se traga a lume o **art. 59 da Carta Magna**:

> **Art. 59.** O processo legislativo compreende a elaboração de:
>
> **I** – emendas à Constituição;
>
> **II** – leis complementares;
>
> **III** – leis ordinárias;
>
> **IV** – leis delegadas;
>
> **V** – medidas provisórias;
>
> **VI** – decretos legislativos;
>
> **VII** – resoluções.
>
> **Parágrafo único.** Lei complementar disporá sobre a elaboração, redação, alteração e consolidação das leis.

Restringindo-se à *dogmática* do Direito, as fontes formais, como já se antecipou, dividem-se em *fontes formais primárias* (ou *principais*) ou *fontes formais secundárias* (ou normas *complementares*).

Antes de procedermos à análise de ambas, faz-se mister diferençar nesta obra as expressões "lei tributária" (art. 97 do CTN) e "legislação tributária" (art. 96 do

5. *V.* DINIZ, Marcelo de Lima Castro; RIBEIRO, Maria de Fátima. Instrumentos normativos primários e secundários. *In*: PEIXOTO, Marcelo Magalhães; LACOMBE, Rodrigo Santos Masset (Coord.). *Comentários ao Código Tributário Nacional*. São Paulo: MP Editora, 2005, p. 803.

CTN), as quais, segundo o CTN, não se confundem. Diga-se, em tempo, que ambas geram acesas confusões no plano investigativo.

Passemos, então, ao plano distintivo entre **lei tributária** e **legislação tributária**:

I. Lei Tributária (art. 97 do CTN): o presente dispositivo, em seus desdobramentos, volta-se à proteção do contribuinte, ofertando-lhe garantias perante a atividade do Estado credor de tributos. Observe o artigo:

> **Art. 97.** Somente a lei pode estabelecer:
>
> **I** – a instituição de tributos, ou a sua extinção;
>
> **II** – a majoração de tributos, ou sua redução, ressalvado o disposto nos artigos 21, 26, 39, 57 e 65;
>
> **III** – a definição do fato gerador da obrigação tributária principal, ressalvado o disposto no inciso I do § 3º do artigo 52, e do seu sujeito passivo;
>
> **IV** – a fixação de alíquota do tributo e da sua base de cálculo, ressalvado o disposto nos artigos 21, 26, 39, 57 e 65;
>
> **V** – a cominação de penalidades para as ações ou omissões contrárias a seus dispositivos, ou para outras infrações nela definidas;
>
> **VI** – as hipóteses de exclusão, suspensão e **extinção** de créditos tributários, ou de dispensa ou redução de penalidades.

Note o item considerado **INCORRETO**, em prova realizada pela FADESP, para o cargo de Advogado da Companhia de Saneamento do Pará (COSANPA), em 2017: *"Excepcionalmente, o decreto presidencial pode instituir novas formas de extinção do crédito tributário, contanto que tenha prazo temporário".*

Trata-se de comando normativo que registra os *elementos estruturais* – e por que não dizer, *essenciais* – à precisa definição normativa da lei tributária, no bojo de uma tipicidade que se contrapõe à eventual discricionariedade estatal. São eles: alíquota, base de cálculo, sujeito passivo, multa e fato gerador.

É imperioso destacar que, consoante o princípio da legalidade tributária (art. 150, I, da CF e art. 97 do CTN), que preside toda obrigação tributária principal (art. 113, § 1º, do CTN), os *decretos*, embora sejam fontes formais principais, devem se adstringir tão somente a assuntos periféricos da tributação. Assim, não podem instituir ou majorar tributos, definir a hipótese de incidência da obrigação tributária principal, estipular o sujeito passivo, fixar alíquota e a sua base de cálculo, cominar penalidades, estabelecer as hipóteses de suspensão, exclusão e extinção do crédito tributário. Tal mister compete à lei formal, em caráter exclusivo, à luz do *princípio da estrita legalidade* ou *tipicidade fechada*, que disciplina a taxatividade dos elementos componentes da reserva legal.

Tanto é verdade que o próprio **STJ** considerou o art. 97 do CTN mera repetição do art. 150, I, da CF. Veja a ementa:

EMENTA: (...) ACÓRDÃO QUE EXPÔS FUNDAMENTAÇÃO COM BASE NA OBSERVÂNCIA AO PRINCÍPIO DA LEGALIDADE. 1. É pacífica a jurisprudência desta Corte Superior no sentido de que a análise da violação do art. 97 do CTN é inviável pela via do recurso especial, uma vez considerando que o citado artigo é mera repetição do art. 150, I, da CF/88. 2. Agravo regimental improvido. **(AgRg no REsp 380.509/RS, 1ª T., rel. Min. Denise Arruda, j. em 02-09-2004)**

De forma clara e objetiva, Kiyoshi Harada demarca o conceito de "leis", mostrando o seu abrangente espectro de atuação:

> São atos normativos aprovados pelo Poder Legislativo, através de *quorum* qualificado (leis complementares) ou por maioria simples (leis ordinárias)[6].

Por conseguinte, hodiernamente, prossegue o eminente tributarista,

> a função da lei não se limita à vedação de cobrança de tributo ou sua majoração sem lei. O princípio da legalidade de há muito extrapolou o velho princípio donde se originou – *nullum crimen sine lege* – para reger as mais variadas situações relacionadas com o fenômeno tributário, presidindo, só para citar, a política de incentivos fiscais, a concessão e revogação de isenções, repetição de indébito, tudo com o escopo de formular uma ordem jurídico-tributária cada vez mais justa[7].

No confronto semântico que se impõe entre as expressões jurídico-tributárias "lei" e "legislação", percebe-se que esta é mais ampla do que aquela. Ressalte-se que, em pesquisa no CTN, localizamos a menção à expressão "lei tributária" em **5 (cinco)** situações: art. 20, I; art. 24, I; art. 110; art. 112 e art. 161. Por sua vez, a expressão "legislação tributária", como se verá, aparece 5 (cinco) vezes mais.

II. Legislação Tributária (art. 96 do CTN): a expressão "legislação tributária", constante do indigitado artigo, designa "lei", no sentido mais lato possível, ou seja, na acepção ampla de "ordenamento jurídico-tributário", abrangendo, semanticamente, as *normas legais* (lei em sentido formal) e *normas infralegais* (atos materialmente legislativos). Observe, novamente, o artigo:

> **Art. 96.** A expressão **"legislação tributária"** compreende as leis, os tratados e as convenções internacionais, os decretos e as normas complementares que versem, no todo ou em parte, sobre tributos e relações jurídicas a eles pertinentes.

> Note o item considerado **CORRETO**, em prova realizada pela UECE/CEV, para o cargo de Fiscal de Tributos da Prefeitura de Amontada/CE, em 2016: *"Conforme disposto no CTN, a expressão 'legislação tributária' compreende as leis, os tratados e as convenções internacionais, os decretos e as normas complementares que versem, no todo ou em parte, sobre tributos e relações jurídicas a eles pertinente".*

6. HARADA, Kiyoshi. *Direito financeiro e tributário*, 7. ed., p. 341.
7. *Ibidem*, p. 342.

Observe, no plano distintivo, o elucidativo trecho do voto do Ministro do **STJ, Luiz Fux**, proferido em 06-03-**2003**, no julgamento do **REsp 460.986/PR** (1ª Turma):

> Deveras, no campo tributário impõe-se distinguir a *"lei"* da *"legislação tributária"* cuja acepção é mais ampla do que a daquela. Consoante observar-se-á, no afã de explicitar os comandos legais, vale-se o legislador tributário não só da lei no sentido formal, mas também de outros atos materialmente legislativos, como os decretos, as circulares, portarias etc., sem considerarmos, na atualidade, a profusão das "medidas provisórias", retratos atualizados dos antigos decretos-lei. (...) Mister destacar que, por vezes, a própria lei não apresenta normatividade suficiente, reclamando regras outras que a explicitem. De toda sorte, o tributo em si com todos os seus elementos constitutivos vem definido na lei, cabendo à regra secundária, e que por isso também é fonte do direito tributário, especificar detalhes que escaparam à norma primária. As normas complementares do direito tributário são de grande valia porquanto empreendem exegese uniforme a ser obedecida pelos agentes administrativos fiscais, são assim consideradas pelo art. 100 do CTN. (...) Em consequência, as normas complementares assim consideradas constituem fonte do direito tributário porquanto integrantes da categoria "legislação tributária". Nesse sentido dispõe o artigo 96 CTN (...). **(Grifo nosso)**

Diante do exposto, a "legislação tributária" aglutina:

(1) as *fontes formais primárias* (as leis, em sentido amplo + os tratados e convenções internacionais + os decretos); e

(2) as *fontes formais secundárias* (normas complementares).

Quanto ao conceito de **lei em sentido amplo**, podemos citar as leis ordinárias, as leis complementares, as leis delegadas, as medidas provisórias, os decretos legislativos, as resoluções (do Senado) e os **convênios** (interestaduais do ICMS), além das emendas à Constituição Federal. A propósito, não arrolamos a Constituição Federal como integrante da legislação tributária, todavia é aceitável sua inserção, uma vez que ela é o próprio fundamento de validade de todo o ordenamento jurídico.

Quanto aos **tratados**, citados no **art. 96**, de pronto devemos aconselhar: se o tratado não disser respeito à temática das relações jurídicas pertinentes a tributos, não há como o considerar pertencente à "legislação tributária".

Por fim, no âmbito dos **decretos**, como uma *fonte formal principal* ou, até mesmo, como uma *fonte formal secundária*, há que se comentar a ocorrência da oscilação classificatória dessa norma entre os teóricos. Não é incomum a referência aos *decretos* como exemplos de *fontes formais secundárias do Direito Tributário*, à semelhança das normas complementares (art. 100, CTN). É que a lacônica menção ao termo "decretos" no art. 96 do CTN não se revela suficientemente clara para que se faça uma distinção – natural e tecnicamente necessária – entre decretos (regulamentares) e decretos legislativos. Nessa linha de raciocínio, desponta a orientação teórica segundo a qual se classifica o *decreto legislativo* como *fonte formal principal* e o *decre-*

to (*regulamentar*) como *fonte formal secundária*. Não verificamos defeito nessa linha intelectiva – até porque o decreto é um inequívoco ato normativo secundário –, entretanto preferimos devotar maior predileção à que vem sendo construída no Capítulo. De todo modo, é importante destacar que há Bancas de Concurso (*v.g.*, a Vunesp) que preferem aquela linha classificatória, ou seja, a associação do **decreto (regulamentar) a uma fonte formal secundária do Direito Tributário**.

> Note o item considerado **CORRETO**, em prova realizada pela Vunesp, para o cargo de Procurador Jurídico Legislativo da Câmara Municipal de Sertãozinho/SP, em 2014: *"São fontes secundárias do direito tributário os decretos regulamentares e as normas complementares"*.

> Note o item (adaptado) considerado **CORRETO**, em prova realizada pela Vunesp, para o cargo de Advogado da Câmara Municipal de Itatiba, em 2015: *"São fontes secundárias do Direito Tributário as decisões dos órgãos singulares ou coletivos de jurisdição administrativa, a que a lei atribua eficácia normativa, e os decretos"*.

Em outro plano classificatório, dir-se-ia que "legislação tributária" engloba:

(1) *os atos normativos primários* (as leis, em sentido amplo + os tratados e convenções internacionais + convênios do ICMS); e

(2) *os atos normativos secundários ou infralegais* (decretos regulamentares + normas complementares).

Na linha da retórica jurisprudencial, insta registrar que o Plenário do **STF**, em 16-02-**2006**, deferiu liminar na ***Ação Declaratória de Constitucionalidade*** (ADC) **n. 12**, confirmando a validade da Resolução n. 07/2005 do Conselho Nacional de Justiça (CNJ), ao proibir a prática de nepotismo no Poder Judiciário. O ministro relator da ação, Carlos Ayres Britto, ao proferir o seu voto, delineou com argúcia o conceito de **ato normativo primário**. Para o ínclito julgador, o Estado detém dois tipos de *vontades-normativas*: uma **primária** e outra **derivada**.

A **vontade primária** traduz-se no desígnio de buscar o seu fundamento de validade diretamente no texto constitucional, sem interposta espécie legislativa. Daí chamar-se **ato normativo primário**, *habilitando-se a inovar* no ordenamento jurídico como força primária que é. O art. 59 da CF enumera as chamadas **espécies normativas primárias**, isto é, que retiram seu fundamento de validade diretamente do texto constitucional, não se podendo falar em hierarquia vertical entre as espécies normativas ali arroladas. São elas: *as emendas à Constituição; as leis complementares; as leis ordinárias; as leis delegadas; as medidas provisórias; os decretos legislativos; e as resoluções*.

De outra banda, a vontade secundária busca o seu fundamento de validade em norma intercalar infraconstitucional, ou seja, em outra espécie legislativa já editada. Daí chamar-se **ato normativo secundário**, *sendo-lhe defeso inovar* no ordenamento jurídico pátrio. As **espécies normativas secundárias** têm a sua validade subordinada aos comandos de outra norma, não retirando diretamente da Constituição esse fundamento. Nessa medida, um *decreto (regulamentar) do Presidente da República* é uma espécie normativa secundária. Enquanto instrumento hábil a regulamentar as leis, explicitando seus comandos, tem seu fundamento de validade na própria lei por ele regulamentada, e não no texto constitucional.

Ao longo dos artigos do CTN, será possível encontrar a expressão "legislação tributária" em variadas circunstâncias:

1. No **art. 96 do CTN**, que traz contornos sobre o conceito da expressão: "*A expressão 'legislação tributária' compreende as leis, os tratados e as convenções internacionais, os decretos e as normas complementares que versem, no todo ou em parte, sobre tributos e relações jurídicas a eles pertinentes*";
2. Na designação para o Título I do Livro Segundo (Normas Gerais de Direito Tributário), aglutinando os arts. 96 a 112 do CTN;
3. Em **25 (vinte e cinco)** situações, nas quais se detecta a menção à expressão "legislação tributária": arts. 96; 98; 101; 102; 105; 107; 108; 111; 113, § 2º; 120; 136; 147; 149, II, III e IV; 159; 160, *caput*, e parágrafo único; 162, §§ 1º e 4º; 165, I; 194; 195; 200; 210.

Diante do tema da *legislação tributária*, veja o quadro mnemônico resumidor:

LEGISLAÇÃO TRIBUTÁRIA é igual a ...	... art. 96 + art. 100 (no CTN)
	... Fontes Formais
	... Fontes Formais Primárias + Fontes Formais Secundárias
	... Atos Normativos Primários + Atos Normativos Secundários

A partir do quadro acima, é possível chegar às seguintes conclusões:

(1) *Todas* as *fontes formais* (primárias ou secundárias) são "legislação tributária", e vice-versa;
(2) *Todas* as *fontes formais primárias* são "legislação tributária", mas a "legislação tributária" não agrupa apenas as fontes formais primárias;
(3) *Todas* as *fontes formais secundárias* são "legislação tributária", mas a "legislação tributária" não agrupa apenas as fontes formais secundárias;
(4) A expressão "legislação tributária" *não* engloba apenas "atos normativos secundários ou infralegais";
(5) A expressão "legislação tributária" *não* engloba apenas os "atos normativos primários".

Retomemos, agora, a análise das **fontes formais** do direito tributário. Vejamos.

Como se estudou no início deste tópico, as *fontes formais* correspondem ao conjunto das normas no Direito Tributário, estando inseridas no art. 96 do CTN sob o rótulo de "legislação tributária". Restringindo-se à *dogmática* do Direito, dividem-se em *fontes formais primárias* ou *fontes formais secundárias*.

I. Fontes formais primárias ou principais: compõem-se de atos normativos primários (*leis e tratados ou convenções*) e atos normativos secundários ou infralegais (*decretos*). São elas:
a) Leis (em sentido amplo);
b) Tratados e Convenções Internacionais;
c) Decretos.
II. Fontes formais secundárias (subsidiárias ou normas complementares): compõem-se de atos normativos secundários, atendo-se ao art. 100 do CTN.

2.1 Fontes formais principais

Passemos, então, ao estudo das **fontes formais principais** do Direito Tributário, na ordem de itens assim indicada:

- Constituição Federal
- Emenda à Constituição Federal
- Lei Ordinária
- Decreto
- Lei Delegada
- Medida Provisória
- Decreto Legislativo
- Resolução
- Tratados e Convenções Internacionais
- Lei Complementar

2.1.1 Constituição Federal

As normas constitucionais encontram-se no topo da pirâmide jurídica, devendo ser consideradas como o fundamento de validade de todas as demais normas jurídicas internas, além de não se mostrarem suscetíveis à alterabilidade por essas disposições infraconstitucionais.

A norma constitucional é a "lei das leis", abrigando normas de sobrenível. Ela dita, assim, o modo como as demais devem ser produzidas, modificadas ou extintas.

A Constituição da República Federativa do Brasil, promulgada em 5 de outubro de 1988, é uma importante e destacada fonte do Direito Tributário, uma vez que nela estão sistematicamente estruturados os princípios básicos e as normas nucleares pertinentes aos tributos, conforme se depreende do disposto no Capítulo I ("Do Sistema Tributário Nacional") do Título VI ("Da Tributação e do Orçamento"), ao longo dos arts. 145 a 162 do texto constitucional. Com efeito, em matéria tributária, a Constituição Federal estabelece as limitações constitucionais ao poder de tributar (arts. 150 a 152) e delimita a repartição das receitas tributárias (arts. 157 a 162).

É sabido que a Constituição Federal outorga *competência tributária* às pessoas jurídicas de direito público interno, no tocante à instituição de tributos, cujo exercício deve ser efetivado por meio de lei. De fato, a Constituição não institui tributos, mas apenas fixa as competências para que os gravames sejam criados.

Com brilhantismo, Paulo de Barros Carvalho[8] demarca a importância da Constituição no Direito Tributário, expondo que "(...) é o texto constitucional portador dos grandes princípios que servem como diretrizes supremas a orientar o exercício das competências impositivas, consagrando os postulados que imprimem certeza e segurança às pretensões tributárias do Estado e, em contrapartida, preservam e garantem os direitos individuais dos cidadãos".

E quanto às constituições estaduais? Quais são os seus limites e implicações na seara tributária?

É curioso notar que já se lapidaram dispositivos em certas Constituições de Estados-membros (*v.g.*, art. 196, VI, "d" – Constituição do Estado do Rio de Janeiro), bem como em leis estaduais (*v.g.*, art. 40, XIV, da Lei fluminense n. 1.423/89), os quais reproduziram a alínea "d" do inciso VI do art. 150 da Carta Magna, todavia o fizeram com acréscimos indevidos. Os dois artigos retrocitados previram a expressão extra "(...) e veículo de radiodifusão". Em 20 de agosto de **2014**, o Plenário do **STF** confirmou medida cautelar e julgou procedente o pedido formulado na **ADI n. 773/RJ** (rel. Min. Gilmar Mendes), para declarar a inconstitucionalidade da expressão inoportuna. Para além disso, vale a pena pontuarmos alguns elementos conceituais que decorrem da doutrina e, igualmente, daquele julgado.

Os Estados federados têm autonomia, o que, entre outras capacidades, lhes confere a de auto-organização. É desta que decorre o Poder Constituinte dos Estados federados, o chamado *Poder Constituinte Decorrente* (ou *derivado-decorrente*). Trata-se de um poder autônomo, em contraposição ao *Poder Constituinte Originário*, um poder soberano. É do *Poder Constituinte Decorrente* que emanam as respectivas **Constituições Estaduais** e sua legislação pertinente (art. 25, *caput*, CF), as quais deverão respeitar alguns preceitos limitadores. Entre estes, é de destacar os chamados *Princípios Constitucionais Estabelecidos*, ou seja, aqueles que se reportam a todos os entes federados – União, Estados, Municípios e Distrito Federal –, encontrando-se espalhados no texto constitucional. Trata-se de comandos que se revelam como limites à autonomia dos Estados federados, ou seja, são verdadeiros preceitos de observância obrigatória aos Estados-membros em sua capacidade de auto-organização. Alguns dizem respeito à seara tributária, como as *limitações constitucionais ao poder*

8. CARVALHO, Paulo de Barros. *Curso de direito tributário*, 18. ed., p. 59.

de tributar (art. 150 da CF: *princípios e* ***imunidades tributárias***). Diante desse cenário limitador, devemos entender que, se a Constituição Federal diz "x" em matéria de imunidade tributária, a Constituição Estadual não poderá dizer "x + 1". Posto isso, é vedada à Constituição Estadual a possibilidade de criação de imunidade tributária não prevista na Constituição Federal. A propósito, o Ministro Gilmar Mendes, relator da **ADI n. 773/2014**, a qual versou sobre o alargamento do texto da CF (art. 150, VI, "d", CF: *imunidade de imprensa*) pela Constituição do Estado do Rio de Janeiro, assim pontuou:

> Note o item considerado **CORRETO**, em prova realizada pelo IBFC, Câmara de Feira de Santana-BA, para o cargo de Procurador Jurídico Adjunto, em 2018: *"Imunidade refere-se a uma limitação do poder de tributar que nenhuma lei tem atribuição para regular".*

> Em matéria de imunidade, para os fins versados pelo constituinte, a norma do art. 150, VI, "d", há de ser observada na integralidade pelo Estado-membro. (...) Isso porque a eventual disciplina de nova modalidade de imunidade tributária pelo ente estadual acabaria certamente por violar: **(I)** o princípio da isonomia tributária e **(II)** o princípio federativo. (...) Assim, é com essas premissas que afirmo serem os referidos dispositivos constitucionais (art. 150, VI, "b", "c" e "d", da CF) verdadeiras normas de reprodução obrigatória.

2.1.2 Emenda à Constituição Federal

A Constituição Federal, ao refletir a realidade social do País e acompanhar a sua evolução, deve prever, em seu próprio texto, a forma pela qual pode ser alterada, o que deve se dar por meio de *emenda constitucional*. As emendas constitucionais, uma vez aprovadas, incorporam-se à Constituição, com igual hierarquia, passando a ter a mesma força das normas constitucionais preexistentes. Aliás, "a Constituição, como se sabe, não cria tributos, ela define competências para fazê-lo. Assim também suas emendas"[9].

A alteração no texto pode representar simples modificação, supressão ou acréscimo de disposições normativas. Com efeito, o texto constitucional, traduzindo a vontade popular de uma nação, não é nem pode ser dotado de perenidade.

O art. 60 da Carta Magna, a propósito, prevê o procedimento legislativo de reforma do texto constitucional. Tal comando estipula os núcleos imodificáveis do cerne fixo da Constituição Federal, comumente denominados "cláusulas pétreas" (art. 60, § 4º, I a IV, CF), cujo âmbito de proteção não pode ser diminuído.

A importância do dispositivo é evidente, pois as matérias ali destacadas não poderão sofrer modificações normativas, estando imunes a quaisquer alterações, justamente por serem o núcleo básico de proteção dos interesses dos cidadãos peran-

9. AMARO, Luciano. *Direito tributário brasileiro*, 14. ed., p. 167.

te as possíveis condutas arbitrárias do Estado. À guisa de exemplificação, se houver interferência legislativa no espectro de *competência tributária*, atingir-se-á o núcleo da "forma federativa do Estado"; da mesma forma, se houver violação aos *princípios tributários*, serão maculados os "direitos e garantias individuais". Tais medidas excessivas dotam-se de irremissível inconstitucionalidade.

Não se deve esquecer que foi por intermédio de uma Emenda à Constituição Federal de 1946 (EC n. 18/65) que ocorreu no Brasil a total reestruturação do sistema tributário nacional, constituindo-se em um marco na história do nosso Direito Tributário.

Ad argumentandum, com certa inquietude, vimos notando que as emendas constitucionais disciplinadoras de matérias tributárias têm se apresentado inquinadas de inconstitucionalidades, por mais paradoxal que a afirmação possa parecer. Como pode uma emenda "constitucional" tender ao "inconstitucional"?

A corroborar o exposto, impende destacar as incontáveis lides surgidas em face da suscitação de vícios previstos em emendas constitucionais, a saber: a violação ao processo legislativo pela EC (revisão) n. 1/94; a duvidosa sistemática de substituição progressiva da EC n. 3/93; a controvertida progressividade do IPTU (EC n. 29/2000); a oblíqua criatura da CIDE-Combustível (EC n. 33/2001); a complexa figura da Contribuição da Iluminação Pública (COSIP – EC n. 39/2002); e, por fim, os aspectos controvertidos da EC n. 42/2003, entre outros tantos exemplos.

2.1.3 Lei Ordinária

A Constituição Federal, quando utiliza o termo "lei", pura e simplesmente, sem qualquer adjetivação – *v.g.*, nas expressões "na forma de lei" ou "por meio de lei" –, refere-se à *lei ordinária*, e não à "lei complementar".

Como fonte formal básica do Direito Tributário, a *lei ordinária* é a lei comum, de formulação cotidiana do Congresso Nacional, das Assembleias Legislativas e das Câmaras Municipais, exigindo no processo de votação a *maioria simples* ou *relativa*.

A *maioria simples ou relativa*, para efeito de votação parlamentar, indica um *quorum* não especial de votantes, ou seja, o voto favorável de mais da metade do número de parlamentares presentes no dia da votação. É um número *variável*, que se traduz no primeiro número inteiro acima da metade dos presentes na sessão para deliberação.

A lei ordinária é, indubitavelmente, o instrumento por excelência da imposição tributária. De fato, a lei ordinária se mostra como uma manifestação legislativa demasiado corriqueira, veiculando, genuinamente, o *princípio da legalidade em matéria tributária* (art. 150, I, da CF e art. 97 do CTN), ou, nas judiciosas palavras de Pontes de Miranda[10], o *postulado da legalitariedade*.

10. PONTES DE MIRANDA, Francisco Cavalcanti. *Comentários à Constituição de 1967*. São Paulo: RT, 1967, t. V, p. 1.

Vale dizer que as leis ordinárias podem ser federais, estaduais ou municipais, não havendo hierarquia entre elas, e cada uma, dentro de sua esfera, versa sobre matéria determinada pela Constituição[11]. Mesmo porque, "sendo o Brasil uma República Federativa, o que pressupõe a autonomia dos Estados, e vigendo entre nós o princípio da autonomia dos Municípios, não há que se cogitar de supremacia da lei ordinária federal em relação à estadual e à municipal"[12].

Enquanto a Constituição Federal define competências tributárias e a lei complementar "complementa" o texto constitucional, a lei ordinária institui tributos. Em regra, sabe-se que a lei apta a gerar o tributo é a lei ordinária, nada impedindo, todavia, em caráter excepcional, que ocorra a instituição de tributos por lei complementar, conforme se recordará no tópico 2.1.10 deste Capítulo.

Segundo Luciano Amaro, "a Constituição não cria tributos; define competências. A lei complementar também, em regra, não cria tributos; ela complementa a Constituição; em alguns casos, vimos que ela se presta à criação de tributos, afastando a atuação da lei ordinária. A regra, portanto, é a lei ordinária exercer a tarefa de criar, *in abstracto*, o tributo, que, *in concreto*, nascerá com a ocorrência do fato gerador nela previsto"[13].

O art. 97 do CTN regula a *estrita legalidade*, evidenciando que há regramento que tangencia a cerrada tipologia tributária. Trata-se do fenômeno atinente à intitulada *tipicidade fechada* (*ou regrada*), que nos remete à fisiologia do *princípio da estrita legalidade*.

Impende mencionar que o intitulado *princípio da tipicidade* não é autônomo perante o princípio da legalidade tributária, mas "*um corolário do princípio da legalidade*"[14], segundo o saudoso professor Ricardo Lobo Torres. Na trilha do eminente tributarista Alberto Xavier[15], "*é a expressão mesma desse princípio, quando se manifesta na forma de uma reserva absoluta de lei*", nos contornos da segurança jurídica.

A tipologia da lei tributária, sendo fechada e exauriente, remete o intérprete à noção de *tipo* ou de *tipificação*, em um elevado grau de determinação conceitual e fixação de conteúdo[16], obrigando o aplicador da regra a submeter as matérias ali discriminadas à moldura legal, sob pena de violação da estrita legalidade.

Ives Gandra da Silva Martins[17] assevera que "*é fechada a tipicidade de tributo e pena. É absoluta a reserva da lei. Sua veiculação normal deve conter toda a informação necessária para a aplicação da norma*".

Desse modo, a lei tributária deverá fixar, com hialina clareza, a alíquota, a base de cálculo, o sujeito passivo do tributo, a multa e o fato gerador, sendo-lhe vedadas

11. *V.* PAULSEN, Leandro. *Direito tributário*, p. 805.
12. CARVALHO, Paulo de Barros. *Curso de direito tributário*, 16. ed., p. 61.
13. AMARO, Luciano. *Direito tributário brasileiro*, 14. ed., p. 172.
14. TORRES, Ricardo Lobo. *O princípio da tipicidade no direito tributário*, pp. 193-232.
15. XAVIER, Alberto. *Os princípios da legalidade e da tipicidade da tributação*, pp. 69-70.
16. *Ibidem*, p. 92.
17. MARTINS, Ives Gandra da Silva. *Teoria da imposição tributária*, p. 185.

as indicações genéricas no texto legal de tais rudimentos *numerus clausus* da tipologia cerrada.

A lei ordinária, necessariamente minuciosa, rege a conduta da Administração na tomada da decisão, de modo que o conteúdo decisório seja alcançado por simples dedução da própria lei, no bojo da mera subsunção do fato à norma, despindo-se de critérios pessoais de valoração.

Com efeito, "o enunciado fundamental é o da legalidade da tributação (*nullum tributum sine lege*), e que encabeça a lista dos princípios constitucionais tributários. Proclama o inciso I do art. 150 da Constituição ser vedado exigir ou aumentar tributo sem que a lei o estabeleça. O princípio é formado pelos ideais de justiça e de segurança jurídica, valores que poderiam ser solapados se à administração pública fosse permitido, livremente, decidir quando, como e de quem cobrar tributos"[18].

Consoante o **art. 97 do CTN**, somente a lei, categoricamente, pode estabelecer:

(a) a *instituição* de tributos, ou sua extinção;

(b) a *majoração* de tributos, ou sua redução;

(c) a definição do *fato gerador* da obrigação tributária principal e do *sujeito passivo*;

(d) **a fixação da *alíquota* do tributo e de sua *base de cálculo;***

(e) a cominação de *penalidades* para as ações ou omissões contrárias a seus dispositivos ou para outras infrações nela definidas;

(f) as hipóteses de *exclusão, suspensão* e ***extinção*** de créditos tributários, ou de *dispensa ou redução da penalidade.*

> Note o item considerado **INCORRETO**, em prova realizada pela FADESPE, para o cargo de Advogado da Companhia de Saneamento do Pará (COSANPA), em 2017: *"Excepcionalmente, o decreto presidencial pode instituir novas formas de extinção do crédito tributário, contanto que tenha prazo temporário".*

Observe, a seguir, um breve comentário sobre cada um desses elementos fundantes da reserva da lei tributária.

Quanto à **instituição de tributos**, a lei tributária deverá servir de instrumento formal básico para a instituição e majoração da exação tributária. Saliente-se, ainda, que, à luz do art. 62, § 2º, da CF, será possível à medida provisória instituir e majorar impostos no Brasil. Um bom exemplo de imposto instituível, ainda que em tese, por MP, seria o Imposto Extraordinário (de guerra; art. 154, II, CF). Os demais impostos, ou já foram criados, ou dependem de lei complementar, afastando a possibilidade de utilização de MP (art. 62, § 1º, III, CF).

No tocante à hipótese de **majoração do tributo**, impende relembrar que subsistem ressalvas ao princípio da legalidade tributária quanto à majoração ou redução de alíquotas (II, IE, IPI, IOF, CIDE-Combustível e ICMS-Combustível).

18. AMARO, Luciano. *Direito tributário brasileiro*, 14. ed., p. 111.

Caberá à lei, por sua vez, no plano das matérias que lhe são reservadas, a definição do **fato gerador**. A locução, "embora frequente em todo o nosso direito positivo (...) é permeada de equivocidade"[19]. Alfredo Augusto Becker[20] dizia que "fato gerador não gera coisa alguma além de confusão intelectual". O motivo é que o fato gerador alude tanto à descrição abstrata de um comportamento, hipotético e materializável, que se mostra suscetível à tributabilidade, como à própria ação, concreta e materializada, no plano fático ou fenomênico. Na primeira concepção, coincide com a *hipótese de incidência*, traduzindo, no arquétipo legal, o desígnio do legislador de qualificar como tributável certo comportamento. Para Geraldo Ataliba[21], sendo a hipótese de incidência a descrição hipotética e abstrata de um fato, mostra-se como o "meio pelo qual o legislador institui o tributo". Na outra concepção, o fato gerador demarca a ocorrência de um comportamento no plano factual, dando azo ao nascimento da obrigação tributária.

> Em verdade, quando a lei institui um tributo, deve, antes de tudo, descrever aquela situação ou conjunto de situações que, uma vez realizados concretamente, dará ou darão margem ao nascimento da obrigação tributária. Isso é válido para todo e qualquer tributo[22].

A **sujeição passiva**, por seu turno, deve estar ligada à legalidade estrita, a fim de que se saiba, com a devida segurança jurídica, o destinatário preciso da exação tributária. Se a lei do tributo é publicada e não exterioriza com clareza meridiana o sujeito passivo, protraindo a sua divulgação – e, o que é pior, veiculando-o por ato infralegal –, pode-se assegurar que tal norma será dotada de irremissível vício de legalidade.

Nesse passo, diga-se que a lei tributária deve externar as grandezas dimensionais do fato gerador, a saber: a **alíquota** e a **base de cálculo**. A *alíquota* e a *base de cálculo* perfazem o chamado **aspecto quantitativo** do fato gerador. Ambas devem ser previstas, originariamente, em lei, nada obstando a que venham a ser alteradas por ato do Poder Executivo, no plano da **mitigação da legalidade**. Com efeito, as ressalvas à legalidade quanto à majoração de alíquotas foram acima recordadas, cabendo asseverar que pode igualmente haver a redução delas por ato infralegal. Em tempo, frise-se que a fixação de alíquota, reservada à lei, cede passo a um caso relevante: a sua estipulação por ato do Poder Executivo (convênio interestadual), no âmbito do ICMS-Combustível (art. 155, § 4º, IV, "c", CF).

> Note o item considerado **INCORRETO**, em prova realizada pela UEG, PC-GO, para o cargo de Delegado de Polícia, em 2018: *"Com origem na Magna Carta de 1215, quando desde então vigorava 'no taxation without representation', é direito fundamental do contribuinte, previsto no art. 150, I, da Constituição de 1988, que não encontra mitigação na ordem tributária brasileira"*.

19. JARDIM, Eduardo Marcial Ferreira. *Dicionário jurídico tributário*, p. 88.
20. BECKER, Alfredo Augusto. *Teoria geral do direito tributário*, 3. ed., p. 319.
21. ATALIBA, Geraldo. *Hipótese de incidência tributária*, 6. ed., p. 66.
22. DECOMAIN, Pedro Roberto. *Anotações ao Código Tributário Nacional*, p. 399.

Quanto à base de cálculo, sua alteração por ato infralegal está regrada nos §§ **1º e 2º do art. 97 do CTN:**

Art. 97. (...)

§ 1º Equipara-se à majoração do tributo a modificação da sua base de cálculo, que importe em torná-lo mais oneroso.

§ 2º Não constitui majoração de tributo, para os fins do disposto no inciso II deste artigo, a atualização do valor monetário da respectiva base de cálculo.

Note o item considerado **INCORRETO**, em prova realizada pela FCC, para o cargo de Profissional de Nível Superior (Direito) da ELETROBRAS-ELETROSUL, em 2016: *"Constitui majoração de tributo a incidência de juros sobre o crédito tributário constituído e a atualização do valor monetário da respectiva base de cálculo"*.

Note o item considerado **CORRETO**, em prova realizada pela UEG, PC-GO, para o cargo de Delegado de Polícia, em 2018: *"O Código Tributário Nacional, ao dispor sobre a aplicação do princípio da legalidade tributária, prescinde de sua observância na atualização do valor monetário da base de cálculo do tributo"*.

A **multa (ou penalidade)** é uma reação do Direito a um comportamento devido e não realizado. Não se confunde com o tributo (art. 3º, CTN) e se mostra como o elemento patrimonial resultante do descumprimento da obrigação tributária acessória (art. 113, § 3º, CTN). Seu lastro, à natural semelhança do tributo, é legal. Não poderia ser dessemelhante. Tanto o tributo quanto a multa têm a exigibilidade veiculada por procedimento único, o lançamento, que é instituto vinculado à lei (art. 142 do CTN). Ademais, idêntico raciocínio será aplicado à **dispensa ou redução de penalidade**, uma vez que é defeso ao Poder Executivo fazer liberalidades, reduzindo percentuais de multa, com as "mãos alheias". Somente o Poder Legislativo, de onde proveio a norma punitiva, pode cuidar de dispensá-la ou reduzi-la, trazendo a segurança jurídica e a isonomia para o liame jurídico-obrigacional que impôs a sanção.

Quanto ao crédito tributário, em sua tripla vertente – **suspensão, extinção e exclusão** –, diz-se que a lei será o elemento que permeará seus desdobramentos fáticos. Os exemplos sobejam no CTN, indicando que, no crédito tributário, as causas deflagradoras de impacto suspensivo, extintivo ou excludente deverão ser autorizadas por lei: a moratória (arts. 152 a 155), o parcelamento (art. 155-A, *caput*), a compensação (art. 170), a transação (art. 171), a remissão (art. 172), a dação em pagamento (art. 156, XI), a anistia (arts. 180 a 182), a isenção (arts. 176 a 179), entre outras.

Ademais, vale ressaltar a clara disposição afeta às causas extintivas do crédito tributário, demonstrando a sua subserviência à lei:

Art. 156. (...)

Parágrafo único. A **lei** disporá quanto aos efeitos da extinção total ou parcial do crédito sobre a ulterior verificação da irregularidade da sua constituição, observado o disposto nos artigos 144 e 149. **(Grifo nosso)**

2.1.4 Decreto

O *decreto* é norma jurídica que integra a expressão "legislação tributária" (art. 96 do CTN), sendo ato normativo emanado da autoridade máxima do Poder Executivo (Presidente da República, Governador ou Prefeito).

Sua tarefa primordial é regulamentar o conteúdo das leis, conforme o art. 84, IV, da Carta Magna – daí a denominação "decreto regulamentar ou de execução" –, orientando os funcionários administrativos na aplicação da lei.

Não obstante o dispositivo permissivo no texto constitucional, não há previsão no CTN para os intitulados "decretos ou regulamentos independentes ou autônomos" em matéria tributária, isto é, aqueles editados na ausência de disciplina legal para uma determinada situação, inovando, assim, o ordenamento jurídico[23]. Exemplo: "*um decreto federal que afaste a utilização de certa despesa na apuração do lucro real, para fins de apuração do IR, no caso de a lei ter disposto em sentido contrário, permitindo a referida dedutibilidade*"[24].

É imperioso enaltecer que, sendo ele um ato normativo secundário e infralegal, "o conteúdo e o alcance dos decretos restringem-se aos das leis em função das quais sejam expedidos" **(art. 99 do CTN)**. Muita atenção: o conteúdo e o alcance dos decretos RESTRINGEM-SE AOS das leis em função das quais sejam expedidos, e não "*os decretos RESTRINGEM o conteúdo e o alcance das leis em função das quais são expedidos*". Assim, o decreto é um instrumento normativo que não pode ir contra nem extrapolar os balizamentos legais que permearão o alcance de seus efeitos, sob pena de não obrigar o administrado. Tal vedação estende-se até mesmo às situações em que ocorra omissão da lei tributária, sendo defeso ao Poder Executivo solver o impasse, avocando para si *as funções privativas do Legislativo.* É nesse contexto que desponta a oscilação classificatória na doutrina quanto à associação do *decreto* ao rol das fontes formais principais ou das fontes formais secundárias do Direito Tributário. Esse recorte polêmico foi tratado no início deste Capítulo.

> Note o item considerado **CORRETO**, em prova realizada pela Vunesp, para o cargo de Agente Fiscal Tributário da Prefeitura Municipal de Suzano/SP, em 2016: "*O conteúdo e o alcance dos decretos restringem-se aos das leis em função das quais sejam expedidos, determinados com observância das regras de interpretação estabelecidas no CTN*".

> A assertiva foi considerada **INCORRETA**, em prova realizada pelo TRF-3ª REGIÃO, para o cargo de Juiz Federal Substituto, em 2018.

23. *V.* FONSECA, Fernando Henrique Costa Roxo da. *In:* SILVA, Volney Zamenhof de Oliveira (Coord.). *Código Tributário Nacional*, p. 273.
24. MELO, José Eduardo Soares de. *Curso de direito tributário*. 6. ed. São Paulo: Dialética, 2005, pp. 180-181.

Urge relembrar que os decretos não podem penetrar o campo normativo reservado à lei tributária, conforme o disposto no art. 97, I ao VI, do CTN. Daí não se admitir o decreto, *v.g.*, no **ato de instituição do tributo.**

Note o item considerado **INCORRETO**, em prova realizada pela FCC, para o cargo de Analista em Gestão Pública (Técnico de Nível Superior) da Prefeitura de Teresina/PI, em 2016: *"A instituição de tributo através de Decreto não fere o princípio da legalidade"*.

Sua função está concentrada, precipuamente, na atividade regulamentadora da lei, tendo grande importância no Direito Tributário, em face de suas inúmeras aplicações, tais como:

a) veicular (ou instituir) os Regulamentos (RIR, RIPI, RICMS, RISS, entre outros), consolidadores de leis tributárias afetas aos impostos (IR, IPI, ICMS e ISS, entre outros): como é cediço, à lei compete instituir o tributo e, quando o faz, define, *v.g.*, a obrigatoriedade da emissão do documentário fiscal (notas fiscais, livros etc.). No entanto, a própria lei não definirá os modelos e formatos a serem empregados, ficando tais providências a cargo da regulamentação por decreto.

Na prática, os textos mais manuseados são exatamente os dos regulamentos, porque tendo obedecido à Constituição e à Lei, o decreto regulamentador especifica detalhadamente e, assim, vamos, uma vez feito o exame de constitucionalidade e de legalidade do regulamento, encontrar a explicitação dos direitos e obrigações fiscais ou tributárias, nos regulamentos[25].

Frise-se que "no âmbito de nossa disciplina as palavras decreto e regulamento podem ser tomadas como sinônimas. (...) É assente em nosso sistema jurídico a posição inferior dos decretos relativamente às leis"[26].

O **STF** já se manifestou sobre a "ilegalidade" dos regulamentos:

EMENTA: CONSTITUCIONAL. AÇÃO DIRETA DE INCONSTITUCIONALIDADE. REGULAMENTO: NÃO ESTÁ, DE REGRA, SUJEITO AO CONTROLE EM ABSTRATO. I. O regulamento, ato normativo secundário, não está, de regra, sujeito ao controle de constitucionalidade. É que, quando o regulamento vai além do conteúdo da lei, *não pratica inconstitucionalidade, mas ilegalidade.* II. Precedentes do STF. III. Ação direta de inconstitucionalidade não conhecida. **(ADIN 940-1/RJ. STJ, Pleno, rel. Min. Carlos Velloso, j. em 30-06-1994) (Grifo nosso)**

b) veicular as alterações de *alíquotas* dos tributos que mitigam o princípio da legalidade tributária (II, IE, IPI, IOF, CIDE-Combustível e ICMS-Combustível): repise-se que a mitigação não significa o afastamento absoluto da lei, pois esta é prévia e serve como moldura aos aumentos e reduções de alíquotas por ato infralegal. Aliás, neste caso, o decreto não atua, genuína e propriamente, como ato regulamen-

25. NOGUEIRA, Ruy Barbosa. *Curso de direito tributário*, 14. ed., p. 57.
26. MACHADO, Hugo de Brito. *Curso de direito tributário*, 29. ed., p. 87.

tador de lei, pois acaba inovando o direito, conquanto se mantenha nos estreitos limites legais. Apresenta-se, sim, consoante as lições de Luciano Amaro[27], como "*ato do Poder Executivo com força de lei material*";

c) versar sobre as matérias não submetidas à reserva legal, quais sejam: c.1) estabelecimento das regras sobre *obrigações tributárias acessórias*, uma vez que o fato gerador da obrigação tributária acessória é a situação definida em **legislação tributária** (art. 115 c/c art. 113, § 2º, ambos do CTN); **c.2) atualização da base de cálculo dos tributos**, com índices oficiais de correção monetária do período (art. 97, §§ 1º e 2º, CTN c/c Súmula n. 160 do STJ); **c.3)** estabelecimento (fixação ou alteração) de prazo para pagamento do tributo.

> Note o item (adaptado) considerado **INCORRETO**, em prova realizada pelo FCC, para o cargo de Procurador do Ministério Público de Contas (TCM/GO), em 2015: *"Definição da base de cálculo de taxa de poder de polícia é realizada através de Decreto"*.

> Note o item considerado **INCORRETO**, em prova realizada pelo BIO-RIO, para o cargo de Advogado da Prefeitura de Barra Mansa/RJ (SAAE), em 2016: *"O prefeito de determinado município fez a atualização monetária da base de cálculo do IPTU, por Decreto, que foi publicado em Diário Oficial no dia 01-12-2015. Não obstante a atualização tenha sido feita seguindo rigorosamente o índice oficial de correção monetária, pode-se afirmar que ocorreu ofensa ao princípio da legalidade tributária, que exige que a majoração de tributos ocorra mediante lei"*.

2.1.5 Lei Delegada

A lei delegada representa o ato normativo de confecção do Poder Executivo, que recebe, para tanto, uma delegação do Poder Legislativo. A propósito, o art. 68 da CF dispõe que as leis delegadas serão elaboradas pelo Presidente da República, que deverá solicitar a delegação ao Congresso Nacional. Equipara-se à lei ordinária, diferindo desta apenas na forma de elaboração. É que a delegação reveste-se da forma de resolução do Congresso Nacional – e não, propriamente, "resolução do Senado"! –, que especifica seu conteúdo e os termos do seu exercício (**art. 68, § 2º, CF**). Observe o dispositivo:

> Note o item considerado **INCORRETO**, em prova realizada pela Cesgranrio, para o cargo de Contador (Petrobras), em 2014: *"No contexto das fontes do Direito Tributário, a fonte primária, que é utilizada para resolver assuntos de competência exclusiva, sem a sanção presidencial, tal como a fixação de alíquotas de ICMS nas operações interestaduais, é a Lei Delegada"*.

Art. 68. (...)

§ 2º A *delegação ao Presidente da República* terá a forma de *resolução do Congresso Nacional*, que especificará seu conteúdo e os termos de seu exercício. **(Grifos nossos)**

27. AMARO, Luciano. *Direito tributário brasileiro*, 14. ed., p. 188.

Outrossim, as matérias reservadas à lei complementar **não** poderão ser objeto de delegação, conforme se lê no art. 68, § 1º, da CF:

> **Art. 68. (...)**
>
> **§ 1º** *Não serão objeto de delegação* os atos de competência exclusiva do Congresso Nacional, os de competência privativa da Câmara dos Deputados ou do Senado Federal, *a matéria reservada à lei complementar,* (...). **(Grifos nossos)**

Sabe-se que, com a utilização frequente das medidas provisórias, as leis delegadas perderam sua aplicação prática, não tendo a amplitude de outrora, havendo uma inexorável tendência ao desuso.

Quanto à sua aproximação com o fenômeno tributacional, poder-se-ia questionar: *É possível legislar sobre tributo por meio de lei delegada?*

Como se notou, a lei delegada é elaborada pelo Presidente da República, sob solicitação feita ao Congresso Nacional, cuja anuência, por meio de *resolução*, traduz a interferência do Poder Legislativo no processo elaborativo da norma.

Assim, em princípio, a resposta à indagação tende a ser afirmativa, ressalvados os casos de tributos instituídos por meio de lei complementar, previstos no texto constitucional, quais sejam: (**a**) Imposto sobre Grandes Fortunas (art. 153, VII); (**b**) **Empréstimos Compulsórios (art. 148)**; (**c**) Impostos Residuais (art. 154, I); e (**d**) Contribuições Residuais da Seguridade Social (art. 195, § 4º).

> Note o item (adaptado) considerado **CORRETO**, em prova realizada pela FCC, para o cargo de Advogado Júnior (Metrô), em 2014: *"Nos termos da Constituição Federal, cabe à lei complementar dispor sobre a instituição dos empréstimos compulsórios".*

> Note o item (adaptado) considerado **CORRETO**, em prova realizada pelo Cebraspe, para o cargo de Promotor de Justiça Substituto (MPE/RR), em 2017: *"Em matéria tributária, uma lei ordinária NÃO pode dispor, entre outros temas, sobre instituição de empréstimo compulsório para atender a despesas extraordinárias decorrentes de calamidade pública".*

Nesses casos citados e, aliás, em todas as situações adstritas à lei complementar, previstas no texto constitucional – *v.g.*, as disposições do art. 146; as matérias adstritas à lei complementar no âmbito do **ICMS** (art. 155, § 2º, XII) e do **ISS** (art. 156, § 3º, I, II e III) –, **não** há possibilidade de utilização de lei delegada (art. 68, § 1º, CF), nem mesmo de medida provisória (art. 62, § 1º, III, CF).

Desse modo, é improvável, porque pouco inteligente e nada pragmático, que o Presidente da República submeta ao Congresso Nacional pedido de delegação para legislar sobre matéria que pode sobre ela dispor amplamente por medida provisória, e até por decreto.

2.1.6 *Medida Provisória*

Na Constituição anterior, havia a previsão do "decreto-lei" (art. 49, V), atualmente substituído pela figura análoga intitulada *medida provisória*. Observe:

Art. 49, V, CF (1967)	Art. 59, V, CF (1988)
Art. 49. O processo legislativo compreende a elaboração de: (...) V – decretos-leis; (...)	**Art. 59.** O processo legislativo compreende a elaboração de: (...) V – medidas provisórias; (...)

Curiosamente, em razão da *teoria da recepção*, subsistem vários decretos-leis, plenamente em vigor em nosso sistema normativo, *v.g.*, o Decreto-lei n. 37/66, versando sobre o imposto de importação, e o Decreto-lei n. 195/67, atinente à contribuição de melhoria.

Luciano Amaro, direcionando expressivas críticas às medidas provisórias em matéria tributária[28] – a par de outros tributaristas, adiante revelados –, registra que as medidas provisórias "têm deixado no esquecimento a figura da lei delegada"[29]. E, ainda, "ao contrário dos decretos-leis da Constituição anterior, não têm um rol definido e restrito de matérias, podendo atuar em campos mais variados"[30].

A medida provisória, prevista no art. 62 da Carta Magna, em sua redação original, teve franca inspiração no *decreto-legge*, previsto no art. 77 da *Constituição italiana de 1947*.

Ela se traduz em ato normativo de vida efêmera e de utilização excepcional, no trato de certos assuntos, cujos pressupostos materiais atrelam-se a elementos de *relevância* e *urgência*. Resumidamente, é "ato político, normativo, discricionário, excepcional, cautelar, precário e com força de lei"[31].

Com relação à competência para a aferição dos pressupostos constitucionais de relevância e urgência, justificadores da edição da MP, muito se discute sobre a possibilidade de ser dada ao Poder Judiciário ou se restringir ao juízo político do Presidente da República. Estaria tal competência adstrita à discricionariedade do Presidente da República ou o Poder Judiciário poderia fiscalizar a presença dos indigitados pressupostos?

Para a resposta, podemos observar os respeitáveis dizeres de Celso Antônio Bandeira de Mello[32]:

> Se relevância e urgência fossem noções só aferíveis concretamente pelo Presidente da República, em juízo discricionário incontrastável, o delineamento e a extensão

28. AMARO, Luciano. *Direito tributário brasileiro*, 14. ed., pp. 175-177.
29. *Ibidem*, p. 172.
30. *Ibidem*, p. 173.
31. NIEBUHR, Joel de Menezes. *O novo regime constitucional da medida provisória*, p. 88.
32. MELLO, Celso Antônio Bandeira de. *Curso de direito administrativo*, 13. ed., p. 100.

da competência para produzir tais medidas não decorreriam da Constituição, mas da vontade do Presidente, pois teriam o âmbito que o Chefe do Executivo lhes quisesse dar. Assim, ao invés de estar limitado por um círculo de poderes estabelecido pelo Direito, ele é quem decidiria sua própria esfera competencial na matéria, ideia antinômica a tudo que resulta do Estado de Direito.

O STF, de há muito, pacificou a questão, firmando orientação no sentido de que a aferição dos pressupostos de relevância e urgência reveste-se de caráter político, cabendo sua apreciação, em princípio, aos Poderes Executivo e Legislativo. Entretanto, se um ou outro pressuposto mostrar-se descabido no controle judicial, o Poder Judiciário deverá decidir pela ilegitimidade constitucional da medida provisória.

Dessarte, deve haver, em primeiro lugar, o juízo de discricionariedade, de oportunidade e de valor, a ser feito pelo Presidente da República, sem embargo do ulterior e excepcional controle judiciário quando houver excesso do poder de legislar. Veja o julgado no **STF**:

> **EMENTA:** Os conceitos de relevância e de urgência a que se refere o art. 62 da Constituição, como pressupostos para a edição de medidas provisórias, decorrem, em princípio, do juízo discricionário de oportunidade e de valor do Presidente da República, *mas admitem o controle judiciário quanto ao excesso do poder de legislar,* o que, no caso, não se evidencia de pronto. **(ADIN n. 162, rel. Min. Moreira Alves, j. em 14-12-1989) (Grifo nosso)**

Posteriormente, o próprio **STF** ratificou o entendimento:

> **EMENTA:** Os requisitos de relevância e urgência para edição de medida provisória são de apreciação discricionária do Chefe do Poder Executivo, não cabendo, salvo os casos de excesso de poder, seu exame pelo Poder Judiciário. Entendimento assentado na jurisprudência do STF. **(ADIn 2.150-MC, rel. Min. Ilmar Galvão, j. em 23-03-2000)**[33]

A bem da verdade, na seara tributária, a questão de relevância e urgência parece ter sido tratada pelo constituinte, nas situações excepcionais de beligerância e calamidade pública, no âmbito do imposto extraordinário (de guerra; art. 154, II, CF) e dos empréstimos compulsórios de emergência (para guerra externa ou calamidade pública: art. 148, I, CF)[34].

Quanto à temática do cabimento da MP na seara tributária, sempre ecoou uma ruidosa discussão doutrinária acerca do indigitado assunto, havendo estudiosos, segundo os dizeres de Luciano Amaro[35], que se pronunciam pela negativa (Ives Gandra

---

33. Nesse sentido, também seguiu o **STF**, em duas ADIs: (**I**) ADIMC 1.397/DF, Pleno, rel. Min. Carlos Velloso, j. em 28-04-1997; e (**II**) ADI 1.417/DF, Pleno, rel. Min. Octavio Gallotti, j. em 02-08-1999.
34. *V.* COÊLHO, Sacha Calmon Navarro. *Comentários à Constituição de 1988,* 7. ed., p. 266.
35. *V.* AMARO, Luciano. *Direito tributário brasileiro,* 14. ed., p. 175.

da Silva Martins[36], Paulo de Barros Carvalho[37], Misabel de Abreu Machado Derzi[38], Roque Carrazza[39], Kiyoshi Harada[40], José Eduardo Soares de Melo[41] e Luciano Amaro[42]) e aqueles que abonam a medida provisória na seara tributária (Walter Barbosa Corrêa[43], Yoshiaki Ishihara[44], Eduardo Marcial Ferreira Jardim[45], Adilson Rodrigues Pires[46], Leon Frejda Szklarowsky[47], Zelmo Denari[48] e Marco Aurélio Greco[49]). Ainda, há que se mencionarem os doutrinadores que admitem a medida provisória, porém, reservada, de forma excepcional, à instituição de impostos extraordinários e empréstimos compulsórios de calamidade pública e guerra externa (Sacha Calmon Navarro Coêlho[50], Eduardo Maneira[51], Hugo de Brito Machado[52] e Celso Ribeiro Bastos[53]).

De início, insta mencionar que, antes da elaboração da EC n. 32/2001, o **STF** já se posicionara favoravelmente à possibilidade de se utilizar MP para instituição de tributos. Note a ementa da jurisprudência selecionada:

> **EMENTA:** Recurso extraordinário. 2. Medida provisória. Força de lei. 3. A Medida Provisória, tendo força de lei, é instrumento idôneo para instituir e modificar tributos e contribuições sociais. Precedentes. 4. Agravo regimental a que se nega provimento. **(AI-AgR 236.976/MG, Pleno, rel. Min. Néri da Silveira, j. em 17-08-1999)**

Não obstante o **STF** ter aceitado a possibilidade de criar ou aumentar tributo por meio de medida provisória, tal posicionamento sempre careceu de respaldo constitucional, uma vez que sua robustez advinha tão somente de chancela jurisprudencial.

---

36. *V.* MARTINS, Ives Gandra da Silva. *Sistema tributário na Constituição de 1988.* 4. ed. São Paulo: Saraiva, 1992, pp. 299-301.
37. *V.* CARVALHO, Paulo de Barros. *Curso de direito tributário,* 16. ed., pp. 63-73.
38. *V.* DERZI, Misabel de Abreu Machado. Medidas provisórias – sua absoluta inadequação à instituição e majoração de tributos. *Revista de Direito Tributário,* São Paulo: RT, n. 45, 1988, pp. 130 e s.
39. *V.* CARRAZZA, Roque Antonio. *Curso de direito tributário constitucional.* 24. ed. São Paulo: Malheiros, 2008, pp. 276-277.
40. *V.* HARADA, Kiyoshi. *Direito financeiro e tributário,* 7. ed., p. 246.
41. *V.* MELO, José Eduardo Soares de. *Contribuições sociais no sistema tributário.* São Paulo: Malheiros, 1993, pp. 142-149.
42. *V.* AMARO, Luciano. *Direito tributário brasileiro,* 14. ed., pp. 175-177.
43. *V.* CORRÊA, Walter Barbosa. Fontes do direito tributário. *In: Curso de direito tributário.* Belém: Cejup, 1993, p. 83.
44. *V.* ICHIHARA, Yoshiaki. *Princípio da legalidade tributária na Constituição de 1988.* São Paulo: Atlas, 1994, p. 102.
45. *V.* JARDIM, Eduardo Marcial Ferreira. *Manual de direito financeiro e tributário.* 2. ed. São Paulo: Saraiva, 1994, p. 107.
46. *V.* PIRES, Adilson Rodrigues. *Manual de direito tributário.* 7. ed. Rio de Janeiro: Forense, 1994, p. 29.
47. *V.* SZKLAROWSKY, Leon Frejda. O Congresso Nacional e a produção de normas tributária. *In:* CAMPOS, Dejalma de (Coord.). *O sistema tributário na revisão constitucional.* São Paulo: Atlas, 1993, p. 154.
48. *V.* DENARI, Zelmo. *Curso de direito tributário.* 2. ed. Rio de Janeiro: Forense, 1991, p. 170.
49. GRECO, Marco Aurélio. *Contribuições (uma figura "sui generis"),* p. 172.
50. *V.* COÊLHO, Sacha Calmon Navarro. *Comentários à Constituição de 1988,* 7. ed., p. 310.
51. *V.* MANEIRA, Eduardo. *Direito tributário:* princípio da não surpresa. Belo Horizonte: Del Rey, 1994, pp. 119-120.
52. *V.* MACHADO, Hugo de Brito. *Curso de direito tributário,* 29. ed., p. 84.
53. *V.* BASTOS, Celso Ribeiro. *Curso de direito financeiro e de direito tributário.* São Paulo: Saraiva, 1991, p. 170.

A EC n. 32/2001 trouxe, assim, o timbre constitucional à visão do **STF**, ao introduzir inúmeras modificações no art. 62 da CF, com a inclusão de **12** (**doze**) parágrafos ao comando.

Atualmente, sabe-se que a medida provisória, segundo a literalidade da Constituição Federal (art. 62, § 2º), é meio idôneo para instituição e majoração de *imposto*. O comando é claro: pode haver MP para *criar* um imposto e pode haver MP para *aumentar* um imposto.

A alusão a impostos federais, que avocam a MP federal, obsta, para alguns insignes doutrinadores[54], a extensão da temática às MPs estaduais, municipais ou distritais. Portanto, a excepcionalidade da medida implica que só o Presidente da República pode editá-la, não o Governador ou o Prefeito.

Ainda que sejam respeitáveis os argumentos, entendemos que a temática proposta no art. 62 da Carta Magna merece uma exegese ampliativa, permitindo-se aos Estados, Municípios e Distrito Federal editar as medidas provisórias, desde que, autorizadas, em cada caso, respectivamente, pela Constituição do Estado, pela Lei Orgânica do Município e pela Lei Orgânica do Distrito Federal.

A esse propósito, o insigne tributarista Roque Antonio Carrazza[55] assevera que "às medidas provisórias estaduais, municipais e distritais devem, *mutatis mutandis*, ser aplicados os princípios e limitações que cercam as medidas provisórias federais".

Desse modo, conquanto seja permitida a todas as pessoas políticas a utilização de medida provisória, reiteramos nossa preocupação com o mau uso desse instrumento, que, nas órbitas estadual e municipal, diante da maior fragilidade dos mecanismos de controle, tenderá a se agravar[56].

O **STF**, na **ADI n. 425/TO** (relatoria do Ministro Maurício Corrêa, com julgamento em 04-09-**2002**), ratificou a possibilidade, anteriormente acolhida na **ADInMC n. 812-9/TO** (relatoria do Ministro Moreira Alves, com julgamento em 1º-04-**1993**), externando que podem os Estados-membros editar medidas provisórias em face do *princípio da simetria*, obedecidas as regras básicas do processo legislativo no âmbito da União (art. 62 da CF).

Logo, para o **STF**, o eventual óbice ou limitação imposta às unidades federadas para a edição de medidas provisórias constitui forma de restrição não prevista no vigente sistema constitucional pátrio (art. 25, § 1º, CF). Há, portanto, legitimidade e facultatividade de sua adoção pelos Estados-membros, a exemplo da União Federal.

Com julgamento em 16-08-**2006**, o **STF** ratificou a matéria, no Pleno, no bojo da **ADI n. 2.391/SC** (relatoria da Ministra Ellen Gracie).

Todavia, não perca de vista que é defeso à MP versar sobre matéria reservada à *lei complementar*, consoante o art. 62, § 1º, III, da CF. Trata-se de restrição material

54. *V.* TEMER, Michel. *Elementos de direito constitucional*, 16. ed., p. 152.
55. CARRAZZA, Roque Antonio. *Curso de direito constitucional tributário*, 24. ed., p. 302 (nota de rodapé n. 34 do Capítulo 2).
56. *V.* NIEBUHR, Joel de Menezes. *O novo regime constitucional da medida provisória*, p. 169.

(por via indireta) à edição de MP na seara do Direito Tributário. Assim, os tributos adstritos à ação normativa da **lei complementar** não poderão ser instituídos ou majorados por medida provisória.

> Note o item considerado **INCORRETO**, em prova realizada pelo Cespe, para o cargo de Juiz Federal (TRF/2ª Região), em 2013: *"A União poderá instituir impostos não previstos na CF, desde que eles não sejam cumulativos nem tenham fato gerador ou base de cálculo próprios dos nela discriminados, mediante medida provisória".*

Por outro lado, nada impedirá que a MP verse sobre temas não afetos à LC, por exemplo, a instituição de um imposto extraordinário (art. 154, II, CF), alguns elementos estruturantes dos tributos, previstos no art. 97 do CTN, entre outras situações. A propósito, observemos o quadro abaixo:

A MP x Art. 97 do CTN x Art. 146 da CF	
Art. 97. Somente a **LEI** pode estabelecer: **I** – a instituição de tributos, ou a sua extinção; **II** – a majoração de tributos, ou sua redução; **III** – a definição do FATO GERADOR da obrigação tributária principal e do seu SUJEITO PASSIVO (CONTRIBUINTE + RESPONSÁVEL); **IV** – a fixação de alíquota do tributo e da sua BASE DE CÁLCULO; **V** – a cominação de penalidades (dispensa e redução, por força do inciso VI); (...).	**Art. 146.** Cabe à **LEI COMPLEMENTAR**: **III** – estabelecer normas gerais em matéria de legislação tributária, especialmente sobre: **a)** definição de tributos e de suas espécies, bem como, em relação aos IMPOSTOS discriminados nesta Constituição, a dos respectivos FATOS GERADORES, BASES DE CÁLCULO e CONTRIBUINTES;
CONCLUSÃO: a MP poderá tratar de temas previstos no art. 97 do CTN, desde que não estejam previstos no art. 146, III, "a", CF. Daí serem admissíveis à MP a instituição e a **extinção de tributos** (menos os que demandam LC), a majoração e redução de tributos (menos os que demandam LC), o disciplinamento de alíquotas e a cominação de penalidades. De outra banda, será vedada a MP nos seguintes campos: estabelecimento de *normas gerais* sobre a definição de fatos geradores, bases de cálculo e contribuintes dos impostos.	

> Note o item considerado **CORRETO**, em prova realizada pelo TRF-3ª Região, para o cargo de Juiz Federal Substituto, em 2018: *"Medida provisória pode estabelecer a extinção de tributo"*.

Por derradeiro, faz-se mister relembrar que o prazo de validade de uma MP passou a ser de 60 dias, com a EC n. 32/2001, admitida uma única prorrogação por mais 60 dias. Não havendo a conversão em lei, no prazo supracitado, a medida provisória perderá eficácia desde a origem, devendo os produzidos efeitos ser regulados por *decreto legislativo* do Congresso Nacional (art. 62, § 3º, CF).

2.1.7 Decreto Legislativo

O *decreto legislativo* (art. 59, VI, CF) é ato emanado do Congresso Nacional, em decorrência do exercício da sua competência, **não** estando sujeito à sanção do Presidente da República.

É cediço que existem decretos legislativos em todas as esferas políticas (União, Estados, Distrito Federal e Municípios). Entretanto, no Direito Tributário, os decretos legislativos mais importantes são os da União, como meios idôneos à aprovação de *tratados, acordos ou atos internacionais* (art. 49, I, CF: o referendo ou a homologação), demarcando sua aceitabilidade e integração na ordem jurídica interna.

Frise-se, ainda, que os decretos legislativos têm expressivo papel no disciplinamento das relações jurídicas decorrentes das medidas provisórias não convertidas em lei (art. 62, §§ 3º e 11, CF). Observe os dispositivos:

> **Art. 62. (...)**
>
> **§ 3º** As medidas provisórias, ressalvado o disposto nos §§ 11 e 12 perderão eficácia, desde a edição, se não forem convertidas em lei no prazo de sessenta dias, prorrogável, nos termos do § 7º, uma vez por igual período, *devendo o Congresso Nacional disciplinar, por decreto legislativo, as relações jurídicas delas decorrentes.*
>
> **§ 11.** *Não editado o decreto legislativo a que se refere o § 3º* até sessenta dias após a rejeição ou perda de eficácia de medida provisória, as relações jurídicas constituídas e decorrentes de atos praticados durante sua vigência conservar-se-ão por ela regidas. **(Grifos nossos)**

Como atos de exclusiva competência do Legislativo, os decretos legislativos, do ponto de vista formal (rito de aprovação), aproximam-se bastante da *lei ordinária*, uma vez que não carecem de *quorum* qualificado de aprovação.

Outrossim, o decreto legislativo não se confunde com o *decreto*. Conforme se estudou, este serve, em matéria tributária, como veículo normativo de aplicação direta para a alteração de alíquotas de certos tributos, bem como para regulamentar a fiel execução de leis tributárias.

O decreto legislativo, por sua vez, **não** possui aplicação direta em matéria tributária, servindo, basicamente, para aprovar tratados internacionais (referendo ou homologação) e para disciplinar os efeitos de medidas provisórias não convertidas em lei.

2.1.8 Resolução

A *resolução* é ato legislativo emanado do Congresso Nacional (ou de uma de suas Casas), em decorrência do exercício da sua competência, **não** estando sujeita à sanção do Presidente da República, o que leva alguns estudiosos a intitulá-la, ao lado dos decretos legislativos, de "lei sem sanção".

Seu procedimento de elaboração difere daquele conferido à lei ordinária, porém a resolução nasce com força de lei, à luz do processo legislativo (art. 59, VII, CF).

Para Paulo de Barros Carvalho, "as resoluções, ainda que não sejam leis em sentido estrito, revestem-se do *status* jurídico próprio da lei ordinária e, atuando em setores que a Constituição lhes demarca, são também instrumentos primários de introdução de normas tributárias"[57].

Conforme se pôde notar no estudo das leis delegadas, a resolução do Congresso Nacional será utilizada para aprovar a delegação ao Presidente da República para a edição de *leis delegadas* (art. 68, § 2º, CF). Observe o dispositivo:

> **Art. 68. (...)**
>
> **§ 2º** A *delegação ao Presidente da República* terá a forma de *resolução do Congresso Nacional*, que especificará seu conteúdo e os termos de seu exercício. **(Grifos nossos)**

Ademais, de modo idêntico, por resolução, o Congresso dará publicidade à rejeição expressa de *medidas provisórias*.

No Direito Tributário, as resoluções mais importantes são aquelas oriundas do Senado Federal. A propósito, a Carta Magna (art. 52) prevê a expedição de resolução pelo Senado Federal, entre outros casos: na estipulação, por proposta do Presidente da República, de limites globais para o montante da dívida consolidada da União, dos Estados, do Distrito Federal e dos Municípios (art. 52, VI, CF); no estabelecimento de limites globais e condições para o montante da dívida mobiliária dos Estados, do Distrito Federal e dos Municípios (art. 52, IX, CF) etc.

No campo dos tributos, destacam-se importantes resoluções do Senado, em razão de seu importante papel como órgão representativo dos Estados Federados no aparelho legislativo federal.

Em termos gerais, tais resoluções referem-se a **impostos, exclusivamente estaduais**, nos casos adiante mencionados. Observe que a Constituição determina que as alíquotas de **três impostos estaduais** – o **ICMS**, o **ITCMD** e o **IPVA** – poderão ter a estipulação de limites *máximos* e *mínimos* por ***resoluções do Senado Federal***.

> Note o item considerado **CORRETO**, em prova realizada pela FAEPESUL, para o cargo de Fiscal Fazendário da Prefeitura de Grão Pará/SC, em 2016: *"Competência dos Estados: o Imposto sobre Circulação de Mercadorias e Serviços, o Imposto sobre a Propriedade de Veículos Automotores e o Imposto de Transmissão 'Causa Mortis' e Doação"*.

No caso do **ISS** municipal, a estipulação de limites *máximos* e *mínimos* será por meio de ***lei complementar*** (art. 156, § 3º, I, CF).

Passemos à memorização:

a) A resolução do Senado Federal e as alíquotas (gerais) do ICMS: para estabelecer as ***alíquotas* do ICMS** aplicáveis às operações de circulação de mercadorias e prestações de serviços, interestaduais e de exportação, sendo de INICIATIVA do *Presidente da República* **OU** *de um terço dos Senadores*, APROVADA *pela maioria absoluta de seus membros* (art. 155, § 2º, IV, CF).

57. CARVALHO, Paulo de Barros. *Curso de direito tributário*, 16. ed., p. 73.

Note o item (adaptado) considerado **CORRETO**, em prova realizada pela FCC, para o cargo de Procurador do Ministério Público de Contas (TCO/GO), em 2015: *"Com base no que dispõem a CF e o CTN o estabelecimento das alíquotas do ICMS aplicáveis às operações e prestações interestaduais é feito através de Resolução do Senado Federal".*

Note o item considerado **CORRETO**, em prova realizada pela FGV Projetos, para o cargo de Auditor Fiscal Tributário da Receita Municipal de Cuiabá/MT, em 2016: *"Cabe ao Senado Federal, por meio de Resolução, estabelecer as alíquotas do ICMS aplicáveis às operações e prestações, interestaduais e de exportação".*

Note o item considerado **CORRETO**, em prova realizada pela Cesgranrio, Petrobras, para o cargo de Contador, em 2014: *"No contexto das fontes do Direito Tributário, a fonte primária, que é utilizada para resolver assuntos de competência exclusiva, sem a sanção presidencial, tal como a fixação de alíquotas de ICMS nas operações interestaduais, é a Resolução do Senado".*

Note o item (adaptado) considerado **CORRETO**, em prova realizada pelo Ceperj, para o cargo de Técnico Executivo (Advogado), em 2013: *"As alíquotas do ICMS aplicáveis às operações e prestações, interestaduais e de exportação, serão estabelecidas mediante a edição de Resolução do Senado Federal".*

Note o item considerado **CORRETO**, em prova realizada pela Fundatec, para o cargo de Técnico Tributário da Receita Estatual (Sefaz/RS), em 2014: *"A resolução do Senado Federal, de iniciativa do Presidente da República ou de um terço dos Senadores, aprovada pela maioria absoluta de seus membros, estabelecerá as alíquotas aplicáveis às operações e prestações, interestaduais e de exportação".*

À guisa de detalhamento, observe-se que o dispositivo faz uso da expressão "*estabelecerá*", indicando a **obrigatoriedade** da previsão, sob pena de não se poder exigir o gravame. Acresça-se, ainda, a possibilidade de *dupla iniciativa* (Presidente da República **ou** de um terço dos Senadores):

> **Art. 155. (...) § 2º (...)**
>
> **IV** – resolução do Senado Federal, de *iniciativa* do Presidente da República *ou* de um terço dos Senadores, aprovada pela maioria absoluta de seus membros, *estabelecerá* as alíquotas aplicáveis às operações e prestações, interestaduais e de exportação; **(Grifos nossos)**

Quanto às alíquotas *interestaduais*, a regra permanece válida; todavia, no concernente às alíquotas de *exportação*, após a EC n. 42/2003, com o teor do art. 155, § 2º, X, "a", a previsão perdeu o sentido, pois se passou a prever uma regra de imunidade de ICMS para todas as exportações. Desse modo, não mais se sustenta a previsão de resolução do Senado para fixar alíquotas de ICMS aplicáveis às operações de exportação. Observe o *quadro mnemônico*:

<table>
<tr><td rowspan="2">ALÍQUOTAS GERAIS (ICMS) OPERAÇÕES INTERESTADUAIS</td><td>SENADO</td><td>ALÍQUOTA</td><td>INICIATIVA</td><td>APROVAÇÃO</td><td>DISPOSITIVO</td></tr>
<tr><td>A resolução estabelecerá...</td><td>Aplicáveis</td><td>Presidente da República ou 1/3 dos senadores</td><td>Maioria absoluta</td><td>Art. 155 § 2º, IV</td></tr>
</table>

b) A resolução do Senado Federal e as alíquotas (mínimas e máximas) do ICMS, nas operações internas: é facultado ao Senado Federal, mediante resolução, estabelecer percentuais mínimos e máximos de alíquotas do ICMS nas operações internas. Isso significa que a alíquota estabelecida pela *resolução do Senado* funcionará apenas como piso ou teto, não podendo a mencionada norma substituir a lei de cada Estado. A essa lei estadual caberá a formulação de alíquotas que respeitarão os limites preestabelecidos na *resolução*, como teto e/ou piso, portanto quem determina a alíquota aplicável internamente é o próprio estado-membro. Veja o dispositivo constitucional, atentando para o fato de que o comando faz uso da expressão "*é facultado*", indicando a **facultatividade** da previsão, tanto para a alínea "a" como para a alínea "b", abaixo apresentadas:

ALÍNEA "A"	ALÍNEA "B"
Art. 155. (...) § 2º (...) **V** – é *facultado* ao Senado Federal: **a)** estabelecer *alíquotas mínimas* nas OPERAÇÕES INTERNAS, ***mediante resolução de iniciativa de UM TERÇO e aprovada pela MAIORIA ABSOLUTA*** **de seus membros; (Grifos nossos)**	**Art. 155. (...) § 2º (...)** **V** – é *facultado* ao Senado Federal: **b)** fixar *alíquotas máximas* nas MESMAS OPERAÇÕES para resolver conflito específico que envolva interesse de Estados, mediante **resolução de *iniciativa da MAIORIA ABSOLUTA e aprovada por DOIS TERÇOS* de seus membros; (Grifos nossos)**

Na alínea "a", nota-se que o constituinte estatuiu uma *exclusividade de iniciativa* (um terço dos membros do Senado), com a maioria absoluta, para o estabelecimento de ALÍQUOTAS MÍNIMAS. Por sua vez, na alínea "b", o constituinte manteve a *exclusividade de iniciativa* (mas, agora, com dois terços dos membros do Senado), com maioria absoluta, para o estabelecimento de ALÍQUOTAS MÁXIMAS.

À guisa de memorização, observe o *quadro mnemônico*:

<table>
<tr><td rowspan="3">RESOLUÇÕES ALÍQUOTAS (ICMS) OPERAÇÕES INTERNAS</td><td>SENADO</td><td>ALÍQUOTA</td><td>INICIATIVA</td><td>APROVAÇÃO</td><td>DISPOSITIVO</td></tr>
<tr><td rowspan="2">É facultado ao Senado...</td><td>Mínima</td><td>Um terço</td><td>Maioria absoluta</td><td>Art. 155 § 2º, V, "a"</td></tr>
<tr><td>Máxima</td><td>Maioria absoluta</td><td>Dois terços</td><td>Art. 155, § 2º, V, "b"</td></tr>
</table>

c) A resolução do Senado Federal e as alíquotas máximas do ITCMD: será utilizada a resolução para o estabelecimento de **alíquotas máximas** para o ITCMD (Imposto sobre transmissão *causa mortis* e doação de quaisquer bens ou direitos), conforme previsão no art. 155, I e § 1º, IV, da Carta Magna. Observe-o:

Note o item considerado **CORRETO**, em prova realizada pela FCC, para o cargo de Auditor Fiscal da Fazenda Estadual (Sefaz/PI), em 2015: *"Cabe ao Senado Federal, além de outras competências, fixar as alíquotas máximas de ITCMD".*

Note o item considerado **INCORRETO**, em prova realizada pela Vunesp, para o cargo de Advogado (SPTrans), em 2012: *"O imposto sobre a transmissão* causa mortis *e doação, de quaisquer bens ou direitos (ITCMD), terá suas alíquotas máxima e mínima fixadas por resolução do Senado Federal".*

Art. 155. Compete aos Estados e ao Distrito Federal instituir impostos sobre:
I – *transmissão* causa mortis *e doação, de quaisquer bens ou direitos;* (...)
§ 1º O imposto previsto no *inciso I*:
IV – terá suas *alíquotas máximas* fixadas pelo Senado Federal; **(Grifos nossos)**

d) A resolução do Senado Federal e as alíquotas mínimas do IPVA: será utilizada a resolução para o estabelecimento de ***alíquotas mínimas* para o IPVA** (Imposto sobre a propriedade de veículos automotores), conforme previsão no art. 155, § 6º, I, da Carta Magna (EC n. 42/2003). Observe-o:

Note o item considerado **CORRETO**, em prova realizada pela FCC, para o cargo de Procurador do Estado de Terceira Classe (PGE/RN), em 2014: *"As alíquotas mínimas para o IPVA são fixadas por Resolução do Senado Federal".*

Note o item (adaptado) considerado **INCORRETO**, em prova realizada pela FCC, para o cargo de Técnico da Receita Estadual da SEGEP/MA, em 2016: *"A Constituição Federal atribui competência aos Estados para instituir o IPVA, cujas alíquotas máximas serão fixadas pelo Senado Federal".*

Art. 155. Compete aos Estados e ao Distrito Federal instituir impostos sobre: (...)
III – *propriedade de veículos automotores;*
§ 6º O imposto previsto no *inciso III:*
I – terá *alíquotas mínimas* fixadas pelo Senado Federal; **(Grifos nossos)**

Feitos os detalhamentos acerca da conexão entre as **resoluções e os impostos estaduais** (*ICMS, ITCMD* e *IPVA*), insta repisar que, no caso do **ISS, a estipulação de limites *máximos* e *mínimos* será por meio de *lei complementar*** (art. 156, § 3º, I, CF). O assunto tem sido exaustivamente solicitado em provas de concursos públicos.

Note o item considerado **CORRETO**, em prova realizada pela Cesgranrio, para o cargo de Técnico de Comercialização e Logística (Petrobras), em 2014: *"O imposto sobre serviços de qualquer natureza é de competência municipal e tem suas alíquotas máximas e mínimas estabelecidas por meio de Lei complementar".*

> Note o item considerado **INCORRETO**, em prova realizada pela SYDCON, para o cargo de Advogado da Câmara Municipal de Santa Rita do Trivelato/MT, em 2016: *"Os impostos de competência municipal têm suas alíquotas mínimas e máximas fixadas em lei complementar"*.

2.1.9 Tratados e Convenções Internacionais

O art. 84, VIII, da CF preconiza que compete privativamente ao Presidente da República celebrar **tratados – ou convenções internacionais** –, sujeitos a referendo do Congresso Nacional. Para a doutrina dominante, não se faz necessária a distinção entre as expressões "tratado" e "convenção internacional", uma vez que a Convenção de Viena sobre o Direito dos Tratados (1969) afirma não ser relevante a terminologia atribuída aos atos internacionais (art. 2º, § 1º, "a").

> Note o item considerado **INCORRETO**, em prova realizada pela Vunesp, para o cargo de Juiz (TJ/SP), em 2014: *"Não podem ser considerados como fontes formais do Direito Tributário: os tratados e as convenções internacionais"*.

O *tratado* é o acordo internacional (bilateral ou multilateral) concluído entre Estados soberanos ou organismos internacionais, em forma escrita, com o fito de, sob a égide do ajuste de vontades, "estabelecer normas comuns de direito internacional" (MORAES, *Compêndio...*, p. 26). Em Direito Tributário, os tratados ganham relevo, principalmente, nos campos dos impostos de importação, exportação e de renda. Nesse passo, visam coibir a *bitributação internacional*, evitando que o sujeito passivo subordine-se a várias imposições perante um só fator de avaliação de sua capacidade contributiva.

Um importante acordo internacional em matéria tributária ao qual o Brasil aderiu é o **GATT** (*Acordo Geral sobre Tarifas e Comércio*), substituído pela **OMC** (*Organização Mundial de Comércio*), que entrou em vigor em 01-01-1995, regulando a tributação de mercadorias exportadas ou importadas e a bitributação, no estabelecimento de uma equivalência de tratamento entre o produto nacional e o produto importado quando ingressa em nosso território. Como exemplo, citem-se os enunciados sumulares (**STJ** e **STF**)[58] que preveem isenção de ICMS nos casos de mercadorias importadas de países signatários do GATT que concedem idêntico tratamento ao similar nacional.

O procedimento de celebração dos tratados compreende várias fases distintas, com um peculiar e litúrgico caminho, para que a norma convencional possa ganhar vigência interna. Vamos conhecê-las:

---

58. **JURISPRUDÊNCIA:** são exemplos desses enunciados: **(I) Súmula n. 20 (STJ):** *"A mercadoria importada de país signatário do GATT é isenta do ICM, quando contemplado com esse favor o similar nacional"*; **(II) Súmula n. 71 (STJ):** *"O bacalhau importado de país signatário do GATT é isento do ICM"*; e **(III) Súmula n. 575 (STF):** *"À mercadoria importada de país signatário do (GATT), ou membro da (ALALC), estende-se a isenção do imposto de circulação de mercadorias concedida a similar nacional"*.

a) negociação e assinatura do tratado pelo Poder Executivo, na pessoa do Presidente da República ou de seu representante (art. 84, VIII, CF);

b) referendo ou aprovação (ou, ainda, **homologação**) pelo Poder Legislativo, mediante *decreto legislativo*, não mais dependendo da sanção do Poder Executivo (arts. 49, I, e 84, VIII, CF). Após essa aprovação congressional, o Presidente da República está livre para levar a cabo as demais fases do consentimento;

c) ratificação pelo chefe do Executivo, levada a efeito pela *troca* (no caso dos tratados bilaterais) ou pelo *depósito* (no caso dos tratados multilaterais) dos seus instrumentos constitutivos, momento a partir do qual o Estado se compromete em definitivo, no plano internacional, com o tratado anteriormente assinado. A propósito, ensina Mazzuoli (*Curso...*, p. 192) que a *ratificação* é *"o ato administrativo unilateral por meio do qual o Poder Executivo (...) exprime definitivamente, no plano internacional, a vontade do Estado em obrigar-se pelo tratado"*;

d) promulgação por meio da expedição de **decreto do Presidente da República**. Nessa fase, o chefe do Executivo declara que o procedimento foi completado, dando conta ao povo-destinatário de que seu conteúdo passa a ser obrigatório internamente. A partir desse *decreto presidencial de promulgação* se inicia a **vigência interna** do que se contém no acordo, pois, no ato de referendo ou homologação (fase da letra "b"), o tratado, conquanto norma jurídica internacional, ainda não estava dotado de vigência, com força suficiente a produzir efeitos tanto no plano do direito interno como na órbita internacional. Assim, memorize: os tratados, que requerem aprovação congressional, começam a vigorar no ordenamento jurídico interno brasileiro *com o início da vigência dos decretos que os promulgaram*;

e) publicação oficial do texto do ***decreto***, com o inteiro teor do acordo internacional. Neste momento, será definida textualmente a data da vigência, formalmente considerada como promulgação, mas concretamente aqui definida. Essa data será a fixada no decreto ou, sendo este silente, após o prazo de 45 dias a contar da sua publicação oficial (art. 1º, LINDB).

Trata-se de um verdadeiro ciclo ritualístico de transposição, do qual se infere que o nosso sistema constitucional, em regra, **não** consagra **o princípio do efeito direto nem o postulado da aplicabilidade imediata** dos tratados e das convenções internacionais. A exceção a essa regra ocorre em relação aos tratados de *direitos humanos*, por efeito do que dispõe o art. 5º, §§ 2º e 3º, da CF[59].

> Note o item considerado **INCORRETO**, em prova realizada pelo Cespe, para o cargo de Juiz Federal Substituto (TRF/5ª Região), em 2015: *"Os tratados internacionais revogam as leis ordinárias, desde sua assinatura pelas representações dos países, pois vige, no nosso ordenamento jurídico, o postulado da aplicabilidade imediata dos tratados na área tributária"*.

59. **DOUTRINA:** para um estudo completo do tema, v. Mazzuoli (O novo § 3º do art. 5º..., *Revista Forense*..., pp. 89-109).

Uma vez assimilada a liturgia procedimental para a internalização dos tratados na ordem jurídica doméstica, vamos agora analisar o tratamento ofertado aos tratados no CTN, à luz do **art. 98**:

> **Art. 98.** Os tratados e as convenções internacionais revogam ou modificam a legislação tributária interna, e serão observados pela que lhes sobrevenha.

Segundo tal dispositivo, os tratados em matéria tributária "revogam" a legislação interna e serão observados pela legislação que lhes sobrevenha (a legislação tributária superveniente). Num primeiro lançar d'olhos, parece que o legislador quis garantir o **"primado dos tratados internacionais sobre a lei interna", ou seja, a prevalência do preceito convencional sobre a legislação tributária.**

Note o item considerado **CORRETO**, em prova realizada pelo TRF 3ª Região, para o cargo de Juiz Federal Substituto, em 2018: *"Os tratados internacionais para evitar a dupla tributação prevalecem sobre a legislação interna brasileira"*.

Note o item considerado **CORRETO**, em prova realizada pela FCC, para o cargo de Promotor de Justiça (MPE/PA), em 2014: *"[Os tratados] são normas supralegais, mas encontram limite nas normas constitucionais, não podendo dispor de forma contrária àquilo que está disciplinado na Constituição acerca de matéria tributária"*.

Sabe-se que o tratado é uma lei especial (*lex specialis*) perante a lei geral (interna). Nesse contexto, não seria tecnicamente relevante a questão de o tratado "revogar" ou não a lei interna, mas a defesa do *convívio harmônico das normas* (*harmonização normativa*), aplicando-se o preceito convencional enquanto o tratado não for denunciado, o que implicaria, se isso ocorrer, o natural retorno eficacial da lei interna. Assim, a forma verbal participial "revogado" pode ser mais bem interpretada por "modificada" ou "suspensa", no bojo da perda de eficácia. Desse modo, não se trata de uma precedência hierárquico-normativa do tratado internacional em relação ao direito positivo interno, mas de uma antinomia possível, antevista pelo legislador. Essa tem sido a orientação intelectiva adotada pela doutrina de nomeada[60] e, igualmente, pelo **STF**[61], desde o julgamento, em **1977**, do paradigmático **RE 80.004.**

A propósito, mantendo a orientação, o **STF**[62], vinte anos após, em **1997**, no julgamento da ADI 1.480-MC, entendeu que "(...) os tratados ou convenções internacionais, uma vez regularmente incorporados ao direito interno, situam-se, no sistema jurídico brasileiro, nos mesmos planos de validade, de eficácia e de autoridade em que se posicionam as leis ordinárias, havendo, em consequência, entre estas e os atos de direito internacional público, mera relação de 'paridade normativa'. (...)".

60. **DOUTRINA:** confira-se a orientação em **(I)** Mazzuoli (A opção do judiciário..., *Revista Meio Jurídico*... pp. 36-41); e **(II)** Rezek (*Direito internacional público*..., pp. 106-107).
61. **JURISPRUDÊNCIA:** RE 80.004, rel. Min. Xavier de Albuquerque, Pleno, j. em 1º-06-1977.
62. **JURISPRUDÊNCIA:** ADI 1.480-MC, rel. Min. Celso de Mello, Pleno, j. em 04-09-1997.

Na mesma senda seguiu o **STJ**[63], em **1999**, entendendo que "o mandamento contido no **art. 98 do CTN** não atribui ascendência às normas de direito internacional em detrimento do direito positivo interno, mas, ao revés, posiciona-as em nível idêntico, conferindo-lhes efeitos semelhantes".

> Note o item considerado **INCORRETO**, em prova realizada pela Vunesp, para o cargo de Agente Fiscal Tributário da Prefeitura Municipal de Suzano/SP, em 2016: *"Os tratados e as convenções internacionais não revogam a legislação tributária interna"*.

> Note o item considerado **INCORRETO**, em prova realizada pela FEPESE, para o cargo de Auditor Fiscal de Tributos Municipais da Prefeitura de Florianópolis/SC, em 2014: *"Os tratados e as convenções internacionais servem como norma de interpretação, não podendo revogar ou modificar a legislação tributária interna"*.

Em uma situação de conflito, a solução estará ou no critério cronológico (*lex posterior derogat priori*), ou, quando cabível, no *critério da especialidade* – a norma especial (do tratado), que excepciona a norma geral (da lei interna).

Quanto ao *Princípio da Especialidade*, diante da situação antinômica de coexistência pacífica de normas, com planos eficaciais distintos, sabe-se que o regramento mais específico afasta o mais genérico naquele caso em que tenha sido mais atentamente regulado. Em outras palavras, as alterações ocasionadas na legislação interna devem estar circunscritas apenas à matéria daquele tratado específico. Exemplo: "*Tratado entre Brasil e EUA para que o primeiro não cobre IPI sobre as importações de produtos industrializados norte-americanos*". Se a lei interna brasileira preconiza a incidência do IPI sobre as importações de produtos estrangeiros quaisquer, somente aqueles oriundos dos EUA estarão abrangidos pela regra isencional contida no tratado. Assim, todos os artigos do Regulamento do IPI continuam vigorando, em sua plenitude, exceto para as relações comerciais entre Brasil e EUA. Curiosamente, o art. 85-A da Lei n. 9.876/99[64], ao disciplinar o tema no âmbito das questões previdenciárias, ratificou a interpretação do tratado como lei especial perante a legislação doméstica.

Já quanto ao critério cronológico (*lex posterior derogat priori*), na hipótese de haver uma norma interna superveniente às disposições de um tratado internacional, devidamente incorporado e com este incompatível, entendemos, na esteira do pen-

---

63. **JURISPRUDÊNCIA:** REsp 196.560, 1ª T., rel. Min. Demócrito Reinaldo, j. em 18-03-1999. Vejam-se, ainda, outros precedentes no STJ: **(I)** REsp 37.065/PR, rel. Min. Demócrito Reinaldo, 1ª T., j. em 15-12-1993; **(II)** REsp 45.759/PR, rel. Min. Demócrito Reinaldo, 1ª T., j. em 16-05-1994; **(III)** REsp 47.244/PR, rel. Min. Demócrito Reinaldo, 1ª T., j. em 06-06-1994; e **(IV)** REsp 27.728/PE, rel. Min. Demócrito Reinaldo, 1ª T., j. em 06-06-1994).

64. **LEGISLAÇÃO:** "**Art. 85-A.** Os tratados, convenções e outros acordos internacionais de que Estado estrangeiro ou organismo internacional e o Brasil sejam partes, e que versem sobre matéria previdenciária, serão interpretados como lei especial".

samento do **STF**[65], que o tratado deixará de ser aplicado, prevalecendo a lei interna. Como consequência, no plano interno, deve ocorrer a denúncia do diploma internacional, e, no plano internacional, ficaria o país sujeito às eventuais sanções previstas no tratado.

Por derradeiro, diga-se que a **EC n. 45/2004**, ao acrescentar o **§ 3º ao art. 5º da CF**, disciplinou que "*os tratados e convenções internacionais sobre direitos humanos que forem aprovados, em cada Casa do Congresso Nacional, em dois turnos, por três quintos dos votos dos respectivos membros, serão equivalentes às emendas constitucionais*". Note que há restrição da temática exclusivamente a tratados sobre direitos humanos, e não sobre aqueles afetos à matéria tributária! A adoção do preceptivo no âmbito do Direito Tributário depende de se enquadrar um tratado internacional, concernente ao Direito Tributário, no espectro dos *tratados sobre direitos humanos*, o que gerará, sem sombra de dúvidas, as consequências descritas no dispositivo.

2.1.9.1 A nova concepção dos tratados conforme posição do STF

A concepção kelseniana, representada pela clássica ideia da "pirâmide jurídica", estabelece uma hierarquia entre a **norma fundamental** e as demais **normas**, bem como entre as **leis** ("atos normativos primários": buscam o seu fundamento de validade diretamente no texto constitucional, sem interposta espécie legislativa) e demais **atos** ("atos normativos secundários": buscam o seu fundamento de validade em norma intercalar infraconstitucional). Nesse sentido, pois, "a Constituição representa o escalão de Direito positivo mais elevado"[66].

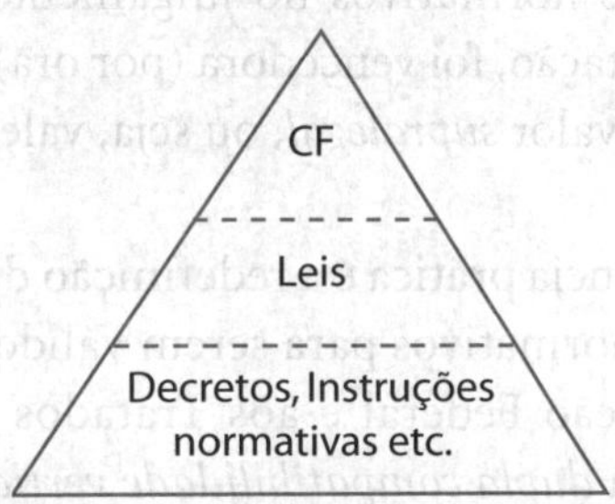

No entanto, atualmente, essa consagrada visão tem sido questionada diante das concepções dogmáticas que irradiam do Direito Internacional Público para toda a ciência jurídica.

Para grande parte da doutrina, ao lado das normas constitucionais devem estar aquelas oriundas de tratados internacionais de direitos humanos em que a República Federativa do Brasil seja parte. Esse entendimento pauta-se pela leitura do art. 5º, § 2º, da Constituição Federal:

---

65. **JURISPRUDÊNCIA:** ADI 1.480-MC, rel. Min. Celso de Mello, Pleno, j. em 04-09-1997.

66. KELSEN, Hans. *Teoria pura do direito*. Tradução de João Baptista Machado. São Paulo: Martins Fontes, 2000, p. 247.

> **Art. 5º (...)**
>
> **§ 2º** Os direitos e garantias expressos nesta Constituição não excluem outros decorrentes do regime e dos princípios por ela adotados, ou dos *tratados internacionais em que a República Federativa do Brasil seja parte.* **(Grifo nosso)**

Para Valerio de Oliveira Mazzuoli, "a cláusula aberta do § 2º do art. 5º da Carta de 1988 sempre admitiu o ingresso dos tratados internacionais de proteção dos direitos humanos no *mesmo grau* hierárquico das normas constitucionais, e não em outro âmbito de hierarquia normativa. Portanto, segundo sempre defendemos, o fato de esses direitos se encontrarem em tratados internacionais jamais impediu a sua caracterização como direitos de *status* constitucional"[67].

Em decorrência das controvérsias doutrinárias e jurisprudenciais acerca das discussões relativas à hierarquia dos tratados internacionais de direitos humanos, acrescentou-se o § 3º ao art. 5º para estabelecer o nível hierárquico dos tratados internacionais de direitos humanos no Brasil, desde que aprovados, em cada Casa do Congresso Nacional, em **dois turnos**, por **três quintos** dos votos dos seus respectivos membros, coincidindo com o *quorum* de aprovação de **emenda constitucional**.

No entanto, fora dos casos de aprovação *formalmente* constitucional (art. 5º, § 3º), ainda pairavam dúvidas acerca da hierarquia *material* dos tratados de direitos humanos[68].

Ocorre que, em 03-12-**2008**, o **STF** enfrentou a questão sobre a eficácia e integração desses instrumentos normativos no julgamento do **RE 466.343/SP** e **HC 87.585/TO**. Em apertada votação, foi vencedora (por ora) a tese de que os tratados de direitos humanos possuem valor *supralegal*, ou seja, valem mais do que as leis e menos do que a Constituição.

Com isso, a consequência prática é a redefinição da pirâmide kelseniana, uma vez que a lei e demais atos normativos para serem válidos deverão obedecer, concomitantemente, à Constituição Federal e aos Tratados Internacionais de Direitos Humanos, respeitando uma *dupla compatibilidade vertical*.

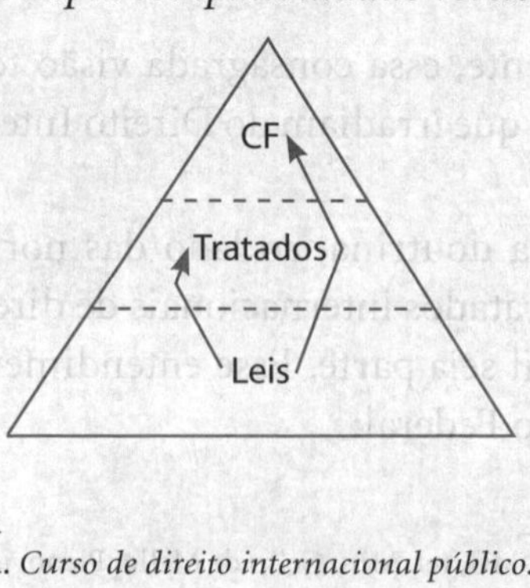

67. MAZZUOLI, Valerio de Oliveira. *Curso de direito internacional público*. 3. ed. rev., atual. e ampl. São Paulo: RT, 2009, pp. 751-752.

68. *V.* MAZZUOLI, Valerio de Oliveira. *O novo 3º do art. 5º da Constituição e sua eficácia*, cit., pp. 89-109.

Assim, passa-se a poder distinguir o *Controle de Constitucionalidade* do *Controle de Convencionalidade*, à luz da nova terminologia que deve ser atualmente empregada[69]. Seguem adiante valiosos comentários, extraídos da *Tese de Doutoramento* defendida por Valerio de Oliveira Mazzuoli na UFRGS, em 2008[70], cuja leitura muito nos auxiliará na melhor compreensão do tema:

> Para realizar o *controle de convencionalidade das leis* os tribunais locais não requerem qualquer autorização internacional. Tal controle passa, doravante, a ter também caráter difuso, a exemplo do controle difuso de constitucionalidade, onde qualquer juiz ou tribunal pode se manifestar a respeito. À medida que os tratados forem sendo incorporados ao direito pátrio os tribunais locais – estando tais tratados em vigor no plano internacional – podem, desde já e independentemente de qualquer condição ulterior, compatibilizar as leis domésticas com o conteúdo dos tratados (de direitos humanos ou comuns) vigentes no país. Em outras palavras, os tratados internacionais incorporados ao direito brasileiro passam a ter eficácia paralisante (para além de derrogatória) das demais espécies normativas domésticas, cabendo ao juiz coordenar essas fontes (internacionais e internas) e escutar o que elas dizem. Mas, também, pode ainda existir o controle de convencionalidade concentrado no Supremo Tribunal Federal, como abaixo se dirá, na hipótese dos tratados (neste caso, apenas os de direitos humanos) internalizados pelo rito do art. 5º, § 3º.
>
> (...)
>
> Ora, se a Constituição possibilita sejam os tratados de direitos humanos alçados ao patamar constitucional, com equivalência de emenda, por questão de lógica deve também garantir-lhes os meios que garantem a qualquer norma constitucional ou emenda de se protegerem contra investidas não autorizadas do direito infraconstitucional. (...) Quanto aos tratados de direitos humanos não internalizados pelo *quorum* qualificado, passam eles a ser paradigma apenas do controle difuso de convencionalidade[71].

Doravante, seguindo-se essa tese, para que um juiz, no caso concreto, bem aplique (e considere válida) uma norma interna tributária, deve ele analisar, além da constitucionalidade da respectiva lei, se esta não viola algum *tratado* em matéria tributária em vigor no País, no exercício do controle de convencionalidade pela via difusa[72].

---

69. Empregamos aqui essa terminologia, em paráfrase e homenagem à inovadora concepção ineditamente definida pelo Professor Doutor Valerio de Oliveira Mazzuoli, em sua tese de doutoramento em *Direito Internacional*, aprovada com grau máximo e "distinção e louvor" (*summa cum laude*), na Universidade Federal do Rio Grande do Sul, em 2008.

70. *V.* nota anterior.

71. MAZZUOLI, Valerio de Oliveira. *Rumo às novas relações entre o direito internacional dos direitos humanos e o direito interno:* da exclusão à coexistência, da intransigência ao diálogo das fontes. Tese de Doutorado em Direito. Porto Alegre: Universidade Federal do Rio Grande do Sul, 2008, pp. 227-228 e 235.

72. Para um estudo completo do tema, *v.* MAZZUOLI, Valerio de Oliveira. *O controle jurisdicional da convencionalidade das leis.* São Paulo: RT, 2009.

2.1.10 *Lei Complementar*

A lei complementar objetiva explicitar a norma despida de eficácia própria, sujeitando-se, conforme o art. 69 da Carta Magna, à aprovação por *maioria absoluta*. Esta, para efeito de votação parlamentar, indica um *quorum* especial de votantes: o voto favorável, em nível federal, de mais da metade do número total de membros das duas Casas do Congresso Nacional (Câmara dos Deputados e Senado Federal). É número *fixo* que se traduz no primeiro número inteiro acima da metade dos integrantes das Casas Legislativas.

Quanto ao conceito de "maioria absoluta", necessária à aprovação de uma lei complementar, não é demasiado exemplificar que, havendo 100 parlamentares, ocupantes de cargos eletivos existentes na Casa Legislativa, a maioria *absoluta* será formada pela "metade mais um" do total de *parlamentares existentes*, ou seja, 51 representantes.

Diversamente, a aprovação de uma lei ordinária, nessa mesma Casa Legislativa, não carecerá de tantos votos, mas da "metade mais um" do total de *parlamentares presentes* à sessão (*quorum* de instalação), ou seja, da intitulada "maioria simples". Exemplo:

Casa Legislativa *Alfa*:
Maioria Absoluta: entre 100 Parlamentares *Existentes*
Resposta: (100 x ½) + 1 = 51 parlamentares
Maioria Simples: entre 70 Parlamentares *Presentes*
Resposta: (70 x ½) + 1 = 36 parlamentares

É fácil perceber que a aprovação de uma lei complementar demanda maior esforço, o que a torna, naturalmente, mais estável em face da eventual tentativa de modificação ulterior.

Sob o aspecto formal, o *quorum* privilegiado destaca-se como a única diferença entre uma lei complementar e uma lei ordinária. Frise-se que sua elaboração já vem indicada ou sugerida no próprio texto da Constituição, para complementação ou regulamentação de certos assuntos, associados a uma preocupação do legislador constituinte em outorgar maior estabilidade e viés garantístico a determinadas matérias.

De fato, tem-se afirmado na doutrina que as leis complementares visam "complementar" o texto constitucional. De modo geral, observa-se que o constituinte, originário ou reformador, atrela à lei complementar certas matérias de especial importância, tendentes a um dado grau de polemização, para cujo regramento seja prudente a obtenção de um maior consenso entre os parlamentares. Daí falar em lei complementar, por exemplo, para o *imposto sobre grandes fortunas*, para as *residuais contribuições social-previdenciárias*, entre outros temas da tributarística. Observe-se que, nesses casos, tal consenso se mostra imprescindível, uma vez que encerram situações "limítrofes", vocacionadas à instabilidade na relação jurídico-obrigacional tributária, quando se pensa, por exemplo, em atingir as fortunas vultosas ou mesmo o patrimônio privado pela tributação residual.

Desse modo, a lei complementar se põe como instrumento de utilização excepcional, o que faz com que o legislador constituinte, pretendendo que dada matéria seja por ela disciplinada, estabeleça previsão explícita e induvidosa no texto constitucional, ressalvados os casos esparsos que avocam uma interpretação sistemática.

Ademais, é cediço que a lei complementar reveste-se da natureza formal de "lei nacional", produto do Estado (global), como uma categoria jurídico-positiva diversa da lei federal (ordinária), conquanto se saiba que ambas sejam editadas pela União. Não há superioridade formal da lei complementar em relação à outra (lei federal ordinária), pois seus campos de atuação não se interpenetram, haja vista a distribuição *rationae materiae* de competência tributária.

Observe as judiciosas palavras colhidas de trecho do voto do eminente Ministro do **STF** Celso de Mello, no **RE 136.215-4/RJ** (Pleno), de relatoria do Ministro Octavio Gallotti e julgamento em 18-02-**1993**:

> Nessa condição formal, a lei complementar, que veicula regras disciplinadoras do conflito de competências tributárias e que dispõe sobre normas gerais de direito tributário, evidencia-se como espécie normativa que, embora necessariamente obediente às diretrizes traçadas pela Carta da República, constitui manifestação superior da vontade jurídica do próprio Estado Federal. A autoridade dessa lei complementar – cuja gênese reside no próprio texto da Constituição – vincula, em sua formulação normativa, as pessoas políticas que integram, no plano da Federação Brasileira, a comunidade jurídica total.

O art. 146 da Constituição Federal exige **lei complementar** para **complementar outras disposições** (conforme os incisos I e II, na sua *função precípua*) e para **fixar normas gerais de Direito Tributário** (consoante o inciso III, na sua *função típica*):

– **Inciso I:** dispor sobre conflitos de competência, em matéria tributária, entre a União, os Estados, o Distrito Federal e os Municípios;

> Note o item (adaptado) considerado **CORRETO**, em prova realizada pelo Cebraspe, para o cargo de Promotor de Justiça Substituto (MPE/RR), em 2017: *"Em matéria tributária, uma lei ordinária NÃO pode dispor, entre outros temas, sobre conflitos de competência entre a União, os estados, o DF e os municípios"*.

> Note o item considerado **CORRETO**, em prova realizada pela FMP, para o cargo de Procurador do Estado (PGE/AC), em 2017: *"Cabe à lei complementar resolver eventuais conflitos de competência que possam surgir entre a União, os Estados, o Distrito Federal e os Municípios"*.

> Note o item considerado **INCORRETO**, em prova realizada pela FCC, SABESP, para o cargo de Advogado, em 2018: *"Cabe à lei ordinária dispor sobre conflitos de competência, em matéria tributária, entre a União, os Estados, o Distrito Federal e os Municípios"*.

– **Inciso II: regular as limitações constitucionais ao poder de tributar;**

> Note o item considerado **CORRETO**, em prova realizada pela Vunesp, para o cargo de Procurador Jurídico da Prefeitura de Porto Ferreira/SP, em 2017: *"A tarefa de regular as limitações constitucionais ao poder de tributar é matéria que a Constituição Federal confere à 'lei complementar'"*.

> Note o item considerado **INCORRETO**, em prova realizada pela FCC, para o cargo de Técnico da Receita Estadual da SEGEP/MA, em 2016: *"A Constituição Federal atribuiu às leis complementares federais várias funções, dentre as quais, a de reduzir ou ampliar as limitações constitucionais ao poder de tributar"*.

– **Inciso III:** estabelecer normas gerais em matéria de legislação tributária, especialmente sobre: **definição de tributos e de suas espécies**, bem como com relação aos impostos discriminados na Constituição, a dos respectivos fatos geradores, bases de cálculos e contribuintes; obrigação, lançamento, crédito, **prescrição e decadência** tributários; adequado tratamento tributário ao ato cooperativo praticado pelas sociedades cooperativas.

A propósito, é mister assinalar que a competência da União para legislar sobre normas gerais **não** exclui a *competência suplementar* dos Estados, que poderão exercer sua competência legislativa plena, para atender às peculiaridades. A superveniência de lei federal sobre normas gerais suspende a eficácia da lei estadual, no que lhe for contrário (art. 24, §§ 2º a 4º, da CF). Todavia, tendo o Município competência apenas para legislar sobre assuntos de interesse local (art. 30, I, da CF), não pode legislar sobre normas gerais na ausência de lei federal. Esse assunto é demasiadamente solicitado em provas de concursos;

> Note o item considerado **CORRETO**, em prova realizada pela FCC, para o cargo de Técnico da Receita Estadual da SEGEP/MA, em 2016: *"A Constituição Federal atribuiu às leis complementares federais várias funções, dentre as quais, a de estabelecer normas gerais em matéria de legislação tributária, especialmente sobre a definição de tributos e de suas espécies"*.

> Note o item (adaptado) considerado **CORRETO**, em prova realizada pelo Cebraspe, para o cargo de Promotor de Justiça Substituto (MPE/RR), em 2017: *"Em matéria tributária, uma lei ordinária NÃO pode dispor, entre outros temas, sobre normas gerais relativas à prescrição e à decadência"*.

> Note o item considerado **CORRETO**, em prova realizada pela VUNESP, Câmara de Campo Limpo Paulista-SP, para o cargo de Procurador Jurídico, em 2018: *"O princípio da legalidade em direito tributário é central, assegurando a proteção do direito dos cidadãos à propriedade. A esse respeito, a Constituição Federal reserva à lei complementar o estabelecimento de normas gerais sobre obrigação, lançamento, crédito, prescrição e decadência tributários"*.

– **Inciso IV:** definir o tratamento diferenciado e favorecido para as microempresas e para as empresas de pequeno porte, inclusive regimes especiais ou simplificados no caso do ICMS, da Contribuição Previdenciária (art. 195, I, da CF) e da Contribuição ao PIS (alínea "d" do inciso III do art. 146 da CF, inserida pela EC n. 42/2003).

A lei complementar a que se refere o art. 146 do texto constitucional é o próprio Código Tributário Nacional (Lei n. 5.172/66), que com tal índole foi recepcionado pela atual Carta Magna como a mais relevante norma infraconstitucional reguladora da matéria tributária no Brasil. Nesse Código, disciplinam-se os institutos genuínos da tributação, *v.g.*, fato gerador, lançamento, decadência, prescrição, obrigação tributária, crédito tributário, entre outros.

É que a Lei n. 5.172/66, embora aprovada como lei ordinária formal, foi elevada, ainda sob a égide da Carta de 1967, no plano da *teoria da recepção*, à categoria de lei complementar, em razão principalmente do seu objeto. Quanto a este, no ano anterior (1966), o CTN já estipulava em seu art. 1º que regularia "*as normas gerais de direito tributário aplicáveis à União, aos Estados, ao Distrito Federal e aos Municípios, sem prejuízo da respectiva legislação complementar, supletiva ou regulamentar*". Com o advento da Carta de 1967, definiu-se a figura da *lei complementar* como instrumento distinto de lei ordinária, atribuindo-se-lhe a tarefa de veicular as matérias que então se encontravam disciplinadas no CTN.

À guisa de registro histórico, é importante mencionar que o *Código Tributário Nacional* foi assim "batizado" por força do *Ato Complementar n. 36/67* (13-03-1967), publicado às vésperas da entrada em vigor da *Constituição Federal de 1967* (15-03-1967).

Atualmente, o art. 146, III, da CF não deixa dúvidas de que as matérias nele contidas devem estar adstritas à lei complementar e, *ipso facto*, ao CTN – nossa lei de normas gerais tributárias. Daí inferir que o CTN deve ser modificado apenas por nova lei complementar ou pelas normas que lhe forem hierarquicamente superiores.

Antes da análise detida do art. 146 da CF, a que procederemos neste capítulo, impende destacar que o papel da lei complementar em matéria tributária extrapola os contornos traçados por esse dispositivo constitucional.

Como se estudou, segundo a dicção da Carta Magna, a lei complementar será utilizada para a instituição de certos tributos:

(1) ***Imposto sobre Grandes Fortunas*** **(art. 153, VII);**

> Note o item considerado **INCORRETO**, em prova realizada pela Consulplan, para o cargo de Titular de Serviços de Notas e de Registro (TJ/MG), em 2015: *"Não é necessário lei complementar para instituir o Imposto sobre Grandes Fortunas"*.

(2) ***Empréstimos Compulsórios*** **(art. 148);**

> Note o item (adaptado) considerado **CORRETO**, em prova realizada pelo CEBRASPE, para o cargo de Promotor de Justiça Substituto (MPE/RR), em 2017: *"Em matéria tributária, uma lei ordinária NÃO pode dispor, entre outros temas, sobre instituição de empréstimo compulsório para atender a despesas extraordinárias decorrentes de calamidade pública"*.

(3) *Impostos Residuais* (art. 154, I);

(4) *Contribuições Sociais Residuais* (art. 195, § 4º).

Ademais, a lei complementar, adensando o modelo constitucionalmente prefigurado de certos tributos, atuará com significativa relevância nos seguintes campos:

> **(a) ISS (LC n. 116/2003):** estabelece o campo de incidência do ISS (art. 156, III, CF), a sua fixação de alíquotas *máximas* e *mínimas* (art. 156, § 3º, I, CF) e as isenções (heterônomas) nas exportações de serviços (art. 156, § 3º, II, CF);
>
> **(b) ICMS (LC n. 87/96):** estabelece vários campos reservados à lei complementar (art. 155, § 2º, XII, "a" a "i", CF);
>
> **(c) ITCMD:** fixa critérios de competência (art. 155, § 1º, III, CF);
>
> **(d) Contribuições Sociais:** veda a moratória e o parcelamento em prazo superior a 60 (sessenta) meses e fixa limites de valor para a concessão de remissão ou anistia de certas contribuições sociais (art. 195, § 11, CF, alterado pela **EC n. 103/2019**).

Por fim, registre-se que, segundo o art. 62, § 1º, III, da CF, inserto pela EC n. 32/2001, as matérias cabentes à lei complementar – previstas no art. 146 ou em outro dispositivo da Carta Magna – não poderão ser objeto de medida provisória. Daí afirmar que seria inconstitucional, por exemplo, um **empréstimo compulsório**, ou mesmo uma residual contribuição social-previdenciária, instituídos por medida provisória.

Neste momento, faz-se mister a retomada do art. 146 da CF. Veja-o, em sua expressiva amplitude no texto constitucional, *ipsis litteris*:

> **Art. 146.** Cabe à *lei complementar:*
>
> **I** – *dispor* sobre conflitos de competência, em matéria tributária, entre a União, os Estados, o Distrito Federal e os Municípios;
>
> **II** – *regular* as limitações constitucionais ao poder de tributar;
>
> **III** – *estabelecer* normas gerais em matéria de legislação tributária, especialmente sobre:
>
> **a) definição de *tributos* e de suas espécies, bem como, com relação aos *impostos* discriminados nesta Constituição, a dos respectivos *fatos geradores, bases de cálculo e contribuintes;***

Note o item considerado **CORRETO**, em prova realizada pela CAIP-USCS, para o cargo de Advogado da CRAISA (Cia. de Abastecimento de Santo André/SP), em 2016: *"Cabe à lei estabelecer normas gerais em matéria de legislação tributária, especialmente sobre obrigação, lançamento, crédito, prescrição e decadência tributários".*

> **b) obrigação, lançamento, crédito, prescrição e decadência tributários;**

Note o item considerado **INCORRETO**, em prova realizada pela CAIP-USCS, para o cargo de Advogado da CRAISA (Cia. de Abastecimento de Santo André/SP), em 2016: *"Cabe à lei ordinária estabelecer normas gerais em matéria de legislação tributária, especialmente sobre definição de tributos e de suas espécies, bem como, em relação aos impostos discriminados nesta Constituição, a dos respectivos fatos geradores, bases de cálculo e contribuintes".*

c) adequado tratamento tributário ao ato cooperativo praticado pelas sociedades cooperativas;

d) definição de tratamento diferenciado e favorecido para as microempresas e para as empresas de pequeno porte, inclusive regimes especiais ou simplificados no caso do imposto previsto no art. 155, II, das contribuições previstas no art. 195, I e §§ 12 e 13, e da contribuição a que se refere o art. 239. **(EC n. 42/2003 e EC n. 103/2019)**

Parágrafo único. A lei complementar de que trata o inciso III, "d", também poderá instituir um regime único de arrecadação dos impostos e contribuições da União, dos Estados, do Distrito Federal e dos Municípios, observado que: **(EC n. 42/2003)**

Note o item considerado **INCORRETO**, em prova realizada pelo Cespe/Cebraspe, para o cargo de Delegado de Polícia do Estado de Pernambuco, em 2016: *"Lei complementar que estabelece normas gerais em matéria tributária não pode instituir um regime único de arrecadação dos impostos e das contribuições da União, dos estados, do DF e dos municípios"*.

Note o item considerado **CORRETO**, em prova realizada pela FAURGS, para o cargo de Assessor Jurídico do Tribunal de Justiça/RS, em 2016: *"O Distrito Federal pode ter um regime único de arrecadação de impostos, opcional para os contribuintes"*.

I – será opcional para o contribuinte; **(EC n. 42/2003)**

II – poderão ser estabelecidas condições de enquadramento diferenciadas por Estado; **(EC n. 42/2003)**

Note o item considerado **CORRETO**, em prova realizada pela FMP, para o cargo de Procurador do Estado (PGE/AC), em 2017: *"A Constituição Federal prevê, em situações excepcionais, que sejam estabelecidas condições de enquadramento em regime especial tributário diferenciadas por Estado"*.

III – o recolhimento será unificado e centralizado e a distribuição da parcela de recursos pertencentes aos respectivos entes federados será imediata, vedada qualquer retenção ou condicionamento; **(EC n. 42/2003)**

IV – a arrecadação, a fiscalização e a cobrança poderão ser compartilhadas pelos entes federados, adotado cadastro nacional único de contribuintes. **(EC n. 42/2003) (Grifos nossos)**

Art. 146-A. Lei complementar poderá estabelecer critérios especiais de tributação, com o objetivo de prevenir desequilíbrios da concorrência, sem prejuízo da competência de a União, por lei, estabelecer normas de igual objetivo. **(incluído do EC n. 42/2003)**

Note o item considerado **CORRETO**, em prova realizada pela FCC, SABESP, para o cargo de Advogado, em 2018: *"Lei complementar poderá estabelecer critérios especiais de tributação, com o objetivo de prevenir desequilíbrios da concorrência, sem prejuízo da competência de a União, por lei, estabelecer normas de igual objetivo"*.

Como se nota, tal comando constitucional atrela à lei complementar uma **tríplice função:** (**a**) dirimir conflitos de competência; (**b**) regular limitações constitucionais ao poder de tributar; e (**c**) estabelecer normas gerais em matéria tributária.

Passemos ao detalhamento dessas funções, a partir da distribuição de itens deste capítulo, organizados e expostos de acordo com a ordem recomendada no quadro a seguir:

ART. 146, I, II E III, CF
TRÍPLICE FUNÇÃO DA LEI COMPLEMENTAR
1) Conflitos de competência **2)** Limitações constitucionais ao poder de tributar **3)** Normas gerais em Direito Tributário **3.1.** Definição de tributos e de suas espécies, bem como, em relação aos impostos discriminados nesta Constituição, a dos respectivos fatos geradores, bases de cálculo e contribuintes; **3.2.** Obrigação, lançamento, crédito, prescrição e decadência tributários; **3.3.** Adequado tratamento tributário ao ato cooperativo praticado pelas sociedades cooperativas; **3.4.** Definição de tratamento diferenciado e favorecido para as microempresas e para as empresas de pequeno porte, inclusive regimes especiais ou simplificados no caso do ICMS e das Contribuições.

1. Conflitos de competência: a expressão "conflitos de competência" encerra curioso paradoxo, pois o conflito de competência não existe, nem pode existir, em face da rígida divisão de competência estabelecida no texto constitucional. Nessa medida, diz-se que tais conflitos – ou "áreas de penumbra", em verdade –, situados entre as competências impositivas, são, verdadeiramente, campos que apenas avocam o esforço exegético do intérprete, que deve ali exercer o múnus interpretativo.

Observe a previsão constitucional:

> **Art. 146.** Cabe à lei complementar:
>
> **I** – dispor sobre conflitos de competência, em matéria tributária, entre a União, os Estados, o Distrito Federal e os Municípios; (...)

É que, na prática, o que se pode ter é uma situação de dúvida quanto à competência tributária, servindo a lei complementar como um veículo de natureza interpretativa e delimitadora. Exemplo: diante da "recauchutagem de pneus", pode-se aventar a incidência do **IPI** (se houver a associação da atividade à industrialização) ou do **ISS** (se houver a associação da atividade à prestação de serviços, no caso, constante do subitem 14.04 da LC n. 116/2003). Ou, ainda, como reforço de exemplificação: diante da prestação de serviços com fornecimento de mercadorias, pode surgir a dúvida sobre a incidência do ISS ou do ICMS, ou até de ambos, avocando-se o confronto dos dispositivos legais (art. 1º, § 2º, da LC n. 116/2003 c/c o art. 2º, IV e V, da LC n. 87/96).

Curiosamente, insta registrar que a falta de lei complementar, nos casos em que tais conflitos possam ser efetivamente suscitados, inviabiliza a criação do tributo por lei local. Observe a jurisprudência:

> **EMENTA:** Ação Direta de Inconstitucionalidade. Lei n. 5.500, de 28-12-1988, do Estado do Pará. Tributário. Adicional de imposto de renda (art. 155, II, da CF). Artigos 146 e 24, § 3º, da parte permanente da CF e art. 34, §§ 3º, 4º e 5º do ADCT. *O adicional de imposto de renda, de que trata o inciso II do art. 155, não pode ser instituído pelos Estados e Distrito Federal, sem que, antes, a lei complementar nacional, prevista no* caput *do art. 146, disponha sobre as matérias referidas em seus incisos e alíneas,* não estando sua edição dispensada pelo § 3º do art. 24 da parte permanente da Constituição Federal, nem pelos §§ 3º, 4º e 5º do art. 34 do ADCT. Ação julgada procedente, declarada a inconstitucionalidade da Lei n. 5.500, de 28-12-1988, do Estado do Pará. **(ADI n. 627/PA, Pleno, rel. Min. Sydney Sanches, j. em 06-10-1993) (Grifo nosso)**

A propósito, no CTN não há menção a *conflitos de competência*, exceto, de forma oblíqua, no **art. 120**. Note-o:

> **Art. 120.** Salvo disposição de lei em contrário, a pessoa jurídica de direito público, que se constituir pelo desmembramento territorial de outra, sub-roga-se nos direitos desta, cuja legislação tributária aplicará até que entre em vigor a sua própria.

O preceptivo versa sobre o surgimento de entes políticos, em virtude de desmembramento territorial de outra pessoa política. Desaparece uma entidade política, surge outra no lugar. Em palavras diversas: desponta uma "unidade territorial constituída ou resultante" no lugar da "unidade territorial originária ou matriz".

A unidade concebida do desmembramento, ou seja, a dita *unidade resultante*, "herda o patrimônio competencial tributário" da unidade originária, com nítida sub-rogação de todos os direitos desta.

É o que Sacha Calmon Navarro Coêlho[73] denomina "herança de competência tributária". Vale dizer que serão transferidas à unidade territorial constituída a *competência tributária* e a ***condição de sujeito ativo***. Assim, podem ser cobrados por esta todos os tributos exigíveis pela pessoa política desmembrada (unidade originária), incluindo aqueles gravames com fatos geradores anteriores ao desmembramento, até que a entidade constituída venha a ter a própria legislação tributária, a fim de disciplinar internamente suas questões tributárias.

> Note o item considerado **INCORRETO**, em prova realizada pelo CEBRASPE, EBSERH, para o cargo de Advogado, em 2018: *"O município que se constituir pelo fracionamento de território assumirá o polo inverso da relação jurídico-tributária em relação ao que fora desmembrado".*

73. COÊLHO, Sacha Calmon Navarro. *Comentários à Constituição de 1988*, 6. ed., p. 591.

Observe os exemplos de situações, ainda que estritamente teóricas, afetas à aplicação do art. 120 do CTN:

a. Município Alfa é desmembrado em dois municípios menores (Beta e Gama):

Configuração Territorial Resultante
Município ALFA = Município BETA + Município GAMA

Nesse caso, o Município Alfa desaparecerá, cedendo lugar a dois outros Municípios (Beta e Gama). Veja que tal desmembramento inclui o desaparecimento de uma entidade política, que cede passo à formação de duas outras. Em linguagem figurada, teremos: a genitora dá à luz dois filhos; ela falece, eles sobrevivem.

b. Município Alfa é desmembrado, dando origem a outro município (Beta) e mantendo-se sua identidade original:

Configuração Territorial Resultante
Município ALFA = Município ALFA + Município BETA

Nesse caso, o Município Alfa não desaparecerá, coexistindo com a unidade territorial resultante – o Município Beta. Veja que tal desmembramento não prevê o desaparecimento de qualquer unidade territorial. Em linguagem figurada, teremos: a genitora dá à luz um filho; vivem ambos, mãe e filho.

A propósito, este último caso se deu com o Município de *Paranaguá*, no Paraná, em 1995, de cuja área territorial desmembrou-se o Município de *Pontal do Paraná*, subsistindo os dois municípios. Um idêntico desmembramento ocorreu com o Estado de Goiás, que deu origem ao Estado de Tocantins, permanecendo ambos na estrutura federativa brasileira.

Urge ressaltar que não vemos resistência em aplicar o dispositivo, por analogia, a casos de "**fusão**" de unidades políticas, fugindo parcialmente à ideia de "desmembramento" acima expendida e no dispositivo do CTN mencionada.

Observe dois casos pontuais:

Fusão 1: Município Alfa e o Município Beta dão origem ao Município Gama.

Configuração Territorial Resultante
Município ALFA + Município BETA = Município GAMA

Nesse caso, os Municípios Alfa e Beta desaparecerão, cedendo lugar a outro Município (Gama). Veja que tal fusão inclui o desaparecimento de duas entidades políticas, que cedem passo à formação de outra. Observe que tal situação é exatamente o oposto daquela prevista na situação (**a**). Lá, um município desapareceu, e surgiram dois outros; aqui, dois se uniram para formar um terceiro.

Ou, ainda, como reflexo dessa última situação exposta:

Fusão 2: Parte do Município Alfa e parte do Município Beta somam-se para dar origem ao Município Gama.

Configuração Territorial Resultante
PARTE 1 (ALFA) + PARTE 2 (BETA) = Município GAMA (PARTE 1 + PARTE 2)

Observe que, nesse último caso, de "duplo desmembramento", parte dos dois Municípios foi utilizada para a formação de um terceiro, mantendo-se a estrutura territorial dos municípios cedentes. Em outras palavras, os Municípios Alfa e Beta, cedendo parte de seus territórios, deflagrarão o surgimento de um terceiro Município (Gama). A diferença é que todos continuarão existindo, sem que ocorra o desaparecimento de qualquer unidade territorial. Permanecem Alfa (sem a parte cedida), Beta (sem a parte cedida) e Gama (a soma das partes cedidas).

Como conclusão, podemos assegurar que esses dois últimos casos (**Fusão 1 e Fusão 2**) ofertarão dúvidas sobre qual legislação tributária deverá prevalecer sobre os fatos imponíveis ocorridos na unidade territorial resultante. Entendemos que tudo dependerá do modo como vai dispor a lei de criação da unidade territorial resultante, determinando qual legislação deverá prevalecer. Na ausência de disposição, a nosso pensar, deve ser aplicada a legislação mais favorável.

Posto isso, a expressão "conflitos de competência" atrela-se, em verdade, à atividade investigativa do intérprete, da qual defluirá o sentido razoável para sua previsão textual no texto constitucional.

2. Limitações constitucionais ao poder de tributar: as limitações ao poder de tributar encontram-se amparadas nos *princípios* e *imunidades* tributárias ao longo dos arts. 150 a 152 da Carta Magna.

> Note o item considerado **INCORRETO**, em prova realizada pelo IPAD, para o cargo de Procurador do Estado (PGE/PE), em 2013: *"Nos termos da Constituição Federal de 1988, a regulação das limitações constitucionais ao poder de tributar deve ser feita por Lei ordinária".*

> Note o item considerado **CORRETO**, em prova realizada pelo Cespe, para o cargo de Titular de Serviços de Notas e de Registros (TJ/ES), em 2013: *"No processo legislativo, para a aprovação de lei complementar exige-se maioria absoluta. É exigida lei complementar na regulação das limitações constitucionais ao poder de tributar".*

> Note o item considerado **CORRETO**, em prova realizada pelo TRF/4ª Região, para o cargo de Juiz Federal Substituto, em 2014: *"Compete à lei complementar regular as limitações constitucionais ao poder de tributar".*

Observe o dispositivo constitucional:

Art. 146. Cabe à lei complementar:

II – regular as limitações constitucionais ao poder de tributar;

No texto constitucional, é comum a presença de normas não autoaplicáveis, carecendo de incremento normativo. Nesses casos, a doutrina e o **STF** têm entendido que a norma estará condicionada à edição de uma lei complementar que traga operatividade ao comando constitucional "não bastante em si", nas judiciosas palavras de Pontes de Miranda[74].

É o caso dos arts. 150, VI, "c", e 195, § 7º, ambos da Constituição Federal, atreláveis umbilicalmente ao art. 14 do CTN, do qual extraem os **requisitos para o desfrute do mandamento imunizante.**

Note o item considerado **CORRETO**, em prova realizada pelo IPAD, para o cargo de Procurador do Estado (PGE/PE), em 2013: *"Nos termos da Constituição Federal de 1988, a regulação das limitações constitucionais ao poder de tributar deve ser feita por Lei complementar"*.

Aliás, o art. 150, VI, "c", da Constituição Federal veda a instituição de impostos sobre patrimônio, renda ou serviços de partidos políticos, entidades sindicais dos trabalhadores, instituições de educação e de assistência social, sem fins lucrativos, atendidos os requisitos da lei. Nessa hipótese, aliás, a lei a que se refere o texto constitucional é uma *lei complementar*.

Por derradeiro, impende memorizar que o dispositivo constitucional associa a lei complementar ao ato de "regular" as limitações constitucionais ao poder de tributar, e não à atividade de "criação" de tais balizamentos principiológicos.

3. Normas gerais em Direito Tributário: o texto constitucional já dispõe, de modo geral, acerca da disciplina do sistema tributário. Cabe, assim, à lei complementar amplificar o grau de detalhamento do modelo de tributação, ou seja, enquanto a Constituição desenha o perfil do tributo, a lei complementar, adensando os contornos do figurino constitucional, prepara seu esboço para que, ao final, venha a lei ordinária e institua o gravame.

Observe o dispositivo constitucional:

Art. 146. Cabe à lei complementar: (...)

III – estabelecer normas gerais em matéria de legislação tributária, especialmente sobre:

a) definição de tributos e de suas espécies, bem como, em relação aos impostos discriminados nesta Constituição, a dos respectivos fatos geradores, bases de cálculo e contribuintes;

74. PONTES DE MIRANDA, Francisco Cavalcanti. *Comentários à Constituição de 1967:* com a Emenda n. 1, de 1969, t. I. São Paulo: RT, 1969, p. 126.

b) obrigação, lançamento, crédito, prescrição e decadência tributários;

> Note o item considerado **CORRETO**, em prova realizada pela CAIP-IMES, para o cargo de Procurador do Consórcio Intermunicipal Grande ABC, em 2015: *"Cabe à Lei Complementar estabelecer normas gerais em matéria de legislação tributária, especialmente sobre obrigação, lançamento, crédito, prescrição e decadência tributários".*

> Note o item (adaptado) considerado **CORRETO**, em prova realizada pelo Cebraspe, para o cargo de Promotor de Justiça Substituto (MPE/RR), em 2017: *"Em matéria tributária, uma lei ordinária NÃO pode dispor, entre outros temas, sobre normas gerais relativas à prescrição e à decadência".*

c) adequado tratamento tributário ao ato cooperativo praticado pelas sociedades cooperativas;

d) definição de tratamento diferenciado e favorecido para as microempresas e para as empresas de pequeno porte, inclusive regimes especiais ou simplificados no caso do imposto previsto no art. 155, II, das contribuições previstas no art. 195, I e §§ 12 e 13, e da contribuição a que se refere o art. 239. (EC n. 42/2003 e EC n. 103/2019)

> Note o item (adaptado) considerado **CORRETO**, em prova realizada pela Esaf, Receita Federal, para o cargo de Auditor Fiscal da Receita Federal, em 2012: *"Em matéria tributária, de acordo com a Constituição Federal, compete à Lei Complementar estabelecer tratamento diferenciado e favorecido para as microempresas e para as empresas de pequeno porte, inclusive regimes especiais ou simplificados".*

(...)

Art. 146-A. Lei complementar poderá estabelecer critérios especiais de tributação, com o objetivo de prevenir desequilíbrios da concorrência, sem prejuízo da competência de a União, por lei, estabelecer normas de igual objetivo. **(incluído do EC n. 42/2003)**

Com efeito, a *lei complementar* tributária deve tratar tão somente das normas gerais tributárias, ditas "normas-quadro", vocacionadas ao dimensionamento normativo dos princípios, diretrizes e balizas tributárias. Dentro de tais normas, a entidade impositora exercerá a sua competência tributária, zelando pelos elementos estruturais e configuradores do tributo, pelos princípios constitucionais tributários e, acima de tudo, pelo respeito ao federalismo de cooperação e à autonomia financeira e tributária das entidades federadas.

É importante frisar que, com relação a diversos impostos, tais normas gerais já constam no CTN (*v.g.*, II, IE, IR, IPI, IOF, ITR, IPTU, entre outros). Alguns deles, todavia, tiveram normas gerais fixadas em leis complementares posteriores (*v.g.*, o ICMS, na LC n. 87/96, e o ISS, na LC n. 116/2003). Aliás, consoante o art. 24, § 3º, da

CF, inexistindo lei complementar, os Estados e Distrito Federal exercerão a competência legislativa plena. É o que se vê com o IPVA, um imposto instituído posteriormente ao CTN, levando o **STF** a entender que seu disciplinamento por lei estadual é legítimo e juridicamente possível.

Note a jurisprudência:

> **EMENTA:** (...) IPVA. DISCIPLINA. Mostra-se constitucional a disciplina do IPVA mediante norma local. Deixando a União de editar normas gerais, exerce a unidade da federação a competência legislativa plena – § 3º do artigo 24, do corpo permanente da Carta de 1988 –, sendo que, com a entrada em vigor do sistema tributário nacional, abriu-se à União, aos Estados, ao Distrito Federal e aos Municípios, a via da edição de leis necessárias à respectiva aplicação (§ 3º do artigo 34 do ADCT da Carta de 1988). **(AI-AgR 167.777/SP, 2ª T., rel. Min. Marco Aurélio, j. em 04-03-1997; ver, no mesmo sentido, o AI-AgR 279.645/MG, 1ª T., rel. Min. Moreira Alves, j. em 05-12-2000)**

A presença de *normas gerais* no ordenamento jurídico-tributário, no bojo dos institutos básicos da tributação, visa conferir à União, diante da notória multiplicidade de municípios e Estados brasileiros, a possibilidade de imprimir uniformidade técnica no plano da instituição de tributos, pelas variadas entidades políticas.

Como se viu, a União, valendo-se da lei complementar, apenas adensa o desenho constitucional, evitando "descer a detalhes", o que poderia desconjuntar os princípios federativo, da autonomia municipal e da autonomia distrital. Não é demasiado relembrar que, uma vez editada a lei complementar, os Estados e o Distrito Federal poderão também editar normas que cuidem da mesma matéria, exercendo uma *competência suplementar* na busca do atendimento das peculiaridades específicas (art. 24, § 2º, CF).

Ademais, o inciso III do art. 146 da CF, ao dispor que cabe à lei complementar estabelecer normas gerais em Direito Tributário "**especialmente sobre** (...)", denota que a lei complementar poderá versar, de modo mais íntimo, sobre certos temas, sem prejuízo de poder versar sobre outras matérias. Trata-se, assim, de um rol exemplificativo, e não "taxativo".

O inciso em estudo prevê a estipulação de normas gerais para:

3.1. Definição de *tributos* e de suas espécies, bem como, em relação aos impostos discriminados nesta Constituição, a dos respectivos *fatos geradores, bases de cálculo* e *contribuintes*: a alínea menciona que a lei complementar deverá "definir" os tributos e suas espécies, o que parece ser de duvidosa aplicabilidade, pois a própria Constituição se incumbiu de indicar as espécies tributárias, permitindo ao exegeta a detecção dos delineamentos básicos das exações e suas materialidades tributárias, à luz de interpretação sistemática, pouco restando à lei complementar.

Observe o dispositivo constitucional:

Art. 146. Cabe à lei complementar: (...)

III – estabelecer normas gerais em matéria de legislação tributária, especialmente sobre:

a) definição de tributos e de suas espécies, bem como, em relação aos impostos discriminados nesta Constituição, a dos respectivos fatos geradores, bases de cálculo e contribuintes; (...)

Ad argumentandum, é possível justificar um provável empenho do legislador complementar no plano da instituição, *v.g.*, do empréstimo compulsório, ou dos impostos e contribuições sociais residuais, ou, ainda, do imposto sobre grandes fortunas, mas, mesmo assim, sabe-se que tais gravames encontram-se plasmados em normas e princípios constitucionais.

Nesse passo, a alínea menciona peculiaridades no campo dos **impostos**, condicionando certas matérias à lei complementar, tais como *fato gerador, base de cálculo e contribuintes*. Note que as **"alíquotas"** foram excluídas do preceptivo, cabendo ao ente tributante, por meio da lei ordinária respectiva, estipular os percentuais (art. 97, IV, CTN).

> Note o item considerado **INCORRETO**, em prova realizada pela FCC, para o cargo de Técnico da Receita Estadual da SEGEP/MA, em 2016: *"A Constituição Federal atribuiu às leis complementares federais várias funções, dentre as quais, a de estabelecer normas gerais sobre obrigação, lançamento e prescrição tributários, bem como fixar a alíquota dos impostos federais"*.

Ademais, enquanto o preceptivo faz restrição a **impostos**, infere-se que outros tributos, *v.g.*, as contribuições, poderão ter o fato gerador, a base de cálculo e os contribuintes disciplinados por lei ordinária (art. 195, I a IV, CF), ressalvados os casos de *contribuições sociais residuais*, que avocam a lei complementar (art. 195, § 4º, CF).

> Note o item considerado **INCORRETO**, em prova realizada pela FCC, para o cargo de Técnico da Receita Estadual da SEGEP/MA, em 2016: *"A Constituição Federal atribuiu às leis complementares federais várias funções, dentre as quais, a de estabelecer normas atinentes à definição dos fatos geradores, das bases de cálculo e dos contribuintes dos tributos discriminados na Constituição Federal"*.

Sobre essa associação exclusiva do dispositivo a *impostos*, a FGV *Projetos*, em prova realizada para o XX Exame de Ordem Unificado (1ª Fase), em julho de **2016**, considerou **correta** a assertiva abaixo:

O Estado Alfa institui, por meio de lei complementar, uma TAXA pela prestação de serviço público específico e divisível. Posteriormente, a "alíquota" e a "base de cálculo" da taxa vêm a ser modificadas por meio de lei ordinária, que as mantém em patamares compatíveis com a natureza do tributo e do serviço público prestado. A lei ordinária em questão é integralmente **VÁLIDA**, pois a matéria por ela disciplinada **NÃO** é constitucionalmente reservada à lei complementar. **(Grifos nossos)**

Curiosamente, em setembro de **2016**, ao momento da 2ª Fase desse mesmo XX Exame, a Banca insistiu no tema, na seguinte (e adaptada) questão dissertativa:

> Em dezembro de 2014, o Município "M" publicou lei ordinária por meio da qual instituiu CONTRIBUIÇÃO PARA O CUSTEIO DO SERVIÇO DE ILUMINAÇÃO PÚBLICA. A referida lei, que entrou em vigor na data de sua publicação, fixou os respectivos "contribuintes" e a "base de cálculo" aplicável. Ao receber a cobrança da nova contribuição, João decide impugná-la sob o argumento de que a cobrança é inconstitucional, já que cabe à lei complementar estabelecer as bases de cálculo e os contribuintes dos tributos.
>
> Diante disso, responda: ***Está correto o argumento de João quanto à necessidade de lei complementar para o estabelecimento da base de cálculo e dos contribuintes desta espécie de contribuição?***
>
> **GABARITO:** **Não está correto** o argumento, pois a reserva de lei complementar para a definição da "base de cálculo" e dos "contribuintes" **NÃO** se estende às contribuições. De acordo com o art. 146, III, "a", da CF/88, cabe à lei complementar estabelecer normas gerais em matéria de legislação tributária, especialmente sobre definição de tributos e de suas espécies, bem como, em relação aos **IMPOSTOS** discriminados na Constituição da República, a dos respectivos fatos geradores, bases de cálculo e contribuintes. Tratando-se de contribuição, como é o caso, é possível que a base de cálculo e o contribuinte sejam estabelecidos por lei ordinária.

3.2. Obrigação, lançamento, crédito, prescrição e decadência tributários: tais matérias adstringem-se à reserva de lei complementar, sendo defeso à legislação ordinária versar sobre os temas no rol explicitado.

Observe o dispositivo constitucional:

> **Art. 146.** Cabe à lei complementar: (...)
> **III** – estabelecer normas gerais em matéria de legislação tributária, especialmente sobre: (...)
> **b) obrigação, lançamento, crédito, prescrição e decadência tributários;**

> Note o item considerado **INCORRETO**, em prova realizada pela FCC, para o cargo de Defensor Público (DPE/RS), em 2014: *"Cabe à Lei Complementar estabelecer normas gerais em matéria de legislação tributária, regulando exclusivamente obrigação, lançamento, crédito, prescrição, decadência e isenção tributária".*

Grandes embates surgiram, na doutrina e na jurisprudência, no campo da *decadência* e *prescrição*, diante do prazo decenal estipulado nos arts. 45 e 46 da Lei n. 8.212/91, em contraposição aos quinquênios previstos no CTN (arts. 173 e 174). Da mesma forma, de há muito reina controvérsia a respeito da força dos comandos da Lei de Execução Fiscal (Lei n. 6.830/80), perante as disposições do CTN. A maior demonstração de aplicabilidade desse dispositivo se deu em junho de 2008, com a publicação da **Súmula Vinculante n. 8**, afastando os prazos decenais das mencionadas contribuições social-previdenciárias. Passemos à análise do tema:

A EC n. 45, de 2004, incluindo o **art. 103-A** no texto constitucional, já regulamentado pela Lei n. 11.417, de 19 de dezembro de 2006, estipulou que "o Supremo Tribunal Federal poderá, de ofício ou por provocação, (...), aprovar **súmula** que (...) **terá efeito vinculante** em relação aos demais órgãos do Poder Judiciário e à administração pública direta e indireta (...)". **(Grifos nossos)**

Segundo o **§ 1º do art. 103-A**, "a súmula terá por objetivo a validade, a interpretação e a eficácia de normas determinadas, acerca das quais haja controvérsia atual entre órgãos judiciários ou entre esses e a administração pública que acarrete grave insegurança jurídica e relevante multiplicação de processos sobre questão idêntica".

Em 12 de junho de **2008**, o STF editou a **Súmula Vinculante n. 8**, cujo teor segue *ipsis litteris*:

> São inconstitucionais o parágrafo único do artigo 5º do Decreto-lei 1.569/77 e os artigos 45 e 46 da Lei n. 8.212/91, que tratam de prescrição e decadência de crédito tributário.

É que os arts. 45 e 46 da Lei n. 8.212/91 tratavam, respectivamente, dos prazos decenais de decadência e prescrição em relação às contribuições para a seguridade social.

De acordo com esses dispositivos legais, os prazos seriam de dez anos, em plena dissonância dos prazos quinquenais do CTN, no art. 173 (decadência) e no art. 174 (prescrição).

Segundo o **art. 146, III, "b", da Carta Magna**, cabe à lei complementar dispor sobre normas gerais em matéria de prescrição e decadência tributárias. Sendo as contribuições autônomas criaturas tributárias, não se pode chegar à conclusão diversa da que rechaça os prazos decenais de decadência e prescrição, previstos em lei ordinária, para as contribuições social-previdenciárias.

Como é cediço, a Lei n. 8.212/91 não é uma lei complementar, mas uma lei ordinária, razão por que lhe é vedada a ingerência em matéria cabente à lei de normas gerais. Vale dizer que somente o CTN pode tratar de prazos de decadência e prescrição.

Desse modo, a partir da Súmula Vinculante n. 8, aplicam-se para as contribuições da seguridade social as regras de decadência e prescrição previstas no *Código Tributário Nacional* (CTN), ou seja, o prazo quinquenal, próprio de todo tributo.

Nessa toada, deve haver o reconhecimento da decadência e da prescrição nos feitos lastreados em cobrança de créditos tributários que possam vir a ser atingidos pela nova e restritiva contagem. É a "eficácia imediata", própria da súmula vinculante. Observe o art. 4º da Lei n. 11.417/2006:

> A súmula com efeito vinculante **tem eficácia imediata**, mas o Supremo Tribunal Federal, por decisão de 2/3 (dois terços) dos seus membros, poderá restringir os efeitos vinculantes ou decidir que só tenha eficácia a partir de outro momento, tendo em vista razões de segurança jurídica ou de excepcional interesse público. **(Grifo nosso)**

Caso o magistrado não se posicione acerca dos efeitos imediatos da Súmula Vinculante n. 8, quando provocado pelo interessado, pode haver a protocolização de **Reclamação no STF**, com base no § 3º do art. 103-A da CF (e art. 7º da Lei n. 11.417/2006). Observe-o:

> Do ato administrativo ou decisão judicial que contrariar a súmula aplicável ou que indevidamente a aplicar, caberá **reclamação ao Supremo Tribunal Federal** que, julgando-a procedente, anulará o ato administrativo ou cassará a decisão judicial reclamada, e determinará que outra seja proferida com ou sem a aplicação da súmula, conforme o caso. **(Grifo nosso)**

E, com o julgamento da Reclamação ao STF, teremos:

> **Art. 7º (...)**
>
> **§ 2º** Ao julgar procedente a reclamação, o *Supremo Tribunal Federal anulará o ato administrativo ou cassará a decisão judicial impugnada,* determinando que outra seja proferida com ou sem aplicação da súmula, conforme o caso. **(Grifo nosso)**

De uma maneira ou de outra, toda a administração pública, a par de todas as instâncias do Judiciário, sendo instada a decidir, subordina-se, inexoravelmente, ao preceito da Súmula Vinculante n. 8 do STF.

Daí assegurar que o advogado tributarista, em qualquer fase do feito fiscal, pode pleitear a imediata aplicação da Súmula Vinculante n. 8, no interesse de seu cliente, cujos interesses aquele causídico patrocina: se há dívida parcelada, com parcela já atingida pela decadência ou prescrição; se há execução fiscal em andamento, e agora insubsistente, uma vez faltante a certeza à certidão de dívida ativa (art. 204, CTN); se há valor pago indevidamente, perante a Súmula, subsistindo o direito à restituição do indébito; entre outras situações.

Impende enaltecer que, em conformidade com o art. 64-B da Lei n. 9.784/99, com a redação dada pela Lei n. 11.417/2006 (art. 9º), as autoridades administrativas devem se adequar ao enunciado das súmulas vinculantes, "sob pena de responsabilização pessoal nas esferas cível, administrativa e penal". A propósito, o art. 316, § 1º, do Código Penal trata do crime de *excesso de exação*, prevendo pena de reclusão ao servidor infrator, de três a oito anos (e multa), "se o funcionário exige tributo ou contribuição social que sabe ou deveria saber indevido, ou, quando devido, emprega na cobrança meio vexatório ou gravoso, que a lei não autoriza".

Em **13 de fevereiro de 2020**, o Pleno do **STF**, na ADI n. **4.845** (rel. Min. Roberto Barroso; rel. p/ ac. Min. Rosa Weber), entendeu que é inconstitucional a lei estadual que disciplina a "responsabilidade de terceiros por infrações" de forma diversa da matriz geral estabelecida pelo *Código Tributário Nacional* (CTN). O caso se referiu a dispositivo legal em legislação do Estado de Mato Grosso (art. 13 da Lei n. 9.226/2009) que atribui "responsabilidade tributária (solidária) por infrações" a toda pessoa que concorresse ou interviesse, ativa ou passivamente, no cumprimento da obrigação tributária, especialmente advogado, economista e correspondente fiscal. A Corte Suprema, identificando o vício de inconstitucionalidade formal, entendeu que a norma impugnada invadiu a competência do legislador complementar federal para estabelecer normais gerais sobre a matéria (**art. 146, III, "b", da CF**).

3.3. Adequado tratamento tributário ao ato cooperativo praticado pelas sociedades cooperativas: o dispositivo almeja estabelecer controle à fúria fiscal na tributação das *cooperativas* – sociedades de pessoas, de natureza civil, com adesão voluntária e ilimitada de associados.

Observe o dispositivo constitucional:

Art. 146. Cabe à **lei complementar**: (...)

> Note o item considerado **INCORRETO**, em prova realizada pela FCC, para o cargo de Defensor Público (DPE/RS), em 2014: *"Lei Ordinária pode revogar conteúdo de Lei Complementar, quando esta tratar do adequado tratamento tributário ao ato cooperativo praticado pelas sociedades cooperativas"*.

III – estabelecer normas gerais em matéria de legislação tributária, **especialmente sobre:** (...)

> Note o item considerado **INCORRETO**, em prova realizada pelo TJ/SC, para o cargo de Juiz, em 2013: *"Cabe à lei complementar estabelecer normas gerais em matéria de legislação tributária, inclusive sobre o adequado tratamento tributário ao ato cooperativo praticado pelas sociedades cooperativas"*.

c) adequado tratamento tributário ao ato cooperativo praticado pelas sociedades cooperativas. (...)

A Lei n. 5.764/71 define a *Política Nacional de Cooperativismo*, instituindo o *Regime Jurídico das Sociedades Cooperativas*. Estas representam formas de reunião (cooperativa *versus* associados), com o intuito de realizar atos de interesse comum, ou seja, "atos cooperativos", definidos no art. 79 da Lei n. 5.764/71 como "*aqueles praticados entre as cooperativas e seus associados, entre estes e aquelas e pelas cooperativas entre si quando associados, para a consecução dos objetivos sociais*".

Daí afastar a incidência de tributos nas operações em que a cooperativa não tenha interesse negocial ou fim lucrativo. Pretende-se evitar, assim, que as pessoas que se reúnam em cooperativas sejam duplamente tributadas – quer como "cooperativa", quer como "cooperado". Observe a didática jurisprudência do **STJ** sobre o tema:

> **EMENTA:** TRIBUTÁRIO. COOPERATIVA DE CRÉDITO. ATOS COOPERATIVOS. AGRAVO REGIMENTAL. CONTRADIÇÃO CONFIGURADA. PIS. EXCLUSÃO. **1.** Mandado de segurança impetrado por cooperativa de crédito, *com o escopo de suspender a exigibilidade da COFINS incidente sobre atos próprios ao cumprimento das finalidades da impetrante, quais sejam, de fomentar a produção e a produtividade rural, bem como sua circulação e industrialização, sem finalidade lucrativa; e incentivar a formação educacional de seus associados, no sentido de fomentar o cooperativismo, através da ajuda mútua, da economia sistemática e do uso adequado do crédito (artigo 2º, incisos I e II, do Estatuto Social), alegando-se que suas operações são efetuadas sem qualquer finalidade lucrativa própria, nos termos da Lei 5.764/71.* **(...) 4.** No campo da exação tributária com relação às cooperativas, a aferição da incidência do tributo *impõe distinguir os atos cooperativos através dos quais a entidade atinge os seus fins e os atos não cooperativos; estes extrapolantes das finalidades institucionais e geradores de tributação; diferentemente do que ocorre com os primeiros.* Precedentes jurisprudenciais. **5.** A cooperativa prestando serviços a seus associados, sem interesse negocial, ou fim lucrativo, goza de completa isenção, porquanto o fim da mesma não é obter lucro, mas, sim, servir aos associados. **6.** *Os atos cooperativos não estão sujeitos à incidência do PIS e da COFINS, porquanto o art. 79 da Lei 5.764/71 (Lei das Sociedades Cooperativas) dispõe que o ato cooperativo não implica operação de mercado, nem contrato de compra e venda de produto ou mercadoria.* **(...) 8.** A Lei 5.764/71, ao regular a *Política Nacional do Cooperativismo*, e instituir o regime jurídico das sociedades cooperativas, prescreve, em seu art. 79, que constituem atos cooperativos os praticados entre as cooperativas e seus associados, entre estes e aquelas e pelas cooperativas entre si quando associados, para a consecução dos objetivos sociais, *ressalva, todavia, em seu art. 111, as operações descritas nos arts. 85, 86 e 88, do mesmo diploma, como aquelas atividades denominadas "não cooperativas" que visam ao lucro.* Dispõe a lei das cooperativas, ainda, que os resultados dessas operações com terceiros serão contabilizados em separado, de molde a permitir o cálculo para incidência de tributos (art. 87). **(...) 12.** Recentemente, a Primeira Seção, no julgamento do REsp 591.298/MG, Relator para o acórdão o Ministro Castro Meira, sessão de 27 de outubro de 2004, firmou o entendimento de que *os atos praticados pelas cooperativas de crédito não são passíveis de incidência tributária, uma vez que a captação de recursos e a realização de aplicações no mercado financeiro, com o intuito de oferecer assistência de crédito aos associados, constituem atos cooperativos.* **13.** Agravo regimental desprovido. **(AgRg no AgRg no REsp 795.257/MG, 1ª T., rel. Min. Luiz Fux, j. em 14-11-2006) (Grifos nossos)**

Nesse passo, o art. 174, § 2º, da CF dispõe que a lei apoiará e estimulará o cooperativismo, devendo-se inferir que "adequado tratamento tributário" significa aquele com carga tributária inferior à das demais atividades produtivas.

Em 6 de novembro de **2014**, o Pleno do **STF**, no **RE 599.362** (rel. Min. Dias Toffoli), entendeu que incide o PIS/PASEP sobre atos ou negócios jurídicos praticados por cooperativa prestadora de serviço com terceiros tomadores de serviço, resguardadas as exclusões e deduções legalmente previstas. Desse modo, o STF evidenciou que as receitas auferidas pelas cooperativas de trabalho decorrentes dos negócios jurídicos praticados com terceiros – não cooperados – são receitas delas próprias, e não do cooperado, materializando-se em fatos geradores da contribuição social em comento. O fato de a lei dever apoiar e estimular o cooperativismo (art. 174, § 2º, CF) e, também, de a lei complementar dever estabelecer normas gerais sobre o adequado tratamento tributário ao ato cooperativo (art. 146, III, "c", CF) não significa que se tenha outorgado imunidade ou não incidência a tributos. Com efeito, conforme se depreende de excerto da ementa exarada no **STF**:

> **EMENTA:** (...) a norma constitucional concerne à tributação do ato cooperativo, e não aos tributos dos quais as cooperativas possam vir a ser contribuintes. (...) Cooperativa é pessoa jurídica que, nas suas relações com terceiros, tem faturamento, constituindo seus resultados positivos receita tributável. (...) Não se pode inferir, no que tange ao financiamento da seguridade social, que tinha o constituinte a intenção de conferir às cooperativas de trabalho tratamento tributário privilegiado, uma vez que está expressamente consignado na Constituição que a seguridade social "será financiada por toda a sociedade, de forma direta e indireta, nos termos da lei" (art. 195, *caput*, da CF/88). **(RE 599.362, rel. Min. Dias Toffoli, Pleno, j. em 06-11-2014)**

3.4. Definição de tratamento diferenciado e favorecido para as microempresas e para as empresas de pequeno porte, inclusive regimes especiais ou simplificados no caso do ICMS e das Contribuições: os arts. 170, IX, e 179, ambos da CF, preveem o tratamento diferenciado em matéria tributária às microempresas (ME) e às empresas de pequeno porte (EPP), sem implicar violação à isonomia tributária.

Nesse contexto, conforme já se detalhou no **item 7 do Capítulo 19** desta obra, com o advento da Lei n. 9.317/96, exsurgiu o *Sistema Integrado de Impostos e Contribuições das Microempresas e Empresas de Pequeno Porte* (**SIMPLES**), permitindo-se que as pessoas jurídicas, optantes pelo regime, aderissem ao sistema unificado. Em 2003, a EC n. 42 disciplinou a sistemática, assim, dispondo:

> **Art. 146.** Cabe à *lei complementar*: **(...)**
> **III** – estabelecer *normas gerais* em matéria de legislação tributária, especialmente sobre: **(...)**
> **d)** definição de *tratamento diferenciado e favorecido para as microempresas e para as empresas de pequeno porte*, inclusive *regimes especiais ou simplificados* no caso do imposto previsto no *art. 155, II*, das contribuições previstas no art. 195, I e §§ 12 e 13, e da contribuição a que se refere o art. 239. **(EC n. 42/2003 e EC n. 103/2019)**
> **Parágrafo único.** A lei complementar de que trata o inciso III, "d", também poderá instituir um *regime único de arrecadação dos impostos e contribuições da União, dos Estados, do Distrito Federal e dos Municípios, observado que:* **(EC n. 42/2003)**

I – será opcional para o contribuinte; **(EC n. 42/2003)**

II – poderão ser estabelecidas condições de enquadramento diferenciadas por Estado; **(EC n. 42/2003)**

> Note o item considerado **CORRETO**, em prova realizada pela FMP, para o cargo de Procurador do Estado (PGE/AC), em 2017: *"A Constituição Federal prevê, em situações excepcionais, que sejam estabelecidas condições de enquadramento em regime especial tributário diferenciadas por Estado".*

III – o recolhimento será unificado e centralizado e a distribuição da parcela de recursos pertencentes aos respectivos entes federados será imediata, vedada qualquer retenção ou condicionamento; **(EC n. 42/2003)**

IV – a arrecadação, a fiscalização e a cobrança poderão ser compartilhadas pelos entes federados, adotado cadastro nacional único de contribuintes. **(EC n. 42/2003) (Grifos nossos)**

Art. 146-A. Lei complementar poderá estabelecer critérios especiais de tributação, com o objetivo de prevenir desequilíbrios da concorrência, sem prejuízo da competência de a União, por lei, estabelecer normas de igual objetivo. **(incluído do EC n. 42/2003) (...). (Grifos nossos)**

Nesse contexto, publicou-se a LC n. 123/2006 (e alterações posteriores), instituindo, em seu art. 12, o *Regime Especial Unificado de Arrecadação de Tributos e Contribuições devidos pelas Microempresas e Empresas de Pequeno Porte*, também conhecido por **Simples Nacional** (ou, coloquialmente, por "Supersimples"), em substituição ao anterior regime, vindo abarcar tributos federais, estaduais e municipais, **em um novo rol de tributos unificados no âmbito do SIMPLES Nacional**. São eles:

> Note o item (adaptado) considerado **CORRETO**, em prova realizada pela FGV Projetos, para o cargo de Analista Portuário (Advogado) da CODEBA – Cia. das Docas do Estado da Bahia, em 2016: *"A pessoa jurídica X é uma microempresa optante do Simples Nacional, regime tributário diferenciado e simplificado previsto na LC n. 123/2006. Tal opção implica o recolhimento unificado de um conjunto de tributos da União, dos Estados, do Distrito Federal e dos Municípios. Nesse sentido, pode-se assegurar que estão compreendidos no recolhimento unificado do Simples Nacional, entre outros: IRPJ, CSLL, ISS, ICMS".*

> Note o item (adaptado) considerado **CORRETO**, em prova realizada pela FCC, para o cargo de Juiz de Direito – TJ/RR, em 2015: *"O Simples Nacional implica o recolhimento mensal de vários impostos, mediante documento único de arrecadação, dentre os quais se encontram o IPI, o IRPJ e o ISS".*

> Note o item considerado **CORRETO**, em prova realizada pela AMAUC, para o cargo de Fiscal de Tributos da Prefeitura do Município de Paial/SC, em 2016: *"O Simples Nacional, de acordo com art. 13 da LC n. 123/2006, implica o recolhimento mensal, mediante documento único de arrecadação, de alguns dos seguintes impostos e contribuições: Imposto sobre a Renda da Pessoa Jurídica – IRPJ; Contribuição Social sobre o Lucro Líquido – CSLL; Imposto sobre Serviços de Qualquer Natureza – ISS".*

1. IMPOSTOS: IRPJ; IPI; ICMS; ISS.

2. CONTRIBUIÇÕES: PIS/PASEP; COFINS; CSLL; CONTRIBUIÇÃO PATRONAL PREVIDENCIÁRIA (CPP).

Diante do exposto, é possível afirmar que o *Supersimples* é a concretização do teor do parágrafo único do art. 146 da CF, segundo o qual "a lei complementar de que trata o inciso III, 'd', também poderá instituir um regime único de arrecadação dos impostos e contribuições da União, dos Estados, do Distrito Federal e dos Municípios (...)".

3 FONTES FORMAIS SECUNDÁRIAS DO DIREITO TRIBUTÁRIO OU NORMAS COMPLEMENTARES

Como se estudou no abrangente tópico precedente, as *fontes formais* correspondem ao conjunto das normas no Direito Tributário, estando inseridas no art. 96 do CTN sob o rótulo de "legislação tributária". Restringem-se à *dogmática* do Direito, podendo ser "primárias" ou "secundárias".

As *fontes formais primárias* são os decretos, tratados ou convenções e leis (em sentido amplo). Por sua vez, *as fontes formais secundárias* (*subsidiárias*) são as intituladas "normas complementares", adiante detalhadas. Ambas, na condição de *fontes formais*, pertencem ao rol de instrumentos integrantes da **legislação tributária**.

Observe a jurisprudência do **STJ**:

> **EMENTA:** TRIBUTÁRIO. (...) INSTRUÇÃO NORMATIVA. INEXISTÊNCIA DE EXTRAPOLAÇÃO DO CONTEÚDO DA LEI A QUE VISA EXPLICITAR. (...) 4. A fonte primária do direito tributário é a "lei", porquanto dominado esse ramo pelo "princípio da legalidade", segundo o qual não há tributo sem lei que o estabeleça, como consectário de que ninguém deve ser coativamente instado a fazer ou deixar de fazer algo senão em virtude de lei. 5. *As normas complementares do direito tributário são de grande valia porquanto empreendem exegese uniforme a ser obedecida pelos agentes administrativos fiscais (art. 100 do CTN). Constituem, referidas normas, fonte do direito tributário porquanto integrantes da categoria "legislação tributária" (art. 96, do CTN)* 6. Ato normativo que se limita a explicitar o conteúdo da lei ordinária. Ausência de violação ao Princípio a Estrita Legalidade. 7. Recurso especial parcialmente conhecido, porém, desprovido. **(REsp 460.986/PR, 1ª T., rel. Min. Luiz Fux, j. em 06-03-2003) (Grifo nosso)**

Com efeito, o art. 100 do CTN dispõe acerca das *fontes formais secundárias* ou *normas complementares* do Direito Tributário, que **devem "complementar" os tratados (e convenções internacionais), os decretos e as leis em sentido amplo** (Constituição Federal, Emendas, Leis Ordinárias, Complementares, Delegadas, Medidas Provisórias, Decretos Legislativos, Resoluções do Senado e Convênios do ICMS). Em termos gerais, podemos dizer que são *normas complementares* aqueles instrumentos normativos hierarquicamente inferiores aos "decretos". Daí o motivo de não se poder incluir os decretos como "normas complementares", mas, sim, como instrumentos normativos complementados por estas[75].

> Note o item considerado **INCORRETO**, em prova realizada pelo IPAD, para o cargo de Procurador do Estado (PGE/PE), em 2013: *"A expressão 'legislação tributária' compreende as leis, os tratados e as convenções internacionais, exceto decretos e normas complementares, que versem, no todo ou em parte, sobre tributos e relações jurídicas a eles pertinentes".*

Nesse diapasão, diz-se que as *fontes formais secundárias* materializam-se em instrumentos normativos menores, de menor porte, de cunho instrumental e operacional, que tendem a suprir, normativamente, as fontes formais principais, a estas se mantendo subordinadas. Aliás, recomenda-se não se confundir a expressão "normas complementares" com "leis complementares", porque estas são *normas jurídicas em sentido estrito*, que visam conferir eficácia a dispositivos constitucionais não autoexecutáveis, com previsão explícita na Carta Magna, enquanto aquelas, as normas complementares, representam *mecanismos de complementação*, servindo-se a clarificar os aspectos menos nítidos das fontes primárias complementadas.

Para Luciano Amaro[76], "o artigo 100 do CTN dá o nome de 'normas complementares' a certos atos menores que cuidam de explicitar (não de inovar) o direito tributário. A designação desses atos não é feliz, pois confunde sua qualificação com a das leis complementares. A observância das 'normas complementares' listadas no dispositivo codificado gera determinados efeitos decorrentes da proteção à boa-fé do sujeito passivo (artigo 100, parágrafo único)".

Observe o **art. 100 do CTN:**

Art. 100. São normas complementares das leis, dos tratados e das convenções internacionais e dos decretos:

I – os atos normativos expedidos pelas autoridades administrativas;

II – as decisões dos órgãos singulares ou coletivos de jurisdição administrativa, a que a lei atribua eficácia normativa;

III – as práticas reiteradamente observadas pelas autoridades administrativas;

IV – os convênios que entre si celebrem a União, os Estados, o Distrito Federal e os Municípios.

---

75. Conforme já se evidenciou no início deste **Capítulo**, voltando-se os olhares para os **decretos** e os vendo como uma *fonte formal principal* ou, até mesmo, como uma *fonte formal secundária*, há que frisar a ocorrência da oscilação classificatória dessa norma entre os teóricos. Não é incomum a referência a eles como exemplos de fontes formais secundárias do Direito Tributário, à semelhança das normas complementares (art. 100, CTN). É que a lacônica menção ao termo "decretos" no *caput* do art. 96 do CTN não se revela suficientemente clara para que se faça uma distinção – natural e tecnicamente necessária – entre decretos (regulamentares) e decretos legislativos. Nessa linha de raciocínio, desponta uma orientação teórica segundo a qual se classifica o *decreto legislativo* como *fonte formal principal* e o *decreto* (*regulamentar*) como *fonte formal secundária*. Não verificamos defeito nessa linha intelectiva – até porque o decreto é um inequívoco ato normativo secundário –, entretanto preferimos devotar maior predileção à que vem sendo construída no Capítulo. De todo modo, é importante destacar que há Bancas de Concurso (*v.g.*, a Vunesp) que preferem aquela linha classificatória, ou seja, a associação do decreto (regulamentar) a uma fonte formal secundária do Direito Tributário.
76. AMARO, Luciano. *Direito tributário brasileiro*, 14. ed., p. 191.

Parágrafo único. A observância das normas referidas neste artigo exclui a imposição de penalidades, a cobrança de juros de mora e a atualização do valor monetário da base de cálculo do tributo.

As **normas complementares**, portanto, podem ser:

> Note o item considerado **CORRETO**, em prova realizada pela Alternative Concursos, para o cargo de Advogado Legislativo da Câmara Municipal de Vereadores de Campo Erê/SC, em 2016: *"As decisões dos órgãos singulares ou coletivos de jurisdição administrativa, a que a lei atribua eficácia normativa e as práticas reiteradamente observadas pelas autoridades administrativas, constituem-se como fontes secundárias do Direito Tributário"*.

I – atos normativos expedidos pelas autoridades administrativas;

II – decisões administrativas com eficácia normativa;

III – práticas reiteradas das autoridades administrativas;

IV – convênios celebrados pelas entidades impositoras.

Vamos detalhar os incisos.

3.1 Inciso I: Atos normativos expedidos pelas autoridades administrativas

São comandos dos órgãos do Poder Executivo com o escopo de propiciar a correta aplicação da lei, do tratado ou do decreto. São atos internos, ostentando caráter geral, com o objetivo de conferir orientação universal aos contribuintes, esclarecendo-lhes as dúvidas, e instruir os servidores públicos encarregados da efetivação dos atos e procedimentos administrativos referentes aos tributos. O objetivo citado vem ao encontro da ideia de uniformizar os procedimentos adotados, em nome do *princípio da impessoalidade* (art. 37 da CF).

Os atos normativos provêm das mais diferentes autoridades, desde as situadas em plano hierárquico elevado (ministros, secretários-gerais etc.) até as que ocupam cargos mais modestos (chefes de repartição). São atos que expressam em minúcia o mandamento abstrato da lei, mas com a mesma normatividade da regra legislativa, conquanto sejam manifestações tipicamente administrativas.

Devem estar, naturalmente, à luz da hierarquia das normas, em conformidade com o diploma legal a que se referirem (tratados, decretos ou leis), podendo ocorrer, entretanto, aparentes conflitos entre aquilo que determinam e o que reza o instrumento complementado.

De fato, o ato normativo vincula o *agente público* e, havendo consonância com o instrumento normativo complementado, o *próprio contribuinte*. De outra banda, não vincula o Poder Judiciário, que não está obrigado a acatar a interpretação dada pela Administração por meio de seus atos normativos.

Frise-se que, em razão do fato de serem atos detentores de força normativa, em caso de descumprimento pelo destinatário, haverá a imposição de sanções – impasse que pode ser solucionado no próprio Poder Judiciário.

São exemplos de atos normativos: *portarias ministeriais, circulares,* instruções normativas (INs), ordens de serviço, *pareceres normativos, resoluções do ministro da Fazenda, avisos, despachos em geral, atos declaratórios normativos,* além do próprio *Manual de Preenchimento da Declaração de Rendimentos* (distribuído, anualmente, pela Secretaria da Receita Federal do Brasil aos contribuintes do IRPF).

3.2 Inciso II: Decisões com eficácia normativa

Note o item considerado **CORRETO**, em prova realizada pela Cotec/Unimontes, para o cargo de Advogado da Prefeitura de Bocaiuva/MG, em 2016: *"Considera-se norma complementar de lei tributária a decisão de órgão singular de jurisdição administrativa, quando a lei lhe atribuir eficácia normativa".*

Há certas decisões, prolatadas por órgãos ditos "de jurisdição administrativa", às quais a lei confere *eficácia normativa*, tornando-as *precedentes de observância obrigatória*. Após esse rito de passagem, tais decisões, submetidas ao indigitado *controle de legalidade* da Administração, passam a ser normas complementares tributárias.

O Poder Executivo, principalmente com relação à matéria tributária, possui em sua organização determinadas *estruturas julgadoras*, franqueando o contraditório ao contribuinte insatisfeito. Trata-se de *estruturas* que se assemelham às do Poder Judiciário, com a presença de instâncias de julgamento – *singulares* (seções de julgamento) e *colegiadas* (câmaras, conselhos e tribunais) –, permitindo o fluxo do usualmente intitulado "processo administrativo tributário". A propósito, a última decisão administrativa é detentora do timbre de irrecorribilidade na órbita da Administração, não fazendo coisa julgada (a chamada "coisa julgada material") e permitindo que o contribuinte insatisfeito possa socorrer-se da via judicial (art. 5º, XXXV, CF).

Ressalte-se, à guisa de esclarecimento, que o sujeito passivo não está obrigado a recorrer à via administrativa, podendo, portanto, dirigir-se diretamente ao Poder Judiciário. Por outro lado, as decisões administrativas podem ser revistas pelo Poder Judiciário, salvo quando em favor do contribuinte, hipótese em que são imodificáveis e extintivas do crédito tributário (art. 156, IX, do CTN).

É importante destacar que o CTN versa sobre decisões "a que a lei atribua eficácia normativa", ou seja, editada a lei que determina a eficácia normativa da decisão do órgão administrativo julgador, a partir daí, ela irradiará efeitos às demais decisões afetas aos casos idênticos, mesmo que proferidas para a solução de conflito determinado. Assim, a decisão individualizada, em virtude da aludida lei, deixaria de possuir apenas efeitos *inter partes* para possuir efeitos *erga omnes*, criando a "jurisprudência administrativa". É o chamado *Sistema de Decisões Vinculantes*, em que a solução adotada concretamente em um processo se estende a outros casos semelhantes.

Exemplo: as decisões do *Tribunal de Impostos e Taxas* (TIT), no Estado de São Paulo, quanto ao ICMS, aprovadas por *quorum* qualificado (dois terços) ou homologadas pelo Secretário Estadual de Fazenda, dotar-se-ão de eficácia normativa, sendo normas complementares. Como se notou, aplica-se essa decisão, em princípio, apenas ao caso concreto. Todavia, poderá alcançar outros casos se a decisão se revestir de eficácia nos termos da legislação pertinente, sendo homologada e não contrariando a jurisprudência do Poder Judiciário. Em outras palavras, se o contribuinte ganha na segunda instância administrativa por decisão proferida pelo *quorum* qualificado do referido Tribunal, poderá tal julgamento ser revestido de eficácia normativa, criando-se, assim, um "precedente" de observância obrigatória aplicável a todos os casos semelhantes.

3.3 Inciso III: Práticas reiteradas das autoridades administrativas

O presente inciso refere-se aos "usos e costumes adotados iterativamente pela Administração" ou, ainda, às ***normas complementares consuetudinárias***. Traduz-se na praxe administrativa, marcada pela adoção de procedimentos de observância reiterada pelo Estado, desde que não colidam com a jurisprudência firmada pelo Poder Judiciário.

> Note o item considerado **INCORRETO**, em prova realizada pelo IPAD, para o cargo de Procurador do Estado (PGE/PE), em 2013: *"As práticas reiteradamente observadas pelas autoridades administrativas, por sua vez, não são consideradas normas complementares da legislação tributária".*

> Note o item considerado **CORRETO**, em prova realizada pelo Cebraspe, para o cargo de Procurador do Município de Fortaleza/CE, em 2017: *"As práticas reiteradamente observadas pelas autoridades administrativas são 'normas complementares consuetudinárias' de direito tributário. Assim, na hipótese de a norma ser considerada ilegal, não é possível caracterizar como infracional a conduta do contribuinte que observa tal norma, em razão do princípio da proteção da confiança e da boa-fé objetiva".*

O *costume* pressupõe dois elementos: **(1)** *uso* (elemento externo, de observância constante, uniforme, pública e geral); **(2)** *opinião de necessidade* (convicção generalizada de que a observância da norma costumeira é uma necessidade jurídica).

Os usos e costumes podem ser classificados como: **a)** *introdutórios*, quando introduzem uma norma de conduta na ausência de lei a respeito; **b)** *ab-rogatórios*, quando consideram revogada uma lei que tenha deixado de ser aplicada; **c**) *interpretativos*, quando visam apenas explicitar o sentido de uma lei. Torna-se despiciendo ressaltar que, em matéria tributária, somente podem ser adotados os usos e costumes *interpretativos*. Isso porque somente a lei, entendida em sentido estrito, tem aptidão para instituir tributo, não se permitindo ao costume administrativo a faculdade de introduzir uma norma de conduta, na ausência de lei, ou revogar uma norma, mesmo em face de um desuso, nos termos do art. 2º da Lei de Introdução às Normas do Direito Brasileiro.

Dessa forma, aplica-se o *costume administrativo* em matéria tributária quando, por exemplo, as autoridades fiscais interpretam reiteradamente uma norma jurídica em determinado sentido, fazendo com que o sujeito passivo creia que, seguindo aquele entendimento, estará agindo corretamente. Esse costume enquadra-se no conceito de norma complementar, que deve ser observada pela Administração. É por essa razão que qualquer modificação na interpretação da norma adotada pelo sujeito passivo só poderá produzir efeitos para situações futuras, uma vez protegida pela prática iterativa da Administração.

Luciano Amaro[77], referindo-se aos "costumes fiscais", preleciona:

> (...) Se, em face de certa norma e à vista de determinada situação de fato, a autoridade age reiteradamente da mesma maneira (por exemplo, aceitando, ainda que tacitamente, uma conduta do contribuinte), esse comportamento da autoridade implica a criação de uma "norma" que endossa a conduta do contribuinte, e cuja revogação submete-se aos efeitos do parágrafo único do art. 100 do Código.

As crônicas doutrinária e jurisprudencial têm registrado **situações de utilização** dessa norma complementar nos seguintes casos:

(**1**) autoridade administrativa deixa, repetidamente, de exigir os encargos legais incidentes sobre recebimentos, pelo contribuinte, de ajudas de custo. Observe a jurisprudência:

> **EMENTA:** TRIBUTÁRIO. *PRÁTICAS ADMINISTRATIVAS.* Se o contribuinte recolheu o tributo à base de *prática administrativa adotada pelo Fisco,* eventuais diferenças devidas só podem ser exigidas sem juros de mora e sem atualização do valor monetário da respectiva base de cálculo (*CTN, art. 100, III* c/c parágrafo único). Recurso especial conhecido e provido, em parte. **(REsp 98.703/SP, 2ª T., rel. Min. Ari Pargendler, j. em 18-06-1998) (Grifos nossos)**

À guisa de curiosidade, a ementa em epígrafe foi burilada a partir do seguinte caso concreto: contribuinte paulista prestava o serviço de conserto e reparação de pneus e, fiando-se em prática administrativa reiteradamente adotada pelo Fisco municipal, e por este considerada legítima, excluía da base de cálculo do ISS o valor

77. AMARO, Luciano. *Direito tributário brasileiro*, 14. ed., p. 192.

dos materiais utilizados na prestação do serviço. O **STJ** houve por bem exigir o tributo, sem qualquer acréscimo.

(**2**) pagamento reiterado de ISS no lugar do ICMS efetivamente devido. Observe a jurisprudência:

> **EMENTA:** TRIBUTÁRIO. RECURSO ESPECIAL. RECOLHIMENTO REITERADO DO ISS. *COSTUME. ART. 100, III E PARÁGRAFO ÚNICO, DO CTN.* AUTO DE INFRAÇÃO. ICMS. BOA-FÉ. CONTRIBUINTE. MULTA. EXCLUSÃO. JUROS MORATÓRIOS. CORREÇÃO MONETÁRIA. *DIES A QUO.* NOTIFICAÇÃO. I. *Presume-se a boa-fé do contribuinte quando este reiteradamente recolhe o ISS sobre sua atividade, baseado na interpretação dada ao DL n. 406/68 pelo Município, passando a se caracterizar como costume, complementar à referida legislação.* II. A falta de pagamento do ICMS, pelo fato de se presumir ser contribuinte do ISS, não impõe a condenação em multa, devendo-se incidir os juros e a correção monetária a partir do momento em que a empresa foi notificada do tributo estadual. II. Recurso especial improvido. **(REsp 215.655/PR, 1ª T., rel. Min. Francisco Falcão, j. em 18-09-2003) (Grifo nosso)**

(**3**) operação de *leasing*, tida constantemente como não geradora de obrigação tributária, passando, de uma hora para outra, a ser alvo de incidência de ISS; entre outros exemplos.

3.4 Inciso IV: Convênios celebrados pelas entidades impositoras

> Note o item considerado **CORRETO**, em prova realizada pela Cotec/Unimontes, para o cargo de Advogado da Prefeitura de Bocaiuva/MG, em 2016: *"Em matéria tributária, pode-se considerar norma complementar à lei convênio celebrado entre entes federativos específicos".*

A União, os Estados, o Distrito Federal e os Municípios, por meio de suas Administrações Tributárias, poderão celebrar convênios para a execução de suas leis, serviços ou decisões. Trata-se de *ajustes* ou *convênios de cooperação* (ou *de colaboração*) entre duas ou mais pessoas de Direito Público para a prática ou omissão de determinados atos, visando ao aprimoramento da arrecadação e fiscalização tributárias.

Os *convênios fiscais* veiculam a prática de assistência mútua e atuação integrada, irradiando efeitos, nas seguintes **situações**:

(**a**) na possibilidade de permuta de informações, conforme se vê no **art. 199 do CTN c/c art. 37, XXII, parte final, da CF**, este último inserido pela EC n. 42/2003. Observe os dispositivos:

> **Art. 199.** A Fazenda Pública da *União e as dos Estados, do Distrito Federal e dos Municípios prestar-se-ão mutuamente assistência* para a fiscalização dos tributos respectivos e permuta de informações, na forma estabelecida, em caráter geral ou específico, por lei ou *convênio.* **(Grifos nossos)**

> **Art. 37. (...)**
>
> **XXII** – as *administrações tributárias da União, dos Estados, do Distrito Federal e dos Municípios*, atividades essenciais ao funcionamento do Estado, exercidas por servidores de carreiras específicas, terão recursos prioritários para a realização de suas atividades *e atuarão de forma integrada, inclusive com o compartilhamento de cadastros e de informações fiscais, na forma da lei ou convênio.* **(Grifos nossos)**

(b) no plano da uniformização de obrigações acessórias;

(c) no reconhecimento de extraterritorialidade a determinada legislação, conforme se depreende do **art. 102 do CTN**. Observe-o:

> **Art. 102.** A legislação tributária dos Estados, do Distrito Federal e dos Municípios vigora, no País, fora dos respectivos territórios, nos limites em que lhe reconheçam extraterritorialidade os *convênios* de que participem, ou do que disponham esta ou outras leis de normas gerais expedidas pela União. **(Grifo nosso)**

Frise-se que os convênios fiscais são acordos subordinados à lei, não podendo revogá-la, nem sequer a ela desobedecer, ainda que ratificados pelo Congresso, Assembleia Legislativa ou Câmara dos Vereadores. Como atos *infralegais*, não inovam a ordem jurídica, devendo hostilizar as matérias adstritas à reserva legal.

É fundamental destacar que transitam na seara jurídica os famosos convênios do ICMS, que passam ao largo de quaisquer semelhanças com tais *convênios de cooperação*. O convênio do ICMS propõe-se, diferentemente, a inaugurar ou inovar o Direito e, como um nítido *ato normativo primário*, possui força de *direito objetivo*. Essa é a razão por que não se confunde o *convênio de colaboração*, ora estudado, com o convênio de ICMS.

> (...) São os convênios para mútua assistência administrativa de que trata o art. 199 do CTN (...) Não se tratam, assim, dos convênios para regular isenções de ICMS, tratados na órbita da Constituição Federal, que têm força de direito objetivo, uma vez que se manifestam sobre matéria sujeita ao princípio da reserva legal[78].

A propósito, é mister delinearmos os principais elementos conceituais dos convênios do ICMS. Vamos a eles.

3.4.1 Convênios do ICMS

O art. 155, § 2º, XII, "g", da CF estabelece que cabe à **lei complementar** regulamentar a forma como, mediante deliberação dos **Estados** e do **Distrito Federal**, as isenções, os incentivos e os benefícios fiscais, em matéria de ICMS, serão concedidos e revogados.

78. AMARAL, Antonio Carlos Rodrigues. *In:* MARTINS, Ives Gandra da Silva (Coord.). *Comentários ao Código Tributário Nacional*. São Paulo: Saraiva, 1998, v. 2, p. 41.

A menção remete o estudioso à LC n. 24/75, que ainda vigora, dispondo, em seu art. 4º, que "ao Poder Executivo de cada unidade da Federação caberá, por decreto, ratificar ou não o convênio do ICM".

Assim, quando ratificados, os convênios do ICMS terão a natureza formal de *decretos* (fonte formal principal), e não de simples norma complementar (fonte formal secundária). Observe que quem ratifica e celebra os convênios são os Estados e o DF (e não os Municípios e a União), em um prazo de 15 dias após a publicação, entrando em vigor no prazo de 30 dias após a ratificação.

Nesse passo, os Estados e o Distrito Federal, querendo conceder isenções de ICMS, devem, previamente, firmar entre si *convênios*, celebrados no âmbito do **Conselho Nacional de Política Fazendária (CONFAZ)** – órgão com representantes de cada Estado e do Distrito Federal (dos Municípios, não), indicados pelo respectivo Chefe do Executivo, e um representante do Governo Federal.

> Note o item considerado **INCORRETO**, em prova realizada pelo Cespe, para o cargo de Analista Legislativo da Câmara dos Deputados, em 2014: *"Independentemente de deliberação do CONFAZ, serão constitucionais as normas que concedam ou autorizem a concessão de benefícios fiscais de ICMS concernentes a créditos presumidos, desde que estabelecidas mediante lei local do ente federado"*.

Em 11 de março de **2015**, o Pleno do **STF**, na **ADI n. 4.481**, de relatoria do Min. Roberto Barroso, ratificou a necessidade de convênios interestaduais para a instituição de benefícios fiscais relativos ao ICMS, tudo em conformidade com o art. 155, § 2º, XII, "g", da CF/88 e com a LC n. 24/75. A ação direta de inconstitucionalidade foi proposta pela *Confederação Nacional da Indústria* (CNI) contra dispositivos da Lei n. 14.985/2006, do Estado do Paraná. Por outro lado, ficou patente o entendimento de que "*o mero diferimento do pagamento de débitos relativos ao ICMS, sem a concessão de qualquer redução do valor devido, não configura benefício fiscal, de modo que pode ser estabelecido sem convênio prévio*".

Frise-se que o Tribunal Pleno do **STF**, em **1º de junho de 2011** (na paradigmática **ADI 2.906/RJ**, de relatoria do Min. Marco Aurélio), considerara inconstitucional o benefício fiscal relativo ao afastamento de multa e juros, no âmbito do ICMS, no Estado do Rio de Janeiro. A mencionada ADI foi proposta pelo Governador do Estado de São Paulo, com o fito de declarar a inconstitucionalidade da Lei Fluminense (Lei n. 3.394/2000, regulamentada pelo Decreto n. 26.273). Com efeito, o benefício referiu-se à exoneração fiscal, sem a existência de consenso das unidades da Federação (o *convênio*, celebrado no âmbito do CONFAZ), ferindo frontalmente o disposto nos arts. 150, § 6º, e 155, § 2º, XII, "g", da CF.

Aplicando a orientação firmada na ADI em epígrafe, em total repúdio à chamada "guerra fiscal" e à prodigalização das isenções e benefícios fiscais no bojo do ICMS, seguiu o **STF** (Pleno) – e com julgamento no mesmo dia **1º de junho de 2011** – analisando as seguintes ADIs:

1. ADI 2.376/RJ, de relatoria do Min. Marco Aurélio: considerou-se inconstitucional o benefício fiscal concedido pelo Estado do Rio de Janeiro, relativo à isenção de ICMS para certas operações ligadas às plataformas de petróleo e à navegação nos portos. A mencionada ADI foi proposta pelo Governador do Estado de Minas Gerais, com o fito de declarar a inconstitucionalidade do decreto fluminense **(Decreto n. 26.005/2000)**;

2. ADI 3.674/RJ, de relatoria do Min. Marco Aurélio: considerou-se inconstitucional o benefício fiscal concedido pelo Estado do Rio de Janeiro, relativo à redução da alíquota de ICMS nas operações internas com querosene de aviação – Programa *Rioaerotec*. A mencionada ADI foi proposta pelo Governador do Estado do Rio Grande do Norte, com o fito de declarar a inconstitucionalidade das normas fluminenses **(Lei n. 4.181/2003 e Decreto n. 36.454/2004)**;

3. ADI 3.413/RJ, de relatoria do Min. Marco Aurélio: considerou-se inconstitucional o benefício fiscal concedido pelo Estado do Rio de Janeiro, relativo à redução da alíquota de ICMS nas operações de importação de equipamento esportivo para atletas e competições panamericanas, olímpicas e paraolímpicas. A mencionada ADI foi proposta pela Associação Brasileira da Indústria de Máquinas e Equipamentos – Abimaq, com o fito de declarar a inconstitucionalidade das normas fluminenses **(Lei n. 4.163/2003 e Decreto n. 35.011/2004)**;

4. ADI 4.457/PR, de relatoria do Min. Marco Aurélio: considerou-se inconstitucional o benefício fiscal concedido pelo Estado do Rio de Janeiro, relativo à redução da base de cálculo do ICMS, na operação de saída de ônibus de entrada baixa (*low entry*), para empresas concessionárias de serviço público de transporte terrestre coletivo de passageiros de linhas urbanas. A mencionada ADI foi proposta pelo Governador do Estado do Paraná, com o fito de declarar a inconstitucionalidade do decreto fluminense **(Decreto n. 42.241/2010)**;

5. ADI 3.794/PR, de relatoria do então Min. Joaquim Barbosa: considerou-se inconstitucional o benefício fiscal (e financeiro-fiscal) concedido pelo Estado de Mato Grosso do Sul, relativo à redução do saldo devedor do ICMS, aplicáveis especialmente aos empreendimentos industriais, pelo prazo de cinco anos. A mencionada ADI foi proposta pelo Governador do Estado do Paraná, com o fito de declarar a inconstitucionalidade da norma sul-mato-grossense **(LC n. 93/2001, arts. 6º, 7º e 8º)**;

6. ADI 2.688/PR, de relatoria do então Min. Joaquim Barbosa: considerou-se inconstitucional o benefício fiscal concedido pelo Estado do Paraná, relativo à oferta de "auxílio-transporte" aos integrantes das polícias civil e militar, materializável em verdadeira isenção de ICMS na aquisição de um veículo popular para cada policial, zero-quilômetro de fabricação nacional. A mencionada ADI foi proposta pelo Governador do Estado do Paraná, com o fito de declarar a inconstitucionalidade de norma expedida no âmbito desse mesmo ente federativo **(Lei n. 13.561/2002)**;

7. ADI 1.247/PR, de relatoria do Min. Dias Toffoli: considerou-se inconstitucional o benefício fiscal concedido pelo Estado do Pará, relativo à oferta provisória, independentemente de deliberação do CONFAZ, de desonerações, as quais poderão importar em redução ou exclusão do ICMS. A mencionada ADI foi proposta pelo Procurador-Geral da República, com o fito de declarar a inconstitucionalidade da lei paraense **(Lei n. 5.780/93, art. 12)**;

8. ADI 3.702/ES, de relatoria do Min. Dias Toffoli: considerou-se inconstitucional o benefício fiscal concedido pelo Estado do Espírito Santo, relativo ao diferimento de ICMS incidente nas importações, do exterior, de máquinas e equipamentos realizadas por estabelecimentos avicultores, suinocultores ou pelas cooperativas de produtores, desde que destinadas à instalação (ou alterações) de unidades de beneficiamento industrial ou de instalações agropecuárias industriais, relacionados às suas atividades, para o momento de sua desincorporação do ativo permanente. A mencionada ADI foi proposta pela Associação Brasileira da Indústria de Máquinas e Equipamentos – Abimaq, com o fito de declarar a inconstitucionalidade do decreto capixaba **(Decreto n. 1.542-R/2005)**;

9. ADI 4.152/SP, de relatoria do Min. Cezar Peluso: considerou-se inconstitucional o benefício fiscal concedido pelo Estado de São Paulo a fabricantes, produtores ou laticínios, relativo à redução em 100% da base de cálculo de ICMS nas saídas internas de tais produtos fabricados no Estado, e também relativo à concessão de crédito presumido. A mencionada ADI foi proposta pelo Governador do Estado do Paraná, com o fito de declarar a inconstitucionalidade do decreto paulista **(Decreto n. 52.381/2007)**;

10. ADI 3.664/RJ, de relatoria do Min. Cezar Peluso: considerou-se inconstitucional o benefício fiscal concedido pelo Estado do Rio de Janeiro, relativo à redução de 2% do ICMS e à concessão de crédito presumido a estabelecimentos industriais com atividade de refino de sal para a alimentação humana. A mencionada ADI foi proposta pelo Governador do Estado do Paraná, com o fito de declarar a inconstitucionalidade do decreto fluminense **(Decreto n. 27.427/2000 – RICMS/RJ)**;

11. ADI 2.549/DF, de relatoria do Min. Ricardo Lewandowski: considerou-se inconstitucional o benefício fiscal concedido pelo Distrito Federal, o qual foi veiculado por meio de um empréstimo às empresas favorecidas pelo *Programa de Promoção do Desenvolvimento Econômico Integrado e Sustentável do Distrito Federal* (PRÓ-DF). A mencionada ADI foi proposta pelo Governador do Estado de São Paulo, com o fito de declarar a inconstitucionalidade da lei distrital **(Lei n. 2.483/99)**;

E, por fim, com julgamento em 30-06-**2011**:

12. ADI 2.345/SC, de relatoria do Min. Cezar Peluso: considerou-se inconstitucional o benefício fiscal concedido pelo Estado de Santa Catarina, relativo ao cancelamento de notificações fiscais emitidas com base na *Declaração de Informações Econômi-*

co-fiscais – DIEF (ano-base 1998) e à consequente restituição dos valores eventualmente recolhidos. A mencionada ADI foi proposta pelo Governador do Estado de Santa Catarina, com o fito de declarar a inconstitucionalidade de norma expedida no âmbito desse mesmo ente federativo **(Lei n. 11.393/2000)**.

Além da farta exemplificação anteriormente apresentada, em **8 de março de 2017**, o Plenário do **STF**, por maioria e nos termos do voto do Relator (Gilmar Mendes), julgou procedente o pedido formulado na **ADI 3.796/PR**, proposta pelo Governador do Estado do Paraná, para declarar a inconstitucionalidade da **Lei n. 15.054/2006**, a qual restabelecia benefícios fiscais (ICMS), no âmbito dos programas *Bom Emprego, Paraná Mais Emprego* e *PRODEPAR*. No caso, ao ampliar o benefício fiscal no âmbito do ICMS, de maneira unilateral, a lei impugnada incidiu em inconstitucionalidade.

Na mesma data, em **8 de março de 2017**, o Plenário do **STF**, por maioria e nos termos do voto do Relator (Luiz Fux), julgou parcialmente procedente o pedido formulado na **ADI 2.663/RS**, proposta pelo Governador do Estado do Rio Grande do Sul, para declarar a inconstitucionalidade do art. 3º da **Lei n. 11.743/2002**, conferindo à decisão efeitos *ex nunc*, a partir da publicação da ata deste julgamento. A lei impugnada assegurava a certas empresas patrocinadoras de bolsas de estudo outorgadas a professores (mediante a contraprestação de atividade docente nas empresas), um incentivo equivalente a 50% do valor da bolsa, a ser deduzido do ICMS. Se, de um lado, a competência legislativa de Estado-Membro para dispor sobre educação e ensino (art. 24, IX, CF) autoriza a fixação, por lei local, da possibilidade de concessão do retrocitado benefício, por outro, a exoneração de ICMS, sem a antecedente deliberação dos Estados-Membros e do Distrito Federal (LC n. 24/75), caracteriza hipótese típica de situação conducente à "guerra fiscal", em desarmonia com a Constituição (art. 155, § 2º, XII, "g", da CF).

Ad argumentandum tantum, é bom evidenciar que, em momento anterior, em 20 de agosto de **2014**, o Plenário do **STF**, por maioria, julgara procedente o pedido formulado na **ADI n. 4.276/MT** (rel. Min. Luiz Fux), para declarar a inconstitucionalidade da **LC n. 358/2009**, do Estado do Mato Grosso, a qual concedeu isenção de ICMS para as operações de aquisição de automóveis por oficiais de justiça estaduais. **O Colegiado reputou indispensável a prévia deliberação dos Estados-membros e do Distrito Federal para a concessão de benefícios fiscais relativamente ao ICMS, nos termos do art. 155, § 2º, XII, "g", da CF e da LC n. 24/75.** Por fim, pontuou que a lei complementar estadual padeceria de inconstitucionalidade formal, porque careceria do necessário amparo em *convênio interestadual*, o que caracterizaria hipótese típica de guerra fiscal.

> Note o item considerado **CORRETO**, em prova realizada pelo Cespe/Cebraspe, para o cargo de Auditor do Tribunal de Contas do Paraná (TCE/PR), em 2016: *"Isenções de ICMS devem ser objeto de convênio normativo, conforme previsão constitucional, a despeito de ser esse imposto regulamentado por lei complementar"*.

Aliás, segundo o **art. 150, § 6º, parte final, CF c/c art. 1º, parágrafo único, I a V, da LC n. 24/75**, ficarão condicionados à autorização por deliberação dos Estados e Distrito Federal, na forma regulada por lei complementar federal (convênios), os seguintes benefícios: *isenção, remissão, subsídio, redução de base de cálculo, concessão de crédito presumido, a devolução do tributo (total ou parcial, direta ou indireta, condicionada ou não) ao contribuinte (a responsável ou a terceiros) e quaisquer outros incentivos ou favores fiscais ou financeiro-fiscais.*

Em uma perspectiva crítica, dir-se-ia que é fácil perceber que o convênio de ICMS não se confunde com a "lei", nem o CONFAZ com um órgão do Legislativo. Assim, os integrantes de tal Conselho – geralmente, Secretários de Fazenda ou de Finanças – não podem, a pretexto de dispor sobre isenções de ICMS, "legislar" a seu respeito no lugar do Poder Legislativo de cada Estado e do Distrito Federal.

Os convênios apenas integram o processo legislativo necessário à concessão dessas desonerações tributárias, que exsurgem, sim, jurídica e validamente, com o *decreto legislativo* ratificador do convênio interestadual, somente passando a valer como direito interno dos Estados e do Distrito Federal depois da ratificação. Aliás, a ratificação não pode ser feita por "decreto" do Governador – como, infelizmente, vem acontecendo, com base no art. 4º da LC n. 24/75 –, mas por meio de *decreto legislativo* baixado pela respectiva Assembleia Legislativa ou, no caso do Distrito Federal, por sua Câmara Legislativa.

A doutrina parece compartilhar a postura crítica. Nas palavras pontuais de Alcides Jorge Costa, citado por Roque Antonio Carrazza[79], "os convênios são uma fase peculiar do processo legislativo, em matéria de isenções de ICMS. Fase que limita a competência das Assembleias Legislativas, mas que não pode eliminá-la".

Geraldo Ataliba, também citado por Roque Antonio Carrazza[80], com argúcia, ratifica: "(...) o convênio não dá nem tira direito a nenhuma Fazenda e a nenhum contribuinte. Não cria direito de natureza tributária nem em benefício, nem em detrimento de ninguém. É mero pressuposto de exercício eficaz da competência isentadora dos legisladores ordinários estaduais".

No *iter* procedimental que comumente se adota, percebe-se que os convênios são celebrados pelos representantes do Poder Executivo estadual, cabendo aos chefes desse Poder, os governadores, ratificarem-nos. É evidente a estranheza do procedimento, o que nos faz duvidar de sua constitucionalidade quando se permite a ratificação dos convênios pelo mesmo Poder que os celebra, ferindo inexoravelmente os *princípios da legalidade tributária* e da *separação dos poderes*. Explicando: fere o *Princípio da Legalidade* por ser o poder de isentar correlato ao poder de criar o tributo, exigindo-se subserviência aos ditames legais (art. 150, I, da CF, e arts. 9º; 97, I

79. CARRAZZA, Roque Antonio. *Curso de direito constitucional tributário*, 24. ed., p. 221.
80. *Idem*.

e VI; e 178, do CTN). Assim sendo, como regra, somente uma norma jurídica emanada do Poder Legislativo pode isentar o sujeito passivo do pagamento do tributo. Por outro lado, a norma da LC n. 24/75 agride também o *Princípio Constitucional da Separação dos Poderes* (art. 2º da CF), porque a separação harmônica dos entes federados não permite que um mesmo Poder (Executivo) possa criar direito e, ao mesmo tempo, homologar seu próprio ato.

Geraldo Ataliba[81], com a precisão de pensamento que lhe é peculiar, aduz:

> (...) Nestas assembleias são gestados os convênios, ou melhor, as "propostas de convênios". Em verdade o conteúdo dos convênios só passa a valer depois que as Assembleias Legislativas – casas onde se faz representar o povo dos Estados – ratificam os convênios prefirmados nas assembleias. Com efeito, não poderia um mero preposto do chefe do Executivo Estadual exercer competência tributária exonerativa. Esta é do ente Político, não é do Executivo nem do seu chefe, muito menos do preposto, destituível *ad nutum*. (...).

E arremata o insigne tributarista[82], discorrendo sobre o federalismo:

> Na verdade, qualquer proposta de que indireta ou remotamente tenda a abolir quer a federação, quer a república é igualmente proibida, inviável e insuscetível de sequer ser posta como objeto de deliberação. Basta enfraquecê-las, reduzi-las, tender a esvaziá-las, reduzir-lhes a eficácia e já deve ser fulminada de inconstitucionalidade.

Por derradeiro, vale destacar que a EC n. 33/2001 previu, como mitigação ao princípio da legalidade tributária, a possibilidade de **fixação** de alíquotas do ICMS-Combustível por meio de convênios, no âmbito do CONFAZ. O mandamento parece desvirtuar a competência privativa do Senado Federal, por nítida supressão de competência, na fixação de alíquotas do ICMS em operações interestaduais, bem como na estipulação de alíquotas máximas e mínimas nas operações internas. Em mais um criticável episódio, cogita-se da violação à *forma federativa do Estado* e à *separação dos poderes*, com a evidente supressão da competência do Poder Legislativo (Senado Federal), outorgando-se o duvidoso lastro à atuação do Executivo.

3.5 Parágrafo único do art. 100 do CTN

O parágrafo único do art. 100 dispõe sobre a exoneração do contribuinte de boa-fé dos encargos e penalidades diante da observância das normas complementa-

81. ATALIBA, Geraldo. Eficácia dos convênios para isenção do ICM. *Revista de Direito Tributário*, São Paulo, v. 11/12, 1980, pp. 99-123 (p. 110).

82. ATALIBA, Geraldo. Eficácia dos convênios para isenção do ICM. *Revista de Direito Tributário*, São Paulo, v. 11/12, 1980, pp. 115-116.

res. Tal medida vem ao encontro da preservação da *segurança jurídica* na relação que liga o Fisco *credor* ao contribuinte-cidadão *devedor*. Ademais, o comando é ratificador dos **princípios da *confiança*, da boa-fé**, da *moralidade* e da *razoabilidade*. Veja-o:

> Note o item considerado **CORRETO**, em prova realizada pelo Cebraspe, para o cargo de Procurador do Município de Fortaleza/CE, em 2017: *"As práticas reiteradamente observadas pelas autoridades administrativas são 'normas complementares consuetudinárias' de direito tributário. Assim, na hipótese de a norma ser considerada ilegal, não é possível caracterizar como infracional a conduta do contribuinte que observa tal norma, em razão do princípio da proteção da confiança e da boa-fé objetiva".*

Art. 100. (...)

Parágrafo único. A observância das normas referidas neste artigo *exclui* a imposição de *penalidades*, a cobrança de *juros de mora e a atualização do valor monetário da base de cálculo do tributo.*

> Note o item considerado **CORRETO**, em prova realizada pelo IOPLAN, para o cargo de Advogado da Prefeitura Municipal de São Domingos/SC, em 2016: *"Determinado contribuinte do ISS recolheu o tributo a menor ao seguir a interpretação que o Fisco expressamente deu a norma, baseada em sua prática administrativa. Diante do exposto, a Fazenda Municipal poderá cobrar a diferença, porém sem qualquer acréscimo, inclusive sem atualização monetária".*

> Note o item considerado **CORRETO**, em prova realizada pela FCC, para o cargo de Profissional de Nível Superior (Direito) da ELETROSUL – Centrais Elétricas S.A., em 2016: "O Código Tributário Nacional, *em alguns de seus dispositivos, faz referência à incidência de juros de mora e à atualização do valor monetário da base de cálculo do tributo. Diante desse quadro, a observância das normas complementares das leis, dos tratados e das convenções internacionais e dos decretos exclui a imposição de penalidades, a cobrança de juros de mora e a atualização do valor monetário da base de cálculo do tributo".*

Cabe fazermos, de início, um breve esclarecimento sobre os conceitos de *multa, juros* e *correção monetária*:

Multa: é punição ou sanção pecuniária, dotada de compulsoriedade, instituída por meio de lei (art. 97, V, CTN), em face do descumprimento de obrigações tributárias, principais ou acessórias. É possível defini-la, à luz do art. 3º do CTN, na medida em que se trata de *"prestação pecuniária, compulsória, diversa de tributo, instituída por meio de lei e cobrada mediante lançamento"*. Assim, entendemos seguro utilizar-se a forma conceitual de tributo, com pequena adaptação, para definir a multa.

Juros: são um *plus*, exigíveis pelo credor, a fim de se ressarcir daquilo que está deixando de lucrar em virtude do pagamento a destempo do valor tributário pelo devedor. É uma remuneração do capital. Se houver impontualidade no pagamento do tributo, o credor fica impedido de aplicar seus recursos em alguma atividade remuneratória de seu capital. Os juros significam, assim, uma "paga compensatória" daquilo que o credor deixou de ganhar em função do pagamento extemporâneo. Não possuem os juros natureza "punitiva", mas meramente *compensatória*.

Correção monetária: é atualização de valor, como mecanismo de proteção a processo inflacionário. Não significa acréscimo. Vale dizer que a aplicação de um índice de correção monetária, baseado na inflação média, é um *elemento neutro* sobre o valor de uma dívida, não lhe proporcionando aumento real nem lhe diminuindo o valor.

Como se nota, o preceptivo prevê uma exclusão da multa, dos juros e da atualização do valor monetário da base de cálculo. Sendo assim, havendo uma revogação de norma complementar, torna-se obrigatório **o recolhimento do tributo, ou seja, o valor principal, excluindo-se as *penalidades, os juros de mora e a correção monetária*.**

Note o item considerado **CORRETO**, em prova realizada pela FCC, para o cargo de Julgador Administrativo Tributário do Tesouro Estadual (Sefaz/PE), em 2015: *"A observância das normas complementares exclui a imposição de penalidades, a cobrança de juros de mora e a atualização do valor monetário da base de cálculo do tributo".*

Adota-se, pois, nesse comando legal, o princípio "*nemo potest venire contra factum proprium*", indicando-se, nas precisas palavras de Ruy Barbosa Nogueira[83], que a Administração "não pode punir ou onerar alguém por ter seguido as instruções ou orientações ainda que o fisco as venha repudiar".

Para Luciano Amaro[84], "a observância das 'normas complementares' faz presumir a boa-fé do contribuinte, de modo que aquele que pautar seu comportamento por uma dessas normas não pode (na hipótese de a 'norma' ser considerada ilegal) sofrer penalidade, nem cobrança de juros de mora, nem pode ser atualizado o valor monetário da base de cálculo do tributo (art. 100, parágrafo único)".

De fato, se a própria Administração elabora um ato normativo, adota um comportamento iterativo ou confecciona um convênio, externando com a adequada publicidade as suas intenções fiscais, inadmissível punir o sujeito passivo que se tenha nelas fiado, acreditando, sob a égide da boa-fé, estar adimplindo suas obrigações tributárias.

É caso, em outras palavras, de uma honrosa exceção ao princípio da responsabilidade objetiva pela infração. Seria temerário, por exemplo, que um contribuinte, ao deixar de pagar um imposto, obedecendo ao comando de uma instrução normativa de texto dúbio, por acreditar que estava isento, fosse punido por um erro da própria Administração. Em verdade, tal sujeito passivo não se acharia moralmente implicado na violação da lei.

83. NOGUEIRA, Ruy Barbosa. *Curso de direito tributário*, 14. ed., p. 60.
84. AMARO, Luciano. *Direito tributário brasileiro*, 14. ed., p. 192.

Desse modo, cabe à Administração a exigência do tributo, mas **sem** multa, **sem** juros e **sem** correção monetária (base de cálculo). E, por que não dizer, "**com** justiça"...

Portanto, memorize:

REVOGAÇÃO DE NORMA COMPLEMENTAR (art. 100, parágrafo único, CTN)	***Cobra-se o quê?***	**TRIBUTO**
	Afasta-se o quê?	MULTA, JUROS E ATUALIZAÇÃO MONETÁRIA DA BASE DE CÁLCULO

21

RELAÇÃO JURÍDICO-TRIBUTÁRIA

A relação jurídico-tributária pode ser assimilada por meio de um recurso mnemônico, por nós adotado em aulas, de cuja experiência pudemos idealizar a *Linha do Tempo Compacta*, a seguir representada.

Trata-se de representação gráfica concebida no intuito de sistematizar a relação jurídico-tributária em cotejo com o tempo.

Ao permitir uma visão abrangente e conjunta do Direito Tributário "em movimento", a *Linha do Tempo Compacta* torna claros os momentos fulcrais da relação tributacional, traduzidos em uma ordem cronológica, facilmente compreensível ao estudioso.

Não pretende ela aprofundar, mas sistematizar; nem simplificar, sem aprofundamento. Objetiva, sim, provocar uma visão crítica do liame obrigacional-tributário, em toda a sua inteireza.

Apreciemo-la (ver *Linha do tempo* completa no Apêndice):

"Linha do Tempo Compacta"

HI → FG → OT → CT

HI = hipótese de incidência OT = obrigação tributária
FG = fato gerador CT = crédito tributário

1 A HIPÓTESE DE INCIDÊNCIA

A hipótese de incidência tributária representa o momento abstrato, previsto em lei, hábil a deflagrar a relação jurídico-tributária. Caracteriza-se pela abstração, que se opõe à concretude fática, definindo-se pela escolha feita pelo legislador de fatos quaisquer do mundo fenomênico, propensos a ensejar o nascimento do episódio jurídico-tributário.

Para Vittorio Cassone[1], significa a "descrição que a lei faz de um fato tributário que, quando ocorrer, fará nascer a obrigação tributária (obrigação de o sujeito passivo ter de pagar ao sujeito ativo o tributo correspondente)".

2 O FATO GERADOR

O fato gerador ou "fato imponível", nas palavras de Geraldo Ataliba[2], é a materialização da hipótese de incidência, representando o momento concreto de sua realização, que se opõe à abstração do paradigma legal que o antecede.

Caracteriza-se pela concretização do arquétipo legal (abstrato), compondo, dessa forma, o conceito de "fato". Assim, com a realização da hipótese de incidência, teremos o *fato gerador* ou *fato jurígeno*.

É importante enaltecer que da perfeita adaptação do fato ao modelo ou paradigma legal despontará o *fenômeno da subsunção*. A partir dela, **nascerá o liame jurídico obrigacional**, que dará lastro à relação intersubjetiva tributária.

Ademais, o fato gerador é momento de significativa magnitude na *Linha do Tempo*, uma vez que define a natureza jurídica do tributo (taxas, impostos, contribuições de melhoria), consoante a dicção do art. 4º, I, do CTN, valendo lembrar que o nome ou denominação do tributo são *irrelevantes*. Veja o dispositivo:

> **Art. 4º** A natureza jurídica específica do tributo é determinada pelo fato gerador da respectiva obrigação, sendo **irrelevantes** para qualificá-la:

> Note o item considerado **INCORRETO**, em prova realizada pela FCC, para o cargo de Procurador do Município de Campinas, em 2016: *"A natureza jurídica específica do tributo é determinada pelo fato gerador da respectiva obrigação, sendo relevante para qualificá-la a destinação legal do produto da sua arrecadação".*

> **I** – a denominação e demais características formais adotadas pela lei;
> **II** – a destinação legal do produto da sua arrecadação.

Quanto aos empréstimos compulsórios e às **contribuições**, não é demasiado reprisar que se trata de gravames finalísticos, **não definidos pelo fato gerador**, mas, sim, pela finalidade para a qual foram instituídos. Portanto, seus fatos geradores são irrelevantes, não sendo esses tributos concebidos como tais, em razão deles, mas do elemento finalístico que os demarca de modo indelével.

> Note o item considerado **INCORRETO**, em prova realizada pela PGR, para o 28º Concurso para Procurador da República, em 2015: *"A tributação do lucro líquido de uma empresa pelo IRPJ e pela CSLL, instituída pela União, configura dupla imposição vedada porque decorrente do mesmo fato gerador".*

1. CASSONE, Vitório. *Direito tributário*, 18. ed., p. 143.
2. ATALIBA, Geraldo. *Hipótese de incidência tributária*. 6. ed., 3. tir. São Paulo: Malheiros, 2002, p. 68.

Cabe destacar que o fato gerador ganha significativa importância por definir a lei a ser aplicada no momento da cobrança do tributo, em abono do princípio constitucional da irretroatividade tributária (art. 150, III, "a", CF). Sabe-se que, em uma autuação fiscal, deve a autoridade fiscalizadora valer-se da lei que antecede os fatos geradores aos quais ela se refere, sob pena de veicular uma retroatividade legal, o que se pretende coibir com o postulado constitucional em comento.

Como se notou, "**hipótese de incidência**" é a situação descrita em lei, recortada pelo legislador entre inúmeros fatos do mundo fenomênico, a qual, **uma vez concretizada no fato gerador**, enseja o surgimento da obrigação principal. A substancial diferença reside em que, enquanto *aquela* é a "descrição legal de um fato (...) a descrição da hipótese em que o tributo é devido[3]", *esta* se materializa com a efetiva ocorrência do fato legalmente previsto.

> Note o item considerado **INCORRETO**, em prova realizada pela FCC, para o cargo de Analista Judiciário do TRF/3ª Região, em 2014: *"Sobre a hipótese de incidência, é correto afirmar que é a descrição abstrata de fato que, se acontecer através do lançamento, faz surgir o crédito tributário".*

Segundo leciona o saudoso professor Ricardo Lobo Torres[4], o tributo deve incidir sobre as atividades lícitas e, de igual modo, sobre aquelas consideradas ilícitas ou imorais.

De fato, há de haver uma universal incidência do tributo, porquanto a hipótese de incidência, materializando-se no fato imponível, é circunstância bastante para a irradiação equitativa da incidência tributária.

Para Luiz Emygdio F. da Rosa Jr.[5], quando a norma jurídica tributária define um dado paradigma como hipótese de incidência – fato econômico ao qual o direito atribui relevância jurídica –, já está sopesando a situação em si e a capacidade contributiva da pessoa que a deflagra.

Nesse passo, o Direito Tributário preocupa-se em saber tão somente sobre a relação econômica relativa a um determinado negócio jurídico, o que se nota na dicção do **art. 118 do CTN**. Trata-se de dispositivo que abarca um importante princípio, criado por Albert Hensel e Otmar Bühler[6], segundo o qual o tributo *non olet*, ou seja, o tributo "não tem cheiro", significando que toda atividade ilícita deveria ser tributada. Note-o:

> **Art. 118.** A definição legal do fato gerador é interpretada abstraindo-se:
> **I** – da validade jurídica dos atos efetivamente praticados pelos contribuintes, responsáveis, ou terceiros, bem como da natureza do seu objeto ou dos seus efeitos;

> Note o item considerado **CORRETO**, em prova realizado pelo Cebraspe, para o cargo de Procurador Municipal da Prefeitura de Belo Horizonte/MG, em 2017: *"Interpreta-se a definição legal de fato gerador abstraindo-se da validade jurídica dos atos efetivamente praticados pelos contribuintes, pois para a incidência do tributo, não é relevante a regularidade jurídica dos atos".*

3. MACHADO, Hugo de Brito. *Curso de direito tributário*, 29. ed., pp. 127-128.
4. TORRES, Ricardo Lobo. *Curso de direito financeiro e tributário*, 12. ed., p. 102.
5. ROSA JR., Luiz Emygdio F. *Manual de direito financeiro e tributário*. 17. ed. Rio de Janeiro: Renovar, 2003. p. 213.
6. V. TORRES, Ricardo Lobo. *Tratado de direito constitucional financeiro e tributário*, v. III, p. 371.

> Note o item considerado **INCORRETO**, em prova realizada pela UEG, PC-GO, para o cargo de Delegado de Polícia, em 2018: *"A definição do fato gerador demanda não só ato jurídico válido, mas também natureza lícita do seu objeto e efeitos conforme o ordenamento jurídico."*

II – dos efeitos dos fatos efetivamente ocorridos.

De acordo com o art. 118 do CTN, são irrelevantes, para a ocorrência do fato gerador, a natureza do objeto dos atos praticados e os efeitos desses atos.

Assim, podem ser tributados os atos nulos e os atos ilícitos, prevalecendo o princípio da *interpretação objetiva do fato gerador.*

Nesse passo, infere-se do artigo em comento que, diante do fato típico tributário, há de prevalecer em caráter exclusivo a sua análise objetiva como fator relevante, em homenagem à equivalência necessária que dá sustentação ao postulado da isonomia tributária.

Insta frisar que a indigitada máxima latina – *pecunia non olet* – originou-se do diálogo ocorrido entre o Imperador *Vespasiano* e seu filho *Tito*. Narra que este, indagando o pai sobre o porquê da tributação dos usuários de banheiros ou mictórios públicos, na Roma Antiga, foi levado a crer pelo genitor que a moeda não exalava odor como as cloacas públicas, e, portanto, dever-se-ia relevar todos os aspectos extrínsecos ao fato gerador, aceitando-se, sim, a tributação sobre aqueles que utilizavam tais recintos.

Sendo assim, o vetusto aforismo latino impõe, na esteira do princípio da generalidade da tributação, que todos aqueles que realizarem o fato gerador do gravame poderão ser chamados a compor o polo passivo da relação jurídico-tributária, independentemente da denominação jurídica dos rendimentos, títulos ou direitos.

Nessa esteira, para o saudoso professor Ricardo Lobo Torres[7], "se o cidadão pratica **atividades ilícitas** com consistência econômica deve pagar o tributo sobre o lucro obtido, para não ser agraciado com tratamento desigual frente às pessoas que sofrem a incidência tributária sobre os ganhos provenientes do trabalho honesto ou da propriedade legítima".

> Note o item considerado **CORRETO**, em prova realizada pela UEG, PC-GO, para o cargo de Delegado de Polícia, em 2018: *"O produto do crime se encontra sujeito à tributação na medida em que, conforme o Código Tributário Nacional, vigora para exação tributária a regra do 'non olet'".*

Vale dizer, à luz de tais entendimentos doutrinários uníssonos, que o fato tributário deverá ser analisado em sua nudez econômica, longe de conotações extrínsecas. Desse modo, irrelevante será se a atividade é "limpa" ou "suja", devendo o tributo gravar o resultado econômico de todas as circunstâncias fáticas, lícitas ou ilícitas[8].

7. TORRES, Ricardo Lobo. *Tratado de direito constitucional financeiro e tributário*, v. III, p. 372.
8. *V.* MARTINS, Ives Gandra da Silva. *Teoria da imposição tributária*, p. 320.

Tal panorama ratifica o paradigma de que a "capacidade tributária passiva" é plena, não comportando restrições. Note o **art. 126 do CTN**, que vem ao encontro do contexto preconizado pela máxima latina:

> **Art. 126.** A capacidade tributária passiva independe:
>
> **I** – da capacidade civil das pessoas naturais;

> Note o item considerado **INCORRETO**, em prova realizada pelo Cespe/Cebraspe, para o cargo de Juiz de Direito Substituto da Justiça do Distrito Federal (TJDFT), em 2016: *"A capacidade tributária passiva depende da capacidade civil das pessoas naturais"*.
>
> **Observação:** item semelhante foi considerado **INCORRETO**, em prova realizada pela COTEC/UNIMONTES, para o cargo de Advogado da Prefeitura de Ubaí/MG – Microrregião de Januária/MG, em 2016.

> **II** – de achar-se a pessoa natural sujeita a medidas que importem privação ou limitação do exercício de atividades civis, comerciais ou profissionais, ou da administração direta de seus bens ou negócios;

> Note o item considerado **CORRETO**, em prova realizada pela Consulplan, para o cargo de Titular de Serviços de Notas e de Registros (TJ/MG), em 2017: *"A capacidade tributária passiva independe de achar-se a pessoa natural sujeita a medidas que importem privação ou limitação do exercício de atividades civis, comerciais ou profissionais, ou da administração direta de seus bens ou negócios"*.

> **III** – de estar a pessoa jurídica regularmente constituída, bastando que configure uma unidade econômica ou profissional.

O dispositivo em epígrafe diz respeito à capacidade jurídico-tributária, referindo-se à aptidão da pessoa, titular de direitos, para compor o polo passivo da relação jurídica que envolve a cobrança do tributo.

À luz do **inciso I** do **art. 126**, diz-se que a incapacidade civil – absoluta ou relativa – é de todo irrelevante para fins tributários. Os atos realizados por menores de 16 anos (*e.g.*, o recém-nascido) – ou até por aqueles entre 16 e 18 anos –, pelos ébrios habituais, pelos toxicômanos, pelos pródigos, pelos excepcionais (sem desenvolvimento mental completo), pelos deficientes mentais e pelos surdos-mudos, quando estes não puderem exprimir sua vontade, se tiverem implicações tributárias, ensejarão infalivelmente o tributo.

Quanto ao **inciso II** do indigitado dispositivo, a pessoa natural que sofrer limitações no exercício de suas atividades civis, comerciais ou profissionais não estará impossibilitada de fazer parte da sujeição passiva tributária. À guisa de exemplificação, temos: o falido, o interditado, o réu preso, o inabilitado para o exercício de certa profissão (*v.g.*, o advogado suspenso pela OAB; o transportador autônomo com habilitação para dirigir suspensa; financista com empresa sob intervenção do Banco Central).

Quanto ao **inciso III**, a incidência tributária ocorrerá independentemente da regular constituição da pessoa jurídica, mediante a inscrição ou registro dos seus atos constitutivos no órgão competente. Se, à revelia dessa formalidade legal – o que torna a empresa comercial existente "de fato", e não "de direito" –, houver a ocorrência do fato gerador, *v.g.*, a comercialização de mercadorias, dar-se-á a imposição do tributo, exigível, no caso, sobre os sócios da pessoa jurídica, haja vista a responsabilização pessoal constante do art. 135, *caput*, CTN. A esse propósito, o STJ entendeu que "*(...) a situação irregular da Empresa no Distrito Federal não afasta a obrigação de recolher o tributo, pois a capacidade tributária de uma empresa independe da constatação da regularidade de sua formação. (...)*" **(CC 37.768/SP, rel. Min. Gilson Dipp, 3ª T., j. em 11-06-2003)**.

Ad argumentandum, destaque-se que a *sociedade em conta de participação* não é "pessoa jurídica", nem mantém relações jurídicas com terceiros, o que faz com que não possua capacidade tributária passiva. Para fins de responsabilização do tributo, atingir-se-ão os sócios, que são credores e devedores de terceiros.

Por derradeiro, é importante frisar que as situações descritas no art. 126 servem tanto para "deveres" como para "direitos" dos contribuintes. Com efeito, o **STJ** entendeu que uma entidade, conquanto não formalmente constituída como pessoa jurídica, tem direito garantido de ingressar com o REFIS **(REsp 413.865/PR, 1ª T., rel. Min. Luiz Fux, j. em 26-11-2002)**.

De fato, tratar universalmente tais contribuintes significa evitar a burla à tributação, uma vez que inúmeros proprietários de bens imóveis poderiam colocar seus bens em nome dos filhos menores, ou, ainda, incontáveis comerciantes deixariam de estar devidamente cadastrados perante o fisco.

A lógica da equiparação está na racionalidade que deve vir a reboque do princípio da isonomia – e também no viés da capacidade contributiva –, evitando que, no caso, oferte-se um tratamento mais benévolo a autores, por exemplo, de ilícitos, em detrimento daqueles que se põem, diante do fenômeno da tributação, sob as vestes da legalidade, haurindo legitimamente os seus rendimentos provindos de lícitas fontes.

Nesse sentido, temos dito que o postulado da generalidade da tributação expõe a necessária *onipresença tributacional*, com a indiferença de quem realizou ou como foi realizada a atividade tributável, para o Direito Tributário, abrindo-se, entretanto, para o viés excepcional da isenção, sem que isto possa dar azo a uma desigualdade jurídico-formal.

É que, desgraçadamente, tem-se presenciado às escâncaras a ampliação de isenções para certos segmentos do setor produtivo e do capital especulativo, que acabam favorecendo a concentração do capital, por parte daqueles que ocupam as classes mais bem favorecidas, e promovendo o chamado "engessamento social", com as restrições tributárias aos tantos e incontáveis contribuintes assalariados – e pagadores de tributos! – de nosso país. A aplicação da cláusula latina serve como mecanismo inibitório desse tipo de desequiparação irracional.

A intenção do Direito Tributário, ao instaurar a norma do art. 118 do CTN foi de dar tratamento isonômico aos detentores de capacidade contributiva e, ao mesmo tempo, evitar que a atividade criminosa se configurasse mais vantajosa, inclusive pela isenção tributária.

Adotar um entendimento oposto, salvo melhor juízo, parece pretender-se prestigiar o sentimentalismo em detrimento da isonomia tributária, "abrindo aos contraventores, aos marginais, aos ladrões, aos que lucram com o furto, o crime, o jogo de azar, o proxenetismo etc., a vantagem adicional da exoneração tributária, de que não gozam os contribuintes com igual capacidade contributiva decorrente da prática de atividades, profissões ou atos lícitos"[9].

Posto isso, com base na interpretação a que procedemos, mostra-se insofismável a possibilidade livre de incidência de tributos, independentemente da regularidade jurídica dos atos ou da licitude do seu objeto ou dos seus efeitos.

Analisando-se os fatos geradores sob o ponto de vista de sua ocorrência no tempo ("in sede temporale", para os italianos), a doutrina tem proposto a seguinte classificação quanto à periodicidade: **fatos geradores *instantâneos, periódicos* e *continuados*.** Passemos à análise de cada um:

1. Fatos Geradores Instantâneos (ou Simples): a sua realização se dá num determinado momento de tempo[10], "mediante a prática de um simples ato"[11], negócio ou operação singular. O *fato gerador instantâneo* se inicia e se completa em um só instante, esgotando-se "em determinada unidade de tempo"[12], "tal qual a luminosidade de um vaga-lume"[13]. Pra cada ato concretizado no mundo real haverá um fato gerador[14], "uma relação obrigacional tributária autônoma"[15].

Exemplos:

ICMS, IPI, II, IE, IOF, ITBI, ITCMD, entre outros. Destaque-se que o imposto sobre a renda, embora se classifique como "complexivo" – como se verá abaixo –, pode se enquadrar como "instantâneo", quando se desdobra na modalidade IRRF[16] e IR-Incidente sobre ganho de capital em aplicação financeira[17].

9. FALCÃO, Amílcar de Araújo. *Fato gerador da obrigação tributária*, 2. ed., p. 90.
10. V. AMARO, Luciano. *Direito tributário brasileiro*. 14. ed. São Paulo: Saraiva, 2008, p. 267.
11. MELO, José Eduardo Soares de. Capacidade contributiva. *Curso de direito tributário*. 8. ed. São Paulo: Dialética, 2008, p. 256.
12. CARVALHO, Paulo de Barros. *Curso de direito tributário*. 18. ed. São Paulo: Saraiva, 2007, p. 279.
13. AMARO, Luciano. *Direito tributário brasileiro*. 14. ed. São Paulo: Saraiva, 2008, p. 269.
14. *Ibidem*, p. 267.
15. FALCÃO, Amílcar de Araújo. *Fato gerador da obrigação tributária*. 6. ed. Rio de Janeiro: Forense, 2002, p. 71.
16. Exemplo citado por: AMARO, Luciano. *Direito tributário brasileiro*. 14. ed. São Paulo: Saraiva, 2008, p. 268; e MACHADO, Hugo de Brito. *Curso de direito tributário*. 29. ed. São Paulo: Malheiros, 2008, p. 98.
17. Exemplo citado por: BORBA, Cláudio. *Direito tributário:* teoria e questões. 23. ed. Rio de Janeiro: Elsevier, 2008, p. 313; e MELO, José Eduardo Soares de. Capacidade contributiva. *Curso de direito tributário*. 8. ed. São Paulo: Dialética, 2008, p. 256.

2. Fatos Geradores Periódicos ou Complexivos (ou Complexos): a "sua realização se põe ao longo de um espaço de tempo"[18], portanto não ocorrem hoje ou amanhã, mas sim durante um longo período, ao término do qual se valoriza uma determinada quantia de fatos isolados que, somados, aperfeiçoam o fato gerador do tributo[19]. Trata-se de "fatos, circunstâncias ou acontecimentos globalmente considerados"[20], "com o transcurso de unidades sucessivas de tempo"[21], para compor um só fato gerador. São fatos isolados em um período ou ciclo de formação que serão agregados "num todo idealmente orgânico"[22].

Os fatos geradores complexivos (ou "complessivos", em italiano)[23] recebem outras denominações sinônimas, na visão de Amílcar de Araújo Falcão[24]: "completivos, continuativos, periódicos ou de formação sucessiva".

Valendo-nos de um recurso metaforicamente mnemônico, bem recomendado por Luciano Amaro[25], tal instituto assemelha-se a uma partida de futebol, que se desenrola durante os noventa minutos, mas se encerra com o apito final do árbitro. Há que ser verificar a partida, como é sabido, não pelo aceno último do juiz, mas por tudo o que aconteceu durante a sua ocorrência.

O fato gerador complexivo ocorre, em sua forma clássica[26], quase que exclusivamente com o IR[27].

A nosso ver, o fato gerador do IR deve ser classificado, quanto ao tempo, em *complexo* ou *complexivo*. Não obstante a doutrina mais abalizada já tê-lo associado a fato gerador "continuado"[28], entendemos que, para ***concursos públicos***, a melhor classificação é a que aproxima o IR a *fato gerador complexo, complexivo* ou periódico.

3. Fatos Geradores Continuados (ou Contínuos): a sua realização se dá de forma duradoura e estável no tempo; a matéria tributável tende a permanecer, existindo hoje e amanhã. O fato gerador continuado – também conhecido por *fato gerador de período* ou *por período certo de tempo* – leva um período para se completar.

---

18. AMARO, Luciano. *Direito tributário brasileiro.* 14. ed. São Paulo: Saraiva, 2008, p. 268.
19. *Idem.*
20. FALCÃO, Amílcar de Araújo. *Fato gerador da obrigação tributária.* 6. ed. Rio de Janeiro: Forense, 2002, p. 71.
21. CARVALHO, Paulo de Barros. *Curso de direito tributário.* 18. ed. São Paulo: Saraiva, 2007, p. 279.
22. AMARO, Luciano. *Direito tributário brasileiro.* 14. ed. São Paulo: Saraiva, 2008, p. 269.
23. CARVALHO, Paulo de Barros. *Curso de direito tributário.* 18. ed. São Paulo: Saraiva, 2007, p. 280. O autor critica o italianismo "complessivo", enaltecendo o fato de que o termo neológico não faz parte do nosso vernáculo.
24. FALCÃO, Amílcar de Araújo. *Fato gerador da obrigação tributária.* 6. ed. Rio de Janeiro: Forense, 2002, p. 70.
25. *V.* AMARO, Luciano. *Direito tributário brasileiro.* 14. ed. São Paulo: Saraiva, 2008, p. 268.
26. *V.* CARVALHO, Paulo de Barros. *Curso de direito tributário.* 18. ed. São Paulo: Saraiva, 2007, p. 279.
27. Exemplo citado por: FALCÃO, Amílcar de Araújo. *Fato gerador da obrigação tributária.* 6. ed. Rio de Janeiro: Forense, 2002, p. 71; BORBA, Cláudio. *Direito tributário:* teoria e questões. 23. ed. Rio de Janeiro: Elsevier, 2008, p. 312; AMARO, Luciano. *Direito tributário brasileiro.* 14. ed. São Paulo: Saraiva, 2008, p. 270; e TORRES, Ricardo Lobo. *Curso de direito financeiro e tributário.* 12. ed. Rio de Janeiro: Renovar, 2005, p. 248.
28. *V.* MACHADO, Hugo de Brito. *Curso de direito tributário.* 29. ed. São Paulo: Malheiros, 2008, p. 98.

No Brasil, este período é geralmente de um ano. Daí haver a necessidade de serem feitos "**cortes temporais**"[29] para a sua identificação (todo dia 15 de janeiro, por exemplo). Ele se aproxima do fato gerador instantâneo (porque ele acontece em um dia certo) e também do fato gerador complexivo, em certa medida[30].

Note o item considerado **INCORRETO**, em prova realizada pela PUC/PR, para o cargo de Juiz Substituto (TJ/PR), em 2014: *"O fato gerador do tributo chama-se periódico ou complexivo quando é ele representando por situação que se mantém no tempo e que é mensurada em cortes temporais, como ocorre nos tributos sobre a propriedade (IPTU e IPVA)".*

Ocorre normalmente com os impostos incidentes sobre o patrimônio: IPTU[31], ITR, IPVA.

Vamos, agora, à análise dos **arts. 116 e 117 do CTN**:

Art. 116. Salvo disposição de lei em contrário, considera-se ocorrido o fato gerador e existentes os seus efeitos:

I – tratando-se de situação de fato, desde o momento em que o se verifiquem as circunstâncias materiais necessárias a que produza os efeitos que normalmente lhe são próprios;

II – tratando-se de **situação jurídica**, desde o momento em que esteja definitivamente constituída, nos termos de direito aplicável.

Parágrafo único. A autoridade administrativa poderá desconsiderar atos ou negócios jurídicos praticados com a finalidade de dissimular a ocorrência do fato gerador do tributo ou a natureza dos elementos constitutivos da obrigação tributária, observados os procedimentos a serem estabelecidos em lei ordinária.

Art. 117. Para os efeitos do inciso II do artigo anterior e salvo disposição de lei em contrário, os atos ou negócios jurídicos condicionais reputam-se perfeitos e acabados:

I – sendo suspensiva a condição, desde o momento de seu implemento;

II – sendo resolutória a condição, desde o momento da prática do ato ou da celebração do negócio.

Com amparo nos dispositivos em epígrafe, quanto ao aspecto temporal, considera-se ocorrido o fato gerador, salvo disposição de lei em contrário:

I – em se tratando de *situação de fato,* desde o momento em que se verifiquem as circunstâncias materiais necessárias a que se produzam os efeitos que são delas decorrentes. Como exemplo, temos, para a cobrança do imposto de importação, a

---

29. AMARO, Luciano. *Direito tributário brasileiro.* 14. ed. São Paulo: Saraiva, 2008, p. 268.
30. *Ibidem*, p. 269.
31. Registre-se que o saudoso professor Ricardo Lobo Torres (*in Curso de direito financeiro e tributário.* 12. ed. Rio de Janeiro: Renovar, 2005, p. 251) associa o IPTU ao fato gerador periódico, "pois cobrado anualmente". Com a devida vênia, ousamos discordar do entendimento do estimado e ilustre professor, preferindo aproximar o gravame do *fato gerador continuado.*

efetiva entrada do bem no território nacional, adentrando no espaço aéreo brasileiro, seja por terra, pelo mar ou pelo ar.

II – em se tratando de *situação jurídica,* desde o momento em que tal situação jurídica esteja definitivamente constituída, nos termos do direito aplicável. A título de exemplo, citem-se os impostos sobre a propriedade (IPTU e ITR) ou a transmissão desta (ITBI e ITCMD), em que o fato gerador ocorre no momento em que a lei civil assim determina.

Em se tratando de **negócios jurídicos condicionais**, considera-se ocorrido o fato gerador:

a) sendo a **condição suspensiva** (evento futuro e incerto, de cuja realização se faz depender os efeitos do ato), no *momento de seu implemento,* vale dizer, no momento em que se realiza a condição. Por exemplo: *doação condicionada a um casamento.*

Note o item considerado **CORRETO**, em prova realizada pela Vunesp, para o cargo de Agente Fiscal Tributário da Prefeitura Municipal de Suzano/SP, em 2016: *"Regra geral e salvo disposição em contrário, tratando-se de situação jurídica condicional suspensiva, considera-se ocorrido o fato gerador tributário, e existentes os seus efeitos, desde o momento do implemento da condição".*

b) sendo a **condição resolutória** (evento futuro e incerto, de cuja realização se faz decorrer o desfazimento do ato), *desde que o ato ou negócio jurídico foi celebrado,* sendo, neste caso, inteiramente irrelevante a condição. Por exemplo: *fim de casamento provoca desfazimento da doação, a qual foi feita sob a condição de o donatário se casar.*

3 OBRIGAÇÃO TRIBUTÁRIA

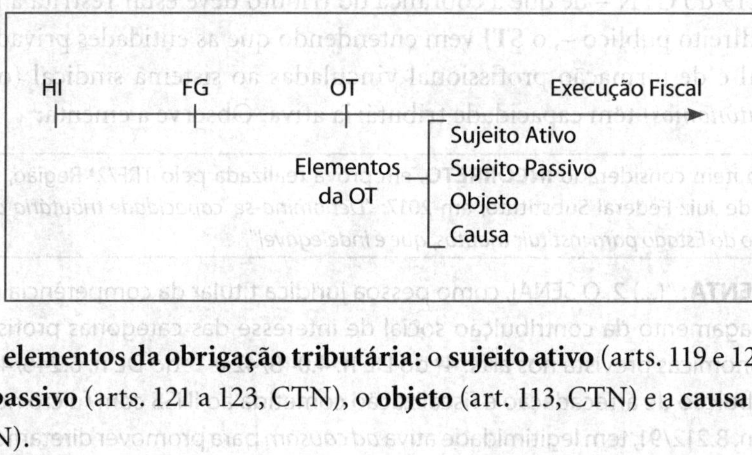

São **elementos da obrigação tributária:** o **sujeito ativo** (arts. 119 e 120, CTN), o **sujeito passivo** (arts. 121 a 123, CTN), o **objeto** (art. 113, CTN) e a **causa** (arts. 114 e 115, CTN).

3.1 Sujeito ativo

A sujeição ativa é matéria afeta ao polo ativo da relação jurídico-tributária. Refere-se, pois, ao lado credor da relação intersubjetiva tributária, representado pelos entes que devem proceder à invasão patrimonial para a retirada compulsória de valores, a título de tributos. Observe o **art. 119** do **CTN**:

> **Art. 119.** Sujeito ativo da obrigação é a pessoa jurídica de direito público titular da competência para exigir o seu cumprimento.

As pessoas jurídicas de Direito Público podem ser titulares, por delegação, das funções de **arrecadar ou fiscalizar** tributos (parafiscalidade), ou executar leis, serviços, atos ou decisões administrativas em matéria tributária (art. 7º do CTN).

> Note o item considerado **INCORRETO**, em prova realizada pela FMP, para o cargo de Procurador do Estado (PGE/AC), em 2017: *"Somente a prerrogativa de fiscalizar os tributos pode ser delegada".*

Posto isso, há dois tipos de sujeitos ativos: o *direto* e o *indireto*.

a) **Sujeito ativo direto:** são os entes tributantes – União, Estados, Municípios e Distrito Federal (art. 41, I, II, III do Código Civil, Lei n. 10.406/2002) – detentores de *competência tributária*, ou seja, do poder legiferante de instituição de tributo.
b) **Sujeito ativo indireto:** são os entes parafiscais – CREA, CRM, CRC, entre outros – detentores de *capacidade tributária ativa*, ou seja, do poder de arrecadação e fiscalização de tributo.

É importante enaltecer que os entes parafiscais detêm legitimidade para figurar como sujeitos ativos da obrigação tributária, arrecadando e fiscalizando o tributo no âmbito da chamada "**capacidade tributária ativa**". Fugindo à regra imposta pelo art. 119 do CTN – de que a cobrança do tributo deve estar restrita à pessoa jurídica de direito público –, o **STJ** vem entendendo que as entidades privadas de serviço social e de formação profissional vinculadas ao sistema sindical (os *Serviços Sociais Autônomos*) têm capacidade tributária ativa. Observe a ementa:

> Note o item considerado **INCORRETO**, em prova realizada pelo TRF/2ª Região, para o cargo de Juiz Federal Substituto, em 2017: *"Denomina-se 'capacidade tributária ativa' a aptidão do Estado para instituir tributos, que é indelegável".*

> **EMENTA:** "(...) 2. O SENAI, como pessoa jurídica titular da competência para exigir o pagamento da contribuição social de interesse das categorias profissionais ou econômicas prevista nos arts. 4º do DL n. 4.048/42 e 1º do DL n. 6.246/44, a par da atribuição de arrecadação e fiscalização cometida ao INSS com fulcro no art. 94 da Lei n. 8.212/91, tem legitimidade ativa *ad causam* para promover diretamente a ação

> de cobrança da respectiva contribuição, como previsto no art. 6º, parágrafo único, do seu Regimento Interno. (...)" **(REsp 735.278/PR, rel. Min. Eliana Calmon, 2ª T., j. em 12-06-2007)**

Tal linha de raciocínio levou o mesmo **STJ** a admitir que algumas entidades sindicais, pessoas jurídicas de direito privado, ostentando a indigitada *capacidade tributária ativa*, viessem a proceder à arrecadação de contribuições sindicais:

> **EMENTA:** "(...) 2. A Confederação Nacional da Agricultura tem legitimidade para cobrar em juízo a contribuição sindical rural prevista no art. 578 da CLT daqueles que fazem parte da respectiva categoria profissional ou econômica. (...)" **(REsp 825.436/SP, rel. Min. Castro Meira, 2ª T., j. em 03-08-2006)**

Em **2009**, o **STJ** chancelou o veredicto com a edição da **Súmula n. 396** ("*A Confederação Nacional da Agricultura tem legitimidade ativa para a cobrança da contribuição sindical rural*").

No estudo da sujeição ativa, é conveniente percorrermos a senda da **solidariedade tributária**, prevista nos **arts. 124 e 125** do **CTN**. Antes de conhecermos as peculiaridades de tais dispositivos, vale a pena destacar que a solidariedade tributária se dá quando cada um dos devedores solidários responde *in solidum* (pelo todo) perante a obrigação tributária correspondente. Note que seu contexto se adstringe ao polo passivo da relação jurídica, não se podendo admitir a coexistência de "credores" tributários, sob pena de se ter uma condenável bitributação. Assim, memorize: "A única solidariedade tributária possível será a passiva".

Segue o **art. 124 do CTN:**

> **Art. 124.** São *solidariamente* obrigadas:
>
> **I** – as pessoas que tenham ***interesse comum*** na situação que constitua o fato gerador da obrigação principal;

> Note o item considerado **INCORRETO**, em prova realizada pela COMPASS, para o cargo de Auditor fiscal de Tributos Municipais da Prefeitura Municipal de Carpina/PE, em 2016: *"São solidariamente obrigadas, conforme preceitua o CTN, as pessoas que tenham interesse incomum na situação que constitua o fato gerador da obrigação principal".*

> **II** – as pessoas expressamente designadas por lei.
>
> **Parágrafo único.** *A solidariedade referida neste artigo não comporta benefício de ordem.* **(Grifos nossos)**

Segundo o **art. 124 do CTN**, a solidariedade tributária pode ser *natural* ou *legal*:

a) **Solidariedade natural (inciso I):** ocorre entre pessoas que tenham **interesse comum** na situação que constitua o fato gerador da obrigação tributária principal. Apenas para elucidar melhor o que viria a ser o supracitado "interesse comum", convém mencionar o exemplo de um imóvel urbano pertencente a um casal, em que ambos os cônjuges são proprietários do bem. Estes se encontram solidariamente obrigados – e "**naturalmente**" obrigados – ao pagamento do IPTU, tendo o Fisco a faculdade de exigir de qualquer um deles o adimplemento da obrigação tributária, isto é, a dívida toda.

> Note o item considerado **INCORRETO**, em prova realizada pela FAURGS, para o cargo de Juiz de Direito Substituto do Estado do Rio Grande do Sul, em 2016: *"Dois irmãos proprietários de um mesmo imóvel urbano desde 2010, recebido por doação dos pais em antecipação da legítima, havendo inadimplemento, não responderão solidariamente em relação ao crédito de IPTU cujo fato gerador ocorreu em 2014".*

Sobre os contornos do que vem a ser o "interesse comum", em 5 de dezembro de **2019**, a 1ª Turma do **STJ**, no **REsp 1.273.396-DF** (rel. Min. Napoleão Nunes Maia Filho), entendeu que a declaração conjunta de imposto de renda não torna o cônjuge – que não participou do fato gerador do tributo – corresponsável pela dívida tributária dos rendimentos percebidos pelo outro. Com efeito, os contornos de *solidariedade tributária*, previstos nos dois incisos do art. 124 do CTN, pressupõem um *interesse comum*, ou pela realização conjunta do fato gerador (inciso I), ou pela disposição da lei (inciso II).

O caso concreto cingiu-se à exótica autuação do marido pela Receita Federal do Brasil, quanto ao IRPF devido pela esposa. É isso mesmo: o marido foi autuado pelo Fisco Federal para pagar tributo sobre os rendimentos auferidos pela sua esposa, percebidos diretamente por ela, como resultado de seu trabalho pessoal, sem que aquele tivesse participação alguma na formação do fato gerador correspondente.

É fato que o casal havia feito a chamada "declaração conjunta", mas, como qualquer outro *dever instrumental*, a entrega de declaração perfaz uma *obrigação tributária acessória* consistente no ato formal realizado pelo contribuinte, pelo qual este leva ao conhecimento da autoridade fiscal a ocorrência do fato gerador e demais elementos necessários à feitura do lançamento. Sendo assim, a "declaração conjunta" não é indicativo legal de corresponsabilidade, a qual só deriva do art. 124 do CTN, e não da vontade unilateral do Fisco, sobretudo se ausente a prova cabal de que teria ocorrido a participação ativa do marido, ao lado da esposa, na produção do fato gerador da percepção dos rendimentos tidos por tributáveis. Se assim não fosse, qualquer indivíduo, que auferisse alguma benesse do percebente da renda (no caso aqui analisado, a esposa), poderia ser designado corresponsável tributário, o que não se mostra razoável e legal.

b) **Solidariedade legal (inciso II):** ocorre sob determinação da lei, que designa expressamente as pessoas que deverão responder solidariamente pela obrigação tributária. Exemplo: no caso de encerramento de uma sociedade de pessoas, os sócios são solidariamente responsáveis, consoante o art. 134, VII, do CTN.

Repise-se, portanto, que **a solidariedade tributária não comporta benefício de ordem**, podendo o Estado escolher que um dos codevedores responda pelo cumprimento total da obrigação tributária, não observando qualquer *ordem de vocação*. Assim, não fica o Fisco adstrito a uma *ordem de preferência*, cobrando inicialmente de um para, depois, fazê-lo com relação a outro devedor solidário, sendo defeso a estes, destinatários da solidariedade tributária, invocar o "benefício de ordem", como ocorre em determinadas situações regidas pelo Direito Civil.

> Note o item considerado **INCORRETO**, em prova realizada pela FAURGS, para o cargo de Juiz de Direito Substituto do Estado do Rio Grande do Sul, em 2016: *"Uma pessoa, na hipótese de ser solidariamente obrigada por expressa designação por lei, poderá alegar o benefício de ordem, desde que nomeie bens do devedor, sitos no mesmo município, livres e desembaraçados, quantos bastem para solver o débito"*.

> Note o item considerado **INCORRETO**, em prova realizada pela Consulplan, para o cargo de Titular de Serviços de Notas e de Registros (TJ/MG), em 2017: *"A solidariedade comporta o benefício de ordem"*.

É importante a ressalva feita por Luciano Amaro, em ratificação ao parágrafo único do **art. 124 do CTN**, afirmando que a "solidariedade passiva, situação na qual o credor tem a prerrogativa de exigir de qualquer dos coobrigados (ou de todos) o cumprimento da obrigação (...) não comporta benefício de ordem"[32].

Dessa forma, "na solidariedade, o Fisco tem o direito de escolher o que for de sua maior conveniência para exigir o cumprimento integral da obrigação tributária. Nesse sentido, cabe asseverar, para que não pairem dúvidas, que, distintamente do legislador civil, o tributário não prestigiou o chamado 'benefício de ordem' (*totum et totaliter*), excluindo-o por completo por ocasião da redação dada ao parágrafo único do art. 124 do CTN"[33].

Passemos, agora, ao **art. 125 do CTN**:

> **Art. 125.** Salvo disposição de lei em contrário, são os seguintes os *efeitos da solidariedade:*
>
> **I** – o pagamento efetuado por um dos obrigados aproveita aos demais;
>
> **II** – a isenção ou remissão de crédito exonera todos os obrigados, salvo se outorgada pessoalmente a um deles, subsistindo, nesse caso, a solidariedade quanto aos demais pelo saldo;
>
> **III** – a interrupção da prescrição, em favor ou contra um dos obrigados, favorece ou prejudica aos demais. **(Grifo nosso)**

32. AMARO, Luciano da Silva. *Direito tributário brasileiro*, 14. ed., pp. 316-317.
33. CASTRO, Alexandre Barros. *Teoria e prática do direito processual tributário*, 2. ed., p. 101.

O **art. 125 do CTN** discrimina, em seus três incisos, os efeitos comuns da solidariedade, que são os seguintes:

a) o pagamento de um estende-se aos demais codevedores;

b) a isenção ou remissão, se não outorgadas pessoalmente, estendem-se aos coobrigados;

c) **a interrupção da prescrição também se estende a todos, em benefício ou em prejuízo.**

Note o item considerado **CORRETO**, em prova realizada pelo CEBRASPE, STJ, para o cargo de Analista Judiciário, em 2018: "*Havendo vários devedores solidários de determinado crédito tributário, eventual isenção outorgada pessoalmente a um deles não exonerará os demais, salvo se houver previsão legal em contrário*".

Note o item considerado **INCORRETO**, em prova realizada pela Fundatec, para o cargo de Auditor Fiscal da Receita Estadual (Sefaz/RS), em 2014: "*A interrupção da prescrição em favor de um dos obrigados não acarreta o mesmo efeito para os demais*".

Note o item considerado **INCORRETO**, em prova realizada pela Consulplan, para o cargo de Titular de Serviços de Notas e de Registros (TJ/MG), em 2017: "*A interrupção da prescrição, em favor ou contra um dos obrigados, não favorece ou prejudica aos demais*".

Os efeitos acima expostos são bastante previsíveis. Observe o detalhamento:

a) É natural que o pagamento do tributo efetuado por um codevedor estender-se-á aos demais, haja vista a indivisibilidade das obrigações. O devedor que pagou a dívida toda, extinguindo o crédito tributário (art. 156, I, CTN), caso tenha interesse, poderá exercer o direito de regresso. Exemplo: duas pessoas importam o bem, sendo, assim, solidariamente responsáveis pelo imposto de importação. Caso o pagamento integral seja feito por um deles, será ao pagador viabilizado o direito de pleitear a devolução do valor correspondente à metade;

b) Quanto à extensão dos efeitos da *isenção* e da *remissão*, **ressalvados os benefícios de outorga pessoal**, cite-se um elucidativo exemplo: João, José e Pedro são três coproprietários de uma área urbana ribeirinha, devendo-se, assim, pagarem o IPTU no valor total de R$ 300,00. Caso haja isenção pessoal, *v.g.*, para João, os demais – José e Pedro – continuarão como codevedores solidários de R$ 200,00, ou seja, R$ 100,00 para cada, indicando-se o saldo;

Note o item considerado **INCORRETO**, em prova realizada pela UNOESC, para o cargo de Agente Fiscal Tributário Externo da Prefeitura Municipal de Iraceminha/SC, em 2016: "*A isenção ou remissão de crédito exonera todos os obrigados, inclusive se outorgada pessoalmente a um deles, aproveitando tal benesse a todos*".

> Note o item considerado **CORRETO**, em prova realizada pela Vunesp, para o cargo de Agente Fiscal Tributário da Prefeitura Municipal de Suzano/SP, em 2016: *"Thiago, Lucas e Tomé são coproprietários de um imóvel localizado na zona urbana do Município de Concórdia do Sul. Por força de lei municipal, que isenta do pagamento do IPTU os aposentados, Tomé, em razão de tal qualidade, está isento do pagamento do imposto relativamente à sua parte ideal no imóvel. Nesse caso, Thiago e Lucas, não sendo aposentados e, em razão da solidariedade e da isenção concedida a Tomé, ficarão solidariamente responsáveis pelo pagamento do saldo referente ao IPTU"*.

> Note o item considerado **CORRETO**, em prova realizada pela FGV, para o XXIII Exame de Ordem Unificado, em 2017: *"João e Pedro são, por lei, contribuintes obrigados solidariamente a pagar determinado tributo. Foi publicada lei que isenta os ex-combatentes do pagamento de tal tributo, sendo este o caso pessoal somente de João. Tendo em vista essa situação de isenção pessoal, a lei não exonera Pedro, que permanece obrigado a pagar o saldo remanescente, descontada a parcela isenta em favor de João"*.

c) A interrupção da prescrição (e não **"suspensão da prescrição!"**), por sua vez, em benefício ou em prejuízo de um codevedor, estende-se a todos. Memorize: havendo interrupção a favor de um, beneficia-se a todos; havendo interrupção contra um, prejudica-se a todos. As causas interruptivas da prescrição estão previstas nos incisos I ao IV do parágrafo único do art. 174 do CTN:

> Note o item considerado **INCORRETO**, em prova realizada pela UNOESC, para o cargo de Agente Fiscal Tributário Externo da Prefeitura Municipal de Iraceminha/SC, em 2016: *"A suspensão da prescrição, em favor ou contra um dos obrigados, favorece ou prejudica aos demais"*.

Art. 174. A ação para a cobrança do crédito tributário prescreve em cinco anos, contados da data da sua constituição definitiva.

Parágrafo único. A prescrição se interrompe:

I – pelo despacho do juiz que ordenar a citação em execução fiscal;

II – pelo protesto judicial;

III – por qualquer ato judicial que constitua em mora o devedor;

IV – por qualquer ato inequívoco ainda que extrajudicial, que importe em reconhecimento do débito pelo devedor.

Na prática, tal comando tem sido suscitado para arguir a prescrição, no caso de extemporâneo redirecionamento de execução fiscal sobre os sócios, devedores solidários com a pessoa jurídica. Após prolatado o despacho citatório da pessoa jurídica devedora, em data "x", interrompe-se a prescrição, zerando a contagem dos cinco anos (art. 174, parágrafo único, I, CTN). Tal medida estender-se-á aos sócios da empresa devedora, caso se tenha sobre eles o ulterior redirecionamento da execução fiscal, haja vista o efeito da solidariedade que lhes beneficia, conforme o inciso III do art. 125 do CTN. Aliás, se isso ocorrer em prazo superior a 5 anos, a contar da data "x", ter-se-á a prescrição.

Como é cediço, no Direito Tributário admite-se tão somente a solidariedade passiva, e não a solidariedade ativa, pois só se paga tributo a um único ente credor, sob pena de deparar o estudioso com o fenômeno da bitributação, não tolerada pela nossa Disciplina, ressalvada a possibilidade constitucionalmente admitida, atinente ao imposto extraordinário (IExt), previsto no art. 154, II, da CF.

Por derradeiro, há que se relevar a impropriedade contida no comando do art. 119 do CTN, quando restringiu a sujeição ativa apenas aos entes tributantes detentores de competência tributária, desprezando os entes parafiscais. Trata-se de um cochilo do legislador, que se esqueceu de incluir os entes detentores da *capacidade tributária ativa*, isto é, aqueles que arrecadam e fiscalizam as contribuições parafiscais, que também possuem o timbre de sujeitos ativos tributários.

3.2 Sujeito passivo

A sujeição passiva é matéria adstrita ao polo passivo da relação jurídico-tributária. Refere-se, pois, ao lado devedor da relação intersubjetiva tributária, representado pelos entes destinatários da invasão patrimonial na retirada compulsória de valores, a título de tributos (e, ainda, multas).

À luz do **parágrafo único do art. 121 do CTN**, destacam-se **dois** tipos de sujeitos passivos na relação jurídico-tributária: o *contribuinte* (inciso I) e o *responsável* (inciso II). Observe a dicção do conceitual dispositivo:

> **Art. 121.** Sujeito passivo da obrigação principal é a pessoa obrigada ao pagamento de tributo ou penalidade pecuniária.

> Note o item considerado **INCORRETO**, em prova realizada pelo IESES, para o cargo de Contador Júnior da Gas Brasiliano Distribuidora S/A (Gas Brasiliano/Araraquara-SP), em 2017: *"O 'sujeito ativo da obrigação tributária' é a pessoa obrigada ao pagamento de tributo ou penalidade pecuniária"*.

> **Parágrafo único.** O sujeito passivo da obrigação principal diz-se:
>
> **I** – contribuinte, quando tenha relação pessoal e direta com a situação que constitua o respectivo fato gerador;
>
> **II** – responsável, quando, sem revestir a condição de contribuinte, sua obrigação decorra de disposição expressa de lei.

A sujeição passiva está disciplinada no art. 121 do CTN, quando se mostra afeta à obrigação principal. Todavia, o tratamento da sujeição passiva na obrigação acessória é feita no **art. 122 do CTN**, *in verbis*:

> **Art. 122.** Sujeito passivo da obrigação acessória é a pessoa obrigada às prestações que constituam o seu objeto.

A propósito, o § 2º do art. 113 do CTN dispõe que o *objeto* da obrigação acessória será "as prestações, positivas ou negativas, nela previstas no interesse da arrecadação ou da fiscalização dos tributos".

Daí se entender, na conjugação dos preceptivos, que o "sujeito passivo da obrigação acessória é a pessoa obrigada às prestações positivas ou negativas em função da arrecadação ou fiscalização de tributos".

Urge mencionar que o **art. 123 do CTN** preconiza que as convenções particulares não podem ser opostas ao Fisco para modificar o sujeito passivo. Tal postulado é de fácil assimilação, se o associarmos ao princípio da estrita legalidade, segundo o qual o tipo tributário deve ser formatado com componentes taxativos, que tornam *estrita* a legalidade. Observe-o:

> **Art. 123.** Salvo disposições de lei em contrário, as convenções particulares, relativas à responsabilidade pelo pagamento de tributos, não podem ser opostas à Fazenda Pública, para modificar a definição legal do sujeito passivo das obrigações tributárias correspondentes.

Dessa forma, a lei tributária deve dispor, exaustivamente, sobre alíquota, base de cálculo, multa, fato gerador e sobre o sujeito passivo, ora discutido. Portanto, o contrato entre partes não opera efeitos perante a Fazenda Pública, mas tão somente perante aqueles que avençaram cumpri-lo.

Tais convenções podem ser feitas, e são juridicamente válidas, entre as partes contratantes, na órbita do Direito Privado, mas, **salvo disposição de lei em contrário**, não produzem nenhum efeito contra a Fazenda Pública. **Por exemplo**, no contrato de locação, a obrigação de pagar o IPTU pode ser atribuída ao locatário; no entanto, tal convenção é irrelevante para o Fisco, que exigirá o pagamento do imposto do sujeito passivo eleito pela lei, qual seja, como regra, o proprietário (o locador). Este, se quiser, pode acionar aquele, em ação regressiva, na tentativa de reaver o que antecipou ao Fisco. Aliás, na mesma linha de raciocínio, o proprietário do imóvel – e não o locatário! – será o legitimado ativo para postular a repetição de indébito do IPTU. Com efeito, a definição legal do sujeito passivo (art. 34, CTN) prevalece sobre qualquer estipulação contratual que determine que terceiro arcará com o pagamento de IPTU, pois a referida avença não é oponível à Fazenda (art. 123, CTN). Esse é o entendimento do **STJ (AgRg no AgRg no AREsp 143.631/RJ, rel. Min. Benedito Gonçalves, 1ª T., j. em 04-10-2012).**

> Note o item considerado **INCORRETO**, em prova realizada pelo Instituto AOCP, para o cargo de Advogado da Companhia Catarinense de Águas e Saneamento – CASAN, em 2016: *"As convenções particulares, relativas à responsabilidade pelo pagamento de tributos, nunca podem ser opostas à Fazenda Pública, para modificar a definição legal do sujeito passivo das obrigações tributárias correspondentes".*

> Note o item (adaptado) considerado **CORRETO**, em prova realizada pela FGV Projetos, para o cargo de Auditor Fiscal Tributário da Receita Municipal de Cuiabá/MT, em 2016: *"Segundo a legislação, Caio, proprietário do imóvel X, celebra contrato de locação com Tício, no qual estabelece que o responsável pelo pagamento do IPTU será o locatário do imóvel. O referido contrato foi registrado no Cartório de Registro de Imóveis competente. Diante disso, o contrato é valido e terá seus efeitos limitados aos contratantes, mas não produzirá efeito contra o Fisco, no que se refere à responsabilidade tributária".*

A propósito, em **9 de maio de 2018**, o **STJ** aprovou a **Súmula n. 614**, segundo a qual "o locatário não possui legitimidade ativa para discutir a relação jurídico-tributária de IPTU e de taxas referentes ao imóvel alugado nem para repetir indébito desses tributos".

Prosseguindo-se no estudo da sujeição passiva, impende frisar que há dois tipos de sujeitos passivos: o **direto** (contribuinte) e o **indireto (responsável)**.

a) **Sujeito passivo direto** (art. 121, parágrafo único, I, do CTN): é o "contribuinte", ou seja, aquele que tem uma relação pessoal e direta com o fato gerador. Exemplos: o proprietário do bem imóvel ou o possuidor com ânimo de domínio, quanto ao IPTU; o adquirente do bem imóvel transmitido com onerosidade, quanto ao ITBI, entre outros.

b) **Sujeito passivo indireto** (art. 121, parágrafo único, II, do CTN): é o "responsável", ou seja, a terceira pessoa escolhida por lei para pagar o tributo, sem que tenha realizado o fato gerador.

A propósito da sujeição passiva indireta, a matéria afeta à *responsabilidade tributária* será exposta no próximo capítulo desta obra, recomendando-se a sua leitura, à guisa de aprofundamento. Passemos, agora, por alguns exemplos expressivos, ainda que sucintamente explicados neste capítulo, que ilustram a temática da responsabilidade tributária:

1. Contribuinte absolutamente incapaz (art. 134, I, CTN): se um filho menor recebe a título de antecipação de legítima a propriedade de um imóvel residencial em zona urbana, ele é o contribuinte dos impostos inerentes ao citado bem, uma vez que a capacidade tributária passiva **independe** da capacidade civil das pessoas (art. 126, I, CTN). Tal entendimento decorre do *princípio da interpretação objetiva do fato gerador* (*cláusula non olet*), segundo o qual não se levam em conta as características subjetivas do contribuinte, mas apenas os aspectos intrínsecos ao fato gerador. Portanto, o filho é o "contribuinte", e os pais serão os "responsáveis", conforme o art. 134, I, do CTN.

> Note o item considerado **INCORRETO**, em prova realizada pela Cotec/Unimontes, para o cargo de Advogado da Prefeitura de Bocaiuva/MG, em 2016: *"A capacidade passiva tributária depende da capacidade civil plena".*

2. Bem imóvel alienado com dívidas de IPTU (art. 130 do CTN): o adquirente de imóvel, pela própria conveniência do Fisco, será o responsável pelos tributos referentes ao bem imóvel, enquanto o alienante, por ter relação direta com o fato gerador, permanece como contribuinte.

Perceba, entretanto, que tal responsabilidade não se estende ao arrematante, de modo que o único ônus que sobre ele recai é o de pagamento do preço do bem imóvel, definido na hasta pública (art. 130, parágrafo único).

3. Bem móvel alienado com dívidas de IPVA (art. 131, I, CTN): o adquirente do veículo será o responsável pelos tributos em exame, enquanto o alienante, por ter relação direta com o fato gerador, permanece como contribuinte.

4. Fusão, cisão, transformação ou incorporação de empresas (art. 132 do CTN): a Lei n. 6.404/76 traz em seu bojo os conceitos de fusão, cisão, transformação e incorporação de empresas. A título meramente ilustrativo, veja abaixo algumas definições[34] dos institutos de que trata o art. 132 do Diploma Tributário:

> Note o item considerado **INCORRETO**, em prova realizada pela FEPESE, Sefaz/SC, para o cargo de Auditor Fiscal da Receita Estadual, em 2010: *"A pessoa jurídica de direito privado que resultar de fusão ou transformação de outra ou em outra é responsável pelos tributos devidos até a data do ato pelas pessoas jurídicas de direito privado fusionadas, transformadas, salvo o caso de incorporação, situação em que não se aplica a regra do artigo 132, CTN".*

Fusão: operação por meio da qual ocorre a união de duas ou mais sociedades para formar uma terceira sociedade nova, temporã, que sucederá as anciãs em todas as obrigações, deveres e direitos (art. 228 da Lei das S.As.);

Cisão: procedimento a partir do qual uma sociedade transfere parcelas de seu patrimônio para uma ou mais sociedades, constituídas para esse objetivo ou já anteriormente existentes, que assumem a parcela de ativos e passivos correspondente à cota de parcelas transacionadas (art. 229 da Lei das S.As.);

Transformação: caracteriza-se por uma mudança no formato societário até então vigente. Trata-se de uma operação por que passa a sociedade, sem sua dissolução ou sua liquidação, de um tipo para outro, como, por exemplo, migrar de sociedade limitada para anônima, ou de limitada para sociedade em nome coletivo, ou de anônima para sociedade de capital de indústria etc. (art. 220 da Lei das S.As.);

Incorporação: é operação que resulta na absorção de uma ou mais sociedades por outra, vindo esta a lhe(s) suceder em todos os direitos e obrigações (art. 227 da Lei das S.As.).

> Note o item considerado **CORRETO**, em prova realizada pela FCC, para o cargo de Analista de Controle Externo (TCE/GO), em 2014: *"A incorporação de uma empresa por outra implica em responsabilidade tributária para a empresa incorporadora, relativamente aos débitos tributários da empresa incorporada, por fatos geradores anteriores à incorporação".*

---

34. MACHADO, Hugo de Brito. *Curso de direito tributário*, 29. ed., pp. 154-155.

5. Responsabilidade por Sucessão Comercial (art. 133 do CTN): o art. 133 do CTN estabelece que a pessoa natural ou jurídica de direito privado que adquirir de outra, a qualquer título, fundo de comércio ou estabelecimento comercial, industrial ou profissional, e mantiver a exploração, sob a mesma ou outra razão social, ou sob firma individual, responde pelos tributos ao fundo de comércio ou ao estabelecimento adquirido.

Hugo de Brito Machado[35] salienta que "essa responsabilidade é integral se houver o alienante cessado a respectiva exploração. Será subsidiária com o alienante se este prosseguir na exploração ou iniciar dentro de **seis meses**, a contar da data da alienação, nova atividade no mesmo ou em outro ramo de comércio, indústria ou profissão. Responder *subsidiariamente* significa que em primeiro lugar a dívida há de ser cobrada do alienante do fundo ou estabelecimento, e se este não tiver com que pagar será cobrada do adquirente".

> Note o item considerado **INCORRETO**, em prova realizada pela Vunesp, para o cargo de Procurador do IPSMI – Instituto de Previdência dos Servidores Municipais de Itaquaquecetuba/SP, em 2016: *"Segundo o CTN, a pessoa natural ou jurídica de direito privado que adquirir de outra, por qualquer título, fundo de comércio ou estabelecimento empresarial, e continuar a respectiva exploração, sob a mesma ou outra razão social ou sob firma ou nome individual, responde pelos tributos relativos ao fundo ou estabelecimento adquirido, devidos até à data do ato: SUBSIDIARIAMENTE com o alienante, se este prosseguir na exploração ou iniciar dentro de três meses a contar da data da alienação, nova atividade no mesmo ou em outro ramo de comércio, indústria ou profissão".*

6. Responsabilidade de terceiros (art. 134 do CTN): nos casos de impossibilidade do cumprimento da obrigação tributária principal pelo contribuinte, respondem de forma solidária com este, "nos atos que intervierem ou pelas omissões de que forem responsáveis":

(a) os pais, pelos tributos devidos por seus filhos menores;

(b) os tutores e curadores, pelos tributos devidos por seus tutelados ou curatelados;

(c) os administradores de bens de terceiros, pelos tributos devidos por estes;

(d) o inventariante, pelos tributos devidos pelo espólio;

(e) o síndico e o comissário, pelos tributos devidos pela massa falida ou pelo concordatário;

(f) os tabeliães, escrivães e demais serventuários de ofício, pelos tributos devidos sobre os atos praticados por eles, ou perante eles, em razão de seu ofício;

(g) **os sócios, no caso de liquidação de sociedade de pessoas.**

> Note o item considerado **INCORRETO**, em prova realizada pela Vunesp, para o cargo de Advogado Pleno (SPTrans), em 2012: *"De acordo com as determinações do CTN, excetuando-se as situações nas quais hajam praticado atos com excesso de poderes ou infração de lei, contrato social ou estatutos, tem responsabilidade tributária em caráter 'pessoal' os sócios, no caso de liquidação de sociedades de pessoas".*

35. MACHADO, Hugo de Brito. *Curso de direito tributário*, 29. ed., pp. 154-155.

Vale repisar que tal responsabilidade tem como requisitos a impossibilidade de o contribuinte realizar a satisfação da obrigação devida, e o terceiro relacionado nos incisos do art. 134 tenha participado do ato provocador do fato gerador do gravame.

7. Sócio (administrador) de empresa, com relação à dívida tributária da sociedade (art. 134, VII, c/c art. 135, III, do CTN): o CTN permite a comunicabilidade entre o patrimônio da empresa e o patrimônio do sócio, mediante o instituto da despersonalização (desconsideração) da pessoa jurídica. Tal evento ocorrerá em virtude da identificação do sócio com a condição de **"diretor" ou "gerente"**, ao executar atos inequívocos de condução da sociedade.

> Note o item considerado **INCORRETO**, em prova realizada pela Fundatec, para o cargo de Auditor Fiscal da Receita Estadual (Sefaz/RS), em 2014: *"Os gerentes, apenas, são pessoalmente responsáveis pelos créditos correspondentes a obrigações tributárias resultantes de atos praticados com excesso de poderes".*

Ademais, impende destacar que a aplicação da responsabilização pessoal ocorrerá em face de dolo ou má-fé, uma vez que tais predicados estão ínsitos à aplicação da teoria do *disregard of legal entity*. Dessarte, dois são os pressupostos autorizadores de um legítimo redirecionamento de cobrança tributária: o preenchimento da condição de "gerente" e/ou o comportamento fraudulento.

Portanto, no âmbito da sujeição passiva indireta, esses são alguns importantes exemplos de situações que ilustram a temática da responsabilidade tributária. Como já se afirmou, trata-se do tema do próximo Capítulo, quando será devidamente aprofundado.

3.3 Objeto da obrigação tributária

O objeto da obrigação tributária equivale à prestação a que se submete o sujeito passivo diante do fato imponível deflagrador da obrigação tributária. Pode se materializar em uma prestação dotada de *patrimonialidade* ou de *instrumentalidade*. A primeira, chamada "principal", tem o objeto consubstanciado em uma "obrigação de dar", estando definida no § 1º do art. 113 do CTN. A segunda, intitulada "acessória", revela o objeto como uma **obrigação de fazer ou de não fazer**, estando prevista no § 2º do art. 113 do CTN. Observe a previsão legal:

> Note o item considerado **CORRETO**, em prova realizada pelo CEBRASPE, EBSERH, para o cargo de Advogado, em 2018: *"Obrigação tributária acessória relaciona-se à obrigação de fazer ou não fazer algo ou permitir que algo seja feito pela administração tributária em prol da arrecadação ou fiscalização que lhe compete".*

Art. 113. A obrigação tributária é principal ou acessória.

§ 1º A obrigação principal surge com a ocorrência do fato gerador, tem por objeto o pagamento de tributo ou penalidade pecuniária e extingue-se juntamente com o crédito dela decorrente.

§ 2º A obrigação acessória decorre da legislação tributária e tem por objeto as prestações, positivas ou negativas, nela previstas no interesse da arrecadação ou da fiscalização dos tributos.

Note o item considerado **INCORRETO**, em prova realizada pelo Instituto AOCP, para o cargo de Advogado da Companhia Catarinense de Águas e Saneamento – CASAN, em 2016: *"A obrigação tributária principal decorre da legislação tributária e tem por objeto as prestações, positivas ou negativas, nela previstas no interesse da arrecadação"*.

Observação: item semelhante foi considerado **INCORRETO**, em prova realizada pela FEPESE, para o cargo de Advogado da Prefeitura Municipal de Criciúma/SC, em 2016.

Note o item considerado **INCORRETO**, em prova realizada pela Esaf, para o cargo de Especialista em Regulação de Aviação Civil da ANAC – Agência Nacional de Aviação Civil, em 2016: *"A obrigação tributária acessória surge com a ocorrência do fato gerador e tem por objeto as prestações positivas ou negativas nela previstas no interesse da arrecadação ou da fiscalização dos tributos"*.

O objeto da obrigação tributária se refere à prestação a que deve se submeter o contribuinte ou o responsável. Tal prestação pode ser de cunho pecuniário ou de cunho não pecuniário. Se pecuniária, a obrigação será *principal*; se não pecuniária, sê-lo-á *acessória*.

Note-as:

1. Obrigação principal: é uma prestação designativa do ato de pagar, afeta ao tributo e à **multa**.

Note o item (adaptado) considerado **CORRETO**, em prova realizada pela UNOESC, para o cargo de Agente Fiscal Tributário Externo da Prefeitura Municipal de Iraceminha/SC, em 2016: *"A obrigação tributária é 'principal' e 'acessória'. Como exemplo de obrigação tributária principal, temos o ato de pagar penalidade pecuniária"*.

Note o item considerado **INCORRETO**, em prova realizada pelo CEBRASPE, TJ-CE, para o cargo de Juiz Substituto, em 2018: *"A obrigação principal tem por objeto o pagamento de um tributo; a obrigação acessória, o pagamento de uma penalidade"*.

Observação: item semelhante foi considerado **INCORRETO**, em provas realizadas pelas seguintes Instituições: **(I)** FEPESE, para o cargo de Advogado da Prefeitura Municipal de Criciúma/SC, em 2016; **(II)** Vunesp, para o cargo de Juiz de Direito Substituto do TJ/RJ (XLVII Concurso), em 2016; **(III)** Vunesp, para o cargo de Juiz de Direito (TJ/RJ), em 2016; **(IV)** CEBRASPE, POLÍCIA FEDERAL, para o cargo de Delegado de Polícia Federal, em 2018.

Representa, assim, uma "obrigação de dar", com cunho de patrimonialidade.

2. Obrigação acessória: é a prestação positiva ou negativa, que denota atos "de fazer" ou "não fazer", despidos do timbre de patrimonialidade e dotados do viés de instrumentalidade. Assim, o *agir* ou o *não agir*, dissociados do ato de *pagar*, podem representar obrigações tributárias acessórias ou "deveres instrumentais do contribuinte"[36]. Exemplos: emitir notas fiscais, escriturar livros fiscais, **entregar declarações**, não trafegar com mercadoria desacompanhada de nota fiscal, não obstar o livre acesso da fiscalização à empresa (art. 200 do CTN). Estas últimas, aliás, são exemplos de *obrigações tributárias acessórias negativas* ou *obrigações de não fazer* etc.

> Note o item considerado **CORRETO**, em prova realizada pelo CEBRASPE, TJ-CE, para o cargo de Juiz Substituto, em 2018: *"A obrigação principal é de natureza patrimonial; a obrigação acessória, de natureza não patrimonial"*.

> Note o item considerado **INCORRETO**, em prova realizada pela Vunesp, para o cargo de Analista Administrativo (Fundação Casa), em 2013: *"As pessoas físicas e jurídicas, identificadas como contribuintes do imposto de renda, têm a obrigação de elaborar e entregar anualmente à Receita Federal do Brasil a Declaração de Imposto de Renda, da pessoa física ou jurídica, respectivamente. Esse dever é definido como homologação de lançamento"*.

O legislador deverá sempre indicar as pessoas que serão responsáveis pelo cumprimento das obrigações acessórias, conforme os interesses da arrecadação ou da fiscalização dos tributos.

Ademais, urge enfatizar que, mesmo nos casos em que o contribuinte ou o responsável não estejam obrigados em relação à obrigação principal, a acessória, autonomamente, subsiste. Portanto, deve prevalecer a ideia de que pode existir *obrigação tributária acessória* sem que exista *obrigação tributária principal* (em virtude, por exemplo, de isenção ou imunidade).

Ainda que tenha ocorrido a exclusão do crédito tributário (isenção ou anistia), **não se dispensa o cumprimento das obrigações acessórias** (art. 175, parágrafo único, do CTN), ou seja, caso haja a concessão de isenção do ICMS (obrigação principal), a norma isentante não implica a dispensa da emissão de nota fiscal (obrigação acessória). Com efeito, as obrigações tributárias *principal e acessória* são autônomas e independentes. Não subsiste relação de "acessoriedade" entre elas, mas de **independência**. Por essa razão, não se aplica na seara tributária a máxima civilista "o acessório segue o principal". Portanto, é plenamente possível haver uma obrigação tributária acessória e não existir uma obrigação tributária principal. Se, eventualmente, o contribuinte inadimplente não cumprir a obrigação acessória autônoma, poderá ser alvo de imposição de multa (art. 113, § 3º, CTN), o que fará surgir uma obrigação principal superveniente.

> Note o item considerado **INCORRETO**, em prova realizada pelo TRF/4ª Região, para o cargo de Juiz Federal Substituto (XVII Concurso), em 2016: *"A exclusão do crédito tributário dispensa o cumprimento das obrigações acessórias dependentes da obrigação principal cujo crédito seja excluído, ou dela consequente"*.
>
> **Observação:** a negativa dessa afirmação, considerada **CORRETA**, foi solicitada em prova realizada pela MSConcursos, para o cargo de Advogado do CRECI/RJ, em 2016.

36. CARVALHO, Paulo de Barros. *Curso de direito tributário*. 13. ed. São Paulo: Saraiva, 2000, p. 287.

Note o item considerado **CORRETO**, em prova realizada pela FCC, para o cargo de Procurador do Estado de Mato Grosso (PGE/MT), em 2016: *"A obrigação tributária acessória, relativamente a um determinado evento que constitua, em tese, fato gerador de um imposto, pode ser exigida de quem é isento do imposto"*.

Note o item considerado **INCORRETO**, em prova realizada pelo CEBRASPE, EBSERH, para o cargo de Advogado, em 2018: *"Dispensada a obrigação principal ao contribuinte, também se dispensará a obrigação acessória"*.

Por fim, como se disse, o descumprimento de uma obrigação acessória faz nascer uma obrigação principal, com relação à multa. Tal entendimento pode ser extraído da dicção do art. 113, § 3º, do CTN:

> **Art. 113. (...)**
> **§ 3º** A obrigação acessória, pelo simples fato de sua inobservância, converte-se em obrigação principal relativamente a penalidade pecuniária.

Note o item considerado **CORRETO**, em prova realizada pelo CEBRASPE, EBSERH, para o cargo de Advogado, em 2018: *"Quando não cumprida, a obrigação acessória se converte em principal no tocante à penalidade pecuniária"*.

Note o item considerado **CORRETO**, em prova realizada pela VUNESP, TJ-SP, para o cargo de Titular de Serviços de Notas e de Registros, em 2018: *"De acordo com o CTN, a obrigação acessória, pelo simples fato de sua inobservância, converte-se em obrigação principal relativamente à penalidade pecuniária"*.

Diante do exposto, memorize que o CTN prevê dois tipos de obrigações tributárias: a *principal* e a *acessória*.

3.4 Causa

A causa da obrigação tributária é o vínculo jurídico motivador do liame jurídico obrigacional entre o sujeito ativo e o sujeito passivo. Pode residir na *lei tributária* ou na expressão designativa mais lata que a primeira, a saber, *legislação tributária*.

O vínculo jurídico em apreço pode ser apreendido na leitura dos arts. 114 e 115 do CTN. Observe-os:

> **Art. 114.** Fato gerador da obrigação principal é a situação definida em lei como necessária e suficiente à sua ocorrência.

Note o item considerado **INCORRETO**, em prova realizada pela Cotec/Unimontes, para o cargo de Advogado da Prefeitura de Ubaí/MG, em 2016: *"O fato gerador é a situação definida pela Administração Pública como necessária e suficiente à sua ocorrência"*.

Note o item considerado **INCORRETO**, em prova realizada pelo IESES, para o cargo de Analista de Processos Organizacionais – Direito da BAHIAGÁS (Cia. de Gás da Bahia), em 2016: *"O fato gerador da obrigação tributária principal é a situação definida previamente em normatização, como apta e suficiente a originá-la"*.

Art. 115. Fato gerador da obrigação acessória é qualquer situação que, na forma da legislação aplicável, impõe a prática ou a abstenção de ato que não configure obrigação principal.

É fácil perceber que, enquanto se associou o *fato gerador da obrigação principal* à "lei", atrelou-se o *fato gerador da obrigação acessória* à "legislação tributária". A necessidade da **lei em sentido estrito (reserva de lei em sentido formal)** ocorre no bojo da *obrigação principal*, e não no da "obrigação acessória".

> Note o item considerado **INCORRETO**, em prova realizada pelo Cespe, para o cargo de Procurador do Estado (PGE/PI), em 2014: *"A definição do fato gerador da obrigação principal e da obrigação acessória submete-se à reserva de lei em sentido formal: na primeira espécie obrigacional, a sua ocorrência dá ensejo a uma obrigação de dar; na segunda, há o surgimento de uma obrigação de fazer e não fazer".*

> Note o item considerado **INCORRETO**, em prova realizada pela UEG, PC-GO, para o cargo de Delegado de Polícia, em 2018: *"A obrigação tributária acessória, melhor denominada como dever instrumental, demanda fixação em lei na medida em que corresponde a ônus ao contribuinte".*

Veja, agora, uma ilustração que sintetiza nosso raciocínio:

Lei Tributária (art. 97)	**Legislação Tributária (art. 96)**
O FATO GERADOR da *obrigação tributária principal* é a situação prevista em **LEI** como necessária e suficiente à sua ocorrência.	O FATO GERADOR da *obrigação tributária acessória* é qualquer situação fática, prevista na **LEGISLAÇÃO TRIBUTÁRIA**, que não configure pagamento de tributo ou multa.
⇩	⇩
Lei	**Legislação Tributária**
⇩	⇩
Causa ou FG da Obrigação Principal (art. 114 do CTN)	**Causa ou FG** da Obrigação Acessória (art. 115 do CTN)

4 DOMICÍLIO TRIBUTÁRIO

Domicílio é o lugar de exercício dos direitos e cumprimento das obrigações, no sentido da exigibilidade. Na seara tributária, é o local, determinado pela legislação tributária, onde o sujeito passivo é chamado para cumprir seus deveres jurídicos da ordem tributária. Note o dispositivo:

Art. 127. Na falta de eleição, pelo contribuinte ou responsável, de domicílio tributário, na forma da legislação aplicável, considera-se como tal:

I – quanto às pessoas naturais, a sua residência habitual, ou, sendo esta incerta ou desconhecida, o centro habitual de sua atividade;

II – quanto às pessoas jurídicas de direito privado ou às firmas individuais, o lugar da sua sede, ou, em relação aos atos ou fatos que derem origem à obrigação, o de cada estabelecimento;

> Note o item considerado **CORRETO**, em prova realizada pela UNOESC, para o cargo de Agente Fiscal Tributário Externo da Prefeitura Municipal de Iraceminha/SC, em 2016: "*De acordo com o CTN, o domicílio tributário é eleito pelo contribuinte ou responsável e, na falta da eleição, considera-se como tal, quanto às pessoas jurídicas de direito privado ou às firmas individuais, o lugar da sua sede, ou, em relação aos atos ou fatos que derem origem à obrigação, o de cada estabelecimento*".

III – quanto às pessoas jurídicas de direito público, qualquer de suas repartições no território da entidade tributante.

§ 1º Quando não couber a aplicação das regras fixadas em qualquer dos incisos deste artigo, considerar-se-á como domicílio tributário do contribuinte ou responsável o lugar da situação dos bens ou da ocorrência dos atos ou fatos que deram origem à obrigação.

§ 2º A autoridade administrativa **pode recusar** o domicílio eleito, quando impossibilite ou dificulte a arrecadação ou a fiscalização do tributo, aplicando-se então a regra do parágrafo anterior.

> Note o item considerado **INCORRETO**, em prova realizada pela Consulplan, para o cargo de Titular de Serviços de Notas e de Registros (TJ/MG), em 2017: "*A autoridade administrativa não pode recusar o domicílio tributário eleito pelo contribuinte*".

Segundo o artigo transcrito, é possível assimilar suas regras conforme o esquema a seguir:

1. **Regra geral e dotada de precedência:** aplica-se o "domicílio de eleição".
2. **Na ausência de eleição:** aplica-se o art. 127, I, II e III, do CTN.
3. **Na impossibilidade de aplicação dos incisos citados ou na recusa fundada da Administração quanto ao domicílio de eleição, quando impossibilite ou dificulte a fiscalização:** aplica-se o art. 127, § 1º, do CTN, ou seja, **o lugar da situação dos bens ou da ocorrência dos atos ou fatos que deram origem à obrigação**.

> Note o item (adaptado) considerado **CORRETO**, em prova realizada pela FCC, para o cargo de Procurador do Município de Campinas, em 2016: "*A regra vigente no Direito Tributário brasileiro é a do domicílio de eleição [e não a do domicílio "legal"!], salvo se este impossibilitar ou dificultar a arrecadação ou fiscalização do tributo, hipótese em que será o local da situação dos bens ou da ocorrência do fato gerador*".

Em linguagem simples, tenho dito que há um domicílio tributário "que é" e outros tantos "que podem ser". Vale dizer que o primeiro revela-se como o local de preferência do contribuinte, desde que a autoridade administrativa não o recuse. Os outros domicílios fiscais – os "que podem ser", *v.g.*, a residência habitual do contribuinte, o lugar da situação dos bens etc. – despontarão no caso de ausência da livre eleição do domicílio tributário. Daí se dizer, com boa dose de segurança, que o local de preferência do contribuinte "é" seu domicílio, enquanto a sua residência habitual, por exemplo, "pode ser".

Apreciemos as ilustrações:

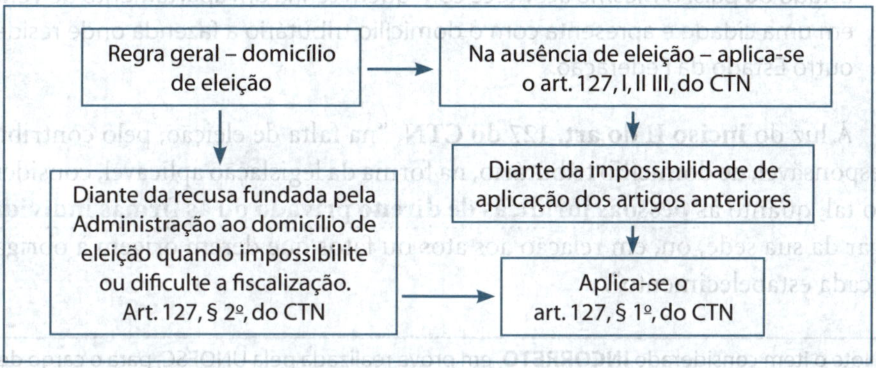

Segundo Paulo de Barros Carvalho[37], "vige a regra da eleição do domicílio que o sujeito passivo pode fazer a qualquer tempo, decidindo, espontaneamente, sobre o local de sua preferência. Todas as comunicações fiscais, de avisos e esclarecimentos, bem como os atos, propriamente, de intercâmbio procedimental – intimações e notificações – serão dirigidas àquele lugar escolhido, que consta dos cadastros das repartições tributárias, e onde o fisco espera encontrar a pessoa, para a satisfação de mútuos interesses".

Luciano Amaro[38] ressalta que "não obstante o dispositivo pareça sugerir, como regra, o domicílio de eleição, na forma da legislação aplicável, a questão do domicílio costuma ser tratada pela lei tributária nos termos em que a matéria é disciplinada no Código Tributário Nacional. As peculiaridades deste ou daquele tributo podem alterar a questão do domicílio fiscal de uma mesma pessoa".

De acordo com o **inciso I do art. 127 do CTN**, "na falta de eleição, pelo contribuinte ou responsável, de domicílio tributário, na forma da legislação aplicável, considera-se como tal, quanto às **pessoas naturais**, a sua residência habitual, ou, sendo esta incerta ou desconhecida, o centro habitual de sua atividade".

Note o item considerado **INCORRETO**, em prova realizada pela UNOESC, para o cargo de Agente Fiscal Tributário Externo da Prefeitura Municipal de Iraceminha/SC, em 2016: *"De acordo com o CTN, o domicílio tributário é eleito pelo contribuinte ou responsável e, na falta da eleição, considera-se como tal, quanto às pessoas naturais, o lugar onde forem localizadas".*

37. CARVALHO, Paulo de Barros. *Curso de direito tributário*. 16. ed., pp. 302-303.
38. AMARO, Luciano da Silva. *Direito tributário brasileiro*, 14. ed., p. 331.

No que tange às particularidades do IPTU, Renato Lopes Becho[39] assevera:

> O Imposto sobre a Propriedade Predial e Territorial Urbana é também um campo fértil para exemplos. O contribuinte que possua um terreno não edificado, terá no local onde está seu imóvel o critério espacial do tributo, mas pode e deve eleger como domicílio tributário sua residência, que pode ser ou não na mesma cidade, Estado ou país. O mesmo acontece com quem tenha um apartamento de veraneio em uma cidade e apresenta com o domicílio tributário a fazenda onde reside, em outro Estado da Federação.

À luz do **inciso II do art. 127 do CTN**, "na falta de eleição, pelo contribuinte ou responsável, de domicílio tributário, na forma da legislação aplicável, considera-se como tal, quanto às **pessoas jurídicas de direito privado ou às firmas individuais**, o lugar da sua sede, ou, em relação aos atos ou fatos que derem origem à obrigação, o de cada estabelecimento".

> Note o item considerado **INCORRETO**, em prova realizada pela UNOESC, para o cargo de Agente Fiscal Tributário Externo da Prefeitura Municipal de Iraceminha/SC, em 2016: "*De acordo com o CTN, o domicílio tributário é eleito pelo contribuinte ou responsável e, na falta da eleição, considera-se como tal, quanto às pessoas jurídicas de direito privado, o lugar onde reside o sócio gerente*".

Em outras palavras, equivale dizer que o domicílio tributário da pessoa jurídica de direito privado (ou firma individual) será assim definido:

1º lugar: o *domicílio de eleição*;

2º lugar: o *lugar da sua sede* **ou** o *lugar de cada estabelecimento* (em relação aos atos ou fatos que derem origem à obrigação).

Daí se assegurar que nem sempre a escolha recairá sobre o "lugar da sede da empresa", pois, detendo a pessoa jurídica vários estabelecimentos, o domicílio fiscal será o "lugar de cada estabelecimento" (em relação aos atos ou fatos que derem origem à obrigação).

Para o caso de pluralidade de domicílios nas situações das pessoas jurídicas, salutar é a lição de Hugo de Brito Machado[40]:

> Se a pessoa jurídica tem um único estabelecimento não há dificuldade, pois o local deste é o domicílio tributativo. Se tem vários, pode escolher o domicílio, observando o seguinte: **(a)** a escolha não pode recair em local fora do território da entidade tributante, por motivos óbvios; **(b)** no que se refere aos tributos cujo fato gerador se verifica em relação a cada estabelecimento, como acontece, por exemplo, com o ICMS, a legislação específica geralmente exclui essa liberdade de escolha, deter-

39. BECHO, Renato Lopes. *Comentários ao Código Tributário Nacional*, p. 1017.
40. MACHADO, Hugo de Brito. *Curso de direito tributário*, 29. ed., p. 149.

minando que o domicílio tributário é o local da sede de cada estabelecimento, que considera, para aquele efeito, contribuinte isolado; quanto aos tributos dos quais, como no imposto de renda, o fato gerador é apurado em relação à empresa, em sua totalidade, prevalece a liberdade de escolha, limitada, porém, pela regra do § 2º do art. 127 do CTN.

Como se nota, para os casos do IPI e do ICMS, havendo matriz e filiais, "o princípio da autonomia do estabelecimento faz de cada filial uma unidade independente"[41].

Por fim, com fulcro no **inciso III do art. 127 do CTN**, "na falta de eleição, pelo contribuinte ou responsável, de domicílio tributário, na forma da legislação aplicável, considera-se como tal, quanto às **pessoas jurídicas de direito público**, qualquer de suas repartições no território da entidade tributante".

> Note o item considerado **INCORRETO**, em prova realizada pela UNOESC, para o cargo de Agente Fiscal Tributário Externo da Prefeitura Municipal de Iraceminha/SC, em 2016: *"De acordo com o CTN, o domicílio tributário é eleito pelo contribuinte ou responsável e, na falta da eleição, considera-se como tal, quanto às pessoas jurídicas de direito público, o local de sua sede"*.

Quanto ao inciso III do art. 127, urge observarmos as pontuais palavras de Pedro Marcelo Decomain[42]:

> O inciso III do art. 127 afirma, por derradeiro, que, inexistindo escolha do sujeito passivo, em sendo ele pessoa jurídica de Direito Público, será considerado seu domicílio qualquer de suas repartições no território da entidade tributante. A disposição pode parecer estranha, mas é possível que pessoas jurídicas de Direito Público sejam contribuintes de tributos cobrados por outras. Vale relembrar que a imunidade recíproca, prevista na Constituição e reafirmada pelo CTN, abrange unicamente impostos. Não alcança nem as taxas, nem as contribuições. Se uma pessoa jurídica de Direito Público for contribuinte de alguma delas (como as contribuições previdenciárias, relativamente aos seus empregados, com vínculo regido pela legislação trabalhista, por exemplo), como seu domicílio tributário, inexistindo escolha prévia de sua parte, será considerada qualquer de suas repartições, no território da entidade tributante.

À luz do **§ 1º do art. 127 do CTN**, temos que "quando não couber a aplicação das regras fixadas em qualquer dos incisos deste artigo, considerar-se-á como domicílio tributário do contribuinte ou responsável o lugar da situação dos bens ou da ocorrência dos atos ou fatos que deram origem à obrigação".

41. CARVALHO, Paulo de Barros. *Curso de direito tributário*, 16. ed., p. 304.
42. DECOMAIN, Pedro Marcelo. *Anotações ao Código Tributário Nacional*, p. 477.

Com interessantes exemplos, o mesmo autor[43] evidencia que o

> § 1º do art. 127 contém ainda outra regra suplementar, para definição do domicílio tributário, a ser aplicada quando não haja lugar para incidência das regras contidas nos incisos de seu *caput*. (...) A regra pode ser importante, por exemplo, para os circos e outros estabelecimentos de espetáculos ambulantes. Incidindo ISS sobre os serviços que prestem, e sendo eles essencialmente nômades, por seu domicílio tributário será considerado cada local em que se exibem e no qual, portanto, prestam os serviços tributados.

E finalizando o raciocínio, o autor[44] complementa ao dispor sobre o **§ 2º do art. 127 do CTN**:

> (...) o respectivo § 2º afirma que tal escolha pode ser recusada pela autoridade administrativa, quando impossibilite ou dificulte a arrecadação do tributo e a fiscalização dos fatos geradores correspondentes. Nesse caso, de recusa do domicílio eleito pelo próprio sujeito passivo, seu domicílio tributário passará a ser determinado segundo a regra do § 1º. Como essa regra se reporta à impossibilidade de aplicação daquilo que é disciplinado pelos incisos do *caput*, tem-se, em verdade, que o domicílio tributário do sujeito passivo será determinado, antes de tudo – em caso de recusa pelo Fisco daquele domicílio que haja sido eleito –, conforme as regras daqueles incisos do *caput*. Somente se nenhuma dessas regras se mostrar aplicável, incidirá a norma subsidiária do § 1º.

Como se nota, "o domicílio tributário pode ser eleito pelo contribuinte, na forma da legislação tributária, mas pode ser recusado pela autoridade administrativa", por razões de *praticidade fiscal*.

Não é outro o entendimento no **STJ**:

> **EMENTA:** TRIBUTÁRIO. DOMICÍLIO FISCAL. DIFICULDADE DE ARRECADAÇÃO E/OU LOCALIZAÇÃO. POSSIBILIDADE DE ELEIÇÃO OU REVISÃO PELO FISCO. ART. 127, § 2º, DO CTN. 1. O sujeito ativo tributante, enfrentando dificuldades para arrecadar ou localizar o domicílio tributário do contribuinte, poderá fixá-lo nos limites estabelecidos por lei (art. 127, § 2º, do CTN). 2. Esse princípio não afeta direito subjetivo do contribuinte. 3. Inexistência de prova de mudança de domicílio do contribuinte para outro Município que não o eleito pelo Fisco, cidade na qual se localiza a sua residência, a sede da pessoa jurídica da qual é sócio, e praticamente a quase totalidade de seu patrimônio, não tendo outra conotação, a eleição de outro domicílio para fins de arrecadação tributária, que a de criar embaraço à fiscalização. No mandado de segurança, a prova é pré-constituída. 4. Recurso não provido. **(REsp 437.383/MG, 1ª T., rel. Min. José Delgado. j. em 27-08-2002)**

43. DECOMAIN, Pedro Marcelo. *Anotações ao Código Tributário Nacional*, p. 477.
44. *Idem*.

EMENTA: TRIBUTÁRIO. ISS. MUNICÍPIO COMPETENTE PARA EXIGIR O TRIBUTO. CTN, ART. 127, II. DECRETO-LEI 406/68 (ART. 12, A). 1. É juridicamente possível as pessoas jurídicas ou firmas individuais possuírem mais de um domicílio tributário. 2. Para o ISS, quanto ao fato gerador, considera-se o local onde se efetivar a prestação do serviço. O estabelecimento prestador pode ser a matriz, como a filial, para os efeitos tributários, competindo o do local da atividade constitutiva do fato gerador. 3. Precedentes jurisprudenciais. 4. Recurso provido. **(REsp 302.330/MG, 1ª T., rel. Min. Milton Luiz Pereira. j. em 05-04-2001)**

EMENTA: TRIBUTÁRIO. IMPOSTO DE RENDA. PROCEDIMENTO ADMINISTRATIVO. LANÇAMENTO. INTIMAÇÃO DO CONTRIBUINTE. VIA POSTAL. CORRESPONDÊNCIA ENTREGUE EM ANTIGO ESCRITÓRIO DO CONTRIBUINTE. INEFICÁCIA. I – A intimação do lançamento fiscal do Imposto de Renda contra pessoa física deve ser feita no local em que esta mantém seu domicílio. Não vale intimação dirigida a local onde o contribuinte manteve antigo escritório, nada importando a circunstância de a mudança do endereço profissional não ter sido comunicado ao Fisco. II – É improcedente a execução, se o crédito fiscal em cobrança resultou de lançamento nulo, por ineficácia da respectiva intimação. **(REsp 186.815/DF, 1ª T., rel. Min. Humberto Gomes de Barros, j. em 03-12-1998)**

Conforme se pode notar, a regra é que se proceda, voluntariamente, à escolha do domicílio. **Se a eleição for feita**, pode a Fazenda Pública recusá-la, em virtude de impossibilidade ou dificuldade na fiscalização **(art. 127, § 2º, CTN)**. Nesse caso, o domicílio será o *lugar da situação dos bens ou da ocorrência dos atos ou fatos que deram origem à obrigação.*

Por derradeiro, repise-se que, **se a eleição não for feita**, aplicar-se-ão as regras previstas nos incisos I, II e III do art. 127. A dúvida poderia surgir em face da inadequação de tais incisos no caso concreto, hipótese solvida pelo CTN, consoante o § 1º do art. 127, segundo o qual se aplica a regra utilizável para a "recusa do domicílio", isto é, o *lugar da situação dos bens ou da ocorrência dos atos ou fatos que deram origem à obrigação.*

Na esfera criminal, a definição da competência para a ação penal decorrente da suposta prática de ilícitos penais tributários, independe do domicílio fiscal[45], como se pode ver na judiciosa decisão do **STJ**, a seguir transcrita:

EMENTA: CONFLITO DE COMPETÊNCIA. JUÍZOS FEDERAIS. COMARCAS DIVERSAS. ILÍCITO TRIBUTÁRIO. DOMICÍLIO FISCAL. LOCAL DA CONSUMAÇÃO DO DELITO. Conhecido o local em que se consumou o ilícito penal tributário, perde a relevância a eleição do domicílio fiscal feita pelos réus, principalmente na espécie, onde se pode constatar que tal indicação culminará em dificultar e prejudicar o andamento da instrução criminal. Precedentes análogos. Conflito conhecido, declarando-se a

45. *V.* PAULSEN, Leandro. *Direito tributário,* p. 128.

competência do Juízo Federal de Campinas/SP. **(CC 40.361/MG, 3ª T., rel. Min. José Arnaldo da Fonseca, j. em 10-03-2004)**

Acerca do embaraço causado pelo contribuinte ante o Fisco, como forma de burlar ou dificultar a arrecadação e a fiscalização das exações, imperiosos são os apontamentos de Hugo de Brito Machado Segundo[46], citando a ementa do **REsp 437.383/MG**, já reproduzido em linhas acima:

> Domicílio eleito como forma de embaraçar a fiscalização – Em situação na qual o contribuinte tinha sua residência, a sede da pessoa jurídica da qual é sócio, e a quase totalidade de seu patrimônio localizados no Município "A", e não obstante elegeu o Município "B" como sendo seu domicílio tributário, o STJ entendeu que havia evidente propósito de embaraçar a fiscalização, e considerou possível a fixação de seu domicílio tributário pelo Fisco (que, no caso, fixou-o no Município "A"), nos termos do § 2º do art. 127 do CTN. (...).

É importante registrar que não tem guarida o frágil argumento de que "a inviolabilidade do domicílio (CF, art. 5º, XI) traria óbices à fiscalização dos tributos, o que justificaria a recusa fiscal da residência do contribuinte como seu domicílio fiscal". Trata-se de absurdez, já repudiada no **STJ**:

> **EMENTA:** DOMICÍLIO TRIBUTÁRIO – MESMO DA RESIDÊNCIA. Não procede o argumento de que sendo inviolável o domicilio da pessoa física, dificultaria a atuação dos agentes fiscais, caso tenha o domicilio tributário a mesma sede, porque tal proteção deixaria de existir. É injustificável e sem base legal impedir o contribuinte de indicar sua residência para domicilio tributário. Recurso improvido. **(REsp 28.237/SP, 1ª T., rel. Min. Garcia Vieira, j. em 16-11-1992)**

46. MACHADO SEGUNDO, Hugo de Brito. *Código Tributário Nacional*, pp. 232-233.

22

RESPONSABILIDADE TRIBUTÁRIA

1 CONCEITOS INTRODUTÓRIOS

Em princípio, o tributo deve ser cobrado da pessoa que pratica o fato gerador. Nessas condições, surge o sujeito passivo direto ("contribuinte"). Em certos casos, no entanto, o Estado pode ter necessidade de cobrar o tributo de uma terceira pessoa, que não o contribuinte, que será o sujeito passivo indireto ("responsável tributário").

Em sentido estrito, é a sujeição passiva indireta a submissão ao direito de crédito do Fisco, em virtude de *expressa determinação legal*, de pessoa diversa do contribuinte, desde que tenha um vínculo indireto com a situação que corresponda ao fato gerador (art. 128 do CTN).

Acertadamente, Hugo de Brito Machado afirma que "no Direito Tributário a palavra responsabilidade tem um sentido amplo e outro estrito. (...) Em sentido amplo, é a submissão de determinada pessoa, contribuinte ou não, ao direito do Fisco de exigir a prestação da obrigação tributária. (...) Em sentido estrito, é a submissão, em virtude de disposição legal expressa, de determinada pessoa que não é contribuinte, mas está vinculada ao fato gerador da obrigação tributária, ao direito do Fisco de exigir a prestação respectiva"[1].

Essa responsabilidade poderá ser por substituição ou por transferência.

a) Responsabilidade por substituição: quando a lei determina que o responsável (substituto) ocupe o lugar do contribuinte (substituído), **desde a ocorrência do fato gerador**, de tal sorte que, desde o nascimento da obrigação tributária, aquele – o responsável – já é o sujeito passivo. Assim, "o contribuinte é logo esque-

1. MACHADO, Hugo de Brito. *Curso de direito tributário*, 29. ed., p. 150.

cido, não sendo ele nem sequer indicado sujeito passivo, pois o legislador já o 'substitui' pelo responsável"[2].

> Note o item considerado **INCORRETO**, em prova realizada pelo IESES, para o cargo de Analista de Processos Organizacionais – Direito da BAHIAGÁS (Cia. de Gás da Bahia), em 2016: *"Na responsabilidade por substituição, a sujeição passiva do responsável surge posteriormente à ocorrência do fato gerador".*

Alexandre Barros Castro, acerca da **substituição tributária**, destaca valiosos comentários e traz exemplo que muito nos auxiliará na melhor compreensão do tema:

> (...) a lei pode atribuir à terceira pessoa vinculada ao fato gerador o ônus da exação. Exemplo claro dessa modalidade, como já vimos, é o imposto de renda na fonte, em que, por força legal, a fonte pagadora é obrigada a reter e recolher aos cofres públicos o montante descontado do indivíduo que prestou serviços com ou sem vínculo empregatício. Assim, a obrigação do contribuinte (que auferiu a renda) fica excluída, passando a ser responsável aquele que pagou pelo trabalho exercido. (...) Importante observar que tal instituto se dá de forma exclusiva, sem qualquer solidariedade ou caráter subsidiário. Por imposição legal, à fonte pagadora é conferida a obrigação de reter e recolher aos cofres públicos a parcela paga a seus assalariados ou assemelhados, sob pena de, em não o fazendo, sobre si recaírem todos os ônus da exação, sem que para tanto reste-lhe qualquer direito de regresso contra o real contribuinte, haja vista que a fonte pagadora assume inteiramente o polo passivo da obrigação tributária (o que auferiu a renda), afastando por completo aquele[3].

Assim, podemos concluir que a substituição tributária possui função de arrecadar o tributo por conta do Estado, não considerando o substituto como verdadeiro devedor do tributo[4].

Vale destacar, ainda, que "o substituto legal tributário tem não só a responsabilidade pela obrigação principal, como também pelas acessórias, incumbindo-lhe praticar todos os deveres instrumentais do Fisco. Assume com exclusividade a responsabilidade do contribuinte, que deixa de participar da relação tributária. Se o substituto não recolher o tributo, nenhuma responsabilidade terá o contribuinte substituído (...)"[5].

b) Responsabilidade por transferência: quando, por expressa previsão legal, a ocorrência de um fato, posterior ao surgimento da obrigação, transfere a um terceiro a condição de sujeito passivo da obrigação tributária, que até então era ocupada pelo contribuinte. Nesse caso, "o contribuinte não é ignorado, havendo a mudan-

2. FARIA, Luiz Alberto Gurgel; FREITAS, Vladimir Passos de (Coord.). *Código Tributário Nacional comentado.* 4. ed. São Paulo: RT, 2007, p. 603.
3. CASTRO, Alexandre Barros. *Teoria e prática do direito processual tributário*, pp. 89-91.
4. V. RODRIGUES, Walter Piva. *Substituição tributária.* São Paulo: Quartier Latin, 2004, p. 95.
5. TORRES, Ricardo Lobo. *Curso de direito financeiro e tributário*, pp. 262-263.

ça do sujeito passivo em momento posterior"[6]. Essa transferência poderá excluir a responsabilidade do contribuinte ou atribuí-la em caráter supletivo. Esta comporta **três** situações possíveis: a **responsabilidade por solidariedade**, a **responsabilidade dos sucessores (ou por sucessão)** e a **responsabilidade de terceiros**, conforme será estudado adiante.

> Note o item considerado **CORRETO**, em prova realizada pelo Cespe, para o cargo de Juiz Federal Substituto (TRF/5ª Região), em 2015: *"A sujeição passiva indireta pode ser fruto de uma responsabilidade por sucessão, o que caracteriza uma das modalidades de responsabilidade por transferência".*

Passemos, agora, aos conceitos de **contribuinte** e **responsável**:

1.1 Conceito: contribuinte *versus* responsável

A princípio, vale destacar as lições do saudoso professor Ricardo Lobo Torres, que muito nos auxiliará na conceituação dos institutos supramencionados. Diz o eminente mestre que "as diferenças fundamentais entre o contribuinte e o responsável são as seguintes: **(I)** o contribuinte tem o débito (*debitum*, *Schuld*), que é o dever de prestação e a responsabilidade (*Haftung*), isto é, a sujeição do seu patrimônio ao credor (*obligatio*), enquanto o responsável tem a responsabilidade sem ter o débito, pois ele paga o tributo por conta do contribuinte; **(II)** a posição do contribuinte surge com a realização do pressuposto previsto na lei que regula a responsabilidade, que os alemães chamam de fato gerador da responsabilidade (*Haftungstatbestand*)"[7].

a) Contribuinte: é a pessoa, física ou jurídica, que tenha relação de natureza econômica, pessoal e direta com a situação que constitua o respectivo fato gerador (art. 121, parágrafo único, I, do CTN). Assim, o contribuinte é *sujeito passivo direto*. Sua responsabilidade é originária, existindo uma relação de identidade entre a pessoa que deve pagar o tributo (e/ou a multa) e a que participou diretamente do fato imponível, dele se beneficiando economicamente. Daí se evidencia a natureza econômica na relação entre o contribuinte e a situação que caracteriza o fato gerador, uma vez que o CTN adotou um *critério econômico de incidência*: cobrar de quem auferiu vantagem econômica da ocorrência do fato imponível, desconsiderando os critérios territorial e de cidadania. Dessa forma, constituindo o fato gerador um índice ou medida da capacidade contributiva do cidadão, nada mais normal que seja o contribuinte a pessoa obrigada ao pagamento do tributo (e/ou a multa).

Não se deve esquecer que o fato gerador é um fato econômico com relevo no mundo jurídico, servindo de índice de medida da capacidade contributiva do cidadão. Assim, normalmente a lei confere a obrigação de pagar o tributo à pessoa que tenha

6. FARIA, Luiz Alberto Gurgel; FREITAS, Vladimir Passos de (Coord.). *Código Tributário Nacional comentado*, p. 603.
7. TORRES, Ricardo Lobo. *Curso de direito financeiro e tributário*, p. 256.

estado em relação econômica com a situação que constitua o fato gerador respectivo, ou seja, à pessoa que dela auferiu uma vantagem patrimonial, isto é, o contribuinte.

Em síntese, o "contribuinte será aquela pessoa física ou jurídica que realizar a materialidade descrita na regra-matriz tributária. Se o critério material é composto de um verbo e seu complemento, isso significa que alguém terá que realizar tal conduta descrita no verbo"[8].

b) Responsável: é a pessoa que, sem se revestir da condição de contribuinte, tem sua obrigação decorrente de disposição expressa de lei. Assim, não tendo relação de natureza econômica, pessoal e direta com a situação que constitua o fato gerador, o responsável é *sujeito passivo indireto*, sendo sua responsabilidade derivada, por decorrer da lei, e não da referida relação (art. 121, parágrafo único, II, CTN). A obrigação do pagamento do tributo lhe é cometida pelo legislador, **visando facilitar a fiscalização e arrecadação dos tributos.**

> Note o item considerado **CORRETO**, em prova realizada pela Consulplan, para o cargo de Técnico Judiciário do TRF/2ª Região, em 2017: *"Quanto ao sujeito passivo tributário e suas características, pode-se afirmar que 'responsável tributário' é o terceiro a quem a lei atribui o dever de pagar o tributo, por motivos de facilidade de cobrança e de fiscalização do recolhimento".*

Luciano Amaro[9] afirma que "a figura do responsável aparece na problemática da obrigação tributária principal por uma série de razões que são valorizadas pelo legislador ao definir a sujeição passiva tributária. Após definir o fato gerador e, naturalmente, localizar a pessoa que deveria (ou poderia) ocupar o polo passivo da obrigação tributária na condição de contribuinte, o legislador pode ignorar esse personagem e eleger como sujeito passivo outra pessoa (que tenha relação com o fato gerador)".

Continua o eminente mestre[10] delineando que "não se confunda o sujeito passivo indireto com o sujeito passivo de tributo indireto. O dito tributo indireto é o que, embora onere o contribuinte ('de direito'), atinge, reflexamente, um terceiro (o chamado contribuinte 'de fato'); por oposição, o tributo direto atinge o próprio contribuinte 'de direito' (que acumularia também a condição de contribuinte de 'fato'). Sujeito passivo indireto (que pode, em princípio, estar presente tanto em tributos diretos como também em tributos indiretos) é um terceiro que ('de direito' e não 'de fato') é eleito como devedor da obrigação tributária".

Todavia, a lei não pode atribuir a responsabilidade tributária pelo pagamento de tributo a qualquer "terceiro responsável", em razão do que dispõe o art. 128, que aclara e complementa o art. 121, parágrafo único, II, ambos do CTN.

---

8. BECHO, Renato Lopes; PEIXOTO, Marcelo Magalhães; LACOMBE, Rodrigo Santos Masset (Coord.). *Comentários ao Código Tributário Nacional*. São Paulo: MP Editora, 2005, p. 1000.
9. AMARO, Luciano da Silva. *Direito tributário brasileiro*, 14. ed., p. 304.
10. *Ibidem*, p. 303.

Em primeiro lugar, o responsável é um terceiro, mas o legislador não tem liberdade para designar "qualquer terceiro" como responsável tributário, porque o mencionado dispositivo legal determina que o escolhido tenha uma vinculação mínima, de qualquer natureza, com o fato gerador da respectiva obrigação. Menos, é claro, aquela vinculação de natureza pessoal e direta, porque quem a tem é o contribuinte. Portanto, é de suma importância a aferição da intensidade do vínculo, que, existindo, deve se mostrar na dosagem precisamente correta.

Observe o teor do artigo:

> **Art. 128. (...)** *a lei* pode atribuir de modo expresso a responsabilidade pelo crédito tributário a terceira pessoa, vinculada ao fato gerador da respectiva obrigação, excluindo a responsabilidade do contribuinte ou atribuindo-a a este em caráter supletivo do cumprimento total ou parcial da referida obrigação. **(Grifos nossos)**

> Note o item considerado **CORRETO**, em prova realizada pelo MPE/PR, para o cargo de Promotor de Justiça Substituto, em 2017: *"De acordo com o CTN, a lei pode atribuir de modo expresso a responsabilidade pelo crédito tributário a terceira pessoa, vinculada ao fato gerador da respectiva obrigação, excluindo a responsabilidade do contribuinte ou atribuindo-a a este em caráter supletivo do cumprimento total ou parcial da referida obrigação".*

Observe que é vedada a "transferência implícita" do encargo a outrem. Além disso, os casos de responsabilidade não estão delineados em "legislação", mas em lei. De fato, a sujeição passiva – direta ou indireta – submete-se à reserva legal (art. 97, III, CTN), isto é, à necessidade de lei formal, sob pena de se validarem, indevidamente, instrumentos contratuais inoponíveis à Fazenda, conforme se depreende do **art. 123**, abaixo transcrito:

> **Art. 123.** Salvo disposições de lei em contrário, as *convenções particulares,* relativas à responsabilidade pelo pagamento de tributos, *não podem ser opostas à Fazenda Pública,* para *modificar* a definição legal do *sujeito passivo* das obrigações tributárias correspondentes. **(Grifos nossos)**

> Note o item considerado **INCORRETO**, em prova realizada pelo Cespe, para o cargo de Especialista em Regulação (ANATEL), em 2014: *"Suponha que uma lei municipal de natureza tributária permita que nos contratos de aluguel seja transferida ao inquilino a obrigação de pagar o IPTU. Nessa situação, a responsabilidade pelo referido pagamento será do inquilino, nos termos daquele município".*

Nessa medida, exemplificadamente, se um locatário de um apartamento assume o IPTU e não honra o contrato particular de locação por ele assinado, deixando de adimplir o tributo devido, a Fazenda Municipal irá exigir o recolhimento do gravame do proprietário do imóvel. O contrato entre as duas partes só produzirá efeitos na esfera civil, devendo o proprietário do imóvel antecipar o valor correspondente ao Fisco, sem arguir força probante à convenção particular, pretendendo fazê-la oponível à Fazenda. Aliás, as convenções particulares não podem ser opostas ao Fisco no intuito de se modificar o sujeito passivo. Cabe, no entanto, de forma regressiva, se aprouver ao proprietário, a ação de indenização contra o inquilino, que deverá arcar com o ônus contratual. A propósito, em **9 de maio de 2018**, o **STJ** aprovou a **Súmula n. 614**, segundo a qual "o locatário não possui legitimidade ativa para discutir a relação jurídico-tributária de IPTU e de taxas referentes ao imóvel alugado nem para repetir indébito desses tributos". Citem-se outros exemplos: acordo entre empregado e empregador para que este não retenha o IRRF; ou acordo entre comprador e vendedor de bens, a fim de que este efetue a venda àquele sem o ICMS.

Renato Lopes Becho, destacando a influência principiológica da supremacia do interesse público sobre o Direito Tributário, ensina que "se os pactos e acordos de ordem privada fossem oponíveis aos órgãos da administração tributária, o Fisco poderia se ver constantemente impedido de exigir os tributos que lhe são devidos, por alterações nas relações jurídicas que, de fato, não lhes alteram as materialidades estipuladas constitucionalmente"[11].

1.2 Conceito: responsabilidade pessoal *versus* responsabilidade subsidiária

Para o estabelecimento desse relevante traço distintivo, faz-se mister a leitura do art. 128 do CTN:

> **Art. 128. (...)** a lei pode atribuir de modo expresso a responsabilidade pelo crédito tributário a terceira pessoa, vinculada ao fato gerador da respectiva obrigação, *excluindo* a responsabilidade do contribuinte ou atribuindo-a a este em *caráter supletivo* do cumprimento total ou parcial da referida obrigação. **(Grifos nossos)**

Da leitura do preceptivo, deflui que a responsabilidade tributária pode recair exclusivamente sobre o sujeito passivo – caso de exclusão da responsabilidade do contribuinte – ou sobre este incidir de modo subsidiário ou supletivo, ou seja, a hipótese em que um e outro serão chamados a arcar com o ônus tributário, em uma natural ordem de preferência. Passemos ao detalhe da classificação:

a) **Responsabilidade pessoal:** segundo o art. 128, parte final, do CTN, o contribuinte é excluído totalmente, dando ensejo à responsabilidade pessoal – atribuída por lei e por meio da qual se desvia o foco da exigibilidade – sobre a terceira pessoa (responsável), vinculada ao fato gerador. Tal deslocamento faz com que o contribuinte não responda por mais nada.

> Note o item considerado **CORRETO**, em prova realizada pelo Cebraspe, para o cargo de Procurador do Município de Fortaleza/CE, em 2017: *"Quanto aos seus efeitos, a responsabilidade tributária pode ser solidária, subsidiária ou pessoal. Sendo pessoal, inexistem coobrigados, mas terceira pessoa que detém a condição de único sujeito passivo responsável pelo cumprimento da obrigação tributária"*.

11. BECHO, Renato Lopes; PEIXOTO, Marcelo Magalhães; LACOMBE, Rodrigo Santos Masset (Coord.). *Comentários ao Código Tributário Nacional*, p. 1004.

O **art. 131 do CTN**, a propósito, prevê textualmente em seus incisos a responsabilização pessoal:

> **Art. 131.** São *pessoalmente* responsáveis:
> **I** – o adquirente ou remitente, pelos tributos relativos aos bens adquiridos ou remidos;
> **II** – o sucessor a qualquer título e o cônjuge meeiro, pelos tributos devidos pelo *de cujus* até a data da partilha ou adjudicação, limitada esta responsabilidade ao montante do quinhão do legado ou da meação;
> **III** – o espólio, pelos tributos devidos pelo *de cujus* até a data da abertura da sucessão. **(Grifo nosso)**

Tal preceptivo indica responsabilidade pessoal – e exclusiva – das pessoas discriminadas nos incisos I, II e III, afastando-se a responsabilidade dos devedores originais. Estes não responderão "supletivamente" (ou "subsidiariamente") ou mesmo "solidariamente", já que o devedor sucedido pode (**1**) ter desaparecido (nos casos dos incisos II e III) ou pode (**2**) não ter relevância (inciso I).

Outro didático exemplo de responsabilidade pessoal pode ser extraído do **art. 135 do CTN**. Observe a menção:

> **Art. 135.** São *pessoalmente* responsáveis pelos créditos correspondentes a obrigações tributárias resultantes de atos praticados com excesso de poderes ou infração de lei, contrato social ou estatutos:
> **I** – as pessoas referidas no artigo anterior;
> **II** – os mandatários, prepostos e empregados;
> **III** – os diretores, gerentes ou representantes de pessoas jurídicas de direito privado. **(Grifos nossos)**

O comando em estudo indica a responsabilidade pessoal – e exclusiva – das pessoas discriminadas nos incisos I, II e III, ou seja, mandatários, prepostos, empregados, diretores ou gerentes, além daquelas constantes dos incisos do art. 134 do CTN. Em geral, o contribuinte aqui é vítima de atos abusivos, ilegais ou não autorizados, cometidos por pessoas que o representam, razão pela qual se procura responsabilizar pessoalmente tal representante. Assim, não se atinge o contribuinte quando houver (**a**) excesso de poderes ou (**b**) infração da lei, contrato social ou estatutos – condições à aplicação do preceptivo, cujo aprofundamento será oportunamente feito ao término deste capítulo.

b) Responsabilidade subsidiária ou supletiva: segundo o art. 128 do CTN, o contribuinte é excluído parcialmente, dando ensejo à responsabilidade *subsidiária* ou *supletiva*. Esta, atribuída por lei, indica que o responsável designado em lei responde pela parte ou pelo todo da obrigação tributária que o contribuinte deixar de cumprir.

Inicialmente, cobra-se do contribuinte; caso este não disponha de recursos suficientes, cobra-se do responsável. Logo, "o dito responsável solidário só é chamado a satisfazer a obrigação "nos casos de impossibilidade de exigência do cumprimento da obrigação principal pelo contribuinte"[12]. Portanto, há nítido benefício de ordem, isto é, o terceiro somente responderá com o seu patrimônio se o contribuinte não tiver bens suficientes para arcar com o débito. Diga-se, pois, que **não** se trata de "solidariedade" (arts. 124 e 125, CTN) – tema que será oportunamente aprofundado –, porquanto no caso em apreço a lei, no próprio texto, elege o terceiro como devedor do tributo, na mesma posição do contribuinte.

Nessa medida, a Fazenda Pública deverá esgotar todos os caminhos para alcançar os bens do devedor principal, voltando suas atenções aos terceiros, após frustrada a tentativa de percepção de recursos do contribuinte.

Basicamente, este tipo de responsabilização se dá nos casos previstos no art. 134 do CTN, conquanto se mencione no dispositivo, de forma explícita, o termo "solidariamente". Veja o comando legal:

> **Art. 134.** Nos casos de impossibilidade de exigência do cumprimento da obrigação principal pelo contribuinte, respondem *solidariamente* com este nos atos em que intervierem ou pelas omissões de que forem responsáveis:
>
> **I – os pais, pelos tributos devidos por seus filhos menores;**

> Note o item (adaptado) considerado **INCORRETO**, em prova realizada pela Vunesp, para o cargo de Agente Fiscal Tributário da Prefeitura Municipal de Suzano/SP, em 2016: *"Segundo o CTN, é pessoalmente responsável o pai, pelos tributos devidos por seu filho menor"*.
>
> **Observação:** item semelhante foi considerado **INCORRETO**, em prova realizada pela Vunesp, para o cargo de Juiz de Direito Substituto do TJ/RJ (XLVII Concurso), em 2016.

> **II** – os tutores e curadores, pelos tributos devidos por seus tutelados ou curatelados;
>
> **III** – os administradores de bens de terceiros, pelos tributos devidos por estes;
>
> **IV** – o inventariante, pelos tributos devidos pelo espólio;
>
> **V** – o síndico e o comissário, pelos tributos devidos pela massa falida ou pelo concordatário;
>
> **VI** – os tabeliães, escrivães e demais serventuários de ofício, pelos tributos devidos sobre atos praticados por eles, ou perante eles, em razão de seu ofício;
>
> **VII** – os sócios, no caso de liquidação de sociedade de pessoas. **(Grifo nosso)**

Registre-se que, a nosso ver, a responsabilidade "solidária", assim intitulada no preceptivo, **não** é "solidária plena", mas, sim, **subsidiária**, uma vez que não se pode cobrar tanto de um como de outro devedor, havendo uma ordem de preferência a ser seguida. Em primeiro lugar, cobra-se do contribuinte; após, exige-se o gravame do responsável. Portanto, à luz do **art. 134 do CTN**, conclusivamente, podemos dizer, entre outras situações:

12. AMARO, Luciano da Silva. *Direito tributário brasileiro*, 14. ed., p. 314.

(1) só é possível exigir o ITBI de um tabelião (art. 134, VI, do CTN) se não houver como receber do contribuinte (vendedor ou comprador, na forma prevista em lei);

(2) só é possível exigir o tributo do inventariante (art. 134, IV, do CTN), relativo a negócios realizados, se o espólio não possuir valores suficientes para arcar com o respectivo encargo;

(3) só é possível exigir o tributo do administrador judicial (art. 134, V, do CTN), relativo a negócios realizados, se os bens constantes da massa falida não forem suficientes à satisfação do crédito tributário;

(4) só é possível exigir o tributo do tutor (art. 134, II, do CTN), relativo a negócios realizados, se o tutelado não lograr satisfazer com recursos próprios o crédito exigido.

Passemos, agora, aos conceitos de *responsabilidade por substituição* e *responsabilidade por transferência*.

1.3 Conceito: responsabilidade por substituição *versus* responsabilidade por transferência

Existem duas espécies de responsabilidade tributária quanto à escolha do responsável perante o marco temporal do fato gerador: **responsabilidade por substituição** e **responsabilidade por transferência.** Esta última comporta **três situações possíveis**: a *responsabilidade por solidariedade*, a *responsabilidade dos sucessores* e a *responsabilidade de terceiros*. Observe o quadro explicativo a seguir:

> Note o item considerado **INCORRETO**, em prova realizada pelo IESES, para o cargo de Analista de Processos Organizacionais – Direito da BAHIAGÁS (Cia. de Gás da Bahia), em 2016: *"De acordo com o CTN, a responsabilidade tributária por transferência comporta duas espécies: a responsabilidade de terceiros (art. 134 e 135) e responsabilidade por sucessão (arts. 129 a 133)"*.

SUJEITO PASSIVO	
I. Direto (contribuinte)	
II. Indireto (responsável):	
a) por Substituição	*De Terceiros*
b) por Transferência:	*Por Solidariedade*
	Dos Sucessores

a) Responsabilidade por substituição: também intitulada *responsabilidade originária* ou *de 1º grau*, dá-se quando a terceira pessoa (substituto) vem e ocupa o lugar do contribuinte (substituído), desde a ocorrência do fato gerador. A essa pessoa, que a lei ordena que substitua o contribuinte, dá-se o nome de "responsável por substituição" ou "contribuinte substituto", ou, ainda, "substituto tributário". Aqui a

obrigação de pagar, desde o início, é do responsável, ficando o contribuinte desonerado de quaisquer deveres.

> Note o item (adaptado) considerado **INCORRETO**, em prova realizada pelo MPE/SC, para o cargo de Promotor de Justiça, em 2019: *"No ICMS devido em substituição tributária, o contribuinte é o sujeito passivo da obrigação tributária que recolhe o imposto devido pelo responsável tributário"*.

Nas palavras de José Eduardo Soares de Melo, "trata-se a substituição de imputação de responsabilidade por obrigação tributária de terceiro que não praticou o fato gerador, mas que tem vinculação indireta com o real contribuinte. O substituto tem que decorrer naturalmente do fato imponível, da materialidade descrita (hipoteticamente) na norma jurídica, não podendo ser configurado por mera ficção do legislador. Deve inserir-se em uma realidade do sistema jurídico, permeada pelos princípios da segurança, certeza e do direito de propriedade, uma vez que o patrimônio das pessoas só pode ser desfalcado por fatos efetivamente realizados, e que contenham ínsita a capacidade contributiva"[13].

Além disso, "sem dúvida, nos casos de substituição tributária não figuram simultaneamente, em posições equiparadas, em face do Estado o sujeito passivo verdadeiro e próprio e o substituto tributário. Com exclusividade, só este último é encarregado, pela lei, de efetuar o pagamento do tributo ao Fisco"[14].

Observe que "o instituto da substituição tributária tem por fundamento o atendimento do interesse da chamada 'Administração Tributária'. Muitas vezes é difícil para a Administração efetuar a arrecadação e a fiscalização dos tributos. Daí surgir o regime jurídico da substituição tributária que se justifica, basicamente, por três importantes motivos:

- pela dificuldade em fiscalizar contribuintes extremamente pulverizados;
- pela necessidade de evitar, mediante a concentração da fiscalização, a evasão fiscal ilícita; e
- como medida indicada para agilizar a arrecadação e, consequentemente, acelerar a disponibilidade dos recursos"[15].

A responsabilidade por substituição ocorre com maior frequência no âmbito do ICMS e do IR. Quanto a este último imposto, veja o que dispõe o **parágrafo único, art. 45 do CTN:**

Art. 45. (...)

13. MELO, José Eduardo Soares. *Curso de direito tributário*, 8. ed., p. 274.
14. RODRIGUES, Walter Piva. *Substituição tributária*, p. 76.
15. QUEIROZ, Luís César Souza de. *Sujeição passiva tributária*. 2. ed. Rio de Janeiro: Forense, 2002, p. 199.

Parágrafo único. A lei pode atribuir à fonte pagadora da renda ou dos proventos tributáveis a condição de responsável pelo imposto cuja retenção e recolhimento lhe caibam.

A seguir, apresentam-se bons exemplos de *substitutos tributários*: (**1**) o *empregador*, com relação ao IRRF relativo à renda do empregado; (**2**) a *Caixa Econômica Federal*, com relação ao IR incidente sobre o prêmio da loteria auferido pelo ganhador da receita; (**3**) os *fundos de previdência privada*, que devem reter o IR na fonte e repassar à União; (**4**) os *órgãos, autarquias, fundações da administração pública federal*, quando pagam valores, a outras pessoas jurídicas, pelo fornecimento de bens ou prestação de serviços (IRPJ, CSLL, PIS e COFINS; art. 64 da Lei n. 9.430/96)[16]; (**5**) o *laticínio*, com relação ao ICMS devido pelo produtor rural na comercialização de leite cru; (**6**) a *usina*, com relação ao ICMS devido pelo produtor rural na comercialização da cana em caule; entre outros.

Note o item considerado **CORRETO**, em prova realizada pelo TRF/4ª Região, para o cargo de Juiz Federal Substituto (XVII Concurso), em 2016: *"As contribuições destinadas ao Programa de Integração Social (PIS) e ao financiamento da seguridade social (Cofins) incidentes sobre a receita advinda de venda de mercadorias podem estar sujeitas ao regime de substituição tributária".*

---

16. No âmbito da retenção de tributos, urge tecermos algumas considerações sobre o contrato de fretamento de aeronave pela administração pública federal. Em 28 de abril de **2015**, a 2ª Turma do **STJ**, no **REsp 1.218.639/RJ** (rel. Min. Mauro Campbell Marques), entendeu que "*é possível reter na fonte, na forma dos arts. 64 da Lei n. 9.430/96 e 34 da Lei n. 10.833/03, o IRPJ, a CSLL, a contribuição para o PIS/PASEP e a COFINS, quando do pagamento de contrato de fretamento de aeronave pela administração pública federal*". No presente caso, a recorrente desenvolve atividade de exploração do transporte de pessoas e de cargas, por meio de helicópteros, na modalidade de taxi aéreo, tendo como principal contratante a *Petróleo Brasileiro S.A.* (Petrobras), a entidade retentora (responsável por substituição). Tal atividade, conhecida por "fretamento", tem respaldo no art. 133 da Lei n. 7.565/86:

Lei n. 7.565/86 (Código Brasileiro de Aeronáutica)

Art. 133. Dá-se o *fretamento* quando uma das partes, chamada fretador, obriga-se para com a outra, chamada afretador, mediante o pagamento por este, do frete, a realizar uma ou mais viagens preestabelecidas ou durante certo período de tempo, reservando-se ao fretador o controle sobre a tripulação e a condução técnica da aeronave. **(Grifo nosso)**

Lei n. 9.430/96

Art. 64. Os pagamentos efetuados por órgãos, autarquias e fundações da administração pública federal a pessoas jurídicas, pelo fornecimento de bens ou prestação de serviços, estão sujeitos à incidência, na fonte, do imposto sobre a renda, da contribuição social sobre o lucro líquido, da contribuição para seguridade social – COFINS e da contribuição para o PIS/PASEP. (...)

§ 3º O valor do imposto e das contribuições sociais retido será considerado como antecipação do que for devido pelo contribuinte em relação ao mesmo imposto e às mesmas contribuições.

Na visão do STJ, prevaleceu a tese de que não se confunde o fretamento de aeronave, cujo contrato detém natureza híbrida, com o mero contrato de transporte. No primeiro caso, impõe-se a retenção de tributos diversos na fonte, pela *sociedade de economia mista* (Petrobras), uma vez que engloba, na base estrutural desse negócio complexo, tanto a locação da aeronave quanto a prestação de serviços efetivada pela tripulação, figuras que reportam diretamente ao regime de retenção, mormente quando da realização dos pagamentos efetuados por empresas públicas, sociedades de economia mista, entre outras entidades da União (art. 34 da Lei n. 10.833/2003).

Quanto ao *substituto tributário*, segue interessante julgado do **STJ**:

> **EMENTA:** PROCESSUAL CIVIL E TRIBUTÁRIO. MANDADO DE SEGURANÇA. ILEGITIMIDADE PASSIVA DO PRESIDENTE DA FUNDAÇÃO SISTEL DE SEGURIDADE SOCIAL PARA FIGURAR COMO AUTORIDADE COATORA. ATIVIDADE EXERCIDA DE MERA RETENÇÃO DO IMPOSTO DE RENDA SOBRE O SAQUE DAS CONTRIBUIÇÕES DE PREVIDÊNCIA PRIVADA. (...) 2. Esta Corte possui o entendimento de que o fundo de previdência privada é o responsável tributário por substituição, estando obrigado a reter na fonte e a repassar o imposto de renda aos cofres da União. *Tal atividade, porém, não o legitima para figurar no polo passivo da ação de mandado de segurança na qualidade de autoridade coatora.* 3. Autoridade coatora é o agente que, no exercício de atribuições do Poder Público, é o responsável pela prática do ato impugnado e contra quem se deve impetrar a ação mandamental. 4. Recurso especial provido, excluindo-se da lide a *Fundação Sistel de Seguridade Social* ante a sua ilegitimidade passiva. Prejudicada a análise das demais questões. **(REsp 664.503/DF, 1ª T., rel. Min. José Delgado, j. em 21-10-2004) (Grifo nosso)**

Desse modo, em termos práticos, se o empregador, *e.g.*, deixar de reter o IRRF, a ação do Fisco deve dirigir-se contra ele, e não contra o empregado, por este ficar excluído da relação jurídico-tributária. Com efeito, se a empresa proceder ao desconto do valor do imposto no salário do empregado e não o recolher aos cofres públicos, haverá apropriação indébita e seus administradores serão pessoalmente responsáveis pelos créditos tributários. Aliás, o mesmo ocorre no âmbito do **ICMS** exigido pelo vendedor do consumidor final. O tema voltará a ser discutido, oportunamente, neste capítulo (art. 135, III, CTN c/c art. 137, III, "c", CTN).

> Note o item (adaptado) considerado **CORRETO**, em prova realizada pelo MPE/SC, para o cargo de Promotor de Justiça, em 2019: *"O valor de ICMS cobrado pelo vendedor do consumidor final é de propriedade do Estado, e não do comerciante, mesmo antes de seu repasse aos cofres públicos"*.

Em 20 de maio de **2014**, a 1ª Turma do **STJ**, no **REsp 1.318.163/PR** (rel. Min. Benedito Gonçalves) entendeu que não tem legitimidade para pleitear a restituição do indébito a pessoa jurídica que retém na fonte o IRPJ a maior, relativo às importâncias pagas à outra pessoa jurídica pela prestação de serviços caracterizadamente de natureza profissional. Dando prevalência para quem assumiu efetivamente o ônus financeiro do tributo, a Corte Superior entendeu que a empresa substituta (fonte pagadora) não possui legitimidade ativa "ad causam" para levar a bom termo a pretensão restituitória, por meio da ação judicial pertinente. Após a admissão dos Embargos de divergência, houve o julgamento destes na 1ª Seção do **STJ**, em **14 de junho de 2017**, ratificando-se a tese de que "a repetição de indébito tributário só pode ser postulada pelo sujeito passivo que pagou, ou seja, que arcou efetivamente com o ônus financeiro da cobrança, conforme a interpretação dos artigos 121 e 165 do Código Tributário Nacional (CTN)".

Como responsável tributário (por substituição) – e devendo se colocar apenas como entidade que retém e repassa ao Fisco a exação (art. 45, parágrafo único, CTN) –, a entidade retentora, segundo o **STJ**, não realiza propriamente pagamento, uma vez que o ônus econômico da exação é suportado direta e exclusivamente pela contribuinte que realizou o fato gerador correspondente (a empresa substituída), cabendo a esta, tão somente, o direito à restituição. No máximo, poder-se-ia cogitar de seu ingresso na demanda, em nome da contribuinte substituída, na qualidade de *mandatária*, mas não em nome próprio (art. 6º do CPC [atual art. 18 do NCPC]).

Em situações análogas, ligadas à substituição tributária "pra frente", no âmbito da restituição de tributos indiretos (art. 166 do CTN), o mesmo **STJ** vem defendendo que a legitimidade ativa para a restituição do indébito será daquele que realizar o fato gerador (o chamado "contribuinte de direito").

À guisa de ilustração, citem-se **dois bons exemplos:** **(I)** uma fábrica de cosméticos recolhe IPI a maior na saída dos produtos vendidos a terceiros, ou **(II)** uma fábrica de refrigerantes recolhe IPI a maior na venda para suas distribuidoras de bebidas. Nesses dois exemplos, serão as fábricas as detentoras da legitimidade "ad causam" para a restituição, por força do **art. 166 do CTN** c/c a **Súmula n. 546 do STF** (*"Cabe a restituição do tributo pago indevidamente, quando reconhecido por decisão, que o contribuinte 'de jure' não recuperou do contribuinte 'de facto' o 'quantum' respectivo"*).

Os exemplos foram cobrados nas provas prático-profissionais de Direito Tributário (VI e VIII Exames OAB – 2ª Fase), realizadas em março e outubro de 2012, respectivamente.

Tal entendimento, em conhecida "virada jurisprudencial", foi consolidado na seara dos recursos repetitivos (art. 543-C do CPC [atual art. 1.036 e seguintes do NCPC]), no emblemático **REsp 903.394/AL**, o qual levou o **STJ** a conceber que somente o *contribuinte de direito* teria legitimidade para pleitear a restituição do valor[17].

Não obstante a ementa ser de fôlego, entendo pertinente transcrevê-la, ainda que com alguns recortes, todavia mantendo a sua essência. Segue o *leading case*, enfrentado em **março de 2010**:

EMENTA: (...). TRIBUTÁRIO. IPI. RESTITUIÇÃO DE INDÉBITO. DISTRIBUIDORAS DE BEBIDAS. CONTRIBUINTES DE FATO. ILEGITIMIDADE ATIVA *AD CAUSAM*. SUJEIÇÃO PASSIVA APENAS DOS FABRICANTES (CONTRIBUINTES DE DIREITO). RELEVÂNCIA DA REPERCUSSÃO ECONÔMICA DO TRIBUTO APENAS PARA FINS DE CONDICIONAMEN-

17. Para um estudo mais aprofundado, recomenda-se a leitura do tópico em nossa tese de doutoramento, defendida na PUC/SP, a qual deu ensejo à obra *Imunidade tributária recíproca e os impostos indiretos*: uma interpretação conforme o Estado federal. São Paulo: RT, 2013, pp. 174-186.

TO DO EXERCÍCIO DO DIREITO SUBJETIVO DO CONTRIBUINTE *DE JURE* À RESTITUIÇÃO (ARTIGO 166, DO CTN). (...).

1. O "contribuinte de fato" (*in casu*, distribuidora de bebida) não detém legitimidade ativa *ad causam* para pleitear a restituição do indébito relativo ao IPI incidente sobre os descontos incondicionais, recolhido pelo "contribuinte de direito" (fabricante de bebida), por não integrar a relação jurídica tributária pertinente. (...)

4. Em se tratando dos denominados "tributos indiretos" (aqueles que comportam, por sua natureza, transferência do respectivo encargo financeiro), a norma tributária (artigo 166, do CTN) impõe que a restituição do indébito somente se faça ao contribuinte que comprovar haver arcado com o referido encargo ou, caso contrário, que tenha sido autorizado expressamente pelo terceiro a quem o ônus foi transferido.

5. A exegese do referido dispositivo indica que:

"...o art. 166, do CTN, embora contido no corpo de um típico veículo introdutório de norma tributária, veicula, nesta parte, norma específica de direito privado, que atribui ao terceiro o direito de retomar do contribuinte tributário, apenas nas hipóteses em que a transferência for autorizada normativamente, as parcelas correspondentes ao tributo indevidamente recolhido: Trata-se de norma privada autônoma, que não se confunde com a norma construída da interpretação literal do art. 166, do CTN. É desnecessária qualquer autorização do contribuinte de fato ao de direito, ou deste àquele. Por sua própria conta, poderá o contribuinte de fato postular o indébito, desde que já recuperado pelo contribuinte de direito junto ao Fisco. No entanto, note-se que o contribuinte de fato não poderá acionar diretamente o Estado, por não ter com este nenhuma relação jurídica. Em suma: o direito subjetivo à repetição do indébito pertence exclusivamente ao denominado contribuinte de direito. Porém, uma vez recuperado o indébito por este junto ao Fisco, pode o contribuinte de fato, com base em norma de direito privado, pleitear junto ao contribuinte tributário a restituição daqueles valores. A norma veiculada pelo art. 166 não pode ser aplicada de maneira isolada, há de ser confrontada com todas as regras do sistema, sobretudo com as veiculadas pelos arts. 165, 121 e 123, do CTN. Em nenhuma delas está consignado que o terceiro que arque com o encargo financeiro do tributo possa ser contribuinte. Portanto, só o contribuinte tributário tem direito à repetição do indébito. Ademais, restou consignado alhures que o fundamento último da norma que estabelece o direito à repetição do indébito está na própria Constituição, mormente no primado da estrita legalidade. Com efeito, a norma veiculada pelo art. 166 choca-se com a própria Constituição Federal, colidindo frontalmente com o princípio da estrita legalidade, razão pela qual há de ser considerada como regra não recepcionada pela ordem tributária atual. E, mesmo perante a ordem jurídica anterior, era manifestamente incompatível frente ao Sistema Constitucional Tributário então vigente." (CERQUEIRA, Marcelo Fortes de. In: DE SANTI, Eurico Marcos Diniz. *Curso de Especialização em Direito Tributário – Estudos Analíticos em Homenagem a Paulo de Barros Carvalho*. Rio de Janeiro: Forense, 2007, p. 393)

6. Deveras, o condicionamento do exercício do direito subjetivo do contribuinte que pagou tributo indevido (contribuinte de direito) à comprovação de que não procedera à repercussão econômica do tributo ou à apresentação de autorização do "contribuinte de fato" (pessoa que sofreu a incidência econômica do tributo), à luz do disposto no artigo 166, do CTN, não possui o condão de transformar sujeito alheio à relação jurídica tributária em parte legítima na ação de restituição de indébito.

7. À luz da própria interpretação histórica do artigo 166, do CTN, dessume-se que somente o contribuinte de direito tem legitimidade para integrar o polo ativo da ação judicial que objetiva a restituição do "tributo indireto" indevidamente recolhido (CANTO, Gilberto de Ulhôa. A repetição do indébito. In: MARTINS, Ives Gandra da Silva (Coord.). *Repetição do indébito* – Cadernos de Pesquisas Tributárias, vol. 8, São Paulo: Resenha Tributária; CEU, 1983, pp. 1 a 16 (pp. 2-5); e CERQUEIRA, Marcelo Fortes de. In: DE SANTI, Eurico Marcos Diniz. *Curso de Especialização em Direito Tributário – Estudos Analíticos em Homenagem a Paulo de Barros Carvalho*. Rio de Janeiro: Forense, 2007, pp. 390/393).

8. É que, na hipótese em que a repercussão econômica decorre da natureza da exação, "o terceiro que suporta com o ônus econômico do tributo não participa da relação jurídica tributária, razão suficiente para que se verifique a impossibilidade desse terceiro vir a integrar a relação consubstanciada na prerrogativa da repetição do indébito, não tendo, portanto, legitimidade processual" (CARVALHO, Paulo de Barros. *Direito Tributário – Linguagem e Método*, 2. ed. São Paulo: Noeses, 2008, p. 583). (...)

13. *Mutatis mutandis*, é certo que:

"EMENTA: 1. Os consumidores de energia elétrica, de serviços de telecomunicação não possuem legitimidade ativa para pleitear a repetição de eventual indébito tributário do ICMS incidente sobre essas operações. 2. A caracterização do chamado contribuinte de fato presta-se unicamente para impor uma condição à repetição de indébito pleiteada pelo contribuinte de direito, que repassa o ônus financeiro do tributo cujo fato gerador tenha realizado (art. 166 do CTN), mas não concede legitimidade *ad causam* para os consumidores ingressarem em juízo com vistas a discutir determinada relação jurídica da qual não façam parte. 3. Os contribuintes da exação são aqueles que colocam o produto em circulação ou prestam o serviço, concretizando, assim, a hipótese de incidência legalmente prevista. 4. Nos termos da Constituição e da LC 86/97, o consumo não é fato gerador do ICMS. 5. Declarada a ilegitimidade ativa dos consumidores para pleitear a repetição do ICMS." (RMS 24.532/AM, rel. Min. Castro Meira, 2ª T., j. em 26-08-2008, *DJe* 25-09-2008)

14. Consequentemente, revela-se escorreito o entendimento exarado pelo acórdão regional no sentido de que "as empresas distribuidoras de bebidas, que se apresentam como contribuintes de fato do IPI, não detêm legitimidade ativa para postular em juízo o creditamento relativo ao IPI pago pelos fabricantes, haja vista que somente os produtores industriais, como contribuintes de direito do imposto, possuem legitimidade ativa". (...). **(REsp 903.394/AL, rel. Min. Luiz Fux, 1ª T., j. em 24-03--2010) (Grifos nossos)**

Em apertada síntese, podemos trazer a lume **três** principais aspectos do entendimento sufragado pelo **STJ**[18]:

> **(I)** o *contribuinte de fato* não integra a relação jurídico-tributária, a qual se mantém adstrita apenas ao *contribuinte de direito*, o verdadeiro sujeito passivo da obrigação tributária. Todavia, o afastamento da obrigação tributária principal com relação ao substituído, em virtude do recolhimento antecipadamente feito pelo substituto, não exime aquele de cumprir as **obrigações tributárias acessórias** (*v.g.*, emitir nota fiscal ao momento da entrada da mercadoria etc.)

Note o item considerado **INCORRETO**, em prova realizada pelo TRF/4ª Região, para o cargo de Juiz Federal Substituto (XVII Concurso), em 2016: *"A substituição tributária desobriga o contribuinte substituído de prestar obrigações acessórias aos órgãos de controle e fiscalização".*

> **(II)** o art. 165 do CTN assegura a restituição apenas ao sujeito passivo da obrigação tributária, o que deve ser considerado, pela via da interpretação sistemática, quando se aplica o art. 166 do CTN.
>
> **(III)** o fato de existir um condicionamento para que o *contribuinte de direito* possa predicar a devolução – o de que não tenha ocorrido a transferência do ônus para o *contribuinte de fato* – não transfere a este a legitimidade para exercer a mesma pretensão.

Posto isso, nota-se que esse paradigmático julgamento no **STJ** serviu de impulso[19] e *standard* para a confirmação do triunfo do contribuinte *de jure*, como o único legítima e processualmente habilitado a discutir os termos da relação jurídica de restituição do indébito oriunda do art. 166 do CTN.

Enfrentando um tema relativamente próximo, em 4 de setembro de **2014**, a 2ª Turma do **STJ** (**REsp 1.218.222/RS**, rel. Min. Mauro Campbell Marques) entendeu que é do substituído tributário a responsabilidade pelo recolhimento do imposto de renda cuja declaração foi transmitida com dado equivocado pela fonte pagadora.

Vale dizer que, embora a fonte pagadora (substituto tributário) equivocadamente tenha deixado de efetuar a retenção de determinada quantia, a título de IR, sobre importância paga a empregado – tendo, ainda, expedido comprovante de rendimentos informando que a respectiva renda classifica-se como "rendimento isento

18. V. FREITAS, Leonardo e Silva de Almendra. Análise crítica da reviravolta da orientação do STJ acerca da legitimidade do contribuinte "de fato" para repetir o indébito tributário indireto. *Revista Dialética de Direito Tributário*, vol. 187, São Paulo, abr. 2011, p. 98.

19. Isso se observou em vários julgados posteriores, nas duas Turmas daquela **Corte Superior** (*v.g.*, o REsp 1.143.280/PR, rel. Min. Castro Meira, 2ª T., j. em 04-11-2010; o AgRg no REsp 1.104.551/PE, rel. Min. Benedito Gonçalves, 1ª T., j. em 03-08-2010; e, entre outros, o REsp 1.147.362/MT, rel. Min. Castro Meira, 2ª T., j. em 10-08-2010).

e não tributável" –, o sujeito passivo da relação jurídico-tributária (substituído tributário) deverá arcar com o imposto de renda devido e não recolhido. Portanto, a omissão da fonte pagadora não exclui a responsabilidade do contribuinte pelo pagamento do tributo, ficando este obrigado a declarar o valor recebido em sua declaração de ajuste anual.

Entretanto, não se pode impor ao contribuinte substituído a multa de 75% sobre o valor não recolhido – uma penalidade prevista no art. 44, I, da Lei n. 9.430/96 e no art. 957, I, do Decreto n. 3.000/99 –, quando, induzido a erro pela fonte pagadora (substituta tributária), inclui em sua declaração de ajuste os rendimentos como isentos e não tributáveis. É fato que, à luz do art. 136 do CTN, a omissão dos valores na declaração de imposto de renda enseja a *responsabilização objetiva* do contribuinte. Não obstante, trata-se de situação específica, de induzimento a erro oriundo de informação equivocada fornecida pela fonte pagadora, e isso, por justiça, faz com que esta deva assumir a responsabilidade pelo recolhimento da penalidade (multa) e dos juros de mora (art. 722, parágrafo único, do RIR/99 – Decreto n. 3.000/99).

Essa é mais uma oportunidade em que o **STJ** evidencia o pensamento de que o contribuinte substituído, que realiza o fato gerador, é quem efetivamente tem o dever de arcar com o ônus da tributação, que não é afastado pela responsabilidade pessoal do substituto tributário.

Uma outra questão que se põe ao estudioso, no tema da *substituição tributária*, é saber se deve haver a incidência do IRRF sobre a remessa de juros ao exterior, em compra de bens a prazo, a ser feita por um substituto tributário imune. Vamos enfrentar este palpitante caso:

Em **19-09-2017**, a 2ª Turma do **STJ** (**REsp 1.480.918/RS**, rel. Min. Mauro Campbell Marques, rel. p/ Ac. Min. Herman Benjamin), apreciou um controvertido caso, ligado, basicamente, à tributação imposta a um substituto tributário imune. Tratava-se de uma entidade beneficente, cujo dever, como responsável por substituição, era o de reter o IRRF sobre juros remetidos ao exterior, na compra a prazo de máquinas e de equipamentos empregados na confecção de impressos, na forma do art. 11 do Decreto-Lei n. 401/1968 ("**Art 11.** Está sujeito ao desconto do imposto de renda na fonte o valor dos juros remetidos para o exterior devidos em razão da compra de bens a prazo, ainda quando o beneficiário do rendimento for o próprio vendedor.").

O veredito, chancelando a incidência do imposto, foi originariamente construído no **STF**, já na década de **70**, em vetusto precedente da 1ª Turma (**RE 79.157, rel. Min. Djaci Falcão, j. em 24-09-1974**). Já sob a égide da Constituição de 1988, em **2009**, a Corte Suprema, por meio de sua 2ª Turma, retomou a diretriz assentada, dispondo que "a imunidade tributária não afeta, tão somente por si, a relação de responsabilidade tributária ou de substituição e não exonera o responsável tributário ou o substituto" (**RE 202.987, rel. Min. Joaquim Barbosa, j. em 30-06-2009**).

Entretanto, o veredito acima esconde um clássico e duradouro embate, nas Cortes de Julgamento, nos últimos 50 anos. O histórico jurisprudencial no enfrentamento da questão é sortido: desde os anos 70, o **STF** e o **STJ** oscilaram expressivamente entre a incidência e a imunidade, como se verá adiante. É fundamental, então, para o deslinde da controvérsia, situarmos a perspectiva sobre dois questionamentos pontuais:

(a) *quem é o "contribuinte" do imposto, à luz do art. 11 do Decreto-Lei 401/68?*

(b) *a imunidade exclui a obrigação do responsável tributário de reter na fonte o tributo devido pelo denominado "contribuinte de fato"?*

Com efeito, entendemos que o contribuinte do imposto é o beneficiário residente no exterior, entretanto, especificamente para o IR, "a lei pode atribuir à fonte pagadora da renda ou dos proventos tributáveis a condição de responsável pelo imposto cuja retenção e recolhimento lhe caibam" (art. 45, parágrafo único, do CTN). Ademais, no plano da legislação tributária, há normas que corroboram essa diretriz, a saber, o art. 167 do RIR/99[20].

A nosso sentir, não pode o legislador ordinário escolher como "contribuinte" a entidade imune, sob pena de veicular um crasso erro de técnica legislativa. Em julgados antigos no **STF**[21], é possível encontrar a criticada corrente jurisprudencial, a qual resvala naturalmente para a manutenção da imunidade, porquanto parte da premissa de que a condição do remetente dos juros é a de um "contribuinte". A falta de lógica é evidente: a prevalecer tal entendimento, garantidor da imunidade, o beneficiário desta não será o destinatário constitucional (uma entidade beneficente ou um estado-membro, por exemplo), mas o próprio credor estrangeiro, residente no exterior, em nítida "exportação do benefício fiscal". Quisesse o legislador agraciar o substituído tributário pela imunidade pertencente ao substituto, certamente teria se valido de disposição legal que excepcionasse a regra (e fez o contrário no retrocitado art. 167 do RIR/99!), e não do artifício de incorrer em erro de técnica legislativa. É bem por isso que o **STJ** houve por bem, no atual **REsp 1.480.918/RS**, pugnar pelo afastamento de alguns precedentes da própria Corte Superior[22], nos quais prevaleceu a acolhida da tese da imunidade para o IRRF.

Diante do exposto, entendemos que a entidade imune (a remetente dos juros) apresenta-se como *substituto tributário* – e não como "contribuinte" ou "substituído"! –, e, *ipso facto*, a imunidade não tem o condão de afastar ao responsável o dever

20. Veja-se o dispositivo: **Art. 167 do RIR/1999**: **a)** "As imunidades, isenções e não incidências de que trata este Capítulo não eximem as pessoas jurídicas das demais obrigações previstas neste decreto, especialmente as relativas à retenção e recolhimento de impostos sobre rendimentos pagos ou creditados e à prestação de informações (Lei n. 4.506, de 1964, art. 33); **b)** "A imunidade, isenção ou não incidência concedida às pessoas jurídicas não aproveita aos que delas percebam rendimentos sob qualquer título e forma (Decreto-Lei nº 5.844, de 1943, art. 31)". **(Grifos nossos)**

21. Para conferência, ver, no **STF**, nas décadas de 70 e 80: **(I)** RE 81.530, rel. Min. Cordeiro Guerra, Pleno, j. em 15-10-1975; e **(II)** ACO n. 231, rel. Min. Décio Miranda, Pleno, j. em 21-02-1979; **(III)** RE 115.530, rel. Min. Djaci Falcão, 2ª T., j. em 17-06-1988.

22. Para conferência, ver, no **STJ**: **(I)** REsp 10.322/SP, rel. MIN. José de Jesus Filho, 2ª T., j. em 20-10-1993; e **(II)** REsp 1060321/PR, Rel. Ministro Benedito Gonçalves, 1ª T., j. em 24-11-2009.

de retenção do imposto. Assim, a entidade imune deve recolher o IRRF, não se devendo cogitar da imunidade.

Passemos, agora, ao estudo das substituições tributárias *regressiva* e *progressiva*:

A doutrina distingue, relativamente ao ICMS, duas espécies de substituição tributária: **substituição regressiva e substituição progressiva.**

> Note o item considerado **INCORRETO**, em prova realizada pelo Cespe, para o cargo de Titular de Serviços de Notas e de Registros (TJ/SE), em 2014: *"Conforme expressamente previsto na CF, a responsabilidade por substituição classifica-se em progressiva e regressiva".*

> Note o item (adaptado) considerado **CORRETO**, em prova realizada pelo TRF/4ª Região, para o cargo de Juiz Federal Substituto (XVII Concurso), em 2016: *"A substituição tributária pode ocorrer como antecipação de pagamento a fato gerador futuro (progressiva), como também pela modalidade de diferimento [regressiva], ocasião em que a responsabilidade pelo pagamento é transferida ao responsável tributário de fase futura da incidência do tributo".*

a.1) Substituição regressiva (antecedente ou "para trás"): é a **postergação ou o adiamento do recolhimento do tributo** com relação ao momento pretérito em que ocorre o fato gerador. Assim, à luz da falta de contemporaneidade do pagamento diferido com o fato imponível antecedente, adia-se o momento da quitação do ICMS por mera conveniência da Administração Fiscal, uma vez que o substituído não dispõe de aparato fiscal ou contábil para efetuá-lo, fazendo recair o ônus tributário sobre o substituto legal tributário.

> Note o item considerado **CORRETO**, em prova realizada pela CESGRANRIO, Petrobras, para o cargo de Auditor Junior, em 2018: *"Quando a substituição tributária ocorre com a aquisição de mercadoria do substituído, com adiamento do pagamento do tributo que será adimplido pelo substituto na operação posterior, fala-se da denominada SUBSTITUIÇÃO TRIBUTÁRIA REGRESSIVA".*

A substituição regressiva representa, assim, o fenômeno tributário conhecido por **diferimento**, viabilizador da otimização do esforço fiscal da entidade tributante, que passa a ter em mira um número bem menor de sujeitos passivos sob seu controle fiscalizatório. São exemplos de produtos que se inserem no contexto de substituição tributária "para trás": o leite cru (o produtor rural *versus* laticínio – este recolhe para aquele); a cana em caule (o produtor rural *versus* usina – esta recolhe para aquele); a sucata (o sucateiro *versus* indústria); a carne de animais de corte (o produtor *versus* frigorífico) etc.

Observe, por fim, um quadro mnemônico sobre a substituição tributária "para trás":

FATO GERADOR	Adia o pagamento →	PAGAMENTO
(Para trás)	←――――――→	(Para frente)

a.2) Substituição progressiva (subsequente ou "para frente"): é a antecipação do recolhimento do tributo cujo fato gerador ocorrerá (se ocorrer) em um momento posterior, com lastro em base de cálculo presumida. Assim, **antecipa-se o pagamento do tributo**, sem que se disponha de uma base imponível apta a dimensionar o fato gerador, uma vez que ele ainda não ocorreu. Logo, a doutrina contesta tal mecanismo por veicular um inequívoco *fato gerador presumido ou fictício* – realidade técnico-jurídica que estiola vários princípios constitucionais, *v.g.*, o da segurança jurídica, o da capacidade contributiva e o da vedação ao tributo com efeito de confisco. São exemplos de produtos que se inserem no contexto de substituição tributária "para frente": veículos novos, ao deixarem a indústria em direção às concessionárias (o ICMS já é recolhido antes da ocorrência do fato gerador que, presumivelmente, nascerá em momento ulterior, com a venda do bem na loja); ainda, cigarros, bebidas e refrigerantes etc.

> Note o item considerado **INCORRETO**, em prova realizada pelo Cebraspe, para o cargo de Procurador do Município de Fortaleza/CE, em 2017: *"A substituição tributária progressiva, modalidade de responsabilidade tributária por transferência, ocorre quando a obrigação de pagar é adiada para momento posterior ao fato jurídico tributário"*.

> Note o item considerado **CORRETO**, em prova realizada pelo CEBRASPE, STJ, para o cargo de Analista Judiciário, em 2018: *"O instituto denominado 'substituição para frente' se refere à antecipação do pagamento de uma obrigação tributária por um substituto localizado na cadeia econômica em posição anterior à do contribuinte"*.

Segundo Eduardo Marcial Ferreira Jardim[23],

> a substituição tributária é instituto empregado na legislação do ICMS, dentre outras, na qual o legislador estabelece a antecipação da incidência do imposto com relação a operações sucessivas, cada qual objeto de tributação em tese, e, para tanto, elege como sujeito passivo o substituto tributário. (...) Trata-se de mais um desapreço pelos primados cardeais que informam o Sistema Constitucional Tributário, a teor da estrita legalidade, da tipicidade da tributação, da vinculabilidade da tributação e outros, porquanto a incompatibilidade entre os aludidos postulados e a denominada substituição afiguram-se de clareza solar, e a absurdez se depara inadmissível num Estado de Direito Democrático. Como se vê, no caso em tela, os governantes optaram pela comodidade do atalho, em detrimento da ordem jurídica.

Todavia – é bom frisar –, o sistema de substituição progressiva tem respaldo constitucional, uma vez inserido no **art. 150, § 7º, da CF**, por meio da EC n. 3/93, embora se saiba que antes da Emenda a sistemática já desfrutava de endosso no STF

23. JARDIM, Eduardo Marcial Ferreira. *Dicionário jurídico tributário*. 2. ed. São Paulo: Saraiva, 1996, p. 148.

e no STJ. Portanto, memorize: apenas uma substituição tributária tem previsão constitucional – a progressiva ou "para frente".

Observe o dispositivo constitucional:

Art. 150. (...)

§ 7º A *lei* poderá atribuir a sujeito passivo de obrigação tributária a condição de responsável pelo pagamento de *imposto* ou *contribuição,* cujo fato gerador deva ocorrer posteriormente, assegurada a imediata e preferencial restituição da quantia paga, caso não se realize o fato gerador presumido. **(Grifos nossos)**

Veja a jurisprudência:

No STJ:

EMENTA: TRIBUTÁRIO. SUBSTITUIÇÃO TRIBUTÁRIA. ICMS INCIDENTE SOBRE A VENDA DE VEÍCULOS AUTOMOTORES NOVOS. 1. SUBSTITUTO LEGAL TRIBUTÁRIO E RESPONSÁVEL TRIBUTÁRIO. DISTINÇÃO. O substituto legal tributário é a pessoa, não vinculada ao fato gerador, obrigada originariamente a pagar o tributo; o responsável tributário é a pessoa, vinculada ao fato gerador, obrigada a pagar o tributo se este não for adimplido pelo contribuinte ou pelo substituto legal tributário, conforme o caso. 2. SUBSTITUÍDO OU CONTRIBUINTE DE FATO. O substituído ou contribuinte de fato não participa da relação jurídico-tributária, carecendo, portanto, de legitimação para discuti-la. Recurso especial conhecido e provido. **(REsp 89.630/PR, 2ª T., rel. Min. Ari Pargendler, j. em 08-06-1999)**

No STF:

EMENTA: TRIBUTÁRIO. ICMS. ESTADO DE SÃO PAULO. COMÉRCIO DE VEÍCULOS NOVOS. ART. 155, § 2º, XII, B, DA CF/88. CONVÊNIOS ICM N. 66/88 (ART. 25) E ICMS N. 107/89. ART. 8º, INC. XIII E § 4º, DA LEI PAULISTA N. 6.374/89. O regime de substituição tributária, referente ao ICM, já se achava previsto no DL n. 406/68 (art. 128 do CTN e art. 6º, §§ 3º e 4º, do mencionado DL), normas recebidas pela Carta de 1988, não se podendo falar, nesse ponto, em omissão legislativa capaz de autorizar o exercício, pelos Estados, por meio do Convênio ICM n. 66/88, da competência prevista no art. 34, § 8º, do ADCT/88. Essa circunstância, entretanto, não inviabiliza o instituto que, relativamente a veículos novos, foi instituído pela Lei Paulista n. 6.374/89 (dispositivos indicados) e pelo Convênio ICMS n. 107/89, destinado não a suprir omissão legislativa, mas a atender à exigência prevista no art. 6º, § 4º, do referido DL n. 406/68, em face da diversidade de estados aos quais o referido regime foi estendido, no que concerne aos mencionados bens. A responsabilidade, como substituto, no caso, foi imposta, por lei, como medida de política fiscal, autorizada pela Constituição, não havendo que se falar em exigência tributária despida de fato gerador. Acórdão que se afastou desse entendimento. Recurso conhecido e provido. **(RE 213.396/SP, 1ª T., rel. Min. Ilmar Galvão, j. em 02-08-1999)**

Para Aliomar Baleeiro, "o Supremo Tribunal Federal haverá de fixar limites ao § 7º do art. 150, excessivamente amplo e violador do princípio da capacidade econômica, o qual somente se pode medir no momento da ocorrência do fato jurídico, que é fato signo presuntivo de riqueza (nem antes, nem depois)"[24].

Atente para o fato de que o comando constitucional se atrela a *impostos* e a *contribuições*, não incluindo, *v.g.*, as taxas ou contribuições de melhoria – gravames contraprestacionais.

A restituição do gravame está assegurada no dispositivo, devendo ser feita pelo substituído em apenas um caso: na hipótese de o fato gerador não se realizar. Observe o art. 10 da LC n. 87/96 ("Lei Kandir"), que igualmente dispõe sobre o tema:

> **Art. 10.** É assegurado ao contribuinte substituído o direito à restituição do valor do imposto pago por força da substituição tributária, correspondente ao fato gerador presumido que não se realizar.

É curioso perceber que o preceptivo não cogitou da possível realização de um fato imponível que venha com uma base de cálculo diferenciada daquela que foi imaginada para a recolha do tributo. É algo natural que o fato gerador não ocorra, como imaginou o legislador. Todavia, não menos corriqueira é a possibilidade de sua ocorrência, mas com grandezas dimensionais (*v.g.*, a base de cálculo) diversas daquela que se previu, quer com valores para cima, quer com valores para baixo.

O **STF**, em **2002 (ADIn n. 1.851/2002)**, decidiu que, uma vez ocorrido o fato gerador, a base de cálculo utilizada será considerada "definitiva", havendo presunção absoluta de sua legitimidade.

Observe a ementa:

> **EMENTA:** TRIBUTÁRIO. ICMS. SUBSTITUIÇÃO TRIBUTÁRIA. (...). ALEGADA OFENSA AO § 7º DO ART. 150 DA CF (REDAÇÃO DA EC n. 3/93) (...). (...) A EC n. 03/93, ao introduzir no art. 150 da CF/88 o § 7º, aperfeiçoou o instituto, já previsto em nosso sistema jurídico-tributário, ao delinear a figura do *fato gerador presumido* e ao estabelecer a garantia de reembolso preferencial e imediato do tributo pago quando não verificado o mesmo fato a final. *A circunstância de ser presumido o fato gerador não constitui óbice à exigência antecipada do tributo, dado tratar-se de sistema instituído pela própria Constituição, encontrando-se regulamentado por lei complementar* que, para definir-lhe a base de cálculo, se valeu de critério de estimativa que a aproxima o mais possível da realidade. A lei complementar, por igual, definiu o aspecto temporal do fato gerador presumido como sendo a saída da mercadoria do estabelecimento do contribuinte substituto, não deixando margem para cogitar-se de momento diverso, no futuro, na conformidade, aliás, do previsto no art. 114 do CTN, que tem o fato gerador da obrigação principal como a situação definida em lei como

24. BALEEIRO, Aliomar. *Direito tributário brasileiro*, 11. ed., p. 740.

necessária e suficiente à sua ocorrência. *O fato gerador presumido, por isso mesmo, não é provisório, mas definitivo, não dando ensejo à restituição ou complementação do imposto pago, senão, no primeiro caso, na hipótese de sua não realização final.* Admitir o contrário valeria por despojar-se o instituto das vantagens que determinaram a sua concepção e adoção, como a redução, a um só tempo, da máquina-fiscal e da evasão fiscal a dimensões mínimas, propiciando, portanto, maior comodidade, economia, eficiência e celeridade às atividades de tributação e arrecadação. Ação conhecida apenas em parte e, nessa parte, julgada improcedente. **(ADIn 1.851/AL, Pleno, rel. Min. Ilmar Galvão, j. em 08-05-2002) (Grifos nossos)**

Todavia, é importante enaltecer que a orientação do **STF** na **ADI 1.851/AL** não se aplica aos Estados não signatários do Convênio 13/97, a exemplo de São Paulo. Assim, há de haver a restituição para o ICMS paulista pago a maior, na hipótese em que a base de cálculo real for inferior à presumida. Todavia, na atual visão do **STJ**, "*tal restituição não é imediata e automática, pois há no Estado de São Paulo legislação específica determinando a forma de restituição dos valores recolhidos a maior a título de ICMS-ST (art. 66-B da Lei Estadual n. 6.374/89)*" **(AgRg no REsp 1.368.013/SP, rel. Min. Humberto Martins, 2ª T., j. em 09-04-2013)**. (Ver, ainda, o **AgRg no REsp 1.371.922/SP, rel. Min. Humberto Martins, 2ª T., j. em 06-08-2013**).

Em 19 de outubro de **2016**, o Pleno do **STF**, no **RE 593.849** (rel. Min. Edson Fachin), enfrentou o tema da pretensão restituitória do ICMS pago a maior, diante da hipótese de uma base de cálculo efetiva ter sido inferior à base de cálculo presumida, no bojo da *substituição tributária progressiva* (art. 150, § 7º, *in fine*, CF). O Tribunal, apreciando o tema 201 da repercussão geral, por maioria e nos termos do voto do relator, sacramentou o direito da parte recorrente em lançar em sua escrita fiscal os créditos de ICMS pagos a maior.

No âmbito da discussão, o Min. relator Edson Fachin, realçando no dispositivo a presença do *princípio da praticidade* e, mais, discordando da tese da *definitividade* da base de cálculo – hoje até estatuída em certas legislações tributárias estaduais (veja-se o ICMS mineiro: art. 22, § 10, da Lei n. 6.763/75 e art. 21 do Decreto n. 43.080/2002) –, deu provimento ao recurso para garantir o direito de a recorrente lançar os créditos de ICMS pagos a maior, respeitado o lapso prescricional de cinco anos previsto na LC n. 118/2005. O relator, associando a aplicação da *interpretação restritiva* do art. 150, § 7º, *in fine*, da CF a um quadro de injustiça fiscal inaceitável em um Estado Democrático de Direito, evidenciou que "*a tributação não pode transformar uma ficção jurídica em uma presunção 'juris et de jure', tal como ocorreria se o fato gerador presumido tivesse caráter definitivo, logo alheio à narrativa extraída da realidade do processo econômico*". Por fim, acatou a ideia de que a restituição do excesso fertiliza com razoabilidade a relação entre Fisco e contribuinte, além de atender ao princípio que veda o enriquecimento sem causa.

Frise-se que o **STF**, por unanimidade (vencidos os ministros Dias Toffoli, Gilmar Mendes e o ex-ministro Teori Zavascki), fixou tese nos seguintes termos: "*É* *devida a restituição da diferença do Imposto sobre Circulação de Mercadorias e Serviços – ICMS pago a mais no regime de substituição tributária para a frente se a base de cálculo efetiva da operação for inferior à presumida*". Em seguida, o Tribunal modulou os efeitos do julgamento a fim de que o precedente que aqui se elabora venha a orientar todos os litígios judiciais pendentes submetidos à sistemática da repercussão geral e os casos futuros oriundos de antecipação do pagamento (com fato gerador presumido), realizada após a fixação do presente entendimento, haja vista a natural necessidade de realinhamento funcional e decisório da Administração Tributária e do Poder Judiciário. Todavia, em vista do interesse social e da segurança jurídica, decidiu-se preservarem as situações passadas que transitaram em julgado ou que nem sequer foram judicializadas.

No mesmo dia, em 19 de outubro de **2016**, o Pleno do **STF**, ao apreciar duas ADIs, a **ADI n. 2.675/PE** (rel. min. Ricardo Lewandowski) **e** a **ADI n. 2.777/SP** (rel. orig. min. Cezar Peluso, red. p/ o ac. min. Ricardo Lewandowski), por maioria e em conclusão (vencidos os Ministros Nelson Jobim, Eros Grau, Gilmar Mendes, Sepúlveda Pertence e Ellen Gracie), declarou constitucionais os dispositivos legais que asseguravam a restituição do ICMS pago indevida e antecipadamente no regime de *substituição tributária progressiva* (dispositivos das legislações paulista e pernambucana). Na ocasião, ratificou-se a homenagem ao princípio que veda o tributo com efeito de confisco.

Em **5 de abril de 2018**, a 1ª Turma do **STJ** (**REsp 687.113/RS**, rel. Min. Napoleão Nunes Maia Filho), adequando-se ao entendimento do **STF** – em juízo de retratação (art. 1.040, II, do CPC/2015) –, ratificou a orientação de que é devida a restituição da diferença do ICMS pago a mais no regime de "substituição tributária para frente", se a base de cálculo efetiva da operação for inferior à presumida. Portanto, hodiernamente, **STF** e **STJ** estão uníssonos, quanto ao tema.

Como dado complementar, em **22 de setembro de 2020**, a 2ª Turma do **STF**, no **ARE 1.184.956-AgR** (rel. Min. Ricardo Lewandowski), entendeu que o contribuinte substituído deve apresentar requerimento administrativo ao Fisco, nos termos da legislação estadual, e observar o procedimento por ele adotado para obter o aproveitamento do ICMS recolhido a mais, em razão da venda de mercadoria por preço inferior ao presumido, ou seja, no regime de *substituição tributária para frente*.

Sobre o cotejo da *substituição tributária progressiva* e a *técnica da não cumulatividade para PIS e COFINS*, em 15 de outubro de **2019**, a 1ª Turma do **STJ**, no **RE 1.428.247-RS** (rel. Min. Gurgel de Faria; rel. p/ ac. Min. Regina Helena Costa), entendera que é possível o desconto de créditos existentes de PIS e COFINS, pelo contribuinte substituído, sobre o ICMS recolhido pelo substituto, no regime de substituição tributária progressiva (ICMS-ST), na aquisição de bens para revenda. Para a Corte Superior, o direito ao creditamento independe da ocorrência de tributação na etapa anterior, vale dizer, não está vinculado à eventual incidência da contribuição ao PIS e da COFINS sobre a parcela correspondente ao ICMS-ST na operação de venda do substituto ao substituído. Nesse contexto, sendo prévio o fato gerador da substituição tributária, o direito ao crédito do substituído decorre da repercussão econômica do ônus gerado pelo recolhimento antecipado do ICMS-ST atribuído ao substituto, compondo, desse modo, o custo de aquisição da mercadoria adquirida pelo revendedor.

Por fim, quanto ao fenômeno da *substituição tributária progressiva* e o *princípio da legalidade*, um caso de destaque merece ser aqui analisado. É que houve uma apreciação iniciada no **STF**, em 13 de maio de **2015**, a qual diz respeito ao **RE 598.677** (Repercussão geral reconhecida). Neste Recurso, discute-se a constitucionalidade da exigência, por meio de decreto do governo do Rio Grande de Sul, de antecipação do pagamento de ICMS na entrada de mercadorias oriundas de outro Estado.

O Ministro relator Dias Toffoli se manifestou pela impossibilidade da exigência, em face da necessidade de lei, no que foi acompanhado pelo Min. Roberto Barroso. A seu ver, se, por um lado, o **STF** já entendeu que a fixação de prazo de pagamento por decreto é compatível com a Constituição, isso não se confundiria com regulamentação infralegal de prazo de pagamento antes da ocorrência do fato gerador, porquanto aqui não se teria, ainda, o nascimento da obrigação tributária. Em certa perspectiva, seria possível associar tal sistemática a uma cobrança do tributo antes da ocorrência do fato gerador, à semelhança da *substituição tributária progressiva* (art. 150, § 7º, CF). Como é cediço, tal sistemática depende inexoravelmente de lei. Portanto, até o presente momento, entendeu-se que "*apenas por lei isso seria possível, já que o momento da ocorrência do fato gerador seria um dos aspectos da regra matriz de incidência. Portanto, a conclusão inafastável seria pela impossibilidade de, por meio de simples decreto – como no caso –, a pretexto de fixar prazo de pagamento, se exigir o recolhimento antecipado do ICMS na entrada da mercadoria no território do Estado-Membro*". Em **18 de agosto de 2020**, houve o julgamento de mérito de tema com repercussão geral, e o Tribunal (Pleno), por maioria, apreciando o Tema 456 da repercussão geral, negou provimento ao recurso extraordinário, mantendo o acórdão recorrido, no qual se afastou a exigência contida em decreto estadual de recolhimento antecipado do ICMS quando da entrada de mercadorias em território gaúcho, nos termos do voto do Relator, Ministro Dias Toffoli (Presidente).

> Note o item considerado **CORRETO**, em prova realizada pelo TRF/4ª Região, para o cargo de Juiz Federal Substituto (XVII Concurso), em 2016: *"É imprescindível a edição de lei em sentido estrito para o estabelecimento da substituição tributária"*.

Observe, por derradeiro, um quadro mnemônico sobre a substituição tributária "para frente":

PAGAMENTO (Para trás)	Antecipa o pagamento → ←→	FATO GERADOR (Para frente)

b) Responsabilidade por transferência: também intitulada *responsabilidade derivada ou de 2º Grau*, dá-se quando a terceira pessoa vem e ocupa o lugar do contribuinte após a ocorrência do fato gerador, em razão de um evento a partir do qual se desloca (se transfere) o ônus tributário para um terceiro escolhido por lei. Atribui-se a este terceiro o nome de "responsável tributário", propriamente dito. Perceba que o "responsável tributário" (responsabilidade por transferência) responde por débito alheio, enquanto o "substituto tributário" (responsabilidade por substituição) responde pelo próprio débito.

Portanto, após a ocorrência de um evento determinado (morte do contribuinte, aquisição de bens, aquisição de fundo de comércio e outros), transfere-se o ônus tributacional, que até então estava a pesar sobre o devedor principal, para o responsável tributário. Em outras palavras, depois de surgida a obrigação tributária contra uma pessoa certa e determinada, é ela transferida a outrem, em consequência de um fato que lhe é posterior.

O CTN, na trilha do entendimento classificatório esposado por um de seus idealizadores – Rubens Gomes de Sousa –, arrola três situações de responsabilidade por transferência:

1. Por Solidariedade Tributária Passiva (arts. 124 e 125);
2. Dos Sucessores ou Por Sucessão (arts. 130 a 133);
3. De Terceiros (art. 134).

Desse modo, é possível associar a responsabilidade por transferência aos arts. 130 ao 134 do CTN, além dos casos de solidariedade tributária, previstos nos **arts. 124 e 125**.

É fácil perceber, portanto, que todos os casos de responsabilidade dos sucessores (rol menor) – **arts. 130 a 133** – fazem parte do rol de hipóteses de responsabilidade por transferência (rol maior). Assim, dir-se-á, com rigor: todas as situações de responsabilidade dos sucessores estão enquadradas nas hipóteses de responsabilidade por transferência, e a recíproca não é verdadeira.

Em idêntico raciocínio, pode-se assegurar que os casos de responsabilidade de terceiros (rol menor) – **art. 134** – fazem parte do rol de hipóteses de responsabilidade por transferência (rol maior). Assim, dir-se-á, com igual rigor: **todas as situações de responsabilidade de terceiros** estão enquadradas nas hipóteses de responsabilidade por transferência, e a recíproca não é verdadeira.

Note o item considerado **INCORRETO**, em prova realizada pela Vunesp, para o cargo de Advogado (IPT/SP), em 2014: *"Segundo o Código Tributário Nacional, a responsabilidade do inventariante pelos tributos devidos pelo espólio encontra-se sistematizada como responsabilidade por substituição".*

Por fim, com relação à etiquetagem de responsabilidade solidária como um tipo de responsabilidade por transferência não nos parece de todo indubitável. Tal entendimento não desfruta de endosso generalizado, haja vista a tendência de os codevedores, na solidariedade, possuírem relação pessoal e direta com o fato gerador, o que os torna "contribuintes", e não responsáveis. Não obstante, deixamos aqui registrada a classificação.

Uma vez apreendidos os *conceitos introdutórios*, passemos, agora, à análise dos **três tipos de Responsabilidade por Transferência**, à luz da classificação apresentada, com base em terminologia própria, por nós adotada:

- **responsabilidade de devedores solidários;**
- **responsabilidade de devedores sucessores;**
- **responsabilidade de terceiros devedores.**

2 RESPONSABILIDADE DE DEVEDORES SOLIDÁRIOS

A *responsabilidade dos devedores solidários* ou *responsabilidade solidária*, concebida como um tipo de responsabilidade por transferência, segundo o entendimento de Rubens Gomes de Sousa, está disciplinada nos **arts. 124 e 125 do CTN**. Veja-os:

> **Art. 124. *São solidariamente* obrigadas:**
>
> **I** – as pessoas que tenham *interesse comum* na situação que constitua o fato gerador da obrigação principal;

Note o item considerado **CORRETO**, em prova realizada pela FCC, para o cargo de Procurador do Ministério Público de Contas (TCM/GO), em 2015: *"São solidariamente obrigados os sujeitos passivos que tenham interesse comum na situação que constitua o fato gerador da obrigação principal".*

Note o item considerado **INCORRETO**, em prova realizada pelo Instituto AOCP, para o cargo de Analista Legislativo (Direito) da Câmara Municipal de Rio Branco/AC, em 2016: *"Não são solidariamente obrigadas as pessoas que tenham interesse comum na situação que constitua o fato gerador da obrigação tributária".*

> **II** – as pessoas expressamente designadas por lei.
>
> **Parágrafo único.** *A solidariedade referida neste artigo não comporta benefício de ordem.* **(Grifos nossos)**
>
> **Art. 125.** Salvo disposição de lei em contrário, são os seguintes os *efeitos da solidariedade*:
>
> **I** – o pagamento efetuado por um dos obrigados aproveita aos demais;
>
> **II** – a isenção ou remissão de crédito exonera todos os obrigados, salvo se outorgada pessoalmente a um deles, subsistindo, nesse caso, a solidariedade quanto aos demais pelo saldo;
>
> **III** – a interrupção da prescrição, em favor ou contra um dos obrigados, favorece ou prejudica aos demais. **(Grifo nosso)**

Note o item considerado **INCORRETO**, em prova realizada pela Fundatec, para o cargo de Auditor Fiscal da Receita Estadual (Sefaz/RS), em 2014: *"A interrupção da prescrição em favor de um dos obrigados não acarreta o mesmo efeito para os demais".*

> Note o item considerado **INCORRETO**, em prova realizada pela Consulplan, para o cargo de Titular de Serviços de Notas e de Registros (TJ/MG), em 2017: *"A interrupção da prescrição, em favor ou contra um dos obrigados, não favorece ou prejudica aos demais"*.

Nesse contexto, a solidariedade tributária se dá quando cada um dos devedores solidários responde *in solidum* (pelo todo) perante a obrigação tributária correspondente. Observe que seu contexto, adstringe-se, em regra, ao polo passivo da relação jurídica, não se podendo admitir a coexistência de "credores" tributários, sob pena de se tolerar uma vitanda bitributação.

É importante a ressalva feita por Luciano Amaro, em ratificação ao parágrafo único do art. 124 do CTN, afirmando que a "solidariedade passiva, situação na qual o credor tem a prerrogativa de exigir de qualquer dos coobrigados (ou de todos) o cumprimento da obrigação (...) não comporta benefício de ordem"[25].

Releia o comando neste tópico:

> **Art. 124.** São *solidariamente* obrigadas: (...)
>
> **Parágrafo único.** A solidariedade referida neste artigo não comporta benefício de ordem. **(Grifo nosso)**

Continua o autor esclarecendo que "a solidariedade é a omissão de dever de diligência ou vigilância (...) situações em que a lei impõe ao "terceiro" (...) a tomada de determinada providência para impedir ou dificultar a eventual omissão do contribuinte (...)"[26].

Segundo o art. 124 do CTN, a solidariedade tributária pode ser natural ou legal:

a) **Solidariedade natural (inciso I):** ocorre entre pessoas que tenham **interesse comum** na situação que constitua o fato gerador da obrigação tributária principal. Apenas para elucidar melhor o que viria a ser o supracitado "interesse comum", convém mencionar o exemplo de um imóvel urbano pertencente a um casal, em que ambos os cônjuges são proprietários do bem. Estes se encontram solidariamente obrigados – e "naturalmente" obrigados – ao pagamento do IPTU, tendo o Fisco a faculdade de exigir de qualquer um deles o adimplemento da obrigação tributária, isto é, a dívida toda.

b) **Solidariedade legal (inciso II):** ocorre sob determinação da lei, que designa expressamente as pessoas que deverão responder solidariamente pela obrigação tributária. Exemplo: no caso de encerramento de uma sociedade de pessoas, os sócios são solidariamente responsáveis, consoante o art. 134, VII, do CTN.

25. AMARO, Luciano da Silva. *Direito tributário brasileiro*, 14. ed., pp. 316-317.
26. AMARO, Luciano da Silva. *Direito tributário brasileiro*, 14. ed., pp. 309-310.

Na jurisprudência, encontramos emblemático exemplo de *solidariedade legal*, no âmbito das contribuições previdenciárias (Lei n. 8.212/91):

> **EMENTA:** TRIBUTÁRIO E PROCESSUAL CIVIL. EXECUÇÃO FISCAL. CONTRIBUIÇÃO PREVIDENCIÁRIA. RESPONSABILIDADE SOLIDÁRIA. ART. 30, VI, DA LEI N. 8.212/91. EMPREITADA. PRECEDENTES. AUSÊNCIA DE PREQUESTIONAMENTO. SÚMULA N. 211/STJ. JULGAMENTO *EXTRA PETITA*. NÃO OCORRÊNCIA. (...) 6. As empresas que firmam contratos de subempreitadas são *solidariamente responsáveis* pelo recolhimento das contribuições previdenciárias decorrentes dos serviços prestados pela contratada. 7. As empresas poderão isentar-se da *responsabilidade solidária*, especialmente as construtoras, em relação às faturas, notas de serviços, recibos ou documentos equivalentes que pagarem por tarefas subempreitadas, de obras a seu cargo, desde que façam o subempreiteiro recolher, previamente, quando do recebimento da fatura, o valor fixado pela Previdência Social, relativamente ao percentual devido como contribuições previdenciárias e de seguro de acidentes do trabalho, incidente sobre a mão de obra inclusa no citado documento. Interpretação do sistema legal fixado sobre a matéria. 8. Precedentes de ambas as Turmas que compõem a Primeira Seção desta Corte: REsp 219.126/RS, rel. Min. João Otávio de Noronha, *DJ* de 27/06/2005; REsp 511.710/MT, rel. Min. Luiz Fux, *DJ* de 15/03/2004; REsp 225.413/RS, rel. Min. Milton Luiz Pereira, *DJ* de 12/08/2002. 9. Recurso especial do INSS provido. Apelo da empresa autora parcialmente conhecido e não provido. **(REsp 971.805/PR, 1ª T., rel. Min. José Delgado, j. em 06-11-2007)**

A solidariedade tributária não comporta benefício de ordem, podendo o Estado escolher que um dos codevedores responda pelo cumprimento total da obrigação tributária, não observando qualquer *ordem de vocação*. Assim, não fica o Fisco adstrito a uma *ordem de preferência*, cobrando inicialmente de um para, depois, fazê-lo com relação a outro devedor solidário, sendo defeso a estes, destinatários da solidariedade tributária, invocar o "benefício de ordem", como ocorre em determinadas situações regidas pelo Direito Civil.

Dessa forma, "na solidariedade, o Fisco tem o direito de escolher o que for de sua maior conveniência para exigir o cumprimento integral da obrigação tributária. Nesse sentido, cabe asseverar, para que não pairem dúvidas, que, distintamente do legislador civil, o tributário não prestigiou o chamado 'benefício de ordem' (*totum et totaliter*), excluindo-o por completo por ocasião da redação dada ao parágrafo único do art. 124 do CTN"[27].

Na jurisprudência, veja julgado sobre a *responsabilidade solidária*, no âmbito das contribuições previdenciárias (Lei n. 8.212/91, art. 31), em que se afastou o benefício de ordem:

---

27. CASTRO, Alexandre Barros. *Teoria e prática do direito processual tributário*, p. 101.

EMENTA: TRIBUTÁRIO. CONTRIBUIÇÕES PREVIDENCIÁRIAS. CESSÃO DE MÃO DE OBRA. RESPONSABILIDADE SOLIDÁRIA DO TOMADOR (CONTRATANTE). ART. 31 DA LEI 8.212/91. 1. O *art. 31 da Lei 8.212/91* estabeleceu *solidariedade entre o contratante dos serviços executados mediante cessão de mão de obra e o executor.* 2. Trata-se de hipótese de solidariedade tributária, prevista no *art. 124 do CTN, cujo parágrafo primeiro dispõe que "a solidariedade referida neste artigo não comporta benefício de ordem".* 3. Para incidir na possibilidade de elisão estabelecida no § 3º, do art. 31, o contratante deveria ter exigido do executor a apresentação dos comprovantes relativos às obrigações previdenciárias, previamente ao pagamento da nota fiscal ou fatura – do que, no caso concreto, não se cogita. 4. Recurso especial provido. **(REsp 410.104/PR, 1ª T., rel. ex-Min. Teori Albino Zavascki, j. em 06-05-2004) (Grifos nossos)**

O **art. 125 do CTN** discrimina, em seus três incisos, os efeitos comuns da solidariedade, que são os seguintes:

a) o pagamento de um estende-se aos demais codevedores;

b) a isenção ou remissão, se não outorgadas pessoalmente, estendem-se aos coobrigados;

c) **a interrupção da prescrição também se estende a todos, em benefício ou em prejuízo.**

Note o item considerado **CORRETO**, em prova realizada pela Fundep, TJ/MG, para o cargo de Juiz, em 2014: *"A interrupção da prescrição em favor ou contra um dos obrigados, favorece ou prejudica os demais".*

Os efeitos acima expostos são bastante previsíveis. Observe o detalhamento:

a) É natural que o pagamento do tributo efetuado por um codevedor estender-se-á aos demais, haja vista a indivisibilidade das obrigações. O devedor que pagou a dívida toda, extinguindo o crédito tributário (art. 156, I, CTN), caso tenha interesse, poderá exercer o direito de regresso. Exemplo: duas pessoas importam o bem, sendo, assim, solidariamente responsáveis pelo imposto de importação. Caso o pagamento integral seja feito por um deles, será ao pagador viabilizado o direito de pleitear a devolução do valor correspondente à metade.

b) Quanto à extensão dos efeitos da *isenção* e da *remissão*, ressalvados os benefícios de outorga pessoal, cite-se um elucidativo exemplo: João, José e Pedro são três coproprietários de uma área urbana ribeirinha, devendo-se, assim, pagar o IPTU no valor total de R$ 300,00. Caso haja isenção pessoal, *v.g.*, para João, os demais – José e Pedro – continuarão como codevedores solidários de R$ 200,00, ou seja, R$ 100,00 para cada, indicando-se o saldo.

c) A interrupção da prescrição, por sua vez, em benefício ou em prejuízo de um codevedor, estende-se a todos. Memorize: havendo interrupção a favor de um, beneficia-se a todos; havendo interrupção contra um, prejudica-se a todos. As causas interruptivas da prescrição estão previstas nos incisos I ao IV do parágrafo único do art. 174 do CTN:

Art. 174. A ação para a cobrança do crédito tributário prescreve em cinco anos, contados da data da sua constituição definitiva.

Parágrafo único. A prescrição se interrompe:

I – pelo despacho do juiz que ordenar a citação em execução fiscal;

II – pelo protesto judicial;

III – por qualquer ato judicial que constitua em mora o devedor;

IV – por qualquer ato inequívoco ainda que extrajudicial, que importe em reconhecimento do débito pelo devedor.

Na prática, tal comando tem sido suscitado para arguir a prescrição no caso de extemporâneo redirecionamento de execução fiscal sobre os sócios, devedores solidários com a pessoa jurídica. Após prolatado o despacho citatório da pessoa jurídica devedora, em data "x", interrompe-se a prescrição, zerando a contagem dos cinco anos (art. 174, parágrafo único, I, CTN). Tal medida estender-se-á aos sócios da empresa devedora, caso se tenha sobre eles o ulterior redirecionamento da execução fiscal, haja vista o efeito da solidariedade que lhes beneficia. Aliás, se isso ocorrer em prazo superior a 5 anos, a contar da data "x", ter-se-á a prescrição.

3 RESPONSABILIDADE DE DEVEDORES SUCESSORES

A *responsabilidade de devedores sucessores* ou, simplesmente, *responsabilidade dos sucessores* está disciplinada nos **arts. 129 a 133 do CTN**. Aqui a obrigação se transfere para outro devedor em virtude do "desaparecimento" do devedor original. Esse desaparecimento pode ser, *v.g.*, por morte do primeiro devedor, recaindo o ônus sobre os herdeiros, ou por venda do imóvel ou estabelecimento, incidindo o importe tributário sobre o comprador. Nessa toada, dois tipos de transferência podem se dar:

I. Transferência *causa mortis*: a transmissão do ônus ocorre para os herdeiros, havendo a sua responsabilidade pessoal (**sucessão *causa mortis***, art. 131, II e III, CTN);

II. Transferência *inter vivos*: a obrigação se transfere para o adquirente, em **quatro hipóteses:**

1ª hipótese: transmissão de imóveis (*sucessão imobiliária;* art. 130, CTN);

2ª hipótese: transmissão de bens móveis (*sucessão inter vivos;* art. 131, I, CTN);

3ª hipótese: transmissão de estabelecimento comercial, industrial ou profissional (*sucessão comercial;* art. 133, CTN);

4ª hipótese: transmissão decorrente de fusão, incorporação, transformação ou cisão (sucessão empresarial; art. 132, CTN).

Antes de detalharmos as *hipóteses* acima destacadas, é vital que apreciemos o teor do **art. 129 do CTN**, à guisa de preâmbulo do tema ora proposto:

> **Art. 129.** O disposto nesta Seção aplica-se por igual aos *créditos tributários definitivamente constituídos ou em curso de constituição* à data dos atos nela referidos, *e aos constituídos posteriormente aos mesmos atos,* desde que relativos a *obrigações* tributárias surgidas até a referida data. **(Grifos nossos)**

A responsabilidade dos devedores sucessores, tratada nos arts. 129 a 133 do CTN, atingirá:

> **a)** os créditos definitivamente constituídos (*o lançamento já se realizou*);
>
> **b)** os créditos em procedimento de constituição, na data da ocorrência dos atos ou fatos determinantes da sucessão (*o lançamento está em fase de realização*);
>
> **c)** os créditos ainda não constituídos, porém correspondentes a fatos geradores ocorridos antes da realização dos atos ou fatos determinantes da sucessão (*o lançamento ainda não se realizou*).

Em síntese, pode-se afirmar que o sucessor assume todos os débitos tributários do sucedido, relativos a fatos geradores ocorridos antes da data do ato ou fato que demarcou a sucessão, sendo irrelevante o andamento da constituição definitiva do crédito. Assim, o que vai regular o conjunto de obrigações transferidas é o *fato gerador*, e não o "momento do lançamento", inibindo-se a alegação de vício de retroatividade da atuação administrativo-fiscal. No referido dispositivo, fica explicitado que os débitos conhecidos à data da sucessão, ou seja, já lançados, bem como aqueles que estiverem em via de sê-los, ou mesmo os débitos desconhecidos, mas que venham a ser posteriormente lançados, podem ser irrogados aos sucessores.

Para Renato Lopes Becho, "em todas as hipóteses dos artigos seguintes (130 a 133 do CTN), a obrigação tributária terá nascido antes dos eventos que levaram às sucessões ali previstas, pela exata subsunção do fato tributário à norma de igual natureza. Entretanto, tal sucesso ocorreu quando o sujeito passivo de qualquer das classes encontrava-se juridicamente ativo. Posteriormente, ocorreram fatos típicos que resultaram na sucessão e, portanto, na substituição tributária do antigo contribuinte para o atual sucessor"[28].

Importante observar que, "embora o CTN comece falando de 'crédito' para depois se referir à 'obrigação', esta é que será importante para a compreensão da norma, podendo-se resumir o comando dizendo que todas as obrigações porventura existentes à época da sucessão se transferem ao sucessor, independentemente de ter havido o lançamento ou não, sendo, pois, despiciendo que o crédito tributário correspondente já tenha sido constituído. (...) Pela generalidade das expressões 'crédito' e 'obrigação', passa-se a ideia inicial de que as multas estariam abrangidas na

28. BECHO, Renato Lopes; PEIXOTO, Marcelo Magalhães; LACOMBE, Rodrigo Santos Masset (Coord.). *Comentários ao Código Tributário Nacional*, p. 1.020.

responsabilidade dos sucessores. Inobstante, não se deve chegar a tal ilação na leitura do primeiro dispositivo que trata do tema, merecendo a questão das penalidades uma análise particularizada, por ocasião do estudo de cada artigo"[29].

Passemos, agora, à análise das **quatro hipóteses** de *responsabilidade dos devedores sucessores*, devidamente aglutinadas e assim distribuídas nos tópicos seguintes:

- **1ª hipótese:** transmissão de imóveis (**sucessão imobiliária**; art. 130, CTN);
- **2ª hipótese** (aglutinada): transmissão de bens móveis (**sucessão *inter vivos***; art. 131, I, CTN) e transmissão de bens quaisquer (**sucessão *causa mortis***; art. 131, II e III, CTN);
- **3ª hipótese:** transmissão de estabelecimento comercial, industrial ou profissional (**sucessão comercial**; art. 133, CTN);
- **4ª hipótese:** transmissão decorrente de fusão, incorporação, transformação ou cisão (**sucessão empresarial**; art. 132, CTN).

3.1 1ª HIPÓTESE: art. 130 do CTN

Observe o dispositivo legal:

> **Art. 130.** Os créditos tributários relativos a *impostos* cujo fato gerador seja a propriedade, o domínio útil ou a posse de bens imóveis, e bem assim os relativos a *taxas* pela prestação de serviços referentes a tais bens, ou a *contribuições de melhoria, sub-rogam-se na pessoa dos respectivos adquirentes,* salvo quando conste do título a prova de sua quitação.

> Note o item considerado **CORRETO**, em prova realizada pela Consulplan, para o cargo de Titular de Serviços de Notas e de Registros (TJ/MG), em 2017: *"Os créditos tributários relativos a impostos cujo fato gerador seja a propriedade, o domínio útil ou a posse de bens imóveis, e bem assim os relativos a taxas pela prestação de serviços referentes a tais bens, ou a contribuições de melhoria, sub-rogam-se na pessoa dos respectivos adquirentes, salvo quando conste do título a prova de sua quitação"*.

> **Parágrafo único.** No caso de *arrematação em hasta pública,* a sub-rogação ocorre sobre o respectivo preço. **(Grifos nossos)**

O dispositivo se refere aos tributos incidentes sobre bem imóvel – **impostos** (**IPTU ou ITR**), taxas de serviço (taxas de lixo, de água, de esgotos) e **contribuições de melhoria** (contribuições exigidas em face de obras de asfaltamento, por exemplo) – que passam a ser exigíveis do adquirente deste bem. A propósito, observa-se que não foram incluídos os impostos sobre a **transmissão** de **bens imóveis**, isto é, o ITBI municipal e o ITCMD estadual, todavia, a nosso sentir, deve prevalecer uma inter-

29. FARIA, Luiz Alberto Gurgel; FREITAS, Vladimir Passos de (Coord.). *Código Tributário Nacional comentado*, p. 626.

pretação extensiva, sob pena de incongruência no sistema normativo. Como se verá adiante, o art. 131, I, do CTN está adstrito, com exclusivismo, à aquisição ou remição de bens móveis. Acresça-se, ainda, que o preceptivo, estando adstrito tão somente a *tributos*, não é hábil a englobar multas, juros ou correção monetária.

À luz dessa responsabilização, o sujeito passivo de tais tributos passa a ser o novo proprietário, posseiro ou foreiro, no lugar do alienante, **independentemente de condições quaisquer**, havendo nítida **sub-rogação pessoal ou responsabilidade por sucessão pessoal**. Veja que não é caso de "solidariedade", nem nos parece hipótese de "responsabilidade subsidiária". Entretanto, como se verá adiante, em detalhes, o **STJ** vem defendendo a *responsabilidade solidária* para o dispositivo em apreço (**AgInt no AREsp 942.940/RJ, rel. Min. Herman Benjamin, 2ª T., j. em 15-08-2017**).

Note o item considerado **INCORRETO**, em prova realizada pela FMP, para o cargo de Procurador do Estado (PGE/AC), em 2017: *"O alienante de bem imóvel é responsável pelo IPTU, no caso de ter assumido em escritura pública a obrigação por tributo relativo a fato gerador acontecido antes da transmissão, quando não houver prova de quitação de tributos".*

Note o item considerado **INCORRETO**, em prova realizada pelo Cespe, para o cargo de Analista Legislativo da Câmara dos Deputados, em 2014: *"No caso de sucessão empresarial, a responsabilidade é legal, enquanto a responsabilidade por sucessão imobiliária é considerada como sucessão real – obrigação 'propter rem' –, pois a obrigação tributária (quanto ao IPTU e ao ITR) acompanha o imóvel em todas as suas mutações subjetivas (sucessão), ainda que se refira a fatos imponíveis anteriormente à alteração de responsabilidade tributária por sucessão".*

Nessa medida, evidencia-se que o ***caput* do art. 130 do CTN** não albergou o caso de *sub-rogação real* (ou *responsabilidade por sucessão real*), isto é, aquela em que a responsabilidade é limitada ao valor do imóvel, que responde pela dívida, no lugar da pessoa (adquirente).

Acerca do tema afeto à possibilidade de ressarcimento contra o anterior proprietário, o **STJ** já se posicionou:

> **EMENTA:** PROCESSUAL CIVIL E TRIBUTÁRIO. EXECUÇÃO FISCAL. ITR. EMBARGOS DO DEVEDOR. RESPONSABILIDADE DO ADQUIRENTE DO IMÓVEL PELO PAGAMENTO DO TRIBUTO. 1. Consoante estabelece o *caput* do art. 130 do CTN, sem qualquer distinção, o adquirente do imóvel sub-roga-se nos créditos fiscais cujo fato gerador é a propriedade, o domínio útil ou a posse do bem, assim como as taxas e contribuição de melhoria, podendo o sucessor ressarcir-se desses ônus, conforme previsto no contrato de compra e venda ou mediante acordo com o sucedido. 2. Recurso especial conhecido e provido. **(REsp 192.501/PR, 2ª T., rel. Min. Francisco Peçanha Martins, j. em 06-11-2001)**

Saliente-se que é devido ao notário ou tabelião exigir todos os documentos necessários à lavratura da escritura, os quais comprovem o recolhimento dos tributos devidos. Caso contrário responde solidariamente com o contribuinte nos atos que intervir ou pelas omissões que foi responsável. A apresentação de certidões negativas torna a hipótese prevista no dispositivo um tanto improvável. Todavia, a certidão tem presunção de legitimidade relativa, pois é possível que surjam dívidas que não constavam dos registros do Fisco naquele momento de sua expedição.

É importante assinalar que a estudada regra, impondo a responsabilidade por transferência ao adquirente do bem imóvel, no bojo da responsabilidade dos sucessores devedores, comporta **exceções** em duas situações:

a) quando constar na escritura de transmissão de propriedade a menção à certidão negativa expedida pela Fazenda (art. 130, *caput*, parte final, CTN): com efeito, a certidão negativa de tributos (art. 205, CTN) é documento, comum na prática cartorária, que atesta a inexistência de débitos contra certa pessoa ou em relação a certo bem imóvel. É, desse modo, a única forma de o adquirente eximir-se da responsabilidade. Observe a literalidade do dispositivo:

> Note o item considerado **CORRETO**, em prova realizada pelo Cespe, para o cargo de Especialista em Regulação (ANATEL), em 2014: *"Considere que determinada pessoa tenha adquirido um imóvel e que, nessa operação, o vendedor tenha comprovado perante o comprador o pagamento do IPTU dos cinco anos anteriores. Considere, também, que a administração tributária, posteriormente a essa compra, tenha verificado que o pagamento do IPTU de um daqueles cinco anos não estava correto. Nessa situação, a obrigação de pagar a diferença será do vendedor".*

Art. 130. Os créditos tributários relativos a impostos cujo fato gerador seja a propriedade, o domínio útil ou a posse de bens imóveis, e bem assim os relativos a taxas pela prestação de serviços referentes a tais bens, ou a contribuições de melhoria, sub-rogam-se na pessoa dos respectivos adquirentes, *salvo quando conste do título a prova de sua quitação.* **(Grifo nosso)**

Entretanto, é possível ocorrer a situação em que, no ato da escritura, conste a existência de crédito tributário em aberto, até porque nada impede que o proprietário de um imóvel transmita a propriedade do bem a um terceiro e faça constar do respectivo contrato os débitos que o comprador esteja assumindo. Quanto ao tema, observe a nova orientação do **STJ**, quanto à *responsabilidade solidária por sucessão imobiliária*:

Em **15 de agosto de 2017**, a 2ª Turma do **STJ**, no **AgInt** no **AREsp 942.940/RJ** (rel. Min. Herman Benjamin), entendeu que o alienante possui, sim, legitimidade passiva para figurar em ação de execução fiscal de débitos constituídos em momento anterior à alienação voluntária de imóvel.

No caso concreto, houve uma execução fiscal (IPTU) ajuizada em face dos dois sujeitos passivos da obrigação tributária: **(I)** o adquirente do bem, como responsável, por força do art. 130, *caput*, CTN; **(II)** o alienante do bem, como contribuinte, por força de naturalmente constar o seu nome no anterior lançamento do tributo. Desse modo, entendeu-se que ambos poderiam compor o polo passivo da ação executiva, não se devendo cogitar da ilegitimidade passiva *ad causam* do alienante.

Para o ministro relator, Herman Benjamin, a incidência da norma de responsabilidade por sucessão não afasta a sujeição passiva do alienante. Desse modo, "*alienado bem onerado com tributos, o novo titular, não comprovando o recolhimento dos tributos imobiliários, torna-se responsável solidário pelos débitos, nos termos do art. 130 do CTN*". Frise-se que tal orientação intelectiva já havia sido sacramentada em **2013**, na 2ª Turma do **STJ**, no **REsp 1.319.319/RS** (rel. Min. Eliana Calmon).

É sabido que o adquirente do imóvel se torna responsável pelos débitos tributários incidentes sobre o bem adquirido, exceto se constar do título a prova de quitação de tais débitos (art. 130, *caput*, parte final). Para o STJ, o afastamento da responsabilidade do adquirente do imóvel não significa hipótese de extinção do crédito tributário – ou de igual afastamento da responsabilidade do alienante –, subsistindo o dever ao antigo proprietário. Em termos simples, para o STJ, a obrigação do alienante permanece incólume, independentemente da responsabilidade do adquirente.

A sub-rogação pessoal, peculiar ao *caput*, tem caráter meramente aditivo e integrador do terceiro adquirente na obrigação, com transmissão a ele da mesma posição do alienante, mas sem liberação do devedor primitivo. Na visão do relator, "*trata-se de responsabilidade solidária, cumulativa e não excludente, em que a sucessão no débito tributário há de ser neutra em relação à garantia do credor fiscal, não podendo este ser manietado quanto à cobrança do devedor original pela transmissão privada de dívida sem a sua concordância*".

E, para justificar o raciocínio, o eminente ministro cita um exemplo assemelhado ao que ora segue, aqui parafraseado, para fins didáticos: dono de imóvel X, devendo vultosa cifra de IPTU, mas possuindo outros bens e ativos de grande liquidez, aliena o indigitado imóvel para um adquirente de pouquíssimas posses. O patrimônio deste resume-se apenas ao bem adquirido na operação. Nas palavras do ministro, "*caso tal transação pudesse ser levada a efeito por declaração unilateral de vontade do sujeito passivo, com substituição do devedor pelo adquirente e exclusão da responsabilidade do alienante, haveria evidente risco à efetividade do crédito público e garantia da dívida. Passaria o instituto da sub-rogação tributária a ser frequentemente utilizado para toda sorte de blindagens, triangulações e planejamentos patrimoniais, de forma a dificultar a satisfação do crédito fiscal*".

Diante disso – arremata o relator –, a sub-rogação do *caput* do art. 130 revela uma natureza aditiva e reforçativa, não liberatória do alienante até o cumprimento integral da obrigação. O objetivo do texto legal não é o de *desresponsabilizar* o alienante, mas *responsabilizar* o adquirente na mesma obrigação do devedor original. E o julgador explica:

> Cuida-se de assunção cumulativa de dívida, sob a forma de responsabilidade solidária entre as partes do negócio privado, em que o sucessor no imóvel adquirido se coloca ao lado do devedor primitivo, sem que este seja exonerado. Cabe ao credor, nessa situação, não o direito a uma dupla prestação, mas o direito de obter a prestação por dois vínculos autônomos.

Posto isso, segundo o atual entendimento do **STJ**, a sub-rogação prevista no *caput* do art. 130 do CTN tem caráter solidário, cumulativo, reforçativo e não excludente da responsabilidade do alienante, cabendo ao credor escolher o acervo patrimonial que melhor satisfaça o débito cobrado.

b) quando o imóvel for adquirido em hasta pública (art. 130, parágrafo único, CTN): a hasta pública é o leilão de bens penhorados, realizado pelo Poder Público, por meio de leiloeiro público, para a satisfação da dívida, principalmente em ações de execução (esfera judicial). Frise-se que o valor das dívidas existentes está incluído no montante pago pelo bem imóvel no público pregão, em nítida sub-rogação sobre o lanço ofertado (agora, sim, uma sub-rogação real ou responsabilidade por sucessão real), cabendo à autoridade judicial zelar pela imediata quitação das dívidas.

> Note o item considerado **CORRETO**, em prova realizada pela FAURGS, para o cargo de Juiz de Direito Substituto do Estado do Rio Grande do Sul, em 2016: *"Em 2013, 'F.S.' adquiriu um imóvel em hasta pública. O imóvel está localizado no Município X, em área definida como urbana pela legislação municipal. No local, há rede de abastecimento de água, iluminação pública e posto de saúde. Em 2015, em face de execução fiscal movida pelo município, 'F.S.' foi citado para pagar o IPTU dos exercícios de 2010, 2011 e 2012. Neste caso, com relação à responsabilidade tributária, pode-se afirmar que 'F.S.' não é responsável pelo débito, em face de sub-rogação sobre o preço"*.

> Note o item considerado **CORRETO**, em prova realizada pela FGV, MPE-AL, para o cargo de Analista do Ministério Público, em 2018: *"No caso de hasta pública de bem imóvel, os créditos tributários relativos a impostos cujo fato gerador seja a propriedade, o domínio útil ou a posse de bens imóveis se sub-rogam sobre o respectivo preço"*.

Em tempo, frise-se que o **STJ** admite aplicação analógica do dispositivo para os casos de arrematação de bens móveis em hastas públicas (*v.g.*, veículos automotores *versus* IPVA) (ver **REsp 1.128.903/RS, rel. Min. Castro Meira, 2ª T., j. em 08-02-2011**).

É imperioso ressaltar que **o arrematante não é responsável tributário** nem quando o preço é insuficiente para cobrir o débito tributário. Os débitos existentes devem ser quitados com o produto da arrematação. Nessa medida, na arrematação em hasta pública, aquele que arremata o bem se exime desde então de quaisquer responsabilidades, recebendo o imóvel livre de ônus tributário. Exemplo: o imóvel foi arrematado por R$ 100.000,00 (cem mil reais), e há uma dívida de R$ 20.000,00 (vinte mil reais). O Fisco retirará a "fatia" que lhe cabe – os R$ 20.000,00 (vinte mil reais) – e entregará o restante àquele que deve receber o preço da arrematação (oitenta mil reais). De outra banda, se o valor da arrematação for inferior ao montante tributário devido (no caso, R$ 110.000,00, ou seja, cento e dez mil reais de dívida tributária), o Fisco não poderá exigir de ninguém o excedente de dez mil reais, pois a sub-rogação é real.

> Note o item considerado **INCORRETO**, em prova realizada pela FMP, para o cargo de Procurador do Estado (PGE/AC), em 2017: *"O arrematante de bem imóvel, no caso de arrematação em hasta pública, é responsável pelos tributos devidos por fatos geradores anteriores à arrematação"*.

> Note o item considerado **INCORRETO**, em prova realizada pela FMP, para o cargo de Procurador do Estado (PGE/AC), em 2017: *"O adquirente, em leilão judicial, de estabelecimento comercial ou fundo de comércio em processo de falência, é pessoalmente responsável por tributos devidos até a data da aquisição".*

Observe o elucidativo trecho da ementa do julgado no **STJ**:

> **EMENTA:** (...) Se o preço alcançado na arrematação em hasta pública não for suficiente para cobrir o débito tributário, não fica o arrematante responsável pelo eventual saldo devedor. A arrematação tem o efeito de extinguir os ônus que incidem sobre o bem imóvel arrematado, passando este ao arrematante livre e desembaraçado dos encargos tributários. **(REsp 166.975/SP, 4ª T., rel. Min. Sálvio de Figueiredo Teixeira, j. em 24-08-1999)**

Uma questão que se põe ao estudioso é saber se a **imunidade tributária recíproca** se aplica a responsável tributário por sucessão imobiliária (art. 130, *caput*, CTN). É que a Municipalidade de Curitiba-PR procedeu à exigência do IPTU sobre imóvel de propriedade da União, mas que antes pertencia à extinta *Rede Ferroviária Federal S.A.* (RFFSA) – uma sociedade de economia mista, que veio a ser, posteriormente, incorporada pela própria União. Com a liquidação da pessoa jurídica e com a mencionada sucessão, a União se tornou responsável tributária pelos créditos inadimplidos pela RFFSA, nos termos do art. 130, *caput*, CTN. Diante desse cenário, cogitou-se da prevalência da imunidade recíproca para a União, numa espécie de "imunidade superveniente", o que não encontra guarida em nosso sistema. Em 2009, reconheceu-se a Repercussão geral para a matéria suscitada. Em 5 de junho de **2014**, o **STF**, por unanimidade e nos termos do voto do Relator, então Ministro Joaquim Barbosa, deu provimento ao recurso extraordinário, afastando-se a tese da *imunidade tributária recíproca*. Ressaltou que a União não poderia se livrar da responsabilidade tributária ao alegar simplesmente que o tributo seria devido por sociedade de economia mista, tampouco por sugerir a aplicação de regra constitucional que protegeria a autonomia política de entes federados. Explicou que o patrimônio – material ou imaterial – transferido deveria garantir o crédito, e que o sucessor, ainda que se tratasse de um ente federado, deveria arcar com a dívida. (**RE 599.176/PR, rel. Min. Joaquim Barbosa, Pleno, j. em 05-06-2014**)

Em 8 de junho de **2017**, a 2ª Turma do **STJ**, no **REsp 1.668.058/ES** (rel. Min. Mauro Campbell Marques), entendeu que "o ente desapropriante não responde por tributos incidentes sobre o imóvel desapropriado nas hipóteses em que o período de ocorrência dos fatos geradores é anterior ao ato de aquisição originária da propriedade". O caso concreto versou sobre a *responsabilidade por sucessão imobiliária*, quanto ao IPTU e um taxa de coleta de resíduos, diante de uma desapropriação, pela União, de imóvel pertencente à empresa privada.

É cediço que a *desapropriação* é forma originária de aquisição da propriedade, não demandando nenhum título (dominial) anterior[30]. Assim, o bem expropriado trafega livre de quaisquer ônus que, eventualmente, pesavam sobre ele, em momento precedente. O credor fica sub-rogado exclusivamente no preço. Tal cenário impede a imposição (ou repercussão) de ônus tributário sobre o bem por quem quer que seja (art. 35 do Decreto-Lei n. 3.365/41), até porque os institutos, conceitos e formas de direito privado não podem ter sua definição alterada pela lei tributária, a fim de que se limite competência tributária (art. 110, CTN).

Posto isso, diante do fato de que não há transferência de responsabilidade tributária (art. 130, CTN) ao ente expropriante – e que, *ad argumentandum*, os fatos geradores ocorreram antes do ato expropriatório –, são inexigíveis, perante à União, os créditos tributários incidentes sobre o imóvel, devendo eventuais direitos creditórios, em favor da exequente, ser imputados ao expropriado.

3.2 2ª HIPÓTESE: art. 131, I, II e III, do CTN

Nesta hipótese, trataremos da responsabilidade dos devedores sucessores que adquirem bens (móveis), à luz do art. 131, I, do CTN (responsabilidade *inter vivos*), bem como daquela incidente sobre o espólio e os sucessores, no bojo da responsabilidade tributária *mortis causa* (art. 131, II e III, CTN).

Observe o **art. 131 e seus incisos:**

Art. 131. São pessoalmente responsáveis:

I – o adquirente ou remitente, pelos tributos relativos aos bens adquiridos ou remidos;

II – o sucessor a qualquer título e o cônjuge meeiro, pelos tributos devidos pelo *de cujus* até a data da partilha ou adjudicação, limitada esta responsabilidade ao montante do quinhão do legado ou da meação;

Note o item considerado **CORRETO**, em prova realizada pela FMP, para o cargo de Procurador do Estado (PGE/AC), em 2017: *"O cônjuge e o sucessor a qualquer título ficam responsáveis pelos tributos devidos pelo 'de cujus' até a data da partilha ou adjudicação, limitada a responsabilidade ao montante da herança"*.

III – o espólio, pelos tributos devidos pelo de *cujus* até a data da abertura da sucessão.

Para a doutrina, o art. 131 do CTN designa hipóteses de *responsabilidade pessoal* – e *exclusiva* –, afastando-se a responsabilidade dos devedores originais. Estes não responderão supletiva (subsidiária) ou solidariamente, já que o devedor sucedi-

30. Ver, a propósito, o **REsp 468.150/RS**, rel. Min. Denise Arruda, 1ª T., j. em 06-12-**2005**.

do pode (**a**) ter desaparecido (nos casos dos incisos II e III) ou (**b**) não ter relevância (inciso I). Passemos à análise dos mencionados incisos:

Inciso I: o comando menciona aquisição de bens, sem especificar a quais bens se refere. Entendemos que o dispositivo em tela, devendo ser interpretado com cautela, fia-se aos **bens móveis**, pois coube ao artigo precedente o tratamento afeto aos bens imóveis.

Vale registrar, ademais, interessantes entendimentos doutrinários, com os quais, *data venia*, não concordamos, de que o preceptivo também seria aplicável aos casos de aquisição de bens imóveis, em que fossem devidos tributos não mencionados no art. 130. Observe-os:

> O texto do inciso I do art. 131 estabelece a responsabilidade por sucessão não somente em relação aos bens imóveis como também aos bens móveis. O texto possui uma elasticidade muito grande recomendando cautela na sua aplicação, uma vez que a aquisição no comércio de um bem qualquer, em tese implicaria a assunção da responsabilidade do adquirente pelos tributos não recolhidos pelo contribuinte[31].

O art. 131, I, "é uma ampliação do conteúdo do art. 130, que cuidava apenas dos imóveis. Aqui, todos os bens são incluídos, cabendo à pessoa que adquirir ou remir (...) arcar com a responsabilidade pela exação. A regra do inciso I merece reservas, pois reflete uma extensão imensurável. A se fazer uma interpretação literal do preceito, uma pessoa que adquirisse uma camisa, *v.g.*, em uma loja que não recolhesse o tributo correspondente por tal operação, ficaria responsável pelo pagamento da exação, o que não seria admissível, de maneira que o dispositivo há de ser aplicado com cautela"[32].

A nosso pensar, preferimos associar a responsabilidade por transferência de bens imóveis ao art. 130 do CTN e aquela adstrita aos bens móveis ao art. 131, I, do CTN. Nessa direção tem seguido o estimado professor Hugo de Brito Machado, para quem "o adquirente, ou remitente, de quaisquer bens, sejam móveis ou imóveis, responde pelos **tributos** relativos a esses bens. Tratando-se de imóveis, nos termos do art. 130 do CTN. Tratando-se de bens móveis ou semoventes, nos termos do art. 131, I"[33].

> Note o item considerado **INCORRETO**, em prova realizada pelo PGE/GO, para o cargo de Procurador do Estado, em 2013: *"O adquirente ou remitente respondem supletivamente pelos tributos relativos aos bens adquiridos ou remidos"*.

31. FERRASSINI, Antônio Alexandre; SILVA, Volney Zamenhof de Oliveira (Coord.). *Código Tributário Nacional comentado e anotado*. 2. ed. Campinas: CS Edições, 2002, p. 376.
32. FARIA, Luiz Alberto Gurgel; FREITAS, Vladimir Passos de (Coord.). *Código Tributário Nacional comentado*, p. 630.
33. MACHADO, Hugo de Brito. *Curso de direito tributário*, 29. ed., p. 152.

Quanto à regra de responsabilidade, não há complexidade: o adquirente assumirá a responsabilidade pelas dívidas anteriores à aquisição. Ademais, faz-se menção ao instituto da **remição** (com "ç", na acepção dos verbos "remir" e "redimir", indicando o "resgate do bem penhorado, mediante pagamento da dívida", e não "remissão", com "ss"). O interessado que remir o bem (remitente) será o responsável pessoal, consoante o dispositivo.

> Note o item considerado **INCORRETO**, em prova realizada pela Compass, para o cargo de Auditor fiscal de Tributos Municipais da Prefeitura Municipal de Carpina/PE, em 2016: *"A remissão é o resgate sempre total da dívida tributária por parte do devedor ou de terceiro, enquanto que a remição é o ato de perdoar essa dívida, porém parcialmente, ou a renúncia de um direito"*.

Curiosamente, o art. 131 não prevê hipóteses de exceção à responsabilização (posse de certidão ou aquisição em hasta pública), como o fez o art. 130.

Para provas de concursos públicos, deve prevalecer a interpretação literal do dispositivo, em que a responsabilidade do adquirente é absoluta. Todavia, não nos parece de todo acertado afastar do art. 131, I, do CTN os efeitos da prova da quitação dos tributos ou da sub-rogação real em hasta pública, tratados no dispositivo anterior. A interpretação analógica tem sido considerada apropriada para este caso[34].

Incisos II e III: os dispositivos versam sobre a sucessão *mortis causa*, isto é, a transmissão de bens em virtude de morte do proprietário-contribuinte. Observe o dispositivo:

> **Art. 131.** São pessoalmente responsáveis: (...)
>
> **II** – o sucessor a qualquer título e o cônjuge meeiro, pelos tributos devidos pelo *de cujus* **até a data da partilha ou adjudicação**, limitada esta responsabilidade ao montante do quinhão do legado ou da meação;

> Note o item considerado **INCORRETO**, em prova realizada pela Consulplan, para o cargo de Titular de Serviços de Notas e de Registros (TJ/MG), em 2017: *"São pessoalmente responsáveis o sucessor a qualquer título e o cônjuge meeiro, pelos tributos devidos pelo 'de cujus' até a data da abertura da sucessão, limitada esta responsabilidade ao montante do quinhão do legado ou da meação"*.

> **III** – o espólio, pelos tributos devidos pelo *de cujus* até a data da abertura da sucessão.

Como se pode notar, há pouca didática na ordenação cronológica dos incisos, porquanto a responsabilidade pelos tributos devidos pelo falecido recai, em primeiro lugar, sobre o espólio (inciso III); somente após a partilha, por óbvio, recairá sobre

34. MACHADO, Hugo de Brito. *Curso de direito tributário*, 29. ed., p. 152.

os herdeiros (inciso II). Portanto, recomenda-se interpretar aquele inciso antes deste, invertendo-se a leitura.

Diante da inexorabilidade da morte, forçoso é concluir que o indivíduo, vindo a falecer e passando, assim, a ser juridicamente chamado de *de cujus*, pode deixar dívidas tributárias para trás àqueles que aqui permaneceram. Fato é que os adquirentes por sucessão recebem não apenas o ativo mas também o passivo do *de cujus*.

Com o passamento, abre-se a sucessão, em cujo procedimento será feita a partilha dos bens, mediante a homologação por sentença judicial, a ser prolatada pelo magistrado. No momento do falecimento, concebe-se o chamado **espólio** – conjunto de bens, direitos, dívidas e responsabilidades do falecido, ou seja, a própria universalidade de bens e direitos que integravam o patrimônio do *de cujus*. O espólio não é "pessoa", embora o CTN o trate como tal, considerando-o "pessoalmente responsável", ou seja, atribuindo-lhe a feição de sujeito passivo da relação jurídico-tributária.

Ademais, o CTN dispõe que o **espólio** será responsável pelas dívidas tributárias do *de cujus*, isto é, aquelas realizadas em vida, com fatos geradores ocorridos até o evento sinistro (abertura da sucessão). Observe que o espólio, neste aspecto, reveste-se da condição de responsável tributário (inciso III), como sujeito passivo indireto.

Até que se proceda à partilha de bens, isto é, durante a fase judicial do inventário (ou arrolamento), é possível que novas dívidas despontem (exemplo: novos fatos geradores de IPVA, IPTU, IR). Em relação a tais fatos geradores – *v.g.*, a propriedade de veículo automotor em 1º de janeiro subsequente ao ano do falecimento –, perguntar-se-á: *quem será o contribuinte?* Não será nem o *de cujus* (não existe mais) nem os herdeiros (não se definiram, ainda), mas o próprio **espólio**. Veja que, neste contexto específico, o **espólio** é contribuinte e responsável, concomitantemente. É responsável, perante os débitos anteriores, e contribuinte, com relação às dívidas mais recentes. Aliás, nesta última hipótese, *ad argumentandum*, o espólio (contribuinte ou sujeito passivo direto) terá o inventariante, pessoa que tem a incumbência de gerir o patrimônio do espólio até a sentença, como responsável (tema constante do art. 134, IV, CTN, a ser estudado oportunamente).

Memorize, assim, que o inventariante é responsável, enquanto o espólio se coloca como contribuinte. Não existe relação de "solidariedade" entre ambos, ou entre o inventariante e o *de cujus*.

A propósito, observe o exemplo a seguir, cujo teor assemelhado já foi solicitado em certa prova de concurso: Se *Dona Marieta* faleceu e deixou débito para com a Fazenda Nacional, e *Marietinha*, sua filha, veio a ser nomeada inventariante do espólio de sua mãe, então, nesse caso, *Marietinha* não será devedora solidária dos débitos que a finada contraiu em vida, apenas por causa do encargo da inventariança.

Com a prolação da sentença de partilha, definem-se os sucessores (herdeiros ou legatários) e o cônjuge meeiro, diante da dissolução do espólio. Após tal definição, é possível que ainda remanesçam dívidas – surgidas na época em que o *de cujus* era vivo ou durante o curso do inventário, e que permaneceram até então desconhecidas –, cuja exigência recairá sobre os **sucessores**, desde que não tenha havido, é claro, decadência. Estes se tornam **responsáveis pelas dívidas do *de cujus* e de seu espólio** (estes, na condição de contribuintes), isto é, por todas as dívidas surgidas até a data da partilha, no limite dos quinhões, legados ou meações recebidas. É o que, corriqueiramente, intitula-se de "força da herança ou dos legados".

Note o item considerado **INCORRETO**, em prova realizada pela FCC, para o cargo de Juiz (TJ/PE), em 2013: *"Na sucessão 'causa mortis' haverá responsabilidade tributária dos sucessores a qualquer título, pelos tributos devidos pelo 'de cujus' após a abertura da sucessão".*

Por derradeiro, não é demasiado relembrar que, consoante o art. 192 do CTN, "nenhuma sentença de julgamento de partilha ou adjudicação será proferida sem prova da quitação de todos os tributos relativos aos bens do espólio, ou às suas rendas".

Elaboramos adiante um *quadro mnemônico* para facilitar a assimilação da matéria, objeto de estudo. Aproveite-o:

QUADRO MNEMÔNICO – RESPONSABILIDADE DOS SUCESSORES

Tributos	Contribuinte	Responsável	Tipo	CTN
Devidos ATÉ A morte	*de cujus*	Espólio	Pessoal	Art. 131, III
Devidos APÓS A morte (descobertos ANTES da sentença de partilha)	Espólio	Inventariante	Solidária	Art. 134, IV
Devidos ATÉ A morte e não pagos ATÉ A partilha (descobertos APÓS a sentença de partilha)	*de cujus*	Sucessores e cônjuge meeiro	Pessoal	Art. 131, II
Devidos APÓS A morte e não pagos ATÉ A partilha (descobertos APÓS a sentença de partilha)	Espólio	Sucessores e cônjuge meeiro	Pessoal	Art. 131, II

Por fim, frise-se que o art. 131 do CTN, ao tratar de responsabilidade pessoal, versa sobre o repasse exclusivo de responsabilidade de **tributo** (juros e correção monetária), não abarcando as penalidades. Portanto, segundo a literalidade do dispositivo, os herdeiros e o espólio não serão alvos de multas impostas ao falecido.

Nessa linha, segue o entendimento do **STF**:

EMENTA: MULTA. TRIBUTO. RESPONSABILIDADE DO ESPÓLIO. Na responsabilidade tributária do espólio, não se compreende a multa imposta ao *de cujus*. Tributo não se confunde com multa, vez que estranha àquele a natureza de sanção presente nesta. **(RE 95.213-6/SP, 2ª T., rel. Min. Décio Miranda, j. em 11-05-1984)**

No entanto, devemos considerar posição doutrinária diversa, segundo a qual a inclusão de penalidades pecuniárias impostas ao sucedido deverá ocorrer, atingindo-se o espólio, muito embora o art. 131 não faça menção a este dado.

Esse é o entendimento do **STJ**:

> **EMENTA:** TRIBUTÁRIO. PROCESSUAL CIVIL. SUCESSÃO. MULTA. 1. Responde o espólio pelos créditos tributários, inclusive multas, até a abertura da sucessão. 2. Aplica-se a multa em razão de tributo não recolhido e regularmente inscrito na dívida ativa antes do falecimento do devedor. 3. Recurso especial provido. **(REsp 86.149/RS, 2ª T., rel. Min. Castro Meira, j. em 19-08-2004)**

A nosso pensar, deve prevalecer o entendimento do **STF**, uma vez que é de todo irrazoável o apenamento dos responsáveis, infligindo sanção aos descendentes do *de cujus*, que responderiam por comportamento ilícito alheio.

3.3 3ª HIPÓTESE: art. 132 do CTN

Observe o dispositivo legal:

> **Art. 132.** A pessoa jurídica de direito privado que resultar de *fusão, transformação* ou *incorporação* de outra ou em outra é responsável pelos tributos devidos *até à* data do ato pelas pessoas jurídicas de direito privado fusionadas, transformadas ou incorporadas.

> Note o item considerado **CORRETO**, em prova realizada pela Consulplan, para o cargo de Titular de Serviços de Notas e de Registros (TJ/MG), em 2017: *"A pessoa jurídica de direito privado que resultar de fusão, transformação ou incorporação de outra ou em outra é responsável pelos tributos devidos até à data do ato pelas pessoas jurídicas de direito privado fusionadas, transformadas ou incorporadas".*

> Note o item considerado **CORRETO**, em prova realizada pela FGV, MPE-AL, para o cargo de Analista do Ministério Público, em 2018: *"No caso de transformação societária, como a fusão, a pessoa jurídica resultante desta operação societária será responsável pelos tributos devidos até a data do ato, pelas pessoas jurídicas fusionadas".*

> **Parágrafo único.** O disposto neste artigo aplica-se aos casos de *extinção* de pessoas jurídicas de direito privado, quando a exploração da respectiva atividade seja *continuada* por qualquer sócio remanescente, ou seu espólio, sob a mesma ou outra razão social, ou sob firma individual. **(Grifos nossos)**

O preceptivo em análise não versa sobre a sucessão por morte de pessoa física, como o anterior (art. 131, II e III), mas, sim, sobre a *sucessão empresarial*. Entretanto, a regra tem solução semelhante na essência: a pessoa jurídica que resultar da operação societária será responsável pelas dívidas anteriores, ou seja, haverá responsabilidade empresarial até a data do ato, valendo dizer que o desaparecimento de uma gera a responsabilização daqueloutra que a ela suceder. Evidencia-se, assim, mais um caso de responsabilidade *exclusiva* (**e não "subsidiária"!**) das empresas fusionadas, transformadas, incorporadas ou cindidas, independentemente de quaisquer condições.

> Note o item considerado **INCORRETO**, em prova realizada pela FCC, para o cargo de Técnico Judiciário (TRF/4ª Região), em 2014: *"A pessoa jurídica de direito privado que resultar da incorporação, fusão ou transformação é responsável pelos tributos relativos aos fatos geradores anteriores à incorporação, fusão ou transformação de forma subsidiária, caso o patrimônio da incorporada, fundida ou transformada seja insuficiente para quitar os créditos tributários devidos".*

Quanto às empresas cindidas, vale ressaltar que não foram mencionadas textualmente no dispositivo do CTN, pois a *cisão* veio a ser regulada pela **Lei das Sociedades Anônimas (Lei n. 6.404/76)**, publicada quase uma década após a edição do CTN. Não obstante, a doutrina e a jurisprudência têm entendido válida a extensão da regra à cisão.

> Note o item considerado **INCORRETO**, em prova realizada pela Fundatec, para o cargo de Auditor Fiscal da Receita Estadual (Sefaz/RS), em 2014: *"A cisão está expressamente prevista no CTN, como hipótese de responsabilidade dos sucessores".*

Frise-se que a fusão, a incorporação, a transformação e a cisão são várias facetas de um só instituto: a metamorfose ou transmutação das sociedades. Tais operações, de natureza civil, não são consideradas, por si sós, fatos geradores de tributo, *v.g.*, do ICMS, mas podem ensejar responsabilização perante outrem. Veja a jurisprudência no **STJ**:

> **EMENTA:** TRIBUTÁRIO. ICMS. COMERCIAL. SOCIEDADE COMERCIAL. TRANSFORMAÇÃO. INCORPORAÇÃO. FUSÃO. CISÃO. FATO GERADOR. INEXISTÊNCIA. *I – Transformação, incorporação, fusão e cisão constituem várias facetas de um só instituto: a transformação das sociedades. Todos eles são fenômenos de natureza civil, envolvendo apenas as sociedades objeto da metamorfose e os respectivos donos de cotas ou ações. Em todo o encadeamento da transformação não ocorre qualquer operação comercial.* II – A sociedade comercial – pessoa jurídica corporativa pode ser considerada um condomínio de patrimônios ao qual a ordem jurídica confere direitos e obrigações diferentes daqueles relativos aos condôminos (Kelsen). III – Os cotistas de sociedade comercial não são, necessariamente, comerciantes. Por igual, o relacionamento entre a sociedade e seus cotistas é de natureza civil. *IV – A transformação em qualquer de suas facetas das sociedades não é fato gerador de ICMS.* **(REsp 242.721/SC, 1ª T., rel. Min. José Delgado, rel. p/ ac. Min. Humberto Gomes de Barros, j. em 19-06-2001) (Grifos nossos)**

Observe os conceitos a seguir delineados, extraídos de dispositivos pertinentes da Lei n. 6.404/76:

a) Fusão (art. 228): operação societária pela qual se *unem* duas ou mais sociedades para formar uma sociedade nova. Exemplo: as empresas (A) e (B) se juntam para formar uma terceira empresa (C), que, antes da referida união, não existia;

b) Incorporação (art. 227): operação societária em que uma ou mais sociedades são *absorvidas* por outra. Exemplo: a empresa (A) (incorporada) é absorvida pela empresa (B) (incorporadora), que já existia antes;

c) Transformação (art. 220): operação societária em que a sociedade passa de um tipo para outro, *mudando de forma*. Exemplo, uma Ltda. se transforma em uma S.A. Frise-se que subsistem pesadas críticas na doutrina, defendendo a ideia de que a pessoa jurídica resultante continua sendo contribuinte, e não "responsável";

d) Cisão (arts. 229 e 233): a cisão pode ser total ou parcial. Haverá **cisão total** quando a operação *extingue* uma pessoa jurídica, transferindo todo seu patrimônio para outra, já existente ou criada em decorrência da operação. A **cisão parcial** é a operação pela qual *se subtrai* parte do patrimônio de uma pessoa jurídica, com o fito de compor o patrimônio de outra(s) já existente(s) ou criada(s) em decorrência da operação.

Em **26 de agosto de 2020**, a 1ª Seção do **STJ**, no **REsp 1.848.993-SP** (rel. Min. Gurgel de Faria), entendeu que a execução fiscal pode ser redirecionada em desfavor da empresa sucessora para cobrança de crédito tributário relativo a fato gerador ocorrido posteriormente à **incorporação empresarial** e ainda lançado em nome da empresa sucedida, sem a necessidade de modificação da *Certidão de Dívida Ativa*, quando verificado que esse negócio jurídico NÃO foi informado oportunamente ao fisco.

Em outras palavras, se a **incorporação empresarial** não foi oportunamente informada, é de se considerar válido o lançamento realizado contra a contribuinte original que veio a ser incorporada, não havendo a necessidade de modificação desse ato administrativo para fazer constar na CDA o nome da empresa incorporadora, a *responsável por sucessão empresarial* (art. 132 do CTN), sob pena de se permitir que esta última se beneficie de sua própria omissão. Ademais, não se mostra razoável exigir dos fiscos da União, dos Estados, do Distrito Federal e dos Municípios a prévia consulta do registro dos atos constitutivos das empresas contribuintes sempre que realizarem um lançamento.

Por outro lado, se ocorrer a comunicação pontual da sucessão empresarial ao fisco antes do surgimento do fato gerador, é de se reconhecer a nulidade do lançamento equivocadamente realizado em nome da pessoa incorporada. O detalhe importante aqui, neste caso, é que não será possível a modificação do sujeito passivo diretamente no âmbito da execução fiscal, sendo vedada a substituição da CDA para esse propósito, consoante posição já sedimentada na **Súmula n. 392 do STJ** ("*A Fazenda Pública pode substituir a certidão de dívida ativa (CDA) até a prolação da sentença de embargos, quando se tratar de correção de erro material ou formal, vedada a modificação do sujeito passivo da execução.*")

Desse modo, vale memorizar: a comunicação da **incorporação empresarial** não representa apenas mero cumprimento de obrigação acessória: configura, além disso, pressuposto específico para que a extinção da pessoa jurídica incorporada passe a ter eficácia perante o fisco. É que a extinção da pessoa jurídica por incorporação resulta de *negócio jurídico*, de sorte que, em respeito à disposição contida no art. 123 do CTN, seus efeitos quanto à modificação da sujeição passiva somente vincularão o Fisco depois que este for pessoalmente cientificado da operação. Diante do exposto, para os fins do art. 1.036 do CPC, firma-se a seguinte tese: "*A execução fiscal pode ser redirecionada em desfavor da empresa sucessora para cobrança de crédito tributário relativo a fato gerador ocorrido posteriormente à incorporação empresarial e ainda lançado em nome da sucedida, sem a necessidade de modificação da Certidão de Dívida Ativa, quando verificado que esse negócio jurídico não foi informado oportunamente ao fisco.*"

Por sua vez, o parágrafo único do art. 132 preconiza que a responsabilidade por sucessão se estende aos casos de extinção de pessoas jurídicas de direito privado quando a exploração da respectiva atividade seja continuada por qualquer sócio remanescente, ou seu espólio, sob a mesma ou outra razão social, ou como "empresário individual" (na terminologia mais atualizada, segundo o Código Civil). Reveja o dispositivo:

> **Art. 132. (...)**
>
> **Parágrafo único.** O disposto neste artigo aplica-se aos casos de *extinção* de pessoas jurídicas de direito privado, quando a exploração da respectiva atividade seja *continuada* por qualquer sócio remanescente, ou seu espólio, sob a mesma ou outra razão social, ou sob firma individual. **(Grifos nossos)**

Com efeito, caso não tenhamos a ocorrência de nenhuma das operações societárias anteriores, mas uma extinção, de fato, da pessoa jurídica, a regra de responsabilização será a mesma do *caput*, isto é, as dívidas serão exigíveis da unidade econômica que ressurgir após a extinção quando *continuada* por sócio remanescente ou seu espólio. Observe que o sócio remanescente deve continuar a exploração da mesma atividade a que se dedicava na sociedade extinta, havendo a responsabilização independentemente de sua regular constituição (para os casos de extinções fraudulentas ou "de fachada", ver o art. 126, III, CTN).

No que diz respeito à continuação da atividade da empresa extinta, afirma Aliomar Baleeiro:

> Se desaparece a personalidade legal da Pessoa Jurídica de Direito Privado, por distrato, dissolução ou outra causa jurídica, mas seus negócios, não obstante, prosseguem na exploração exercida por sócio remanescente ou seu espólio, ainda que sob outra razão social ou firma, mesmo individual, o continuador responde pelos tributos devidos pela empresa dissolvida ou pelo *de cuius*. (...) A unidade econômica criada sobrevive, respondendo o ativo ou o cabedal pelas obrigações, para com o Fisco. Já era pacífico na legislação federal e local anterior ao CTN[35].

35. BALEEIRO, Aliomar. *Direito tributário brasileiro*, 11. ed., pp. 749-750.

Em tempo, é de salutar importância destacar que o art. 134, VII, do CTN disciplina, no âmbito da responsabilidade de terceiros, que os sócios serão responsabilizados pelos tributos relativos aos atos em que hajam intervindo ou pelas omissões que lhes sejam imputáveis, no caso de liquidação de *sociedade de pessoas*. Nesse passo, não se deve confundir a responsabilização do sócio, em caso de extinção de pessoa jurídica – aqui tratada no âmbito da *sucessão empresarial* – com a responsabilização pessoal dos sócios ou administradores, prevista no art. 135, III, do CTN.

Aqui a responsabilidade é por **transferência** e por **sucessão** (dos sucessores devedores); lá é por **substituição** e **pessoal**. Ademais, a diferença entre um comando e outro está na abrangência da responsabilização: o art. 135, III, do CTN permite alcançar o administrador que exerce a "gerência" da sociedade, enquanto o art. 132, parágrafo único, do CTN visa atingir qualquer sócio remanescente que der seguimento ao negócio antes explorado pela pessoa jurídica.

A doutrina e a jurisprudência encontram-se divididas no concernente à transmissibilidade das *multas* à empresa sucedida, entretanto parece-nos que vem se firmando, hodiernamente, a tese mais moderna de que a responsabilidade por sucessão empresarial deve abranger as multas, pois estas integrariam o passivo da empresa sucedida. A tendência é, em tese, razoável, na medida em que se mostra inibitória de possíveis fraudes em operações societárias com o fito único de escapar das multas.

A bem da verdade, quando o CTN quer estabelecer diferença de tratamento entre **tributo e multa**, tem-no feito expressamente. Ademais, sendo o patrimônio da pessoa jurídica a soma dos bônus (bens e direitos) e dos ônus (obrigações), tem entendido o **STJ** que deve haver a transferência das multas, **sejam elas de caráter moratório ou punitivo**[36]. Diga-se, ainda, que a regra abarca as multas já aplicadas no momento da sucessão, e não aquelas impostas após a sucessão, em virtude de infração cometida pela empresa sucedida, pois já não integraria o passivo da empresa.

> Note o item considerado **CORRETO**, em prova realizada pela FAEPESUL, para o cargo de Fiscal Fazendário da Prefeitura de Grão Pará/SC, em 2016: *"Os tributos não têm natureza de sanção de ato ilícito"*.

> Note o item considerado **CORRETO**, em prova realizada pela IOBV, para o cargo de Procurador Municipal da Prefeitura de Chapecó/SC, em 2016: *"Na ocorrência de sucessão empresarial fusão, cisão, incorporação, bem como nos casos de aquisição de fundo de comércio ou estabelecimento comercial e, também nas configurações de sucessão por transformação do tipo societário, o sujeito passivo de débitos referentes às multas fiscais é a pessoa jurídica que continua total ou parcialmente a existir"*.

36. Não obstante, há vetusto entendimento jurisprudencial – no **STF**, inclusive –, na linha oposta: **EMENTA:** MULTA FISCAL PUNITIVA. Não responde por ela o sucessor, diante dos termos do art. 133 do CTN. Agravo regimental não provido. **(AI-Agr 64.622/SP, 1ª T., rel. Min. Rodrigues Alckmin, j. em 28-11--1975;** ver, no mesmo sentido: **Apelação Cível 1998.04.01.021724-4/PR, 2ª T., TRF/4ª Região, rel. Min. Sérgio Renato Tejada Garcia, j. em 04-11-1999) (Grifos nossos)**

> Note o item considerado **CORRETO**, em prova realizada pela FGV Projetos, para o cargo de Auditor do Estado do Maranhão (CGE/MA), em 2014: *"A companhia Delta S.A., sucessora por incorporação das indústrias Alpha e Beta, impugna a cobrança de multa punitiva que lhe está sendo exigida pelo Fisco Estadual, em decorrência de operações mercantis que foram realizadas pelas companhias incorporadas, em desacordo com a legislação de regência, pelo que foram multadas anteriormente à data da incorporação. Com base no exposto, 'a multa é devida pela companhia sucessora, uma vez que constitui o passivo do patrimônio adquirido pelo sucessor'"*.

Note o julgado a seguir:

> **EMENTA:** TRIBUTÁRIO. EMPRESA INCORPORADORA. SUCESSÃO. RESPONSABILIDADE SOLIDÁRIA DO SUCESSOR. MULTA FISCAL (MORATÓRIA). APLICAÇÃO. ARTS. 132 E 133, DO CTN. PRECEDENTES. 1. Recurso Especial interposto contra v. Acórdão segundo o qual não se aplicam os arts. 132 e 133, do CTN, tendo em vista que multa não é tributo, e, mesmo que se admita que multa moratória seja ressalvada desta inteligência, o que vem sendo admitido pelo STJ, *in casu* trata-se de multa exclusivamente punitiva, uma vez que constitui sanção pela não apresentação do livro diário geral. *2. Os arts. 132 e 133, do CTN, impõem ao sucessor a responsabilidade integral tanto pelos eventuais tributos devidos quanto pela multa decorrente, seja ela de caráter moratório ou punitivo. A multa aplicada antes da sucessão se incorpora ao patrimônio do contribuinte, podendo ser exigida do sucessor, sendo que, em qualquer hipótese, o sucedido permanece como responsável. Portanto, é devida a multa, sem se fazer distinção se é de caráter moratório ou punitivo, visto ser ela imposição decorrente do não pagamento do tributo na época do vencimento. 3. Na expressão "créditos tributários" estão incluídas as multas moratórias. 4. A empresa, quando chamada na qualidade de sucessora tributária, é responsável pelo tributo declarado pela sucedida e não pago no vencimento, incluindo-se o valor da multa moratória.* 5. Precedentes das 1ª e 2ª Turmas desta Corte Superior e do colendo STF. 6. Recurso provido. **(REsp 432.049/SC, 1ª T., rel. Min. José Delgado, j. em 13-08-2002)**[37] **(Grifo nosso)**

Temos visto com certas reservas a transmissibilidade da *multa punitiva*, todavia a visão hostilizada recebeu a chancela do **STJ**, em 9 de dezembro de **2015**, na **Súmula n. 554**: *"Na hipótese de sucessão empresarial, a responsabilidade da sucessora abrange não apenas os tributos devidos pela sucedida, mas também as multas moratórias ou punitivas referentes a fatos geradores ocorridos até a data da sucessão"*.

> Note o item considerado **INCORRETO**, em prova realizada pela Consulplan, para o cargo de Titular de Serviços de Notas e de Registros (TJ/MG), em 2017: *"Na hipótese de sucessão empresarial, a responsabilidade da sucessora abrange os tributos devidos pela sucedida, excluídas as multas moratórias ou punitivas referentes a fatos geradores ocorridos até a data da sucessão"*.

37. Ver, no mesmo sentido: (I) REsp 670.224/RJ, rel. Min. José Delgado, 1ª T., j. em 04-11-2004 e (II) REsp 544.265/CE, rel. ex-Min. Teori Albino Zavascki, 1ª T., j. em 16-11-2004.

> Note o item considerado **CORRETO**, em prova realizada pela FGV, para o XXIII Exame de Ordem Unificado, em 2017: *"A pessoa jurídica XYZ, prestadora de serviços contábeis, é devedora de IRPJ, além de multa moratória e punitiva, dos anos-calendário de 2014 e 2015. No ano de 2016, a pessoa jurídica XYZ foi incorporada pela pessoa jurídica ABC, também prestadora de serviços contábeis. Sobre a responsabilidade tributária da pessoa jurídica ABC, é possível afirmar que esta é responsável integral, tanto pelo pagamento do IRPJ devido quanto pelas multas moratória e punitiva".*

> Note o item considerado **CORRETO**, em prova realizada pela CONSULPLAN, Câmara de Belo Horizonte, para o cargo de Procurador, em 2018: *"Na hipótese de sucessão empresarial – fusão, cisão ou incorporação –, quanto à responsabilidade tributária, o sucessor é responsável pelos tributos e multas até a data da sucessão".*

3.4 4ª HIPÓTESE: art. 133 do CTN

Observe o dispositivo legal:

Art. 133. A *pessoa natural* ou *jurídica de direito privado* que adquirir de outra, *por qualquer título, fundo de comércio* ou *estabelecimento* comercial, industrial ou profissional, *e continuar a respectiva exploração,* sob a mesma ou outra razão social ou sob firma ou nome individual, responde pelos tributos, relativos ao fundo ou estabelecimento adquirido, devidos *até à data do ato:*

I – *integralmente*, se o *alienante cessar* a exploração do comércio, indústria ou atividade;

> Note o item considerado **CORRETO**, em prova realizada pela Vunesp, para o cargo de Procurador do IPSMI – Instituto de Previdência dos Servidores Municipais de Itaquaquecetuba/SP, em 2016: *"Segundo o CTN, a pessoa natural ou jurídica de direito privado que adquirir de outra, por qualquer título, fundo de comércio ou estabelecimento empresarial, e continuar a respectiva exploração, sob a mesma ou outra razão social ou sob firma ou nome individual, responde pelos tributos relativos ao fundo ou estabelecimento adquirido, devidos até à data do ato: INTEGRALMENTE, se o alienante cessar a exploração do comércio, indústria ou atividade".*

II – *subsidiariamente com o alienante, se este prosseguir na exploração ou iniciar dentro de seis meses a contar da data da alienação,* nova atividade no mesmo ou em outro ramo de comércio, indústria ou profissão. **(Grifos nossos)**

O artigo em análise dispõe acerca da responsabilidade por sucessão comercial, projetando-se o ônus sobre o "adquirente", **independentemente de quaisquer condições (*vide* art. 123 do CTN)**. Ademais, menciona a aquisição de "fundo de comércio" ou de "estabelecimento" – expressões utilizadas aparentemente como sinônimas, porém encerrando contextos dessemelhantes.

Passemos, agora, em apertada síntese, aos conceitos desses institutos, no bojo do que se convencionou denominar **sucessão comercial**:

a) **Fundo de Comércio (*fonds de commerce*, para os franceses, ou *azienda*, para os italianos):** conjunto de bens, materiais ou imateriais, agregados pelo empresário para a consecução de suas atividades. Designa a universalidade harmônica de bens, utilizada na realização da atividade comercial. Exemplo: uma loja possui, como "fundo de comércio": prateleiras, balcões, máquinas, o ponto, a clientela, a marca etc.;

b) Estabelecimento: a ideia de estabelecimento, diferentemente da "universalidade de bens" mencionada, que marca o fundo de comércio, passa pela identificação da unidade fisicamente autônoma, na qual uma pessoa física ou jurídica realiza suas atividades comerciais. Significa a parte, a fração, e não a "totalidade de bens" (típica do fundo de comércio).

Feitas as distinções, voltemos à análise do dispositivo:

Com a aquisição do fundo de comércio ou do estabelecimento, por qualquer título (*v.g.*, compra e venda, dação em pagamento, doação sem encargo, transferência gratuita de domínio etc.), se o adquirente, pessoa física ou jurídica, *continuar a respectiva exploração do empreendimento* – como *conditio sine qua non*, sendo irrelevante o rótulo sob o qual dita exploração será continuada –, isto é, beneficiando-se da estrutura organizacional anterior com a absorção da unidade econômica e da clientela do alienante, será possível a sua responsabilização pelos tributos devidos pelo sucedido até a data do ato traslativo, ainda que ele, o adquirente, não tenha tido nenhuma participação nos fatos que deram causa à obrigação tributária.

Portanto, a responsabilidade dependerá, de fato, do rumo a ser tomado pelo **adquirente** (art. 133, *caput*, CTN): se antes havia uma "loja de eletrodomésticos" e, após, com a aquisição, abrir-se uma "oficina mecânica", não se há de falar em responsabilidade do adquirente por sucessão. Assim, a unidade adquirente responde pelos tributos, nos casos de continuidade do empreendimento.

Por fim, ressalte-se que a **intensidade da responsabilização – integral ou subsidiária (supletiva) – dependerá do rumo a ser tomado pelo alienante** (**art. 133, I e II, CTN**). Observe o esquema:

> Note o item considerado **CORRETO**, em prova realizada pelo TRF/2ª Região, para o cargo de Juiz Federal Substituto, em 2017: *"Em 2014, uma empresa do setor de alimentos adquire estabelecimento comercial de outra e passa, ali, a exercer a mesma atividade da alienante. A pessoa jurídica alienante deixa de existir e seus antigos sócios passam a atuar em outros ramos. Dois anos depois, é lavrado auto de infração em razão do não recolhimento de IRPJ, acrescido de penalidade, tudo relativo ao ano base 2012. Diante dessa situação, é possível afirmar que a adquirente do estabelecimento responde diretamente pelo tributo e pela penalidade"*.

O **adquirente** responderá:

a) Integralmente: se o *alienante* cessar a exploração, **não retomando qualquer atividade no período de 6 (seis) meses**, a contar da alienação. Neste caso, a responsabilidade será integral (pessoal ou exclusiva) do adquirente-sucessor, indicando-se que este responde por todo o débito, pois o alienante terá encerrado suas atividades. Com efeito, o CTN escolhe a pessoa sobre a qual o ônus tenha mais facilidade em recair – o adquirente, por óbvio.

Note o item considerado **CORRETO**, em prova realizada pela Vunesp, para o cargo de Agente Fiscal Tributário da Prefeitura Municipal de Suzano/SP, em 2016: *"Pedro de Alcântara adquiriu de João Batista um estacionamento. Na data do trespasse, 15 de janeiro de 2016, o estabelecimento possuía dívidas de ISS (imposto sobre serviços) e de IPTU (imposto sobre a propriedade predial e territorial urbana), relativas aos exercícios de 2013 e 2014, sendo certo que João Batista foi contratado por outro estacionamento para exercer a função de manobrista. Decorridos sete meses do trespasse, Pedro de Alcântara recebeu, do Fisco municipal, notificação de débito objetivando o pagamento das dívidas relativas ao ISS e ao IPTU. No que respeita à situação descrita, Pedro é responsável pelo pagamento integral da dívida, eis que João cessou a exploração da atividade empresarial".*

O ilustre doutrinador Hugo de Brito Machado ressalta que o art. 133, I, diz apenas que o adquirente responde integralmente na hipótese de cessação da exploração da atividade. Para ele, quem diz "'integralmente' não está dizendo exclusivamente. (...) Existem valiosas manifestações em sentido contrário. Não nos parecem, todavia, procedentes. A palavra 'integralmente', no inciso I do art. 133 do CTN, há de ser entendida como 'solidariamente', e não como 'exclusivamente'"[38].

b) Subsidiariamente: se o *alienante* não tiver cessado a exploração comercial ou, interrompendo-a, tiver retomado as atividades em 6 (seis) meses a contar da alienação. Neste caso, a responsabilidade será subsidiária (ou supletiva) do adquirente-sucessor, indicando que, em primeiro lugar, cobra-se o tributo do alienante do fundo (devedor principal) e, se este não tiver como pagar, exige-se a dívida do adquirente-sucessor (devedor em caráter supletivo). É evidente, portanto, que subsiste um *benefício de ordem*, só devendo a Fazenda investir contra o adquirente-sucessor, depois de baldados os esforços empreendidos contra o alienante. Ademais, evidencia-se que a "senda do alienante" é de interesse da Fazenda, pois se liga à factibilidade da cobrança do tributo, pouco importando a atividade comercial que irá desempenhar, mas o próprio desempenho continuativo dela. Com a prática, naturalmente, denota a permanência de seu vigor comercial e, *ipso facto*, a capacidade patrimonial para suportar o ônus tributário.

Interessante e óbvia situação é a hipótese (contrária ao *caput* do art. 133) não prevista neste artigo, em que o adquirente *não continua a respectiva exploração.* Neste caso, **não há** responsabilidade do adquirente pelos tributos devidos.

Por fim, diga-se que, quanto às multas, há de se renovar o que já foi dito por ocasião dos comentários ao art. 132. Repise-se que, a nosso sentir, na trilha de uma concepção conciliatória, deve prevalecer a transmissibilidade das multas, ressalvadas aquelas de caráter punitivo. O tema tem sido exaustivamente cobrado em **provas objetivas** de concursos públicos.

Note o item considerado **CORRETO**, em prova realizada pela FGV, para o XX Exame de Ordem Unificado, em 2016: *"'XYZ' é um estabelecimento empresarial que foi alienado e cujo adquirente continuou a explorar a mesma atividade. Considerando que também o alienante de 'XYZ' continuou a exercer atividade empresarial no mesmo ramo de negócio, é possível assegurar que a responsabilidade do adquirente pelos tributos devidos até a data da alienação é subsidiária com o alienante".*

38. MACHADO, Hugo de Brito. *Curso de direito tributário*, 29. ed., p. 156.

Por derradeiro, frise-se que, em **9 de maio de 2019**, a 2ª Turma do **STJ**, no **REsp 1.786.311/PR** (rel. Min. Francisco Falcão), entendeu que é dispensável o chamado *Incidente de Desconsideração da Personalidade Jurídica* (IDPJ) para o redirecionamento da execução fiscal na sucessão de empresas com a formação de grupo econômico e em confusão patrimonial. No caso, houve uma sucessão de empresas com atuação no mesmo ramo de atividade econômica (transporte rodoviário coletivo de passageiros, com itinerário fixo, municipal, em Curitiba), com a transferência do fundo de comércio/estabelecimento comercial (art. 133, CTN) de uma para outra, evidenciando fortes indícios da sucessão comercial, o que justificou a inclusão da sucessora no polo passivo da execução fiscal. Notou-se que as duas empresas tinham sede no mesmo endereço, sem embargo do vínculo total entre os sócios, tudo externando a *confusão patrimonial*. Evidenciadas as situações previstas nos arts. 124, 133 e 135, todos do CTN, tornou-se desnecessária, na visão do **STJ**, a instauração do IDPJ, permitindo-se ao julgador determinar diretamente o redirecionamento da execução fiscal para responsabilizar a sociedade na sucessão empresarial. Aliás, pelo fato de o **STJ** vir se orientando, de um lado, no sentido de ser desnecessário o IDJP (arts. 133 e ss., CPC/2015) no redirecionamento da execução da pessoa jurídica em face dos sócios-administradores, de outro lado, por coerência, houve por bem avocar a mesma conclusão ao redirecionamento em face de outra pessoa jurídica, quando se evidencia a confusão patrimonial. Para a **Corte Superior**, se há a presença de uma atuação irregular, seria contraditório afastar a instauração do IDPJ para atingir os sócios-administradores, mas a exigir no caso de pessoas jurídicas que constituem grupos econômicos para blindar o patrimônio em comum.

Passemos, agora, a analisar os reflexos provocados, no preceptivo em tela, em virtude da LC n. 118/2005.

> **Art. 133 (...)**
>
> **§ 1º** O disposto no *caput* deste artigo não se aplica na hipótese de alienação judicial:
>
> **I** – em processo de falência;
>
> **II** – de filial ou unidade produtiva isolada, em processo de recuperação judicial.
>
> **§ 2º Não se aplica o disposto no § 1º** deste artigo quando o adquirente for:
>
> **I** – sócio da sociedade falida ou em recuperação judicial, ou sociedade controlada pelo devedor falido ou em recuperação judicial;
>
> **II** – parente, em linha reta ou colateral até o **4º (quarto) grau**, consanguíneo ou afim, do devedor falido ou em recuperação judicial ou de qualquer de seus sócios; ou
>
> **III** – identificado como agente do falido ou do devedor em recuperação judicial com o objetivo de fraudar a sucessão tributária.
>
> **§ 3º** Em processo da falência, o produto da alienação judicial de empresa, filial ou unidade produtiva isolada permanecerá em conta de depósito à disposição do juízo de falência pelo prazo de **1 (um) ano**, contado da data de alienação, somente podendo ser utilizado para o pagamento de créditos extraconcursais ou de créditos que preferem ao tributário. **(parágrafos inseridos com a LC n. 118/2005) (Grifos nossos)**

Note o item (adaptado) considerado **CORRETO**, em prova realizada pela Vunesp, para o cargo de Analista/Advogado (CR-Bio, 1ª Região), em 2017: *"Acerca da responsabilidade tributária, estabelece o CTN que a pessoa natural ou jurídica de direito privado que adquirir de outra, por qualquer título, fundo de comércio ou estabelecimento comercial, industrial ou profissional, e continuar a respectiva exploração, sob a mesma ou outra razão social ou sob firma individual, responde pelos tributos, relativos ao fundo ou estabelecimento adquirido, devidos até a data do ato, integral ou subsidiariamente, nos termos em que dispõe. Referida responsabilidade, contudo, APLICA-SE na hipótese de alienação judicial em processo de falência quando ADQUIRENTE for (a) sócio da sociedade falida; (b) sociedade controlada pelo devedor falido; (c) parente, em linha reta até o 4° grau consanguíneo do falido; ou (d) parente, em linha colateral até o 4° grau consanguíneo do falido".* [Atenção: e não... "ex-cônjuge do falido".]

Note o item considerado **CORRETO**, em prova realizada pela FCC, para o cargo de Analista Judiciário (Área Judiciária) do TRF 4ª Região, em 2019: *"No capítulo que trata de responsabilidade tributária, o CTN estabelece que em processo da falência, o produto da alienação judicial de empresa, filial ou unidade produtiva isolada permanecerá em conta de depósito à disposição do juízo de falência pelo prazo de um ano, contado da data de alienação, somente podendo ser utilizado para o pagamento de créditos extraconcursais ou de créditos que preferem ao tributário".*

O mencionado art. 133 do CTN foi alterado pela LC n. 118/2005, com o acréscimo de três parágrafos. Em breve análise das alterações, pode-se afirmar que o adquirente de uma empresa em processo de falência ou em recuperação judicial *não será responsável por tributos devidos anteriormente à aquisição*. A alteração visa dar estímulo às alienações, incentivando a realização de negócios com a correlata garantia ofertada ao adquirente. É o que se depreende do § 1º do art. 133.

É sabido que os débitos de natureza fiscal representam a grande parcela de débitos de uma empresa em dificuldades financeiras. Dessa forma, afastada a responsabilidade por sucessão comercial, aumentam as possibilidades de aquisição de bens do devedor falido ou em processo de recuperação judicial, até porque o adquirente (comprador) não mais será responsável por esses débitos fiscais.

A nosso pensar, essa inovação é muito positiva, uma vez que a empresa tende a continuar em atividade (gerando riquezas e mantendo empregos), enquanto o produto da alienação passa a ser fundamental no processo de reabilitação do devedor. É óbvio que o valor pago pela empresa em quebra será aproveitado para saldar as obrigações do devedor (antigo proprietário da empresa) em relação aos seus credores.

Nesse passo, mencione-se que o **§ 2º do art. 133**, com o fito de evitar fraudes, traz **ressalvas** à aplicação do parágrafo anterior, caso o adquirente tenha certo grau de envolvimento com o devedor (na condição, *v.g.*, de parente, sócio, agente do falido etc.), impondo-se, portanto, a "retomada" da responsabilização.

Pretende-se evitar que os institutos da recuperação tenham uso indevido, a fim de favorecer, fraudulentamente, o próprio alienante. Se isso ocorrer, esse **adqui-**

rente que for parente do devedor falido (ou de qualquer dos seus sócios), em linha reta ou colateral até o 4º grau, responderá pelas dívidas, na forma prevista no *caput* e incisos.

> Note o item considerado **CORRETO**, em prova realizada pela FCC, para o cargo de Procurador do Município de Campinas, em 2016: *"Dispõe o CTN que a pessoa natural ou jurídica de direito privado que adquirir de outra, por qualquer título, fundo de comércio ou estabelecimento comercial, industrial ou profissional, e continuar a respectiva exploração, sob a mesma ou outra razão social ou sob firma ou nome individual, responde pelos tributos, relativos ao fundo ou estabelecimento adquirido. Ainda, dispõe o referido CTN que a responsabilidade do sucessor adquirente será integral para o adquirente parente, em linha reta ou colateral até o quarto grau, consanguíneo ou afim, do devedor falido ou em recuperação judicial ou de qualquer de seus sócios, desde que o alienante cesse a exploração do comércio, indústria ou atividade".*

Veja que não é "qualquer processo de alienação judicial" que terá o condão de "expulsar" a regra da responsabilidade, imposta no *caput* e incisos do art. 133 do CTN, haja vista a ocorrência dessas ressalvas.

O tema, por requerer memorização, tem sido bastante solicitado em provas de concursos.

Por derradeiro, o **§ 3º do art. 133**, que é específico para a alienação judicial na *falência*, mostra procedimento afeto à guarda do produto da alienação judicial, referindo-se à conta de depósito, que ficará à disposição do juízo (de falência), durante **1 (um) ano**, sem possibilidade de saque para pagamento de créditos (concursais). O saque, entretanto, poderá ocorrer se for aplicado no pagamento de créditos extraconcursais ou de créditos que preferem ao crédito tributário.

4 RESPONSABILIDADE DE TERCEIROS DEVEDORES

A *responsabilidade de terceiros devedores* ou, simplesmente, *responsabilidade de terceiros*, está disciplinada nos arts. 134 e 135 do CTN. Esta responsabilidade não se prende à transmissão patrimonial, como se pôde notar na responsabilidade dos sucessores, mas no dever de zelo, legal ou contratual, que certas pessoas devem ter com relação ao patrimônio de outrem, geralmente pessoas naturais incapazes (menor, tutelado, curatelado) ou entes despidos de personalidade jurídica (espólio e massa falida).

Os "terceiros devedores", como intitulamos nesta obra, são, em geral, administradores ou gestores da vida patrimonial de certos contribuintes, razão por que o CTN os responsabiliza em relação aos atos praticados sob sua gerência ou supervisão. Exemplos: o pai, quanto aos bens de *filhos menores*; o administrador judicial, quanto à *massa falida*; entre outros exemplos.

Destaque-se que o art. 134 designa caso de *responsabilidade por transferência*, na medida em que o dever de responsabilidade não se apresenta concomitante ao fato gerador, mas, sim, a ele posterior.

Ademais, o dispositivo, a nosso ver, é um bom exemplo de comando com hipóteses de *responsabilidade subsidiária*, uma vez não evidenciada a "solidariedade", a que o *caput*, estranhamente, faz menção.

O art. 135, por seu turno, a que chegaremos no próximo tópico, indica exemplo de *responsabilidade por substituição*, pois o dever de responsabilidade se apresenta concomitante ao fato gerador, além do tranquilo enquadramento *como hipótese de responsabilidade pessoal*.

Passemos, agora, à análise dos **arts. 134 e 135 do CTN**, que serão detalhados conforme a sequência abaixo:

- **Art. 134 do CTN: responsabilidade de terceiro com atuação regular**
- **Art. 135 do CTN: responsabilidade de terceiro com atuação irregular**

Comecemos pela análise do **art. 134 do CTN**:

4.1 Art. 134 do CTN: responsabilidade de terceiro com atuação regular

Observe o dispositivo legal:

> **Art. 134.** Nos casos de impossibilidade de exigência do cumprimento da obrigação principal pelo contribuinte, respondem *solidariamente* com este nos atos em que intervierem ou pelas omissões de que forem responsáveis:
>
> **I** – ***os pais***, pelos tributos devidos por seus filhos menores;

> Note o item considerado **INCORRETO**, em prova realizada pela Vunesp, para o cargo de Juiz de Direito (TJ/RJ), em 2016: *"Responsabilidade dos pais pelos tributos devidos por seus filhos menores é de caráter pessoal"*.

> **II** – os *tutores e curadores*, pelos tributos devidos por seus *tutelados ou curatelados;*
> **III** – os *administradores de bens de terceiros*, pelos tributos devidos por *estes;*
> **IV** – o *inventariante*, pelos tributos devidos pelo *espólio;*
> **V** – o *síndico e o comissário*, pelos tributos devidos pela *massa falida ou pelo concordatário;*
> **VI** – os *tabeliães, escrivães e demais serventuários de ofício*, pelos tributos devidos sobre *atos praticados por eles, ou perante eles*, em razão de seu ofício;
> **VII** – *os sócios, no caso de liquidação de sociedade de pessoas.*
> **Parágrafo único.** O disposto neste artigo só se aplica, em matéria de penalidade, às de caráter moratório. **(Grifos nossos)**

A responsabilidade "solidária", prevista no artigo supramencionado, **não** é solidária plena, mas, sim, subsidiária, uma vez que não se pode cobrar tanto de um como de outro devedor, havendo uma ordem de preferência a ser seguida. Em primeiro lugar, cobra-se do contribuinte; após, exige-se o gravame do responsável. Afasta-se, assim, sem grande esforço interpretativo, o contexto da "solidariedade", pois esta não se coaduna com o benefício de ordem.

Os contribuintes enumerados no artigo em estudo, não obstante serem ora incapazes, ora despidos de personalidade jurídica, possuem capacidade tributária passiva, conforme se depreende do art. 126 do CTN. Entretanto, os terceiros devedores somente virão a responder pela obrigação tributária que lhes é exigível, "solidariamente" com o contribuinte, se atendidas **as condições** constantes do *caput* do art. 134 do CTN, quais sejam:

(I) que seja impossível exigir o cumprimento da obrigação tributária principal do contribuinte (primeiramente, o Fisco cobra deste);

(II) que o responsável indicado tenha colaborado para o não pagamento do tributo, mediante ato ou omissão a ele atribuíveis. Assim, a atuação do terceiro na administração do patrimônio do representado deverá ter relação direta com o nascimento da obrigação tributária não cumprida.

Evidencia-se, desse modo, a natureza de responsabilidade *subsidiária*, pois só pode o Fisco acionar o terceiro, *v.g.*, em uma cobrança judicial, se comprovada a ausência ou insuficiência dos bens penhoráveis que possam ser excutidos do patrimônio do contribuinte. Nesse passo, se a Fazenda executar diretamente os bens dos terceiros devedores, estes poderão invocar o cumprimento da ordem na persecução da dívida, a fim de que sejam alcançados, em primeiro lugar, os bens do contribuinte.

Todavia, é imperioso esclarecer que, em provas de concursos públicos, as Bancas Examinadoras têm se mantido fiéis à literalidade do CTN, associando o art. 134 à **responsabilidade solidária**.

Note o item considerado **INCORRETO**, em prova realizada pela FGV, MPE-AL, para o cargo de Analista do Ministério Público, em 2018: *"Os administradores de bens de terceiros respondem, subsidiariamente, pelos tributos devidos pelos administrados, nos fatos geradores que tiverem intervindo".*

Note o item considerado **CORRETO**, em prova realizada pelo IESES, para o cargo de Titular de Serviços de Notas e de Registros – Provimento (TJ/SC), em 2019: *"Nas hipóteses de impossibilidade de exigência do cumprimento da obrigação principal pelo espólio, o inventariante responde SOLIDARIAMENTE com este nos atos em que intervier ou pelas omissões de que for responsável, assim como ocorre com os tutores e curadores em relação aos tributos devidos por seus tutelados ou curatelados".*

À guisa de reforço, cite-se o ilustrativo caso da Banca Examinadora Cespe/UnB, em 2009[39], quando houve por bem rever o entendimento em certo gabarito preliminar de um certame. Num primeiro momento, julgou-se a assertiva pautando-

39. Na **11ª Edição (2019)**, procedemos à exclusão de todos os itens de concurso, relativos ao ano de **2009**. O presente item foi mantido, por exceção, em razão de sua relevância dogmática e pragmática.

-se na orientação de que a responsabilidade tributária do art. 134 do CTN era "subsidiária". Após os recursos, alterou-se o veredicto para o rótulo de *responsabilidade solidária*. Observe o item:

> **A responsabilidade dos pais pelos tributos devidos por seus filhos menores, prevista no CTN, é subsidiária.**

Como se disse, a assertiva veio a ser, ao final, considerada **incorreta**, porquanto, no entender da Banca, conforme divulgação posterior, *"o item contraria o que preceitua o inciso I do artigo 134 do CTN, o qual estabelece que a responsabilidade na situação descrita é solidária"*.

> O cargo em disputa era o de Auditor Tributário do Fisco Municipal da Prefeitura de Ipojuca/PE, em prova realizada em 2009.

Por outro lado, deve-se tomar cautela com a ***ordem de preferência*** imanente ao art. 134 do CTN, tão vocacionado à subsidiariedade, sobretudo se a assertiva em prova de concurso der ênfase àquele aspecto.

> Note a assertiva considerada **INCORRETA**, em prova realizada pelo Cespe/Cebraspe, para o cargo de Especialista em Regulação (ANATEL), em 2014: *"Os pais são os responsáveis tributários solidários pelas obrigações tributárias do filho menor de idade, ainda que este tenha renda própria e capacidade econômica e financeira de pagar as referidas obrigações"*.

Quanto ao parágrafo único do dispositivo, é de notar que houve tratamento explícito para a aplicação de *multas*, diferentemente da omissão com que depara o estudioso nos comandos legais anteriores. Reveja-o:

> **Art. 134. (...)**
>
> **Parágrafo único.** *O disposto neste artigo só se aplica, em matéria de penalidade, às de caráter moratório.* **(Grifo nosso)**

Repare que somente a obrigação principal poderá ser exigida dos terceiros. Assim, o cumprimento dos deveres acessórios e a aplicação das penalidades, excetuadas as multas de caráter moratório, terão normal transferência de exigibilidade.

Portanto, não são transferíveis as chamadas "multas-castigo", mas somente as multas que punem o descumprimento da obrigação tributária principal. As multas punitivas – que infligem punição pelo desatendimento de deveres instrumentais (chamadas multas "de ofício", "formais", "fiscais" ou "pessoais") – **não** são transferíveis, recaindo sobre o contribuinte. Em outras palavras, tem-se a aplicação do brocardo "cada um responde pelos seus atos".

Observe a disposição, visualmente didática, dos incisos do **art. 134**, a que propomos nos tópicos seguintes:

INCISO I	
RESPONSÁVEL	**CONTRIBUINTE**
Pais	**Filhos menores**

> Note o item considerado **INCORRETO**, em prova realizada pela CAIP-USCS, para o cargo de Advogado da CRAISA (Cia. de Abastecimento de Santo André/SP), em 2016: *"Nos casos de impossibilidade de exigência do cumprimento da obrigação principal pelo contribuinte, respondem solidariamente com este, nos atos em que intervierem ou pelas omissões de que forem responsáveis, os avós e os pais, pelos tributos devidos por seus filhos e netos menores"*.

Os pais são os representantes legais dos filhos menores, devendo zelar pelos seus bens e negócios. Em virtude disso, é que se revestem da condição de responsáveis tributários. Exemplo: se um bem imóvel é adquirido por um menor de idade, representado por seus pais, e sobrevém uma impossibilidade daquele incapaz em arcar com o ITBI, estes (os pais ou genitores) serão chamados a adimplir a **obrigação tributária.**

> Note o item considerado **INCORRETO**, em prova realizada pela FUMARC, para o cargo de Titular de Serviços de Notas e de Registros (TJ/MG), em 2012: *"Em sede de responsabilidade de terceiros, quando impossível a exigência do cumprimento da obrigação pelo contribuinte, respondem solidariamente com este nos atos em que intervierem ou pelas omissões de que forem responsáveis, EXCETO os pais, pelos tributos devidos pelos filhos menores"*.

INCISO II	
RESPONSÁVEL	**CONTRIBUINTE**
Tutores e curadores	Tutelados e curatelados

Os **tutores e curadores** são os representantes legais dos tutelados e curatelados, devendo zelar pelos seus bens e negócios. Essa é a razão da responsabilização em apreço.

> Note o item considerado **INCORRETO**, em prova realizada pelo Cespe, para o cargo de Titular de Serviços de Notas e de Registros (TJ/BA), em 2013: *"São pessoalmente responsáveis os tutores e curadores pelos tributos devidos por seus tutelados ou curatelados"*.
>
> **Observação:** item semelhante foi considerado **INCORRETO**, em prova realizada pela Vunesp, para o cargo de Agente Fiscal Tributário da Prefeitura Municipal de Suzano/SP, em 2016.

Em apertada síntese, podemos dizer que a **tutela** é o encargo conferido por lei a uma pessoa capaz, para cuidar da pessoa do menor e administrar seus bens. Sua função está no suprimento da falta do poder familiar, tendo nítido caráter assistencial. O tutor exerce um múnus público, uma delegação do Estado.

Já a **curatela** é o encargo conferido por lei a alguém capaz para reger a pessoa e administrar os bens daquele que não consegue fazê-lo com os próprios meios. Em regra, a tutela é destinada a menores de dezoito anos de idade, enquanto a curatela é deferida a maiores.

INCISO III	
RESPONSÁVEL	**CONTRIBUINTE**
Administradores de bens de terceiros	Terceiros

É possível a responsabilização do administrador (sanção administrativo-fiscal) quando este age ou se omite indevidamente. Exemplo: o administrador de bens de terceiros, com procuração plena, deixa de recolher, por negligência, o IPTU relativo a bem imóvel de seu cliente. Poderá, assim, ser responsabilizado.

INCISO IV	
RESPONSÁVEL	**CONTRIBUINTE**
Inventariante	Espólio

Note o item (adaptado) considerado **INCORRETO**, em prova realizada pela Vunesp, para o cargo de Agente Fiscal Tributário da Prefeitura Municipal de Suzano/SP, em 2016: *"Segundo o CTN, é pessoalmente responsável o inventariante, pelos tributos devidos pelo espólio"*.

Note o item considerado **CORRETO**, em prova realizada pela Vunesp, para o cargo de Advogado (IPT/SP), em 2014: *"Segundo o CTN, a responsabilidade do inventariante pelos tributos devidos pelo espólio encontra-se sistematizada como responsabilidade de terceiros"*.

O inciso em tela torna responsável o inventariante quanto às dívidas tributárias do espólio. O inventariante é a pessoa que tem a incumbência de gerir o patrimônio do espólio até a prolação da sentença (art. 991 do CPC [atual art. 618 do NCPC]). Como se estudou no art. 131, II e III, do CTN, até que se proceda à partilha de bens, ou seja, durante a fase judicial do inventário, é possível que apareçam novas dívidas (exemplo: novos fatos geradores de IPVA, IPTU, IR). Em relação a tais fatos geradores, o contribuinte será o próprio *espólio*, enquanto o *inventariante* será o responsável tributário.

INCISO V	
RESPONSÁVEL	**CONTRIBUINTE**
Administrador judicial	Massa falida

O presente dispositivo responsabiliza o síndico ou o comissário pelos tributos devidos pela massa falida. Na nova terminologia, trazida pela Lei n. 11.101/2005, substituíram-se os vocábulos "síndico" e "comissário" pelo termo *administrador judicial*.

Com efeito, a nova Lei de Falências previu a figura do *administrador judicial* – no lugar do "comissário" e do "síndico" da massa falida –, o qual, escolhido preferencialmente entre os maiores credores, era quem, afastando os próprios sócios e controladores da empresa (casos de fraude, negligência ou falta de competência), verificava a existência de direitos e de dívidas, no processo de levantamento do quadro de credores e venda ou rateio de bens. Desse modo, surgiram três institutos concursais: **recuperação judicial**, **recuperação extrajudicial** e **falência**, cuja administração ficou a cargo do *administrador judicial*.

INCISO VI	
RESPONSÁVEL	**CONTRIBUINTE**
Tabeliães, escrivães e outros serventuários de ofício	Pessoas que realizam atos conexos

O dispositivo direciona-se à atividade dos tabeliães ou notários, os quais têm a incumbência de instrumentalizar certos atos jurídicos, atribuindo-se-lhes fé pública e autenticidade. Como praxe, tais profissionais do direito exigem a comprovação do pagamento do tributo eventualmente incidente sobre os atos que devam conferir, garantindo-se que não venham a ser ulteriormente chamados à responsabilização. Se não tomarem as cautelas, restando o tributo inadimplido, estes serventuários de ofício poderão ser subsidiariamente responsabilizados. Assim, só se pode exigir, *v.g.*, o pagamento do ITBI de um tabelião se a legislação qualificar sua responsabilidade, por ocasião da lavratura da escritura diante da omissão na exigência (das partes envolvidas) do prévio recolhimento de seu valor.

INCISO VII	
RESPONSÁVEL	**CONTRIBUINTE**
Sócios	Sociedade de pessoas em liquidação

Note o item (adaptado) considerado **INCORRETO**, em prova realizada pela Vunesp, para o cargo de Agente Fiscal Tributário da Prefeitura Municipal de Suzano/SP, em 2016: "*Segundo o CTN, é pessoalmente responsável o sócio, no caso de liquidação de sociedade de pessoa*".

Os tributos devidos pelas "sociedades de pessoas", quando liquidadas, serão de responsabilidade subsidiária dos sócios. Tais sociedades, especialmente mercantis, são aquelas nas quais subsiste responsabilidade subsidiária e ilimitada dos sócios pelas dívidas sociais. Estão praticamente extintas, pois a praxe mercantil adstringe-se à formatação de sociedades em que a responsabilidade do sócio fica limitada ao capital subscrito, desaparecendo com a respectiva integralização (sociedades anônimas e sociedades por quotas de responsabilidade limitada). Assim, a estas sociedades citadas – S.A. e LTDA. – não se aplica a regra inserta neste inciso. Ademais, de há muito o **STF** já se posiciona, entendendo que **as sociedades por quota de responsa-**

bilidade limitada não são sociedades de pessoas. Todavia, os dirigentes de tais sociedades podem ser responsabilizados com fulcro no art. 135, III, do CTN, a ser estudado no próximo item.

> Note o item considerado **INCORRETO**, em prova realizada pela FMP, para o cargo de Procurador do Estado (PGE/AC), em 2017: *"As sociedades limitadas são 'sociedades de pessoas' e, portanto, os sócios deste tipo societário são solidariamente responsáveis em caso de liquidação"*.

> Note o item considerado **CORRETO**, em prova realizada pela FMP, para o cargo de Procurador do Estado (PGE/AC), em 2017: *"O art. 134, VII, do CTN menciona que os sócios são solidariamente responsáveis com o contribuinte, em caso de impossibilidade de exigência do tributo dos próprios sócios, no caso de uma liquidação de 'sociedades de pessoas'. Sobre isso, o CTN está a referir apenas aos sócios de 'sociedades de pessoas' cujo tipo societário não seja o de responsabilidade limitada"*.

A propósito, em **21 de fevereiro de 2019**, a 1ª Turma do **STJ**, no **REsp 1.775.269/PR** (rel. Min. Gurgel de Faria), reiterou que a responsabilidade subsidiária do **art. 134, VII, do CTN** autoriza o redirecionamento da execução fiscal aos sócios na hipótese de não ser possível exigir o crédito tributário da sociedade empresária liquidada. Com efeito, em 20 de setembro de **2016**, a 1ª Turma do **STJ**, no **REsp 1.591.419/DF** (rel. Min. Gurgel de Faria) entendera que, "*em execução fiscal proposta em desfavor de micro ou pequena empresa regularmente extinta, é possível o imediato redirecionamento do feito contra o sócio, com base na responsabilidade prevista no art. 134, VII, do CTN, cabendo-lhe demonstrar a eventual insuficiência do patrimônio recebido por ocasião da liquidação para, em tese, poder se exonerar da responsabilidade pelos débitos exequendos. Feita essa demonstração, se o nome do sócio não estiver na CDA na condição de corresponsável, caberá ao fisco comprovar as situações que ensejam a aplicação do art. 135 do CTN, a fim de prosseguir executando os débitos que superarem o crédito recebido em face da liquidação da empresa*". E mais: "*Enquanto a responsabilidade subsidiária de que trata o inciso VII do art. 134 do CTN está limitada ao patrimônio social que subsistir após a liquidação, a responsabilidade pessoal decorrente da aplicação do art. 135, III, do CTN não encontra esse limite, podendo o sócio responder integralmente pelo débito com base em seu próprio patrimônio, independentemente do que lhe coube por ocasião da extinção da pessoa jurídica*".

Por fim, em **13 de fevereiro de 2020**, o Pleno do **STF**, na ADI n. **4.845** (rel. Min. Roberto Barroso; rel. p/ ac. Min. Rosa Weber), entendeu que é inconstitucional a lei estadual que disciplina a "responsabilidade de terceiros por infrações" de forma diversa da matriz geral estabelecida pelo *Código Tributário Nacional* (CTN). O caso se referiu a dispositivo legal em legislação do Estado de Mato Grosso (art. 13 da Lei n. 9.226/2009) que atribui "responsabilidade tributária (solidária) por infrações" a toda pessoa que concorresse ou interviesse, ativa ou passivamente, no cumprimento da obrigação tributária, especialmente advogado, economista e correspondente fiscal.

A Corte Suprema, identificando o vício de inconstitucionalidade formal, entendeu que a norma impugnada invadiu a competência do legislador complementar federal para estabelecer normais gerais sobre a matéria (art. 146, III, "b", da CF). Aliás, a norma mato-grossense avançou em dois pontos de forma indevida, transbordando de sua competência: (**i**) ampliou o rol das pessoas que podem ser pessoalmente responsáveis pelo crédito tributário; (**ii**) dispôs diversamente do CTN sobre as circunstâncias autorizadoras da responsabilidade pessoal do terceiro. Por fim, fixou-se a seguinte tese: "*É inconstitucional lei estadual que disciplina a responsabilidade de terceiros por infrações de forma diversa da matriz geral estabelecida pelo Código Tributário Nacional*".

4.2 Art. 135 do CTN: responsabilidade de terceiro com atuação irregular

> **Art. 135.** São pessoalmente responsáveis pelos créditos correspondentes a obrigações tributárias resultantes de atos praticados com excesso de poderes ou infração de lei, contrato social ou estatutos:
> **I** – as pessoas referidas no artigo anterior;
> **II** – os mandatários, prepostos e empregados;
> **III** – os diretores, gerentes ou representantes de pessoas jurídicas de direito privado. **(Grifos nossos)**

Trata-se de comando afeto à **responsabilidade pessoal** e exclusiva (não "solidária"!), das pessoas discriminadas nos incisos I, II e III – mandatários, prepostos, empregados, diretores ou gerentes –, além daquelas constantes dos incisos do artigo antecedente quando agirem na relação jurídico-tributária, *com excesso de poderes ou infração de lei.*

> Note o item considerado **CORRETO**, em prova realizada pelo FEPESE, para o cargo de Advogado Fundacional (FATMA), em 2012: *"Os diretores, gerentes ou representantes de pessoas jurídicas de direito privado são pessoalmente responsáveis pelos créditos correspondentes a obrigações tributárias resultantes de atos praticados com excesso de poderes ou infração de lei, contrato social ou estatutos".*

Em geral, o contribuinte aqui é vítima de atos abusivos, ilegais ou não autorizados, cometidos por aqueles que o representam, razão pela qual se procura responsabilizar pessoalmente tais representantes, ficando o contribuinte, em princípio, afastado da relação obrigacional. De fato, no art. 135 do CTN, a responsabilidade se pessoaliza, ou seja, torna-se plena, rechaçando o benefício de ordem e fazendo com que o ônus não recaia sobre o contribuinte, mas, pessoalmente, sobre o responsável citado quando houver (**I**) *excesso de poderes* ou (**II**) *infração da lei, contrato social ou estatutos.*

Vamos detalhar o estudo dessas expressões:

I. Excesso de poderes: o terceiro age por conta própria, além dos poderes que a norma legal, contratual ou estatutária lhe conferem, ou seja, subvertendo as atribuições que lhe foram outorgadas. Diferentemente das hipóteses de omissão do art. 134, neste artigo temos nítido comportamento comissivo. Exemplo: diretor de sociedade que adquire um bem imóvel sabendo-se que, pelo estatuto social, estava impedido de fazê-lo sem a anuência de todos os sócios. A dívida de ITBI, desse modo, recairá pessoalmente sobre ele;

II. **Infração de lei, contrato social ou estatutos:** é importante enfatizar que o descumprimento da obrigação tributária principal (não pagamento do tributo), sem dolo ou fraude, apenas representa mora da empresa, e não "infração legal" deflagradora da responsabilidade pessoal. É imprescindível para a responsabilização pessoal a atuação dolosa do gerente ou diretor, devendo ser cabalmente provada. O não pagamento, isoladamente analisado, é "mera presunção" de infração à lei pelo gestor da pessoa jurídica. Ademais, a infração a que se refere o art. 135 é subjetiva (e não "objetiva"), portanto, dolosa, e é sabido que o dolo não se presume. Com efeito, em **2017**, a 1ª Turma do **STJ**, no **AgInt no REsp 1.646.648/SP** (rel. Min. Gurgel de Faria), ratificou a orientação segundo a qual "*a responsabilidade fundada no art. 135, III, do CTN, que legitima o redirecionamento da execução fiscal, não é direta e objetiva, e, sim, pessoal e subjetiva, dependendo, portanto, da comprovação de que a dívida tributária não decorre de simples inadimplemento do crédito tributário, mas também da atuação do sócio-gerente, na época do fato gerador, com excesso de poder ou infração a lei, contrato social ou estatutos*". Aliás, em **21 de fevereiro de 2019**, a 1ª Turma do **STJ**, no **REsp 1.775.269/PR** (rel. Min. Gurgel de Faria), deixou claro que a atribuição de responsabilidade tributária aos sócios-gerentes, nos termos do art. 135 do CTN, **não** depende mesmo do chamado ***incidente de desconsideração da personalidade jurídica*** da sociedade empresária (art. 133, CPC/2015), pois a responsabilidade dos sócios, de fato, já lhes é atribuída pela própria lei, de forma pessoal e subjetiva. Por outro lado, no mesmo julgado, o **STJ** entendeu que, no âmbito do **grupo econômico**, o só fato de a empresa integrar tal grupo não a torna uma pessoa jurídica responsável pelos tributos inadimplidos pelas outras. Há de haver a comprovação do *abuso de personalidade* (art. 50 do Código Civil), justificando, neste caso, sim, a instauração do ***incidente de desconsideração da personalidade da pessoa jurídica*** *devedora*. Observemos o excerto colhido da ilustrativa ementa:

> (...) O redirecionamento de execução fiscal à pessoa jurídica que integra o mesmo grupo econômico da sociedade empresária originalmente executada, mas que não foi identificada no ato de lançamento (nome na CDA), ou que não se enquadra nas hipóteses dos arts. 134 e 135 do CTN, depende da comprovação do "abuso de personalidade", caracterizado pelo desvio de finalidade ou confusão patrimonial, tal como consta do art. 50 do Código Civil, daí o motivo por que, nesse caso, é necessária a instauração do "incidente de desconsideração da personalidade" da pessoa jurídica devedora. (...)

O art. 30, IX, da Lei n. 8.212/1991 ("as empresas que integram grupo econômico de qualquer natureza respondem entre si, solidariamente, pelas obrigações decorrentes desta lei") não permite o redirecionamento de execução fiscal a pessoa jurídica que não tenha participado da situação de ocorrência do fato gerador, ainda que integrante do grupo econômico. A correta leitura desse dispositivo depende de sua conjugação com as regras do CTN, daí a razão por que o fisco deve lançar o tributo com a indicação das pessoas jurídicas que estejam vinculadas ao fato gerador, não lhe sendo permitido, no curso do processo executivo, redirecionar a cobrança para pessoa jurídica estranha ao fato imponível, ainda que integrante do mesmo grupo econômico da devedora original.

Observe, a propósito, a **Súmula n. 430** do **STJ**:

O inadimplemento da obrigação tributária pela sociedade não gera, por si só, a responsabilidade solidária do sócio-gerente.

Note o item considerado **CORRETO**, em prova realizada pelo IESES, para o cargo de Titular de Serviços de Notas e de Registros – Provimento (TJ/SC), em 2019: *"De acordo com o entendimento sumulado do STJ, o inadimplemento da obrigação tributária pela sociedade não gera, por si só, a responsabilidade solidária do sócio-gerente".*

Note o item considerado **INCORRETO**, em prova realizada pela Cotec/Unimontes, para o cargo de Advogado da Prefeitura de Ubaí/MG, em 2016: *"O inadimplemento de obrigação tributária pela sociedade empresária gera, por si só, a responsabilidade solidária do sócio--gerente".*

Observação: item semelhante foi considerado **INCORRETO**, em prova realizada pela SYDCON, para o cargo de Advogado da Câmara Municipal de Santa Rita do Trivelato/MT, em 2016.

À guisa de elementos históricos, até aproximadamente o ano 2000, a posição jurisprudencial dominante era diversa, ou seja, o mero inadimplemento era considerado uma "infração à lei", configuradora suficiente da responsabilização pessoal. Desde então e hodiernamente, a tendência jurisprudencial[40], na trilha da doutrina majoritária, é pacífica e oposta, conforme se explicou.

Por fim, diga-se que a jurisprudência[41] tem acolhido como inequívocos exemplos de "infração à lei": (I) empregador que desconta o IRRF ou contribuição previdenciária e não os recolhe ao Erário; (II) a dissolução irregular da sociedade, deixando débitos tributários pendentes e nenhum patrimônio para garantir seu pagamento.

40. Ver, nessa direção, no **STJ**: **(I)** REsp 260.524/RS, rel. Min. Humberto Gomes de Barros, 1ª T., j. em 14-08-2001; **(II)** REsp 184.325/ES, rel. Min. Laurita Vaz; rel. p/ Ac. Min. Eliana Calmon, 2ª T., j. em 20-06-2002; **(III)** AgRg no Ag 421.311/RS, rel. Min. Laurita Vaz, 2ª T., j. em 26-11-2002.

41. Ver, **no STJ**: o REsp 296.304/SP-2003; o REsp 184.325/ES-2001; o EDivREsp 174.532/PR-2001; AGREsp 276.779/SP-2001.

Nesse sentido, é a **Súmula n. 435 do STJ:**

Presume-se dissolvida irregularmente a empresa que deixar de funcionar no seu domicílio fiscal, sem comunicação aos órgãos competentes, legitimando o redirecionamento da execução fiscal para o sócio-gerente.

Em 10 de setembro de **2014**, a 1ª Turma do **STJ**, no **REsp 1.371.128/RS** (rel. Min. Mauro Campbell Marques), na esteira do *Enunciado Sumular 435* – concebido no âmbito de execução fiscal de dívida exclusivamente tributária –, entendeu que, sendo a sociedade dissolvida irregularmente, também será possível o redirecionamento de execução fiscal de dívida ativa não tributária contra o **sócio-gerente** da pessoa jurídica executada, independentemente da existência de dolo.

> Note o item considerado **CORRETO**, em prova realizada pela FMP, para o cargo de Procurador do Estado (PGE/AC), em 2017: *"Se uma determinada sociedade limitada retira-se de seu domicílio fiscal sem comunicar ao Fisco, e sendo caso de cobrança de débitos fiscais, é correto afirmar que o ato representa uma 'dissolução irregular', mas somente os bens dos sócios-gerentes estarão expostos a eventual execução fiscal".* [E não "...expondo todos os bens de todos os sócios à eventual execução fiscal".]

Para o **STJ**, é obrigação dos gestores das empresas manter atualizados os registros empresariais e comerciais, com o fito de demonstrar que a sociedade dissolveu-se de forma regular, em obediência aos ritos e formalidades previstas no *Código Civil de 2002* (arts. 1.033 a 1.038 e arts. 1.102 a 1.112) e na *Lei de Falências* (Lei n. 11.101/2005). A desobediência a tais ritos caracteriza *infração à lei*. Frise-se que o embasamento dado pelo art. 135, III, do CTN, no âmbito tributário é igualmente ofertado pelo art. 10, do Decreto n. 3.078/19 e pelo art. 158, da Lei n. 6.404/78 (Lei das S.As.) no âmbito não tributário, não havendo, em nenhum dos casos, a exigência de dolo.

O tema da ***dissolução irregular da sociedade*** vem despertando instigantes discussões, mormente no âmbito do **STJ**.

> Note o item (adaptado) considerado **CORRETO**, em prova realizada pela FCC, para o cargo de Procurador do Estado de Mato Grosso (PGE/MT), em 2016: *"A pessoa jurídica DAMALINDA, dedicada ao varejo de vestuários, é composta por dois sócios, um dos quais assumiu a administração da empresa, conforme previsto em seus atos constitutivos. Em razão de dificuldades financeiras, essa empresa passou a interromper os recolhimentos do ICMS, visando a obter recursos para o pagamento de seus empregados e fornecedores. Não obstante a inadimplência, a empresa continuou a declarar o valor mensalmente devido. Após certo período de tempo, a atividade se revelou efetivamente inviável, e o administrador optou por encerrar suas atividades e fechou todas as lojas, leiloando em um 'site' de internet todo o saldo de estoques. A decisão deste administrador foi INCORRETA, pois, ao simplesmente fechar as portas das lojas, ficou caracterizada a dissolução irregular, o que poderá justificar o futuro redirecionamento de execuções fiscais à pessoa física dos sócios. Ademais, pode-se dizer, ainda, que também foi INCORRETA, pois o administrador poderia ter recorrido a remédios legais para a proteção de empresas em dificuldade, tais como a recuperação de empresas e a falência, ao invés de simplesmente encerrar suas atividades sem a comunicação aos órgãos administrativos competentes".*

Na prática, basta que a sociedade pare de funcionar no seu domicílio fiscal sem a devida comunicação aos órgãos competentes para que se deflagre a presunção de *dissolução irregular*. Tal presunção, consequentemente, atrairá a incidência do art. 135, III, do CTN para fins de redirecionamento da execução fiscal ao sócio-gerente. Em síntese, esse vem sendo o entendimento que o **STJ**, por construção pretoriana, extrai das seguintes situações: **(I)** quando o oficial de justiça certifica que a sociedade executada não foi localizada no endereço indicado na inicial da ação executiva (ou naquele constante da Junta Comercial)[42]; e **(II)** quando há o estado de insolvência da sociedade, sem o pedido de quebra[43].

Ademais, a **Corte Superior**, em reiteradas decisões, posicionou-se no sentido de somente ser possível o redirecionamento da execução fiscal, no contexto da dissolução irregular da sociedade, se respeitadas cumulativamente duas balizas:

> **(a) se o sócio compõe o quadro societário estando no comando da entidade ao tempo da dissolução irregular;**
>
> **E**
>
> **(b) se o sócio detém a gerência na oportunidade da ocorrência do fato gerador constitutivo da obrigação tributária, responsabilizando-se por créditos tributários contemporâneos ao período de sua gestão.**

Em outras palavras, o redirecionamento fruto da dissolução irregular da sociedade irá demandar a satisfação simultânea das duas condições: o sócio-gerente deve estar no comando da sociedade quando da dissolução irregular e também deve fazer parte do quadro societário à época dos fatos geradores ou do vencimento da obrigação tributária[44].

Entretanto, em 16 de junho de **2015**, por votação unânime, a 2ª Turma do **STJ**, no **REsp 1.520.257/SP** (rel. Min. Og Fernandes), apontou para uma mudança desse entendimento. Na ocasião, entendeu-se que, nos casos de dissolução irregular da sociedade, o redirecionamento da execução fiscal deve alcançar o sócio-gerente que comandava a entidade ao tempo da dissolução irregular, sendo de todo desimportante a data do fato gerador da obrigação tributária, bem como as datas dos vencimentos dos débitos fiscais correspondentes.

Em suma, à luz das balizas supramencionadas – letras (**a**) e (**b**) –, apenas prevaleceu a necessidade da primeira, ou seja, para a 2ª Turma do STJ, passou a ser irre-

---

42. A corroborar tal posicionamento no **STJ**, vejam-se os julgados: **(I)** AgRg-REsp 1.127.936/PA, rel. Min. Humberto Martins, 2ª T., j. em 22-09-2009; **(II)** REsp 1.017.732/RS, rel. Min. Eliana Calmon, 2ª T., j. em 25-03-2008; **(III)** REsp 1.004.500/PR, rel. Min. Castro Meira, 2ª T., j. em 12-02-2008; e **(IV)** AgRg-AgRg no REsp 898.474/SP, rel. Min. Francisco Falcão, 1ª T., j. em 08-05-2007.

43. Ver, a propósito: AgRg-AgRg-Ag 690.633/RS, rel. Min. Luiz Fux, 1ª T., j. em 16-05-2006.

44. A corroborar tal posicionamento no **STJ**, vejam-se os julgados: **(I)** AgRg-Ag 1.244.276/SC, rel. Min. Sérgio Kukina, 1ª T., j. em 24-02-2015; **(II)** AgRg-REsp 1.497.599/SP, rel. Min. Napoleão Nunes Maia Filho, 1ª T., j. em 10-02-2015; **(III)** AgRg-REsp 1.486.839/SP, rel. Min. Mauro Campbell Marques, 2ª T., j. em 02-12-2014; **(IV)** AgRg-REsp 1.251.322/RJ, rel. Min. Og Fernandes, 2ª T., j. em 22-10-2013; **(V)** EDcl-EDcl-AgRg no REsp 1.009.997/SC, rel. Min. Denise Arruda, 1ª T., j. em 02-04-2009.

levante a data do surgimento da obrigação tributária e o seu vínculo com o sócio que compõe o quadro societário ao momento da dissolução da sociedade.

Desse modo, no entendimento da Corte Superior, se o mero inadimplemento obrigacional do tributo não equivale à infração da lei para fins de transferência de responsabilidade – tese consagrada no próprio STJ –, é possível concluir, em homenagem à lógica, que o elemento constitutivo do vínculo obrigacional (o fato gerador) não pode influenciar na determinação da responsabilidade tributária. E mais: se a *dissolução irregular da sociedade* inclui-se no conceito de *infração de lei* (**Súmula n. 435 do STJ**)[45], **não há como pretender vincular a data do fato gerador da obrigação tributária (e do vencimento do débito fiscal correspondente) à própria dissolução irregular da sociedade.** Em outras palavras, o redirecionamento pode alcançar os créditos tributários cujos fatos geradores são anteriores ao ingresso do sócio na sociedade.

> Note o item considerado **INCORRETO**, em prova realizada pelo Cespe/Cebraspe, para o cargo de Procurador do Estado do Amazonas (PGE/AM), em 2016: *"A responsabilização tributária do sócio-administrador que, ao promover a dissolução irregular da pessoa jurídica, cometa ato ilícito no exercício da administração da sociedade dependerá da constatação do momento da ocorrência do fato gerador da obrigação tributária".*

Em outubro de **2015**, a **2ª Turma do STJ** ratificou a adoção desse pensamento:

> **EMENTA:** TRIBUTÁRIO. AGRAVO REGIMENTAL NO RECURSO ESPECIAL. EXECUÇÃO FISCAL. ART. 135 DO CTN. PRESUNÇÃO DE DISSOLUÇÃO IRREGULAR NOS TERMOS DA SÚMULA 435/STJ. REDIRECIONAMENTO AO SÓCIO-GERENTE QUE EXERCIA ESSE ENCARGO POR OCASIÃO DO ATO PRESUMIDOR DA DISSOLUÇÃO. POSSIBILIDADE. DATA DA OCORRÊNCIA DO FATO GERADOR OU VENCIMENTO DO TRIBUTO. 1. A Segunda Turma desta Corte, por ocasião da apreciação do REsp 1.520.257/SP, firmou entendimento de que o redirecionamento da execução fiscal, na hipótese de dissolução irregular da sociedade ou de sua presunção, deve recair sobre o sócio-gerente que se encontrava no comando da entidade no momento da dissolução irregular ou da ocorrência de ato que presuma a sua materialização, nos termos da Súmula 435/STJ, sendo irrelevantes a data do surgimento da obrigação tributária (fato gerador), bem como o vencimento do respectivo débito fiscal. 2. Agravo regimental a que se nega provimento. **(AgRg no REsp 1.351.468/RS, rel. Min. Og Fernandes, 2ª T., j. em 06-10-2015) (Grifo nosso)**

Não se olvide de que o veredicto, conquanto sedutor, pode incentivar a ocorrência de fraudes, por exemplo, no caso de dissolução irregular que, artificialmente,

45. A corroborar tal posicionamento no **STJ**, vejam-se os julgados: **(I)** AgRg-AREsp 312.200/SC, rel. Min. Mauro Campbell Marques, 2ª T., j. em 13-08-2013; **(II)** AgRg-REsp 1.200.879/SC, rel. Min. Luiz Fux, 1ª T., j. em 05-10-2010; **(III)** REsp 750.335, rel. Min. Luiz Fux, 1ª T., j. em 18-10-2005; **(IV)** AgRg-REsp n. 643.918/PR, rel. ex-Min. Teori Albino Zavascki, 1ª T., j. em 03-05-2005; **(V)** REsp 462.440/RS, rel. Min. Franciulli Netto, 2ª T., j. em 18-05-2004; e **(VI)** REsp 474.105/SP, rel. Min. Eliana Calmon, 2ª T., j. em 25-11-2003.

suceda a uma alteração contratual com inserção de "laranjas" na gerência. O expediente ardiloso, em tese, rechaçaria a responsabilidade dos sócios anteriores. O possível "desvio de rota" foi mencionado no voto do Ministro Relator Og Fernandes (**REsp 1.520.257/SP**), para quem tal contexto fático-probatório deve, na hipótese, corresponder à infração de lei,

> já que eivada de vícios por pretender afastar a aplicação da legislação tributária que disciplina a responsabilidade pelo débito nos termos do art. 135 do CTN. Tal circunstância admitirá, portanto, o redirecionamento da execução fiscal ao sócio-gerente, mesmo que não constante do quadro societário ou da respectiva gerência quando da dissolução irregular ou da prática de ato apto a presumir a sua ocorrência, nos termos da Súmula 435/STJ. **(Excerto do voto do rel. Min. Og Fernandes, STJ, REsp 1.520.257/SP, 2ª T., j. em 16-06-2015)**

Não obstante, a **1ª Turma do STJ** parece ainda estar convicta de sua linha de pensamento, oposta à direção adotada pela 2ª Turma. Observemos o julgado, em setembro de **2015**:

> **EMENTA:** TRIBUTÁRIO. EXECUÇÃO FISCAL. INCLUSÃO DE SÓCIO NO POLO PASSIVO. EXCEÇÃO DE PRÉ-EXECUTIVIDADE. ACOLHIMENTO. DISSOLUÇÃO IRREGULAR DA EMPRESA EXECUTADA. EXERCÍCIO DA GERÊNCIA À ÉPOCA DOS FATOS GERADORES E PERMANÊNCIA NO QUADRO SOCIETÁRIO NO MOMENTO DA DISSOLUÇÃO IRREGULAR. 1. O STJ consolidou o entendimento de que os sócios só respondem pelo não recolhimento de tributo quando a Fazenda Pública demonstrar que agiram com excesso de poderes, infração à lei, contrato social ou estatuto, ou ainda no caso de dissolução irregular da empresa. 2. Hipótese em que o ex-sócio incluído no polo passivo da execução fiscal, embora tenha exercido a gerência no momento do fato gerador, já havia se retirado do quadro societário quando da dissolução irregular da empresa executada. 3. O redirecionamento da execução fiscal ao sócio pressupõe a respectiva permanência no quadro societário ao tempo da dissolução irregular. Além disso, o redirecionamento não pode alcançar os créditos cujos fatos geradores são anteriores ao ingresso do sócio na sociedade. 4. Fundamentado o pedido de redirecionamento da execução fiscal na dissolução irregular da empresa executada, é imprescindível que o sócio contra o qual se pretende redirecionar o feito tenha exercido a função de gerência no momento dos fatos geradores e da dissolução irregular da sociedade. 5. Precedentes: AgRg no REsp n. 1.497.599/SP, Relator Ministro Napoleão Nunes Maia Filho, *DJe* 26/02/2015; AgRg no Ag n. 1.244.276/SC, Relator Ministro Sérgio Kukina, *DJe* 04/03/2015 e AgRg no REsp n. 1.483.228/SP, Relator Ministro Mauro Campbell Marques, *DJe* 18/11/2014. 6. Esta Corte tem entendimento de que não ocorre preclusão "pro judicato", perante as instâncias ordinárias, acerca de questão de ordem pública. 7. Agravo regimental desprovido. **(AgRg no AREsp 648.070/SC, rel. Min. Olindo Menezes, Desembargador convocado do TRF/1ª Região, 1ª T., j. em 08-09-2015) (Grifos nossos)**

Na mesma toada, um mês antes, em agosto de **2015**, a própria **1ª Turma do STJ** já havia evidenciado que, "*para o redirecionamento da execução fiscal é imprescindível que o sócio-gerente a quem se pretenda redirecionar tenha exercido a função de gerência, no momento dos fatos geradores e da dissolução irregular da empresa executada*" **(AgRg no AREsp 696.320/BA, rel. Min. Napoleão Nunes Maia Filho, 1ª T., j. em 18-08-2015)**[46].

De um modo geral, vemos o atual panorama decisório com certas reservas, uma vez que a oscilação de entendimento nas Turmas do STJ – com ementas e veredictos que se sucedem, ora em um sentido, ora em outro, e em um mesmo período – desestabiliza as relações e fertiliza a insegurança jurídica. Recomenda-se aguardar a direção definitiva que o tema irá adotar no percurso jurisprudencial.

Por fim, frise-se que, em 25 de fevereiro de **2010**, a *Procuradoria-Geral da Fazenda Nacional* (PGFN) editou a **Portaria n. 180**, a qual veio dispor sobre a responsabilização de codevedores pelas dívidas fiscais das sociedades. Em suma, a responsabilização pressupõe a prática pelo sócio, com poderes de gerência, de uma das situações adiante: **(I)** excesso de poderes; **(II)** infração à lei; **(III)** infração ao contrato ou estatuto social; ou **(IV)** dissolução irregular da pessoa jurídica.

Em tempo, no próximo Capítulo, será tratado o tema do redirecionamento em execução fiscal, em caso de *dissolução irregular da sociedade*, e a contagem do prazo de prescrição. Vale a pena conferir.

Analisando os **incisos do art. 135**, podem ser pessoalmente responsáveis: as pessoas referidas no artigo anterior (art. 134, CTN); os mandatários, prepostos e empregados; os diretores, gerentes ou representantes de pessoas jurídicas de direito privado. Assim, passemos ao detalhamento:

a) Pessoas constantes do art. 134 do CTN: conforme se estudou, o comando versa sobre responsabilidade "solidária" ou, em abono do rigor terminológico, *subsidiária*, uma vez que não se pode cobrar tanto de um (contribuinte) como de outro (responsável), sem respeitar **um necessário benefício de ordem**. Como está cediço, em primeiro lugar, cobra-se do contribuinte; após, exige-se o tributo do responsável. Todavia, se o responsável agir com excesso de poderes ou infração à lei, estatutos ou contrato, a responsabilidade deixa de ser subsidiária e passa a ser "pessoal". *A contrario sensu*, é possível afirmar que se forem realizados atos lícitos e sem excesso de poder, a responsabilização será feita com fulcro no art. 134, e não com base no art. 135. "A justificativa é plausível: aqui, [art. 135] há a prática de um ato ilícito pelo responsável, seja violando a lei, seja desrespeitando o contrato ou estatuto da sociedade em que trabalha"[47].

46. Ver, a propósito: **(I)** AgRg no AREsp 707.162/BA, rel. Min. Benedito Gonçalves, 1ª T., j. em 23-06-2015; **(II)** AgRg no Ag 1.244.276/SC, rel. Min. Sérgio Kukina, 1ª T., j. em 24-02-2015.

47. FARIA, Luiz Alberto Gurgel; FREITAS, Vladimir Passos de (Coord.). *Código Tributário Nacional comentado*, p. 643.

> Note o item considerado **INCORRETO**, em prova realizada pela FCC, para o cargo de Auditor Controle Externo (TCM/GO), em 2015: *"Os tutores e curadores respondem solidariamente pelos tributos devidos por seus tutelados ou curatelados, nos atos em que intervierem ou não, ou pelas omissões de que forem responsáveis, independentemente da possibilidade de exigência do cumprimento da obrigação principal pelo contribuinte ('responsabilidade por sucessão')"*.

Por fim, saliente-se que a lista de terceiros responsabilizados, constante do art. 135, I, II e III é maior do que a lista inserta no art. 134, porquanto todos desta (o inciso I) estão incluídos naquela, somando-se ainda as pessoas discriminadas nos incisos seguintes (II e III).

Desse modo, a responsabilidade pessoal do art. 135 pode alcançar os seguintes devedores, nos casos de excesso de poderes ou infração de lei:

1. os pais;
2. os tutores e curadores;
3. os administradores de bens de terceiros;
4. o inventariante;
5. o síndico e o comissário;
6. os tabeliães, escrivães e demais serventuários de ofício;
7. os sócios (liquidação de sociedade de pessoas);
8. os mandatários, prepostos e empregados;
9. os diretores, gerentes ou representantes de pessoas jurídicas de direito privado.

O aspecto curioso, *ad argumentandum*, é perceber que os atos de infração de lei (estatuto ou contrato) ou excesso de poderes podem vir a ser praticados em benefício dos contribuintes discriminados no art. 134 – filho menor, espólio etc. –, o que nos parece ensejar uma "solidariedade" entre terceiros atuantes e contribuintes beneficiados. O tema, todavia, é fértil para debates.

b) Mandatários, prepostos e empregados: é comum a responsabilização pessoal de mandatários, prepostos e empregados da empresa que tenham se valido de excesso de poderes ou infração de lei.

> Note o item considerado **INCORRETO**, em prova realizada pelo IESES, para o cargo de Titular de Serviços de Notas e de Registros – Provimento (TJ/SC), em 2019: *"Os mandatários, prepostos e empregados não são pessoalmente responsáveis pelos créditos correspondentes a obrigações tributárias resultantes de atos praticados com excesso de poderes ou infração de lei, contrato social ou estatutos, contra seus mandantes, preponentes ou empregadores"*.

Observe a jurisprudência:

EMENTA: RECURSO ESPECIAL. COOBRIGAÇÃO SOLIDÁRIA DO MANDATÁRIO. ARTS. 134, III, E 135, III, DO CTN. AUTO DE INFRAÇÃO. CRÉDITO TRIBUTÁRIO NÃO CONTENCIOSO. INCLUSÃO DO NOME DEVIDA. EXISTÊNCIA DE RELAÇÃO JURÍDICA ENTRE O FISCO E O RESPONSÁVEL SOLIDÁRIO. RECURSO ESPECIAL A QUE SE NEGA PROVIMENTO. **1.** Não comete infringência aos artigos 134, III, e 135, III, do CTN, o acórdão

> que reconhece a existência de relação jurídica entre o procurador da empresa autuada e o Fisco estadual, para fins de inscrição do seu nome como coobrigado solidário em auto de infração relativo à cobrança de ICMS, posto que à época da constituição do débito, era, o mesmo, mandatário da empresa. **2.** *A inclusão do nome do procurador da empresa autuada não implica, necessariamente, que este venha a ser responsabilizado pessoalmente (art. 135, III), pelos débitos existentes. Esta responsabilidade pessoal, caso existente, deverá ser oportunamente apurada e comprovada pelo Fisco e debatida, ainda, em sede de Embargos do Devedor caso venha a ser promovida a execução fiscal do débito.* No momento, tudo o que se discute é a existência ou não da relação jurídica entre o recorrente, mandatário da Empresa autuada, e o Fisco estadual. Esta relação jurídica existe, sim. É o que diz o artigo 134, III, do CTN. **3. Recurso especial desprovido. (REsp 245.489/MG, 1ª T., rel. Min. José Delgado, j. em 09-05-2000) (Grifos nossos)**

c) Diretores, gerentes ou representantes de pessoas jurídicas de direito privado:

> A desconsideração da personalidade jurídica, embora tenha origem pretoriana (ou seja, nas decisões dos tribunais), está atualmente regulada pelo direito positivo brasileiro, **podendo** ser aplicada de forma mais ou menos ampla, a depender do ramo do direito e da regulação específica (*v.g., Código Civil, Código de Defesa do Consumidor, lei trabalhista, lei tributária*). **A sistemática** tem natureza casuística, ou seja, é aplicada pelos juízes, no julgamento de casos concretos, o qual pode imputar certas e determinadas relações de obrigações aos bens particulares dos sócios ou administradores da pessoa jurídica.

O art. 135, III, do CTN permite atingir a pessoa do diretor, gerente ou representante da empresa, à luz da *teoria da desconsideração da pessoa jurídica*. No entanto, a regra é a personificação jurídica da sociedade e, por isso, esta é quem deve responder pelas obrigações sociais. Assim, a indigitada *teoria*, prevista no art. 50 do Código Civil, deve ser suscitada em caráter excepcional, ou seja, apenas no caso de o administrador (sócio-gerente) se valer do véu da personalidade jurídica para, agindo com má-fé, prejudicar credores da sociedade.

Com efeito, a responsabilização **exige** que as pessoas indicadas no referido inciso tenham praticado diretamente ou tolerado a prática do ato abusivo e ilegal, quando em posição de influir para sua não ocorrência. A mera condição de "sócio" é insuficiente, até porque o dispositivo não menciona tal termo. Se o sócio existe, mas não é **diretor**, nem gerente, **não** deve ser aquele responsabilizado, sob pena de se perpetrar, de forma indevida e arbitrária, o instituto do "redirecionamento" contra os sócios, bastante comum em executivos fiscais. Conforme já se evidenciou, este é o entendimento fixado na **Súmula n. 430 do STJ**: "*O inadimplemento da obrigação tributária pela sociedade não gera, por si só, a responsabilidade solidária do sócio-gerente*".

Note que o tema foi objeto da seguinte **questão dissertativa** da Prova Escrita Preliminar, realizada pelo MPE/RJ (XXXIV Concurso), para o ingresso na classe inicial da carreira do Ministério Público do Estado do Rio de Janeiro, em 2016: *"Com base na legislação, doutrina e jurisprudência pátrias, disserte sobre os requisitos necessários para inclusão de diretor de pessoa jurídica de direito privado no polo passivo de execução fiscal. Resposta objetivamente fundamentada"*.

Note o item considerado **CORRETO**, em prova realizada pela FCC, para o cargo de Técnico Judiciário (TRF/4ª Região), em 2014: *"O representante legal de pessoa jurídica de direito privado, ainda que não seja sócio da empresa, é pessoalmente responsável pelos créditos correspondentes a obrigações tributárias resultantes de atos praticados com excesso de poderes, infração de lei, contrato social ou estatuto"*.

Por outro lado, se existe um diretor ou gerente de certa pessoa jurídica, da qual nunca tenha chegado a ser sócio, presente pode estar o pressuposto ensejador da responsabilização desse diretor ou gerente. O relevante, como se nota, é a condução da sociedade, com a prática de atos de direção ou gerência, no exercício de funções diretivas da empresa, e não as disposições constantes do contrato social da unidade empresarial.

A respeito do tema, encontramo-lo abordado frequentemente em provas objetivas de concursos públicos.

Há registro de leis ordinárias que preveem uma "responsabilidade solidária" de sócios de Ltdas. (*v.g.*, art. 13 da Lei n. 8.620/93), pelo simples fato de estarem eles nessa condição. Ora, tal tratamento é inconstitucional e afronta as normas do CTN, pelos seguintes motivos, os quais constam, resumidamente, do veredicto exarado no emblemático **RE 562.276/Rep. Geral** (rel. Min. Ellen Gracie, Pleno, j. em 03-11-2010):

(I) ofensa ao art. 146, III, "b", da CF: a definição dos traços essenciais da figura da responsabilidade tributária, como o de exigir previsão legal específica e, necessariamente, vínculo do terceiro com o fato gerador do tributo, estaria incluída no rol das *normas gerais de direito tributário*, que orientam todos os entes políticos;

(II) ofensa ao art. 135, III, do CTN: para que esta norma incida, deve haver a prática de atos, por quem estivesse na gestão ou representação da sociedade, com excesso de poder ou infração à lei, contrato social ou estatutos, e que impliquem, se não o surgimento, ao menos o inadimplemento de obrigações tributárias. Aliás, destacou-se também no julgado que tais ilícitos, passíveis de serem praticados pelos sócios com poderes de gestão, não se confundiriam com o simples inadimplemento de tributos por força do risco do negócio, isto é, com o atraso no pagamento dos tributos, incapaz de fazer com que os diretores, gerentes ou representantes respondessem, com seu próprio patrimônio, por dívida da sociedade. Seria necessário, para tanto, um ilícito qualificado, do qual decorresse a obrigação ou seu inadimplemento. Assim, a mera condição de sócio, como condição apta à aplicação da Teoria da Desconsideração da Pessoa Jurídica, é exceção desautorizada à norma geral de

> direito tributário consubstanciada no art. 135, III, do CTN, demonstrando inequívoca invasão da esfera reservada à lei complementar pelo art. 146, III, "b", da CF;
>
> **(III) ofensa ao art. 5º, XIII, e 170, parágrafo único, da CF:** a submissão do patrimônio pessoal do sócio de sociedade limitada à satisfação dos débitos da sociedade (confusão patrimonial), independentemente de ele exercer, ou não, a gerência e de cometer, ou não, qualquer infração, tolheria, de forma excessiva, a iniciativa privada, de modo a descaracterizar essa espécie societária (Ltda.), em afronta aos arts. 5º, XIII, e 170, parágrafo único, da CF.

É importante mencionar que o art. 135 retira a "solidariedade" do art. 134, dando-lhe o timbre de *responsabilidade pessoal e imediata, plena e exclusiva do terceiro*. Diríamos até que, para os casos de descumprimento de obrigação tributária por mera culpa, basta a aplicação do art. 134 – um verdadeiro comando de "solidariedade com benefício de ordem". De outra banda, para os casos de descumprimento de obrigação tributária, em que o dolo seja elementar, aplicar-se-á o art. 135, no qual não há espaço para benefício de ordem. Daí se avocarem, conforme se estudou na parte inicial deste capítulo, os institutos da responsabilidade por transferência (art. 134) e responsabilidade por substituição (art. 135).

Não obstante, diante desse cenário, surge uma dúvida: *é possível a exclusão da pessoa jurídica do polo passivo de Execução Fiscal, em decorrência do redirecionamento para o sócio-gerente, motivado pela constatação de dissolução irregular do estabelecimento empresarial?*

Se procedermos a uma interpretação literal (ou gramatical) do art. 135, III, do CTN, poderemos concluir que, em virtude do redirecionamento, o executivo fiscal voltar-se-á exclusivamente (pessoalmente) contra o patrimônio do representante legal da pessoa jurídica, a qual deixa, desde logo, de responder pelos créditos tributários.

Ora, pela leitura da **Súmula n. 430/STJ** ("*O inadimplemento da obrigação tributária pela sociedade não gera, por si só, a responsabilidade solidária do sócio-gerente*"), subjaz implícita a noção de que há um nexo entre a prática dolosa e a responsabilidade solidária do sócio-gerente. Os excertos da ementa a seguir são autoexplicativos, indicando o posicionamento adotado pelo **STJ**:

> **EMENTA: (...) 12.** Não há sentido em concluir que a prática, pelo sócio-gerente, de ato ilícito (dissolução irregular) constitui causa de exclusão da responsabilidade tributária da pessoa jurídica, fundada em circunstância independente. **13.** Em primeiro lugar, porque a legislação de Direito Material (CTN e legislação esparsa) não contém previsão legal nesse sentido. **14.** Ademais, a prática de ato ilícito imputável a um terceiro, posterior à ocorrência do fato gerador, não afasta a inadimplência (que é imputável à pessoa jurídica, e não ao respectivo sócio-gerente) nem anula ou invalida o surgimento da obrigação tributária e a constituição do respectivo crédito, o qual, portanto, subsiste normalmente. **15.** A adoção do entendimento

consagrado no acórdão hostilizado conduziria a um desfecho surreal: se a dissolução irregular exclui a responsabilidade tributária da pessoa jurídica, o feito deveria ser extinto em relação a ela, para prosseguir exclusivamente contra o sujeito para o qual a Execução Fiscal foi redirecionada. Por consequência, cessaria a causa da dissolução irregular, uma vez que, com a exclusão de sua responsabilidade tributária, seria lícita a obtenção de Certidão Negativa de Débitos, o que fatalmente viabilizaria a baixa definitiva de seus atos constitutivos na Junta Comercial! **16.** Dito de outro modo, o ordenamento jurídico conteria a paradoxal previsão de que um ato ilícito – dissolução irregular –, ao fim, implicaria permissão para a pessoa jurídica (beneficiária direta da aludida dissolução) proceder ao arquivamento e ao registro de sua baixa societária, uma vez que não mais subsistiria débito tributário a ela imputável, em detrimento de terceiros de boa-fé (Fazenda Pública e demais credores). **17.** Recurso Especial parcialmente conhecido e, nessa parte, provido. **(REsp 1.455.490/PR, rel. Min. Herman Benjamin, 2ª T., j. em 26-08-2014)**

Diante do exposto, para o **STJ**, nos casos de *dissolução irregular da sociedade empresária*, o redirecionamento dos executivos fiscais para o sócio-gerente não se traduz em causa de exclusão da responsabilidade tributária da pessoa jurídica. Esta persiste, por razões lógica, ética e jurídica.

Restam, ainda, alguns **temas pontuais**, os quais serão abordados nos parágrafos seguintes: **(i) as multas**, **(ii) a responsabilidade do sócio em período contemporâneo à sua gestão** e **(iii) a "responsabilidade por substituição" do art. 135 do CTN.**

Quanto às **multas**, ressalte-se que as pessoas indicadas nos três incisos do art. 135, à luz das condições estabelecidas no *caput*, têm o oneroso ônus de uma abrangente responsabilização: **tributos**, **juros** e todas as **multas** porventura devidas pelo passivo original (não apenas as de caráter moratório). É o que será estudado, no próximo tópico, no **art. 137, III, "a", "b" e "c", do CTN**, no bojo da chamada *responsabilidade por infrações*.

Cabe destacar, ademais, que a melhor jurisprudência tem sido no sentido de que os sócios responsáveis são os detentores de poderes de administração à época em que o fato gerador ocorreu (**período contemporâneo à gestão**). Assim, a responsabilidade prende-se ao período em que o administrador tenha efetivamente exercido essa função na pessoa jurídica. Se os tributos referirem-se a período anterior ao início de sua gestão ou a período posterior ao seu término, ausente estará o requisito mencionado da contemporaneidade, não gerando sua responsabilidade pessoal.

Por derradeiro, vale repisar que há posicionamento doutrinário que considera o art. 135 como comando designativo de "**responsabilidade por substituição**", porquanto o dever recai sobre o responsável desde o momento do fato gerador. A prevalecer tal orientação, será possível defender a existência de hipótese exclusiva de "responsabilidade por substituição", regulada pelo próprio CTN. Com efeito, sabe-se que os casos de *responsabilidade por substituição* são regidos, quase sempre, por legislação tributária própria (ICMS, IR, ISS etc.), com fulcro no preambular art. 128 do CTN.

Apenas para rememorar, em confronto, frise-se que o art. 134 indica casos de *responsabilidade por transferência*.

QUADRO MNEMÔNICO	
Art. 134 do CTN	**Art. 135 do CTN**
Responsabilidade subsidiária	Responsabilidade pessoal
Depende da insolvência do contribuinte	Não depende da insolvência do contribuinte
Responsabilidade por transferência	"Responsabilidade por substituição" (parte da doutrina)
O responsável incorre em omissão (culpa), ausente o dolo	O responsável age com dolo (excesso de poder ou infração de lei, contrato ou estatutos)

Ad argumentandum, urge expender uma curiosa hipótese de responsabilidade pessoal, além daquelas previstas no art. 135 do CTN: a responsabilização do funcionário público emissor de certidão negativa fraudulenta. Observe o **art. 208** do **CTN**:

> **Art. 208.** A certidão negativa expedida com dolo ou fraude, que contenha erro contra a Fazenda Pública, responsabiliza *pessoalmente* o funcionário que a expedir, pelo *crédito tributário e juros de mora* acrescidos.
> **Parágrafo único.** O disposto neste artigo não exclui a *responsabilidade criminal* e *funcional* que no caso couber. **(Grifos nossos)**

O preceptivo disciplina um caso de responsabilidade pessoal, quanto ao pagamento da dívida tributária, contra o funcionário fazendário que emitir uma certidão negativa inquinada de falsidade ideológica. Este servidor, ao agir assim, sabendo que está cometendo uma falsidade, poderá ser "triplamente" responsabilizado, ou seja, nas instâncias fiscal, criminal e funcional. Em outras palavras, arcará com o ônus do crédito tributário que deixou de constar na certidão, além de ser o destinatário das devidas sanções administrativas e penais.

A propósito desta responsabilização penal, diga-se que a conduta do funcionário desbriado poderá ser tipificada, no mínimo, no crime de *prevaricação*, quando não no de *corrupção passiva*. Por outro lado, se o funcionário agir sem dolo, isto é, emitindo o falso documento com culpa, não haverá que incidir a responsabilidade pelo crédito tributário, podendo remanescer, se for o caso, as responsabilidades disciplinar e penal.

A título de comentário, entendemos que tal responsabilização pessoal do servidor público fazendário é contraproducente, porque o servidor público recebe, como regra, parcos salários, não se devendo, presumivelmente, imaginá-lo hábil a satisfazer créditos tributários robustos. Ademais, proteger-se-ia o contribuinte desonesto – a pessoa física ou jurídica, em nome da qual o documento seria expedido –, com um verdadeiro escudo, na pessoa do servidor.

Assim, a responsabilidade mais consentânea com o ideal de justiça deve ser a solidária, avocando-se a responsabilização do conivente sujeito passivo originário, no justo contexto distributivo de responsabilização.

5 RESPONSABILIDADE POR INFRAÇÕES

De início, deve-se enfatizar que o tema adstrito aos ilícitos tributários foi tratado, nos arts. 136 e 137 do CTN, no bojo da temática da "responsabilidade tributária", o que denota certa inexatidão didática.

O tema "responsabilidade por infrações" quer significar, na verdade, a "responsabilidade por multas aplicáveis em um liame jurídico-tributário", não tendo nada a ver com "sujeição passiva indireta".

É, sim, uma "responsabilidade" em acepção peculiar e diversa: a sujeição de alguém às consequências dos seus atos praticados ou a responsabilidade pelo pagamento de multas, quando se descumpre uma obrigação. Traduz-se, portanto, na aplicação da máxima "se cometo uma infração, 'respondo' por ela".

Entretanto, valendo-se de esforço classificatório, pode-se associar o art. 136 do CTN a casos de *responsabilidade por substituição*, uma vez que, logo no ato do cometimento da infração, já se identifica o sujeito passivo como "substituto".

O tema será estudado em dois subtópicos:

a) **Responsabilidade objetiva: conceito;**
b) **Responsabilidade pessoal do agente.**

a) Responsabilidade objetiva: conceito

Observe o dispositivo legal.

Art. 136. Salvo disposição de lei em contrário, a responsabilidade por infrações da legislação tributária ***independe*** da intenção do agente ou do responsável e da efetividade, natureza e extensão dos efeitos do ato. **(Grifos nossos)**

Note o item considerado **CORRETO**, em prova realizada pela COMPASS, para o cargo de Auditor fiscal de Tributos Municipais da Prefeitura Municipal de Carpina/PE, em 2016: "*A responsabilidade por infrações da legislação tributária independe da intenção do agente ou do responsável e da efetividade, natureza e extensão dos efeitos do ato*".

Note o item considerado **INCORRETO**, em prova realizada pela AMAUC, para o cargo de Fiscal de Tributos da Prefeitura do Município de Paial/SC, em 2016: "*Salvo disposição de lei em contrário, a responsabilidade por infrações da legislação tributária depende da intenção do agente ou do responsável e da efetividade, natureza e extensão dos efeitos do ato*".

A responsabilidade por infrações no Direito Tributário, relativamente ao descumprimento de obrigações tributárias principais e acessórias, traduz-se, normalmente, em penas pecuniárias (multas), sendo, em princípio, de consideração puramente objetiva (*teoria da responsabilidade objetiva*), uma vez que não seria necessário pesquisar a eventual presença do elemento subjetivo (dolo ou culpa)"[48].

Nesse passo, prescindindo-se da ideia de culpa e do nexo psicológico entre o agente e o resultado, responsabiliza-se comumente quem quer que tenha praticado o ato ilícito e, por fim, desconsideram-se as circunstâncias que excluam ou atenuem a punibilidade.

Com isso, facilita-se a aplicação de penalidades, pois a autoridade fiscal menospreza o conjunto probatório relativo à intenção do infrator, interessando-se, tão somente, na prática e na autoria da infração – ou "conduta formal", na expressão de Aliomar Baleeiro[49]. Portanto, memorize: a responsabilidade por infrações da legislação tributária **independe da intenção do agente**, ou, em outras palavras, a responsabilização prescinde do elemento volitivo. Exemplos:

Note o item considerado **INCORRETO**, em prova realizada pelo TJ/RS, para o cargo de Titular de Serviços de Notas e de Registros/RS, em 2013: *"Salvo disposição legal em contrário, a responsabilidade tributária por infrações depende da demonstração da intenção do sujeito passivo"*.

(I) em uma circulação de mercadoria *sem* nota fiscal, se o contribuinte escriturou a saída e recolheu o imposto, a falha persistiu e, por ela, independentemente de sua intenção (se houve dolo ou culpa), o omisso responderá;
(II) em virtude de dificuldades financeiras momentâneas, se o contribuinte vê-se em fase de inadimplência tributária, o descumprimento obrigacional será punível, ainda que exista eventual motivo para a sua prática;
(III) em razão da entrega extemporânea da Declaração de IRPF, será exigida a multa, ainda que a entrega a destempo seja justificada pelo inadimplente.

A propósito, julgamos conveniente destacar que o tema tem sido abordado frequentemente em provas objetivas de concursos públicos.

Portanto, a regra geral é considerar a infração fiscal de modo objetivo, e não "subjetivo". Há, todavia, uma *ressalva*, prevista na parte inicial do art. 136 do CTN, segundo a qual, havendo lei própria, poder-se-á levar em conta os aspectos subjetivos excludentes ou atenuantes da punibilidade. Nessa medida, nada obsta a que uma lei ordinária defina infrações puníveis na modalidade "subjetiva", isto é, exigindo-se a demonstração de dolo ou de culpa, no intuito de se infligir a pena adequada. Sendo a lei omissa, aplica-se a regra geral – a da responsabilidade objetiva.

48. AMARO, Luciano da Silva. *Direito tributário brasileiro*, 14. ed., p. 444.
49. BALEEIRO, Aliomar. *Direito tributário brasileiro*, 11. ed., p. 758.

Diga-se, pois, que o CTN, ao adotar o *princípio da responsabilidade objetiva*, afasta o que é tradicional no Direito Penal brasileiro – o princípio da responsabilidade subjetiva –, em que a imputabilidade depende da subjetividade, ou seja, da análise do que pensou ou previu o agente, à luz do elemento volitivo. Ademais, sabe-se que a penalidade não deve passar da pessoa do infrator (art. 5º, XLV, CF).

Por fim, destacamos a lição do eminente professor Luiz Flávio Gomes, para quem o art. 136 é inconstitucional, pois trata da "responsabilização no sentido objetivo", permitindo a aplicação de sanção sem dolo ou culpa, conflitando com o princípio constitucional da presunção de inocência[50].

Frise-se, a esse respeito, que as ocorrências de uma infração tributária pressupõem, todavia, no mínimo, a culpabilidade do agente. Por isso, a legislação tributária alberga, em alguns dispositivos, o *princípio da verdade material*, em razão do qual os fatos favoráveis ao contribuinte devem ser considerados, como no caso dos arts. 112 (interpretação benigna) e 108, § 2º (utilização da equidade), ambos do CTN.

Com efeito, a responsabilidade objetiva não deve afastar a consideração do fator volitivo (elemento subjetivo) na tipificação da infração, à evidência de provas sobejas nos autos, nem mesmo deixar de considerar a gravosidade de certas condutas, prevendo-se o agravamento das multas por infrações qualificadas quando se fizer necessário.

Vale dizer que o contribuinte não pode ser punido quando tenha agido com boa-fé, sem pretender ludibriar o Fisco, nem lhe ter abrandado o tratamento quando o rigor da norma se mostrar inafastável. A propósito, a boa-fé do adquirente em relação às notas fiscais declaradas inidôneas após a celebração de um negócio jurídico (o qual fora efetivamente realizado), uma vez caracterizada, **legitima o aproveitamento dos créditos de ICMS**. De fato, a responsabilidade do adquirente de boa-fé reside na exigência, no momento da celebração do negócio jurídico, da documentação pertinente à assunção da regularidade do alienante, cuja verificação de idoneidade incumbe ao Fisco, razão pela qual não incide, à espécie, o **art. 136 do CTN**, uma norma aplicável, *in casu*, ao alienante.

Note o item considerado **CORRETO**, em prova realizada pela Vunesp, para o cargo de Juiz de Direito Substituto do Estado de São Paulo (TJ/SP – 186º Concurso), em 2015: *"Comerciante utiliza notas fiscais de compras de mercadorias para aproveitamento dos respectivos créditos de ICMS e, posteriormente, a empresa fornecedora daqueles bens tem suas atividades encerradas, e reconhecidas pelo Fisco como inidôneas as notas fiscais por ela emitidas. Diante de tal situação, 'a boa-fé do comerciante não impede que seja apurada a veracidade daquelas transações comerciais que originaram as notas fiscais declaradas inidôneas'"*.

50. V. GOMES, Luiz Flávio. Responsabilidade penal objetiva e culpabilidade nos crimes contra a ordem tributária. *In: Direito penal empresarial*. São Paulo: Dialética, 1995, pp. 95-96.

O **STJ**, em vários precedentes[51], já havia chancelado que o comerciante de boa-fé que adquire mercadoria, cuja nota fiscal (emitida pela empresa vendedora) posteriormente seja declarada inidônea, pode engendrar o aproveitamento do crédito do ICMS pelo *princípio da não cumulatividade*, uma vez demonstrada a veracidade da compra e venda efetuada, porquanto o ato declaratório da inidoneidade somente produz efeitos a partir de sua publicação.

Em 31 de março de **2014**, houve por bem o **STJ** em publicar a **Súmula n. 509** ("*É lícito ao comerciante de boa-fé aproveitar os créditos de ICMS decorrentes de nota fiscal posteriormente declarada inidônea, quando demonstrada a veracidade da compra e venda*").

Em 4 de dezembro de **2018**, a 1ª Turma do **STJ**, no **AREsp 1.198.146/SP** (rel. Min. Gurgel de Faria), afastou, com base no alcance limitado da chamada *solidariedade natural* (**art. 124, I, CTN**), a responsabilidade objetiva da empresa adquirente pelo ICMS não recolhido pela empresa vendedora, a qual teria realizado uma operação com uma indevida emissão de nota fiscal pela sistemática do Simples Nacional, sem o destaque do imposto. Essa razão de decidir, privilegiando a boa-fé, levou em consideração, *mutatis mutandis*, o teor do emblemático veredicto exarado, em abril de **2010**, na 1ª Seção do **STJ**, quando se enfrentou o paradigmático **REsp 1.148.444/MG** (rel. Min. Luiz Fux): "*O comerciante de boa-fé que adquire mercadoria, cuja nota fiscal (emitida pela empresa vendedora) posteriormente seja declarada inidônea, pode engendrar o aproveitamento do crédito do ICMS pelo princípio da não cumulatividade, uma vez demonstrada a veracidade da compra e venda efetuada, porquanto o ato declaratório da inidoneidade somente produz efeitos a partir de sua publicação*". Ora, se o adquirente de boa-fé tem até o direito de creditar o imposto oriundo de nota fiscal posteriormente declarada inidônea, com maior razão não poderá ser responsabilizado pelo tributo que deixou de ser oportunamente recolhido pelo vendedor infrator.

b) Responsabilidade pessoal do agente

Observe o dispositivo legal:

Art. 137. A responsabilidade é pessoal ao agente:

> Note o item considerado **INCORRETO**, em prova realizada pela AMAUC, para o cargo de Fiscal de Tributos da Prefeitura do Município de Paial/SC, em 2016: *"A responsabilidade do agente é indireta e não pessoal"*.

51. Note os **precedentes** das Turmas de Direito Público do STJ: **(I)** EDcl nos EDcl no REsp 623.335/PR, rel. Min. Denise Arruda, 1ª T., j. em 11-03-2008; **(II)** REsp 737.135/MG, rel. Min. Eliana Calmon, 2ª T., j. em 14-08-2007; **(III)** REsp 623.335/PR, rel. Min. Denise Arruda, 1ª T., j. em 07-08-2007; **(IV)** REsp 246.134/MG, rel. Min. João Otávio de Noronha, 2ª T., j. em 06-12-2005; **(V)** REsp 556.850/MG, rel. Min. Eliana Calmon, 2ª T., j. em 19-04-2005; **(VI)** REsp 176.270/MG, rel. Min. Eliana Calmon, 2ª T., j. em 27-03-2001; **(VII)** REsp 112.313/SP, rel. Min. Francisco Peçanha Martins, 2ª T., j. em 16-11-1999; **(VIII)** REsp 196.581/MG, rel. Min. Garcia Vieira, 1ª T., j. em 04-03-1999; e **(IX)** REsp 89.706/SP, rel. Min. Ari Pargendler, 2ª T., j. em 24-03-1998.

I – quanto às *infrações* conceituadas por lei como *crimes ou contravenções,* salvo quando praticadas no exercício regular de administração, mandato, função, cargo ou emprego, ou no cumprimento de ordem expressa emitida por quem de direito;

II – quanto às *infrações* em cuja definição o **dolo específico** do agente seja elementar;

III – quanto às *infrações* que *decorram* direta e exclusivamente de *dolo específico:*

a) das pessoas referidas no art. 134, contra aquelas por quem respondem;

b) dos mandatários, prepostos ou empregados, contra seus mandantes, preponentes ou empregadores;

c) dos diretores, gerentes ou representantes de pessoas jurídicas de direito privado, contra estas. **(Grifos nossos)**

Note o item considerado **CORRETO**, em prova realizada pelo IESES, para o cargo de Titular de Serviços de Notas e de Registros – Provimento (TJ/SC), em 2019: *"Em relação às infrações que decorram direta e exclusivamente de dolo específico, a responsabilidade é pessoal ao agente".*

No Direito Tributário, como regra, as punições **não** são aplicadas pessoalmente sobre o agente da infração, mas sobre o *sujeito passivo* da obrigação tributária, principal ou acessória, que não foi adimplida. Assim, no caso de pessoa jurídica cometer ilícito, a multa será aplicada contra a própria pessoa jurídica, e não contra o agente (pessoa física) que tenha concretizado, efetivamente, a conduta ilícita.

Todavia, o artigo ora analisado traz importantes *exceções* a esta regra, determinando punição pessoal, com o afastamento do sujeito passivo da infração. Mais do que simples exceções, o dispositivo indica uma ressalva à responsabilidade objetiva ao prever um apenamento do agente responsável, deslocando-se para este, o executor material, o alvo da punição pela infração. Aqui há a personalização das penas tributárias, alcançando o agente, que deve se submeter à sanção imposta. Quanto ao sujeito passivo principal, permanece como responsável pelo tributo devido no âmbito da obrigação tributária correspondente.

Conclusivamente, dir-se-ia, quanto ao art. 137 do CTN: não é caso de responsabilidade "exclusiva" da pessoa jurídica, podendo o agente infrator ser pessoalmente responsabilizado; também não é caso de responsabilidade "conjunta" e "solidária" da pessoa jurídica e da pessoa física; e, por fim, não é caso de responsabilidade "subsidiária" da pessoa física.

Passemos à análise dos incisos do **art. 137 do CTN:**

b.1) Inciso I: infrações tributárias como crimes ou contravenções

O dispositivo é lógico, à luz do que ensina a doutrina do Direito Penal: se a infração é tão grave a ponto de ser tipificada como crime ou contravenção, afasta-se a responsabilização da pessoa jurídica, atingindo-se as pessoas físicas dos dirigentes, até mesmo com a aplicação de pena privativa de liberdade (Lei n. 8.137/90).

A responsabilização criminal da pessoa jurídica – uma realidade nos sistemas penais alemão e português – não está prevista no Brasil, não obstante a previsão dessa possibilidade em legislação esparsa (exemplo: Lei n. 9.605/98, para crimes ambientais).

Não raras vezes, os fatos que são crimes tributários apresentam-se também como infrações fiscais, implicando sanções penais (pelo Juiz, no processo judicial) e sanções fiscais (pela autoridade administrativa, no processo administrativo). Assim, exemplificadamente, se uma empresa importadora comete infração à legislação aduaneira tipificada como crime ou contravenção (infração penal cometida por intermédio ou em benefício da pessoa jurídica), a responsabilidade é **exclusiva** da **pessoa natural** que tiver cometido a infração aduaneira. A regra, entretanto, pode ser excepcionada em duas situações:

a) **A prova, pelo agente, de que teria agido no "regular exercício da administração":** embora pareça estranho alguém estar no regular exercício de gestão e cometer crime ou contravenção, a situação torna-se factível nos casos em que o agente comete o ilícito na condição de mero portador da vontade da empresa (e de seus sócios). É natural que se deva, portanto, desonerar o infrator da responsabilização, cujo ônus deve recair sobre a pessoa jurídica;

b) **A prova, pelo agente, de que teria cumprido ordem expressa por quem de direito:** seguindo a interpretação semelhante à do item precedente, é natural que se deva privilegiar a responsabilização de quem tenha ordenado a ação ou omissão, em benefício daquele que se viu no dever de cumprir ordem expressa por quem de direito. Aqui, de igual modo, o infrator será, com justiça, desonerado.

b.2) Inciso II: **infrações tributárias com o dolo específico (elementar)**

O dispositivo faz menção a infrações sem que se as enquadrem como crimes ou contravenções, uma vez já tratadas no inciso I. Assim, entende-se que tal inciso vale para as infrações administrativas.

As infrações tributárias não trazem a reboque o "elemento subjetivo". Todavia, nada obsta a que a lei tributária venha ostentar elemento subjetivo na figura infracional – dolo, culpa ou, até mesmo, "**dolo específico**", isto é, o fim especial almejado pelo agente na prática da infração ("específico", na acepção de "elemento, parte ou componente"). No dolo específico, o agente se manifesta deliberadamente na consecução do resultado (dolo genérico), porém com finalidade especial em mente (dolo específico). Um exemplo possível de tal situação seria o extravio de documento fiscal, com o fim de ocultar do Fisco uma situação tributável.

Posto isso, sempre que a formatação da infração depender de um intuito especial do agente na prática do ilícito, ter-se-á como *elementar* o dolo específico, e a punição será pessoal no agente.

b.3) Inciso III: infrações que decorram de dolo específico

O dispositivo anuncia a possibilidade de infração cometida pelos gestores de interesses dos representados na deliberada intenção de prejudicá-los e, com isso, colherem vantagem indevida.

O inciso indica as pessoas que podem, agindo em nome e por conta de terceiros, cometer as infrações que decorram de dolo específico: **(I)** as pessoas do art. 134 do CTN; **(II)** os mandatários, prepostos e empregados; e **(III)** os diretores, gerentes e representantes de pessoas jurídicas de direito privado.

Nesse caso, os representados (contribuintes), sendo vítimas dos agentes infratores (responsáveis) acima destacados, geram a responsabilização pessoal destes, com a inflição da penalidade. Quanto ao sujeito passivo (contribuinte) – é bom frisar –, continua sendo o devedor do tributo.

O comando possui louvável ideal: punir aquele que atua no sentido de prejudicar pessoas cujos interesses deveria defender. Exemplo: um diretor de empresa que pratica ato ilícito contrário ao Fisco e à pessoa jurídica para a qual trabalha poderá ser responsabilizado pelos tributos devidos pela sociedade (art. 135, III, CTN), sendo responsabilizado pessoalmente pelas multas correspondentes (art. 137, III, CTN). Não seria razoável exigir tais multas da pessoa jurídica.

6 DENÚNCIA ESPONTÂNEA

Observe o dispositivo legal:

> **Art. 138.** A responsabilidade é excluída pela denúncia espontânea da infração, acompanhada, se for o caso, do *pagamento do tributo* devido *e* dos *juros de mora*, ou do depósito da importância arbitrada pela autoridade administrativa, quando o montante do tributo dependa de apuração.
>
> **Parágrafo único.** *Não se considera espontânea* a *denúncia* apresentada ***após*** o início de qualquer procedimento administrativo ou medida de fiscalização, relacionados com a infração. **(Grifos nossos)**

> Note o item (adaptado) considerado **CORRETO**, em prova realizada pelo TRF, para o cargo de Juiz Federal Substituto (TRF/3ª Região), em 2016: *"Com relação à denúncia espontânea (art. 138 do CTN), é correto afirmar que só se considera espontânea a denúncia apresentada antes de qualquer medida de fiscalização relacionada com a infração fiscal"*.

O instituto da denúncia espontânea, confissão espontânea ou autodenúncia, prevista no art. 138, permite que o devedor compareça à repartição fiscal, *opportuno tempore*, a fim de noticiar a ocorrência da infração e pagar os tributos em atraso, se existirem, em um voluntário saneamento da falta. Não se trata de ato solene, nem a lei exige que ela se faça dessa ou daquela forma. Trata-se de possibilidade legal para que o infrator se redima, confessando a violação ao Fisco. Apresenta, assim, similitude com a desistência voluntária e com o arrependimento eficaz, ambos do Direito Penal.

O fim inspirador da denúncia espontânea é retirar o contribuinte da indesejada via da impontualidade, afastando a aplicação de **multa**, no bojo do afastamento da **responsabilidade por infração**. Assim, não se veda a cobrança dos "juros" e da "correção monetária", até porque esta integra o valor do tributo, enquanto aqueles, despidos de fins punitivos, compõem o traço remuneratório do capital. Por outro lado, não se cogita de **"atualização de base de cálculo do tributo"**.

Note o item considerado **CORRETO**, em prova realizada pela FCC, para o cargo de Juiz Substituto (TJ/SC), em 2017: *"A 'denúncia espontânea' acompanhada, quando o caso, de pagamento do tributo devido com consectários cabíveis, exclui a responsabilidade por infração"*.

Note o item considerado **INCORRETO**, em prova realizada pela FCC, para o cargo de Profissional de Nível Superior (Direito) da ELETROBRAS-ELETROSUL, em 2016: *"A responsabilidade é excluída pela denúncia espontânea da infração, acompanhada, se for o caso, do pagamento do tributo devido, da atualização do valor da base de cálculo do tributo e dos juros de mora, ou do depósito da importância arbitrada pela autoridade administrativa, quando o montante do tributo dependa de apuração"*.

Acerca da afirmação de que o tributo deva estar acompanhado de juros e correção monetária, afastando-se tão somente as multas, colacionamos o julgado abaixo transcrito:

> **EMENTA:** PROCESSUAL CIVIL. TRIBUTÁRIO. CONFISSÃO DA DÍVIDA. PARCELAMENTO. DENÚNCIA ESPONTÂNEA. NÃO CONFIGURAÇÃO. SÚMULA 208/TFR. Consoante entendimento sumulado do extinto TFR, "a simples confissão da dívida, acompanhada do pedido de parcelamento, não configura denúncia espontânea". Para exclusão da responsabilidade pela denúncia espontânea, é imprescindível a realização do pagamento do tributo devido, acrescido da correção monetária e juros moratórios; somente o pagamento integral extingue o débito, daí a legalidade da cobrança da multa em face da permanência do devedor em mora. Entendimento consagrado pela eg. 1ª Seção quando do julgamento do REsp 284.189/SP. Os honorários advocatícios, quando vencida a Fazenda Pública, serão fixados de acordo com a apreciação equitativa do juiz, nos termos do art. 20, § 4º, do CPC (*vide* art. 85, §§ 5º e 8º, do NCPC), não se impondo ao julgador a observância de limites percentuais mínimos e máximos e nem a base de cálculo. – A configuração do prequestionamento exige a emissão de juízo decisório sobre a questão jurídica controvertida. – Recurso especial conhecido, mas improvido. **(REsp 291.953/SP, 2ª T., rel. Min. Francisco Peçanha Martins, j. em 15-12-2005)**

Uma instigante questão, ademais, sempre vem à baila: *a confissão espontânea excluiria qual tipo de multa? A multa moratória, a multa punitiva ou, eventualmente, ambas?*

A doutrina, a par da jurisprudência do **STJ** (ainda não totalmente consolidada), preconiza a exclusão de toda e qualquer penalidade sobre a irregularidade autodenunciada. Portanto, excluir-se-ão as multas moratórias ou substanciais (falta ou atraso no recolhimento do tributo) e as multas punitivas ou formais (fiscais ou punitivas).

Nesse sentido, o eminente Sacha Calmon Navarro Coêlho assevera: "Se quisesse excluir uma ou outra, teria adjetivado a palavra infração ou teria dito que a denúncia espontânea elidiria a responsabilidade pela prática de infração à obrigação principal excluindo a acessória, ou vice-versa"[52].

No entanto, boa parcela dos estudiosos defende a ideia de que se deve excluir tão somente as multas punitivas. Nesse sentido, o saudoso professor Ricardo Lobo Torres assevera que "a denúncia espontânea exclui apenas as penalidades de natureza penal, mas não as moratórias, devidas pelo recolhimento do tributo a destempo. A legislação dos diversos impostos costuma prever multas moratórias reduzidas para as hipóteses de recolhimento espontâneo do tributo fora do prazo legal, como o que se beneficia em parte o infrator arrependido"[53].

Veja, abaixo, interessantes julgados do **STJ** e do **STF**:

> **EMENTA (STJ):** TRIBUTÁRIO. ICM. DENÚNCIA ESPONTÂNEA. INEXIGIBILIDADE DA MULTA DE MORA. O CÓDIGO TRIBUTÁRIO NACIONAL NÃO DISTINGUE ENTRE MULTA PUNITIVA E MULTA SIMPLESMENTE MORATÓRIA. No respectivo sistema, a multa moratória constitui penalidade resultante de infração legal, sendo inexigível no caso de denúncia espontânea, por força do artigo 138. Recurso especial conhecido e provido. **(REsp 001.6672/SP, 2ª T., rel. Min. Ari Pargendler, j. em 05-02-1996)**

> **EMENTA (STF):** ISS. INFRAÇÃO. MORA. DENÚNCIA ESPONTÂNEA. MULTA MORATÓRIA. EXONERAÇÃO. ART. 138 DO CTN. O contribuinte do ISS, que denuncia espontaneamente ao Fisco o seu débito em atraso, recolhido o montante devido, com juros de mora e correção monetária, está exonerado da multa moratória, nos termos do art. 138 do CTN. Recurso extraordinário não conhecido. **(RE 106.068/SP, 1ª T., rel. Min. Rafael Mayer, j. em 06-08-1995)**

É importante, neste momento, que se percorra o **§ 1º do art. 155-A**, inserido pela LC n. 104/2001, e referente ao parcelamento:

> **Art. 155-A.** O parcelamento será concedido na forma e condição estabelecidas em lei específica.

52. COÊLHO, Sacha Calmon Navarro. *Teoria e prática das multas tributárias*. 2. ed. Rio de Janeiro: Forense, pp. 105-106.
53. TORRES, Ricardo Lobo. *Curso de direito financeiro e tributário*, p. 270.

> **§ 1º** Salvo disposição de lei em contrário, o parcelamento do crédito tributário não exclui a incidência de juros e multas.

Trata-se de dispositivo que encerra um sentido oculto, que só pode ser desvendado pelo conhecimento histórico e interdisciplinar dos institutos de Direito Tributário. Sua compreensão, em verdade, depende da análise de outro comando: o art. 138 do CTN, afeto à denúncia espontânea da infração, ao qual estamos nos atendo neste momento.

Inicialmente, cumpre destacar que o parcelamento não se confunde com a *denúncia espontânea*, pois o simples pedido de parcelamento, e mesmo sua obtenção, não bastam para afastar a aplicação da multa.

A jurisprudência, a princípio, influenciada pela **Súmula n. 208** do antigo **TFR** (*A simples confissão da dívida, acompanhada do seu pedido de parcelamento, não configura denúncia espontânea*), só admitia a existência da denúncia espontânea se houvesse o pagamento integral do tributo. Com o tempo, o entendimento foi sendo modificado, vindo o **STJ** a admitir, de forma pacífica, que a denúncia espontânea, acompanhada do pagamento parcelado do tributo, igualmente excluía a incidência da multa:

> **EMENTA:** TRIBUTÁRIO E PROCESSUAL CIVIL. PARCELAMENTO DA DÍVIDA. DENÚNCIA ESPONTÂNEA. DESCABIMENTO DA MULTA. CTN, ARTIGO 138. 1. Deferido o parcelamento por autoridade competente, ficando consolidada a dívida e seguindo-se os pagamentos das parcelas acertadas, configura-se a denúncia espontânea, descabendo a aplicação da multa (art. 138, CTN). 2. Precedentes da Primeira Seção/STJ. 3. Embargos rejeitados. **(EREsp 241.033/CE, 1ª T., rel. Min. Milton Luiz Pereira, j. em 29-11-2001)**

Ocorre que a norma inserida pela LC n. 104, de 10 de janeiro de 2001, pretendeu opor-se a esse entendimento jurisprudencial, afirmando que o parcelamento não excluía a incidência da multa. O curioso é notar que, "concomitantemente à alteração, **o STJ modificou, mais uma vez, o seu entendimento**, voltando a decidir que o parcelamento não era forma de pagamento e, por isso, a ele não se aplicava o benefício da denúncia espontânea.

> Note o item (adaptado) considerado **INCORRETO**, em prova realizada pelo TRF, para o cargo de Juiz Federal Substituto (TRF/3ª Região), em 2016: *"Com relação à denúncia espontânea (art. 138 do CTN), é correto afirmar que se aplica ao caso em que o contribuinte devedor confessa a dívida e obtém o parcelamento do débito tributário".*

Assim, para o **STJ**, o novo dispositivo trazido pela LC n. 104/2001 apenas confirmou o sentido do art. 138 do CTN"[54]. Note o julgado da Corte Superior, que desponta com certo sabor de "virada jurisprudencial":

---

54. *V.* SAKAKIHARA, Zuudi; FREITAS, Vladimir Passos de (Coord.). *Código Tributário Nacional comentado*, p. 702.

EMENTA: TRIBUTÁRIO. CONFISSÃO DA DÍVIDA. PARCELAMENTO DO DÉBITO. DENÚNCIA ESPONTÂNEA NÃO CONFIGURADA. EXCLUSÃO DA MULTA MORATÓRIA. IMPOSSIBILIDADE. **1.** O benefício previsto no art. 138 do CTN não se aplica aos casos em que o contribuinte faz opção pelo parcelamento do débito tributário, *exigindo-se, para a exclusão da multa moratória, o integral pagamento do tributo devido e dos juros de mora, ou o depósito da importância arbitrada pela autoridade administrativa.* **2.** A LC 104/2001 incide apenas sobre os parcelamentos posteriores ao seu advento. Entende a 1ª Seção, contudo, que tal dispositivo apenas positivou norma que já se continha no sistema, decorrente da interpretação do art. 138 do CTN. **3.** Agravo regimental improvido. **(AgRg no REsp 545.426/PR, 1ª T., rel. ex-Min. Teori Albino Zavascki, j. em 28-10-2003)**

Portanto, o parcelamento, segundo a orientação hodierna do STJ, não equivale a um "pagamento integral", para fins de consideração da espontaneidade na confissão. Desse modo, é devida a multa de mora na confissão da dívida acompanhada de pedido de parcelamento, mesmo que o contribuinte se antecipe a qualquer ação fiscalizatória da administração fazendária.

Repare que a exclusão da responsabilidade dar-se-á quando o contribuinte levar a conhecimento do Fisco, **antes** de qualquer procedimento fiscal iniciado, a ocorrência de infração e, se for o caso, o pagamento de eventual tributo devido. O indicador temporal prende-se à emissão de notificação para prestar esclarecimentos ou, o que é mais comum, à assinatura do *Termo de Início de Fiscalização* (art. 196 do CTN). Veja o dispositivo:

> Note o item considerado **CORRETO**, em prova realizada pelo Cebraspe, para o cargo de Procurador Municipal da Prefeitura de Belo Horizonte/MG, em 2017: *"No que concerne aos ilícitos tributários e aos crimes contra a ordem tributária, a denúncia espontânea exclui a responsabilidade do agente que comete infração tributária, desde que esse ato seja anterior ao início de qualquer procedimento administrativo ou medida de fiscalização relacionada com a infração".*

Art. 196. A autoridade administrativa que proceder ou presidir a quaisquer diligências de fiscalização lavrará os termos necessários para que se documente o início do procedimento, na forma da legislação aplicável, que fixará prazo máximo para a conclusão daquelas.

Parágrafo único. Os termos a que se refere este artigo serão lavrados, sempre que possível, em um dos livros fiscais exibidos; quando lavrados em separado deles se entregará, à pessoa sujeita à fiscalização, cópia autenticada pela autoridade a que se refere este artigo.

O referido termo, geralmente lavrado com data e hora indicadas, afasta qualquer tentativa de confissão espontânea, ainda que a fiscalização perdure por razoável período. Entretanto, é importante enaltecer que a espontaneidade, nesse caso, fica prejudicada com relação ao tributo objeto da fiscalização, podendo ser levada a efeito, por sua vez, com relação a outras dívidas tributárias, ou seja, àquelas afetas a tributos diversos ou, até mesmo, ao próprio tributo fiscalizado, porém relativo a período de apuração distinto. Daí a necessidade de o termo ser detalhado e explícito, quanto aos seus limites objetivos, não podendo ser genérico, vago ou incerto.

Não perca de vista que o art. 138 do CTN comporta similitude com o instituto da *consulta fiscal* que, enquanto pendente, mantém o "contribuinte-consulente" a salvo dos *juros e de penalidades pecuniárias, exceto a atualização monetária* (art. 161, § 2º, CTN). Veja-o:

> **Art. 161.** O crédito não integralmente pago no vencimento é acrescido de juros de mora, seja qual for o motivo determinante da falta, sem prejuízo da imposição das penalidades cabíveis e da aplicação de quaisquer medidas de garantia previstas nesta Lei ou em Lei Tributária. (...)
>
> **§ 2º** O disposto neste artigo não se aplica na pendência de consulta formulada pelo devedor dentro do prazo legal para pagamento do crédito.

Segundo o **STJ**, não se aplica o art. 138 do CTN às *obrigações acessórias*, ou seja, mesmo confessado espontaneamente o não cumprimento de obrigação acessória, deve ser pago o valor da penalidade correspondente – multas de mora e multas de ofício, decorrentes da infração perpetrada. Em termos práticos, não eximem o inadimplente do pagamento de multa as seguintes situações:

> **(I)** o atraso na entrega da DCTF – Declaração Centralizada de Tributos Federais;
>
> **(II)** a falta de regularização dos livros comerciais, entre outros descumprimentos de deveres instrumentais do contribuinte.

Nessa medida, o STJ tem afastado a aplicação do art. 138 do CTN às infrações meramente formais, isto é, ao descumprimento de obrigações acessórias que, fruindo total autonomia com relação ao fato gerador do tributo, não têm o condão de afastar a imposição da multa. Segue abaixo um interessante julgado do **STJ**:

> **EMENTA:** TRIBUTÁRIO. DENÚNCIA ESPONTÂNEA. ENTREGA COM ATRASO DE DECLARAÇÃO DE CONTRIBUIÇÕES E TRIBUTOS FEDERAIS (DCTF). MULTA. DENÚNCIA ESPONTÂNEA. INAPLICABILIDADE. **1.** A denúncia espontânea não tem o condão de afastar a multa decorrente do atraso na entrega da Declaração de Contribuições e Tributos Federais (DCTF). **2.** As obrigações acessórias autônomas não têm relação alguma com o fato gerador do tributo, não estando alcançadas pelo art. 138 do CTN. **3.** Recurso provido. **(REsp 591.579/RJ, 2ª T., rel. Min. João Otávio de Noronha, j. em 07-10-2004)**

No entanto, observa Hugo de Brito Machado que "a expressão *se for o caso*, no art. 138 do CTN, significa que a norma nele contida se aplica tanto para o caso em que a denúncia espontânea da infração se faça acompanhar do pagamento do tributo devido, como também no caso em que a denúncia espontânea da infração não se faça acompanhar do pagamento do tributo, *por não ser o caso*. E com toda certeza somente não será o caso em que se tratando de infração meramente formal, vale dizer, mero descumprimento de obrigações tributárias acessórias"[55].

É importante ressaltar, ainda, que a jurisprudência tem resistido em aceitar a denúncia espontânea no caso de tributo lançado por homologação, pago a destempo, mesmo ocorrendo o pagamento integral do débito. A explicação é simples: é pressuposto essencial da denúncia espontânea o total desconhecimento do Fisco quanto à existência do tributo denunciado. Nesse passo, ao se apresentar uma declaração ao Fisco, formaliza-se, para o **STJ**, a existência do crédito tributário, permitindo-se até que se inscreva o valor não pago em dívida ativa. A recusa da denúncia espontânea é justificada com base nessa linha argumentativa:

> **EMENTA:** TRIBUTÁRIO E PROCESSUAL CIVIL. DENÚNCIA ESPONTÂNEA. ART. 138 DO CTN. PARCELAMENTO DE DÉBITO TRIBUTÁRIO. LANÇAMENTO POR HOMOLOGAÇÃO. RECOLHIMENTO DO MONTANTE DEVIDO COM ATRASO. MULTA MORATÓRIA. **(...) 1.** A simples confissão de dívida acompanhada do pedido de parcelamento do débito não configura denúncia espontânea a dar ensejo à aplicação da regra ínsita no art. 138 do CTN, de modo a eximir o contribuinte do pagamento de multa moratória. **2.** Em se tratando de tributo sujeito a lançamento por homologação, não configura denúncia espontânea, com a consequente exclusão da multa moratória, a hipótese em que o contribuinte declara e recolhe, com atraso, seu débito tributário (...). **(REsp 512.245/RS, 2ª T., rel. Min. João Otávio de Noronha, j. em 07-10-2004)**

Nesse sentido, é a **Súmula n. 360 do STJ**: *"O benefício da denúncia espontânea não se aplica aos tributos sujeitos a lançamento por homologação regularmente declarados, mas pagos a destempo"*.

> Note o item (adaptado) considerado **CORRETO**, em prova realizada pelo TRF, para o cargo de Juiz Federal Substituto (TRF/3ª Região), em 2016: *"Com relação à denúncia espontânea (art. 138 do CTN), é correto afirmar que não se aplica aos tributos sujeitos a lançamento por homologação regularmente declarados, mas que são pagos a destempo"*.

> Note o item considerado **CORRETO** em prova realizada pelo MPE/PR, para o cargo de Promotor de Justiça Substituto, em 2017: *"De acordo com o CTN, o benefício da denúncia espontânea não se aplica aos tributos sujeitos a lançamento por homologação regularmente declarados, mas pagos a destempo"*. [Observação: melhor seria a Banca ter dito "De acordo com o STJ..."]

55. MACHADO, Hugo de Brito. *Comentários ao Código Tributário Nacional*, 2004, v. 2, p. 663. No mesmo sentido: COÊLHO, Sacha Calmon Navarro. *Curso de direito tributário brasileiro*. 6. ed. Rio de Janeiro: Forense, 2001, p. 644.

> Note o item considerado **CORRETO**, em prova realizada pelo Cebraspe, para o cargo de Juiz Substituto (TJ/PR), em 2017: *"A Empresa ABC declarou regularmente débito de ICMS no valor de R$ 6.000,00, referente ao mês de junho de 2012, e não o pagou. Posteriormente, a empresa ABC recebeu notícia de que haveria fiscalização em seu setor e, por isso, realizou denúncia espontânea de seu débito ao fisco para eximir-se do pagamento da multa moratória. Acerca dessa situação hipotética e de aspectos legais a ela pertinentes, no caso de tributo por homologação e com declaração regular, não cabe a denúncia espontânea, não sendo, portanto, válido o ato praticado pelo contribuinte".*

Por outro lado, será possível suscitar a *confissão espontânea* em hipótese diversa: na *entrega de declaração parcial do débito tributário (sujeito a lançamento por homologação)*, acompanhada do respectivo "pagamento integral", mas que, em momento posterior – e antes de qualquer procedimento da Administração Tributária –, venha a ser "retificada". Nesse caso de entrega da *Declaração Retificadora*, o pagamento da diferença a maior devida, tempestivamente noticiada e quitada, avoca o instituto da denúncia espontânea, elidindo a necessidade de constituição formal do crédito tributário atinente à parte não declarada (e quitada à época da retificação), razão por que é aplicável o benefício previsto no art. 138 do CTN. Com efeito, aqui não se deu uma declaração prévia com pagamento em atraso – o que rechaçaria o benefício, por força da conhecida **Súmula n. 360** do **STJ**, abrindo-se caminho para a cobrança executiva (*ex vi* da **Súmula n. 436** do **STJ**) –, mas uma verdadeira confissão de dívida com pagamento integral, de forma que resta configurada a denúncia espontânea. A propósito, não é demasiado evidenciar que, caso o contribuinte não efetuasse a retificação, o Fisco não poderia promover a execução sem antes proceder à constituição do crédito tributário atinente à parte não declarada – mais um motivo para a corroboração da tese do cabimento da denúncia espontânea, com a devida exclusão da multa moratória imposta. Assim se orienta o **STJ**, conforme se nota no **REsp 1.149.022/SP (rel. Min. Luiz Fux, 1ª T., j. em 09-06-2010)** (Ver, ainda, no mesmo sentido: **REsp 889.271/RJ, rel. ex-Min. Teori Albino Zavascki, 1ª T., j. em 1º-06-2010)**.

Em **2017**, o tema foi solicitado em prova de concurso realizada pelo **Cebraspe**, para o cargo de Procurador do Município de Fortaleza-CE. Observe-o, em didática assertiva considerada **correta:**

> **Admite-se a concessão do benefício da denúncia espontânea na hipótese de o contribuinte, depois de apresentar declaração parcial do crédito tributário e realizar o respectivo pagamento, retificar a própria declaração e efetuar o pagamento complementar, antes de qualquer iniciativa da administração tributária.**

Frise-se que a *denúncia espontânea* caberá com o pagamento integral da dívida fiscal, e não com um "depósito judicial", por meio do qual subsiste a controvérsia sobre a obrigação tributária. Se esta subjaz, fere-se de morte o objetivo da confissão espontânea. Isso porque o instituto deve satisfazer o contribuinte e o Fisco, concomitantemente: o primeiro, em razão da exclusão da multa; o segundo, em razão da exclusão do custo da movimentação da máquina estatal de cobrança (fiscalizar e constituir o crédito tributário). Dito de outra forma, deve haver uma *neutralização de custos*: o "custo" do particular de confessar e pagar o tributo neutraliza o "custo" do Estado de proceder à fiscalização e cobrança. O primeiro recebe o nome de "custo de conformidade", e o segundo intitula-se "custo administrativo". Ou ainda, em um modelo didático de melhor visualização:

Ação do Particular (que confessa)	**Ação do Estado (que fiscaliza e cobra)**
O particular deveria arcar com X, como valor integral, ou seja, [tributo + juros + multa].	O Fisco deveria movimentar a sua máquina fiscalizatória pa a cobrar.
Apelidamos de "ônus particular total" (*OPATO*).	Apelidamos de "ônus público da cobrança" (*OPUCO*).
O particular procura o Fisco, em confissão espontânea (= *custo de conformidade*), e fica autorizado a arcar com o OPATO, menos a multa. Chamaremos de **OPATO (SEM MULTA).** Aqui desponta o *aspecto ético-filosófico* da denúncia espontânea, que propicia o perdão da multa ao infrator arrependido e sincero.	O Fisco acolhe o contribuinte, em confissão espontânea, e fica dispensado de ter o **OPUCO**, afastando-se o seu *custo administrativo*. *Aqui desponta o aspecto* econômico da denúncia espontânea, numa ótica de relação custo-benefício para o Estado.
CONCLUSÃO: como há a presença desses **dois** ônus, o **OPATO (SEM MULTA)** neutraliza o **OPUCO**. Um serve de "moeda de troca" para o outro. Entretanto, se não despontarem ambos, não haverá como ocorrer o processo de neutralização. É o que se verá com o depósito do montante integral.	

É sabido que, ao se fazer um depósito do montante integral, ocorrerá a suspensão da exigibilidade do crédito tributário (art. 151, II, CTN). Além (e antes) disso, todavia, pode-se afirmar que o depósito constitui o próprio crédito tributário, segundo remansosa orientação do **STJ**[56]. Ora, o depositante, ao disponibilizar o valor

56. O entendimento sacramentado no **STJ** é no sentido de que "o depósito judicial do tributo questionado torna dispensável o ato formal de lançamento por parte do Fisco" (**EREsp 671.773/RJ, rel. ex-Min. Teori Albino Zavascki, 1ª Seção, j. em 23-06-2010**). Em outras palavras, o depósito é um nítido lançamento por homologação, e a aceitação tácita ou expressa do Estado gera efeitos decisivos na constituição do crédito tributário e no cômputo do prazo de decadência. Observe a chancela pretoriana no próprio **STJ**: "(...) Se a Fazenda aceita como integral o depósito, para fins de suspensão da exigibilidade do crédito, aquiesceu expressa ou tacitamente com o valor indicado pelo contribuinte, o que equivale à homologação fiscal prevista no art. 150, § 4º, do CTN. (...) Uma vez ocorrido o lançamento tácito, encontra-se constituído o crédito tributário, razão pela qual não há mais falar no transcurso do prazo decadencial nem na necessidade de lançamento de ofício das importâncias depositadas. (...)" (**EREsp 898.992/PR, rel. Min. Castro Meira, 1ª Seção, j. em 08-08-2007;** ver, ainda, entre outros: **EREsp 464.343/DF, rel. Min. José Delgado, 1ª Seção, j. em 10-10-2007**).

integral ao Estado credor (por exemplo, no bojo de uma ação judicial), não consegue, com essa conduta, neutralizar aquele "ônus público da cobrança (*OPUCO*)", uma vez que essa conduta de exigência estatal se esvazia com o anterior comportamento do contribuinte, tendo sido eliminada de antemão. Não existe aqui o *custo administrativo* para o Estado, pois o depositante "fez todo o trabalho". *Mutatis mutandis*, é o que ocorre quando há a constituição do crédito tributário pela entrega de declaração do particular contribuinte.

Diante disso, em 28 de outubro de **2015**, a 1ª Seção do **STJ**, no **EREsp 1.131.090/RJ**[57] (rel. Min. Mauro Campbell Marques) entendeu que o depósito judicial integral do débito tributário e dos respectivos juros de mora, mesmo antes de qualquer procedimento do Fisco tendente à sua exigência, não configura denúncia espontânea (art. 138 do CTN).

Por derradeiro, sabe-se que a doutrina tem entendido que, sendo o art. 138 do CTN incompatível com qualquer punição, a autodenúncia seria igualmente hábil a extinguir a punibilidade das infrações na seara criminal. *A contrario sensu*, em linguagem figurada, dar o "perdão" administrativo com uma mão e efetuar a "prisão" do infrator com a outra seria, no mínimo, desleal, para não falar incompatível com a ideia de Estado de Direito.

57. Ver, ainda, sobre o mesmo tema, no **STJ**, com julgamento em 17-09-2015, na 2ª Turma, o REsp 1.340.174/PR, de igual relatoria do Min. Mauro Campbell Marques.

23 CRÉDITO TRIBUTÁRIO

1 CONSIDERAÇÕES INICIAIS

O crédito tributário representa o momento de *exigibilidade* da relação jurídico-tributária. Seu nascimento ocorre com o lançamento tributário (art. 142 do CTN), o que nos permite defini-lo como uma *obrigação tributária "lançada"* ou, com maior rigor terminológico, *obrigação tributária em estado ativo*. Observe o dispositivo, em sua parte inicial:

> **Art. 142.** *Compete privativamente à autoridade administrativa constituir o crédito tributário pelo lançamento*, assim entendido o procedimento administrativo tendente a verificar a ocorrência do fato gerador da obrigação correspondente, determinar a matéria tributável, calcular o montante do tributo devido, identificar o sujeito passivo e, sendo caso, propor a aplicação da penalidade cabível. **(Grifo nosso)**

Com efeito, o lançamento é o instrumento que confere a *exigibilidade* à obrigação tributária, quantificando-a (aferição do *quantum debeatur*) e qualificando-a (identificação do *an debeatur*). Em outras palavras, esta, sendo ilíquida e inexigível, carece dos atributos de *certeza* e *liquidez*, que se dão pela atuação do Fisco, por meio do lançamento. Com a formalização deste, não há que se falar em "obrigação tributária", mas em crédito tributário.

Desse modo, o *crédito tributário* é a obrigação tributária tornada líquida e certa por intermédio do lançamento. Portanto, memorize: **para haver lançamento – e, assim, crédito tributário –, é mister que exista fato gerador e, portanto, obrigação tributária.**

> Note o item considerado **INCORRETO**, em prova realizada pelo Instituto AOCP, para o cargo de Advogado da Prefeitura Municipal de Juazeiro/BA, em 2016: *"A obrigação tributária principal e a acessória surgem pelo lançamento do crédito tributário"*.

> Note o item considerado **INCORRETO**, em prova realizada pela Esaf, para o cargo de Especialista em Regulação de Aviação Civil da ANAC – Agência Nacional de Aviação Civil, em 2016: *"A obrigação tributária principal decorre do lançamento e tem por objeto o pagamento de tributo ou penalidade pecuniária"*.

Nesse passo, diz-se, seguindo a linha de entendimento do **STJ**, que "o crédito tributário não surge com o fato gerador. Ele é constituído com o lançamento (artigo 142 do CTN)". **(REsp 250.306/DF, 1ª T., rel. Min. Garcia Vieira, j. em 06-06-2000)**

O fato gerador apenas constitui a obrigação tributária da qual decorrerá o crédito tributário. Observe o **art. 139 do CTN**:

> **Art. 139.** O crédito tributário decorre da obrigação principal e tem a mesma natureza desta.

> Note o item considerado **CORRETO**, em prova realizada pelo IESES, para o cargo de Titular de Serviços de Notas e de Registros (TJ/RO), em 2017: *"O crédito tributário decorre da obrigação principal e tem a mesma natureza desta"*.

> Note o item considerado **INCORRETO**, em prova realizada pelo Instituto AOCP, para o cargo de Analista Legislativo (Direito) da Câmara Municipal de Rio Branco/AC, em 2016: *"O crédito tributário decorre da obrigação principal e tem natureza diversa desta"*.

Nesse contexto, pode-se asseverar que a relação jurídico-tributária, vista pelas *lentes* do contribuinte, ganha o *status* de *obrigação tributária*. De outro lado, se vista pelas *lentes* do Fisco, passa a denominar-se *crédito tributário*.

O lançamento, por sua vez, trazendo certeza e liquidez à relação jurídico-tributária, é o instrumento capaz de conferir ao Fisco a percepção do importe tributário a que tem direito, em face da ocorrência do fato gerador que o antecede. Com ele, o sujeito ativo fica habilitado a exercitar o ato de cobrança, quer administrativa, em um primeiro momento, quer judicial, caso aquela se mostre malsucedida.

Daí se notar a consagrada **autonomia** da obrigação tributária perante o crédito tributário, ou, em outras palavras, o embate entre o "dever", de um lado, e a "exigibilidade", de outro. Observe o **art. 140 do CTN**:

> **Art. 140.** As circunstâncias que modificam o crédito tributário, sua extensão ou seus efeitos, ou as garantias ou os privilégios a ele atribuídos, ou que excluem sua exigibilidade não afetam a obrigação tributária que lhe deu origem.

> Note o item considerado **CORRETO**, em prova realizada pelo MPE/GO (59º Concurso), para o cargo de Promotor de Justiça Substituto de Goiás, em 2016: *"Com amparo nas lições doutrinárias referentes ao crédito tributário, é possível afirmar que a obrigação tributária possui autonomia perante o crédito tributário"*.

> Note o item considerado **INCORRETO**, em prova realizada pelo Instituto AOCP, para o cargo de Analista Legislativo (Direito) da Câmara Municipal de Rio Branco/AC, em 2016: *"As circunstâncias que modificam o crédito tributário, sua extensão ou seus efeitos, ou as garantias ou os privilégios a ele atribuídos, ou que excluem sua exigibilidade, afetam a obrigação tributária que lhe deu origem".*
> **Observação:** item idêntico foi considerado **INCORRETO**, em prova realizada pelo IBEG, para o cargo de Procurador Previdenciário (IPREV), em 2017.

> Note o item considerado **CORRETO**, em prova realizada pela ATECEL, para o cargo de Assessor Jurídico da Câmara Municipal de Acari/RN, em 2016: *"As circunstâncias que modificam o crédito tributário, sua extensão ou seus efeitos, ou as garantias ou os privilégios a ele atribuídos, ou que excluem sua exigibilidade não afetam a obrigação tributária que lhe deu origem".*

Numa perspectiva interdisciplinar entre o *Direito Tributário* e o *Direito Penal*, a 1ª Turma do **STF**, em **29 de maio de 2018**, no **HC 121.798** (rel. Min. Marco Aurélio), entendeu que não há necessidade de constituição do crédito tributário, com a prévia existência de um procedimento administrativo-fiscal, para a configuração do crime de *descaminho* (CP, art. 334), haja vista a *natureza formal* do delito, ou seja, a característica do crime que não exige, para a sua consumação, um resultado naturalístico, independendo de um resultado.

2 O LANÇAMENTO

2.1 O conceito de lançamento

O lançamento está detalhado no **art. 142 do CTN**, havendo igual menção na parte final do art. 3º do CTN. Note-os:

> **Art. 142.** Compete *privativamente* à autoridade administrativa *constituir o crédito tributário* pelo lançamento, assim entendido o *procedimento* administrativo tendente a *verificar a ocorrência do fato gerador* da obrigação correspondente, determinar a matéria tributável, calcular o montante do tributo devido, identificar o sujeito passivo e, sendo caso, propor a aplicação da penalidade cabível.
> **Parágrafo único.** A atividade administrativa de lançamento é vinculada e obrigatória, sob pena de responsabilidade funcional. **(Grifos nossos)**

> **Art. 3º do CTN:** Tributo é toda prestação pecuniária compulsória, em moeda ou cujo valor nela se possa exprimir, que não constitua sanção de ato ilícito, instituída em lei e *cobrada mediante atividade administrativa plenamente vinculada.* **(Grifo nosso)**

O art. 142 do CTN avoca um estudo com cautela e uma análise minuciosa de seu teor. Nele é possível verificar as *finalidades* ou *funções* do lançamento:

1. **Verificar a ocorrência do fato gerador:** a ocorrência do fato imponível, como fato da vida real, descrito na norma, enseja o nascimento da obri-

gação tributária. Havendo a constituição do liame obrigacional, é possível se falar em quantificação e qualificação da obrigação tributária, por meio do lançamento;

2. **Determinar a matéria tributável:** visa reproduzir o espectro material de incidência, ou seja, ater-se ao elemento nuclear do tributo exigível. Com o lançamento, permite-se a aferição do ***an debeatur*** (o "se devido"). Exemplo: exige-se uma taxa, na espécie "taxa de serviço", em razão da particularização do fato gerador na "prestação de um serviço público específico e divisível"; ou, ainda, exige-se um imposto, o IR, em razão de seu fato gerador, particularizado no "acréscimo patrimonial". Cabe ao lançamento externar tal núcleo tributável de incidência;

> Note o item considerado **CORRETO**, em prova realizada pelo MPE/GO (59º Concurso), para o cargo de Promotor de Justiça Substituto de Goiás, em 2016: *"Com amparo nas lições doutrinárias referentes ao crédito tributário, com o lançamento, permite-se a aferição do 'an debeatur' e do 'quantum debeatur'"*.

3. **Calcular o montante do tributo devido:** permite-se a aferição do ***quantum debeatur*** (o "quanto devido"). Assim, o lançamento torna o crédito tributário, antes inexigível e ilíquido, em *crédito exigível* e *líquido*. A *liquidez*, como é cediço, é atributo daquilo que se define, com precisão, quanto à extensão e limites;

4. **Identificar o sujeito passivo:** o lançamento tem o condão de demarcar, concretamente, a sujeição passiva, definida, normativa e abstratamente, na lei tributária, no bojo da estrita legalidade (art. 97, III, CTN);

> Note o item considerado **INCORRETO**, em prova realizada pela FAEPESUL, para o cargo de Fiscal Fazendário da Prefeitura de Grão Pará/SC, em 2016: *"'Lançamento tributário' é o ato administrativo complexo ou composto que verifique a incidência do fato gerador e do valor do imposto sem que haja necessidade de identificação de plano do sujeito passivo nem do estabelecimento de penalidade cabível"*.

5. **Propor, se for o caso, a aplicação da penalidade cabível:** é o veículo hábil à exigibilidade das sanções cobradas em virtude do descumprimento da obrigação tributária. Nessa medida, o lançamento particulariza, concretamente, a exigibilidade da multa, definida, normativa, restritiva e abstratamente, na lei tributária (art. 97, V, CTN).

> Note o item considerado **INCORRETO**, em prova realizada pelo MPE/GO (59º Concurso), para o cargo de Promotor de Justiça Substituto de Goiás, em 2016: *"Com amparo nas lições doutrinárias referentes ao crédito tributário, o lançamento não é o instrumento correto para se alcançar a exigibilidade das sanções decorrentes do descumprimento da obrigação tributária"*.

> Note o item considerado **INCORRETO**, em prova realizada pela FAEPESUL, para o cargo de Fiscal Fazendário da Prefeitura de Grão Pará/SC, em 2016: *"'Lançamento tributário' é o ato administrativo complexo ou composto que verifique a incidência do fato gerador e do valor do imposto sem que haja necessidade de identificação de plano do sujeito passivo nem do estabelecimento de penalidade cabível".*

Passemos, agora, a algumas *questões pontuais* acerca do lançamento tributário.

2.2 Questões pontuais sobre lançamento

Neste tópico, iremos apresentar algumas indagações relevantes sobre o lançamento tributário, que servem para informar ao leitor os principais questionamentos, de ordem prática e teórica, que gravitam em torno do tema.

Vamos a eles:

1ª Questão: *Lançamento, ato administrativo ou procedimento administrativo?*

O art. 142, *caput*, do CTN reza, literalmente, que o lançamento é *procedimento administrativo*. Parte da doutrina segue esta trilha. O *procedimento* indica um conjunto de atos, concatenadamente organizados, tendentes a uma finalidade identificada. No caso do lançamento, a finalidade a que se visa é a própria constituição do crédito tributário.

Entretanto, outra vertente doutrinária pauta-se na caracterização do lançamento como *ato administrativo*, e não como um conjunto deste. Em consonância com este modo de ver, há irrelevância na sequência de atos conducentes à realização do ato final, sendo importante, tão somente, o "clímax" do procedimento, isto é, o momento em que se individualiza o crédito, o que se dá em um *ato*, propriamente dito. A maioria da doutrina tem seguido tal entendimento.

Não obstante, **recomendamos para concursos públicos** a fidelidade ao texto do art. 142 do CTN, que permite ao leitor, textualmente, a associação do lançamento a um *procedimento administrativo*.

> Note o item considerado **CORRETO**, em prova realizada pelo MPE/GO (59º Concurso), para o cargo de Promotor de Justiça Substituto de Goiás, em 2016: *"Com amparo nas lições doutrinárias referentes ao crédito tributário, não obstante certa dissensão na doutrina, o CTN dispõe, literalmente, que o lançamento é procedimento administrativo".*

2ª Questão: *Lançamento, ato constitutivo ou ato declaratório?*

O lançamento é procedimento documental de cobrança, por meio do qual se declara a obrigação tributária nascida do fato gerador.

O art. 142, *caput*, CTN dispõe, textualmente, que o lançamento "(...) é procedimento administrativo *tendente a verificar a ocorrência do fato gerador da obrigação correspondente* (...)". Deste conceito deflui a natureza *declaratória* do lançamento, que opera efeitos *ex tunc*, ratificando a existência pretérita do fato gerador que, reflexamente, imporá a utilização da norma norteadora do *modus operandi* de cobrança do tributo, em abono do *princípio da irretroatividade tributária* (art. 150, III, "a", CF).

De fato, ao se efetivar o ato de quantificação e qualificação do tributo exigível, deve a autoridade fiscal competente se valer da lei vigente no momento do fato gerador, sendo-lhe defeso aplicar a norma contemporânea ao lançamento, ressalvado os casos admitidos em lei, previstos nos arts. 106, I e II, e 144, § 1º, ambos do CTN.

Por outro lado, o art. 142, *caput*, "parte inicial" do CTN igualmente dispõe, acerca do lançamento, a seguinte definição: "Compete privativamente à autoridade administrativa constituir o crédito tributário pelo lançamento (...)". Deste conceito, deflui a natureza *constitutiva* do lançamento, que opera efeitos *ex nunc* ao criar direitos e deveres, no bojo do liame obrigacional tributário. Em tempo, é bom frisar que o lançamento **não é o único modo para efetivar a constituição do crédito tributário**, haja vista a já consolidada **Súmula n. 436 do STJ** (*A entrega de declaração pelo contribuinte reconhecendo débito fiscal constitui o crédito tributário, dispensada qualquer outra providência por parte do fisco*), a qual será detalhada mais à frente, neste Capítulo.

> Note o item considerado **INCORRETO**, em prova realizada pela FAUEL, para o cargo de Advogado do Consórcio Intermunicipal de Saúde do Médio Paranapanema (CISMEPAR/PR), em 2016: *"O lançamento, feito pela autoridade fiscal, é instituto indispensável e sempre presente nos fenômenos tributários e que, ademais, é o único modo para efetivar a constituição do crédito tributário"*.

> Note o item considerado **INCORRETO**, em prova realizada pela FAUEL, CISMEPAR, para o cargo de Advogado, em 2016: *"Tratando-se de débito declarado e não pago, sujeito, portanto, a autolançamento, imprescindível se faz a homologação formal e a notificação do sujeito passivo para que se constitua o crédito tributário"*.

> Note o item considerado **INCORRETO** em prova realizada pelo Cebraspe, para o cargo de Procurador do Município de Fortaleza/CE, em 2017: *"A declaração prestada pelo contribuinte nos tributos sujeitos a lançamento por homologação não constitui o crédito tributário, pois está sujeita a condição suspensiva de ulterior homologação pela administração tributária"*.

Sendo assim, é defensável a **natureza jurídica *mista* ou *dúplice* para o lançamento**, isto é, constitutiva do crédito tributário e declaratória da obrigação tributária.

> Note o item considerado **CORRETO**, em prova realizada pela FGV Projetos, para o cargo de Auditor do Estado do Maranhão (CGE/MA), em 2014: *"O lançamento é declaratório da obrigação tributária e constitutivo do crédito tributário"*.

É fato que, nem sempre, as Bancas Examinadoras de concursos públicos têm adotado este posicionamento, cabendo ao concursando aferir, caso a caso, a exatidão da alternativa.

3ª Questão: *Lançamento, de quem é a competência para sua efetivação?*

O art. 142, *caput*, CTN dispõe que a competência para a efetivação do lançamento é da autoridade administrativa. Desse contexto de privatividade, quanto ao ato de lançar, infere-se a (I) *presunção de legitimidade* dos atos da Administração, bem como (II) a proibição de delegação a particulares.

O CTN deixa a cargo da legislação específica a definição sobre as autoridades administrativas que deterão a competência *exclusiva* para o lançamento do crédito tributário. Vale a pena identificá-las na seara dos tributos em geral:

a) União: Auditor-Fiscal da Receita Federal do Brasil (AFRFB);

b) Estados e Distrito Federal: Agente Fiscal de Rendas (ou denominação equivalente);

c) Municípios e Distrito Federal: Auditor Fiscal do Município (ou denominação equivalente).

À guisa de curiosidade, impende salientar que compete ao *Auditor Fiscal da Receita Federal do Brasil*, com base na nova configuração trazida pela Super-Receita, os lançamentos de tributos federais, administrados pela Secretaria da Receita Federal do Brasil (SRFB): impostos, taxas e contribuições federais. Ademais, compete, ainda no âmbito da União, ao *Auditor Fiscal do Trabalho* os lançamentos de tributos federais, no âmbito das inspeções do trabalho.

4ª Questão: *Lançamento, atividade vinculada ou atividade discricionária?*

Segundo o **art. 142, parágrafo único, do CTN**, "*a atividade administrativa de lançamento é vinculada e obrigatória, sob pena de responsabilidade funcional*".

> Note o item (adaptado) considerado **INCORRETO**, em prova realizada pela Cotec/Unimontes, para o cargo de Advogado da Prefeitura de Ubaí/MG, em 2016: *"O lançamento é ato administrativo discricionário, cabendo à administração, por critério de conveniência e oportunidade, realizar ou não"*.

> Note o item considerado **INCORRETO**, em prova realizada pelo Cespe/Cebraspe, para o cargo de Delegado de Polícia do Estado de Pernambuco, em 2016: *"O ato de lançamento é corretamente classificado como um ato discricionário"*.

> Note o item considerado **CORRETO**, em prova realizada pela Consulplan, para o cargo de Titular de Serviços de Notas e de Registros (TJ/MG), em 2017: *"A atividade administrativa de lançamento é vinculada e obrigatória, sob pena de responsabilidade funcional"*.

De fato, com o fato gerador, a autoridade administrativa tem o *dever* de lançar, e não o mero "poder". Assim, a "vontade" da lei apresenta-se sobrepairante às vontades do administrador e do administrado. Vale dizer que a autoridade administrativa, a quem incumbe lançar, deve se fiar às imposições da lei (*vinculação*), não lhe cabendo furtar-se à realização do ato de cobrança (*obrigatoriedade*).

A relação jurídico-tributária, desde o seu nascedouro, com a hipótese de incidência, até o seu ato final, com a execução fiscal, adstringe-se à reserva da lei tributária, sendo natural que o lançamento – e todos os atos que norteiam o elo entre sujeito ativo e sujeito passivo – não comporte juízo de oportunidade e conveniência, no bojo da discricionariedade.

Ademais, o lançamento **não é** *autoexecutório*, por não ser veiculado pela coerção humana, mas por trâmites administrativos e legais de cobrança, despidos de coercibilidade. Caso não seja adimplida a obrigação tributária, a Fazenda Pública não se poderá valer de métodos forçosos de pagamento, mas, sim, de pretensão judicial lastreada na ação de execução fiscal.

5ª Questão: *Lançamento, qual é a taxa de câmbio com valor expresso em moeda estrangeira?*

O questionamento avoca o **art. 143 do CTN**. Observe-o:

> **Art. 143. Salvo disposição de lei em contrário**, quando o valor tributário esteja expresso em moeda estrangeira, no lançamento far-se-á sua conversão em moeda nacional ao câmbio do dia da ocorrência do fato gerador da obrigação.

> Note o item considerado **INCORRETO**, em prova realizada pela FAEPESUL, para o cargo de Fiscal Fazendário da Prefeitura de Grão Pará/SC, em 2016: *"Quando o valor tributário esteja expresso em moeda nacional, no lançamento far-se-á sua conversão em moeda estrangeira ao câmbio do dia da ocorrência do fato gerador da obrigação"*.

> Note o item considerado **INCORRETO**, em prova realizada pelo Instituto AOCP, para o cargo de Analista Legislativo (Direito) da Câmara Municipal de Rio Branco/AC, em 2016: *"Sempre que o valor tributário estiver expresso em moeda estrangeira, no lançamento far-se-á sua conversão em moeda nacional ao câmbio do dia da ocorrência do fato gerador da obrigação"*.

Há situações em que o valor da base de cálculo do tributo vem expresso em moeda estrangeira, o que torna indispensável a sua conversão em moeda nacional. Em face da oscilação do câmbio, é necessário demarcar qual a taxa a ser utilizada.

O art. 143 do CTN segue uma lógica básica: **utilização dos elementos constantes do momento do fato gerador**. Exemplo: a fiscalização da Receita Federal do Brasil entende devido um resíduo de imposto de importação, relativo a fato gerador ocorrido em janeiro de 2018. Deve-se, portanto, utilizar a taxa de câmbio prevista em janeiro de 2018, sem embargo das devidas correções, à luz dos consectários legais aplicáveis, que serão feitas desde a data do fato imponível mencionado.

> Note o item considerado **INCORRETO**, em prova realizada pelo Cespe/Cebraspe, para o cargo de Delegado de Polícia do Estado de Pernambuco, em 2016: *"Salvo disposição legal em contrário, o lançamento realizado em moeda estrangeira terá a sua conversão para moeda nacional com base no câmbio do dia do pagamento do tributo"*.

O dispositivo é adotado, primordialmente, no âmbito do imposto de importação, porém gera naturais reflexos nos fatos geradores de tributos exigidos no contexto das importações (ICMS, IPI, PIS, COFINS, CIDEs etc.). Observe a jurisprudência:

> **EMENTA:** TRIBUTÁRIO. ICM [atual ICMS] NA IMPORTAÇÃO DE MERCADORIAS. DIFERENÇA DECORRENTE DE VARIAÇÃO CAMBIAL ENTRE A DATA DO PAGAMENTO DO TRIBUTO POR OCASIÃO DO DESEMBARAÇO ADUANEIRO E A EFETIVA LIQUIDAÇÃO DO CONTRATO DE CÂMBIO. Quando o valor tributário estiver expresso em moeda estrangeira, no lançamento far-se-á sua conversão em moeda nacional ao câmbio do dia da ocorrência do fato gerador da obrigação (CTN, art. 143); nenhuma diferença de ICM [atual ICMS] pode ser exigida em razão da variação cambial verificada entre a data do desembaraço aduaneiro e a da efetiva liquidação do contrato de câmbio, salvo se, desconhecida a taxa cambial na ocasião da liberação das mercadorias importadas, a cobrança do tributo se deu por estimativa. Recurso especial conhecido e provido. **(REsp 15.450/SP, 2ª T., rel. Min. Ari Pargendler, j. em 08-02-1996)**

Assim, a *base de cálculo* do gravame deverá ser convertida em moeda nacional, utilizando-se a taxa de câmbio do **dia da ocorrência do fato imponível** da obrigação.

> Note o item considerado **CORRETO**, em prova realizada pela FCC, para o cargo de Julgador Administrativo Tributário do Tesouro Estadual (Sefaz/PE), em 2015: *"Salvo disposição de lei em contrário, quando o valor tributário esteja expresso em moeda estrangeira, no lançamento far-se-á sua conversão em moeda nacional ao câmbio do dia da ocorrência do fato gerador da obrigação".*

6ª Questão: *Lançamento, aplica-se a legislação formal ou a legislação material?*

O questionamento remete o estudioso à análise do princípio da irretroatividade tributária, já analisado em capítulo precedente nesta obra. Vamos recapitular:

O *postulado da irretroatividade tributária*, com respaldo constitucional (*art. 150, III, "a", CF*), encontra igual amparo no **art. 144, *caput*, do CTN:**

> **Art. 144.** O lançamento reporta-se à data da ocorrência do fato gerador da obrigação e rege-se pela lei então vigente, **ainda que** posteriormente modificada ou revogada.

> Note o item (adaptado) considerado **INCORRETO**, em prova realizada pela Cotec/Unimontes, para o cargo de Advogado da Prefeitura de Ubaí/MG, em 2016: *"O lançamento reporta-se à data da ocorrência do fato gerador da obrigação e rege-se pela lei então vigente, salvo se posteriormente modificada ou revogada".*

> Note o item considerado **INCORRETO**, em prova realizada pela Consulplan, para o cargo de Titular de Serviços de Notas e de Registros (TJ/MG), em 2017: *"O lançamento rege-se pela lei vigente na data de sua efetivação".*

Note o item considerado **INCORRETO**, em prova realizada pelo IMA, para o cargo de Advogado da Câmara Municipal de Estreito/MA, em 2016: *"O lançamento reporta-se à data da ocorrência do fato gerador da obrigação e rege-se pela lei então vigente, exceto se posteriormente modificada ou revogada"*.

Note o item considerado **INCORRETO**, em prova realizada pelo IESES, para o cargo de Titular de Serviços de Notas e de Registros (TJ/RO), em 2017: *"O lançamento reporta-se à data da ocorrência do fato gerador da obrigação e rege-se pela lei vigente na data do lançamento"*.

Como se nota, o lançamento tende a verificar a ocorrência do fato gerador, regendo-se pela lei então vigente, o que lhe avoca, como se estudou acima, a feição *declaratória*, operando efeitos *ex tunc* (art. 142, *caput*, CTN). Entretanto, a lei nova que regula *formalidades ou aspectos formais*, isto é, inábil a alterar, criar ou extinguir direitos materiais (*v.g.*, definição de sujeito passivo, de hipótese de incidência, do valor da dívida etc.), deverá ser aplicada retroativamente, afastando-se o teor do *caput* do art. 144 do CTN.

Assim, os aspectos formais ou procedimentais que cercam o lançamento – *e.g.*, a temática ligada à competência ou poderes de investigação da autoridade fiscal, entre outros assuntos – não influem substancialmente a ponto de afastarem a lei vigente na época do lançamento.

O **§ 1º do art. 144 do CTN** dispõe sobre um certo afastamento do *caput* do art. 144 do CTN, sem que se possa dizer que prevê, assim, hipóteses de retroatividade tributária, ou mesmo casos de "ofensa" ao postulado em estudo. Simplesmente registra hipóteses legais de efeito imediato. Veja-o:

Art. 144. (...)

§ 1º Aplica-se ao lançamento a legislação que, posteriormente à ocorrência do fato gerador da obrigação, tenha instituído novos critérios de apuração ou processos de fiscalização, ampliado os poderes de investigação das autoridades administrativas, ou outorgado ao crédito maiores garantias ou privilégios, exceto, neste último caso, para o efeito de atribuir responsabilidade tributária a terceiros.

Assim, o § 1º, conforme já se detalhou no Capítulo 5 desta obra, menciona as seguintes hipóteses de *aplicação imediata* da norma, com utilização da lei vigente à época do lançamento:

a) legislação que institua novos critérios de apuração ou processos de fiscalização, o que não se confunde, *ad argumentandum*, com "novas bases de cálculo", ou, mesmo, "novas alíquotas";

b) legislação que amplie os poderes de investigação das autoridades administrativas;

c) legislação que outorgue ao crédito maiores privilégios ou garantias.

A lei nova, que regula procedimentos, prerrogativas ou formalidades adstritas à atividade do lançamento, sem qualquer pretensão de alterar, criar ou extinguir direitos materiais – relacionáveis, por exemplo, com os elementos estruturais da obrigação tributária (hipótese de incidência, base de cálculo, alíquota, sujeição passiva e fato gerador) –, deverá ser aplicada *de imediato* e *aos casos pendentes*, como sói acontecer com as normas processuais em geral.

Frise-se, em tempo, que o preceptivo, na parte final, traz importante ressalva. Note:

> **Art. 144, § 1º** Aplica-se ao lançamento a legislação que, posteriormente à ocorrência do fato gerador da obrigação, tenha (...) outorgado ao crédito maiores garantias ou privilégios, exceto, neste último caso, para o efeito de atribuir responsabilidade tributária a terceiros.

Como se observa, a lei que, posteriormente à ocorrência do fato gerador, outorgar ao crédito maiores garantias ou privilégios, estará longe de alterar a obrigação tributária a ela subjacente, nos seus aspectos estruturais, *v.g.*, hipótese de incidência, base de cálculo, alíquota, sujeição passiva e fato gerador. Entretanto, se essa mesma lei vier a atribuir responsabilidade a terceiro, atingida será a própria obrigação tributária, em um dos seus elementos fundantes, com a inclusão de pessoa no polo passivo da relação jurídico-tributária, tornando-a "inconstitucional por retroatividade"[1]. Isso se dá porque o aspecto pessoal integra a própria norma tributária impositiva.

2.3 Revisão de lançamento

O presente estudo, afeto à **revisibilidade do lançamento**, divide-se em dois subtópicos, assim intitulados:

> Note o item (adaptado) considerado **INCORRETO**, em prova realizada pela Cotec/Unimontes, para o cargo de Advogado da Prefeitura de Ubaí/MG, em 2016: *"O lançamento, regularmente notificado ao sujeito passivo, só pode ser alterado em virtude de impugnação do sujeito passivo"*.

> Note o item considerado **INCORRETO**, em prova realizada pelo Cespe/Cebraspe, para o cargo de Delegado de Polícia do Estado de Pernambuco, em 2016: *"Após a regular notificação do sujeito passivo, o lançamento não poderá ser alterado"*.

a) O lançamento revisível: análise do art. 145 do CTN;
a.1) Detalhamento do art. 149 do CTN.
b) O lançamento revisível: análise do art. 146 do CTN.

1. AMARO, Luciano. *Direito tributário brasileiro*, 14. ed., p. 348.

a) O lançamento revisível

Este tópico permitirá ao estudioso a análise do **art. 145 do CTN**, bem como a aproximação do art. 149 do CTN, a que o primeiro faz remissão. Passemos, inicialmente, ao aprofundamento do art. 145 do CTN:

> **Art. 145.** O lançamento regularmente notificado ao sujeito passivo só pode ser alterado em virtude de:
> **I** – impugnação do sujeito passivo;
> **II** – recurso de ofício;
> **III** – iniciativa de ofício da autoridade administrativa, nos casos previstos no artigo 149.

Note o item **INCORRETO**, em prova realizada pelo IMA (Advogado da Câmara Municipal de Estreito/MA), em 2016: *"O lançamento regularmente notificado ao sujeito passivo só pode ser alterado em virtude de iniciativa de ofício da autoridade administrativa"*.

Antes da notificação regular, é perfeitamente compreensível que se possa fazer todo tipo de alteração no lançamento, até porque as atividades de mensuração do importe tributário exigível estão sob os auspícios do sujeito ativo. Assim, dir-se-ia que, até a notificação, a revisibilidade é absoluta.

O art. 145, *caput*, do CTN utiliza a expressão "regularmente notificado", devendo-se compreendê-la como a notificação de lançamento (aviso de lançamento ou carnê de cobrança), ou seja, a comunicação oficial. Sendo assim, após a notificação dirigida ao contribuinte (ou responsável), o lançamento se presume definitivo. Daí se ter, como regra geral, a vedação da alteração do lançamento anteriormente efetuado. É a adoção da *regra da irrevisibilidade do lançamento*, que decorre da lei, e não dele próprio.

Por sua vez, o **art. 145 do CTN** discrimina, nos incisos I, II e III, situações que fogem à regra anunciada. São as exceções à irrevisibilidade ou, em outras palavras, situações legalmente admitidas de **revisibilidade**. Observe-as:

Note o item **INCORRETO**, em prova realizada pelo TRF/3ª Região (Juiz Federal Substituto), em 2016: *"O lançamento tributário constitui a obrigação tributária e torna-se imutável após a notificação válida do sujeito passivo"*.

1. Impugnação do sujeito passivo: é a defesa ou reclamação apresentada, na órbita administrativa, **instaurando-se a fase litigiosa ou contenciosa do procedimento**, caso o sujeito passivo discorde parcial ou totalmente do lançamento anteriormente efetuado. No Processo Administrativo Federal (PAF), a impugnação está prevista nos arts. 14 a 17, do DL n. 70.235/72. Como é sabido, o art. 5º, LV, da CF assegura aos litigantes em geral o contraditório e a ampla defesa. Com a protocolização da *impugnação* feita pelo sujeito passivo, e não por qualquer terceiro interessado, inicia-se a fase *litigiosa* (ou *contenciosa*), no procedimento do lançamento, e finaliza-se a fase *oficiosa*, que se encerra com a *notificação*.

> Note o item (adaptado) **CORRETO**, em prova realizada pela UNOESC (Agente Fiscal Tributário Externo da Prefeitura Municipal de Iraceminha/SC), em 2016: *"Instaura a fase litigiosa do Processo Administrativo Fiscal Federal a impugnação da exigência apresentada de forma tempestiva"* (e não "o lançamento tributário").
> **Observação:** item semelhante foi considerado **CORRETO**, em prova realizada pela ATECEL, para Fiscal de Tributos da Prefeitura Municipal de Equador/RN, em 2016.

Ad argumentandum, conquanto o dispositivo só tenha feito menção à "impugnação", o *recurso voluntário* interposto pelo sujeito passivo contra uma decisão administrativa que lhe tenha sido desfavorável pode, natural e igualmente, acarretar a alteração do lançamento.

> Por fim, memorize: trata-se de hipótese *litigiosa* de alteração do lançamento.

2. Recurso de Ofício: é o recurso conhecido, em Processo Civil, como *remessa necessária* (ou *reexame necessário*), traduzindo-se na possibilidade de "rejulgamento" da decisão de primeira instância, na órbita administrativa, que tenha trazido situação favorável ao reclamante (*v.g.*, desoneração do tributo, da pena de perda de mercadoria etc.). Veja o **art. 34, I e II, do DL n. 70.235/72**, que trata especificamente do tema:

> **Art. 34.** A autoridade de primeira instância *recorrerá de ofício* sempre que a decisão:
> **I** – exonerar o sujeito passivo do pagamento de tributo e encargos de multa de valor total (lançamento principal e decorrentes) a ser fixado em ato do Ministro de Estado da Fazenda.
> **II** – deixar de aplicar pena de perda de mercadorias ou outros bens cominada à infração denunciada na formalização da exigência. **(Grifo nosso)**

> Por fim, memorize: trata-se de outra hipótese *litigiosa* de alteração do lançamento.

3. Iniciativa de Ofício da Autoridade Administrativa (reserva de lei): de início, é importante destacar que o art. 149 do CTN contempla, em seus incisos (I a IX), uma lista taxativa de normas limitadoras de competência tributária. Assim, os lançamentos podem ser revistos, no poder-dever de *autotutela* da Administração, desde que a alteração se enquadre nas possibilidades previstas no preceptivo e que o crédito não esteja extinto pela decadência (art. 149, parágrafo único, CTN).

Frise-se que o intitulado *princípio da autotutela* é consequência natural do princípio da *legalidade*, vinculando a atividade administrativa, ou seja, da mesma forma que a Administração *deve agir* com total observância da lei, *não* poderá *deixar de agir* para corrigir ato que eventualmente contrarie a própria lei, sanando os vícios e incorreções, independentemente de provocação do interessado.

Atente para o fato que o art. 147, § 2º do CTN dispõe sobre a retificação de ofício, no âmbito do *lançamento misto* ou *por declaração*, permitindo que a autoridade administrativa proceda à correção de erros grosseiros e visualmente insustentáveis, passíveis de pronto acerto. Veja o comando legal:

> **Art. 147. (...)**
>
> **§ 2º** Os erros contidos na declaração e apuráveis pelo seu exame serão retificados de ofício pela autoridade administrativa a que competir a revisão daquela.

> Note o item considerado **INCORRETO**, em prova realizada pelo Cespe/Cebraspe, para o cargo de Delegado de Polícia do Estado de Pernambuco, em 2016: *"Os erros contidos na declaração do sujeito passivo não poderão ser retificados de ofício pela autoridade administrativa responsável"*.

Exemplo: contribuinte, no âmbito do IRPF, insere no campo de rendimentos tributáveis aquele que é notoriamente isento ou que deduz, indevidamente, despesa da base de cálculo.

> Por fim, memorize: trata-se da única hipótese *não litigiosa* de alteração do lançamento.

É mister, neste momento, iniciarmos o abrangente estudo do alcance do **art. 149 do CTN**. Passemos a fazê-lo:

a.1) Detalhamento do art. 149 do CTN

O art. 149 do CTN trata da *efetivação*, de ofício, do lançamento e de suas possibilidades de *revisão*, igualmente, de ofício. São dois procedimentos distintos, previstos em um mesmo artigo, estranhamente, merecendo, portando, uma organização. É o que faremos, explorando as minúcias do dispositivo, a partir de um agrupamento de incisos, assim sugerido:

> **1. Agrupamento 1:** análise dos incisos II a IV;
> **2. Agrupamento 2:** análise do inciso VI;
> **3. Agrupamento 3:** análise dos incisos I, V, VII, VIII e IX.

De início, é salutar a leitura atenta do preceptivo:

> **Art. 149. O lançamento é efetuado e revisto de ofício** pela autoridade administrativa nos seguintes casos:
>
> **I** – quando a lei assim o determine;
>
> **II** – quando a declaração **não** seja prestada, por quem de direito, no prazo e na forma da legislação tributária;
>
> **III** – quando a pessoa legalmente obrigada, embora tenha prestado declaração nos termos do inciso anterior, deixe de atender, no prazo e na forma da legislação tributária, a pedido de esclarecimento formulado pela autoridade administrativa, recuse-se a prestá-lo ou não o preste satisfatoriamente, a juízo daquela autoridade;

IV – quando se comprove falsidade, erro ou omissão quanto a qualquer elemento definido na legislação tributária como sendo de declaração obrigatória;

V – quando se comprove omissão ou inexatidão, por parte da pessoa legalmente obrigada, no exercício da atividade a que se refere o artigo seguinte;

VI – quando se comprove ação ou omissão do sujeito passivo, ou de terceiro legalmente obrigado, que dê lugar à aplicação de penalidade pecuniária;

VII – quando se comprove que o sujeito passivo, ou terceiro em benefício daquele, agiu com dolo, fraude ou simulação;

VIII – quando deva ser apreciado fato não conhecido ou não provado por ocasião do lançamento anterior;

IX – quando se comprove que, no lançamento anterior, ocorreu fraude ou falta funcional da autoridade que o efetuou, ou omissão, pela mesma autoridade, de ato ou formalidade especial.

Parágrafo único. A revisão do lançamento só pode ser iniciada enquanto não extinto o direito da Fazenda Pública.

Note o item considerado **INCORRETO**, em prova realizada pelo Legalle, para o cargo de Fiscal Tributário da Prefeitura de Portão/RS, em 2016: *"O lançamento é efetuado e revisto de ofício pela autoridade administrativa quando a declaração seja prestada, por quem de direito, no prazo e na forma da legislação tributária"*.

Note o item considerado **CORRETO**, em prova realizada pela FCC, PGE-TO, para o cargo de Procurador do Estado, em 2018: *"De acordo com o artigo 149 do CTN, a revisão do lançamento só pode ser iniciada enquanto não transcorrido o prazo decadencial"*. [e não "prescricional"!]

Inicialmente, a locução "de ofício", constante do *caput*, quer significar que tanto a feitura do lançamento quanto a sua correção se fazem independentemente de qualquer iniciativa da atuação do sujeito passivo. Estão sob a égide do sujeito ativo.

Passemos ao detalhamento dos incisos, reunidos na divulgada ordem e em **agrupamentos**, a fim de que se facilite a compreensão do tema:

1. **Agrupamento 1:** análise dos **incisos II a IV** (art. 149)

Incisos II a IV
Art. 149. (...) **II** – quando a declaração não seja prestada, por quem de direito, no prazo e na forma da legislação tributária; **III** – quando a pessoa legalmente obrigada, embora tenha prestado declaração nos termos do inciso anterior, deixe de atender, no prazo e na forma da legislação tributária, a pedido de esclarecimento formulado pela autoridade administrativa, recuse-se a prestá-lo ou não o preste satisfatoriamente, a juízo daquela autoridade; **IV** – quando se comprove falsidade, erro ou omissão quanto a qualquer elemento definido na legislação tributária como sendo de declaração obrigatória; (...)

Comentários
Nos incisos em epígrafe, encontram-se algumas situações que verdadeiramente não ensejam nenhuma revisão, haja vista não ter ocorrido lançamento anterior que provoque o procedimento. Trata-se, sim, de hipóteses que avocam apenas a revisão da declaração ou de informações a que o sujeito passivo está obrigado a prestar, e não a "revisão do lançamento", que nem sequer foi efetuado em nenhuma dessas hipóteses.

2. **Agrupamento 2:** análise do **inciso VI** (art. 149)

Inciso VI
Art. 149. (...) **VI** – quando se comprove ação ou omissão do sujeito passivo, ou de terceiro legalmente obrigado, que dê lugar à aplicação de penalidade pecuniária; (...)
Comentários
A ação ou omissão que dê lugar à aplicação de multa não requer, igualmente, revisão de ofício de algum lançamento, mas a própria formalização deste, mediante a constituição do crédito tributário referente à multa, com a lavratura de auto de infração de imposição de multa (AIIM).

Note o item (adaptado) considerado **INCORRETO**, em prova realizada pela CAIP-IMES, para o cargo de Procurador da Câmara Municipal de São Caetano do Sul/SP, em 2014: *"O lançamento é efetuado e revisto de ofício pela autoridade administrativa, dentre outros casos quando se comprove imperícia do sujeito passivo, ou de terceiro legalmente obrigado, que dê lugar à aplicação de sanção disciplinar".*

3. **Agrupamento 3:** análise dos **incisos I, V, VII, VIII** e **IX** (art. 149)

A nosso sentir, tais hipóteses, previstas nos incisos acima destacados, permitem, verdadeiramente, a efetivação de ofício do lançamento, ou a sua revisão, igualmente de ofício.

Para auxiliar a compreensão dos vários incisos, vamos expor, um a um:

3.1. Análise do inciso I (art. 149)

Inciso I
Art. 149. **I** – quando a lei assim o determine; (...)

Comentários
O presente inciso prevê o caso do *lançamento de ofício*, propriamente dito, não em razão de alguma irregularidade cometida pelo sujeito passivo, mas para as situações de perfeita normalidade. Neste caso, como se aprofundará oportunamente, cabe ao sujeito ativo exigir o tributo, prescindindo do auxílio do contribuinte, que tem o dever de pagá-lo, uma vez que o ente credor dispõe de informações bastantes para constituir o crédito tributário. Normalmente, as leis instituidoras têm atribuído tal modalidade de lançamento ao IPTU, ao IPVA, às taxas e às contribuições de melhoria. Diga-se, em tempo, que a autoridade tributária, quando se vale da lavratura de autos de infração e da expedição de notificações de débito está no pleno exercício do lançamento de ofício.

3.2. Análise do inciso V (art. 149)

Inciso V
Art. 149. (...)
V – quando se comprove omissão ou inexatidão, por parte da pessoa legalmente obrigada, no exercício da atividade a que se refere o artigo seguinte; (...)
Comentários
Haverá lançamento de ofício quando se comprove omissão ou inexatidão, por parte da pessoa legalmente obrigada, no exercício da atividade de constituição do crédito descrita no art. 150 do CTN, que define o *lançamento por homologação*. Assim, se o sujeito passivo não antecipar o pagamento ou, fazendo-o, recolher a menor, caberá a autoridade administrativa proceder ao lançamento de ofício. Observe o entendimento do **STJ**: **EMENTA:** *Se não houve pagamento antecipado pelo contribuinte, é cabível o lançamento direto substitutivo, previsto no art. 149, V, CTN, e o prazo decadencial rege-se pela regra geral do art. 173, I, CTN.* Precedentes da 1ª Seção. **(REsp 445.137/MG, 2ª T., rel. Min. Castro Meira, j. em 22-08-2006) (Grifo nosso)**

Note o item considerado **CORRETO**, em prova realizada pelo TRF/4ª Região, para o cargo de Juiz Federal Substituto (XVII Concurso), em 2016: *"O IRPJ é tributo sujeito ao lançamento por homologação, cabendo à Autoridade Fiscal proceder ao lançamento de ofício na hipótese de declaração a menor pelo contribuinte"*.

3.3. Análise do inciso VII (art. 149)

Inciso VII
Art. 149. (...)
VII – quando se comprove que o sujeito passivo, ou terceiro em benefício daquele, agiu com dolo, fraude ou simulação; (...)

Comentários
O comando é prolixo, pois seu contexto pode estar inserido nos incisos II a IV, caso as condutas ilícitas (dolo, fraude ou simulação) manifestem-se na declaração ou nas informações a que o sujeito passivo esteja obrigado a prestar, ou, até mesmo, no inciso V, caso o recolhimento (ou o não recolhimento) decorra de tais condutas ilícitas.

3.4. Análise do inciso VIII (art. 149)

Inciso VIII
Art. 149. (...) **VIII** – quando deva ser apreciado fato não conhecido ou não provado por ocasião do lançamento anterior; (...)
Comentários
O comando dispõe sobre a apreciação de fato não conhecido ou não provado à época do lançamento anterior. Diz-se que este lançamento teria sido perpetrado com **erro de fato**, ou seja, defeito que não depende de interpretação normativa para sua verificação. Frise-se que não se trata de qualquer "fato", mas aquele que não foi considerado por puro desconhecimento de sua existência. Não é, portanto, aquele fato, já de conhecimento do Fisco, em sua inteireza, e, por reputá-lo despido de relevância, tenha-o deixado de lado, no momento do lançamento. Se o Fisco passa, em momento ulterior, a dar a um fato conhecido uma "relevância jurídica", a qual não lhe havia dado, em momento pretérito, não será caso de apreciação de fato novo, mas de pura modificação do *critério jurídico* adotado no lançamento anterior, com fulcro no art. 146 do CTN, a ser estudado oportunamente. Neste art. 146 do CTN, prevê-se um "erro" de valoração jurídica do fato (o tal "erro de direito"), que impõe a modificação quanto a fato gerador ocorrido posteriormente à sua ocorrência. Não perca de vista, aliás, que inexiste previsão de erro de direito, entre as hipóteses do art. 149, como causa permissiva de revisão de lançamento anterior. A propósito, a orientação do **STJ** é pacífica no sentido de que o erro de direito (o qual não admite revisão) é aquele que decorre da aplicação incorreta da norma. Trata-se do equívoco na valoração jurídica dos fatos, ou seja, do desacerto sobre a incidência da norma à situação concreta. Por outro lado, o erro de fato é aquele consubstanciado na inexatidão de dados fáticos, atos ou negócios que dão origem à obrigação tributária **(AgRg no Ag 1.422.444/AL, rel. Min. Benedito Gonçalves, 1ª T., j. em 04-10-2012)**. Como exemplo ilustrativo de "erro de direito" – aliás, tendo servido como mote para o julgamento retrocitado –, podemos citar o caso de indicação equivocada de legislação, no momento do ato de preenchimento da Declaração de Importação (DI), o que culminou no pagamento de imposto a menor (alíquota menor). Desse modo, é fácil perceber que não houve engano a respeito da ocorrência ou não de determinada situação de fato, mas sim em relação à norma incidente na situação. Assim, não há falar em possibilidade de revisão do lançamento, mormente porque, ao desembaraçar o bem importado, o Fisco tem, ao menos em tese, a oportunidade de conferir as informações prestadas pelo contribuinte em sua declaração. Posto isso, o erro no ato administrativo de lançamento do tributo é imodificável, em respeito ao princípio da proteção à confiança, à luz do art. 146 do CTN.

3.5. Análise do inciso IX (art. 149)

Inciso IX
Art. 149. (...) **IX** – quando se comprove que, no lançamento anterior, ocorreu fraude ou falta funcional da autoridade que o efetuou, ou omissão, pela mesma autoridade, de ato ou formalidade especial.
Comentários
O comando alberga as possibilidades de falta funcional (figura genérica que compreende a omissão e a fraude funcional), cometida pela autoridade lançadora, quanto às formalidades essenciais do lançamento, tornando-o, de pronto, revisível.

Feita a análise dos incisos do art. 149, passemos agora ao estudo do **art. 146 do CTN**.

b) O lançamento revisível: análise do art. 146 do CTN

A irrevisibilidade do lançamento, com base em critérios jurídicos, quanto a fato gerador ocorrido anteriormente à sua introdução, é disciplinada no **art. 146 do CTN**. Observe-o:

> **Art. 146.** A modificação introduzida, de ofício ou em consequência de decisão administrativa ou judicial, nos *critérios jurídicos* adotados pela autoridade administrativa no exercício do lançamento somente pode ser efetivada, em relação a um mesmo sujeito passivo, quanto a *fato gerador ocorrido posteriormente à sua introdução*. **(Grifos nossos)**

Com base neste dispositivo, infere-se que há proibição da revisão de lançamentos já efetuados, com suporte na alegação de existência de **erros de direito**, quanto a fato gerador ocorrido anteriormente à constituição do crédito tributário.

> Note o item considerado **INCORRETO**, em prova realizada pela FGV Projetos, para o cargo de Auditor do Estado do Maranhão (CGE/MA), em 2014: *"O lançamento pode ser revisto pela autoridade tributária, desde que haja erro de direito"*.

O *erro de direito* viabiliza a adoção de novo critério jurídico na exegese da norma, que se contrapõe a um critério anteriormente utilizado. Assim, em certo momento, muda-se a interpretação, substituindo uma exegese por outra; ou, o que não é incomum, passa-se a adotar uma alternativa anteriormente não escolhida, na interpretação do caso concreto.

Quer-se afirmar que o novo critério jurídico, escolhido pelo Fisco, na atividade de lançamento, só poderá ter efeitos *ex nunc*, com aplicação exclusiva a casos futuros, prestigiando a boa-fé e a **segurança jurídica** do contribuinte. Posto isso, é incabível o lançamento suplementar motivado por erro de direito.

> Note o item considerado **CORRETO**, em prova realizada pelo IESES, para o cargo de Titular de Serviços de Notas e de Registros (TJ/PA), em 2016: *"O art. 146 do CTN estabelece que a modificação introduzida, de ofício ou em consequência de decisão administrativa ou judicial, nos critérios jurídicos adotados pela autoridade no exercício do lançamento pode ser efetivada, em relação a um mesmo sujeito passivo, quanto a fato gerador ocorrido posteriormente à sua introdução. Trata-se de princípio de segurança jurídica que retira do âmbito da administração a possibilidade de, uma vez assentado um critério jurídico em relação a um dado fato tributário, aplicar retroativamente, respeitados os limites e prazos decadenciais, o novo critério jurídico".*

Exemplo: aceitando o Fisco a classificação tarifária feita pelo importador no momento do desembaraço aduaneiro, relativamente ao produto importado, a alteração posterior constitui-se em *mudança de critério jurídico*, não lhe sendo possível rever o lançamento anterior, motivado pelo *erro de direito*. O correto é, percebendo-se o deslize, adotar o novo "critério", oriundo da reclassificação das mercadorias, para fins de incidência do imposto de importação, apenas em relação às importações futuras.

A esse propósito, o extinto *Tribunal Federal de Recursos* prolatou a **Súmula n. 227**, cujo teor segue, *ad litteram*: *"A mudança de critério jurídico adotado pelo Fisco não autoriza a revisão do lançamento"*.

Observe a jurisprudência nos Tribunais Superiores:

No STJ:

EMENTA: PROCESSO CIVIL. AGRAVO REGIMENTAL. RECURSO ESPECIAL. REVISÃO DO LANÇAMENTO. MUDANÇA DO CRITÉRIO JURÍDICO. IMPOSSIBILIDADE. SÚMULA 227/TFR. I – "A mudança de critério jurídico adotado pelo Fisco não autoriza a revisão de lançamento" (Súmula 227/TFR). II – Tendo o aresto recorrido expressamente consignado que houve mudança do critério jurídico, o eventual acolhimento da tese sustentada pela agravante, no sentido de que se trata apenas de revisão aduaneira da declaração de importação, demandaria o reexame do conjunto fático-probatório exposto nos autos, o que é defeso a esta Corte, em face do óbice imposto pela Súmula 07/STJ. III – Agravo regimental improvido. **(AgRg no REsp 273.195/PR, 1ª T., rel. Min. Francisco Falcão, j. em 03-06-2004; ver, nesse sentido: REsp 412.904/SC, 1ª T., rel. Min. Luiz Fux, j. em 07-05-2002)**

No STF:

EMENTA: LANÇAMENTO TRIBUTÁRIO. ICM. INALTERABILIDADE DO LANÇAMENTO FEITO SEGUNDO CRITÉRIO ESTABELECIDO PELO FISCO. Novos critérios adotados pela autoridade tributária somente podem ser aplicados, em relação a um mesmo sujeito passivo, quanto a fato gerador ocorrido posteriormente a sua introdução. Art. 146 do CTN. Recurso conhecido e provido em parte. **(RE 100.481/SP, 2ª T., rel. Min. Carlos Madeira, j. em 04-04-1986)**

Ressalte-se que a norma do art. 146 acaba por reforçar, como um complemento, a noção de irrevisibilidade, por erro de direito, do lançamento, regulada nos arts. 145 e 149 do CTN.

De mais a mais, infere-se que o art. 146 do CTN positiva, em nível infraconstitucional, o postulado da *segurança jurídica*, sem deixar de ratificar os princípios da *não surpresa* e da *proteção à confiança do contribuinte*.

2.4 Modalidades de lançamento

O lançamento é **ato ou procedimento privativo do Fisco**. O que pode ocorrer, em seu processamento, é um auxílio maior ou menor do contribuinte no ato de constituição do crédito tributário.

> Note o item considerado **INCORRETO**, em prova realizada pelo IESES, para o cargo de Titular de Serviços de Notas e de Registros (TJ/RO), em 2017: *"A constituição do crédito tributário, pelo lançamento, não é de competência privativa da autoridade administrativa"*.

Vejamos, assim, as **espécies de lançamento:**

> Note o item considerado **CORRETO**, em prova realizada pela IADHED, para o cargo de Procurador Municipal da Prefeitura de Araguari/MG, em 2016: *"'Lançamento por transação' não corresponde a uma modalidade de lançamento do crédito tributário"*.

a) **Direto, *de ofício* ou *ex officio* (art. 149, I, do CTN);**

b) **Misto ou *por declaração* (art. 147 do CTN);**

c) **Por Homologação ou autolançamento (art. 150 do CTN).**

Passemos ao detalhamento.

a) Lançamento direto ou unilateral: é aquele lançamento realizado pela autoridade fiscal que, dispondo de dados suficientes em seus registros para efetuar a cobrança da exação, constitui o crédito tributário dispensando o auxílio do contribuinte. É também conhecido como lançamento *de ofício* ou "ex officio". Observe o **art. 149, I, CTN:**

> Note o item considerado **INCORRETO**, em prova realizada pela FAEPESUL, para o cargo de Advogado da Fundação Ambiental do Município de Araranguá/SC (FAMA), em 2016: *"'Lançamento de ofício ou lançamento direto' é aquele efetuado com base na declaração do sujeito passivo ou de terceiro, quando um ou outro, na forma da legislação tributária, prestem à autoridade administrativa informações sobre matéria de fato, indispensáveis à sua efetivação"*.

Art. 149. O lançamento é efetuado e revisto de ofício pela autoridade administrativa nos seguintes casos:

I – quando a lei assim o determine; (...)

Nessa medida, todos os atos que integram o procedimento do lançamento, segundo o art. 142 do CTN, já estudado, serão perpetrados no âmbito da Administração, prescindindo-se de auxílio externo.

São **exemplos** de tributos cuja constituição do crédito se dá por meio desse tipo de lançamento:

1. IPTU: este é o exemplo clássico de lançamento direto. É possível afirmar que se trata de "lançamento de ofício por excelência". Os concursos insistem com veemência em sua solicitação, associando-o sempre a essa modalidade de lançamento.

2. IPVA: trata-se de imposto lançado de ofício, consoante o entendimento da **2ª Turma** do **STJ**. Note o julgado:

> **EMENTA:** TRIBUTÁRIO. IPVA. FORMA DE LANÇAMENTO. **1.** O crédito tributário do IPVA constitui-se de ofício, sujeitando-se às prescrições legais dessa modalidade de lançamento. **2.** Recurso ordinário conhecido e provido. **(RMS 12.970/RJ, 2ª T., rel. Min. Francisco Peçanha Martins, j. em 21-08-2003)**

Curiosamente, o mesmo imposto já foi apreciado pela **1ª Turma** do **STJ**, que o concebeu como "imposto lançado por homologação". Veja o controvertido julgado:

> **EMENTA:** TRIBUTÁRIO. IPVA. LANÇAMENTO. SUPOSTO PAGAMENTO ANTECIPADO. O IPVA é tributo cujo lançamento se faz por homologação: o contribuinte recolhe o tributo, sem prévio exame do Fisco. Tal recolhimento opera a extinção condicional do crédito tributário. A extinção definitiva somente acontece após a homologação do pagamento. **(RMS 12.384/RJ, 1ª T., rel. Min. Humberto Gomes de Barros, j. em 04-06-2002)**

Em provas de concursos, a associação do **IPVA** a modalidades de lançamento costuma ser oscilante e polêmica[2]. Não obstante, tendemos a recomendar o atrelamento do imposto à modalidade lançamento direto ou de ofício. A propósito, o mais atual posicionamento do **STJ** parece pôr fim à celeuma, pelo menos, na seara jurisprudencial: em 10 de agosto de **2016**, a 1ª Seção do **STJ**, no **REsp 1.320.825/RJ** (rel. Min. Gurgel de Faria), evidenciou que "o *Imposto sobre a Propriedade de Veículos Automotores* (IPVA) é lançado de ofício no início de cada exercício (art. 142 do CTN)".

3. Taxas: são tributos lançados de ofício.

2. Em agosto de **2009**, a **FCC** realizou concurso – aliás, posteriormente, anulado – para o preenchimento do cargo de Procurador do Estado de São Paulo – Nível I (PGE/SP), em cuja prova se associou o IPVA à modalidade de *lançamento por homologação*. Observe o item considerado **correto**, embora se deva frisar que tal aceitação é demasiado isolada em provas de concurso: "Lei estadual que disciplina o IPVA pode atribuir ao sujeito passivo o dever de antecipar o pagamento do tributo, sem prévio exame da autoridade administrativa, configurando, nesta hipótese, o lançamento por homologação". Em tempo, para a 11ª Edição (2019), procedemos à exclusão de todos os itens de concurso, relativos ao ano de 2009. O presente item foi mantido, por exceção, em razão de sua relevância dogmática e pragmática.

4. Contribuição de melhoria: à semelhança das taxas, este outro tributo bilateral se adapta com fidelidade ao tipo de lançamento direto ou *de ofício*.

5. Contribuições corporativas (Conselhos Profissionais): trata-se de exemplo de contribuição federal, constante do *caput* do art. 149 da CF, à qual se atrela o lançamento direto ou *de ofício*.

6. Contribuição para o Serviço de Iluminação Pública (COSIP): a contribuição para o serviço de iluminação pública, cuja cobrança é facultada na fatura de consumo de energia elétrica (art. 149-A, parágrafo único, CF), encaixa-se na modalidade de lançamento direto ou *de ofício*.

Ressalte-se que, conforme se estudou em tópico precedente, o lançamento de ofício será utilizado igualmente nos casos de *revisão de ofício* (ver art. 149, II a IX, CTN). Daí se afirmar, com precisão, que todos os tributos podem vir a ser objeto de lançamento de ofício, quer porque o sejam, genuinamente, quer porque se há de suprir alguma omissão ou incorreção.

Posto isso, memorize: o *lançamento direto* ou *de ofício* é procedimento constitutivo do crédito de **iniciativa da Administração**.

Note o item (adaptado) considerado **CORRETO**, em prova realizada pela FCC, para o cargo de Técnico de Nível Superior da Prefeitura de Teresina/PI, em 2016: *"Lançamento feito por iniciativa da autoridade administrativa, independentemente de qualquer colaboração do sujeito passivo recebe o nome de 'lançamento de ofício'"*.

b) Lançamento Misto ou *Por Declaração*: é aquele realizado com base na declaração do sujeito passivo, que presta à autoridade lançadora as informações exclusivamente sobre *matéria de fato*, necessárias à constituição do crédito tributário. Observe o dispositivo legal:

> **Art. 147.** O lançamento é efetuado com base na declaração do sujeito passivo ou de terceiro, quando um ou outro, na forma da legislação tributária, presta à autoridade administrativa informações sobre matéria de fato, indispensáveis à sua efetivação.

Note o item considerado **CORRETO**, em prova realizada pelo Instituto AOCP, para o cargo de Analista Legislativo (Direito) da Câmara Municipal de Rio Branco/AC, em 2016: *"O lançamento é efetuado com base na declaração do sujeito passivo ou de terceiros quando um ou outro na forma da legislação tributária prestar informações à autoridade administrativa sobre matéria de fato, indispensáveis a sua efetivação"*.

Note o item considerado **CORRETO**, em prova realizada pela FCC, para o cargo de Técnico da Receita Estadual (SEGEP/MA), em 2016: *"Quando o lançamento tributário é efetuado com base em informações prestadas à autoridade administrativa pelo sujeito passivo ou por terceiro, na forma estabelecida pela legislação tributária, e sendo essas informações indispensáveis à efetivação do referido lançamento, estamos diante de uma modalidade de lançamento que, de acordo com a disciplina do CTN, é conhecida como 'lançamento por declaração'"*.

> Note o item considerado **CORRETO**, em prova realizada pela FCC, para o cargo de Analista Judiciário (Área Judiciária) do TRF 4ª Região, em 2019: "*Considerando-se as modalidades de lançamento previstas no CTN, o lançamento efetuado com base na declaração do sujeito passivo ou de terceiro, quando um ou outro, na forma da legislação tributária, presta à autoridade administrativa informações sobre matéria de fato, indispensáveis à sua efetivação, pode ser classificado como 'lançamento por declaração'*".

Caracteriza-se pela ação conjugada entre Fisco e contribuinte, cabendo a este a prestação de informações faltantes, e àquele, a feitura do lançamento propriamente dito.

Portanto, no lançamento por declaração, a constituição do crédito tributário vai se dar a partir das informações ofertadas pelo devedor quanto ao fato gerador. Nesse passo, se o sujeito passivo tem de prestar declaração com informações sobre matéria de fato, indispensáveis à sua efetivação, para só então o Fisco proceder ao lançamento notificando o sujeito passivo, estar-se-á perante a modalidade de *lançamento por declaração.*

Na verdade, nem sempre a Administração disporá de dados bastantes para proceder ao lançamento, suprindo tal deficiência de informação com a declaração prestada pelo particular, em pleno cumprimento de uma obrigação acessória ou colateral (art. 113, § 2º, CTN). Portanto, o sujeito passivo informa ao Fisco "matéria de fato" na declaração prestada, e, com supedâneo nesta, a entidade tributante calcula o gravame e o notifica para pagar a exação tributária.

São **exemplos** de tributos cuja constituição do crédito se dá por meio desse tipo de lançamento: o **imposto de importação (II)**, o **imposto de exportação (IE)**, o **ITBI** e, até mesmo, o **ITCMD**[3].

Neste tipo de lançamento, é adequado se mencionar a possibilidade de **retificação da declaração,** por iniciativa do próprio declarante, constante do **art. 147, § 1º, CTN:**

> Note o item considerado **INCORRETO**, em prova realizada pelo Instituto AOCP, para o cargo de Analista Legislativo (Direito) da Câmara Municipal de Rio Branco/AC, em 2016: "*A retificação da declaração por iniciativa do próprio declarante, quando vise reduzir ou excluir tributo, é admissível mediante comprovação do erro em que se funde, podendo ser feita após de notificado do lançamento*".

> **Art. 147. (...)**
>
> **§ 1º** A retificação da declaração por iniciativa do próprio declarante, quando vise a reduzir ou a excluir tributo, só é admissível mediante comprovação do erro em que se funde, e antes de notificado o lançamento.

3. *Na seara de provas de concursos, todavia, a associação do* **ITCMD** *à modalidade de lançamento é um tanto cambiante, oscilando entre lançamento por homologação e lançamento por declaração.* Em **2014**, foi considerada **correta**, em prova realizada pela Cetro, para o cargo de Auditor Fiscal Municipal da Prefeitura de São Paulo, a seguinte assertiva: "*O lançamento do Imposto sobre heranças e doações é feito, em princípio, por declaração. O contribuinte oferece ao Fisco os elementos necessários ao respectivo cálculo*".

Nessa medida, a retificação da declaração por iniciativa do próprio declarante, visando a **reduzir** ou a **excluir** tributo, só será admissível obedecendo-se a duas condições:

(I) mediante comprovação do erro em que se funde;

(II) antes de notificado o lançamento (art. 147, § 1º, CTN).

Depreende-se do acima exposto que o ônus da comprovação do erro é do próprio contribuinte, e, além disso, havendo a notificação do lançamento, será fulminado o direito à "retificação". O que sobra ao interessado é a possibilidade de *revisão*, no âmbito da "revisibilidade do lançamento", conforme as possibilidades legalmente previstas (ver art. 145, I, II e III, CTN).

O aspecto curioso é que, caso o sujeito passivo pretenda *retificar a declaração* visando aumentar o tributo, poderá fazê-lo após a notificação. Esse caso, conquanto demasiado hipotético, dará ensejo a um lançamento suplementar (de ofício), com base no art. 149, VIII, CTN.

Posto isso, memorize: o *lançamento misto* é um procedimento constitutivo do crédito de **iniciativa da Administração**.

c) Lançamento por Homologação ou *Autolançamento*: é aquele em que o contribuinte auxilia ostensivamente o Fisco na atividade do lançamento, recolhendo o tributo, antes de qualquer providência da Administração, com base em montante que ele próprio mensura. Observe o art. 150, *caput*, do CTN:

O nosso conceito foi reproduzido *ipsis litteris* em assertiva considerada **CORRETA,** em prova realizada pela Funcab, para o cargo de Auditor Fiscal (Sefaz/BA), em 2014: *"É aquele em que o contribuinte auxilia ostensivamente o Fisco na atividade do lançamento, recolhendo o tributo, antes de qualquer providência da Administração, com base em montante que ele próprio mensura. O texto refere-se ao lançamento por homologação".*

Art. 150. O lançamento por homologação, que ocorre quanto aos tributos cuja legislação atribua ao sujeito passivo o dever de antecipar o pagamento sem prévio exame da autoridade administrativa, opera-se pelo ato em que a referida autoridade, tomando conhecimento da atividade assim exercida pelo obrigado, expressamente a homologa.

Note o item considerado **CORRETO**, em prova realizada pela Cesgranrio, para o cargo de Advogado Júnior (Petrobras), em 2012: *"Na hipótese de lançamento tributário, quando se opera pelo ato em que a autoridade administrativa fiscal competente, tomando conhecimento da atividade assim exercida pelo obrigado, expressa ou tacitamente homologa o recolhimento de tributos, cuja legislação atribua ao sujeito passivo o dever de antecipar o pagamento, não há necessidade de prévia anuência do Fisco. Nesse caso, a modalidade de lançamento tributário configura-se como por homologação".*

A partir dessa providência antecipatória de pagamento, cabe à entidade impositora proceder à conferência da exatidão do volume recolhido, homologando, expressa ou tacitamente, o procedimento adotado.

A esse tipo de lançamento – o mais importante e mais comum entre os tributos – dão-se as denominações *lançamento por homologação* ou, até mesmo, com menor rigor terminológico, "autolançamento", embora se critique tal expressão, em razão da equivocada ideia, facilmente transmitida pelo termo guerreado, de que o próprio contribuinte (prefixo *auto-*) faria o lançamento. Não se pode perder de vista que é o pagamento – ou a atividade do sujeito passivo – o objeto da homologação, e não o lançamento, o que se opõe à terminologia usual.

À semelhança do *lançamento misto ou por declaração*, no ora estudado lançamento por homologação, tem-se a primeira providência tomada pelo sujeito passivo. Entretanto, enquanto naquele lançamento tal ato tem cunho *informativo* (declaração), neste a ação preambular tem cunho *pecuniário* (pagamento).

Ressalte-se que a conferência de exatidão – a homologação do pagamento –, a que deve proceder a autoridade lançadora, traduz-se em certo tipo de *condição*, estampada no dispositivo (§ 1º do art. 150): a *condição resolutória*.

Em análise detida, percebe-se que o **§ 1º do art. 150** requer atitude exegética cuidadosa. Observe o preceptivo:

> **Art. 150. (...)**
>
> **§ 1º** *O pagamento antecipado pelo obrigado nos termos deste artigo extingue o crédito, sob condição resolutória da ulterior homologação ao lançamento.* **(Grifo nosso)**

Observa-se, assim, que a **homologação** do pagamento resolve (desfaz) os efeitos do ato (ou seja, a extinção do crédito tributário), o que significa dizer, estranhamente, que, se houver a precisão no pagamento, e este for conferido, a extinção do crédito será desfeita.

Há algo induvidoso: o dispositivo apresenta nítida contradição, devendo ser, então, assim interpretado: a **não homologação** do lançamento resolve (desfaz) os efeitos do ato (*i.e.*, extinção do crédito tributário). Ou seja, com maior lógica: se houver a imprecisão no pagamento, e este for conferido, gerando a não homologação, a extinção do crédito será desfeita (resolvida, dissolvida), hipótese em que a autoridade administrativa lançará a diferença, com base no inciso V do art. 149 do CTN.

De fato, caso o pagamento antecipado seja menor que o devido, será efetuado um lançamento de ofício da diferença, levando-se em consideração o valor já recolhido. Nesse ínterim, será aplicado o percentual de multa, incidente sobre o saldo, consoante o § 3º do art. 150 do CTN:

> **Art. 150. (...)**
>
> **§ 3º** Os atos a que se refere o parágrafo anterior serão, porém, considerados na apuração do saldo porventura devido e, sendo o caso, na imposição de penalidade, ou sua graduação.

> Note o item considerado **CORRETO**, em prova realizada pela Consulplan, para o cargo de Titular de Serviços de Notas e de Registros (TJ/MG), em 2017: *"O lançamento por homologação, que ocorre quanto aos tributos cuja legislação atribua ao sujeito passivo o dever de antecipar o pagamento sem prévio exame da autoridade administrativa, opera-se pelo ato em que a referida autoridade, tomando conhecimento da atividade assim exercida pelo obrigado, expressamente a homologa. Nessa modalidade de lançamento, não influem sobre a obrigação tributária quaisquer atos anteriores à homologação, praticados pelo sujeito passivo ou por terceiro, visando à extinção total ou parcial do crédito, mas esses atos serão considerados na apuração do saldo porventura devido e, sendo o caso, na imposição de penalidade, ou sua graduação"*.

Ad argumentandum, houve por bem o legislador quando optou pela inserção no dispositivo dessa **condição resolutiva**. Caso tivesse preferido a "condição suspensiva", os efeitos do ato, estando dependentes do implemento da condição, poderiam gerar consequências danosas ao sujeito passivo. Em outras palavras, o contribuinte já estaria em mora quando houvesse o implemento da condição.

Acresça-se à análise do § 1º do art. 150, ora detalhado, que desponta um descuido terminológico quando se diz que o pagamento "extingue o crédito". Na verdade, este crédito ainda não "surgiu", para ser extinto, estando a depender do seu procedimento constitutivo, que é o lançamento.

No **âmbito da conferência**, a ser perpetrada pela Administração, pode ela se dar de modo *expresso*, conforme previsão na parte final do *caput* do art. 150, **ou de modo *tácito***, consoante o disposto no § 4º do mesmo artigo. Observe os dispositivos, com os grifos pontuais:

> Note o item considerado **INCORRETO**, em prova realizada pela Vunesp, para o cargo de Analista Administrativo (Fundação Casa), em 2013: *"As pessoas físicas e jurídicas, identificadas como contribuintes do imposto de renda, têm a obrigação de elaborar e entregar anualmente à Receita Federal do Brasil a Declaração de Imposto de Renda, da pessoa física ou jurídica, respectivamente. Esse dever é definido como homologação de lançamento"*.

> Note o item considerado **INCORRETO**, em prova realizada pela FCC, para o cargo de Juiz Substituto (TJ/SC), em 2017: *"O lançamento por homologação não admite homologação tácita"*.

> **Art. 150.** O lançamento por homologação, que ocorre quanto aos tributos cuja legislação atribua ao sujeito passivo o dever de antecipar o pagamento sem prévio exame da autoridade administrativa, *opera-se pelo ato em que a referida autoridade, tomando conhecimento da atividade assim exercida pelo obrigado, expressamente a homologa.* (...)
>
> **§ 4º** Se a lei não fixar prazo a homologação, será ele de cinco anos, a contar da ocorrência do fato gerador; expirado esse prazo *sem que a Fazenda Pública se tenha pronunciado*, considera-se homologado o lançamento e definitivamente extinto o crédito, salvo se comprovada a ocorrência de dolo, fraude ou simulação. **(Grifo nosso)**

Caso se tenha o **transcurso *in albis***, isto é, "em branco", do quinquênio, com o escoamento do lustro, a contar do fato gerador, sem que o Fisco proceda à ratificação devida, haverá a homologação tácita (do lançamento) (§ 4º, art. 150), extinguindo-se o crédito tributário, agora pelo art. 156, VII, CTN.

> Note o item considerado **INCORRETO**, em prova realizada pela Vunesp, para o cargo de Procurador Jurídico Legislativo da Câmara Municipal de Sertãozinho/SP, em 2014: *"Tratando-se de lançamento por homologação, passados cinco anos da ocorrência do fato gerador sem que a Fazenda Pública se pronuncie a respeito do pagamento promovido pelo sujeito passivo, salvo se comprovada a ocorrência de dolo, fraude ou simulação, verificar-se-á a prescrição quinquenal".*

A expressão *homologação tácita do lançamento* é adotada pelo CTN, não obstante sabermos que, até então, na relação jurídico-tributária, não existe lançamento algum. Tal raciocínio leva alguns teóricos a afirmar que, no lançamento por homologação, não existe a decadência, propriamente dita, mas, sim, *a decadência do direito de a Fazenda exigir, por meio do lançamento de ofício, o resíduo tributário, relativo à incompleta antecipação de pagamento.*

Como é cediço, o lançamento por homologação está presente na maior parte dos tributos, representando o maior volume de arrecadação entre os tipos de lançamento. São **exemplos** de tributos cuja constituição do crédito se dá por meio desse tipo de lançamento:

1. ICMS: trata-se de gravame que tem sido exaustivamente solicitado em provas de concursos públicos como uma exação plenamente adaptável ao lançamento por homologação. Para o **ISS**, vale o mesmo raciocínio. Não é demasiado relembrar que, havendo uma autuação de ICMS como resultado de fiscalização, este, que é clássica e genuinamente lançado por homologação, passa a ser caso de lançamento de ofício.

> Note o item considerado **CORRETO**, em prova realizada pela ATECEL, para o cargo de Fiscal de Tributos da Prefeitura Municipal de Equador/RN, em 2016: *"O ISSQN tem seu lançamento realizado, em regra, por homologação".*

2. IPI: o imposto é associado, corriqueiramente, nas provas de concursos públicos, à modalidade de *lançamento por homologação.*

3. IR: na sistemática de lançamento do IR, o contribuinte informa os rendimentos e as fontes pagadoras (matéria de fato) e as enquadra como "isentas", "tributáveis" ou "sujeitas à tributação exclusiva" (matéria de direito). Igualmente, o contribuinte discrimina despesas (**matéria de fato**) e as afere como "dedutíveis" ou "não dedutíveis" (**matéria de direito**). Daí não se poder afirmar que o IRPF é "lançado por declaração", pois, conforme se estudou, este lançamento comporta tão somente, por parte do sujeito passivo, a prestação de **matéria de fato**. Aqui, no âmbito do IRPF, o contribuinte, valendo-se de critério jurídico, aplica o direito ao fato, subsumindo este àquele.

É desnecessário afirmar, por questão de obviedade, que o lançamento por homologação se dá por sistemática mais cômoda e eficaz para o Fisco.

Por fim, frise-se que o **IR** (IRPF e IRPJ) tem sido bastante solicitado em provas de concursos como acertado exemplo de tributo lançado por homologação.

> Note o item considerado **CORRETO**, em prova realizada pelo TRF/4ª Região, para o cargo de Juiz Federal Substituto (XVII Concurso), em 2016: *"O IRPJ é tributo sujeito ao lançamento por homologação, cabendo à Autoridade Fiscal proceder ao lançamento de ofício na hipótese de declaração a menor pelo contribuinte"*.

4. ITCMD: o imposto é mais um bom exemplo de ***lançamento por homologação***. Na seara de provas de concursos, todavia, a associação do imposto à modalidade de lançamento é um tanto cambiante, oscilando entre *lançamento por homologação* e *lançamento por declaração*.

> Note o item considerado **INCORRETO**, em prova realizada pela FCC, para o cargo de Procurador do Estado de Mato Grosso (PGE/MT), em 2016: *"O ITCMD, de competência estadual, tem lançamento apenas na modalidade 'por declaração'"*.

Em **2014**, foi considerada **correta**, em prova realizada pela **Cetro**, para o cargo de Auditor Fiscal Municipal da Prefeitura de São Paulo, a seguinte assertiva: "*O lançamento do Imposto sobre heranças e doações é feito, em princípio, por declaração. O contribuinte oferece ao Fisco os elementos necessários ao respectivo cálculo*".

5. PIS e COFINS: são contribuições social-previdenciárias, enquadrando-se com fidelidade à espécie lançamento por homologação.

6. Empréstimos Compulsórios: segundo o **STJ**, trata-se de exação lançada por homologação. Observe o julgado:

EMENTA: PROCESSUAL. AGRAVO REGIMENTAL. EMPRÉSTIMO COMPULSÓRIO. DL 2288/86. (...) A Primeira Seção do STJ assentou orientação a dizer que o *"tributo arrecadado a título de empréstimo compulsório sobre o consumo de combustíveis é daqueles, sujeitos a lançamento por homologação.* Em não havendo tal homologação, faz-se impossível cogitar em extinção do crédito tributário. (...)" **(AgRg no REsp 373.189/BA, 1ª T., rel. Min. Humberto Gomes de Barros, j. em 27-08-2002) (Grifo nosso)**

> Posto isso, memorize: o *lançamento por homologação* é um procedimento constitutivo do crédito de **iniciativa do contribuinte.**

2.5 Análise da técnica do arbitramento

O **art. 148 do CTN** trata da hipótese de *arbitramento* – ou *fiscalização indireta* ou *aferição indireta* –, significando a adoção, por parte da autoridade lançadora, de sistemática determinante do tributo (ou de sua base de cálculo), que dependa da aferição do valor ou preço de bens, de serviços, de direitos ou de certos atos jurídicos. Observe o dispositivo legal:

> **Art. 148.** Quando o cálculo do tributo tenha por base, ou tem em consideração, o *valor ou o preço* de *bens, direitos, serviços ou atos jurídicos*, a autoridade lançadora, mediante *processo regular, arbitrará* aquele valor ou preço, sempre que sejam *omissos* ou *não mereçam fé* as declarações ou os esclarecimentos prestados, ou os documentos expedidos pelo sujeito passivo ou pelo terceiro legalmente obrigado, **ressalvada, em caso de *contestação, avaliação contraditória, administrativa ou judicial*. (Grifos nossos)**

> Note o item considerado **CORRETO**, em prova realizada pela Consulplan, para o cargo de Titular de Serviços de Notas e de Registros (TJ/MG), em 2017: *"Quando o cálculo do tributo tenha por base, ou tome em consideração, o valor ou o preço de bens, direitos, serviços ou atos jurídicos, a autoridade lançadora, mediante processo regular, arbitrará aquele valor ou preço, sempre que sejam omissos ou não mereçam fé as declarações ou os esclarecimentos prestados, ou os documentos expedidos pelo sujeito passivo ou pelo terceiro legalmente obrigado, ressalvada, em caso de contestação, avaliação contraditória, administrativa ou judicial"*.

> Note o item considerado **INCORRETO**, em prova realizada pelo Instituto AOCP, para o cargo de Analista Legislativo (Direito) da Câmara Municipal de Rio Branco/AC, em 2016: *"Quando o cálculo do tributo tenha por base, ou leve em consideração, o valor ou o preço de bens, direitos, serviços ou atos jurídicos, a autoridade lançadora, mediante processo regular, arbitrará, sem exceção, aquele valor ou preço, sempre que sejam omissos ou não mereçam fé as declarações ou os esclarecimentos prestados, ou os documentos expedidos pelo sujeito passivo ou pelo terceiro legalmente obrigado"*.

De início, é importante salientar que a menção a "valor ou preço" permite que se tragam outros critérios arbitráveis, como renda, lucro, faturamento, receita bruta etc. O intuito da norma não é o de enclausurar taxativamente o arbitramento ao conceito de "valor ou preço".

Tem-se entendido, de modo uníssono na doutrina, que o *arbitramento* não é uma quarta espécie de lançamento, mas um *critério substitutivo* ou uma *técnica de tributação indiciária*. Sua utilização, adequada a circunstâncias extremadas e excepcionais, será baseada em indícios tendentes à consecução do preciso valor da base de cálculo do gravame.

Todavia, *ad argumentandum*, é mister destacar que subsiste o enquadramento classificatório, esposado por alguns teóricos[4], de que o arbitramento é, sim, um tipo de lançamento, inserido no âmbito do "lançamento por declaração". Entretanto, há vozes no sentido de situá-lo como uma **hipótese de *lançamento direto*** (ou *de ofício*). O tema é polêmico.

Note o item (adaptado) considerado **CORRETO**, em prova realizada pela IADHED, para o cargo de Procurador Municipal da Prefeitura de Araguari/MG, em 2016: *"'Lançamento por arbitramento' corresponde a uma modalidade de lançamento do crédito tributário"*.

Na verdade, o arbitramento é efetuado antes do lançamento, permitindo que a autoridade administrativa desconsidere os valores declarados pelo sujeito passivo, em razão da (I) *inidoneidade* ou da (II) *omissão* documentais, para, só então, valer-se do lançamento (de ofício) com suporte em bases presuntivas – e alternativas – na fixação do valor tributável.

No primeiro caso (I), desponta a apresentação de documentos que, destoantes da realidade fática, não merecem fé, exsurgindo sua imprestabilidade; no segundo caso (II), tem-se a total ausência ou insuficiência de elementos comprobatórios de operações deflagradoras do tributo.

Em razão da limítrofe situação, caracterizada pelo comportamento leviano do sujeito passivo omisso, reticente ou mendaz, com relação à informação de valor ou de preço de bens, fica o Fisco autorizado a adotar para o bem (serviço, direito ou ato) um valor de base de cálculo compatível com a prática do mercado ou com os indicadores hauridos de pesquisas e estatísticas, em total prestígio à *verdade material*.

É bom salientar que a sistemática existe para se chegar a *valor arbitrado*, e não a "valor arbitrário". Este indica excesso, exagero; aquele, aferição, identificação. O primeiro avoca o bom senso; o segundo, afasta-o. O primeiro é ato extremado; o segundo, indevido.

De fato, o "arbitramento arbitrário" pauta-se em fatos fictícios, em base de cálculo irreal e, por fim, em tributo ilusório, afastando-se da contabilidade merecedora de análise. De outra banda, o *arbitramento adequado* é medida hábil a detectar a contabilidade calcada em ficção documental, composta de lançamentos dissimuladores das mutações financeiras do contribuinte, que, *ipso facto*, deve ser afastada pela técnica da *aferição indireta*.

Após a ciência ao interessado, resguardados estarão o *contraditório* e a *ampla defesa*, nas esferas administrativa e judicial, pois o *arbitramento* é mera forma de estabelecimento de uma *presunção relativa*, que sempre poderá ser objeto, por parte do sujeito passivo, de *prova em contrário*, limitadora da discricionariedade da autoridade fiscal.

4. TORRES, Ricardo Lobo. *Curso de direito financeiro e tributário*, 12. ed., p. 281.

Frise-se, ademais, que o legislador estendeu a garantia do contraditório também à ocasião posterior ao arbitramento, pois, se, eventualmente, a empresa, reconhecendo o equívoco, fornecer os elementos de investigação que venham a tornar possível a descoberta da verdade, a técnica perde seu objeto.

Ao final, a autoridade administrativa calcula o montante do tributo devido e realiza o lançamento, notificando o sujeito passivo. A este cabe o ônus de provar que o fato não ocorreu tal como arbitrado.

Lamentavelmente, o Fisco, em alguns casos, tem procedido ao lançamento sem oferecer a oportunidade de contestação e avaliação contraditórias do bem, o que, a nosso pensar, traduz inequívoca afronta às garantias constitucionais. Entendemos que o *arbitramento* não pode estar dissociado do processo dialético, que dá guarida ao contraditório, sob pena de chancela de ritual despótico e desarrazoado – e, quiçá, caprichoso – de exigibilidade de "tributo querido", no lugar do *tributo devido*.

Na prática, o *arbitramento* tem sido comum nos seguintes casos:

1. No âmbito do ITBI: quando se declara um valor para o imóvel alienado bem inferior ao de mercado;

2. Na sistemática das *pautas fiscais (pautas de valores)*: originariamente, as pautas fiscais eram dotadas de valores arbitrários, que deveriam reger as operações, mesmo que estas avocassem bases imponíveis bem inferiores. A jurisprudência andou bem em rechaçar a vetusta sistemática. Hodiernamente, a técnica ganhou nova roupagem, não mais servindo de orientador "absoluto" – diga-se, prévio, geral e abstrato – às operações, somente sendo utilizada:

(I) **em certos casos** (*v.g.*, inidoneidade dos valores informados pelo sujeito passivo); e

(II) o que é mais importante, **caso a caso**, resguardado o contraditório.

Em março de **2010**, o **STJ** editou a **Súmula n. 431**, segundo a qual "*é ilegal a cobrança de ICMS com base no valor da mercadoria submetido ao regime de pauta fiscal*". O enunciado impeditivo vem corroborar o *princípio da reserva legal*, mormente à luz do art. 146, III, "a", da CF:

> **Art. 146.** Cabe à lei complementar: (...)
>
> **III** – estabelecer normas gerais em matéria de legislação tributária, especialmente sobre:
>
> **a)** definição de tributos e suas espécies, bem como, em relação aos impostos discriminados nesta Constituição, a dos respectivos fatos geradores, bases de cálculo e contribuintes. **(Grifo nosso)**

No âmbito do ICMS – uma das searas nas quais ocorrem as pautas fiscais –, o Poder Executivo costuma estipular uma pauta de valores para mercadorias, a qual serve de orientação para as autoridades exatoras no momento do confronto fiscalizatório entre o valor das mercadorias transportadas e aquele constante das notas fiscais. Sempre é bom lembrar que, em caso de inidoneidade ou insuficiência documental, abrir-se-á o cenário para o ***arbitramento*** (art. 148 do CTN).

> Note o item considerado **CORRETO**, em prova realizada pelo TRF/4ª Região, para o cargo de Juiz Federal Substituto (XVII Concurso), em 2016: *"A Autoridade Fiscal, por meio do devido processo administrativo, possui prerrogativa de proceder ao arbitramento do lucro de determinada pessoa jurídica quando não dispuser de elementos fidedignos nos registros contábeis e nas obrigações acessórias de responsabilidade do contribuinte".*

Em março de **2014**, a 1ª Turma do **STJ**, retomando os dizeres insertos na *Súmula n. 431*, enfrentou o caso das pautas fiscais na comercialização de *medicamentos* e, em tom didático, estabeleceu a distinção entre as *pautas fiscais*, o *arbitramento* e o *regime de valor agregado* (este, próprio da substituição tributária progressiva). Observemo-la:

> **EMENTA:** TRIBUTÁRIO. ICMS. MEDICAMENTOS. NÃO SE CONFUNDEM A PAUTA FISCAL E O REGIME DE VALOR AGREGADO ESTABELECIDO NO ART. 8º DA LC n. 87/96, QUE CONSUBSTANCIA TÉCNICA ADOTADA PELO FISCO, A PARTIR DE DADOS CONCRETOS, PARA A FIXAÇÃO DA BASE DE CÁLCULO DO IMPOSTO NA SISTEMÁTICA DE SUBSTITUIÇÃO TRIBUTÁRIA PARA FRENTE **(...) 1.** É ilegal a cobrança de ICMS com base no valor da mercadoria submetido ao regime de pauta fiscal. Súmula 431/STJ. No caso dos autos, todavia, a base de cálculo do ICMS adotada pelo Fisco são os preços definidos pela Câmara de Regulação do Mercado de Medicamentos (CMED), órgão público do Conselho do Governo da Presidência da República que foi criado pela Lei n. 10.742/03. **2.** O STJ entende que não há que se confundir a pauta fiscal – valor fixado prévia e aleatoriamente para a apuração da base de cálculo do tributo – com o arbitramento de valores previsto no art. 148 do CTN, que é modalidade de lançamento, da mesma forma como também não se pode confundi-la com o regime de valor agregado estabelecido no art. 8º da LC n. 87/96, que é técnica adotada para a fixação da base de cálculo do ICMS na sistemática de substituição tributária para frente, levando em consideração dados concretos de cada caso. Precedente: RMS 18.677/MT, rel. Min. Castro Meira, *DJ* 20.06.2005, p. 175. **(...) 4.** Nesse sentido, os arts. 4º, § 1º e 6º, II da Lei n. 10.742/03, bem como os arts. 6º, 7º e 8º da Resolução CMED 04/2004 (vigente à época) autorizam a CMED a fixar, ano a ano, o Preço Máximo ao Consumidor (PMC) dos medicamentos, que deverá ser observado pelo comércio varejista, valendo-se este, inclusive, de publicação específica para o mercado do produto, que possibilite dar publicidade aos preços praticados pelos produtores, como a revista ABCFARMA, permitindo, assim, que o Fisco, amparado pelo art. 8º, § 2º da LC n. 87/96, lance mão desses preços na apuração do ICMS devido na substituição tributária progressiva. **(...) (AgRg-AgRg-AREsp 350.678/RS, rel. Min. Napoleão Nunes Maia Filho, 1ª T., j. em 11-03-2014) (Grifos nossos)**

Por fim, observe a jurisprudência do STF:

> **EMENTA:** ICM. CÁLCULO DE TRIBUTO COM BASE EM VALOR OU PREÇO DE BENS, DIREITOS, SERVIÇOS OU ATOS JURÍDICOS. *O arbitramento feito pela autoridade lançadora só poderá ser feito mediante "processo regular" (art. 148 do CTN), e não por Portaria de efeito normativo, sem exame de cada caso em particular.* Recurso extraordinário conhecido e provido. **(RE 72.400/RN, 1ª T., rel. Min. Barros Monteiro, j. em 29-10-1971) (Grifo nosso)**

3. No âmbito do IR: um corriqueiro caso de arbitramento tem ocorrido quando a escrituração contábil não se prestar à verificação, *v.g.*, do lucro real.

Observe a jurisprudência no **STJ**:

> **EMENTA:** PROCESSUAL CIVIL. (...) IMPOSTO DE RENDA. OMISSÃO DE RECEITA. PRÁTICA EVASIVA. LEGISLAÇÃO. LUCRO ARBITRADO. DIVERGÊNCIA INTERPRETATIVA. (...) 2. *O Fisco está legalmente autorizado a realizar o arbitramento do lucro quando a escrituração contábil não se presta à verificação do lucro real.* (...) **(REsp 331.163/PB, 2ª T., rel. Min. Francisco Peçanha Martins, j. em 1º-06-2004) (Grifo nosso)**

Nesse sentido, segue a **Súmula n. 76 do TFR** (extinto *Tribunal Federal de Recursos*): *"Em tema de imposto de renda, a desclassificação da escrita somente se legitima na ausência de elementos concretos que permitam a apuração do lucro real da empresa, não justificando simples atraso na escrita"*.

Diga-se, ademais, que a simples ocorrência de *depósitos bancários* em montante incompatível com os dados da declaração de rendimentos, por si só, não pode ensejar o arbitramento do imposto de renda. Esse é o teor da **Súmula n. 182**, também **do TFR:** (*"É ilegítimo o lançamento do imposto de renda arbitrado com base apenas em depósitos bancários"*).

É importante destacar que a ocorrência de vícios sanáveis, que não tenham infirmado a contabilidade, **não** se traduz em situação bastante para a adoção da sistemática do *arbitramento.* Se há veracidade e confiabilidade nas informações prestadas, seria "arbitrário" arbitrar o valor da base de avaliação do fato tributável.

Um exemplo de opção inadequada está no "arbitramento diante da simples ausência de escrita fiscal ou sua desqualificação (desclassificação)". Neste caso, a circunstância é insuficiente para avocar a técnica, uma vez que o arbitramento não pode ser transformado em instrumento de imposição de sanções, castigo ou punição, haja vista sua natureza não sancionatória. Se é possível a consecução do valor de base de cálculo por meio dos métodos investigativos convencionais, não há que se falar em arbitramento.

3 CRÉDITO TRIBUTÁRIO E DECADÊNCIA

3.1 Considerações iniciais

O desenvolvimento das relações jurídicas não se põe imune aos efeitos inexoráveis do tempo. O pensamento jurídico concebe, assim, institutos que, vinculados a um certo intervalo temporal, criam, modificam ou extinguem direitos para os sujeitos do negócio jurídico, em nome de um elemento axiológico de maior relevo, qual seja, a *segurança jurídica*. Nesse contexto, desponta o instituto da decadência.

Com efeito, a decadência desponta como consequência da necessidade de o direito lidar com essa **questão do tempo**, uma vez que, no transcorrer deste, nem todos os direitos e deveres devem ser plenamente exercidos[5]. Como explica Eurico de Santi[6], "*decadência e prescrição não são formas de se fazer justiça. São formas concretas que o direito encontrou para conviver com esse deus tão poderoso: o tempo*".

Assim, o verdadeiro fundamento da decadência é a *paz social*, a *estabilidade das relações jurídicas* e a própria *segurança jurídica*, uma vez que as coisas não podem arrastar-se indefinidamente.

A decadência aplicada ao sistema tributário, à luz do CTN, tem sido motivo de grande polêmica e gerado incontáveis incompreensões, na doutrina e na jurisprudência, sobretudo do **STJ**.

Em regra geral, a decadência (do latim *cadeus*, de *cadere*, na acepção de "perecer, cair ou cessar") é uma forma extintiva de direito subjetivo (do sujeito ativo), constante numa relação jurídica de direito *material*, *substantivo* ou *substancial*.

O direito *subjetivo* é a faculdade do sujeito de exercer uma conduta diante da ocorrência de um fato. Enquanto o direito *objetivo* refere-se às normas jurídicas, constituindo-se numa pauta básica de valores, o direito *subjetivo*, na ótica tributária, atrela-se à faculdade do sujeito ativo de agir em direção ao sujeito passivo, com o fito de proceder ao lançamento.

O instituto em comento visa atacar, desse modo, o próprio direito, promovendo seu decaimento ou seu perecimento, o que obsta a constituição do crédito tributário pelo Fisco (art. 156, V, CTN). Essa é a razão por que a Fazenda não está inibida de proceder ao lançamento, prevenindo a decadência do direito de lançar, mesmo que haja a suspensão da exigibilidade do crédito tributário (para a melhor compreensão do tema, *vide* o Capítulo 25 acerca da "suspensão do crédito tributário"). Portanto, **a simples suspensão do crédito tributário (art. 151, I a VI, CTN) não impede a sua constituição** e, desse modo, não influi no prazo decadencial. Há iterativa jurisprudência nesse sentido:

Note o item considerado **CORRETO**, em prova realizada pela FADESPE, para o cargo de Advogado da Companhia de Saneamento do Pará (COSANPA), em 2017: *"A suspensão do crédito tributário não impede sua constituição"*.

EMENTA: TRIBUTÁRIO. EMBARGOS DE DIVERGÊNCIA. LANÇAMENTO POR HOMOLOGAÇÃO. DECADÊNCIA. PRAZO QUINQUENAL. (...) 3. A suspensão da exigibilidade

5. *V.* CARVALHO, Paulo de Barros. *Curso de direito tributário*, 16. ed., p. 464.
6. SANTI, Eurico Marcos Diniz de. Decadência e prescrição no direito tributário – aspectos teóricos, práticos e análise das decisões do STJ. *Revista Dialética de Direito Tributário*, São Paulo n. 62, nov. 2002, pp. 34-36 (p. 36).

do crédito tributário na via judicial impede o Fisco de praticar qualquer ato contra o contribuinte visando à cobrança de seu crédito, tais como inscrição em dívida, execução e penhora, mas não impossibilita a Fazenda de proceder à regular constituição do crédito tributário para prevenir a decadência do direito de lançar. 4. Embargos de divergência providos. **(EREsp 572.603/PR, 1ª T., rel. Min. Castro Meira, j. em 08-06-2005; ver, nesse sentido: REsp 119.156/SP, rel. Min. Laurita Vaz, 2ª T., j. em 05-09-2002)**

Ad argumentandum, há polêmica sobre o verdadeiro **objeto** da decadência: para alguns, é o *crédito tributário*, conforme dispõem os arts. 156, V e 173, ambos do CTN; para outros, é a própria *obrigação tributária*. Tal divergência decorre, na verdade, da discussão se o crédito somente nasce com o lançamento ou se surge junto com a obrigação tributária. No primeiro caso, o decurso do prazo decadencial não teria o condão de extingui-lo, uma vez que ainda não existe, mas fulminaria a própria obrigação tributária. No segundo caso, em razão de o crédito nascer junto com a obrigação tributária (com a ocorrência do fato gerador), seria crível aceitar a decadência como uma verdadeira causa extintiva do crédito tributário.

Diz-se que a decadência nasce em razão da omissão ou inação do sujeito ativo no exercício da faculdade de proceder ao lançamento e, a partir desse momento, interrompe o processo de positivação do direito tributário. Provoca, assim, uma espécie de "autofagia do direito", motivada pelo tempo. Mostra-se, na máxima: "um direito que extingue um direito, produzindo novo direito"[7].

Em voto emblemático, o então Ministro do **STF**, Moreira Alves, nos Embargos no **Recurso Extraordinário n. 94.462** (Pleno), com julgamento em 06-10-**1982**, salienta que o direito de lançar é um direito "potestativo modificativo", pois o Fisco transforma a obrigação tributária *ilíquida* em obrigação tributária *líquida*, isto é, no próprio *crédito tributário*.

O prazo de decadência existe para que o sujeito ativo constitua o crédito tributário com presteza, não sendo fulminado pela **perda do direito de lançar**. A constituição do crédito tributário ocorre por meio do lançamento, segundo o art. 142 do CTN, que deve se dar em um interregno de 5 anos.

Note o item considerado **INCORRETO**, em prova realizada pela PUC/PR, para o cargo de Juiz Substituto (TJ/PR), em 2014: *"Anulado por vício formal determinado lançamento e em se tratando de prazo decadencial aquele destinado a constituição do crédito tributário, terá então o fisco somente o prazo que restar para efetuar novo lançamento".*

7. SANTI, Eurico Marcos Diniz de. *Decadência e prescrição no direito tributário*. 3. ed. São Paulo: Max Limonad, 2004, p. 143.

> Note o item considerado **CORRETO**, em prova realizada pelo CEBRASPE, STJ, para o cargo de Analista Judiciário, em 2018: *"A decadência é uma hipótese de extinção do crédito tributário que decorre do transcurso do tempo máximo previsto para a constituição desse crédito"*.

É importante mencionar, desde já, que entendemos estar garantido o direito à restituição de tributo pago a maior ou indevidamente, já atingido pela decadência. De fato, quando se tem o decaimento do direito de lançar, perece a relação obrigacional, extinguindo-se o próprio *direito material*, não mais existindo a dívida. Sendo assim, havendo o pagamento de um tributo atingido pela caducidade, desponta o direito à restituição, uma vez que se pagou o que não mais se devia. Tal entendimento pode ser corroborado no art. 156, V, CTN, segundo o qual a decadência extingue o crédito tributário, o que dá franco direito à restituição. Daí se afirmar, nesse passo, que a prescrição, de igual modo, gera o direito à restituição, embora haja vozes no sentido de que, na prescrição, extinto estaria apenas o direito de ação, sobrevivendo o direito material de que era titular o sujeito pretensor. Parece-nos que a melhor solução está na garantia da restituição tanto para aquele que paga crédito *decaído* quanto para aquele que procede ao pagamento de crédito *prescrito*.

No intuito de facilitar o estudo, que ora se inicia faz-se mister estabelecermos, quanto à **decadência**, algumas premissas:

a) a decadência atinge o *direito subjetivo* do sujeito ativo, constante numa relação jurídica de direito *material*, *substantivo* ou *substancial;*

b) a decadência decorre sempre de *lei*, sendo tratada, com exclusividade, em lei de normas gerais, ou seja, a **lei complementar** do CTN, em seu art. 173. Tal entendimento deflui da leitura do art. 146, III, "b", da CF, tendo sido ratificado pelo teor da **Súmula Vinculante n. 8**, em junho de 2008;

> Note o item (adaptado) considerado **CORRETO**, em prova realizada pelo Cebraspe, para o cargo de Promotor de Justiça Substituto (MPE/RR), em 2017: *"Em matéria tributária, uma lei ordinária NÃO pode dispor, entre outros temas, sobre normas gerais relativas à prescrição e à decadência"*.

c) à decadência aplicam-se os princípios da *legalidade* e da *segurança jurídica*;

d) antes do *lançamento* somente ocorre a decadência. O *lançamento* pode ser compreendido como a "notificação expedida", conforme se nota na parte final da **Súmula n. 622 do STJ**, publicada em dezembro de **2018**: "*A notificação do auto de infração faz cessar a contagem da decadência para a constituição do crédito tributário; exaurida a instância administrativa com o decurso do prazo para a impugnação ou com a notificação de seu julgamento definitivo e esgotado o prazo concedido pela Administração para o pagamento voluntário, inicia-se o prazo prescricional para a cobrança judicial*";

e) ocorrendo a decadência, não se opera a prescrição. Com efeito, "*constituído o crédito tributário pelo lançamento, cessa a cogitação de decadência para iniciar-se a cogitação de prescrição. Onde termina a primeira, começa imediatamente a segunda, sem qualquer hiato*"[8];

f) é possível a restituição de tributo atingido pela decadência. A propósito, note a questão dissertativa, em prova realizada pela **FGV**, no *XII Exame de Ordem Unificado* (2ª fase – Direito Tributário), em 09-02-**2014**:

A empresa XYZ deixou de declarar e pagar imposto sobre a renda, devido no ano calendário 2006. No início de 2013, a empresa decidiu incluir todos os valores não declarados e não pagos em um parcelamento previsto em lei federal assinando, para tanto, termo de confissão de dívida. Após quitação integral do parcelamento, a empresa XYZ percebeu que, antes mesmo da inclusão dos valores no referido programa, os débitos já tinham sido atingidos pela decadência, tendo em vista que em nenhum momento houve a constituição do crédito através do lançamento. Diante disso, responda, fundamentadamente, aos itens a seguir. Considerando o instrumento de confissão de dívida assinado pelo contribuinte, bem como a quitação integral do tributo, é possível que o contribuinte pleiteie a restituição dos valores que foram atingidos pela decadência?

Como **GABARITO OFICIAL**, tivemos: *O examinando deve afirmar que a decadência é forma de extinção do crédito tributário, incidindo, neste caso, o disposto no art. 173, I, do CTN. Nesse contexto, o instrumento de confissão de dívida assinado pelo contribuinte não tem o condão de restabelecer o crédito tributário, havendo inclusive entendimento consolidado do STJ em sede de recurso repetitivo Sendo assim, é possível que a pessoa jurídica XYZ pleiteie a restituição dos valores que foram atingidos pela decadência.*

g) na **visão do STJ**, em sede de recurso repetitivo, "*a decadência, consoante a letra do art. 156, V, do CTN, é forma de extinção do crédito tributário. Sendo assim, uma vez extinto o direito, não pode ser reavivado por qualquer sistemática de lançamento ou autolançamento, seja ela via documento de confissão de dívida, declaração de débitos, parcelamento ou de outra espécie qualquer (DCTF, GIA, DCOMP, GFIP, etc.).*" **(REsp 1.355.947/SP, rel. Min. Mauro Campbell Marques, 2ª T., j. em 12-06-2013).**

Note o item considerado **CORRETO**, em prova realizada pelo TRF/4ª Região, para o cargo de Juiz Federal Substituto (XVII Concurso), em 2016: "*De acordo com a jurisprudência do STJ, a decadência, em sede tributária, é forma de extinção do crédito tributário. Sendo assim, uma vez extinto o direito, não pode ser reavivado por qualquer sistemática de lançamento ou autolançamento, seja ela via documento de confissão de dívida, declaração de débitos, parcelamento, ou de outra espécie qualquer (DCTF, GIA, DCOMP, GFIP, etc.)*".

8. HARADA, Kiyoshi. *Direito financeiro e tributário*, 7. ed., p. 383.

3.2 A decadência no CTN: visão geral

Quando se confrontam os dois comandos do CTN, adstritos à temática geral da decadência – **art. 173, I** *versus* **art. 150, § 4º** –, há de se analisar o *dies a quo*, neles previsto, para a contagem da caducidade.

O art. 173, I, CTN prevê como marco inicial o primeiro dia do exercício seguinte àquele em que o lançamento poderia ter sido efetuado; já o art. 150, § 4º, CTN prevê o ***dies a quo*** para a **data do fato gerador**. A ambos, somar-se-á o prazo de 5 anos, intitulado, em bom português, "quinquênio, ou lustro decadencial".

Analisando o primeiro marco, pergunta-se: qual será o exercício em que o lançamento poderia ter sido efetuado? Parece-nos que é o próprio exercício em que houver ocorrido o fato imponível, sinalizando ao intérprete, sem grande esforço, que o prazo do art. 173, I, CTN é um pouco maior que o prazo de que cuida o art. 150, § 4º, CTN. Isso permite ao Fisco maior fôlego para lançar, não deixando de fazê-lo, conforme a aplicação de um ou de outro comando.

Em linhas gerais, seguem adiante **duas situações** práticas possíveis, que servem, de início, para demonstrar a utilização dos referidos artigos:

> Note o item considerado **INCORRETO**, em prova realizada pelo TRF/4ª Região, para o cargo de Juiz Federal Substituto (XVII Concurso), em 2016: *"A partir do majoritário entendimento do STJ, o prazo decadencial para o lançamento será de cinco anos, a contar da ocorrência do fato gerador, independentemente de ter havido ou não pagamento pelo contribuinte"*.

1ª Situação: casos de *lançamento por homologação*, COM pagamento do tributo:

Recomenda-se, neste caso, a aplicação exclusiva do art. 150, §§ 1º e 4º, CTN. Trata-se da hipótese típica e clássica de uso do comando. O prazo é de 5 (cinco) anos a contar do fato gerador. Assim concebe o **STJ**[9], na esteira de uma posição considerada irrepreensivelmente correta pela doutrina. Note o artigo:

> **Art. 150. (...)**
>
> **§ 1º** O pagamento antecipado pelo obrigado nos termos deste artigo extingue o crédito, sob condição resolutória da ulterior homologação ao lançamento.
>
> (...)
>
> **§ 4º** Se a lei não fixar prazo a homologação, *será ele de cinco anos, a contar da ocorrência do fato gerador;* expirado esse prazo sem que a Fazenda Pública se tenha pronunciado, considera-se homologado o lançamento e definitivamente extinto o crédito, salvo se comprovada a ocorrência de dolo, fraude ou simulação. **(Grifo nosso)**

2ª Situação: casos de *lançamento por homologação*, SEM pagamento do tributo:

Nesse caso, em que o lançamento é por homologação, porém não se tem a antecipação de pagamento, deverá prevalecer a solução pretoriana chancelada pelo

9. Ver, nesse sentido, no **STJ**: REsp 101. 407/SP-2000; REsp 183.603/SP-2001; e REsp 643.329/PR-2004.

STJ – a aplicação exclusiva do art. 173, I, CTN. **Com efeito,** sem pagamento, não há o que homologar, pois falta objeto ao *lançamento por homologação*. Sendo assim, diz-se que a constituição do crédito deve observar o **art. 173, I, do CTN**. Observe o dispositivo:

> Note o item considerado **CORRETO**, em prova realizada pela FCC, para o cargo de Defensor Público (DPE/AM), em 2013: *"Em caso de tributo sujeito a lançamento por homologação, o não pagamento antecipado pelo sujeito passivo traz como consequência a necessidade do fisco em lançar de ofício, o que acontecerá com a lavratura de Auto de Infração e Imposição de Multa, sob pena de decadência"*.

> **Art. 173.** O direito de a Fazenda Pública constituir o crédito tributário extingue-se após 5 (cinco) anos, contados:
> **I** – do primeiro dia do exercício seguinte àquele em que o lançamento poderia ter sido efetuado;

Veja o excerto bastante didático na ementa abaixo:

> **EMENTA:** *Se não houve pagamento antecipado pelo contribuinte, é cabível o lançamento direto substitutivo, previsto no art. 149, V, CTN, e o prazo decadencial rege-se pela regra geral do art. 173, I, CTN.* Precedentes da 1ª Seção. **(REsp 445.137/MG, 2ª T., rel. Min. Castro Meira, j. em 22-08-2006) (Grifo nosso)**

Em tempo, vale a pena destacar que, até meados de **2005**, o **STJ** chancelou com veemência a aplicação cumulativa dos dispositivos (art. 173, I e art. 150, § 4º, ambos do CTN), dando azo à chamada tese dos "5 + 5". O tema será exposto minuciosamente no tópico 3.5 deste Capítulo.

3.3 A decadência no CTN: análise do art. 173, I

O **art. 173, I, CTN** é considerado a *regra geral de decadência*, embora dele não conste, textualmente, o vocábulo "decadência".

> **Art. 173.** O direito de a Fazenda Pública constituir o crédito tributário extingue-se após 5 (cinco) anos, contados:

O art. 173, I, do CTN alcança os tributos, cujos lançamentos são: **(a) direto ou de ofício**; **(b)** por declaração ou misto; **(c)** por homologação (sem antecipação de pagamento). O tributo lançado por homologação (com antecipação de pagamento), como se notou, dispõe de regra própria de cálculo – ou seja, regra "especial" –, constante do art. 150, § 4º, do CTN.

> Note o item considerado **INCORRETO**, em prova realizada pelo TRF/4ª Região, para o cargo de Juiz Federal Substituto (XVII Concurso), em 2016: *"É de cinco anos o prazo da Fazenda Pública para promover o lançamento de ofício de impostos, contados do dia em que for devido o imposto, sob pena de decadência do direito"*.

> Note o item considerado **CORRETO**, em prova realizada pela FCC, para o cargo de Auditor Fiscal da Fazenda Estadual (Sefaz/PI), em 2015: *"A lei municipal que instituiu o IPTU no Município de 'São Simão das Setes Cruzes' fixou o dia 1º de janeiro de cada exercício como data de ocorrência do fato gerador desse imposto, que é lançado de ofício, por expressa previsão legal. O Poder Executivo Municipal promove, anualmente, o lançamento de ofício desse imposto, logo no início do mês de fevereiro. No exercício de 2012, porém, excepcionalmente, por motivos de ordens técnica e jurídica, esse lançamento acabou não sendo efetuado na ocasião programada. Considerando os fatos acima e as normas do CTN acerca da extinção do crédito tributário, é correto afirmar que o prazo decadencial para se efetuar o lançamento de ofício desse imposto teve início a partir do primeiro dia do exercício seguinte àquele em que o lançamento poderia ter sido efetuado".*

Como preparativo para o cálculo que se aproxima, vale a pena transcrever a assertiva de concurso, considerada **CORRETA**, em razão de seu elevado grau ilustrativo:

Um contribuinte do ISSQN deixou de efetuar o lançamento do tributo por homologação, conforme determinava a lei do Município em relação ao qual ele era o sujeito passivo. A autoridade fiscal que realizou os trabalhos de fiscalização, que culminaram com a apuração dessa irregularidade, constatou que o referido contribuinte agiu dolosamente, com a nítida intenção de sonegar o tributo. De acordo com o CTN, a autoridade administrativa municipal terá um prazo DECADENCIAL, de cinco anos, para efetuar o lançamento do imposto devido, contado do PRIMEIRO DIA DO EXERCÍCIO SEGUINTE ÀQUELE EM QUE O LANÇAMENTO PUDER SER EFETUADO.

> A assertiva, considerada **CORRETA**, foi solicitada em prova realizada pela FCC, Prefeitura de São Luís-MA, para o cargo de Auditor Fiscal de Tributos I, em 2018.

Observe, agora, o caso prático:

Caso Prático: o IPTU, relativo ao **ano 2015**, pode ser exigido até que data, por meio de lançamento?

Sendo o IPTU lançado *de ofício*, utiliza-se o art. 173, I, do CTN, com aplicação do prazo de *cinco anos a contar do primeiro dia do exercício seguinte àquele em que o lançamento poderia ter sido efetuado.*

Observe o detalhamento gráfico, que demonstra o cálculo, passo a passo:	
1º passo	**2º passo**
Note o art. 173, I, CTN, na ordem convencional:	Seguindo a ordem invertida da sequência **a-b-c-d**, ao lado, com o fito de facilitar a compreensão, buscaremos as respostas às indagações:

<table>
<tr><td>(a) São cinco anos...
(b) a contar do primeiro dia...
(c) do exercício seguinte...
(d) àquele em que o lançamento poderia ter sido efetuado.</td><td>1º.(d) Em que ano o lançamento poderia ter sido efetuado?
2º.(c) Qual é o exercício seguinte a este ano?
3º.(b) Qual é o primeiro dia desse exercício seguinte àquele ano?
4º.(a) Como é a contagem do quinquênio a partir desse exercício seguinte?</td></tr>
<tr><td>(...)</td><td>(...)</td></tr>
<tr><td colspan="2">A partir do caso prático proposto, à luz do facilitado confronto em epígrafe, no 1º e 2º passos, teremos as seguintes respostas:
2015 Ano em que o lançamento poderia ter sido efetuado [1º(d)]
2016 Exercício seguinte ao ano em que o lançamento poderia ter sido efetuado [2º(c)]
1º-01-2016 1º dia do exercício seguinte àquele ano (Aqui se começa a contar do zero) [3º(b)]
1º-01-2017 Contagem: um ano (Desenrolar da contagem de cinco anos...) [4º(a)]
1º-01-2018 Contagem: dois anos
1º-01-2019 Contagem: três anos
1º-01-2020 Contagem: quatro anos
1º-01-2021 Contagem: cinco anos
Em razão do cálculo, à luz do caso proposto, é possível chegarmos a três conclusões:
1ª Se a autoridade fiscal vier até dezembro de 2020, isto é, até 31-12-2020, poderá haver lançamento, sem vício de decadência;
2ª Se a autoridade fiscal vier na data de 1º-01-2021, já terá havido decadência, não se podendo falar em lançamento. Isso porque o direito se extingue nesta data;
3ª Se a autoridade fiscal vier após a data 1º-01-2021, maior perda de prazo terá havido, exsurgindo nítida a ocorrência da decadência.

A propósito, a jurisprudência tem ratificado com tranquilidade a sistemática (de cálculo) acima demonstrada.</td></tr>
</table>

Outro exemplo, colhido de prova de concurso, pode ilustrar o cálculo. Observe o teor da assertiva:

> **Em 3/6/2009, determinado contribuinte sofreu lançamento referente a fatos geradores de ICMS que teriam ocorrido em 1.º/3/2004, sem que tivesse havido declaração de débito nem qualquer pagamento de tributo. Nessa situação hipotética, não houve decadência nem prescrição.**

A assertiva foi considerada **CORRETA**, em prova realizada pelo Cebraspe, para o cargo de Juiz Substituto (TJ/PR), em 2017.

É importante destacar que o **STJ** apreciou o caso do contribuinte que, devendo declarar, não realiza a entrega da declaração, nada pagando, por óbvio. Aqui, não há que se falar em "prescrição" – instituto jurídico a ser estudado no item 4 deste Capítulo –, porquanto não houve a constituição do crédito, devendo esta se dar por meio do lançamento. Assim, nesse caso, só se fala em **decadência**. Aliás, em 9 de dezembro de **2015**, o **STJ** lapidou a **Súmula n. 555**: "*Quando não houver declaração do débito, o prazo decadencial quinquenal para o Fisco constituir o crédito tributário conta-se exclusivamente na forma do art. 173, I, do CTN, nos casos em que a legislação atribui ao sujeito passivo o dever de antecipar o pagamento sem prévio exame da autoridade administrativa*".

> Note o item considerado **CORRETO**, em prova realizada pela Consulplan, para o cargo de Titular de Serviços de Notas e de Registros (TJ/MG), em 2017: "*Quando não houver declaração do débito, o prazo decadencial quinquenal para o Fisco constituir o crédito tributário conta-se exclusivamente na forma do art. 173, I, do CTN, nos casos em que a legislação atribui ao sujeito passivo o dever de antecipar o pagamento sem prévio exame da autoridade administrativa*".

3.4 A decadência no CTN: análise do art. 150, § 4º

O **art. 150, § 4º**, CTN é considerado a *regra especial* de decadência. O preceptivo alcança, com exclusivismo, os tributos lançados por homologação, com a típica antecipação de pagamento. O prazo é de 5 (cinco) anos a contar do fato gerador[10]. Reveja o dispositivo:

> **Art. 150. (...)**
>
> **§ 4º** Se a lei não fixar prazo a homologação, *será ele de cinco anos, a contar da ocorrência do fato gerador;* expirado esse prazo sem que a Fazenda Pública se tenha pronunciado, considera-se homologado o lançamento e definitivamente extinto o crédito, **salvo se comprovada a ocorrência de dolo, fraude ou simulação. (Grifo nosso)**

> Note o item considerado **CORRETO**, em prova realizada pela Vunesp, para o cargo de Agente Fiscal Tributário da Prefeitura Municipal de Suzano/SP, em 2016: "*Se a lei não fixar prazo para a homologação, no que se refere aos tributos lançados por essa modalidade, será ele de cinco anos a contar da ocorrência do fato gerador*".
> **Observação:** item semelhante foi considerado **CORRETO**, em prova realizada pelo IPAD, PGE/PE, em 2013.

> Note o item considerado **INCORRETO**, em prova realizada pelo Instituto AOCP, para o cargo de Analista Legislativo (Direito) da Câmara Municipal de Rio Branco/AC, em 2016: "*Se a lei não fixar prazo à homologação do lançamento, será ele de cinco anos, a contar da ocorrência do fato gerador. Expirado esse prazo sem que a Fazenda Pública se tenha pronunciado, considera-se homologado o lançamento e definitivamente extinto o crédito, mesmo que se comprove a ocorrência de dolo, fraude ou simulação*".

10. *V.* NEVES, José Carlos de Souza Costa. Decadência e Prescrição. *In:* MARTINS, Ives Gandra da Silva (Coord.). *Curso de direito tributário*. São Paulo: Saraiva, 2001, p. 193.

No lançamento por homologação, há uma típica antecipação de pagamento, permitindo-se ao Fisco conferir sua exatidão em um prazo decadencial de cinco anos, contados a partir do fato imponível. O transcurso *in albis* do quinquênio decadencial (5 anos do fato gerador), sem que se faça uma conferência expressa, provocará o ***procedimento homologatório tácito***, segundo o qual perde a Administração Pública o direito de lançar, de modo suplementar, uma eventual diferença.

> Note o item considerado **CORRETO**, em prova realizada pela Vunesp, para o cargo de Advogado da Câmara Municipal de Registro/SP, em 2016: *"Determina o CTN a possibilidade de homologação tácita, tratando-se de tributo sujeito a lançamento dessa natureza, quando a autoridade competente, tomando conhecimento do pagamento antecipado realizado pelo contribuinte, permanece inerte pelo prazo de cinco anos. Referido prazo conta-se da ocorrência do fato gerador".*

Com efeito, conforme assevera José Jayme de Macêdo Oliveira[11], "transcorrido dito lustro, sem a manifestação da Fazenda Pública, verifica-se a chamada homologação tácita, perdendo aquela, pelo fenômeno da decadência, o direito de exigir possíveis diferenças".

Lembre-se, a propósito, que no caso do ICMS, apesar de o contribuinte apresentar a Declaração (GIA) no mês seguinte, a contagem da decadência tem início a partir da data do fato gerador (por exemplo, a data da saída da mercadoria com a emissão da nota fiscal). Se se tratar do IR, a data da entrega da declaração de rendimento é irrelevante, porque a contagem será a do fato gerador, que neste imposto se dá no dia 31 de dezembro.

Ad argumentandum, a expressão "homologação tácita do lançamento" é adotada pelo CTN (§ 4º), não obstante sabermos que, até então, na relação jurídico-tributária (*vide a Linha do Tempo, no* Apêndice deste *Manual*), não existe lançamento algum. Tal raciocínio leva alguns teóricos a afirmar que, no lançamento por homologação, inexiste a decadência, em si, mas sim a *decadência do direito de a Fazenda exigir, por meio do lançamento de ofício (art. 149, V), o resíduo tributário, relativo à incompleta antecipação de pagamento.*

É importante ressaltar que o intitulado *lançamento por homologação* traduz-se em "procedimento não impositivo" – uma expressão utilizada por Zelmo Denari[12] –, pois a iniciativa constitutiva do crédito não é da Administração, mas do contribuinte, que, por sua conta e risco, declara ao Fisco o montante das operações tributáveis e efetiva o cálculo do imposto devido. Daí se falar em "*débito declarado*" em contraposição à expressão "*débito apurado*". A primeira indica o débito constituído por iniciativa do contribuinte, por meio de um **procedimento não impositivo.** A segun-

11. OLIVEIRA, José Jayme de Macêdo. *Código Tributário Nacional*, p. 391.
12. DENARI, Zelmo. *Curso de direito tributário*. 3. ed. Rio de Janeiro: Forense, 1993, pp. 193-194.

da expressão – "débito apurado" – refere-se àquele débito constituído por iniciativa do Fisco, mediante **procedimento impositivo.**

Caso Prático[13]: imaginando que o fato gerador do ISS se dê em **06-07-2015**, com recolhimento do gravame em **30-07-2015**. Caso o Fisco queira rever o valor recolhido, deverá fazê-lo no prazo de 5 (cinco) anos a contar do fato gerador, ou seja, em 5 anos a contar de **06-07-2015 (termo *ad quem*: 06-07-2020)**. Essa é a sistemática de cálculo – bastante simples, por sinal – imposta pelo art. 150, § 4º, CTN. Observe que, antecipado o pagamento, inicia-se o prazo para o Fisco **(I)** homologar o lançamento nos casos de pagamento antecipado ou **(II)** lançar de ofício, de modo suplementar, o tributo cujo pagamento foi irregular (art. 149, V, CTN). Caso haja o transcurso *em branco* do lustro decadencial, não mais poderá o Fisco discordar do importe antecipado.

VALE A PENA OBSERVAR O ITEM A SEGUIR, O QUAL PERMITE A APLICAÇÃO DOS DOIS DISPOSITIVOS DO CTN (ART. 173, I, E ART. 150, § 4º), NO MESMO EXERCÍCIO:

Note o item considerado **CORRETO**, em prova realizada pela FCC, para o cargo de Agente Fiscal de Rendas do Estado de São Paulo, em 2009: *"Em abril de 2008, foi realizada fiscalização em empresa atacadista, na qual se constatou, em sua escrita fiscal, em relação ao ICMS devido no período de setembro de 2002 a novembro de 2003, que não teria havido o correspondente pagamento antecipado por parte do contribuinte e, em relação ao ICMS devido no período de dezembro de 2003 a março de 2005, teria havido pagamento antecipado a menor. Em virtude de tais fatos, foi lavrado Auto de Infração e Imposição de Multa com cobrança das diferenças de ICMS devido, mais multa e juros de mora. A regular notificação do Auto de Infração deu-se em abril de 2008. Nesse caso, é possível afirmar que houve decadência em relação aos débitos do período de setembro de 2002 a novembro de 2002, mas não houve decadência em relação aos débitos do período de janeiro de 2003 a novembro de 2003".*

Observação: a compreensão desse item requer o conhecimento de que o FG do ICMS, ocorrido no mês de dezembro, gerará o recolhimento do tributo no mês seguinte, em janeiro. Daí se afirmar que, à luz do art. 173, I, do CTN, uma falta de pagamento do ICMS ocorrida em dezembro de 2002 poderá ser cobrada até 31 de dezembro de 2008 (e não 31-12-2007, como ocorre com as ausências de pagamentos nos meses anteriores, ou seja, janeiro a novembro de 2002).

Não é demasiado relembrar que o **art. 150, § 4º, do CTN** deverá ser **ressalvado**, nos seguintes casos:

a) se a lei não fixar outro prazo para a homologação, o que só poderá fazê-lo pra menos: com efeito, conforme assevera o saudoso mestre Alberto Xavier[14], "a proibição de dilatação do prazo, a livre alvedrio do legislador ordinário, decorre logicamente da função garantística que a lei complementar desempenha em matéria de prescrição e decadência, cuja limitação no tempo é corolário do princípio da segurança jurídica, que é um limite constitucional implícito ao poder de tributar".

13. Na 11ª Edição (2019), procedemos à exclusão de todos os itens de concurso, relativos ao ano de 2009. O presente item foi mantido, por exceção, em razão de sua relevância dogmática e pragmática.
14. XAVIER, Alberto. *Prazos de decadência:* âmbito de aplicação dos arts. 150, § 4º, e 173, I, do CTN. *RTFP* n. 55/105, abr. 2004.

Gustavo Saad Diniz[15] assevera que "o prazo estabelecido pela lei instituidora do tributo na fixação do termo 'ad quem' do lançamento por homologação tácita não pode exceder cinco anos. É o que propugna a doutrina quando procede à interpretação sistemática deste dispositivo. A expressão 'se a lei não fixar prazo', que inaugura o § 4º, deve ser acrescida do adjetivo 'menor', ou seja, se a lei não fixar prazo menor, o Fisco dispõe do prazo de cinco anos pra proceder ao lançamento, findo o qual sobre ele recai uma ficção jurídica, que extingue o crédito tributário".

A esse propósito, José Eduardo Soares de Melo[16] aduz que, "*tendo o CTN fixado o prazo de 5 (cinco) anos, não há embasamento jurídico para cogitar-se de prazo superior*".

Por fim, Luciano Amaro[17] menciona que "o Código não diz expressamente qual a solução. Ela tem de ser buscada a partir de uma visão sistemática da disciplina da matéria, que nos leva para a possibilidade de a lei fixar apenas prazo 'menor' (...)".

A condição tem sido exigida, de modo capcioso, em provas. Portanto, para concursos públicos, memorize: o prazo só será de 5 (cinco) anos a contar do fato gerador, se a lei não fixar outro para a homologação.

b) se houver prova da ocorrência de *dolo, fraude ou simulação*: neste caso, avoca-se a aplicação do art. 173, I, CTN. Como se pôde notar, o art. 150, § 4º, CTN não oferta grandes dificuldades no cálculo. Todavia, a dúvida tende a aparecer nos casos em que inexistir o pagamento antecipado.

Conforme aduz o saudoso professor Ricardo Lobo Torres[18], "não cabe cogitar de homologação se inexistiu o autolançamento ou o pagamento prévio. O que a Administração controla é o ato do contribuinte, o pagamento por ele antecipado. Inexistindo este, inexistirá a possibilidade de homologação (...)".

Assim sendo, quando não há pagamento, segundo o entendimento do **STJ**, deve-se calcular o prazo de decadência a partir do art. 173, I, CTN. Caso não haja o pagamento antecipado, não há o que homologar e, portanto, caberá ao Fisco promover o lançamento de ofício, submetendo-se ao prazo do art. 173, I, CTN.

Nesse sentido, explica Sacha Calmon Navarro Coêlho[19]:

> A solução do dia primeiro do exercício seguinte àquele em que o lançamento poderia ter sido efetuado aplica-se ainda aos impostos sujeitos à homologação do pagamento na hipótese de não ter ocorrido pagamento antecipado... Se tal não houve, não há o que homologar (...).

15. DINIZ, Gustavo Saad. *Código Tributário Nacional*, p. 500.
16. MELO, José Eduardo Soares. *Curso de direito tributário*, 6. ed., p. 325.
17. AMARO, Luciano. *Lançamento por homologação e decadência*. São Paulo: Resenha Tributária, 1975 (Resenha Tributária, Seção 1.3 – Imposto sobre a Renda – Comentário), pp. 343-344.
18. TORRES, Ricardo Lobo. *Curso de direito financeiro e tributário*, p. 283.
19. COÊLHO, Sacha Calmon Navarro. *Curso de direito tributário brasileiro*, 6. ed., p. 721. Ver, ademais, nesse sentido: AMARO, Luciano. *Lançamento por homologação e decadência*, p. 396.

Luciano Amaro e Paulo de Barros Carvalho esposam idêntico pensar, acreditando que a aplicação do art. 173, I, CTN para este caso é a regra mais condizente com o espírito do sistema.

Partindo-se da premissa de que não se deve cogitar de homologação, se inexistiu o pagamento prévio, segundo a visão do **STJ**, deve-se calcular o prazo de decadência com fulcro no art. 173, I, CTN, que regerá o lançamento de ofício a ser perpetrado pela administração (art. 149, V). A esse ponto, tem convergido, de modo uníssono, o entendimento da doutrina e da jurisprudência.

Observe a jurisprudência no **STJ**:

> **EMENTA:** Nos tributos sujeitos ao regime do lançamento por homologação, a decadência do direito de constituir o crédito tributário se rege pelo artigo 150, § 4º, do CTN, isto é, o prazo para esse efeito será de cinco anos a contar da ocorrência do fato gerador; *a incidência da regra supõe, evidentemente, hipótese típica de lançamento por homologação, aquela em que ocorre o pagamento antecipado do tributo. Se o pagamento do tributo não for antecipado, já não será o caso de lançamento por homologação, hipótese em que a constituição do crédito tributário deverá observar o disposto no artigo 173, I, do CTN. Embargos de divergência acolhidos.* **(EREsp 101.407/SP, 1ª T., rel. Min. Ari Pargendler, j. em 07-04-2000; ver, nesse sentido, o REsp 279.473/SP, 2ª T., rel. Min. Eliana Calmon, j. em 21-02-2003; e *a Súmula 219 do TFR*) (Grifo nosso)**

No julgamento do **REsp 973.733-SC** (rel. Min. Luiz Fux, 1ª Seção, j. em 12-08-**2009**), fixou-se o entendimento de que a aplicação do art. 150, § 4º, do CTN é restrita aos casos de: (**i**) tributo sujeito à homologação; (**ii**) quando tenha havido antecipação do seu pagamento; (**iii**) desde que não esteja comprovada a ocorrência de dolo, fraude ou simulação.

Ainda sobre a aplicação do art. 173, I, do CTN e a fraude, vale a pena a transcrição do **teste abaixo**, no qual foi cobrada a capciosa data de 31 de dezembro para fato gerador:

"*Segundo o CTN, tributo sujeito a lançamento por homologação com fato gerador ocorrido em 31 de dezembro de 2015, em que tenha ocorrido fraude, é* ***VERDADE*** *afirmar que o prazo decadencial para efeitos do lançamento tributário começa a ser contado a partir de primeiro de janeiro de 2017.*"

COMENTÁRIO: O prazo de decadência é o do art. 173, I, do CTN. Como o FG ocorreu em 31-12-2015, só poderá haver o lançamento no ano de 2016. Isso significa que, aplicando-se o dispositivo citado, a contagem só será iniciada em 1º-01-2017. Se o FG tivesse ocorrido, por exemplo, em 30-12-2015, ou seja, no dia anterior (ou nos dias anteriores), aí mudaria tudo: o termo inicial passaria a ser 1º-01-2016. Portanto, conclui-se, diante do caso apresentado na questão: para o FG ocorrido em 31-12-2015, poderá haver lançamento sem vício de decadência até 31-12-2021. Aplicando-se o art.

173, I, CTN, a contagem se iniciou em 1º-01-2017 e se findou em 1º-01-2022, podendo ocorrer lançamento válido até o dia anterior, ou seja, até 31-12-2021.

> O item foi considerado **CORRETO** em prova realizada pela **UEPB (CPcon)**, para o cargo de Fiscal Tributário da Prefeitura Municipal de Monte Horebe-PB, em **2019**.

Entretanto, há entendimento doutrinário[20] divergente, segundo o qual a aplicação do art. 150, § 4º, CTN deverá ocorrer, com exclusividade, mesmo diante da **ausência** de pagamento antecipado. Tal posicionamento está calcado na ideia de que o objeto da homologação é a *atividade de apuração desenvolvida pelo contribuinte*, e não o "pagamento efetuado". Quando impropriamente se fala em haver a "homologação do pagamento", em verdade se está fazendo referência à *homologação da atividade que motivou aquele pagamento*. Aliás, o próprio *caput* faz menção ao termo "atividade".

O raciocínio segundo o qual "a ausência de recolhimento do tributo não altera a natureza do lançamento" vem, de há muito, ganhando ressonância na órbita administrativa[21], polarizando-se com a orientação cristalizada no citado **REsp 973.733/SC**, em que se verifica que a aplicabilidade do art. 150, § 4º, do CTN deve ocorrer **apenas** nas hipóteses em que o sujeito passivo **apura**, **declara** e **paga** alguma quantia, enquanto o lançamento de ofício (art. 173, I) a ser feito pela Fazenda serve para exigência de uma diferença decorrente de eventual equívoco verificado na apuração feita pelo contribuinte. A propósito, a publicação da decisão proferida no **AIIM 4.103.912-9**[22], pela Câmara Superior do *Tribunal de Impostos e Taxas de São Paulo* (TIT/SP), em **fevereiro de 2019**, demonstra de forma clara a falta de aderência do **REsp 973.733/SC** naquela Corte Administrativa de Julgamento. Um dado é certo: essa discussão ainda vai render muitos frutos...

3.5 A decadência na visão do STJ: a cumulação de prazos

Curiosamente, o **STJ**, a partir de 1995, passou a entender viável a **cumulação dos prazos**, concebendo os dois artigos – art. 173, I e art. 150, § 4º – como normas *cumulativas* ou *concorrentes*, isto é, não reciprocamente excludentes. Assim, o prazo

20. *V.* MACHADO SEGUNDO, Hugo de Brito; RAMOS, Paulo de Tarso Vieira. Lançamento tributário e decadência. *In:* MACHADO, Hugo de Brito (Coord.). *Lançamento tributário e decadência*. São Paulo/Fortaleza: Dialética/ICET, 2002, p. 263.

21. Ver, no antigo *Conselho de Contribuintes* (atual *Câmara Superior de Recursos Fiscais*, no CARF): (I) Proc. 10980.010992/99 45, 1ª C., j. em 15-10-2002, rel. Maria Goretti de Bulhões Carvalho; e (II) Proc. 10680.004198/2001 31, 1ª C., rel. Maria Goretti de Bulhões Carvalho, j. em 16-02-2004.

22. Na instância superior do **TIT/SP**, ao analisar o caso, o relator **João Maluf Junior** julgou pertinente a argumentação apresentada pelo contribuinte, reconhecendo de forma expressa ser desnecessária a antecipação de pagamento para aplicação do art. 150: "*Entendo que a razão está com a recorrente uma vez que para mim se aplica à infração dos presentes autos, que trata de falta de pagamento do imposto por emissão de Notas Fiscais considerando a operação como não tributada, a regra decadencial prevista no art. 150, § 4º, do CTN, pela simples razão de que tal artigo é expresso em dizer que a homologação lá prevista se dá em relação à atividade exercida pelo obrigado, não havendo, portanto, que se falar em homologação de pagamento, conforme, com todo respeito, equivocadamente fundamentou-se a decisão recorrida. Assim, entendo que deve ser reformada a decisão recorrida para restabelecer a decisão de 1ª Instância, nos termos em que lá postos, que determinou a decadência parcial com base no referido art. 150, § 4º, do CTN*".

decadencial passou a encontrar lastro na intitulada tese dos **cinco mais cinco** (5 + 5), por meio da qual o *dies a quo* do prazo do art. 173 é o primeiro dia do exercício seguinte ao do *dies ad quem* do prazo do art. 150, § 4º.

Durante um bom tempo, formou-se uma consolidada jurisprudência no **STJ**[23], chancelando a **tese dos "5 + 5"**, a qual previa, em síntese, que, "*quando se tratar de tributos a serem constituídos por lançamento por homologação, inexistindo pagamento, tem o fisco o prazo de 10 anos, após a ocorrência do fato gerador, para constituir o crédito tributário*" (**EREsp 132.329/SP**, 1ª T., rel. Min. Garcia Vieira, j. em 28-04-**1999**). À guisa de reforço, vale a pena observarmos o teor da ementa abaixo, que reproduz o cálculo da tese dos "5 + 5":

> **EMENTA:** TRIBUTÁRIO. PROCESSUAL CIVIL. EXECUÇÃO FISCAL. EMBARGOS À EXECUÇÃO. CRÉDITO TRIBUTÁRIO. ICMS. LANÇAMENTO POR HOMOLOGAÇÃO. INTELIGÊNCIA DOS ARTS. 150, § 4º, E 173, I, DO CTN. DECADÊNCIA NÃO CONFIGURADA. CONTAGEM DO PRAZO. (...) **1.** O STJ tem entendimento firmado que o prazo decadencial para a constituição do crédito tributário não tem início com a ocorrência do fato gerador, mas, sim, depois de cinco anos contados do exercício seguinte àquele em que foi extinto o direito potestativo da Administração de rever e homologar o lançamento. **2.** Não configurada a decadência no caso em exame – cobrança de diferença de ICMS em lançamento por homologação –, porquanto o **fato gerador** ocorreu em **junho de 1990**, e a **inscrição da dívida** foi realizada em **15 de agosto de 1995**, portanto, antes do prazo decadencial, que só se verificará em **1º de janeiro de 2001** (jun/90 – fato gerador/+ 5 anos = jun/95 – extinção do direito potestativo da Administração/1º-01-96 – 1º dia do exercício seguinte à extinção do direito potestativo da Administração/+/5 anos = prazo de decadência da dívida/15-08-95 – data em que ocorreu a inscrição da dívida/1º-01-01 – limite do prazo decadencial). 3. Recurso conhecido e provido. Decisão unânime. **(REsp 198.631/SP, 2ª T., rel. Min. Franciulli Netto, j. em 25-04-2000) (Grifos nossos)**

Para o **STJ**, portanto, no lançamento por homologação, era possível utilizar-se o art. 150, § 4º, CTN, cujo prazo é o de 5 (cinco) anos, a contar do fato gerador, cumulando-o, posteriormente, com o quinquênio a contar do primeiro dia do exercício seguinte àquele em que o lançamento poderia ter sido efetuado.

À luz do entendimento da Corte Superior, no bojo da **tese dos cinco mais cinco** (**5 + 5**), legitimada à época, o tributo com fato gerador, por exemplo, em 15-02-2000, em que tenha havido *falta de pagamento* (ainda), poderia ser objeto de lançamento até 31-12-2010 (*dies ad quem*), ou seja, aproximadamente, onze anos a contar do fato gerador.

---

23. Ver, à guisa de aprofundamento, no **STJ**, inúmeros julgados nessa linha intelectiva: **(I)** EREsp 58.918 5/RJ, junho-1995; **(II)** REsp 69.308/SP, dezembro-1995; **(III)** EREsp 132.329/SP, junho-1999; **(IV)** EREsp 189.421/SP, março-1999; **(V)** EREsp 260.740/RJ, outubro-2000; **(VI)** EREsp 178.526/SP, novembro-2001; **(VII)** EREsp 169.246/SP, março-2002; **(VIII)** EREsp 186.546/PR, março-2002; **(IX)** EREsp 174.672/SP, março-2002; **(X)** EREsp 463.521/PR, maio-2003; **(XI)** EREsp 507.589/PR, setembro-2003.

Observe o esquema gráfico:

Art. 173, I, CTN	
CTN	**INTERPRETAÇÃO PARA O STJ**
5 anos a contar do primeiro dia do exercício seguinte àquele em que o lançamento **PODERIA** ter sido efetuado.	5 anos a contar do primeiro dia do exercício seguinte àquele em que o lançamento **(AINDA) PODERIA** ter sido efetuado.

A crítica que se faz (e que se fez) à sistemática é bem simples: dá-se ao verbo "poderia", na verdade, um "*poder que não pode mais*", segundo Eurico de Santi[24]. Em outras palavras, o **STJ**, ao considerar o *dies a quo* como o dia em que se deu a perda do poder de lançar, desloca para o infinito a ocorrência da decadência. Como é cediço, "*o direito não compadece do infinito. É o poder gerando poder em insana circularidade*"[25].

Aliás, conforme aduz Leandro Paulsen[26], "a regra do § 4º é especial relativamente à do art. 173, I, deste mesmo Código. E, em havendo regra especial, prefere à regra geral. Não há que se falar em aplicação cumulativa de ambos os artigos (...)". Evidencia, com a técnica, que o prazo seria, sempre e de modo automático, renovado, à semelhança de um verdadeiro *looping*.

O eminente tributarista Alberto Xavier[27] tratou do tema com agudeza de espírito:

> A ilogicidade da tese jurisprudencial no sentido da aplicação concorrente dos artigos 150, § 4º, e 173 resulta ainda evidente da circunstância de o § 4º do art. 150 determinar que se considera "definitivamente extinto o crédito" no término do prazo de cinco anos contados da ocorrência do fato gerador. Qual seria pois o sentido de acrescer a este prazo um novo prazo de decadência do direito de lançar quando o lançamento já não poderá ser efetuado em razão de já se encontrar "definitivamente extinto o crédito"? Verificada a morte do crédito no final do primeiro quinquênio, só por milagre poderia ocorrer sua ressurreição no segundo.

Ademais, a solução é mesquinha e lamentável do ponto de vista dos direitos do cidadão porquanto mais que duplica o prazo decadencial de cinco anos. Perguntar-se-ia: *qual a lógica em somar, ao primeiro lustro, um novo prazo quinquenal de decadência, quando o lançamento já não pode ser efetuado, haja vista já se encontrar definitivamente extinto o crédito?*

A doutrina unânime, portanto, tem destoado desse modo de ver, dando à forma verbal "poderia" uma interpretação mais restrita ("já poderia").

24. SANTI, Eurico Marcos Diniz de. *Decadência e prescrição no direito tributário*, p. 190.
25. SANTI, Eurico Marcos Diniz de. *Decadência e prescrição no direito tributário*, p. 191.
26. PAULSEN, Leandro. *Direito tributário*, p. 964.
27. XAVIER, Alberto. *Do Lançamento. Teoria geral do ato, do procedimento e do processo tributário*. 2. ed. Rio de Janeiro: Forense, 1998, pp. 92-94.

Observe o esquema gráfico:

Art. 173, I, CTN	
CTN	**INTERPRETAÇÃO PARA A DOUTRINA**
5 anos a contar do primeiro dia do exercício seguinte àquele em que o lançamento **PODERIA** ter sido efetuado.	5 anos a contar do primeiro dia do exercício seguinte àquele em que o lançamento **(JÁ) PODERIA** ter sido efetuado.

Verifique que tal interpretação, esposada pela doutrina, obriga a consideração de que o lançamento deve ocorrer **JÁ** no ano do fato gerador.

De fato, na esteira da melhor doutrina, há forte vocação jurisprudencial para o abandono da tese da *aplicação conjunta* dos arts. 150, § 4º e 173, I, ambos do CTN. E isso tem sido observado em vários posicionamentos jurisprudenciais. O acórdão abaixo, traduzindo a visão do **STJ**, já no ano de **2005**, afastou a "tese dos 5+5", relativamente ao direito de a Fazenda Pública lançar. Trata-se de acórdão sobremodo expressivo, pois se baseia em uma sólida fundamentação. Vamos reproduzi-lo, quase que na íntegra. Observe-o:

> **EMENTA:** PROCESSUAL CIVIL. (...) TRIBUTÁRIO. DECADÊNCIA. PRAZO PARA CONSTITUIÇÃO DO CRÉDITO TRIBUTÁRIO. TRIBUTO SUJEITO A LANÇAMENTO POR HOMOLOGAÇÃO. TERMO INICIAL. (...) **10.** Deveras, é assente na doutrina: "a aplicação concorrente dos artigos 150, § 4º e 173, o que conduz a adicionar o prazo do artigo 173 – cinco anos a contar do exercício seguinte àquele em que o lançamento poderia ter sido praticado – com o prazo do artigo 150, § 4º – que define o prazo em que o lançamento poderia ter sido praticado como de cinco anos contados da data da ocorrência do fato gerador.
>
> Desta adição resulta que o 'dies a quo' do prazo do artigo 173 é, nesta interpretação, o primeiro dia do exercício seguinte ao do 'dies ad quem' do prazo do artigo 150, § 4º. *A solução é deplorável do ponto de vista dos direitos do cidadão porque mais que duplica o prazo decadencial de cinco anos, arraigado na tradição jurídica brasileira como o limite tolerável da insegurança jurídica. Ela é também juridicamente insustentável, pois as normas dos artigos 150, § 4º e 173 não são de aplicação cumulativa ou concorrente, antes são reciprocamente excludentes,* tendo em vista a diversidade dos pressupostos da respectiva aplicação: o art. 150, § 4º aplica-se exclusivamente aos tributos 'cuja legislação atribua ao sujeito passivo o dever de antecipar o pagamento sem prévio exame da autoridade administrativa'; o art. 173, ao revés, aplica-se aos tributos em que o lançamento, em princípio, antecede o pagamento. (...) **11.** *In casu*, considerando que os débitos relativos à COFINS referem-se ao período de junho a dezembro de 1992, e que o auto de infração foi lavrado em 27-07-1999, consoante assentado pelas instâncias ordinárias, não merece acolhida a pretensão do recor-

rente, por isso que o lançamento foi efetivado após do prazo de cinco anos, previsto no art. 150, § 4º, do CTN. 12. Precedentes da 1ª Seção: ERESP 276142/SP; rel. Min. Luiz Fux, *DJ* de 28-02-2005; ERESP 279473/SP, rel. ex-Min. Teori Albino Zavascki, *DJ* de 11-10-2004) 13. Recurso especial improvido. **(REsp 638.962/PR, rel. Min. Luiz Fux, 1ª T., j. em 02-06-2005) (Grifos nossos)**

Em **2005**, a 1ª Turma do **STJ**, no **REsp 638.962/PR**, de relatoria do Ministro Luiz Fux, houve por bem acenar o começo da mudança de posicionamento, concebendo a ideia de que a única soma de prazos que pode ocorrer, a rigor, é entre o prazo de *decadência* do direito de lançar e do prazo de *prescrição* para executar as quantias que eventualmente tenham sido lançadas dentro do primeiro prazo. Não há lugar para uma descabida "soma" de prazos de decadência[28].

3.6 A decadência no CTN e a anulação do lançamento anterior

O artigo em apreço deverá ser aplicado nos casos em que houver a anulação do lançamento anteriormente realizado.

> **Art. 173 do CTN:** O direito de a Fazenda Pública constituir o crédito tributário extingue-se após 5 (cinco) anos, contados:
>
> (...)
>
> **II** – da data em que se tornar definitiva a decisão que houver anulado, por vício formal, o lançamento anteriormente efetuado.

> Note o item considerado **INCORRETO**, em prova realizada pela PUC/PR, para o cargo de Juiz Substituto (TJ/PR), em 2014: *"Anulado por vício formal determinado lançamento e em se tratando de prazo decadencial aquele destinado a constituição do crédito tributário, terá então o fisco somente o prazo que restar para efetuar novo lançamento".*

Nessa situação, o Fisco procede ao lançamento, permitindo-se impugnação do sujeito passivo, quanto a *vício formal*. Assim, após a decisão definitiva que anular o lançamento originário, **reabre-se o prazo** de cinco anos para que se faça novo lançamento.

> Note o item considerado **INCORRETO**, em prova realizada pela PUC/PR, para o cargo de Juiz Substituto (TJ/PR), em 2014: *"Anulado por vício formal determinado lançamento e em se tratando de prazo decadencial aquele destinado a constituição do crédito tributário, terá então o fisco somente o prazo que restar para efetuar novo lançamento".*

Memorize que tal decisão pode ser *administrativa* ou *judicial*, para a doutrina majoritária, até porque tanto a Administração como o Judiciário podem anular o lançamento.

28. À guisa de complemento, vale a pena pesquisar os seguintes julgados, que demonstram a mudança de orientação do **STJ**: em **2005** (REsp 638.962/PR; REsp 276.142/SP; REsp 572.603/PR) e, em **2006** (AgRg nos EREsp 216.758/SP).

A esse respeito, urge consultar os dizeres de José Eduardo Soares de Melo[29], Luciano Amaro[30] e outros, que assim se posicionam. Entretanto, Sacha Calmon Navarro Coêlho[31] entende que a decisão só pode ser de natureza *administrativa*, ocorrente no bojo de um processo de revisão de lançamento. O ínclito doutrinador argui, ainda, que se a decisão fosse "judicial", já não se trataria de decadência. O crédito já estaria formalizado. O direito de crédito já estaria incorporado ao patrimônio jurídico da Fazenda Pública.

Ressalte-se que o comando se refere a *vício formal* – aquele inerente ao procedimento do lançamento (*e.g.*, insuficiência/ausência na fundamentação no lançamento; ausência de assinatura da autoridade fiscal etc.), desde a atividade de fiscalização até a notificação do lançamento ao sujeito passivo –, e não a insubsistência do lançamento por vícios de índole "material". Estes dizem com a *substância* da obrigação tributária, com a validade e com a incidência da lei, *v.g.*, *inexistência de fato gerador, atribuição de responsabilidade a quem legalmente não a tenha, situações de imunidade, de isenção etc.* Portanto, há que se diferenciar o vício de natureza *formal* (adjetivo) daquele de natureza *material* (substantivo).

Caso Prático: uma empresa foi autuada em **novembro de 2010**, evidenciando-se que o lançamento se realizou com vícios formais (os Auditores-fiscais, por um lapso, não intimaram o representante legal da contagem dos estoques da autuada e não concederam o prazo legal para a apresentação de documentos). Na ocasião, a empresa, inconformada, ajuizou uma ação anulatória de débito fiscal, cuja decisão transitou em julgado no dia **10 de junho de 2015**, tendo o Juízo decidido pelo cancelamento da autuação em razão dos mencionados vícios formais. Sabendo-se que, em **20 de abril de 2020**, a empresa recebeu nova autuação referente à mesma irregularidade cometida, pergunta-se: *a Fazenda teria decaído do direito de efetuar o lançamento?*

Não, pois a contagem da decadência será feita a partir da data da decisão definitiva, isto é, 10 de junho de 2015, permitindo-se que o segundo lançamento ocorra até 10 de junho de 2020. Como se lançou em 20 de abril de 2020, **não há que se falar em decadência**.

Todavia, não obstante a clareza do cálculo, tem subsistido infindável controvérsia acerca do alcance do preceptivo. Questiona-se sobre a possível previsão de hipótese de *interrupção de prazo decadencial*.

Há posicionamento, na doutrina e na jurisprudência, segundo o qual **a decadência não se interrompe nem se suspende**, correndo o prazo decadencial sem solução de continuidade. Observe a ementa:

Note o item considerado **INCORRETO**, em prova realizada pelo TRF/4ª Região, para o cargo de Juiz Federal Substituto (XVII Concurso), em 2016: *"A decadência sujeita-se às causas de interrupção de contagem do prazo previstas para a cobrança do crédito tributário, nos casos de protesto judicial ou qualquer outro ato que constitua em mora o devedor".*

29. MELO, José Eduardo Soares de. *Curso de direito tributário*, 8. ed., p. 388.
30. AMARO, Luciano. *Direito tributário brasileiro*, 14. ed., p. 407.
31. COÊLHO, Sacha Calmon Navarro. *Curso de direito tributário brasileiro*, 6. ed., p. 721.

Note o item considerado **CORRETO**, em prova realizada pelo IESES, para o cargo de Analista de Processos Organizacionais – Direito da BAHIAGÁS (Cia. de Gás da Bahia), em 2016: *"A contagem do prazo decadencial não se interrompe nem se suspende"*.

EMENTA: PROCESSO CIVIL E TRIBUTÁRIO. PRESCRIÇÃO (ART. 174 DO CTN). 1. *Em Direito Tributário, o prazo decadencial, que não se sujeita a suspensões ou interrupções,* tem início na data do fato gerador, devendo o Fisco efetuar o lançamento no prazo de cinco anos a partir desta data. (...) **(REsp 332.366/MG, 2ª T., rel. Min. Eliana Calmon, j. em 19-02-2002; ver, no mesmo sentido o REsp 575.991/SP, 2ª T., rel. Min. Eliana Calmon, j. em 14-06-2005) (Grifo nosso)**

De outra banda, defende-se a ideia de que a decadência, não se compaginando com as peculiaridades do instituto privatístico, admite, sim, interrupção. Nessa linha de defesa, seguem Paulo de Barros Carvalho[32], José Eduardo Soares de Melo[33], e outros.

É certo, todavia, que a regra estudada – se norma interruptiva ou não –, conferindo excessiva elasticidade ao prazo, tende a beneficiar o Erário no seu próprio erro, sendo de uma irracionalidade gritante. Mesmo que se leve em conta a supremacia do interesse público sobre o particular, não seria despiciendo asseverar que o dispositivo premia a desídia e imperícia governamentais e enaltece o administrador incompetente, prestigiando o desacerto.

Não é à toa que se tem mantido tom severamente crítico, entre os estudiosos, quanto ao preceptivo ora estudado: Alcides Jorge Costa[34] considera o dispositivo "*infeliz*", enquanto, para Luciano Amaro[35], "*o preceito legal é um dislate, que causa arrepios na doutrina e contém uma solução estapafúrdia*".

3.7 A decadência no CTN e a medida preparatória de lançamento

O artigo em apreço deverá ser aplicado nos casos em que houver uma medida preparatória de lançamento. Veja-o:

Art. 173. O direito de a Fazenda Pública constituir o crédito tributário extingue-se após 5 (cinco) anos, contados:

(...)

Parágrafo único. O direito a que se refere este artigo extingue-se definitivamente com o decurso do prazo nele previsto, contado da data em que tenha sido iniciada a constituição do crédito tributário pela notificação, ao sujeito passivo, de qualquer medida preparatória indispensável ao lançamento.

32. CARVALHO, Paulo de Barros. *Curso de direito tributário,* 16. ed., p. 465.
33. MELO, José Eduardo Soares de. *Curso de direito tributário,* 8. ed., pp. 388-389.
34. COSTA, Alcides Jorge. *Da extinção das obrigações tributárias.* Tese de Titularidade, apresentada na FADUSP, São Paulo, FADUSP, 1991, p. 251.
35. AMARO, Luciano. *Direito tributário brasileiro,* 14. ed., p. 408 (n. 28).

O preceptivo indica uma antecipação do *dies a quo* do prazo decadencial, na medida em que o marco inicial de contagem é deslocado **DO** primeiro dia do exercício seguinte àquele em que o lançamento poderia ter sido efetuado **PARA** a data da providência preparatória de constituição do crédito tributário.

> **Caso Prático:** se o contribuinte for notificado de uma medida preparatória de lançamento em **15 de maio** de um exercício, relativo a um fato gerador ocorrido em **fevereiro** do mesmo exercício, o início da contagem do prazo decadencial não ocorrerá no 1º dia do exercício seguinte, mas no dia **16 de maio** – data antecipada a partir da qual se somará o prazo de 5 anos para a conclusão do lançamento.

Frise-se que, caso já tenhamos iniciado o prazo decadencial por força do inciso I do art. 173 do CTN, a medida preparatória em análise não será hábil a interromper ou suspender o prazo decadencial já iniciado. Assim tem entendido boa parte da doutrina[36]. Desse modo, o parágrafo único ora estudado só opera efeitos para antecipar o prazo decadencial, e não para o interromper.

Nesse sentido, afirma Luciano Amaro[37]:

> (...) o prazo decadencial já terá tido início, e o prazo a que se refere o citado item é um prazo para "constituir o crédito" e não para "começar a constituir o crédito". Em suma, parece-nos que o parágrafo só opera para "antecipar" o início do prazo decadencial, não para "interrompê-lo", caso ele já tenha tido início, de acordo com o item I do *caput* do dispositivo.

A propósito, Pedro Roberto Decomain traz elucidativo exemplo:

> Figure-se o caso em que, num tributo sujeito a lançamento por homologação, ou autolançamento, tenha decorrido um prazo de quatro anos e seis meses, desde a data do fato gerador. Nessa hipótese, em sendo notificado o sujeito passivo de qualquer medida necessária ao lançamento, terá a partir dessa notificação, a Administração Pública um novo prazo de cinco anos para realizar o lançamento e, com isso, constituir o crédito tributário? Ou o prazo de cinco anos, iniciado da data do fato gerador, continuará fluindo, e a Administração terá, então, mais seis meses para realizar o lançamento definitivo do crédito tributário? A única conclusão possível, para que o parágrafo não acabe sendo tornado letra morta, parece ser essa[38].

3.8 A decadência e a lei complementar

A lei complementar visa "complementar" uma norma constitucional não autoexecutável, ou seja, visa explicitar norma despida de eficácia própria, sujeitando-se à

36. A corroborar o exposto, ver os seguintes autores: (I) SANTI, Eurico Marcos Diniz de. *Decadência e prescrição no direito tributário*, pp. 168-169; (II) COÊLHO, Sacha Calmon Navarro. *Curso de direito tributário brasileiro*, 6. ed., pp. 720-721; (III) CASTRO, Alexandre Barros. *Teoria e prática do direito processual tributário*, 2. ed., p. 77; e (IV) MACHADO, Hugo de Brito. *Curso de direito tributário*, 18. ed., p. 167.
37. AMARO, Luciano. *Direito tributário brasileiro*, 14. ed., p. 408.
38. DECOMAIN, Pedro Roberto. *Anotações ao Código Tributário Nacional*, p. 649.

aprovação, no Poder Legislativo, por maioria absoluta (*quorum* especial de votantes, ou seja, voto favorável de mais da metade do número total de membros das duas Casas do Congresso Nacional – Câmara dos Deputados e Senado Federal). Sua elaboração já vem indicada ou sugerida no próprio texto da Constituição, para complementação ou regulamentação de certos assuntos. Note a dicção do **art. 146, III da CF**:

> **Art. 146.** Cabe à lei complementar: (...)
> **III** – estabelecer normas gerais em matéria de legislação tributária, especialmente sobre: (...)
> **b)** obrigação, lançamento, crédito, prescrição e decadência tributários; (...).

A lei complementar a que se refere o artigo supramencionado é o próprio CTN – *Código Tributário Nacional* (Lei n. 5.172/66), que surgiu como lei ordinária, adquirindo, posteriormente, força de lei complementar. Vale dizer, a Lei n. 5.172/66, embora aprovada como lei ordinária, foi elevada, ainda sob a égide da Carta Constitucional de 1967, à categoria de lei complementar, em razão principalmente do seu objeto. Para chegar a esta conclusão – a de que o CTN possui natureza de lei complementar – deve-se interpretar o art. 146 da CF, à luz do art. 1º do CTN, que indica as matérias afetas à lei complementar e, por fim, compará-las com a estrutura dogmática do próprio Código Tributário Nacional. Daí se inferir que as normas do CTN devem ser modificadas apenas por nova lei complementar ou pelas normas que lhe forem hierarquicamente superiores.

Como se evidenciou acima, o art. 146, III, "b", da CF disciplina que compete à lei complementar estabelecer normas gerais sobre decadência em matéria tributária.

Parte da doutrina entende que o inciso III estaria condicionado à ocorrência dos dois primeiros incisos (conflito de competência e limitação ao poder de tributar) – é a chamada *Teoria Dicotômica*, com grande apego ao *Princípio Federativo*.

Filiamo-nos à outra Teoria – a Tricotômica –, que preconiza total independência do inciso terceiro, com relação aos anteriores, apegando-se à *segurança jurídica*. A nosso sentir, na trilha de abalizada doutrina[39], cabe à lei complementar instituir normas gerais do direito tributário, independentemente de se tratar de conflito de competência ou de limitação ao poder de tributar.

Ad argumentandum, podemos destacar alguns pontos de vista que sustentam a tese segundo a qual a *lei ordinária* pode tratar, sim, de prazo de decadência, afastando a limitação criada pela Constituição Federal. Seus defensores entendem que:

a) a lei complementar fixa normas gerais, podendo a lei ordinária dispor de modo contrário. Aquela, a Lei Complementar, não poderá entrar no campo da chamada "economia interna" – assuntos de peculiar interesse das pessoas políticas;

39. *V.* SANTI, Eurico Marcos Diniz de. *Decadência e prescrição no direito tributário*, pp. 89-92.

b) tal limitação provoca, sim, uma violação ao *princípio federativo*, uma vez que a lei federal estaria estabelecendo norma de observação obrigatória para Estados, Distrito Federal e Municípios;

c) o próprio art. 150, § 4º, do CTN permite que a lei de cada ente tributante estipule prazo de decadência diferenciado.

A contra-argumentação, entretanto, traz uma visão segundo a qual deve prevalecer a supremacia da lei complementar. Os defensores entendem que:

a) se não for assim, o art. 146 da CF será transformado em letra morta. O citado comando quer que as normas gerais prevaleçam sobre o campo específico, e não o contrário;

b) o *princípio federativo* não pode se sobrepor perante o *princípio da segurança jurídica*. Este ficaria comprometido com a convivência multifacetada de prazos. Como é cediço, a lei complementar tem papel unificador, com importante função garantística, o que ratifica o pacto federativo, não o estiolando.

3.9 A decadência e o prazo decenal das contribuições sociais

Grandes embates surgiram na doutrina e na jurisprudência no campo da *decadência* e *prescrição*, diante do prazo decenal estipulado nos arts. 45 e 46 da Lei n. 8.212/91, em contraposição aos quinquênios previstos no CTN (arts. 173 e 174).

Eurico Marcos Diniz de Santi[40], sendo seguido por Sacha Calmon Navarro Coêlho, é categórico ao apontar a inconstitucionalidade da norma em epígrafe, devendo prevalecer o prazo quinquenal estabelecido pelo CTN, na esteira da Súmula n. 108 do TFR[41].

É certo que o art. 110 do CTN admite que a lei tributária pode alterar a definição, o conteúdo e o alcance de institutos, conceitos e formas de direito privado, desde que não utilizados, expressa ou implicitamente pela Constituição do Brasil. Todavia, o art. 146, III, "b", da CF pede lei complementar para a estatuição de "normas gerais", no campo tributário afeto à decadência e a outras matérias. Assim, muito embora o instituto da decadência seja haurido do direito privado, é o CTN que disciplinará a matéria, à luz do *princípio da compatibilidade vertical das normas jurídicas*.

A maior demonstração de aplicabilidade deste dispositivo se deu em junho de 2008, com a publicação da **Súmula Vinculante n. 8**, afastando os prazos decenais das mencionadas contribuições social-previdenciárias. Passemos à análise do tema:

40. *V.* SANTI, Eurico Marcos Diniz de. *Decadência e prescrição no direito tributário*, pp. 95-96.

41. **Súmula n. 108 do TFR (1982)**: "A Constituição do crédito previdenciário está sujeita ao prazo de decadência de cinco anos".

A **EC n. 45**, de 2004, incluindo o art. 103-A no texto constitucional, já regulamentado pela Lei n. 11.417, de 19 de dezembro de 2006, estipulou que

> o Supremo Tribunal Federal poderá, de ofício ou por provocação, (...), aprovar *súmula* que (...) *terá efeito vinculante* em relação aos demais órgãos do Poder Judiciário e à administração pública direta e indireta (...). **(Grifos nossos)**

Em 12 de junho de **2008**, o **STF** editou a **Súmula Vinculante n. 8**, cujo teor segue *ipsis litteris*:

> **São inconstitucionais o parágrafo único do artigo 5º do Decreto-lei 1.569/77 e os artigos 45 e 46 da Lei n. 8.212/91, que tratam de prescrição e decadência de crédito tributário.**

É que os arts. 45 e 46 da Lei n. 8.212/91 tratavam, respectivamente, dos prazos decenais de decadência e prescrição em relação às contribuições para a seguridade social.

De acordo com estes dispositivos legais, estes prazos seriam de 10 anos, em plena dissonância dos prazos quinquenais do CTN, no art. 173 (decadência) e no art. 174 (prescrição).

Como é cediço, a Lei n. 8.212/91 não é uma lei complementar, mas uma lei ordinária, razão por que lhe é vedada a ingerência em matéria cabente à lei de normas gerais. Vale dizer que somente o CTN pode tratar de prazos de decadência e prescrição.

Desse modo, a partir da Súmula Vinculante n. 8, aplicam-se para as contribuições da seguridade social as regras de decadência e prescrição previstas no CTN, ou seja, o **prazo quinquenal**, próprio de todo tributo.

> Note o item considerado **CORRETO**, em prova realizada pelo IESES, para o cargo de Analista de Processos Organizacionais – Direito da BAHIAGÁS (Cia. de Gás da Bahia), em 2016: *"Através da Súmula Vinculante n. 08, o STF determinou que os prazos de decadência e prescrição das contribuições previdenciárias (do tipo INSS, SESI, SAT, etc.) são de 5 anos, e não de 10 como preconizado na Lei ordinária 8.212/91"*.

Nessa toada, deve haver o reconhecimento da decadência e da prescrição nos feitos lastreados em cobrança de créditos tributários que possam vir a ser atingidos pela nova e restritiva contagem. É a "eficácia imediata", própria da súmula vinculante.

Caso o magistrado não se posicione acerca dos efeitos imediatos da Súmula Vinculante n. 8, quando provocado pelo interessado, pode haver a protocolização de **Reclamação no STF**, com base no § 3º do art. 103-A da CF (e art. 7º da Lei n. 11.417/2006).

De uma maneira ou de outra, toda a administração pública, a par de todas as instâncias do Judiciário, sendo instadas a decidir, subordinam-se, inexoravelmente, ao preceito da Súmula Vinculante n. 8 do STF.

4 CRÉDITO TRIBUTÁRIO E PRESCRIÇÃO

4.1 Considerações iniciais

Segundo o art. 156, V do CTN, a prescrição é causa extintiva do crédito tributário. Define-se como fato jurídico que determina a perda do *direito subjetivo* de ajuizamento da ação de execução (fiscal) do valor do tributo. Vale dizer que a prescrição, veiculando a perda do direito à ação (*actio nata*), atribuída à proteção de um *direito subjetivo* e, *por isso mesmo*, desfazendo a força executória do credor em razão de sua inoperância, apresenta-se como figura de *direito processual.*

Se há prescrição, desaparece o direito de pleitear a intervenção do Judiciário, diante da falta da capacidade defensiva, que lhe foi retirada em consequência do não uso dela durante certo interregno, atingido pela força destrutiva da prescrição.

Portanto, havendo a prescrição, nula será a ação executiva (art. 618, I, CPC [atual art. 803, I, NCPC]) e extinto estará o crédito tributário (art. 156, V, CTN). Sabe-se que tal inciso associa a extinção do crédito tributário, concomitantemente, à prescrição e à decadência. A prescrição, de modo induvidoso, extingue o crédito tributário, surgido com o lançamento. Incoerentemente, o CTN prevê tal extinção, de igual modo, à decadência, o que parece ser um equívoco. Talvez fosse mais bem acertado afirmar-se que a decadência extingue o direito à constituição do crédito tributário, e não apresentá-la, ao lado da prescrição, como causa extintiva do crédito tributário propriamente dito. De fato, a decadência não pode extinguir algo – o crédito tributário – que não teria nascido e que, com ela, ficaria proibido de nascer. Entretanto, preferiu o legislador assim disciplinar: como *causas extintivas do crédito tributário*, tanto a decadência (prazo de vida do direito) como a prescrição (prazo para o exercício do direito).

Em outras palavras, e em tom comparativo, ainda é bom enfatizar: **"A decadência supõe um direito que, embora nascido, não se tornou efetivo pela falta de exercício; a prescrição supõe um direito nascido e efetivo, mas que pereceu pela falta de proteção pela ação, contra a violação sofrida"**.

A assertiva foi considerada **CORRETA**, em prova realizada pelo IESES, para o cargo de Analista de Processos Organizacionais – Direito da BAHIAGÁS (Cia. de Gás da Bahia), em 2016.

Tem-se dito que, constituído o crédito tributário pelo lançamento, cessa a cogitação de decadência para iniciar-se a cogitação de prescrição. Onde finaliza a primeira inicia-se imediatamente a segunda.

De há muito, o **STF** vem adotando tal entendimento, como se pode notar no emblemático e vetusto acórdão, extraído do **ERE n. 94.462-1/SP**, de lavra do Ministro Moreira Alves, em 6 de outubro de **1982**:

> **EMENTA:** Com a lavratura do auto de infração, consuma-se o lançamento do crédito tributário (art. 142 do CTN). Por outro lado, a decadência só é admissível no período anterior a essa lavratura; depois, entre a ocorrência dela e até que flua o prazo para a interposição do recurso administrativo, ou enquanto não for decidido

o recurso dessa natureza de que se tenha valido o contribuinte, não mais corre prazo para decadência, e ainda não se iniciou a fluência de prazo para prescrição; decorrido o prazo para interposição do recurso administrativo, sem que ela tenha ocorrido, ou decidido o recurso administrativo interposto pelo contribuinte, há a constituição definitiva do crédito tributário, a que alude o artigo 174, começando a fluir, daí, o prazo de prescrição da pretensão do fisco. **(RE 94.462/SP-1982, Pleno, rel. Min. Moreira Alves, j. em 06-10-1982)**

Resumidamente, infere-se do julgado que até o lançamento será possível a ocorrência da decadência. Entre o lançamento e a protocolização da impugnação, na órbita administrativa, não correrá o prazo de decadência, nem se terá iniciado o prazo de prescrição. Tal contexto estender-se-á para o interregno entre a protocolização da defesa até a última decisão administrativa da qual não couber mais recurso. Neste momento, havendo a *constituição definitiva* do crédito tributário, despontará o termo de início (*dies a quo*) para a contagem da prescrição.

Tal escala temporal, em cotejo com os institutos da *decadência* e *prescrição*, é igualmente ratificada no âmbito jurisprudencial. Observe as ementas no **STF** e **STJ**:

EMENTA (STF): (...) Com a lavratura do auto de infração, consuma-se o lançamento do crédito tributário (art. 142 do CTN). Por outro lado, a decadência só é admissível no período anterior a essa lavratura; depois, *entre a ocorrência dela e até que flua o prazo para a interposição do recurso administrativo, ou enquanto não for decidido o recurso dessa natureza de que se tenha valido o contribuinte, não mais corre prazo para decadência, e ainda não se iniciou a fluência de prazo para prescrição;* decorrido o prazo para interposição do recurso administrativo, sem que ela tenha ocorrido, ou decidido o recurso administrativo interposto pelo contribuinte, há a constituição definitiva do crédito tributário, a que alude o artigo 174, começando a fluir, daí, o prazo de prescrição da pretensão do Fisco. **(RE 94.462/SP, Pleno, rel. Min. Moreira Alves, j. em 06-10-1982)**[42] **(Grifo nosso)**

EMENTA (STJ): 1. A antiga forma de contagem do prazo prescricional, expressa na Súmula 153 do extinto TFR, tem sido hoje ampliada pelo STJ, que adotou a posição do STF. 2. *Atualmente, enquanto há pendência de recurso administrativo, não se fala em suspensão do crédito tributário, mas sim em um hiato que vai do início do lançamento, quando desaparece o prazo decadencial, até o julgamento do recurso administrativo ou a revisão ex officio.* 3. Somente a partir da data em que o contribuinte é notificado do resultado do recurso ou da sua revisão, tem início a contagem do prazo prescricional. 4. Prescrição intercorrente não ocorrida, porque efetuada a citação antes de cinco anos da data da propositura da execução fiscal. 5. Recurso especial improvido. **(REsp 435.896/SP, 2ª T., rel. Min. Eliana Calmon, j. em 05-06-2003)**[43] **(Grifo nosso)**

---

42. Ver, no mesmo sentido, no **STJ**: **(I)** REsp 332.366/MG, rel. Minª. Eliana Calmon, 2ª T., j. em 19 02 2002; **(II)** REsp 88.578/SP, rel. Min. Castro Meira, 2ª T., j. em 16-09-2004.
43. Ver, no mesmo sentido, no **STJ**: **(I)** REsp 239.106/SP, rel. Min. Nancy Andrighi, 2ª T., j. em 21-03-2000; **(II)** REsp 485.738/RO, rel. Min. Eliana Calmon, 2ª T., j. em 17-06-2004; e **(III)** REsp 649.684/SP, 1ª T., rel. Min. Luiz Fux, j. em 03-03-2005.

Veja, nesse sentido, a vetusta **Súmula n. 153 do TFR**: *"Constituído, no quinquênio, através de auto de infração ou notificação de lançamento, o crédito tributário, não há que se falar em decadência, fluindo, a partir daí, em princípio, o prazo prescricional, que, todavia, fica em suspenso, até que sejam decididos os recursos administrativos"*.

Muito a propósito, em dezembro de **2018**, o **STJ** editou a **Súmula n. 622**, mencionada alhures, com o seguinte teor: *"A notificação do auto de infração faz cessar a contagem da decadência para a constituição do crédito tributário; exaurida a instância administrativa com o decurso do prazo para a impugnação ou com a notificação de seu julgamento definitivo e esgotado o prazo concedido pela Administração para o pagamento voluntário, inicia-se o prazo prescricional para a cobrança judicial"*.

É imperioso registrar, desde já, os vários **pontos em comum** entre a **prescrição**, ora estudada, e a **decadência**. Memorize-os:

a) **São *causas extintivas do crédito tributário* (art. 156, V, CTN);**

Note o item considerado **INCORRETO**, em prova realizada pelo IESES, para o cargo de Titular de Serviços de Notas e de Registros – Provimento (TJ/SC), em 2019: *"A prescrição não extingue o crédito tributário"*.

b) **Não extinguem o "direito objetivo" (normas jurídicas), mas o *direito subjetivo***, isto é, a faculdade do sujeito de exercer uma conduta diante da ocorrência de um fato;

c) **Nascem em razão da *omissão* no exercício de um direito (subjetivo)**, que se extingue, caso ele não seja exercido durante um certo lapso temporal;

d) **Interrompem o processo de positivação do direito tributário**, provocando um tipo de *autofagia do direito*;

e) **Surgem da necessidade de o direito lidar com a questão do tempo**, garantindo a expectativa de *segurança jurídica*, sem pretensão imediata de se fazer "justiça";

f) **Encontram respaldo em lei de normas gerais, o próprio CTN (com o *status* de lei complementar), conforme o art. 146, III, "b", CF (*v.g.*, a prescrição, no art. 174 do CTN e a decadência, no art. 173 do CTN).**

Note o item considerado **CORRETO**, em prova realizada pela FAURGS, para o cargo de Assessor Jurídico do Tribunal de Justiça/RS, em 2016: *"As normas gerais sobre prescrição e decadência, em âmbito tributário, devem ser definidas em lei complementar"*.

Note o item considerado **INCORRETO**, em prova realizada pelo Cespe/Cebraspe, para o cargo de Delegado de Polícia do Estado de Pernambuco, em 2016: *"As normas gerais sobre prescrição e decadência na matéria tributária devem ser estabelecidas por meio de lei ordinária"*.

Note o item (adaptado) considerado **CORRETO**, em prova realizada pelo Cebraspe, para o cargo de Promotor de Justiça Substituto (MPE/RR), em 2017: *"Em matéria tributária, uma lei ordinária NÃO pode dispor, entre outros temas, sobre normas gerais relativas à prescrição e à decadência"*.

g) **A decadência e a prescrição podem ter seus prazos interrompidos ou suspensos:** o tema é deveras controvertido, principalmente na seara da decadência, até porque a interrupção de prescrição está textualmente admitida no CTN (art. 174, parágrafo único, I ao IV). O **STJ** já se posicionou pela negativa:

EMENTA: PROCESSO CIVIL E TRIBUTÁRIO. PRESCRIÇÃO (ART. 174 DO CTN). 1. Em *Direito Tributário, o prazo decadencial, que não se sujeita a suspensões ou interrupções*, tem início na data do fato gerador, devendo o Fisco efetuar o lançamento no prazo de cinco anos a partir desta data. (...) **(REsp 332.366/MG, 2ª T., rel. Min. Eliana Calmon, j. em 19-02-2002; ver, no mesmo sentido, o REsp 575.991/SP, 2ª T., rel. Min. Eliana Calmon, j. em 14-06-2005) (Grifo nosso)**

Note o item considerado **INCORRETO**, em prova realizada pela FMP/RS, para o cargo de Titular de Serviços de Notas e de Registros (TJ/AC), em 2012: *"A prescrição tributária não está sujeita a causas suspensivas nem interruptivas do respectivo prazo"*.

Note o item (adaptado) considerado **CORRETO**, em prova realizada pela FAUEL, Prefeitura de Paranavaí-PR, para o cargo de Procurador do Município, em 2018: *"A concessão de liminar em mandado de segurança é hipótese legal de suspensão da exigibilidade do crédito tributário, ocasionando também a suspensão do prazo prescricional"*.

h) **Ambas podem ser reconhecidas de ofício pelo juiz,** ou seja, pode o magistrado decretar de ofício a decadência e a prescrição, em cobrança judicial, quando evidenciados tais vícios (art. 269 do CPC [atual art. 487, II, do NCPC]): quanto à prescrição, há atualmente o § 4º do art. 40 da Lei n. 6.830/80, a ser detalhado no fim deste capítulo;

i) **Admitem a restituição do tributo "decaído" ou "prescrito":** quanto à restituição do tributo atingido pela decadência, a doutrina e a jurisprudência são unânimes na aceitação da possibilidade. Muito se discute, todavia, sobre a impossibilidade de restituição do tributo prescrito. Argumenta-se que, na prescrição, extingue-se a pretensão, sem atingir o direito, em si. Este é o posicionamento de alguns estudiosos e de vários Fiscos, para quem a "morte" não é "do direito", mas *do direito de a Fazenda Pública proceder à cobrança*. O Fisco só não pode "cobrar", mas não perde o direito ao recebimento. Se o contribuinte, espontaneamente, efetuar o pagamento, não se deve garantir a restituição.

O CTN e inúmeros doutrinadores, todavia, defendem uma ideia diversa: *a prescrição extinguirá a pretensão e o próprio crédito tributário (ou obrigação tributária)*. Nesse passo, ocorrendo a prescrição, inexiste causa para o pagamento, o que o torna indevido, não se justificando a apropriação pelo Poder Público do valor a ele entregue. **Caso haja pagamento, inexistindo**

o crédito, emanará o direito à restituição. Nesse sentido, seguem doutrinadores de prol, clássicos e modernos, como Rubens Gomes de Sousa, Aliomar Baleeiro, Sacha Calmon Navarro Coêlho, Sebastião de Oliveira Lima, Leandro Paulsen, entre outros.

Note a **questão dissertativa**, em prova realizada pela FGV, no XIV Exame de Ordem Unificado (Prova Prático-profissional para Direito Tributário), em 2014: "Caso efetue o pagamento de um crédito prescrito, pode o contribuinte pleitear a restituição da quantia que foi paga?"

Como **GABARITO OFICIAL**, tivemos: *Nos termos do art. 156, V, do CTN, a prescrição extingue o crédito tributário. Assim, se na data do pagamento o crédito tributário já estava extinto, pode-se afirmar que o pagamento é indevido. Em sendo indevido, o contribuinte pode pleitear a restituição da quantia paga nos termos do art. 165 do CTN.*

j) **Não se aplicam as disposições do CTN, afetas à decadência e à prescrição, ao FGTS:** o *FGTS*, já estudado nesta obra, é fundo constituído por depósitos mensais, efetuados pelos empregadores em nome de seus empregados (art. 15 da Lei n. 8.036/90).

Para o **STF**[44] **e STJ (este, até com orientação sumular)**[45], **o FGTS não detém natureza tributária**, mas, sim, natureza trabalhista e social, o que lhe retira o timbre de contribuição fiscal ou parafiscal. Sendo um direito do trabalhador, garantido pelo Estado, os depósitos do FGTS pressupõem vínculo jurídico, sob a disciplina do *Direito do Trabalho*.

Por essa razão, entende o **STJ**[46] que não se lhe aplicam – mesmo que por interpretação extensiva ou analógica – as disposições do CTN, *v.g.*, o art. 135, III, do CTN, que permite o redirecionamento de execução fiscal, e, também, as disposições afetas à prescrição (art. 174, CTN).

Note o item considerado **CORRETO**, em prova realizada pelo IOPLAN, para o cargo de Advogado da Prefeitura Municipal de São Domingos/SC, em 2016: *"Segundo a 'Súmula 353 do STJ', 'as disposições do CTN não se aplicam às contribuições do Fundo de Garantia por Tempo de Serviço (FGTS)'. Podemos afirmar que a justificativa para tal entendimento é a seguinte: o produto da arrecadação não é considerado receita pública, devendo ser carreada às contas vinculadas dos empregados".*

44. **Vejam-se os precedentes no STF:** **(I)** RE 100.249, rel. Min. Oscar Correa, rel. p/ ac. Min. Néri da Silveira, Pleno, j. em 02-12-1987; **(II)** RE 134.328, rel. Min. Ilmar Galvão, 1ª T., j. em 02-02-1993; **(III)** RE 120.189, rel. Min. Marco Aurélio, 2ª T., j. em 26-10-1998.

45. **Vejam-se os precedentes no STJ:** **(I)** REsp 383.885/PR, rel. Min. José Delgado, 1ª T., j. em 07-05-2002; **(II)** REsp 396.275/PR, rel. Min. Luiz Fux, 1ª T., j. em 1º-10-2002. Aliás, em junho de 2008, editou-se a **Súmula n. 353 do STJ**, segundo a qual "*as disposições do Código Tributário Nacional não se aplicam às contribuições para o FGTS*".

46. **Vejam-se os precedentes no STJ:** **(I)** REsp 383.885/PR, rel. Min. José Delgado, 1ª T., j. em 07-05-2002; **(II)** REsp 396.275/PR, rel. Min. Luiz Fux, 1ª T., j. em 1º-10-2002; **(III)** REsp 703.347/PR, rel. Min. Eliana Calmon, 2ª T., j. em 1º-03-2005.

> Note o item considerado **INCORRETO**, em prova realizada pelo IOPLAN, para o cargo de Advogado da Prefeitura Municipal de São Domingos/SC, em 2016: *"O FGTS é caracterizado como uma contribuição parafiscal, possuindo destinação específica para a arrecadação".*

Uma instigante dúvida reside em saber qual o prazo de prescrição para a cobrança de valores não depositados no FGTS, se *quinquenal* ou *trintenário*. A matéria vem sendo tratada, de há muito, nos planos legislativo e jurisprudencial. Desde a década de 1980, os enunciados sumulares pulularam, validando a prescrição trintenária para o FGTS: **Súmulas n. 95 e 362 (TST); Súmula n. 210 (STJ); Súmulas n. 43 e 57 (TRF/4ª R.).**

Diante desse veredicto, a questão que se pôs foi a seguinte: como compatibilizar tal entendimento com o art. 7º, XXIX, da CF, segundo o qual "são direitos dos trabalhadores urbanos e rurais, além de outros que visem à melhoria de sua condição social, ação, quanto aos créditos resultantes das relações de trabalho, *com prazo prescricional de cinco anos para os trabalhadores urbanos e rurais, até o limite de dois anos após a extinção do contrato de trabalho*". **(Redação dada pela EC n. 28/2000; Grifo nosso)**

Em 24 de maio de **2013**, o **STF** reconheceu a repercussão geral da matéria. Em 13 de novembro de **2014**, em emblemático julgado, o Pleno do **STF, no ARE 709.212,** de relatoria do Min. Gilmar Mendes, entendeu que "se limita a cinco anos o prazo prescricional relativo à cobrança judicial de valores devidos, pelos empregados e pelos tomadores de serviço, ao FGTS". Por via de consequência, o Plenário reconheceu a inconstitucionalidade dos arts. 23, § 5º, da Lei n. 8.036/90 e 55, do Regulamento do FGTS aprovado pelo Decreto n. 99.684/90, na parte em que ressalvam o "privilégio do FGTS à prescrição trintenária", por afronta ao art. 7º, XXIX, da CF.

4.2 O termo *a quo* da contagem da prescrição

O termo *a quo* para a contagem do quinquênio prescricional se dá na **constituição definitiva do crédito tributário.**

Veja o dispositivo:

> **Art. 174.** A ação para a cobrança do crédito tributário prescreve em cinco anos, contados da data da sua constituição definitiva.

O mencionado termo de início de contagem do quinquênio é igualmente aceito na jurisprudência do **STJ**:

> **EMENTA:** TRIBUTÁRIO E PROCESSUAL CIVIL. RECURSO ESPECIAL. PRAZO PRESCRICIONAL. TERMO *A QUO*. ART. 174 DO CTN. 1. Na Declaração do Imposto de Renda, *o prazo prescricional de cinco anos tem seu começo a partir da constituição definitiva*

do crédito tributário, isto é, da entrega da Declaração. 2. A prescrição tributária segue os termos do art. 174 do CTN, ou seja, tem o Fisco cinco anos para a cobrança do crédito tributário, a contar de sua constituição definitiva. 3. Precedentes do STJ. **(REsp 413.457/RS, 1ª T., rel. Min. Humberto Gomes de Barros, j. em 02-12-2003) (Grifo nosso)**

A expressão "constituição definitiva do crédito tributário", todavia, não é de fácil interpretação. Preferimos defini-la, assim, a partir do contexto de *definitividade* como a *eficácia que torna indiscutível o crédito tributário*. A *definitividade* não decorre do fato gerador ou da própria obrigação tributária, mas do momento em que não mais for admissível ao Fisco discutir, administrativamente, a seu respeito. Desse modo, identificado o marco temporal de definitividade, contar-se-á o prazo de **cinco anos** para a propositura em tempo da execução fiscal.

Daí se afirmar, com boa dose de segurança, que, enquanto viger uma causa de suspensão da exigibilidade do crédito tributário, não poderá a Administração Pública exercer quaisquer atos executórios (inscrição em Dívida Ativa e proposição de ação executiva), tendentes à efetivação de seu direito subjetivo. O tema será mais detalhado no capítulo "suspensão do crédito tributário".

É relevante enaltecer que a *constituição definitiva do crédito tributário* ocorre em datas distintas, conforme o comportamento do contribuinte, em face do lançamento. Assim, se o contribuinte, após o lançamento, não procura impugnar o débito, desprezando-o por completo, a constituição definitiva do crédito tributário ocorrerá ao término do prazo (previsto em legislação específica) permitido para a protocolização da defesa administrativa. Na esfera administrativa federal, o processo administrativo fiscal é regido pelo Decreto n. 70.235/72, em cujo art. 15 consta o prazo de 30 (trinta) dias para a protocolização da impugnação administrativa. Observe:

> **Art. 15.** A impugnação, formalizada por escrito e instruída com os documentos em que se fundamentar, será apresentada ao órgão preparador no prazo de *trinta dias*, contados da data em que for feita a intimação da exigência. **(Grifo nosso)**

Portanto, a *constituição definitiva do crédito tributário* ocorrerá *após o prazo cabível de 30 dias*, a contar da intimação do lançamento, ou seja, no 31º dia após a notificação de lançamento. A partir desse ponto, **iniciar-se-á o lustro prescricional.**

> Note o item considerado **INCORRETO**, em prova realizada pela PUC/PR, para o cargo de Juiz Substituto (TJ/PR), em 2014: *"Constituído o crédito tributário em janeiro de 2009, o fisco ajuizou a execução fiscal em fevereiro de 2013, sendo o executado citado em março de 2014. Desse relato, pode-se afirmar que ocorreu a prescrição do crédito tributário, ainda que tenha o despacho ordenador da citação ocorrido em março de 2013"*.

Frise-se que, até o 30º dia, não se tem o início do prazo prescricional, o qual ocorrerá no dia seguinte após o marco de vencimento. O tema foi objeto de discussão um tanto recente. Em 10 de agosto de **2016**, a 1ª Seção do **STJ**, no **REsp 1.320.825/RJ** (rel. Min. Gurgel de Faria), tratando do termo "a quo" do prazo prescricional para a cobrança do **IPVA**, entendeu que a notificação enviada ao contribuinte perfectibiliza a constituição do crédito tributário do imposto em comento, permitindo que se inicie o prazo prescricional (ou seja, que se dê a *constituição definitiva do crédito tributário*) no **dia seguinte** à data estipulada para o vencimento da exação. A propósito, a leitura da ementa evidencia a preocupação do julgador na cirúrgica demarcação cronológica desse termo "a quo" (o dia seguinte ao do vencimento), no lugar da equivocada e difundida informação de que "a contagem da prescrição deve iniciar-se da data do vencimento para o pagamento da exação". Ora, na data do vencimento, ainda é possível pagar o tributo, não ocorrendo a constituição definitiva do crédito tributário. Observe o excerto da ementa do citado **REsp 1.320.825/RJ**:

> (...) Entretanto, esse entendimento deve ser aperfeiçoado, uma vez que, na data do vencimento do tributo, o Fisco ainda está impedido de levar a efeito os procedimentos tendentes à sua cobrança. Isso porque, naturalmente, até o último dia estabelecido para o vencimento, é assegurado ao contribuinte realizar o recolhimento voluntário, sem qualquer outro ônus, por meio das agências bancárias autorizadas ou até mesmo pela *internet*, ficando em mora tão somente a partir do dia seguinte. Desse modo, tem-se que a pretensão executória da Fazenda Pública (*actio nata*) somente surge no dia seguinte à data estipulada para o vencimento do tributo. (...)

É importante destacar que o tema do vencimento do IPVA foi objeto de questão de concurso um tanto recente, contendo didática assertiva, na qual, aliás, o próprio **REsp 1.320.825/RJ** foi citado. Observemo-la:

> **No ano de 2010, o calendário fixado pelo Estado do Rio de Janeiro para pagamento do IPVA foi publicado na imprensa oficial e amplamente divulgado pelos meios de comunicação em 02.01.2010 e tinha como prazo final para pagamento do imposto o dia 29.10.2010. Tácito, proprietário de um veículo automotor naquele exercício, não efetuou o pagamento do imposto no prazo estabelecido na legislação estadual. Diante disso, em 03.01.2011, o Fisco Fluminense lavrou auto de infração em face de Tácito, que, embora regularmente notificado em 07.01.2011, não apresentou defesa administrativa, permanecendo inadimplente quanto à referida obrigação tributária. Em 31.03.2016, Tácito foi citado em execução fiscal ajuizada em 04.03.2016 pelo Estado do Rio de Janeiro para cobrança de IPVA do exercício de 2010. Tácito apresentou Exceção de Pré-Executividade em que requereu a extinção da execução fiscal, com fundamento na prescrição do crédito tributário de IPVA exigido. Considerando a legislação sobre o tema e a atual jurisprudência do STJ firmada por sua 1ª Seção, na ocasião do julgamento do REsp n. 1.320.825-RJ, submetido à sistemática do art. 1.039 do CPC/2015 (Tema n. 903), a alegação de Tácito está CORRETA, pois a notificação do contribuinte para o recolhimento do IPVA,**

inclusive quando esta se der mediante ampla divulgação do calendário com indicação de forma e prazo para pagamento do tributo, é meio idôneo para a constituição definitiva do crédito tributário, iniciando-se o prazo prescricional para o ajuizamento de execução fiscal no dia seguinte à data estipulada para o vencimento da exação.

A assertiva foi considerada **CORRETA**, em prova realizada pela FGV, para o cargo de Procurador (ALERJ), em 2017.

E, confirmando a similaridade entre o **IPVA** e o **IPTU** – a par da necessidade de coerência nos precedentes –, houve por bem a 1ª Seção do **STJ**, em 14 de novembro de **2018**, no **REsp 1.658.517/PA** (rel. Min. Napoleão Nunes Maia Filho), assim equiparar:

> Tratando-se, pois, do IPTU, tributo sujeito a lançamento de ofício, com amplo tratamento dado por este STJ de maneira similar ao dado ao IPVA, tem-se que o entendimento fixado no julgamento supramencionado deve ser igualmente conferido ao tema em exame, no que toca ao termo inicial do prazo prescricional para ajuizamento de executivo fiscal visando à cobrança de IPTU, primando-se, assim, pela integridade e coerência dos precedentes já assentados no âmbito do STJ, fixando-se o entendimento de que o termo inicial do prazo prescricional da cobrança judicial do IPTU inicia-se no dia seguinte à data estipulada para o vencimento da exação.

E, superada a questão da similitude entre os dois impostos supracitados, tratou a **Corte Superior**, no mesmo julgado (**REsp 1.658.517/PA**), da ratificação do termo *a quo* da prescrição para o **IPTU**, vale dizer, "o dia seguinte ao do vencimento":

> Tratando-se de lançamento de ofício, o prazo prescricional de cinco anos para que a Fazenda Pública realize a cobrança judicial de seu crédito tributário (art. 174, *caput*, do CTN) referente ao **IPTU**, começa a fluir somente **APÓS** o transcurso do prazo estabelecido pela lei local para o vencimento da exação (pagamento voluntário pelo contribuinte), **NÃO** dispondo o Fisco, **ATÉ O VENCIMENTO ESTIPULADO**, de pretensão executória legítima para ajuizar execução fiscal objetivando a cobrança judicial, embora já constituído o crédito desde o momento no qual houve o envio do carnê para o endereço do contribuinte (Súmula 397/STJ). (...) **(Grifos nossos)**

Por derradeiro, ainda no eloquente julgado em apreço (**REsp 1.658.517/PA**), também se discutiu a hipótese em que o contribuinte venha a dispor de duas (ou mais) datas diferentes para pagamento em parcela única, cada qual contando com um percentual de desconto diferente. Para a situação em tela, o **STJ** entendeu que o marco inicial da prescrição será o **dia seguinte ao vencimento da 2ª cota única**, data a partir da qual efetivamente haverá a mora por parte do contribuinte, caso não recolha o tributo lançado.

Por outro lado, se o contribuinte impugnar o débito na via administrativa, inaugurando a fase contenciosa do lançamento, a *constituição definitiva do crédito tributário* ocorrerá com a *última decisão administrativa, da qual não caiba mais recurso.* Veja que a notificação, por si só, conquanto designe documentalmente a constituição do crédito tributário, não tem o condão de indicar que ele estará *definitivamente* constituído.

Resumidamente, o termo *a quo* da contagem do prazo quinquenal de *prescrição* será:

a) a data da notificação do lançamento (mais 30 dias), caso não se verifique a protocolização de impugnação administrativa do lançamento;

b) **a data da notificação da decisão administrativa final, mantendo total ou parcialmente o tributo exigido.**

Note o item considerado **CORRETO** em prova realizada pela CESGRANRIO, LIQUIGÁS, para o cargo de Profissional Junior – Auditoria, em 2018: *"A constituição definitiva do crédito tributário ocorre após a análise da IMPUGNAÇÃO"*. [E não "após o lançamento"!]

Caso Prático (I): Realizou-se um lançamento em **25-10-2011**, com a consequente protocolização de impugnação, suspendendo o crédito tributário. A última decisão administrativa da qual não coube mais recurso se deu **4 (quatro) anos** após, ou seja, em meados de **outubro de 2015**. É sabido que houve ajuizamento da ação de execução fiscal em **dezembro de 2020**. Pergunta-se: houve prescrição?

Em princípio, sim, pois a data limite à propositura da execução fiscal teria sido **outubro de 2020**, cinco anos após a última decisão administrativa irrecorrível, ou seja, um quinquênio após **outubro de 2015**.

Caso Prático (II): Realizou-se um lançamento em **25-10-2015**, sem a consequente protocolização de impugnação, que viria a suspender o crédito tributário. É sabido que houve ajuizamento da ação de execução fiscal em **janeiro de 2021**. Pergunta-se: houve prescrição?

Em princípio, sim, pois a constituição definitiva do crédito ocorreu com o lançamento (**25-10-2015**), ou, com maior rigor – caso se adicionem os 30 dias permitidos ao ingresso na via administrativa –, após 30 dias a contar do lançamento (em **novembro de 2015**), podendo falar-se em Execução Fiscal válida até **novembro de 2020**. A Execução Fiscal se deu em **janeiro de 2021**, configurando-se, pois, a prescrição.

A solicitação do cálculo de prescrição é tema recorrente em provas de concursos públicos. Adiante segue um bom exemplo, disposto em assertiva considerada **correta**[47], o qual evidencia o nível de exigência do assunto nesse tipo de certame:

47. A assertiva (adaptada e com datas atualizadas) foi considerada **CORRETA**, em prova realizada pela FGV Projetos, para o cargo de Fiscal de Rendas do Estado do Rio de Janeiro, em 2009. Em tempo, para a 11ª Edição (2019), procedemos à exclusão de todos os itens de concurso, relativos ao ano de 2009. O presente item foi mantido, por exceção, em razão de sua relevância dogmática e pragmática.

Um determinado contribuinte praticou o fato gerador de um tributo de competência da União, sujeito a lançamento por homologação, tendo pago e declarado ao fisco, no mês de MARÇO DE 2000, valor inferior ao efetivamente devido. Em procedimento de fiscalização, o auditor fiscal de tributos constatou o recolhimento efetuado a menor e lavrou auto de infração constituindo o crédito tributário cabível, tendo notificado o contribuinte em JUNHO DE 2005. Inconformado com o lançamento, o contribuinte promoveu impugnação administrativa em julho de 2005, tendo seu pleito sido definitivamente julgado, em grau de recurso, em AGOSTO DE 2012, assinalado ao contribuinte o prazo de 30 dias para pagamento espontâneo do crédito tributário. Inscrito o crédito em dívida ativa em maio de 2015, o ajuizamento da ação ocorreu em NOVEMBRO DE 2018, tendo sido o contribuinte citado no mês subsequente. A respeito dessa situação, é possível afirmar que se operou a DECADÊNCIA e ocorreu a PRESCRIÇÃO pela inércia do fisco quanto ao exercício do direito de ação de cobrança.

No plano jurisprudencial, frise-se que o **STJ**[48], no **REsp 32.843/SP** (rel. Min. Adhemar Maciel, 2ª T., j. em 04-08-1998), já havia assim acenado:

> Ora, a constituição definitiva do crédito tributário pressupõe a inexistência de discussão ou possibilidade de alteração do crédito. Ocorrendo a impugnação do crédito tributário na via administrativa, o prazo prescricional começa a ser contado a partir da apreciação, em definitivo, do recurso pela autoridade administrativa. Antes de haver ocorrido esse fato, não existe "dies a quo" do prazo prescricional, pois, na fase entre a notificação do lançamento e a solução do processo administrativo, não ocorrem nem a prescrição nem a decadência (art. 151, III, do CTN).

É importante destacar que, embora os exemplos apresentados tenham se referido à *discussão administrativa* – uma causa suspensiva do crédito tributário, conforme o art. 151, III, CTN –, o termo *a quo* da prescrição (ou constituição definitiva do crédito tributário) vai poder ser naturalmente descoberto nas demais causas suspensivas (parcelamento, discussão judicial etc.), sempre com fulcro na ideia de que ele ocorrerá no momento imediatamente posterior àquele em que o crédito tributário deixou de estar suspenso.

A propósito, em **10 de maio de 2017**, a 1ª Seção do **STJ**, no **EAREsp 407.940/RS** (rel. Min. Og Fernandes), entendeu que "a revogação de liminar (em mandado de segurança) que suspendeu a exigibilidade do crédito tributário ocasiona a retomada do lapso prescricional para o Fisco, desde que inexistente qualquer outra medida constante do art. 151 do CTN ou recurso especial/extraordinário dotado de efeito suspensivo". Com efeito, afastados os motivos que deram ensejo a suspensão da exigibilidade do crédito tributário – no caso, o provimento de natureza liminar,

48. Ver, no mesmo sentido, no **STJ**: **(I)** REsp 190.092/SP, rel. Min. Franciulli Netto, 2ª T., j. em 26-03-2002; **(II)** REsp 649.684/SP, rel. Min. Luiz Fux, 1ª T., j. em 03-03-2005.

que posteriormente foi revogado em julgamento pelo Tribunal de origem –, e inexistente qualquer outra medida suspensiva (art. 151, CTN) ou a interposição de recurso extraordinário ou especial com efeito suspensivo, o prazo prescricional do Fisco para proceder à cobrança judicial começa a correr novamente, sendo desnecessário aguardar o trânsito em julgado. Desse modo, nada obsta a que a Fazenda promova, desde o momento da revogação da liminar, as medidas necessárias tendentes à cobrança dos créditos tributários cuja exigibilidade não mais se encontra suspensa. No caso dos autos, a ocorrência da prescrição salta aos olhos, haja vista a liminar ter sido revogada em 26 de novembro de 1998, e a execução fiscal ter sido ajuizada apenas em 4 de novembro de 2009, ou seja, aproximadamente, 11 (onze) anos após a denegação da medida.

Frise-se que, em 15 de outubro de **2019**, a 1ª Turma do **STJ**, no **AREsp 1.280.342-RS** (rel. Min. Gurgel de Faria), entendeu que o trânsito em julgado da anulação ou da reforma de acórdão favorável a contribuinte marca o início do prazo prescricional para o Fisco cobrar o crédito tributário. O caso concreto, por ser demasiado eloquente em matéria processual e ilustrativo na vertente cronológica, merece o registro detalhado, conforme se verá adiante. Para facilitar a compreensão da marcha processual, dividimo-la em "provimentos":

- **PROVIMENTO I:** houve sentença favorável ao sujeito passivo;
- **PROVIMENTO II:** houve a apelação da Fazenda Pública;
- **PROVIMENTO III:** ocorreu o primeiro julgamento da Apelação (aqui chamado de "Acórdão 1") – favorável ao sujeito passivo, confirmou a sentença e impediu a execução fiscal (trânsito em julgado em 12-03-1997);
- **PROVIMENTO IV:** houve Ação Rescisória e desconstituição do "Acórdão 1", por vício de procedimento (trânsito em julgado em 24-10-2008);
- **PROVIMENTO V:** ocorreu o segundo julgamento da Apelação (aqui chamado de "Acórdão 2") – favorável ao sujeito passivo, confirmou a sentença e voltou a impedir a execução fiscal (trânsito em julgado em 17-06-2009);
- **PROVIMENTO VI**: houve Reclamação e desconstituição do "Acórdão 2" (trânsito em julgado em 09-11-2010);
- **PROVIMENTO VII:** ocorreu o terceiro julgamento da Apelação (aqui chamado de "Acórdão 3"): inverteu o julgado, ficando, portanto, desfavorável ao sujeito passivo, com a reforma da sentença relatada no "Provimento I" (trânsito em julgado em 26-11-2014). Frise-se que o prazo de prescrição mantém-se em curso desde o "Provimento VI", por força da constituição definitiva do crédito tributário.
- **<u>CONCLUSÃO</u>:** é de notar que o impedimento à execução fiscal se deu até o **PROVIMENTO VI**, ou seja, até meados de novembro de 2010, quando ainda estavam vigendo, desde 17-06-2009, os efeitos protetivos do segundo julgamento da Apelação (por nós chamado de "Acórdão 2"), que foi favorável ao sujeito passivo e confirmou a sentença. Logo, a prescrição deve ser

contada a partir deste **PROVIMENTO VI**, ou seja, do trânsito em julgado do acórdão da reclamação (09-11-2010), pois, somente a partir dessa data, é que foi afastado o (que chamamos de) "Acórdão 2" e, por conseguinte, o entrave judicial à promoção da pretensão executória por parte da Fazenda Pública. No caso concreto, a execução fiscal foi proposta em 27-02-2015 (e ordenada a citação em 1º-06-2015), o que desconfigura a tese da *prescrição tributária*. A título de curiosidade, vale destacar que o (que chamamos de) "Acórdão 3" foi prolatado dentro desse prazo de prescrição tributária. Numa hipótese de ter sido favorável ao contribuinte, à semelhança dos (chamados) "Acórdãos 1 e 2" (**PROVIMENTOS III e V**), percebe-se que o ciclo interruptivo da prescrição ter-se-ia recomeçado.

Ainda sobre o termo de início de contagem da prescrição – mas aqui em cotejo com a temática do redirecionamento da execução fiscal, em caso de *dissolução irregular de sociedade* (tema tratado no Capítulo precedente) –, vale destacar que, em **8 de maio de 2019**, a 1ª Seção do **STJ**, no **AREsp 1.201.993-SP** (rel. Min. Herman Benjamin), entendeu que o termo de início de contagem de prescrição, para fins de redirecionamento de execução fiscal (em caso de *dissolução irregular da sociedade*), deverá ser assim calculado:

1. **Em caso de dissolução irregular PRECEDENTE à citação da empresa (*dissolução antes, citação depois*):** 5 anos da data da citação da pessoa jurídica (na redação original do art. 174, parágrafo único, I, do CTN) OU da data do despacho do juiz mandando citar em execução (na redação do art. 174, parágrafo único, I, do CTN, à luz da LC n. 118/2005). Aqui se impõe o teor da **Súmula 435 do STJ**;
   OU
2. **Em caso de dissolução irregular SUPERVENIENTE à citação da empresa (*citação antes, dissolução depois*):** 5 anos da data do ato inequívoco de fraude à execução (art. 792, CPC c/c art. 185, CTN), vale dizer, "da data do ato de alienação ou oneração de bem ou renda do patrimônio da pessoa jurídica ou do patrimônio pessoal do(s) sócio(s) administrador(es) infrator(es), ou seu começo". Note que o termo *a quo* não fica ao talante da Fazenda Pública, a qual, aliás, é quem tem o ônus da prova da prática do ato ilícito.

É bom enfatizar que o legislador não disciplinou especificamente o instituto da prescrição tributária para o *redirecionamento de execução fiscal*. A bem da verdade, o **STJ**, tradicionalmente, definiu que, constituindo a citação da pessoa jurídica o marco interruptivo da prescrição, extensível aos devedores solidários (art. 125, III, do CTN), o redirecionamento com fulcro no art. 135, III, do CTN devia ocorrer no prazo máximo de cinco anos, contados do aludido ato processual (a citação da pessoa jurídica, em dicção anterior à LC n. 118/2005). No entanto, a jurisprudência do **STJ** teve que enfrentar situações peculiares que, com o tempo, passaram a colocar em xeque essa orientação tradicional, o que impôs a definição de marcos mais precisos, capazes de assinalar o termo *a quo* da prescrição para o redirecionamento nesse cenário peculiar (*distinguishing*). É o que se notou na diretriz jurisprudencial em epígrafe (**AREsp 1.201.993-SP**).

4.3 A prescrição e a dívida ativa

A inscrição do crédito tributário em dívida ativa ocorre pelo inadimplemento da obrigação tributária nascida com o fato gerador. Isso quer dizer que o crédito tributário não suspenso, não extinto ou não excluído, poderá, como resposta à necessidade de cobrança judicial do sujeito ativo, ser inscrito em dívida ativa. Tal procedimento tem o condão de conferir *exequibilidade* à relação jurídico-tributária. Desse modo, a dívida ativa pode ser definida como o *crédito tributário inscrito*.

Após a inscrição, cria-se o cenário hábil à propositura da ação judicial de cobrança, de nome **Ação de Execução Fiscal**, conforme a Lei n. 6.830/80 (Lei de Execuções Fiscais – LEF). Como resposta a essa ação judicial, poderá o contribuinte, **após a garantia do juízo** (com os bens garantidores previstos no art. 9º da LEF), a ser prestada no prazo de 5 dias, opor Embargos à Execução Fiscal (prazo de 30 dias, após a garantia), numa tentativa de extinguir a execução fiscal preexistente. A propósito, este trintídio conta-se **(I)** da data da intimação da penhora; **(II)** da data do depósito; ou **(III)** da data da juntada da prova da fiança bancária (art. 16, I, II e III, LEF). É necessário mencionar que, em casos específicos, pode se valer o devedor da Exceção de Pré-Executividade.

> Note o item considerado **INCORRETO**, em prova realizada pelo Cespe/Cebraspe, para o cargo de Delegado de Polícia do Estado de Pernambuco, em 2016: *"Os embargos do devedor na fase de execução fiscal prescindem de garantia à execução"*.

> Note o item considerado **CORRETO**, em prova realizada pela FEPESE, para o cargo de Advogado da Prefeitura Municipal de Criciúma/SC, em 2016: *"Não são admissíveis embargos do executado antes de garantida a execução"*.

> Note o item considerado **INCORRETO**, em prova realizada pelo IESES, para o cargo de Analista de Processos Organizacionais – Direito da BAHIAGÁS (Cia. de Gás da Bahia), em 2016: *"A Lei 6.830/1980, em seu art. 16, § 1º, dispõe que: são admissíveis embargos do executado sem garantia da execução, em consonância com o art. 5º, inc. XXXV que preleciona que a lei não excluirá da apreciação do Poder Judiciário lesão ou ameaça a direito"*.

Frise-se que, em 21 de agosto de **2014**, a 2ª Turma do **STJ**, no **AgRg no REsp 1.457.991/RN** (rel. Min. Assusete Magalhães), ratificou o entendimento de que "*se a Fazenda Pública – tendo sido intimada pessoalmente para se manifestar sobre seu interesse no prosseguimento de execução fiscal não embargada – permanecer inerte por mais de trinta dias, não será necessário requerimento do executado para que o juiz determine, 'ex* *officio', a extinção do processo sem julgamento de mérito (art. 267, III, do CPC [atual art. 485, III, NCPC]), afastando-se, nesse caso, a incidência da Súmula 240 do STJ".*

Em 25 de março de **2014**, a 2ª Turma do **STJ (REsp 1.437.078/RS**, rel. Min. Humberto Martins) entendeu que não devem ser conhecidos os embargos à execução fiscal opostos sem a garantia do juízo, mesmo que o embargante seja beneficiário da assistência judiciária gratuita. Com efeito, no art. 16, § 1º, da Lei n. 6.830/80, ao tratar das garantias do pleito executivo como condição de procedibilidade dos embargos de executado, não apresenta comando de isenção de garantia do juízo para embargar. Portanto, em conformidade com o *princípio da especialidade das leis*, o disposto no art. 16, § 1º, da LEF deve prevalecer sobre o art. 3º, VII, da Lei n. 1.060/50 – cláusula genérica, abstrata e que visa à isenção de despesas de natureza processual, como custas e honorários advocatícios.

Em outro giro, vale lembrar que o art. 659 do CPC (atual art. 831 do NCPC), seja em sua redação original, de 1973, seja na que sofreu alteração com a Lei n. 11.382/2006, sempre determinou que a penhora de bens seja feita de modo a incluir o principal, os juros, as custas e, por fim, os honorários advocatícios. Dessarte, a garantia do juízo no âmbito da execução fiscal (arts. 8º e 9º da Lei n. 6.830/80) deve abranger os honorários advocatícios que, embora não constem da Certidão de Dívida Ativa (CDA), venham a ser arbitrados judicialmente. Esse é o entendimento do **STJ**, exarado no **REsp 1.409.688/SP** (rel. Min. Herman Benjamin, 2ª T., j. em 11-02-**2014**).

4.4 A prescrição e os lançamentos por homologação

Conforme se estudou, nos tributos sujeitos a lançamentos por homologação (IPI, ICMS, PIS, IR, entre tantos outros), o sujeito passivo se antecipa ao Fisco, entrega à Administração a declaração pertinente, informando o valor dos tributos devidos, e procede ao pagamento do gravame, aguardando o procedimento homologatório tácito ou expresso, conforme o art. 150 e parágrafos do CTN.

Dessa forma, é o próprio contribuinte que torna clara a situação impositiva, sem qualquer interferência do Fisco. Com efeito, o **débito declarado** traduz-se no débito constituído por iniciativa do *contribuinte*, que se vale de um **procedimento não impositivo**. *Ad argumentandum*, o **débito apurado** já é aquele constituído pela iniciativa do *Fisco*, que se vale de um **procedimento impositivo**.

Não há dúvida de que, no caso de o pagamento efetuado pelo contribuinte, após a entrega da Declaração, ser suficiente e correto, ocorrerá a homologação tácita ou expressa, extinguindo definitivamente o crédito tributário. Assim, diante da inexistência do que cobrar na órbita judicial, não haverá que se falar em prescrição de ação de cobrança de crédito, nem mesmo em decadência do direito de lançar. Observe:

> **Caso Prático:** o contribuinte, devendo declarar **100**, declara, com fidelidade, este valor e recolhe a quantia de **100**.

A propósito, lógica idêntica se estende àquele que, devendo declarar, não realiza a entrega da declaração, nada pagando, por óbvio. Aqui, não há que se falar em *prescrição*, pois não houve a *constituição do crédito*, devendo esta se dar por meio do lançamento. Assim, nesse caso, só se fala em *decadência*. Aliás, em 9 de dezembro de **2015**, o **STJ** lapidou a **Súmula n. 555:** *"Quando não houver declaração do débito, o prazo decadencial quinquenal para o Fisco constituir o crédito tributário conta-se exclusivamente na forma do art. 173, I, do CTN, nos casos em que a legislação atribui ao sujeito passivo o dever de antecipar o pagamento sem prévio exame da autoridade administrativa"*. Observe:

Note o item considerado **CORRETO**, em prova realizada pela Consulplan, para o cargo de Titular de Serviços de Notas e de Registros (TJ/MG), em 2017: *"Quando não houver declaração do débito, o prazo decadencial quinquenal para o Fisco constituir o crédito tributário conta-se exclusivamente na forma do art. 173, I, do CTN, nos casos em que a legislação atribui ao sujeito passivo o dever de antecipar o pagamento sem prévio exame da autoridade administrativa"*.

Caso Prático: o contribuinte, devendo declarar **100**, nada declara e nada paga.

A celeuma, entretanto, começa a surgir quando não há pagamento correspondente ao valor corretamente declarado. Com a entrega da Declaração, caso o Fisco acolha como correto tudo o que foi declarado como devido pelo próprio contribuinte, o **STF** e, com maior retórica jurisprudencial, o **STJ** têm entendido que a **constituição definitiva do crédito tributário**, para fins de prescrição, ocorrerá no <u>momento da entrega da declaração</u>. Observe a jurisprudência:

No STF:

EMENTA: AGRAVO REGIMENTAL EM AGRAVO DE INSTRUMENTO. TRIBUTÁRIO. DÉBITO FISCAL DECLARADO E NÃO PAGO. AUTOLANÇAMENTO. DESNECESSIDADE DE INSTAURAÇÃO DE PROCEDIMENTO ADMINISTRATIVO PARA COBRANÇA DO TRIBUTO. Em se tratando de autolançamento de débito fiscal declarado e não pago, desnecessária a instauração de procedimento administrativo para a inscrição da dívida e posterior cobrança. Agravo regimental improvido. **(AI-AgR 144.609/SP, 2ª T., rel. Min. Maurício Corrêa, j. em 11-04-1995)**

No STJ:

EMENTA: Tratando-se de Declaração de Contribuições de Tributos Federais. (DCTF) cujo débito declarado *não* foi pago pelo contribuinte, torna-se prescindível a homologação formal, passando a ser exigível independentemente de prévia notificação ou da instauração de procedimento administrativo fiscal. Considerando-se constituído o crédito tributário a partir do momento da declaração realizada, mediante a entrega da DCTF, *não* há cogitar-se da incidência do instituto da *decadência*, que retrata o prazo destinado à constituição do crédito tributário, *in casu*, constituído pela DCTF aceita pelo Fisco. Destarte, não sendo o caso de homologação tácita,

> não se opera a incidência do instituto da decadência (artigo 150, § 4º do CTN), incidindo a *prescrição*, nos termos em que delineados no art. 174, do CTN, vale dizer: no quinquênio subsequente à constituição do crédito tributário, que, *in casu*, tem seu termo inicial contado a partir do momento da declaração realizada mediante a entrega da DCTF. **(REsp 389.089/RS, 1ª T., rel. Min. Luiz Fux, j. em 26-11-2002)**[49] **(Grifos nossos)**

Em abril de **2010**, o **STJ** houve por bem editar a **Súmula n. 436**, cujo teor segue adiante: "*A entrega de declaração pelo contribuinte reconhecendo débito fiscal constitui o crédito tributário, dispensada qualquer outra providência por parte do fisco*".

> Note o item (adaptado) considerado **CORRETO**, em prova realizada pela FAUEL, para o cargo de Advogado do Consórcio Intermunicipal de Saúde do Médio Paranapanema (CISMEPAR/PR), em 2016: "*Segundo o STJ, a entrega de declaração pelo contribuinte reconhecendo débito fiscal constitui o crédito tributário, dispensada qualquer outra providência por parte do Fisco*".

> Note o item (adaptado) considerado **INCORRETO**, em prova realizada pela FAUEL, para o cargo de Advogado do Consórcio Intermunicipal de Saúde do Médio Paranapanema (CISMEPAR/PR), em 2016: "*Tratando-se de débito declarado e não pago, sujeito, portanto, a autolançamento, imprescindível se faz a homologação formal e a notificação do sujeito passivo para que se constitua o crédito tributário*".

Com maior rigor temporal, neste caso, o termo *a quo* do lustro prescricional para eventual cobrança do tributo adequadamente declarado e não pago será (o dia seguinte da) **a data estabelecida como vencimento para o pagamento da obrigação tributária**, constante da Declaração. No interregno que medeia a data de entrega da declaração e o vencimento, não corre prazo de prescrição. Confira a jurisprudência:

> Note o item considerado **CORRETO**, em prova realizada pela FGV Projetos, para o cargo de Auditor Fiscal Tributário da Receita Municipal de Cuiabá/MT, em 2016: "*Em dezembro de 2015, a pessoa jurídica X efetuou a entrega da declaração do IRPJ, relativo a fatos geradores ocorridos no mês de julho de 2015, na qual reconheceu o débito fiscal, na sua integralidade. No entanto, a pessoa jurídica X não realizou o pagamento do IRPJ, vencido em dezembro de 2015. Sobre a hipótese, é correto afirmar que a União Federal deverá ajuizar execução fiscal, até dezembro de 2020*".

> Note o item considerado **CORRETO**, em prova realizada pelo TRF/4ª Região, para o cargo de Juiz Federal Substituto (XVII Concurso), em 2016: "*De acordo com a jurisprudência do STJ, o termo inicial do prazo prescricional para o Fisco exercer a pretensão de cobrança judicial do crédito tributário declarado, mas não pago, é a data do vencimento da obrigação tributária expressamente reconhecida*".

49. **Ver, ademais, no mesmo sentido, no STJ**: **(I)** REsp 71.959/SP, rel. Min. Demócrito Reinaldo, 1ª T., j. em 07-05-1998; **(II)** REsp 150.071/SP, 1ª T., rel. Min. Milton Luiz Pereira, j. em 04-06-1998; **(III)** REsp 436.747/SC, rel. Min. José Delgado, 1ª T., j. em 17-12-2002; e **(IV)** REsp 850.423/SP, 1ª T., rel. Min. Castro Meira, j. em 28-11-2007.

EMENTA: TRIBUTÁRIO. (...). OBRIGAÇÃO TRIBUTÁRIA INFORMADA EM DECLARAÇÃO. DCTF. DÉBITO DECLARADO E NÃO PAGO. PRESCRIÇÃO QUINQUENAL. TERMO INICIAL. VENCIMENTO DA OBRIGAÇÃO. (...) **3.** *O termo inicial do lustro prescricional, em caso de tributo declarado e não pago, não se inicia da declaração, mas da data estabelecida como vencimento para o pagamento da obrigação tributária constante da declaração. No interregno que medeia a declaração e o vencimento, o valor declarado a título de tributo não pode ser exigido pela Fazenda Pública, razão pela qual não corre o prazo prescricional da pretensão de cobrança nesse período.* **4.** Recurso especial improvido. **(REsp 658.138/PR, 2ª T., rel. Min. Castro Meira, j. em 08-11-2005) (Grifos nossos)**

[Observação: frise-se que a indicação do termo "a quo" como "a data do vencimento do tributo" (sublinhada em epígrafe) não nos parece a mais precisa, do ponto de vista cronológico. A nosso ver, deve ser considerado, como termo de início **o dia seguinte a esse marco**]

A propósito, já "*nos tributos sujeitos a lançamento por homologação, o prazo prescricional inicia-se a partir do dia seguinte ao da entrega da declaração ou ao do vencimento, o que ocorrer por último*" **(AgRg no AREsp 381.242/SP, rel. Min. Herman Benjamin, 2ª T., j. em 08-05-2014)**[50].

> Note o item considerado **INCORRETO**, em prova realizada pelo Cespe, para o cargo de Juiz Federal (TRF/5ª Região), em 2013: *"No caso de tributo sujeito a lançamento por homologação, o prazo prescricional quinquenal para o fisco exercer a cobrança de seus créditos é iniciado na data do vencimento da obrigação ou da entrega da declaração, o que ocorrer primeiro".*

Um detalhe relevante pode ser verificado no caso de **declaração feita em ano posterior àquele em que o tributo é devido**. Nesse caso, o termo "a quo" deverá ser **a data de apresentação da declaração (o dia seguinte, com maior rigor)**. Tal hipótese pode ocorrer, por exemplo, com créditos tributários de IRPJ (Ano-base/1996), calculados sobre o lucro presumido, quando o contribuinte tenha declarado seus rendimentos em 30/4/1997, sem ter procedido ao pagamento mensal do tributo no ano anterior (Lei n. 8.541/92 e Dec. n. 1.041/94). Assim, no caso, há a peculiaridade de que a declaração entregue em 1997 diz respeito a tributos não pagos no ano anterior, não havendo a obrigação de previamente declará-los a cada mês de recolhimento. Consequentemente, o prazo prescricional para o Fisco cobrá-los judicialmente deve se iniciar da data de apresentação da declaração de rendimentos. Assim se orienta o **STJ**, conforme se nota no **REsp 1.120.295/SP (rel. Min. Luiz Fux, 1ª T., j. em 12-05-2010)**.

50. **Ver, ainda, no mesmo sentido, no STJ**: **(I)** AgRg no REsp 1.487.929/RS, rel. Min. Humberto Martins, 2ª T., j. em 05-02-2015; **(II)** REsp 1.497.248/RS, rel. Min. Og Fernandes, 2ª T., j. em 06-08-2015; e **(III)** AgRg no AREsp 529.221/SP, rel. Min. Sérgio Kukina, 1ª T., j. em 15-09-2015.

Assim, na visão do **STJ**[51] (e também do **STF**), a declaração do contribuinte elide a necessidade da constituição formal do débito pelo Fisco, não se falando em decadência, mas em prescrição. Diante da inexistência de pagamento que corresponda ao montante corretamente declarado, pode haver a imediata inscrição em dívida ativa, independentemente de qualquer procedimento administrativo ou de notificação ao contribuinte. O entendimento pauta-se na ideia de que o contribuinte, assumindo a iniciativa, declarou por conta própria o débito fiscal por ele reconhecido, por meio de um **procedimento não impositivo**, o que, à semelhança de um lançamento, dota o procedimento de suficiente exigibilidade, tendo o condão de constituir o crédito tributário. Se o próprio sujeito passivo apura o *quantum* devido e se "autonotifica" com a entrega da declaração, não teria sentido "lançar" para apurar uma situação impositiva que já foi tornada clara pelo próprio contribuinte.

De outra banda, na linha argumentativa oposta, argui-se que não seria caso de "homologação", pois esta tem a finalidade de imprimir no pagamento antecipado o efeito de extinção do crédito tributário. Não havendo o referido pagamento, não poderá haver a extinção do crédito pela homologação. De mais a mais, desponta a olhos vistos o que se tem denominado **privatização da gestão tributária**[52], ou seja, "fenômeno de imposição de um maior número de deveres ao contribuinte, com vista à adequada satisfação de suas obrigações tributárias, mediante a transferência de encargos que, originalmente, caberiam ao próprio Estado"[53]. Por derradeiro, não se pode perder de vista que o lançamento, segundo a literalidade do art. 142 do CTN, "compete privativamente à autoridade administrativa (...)", o que reforça o caráter exótico da atribuição excessiva que se tem propositadamente outorgado ao contribuinte.

Na prática processual, diante da situação se profere o despacho "*Inscreva-se em dívida ativa*", estando, a partir de então, definitivamente constituído o crédito tributário, para fins de cobrança judicial do importe tributário.

Observe, então, **dois** casos práticos:

> **Caso Prático (I):** o contribuinte, devendo declarar **100**, declara, com fidelidade, este valor e nada recolhe. Neste caso, a Fazenda poderá, de imediato, inscrever o valor declarado (**100**) em dívida ativa, iniciando-se o prazo de prescrição. Aqui, a propósito, para o STJ, não há de se falar em decadência.

51. Sobre o tema da constituição do crédito a partir da entrega da Declaração, ler o emblemático voto do **Ministro Relator José Delgado**, no **AgRgAI 764.859/PR-2006**. Ademais, consulte, ainda, no **STJ**: REsp 433.693/PR-2005; REsp 192.509/RS-2005; REsp 551.015/AL-2004; REsp 297.885/SC-2001; REsp 671.509/RS-2005; REsp 624.907/PR-2005; REsp 389.089/RS-2002; REsp 437.363/SP-2004; AGA 512.823/MG-2003; REsp 445.561/SC-2003; REsp 281.867/2003.
52. A expressão é de José Juán Ferreiro Lapatza, in "La privatización de la gestión tributaria y las nuevas competencias de los tribunales econômico-administrativos", Civitas-REDF 37/81 e ss., *apud* HORVATH, Estevão, Lançamento Tributário e "Autolançamento", São Paulo: Dialética, 1997, p. 71.
53. COSTA, Regina Helena. *Praticabilidade e justiça tributária* – exequibilidade de lei tributária e direitos do contribuinte. São Paulo: Malheiros, 2007, p. 272.

Desse modo, diante do consolidado entendimento do **STJ**, é possível afirmar que a falta de recolhimento no devido prazo do valor tributário corretamente declarado acarreta relevantes consequências:

(I) autorização para inscrição em dívida ativa;

(II) fixação do termo *a quo* do prazo de prescrição;

(III) inibição de certidão negativa de débito **(Súmula n. 446 do STJ:** *"Declarado e não pago o débito tributário pelo contribuinte, é legítima a recusa de expedição de certidão negativa ou positiva com efeito de negativa"*); e

Note o item considerado **CORRETO**, em prova realizada pela FGV Projetos, para o cargo de Auditor do Estado do Maranhão (CGE/MA), em 2014: *"A companhia Delta Ltda. prestou declarações ao Fisco, com relação a determinado tributo, sujeito ao lançamento por homologação, tal como seria sua obrigação. Emitiu guia de recolhimento e pagou o valor que considerou devido. Entretanto, a Fazenda indeferiu seu pedido de Certidão Negativa de Débito, aduzindo que houve pagamento a menor, o que deduziu das declarações prestadas pelo contribuinte comparativamente com as guias recolhidas do tributo. A companhia afirma, e é fato incontroverso, que a Fazenda não procedeu ao lançamento de ofício da eventual diferença do tributo a pagar, mas lhe nega o direito à obtenção da certidão de regularidade fiscal. No caso vertente, a solução da lide deve ser 'favorável à Fazenda, já que inexiste a necessidade de lançamento de ofício supletivo da diferença do tributo a pagar, quando o crédito tributário já foi constituído por meio de declaração praticada pelo próprio contribuinte'"*.

(IV) afastamento da possibilidade de **denúncia espontânea.**

Quanto a este último desdobramento, impende tecermos algumas considerações. A jurisprudência tem resistido em aceitar a denúncia espontânea no caso de **tributo lançado por homologação**, pago a destempo, mesmo ocorrendo o pagamento integral do débito. A explicação é simples: é pressuposto essencial da denúncia espontânea o total desconhecimento do Fisco quanto à existência do tributo denunciado. Nesse passo, ao se apresentar uma declaração ao Fisco, para o **STJ**, formaliza-se (constitui) a existência do crédito tributário, permitindo-se que se inscreva o valor não pago em dívida ativa. **A recusa da denúncia espontânea é justificada com base nessa linha argumentativa.**

Note o item (adaptado) considerado **CORRETO**, em prova realizada pelo Cespe/Cebraspe, para o cargo de Juiz de Direito Substituto do TJ/AM, em 2016: *"A indústria 'R S.A.' havia declarado regularmente, mas não pago o ICMS no valor de R$ 100.000. Estando ciente de iminente fiscalização, já que recebeu a visita de auditor fiscal, o qual, no entanto, não lavrou termo algum, decidiu fazer denúncia espontânea de sua inadimplência, tendo feito acompanhá-la de pedido de parcelamento. Neste, incluiu o principal e os juros de mora, com o objetivo de ser eximida da multa de mora e de outras penalidades. Diante disso, pode-se afirmar que não é cabível denúncia espontânea, pois se trata de tributo por homologação com declaração regular e pagamento a destempo"*.

EMENTA: TRIBUTÁRIO E PROCESSUAL CIVIL. DENÚNCIA ESPONTÂNEA. ART. 138 DO CTN. PARCELAMENTO DE DÉBITO TRIBUTÁRIO. LANÇAMENTO POR HOMOLOGAÇÃO. RECOLHIMENTO DO MONTANTE DEVIDO COM ATRASO. MULTA MORATÓRIA. (...) 1. A simples confissão de dívida acompanhada do pedido de parcelamento do débito não configura denúncia espontânea a dar ensejo à aplicação da regra ínsita no art. 138 do CTN, de modo a eximir o contribuinte do pagamento de multa moratória. 2. Em se tratando de tributo sujeito a lançamento por homologação, não configura denúncia espontânea, com a consequente exclusão da multa moratória, a hipótese em que o contribuinte declara e recolhe, com atraso, seu débito tributário. (...) **(REsp 512.245/RS, 2ª T., rel. Min. João Otávio de Noronha, j. em 07-10-2004)**

Em agosto de **2008**, o **STJ** houve por bem elaborar a **Súmula n. 360**:

O benefício da denúncia espontânea não se aplica aos tributos sujeitos a lançamento por homologação regularmente declarados, mas pagos a destempo.

Por sua vez, em **2012**, o **STJ** teve a oportunidade de sacramentar a validade da indigitada Súmula n. 360, aproveitando, ademais, para realçar que *"a declaração do contribuinte elide a necessidade da constituição formal do crédito, podendo este ser imediatamente inscrito em dívida ativa, tornando-se exigível, independentemente de qualquer procedimento administrativo ou de notificação ao contribuinte"* (*vide* o **AgRg no REsp 1.218.496/RJ, rel. Min. Benedito Gonçalves, 1ª T., j. em 08-05-2012**).

Veja o segundo caso prático:

Caso Prático (II): o contribuinte, devendo declarar **100**, declara, com fidelidade, este valor e recolhe, parcialmente, **80**. Neste caso, a Fazenda poderá, de imediato, inscrever em dívida ativa o valor declarado, subtraído do que já se pagou (**100 – 80 = 20**), iniciando-se o prazo de prescrição para a exigência do saldo (**20**). Aqui, a propósito, para o STJ, não há de se falar em decadência, uma vez que o valor declarado corresponde exatamente ao montante que deveria sê-lo.

Note o item considerado **CORRETO**, em prova realizada pela FGV Projetos, para o cargo de Auditor do Estado do Maranhão (CGE/MA), em 2014: *"A companhia Delta Ltda. prestou declarações ao Fisco, com relação a determinado tributo, sujeito ao lançamento por homologação, tal como seria sua obrigação. Emitiu guia de recolhimento e pagou o valor que considerou devido. Entretanto, a Fazenda indeferiu seu pedido de Certidão Negativa de Débito, aduzindo que houve pagamento a menor, o que deduziu das declarações prestadas pelo contribuinte comparativamente com as guias recolhidas do tributo. A companhia afirma, e é fato incontroverso, que a Fazenda não procedeu ao lançamento de ofício da eventual diferença do tributo a pagar, mas lhe nega o direito à obtenção da certidão de regularidade fiscal. No caso vertente, a solução da lide deve ser 'favorável à Fazenda, já que inexiste a necessidade de lançamento de ofício supletivo da diferença do tributo a pagar, quando o crédito tributário já foi constituído por meio de declaração praticada pelo próprio contribuinte'"*.

Como complemento ao raciocínio que ora se desenvolve neste tópico, é vital trazermos à baila a noção do *depósito do montante integral* (causa suspensiva do crédito tributário, a ser estudada no próximo Capítulo) como elemento que constitui o crédito tributário, apresentando-se com a indumentária de **lançamento por homologação.**

É sabido que, ao se fazer um depósito do montante integral, ocorrerá a suspensão da exigibilidade do crédito tributário (art. 151, II, CTN). Além (e antes) disso, todavia, pode-se afirmar que o depósito constitui o próprio crédito tributário, conforme remansosa orientação do **STJ**, no sentido de que "*o depósito judicial do tributo questionado torna dispensável o ato formal de lançamento por parte do Fisco*" **(EREsp 671.773/RJ, rel. ex-Min. Teori Albino Zavascki, 1ª Seção, j. em 23-06-2010)**. Em outras palavras, o depósito é um nítido lançamento por homologação, e a aceitação tácita ou expressa do Estado gera efeitos decisivos na constituição do crédito tributário e no cômputo do prazo de decadência. Observe a chancela pretoriana no próprio **STJ**: "*(...) Se a Fazenda aceita como integral o depósito, para fins de suspensão da exigibilidade do crédito, aquiesceu expressa ou tacitamente com o valor indicado pelo contribuinte, o que equivale à homologação fiscal prevista no art. 150, § 4º, do CTN. (...) Uma vez ocorrido o lançamento tácito, encontra-se constituído o crédito tributário, razão pela qual não há mais falar no transcurso do prazo decadencial nem na necessidade de lançamento de ofício das importâncias depositadas. (...)*" **(EREsp 898.992/PR, rel. Min. Castro Meira, 1ª Seção, j. em 08-08-2007; ver, ainda, entre outros: EREsp 464.343/DF, rel. Min. José Delgado, 1ª Seção, j. em 10-10-2007)**

De outra banda, o **STJ** tem defendido que, caso o Fisco, analisando a Declaração entregue, verifique que há quantia a ser exigida além daquela que foi declarada, terá que necessariamente proceder a um **lançamento de ofício**, nos prazos decadenciais convencionais. Com efeito, a inscrição de uma dívida meramente declarada, *v.g.*, em DCTF, pressupõe que o Fisco tenha aceitado como corretas e inquestionáveis as informações prestadas pelo contribuinte. Se não fosse assim, admitir-se-ia, arbitrária e acintosamente, a realização de novas inscrições, como se o crédito tributário fosse cindível. Como é pacífico, ele não o é, proibindo-se a figura da "**homologação com alterações**", com a qual a Fazenda Pública poderia cobrar judicialmente, "embutindo" no valor exequível o montante ainda exigível, sem o adequado lançamento de ofício.

> Note o item considerado **CORRETO**, em prova realizada pela FCC, para o cargo de Procurador do Estado de Mato Grosso (PGE/MT), em 2016: *"O lançamento de ofício é o formalizado quando a autoridade fazendária identifica diferenças no crédito tributário constituído espontaneamente pelo contribuinte"*.

É que, prestando o contribuinte a informação acerca do débito, dispõe o Fisco do **prazo decadencial** para realizar o eventual lançamento suplementar, acaso existente algum saldo, prazo este de índole "decadencial", porquanto constitutivo da dívida. Findo este prazo, inaugura-se o lapso de prescrição para o ajuizamento do respectivo executivo fiscal, visando à cobrança do montante não declarado e objeto de lançamento suplementar. Sendo assim, apresentada a Declaração, pode o Fisco conferir os dados e **lançar o resíduo tributário, se entender pertinente**. O **STJ** entende que só após efetuar tal lançamento ou decorrer o prazo para tanto é que se iniciará o prazo prescricional.

Note o item considerado **CORRETO**, em prova realizada pelo TRF/4ª Região, para o cargo de Juiz Federal Substituto (XVII Concurso), em 2016: *"No caso de fraude, dolo ou simulação na declaração prestada pelo contribuinte, relativamente aos tributos sujeitos ao lançamento por homologação, o marco inicial de contagem da decadência para constituição do crédito tributário é o primeiro dia do exercício seguinte àquele em que o lançamento poderia ter sido efetuado".*

Ressalte-se que, quanto ao **montante declarado**, ultrapassado o prazo de 5 anos da data da declaração, sem qualquer lançamento de ofício, haverá a aquiescência tácita do Fisco com relação a esse montante declarado. A Declaração, aqui, constitui o crédito, prescindindo-se de ato de lançamento.

Caso Prático (I): o contribuinte, devendo declarar **100**, declara, sem fidelidade, a quantia inferior de **80**, recolhendo, integralmente, este valor (**80**). Neste caso, o crédito tributário estará definitivamente extinto, com relação ao montante declarado e pago (**80**), restando a possibilidade de constituir o crédito tributário por meio de lançamento suplementar, quanto ao saldo (**20**). Aqui, então, para o STJ, só há de se falar em decadência, uma vez que o valor declarado não corresponde exatamente ao montante que deveria sê-lo, subsistindo a decadência para o lançamento suplementar do resíduo (**20**).

Caso Prático (II): o contribuinte, devendo declarar **100**, declara, sem fidelidade, a quantia inferior de **80**, nada recolhendo, quanto a este valor. Neste caso, a Fazenda poderá, de imediato, inscrever o valor declarado (**80**) em dívida ativa, iniciando-se o prazo de prescrição, para a cobrança judicial deste montante. Quanto, ao saldo de **20**, o raciocínio é idêntico ao que foi acima exposto: resta a possibilidade de constituir o crédito tributário por meio de lançamento suplementar, quanto ao saldo (**20**). Aqui, então, para o STJ, fala-se em prescrição para a cobrança judicial do montante declarado (**80**) e em decadência para a quantia que deve ser objeto de lançamento suplementar do resíduo (**20**).

Note o resumo dos casos práticos:

PRESCRIÇÃO E DECADÊNCIA NOS LANÇAMENTOS POR HOMOLOGAÇÃO (Visão do STJ)			
DEVE DECLARAR	**DECLARA**	**PAGA**	**CORRE(M) O(S) PRAZO(S) DE...**
100	100	100	Nem decadência, nem prescrição (extinção do crédito tributário)
100	NÃO DECLARA	ZERO	Decadência **(Art. 173, I, CTN: ver Súmula n. 555, STJ)**
100	100	ZERO	Prescrição (100) **(Ver Súmula n. 436, STJ)**
100	80	80	Decadência (20)
100	80	ZERO	Prescrição (80) e Decadência (20)

Para a nossa grata surpresa, **as duas últimas hipóteses do quadro** foram registradas, com bastante fidelidade ao raciocínio e à linguagem por nós adotados, em concurso um tanto recente. Confira:

ASSERTIVA 1: A Miradouro Ltda. deve declarar o valor de R$ 5.000,00 a título de IR em sua DCTF, o que não ocorre. Diante disso – e à luz dos institutos da prescrição e decadência tributária –, em a Miradouro declarando, sem fidelidade, R$ 3.000,00, recolhe-se, integralmente, este valor e o crédito tributário estará extinto com relação a este montante, havendo, no entanto, a possibilidade de o Fisco constituir o crédito tributário por meio de lançamento suplementar referente ao valor residual, subsistindo decadência para o lançamento deste último.

ASSERTIVA 2: A Miradouro Ltda. deve declarar o valor de R$ 5.000,00 a título de IR em sua DCTF, o que não ocorre. Diante disso – e à luz dos institutos da prescrição e decadência tributária –, em a Miradouro declarando, sem fidelidade, R$ 3.000,00, e nada se recolhendo quanto a este valor, o Fisco pode imediatamente inscrever o valor declarado em dívida ativa, iniciando-se o prazo prescricional para cobrança judicial deste montante; e, quanto ao valor residual, há a possibilidade de o Fisco constituir o crédito tributário por meio de lançamento suplementar referente ao valor residual, subsistindo decadência para o lançamento deste último.

As assertivas foram consideradas **CORRETAS**, em prova realizada pelo CETRO, para o cargo de Titular de Serviços de Notas e de Registros (TJ/RJ), em 2017.

4.5 A prescrição e as causas de interrupção

O **art. 174, parágrafo único, I a IV, do CTN** prevê as situações em que o prazo de prescrição será interrompido, zerando-se a contagem do quinquênio, com a integral devolução do tempo ao interessado, sendo a causa interruptiva o *dies a quo* do novo prazo de prescrição (lustro renovado).

> Note o item considerado **INCORRETO**, em prova realizada pelo TRF/4ª Região, para o cargo de Juiz Federal Substituto (XVII Concurso), em 2016: *"A decadência sujeita-se às causas de interrupção de contagem do prazo previstas para a cobrança do crédito tributário, nos casos de protesto judicial ou qualquer outro ato que constitua em mora o devedor".*

É evidente que tal reinício de contagem interessa ao sujeito ativo, pois indica a "retomada de fôlego" no processo de cobrança judicial do tributo exequível. Será possível observar, assim, que as hipóteses de interrupção decorrem, geralmente, de ato em que o sujeito ativo manifesta seu interesse em receber o crédito tributário, demonstrando não estar inerte e desidioso.

O art. 174, parágrafo único, do CTN foi alterado pela LC n. 118/2005, com modificação pontual no inciso I.

Antes de detalhar a indigitada alteração, há de observar, no artigo adiante reproduzido, que as três primeiras hipóteses de interrupção serão sempre *judiciais*, e a quarta hipótese poderá ser *judicial* ou *extrajudicial* (administrativa). Note:

> **Art. 174.** A ação para a cobrança do crédito tributário prescreve em cinco anos, contados da data da sua constituição definitiva.
>
> **Parágrafo único.** A prescrição se interrompe:
>
> **I** – pelo despacho do juiz que ordenar a citação em execução fiscal; (LC n. 118/2005)
>
> **II** – pelo protesto judicial;
>
> **III** – por qualquer ato judicial que constitua em mora o devedor;
>
> **IV** – por qualquer ato inequívoco ainda que extrajudicial, que importe em reconhecimento do débito pelo devedor.

Passemos à análise dos incisos:

A partir da data de entrada em vigor da LC n. 118/2005 – em 9 de junho de 2005 –, **o despacho do juiz, ordenando a citação do devedor**, previsto no **inciso I**, passou a ser considerado como o ato interruptivo da prescrição, e não mais a própria **"citação pessoal do devedor"**.

> Note o item considerado **CORRETO**, em prova realizada pela UNOESC, para o cargo de Agente Fiscal Tributário Externo da Prefeitura Municipal de Iraceminha/SC, em 2016: *"Dentre outras causas, a prescrição é interrompida pelo despacho do juiz que ordenar a citação em execução fiscal".*

> Note o item considerado **INCORRETO**, em prova realizada pela FEPESE, para o cargo de Procurador de Lages/SC, em 2016: *"A citação do devedor interrompe a prescrição"*.
>
> **Observação:** item semelhante foi considerado **INCORRETO** em provas realizadas, em 2016, por: **(I)** FCC, para o cargo de Defensor Público do Espírito Santo; **(II)** CAIP-USCS, para o cargo de Advogado da Cia. de Abastecimento de Santo André/SP – CRAISA; **(III)** FCC, para o cargo de Auditor Fiscal da Receita Estadual (SEGEP/MA).

> Note o item considerado **INCORRETO**, em prova realizada pela Consulplan, para o cargo de Titular de Serviços de Notas e de Registros (TJ/MG), em 2017: *"A prescrição se interrompe pela citação do devedor em execução fiscal"*.

A modificação, coibindo o transtorno provocado pelos corriqueiros "desaparecimentos" do sujeito passivo – no propósito de obstar a interrupção da prescrição nas ações de cobrança –, objetivou, sobretudo, harmonizar o *Código Tributário Nacional* com a *Lei de Execuções Fiscais*, que em seu art. 8º, § 2º, dispõe que "o despacho do juiz que ordenar a citação será causa interruptiva da prescrição".

É evidente que, com a alteração, conferiu-se maior proteção ao Fisco, pois a mera ordem assinada pelo juiz já produz o efeito interruptivo, independentemente do tempo que a citação demandará para se efetivar. Assim, quanto antes ocorrer a interrupção do prazo prescricional, melhor para a Fazenda e, consequentemente, pior para o sujeito passivo.

A crítica feita ao dispositivo alterado pauta-se na ideia de que o elemento deflagrador desta causa interruptiva não apresenta conexão com o comportamento do executado. Em outras palavras, não há nexo entre a decisão judicial interruptiva e a recalcitrância do executado no inadimplemento do débito. O Estado-credor interrompe a prescrição por exclusiva força da penada do Estado-Juiz, reforçando o crédito tributário a seu talante, em prol da Fazenda, em nítida quebra da isonomia e de razoabilidade.

Posto isso, vale a pena observarmos a contagem no exemplo adiante, acerca da interrupção de prescrição e o reinício da contagem:

Uma ação de cobrança de IPTU foi ajuizada em 02-04-2015, e o juiz ordenou, em 15-04-2015, a citação do réu, a qual veio a ocorrer apenas em 18-04-2015.

COMENTÁRIO: nessa situação, a interrupção da prescrição se deu em 15-04-2015 (e não no dia 18!), reabrindo o quinquênio, por força do marco interruptivo, o qual se esticará até 15-04-2020.

O **inciso II** menciona protesto judicial[54] (arts. 867 a 873 do CPC[55]), traduzindo-se no procedimento especial e cautelar, requerido ao Juiz e ordenado por este, com a final notificação do devedor. À luz do crédito tributário, o protesto judicial somente se justifica na hipótese de a Fazenda estar impossibilitada de ajuizar a execução fiscal, diante da iminência do término do prazo prescricional.

Note o item considerado **CORRETO**, em prova realizada pelo Cespe/Cebraspe, para o cargo de Delegado de Polícia do Estado de Pernambuco, em 2016: *"O protesto judicial é uma forma de interrupção da prescrição"*.

O inciso III, ao se referir a "qualquer ato judicial que constitua em mora o devedor", parece ter feito menção às interpelações, notificações ou intimações judiciais – atos que poderiam se traduzir na intenção do credor em receber o pagamento do tributo. A bem da verdade, este inciso, por ser genérico, alcança o protesto judicial já citado no inciso precedente. Procure memorizar que o comando em análise faz menção a **ato judicial**, e não a "ato extrajudicial".

Note o item considerado **CORRETO**, em prova realizada pela AOCP, para o cargo de Analista de Controle Externo (TCE/PA), em 2012: *"A prescrição para a cobrança do crédito tributário se interrompe por qualquer ato judicial que constitua em mora o devedor"*.

Note o item considerado **INCORRETO**, em prova realizada pela FCC, para o cargo de Auditor Fiscal da Receita Estadual (SEGEP/MA), em 2016: *"De acordo com o CTN, é de cinco anos, contados da data da sua constituição definitiva, o prazo para a propositura de ação para a cobrança do crédito tributário. De acordo com o CTN, qualquer ato judicial que constitua em mora o devedor suspende a fluência do referido prazo"*.

O **inciso IV**, por derradeiro, anuncia "ato inequívoco que importe em reconhecimento do débito pelo devedor". Destaque-se que este inciso hospeda a única hipótese de interrupção do prazo prescricional que decorre de iniciativa do próprio devedor. Aliás, com igual exclusivismo, é a única situação de interrupção na órbita administrativa (ou extrajudicial). Ocorre nos seguintes casos: carta ou petição do devedor, declaração escrita, requerimento reconhecendo o débito e pedindo compensação ou, até mesmo, pedido de parcelamento do débito, entre outras situações. Exemplo: expede-se notificação de débito em **março de 2013**, havendo a constituição definitiva do crédito tributário, 30 dias após, isto é, em **abril de 2013**. Passam-se dois anos, em que a Fazenda Pública se manteve inerte, e o contribuinte protocoliza um pedido de parcelamento (**abril de 2015**). Entende-se que aqui se deu a *interrupção da prescrição*, pois se desprezam os dois anos corridos, para se

54. Ver, no **STJ, dois** julgados sobre *protesto judicial*: REsp 46.087-5/DF, 1ª T., rel. Min. Garcia Vieira, j. em 15-06-1994 e REsp 82.553/DF, 1ª T., rel. Min. Demócrito Reinaldo, j. em 29-04-1996.

55. O expediente não foi tratado no **NCPC**, uma vez que foram abolidas as cautelares nominadas. O NCPC tem o intuito de não limitar as medidas cautelares e de urgência por meio de procedimentos típicos. Para uma análise da nova estrutura processual, recomenda-se a leitura dos arts. 294 e seguintes do NCPC.

dar um reinício do quinquênio. Assim, o termo *ad quem* da prescrição é protraído para **abril de 2020**.

De há muito, no **STJ**, entende-se que o parcelamento é causa interruptiva de prescrição. A propósito, já em **1987**, o extinto **Tribunal Federal de Recursos**, estatuindo a **Súmula n. 248**, assim dispôs: "*O prazo da prescrição interrompido pela confissão e parcelamento da dívida fiscal recomeça a fluir no dia que o devedor deixa de cumprir o acordo celebrado*".

Em 14 de novembro de **2018**, o **STJ**, no **REsp 1.658.517/PA** (rel. Min. Napoleão Nunes Maia Filho), entendeu que o "parcelamento de ofício" da dívida tributária do IPTU, como mero favor fiscal, não configura causa interruptiva da contagem da prescrição, uma vez ausente a anuência do contribuinte. No entender da Corte Superior, quando a municipalidade, dentro de sua política fiscal, por mera liberalidade e conveniência, concede ao devedor a opção de pagamento à vista (cota única) ou parcelado, independentemente de seu consentimento prévio, a medida não configura automaticamente a *suspensão da exigibilidade do crédito tributário* (pela moratória ou pelo parcelamento), haja vista a ausência de manifestação de vontade do contribuinte. Haverá a suspensão do crédito se (e quando) o sujeito passivo da obrigação tributária, gestor de sua autonomia de vontade, sair da inércia e aderir, concreta e formalmente, ao parcelamento. Caso contrário, a sua inércia não pode ser considerada como uma "adesão automática", para fins de *interrupção de prescrição*, pois aqui, da mesma forma, demanda-se o reconhecimento da dívida por parte do contribuinte.

O mesmo entendimento vem sendo dado pela jurisprudência ao caso de exclusão do contribuinte do ***Programa de Recuperação Fiscal*** – **Refis**. Na atual visão do **STJ (REsp 1.144.963/SC**, rel. Min. Herman Benjamin, 2ª T., j. em 20-11-**2012)**, a adesão ao Refis suspende a exigibilidade do crédito tributário (art. 151, VI, do CTN) e, ao mesmo tempo, interrompe a prescrição (art. 174, parágrafo único, IV, do CTN). Diante da rescisão do contribuinte, o prazo prescricional será reiniciado, mas o termo "a quo" será a data da publicação do ato excludente, ou seja, a data da publicação da decisão final do processo administrativo que determinar a exclusão do devedor do referido regime de parcelamento (e não a mera data do "indeferimento da opção pelo Refis").

Em 15 de setembro de **2015**, a 2ª Turma do **STJ**, no **REsp 1.493.115/SP** (rel. Min. Mauro Campbell Marques), entendeu que, "*não interrompe o prazo prescricional o fato de o contribuinte, após ser formalmente excluído do Programa de Recuperação Fiscal (Refis), continuar efetuando, por mera liberalidade, o pagamento mensal das parcelas do débito tributário*". A orientação do STJ, de há muito, é no sentido de que o pedido de parcelamento interrompe a prescrição, haja vista o reconhecimento inequívoco do débito (art. 174, parágrafo único, IV, CTN). Da mesma forma, entende-se que a exclusão do contribuinte optante do Refis gera efeitos imediatos, quanto à cobrança do crédito confessado, conforme se depreende do § 1º do art. 5º da Lei n. 9.964/2000:

Art. 5º, § 1º A exclusão da pessoa jurídica do Refis implicará exigibilidade imediata da totalidade do crédito confessado e ainda não pago e automática execução da garantia prestada, restabelecendo-se, em relação ao montante não pago, os acréscimos legais na forma da legislação aplicável à época da ocorrência dos respectivos fatos geradores.

Se o contribuinte continua a pagar as parcelas, voluntária e extemporaneamente, mesmo após a exclusão do Programa, isso não altera, nem protrai o marco interruptivo da prescrição, já demarcado pelo momento da exclusão do Programa. Não é possível se falar em extensão do marco interruptivo. De fato, "*excluído o contribuinte do REFIS, inicia-se com o respectivo ato de exclusão o prazo prescricional intercorrente para a exigência da exação*" (**AgRg-REsp 1.534.509/RS, rel. Min. Humberto Martins, 2ª T., j. em 18-08-2015** e, também, **AgRg no REsp 1.528.020-PR, rel. Min. Humberto Martins, 2ª T., j. em 26-05-2015**)[56]. No caso concreto, a exclusão do contribuinte se deu em 1º-04-2004 – a data que representa o termo "a quo" para a contagem do lustro prescricional. Como o despacho que determinou a citação do executado só foi proferido em 05-08-2009, vale dizer, vários meses após o termo "ad quem" (1º-04-2009), é nítida a ocorrência da prescrição.

Urge mencionar que, segundo o **STJ**, interrompida a prescrição diante da pessoa jurídica, estendidos serão os efeitos do ato aos responsáveis tributários (sócios-gerentes), como efeito da solidariedade, constante do art. 125, III do CTN. A norma é salutar para coibir o exotismo e a ilogicidade da hipótese de se ter o débito prescrito para a pessoa jurídica, e não se ter para pessoa do sócio responsável. Observe a didática ementa do julgado no **STJ**:

> **EMENTA:** TRIBUTÁRIO. EXECUÇÃO FISCAL. EXCEÇÃO DE PRÉ-EXECUTIVIDADE. POSSIBILIDADE. PESSOA JURÍDICA. REDIRECIONAMENTO DA AÇÃO. SÓCIO. PRESCRIÇÃO INTERCORRENTE. DESPACHO CITATÓRIO. ART. 8º, IV E § 2º, DA LEI N. 6.830/80. ART. 219, § 4º, DO CPC (ATUAL ART. 240, § 2º, DO NCPC). ARTS. 125, III, E 174, PARÁGRAFO ÚNICO, DO CTN. (...) **1.** O acórdão a quo, rejeitando exceção de pré-executividade, asseverou que, face ao princípio de solidariedade passiva tributária entre a pessoa jurídica e seus sócios, a prescrição indeferida contra aquela projeta-se perante o sócio, mesmo que não tenha sido citado. **(...) 6.** A mera prolação do despacho que ordena a citação do executado não produz, por si só, o efeito de interromper a prescrição, impondo-se a interpretação sistemática do art. 8º, § 2º, da Lei n. 6.830/80, em combinação com o art. 219, § 4º, do CPC [atual art. 240. § 2º, do NCPC], e com o art. 174 e seu parágrafo único, do CTN. *De acordo com o art. 125, III, do CTN, em combinação com o art. 8º, § 2º, da Lei n. 6830/80, a ordem de citação da pessoa jurídica interrompe a prescrição em relação ao sócio, responsável tributário pelo débito fiscal.*

56. A corroborar tal posicionamento no **STJ**, vejam-se os julgados: **(I)** AgRg no REsp 1.340.871/SC, rel. Min. Sérgio Kukina, 1ª T., j. em 05-06-2014; **(II)** EDcl no AgRg no REsp 1.338.513/RS, rel. Min. Humberto Martins, 2ª T., j. em 12-03-2013; **(III)** REsp 1.046.689/SC, rel. Min. Eliana Calmon, 2ª T., j. em 17-06-2008.

7. *Fenômeno integrativo de responsabilidade tributária que não pode deixar de ser reconhecido pelo instituto da prescrição, sob pena de se considerar não prescrito o débito para a pessoa jurídica e prescrito para o sócio responsável. Ilogicidade não homenageada pela ciência jurídica.* **8.** Ocorrência, no caso em exame, de peculiaridade. O recorrido era sócio-gerente da sociedade. A citação, para fins de formar a relação jurídica no executivo fiscal, foi feita em sua própria pessoa. Em tal situação, o sócio-gerente, em face da responsabilidade assumida pelos débitos fiscais da empresa, integra a relação jurídica e responde, no caso de insuficiência de bens da sociedade, pelo pagamento da dívida com os seus bens. **9.** Situação diferente ocorre quando o sócio é chamado para responder pela dívida somente sete anos após a sua constituição definitiva. Na espécie, concentra-se, em uma só pessoa, a representação da sociedade e do sócio-gerente, pelo que não há que se reconhecer consolidada a prescrição em favor deste e inexistência prescricional contra aquela. **10.** Recurso não provido. **(REsp 633.480/MG, 1ª T., rel. Min. José Delgado, j. em 29-06-2004) (Grifo nosso)**

Por fim, o **STJ** andou bem ao afirmar que a **consulta administrativa** não é modo de interrupção de prescrição:

EMENTA: TRIBUTÁRIO. REPETIÇÃO DO INDÉBITO. CONSULTA. A consulta não é modo de interrupção da prescrição (CC, art. 172). Embargos de declaração rejeitados. **(EDcl no REsp 87.840/BA, 2ª T., rel. Min. Ari Pargendler, j. em 08-06-1998)**

Ainda sobre o **art. 174, parágrafo único, IV, do CTN**, muito se questiona acerca da *interrupção de prescrição*, diante da entrega pelo contribuinte das **declarações retificadoras.**

É sabido que, segundo a Corte Superior (**Súmula n. 436 do STJ**), a entrega da declaração (*v.g.*, a DCTF, a GIA) constitui o crédito tributário, abrindo-se para a demarcação do termo "a quo" de prescrição.

A **2ª Turma do STJ**, no **REsp 1.044.027/SC** (rel. Min. Mauro Campbell Marques, j. em 18-12-**2008**), já teve oportunidade de se manifestar sobre o tema, entendendo que a retificação de declaração de impostos e contribuições administrados pela Secretaria da Receita Federal, nas hipóteses em que admitida, tem a mesma natureza da declaração originariamente apresentada e interrompe o prazo prescricional para a cobrança do crédito tributário, no que retificado. Tal entendimento foi corroborado pela **1ª Turma** do **STJ**, no **AgRg no AgRg no Ag 1.254.666/RS** (rel. Min. Benedito Gonçalves, j. em 05-04-**2011**).

E as **duas Turmas do STJ**, assim concebendo, estão de acordo com a dicção do *caput* do art. 19 da MP n. 1.990-26/99, o qual estabelece que a declaração retificadora "terá a mesma natureza da declaração originariamente apresentada". Aliás, com suporte nesse dispositivo, a Fazenda Nacional tem defendido que a apresentação de DCTF retificadora teria o condão de interromper o prazo prescricional, o qual, uma vez reaberto, inicia-se a partir da apresentação dessa retificadora.

É importante esclarecer que declaração retificadora não será causa interruptiva de prescrição, com suporte no art. 174, parágrafo único, IV, do CTN, se vier apenas para corrigir equívocos formais da declaração anterior. De fato, não se pode admitir o reconhecimento de débito tributário pela simples entrega de declaração retificadora, pois o contribuinte já reconheceu os valores constantes na declaração original. Desse modo, a interrupção da prescrição pressupõe que a retificadora promova a alteração dos créditos já constituídos pelas declarações originais. Além disso, não há dúvida de que, desde a transmissão da DCTF original, o Fisco já dispunha de meios bastantes para fiscalizar os valores (não retificados), quer para lançar eventual diferença de ofício, quer para proceder de imediato à cobrança judicial. Pensar o contrário é admitir, por absurdo, que o crédito anteriormente constituído pode ser, posterior e novamente, constituído, na hipótese de não ter havido qualquer alteração no montante declarado como devido. Vale dizer que, entregue a declaração original e, sobrevindo uma retificadora, a qual não altera o montante devido, nem a forma de pagamento, não há de se cogitar de interrupção de prescrição por força da retificadora. Sobre esse aspecto, avançou com clareza a **2ª Turma do STJ**, no **AgRg no REsp 1.374.127/CE** (rel. Min. Mauro Campbell Marques, j. em 06-08-**2013**).

Em tempo, frise-se que a **1ª Turma** do **STJ**, no **REsp 1.167.677/SC** (rel. Min. Benedito Gonçalves, j. em 17-06-**2010**), já havia reconhecido a possibilidade de entrega de declaração retificadora com constituição de créditos não declarados na original. Nesse caso, não se há de cogitar de "prescrição", mas de *decadência*, uma vez que a discussão gravitaria em torno do prazo para o contribuinte constituir aquele saldo remanescente que não constou no momento da entrega da declaração originária.

Posto isso, a declaração retificadora interrompe a prescrição apenas quanto aos valores "em aberto" e relativos às rubricas que tenham sido retificadas. As rubricas que não foram alteradas pela retificadora não avocam novo prazo quinquenal de prescrição, uma vez que o crédito tributário já se encontra definitivamente constituído, podendo o Fisco cobrar judicialmente o valor.

Diferentemente das causas de interrupção, destacam-se as **causas de suspensão do prazo de prescrição**, cuja aplicação, conquanto cercada de inúmeras controvérsias, deve ser destacada nesta obra.

De início, mencione-se que o prazo atingido pela suspensão não tem a contagem "zerada" – e reiniciada –, mas, apenas, *continuada*. Vale dizer que o prazo suspenso fica sem fluir durante o interregno de duração da causa suspensiva, voltando a fluir do ponto em que foi suspenso.

No CTN, encontramos um eloquente exemplo: as causas de **anulação** de *moratória* (art. 155, parágrafo único, CTN), cujas disposições são extensíveis, igualmente, aos institutos da *isenção* (art. 179, § 2º, CTN), da *anistia* (art. 182, parágrafo único, CTN) e da *remissão* (art. 172, parágrafo único, CTN), quando *concedidos em* *caráter individual*. A nosso sentir, são bons exemplos – se não forem os únicos – de causas de suspensão da prescrição para a cobrança de débitos tributários.

Como outro exemplo de suspensão de prescrição, ainda que passando ao largo da cobrança tributária, podemos citar o art. 2º, § 3º, da LEF, *in verbis*:

Art. 2º (...)

§ 3º A inscrição, que se constitui no ato de controle administrativo da legalidade, será feita pelo órgão competente para apurar a liquidez e certeza do crédito e suspenderá a prescrição, para todos os efeitos de direito, por 180 dias, ou até a distribuição da execução fiscal, se esta ocorrer antes de findo aquele prazo.

O preceptivo dispõe acerca da suspensão da prescrição pelo ato de inscrição em dívida ativa por 180 dias ou até a distribuição da execução fiscal, se esta ocorrer antes de findo aquele prazo. Em razão da colidência estabelecida entre esta lei ordinária (LEF) e o CTN, como lei complementar, o artigo seria aplicável à cobrança de créditos não tributários.

Com relação ao atrelamento da temática da suspensão de prescrição às causas de suspensão da exigibilidade do crédito tributário, devemos tomar certas cautelas principiológicas.

É que quando o Fisco, sendo provocado em reclamação administrativa protocolizada pelo contribuinte, demora muitos anos para se posicionar, sabe-se que a exigibilidade do crédito tributário mantém-se suspensa até a última decisão administrativa da qual não caiba mais recurso. Falar-se em "suspensão de prescrição" durante este interregno parece não ser a melhor "saída terminológica", pois o termo *a quo* do lustro prescricional dar-se-á com a decisão última mencionada, o que indica que a prescrição, em tese, não teria ainda começado a correr. Vale dizer, dessarte, que não se suspende o prazo que nem sequer se iniciou.

Neste controvertido tema, é possível encontrar respeitáveis opiniões dissonantes, segundo as quais "pelo princípio da *actio nata*, a suspensão da exigibilidade do crédito tributário suspende também o curso da prescrição da ação de execução fiscal"[57].

Por derradeiro, alguns comentários merecem ser trazidos a lume diante da problemática matéria da **suspensão do curso da execução**, quando não seja localizado o devedor ou não sejam encontrados bens suficientes para garantir o juízo (art. 40, § 4º, LEF).

Boa parte da doutrina tem entendido que se suspende o "processo de execução fiscal", e não a "prescrição". A questão é que, valendo-se da lógica, se suspenso está

57. SEGUNDO, Hugo de Brito Machado. *Código Tributário Nacional* – anotações à Constituição, ao Código Tributário Nacional e às Leis Complementares 87/1996 e 116/2003. São Paulo: Atlas, 2007, pp. 293-294.

o processo, estancado está o curso da prescrição, mas esta situação, como se notou, deverá perdurar tão somente por um ano, após o que se iniciará a contagem do lustro.

Convém detalhar que, decorrido o prazo máximo de **1 (um) ano** da suspensão da execução, o juízo deve ordenar o **arquivamento** dos autos em cartório (art. 40, § 2º, Lei n. 6.830/80), até o momento em que forem encontrados o devedor ou o patrimônio equivalente à dívida exequível, ocasião em que os autos serão desarquivados, dando-se prosseguimento normal à execução. Observe o dispositivo:

Art. 40 (...)

§ 2º Decorrido o prazo máximo de 1 (um) ano, sem que seja localizado o devedor ou encontrados bens penhoráveis, o Juiz ordenará o arquivamento dos autos.

É inarredável afirmar que o comando protrai a possibilidade de cobrança por tempo indefinido, criando-se um deletério cenário de insegurança jurídica. A doutrina andou bem em discorrer sobre a inconstitucionalidade do art. 40, § 3º, da Lei n. 6.830/80, que prevê a ideia de imprescritibilidade da ação de cobrança da dívida tributária.

Art. 40. (...)

§ 3º Encontrados que sejam, a qualquer tempo, o devedor ou os bens, serão desarquivados os autos para prosseguimento da execução.

Há de haver a compatibilidade do art. 40 da LEF com o art. 174 do CTN. A propósito, não se pode desconsiderar que, com o tempo, corroem-se as situações jurídicas: documentos se perdem, pessoas morrem, fatos se esvaem no esquecimento, patrimônios desaparecem. O direito não deve socorrer ao credor inerte.

A jurisprudência[58], no **STF** e no **STJ**, sempre tendeu a acolher a tese da prescrição intercorrente nos casos de arquivamento superior ao período quinquenal, sem que a Fazenda diligenciasse para prosseguir com a Execução Fiscal.

Curiosamente, passadas quase duas décadas de ratificação do entendimento, houve por bem o legislador em normatizar a regra. Observe o dispositivo inserido na LEF pela Lei n. 11.051/2004:

Art. 40. (...)

§ 4º Se da decisão que ordenar o arquivamento tiver decorrido o prazo prescricional, o juiz, depois de ouvida a Fazenda Pública, poderá, de ofício, reconhecer a prescrição intercorrente e decretá-la de imediato.

58. O **STF**, em dois importantes julgados, ainda na década de 1980, já se posicionava desse modo (ver RE 99.867-5/SP-1984 e RE 106.217/SP-1986). O **STJ**, da mesma forma, veio a acompanhar o Pretório Excelso (ver REsp 6.783/RS-1990, REsp 1.942/PR-1990, EDREsp 35.540-96/SP-1998 e, em anos posteriores, REsp 255.118/RS-2000, REsp 188.963/SP-2002 e REsp 708.234/MG-2005).

Com o art. 6º da **Lei n. 11.051/2004** (que acrescentou o § 4º ao art. 40 da Lei n. 6.830/80), e o art. 3º da **Lei n. 11.280/2006** (que alterou o § 5º do art. 219 do CPC [o dispositivo não foi reproduzido pelo NCPC][59]), foi possível demarcar uma data limítrofe para a suspensão das execuções fiscais, permitindo-se ao juiz das execuções, na busca da estabilização dos conflitos e da necessária segurança jurídica aos litigantes, pronunciar-se de ofício sobre a prescrição – a chamada **prescrição intercorrente** –, o que antes lhe era defeso, por se tratar de direito patrimonial, em razão do art. 219, § 5º do CPC, a seguir reproduzido:

> Note o item considerado **CORRETO**, em prova realizada pela FCC, para o cargo de Juiz Substituto (TJ/GO), em 2015: *"A prescrição intercorrente pode se operar durante o curso da execução fiscal, se o executado não for localizado ou não forem encontrados bens suficientes para garantir a execução"*.

Se da decisão que ordenar o arquivamento tiver decorrido o prazo prescricional, o juiz, depois de ouvida a Fazenda Pública, poderá, de ofício, reconhecer a prescrição intercorrente e decretá-la de imediato.

Ressalte-se que, quanto à **decadência**, sempre se permitiu a declaração de sua ocorrência, de ofício, pelo magistrado, de modo incontroverso.

Desse modo, após o prazo prescricional de 5 anos (art. 174 do CTN), contados a partir da decisão que ordenou o arquivamento do processo, poderá o juiz, ouvida a Fazenda Pública, decretar, de ofício, a extinção do processo com o julgamento do mérito, com base no art. 269, IV, do CPC.

Há, em verdade, uma condição imposta: **a de ser ouvida a Fazenda Pública**, que pode arguir eventuais causas suspensivas ou interruptivas do prazo prescricional. Posto isso, o processo de execução fiscal só deve permanecer inerte, após suspenso (um ano), pelo prazo de cinco anos.

> Note o item considerado **INCORRETO**, em prova realizada pela Vunesp, para o cargo de Procurador do IPSMI – Instituto de Previdência dos Servidores Municipais de Itaquaquecetuba/SP, em 2016: *"No processo de execução fiscal, se da decisão que ordenar o arquivamento tiver decorrido o prazo prescricional, o juiz, independentemente da manifestação da Fazenda Pública, deverá, de ofício, reconhecer a prescrição intercorrente e decretá-la de imediato"*.

Frise-se que a alteração, por se referir à norma de natureza processual, com peculiar aplicação imediata, deve atingir os processos em curso – não obstante a divergência ainda existente entre alguns Ministros do **STJ** –, bem como aos processos que a ela sucederem. Vale destacar, todavia, que tal entendimento já se encontra

59. O pronunciamento *ex officio* da prescrição foi tratado no **art. 332, § 1º, do NCPC**, segundo o qual *"o juiz também poderá julgar liminarmente improcedente o pedido se verificar, desde logo, a ocorrência de decadência e prescrição"*.

chancelado pela 1ª Turma do STJ. Além disso, cremos que tais processos em curso devam ser atingidos, desde que a execução fiscal tenha sido iniciada após o referido diploma (Lei n. 11.051, de 30-12-2004).

> **EMENTA:** 1. A jurisprudência do STJ, no período anterior à Lei 11.051/2004, sempre foi no sentido de que a prescrição intercorrente em matéria tributária não podia ser decretada de ofício. 2. O atual parágrafo 4º do art. 40 da LEF (Lei 6.830.80), acrescentado pela Lei 11.051, de 30.12.2004 (art. 6º), viabiliza a decretação da prescrição intercorrente por iniciativa judicial, com a única condição de ser previamente ouvida a Fazenda Pública, permitindo-lhe arguir eventuais causas suspensivas ou interruptivas do prazo prescricional. Tratando-se de norma de natureza processual, tem aplicação imediata, alcançando inclusive os processos em curso. (...). **(REsp 735.220/RS, 1ª T., rel. ex-Min. Teori Albino Zavascki, j. em 03-05-2005)**

Daí se afastar a tese de que a mencionada lei seria inconstitucional, por cuidar de matéria afeta à lei complementar (art. 146, III, "b", CF). Parece-nos que não é este o melhor modo de ver, pois a norma não tratou de prazo prescricional, alterando a sistemática de contagem ou o período quinquenal, por exemplo, mas se limitou a dispor sobre matéria de direito processual civil.

Nesse compasso, editou-se a **Súmula n. 314 do STJ**, que veio ao encontro da situação jurídica ora analisada. Veja seu teor: "*Em execução fiscal, não localizados bens penhoráveis, suspende-se o processo por um ano, findo o qual inicia-se o prazo de prescrição quinquenal intercorrente*".

De fato, conforme os dizeres do Ministro Luiz Fux, no **AgRg no REsp 756.739/SP** (1ª T., j. em 06-12-**2005**), "*permitir à Fazenda manter latente relação processual inócua, sem citação e com prescrição intercorrente evidente, é conspirar contra os princípios gerais de direito, segundo os quais as obrigações nasceram para serem extintas e o processo deve representar um instrumento de realização da justiça*".

Evidencia-se, assim, no contexto atual, a ideia de que a Fazenda Pública, abandonando a execução fiscal, dará ensejo à prescrição intercorrente, em razão da paralisação superior a um quinquênio legal. Nesse passo, a prescrição intercorrente pressupõe a inércia do exequente. É claro que havendo demora na citação, em virtude de motivos inerentes ao próprio mecanismo da Justiça, a entraves da própria máquina judiciária, ou mesmo, atraso em virtude de determinação judicial, não se justifica a arguição de prescrição, conforme o teor da **Súmula n. 106 do STJ**: "*Proposta a ação no prazo fixado para o seu exercício, a demora na citação, por motivos inerentes ao mecanismo da Justiça, não justifica o acolhimento da arguição de prescrição ou decadência*".

Note o item considerado **CORRETO**, em prova realizada pelo TRF para o cargo de Juiz Federal Substituto (TRF/3ª Região), em 2016: *"O 'Codex' Processual, no § 1º, do artigo 219, estabelece que a interrupção da prescrição, pela citação, retroage à data da propositura da ação, o que, na seara tributária, após as alterações promovidas pela LC n. 118/2005, conduz ao entendimento de que o marco interruptivo atinente à prolação do despacho que ordena a citação do executado retroage à data do ajuizamento do feito executivo, a qual deve ser empreendida no prazo prescricional".*

Se o credor não concorrer com culpa, não haverá prescrição intercorrente. Observe o julgado no **STJ**:

> **EMENTA:** TRIBUTÁRIO E PROCESSUAL CIVIL. EXECUÇÃO FISCAL. ICMS. IMPULSÃO PROCESSUAL. ALEGAÇÃO DE INÉRCIA DA PARTE CREDORA. PRESCRIÇÃO INTERCORRENTE. NÃO OCORRÊNCIA. PARALISAÇÃO DO PROCESSO NÃO IMPUTÁVEL AO CREDOR. PRECEDENTES DO STJ E DO STF. I. Em sede de execução fiscal, o mero transcurso do tempo, por mais de cinco anos, não é causa suficiente para deflagrar a prescrição intercorrente, se para à paralisação do processo de execução não concorre o credor com culpa. Assim, se a estagnação do feito decorre da suspensão da execução determinada pelo próprio juiz em face do ajuizamento de anulatórias de débito fiscal a serem julgadas, em conjunto, com os embargos do devedor opostos, em razão da conexão havida entre elas, não é possível reconhecer a prescrição intercorrente, ainda que transcorrido o quinquênio legal. II. Recurso Especial provido. **(STJ, REsp 242.838/PR, 2ª T., rel. Min. Nancy Andrighi, j. em 15-08-2000)**

Da mesma forma, tem-se dito que o "sumiço" dos autos do cartório não ensejam, por si só, a prescrição intercorrente, pois o exequente não teria dado causa à paralisação dos autos. Veja a ementa:

> **EMENTA:** EXECUÇÃO FISCAL. PRESCRIÇÃO INTERCORRENTE. RESTAURAÇÃO DE AUTOS. Tendo os autos desaparecido em cartório, ao escrivão compete informar ao juízo, a fim de que sejam intimadas as partes, no sentido de providenciarem o que de direito. Não ocorre a prescrição intercorrente quando a exequente não deu causa à paralisação dos autos. Precedente. **(REsp 31.653/SP, 2ª T., rel. Min. Américo Luz, j. em 22-02-1995)**

Não há dúvida que agora os Tribunais poderão dispor de critérios mais objetivos para amenizar o conhecido "caos" existente nos executivos fiscais. Exsurge, pois, aos juízos das execuções fiscais (federal, estadual, municipal ou distrital) a louvável possibilidade de desafogar as prateleiras dos milhares de processos "mortos-vivos" que atulham o Poder Judiciário.

Por derradeiro, em 12 de setembro de **2018**, a 1ª Seção do **STJ**, no **REsp 1.340.553/RS** (rel. Min. Mauro Campbell Marques), enfrentou o tema da *prescrição intercorrente em execução fiscal* e, construindo uma extensa e ilustrativa ementa, permitiu-nos ratificar várias diretrizes, que, aqui e agora, apresentam-se como uma útil revisão:

a) Constatada a não localização do devedor e/ou ausência de bens pelo oficial de justiça, portanto, havendo o "impasse inicial na cobrança" – e, fundamentalmente, após a intimação da Fazenda Pública acerca desse impasse –, inicia-se automaticamente o prazo de suspensão do curso da execução, na forma do art. 40, *caput*, da LEF. Frise-se, portanto: o que importa para a aplicação da lei (e para inaugurar o referido prazo *ex lege*) é que a Fazenda Pública tenha tomado ciência da inexistência de bens penhoráveis no endereço fornecido e/ou da não localização do devedor. Nem o Juiz, nem as Procuradorias da Fazenda Pública podem se arvorar da condição de "senhores" do termo inicial do prazo anual de suspensão do curso do executivo fiscal. A advertência vem a calhar, sobretudo diante de pedidos comumente realizados pela Fazenda Pública para a suspensão do feito por "n" dias, após a mencionada ciência daquele "impasse inicial na cobrança". Tais petições devem ser consideradas inócuas.

b) Quanto ao termo *a quo* para a contagem do prazo de 1 (um) ano, a ideia de que este só tem início mediante peticionamento da Fazenda Pública ou determinação expressa do juiz revela grave equívoco interpretativo. Ora, existindo ou não petição da Fazenda Pública e, ainda, prolatando-se ou não decisão judicial nesse sentido, estaremos diante de atos meramente declaratórios, incapazes de alterar o marco prescricional, cujo início se dá de modo automático, conforme se notou no item precedente.

c) Do ponto de vista do procedimento, a Fazenda Pública, de posse de um indicativo de endereço ou bem penhorável, deverá peticionar em juízo requerendo a citação ou penhora. Essa petição, por si só, não satisfaz o requisito do art. 40, § 3º, da LEF. É preciso que a providência requerida ao Poder Judiciário seja frutífera, ou seja, que resulte em efetiva citação ou penhora (constrição patrimonial), ainda que estas ocorram fora do prazo de 6 (seis) anos. Cumprido o requisito, a prescrição intercorrente se interrompe na data em que for protocolizada a petição que requereu a providência frutífera, até porque não é possível interromper a prescrição intercorrente fora do prazo de 6 (seis) anos, já que não se interrompe aquilo que já se findou. Isso significa que o Poder Judiciário precisa dar resposta às providências solicitadas pelo exequente dentro do prazo de 6 (seis) anos, sob pena de a demora do Poder Judiciário para atender aos requerimentos tempestivos (feitos no curso do prazo de seis anos) ter de ser submetida à mesma lógica que ensejou a publicação da Súmula n. 106/STJ ("*Proposta a ação no prazo fixado para o seu exercício, a demora na citação, por motivos inerentes ao mecanismo da justiça, não justifica o acolhimento da arguição de prescrição* *ou decadência*"). Se a providência requerida for infrutífera, decreta-se a prescrição intercorrente, salvo se o Poder Judiciário excepcionalmente reconhecer a sua culpa (aplicação direta ou analógica da Súmula n. 106/STJ), o que deve ser averiguado de forma casuística, já que depende de pressupostos fáticos.

d) Se ao final do referido prazo de 6 (seis) anos, contados da falta de localização de devedores ou bens penhoráveis (art. 40, *caput*, LEF), a Fazenda Pública for intimada do decurso do prazo prescricional, sem ter sido intimada nas etapas anteriores, terá nesse momento e dentro do prazo para se manifestar (que pode ser inclusive em sede de apelação) a oportunidade de providenciar a localização do devedor ou dos bens e apontar a ocorrência no passado de qualquer causa interruptiva ou suspensiva da prescrição. Esse entendimento é o que está conforme o comando contido no art. 40, § 3º, da LEF. Por outro lado, caso a Fazenda Pública não faça uso dessa prerrogativa, é de ser reconhecida a prescrição intercorrente.

e) O magistrado, ao reconhecer a prescrição intercorrente, deverá fundamentar o ato judicial por meio da delimitação dos marcos legais que foram aplicados na contagem do respectivo prazo, inclusive quanto ao período em que a execução ficou suspensa.

f) **Em resumo:** na construção do sistema, o referido prazo foi segmentado em duas partes. A primeira parte tem por termo inicial a falta de localização de devedores ou bens penhoráveis (art. 40, *caput*, LEF) e por termo final o prazo de 1 (um) ano dessa data (art. 40, §§ 1º e 2º, LEF). Durante essa primeira parte, a execução fiscal fica suspensa com vista dos autos aberta ao representante judicial da Fazenda Pública (art. 40, § 1º, LEF). Já a segunda parte tem por termo inicial o fim da primeira parte, isto é, o fim do prazo de 1 (um) ano da data da frustração na localização de devedores ou bens penhoráveis (art. 40, § 2º, LEF), e por termo final o prazo prescricional próprio do crédito fiscal em cobrança (quinquenal, no caso dos créditos tributários – art. 174, CTN), consoante o art. 40, § 4º, da LEF. Nessa segunda parte, a execução fiscal fica arquivada no Poder Judiciário, sem baixa na distribuição. Desse modo, se o crédito fiscal em cobrança for crédito tributário, tem-se um prazo de 6 (seis) anos contados da constatação da falta de localização de devedores ou bens penhoráveis (art. 40, *caput*, LEF) para que a Fazenda Pública encontre o devedor ou os referidos bens. Dentro desse prazo é que pode pedir as providências genéricas como a citação por edital e a penhora via BACEN-JUD, não havendo qualquer incompatibilidade.

Em tempo, é importante destacar que, segundo a **Súmula n. 409 do STJ**, "*em execução fiscal, a prescrição ocorrida antes da propositura da ação pode ser decretada de ofício*".

Note o item considerado **CORRETO**, em prova realizada pela Fundep, para o cargo de Auditor/Conselheiro Substituto do Tribunal de Contas (TCE/MG), em 2015: *"Em execução fiscal, a prescrição ocorrida antes da propositura da ação pode ser decretada de ofício pelo Juízo".*

Trata-se de um enunciado que veio ao encontro da celeridade processual, facilitando a decretação da prescrição. Frise-se que tal prescrição não se confunde com a dita "intercorrente", à luz do regime do § 4º do art. 40 da Lei n. 6.830/80. Nesta última, a decretação depende da prévia ouvida da Fazenda Pública; naquela primeira, objeto da Súmula ora cotejada, a prescrição ocorrida antes da propositura da ação pode ser decretada de ofício, com base no art. 219, § 5º do CPC (redação da Lei n. 11.051/2004 [sem correspondente no NCPC]), independentemente da prévia ouvida da Fazenda Pública. Observemos o exemplo:

Uma pessoa jurídica tem contra si lavrado um auto de infração de ISS em março de 2015, decidindo não tomar nenhuma providência (não parcela, não paga, não discute). O município veio ajuizar a execução fiscal apenas em outubro de 2020. Pergunta se: ocorreu a prescrição, com base na Súmula 409 do STJ?

<u>COMENTÁRIO</u>: a resposta é afirmativa, porquanto o termo *ad quem* para se levar a bom termo a pretensão executória ocorreu em abril de 2020 (o termo *a quo*, a constituição definitiva do crédito, deu-se em abril de 2015), enquanto a execução fiscal ocorreu vários meses após, ou seja, em outubro de 2020. Portanto, será possível que o magistrado decrete de ofício a prescrição, independentemente da prévia ouvida da Procuradoria.

Segue mais um <u>exemplo</u>, constante de assertiva elaborada em prova de concurso:

Em 2007, a pessoa jurídica "Y" recebeu notificação para pagamento de débitos de IPTU. Em 2014, diante da constatação de que a contribuinte não havia apresentado qualquer impugnação e nem realizado o pagamento, o Município "X" ajuizou execução fiscal para a cobrança destes créditos. Considerando os fatos narrados e as disposições da Lei n. 6.830/80, o juiz, ao analisar a inicial da execução fiscal proposta pelo Fisco, poderá decretar a "prescrição de ofício", independentemente da prévia oitiva da Fazenda Pública.

A assertiva foi considerada **CORRETA**, em prova realizada pela FGV, para o XVI Exame de Ordem Unificado, em 2015.

A par dessa *prescrição* e, também, da *prescrição intercorrente na execução fiscal*, subsiste instigante discussão acerca da prescrição intercorrente na órbita administrativa. Passemos a seu estudo:

O **art. 5º, LXXVIII, CF**, à luz da EC n. 45/2004, assim dispõe: "A todos, no âmbito judicial e administrativo, são assegurados a razoável duração do processo e os meios que garantam a celeridade de sua tramitação".

Por sua vez, o item 1º do art. 8º da Convenção Americana sobre Direitos Humanos (*Pacto de San Jose da Costa Rica*) estabelece que "toda pessoa terá o direito de ser ouvida, com as devidas garantias e dentro de um prazo razoável, por um juiz ou Tribunal competente (...)".

Em 2007, sobreveio retumbante comando normativo dispondo sobre um prazo para prolação de decisões administrativas. Trata-se do **art. 24 da Lei n. 11.457**, o qual dispõe que "é obrigatório que seja proferida decisão administrativa no prazo máximo de **360 dias** a contar do protocolo de petições, defesas ou recursos administrativos do contribuinte".

O comando é impactante porque revela a vocação da norma para a concretização do castigo negligente titular do direito que, devendo agir, permanece inerte, provocando uma paralisação incompreensível do processo. Todavia, o novel e bem-intencionado dispositivo não tem permanecido imune a críticas, uma vez que, na visão dos intérpretes mais exigentes, (I) não teria trazido a tiracolo a previsão de consequência ou sanção para o seu descumprimento e (II) estaria, para alguns, a depender de regulamentação ulterior para surtir efeitos.

É fato que a todos assiste o direito fundamental a um processo razoável. Do contrário, exsurge conduta inconstitucional e, por que não dizer, um fértil espaço para a cogitação de responsabilização do Estado em virtude da desídia governamental.

Entretanto, a constatação da *prescrição intercorrente na órbita administrativa* nunca desfrutou de endosso generalizado, quer na doutrina, quer na jurisprudência.

No âmbito doutrinário, os estudiosos se dividem entre aqueles que negam e os que abonam a prescrição intercorrente administrativa.

Em idêntica trilha, para o **STF**, há tempos, a existência de prescrição intercorrente na instância administrativa é algo difícil de digerir. Note a vetusta e paradigmática ementa:

> **EMENTA (1984):** TRIBUTÁRIO. PRESCRIÇÃO E DECADÊNCIA. No intervalo entre a lavratura do auto de infração e a decisão definitiva de recurso administrativo de que tenha se valido o contribuinte, não corre ainda o prazo de prescrição (CTN, art. 151, III), tampouco o de decadência, já superado pelo auto, que importa lançamento do crédito tributário (CTN, art. 142). **(AgR no AI 96.616, rel. Min. Francisco Rezek, 2ª T., j. em 27-04-1984)**

Em tempos mais recentes, o **STJ** corroborou a postura restritiva da **Corte Suprema**:

> **EMENTA (2009):** TRIBUTÁRIO E ADMINISTRATIVO. MANDADO DE SEGURANÇA. MULTA DO ART. 23, § 2º DA LEI 4.131/62. ARGUIÇÃO DE PRESCRIÇÃO ADMINISTRATIVA INTERCORRENTE. NÃO OCORRÊNCIA. TERMO INICIAL. CONSTITUIÇÃO DO CRÉDITO TRIBUTÁRIO. ARTIGO 174, DO CTN. (...) 7. O recurso administrativo suspende a exigibilidade do crédito tributário, enquanto perdurar o contencioso administrativo, nos termos do art. 151, III, do CTN, desde o lançamento (efetuado concomitantemente com auto de infração), momento em que não se cogita do prazo decadencial, até seu julgamento ou a revisão *ex officio*, sendo certo que, somente a partir da notificação do resultado do recurso ou da sua revisão, tem início a contagem do prazo prescricional, afastando-se a incidência da prescrição intercorrente em sede de processo administrativo fiscal, pela ausência de previsão normativa específica. (...) **(REsp 840.111/RJ, rel. Min. Luiz Fux, 1ª T., j. em 02-06-2009)**

No mesmo tom, os Tribunais fazendários vêm repudiando a tese da prescrição intercorrente no bojo do processo tributário administrativo, entendendo ser tal prescrição a ele estranha. É o que se notou, em **2003**, com a **Súmula n. 4 do TIT/SP** – *Tribunal de Impostos e taxas ("Não é admissível a prescrição intercorrente no processo administrativo tributário")*; e, em **2006** e **2007**, com as **Súmulas n. 11 e 7, dos 1º e 2º Conselhos de Contribuintes**, respectivamente (*"Não se aplica a prescrição intercorrente no processo administrativo fiscal"*). Em **2010**, o mesmo texto fez parte da **Súmula CARF n. 11**.

A crítica central está ligada à impossibilidade de prescrição antes da constituição definitiva do crédito tributário – o seu termo "a quo" –, sobretudo diante das causas de suspensão da exigibilidade desse crédito tributário (art. 151, III, CTN), as quais, enquanto vigentes, obstariam a cogitação de prescrição.

De outra banda, de modo geral, a tese acolhedora da prescrição intercorrente parte da premissa de que o aparelho fiscal deve decidir o recurso a tempo, sem deixar, por sua culpa, transcorrer prazo superior a 5 anos. Se isso se efetivar, o argumento favorável à prescrição deve preponderar. Observe a ementa abaixo, que denota a visão do **STJ**, já no ano **2000**:

> **EMENTA (2000):** TRIBUTÁRIO E PROCESSUAL CIVIL. EXECUÇÃO FISCAL. ICMS. IMPULSÃO PROCESSUAL INÉRCIA DA PARTE CREDORA. ESTAGNAÇÃO POR MAIS DE CINCO ANOS. PRESCRIÇÃO INTERCORRENTE: RECONHECIMENTO. ARTIGO 40 DA LEI N. 6.830/80 E ARTIGO 174 DO CTN. PRECEDENTES DO STJ E DO STF. **I** – A regra inserta no art. 40 da Lei n. 6.830/80, por ser lei ordinária, deve harmonizar-se com o art. 174 do CTN, de modo a não tornar imprescritível a dívida fiscal e eternizar as situações jurídicas subjetivas. **II** – <u>Em sede de execução fiscal, a inércia da parte credora</u>

em promover os atos de impulsão processual, por mais de cinco anos, pode ser causa suficiente para deflagrar a prescrição intercorrente, se a parte interessada, negligentemente, deixa de proceder aos atos de impulso processual que lhe compete. **III** – Recurso Especial a que se nega provimento. **(REsp 237.079/SP, rel. Min. Nancy Andrighi, 2ª T., j. em 15-08-2000) (Grifo nosso)**

E mais: a defesa da tese da prescrição intercorrente na órbita administrativa se faz à luz de robustos princípios jurídicos que, diante do desleixo na conduta estatal de cobrança, poderiam ser maculados: (**I**) o da prescritibilidade das relações jurídicas (art. 178 do Código Civil); (**II**) o da segurança jurídica; (**III**) o da oficialidade; (**IV**) o do direito à petição (art. 5º, XXXIV, "a", CF); e (**V**) o da eficiência do serviço público (art. 37, *caput*, CF).

Por fim, retomando a ideia temporal dos "360 dias", constantes do art. 24 da Lei n. 11.457/2007, é possível defender que tal prazo deve ser aplicado como elemento prévio ao quinquênio da prescrição intercorrente. Assim, ultrapassado o interregno de 360 dias (por exemplo, nos recursos no CARF, valendo até para a apreciação na *Câmara Superior de Recursos Fiscais*), deverá começar a contar o prazo de 5 anos da prescrição intercorrente no processo administrativo tributário. Cada etapa em que se manifesta o "direito de petição" deve obediência ao prazo de resposta de 360 dias, após o qual se inicia o quinquênio da prescrição intercorrente. É uma tese inspiradora, mas que ainda precisa ocupar o seu espaço de sedução nas mentes daqueles que atuam nos tribunais em geral.

Sem contar o fato de que é bastante defensável a ocorrência da mora do Fisco a partir desse prazo do art. 24 da Lei n. 11.457/2007. E tal consequência já foi detectada pelo próprio **STJ**, em paradigmático julgado (**REsp 1.314.086/RS, rel. Min. Mauro Campbell Marques, 2ª T., j. em 02-10-2012**).

A propósito, fazendo uma analogia com a aplicação do **art. 161, § 2º, do CTN**, que trata da "consulta tributária", observa-se que a mora do Fisco em não ter sanado a omissão textual ou a falta de clareza na norma aplicável gera o congelamento do cômputo dos juros de mora. Daí se defender que, após os 360 dias (ou "12 meses") para a análise do petitório, nasce idêntica mora da Administração, impedindo a fluência de juros de mora até que seja proferida a decisão. Exemplo: se tivermos **23** meses para a DRJ julgar a impugnação e **19** meses para o CARF julgar o recurso, será possível pugnar, em tese, pelos seguintes períodos sem o cômputo de juros moratórios: **11 meses (23 – 12 = 11)** anteriores à decisão da DRJ e **7 meses (19 – 12 = 7)** anteriores à decisão do CARF.

Conforme se mencionou, a tese da *prescrição intercorrente administrativa* ainda tem um longo percurso interpretativo a ser feito, mormente no âmbito do convencimento dos intérpretes que se põem diante dessa encruzilhada exegética, entretanto é inafastável que o tema merece a mais detida atenção de todos.

4.6 A prescrição e outros temas

Neste tópico, julgamos oportuno trazer a lume a análise de dois tópicos complementares, afetos à prescrição tributária. São eles: **(I)** A prescrição e os créditos não tributários; **(II)** Dois dispositivos do CTN pertinentes à prescrição: **(II.a) Art. 125, III**, quanto ao efeito da solidariedade; e **(II.b) Art. 163, III**, quanto à regra de imputação de pagamento. Passemos à análise dos tópicos:

(I) A prescrição e os créditos não tributários:

Quando se estuda o tema da prescrição tributária, uma instigante dúvida pode surgir – *Como devemos calcular o* ***prazo de prescrição*** *para a cobrança de* ***créditos não tributários****, como as* ***multas administrativas*** *impostas pelos entes públicos (União, Estados, Municípios, INMETRO, PROCON, IBAMA, ANVISA, entre outros)*?

É cediço que o **art. 174 do CTN**, próprio da *prescrição tributária*, deve ser aplicado apenas para os créditos exclusivamente tributários. A doutrina e a jurisprudência são uníssonas quanto a isso. A propósito, para o **STJ**, "*(...) uma vez que a exigência dos valores cobrados a título de multa tem nascedouro num vínculo de natureza administrativa, não representando, por isso, a exigência de crédito tributário, afasta-se do tratamento da matéria a disciplina jurídica do CTN (...).*" **(REsp 623.023/RJ**, rel. Min. Eliana Calmon, 2ª T., j. em 03-11-**2005)**

Não se aplicando o CTN, surge o impasse acerca de qual legislação deve ser utilizada.

Em **2009**, foi publicada a **Lei n. 11.941** que, alterando texto de norma anterior (Lei n. 9.873/99), trouxe-lhe mais um dispositivo, o **art. 1º-A** ("Constituído definitivamente o crédito não tributário, após o término regular do processo administrativo, prescreve em 5 (cinco) anos a ação de execução da administração pública federal relativa a crédito decorrente da aplicação de multa por infração à legislação em vigor"). Naturalmente, a modificação introduzida pela Lei n. 11.941/2009 somente se tornou aplicável aos créditos definitivamente constituídos a partir de sua vigência, a saber, no dia 28-05-2009. Entretanto, a dúvida persiste quanto ao período anterior.

Entende-se que, para esse período anterior à Lei n. 11.941/2009, deve ser aplicado o **art. 205 do Código Civil** ["A prescrição ocorre em dez anos, quando a lei não lhe haja fixado prazo menor". (Grifo nosso)]. Em tempo, frise-se que o art. 205 do CC estabelece que a prescrição deverá ser de **dez anos**, desde que inexista legislação específica fixando prazo menor[60]. O dado relevante é que há, sim, legislação específica disciplinando o tema (e com prazo menor!), ou seja, o **Decreto n. 20.910/32.** Observemos o vetusto dispositivo:

60. A norma superada, o art. 177 do Código Civil de 1916, previa o prazo prescricional de 20 anos, a chamada *prescrição vintenária*.

> **Art. 1º** *As dívidas passivas da União, dos Estados e dos Municípios, bem assim todo e qualquer direito ou ação contra a Fazenda federal, estadual ou municipal, seja qual for a sua natureza, prescrevem em cinco anos contados da data do ato ou fato do qual se originarem.* **(Grifos nossos)**

Após remansosa jurisprudência, em 9 de dezembro de **2009**, a 1ª Sessão do **STJ**, em sede de recurso repetitivo, ao julgar o **REsp 1.105.442/RJ** (rel. Min. Hamilton Carvalhido), entendeu que "*é de cinco anos o prazo prescricional para o ajuizamento da execução fiscal de cobrança de multa de natureza administrativa, contado do momento em que se torna exigível o crédito (artigo 1º do Decreto n. 20.910/32)*".

Seguindo a mesma trilha, a Procuradoria da Fazenda Nacional[61] editou *ato declaratório*, orientando-se no sentido da aplicação o prazo quinquenal do art. 1º do Decreto n. 20.910/32, mormente no campo das multas tributárias (exceto as eleitorais e penais).

Vê-se, pois, que o art. 205 do CC chega a ser "aplicado", não para fazer valer o prazo decenal inserto em seu texto, mas para que prevaleça a ressalva de sua parte final. De mais a mais, a sua aplicação integral revela-se despropositada, uma vez que a relação jurídico-tributária, ao ligar os sujeitos ativo e passivo da obrigação tributária, deve ser regida pelo Direito Público. O próprio STJ já evidenciou essa orientação, assim dispondo: "(...) Se a relação que deu origem ao crédito em cobrança tem assento no Direito Público, não tem aplicação a prescrição constante do Código Civil. (...)" (**REsp 714.756/SP, rel. Min. Eliana Calmon, 2ª T., j. em 07-02-2006**)

Diante do exposto, conclui-se que, antes da vigência da Lei n. 11.941/2009, as prescrições administrativas em geral obedecem à quinquenalidade, prevista no vetusto Decreto n. 20.910/32, ao qual se chega pela via do art. 205 do CC.

Ad argumentandum, o termo "a quo" do lustro prescricional ocorrerá no momento do vencimento do crédito sem pagamento, ou seja, no momento em que o infrator se torna realmente inadimplente. Com efeito, para a 1ª Seção do **STJ**, ao julgar o **REsp 1.112.577/SP** (rel. Min. Castro Meira), em 9 de dezembro de **2009**, entendeu que "*em se tratando de multa administrativa, a prescrição da ação de cobrança somente tem início com o vencimento do crédito sem pagamento, quando se torna inadimplente o administrado infrator. Antes disso, e enquanto não se encerrar o processo administrativo de imposição da penalidade, não corre prazo prescricional, porque o crédito ainda não está definitivamente constituído e simplesmente não pode ser cobrado*". Exemplo: supondo um processo administrativo de imposição da penalidade cujo término ocorra em dezembro de 2013 (= a constituição definitiva do crédito tributário), a execução fiscal poderá ser oposta até dezembro de 2018. Com rigor, o termo inicial da prescrição quinquenal deve ser o dia imediato ao vencimento do crédito

61. Ver o *Ato declaratório PGFN n. 1*, de 29 de março de 2010 (publicado no *DOU* de 31-03-2010).

decorrente da multa aplicada, e não a data da própria infração, quando ainda não era exigível a dívida.

Em prol da melhor visualização, observe o quadro sinóptico:

	PERÍODO	PRAZO DE PRESCRIÇÃO	BASE LEGAL
A PRESCRIÇÃO DOS CRÉDITOS NÃO TRIBUTÁRIOS	Crédito tributário definitivamente constituído **ANTES** da Lei n. 11.941/2009 **(antes de 28-05-2009)**	**5 ANOS (ou lustro)**	Art. 205, CC; Art. 1º do Decreto n. 20.910/32
	Crédito tributário definitivamente constituído **APÓS** a Lei n. 11.941/2009 **(após 28-05-2009)**	**5 ANOS (ou lustro)**	Lei n. 11.941/2009 (art. 1º-A)

Para finalizar, note que o tema foi objeto de questionamento um tanto recente, em prova realizada pela FGV, para o XXII Exame de Ordem Unificado, em **2017**. A assertiva, bastante didática (e considerada **correta**), está adiante reproduzida:

A Agência Nacional do Petróleo – ANP, no exercício do poder de polícia, promoveu diligência, no dia 05-01-2010, junto à *Sociedade Petrolineous* S.A., que culminou na autuação desta por fatos ocorridos naquela mesma data. Encerrado o processo administrativo, foi aplicada multa nos limites estabelecidos na lei de regência. O respectivo crédito não tributário resultou definitivamente constituído em 19-01-2011, e, em 15-10-2015, foi ajuizada a pertinente execução fiscal. Com base na situação hipotética descrita, é possível assegurar que NÃO se operou a prescrição para a execução do crédito, considerando o lapso de cinco anos entre a data de sua constituição definitiva e a do ajuizamento da ação.

(II) Dois dispositivos do CTN pertinentes à prescrição:

Art. 125. Salvo disposição de lei em contrário, são os seguintes os efeitos da solidariedade: (...)

III – a *interrupção da prescrição*, em favor ou contra um dos obrigados, favorece ou prejudica aos demais. **(Grifo nosso)**

Note o item considerado **INCORRETO**, em prova realizada pela Fundatec, para o cargo de Auditor Fiscal da Receita Estadual (Sefaz/RS), em 2014: *"A interrupção da prescrição em favor de um dos obrigados não acarreta o mesmo efeito para os demais".*

> Note o item considerado **INCORRETO**, em prova realizada pela Consulplan, para o cargo de Titular de Serviços de Notas e de Registros (TJ/MG), em 2017: *"A interrupção da prescrição, em favor ou contra um dos obrigados, não favorece ou prejudica aos demais"*.

Na solidariedade tributária, havendo interrupção de prescrição, seus efeitos serão estendidos aos demais devedores solidários.

Passemos, agora, à análise do **art. 163, III, do CTN:**

> **Art. 163.** Existindo simultaneamente dois ou mais débitos vencidos do mesmo sujeito passivo para com a mesma pessoa jurídica de direito público, relativos ao mesmo ou a diferentes tributos ou provenientes de penalidade pecuniária ou juros de mora, a autoridade administrativa competente para receber o pagamento determinará a respectiva imputação, obedecidas as seguintes regras, na ordem em que enumeradas:
>
> **(...)**
>
> **III** – na ordem crescente dos prazos de *prescrição;*

O dispositivo quer sinalizar que devem ser priorizadas as dívidas mais antigas, ou seja, aquelas com prazos de prescrição menores. Exemplos:

1. Dívida ALFA: prescreve em junho de 2020.
2. Dívida BETA: prescreve em outubro de 2020.
3. Dívida GAMA: prescreve em agosto de 2020.

Na imputação de pagamento, buscando-se organizar à luz da ordem crescente dos prazos de prescrição, tem-se:

(1º) Dívida ALFA (prazo de prescrição vence em primeiro lugar);
(2º) Dívida GAMA (prazo de prescrição vence em segundo lugar);
(3º) Dívida BETA (prazo de prescrição vence em terceiro lugar).

24

SUSPENSÃO DO CRÉDITO TRIBUTÁRIO

1 CONSIDERAÇÕES INICIAIS

Após a constituição do crédito tributário pelo lançamento, consequentemente torna-se líquida, certa e *exigível* a obrigação precedente, determinando que o sujeito passivo cumpra a obrigação, sob pena de a Administração Tributária utilizar os meios executivos para recebimento judicial do importe tributário correspondente.

No entanto, há situações em que se suspendem as medidas de cobrança intentáveis pelo Fisco. Esses casos estão previstos no art. 151 do CTN, compondo um **rol exaustivo**[a], uma vez que o **art. 141 do CTN**[b] afirma que "o crédito tributário regularmente constituído somente se modifica ou extingue, ou tem sua exigibilidade suspensa ou excluída, nos casos previstos nesta Lei, fora dos quais não podem ser dispensadas, sob pena de responsabilidade funcional na forma da lei, a sua efetivação ou as respectivas garantias".

a. Note o item **INCORRETO**, em prova realizada pela FAURGS (Juiz de Direito Substituto/RS), em 2016: *"As hipóteses do art. 151 do CTN são exemplificativas, pois o sistema jurídico brasileiro é aberto para a resolução de conflitos"*.

Note o item considerado **INCORRETO**, em prova realizada pela FADESPE, para o cargo de Advogado da Companhia de Saneamento do Pará (COSANPA), em 2017: *"As hipóteses de suspensão do crédito tributário, previstas no CTN, são exemplificativas, podendo a legislação tributária municipal e estadual criar novas hipóteses"*.

b. Note o item **INCORRETO**, em prova realizada pela AOCP (Analista Legislativo/Direito da Câmara Municipal de Rio Branco/AC), em 2016: *"O crédito tributário regularmente constituído somente se modifica ou extingue, ou tem sua exigibilidade suspensa ou excluída, nos casos previstos em decretos criados pela Administração Pública, fora dos quais não podem ser dispensadas, sob pena de responsabilidade funcional, a sua efetivação ou as respectivas garantias"*.

Observe as causas suspensivas da exigibilidade do crédito tributário no **art. 151 do CTN:**

Art. 151. Suspendem a exigibilidade do crédito tributário:
I – moratória;
II – o depósito do seu montante integral;
III – as reclamações e os recursos, nos termos das leis reguladoras do processo tributário administrativo;
IV – a concessão de medida liminar em mandado de segurança;
V – a concessão de medida liminar ou de tutela antecipada, em outras espécies de ação judicial;
VI – o parcelamento.

Note o item considerado **CORRETO**, em prova realizada pela FCC, para o cargo de Juiz Substituto (TJ/SC), em 2017: *"O parcelamento suspende a exigibilidade do crédito tributário"*.

Note o item considerado **INCORRETO**, em prova realizada pelo IESES, para o cargo de Titular de Serviços de Notas e de Registros – Provimento (TJ/SC), em 2019: *"O parcelamento não está previsto expressamente como hipótese de suspensão do crédito tributário no CTN"*.

Parágrafo único. O disposto neste artigo não dispensa o cumprimento das obrigações acessórias dependentes da obrigação principal cujo crédito seja suspenso, ou dela consequentes.

Note o item considerado **INCORRETO**, em prova realizada pelo IESES, TJ-AM, para o cargo de Titular de Serviços de Notas e de Registros, em 2018: *"A suspensão do crédito tributário dispensa o cumprimento das obrigações assessórias dependentes da obrigação principal cujo crédito seja suspenso"*.

Para Kiyoshi Harada, "a suspensão da exigibilidade do crédito tributário é sempre de natureza temporária. A suspensão não importa na desconstituição do crédito tributário, que continua intacto desde sua constituição definitiva pelo lançamento, notificado ao sujeito passivo[1].

Muito se tem discutido sobre a **suspensão da exigibilidade do crédito** e a **contemporaneidade do lançamento.**

É cediço que, embora suspenso o crédito tributário, a autoridade fiscal não fica impedida de realizar o lançamento, uma vez que a suspensão recai diretamente sobre a *exigibilidade* do crédito, impedindo apenas a propositura da execução fiscal.

O estimado professor Paulo de Barros Carvalho discorre que "por exigibilidade havemos de compreender o direito que o credor tem de postular, efetivamente, o objeto da obrigação, e isso tão só ocorre, como é óbvio, depois de tomadas todas as providências necessárias à constituição da dívida, com a lavratura do ato de lança-

1. HARADA, Kiyoshi. *Direito financeiro e tributário*, 7. ed., p. 374.

mento tributário. No período que antecede tal expediente, ainda não se tem o surgimento da obrigação tributária, inexistindo, consequentemente, crédito tributário, o qual nasce com o ato do lançamento tributário"[2].

Para os adeptos desse modo de ver, não há como imaginar a suspensão do crédito tributário despido da precedência da exigibilidade, sem antes ter havido o lançamento, pois este é *conditio sine qua* daquela. Ainda que subsista causa suspensiva, *v.g.*, uma liminar deferida em mandado de segurança, há via aberta para a feitura do lançamento, uma vez que a suspensão só vai operar, de fato, após a data em que o crédito se tornar exigível.

Hugo de Brito Machado[3] mostra que "a 'exigibilidade' nasce quando já não cabe reclamação nem recurso contra o lançamento respectivo, quer porque transcorreu o prazo legalmente estipulado para tanto, quer porque tenha sido proferida decisão de última instância administrativa".

Nessa esteira, o saudoso professor Ricardo Lobo Torres[4] preleciona que somente há suspensão de crédito já lançado e conclui que, mesmo presente uma forma de suspensão, a Fazenda Pública poderá efetuar o lançamento, tendo em vista que a suspensão só vai operar após a data em que o crédito se tornar exigível.

Por outro lado, há entendimento doutrinário dissonante[5], segundo o qual a suspensão da exigibilidade do crédito tributário pode operar-se **antes** da constituição desse crédito ou **após** a sua constituição. Quando a suspensão da exigibilidade opera *antes* da constituição do crédito, tem-se uma **"antecipação dos efeitos da suspensão da exigibilidade do crédito tributário"**; de outra banda, quando a suspensão da exigibilidade se dá *após* a constituição do crédito, ocorrem os **efeitos ulteriores da suspensa exigibilidade do crédito tributário constituído**. Vamos detalhar:

> Note o item considerado **CORRETO**, em prova realizada pela FAURGS, para o cargo de Juiz de Direito Substituto do Estado do Rio Grande do Sul, em 2016: *"É possível a concessão de medida liminar em mandado de segurança preventivo nos casos em que não haja lançamento tributário e que se enquadrem no artigo 151 do CTN"*.

No *primeiro caso,* há uma "prévia" suspensão da exigibilidade, muitas vezes se dando no curso do procedimento de constituição, o que nos leva a inferir, neste caso, que desponta, verdadeiramente, um "impedimento" de exigibilidade, e não uma suspensão propriamente dita. Tenho intitulado o corriqueiro fenômeno de *"antecipação dos efeitos da suspensão da exigibilidade do crédito tributário"*.

2. CARVALHO, Paulo de Barros. *Curso de direito tributário,* 16. ed., pp. 435-436.
3. MACHADO, Hugo de Brito. *Curso de direito tributário,* 29. ed., p. 182.
4. *V.* TORRES, Ricardo Lobo. *Curso de direito financeiro e tributário,* 12. ed., p. 284.
5. *V.* MACHADO, Hugo de Brito. *Curso de direito tributário,* 29. ed., p. 182.

Luciano Amaro[6] aduz, nesse sentido, que "(...) as causas de suspensão do crédito tributário (...) podem ser postas mesmo antes do lançamento e, portanto, não pressupõem a existência de 'crédito tributário' no sentido que lhe deu o Código".

Tomemos o seguinte caso como exemplo: diante de uma lei tributária questionável, com publicação em abril de 2020 e incidência demarcada para 1º de janeiro de 2021, em abono ao princípio da anterioridade tributária, será possível ao particular provocar o Poder Judiciário e pleitear, a partir da vigência da lei, uma liminar em mandado de segurança, ou uma tutela. Sendo assim, obtendo o provimento liminar em juízo, terá conseguido, em verdade, uma *"antecipação dos efeitos da suspensão da exigibilidade do crédito tributário"*, uma vez que o crédito ainda não foi constituído, conquanto se mostre inexorável a partir da incidência da norma, ou seja, em 1º de janeiro de 2021.

Deixando o plano terminológico em direção ao campo pragmático, estamos que a suspensão da exigibilidade só poderá ocorrer quando o crédito se tornar "exigível", no caso, em 1º de janeiro de 2020, porque os efeitos antecipatórios da suspensão da exigibilidade de nada valerão antes da incidência concreta da norma da tributação. A própria certidão de débitos, antes da incidência da norma, deverá indicar a total inexistência do tributo, não passível de lançamento.

No *segundo caso,* subsiste uma "ulterior" suspensão de exigibilidade, representando a forma clássica de suspensão, haja vista o crédito já estar constituído pelo lançamento. Para essa situação, oferto a designação de *"efeitos ulteriores da suspensa exigibilidade do crédito tributário constituído"*.

De uma maneira ou de outra, a jurisprudência vem admitindo a **realização do lançamento** pela Administração ainda que exista uma causa suspensiva da exigibilidade do crédito tributário. Veja que o objetivo não é impedir a sua constituição, mas, sim, a própria execução fiscal, quanto à contagem da *prescrição*, enquanto sua exigibilidade encontrar-se suspensa.

Note o item considerado **INCORRETO**, em prova realizada pelo TRF, para o cargo de Juiz Federal Substituto (TRF/3ª Região), em 2016: *"O lançamento tributário é inibido por decisão judicial que suspende a exigibilidade do crédito tributário"*.

Note o item considerado **CORRETO**, em prova realizada pela FADESPE, para o cargo de Advogado da Companhia de Saneamento do Pará (COSANPA), em 2017: *"A suspensão do crédito tributário não impede sua constituição"*.

Por outro lado, com a constituição do crédito tributário, evita-se a ocorrência da *decadência*, prevista no art. 156, V, do CTN, favorecendo os interesses fiscais, como será demonstrado nos parágrafos seguintes.

Nesse sentido, manifesta-se o **STJ**:

6. AMARO, Luciano. *Direito tributário brasileiro*, 14. ed., p. 378.

EMENTA: TRIBUTÁRIO. (...) MANDADO DE SEGURANÇA. MEDIDA LIMINAR. SUSPENSÃO DO PRAZO. IMPOSSIBILIDADE. (...) 3. *A suspensão da exigibilidade do crédito tributário na via judicial impede o Fisco de praticar qualquer ato contra o contribuinte visando à cobrança de seu crédito, tais como inscrição em dívida, execução e penhora, mas não impossibilita a Fazenda de proceder à regular constituição do crédito tributário para prevenir a decadência do direito de lançar.* 4. Embargos de divergência providos. **(EREsp 572.603/PR, 1ª T., rel. Min. Castro Meira, j. em 08-06-2005) (Grifo nosso)**

Não é demasiado relembrar o **art. 142 do CTN**, que dispõe acerca do conceito de *lançamento*:

Art. 142. Compete privativamente à autoridade administrativa constituir o crédito tributário pelo lançamento, assim entendido o procedimento administrativo tendente a verificar a ocorrência do fato gerador da obrigação correspondente, determinar a matéria tributável, calcular o montante do tributo devido, identificar o sujeito passivo e, sendo caso, propor a aplicação da penalidade cabível.

Nesse passo, ainda que subsista uma causa de suspensão da exigibilidade do crédito tributário, é possível se falar em lançamento, o que vem corroborado no **art. 63 da Lei n. 9.430/96**, que se refere à lavratura de auto de infração sem multa de ofício, com o intuito de obstaculizar a ocorrência da decadência:

Art. 63. Na *constituição de crédito tributário destinada a prevenir a decadência,* relativo a tributo de competência da União, cuja *exigibilidade houver sido suspensa na forma dos incisos IV e V do art. 151* da Lei n. 5.172, de 25 de outubro de 1966, não caberá lançamento de multa de ofício. **(Grifos nossos)**

Em termos práticos, "se, durante a vigência de uma *liminar*, o Fisco não efetuar o lançamento, ao cabo de cinco anos não poderá mais fazê-lo, ainda que a liminar seja cassada, e os pedidos do contribuinte (autor da ação) julgados improcedentes"[7].

A discussão é bastante fértil, chegando até mesmo a se falar na feitura de lançamento para prevenir a decadência, diante da possibilidade de o contribuinte, ainda que sucumbente, poder levantar os depósitos judiciais suspensivos da exigibilidade do crédito.

No próprio **STJ**, há divergência entre a 1ª e a 2ª Turmas. A **1ª Turma/STJ** entende desnecessário o lançamento, não podendo o contribuinte perdedor levantar os depósitos realizados. Já para a **2ª Turma/STJ** é necessário que ocorra o lançamento, sob pena de ocorrência da decadência.

Veja o julgado da **1ª Turma/STJ**, em que o entendimento de Leandro Paulsen é mostrado no voto de lavra do Ministro José Delgado:

7. SEGUNDO, Hugo de Brito Machado. *Código Tributário Nacional*, p. 295.

EMENTA: (...). NECESSIDADE DE OBSERVÂNCIA DA VIA JUDICIAL ADEQUADA PELO VENCIDO. DEPÓSITO JUDICIAL. DESNECESSIDADE DA FORMAL CONSTITUIÇÃO DO CRÉDITO. (...) 4. "No lançamento por homologação, o contribuinte, ocorrido o fato gerador, deve calcular e recolher o montante devido, independente de provocação. Se, em vez de efetuar o recolhimento simplesmente, resolve questionar judicialmente a obrigação tributária, efetuando o depósito, este faz as vezes do recolhimento, sujeito, porém, à decisão final transitada em julgado. Não há que se dizer que o decurso do prazo decadencial, durante a demanda, extinga o crédito tributário, implicando a perda superveniente do objeto da demanda e o direito ao levantamento do depósito. Tal conclusão seria equivocada, *pois o depósito, que é predestinado legalmente à conversão em caso de improcedência da demanda, em se tratando de tributo sujeito a lançamento por homologação, equipara-se ao pagamento no que diz respeito ao cumprimento das obrigações do contribuinte, sendo que o decurso do tempo sem lançamento de ofício pela autoridade implica lançamento tácito no montante exato do depósito*". (PAULSEN, Leandro. *Direito tributário.* 7. ed. Porto Alegre: Livraria do Advogado, p. 1.227) "5. Embargos de declaração parcialmente acolhidos, sem efeitos infringentes". **(EDcl no REsp 736.918/RS, 1ª T., rel. Min. José Delgado, j. em 14-03-2006) (Grifo nosso)**

Noutro sentido, observe o julgado da **2ª Turma/STJ**:

EMENTA: TRIBUTÁRIO. IPI. FORMA DE APURAÇÃO. CORREÇÃO MONETÁRIA. DL 2.450/88 E LEI 7.799/89. CTN, ART. 151, II. DEPÓSITO JUDICIAL. SUSPENSÃO DA EXIGIBILIDADE DO CRÉDITO TRIBUTÁRIO. LANÇAMENTO. POSSIBILIDADE. NÃO OCORRÊNCIA. DECADÊNCIA. LEVANTAMENTO DOS VALORES DEPOSITADOS. IMPOSSIBILIDADE ANTES DO TRÂNSITO EM JULGADO DA SENTENÇA. PRECEDENTES. *O depósito do montante integral suspende a exigibilidade do crédito tributário impugnado, nos termos do art. 151, II, do CTN, mas não impede que a Fazenda proceda ao lançamento e, muito menos, que se abstenha de lavrar novas autuações sob o mesmo fundamento, paralisando apenas a execução do crédito controvertido.* Transcorrido o prazo decadencial de cinco anos (art. 150, § 4º, do CTN), insuscetível de interrupção ou suspensão, e não efetuado o lançamento dos valores impugnados e depositados em juízo, *há que se reconhecer a decadência do direito do fisco efetuar a constituição do crédito tributário.* A jurisprudência deste Tribunal Superior firmou o entendimento no sentido de que o depósito para suspender a exigibilidade do crédito tributário só pode ser convertido em renda da União, ou devolvido ao contribuinte, após o trânsito em julgado da sentença. Recurso especial prejudicado ante a superveniente perda de objeto. **(REsp 464.343/DF, 2ª T., rel. Min. Peçanha Martins, j. em 02-02-2006)**

É importante destacar, em tempo, que a suspensão da exigibilidade do crédito não implica a suspensão do cumprimento das **obrigações acessórias**, devendo, o sujeito passivo, cumpri-las independentemente da realização da obrigação principal, em consonância com o **parágrafo único do art. 151 do CTN:**

Art. 151. (...)

Parágrafo único. O disposto neste artigo não dispensa o cumprimento das obrigações acessórias dependentes da obrigação principal cujo crédito seja suspenso, ou dela consequentes.

A esse propósito, Kiyoshi Harada[8] discorre que "em todas as hipóteses, a suspensão da exigibilidade diz respeito apenas à obrigação principal (pagamento de tributo ou penalidade pecuniária), não exonerando o sujeito passivo do cumprimento regular das obrigações acessórias (prestações positivas ou negativas estabelecidas no interesse da arrecadação e da fiscalização).

O saudoso professor Ricardo Lobo Torres[9] adverte, em idêntica trilha, destacando o detalhe da incidência da multa de mora:

> A suspensão da exigibilidade do crédito, por outro lado, não dispensa o cumprimento das obrigações acessórias dependentes da obrigação principal cujo crédito seja suspenso, ou dela consequentes (art. 151, parágrafo único, do CTN), mas interrompe a incidência da multa de mora desde a concessão da medida judicial até 30 dias após a publicação da decisão que considerar devido o tributo (art. 63, § 2º, da Lei n. 9.430/96).

Luciano Amaro[10] arremata afirmando que "a suspensão da exigibilidade do crédito diz respeito, em regra, à obrigação principal, não dispensando, pois, o cumprimento de obrigações acessórias relacionadas com aquela (art. 151, parágrafo único)".

Frise-se, em tempo, que a nós se mostra defensável a ideia segundo a qual as causas de suspensão da exigibilidade do crédito tributário, conquanto se refiram diretamente à obrigação principal, podem ser aplicadas a uma dada obrigação acessória. Parte da doutrina[11] tem esposado idêntico pensar. Exemplo: a obtenção de uma liminar em mandado de segurança com o fito de afastar a incidência de uma instrução normativa que impõe um arbitrário dever instrumental, sob a alegação de vício de legalidade (art. 5º, II, CF).

De outra sorte, questão que tem causado tormento na doutrina é saber se, com a presença de causa de suspensão da exigibilidade do crédito, também, igualmente fica **suspenso o curso do prazo prescricional.**

Não nos parece de todo rigoroso falar em "suspensão da prescrição", uma vez que o CTN somente admite causas interruptivas, constante dos **incisos I ao IV do parágrafo único do art. 174:**

---

8. HARADA, Kiyoshi. *Direito financeiro e tributário*, 7. ed., p. 374.
9. TORRES, Ricardo Lobo. *Curso de direito financeiro e tributário*, 12. ed., p. 284.
10. AMARO, Luciano. *Direito tributário brasileiro*, 14. ed., p. 379.
11. *V.* COSTA, Regina Helena. *Curso de Direito Tributário* – Constituição e Código Tributário Nacional. São Paulo: Saraiva, 2009, p. 233.

> **Art. 174. (...)**
>
> **Parágrafo único.** *A prescrição se interrompe:*
>
> **I** – pelo despacho do juiz que ordenar a citação em execução fiscal;
>
> **II** – pelo protesto judicial;
>
> **III** – por qualquer ato judicial que constitua em mora o devedor;
>
> **IV** – por qualquer ato inequívoco ainda que extrajudicial, que importe em reconhecimento do débito pelo devedor. **(Grifo nosso)**

É possível, todavia, a defesa de um único caso de *suspensão da prescrição*, na pendência de causa de suspensão da exigibilidade do crédito tributário: na situação de anulação de moratória usufruída com dolo, consoante o disposto no **art. 155, I e parágrafo único**. Observe-o:

> **Art. 155. (...)**
>
> **I** – com imposição da penalidade cabível, nos casos de dolo ou simulação do beneficiado, ou de terceiro em benefício daquele; (...)
>
> **Parágrafo único.** No caso do inciso I deste artigo, o tempo decorrido entre a concessão da moratória e sua revogação não se computa para efeito da prescrição do direito à cobrança do crédito; (...)

Para avançarmos em tão intrincado tema, sugere-se a leitura nos pontuais conceitos de Hugo de Brito Machado[12], que com rigor diferencia a "interrupção de prescrição" da "suspensão de prescrição":

> *Interromper a prescrição* significa apagar o prazo já decorrido, o qual recomeçará seu curso. Assim, constituído definitivamente um crédito tributário, daí começa o curso da prescrição. Se depois de algum tempo, antes de completar-se o quinquênio, ocorre uma das hipóteses de interrupção acima indicadas, o prazo já decorrido fica sem efeito, e a contagem dos cinco anos volta a ser iniciada. *Suspender a prescrição* é outra coisa. Significa paralisar o seu curso enquanto perdurar a causa da suspensão. O prazo já decorrido perdura, e uma vez desaparecida a causa da suspensão, o prazo continua em curso. **(Grifos nossos)**

A título de exemplificação, quando o Fisco, sendo provocado em reclamação administrativa protocolizada pelo contribuinte, demora muitos anos para se posicionar, sabe-se que a exigibilidade do crédito tributário mantém-se suspensa até a última decisão administrativa da qual não caiba mais recurso. Falar-se em "suspensão de prescrição" durante este interregno parece não ser a melhor "saída terminológica", pois o termo *a quo* do lustro prescricional dar-se-á com a decisão última mencionada, o que indica que a prescrição, em tese, não teria ainda começado a correr. Vale dizer, dessarte, que não se suspende o prazo que nem sequer se iniciou.

12. MACHADO, Hugo de Brito. *Curso de direito tributário*, 29. ed., p. 224.

Observe a didática ementa colhida da jurisprudência do **STJ**, que deixa evidente este modo de entender:

> **EMENTA:** TRIBUTÁRIO. EXECUÇÃO FISCAL. PRESCRIÇÃO. TERMO INICIAL. CONSTITUIÇÃO DEFINITIVA DO CRÉDITO TRIBUTÁRIO. ESGOTAMENTO DA VIA ADMINISTRATIVA. ARTIGO 174, DO CTN. **1.** A exegese do STJ quanto ao artigo 174, *caput*, do CTN, é no sentido de que, enquanto há pendência de recurso administrativo, não se admite aduzir suspensão do crédito tributário, mas, sim, em um hiato que vai do início do lançamento, quando desaparece o prazo decadencial, até o julgamento do recurso administrativo ou a revisão *ex officio*. *Consequentemente, somente a partir da data em que o contribuinte é notificado do resultado do recurso ou da sua revisão, tem início a contagem do prazo prescricional* (RESP 485.738/RO, rel. Min. Eliana Calmon, *DJ* de 13-09-2004, e RESP 239.106/SP, rel. Min. Nancy Andrighi, *DJ* de 24-04-2000). **2.** Destarte, salvante os casos em que o crédito tributário origina-se de informações prestadas pelo próprio contribuinte (GIA e DCTF, por exemplo), a constituição do mesmo resta definitivamente concluída quando não pode mais o lançamento ser contestado na esfera administrativa. Conclusão esta que se coaduna com a suspensão de exigibilidade do crédito tributário pela oposição de recurso administrativo (artigo 151, III, do CTN). **3.** *In casu*, verifica-se que a Fazenda constituiu o crédito tributário em 26-06-1986, tendo o contribuinte interposto recursos administrativos em 28-07-1986 e em 22-06-1987, este último dirigido ao Conselho de Contribuintes. Da decisão final administrativa foi intimado em 30-11-1988, tendo sido a execução fiscal ajuizada em 05-08-1991 e efetivada a citação em 03-10-1991, o que demonstra a inocorrência da prescrição do crédito tributário sub judice, cujos fatos geradores operaram-se entre janeiro de 1984 e 31 de março de 1985. (...) **6.** *Ora, "a constituição definitiva do crédito tributário pressupõe a inexistência de discussão ou possibilidade de alteração do crédito. Ocorrendo a impugnação do crédito tributário na via administrativa, o prazo prescricional começa a ser contado a partir da apreciação, em definitivo, do recurso pela autoridade administrativa. Antes de haver ocorrido esse fato, não existe 'dies a quo' do prazo prescricional, pois, na fase entre a notificação do lançamento e a solução do processo administrativo, não ocorrem nem a prescrição nem a decadência (art. 151, III, do CTN)"* (cf. RESP 32.843/SP, Min. Adhemar Maciel, *DJ* de 26-10-1998). Na mesma senda foi o decidido no RESP 190.092/SP, relatado pelo subscritor deste, *DJ* de 1º-07-2002). – Recurso especial não conhecido. (RESP 173.284/SP, rel. Min. Franciulli Netto, *DJ* de 31-03-2003). 7. Recurso especial improvido. **(REsp 649.684/SP, 1ª T., rel. Min. Luiz Fux, j. em 03-03-2005) (Grifos nossos)**

Neste controvertido tema, é possível encontrar respeitáveis opiniões dissonantes, segundo as quais "pelo princípio da *actio nata*, a suspensão da exigibilidade do crédito tributário suspende também o curso da prescrição da ação de execução fiscal"[13].

13. SEGUNDO, Hugo de Brito Machado. *Código Tributário Nacional*, pp. 293-294.

Por fim, destacamos que as causas de suspensão do crédito – e as de extinção e exclusão, da mesma forma – dependem de lei, à luz da **reserva legal**, conforme se nota no dispositivo abaixo:

> Note o item considerado **INCORRETO**, em prova realizada pelo IESES, para o cargo de Analista de Processos Organizacionais – Direito da BAHIAGÁS (Cia. de Gás da Bahia), em 2016: *"A 'extinção' consiste no desaparecimento da exigibilidade do crédito tributário motivado por qualquer ato jurídico ou fato jurídico que faça desaparecer a obrigação respectiva, por força de ato administrativo que reconheça a inexigibilidade do crédito"*.

Art. 97. Somente a lei pode estabelecer:
VI – as hipóteses de exclusão, suspensão e **extinção** de créditos tributários, ou de dispensa ou redução de penalidades.

> Note o item considerado **INCORRETO**, em prova realizada pela FADESPE, para o cargo de Advogado da Companhia de Saneamento do Pará (COSANPA), em 2017: *"Excepcionalmente, o decreto presidencial pode instituir novas formas de extinção do crédito tributário, contanto que tenha prazo temporário"*.

Passemos, agora, ao estudo das causas suspensivas previstas no CTN, iniciando-se por um *quadro mnemônico* a seguir:

QUADRO SINÓTICO Causas de Suspensão do Crédito Tributário Art. 151, I ao VI, CTN	
Incisos	**Causa Suspensiva (Recurso Mnemônico)**
I	**MO**...ratória
II	**DE**...pósito do Montante Integral
III	**RE**...clamações e Recursos Administrativos
IV e V	**CO**...ncessão de Liminar em Mandado de Segurança e da Tutela em outras Ações
VI	**PA**...rcelamento
"MODERECOPA" (palavra mnemônica)	

O **art. 151, I ao VI, do CTN** hospeda as seis causas suspensivas do crédito tributário, com inafastável **apelo taxativo**. O presente dispositivo tem sido tão iterativamente solicitado em provas objetivas de concursos públicos que me forçou a burilar um recurso mnemônico, partindo das ideias iniciais de Cláudio Borba[14], no intuito de auxiliar a sua memorização. Daí surgiu o vocábulo "moderecopa", cujas sílabas levam o estudioso a se recordar das causas suspensivas da exigibilidade do crédito tributário.

14. BORBA, Cláudio. *Direito tributário:* teoria e questões. 23. ed. Rio de Janeiro: Elsevier, 2008, p. 381.

> Note o item considerado **INCORRETO**, em prova realizada pela FAURGS, para o cargo de Juiz de Direito Substituto do Estado do Rio Grande do Sul, em 2016: *"As hipóteses elencadas no artigo 151 do CTN são exemplificativas, pois o sistema jurídico brasileiro é aberto para a resolução de conflitos"*.

Vale lembrar que, em todos os casos de suspensão da exigibilidade do crédito tributário, o contribuinte faz jus à **certidão positiva de tributos com efeitos de negativa** (certidão de regularidade de situação fiscal), em consonância com o art. 206 do CTN, a ser estudado em momento ulterior nesta obra.

> Note o item considerado **CORRETO**, em prova realizada pela COMPASS, para o cargo de Auditor fiscal de Tributos Municipais da Prefeitura Municipal de Carpina/PE, em 2016: *"Um contribuinte foi autuado pelo Fisco, o qual constituiu o crédito tributário respectivo. O contribuinte foi notificado do lançamento e, dentro do prazo legal, apresentou uma defesa fiscal administrativa, que ainda não foi julgada na primeira instância administrativa. O contribuinte irá participar de um processo de licitação pública, no entanto, não consegue comprovar sua regularidade fiscal, o que impede de participar da licitação pública. Nesse caso, o referido contribuinte tem direito à certidão positiva com efeito de negativa por estar o débito com exigibilidade suspensa em virtude da defesa administrativa tempestivamente interposta"*.

> Note o item (adaptado) considerado **INCORRETO**, em prova realizada pela FGV, para o cargo de Analista Administrativo (PROCEMPA), em 2014: *"A Construtora Grenal Ltda. tem contra si lavrada, há poucos dias, uma Notificação Fiscal de Lançamento de Débito (NFLD) em razão da falta de declaração e pagamento da Contribuição Social sobre o Lucro Líquido (CSLL). A sociedade empresária precisa, com urgência, suspender a exigibilidade do crédito tributário, ante seu interesse em participar de licitação que ocorrerá em breve. Algumas condutas atendem à necessidade da construtora, à exceção de realização de depósito judicial do montante integral"*.

2 MORATÓRIA

A moratória está regulada de modo exaustivo nos arts. 152 a 155 do CTN – o que é demasiado curioso, em razão da ausência de disciplinamento neste Código, quanto às demais causas suspensivas. Essa é a razão pela qual nos ateremos ao assunto com certa cautela.

Conquanto o CTN não conceitue o instituto, é possível afirmar que a moratória é uma *dilatação legal de pagamento de tributos*, submetendo-se, portanto, ao **princípio da estrita legalidade** (art. 97, VI, CTN). Com efeito, a moratória consiste num acordo entre credor e devedor, regido pelo indigitado postulado[15]. Nessa medida, "não implica contestação do direito do credor; pode ela originar-se de 'dificuldade de pagamento' (...) ou mesmo de uma momentânea impossibilidade de cumprimento da obrigação"[16].

15. *V.* COÊLHO, Sacha Calmon Navarro. *Curso de direito tributário brasileiro*, 6. ed., p. 678.
16. AMARO, Luciano. *Direito tributário brasileiro*, 14. ed., p. 378.

> Note o item considerado **CORRETO**, em prova realizada pela APRENDER.COM, para o cargo de Advogado da SIMAE/SC (Serviço Intermunicipal de Água e Esgoto de Santa Catarina), em 2016: *"A moratória suspende a exigibilidade do crédito tributário, devendo o benefício ser concedido por lei"*.

Para Kiyoshi Harada[17], "a moratória outra coisa não é senão a dilação do prazo de pagamento de tributo com base na lei".

Paulo de Barros Carvalho, em idêntica trilha, preleciona que a "moratória é a dilação do intervalo de tempo, estipulado para o implemento de uma prestação, por convenção das partes, que podem fazê-lo tendo em vista uma execução unitária ou parcelada"[18].

O saudoso professor Ricardo Lobo Torres faz coro, ao afirmar que "a moratória é o alargamento dos prazos para o cumprimento da obrigação tributária"[19].

No plano histórico, sabe-se que a efetiva aplicação da moratória se deu antes da LC n. 104/2001 – instrumento normativo que introduziu o *parcelamento* no CTN (inciso VI do art. 151) –, quando se via nela a forma mais comum de parcelamento. Diz-se, assim, que moratória, na prática, foi o parcelamento "de ontem", ou seja, aquele anterior à LC n. 104/2001. Depois desta, passou-se a ter dois institutos distintos no CTN: a moratória e o parcelamento.

A moratória deve ser concedida por *lei ordinária*, permitindo-se ao sujeito passivo que pague o tributo em cota única (ou parcelada), porém, de modo prorrogado. Todavia, diga-se que não se exige para a concessão do favor ora em estudo a "lei específica", prevista no art. 150, § 6º, da CF, em cujo rol constam dispensas, como *subsídios, isenção, redução de base de cálculo, concessão de crédito presumido, anistia e remissão.* O interessante é que o parcelamento, a ser estudado adiante, exige **lei específica**, nos termos do art. 155-A, CTN, embora não mencionado no rol constitucional supracitado.

Passemos à análise dos dispositivos de moratória, um a um:

> **Art. 152.** A moratória somente pode ser concedida:
>
> **I** – em *caráter geral:*
>
> **a)** pela pessoa jurídica de direito público competente para instituir o tributo a que se refira;
>
> **b)** pela União, quanto a tributos de competência dos Estados, do Distrito Federal ou dos Municípios, quando simultaneamente concedida quanto aos tributos de competência federal e às obrigações de direito privado;
>
> **II** – em *caráter individual,* por despacho da autoridade administrativa, desde que autorizada por lei nas condições do inciso anterior. **(Grifos nossos)**

17. HARADA, Kiyoshi. *Direito financeiro e tributário*, 7. ed., p. 375.
18. CARVALHO, Paulo de Barros. *Curso de direito tributário*, 16. ed., p. 437.
19. TORRES, Ricardo Lobo. *Curso de direito financeiro e tributário*, 12. ed., p. 285.

O art. 152, em epígrafe, classifica a moratória em *caráter individual* e em *caráter geral*. Observe as diferenças:

a) Moratória em caráter individual (art. 152, II): intitulada de "moratória específica", é aquela que, concedida por lei emanada pela pessoa jurídica de direito público competente para instituir o tributo, beneficia as pessoas que preencherem determinados requisitos, cujo direito ao favor será reconhecido por despacho da autoridade administrativa (desde que a moratória seja autorizada por lei).

Para o saudoso professor Ricardo Lobo Torres[20], "a moratória pode ser concedida em caráter geral ou individual. (...) A *individual*, deferida por lei a todos quantos se encontrem na mesma situação, é efetivada individualmente por despacho da autoridade administrativa, desde que comprovado que o beneficiário satisfaz os requisitos legais".

b) Moratória em caráter geral (art. 152, I): é aquela que, concedida por lei emanada pela pessoa jurídica de direito público competente para instituir o tributo, protege a generalidade dos sujeitos passivos, sem necessidade de despacho da autoridade administrativa. Desse modo, "beneficia determinados grupos de contribuintes e independe de reconhecimento"[21]. **Entre as moratórias em caráter geral, temos dois tipos**:

> Note o item considerado **INCORRETO**, em prova realizada pela FEPESE, para o cargo de Auditor Fiscal de Tributos Municipais da Prefeitura de Florianópolis/SC, em 2014: *"A moratória, forma de suspensão do crédito tributário, não poderá ser concedida em caráter geral".*

b.1) Moratória autonômica ou autônoma (art. 152, I, "a"): aquela concedida pelo ente detentor da competência tributária respectiva. É a **regra**.

Exemplos: moratória de IPTU concedida por Município; moratória de IPVA concedida pelo Estado de Minas Gerais ou, mesmo, pelo Distrito Federal; moratória do ITCMD concedida pela União em Território brasileiro (fictício); moratória do ITBI concedida pela União em Território brasileiro (fictício), não dividido em municípios.

Observação: para a compreensão adequada desses últimos exemplos, ligados a *territórios* (fictícios), recomenda-se a leitura do art. 147 da Carta Magna, que aqui reputamos conveniente reproduzir:

> **Art. 147.** Competem à União, em Território Federal, os impostos estaduais e, se o Território não for dividido em Municípios, cumulativamente, os impostos municipais; ao Distrito Federal cabem os impostos municipais.

b.2) Moratória Heterônoma (art. 152, I, "b"): aquela concedida pela União quanto a tributos de competência dos Estados, Distrito Federal e Municípios. Trata-se de possibilidade *excepcional* e *inédita* na tributarística doméstica. Ademais, tal

20. TORRES, Ricardo Lobo. *Curso de direito financeiro e tributário*, 12. ed., p. 285.
21. *Idem*.

moratória é ***condicional***, uma vez que a União deve conceder, simultaneamente, moratória dos próprios tributos federais e de suas obrigações de direito privado. Tal exigência – é óbvio – torna o instituto, já demasiado retórico, quase improvável. É fácil perceber, dessarte, que a União não se mostrará estimulada a conceder moratória de tributos de outra entidade impositora se, para tanto, tiver que conceder idêntico favor com relação a seus tributos e obrigações. Seu caráter inoperante e esdrúxulo torna-a como inequívoca **exceção**.

> Note o item considerado **CORRETO**, em prova realizada pela Consulplan, para o cargo de Titular de Serviços de Notas e de Registros (TJ/MG), em 2017: *"A moratória pode ser concedida em caráter geral pela União, quanto a tributos de competência dos Estados, do Distrito Federal ou dos Municípios, quando simultaneamente concedida quanto aos tributos de competência federal e às obrigações de direito privado".*

A doutrina tem demonstrado controvérsia sobre o tema.

Hugo de Brito Machado[22] entende que não há inconstitucionalidade na *moratória heterônoma*, uma vez que a União só poderá impor esta restrição para *todos* os Estados, Municípios e Distrito Federal, afastando-se a discriminação contra estes e qualquer intervenção federal autônoma e infundada.

Por outro lado, José Eduardo Soares de Melo[23] anuncia ser "criticável, todavia, a exclusiva faculdade cometida à União (art. 152, I, *b* do CTN) por não possuir competência para se intrometer no âmbito tributário das demais pessoas de Direito Público".

A nosso ver, a moratória concedida pela União quanto a tributo de competência alheia põe em risco a autonomia dos entes menores, em detrimento do pacto federativo, o que reveste o dispositivo de inconstitucionalidade.

Sobre *federalismo*, discorre acertadamente o culto professor baiano Dirley da Cunha Júnior, sinalizando que "o Estado Federal é aquele que possui *mais de um governo*, vale dizer, aquele que se compõe de mais de uma organização política, todas elas politicamente autônomas em consonância com a própria Constituição. Em razão disso, no Estado Federal a autonomia dos governos locais (Estados-membros, Distrito Federal e, no Brasil, Municípios) está a salvo das incursões do governo central (União), tendo em vista que a autonomia dos entes federados ou federativos está assegurada pela própria Magna Carta"[24].

Embora assim entendamos, filiando ao modo de ver de José Eduardo Soares de Melo, que destaca a inconstitucionalidade do dispositivo da *moratória heterônoma*, é necessário destacar que não há notícias de que a União tenha usado esta medida, devendo-se, em provas objetivas de concursos públicos, presumir a constitucionalidade do preceptivo.

22. *V.* MACHADO, Hugo de Brito. *Curso de direito tributário*, 29. ed., p. 183.
23. MELO, José Eduardo Soares de. *Curso de direito tributário*, 8. ed., p. 343.
24. CUNHA JR., Dirley da. *Curso de direito constitucional*. 2. ed. Salvador: JusPodivm, 2008, p. 802.

Ad argumentandum, não perca de vista que o legislador constituinte veda, como regra, as ***isenções heterônomas*** (art. 151, III, CF).

Note o item considerado **CORRETO**, em prova realizada pelo MPE/RS, para o cargo de Promotor de Justiça do Estado do Rio Grande do Sul, em 2017: *"É vedado à União instituir isenções de tributos de competência dos Estados, do Distrito Federal e dos Municípios"*.

Observe alguns exemplos de moratórias heterônomas: moratória de IPTU pela União, para certo município, desde que cumpridas as condições previstas no dispositivo; moratória de IPTU pela União, para certo município localizado em Território (fictício), desde que cumpridas as condições previstas no dispositivo (este é o único caso de moratória heterônoma nos territórios, uma vez que a União possui competência cumulativa para impostos federais, estaduais e municipais, ressalvado o caso, quanto a estes, de território dividido em município).

Passemos, agora, ao parágrafo único do **art. 152 do CTN**:

Art. 152. (...)

Parágrafo único. A lei concessiva de moratória pode circunscrever expressamente a sua aplicabilidade à determinada região do território da pessoa jurídica de direito público que a expedir, ou a determinada classe ou categoria de sujeitos passivos.

O preceptivo em epígrafe indica a possibilidade de se conceder moratória de modo *total* (para toda a base territorial da entidade impositora) ou *parcial* (para **parte do território**, *v.g.*, uma moratória "circunscrita" à **determinada região atingida por calamidade**).

Note o item considerado **INCORRETO**, em prova realizada pela Consulplan, para o cargo de Titular de Serviços de Notas e de Registros (TJ/MG), em 2017: *"A lei concessiva de moratória não pode circunscrever a sua aplicabilidade a determinada classe de sujeitos passivos"*.

Note o item considerado **CORRETO**, em prova realizada pela CESGRANRIO, Petrobras, para o cargo de Advogado Junior, em 2018: *"Em 2014, o ROMPIMENTO DE UMA BARRAGEM de rejeitos decorrentes de atividade de mineração desenvolvida no município Z causou severos danos à infraestrutura da cidade. Em razão do incidente, foi aprovada lei que estendeu o prazo para o pagamento do IPTU pelo período de um exercício financeiro para beneficiar proprietários de imóveis afetados pelo infortúnio, que se encontravam em mora com relação ao imposto citado. O instituto tributário utilizado pelo município é a MORATÓRIA"*.

Para o saudoso professor Ricardo Lobo Torres[25], "justifica-se nos casos de calamidade pública, enchentes e catástrofes que dificultem aos contribuintes o pagamento dos tributos. Também encontra justificativa nas conjunturas desfavoráveis a certos ramos de atividade. Segue-se daí que pode se circunscrever a determinada

25. TORRES, Ricardo Lobo. *Curso de direito financeiro e tributário*, 12. ed., p. 285.

região do território da entidade tributante, onde tenham sido mais graves os reflexos da crise provocada pela calamidade ou pela conjuntura econômica".

Observe o *quadro resumidor* do art. 152 do CTN:

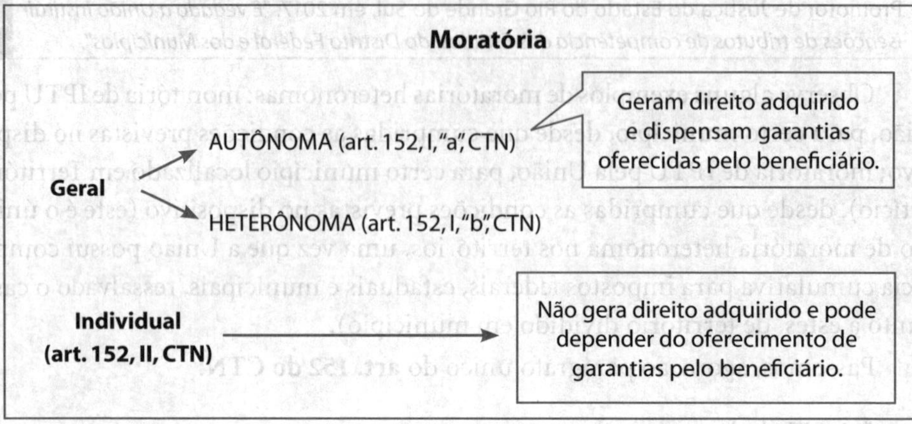

Vamos analisar, neste momento, o **art. 153 do CTN**:

> **Art. 153.** A lei que conceda moratória em *caráter geral* ou autorize sua concessão *em caráter individual* especificará, sem prejuízo de outros requisitos:
>
> **I** – o prazo de duração do favor;
>
> **II** – as condições da concessão do favor em caráter individual;
>
> **III** – sendo caso:
>
> **a)** os tributos a que se aplica;
>
> **b)** o número de prestações e seus vencimentos, dentro do prazo a que se refere o inciso I, podendo atribuir a fixação de uns e de outros à autoridade administrativa, para cada caso de concessão em caráter individual;
>
> **c)** as garantias que devem ser fornecidas pelo beneficiado no caso de concessão em caráter individual.

Como se nota, para a concessão da moratória, quer em caráter geral, quer em caráter individual, deve-se cumprir os **requisitos obrigatórios**, previstos nos dois primeiros incisos do art. 153 do CTN, ou seja, devem ser revelados o *prazo* e as *condições da moratória*.

Com efeito, "se a moratória consiste em dilação do prazo para pagamento do tributo seria inadmissível que se pudesse concedê-la sem especificar-se seu prazo de duração"[26].

Evidenciam-se, ademais, os **requisitos facultativos**, constantes do inciso III do art. 153, adstritos à indicação dos *tributos* a que se refere a moratória, ao *número de prestações* e *vencimentos* e a *garantias* a serem oferecidas.

26. AMARO, Luciano. *Direito tributário brasileiro*, 14. ed., p. 380.

Passemos, assim, à análise do **art. 154 do CTN**:

> **Art. 154.** Salvo disposição de lei em contrário, a moratória somente abrange os créditos definitivamente constituídos à data da lei ou do despacho que a conceder, ou cujo lançamento já tenha sido iniciado àquela data por ato regularmente notificado ao sujeito passivo.
>
> **Parágrafo único.** A moratória não aproveita aos casos de dolo, fraude ou simulação do sujeito passivo ou do terceiro em benefício daquele.

Note o item considerado **INCORRETO**, em prova realizada pela Consulplan, para o cargo de Titular de Serviços de Notas e de Registros (TJ/MG), em 2017: *"Mediante a expressa previsão na lei que a concede em caráter geral ou autorize a sua concessão em caráter individual, a moratória poderá aproveitar aos casos de dolo, fraude ou simulação do sujeito passivo ou do terceiro em benefício daquele".*

A moratória, conforme o art. 154 acima reproduzido, aplica-se a *créditos já definitivamente constituídos* ou, pelo menos, cujo lançamento já tenha sido iniciado.

O dispositivo, curiosamente, admite uma ressalva, se houver lei que discipline de modo contrário. Isso quer dizer que a moratória pode abranger créditos não definitivamente constituídos à data da lei ou do despacho que a conceder. Tal situação "transitória", caminhante para a definitividade do crédito, designa o contexto dos tributos lançados por homologação. Daí se afirmar que a moratória poderá alcançar os tributos de *lançamento direto* (ou de ofício), os de *lançamento misto* (ou por declaração) e, finalmente – com tratamento na ressalva deste preceptivo –, os de lançamento por homologação (ou autolançamento).

À guisa de recapitulação, o tributo lançado por homologação (art. 150, *caput*, CTN) é aquele em que "a legislação atribua ao sujeito passivo o dever de antecipar o pagamento sem prévio exame da autoridade administrativa, opera-se pelo ato em que a referida autoridade, tomando conhecimento da atividade assim exercida pelo obrigado, expressamente a homologa". Nessa medida, diz-se que o pagamento antecipado pelo obrigado extingue o crédito, sob condição resolutória da ulterior homologação ao lançamento (art. 150, § 1º). Partindo-se da ideia de que o crédito tributário estará definitivamente constituído com o procedimento homologatório tácito ou expresso, a aplicação do instituto da moratória, de plano, dependerá de lei dispondo de modo contrário.

Por outro lado, o **STJ** tem considerado que a entrega de Declaração pelo contribuinte (DCTF), com valores corretamente declarados, já se configura com exigibilidade bastante para a imediata inscrição em Dívida Ativa e consequente propositura de execução fiscal, prescindindo-se de lançamento formal. Neste caso, a aplicabilidade da moratória já se torna imediata, não havendo necessidade de lei dispondo de modo contrário, no tocante à sua aplicabilidade.

Passemos, neste momento, ao **art. 155 do CTN**:

Art. 155. A concessão da *moratória em caráter individual* não gera direito adquirido e será revogado de ofício, sempre que se apure que o beneficiado não satisfazia ou deixou de satisfazer as condições ou não cumprira ou deixou de cumprir os requisitos para a concessão do favor, cobrando-se o crédito acrescido de juros de mora:
I – com imposição da penalidade cabível, nos casos de dolo ou simulação do beneficiado, ou de terceiro em benefício daquele;
II – sem imposição de penalidade, nos demais casos.
Parágrafo único. No caso do inciso I deste artigo, o tempo decorrido entre a concessão da moratória e sua revogação não se computa para efeito da prescrição do direito à cobrança do crédito; no caso do inciso II deste artigo, a revogação só pode ocorrer antes de prescrito o referido direito. **(Grifo nosso)**

Tal dispositivo menciona a possibilidade de anulação da moratória individual – favor que **não gera direito adquirido**[27] –, não obstante a criticável terminologia do CTN, que utilizou o termo "revogação", além da falha de concordância nominal, quando se menciona que "a concessão da moratória em caráter individual (...) será 'revogado' de ofício", no lugar de "revogada". Como é sabido, "revoga-se" ato discricionário, e a moratória é um favor legal, passível, portanto, de anulação.

Note o item considerado **INCORRETO**, em prova realizada pela Fundep-Gestão de concursos, para o cargo de Promotor de Justiça Substituto (MPE/MG), em 2017: *"A moratória, como causa de suspensão da exigibilidade do crédito tributário, quando concedida em caráter individual, gera direito adquirido".*

A análise dos dois incisos do dispositivo indica que o prazo prescricional ficará suspenso – caso o sujeito passivo aja com dolo, submetendo-se, portanto, ao pagamento de *tributo*, acrescido de *juros* e *multa de ofício*[28] –, ou não se suspenderá, se o sujeito passivo não tiver agido com fraude, impondo-se a exigência de tributo e juros.

Veja que "o CTN só exclui do cômputo do prazo prescricional o período decorrido desde a concessão da moratória quando esta tiver sido obtida com dolo, fraude ou simulação"[29].

Para o saudoso professor Ricardo Lobo Torres[30], "será revogada se vier a se comprovar a inexistência dos requisitos de legitimação ao favor (as condições estabelecidas em lei) ou o descumprimento dos requisitos para a sua fruição, como acontece com a falta de pagamento das prestações do parcelamento. Revogada a moratória, cobra-se o crédito tributário acrescido de juros de mora e com a imposição de penalidade, nos casos de dolo ou simulação do beneficiário ou de terceiro em benefício daquele".

27. *V.* TORRES, Ricardo Lobo. *Curso de direito financeiro e tributário*, 12. ed., p. 285.
28. *V.* HARADA, Kiyoshi. *Direito financeiro e tributário*, 7. ed., p. 376.
29. AMARO, Luciano. *Direito tributário brasileiro*, 14. ed., p. 417.
30. TORRES, Ricardo Lobo. *Curso de direito financeiro e tributário*, 12. ed., p. 285.

Frise-se que as disposições do art. 155 aplicam-se, igualmente, aos institutos da *isenção* (art. 179, § 2º, CTN), da *anistia* (art. 182, parágrafo único, CTN) e da *remissão* (art. 172, parágrafo único, CTN).

Por fim, urge relembrar que a LC n. 104/2001 procedeu a uma importante modificação no art. 198, § 3º, III, do CTN, afeta à moratória e ao parcelamento, segundo a qual não será vedada a divulgação de informações relativas a esses institutos jurídicos. Com efeito, trata-se de liberalidade conferida pelo legislador à Fazenda, traduzindo-se em prática vexatória e irrazoável do Fisco ou, até mesmo, modalidade de sanção política ou cobrança indireta de tributo.

3 DEPÓSITO DO MONTANTE INTEGRAL

O depósito é "um ato voluntário do sujeito passivo da relação tributária que pretenda suspender a exigibilidade do crédito tributário e, por isso mesmo, não depende de autorização do juiz, nem de qualquer outra autoridade"[31]. Mostra-se como "garantia que se dá ao suposto credor da obrigação tributária, num procedimento administrativo ou em ação judicial"[32].

O depósito é **modalidade suspensiva da exigibilidade do crédito tributário** bastante comum na via judicial, não sendo tão rotineiro, no entanto, na via administrativa.

Note o item (adaptado) considerado **CORRETO**, em prova realizada pela Vunesp, para o cargo de Procurador Jurídico Legislativo da Câmara Municipal de Sertãozinho/SP, em 2014: *"O Depósito do montante integral é uma causa de suspensão da exigibilidade do crédito tributário"*.

Note o item considerado **CORRETO**, em prova realizada pelo CEBRASPE, POLÍCIA FEDERAL, para o cargo de Delegado de Polícia Federal, em 2018: *"Depósito judicial do montante integral do crédito tributário é causa suspensiva de exigibilidade"*.

Note o item considerado **INCORRETO**, em prova realizada pela APRENDER.COM, para o cargo de Advogado da SIMAE/SC (Serviço Intermunicipal de Água e Esgoto de Santa Catarina), em 2016: *"Extingue o crédito tributário o depósito do seu montante integral"*.

De fato, na órbita administrativa, o contribuinte poderá impugnar o crédito e suspender a exigibilidade com a instauração do processo administrativo fiscal, que se dá a partir da apresentação de defesa ou recurso administrativo, em consonância com o inciso III do art. 151 do CTN. É fácil perceber que o depósito na órbita administrativa é solução pouco atraente, em comparação com outras possibilidades, igualmente suspensivas do crédito e menos onerosas ao contribuinte.

31. MACHADO, Hugo de Brito. *Curso de direito tributário*, 29. ed., p. 189.
32. AMARO, Luciano. *Direito tributário brasileiro*, 14. ed., p. 382.

Entretanto, em 1997, com a publicação da Medida Provisória n. 1.621-30/97, estipulou-se a necessidade de depositar 30%, no mínimo, do montante atualizado da dívida, como condição à protocolização do recurso à segunda instância administrativa federal. Era o depósito recursal que, embrionariamente, surgia no processo administrativo tributário, com forte vocação a perdurar na realidade jurídico-tributária.

Tirante o caso do depósito recursal, a ser estudado no próximo tópico, o **depósito do montante integral**, correspondendo à soma do **tributo**, **juros** e **multas**, é um *direito* do contribuinte, que dele se vale visando suspender a exigibilidade do crédito tributário.

> Note o item considerado **INCORRETO**, em prova realizada pela CAIP-USCS, para o cargo de Advogado da CRAISA (Cia. de Abastecimento de Santo André/SP), em 2016: *"Suspende a exigibilidade do crédito tributário o depósito do seu montante parcial"*.

> Note o item (adaptado) considerado **INCORRETO**, em prova realizada pelo IESES, para o cargo de Titular de Serviços de Notas e de Registros (TJ/RO), em 2017: *"Suspende a exigibilidade do crédito tributário o depósito parcial do montante"*.

> Note o item considerado **INCORRETO**, em prova realizada pela Cotec/Unimontes, para o cargo de Advogado da Prefeitura de Bocaiuva/MG, em 2016: *"O depósito do crédito tributário, ainda que parcial, é considerado causa de suspensão de sua exigibilidade"*.

Quanto à *integralidade do depósito*, frise-se que montante legítimo **não é aquele tido como correto pelo contribuinte depositante, mas o que contempla o importe desejado pelo Fisco**. Apenas este será tido como "integral". A propósito, deve ser veiculado *em* ***dinheiro***. Portanto, o depósito realmente suspensivo do crédito será *integral* e em *dinheiro*. Nesse sentido, é a **Súmula n. 112 do STJ**, segundo a qual *"o depósito somente suspende a exigibilidade do crédito se for integral e em dinheiro"*.

> Note o item considerado **INCORRETO**, em prova realizada pela FAURGS, para o cargo de Juiz de Direito Substituto do Estado do Rio Grande do Sul, em 2016: *"O depósito como hipótese de suspensão da exigibilidade do crédito tributário tem por finalidade garantir a demanda, razão pela qual não se restringe a dinheiro, alcançando qualquer bem cujo valor cumpra a sua finalidade"*.

Ainda na temática da integralidade do valor a depositar, frise-se que, em novembro de **2010**, a 1ª Seção do **STJ**, no julgamento do Recurso Representativo da Controvérsia – Tema 378 (**REsp 1.156.668/DF, rel. Min. Luiz Fux**), consolidara o entendimento de que o **art. 151, II, do CTN** é *taxativo* ao elencar as hipóteses de suspensão da exigibilidade do crédito tributário, não contemplando o oferecimento de **seguro garantia** ou **fiança bancária** em seu rol. O orientação foi corroborada pela 1ª Turma do **STJ**, em **25 de junho de 2019**, no **REsp 1.381.254/PR** (rel. Min. Napoleão Nunes Maia Filho), entretanto se destacou que a integralidade do montante em dinheiro, indicada na **Súmula n. 112 do STJ**, não se estende aos "créditos não tributários originários de multa administrativa imposta no exercício do Poder de Polícia". Com efeito, o CTN prevê a suspensão da exigibilidade de crédito "tributário", inexistindo previsão legal para a suspensão do crédito não tributário. Diante da lacuna, cabe ao intérprete buscar colmatá-la, valendo-se de técnicas de integração normativa de correção do sistema, via *analogia*, à luz do art. 4º da Lei de Introdução às normas do Direito Brasileiro – LINDB ("Art. 4º. *Quando a lei for omissa, o juiz decidirá o caso de acordo com a analogia, os costumes e os princípios gerais de direito.*"). Nessa senda hermenêutica, quando observamos o *Novo Código de Processo Civil* (NCPC, Lei n. 13.105/2015) e, ainda, a *Lei das Execuções Fiscais* (LEF, Lei n. 6.830/80), deparamo-nos com uma *equiparação* que nos chama à atenção:

> **NCPC, art. 835, § 2º** Para fins de substituição da penhora, equiparam-se a dinheiro a fiança bancária e o seguro garantia judicial, desde que em valor não inferior ao do débito constante da inicial, acrescido de trinta por cento. **(Grifo nosso)**
>
> **LEF, art. 9º** Em garantia da execução, pelo valor da dívida, juros e multa de mora e encargos indicados na Certidão de Dívida Ativa, o executado poderá: (...)
>
> **II** – oferecer fiança bancária ou seguro garantia; **(Redação dada pela Lei n. 13.043, de 2014)** (...)
>
> **§ 3º** A garantia da execução, por meio de depósito em dinheiro, fiança bancária ou seguro garantia, produz os mesmos efeitos da penhora. **(Redação dada pela Lei n. 13.043, de 2014) (Grifo nosso)**

Percebe-se, sem grande esforço, que o legislador almejou a equiparação entre o dinheiro, a fiança bancária e o seguro garantia, para os fins de substituição da penhora ou mesmo para garantia do valor da dívida ativa, seja ela tributária ou não tributária. Diante disso, o **STJ**, em exegese sistemática, entendeu que é cabível a suspensão da exigibilidade do crédito "não tributário" a partir da apresentação da fiança bancária ou do seguro garantia judicial, desde que em valor não inferior ao do débito constante da petição inicial da ação executiva, acrescido de 30% (trinta por cento). Do ponto de vista da praticidade, não poderia ser outra a conclusão, pois, no momento em que a Fazenda Pública exige o pagamento da dívida ativa, tanto o dinheiro quanto a fiança ou o seguro garantia judicial são colocados imediatamente à sua disposição – daí a similitude dos expedientes com o dinheiro, em si, quanto à liquidez do valor. Ademais, como a controvérsia cinge-se a "crédito não tributário" (multa administrativa), não se poderia alegar ofensa à reserva de lei complementar (art. 146, III, "b", CF), uma vez que tal reserva normativa se faz apenas para o *crédito tributário*.

Um outro aspecto que vale destacar é que a opção pelo depósito pode se dar, até mesmo, nos casos em que já se tenha havido a suspensão do crédito tributário por outro meio – *v.g.*, em provimentos liminares (liminar ou tutela), em ações judiciais –

conforme as possibilidades legais previstas no art. 151 do CTN. O intuito, neste caso, será o de obstar a fluência dos juros de mora, caso o crédito volte a ser exigível.

Ao término da demanda, sobressaindo o depositante como vitorioso, será feito o levantamento do depósito, ainda que remanesçam outros débitos tributários a ele imputáveis. Esta afirmação possui respaldo jurisprudencial no **STJ**:

> **EMENTA:** O depósito inibitório de ação fiscal (CTN, art. 151) deve ser devolvido ao contribuinte em caso de este ser vitorioso na ação a ele relativa. *Não é lícito ao Fisco apropriar-se de tal depósito a pretexto de que existem outras dívidas do contribuinte, oriundas de outros tributos. Semelhante apropriação atenta contra a coisa julgada.* (CPC, arts. 467 e 468 [atuais arts. 502 e 503 do NCPC]) **(REsp 297.115/SP, 1ª T., rel. Min. Humberto Gomes de Barros, j. em 03-04-2001) (Grifo nosso)**

Os depósitos judiciais vencem, em favor da parte vitoriosa a correção monetária e os juros referentes às contas correntes com rendimentos, como costuma ocorrer com os valores custodiados judicialmente. Não se trata, pois, de "juros de mora" (ou "juros moratórios"), uma vez que a "mora" não prospera (não existe inadimplência), haja vista o depósito integral realizado elidir a aplicação de **(I)** juros pela demora do pagamento, bem como a imposição de **(II)** penalidades diante do inadimplemento obrigacional. Aliás, já em **1997**, lapidou-se a **Súmula n. 179 do STJ**, em cujo texto assim se disciplinou: *"O estabelecimento de crédito que recebe dinheiro, em depósito judicial, responde pelo pagamento da correção monetária relativa aos valores recolhidos"*. A propósito, a retórica jurisprudencial mais recente, no **STJ**, vem abalizando a tese, conforme se nota no **REsp 1.122.017/PR, rel. Min. Luiz Fux, 1ª T., j. em 03-12-2009.**

De outra banda, vencido o contribuinte, haverá a conversão do depósito em renda, destinado definitivamente aos cofres públicos, com a decorrencial extinção do crédito tributário (art. 156, VI, CTN).

A propósito, uma instigante questão exsurge: *na hipótese de extinção do processo sem resolução do mérito, cabe conversão em renda do depósito ou o levantamento dele pelo próprio contribuinte?*

Entendemos que a existência do depósito mostra-se umbilicalmente vinculada ao resultado do processo. Nosso pensar rima com o entendimento doutrinário corrente[33]. Se não há resolução do mérito, só pode ocorrer o levantamento do valor pelo contribuinte, haja vista a imutabilidade da relação jurídico-tributária em foco perante a decisão judicial prolatada.

Curiosamente, o **STJ** firmou orientação em **sentido oposto**, admitindo-se a conversão do depósito em renda. Observe a ementa:

33. *V.* COSTA, Regina Helena. *Curso de Direito Tributário* – Constituição e Código Tributário Nacional. São Paulo: Saraiva, 2009, pp. 238-239.

EMENTA: PROCESSUAL CIVIL E TRIBUTÁRIO. AGRAVO REGIMENTAL. AFRMM. EXTINÇÃO DO PROCESSO SEM JULGAMENTO DO MÉRITO. DEPÓSITO JUDICIAL EFETUADO PARA SUSPENDER A EXIGIBILIDADE DO CRÉDITO. CONVERSÃO EM RENDA. PRECEDENTES. 1. Com o julgamento dos Embargos de Divergência no Recurso Especial n. 479.725/BA (relator Ministro José Delgado), firmou-se, na Primeira Turma do STJ, o entendimento de que, na hipótese de extinção do mandado de segurança sem julgamento de mérito, em face da ilegitimidade passiva da autoridade apontada como coatora, os depósitos efetuados pelo contribuinte para suspender a exigibilidade do crédito tributário devem ser convertidos em renda da Fazenda Pública. 2. Agravo regimental improvido. **(AgRg no Ag 756.416/SP, rel. Min. João Otávio de Noronha, 2ª T., j. em 27-06-2006)**

Logo após, em **2008**, em outro julgado, o **STJ** ratificou o posicionamento, salientando que, nas extinções do feito sem resolução do mérito, o depósito deve ser convertido em renda do Fisco, ressalvas as seguintes hipóteses: (**I**) se o tributo for claramente indevido, *v.g.*, como resultado de uma declaração de inconstitucionalidade com efeito vinculante; ou (**II**) se a Fazenda Pública litigante não for o titular do crédito. Observe a ementa:

EMENTA: TRIBUTÁRIO. MANDADO DE SEGURANÇA. EXTINÇÃO DO PROCESSO SEM RESOLUÇÃO DO MÉRITO. DEPÓSITO JUDICIAL EFETUADO PARA SUSPENDER A EXIGIBILIDADE DO CRÉDITO. CONVERSÃO EM RENDA. PRECEDENTES. 1. (...) 2. Em regra, no caso de extinção do feito sem resolução do mérito, o depósito deve ser repassado aos cofres públicos, ante o insucesso da pretensão, a menos que se cuide de tributo claramente indevido, como no caso de declaração de inconstitucionalidade com efeito vinculante, ou ainda, por não ser a Fazenda Pública litigante o titular do crédito. No caso, cuida-se de mandado de segurança impetrado contra a exigência da contribuição para o Finsocial, após a instituição da contribuição social sobre o lucro das pessoas jurídicas (CSLL), cuja inconstitucionalidade jamais foi reconhecida pelo STF. 3. Recurso especial provido. **(REsp 901.052/SP, rel. Min. Castro Meira, 1ª T., j. em 13-02-2008)**

De fato, o **depósito do montante integral** "assegura ao sujeito passivo o direito de contestar e discutir o crédito tributário, sem sofrer os atos executórios, quando por outra forma não esteja suspensa a exigibilidade do crédito tributário e, ao mesmo tempo, garante o recebimento desse crédito pela Fazenda Pública, caso saia vitoriosa da discussão (CTN. art. 156, VI), como também garante ao sujeito passivo que, logrando sucesso na sua demanda, obtenha a restituição do valor depositado, sem sujeitar-se ao sistema de pagamento por precatório, previsto no art. 100 da Constituição Federal"[34].

34. SAKAKIHARA, Zuudi; FREITAS, Vladimir Passos de (Coord.). *Código Tributário Nacional comentado*. 4. ed. São Paulo: RT, 2007, p. 690.

Vale lembrar que, nos depósitos judiciais, a conversão deste em renda somente poderá ser realizada sob o crivo do Poder Judiciário, ou seja, partilhamos do entendimento de que somente o juiz poderá determinar a conversão do depósito em renda, transferindo-se para o Judiciário o controle da tributação. Mesmo que a lide tenha chegado a seu termo, com a vitória sacramentada do Fisco, manter-se-á a exigibilidade suspensa até que se faça a conversão do depósito em renda e se extinga o crédito tributário.

Nesse sentido, Sacha Calmon[35] ressalta que "os depósitos feitos em juízo não podem ser unilateralmente retirados. Eles suspendem a exigibilidade do crédito, e as decisões judiciais definitivas que declaram a existência do dever de pagar ou que validam os atos de exigência do crédito tributário respaldam a sua conversão em renda, sem ferir nem de longe a dogmática da tributação".

Colacionamos adiante um julgado que confronta a posição:

> **EMENTA:** AÇÃO DECLARATÓRIA. DEPÓSITO SUSPENSIVO DA EXIGIBILIDADE DO CRÉDITO TRIBUTÁRIO. LEVANTAMENTO. Somente poderá ser levantando, ou convertido em renda, o depósito judicial destinado a suspender a exigibilidade do crédito tributário, *após o trânsito em julgado da sentença.* Lei n. 6.830 de 22-09-1980, arts. 32, § 2º, e 38. Recurso ordinário desprovido. **(RMS 4.231/DF, rel. Min. Antônio de Pádua Ribeiro, 2ª T., j. em 14-11-1996) (Grifo nosso)**

É importante enaltecer que *o depósito do montante integral não constitui pressuposto para a discussão judicial do débito*, uma vez que nenhuma lesão ou ameaça de lesão será afastada da apreciação do Poder Judiciário, não podendo, consequentemente, o legislador condicionar o exercício do direito de ação ao depósito do tributo discutido. Assim, o art. 38 da Lei de Execuções Fiscais (LEF; Lei n. 6.830/80), que exige depósito preparatório, encontra-se dissonante dos direitos e garantias preservados no texto constitucional (art. 5º, XXXV, CF).

Observe os dispositivos mencionados, em pleno cotejo:

> **Art. 38.** A discussão judicial da Dívida Ativa da Fazenda Pública só é admissível em execução, na forma desta Lei, salvo as hipóteses de mandado de segurança, ação de repetição do indébito ou ação anulatória do ato declarativo da dívida, esta precedida do depósito preparatório do valor do débito, monetariamente corrigido e acrescido dos juros e multa de mora e demais encargos.
>
> **Art. 5º (...)**
>
> **XXXV** – a lei não excluirá da apreciação do Poder Judiciário lesão ou ameaça a direito;

35. COÊLHO, Sacha Calmon Navarro. *Curso de direito tributário brasileiro*, 6. ed., p. 683.

É evidente que o art. 38 da Lei n. 6.830/80, na parte que exige o **prévio depósito** para propositura de ação anulatória de crédito tributário inscrito na dívida ativa – que é de natureza facultativa, como é cediço –, macula o princípio da jurisdição que o legislador constituinte pretendeu homenagear como um Direito ou Garantia Fundamental[36].

Note o item considerado **INCORRETO**, em prova realizada pela FCC, para o cargo de Procurador do Estado de Mato Grosso (PGE/MT), em 2016: *"O depósito prévio previsto no art. 38, da LEF – Lei de Execução Fiscal, constitui condição de procedibilidade da ação anulatória de débito fiscal"*.

Nesse sentido, é a **Súmula n. 247** do extinto **TFR**, segundo a qual *"não constitui pressuposto da ação anulatória do débito fiscal o depósito de que cuida o art. 38 da Lei n. 6.830/80"*.

Frise-se que "o depósito não se confunde com a consignação em pagamento (...). Quem consigna quer pagar. Já o depositante não quer pagar, quer discutir o débito"[37].

Por fim, vale ressaltar o teor da **Súmula Vinculante n. 28 do STF**:

É inconstitucional a exigência de depósito prévio como requisito de admissibilidade de ação judicial na qual se pretenda discutir a exigibilidade de crédito tributário.

Note o item (adaptado) considerado **CORRETO**, em prova realizada pela Vunesp, para o cargo de Advogado da Câmara Municipal de Registro/SP, em 2016: *"João Fagundes recebeu notificação de lançamento do IPTU de imóvel de sua propriedade, entretanto, discordando do valor cobrado, ingressou com ação anulatória de lançamento tributário na Vara da Fazenda Pública do Estado onde se localiza o imóvel. O Juízo determinou que João efetue, dentro do quinquídio, o depósito prévio do montante constante do lançamento, sob pena de extinção do feito. A exigência do Juízo é inconstitucional porque o depósito prévio não é requisito de admissibilidade da ação anulatória de lançamento tributário pela qual se pretenda discutir a exigibilidade do crédito tributário"*.

Note o item considerado **CORRETO**, em prova realizada pelo Cebraspe, para o cargo de Promotor de Justiça Substituto (MPE/RR), em 2017: *"Segundo o STF, é inconstitucional a exigência de depósito prévio como requisito de admissibilidade de ação judicial na qual se pretenda discutir a exigibilidade do crédito tributário"*.

Observação: item semelhante, exigindo cópia da *Súmula Vinculante n. 28*, foi considerado **CORRETO**, em prova realizada pela Consulplan, para o cargo de Titular de Serviços de Notas e de Registros (TJ/MG), em 2017.

36. *V.* HARADA, Kiyoshi. *Direito financeiro e tributário*, 7. ed., p. 377.
37. AMARO, Luciano. *Direito tributário brasileiro*, 14. ed., p. 382.

4 RECLAMAÇÕES E RECURSOS ADMINISTRATIVOS

A reclamação e o recurso administrativos corporificam a possibilidade de suspensão do crédito tributário pela via não judicial da litigiosidade. Aliás, aos litigantes, em processo administrativo, serão assegurados a ampla defesa e o contraditório, com os meios e recursos a ela inerentes, conforme o art. 5º, LV, da Carta Magna:

> **Art. 5º (...)**
>
> **LV** – aos litigantes, em processo judicial ou administrativo, e aos acusados em geral são assegurados o contraditório e ampla defesa, com os meios e recursos a ela inerentes;

Muito utilizada pelo advogado tributarista, a suspensão do crédito tributário por meio de impugnações e recursos administrativos se mostra bastante atraente por não exigir custas judiciais e, em muitos casos, por se revelar como o primeiro passo, antes da via judicial, na discussão dos lançamentos tributários efetivados.

De fato, o processo administrativo fiscal (PAF) prevê efeito suspensivo às defesas e recursos, estipulados em lei, que venham a ser tempestivamente protocolizados na repartição pública, como forma de oposição ao lançamento tributário.

Não é demasiado enfatizar que, enquanto perdurar a discussão administrativa, quer em grau de impugnação, quer em grau de recurso, o crédito tributário manter-se-á suspenso, permitindo ao contribuinte a obtenção de **certidão positiva com efeitos de negativa**, consoante o art. 206 do CTN. De igual modo, a situação **obstará a cobrança judicial do tributo**, por meio da ação de execução fiscal.

A esse respeito, Luciano Amaro[38] recorda que, "presente uma causa de suspensão da exigibilidade do crédito tributário, fica, portanto, o sujeito ativo impedido de exercitar atos de cobrança".

> Note o item (adaptado) considerado **CORRETO**, em prova realizada pelo Cebraspe, para o cargo de Auditor Fiscal de Controle Externo (TCE/SC), em 2016: *"Autoridade fiscal de determinado município foi denunciada no TCE por ter emitido certidão positiva com efeitos de negativa para uma empresa que detinha débitos de ISS com o município. Na denúncia, constava que a certidão havia sido expedida durante o período em que era analisado, em processo administrativo tributário, o recurso interposto pela empresa contra a decisão em primeira instância, que havia julgado improcedente a impugnação do contribuinte e concluído pela subsistência do auto de infração, dada a existência de débito da empresa. Considerando essa situação hipotética e os artigos 205 e 206 do CTN, agiu corretamente a autoridade fiscal ao expedir a referida certidão, visto que o julgamento do recurso administrativo ainda estava pendente".*

38. AMARO, Luciano. *Direito tributário brasileiro*, 14. ed., p. 378.

> Note o item considerado **CORRETO**, em prova realizada pela FGV, para o XVII Exame de Ordem Unificado, em 2015: *"Após ser intimada da lavratura de um auto de infração visando à cobrança da COFINS dos últimos cinco anos, a pessoa jurídica 'XYZ Participações Ltda.' verificou que o tributo não era devido e ofereceu impugnação ao auto de infração. Como irá participar de uma licitação, a pessoa jurídica em questão irá precisar de 'certidão de regularidade fiscal', no caso, de 'Certidão Positiva de Débito com Efeito de Negativa (CPD-EN)'. Na hipótese, considerando que o contribuinte não possui outros débitos, a impugnação ao auto de infração suspende a exigibilidade do crédito, sendo possível a emissão da CPD-EN".*

Com efeito, não se pode inscrever em dívida ativa, trazendo exequibilidade ao tributo ora cobrado, se lhe falta a precedente exigibilidade, própria do crédito tributário constituído pelo lançamento. Se a exigibilidade encontra-se suspensa, não há que se falar em cobrança judicial, nem mesmo em termo *a quo* para a contagem do prazo prescricional.

Ad argumentandum, admitir como válida a inscrição de um crédito tributário, com sua exigibilidade ainda suspensa, bem como a decorrencial execução fiscal, é prestigiar o absurdo, razão por que, à luz do processo judicial tributário, poder-se-ia pensar na arguição de nulidade do título executivo em sede de ***objeção de (pré-/não) executividade***, buscando evitar a constrição judicial de bens. Com efeito, assim entendeu o STJ, assegurando que "é vedado o ajuizamento de execução fiscal em face do contribuinte antes do julgamento definitivo do competente recurso administrativo" **(AgRg no AREsp 170.309/RJ, rel. Min. Benedito Gonçalves, 1ª T., j. em 04-10-2012).**

> Note o item considerado **CORRETO**, em prova realizada pela Consulplan, para o cargo de Analista Judiciário (TRF/2ª Região), em 2017: *"Determinado contribuinte ingressou com recurso administrativo impugnando o crédito tributário que lhe é exigido pela Fazenda Estadual. Na pendência da apreciação deste recurso, a Fazenda ingressou com execução fiscal do crédito impugnado. O advogado do contribuinte ingressou com exceção (objeção) de pré-executividade em defesa do cliente. Na situação analisada, é correto afirmar que a exceção de pré-executividade deve ser admitida e acolhida, ante a inexigibilidade do crédito, por força de existir processo administrativo em curso".*

Frise-se que o legislador, ao utilizar o vocábulo "reclamações", fez menção à inicial manifestação de irresignação do sujeito passivo contra o lançamento tributário. A **reclamação**, também chamada *impugnação* ou *defesa*, é o petitório endereçado às seções de julgamento, ocupadas por servidores que representam, com exclusividade, o Fisco. Em 5 de maio de **2015**, a 2ª Turma do **STJ**, no **REsp 1.372.368/PR** (rel. Min. Humberto Martins), entendeu que "*não suspende a exigibilidade do crédito tributário a reclamação administrativa interposta perante o Conselho Administrativo de Recursos Fiscais (CARF) na qual se questione a legalidade do ato de exclusão do contribuinte de programa de parcelamento*". Com efeito, o art. 151, III, do CTN versa sobre petitórios que discutirão o lançamento em si, vale dizer, a exigibilidade do crédito tributário. A defesa deve ser protocolizada no prazo legal – geralmente, de 30 dias –, salientando-se que, na atual visão do **STJ**, "ausente na notificação de lançamento o prazo para a apresentação de defesa administrativa, (...), é nula a respectiva cobrança" (**AgRg no REsp 1.352.234/PR, rel. Min. Humberto Martins, 2ª T., j. em 21-02-2013**).

O termo "recurso", por sua vez, refere-se ao petitório por meio do qual se possibilita a obtenção de um "rejulgamento" da decisão prolatada na "primeira instância" administrativa, direcionando-se a decisão recorrida para um órgão colegiado, ocupado por representantes do Fisco e do contribuinte. Como exemplos, podemos citar o *Tribunal de Impostos e Taxas* (TIT/SP) do Estado de São Paulo, na órbita estadual, e o Conselho de Contribuintes, na órbita federal. A propósito, o *Conselho de Contribuintes* sofreu alteração em sua estrutura. À luz da Lei n. 11.941/2009, resultado da conversão da MP n. 449/2008, foi instituído o *Conselho Administrativo de Recursos Fiscais* (CARF) – que passa a ser o novo tribunal administrativo tributário federal, no lugar do extinto Conselho de Contribuintes.

O CARF continua ligado à estrutura do Ministério da Fazenda, à semelhança do Conselho de Contribuintes, sendo formado por representantes do Fisco e dos contribuintes. Ao CARF compete o julgamento de recursos de ofício e voluntário de decisões de primeira instância, bem como os recursos de natureza especial, que versem sobre tributos administrados pela Secretaria da Receita Federal do Brasil.

Vale lembrar que o pedido administrativo realizado pelo contribuinte, quanto ao cancelamento de débito inscrito em dívida ativa não suspende a exigibilidade do crédito tributário, sendo irrelevante o *nomen juris*, ou seja, "defesa", "pedido de revisão de débito inscrito na dívida ativa" ou qualquer outro. Além disso, não obsta o prosseguimento da execução fiscal e a manutenção do nome do devedor no CADIN.

Como se sabe, a manifestação de inconformidade ("reclamações" ou "recursos"), prevista no art. 151, III, do CTN, verifica-se de forma antecedente à inscrição em dívida ativa. Se ocorrer após esta, representará apenas o exercício do *direito de petição* aos órgãos públicos, não tendo o condão de reabrir a discussão administrativa. Aliás, a via mais adequada para o interessado deverá ser a instância jurisdicional (Poder Judiciário), a quem caberá a apreciação de eventual lesão ou ameaça ao direito do sujeito processual interessado. Para o **STJ**, que apreciou a vertente questão, "*pensar o contrário implicaria subverter o ordenamento jurídico, conferindo ao administrado o poder de duplicar ou 'ressuscitar', tantas vezes quantas lhe for possível e/ou conveniente, o contencioso administrativo*". (**REsp 1.389.892/SP, rel. Min. Herman Benjamin, 2ª T., j. em 27-08-2013**)

Por fim, é importante destacar o teor do parágrafo único do **art. 38 da Lei n. 6.830/80**, segundo o qual "a propositura, pelo contribuinte, da ação prevista neste artigo importa em renúncia ao poder de recorrer na esfera administrativa e desistência do recurso acaso interposto".

Note o item considerado **INCORRETO**, em prova realizado pelo Cebraspe, para o cargo de Procurador Municipal da Prefeitura de Belo Horizonte/MG, em 2017: "*A propositura, pelo contribuinte, de ação de repetição do indébito não implicará renúncia ao poder de recorrer na esfera administrativa acerca da mesma questão*".

Note o item considerado **CORRETO**, em prova realizada pela FGV, para o XXI Exame de Ordem Unificado, em 2017: *"João deixou de pagar o Imposto de Importação sobre mercadoria trazida do exterior, sendo notificado pelo fisco federal. Ao receber a notificação, logo impugnou administrativamente a cobrança. Percebendo que seu recurso administrativo demoraria longo tempo para ser apreciado e querendo resolver a questão o mais rápido possível, propõe ação anulatória para discutir matéria idêntica àquela demandada administrativamente. Com base nesse relato, é possível assegurar que a concomitância de defesa administrativa com medida judicial versando sobre matérias idênticas implica desistência do recurso administrativo interposto".*

4.1 O depósito recursal na órbita administrativa

Na órbita administrativa, o depósito recursal é solução pouco atraente, em comparação com a via das reclamações e dos recursos administrativos, igualmente suspensiva do crédito e menos onerosa ao contribuinte.

Entretanto, em 1997, com a publicação da Medida Provisória n. 1.621-30/97, estipulou-se a necessidade do depósito de 30%, no mínimo, do montante atualizado da dívida, como condição à protocolização do recurso à segunda instância administrativa federal. Era o **depósito recursal** que, embrionariamente, surgia no processo administrativo tributário, com forte vocação a perdurar na realidade jurídico-tributária. Observe o **art. 33, § 2º, da Medida Provisória n. 1.621/97:**

> **Art. 33. (...)**
>
> **§ 2º** Em qualquer caso, o recurso voluntário somente terá seguimento se o recorrente o instruir com prova do depósito de valor correspondente a, no mínimo, trinta por cento da exigência fiscal definida na decisão.

Depois de dezenas de reedições do indigitado instrumento normativo, incluiu-se a possibilidade de, alternativamente ao depósito de **30%**, prestarem-se garantias ou arrolarem-se em bens e direitos de valor igual ou superior à exigência fiscal definida na decisão. De uma forma ou de outra, o seguimento do recurso voluntário estaria condicionado à providência do recorrente.

A temática do depósito recursal movimentou o Poder Judiciário nos últimos anos. É que este depósito antecipado, exigido no âmbito da Receita Federal e também perante o Instituto Nacional do Seguro Social (INSS) – atualmente, aglutinados na Receita Federal do Brasil –, conquanto arduamente atacado pelos contribuintes, foi considerado constitucional pelo STF em duas oportunidades, em 1995 e 1999: a primeira, com o julgamento da Medida Cautelar na ADIn 1.049-2; e a segunda, com o julgamento das ADIns 1.922-9 e 1.976-7. Na ocasião, o Pretório Excelso chancelou o entendimento de que inexistia a garantia constitucional ao duplo grau de jurisdição administrativa.

De fato, desde o início, o Pleno do **STF** já se mostrava favorável à tese da validade do depósito recursal:

EMENTA: CONSTITUCIONAL. ADMINISTRATIVO. RECURSO: OBRIGATORIEDADE DO DEPÓSITO PRÉVIO DA MULTA IMPOSTA. (...) Compatibilidade da exigência com o art. 5º, LV, CF/88. Precedente: ADIN 1.049 (cautelar). Recurso conhecido e provido. **(RE 210.246/GO, Pleno, rel. Min. Ilmar Galvão, rel. p/ acórdão Min. Nelson Jobim, j. em 12-11-1997)**

O **STJ** seguiu idêntica linha de defesa do depósito antecipado:

EMENTA: RECURSO ORDINÁRIO EM MANDADO DE SEGURANÇA. RECURSO ADMINISTRATIVO. CONDICIONANTE DE DEPÓSITO PRÉVIO. CONSTITUCIONALIDADE. PRECEDENTES DO COLENDO STF. 1. Consoante jurisprudência do colendo STF, é constitucional a condicionante do depósito prévio para a interposição de recurso administrativo, não obstante considere-se que a CF de 1988 não garante o duplo grau de jurisdição administrativa (STF, ADIMC n. 1.049 e RE 210.246). 2. Recurso não provido. **(RMS 14.207/RJ, 1ª T., rel. Min. José Delgado, j. em 18-06-2002)**

Assim, em pouco tempo, a jurisprudência se firmou no sentido de entender cabível, como condição de procedibilidade para recurso interposto em processo administrativo fiscal, a exigência legal de depósito recursal, ou de arrolamento de bens na mesma proporção.

Ocorre que, em 28 de março de **2007**, o **STF**, por 9 votos a 1, derrubou a exigência de depósito recursal como condição à protocolização de recurso administrativo perante o INSS e a Receita Federal.

A propósito, firmou-se tal orientação no julgamento do **RE 389.383/SP** e do **RE 390.513/SP**, ambos de relatoria do Ministro Marco Aurélio, em que se discutia a constitucionalidade dos §§ 1º e 2º do art. 126 da Lei n. 8.213/91, com a redação dada pelo art. 10 da Lei n. 9.639/98, originária da Medida Provisória n. 1.608-14/98.

Na mesma sessão, foram apreciados outros recursos sobre o tema, incluindo uma Ação Direta de Inconstitucionalidade (ADIn 1976/2007), que questionava o arrolamento de bens para discussão administrativa de tributos do Fisco. O entendimento aplicado a todos os casos foi único: a inconstitucionalidade de garantia prévia para recurso administrativo.

O relator, Ministro Marco Aurélio, votando contra a exigência do depósito recursal, foi acompanhando por todos os demais Ministros, exceto por Sepúlveda Pertence, que preferiu julgar pela constitucionalidade do mecanismo.

A bem da verdade, a "virada jurisprudencial" era prevista. Argumenta-se, de há muito, no bojo de centenas de ações que transitam no Judiciário, em plena efervescência contra o depósito recursal, que a exigência condicionante viola o art. 5º, LV, da CF, assegurador da ampla defesa e do contraditório aos litigantes em processos administrativos ou judiciais. Tal dispositivo constitucional bem glorifica a *dupla análise* do processo, em que a segunda será feita, gratuitamente, por órgão colegiado e superior, suspendendo-se a produção dos efeitos da *primeira* decisão, que lhe precedeu, na órbita administrativo-tributária.

É fato que a exigência do depósito recursal, além de dificultar o direito de contestação do contribuinte, viola a isonomia, uma vez que apenas o litigante mais abastado terá direito ao "rejulgamento" da decisão contra a qual se interpõe o recurso. Ademais, diante do obstáculo imposto, é fato que muitos contribuintes deixavam de prosseguir a disputa na órbita administrativa, tentando reverter o quadro na via judicial, já superlotada de processos.

Acresça-se, ainda, como crítica à medida obstativa em comento, que o duplo grau de jurisdição – relativizável, sim, haja vista caber ao legislador infraconstitucional o poder de regulamentar o seu acesso – é inafastável instrumento de pacificação social. Com efeito, a decisão monocrática não está imune a erros e imprecisões, e seu reexame visa exatamente tranquilizar o jurisdicionado, quer ratificando o entendimento da sessão de julgamento *a quo*, quer alterando-lhe a essência, por inovadora visão do órgão colegiado *ad quem*.

Por outro lado, sempre subsistiram argumentos favoráveis à necessidade do depósito recursal, muitos dos quais chancelados na própria e inicial jurisprudência do **STJ** e **STF**. Nessa linha, defendeu-se que o mecanismo, resguardando interesses da Fazenda, servia para barrar a protocolização de recursos não meritórios, meramente procrastinatórios, no intuito exclusivo de protelar a cobrança da dívida.

Como se notou, tais argumentos, ainda que verdadeiros em parte, não foram técnica e suficientemente robustos para se eternizarem na tributarística, prevalecendo altaneiros diante da pletora de motivos justificadores de seu afastamento. Daí que o STF, revendo sua posição, mostrou-se seduzido por esses argumentos pontuais, passando a abonar o afastamento da exigência do depósito recursal, permitindo o livre conhecimento de recursos no âmbito do processo administrativo, especialmente nos casos de processo de caráter administrativo-fiscal.

Vale a pena expor, ainda que em apertada síntese, os principais argumentos que levaram o **STF** a mudar o posicionamento nesta "virada jurisprudencial":

1º. Em nossa Carta Magna, subsiste a garantia do *devido processo legal* (*due process of law*; art. 5º, LIV), da qual deflui, em uma vertente, a *vedação de restrição despida de razoabilidade e proporcionalidade* (acepção *substantiva* ou *material*), e, em outra, o direito à *ampla defesa* dos interessados (acepção *adjetiva* ou *procedimental*);

2º. É imanente ao postulado da ampla defesa a *livre e plena utilização dos recursos*, que são perfeitamente cabíveis tanto no processo judicial quanto no processo administrativo;

3º. É da tradição jurídica que se garanta *o acesso à protocolização de recursos*, permitindo-se o reexame por autoridade hierarquicamente superior, em homenagem ao *princípio do duplo grau de jurisdição administrativa;*

4º. Não se pode obstaculizar o acesso ao exercício do duplo grau, impondo-se condicionadores ônus financeiros à fruição do *direito recursal*, sob pena de violação (I) ao imunitório preceptivo que resguarda o *princípio da gratuidade do direito de petição aos poderes públicos,* sem quaisquer ônus *(art. 5º, XXXIV, "a", CF)* e (II) ao *princípio* *da isonomia*, quando se estabelece diferenciação em razão da situação financeira dos contribuintes (art. 5º, *caput*, e art. 150, II, CF);

5º. Por fim, na seara tributária, a *suspensão da exigibilidade do crédito tributário* decorre direta e autonomamente da previsão do artigo 151, III, do CTN, que não sinaliza qualquer condição ou ônus ao exercício do direito recursal, do que se depreende que qualquer norma obstativa deve estar prevista em *lei complementar*, à luz do art. 146, III, "b", da Carta Magna. **(Grifos nossos)**

Registre-se que o **STF**, após o pronunciamento em março de 2007, voltou a ser provocado, mantendo-se firme na orientação consolidada:

> **Em 28-03-2007: EMENTA:** RECURSO ADMINISTRATIVO. DEPÓSITO. § 2º DO ARTIGO 33 DO DECRETO N. 70.235/72. INCONSTITUCIONALIDADE. *A garantia constitucional da ampla defesa afasta a exigência do depósito como pressuposto de admissibilidade de recurso administrativo.* **(RE 388.359/PE, Pleno, rel. Min. Marco Aurélio, j. em 28-03-2007) (Grifo nosso)**
>
> **Em 29-05-2007: EMENTA:** RECURSO EXTRAORDINÁRIO. EXIGÊNCIA LEGAL DE PRÉVIO DEPÓSITO DO VALOR DA MULTA COMO CONDIÇÃO DE ADMISSIBILIDADE DO RECURSO ADMINISTRATIVO. OCORRÊNCIA DE TRANSGRESSÃO AO ART. 5º, LV, DA CONSTITUIÇÃO DA REPÚBLICA. NOVA ORIENTAÇÃO JURISPRUDENCIAL FIRMADA PELO PLENÁRIO DO STF. RECURSO DE AGRAVO PROVIDO. *A exigência legal de prévio depósito do valor da multa, como pressuposto de admissibilidade de recurso de caráter meramente administrativo, transgride o art. 5º, LV, da Constituição da República.* Revisão da jurisprudência: RE 390.513/SP (Pleno). **(RE-AgR 504.288/BA, 2ª T., rel. Min. Celso de Mello, j. em 29-05-2007) (Grifo nosso)**
>
> **Em 14-08-2007: EMENTA:** RECURSO EXTRAORDINÁRIO: CONHECIMENTO. (...) 2. Processo Administrativo: depósito da multa. *Em julgamento, o Supremo decidiu que a exigência do depósito do valor da multa, como condição de admissibilidade do recurso na esfera administrativa, é inconstitucional, por violar as garantias constitucionais do direito de petição, do contraditório, e da ampla defesa* (RREE 388.359, 389.383, e 390.513, M. Aurélio, e ADIns 1.922 e 1.976, Joaquim, Inf. 461 e 462). **(RE-AgR-AgR 402.904/PE, 1ª T., rel. Min. Sepúlveda Pertence, j. em 14-08-2007) (Grifo nosso)**

A propósito, na sessão plenária de 29-10-**2009**, foi editada a **Súmula Vinculante n. 21**, segundo a qual *"é inconstitucional a exigência de depósito ou arrolamento prévios de dinheiro ou bens para admissibilidade de recurso administrativo"*.

> Note o item considerado **INCORRETO**, em prova realizada pela Vunesp, para o cargo de Analista/Advogado (CR-Bio, 1ª Região), em 2017: *"De acordo com entendimento sumular, é constitucional a exigência de depósito ou arrolamento prévios de dinheiro ou bens para admissibilidade de recurso administrativo"*.
>
> **Observação:** item semelhante, ao afirmar que "é constitucional a exigência do depósito (...)", foi considerado **INCORRETO**, estando previsto nas provas das seguintes instituições: **(I)** Vunesp, para o cargo de Juiz de Direito Substituto do TJ/RJ (XLVII Concurso), em 2016; **(II)** Vunesp, para o cargo de Procurador Jurídico da Prefeitura de Mogi das Cruzes/SP, em 2016.

Note o item considerado **INCORRETO**, em prova realizada pela Serctam, para o cargo de Advogado da Prefeitura de Quixadá/CE, em 2016: *"Segundo o entendimento sumulado do STF, não é inconstitucional a exigência de depósito ou arrolamento prévios de dinheiro ou bens para admissibilidade de recurso administrativo".*

O **STJ**, nessa toada, passou a consagrar a tese, acompanhando o Pretório Excelso. Observe o didático julgado, no qual se exterioriza a mudança de posicionamento do próprio STJ:

> **EMENTA:** RECURSO ESPECIAL. TRIBUTÁRIO. RECURSO ADMINISTRATIVO. DEPÓSITO PRÉVIO. REQUISITO DE ADMISSIBILIDADE RECURSAL. ART. 250 DO DECRETO-LEI 5/75, COM A REDAÇÃO DADA PELA LEI ESTADUAL 3.188/99. INCONSTITUCIONALIDADE DECLARADA PELO STF. ENTENDIMENTO REFORMULADO PARA ACOMPANHAR A ATUAL JURISPRUDÊNCIA FIRMADA PELA SUPREMA CORTE. RECURSO DESPROVIDO. ***1.*** *Este STJ consagrou orientação no sentido da legalidade da exigência do depósito prévio como condição de admissibilidade de recurso administrativo, por entender que o referido requisito recursal não se incompatibilizava com a norma inserta no art. 151, III, do CTN, assim como o STF também firmou entendimento jurisprudencial na linha da constitucionalidade do referido depósito recursal.* **2.** Todavia, aquela Suprema Corte, revendo o posicionamento anterior, nas sessões do Pleno de 28 de março e 2 de abril de 2007, passou a entender no sentido da inconstitucionalidade da "exigência de depósito prévio como condição de admissibilidade de recurso na esfera administrativa", sob o fundamento de que sua exigência "ofende o art. 5º, LV, da CF – que assegura aos litigantes, em processo judicial ou administrativo, e aos acusados em geral, o contraditório e a ampla defesa, com os meios e recursos a ela inerentes –, bem como o art. 5º, XXXIV, "a", da CF, que garante o direito de petição, gênero no qual o pleito administrativo está inserido, independentemente do pagamento de taxas" (Informativo 461/STF). **3.** Naquela ocasião, o STF declarou a inconstitucionalidade: (a) do art. 32 da MP 1.699-41/98, convertida na Lei 10.522/2002 (RE 383.359/PE, rel. Min. Marco Aurélio, e ADI 1.976/DF, rel. Min. Joaquim Barbosa); *(b)* dos §§ 1º e 2º do art. 126 da Lei 8.213/91, com redação dada pela MP 1.60814/98, convertida na Lei 9.639/98 (RE 389.383/SP e RE 390.513/SP, rel. Min. Marco Aurélio); *(c)* do art. 250 do DL 5/75, com a redação da Lei 3.188/99, ambos do Estado do Rio de Janeiro (AgRg no AI 398.933/RJ e AgRg no AI 408.914/RJ, rel. Min. Sepúlveda Pertence); *(d)* do *caput* do art. 19 da Lei 8.870/94 (ADI 1.074/DF, rel. Min. Eros Grau). **4.** No caso específico dos autos, questiona-se a exigência do depósito prévio previsto no art. 250 do DL 5/75, com as alterações introduzidas pelas Leis 3.188/99 e 3.344/99, do Estado do Rio de Janeiro, cuja inconstitucionalidade também foi declarada pelo STF, em controle difuso de constitucionalidade (AgRg no AI 408.914/RJ e AgRg no AI 398.933/RJ). ***5.*** *Infere-se, portanto, que, com o reconhecimento pela Corte Suprema da incompatibilidade entre a exigência do depósito prévio e os princípios consagrados no art. 5º, XXXIV e LV, da Constituição Federal – direito de petição e garan-*

> *tia do contraditório e da ampla defesa –, e com a consequente declaração de inconstitucionalidade das normas que disciplinavam a matéria, não há como manter o entendimento anteriormente firmado por este STJ, no sentido da legalidade da exigência do mencionado depósito recursal, em virtude da inafastável supremacia da Constituição Federal em face da legislação federal.* 6. Recurso especial desprovido. **(REsp 655.539/RJ, 1ª T., rel. Min. Denise Arruda, j. em 02-08-2007; ver, ademais, o REsp 986.967/SP, 1ª T., rel. Min. Luiz Fux, j. em 04-03-2008) (Grifos nossos)**

Em março de **2009**, um pouco antes da publicação da mencionada **Súmula Vinculante n. 21**, foi editada a **Súmula n. 373 do STJ**, na qual se cristalizou o seguinte entendimento: *"É ilegítima a exigência de depósito prévio para admissibilidade de recurso administrativo"*.

Pensamos, por fim, que a decisão do STF deve ser estendida a todo tipo de tributo e processo administrativo, federais ou não, uma vez que faltaria sentido à orientação que viesse a restringir seu espectro de atuação.

Em termos práticos, o entendimento viabiliza aos recorrentes em geral, pessoas físicas ou jurídicas, a interposição de recurso administrativo sem a necessidade do depósito antecipado.

Temos dito, ademais, que se torna razoável o pedido de restituição para aqueles que tiveram que se submeter ao ônus, nos anos anteriores à "virada jurisprudencial" do STF.

A esse respeito, urge registrar que, diante da situação, houve por bem a União publicar a Medida Provisória n. 413, de 3 de janeiro de 2008, revogando dispositivos legais que previam a exigência do depósito recursal, em nítida dicotomia com a posição então adotada pelo STF (§§ 1º e 2º do art. 126 da Lei n. 8.213/91). Tal providência é, a nosso ver, louvável, porquanto, sobre denotar o saudável convívio entre os Poderes da República, oferta segurança jurídica a todos, em clima de lealdade mútua que deve reger qualquer relação entre o cidadão e o Estado.

Entretanto, a Receita Federal do Brasil, no mister de expedir orientações gerais para os seus servidores, publicou o Ato Declaratório Interpretativo n. 21, de 24 de janeiro de 2008 (ADIn 21/2008), dispondo que "a não exigência do depósito para seguimento do recurso voluntário das contribuições previdenciárias aplica-se aos processos cujo exame de admissibilidade se encontrava pendente em 3 de janeiro de 2008".

O comando, a nosso pensar, é arbitrário, pois afasta o depósito recursal somente para os recursos que ainda não tiveram a sua admissibilidade analisada, na data preconizada (03-01-2008). Em palavras diferentes, podemos dizer que, nos casos de recursos em andamento, com depósito e com o juízo de admissibilidade já efetivados, prevalece a legitimidade do depósito.

É fácil perceber que o ADIn 21/2008 fere o princípio da isonomia, quando pretende conferir legitimidade ao depósito feito por aqueles que tiveram analisada a admissibilidade do recurso. Ademais, se a norma é mais benéfica, há de haver a sua retroatividade, sem ressalvas. Acreditamos que o tema é fértil para debates e que gerará renovadas e inúmeras discussões.

De outro lado, devemos lembrar, ainda, que a pendência de reclamações e recursos administrativos suspende não apenas a exigibilidade do crédito tributário mas também torna carente de *justa causa* a propositura de denúncia pela prática de crime de supressão ou redução de tributo (Lei n. 8.137/90, art. 1º)[39].

5 CONCESSÃO DE LIMINAR EM MANDADO DE SEGURANÇA E DE TUTELA EM OUTRAS AÇÕES

De início, é de frisar que **não é a ação mandamental** que suspende o crédito tributário, mas o provimento emergencial *initio litis* nela pleiteado, a saber, a *liminar*.

Note o item considerado **INCORRETO**, em prova realizada pelo IESES, para o cargo de Titular de Serviços de Notas e de Registros – Provimento (TJ/SC), em 2019: *"A impetração de mandado de segurança, por si só, suspende a exigibilidade do crédito tributário"*.

A **liminar em mandado de segurança** sempre existiu como **causa suspensiva** da exigibilidade do crédito tributário. Até a LC n. 104/2001, mostrava-se como a única possibilidade de suspensão da exigibilidade, proveniente de ordem judicial, constando do inciso IV do art. 151 do CTN. Com o advento da LC n. 104/2001, passou-se a ter *seis causas suspensivas*, conforme se observa adiante, incluindo-se mais uma causa adstrita à ordem judicial – *a concessão de medida liminar ou de tutela, em outras espécies de ação*. Veja o dispositivo:

Note o item considerado **INCORRETO**, em prova realizada pela Funcab, para o cargo de Advogado (Detran/PB), em 2013: *"A concessão de medida liminar em mandado de segurança exclui o crédito tributário"*.

Art. 151. Suspendem a exigibilidade do crédito tributário:

I – moratória;

II – o depósito do seu montante integral;

III – as reclamações e os recursos, nos termos das leis reguladoras do processo tributário administrativo;

IV – a concessão de medida liminar em mandado de segurança;

39. SEGUNDO, Hugo de Brito Machado. *Código Tributário Nacional*, p. 299.

V – *a concessão de medida liminar ou de tutela antecipada, em outras espécies de ação judicial; (Incluído pela Lcp n. 104, de 10012001)*

VI – *o parcelamento. (Incluído pela Lcp n. 104, de 10012001)* **(Grifos nossos)**

Desse modo, atualmente, subsistem **duas causas suspensivas da exigibilidade do crédito tributário**, oriundas de ordens emanadas do Poder Judiciário, quais sejam:

Note o item considerado **CORRETO**, em prova realizada pela Vunesp, para o cargo de Assessor Jurídico/Procurador Geral da Prefeitura de Caieiras/SP, em 2015: *"É causa que suspende a exigibilidade do crédito tributário a concessão de liminar em mandado de segurança".*

1. a concessão de medida liminar em mandado de segurança;

Note o item considerado **CORRETO**, em prova realizada pela Vunesp, para o cargo de Agente Fiscal Tributário da Prefeitura Municipal de Suzano/SP, em 2016: *"O Prefeito de determinado município, objetivando o ressarcimento aos cofres municipais de valores gastos com obra pública da qual resultou valorização imobiliária, instituiu, no ano de 2015, 'contribuição de melhoria' a ser cobrada pelos imóveis beneficiados a partir de 20 de janeiro de 2016. Maria Eufrásia, proprietária de imóvel valorizado em razão da referida obra, não concordando com a exigência, contratou o advogado Alfredo Combativo, que impetrou mandado de segurança com pedido liminar. A medida adotada é insuficiente para suspender a exigibilidade do crédito tributário, caso a liminar não tenha sido concedida e ainda pendente o julgamento do mérito".*

2. a concessão de tutela, em outras espécies de ação.

O *mandado de segurança* designa ação judicial própria à defesa de direito líquido e certo (provado de plano), e violado – ou na iminência de o ser – por ato abusivo de uma autoridade que age com coação (autoridade coatora). Trata-se de ação de rito mandamental com a possibilidade de conferir ao impetrante da ordem uma decisão *initio litis,* que suspende a exigibilidade do crédito tributário, ou seja, a liminar. Para tanto, o magistrado deverá verificar se estão presentes os pressupostos autorizativos dessa providência inaugural, a fim de que bem prolate a decisão interlocutória respectiva, em consonância com o inciso III do art. 7º da Lei n. 12.016/2009, quais sejam:

- relevante fundamento do pedido, também conhecido pela expressão latina *fumus boni juris*; e
- ineficácia da medida, caso não seja deferida de imediato, também intitulada *periculum in mora*.

Observe, no quadro adiante, o atrelamento da *liminar* e da *tutela provisória* às ações judiciais respectivas:

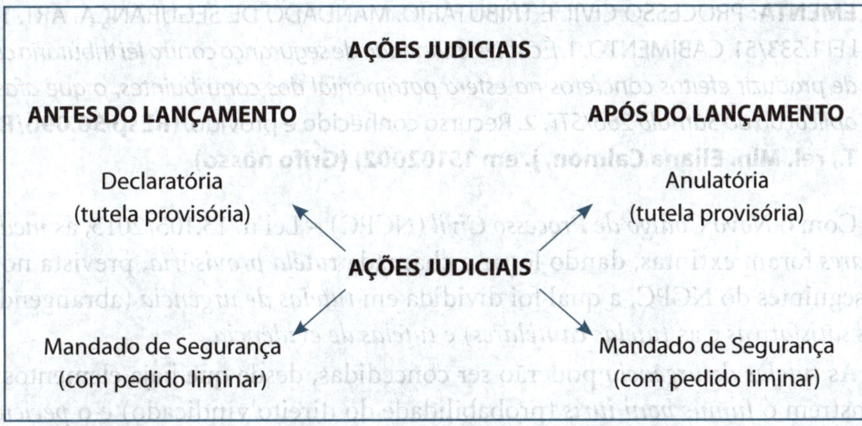

O ajuizamento do *mandado de segurança*, com vistas à obtenção da medida liminar, pode se dar **antes** da ocorrência do lançamento. Trata-se do chamado "mandado de segurança preventivo". A propósito, é vedada a exclusão do Poder Judiciário da lesão a direito ou sua simples ameaça (art. 5º, XXXV, CF). Diante desse cenário, o juiz, ao conceder a liminar, apenas impedirá que o crédito tributário seja coercitivamente exigido, determinando a suspensão de sua exigibilidade, embora sem a constituição pelo lançamento. É o que denominamos ***"antecipação dos efeitos da suspensão da exigibilidade do crédito tributário"***.

> Note o item considerado **CORRETO**, em prova realizada pela FAURGS, para o cargo de Juiz de Direito Substituto do Estado do Rio Grande do Sul, em 2016: *"É possível a concessão de medida liminar em mandado de segurança preventivo nos casos em que não haja lançamento tributário e que se enquadrem no artigo 151 do CTN"*.

Todavia, ainda que subsistam os mencionados "efeitos de antecipação", é vedada a expedição de ordem **objetivando impedir a autoridade fiscal de promover o lançamento tributário**, uma vez que o perigo da demora não pode acarretar prejuízo para o Fisco, que veria esvair-se o prazo para a constituição do seu crédito tributário até que a ação fosse definitivamente julgada. Com efeito, a causa suspensiva do crédito tributário apenas suspende a sua exigibilidade, não impedindo que ocorra a sua constituição por meio do lançamento.

Sabe-se que o mandado de segurança não é a via adequada para questionar uma **lei em tese**, sendo esta entendida como a de natureza abstrata, sem vinculação com o contribuinte. Essa afirmação é corroborada na **Súmula n. 266 do STF**, que assim dispõe: *"Não cabe 'mandado de segurança' contra lei em tese"*. No entanto, prevalece o entendimento segundo o qual é plenamente possível o mandado de segurança contra a *lei tributária*, sem qualquer espécie de paradoxo, uma vez que a norma do tributo tem a aptidão de ensejar efeitos concretos na órbita patrimonial dos contribuintes. Esse é o posicionamento do **STJ**:

EMENTA: PROCESSO CIVIL E TRIBUTÁRIO. MANDADO DE SEGURANÇA. ART. 1º DA LEI 1.533/51. CABIMENTO. 1. *É cabível mandado de segurança contra lei tributária capaz de produzir efeitos concretos na esfera patrimonial dos contribuintes, o que afasta a aplicação da Súmula 266/STF.* 2. Recurso conhecido e provido. **(REsp 56.096/RJ, 2ª T., rel. Min. Eliana Calmon, j. em 15102002) (Grifo nosso)**

Com o *Novo Código de Processo Civil* (NCPC) – Lei n. 13.105/2015, as *medidas cautelares* foram extintas, dando lugar à chamada *tutela provisória*, prevista no art. 294 e seguintes do NCPC, a qual foi dividida em *tutelas de urgência* (abrangendo as *tutelas satisfativas* e as *tutelas cautelares*) e *tutelas de evidência*.

As *tutelas de urgência* poderão ser concedidas, desde que haja elementos que demonstrem o *fumus boni iuris* (probabilidade do direito vindicado) e o *periculum in mora* (perigo de dano ou risco ao resultado útil ao processo). Já as *tutelas de evidência* poderão ser concedidas independentemente da caracterização do *periculum in mora*, ou seja, basta a demonstração da plausibilidade do direito. Observe dois importantes comandos no **NCPC**:

Art. 294. A tutela provisória pode fundamentar-se em urgência ou evidência.
Art. 300. A tutela de urgência será concedida quando houver elementos que evidenciem a probabilidade do direito e o perigo de dano ou o risco ao resultado útil do processo.

A suspensão do crédito tributário, por meio de tutela concedida em ação judicial, consta expressamente no rol dos incisos do art. 151 do CTN, o que equivale a dizer que a extinta "medida cautelar" foi substituída pela atual *tutela antecipada antecedente* – um tipo de *tutela de urgência* que pode ser considerada a causa suspensiva da exigibilidade do crédito tributário.

Para tanto, o contribuinte deverá pleitear a concessão de medida, que poderá ser *declaratória de inexistência de relação jurídico-tributária* ou *anulatória de débito fiscal*, conforme o caso, devendo a petição inicial limitar-se ao requerimento da tutela e a indicação do pedido, com a exposição dos fatos e do direito, assim como a demonstração do perigo de dano ou do risco ao resultado útil ao processo, nos termos do **art. 303 do NCPC**. Após, no prazo legal, deverá aditar a petição inicial com a complementação da argumentação e a juntada de novos documentos, consoante o § 1º do mencionado artigo.

Ad argumentandum, ao que parece, no entanto, a **medida cautelar fiscal** permanece vigente. Esta espécie, que tem previsão em legislação própria, visa obter a indisponibilidade patrimonial dos devedores para com o Fisco até o limite do valor exigido, frustrando com isso a tentativa de ser lesado o Estado, tanto na fase administrativa como na judicial de cobrança. Com efeito, para certas situações em que o fisco verifique risco de tornar-se ineficaz a execução fiscal, a legislação brasileira prevê a ação ou *medida cautelar fiscal*. Esta não se confunde com as cautelares extintas pelo NCPC.

Note o item considerado **CORRETO**, em prova realizada pelo Cebraspe, para o cargo de Procurador do Município de Fortaleza/CE, em 2017: *"O efeito da medida cautelar fiscal é a indisponibilidade patrimonial do sujeito passivo em consequência de crédito tributário constituído, ainda que não definitivamente, uma vez que pode ser proposta durante a fase administrativa de impugnação do lançamento"*.

Note o item considerado **CORRETO**, em prova realizada pela Vunesp, para o cargo de Analista/Advogado (CR-Bio, 1ª Região), em 2017: *"O requerimento da medida cautelar fiscal independerá da prévia constituição do crédito tributário quando o devedor aliena bens ou direitos sem proceder à devida comunicação ao órgão da Fazenda Pública competente, quando exigível em virtude de lei"*.

Note o item considerado **CORRETO**, em prova realizada pelo CEBRASPE, TJ-CE, para o cargo de Juiz Substituto, em 2018: *"A decretação de medida cautelar fiscal acarretará a indisponibilidade dos bens do requerido até o limite da satisfação da obrigação tributária"*.

Em **11 de junho de 2019**, a 1ª Turma do **STJ**, no **REsp 1.656.172/MG** (rel. Min. Gurgel de Faria), entendeu que, "*havendo prova da ocorrência de fraude por grupo de pessoas físicas e/ou jurídicas, como a criação de pessoas jurídicas fictícias para oportunizar a sonegação fiscal ou o esvaziamento patrimonial dos reais devedores, o juízo da execução pode redirecionar a execução fiscal às pessoas envolvidas e, com base no poder geral de cautela e dentro dos limites e condições impostas pela legislação, estender a ordem de indisponibilidade para garantia de todos os débitos tributários gerados pelas pessoas participantes da situação ilícita*". A lógica do redirecionamento expansivo – que se opõe à limitação da constrição ao patrimônio apenas daqueles que figurem no processo executivo fiscal específico –, no âmbito da **medida cautelar fiscal**, baseia-se no fato de que os bens indisponibilizados deverão servir, em conjunto, à garantia dos diversos créditos tributários cujo adimplemento era da responsabilidade das pessoas integrantes do esquema de sonegação fiscal. Portanto, a ocorrência de fraude autoriza a indisponibilidade de bens de participantes do ilícito (grupo econômico de fato) que não constam no polo passivo da execução fiscal. Por fim, no caso de atos fraudulentos, a indisponibilidade de bens decorrente da medida cautelar fiscal não encontra limite no "ativo permanente" (a que se refere o § 1º do art. 4º da Lei n. 8.397/92), podendo atingir quaisquer bens, direitos e ações da pessoa jurídica e, eventualmente, dos sócios, nos termos do art. 11 da Lei n. 6.830/80. A fraude autoriza medidas de indisponibilidade que serão implementadas conforme o caso concreto e o prudente arbítrio do juízo da execução, dentro das condições e dos limites impostos pela legislação e com observância da proporcionalidade.

6 PARCELAMENTO

O parcelamento é procedimento suspensivo do crédito, caracterizado pelo comportamento comissivo do contribuinte, que se predispõe a carrear recursos para o Fisco, mas não de uma vez, o que conduz tão somente à suspensão da exigibilidade do crédito tributário, e não à sua extinção. Extinção seria se "pagamento" o fosse.

O deferimento de seu pedido apresenta-se, segundo a jurisprudência do **STJ**, "com características de ato discricionário da atividade administrativa e subordinado a exame de matéria fática. (...) O direito ao parcelamento só ocorre após ser concedido pela autoridade administrativa que a lei fixa como competente para apreciá-lo (...). Só surge direito líquido e certo para o contribuinte quando, após ser concedido, houver resistência na instância inferior". **(MS 4.435-DF, 1ª T., rel. Min. José Delgado, j. em 10-11-1997)**

Como já se mencionou, caso se requeira certidão de tributos, durante a fase em que o crédito estiver abrangido pelos efeitos da suspensão – no caso, **débito parcelado, em dia** –, deve ser ela expedida, em consonância com o art. 206 do CTN, isto é, *Certidão Positiva com efeitos de Negativa*.

Note o item considerado **CORRETO**, em prova realizada pela FGV Projetos, para o cargo de Analista Portuário (Advogado) da CODEBA – Cia. das Docas do Estado da Bahia, em 2016: *"A pessoa jurídica X deixou de recolher o IR referente ao ano de 2013. No final do ano de 2014, a pessoa jurídica X requereu o parcelamento do crédito tributário em 60 parcelas, o que foi deferido pela União. O contribuinte vem pagando tempestivamente as parcelas. Sobre o parcelamento concedido à pessoa jurídica X, a exigibilidade do crédito tributário está suspensa, em razão do seu parcelamento"*.

Note o item considerado **CORRETO**, em prova realizada pela FGV, para o XXI Exame de Ordem Unificado, em 2016: *"A Pessoa Jurídica ABC verificou que possuía débitos de IRPJ e decidiu aderir ao parcelamento por necessitar de certidão de regularidade fiscal para participar de licitação. Após regular adesão ao parcelamento e diante da inexistência de quaisquer outros débitos, a contribuinte apresentou requerimento para emissão da certidão. Com base nessas informações, o Fisco deverá deferir o pedido, já que o parcelamento é causa de suspensão da exigibilidade do crédito tributário"*.

É importante salientar que há forte semelhança entre o parcelamento e a moratória. O próprio **STJ** chancelou esta aproximação quando afirmou que o parcelamento reveste-se da natureza de uma *moratória*. **(EdREsp 137.388, 1ª T., rel. Min. José Delgado, j. em 23-09-1998)**

Para Hugo de Brito Machado[40], "a inclusão no inciso VI do art. 151, CTN, que trata do parcelamento, é uma inovação inútil porque este nada mais é do que uma modalidade de moratória".

Em idêntica trilha, Luciano Amaro[41] assegura que "o parcelamento nada mais é do que uma modalidade de moratória".

40. MACHADO, Hugo de Brito. *Curso de direito tributário*, 29. ed., p. 185.
41. AMARO, Luciano. *Direito tributário brasileiro*, 14. ed., p. 381.

Expliquemos melhor: na moratória, uma vez previstos os requisitos do art. 153 do CTN, é possível estipular o número de prestações e seus vencimentos, dentro do prazo de duração do favor (inciso III, "b"). Diante disso, sempre foi comum a afirmação de que o parcelamento seria, na realidade, uma dilação de prazo, com autorização para adimplemento em prestações, ou, simplesmente, uma "moratória parcelada". Ou, ainda: uma forma de pagamento de débitos tributários, após o período de seus vencimentos, normalmente em prestações mensais, durante alongado período de tempo, revestindo a natureza de uma *moratória*.

Com a inclusão do art. 155-A pela LC n. 104/2001, muitos tributaristas afastaram a afirmação de que o parcelamento seria uma espécie de moratória, uma vez que o parcelamento passou a ficar sujeito, subsidiariamente, às normas a ela relativas, conforme preceitua o § 2º.

A nosso ver, os institutos jurídicos da moratória e do parcelamento, que outrora se aproximavam – e até se confundiam –, desfrutam na atualidade de total autonomia.

É importante, neste momento, que se percorram os dispositivos oriundos da LC n. 104/2001, referentes ao parcelamento, não obstante o seu alto teor de prolixidade, como se notará:

> **Art. 155-A.** O parcelamento será concedido na forma e condição estabelecidas em lei específica.
> **§ 1º** Salvo disposição de lei em contrário, o parcelamento do crédito tributário não exclui a incidência de **juros e multas**.

> Note o item considerado **INCORRETO**, em prova realizada pela Consulplan, para o cargo de Titular de Serviços de Notas e de Registros (TJ/MG), em 2017: *"Salvo disposição de lei em contrário, o parcelamento do crédito tributário exclui a incidência de juros e multas"*.

> **§ 2º** Aplicam-se, subsidiariamente, ao parcelamento as disposições desta Lei, relativas à moratória.

O *caput* do artigo, ao fazer menção à *legalidade*, apresenta-se excessivo, na medida em que o art. 97, VI, do CTN já anuncia a obediência à lei, nos casos de suspensão do crédito tributário.

Em **21 de junho de 2018**, a 1ª Turma do **STJ** (**REsp 1.739.641/RS**, rel. Min. Gurgel de Faria) entendeu que as condições para a concessão de parcelamento tributário devem estrita observância ao *princípio da legalidade*, não se permitindo que atos infralegais prevejam condições não estabelecidas na lei de regência do benefício.

É preciso enfatizar que o **art. 155-A do CTN** dispõe que o parcelamento será concedido na forma e na condição estabelecidas em *lei específica*. Para além disso, o

art. 153 do CTN, aplicado *subsidiariamente* ao parcelamento (art. 155-A, §2º, CTN), assim estabelece:

> **Art. 153.** A lei que conceda moratória em caráter geral ou autorize sua concessão em caráter individual especificará, sem prejuízo de outros requisitos:
> **I** – o prazo de duração do favor;
> **II** – as condições da concessão do favor em caráter individual;
> **III** – sendo caso:
> **a)** os tributos a que se aplica; **b)** o número de prestações e seus vencimentos, dentro do prazo a que se refere o inciso I, podendo atribuir a fixação de uns e de outros à autoridade administrativa, para cada caso de concessão em caráter individual; **c)** as garantias que devem ser fornecidas pelo beneficiado no caso de concessão em caráter individual.

Diante disso, sob a égide da legalidade, não se pode tolerar a autorização estatal para que atos infralegais, como portarias, tratem de condições não previstas na lei do parcelamento. No caso analisado, foi publicada a Portaria Conjunta PGFN/RFB n. 15/2009, a qual extrapolou o âmbito que lhe foi permitido pelos arts. 11 e 13 da Lei n. 10.522/2002, a saber, o valor da prestação mínima e a apresentação de garantias. Assim, a retrocitada Portaria veio tratar, desautorizadamente, da "regulamentação de limite financeiro máximo do crédito tributário para sua inclusão no parcelamento", o que a revestiu de ilegalidade.

Com relação ao § 2º, preconiza-se que as normas gerais aplicáveis à moratória serão postas ao parcelamento. Em razão da perfeita simetria de ambos os institutos, pode-se afirmar que a aplicação é antes integral que subsidiária.

Já no tocante ao § 1º, vale a pena tecermos alguns comentários. Em **13 de agosto de 2019**, a 1ª Turma do **STJ**, no **REsp 1.523.555/PE** (rel. Min. Gurgel de Faria), entendeu que incidem juros moratórios no período entre o requerimento de adesão e a consolidação do débito a ser objeto do parcelamento tributário instituído pela Lei n. 11.941/2009. Levando-se em conta que o art. 161 do CTN prevê a incidência de juros de mora sobre os créditos tributários não pagos na data do vencimento, conclui-se que, na falta de disposição expressa, os juros serão contados até a data do pagamento. *Mutatis mutandis*, no caso da Lei n. 11.941/2009 (§§ 3º a 8º do art. 1º), a regular incidência dos juros moratórios sobre o crédito tributário originalmente inadimplido deve ocorrer até a efetiva *consolidação da dívida*, pois será esse o momento em que se definirá a base de cálculo da parcela a ser descontada do montante dos juros. Sem impor os juros nesse período, haveria um duplo benefício ao contribuinte. Assim entendeu a 1ª Turma do STJ, como se indicou em epígrafe, fazendo coro à orientação já adotada pela 2ª Turma, entre vários precedentes: "*Os débitos para com o Fisco Federal, antes mesmo de serem consolidados no programa de parcelamento instituído pela Lei nº 11.941/09, ficam sujeitos à incidência de juros de mora calculados* *com base na Taxa SELIC consoante o teor do art. 61, § 6º, da Lei nº 9.430/96".* (**AgRg no REsp 1.551.994/RS, rel. Min. Mauro Campbell Marques, j. em 15-10-2015**[42])

A propósito do caso concreto, ocorreu uma demora entre o requerimento do parcelamento (REFIS IV) e a consolidação do débito pelo Fisco. Diante disso, houve a inclusão de juros de mora de 15,55%, imputáveis ao contribuinte, o qual alegou que a mora foi do Estado, e não dele próprio. O pedido do contribuinte foi no sentido de incidirem os juros tão somente após a consolidação do débito, e não antes. O argumento não prosperou em razão dos seguintes pontos, que acabaram prevalecendo no veredicto favorável à União: **(I)** a inexistência de previsão legal do termo *a quo* dos juros; e **(II)** o fato de que a mora na viabilização do parcelamento adveio de problemas operacionais não previstos pelo legislador, fato que não exclui a responsabilidade do contribuinte em arcar com a incidência de juros e multa durante o parcelamento, prática autorizada pelo art. 155-A do CTN.

Ainda quanto ao § 1º, urge advertir que o dispositivo encerra um sentido oculto, que só pode ser desvendado pelo conhecimento histórico e interdisciplinar dos institutos de Direito Tributário. Sua compreensão depende da análise de outro comando: **o art. 138 do CTN**, afeto à **denúncia espontânea da infração**. Observe-o:

> **Art. 138.** A responsabilidade é excluída pela denúncia espontânea da infração, acompanhada, se for o caso, do *pagamento do tributo* devido e dos juros de mora, ou do depósito da importância arbitrada pela autoridade administrativa, quando o montante do tributo dependa de apuração. **(Grifo nosso)**

Inicialmente, cumpre destacar que o parcelamento não se confunde com a *denúncia espontânea*, pois o simples pedido de parcelamento, e mesmo sua obtenção, não bastam para afastar a aplicação da multa.

A jurisprudência, a princípio, influenciada pela **Súmula n. 208** do antigo **TFR** (*A simples confissão da dívida, acompanhada do seu pedido de parcelamento, não configura denúncia espontânea*), só admitia a existência da denúncia espontânea se houvesse o pagamento integral do tributo.

Com o tempo, o entendimento foi sendo modificado, vindo o STJ a admitir, de forma pacífica, que a denúncia espontânea, acompanhada do pagamento parcelado do tributo, excluía a incidência da multa:

> **EMENTA:** TRIBUTÁRIO E PROCESSUAL CIVIL. PARCELAMENTO DA DÍVIDA. DENÚNCIA ESPONTÂNEA. DESCABIMENTO DA MULTA. CTN, ARTIGO 138. 1. Deferido o parcelamento por autoridade competente, ficando consolidada a dívida e seguindo-se os pagamentos das parcelas acertadas, configura-se a denúncia espontânea, desca-

42. Ver, ainda, no mesmo sentido, no **STJ**: **(I)** REsp 1.407.591/PE, rel. Min. Herman Benjamin, 2ª T., j. em 16-12-2014; **(II)** e, em decisão monocrática no REsp 1.406.877/PE, sob a relatoria do Min. Napoleão Nunes Maia Filho, *DJe* 07-02-2017.

bendo a aplicação da multa (art. 138, CTN). 2. Precedentes da Primeira Seção/STJ. 3. Embargos rejeitados. **(EREsp 241033/CE, 1ª T., rel. Min. Milton Luiz Pereira, j. em 29-11-2001)**

Ocorre que a norma inserida pela LC n. 104, de 10 de janeiro de 2001, pretendeu opor-se a esse entendimento jurisprudencial, afirmando que o parcelamento não exclui a incidência da multa.

O curioso é notar que, "concomitantemente à alteração, o STJ modificou, novamente, o seu entendimento, voltando a decidir que o parcelamento não era forma de pagamento e, por isso, a ele não se aplicava o benefício da denúncia espontânea. Segundo a Corte Superior, o novo dispositivo trazido pela LC n. 104/2001 apenas confirmou o sentido do art. 138 do CTN"[43].

Veja a jurisprudência, em pleno clima de "virada":

EMENTA: TRIBUTÁRIO. CONFISSÃO DA DÍVIDA. PARCELAMENTO DO DÉBITO. DENÚNCIA ESPONTÂNEA NÃO CONFIGURADA. EXCLUSÃO DA MULTA MORATÓRIA. IMPOSSIBILIDADE. 1. O benefício previsto no art. 138 do CTN não se aplica aos casos em que o contribuinte faz opção pelo parcelamento do débito tributário, *exigindo-se, para a exclusão da multa moratória, o integral pagamento do tributo devido e dos juros de mora, ou o depósito da importância arbitrada pela autoridade administrativa.* 2. A LC 104/2001 incide apenas sobre os parcelamentos posteriores ao seu advento. Entende a 1ª Seção, contudo, que tal dispositivo apenas positivou norma que já se continha no sistema, decorrente da interpretação do art. 138 do CTN. 3. Agravo regimental improvido. **(AgRg no REsp 545.426/PR, 1ª T., rel. ex-Min. Teori Albino Zavascki, j. em 28-10-2003) (Grifo nosso)**

Vale a pena, em tempo, observar as pontuais críticas de Hugo de Brito Machado[44] a tais disposições do art. 155-A, que foram inseridas pela LC n. 104/2001:

Na cabeça do artigo, está dito que o parcelamento será concedido na forma e condições estabelecidas em lei específica. No § 1º está dito que, salvo disposição de lei em contrário, o parcelamento do crédito tributário não exclui a incidência de juros e multas. E no § 2º foi estabelecido que se aplicam subsidiariamente ao parcelamento as disposições do CTN relativas à moratória (...). Como se vê, disposições dizendo o óbvio, inteiramente inúteis. Parece, todavia, que a inserção de tais normas no Código deveu-se ao propósito de reduzir o alcance do art. 138 do CTN, que assegura a exclusão da responsabilidade por infrações diante de denúncia espontânea. Os burocratas da Receita Federal bem poderiam ter colocado no projeto do qual resultou a LC 104/2001 o acréscimo de um parágrafo no art. 138, dizendo claramente que a denúncia espontânea não se aplica em caso de parcelamento do valor do

43. *V.* SAKAKIHARA, Zuudi; FREITAS, Vladimir Passos de (Coord.). *Código Tributário Nacional comentado*, p. 702.

44. MACHADO, Hugo de Brito. *Curso de direito tributário*, 29. ed., p. 185.

crédito tributário dela resultante. Ocorre que uma disposição clara nesse sentido poderia não ser aprovada pelo Congresso Nacional. Assim, preferiram a via oblíqua. Dizendo que o parcelamento não exclui juros e multas, alcançaram o objetivo de afastar o efeito da denúncia espontânea, quanto à exclusão da multa, toda vez que o interessado obtiver parcelamento.

Por derradeiro, frise-se que o art. 155-A do CTN foi alterado pela LC n. 118/2005, com o acréscimo de dois parágrafos. É que, com a aprovação da Lei Ordinária n. 11.101, em 9 de fevereiro de 2005 (a nova "Lei de Falências"), algumas alterações no CTN se fizeram necessárias. Por essa razão, publicou-se na mesma data a LC n. 118, alterando alguns dispositivos do Código.

Observe as alterações no **art. 155-A**, à luz da LC n. 118/2005:

> **Art. 155-A.** O parcelamento será concedido na forma e condição estabelecidas em lei específica.
>
> **(...)**
>
> **§ 3º** Lei específica disporá sobre as condições de parcelamento dos créditos tributários do devedor em recuperação judicial.
>
> **§ 4º** A inexistência da lei específica a que se refere o § 3º deste artigo importa na aplicação das leis gerais de parcelamento do ente de Federação ao devedor em recuperação judicial, não podendo, neste caso, ser o prazo de parcelamento inferior ao concedido pela lei federal específica.

Com esta nova disposição, o legislador, no intuito de facilitar a recuperação de empresas em dificuldades, estabelece que *lei específica ordinária de cada ente federado* disporá sobre as condições de parcelamento dos créditos tributários do devedor em *recuperação judicial*. Na hipótese de não haver lei específica sobre o parcelamento, para o devedor em recuperação judicial deverá ser utilizada a *lei geral* de parcelamento da entidade da Federação, não podendo, neste caso, ser o prazo de parcelamento inferior ao que seria concedido pela lei federal específica.

Entretanto, o CTN não estabelece regra para o caso de inexistir essa *lei federal específica*. Entendemos que, nesse caso, o mais lógico será a aplicação da lei de parcelamento dos créditos tributários federais em geral, atualmente, a Lei n. 10.522/2002 (*lei de parcelamento geral*), sem prejuízo também das *leis de parcelamento especial*, como aquelas que sobrevieram com os rótulos "REFIS '1'; REFIS '2' (o *PAES*); REFIS '3' (o *PAEX*); e, até o presente momento, o REFIS '4' (o *Refis da Crise*)". Como se sabe, o REFIS é um programa que impõe ao contribuinte o pagamento das dívidas fiscais por meio de parcelamento, ou seja, o débito tributário é amortizado pelo adimplemento mensal.

Em 26 de maio de **2015**, a 2ª Turma do **STJ**, no **REsp 1.368.821/SP** (rel. Min. **Humberto Martins**), entendeu que é ilegal a norma que veda *a transferência dos débitos inscritos no REFIS (Lei n. 9.964/2000) para outro programa de parcelamento* *que seja mais vantajoso* (por exemplo, débitos inscritos no REFIS para o PAES), desde que não se trate de adesão a um novo parcelamento nas mesmas condições estabelecidas pelo parcelamento inicial.

Em 20 de maio de **2014**, a 2ª Turma do **STJ, no REsp 1.447.131/RS** (rel. Min. Mauro Campbell Marques) entendera que a pessoa jurídica pode ser excluída do REFIS quando se demonstre a ineficácia do parcelamento, em razão de o valor das parcelas ser irrisório para a quitação do débito. É que, com fundamento no art. 5º, II, da Lei n. 9.964/2000, a impossibilidade de quitar o débito passa a ser equiparada à inadimplência para efeitos de exclusão de parcelamento. Se a finalidade do parcelamento é quitar o débito e promover a suspensão de sua exigibilidade (art. 151, VI, do CTN), não faz sentido que a dívida se perenize ou, até mesmo, aumente, perante o transcurso de tempo e a irrisoriedade das parcelas pagas.

O caso *sub examine* é ilustrativo, porquanto a dívida tributária era, aproximadamente, de R$ 200.000,00 (duzentos mil reais) e, após dez anos de parcelamento, aumentou para valor de R$ 390.000,00 (trezentos e noventa mil reais), por força dos pagamentos irrisórios de parcelas que variavam entre 30 e 60 reais – o que era insuficiente para quitar os próprios encargos mensais do débito.

E o **STJ** acredita que tal desvirtuamento aproxima o expediente de uma *remissão* ou, ainda, da *simulação* ou *evasão fiscal*, conforme o excerto da ementa prevista no **Informativo n. 542**, de 27 de junho de **2014**:

> **EMENTA:** (...) Nesse passo, ao se admitir a existência de uma parcela que não é capaz de quitar sequer os encargos do débito, não se está diante de parcelamento ou de moratória, mas de uma remissão, pois o valor do débito jamais será quitado. Entretanto, a remissão deve vir expressa em lei, e não travestida de parcelamento, consoante exigência do art. 150, § 6º, da CF. Ademais, a fragmentação do débito fiscal em parcelas ínfimas estimularia a evasão fiscal, pois a pessoa jurídica devedora estaria suscetível a ter a sua receita e as suas atividades esvaziadas por seus controladores, os quais *pari passu* estariam encorajados a constituir nova pessoa jurídica, que assumiria a receita e as atividades desenvolvidas por aqueloutra incluída no REFIS. Esse procedimento de manter a pessoa jurídica antiga endividada para com o Fisco, pagando eternamente parcelas irrisórias, e nova pessoa jurídica desenvolvendo as mesmas atividades outrora desenvolvidas pela antiga, constitui simulação vedada expressamente pelo CTN. (...) Por tudo isso, não há como sustentar um programa de parcelamento que permita o aumento da dívida ao invés de sua amortização, em verdadeiro descompasso com o ordenamento jurídico, que não tolera a conduta criminosa, a evasão fiscal e a perenidade da dívida tributária para com o Fisco." **(Grifos nossos)**

Vale relembrar que é inconstitucional a cláusula constante no termo de parcelamento que determine a renúncia, expressamente, à discussão judicial dos débitos tributários, uma vez que é inafastável o princípio da universalidade da jurisdição, previsto no art. 5º, XXXV, da CF.

Ainda sobre o tema da "exclusão do Refis", vale destacar que, em 15 de setembro de **2015**, a 2ª Turma do **STJ**, no **REsp 1.493.115/SP** (rel. Min. Mauro Campbell Marques), entendeu que, "*não interrompe o prazo prescricional o fato de o contribuinte, após ser formalmente excluído do Programa de Recuperação Fiscal (Refis), continuar efetuando, por mera liberalidade, o pagamento mensal das parcelas do débito tributário*". A propósito, o tema foi detalhado no Capítulo anterior (item 4.5).

25 EXTINÇÃO DO CRÉDITO TRIBUTÁRIO

1 CONSIDERAÇÕES INICIAIS

Primeiramente, é necessário abordar a questão sobre a natureza da lista a seguir delineada.

A maioria dos autores considera a enumeração do art. 156 do CTN taxativa (ou exaustiva), e não meramente exemplificativa. Isso significa que, em regra, apenas as modalidades expressamente nela elencadas podem dar ensejo à válida e legítima extinção do crédito tributário, e qualquer acréscimo de outras hipóteses à lista requer lei complementar da União sobre normas gerais tributárias. Essa também tem sido a orientação disposta em julgados mais recentes do **STF**.

Curiosamente, coexiste entendimento contrário, segundo o qual o rol de causas extintivas do crédito não seria taxativo, mas exemplificativo. Observe as palavras de Luciano Amaro:

> O rol do art. 156 não é taxativo. Se a lei pode o mais (que vai até o perdão da dívida tributária) pode também o menos, que é regular outros modos de extinção do dever de pagar tributo. A dação em pagamento, por exemplo, não figurava naquele rol até ser acrescentada pela LC n. 104/2001; como essa lei só se refere à dação de imóveis, a dação de outros bens continua não listada, mas nem por isso se deve considerar banida. Outro exemplo, que nem sequer necessita de disciplina específica na legislação tributária, é a confusão, que extingue a obrigação se, na mesma pessoa, se confundem a qualidade de credor e a de devedor (CC/2002, art. 381). Há, ainda, a novação (CC/2002, art. 360)[1].

1. AMARO, Luciano. *Direito tributário brasileiro*, 14. ed., pp. 390-391.

Quanto à extinção das obrigações, isso só pode ocorrer no que tange à obrigação principal, pois das **obrigações acessórias** o CTN não tratou, já que sua extinção se opera pela implementação das prestações a que elas se referem, sejam positivas ou negativas.

> Note o item considerado **INCORRETO**, em prova realizada pela FEPESE, para o cargo de Advogado da Prefeitura Municipal de Criciúma/SC, em 2016: *"Extinto o crédito decorrente da obrigação principal, extinta será a obrigação acessória"*.

Antes de detalharmos as ***causas extintivas do crédito tributário***, uma a uma, observe o quadro mnemônico, que facilitará a memorização do dispositivo:

QUADRO SINÓTICO
EXTINÇÃO DO CRÉDITO TRIBUTÁRIO – Art. 156 do CTN
I – Pagamento; **II** – Compensação; **III** – Transação; **IV** – Remissão; **V** – Prescrição e Decadência; **VI** – Conversão do Depósito em Renda; **VII** – Pagamento Antecipado e a Homologação do Lançamento; **VIII** – Consignação em Pagamento, ao final dela; **IX** – Decisão Administrativa Irreformável; **X** – Decisão Judicial Passada em Julgado; **XI** – Dação em Pagamento (bens imóveis).

2 PAGAMENTO

O pagamento, disciplinado nos arts. 157 a 163 e 165 a 169 do CTN, é modalidade direta de extinção do crédito tributário, prescindindo de autorização por lei.

Em regra, o pagamento deve ser feito em pecúnia. Todavia, o **art. 162 do CTN** prevê o pagamento por meios sucedâneos: cheque, dinheiro, vale-postal, estampilha, papel selado ou processo mecânico.

> **Art. 162.** O pagamento é efetuado:
> **I** – em moeda corrente, cheque ou vale postal;
> **II** – nos casos previstos em lei, em estampilha, em papel selado, ou por processo mecânico.

Este preceptivo dispõe que, além da *moeda* e do *cheque*, pode-se pagar o tributo por meio de *vale postal* (inciso I) e, *havendo previsão em lei*, por *estampilha*, *papel selado* ou *por processo mecânico* (inciso II).

O pagamento do tributo por meio de **cheque** está chancelado no CTN, todavia a legislação tributária pode determinar as garantias necessárias, sem que tal exigência *torne impossível o pagamento ou deixe mais oneroso* do que se fosse feito em moeda corrente (art. 162, § 1º). Ademais, não perca de vista que o crédito pago por cheque somente se considera extinto com o resgate deste pelo sacado, em razão do caráter *pro solvendo* do título (art. 162, § 2º).

Note o item considerado **INCORRETO**, em prova realizada pela FGV, para o cargo de Procurador (ALERJ), em 2017: *"O pagamento do tributo não pode ser efetuado em cheque"*.

O pagamento do tributo pela **estampilha** merece aqui um desdobramento, embora se trate de forma obsoleta. Como se evidenciou, o CTN prevê a possibilidade de se pagar o tributo, nos casos previstos em lei, por meio de **(1)** *estampilha*, **(2)** *papel selado*, ou **(3)** *processo mecânico* (art. 162, II). O crédito pagável em *estampilha* considera-se extinto com a inutilização regular daquela (art. 162, § 3º). A perda ou destruição da *estampilha* – ou o erro no pagamento por esta modalidade – **não dão direito à restituição**, salvo nos casos expressamente previstos na legislação tributária, ou naquelas em que o erro seja imputável à autoridade administrativa (art. 162, § 4º). O pagamento em *papel selado* ou por *processo mecânico* equipara-se ao pagamento em estampilha. (art. 162, § 5º).

Note o item (adaptado) considerado **INCORRETO**, em prova realizada pelo Instituto Nosso Rumo, para o cargo de Analista Advogado do CREA/SP, em 2017: *"O sujeito passivo tem direito, independentemente de prévio protesto, à restituição total ou parcial do tributo, seja qual for a modalidade do seu pagamento, quando houver a perda ou destruição da estampilha, ou o erro no pagamento por esta modalidade"*.

Note o item considerado **CORRETO**, em prova realizada pela FCC, para o cargo de Técnico da Receita Estadual (SEGEP/MA), em 2016: *"O § 4º do art. 162 do CTN estabelece que a perda ou destruição da estampilha, ou o erro no pagamento por esta modalidade, não dão direito a restituição, salvo nos casos expressamente previstos na legislação tributária, ou naquelas em que o erro seja imputável à autoridade administrativa. Em muitas outras hipóteses, porém, essa restituição é possível. De acordo com o CTN, o sujeito passivo tem direito à restituição total ou parcial do tributo, no caso de cobrança de tributo a maior que o devido em face da legislação tributária aplicável, independentemente de prévio protesto"*.

A bem da verdade, as formas de pagamento destacadas no inciso II do art. 162 do CTN são antiquadas e incomuns. De há muito, o pagamento por meio de *vale postal* deixou de ser utilizado. A *estampilha*, mencionada pelo legislador, é o selo. O pagamento por *papel selado* (papel em que o selo já se encontra presente) e por *processo mecânico* (impressão declarada mecanicamente no papel) praticamente não são mais utilizados, estando em franco desuso.

A LC n. 104/2001 trouxe novidade ao CTN quando previu nova causa extintiva do crédito tributário: a *dação em pagamento*, constante do inciso XI do art. 156 do CTN.

É imperioso lembrar que a imposição de penalidade, decorrente do não cumprimento da obrigação acessória ou por ausência de recolhimento do tributo, não dispensa, por óbvio, o pagamento integral do tributo devido. A penalidade é uma sanção pela infração à lei, e de maneira nenhuma pode substituir o tributo, conforme se depreende do **art. 157 do CTN**. Observe-o:

Art. 157. A imposição de penalidade não elide o pagamento integral do crédito tributário.

Note o item considerado **INCORRETO**, em prova realizada pela VUNESP, Câmara de Indaiatuba-SP, para o cargo de Controlador Interno, em 2018: *"A imposição de penalidade ilide o 'pagamento' integral do crédito tributário"*. [*sic*: leia-se "elide"!]

Nada mais lógico. *Do contrário, como aceitar a possibilidade da penalidade excluir o pagamento de uma quantia a ela correspondente?*[2]

E o pagamento parcial de um crédito tributário, diferentemente do que acontece no Direito Civil, não importa em presunção de pagamento das demais parcelas em que ele se decomponha (art. 158, I). Da mesma forma, o pagamento total de um crédito tributário não resulta na presunção do pagamento de outros créditos, referentes a mesmo ou outro tributo (art. 158, II)[3]. Veja o comando legal:

Art. 158. O pagamento de um crédito não importa em presunção de pagamento:
I – quando parcial, das prestações em que se decomponha;
II – quando total, de outros créditos referentes ao mesmo ou a outros tributos.

Note o item considerado **INCORRETO**, em prova realizada pela FADESPE, para o cargo de Advogado da Companhia de Saneamento do Pará (COSANPA), em 2017: *"Em Direito Tributário, o pagamento de uma parcela do crédito tributário presume o pagamento das parcelas anteriores, cabendo à Fazenda Pública fazer prova em contrário"*.

Note o item considerado **INCORRETO**, em prova realizada pela VUNESP, Câmara de Indaiatuba-SP, para o cargo de Controlador Interno, em 2018: *"O 'pagamento' de um crédito, quando parcial, importa em presunção de pagamento das prestações em que se decomponha"*.

Observação: item semelhante foi considerado **INCORRETO**, em prova realizada pela Vunesp, para o cargo de Procurador do Município de Rosana/SP, em 2016.

Assim, não pode subsistir o argumento da Fazenda Pública de recusa do recebimento de pagamento de um tributo em razão de uma suposta dívida, ainda não paga, referente à outra exação, ou em virtude de o valor satisfeito ser menor do que o efetivamente devido. Qualquer quantia oferecida pelo contribuinte pode e deve ser recebida, sem afetar posterior cobrança de diferença, se for o caso[4].

2. V. AMARO, Luciano. *Direito tributário brasileiro*, 14. ed., p. 391.
3. *Idem*.
4. V. MACHADO, Hugo de Brito. *Curso de direito tributário*, 29. ed., p. 198.

O **art. 159** estabelece ser o local do pagamento do tributo, salvo disposição contrária da legislação pertinente, a repartição competente do **domicílio do sujeito passivo** da relação jurídica tributária.

Note o item considerado **CORRETO**, em prova realizada pela FCC, para o cargo de Técnico da Receita Estadual (SEGEP/MA), em 2016: *"Uma vez constituído o crédito tributário, este deve ser pago no local e no prazo indicado na legislação tributária. De acordo com o CTN, se a legislação não dispuser a esse respeito, o pagamento do tributo deverá ser efetuado na repartição competente do domicílio do contribuinte ou do responsável"*.

Note o item considerado **INCORRETO**, em prova realizada pela VUNESP, Câmara de Indaiatuba-SP, para o cargo de Controlador Interno, em 2018: *"Quando a legislação tributária não dispuser a respeito, o 'pagamento' é efetuado na repartição competente do domicílio do sujeito ativo"*.

Observação: item semelhante foi considerado **INCORRETO**, em prova realizada pela Vunesp, para o cargo de Procurador do Município de Rosana/SP, em 2016.

À época da edição do CTN tal procedimento era prática corriqueira, porém, hodiernamente, os tributos são pagos, por via de regra, na rede bancária devidamente credenciada pelo Fisco (art. 7º, § 3º). Veja-o:

Art. 7º (...)

§ 3º Não constitui delegação de competência o cometimento, a pessoas de direito privado, do encargo ou da função de arrecadar tributos.

O prazo para o pagamento dos tributos é definido na legislação própria de cada gravame, mas salvo regra contrária, aplica-se o disposto no **art. 160 do CTN**, a saber, o prazo é de 30 (trinta) dias, contados da data de notificação do lançamento ao contribuinte, lembrando que o parágrafo único do artigo supramencionado autoriza a concessão de desconto pela antecipação do pagamento, desde que preenchidas algumas condições. Veja-o:

Art. 160. Quando a legislação tributária não fixar o tempo do pagamento, o vencimento do crédito ocorre trinta dias depois da data em que se considera o sujeito passivo notificado do lançamento.

Parágrafo único. A legislação tributária pode conceder desconto pela antecipação do pagamento, nas condições que estabeleça.

Note o item considerado **CORRETO**, em prova realizada pela APRENDER.COM, para o cargo de Advogado da SIMAE/SC (Serviço Intermunicipal de Água e Esgoto de Santa Catarina), em 2016: *"Quando a legislação tributária não fixar o tempo do pagamento, o vencimento do crédito ocorre trinta dias depois da data em que se considera o sujeito passivo notificado do lançamento"*.

É importante registrar o entendimento contrário, da lavra de Ruy Barbosa Nogueira[5], perante a questão ligada à concessão de desconto pela antecipação do pagamento do tributo:

> Cometendo verdadeiro abuso contra o princípio de liberdade, garantia e facilitação dos meios de defesa dos acusados, já vimos que certas leis fiscais vêm concedendo descontos de meras pretensões de créditos apenas acusadas em autos de infração e levantamentos fiscais, para que o contribuinte, "renunciando" à defesa, os pague sem discutir. Não é para essa finalidade de cerceamento de defesa que o CTN autoriza tais descontos. Já vimos que nesse sentido não pode a lei ordinária instituí-los porque tais medidas são coercitivas, são expressão de fiscalismo contra o livre acesso ao Poder Judiciário e ao da ampla defesa. Se até na ordem privada a Constituição prevê a "repressão ao abuso do poder econômico", não é crível que o Estado-fisco exacerbe o quantum das multas para, apenas lavrada a acusação fiscal, acenar com descontos para que o sujeito passivo, atemorizado pelas quantias, correção monetária e outros ônus, se veja impedido de discutir, premido entre a liberdade de pedir justiça e o abuso econômico de oferecimento de desconto antes de apurado, definitivamente, o crédito.

Sobre os juros, o CTN estabeleceu a taxa de **1%** ao mês, independente da razão que tenha ocasionado o atraso no pagamento do tributo, e previu medidas sancionatórias aplicadas aos casos em que se tenha verificado atraso.

> **Art. 161.** O crédito não integralmente pago no vencimento é acrescido de juros de mora, seja qual for o motivo determinante da falta, sem prejuízo da imposição das penalidades cabíveis e da aplicação de quaisquer medidas de garantia previstas nesta Lei ou em lei tributária.
>
> **§ 1º** Se a lei não dispuser de modo diverso, os juros de mora são calculados à taxa de um por cento ao mês.

Na órbita federal, a taxa de juros cedeu passo ao índice da SELIC, tanto para os valores a pagar (**art. 13 da Lei n. 9.065/95**), quanto para os valores a restituir (**art. 39, § 4º, da Lei n. 9.250/95**). Observem-se os dispositivos:

> **Art. 13 (Lei n. 9.065/95).** A partir de 1º de abril de 1995, os juros (...) serão equivalentes à taxa referencial do Sistema Especial de Liquidação e de Custódia – SELIC para títulos federais, acumulada mensalmente.

> **Art. 39, § 4º (Lei n. 9.250/95).** A partir de 1º de janeiro de 1996, a compensação ou restituição será acrescida de juros equivalentes à taxa referencial do Sistema Especial de Liquidação e de Custódia – SELIC para títulos federais, acumulada mensalmente, calculados a partir da data do pagamento indevido ou a maior até

5. NOGUEIRA, Ruy Barbosa. *Curso de direito tributário*, 14. ed., p. 311.

o mês anterior ao da compensação ou restituição e de 1% relativamente ao mês em que estiver sendo efetuada.

Em **25 de abril de 2019**, a 1ª Turma do **STJ**, no **REsp 1.573.873/PR** (rel. Min. Regina Helena Costa), entendeu que é ilegal a cobrança de juros de mora sobre as multas de mora e de ofício perdoadas no pagamento à vista do débito fiscal (de acordo com o art. 1º, § 3º, I, Lei n. 11.941/2009). Ora, uma vez perdoadas integralmente as multas de mora e de ofício, os valores a elas correspondentes não podem gerar, em consequência, nenhum reflexo econômico, sob pena de se desconsiderar a extensão do benefício. Nesse contexto, o cotejo da disposição infralegal (art. 16, *caput*, Portaria Conjunta PGFN/SRF n. 6/2009), com o art. 1º, § 3º, I, da Lei n. 11.941/2009 claramente demonstra a forma de cálculo mais gravosa imposta pelo Fisco, ao arrepio do diploma legal, ao determinar a incidência dos juros de mora, no pagamento à vista do débito, sobre o somatório do valor principal com as multas moratória e de ofício.

Por sua vez, o **art. 163 do CTN** prevê o instituto da **imputação de pagamento**. Observe o dispositivo:

> **Art. 163.** Existindo simultaneamente dois ou mais débitos vencidos do mesmo sujeito passivo para com a mesma pessoa jurídica de direito público, relativos ao mesmo ou a diferentes tributos ou provenientes de penalidade pecuniária ou juros de mora, a autoridade administrativa competente para receber o pagamento determinará a respectiva **imputação**, obedecidas as seguintes regras, na ordem em que enumeradas:
>
> **I** – em primeiro lugar, aos débitos por obrigação própria, e em segundo lugar aos decorrentes de responsabilidade tributária;
>
> **II – primeiramente, às contribuições de melhoria, depois às taxas e por fim aos impostos;**

Note o item considerado **CORRETO**, em prova realizada pela FGV, para o XVI Exame de Ordem Unificado, em 2015: *"Determinado contribuinte verificou a existência de débitos vencidos de IPTU e de uma TAXA DE COLETA DE LIXO com o Município 'M'. Os dois tributos são relativos ao ano-calendário de 2012 e se referem ao imóvel onde reside. O contribuinte pagou ao Município 'M' o montante insuficiente para a quitação de ambos os tributos. Diante de tais débitos, a autoridade administrativa municipal que recebeu o pagamento determinará, primeiramente, a imputação do pagamento à taxa e, posteriormente, ao imposto"*.

Note o item considerado **INCORRETO**, em prova realizada pela Consulplan, para o cargo de Titular de Serviços de Notas e de Registros (TJ/MG), em 2017: *"Existindo simultaneamente dois ou mais débitos vencidos do mesmo sujeito passivo para com a mesma pessoa jurídica de direito público, relativos ao mesmo ou a diferentes tributos ou provenientes de penalidade pecuniária ou juros de mora, a autoridade administrativa competente para receber o pagamento determinará a respectiva imputação. No que toca às espécies de tributos, o pagamento considerar-se-á realizado, primeiramente, em relação aos impostos, depois às taxas e, por fim, às contribuições de melhoria"*.

III – na ordem crescente dos prazos de prescrição;

> Note o item considerado **INCORRETO**, em prova realizada pela VUNESP, Câmara de Indaiatuba-SP, para o cargo de Controlador Interno, em 2018: "*Existindo simultaneamente dois ou mais débitos vencidos do mesmo sujeito passivo para com a mesma pessoa jurídica de direito público, relativos ao mesmo ou a diferentes tributos ou provenientes de penalidade pecuniária ou juros de mora, a autoridade administrativa competente para receber o 'pagamento' determinará a respectiva imputação na ORDEM DECRESCENTE DOS PRAZOS DE PRESCRIÇÃO*".

IV – na ordem decrescente dos montantes. **(Grifos nossos)**

Recomenda-se a memorização dos **quatro incisos** do dispositivo retrocitado (e a **ordem** na qual eles se apresentam), haja vista a intensa solicitação do tema em provas de concursos.

> Note o item considerado **CORRETO**, em prova realizada pela FAEPESUL, para o cargo de Advogado da Fundação Ambiental do Município de Araranguá/SC (FAMA), em 2016: "*Existindo simultaneamente dois ou mais débitos vencidos do mesmo sujeito passivo para com a mesma pessoa jurídica de direito público, relativos ao mesmo ou a diferentes tributos, a autoridade administrativa competente para receber o pagamento determinará a respectiva imputação, que determina na seguinte ordem, em primeiro lugar, os débitos por obrigação própria e depois os decorrentes de responsabilidade tributária; a seguir, as contribuições de melhoria, taxas e depois impostos; por fim, na ordem crescente dos prazos de prescrição*".

2.1 Consulta tributária

Trata-se de procedimento administrativo de satisfação de dúvidas atinentes à legislação tributária, formuladas pelo contribuinte ao Fisco. A consulta tributária tem previsão no CTN, no art. 161, § 2º:

> **Art. 161.** O crédito não integralmente pago é acrescido de **juros de mora**, seja qual for o motivo determinante da falta, sem prejuízo da imposição das **penalidades** cabíveis. **(...)**
>
> **§ 2º** O disposto neste artigo não se aplica na pendência de **consulta** formulada pelo devedor dentro do prazo legal para pagamento do crédito. **(Grifos nossos)**

Trata-se de formulação de dúvidas pelo contribuinte consulente ao Fisco, o qual deverá proceder formalmente à satisfação da dúvida.

Recomenda-se que o questionamento deva ser razoável, enfocando um possível deslize do legislador, o qual supostamente tenha omitido algo, ou, ainda, dito a lei, mas com obscuridade ou ambiguidade. Tais vícios de compreensão, como é cediço, repelem a segurança e certeza que devem reger o diálogo entre a norma e seu destinatário. Daí se prever uma solução à satisfação da dúvida: a consulta tributária. No âmbito federal, a consulta está regida pelos arts. 46 a 58 do Decreto n. 70.235/72, bem como pelos arts. 48 a 50 da Lei n. 9.430/96.

É importante realçar que o consulente pratica conduta comissiva, tradutora de boa-fé, respondendo, apenas, pelo [*tributo + correção monetária*]. Não se cobram juros moratórios nem multa, caso a resposta à consulta – de forma escrita e observados os requisitos legais que a permeiam – aperfeiçoe-se antes da data de vencimento do pagamento do tributo objeto de questionamento (art. 161, § 2º). Portanto, nessa consulta o sujeito passivo tem apenas o encargo do tributo em questão e a devida correção monetária, ficando afastada a possibilidade de cobrança de multa ou juros por meio desse procedimento. Caso a formulação da consulta ao Fisco seja ulterior ao vencimento do prazo para pagamento do tributo, a quantia será "vitaminada" pelo acréscimo de juros.

É de se registrar, porém, que há uma vertente doutrinária cujo entendimento segue a direção contrária, argumentando que a consulta feita após o vencimento do prazo para pagamento do tributo também tem o condão de suspender o fluxo moratório, pois a demora na resposta pelo Fisco deve somente a ele ser imputada, e jamais ao consulente[6].

Quanto ao percentual da taxa de juros, entende-se que esta deve ser paritariamente única, quer para conformar o valor dos tributos pagos a destempo, quer para regrar o cômputo das devoluções.

Na órbita federal, a taxa de juros cedeu passo ao índice da SELIC, tanto para os valores a pagar (art. 13 da Lei n. 9.065/95), quanto para os valores a restituir (art. 39, § 4º, da Lei n. 9.250/95). Por sua vez, na órbita estadual, há uma liberdade ao legislador, o qual pode escolher a taxa de 1% de juros ao mês em detrimento da SELIC, ou vice-versa. E isso vale tanto para a cobrança de valores como para a devolução de montantes, devendo ser mantida a paridade na escolha, para uma e outra situações.

2.2 A restituição de pagamento indevido ou a maior e o prazo prescricional

O CTN, além dos prazos tradicionalmente oponíveis à Fazenda, cuida de lapsos temporais para o contribuinte pleitear a restituição de quantias pagas indevidamente, independentemente de a prática do ato pelo sujeito passivo ter ou não se operado por sua vontade ao tempo da realização do pagamento inconveniente. Com efeito, em Direito Tributário, "a vontade é irrelevante na formação da relação jurídica"[7].

6. V. AMARO, Luciano. *Direito tributário brasileiro*, 14. ed., p. 392.
7. MACHADO, Hugo de Brito. *Curso de direito tributário*, 29. ed., p. 202.

A doutrina e a jurisprudência divergem quanto à natureza jurídica desse prazo: se é de *decadência* ou é de *prescrição*. Aliomar Baleeiro rotulava-o de decadência; Alberto Xavier, por sua vez, considerava-o prescricional. As Bancas têm preferido associá-lo ao prazo prescricional. Desse modo, no Direito Tributário, deve-se analisar o instituto da prescrição sob os dois sujeitos da relação: a prescrição do direito do **Fisco** é a perda de seu direito de propor ação executiva fiscal; para o **contribuinte**, é a perda do direito de ação para pleitear a repetição.

Quando há uma **repetição de indébito**, o interessado tem direito à devolução do valor principal, acrescido de **juros moratórios** (e não de "juros remuneratórios") e da **correção monetária**. Em tempo, frise-se que os *juros de mora* são contados a partir do **trânsito em julgado da decisão definitiva que satisfez a pretensão restituitória** (**Súmula n. 188 do STJ** c/c art. 167, parágrafo único, CTN), enquanto a *correção monetária* é contada a partir da **data do pagamento indevido** (**Súmula n. 162 do STJ**). Em termos práticos, se um contribuinte ajuíza uma ação de repetição de indébito para reaver um tributo pago indevidamente na **data X**, tendo a sentença transitado em julgado na **data Y**, haverá o direito à devolução do principal, dos juros (contados a partir da **data Y**) e da correção monetária (contada a partir da **data X**).

Note o item considerado **INCORRETO**, em prova realizada pelo Cespe/Cebraspe, para o cargo de Delegado de Polícia do Estado de Pernambuco, em 2016: *"Os juros moratórios na repetição do indébito tributário são devidos a partir da data do fato gerador"*.

Note o item considerado **INCORRETO**, em prova realizada pelo Cespe/Cebraspe, para o cargo de Delegado de Polícia do Estado de Pernambuco, em 2016: *"Na repetição do indébito tributário, a correção monetária incide desde a data do fato gerador"*.

Note o item considerado **CORRETO**, em prova realizada pelo TRF/4ª Região, para o cargo de Juiz Federal Substituto (XVII Concurso), em 2016: *"Segundo entendimento sumulado do STJ, na repetição do indébito tributário, a correção monetária incide a partir do pagamento indevido, e os juros moratórios, somente após o trânsito em julgado da sentença"*.

Note a **questão dissertativa**, em prova realizada pela **FGV**, no *XIII Exame de Ordem Unificado* (Prova 2ª Fase; Direito Tributário), em **2014**:

Julgada procedente a ação de repetição de indébito de imposto recolhido em 2009, proposta em face da Fazenda Estadual, José da Silva recorreu da decisão que lhe foi favorável, pretendendo alterar o marco temporal de aplicação dos juros moratórios constante da decisão judicial. O julgado determinou como devida a incidência dos juros moratórios na ordem de 1% ao mês, a contar do trânsito em julgado da sentença, contrariando a pretensão autoral, que pleiteava o início do cômputo a partir da realização do pagamento indevido. Considerando que a legislação do Estado em questão não possui nenhuma norma própria a regular os índices de juros do imposto a ser restituído, **responda aos itens a seguir.**

A) O contribuinte tem razão? Resposta fundamentada.

B) Acaso a ação repetitória tratasse de um tributo federal, a contagem acerca da incidência dos juros seria diferente?

Como **GABARITO OFICIAL**, tivemos:

A) *Não, o contribuinte não tem razão. Conforme esposado na Súmula n. 188 do STJ, "os juros moratórios, na repetição do indébito tributário, são devidos a partir do trânsito em julgado da sentença". Além disso, determina o art. 167, parágrafo único, do CTN: "A restituição vence juros não capitalizáveis, a partir do trânsito em julgado da decisão definitiva que a determinar."*

B) *Sim. Na hipótese do tributo ser federal, será aplicado o disposto pela Lei n. 9.250/95, que altera a legislação do Imposto sobre a Renda, a qual, no seu art. 39, § 4º, determina: "A partir de 1º de janeiro de 1996, a compensação ou restituição será acrescida de juros equivalentes à taxa referencial do Sistema Especial de Liquidação e de Custódia – SELIC para títulos federais, acumulada mensalmente, calculados a partir da data do pagamento indevido ou a maior até o mês anterior ao da compensação ou restituição e de 1% relativamente ao mês em que estiver sendo efetuada."*

Em 22 de abril de **2015**, a 1ª Turma do **STJ** aprovou o enunciado da **Súmula n. 523**, segundo o qual "*a taxa de juros de mora incidente na repetição de indébito de tributos estaduais deve corresponder à utilizada para cobrança do tributo pago em atraso, sendo legítima a incidência da taxa Selic, em ambas as hipóteses, quando prevista na legislação local, vedada sua cumulação com quaisquer outros índices*".

Note o item considerado **CORRETO**, em prova realizada pela Consulplan, para o cargo de Titular de Serviços de Notas e de Registros (TJ/MG), em 2017: *"A taxa de juros de mora incidente na repetição de indébito de tributos estaduais deve corresponder à utilizada para cobrança do tributo pago em atraso, sendo legítima a incidência da taxa Selic, em ambas as hipóteses, quando prevista na legislação local, vedada sua cumulação com quaisquer outros índices".*

Note o item considerado **CORRETO**, em prova realizada pelo CEBRASPE, STJ, para o cargo de Analista Judiciário, em 2018: *"A taxa de juros de mora incidente na repetição do indébito tributário deve corresponder àquela utilizada para a cobrança do tributo pago em atraso".*

Na parte final do enunciado, nota-se que há uma vedação à cumulação da SELIC com outros índices. Ora, sabendo-se que a SELIC é um índice "turbinado", por abranger os juros e a correção monetária, qualquer cobrança suplementar geraria uma sobreposição de exigências (*bis in idem*).

Em 12 de maio de **2015**, a 2ª Turma do **STJ**, no **REsp 1.385.860/CE** (rel. Min. Humberto Martins), entendeu que "*os valores restituídos a título de tributo pago indevidamente serão tributados pelo Imposto sobre a Renda das Pessoas Jurídicas (IRPJ) e pela Contribuição Social sobre o Lucro Líquido (CSLL), se, em períodos anteriores, tiverem sido computados como despesas dedutíveis do lucro real e da base de cálculo da CSLL (art. 1º do ADI SRF 25/2003)*".

Partindo-se da premissa de que o acessório segue o principal, o próprio **STJ**, em outra oportunidade (**REsp 1.138.695/SC, rel. Min. Mauro Campbell Marques, 1ª T., j. em 22-05-2013**), entendeu que os juros moratórios incidentes na repetição do indébito tributário se encontram dentro da base de cálculo do IRPJ e da CSLL, dada a sua natureza de lucros cessantes e de "lucro operacional" da empresa (ver, entre outros dispositivos, os arts. 373 e 161, IV, ambos do Decreto n. 3.000/99 – RIR/99). Com efeito, tais juros detêm natureza remuneratória e evidenciam um acréscimo patrimonial. Assim, para o STJ, nem a verba principal, nem os acessórios, fogem à tributação.

Observe o **art. 165 do CTN**:

> **Art. 165.** O sujeito passivo tem direito, independentemente de **prévio protesto**, à restituição total ou parcial do tributo (...).

Note o item considerado **INCORRETO**, em prova realizada pelo TJ/RS, para o cargo de Titular de Serviços de Notas e de Registros/RS, em 2013: *"O pagamento indevido exige o prévio protesto, para ensejar a repetição do indébito tributário"*.

Note o item considerado **INCORRETO**, em prova realizada pelo Cespe/Cebraspe, para o cargo de Delegado de Polícia do Estado de Pernambuco, em 2016: *"O direito do sujeito passivo à restituição total ou parcial do tributo depende necessariamente de prévio protesto"*.

Se for pago o **tributo a maior**, o contribuinte tem direito à restituição, sem qualquer empecilho a ser imposto pelo Fisco, pois qualquer óbice representa verdadeiro locupletamento do erário desprovido de causa.

Note o item considerado **CORRETO**, em prova realizada pelo IESES, para o cargo de Titular de Serviços de Notas e de Registros – Provimento (TJ/SC), em 2019: *"A Ação de Repetição de Indébito pode ser ajuizada, dentre outras hipóteses, no caso de pagamento espontâneo de tributo maior que o devido em face da legislação tributária aplicável"*.

É claro que não estamos a discutir as vicissitudes provocadas pelo **art. 166 do CTN**, quando se mostra como inafastável empecilho à restituição dos tributos indiretos, conquanto paradoxalmente ele mesmo venha a se materializar no dispositivo legal que a autoriza. Observe-o:

> **Art. 166.** A restituição de tributos que comportem, por sua natureza, transferência do respectivo encargo financeiro somente será feita a quem prove haver assumido o referido encargo, ou, no caso de tê-lo transferido a terceiro, estar por este expressamente autorizado a recebê-la.

Note o item considerado **CORRETO**, em prova realizada pela Consulplan, para o cargo de Titular de Serviços de Notas e de Registros (TJ/MG), em 2017: *"A restituição de tributos que comportem, por sua natureza, transferência do respectivo encargo financeiro somente será feita a quem prove haver assumido o referido encargo, ou, no caso de tê-lo transferido a terceiro, estar por este expressamente autorizado a recebê-la"*.

> Note o item considerado **CORRETO** em prova realizada pela FCC, para o cargo de Técnico da Receita Estadual (SEGEP/MA), em 2016: *"De acordo com o CTN, a restituição de tributos que comportem, por sua natureza, transferência do respectivo encargo financeiro, somente será feita, se o interessado comprovar que está expressamente autorizado por terceiro a recebê-la, no caso de o encargo ter sido efetivamente transferido a este terceiro"*.

São gravames dotados do fenômeno da repercussão financeira, havendo disparidade entre o contribuinte de fato e o contribuinte de direito. Aquele é a pessoa sobre a qual recai efetivamente o encargo financeiro do tributo, enquanto este é o sujeito passivo definido por lei como responsável pelo pagamento da exação.

Destarte, cabe ao ***contribuinte de direito*** pleitear a repetição do indébito, desde que fique comprovada a não transferência do encargo financeiro (prova da não repercussão) relativo ao tributo, ou esteja ele autorizado expressamente pelo terceiro que suportou o referido encargo – o contribuinte de fato – a receber a restituição (art. 166, do CTN e Súmula n. 546, do STF). É de notar que o dispositivo não oferta um texto claro, requerendo bastante cautela do intérprete[8].

> Note o item considerado **CORRETO**, em prova realizada pela FGV, MPE-AL, para o cargo de Analista do Ministério Público, em 2018: *"A sociedade empresária 'Gama Distribuidora de Bebidas' pretende a restituição do indébito tributário relativo ao IPI pago sobre descontos incondicionais, quando da aquisição dos produtos de seus fornecedores, os quais embutem no preço de venda o tributo aludido, do qual são contribuintes de direito. Neste caso, 'Gama' não tem direito à repetição pleiteada, porque o direito subjetivo à repetição do indébito pertence exclusivamente ao denominado contribuinte de direito"*.

O **art. 166 do CTN** tem por objetivo impedir que o contribuinte (o contribuinte *de jure*) pleiteie a devolução de indébito de *tributo indireto* que, na realidade, teria sido suportado financeiramente por um **terceiro** (o contribuinte *de facto*) – uma proibição que somente será excepcionada se esse terceiro expressamente tiver autorizado o contribuinte a receber aqueles valores. Essa regra dá cumprimento ao princípio que proíbe o enriquecimento sem causa, exigindo do contribuinte, como condição para repetir o indébito, que ele busque a autorização de quem financeiramente sofreu a exação. É com base nesse cenário que, em 4 de dezembro de **2018**, a 1ª Turma do **STJ**, no **AREsp 581.679/RS** (rel. Min. Gurgel de Faria), entendeu que, na transferência interestadual de mercadorias entre estabelecimentos da mesma empresa – uma consagrada não incidência, por força do teor da Súmula n. 166 do STJ –, esse indébito do ICMS será suportado exclusivamente pela empresa, não havendo a figura de terceira pessoa a quem possa ter sido transferido o encargo finan-

8. Para uma minuciosa análise do fenômeno da **restituição do indébito**, mormente no âmbito da *substituição tributária*, é bastante recomendável a leitura, neste *Manual*, do **item 1.3 do Capítulo 23 – Responsabilidade Tributária**, que se apresenta com o título "Conceito: responsabilidade por substituição *versus* responsabilidade por transferência".

ceiro. De fato, a possibilidade de repasse econômico da exação somente ocorrerá em operação posterior, quando da efetiva venda da mercadoria. Sendo assim, inaplicável o art. 166 do CTN ao presente caso.

Ademais, por via de regra, o pagamento indevido ou a maior será restituído (administrativa ou judicialmente), independentemente de provas sobejas. Vale dizer que, para o exercício do direito, é suficiente a apresentação da guia de recolhimento. Observe a ementa:

EMENTA: PROCESSO CIVIL. TRIBUTÁRIO. IOF. RESTITUIÇÃO DO INDÉBITO. CÓPIA AUTENTICADA DO DARF. ARTS. 365, III, E 384 DO CPC [ATUAIS ARTS. 423 E 425, III, NCPC]. 1. A cópia autenticada de DARF é documento hábil para a comprovação do recolhimento indevido de tributo em sede de ação de repetição do indébito. 2. Recurso especial provido. **(REsp 267.007/SP, 2ª T., rel. Min. João Otávio de Noronha, j. em 27-09-2005)**

É de destacar, ainda, que o particular não está obrigado a primeiro postular na órbita administrativa, para, após, recorrer à via judicial. Aliás, para o **STJ**, o prazo prescricional para a repetição de indébito não se interrompe e/ou suspende em face de pedido formulado na esfera administrativa. Observe a ementa:

EMENTA: PROCESSUAL CIVIL E TRIBUTÁRIO. AGRAVO REGIMENTAL. FINSOCIAL. COMPENSAÇÃO. PRESCRIÇÃO. DECADÊNCIA. TERMO INICIAL DO PRAZO. PEDIDO ADMINISTRATIVO. INTERRUPÇÃO/SUSPENSÃO. INOCORRÊNCIA. PRECEDENTES. (...) 5. O prazo prescricional, para fins de restituição de indébito de tributo indevidamente recolhido, não se interrompe e/ou suspende em face de pedido formulado na esfera administrativa. 6. Precedentes desta Corte Superior. 7. Agravo regimental não provido. **(AgRg no Ag 629.184/MG, 1ª T., rel. Min. José Delgado, j. em 03-05-2005)**

Passemos agora à análise do **art. 168 do CTN**:

Art. 168. O direito de pleitear a restituição extingue-se com o decurso do prazo de 5 (cinco) anos, contados:

I – nas hipóteses dos incisos I e II do art. 165, da data da extinção do crédito tributário;

II – na hipótese do inciso III do art. 165, da data em que se tornar definitiva a decisão administrativa ou passar em julgado a decisão judicial que tenha reformado, anulado, revogado ou rescindido a decisão condenatória.

Como se pode notar, para se repetir valor pago indevidamente ou a maior, deve-se obedecer ao **prazo legal de 5 (cinco) anos**, a contar da extinção do crédito tributário. Assim, a contagem é bastante singela, seguindo-se a literalidade do CTN, como se pode notar no exemplo a seguir: paga-se o tributo a maior em janeiro de

2015, devendo, portanto, o contribuinte repetir o valor até o mês de janeiro de 2020, quando se dará o fim do lustro, considerando-se o pagamento como a data de extinção do crédito tributário.

> Note o item considerado **INCORRETO**, em prova realizada pelo Cespe/Cebraspe, para o cargo de Delegado de Polícia do Estado de Pernambuco, em 2016: *"O direito de pleitear a restituição extingue-se após dois anos do pagamento espontâneo do tributo".*

> Note o item considerado **CORRETO**, em prova realizada pela FCC, para o cargo de Analista de Controle Externo (TCE/GO), em 2014: *"Diante do pagamento indevido de tributo feito de forma espontânea pelo contribuinte, é correto afirmar que terá direito à restituição, desde que faça o pedido de restituição dentro do prazo de cinco anos, a contar do pagamento indevido".*

Em 12 de dezembro de **2018**, o **STJ** editou a **Súmula n. 625**, segundo a qual "*o pedido administrativo de compensação ou de restituição não interrompe o prazo prescricional para a ação de repetição de indébito tributário de que trata o art. 168 do CTN nem o da execução de título judicial contra a Fazenda Pública*".

Quanto ao tempo hábil a pleitear a restituição, diga-se que o inciso primeiro do art. 168 do CTN passou a ter nova interpretação à luz do art. 3º da LC n. 118/2005.

Como se notou acima, na reprodução do dispositivo, o prazo para pleitear a restituição de importância tributária é de **5 (cinco) anos contados da data da** *extinção do crédito tributário*, isto é, a data do pagamento indevido. Nesse passo, conforme se depreende do 3º da LC n. 118/2005, a extinção do crédito tributário, nos lançamentos por homologação, deverá ocorrer num momento anterior à homologação, qual seja, na própria data do pagamento antecipado. Não nos parece o mais razoável. O aprofundamento do tema será feito nos parágrafos seguintes.

Vamos analisar o **art. 3º da LC n. 118/2005**:

> **Art. 3º** Para efeito de interpretação do inciso I do art. 168 da Lei n. 5.172, de 25 de outubro de 1966 – Código Tributário Nacional, a extinção do crédito tributário ocorre, no caso de tributo sujeito a lançamento por homologação, no momento do pagamento antecipado de que trata o § 1º do art. 150 da referida Lei.

É fácil perceber que art. 3º sepultou a teoria dos "cinco mais cinco", por muitos anos chancelada no **STJ**, segundo a qual a restituição de tributos constituídos por lançamento por homologação obedecia a um prazo de 10 anos, ou seja, 5 anos para homologar (art. 150, § 4º c/c art. 156, VII, ambos do CTN) e outros 5 anos para a prescrição da ação (art. 168, I, CTN). Portanto, o termo *a quo* para a contagem do prazo de restituição se dava com a data da homologação (seja expressa ou tácita). Observe a demonstração gráfica:

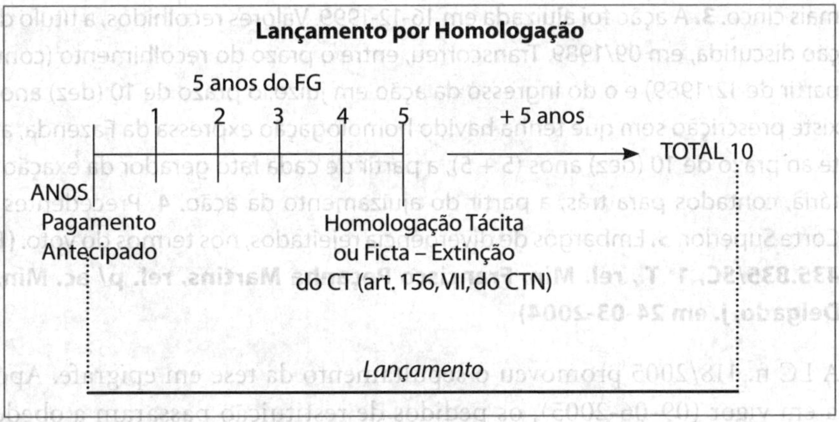

Com base no art. 150, § 4º, do CTN, o prazo para a homologação é de cinco anos, assim, a Fazenda Pública teria cinco anos para homologar o lançamento (a contar do fato gerador) e, findo este prazo, o sujeito passivo teria mais cinco anos para pleitear a restituição, ou seja, a consagração da tese dos "cinco mais cinco anos".

Nessa medida, passou-se a contar o prazo de cinco anos após o fato gerador, e, após, acrescia-se a este marco outro prazo de 5 anos, a contar da homologação.

Assim, o **STJ** concebeu no caso de retenção indevida de IOF na fonte (**REsp 641.897/PE-2005**) e retenção indevida de IRRF (**EDivREsp 289.398/2002**), considerando que se devia contar o prazo de 5 anos, a partir da retenção indevida na fonte, acrescidos de mais um quinquênio.

Tal entendimento, dotado de adequado suporte normativo, conquanto não fosse seguido por todos Tribunais, consagrou-se na **1ª Seção do STJ**[9], no julgamento do **EREsp 435.835/SC**:

> **EMENTA:** CONSTITUCIONAL. TRIBUTÁRIO. EMBARGOS DE DIVERGÊNCIA. CONTRIBUIÇÃO PREVIDENCIÁRIA. LEI N. 7.787/89. COMPENSAÇÃO. PRESCRIÇÃO. DECADÊNCIA. TERMO INICIAL DO PRAZO. PRECEDENTES. **1.** Está uniforme na 1ª Seção do STJ que, no caso de lançamento tributário por homologação e havendo silêncio do Fisco, o prazo decadencial só se inicia após decorridos 5 (cinco) anos da ocorrência do fato gerador, acrescidos de mais um quinquênio, a partir da homologação tácita do lançamento. Estando o tributo em tela sujeito a lançamento por homologação, aplicam-se a decadência e a prescrição nos moldes acima delineados. **2.** Não há que se falar em prazo prescricional a contar da declaração de inconstitucionalidade pelo STF ou da Resolução do Senado. A pretensão foi formulada no prazo concebido pela jurisprudência desta Casa Julgadora como admissível, visto que a ação não está alcançada pela prescrição, nem o direito pela decadência. Aplica-se, assim, o prazo prescricional nos moldes em que pacificado pelo STJ, *id est*, a corrente dos cinco

9. Ver, nesse sentido: REsp 175.306/1998; REsp 170.086/SP-1998; REsp 413.943/PR-2002; REsp 423.994/SC-2003; REsp 449.751/PR-2004; REsp 447.548/SC-2005; REsp 327.043/DF; REsp 814.885/SE (09-05-2006).

mais cinco. **3.** A ação foi ajuizada em 16-12-1999. Valores recolhidos, a título da exação discutida, em 09/1989. Transcorreu, entre o prazo do recolhimento (contado a partir de 12/1989) e o do ingresso da ação em juízo, o prazo de 10 (dez) anos. Inexiste prescrição sem que tenha havido homologação expressa da Fazenda, atinente ao prazo de 10 (dez) anos (5 + 5), a partir de cada fato gerador da exação tributária, contados para trás, a partir do ajuizamento da ação. **4.** Precedentes desta Corte Superior. **5.** Embargos de divergência rejeitados, nos termos do voto. **(EREsp 435.835/SC, 1ª T., rel. Min. Francisco Peçanha Martins, rel. p/ ac. Min. José Delgado, j. em 24-03-2004)**

A LC n. 118/2005 promoveu o sepultamento da tese em epígrafe. Após sua entrada em vigor (09-06-2005), os pedidos de restituição passaram a obedecer a um singelo e exclusivo prazo de cinco anos, contado do ***dia do pagamento indevido***, e não mais de sua homologação tácita para os tributos com lançamento por homologação.

Aliás, o **STJ** decidira, curiosamente, em 2001, que o termo inicial para a contagem do prazo (cinco anos) de restituição de tributo pendente de *homologação tácita* seria "a data do pagamento indevido":

EMENTA: TRIBUTÁRIO. REPETIÇÃO DE INDÉBITO. IMPOSTO DE RENDA RETIDO NA FONTE. PARCELAS INDENIZATÓRIAS. PRESCRIÇÃO. TERMO "A QUO". PRECEDENTES DE AMBAS AS TURMAS DE DIREITO PÚBLICO. O prazo prescricional para restituição de parcelas indevidamente cobradas a título de imposto de renda é de cinco anos, contados da extinção do crédito tributário, isto é, de cada retenção na fonte. Embargos de divergência acolhidos. **(EREsp 258.161/DF, 1ª T., rel. Min. Francisco Peçanha Martins, j. em 13-06-2001)**

De mais a mais, o art. 3º da LC n. 118/2005 trouxe a expressão "*para efeito de interpretação do inciso I...*", deixando clara a intenção do legislador em interpretar um dispositivo em aplicação.

Com isso, devemos observar o que dispõe o **art. 106** do próprio **CTN:**

Art. 106. A lei aplica-se a ato ou fato pretérito:

I – em qualquer caso, quando seja expressamente interpretativa, excluída a aplicação de penalidade à infração dos dispositivos interpretados;

A lei tributária poderá atingir fatos passados quando esta for expressamente interpretativa, isto é, quando for criada meramente para esclarecer um ponto obscuro na legislação vigente, e tal esclarecimento não poderá acarretar aplicação de penalidades.

Parece-nos, portanto, que o legislador pretendeu imprimir na norma em comento (LC n. 118/2005) o cunho de lei *interpretativa*, a fim de revesti-la de vigência retrospectiva.

Questionamentos judiciais surgiram em relação à constitucionalidade desta aplicação pretérita, tendo em vista o direito adquirido em face dos inúmeros entendimentos jurisprudenciais advindos em nossa ordem jurídica, garantindo a tese dos "cinco mais cinco" anos.

A interpretação em tela – intitulada autêntica ou legal – é atividade anômala do Poder Legislativo, que assume papel exegético para modificar aquilo que, em tese, não lhe convém.

Entendemos que esta interpretação deve ter eficácia apenas para o futuro, ou seja, da vigência desta Lei Complementar em diante, prevalecendo a *segurança jurídica*. O **STJ**, em pouco tempo, chancelou esse modo de ver:

> **EMENTA:** (...) **1.** A 1ª Seção do STJ, no julgamento do EREsp 435.835/SC, rel. p/ o acórdão Min. José Delgado, sessão de 24.03.2004, consagrou o entendimento segundo o qual o prazo prescricional para pleitear a restituição de tributos sujeitos a lançamento por homologação é de cinco anos, contados da data da homologação do lançamento, que, se for tácita, ocorre após cinco anos da realização do fato gerador – sendo irrelevante, para fins de cômputo do prazo prescricional, a causa do indébito. Adota-se o entendimento firmado pela Seção, com ressalva do ponto de vista pessoal, no sentido da subordinação do termo *a quo* do prazo ao universal princípio da "actio nata" (voto-vista proferido nos autos do ERESP 423.994/SC, 1ª Seção, Min. Peçanha Martins, sessão de 08-10-2003). **2.** O art. 3º da LC n. 118/2005, a pretexto de interpretar os arts. 150, § 1º, 160, I, do CTN, conferiu-lhes, na verdade, um sentido e um alcance diferente daquele dado pelo Judiciário. Ainda que defensável a "interpretação" dada, não há como negar que a Lei inovou no plano normativo, pois retirou das disposições interpretadas um dos seus sentidos possíveis, justamente aquele tido como correto pelo STJ, intérprete e guardião da legislação federal. **Portanto, o art. 3º da LC n. 118/2005 só pode ter eficácia prospectiva, incidindo apenas sobre situações que venham a ocorrer a partir da sua vigência. 3.** O art. 4º, segunda parte, da LC n. 118/2005, que determina a aplicação retroativa do seu art. 3º, para alcançar inclusive fatos passados, ofende o princípio constitucional da autonomia e independência dos poderes (CF, art. 2º) e o da garantia do direito adquirido, do ato jurídico perfeito e da coisa julgada (CF, art. 5º, XXXVI). Ressalva, no particular, do ponto de vista pessoal do relator, no sentido de que cumpre ao órgão fracionário do STJ suscitar o incidente de inconstitucionalidade perante a Corte Especial, nos termos do art. 97 da CF. **4.** Agravo regimental a que se nega provimento. **(AgRg no AG 633.462/SP, 1ª T., rel. ex-Min. Teori Albino Zavascki, j. em 17-03-2005) (Grifo nosso)**

Em 29 de setembro de **2007**, houve a arguição de inconstitucionalidade nos **Embargos de Divergência no REsp 644.736/PE**, com trânsito em julgado em 27-09-2007, em que o **STJ** reconheceu a inconstitucionalidade do art. 4º, segunda parte, da

LC n. 118/2005, entendendo que o prazo prescricional deve ser contado da seguinte forma:

1. **Pagamento** de tributo efetuado *a partir da* vigência (09-06-2005), com fato gerador ocorrido **após** esta data, o prazo é de 5 anos a contar da data de pagamento;
2. **Pagamento** de tributo efetuado *antes* da vigência (09-06-2005), com fato gerador ocorrido **antes** desta data, vale a regra de prescrição do regime anterior, limitada, porém, ao prazo máximo de cinco anos a contar da vigência da lei;
3. **Pagamento** de tributo efetuado *após* a vigência (09-06-2005), com fato gerador ocorrido **antes** desta data, vale a regra de prescrição do regime anterior, limitada, porém, ao prazo máximo de cinco anos a contar da vigência da lei.

Fica claro que, para o **STJ**, o relevante era a "data do pagamento" – se esta ocorrera antes ou depois da data de vigência da LC n. 118/2005 (09-06-2005) –, para fins de definição sobre a aplicação dos prazos de 5 anos ou 10 anos. Em 2009, em Recurso Especial representativo de controvérsia (art. 543-C, CPC [atual art. 1.036 e seguintes, NCPC]), o **STJ** sacramentou seu modo de ver:

> **EMENTA:** PROCESSUAL CIVIL. RECURSO ESPECIAL REPRESENTATIVO DE CONTROVÉRSIA. ART. 543-C, DO CPC [ATUAL ART. 1.036 E SEGUINTES, NCPC]. TRIBUTÁRIO. AUXÍLIO CONDUÇÃO. IMPOSTO DE RENDA. TRIBUTO SUJEITO A LANÇAMENTO POR HOMOLOGAÇÃO. PRESCRIÇÃO. TERMO INICIAL. PAGAMENTO INDEVIDO. ARTIGO 4º, DA LC N. 118/2005. DETERMINAÇÃO DE APLICAÇÃO RETROATIVA. DECLARAÇÃO DE INCONSTITUCIONALIDADE. CONTROLE DIFUSO. CORTE ESPECIAL. RESERVA DE PLENÁRIO. (...) **5.** Consectariamente, em se tratando de pagamentos indevidos efetuados antes da entrada em vigor da LC n. 118/05 (09.06.2005), o prazo prescricional para o contribuinte pleitear a restituição do indébito, nos casos dos tributos sujeitos a lançamento por homologação, continua observando a cognominada tese dos 'cinco mais cinco', desde que, na data da vigência da novel lei complementar, sobejem, no máximo, cinco anos da contagem do lapso temporal (regra que se coaduna com o disposto no artigo 2.028, do Código Civil de 2002, segundo o qual: "Serão os da lei anterior os prazos, quando reduzidos por este Código, e se, na data de sua entrada em vigor, já houver transcorrido mais da metade do tempo estabelecido na lei revogada."). **6.** Desta sorte, ocorrido o pagamento antecipado do tributo após a vigência da aludida norma jurídica, o *dies a quo* do prazo prescricional para a repetição/compensação é a data do recolhimento indevido. (...) **(REsp 1.002.932/SP, rel. Min. Luiz Fux, 1ª T., j. em 25-11-2009)**

Ocorre, porém, que a questão chegou ao **STF**, e esta Suprema Corte, concluindo o julgamento de mérito do **RE 566.621/RS** em repercussão geral (Plenário, rel. Min. Ellen Gracie, j. em 04-08-**2011**), deu uma guinada na análise do caso: passou a considerar relevante, diferentemente, a **data da propositura da ação**, ou seja, afastou parcialmente a jurisprudência anterior do **STJ** fixada no **REsp 1.002.932/SP** (**Repetitivo**), acima citado. Assim, a "demanda proposta" após o dia 9 de junho de 2005 avocaria o novo prazo de 5 anos; por sua vez, se proposta antes da data, aplicar-se-ia a regra antiga, ou seja, a dos 10 anos (limitada a 5 anos após 9 de junho de 2005).

O **STJ**, diante do entendimento da Suprema Corte, sentiu-se propenso a rever o seu veredicto, com o fito de acompanhar a visão do STF. Vale a pena ler a didática ementa a seguir:

> **EMENTA:** CONSTITUCIONAL. TRIBUTÁRIO. RECURSO ESPECIAL REPRESENTATIVO DA CONTROVÉRSIA (ART. 543-C, DO CPC [ATUAL ART. 1.036 E SEGUINTES, NCPC]). LEI INTERPRETATIVA. PRAZO DE PRESCRIÇÃO PARA A REPETIÇÃO DE INDÉBITO NOS TRIBUTOS SUJEITOS A LANÇAMENTO POR HOMOLOGAÇÃO. ART. 3º, DA LC N. 118/2005. POSICIONAMENTO DO STF. ALTERAÇÃO DA JURISPRUDÊNCIA DO STJ. SUPERADO ENTENDIMENTO FIRMADO ANTERIORMENTE TAMBÉM EM SEDE DE RECURSO REPRESENTATIVO DA CONTROVÉRSIA. **1.** O acórdão proveniente da Corte Especial na AI nos EREsp n. 644.736/PE, Relator o ex-Ministro Teori Albino Zavascki, *DJ* de 27.08.2007, e o recurso representativo da controvérsia REsp. n. 1.002.932/SP, 1ª Seção, rel. Min. Luiz Fux, j. em 25.11.2009, firmaram o entendimento no sentido de que o art. 3º da LC n. 118/2005 somente pode ter eficácia prospectiva, incidindo apenas sobre situações que venham a ocorrer a partir da sua vigência. Sendo assim, a jurisprudência deste STJ passou a considerar que, relativamente aos pagamentos efetuados a partir de 09.06.05, o prazo para a repetição do indébito é de cinco anos a contar da data do pagamento; e relativamente aos pagamentos anteriores, a prescrição obedece ao regime previsto no sistema anterior. **2.** *No entanto, o mesmo tema recebeu julgamento pelo STF no RE 566.621/RS, Plenário, rel. Min. Ellen Gracie, j. em 04.08.2011, onde foi fixado marco para a aplicação do regime novo de prazo prescricional levando-se em consideração a data do ajuizamento da ação (e não mais a data do pagamento) em confronto com a data da vigência da lei nova (9.6.2005).* **3.** Tendo a jurisprudência deste STJ sido construída em interpretação de princípios constitucionais, *urge inclinar-se esta Casa ao decidido pela Corte Suprema competente para dar a palavra final em temas de tal jaez, notadamente em havendo julgamento de mérito em repercussão geral (arts. 543-A e 543-B, do CPC [atuais arts. 1.035 e 1.036 do NCPC, respectivamente]).* Desse modo, para as ações ajuizadas a partir de 9.6.2005, aplica-se o art. 3º, da LC n. 118/2005, contando-se o prazo prescricional dos tributos sujeitos a lançamento por homologação em cinco anos a partir do pagamento antecipado de que trata o art. 150, § 1º, do CTN. **4.** Superado o recurso representativo da controvérsia REsp. n. 1.002.932/SP, 1ª Seção, rel. Min. Luiz Fux, j. em 25.11.2009. **5.** Recurso especial não provido. Acórdão submetido ao regime do art. 543-C do CPC

[atual art. 1.036 e seguintes, NCPC] e da Resolução STJ 08/2008. **(REsp 1.269.570/MG, rel. Min. Mauro Campbell Marques, 1ª T., j. em 23-05-2012) (Grifos nossos)**

Observação: o presente posicionamento foi ratificado pelo **STJ no REsp 1.275.858/DF, rel. Min. Benedito Gonçalves, 1ª T., j. em 19-09-2013**, no enfrentamento de caso cuja demanda foi proposta no dia 15 de abril de 2005, ou seja, antes da entrada em vigor da LC n. 118/2005, não se cogitando de sua aplicação, mas, sim, da tese dos "cinco mais cinco".

Diante do exposto, é possível concluir, apreciando a solução de um **teste** solicitado em prova do **ENADE/2012:**

Conclusões:

"**I.** Aplica-se a ações ajuizadas a partir de 09/06/2005 o novo regime do prazo prescricional para o ajuizamento de ação de repetição do indébito tributário de tributos sujeitos a lançamento por homologação (...)

PORQUE

II. (...) o STJ, revendo seu posicionamento anterior, consolidou entendimento, na esteira do decidido pelo STF, de que se deve considerar como marco para a aplicação do novo regime de prazo prescricional a data do ajuizamento da ação (e não mais a data do pagamento do tributo), em confronto com a data da vigência da lei nova (09/06/2005)."

GABARITO: As asserções **I** e **II** são proposições verdadeiras, e a **II** é uma justificativa da **I. (Questão solicitada no SINAES/ENADE/nov. 2012)**

À guisa de complementação, vale a pena tecermos alguns comentários sobre o prazo pra restituir com a declaração de inconstitucionalidade de norma.

Até 2004, prevaleceu na 1ª Seção do **STJ** o entendimento abaixo destacado, em total prestígio do princípio da *actio nata*.

Originariamente, o **STJ**[10] entendeu que:

a) **Em sede de controle direto ou concentrado de inconstitucionalidade (eficácia *erga omnes*)**: o termo *a quo* é a data da publicação do acórdão do STF que declarou a inconstitucionalidade (data do trânsito em julgado da ADIN);

b) **Em sede de controle difuso de inconstitucionalidade (*inter partes*)**: o termo *a quo* é a data da publicação da resolução do senado que suspender, *erga omnes*, o dispositivo declarado inconstitucional *incidenter tantum* pelo **STF. Exemplo (I):** o STF declarou incidentalmente a inconstitucionalidade do PIS, com eficácia *erga omnes*, com a publicação da Resolução do Senado

10. O **STJ** (REsp 43.502, 44.952 e 44.221), baseou-se no posicionamento adotado no voto (AC 44.403-3, 1ª T., abril de 1994) do então Desembargador Federal Hugo de Brito Machado (TRF/5ª Região), que, por sua vez, inspirou-se nos dizeres do saudoso professor Ricardo Lobo Torres.

n. 49/95 (Publicação: 10-10-1995), tornando sem efeitos os DLs n. 2.445/88 2.449/88. O prazo prescricional para repetir o PIS iniciou-se em 10-10-1995, extinguindo-se em 09-10-2000.

Ocorre que, em março de 2004, o **STJ**, no julgamento dos **Embargos de Divergência n. 435.835/SC**, reconsiderou o entendimento em epígrafe para firmar nova posição, no sentido de que a declaração de inconstitucionalidade **não** influi na contagem de prazo para repetição **(ver REsp 703.950/SC-2005, 2ª T., e REsp 801.175/MG-2006, 1ª T.)**.

Com efeito, na visão mais recente do **STJ (REsp 1.110.578/SP, rel. Min. Luiz Fux, 1ª T., j. em 12-05-2010)** – a qual permanece franqueando prevalência ao prazo de restituição do CTN, portanto, uma **autorização legal** –, *"a declaração de inconstitucionalidade da lei instituidora do tributo em controle concentrado, pelo STF, ou a Resolução do Senado (declaração de inconstitucionalidade em controle difuso) é despicienda para fins de contagem do prazo prescricional tanto em relação aos tributos sujeitos ao lançamento por homologação, quanto em relação aos tributos sujeitos ao lançamento de ofício"*.

Note o item considerado **CORRETO**, em prova realizada pela FCC, para o cargo de Procurador do Município de Campinas, em 2016: *"Há autorização legal para a repetição de pagamento de crédito tributário já realizado na hipótese de controle concentrado e abstrato de constitucionalidade em que o tributo foi declarado inconstitucional com efeito 'erga omnes' e 'ex tunc'"*.

Efetivamente, o direito não pode se originar da decisão do STF. Cada contribuinte, antes mesmo da decisão do **STF**, pode buscar o reconhecimento do direito no Judiciário no controle difuso. Este sempre foi o entendimento adotado no TRF da 4ª Região e, agora, adotado no STJ. Com este veredicto, no citado **REsp 435.835/SC**, volta-se a aplicar o prazo de restituição constante do CTN.

A Receita Federal, *ad argumentandum*, não atribui à decisão do STF, nos controles difuso e concentrado, nenhuma repercussão na contagem do prazo, que é feita a contar da extinção do crédito tributário, conforme Ato Declaratório SRF n. 096 (26-11-1999).

Entretanto, como a questão é de índole constitucional, embora se saiba que é do STJ a competência para interpretar a legislação federal, parece que a última palavra deve caber ao STF, que aplica a data da inconstitucionalidade como termo *a quo* (ver RE 136.805/94, no âmbito dos Empréstimos Compulsórios incidentes sobre a aquisição de automóveis).

Vamos, agora, à análise do **art. 169 do CTN**:

Art. 169. Prescreve em dois anos a ação anulatória da decisão administrativa que denegar a restituição.

Parágrafo único. O prazo de prescrição é interrompido pelo início da ação judicial, recomeçando o seu curso, por metade, a partir da data da intimação validamente feita ao representante judicial da Fazenda Pública interessada.

Note o item considerado **CORRETO**, em prova realizada pelo Cespe/Cebraspe, para o cargo de Delegado de Polícia do Estado de Pernambuco, em 2016: *"Prescreve em dois anos a ação anulatória da decisão administrativa que denegar a restituição"*. **Observação:** item semelhante, requerendo a literalidade do art. 169 do CTN, foi considerado **CORRETO**, em prova realizada pela Consulplan, para o cargo de Titular de Serviços de Notas e de Registros (TJ/MG), em 2017.

Note o item (adaptado) considerado **CORRETO**, em prova realizada pela FGV, para o XX Exame de Ordem Unificado, em 2016: *"Após verificar que realizou o pagamento indevido de ICMS, determinado contribuinte requer administrativamente a restituição do valor recolhido. O órgão administrativo competente denega o pedido de restituição. Diante da situação, o contribuinte deverá ajuizar ação anulatória da decisão administrativa que denega a restituição, no prazo de 2 (dois) anos, contados da notificação do contribuinte da decisão administrativa"*.

A ação a que faz menção o indigitado artigo é a *ação de repetição de indébito*, e não a "ação anulatória de débito fiscal", como se faz parecer. Não obstante a atecnia no dispositivo, se houver denegação do pedido na órbita administrativa, poderá o contribuinte se socorrer do Poder Judiciário, provocando-o por meio da ação judicial hábil ao ressarcimento de tributos pagos a maior ou indevidamente – *Ação de Repetição de Indébito.*

Com efeito, a "função jurisdicional administrativa" é despida de poder de ditar a aplicação da lei, como reservado ao Judiciário. Portanto, a decisão administrativa do órgão julgador, embora definitiva (art. 42 do Decreto n. 70.235/72), traduz-se em *ato administrativo* ou, nos dizeres magistrais de Celso Antônio Bandeira de Mello, "*ato de administração contenciosa*", podendo ser objeto de reapreciação na via judicial, em razão do princípio constitucional do livre e amplo acesso ao Poder Judiciário (art. 5º, XXXV, CF).

O artigo trata de **prazo prescricional especial** (biênio prescricional – uma exceção à regra do lustro do art. 174 do CTN), podendo estar sujeito a causas de suspensão ou interrupção.

Note o item considerado **CORRETO**, em prova realizada pela FCC, para o cargo de Advogado (Técnico de Nível Superior) da Prefeitura de Teresina/PI, em 2016: *"Em razão de erro na determinação da alíquota do ISS, um determinado contribuinte desse imposto acabou lançando por homologação e, consequentemente, pagando o crédito tributário, em montante superior ao devido. Seis meses depois de efetuado esse pagamento, o contribuinte apresentou petição à autoridade administrativa municipal competente, explicando e demonstrando o erro cometido, e pleiteando a restituição da quantia paga indevidamente a maior. Seu pleito foi denegado pela autoridade competente. Com base nas regras do CTN atinentes a essa matéria, relativamente à decisão administrativa que denegou a restituição do valor pago a maior, cabe ação anulatória, cujo prazo prescricional é de dois anos"*.

O parágrafo único versa sobre causa interruptiva, com *dies a quo* no "início da ação judicial" – expressão que deve ser compreendida como a *data da distribuição da ação*. O detalhe curioso é que, interrompido o prazo, a contagem não se reinicia de imediato e nem por inteiro, como costuma ocorrer. O recomeço se faz pela metade (um ano) e somente a partir da "intimação" (melhor seria citação) válida do representante da Fazenda. Trata-se de prazo afeto à prescrição intercorrente, devendo ser somente reconhecida se o autor for o responsável pela paralisação no processo. Assim, o direito do autor poderá ficar prejudicado se ele der efetiva causa a que o processo fique paralisado, isto é, somente tem curso havendo demora decorrente de fato imputável ao autor da ação.

3 COMPENSAÇÃO

A definição de **compensação** pode ser extraída do Direito Privado, conforme os arts. 368 a 380 do Código Civil (Lei n. 10.406/2002), segundo o qual a compensação é modalidade extintiva de obrigação, quando se é devedor e credor, concomitantemente.

Note o item considerado **CORRETO**, em prova realizada pela Vunesp, para o cargo de Juiz (TJ/SP), em 2014: *"A compensação do crédito tributário é causa de extinção do mencionado crédito, desde que obedecido o disposto no art. 170 do CTN, sendo imprescindível que o tributo objeto da compensação tenha a mesma natureza daquele que está a ser cobrado pelo fisco, quando arrecadado pelo mesmo sujeito ativo".*

Ocorre, portanto, a "extinção de obrigações recíprocas entre as mesmas pessoas que se reputam pagas (totalmente ou parcialmente)"[11].

Trata-se de modalidade indireta (por **lei**) de extinção do crédito tributário, por meio do confronto entre créditos e débitos, evitando-se a desnecessária "(...) multiplicação de providências administrativas e demandas judiciais. Notória a vantagem da compensação na medida em que inúmeras transações se entrecruzam em sentidos diversos. Dessa forma, poupam-se várias complicações e ônus, em razão da simples amortização dos créditos recíprocos, eliminando-se repetidas transferências ou movimentações de dinheiro e os naturais riscos de atrasos, perdas, etc."[12].

Note o item considerado **INCORRETO**, em prova realizada pelo MPE/SC, para o cargo de Promotor de Justiça, em 2016: *"A compensação é uma das modalidades de extinção do crédito tributário, previstas no CTN. Contudo, o direito à compensação, em determinadas circunstâncias, depende de lei específica autorizadora".*

Observe os **arts. 170 e 170-A do CTN:**

11. MELO, José Eduardo Soares de. *Curso de direito tributário*, 8. ed., p. 375.
12. *Idem*.

Art. 170. A lei pode, nas condições e sob as garantias que estipular, ou cuja estipulação em cada caso atribuir à autoridade administrativa, autorizar a compensação de créditos tributários com **créditos líquidos** e certos, vencidos ou vincendos, do sujeito passivo contra a Fazenda Pública.

> Note o item considerado **CORRETO**, em prova realizada pela FADESPE, para o cargo de Advogado da Companhia de Saneamento do Pará (COSANPA), em 2017: *"A compensação do crédito tributário requer que os créditos sejam líquidos e certos, vencidos ou vincendos, do sujeito passivo contra a Fazenda Pública"*.

> Note o item considerado **INCORRETO**, em prova realizada pela Consulplan, para o cargo de Titular de Serviços de Notas e de Registros (TJ/MG), em 2017: *"A lei pode autorizar a 'compensação' de créditos tributários com créditos ilíquidos do sujeito passivo contra a Fazenda pública"*.

Parágrafo único. Sendo vincendo o crédito do sujeito passivo, a lei determinará, para os efeitos deste artigo, a apuração do seu montante, não podendo, porém, cominar redução maior que a correspondente ao juro de 1% ao mês pelo tempo a decorrer entre a data da compensação e a do vencimento.

Art. 170-A. É vedada a compensação mediante o aproveitamento de tributo, objeto de contestação judicial pelo sujeito passivo, antes do trânsito em julgado da respectiva decisão judicial (LC n. 104/2001).

> Note o item considerado **CORRETO**, em prova realizada pelo Cebraspe, para o cargo de Procurador do Estado (PGE/AM), em 2016: *"A compensação é modalidade de extinção do crédito tributário que, se tiver por objeto tributo contestado judicialmente, somente se concretizará após a formação da coisa julgada a favor do contribuinte"*.

Em 08 de abril de **2014**, a 2ª Turma do **STJ**, no **REsp 1.240.038/PR**, rel. Min. Og Fernandes, entendeu que o disposto no art. 170-A do CTN, o qual exige o trânsito em julgado para fins de compensação de crédito tributário, somente se aplica às demandas ajuizadas após a vigência da LC n. 104/2001, ou seja, a partir de 11 de janeiro de 2001.

Observe a jurisprudência a seguir, demonstrando a necessidade de lei autorizativa para esta causa extintiva do crédito tributário:

> **EMENTA:** A compensação de ICMS só é permitida se existir lei estadual que a autorize. Não se lhe aplica o art. 66 da Lei n. 8.383/1991. Esse dispositivo tem sua área de atuação restrita aos tributos federais a que ele se dirige, conforme expressa sua redação. A referida lei não tem natureza complementar, ela só se aplica aos tributos federais. Outrossim, o art. 170 do CTN, conforme expressamente exige, só admite compensação quando existir lei ordinária a regulamentá-la em cada esfera dos entes federativos. A Turma, prosseguindo o julgamento, por maioria, negou provimento ao agravo. **(AgRg no REsp 320.415/RJ, rel. originário Min. Milton Luiz Pereira, rel. para ac. Min. José Delgado, j. em 06-02-2003)**

A compensação não pode ser feita ao bel-prazer do contribuinte, pois carece de lei autorizativa e, mais especificamente, de uma autorização do Poder Executivo (com respaldo naquela lei para efetuá-la). Exemplo: a Lei n. 8.383/91 (art. 66 c/c art. 39 da Lei n. 9.250/95) permite a compensação dos tributos federais com a mesma destinação constitucional ou quando arrecadados pelo mesmo sujeito ativo.

Note o item considerado **CORRETO**, em prova realizada pela COMPASS, para o cargo de Auditor fiscal de Tributos Municipais da Prefeitura Municipal de Carpina/PE, em 2016: *"No Direito Tributário, a compensação é sempre legal, isto é, só será admitida a compensação do crédito tributário com dívidas da Fazenda Pública quando a lei expressamente a autorizar, sendo necessário consenso do sujeito passivo".*

Note o item considerado **INCORRETO**, em prova realizada pelo TRF-3ª REGIÃO, para o cargo de Juiz Federal Substituto, em 2018: *"A compensação pode ser promovida pelo sujeito passivo, mesmo sem lei que a preveja, desde que seja realizada entre tributos e contribuições da mesma espécie".*

Observe os entendimentos jurisprudenciais nesse sentido, no **STJ**:

EMENTA: A compensação tributária prevista no art. 66 da Lei n. 8.383/91 pressupõe que os tributos são da mesma espécie. Na hipótese, o contribuinte busca, por meio de mandado de segurança, o reconhecimento de seu direito de compensar o crédito relativo a créditos-prêmio do IPI com os débitos referentes ao IRRF. Contudo a Turma deu provimento ao recurso da Fazenda Nacional, entendendo que os referidos tributos são de espécie e fatos geradores diferentes, portanto não compensáveis os respectivos créditos e débitos. Precedente citado: RMS 7.529-SP, *DJ* 15-12-97. **(REsp 214.422/SE, rel. Min. Peçanha Martins, j. em 27-11-2001)**

EMENTA: O voto condutor do acórdão buscou na doutrina os critérios para definir o que seriam impostos da mesma espécie nos termos da Lei n. 8.383/1991, além de examinar os impostos confrontados, concluindo, de acordo com os tributaristas, pela observância da unidade operacional do sistema, ou seja, se são instituídos e arrecadados pela mesma pessoa jurídica e com igual destinação. Na prática, os impostos de importação e exportação foram instituídos ambos pela União e por ela são arrecadados. Destinam-se também, um e outro, à formação de uma política extrafiscal, sem conotação arrecadatória, servindo ambos para regular o mercado. Sendo assim, são impostos da mesma espécie pelas semelhanças de origem, de finalidade e de operacionalização, podendo haver compensação entre eles. Com esse entendimento e prosseguindo o julgamento, a Turma, por maioria, negou provimento ao REsp da Fazenda Nacional. **(REsp 252.241/RJ, rel. originário Min. Peçanha Martins, rela. para ac. Min. Eliana Calmon, j. em 03-12-2002)**

Acresça-se a isso o fato de que a *lei ordinária* que disciplinar o regime da compensação não pode estabelecer condições e restrições que resultem na inviabilização ou mesmo inibindo a plena e integral compensação[13].

13. *V.* MELO, José Eduardo Soares de. *Curso de direito tributário*, 8. ed., p. 376.

Vale lembrar que "além da função liberatória das obrigações, a compensação acarreta os efeitos seguintes: os juros deixam de fluir; os acessórios (garantias reais, penhores, hipoteca, fiança) extinguem-se com os créditos; a prescrição não mais se consuma e impede a ocorrência de mora do devedor"[14].

O contribuinte não pode apurar a *certeza* e *liquidez* sem contar com a chancela do Executivo ou do Judiciário. Assim, nos lançamentos por homologação, pode ele, se quiser, compensar seus créditos informando-os na DCTF – *Declaração de Débitos e Créditos Tributários Federais*, porém deve aguardar a confirmação (homologação) do Fisco.

Nos casos em que a compensação de tributos depender de autorização do Fisco, tal permissão não pode ser eivada de caprichos praticados pela autoridade sob a manta de poderes discricionários. Como ensina Pontes de Miranda, na compensação inexiste *arbitrium;* por isso, onde couber a compensação, sua alegação produz efeitos *ipso jure*[15].

Ressalte-se que a LC n. 104/2001 inovou ao trazer o art. 170-A, exigindo o trânsito em julgado da sentença autorizativa de compensação, na Ação na qual se pleiteia o encontro de débitos e créditos, obstaculizando, com maior vigor, a obtenção do direito de compensar por meio de provimento judicial *initio litis*, isto é, por *liminar em mandado de segurança* ou por *tutela* em ações ordinárias, a par das **Súmulas n. 212 e 213 do STJ**, ambas editadas em **1998**:

> Note o item considerado **INCORRETO**, em prova realizada pela FGV, para o cargo de Procurador da Prefeitura de Paulínia/SP, em 2016: *"Sobre a compensação de créditos tributários, poderá ser deferida em ação cautelar ou por medida liminar cautelar ou antecipatória"*.

> Note o item considerado **INCORRETO**, em prova realizada pela FGV, para o cargo de Procurador da Prefeitura de Paulínia/SP, em 2016: *"Cabe mandado de segurança para a homologação de compensação efetuada pelo contribuinte"*.

> **Súmula n. 212:** A compensação de créditos tributários não pode ser deferida por medida liminar.
> **Súmula n. 213:** O mandado de segurança constitui ação adequada para a declaração do direito à compensação tributária.

Aliás, segundo a dicção da **Súmula n. 460 do STJ**, editada em agosto de **2010**, "*é incabível o mandado de segurança para convalidar a compensação tributária realizada pelo contribuinte*".

> Note o item (adaptado) considerado **CORRETO**, em prova realizada pelo Cebraspe, para o cargo de Juiz Substituto (TJ/PR), em 2017: *"A Empresa XY, considerando-se detentora de créditos de ICMS resultantes de tributos pagos indevidamente, propôs mandado de segurança para convalidar compensação efetivada por ela, requerendo que o Poder Judiciário declarasse extintos os créditos tributários discriminados em sua contabilidade. Acerca dessa situação hipotética, é possível afirmar que o mandado de segurança NÃO é cabível para convalidar a compensação realizada pela empresa XY"*.

14. MELO, José Eduardo Soares de. *Curso de direito tributário,* 8. ed., p. 375.
15. PONTES DE MIRANDA, Francisco Cavalcanti. *Tratado de direito privado.* 3. ed., 2. reimpr. São Paulo: RT, 1984, p. 334.

Quanto à **prova no mandado de segurança** (*writ of mandamus*) – vale dizer, os documentos indispensáveis à propositura da ação –, será ela definida a partir da delimitação do pedido constante da petição inicial na ação mandamental.

Tratando-se de impetração que se limita a ver reconhecido o "direito de compensar" (o pressuposto sendo um ato da autoridade de negar a compensabilidade), mas sem fazer juízo específico acerca dos elementos concretos da própria compensação, a prova exigida será, exclusivamente, a da "condição de credor tributário" (**EREsp 116.183/SP**, rel. Min. Adhemar Maciel, 1ª Seção, j. em 25-03-**1998**). Com efeito, nesses casos, em que ocorre o reconhecimento da ilegalidade ou da inconstitucionalidade da exigência de uma dada exação, independentemente da apuração dos respectivos valores – por exemplo, a inconstitucionalidade da Contribuição para o FINSOCIAL[16], compensável com a COFINS –, o direito de compensar reclama apenas a comprovação de que o impetrante ocupa a posição de credor tributário. De outra banda, tratando-se de mandado de segurança com vistas a obter juízo específico sobre as parcelas a serem compensadas, com uma efetiva investigação da liquidez e certeza dos créditos, ou, ainda, na hipótese em que os efeitos da sentença supõem a efetiva homologação da compensação a ser realizada, é fácil perceber que o crédito do contribuinte dependerá de uma quantificação precisa. São exemplos de situações que tornam imprescindível a pré-constituição da prova dos recolhimentos indevidos, para o judicial reconhecimento da liquidez e certeza do direito afirmado: a necessidade do reconhecimento **(I)** do acréscimo de juros e correção monetária sobre o indébito; **(II)** da inexistência de prescrição do direito de compensar; **(III)** do direito à certidão negativa; **(IV)** do direito à suspensão da exigibilidade do crédito tributário; etc. Diante desses casos, se não houver a prova cabal dos valores indevidamente recolhidos, sobressairá a ausência de prova pré-constituída, indispensável à propositura da ação (**EREsp 903.367/SP**, rel. Min. Denise Arruda, 1ª Seção, j. em 27-08-**2008**). Assim, aliás, corroborou a 1ª Seção do **STJ**, em 13 de maio de **2009**, no paradigmático **REsp 1.111.164/BA** (rel. ex-Min. Teori Albino Zavascki), que analisou qual prova pré-constituída seria necessária para fins de reconhecimento do direito à compensação pela via do mandado de segurança.

A propósito, a 1ª Seção do **STJ** julgou, em 13 de fevereiro de **2019**, os **Recursos Especiais (REsp) 1.365.095/SP, 1.715.256/SP** e **1.715.294/SP**, todos de relatoria do Min. Napoleão Nunes Maia Filho, afetados à sistemática de recursos repetitivos, que delimitaram o alcance da tese firmada no **Tema 118/STJ**, objeto de julgamento no retrocitado REsp 1.111.164/BA. Na recente oportunidade, o **STJ** entendeu que, na hipótese em que se visa garantir a compensação de valores indevidamente recolhidos a título do **PIS** e da **COFINS** (calculados na forma prevista no art. 3º, § 1º, da Lei n. 9.718/98), o objeto da lide limitou-se ao pedido de reconhecimento do direito de compensar, ou seja, "*não pretendeu a impetrante a efetiva investigação da liquidez e certeza dos valores indevidamente pagos, apurando-se o valor exato do crédito subme-*

16. **JURISPRUDÊNCIA:** RE 150.764, rel. Min. Sepúlveda Pertence, rel. p/ Ac. Min. Marco Aurélio, Pleno, j. em 16-12-1992.

tido ao acervo de contas, mas, sim, a declaração de um direito subjetivo à compensação tributária de créditos reconhecidos com tributos vencidos e vincendos, e que estará sujeita a verificação de sua regularidade pelo Fisco". Portanto, para a Corte Superior, no caso em apreço, é desnecessária a exigência de provas do efetivo recolhimento do tributo e do seu montante exato, cuja apreciação deverá ficar sujeita aos procedimentos de fiscalização do Fisco competente, no que se refere aos quantitativos confrontados e à respectiva correção.

Diga-se que o **art. 170-A do CTN** somente é aplicável aos casos em que o contribuinte já pagou determinado tributo, que entende indevido pela invalidade da lei que o instituiu. Portanto, veda-se a compensação neste caso.

Estando a lei ainda em vigor, é necessário o ajuizamento da ação, além do trânsito em julgado de decisão que lhe seja favorável para que se opere a compensação. Por outro lado, se já houver declaração da inconstitucionalidade da lei pelo STF, Resolução do Senado a respeito ou se tratar de mero erro de cálculo, entendemos que o dispositivo não há de ser aplicado, permitindo-se a compensação.

Observe o *quadro comparativo*:

COMPENSAÇÃO	
Art. 170 do CTN	**Art. 66 da Lei n. 8.383/91**
CTN = "Lei Complementar" (*status* de)	Lei n. 8.383/91 = Lei Ordinária
Norma dirigida à autoridade fiscal	Norma dirigida ao contribuinte
Concerne à compensação de crédito tributário	Concerne à compensação no âmbito do lançamento por homologação
Depende de prévia autorização da autoridade fazendária	Não depende de prévia autorização* da autoridade fazendária (de pedido à Receita Federal do Brasil)
Necessidade de verificação da certeza e liquidez dos créditos	Desnecessidade de verificação da certeza e liquidez dos créditos
Anterior verificação do *quantum* pela autoridade fiscal	Posterior verificação do *quantum* pela autoridade fiscal
Qualquer espécie de tributo	Somente para tributos da mesma espécie**
* Dessa forma, o contribuinte, em vez de antecipar o pagamento do tributo, registra na escrita fiscal o crédito oponível à Fazenda Pública, recolhendo apenas o saldo devido. À Receita Federal do Brasil, a seu turno, cabe verificar a correção da compensação efetuada, homologando o pagamento ou constituindo o crédito remanescente, se houver. ** Segundo previsão do art. 66 da Lei n. 8.383/91, a compensação somente se dará entre tributos, contribuições e receitas da "mesma espécie" – expressão que pode ser compreendida como **(I)** "mesma destinação constitucional" **(Apelação Cível n. 3095535-1, de 1995, TRF3, rel. Des. Anna Maria Pimentel, *DJU*, Seção II, de 15-10-1997, p. 85.584)** e **(II)** administradas pelo "mesmo ente administrativo".	

Ademais, vale destacar que, sendo o *indébito tributário* certificado por sentença declaratória transitada em julgado, o contribuinte credor poderá optar pelo recebimento do valor a que tem direito, ou pela via do precatório ou pela via da **compensação**. É o que dispõe, em termos similares, a **Súmula n. 461 do STJ**. A opção entre a compensação e o recebimento do crédito por precatório ou requisição de pequeno valor cabe ao contribuinte credor, haja vista que constituem, todas as modalidades, formas de execução do julgado colocadas à disposição da parte quando procedente a ação que teve a eficácia de declarar o indébito. Assim se orienta o **STJ**, conforme se nota no **REsp 1.114.404/MG** (rel. Min. Mauro Campbell Marques, 1ª T., j. em 10-02-**2010**).

> Note o item considerado **CORRETO** em prova realizada pela FCC, para o cargo de Procurador do Estado de Mato Grosso (PGE/MT), em 2016: *"O contribuinte pode optar por receber, por meio de precatório ou por compensação, o indébito tributário certificado por sentença declaratória transitada em julgado"*.
>
> **Observação:** item idêntico, requerendo a cópia da *Súmula n. 461 do STJ*, foi considerado **CORRETO**, em prova realizada pela FGV, para o cargo de Procurador da Prefeitura de Paulínia/SP, em 2016.

Em 5 de agosto de **2014**, a 2ª Turma do **STJ**, no **AgRg no AREsp 502.344/RS** (rel. Min. Herman Benjamin), entendeu que, é ilegítima a extinção do crédito tributário, mediante *compensação* (ou dação em pagamento), de créditos tributários federais com créditos oriundos de precatórios devidos por estado-membro. Com efeito, para a Corte Superior, "a inexistência de identidade entre o devedor do precatório e o credor do tributo afasta a incidência do dispositivo constitucional".

> Note o item considerado **INCORRETO**, em prova realizada pela FUNDEP-Gestão de concursos, para o cargo de Promotor de Justiça Substituto (MPE/MG), em 2017: *"Deve-se admitir, sem ressalvas, a compensação ou a dação em pagamento de créditos tributários federais com crédito oriundo de precatório devido por Estado-Membro"*.

Em 21 de junho de **2018**, a 1ª Turma do **STJ** (**REsp 1.738.282/ES**, rel. Min. Gurgel de Faria, rel. p/ Ac. Min. Napoleão Nunes Maia Filho), entendeu que é possível a compensação de créditos tributários administrados pela Secretaria da Receita Federal (atual *Secretaria da Receita Federal do Brasil*) com o crédito proveniente do "Adicional de Indenização do Trabalhador Portuário Avulso – AITP", já declarado inconstitucional.

A Lei n. 9.430/96 (art. 74, § 12) permite a compensação de tributos federais, impondo como um dos requisitos a *administração* dos tributos pela SRF. Para a Corte Superior, "'administrar' tributos não se restringe apenas à arrecadação dos recursos, mas, também, à 'fiscalização' e à 'cobrança'". Ora, o tributo federal em análise, previsto na Lei n. 8.630/93, foi recolhido indevidamente. À época, quem o fiscalizava e o cobrava era a própria União, por meio dos operadores portuários. É fato, porém, que sua gestão pertencia a uma instituição financeira oficial (o Banco do Brasil S.A.[17]),

17. Note o **art. 65 da Lei n. 8.630/93**: **Art. 65.** "O AITP será recolhido pelos operadores, portuários responsáveis pela carga ou descarga das mercadorias até dez dias após a entrada da embarcação no porto de carga ou descarga, em agência do Banco do Brasil S.A., na praça de localização do porto.
§ *1º* Dentro do prazo previsto neste artigo, os operadores portuários deverão apresentar à Receita Federal o comprovante do recolhimento do AITP".

e sua arrecadação destinava-se a um fundo específico (o *Fundo de Indenização do Trabalhador Portuário* Avulso - *FITP*), cuja auditoria cabia à *Secretaria de Controle Interno do Ministério do Transporte*. Tudo isso difere da administração convencional dos tributos federais, arrecadados pela SRF, todavia essas características não foram decisivas para inviabilizar a compensação dos tributos. Considerou-se relevante no caso a "administração" do tributo, a saber, quem o fiscalizava e quem o cobrava, portanto, a União. Nessa medida, não houve óbices ao encontro de contas, extintivo do crédito tributário (art. 156, II, CTN).

Por derradeiro, conforme se disse alhures, em 12 de dezembro de **2018**, o **STJ** editou a **Súmula n. 625**, segundo a qual "*o pedido administrativo de compensação ou de restituição não interrompe o prazo prescricional para a ação de repetição de indébito tributário de que trata o art. 168 do CTN nem o da execução de título judicial contra a Fazenda Pública*".

4 TRANSAÇÃO

A transação é o acordo para concessões recíprocas que põem fim ao litígio, conforme os arts. 840 a 850 da Lei n. 10.406/2002. Há previsão específica no CTN, conforme o **art. 171**:

> **Art. 171.** A lei pode facultar, nas condições que estabeleça, aos sujeitos ativo e passivo da obrigação tributária celebrar transação que, mediante concessões mútuas, importe em **determinação (sic)** de litígio e consequente extinção de crédito tributário.
> **Parágrafo único.** A lei indicará a autoridade competente para autorizar a transação em cada caso. **(Grifo nosso)**

Note o item considerado **INCORRETO**, em prova realizada pela Vunesp, para o cargo de Juiz de Direito Substituto do TJ/RJ (XLVII Concurso), em 2016: "*Lei pode autorizar que a autoridade administrativa conceda, por despacho fundamentado, remissão total ou parcial do crédito tributário objetivando a terminação de litígio e consequente exclusão do crédito correspondente*".

Note o item considerado **CORRETO**, em prova realizada pela Vunesp, para o cargo de Procurador Jurídico da Prefeitura de Porto Ferreira/SP, em 2017: "*De acordo com o que dispõe o CTN, a lei pode facultar, nas condições que estabeleça, objetivando o término do litígio com a consequente extinção do crédito tributário, que os sujeitos ativo e passivo da obrigação tributária, mediante concessões mútuas, celebrem 'transação'*".

Note o item considerado **INCORRETO**, em prova realizada pela Consulplan, para o cargo de Titular de Serviços de Notas e de Registros (TJ/MG), em 2017: "*É vedada a celebração de 'transação' entre os sujeitos ativo e passivo da obrigação tributária que, mediante concessões mútuas, importe em extinção de crédito tributário*".

Neste ajuste legal, como mais uma modalidade indireta de extinção do crédito tributário, há reciprocidade de ônus e vantagens. Ademais, depende a transação de lei autorizativa para sua instituição, na qual deve ser indicada a autoridade competente para realizar a transação em cada caso, bem como explicitar as concessões que poderão ser feitas ao contribuinte.

O CTN admite tão só a transação *terminativa*, e não a "preventiva". Com efeito, é pressuposto de tal causa extintiva do crédito tributário a existência de um litígio entre o Fisco e o contribuinte. Ademais, o art. 171 anuncia o termo "determinação" (*sic*; leia-se *terminação*) do litígio, sem fazer menção a que tipo de litígio se refere, se judicial, se administrativo ou ambos. Entendemos que, no silêncio, é cabível a transação tanto em esfera judicial como na esfera administrativa.

Exemplo: **desconto na multa** para pagamento à vista em autos de infração; parcela única do IPVA, IPTU, com desconto (a parte recolhida será extinta pelo *pagamento*, enquanto a parte descontada será extinta pela *transação*).

> Note o item considerado **CORRETO**, em prova realizada pela COMPASS, para o cargo de Auditor fiscal de Tributos Municipais da Prefeitura Municipal de Carpina/PE, em 2016: *"A hipótese em que a legislação prevê a possibilidade do sujeito passivo pagar a multa com desconto de 50% (cinquenta por cento), desde que paga até determinada data e com a desistência da defesa, representa uma forma de transação"*.

5 REMISSÃO

A remissão, uma **causa extintiva** do crédito tributário, é o perdão da dívida pelo credor. É a liberação graciosa (unilateral) da dívida pelo Fisco, podendo ser total ou **parcial**. Observe o dispositivo legal:

> **Art. 172.** A lei pode autorizar a autoridade administrativa a conceder, por despacho fundamentado, remissão total ou parcial do crédito tributário, atendendo:
>
> **I** – à situação econômica do sujeito passivo;

> Note o item (adaptado) considerado **INCORRETO**, em prova realizada pela FCC, para o cargo de Técnico da Receita Estadual da SEGEP/MA, em 2016: *"A remissão do crédito tributário deve ser concedida por meio de despacho fundamentado da autoridade administrativa. Mesmo que a concessão deva estar embasada em autorização legal, poderá ter como fundamento a situação econômica do sujeito ativo, devendo ser negada, por outro lado, em períodos de crise econômica"*.

> **II** – ao erro ou ignorância escusáveis do sujeito passivo, quanto à matéria de fato;
>
> **III** – à diminuta importância do crédito tributário;
>
> **IV** – a considerações de equidade, em relação com as características pessoais ou materiais do caso;
>
> **V** – a condições peculiares a determinada região do território da entidade tributante.
>
> **Parágrafo único.** O despacho referido neste artigo não gera direito adquirido, aplicando-se, quando cabível, o disposto no art. 155.

Do ponto de vista ortográfico (e até semântico), o verbo correto para o substantivo *remissão*, com dois "ss", é *remitir* (e não "remir", peculiar à "remição", com cê-cedilha, que corresponde ao ato de resgatar o bem onerado por dívida).

A *remissão* depende de *autorização legal* para sua instituição. Esta deve sempre emanar da entidade política tributante definida na CF como competente para legislar acerca do gravame pertinente.

Aqui, novamente, não se trata de providência que fique *a critério da autoridade administrativa*. Esta deve cingir-se aos motivos legais que dão ensejo ao perdão, como a situação econômica do sujeito passivo; **erro ou ignorância escusáveis do contribuinte**, quanto à matéria de fato; **diminuta importância do crédito tributário**, dentre outros (art. 172, I a V, CTN).

Note o item (adaptado) considerado **CORRETO**, em prova realizada pela FCC para o cargo de Técnico da Receita Estadual da SEGEP/MA, em 2016: *"A remissão do crédito tributário deve ser concedida por meio de despacho fundamentado da autoridade administrativa, sendo que essa concessão deve estar embasada em autorização legal e, além disso, poderá ter como fundamento erro escusável, cometido pelo sujeito passivo, quanto à matéria de fato"*.

Note o item considerado **CORRETO**, em prova realizada pela Consulplan, para o cargo de Titular de Serviços de Notas e de Registros (TJ/MG), em 2017: *"A lei pode autorizar a autoridade administrativa a conceder, por despacho fundamentado, 'remissão' total ou parcial do crédito tributário, atendendo à sua diminuta importância"*.

Tal instituto reflete uma discricionariedade da Administração Pública, ao excepcionar ao caso em exame a aplicação do princípio da indisponibilidade do crédito tributário, muito embora essa **liberalidade** da Administração seja pautada pelas disposições trazidas pela EC n. 3/93[18], no tocante à necessidade de *lei específica* para o indigitado benefício fiscal.

6 DECADÊNCIA E PRESCRIÇÃO

A decadência e a prescrição são causas que **extinguem** o crédito tributário, conforme a literalidade do CTN.

Note o item considerado **INCORRETO**, em prova realizada pela FCC, para o cargo de Defensor Público do Espírito Santo (DPE/ES), em 2016: *"Tanto a prescrição quanto a decadência são hipóteses de exclusão do crédito tributário"*.

Note o item considerado **INCORRETO**, em prova realizada pelo IESES, para o cargo de Titular de Serviços de Notas e de Registros – Provimento (TJ/SC), em 2019: *"A prescrição não extingue o crédito tributário"*.

18. *V.* MELO, José Eduardo Soares de. *Curso de direito tributário*, 8. ed., pp. 386-387.

Com efeito, extinto estará o crédito tributário se o Fisco deixar de realizar o lançamento dentro do prazo que lhe é ofertado pela lei (decadência), ou deixar de propor a execução fiscal em prazo que também lhe é oponível (prescrição).

O aprofundamento do tema foi feito no *Capítulo 24* desta obra.

7 CONVERSÃO DO DEPÓSITO EM RENDA

Após decisão definitiva administrativa ou judicial favorável ao sujeito ativo, o depósito integral efetuado no feito é convertido em renda a favor daquele, **extinguindo-se o crédito tributário.**

> Note o item considerado **INCORRETO**, em prova realizada pelo Cespe/Cebraspe, para o cargo de Juiz de Direito Substituto da Justiça do Distrito Federal (TJDFT), em 2016: *"A conversão de depósito em renda é causa de suspensão do crédito tributário"*.

> Note o item considerado **CORRETO**, em prova realizada pela Vunesp, para o cargo de Juiz de Direito Substituto (TJ/PA), em 2014: *"É causa de extinção do crédito tributário a conversão do depósito em renda"*.

> Note o item considerado **INCORRETO**, em prova realizada pelo Cespe/Cebraspe, para o cargo de Juiz de Direito (TJ/DF), em 2016: *"A conversão de depósito em renda é causa de suspensão do crédito tributário"*.

Ressalte-se que, durante a demanda, resguardada pelo depósito garantidor, o crédito tributário mantém-se suspenso, em consonância com o art. 151, II, do CTN. No entanto, ao término da demanda, quando há situação desfavorável ao sujeito passivo, dá-se a extinção do crédito tributário, anteriormente suspenso, com a conversão devida (art. 156, VI, CTN).

Observe o quadro a seguir:

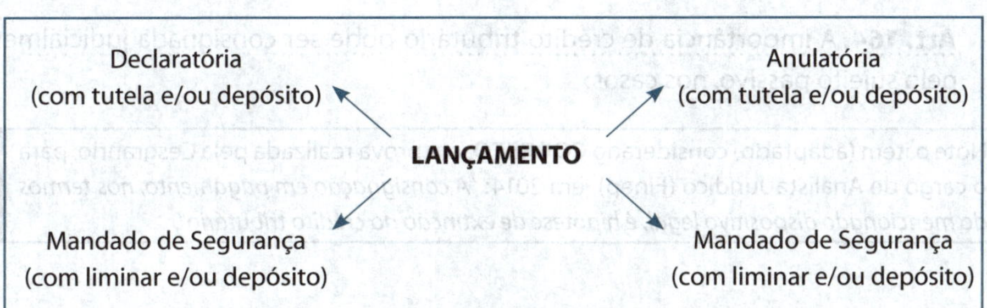

8 PAGAMENTO ANTECIPADO E A HOMOLOGAÇÃO DO LANÇAMENTO

Nos tributos cujos lançamentos sejam por homologação, o sujeito passivo faz o pagamento com base em apuração realizada por ele próprio. Por isso, diz-se *pa-*

gamento antecipado, porque feito antes do lançamento (antes da participação da autoridade administrativa). A extinção do crédito tributário não se verifica com o pagamento, mas com a soma deste com a homologação do lançamento (art. 150, § 4º, CTN).

No lançamento por homologação há uma antecipação de pagamento, permitindo-se ao Fisco homologá-lo em um prazo **decadencial** de 5 anos, contados a partir do fato gerador. O transcurso *in albis* do quinquênio decadencial, sem que se faça uma conferência expressa, provocará o *procedimento homologatório tácito*, segundo o qual perde o Fisco o direito de cobrar uma possível diferença.

Nesse ponto, transborda o instituto da **decadência nos lançamentos por homologação.**

Após 5 anos, haverá a homologação tácita, vindo a reboque a **perda do direito de lançar.** Dessarte, extingue-se definitivamente o crédito tributário, conforme o art. 156, VII, do CTN.

Todavia, se restarem apurados valores a pagar pelo contribuinte, o Fisco procederá ao lançamento de ofício da quantia não paga, acrescida de juros e das penalidades cabíveis (art. 149, V, CTN).

9 CONSIGNAÇÃO EM PAGAMENTO JULGADA PROCEDENTE

A ação consignatória julgada procedente irá, ao seu término, extinguir o crédito tributário. Sabe-se, no entanto, que a ação consignatória (arts. 890 a 900 do CPC [atuais arts. 539 a 549 do NCPC]), quando do depósito judicial autorizado em seu início, conforme o rito processual, não representará uma causa extintiva do CTN, mas causa de suspensão do crédito tributário.

O CTN também a prevê no **art. 164:**

Art. 164. A importância de crédito tributário pode ser consignada judicialmente pelo sujeito passivo, nos casos:

Note o item (adaptado) considerado **CORRETO**, em prova realizada pela Cesgranrio, para o cargo de Analista Jurídico (Finep), em 2014: *"A consignação em pagamento, nos termos do mencionado dispositivo legal, é hipótese de extinção do crédito tributário".*

I – de recusa de recebimento, ou subordinação deste ao pagamento de outro tributo ou de penalidade, ou ao cumprimento de obrigação acessória;

Note o item considerado **CORRETO**, em prova realizada pelo IBEG, para o cargo de Procurador Previdenciário (IPREV), em 2017: *"A importância do crédito tributário pode ser consignada judicialmente pelo sujeito passivo, no caso de subordinação do recebimento do crédito ao pagamento da penalidade pecuniária".*

II – de subordinação do recebimento ao cumprimento de exigências administrativas sem fundamento legal;

III – de exigência, por mais de uma pessoa jurídica de direito público, de tributo idêntico sobre um mesmo fato gerador.

§ 1º A consignação só pode versar sobre o crédito que o consignante se propõe pagar.

§ 2º Julgada procedente a consignação, o pagamento se reputa efetuado e a importância consignada é convertida em renda; julgada improcedente a consignação no todo ou em parte, cobra-se o crédito acrescido de juros de mora, sem prejuízo das penalidades cabíveis.

Portanto, a consignação em pagamento permite que o sujeito passivo exerça seu direito de pagar o tributo, conforme as **hipóteses** previstas no art. 164 do CTN, a saber:

> Note o item (adaptado) considerado **CORRETO**, em prova realizada pela FCC, para o cargo de Técnico da Receita Estadual da SEGEP/MA, em 2016: *"A consignação em pagamento em matéria tributária é instituto jurídico que visa proteger o devedor contra o credor que, por exemplo, se recusa a receber o crédito tributário. Essa recusa, porém, não é a única hipótese em relação na qual o sujeito passivo pode consignar judicialmente o crédito tributário. De acordo com o CTN, o montante do crédito tributário pode ser consignado judicialmente pelo sujeito passivo, quando, entre outros: (I) for exigido, por mais de uma pessoa jurídica de direito público, tributo idêntico sobre um mesmo fato gerador; (II) o pagamento de um crédito tributário for subordinado ao pagamento de penalidade"*.

a) recusa de recebimento ou subordinação deste ao pagamento de outro tributo ou penalidade, ou cumprimento de obrigação acessória;

EMENTA: TRIBUTÁRIO. CONSIGNAÇÃO EM PAGAMENTO DE TRIBUTO. PRECEDENTES. 1. É correta a propositura da ação consignatória em pagamento para fins de o contribuinte se liberar de dívida fiscal cujo pagamento seja recusado ou dificultado pelos órgãos arrecadadores – arts. 156, VIII, e 164, do CTN. 2. Tem-se por legítima a consignação em pagamento de tributo que o Fisco se recusa a receber sem que esteja acompanhado de obrigação acessória. 3. Precedentes desta Corte Superior. 4. Recurso provido. Baixa dos autos ao douto juízo de origem, para que prossiga com o exame das demais questões. **(RESP 496.747/SC, 1ª T., rel. Min. José Delgado, j. em 22-03-2003)**

b) subordinação do recebimento ao cumprimento de exigências administrativas **sem fundamento legal**;

EMENTA: TRIBUTÁRIO. CONSIGNAÇÃO EM PAGAMENTO. CABIMENTO. IPTU E TAXAS DE CONSERVAÇÃO E LIMPEZA. MUNICÍPIO DE CAMPINAS (SP). PAGAMENTO PARCELADO DO IPTU INDEPENDENTE DA QUITAÇÃO DAS TAXAS DISCUTIDAS. APLICAÇÃO

DO ART. 164, I, DO CTN. INCONSTITUCIONALIDADE DAS REFERIDAS TAXAS RECONHECIDA PELO STF. PRECEDENTES. É cabível a ação consignatória para pagamento dos valores devidos a título de IPTU, independentemente do recolhimento das taxas de coleta e remoção de lixo e de combate a sinistros, constantes dos mesmos carnês de cobrança, desde que o contribuinte entenda indevida a cobrança das referidas taxas e pretenda discuti-las judicialmente. – Inteligência do art. 164, I do CTN. – O STF pacificou o entendimento no sentido de que são inconstitucionais as taxas nomeadas, por não terem por objeto serviço público divisível, mensurável e específico, devendo ser custeado por meio do produto da arrecadação dos impostos gerais. – Recurso especial conhecido e provido. **(REsp 169.951/SP, rel. Min. Peçanha Martins, j. em 21-09-2004)**

c) exigência, por mais de uma pessoa jurídica de Direito Público, de tributo idêntico sobre o mesmo fato gerador. Trata-se de vício de *bitributação*, cujos efeitos a consignatória pretende coibir.

> Note o item considerado **CORRETO**, em prova realizada pela Vunesp, para o cargo de Advogado da Câmara Municipal de Registro/SP, em 2016: *"Caso um contribuinte, em razão de ser proprietário de determinado bem imóvel, seja instado a pagar o IPTU e, também, o ITR, esse contribuinte deve promover 'ação de consignação em pagamento', porque ambos os tributos têm incidência sobre o mesmo fato gerador"*.

> Note o item considerado **CORRETO**, em prova realizada pela VUNESP, Câmara de Indaiatuba-SP, para o cargo de Controlador Interno, em 2018: *"No caso de exigência, por mais de uma pessoa jurídica de direito público, de tributo idêntico sobre um mesmo fato gerador, a importância de crédito tributário pode ser consignada judicialmente pelo sujeito passivo"*.

Ao término da demanda julgada procedente, **a importância depositada é convertida em renda**. A conversão em renda ocorrerá em favor do sujeito ativo credor, entendido como tal, a partir do juízo de convencimento formado pelo juiz da respectiva demanda, cabendo o acréscimo de *juros de mora*, sem prejuízo das *penalidades* cabíveis, caso se trate de valor depositado inferior (art. 164, § 2º, CTN).

> Note o item considerado **INCORRETO**, em prova realizado pelo Cebraspe, para o cargo de Procurador Municipal da Prefeitura de Belo Horizonte/MG, em 2017: *"No caso de a ação de consignação em pagamento ser julgada procedente, a importância consignada não poderá ser convertida em renda"*.

> Note o item considerado **INCORRETO**, em prova realizada pelo CEBRASPE, para o cargo de Analista Judiciário (STJ), em 2018: *"Na hipótese de ser julgada procedente ação de consignação em pagamento, a fazenda pública poderá cobrar o crédito tributário acrescido dos juros de mora referentes a todo o período, até o trânsito em julgado"*.

Em 9 de junho de **2015**, a 1ª Turma do **STJ**, no **AgRg no REsp 1.365.761/RS** (rel. Min. **Benedito Gonçalves**), entendeu que "*o prazo de cinco dias previsto no art. 892 do CPC não é aplicável aos depósitos judiciais referentes a créditos tributários, de tal* *sorte que são exigíveis multa e juros caso o depósito não seja realizado dentro do prazo para o pagamento do tributo".*

Em tempo, o **art. 892 do CPC [atual art. 541 do NCPC]**, ao tratar de depósito em consignatórias (não em consignatória de créditos tributários), permite que aquele seja efetuado até 5 (cinco) dias, contados da data do vencimento da obrigação.

Desse modo, a discussão cingiu-se à dúvida: *para a exclusão do tributo/multa, o depósito judicial do tributo deve-se dar até o momento do vencimento da obrigação ou, alternativamente, após tal vencimento, mas ainda dentro do prazo de 5 dias previsto no art. 892 do CPC.*

Como é cediço, a consignação em pagamento do montante do tributo discutido, a qual objetiva alcançar, "initio litis", a suspensão da exigibilidade do crédito tributário, implica, ao final, a extinção desse crédito, levando-se em conta a realização do depósito do montante integral do débito. Vale dizer que, ao depositar na consignatória, uma vez inadimplida a obrigação tributária no prazo legal, deverão ser acrescidos ao valor os juros, a multa e a correção monetária. Em suma: o depósito feito dentro do prazo legal do tributo incluirá apenas o valor principal; por sua vez, o depósito feito fora do prazo legal do tributo incluirá o valor principal, os juros, a multa e a correção monetária. Assim, o depósito só elide a mora se for realizado nos termos e condições típicas de um pagamento integral do tributo.

Ademais, o **art. 161 do CTN** é claro ao dispor sobre o tema:

> **Art. 161.** O crédito não integralmente pago no vencimento é acrescido de juros de mora, seja qual for o motivo determinante da falta, sem prejuízo da imposição das penalidades cabíveis e da aplicação de quaisquer medidas de garantia previstas nesta Lei ou em lei tributária.

Nota-se que o tema está regrado de modo específico pelo CTN, devendo o CPC ser aqui aplicado em caráter subsidiário, quando não houver regra disciplinando a matéria, nos termos do art. 1º da LEF. Além disso, o crédito tributário só se extingue ou tem sua exigibilidade suspensa ou excluída nos casos previstos no CTN (art. 141 do CTN).

A respeito do tema, *mutatis mutandis*, observe-se outro posicionamento do **STJ**:

> **EMENTA: (...)** 4. Não é cabível, durante o período em que o montante do tributo estava depositado judicialmente, a exigência de juros e multa de mora. Com o levantamento do depósito, a circunstância que elidia a mora deixou de existir, passando a ser devidos os juros e a multa. 5. O levantamento indevido dos valores não convertidos em renda restaura a exigibilidade do débito, podendo ser cobrado pela Fazenda Pública com todos os ônus decorrentes, todavia, somente a partir da data do levantamento. **(REsp 1.351.073/RS, rel. Min. Humberto Martins, 2ª T., j. em 07-05-2015)**

Posto isso, para o **STJ**, a aceitação do "prazo extra" ofertado pelo art. 892 do CPC (atual art. 541 do NCPC) ao autor da consignatória de crédito tributário implicaria afronta ao princípio da isonomia tributária (art. 150, I, CF) e se assemelharia a uma espécie de "moratória", sem base legal. Portanto, esse dispositivo não pode ser aplicado às consignações em pagamento de crédito tributário, por absoluta incompatibilidade normativa.

10 DECISÃO ADMINISTRATIVA IRREFORMÁVEL

Esta causa extintiva se refere às **decisões administrativas favoráveis ao contribuinte**, uma vez que, se contrárias, não terão o condão de extinguir o crédito tributário, haja vista restar ao sujeito passivo a possibilidade de **reforma na via judicial**, na tentativa de impor sua argumentação desconstitutiva da relação jurídico-tributária.

> Note o item considerado **CORRETO**, em prova realizada pela Vunesp, CETESB, para o cargo de Advogado, em 2013: *"Extingue o crédito tributário a decisão administrativa irreformável, assim entendida a definitiva na órbita administrativa, que não mais possa ser objeto de ação anulatória"*.

> Note o item considerado **CORRETO**, em prova realizada pela COMPASS, para o cargo de Auditor fiscal de Tributos Municipais da Prefeitura Municipal de Carpina/PE, em 2016: *"A decisão administrativa irreformável, assim entendida a definitiva na órbita administrativa, que não mais possa ser objeto de ação anulatória ocorre quando a decisão é favorável ao contribuinte. Mas, se desfavorável a este, poderá resolver pelas vias judiciais"*.

11 DECISÃO JUDICIAL PASSADA EM JULGADO

A decisão judicial passada em julgado é extintiva do crédito tributário, uma vez representando o último pronunciamento a ser emitido por autoridades julgadoras, quanto às lides que se apresentam à sua apreciação. A coisa julgada é de efeito absoluto. Nem mesmo a lei poderá prejudicá-la, conforme se depreende do art. 5º, XXXVI, *in fine*, da CF.

12 DAÇÃO EM PAGAMENTO

Prevista nos arts. 356 a 359 do Código Civil (Lei n. 10.406/2002), a dação em pagamento representa o ato de dar em pagamento algo em substituição à pecúnia.

O CTN admite tal modalidade extintiva para ***bens imóveis***, exclusivamente. A dação em pagamento foi noticiada normativamente com a edição da LC n. 104/2001, representando modalidade indireta de extinção do crédito tributário, por carecer de edição de lei ordinária que venha a estabelecer a forma e as condições exigidas para que sejam extintos os créditos tributários pela dação em pagamento de bens imóveis.

> Note o item considerado **CORRETO**, em prova realizada pela Vunesp, para o cargo de Juiz Substituto (TJ/SP), em 2017: *"Sobre a 'dação em pagamento', é instituto de Direito Civil acolhido pelo CTN, como forma de extinção do crédito tributário, mediante a entrega de bens imóveis, no modo e condições estabelecidos pela lei"*.

Corresponde a um procedimento administrativo que encerra a entrega voluntária do bem imóvel pelo contribuinte-devedor.

Ademais, pode-se afirmar que a dação em pagamento encontra respaldo nos dizeres insertos no art. 3º do CTN, quando se traduz o tributo em prestação pecuniária ou *em cujo valor nela se possa exprimir*. Daí se nota a possibilidade de materialização do tributo em prestação diversa da estritamente pecuniária, dando azo à figura da Dação em análise.

Após o estudo da dação em pagamento, podemos assegurar que despontam *quatro* **modalidades indiretas de extinção do crédito tributário**, isto é, dependentes de lei autorizativa: *compensação, transação, remissão* e *dação em pagamento*.

> Note o item considerado **INCORRETO**, em prova realizada pela CAIP-USCS, para o cargo de Advogado da CRAISA (Cia. de Abastecimento de Santo André/SP), em 2016: *"Extingue o crédito tributário a dação em pagamento em bens imóveis, circunstância que prescinde de lei que se aperfeiçoe"*.

Por derradeiro, é importante frisar que tal instituto se refere, tão somente, a bens imóveis. Para o **STF**, o dispositivo no CTN avoca o disciplinamento por lei complementar, uma vez que o crédito tributário deve estar àquela adstrito, consoante o art. 146, III, "b", CF. Ademais, a Corte entendeu (**ADInMC 1.917-DF**, rel. Min. Marco Aurélio, 18-12-**1998**, *Informativo* 136 do STF) que a dação em pagamento para bens móveis – procedimento encontradiço em algumas legislações estaduais, *v.g.*, a Lei n. 1.624-97/DF –, ofenderia a **exigência constitucional de licitação** para a aquisição de mercadorias pela Administração Direta e Indireta, na contratação de obras, serviços e compras (**art. 37, XXI, CF**).

> Note o item considerado **CORRETO**, em prova realizada pelo BIO-RIO, para o cargo de Advogado da Prefeitura de Barra Mansa/RJ (SAAE), em 2016: *"Com base em previsão no CTN, diferentemente do que ocorre no direito civil, só se permite a dação em pagamento em bens imóveis, ou seja, a substituição do dinheiro por bens imóveis"*.

> Note o item considerado **CORRETO**, em prova realizada pelo IOPLAN, para o cargo de Advogado da Prefeitura Municipal de São Domingos/SC, em 2016: *"O Município de 'Sossego' estipulou, por lei específica, nova forma de extinção do crédito tributário, baseada na 'dação de bens móveis'. De acordo com as normas do Direito Tributário (e com o atual entendimento jurisprudencial), apesar da possibilidade de o município poder estipular novas formas de extinção do crédito tributário, a dação em bens móveis não é possível devido à reserva de lei nacional para dispor sobre regras gerais de licitação"*.

Portanto, continua vedada a dação em pagamento de bens móveis, como, por exemplo, pagar tributo *in natura* ao Fisco, por meio de entrega de sacas de arroz, um carro ou uma obra de arte. Permanece igualmente proibida em nosso ordenamento jurídico a satisfação de dívida de natureza tributária por meio do trabalho, o que, aliás, nem mesmo se caracterizaria como dação em pagamento, pois o labor corresponde a uma prestação de "fazer", e não de "dar"[19].

Por fim, não se perca de vista que o **art. 141 do CTN** atrela as causas extintivas do crédito tributário ao disciplinamento exclusivo do CTN, portanto, associando aquelas e as causas suspensivas e excludentes do mencionado crédito tributário ao universo da **taxatividade**. Observe o seu teor:

> Note o item considerado **INCORRETO**, em prova realizada pela FAURGS, para o cargo de Juiz de Direito Substituto do Estado do Rio Grande do Sul, em 2016: *"As hipóteses elencadas no artigo 151 do CTN são exemplificativas, pois o sistema jurídico brasileiro é aberto para a resolução de conflitos".*

> **Art. 141.** O crédito tributário regularmente constituído somente se modifica ou extingue, ou tem sua exigibilidade suspensa ou excluída, nos casos previstos nesta Lei, fora dos quais não podem ser dispensadas, sob pena de responsabilidade funcional na forma da lei, a sua efetivação ou as respectivas garantias. **(Grifo nosso)**

É bom lembrar, aliás, que é vedado o pagamento de tributos – ou a extinção do crédito tributário – com *títulos da dívida pública*. O tema foi objeto da *Lei n. 10.179/2001*, a qual dá chancela apenas a alguns títulos, quando vencidos, como papéis hábeis à quitação de tributos. São eles: *Letras do Tesouro Nacional* (LTN), *Letras Financeiras do Tesouro* (LFT) e *Notas do Tesouro Nacional* (NTN). Como tais títulos são escriturais (não há cártulas, mas apenas registros eletrônicos), inexiste, na prática, hipótese de pagamento ou compensação de tributos com títulos públicos. A exceção ocorre tão somente com relação ao percentual de 50% do ITR, o qual pode ser pago com *Título da Dívida Agrária* (TDA), hipótese expressamente prevista no art. 105 da Lei n. 4.504/64. Desse modo, em termos práticos, **não há possibilidade de pagamento de tributos federais com os títulos públicos**, emitidos na forma da Lei n. 10.179/2001, vez que tais títulos já foram todos resgatados nos respectivos vencimentos, não havendo nenhum na condição de vencido[20]. A mesma vedação se estende à *compensação* e à *dação em pagamento*, como causas diversas de extinção de crédito tributário:

19. V. ALEXANDRINO, Marcelo; PAULO, Vicente. *Manual de direito tributário*. 5. ed., rev. e atual. Niterói: Impetus, 2007, p. 280.

20. Ver a **Solução de Consulta COSIT n. 57, de 20 de fevereiro de 2014 – Receita Federal do Brasil: EMENTA: ASSUNTO:** Normas de Administração Tributária – Somente há possibilidade de pagamento de tributos federais com os títulos públicos que cumpram estritamente os requisitos dos arts. 2° e 6° da Lei n. 10.179/2001. Os títulos públicos classificados como dívidas Agrupadas em Operações Especiais, UO de n. 71.101, são regulamentados pelo Decreto-Lei n. 6.019, de 23 de novembro de 1943, não possuindo relação com a Lei n. 10.179/2001. É ineficaz a consulta que apresente dúvida meramente procedimental e não se refira à interpretação da legislação tributária federal. Consulta parcialmente conhecida. **DISPOSITIVOS LEGAIS:** Lei 10.179, de 2001, artigos 2º e 6º. Decreto-Lei n. 6.019, de 1943 (**PUBLICAÇÃO:** 10 de março de 2014: **http://normas.receita.fazenda.gov.br/sijut2consulta/link.action?visao=anotado&idAto=50446**; Visita ao *site* em 5 de novembro de 2017.

> Note o item considerado **CORRETO**, em prova realizada pelo Cebraspe, para o cargo de Analista Judiciário do TRE/PE (Área: Contabilidade), em 2017: *"É vedado o pagamento de tributos com títulos da dívida mobiliária"*.

– **Compensação tributária:** a Lei n. 9.430, de 1996, prevê, expressamente, na alínea "c" do § 12 do art. 74, que é vedada a compensação tributária nas hipóteses em que o crédito se refira a título público;

– **Dação em pagamento:** para o **STJ**, "não há como se admitir a dação em pagamento por via de título da dívida pública, porquanto este procedimento escapa à estrita legalidade", uma vez que "a dação em pagamento, para o fim de quitação de obrigação tributária, só é aceita em hipóteses elencadas legalmente". **(AgRg no REsp 691.996/RJ, rel. Min. Luiz Fux, 1ª T., j. em 07-03-2006)** (Ver, ainda, no mesmo sentido: **REsp 651.404/RS, rel. Min. Luiz Fux, 1ª T., j. em 09-11-2004**)

Em 5 de agosto de **2014**, a 2ª Turma do **STJ**, no **AgRg no AREsp 502.344/RS** (rel. Min. Herman Benjamin), entendeu que é ilegítima a extinção do crédito tributário, mediante *dação em pagamento* (ou compensação), de créditos tributários federais com créditos oriundos de precatórios devidos por estado-membro. Com efeito, para a Corte Superior, "a inexistência de identidade entre o devedor do precatório e o credor do tributo afasta a incidência do dispositivo constitucional".

> Note o item considerado **INCORRETO**, em prova realizada pela FUNDEP/Gestão de concursos, para o cargo de Promotor de Justiça Substituto (MPE/MG), em 2017: *"Deve-se admitir, sem ressalvas, a compensação ou a dação em pagamento de créditos tributários federais com crédito oriundo de precatório devido por Estado-Membro"*.

Apenas para uma atualização legislativa, frise-se que a **Lei n. 13.313** (de 14-07-2016) alterou o **art. 4º da Lei n. 13.259** (de 16-03-**2016**), para dispor sobre a *dação em pagamento de bens imóveis* como forma de extinção do crédito tributário inscrito em **dívida ativa da União**, nos seguintes termos:

> **Art. 4º** O crédito tributário inscrito em dívida ativa da União poderá ser extinto, nos termos do inciso XI do *caput* do art. 156 da Lei n. 5.172, de 25 de outubro de 1966 – Código Tributário Nacional, mediante dação em pagamento de bens imóveis, a critério do credor, na forma desta Lei, desde que atendidas as seguintes condições:
> **I** – a dação seja precedida de avaliação do bem ou dos bens ofertados, que devem estar livres e desembaraçados de quaisquer ônus, nos termos de ato do Ministério da Fazenda; e
> **II** – a dação abranja a totalidade do crédito ou créditos que se pretende liquidar com atualização, juros, multa e encargos legais, sem desconto de qualquer natureza, assegurando-se ao devedor a possibilidade de complementação em dinheiro de eventual diferença entre os valores da totalidade da dívida e o valor do bem ou dos bens ofertados em dação.

§ 1º O disposto no *caput* não se aplica aos créditos tributários referentes ao Regime Especial Unificado de Arrecadação de Tributos e Contribuições devidos pelas Microempresas e Empresas de Pequeno Porte – Simples Nacional.

§ 2º Caso o crédito que se pretenda extinguir seja objeto de discussão judicial, a dação em pagamento somente produzirá efeitos após a desistência da referida ação pelo devedor ou corresponsável e a renúncia do direito sobre o qual se funda a ação, devendo o devedor ou o corresponsável arcar com o pagamento das custas judiciais e honorários advocatícios.

§ 3º A União observará a destinação específica dos créditos extintos por dação em pagamento, nos termos de ato do Ministério da Fazenda.

26 EXCLUSÃO DO CRÉDITO TRIBUTÁRIO

1 CONSIDERAÇÕES INICIAIS

A **exclusão** do crédito tributário, por meio da ***isenção e anistia***, consiste na inviabilidade de sua constituição, ou seja, são situações em que, mesmo ocorrido o fato gerador e a obrigação tributária, não haverá lançamento e, consequentemente, não haverá o crédito tributário.

Note o item considerado **INCORRETO**, em prova realizada pelo Cespe, para o cargo de Defensor Público Federal de Segunda Categoria, em 2015: *"A moratória e a concessão de medida liminar em mandado de segurança são casos de suspensão do crédito tributário, ao passo que a anistia e a isenção são casos de extinção do crédito tributário"*.

Note o item considerado **CORRETO**, em prova realizada pelo IBFC, para o cargo de Advogado da Câmara de Franca/SP, em 2016: *"Em conformidade com o preceituado no CTN, apresenta-se, como hipótese de exclusão do crédito tributário, a isenção"*.

Note a ilustração abaixo:

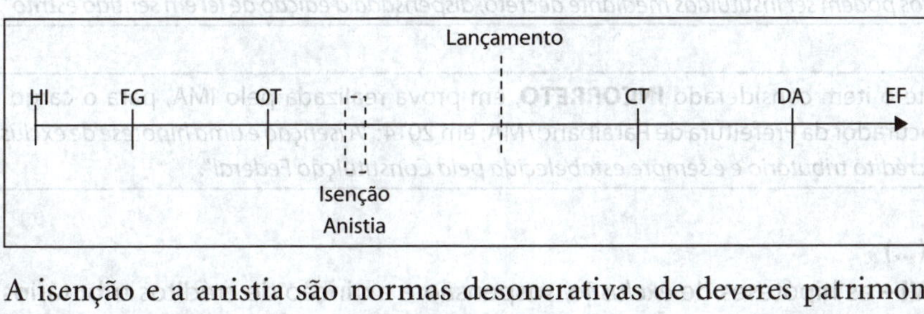

A isenção e a anistia são normas desonerativas de deveres patrimoniais do contribuinte, atingindo-se o tributo, no caso de uma lei isentante (isencional ou isentiva) ou a multa (no caso de uma lei anistiadora). Em palavras simples, "isenta-se o tributo", "anistia-se a multa".

É fato que o motivo que leva o legislador a pretender isentar um tributo não é o mesmo que o move a anistiar uma penalidade. A isenção justifica-se no plano socioeconômico da realidade social que a avoca, enquanto a anistia encontra motivação no intuito do legislador em retirar o timbre de impontualidade do inadimplente da obrigação tributária. Com efeito, há isenção de ICMS para produtos da cesta básica, de IPTU para os ex-pracinhas da *Força Expedicionária Brasileira* (FEB), de IPI para os taxistas, entre tantas outras. De outra banda, despontam leis anistiadoras para fulminar multas que deveriam ser impostas àqueles que descumpriram certos deveres instrumentais, mantendo-se na impontualidade, mas que ainda não foram notificados.

É cediço que o poder de isentar ou anistiar é correlato ao poder de criar tributos ou exigir penalidade, devendo haver uma simetria no plano da competência tributária, na esteira dos binômios "instituir-isentar" ou "instituir-anistiar". Não é à toa que Kiyoshi Harada[1] enfatiza, com acerto:

> Sabido e ressabido que o poder de isentar é corolário do poder de tributar. Só pode isentar quem tem o poder de tributar.

Assim, a União pode instituir os tributos federais e isentá-los, no plano da correlação lógica que se estabelece entre a competência privativa para instituir este gravame e idêntica competência para proceder legalmente à sua desoneração por meio da norma isencional. Desse modo, a matéria se liga umbilicalmente à temática da *competência tributária*.

Destacamos abaixo *regras comuns* a ambas as modalidades, seja isenção ou anistia, que se encontram expressamente previstas no CTN e na CF, como uma forma atraente de apresentar o tema, neste tópico de "considerações iniciais":

a) Art. 97 do CTN: condiciona à reserva legal a disciplina das hipóteses de exclusão do crédito tributário. Observe o dispositivo:

> **Art. 97.** *Somente a **lei** pode estabelecer:*

> Note o item considerado **INCORRETO**, em prova realizada pelo TRF/4ª Região, para o cargo de Juiz Federal Substituto (XVII Concurso), em 2016: *"As isenções, anistias e remissões de tributos podem ser instituídas mediante decreto, dispensada a edição de lei em sentido estrito"*.

> Note o item considerado **INCORRETO**, em prova realizada pelo IMA, para o cargo de Procurador da Prefeitura de Paraibano/MA, em 2014: *"A isenção é uma hipótese de exclusão de crédito tributário e é sempre estabelecida pela Constituição Federal"*.

> **(...)**
>
> **VI** – as hipóteses de *exclusão*, suspensão e extinção de créditos tributários, ou de dispensa ou redução de penalidades. **(Grifos nossos)**

1. HARADA, Kiyoshi. *Direito financeiro e tributário*, 7. ed., p. 299.

b) Art. 150, § 6º, da CF: exigência de *lei específica* para a concessão de isenção ou anistia. Observe o comando constitucional:

> Note o item considerado **CORRETO**, em prova realizada pela Fundep, para o cargo de Auditor fiscal da Receita Municipal da Prefeitura Municipal de Uberaba/MG, em 2016: *"A renúncia fiscal compreende anistia, remissão, subsídio, crédito presumido, concessão de isenção em caráter não geral, alteração de alíquota ou modificação de base de cálculo que implique redução discriminada de tributos ou contribuições e outros benefícios que correspondam a tratamento diferenciado".*

> Note o item considerado **INCORRETO**, em prova realizada pela FCC, SABESP, para o cargo de Advogado, em 2018: *"Com relação às limitações ao poder de tributar, subsídios, isenções e redução de base de cálculo, relativos a impostos, taxas ou contribuições, poderão, em regra, ser concedidos mediante LEI GENÉRICA, não sendo exigível lei específica que regule exclusivamente tais matérias".*

Art. 150. (...)

§ 6º Qualquer subsídio ou *isenção*, redução de base de cálculo, concessão de crédito presumido, *anistia* ou remissão, relativos a impostos, taxas ou contribuições, só poderá ser concedido mediante *lei específica*, federal, estadual ou municipal, que regule exclusivamente as matérias acima enumeradas ou o correspondente tributo ou contribuição, sem prejuízo do disposto no art. 155, § 2º, XII, "g". **(Grifos nossos)**

c) Art. 111, I, do CTN: prevê a utilização compulsória do **método literal** na interpretação de dispositivos que versem sobre exclusão do crédito tributário.

> Note o item considerado **CORRETO**, em prova realizada pelo TRF-3ª REGIÃO, para o cargo de Juiz Federal Substituto, em 2018: *"Lei que disponha sobre outorga de isenção deve ser interpretada literalmente".*

> Note o item considerado **CORRETO**, em prova realizada pela CS-UFG, SANEAGO-GO, para o cargo de Advogado, em 2018: *"Uma lei municipal concedeu isenção do IPTU a proprietários de imóveis urbanos, de determinado bairro, que sofreram danos estruturais provocados por furacão que assolou a localidade. Tomando conhecimento do benefício, um proprietário de um imóvel, localizado em bairro próximo, ingressa com ação buscando se beneficiar da referida isenção. Segundo as normas expressas no CTN, o pedido será indeferido, em razão da INTERPRETAÇÃO LITERAL DA ISENÇÃO".*

> Note o item considerado **INCORRETO**, em prova realizada pelo Cespe, para o cargo de Juiz (TJ/MA), em 2013: *"Segundo o CTN, interpreta-se literalmente a legislação tributária que disponha sobre suspensão ou exclusão do crédito tributário e outorga de isenção, sendo expressamente admitida, no entanto, a interpretação extensiva para a dispensa do cumprimento de obrigações tributárias acessórias".*

Note o item considerado **INCORRETO**, em prova realizada pela FCC, para o cargo de Técnico da Receita Estadual (SEGEP/MA), em 2016: *"O CTN tem um capítulo dedicado à interpretação e integração da legislação tributária. De acordo com esse Código, a suspensão da exigibilidade do crédito tributário deve ser interpretada teleologicamente"*.

Observe o dispositivo:

Art. 111. *Interpreta-se literalmente* a legislação tributária que disponha sobre:

I – suspensão ou *exclusão* do crédito tributário; (...) **(Grifos nossos)**

Ad argumentandum, a "interpretação literal é a que vai até os limites da expressividade da linguagem jurídica. Enquanto as palavras da lei da isenção forem susceptíveis de interpretação ou de compreensão, o intérprete poderá estendê-las, desde que não distorça o sentido possível"[2].

Nesse sentido, impende registrar que onde se interpreta literalmente, descabida será a utilização dos métodos integrativos da legislação tributária, constantes do art. 108, I ao IV, do CTN. Nesse diapasão, não se pode utilizar, *v.g.*, a analogia para obter a extensão dos efeitos de uma lei isentiva, aplicável a certa categoria de beneficiários, a outra categoria, sob a alegação de que se trata de atividades análogas.

Luciano Amaro[3], com precisão, versa sobre o tema, afirmando que "o Código Tributário Nacional deixa expressa a proibição de, por analogia, exigir-se tributo (art. 108, § 1º). A par disso, também não a autoriza para reconhecer ***isenção*** (art. 111, I ou II), nem para aplicar **anistia** (art. 111, I), nem para dispensar o cumprimento de obrigações acessórias **(art. 111, III)**".

Note o item considerado **CORRETO**, em prova realizada pelo Cebraspe, para o cargo de Procurador do Município de Fortaleza/CE, em 2017: *"É vedada a adoção de métodos de interpretação ou qualquer princípio de hermenêutica que amplie o alcance da norma tributária que outorga isenção"*.

Note o item (adaptado) considerado **CORRETO**, em prova realizada pela FGV, para o XX Exame de Ordem Unificado, em 2016: *"À luz do CTN, é imperiosa a interpretação literal de norma tributária de 'anistia'"*.

Note o item considerado **CORRETO**, em prova realizada pela FCC, para o cargo de Técnico da Receita Estadual (SEGEP/MA), em 2016: *"O CTN tem um capítulo dedicado à interpretação e integração da legislação tributária. De acordo com esse Código, a dispensa do cumprimento de obrigações tributárias acessórias deve ser interpretada literalmente"*.

2. TORRES, Ricardo Lobo. *Curso de direito financeiro e tributário*, 12. ed., p. 314.
3. AMARO, Luciano. *Direito tributário brasileiro*, 14. ed., pp. 212-213.

d) Art. 175, parágrafo único, do CTN: mesmo com a exclusão do crédito tributário, **não se dispensa o cumprimento das obrigações acessórias**, ou seja, caso haja a concessão de isenção do ICMS (obrigação principal), a norma isentante não implica a dispensa da emissão de nota fiscal (obrigação acessória). Com efeito, as obrigações tributárias principal e acessória são autônomas e independentes. Não subsiste relação de "acessoriedade" entre elas, mas de **independência**. Por essa razão, não se aplica na seara tributária a máxima civilista "o acessório segue o principal". Portanto, é plenamente possível haver uma obrigação tributária acessória e não existir uma obrigação tributária principal. Se, eventualmente, o contribuinte inadimplente não cumprir a obrigação acessória autônoma, poderá ser alvo de imposição de multa (art. 113, § 3º, CTN), o que fará surgir uma obrigação principal superveniente.

Note o item considerado **INCORRETO**, em prova realizada pelo TRF/4ª Região, para o cargo de Juiz Federal Substituto (XVII Concurso), em 2016: *"A exclusão do crédito tributário dispensa o cumprimento das obrigações acessórias dependentes da obrigação principal cujo crédito seja excluído, ou dela consequente"*.
Observação: a negativa dessa afirmação, considerada **CORRETA**, foi solicitada em prova realizada pela MSConcursos, para o cargo de Advogado do CRECI/RJ, em 2016.

Note o item considerado **CORRETO**, em prova realizada pela FCC, para o cargo de Procurador do Estado de Mato Grosso (PGE/MT), em 2016: *"A obrigação tributária acessória, relativamente a um determinado evento que constitua, em tese, fato gerador de um imposto, pode ser exigida de quem é isento do imposto"*.

Note o item considerado **INCORRETO**, em prova realizada pelo CEBRASPE, EBSERH, para o cargo de Advogado, em 2018: *"Dispensada a obrigação principal ao contribuinte, também se dispensará a obrigação acessória"*.

Observe o preceptivo:

Art. 175. (...)

Parágrafo único. A *exclusão* do crédito tributário *não dispensa* o cumprimento das *obrigações acessórias* dependentes da obrigação principal cujo crédito seja excluído, ou dela consequente. **(Grifos nossos)**

e) Art. 179, § 2º, do CTN: caso tenhamos a anulação de uma lei concessiva de isenção, que não tenha sido concedida em caráter geral, haverá a exigência dos *tributos e dos juros*, em regra. A imposição de multa dependerá do comportamento do beneficiário:

I – se ele tiver agido com dolo, para se beneficiar da norma exonerativa sem a merecer, haverá a incidência da multa, cobrando-se, portanto, "tributo + juros + multa". Neste caso, o tempo decorrido entre a concessão da isenção e sua revogação não se computará para efeito da prescrição do direito à cobrança do crédito;

II – se ele tiver agido sem dolo, não haverá a incidência da multa, exigindo-se tão somente "tributo + juros". Neste caso, a revogação só poderá ocorrer antes de prescrito o referido direito.

Frise-se que as mesmas disposições devem ser aplicadas à anulação de uma lei anistiadora, conforme o art. 182, parágrafo único, do CTN, respeitadas as adaptações no plano da exigibilidade, haja vista a anistia não se referir a tributo, mas a multas, impondo-se, diante de sua anulação, um dever afeto à prestação não tributária. Observe os dispositivos:

> **Art. 179.** A *isenção,* quando não concedida em caráter geral, é efetivada, em cada caso, por despacho da autoridade administrativa, em requerimento com o qual o interessado faça prova do preenchimento das condições e do cumprimento dos requisitos previstos em lei ou contrato para sua concessão. **(...)**

Note o item considerado **CORRETO**, em prova realizada pela MS Concursos, para o cargo de Advogado do Creci/1ª Região – RJ, em 2016: *"A isenção, quando não concedida em caráter geral, é efetivada, em cada caso, por despacho da autoridade administrativa, em requerimento com o qual o interessado faça prova do preenchimento das condições e do cumprimento dos requisitos previstos em lei ou contrato para sua concessão".*

> **§ 2º** *O despacho referido neste artigo não gera direito adquirido, aplicando-se, quando cabível, o disposto no art. 155.* **(Grifos nossos)**

> **Art. 182.** A *anistia,* quando não concedida em caráter geral, é efetivada, em cada caso, por despacho da autoridade administrativa, em requerimento com a qual o interessado faça prova do preenchimento das condições e do cumprimento dos requisitos previstos em lei para sua concessão.
> **Parágrafo único.** *O despacho referido neste artigo não gera direito adquirido, aplicando-se, quando cabível, o disposto no art. 155.* **(Grifos nossos)**

> **Art. 155.** A concessão da *moratória* em caráter individual não gera direito adquirido e será revogada de ofício, sempre que se apure que o beneficiado não satisfazia ou deixou de satisfazer as condições ou não cumprira ou deixou de cumprir os requisitos para a concessão do favor, cobrando-se o *crédito acrescido* de *juros de mora:*
> **I** – *com imposição da penalidade cabível,* nos casos de dolo ou simulação do beneficiado, ou de terceiro em benefício daquele;
> **II** – *sem imposição de penalidade,* nos demais casos.
> **Parágrafo único.** No caso do *inciso I* deste artigo, o tempo decorrido entre a concessão da moratória e sua revogação não se computa para efeito da prescrição do direito à cobrança do crédito; no caso do *inciso II* deste artigo, a revogação só pode ocorrer antes de prescrito o referido direito. **(Grifos nossos)**

O saudoso professor Ricardo Lobo Torres[4], a esse respeito, ratifica:

4. TORRES, Ricardo Lobo. *Curso de direito financeiro e tributário*, 12. ed., p. 285.

A concessão de moratória em caráter individual, assim como acontece com outros favores fiscais (remissão, anistia e isenção), não gera direito adquirido. Será revogada se vier a se comprovar a inexistência dos requisitos de legitimação ao favor (as condições estabelecidas em lei) ou o descumprimento dos requisitos para a sua fruição, como acontece com a falta de pagamento das prestações do parcelamento. Revogada a moratória, cobra-se o crédito tributário acrescido de juros de mora e com a imposição de penalidade, nos casos de dolo ou simulação do beneficiado ou de terceiro em benefício daquele.

Por derradeiro, é imperioso destacar que tais causas excludentes do crédito tributário mantêm estreito relacionamento com o *princípio da irretroatividade tributária*. A lei isentiva, por se referir a tributos, deve total subserviência a tal postulado, devendo desonerar aqueles tributos cujos fatos geradores sejam futuros, estando ainda por ocorrer. Aliás, é defeso à lei tributária atingir fatos geradores que lhe são pretéritos, uma vez que deve conter *vigência prospectiva*, consoante o art. 150, III, "a", da Carta Magna. Diferentemente, a lei de anistia, sendo vocacionada a retirar a pecha de impontual do inadimplente, só pode conter **vigência retrospectiva**. Nessa medida, atingirá fatos geradores pretéritos que, originando um ônus obrigacional não adimplido pelo sujeito passivo, coloca-o na condição de impontual e, assim, suscetível à imposição de multa. A lei de anistia vem, exatamente, "resgatá-lo, estendendo-lhe a mão", permitindo que, antes do lançamento a ser efetivado, seja ele libertado do campo da exigibilidade da multa, por meio dessa causa salvadora de inibição do lançamento – a anistia.

Note o item considerado **CORRETO**, em prova realizada pela Vunesp, para o cargo de Advogado (IPT/SP), em 2014: *"A causa de exclusão do crédito tributário que abrange exclusivamente as infrações cometidas anteriormente à vigência da lei que a concede denomina-se 'anistia'"*.

Observação: item semelhante, associando a anistia à exclusão do crédito tributário e indicando a vocação retrospectiva da vigência da lei anistiadora, foi considerado **CORRETO**, em prova realizada igualmente pela Vunesp, para o cargo de Assessor Jurídico da Prefeitura de Caieiras/SP, em 2015.

Note o item considerado **INCORRETO**, em prova realizada pela COMPASS, para o cargo de Auditor fiscal de Tributos Municipais da Prefeitura Municipal de Carpina/PE, em 2016: *"De acordo com o CTN, a 'anistia' abrange exclusivamente as infrações cometidas antes e após a lei que a concede"*.

É fácil observar, desde já, que há importantes diferenças entre os institutos jurídicos da *isenção* e da *anistia*, de cuja revelação nesta obra não podemos prescindir. Sugerimos, de plano, a assimilação do *quadro mnemônico* abaixo, a fim de bem ingressarmos no estudo das causas de exclusão do crédito tributário:

Isenção	Anistia
Exclusão do crédito tributário	Exclusão do crédito tributário
Causa excludente do crédito tributário	Causa excludente do crédito tributário
Arts. 176 a 179 do CTN	Arts. 180 a 182 do CTN
Depende de lei (art. 97, VI, CTN)	Depende de lei (art. 97, VI, CTN)
Lei específica (art. 150, § 6º, CF)	Lei específica (art. 150, § 6º, CF)
Causa inibitória de lançamento	Causa inibitória de lançamento
Interpretação literal (art. 111, I e II, CTN)	Interpretação literal (art. 111, I, CTN)
Dispensa o tributo	Dispensa a multa (penalidade)
Atinge a *obrigação tributária principal*; as obrigações tributárias acessórias permanecem incólumes	Atinge a *obrigação tributária principal*; as obrigações tributárias acessórias permanecem incólumes
Comporta anulação da lei isentante (art. 179, § 2º, CTN)	Comporta anulação da lei anistiadora (art. 182, parágrafo único, CTN)
Abrange os fatos geradores *posteriores* à lei, sendo "para frente" (Princípio da Irretroatividade Tributária). A lei isentante é "para frente"	Abrange os fatos geradores anteriores à lei, ou seja, a lei de anistia alcança as situações *pretéritas*. A lei anistiadora é "para trás"
Motivo: socioeconômico ou sociopolítico	Motivo: retirar a situação de impontualidade do inadimplemento da obrigação

2 ESTUDO DA ISENÇÃO

2.1 Isenção: a incidência ou a não incidência da norma

A isenção é instituto de conceituação polêmica: sua natureza jurídica oscila entre os parâmetros de *não incidência* e *incidência* da norma.

Para a doutrina tradicional[5], a isenção é uma mera *dispensa legal de pagamento de tributo devido*, verificando-se em uma situação na qual há legítima *incidência*, porquanto se deu um fato gerador, e o legislador, por expressa disposição legal, optou por dispensar o pagamento do imposto.

No entanto, o entendimento de José Souto Maior Borges[6] é diametralmente oposto à doutrina clássica. Observe-o:

5. Confira-se o posicionamento na **doutrina tradicional** dos seguintes autores: **(I)** MORAES, Bernardo Ribeiro de. *Doutrina e prática de imposto de indústrias e profissões.* São Paulo: Max Limonad, 1964, p. 673; **(II)** FALCÃO, Amílcar de Araújo. *Fato gerador da obrigação tributária.* 6. ed. Rio de Janeiro: Forense, 2002, p. 66; **(III)** SOUSA, Rubens Gomes de. *Compêndio de legislação tributária.* Rio de Janeiro: Financeiras S.A., s/d, pp. 75-76; **(IV)** COELHO, José Washington. *Código Tributário Nacional interpretado.* Rio de Janeiro: Correio da Manhã, 1968, p. 176; **(V)** MARTINS, Cláudio. *Normas gerais de direito tributário.* 2. ed. São Paulo: Forense, 1969, p. 162; **(VI)** VALÉRIO, Walter Palder. *Programa de direito tributário. Parte geral.* Porto Alegre: Sulina, 1970, p. 173; **(VII)** FANUCCHI, Fábio. *Curso de direito tributário brasileiro.* 3. ed. São Paulo: Resenha Tributária, 1975, v. I, p. 370; **entre outros.**

6. BORGES, José Souto Maior. *Subvenção financeira, isenção e deduções tributárias.* Recife, jan./dez., 1976, Separata, p. 72.

A *incidência* da norma isentante tem como necessária contrapartida a *não incidência* da norma tributária. Nesse sentido, pode-se dizer que a isenção atua como qualquer outra regra excepcional, em face do princípio da generalidade da tributação. Posto a doutrina nem sempre tenha apreendido, com a necessária clareza, essa característica, não tem outro sentido a proposição da Ciência do Direito Tributário de que a regra jurídica de isenção configura *hipótese de não incidência legalmente qualificada*. A não incidência, aí, é da *regra jurídica* de tributação, porque a regra jurídica de isenção incide sobre o fato isento e seria absurdo supor-se a existência da regra jurídica que produzisse efeito sem prévia incidência.

Para o eminente tributarista, as normas isencionais teriam a função de suspender a incidência da norma jurídica de tributação, daí serem chamadas de ***"normas de não incidência"***, possuindo uma inafastável função não juridicizante. Partindo-se dessa premissa, a isenção exclui a própria obrigação tributária, impedindo o surgimento do fato gerador dessa mesma obrigação. A regra de isenção incide para que a da tributação não possa incidir, invertendo-se, pois, a dinâmica da "jurisdicização" do evento. Em outras palavras, em vez de incidir primeiro a regra da tributação, incide antes a norma isentiva. Portanto, para Souto Maior, a isenção é uma hipótese de *não incidência* legalmente qualificada.

> Note o item considerado **CORRETO**, em prova realizada pela CAIP-USCS, para o cargo de Advogado da CRAISA (Cia. de Abastecimento de Santo André/SP), em 2016: *"'Não incidência' é situação em que a regra jurídica de tributação não incide porque não se configura o seu suporte fático"*.

> Note o item considerado **INCORRETO**, em prova realizada pelo IESES, para o cargo de Titular de Serviços de Notas e de Registros (TJ/PB), em 2014: *"Considerando que a CF refere-se a 'isenções' e 'não incidência' quando trata de imunidades, a doutrina brasileira pondera que tais expressões são sinônimas, abarcando o mesmo fenômeno tributário"*.

Para Hugo de Brito Machado[7], "a lei isentiva retira uma parcela da hipótese de incidência da lei da tributação". Portanto, seguindo a doutrina mais moderna, ele preconiza que a isenção *obsta o nascimento da obrigação tributária* como um todo, sendo "o próprio poder de tributar visto ao inverso". E, com preocupação, adverte o mestre:

> Embora tributaristas de renome sustentem que a isenção é a dispensa legal de tributo devido, pressupondo, assim, a ocorrência do fato gerador da obrigação tributária, na verdade ela *exclui* o próprio fato gerador. A lei isentiva retira uma parcela da hipótese de incidência da lei de tributação. Isenção, portanto, não é propriamente *dispensa* de tributo devido. (...) A isenção seria, assim, a dispensa de tributo que não chega a existir no plano da concreção jurídica.

7. MACHADO, Hugo de Brito. *Curso de direito tributário*, 29. ed., p. 228.

É evidente que o legislador, ao tratar do tema no CTN, indicando a isenção e a anistia como causas excludentes do crédito tributário, revela uma clara disposição para considerar, *v.g.*, a isenção como "dispensa legal do tributo devido". Nessa medida, acolhe o pensamento de que a lei, em primeiro lugar, prevê as hipóteses em que o tributo será devido; após, tais hipóteses devem se materializar no plano fático da realidade social; em seguida, nasce a obrigação tributária, devendo-se o tributo; por fim, a lei isencional incide, obstaculizando a constituição do crédito tributário pelo lançamento.

Igualmente constatável é o fato de que tal entendimento, pelo menos do ponto de vista doutrinário, encontra-se superado, devendo os olhares do estudioso mais atento e atual voltarem-se para o conceito segundo o qual a isenção apresenta-se como uma ***exceção* à norma de tributação**[8].

Note o item considerado **CORRETO**, em prova realizada pela CAIP-USCS, para o cargo de Advogado da CRAISA (Cia. de Abastecimento de Santo André/SP), em 2016: *"'Isenção' é exceção feita por lei à regra jurídica de tributação".*

Diante desse embate entre o entendimento da doutrina clássica e os posicionamentos mais modernos, o **STF** se posicionou favoravelmente à ideia originária, no sentido de que a isenção caracteriza-se como a *dispensa legal do pagamento de determinado tributo devido*, pelo que ocorre o fato gerador, mas a lei dispensa o seu pagamento. Assim, o Pretório Excelso, de há muito, antes mesmo da Carta Magna de 1988, já admitia como premissa que, no campo das isenções, o fato jurídico ocorre, nascendo o vínculo obrigacional, antes de ser este obstado pela barreira isentante. Observe a ementa abaixo:

> **EMENTA:** ICM. ISENÇÃO. (...) A expressão "incidirá" pressupõe que o Estado-membro, como decorre do *caput* desse artigo 23, tenha instituído, por lei estadual, esse imposto, e nada impede, evidentemente, que ele conceda, também por lei estadual, *isenção, que, aliás, pressupõe a incidência,* uma vez que ela – no entendimento que é o acolhido por este Tribunal – *se caracteriza como a dispensa legal do pagamento de tributo devido.* Recurso Extraordinário não conhecido. **(RE 113.711/SP, 1ª T., rel. Min. Moreira Alves, j. em 26-06-1987) (Grifos nossos)**

Esta é a posição que nos parece mais recomendável para **concursos públicos**.

Note o item considerado **INCORRETO**, em prova realizada pela FAFIPA, para o cargo de Procurador Jurídico da Câmara de Cambará/PR, em 2016: *"A exclusão de créditos tributários trata de situação em que, não obstante a ocorrência do fato gerador e do lançamento do crédito tributário, não existirá a obrigação de pagamento".*

Note o item considerado **INCORRETO**, em prova realizada pela FAFIPA, para o cargo de Procurador Jurídico da Câmara de Cambará/PR, em 2016: *"Excluir o crédito tributário significa impedir sua cobrança após a constituição do crédito tributário".*

8. V. SEGUNDO, Hugo de Brito Machado. *Código Tributário Nacional*, p. 350.

Por oportuno, importante destacar que a isenção, como causa de exclusão do crédito tributário, demarca situações em que se configura tratamento diferenciado entre pessoas, coisas e situações. É da essência dessa norma exonerativa a estipulação de discrimes razoáveis, sem que isso revista a lei de inconstitucionalidade, haja vista o subjacente interesse público a que sempre deve visar. Aliás, é este interesse público que servirá para guiar a lei isentante em direção ao princípio da capacidade contributiva, buscando-se o atingimento, no plano imediato, de seu mister *extrafiscal*, e, no plano mediato, da *justiça fiscal* que lhe é imanente[9].

Hugo de Brito Machado[10], trazendo a lume a discussão da isenção no bojo da capacidade contributiva, discorre com precisão:

> Em se tratando de imposto cujo fato gerador não seja necessariamente um indicador de capacidade contributiva do contribuinte, a lei que concede isenção certamente não será inconstitucional, já que não fere o princípio em estudo. Em se tratando, porém, de imposto sobre o patrimônio, ou sobre a renda, cujo contribuinte é precisamente aquele que se revela possuidor de riqueza, ou de renda, aí nos parece que a isenção lesa o dispositivo constitucional que alberga o princípio em referência.

A esse propósito, assevera Aliomar Baleeiro[11], demonstrando que a isenção "não é privilégio de classe ou de pessoas, mas uma política de aplicação da regra da capacidade contributiva ou de incentivos de determinadas atividades, que o Estado visa a incrementar pela conveniência pública".

A isenção pode ser concedida de forma *geral* (de modo objetivo) ou de forma *específica* (de modo subjetivo ou pessoal). Explicando melhor, diz-se que a isenção concedida em *caráter geral* decorre do fato de que o benefício atinge a generalidade dos sujeitos passivos, independentemente de qualquer comprovação de alguma característica pessoal e particular que dote o beneficiário de certo exclusivismo para fruir o benefício.

Já a isenção em *caráter individual* decorre de restrição legal do benefício às pessoas que preencham determinados requisitos, de forma que a sua fruição dependerá de requerimento endereçado à Administração Tributária no qual se comprove o cumprimento dos pressupostos legais, conforme previsto no **art. 179, do CTN.** Observe o preceptivo:

> **Art. 179.** A isenção, quando não concedida em caráter geral, é efetivada, em cada caso, por despacho da autoridade administrativa, em requerimento com o qual o interessado faça prova do preenchimento das condições e do cumprimento dos requisitos previstos em lei ou contrato para concessão.

9. *V.* PAULSEN, Leandro. *Direito tributário*, 9. ed. p. 1131.
10. MACHADO, Hugo de Brito. *Curso de direito tributário*, 29. ed., pp. 40-41.
11. BALEEIRO, Aliomar. *Direito tributário brasileiro*, 11. ed., p. 931.

A jurisprudência tem assim se posicionado:

> **EMENTA:** TRIBUTÁRIO. ISENÇÃO. CONCESSÃO. REQUISITOS. CTN, ARTIGO 179. ELETROPAULO. IPTU. Quando a isenção não for conferida em caráter geral, só pode ser efetivada, em cada caso, por despacho da autoridade administrativa, em requerimento no qual o interessado faça prova do preenchimento das condições e do cumprimento dos requisitos previstos em lei ou contrato para sua concessão (CTN, artigo 179). Recurso parcialmente provido. **(REsp 196.473/SP, 1ª T., rel. Min. Garcia Vieira, j. em 23-03-1999)**

2.2 A revogação da lei isentiva

É possível à lei isentiva estipular prazo e condições para sua concessão. Com efeito, as isenções podem ser revogadas a qualquer tempo, salvo as isenções onerosas que têm prazo certo e condições determinadas, previstas no **art. 178 do CTN**.

Observe o dispositivo:

> **Art. 178.** A isenção, salvo se concedida por prazo certo e em função de determinadas condições, pode ser revogada ou modificada por lei, a qualquer tempo, observado o disposto no inciso III do art. 104.

A regra que prevalece na seara das isenções é a da *revogabilidade plena*. Como ressalva, destaca-se um tipo de isenção – aquela considerada *onerosa* (também intitulada *bilateral* ou *contraprestacional*), ou seja, a isenção sujeita a prazo certo e a determinadas condições (requisitos cumulativos), constante do art. 178, acima reproduzido.

Nota-se, com clareza meridiana, que as isenções concedidas por prazo certo e em função de determinadas condições não podem ser revogadas. Não há dúvida: não se pode admitir que o contribuinte-beneficiário venha a ser surpreendido com uma revogação do benefício, de modo inopinado, frustrando-lhe a sensação de confiança que projeta na relação que o une ao Estado tributante e, agora, isentante. Curiosamente, insta mencionar que se a isenção, neste caso, é irrevogável, a lei que a veicula não o é. A lei pode ser sempre revogada. Em verdade, havendo revogação de uma lei que veicula isenção onerosa, todos aqueles que experimentavam o benefício antes da revogação, tendo cumprido os requisitos que o legitimam a tanto, deverão manter-se fruindo a benesse legal, pelo prazo predeterminado, mesmo após a data de revogação da norma. De modo oposto, esgotado o prazo estipulado para a isenção, cessa para o beneficiário o direito à isenção, mesmo que a lei não tenha sido revogada. Insistimos, então: revoga-se a lei; a isenção onerosa, não.

Ademais, temos dito que a onerosidade das isenções, criando-lhe uma "blindagem" contra os efeitos de exigibilidade da lei revogadora do benefício legal, desponta a partir do preenchimento cumulativo de dois requisitos, constantes do **art.**

178: "A isenção, **salvo se concedida por prazo certo e em função de determinadas condições**, pode ser revogada ou modificada por lei, a qualquer tempo (...)".

> Note o item considerado **CORRETO**, em prova realizada pela FGV Projetos, no XVII Exame de Ordem Unificado/OAB, em 2015: *"A pessoa jurídica X foi contemplada com isenção do IPTU do imóvel utilizado para suas atividades comerciais. A referida isenção foi concedida pelo prazo de 5 (cinco) anos e sob a condição de que o imóvel seja utilizado para a produção de artesanato regional. Com base no caso apresentado, sobre a referida isenção, defende-se que 'ela não poderá ser suprimida no prazo de 5 (cinco) anos, caso o contribuinte cumpra a condição de utilizar o imóvel para a produção de artesanato regional'"*.

Assim, isenção onerosa é aquela [temporal + condicional], indicando que o Estado se comprometeu a exonerar o contribuinte-beneficiário por um lapso temporal respectivo, arcando com o "custo do tempo", enquanto o contribuinte se predispôs a cumprir determinadas condições exigidas pelo Fisco desonerador, arcando com o "custo do benefício".

É curioso observar que o legislador constituinte já havia tratado do tema, em sede constitucional, no **§ 2º do art. 41 do ADCT**:

> **Art. 41.** Os Poderes Executivos da União, dos Estados, do Distrito Federal e dos Municípios reavaliarão todos os incentivos fiscais de natureza setorial ora em vigor, propondo aos Poderes Legislativos respectivos as medidas cabíveis. **(...)**
> **§ 2º** A revogação não prejudicará os direitos que já tiverem sido adquiridos, àquela data, em relação a incentivos concedidos sob condição e com prazo certo.

Frise-se que a parte final do art. 178, ora estudado, faz menção ao **art. 104, III, do CTN**, que associa o princípio da anterioridade tributária anual ao campo da extinção ou redução de isenções, ressalvados os benefícios mais favoráveis ao contribuinte. Note-o:

> **Art. 104.** Entram em vigor no primeiro dia do exercício seguinte àquele em que ocorra a sua publicação os dispositivos de lei, referentes a impostos sobre o patrimônio ou a renda: **(...)**
> **III** – que extinguem ou reduzem isenções, salvo se a lei dispuser de maneira mais favorável ao contribuinte, e observado o disposto no art. 178.

Sabe-se que tal preceptivo irradiou efeitos até a edição da EC n. 18/65, quando foi afastado, dando lugar à anterioridade da lei fiscal.

Para vários doutrinadores, esse comando se encontra revogado[12] ou, pelo menos, contempla incisos (**I e II**) "inapelavelmente derrogados"[13]. Com efeito, o mencionado dispositivo choca-se com o texto constitucional hodierno – a Carta Magna

12. *V.* PAULSEN, Leandro. *Direito tributário*, 9. ed., p. 856; *v.* MACHADO, Hugo de Brito. *Curso de direito tributário*, 29. ed., p. 95.

13. OLIVEIRA, José Jayme de Macêdo. *Código Tributário Nacional*, p. 254.

de 1988 –, uma vez que o princípio da anterioridade tributária, na esteira constitucional, diferentemente da dicção do art. 104 do CTN:

(1) não diz respeito apenas a impostos sobre o patrimônio e a renda, referindo-se a tributos em geral;

(2) não se atrela tão somente a "impostos", mas a tributos em geral, ressalvados os casos de exceção (art. 150, § 1º, CF);

(3) não se refere à "entrada em vigor" da lei, mas à sua eficácia.

Por outro lado, as Bancas Examinadoras têm considerado o art. 104 do CTN um **dispositivo aplicável**, a despeito das opiniões de inconstitucionalidade.

Note o item considerado **INCORRETO**, em prova realizada pela FEPESE, para o cargo de Defensor Público (DPE/SC), em 2012: *"Conforme determina o art. 104, a eventual revogação de uma norma concessiva de isenção permite a cobrança do tributo imediatamente, sem necessidade de se aguardar o exercício seguinte para fazê-lo"*.

Em termos práticos, adaptando o inciso III do art. 104 do CTN à ideia de anterioridade vigente, em uma tentativa de interpretá-lo de acordo com a dicção do Texto Constitucional, a lei que "extinguir uma isenção", ou mesmo aquela que "reduzir uma isenção", entrará em vigor no primeiro dia do exercício financeiro seguinte. O preceptivo traz importantes ressalvas:

a) na situação descrita no art. 178 do CTN, em que haverá um tipo privilegiado de isenção – aquela concedida por prazo certo e sob determinada condição. Nesse caso, haverá irrevogabilidade do benefício isencional;

b) na situação de a própria lei revogadora ou diminuidora da isenção estabelecer um início de vigência para data posterior ao dia 1º de janeiro do ano subsecutivo da publicação da norma. Nesse caso, a data de entrada em vigor não será aquela prevista no *caput* (primeiro dia do exercício financeiro seguinte), mas o dia estipulado na lei revogadora ou diminuidora da isenção.

2.2.1 A revogação da lei isentiva e o princípio da anterioridade tributária

Com relação ao tema da revogação de isenções e o *princípio da anterioridade tributária*, deve o estudioso prestar demasiada atenção. A isenção dita *onerosa* é irrevogável, rechaçando-se o debate da anterioridade tributária. Esta não tem cabida no bojo das isenções onerosas, uma vez que tais benesses refutam de plano o debate do protraimento ou não da incidência da lei revogadora. A questão é, em verdade, prévia: tal isenção não há de ser revogada.

Exsurge, dessarte, um *direito adquirido* ao beneficiário da regra da isenção onerosa. Observe a jurisprudência:

EMENTA: "(...) I – Isenção de tributos estaduais e municipais concedida pela União sob o pálio da Constituição pretérita, art. 19, § 2º. Isenção do ICM, hoje ICMS, em razão do Programa de Exportação (BEFIEX), com prazo certo de dez anos e mediante condições. *A sua revogação, em face da proibição de concessão, por parte da União, de isenção de tributos estaduais e municipais – CF, art. 151, III – há de observar a sistemática do art. 41, §§ 1º e 2º do ADCT.* Em princípio, ela somente ocorreria dois anos após a promulgação da CF/88, dado que não confirmada pelo Estado-membro. *Todavia, porque concedida por prazo certo e mediante condições, corre em favor do contribuinte o instituto do direito adquirido (CTN, art. 178; CF, art. 5º, XXXVI; ADCT, art. 41, § 2º; Súmula 544-STF).* Quer dizer, a revogação ocorrerá após o transcurso do prazo da isenção. II – RE não conhecido". **(RE 169.880/SP, 2ª T., rel. Min. Carlos Velloso, j. em 29-10-1996) (Grifos nossos)**

A esse propósito, editou-se a **Súmula n. 544 do STF**, segundo a qual "*isenção tributária concedida sob condição onerosa não pode ser livremente suprimida*".

> Note o item considerado **CORRETO**, em prova realizada pelo CEBRASPE, POLÍCIA FEDERAL, para o cargo de Delegado de Polícia Federal, em 2018: *"As isenções tributárias onerosas e concedidas por prazo certo geram direito adquirido à sua fruição pelo beneficiário, no prazo em que for estipulado, desde que ele cumpra as condições previstas na lei".*

> Note o item (adaptado) considerado **INCORRETO**, em prova realizada pelo TRF para o cargo de Juiz Federal Substituto (TRF/3ª Região), em 2016: *"Com relação à jurisprudência dominante do STF, as isenções tributárias, como favor fiscal que são, podem ser livremente suprimidas mesmo se concedidas sob condição onerosa".*

Por outro lado, as isenções não onerosas avocam tormentoso debate na doutrina e na jurisprudência, passando ao largo de um posicionamento uníssono. O **STF** tem entendido que, tirante o caso da isenção onerosa (submetida a lapso temporal e a certas condições), a revogabilidade dessas isenções não dotadas de onerosidade poderá ocorrer a qualquer tempo, sem a necessidade de respeitar o princípio da anterioridade tributária, devendo o tributo ser imediatamente exigível. A jurisprudência, de há muito, assim se posiciona:

– Em 1982:
EMENTA: ICM. ISENÇÃO NÃO ONEROSA. REVOGAÇÃO. IMEDIATA EFICÁCIA E EXIGIBILIDADE DO TRIBUTO. Inaplicação do princípio constitucional da anualidade. Recurso Extraordinário conhecido pelo permissivo constitucional da alínea "d", mas desprovido. **(RE 97.482/RS, 1ª T., rel. Min. Soares Muñoz, j. em 26-10-1982) – Em 1984: SÚMULA 615, STF** (*O princípio constitucional da anualidade não se aplica à revogação de isenção do ICM*)[14]

– Em 1996:
EMENTA: Revogada a isenção, o tributo volta a ser imediatamente exigível, sendo impertinente a invocação do Princípio da Anterioridade (CF/88, art. 150, III, "b"). Precedentes citados: RMS 13.947-SP; RMS 14.473-SP; RMS 14.174-SP; RE 57.567-SP; RE 97.482-RS. **(RE 204.062/ES, 2ª T., rel. Min. Carlos Velloso, j. em 27-09-1996)**

14. *V.* TORRES, Ricardo Lobo. *Curso de direito financeiro e tributário*, 12. ed., p. 310.

O saudoso professor Ricardo Lobo Torres[15] faz uma análise precisa sobre a questão da revogação das isenções e o princípio da anterioridade, à luz do art. 104, III, do CTN. Apreciemos:

> O Supremo Tribunal Federal disse (Súmula 615) que, se se tratasse de ICM, não ficava sujeita ao princípio da anterioridade. Não examinou o Supremo essa questão da concorrência e da eficiência de normas, tendo trabalhado apenas com o art. 104 do CTN. Ora, o art. 104 do CTN foi redigido na vigência da EC n. 18, de dicção autoritária, que restringia o princípio da anterioridade aos impostos sobre patrimônio e renda. Posteriormente, a Constituição de 1967/69 estendeu o princípio da anterioridade também aos impostos sobre a produção e a circulação. Logo, todos os impostos, inclusive o ICMS e com a ressalva apenas daqueles excepcionados pela própria Constituição, estão sujeitos ao princípio da anterioridade, transferindo-se a eficácia da norma que revoga a isenção para o dia 1º de janeiro do ano seguinte. Mas a isenção concedida a prazo certo e sob determinadas condições é irrevogável, pois se integra ao estatuto do contribuinte.

Vale dizer que tal raciocínio estende-se às isenções não condicionadas ou àquelas sem prazo definido, e não a quaisquer isenções, uma vez que subsistem as ditas "irrevogáveis", ou seja, as onerosas.

A explicação está no fato de que o **STF** dissocia o contexto da *revogação de isenção* do cenário da *instituição* ou *majoração de tributo*, ensejador da regra da anterioridade tributária, situando-a, conforme já se disse, no campo da incidência tributária.

Em sentido contrário, para Hugo de Brito Machado[16] e Kiyoshi Harada[17], a revogação de uma lei que concede isenção equivale à criação de tributo, razão pela qual deve ser observado o princípio da anterioridade da lei, assegurado pelo art. 150, III, "b" *e* "c", da Constituição Federal.

Para fins de aplicação da matéria em concursos públicos, recomendamos a posição iterativamente adotada pela Corte Suprema.

2.3 A isenção e o princípio da legalidade tributária

Conforme se estudou na parte introdutória deste capítulo, a **lei** concessiva da isenção deve ser editada pela pessoa política que detém a competência tributária para instituir o tributo. Com efeito, a isenção há de ser veiculada por lei editada pela *pessoa política competente* para tributar.

> Note o item considerado **CORRETO**, em prova realizada pela Vunesp, para o cargo de Titular de Serviços de Notas e de Registros (TJ/SP), em 2014: *"Isenção é prevista em lei, já a imunidade é constitucionalmente estipulada"*.

15. TORRES, Ricardo Lobo. *Curso de direito financeiro e tributário*, 12. ed., pp. 315-316.
16. *V.* MACHADO, Hugo de Brito. *Curso de direito tributário*, 29. ed., p. 232.
17. *V.* HARADA, Kiyoshi. *Direito financeiro e tributário*, 7. ed., p. 389.

> Note o item considerado **INCORRETO**, em prova realizada pela FCC, para o cargo de Defensor Público (DPE/SP), em 2013: *"[A isenção] é uma espécie de incentivo fiscal e pode ser concedida por decreto presidencial"*.

> Note o item considerado **INCORRETO**, em prova realizada pela Vunesp, para o cargo de Juiz (TJ/SP), em 2013: *"A respeito das isenções de ICMS, é correto afirmar que podem ser objeto de Decreto"*.

Ademais, a lei que concede uma isenção deve ser específica, conforme o art. 150, § 6º, da CF. Logo, não se admite lei isentante geral, devendo a norma ou tratar apenas de isenção, ou versar sobre um imposto de maneira específica.

A propósito, o **STF** julgou inconstitucional a Lei n. 6.489/2002 (art. 25), a qual autorizou o Governador do Pará a conceder, por regulamento, remissão, anistia e outros benefícios fiscais. Com efeito, reputaram-se afrontados os princípios da *separação de Poderes e da reserva absoluta de lei em sentido formal* em matéria tributária (art. 150, § 6º, CF). Observe a esclarecedora ementa:

> **EMENTA:** (...) 1. A adoção do processo legislativo decorrente do art. 150, § 6º, da CF, tende a coibir o uso desses institutos de desoneração tributária como moeda de barganha para a obtenção de vantagem pessoal pela autoridade pública, pois a fixação, pelo mesmo Poder instituidor do tributo, de requisitos objetivos para a concessão do benefício tende a mitigar arbítrio do Chefe do Poder Executivo, garantindo que qualquer pessoa física ou jurídica enquadrada nas hipóteses legalmente previstas usufrua da benesse tributária, homenageando-se aos princípios constitucionais da impessoalidade, da legalidade e da moralidade administrativas (art. 37, *caput*, CF). 2. A autorização para a concessão de remissão e anistia, a ser feita "na forma prevista em regulamento" (art. 25 da Lei n. 6.489/2002), configura delegação ao Chefe do Poder Executivo em tema inafastável do Poder Legislativo. 3. Ação julgada procedente. **(ADI n. 3.462, rel. Min. Cármen Lúcia, Pleno, j. em 15-09-2010)** [**Observação:** a corroborar, em **13 de junho de 2018, o Plenário do STF** (**ADI n. 3.246-ED/PA, rel. Min. Alexandre de Moraes**), por maioria e em conclusão de julgamento, rejeitou os embargos de declaração opostos com vistas à modulação dos efeitos da retrocitada decisão proferida pelo mesmo STF, em 2010, que julgara procedente o pedido formulado na ação direta de inconstitucionalidade, por ofensa ao art. 155, § 2º, XII, "g", da Constituição Federal]

Exemplo: lei geral que verse sobre regime jurídico dos servidores públicos e, em um de seus artigos, trate de isenção de IPI, não é hábil a veicular tal favor legal (a mesma regra vale para a anistia, a ser estudada adiante).

Por fim, destaque-se que a lei que deve isentar, como regra, é a ordinária. Impende mencionar que pode haver situações de isenção previstas em *lei complementar*, como nos casos de tributos cuja instituição adstringe-se a tal norma.

Com efeito, se há tributos criados por lei complementar, serão isentos por idêntica **lei complementar**. É o que deve ocorrer com o imposto sobre grandes fortunas (após o exercício de sua competência tributária, é claro), com os empréstimos compulsórios, com as residuais contribuições social-previdenciárias e, por fim, com os impostos residuais.

Não se perca de vista que as isenções de ICMS fogem, em princípio, à regra da legalidade anteriormente celebrada, conforme dicção do art. 155, § 2º, XII, "g" c/c o art. 150, § 6º, parte final, ambos da Carta Magna, na medida em que os Estados e o Distrito Federal, pretendendo conceder isenções afetas a esse imposto, **deverão, previamente, firmar convênios entre si**, celebrados no âmbito do Conselho Nacional de Política Fazendária – CONFAZ –, órgão com representantes de cada Estado e do Distrito Federal, indicados pelo respectivo Chefe do Executivo. Portanto, a isenção de ICMS deve pressupor a realização de um convênio entre os Estados, e não propriamente a atuação do legislador ordinário estadual.

> Note o item considerado **CORRETO**, em prova realizada pelo MPE/MA, para o cargo de Promotor de Justiça/MA, em 2014: *"A isenção decorre de disposição expressa de uma lei específica, editada, obrigatoriamente, pela pessoa política que tem competência tributária em relação ao respectivo tributo, ressalvada a possibilidade de ser prevista por convênios entre os Estados e o Distrito Federal, em relação ao ICMS".*

Conforme se notou nas considerações iniciais deste capítulo, é cediço que **o poder de isentar é correlato ao poder de criar tributos**, devendo haver uma simetria no plano da competência tributária, na esteira do binômio "instituir-isentar". Assim, a União, por exemplo, pode instituir os tributos federais e isentá-los, no plano da correlação lógica que se estabelece entre a competência privativa para instituir esses gravames e idêntica competência para proceder legalmente à sua desoneração por meio da norma isencional.

> Note o item considerado **CORRETO**, em prova realizada pelo IBFC, Câmara de Feira de Santana-BA, para o cargo de Procurador Jurídico Adjunto, em 2018: *"A isenção é um favor legal, fruto do exercício da competência tributária por parte da entidade tributante".*

Confirmando a ideia de simetria no plano da competência tributária, o **art. 151, III, da Constituição Federal** proíbe que a União conceda isenções de tributos que estejam fora de sua competência tributária. São as chamadas *isenções heterônomas* ou *heterotópicas*.

> Note o item considerado **CORRETO**, em prova realizada pela FAURGS, para o cargo de Juiz de Direito Substituto do Estado do Rio Grande do Sul, em 2016: *"A União não pode instituir isenção heterônoma".*

> Note o item considerado **CORRETO**, em prova realizada pelo MPE/RS, para o cargo de Promotor de Justiça do Estado do Rio Grande do Sul, em 2017: *"É vedado à União instituir isenções de tributos de competência dos Estados, do Distrito Federal e dos Municípios".*

Note o item considerado **INCORRETO**, em prova realizada pela FCC, SABESP, para o cargo de Advogado, em 2018: *"Com relação às limitações ao poder de tributar,* é lícito à União instituir isenções de tributos da competência dos Estados, do Distrito Federal ou dos Municípios".

Observação: item semelhante foi considerado **INCORRETO**, em provas realizadas pelas seguintes Instituições: **(I)** FAUEL, para o cargo de Advogado da Prefeitura de Cambira/PR, em 2016; **(II)** CAIP-USCS, para o cargo de Advogado da Câmara Municipal de Atibaia/SP, em 2016.

De fato, "a União não pode invadir a competência dos demais entes políticos; para fazê-lo, necessitaria de expressa autorização constitucional. Os Estados, embora não estejam expressamente proibidos de dar isenção de tributos municipais, nem por isso podem fazê-lo"[18].

No entanto, é imperioso destacar que o próprio texto constitucional excepciona essa regra. Um bom exemplo de heteronomia nas isenções pode ser citado com a autorização constitucional que permite, mediante lei complementar federal, a concessão de isenções do ISS nas exportações de serviços para o exterior, conforme previsto no art. 156, § 3º, II, da Constituição Federal.

Durante um bom tempo, utilizou-se como exemplo, a par do ISS, as exportações de mercadorias para o exterior, isentas por lei complementar federal, conforme o **art. 155, § 2º, X, "a", da Constituição Federal**. Ocorre que, a partir da EC n. 42/2003, tais desonerações passaram a ser mais generalizantes, o que lhes avocou, com precisão técnica, mais o timbre de *imunidade tributária*, e menos o rótulo de "isenção" – ou, ainda, exemplo de "isenção heterônoma". Tal constatação esvazia o conteúdo do art. 155, § 2º, XII, "e", da Carta Magna, que dispõe depender de lei complementar a exclusão "da incidência do imposto, nas exportações para o exterior, serviços e outros produtos além dos mencionados no inciso X, 'a'". Observe o dispositivo, atualizado pela EC n. 42/2003:

Art. 155. (...)

§ 2º O imposto previsto no inciso II atenderá ao seguinte: (...)

X – não incidirá:

a) sobre operações que destinem mercadorias para o exterior, nem sobre serviços prestados a destinatários no exterior, assegurada a manutenção e o aproveitamento do montante do imposto cobrado nas operações e prestações anteriores; (...)

Quanto aos **tratados e convenções internacionais** (exceção não prevista de maneira expressa na CF), trata-se de uma ressalva ao *princípio da vedação das isenções*

18. AMARO, Luciano. *Direito tributário brasileiro*, 14. ed., p. 138.

heterônomas, tida como tal pela doutrina e jurisprudência do STF. Refere-se à possibilidade de concessão de isenção de tributos estaduais e municipais pela via do tratado internacional. Como é cediço, a União, ao celebrar o tratado, não se mostra como pessoa política de Direito Público Interno, mas como pessoa política internacional, ou sujeito de direito na ordem internacional, passando ao largo da restrição constitucional. Em tempo, o Presidente da República firma tais acordos à frente dos interesses soberanos da nação, e não na defesa de seus restritos propósitos como entidade federada. Daí se assegurar que a concessão da isenção na via do tratado não se sujeita à vedação da concessão de isenção heterônoma. Como exemplo, cite-se o caso descrito em ilustrativa **assertiva** de prova de concurso:

> **Os governos do Brasil e do Canadá celebram um tratado que, entre outras disposições, prevê a ISENÇÃO DE ICMS em relação a determinadas mercadorias importadas que sejam pertencentes ao mesmo gênero de produtos nacionais, quando estes também possuírem isenção do imposto. Nessa condição, o tratado respeita a competência legislativa dos Estados, pois a União representa os interesses dos entes federativos ao se apresentar na ordem externa.**

A assertiva, considerada **CORRETA**, foi solicitada em prova realizada pela CESGRANRIO, para o cargo de Advogado Júnior da TRANSPETRO, em 2018.

Por fim, frise-se que, em **2007**, o **STF** ratificou que *"o Presidente da República não subscreve tratados como Chefe de Governo, mas como Chefe de Estado, o que descaracteriza a existência de uma isenção heterônoma, vedada pelo art. 151, inc. III, da Constituição"* **(RE 229.096/RS, Pleno, rel. Min. Ilmar Galvão, rel. p/ o acórdão Min. Cármen Lúcia, j. em 16-08-2007)**.

Note o item considerado **CORRETO**, em prova realizada pela Vunesp, para o cargo de Juiz de Direito Substituto do Estado de São Paulo (TJ/SP – 186º Concurso), em 2015: *"Na hipótese da União, mediante tratado internacional, abrir mão de tributos de competência de Estados e Municípios, nos termos do decidido pelo STF (RE 229.096), é correto afirmar que 'se insere a medida na competência privativa do Presidente da República, sujeita a referendo do Congresso Nacional, com prevalência dos tratados em relação à legislação tributária interna'"*.

Dando seguimento ao estudo da legalidade nas isenções, o ***caput* do art. 176 do CTN**, por sua vez, reafirma que a regra da isenção sempre decorre de *lei*, que especifique as condições e requisitos exigidos para a sua concessão, os tributos a que se aplica e, sendo caso, o prazo de sua duração, ainda quando prevista em *contrato*. Observe o dispositivo:

> **Art. 176.** A isenção, ainda quando prevista em contrato, é sempre decorrente de lei que especifique as condições e requisitos exigidos para a sua concessão, os tributos a que se aplica e, sendo caso, o prazo de sua duração. (...)

De acordo com o **parágrafo único do art. 176 do CTN**, é possível afirmar que **a isenção pode abranger parte do território** da entidade tributante, levando-se em consideração as particularidades locais. Trata-se da chamada "isenção geográfica", assim denominada por Ruy Barbosa Nogueira[19]. Observe o dispositivo:

> Note o item considerado **CORRETO**, em prova realizada pelo TRF/4ª Região, para o cargo de Juiz Federal Substituto – XVII Concurso, em 2016: *"A isenção pode ser restrita à determinada região do território do ente tributante, em função de condições a ela peculiares"*.
>
> **Observação:** item semelhante foi considerado **CORRETO**, em prova realizada pela MS-Concursos, para o cargo de Advogado do CRECI/RJ, em 2016.

> Note o item considerado **INCORRETO**, em prova realizada pela Vunesp, para o cargo de Juiz de Direito Substituto do TJ/RJ (XLVII Concurso), em 2016: *"Isenção, que é sempre decorrente de lei, não pode ser restrita a determinada região do território da entidade tributante, em função de condições a ela peculiares, por ofensa ao princípio da isonomia"*.

Art. 176. (...)

Parágrafo único. A isenção pode ser restrita a determinada região do território da entidade tributante, em função de condições a ela peculiares.

No entanto, deve-se observar o princípio da **uniformidade geográfica previsto no art. 151, I, da Carta Magna**, que proíbe à União "instituir tributo que não seja uniforme em todo o território nacional ou que implique distinção ou preferência em relação a Estado, ao Distrito Federal ou a Município, em detrimento de outro, admitida a concessão de incentivos fiscais destinados a promover o equilíbrio do desenvolvimento socioeconômico entre as diferentes regiões do País". Observe que a isenção ou incentivo fiscal para certa região só podem estar justificados na exceção constante do dispositivo constitucional citado, exsurgindo no bojo da necessidade de equilíbrio do desenvolvimento socioeconômico entre as diferentes regiões do País.

> Note o item considerado **CORRETO**, em prova realizada pela FGV Projetos, para o cargo de Auditor Fiscal Tributário da Receita Municipal de Cuiabá/MT, em 2016: *"A União Federal estabeleceu, por meio de lei ordinária, alíquotas progressivas aplicáveis ao IRPF. Segundo a referida lei ordinária, sobre a renda dos contribuintes localizados nos Estados da região Sudeste, incidiria a alíquota máxima de 10% (dez por cento) e, sobre a renda dos contribuintes localizados no restante do país, incidiria a alíquota máxima de 20% (vinte por cento). Na hipótese, o princípio constitucional violado é o da Uniformidade geográfica da tributação, visto que a legislação fixaria alíquotas diversas no território nacional"*.

Para o preclaro tributarista Ruy Barbosa Nogueira[20], "a isenção permitida pelo parágrafo único do art. 176 do CTN é exatamente para compensar desigualdades em

19. NOGUEIRA, Ruy Barbosa. *Curso de direito tributário*, 14. ed., p. 170.
20. *Ibidem*, pp. 170-171.

função de condições peculiares", não podendo se chocar com as limitações previstas nos arts. 151, I e 152 da Constituição Federal, quais sejam, a uniformidade geográfica da tributação federal e a proibição de barreiras alfandegárias dentro do País.

É mister destacar que o *caput* do art. 179 do CTN, conquanto não mencione expressamente a *isenção individual*, deixa implícita em seu texto essa forma de concessão, ou melhor, de reconhecimento do benefício por despacho da autoridade administrativa, em requerimento do interessado com a prova de preenchimento das condições previstas em lei ou contrato para concessão. Observe-o:

> **Art. 179.** A isenção, quando não concedida em caráter geral, é efetivada, em cada caso, *por despacho da autoridade administrativa, em requerimento com o qual o interessado faça prova do preenchimento das condições e do cumprimento dos requisitos* previstos em *lei* ou contrato para concessão. (...)

A reprodução literal do dispositivo constou de assertiva, considerada **CORRETA**, em prova realizada pela MSConcursos, para o cargo de Advogado do CRECI/RJ, em 2016.

Trata-se de uma isenção que se contrapõe àquela concedida em caráter geral, quando diretamente concedida por lei, independentemente de despacho administrativo, a que o preceptivo se refere. Frise-se, em tempo, que o despacho individual que reconhece o direito à isenção possui natureza meramente *declaratória*, uma vez que a concessão do benefício é matéria sob expressa reserva de lei específica, conforme o art. 150, § 6º, CF.

Prosseguindo-se na análise do **art. 179 do CTN**, o **seu** § 1º dispõe sobre certa sistemática, a ser adotada nos casos de tributo lançado por período certo de tempo, por exemplo, o IPTU, o IPVA e o ITR. Observe o preceptivo:

> **Art. 179. (...)**
>
> **§ 1º** Tratando-se de tributo lançado por período certo de tempo, o despacho referido neste artigo será renovado antes da expiração de cada período, cessando automaticamente os seus efeitos a partir do primeiro dia do período para o qual o interessado deixar de promover a continuidade do reconhecimento da isenção.

No plano prático, caso o contribuinte seja isento de IPVA, com reconhecimento de isenção concedida em caráter individual, deve fazer prova anual da manutenção das condições necessárias à fruição da benesse legal, sob pena de ver cessados os efeitos protetores da norma no primeiro dia do período no qual o interessado deixar de proceder à comprovação solicitada. É fato que o intuito da medida é salutar, buscando-se coibir as fraudes que tanto grassam no campo das isenções de tributos. Todavia, o expediente generaliza culpas, presumindo-as indiscriminadamente, o que cria embaraços constantes àqueles que cumprem adequadamente seus deveres, "pagando" pelos que deixam de os cumprir.

Por fim, insta relembrar que, segundo o **art. 179, § 2º** c/c art. 155, ambos do CTN, a isenção, quando concedida em caráter individual, não gera direito adquirido, podendo ser "revogada" (ou, com maior rigor, anulada) nos casos de fruição do benefício sem a satisfação das condições. Observe o dispositivo:

Art. 179. (...)

§ 2º O despacho referido neste artigo não gera direito adquirido, aplicando-se, quando cabível, o disposto no art. 155.

Será possível exigir, em face do ato revogatório, o tributo e os juros de mora. A estes acrescer-se-á a multa, caso o beneficiário, ou terceiro em benefício dele, tenha obtido o favor legal com dolo ou simulação, fazendo com que não se compute, para efeitos de prescrição, o tempo decorrido entre a concessão da isenção e a sua revogação. As disposições do art. 155, aliás, aplicam-se, igualmente, aos institutos da moratória (arts. 152 a 155, CTN), da anistia (art. 182, parágrafo único, CTN) e da remissão (art. 172, parágrafo único, CTN).

Um detalhe curioso se nota no art. 179, § 2º do CTN, que determina a aplicação do disposto no art. 155, "quando cabível", à isenção individual.

Entendemos que o elemento restritivo se justifica no tocante aos efeitos da prescrição na norma revogatória de isenção – ou, mesmo, de anistia. Como se sabe, nos casos de revogação do benefício, *v.g.*, da moratória, tendo havido a obtenção do favor legal por meio de comportamento doloso, o prazo de prescrição não correrá entre a data de concessão do benefício e sua revogação. Ora, tal situação não se mostra possível no plano da isenção, uma vez que se trata de causa excludente do crédito tributário, ou seja, inibitória do próprio lançamento. Se não há crédito tributário devidamente constituído, pela força obstativa da lei isencional, não há que se falar em perda do direito de ajuizamento de uma ação de cobrança, no bojo da prescrição. O quinquênio prescricional presume a formalização do lançamento em momento que lhe é precedente, para que possa fluir a partir de seu termo *a quo*, ou seja, da constituição definitiva do crédito tributário, consoante o art. 174 do CTN.

2.4 A isenção e os tributos bilaterais

A isenção, em regra, atingirá os tributos unilaterais, ou seja, aqueles não vinculados à atividade estatal, no caso, os impostos. Como é cediço, as **taxas** e as contribuições de melhoria são tributos contraprestacionais (retributivos ou vinculados), não adaptáveis, em princípio, ao benefício isencional.

Note o item considerado **CORRETO**, em prova realizada pela FUMARC, COPASA, para o cargo de Analista de Saneamento, em 2018: *"Sobre o regime de instituição e cobrança de taxa, é correto afirmar que o referido tributo é vinculado"*.

Além disso, a isenção não atingirá os tributos cuja competência tributária não tenha sido exercida (são as chamadas *isenções em branco*). É o que disciplina o **art. 177 do CTN.**

Observe o dispositivo:

Art. 177. Salvo disposição de lei em contrário, a isenção não é extensiva:
I – às taxas e às contribuições de melhoria;

> Note o item considerado **INCORRETO**, em prova realizada pelo IPAD, para o cargo de Procurador do Estado (PGE/PE), em 2013: *"Regra geral, a isenção é extensiva às taxas e às contribuições de melhoria".*

II – aos tributos instituídos posteriormente à sua concessão.

Entretanto, ocorre que a presença da cláusula "salvo disposição de lei em contrário", prevista no artigo citado, torna possível a extensão da isenção às taxas e contribuições de melhoria. No entanto, o mesmo não se pode afirmar quanto aos tributos instituídos posteriormente, uma vez que a exigência de especificidade da lei instituidora do benefício (art. 150, § 6º, CF) inviabiliza a concessão de isenção para tributos a serem criados. Nas provas objetivas de concursos públicos, todavia, deve-se sustentar que há possibilidade de disposição expressa de lei conceder isenção de tributo ainda não criado, respeitando a literalidade do art. 177 do CTN.

3 ESTUDO DA ANISTIA

A anistia se infere no campo das infrações, ofertando-lhes o perdão por meio dos efeitos de sua lei de incidência.

Como bem apresenta Luciano Amaro[21], "a infração enseja a aplicação de remédios legais, que ora buscam repor a situação querida pelo direito (mediante execução coercitiva da obrigação descumprida), ora reparar o dano causado ao direito alheio, por meio de prestação indenizatória, ora punir o comportamento ilícito, infligindo-se um castigo ao infrator. (...) A sanção pode (e deve) ser mais ou menos severa. Aliás, é de suma importância que a pena seja adequada à infração, por elementar desdobramento do conceito de justiça".

Com efeito, a multa cumpre desiderato particular: ao mesmo tempo que, no *plano preventivo "geral"*, visa inibir possíveis infratores, tentando dissuadi-los do propósito de inadimplir a obrigação, busca-se, na *seara preventiva "especial"*, trazer o castigo ao que desrespeita as normas, tentando incutir-lhe o desinteresse pela reincidência da infração. A par disso, não se pode perder de vista que a multa tem, ainda,

21. AMARO, Luciano. *Direito tributário brasileiro*, 14. ed., pp. 432-433.

uma *função educativa*, tendente à formação de uma cultura de moralidade fiscal, que venha inibir o intuito fraudador da lei tributária[22].

A anistia é uma causa de **exclusão do crédito tributário**, consistente no perdão legal das **penalidades pecuniárias** antes da ocorrência do lançamento da multa. Com efeito, a "anistia é o perdão de infrações, do que decorre a inaplicabilidade da sanção"[23].

> Note o item (adaptado) considerado **CORRETO**, em prova realizada pela FCC, para o cargo de Auditor Conselheiro Substituto (TCM/GO), em 2015: *"De acordo com o CTN, quanto ao crédito tributário, são causas de 'extinção', de 'suspensão de exigibilidade' e de 'exclusão', respectivamente, nessa ordem, (I) a decisão administrativa irreformável, assim entendida a definitiva na órbita administrativa, que não mais possa ser objeto de ação anulatória; (II) o depósito do seu montante integral; e (III) a anistia".*

Nesse contexto, subordina-se ao *princípio da reserva legal* (art. 97, VI, do CTN), à semelhança da isenção.

Para Paulo de Barros Carvalho[24], a "anistia fiscal é o perdão da falta cometida pelo infrator de deveres tributários e também quer dizer o perdão da penalidade a ele imposta por ter infringido mandamento legal. Tem, como se vê, duas acepções: a de perdão pelo ilícito e a de perdão da multa".

Vale dizer que a anistia visa ao perdão da falta, da infração, impedindo que surja o crédito tributário correspondente à multa exigível pelo descumprimento do dever obrigacional tributário[25]. Essa é a sua consequência. Como bem assevera Luciano Amaro[26], "a anistia não elimina a antijuricidade do ato; ele continua correspondendo a uma conduta contrária à lei; o que se dá é que a anistia altera a consequência jurídica do ato ilegal praticado, ao afastar, com o perdão, o castigo cominado pela lei".

Conforme dispõe o ***caput* do art. 180 do CTN**, a anistia, consistindo-se no perdão da falta cometida pelo contribuinte, bem como das penalidades desse fato decorrentes, abrange exclusivamente as infrações cometidas antes da vigência da lei que a concedeu, o que a torna de efeito retrospectivo, diferentemente da isenção, cuja lei deve conter vigência prospectiva. Observe o dispositivo:

> **Art. 180.** A anistia abrange exclusivamente as infrações cometidas **anteriormente** à vigência da lei que a concede (...).

> Note o item (adaptado) considerado **INCORRETO**, em prova realizada pela VUNESP, Câmara de Indaiatuba-SP, para o cargo de Controlador Interno, em 2018: *"A anistia abrange as infrações cometidas posteriormente à vigência da lei que a concede".*

22. AMARO, Luciano. *Direito tributário brasileiro,* 14. ed., p. 439.
23. *Ibidem*, p. 455.
24. CARVALHO, Paulo de Barros. *Curso de direito tributário,* 16. ed., pp. 496-497.
25. *V.* MACHADO, Hugo de Brito. *Curso de direito tributário,* 29. ed., pp. 235-236.
26. AMARO, Luciano. *Direito tributário brasileiro,* 14. ed., p. 455.

Com a precisão que lhe é peculiar, Luciano Amaro[27] adverte que "(...) só se anistiam 'alguns' dos fatos passados, quais sejam, aqueles que ainda não foram punidos. Quem tenha praticado a infração e já tenha sofrido a sanção legalmente cominada não é perdoado; aquele que, com maior sorte, ainda não tiver sido apanhado pelo Fisco é beneficiado".

Existem dois momentos temporais que delineiam a possibilidade de concessão do benefício anistiador. É que a anistia somente pode ser concedida *após o cometimento da infração* e *antes do lançamento da penalidade pecuniária*, uma vez que, se o crédito já estiver constituído, a dispensa somente poderá ser realizada pela via da remissão, configurando hipótese de extinção do crédito tributário, prevista no art. 156, IV, do CTN.

Conforme o art. 181 do CTN, a anistia pode ser *geral* ou ***limitada***, sendo, neste último caso, concernente:

> Note o item considerado **CORRETO**, em prova realizada pela FGV, para o cargo de Procurador (ALERJ), em 2017: *"A anistia pode ser concedida limitadamente"*.

a) às infrações relativas a determinado tributo;

> Note o item considerado **INCORRETO**, em prova realizada pela COMPASS, para o cargo de Auditor fiscal de Tributos Municipais da Prefeitura Municipal de Carpina/PE, em 2016: *"De acordo com o CTN, a anistia será concedida em caráter geral, quando se referir às infrações da legislação relativas a determinado tributo"*.

b) às infrações punidas com penalidades pecuniárias até determinado montante, conjugadas ou não com penalidades de outra natureza;

> Note o item considerado **CORRETO**, em prova realizada pela CAIP-USCS, para o cargo de Advogado da CRAISA (Cia. de Abastecimento de Santo André/SP), em 2016: *"A anistia pode ser concedida limitadamente às infrações punidas com penalidades pecuniárias até determinado montante, conjugadas ou não com penalidades de outra natureza"*.
>
> **Observação:** item idêntico foi considerado **CORRETO**, em provas realizadas pelas seguintes instituições: **(I)** Quadrix, para o cargo de Advogado – CRF/RS, em 2013; **(II)** Consulplan, para o cargo de Titular de Serviços de Notas e de Registros (TJ/MG), em 2017.

c) à determinada região do território da entidade tributante, em função de condições peculiares;

> Note o item considerado **CORRETO**, em prova realizada pela VUNESP, Câmara de Indaiatuba-SP, para o cargo de Controlador Interno, em 2018: *"A anistia pode ser concedida limitadamente a determinada região do território da entidade tributante, em função de condições a ela peculiares"*.

d) sob condição do pagamento de tributo no prazo fixado pela lei concessiva do favor ou pela autoridade administrativa.

27. AMARO, Luciano. *Direito tributário brasileiro*, 14. ed., p. 458.

> Note o item considerado **CORRETO**, em prova realizada pela CAIP-USCS, para o cargo de Advogado da CRAISA (Cia. de Abastecimento de Santo André/SP), em 2016: *"A anistia pode ser concedida limitadamente sob condição do pagamento de tributo no prazo fixado pela lei que a conceder ou cuja fixação seja atribuída pela mesma lei à autoridade administrativa"*.

Frise-se que as características acima reproduzidas atêm-se, com exclusivismo, às anistias concedidas de modo limitado. *A contrario sensu*, às **anistias gerais** podem ser atreladas as seguintes regras:

a) aplicáveis às infrações da legislação relativas a mais de um tributo da pessoa política (ou a todos os tributos da pessoa política);

b) aplicáveis às infrações punidas com penalidades pecuniárias de qualquer valor pecuniário;

c) incidentes sobre todo o território da entidade tributante;

d) não condicionadas a pagamento de tributos.

É imperioso enaltecer que a exclusão do crédito tributário, quer quanto à anistia, quer quanto à isenção, não dispensa o cumprimento das obrigações tributárias acessórias, dependentes da obrigação principal cujo crédito seja excluído. Portanto, o sujeito passivo anistiado continua obrigado a cumprir as prestações positivas ou negativas não correspondentes ao pagamento de tributo (art. 113, § 2º, CTN), além de continuar obrigado a arcar com o valor principal do crédito exigido. Afinal, a dispensa é para multas, não alcançando a exação tributária (art. 175, parágrafo único, CTN).

Acresça-se, ainda, que a anistia não alcança os atos qualificados como crime, contravenção, dolo, fraude ou simulação e, salvo disposição em contrário, aqueles praticados em conluio, conforme dispõe o **art. 180, I e II, do CTN**:

Art. 180. A anistia (...), não se aplicando:

> Note o item considerado **CORRETO**, em prova realizada pela CAIP-USCS, para o cargo de Advogado da CRAISA (Cia. de Abastecimento de Santo André/SP), em 2016: *"A anistia abrange exclusivamente as infrações cometidas anteriormente à vigência da lei que a concede, não se aplicando aos atos qualificados em lei como crimes ou contravenções e aos que, mesmo sem essa qualificação, sejam praticados com dolo, fraude ou simulação pelo sujeito passivo ou por terceiro em benefício daquele"*.

I – aos atos qualificados em lei como crimes ou contravenções e aos que, mesmo sem essa qualificação, sejam praticados com dolo, fraude ou simulação pelo sujeito passivo ou por terceiro em benefício daquele;

> Note o item considerado **INCORRETO**, em prova realizada pela Consulplan, para o cargo de Titular de Serviços de Notas e de Registros (TJ/MG), em 2017: *"A anistia abrange exclusivamente as infrações cometidas anteriormente à vigência da lei que a concede, aplicando-se aos atos qualificados em lei como contravenções"*.

II – salvo disposição em contrário, às infrações resultantes de conluio entre duas ou mais pessoas naturais ou jurídicas.

Nos casos apresentados, "descaberia a aplicação da lei que declarasse anistiada a infração"[28].

Observa-se, no inciso II do art. 180, a cláusula "salvo disposição em contrário", nos casos de infrações resultantes de conluio entre pessoas naturais ou jurídicas.

Do ponto de vista da lógica, o texto legal indica que "a anistia não se aplica ao conluio, salvo disposição em contrário". Assim, havendo norma autorizativa, poderá ocorrer a anistia para o conluio; caso contrário, não. Entretanto, não se pode considerar válido o raciocínio oposto: um texto de prova que, por exemplo, apresente a seguinte ideia: "a anistia se aplica ao conluio, salvo disposição em contrário". Nesse caso, fazendo a interpretação, havendo uma norma proibitiva, a anistia não será aplicada ao conluio; caso contrário, sim. Ora, não é isso que o legislador desejou. Com base nisso, considerou-se **incorreta** a ilustrativa **assertiva** de prova de concurso. Observe-a:

Salvo disposição em contrário, a anistia aplica-se inclusive às infrações resultantes de conluio entre duas ou mais pessoas naturais ou jurídicas.

A assertiva foi considerada **INCORRETA**, em prova realizada pela VUNESP, Câmara de Indaiatuba-SP, para o cargo de Controlador Interno, em 2018.

É sabido que o conluio – "o concerto voluntário entre mais de uma pessoa para a prática do ilícito"[29] – pressupõe o dolo. Nessa medida, não se torna aceitável o entendimento, com espeque na cláusula mencionada, segundo o qual, havendo disposição legal permissiva, será possível estender a anistia a infrações resultantes de conluio entre pessoas. Se há proibição de anistia para as infrações dolosas, consoante o inciso I do art. 180, torna-se paradoxal a aceitação, ainda que em grau de ressalva, da anistia para o conluio.

Por derradeiro, repise-se a ideia de que o despacho concessivo do favor em comento não gera direito adquirido (art. 182, parágrafo único, CTN), conforme já se explicou alhures neste Capítulo.

Observe o dispositivo legal:

Art. 182. A anistia, quando não concedida em **caráter geral**, é efetivada, em cada caso, por despacho da autoridade administrativa, em requerimento com a qual o interessado faça prova do preenchimento das condições e do cumprimento dos requisitos previstos em lei para sua concessão.

Parágrafo único. O despacho referido neste artigo não gera direito adquirido, aplicando-se, quando cabível, o disposto no artigo 155.

Note o item considerado **INCORRETO**, em prova realizada pela CAIP-USCS, para o cargo de Advogado da CRAISA (Cia. de Abastecimento de Santo André/SP), em 2016: *"A anistia não pode ser concedida em caráter geral"*.

28. AMARO, Luciano. *Direito tributário brasileiro*, 14. ed., p. 458.
29. *Idem*.

Observe que a efetivação da anistia limitada será feita por meio de despacho da autoridade administrativa, em requerimento com a qual o interessado faça prova do preenchimento das condições e do cumprimento dos requisitos previstos em lei para sua concessão. **Tal despacho não é garantidor de direito adquirido**, avocando-se o teor do art. 155 do CTN. Vale dizer que será possível exigir, em face do ato revogatório, o tributo e os juros de mora. A estes acrescer-se-á a multa, caso o beneficiário, ou terceiro em benefício dele, tenha obtido o favor legal com dolo ou simulação, fazendo com que não se compute, para efeitos de prescrição, o tempo decorrido entre a concessão da anistia e a sua revogação. As disposições do art. 155, aliás, aplicam-se, igualmente, aos institutos da moratória (arts. 152 a 155, CTN), da remissão (art. 172, parágrafo único, CTN), e, conforme se detalhou neste capítulo, ao da isenção (art. 179, § 2º, CTN).

> Note o item (adaptado) considerado **INCORRETO**, em prova realizada pela VUNESP, Câmara de Indaiatuba-SP, para o cargo de Controlador Interno, em 2018: "*Quando concedida a anistia em caráter geral, é efetivada, em cada caso, por despacho da autoridade administrativa*".

> Note o item considerado **CORRETO**, em prova realizada pela FGV, para o XXIII Exame de Ordem Unificado, em 2017: "*Estado 'E' publicou a Lei n. 123, instituindo anistia relativa às infrações cometidas em determinada região de seu território, em função de condições a ela peculiares. Diante desse fato, o contribuinte 'C' apresentou requerimento para a concessão da anistia, comprovando o preenchimento das condições e o cumprimento dos requisitos previstos em lei. Efetivada a anistia por despacho da autoridade administrativa, verificou-se o descumprimento, por parte do contribuinte, das condições estabelecidas em lei, gerando a revogação da anistia de ofício. Diante da situação apresentada, é possível a revogação do benefício fiscal, pois o despacho da autoridade administrativa efetivando a anistia não gera direito adquirido*".

> Note o item considerado **INCORRETO**, em prova realizada pela COMPASS, para o cargo de Auditor fiscal de Tributos Municipais da Prefeitura Municipal de Carpina/PE, em 2016: "*De acordo com o CTN, a anistia é efetivada, em cada caso, quando concedida em caráter geral, por despacho da autoridade administrativa, o qual gera direito adquirido*".

> Note o item considerado **INCORRETO**, em prova realizada pela VUNESP, Câmara de Indaiatuba-SP, para o cargo de Controlador Interno, em 2018: "*Acerca da anistia, o despacho da autoridade administrativa, em requerimento com o qual o interessado faça prova do preenchimento das condições e do cumprimento dos requisitos previstos em lei para sua concessão, gera direito adquirido*".

De fato, "a anistia poderá ser invalidada através da anulação do ato concessivo ou do reconhecimento de sua nulidade, sempre que comprovado que o beneficiado não preenchia as condições nem cumpria os requisitos previstos na lei"[30].

30. HARADA, Kiyoshi. *Direito financeiro e tributário*, 7. ed., p. 391.

Em tempo, não é demasiado relembrar que, sendo a *isenção* e a *anistia* causas excludentes do crédito tributário, despontando ambas após o nascimento da obrigação tributária e antes do lançamento, na visão clássica da doutrina – de chancela do **STF**, inclusive –, não é possível imaginar um tributo ou multa, já lançados, sendo alvos de isenção ou anistia, respectivamente. Logo, não "se isenta" tributo formalizado por um lançamento (notificação de débito ou auto de infração). Nem mesmo "se anistia" uma multa já lançada. Todavia, questionar-se-ia: *qual é o nome de tal favor desonerativo?* Doutrinariamente, somos da opinião de que se trataria de uma remissão (art. 156, IV, CTN), causa extintiva do crédito tributário, passível de ocorrência *após* o lançamento, a ser estudada no próximo Capítulo.

4 SÍNTESE CONCLUSIVA

Uma vez enfrentadas as duas causas excludentes do crédito tributário – a *isenção* e a *anistia* –, faz-se mister, à guisa de conclusão, delinearmos os principais traços distintivos desses dois institutos com a **remissão** e a *imunidade*.

> Note o item (adaptado) considerado **CORRETO**, em prova realizada pela IOBV, para o cargo de Advogado da Câmara de Barra Velha/SC, em 2016: "*Uma norma, hipoteticamente, determinou que não será mais exigido o pagamento dos impostos e juros que estejam em atraso, ainda que já lançados e executados, em momento anteriormente à vigência da lei. Trata-se de uma lei de 'remissão'*".

Conforme se apresentou neste capítulo, na **isenção** e na **anistia** ocorre o fato jurídico-tributário, à luz da subsunção tributária, constitui-se a obrigação tributária, despontam sujeito ativo e sujeito passivo, nascem os deveres patrimonial e instrumental (obrigação principal e acessória, respectivamente); todavia, antes da constituição do crédito tributário pelo lançamento, interrompe-se a relação jurídico-tributária no tempo pela barreira isentiva ou anistiadora, excluindo-se o crédito tributário. Acresça-se que a isenção atinge o tributo, enquanto a **anistia** obsta a formalização do crédito tributário atinente à penalidade pecuniária.

> Note o item (adaptado) considerado **CORRETO**, em prova realizada pela IOBV, para o cargo de Advogado da Câmara de Barra Velha/SC, em 2016: "*Uma nova regra jurídica, hipoteticamente, estabeleceu que não será efetuado o lançamento tributário relacionado a multas aplicadas sob a vigência de lei anterior. Trata-se de uma lei de 'anistia'*".

Vale a pena, ademais, trazermos para a distinção a intitulada **alíquota zero**, cujo efeito, "ao suspender a tributação, assemelha-se ao da isenção. Entretanto, enquanto a isenção suspende todos os elementos do fato gerador, a alíquota zero apenas nulifica um dos elementos do fato gerador"[31].

31. NOGUEIRA, Ruy Barbosa. *Curso de direito tributário*, 14. ed., p. 168.

Com efeito, recordemos que, para a fixação do *quantum debeatur*, a lei tributária deve trazer em seu bojo, além da indicação da base imponível, o *critério quantitativo*, de natureza numérica, apto a valorar a obrigação tributária[32]. A essa fração, via de regra ofertada sob a forma de porcentagem, dá-se o nome de **alíquota**.

O saudoso professor Ricardo Lobo Torres[33], com a mestria que sempre lhe foi habitual, ensina que a alíquota zero "corresponde à inexistência de tributação por falta de um dos elementos quantitativos. Aproxima-se da isenção em seus efeitos, mas dela se afasta porque na isenção suspende-se a eficácia de todos os aspectos do fato gerador, enquanto na alíquota zero só há suspensão desse elemento do aspecto quantitativo".

Para Ruy Barbosa Nogueira[34], "enquanto reduzida a zero a alíquota, não existirá tributação, por falta de um dos elementos do fato gerador".

Hugo de Brito Machado[35] ressalta que a *alíquota zero* encerra "uma solução encontrada pelas autoridades fazendárias no sentido de excluir o ônus do tributo sobre certos produtos, temporariamente, sem os isentar".

Diante do exposto, a **alíquota zero** adstringe-se à opção adotada pelo legislador para minimizar por completo a tributação, sem utilizar a isenção (que só pode ser concedida por meio de lei). É tributação por percentual inócuo, estando inserida no âmbito da *extrafiscalidade* do imposto, com a consequente dispensa dos princípios constitucionais tributários da legalidade e da anterioridade, no que concerne à alteração de alíquotas.

Assim sendo, temos que a **alíquota zero** não se confunde com **isenção** ou com **imunidade** (que será adiante cotejada), sendo tributação pelo percentual "zero". Nesse passo, não nos esqueçamos de que zero por cento de algum valor é sempre zero.

De outra banda, desponta a **imunidade**, exaustivamente tratada nos Capítulos iniciais desta obra, indicando uma norma de não incidência tributária, constitucionalmente traçada no campo da delimitação negativa de competência. Em termos comparativos, enquanto o legislador constituinte, apegado ao cumprimento de valores constitucionais inafastáveis, imuniza o tributo, o legislador infraconstitucional (I) isenta o tributo, **levando em consideração as questões de ordem sociopolítica**[36]

32. *V.* ATALIBA, Geraldo. *Hipótese de incidência tributária*. 6. ed., 3 tir. São Paulo: Malheiros, 2002, pp. 114-115.

33. TORRES, Ricardo Lobo. *Curso de direito financeiro e tributário*. 12. ed. Rio de Janeiro: Renovar, 2005, p. 254.

34. NOGUEIRA, Ruy Barbosa. *Curso de direito tributário*. 14. ed. São Paulo: Saraiva, 1995, pp. 167-168.

35. MACHADO, Hugo de Brito. *Curso de direito tributário*. 29. ed. São Paulo: Malheiros, 2008, p. 329.

36. Em 3 de novembro de **2016**, foi publicada a **Lei n. 13.353**, a qual concedeu benefícios fiscais a três centenárias instituições: *Academia Brasileira de Letras* (ABL), *Associação Brasileira de Imprensa* (ABI) e *Instituto Histórico e Geográfico Brasileiro* (IHGB). A lei *isenta* tais Instituições *de utilidade pública* dos seguintes tributos: **Cofins, PIS-Pasep; IOF; e Imposto de Renda sobre aplicações financeiras**. Ademais, foram concedidas *remissões* e *anistias* aos débitos fiscais das três Instituições, relativos a tributos administrados pela Secretaria da Receita Federal do Brasil, cujos fatos geradores tenham ocorrido até a data de publicação

ou socioeconômica, e (II) anistia a multa, buscando retirar a pecha de impontualidade do devedor da obrigação tributária. A imunidade é uma proibição constitucional de incidência da regra da tributação, obstaculizando a ação normativa do legislador ordinário, ou seja, é norma constitucional que veda a incidência legal. Por sua vez, a isenção e a anistia são normas obstativas do lançamento, ainda que a lei tributária tenha incidido.

> Note o item (adaptado) considerado **CORRETO**, em prova realizada pela IOBV, para o cargo de Advogado da Câmara de Barra Velha/SC, em 2016: *"Uma lei nova, hipoteticamente, determinou que não haverá incidência de imposto sobre as transferências onerosa de bens imóveis para a aquisição de imóveis por portadores de deficiências físicas incapacitantes, após a sua vigência. Trata-se de uma lei de 'isenção'"*.

A propósito, o conceito de *não incidência* pode ser aqui revelado como "a situação em que a regra jurídica de tributação não incide porque não se realiza a sua hipótese de incidência, ou, em outras palavras, não se configura o seu suporte fático (...)"[37].

Segundo Hugo de Brito Machado[38], a "*isenção* é distinta da *imunidade* por estarem em planos hierárquicos dessemelhantes. A primeira é uma exceção feita por lei à regra jurídica de tributação. Já a segunda é um obstáculo criado por uma norma da Constituição que impede a incidência de lei ordinária de tributação sobre determinado fato, ou em detrimento de determinada pessoa, ou categoria de pessoas".

Paulo de Barros Carvalho[39] discorre com argúcia sobre a distinção entre *imunidade* e *isenção*:

> O preceito de *imunidade* exerce a função de colaborar, de uma forma especial, no desenho das competências impositivas. São normas constitucionais. Não cuidam da problemática da incidência, atuando em instante que antecede, na lógica do sistema, ao momento da percussão tributária. Já a *isenção* se dá no plano da legislação ordinária. Sua dinâmica pressupõe um encontro normativo, em que ela, regra de isenção, opera como expediente redutor do campo de abrangência os critérios da hipótese ou da consequência da regra-matriz do tributo (...).

Por derradeiro, na **remissão** (art. 172 do CTN) ocorre tudo que se dá na relação jurídico-tributária atingível pela isenção ou anistia – fato gerador, obrigação tributária, sujeições ativa e passiva –, com a diferença de que o crédito tributário será

desta Lei, inscritos ou não em dívida ativa, cobrados judicialmente ou não, com exigibilidade suspensa ou não (art. 5º).

37. *V.* MACHADO, Hugo de Brito. *Curso de direito tributário*, 29. ed., p. 230.

38. *Idem*.

39. CARVALHO, Paulo de Barros. *Curso de direito tributário*, 16. ed., p. 184.

plenamente constituído por meio do lançamento, sobrevindo uma lei que perdoa o tributo ou multa já lançados, fulminando, por extinção, o crédito tributário.

Para Hugo de Brito Machado[40], a "**anistia** não se confunde com remissão. Diz respeito somente a penalidades. A **remissão** abrange todo o crédito tributário, constituído já".

> Note o item considerado **CORRETO**, em prova realizada pela CAIP-USCS, para o cargo de Advogado da CRAISA (Cia. de Abastecimento de Santo André/SP), em 2016: "*'Anistia' é a exclusão do crédito tributário relativo a penalidades pecuniárias*".

> Note o item considerado **CORRETO**, em prova realizada pela CAIP-USCS, para o cargo de Advogado da CRAISA (Cia. de Abastecimento de Santo André/SP), em 2016: "*'Remissão' é forma de extinção do crédito tributário já constituído e abrange tributos e as penalidades*".

Destaque-se, todavia, que subsistem entendimentos doutrinários divergentes[41], segundo os quais "o fato de, eventualmente, o Fisco já ter notificado o infrator para recolher penalidade pecuniária aplicável à infração também não impede o reconhecimento da anistia (...)".

Assim, apresentamos neste Capítulo as principais balizas conceituais e terminológicas sobre a matéria *exclusão do crédito tributário.*

40. MACHADO, Hugo de Brito. *Curso de direito tributário,* 29. ed., p. 235.
41. AMARO, Luciano. *Direito tributário brasileiro,* 14. ed., p. 455.

27

ADMINISTRAÇÃO TRIBUTÁRIA E DISPOSIÇÕES FINAIS DO CTN

1 CONSIDERAÇÕES INICIAIS

O estudo da **Administração Tributária** e das disposições finais do CTN localiza-se no Título IV do Livro II do indigitado Código, tratando das regras formais e procedimentais endereçadas à atuação estatal no mister tributacional.

A *Administração Tributária* traduz-se num conjunto de ações e atividades, integradas e complementares entre si, que almejam garantir o cumprimento pela sociedade da legislação tributária, que se mostra por meio da presença fiscal, quer no âmbito da facilitação do cumprimento das obrigações tributárias, quer na construção e manutenção da percepção de risco sobre o calculado inadimplemento. Essas ações e atividades se sustentam na normatização da legislação tributária e num conjunto integrado de sistemas de informação, alimentados por dados cadastrais e econômico-fiscais, fornecidos ao Fisco pelos próprios contribuintes ou por terceiros, mediante a apresentação de diversas modalidades de declarações.

Para Kiyoshi Harada[1], a "administração tributária é a atividade do poder público voltada para a fiscalização e arrecadação tributária. É um procedimento que objetiva verificar o cumprimento das obrigações tributárias, praticando, quando for o caso, os atos tendentes a deflagrar a cobrança coativa e expedir as certidões comprobatórias da situação fiscal do sujeito passivo".

Com isso, julgamos conveniente expor os princípios gerais que orientam a matéria, sendo indispensáveis para a correta interpretação e compreensão dos preceitos normativos comentados.

1. HARADA, Kiyoshi. *Direito financeiro e tributário*, 7. ed., p. 395.

Como assevera o brilhante professor baiano Dirley da Cunha Jr.[2], "o princípio jurídico se destaca como a *pedra angular* desse sistema de normas. (...) Os princípios de Direito consagram os *valores* (democracia, liberdade, igualdade, segurança jurídica, dignidade, estado de direito etc.) fundamentadores do sistema jurídico, orientadores de sua exata compreensão, interpretação e aplicação e, finalmente, supletivos das demais fontes do direito (tridimensionalidade funcional dos princípios)".

Sabe-se que, na Administração Pública, prevalece o regime jurídico de Direito Público, o qual prima pela *indisponibilidade do interesse público*, legitimando a Administração Tributária a exercer adequadamente suas funções estatais, a par da proteção aos direitos individuais. Como bem lembra Dirley da Cunha Jr., "as prerrogativas não são privilégios ou regalias, mas sim *poder-dever (ônus)*".

Diante do vasto campo de atuação estatal, a execução das funções não poderá passar ao largo da obediência a certos vetores principiológicos, bem descritas por José Carlos Francisco[3], quais sejam:

> **(I)** legalidade, concebendo-se esta de modo o mais abrangente possível e menos amoldurável pela reserva legal;
> **(II)** supremacia do interesse público, por meio da qual se manifesta o princípio da indisponibilidade do interesse público;
> **(III)** impessoalidade, indicando a igualização dos sujeitos passivos perante os atos estatais;
> **(IV)** presunção relativa de validade ou legalidade, por meio da qual se presumem legítimos os atos praticados pelos servidores públicos;
> **(V)** presunção relativa de veracidade, sinalizando, a reboque da ideia de validade do item anterior, que se admite como verdadeiro o "fato" indicado pela Administração, com a condição de justificar-se no seu fundamento com razoabilidade, sem prejuízo de viabilizar ao sujeito passivo a demonstração da impropriedade da afirmação do Poder Público.

Diante do exposto, pode-se afirmar que a fiscalização tributária, na busca do fim público a que visa e na preservação dos direitos dos administrados de que não se prescinde, deve se orientar, em primeiro lugar, pelos vetores ou princípios gerais acima destacados, sem descurar da condução dos atos administrativos, a ser regida pelas regras de competência, finalidade, motivação, forma, procedimento e publicidade[4]. Tudo isso – é bom que se diga – na corrente dos mandamentos axiológicos da *razoabilidade e da proporcionalidade*, dois importantes instrumentos limitadores do Poder do Estado (*v.g.*, na seara das sanções político-tributárias), a fim de que a exi-

2. CUNHA JR., Dirley da. *Curso de direito administrativo*, 6. ed., p. 35.
3. *V.* FRANCISCO, José Carlos; PEIXOTO, Marcelo Magalhães; LACOMBE, Rodrigo Santos Masset (Coord.). *Comentários ao Código Tributário Nacional.* São Paulo: MP Editora, 2005, p. 1368.
4. *Ibidem*, p. 1367.

gência fiscal não se torne desarrazoada e desprovida de contextualização com o plano da realidade jurídico-social.

Temos dito, por exemplo, na esteira da casuística narrada pela autorizada doutrina[5], que um incentivo fiscal concedido pelo Estado, com exigências infindáveis e, quiçá, intransponíveis, deixa de ser instrumento de consecução de um fim eminentemente público para se transformar em arbitrário "desincentivo fiscal".

Importante enaltecer que o **princípio da proporcionalidade** – que deve orientar tanto os atos do produtor da norma como aqueles do aplicador dela – deve estar embasado em *três pressupostos*: primeiro, a *adequação*, que consiste no equilíbrio entre o meio empregado na atuação estatal e o fim a ser atingido; segundo, *a exigibilidade*, devendo o meio escolhido ser o menos gravoso aos contribuintes; por fim, a *proporcionalidade em sentido estrito*, uma vez que o ato só é proporcional quando as vantagens a serem conquistadas superarem as desvantagens.

Como bem assegura Kiyoshi Harada[6], "uma administração tributária dinâmica, racional e eficiente conduzirá à redução de custos operacionais na arrecadação de tributos, concorrendo para a formação de uma conjuntura capaz de propiciar o alívio da pressão tributária que, entre nós, atinge níveis críticos".

De fato, se a *administração tributária* é fundamental para a consecução do fim a que visa o Poder Público em seu mister tributacional, de retirada compulsória de valores daqueles que ocupam o polo passivo da relação jurídico-tributária, hão de existir garantias de uma salutar arrecadação, que tangencie **(I)** os procedimentos fiscalizatórios adequados, **(II)** a cobrança judicial dos importes tributários inscritos em dívida ativa e, **(III)** finalmente, as medidas de controle e verificação da regularidade fiscal do contribuinte. Tais medidas correspondem aos três tópicos norteadores do capítulo ora iniciado, isto é, **Fiscalização, Dívida Ativa e Certidões Negativas (arts. 194 a 208 do CTN).**

Note o item considerado **CORRETO**, em prova realizada pela Vunesp, para o cargo de Analista em Gestão Orçamentária e Financeira da Prefeitura Municipal de Suzano/SP, em 2016: *"O conjunto de créditos tributários e não tributários em favor da Fazenda Pública, não recebidos no prazo para pagamento definido em lei ou em decisão proferida em processo regular, inscrito pelo órgão ou entidade competente, após apuração de certeza e liquidez, refere-se à 'dívida ativa'"*.

Como *fiscalização*, entende-se a ação estatal que, orientada pelo princípio da isonomia, deverá identificar o (des)cumprimento das obrigações tributárias, punindo o comportamento indesejado e, em caráter pedagógico, dissuadindo o contribuinte omisso e recalcitrante da insistência no inadimplemento obrigacional.

A *dívida ativa* representa a fase de cobrança judicial do tributo exequível, após a frustração no intento de carreá-lo para a Administração Pública, por meio do lançamento que inexoravelmente a precede.

5. *V.* PONTES, Helenilson Cunha. *O princípio da proporcionalidade e o direito tributário*, pp. 131-132.
6. HARADA, Kiyoshi. *Direito financeiro e tributário*, 7. ed., p. 396.

Quanto às *certidões negativas*[7], trata-se de documentos atestadores da situação fiscal do contribuinte, por meio dos quais se legitimam as concretizações de atos e situações jurídicas, e de cujo bom êxito não podem prescindir.

A bem da verdade, os dispositivos do CTN, adiante esmiuçados, são demasiadamente esclarecedores, quando não autoexplicativos, permitindo ao leitor uma assimilação tranquila e bem-sucedida da matéria.

2 FISCALIZAÇÃO

A **fiscalização** se materializa em atos de verificação do cumprimento de obrigações tributárias, quer sejam principais, quer sejam acessórias. São atos decorrenciais da faculdade outorgada pela Constituição Federal às pessoas políticas, quanto à instituição de tributos. Assim, o procedimento fiscalizatório traduz-se em um poder-dever cometido às entidades impositoras.

Para José Jayme de Macêdo Oliveira[8], "a fiscalização é ato de empreender exame e verificação, de controlar a execução ou funcionamento, tudo com vistas ao fiel atendimento das obrigações tributárias a cargo dos contribuintes. Induvidoso que o sujeito ativo, como titular de um crédito fundado na lei, tem o direito e o dever de verificar se as normas legais, que lhe conferem o crédito, estão sendo rigorosamente cumpridas pelo sujeito passivo".

A competência e os poderes das autoridades administrativas, que laboram no mister fiscalizatório, estão adstritos a regramentos estipulados pela legislação tributária, em total obediência aos balizamentos impostos pelo CTN. É o que se depreende da dicção do seu **art. 194**:

> **Art. 194.** A legislação tributária, observado o disposto nesta Lei, regulará, em caráter geral, ou especificamente em função da natureza do tributo de que se tratar, a competência e os poderes das autoridades administrativas em matéria de fiscalização da sua aplicação.
>
> **Parágrafo único.** A legislação a que se refere este artigo aplica-se às pessoas naturais ou jurídicas, contribuintes ou não, **inclusive** às que gozem de imunidade tributária ou de isenção de caráter pessoal.

> Note o item considerado **INCORRETO**, em prova realizada pelo IESES, TJ-AM, para o cargo de Titular de Serviços de Notas e de Registros, em 2018: *"A legislação tributária aplica-se às pessoas naturais ou jurídicas, contribuintes ou não, exceto às que gozem de imunidade tributária ou de isenção de caráter pessoal"*.

7. Em 27 de abril de **2016**, foi editada a **Súmula n. 569 do STJ**, com os seguintes dizeres: "*Na importação, é indevida a exigência de nova certidão negativa de débito no desembaraço aduaneiro, se já apresentada a comprovação da quitação de tributos federais quando da concessão do benefício relativo ao regime de 'drawback'*".
8. OLIVEIRA, José Jayme de Macêdo. *Código Tributário Nacional*, p. 552.

Com efeito, "são passíveis de fiscalização tanto pessoas físicas quanto pessoas jurídicas, contribuintes ou não, mesmo que se trate de entidade **imune** ou isenta"[9].

> Note o item considerado **INCORRETO**, em prova realizada pela PGE/GO, para o cargo de Procurador do Estado/GO, em 2013: *"As entidades imunes não se submetem ao poder de fiscalização das administrações tributárias".*

É importante frisar, de início, que, por *legislação tributária* deve-se compreender, à luz dos arts. 96 a 100 do CTN, não apenas a lei em sentido estrito, mas também os tratados, as convenções internacionais, os decretos e as normas complementares.

Conforme anota Ricardo Abdul Nour[10], *legislação tributária* "é o conjunto de leis tributárias, decretos e instruções regulamentares, portarias, pareceres normativos, ordens de serviço e demais atos administrativos tributários". Entretanto, como observa o mesmo autor, "a interpretação do dispositivo em tela deve obedecer ao princípio da estrita legalidade; só a lei tributária pode conferir a competência para a fiscalização, cabendo às demais dispor sobre aspectos procedimentais, que diretamente obrigam o sujeito ativo e por reflexo influem sobre o sujeito passivo, inclusive tratando-se de terceiros e dos que gozem de imunidade e isenção"[11].

Assim, conclui-se que as normas que não decorram de *lei* não poderão impor obrigações principais, podendo tratar de simples obrigações acessórias, em face do que preconiza o dispositivo constitucional de que "ninguém é obrigado a fazer ou deixar de fazer alguma coisa a não ser em virtude de lei".

Ademais, o parágrafo único do indigitado comando normativo preconiza a submissão generalizada das pessoas físicas, a despeito de sua capacidade tributária ou civil (art. 126, I, CTN), e jurídicas, independentemente de sua constituição regular (art. 126, III, CTN), contribuintes ou não, aos efeitos da legislação regulamentadora do labor fiscalizatório. Tal submissão deve se estender às empresas imunes (art. 14, III, CTN) ou isentas (art. 175, parágrafo único, CTN), às quais não compete o afastamento da legislação em comento, uma vez que o fato de não arcarem com o pagamento do tributo **não as exime de cumprirem suas obrigações acessórias**, passíveis de controle por meio da fiscalização em referência.

> Note o item considerado **CORRETO**, em prova realizada pelo MPE/SC, para o cargo de Promotor de Justiça, em 2016: *"A isenção é uma das causas de exclusão do crédito tributário a qual depende de lei específica, consoante se infere do art. 150, § 6º, da Constituição Federal. Contudo, ao excluir o crédito, não se afasta o sujeito passivo de cumprir as obrigações acessórias".*

> Note o item considerado **CORRETO**, em prova realizada pela MS Concursos, para o cargo de Advogado do Creci/1ª Região – RJ, em 2016: *"A exclusão do crédito tributário não dispensa o cumprimento das obrigações acessórias dependentes da obrigação principal cujo crédito seja excluído, ou dela consequente".*

9. AMARO, Luciano. *Direito tributário brasileiro*, 14. ed., p. 460.
10. NOUR, Ricardo Abdul. *Comentários ao Código Tributário Nacional*. São Paulo: Saraiva, 1988, p. 494.
11. *Idem*.

Assim tem entendido o **STJ**:

> **EMENTA:** Tributário. ICMS. Obrigação acessória. *A lei pode impor obrigações acessórias às empresas, ainda que não sejam contribuintes do tributo.* Recurso Especial não conhecido. **(REsp 89.967/RJ, 2ª T., rel. Min. Ari Pargendler, j. em 28-04-1998) (Grifo nosso)**

No entanto, é valiosa a observação de Luciano Amaro que ressalta a necessidade de haver pertinência entre o trabalho da fiscalização e a situação da pessoa fiscalizada, se se trata de pessoa que, dada a sua condição, natureza, atividade etc., não está nem pode estar no polo passivo de uma relação jurídica, em razão da qual se possa dela exigir alguma prestação (pecuniária ou não). Aqui, a fiscalização, mais do que inútil, poderá veicular abuso[12].

A fiscalização deve permear seu trabalho mantendo-se fiel aos campos de interesse da Administração, sem promover a extrapolação da sua competência administrativa. Temos dito que a exigência estatal deve homenagear a parcimônia, a fim de que o cumprimento da medida pelo administrado venha a alimentar o interesse público que a justifica. Toda exigência deve ser geral, dotada de razoabilidade e tendente a proteger os interesses públicos primários.

O **art. 195 do CTN**, por sua vez, estabelece a obrigação do contribuinte de exibir seus controles fiscais e contábeis à fiscalização:

> **Art. 195.** Para os efeitos da legislação tributária, não têm aplicação quaisquer disposições legais excludentes ou limitativas do direito de examinar mercadorias, livros, arquivos, documentos, papéis e efeitos comerciais ou fiscais, dos comerciantes industriais ou produtores, ou da obrigação destes de exibi-los.
>
> **Parágrafo único.** Os livros obrigatórios de escrituração comercial e fiscal e os comprovantes dos lançamentos neles efetuados serão conservados até que ocorra a prescrição dos créditos tributários decorrentes das operações a que se refiram.

> Note o item considerado **CORRETO**, em prova realizada pela Cetro, para o cargo de Auditor (IF/PR), em 2014: *"Acerca da fiscalização tributária, em conformidade com o disposto no CTN, estão sujeitos à fiscalização tributária quaisquer livros comerciais, limitado o exame aos pontos objeto da investigação".*

> Note o item considerado **CORRETO**, em prova realizada pelo IESES, TJ-AM, para o cargo de Titular de Serviços de Notas e de Registros, em 2018: *"Os livros obrigatórios de escrituração comercial e fiscal e os comprovantes dos lançamentos neles efetuados serão conservados até que ocorra a prescrição dos créditos tributários decorrentes das operações a que se refiram".*

12. *V.* AMARO, Luciano. *Direito tributário brasileiro*, 14. ed., p. 480.

> Note o item considerado **CORRETO**, em prova realizada pela FCC, para o cargo de Analista Judiciário (Área Judiciária) do TRF 4ª Região, em 2019: *"No que se refere à Administração Tributária, o CTN prevê que, para os efeitos da legislação tributária, não têm aplicação quaisquer disposições legais excludentes ou limitativas do direito de examinar mercadorias, livros, arquivos, documentos, papéis e efeitos comerciais ou fiscais, dos comerciantes industriais ou produtores, ou da obrigação destes de exibi-los".*

Evidencia-se que o dispositivo acima destacado tem o condão de **anular qualquer restrição legal** ao poder-dever que tem a autoridade fiscal de examinar quaisquer livros, papéis ou documentos fiscais ou comerciais do sujeito passivo[13].

> Note o item considerado **CORRETO**, em prova realizada pela FCC, para o cargo de Auditor Fiscal da Receita Estadual (SEGEP/MA), em 2016: *"De acordo com o CTN, as disposições que excluem ou limitam o direito de a Fazenda Pública examinar mercadorias, livros fiscais e documentos não têm aplicação, mesmo que previstas em lei".*

É importante observar que o CTN, com este artigo, tornou sem efeito os **arts. 17 e 18 do Código Comercial** (*Lei n. 556/1850*), atualmente revogados pelo Código Civil, os quais determinavam:

> **Art. 17.** Nenhuma autoridade, juízo ou tribunal, debaixo de pretexto algum, por mais especioso que seja, pode praticar ou ordenar alguma diligência para examinar se o comerciante arruma ou não devidamente seus livros de escrituração mercantil, ou neles tem cometido algum vício.
>
> **Art. 18.** A exibição judicial dos livros de escrituração comercial por inteiro, ou de balanços gerais de qualquer casa de comércio, só pode ser ordenada a favor dos interessados em gestão de sucessão, comunhão ou sociedade, administração ou gestão mercantil por conta de outrem, e em caso de quebra.

O entendimento do **STF**, no que diz respeito ao tema, sinaliza a inadmissibilidade de quaisquer medidas coercitivas de exigência de tributo. As súmulas editadas pela Suprema Corte, exteriorizam esta visão protetiva, conforme se nota no teor dos enunciados adiante reproduzidos:

> **SÚMULA n. 70**: *"É inadmissível a interdição de estabelecimento como meio coercitivo para cobrança de tributo";*
>
> **SÚMULA n. 323:** *"É inadmissível a apreensão de mercadorias como meio coercitivo para pagamento de tributos";*

> Note o item considerado **INCORRETO**, em prova realizada pela FCC, para o cargo de Procurador do Estado de Mato Grosso (PGE/MT), em 2016: *"Sobre o exercício do poder de polícia, no âmbito dos Estados-membros, é lícita a apreensão de mercadorias, quando o contribuinte não recolheu o tributo que deveria ter recolhido previamente à saída do estabelecimento".*

13. V. AMARO, Luciano. *Direito tributário brasileiro*, 14. ed., pp. 480-481.

Note o item considerado **INCORRETO**, em prova realizada pelo Cespe/Cebraspe, para o cargo de Juiz de Direito Substituto do TJ/AM, em 2016: *"Para o STF, é constitucional a apreensão de mercadorias como forma de obrigar o devedor a pagar os tributos devidos"*.

SÚMULA n. 547: *"Não é lícito a autoridade proibir que o contribuinte em débito adquira estampilhas, despache mercadorias nas alfândegas e exerça suas atividades profissionais"*.

Além disso, saliente-se que eventuais disposições legais, limitativas ou obstativas do direito de examinar mercadorias ou documentos pertencentes ao sujeito passivo fiscalizado, não são plausíveis, uma vez que se apresenta assente a jurisprudência, no sentido de que *"estão sujeitos à fiscalização tributária ou previdenciária, quaisquer livros comerciais, limitado o exame aos pontos objeto da investigação"* (**Súmula n. 439 do STF**). É que este verbete sumular limita o exame fiscal de livros "aos pontos objeto da investigação"[14].

Não se pode perder de vista, ademais, que o art. 1.193 do Código Civil reforça o entendimento de que as restrições obstativas do exame da escrituração, parciais ou não, devem ser evitadas diante da fiscalização fazendária.

Em idêntica trilha, impende lembrar que, conquanto a exibição de livro ou documento esteja disciplinada nos arts. 381 e 382 do CPC [atuais arts. 420 e 421 do NCPC], o Fisco não se sujeita àqueles procedimentos, uma vez que **poderá exigi-la administrativamente, sem necessidade de qualquer intervenção judicial**.

De outra banda, havendo recusa por parte do contribuinte à exibição de seus livros e papéis à autoridade fiscal, será possível ensejar o lançamento por arbitramento (art. 148 do CTN), sem prejuízo de incorrer em crime contra a ordem tributária (art. 1º, I, da Lei n. 8.137/90, bem como, quando for o caso, nas penas do art. 330 do Código Penal).

A propósito do arbitramento, esclarecem José Artur Lima Gonçalves e Márcio Severo Marques[15] que "o recurso ao mecanismo da presunção em matéria tributária, portanto, só é admitido no curso do processo administrativo ante a inércia do contribuinte em colaborar com a fiscalização, prejudicando a arrecadação tributária, em detrimento do erário. Nessa hipótese, de espontânea recusa que garante seu direito à ampla defesa, cabe o arbitramento".

No que diz respeito à ampliação dos poderes de investigação das autoridades fiscais, urge relembrarmos o teor do **§ 1º do art. 144 do CTN**, já estudado nesta obra, que prevê hipóteses legais de efeito imediato da legislação tributária. Note-o:

Art. 144. (...)

§ 1º Aplica-se ao lançamento a legislação que, posteriormente à ocorrência do fato gerador da obrigação, tenha instituído novos critérios de apuração ou processos de fiscalização, ampliado os poderes de investigação das autoridades administrativas,

14. AMARO, Luciano. *Direito tributário brasileiro*, 14. ed., p. 481.

15. GONÇALVES, José Artur Lima; MARQUES, Márcio Severo. Processo administrativo tributário. *Revista de Direito Tributário*, São Paulo, pp. 230-245, 1999, v. 75, p. 236.

ou outorgado ao crédito maiores garantias ou privilégios, exceto, neste último caso, para o efeito de atribuir responsabilidade tributária a terceiros.

Assim, a lei nova, que regula procedimentos, prerrogativas ou formalidades, adstritos à atividade do lançamento, sem qualquer pretensão de alterar, criar ou extinguir direitos materiais – relacionáveis, por exemplo, com os elementos estruturais da obrigação tributária (hipótese de incidência, base de cálculo, alíquota, sujeição passiva e fato gerador) – deverá ser aplicada *de imediato* e *aos casos pendentes*, como sói acontecer com as normas processuais em geral.

Com efeito, os aspectos formais ou procedimentais que cercam o lançamento não influem com poder de decisão, a ponto de afastarem a lei vigente na época do lançamento, em prol da aplicação daquela lei pretérita, do momento do fato gerador.

Temos dito que o § 1º do art. 144 do CTN é, antes de didático, demasiado lógico. Visa atender aos interesses do Fisco, nos planos arrecadatório e fiscalizatório, sem afetar os direitos do contribuinte[16].

Acerca do tema, a propósito, a Lei n. 10.174/2001 trouxe um contexto elucidativo, o qual merece citação. É que tal norma, alterando a Lei n. 9.311/96 (art. 11, § 3º), passou a permitir o que antes era vedado expressamente, qual seja, a utilização das informações decorrentes do cruzamento entre os dados da CPMF, quando ainda existia, e as declarações de renda dos sujeitos passivos, com o intuito de proceder ao lançamento dos impostos supostamente sonegados.

Muitos contribuintes, movimentando cifras vultosas em contas-correntes, sem que as fizessem constar de suas declarações de rendimentos ofertadas à Secretaria da Receita Federal, insurgiram-se contra a Lei n. 10.174/2001, que permitiu a quebra do sigilo bancário, na atividade investigativa de eventuais incongruências, por meio de instauração de procedimento fiscal.

Basicamente, a linha de defesa dos contribuintes fiscalizados pautava-se na suscitação de vício ao princípio da irretroatividade tributária, uma vez que o ato normativo estava sendo aplicado a fatos geradores ocorridos antes da sua vigência.

Por sua vez, a Administração Tributária argumentava que o lançamento tributário, de acordo com o **art. 144, § 1º, do CTN**, teria caráter retrospectivo, reportando-se, quanto aos aspectos materiais, à data da ocorrência do fato gerador da obrigação, regendo-se, então, pela lei vigente, ainda que posteriormente modificada ou revogada. Todavia, no que se ligava aos aspectos formais, a legislação, se viesse, por exemplo, a instituir novos critérios de apuração ou processos de fiscalização, teria aplicabilidade imediata, não se configurando hipótese de aplicação retroativa da lei. No caso, o Fisco entendeu que, para a apuração do *quantum* do imposto sobre a renda, não se vislumbraria ilicitude alguma em calculá-lo com base em informações bancárias obtidas a partir da CPMF, uma vez que se tratava apenas de um novo meio de fiscalização.

16. V. DINIZ, Gustavo Saad. *In:* OLIVEIRA SILVA, Volney Zamenhof de (Coord.). *Código Tributário Nacional*, p. 464.

Note o item (adaptado) considerado **CORRETO**, em prova realizada pela FAEPESUL, para o cargo de Fiscal Fazendário da Prefeitura de Grão Pará/SC, em 2016: *"O lançamento reporta-se à data da ocorrência do fato gerador da obrigação e rege-se pela lei então vigente naquela data, ainda que posteriormente modificada ou revogada".*
Observação: item semelhante, reproduzindo o *caput* do art. 144 do CTN, foi considerado **CORRETO** e solicitado em prova realizada pelo TRF/3ª Região, para o cargo de Juiz Federal Substituto, em 2016.

O mencionado expediente, adotado pelo Fisco Federal no claro intuito de fortalecer seu poder investigatório, dificultando a sonegação do contribuinte, contou com a validação, em juízo, de sentenças e acórdãos que abonavam a legislação que prevê o repasse de informações sobre operações bancárias pela instituição financeira à autoridade fazendária, bem como a possibilidade de utilização dessas informações para verificar a existência de crédito tributário relativo a impostos e contribuições, com o decorrencial lançamento do crédito porventura existente.

O **STJ**, no julgamento do **RE 558.633**, de relatoria do Ministro Francisco Falcão, reconheceu o direito de a Fazenda Nacional "quebrar" o sigilo bancário para investigar as informações sobre as CPMFs pagas pelos contribuintes, mesmo para os fatos geradores ocorridos antes da edição da Lei n. 10.174/2001, desde que não atingidos pela decadência. Note as ementas prolatadas, nas 1ª e 2ª Turmas, respectivamente:

EMENTA: (...) PROCEDIMENTOS DE FISCALIZAÇÃO. RETROATIVIDADE. ART. 144, § 1º, DO CTN. (...) II – *Não há que se falar em omissão no aresto, porquanto esta Corte se manifestou no sentido da possibilidade de retroatividade do disposto nos arts. 6º da LC n. 105/2001 e 1º da Lei 10.174/2001, com base no art. 144, § 1º, do CTN, inferindo-se, desse dispositivo, que as leis tributárias procedimentais ou formais têm aplicação imediata. III – Com isso, restou assentada a permissão do cruzamento dos dados obtidos com a arrecadação da CPMF, para fins de constituição de crédito relativo a outros tributos, aplicando-se tal entendimento a fatos geradores anteriores à vigência da norma que o instituiu.* IV – Embargos de declaração rejeitados. **(EDcl no AgRg no REsp 558.633/PR, 1ª T., rel. Min. Francisco Falcão, j. em 06-12-2005) (Grifo nosso)**

EMENTA: TRIBUTÁRIO. CPMF. QUEBRA DE SIGILO BANCÁRIO. PERÍODO ANTERIOR À VIGÊNCIA DO ART. 6º DA LC 105/2001. CARÁTER PROCEDIMENTAL DA NORMA. APLICAÇÃO IMEDIATA. EXEGESE DO ART. 144, § 1º, DO CTN. 1. *É possível a aplicação do art. 6º da LC 105/2001, ainda que o período investigado seja anterior à sua vigência, porquanto se trata de disposição meramente procedimental. Inteligência do art. 144, § 1º, do CTN. 2. Recurso Especial provido.* **(REsp 628.527/PR, 2ª T., rel. Min. Eliana Calmon, j. em 06-09-2005) (Grifo nosso)**

Tal posição foi abonada pelo **STJ**, que, por unanimidade, acolheu o entendimento do Relator do Recurso Especial supracitado, ratificando o entendimento de que as leis tributárias procedimentais ou formais têm aplicação imediata, ao passo que as leis de natureza material só alcançam fatos geradores ocorridos durante sua vigência.

No parágrafo único do art. 195, está prevista a obrigação de guardar livros e documentos fiscais utilizados na escrituração, até que ocorra a prescrição dos créditos. Como se observa, o legislador não cita o prazo prescricional de 5 anos previsto no art. 174 do CTN – atitude providencial e parcimoniosa –, uma vez que a prescrição pode sofrer interrupção, o que esvaziaria o rigor do dispositivo. Aliás, não se pode deixar de mencionar o arguto comentário de Luciano Amaro[17], para quem "a menção que o Código faz à prescrição há de ser entendida como abrangente da decadência (...). Obviamente, decorrido o prazo decadencial e, portanto, extinto o eventual direito de lançar que o Fisco pudesse ter, não haverá mais interesse fiscal na conservação dos documentos".

Há discussões acerca da possibilidade de conservação de livros em microfilmes, e a esse respeito o **STJ** já se posicionou, afirmando que não atende à exigência do art. 195 do CTN, *v.g.*, a conservação dos livros apenas em microfilmes, devendo prevalecer a inadmissibilidade da destruição dos originais de documentos até que ocorra a **prescrição dos créditos tributários** decorrentes das respectivas operações:

> **EMENTA:** Decidindo pela inadmissibilidade da destruição dos originais de documentos, até que ocorra a prescrição dos créditos tributários decorrentes das respectivas operações, mesmo que extraídas cópias, mas sem o cumprimento das exigências fiscais, o acórdão recorrido não afrontou dispositivos de lei federal. **(REsp 63.585/DF, 2ª T., rel. Min. Hélio Mosimann, j. em 16-06-1998)**

A análise do preceptivo ora estudado avoca a necessidade de delimitação do conceito de "casa", previsto no **inciso XI do art. 5º da CF:**

> **Art. 5º** Todos são iguais perante a lei, sem distinção de qualquer natureza, garantindo-se aos brasileiros e aos estrangeiros residentes no País a inviolabilidade do direito à vida, à liberdade, à igualdade, à segurança e à propriedade, nos termos seguintes: (...)
>
> **XI** – a *casa* é asilo inviolável do indivíduo, ninguém nela podendo penetrar sem consentimento do morador, salvo em caso de flagrante delito ou desastre, ou para prestar socorro, ou, durante o dia, por determinação judicial; **(Grifo nosso)**

Para o **STF**, o conceito é ampliativo e comporta qualquer compartimento privado não aberto ao público, onde alguém exerce profissão ou atividade, compreendendo os escritórios profissionais, incluindo os de contabilidade.

Assim, entende-se que os agentes da administração tributária, ainda que acompanhados de força policial, não podem, sem autorização judicial, ingressar em escritório de contabilidade contra a vontade de seu titular, que nele desempenhe atividade-

17. AMARO, Luciano. *Direito tributário brasileiro*, 14. ed., p. 481.

de profissional, com o objetivo de apreender documentos ali existentes, como livros, registros fiscais e contábeis e memória de computadores.

Observe o didático julgado a seguir:

> **EMENTA:** Fiscalização tributária. Apreensão de livros contábeis e documentos fiscais realizada, em escritório de contabilidade, por agentes fazendários e policiais federais, sem mandado judicial. Inadmissibilidade. Espaço privado, não aberto ao público, sujeito à proteção constitucional da **inviolabilidade domiciliar** (CF, art. 5º, XI). Subsunção ao conceito normativo de "casa". Necessidade de ordem judicial. Administração pública e fiscalização tributária. Dever de observância, por parte de seus órgãos e agentes, dos limites jurídicos impostos pela Constituição e pelas leis da República. Impossibilidade de utilização, pelo Ministério Público, de prova obtida em transgressão à garantia da inviolabilidade domiciliar. Prova ilícita. Inidoneidade jurídica. *habeas corpus* deferido. Administração tributária. Fiscalização. Poderes. Necessário respeito aos direitos e garantias individuais dos contribuintes e de terceiros. **(HC 82.788/RJ, 2ª T., rel. Min. Celso de Mello, j. em 12-04-2005)**

Passemos, então, à análise do **art. 196 do CTN**:

> **Art. 196.** A autoridade administrativa que proceder ou presidir a quaisquer diligências de fiscalização lavrará os termos necessários para que se **documente o início do procedimento**, na forma da legislação aplicável, que fixará prazo máximo para a conclusão daquelas.
> **Parágrafo único.** Os termos a que se refere este artigo serão lavrados, sempre que possível, em um dos livros fiscais exibidos; quando lavrados em separado deles se entregará, à pessoa sujeita à fiscalização, cópia autenticada pela autoridade a que se refere este artigo.

A ação fiscalizatória é ato público da Administração e, *ipso facto*, não poderá estar divorciada dos princípios da legalidade, impessoalidade, moralidade e publicidade (art. 37, CF), sob pena de resvalar em arbítrio e abuso de poder. Não é demasiado relembrar que o lançamento tributário, ato no qual se projeta a ação fiscal, é ato administrativo vinculado (art. 3º, *in fine*, CTN).

A atividade fiscalizatória é marcada por um *iter* procedimental, com início, meio e fim. Tais delineadores temporais são cruciais, pois delimitam o início do procedimento (termo *a quo*) e demarcam o seu término (termo *ad quem*), haja vista não se admitir a eternização da atividade limitadora da Administração, projetando-se *ad aeternum* e provocando constrangimentos ao sujeito passivo.

As diligências de fiscalização reclamam formalidades, dentre as quais se destaca a obediência ao prazo máximo para conclusão da ação fiscal, na forma da legislação aplicável (federal, estadual, distrital ou municipal).

Na órbita federal, o art. 7º, § 2º, do Decreto n. 70.235/72, que regula o processo administrativo de determinação e exigência de créditos tributários da União, estabelece o prazo máximo de 60 (sessenta) dias para duração do procedimento de fiscalização, prorrogável (sempre antes de vencido o prazo), "sucessivamente, por igual período, com qualquer outro ato escrito que indique o prosseguimento dos trabalhos".

Nessa toada, inicia-se a fiscalização por meio de um *registro*, a ser feito em livro fiscal do sujeito passivo ou em documento separado, dando conta do termo de início de fiscalização. Ademais, anota-se o prazo para a conclusão dos trabalhos.

Essa demarcação, aparentemente singela, norteia dois importantes institutos do Direito Tributário, a saber: **denúncia espontânea** (art. 138, parágrafo único, do CTN) e a **decadência** (art. 173, parágrafo único, do CTN).

Quanto à *decadência*, observe os efeitos:

> **Art. 173.** O direito de a Fazenda Pública constituir o crédito tributário extingue-se após 5 (cinco) anos, contados: (...)
> **Parágrafo único.** *O direito a que se refere este artigo extingue-se definitivamente com o decurso do prazo nele previsto, contado da data em que tenha sido iniciada a constituição do crédito tributário pela notificação, ao sujeito passivo, de qualquer medida preparatória indispensável ao lançamento.* **(Grifo nosso)**

O parágrafo único em epígrafe indica uma antecipação do termo *a quo* do prazo decadencial, na medida em que o marco inicial de contagem é deslocado do 1º dia do exercício seguinte àquele em que o lançamento poderia ter sido efetuado para a própria data da providência preparatória de constituição do crédito tributário.

Exemplo: se o contribuinte for notificado de uma medida preparatória de lançamento em 15 de maio de um exercício, relativo a um fato gerador ocorrido em fevereiro do mesmo exercício, o início da contagem do prazo decadencial não ocorrerá no 1º dia do exercício seguinte, mas no dia 16 de maio – data antecipada a partir da qual se somará o prazo de 5 anos para a conclusão do lançamento.

Temos enfatizado que, caso já tenhamos iniciado o prazo decadencial por força do inciso I do art. 173 do CTN, a medida preparatória em análise não será hábil a interromper ou suspender o prazo decadencial em andamento.

Quanto à *denúncia espontânea*, veja as consequências:

> **Art. 138.** A responsabilidade é excluída pela denúncia espontânea da infração, acompanhada, se for o caso, do pagamento do tributo devido e dos juros de mora, ou do depósito da importância arbitrada pela autoridade administrativa, quando o montante do tributo dependa de apuração.

Note o item considerado **INCORRETO**, em prova realizada pela FCC, para o cargo de Profissional de Nível Superior (Direito) da ELETROSUL – Centrais Elétricas S.A. (Florianópolis/SC), em 2016: *"O CTN, em alguns de seus dispositivos, faz referência à incidência de juros de mora e à atualização do valor monetário da base de cálculo do tributo. Diante desse quadro, a responsabilidade é excluída pela denúncia espontânea da infração, acompanhada, se for o caso, do pagamento do tributo devido, da atualização do valor da base de cálculo do tributo e dos juros de mora, ou do depósito da importância arbitrada pela autoridade administrativa, quando o montante do tributo dependa de apuração".*

Note o item (adaptado) considerado **CORRETO**, em prova realizada pela UNOESC, para o cargo de Agente Fiscal Tributário Externo da Prefeitura Municipal de Iraceminha/SC, em 2016: "*O CTN, em seu art. 138, instituiu a possibilidade de o contribuinte realizar um procedimento administrativo, tendente a retirar a sua impontualidade quanto a seus créditos tributários, denominado 'denúncia espontânea'. Esta deve ser apresentada antes de qualquer ato de fiscalização acerca da matéria confessada e, no caso, uma vez em conformidade com a lei e seus respectivos prazos, traz o seguinte benefício ao contribuinte: desnecessidade do pagamento de penalidades*" [e não "desnecessidade do pagamento de penalidades e juros"].

Parágrafo único. *Não se considera espontânea a denúncia apresentada após o início de qualquer procedimento administrativo ou medida de fiscalização, relacionados com a infração.* **(Grifo nosso)**

Para configurar a espontaneidade na confissão tributária, é necessário que a denúncia seja oferecida anteriormente ao início de qualquer procedimento administrativo fiscal. Com efeito, "uma vez que iniciado o procedimento fiscal, exclui a espontaneidade do sujeito passivo em relação aos atos anteriores, bem como a de terceiros envolvidos nas infrações verificadas, e torna ineficaz eventual consulta que venha a ser formulada, naquilo que estiver sendo objeto de fiscalização"[18].

Dessa forma, a simples notificação feita pela autoridade fiscal, solicitando que livros fiscais sejam exibidos dentro do prazo estabelecido em legislação, fulmina o direito à espontaneidade do sujeito passivo.

Passemos, agora, à análise do **art. 197 do CTN:**

Art. 197. Mediante intimação escrita, são obrigados a prestar à autoridade administrativa todas as informações de que disponham com relação aos bens, negócios ou atividades de terceiros:

I – os tabeliães, escrivães e demais serventuários de ofício;

Note o item considerado **CORRETO**, em prova realizada pelo IESES, TJ-AM, para o cargo de Titular de Serviços de Notas e de Registros, em 2018: "*Os tabeliães, escrivães e demais serventuários de ofício, quando intimados por escrito, são obrigados a prestar à autoridade administrativa todas as informações de que disponham com relação aos bens, negócios ou atividades de terceiros, ressalvadas hipóteses de segredo em razão de seu ofício*".

Note o item considerado **INCORRETO**, em prova realizada pela FCC, para o cargo de Técnico da Receita Estadual da SEGEP/MA, em 2016: "*De acordo com o CTN, a obrigação acessória de prestar à autoridade administrativa as informações de que disponham relativamente aos bens, negócios ou atividades de terceiros tem como sujeito passivo, dentre outros, os tabeliães, escrivães e demais serventuários de ofício, desde que o cartório de notas esteja localizado no território do sujeito ativo dessa obrigação*".

II – os bancos, casas bancárias, Caixas Econômicas e demais instituições financeiras;

III – as empresas de administração de bens;

IV – os corretores, leiloeiros e despachantes oficiais;

18. HARADA, Kiyoshi. *Direito financeiro e tributário*, 7. ed., p. 406.

V – os inventariantes;

VI – os síndicos, comissários e liquidatários;

VII – quaisquer outras entidades ou pessoas que a lei designe, em razão de seu cargo, ofício, função, ministério, atividade ou profissão.

Parágrafo único. A obrigação prevista neste artigo não abrange a prestação de informações quanto a fatos sobre os quais o informante esteja legalmente obrigado a observar segredo em razão de cargo, ofício, função, ministério, atividade ou profissão.

O comando supramencionado obriga as pessoas citadas a prestarem informações quando solicitadas, mediante intimação escrita e independentemente de ordem judicial, a respeito de terceiros por interesse da fiscalização.

A intimação a que se refere este dispositivo é a de índole administrativa, uma vez que, mediante intimação judicial, todos, e não somente as pessoas citadas, têm de prestar informações.

É bom que se entenda que a intimação escrita é necessária às pessoas enumeradas nos incisos I a VI, independentemente de lei ordinária que as obrigue, uma vez que o próprio CTN já o fez. No entanto, consoante o inciso VII, haverá a necessidade de lei para quaisquer outras pessoas ou entidades não previstas nos incisos anteriores.

Por derradeiro, registre-se que, caso as pessoas citadas no dispositivo *sub examine* estiverem legalmente obrigadas ao sigilo, mesmo que intimadas administrativamente por escrito, **não** se verão compelidas a prestarem informações. É o caso atinente a advogados, psicólogos, médicos, **sacerdotes** e outros.

Note o item considerado **INCORRETO**, em prova realizada pela Cetro, para o cargo de Auditor (IF/PR), em 2014: *"A obrigatoriedade de fornecer informações ao Fisco não pode ser restringida por regras de sigilo em razão de profissão"*.

Note o item considerado **INCORRETO**, em prova realizada pela FCC, para o cargo de Técnico da Receita Estadual da SEGEP/MA, em 2016: *"De acordo com o CTN, a obrigação acessória de prestar à autoridade administrativa as informações de que disponham relativamente aos bens, negócios ou atividades de terceiros tem como sujeito passivo, dentre outros, os sacerdotes, exclusivamente em relação a crimes de sonegação fiscal, ou contra a ordem tributária, cujos relatos tenham sido ouvidos em confissão"*.

Convém memorizarmos as pessoas (físicas e jurídicas) descritas no dispositivo:

Quem deve prestar à autoridade administrativa, por escrito, informações (sobre bens, negócios ou atividades de terceiros), exceto aquelas protegidas pelo segredo da atividade?

1. os tabeliães, escrivães e demais serventuários de ofício;
2. os bancos, casas bancárias, Caixas Econômicas e demais instituições financeiras;
3. as **empresas de administração de bens**;
4. os corretores, leiloeiros e despachantes oficiais;
5. os inventariantes;
6. os **síndicos**, comissários e liquidatários;
7. as entidades ou pessoas designadas pela lei (em virtude de seu cargo, ofício, função, ministério, atividade ou profissão).

Note o item considerado **INCORRETO**, em prova realizada pela FCC, para o cargo de Técnico da Receita Estadual da SEGEP/MA, em 2016: *"De acordo com o CTN, a obrigação acessória de prestar à autoridade administrativa as informações de que disponham relativamente aos bens, negócios ou atividades de terceiros tem como sujeito passivo, dentre outros, as empresas de administração de bens, desde que o referido bem, sendo imóvel, esteja localizado no território do sujeito ativo dessa obrigação"*.

Note o item considerado **INCORRETO**, em prova realizada pela FCC, para o cargo de Técnico da Receita Estadual da SEGEP/MA, em 2016: *"De acordo com o CTN, a obrigação acessória de prestar à autoridade administrativa as informações de que disponham relativamente aos bens, negócios ou atividades de terceiros tem como sujeito passivo, dentre outros, os síndicos de edifícios comerciais e residenciais e os comissários de bordo de aeronaves que fazem voos apenas no território nacional"*.

A propósito do dever de prestar informações, Paulo de Barros Carvalho[19] leciona com propriedade que "não pode ingressar no secreto vínculo que se estabelece no exercício de certas profissões, em que a própria lei que as regula veda terminantemente a quebra do sigilo (...) O psicólogo, o médico, o advogado, e tantas outras pessoas que, em virtude de seu cargo, ofício, função, ministério, atividade ou profissão, tornam-se depositárias de confidências, muitas vezes relevantíssimas para o interesse do Fisco, não estão cometidas do dever de prestar informações previstas no art. 197".

Conquanto o inciso II do art. 197 trate da possibilidade de requisitar às instituições financeiras informações protegidas por sigilo bancário, sem necessidade de autorização judicial, existe séria e grande controvérsia doutrinária. Atualmente, a possibilidade encontra guarida na LC n. 105/2001, que assim estabelece no **art. 6º**:

> **Art. 6º** As autoridades e os agentes fiscais tributários da União, dos Estados, do Distrito Federal e dos Municípios somente poderão examinar documentos, livros e registros de instituições financeiras, inclusive os referentes a contas de depósito e aplicações financeiras, quando houver processo administrativo instaurado ou procedimento fiscal em curso e tais exames sejam considerados indispensáveis pela autoridade administrativa competente.

A discussão doutrinária é ferrenha, oscilando entre aqueles que chancelam o teor do dispositivo em epígrafe e diversos outros estudiosos que não se mostram favoráveis a ele[20].

A polêmica questão foi submetida ao **STF**, por meio de algumas ações diretas de inconstitucionalidade, quais sejam: **ADIn n. 2.390, ADIn n. 2.386, ADIn n. 2.397** e **ADIn n. 2.859.** Em 24 de fevereiro de **2016**, o Plenário do **STF** finalizou o julga-

19. CARVALHO, Paulo de Barros. *Curso de direito tributário*, 16. ed., p. 535.
20. *V.* RAU DE SOUZA, Maria Helena; FREITAS, Vladimir Passos de (Coord.). *Código Tributário Nacional comentado*. 4. ed., São Paulo: RT, 2007, pp. 944-945: a autora indica que se manifestam com restrições à LC n. 105/2001 vários tributaristas, quais sejam José Augusto Delgado, Fernando Facury Scaff, Milton Terra Machado e Misabel Abreu Machado Derzi e outros; de outra banda, manifestam-se a favor da LC n. 105/2001 Aurélio Pitanga Seixas Filho, Kleber Augusto Tagliaferro e Oswaldo Othon de Pontes Saraiva Filho.

mento conjunto das indigitadas ADIns, ajuizadas em face de normas federais que possibilitam a utilização, por parte da fiscalização tributária, de dados bancários e fiscais acobertados por sigilo constitucional, sem a intermediação do Poder Judiciário. O Tribunal, por maioria e nos termos do voto do Relator, Min. Dias Toffoli, julgou improcedente o pedido formulado nas ações diretas, vencidos os Ministros Marco Aurélio e Celso de Mello. Em síntese, o relator entendeu que ***a norma impugnada não cuidaria da transferência de informações bancárias ao Fisco, nem mesmo de violação a direito fundamental, notadamente de ofensa à intimidade.*** Desse modo, para o relator, não se estaria diante de "quebra de sigilo bancário", mas, ao contrário, da afirmação desse direito. Em outras palavras, o que ocorreria não seria propriamente a "quebra de sigilo", mas a 'transferência de sigilo' dos bancos ao Fisco. A seu ver, a LC n. 105/2001 é bastante protetiva na ponderação entre o acesso aos dados bancários do contribuinte e o exercício da atividade fiscalizatória pelo Estado. Nessa linha, mencionou que o ato de pagar tributos, sendo um dever fundamental (por representar "o contributo de cada cidadão para a manutenção e o desenvolvimento de um Estado que promove direitos fundamentais"), haveria a necessidade de se adotarem mecanismos efetivos para combater a rotina sonegatória.

Note o item considerado **CORRETO**, em prova realizada pela FUNDEP-Gestão de concursos, para o cargo de Promotor de Justiça Substituto (MPE/MG), em 2017: *"Na requisição de informação da Receita Federal do Brasil às instituições financeiras, mesmo sem autorização judicial, não se evidencia a violação do sigilo bancário e do sigilo fiscal"*.

Em julgamento de questão análoga, em 24 de fevereiro de **2016**, o Pleno do **STF**, ao enfrentar o **RE 601.314** (rel. Edson Fachin), evidenciou que "*o art. 6º da Lei Complementar n. 105/01 não ofende o direito ao sigilo bancário, pois realiza a igualdade em relação aos cidadãos, por meio do princípio da capacidade contributiva, bem como estabelece requisitos objetivos e o translado do dever de sigilo da esfera bancária para a fiscal*". O relator, Min. Edson Fachin, enfatizou que o tributo possui aptidão para reduzir as desigualdades jurídicas, políticas e econômicas, ao mesmo tempo que reconheceu o sigilo bancário como uma das expressões do direito de personalidade (art. 5º, X, CF). Entretanto, a primazia do dever de recolher o tributo provoca, a seu ver, reflexos na inoponibilidade do sigilo bancário perante a administração tributária, porquanto o uso do segredo pode servir para elidir tributos. O relator lembrou que o Brasil tem participado de esforços globais de combate à fraude fiscal internacional, evasão de divisas, lavagem de dinheiro e paraísos fiscais, o que lhe dá elevado grau de engajamento no propósito de combate a crimes tributários.

Na votação, foram vencidos os Ministros Marco Aurélio e Celso de Mello. Para este, aliás, a decretação da quebra do sigilo bancário, ressalvada a competência extraordinária das CPIs (CF, art. 58, § 3º), pressuporia, sempre, a existência de ordem judicial, sem a qual não se poderia impor à instituição financeira o dever de fornecer informações a qualquer instituição solicitante (Fisco, Ministério Público ou Polícia Judiciária).

Paralelamente à questão da possibilidade, ou não, do fornecimento de informações bancárias, para fins de constituição de créditos tributários, pelas instituições financeiras ao Fisco sem autorização judicial, a 6ª Turma do **STJ**, em 11 de fevereiro de **2014**, enfrentou tema adjacente. No **Recurso Ordinário em *Habeas Corpus* n. 41.532/PR** (rel. Min. Sebastião Reis Júnior), a Corte Superior sinalizou que os dados obtidos pela Receita Federal do Brasil, com fundamento no art. 6º da LC n. 105/2001, mediante requisição direta às instituições bancárias no âmbito de processo administrativo fiscal sem prévia autorização judicial, não podem ser utilizados no processo penal, sobretudo para dar base à ação penal.

Com efeito, exceto a hipótese em que o próprio fiscalizado entrega documentos bancários para o Fisco[21], na visão pacificada do STJ, *"a intervenção penal constitui incursão qualificada em direitos individuais protegidos no art. 5º, incisos X e XII, da Constituição da República. Por explícito mandamento constitucional, a quebra de sigilo bancário ou fiscal de pessoa física ou jurídica não pode ser realizada à revelia da atuação do Poder Judiciário para fins de investigação criminal ou para subsidiar a 'opinio delicti do Parquet', sendo nitidamente ilícitas, no caso, as provas remetidas pela Receita Federal do Brasil diretamente ao Ministério Público, com posterior oferecimento de denúncia"*. (**HC 243.034/SP, relª. Min. Laurita Vaz, 5ª T., j. em 26-08-2014**)[22]

O **art. 198 do CTN**, a ser agora analisado, trata do sigilo que deve ser mantido, bem como de sua quebra. Observe o *caput* do preceptivo:

> **Art. 198.** Sem prejuízo do disposto na legislação criminal, é vedada a divulgação, por parte da Fazenda Pública ou de seus servidores, de informação obtida em razão do ofício sobre a situação econômica ou financeira do sujeito passivo ou de terceiros e sobre a natureza e o estado de seus negócios ou atividades.

> Note o item considerado **CORRETO**, em prova realizada pela CONSULPLAN, Câmara de Belo Horizonte, para o cargo de Procurador, em 2018: *"Em que pese a existência de exceções no CTN e sem prejuízo do disposto na legislação criminal, é vedada a divulgação, por parte da Fazenda Pública ou de seus servidores, de informação obtida em razão do ofício sobre a situação econômica ou financeira do sujeito passivo ou de terceiros e sobre a natureza e o estado de seus negócios ou atividades"*.

> Note o item considerado **INCORRETO**, em prova realizada pela Objetiva, para o cargo de Advogado (EPTC), em 2012: *"É vedada a divulgação de informações relativas a inscrições na Dívida Ativa da Fazenda Pública"*.

21. Para o **STJ**, diferentemente, estes documentos podem, sim, ser utilizados para subsidiar a instauração de inquérito policial para apurar a suposta prática de crime contra a ordem tributária (**RHC 66.520/RJ, rel. Min. Jorge Mussi, 5ª T., j. em 02-02-2016**).
22. Ver, ainda, no mesmo sentido: AgRg no REsp 1.348.076/PR, rel. Min. Reynaldo Soares da Fonseca, 5ª T., j. em 03-12-2015.

> Note o item (adaptado) considerado **CORRETO**, em prova realizada pelo ITAME, para o cargo de Fiscal de Tributos da Prefeitura Municipal de Aragoiânia/GO, em 2016: *"Sem prejuízo do disposto na legislação criminal, é vedada a divulgação, por parte da Fazenda Pública ou de seus servidores, de informação obtida em razão do ofício sobre a situação econômica ou financeira do sujeito passivo ou de terceiros e sobre a natureza e o estado de seus negócios ou atividades".*

É natural que, assim como cabe ao Fisco a capacidade de investigar o sujeito passivo, igualmente lhe compete a obrigação de manter sigilo sobre as informações obtidas durante os processos de fiscalização, sob pena de imposição de sanções administrativas, sem prejuízo daquelas previstas na legislação criminal.

O § 1º do art. 145 da CF estabelece que os impostos deverão ser graduados individualmente, buscando-se a justiça fiscal por meio do postulado da capacidade contributiva. Na atividade fiscalizatória, tal postulado deve ser prestigiado ao mesmo tempo em que se preserva a posse das informações patrimoniais de que dispõe a autoridade lançadora, para levar a cabo a exigência do tributo. A título exemplificativo, o agente fiscal, ao verificar os dados da declaração de imposto de renda do contribuinte, que indicam as rendas, os saldos bancários, as transações imobiliárias e as variações patrimoniais, deverá pautar-se com a discrição que o sigilo lhe impõe, sendo-lhe defeso propalar de modo irresponsável quaisquer desses dados, os quais lhe incumbe preservar.

O *sigilo fiscal* deve ser compreendido como meio de proteção às informações prestadas pelos contribuintes ao Fisco, assegurado pelos direitos fundamentais guarnecidos constitucionalmente, conforme dispõe o art. 5º, X e XII, da Carta Magna, dando guarida ao direito à privacidade e ao direito ao sigilo na comunicação de dados. Observe o dispositivo:

> **Art. 5º** Todos são iguais perante a lei, sem distinção de qualquer natureza, garantindo-se aos brasileiros e aos estrangeiros residentes no País a inviolabilidade do direito à vida, à liberdade, à igualdade, à segurança e à propriedade, nos termos seguintes: (...)
>
> **X** – são invioláveis a intimidade, a vida privada, a honra e a imagem das pessoas, assegurado o direito a indenização pelo dano material ou moral decorrente de sua violação; (...)
>
> **XII** – é inviolável o sigilo da correspondência e das comunicações telegráficas, de dados e das comunicações telefônicas, salvo, no último caso, por ordem judicial, nas hipóteses e na forma que a lei estabelecer para fins de investigação criminal ou instrução processual penal;

Com base nos incisos supracitados, pode-se concluir que a quebra de sigilo bancário e fiscal, calcado em procedimento administrativo, deflagra indevida intromissão na privacidade do cidadão.

Vamos, agora, analisar o **§ 1º do art. 198 do CTN:**

Art. 198. (...)

§ 1º Excetuam-se do disposto neste artigo, além dos casos previstos no art. 199, os seguintes:

I – requisição de autoridade judiciária no interesse da justiça;

II – solicitações de autoridade administrativa no interesse da Administração Pública, desde que seja comprovada a instauração regular de processo administrativo, no órgão ou na entidade respectiva, com o objetivo de investigar o sujeito passivo a que se refere a informação, por prática de infração administrativa.

A vedação constante do art. 198 do CTN comporta exceções, em **três** casos específicos (dois previstos nos incisos constantes do parágrafo primeiro do dispositivo e outro no próprio parágrafo primeiro). Assim, admite-se a divulgação de informações nos seguintes casos:

a) requisição do juiz, no interesse da justiça (processo de qualquer natureza, civil ou penal);

b) solicitação de informações, por outro órgão da Administração Pública, para a apuração de prática de infração administrativa (Exemplo: Banco Central, ao apurar ilícito cambiário, requer informações à Secretaria da Receita Federal do Brasil). É claro que a troca de dados pressupõe processo administrativo aberto no órgão requisitante, que deverá, ao obter as informações, "passar recibo" de que as bem recebeu, em uma verdadeira "transferência de sigilo", consoante o disposto no **art. 198, § 2º, do CTN**, adiante reproduzido:

Art. 198. (...)

§ 2º O intercâmbio de informação sigilosa, no âmbito da Administração Pública, será realizado mediante processo regularmente instaurado, e a entrega será feita pessoalmente à autoridade solicitante, mediante recibo, que formalize a transferência e assegure a preservação do sigilo.

Note o item considerado **CORRETO**, em prova realizada pela CONSULPLAN, Câmara de Belo Horizonte, para o cargo de Procurador, em 2018: *"No que tange à Administração Tributária, o intercâmbio de informação sigilosa, no âmbito da Administração Pública, será realizado mediante processo regularmente instaurado, e a entrega será feita pessoalmente à autoridade solicitante, mediante recibo, que formalize a transferência e assegure a preservação do sigilo".*

Observação: item semelhante, considerado **CORRETO**, foi solicitado em prova realizada pelo ITAME, para o cargo de Fiscal de Tributos da Prefeitura Municipal de Aragoiânia/GO, em 2016.

c) troca de informações entre as entidades impositoras, por força de lei ou de convênio, conforme previsto no *caput* do art. 199 do CTN, que será comentado a seguir. Trata-se de dispositivo não autoaplicável, uma vez que depende de regulação por *lei* ou *convênio*. Tais instrumentos, na prática, são raros, desestimulando o mecanismo de permuta de dados entre as Fazendas Públicas, o que é de todo salutar. Como já se acentuou, aqui deve se dar a "transferência de sigilo" entre os órgãos receptor e transmissor da informação. Diga-se que, se houver **permuta de informações entre União e outros países**, o veículo de troca de dados deve ser o acordo ou tratado internacional. É ele também dependente de regulamentação, não sendo autoaplicável.

Note o item considerado **CORRETO**, em prova realizada pela FCC, para o cargo de Advogado (Técnico de Nível Superior) da Prefeitura de Teresina/PI, em 2016: *"O CTN autoriza permutas de informações entre as Fazendas Públicas das pessoas jurídicas de direito público interno, e também autoriza que permutas de informações sejam feitas com Estados estrangeiros. De acordo com esse Código, essas permutas, quando feitas entre a Fazenda Pública da União e os Estados estrangeiros, deverão sê-lo na forma estabelecida em tratados, acordos ou convênios internacionais, e necessariamente no interesse da arrecadação e da fiscalização de tributos"*.

Note o item considerado **CORRETO**, em prova realizada pelo IESES, TJ-AM, para o cargo de Titular de Serviços de Notas e de Registros, em 2018: *"A Fazenda Pública da União, na forma estabelecida em tratados, acordos ou convênios, poderá permutar informações com Estados estrangeiros no interesse da arrecadação e da fiscalização de tributos"*.

Muito se tem discutido, diante da redação do art. 198, § 1º, II, do CTN, que dispõe sobre uma relevante condição: "(...) desde que seja comprovada a instauração regular de processo administrativo, no órgão ou na entidade respectiva, (...)".

A necessidade de processo tem sido entendida por alguns como meras investigações, sem o devido processo legal; para outros, entretanto, o processo deve ser compreendido como pressuposto da lide, abarcando o contraditório e a ampla defesa. Os primeiros defendem a prestação da informação e a busca da apuração do ato ilícito, sem que para isso seja vital a existência da lide propriamente dita; os últimos – aqueles que prestigiam o contraditório e a ampla defesa – propugnam a restrição ao fornecimento de dados em mero procedimento, demonstrando a prevalência dos direitos fundamentais contra as investidas do Estado, que não deixa de contar com a via do Judiciário para obter o êxito na prestação de informações que repute indispensáveis[23].

Urge salientar que a LC n. 104/2001 permitiu importantes ressalvas ao *Princípio do Sigilo Fiscal*, como se pode notar nos dizeres insertos no **§ 3º do art. 198 do CTN:**

23. *V.* FRANCISCO, José Carlos; PEIXOTO, Marcelo Magalhães; LACOMBE, Rodrigo Santos Masset (Coord.). *Comentários ao Código Tributário Nacional*, p. 1397.

Art. 198. (...)

§ 3º Não é vedada a divulgação de informações relativas a:

Note o item (adaptado) considerado **INCORRETO**, em prova realizada pela Vunesp, para o cargo de Agente Fiscal Tributário da Prefeitura Municipal de Suzano/SP, em 2016: *"Em razão do sigilo fiscal, determina o CTN que, sem prejuízo do disposto na legislação criminal, é vedada a divulgação, por parte da Fazenda Pública ou de seus servidores, de informação obtida em razão do ofício sobre a situação econômica ou financeira do sujeito passivo ou de terceiros e sobre a natureza e o estado de seus negócios ou atividades. Acerca da referida vedação, é vedada a divulgação de 'parcelamentos/moratórias' e de 'informações relativas a representações fiscais para fins penais', sendo ambas alcançadas pelo sigilo fiscal".*

Note o item considerado **CORRETO**, em prova realizada pela Vunesp, para o cargo de Agente Fiscal Tributário da Prefeitura Municipal de Suzano/SP, em 2016: *"Em razão do sigilo fiscal, determina o CTN que, sem prejuízo do disposto na legislação criminal, é vedada a divulgação, por parte da Fazenda Pública ou de seus servidores, de informação obtida em razão do ofício sobre a situação econômica ou financeira do sujeito passivo ou de terceiros e sobre a natureza e o estado de seus negócios ou atividades. Acerca da referida vedação, é permitida a divulgação de informações relativas a inscrições na Dívida Ativa da Fazenda Pública".*

I – representações fiscais para fins penais;

II – inscrições na Dívida Ativa da Fazenda Pública;

III – parcelamento ou moratória.

Assim, é possível haver a divulgação de informações sobre representação fiscal para fins penais, dívida ativa, parcelamento ou moratória.

Temos dito que tal comando veicula prática fiscal um tanto vexatória e irrazoável para o contribuinte, traduzindo-se, muitas vezes, em cobrança indireta de tributo.

Como dado derradeiro desse tópico, vale a pena procedermos à demarcação do sigilo fiscal perante o direito de o cidadão obter informações tributárias, a seu respeito, por meio do ***habeas data***.

Em 5 de agosto de **2014**, a 2ª Turma do **STJ**, no **REsp 1.411.585/PE** (rel. Min. Humberto Martins), entendeu que, *"conquanto seja possível, nos termos da superveniente Lei n. 12.527/2011, o acesso às informações constantes do Registro de Procedimento Fiscal – RPF, o 'Habeas Data' não é a via adequada para que o impetrante tenha acesso às informações que dele constam"*. Para o **STJ**, houve uma inadequação da via eleita, uma vez que o RPF *"é documento de uso privativo da Receita Federal, não tem caráter público nem pode ser transmitido a terceiros; e, de outro lado, não contém somente informações relativas à pessoa do impetrante, mas, principalmente, informações sobre as atividades desenvolvidas pelos auditores fiscais no desempenho de suas funções"*. Diante disso, o **STJ** concluiu que *"o acesso a esse documento pode, em tese, obstar o regular desempenho do poder de polícia da Receita Federal"*.

Em 17 de junho de **2015**, o Pleno do **STF**, ao julgar o **RE 673.707** (rel. Min. Luiz Fux), com repercussão geral reconhecida, entendeu que o contribuinte que desejar ter acesso a *extratos fiscais*, atinentes às informações constantes de sistemas informatizados de apoio à arrecadação tributária (no caso, eram as informações do SINCOR e CONTACORPJ, ambos da Receita Federal do Brasil), poderá se valer da via constitucional do "habeas data". Para o relator, o Ministro Luiz Fux, o SINCOR (ou qualquer sistema análogo) não pode se resguardar sob o manto do sigilo fiscal ou constitucional, uma vez que a informação foi requerida pelo próprio contribuinte. Assim, a seu ver, "*dado o direito maior do contribuinte de conhecer informações que lhe dizem respeito, deve ser considerada possível a impetração do 'habeas data'*". O **STF**, dessarte, concebeu que "*o 'habeas data' é garantia constitucional adequada para a obtenção dos dados concernentes ao pagamento de tributos do próprio contribuinte constantes dos sistemas informatizados de apoio à arrecadação dos órgãos da administração fazendária dos entes estatais*". E, confrontando o delicado tema do sigilo fiscal com o direito à informação, a Corte Suprema assim dispôs:

> Note o item considerado **INCORRETO**, em prova realizada pelo Cespe/Cebraspe, para o cargo de Juiz de Direito Substituto do TJ/AM, em 2016: *"'Habeas data' não é garantia constitucional adequada para obtenção de dados concernentes ao pagamento de tributos do próprio contribuinte constantes de sistemas informatizados de apoio à arrecadação dos órgãos da administração fazendária dos entes estatais".*

> (...) As informações fiscais conexas ao próprio contribuinte, se forem sigilosas, não importa em que grau, devem ser protegidas da sociedade em geral, segundo os termos da lei ou da constituição, mas não de quem a elas se referem, por força da consagração do direito à informação do art. 5º, inciso XXXIII, da Carta Magna, que traz como única ressalva o sigilo imprescindível à segurança da sociedade e do Estado, o que não se aplica no caso *sub examine, verbis*: "Art. 5º, XXXIII – todos têm direito a receber dos órgãos públicos informações de seu interesse particular, ou de interesse coletivo ou geral, que serão prestadas no prazo da lei, sob pena de responsabilidade, ressalvadas aquelas cujo sigilo seja imprescindível à segurança da sociedade e do Estado." (...)

Em 1º de agosto de **2016**, o Ministro do **STJ**, Humberto Martins, em *decisão monocrática*, no **REsp 1.606.599**, curvando-se ao entendimento do STF, no retrocitado **RE 673.707**, julgou procedente o pedido formulado na petição inicial, para determinar que a autoridade fiscal fornecesse os extratos fiscais desejados pelo interessado.

Passemos, então, à análise do **art. 199, *caput* e parágrafo único, do CTN.**

> **Art. 199.** A Fazenda Pública da União e as dos Estados, do Distrito Federal e dos Municípios prestar-se-ão mutuamente assistência para a fiscalização dos tributos respectivos e permuta de informações, na forma estabelecida, em caráter geral ou específico, por lei ou convênio.

Parágrafo único. A Fazenda Pública da União, na forma estabelecida em tratados, acordos ou convênios, poderá permutar informações com Estados estrangeiros no interesse da arrecadação e da fiscalização de tributos.

Note o item (adaptado) considerado **CORRETO**, em prova realizada pelo ITAME, para o cargo de Fiscal de Tributos da Prefeitura Municipal de Aragoiânia/GO, em 2016: *"A Fazenda Pública da União, na forma estabelecida em tratados, acordos ou convênios, poderá permutar informações com Estados estrangeiros no interesse da arrecadação e da fiscalização de tributos"*.

O preceptivo em epígrafe versa sobre a assistência mútua entre as Fazendas Públicas, na forma estabelecida por *lei* ou *convênio*.

A propósito, a **LC n. 155**, de 27 de outubro de **2016**, incluiu o § 1º ao art. 34 da LC n. 123/2006, prevendo que "é permitida a prestação de assistência mútua e a permuta de informações entre a Fazenda Pública da União e as dos Estados, do Distrito Federal e dos Municípios, relativas às microempresas e às empresas de pequeno porte, para fins de planejamento ou de execução de procedimentos fiscais ou preparatórios".

Diz-se que os convênios são necessários, em face da existência de problemas comuns que afetam a fiscalização e arrecadação de tributos das diversas unidades federativas. Visam, assim, simplificar a atuação fiscalizatória, por meio de troca de informações entre as Fazendas Públicas dos Estados, no tocante à fiscalização do tributo, principalmente no que diz respeito às prestações e operações interestaduais.

Diante da inexistência de tais instrumentos normativos, entendemos que não haverá empecilhos a que se troquem informações entre os Fiscos, mormente porque a regra limitadora dispõe sobre a quebra de fidelidade entre "agente fiscal" e "particular interessado", e não entre "agente fiscal" e outro "agente público", no interesse da fiscalização, sob reserva de sigilo.

Todavia, é mister ressaltar que as informações obtidas e eventualmente trocadas entre os órgãos responsáveis pela fiscalização estão guarnecidas pelo sigilo fiscal, o que obsta a sua livre divulgação a terceiros, sob pena de tipificação penal, consoante o art. 325 do Código Penal[24].

Por fim, o **art. 200 do CTN** trata do auxílio policial prestado às autoridades administrativas. Observe-o:

Art. 200. As autoridades administrativas federais poderão requisitar o auxílio da força pública federal, estadual ou municipal, e reciprocamente, quando vítimas de embaraço ou desacato no exercício de suas funções, ou quando necessário à efetivação de medida prevista na legislação tributária, ainda que não se configure fato definido em lei como crime ou contravenção.

24. *V.* MACHADO, Hugo de Brito. *Curso de direito tributário*, 29. ed., p. 254.

Note o item (adaptado) considerado **INCORRETO**, em prova realizada pelo ITAME, para o cargo de Fiscal de Tributos da Prefeitura Municipal de Aragoiânia/GO, em 2016: *"As autoridades administrativas federais quando vítimas de embaraço ou desacato no exercício de suas funções poderão requisitar exclusivamente o auxílio da força pública federal, sendo vedado por lei o envolvimento da força pública estadual, municipal ou distrital".*

Note o item considerado **CORRETO**, em prova realizada pela UEG, PC-GO, para o cargo de Delegado de Polícia, em 2018: *"No lançamento tributário praticado no âmbito de operação de fiscalização, a Administração Tributária tem prerrogativa de requisição de força policial".*

Segundo o dispositivo em apreço, as autoridades administrativas federais, ao desempenharem seu mister investigativo, no controle do cumprimento das obrigações tributárias do sujeito passivo, não podem deparar com empecilhos opostos pelo fiscalizado, predisposto a impor óbices à ação fiscal. Dessa forma, qualquer ato que embarace a fiscalização, **mesmo não constituindo crime ou contravenção**, poderá ensejar a requisição por parte da autoridade fiscal de auxílio da força pública federal, estadual, distrital ou municipal.

Note o item considerado **CORRETO**, em prova realizada pela FGV, para o cargo de Auditor do Tesouro Municipal da Prefeitura de Recife/PE, em 2014: *"A autoridade administrativa pode requisitar força pública durante atividade fiscalizadora, mesmo que não tenha ocorrido fato definido em lei como crime".*

Em qualquer hipótese, todavia, deve imperar, na utilização da prerrogativa estatal, a máxima parcimônia, uma vez que o emprego da desmedida força, divorciada da guarida legal, pode ensejar o crime de *excesso de exação* (art. 316, § 1º, CP) ou de *violência arbitrária* (art. 322, CP).

Frise-se que a doutrina diverge quanto à possibilidade de requisição de força policial na hipótese de recusa de apresentação de livros comerciais ou documentos fiscais, no mister fiscalizatório.

Urge destacar, ainda, que, conquanto o dispositivo faça menção apenas às autoridades administrativas federais, deve haver natural aplicação do dispositivo às autoridades fiscais estaduais, distritais e municipais, que requisitarão, respectivamente, força pública estadual, distrital e municipal.

Ad argumentandum, sabe-se que o próprio agente fiscal avocará o aparato repressor, sem necessidade de se valer de superior hierárquico.

Nunca é demasiado relembrar que o chamamento da força policial não legitima a arbitrária "fiscalização policial". Quer-se dizer que o aparato policial será utilizado apenas para legitimar a atuação da autoridade fiscal, única competente a desempenhar o mister fiscalizatório. O contribuinte não pode ser "fiscalizado" pela polícia, mas por esta protegido – aliás, ele e todos, contribuintes ou não. A função de fiscalizar é-lhe vedada, independentemente de se tratar de Polícia Civil ou Polícia Federal, de se tratar de investigador, agente, escrivão ou delegado. A esse propósito, os arts. 904 e 908 do Regulamento do Imposto de Renda (RIR) dispõem que a fiscalização tributária é de competência exclusiva do servidor público competente, no caso, o Auditor-Fiscal da Receita Federal do Brasil.

3 DÍVIDA ATIVA

A dívida ativa é o *crédito público*, ou seja, todos os valores que a Fazenda Pública tem para receber de terceiros, independentemente de ser de natureza tributária ou não tributária. Frise-se que este crédito público não pode ter sido alvo de causa suspensiva, extintiva ou excludente, o que lhe provocaria desdobramentos impeditivos da exequibilidade, e deve ter sido internalizado por ato administrativo intitulado "inscrição", nos cadastros da representação judicial do Fisco. Quando o crédito é de natureza não tributária, tem-se a *Dívida Ativa Não Tributária*; se o crédito for de natureza tributária, ter-se-á a *Dívida Ativa Tributária*, de que trata o art. 201 do CTN[25]. Em didático trocadilho, tem-se dito que a *dívida ativa* é o oposto de *dívida pública*. Esta é débito do poder público para com terceiros, enquanto aquela é crédito do Estado a ser cobrado executivamente[26]. Observe o **art. 2º, §§ 1º e 2º, da Lei de Execução Fiscal**:

> **Art. 2º** Constitui *Dívida Ativa da Fazenda Pública* aquela definida como ***tributária ou não tributária*** na *Lei n. 4.320, de 17 de março de 1964,* com as alterações posteriores, que estatui normas gerais de direito financeiro para elaboração e controle dos orçamentos e balanços da União, dos Estados, dos Municípios e do Distrito Federal.

> Note o item considerado **CORRETO**, em prova realizada pela FEPESE/UFSC, para o cargo de Procurador da Prefeitura de Lages, em 2016: *"Compreendem a dívida ativa da fazenda pública os créditos tributários e não tributários".*

> Note o item considerado **INCORRETO**, em prova realizada pelo IESES, para o cargo de Titular de Serviços de Notas e de Registros – Provimento (TJ/SC), em 2019: *"Créditos da Fazenda Pública de natureza não tributária, regularmente inscritos em Dívida Ativa, não podem ser cobrados por meio de Execução Fiscal, nos termos da Lei n. 6.830/80".*

> **§ 1º** Qualquer valor cuja cobrança seja atribuída por lei às entidades de que trata o art. 1º será considerado *Dívida Ativa da Fazenda Pública.*
>
> **§ 2º A Dívida Ativa da Fazenda Pública**, compreendendo a *tributária* e a *não tributária,* abrange atualização monetária, juros e multa de mora e demais encargos previstos em lei ou contrato. **(Grifos nossos)**

> Note o item considerado **CORRETO**, em prova realizada pelo IESES, para o cargo de Analista de Processos Organizacionais – Direito da BAHIAGÁS (Cia. de Gás da Bahia), em 2016: *"A Lei 6.830/80 tem por objetivo regulamentar a execução judicial da dívida ativa da Fazenda Pública, regularmente inscrita, abrangendo na locução tanto os créditos tributários como os não tributários".*

25. V. CASTRO, Aldemiro Araújo; PEIXOTO, Marcelo Magalhães; LACOMBE, Rodrigo Santos Masset (Coord.). *Comentários ao Código Tributário Nacional*. São Paulo: MP Editora, 2005, p. 1420.
26. V. HARADA, Kiyoshi. *Direito financeiro e tributário*, 7. ed., p. 400.

A **dívida ativa não tributária** representa os créditos a que faz jus a Fazenda Pública, tais como originários de foros, **laudêmios**, aluguéis, preços públicos, indenizações, além de outros. Por sua vez, a dívida ativa tributária refere-se a tributos, seus **adicionais e multas** decorrentes do seu não pagamento. Com efeito, o art. 2º da LEF prescreve que constitui dívida ativa da Fazenda Pública aquela definida como *tributária* ou *não tributária* na **Lei n. 4.320/64**, cujo **art. 39, § 2º**, assim dispõe:

> Note o item considerado **CORRETO**, em prova realizada pela FAPEC, para o cargo de Agente Administrativo da Prefeitura de Ouro Branco/AL, em 2016: "*'Laudêmio' é uma taxa de 5% sobre o valor venal ou da transação do imóvel a ser paga à União quando ocorre uma transação onerosa com escritura definitiva dos direitos de ocupação ou aforamento de terrenos da União, como terrenos de marinha. Não é imposto nem tributo*".

> *Dívida Ativa Tributária* é o crédito da Fazenda Pública dessa natureza proveniente de obrigação legal relativa a tributos e respectivos adicionais e multas, e *Dívida Ativa Não tributária* são os demais créditos da Fazenda Pública, tais como os provenientes de *empréstimos compulsórios*, contribuições estabelecidas em lei, *multas de qualquer origem ou natureza*, exceto as tributárias, foros, laudêmios, aluguéis ou taxas de ocupação, *custas processuais*, preços por serviços prestados por estabelecimentos públicos, indenizações, reposições, restituições, alcances dos responsáveis definitivamente julgados, bem assim os créditos decorrentes de obrigações em moeda estrangeira, de sub-rogação de hipoteca, fiança, aval, ou outra garantia de contratos em geral ou de outras obrigações legais. **(Grifos nossos)**

À guisa de curiosidade, evidencia-se que a norma em epígrafe fez menção a "empréstimos compulsórios", demonstrando a predileção do legislador, à época, por sua feição não tributária.

Ademais, quando se menciona a expressão "multas de qualquer natureza", abre-se espaço para a execução de multas criminais, multas por infrações ambientais, multas do Código do Consumidor e outras. Em 25 de março de **2015**, a 3ª Turma do **STJ** aprovou o enunciado da **Súmula n. 521**, segundo o qual "*a legitimidade para a execução fiscal de multa pendente de pagamento imposta em sentença condenatória é exclusiva da Procuradoria da Fazenda Pública*".

Por fim, o dispositivo insere as "custas processuais" como dívida não tributária, o que afronta o atual posicionamento do **STF**, para quem as custas são verdadeiras taxas (**ADIn n. 1.378-5, rel. Min. Celso de Mello, j. em 04-06-1997**), configurando-se *dívida ativa tributária*.

Segundo o **art. 201 do CTN**, o crédito tributário, quando não pago na órbita administrativa às repartições arrecadadoras, dentro do prazo legal ou, ainda, quando resulte de uma decisão administrativa ou judicial do qual ele advenha, converter-se-á em *dívida ativa tributária* da Fazenda Pública, pelo procedimento intitulado "inscrição" nos livros da repartição competente para tal intento. Observe o dispositivo:

Art. 201. Constitui dívida ativa tributária a proveniente de crédito dessa natureza, regularmente inscrita na repartição administrativa competente, depois de esgotado o prazo fixado, para pagamento, pela lei ou por decisão final proferida em processo regular.

Parágrafo único. A fluência de juros de mora não exclui, para os efeitos deste artigo, a liquidez do crédito. **(Grifo nosso)**

A inscrição do crédito tributário em dívida ativa ocorre pelo inadimplemento da obrigação tributária nascida com o fato gerador. Isso quer dizer que o crédito tributário não suspenso, não extinto ou não excluído, poderá, como resposta à necessidade de cobrança judicial do sujeito ativo, ser inscrito em dívida ativa. Tal procedimento tem o condão de conferir exequibilidade à relação jurídico-tributária. Portanto, a dívida ativa pode ser definida como o *crédito tributário inscrito.*

DA = CT + INSCRIÇÃO

Após a inscrição na dívida ativa, cria-se o cenário hábil à propositura da ação judicial de cobrança, de nome *Ação de Execução Fiscal*, conforme a Lei n. 6.830/80. Como resposta a tal ação judicial, poderá o executado[27], assim que ofertada a garantia do juízo, opor *Embargos à Execução Fiscal*, numa tentativa de **extinguir a execução fiscal preexistente, no prazo de 30 dias.**

Note o item considerado **CORRETO**, em prova realizada pela OBJETIVA, para o cargo de Auditor Fiscal de Tributos Municipais da Prefeitura Municipal de Erechim/RS, em 2016: *"Em conformidade com a Lei n. 6.830/80, que dispõe sobre a cobrança judicial da Dívida Ativa da Fazenda Pública, a execução fiscal poderá ser promovida contra o devedor, o fiador, o espólio, a massa, o responsável, nos termos da lei, por dívidas, tributárias ou não, de pessoas físicas ou pessoas jurídicas de direito privado e contra os sucessores, a qualquer título".*

Note o item considerado **INCORRETO**, em prova realizada pela FEPESE, para o cargo de Advogado da Prefeitura Municipal de Criciúma/SC, em 2016: *"O prazo para oferecimento dos embargos à execução é de dez dias da lavração do auto de penhora".*

Note o item considerado **CORRETO**, em prova realizada pela UNOESC, para o cargo de Agente Fiscal Tributário Externo da Prefeitura Municipal de Iraceminha/SC, em 2016: *"Os embargos à execução fiscal é considerado um dos meios de defesa do sujeito passivo, quando acionado judicialmente pelo fisco. O prazo para apresentação dos embargos à execução fiscal é de 30 (trinta) dias, contados da juntada da prova da fiança bancária ou do seguro garantia".*

27. Conforme o **art. 4º da Lei n. 6.830/80**, a execução fiscal poderá ser promovida contra **(I)** o devedor; **(II)** o fiador; **(III)** o espólio; **(IV)** a massa; **(V)** o responsável; e **(VI)** os sucessores a qualquer título. Quanto à execução do fiador, ver o **REsp 1.444.692/CE**, rel. Min. Herman Benjamin, 2ª T., j. em **13-05-2014.**

Conforme o **art. 4º da Lei n. 6.830/80**, a execução fiscal poderá ser promovida contra (I) o devedor; (II) **o fiador**; (III) o espólio; (IV) a massa; (V) o responsável; e (VI) os sucessores a qualquer título. A propósito, quanto à execução do fiador, vale a pena ver o teor do veredicto exarado no **REsp 1.444.692/CE**, rel. Min. Herman Benjamin, 2ª T., j. em **13-05-2014**.

Note o item (adaptado) considerado **INCORRETO**, em prova realizada pelo IESES, para o cargo de Titular de Serviços de Notas e de Registros – Provimento (TJ/SC), em 2019: *"A Execução Fiscal não pode ser promovida contra o fiador, segundo disposição expressa da Lei de Execução Fiscal"*.

O **art. 9º** da Lei n. 6.830/80 permite que se garanta o juízo com (I) depósito em dinheiro, (II) **fiança bancária** ou (III) bens à penhora, próprios ou de terceiros. Na visão do **STJ**, até meados de março de **2015**, o "seguro garantia judicial" não podia ser utilizado como caução em execução fiscal, em homenagem ao princípio da especialidade e à exaustividade do rol previsto no citado dispositivo (**ver AgRg no REsp 1.394.408-SP, rel. Min. Napoleão Nunes Maia Filho, j. em 17-10-2013**).

Note o item considerado **INCORRETO**, em prova realizada pela OBJETIVA, para o cargo de Auditor Fiscal de Tributos Municipais da Prefeitura Municipal de Erechim/RS, em 2016: *"Em conformidade com a Lei n. 6.830/80, que dispõe sobre a cobrança judicial da Dívida Ativa da Fazenda Pública, visando garantir a execução, o executado não poderá oferecer fiança bancária ou seguro garantia, uma vez que somente será aceito para este fim o depósito em dinheiro"*.

Entretanto, frise-se que houve uma mudança de entendimento na Corte Superior, mormente em razão do que se preceituou na Lei n. 13.043/2014. Tal norma – que é de cunho processual e, *ipso facto*, de aplicação imediata aos processos em curso –, dando nova redação ao art. 9º, II, da LEF, facultou expressamente ao executado a possibilidade de "oferecer fiança bancária ou seguro garantia". Em 17 de março de **2015**, a 2ª Turma do **STJ**, no **REsp 1.508.171/SP** (rel. Min. Herman Benjamin), entendeu que "não merece acolhida, portanto, a pretensão da Fazenda Pública do Estado de São Paulo de impedir que a dívida seja garantida mediante oferecimento de seguro-garantia".

Em outro giro, no dia 19 de maio de **2015**, a 1ª Turma do **STJ**, no **REsp 1.523.794/RS** (rel. Min. Sérgio Kukina), entendeu que "*na ação de execução fiscal, frustradas as diligências para localização de outros bens em nome do devedor e obedecida a ordem legal de nomeação de bens à penhora, não cabe ao magistrado recusar a constrição de bens nomeados pelo credor fundamentando a decisão apenas na assertiva de que a potencial iliquidez deles poderia conduzir à inutilidade da penhora*". No caso em comento, os bens indicados eram veículos antigos, de pouquíssima liquidez (*Volkswagen Santana CD*, fabricado em 1985; e *Volkswagen TL*, fabricado em 1972). De fato, segundo o art. 612 do CPC (atual art. 797 do NCPC), a execução é realizada no interesse do credor que adquire, pela penhora, o direito de preferência sobre os bens indicados.

Em tema cuja questão de fundo se refere à substituição da garantia, intentada pela Fazenda Pública (da fiança bancária pelo depósito de quantia dos dividendos de acionistas a serem distribuídos), a 1ª Turma do **STJ**, em 22 de abril de **2015** (publicação no *DJe* em **14-09-2015**), nos **Embargos de Divergência no REsp 1.163.553/RJ** (rel. Min. Arnaldo Esteves Lima; rel. p/ ac. Min. Mauro Campbell Marques), entendeu que "*o inciso II do art. 15 da Lei n. 6.830/80, que permite à Fazenda Pública, em qualquer fase do processo, postular a substituição do bem penhorado, deve ser interpretado com temperamento, tendo em conta o princípio contido no art. 620 do CPC (atual art. 805 do NCPC), segundo o qual 'quando por vários meios o credor promover a execução, o juiz mandará que se faça pelo modo menos gravoso', não convivendo com exigências caprichosas, nem com justificativas impertinentes*". Com efeito, a mencionada substituição da garantia somente será cabível se a fiança bancária mostrar-se inidônea e merecedora da troca, tudo em homenagem ao *princípio da menor onerosidade*. Entretanto, no caso concreto, a execução fiscal já estava garantida pela fiança bancária, e essa garantia já havia sido expressamente aceita pela Fazenda Pública. Ora, com garantia oferecida e aceita, a substituição pretendida pela Fazenda Pública é desarrazoada, restando apenas ao executado o poder de promover a substituição.

Saliente-se, ainda, conforme entendimento do **STJ**, que o mandado de intimação da penhora deve conter expressa menção do prazo legal para o oferecimento de embargos à execução, de modo que o executado possa dimensionar o espaço temporal de que dispõe para constituir advogado com vistas à defesa técnica que os princípios constitucionais do contraditório e da ampla defesa lhe asseguram. (**EREsp 1.269.069/CE, rel. Min. Herman Benjamin, 1ª T., j. em 09-04-2014)**

Por outro lado, em 2 de junho de **2015**, a 2ª Turma do **STJ**, no **REsp 1.440.639/PE** (rel. Min. Mauro Campbell Marques), entendeu que "*o prazo para oferecer embargos à execução fiscal, nos casos em que a garantia é expressamente dispensada pelo juízo de execução, deve ter início na data da intimação da decisão que dispensou a apresentação de garantia, já que é esse o ato que caracteriza a informação aos atores processuais da desnecessidade da garantia e a aptidão para embargar, não havendo a necessidade de, na intimação da dispensa de garantia, se informar expressamente o prazo para embargar*". Com efeito, a tendência jurisprudencial tem sido a de prestigiar a data da intimação daquele ato que informa aos atores processuais a existência da garantia, do qual deflui o nascimento da aptidão para opor os embargos: *as datas da intimação do depósito,* ***da penhora****,* da *aceitação do seguro-garantia*, entre outras.

Note o item (adaptado) considerado **CORRETO**, em prova realizada pela FGV Projetos, para o cargo de Analista Portuário (Advogado) da CODEBA – Cia. das Docas do Estado da Bahia, em 2016: "*O Estado X ajuizou execução fiscal em face de Caio. Após a sua citação, Caio ofereceu um imóvel em penhora para a garantia da execução e posterior oferecimento dos embargos à execução. Com base na hipótese apresentada, Caio deverá opor embargos à execução no prazo de 30 dias, contados da sua intimação da penhora*" [e não "30 dias, contados do oferecimento do bem à penhora"].

Em **26 de abril de 2017**, a 1ª Seção do **STJ**, no **EREsp 1.349.584/MG** (rel. Min. Og Fernandes), entendeu que, a despeito de o parcelamento, via REFIS, promover a suspensão da exigibilidade do crédito tributário, não serve para desconstituir a garantia previamente ofertada em juízo. O caso se refere a uma empresa que, alvo de uma Execução Fiscal já garantida por penhora, aderiu ao REFIS e ofereceu, administrativamente, imóvel em garantia do parcelamento. Diante da duplicidade de garantias, despontou uma instigante dúvida: *há excesso na manutenção da constrição patrimonial (penhora) sobre os ativos da empresa executada, após a adesão ao REFIS*? Ou, ainda, em visão mais simples: *o parcelamento serve (ou não) para desconstituir a garantia ofertada ao juízo das execuções?*

A situação de concomitância de garantias, administrativa e judicial, levou o **STJ** a elaboração de veredictos dissonantes, ora determinando a desconstituição da penhora no processo executivo, ora considerando admissível o duplo gravame. Se falta uniformidade na Corte Superior, sobra objetividade na pena do legislador, o qual desejou, em síntese, à luz dos §§ 3º e 4º do art. 3º da Lei n. 9.964/2000, que deve, sim, ser mantida a penhora promovida em Execução Fiscal, com a adesão ao REFIS. Assim, a norma atribui primazia à constrição judicial determinada antes da opção pelo REFIS. O ministro Relator, Og Fernandes, sugerindo uma urgente revisão na jurisprudência da Corte, a fim de que ocorra um alinhamento com a legislação de regência (art. 3º, §§ 3º e 4º, da Lei n. 9.964/2000), entendeu que carece de fundamento a tese de que "não se pode garantir duplamente a mesma dívida" e julgou aceitável a ocorrência do duplo gravame.

Em **12 de março de 2019**, a 1ª Turma do **STJ**, no **REsp 1.464.714/PR** (rel. Min. Napoleão Nunes Maia Filho, rel. p/ Ac. Min. Benedito Gonçalves), entendeu que se revela legítimo ao Fisco, como forma de encontrar bens penhoráveis que sejam capazes de satisfazer a execução de crédito público, o requerimento ao juízo da execução fiscal para que se tenha acesso ao *Cadastro de Clientes do Sistema Financeiro Nacional* (CCS) – um sistema de informações de natureza cadastral que revela o nível de relacionamento do correntista ou cliente com as instituições participantes (Circular n. 3.347/2007, Banco Central do Brasil). Como a pesquisa exploratória no Cadastro tem viés meramente informativo, não contendo dados de valor, de movimentação financeira ou de saldos de contas ou aplicações, não se confunde, portanto, com a penhora de dinheiro mediante BACENJUD, servindo-lhe tão somente como subsídio. Posto isso, não há óbice a que a Fazenda Pública possa requerer ao juízo que diligencie, junto ao BACEN, acerca da existência de ativos constantes no referido CCS.

Em **28 de maio de 2019**, a 1ª Turma do **STJ**, no **REsp 1.487.772/SE** (rel. Min. Gurgel de Faria), entendeu afastável a exigência da garantia do juízo para a oposição de embargos à execução fiscal, caso comprovado, inequivocadamente, que o devedor não possui patrimônio para garantia do crédito exequendo. No caso concreto, o executado, hipossuficiente, é beneficiário da *assistência judiciária gratuita*, e os embargos por ele opostos não foram recebidos, culminando na extinção do processo sem julgamento de mérito, ao fundamento de inexistência de segurança do juízo.

Ora, a Constituição Federal de 1988 resguarda a todos os cidadãos o direito de acesso ao Poder Judiciário, ao contraditório e à ampla defesa (art. 5º, CF/88). A altaneira diretriz levou o STJ, no caso em apreço, a mitigar a obrigatoriedade de garantia integral do crédito executado para o recebimento dos embargos à execução fiscal, sob o argumento de que a Fazenda Nacional não está impedida de diligenciar, no curso da cobrança judicial, à procura de bens de propriedade do embargante aptos à penhora, garantindo-se posteriormente a execução. De todo modo, a hipossuficiência do executado, premissa fática indispensável para a solução do litígio, deve estar cabalmente provada nos autos.

Retomando-se o curso do raciocínio, sabe-se que a inscrição do crédito é qualificada pela Lei de Execução Fiscal (LEF), em seu art. 2º, § 3º, como "ato de controle administrativo de legalidade", objetivando a apuração da liquidez e certeza da dívida para a constituição do título executivo extrajudicial a partir da expedição da certidão do termo de inscrição (art. 202 do CTN). A legislação de cada ente estatal estabelecerá os prazos, órgãos e agentes públicos incumbidos da atividade de inscrição, definindo todos os aspectos adstritos à realização dos registros dos débitos no cadastro da dívida ativa.

> **Art. 201. (...)**
>
> **Parágrafo único.** A fluência de juros de mora não exclui, para os efeitos deste artigo, a liquidez do crédito.

Como se pode notar, o parágrafo único do dispositivo deixa claro que, mesmo havendo a incidência de juros de mora, o que incrementa o valor do crédito tributário, tal acréscimo não tem o condão de impedir que se inscreva o título como dívida ativa e de executá-lo, porquanto a liquidez do crédito permanece incólume.

No presente estudo, torna-se necessário destacar que, havendo a inscrição da dívida ativa, inicia-se a presunção de fraude prevista no **art. 185 do CTN**, já estudado nesta obra.

> **Art. 185.** Presume-se fraudulenta a alienação ou oneração de bens ou rendas, ou seu começo, por sujeito passivo em débito para com a Fazenda Pública, por crédito tributário **regularmente inscrito como dívida ativa**.

Note o item considerado **CORRETO**, em prova realizada pela FGV Projetos, para o cargo de Auditor Fiscal Tributário da Receita Municipal de Cuiabá/MT, em 2016: *"Presume-se fraudulenta a alienação ou oneração de bens ou rendas, por sujeito passivo em débito para com a Fazenda Pública, por crédito tributário regularmente inscrito em dívida ativa"*.

> **Parágrafo único.** O disposto neste artigo não se aplica na hipótese de terem sido reservados, pelo devedor, bens ou rendas suficientes ao total pagamento da dívida inscrita. **(Grifo nosso)**

Vale lembrar que a presunção constante do *caput* do dispositivo é absoluta (*juris et de jure*), quanto à fraude na alienação ou ao seu começo, com relação aos bens ou rendas do sujeito passivo em dívida com a Fazenda Pública por crédito tributário **regularmente inscrito na dívida ativa**.

> Note o item considerado **CORRETO**, em prova realizada pelo IBFC, para o cargo de Titular de Serviços de Notas e de Registros (TJ/PR), em 2014: *"A presunção de fraude à execução fiscal, por alienação ou oneração de bens ou rendas, ou o seu começo, por sujeito passivo em débito para com a Fazenda Pública, ocorre a partir da inscrição do crédito tributário em dívida ativa"*.

Com relação à hipótese de suspensão do prazo prescricional, prevista no **art. 2º, § 3º, da LEF**, o **STJ** entende ser inaplicável no caso de dívida ativa tributária, uma vez que a Lei de Execução Fiscal se apresenta como uma *lei ordinária*, e o art. 146, III, "b", da Carta Magna exige *lei complementar* para tratar do tema *prescrição*.

Observe o dispositivo da Lei de Execução Fiscal:

> **Art. 2º (...)**
>
> **§ 3º** A inscrição, que se constitui no ato de controle administrativo da legalidade, será feita pelo órgão competente para apurar a liquidez e certeza do crédito e suspenderá a prescrição para todos os efeitos de direito, por 180 (cento e oitenta) dias ou até a distribuição da execução fiscal, se esta ocorrer antes de findo aquele prazo.

Destacamos decisão nesse sentido:

> **EMENTA:** TRIBUTÁRIO. EXECUÇÃO FISCAL. PRESCRIÇÃO. ART. 2º, § 3º, DA LEI 6.830/80 (SUSPENSÃO POR 180 DIAS). NORMA APLICÁVEL SOMENTE ÀS DÍVIDAS NÃO TRIBUTÁRIAS. ART. 40 DA LEF: SUSPENSÃO. *A norma contida no art. 2º, § 3º da Lei 6.830/80,* segundo a qual a inscrição em dívida ativa suspende a prescrição por 180 (cento e oitenta) dias ou até a distribuição da execução fiscal, se anterior àquele prazo, *aplica-se tão somente às dívidas de natureza não tributárias, porque a prescrição das dívidas tributárias regula-se por lei complementar,* no caso o art. 174 do CTN. (...) (**REsp 881.607/MG, 2ª T., rel. Min. Eliana Calmon, j. em 10-06-2008)**

Passemos, agora, ao estudo dos requisitos que deverão compor o termo de inscrição da dívida ativa, conforme o **art. 202 do CTN**:

> Note o item (adaptado) considerado **CORRETO**, em prova realizada pela FAURGS, para o cargo de Juiz de Direito Substituto do Estado do Rio Grande do Sul, em 2016: *"No que se refere ao termo de inscrição da dívida ativa, são, entre outros, itens obrigatórios ao termo de inscrição da dívida ativa: Nome do devedor, a quantia devida e a maneira de calcular os juros de mora acrescidos"*. [E não os itens, como "número da carteira de identidade, domicílio e número do cadastro da pessoa física".]

Note o item considerado **CORRETO**, em prova realizada pela Cetro, para o cargo de Auditor Fiscal Municipal da Prefeitura de São Paulo, em 2014: *"Considerando o artigo 202 do CTN, o termo de inscrição da dívida ativa, autenticado pela autoridade competente, indicará obrigatoriamente, dentre outras indicações da lista, o nome do devedor e, sendo caso, o dos corresponsáveis; a data em que foi inscrita; a quantia devida e a maneira de calcular os juros de mora acrescidos; e a origem e natureza do crédito, mencionada especificamente a disposição da lei em que seja fundado".*

Art. 202. O *termo de inscrição da dívida ativa*, autenticado pela autoridade competente, indicará *obrigatoriamente:*

I – o nome do devedor e, sendo caso, o dos corresponsáveis, bem como, sempre que possível, o domicílio ou a residência de um e de outros;

II – a quantia devida e a maneira de calcular os juros de mora acrescidos;

III – a origem e natureza do crédito, mencionada especificamente a disposição da lei em que seja fundado;

IV – a data em que foi inscrita;

V – sendo caso, o número do processo administrativo de que se originar o crédito.

Parágrafo único. A certidão conterá, além dos requisitos deste artigo, a indicação do livro e da folha da inscrição. **(Grifos nossos)**

O *termo de inscrição de dívida ativa* é o documento que formaliza a inclusão de importe tributário exigível no cadastro de Dívida Ativa. A intitulada *Certidão de Dívida Ativa* (CDA) reporta-se ao *Termo de Inscrição em Dívida Ativa* (TIDA), que a precede e lhe dá sustentação.

"A Certidão de Dívida Ativa – CDA é o documento que certifica a inscrição do débito em dívida ativa. Somente após essa etapa, é que a Fazenda Pública pode realizar a cobrança judicial de seu crédito".

A assertiva foi considerada **CORRETA**, em prova realizada pelo IDHTEC, para o cargo de Auditor fiscal da Prefeitura Municipal de Ouricuri/PE, em 2016.

Vale destacar que a CDA é um **título executivo extrajudicial**, conforme preceitua o atual **art. 784, IX, do NCPC** (anterior art. 585, VII, do CPC):

Art. 784. São *títulos executivos extrajudiciais:* **(...)**

IX – a *certidão de dívida ativa* da Fazenda Pública da União, dos Estados, do Distrito Federal, dos Territórios e dos Municípios, correspondente aos créditos inscritos na forma da lei; **(Grifos nossos)**

A inscrição na dívida ativa, formalizada pelo termo acima detalhado, perfaz-se no Livro da Dívida Ativa, no ambiente adstrito à Procuradoria Judicial. Frise-se que, hodiernamente, os cadastros da dívida ativa não mais se corporificam em "livros", com cadastramento *manual* (manuscrito em livros, fichas ou outros elementos assemelhados) ou *mecânico* (registro por "máquinas de escrever"), mas são armazenados em sistemas eletrônicos de dados. Atualmente, a modernidade tem reservado à prática a *inscrição eletrônica*, restando às demais apenas o campo teórico. De qualquer sorte, substancialmente, nada muda.

Desse termo, inserto no indigitado Livro ou assimilado em cadastro eletrônico, extrai-se a CDA – Certidão de Dívida Ativa –, um título executivo extrajudicial que deverá lastrear a ação judicial de cobrança, isto é, a *Ação de Execução Fiscal*, a ser proposta pelas Procuradorias. No caso dos tributos federais, a propósito, destaca-se a atuação da ***Procuradoria-Geral da Fazenda Nacional*** (**PGFN**).

Note o item considerado **INCORRETO**, em prova realizada pela Esaf, para o cargo de Especialista em Regulação de Aviação Civil da ANAC – Agência Nacional de Aviação Civil, em 2016: *"Acerca das funções essenciais à justiça, nos termos da Constituição Federal, cabe à Procuradoria-Geral da República a representação da União na execução da dívida ativa de natureza tributária"*.

Note o item considerado **CORRETO**, em prova realizada pela OBJETIVA, para o cargo de Advogado da Prefeitura Municipal de Santo Augusto/RS, em 2016: *"De acordo com a Lei n. 6.830/80, que dispõe sobre a cobrança judicial da dívida ativa da Fazenda Pública, a dívida ativa da União será apurada e inscrita na Procuradoria da Fazenda Nacional"*.

Há a **obrigatoriedade** de requisitos que deverão lastrear a CDA, e estes distribuem-se nos **cinco incisos do art. 202 do CTN**. Vamos analisá-los um a um:

Note o item considerado **CORRETO**, em prova realizada pela FMP/RS, para o cargo de Titular de Serviços de Notas e de Registros (TJ/AC), em 2012: *"Dentre os requisitos do termo de inscrição em dívida ativa, estão: o nome do devedor, a quantia devida, a origem e a natureza do crédito e o fundamento legal"*.

a) O nome do devedor

Art. 202. (...)

I – o nome do devedor e, sendo caso, o dos corresponsáveis, bem como, sempre que possível, o domicílio ou a residência de um e de outros; (...)

O nome do devedor é naturalmente imprescindível, porquanto demarca o destinatário da cobrança judicial, sendo decorrência lógica do princípio da reserva legal, no plano da sujeição passiva. Por sua vez, o nome dos responsáveis não é indispensável, já que se torna possível proceder à responsabilização em momento ulterior. Nesse caso, ausente a menção na CDA dos administradores previstos no art. 135, *caput* e III do CTN, nenhum prejuízo ocorrerá à ação fiscal, mormente em homenagem ao Princípio da Economia Processual visando emprestar maior efetividade à prestação jurisdicional. O redirecionamento da execução fiscal, respeitados os limites legais – demarcando-se os reais poderes diretivos do administrador, por exemplo –

será tranquilo. Com efeito, o **STJ** tem entendido que "para admitir que a execução fiscal atinja terceiros, não referidos na CDA, é lícito ao juiz exigir a demonstração de que estes são responsáveis tributários, nos termos do CTN (art. 135)". **(REsp 272.236/SC, 1ª T., rel. Min. Humberto Gomes de Barros, j. em 17-04-2001)**

Observe a ementa a seguir:

> **EMENTA:** PROCESSUAL CIVIL. TRIBUTÁRIO. (...) PROVA DA RESPONSABILIDADE TRIBUTÁRIA. CERTIDÃO DE INSCRIÇÃO DA DÍVIDA. PRESUNÇÃO DE LIQUIDEZ E CERTEZA. PRESSUPOSTOS. LEI N. 6.830/80, ART. 3º. (...) O artigo 2º, § 5º, I, da Lei n. 6.830/80, dispõe que: *"O Termo de Inscrição de Dívida Ativa deverá conter: I – o nome do devedor, dos corresponsáveis e, sempre que conhecido, o domicílio ou residência de um e de outros"*. A Corte, à luz do Princípio da Economia Processual visando emprestar maior efetividade à prestação jurisdicional, *admite a possibilidade de o Juiz Singular, sendo a Certidão de Dívida Ativa omissa, determinar a comprovação da responsabilidade patrimonial secundária de outrem, que não consta do título executivo. "I – A presunção de liquidez da certidão de dívida ativa só alcança as pessoas nela referidas. II – Para admitir que a execução fiscal atinja terceiros, não referidos na CDA, é lícito ao juiz exigir a demonstração de que estes são responsáveis tributários, nos termos do CTN (art. 135)."* (REsp 272.236-SC, rel. Min. Humberto Gomes de Barros, *DJ* de 25-06-2001). Embargos rejeitados. **(EDcl no REsp 400.600/SC, 1ª T., rel. Min. Luiz Fux, j. em 05-12-2002) (Grifos nossos)**

Insta mencionar que a imprecisão no nome do executado é irrelevante quando, pelos elementos constantes da petição inicial, consegue-se individualizar o devedor sem margem de dúvidas.

A propósito, em 12 de novembro de **2014**, a 1ª Turma do **STJ**, no **REsp 1.450.819/AM** (rel. Min. Sérgio Kukina), **entendeu pela dispensabilidade da indicação do CPF e/ou RG do devedor** (pessoa física) **nas ações de execução fiscal**, ainda mais quando o nome e endereço da parte executada, constantes da petição inicial, possibilitem, em tese, a efetivação do ato citatório. Na mesma data e por idênticos motivos, 1ª Turma do **STJ**, ao julgar o **REsp 1.455.091/AM**, de igual relatoria do Min. Sérgio Kukina, estendeu o veredicto à dispensabilidade do número do CNPJ da pessoa jurídica executada.

> Note o item considerado **INCORRETO**, em prova realizada pela Fundatec, para o cargo de Procurador Municipal da Prefeitura de Porto Alegre/RS, em 2016: *"Nas ações de execução fiscal, a falta de indicação do CPF e/ou RG ou CNPJ da parte executada é causa de indeferimento da petição inicial"*.

Com efeito, nem a **LEF** (Lei n. 6.830/80, art. 6º), nem o **(N)CPC** (art. 282, II [atual art. 319, II, do NCPC]) fazem tal exigência. A norma que dá guarida à tal solicitação é o art. 15 da Lei n. 11.419/2006, que disciplina a informatização dos processos judiciais, tratando-se, nessa perspectiva, de norma de caráter geral. Não percamos de vista que a LEF, por sua especialidade, ostenta primazia sobre a legislação de cunho geral. Portanto, o curso do executivo não poderá ser obstruído diante de um requisito reclamado na lei especial de regência, sabendo-se que os dados podem aportar ao feito em momento posterior.

Em 9 de dezembro de **2015**, o **STJ** lapidou a **Súmula n. 558**: "*Em ações de execução fiscal, a petição inicial não pode ser indeferida sob o argumento da falta de indicação do CPF e/ou RG ou CNPJ da parte executada*".

Por derradeiro, frise-se que, para o **STJ**, deve ser extinta a execução fiscal que, por erro na CDA quanto à indicação do CPF do executado, tenha sido promovida em face de pessoa homônima. Embora o equívoco se consubstancie em mero erro material, a homonímia é ali insanável, uma vez que inclui no processo executivo pessoa diversa daquela, em tese, efetivamente devedora do imposto. **(REsp 1.279.899/MG, rel. Min. Napoleão Nunes Maia Filho, 1ª T., j. em 18-02-2014)**

b) O montante exequível

Art. 202. (...)

II – a quantia devida e a maneira de calcular os juros de mora acrescidos;

O dispositivo é claro: mostra a necessidade de se evidenciarem o valor originário da dívida e a indicação dos elementos necessários para o cálculo do tributo, em sua evolução no tempo. A maior celeuma se dá quanto a esta **"maneira" de calcular os juros**. Entende-se que a memória discriminada e atualizada de cálculo (exigível em execução de título judicial), prevista no art. 604 do CPC (revogado pela Lei n. 11.232/2005) não é aplicável ao processo de execução de dívida ativa (execução fiscal), bastando "a referência ao valor originário da dívida e a indicação dos elementos necessários para o cálculo de sua evolução no tempo"[28].

Em 9 de dezembro de **2015**, o **STJ** houve por bem elaborar a **Súmula n. 559**: "*Em ações de execução fiscal, é desnecessária a instrução da petição inicial com o demonstrativo de cálculo do débito, por tratar-se de requisito não previsto no art. 6º da Lei n. 6.830/1980*".

> Note o item (adaptado) considerado **INCORRETO**, em prova realizada pelo TRF para o cargo de Juiz Federal Substituto (TRF/3ª Região), em 2016: "*Com relação à jurisprudência dominante do STJ, na execução fiscal, é necessária a instrução da petição inicial com o demonstrativo do cálculo do débito, para assegurar a ampla defesa do contribuinte*".

Ademais, o **STJ** tem afastado a necessidade de indicação do período de apuração das infrações:

28. CASTRO, Aldemiro Araújo; PEIXOTO, Marcelo Magalhães; LACOMBE, Rodrigo Santos Masset (Coord.). *Comentários ao Código Tributário Nacional*, p. 1433.

EMENTA: PROCESSO CIVIL. EXECUÇÃO FISCAL. REQUISITOS DA CERTIDÃO DA DÍVIDA ATIVA – ART. 2º, § 5º, II, DA LEI 6.830/80. 1. Não é requisito essencial do termo da inscrição da dívida ativa a indicação do período de apuração das infrações, por inexistência de previsão legal. 2. Recurso especial improvido. **(REsp 361.977/SC, 2ª T., rel. Min. Eliana Calmon, j. em 05-09-2002)**

É evidente a necessidade de exteriorização do *quantum debeatur*, como o indicador numérico do montante tributário total pretendido pela Fazenda Pública, mesmo que se use o valor expresso em quantidade de UFIR, conforme se lê no **art. 57 da Lei n. 8.383/91**:

Art. 57. Os débitos de qualquer natureza para com a Fazenda Nacional, bem como os decorrentes de contribuições arrecadadas pela União, poderão, sem prejuízo da respectiva liquidez e certeza, ser inscritos como Dívida Ativa da União, pelo valor expresso em quantidade de Ufir.

Nesse sentido se posicionou o **STJ**:

EMENTA: CERTIDÃO DA DÍVIDA ATIVA. VALORES EXPRESSOS EM UFIR. POSSIBILIDADE. É perfeitamente legal a utilização da UFIR para indicar o valor do título executivo, que conserva a característica de liquidez da dívida. Recurso improvido. **(REsp 106.156/RS, 1ª T., rel. Min. Garcia Vieira, j. em 13-11-1997)**

É importante ressaltar que a unidade de referência, denominada UFIR, está extinta desde outubro de 2000, tendo sido substituída pela taxa SELIC, criada pela Lei n. 9.065/95.

Um ponto importante a destacar recai na discussão doutrinária sobre o **protesto da CDA em Cartório**, como medida demarcatória dos juros de mora.

Temos percebido que o protesto, além de evidenciar uma medida excessiva, é de todo desnecessário, pois a mora do contribuinte, demarcando-se o termo *a quo* à aferição dos juros de mora, não está a depender do protesto do título. O próprio CTN trata do tema com clareza meridiana:

CTN: Art. 161. O crédito não integralmente pago no vencimento é acrescido de juros de mora, seja qual for o motivo determinante da falta, sem prejuízo da imposição das penalidades cabíveis e da aplicação de quaisquer medidas de garantia previstas nesta Lei ou em lei tributária.
§ 1º Se a lei não dispuser de modo diverso, os juros de mora são calculados à taxa de um por cento ao mês.

Nessa medida, não vemos por que "protestar" para induzir o devedor em mora[29]. De outra banda, aqueles que defendem a possibilidade do protesto têm respaldado o

29. Nesse sentido: V. MACHADO, Hugo de Brito. Protesto de certidão de dívida ativa. *Revista Dialética de Direito Tributário*, n. 130/34, jul. 2006; FARIAS, Rui Barros Leal.

seu entendimento na Lei n. 9.492/97, relativa ao protesto cambial, conquanto admitam que o protesto em nada contribuiria para determinar o deslinde da questão e, nessa medida, deve ser utilizado de modo restrito[30].

É imperioso destacar, todavia, que a *Procuradoria-Geral da Fazenda Nacional* (PGFN), por meio da Portaria n. 321/2006, dispõe que as Certidões de Dívida Ativa da União, que não ultrapassarem o limite de R$ 10.000,00 (dez mil reais) poderão ser levadas a protesto, antes do ajuizamento da ação de execução fiscal.

Em 3 de dezembro de **2013**, o **STJ** (**REsp 1.126.515/PR, rel. Min. Herman Benjamin, 2ª Turma**) entendeu que é legal a possibilidade de protesto da CDA, como um adequado instrumento extrajudicial de cobrança de dívida.

O **art. 1º, parágrafo único, da Lei n. 9.492/97**, já atualizado pela Lei n. 12.767/12, ao tratar do protesto de títulos, assim disciplinara:

> **Art. 1º** Protesto é o ato formal e solene pelo qual se prova a inadimplência e o descumprimento de obrigação originada em títulos e outros documentos de dívida.
> **Parágrafo único.** Incluem-se entre os títulos sujeitos a protesto as certidões de dívida ativa da União, dos Estados, do Distrito Federal, dos Municípios e das respectivas autarquias e fundações públicas. **(Incluído pela Lei n. 12.767, de 2012) (Grifos nossos)**

Nota-se, pois, que o atual regime jurídico do protesto, instituído pela norma em epígrafe, não está vinculado exclusivamente aos títulos cambiais. Com efeito, o *protesto* – na condição de instituto bifronte que representa, de um lado, um instrumento para constituir o devedor em mora e provar a inadimplência, e, de outro, uma modalidade alternativa para cobrança de dívida – foi ampliado, desvinculando-se dos títulos estritamente cambiariformes para abranger todos e quaisquer títulos ou documentos de dívida.

No plano jurisprudencial, a Justiça do Trabalho e o próprio **STJ** (**REsp 750.805/RS, rel. Min. Humberto Gomes de Barros, 3ª T., j. em 14-02-2008**) já haviam dado guarida ao protesto de sentenças condenatórias transitadas em julgado, que representem obrigações pecuniárias líquidas, certas e exigíveis.

No citado julgamento do **REsp 1.126.515/PR**, rechaçaram-se as teses de que **(I)** a Lei n. 6.830/80 já havia instituído mecanismo para a recuperação do crédito fiscal e **(II)** o sujeito passivo não teria participado da constituição do crédito. Prevaleceu o entendimento de que a LEF, disciplinando exclusivamente a cobrança judicial da dívida ativa, não veda, *ipso facto*, em caráter permanente, a instituição, ou utilização, de mecanismos de cobrança extrajudicial. Pelo contrário, se já houve inscrição

---

A inconstitucionalidade do protesto de certidões de dívida ativa. *Revista Dialética de Direito Tributário*, n. 126, mar. 2006.

30. ABRÃO, Carlos Henrique. Protesto de CDA. *Revista Dialética de Direito Tributário*, São Paulo, n. 41, fev. 1999, pp. 7-11.

em dívida ativa – quer decorrente do exaurimento da prévia instância administrativa, quer oriunda de documentos de confissão de dívida, apresentados pelo próprio devedor (*v.g.*, DCTF, GIA), a alegação de que teria ocorrido "surpresa" ou "abuso de poder" na extração da CDA, para o **STJ**, soou demasiado frágil. E, procedendo à pontual comparação, aquela Corte assim dispôs: "*Note-se, aliás, que o preenchimento e entrega da DCTF ou GIA (documentos de confissão de dívida) corresponde integralmente ao ato do emitente de cheque, nota promissória ou letra de câmbio.*"

Ainda, nessa linha, o **STJ** evidenciou que o protesto da CDA não implica ofensa aos princípios do *contraditório* e do *devido processo legal*, porquanto subsiste, para todo e qualquer efeito, o controle jurisdicional, mediante provocação da parte interessada, em relação à higidez do título levado a protesto. Trata-se de uma ratificação da tendência moderna de intersecção dos regimes jurídicos próprios do Direito Público e Privado, no bojo de uma publicização do Direito Privado.

Em 9 de novembro de **2016**, o Pleno do **STF**, por maioria e nos termos do voto do Relator, Min. Roberto Barroso, julgou improcedente o pedido formulado na **ADI n. 5.135/DF** (vencidos os Ministros[31] Edson Fachin, Marco Aurélio e Ricardo Lewandowski). Na data, fixou-se a tese nos seguintes termos: "*O protesto das Certidões de Dívida Ativa constitui mecanismo constitucional e legítimo, por não restringir de forma desproporcional quaisquer direitos fundamentais garantidos aos contribuintes e, assim, não constituir sanção política*". Em resumo, a Corte Suprema pautou-se nas seguintes orientações intelectivas, na esteira da aceitabilidade do protesto das CDAs:

1. a origem cambiária do instituto não representa um óbice à evolução e à utilização do protesto em sua feição jurídica atual, no caso, a tributária;
2. perfazendo um mecanismo constitucional e legítimo, não restringe de forma desproporcional quaisquer direitos fundamentais garantidos aos contribuintes;
3. não constitui *sanção política* (vale dizer, não se enquadra no rótulo de "*medida extrajudicial que restringe de forma desproporcional os direitos fundamentais dos contribuintes ao devido processo legal, à livre iniciativa e ao livre exercício profissional – imposta, de forma indireta, para pressioná-los a quitar seus débitos tributários*"). A propósito, para ser "sanção política", não basta que uma medida coercitiva do recolhimento do tributo restrinja direitos do sujeito passivo da obrigação tributária; há de haver, além disso, a reprovação de tais restrições no exame de *proporcionalidade* e *razoabilidade*;

31. Em resumo, os **votos vencidos** dos Ministros citados basearam-se na orientação de que a medida é, sim, uma sanção política, hábil a afrontar a atividade econômica lícita, o devido processo legal e o direito de ampla defesa do contribuinte. Entenderam, ainda, que, o protesto da CDA, como um ato unilateral da Administração, sem qualquer participação do contribuinte, pauta-se no único objetivo de constranger o devedor, sendo de conhecimento geral a existência de outros meios menos onerosos para a cobrança dos débitos. Destacaram, por derradeiro, que o protesto da CDA provoca o cerceamento de crédito do contribuinte protestado, limitando suas atividades civis e profissionais.

4. o manejo do instituto pela Fazenda Pública não viola o *princípio do devido processo legal*, uma vez que, embora a Lei 6.830/80 eleja o executivo fiscal como instrumento típico para a cobrança judicial da Dívida Ativa, ela não exclui a utilização de mecanismos extrajudiciais de cobrança, mormente aqueles com expressa previsão legal, *v.g.*, o protesto (art. 1º da Lei n. 9.492/1997);

5. não há qualquer incompatibilidade entre o protesto da CDA e a cobrança judicial prevista na LEF. Pelo contrário, são formas complementares. Frustrada a cobrança em uma via (o protesto), a outra poderá ser acionada (o executivo fiscal). Sem contar que, em relação à cobrança de créditos de pequeno valor, o protesto será, reiteradas vezes, a única via possível. A propósito, corroborando a ideia de autonomia municipal, o **STF**, em **2010**, entendeu que "a Lei n. 4.468/84 do Estado de São Paulo – que autoriza a não inscrição em dívida ativa e o não ajuizamento de débitos de pequeno valor – não pode ser aplicada a Município, não servindo de fundamento para a extinção das execuções fiscais que promova, sob pena de violação à sua competência tributária. (...) Negar ao Município a possibilidade de executar seus créditos de pequeno valor sob o fundamento da falta de interesse econômico viola o direito de acesso à justiça" (**RE 591.033, rel. Min. Ellen Gracie, Pleno, j. em 17-11-2010**). Em tempo, em **2017**, o tema foi solicitado em prova de concurso realizado pelo **Cebraspe**, para o cargo de Procurador do Município de Fortaleza-CE. Observe-o, em assertiva considerada **correta**: "*Entende o STF que, em decorrência da autonomia tributária municipal, uma lei estadual que dispense a cobrança de débitos de pequeno valor inscritos em dívida ativa não deve vincular os municípios*";

6. é possível buscar o socorro no Poder Judiciário para sustar o protesto, permitindo-se, ademais, ao protestado pleitear judicialmente uma indenização, caso se conclua não ter sido adequada e razoável a utilização da medida. Desse modo, permanece hígida a *inafastabilidade do controle judicial*;

7. não representa um efetivo embaraço ao regular exercício das atividades empresariais e societárias, nem mesmo à livre iniciativa e à liberdade de exercício profissional, uma vez que sua finalidade primordial é viabilizar a cobrança extrajudicial do débito fiscal, dando conhecimento ao mercado acerca da existência do montante exequível (*publicidade* ao inadimplemento). É, verdadeiramente, uma medida de restrição de diminuto vulto;

8. por fim, a remessa da CDA a protesto serve para estimular a adimplência, incrementar a arrecadação e promover a justiça fiscal, impedindo a recalcitrância no ânimo sonegatório, próprio dos devedores contumazes.

Uma coisa parece-nos patente: a *Justiça* há de ser acessível, ágil e efetiva. Desse modo, a cobrança da dívida ativa da Fazenda Pública precisa, com urgência, tender a uma racionalização dos procedimentos em âmbito judicial e administrativo, para que se alcance o objetivo da agilidade e da efetividade na prestação jurisdicional.

c) A origem e o fundamento legal

Art. 202. (...)

III – a origem e natureza do crédito, mencionada especificamente a disposição da lei em que seja fundado;

A origem e natureza da dívida remetem ao contexto fático em que se deu a subsunção tributária. O **STJ**, em julgado de **2008**, manifestou-se no sentido da imprescindibilidade da descrição do fato constitutivo da infração, ensejadora da cobrança judicial, em homenagem ao princípio constitucional da ampla defesa do executado. A questão está em saber se é válida uma CDA para cobrança de tributo que não discrimina o fato gerador (pressuposto de fato) que levou à aplicação da multa. Para a Min. Relatora, a omissão da descrição do fato constitutivo da infração representa causa de nulidade da CDA por dificultar a ampla defesa do executado. Não se trata de mera formalidade, sendo, portanto, nulo o título. Observe a ementa:

EMENTA: TRIBUTÁRIO. EXECUÇÃO FISCAL. CDA. AUSÊNCIA DE DESCRIÇÃO DO FATO CONSTITUTIVO DA INFRAÇÃO. PREJUÍZO À AMPLA DEFESA. NULIDADE. A CDA é título formal, cujos elementos devem estar bem delineados, a fim de dar efetividade ao princípio constitucional da ampla defesa do executado. Diante disso, torna-se obrigatória a descrição do fato constitutivo da infração, não sendo suficiente a menção genérica à multa de "postura geral", como origem do débito a que se refere o art. 2º, § 5º, III, da Lei n. 6.830/1980. **(REsp 965.223/SP, 2ª T., rel. Min. Eliana Calmon, j. em 18-09-2008)**

Por sua vez, é imperativa a indicação dos dispositivos legais segundo os quais se exigem tributo ou multa. Trata-se da pura representação da estrita legalidade na CDA. Os fenômenos de incidência tributária e punitiva não prescindem da tipicidade legal, conforme se nota no art. 97, I, II e V, do CTN.

d) A data da inscrição

Art. 202. (...)

IV – a data em que foi inscrita;

A **data da inscrição** é um marco fundamental para se conferir segurança jurídica à cobrança judicial, principalmente das dívidas ativas não tributárias, para as quais se aplica, no tocante ao polêmico tema da suspensão da prescrição, o art. 2º, § 3º, da LEF, já apresentado em tópico anterior. Como se notou, o **STJ** entende ser inaplicável o dispositivo no caso de dívida ativa tributária, uma vez que a Lei de Execução Fiscal se apresenta como uma *lei ordinária*, e o art. 146, III, "b", da Carta Magna exige *lei complementar* para tratar do tema *prescrição*.

> Note o item considerado **INCORRETO**, em prova realizada pela FEPESE, para o cargo de Auditor Fiscal de Tributos Municipais da Prefeitura de Florianópolis/SC, em 2014: *"A data de inscrição do débito em dívida ativa é elemento facultativo a ser consignado pela autoridade competente no termo de inscrição".*

e) A menção ao processo administrativo

Art. 202. (...)

V – sendo caso, o número do processo administrativo de que se originar o crédito.

A expressão "sendo caso" deve ser interpretada com cautela. Entendemos que, no plano semântico, não traduz uma facultatividade, como transparece – até porque consta dos itens obrigatórios, conexos ao *caput* do comando –, mas sinaliza, sim, uma condição *sine qua non* para a constituição do título executivo. A ausência do dado na CDA, por lapso ou até mesmo por extravio de processo administrativo, macula na essência a cobrança judicial, porquanto subtrai do Poder Judiciário a oportunidade de conferir a exatidão do título, retirando do contribuinte a amplitude de defesa. Faltando o processo, tradutor da convivência Fisco *versus* contribuinte na esfera administrativa-fiscal, esvazia-se a segurança jurídica do título, inviabilizando o controle judicial da legalidade.

EMENTA: PROCESSO CIVIL E TRIBUTÁRIO. EXECUÇÃO FISCAL. PROCESSO ADMINISTRATIVO-FISCAL EXTRAVIADO. PERDA DA EXIGIBILIDADE DO TÍTULO. **1.** A Lei 6.830/80 exige que conste da certidão de dívida ativa o número do processo administrativo-fiscal que deu ensejo à cobrança. **2.** Macula a CDA a ausência de alguns dos requisitos. *O extravio do processo administrativo subtrai do Poder Judiciário a oportunidade de conferir a CDA, retirando do contribuinte a amplitude de defesa.* **3.** Equivale o extravio à inexistência do processo, perdendo o título a exequibilidade (inteligência do art. 2º, § 5º, inciso VI, da LEF). **4.** Precedente desta Corte no REsp 274.746/RJ. 5. Recurso especial improvido. **(REsp 686.777, 2ª T., rel. Min. Eliana Calmon, decisão unânime, j. em 18-10-2005)**

Com efeito, a CDA não é um título executivo cartular, corporificável em "cártula" (de Dívida Ativa), cuja validade se prenda à sua literalidade, mas, de modo oposto, um título executivo indissociavelmente vinculado ao processo administrativo em que foram apuradas a liquidez e a certeza da dívida.

Aliás, nota-se no inciso VI do § 5º do art. 2º da LEF, que reproduz a dicção do art. 202 do CTN, a menção ao "número do processo administrativo ou do auto de infração, se neles estiver apurado o valor da dívida", em igual medida de obrigatoriedade daquela imposta aos demais itens, nos incisos precedentes. Logo adiante, demonstraremos o presente artigo.

Posto isso, o número do processo administrativo de que se originou o crédito é requisito formal obrigatório para a validade da CDA.

Ad argumentandum, em 9 de outubro de **2013**, o **STJ** ratificou o entendimento segundo o qual a *notificação* do lançamento do IPTU e das taxas municipais ocorre com o envio da correspondente guia de recolhimento do tributo para o endereço do imóvel ou do contribuinte, com as informações que lhe permitam, caso não concorde com a cobrança, impugná-la administrativa ou judicialmente. Desse modo, milita em favor do Fisco municipal a presunção de que a notificação tenha sido entregue ao contribuinte, o que implica atribuir ao sujeito passivo da obrigação tributária o ônus de provar que não recebeu o documento de cobrança.

Diante do exposto, nos tributos com lançamento de ofício, a ausência de prévio processo administrativo não enseja a nulidade das CDAs, porquanto cabe ao contribuinte o manejo de competente processo administrativo, se entender incorreta a cobrança tributária, e não ao Fisco que, com observância da lei aplicável ao caso, lançou o tributo. **(AgRg no AREsp 370.295/SC, rel. Min. Humberto Martins, 2ª T., j. em 1º-10-2013)**

f) A indicação do livro e da folha da inscrição

Art. 202. (...)

Parágrafo único. A certidão conterá, além dos requisitos deste artigo, a indicação do livro e da folha da inscrição.

Tal exigência se mostra meramente formal em tempos atuais. Hodiernamente, a cobrança do tributo, em quase toda a extensão procedimental, faz-se por **métodos eletrônicos**. Os dados afetos ao tributo, em sua essência (fato gerador, base de cálculo etc.), bem com aqueles afetos à sua exigibilidade (lançamento) e exequibilidade (inscrição e cobrança judicial) constam de dados eletrônicos, resgatáveis por comandos de recuperação nos sistemas informatizados do Fisco.

Note o item considerado **CORRETO**, em prova realizada pela FEPESE, para o cargo de Advogado da Prefeitura Municipal de Criciúma/SC, em 2016: *"A petição inicial e a Certidão de Dívida Ativa poderão constituir um único documento, preparado inclusive por processo eletrônico".*

Curiosamente, insta registrar que a *Lei de Execução Fiscal*, em seu **art. 2º, § 5º**, repete a regra constante do art. 202, com poucas alterações:

> **Art. 2º, § 5º (Lei n. 6.830/80)** O Termo de Inscrição de Dívida Ativa deverá conter:
>
> **I** – o nome do devedor, dos corresponsáveis e, sempre que conhecido, o domicílio ou residência de um e de outros;
>
> **II** – o valor originário da dívida, bem como o termo inicial e a forma de calcular os juros de mora e demais encargos previstos em lei ou contrato;
>
> **III** – a origem, a natureza e o fundamento legal ou contratual da dívida;
>
> **IV** – a indicação, se for o caso, de estar a dívida sujeita à atualização monetária, bem como o respectivo fundamento legal e o termo inicial para o cálculo;
>
> **V** – a data e o número da inscrição, no Registro de Dívida Ativa; e
>
> **VI** – o número do processo administrativo ou do auto de infração, se neles estiver apurado o valor da dívida.

Observa-se, diante do dispositivo, que o legislador ordinário não fez menção na LEF à indicação do livro e à folha da inscrição, o que nos move a crer na real dispensabilidade da medida, inábil a invalidar a CDA.

Entretanto, mais importante do que conhecermos os itens obrigatórios do termo e da certidão de inscrição na dívida ativa é assimilarmos as consequências do erro ou omissão de um deles, como se depreende do **art. 203 do CTN**. Passemos à análise do dispositivo:

> **Art. 203.** A omissão de quaisquer dos requisitos previstos no artigo anterior, ou o erro a eles relativo, são causas de nulidade da inscrição e do processo de cobrança dela decorrente, mas a nulidade poderá ser sanada **até a decisão de primeira instância**, mediante substituição da certidão nula, devolvido ao sujeito passivo, acusado ou interessado, o prazo para defesa, que somente poderá versar sobre a parte modificada.

> Note o item considerado **INCORRETO**, em prova realizada pela VUNESP, Câmara de Campo Limpo Paulista-SP, para o cargo de Procurador Jurídico, em 2018: *"Não se admite o saneamento de omissão no termo de inscrição em dívida ativa, por se tratar de atividade plenamente vinculada e sujeita à legalidade estrita"*.

> Note o item considerado **INCORRETO**, em prova realizada pelo Cespe/Cebraspe, para o cargo de Especialista em Regulação de Serviços de Transportes Aquaviários (ANTAQ), em 2014: *"A certidão de dívida ativa, título extrajudicial extraído pela fazenda pública após a inscrição do crédito tributário em dívida ativa para posterior propositura da execução fiscal, é dotada de presunção de certeza e liquidez, e pode ser substituída a qualquer momento se constatado erro material em seu conteúdo"*.

> Note o item considerado **INCORRETO**, em prova realizada pela Vunesp, para o cargo de Agente Fiscal Tributário da Prefeitura Municipal de Suzano/SP, em 2016: *"O erro relativo aos requisitos previstos no CTN são causas de nulidade da inscrição, mas não afetam o processo de cobrança dela decorrente, posto que a nulidade poderá ser sanada em qualquer instância ou grau de jurisdição"*.

No mesmo sentido, exsurge o **art. 2º, § 8º, da Lei n. 6.830/80**. Vejamos:

> **Art. 2º, § 8º (Lei n. 6.830/80)** Até a decisão de primeira instância, a Certidão de Dívida Ativa poderá ser emendada ou substituída, assegurada ao executado a devolução do prazo para embargos.

Como se observa, a omissão ou erro em um dos itens obrigatórios do termo de inscrição na dívida ativa, previsto no art. 202 do CTN, causa a nulidade da inscrição e do processo de cobrança. Entretanto, a certidão poderá ser substituída até a decisão de 1ª instância, sanando eventuais omissões. Diante disso, será dado novo prazo para defesa ao sujeito passivo. Ultrapassada essa fase, o vício acarretará o reconhecimento da nulidade de todo o processo de cobrança. Prevalecerá, pois, o brocardo de que **"quanto mais tarde, pior"** para a Fazenda credora, no tocante à detecção do vício que macula o processo de cobrança, e que lhe desloca, naturalmente, crédito inferior ao devido.

> Note o item considerado **CORRETO**, em prova realizada pela OBJETIVA, para o cargo de Auditor Fiscal de Tributos Municipais da Prefeitura Municipal de Erechim/RS, em 2016: *"Em conformidade com a Lei n. 6.830/80, que dispõe sobre a cobrança judicial da Dívida Ativa da Fazenda Pública, até a decisão de primeira instância, a Certidão de Dívida Ativa poderá ser emendada ou substituída, assegurada ao executado a devolução do prazo para embargos".*

A princípio, formou-se um entendimento jurisprudencial rigoroso acerca da ausência de *requisitos formais* do Termo de Inscrição, tendendo a invalidar o título executivo em qualquer omissão nele detectada.

O **STF**, no entanto, abrandou a exegese literal e acabou assentando que há de se atentar para a *substância*, e não para os defeitos *formais* que não comprometem o plano essencial do documento tributário.

Entendeu-se, assim, que, se a defesa do executado, regularmente exercida com ampla segurança, não for prejudicada, validada estará a certidão para que se exercite o exame do mérito. Nessa toada, passou-se a tolerar, por exemplo, a omissão de elemento não prejudicial à defesa e a falta de indicação do livro e da folha da inscrição.

Quanto à pena de nulidade da inscrição e da respectiva CDA, deve haver uma interpretação igualmente restritiva, porque um defeito formal insignificante, que não comprometa a essência do título executivo, não pode implicar a expedição de nova Certidão de Dívida Ativa, porquanto a nulidade, nesse caso, conspiraria contra o princípio da *efetividade*, aplicável ao processo executivo extrajudicial.

Assim, a nulidade da CDA não deve ser declarada por eventuais falhas que não provoquem prejuízos para o executado na promoção de sua defesa. Estando o título formalmente perfeito, com a discriminação precisa do fundamento legal sobre o qual repousam a obrigação tributária, os juros de mora, a multa e a correção monetária, revela-se descabida a sua invalidação.

O aresto do **STJ** corrobora esse entendimento:

EMENTA: PROCESSUAL CIVIL E TRIBUTÁRIO. RECURSO ESPECIAL. EXECUÇÃO FISCAL. CERTIDÃO DE DÍVIDA ATIVA. REQUISITOS PARA CONSTITUIÇÃO VÁLIDA. NULIDADE NÃO CONFIGURADA. **(...) 3.** *A pena de nulidade da inscrição e da respectiva CDA, prevista no art. 203 do CTN, deve ser interpretada "cum granu salis". Isto porque o insignificante defeito formal que não compromete a essência do título executivo não deve reclamar por parte do exequente um novo processo com base em um novo lançamento tributário para apuração do tributo devido, posto conspirar contra o princípio da efetividade aplicável ao processo executivo extrajudicial.* **4.** *Destarte, a nulidade da CDA não deve ser declarada por eventuais falhas que não geram prejuízos para o executado promover a sua defesa.* **5.** *Estando o título formalmente perfeito, com a discriminação precisa do fundamento legal sobre que repousam a obrigação tributária, os juros de mora, a multa e a correção monetária, revela-se descabida a sua invalidação, não se configurando qualquer óbice ao prosseguimento da execução.* (...). **(AgRg no Ag 485.548/RJ, 1ª T., rel. Min. Luiz Fux, j. em 06-05-2003) (Grifos nossos)**

Aliás, seguindo esta interpretação teleológica e instrumental, há de haver sua aplicação ao caso de CDA contendo parcela indevida, perfeitamente destacável das demais. Entendemos que não é nula a CDA quando o credor estiver cobrando mais do que o devido, já que a "poda do excesso", se puder ser feita nos próprios autos, mediante a supressão da parcela destacável, não implica nulidade do título executivo extrajudicial.

Observe a ementa:

EMENTA: PROCESSO CIVIL. EXECUÇÃO FISCAL. ILIQUIDEZ DO TÍTULO. O reconhecimento de que o credor está cobrando mais do que é devido não implica a nulidade do título executivo extrajudicial, desde que a poda do excesso possa ser realizada nos próprios autos, mediante a supressão da parcela destacável da certidão de dívida ativa ou por meio de simples cálculos aritméticos; não é esse o caso quando, excluído da base de cálculo do ICMS o valor da contribuição ao IAA, há necessidade de novo lançamento fiscal para a apuração do tributo efetivamente devido. Recurso especial conhecido e provido. **(REsp 193.663/SP, 2ª T., rel. Min. Ari Pargendler, j. em 15-12-1998)**

Com efeito, a nulidade deve ser reconhecida apenas nos casos em que não é possível a identificação do débito, com todos os seus elementos, impedindo ou dificultando a defesa. Daí se afirmar que o art. 203 do CTN prevê uma *nulidade relativa*, privilegiando a moderna concepção instrumental do processo.

Ocorrendo a substituição da CDA, deve se dar uma readequação da garantia (reforço de penhora ou substituição da penhora para que recaia sobre bem de valor inferior). A doutrina entende que a CDA pode ser *emendada* ou *substituída*, conforme a literalidade do **§ 8º do art. 2º da LEF**, muito embora o CTN mencione apenas o vocábulo "substituição". Observe a comparação:

– **Art. 203 (CTN). (...)** mas a nulidade poderá ser sanada até a **decisão de primeira instância, mediante substituição da certidão nula**, devolvido ao sujeito passivo, acusado ou interessado, o prazo para defesa, que somente poderá versar sobre a parte modificada. **(Grifo nosso)**

– **Art. 2º, § 8º (LEF).** Até a decisão de primeira instância, a Certidão de Dívida Ativa poderá ser ***emendada ou substituída***, assegurada ao executado a devolução do prazo para embargos. **(Grifo nosso)**

Note o item considerado **INCORRETO**, em prova realizada pela MSConcursos, para o cargo de Advogado do CRECI/RJ, em 2016: *"No que tange à execução fiscal, até a decisão de segunda instância, a CDA poderá ser emendada ou substituída, assegurada ao executado a devolução do prazo para embargos".*

É demasiado relevante observar que há no dispositivo do CTN a menção a dois limites para a *emenda* ou *substituição*: um *processual* e outro *material*. Veja-os:

a) **O limite processual:** havendo Embargos de Executado, até que sobrevenha sentença que os julgue, poderá a Fazenda exequente, por iniciativa própria, ou motivada, promover a emenda ou requerer a substituição da certidão nula. Trata-se de limite constante da LEF e do CTN, porquanto ambos mencionam "decisão de primeira instância", conforme se nota nos artigos em epígrafe.

b) **O limite material:** trata-se de impedimento que obsta a correção desproporsitada, ou seja, aquela que visaria retificar o mero erro de transcrição ou a reprodução do que já se acha inscrito, sem atingir os elementos essenciais da certidão. Exemplo: cobrança de CSLL, com fatos geradores nos meses de janeiro e fevereiro de 2020. Não se pode substituir a CDA para incluir débitos de março ou abril de 2020. Entretanto, seria viável a *supressão* do débito de janeiro ou de fevereiro de 2020. Também seria possível a *correção*, com redução ou aumento, por *erro de transcrição*, devidamente demonstrado, do débito dos dois meses citados de 2020.

Observe a jurisprudência:

EMENTA: EMBARGOS À EXECUÇÃO FISCAL. SUBSTITUIÇÃO DE CERTIDÃO DE DÍVIDA ATIVA. INEXISTÊNCIA DE SIMPLES ERRO MATERIAL. IMPOSSIBILIDADE. Entendimento desta Corte no sentido de que a substituição da CDA até a decisão de primeira instância só é possível em se tratando de erro material ou formal. **(REsp 347.423, 2ª T., rel. Min. Eliana Calmon, j. em 28-05-2002) [Ver, ainda, no mesmo sentido, o REsp 1.072.494/RJ, rel. Min. Luiz Fux, 1ª T., j. em 14-09-2010]**

Vale lembrar, ainda, a **Súmula n. 392 do STJ**, que dispõe:

A Fazenda Pública pode substituir a certidão de dívida ativa (CDA) até a prolação da sentença de embargos, quando se tratar de correção de erro material ou formal, vedada a modificação do sujeito passivo da execução.

A bem da verdade, **duas** são as oportunidades em que a Fazenda Pública pode corrigir o título executivo:

I – No prazo assinado pelo juiz, se este constatou o vício ao despachar a petição inicial;

II – Enquanto não forem julgados os embargos do Executado.

De fato, a emenda ou substituição da CDA será feita até a sentença dos Embargos. Nos casos de execução não embargada, entendemos que a solução seria a que aponta o prazo como o do momento imediatamente anterior à lavratura do auto de arrematação, ou de adjudicação, conforme o caso.

Urge mencionar que a emenda ou substituição da CDA poderá ser feita até a sentença na exceção de pré-executividade, diante da ausência manifesta ou comprovável de plano dos atributos de liquidez e certeza do crédito estampado no título executivo.

Note o item (adaptado) considerado **CORRETO**, em prova realizada pelo IESES, para o cargo de Analista de Processos Organizacionais – Direito da BAHIAGÁS (Cia. de Gás da Bahia), em 2016: *"A cobrança do crédito tributário segue um procedimento especial, regulado pela Lei n. 6.830/80 – a Lei das Execuções Fiscais. Em decorrência de sua especificidade, a execução fiscal possui diversas peculiaridades frente à execução forçada comum de quantia certa prevista no CPC. No tocante à EXCEÇÃO DE PRÉ-EXECUTIVIDADE nas ações de cobrança de crédito tributário, ela constitui instrumento idôneo à arguição da prescrição, desde não haja necessidade de dilação probatória. Arguida por meio de uma petição do devedor que se rebele contra a pretensão executiva da Fazenda Pública, pode ser utilizada antes ou após a penhora, após a arrematação ou após a adjudicação. É assegurada ao executado, a possibilidade de submeter ao conhecimento do juiz da execução a exceção de pré-executividade, inclusive na execução fiscal, limitada sua abrangência temática, que somente poderá dizer respeito à matéria suscetível de conhecimento de ofício ou à nulidade do título, que seja evidente e flagrante".*

As emendas devem se limitar a erros afetos à inscrição e à certidão, não se estendendo ao lançamento a que se interliga a CDA. Pode a Fazenda, portanto, ajustar o Termo ao lançamento, sendo-lhe vedada a retificação do procedimento administrativo em si. Exemplo: cobrança de IPTU sobre área maior que a devida, em razão de vício na constituição do crédito tributário. Nota-se que a impropriedade aqui é do próprio lançamento, não cabendo a correção do título executivo.

Observe a jurisprudência:

> **EMENTA:** PROCESSUAL CIVIL E TRIBUTÁRIO. EMBARGOS À EXECUÇÃO FISCAL. IPTU E TAXAS. LANÇAMENTO EFETUADO SOBRE ÁREA A MAIOR. NULIDADE. SUBSTITUIÇÃO DA CERTIDÃO DE DÍVIDA ATIVA. IMPOSSIBILIDADE. INEXISTÊNCIA DE SIMPLES ERRO MATERIAL OU FORMAL PASSÍVEL DE CORREÇÃO. LEI 6.830/80, ART. 2º, § 8º e CTN. VIOLAÇÃO AO ART. 203 DO CTN NÃO CONFIGURADA. PREQUESTIONAMENTO AUSENTE. SÚMULAS 282 E 356 STF. Inadmissível a substituição de CDA referente à cobrança de IPTU e taxas lançados sobre área a maior, por isso que não se trata de simples correção de erro material ou formal do título executivo, mas de modificação do próprio lançamento, com alteração do valor do débito, o que não guarda apoio no art. 2º, § 8º da Lei 6.830/80. (...) **(REsp 87.768/SP, 2ª T., rel. Min. Francisco Peçanha Martins, j. em 03-10-2000)**

Como é cediço, o lançamento e a inscrição não se confundem. São atos autônomos, independentes, cada um com objetivos próprios, conteúdos e naturezas particulares; o lançamento visa a constituir o crédito; a inscrição visa aparelhar a Fazenda Pública para a execução forçada, se legal for. Quando a inscrição é recusada, o órgão de inscrição não se sobrepõe, nem toma lugar da autoridade administrativa; apenas nega eficácia executiva ao ato da referida autoridade fiscal.

Diz-se, ademais, que se a parcela do débito exequendo é indevida, substituir-se-á a CDA, prosseguindo a execução com base na nova Certidão, sem necessidade de novo ajuizamento de ação pelo exequente.

Sobre a reabertura ou restituição do prazo, conforme a previsão legal, o executado será novamente intimado, reabrindo-se o trintídio para os Embargos, isto é, terá mais 30 dias para oferecer seus embargos sobre a parte modificada, em face do novo título. Tal restrição não está prevista na LEF, gerando incontáveis controvérsias. É curioso perceber que a LEF não oferece limitações à cognição dos novos Embargos; já o art. 203, sim.

Há o entendimento doutrinário segundo o qual haverá devolução do prazo para os Embargos, que somente poderão versar sobre a parte modificada. Ainda que não tivessem sido inicialmente opostos, a substituição da CDA ensejará que o Executado apresente os Embargos, mas, ainda assim, apenas sobre a parte modificada. No mais, considerar-se-á precluso o prazo. De outra banda, destaca-se outro entendimento, ao qual nos filiamos, segundo o qual há derrogação da parte final do art. 203 do CTN pela LEF, fulminando qualquer limitação à defesa na hipótese de devolução de prazo. Aliás, a LEF pode tratar do tema em análise, por ser questão de direito processual, não integrando o domínio reservado à lei complementar tributária. Com efeito, temos afirmado que o CTN mostra-se como diploma de *direito material*, enquanto a Lei n. 6.830/80 se apresenta como uma *lei de processo*, além de ser ulterior àquele. Considerar válido o óbice à defesa parece não ser a medida mais salutar à justiça fiscal almejada na cobrança do tributo. Para concursos públicos, todavia, recomendamos a literalidade do dispositivo.

Com relação à contagem do prazo de 30 dias, reputamos pertinente expor três situações práticas e as respectivas soluções:

a) Quando não houve interposição de embargos: intimar-se-á o executado da ocorrência da substituição da certidão nula, e o prazo será computado normalmente;

b) Quando o prazo para embargar estiver em curso, fluindo, portanto, o trintídio legal para a defesa do executado: a substituição ou emenda do título interrompe aquele prazo, cuja fluência recomeçará a contar da intimação do executado;

c) Quando já apresentados os embargos à execução: intima-se a embargante para, no prazo de 30 dias, aditar os embargos já opostos e pendentes de julgamento. Portanto, devolve-se-lhe o prazo na íntegra.

Observe, agora, um *quadro mnemônico* para a devida memorização do **art. 203 do CTN**:

ART. 203 do CTN
(e art. 2º, § 8º, da Lei n. 6.830/80)

OMISSÃO/ERRO (requisitos do art. 202)
↓
NULIDADE DA INSCRIÇÃO
↓
POSSÍVEL SANAR A NULIDADE
↓
ATÉ DECISÃO DE 1ª INSTÂNCIA
↓
MEDIANTE SUBSTITUIÇÃO DA CERTIDÃO NULA
↓
DEVOLVE-SE O PRAZO AO SUJEITO PASSIVO
↓
VERSAR SOMENTE SOBRE A PARTE MODIFICADA

Passemos, agora, à análise do **art. 204 do CTN**:

Art. 204. A dívida regularmente inscrita goza da presunção de certeza e liquidez e tem o **efeito de prova pré-constituída**.

> Note o item considerado **CORRETO**, em prova realizada pela VUNESP, Câmara de Campo Limpo Paulista-SP, para o cargo de Procurador Jurídico, em 2018: *"A dívida regularmente inscrita em dívida ativa goza de presunção relativa de certeza e de liquidez e tem o efeito de prova pré-constituída"*.

Parágrafo único. A presunção a que se refere este artigo é relativa e pode ser ilidida por prova inequívoca, a cargo do sujeito passivo ou do terceiro a que aproveite.

No mesmo sentido, exsurge o **art. 3º da Lei n. 6.830/80**. Vejamos:

Art. 3º A Dívida Ativa regularmente inscrita goza da presunção de certeza e liquidez.

Parágrafo único. A presunção a que se refere este artigo é **relativa** e pode ser ilidida por **prova inequívoca, a cargo do executado ou de terceiro, a quem aproveite.**

> Note o item considerado **INCORRETO**, em prova realizada pelo Cespe/Cebraspe, para o cargo de Delegado de Polícia do Estado de Pernambuco, em 2016: *"A dívida ativa regularmente inscrita goza de presunção absoluta de certeza e liquidez"*.
>
> **Observação:** item semelhante foi considerado **INCORRETO** em prova realizada pelas seguintes Instituições: **(I)** MSConcursos, para o cargo de Advogado do CRECI/RJ, em 2016; **(II)** Vunesp, para o cargo de Agente Fiscal Tributário da Prefeitura Municipal de Suzano/SP, em 2016.

Note o item considerado **CORRETO**, em prova realizada pela Vunesp, para o cargo de Agente Fiscal Tributário da Prefeitura Municipal de Suzano/SP, em 2016: *"A presunção de certeza e liquidez de que goza a dívida regularmente inscrita é relativa e pode ser ilidida por prova inequívoca a cargo do sujeito passivo ou de terceiro a que aproveite"*.

Note o item considerado **CORRETO**, em prova realizada pela VUNESP, Câmara de Indaiatuba-SP, para o cargo de Controlador Interno, em 2018: *"De acordo com o que dispõe a Lei n. 6.830/80, a dívida ativa regularmente inscrita goza de presunção de certeza e liquidez. Quanto a tal presunção, é correto afirmar que ela é RELATIVA"*.

Note o item considerado **INCORRETO**, em prova realizada pela VUNESP, Câmara de Indaiatuba-SP, para o cargo de Controlador Interno, em 2018: *"De acordo com o que dispõe a Lei n. 6.830/80, a dívida ativa regularmente inscrita goza de presunção de certeza e liquidez. Quanto a tal presunção, é correto afirmar que pode ser ilidida por qualquer tipo de prova, independentemente de ser inequívoca"*.

Note o item considerado **INCORRETO**, em prova realizada pela VUNESP, Câmara de Indaiatuba-SP, para o cargo de Controlador Interno, em 2018: *"De acordo com o que dispõe a Lei n. 6.830/80, a dívida ativa regularmente inscrita goza de presunção de certeza e liquidez. Quanto a tal presunção, é correto afirmar que somente pode ser ilidida pelo próprio executado"*.

Ao contrário do credor do Direito Privado, a Fazenda Pública, assumindo tal papel, não precisa provar a certeza e liquidez do crédito tributário para executar judicialmente o sujeito passivo. Aliás, a CDA é título líquido, certo e imediatamente exigível, habilitando a Fazenda a pleitear o importe tributário. Prescinde, assim, o Fisco de documento estranho à CDA para provar o débito do sujeito passivo, **competindo ao próprio devedor demonstrar o contrário**. É o *Princípio da Inversão do Ônus da Prova*. Portanto, tal presunção não é *juris et de jure, mas juris tantum*, isto é, relativa. Exemplo: se um contribuinte recolhe o tributo e se engana no preenchimento do documento. Após um tempo, com o débito já inscrito em dívida ativa, o particular corre ao Fisco e apresenta a guia, a qual é reconhecida como legítima pela Fazenda Pública. Nesse caso, ter-se-á por afastada a presunção relativa. Se houvesse a presunção absoluta, não aproveitaria ao contribuinte qualquer prova porventura apresentada.

Não é demasiado relembrar que o ato de inscrição em dívida ativa, já detalhado neste capítulo, conferirá à dívida ativa a presunção relativa de liquidez e certeza, outorgando ao título os efeitos de uma prova pré-constituída.

4 CERTIDÃO NEGATIVA

O último capítulo do Título relativo à Administração Tributária no CTN enseja o estudo das *certidões negativas*, que consistem no documento apto a comprovar, em um determinado recorte temporal, a inexistência de débito de determinado contribuinte, de determinado tributo ou relativo a determinado período. Observe o dispositivo pertinente:

> **Art. 205.** A lei **poderá** exigir que a prova da quitação de determinado tributo, quando exigível, seja feita por certidão negativa, expedida à vista de requerimento do interessado, que contenha todas as informações necessárias à identificação de sua pessoa, domicílio fiscal e ramo de negócio ou atividade e indique o período a que se refere o pedido.

Note o item considerado **INCORRETO**, em prova realizada pela VUNESP, Câmara de Campo Limpo Paulista-SP, para o cargo de Procurador Jurídico, em 2018: "*A lei não poderá exigir que a prova da quitação de determinado tributo seja feita por certidão negativa expedida pela Fazenda Pública, para além dos casos expressamente previstos pela Constituição Federal*".

> **Parágrafo único.** A certidão negativa será sempre expedida nos termos em que tenha sido requerida e será fornecida dentro de **dez dias** da data da entrada do requerimento na repartição.

Note o item considerado **INCORRETO**, em prova realizada pela VUNESP, Câmara de Campo Limpo Paulista-SP, para o cargo de Procurador Jurídico, em 2018: "*A certidão negativa será sempre expedida nos termos em que tenha sido requerida e será fornecida dentro de vinte dias da data da entrada do requerimento na repartição*".

A Constituição Federal assegura a todos, independentemente do pagamento de taxas, a obtenção de certidões em repartições públicas, para defesa de direitos e esclarecimento de situações de interesse pessoal, conforme art. 5º, XXXIV, "b". Temos considerado tal comando nítido exemplo de *imunidade tributária*.

É demasiado comum ao dia a dia do contribuinte a necessidade de documento que traduza quitação fiscal, permitindo-lhe participar de licitações, obter empréstimos e financiamentos e, fundamentalmente, manter-se quite com a Fazenda. Sobre este tema, tem despontado controvertida questão no plano doutrinário: a exigência de certidões negativas de débito como requisito essencial para que o contribuinte realize atos jurídicos.

Para o **STF**, é inconstitucional a exigência acima destacada na hipótese em que implicar *impedimento absoluto* ao exercício da atividade empresarial[32]. Por outro lado, o Pretório Excelso não vislumbra inconstitucionalidade se houver impedimento apenas da participação da licitação, sem prejuízo ao normal prosseguimento da atividade empresarial.

32. V. JUSTEN, Marçal Filho. *Comentários à lei de licitações e contratos administrativos*, 3. ed., Rio de Janeiro: Aide, 1994, pp. 187-188.

Ao mesmo tempo, a doutrina com a qual concordamos, ensina que "na disciplina da atividade econômica privada, o ordenamento pode, mediante a ponderação de valores assentados no texto constitucional, estabelecer condições para o exercício da autonomia privada, desde que não suprima, por via direta ou indireta, a possibilidade de atuação privada. Por conseguinte, sob esse prisma, é de se admitir a exigência de uma série de certidões negativas para a prática de inúmeros atos e negócios jurídicos, seja perante outro sujeito privado, seja perante a Administração Pública. Nesse procedimento, de forma direta ou indireta, pode-se vislumbrar a tutela do cumprimento de obrigações cuja repercussão é evidente para a implementação da finalidade e princípios informadores da ordem econômica"[33].

Assim, é possível concluir que a exigência de certidão negativa terá amparo constitucional, na medida em que estiver atrelada à busca do interesse público, sem necessidade de se recorrer a dispositivos constitucionais expressos.

Na lição de Celso Antônio Bandeira de Mello, o interesse público "nada mais é que uma faceta dos interesses dos indivíduos: aquela que se manifesta enquanto estes – inevitavelmente membros de um corpo social – comparecem em tal qualidade" e que "deve ser conceituado como o interesse resultante do conjunto dos interesses que os indivíduos pessoalmente têm quando considerados em sua qualidade de membros da Sociedade e pelo simples fato de o serem"[34].

A negativa estatal da liberação de uma certidão não pode servir de "isca para tributar", sob pena de se mostrar abusiva, na esteira do arbítrio por parte do agente público. É fato que o particular busca uma certidão para "aferir" situação fiscal, e não para "regularizar" situação fiscal, sob pena de se tornar um instrumento oblíquo de arrecadação. Se o particular deseja quitar suas dívidas, procura o Fisco para proceder à quitação, e não para solicitar uma "certidão", em si. De outra banda, se o Fisco pretende tributar, deve valer-se dos meios próprios e legítimos para tanto, em vez de aguardar a visita do particular que busca o documento fiscal diante de uma necessidade premente, o que o torna sugestionável diante da "chantagem fiscal".

A doutrina de Hugo de Brito Machado Segundo[35] nos ensina:

> A Lei somente poderia determinar a apresentação de CND quando já for exigível a prova de quitação. E as hipóteses em que a prova de quitação é exigível são aquelas já "previstas no próprio CTN, em seus arts. 130, 191, 191-A, 192 e 193, e no art. 195, § 3º da CF/88". Fora desses casos, a exigência de CNDs parece-nos indevida. Não obstante, o que se assiste, na prática, é a proliferação das hipóteses em que se exige CND para a prática dos mais variados atos, às vezes com amparo em lei ordinária,

---

33. RIOS, Roger Raupp. Direito econômico e direito administrativo: duplo enfoque sobre as razões e limites da exigência de certidões. *Revista da Associação dos Juízes Federais do Brasil*, ano 14, n. 49, mar./abr. 1996, p. 10.
34. MELLO, Celso Antônio Bandeira de. *Curso de direito administrativo*, 13. ed., p. 59.
35. SEGUNDO, Hugo de Brito Machado. *Código Tributário Nacional:* anotações à Constituição, ao Código Tributário Nacional e às Leis Complementares 87/1996 e 116/2003. São Paulo: Atlas, 2007, pp. 386-387.

ou mesmo em meros atos infralegais. Muitas dessas exigências são indevidas, não só porque não encontram amparo no CTN, como especialmente porque agridem direitos fundamentais do cidadão contribuinte, tais como o direito ao livre exercício de atividades profissionais ou econômicas. São as chamadas "sanções políticas", que a jurisprudência do STF sempre repeliu (Súmulas n. 70, 323 e 547).

Temos ressentido ser lamentável que o instituto jurídico, essencialmente válido, seja deturpado para atender interesses desvirtuados e tendenciosos. Tal contexto permite a análise da constitucionalidade da exigência da certidão perante os princípios da razoabilidade e da proporcionalidade. É possível que a inclusão da certidão negativa no rol dos documentos imprescindíveis, que devem ser apresentados para uma dada finalidade, torne-se descabida, ferindo o critério da razoabilidade, e desmedida, estiolando o critério da proporcionalidade[36].

Hugo de Brito Machado[37] exemplifica com mestria:

> Lei ordinária, seja federal, estadual ou municipal, que amplie o alcance da exigência de quitação (...) padece de inconstitucionalidade, tanto formal quanto substancial. (...) Inconstitucionalidade formal haverá porque, como dito acima, cuida-se de matéria que só por lei complementar pode ser regulada. Inconstitucionalidade substancial também haverá porque tal lei abrirá conflito com normas da Constituição (...).

Em idêntica trilha, segue Helenilson Cunha Pontes[38]:

> De pouca valia, por exemplo, seria o reconhecimento constitucional de todo um rol de direitos fundamentais, se o legislador, ou mesmo o administrador público pudessem, ao pretexto de disciplinar o exercício destes direitos, objetivando a realização de determinada política pública, condicionar o seu pleno exercício a (...) limites cuja desproporcionalidade acabe por esvaziar o seu conteúdo normativo (...) A regra jurídica para ser constitucional deve, antes de mais nada, ser proporcional aos fins que objetiva alcançar, os quais necessariamente devem estar em sintonia com os objetivos constitucionalmente almejados.

A certidão pode e deve ser exigida pelo Fisco, nos limites impostos pelo legislador constituinte, quando garante: (**1**) o exercício da atividade profissional (art. 5º, XIII e XVIII); (**2**) o fundamento da República atinente aos valores sociais do trabalho e da livre iniciativa (art. 1º, IV); e (**3**) o princípio da legalidade (art. 5º, II, e art. 170, parágrafo único). A legislação infraconstitucional não pode se indispor com tais balizas previstas na Carta Magna, que asseguram a liberdade, sob pena de se ressen-

36. Em sentido contrário, PAULSEN, Leandro. *Direito tributário*, p. 1210.
37. MACHADO, Hugo de Brito. *Curso de direito tributário*, 29. ed., p. 262.
38. PONTES, Helenilson Cunha. *O princípio da proporcionalidade e o direito tributário*, pp. 40-41.

tirem de vício de inconstitucionalidade e se revestirem da indumentária de sanções políticas, há longa data rechaçadas pelo **STF (Súmulas n. 70, 323 e 547)**.

O **STF**, de há muito, posiciona-se a esse respeito, conforme nos relata a doutrina autorizada[39], chancelando o modo de ver aqui externado:

> **EMENTA:** A CHAMADA EXECUÇÃO POLÍTICA É INCOMPATÍVEL COM O REGIME INSTITUÍDO PELAS CONSTITUIÇÕES FEDERAIS DE 1946 E 1967. IDENTIDADE COM O ENUNCIADO NA SÚMULA N. 323. O mandado de segurança é meio idôneo contra a violência que o Estado pratica, pelo ato de seus agentes, negando ao comerciante em débito de tributos a aquisição dos selos necessários ao livre exercício das suas atividades. Recurso Ordinário provido. **(RMS 16.727/RJ, 1ª T., rel. Min. Raphael de Barros Monteiro, j. em 20-11-1967)**

> **EMENTA:** SANÇÃO FISCAL. Não é lícito à Administração impedir ou cercear a atividade profissional do contribuinte, para compeli-lo ao pagamento de débito. Recurso desprovido. **(RE 63.045/SP, 1ª T., rel. Min. Oswaldo Trigueiro, j. em 11-12-1967)**

É importante lembrar que o CTN se refere, no parágrafo único do art. 205, ao período de **dez dias** para a expedição da certidão, e não a "dez dias úteis", o que pode gerar certa confusão em itens de prova de concursos públicos.

A não observância do interregno legal mencionado pode ensejar a propositura de um mandado de segurança, protetor desse direito líquido e certo da impetrante, violado pelo ato abusivo de uma autoridade coatora, que não se predispõe a cumprir o mandamento legal. *Ad argumentandum*, a contagem do prazo deverá ser feita na forma do **art. 210 do CTN**, que será visto mais adiante, e que agora apenas antecipamos, em prol da melhor didática:

> **Art. 210.** Os prazos fixados nesta Lei ou legislação tributária serão contínuos, excluindo-se na sua contagem o dia de início e incluindo-se o de vencimento.
> **Parágrafo único.** Os prazos só se iniciam ou vencem em dia de expediente normal na repartição em que corra o processo ou deva ser praticado o ato.

Não é demasiado relembrar que o adquirente do bem imóvel, possuindo a certidão negativa que ateste a inexistência de débitos tributários, relativos à propriedade contemporânea do bem, não poderá ser responsabilizado, caso faça constar do ato traslativo a menção à certidão negativa. É o que se depreende do art. 130, *caput*, do CTN, conforme se estudou em Capítulo precedente.

Insta registrar que subsiste discussão doutrinária acerca do documento hábil a atestar a quitação de tributos: se deve ser por meio exclusivo de certidão negativa

39. V. PIZOLIO, Reinaldo; PEIXOTO, Marcelo Magalhães; LACOMBE, Rodrigo Santos Masset (Coord.). *Comentários ao Código Tributário Nacional*. São Paulo: MP Editora, 2005, p. 1454.

de débitos, em qualquer hipótese[40], ou se pode haver outras formas de quitação, como guias de pagamento, devidamente autenticadas, atrelando-se a certidão apenas a casos determinantes, a que a lei fizer menção.

Observe, agora, o **art. 206 do CTN:**

> **Art. 206.** Tem os mesmos efeitos previstos no artigo anterior a certidão de que conste a existência de créditos não vencidos, em curso de cobrança executiva em que tenha sido efetivada a penhora, ou cuja exigibilidade esteja suspensa.

É cediço que, se o sujeito passivo for alvo de um lançamento tributário, lastreado em notificação ou em auto de infração, e não concordar com a exigência, poderá se valer de quaisquer dos métodos de **suspensão do crédito tributário** estudados no art. 151 do CTN.

> Note o item considerado **CORRETO**, em prova realizada pela FGV, Câmara de Salvador-BA, para o cargo de Advogado legislativo, em 2018: *"Um contribuinte questiona judicialmente, através de uma ação ordinária, três créditos tributários. Caso esse contribuinte venha a requerer certidão sobre sua situação fiscal, ela será POSITIVA COM EFEITOS DE NEGATIVA, se houver sido concedida a antecipação* dos efeitos da tutela".

Sendo assim, se o contribuinte devedor realizar o parcelamento de seus débitos, passará a ter direito a uma **certidão positiva com efeitos de negativa**, também chamada de **certidão de regularidade fiscal.** Ela produz os mesmos efeitos da certidão negativa. Por essa razão, **"a certidão positiva que indique a existência de um crédito tributário já vencido, mas submetido a parcelamento, tem os mesmos efeitos de uma certidão negativa"**. Em bom trocadilho, podemos dizer: "*a 'positiva' de ontem (com débito pendente), torna-se 'positiva com efeitos de negativa' de hoje (com débitos parcelados), passando a ter, no amanhã, os mesmos efeitos da 'negativa'*".

> A assertiva foi considerada **CORRETA**, em prova realizada pelo CEBRASPE, PGM – Manaus-AM, para o cargo de Procurador do Município-AM, em 2018.

> Note o item considerado **CORRETO**, em prova realizada pela FGV, para o XXI Exame de Ordem Unificado, em 2016: *"A Pessoa Jurídica ABC verificou que possuía débitos de IRPJ e decidiu aderir ao parcelamento por necessitar de certidão de regularidade fiscal para participar de licitação. Após regular adesão ao parcelamento e diante da inexistência de quaisquer outros débitos, a contribuinte apresentou requerimento para emissão da certidão. Com base nessas informações, o Fisco deverá deferir o pedido, já que o parcelamento é causa de suspensão da exigibilidade do crédito tributário"*.

40. V. MORAES, Bernardo Ribeiro de. *Competência de direito tributário*. 2. ed. Rio de Janeiro: Forense, 1994, v. 2, p. 429.

Note o item considerado **INCORRETO**, em prova realizada pela FGV, para o cargo de Procurador da Prefeitura de Paulínia/SP, em 2016: *"A pessoa jurídica X, situada no Município A, é prestadora do serviço de acompanhamento e fiscalização da execução de obras de engenharia, arquitetura e urbanismo, e pretende participar de um processo de licitação a ser realizado no Município B, que exige, dentre muitos documentos, a apresentação de certidão de regularidade fiscal. No entanto, a pessoa jurídica X possui dois débitos tributários federais, que estão em fase de recurso administrativo, ainda não julgado. Sobre a situação apresentada, para garantir a sua participação na licitação do Município B, a pessoa jurídica deverá realizar o pagamento dos débitos ou depositar o valor referente, sob pena de não conseguir emitir a certidão de regularidade fiscal exigida".*

O mesmo fenômeno ocorre com a existência de créditos não vencidos ou em curso de cobrança executiva em que tenha sido efetuada a penhora.

Portanto, memorize as três situações que ensejam a certidão positiva com efeitos de negativa, quando o crédito estiver com a exigibilidade suspensa:

CERTIDÃO POSITIVA COM EFEITOS DE NEGATIVA
Créditos não vencidos
Créditos com exigibilidade suspensa
Créditos em curso de cobrança executiva em que tenha sido efetuada a penhora

O *crédito não vencido* pode ser definido como o crédito tributário já constituído, porém o termo final para o cumprimento espontâneo da obrigação ainda não se consumou no tempo. Na prática, a situação é retórica, pois o Fisco só assina a certidão mediante o desdobramento que se der à situação transitória de exigibilidade, *v.g.*, após a protocolização da reclamação administrativa. Por sua vez, conforme já se estudou nesta obra, a *suspensão da exigibilidade do crédito tributário* ocorre por força do disposto no art. 151 do CTN, já assimilado oportunamente. Por fim, a última hipótese recai nos **créditos em curso de cobrança executiva em que tenha sido efetivada a penhora**.

Note o item considerado **CORRETO**, em prova realizada pelo Cespe/Cebraspe, para o cargo de Procurador do Estado do Amazonas (PGE/AM), em 2016: *"A penhora de bem ou de direito que promova a satisfação integral do crédito tributário assegurará ao sujeito passivo da relação jurídica tributária o direito de obter certidão positiva com os mesmos efeitos da certidão negativa".*

Note o item considerado **CORRETO** em prova realizada pelo Cebraspe, para o cargo de Procurador do Município de Fortaleza/CE, em 2017: *"Caso o contribuinte tenha créditos inscritos em dívida ativa integralmente garantidos por penhora ou créditos com a exigibilidade suspensa, é admitido que lhe seja expedida 'certidão de regularidade fiscal'".*

Merece destaque a corriqueira situação em que o crédito não está mais suspenso, porém ainda não há execução fiscal ajuizada, o que possibilitaria ao interessado oferecer bens à penhora, no intuito de usufruir os efeitos assegurados pela norma em comento. Quanto a essa hipótese, em 16 de outubro de **2014**, a 2ª Turma do **STJ**, no **REsp 1.479.276/MG** (rel. Min. Mauro Campbell), entendeu que a penhora insuficiente em execução fiscal, com valor inferior ao montante do débito exequível, não é hábil a viabilizar a expedição de *Certidão Positiva com efeitos de Negativa*, com fulcro no art. 206 do CTN.

Temos sugerido, neste caso, que o contribuinte se antecipe à Fazenda Pública e proponha a **ação anulatória de débito fiscal**, acompanhada de depósito judicial. Alternativamente, poderá, se preencher os requisitos necessários, impetrar um mandado de segurança com pedido de liminar, obtendo igualmente a suspensão da exigibilidade do crédito tributário[41].

A propósito, no **STJ**, o tema que versa sobre a possibilidade de interpor **medida cautelar** para antecipação de penhora e obtenção de certidão positiva com efeito negativo é objeto de ferrenha controvérsia. Há julgados da **2ª Turma** que sinalizam a possibilidade da propositura de medida cautelar para antecipar a prestação de garantia em juízo, com vistas à obtenção de certidão positiva com efeito negativo. Já na **1ª Turma** existe precedente desfavorável. Verifiquemos de perto essa divergência, conquanto subsista dissonância entre os próprios ministros julgadores.

Observe o julgado da **2ª Turma (STJ)**, favorável ao ajuizamento da ação e liberação da certidão:

> **EMENTA:** TRIBUTÁRIO E PROCESSUAL CIVIL. AÇÃO CAUTELAR. CAUÇÃO. ART. 206 DO CTN. CERTIDÃO POSITIVA COM EFEITO DE NEGATIVA. POSSIBILIDADE. 1. *É lícito ao contribuinte oferecer, antes do ajuizamento da execução fiscal, caução no valor do débito inscrito em dívida ativa com o objetivo de, antecipando a penhora que garantiria o processo de execução, obter certidão positiva com efeitos de negativa.* Precedentes. 2. *Entendimento diverso do perfilhado pelo Tribunal de origem levaria à distorção inaceitável: o contribuinte que contra si já tivesse ajuizada execução fiscal, garantida por penhora, teria direito à certidão positiva com efeitos de negativa; já quanto àquele que, embora igualmente solvente, o Fisco ainda não houvesse proposto a execução, o direito à indigitada certidão seria negado.* 3. Agravo regimental improvido. **(AgRg no REsp 811.136/RS, 2ª T., rel. Min. Castro Meira, j. em 04-04-2006) (Grifo nosso)**

Observe, agora, o julgado da **1ª Turma (STJ)**, favorável ao ajuizamento da ação e liberação da certidão:

> PROCESSO CIVIL E TRIBUTÁRIO. GARANTIA REAL. DÉBITO VENCIDO, MAS NÃO EXECUTADO. PRETENSÃO DE OBTER CERTIDÃO POSITIVA COM EFEITO DE NEGATIVA (ART. 206 DO CTN).1. *É possível ao contribuinte, após o vencimento da sua obrigação*

41. *V.* RAU DE SOUZA, Maria Helena; FREITAS, Vladimir Passos de (Coord.). *Código Tributário Nacional comentado*, p. 1056.

e antes da execução, garantir o juízo de forma antecipada, para o fim de obter certidão positiva com efeito negativo (art. 206 CTN). 2. O depósito pode ser obtido por medida cautelar e serve como espécie de antecipação de oferta de garantia, visando futura execução. 3. Depósito que não suspende a exigibilidade do crédito. 4. Embargos de divergência conhecidos, mas improvidos. **(EREsp 815.629/RS, 1ª T., rel. Min. José Delgado, rel. p/ Ac. Min. Eliana Calmon, j. em 11-10-2006)**

Por fim, veja, ainda na **1ª Turma**, o julgado que demonstra o entendimento contrário ao ajuizamento da ação e liberação da certidão:

EMENTA: TRIBUTÁRIO. PROCESSUAL CIVIL. CERTIDÃO NEGATIVA DE DÉBITO FISCAL. EXPEDIÇÃO MEDIANTE OFERTA DE GARANTIA, NÃO CONSISTENTE EM DINHEIRO, EM AÇÃO CAUTELAR. INVIABILIDADE. FRAUDE AOS ARTS. 151 E 206 DO CTN E AO ART. 38 DA LEI 6.830/80. **(...) 6.** *É falaciosa, destarte, a ideia de que o Fisco causa "dano" ao contribuinte se houver demora em ajuizar a execução, ou a de que o contribuinte tem o "direito" de ser executado pelo Fisco. A ação cautelar baseada em tais fundamentos esconde o seu real motivo, que é o de criar nova e artificiosa condição para obter a expedição de certidão negativa de um débito tributário cuja exigibilidade não foi suspensa nem está garantido na forma exigida por lei. A medida, portanto, opera em fraude aos arts. 151 e 206 do CTN e ao art. 38 da Lei 6.830/80.* **7.** *Por outro lado, não se pode equiparar o oferecimento de caução, pelo devedor, à constituição da penhora, na execução fiscal.* A penhora está cercada de formalidades próprias, que acobertam o crédito com garantia de higidez jurídica não alcançável pela simples caução de um bem da livre escolha do devedor, nomeadamente: **(a)** a observância obrigatória da ordem prevista no art. 11 da Lei 6.830/80, em que figura, em primeiro lugar, a penhora de dinheiro; **(b)** a submissão da indicação do bem ao controle da parte contrária e à decisão do juiz; **(c)** o depósito judicial do dinheiro ou a remoção do bem penhorado, com a nomeação de fiel depositário; **(d)** a avaliação do bem, o reforço ou a substituição da penhora, com a finalidade de averiguar a sua suficiência e adequação da garantia à satisfação do débito com todos os seus acessórios. **8.** O cuidado do legislador ao fixar exaustivamente as hipóteses de suspensão da exigibilidade de tributos e de cercar de adequadas garantias a expedição de certidões negativas (ou positivas com efeito de negativas), tem razão de ser que vai além do resguardo dos interesses do Fisco. Busca-se dar segurança ao sistema como um todo, inclusive aos negócios jurídicos que terceiros, particulares, possam vir a celebrar com os devedores de tributo. A indevida ou gratuita expedição da certidão fiscal poderá comprometer gravemente a segurança dessas relações jurídicas, assumidas na crença da seriedade e da fidelidade da certidão. É risco a que estarão sujeitos, não propriamente o Fisco – cujos créditos, apesar de a certidão negativa sugerir o contrário, continuarão existindo, íntegros, inabalados e, mais ainda, garantidos com privilégios e preferências sobre os dos demais credores –, mas os terceiros que, assumindo compromissos na confiança da fé pública que a certidão negativa deve inspirar, poderão vir a ter sua confiança futuramente fraudada, por ter sido atestado, por certidão oficial, como verdadeiro um fato que não era verdadeiro. *Nessas circunstâncias, expedir certidão, sem rígidas garantias, atenta contra a seguran-*

ça das relações jurídicas, especialmente quando o devedor não contesta a legitimidade do crédito tributário pendente. **9.** *A utilização da via da "ação cautelar", com a finalidade a que aparentemente se propõe, constitui evidente anomalia processual. É uma espécie de medida de "produção antecipada de penhora", que serviria para "acautelar" os interesses, não do autor, mas sim do réu.* Tratar-se-ia, assim, de cautelar preparatória ou antecedente de uma ação principal a ser proposta, não pelo autor da cautelar, mas sim contra ele. O ajuizamento da "ação principal", pelo réu da cautelar, seria, portanto, não o exercício de seu direito constitucional de acesso ao Judiciário, mas sim um dever legal do credor, que lhe tolheria a possibilidade de adotar outras formas para cobrança de seu crédito. **10.** *Em verdade, o objetivo dessa estranha "ação cautelar" não é o que aparenta ser. O que com ela se busca não é medida cautelar, e sim, por via transversa, medida de caráter nitidamente satisfativo de um interesse do devedor: o de obter uma certidão negativa que, pelas vias legais normais, não obteria, já que o débito fiscal existe, não está contestado, não está com sua exigibilidade suspensa e não está garantido na forma exigida por lei.* **11.** Recurso especial provido. **(REsp 700.917/RS, 1ª T., rel. ex-Min. Teori Albino Zavascki, j. em 25-04-2006) (Grifos nossos)**

Para nós, a **ação cautelar**, em si, revela-se, de fato, esvaziada quando tendente a se mostrar como medida de "produção antecipada de penhora", parafraseando o eminente e saudoso Ministro Teori Albino Zavascki. Todavia, são deveras sedutores os argumentos contrários, de lavra do ínclito Ministro Castro Meira, para quem a vedação da medida proposta levaria à distorção inaceitável: o contribuinte que contra si já tivesse ajuizada execução fiscal, garantida por penhora, teria direito à *certidão positiva com efeitos de negativa*; já quanto àquele ao qual, embora igualmente solvente, o Fisco ainda não houvesse proposto a execução, o direito à indigitada certidão seria negado. Nota-se que a matéria é propensa a debates calorosos. A divergência deve ser sanada com a prática jurisprudencial, demonstrando a preponderância de um posicionamento sobre o outro.

Em 14 de outubro de **2013**, o **STJ (AgRg no Ag 1.185.481-DF, rel. Min. Napoleão Nunes Maia Filho)** entendeu que a prestação de caução mediante o oferecimento de fiança bancária no montante integral do valor devido é hábil a viabilizar a obtenção da certidão positiva com efeitos de negativa. O tema foi objeto de questão de concurso, cuja assertiva **correta** assim se apresentou:

Em determinada ação de anulação de débito fiscal, é apresentada carta de fiança bancária para suspender a exigibilidade do crédito tributário, que a Fazenda está cobrando e, ao mesmo tempo, obter certidão fiscal positiva com efeitos de negativa. Nesse caso, a fiança bancária é insuficiente para a obtenção da suspensão da exigibilidade do crédito tributário, porém hábil à obtenção da certidão positiva com efeitos de negativa.

A assertiva foi considerada **CORRETA**, em prova realizada pela Consulplan, para o cargo de Técnico Judiciário do TRF/2ª Região, em 2017.

É cediço que a fiança bancária não se confunde com o *depósito do montante integral* (ver arts. 827 e 835 do Código Civil) e, consequentemente, não promove a *suspensão da exigibilidade do crédito tributário* (art. 151, II, CTN). Entretanto, a indigitada caução, sendo oferecida pelo contribuinte, após o vencimento de sua obrigação e antes da propositura da execução fiscal, é equiparável à penhora antecipada e viabiliza a certidão pretendida (e a futura oposição dos embargos), desde que prestada em valor suficiente à garantia do juízo. E nesse sentido, o **STJ** vem firmando posicionamento[42].

Como já se afirmou, se prevalecesse o entendimento oposto, o contribuinte que contra si tivesse ajuizada ação de execução fiscal ostentaria condição mais benéfica do que aquele contra o qual o Fisco ainda não se voltou judicialmente. Realmente, o contribuinte solvente não pode ser "punido" por força da demora do Fisco em ajuizar a execução fiscal para a cobrança judicial do débito tributário.

Por derradeiro, frise-se que, em **9 de junho de 2020**, a 1ª Turma do **STJ**, no **AREsp 1.521.312-MS** (rel. Min. Gurgel de Faria), entendeu que a *ação cautelar de caução prévia à execução fiscal* não enseja condenação em honorários advocatícios em desfavor de qualquer das partes. Essa *ação cautelar de caução* configura-se como mera antecipação de fase de penhora na execução fiscal e, por via de regra, é promovida no exclusivo interesse do devedor. Com efeito, a questão decidida nessa *ação cautelar* tem natureza jurídica de incidente processual inerente à execução fiscal, não guardando autonomia a ensejar condenação em honorários advocatícios em desfavor de qualquer das partes.

Passemos, agora, à análise do **art. 207 do CTN**:

> **Art. 207.** Independentemente de disposição legal permissiva, será dispensada a prova de quitação de tributos, ou o seu suprimento, quando se tratar de prática de ato indispensável para evitar a caducidade de direito, respondendo, porém, todos os participantes no ato pelo tributo porventura devido, juros de mora e penalidades cabíveis, exceto as relativas a infrações cuja responsabilidade seja pessoal ao infrator.

Note o item considerado **CORRETO**, em prova realizada pela VUNESP, Câmara de Campo Limpo Paulista-SP, para o cargo de Procurador Jurídico, em 2018: "*Independentemente de disposição legal permissiva, será dispensada a prova de quitação de tributos, quando se tratar de prática de ato indispensável para evitar a caducidade de direito, respondendo, porém, todos os participantes no ato pelo tributo porventura devido*".

42. Nesse sentido, desde **2007**, os precedentes no **STJ** são ilustrativos: **(I)** EREsp 574.107/PR, rel. Min. João Otávio de Noronha, 1ª T., j. em 28-03-2007; **(II)** REsp 746.789/BA, rel. ex-Min. Teori Albino Zavascki, 1ª T., j. em 18-11-2008; **(III)** AgRg no REsp 898.412/RS, rel. Min. Humberto Martins, 2ª T., j. em 18-12-2008; **(IV)** REsp 870.566/RS, rel. Min. Denise Arruda, 1ª T., j. em 18-12-2008; **(V)** Resp 1.075.360/RS, rel. Min. Mauro Campbell Marques, 2ª T., j. em 04-06-2009; **(VI)** EDcl no AgRg no REsp 1.057.365/RS, rel. Min. Luiz Fux, 1ª T., j. em 04-08-2009; e **(VII)** EDcl nos EREsp 710.153/RS, rel. Min. Herman Benjamin, 1ª T., j. em 23-09-2009.

Não é raro deparar o contribuinte com a urgência de atos ou negócios que devem ser realizados com toda a celeridade possível, sem que se disponha de tempo para a requisição e liberação da certidão de tributos.

Caso haja necessidade de prática de ato indispensável à caducidade ou perecimento de direito, dispensar-se-á a certidão negativa, independentemente de disposição legal autorizativa. Um bom exemplo se dá quando a empresa, desejosa de participar de procedimento licitatório, vê-se na iminência de perder os prazos fatais que lhe são impostos, sendo assim desabilitada, quando não consegue obter o documento atestatório de inexistência de débitos de que necessita, por motivos vários, *v.g.*, greve de servidores do Fisco. Admite-se, neste caso, a participação do procedimento sem a posse do documento. Todavia, o preceptivo prevê a diluição da responsabilidade entre os participantes do ato, que poderão ser destinatários do tributo, juros e multas, exceto aquelas de caráter pessoal (art. 134, parágrafo único, CTN). Frise-se que os "participantes do ato" são os contratantes, e não as testemunhas ou o oficial público que o lavrar.

Passemos à análise do **art. 208 do CTN**:

> **Art. 208.** A **certidão negativa** expedida com dolo ou fraude, que contenha erro contra a Fazenda Pública, responsabiliza pessoalmente o funcionário que a expedir, pelo **crédito tributário e juros de mora acrescidos**.

Note o item considerado **INCORRETO**, em prova realizada pela VUNESP, Câmara de Campo Limpo Paulista-SP, para o cargo de Procurador Jurídico, em 2018: *"A certidão positiva expedida com dolo ou fraude, que contenha erro contra a Fazenda Pública, responsabiliza pessoalmente o funcionário que a expedir, pelo crédito tributário e juros de mora acrescidos"*.

Note o item considerado **CORRETO**, em prova realizada pelo Cespe/Cebraspe, para o cargo de Especialista em Regulação (ANATEL), em 2014: *"É expressamente prevista na legislação tributária a responsabilidade tributária pessoal de servidor público que, por dolo ou fraude, expeça certidão negativa de crédito tributário"*.

Note o item considerado **INCORRETO**, em prova realizada pela FCC, para o cargo de Profissional de Nível Superior (Direito) da ELETROSUL – Centrais Elétricas S.A. (Florianópolis/SC), em 2016: *"O CTN, em alguns de seus dispositivos, faz referência à incidência de juros de mora e à atualização do valor monetário da base de cálculo do tributo. Diante desse quadro, a certidão negativa expedida com dolo ou fraude, que contenha erro contra a Fazenda Pública, responsabiliza pessoalmente o funcionário que a expedir, pelo crédito tributário, pelos juros de mora acrescidos e pela atualização do valor da base de cálculo do tributo"*.

> **Parágrafo único.** O disposto neste artigo não exclui a responsabilidade criminal e funcional que no caso couber.

Tal comando disciplina uma responsabilidade pessoal, quanto ao pagamento da dívida tributária, contra o funcionário que emitir uma certidão negativa inquinada de falsidade ideológica. A cobrança vai incluir o valor correspondente ao *tributo* e aos *juros de mora*. Não se cogita de imposição de **atualização de base de cálculo**!

> Note o item considerado **INCORRETO**, em prova realizada pela FCC, para o cargo de Profissional de Nível Superior (Direito) da ELETROBRAS-ELETROSUL, em 2016: *"A certidão negativa expedida com dolo ou fraude, que contenha erro contra a Fazenda Pública, responsabiliza pessoalmente o funcionário que a expedir, pelo crédito tributário, pelos juros de mora acrescidos e pela atualização do valor da base de cálculo do tributo"*.

O funcionário fazendário, sabendo que está cometendo uma falsidade, responderá, consequentemente, caso se descubra a fraude, por este ilícito perante as instâncias administrativa, tributária e criminal. Logo, ficará responsável pelo crédito que deixou de constar na certidão, além de ser o destinatário das devidas sanções administrativas e penais.

Com efeito, o servidor público desbriado poderá ser alvo de persecução penal, atribuindo-se-lhe, no mínimo, o crime de prevaricação, quando não o de corrupção passiva.

Por outro lado, se o funcionário agir sem dolo não haverá que incidir a responsabilidade pelo crédito tributário, podendo exsurgir, no entanto, a responsabilização disciplinar e a penal, se for o caso.

Entendemos que tal responsabilização pessoal do servidor público fazendário é contraproducente, devendo-se assimilá-la como responsabilidade *solidária*. Isso porque o servidor público, como é sabido, recebe, como regra, parcos salários, não se podendo imaginá-lo hábil a satisfazer créditos tributários robustos. Ademais, proteger-se-ia o contribuinte desonesto, com um verdadeiro *escudo*, na pessoa do servidor. Assim, a nosso ver, a responsabilidade mais consentânea com o ideal de justiça deve ser a *solidária*, a fim de se dar azo à eventual responsabilização do sujeito passivo originário.

5 DISPOSIÇÕES FINAIS E TRANSITÓRIAS DO CTN

As disposições finais e transitórias do CTN ocupam-se dos arts. 209 a 218 do CTN. Por questões didáticas, detalharemos apenas os arts. 209 e 210 do CTN, haja vista a diminuta importância dos artigos derradeiros do Digesto Tributário.

> **Art. 209.** A expressão "Fazenda Pública", quando empregada nesta Lei sem qualificação, abrange a Fazenda Pública da União, dos Estados, do Distrito Federal e dos Municípios.

A definição de *Fazenda Pública* encontra-se na moldura jurídica das pessoas políticas de Direito Público interno, conforme o art. 41, I, II e III, do Código Civil

(Lei n. 10.406/2002). A Fazenda Pública é o ente tributante, a entidade impositora ou, ainda, mais coloquialmente, o próprio *Fisco*.

Em língua portuguesa, a expressão tem a acepção de *Hacienda Pública* (em espanhol), como termo sinônimo de *Tesouro Público, Erário, Fisco*. Presume, quando utilizada sem qualificação, a alusão concomitante a todas as órbitas de competência (União, Estados, Municípios e Distrito Federal). Em outras palavras, quando se quiser fazer menção a um dos entes federados, a expressão avocará uma especificação.

É prudente salientar que a *Fazenda Pública* não está circunscrita, exclusivamente, às entidades estatais da Administração Pública, da União, dos Estados, dos Municípios e do Distrito Federal, abrangendo, também, as pessoas administrativas submetidas ao regime de direito público – *autarquias e fundações públicas*. Observe o entendimento jurisprudencial:

> **EMENTA:** PROCESSUAL CIVIL. AUTARQUIA. RECURSO. PRAZO. As autarquias, incluídas que estão na expressão "Fazenda Pública", beneficiam-se do privilégio estatuído no art. 188, CPC[43]. Precedentes. **(REsp 58.689/PR, 2ª T., rel. Min. Américo Luz, j. em 08-03-1995)**

Dessa forma, as entidades paraestatais (sociedades de economia mista e empresas públicas), porquanto dotadas de personalidade de direito privado, acham-se excluídas do conceito de *Fazenda Pública*.

Os *Territórios Federais*, na sua organização atual, conquanto inexistentes no Brasil, não têm Fazenda Pública própria, sendo seus créditos e débitos integrados na *Fazenda Pública da União*. É importante lembrar que, **se forem divididos em Municípios**, a competência para tributos municipais permanecerá incólume, existindo, natural e decorrencialmente, as Fazendas Públicas Municipais (art. 147 da CF).

> Note o item considerado **INCORRETO**, em prova realizada pela Consulplan, para o cargo de Analista Judiciário do TRF/2ª Região, em 2017: *"A competência tributária é parcela do poder de tributar conferida pela Constituição a cada ente político, para criar tributos. Dessa forma, como os territórios são entes políticos, têm competência tributária para instituir impostos municipais"*.

A título de curiosidade, a expressão "fazenda pública" aparece no CTN 15 (quinze) vezes[44].

Passemos, finalmente, ao estudo do **art. 210 do CTN:**

43. O mencionado **art. 188 do CPC** foi substituído pelo **art. 183 do NCPC**, com alteração substancial. Observe:
Art. 188 do CPC: "Computar-se-á em quádruplo o prazo para contestar e em dobro para recorrer quando a parte for a Fazenda Pública ou o Ministério Público".
Art. 183 do NCPC: "A União, os Estados, o Distrito Federal, os Municípios e suas respectivas autarquias e fundações de direito público gozarão de prazo em dobro para todas as suas manifestações processuais, cuja contagem terá início a partir da intimação pessoal".
44. No CTN, a expressão "fazenda pública" aparece nos seguintes dispositivos: **(I)** art. 123; **(II)** art. 149, parágrafo único; **(III)** art. 150, § 4º; **(IV)** art. 169, parágrafo único; **(V)** art. 170, *caput*; **(VI)** art. 173, *caput*; **(VII)** art.

Art. 210. Os prazos fixados nesta Lei ou legislação tributária serão contínuos, excluindo-se na sua contagem o dia de início e incluindo-se o de vencimento.
Parágrafo único. Os prazos só se iniciam ou vencem em dia de expediente normal na repartição em que corra o processo ou deva ser praticado o ato.

Este dispositivo tem uma crucial importância, dada a sua abrangência, aplicando-se a todos os prazos previstos no CTN e a toda a legislação tributária, consoante o art. 96 do CTN, ou seja, às leis, aos tratados e convenções internacionais, aos decretos e às normas complementares.

Os prazos serão *contínuos*, sem interrupção aos sábados, domingos ou feriados, e sujeitos à regra processual de que, na sua contagem, *exclui-se* o dia de início e *inclui-se* o de vencimento. Assim, o prazo é contado, em tese, a partir do dia seguinte ao do seu início, ou seja, com maior rigor, o cômputo inicia-se no primeiro dia de expediente normal na repartição em que deva ser praticado o ato ou em que corra o processo, após o *dies a quo* demarcado.

Por sua vez, o parágrafo único do art. 210 refere-se a dia de *expediente normal* (expediente completo), e não a "dia útil". Dessa forma, não são considerados dias de "meio expediente" ou "pontos facultativos". O dia deve ser "integralmente útil".

A jurisprudência ratifica o entendimento, como se depreende do teor da antiga **Súmula n. 310 do STF**, prolatada ainda na década de 60:

Quando a intimação tiver lugar na sexta-feira, ou a publicação com efeito de intimação for feita nesse dia, o prazo judicial terá início na segunda-feira imediata, salvo se não houver expediente, caso em que começará no primeiro dia útil que se seguir.

Ademais, não era diversa a inteligência do comando inserto no **art. 184, § 2º, do CPC**, que, por ser mais prolixo, complementa e subsidia a norma do CTN, coexistindo ambos sem dicotomia. Observe:

Art. 184. Salvo disposição em contrário, computar-se-ão os prazos, excluindo o dia do começo e incluindo o do vencimento. (...)

§ 2º Os prazos somente começam a correr do primeiro dia útil após a intimação (art. 240 e parágrafo único).

É fundamental, atualmente, que se confronte a dicção do art. 184, § 2º, do CPC com aquela prevista no **art. 224, §§ 2º e 3º, do NCPC:**

Art. 224.(...)

§ 2º Considera-se como data da publicação o primeiro dia útil seguinte ao da disponibilização da informação no Diário da Justiça eletrônico.
§ 3º A contagem do prazo terá início no primeiro dia útil que seguir ao da publicação.

185, *caput*; **(VIII)** art. 188, § 1º; **(IX)** art. 193; **(X)** art. 198, *caput*; **(XI)** art. 198, § 3º, II; **(XII)** art. 199, *caput*; **(XIII)** art. 199, parágrafo único; **(XIV)** art. 208, *caput*; e **(XV)** art. 209.

Veja as situações práticas:

1. Contagem do prazo de *três dias* para a entrega de documento na repartição fiscal, com intimação na *segunda-feira*:

Visualização da Contagem
1º dia: terça-feira (dia seguinte) **2º dia:** quarta-feira (2º dia) **3º dia:** quinta-feira **Conclusão:** a data limítrofe será quinta-feira (até o final do expediente).

2. Um prazo de *três dias* para a entrega de documento na repartição fiscal, com intimação na *quarta-feira*, salientando que não há expediente normal no fim de semana (sábado e domingo):

Visualização da Contagem
1º dia: quinta-feira (dia seguinte) **2º dia:** sexta-feira (2º dia) **3º dia:** sábado **Conclusão:** a data limítrofe será segunda-feira (até o final do expediente).

3. Um prazo de *três dias* para a entrega de documento na repartição fiscal, com intimação na *quinta-feira*, salientando que não há expediente normal no fim de semana (sábado e domingo):

Visualização da Contagem
1º dia: sexta-feira (dia seguinte) **2º dia:** sábado (2º dia) **3º dia:** domingo **Conclusão:** a data limítrofe será segunda-feira (até o final do expediente).

4. Um prazo de *três dias* para a entrega de documento na repartição fiscal, com intimação na *sexta-feira*, salientando que não há expediente normal no fim de semana (sábado e domingo):

Visualização da Contagem
1º dia: segunda-feira (primeiro dia de expediente normal) **2º dia:** terça-feira (2º dia) **3º dia:** quarta-feira **Conclusão:** a data limítrofe será quarta-feira (até o final do expediente).

5. Considere, agora, o quadro a seguir:

Sequência de dias em calendário hipotético (Período de Carnaval)		
Datas	**Dias da semana**	**Expediente na repartição**
9 de fevereiro	quinta-feira	Expediente normal
10 de fevereiro	sexta-feira	Expediente normal
11 de fevereiro	sábado	Sem expediente
12 de fevereiro	domingo	Sem expediente
13 de fevereiro	segunda-feira	Ponto facultativo
14 de fevereiro	terça-feira (Carnaval)	Data comemorativa
15 de fevereiro	quarta-feira (de Cinzas)	Meio expediente
16 de fevereiro	quinta-feira	Expediente normal

Imaginando uma solicitação de *certidão negativa* em repartição pública, à luz dos dados previstos no quadro em epígrafe, teremos:

Visualização das Contagens	
Prazo de dez dias para a entrega de Certidão Negativa	
1. Requerimento em 9 de fevereiro: **1º dia:** sexta-feira (dia seguinte, de expediente normal). (...) (...) **10º dia:** 19 de fevereiro **Conclusão:** a data limítrofe será 19 de fevereiro (até o final do expediente).	**2. Requerimento em 10 de fevereiro:** **1º dia:** dia 16 de fevereiro, o primeiro dia de expediente normal. (...) (...) **10º dia:** 25 de fevereiro **Conclusão:** a data limítrofe será 25 de fevereiro (até o final do expediente).
3. Requerimento em 13 de fevereiro: **1º dia:** dia 16 de fevereiro, o primeiro dia de expediente normal. (...) (...) **10º dia:** 25 de fevereiro **Conclusão:** a data limítrofe será 25 de fevereiro (até o final do expediente).	**4. Requerimento em 15 de fevereiro:** **1º dia:** dia 16 de fevereiro, o primeiro dia de expediente normal. (...) (...) **10º dia:** 25 de fevereiro **Conclusão:** a data limítrofe será 25 de fevereiro (até o final do expediente).

28

IMPOSTOS MUNICIPAIS

1 ESTUDO DO IPTU

IMPOSTO	IPTU
Nomen juris	Imposto sobre a propriedade predial e territorial urbana
Artigos	Art. 32 e seguintes, do CTN e art. 156, I, da CF

1.1 Competência e sujeito ativo

O **art. 156, I, da CF** estabelece ser de **competência dos Municípios** a instituição do IPTU. Observe-o:

Note o item considerado **CORRETO**, em prova realizada pela Vunesp, para o cargo de Juiz (TJ/SP), em 2013: *"Os municípios são competentes para instituir IPTU, ISS, taxas de fiscalização sanitária de imóveis"*.

Note o item considerado **CORRETO**, em prova realizada pela Vunesp, para o cargo de Delegado de Polícia Civil/CE, em 2015: *"Cabe ao Distrito Federal o IPTU"*.

Note o item considerado **CORRETO**, em prova realizada pela Ceperj, para o cargo de Analista de Controle Interno (Sefaz/RJ), em 2013: *"O IPTU é de competência municipal e tem a seguinte característica estabelecida pela Constituição Federal: alíquotas diferenciadas pela localização do imóvel"*.

Note o item (adaptado) considerado **CORRETO**, em prova realizada pelo Cespe/Cebraspe, para o cargo de Juiz de Direito Substituto do TJ/AM, em 2016: *"Conforme a CF, é do município a competência para instituir o IPTU; só o ente que tem competência para instituir o tributo tem competência para legislar sobre a matéria"*.

Art. 156. Compete aos *Municípios* instituir imposto sobre:
I – propriedade predial e territorial urbana. **(Grifo nosso)**

Assim, caberá aos Municípios, mediante a edição de lei ordinária municipal, a instituição do IPTU. Em outras palavras, ao Município em que estiver localizado o bem imóvel caberá a instituição do IPTU.

É fato que o poder de isentar, sendo correlato ao poder de instituir o tributo, implica que o IPTU só poderá ser isento por uma lei ordinária editada pelo município competente. É a regra das *isenções autonômicas*, cuja face negativa está vedada no inciso I do art. 151 da CF (*postulado da vedação das isenções heterônomas*), já estudado nesta obra.

Tal fenômeno (instituição *versus* isenção) ganha novos contornos quando se toca na chamada *competência tributária cumulativa*, própria do Distrito Federal e dos territórios. No primeiro caso, competindo ao Distrito Federal os impostos estaduais e os municipais, teremos o IPTU instituído – e isento, se for o caso – pelo próprio Distrito Federal.

No entanto, no caso de o IPTU ser instituído por um hipotético *território* não dividido em Municípios, a competência para a instituição do gravame será da União, conforme determina o art. 147, parte inicial, da CF, com a edição de uma oportuna lei ordinária federal.

Daí se constatar que o IPTU é, em regra, imposto municipal "instituído--isento" pelo município, podendo vir a sê-lo pelo Distrito Federal e, quiçá, pela União (**em territórios não divididos em municípios**). Frise-se que, em todos esses casos, a isenção será autonômica, e não heterônoma.

> Note o item considerado **INCORRETO**, em prova realizada pela Consulplan, para o cargo de Analista Judiciário do TRF/2ª Região, em 2017: *"A competência tributária é parcela do poder de tributar conferida pela Constituição a cada ente político, para criar tributos. Dessa forma, como os territórios são entes políticos, têm competência tributária para instituir impostos municipais"*.

No plano arrecadatório, o IPTU representa um importante imposto para as municipalidades, embora seja notória a desigualdade na distribuição da competência tributária entre as entidades políticas – ao Município pertence um terço dos impostos que podem ser instituídos pela União.

Para Kiyoshi Harada[1], "já se tornou uma tradição em nosso país a timidez com que o legislador constituinte trata o Município em matéria de repartição do poder de tributar. Desde a Carta Política de 1934, quando, pela primeira vez, o Município foi contemplado na discriminação das rendas tributárias, tem sido atribuído a essa entidade política apenas um imposto de expressão financeira: o imposto predial e

1. HARADA, Kiyoshi. *Direito financeiro e tributário*. 7. ed. São Paulo: Atlas, 2001, p. 328.

territorial urbano. Isso, de certa forma, tem afetado o exercício pleno da autonomia político-administrativa do Município".

A *competência tributária* é política e indelegável (art. 7º, *caput*, CTN), não se confundindo com a ***capacidade tributária ativa***, que é administrativa e delegável. Conforme já se estudou, o exercício da competência tributária, conquanto irrenunciável e intransferível, pode ser considerado *facultativo*. Não obstante, o art. 11 da Lei de Responsabilidade Fiscal (LC n. 101/2000) dispõe que, no plano de gestão fiscal da pessoa política, deve haver a instituição de "todos" os tributos que competem à entidade, sob pena de sanções (art. 11, parágrafo único). A nosso ver, o dispositivo merece interpretação cautelosa, pois o legislador quis, salvo melhor juízo, estimular a instituição do tributo economicamente viável, cuja competência estaria inadequadamente estanque. Portanto, entendemos que é defensável a *facultatividade* do exercício da competência tributária, o que seria pertinente até mesmo ao IPTU, uma vez que o art. 11 da Lei de Responsabilidade Fiscal não traduz, incontestavelmente, mecanismo efetivo de obrigatoriedade.

Note o item considerado **CORRETO**, em prova realizada pelo Cespe/Cebraspe, para o cargo de Procurador do Estado do Amazonas (PGE/AM), em 2016: *"A capacidade tributária ativa difere da competência tributária, podendo ser delegada a outras pessoas jurídicas de direito público. Nesse caso, a delegação envolverá a transferência legal dos poderes de cobrança, arrecadação e fiscalização".*

Note o item considerado **INCORRETO**, em prova realizada pelo TRF/2ª Região, para o cargo de Juiz Federal Substituto, em 2017: *"Denomina-se 'capacidade tributária ativa' a aptidão do Estado para instituir tributos, que é indelegável".*

Por fim, destaque-se que a propriedade do imóvel, situando-se na zona urbana ou, diferentemente, na zona rural, ensejará tributação diversa, alterando a competência tributária e a sujeição ativa: ou incidirá o IPTU, ou incidirá o ITR. Esse possível conflito de competência será adiante estudado, no momento em que propusermos aclarar o conceito de "zona urbana", a partir da dicção do art. 32, § 1º, do CTN.

1.2 Sujeito passivo

A sujeição passiva do IPTU abrange aquele que detém qualquer direito de gozo, relativamente ao bem imóvel, seja pleno ou limitado. Os **arts. 34 e 32 do CTN** iluminam o raciocínio:

> **Art. 34.** Contribuinte do imposto é o *proprietário do imóvel, o titular do seu domínio útil,* ***ou*** *o seu possuidor a qualquer título.* **(Grifo nosso)**

Art. 32. O imposto, de competência dos **Municípios**, sobre a propriedade predial e territorial urbana tem como fato gerador *a propriedade, o domínio útil ou a posse de bem imóvel* por natureza ou por acessão física, como definido na lei civil, localizado na zona urbana do Município. **(Grifo nosso)**

Note o item considerado **INCORRETO**, em prova realizada pelo MPE/SC, para o cargo de Promotor de Justiça, em 2019: *"Os Municípios não têm competência para definir o sujeito passivo do IPTU".*

Nesse passo, são "sujeitos passivos do IPTU" o **proprietário** (pleno, de domínio exclusivo ou na condição de coproprietário), o **titular do domínio útil** (enfiteuta e usufrutuário) e o **possuidor** (posse *ad usucapionem*, por exemplo, como aquela com a possibilidade de aquisição do domínio ou propriedade pela usucapião). Passemos ao detalhamento:

a) Quanto à propriedade: de início, insta assegurar que a propriedade não se confunde com a locação. O locatário, embora possuidor, não se enquadra nem como contribuinte, nem como responsável tributário do IPTU, distanciando-se do art. 34 do CTN. Assim, mostra-se como pessoa estranha à relação jurídico-tributária adstrita ao referido imposto, haja vista não possuir o chamado *animus domini*[2]. O *locatário* é um mero detentor de coisa alheia, daí não ser parte legítima, no plano processual, para impugnar um lançamento do IPTU, faltando-lhe legitimidade ativa[3]. Aliás, na mesma linha de raciocínio, o proprietário do imóvel – e não o locatário! – será o legitimado ativo para postular a repetição de indébito do IPTU. Com efeito, a definição legal do sujeito passivo (art. 34, CTN) prevalece sobre qualquer estipulação contratual que determine que terceiro arcará com o pagamento de IPTU, pois a referida avença não é oponível à Fazenda (art. 123, CTN). Esse é o entendimento do **STJ (AgRg no AgRg no AREsp 143.631/RJ, rel. Min. Benedito Gonçalves, 1ª T., j. em 04-10-2012)**.

A propósito, em **9 de maio de 2018**, o **STJ** aprovou a **Súmula n. 614**, segundo a qual "o locatário não possui legitimidade ativa para discutir a relação jurídico-tributária de IPTU e de taxas referentes ao imóvel alugado nem para repetir indébito desses tributos".

Idêntico raciocínio deve ser estendido ao *comodatário*. Observe a ementa jurisprudencial:

2. *V.* MELO, José Eduardo Soares de. *Curso de direito tributário.* 8. ed. São Paulo: Dialética, 2008, p. 538.
3. Tal entendimento encontra-se solidificado no **STJ**, conforme se nota nas ementas a seguir: **(I)** REsp 119.515/SP, rel. Min. Garcia Vieira, 1ª T., j. em 07-11-1997; **(II)** RESP 705.097/SP, rel. Min. João Otávio de Noronha, 2ª T., j. em 1º-09-2005; **(III)** REsp 818.618/RJ, rel. Min. José Delgado, 1ª T., j. em 06-04-2006; e **(IV)** REsp 810.800/MG, rel. Min. Eliana Calmon, 2ª T., j. em 17-08-2006.

EMENTA: TRIBUTÁRIO. IPTU. CONTRIBUINTE. POSSUIDOR. ART. 34 DO CTN. 1. O IPTU é imposto que tem como contribuinte o proprietário ou o possuidor por direito real que exerce a posse com *animus* definitivo – art. 34 do CTN. 2. O comodatário é possuidor por relação de direito pessoal e, como tal, não é contribuinte do IPTU do imóvel que ocupa. 3. Não sendo contribuinte o possuidor e (...) 4. Recurso especial improvido. **(REsp 325.489/SP, rel. Min. Eliana Calmon, 2ª T., j. em 19-11-2002)**

Aliás, quando se tem cláusula contratual, na qual se desloca o ônus tributário para o inquilino – uma obrigação civil muito corriqueira na prática locatícia –, isso não faz força jurídica perante o Fisco, uma vez que as convenções particulares não lhe podem ser opostas no intuito de se alterar a sujeição passiva tributária (art. 123 do CTN)[4].

Em tempo, é prudente relembrarmos o teor da **Súmula Vinculante n. 52**, no âmbito das *imunidades tributárias* previstas para as entidades que constam da alínea "c" do inciso VI do art. 150 da CF:

Ainda quando alugado a terceiros, permanece imune ao IPTU o imóvel pertencente a qualquer das entidades referidas pelo art. 150, VI, "c", da Constituição Federal, desde que o valor dos aluguéis seja aplicado nas atividades para as quais tais entidades foram constituídas.

Como detalhe curioso, o **STJ**[5] deixou evidente que "confundindo-se, no Município, as posições de proprietário do imóvel e de sujeito ativo para a cobrança do IPTU, resulta indevido o tributo". Com efeito, não se pode cobrar o imposto de si mesmo, vale dizer, não incide IPTU sobre o prédio de propriedade da prefeitura.

b) Quanto ao domínio útil: acerca desse tema, é vital analisarmos, ainda que de modo sucinto, **dois institutos** – a *enfiteuse* e o *usufruto*.

Na visão do **STJ**, é constitucional a tributação do *enfiteuta* pelo IPTU:

EMENTA: TRIBUTÁRIO – IPTU – CONTRIBUINTE: ART. 34 DO CTN – IMÓVEL ENFITÊUTICO. 1. Por força do disposto no art. 34 do CTN, cabe ao detentor do domínio útil, o enfiteuta, o pagamento do IPTU. 2. A imunidade que possa ter o senhorio, detentor do domínio indireto, não se transmite ao enfiteuta. 3. Bem enfitêutico dado pela UNIÃO em aforamento. 4. Recurso especial conhecido e provido. **(REsp 267.099/BA, rel. Min. Eliana Calmon, 2ª T., j. em 16-04-2002)**

Nesse rumo, é possível também assegurar que a jurisprudência do **STJ** consagrou o *usufrutuário* como contribuinte do IPTU:

EMENTA: TRIBUTÁRIO. RECURSO ESPECIAL. RESTITUIÇÃO DE INDÉBITO. IPTU. USUFRUTUÁRIO. LEGITIMIDADE. I – Consoante jurisprudência desta Corte, o usufrutuá-

4. *V.* MELO, José Eduardo Soares de. *Curso de direito tributário*, 8. ed., p. 537.
5. Ver, sobre o tema: **REsp 325.489/SP**, rel. Min. Eliana Calmon, 2ª T., j. em 19-11-2002.

rio tem legitimidade para questionar a cobrança de IPTU. II – Segundo lição do saudoso mestre Pontes de Miranda, "o direito de usufruto compreende o usar e fruir, ainda que não exerça, e a pretensão a que outrem, inclusive o dono, se o há, do bem, ou do patrimônio, se abstenha de intromissão tal que fira o uso e a fruição exclusivos. É direito, *erga omnes*, de exclusividade do usar e do fruir". O renomado jurista perlustra, ainda, acerca do dever do usufrutuário de suportar certos encargos, que "os encargos públicos ordinários são os impostos e taxas, que supõem uso e fruto da propriedade, como o imposto territorial e o predial". Na mesma linha de raciocínio, este STJ, ao apreciar a matéria, assentou que, "em tese, o sujeito passivo do IPTU é o proprietário e não o possuidor, a qualquer título (...) Ocorre que, em certas circunstâncias, a posse tem configuração jurídica de título próprio, de investidura do seu titular como se proprietário fosse. É o caso do usufrutuário que, como todos sabemos, tem a obrigação de proteger a coisa como se detivesse o domínio" (REsp 203.098/SP, rel. Min. Carlos Alberto Menezes Direito, *DJ* 8.3.2000). **(REsp 691.714/SC, rel. Min. Franciulli Netto, 2ª T., j. em 22-03-2005)**

Embora saibamos que o usufruto não se confunde com o direito de superfície, convém apresentarmos aqui, além disso, a possível tributação do IPTU sobre o *superficiário*.

O **art. 21, § 3º, do *Estatuto das Cidades*** (Lei n. 10.257/2001), dispõe ser o *superficiário* contribuinte do IPTU:

Art. 21, § 3º O **superficiário** responderá integralmente pelos encargos e tributos que incidirem sobre a propriedade superficiária, arcando, ainda, proporcionalmente à sua parcela de ocupação efetiva, com os encargos e tributos sobre a área objeto da concessão do direito de superfície, salvo disposição em contrário do contrato respectivo.

Note o item considerado **INCORRETO**, em prova realizada pela FAURGS, para o cargo de Juiz de Direito Substituto do Estado do Rio Grande do Sul, em 2016: *"O superficiário não responde pelos encargos e tributos que incidirem sobre o imóvel"*.

De igual modo, o Código Civil tratou do tema, prevendo em seu art. 1.371: "*O superficiário responderá pelos encargos e tributos que incidirem sobre o imóvel*".

Sabe-se que o direito de superfície é um direito real sobre imóvel alheio. O proprietário do bem imóvel pode, por escritura, outorgar a alguém, chamado superficiário, de modo gratuito ou oneroso, o direito de utilizar o solo (subsolo ou espaço aéreo), de modo temporário ou perpétuo[6]. Extinto o direito, ocorre a reversão, quando o proprietário readquirirá a plenitude da propriedade. Assim, trata-se de negócio jurídico em que há transmissibilidade de direitos, fazendo com que o superficiário arque com os tributos incidentes sobre a propriedade imobiliária.

6. V. LIRA, Ricardo Pereira. *Elementos de direito urbanístico*. Rio de Janeiro: Renovar, 1997, p. 59.

c) Quanto à posse: a temática da posse no fato gerador do IPTU é vocacionada a polêmicas. Curiosamente, o trecho final do art. 32 do CTN faz livre menção a "posse de bem imóvel por natureza ou por acessão física", a par do art. 34, em cujo texto aparece a referência a "possuidor a qualquer título", motivo pelo qual "alguns autores acoimam de inconstitucional a parte final do art. 32 do CTN que inclui na definição do fato gerador"[7]. Pergunta-se: *até que ponto a posse pode ser fato gerador do IPTU?*

A nosso sentir, em primeiro lugar, tal referência não nos parece convencer de que remanesce inconstitucionalidade no dispositivo, porquanto sua exegese força-nos condicionar o fato gerador do IPTU – quer na perspectiva da propriedade, quer na da posse, que ora nos interessa –, a um conteúdo econômico[8], demonstrativo de um signo presuntivo de riqueza econômica e que "envolve a faculdade de usar, de gozar e de dispor, sendo a propriedade *a revelação de riqueza* capaz de ensejar a sujeição do seu titular a esse imposto de competência municipal.(...)"[9].

Desse modo, no âmbito da posse, o sujeito passivo do IPTU será aquele que puder, de alguma forma, vir a se mostrar com o *animus dominis* de um proprietário, tendo como sua a coisa possuída e exteriorizando a vontade de agir como habitualmente o faz o dono, sendo insuficiente a posse *de per si*.

A posse que enseja tributação do IPTU é aquela que, em situações excepcionais (ausência ou desconhecimento do proprietário, por exemplo, na posse *ad usucapionem*), detém configuração jurídica de título próprio, investindo o possuidor da indumentária de proprietário, ainda que a vontade seja ilegítima (*v.g.*, o *posseiro*). Observe a jurisprudência do **STJ**:

> **EMENTA (I):** TRIBUTÁRIO. CONTRATO DE CONCESSÃO DE USO. IPTU. INEXIGÊNCIA. (...) 3. O contribuinte do IPTU é o proprietário do imóvel, titular do imóvel, o titular do seu domínio útil, ou seu possuidor a qualquer título (art. 32 do CTN). *4. Só é contribuinte do IPTU quem tenha o "animus dominis", que pode ser expresso pelo exercício da posse ou do próprio domínio.* 5. A concessão de uso é um contrato bilateral típico que não caracteriza expressão de "animus dominis". 6. A posse exercida pelo cessionário, no contrato de concessão de uso, é expressiva, apenas, no negócio jurídico pessoal celebrado. Não exterioriza propriedade, nem abre espaço para se considerar o cessionário como possuidor. 7. Recurso improvido. **(REsp 681.406/RJ, rel. Min. José Delgado, 1ª T., j. em 07-12-2004) (Grifo nosso)**

---

7. HARADA, Kiyoshi. *Direito financeiro e tributário*, 7. ed., p. 328.
8. *Idem.* Ver, sobre a inconstitucionalidade dos **arts. 32 e 34 do CTN**: PAULSEN, Leandro. *Direito tributário:* Constituição e Código Tributário à luz da doutrina e da jurisprudência. 7. ed. Porto Alegre: Livraria do Advogado, 2005, p. 763; e ver, ainda, sobre a inconstitucionalidade do **art. 32 do CTN**: GAVALDÃO JÚNIOR, Jayr Viégas. A inconstitucionalidade do artigo 32 do CTN. *In: IPTU, aspectos jurídicos relevantes*. Coord. Marcelo Magalhães Peixoto. São Paulo: Quartier Latin, 2002.
9. Trecho, com nosso grifo, retirado da ementa do **REsp 772.443/SP**, rel. Min. Luiz Fux, 1ª T., j. em 21-08-2007.

EMENTA (II): TRIBUTÁRIO. RECURSO ESPECIAL. IPTU. LOCATÁRIO. ILEGITIMIDADE ATIVA *AD CAUSAM*. ARTS. 34, 121 E 123 DO CTN. PRECEDENTES. (...) 3. "Contribuinte do imposto é o proprietário do imóvel, o titular do seu domínio útil, ou o seu possuidor a qualquer título" (art. 34 do CTN). *O "possuidor a qualquer título" refere-se, tão somente, para situações em que ocorre posse 'ad usucapionem'*, não inserida nesta seara a posse indireta exercida pelo locatário. (...) **(REsp 818.618/RJ, rel. Min. José Delgado, 1ª T., j. em 06-04-2006)**

Em tempo, vale a pena mencionar que a Fazenda Pública poderá escolher quem será o alvo na execução fiscal – se o proprietário, o titular do domínio útil ou o possuidor a qualquer título. A existência de um não implica a exclusão automática de outro, para fins de legitimidade passiva nos processos executivos. A autoridade poderá optar por um ou por outro, visando facilitar o procedimento de arrecadação. Esse é o entendimento sacramentado no **STJ**[10].

Vale a pena destacar que, em 4 de fevereiro de **2016**, foi iniciado o julgamento do **RE 601.720 – Rep. Geral**, e o **STF** (rel. Min. Edson Fachin) vem entendendo que deve prevalecer a *imunidade tributária recíproca*, no concernente ao IPTU incidente sobre imóvel de propriedade de ente público (INFRAERO) concedido à empresa privada exploradora de atividade econômica com fins lucrativos. Vem-se enfatizando que o particular concessionário de uso de bem público não poderia ser eleito, por força de lei municipal, como sujeito passivo de obrigação tributária referente ao imposto, porquanto sua posse seria precária e desdobrada. Em **19 de abril de 2017**, a Corte Suprema, por unanimidade e nos termos do voto do Ministro Marco Aurélio, fixou tese nos seguintes termos: "**Incide o IPTU, considerado imóvel de pessoa jurídica de direito público cedido a pessoa jurídica de direito privado, devedora do tributo**". Com o veredicto, ganha força a tese – a nosso ver, equivocada – de que podem ser contribuintes do imposto os "meros detentores de terras públicas", desprovidos do ânimo de domínio.

Um outro ponto que merece destaque é que existem alguns casos em que a chamada *imunidade tributária recíproca* deixará de ser aplicável. Um deles vem agora a calhar: quando os imóveis imunes são objeto de contrato de compromisso irrevogável e irretratável de compra e venda. Em outras palavras, é o caso em que a imunidade recíproca não será suficiente para exonerar o promitente comprador da obrigação de pagar imposto relativamente ao bem imóvel, no caso, o IPTU. O tema decorre da parte final do **§ 3º do art. 150 da Carta Magna:**

Art. 150. (...)

§ 3º As vedações do inciso VI, "a", e do parágrafo anterior (...), nem exoneram o promitente comprador da obrigação de pagar imposto relativamente ao bem imóvel.

10. Tal entendimento encontra-se solidificado no **STJ**, conforme se nota nas ementas a seguir: **(I)** REsp 475.078/SP, rel. ex-Min. Teori Albino Zavascki, 1ª T., j. em 14-09-2004; **(II)** REsp 752.815/SP, rel. Min. Luiz Fux, 1ª T., j. em 27-02-2007; **(III)** REsp 927.275/SP, rel. ex-Min. Teori Albino Zavascki, 1ª T., j. em 17-04-2007; **(IV)** REsp 712.998/RJ, rel. Min. Herman Benjamin, 2ª T., j. em 04-09-2007; e **(V)** REsp 1.022.439/SP, rel. ex-Min. Teori Albino Zavascki, 1ª T., j. em 17-04-2008.

O compromisso irretratável de compra e venda é um contrato mediante o qual o proprietário do imóvel (promitente vendedor) se compromete a aliená-lo a uma pessoa (promitente comprador) de maneira irrevogável. O contrato dá a este um direito real de aquisição de coisa alheia, mas não transfere a propriedade, o que será feito *a posteriori*, ao final do contrato.

É sabido que uma pessoa que firma um compromisso irretratável de compra e venda com um ente imune não tem a propriedade do bem, o que alcançará com o término do contrato. Todavia, possui sobre o bem, desde então, o direito real de aquisição de coisa alheia, e isso, segundo o dispositivo constitucional, já é bastante para impor-lhe o dever de recolher os impostos incidentes sobre este bem imóvel, *v.g.*, o IPTU, ainda que a propriedade se mantenha com a entidade imune.

A bem da verdade, mesmo antes da Carta Magna de 1988, a jurisprudência do **STF** já legitimava a tributação do imóvel objeto de compromisso irretratável de compra e venda, conforme se nota na vetusta **Súmula n. 583**, de 15-12-1976, segundo a qual o "*promitente comprador de imóvel residencial transcrito em nome de autarquia é contribuinte do Imposto Predial e Territorial Urbano*".

Curiosamente, o **STF**, a princípio, havia hesitado em se posicionar dessa forma[11], tendo elaborado oportunamente a **Súmula n. 74**, que impunha a manutenção da imunidade ("*O imóvel transcrito em nome de autarquia, embora objeto de promessa de venda a particulares, continua imune de impostos locais*"). Essa Súmula, no entanto, foi revogada, conforme se vê no acórdão do **RE 69.781**, cuja ementa segue abaixo:

> **EMENTA (STF):** IMPOSTO PREDIAL. 1. Se pelo art. 34 do vigente CTN o contribuinte de tal imposto não é somente o proprietário do imóvel, o titular do seu domínio útil, ou o seu possuidor a qualquer título, não mais vigora a Súmula n. 74, segundo a qual o imóvel transcrito em nome de autarquia, embora objeto de promessa de venda a particulares, continua imune de impostos locais. 2. Recurso extraordinário conhecido e provido. **(RE 69.781/SP, Pleno, rel. Min. Barros Monteiro, j. em 26-11-1970)**

No **STJ**[12], também prevalece a ideia de que o possuidor, na qualidade de promitente-comprador, pode ser considerado contribuinte do IPTU:

> **EMENTA (STJ):** PROCESSO CIVIL. TRIBUTÁRIO. (...) LEGITIMIDADE ATIVA. CONTRATO DE PROMESSA DE COMPRA-E-VENDA. (...) 4. O possuidor, na qualidade de promitente-comprador, pode ser considerado contribuinte do IPTU, conjuntamente com o proprietário do imóvel, responsável pelo seu pagamento[13]. (...) 5. Recurso Especial desprovido. **(REsp 752.815/SP, rel. Min. Luiz Fux, 1ª T., j. em 27-02-2007)**

---

11. *V.* TORRES, Ricardo Lobo. *Tratado de direito constitucional financeiro e tributário*, v. III, p. 227.
12. Ementa também citada por: MELO, José Eduardo Soares de. *Curso de direito tributário*, 8. ed., p. 536.
13. Precedentes citados no próprio **REsp 752.815/SP:** **(I)** REsp 784.101/SP, deste relator, *DJ* 30-10-2006; **(II)** REsp 774.720/RJ, rel. ex-Min. Teori Albino Zavascki, *DJ* 12-06-2006; **(III)** REsp 793.073/RS, rel. Min. Castro Meira, *DJ* 20-02-2006; **(IV)** AgRg no REsp 754.278/RJ, rel. Min. Francisco Falcão, *DJ* 28-11-2005; **(V)** REsp 475.078/SP, rel. ex-Min. Teori Albino Zavascki, *DJ* 27-09-2004.

Por fim, no plano da sujeição passiva, impende tecermos algumas considerações sobre o possível responsável tributário do IPTU.

A propriedade imobiliária costuma abrir-se para o fenômeno da responsabilidade tributária, sobretudo porque podem pender débitos tributários, afetos ao bem imóvel transmitido, após a operação de venda e compra. A esse propósito, destaca-se o **art. 130, *caput*, do CTN:**

> **Art. 130.** Os créditos tributários relativos *a impostos cujo fato gerador seja a propriedade, o domínio útil ou a posse de bens imóveis*, e bem assim os relativos a taxas pela prestação de serviços referentes a tais bens, ou a contribuições de melhoria, sub-rogam-se na pessoa dos respectivos adquirentes, salvo quando conste do título a prova de sua quitação. **(Grifo nosso)**

O dispositivo se refere aos tributos incidentes sobre bem imóvel – **impostos** (IPTU ou ITR), **taxas de serviço** (taxas de lixo, de água, de esgotos) e **contribuições de melhoria** (contribuições exigidas em face de obras de asfaltamento, por exemplo) –, que passam a ser exigíveis do adquirente deste bem, em nítida sub-rogação pessoal.

Desse modo, quando se afirma que o "proprietário" é sujeito passivo do IPTU, ele poderá sê-lo com relação ao IPTU afeto à sua propriedade e, também, à propriedade anterior do alienante, com o qual tenha avençado a venda e compra do bem.

Acerca do tema, Regina Helena Costa[14] esclarece que "a figura do *responsável*, embora não expressamente prevista, está presente, à vista de outras disposições do CTN. É o caso, por exemplo, do terceiro, adquirente de imóvel urbano, chamado a pagar o IPTU referente ao exercício em que ainda não era proprietário do bem: será sucessor na obrigação tributária, nos termos do art. 130, CTN".

Podemos, assim, afirmar que serão **sujeitos passivos do IPTU**: o proprietário (o locatário, nunca); o enfiteuta; o usufrutuário; o superficiário; o possuidor com *animus dominis*; o possuidor *ad usucapionem*; o promitente-comprador de imóvel de entidade imune; e, finalmente, o responsável tributário (art. 130, *caput*, CTN).

Por fim, frise-se que, em 23 de setembro de **2009**, foi editada a **Súmula n. 397 do STJ**, segundo a qual "*o contribuinte do IPTU é notificado do lançamento pelo envio do carnê ao seu endereço*". Não se perca de vista que o CTN não condiciona a forma de cientificação do sujeito passivo para o recolhimento dos impostos *lançados de ofício*, podendo a legislação de regência da exação disciplinar qualquer meio idôneo para essa finalidade. Aliás, em 10 de agosto de **2016**, a 1ª Seção do **STJ**, no **REsp 1.320.825/RJ** (rel. Min. Gurgel de Faria), analisando a sistemática de cobrança do **IPVA**, evidenciou que a cientificação do contribuinte para o recolhimento do imposto estadual em comento pode ser realizada por qualquer meio idôneo, como o *envio de carnê* ou a *publicação de calendário de pagamento*, com instruções para a sua efe-

14. COSTA, Regina Helena. *Curso de direito tributário*: Constituição e Código Tributário Nacional. São Paulo: Saraiva, 2009, p. 388.

tivação. Com efeito, a remessa do carnê é apenas uma modalidade de cobrança do tributo do sujeito passivo, a qual não exclui outras eventualmente mais convenientes para a Administração.

1.3 Fato gerador

Segundo o art. 32 do CTN, o fato gerador do IPTU será "a propriedade, o domínio útil ou a posse de bem imóvel, por natureza ou por acessão física, como definido na lei civil, localizado na zona urbana do Município". Acerca dessa definição, vamos relembrar alguns conceitos:

Note o item considerado **CORRETO**, em prova realizada pelo Cespe, para o cargo de Titular de Serviços de Notas e de Registros (TJ/ES), em 2013: *"O fato gerador do IPTU é a propriedade, o domínio útil ou a posse de bem imóvel urbano".*

Note o item considerado **CORRETO**, em prova realizada pelo IMA, para o cargo de Procurador da Prefeitura de Paraibano/MA, em 2014: *"O IPTU tem como fato gerador a propriedade, o domínio útil ou a posse de bem imóvel".*

Note o item (adaptado) considerado **CORRETO**, em prova realizada pela OBJETIVA, para o cargo de Procurador do Município de São Paulo das Missões/RS, em 2016: *"Segundo o CTN, o IPTU tem como fato gerador a propriedade, o domínio útil ou a posse de bem imóvel por natureza ou por acessão física, como definido na lei civil, localizado na zona urbana do Município. Ademais, a base do cálculo do imposto é o valor venal do imóvel".*

Observação: item semelhante foi considerado **CORRETO**, em prova realizada pela CURSIVA, para o cargo de Procurador da Câmara Municipal de São Lourenço do Oeste/SC, em 2016.

1.3.1 Conceitos importantes sobre o fato gerador do IPTU

1.3.1.1 Conceito de bem imóvel por natureza e bem imóvel por acessão física

Os bens imóveis, não obstante o lacônico tratamento no atual art. 79 do Código Civil (Lei n. 10.406, de 10.01.2002) – "*São bens imóveis o solo e tudo quanto se lhe incorporar natural ou artificialmente*" – foram minuciosamente classificados no regime anterior (Código Civil de 1916). Tais elementos classificatórios continuam sendo por nós conceitualmente utilizados. Observe, entre outras classificações:

a) *Bens Imóveis por (sua) natureza* (art. 43, I): "O solo, com sua superfície, os seus acessórios naturais e adjacências naturais, compreendendo as árvores e frutos pendentes, o espaço aéreo e o subsolo". Em outras palavras, tais bens são aqueles que se formaram por força da natureza, compreendendo o solo com a sua superfície, em profundidade e verticalidade, os seus acessórios e adjacências naturais; as árvores, a vegetação e frutos pendentes;

b) *Bens Imóveis por acessão física (natural)* (art. 43, II): "Tudo quanto o homem incorporar permanentemente ao solo, como a semente lançada ao solo, os edifícios e construções, de modo que não se possa retirar sem destruição, modificação, fratura ou dano". Vale dizer que esses bens englobam a formação de ilhas, de aluvião, de avulsão, de abandono de álveo, e, sobretudo, aquilo que se une por construção e edificação, de modo que não se possa retirar sem destruição, modificação, fratura ou dano.

A esse propósito, não se pode confundir o IPTU com o ITR, conforme aconselha o eminente Hugo de Brito Machado[15]:

> Sobre o conceito de bem imóvel, lembramos o que foi dito a respeito do fato gerador do imposto sobre a propriedade territorial rural, destacando que aquele imposto incide apenas sobre o bem *imóvel por natureza*, enquanto o imposto ora examinado incide sobre os bens imóveis *por natureza* e também sobre os imóveis *por acessão física*. Isto, em outras palavras, significa que o imposto sobre a propriedade territorial *rural* não incide sobre *edificações*, mas somente sobre a terra, enquanto o *urbano* incide sobre a terra e também sobre as edificações. **(Grifos nossos)**

Portanto, memorize que, no caso do ITR, que se estudará adiante, não há fato gerador quanto ao imóvel por acessão física, mas somente quanto ao imóvel por natureza.

1.3.1.2 Conceito de propriedade, domínio útil e posse

O fato gerador do IPTU pode estar ligado a um destes elementos – *a propriedade, o domínio útil ou a posse*. Passemos a detalhá-los:

a) Propriedade: trata-se de instituto jurídico que indica o gozo jurídico pleno de uso, fruição e disposição do bem imóvel.

Não é demasiado enaltecer que a propriedade deve ter "direcionalidade", ou seja, vir ao encontro do propósito axiológico de cumprimento de sua função social. A esse respeito, José Eduardo Soares de Melo[16] ensina:

> Entretanto, como a propriedade deve atender à sua função social (art. 5º, XXII e XXIII; art. 170, III, arts. 184 e 186, da CF), o exercício do seu direito deve estar em consonância com as suas finalidades econômicas e sociais, preservando a flora, a fauna, as belezas naturais, o equilíbrio ecológico e o patrimônio histórico e artístico, evitando a poluição do ar e das águas (art. 1.228, § 1º do Código Civil).

15. MACHADO, Hugo de Brito. *Curso de direito tributário.* 29. ed., rev., atual. e ampl. São Paulo: Malheiros, 2008, p. 389.
16. MELO, José Eduardo Soares de. *Curso de direito tributário*, 8. ed., p. 531.

Os objetivos da função social podem ser alcançados mediante obrigações positivas (proprietário construir em terreno ocioso), e como regras impeditivas de ações (proibição de edificações, visando funções do urbanismo; ordenamento do crescimento de atividades, segregação de indústrias insalubres, conveniente uso e ocupação do solo, evitando especulação imobiliária).

Em 17 de março de **2015**, a 2ª Turma do **STJ**, no **REsp 1.482.184/RS** (rel. Min. Humberto Martins), entendeu que "*o fato de parte de um imóvel urbano ter sido declarada como Área de Preservação Permanente (APP) e, além disso, sofrer restrição administrativa consistente na proibição de construir (nota 'non aedificandi') não impede a incidência de IPTU sobre toda a área do imóvel*". No presente caso, o fato gerador permanece íntegro, qual seja, a propriedade do bem imóvel. O ônus (a restrição de uso ou limitação administrativa de proibição para construir, em razão de a área ser considerada "non aedificandi") não impede que haja disposição, utilização ou, até mesmo, alienação da propriedade.

Por outro lado, em 17 de setembro de **2019**, a 2ª Turma do **STJ**, no **REsp 1.695.340-MG** (rel. Min. Mauro Campbell Marques), entendeu que a qualificação de imóvel como "unidade de conservação qualificada" (como *estação ecológica*) limita o direito de propriedade, o que afasta a incidência do IPTU. A inclusão de imóvel em unidade de conservação ambiental caracteriza evidente *limitação administrativa* imposta pelo Estado ao particular. No caso, foi criada uma "unidade de conservação qualificada" como *estação ecológica*, cujo regime jurídico impõe ao poder público a proteção integral da área, devendo-se considerar suas dimensões de domínio público, independentemente de futura desapropriação. Essa espécie de *unidade de conservação* retira do particular algumas importantes faculdades: **(1)** a faculdade de reivindicar o bem, uma vez que não há reivindicação de bem desapropriável (art. 9º, § 1º, da Lei n. 9.985/2000); **(2)** a faculdade de uso e gozo do bem, pois se proíbe a utilização econômica do imóvel (art. 9º, § 4º c/c o art. 28, da Lei n. 9.985/2000); e, finalmente, **(3)** a faculdade de dispor do bem, porquanto não se dispõe de algo cujo domínio é público. Portanto, a limitação administrativa imposta pela Lei n. 9.985/2000 acarreta ao particular o esvaziamento completo dos atributos inerentes à propriedade, de modo que o aspecto subjetivo da hipótese de incidência do IPTU, disposto no artigo 34 do CTN, não se subsume à situação, razão pela qual não prospera a incidência do referido imposto municipal.

b) Domínio útil: refere-se a um dos elementos de gozo jurídico da propriedade plena e, sem se confundir com o "domínio direto" (afeto à substância do bem), "compreende os direitos de utilização e disposição, inclusive o de alienação, conferidos ao foreiro, relativamente a prédio enfitêutico"[17].

17. MELO, José Eduardo Soares de. *Curso de direito tributário*, 8. ed., p. 532.

c) Posse: na trilha conceitual de José Eduardo Soares de Melo[18],

> a *posse* deflui do conceito de possuidor, como sendo todo aquele que tem de fato o exercício, pleno ou não, de algum dos poderes inerentes à propriedade (art. 1.196 do Código Civil); o que não ocorre com o mero detentor, que, achando-se em relação de dependência para com o outro, conserva a posse em nome deste e em cumprimento de ordens ou instruções suas (art. 1.198 do Código Civil).

E, dando ênfase à controvérsia sobre o fato de a posse vir a se revelar como fato gerador do IPTU, o autor[19] afirma que

> é controvertida a consideração da posse como fato gerador do IPTU, pois, se de um lado se compreende tratar de situação nitidamente distinta da propriedade (materialidade prevista na CF), em razão de inocorrer o domínio do imóvel, implicando ampliação de competência municipal por norma infraconstitucional (art. 32 do CTN); de outro, é justificável sua tipificação como fato gerador no caso da posse *ad usucapionem* (atendimento a requisitos que possibilitem postular o domínio).

1.3.1.3 Conceito de zona urbana

Tal conceito pode ser deduzido da própria diretriz encartada nos §§ 1º e 2º do art. 32 do CTN, a seguir delineados:

> **Art. 32. (...)**
>
> **§ 1º** Para efeito deste imposto, entende-se como zona urbana a definida em lei municipal, observando o requisito mínimo da existência de melhoramentos indicados em pelo menos 2 (dois) dos incisos seguintes, construídos ou mantidos pelo Poder Público:
>
> **I** – meio-fio ou calçamento, **com** canalização de águas pluviais;

> Note o item (adaptado) considerado **INCORRETO**, em prova realizada pela VUNESP, TJ-SP, para o cargo de Titular de Serviços de Notas e de Registros, em 2018: *"São exemplos de equipamentos urbanos para a configuração de 'zona urbana1 no âmbito do IPTU: (1) Meio-fio ou calçamento, com ou sem canalização de águas pluviais, e (2) abastecimento de água"*.

> **II** – abastecimento de água;
>
> **III** – **sistema de esgotos sanitários;**

> Note o item considerado **INCORRETO**, em prova realizada pelo Instituto AOCP, para o cargo de Advogado da Prefeitura Municipal de Juazeiro/BA, em 2016: *"Para os efeitos do IPTU, entende-se como 'zona urbana' somente o local em que houver sistema de esgotos sanitários"*.

18. *Idem.*
19. *Idem.*

IV – rede de iluminação pública, com ou sem posteamento para distribuição domiciliar;

V – escola primária ou posto de saúde a uma distância máxima de 3 (três) quilômetros do imóvel considerado.

Note o item (adaptado) considerado **CORRETO**, em prova realizada pelo IMA, para o cargo de Advogado da Prefeitura Municipal de Uruçuí/PI, em 2016: "*Para os efeitos de cobrança de IPTU, entende-se como 'zona urbana' a definida em lei municipal, observado o requisito mínimo de pelo menos dois elementos da lista de melhoramentos previstos no CTN, construídos ou mantidos pelo Poder Público. NÃO compõe um desses elementos a presença de escola primária ou posto de saúde a uma distância máxima de 2 (dois) quilômetros do imóvel considerado*".

Note o item (adaptado) considerado **INCORRETO**, em prova realizada pela VUNESP, TJ-SP, para o cargo de Titular de Serviços de Notas e de Registros, em 2018: "*São exemplos de equipamentos urbanos para a configuração de 'zona urbana1 no âmbito do IPTU: (1) Sistema de esgotos sanitários e (2) escola primária a uma distância mínima de 05 (cinco) quilômetros do imóvel considerado*".

Note o item (adaptado) considerado **INCORRETO**, em prova realizada pela VUNESP, TJ-SP, para o cargo de Titular de Serviços de Notas e de Registros, em 2018: "*São exemplos de equipamentos urbanos para a configuração de 'zona urbana1 no âmbito do IPTU: (1) Abastecimento de água e (2) posto de saúde a uma distância mínima de 10 (dez) quilômetros do imóvel considerado*".

Frise-se que a dimensão conceitual de **zona urbana** deve vir prevista na lei ordinária municipal, devendo conter, pelo menos, os melhoramentos previstos em **dois incisos** do dispositivo acima destacado.

Note o item (adaptado) considerado **CORRETO**, em prova realizada pela VUNESP, TJ-SP, para o cargo de Titular de Serviços de Notas e de Registros, em 2018: "*Para fins de instituição e cobrança do IPTU, o CTN exige a implementação por parte do Poder Público Municipal de, pelo menos, dois melhoramentos ali elencados, tais como (1) sistemas de esgotos sanitários e (2) rede de iluminação* pública, com ou sem posteamento para distribuição familiar".

Todavia, ressalta aos olhos do estudioso uma questão corriqueira e palpitante: *as áreas urbanizáveis ou de expansão urbana revelam fisionomia de "zona urbana"?*

O **art. 32, § 2º, do CTN** é elucidativo a esse respeito:

Art. 32. (...)

§ 2º A lei municipal pode considerar urbanas as áreas urbanizáveis, ou de expansão urbana, constantes de loteamentos aprovados pelos órgãos competentes, destinados à habitação ou ao comércio, mesmo que localizados fora das zonas definidas nos termos do parágrafo anterior.

Assim, as áreas urbanizáveis ou de expansão urbana poderão ser consideradas "urbanas", mesmo que localizadas fora das zonas definidas para tal, desde que se cumpram duas exigências:

a) previsão na lei municipal;

b) inserção em loteamento aprovado pelos órgãos competentes e que se destine à moradia, indústria ou comércio, mesmo que se trate de áreas não servidas por quaisquer dos melhoramentos do § 1º do art. 32 do CTN.

Nessa esteira, José Eduardo Soares de Melo[20] preleciona:

> Poderá a legislação municipal considerar urbanas, para efeito do IPTU, as áreas urbanizáveis e as de expansão urbana, destinadas à habitação, inclusive residencial de recreio, à indústria ou ao comércio, ainda que realizadas fora da zona urbana do Município, a saber: **a)** as áreas pertencentes a parcelamentos de solos regularizados pela Administração Municipal, mesmo que executados irregularmente; **b)** as áreas pertencentes a loteamentos aprovados de conformidade com a legislação; **c)** as áreas dos conjuntos habitacionais, aprovados e executados nos termos da legislação pertinentes; **d)** as áreas com uso ou edificação aprovada de acordo com a legislação urbanística de parcelamento, uso e ocupação do solo e de edificações.

Frise-se que, em 12 de dezembro de **2018**, a Primeira Seção do STJ aprovou a **Súmula n. 626**, com o seguinte enunciado: *"A incidência do IPTU sobre imóvel situado em área considerada pela lei local como urbanizável ou de expansão urbana não está condicionada à existência dos melhoramentos elencados no artigo 32, parágrafo 1º, do CTN"*.

Por fim, nesse contexto também desponta a instigante questão dos "**sítios de recreio**", cuja propriedade pode ser considerada fato gerador do IPTU, se estiverem localizados em zona urbana ou em **área de expansão urbana**, em atendimento aos requisitos elencados no art. 32 do CTN. Entretanto, o dado relevante é que a localização do imóvel não tem sido mais o critério a ser levado em consideração, isoladamente, para se definir o tributo incidente sobre o bem imóvel, embora ainda persistam razoáveis críticas acerca dessa mudança de posicionamento[21].

> Note o item considerado **CORRETO**, em prova realizada pelo TJ/RS, para o cargo de Titular de Serviços de Notas e de Registros/RS, em 2013: *"O IPTU incide sobre imóveis localizados em áreas urbanizáveis ou de expansão urbana, atendidas as exigências legais"*.

Ressalte-se que tal mudança de posicionamento se deu em função das alterações produzidas pelo art. 15 do DL n. 57/66 que, a despeito de ter sido revogado pelos arts. 6º e 12 da Lei n. 5.868/72, veio a ser posteriormente revigorado com a declaração de inconstitucionalidade deste último dispositivo pelo STF.

20. MELO, José Eduardo Soares de. *Curso de direito tributário*, 8. ed., pp. 533-534.
21. Sobre a crítica de que "o critério da destinação do imóvel impossibilitará ao Município o cumprimento de sua missão de ordenar o pleno desenvolvimento das funções sociais da cidade (art. 182 da CF), pois simplesmente desapareceria a fronteira entre zona rural e urbana", ver: HARADA, Kiyoshi. *Direito financeiro e tributário*, 7. ed., p. 329.

Para a boa compreensão do fenômeno, sobretudo do ponto de vista cronológico, observemos as normas abaixo:

1. Art. 15 do DL n. 57/66: com entrada em vigor na data de sua publicação, ou seja, em **21-11-1966**;

> **Art. 15.** O disposto no art. 32 da Lei n. 5.172, de 25 de outubro de 1966, não abrange o imóvel de que, comprovadamente, seja utilizado em exploração extrativa vegetal, agrícola, pecuária ou agroindustrial, incidindo assim, sobre o mesmo, o ITR e demais tributos com o mesmo cobrados.

2. Art. 32, § 1º, I ao V, CTN: com entrada em vigor em **1º-01-1967**;

> **Art. 32, § 1º** Para efeito deste imposto, entende-se como zona urbana a definida em lei municipal, observando o requisito mínimo da existência de melhoramentos indicados em pelo menos 2 (dois) dos incisos seguintes, construídos ou mantidos pelo Poder Público:
>
> **I** – meio-fio ou calçamento, com canalização de águas pluviais;
>
> **II** – abastecimento de água;
>
> **III** – sistema de esgotos sanitários;
>
> **IV** – rede de iluminação pública, com ou sem posteamento para distribuição domiciliar;
>
> **V** – escola primária ou posto de saúde a uma distância máxima de 3 (três) quilômetros do imóvel considerado.

3. Art. 6º da Lei n. 5.868/72: considerado inconstitucional pelo Plenário do **STF**, em **1982**, no **RE 93.850-8/MG**[22]. Em termos resumidos, a declaração de inconstitucionalidade se pautou no fato de que, não sendo lei complementar, não poderia ter estabelecido critério, para fins tributários, de caracterização de imóvel como rural ou urbano diverso daquele fixado nos arts. 29 e 32 do CTN. Por fim, o dispositivo teve a sua execução suspensa, em **1983**, pela **Resolução do Senado Federal n. 313.**

> **Art. 6º** Para fim de incidência do Imposto sobre a Propriedade Territorial Rural, a que se refere o art. 29 da Lei n. 5.172, de 25 de outubro de 1966, considera-se imóvel rural aquele que se destinar à exploração agrícola, pecuária, extrativa vegetal ou

22. **EMENTA:** IMPOSTO PREDIAL. CRITÉRIO PARA A CARACTERIZAÇÃO DO IMÓVEL COMO RURAL OU COMO URBANO. A fixação desse critério, para fins tributários, é princípio geral de direito tributário, e, portanto, só pode ser estabelecido por lei complementar. O CTN, segundo a jurisprudência do STF, é lei complementar. Inconstitucionalidade do artigo 6º, e seu parágrafo único, da Lei Federal 5.868, de 12 de dezembro de 1972, uma vez que, não sendo lei complementar, não poderia ter estabelecido critério, para fins tributários, de caracterização de imóvel como rural ou urbano diverso do fixado nos artigos 29 e 32 do CTN. Recurso extraordinário conhecido e provido, declarando-se a inconstitucionalidade do artigo 6º e seu parágrafo único da Lei Federal 5.868, de 12 de dezembro de 1972. **(RE 93.850, rel. Min. Moreira Alves, Pleno, j. em 20-05-1982) (Grifo nosso)**

agroindustrial e que, independentemente de sua localização, tiver área superior a 1 (um) hectare.

Parágrafo único. Os imóveis que não se enquadrem no disposto neste artigo, independentemente de sua localização, estão sujeitos ao Imposto sobre a Propriedade Predial e Territorial Urbana, a que se refere o art. 32 da Lei n. 5.172, de 25 de outubro de 1966. **(Grifos nossos)**

Uma vez conhecidas as normas acima, fundamentais para a compreensão da cronologia do tema, é importante frisar que, ao ser promulgado, o CTN chancelou o *critério topográfico*, segregando os fatos geradores do IPTU e do ITR. Vale dizer que, para o CTN, se o imóvel estivesse localizado na zona urbana, incidiria o IPTU; por sua vez, se estivesse localizado na zona rural, incidiria o ITR.

A questão temporalmente relevante é que, em 21-11-1966, ou seja, antes mesmo da entrada em vigor do CTN (a qual se deu em 1º-01-1967), o DL n. 57/66 alterou o critério topográfico, prevendo estarem sujeitos ao ITR, e não ao IPTU, os imóveis utilizados em exploração extrativa vegetal, agrícola, pecuária ou agroindustrial. Ademais, enfatize-se que tanto o DL n. 57/66 como o CTN foram reconhecidos pela jurisprudência pátria como normas detentoras do *status* de lei complementar, em face da superveniente Constituição de 1967.

Desse modo, não se pode analisar de isoladamente o *critério topográfico* previsto no art. 32, § 1º, I ao V, CTN, mas sempre em cotejo com o art. 15 do DL n. 57/66, do que decorre a conclusão de que não incide o IPTU quando o imóvel, mesmo situado na zona urbana, recebe quaisquer das destinações não urbanas (exploração vegetal, agrícola, pecuária ou agroindustrial). Trata-se da prevalência do *critério da destinação econômica.*

Esse ciclo normativo foi didaticamente retratado na ementa do **REsp 492.869/PR, rel. ex-Min. Teori Albino Zavascki, 1ª T., j. em 15-02-2005**[23].

Aliás, um ano antes, em 17 de agosto de **2004**, a **2ª Turma do STJ**, no **REsp 472.628/RS** (rel. João Otávio de Noronha), evidenciara, em eloquente excerto de ementa, que

> o Decreto-Lei n. 57/66, recebido pela Constituição de 1967 como lei complementar, por versar normas gerais de direito tributário, particularmente sobre o ITR, abrandou o princípio da localização do imóvel, consolidando a prevalência do critério da destinação econômica. O referido diploma legal permanece em vigor, sobretudo porque, alçado à condição de lei complementar, não poderia ser atingido pela revogação prescrita na forma do art. 12 da Lei n. 5.868/72. O ITR não incide somente sobre os imóveis localizados na zona rural do município, mas também sobre aqueles que, situados na área urbana, são comprovadamente utilizados em exploração extrativa, vegetal, pecuária ou agroindustrial.

23. O entendimento jurisprudencial foi também citado por: (I) MELO, José Eduardo Soares de. *Curso de direito tributário*, 8. ed., p. 534; e por (II) PAULSEN, Leandro; MELO, José Eduardo Soares de. *Impostos federais, estaduais e municipais*, 6. ed. rev. e atual. Porto Alegre: Livraria do Advogado, 2011, p. 287.

Nos anos seguintes, a orientação intelectiva do **STJ** foi também no sentido de reforçar a tese da prevalência do *critério da destinação econômica*, como se pode notar dos fragmentos das ementas abaixo:

> **1.** O critério da localização do imóvel é insuficiente para que se decida sobre a incidência do IPTU ou ITR, sendo necessário observar-se o critério da destinação econômica, conforme já decidiu a Egrégia 2ª Turma, com base em posicionamento do STF sobre a vigência do DL n. 57/66. **(AgRg no Ag 498.512/RS, rel. Min. Francisco Peçanha Martins, 2ª T., j. em 22-03-2005)**
>
> **2.** O artigo 15 do Decreto-Lei n. 57/66 exclui da incidência do IPTU os imóveis cuja destinação seja, comprovadamente a de exploração agrícola, pecuária ou industrial, sobre os quais incide o ITR, de competência da União. Tratando-se de imóvel cuja finalidade é a exploração extrativa vegetal, ilegítima é a cobrança, pelo Município, do IPTU, cujo fato gerador se dá em razão da localização do imóvel e não da destinação econômica. **(REsp 738.628/SP, rel. Min. Castro Meira, 2ª T., j. em 12-05-2005)**
>
> **3.** O critério da localização do imóvel é insuficiente para que se decida sobre a incidência do IPTU ou ITR, sendo necessário observar-se o critério da destinação econômica, conforme já decidiu a Egrégia 2ª Turma, com base em posicionamento do STF sobre a vigência do DL n 57/66 (AgRg no Ag 498.512/RS, 2ª Turma, rel. Min. Francisco Peçanha Martins, *DJ* de 16.5.2005). **(AgRg no REsp 679.173/SC, rel. Min. Denise Arruda, 1ª T., j. em 11-09-2007)**
>
> **4.** O critério da localização do imóvel não é suficiente para que se decida sobre a incidência do IPTU ou ITR, sendo necessário observar-se, também, a destinação econômica, conforme já decidiu a Egrégia 2ª Turma, com base em posicionamento do STF sobre a vigência do Decreto-Lei n. 57/66. **(AgRg no Ag 993.224/SP, rel. Min. José Delgado, 1ª T., j. em 06-05-2008)**
>
> **5.** Não incide IPTU, mas ITR, sobre imóvel localizado na área urbana do Município, desde que comprovadamente utilizado em exploração extrativa, vegetal, agrícola, pecuária ou agroindustrial (art. 15 do DL n. 57/1966). **(REsp 1.112.646/SP, rel. Min. Herman Benjamin, 1ª T., j. em 26-08-2009 – Sistemática dos Recursos Repetitivos)**
>
> **6.** A jurisprudência desta Corte Superior é no sentido de que incide o ITR e, não, o IPTU sobre imóveis nos quais são comprovadamente utilizados em exploração extrativa, vegetal, agrícola, pecuária ou agroindustrial, ainda que localizados em áreas consideradas urbanas por legislação municipal. **(AgRg no REsp 80.947/ES, rel. Min. Mauro Campbell Marques, 2ª T., j. em 28-02-2012)**

Posto isso, diante da atual insuficiência do *critério de localização*, sobretudo em face da referida virada jurisprudencial aqui detalhada, deve-se prestigiar a tributação do IPTU *vs.* ITR em consonância com o *critério da destinação econômica*.

1.3.2 Onde e quando se dá o fato gerador do IPTU?

A indagação leva-nos a refletir sobre os elementos *espacial* e *temporal do fato gerador*, que podem ser são assim entendidos:

a) espacial: é o território urbano do município (art. 156, I, CF c/c art. 32 do CTN);

b) temporal: é o momento de apuração, ou seja, *anual* (**1º de janeiro de cada ano**, mediante ficção jurídica).

> Note o item considerado **INCORRETO**, em prova realizada pelo Instituto AOCP, para o cargo de Advogado da Prefeitura Municipal de Juazeiro/BA, em 2016: *"O fato gerador do IPTU ocorre no dia 1º de fevereiro de cada exercício financeiro"*.

1.4 Base de cálculo

A base de cálculo do IPTU será o **valor venal do bem imóvel**, não se considerando o valor dos bens móveis mantidos em caráter permanente ou temporário no imóvel, conforme se depreende do art. 33 e de seu parágrafo único do CTN:

> Note o item considerado **CORRETO**, em prova realizada pela Makiyama, para o cargo de Fiscal da Prefeitura de Capela do Alto/SP, em 2014: *"De acordo com o CTN, no que tange à propriedade predial e territorial urbana, podemos afirmar que a base do cálculo do imposto do imóvel é o valor venal"*.

> Note o item considerado **CORRETO**, em prova realizada pela FCC, para o cargo de Titular de Serviços de Notas e de Registros (TJ/PE), em 2013: *"Relativamente aos aspectos da hipótese de incidência do IPTU, a base de cálculo é o valor venal do imóvel, que, por sua vez, também é a base de cálculo do ITBI"*.

Art. 33. A base de cálculo é o valor venal do imóvel.

Parágrafo único. Na determinação da base de cálculo, **não se considera valor dos bens móveis mantidos, em caráter permanente ou temporário, no imóvel**, para efeito de sua utilização, exploração, aformoseamento ou comodidade.

> Note o item considerado **CORRETO**, em prova realizada pelo IESES, para o cargo de Titular de Serviços de Notas e de Registros – Provimento (TJ/SC), em 2019: *"A base de cálculo do IPTU, segundo o CTN, é o valor venal do imóvel"*.

> Note o item considerado **INCORRETO**, em prova realizada pelo IMA, para o cargo de Advogado da Prefeitura Municipal de Uruçuí/PI, em 2016: *"A base de cálculo do IPTU é o valor de mercado do imóvel"*.
>
> **Observação:** item idêntico foi considerado **INCORRETO**, em prova realizada pelo mesmo Instituto (IMA), para o cargo de Advogado da Câmara Municipal de Estreito/MA, em 2016.

> Note o item considerado **INCORRETO**, em prova realizada pela Consulplan, Câmara de Belo Horizonte, para o cargo de Procurador, em 2018: "*Para efeitos de instituição e cobrança do IPTU, a lei municipal deve considerar como base do cálculo do imposto o 'valor venal do imóvel', sendo que, na determinação de referida base de cálculo, deve ser levado em consideração o valor dos bens móveis mantidos, em caráter permanente ou temporário, no imóvel*".

> Note o item considerado **INCORRETO**, em prova realizada pelo IESES, para o cargo de Titular de Serviços de Notas e de Registros – Provimento (TJ/SC), em 2019: "*A base de cálculo do IPTU é o valor venal do imóvel, devendo ser considerado, para a sua determinação, o valor dos bens móveis mantidos, em caráter permanente ou temporário, no imóvel, para efeito de sua utilização, exploração, aformoseamento ou comodidade*".

Quanto à dimensão semântica da expressão "valor venal", pode-se afirmar que é crível considerar tal valor como o preço à vista que o imóvel alcançaria se colocado à venda em *condições normais no mercado imobiliário*. Todavia, a avaliação do valor do imóvel sempre será uma questão tormentosa[24].

O art. 97, IV, do CTN prevê que a base de cálculo do tributo deverá ser originariamente prevista em lei, em prol da *estrita legalidade tributária*. Não obstante, o Poder Executivo pode, em momento superveniente, vir a realizar uma alteração na também chamada "base imponível".

Com efeito, quanto ao IPTU, a simples atualização do valor monetário da respectiva base de cálculo com índices oficiais de correção monetária – por decreto municipal, por exemplo –, não implica majoração do tributo, podendo ser feita por meio de ato infralegal, a teor do § 2º do art. 97 do CTN. Todavia, **se o decreto se exceder em relação aos índices oficiais**, veiculando aumento sob a capa de uma "atualização", o excesso será declarado indevido, haja vista violar-se o *princípio da legalidade tributária*, na vertente da *estrita legalidade* ou *tipicidade fechada*. Note, a propósito, a jurisprudência no **STJ**:

> Note o item considerado **CORRETO**, em prova realizada pelo Cespe/Cebraspe, para o cargo de Juiz de Direito Substituto do TJ/AM, em 2016: "*Por decreto do prefeito, de agosto de 2014, o município de Manaus atualizou a base de cálculo do IPTU e sua planta de valores imobiliários, para a cobrança do tributo em 2015. Na atualização, foi usada como referência a taxa SELIC para títulos federais, índice oficial para cálculo dos encargos pela mora dos tributos federais. Nessa situação hipotética, o ato é inválido, por implicar acréscimo real, e não mera correção*".

EMENTA: TRIBUTÁRIO. IPTU. MAJORAÇÃO. LEGALIDADE TRIBUTÁRIA (CTN, ART. 97, II, §§ 1º E 2º). VALOR VENAL DO IMÓVEL. ATUALIZAÇÃO. ATO DO PODER EXECUTIVO. PRECEDENTES DO STF E DO STJ. A majoração da base de cálculo do IPTU depende

24. V. COÊLHO, Sacha Calmon Navarro. *Curso de direito tributário brasileiro:* comentários à Constituição Federal e ao Código Tributário *Nacional*. 4. ed. Rio de Janeiro: Forense, 1999, p. 354.

da elaboração de lei, exceto nos casos de simples atualização monetária, em atendimento ao princípio da reserva legal. *Não pode o município, por simples decreto, atualizar o valor venal dos imóveis, para fins de cálculo do IPTU, com base na planta de valores, ultrapassando a correção monetária autorizada por ato administrativo.* – Recurso conhecido e provido. **(REsp 31.532/RS, 2ª T., rel. Min. Peçanha Martins, j. em 27-10-1993) (Grifo nosso)**

Tal entendimento pode ser corroborado nos dizeres elucidativos da **Súmula n. 160 do STJ** (*"É defeso ao Município atualizar o IPTU, mediante Decreto, em percentual superior ao índice oficial de correção monetária"*).

Note o item considerado **INCORRETO**, em prova realizada pela PUC/PR, TJ/PR, para o cargo de Juiz Substituto, em 2014: *"Por força do Princípio da Legalidade Tributária, a majoração e a atualização monetária da base de cálculo do tributo somente pode ser feita por lei"*.

Note o item considerado **INCORRETO**, em prova realizada pela FCC, para o cargo de Procurador do Município de Campinas, em 2016: *"Em relação à base de cálculo, pode ser alterada por ato normativo da Administração pública sempre que se fizer necessário para melhor apuração dos tributos devidos"*.

Note o item considerado **CORRETO**, em prova realizada pelo IMA, para o cargo de Advogado da Câmara Municipal de Estreito/MA, em 2016: *"É defeso ao Município atualizar o IPTU, mediante Decreto, em percentual superior ao índice oficial de correção monetária"*.

Note o item considerado **INCORRETO**, em prova realizada pelo Instituto Legatus, para o cargo de Procurador da Câmara Municipal de Bertolínia/PI, em 2016: *"É facultado ao prefeito elevar a base de cálculo do IPTU por meio de um decreto"*.

Ainda no bojo da base de cálculo do IPTU, frise-se que a EC n. 42/2003 dispôs, na parte final do § 1º do art. 150 da CF, que sua alteração é uma exceção à anterioridade nonagesimal. Portanto, é possível que se proceda à fixação legal do valor venal de um imóvel, no fim de ano, e que tal modificação possa ser aplicada no 1º dia do exercício financeiro seguinte, sem vício de anterioridade.

Exemplo: *Lei tal, publicada em 31 de dezembro de 2020, altera o valor venal dos imóveis do Município X*. Diante dessa hipótese, pergunta-se: quando será eficaz a lei que veiculou o aumento? A resposta é simples: no dia seguinte ao de sua publicação – ou seja, 1º de janeiro de 2021 –, valendo o aumento para o exercício de 2021, pois se trata de uma regra que obedece à anterioridade anual, porém é uma norma de exceção aos 90 dias. Da mesma forma, o legislador tratou as alterações na base de cálculo do IPVA. Observe que a alteração vem ao encontro dos interesses da Fazenda, pois se permitem modificações abruptas com ágil aplicabilidade, o que as torna, em tese, violadoras da segurança jurídica do contribuinte. O expediente se abre para críticas.

1.5 Alíquotas

Sabe-se que a alíquota, a par da base de cálculo, é uma grandeza dimensional do fato gerador. Revela-se por meio de índice de percentagem, que permitirá a aferição do *quantum* tributário a pagar. Naturalmente, avoca a inafastável previsão em lei, em homenagem ao princípio da legalidade tributária (art. 97, IV, CTN), cuja mitigação se dá apenas no casos dos tributos extrafiscais (II, IE, IPI, IOF, CIDE-Combustível e ICMS-Combustível). O IPTU, no plano das alíquotas, por não fazer parte do rol retrocitado, não pode se distanciar da estrita legalidade.

Quanto à possibilidade de variação das alíquotas, a Constituição Federal admite, explicitamente, a progressividade do **IPTU** (**art. 182, § 4º, II** c/c art. 156, § 1º, I e II – EC n. 29/2000), o único imposto municipal progressivo, ao lado de dois impostos federais (ITR e o IR). Atualmente, o STF estendeu a progressividade para o ITCMD (**AgR no RE 542.485, rel. Min. Marco Aurélio, 1ª T., j. em 19-02-2013**).

Assim, para o IPTU, a lei ordinária municipal deve prever essa progressividade, sob pena de nítida afronta ao *princípio da legalidade*. Observe os dispositivos constitucionais:

Art. 182. (...)

§ 4º É facultado ao Poder Público municipal, mediante lei específica para área incluída no plano diretor, exigir, nos termos da lei federal, do proprietário do solo urbano não edificado, subutilizado ou não utilizado, que promova seu adequado aproveitamento, sob pena, sucessivamente, de:

(...)

II – imposto sobre a propriedade predial e territorial urbana **progressivo no tempo**;

Note o item considerado **CORRETO**, em prova realizada pela CETAP, para o cargo de Analista (MPCM), em 2015: *"Quanto a progressividade do IPTU, pode-se afirmar que a Constituição Federal de 1988 ao ser promulgada prévia exclusivamente a progressividade do IPTU no tempo, conforme previsão do art. 182, § 4º, II".*

Note o item considerado **CORRETO**, em prova realizada pela ATECEL, para o cargo de Fiscal de Tributos da Prefeitura Municipal de Equador/RN, em 2016: *"O IPTU pode ser progressivo em razão do tempo".*
Observação: item semelhante foi considerado **CORRETO**, em prova realizada pela FGV, para o cargo de Procurador do Município de Niterói/RJ (PGM), em 2014.

Art. 156. Compete aos Municípios instituir impostos sobre: (...)

I – propriedade predial e territorial urbana; (...)

§ 1º Sem prejuízo da progressividade no tempo a que se refere o art. 182, § 4º, II, o imposto previsto no inciso I poderá:

I – ser progressivo em razão do valor do imóvel; e

> Note o item considerado **CORRETO**, em prova realizada pela FCC, para o cargo de Juiz Substituto (TJ/GO), em 2015: *"O IPTU poderá ter alíquotas progressivas em razão do valor venal do imóvel ou no tempo, e seletivas de acordo com a localização e o uso do imóvel, conforme o caso".*

II – ter alíquotas diferentes de acordo com a localização e o uso do imóvel.

> Note o item considerado **CORRETO**, em prova realizada pela FGV, para o cargo de Procurador do Município de Niterói/RJ (PGM), em 2014: *"Imposto sobre a Propriedade Predial e Territorial Urbana pode ter alíquota diferente de acordo com a localização e o uso do imóvel".*
> **Observação:** item semelhante foi considerado **CORRETO**, em prova realizada pela ATECEL, para o cargo de Fiscal de Tributos da Prefeitura Municipal de Acari/RN, em 2016.

> Note o item considerado **CORRETO**, em prova realizada pela Ceperj, para o cargo de Analista de Controle Interno (Sefaz/RJ), em 2013: *"O IPTU é de competência municipal e tem a seguinte característica estabelecida pela Constituição Federal: alíquotas diferenciadas pela localização do imóvel".*

Na execução da política urbana, de que trata o art. 182 da CF, acima transcrito, será aplicado o previsto na Lei n. 10.257, de 10 de julho de 2001 (art. 1º), também denominada Estatuto da Cidade, estabelecendo normas de ordem pública e interesse social que regulam o uso da propriedade urbana em prol do bem coletivo, da segurança e do bem-estar dos cidadãos, bem como do equilíbrio ambiental (art. 1º, parágrafo único). Observe o art. 7º do Estatuto, cuja leitura se mostra relevante neste momento:

> **Art. 7º** Em caso de descumprimento das condições e dos prazos previstos na forma do *caput* do art. 5º desta Lei, ou não sendo cumpridas as etapas previstas no § 5º do art. 5º desta Lei, o Município procederá à aplicação do imposto sobre a propriedade predial e territorial urbana (IPTU) progressivo no tempo, *mediante a majoração da alíquota pelo prazo de cinco anos consecutivos*.
>
> **§ 1º** O valor da alíquota a ser aplicado a cada ano será fixado na lei específica a que se refere o *caput* do art. 5º desta Lei e não excederá a duas vezes o valor referente ao ano anterior, respeitada a *alíquota máxima de quinze por cento*.
>
> **§ 2º** Caso a obrigação de parcelar, edificar ou utilizar não esteja atendida em cinco anos, o Município manterá a cobrança pela alíquota máxima, até que se cumpra a referida obrigação, garantida a prerrogativa prevista no art. 8º.
>
> **§ 3º** É vedada a concessão de isenções ou de anistia relativas à tributação progressiva de que trata este artigo. **(Grifos nossos)**

A propósito, em outubro de **2013**, o **STF** ratificou essa visão, ao evidenciar que "*a **progressividade extrafiscal**, baseada na função social da propriedade, sempre foi permitida pelo texto Constitucional. Esta é a modalidade de progressividade que se opera conforme as condições previstas pelo Estatuto da Cidade. (...).*" **(AgR no ARE 639.632, rel. Min. Roberto Barroso, 1ª T., j. em 22-10-2013)**.

> Note o item considerado **CORRETO**, em prova realizada pela Vunesp, para o cargo de Juiz de Direito Substituto do Estado de São Paulo (TJ/SP – 186º Concurso), em 2015: *"O STF, no julgamento do ARE 639.632 AgR/MS, ao analisar a questão relativa à cobrança progressiva do IPTU estabeleceu alguns parâmetros e, de acordo com tal julgamento, é correto afirmar que 'a progressividade extrafiscal também tem previsão normativa no Estatuto da Cidade'"*.

Voltando à questão da variação de alíquotas, diga-se que, em tempos remotos, o **STF** já acenava com a aceitação dessa flexibilidade, buscando privilegiar, à luz da extrafiscalidade, o direito à moradia. Note o teor da **Súmula n. 539**, editada em 1969: "*É constitucional a lei do município que reduz o imposto predial urbano sobre imóvel ocupado pela residência do proprietário, que não possua outro*".

Quanto ao plano conceitual, pode-se relembrar que a progressividade é técnica de incidência de *alíquotas variadas*, cujo aumento se dá na medida em que se majora a base de cálculo do gravame. O critério, como meio de exteriorização do princípio da capacidade contributiva, permite ao IPTU a consagrada progressividade *extrafiscal* (a progressividade no tempo), sem embargo da atual progressividade *fiscal*, ventilada a partir do critério modificador permitido pela EC n. 29/2000 – a progressividade em razão do valor do imóvel.

Historicamente, à luz do art. 182, § 4º, II, da CF, sempre se admitiu ao IPTU a progressividade no tempo, para fins extrafiscais, como instrumento de pressão[25] ao proprietário do bem imóvel que, devendo dar a ele o adequado aproveitamento, mantinha-se recalcitrante ao necessário cumprimento da função social da propriedade. Entretanto, após o advento da EC n. 29/2000, o IPTU passou a ter uma *progressividade fiscal*, conforme se depreende do art. 156, § 1º, I, da CF. Tal comando prevê que o IPTU "poderá ter" uma ***progressividade* em razão do valor do imóvel**, além de dar margem à "possibilidade de ter" *alíquotas diferenciadas* em razão da **localização** e **uso** do imóvel, despontando aqui uma cogitação de "seletividade". Frisamos a flexão verbal "poderá" (ter/ser), uma vez que é dessa forma que está previsto no texto constitucional, dando uma ideia de "facultatividade" (nessa progressividade fiscal), no lugar de obrigatoriedade. Em termos conclusivos, é possível assinalar uma progressividade dupla ao IPTU atual: a progressividade *extrafiscal*, que lhe é genuína e histórica, e a progressividade *fiscal*, haurida na EC n. 29/2000.

25. Sobre a possibilidade de confisco em tal modalidade de IPTU progressivo, ver: COSTA, Regina Helena. *Curso de direito tributário*: Constituição e Código Tributário Nacional, p. 386.

Note o item considerado **INCORRETO**, em prova realizada pela FCC, para o cargo de Defensor Público (DPE/RS), em 2014: *"A progressividade do IPTU será permitida apenas em relação ao valor venal do imóvel, se assim o quiser o legislador municipal, já que se trata de sua faculdade".*

Note o item considerado **CORRETO**, em prova realizada pela FGV, para o cargo de Procurador do Município (PGE-Niterói/RJ), em 2014: *"Imposto sobre a Propriedade Predial Territorial Urbana pode ser progressivo em razão do valor do imóvel".*

Em tempo, vale mencionar que a única progressividade que se admitia antes da Emenda era a *extrafiscal*, o que ficou chancelado na **Súmula n. 668 do STF** ("*É inconstitucional a lei municipal que tenha estabelecido, antes da Emenda Constitucional n. 29/2000, alíquotas progressivas para o IPTU, salvo se destinada a assegurar o cumprimento de função social da propriedade urbana*").

De fato, a progressividade fiscal do IPTU não existia no texto original da Constituição Federal de 1988, ao menos de forma expressa. Foi apenas com o advento EC n. 29/2000 que se inseriu tal diretriz normativa na Carta Magna. Assim, somente após a vigência de tal Emenda, pôde o Fisco municipal exigir a progressividade segundo a capacidade econômica do contribuinte, mesmo diante da preexistente regra genérica de progressividade tributária constante no art. 145, § 1º, da CF. Registre-se, *ad argumentandum*, que há entendimento doutrinário, segundo o qual a progressividade fiscal do IPTU sempre se mostrou "*perfeitamente admitida e, até mesmo, implicitamente exigida pela nossa Carta Republicana*"[26].

A propósito desse tema, Hugo de Brito Machado[27], citando a antiga **Súmula n. 589 do STF**, de 1976 ("*É inconstitucional a fixação de adicional progressivo do imposto predial e territorial urbano em função do número de imóveis do contribuinte*"), destaca que esta Corte, antes da Emenda, hesitou na análise da inconstitucionalidade das alíquotas do IPTU, cuja variação se dava em função da área de terrenos pertencentes a um mesmo contribuinte:

> (...) o Supremo Tribunal Federal, depois de haver considerado constitucional lei que instituiu alíquotas em função da área de terrenos pertencentes a um mesmo contribuinte (RMS n. 16.798-SP, publicado na *RTJ* 41/607), modificou esse entendimento e passou a considerar inconstitucional essa alíquota progressiva (**Súmula n. 589:** "É inconstitucional a fixação de adicional progressivo do imposto predial e territorial urbano em função do número de imóveis do contribuinte"). **(Grifo nosso)**

E prossegue o festejado autor[28], demonstrando que a variação estaria mais bem classificada como *seletividade*, no lugar de progressividade:

26. FURLAN, Valéria. *Imposto predial e territorial urbano*. 2. ed. São Paulo: Malheiros, 2004, pp. 139-140.
27. MACHADO, Hugo de Brito. *Curso de direito tributário*, 29. ed., pp. 390-392.
28. *Ibidem*, pp. 390-392.

(...) Não obstante o respeito que temos pelas decisões do STF, divergimos do entendimento consubstanciado em sua Súmula n. 589 (...). Progressividade não se confunde com seletividade. *Progressivo* é o imposto cuja alíquota cresce em função do crescimento de sua base de cálculo. (...) *Seletivo*, por sua vez, é o imposto cujas alíquotas são diversas em razão da diversidade do objeto tributado. Assim, o IPTU será seletivo se as suas alíquotas forem diferentes para imóveis diferentes, seja essa diferença em razão da utilização, ou da localização, ou de um outro critério qualquer, mas sempre diferença de um imóvel para outro imóvel.

Aliás, a seletividade foi objeto de análise do eminente e saudoso professor Ricardo Lobo Torres[29], ao tratar dos critérios diferenciadores "localização" e "uso", trazidos pela EC n. 29/2000:

O artigo 156, § 1º, da CF, na redação da EC 29/00, introduz ainda o princípio da seletividade no IPTU, ao permitir que o imposto municipal tenha "alíquotas diferentes de acordo com a localização e o uso do imóvel". O tributo poderá variar, portanto, de acordo com o bairro em que se situe o bem ou com o seu uso comercial ou residencial.

Posto isso, atualmente, é nesses termos que a questão da progressividade do IPTU apresenta-se perante a doutrina e o STF, revelando-se por uma *dupla progressividade*:

1. a progressividade *extrafiscal*, que lhe é – e sempre foi – genuína, rotulada de progressividade no tempo (art. 182, § 4º, II, CF), única normatizada antes do texto constitucional de 1988;

2. a progressividade *fiscal*, prevista na EC n. 29/2000, com base no valor do imóvel (art. 156, § 1º, I, CF), sem embargo da seletividade[30] trazida pela diferenciação de alíquotas em razão da localização e uso do imóvel.

2 ESTUDO DO ISS[31]

IMPOSTO	ISSQN ou ISS
Nomen juris	Imposto sobre serviços de qualquer natureza
Artigos	Art. 156, III, da CF; Decreto-lei n. 406/68; e LC n. 116/2003[30].

29. TORRES, Ricardo Lobo. *Curso de direito financeiro e tributário*. 12. ed. Rio de Janeiro: Renovar, 2005, p. 397.

30. O rótulo de "seletividade" para as alíquotas do **IPTU** não é de uso corrente, salientando-se que, em provas de concursos, deve haver cautela, na medida em que o texto constitucional aponta apenas dois impostos seletivos: o ICMS e o IPI.

31. A LC n. 56/87, a par da LC n. 100/99, ambas versando sobre o ISS, acabaram sendo totalmente revogadas pela LC n. 116/2003.

2.1 Competência tributária e sujeito ativo

O ISS, tal qual conhecemos hoje, "foi previsto na Emenda Constitucional n. 18, de 1º-12-1965. Sua certidão de nascimento está fundamentada no art. 15 da referida Emenda"[32].

O *Imposto sobre serviços de qualquer natureza* (ISSQN ou ISS) é um tributo que veio substituir o mais que secular "Imposto sobre indústrias e profissões" (IIP), inicialmente estadual[33] (a partir da Proclamação da República) e, após a Constituição Federal de 1946, um imposto municipal[34]. Parafraseando Aliomar Baleeiro[35], trata-se de "vinho velho em pipa nova".

O atual art. 156, III, da Carta Magna de 1988 estabelece ser de competência dos municípios a instituição do ISS. Observe-o:

> **Art. 156.** Compete aos Municípios instituir impostos sobre: (...)
> **III** – serviços de qualquer natureza, não compreendidos no art. 155, II, definidos em lei complementar (...).

À luz do dispositivo em epígrafe, caberá aos Municípios, mediante a edição de uma lei ordinária, a instituição do ISS. Ademais, é bom lembrar que, na condição de imposto municipal, **o ISS poderá ser instituído igualmente pelo Distrito Federal**, no exercício da *competência tributária cumulativa ou múltipla* (art. 147, parte final, CF).

> Note o item considerado **INCORRETO**, em prova realizada pelo MPE/SC, para o cargo de Promotor de Justiça, em 2016: *"Segundo o artigo 156, III, da Constituição Federal, compete exclusivamente aos Municípios instituir impostos sobre serviços de qualquer natureza".*

Assim, os mais de 5.500 municípios brasileiros editarão suas **leis ordinárias municipais**, instituidoras de ISS, em consonância com uma **nacional lei complementar**, que disciplinará, especialmente em relação aos impostos, as normas gerais definidoras dos fatos geradores, bases de cálculo e contribuintes (art. 146, III, "a", CF).

> Note o item considerado **INCORRETO**, em prova realizada pelo MPE/SC, para o cargo de Promotor de Justiça, em 2019: *"Quando o Município não tiver legislação própria que trate do ISS, sua instituição, definição de base de cálculo e alíquotas, assim como a especificação da forma da respectiva cobrança, deve ser realizada com base na Lei Complementar Federal que regulamente este imposto".*

32. MORAES, Bernardo Ribeiro de. *Doutrina e prática do Imposto sobre Serviços*. São Paulo: Revista dos Tribunais, 1975, p. 58.
33. *Ibidem*, p. 6.
34. *Ibidem*, pp. 45-46.
35. BALEEIRO, Aliomar. *Uma introdução à ciência das finanças*. Atualização de Flávio B. Novelli. 14. ed. 7. tir. rev. Rio de Janeiro: Forense, 1995, p. 381.

Note o item considerado **INCORRETO**, em prova realizada pela FCC, para o cargo de Procurador Municipal de João Pessoa/PB, em 2012: *"Sobre lei complementar em matéria tributária, é correto afirmar que o fato gerador, a base de cálculo e os contribuintes do ISS estão definidos no CTN, recepcionado como lei complementar".*

Em tempo, frise-se que podem ocorrer situações, no plano de criação do imposto, em que exista competência tributária sem, contudo, haver a capacidade tributária ativa. Não raro encontramos municípios brasileiros de pequena extensão que, por receberem valores razoáveis a título de repartição das receitas tributárias (art. 158 da CF), não têm necessidade – quiçá, condições apropriadas[36] – de cobrar o ISS de sua competência. Sabe-se que os municípios apropriam-se de algumas fatias do "bolo" da União (50% do ITR, podendo chegar a 100%, se optarem pela arrecadação e fiscalização; e 100% do IRRF) e dos Estados-membros (**50% de IPVA** e 25% do ICMS). Tal contexto pode desestimular o processo de instituição do imposto pelo Município, **mas isso não significa que tenha havido renúncia da competência tributária**. Em outras palavras, é defensável que a entidade impositora *ALFA* deixe de exercer a competência tributária, uma vez que seu exercício é facultativo, mas não poderá a entidade impositora *BETA* supri-la, haja vista a absoluta impossibilidade de renúncia ou delegação de competência por parte de *ALFA*.

Note o item considerado **CORRETO**, em prova realizada pelo Cespe/Cebraspe, para o cargo de Auditor do Tribunal de Contas do Paraná (TCE/PR), em 2016: *"No que concerne à repartição de receitas tributárias, se o Estado do Paraná arrecadar R$ 5.000.000 com o IPVA de veículos registrados no município de Curitiba, R$ 2.500.000 serão devidos a esse município".*

Voltando à questão da lei complementar, sabe-se que o ISS é um imposto municipal, dependente de lei ordinária, porém sua estrutura normativa está disciplinada em legislação complementar federal de âmbito nacional, a atual LC n. 116/2003, o que nos faz concluir que a competência tributária para a sua instituição é "limitada".

Além disso, no plano normativo, o ISS também recebe influência do Decreto-Lei n. 406/68, o qual teve revogação apenas parcial, tendo sido recepcionado pela Carta Magna com força de *lei complementar*, conforme se nota na ementa abaixo[37]:

> **EMENTA:** TRIBUTÁRIO. ISS. EMPRESAS DE CONSTRUÇÃO CIVIL. DEDUÇÃO DO VALOR DE SUBEMPREITADAS TRIBUTADAS. ART. 9º, § 2º, "B", DO DL N. 406/68. 1. O DL n. 406/68 foi recepcionado como lei complementar pela Constituição da República. Precedentes: RREE ns. 236.604 e 220.323. 2. O disposto no art. 9º, § 2º, alínea "b", do

36. *V.* FIGUEIREDO, Adriana Samato; MOTA, Douglas. Aspectos relevantes da nova lei de ISS. *In:* MARTINS, Ives Gandra da Silva; PEIXOTO, Marcelo Magalhães (Org.). *ISS LC 116/2003*. Curitiba: Juruá, 2004, p. 12.

37. *V.* ALEXANDRINO, Marcelo; PAULO, Vicente. *Direito tributário na Constituição e no STF:* teoria e jurisprudência. 7. ed. Rio de Janeiro: Impetus, 2004, p. 209.

DL n. 406/68 não contraria a Constituição da República. 3. Recurso extraordinário não conhecido. **(RE 262.598, rel. Min. Ilmar Galvão, rel. p/ acórdão: Min. Cármen Lúcia, 1ª T., j. em 14-08-2007)**

A propósito do caráter uniformizador da *lei complementar*, no âmbito do ISS, Regina Helena Costa[38] traz pontual opinião:

> Outro aspecto relevante é o traduzido na preocupação constitucional com a uniformidade da disciplina do Imposto Sobre Serviços de Qualquer Natureza – ISSQN. Com efeito, considerando-se a existência de mais de 5.500 Municípios no País, a Lei Maior, a par de dedicar diversas normas a respeito, cuidou de atribuir à lei complementar o regramento de alguns aspectos dessa imposição fiscal, restringindo, assim, a liberdade do legislador municipal.

É indiscutível que o papel da lei complementar no ISS é de extrema relevância, haja vista a forte vocação dessa norma para solucionar os chamados "conflitos de competência" – ou "áreas de atrito", na terminologia de Aires Barreto[39] –, em obséquio ao pacto federativo, e para obstar os efeitos colaterais da "guerra fiscal" que se estabelece entre municípios limítrofes (ou não), com a consequente multiplicação das controvérsias.

Nesse passo, é bastante previsível a polêmica disputa que tende a surgir no plano arrecadatório do ISS: de um lado, os municípios querendo arrecadar; de outro, os contribuintes intencionando pagar menos o imposto; e, numa terceira via, os municípios pretendendo disputar entre si o imposto. A "guerra" está instaurada, e o palco do conflito é a interpretação das normas – uma atividade hermenêutica que cabe àqueles que protagonizam a cena jurídico-tributária. A propósito, Kiyoshi Harada[40] adverte que "a área de conflito entre o ICMS e o ISS, na verdade, não existe mais. O conflito decorre da inadequada interpretação das normas. A extensa Lista de serviços até seria dispensável".

Nesse cenário de conflitos, um dos pontos mais controvertidos e angustiantes do ISS refere-se ao "local da prestação dos serviços", cuja análise, nos tópicos seguintes, permitirá identificar, no plano da sujeição ativa do ISS, para qual município deverá ser recolhido o imposto – ou **(I)** para o município do estabelecimento do prestador; ou **(II)** para o município do estabelecimento do tomador; ou, finalmente, **(III)** para o Município da prestação, no qual se concretiza o fato gerador, executando-se ali o próprio serviço.

38. COSTA, Regina Helena. *Curso de direito tributário:* Constituição e Código Tributário Nacional, p. 383.

39. BARRETO, Aires F. ISS – conflitos de competência. Tributação de Serviços e as Decisões do STJ. *Revista Dialética de Direito Tributário,* São Paulo: v. 60, set. 2000, p. 8.

40. HARADA, Kiyoshi. *Direito financeiro e tributário,* 7. ed., p. 340.

Trata-se de clássica celeuma, que não foi resolvida pelo legislador constituinte. Este, aliás, deixou o deslinde da questão para a própria lei complementar, em virtude do fato de que "*cabe à lei complementar dispor sobre conflitos de competência, em matéria tributária (...)*", consoante o **inciso I do art. 146 da CF**. Todavia, diferentemente do que se esperava, a LC n. 116/2003 não apresentou soluções claras ao intrincado problema do "local da prestação dos serviços", recrudescendo o clima de dúvidas.

> Note o item considerado **CORRETO**, em prova realizada pela FMP, para o cargo de Procurador do Estado (PGE/AC), em 2017: *"Cabe à lei complementar resolver eventuais conflitos de competência que possam surgir entre a União, os Estados, o Distrito Federal e os Municípios".*

Antes, porém, de detalharmos o teor da LC n. 116/2003, quanto à *sujeição ativa*, convém analisarmos a legislação pretérita sobre o tema.

Em 1968, o Decreto-lei n. 406, em seu art. 12, alíneas "a", "b" e "c", previu o detalhamento daqueles municípios para quem se devia recolher o ISS. A regra geral, constante da alínea "a", indicava que o sujeito ativo do ISS era o *município do estabelecimento do prestador*. Portanto, segundo tal regramento, o "local da prestação do serviço" era o *estabelecimento prestador*, não importando onde viesse a ser prestado ou consumido o serviço.

Da mesma forma, o DL n. 406/68 trouxe exceções expressas nas alíneas "b" e "c", admitindo o *município da prestação*, nos casos de construção civil e exploração de rodovia com cobrança de preço, respectivamente, como o "local da prestação do serviço".

É importante destacar que a jurisprudência do **STJ**, à época, mostrava-se oscilante e, em diversas decisões, contrariava o parâmetro acima demonstrado. Vale dizer que o STJ, conquanto não afastasse a validade do art. 12 do DL n. 406/68, legitimava solução diversa, entendendo que o "local da prestação do serviço" era aquele no qual se prestava ou consumia o serviço. Frise-se que tal entendimento buscava certa coerência jurídica, lastreando-se na defesa do *princípio da territorialidade*. Sabe-se que tal postulado constitucionalmente implícito, além de coibidor da extraterritorialidade, estatui que a lei complementar não poderá se imiscuir no exercício do poder de tributar de cada Município da Federação. Observe o entendimento do **STJ**, em uma esclarecedora ementa:

> **EMENTA:** TRIBUTÁRIO. ISS. SUA EXIGÊNCIA PELO MUNICÍPIO EM CUJO TERRITÓRIO SE VERIFICOU O FATO GERADOR. INTERPRETAÇÃO DO ART. 12 DO DL N. 406/68. Embora a lei considere local da prestação de serviço o do estabelecimento prestador (art. 12 do DL n. 406/68), ela pretende que o ISS pertença ao município em cujo território se realizou o fato gerador. E o local da prestação do serviço que indica o município competente para a imposição do tributo (ISS), para que se não vulnere o princípio constitucional implícito que atribui aquele (município) o poder de tributar

as prestações em seu território. A lei municipal não pode ser dotada de extraterritorialidade, de modo a irradiar efeitos sobre um fato ocorrido no território de município onde não se pode ter voga. Recurso a que se nega provimento, indiscrepantemente. **(REsp 54.002/PE, rel. Min. Demócrito Reinaldo, 1ª T., j. em 05-04-1995)**

E segue outra ementa, relativa a julgamento ocorrido em **2000**, no **STJ**:

EMENTA: EMBARGOS DE DIVERGÊNCIA. ISS. COMPETÊNCIA. LOCAL DA PRESTAÇÃO DE SERVIÇO. PRECEDENTES. I. Para fins de incidência do ISS, importa o local onde foi concretizado o fato gerador, como critério de fixação de competência do Município arrecadador e exigibilidade do crédito tributário, ainda que se releve o teor do art. 12, alínea "a" do Decreto-Lei n. 406/68. II. Embargos rejeitados. **(EREsp 130.792/CE, rel. Min. Ari Pargendler, rel. p/ acórdão Min. Nancy Andrighi, 1ª T., j. em 07-04-2000)**

Não se faz necessário grande esforço para perceber que tal dicotomia interpretativa – entre o que o legislador pretendeu normatizar e o que o STJ "concebeu como normatizado" – ampliou a seara de conflitos entre os municípios, recrudescendo a insegurança jurídica e a guerra fiscal. Foram incontáveis as arguições em juízo de bitributação e de lesão ao princípio da legalidade tributária[41].

Curiosamente, a LC n. 116/2003, que poderia ter amenizado o cenário de insegurança, seguiu na direção oposta à do **STJ**, deixando de prestigiar, por exemplo, *o princípio da territorialidade*. Desse modo, acabou por adotar um *sistema misto* para a identificação do "local da prestação do serviço", muito semelhante àquele adotado no DL n. 406/68.

O **art. 3º, *caput*, da LC n. 116/2003** trouxe, assim, uma regra geral segundo a qual o sujeito ativo do ISS é o *município do estabelecimento do prestador* (*ou, na falta deste, o do domicílio do prestador*). Portanto, o "local da prestação do serviço" é o *estabelecimento prestador*, não importando onde viesse a ser prestado o serviço. Todavia, no próprio art. 3º, foram destacados 22 incisos (ou seja, 20 hipóteses, em face de dois vetos), admitindo, como exceção, o "local da prestação do serviço" como o *município da prestação*.

No quadro a seguir, seguem as hipóteses de ressalvas ao art. 3º – por nós aglutinadas em alguns tópicos, para facilitar a memorização –, indicando que a recolha do ISS deva ser feita ao Município do consumo do serviço, e não ao do estabelecimento prestador:

41. V. MARTINS, Ives Gandra da Silva; RODRIGUES, Marilene Talarico Martins. Aspectos relevantes do ISS. *Revista Dialética de Direito Tributário*, São Paulo, pp. 158-181 (163), v. 182, nov. 2010.

1. instalação dos andaimes (e outras estruturas);
2. execução da obra (**obras de construção civil**, hidráulica ou elétrica; obras de engenharia, arquitetura e urbanismo);
3. demolição e edificações em geral (estradas, pontes, portos e congêneres);
4. varrição, coleta, remoção, incineração, tratamento, reciclagem, separação e destinação final de lixo;
5. limpeza, manutenção e conservação de vias e logradouros públicos, imóveis, chaminés, piscinas, parques, jardins e congêneres;
6. decoração e jardinagem, do corte e poda de árvores;
7. controle e tratamento do efluente de qualquer natureza e de agentes físicos, químicos e biológicos;
8. florestamento, reflorestamento, semeadura, adubação e congêneres;
9. escoramento, contenção de encostas e congêneres;
10. limpeza e dragagem (rios, portos, canais, baías, lagos, lagoas, represas, açudes e congêneres);
11. armazenamento, depósito, carga, descarga, arrumação e guarda do bem de qualquer espécie;
12. diversão, lazer, entretenimento e congêneres;
13. feira, exposição, congresso ou congênere;
14. porto, aeroporto, ferroporto, terminal rodoviário, ferroviário ou metroviário.

Note o item considerado **CORRETO**, em prova realizada pela CONSULPLAN, Câmara de Belo Horizonte, para o cargo de Procurador, em 2018: *"A empresa 'Beta Construção Civil Ltda.', com sede no Município Ômega, foi contratada, em 2013, pelo Município Alfa, para prestar serviços de engenharia consultiva (serviços técnicos especializados para elaboração dos projetos executivos de implantação, material licitatório, assessoria na licitação e gerenciamento das obras). Dos diversos e complexos serviços de engenharia uns foram executados na sede da empresa e outros no Município onde ficará a construção. Ocorre que Beta está sendo cobrada pelos Fiscos Municipais de Ômega e Alfa, que lhe exigem o pagamento do ISS. Na situação descrita anteriormente, o imposto é devido no local da construção, entendendo-se a obra como sendo uma unidade"*.

É importante enaltecer que o **art. 4º da LC n. 116/2003**[42] definiu "estabelecimento prestador" de forma bem ampla, abrindo-se para interpretação. Note o dispositivo:

> **Art. 4º (LC n. 116/2003).** Para esse fim, considera-se estabelecimento prestador o local onde o contribuinte desenvolva a atividade de prestar serviços, de modo permanente ou temporário, e que configure unidade econômica ou profissional, sendo irrelevante para caracterizá-lo as denominações – sede, filial, agência, posto de atendimento, sucursal, escritório de representação ou contato, ou quaisquer outras que venham a ser utilizadas.

Em 6 de novembro de **2014**, a 1ª Turma do **STJ**, no **REsp 1.439.753/PE** (rel. Min. Arnaldo Esteves Lima, rel. p/ ac. Benedito Gonçalves), enfrentou importante questão sobre a sujeição ativa no ISS, afeta aos *laboratórios de análises clínicas* e a *coleta e análise* de material biológico.

42. O dispositivo também foi citado por MACHADO, Hugo de Brito. *Curso de direito tributário*, 29. ed., p. 400.

Na hipótese de se ter uma unidade de *coleta* em um município e uma outra unidade de *análise* em município diverso, o STJ entendeu que o ISS (incidente sobre a *prestação de serviço de análise clínica*) deve ser pago ao município no qual foi feita a contratação do serviço, a coleta do material biológico e a entrega do respectivo laudo. É ali que se estabeleceu a relação jurídico-tributária, independentemente de se realizar a análise do material coletado em unidade localizada em outro município. A previsão normativa consta do **subitem 4.02 da lista anexa à LC n. 116/2003**:

> **4.02** – Análises clínicas, patologia, eletricidade médica, radioterapia, quimioterapia, ultrassonografia, ressonância magnética, radiologia, tomografia e congêneres.

Ademais, frise-se que o imposto deve incidir sobre a totalidade do preço pago pelo serviço, não se cogitando de fracionamento, haja vista a impossibilidade técnica de se dividir ou decompor o fato gerador.

Quanto ao problema da veracidade ou não do local do estabelecimento prestador – muito em razão da dificuldade de "'precisar o sujeito ativo' (Município credor do ISS)"[43] –, sempre se entendeu que, "embora o contribuinte tenha liberdade para instalar sua sede e o estabelecimento prestador de serviços nos locais que sejam de seu exclusivo interesse (princípio da autonomia da vontade que regra os negócios particulares), a atividade somente poderá ficar sujeita à alíquota menos gravosa se efetivamente possuir de modo concreto (e não apenas 'caixa postal'), um estabelecimento no Município. Um simples local que nada possui (bens, pessoas e instalações) representará mera simulação, cujos efeitos tributários podem ser desconsiderados"[44].

Em um didático artigo[45], Ives Gandra Martins e Marilene Talarico Martins Rodrigues ofertam uma defensável solução ao problema: a substituição da atual sistemática pela tributação no destino, com o imposto devido no local da prestação ou consumo do serviço. Para tanto, bastaria interpretar "estabelecimento de prestação" como o local onde o serviço é executado, ou seja, onde ocorre a atividade produtora e consumidora do serviço. Ademais, se é cediço que o tributo passa a ser devido com a ocorrência do fato gerador, é crível defender que o ISS deva ser pago ao município "onde efetivamente se irá considerar como ocorrido o fato gerador e quem deterá a competência para exigi-lo"[46], em total homenagem ao critério espacial da hipótese de incidência.

---

43. PAULSEN, Leandro; MELO, José Eduardo Soares de. *Impostos federais, estaduais e municipais*, 6. ed., p. 332.
44. *Ibidem*, p. 329.
45. *V.* MARTINS, Ives Gandra da Silva; RODRIGUES, Marilene Talarico Martins. Aspectos relevantes do ISS. *Revista Dialética de Direito Tributário*, São Paulo, pp. 158-181 (166-168), v. 182, nov. 2010.
46. CATÃO, Marcos André Vinhas. Conflito espacial de competências: conceito de estabelecimento e possibilidade de atribuição de responsabilidade tributária no ISS. *In:* TÔRRES, Heleno Taveira (Org.). *ISS na Lei Complementar n. 116/2003 e na Constituição*. Barueri: Manole, 2004, pp. 129-148 (p. 136). Série Barão de Ramalho. Col. Dir. Tributário. V. 2/IASP.

Com efeito, "a definição do critério espacial é, portanto, matéria que ultrapassa os limites de competência municipal, visto que está relacionado, diretamente, ao sistema de repartição de competência constitucional e, consequentemente, no caso do ISS, ao seu próprio fundamento de validade"[47].

Em resumo, a proposta trazida pelos autores mencionados objetiva inverter a lógica: o que hoje é exceção passaria a ser a regra, enquanto o que hoje é regra passaria a ser exceção. As vantagens da mudança de eixo são patentes[48]: **(I)** mais segurança jurídica e menos dúvida quanto à interpretação do "local da prestação do serviço"; **(II)** simplificação da legislação; **(III)** eliminação dos "municípios-corsários"; **(IV)** maior justiça social e equidade (o Município produtor do serviço beneficia-se da renda e dos empregos gerados pela prestação do serviço, enquanto Município consumidor fica com a receita tributária); **(V)** legislação mais barata, menos complexa e com menos exceções, comparativamente ao número de regras (aquilo que não couber na regra, será uma exceção); **(VI)** enquadramento da legislação à realidade, e não da realidade à legislação.

De nossa parte, vemos com bons olhos a proposta, porquanto o cenário atual de sujeição ativa do ISS, sob a égide da LC n. 116/2003 – norma que visa dirimir o **conflito de competência** (art. 146, I, CF)–, tem sido paradoxalmente conflituoso, o que avoca medidas de solução.

Note o item (adaptado) considerado **CORRETO**, em prova realizada pelo Cebraspe, para o cargo de Promotor de Justiça Substituto (MPE/RR), em 2017: *"Em matéria tributária, uma lei ordinária NÃO pode dispor, entre outros temas, sobre conflitos de competência entre a União, os estados, o DF e os municípios".*

Partindo-se para outro tema, o das isenções do ISS, verifica-se que o imposto, nas exportações de serviços, deve ser isento por lei complementar de índole nacional, o que dá ensejo à chamada *isenção heterônoma*. Para a boa compreensão do tema, é necessário revisar o art. 151, III, da CF, o qual veda à União a concessão de isenção de tributos que refogem a seu plano de competência tributária. Em termos simples, quer-se proibir que a União venha atuar em seara competencial alheia, o que lhe é defeso em virtude da privatividade que demarca a competência tributária, quer na vertente de instituição do tributo, quer na de sua exoneração. Observe o dispositivo que proíbe as ***isenções heterônomas***:

Note o item considerado **CORRETO**, em prova realizada pelo MPE/RS, para o cargo de Promotor de Justiça do Estado do Rio Grande do Sul, em 2017: *"É vedado à União instituir isenções de tributos de competência dos Estados, do Distrito Federal e dos Municípios".*

Art. 151. É vedado à União:

47. *Ibidem*, pp. 129-148 (p. 137).

48. V. MARTINS, Ives Gandra da Silva; RODRIGUES, Marilene Talarico Martins. Aspectos relevantes do ISS. *Revista Dialética de Direito Tributário*, São Paulo, pp. 158-181 (167-168), v. 182, nov. 2010.

(...)

III – instituir isenções de tributos da competência dos Estados, do Distrito Federal ou dos Municípios.

A isenção heterônoma é concedida por entidade política diversa daquela que detém a competência tributária. Nesse passo, será heterônoma uma isenção de IPTU concedida pela União ou, até mesmo, uma isenção de ISS pela mesma União. A heteronomia nas isenções é vedada, devendo prevalecer a regra das isenções autonômicas (ou autônomas). Exemplos:

Estados e Distrito Federal devem isentar os *tributos estaduais.*
Municípios e Distrito Federal devem isentar os *tributos municipais.*
União deve isentar os *tributos federais.*

A ressalva à proibição da heteronomia das isenções deve encontrar justificação no Texto Constitucional, sob pena de irremissível inconstitucionalidade. No caso do ISS, há dispositivo pertinente na Carta Magna – o **§ 3º do inciso II do art. 156 da CF.** Veja-o:

Art. 156. (...)

§ 3º Em relação ao imposto previsto no inciso III do *caput* deste artigo, cabe à lei complementar: (...)

II – excluir da sua incidência exportações de serviços para o exterior.

Como se nota, o artigo trata da possibilidade de concessão pela União, por lei complementar de isenção heterônoma do ISS nas exportações de serviços, o que é ratificado no art. 2º, I, da LC n. 116/2003.

O entendimento majoritário é o de que tal dispositivo hospeda caso de exceção à regra que proíbe a isenção heterônoma, ou seja, trata-se de um comando permissivo à heteronomia da isenções. A nosso sentir, é um bom exemplo, se não for o único, de isenção heterônoma expressa no texto constitucional.

2.2 Sujeito passivo

É sujeito passivo do ISS, segundo o art. 5º da LC n. 116/2003, o **prestador de serviço**, na condição de empresa (*v.g.*, hotel) ou de **profissional autônomo** (*e.g.*, médico, dentista, contador, advogado, ou seja, todos os "vendedores dos bens imateriais"), com ou sem estabelecimento fixo.

Note o item considerado **INCORRETO**, em prova realizada pela ATECEL, para o cargo de Fiscal de Tributos da Prefeitura Municipal de Acari/RN, em 2016: *"A respeito do ISSQN e os normativos legais aplicáveis, é possível afirmar que o contribuinte, em regra, é o tomador dos serviços".*

> Note o item considerado **CORRETO**, em prova realizada pela Vunesp, para o cargo de Juiz (TJ/SP), em 2014: *"Quanto ao ISS, o imposto incide sobre a prestação de serviços por trabalhadores autônomos"*.

Além disso, será sujeito passivo, ao lado do contribuinte, o chamado responsável[49], nas situações em que a lei assim determinar. Com efeito, o **art. 128 do CTN** dispõe:

> **Art. 128.** Sem prejuízo do disposto neste capítulo, a lei pode atribuir de modo expresso a responsabilidade pelo crédito tributário a terceira pessoa, vinculada ao fato gerador da respectiva obrigação, excluindo a responsabilidade do contribuinte ou atribuindo-a a este em caráter supletivo do cumprimento total ou parcial da referida obrigação.

> Note o item considerado **CORRETO**, em prova realizada pelo MPE/PR, para o cargo de Promotor de Justiça Substituto, em 2017: *"De acordo com o CTN, a lei pode atribuir de modo expresso a responsabilidade pelo crédito tributário a terceira pessoa, vinculada ao fato gerador da respectiva obrigação, excluindo a responsabilidade do contribuinte ou atribuindo-a a este em caráter supletivo do cumprimento total ou parcial da referida obrigação"*.

A propósito, Leandro Paulsen e José Eduardo Soares de Melo[50] destacam o momento em que exsurge hipótese de *responsabilidade tributária* no ISS:

> A responsabilidade é visualizada no regime de fonte, em que o legislador atribui ao contratante dos serviços (tomador), a obrigação de reter o ISS, no caso de o contribuinte (prestador dos serviços) não emitir a nota fiscal de serviços, documento equivalente, ou o competente recibo; ou não apresentar prova de inscrição na repartição fiscal do Município.

Da mesma forma, os eminentes doutrinadores[51] tecem comentários sobre as situações de *solidariedade* e *responsabilidade por sucessão*:

> A *solidariedade* ocorre no caso de os serviços serem prestados por consórcios de empresas, podendo o Município exigir o tributo indistintamente de cada um dos consorciados, apesar de os mesmos terem acordado, entre si, questões afetas à responsabilidade pelo pagamento do tributo. A *sucessão* ocorre nos casos de falecimento em que o *de cujus* era devedor do imposto, passando a ser responsável o herdeiro; nos casos de fusão, cisão e incorporação, relativamente ao imposto devido pelas empresas fusionadas, cindidas ou incorporadas.

---

49. *V.* COSTA, Regina Helena. *Curso de direito tributário:* Constituição e Código Tributário Nacional, p. 399.
50. PAULSEN, Leandro; MELO, José Eduardo Soares de. *Impostos federais, estaduais e municipais*, 6. ed., p. 337.
51. PAULSEN, Leandro; MELO, José Eduardo Soares de. *Impostos federais, estaduais e municipais*, 6. ed., pp. 337-338.

Uma vez superada a distinção entre *contribuinte* e *responsável* do ISS, procure memorizar, por derradeiro, que **não** serão considerados *contribuintes*, à luz do art. 2º, II, da LC n. 116/2003:

> **a)** os que prestam serviços em relação de emprego;
> **b)** os trabalhadores avulsos (estivadores, conferentes);
> **c)** os diretores e membros de Conselhos Consultivo ou Fiscal de Sociedades.

Acerca da distinção entre o *trabalhador autônomo* e o *trabalhador avulso*, para fins de tributação do ISS, na qual se enaltece o diferencial da subordinação, Hugo de Brito Machado[52] ensina:

> Trabalhador autônomo é o que presta serviços por sua própria conta, tem condições para o desempenho de sua atividade sem subordinar-se àquele a quem trabalha. Sua prestação de serviços é, para ele prestador, permanente, mas em relação a determinada pessoa para a qual o serviço é prestado a prestação pode ser permanente ou eventual. Já o Trabalhador avulso é o que presta serviços com a intermediação do sindicato de sua categoria, regido por legislação específica. Ou, então, presta serviços na dependência daquele para quem trabalha, sem caracterizar-se como empregado, apenas em razão da natureza eventual do serviço prestado.

Ademais, diz-se que **não** será, igualmente, contribuinte do ISS:

1. o prestador de serviço de comunicação ou de transporte interestadual e intermunicipal, uma vez devendo se submeter à incidência do ICMS;
2. o prestador de serviços exportados para o exterior, em razão da norma desonerativa (isenção heterônoma), constante do art. 156, § 3º, II, da CF e do art. 2º, I, da LC n. 116/2003.

2.3 Fato gerador

O fato gerador do ISS é a prestação – por empresa ou profissional autônomo, com ou sem estabelecimento fixo – de **serviços constantes da Lista anexa[53] à LC n. 116/2003, ainda que tais serviços não se constituam como atividade preponderante do prestador (art. 1º, parte final, LC n. 116/2003)**. A mencionada Lista enumera, aproximadamente, **230** serviços, divididos em **40** itens. Em tempo, **frise-se que o**

52. MACHADO, Hugo de Brito. *Curso de direito tributário*, 29. ed., p. 407.
53. Sobre a crítica à existência de uma "lista de serviços", que serviria como objeto de uma inconstitucional atividade de "orientar" a tributação do ISS, demonstrando verdadeira usurpação pelo Congresso da faculdade que a Constituição consignou aos municípios, ver: CARRAZZA, Roque Antonio. *Curso de direito constitucional tributário*. 24. ed. São Paulo: Malheiros, 2008, pp. 179-180.

imposto incide independentemente da denominação dada ao serviço prestado (art. 1º, § 4º, da LC n. 116/2003 c/c art. 4º, I, CTN).

> Note o item considerado **CORRETO**, em prova realizada pela CURSIVA, para o cargo de Procurador da Câmara Municipal de São Lourenço do Oeste/SC, em 2016: *"O ISSQN, de competência dos Municípios e do Distrito Federal, tem como fato gerador a prestação de serviços constantes da lista anexa, ainda que esses não se constituam como atividade preponderante do prestador"*.
>
> **Observação:** item semelhante foi considerado **CORRETO**, em prova realizada pelo IMA, para o cargo de Advogado da Prefeitura Municipal de Uruçuí/PI, em 2016.

> Note o item considerado **INCORRETO**, em prova realizada pelo IMA, para o cargo de Advogado da Prefeitura Municipal de Uruçuí/PI, em 2016: *"A incidência do ISS depende da denominação dada ao serviço prestado"*.

Desse modo, em face do *princípio da estrita legalidade tributária* (art. 150, I, da CF; e art. 97 do CTN), os Municípios, para que possam cobrar o ISS dos prestadores de serviços, devem instituí-lo por meio de lei ordinária própria, que poderá adotar todos os itens da Lista de Serviços anexa à lei complementar, ou apenas alguns deles, sendo-lhes, porém, defeso criar serviços não previstos nessa norma complementar, sob pena de inconstitucionalidade.

Acerca da dependência da lei complementar no desenho do fato gerador do ISS, Hugo de Brito Machado[54] externa a sua opinião:

> A nosso ver, em face da norma acima transcrita, é induvidoso que a Constituição Federal atribuiu aos Municípios competência para tributar somente os serviços de qualquer natureza que a lei complementar *defina*. Não se trata, portanto, de uma limitação imposta pela lei complementar. Na verdade a competência que a Constituição Federal atribuiu aos Municípios tem, desde logo, o seu desenho a depender de lei complementar.

Ademais, o **§ 1º da LC n. 116/2003** dispõe que o ISS *"incide também sobre o serviço proveniente do exterior do País ou cuja prestação se tenha iniciado no exterior do País"*. Por outro lado, como se verá a seguir, não haverá incidência na exportação do serviço.

> Note o item (adaptado) considerado **CORRETO**, em prova realizada pela COMPASS, para o cargo de Auditor fiscal de Tributos Municipais da Prefeitura Municipal de Carpina/PE, em 2016: *"O ISS Incide sobre o serviço proveniente do exterior do País ou cuja prestação se tenha iniciado no exterior do País, mas não incide sobre as exportações de serviços para o exterior do País"*.

54. MACHADO, Hugo de Brito. *Curso de direito tributário*, 29. ed., p. 402.

Nesse passo, torna-se possível destacar, desde logo, quais os serviços que **não** estão compreendidos no fato gerador do ISS:

a) a prestação de serviço a si próprio;
b) a prestação de serviço decorrente de vínculo empregatício;
c) a prestação de serviço por prestadores de trabalho avulso e por sócios ou administradores de sociedade;
d) a prestação de serviços para o exterior (*isenção heterônoma* para o ISS, prevista no art. 156, § 3º, II, da CF e art. 2º, I, da LC n. 116/2003);
e) a prestação de serviços pelo próprio Poder Público (imunidade tributária recíproca – art. 150, VI, "a", CF);
f) a prestação de serviço público específico e divisível, com utilização efetiva ou potencial, por se tratar de campo de incidência das taxas de serviço (art. 145, II, CF);
g) a prestação de serviços de transporte interestadual e intermunicipal e de comunicação (campo de incidência do ICMS – art. 155, II, CF c/c art. 1º, § 2º, da LC n. 116/2003);
h) o valor intermediado no mercado de títulos e valores mobiliários, o valor dos depósitos bancários, o principal, juros e acréscimos moratórios relativos a operações de crédito realizadas por instituições financeiras (art. 2º, III, da LC n. 116/2003).

Quanto ao penúltimo tópico do quadro em epígrafe (letra *g*), o fato gerador do ISS será a prestação do serviço que não se confunda com aquela correspondente à do ICMS – prestação de serviços de transporte interestadual e intermunicipal e de comunicação (art. 155, II, CF). A esse propósito, o saudoso professor Ricardo Lobo Torres[55] ensina:

> O ISS é um imposto residual. Incide sobre os serviços que não estejam essencial e indissoluvelmente ligados à circulação de mercadorias, à produção industrial, à circulação de crédito, moeda estrangeira e títulos mobiliários, pois em todos esses fatos econômicos há parcela de trabalho humano. Em outras palavras, incide sobre os fatos geradores não incluídos na órbita dos outros impostos sobre a produção e circulação de riquezas (IPI, ICMS, IOF) e por essa extrema complexidade carece de enumeração taxativa na lei complementar.

Com efeito, o campo de incidência do ISS é fronteiriço ao de impostos que incidem sobre a produção e circulação de riquezas, abrindo-se para possíveis conflitos tributários[56] (por exemplo: ISS *versus* ICMS; ISS *versus* IPI; ISS *versus* IOF).

Na busca da precisa delimitação dos contornos do fato gerador do ISS, em seu estrito campo de incidência, é fundamental estabelecermos os parâmetros semânticos que diferenciam "serviços" de "produtos industrializados" e, até mesmo, "serviços" de "mercadorias".

55. TORRES, Ricardo Lobo. *Curso de direito financeiro e tributário*, 12. ed., pp. 399-400.
56. *V.* PAULSEN, Leandro; MELO, José Eduardo Soares de. *Impostos federais, estaduais e municipais*, 6. ed., p. 309.

2.3.1 *Conceito de* produtos industrializados

No sentido comum, o *produto industrializado* é o resultado da produção física ou mental (*v.g.*, produtos agrícolas, produtos da indústria; e produtos da imaginação). Todavia, para a legislação tributária, o que importa é o conceito de produto industrializado que consta do parágrafo único do **art. 46 do CTN**:

> Considera-se industrializado o produto que tenha sido submetido a qualquer operação que lhe modifique a natureza ou a finalidade ou o aperfeiçoa para o consumo servindo-se de matéria-prima, que é a substância bruta principal e essencial com que é produzida ou fabricada alguma coisa.

Assim, o produto industrializado é posto no ciclo econômico da fonte de produção até o consumo, por meio das chamadas operações de circulação de mercadorias. Desse modo, enquanto o bem se acha na disponibilidade do industrial que o produz, recebe, desde já, a denominação de *produto industrializado*; uma vez colocado pelo industrial no ciclo econômico (*v.g.*, *uma venda*), será identificado, de um lado, ainda, como *produto industrializado* (para a legislação do IPI) e, de outro, como *mercadoria* (para a legislação do ICMS); e, finalmente, chegando às mãos do consumidor final, encerra, pois, o ciclo de operações de circulação.

ISS *versus* IPI: o IPI não incide sobre os serviços constantes da Lista do ISS, por serem inconfundíveis as incidências de um e de outro imposto. Por exemplo, a LC n. 116/2003, no item 14 (subitens 14.1 a 14.13) da Lista, referindo-se a "serviços relativos a bens de terceiros", retirou operações do campo da incidência do IPI para situá-las no campo do ISS, ao prever, como alvo de incidência do imposto municipal os *serviços de recondicionamento, acondicionamento, pintura, beneficiamento, lavagem, secagem, tingimento, galvanoplastia, anodização, corte, recorte, polimento, plastificação e congêneres, de objetos não destinados à industrialização ou comercialização*. Com isso, prevaleceu a Lei Complementar (ISS) sobre a Lei Ordinária (IPI), no caso específico de destinação.

Acerca da distinção entre o campo de incidência do IPI e o do ISS, Leandro Paulsen e José Eduardo Soares de Melo[57] ensinam:

> Embora o IPI e o ISS impliquem um "fazer", a atividade de industrialização compreende a produção ou beneficiamento de bens em massa, repetidos, sendo distinta de serviço, por possuir individualidade. Embora os impostos apresentem um natural substrato econômico (inerente à própria capacidade contributiva), há que se considerarem as distintas categorias jurídicas tributárias, inexistindo sentido em conferir-se preeminência a etapas econômicas (produção, circulação, consumo), para a conceituação do serviço.

57. PAULSEN, Leandro; MELO, José Eduardo Soares de. *Impostos federais, estaduais e municipais*, 6. ed., p. 306.

Os tributos distinguem-se pela circunstância de que o IPI não consiste unicamente num "fazer", mas também num "dar" (produto industrializado), decorrente de operações de transformação, beneficiamento, montagem, acondicionamento ou recondicionamento, e renovação ou recondicionamento. O ISS implica apenas um "fazer", mediante esforço pessoal, que pode (ou não) traduzir-se num bem corpóreo, ou na utilização de materiais.

De nossa parte, entendemos que, se a Constituição deu à Lei Complementar (especial) a competência para definir os serviços de qualquer natureza não compreendidos na competência dos Estados e do Distrito Federal (art. 156, III), é porque se pretendeu que esta – a lei complementar – prevalecesse em relação à legislação ordinária. É evidente que a LC n. 116/2003 definiu, por meio de sua Lista, os *serviços* de competência tributária dos Municípios, e que, por se tratar de *serviços*, não se confundem com a *industrialização*. Até porque a Constituição, quando quer a tributação pelo IPI, assevera que este incidirá sobre *produtos industrializados*, e, por outro lado, quando quer a tributação do ISS, preconiza que este incidirá sobre *serviços*. Desse modo, não há como entender presentes, na Lista de serviços do ISS, itens que estejam sujeitos também ao IPI.

Com efeito, estamos convencidos de que as hipóteses de *industrialização* constantes da Lista de serviços, na verdade, foram consideradas pelo legislador complementar como hipóteses de *serviços*, com fundamento no art. 146, I, da CF. É o que torna a LC n. 116/2003 "norma definidora de serviços sujeitos ao ISS" e, ao mesmo tempo, "norma dirimidora de conflitos de competência".

Por fim, no âmbito do *leasing*, questionamentos relevantes ganharam destaque no **STF**, nos últimos anos: **(1)** *quais são os impostos que incidirão na hipótese do leasing-importação (ou leasing internacional)?* e **(2)** *é possível que sobre uma mesma operação ocorra a incidência simultânea, de um lado, do ICMS/IPI (e também do II), e também, simultaneamente, do ISS?*

Frise-se, desde já, que o caso concreto versou sobre a *operação de importação de sistema de tomografia computadorizada, amparada por contrato de arrendamento mercantil.*

O **STF (RE 429.306, rel. Min. Joaquim Barbosa, 2ª T., j. em 1º-02-2011)**, em impactante *decisum*, entendeu que sobre a importação via *leasing* deve haver a incidência de II e IPI. A questão mais delicada refere-se à aceitação, no mesmo julgado, da incidência simultânea do ISS, sem que isso pudesse ser classificado como "bitributação". Assim sendo, o polêmico veredicto da Corte Suprema, em resumidíssimo voto de autoria do então Ministro Relator Joaquim Barbosa, deu guarida à tributação concomitante entre ISS e IPI. Vale dizer que, para o STF, o *leasing*-importação materializa-se em "serviço" (tributável pelo ISS) e, ao mesmo tempo, corporifica-se em "produto" (sujeito ao IPI e, até mesmo, ao II).

Data maxima venia, a nosso modesto pensar, a visão do **STF** mostrou-se distorcida, uma vez que os dois impostos (IPI e II) não se confundem, à luz das inúmeras razões expostas neste tópico. Com efeito, se o fato gerador diz respeito a um "serviço", não há que se cogitar da incidência dos dois outros gravames federais mencionados (II e IPI). Todavia, por enquanto, esse é o entendimento prevalecente na Corte Suprema.

2.3.2 *Conceito de* operações relativas à circulação de mercadorias

Na hipótese de conflito entre o ISS e o ICMS, torna-se necessária a conceituação de "**operações relativas à circulação de mercadorias**".

Em primeiro lugar, o substantivo "**operações**", como núcleo da materialidade da hipótese de incidência do ICMS, traduz a prática na qual se transmite um direito (posse ou propriedade)[58]. Dá-se ênfase a esse vocábulo, no propósito de apenas "tributar os movimentos de mercadorias que sejam imputáveis a negócios jurídicos translativos da sua titularidade"[59] ou, em outras palavras, os "atos ou negócios jurídicos, realizados entre pessoas, que possuem a aptidão de ultimar as consequências específicas à circulação de mercadorias"[60].

Quanto à expressão "**relativas à circulação**", é importante enfatizar que só ocorrerá "circulação" quando houver a transmissão jurídica do bem, passando-o de uma pessoa para outra, com nítida mudança de patrimônio e de titularidade. Trata-se da própria "ideia de mutação dos direitos de posse ou de propriedade das mercadorias"[61]. A esse respeito, Roque Carrazza enfatiza:

> É bom esclarecermos, desde logo, que tal circulação só pode ser jurídica (e, não, física). A circulação jurídica pressupõe a transferência (de uma pessoa para outra) da posse ou da propriedade da mercadoria. Sem mudança da titularidade da mercadoria, não há o que falar em tributação por meio do ICMS. Esta ideia, abonada pela melhor doutrina (Souto Maior Borges, Geraldo Ataliba, Paulo de Barros Carvalho, Cléber Giardino, etc.), encontrou ressonância no próprio Supremo Tribunal Federal.

Por fim, "**mercadorias**" não correspondem a qualquer tipo de bem móvel. Em trocadilho, poder-se-ia dizer: toda mercadoria é um bem, mas nem todo bem é uma mercadoria[62]. Com efeito, "não é qualquer bem móvel que é mercadoria, mas só aquele que se submete à mercancia. (...) Só o bem móvel que se destina à prática de operações mercantis é que assume a qualidade de mercadoria"[63]. Em outras palavras, o elemento adjetivo "mercadoria" indica o bem corporeamente móvel que possui

---

58. *V.* MELO, José Eduardo Soares de. *ICMS:* teoria e prática. 10. ed. São Paulo: Dialética, 2008, p. 13.
59. XAVIER, Alberto. *Direito tributário e empresarial:* pareceres. Rio de Janeiro: Forense, 1982, p. 294.
60. BORGES, Humberto Bonavides. *Planejamento tributário:* IPI, ICMS, ISS. 5. ed. 3ª Parte: Relevantes questões tributárias: Capítulo XXIII. São Paulo: Atlas, 1999, p. 203-204.
61. *Idem.*
62. *V.* CARRAZZA, Roque Antonio. *ICMS.* 9. ed. Malheiros: São Paulo, 2003, p. 39.
63. *Idem.*

destinação certa, a revenda, com destinatário mais definido ainda: o consumo. Sobre tal aspecto econômico-contábil, José Eduardo Soares de Melo[64] assevera:

> Mercadoria, tradicionalmente, é bem corpóreo da atividade empresarial do produtor, industrial e comerciante, tendo por objeto a sua distribuição para consumo, compreendendo-se no estoque da empresa, distinguindo-se das coisas que tenham qualificação diversa, segundo a ciência contábil, como é o caso do ativo permanente.

Passemos, agora, à distinção entre os campos de incidência do **ISS** e do **ICMS**.

ISS *versus* ICMS: uma vez definido o conceito de "operações relativas à circulação de mercadorias", fica fácil perceber a possível zona de intersecção entre os campos de incidência do ISS e ICMS. De fato, "a realidade mostra inúmeras situações onde poderia ocorrer conflito tributário se apenas fossem utilizados conceitos econômicos (ao invés dos imprescindíveis critérios jurídicos), a saber: (a) o fornecimento de concreto para uma obra de construção civil constitui material auxiliar na prestação de serviços, enquanto o concreto vendido em loja caracteriza mercadoria; (b) o remédio ministrado ao paciente hospitalar não se qualifica como mercadoria, mas um bem utilizado na prestação de serviço médico; (c) garçom, que serve fregueses do restaurante não realiza prestação de serviços, mas participa do fornecimento de alimentação"[65].

Todavia, a lei complementar não poderá distorcer o conceito de *serviços* utilizado pela Constituição, nem alargar seu campo de incidência, de modo a alcançar o que não é *serviço*, no sentido que o sistema constitucional tributário confere a tal termo (arts. 109 e 110 do CTN).

A propósito dos serviços de transporte, a LC n. 116/2003 deverá excluir do seu âmbito os serviços de transporte interestadual e intermunicipal e de comunicações, afetos ao ICMS (art. 155, II, CF). De fato, "todo e qualquer serviço que não seja de comunicação e de *transporte interestadual e intermunicipal* sujeita-se ao ISS, por expressa determinação constitucional, inclusive o de **transporte municipal (transporte no âmbito territorial do município)**"[66].

> Note o item considerado **INCORRETO**, em prova realizada pela Copese/UFT, para o cargo de Procurador Municipal da Prefeitura de Palmas/TO, em 2016: *"É da competência dos Estados a instituição de ICMS sobre o transporte municipal"*.

Em esclarecedora ementa, o **STJ** tratou de relevante caso de **ISS** em **serviço de transporte dentro do mesmo município**, cuja ementa, conquanto longa, é demasiado esclarecedora, em face de seu caráter didático:

64. MELO, José Eduardo Soares de. *ICMS:* teoria e prática, 10. ed., p. 18.

65. PAULSEN, Leandro; MELO, José Eduardo Soares de. *Impostos federais, estaduais e municipais*, 6. ed., p. 309.

66. COÊLHO, Sacha Calmon Navarro. *Curso de direito tributário brasileiro*. 10. ed. rev. e atual. Rio de Janeiro: Forense, 2009, p. 354.

EMENTA: TRIBUTÁRIO. ISSQN. PRESTAÇÃO DE SERVIÇO DE TRANSPORTE DE PASSAGEIROS QUE SE INICIA E TERMINA EM UM MESMO MUNICÍPIO. SERVIÇO ESTRITAMENTE MUNICIPAL. CARACTERIZAÇÃO. COMPETÊNCIA MUNICIPAL. ARTIGO 156, III, DA CF/1988. **1.** O ISSQN incide sobre a prestação de serviço de transporte que comece e termine no território de um único Município, ainda que, por uma questão de traçado de ruas, o veículo transportador acabe perpassando, em alguns trechos do percurso, pelos lindes de outro Município, o que não retira a natureza estritamente municipal do contrato de transporte celebrado entre o prestador e o tomador do serviço. **(...) 5.** A Lista de Serviços anexa ao Decreto-Lei 406/68, com a redação dada pela Lei Complementar 56/87, revogada pela Lei Complementar 116/03, encartava o serviço de "transporte de natureza estritamente municipal" (Item 97). **6.** A novel Lista de Serviços, introduzida no ordenamento jurídico pela Lei Complementar 116/03 (que revogou o artigo 8º, do Decreto-Lei 406/68, e a Lei Complementar 56/87, entre outros dispositivos legais), também elencou o "serviço de transporte de natureza municipal" como tributável pelo ISS (Item 16, Subitem 16.01). **7.** É cediço na doutrina que: (i) "Ao se falar em transporte estritamente municipal, está-se tributando apenas o transporte que é iniciado e termina no âmbito do próprio Município. É o transporte feito por táxi, ônibus, caminhão, etc., mas realizado apenas dentro do município" (Sérgio Pinto Martins, *in Manual do Imposto Sobre Serviços*, 7ª ed., Ed. Atlas, São Paulo, 2006, p. 259/260); (ii) *"... a doutrina e a jurisprudência são firmes e unânimes no reconhecer a não incidência do ICMS sobre a prestação de serviço de transporte estritamente municipal. E assim o reconhecem, precisamente, porque a Constituição não outorgou aos Estados e ao Distrito Federal competência para criação de ICMS sobre serviços de transporte municipal, mas a conferiu, tão só, para a instituição desse imposto quanto aos serviços de âmbito interestadual (aqueles cujo início se dá num Estado ou no DF e que têm fim em outro Estado, ou no DF) ou intermunicipal (os que tem início e fim em Municípios do mesmo Estado ou do DF)"*. (Aires F. Barreto, *in ISS na Constituição e na Lei*, 2. ed., Ed. Dialética, São Paulo, 2005, p. 65); e (iii) *"... está dentro do campo tributável dos Estados ou do Distrito Federal qualquer serviço de transporte de pessoas, bens, mercadorias ou valores, prestado em caráter negocial, exceção feita ao realizado totalmente dentro do território do Município, hipótese em que este é que estará autorizado a tributar o fato, por meio de ISS"* (Roque Antônio Carrazza, *in ICMS*, 9ª ed., Ed. Malheiros, São Paulo, 2003, p. 140). **8.** *In casu*, restou assente na instância ordinária que as linhas de ônibus exploradas pela empresa trafegam nos municípios de Belo Horizonte e Contagem, que compõem a Região Metropolitana da capital mineira, sendo certo, contudo, que iniciam e encerram seus itinerários dentro do território do município de Belo Horizonte, razão pela qual se configura fato jurídico tributário ensejador da incidência do ISS, e não de ICMS. **9.** Recurso especial desprovido. **(REsp 879.797/MG, rel. Min. Luiz Fux, 1ª T., j. em 04-11-2008)**

Note que o serviço de transporte estritamente municipal, que comece e termine no território de um único município, deflagrará a incidência de ISS, ainda que o veículo acabe transpondo, aqui e acolá, os limites territoriais da cidade, entrando no município circunvizinho e saindo dele, para levar a bom termo o traçado que lhe é imposto.

Em tempo, é importante destacar que o mesmo **STJ**[67] deu tratamento específico – e diverso – para o caso de transporte (entrega em domicílio) de gás liquefeito de petróleo (GLP), entendendo que se tratava de circulação de mercadorias, passível de incidência do ICMS:

> **EMENTA:** TRIBUTÁRIO. TRANSPORTE E ENTREGA EM DOMICÍLIO DE GÁS LIQUEFEITO DE PETRÓLEO. INEXISTÊNCIA DE SERVIÇO AUTÔNOMO, E SIM DE ATIVIDADE-MEIO ÀS OPERAÇÕES COM COMBUSTÍVEIS LÍQUIDOS. NÃO INCIDÊNCIA DO ISS. (...) 2. A entrega em domicílio de GLP não configura serviço autônomo de "transporte, coleta, remessa ou entrega de bens ou valores, dentro do território do município", mas apenas meio idôneo à realização das operações mercantis com combustíveis líquidos, não se sujeitando, portanto, à incidência do ISS. 3. Recurso especial provido. **(REsp 612.490/MA, rel. Min. Castro Meira, 2ª T., j. em 04-08-2008)**

Por fim, vale a pena tratarmos da incidência múltipla de ICMS e ISS, nos casos de prestação de serviços com entrega de mercadorias.

Os serviços podem ser *puros* (*v.g.*, consulta médica, serviço de parecer de um advogado) ou *mistos* – aqueles serviços puros, em que há aplicação de mercadorias (*v.g.*, dentista que fornece material na obturação; ou a "concessionária de veículos que *vende peças*/ICMS e presta serviços/ISS"[68]).

Para o deslinde das questões que podem surgir, utiliza-se o legislador complementar da *teoria da preponderância do serviço em relação à mercadoria*. Observe seus parâmetros: os serviços, se vierem incluídos na Lista, ficam sujeitos apenas ao ISS, ainda que sua prestação envolva o fornecimento de mercadorias (art. 1º, § 2º, da LC n. 116/2003). Por sua vez, caso ocorra o fornecimento de mercadorias com prestação de serviços não especificados na Lista, incidirá o ICMS, exclusivamente. No caso de incidência exclusiva do ICMS, a base de cálculo do ICMS será o valor total da operação, isto é, *a soma do serviço e da mercadoria*. É o que ocorre com os restaurantes, conforme a **Súmula n. 163 do STJ** – "*O fornecimento de mercadorias com a simultânea prestação de serviços em bares, restaurantes e estabelecimentos similares constitui fato gerador do ICMS a incidir sobre o valor total da operação*" (ver art. 155, X, "b", da CF; art. 2º da LC n. 87/96).

67. A ementa também foi citada por: PAULSEN, Leandro; MELO, José Eduardo Soares de. *Impostos federais, estaduais e municipais*, 6. ed., p. 309.

68. O exemplo foi citado por: COÊLHO, Sacha Calmon Navarro. *Curso de direito tributário brasileiro*, 10. ed., p. 355.

Em outras palavras, sobre as *operações mistas*, assim entendidas as que agregam mercadorias e serviços, incide o ISS sempre que o serviço agregado estiver compreendido na Lista de que trata a LC n. 116/2003, e incide o ICMS sempre que o serviço agregado não estiver previsto na referida Lista. Assim vem entendendo o **STF**[69].

Por fim, há, ainda, na Lista anexa à LC n. 116/2003, a denominada *atividade mista*, isto é, sobre os *serviços puros*, haverá a incidência do ISS, e, sobre o *fornecimento de mercadorias*, a incidência do ICMS (subitens 7.02; 7.05; 14.01; 14.03; 17.11).

Em 27 de outubro de **2015**, a 2ª Turma do **STJ**, no **REsp 1.307.824/SP** (rel. Min. Mauro Campbell Marques), entendeu que incide o ISS (e não o ICMS!) sobre o serviço de montagem de pneus, o qual se subsume, por natural interpretação extensiva[70], à hipótese do item *manutenção e conservação de veículos* (item 14.01 da lista anexa à LC n. 116/2003). O veredicto já havia sido chancelado no próprio **STJ**, vinte anos atrás (**REsp 33.880/SP, rel. Min. Antônio de Pádua Ribeiro, 2ª T., j. em 04-03-1996**). *Ad argumentandum*, quanto às *atividades mistas*, se a atividade avocar a incidência do ISS, este gravame que deverá incidir com exclusivismo, até mesmo sobre as mercadorias empregadas, rechaçando-se o ICMS sobre elas, ressalvada a hipótese da exceção que conste expressamente da lista (por exemplo, a *atividade de manutenção de elevadores*, constante do item 14.01 da Lista, no qual consta, expressamente, que os materiais empregados ficam sujeitos ao ICMS[71]).

Nesse passo, uma vez superados os conceitos de *produtos industrializados* e de *mercadorias*, mister se faz a elucidação do que vem a ser o "serviço".

2.3.3 Conceito de *serviços*, para fins de incidência do ISS

O "serviço" é um "bem intangível, imaterial e incorpóreo"[72], que se traduz no trabalho ou atividade economicamente mensurável, a ser executado por uma pessoa com relação à outra. A prestação do serviço tributável pelo ISS é aquela *in commercium*, com um negócio jurídico subjacente, detentor de conotação econômica – até porque "a natureza incorpórea do serviço não impede que sua prestação tenha conteúdo econômico"[73].

---

69. Ver o REsp 881.035/RS, rel. Min. Teori Albino Zavascki, 1ª T., j. em 06-03-2008. O julgado também foi citado por: PAULSEN, Leandro; MELO, José Eduardo Soares de. *Impostos federais, estaduais e municipais*, 6. ed., p. 311.

70. Se assim não fosse, tangenciando a absurdez, ter-se-ia, pela simples alteração de nomenclatura de um serviço, a incidência ou não do ISS.

71. A propósito, no **STJ**, ver o EDcl no AgRg no AgRg no REsp 1.168.488/SP, rel. Min. Humberto Martins, 2ª T., j. em 08-06-2010.

72. DANILEVICZ, Ígor. Os limites entre o ISS e o ICMS: a LC n. 116/2003 em face do DL n. 406/68 e as leis complementares relativas ao ICMS. *In:* TÔRRES, Heleno Taveira (Org.). *ISS na Lei Complementar n. 116/2003 e na Constituição*. Barueri: Manole, 2004, pp. 255-277 (p. 265). Série Barão de Ramalho. Col. Dir. Tributário. V. 2/IASP.

73. *Ibidem*, pp. 255-277 (p. 266).

A propósito da ideia de lucro, própria do serviço atingível pelo ISS, "registre-se que (...) o STF, em julgado de ação direta de inconstitucionalidade, concluiu que a prestação de serviços públicos concedidos, bem como de atividades estatais delegadas, por revelarem intuito lucrativo, submetem-se à incidência do ISSQN"[74]. Trata-se da **Ação Direta de Inconstitucionalidade n. 3.089-DF (rel. Min. Carlos Britto, rel. p/ o acórdão Min. Joaquim Barbosa, j. em 13-02-2008).**

Ademais, acerca do formato conceitual de "obrigação de fazer", ínsito ao fato gerador do ISS, cujos contornos definitórios devem ser buscados na órbita do direito privado, Regina Helena Costa ensina[75]:

> Impõe-se definir o que deve ser entendido por *serviço de qualquer natureza*, cuja prestação é tributada pelo imposto em foco. Trata-se, uma vez mais, de conceito que há de ser buscado no direito privado. Com efeito, o Código Civil, ao cuidar do assunto, estatui que a prestação de serviço, que não estiver sujeita às leis trabalhistas ou à lei especial, reger-se-á por suas normas (art. 593) e que "toda espécie de serviço ou trabalho lícito, material ou imaterial, pode ser contratada mediante retribuição" (art. 594). Trata-se, pois, de uma *obrigação de fazer*.

A Lei Complementar afeta ao ISS, em vez de dar uma definição teórica de serviços, optou por disciplinar uma Lista de situações tributáveis pelo imposto – um rol anexo à própria LC n. 116/2003, que contém a relação de serviços sujeitos à exação. Tal enumeração apresenta-se **exaustiva ou taxativa** (*numerus clausus*) – sob o ponto de vista literal –, entretanto, em uma perspectiva conceitual e individualizada desses tópicos, a Lista poderá abrir-se à exegética via ampliativa (*numerus apertus*)[76]. A jurisprudência do **STF** e a do **STJ** mantêm-se unissonas quanto à aceitação da taxatividade da lista[77].

> Note o item considerado **CORRETO**, em prova realizada pela Vunesp, para o cargo de Juiz de Direito Substituto do Estado de São Paulo (TJ/SP – 186º Concurso), em 2015: *"A lista de serviços previstos na legislação é taxativa, porém, admite leitura extensiva para serviços idênticos embora com denominações distintas"*.

A propósito, Kiyoshi Harada[78] discorre sobre a taxatividade do rol e sobre a interpretação a que se deve proceder:

74. COSTA, Regina Helena. *Curso de direito tributário:* Constituição e Código Tributário Nacional, p. 398.
75. *Ibidem*, p. 394.
76. *V.* BORGES, José Souto Maior. Aspectos fundamentais da Competência Municipal para instituir o ISS (do Decreto-lei n. 406/68 à LC n. 116/2003) (à memória de Geraldo Ataliba). *In:* TÔRRES, Heleno Taveira (Org.). *ISS na Lei Complementar n. 116/2003 e na Constituição.* Barueri: Manole, 2004, pp. 5-51 (pp. 44-45). Série Barão de Ramalho. Col. Dir. Tributário. V. 2/IASP.
77. *V.* FERRAZ, Roberto; BOARETO, Luiz Alfredo. ISS – A taxatividade das listas de serviços instituídas pelas Leis Complementares 56/87 e 116/2003 e os serviços bancários – matéria submetida à sistemática dos recursos repetitivos no STJ. *Revista Dialética de Direito Tributário*, São Paulo: Dialética, v. 168, set. 2009, pp. 134-143 (136).
78. HARADA, Kiyoshi. *Direito financeiro e tributário*, 7. ed., p. 338.

A jurisprudência da Suprema Corte, após algumas vacilações, acabou por acolher a tese majoritária na doutrina, no sentido da taxatividade da Lista ressalvando, contudo, que a sua taxatividade não exclui a interpretação de que cada um de seus itens alcance maior ou menor compreensão, atingindo serviços que, se não individualizados, devam considerar-se abrangidos.

Diante disso, "a questão que se coloca é a de saber se alguns itens da Lista comportam *interpretação extensiva* ou aplicação analógica, ou se devem conter-se nos estreitos limites da interpretação estrita ou restritiva"[79].

No entanto, será demonstrado, a seguir, que a via ampliativa (interpretação analógica ou interpretação extensiva) é a mais adequada quando se analisam determinados tópicos da enumeração – "ponto em que estão normalmente de acordo quer os que sustentam a 'taxatividade' da Lista, quer os que defendem a posição oposta"[80] –, muito em razão do fato de que alguns itens contemplam em seu texto a expressão "*e congêneres*", sem decifrar quais são eles. Tal expressão mostra-se como uma "cláusula geral"[81] que precisa ser aclarada à luz da distinção entre **interpretação analógica *versus* interpretação extensiva *versus* analogia**, até porque "a *analogia* não se confunde com a *interpretação extensiva* ou mesmo com a *interpretação analógica*"[82]. Passemos à diferenciação:

1. **Interpretação extensiva:** a interpretação extensiva ocorre nos limites do sentido literal possível dos termos e expressões que tenham sido utilizados pelo legislador. Assim, esse tipo de exegese permite que se aplique a regra a situações compreendidas num sentido mais amplo do termo ou expressão, mas sem extrapolar os limites semânticos da lei.

   No cotejo entre a *interpretação extensiva* e a *analogia*, diz-se que a primeira obsta a criação do direito; a analogia, por sua vez, dá margem a ela. *Interpreta-se extensivamente* partindo-se da formulação literal da norma, declarando-se o sentido dela, por meio de uma "simples implicação, pela extensão, do preceito legal a casos não expressamente referidos, mas implicitamente contidos no âmbito de validade da norma"[83]. De outra

79. BORGES, José Souto Maior. Aspectos fundamentais da Competência Municipal para instituir o ISS (do Decreto-lei n. 406/68 à LC n. 116/2003) (à memória de Geraldo Ataliba). *In:* TÔRRES, Heleno Taveira (Org.). *ISS na Lei Complementar n. 116/2003 e na Constituição.* Barueri: Manole, 2004, pp. 5-51 (p. 41). Série Barão de Ramalho. Col. Dir. Tributário. V. 2/IASP.
80. *Ibidem*, pp. 5-51 (p. 43).
81. Amílcar Araújo Falcão denominou tais cláusulas gerais de "fatos geradores supletivos, suplementares, sucedâneos ou sub-rogatórios (*Erzatztatbestand*), passíveis de interpretação extensiva, e não de analogia" (FALCÃO, Amílcar de Araújo. *Fato gerador da obrigação tributária*. 2. ed. São Paulo: RT, 1968, p. 57).
82. BITENCOURT, Cezar Roberto. *Tratado de direito penal* – parte geral 1. 16. ed. São Paulo: Saraiva, 2011, p. 177.
83. BORGES, José Souto Maior. Aspectos fundamentais da Competência Municipal para instituir o ISS (do Decreto-lei n. 406/68 à LC n. 116/2003) (à memória de Geraldo Ataliba). *In:* TÔRRES, Heleno Taveira (Org.). *ISS na Lei Complementar n. 116/2003 e na Constituição.* Barueri: Manole, 2004, pp. 5-51 (p. 42). Série Barão de Ramalho. Col. Dir. Tributário. v. 2/IASP.

banda, na *analogia*, o intérprete vai além do pensamento do legislador, criando o direito pela aplicação da norma. Frise-se que a *interpretação extensiva* é admissível na seara tributária, não ofendendo o art. 108, § 1º, do CTN ("*o emprego da analogia não poderá resultar em exigência de tributo não previsto em lei*").

2. **Interpretação analógica:** trata-se de uma espécie de interpretação extensiva, sendo permitido considerá-la como um tipo de "interpretação por analogia", ou seja, como "processo interpretativo analógico previamente determinado pela lei"[84], nos casos em que o legislador se vale de expressões como "e congêneres", "*e outras semelhantes*", "*qualquer natureza*", "*qualquer espécie*", dentre outras tantas. Assim, é o próprio legislador que ordena a mencionada técnica hermenêutica, aliás, bastante utilizada no âmbito das normas penais incriminadoras, mas nunca a "analogia", em virtude do princípio *nullum crimen, nulla poena sine lege*. Aliás, pelo mesmo motivo garantidor da estrita legalidade na órbita penal, proíbe-se, na esfera tributária, a analogia para se criar o tributo – fenômeno igualmente dependente da lei.

   A propósito do confronto da *interpretação analógica* com a *analogia*, diz-se que, na *interpretação analógica*, é da vontade da lei abranger a semelhança; na *analogia*, por outro lado, é da vontade do intérprete preencher a lacuna, extrapolando-se o sentido semântico da norma e a aplicando fora do sentido possível dos termos utilizados. Na *interpretação analógica*, tem-se uma operação intelectual de cunho revelador, pesquisando-se a extensão da norma *intra muros* (por exemplo, no caso da Lista de serviços, em que o intérprete deve se manter no interior de cada um de seus itens), por ordem do próprio legislador. Na *analogia*, por sua vez, há operação intelectual de cunho preenchedor, fazendo-se incidir uma lei em hipótese por ela não abarcada.

   Ressalte-se que a *interpretação analógica* é admissível na seara tributária, não ofendendo o art. 108, § 1º, do CTN.

3. **Analogia:** também chamada de "aplicação analógica", trata-se de método de aplicação da norma pela *integração* no sistema jurídico. Sua função perante a norma-objeto da exegese não é "interpretá-la", mas "integrá-la", diante de hipótese não contemplada no texto legal. Assim, procura-se colmatar a lacuna pela analogia. Desse modo, o dilema que se põe diante do intérprete, que se vale da analogia, não é a obscuridade ou a incerteza da lei, mas a própria ausência desta. Enquanto na interpretação, procura-se

84. BITENCOURT, Cezar Roberto. *Tratado de direito penal* – parte geral 1, 16. ed., p. 179.

descobrir a vontade do legislador, ampliando a letra e o pensamento da lei, na analogia a missão do exegeta é suprir tal vontade, expandindo a própria lei. Como a matéria tributária está submetida à lei, fácil é perceber que "a Lista não suporta o recurso à analogia"[85].

O **STF**, com acerto, utilizou a expressão "interpretação ampla e analógica", no julgado abaixo:

> **EMENTA:** CARTÕES DE CRÉDITO. IMPOSTO DE LICENÇA. A ELE ESTÃO SUJEITAS AS ENTIDADES QUE OS EMITEM, EM FACE DA NATUREZA DAS OPERAÇÕES QUE DE SUA EXPEDIÇÃO SE ORIGINOU. (...) II – Aplicação do DL n. 406/68, com a redação que lhe atribuiu o DL n. 834/69, art. 3º, VIII. III – A Lista a que se referem o art. 24, III da Constituição e art. 8º do DL n. 83/69 é taxativa, embora cada item da relação comporte interpretação ampla e analógica. IV – Recurso extraordinário não conhecido. **(RE 75.952/SP, 2ª T., rel. Min. Thompson Flores, j. em 29-10-1973) (Grifo nosso)**

O **STJ**, por outro lado, acabou utilizando a expressão "interpretação extensiva", sem deixar claro que teria pretendido diferenciá-la da "interpretação analógica". Entretanto, na dúvida, podemos aceitar a expressão mais abrangente ("interpretação extensiva"), desde que aglutinadora, verdadeiramente, da espécie "interpretação analógica". Observe as duas ementas abaixo:

> **EMENTA (STJ.1):** RECURSO ESPECIAL. TRIBUTÁRIO. ISS. LISTA DA LEGISLAÇÃO MUNICIPAL. A Lista da legislação municipal dos serviços tributáveis deve ater-se ao rol da legislação nacional, a teor da Constituição da República de 1969. Imperativo do princípio que impõe o *numerus clausus*. Admissível a interpretação extensiva e analógica. Vedada, porém, a analogia. Aquelas respeitam os marcos normativos. A última acrescenta fatos novos. **(REsp 1.837/SP, 2ª T., rel. Min. Luiz Vicente Cernicchiaro, j. em 15-08-1990) (Grifo nosso)**

> **EMENTA (STJ.2):** TRIBUTÁRIO. RECURSO ESPECIAL. ISS. LISTA DE SERVIÇOS. TAXATIVIDADE. INTERPRETAÇÃO EXTENSIVA. POSSIBILIDADE. 1. Embora taxativa, em sua enumeração, a Lista de serviços admite *interpretação extensiva, dentro de cada item, para permitir a incidência do ISS sobre serviços correlatos àqueles previstos expressamente*. Precedentes do STF e desta Corte. 2. Esse entendimento não ofende a regra do art. 108, § 1º, do CTN, que veda o emprego da analogia para a cobrança de tributo não previsto em lei. Na hipótese, não se cuida de analogia, *mas de recurso à interpretação extensiva, de resto autorizada pela própria norma de tributação, já que muitos dos itens da Lista de serviços apresentam expressões do tipo "congêneres", "se-*

85. BORGES, José Souto Maior. Aspectos fundamentais da Competência Municipal para instituir o ISS (do Decreto-lei n. 406/68 à LC n. 116/2003) (à memória de Geraldo Ataliba). *In:* TÔRRES, Heleno Taveira (Org.). *ISS na Lei Complementar n. 116/2003 e na Constituição*. Barueri: Manole, 2004, pp. 5-51 (p. 42). Série Barão de Ramalho. Col. Dir. Tributário. v. 2/IASP.

melhantes", "qualquer natureza", "qualquer espécie", dentre outras tantas. 3. *Não se pode confundir analogia com interpretação analógica ou extensiva.* A analogia é técnica de integração, vale dizer, recurso de que se vale o operador do direito diante de uma lacuna no ordenamento jurídico. *Já a* interpretação, seja ela extensiva ou analógica, *objetiva desvendar o sentido e o alcance da norma, para então definir-lhe, com certeza, a sua extensão.* A norma existe, sendo o método interpretativo necessário, apenas, para precisar-lhe os contornos. 4. Recurso especial improvido. **(REsp 121.428/RJ, rel. Min. Castro Meira, 2ª T., j. em 1º-06-2004) (Grifos nossos)** (**Observação:** ver, igualmente, o **(I)** REsp 879.797/MG, rel. Min. Luiz Fux, 1ª T., j. em 04-11-2008, no qual se mencionou a expressão "leitura extensiva de cada item"; e o **(II)** REsp 1.111.234/PR, rel. Min. Eliana Calmon, 1ª T., j. em 23-09-2009, em que se utilizou a expressão "interpretação extensiva para serviços congêneres").

Nesse passo, a doutrina tem apontado a inconstitucionalidade daqueles itens que indicam falsamente a ocorrência de "serviços", conforme orienta Regina Helena Costa[86]:

> Relevante registrar que a Lista de serviços anexa à Lei Complementar n. 116, de 2003, contempla vários itens que, evidentemente, não constituem serviços, tais como a cessão de direito de uso de marcas e de sinais de propaganda (item 3.02) e a locação, sublocação, arrendamento, direito de passagem ou permissão de uso, compartilhado ou não, de ferrovia, rodovia, postes, cabos, dutos e condutos de qualquer natureza (item 3.04), e cessão de andaimes, palcos, coberturas e outras estruturas de uso temporário (item 3.05). Nesse aspecto, a lei em exame é inconstitucional.

A propósito dessa situação, vale a pena mencionar um julgamento, em **2011**, em que o **STJ** analisou importante caso afeto a **serviço de reboque de embarcação**, hoje previsto na Lista anexa à LC n. 116/2003 (item 20.01) e, portanto, tributável. Ocorre que, à época do fato gerador, sob a vigência do DL n. 406/68, tal serviço não constava de sua anexa Lista (*"Item 87: Serviços portuários e aeroportuários; utilização de porto ou aeroporto; atracação; capatazia; armazenagem interna, externa e especial; suprimento de água, serviços acessórios; movimentação de mercadorias fora do cais"*), e, *ipso facto*, a possível incidência do imposto representaria a tributação por analogia, em nítida afronta ao § 1º do art. 108 do CTN. Observe a ementa:

> **EMENTA:** PROCESSUAL CIVIL. TRIBUTÁRIO. ISS. LISTA DE SERVIÇOS (DL 406/68). REBOCAGEM E ATRACAÇÃO. SERVIÇOS DIFERENCIADOS. TAXATIVIDADE. INTERPRETAÇÃO EXTENSIVA DENTRO DOS PARÂMETROS ESTABELECIDOS PELA JURISPRUDÊNCIA DESTA CORTE. EMBARGOS DE DIVERGÊNCIA PROVIDOS. 1. Cumpre investigar se o ISS incide sobre o serviço de reboque de embarcações, ainda mais no caso dos autos em que não está previsto no item 87 da Lista de Serviços anexa ao DL n. 406/68, com a redação dada pela LC n. 56/87. 2. A questão acerca da taxatividade da lista de serviços do DL 406/89 encontra-se superada tanto nesta Corte como do E. STF. Sobre-

86. COSTA, Regina Helena. *Curso de direito tributário:* Constituição e Código Tributário Nacional, p. 395.

leva notar, contudo, que a jurisprudência pacificada nas Turmas que compõem a Primeira Seção é no sentido de que, para fins de incidência do ISS, o serviço deverá ser idêntico ao expressamente previsto. 3. De uma forma simplista, o reboque tem a finalidade de facilitar a atracação de embarcações, razão pela qual não se trata, obviamente, de serviços congêneres. Tanto assim que a LC n. 116 de 31.07.2003, revogadora da LC n. 56/87, em seu item 20.01 incluiu, dentre outros, os serviços de reboque na referida Lista de Serviços, sem, contudo, excluir os de atracação, visto que não se trata de serviço idêntico. 4. Não há como fazer incidir o ISS sobre os serviços de rebocagem na vigência do DL n. 406/68, sob pena de estar criando exação contra o disposto no art. 108, § 1º, do CTN, tanto em face da ausência de expressa previsão legal, como por não ser idêntico ao serviço de atracação, o que, por conseguinte, inviabiliza a interpretação extensiva ou analógica da Lista em comento. 5. Do cotejo entre as posições jurisprudenciais e os ensinamentos doutrinários, infere-se que é imprescindível, portanto, a definição e a natureza do serviço a ser incluído no rol daqueles taxados pelo ISS, ainda mais quando isso se dá por força da interpretação extensiva. 6. Não basta a aparente semelhança para que se possa flexibilizar a taxatividade da referida Lista; tampouco a circunstância de o serviço de rebocagem estar atualmente sujeito ao ISS, por si só, não legitima a sua cobrança com base na legislação anterior. 7. Embargos de divergência providos, para excluir a incidência de ISS sobre serviços de rebocagem durante a vigência do DL 406/68. **(EREsp 887.360/BA, rel. Min. Mauro Campbell Marques, 1ª T., j. em 23-02-2011)**

Assim, a lei municipal deverá sempre se ater ao *princípio constitucional da legalidade* e *tipicidade cerrada da lei*, para evitar a extrapolação do elemento-signo "*congêneres*" para além do marco normativo, fazendo nascer prestação de serviço não compatível com a condição taxativa do rol contido na LC n. 116/2003.

2.4 Base de cálculo

A base de cálculo do ISS é o ***preço do serviço*** (o seu "valor bruto"), consoante o art. 7º da LC n. 116/2003. Tal valor não incluirá parcelas relativas a juros, seguros, multas ou indenizações, entretanto, a nosso ver, os eventuais descontos, pelo fato de influírem decisivamente no preço dos serviços, deverão ser computados.

Note o item considerado **CORRETO**, em prova realizada pela CESGRANRIO, Petrobras, para o cargo de Auditor Junior, em 2018: *"O imposto sobre serviços, nos termos da Lei de regência, tem como base de cálculo o PREÇO DO SERVIÇO"*.

Acerca da amplitude semântica do que vem a ser o "preço bruto" do serviço, Leandro Paulsen e José Eduardo Soares de Melo[87], citando entendimento do **STJ**, esclarecem:

87. PAULSEN, Leandro; MELO, José Eduardo Soares de. *Impostos federais, estaduais e municipais*, 6. ed., p. 341.

No cálculo do tributo, não devem ser incluídos os valores relativos a seguro, juros e quaisquer outras importâncias recebidas ou debitadas – como multas e indenizações –, pois tais verbas têm natureza jurídica diversa (financeira, ressarcitória) do respectivo preço contratual. Nessa mesma situação, devem ser considerados os valores relativos a descontos/abatimentos (condicionais ou incondicionais), porque caracterizam diminuição do preço dos serviços e consequente redução da base de cálculo, tendo o STJ, entretanto, decidido que "o preço do serviço deve, pois, ser considerado o preço bruto, sem levar em consideração o desconto feito, pela liberalidade do prestador" (REsp. 12.468-0/SP, *DJU* 08-08-1994).

Daí se falar que os serviços gratuitos não podem ser onerados pelo tributo, pela falta de base de cálculo, hábil a configurar a hipótese legal de incidência do gravame. Com efeito, o fato gerador do ISS caracteriza-se pela efetiva prestação remunerada de serviços a terceiros, e não pelo *contrato ajustado*. Se o serviço for gratuito, ou em benefício próprio do prestador, não ocorre subsunção do fato à norma, dando oportunidade à não incidência do imposto. Quanto à gratuidade do serviço, o STF já se manifestou:

> **EMENTA:** ISS EXIGIDO EM RELAÇÃO A INGRESSOS GRATUITOS ("PERMANENTES"), FORNECIDOS POR EXIBIDORES DE ESPETÁCULOS CINEMATOGRÁFICOS. Cobrança indevida, por falta de base de cálculo, capaz de configurar a hipótese legal de incidência (art. 9º do CTN). Recurso extraordinário de que não se conhece. **(RE 112.923, rel. Min. Octavio Gallotti, 1ª T., j. em 10-04-1987)**

Da mesma forma, caso não se possa aferir o valor correspondente do serviço – como no caso daqueles prestados por profissionais liberais, a saber, advogados, médicos ou dentistas –, calcular-se-á o tributo a partir de um único valor pago periodicamente. Nesse caso, teremos um **ISS fixo**, sendo impróprio falar em grandezas quantificadoras do fato gerador, como alíquota e a própria base de cálculo. A propósito, Roque Antonio Carrazza[88] sustenta a inconstitucionalidade dos chamados *impostos fixos*, uma vez que, despidos de preocupação com as condições pessoais do contribuinte, seriam violadores do *Princípio da Capacidade Contributiva*.

Em **24 de abril de 2019**, o Pleno do **STF**, dando provimento ao **RE 940.769/RS** (rel. Min. Edson Fachin) ao apreciar o Tema **918** da repercussão geral, declarou a inconstitucionalidade incidental de duas normas[89] editadas pelo Município de Porto Alegre-RS e fixou a seguinte tese: "*É inconstitucional lei municipal que estabelece impeditivos à submissão de sociedades profissionais de advogados ao regime de tributação fixa em bases anuais na forma estabelecida por lei nacional*". É que a municipalidade de Porto Alegre pretendeu exigir das sociedades profissionais de advogados atuantes em seu território um ISS fora das hipóteses do art. 9º, §§ 1º e 3º, do DL n. 406/68:

---

88. *V.* CARRAZZA, Roque Antonio. *Curso de direito constitucional tributário*, 24. ed., pp. 104-105.

89. Legislação: art. 20, § 4º, II, da LC n. 7/73 e art. 49, IV, §§ 3º e 4º, do Decreto n. 15.416/2006.

DL n. 406/68: Art. 9º A base de cálculo do imposto é o preço do serviço.

§ 1º Quando se tratar de prestação de serviços sob a forma de trabalho pessoal do próprio contribuinte, o imposto será calculado, por meio de alíquotas fixas ou variáveis, em função da natureza do serviço ou de outros fatores pertinentes, nestes não compreendida a importância paga a título de remuneração do próprio trabalho.

(...)

§ 3° Quando os serviços a que se referem os itens 1, 4, 8, 25, 52, 88, 89, 90, 91 e 92 da lista anexa forem prestados por sociedades, estas ficarão sujeitas ao imposto na forma do § 1°, calculado em relação a cada profissional habilitado, sócio, empregado ou não, que preste serviços em nome da sociedade, embora assumindo responsabilidade pessoal, nos termos da lei aplicável.

Ora, se o DL n. 406/68 foi recepcionado pela CF/88 como *lei complementar* – só podendo ser revogado ou desafiado por um diploma legal com o mesmo *"status"* de lei complementar de índole nacional –, há de prevalecer o cálculo do gravame por meio de *alíquotas fixas*, com base na natureza do serviço, não compreendida a importância paga a título de remuneração do próprio labor. Logo, é incabível uma lei municipal instituidora de ISS que disponha sobre a base de cálculo do tributo de modo divergente da norma nacional, por ofensa direta ao art. 146, III, "a", da CF.

Em 11 de março de **2015**, o Plenário iniciou julgamento de proposta de edição de enunciado de súmula vinculante (**PSV 65/DF**), com o seguinte teor: "*Não se inclui na base de cálculo do Imposto Sobre Serviços de Qualquer Natureza – ISSQN o valor dos materiais adquiridos de terceiros e empregados em obras de construção civil pelo prestador de serviços*". O tema é pertinente, na medida em que o **STF** já chancelou, por várias vezes, com fulcro no art. 146, III, "a", da CF, *a legitimidade de se deduzir da base de cálculo do ISSQN o valor relativo a materiais empregados e, também, a subempreitadas contratadas pelos prestadores de serviço da construção civil, nos termos do art. 9º, § 2º, "a" e "b", do DL n. 406/68*. Todavia, em 22 de abril de **2015**, colocou-se em xeque a consistência do contexto hábil à edição da súmula vinculante, o que levou o **STF** a devolver a matéria à apreciação da Comissão de Jurisprudência para um novo exame e, *ipso facto*, a suspender o julgamento da PSV 65.

> Note o item considerado **CORRETO**, em prova realizada pela FAURGS, para o cargo de Juiz de Direito Substituto do Estado do Rio Grande do Sul, em 2016: *"Em vista da jurisprudência do TJRS e dos Tribunais Superiores, o preço das subempreitadas e dos materiais empregados na obra, na atividade de construção civil, não integra a base de cálculo do ISS"*.

Por outro lado, em 22 de abril de **2015**, a 1ª Turma do **STJ** aprovou o enunciado da **Súmula n. 524**, segundo o qual, "*no tocante à base de cálculo, o ISSQN incide apenas sobre a taxa de agenciamento quando o serviço prestado por sociedade empresária de trabalho temporário for de intermediação, devendo, entretanto, englobar também os valores dos salários e encargos sociais dos trabalhadores por ela contratados nas hipóteses de fornecimento de mão de obra*".

Em 29 de setembro de **2016**, o Pleno do **STF**, na **Arguição de Descumprimento de Preceito Fundamental (ADPF) n. 190** (rel. Min. Edson Fachin), enfrentou a discussão sobre a inconstitucionalidade de dispositivos da Lei n. 2.614/97[90], a qual previu, em certo Município paulista (Poá/SP), duas sistemáticas incompatíveis com a Carta Magna, no âmbito do **ISS**: **(I)** a exclusão de valores da base de cálculo, além dos casos previstos na LC n. 116/2003; **(II)** a redução, por via oblíqua, da alíquota mínima, estabelecida no art. 88, I e II, do ADCT (incluído pela EC n. 37/2002). Na primeira hipótese, excluíram-se da base de cálculo do ISS os seguintes tributos, em nítida usurpação de competência da União: IRPJ, CSLL, PIS/Pasep, COFINS; na segunda hipótese, por sua vez, diminuiu-se a alíquota mínima do ISS, indiretamente, mediante o expediente da redução da carga tributária incidente sobre a prestação de serviço na Municipalidade de Poá.

Quanto ao mérito, o STF detectou vícios de inconstitucionalidade formal e material, com fulcro em dois argumentos centrais: **(I)** a usurpação da competência da União para legislar sobre normas gerais em matéria de legislação tributária (art. 146, III, CF); e **(II)** a ofensa à alíquota mínima estabelecida para o ISS pelo poder constituinte (art. 88, I e II, do ADCT). A propósito, o Plenário deixou claro que a lei municipal não poderia definir base de cálculo de imposto, haja vista a clara previsão do art. 146, III, "a", da CF, o qual atrela a matéria à reserva de lei complementar.

Posto isso, fixou-se o entendimento segundo o qual é inconstitucional a lei municipal que veicule exclusão de valores da base de cálculo do ISS fora das hipóteses previstas em lei complementar nacional, ao mesmo tempo que é incompatível com a Carta Magna a medida fiscal que resulte indiretamente na redução da alíquota mínima do imposto, mediante o expediente de redução da carga tributária incidente sobre a prestação de serviço na territorialidade da entidade impositora.

2.5 Alíquota

No tocante às alíquotas do ISS, sua tributação será ***fixa* ou *proporcional***, de acordo com as características do sujeito passivo.

Note o item (adaptado) considerado **INCORRETO**, em prova realizada pela FCC, para o cargo de Procurador do Município de Campinas, em 2016: *"O (...) ISS terá alíquotas fixas para todos os tipos de serviços tributáveis, variando apenas em relação ao serviço, desde que haja expressa previsão em lei municipal".*

A ***tributação fixa***, conforme se disciplinou acima, refere-se a um único valor pago periodicamente pelos profissionais liberais que executam serviços pessoais. De outra banda, a *tributação proporcional* está adstrita à aplicação de uma alíquota sobre o movimento econômico das empresas que prestam serviços.

90. São eles: art. 190, § 2º, II e art. 191, § 6º, II, e § 7º da Lei n. 2.614/97.

> Note o item considerado **INCORRETO**, em prova realizada pela FAURGS, para o cargo de Juiz de Direito Substituto do Estado do Rio Grande do Sul, em 2016: *"Em vista da jurisprudência do TJRS e dos Tribunais Superiores, os serviços prestados sob a forma de trabalho pessoal do próprio contribuinte sujeitam-se ao ISS calculado mediante alíquota 'ad valorem'"*.

Não é demasiado enfatizar que o ISS é um imposto eminentemente *fiscal*, não demonstrando potencialidade reguladora de mercado ou da economia, como ocorre com alguns impostos extrafiscais, ditos "flexíveis", tais como *II, IE, IPI, IOF*.

Aliás, os municípios possuem autonomia para fixar as alíquotas do imposto, por meio de suas leis ordinárias municipais, respeitados os limites que devem ser determinados em lei complementar. Observe os comandos normativos, com nossos grifos, que tratam da fixação de limites de alíquota para o ISS:

1. CF: Art. 156. § 3º Em relação ao imposto previsto no inciso III do *caput* deste artigo, cabe à **lei complementar**:

> Note o item considerado **CORRETO**, em prova realizada pela ATECEL, para o cargo de Fiscal de Tributos da Prefeitura Municipal de Acari/RN, em 2016: *"A respeito do ISSQN e os normativos legais aplicáveis, o imposto terá suas alíquotas máximas e mínimas estabelecidas por lei complementar"*.

> Note o item considerado **INCORRETO**, em prova realizada pela FCC, para o cargo de Procurador do Município de Campinas, em 2016: *"O Município tem completa autonomia para fixar por lei as alíquotas mínima e máxima para o ISS, que terá alíquotas fixas para todos os tipos de serviços tributáveis, variando apenas em relação ao serviço, desde que haja expressa previsão em lei municipal"*.

I – fixar as suas **alíquotas máximas e mínimas**; (...) **(Incluído pela EC n. 37/2002)**

2. ADCT: Art. 88. Enquanto **lei complementar** não disciplinar o disposto nos incisos I e III do § 3º do art. 156 da CF, o imposto a que se refere o inciso III do *caput* do mesmo artigo:

I – terá **alíquota mínima de dois por cento**, exceto para os serviços a que se referem os itens 32, 33 e 34 da Lista de Serviços anexa ao DL n. 406, de 31 de dezembro de 1968; **(Incluído pela EC n. 37/2002)**

3. Ato Complementar n. 34/67: Art. 9º Ficam estabelecidas as seguintes **alíquotas máximas** para a cobrança do imposto municipal sobre serviços:

I – execução de obras hidráulicas ou de construção civil, até **2%**;

II – jogos e diversões públicas, até **10%**;

III – demais serviços, até **5%**.

4. LC n. 116/2003: Art. 8º As **alíquotas máximas** do Imposto Sobre Serviços de Qualquer Natureza são as seguintes:

I – (Vetado)

II – demais serviços, **5% (cinco por cento)**.

A propósito, o mencionado Ato Complementar n. 34/67 (art. 9º), de duvidosa recepção pelo sistema constitucional vigente, na opinião de parte da doutrina, foi a última veiculação de limites máximos de alíquotas. Todavia, o **STF** já se manifestou pela não aplicação dos limites lá indicados (2% para construção civil; 10% para divertimentos públicos; 5% para serviços em geral). Para o teto, vem prevalecendo a LC n. 116/2003 (art. 8º).

Por sua vez, a **Lei Complementar n. 157, de 2016**, trouxe a previsão para a **alíquota mínima** do ISS no patamar de **2%** [**Art. 8º-A**. *A alíquota mínima do Imposto sobre Serviços de Qualquer Natureza é de 2% (dois por cento)*]. De outra banda, a **alíquota máxima** será de 5% (cinco por cento), nos termos do referido art. 8º da LC n. 116/2003.

Note o item considerado **CORRETO**, em prova realizada pela COMPASS, para o cargo de Auditor fiscal de Tributos Municipais da Prefeitura Municipal de Carpina/PE, em 2016: *"A LC n. 116/2003 determina que a alíquota máxima do ISS seja 5%"*.

2.6 Casos relevantes de incidência do ISS

Os próximos tópicos dizem respeito a temas relevantes no âmbito da incidência do **ISS**, aqui tratados caso a caso. Para a sua organização, apresentamos o **rol de assuntos** logo a seguir, a fim de propiciar uma visão panorâmica do conjunto de temas que serão versados:

2.6.1 O ISS e o "software".

2.6.2 O ISS e a locação de serviços.

2.6.3 O ISS e o arrendamento mercantil ("leasing").

2.6.4 O ISS e as atividades bancárias.

2.6.5 O ISS e os trabalhos gráficos.

2.6.6 O ISS e a incorporação imobiliária.

2.6.7 O ISS e as franquias ("franchising").

2.6.8 O ISS e o "Factoring".

2.6.9 O ISS e a inclusão na base de cálculo do PIS e da COFINS.

2.6.10 O ISS e as atividades (de administração) das operadoras de planos privados de assistência à saúde.

2.6.11 O ISS e o serviço de proteção ao crédito prestado por associação civil (sindical) sem fins lucrativos.

Passemos aos detalhamentos:

2.6.1 O ISS e o "software"

Antes de tratarmos da possível incidência do ISS, convém destacar que as operações de licenciamento ou cessão do direito de uso de programas de computador (*software)* referem-se a um bem incorpóreo, não tendo por objeto uma "mercadoria" propriamente dita. Portanto, em tais operações não haverá incidência de ICMS. Todavia, outro será o tratamento, caso tenhamos a circulação de cópias ou exemplares dos programas de computador produzidos em série ou escala e comercializados no varejo (*software de prateleira ou exemplar standard – off the shelf)*. Nesse caso, teremos o fato gerador do ICMS. Note o entendimento do **STF**[91]:

> **EMENTA:** (...) III. Programa de computador (*software*): tratamento tributário: distinção necessária. Não tendo por objeto uma mercadoria, mas um bem incorpóreo, sobre as operações de "licenciamento ou cessão do direito de uso de programas de computador", "matéria exclusiva da lide", efetivamente não podem os Estados instituir ICMS: dessa impossibilidade, entretanto, não resulta que, de logo, se esteja também a subtrair do campo constitucional de incidência do ICMS a circulação de cópias ou exemplares dos programas de computador produzidos em série e comercializados no varejo – como a do chamado *software de prateleira* (*off the shelf*) – os quais, materializando o *corpus mechanicum* da criação intelectual do programa, constituem mercadorias postas no comércio. **(RE 176.626, rel. Min. Sepúlveda Pertence, 1ª T., j. em 10-11-1998)**

Aliás, na mesma linha de raciocínio, o **STF**, ao analisar dispositivo de norma mato-grossense (art. 2º, § 1º, VI, da Lei n. 7.098/98), entendeu que o ICMS pode incidir sobre *softwares* adquiridos por meio de transferência eletrônica de dados (**MC-ADI 1.945/MT, Pleno, rel. orig. Min. Octavio Gallotti, red. p/ o acórdão Min. Gilmar Mendes, j. em 26-05-2010**).

Por outro lado, haverá incidência de ISS se estivermos diante dos chamados *softwares de encomenda,* isto é, aqueles elaborados especificamente para certo usuário (Item n. 1, subitens 1.1 a 1.8, "serviços de informática e congêneres", da Lista anexa à LC n. 116/2003). Portanto, a incidência será de ICMS ou de ISS, dependendo do propósito levado a efeito. Assim entende o **STJ**, conforme se nota na didática ementa abaixo:

> **EMENTA:** TRIBUTÁRIO. ICMS. ISS. PROGRAMAS DE COMPUTADOR (*SOFTWARE*). CIRCULAÇÃO. 1. Se as operações envolvendo a exploração econômica de programa de computador são realizadas mediante a outorga de contratos de cessão ou licença de uso de determinado *software* fornecido pelo autor ou detentor dos direitos

91. A ementa também foi citada por: PAULSEN, Leandro; MELO, José Eduardo Soares de. *Impostos federais, estaduais e municipais*, 6. ed., p. 312.

sobre o mesmo, com fim específico e para atender a determinada necessidade do usuário, tem-se caracterizado o fenômeno tributário denominado prestação de serviços, portanto, sujeito ao pagamento do ISS (item 24, da Lista de serviços, anexo ao DL n. 406/68). 2. Se, porém, tais programas de computação são feitos em larga escala e de maneira uniforme, isto é, não se destinando ao atendimento de determinadas necessidades do usuário a que para tanto foram criados, sendo colocados no mercado para aquisição por qualquer um do povo, passam a ser considerados mercadorias que circulam, gerando vários tipos de negócio jurídico (compra e venda, troca, cessão, empréstimo, locação etc.), sujeitando-se, portanto, ao ICMS. (...) 4. Recurso especial improvido. Confirmação do acórdão hostilizado para reconhecer, no caso, a legitimidade da cobrança do ICMS. **(REsp 123.022/RS, 1ª T., rel. Min. José Delgado, j. em 14-08-1997)**

Por fim, quanto ao *hardware*, a discussão torna-se desnecessária: por se tratar de produto industrializado e/ou mercadoria, sujeita-se ao IPI e/ou ICMS, dependendo do caso.

2.6.2 O ISS e a locação de serviços

O tema da incidência do ISS sobre a locação de bens móveis sempre ensejou candentes discussões. A dúvida permaneceu instigante: a locação de bens móveis é uma obrigação de fazer ou não? Diante de uma possível resposta afirmativa, a tributação do ISS seria indiscutível. Por outro lado, a celeuma recrudescia, à medida que se formava o convencimento de que tal locação mais se mostrava como uma "obrigação de dar" a coisa locada em condições de servir do que, propriamente, uma obrigação de fazer, afastando-se a incidência do ISS.

No anterior Decreto-lei n. 406/68, a incidência do ISS sobre a locação de bens móveis era taxativamente prevista no item 52 ("Item 52. *Locação de bens móveis*").

A LC n. 56/87, entretanto, ampliou o texto legal no item 79, ao abarcar o arrendamento mercantil ("Item 79. *Locação de bens móveis, inclusive arrendamento mercantil*"), mas continuou prevendo a locação de bem móvel como fato gerador do ISS.

Em 2003, por outro lado, o item foi vetado na Lista de serviços anexa à LC n. 116 (item 3.01)[92]. Curiosamente, três anos antes, o STF, já havia se posicionado contrariamente à incidência no emblemático **RE 116.121:**

EMENTA[93]: TRIBUTO – FIGURINO CONSTITUCIONAL. A SUPREMACIA DA CARTA FEDERAL É CONDUCENTE A GLOSAR-SE A COBRANÇA DE TRIBUTO DISCREPANTE DAQUELES NELA PREVISTOS. ISS. CONTRATO DE LOCAÇÃO. A terminologia consti-

92. *V.* TORRES, Ricardo Lobo. *Curso de direito financeiro e tributário*, 12. ed., p. 401.

93. A ementa também foi citada por: (I) PAULSEN, Leandro; MELO, José Eduardo Soares de. *Impostos federais, estaduais e municipais*, 6. ed., p. 312; e (II) MARTINS, Ives Gandra da Silva; RODRIGUES, Marilene Talarico Martins. Aspectos relevantes do ISS. *Revista Dialética de Direito Tributário*, São Paulo, v. 182, nov. 2010, pp. 158-181 (170).

tucional do ISS revela o objeto da tributação. Conflita com a Lei Maior dispositivo que imponha o tributo considerando contrato de locação de bem móvel. Em Direito, os institutos, as expressões e os vocábulos têm sentido próprio, descabendo confundir a locação de serviços com a de móveis, práticas diversas regidas pelo Código Civil, cujas definições são de observância inafastável – artigo 110 do Código Tributário Nacional. **(RE 116.121/SP, Pleno, rel. Min. Octavio Gallotti, rel. p/ Ac. Min. Marco Aurélio, 1ª T., j. em 11-10-2000)**

Como se nota, há mais de uma década, segundo orientação dominante do STF, o ISS não incide na locação de bens móveis. Aliás, em fevereiro de **2010**, o mesmo STF, fundamentando-se na decisão plenária do citado RE 116.121, lançou mão da **Súmula Vinculante n. 31**, pondo termo à discussão: *"É inconstitucional a incidência do Imposto sobre Serviços de Qualquer Natureza – ISS sobre operações de locação de bens móveis"*.

Note o item considerado **CORRETO**, em prova realizada pela FEPESE, para o cargo de Advogado da Prefeitura Municipal de Criciúma/SC, em 2016: *"É inconstitucional a incidência do ISS sobre operações de locação de bens móveis"*.

Note o item considerado **INCORRETO**, em prova realizada pela Vunesp, para o cargo de Juiz de Direito Substituto do TJ/RJ (XLVII Concurso), em 2016: *"Com base em súmula do STF, é constitucional a incidência do ISS sobre operações de locação de bens móveis, haja vista expressa previsão em lei específica"*.

Note o item considerado **CORRETO**, em prova realizada pela Serctam (Advogado da Prefeitura de Quixadá/CE), em 2016: *"Segundo o entendimento sumulado do STF e do STJ, é inconstitucional a incidência do ISS sobre operações de locação de bens móveis"*.

Após 7 meses, o STF voltou a chancelar o seu veredicto, demarcando a não incidência do ISS sobre locação de bens móveis, a saber, os filmes cinematográficos, videoteipes, cartuchos para "videogames" e assemelhados (**RE 626.706, rel. Min. Gilmar Mendes, Pleno, j. em 08-09-2010**).

É bom que se diga, em tempo, que a questão ainda se abre para análise, porquanto outros subitens (3.02, 3.03, 3.04, 3.05 e 15.03), afetos à prática de locação, não estiveram presentes no bojo da discussão. Por essa razão, diz-se que "o veto presidencial ao subitem 3.01 da Lista deveria abranger todo o item 3 com os subitens 3.02, 3.03, 3.04 e 3.05"[94].

Nesse passo, Leandro Paulsen e José Eduardo Soares de Melo[95] deixam claro que "embora tenha vetado o item 3.01 (concernente à "locação de bens móveis), o fato é que o item 3.04 se refere expressamente à "locação e sublocação" de ferrovia,

94. MARTINS, Ives Gandra da Silva; RODRIGUES, Marilene Talarico Martins. Aspectos relevantes do ISS. *Revista Dialética de Direito Tributário*, São Paulo, v. 182, nov. 2010, pp. 158-181 (170).

95. PAULSEN, Leandro; MELO, José Eduardo Soares de. *Impostos federais, estaduais e municipais*, 6. ed., p. 313.

rodovia, postes, cabos, dutos e condutos de qualquer natureza, que também revelam aparente injuridicidade".

Em idêntica trilha, o saudoso professor Ricardo Lobo Torres[96] assevera que "o veto, entretanto, provocou insuportável contradição no jogo da listagem do item 3, que continuou a agasalhar vários itens concernentes a 'serviços prestados mediante locação, cessão de direito de uso e congêneres'".

A nosso ver, em face do presente dilema, todos os subitens descritos, ainda que não abarcados na discussão travada, são desprovidos de validade jurídica, devendo ser-lhes aplicado o mesmo raciocínio utilizado para embasar o veto, em total consonância com a Súmula Vinculante n. 31[97].

Por derradeiro – e em linha oposta –, a jurisprudência do **STJ** sacramentou o entendimento de que "a Contribuição para Financiamento da Seguridade Social – Cofins incide sobre as receitas provenientes das operações de locação de bens móveis". Trata-se da **Súmula n. 423**, elaborada em 2010, muito em razão de jurisprudência anteriormente consolidada. Veja a ementa a seguir, que ilustra o posicionamento em formação:

> **EMENTA:** (...) TRIBUTÁRIO. COFINS. LC N. 70/91. ATIVIDADE DE LOCAÇÃO DE BENS MÓVEIS. INCIDÊNCIA. (...) **2.** É firme na 1ª Seção o entendimento segundo o qual as receitas decorrentes de atividade de comercialização de bens imóveis sujeitam-se à incidência da COFINS, por integrarem esses valores o faturamento da empresa, compreendido como o resultado econômico da atividade empresarial exercida. **3.** Por essa mesma razão, equipara a jurisprudência dominante as operações compra e venda de imóveis à de locação desses bens, já que ambas geram valores que irão compor o faturamento da empresa. **4.** Nessa linha de entendimento, segundo a qual **(a)** a base de incidência da COFINS é o faturamento, assim entendido o conjunto de receitas decorrentes da execução da atividade empresarial e **(b)** no conceito de mercadoria da LC n. 70/91 estão compreendidos até mesmo os bens imóveis, com mais razão se há de reconhecer a sujeição das receitas auferidas com a operações de locação de bens móveis à mencionada contribuição. **(REsp 1.010.388/PR, rel. ex-Min. Teori Albino Zavascki, 1ª T., j. em 03-02-2009)**

No julgamento do **RE 585.235/MG**, submetido à Repercussão geral, o **STF** definiu que a noção de faturamento deve ser compreendida no sentido estrito de receita bruta das vendas de mercadorias e da prestação de serviços de qualquer natureza, ou seja, a soma das receitas oriundas do exercício das atividades empresariais, consoante interpretação dada em **três** importantes precedentes: dois deles, da 2ª Turma, de relatoria do Min. Cezar Peluso (**I. AgR no RE 371.258/SP, j. em 03-10-2006; e II. RE 400.479-8/RJ, j. em 10-10-2006**); e um, do Tribunal Pleno, de relatoria do

96. TORRES, Ricardo Lobo. *Curso de direito financeiro e tributário*, 12. ed., p. 401.

97. *V.* MACHADO, Hugo de Brito. O ISS e o arrendamento mercantil. *Revista Dialética de Direito Tributário*, São Paulo: Dialética, v. 185, fev. 2011, pp. 63-75 (71).

Min. Eros Grau (**RE 527.602/SP, j. em 05-08-2009**). Nesse último, aliás, ficou estabelecido que somente são excluídos do conceito de faturamento "*os aportes financeiros estranhos à atividade desenvolvida pela empresa*".

Sendo assim, se a correção monetária e os juros (receitas financeiras) decorrem diretamente das operações de venda de imóveis realizadas pelas empresas – operações essas que constituem os seus objetos sociais –, esses rendimentos devem ser considerados como um produto da venda de bens ou serviços, ou seja, constituem faturamento, base de cálculo das contribuições ao PIS e da COFINS, pois são receitas inerentes e acessórias aos referidos contratos e devem seguir a sorte do principal. Assim entendeu o **STJ, em 2014 (REsp 1.432.952/PR, rel. Min. Mauro Campbell Marques, 2ª Turma, j. em 25-02-2014)**.

2.6.3 O ISS e o arrendamento mercantil ("leasing")

O arrendamento mercantil ou *leasing* é um negócio jurídico que se estabelece entre uma pessoa jurídica (arrendadora) e uma pessoa física ou jurídica (arrendatária), tendo por objeto o arrendamento de um bem adquirido pela primeira, conforme vontade (e para uso) da última (ver art. 1º da Lei n. 6.099/74, acrescentado pela Lei n. 7.132/83).

Em termos simples, apenas para fins didáticos, pode-se dizer que há arrendamento mercantil quando se tem um aluguel de um bem, por certo tempo, permitindo-se ao locatário a compra dele ao final do período.

Como já se assinalou, no anterior Decreto-lei n. 406/68, a incidência do ISS sobre a locação de bens móveis era expressamente prevista no item 52. Não havia menção a "arrendamento mercantil ou a *leasing*". Diante disso, muitos Municípios[98] passaram a pleitear a incidência do imposto, alegando a proximidade semântica dos institutos (locação e *leasing*, em face da preponderância da "locação" neste último) e a necessária subsunção do *leasing* ao mencionado item 52. Em suma, argumentavam que ambos os institutos eram contratos típicos, mas equivalentes quando o tema era a incidência do ISS[99].

Também se assinalou que, em 1987, sobreveio a LC n. 56, que acabou ampliando o texto legal ("Item 79. Locação de bens móveis, inclusive arrendamento mercantil;"), com a previsão expressa do arrendamento mercantil como fato gerador do ISS[100]. Note que o legislador se mostrou convicto, na oportunidade, da equiparação entre *leasing* e locação.

98. A argumentação dos Municípios está bem retratada no **REsp 5.438/SP**, rel. Min. Armando Rolemberg, 1ª T., j. em 04-02-1991.

99. *V.* FERRAZ, Roberto; BOARETO, Luiz Alfredo; SOUZA NETO, Nelson. ISS sobre *leasing* – momento de a(in) firmação do sistema tributário brasileiro. *Revista Dialética de Direito Tributário*, São Paulo: Dialética, v. 163, abr. 2009, pp. 73-97 (87-88).

100. É oportuno enfatizar, em tempo, que não se cogitava da incidência do ICMS, o que ficou chancelado, posteriormente, no art. 3º, VIII, da LC n. 87/96, que afastou a incidência do ICMS sobre o arrendamento mercantil.

No plano jurisprudencial, vale a pena observarmos as idas e vindas do tema no **STJ** e, também, no **STF**.

No **STJ**, a matéria se tornou bastante controvertida: enquanto a 1ª Turma, unânime, acompanhava o **STF**, na linha da exigência do ISS, a 2ª Turma, também à unanimidade, defendendo a taxatividade da Lista, discordava da incidência. Aos poucos, o **STJ** caminhou para a solidificação da tese da incidência do ISS, o que se pode notar na ementa abaixo:

> **EMENTA:** TRIBUTÁRIO. ISS. *LEASING*. I. O ISS tem incidência nas operações de arrendamento mercantil (*leasing*), na forma dos precedentes deste Tribunal. II. Recurso a que se nega provimento. **(REsp 836/SP, rel. Min. Pedro Acioli, 1ª T., j. em 24-10-1990)**

Nessa senda, não demorou para que, em **1995**, o **STJ** viesse a editar a conhecida **Súmula n. 138**, corroborando a tese da incidência do ISS sobre o arrendamento mercantil: *"O ISS incide na operação de arrendamento mercantil de coisas móveis"*[101].

> Note o item considerado **INCORRETO**, em prova realizada pela Serctam, para o cargo de Assistente Jurídico da Prefeitura de Quixadá/CE, em 2016: *"Segundo o entendimento sumulado do STJ, o ISS não incide na operação de arrendamento mercantil de coisas móveis"*.

Curiosamente, com o passar do tempo, o **STJ**, em alguns casos, andou revendo seu entendimento e afastando o teor da Súmula n. 138, por conceber que a matéria deveria ser apreciada pelo **STF**, em razão de seus contornos constitucionais. Ademais, alguns Ministros – *v.g.*, Ilmar Galvão, com expressividade – relutavam em aceitar a tese da incidência, por associarem o *leasing* a um nítido financiamento[102]. Nessa mudança de entendimento, o **STJ** – pelo menos, em parte – passou a defender que o *leasing* não albergava uma prestação de serviço, o que deveria servir para afastar a incidência do ISS.

Observe que a matéria no **STJ** partiu de um cenário de controvérsia (não incidência *versus* incidência, à luz da divergência entre as Turmas), passando por um contexto de cartesiana incidência (Súmula n. 138) e, finalmente, retomando, até certo ponto, o panorama da controvérsia (não incidência *versus* incidência).

De outro lado, no STF, a controvérsia também ganhou destaque. Em 1985, um pouco antes da LC n. 56/87 – que equiparou o *leasing* à locação de bens no item 79 –, a Corte Suprema já havia acolhido a tese da incidência do ISS. Com isso, afastou, à época, a taxatividade absoluta da Lista, porquanto passou a admitir a interpretação ampliativa de seus fatos geradores:

---

101. V. FERRAZ, Roberto; BOARETO, Luiz Alfredo; SOUZA NETO, Nelson. ISS sobre *leasing* – momento de a(in)firmação do sistema tributário brasileiro. *Revista Dialética de Direito Tributário*, São Paulo: Dialética, v. 163, abr. 2009, pp. 73-97 (89).

102. *Idem*.

> **EMENTA:** ISS. ARRENDAMENTO MERCANTIL DE COISAS MÓVEIS (*LEASING*). INCIDÊNCIA DO ISS. SUBSUNÇÃO NO ITEM 52 DA LISTA DE SERVIÇOS. Razoável o entendimento de que a prestação habitual, pela empresa, de serviço consubstanciado no arrendamento mercantil (*leasing*) de bens móveis, está sujeita ao ISS, em correspondência à categoria prevista no item 52 da Lista. Recurso extraordinário não conhecido. **(RE 106.047, rel. Min. Rafael Mayer, 1ª T., j. em 19-11-1985. Observação: na mesma trilha, seguiram o RE 107.864-2/1986; e o RE 108.665-3/1986)**

Curiosamente, em 2000, o entendimento no **RE 116.121/SP** veio demonstrar uma mudança de interpretação. O **STF** passou a adotar a ideia da não incidência do ISS sobre a locação de bens móveis, atividade que apresenta forte similitude com o *leasing*.

Em dezembro de 2009, reconhecendo a *repercussão geral* da matéria (art. 543-B, CPC), o STF julgou em sessão plenária dois recursos extraordinários (RE 547.245/SC e RE 592.905/SC), acerca da incidência do ISS sobre operações com arrendamento mercantil. Na oportunidade, entendeu que, dependendo do tipo de arrendamento mercantil, poderá haver uma prestação de serviço ou, diferentemente, uma locação de bem. No primeiro caso, próprio do *leasing* financeiro (e também do chamado "*lease-back*"), haveria a incidência do ISS, independentemente de haver ou não opção de aquisição do bem; no segundo, peculiar ao "*leasing* operacional", por se tratar de mera locação de bens, prevaleceria a não incidência do imposto.

A fim de tornar os conceitos mais claros, vale a pena transcrever as fáceis definições de Hugo de Brito Machado[103], quanto às modalidades de *leasing*:

> O *leasing operacional* é aquele em que o fabricante de um bem o dá em locação a quem dele fará uso. O *leasing financeiro* é aquele em que uma instituição financeira adquire bens de um fabricante ou fornecedor e entrega o uso e gozo destes ao arrendatário, mediante o pagamento de uma contraprestação periódica, ao final da locação abrindo-se a este a possibilidade de devolver o bem à arrendadora, renovar a locação ou adquiri-lo pelo preço residual combinado no contrato. O *lease-back* é aquele em que o proprietário de um bem vende esse bem a uma instituição financeira que o arrenda ao próprio vendedor. Em outras palavras, podemos dizer que no *lease-back* a instituição financeira adquire o bem e o arrenda a seu alienante.
> Como se vê, o que há de comum nas três espécies de *leasing* é a colocação de um bem à disposição de alguém que sem o comprar passa a utilizá-lo como arrendatário. Em qualquer delas, há um bem que é utilizado pelo arrendatário para atender suas necessidades. E há também um financiamento. É, na verdade, um contrato típico, com peculiaridades próprias, que não se confunde com nenhum outro contrato. **(Grifos nossos)**

103. MACHADO, Hugo de Brito. O ISS e o Arrendamento Mercantil. *Revista Dialética de Direito Tributário*, São Paulo: Dialética, v. 185, fev. 2011, pp. 63-75 (74).

Nesse passo, o **STF** associou o arrendamento mercantil, propriamente dito, ao *leasing operacional*, em que prevalecia a ideia de "locação" – consequentemente, com o afastamento da incidência do ISS. Por outro lado, aquela Corte atrelou o *leasing financeiro* à modalidade clássica ou pura de *leasing* – e, aliás, a mais comum, na prática –, em que preponderava o fator "financiamento", e, portanto, **passível de incidência do ISS**.

Note o item considerado **CORRETO**, em prova realizada pelo Cespe/UnB, para o cargo de Defensor Público Federal de 2ª Categoria (4º Concurso), em 2010: *"Compete aos municípios instituir o ISS sobre o 'leasing' financeiro, uma vez que o 'leasing' é contrato complexo e não se confunde com contratos de aluguel, compra e venda ou com operação de crédito"*.

Em termos conclusivos, podemos dizer que a matéria ficou assim decidida no âmbito do STF:

1. **Validade do RE n. 116.121**, a par da Súmula Vinculante n. 31, em que se preconiza a não incidência do ISS sobre as "operações de locação de bens móveis", o que vale, extensivamente, à modalidade do *leasing* operacional;
2. **Não aplicação do RE n. 116.121 e da Súmula Vinculante n. 31** a certo tipo de arrendamento mercantil – o *leasing* financeiro (e também ao "*lease-back*"), no qual prevalece a incidência do ISS.

Observe que a discussão, no **STF**, partiu de um cenário de incidência (vários julgados, a partir de 1985), passando por um contexto de não incidência (no emblemático RE 116.121/SP), e, finalmente, em 2009, retomando, até certo ponto, o panorama da controvérsia (incidência tributária, *v.g.*, no *leasing* financeiro, com os RREE 547.245/SC e 592.905/SC).

2.6.4 O ISS e as atividades bancárias

Quanto aos serviços desempenhados pelas instituições bancárias, é sabido que são eles marcados pela complexidade e diversificação das atividades que lhe são peculiares: empréstimos, financiamentos, descontos de títulos, aplicações financeiras, entre outras[104]. Tal variedade tem levado, em alguns casos, até mesmo à cogitação de incidência do próprio IOF.

Os superados itens 95 e 96 do anterior DL n. 406/68, que tratavam da incidência do ISS na atividade, foram substituídos pelos atuais (sub)itens 15 a 15.08 da Lista anexa à LC n. 116/2003, que podem ser assim resumidos:

104. *V.* PAULSEN, Leandro; MELO, José Eduardo Soares de. *Impostos federais, estaduais e municipais*, 6. ed., pp. 315-317.

Item 15: serviços relacionados ao setor bancário ou financeiro;
Item 15.01: administração de fundos, de consórcio, de cartão de crédito/débito, de carteira de clientes, de cheques;
Item 15.02: abertura e manutenção de contas em geral, no País e no exterior;
Item 15.03: locação e manutenção de cofres particulares e de terminais (eletrônicos e de atendimento);
Item 15.04: fornecimento de capacidade financeira e congêneres;
Item 15.05: gestão dos bancos cadastrais (emitentes de cheques sem fundos e outros);
Item 15.06: emissão de documentos em geral; licenciamento eletrônico de veículos; agenciamento fiduciário ou depositário; devolução de bens em custódia;
Item 15.07: acesso, movimentação, atendimento e consulta a contas em geral;
Item 15.08: contratos e operações de crédito; aval, fiança e congêneres.

A principal dúvida acerca do tema diz respeito à natureza do serviço prestado pelo estabelecimento bancário: se ele é dirigido ao fim precípuo da instituição – e, portanto, configurando-se fato gerador do ISS (**Súmula n. 424 do STJ**) –, ou se, diferente e acessoriamente, relaciona-se às atividades internas do Banco, não havendo que se falar em serviço bancário propriamente dito.

É relevante lembrar que o tema já fora tratado, em 1976, na vetusta **Súmula n. 588 do STF** ("*O imposto sobre serviços não incide sobre os depósitos, as comissões e taxas de desconto, cobrados pelos estabelecimentos bancários*").

Note o item (adaptado) considerado **CORRETO**, em prova realizada pela FGV, para o cargo de Procurador do Município de Niterói/RJ (PGM), em 2014: "*O Município X publica lei prevendo, com fundamento na LC (nacional) n. 116/2006, a incidência do ISS sobre serviços bancários. A lei em questão prevê que a base de cálculo do tributo será composta (I) pelos depósitos bancários, (II) pelas comissões auferidas pela instituição financeira e (III) pelas taxas de desconto cobradas pelo estabelecimento bancário. A esse respeito, é possível afirmar que nenhum dos três elementos indicados no enunciado pode compor a base de cálculo do ISS*".

Note o item considerado **INCORRETO** em prova realizada pela Serctam, para o cargo de Advogado da Prefeitura de Quixadá/CE, em 2016: "*Segundo o entendimento sumulado do STF e do STJ, o imposto sobre serviços incide sobre os depósitos, as comissões e taxas de desconto, cobrados pelos estabelecimentos bancários*".

Ora, tais práticas internas, na condição de operações bancárias originárias, correspondem aos serviços de expediente que apenas servem para viabilizar o desempenho das atividades-fim das instituições financeiras. Com efeito, o **art. 2º, III, da LC n. 116/2003** dispõe que "*o imposto não incide sobre o valor intermediado no mercado de títulos e valores mobiliários, o valor dos depósitos bancários, o principal, juros e acréscimos moratórios relativos a operações de crédito realizadas por instituições financeiras*".

Note o item considerado **INCORRETO**, em prova realizada pela COMPASS, para o cargo de Auditor fiscal de Tributos Municipais da Prefeitura Municipal de Carpina/PE, em 2016: "*O ISS incide sobre o valor intermediado no mercado de títulos e valores mobiliários, o valor dos depósitos bancários, o principal, juros e acréscimos moratórios relativos a operações de crédito realizadas por instituições financeiras*".

A propósito, observe alguns casos emblemáticos colhidos da jurisprudência:

1. EMENTA: "(...) Os serviços de datilografia, estenografia, secretaria, expediente etc. prestados pelos Bancos não possuem caráter autônomo, pois se inserem no elenco das operações bancárias originárias, executadas, de forma acessória, no propósito de viabilizar o desempenho das atividades-fim inerentes as instituições financeiras (...)". **(REsp 69.986/SP, rel. Min. Demócrito Reinaldo, 1ª T., j. em 02-10-1995)**

2. EMENTA: "(...) Da análise dos itens 95 e 96 da aludida lista, conclui-se que o ISS aplica-se aos serviços de cobrança de títulos descontados, não tendo incidência sobre as atividades de abertura de crédito, de adiantamento a depositantes, de compensação de cheques e de títulos e de saque no caixa eletrônico Recurso especial parcialmente provido, com a devida vênia do voto da insigne Relatora". **(REsp 325.344/PR, rel. Min. Eliana Calmon, rel. p/ Ac. Min. Franciulli Netto, 2ª T., j. em 07-11-2002)**

Posto isso, as ações, auxiliares e acessórias, inseridas no procedimento ordinário das operações bancárias, deixam de revestir a autonomia peculiar do tributável serviço do ISS.

2.6.5 O ISS e os trabalhos gráficos

As atividades relacionadas às gráficas constavam do item 53 da anterior Lista anexa ao DL n. 406/68 (Item 53: "composição gráfica, clicheria, zincografia, litografia e fotolitografia").

O **STF**, no RE 84.387/SP, já em 1976, deixou claro que "os serviços de composição gráfica (feitura e impressão de notas fiscais, talões, cartões, etc.) sujeitam-se apenas ao ISS". No presente caso, o STF enalteceu que na tipografia, ainda que se utilizem tinta, papel e outros insumos, tudo fica absorvido pela impressão realizada, ou seja, pelo serviço prestado.

Em 1985, o **STF**, no RE 106.069-7, ratificou a incidência do imposto municipal quando associou à atividade de empresa gráfica, sujeita ao ISS, "a feitura de rótulos, fitas, etiquetas adesivas e de identificação de produtos e mercadorias, sob encomenda e personalizadamente".

Em 1987, a LC n. 56, em seu item 77, sacramentou a possibilidade de incidência do ISS, o que foi reproduzido pela ulterior – e atual – LC n. 116/2003, em seu item 13.05.

Quase uma década depois, em **1996**, o **STJ** editou a **Súmula n. 156**, segundo a qual "*a prestação de serviço de composição gráfica personalizada e sob encomenda, ainda que envolva fornecimento de mercadorias, está sujeita apenas ao ISS*".

Note o item considerado **INCORRETO**, em prova realizada pela Serctam, para o cargo de Assistente Jurídico da Prefeitura de Quixadá/CE, em 2016: "*Segundo o entendimento sumulado do STJ, a prestação de serviço de composição gráfica, personalizada e sob encomenda, que envolva fornecimento de mercadorias, não está sujeita, apenas, ao ISS*".

No caso, enfatizou-se que, caso o impresso personalizado (*v.g.*, capas de disco, etiquetas) venha a incorporar-se a produto comercializável, ou seja, acompanhando mercadoria em revenda, deve incidir tão somente o ISS. Um bom exemplo também se vê na impressão personalizada dos "talonários de cheque", o que deve avocar a exclusiva incidência do ISS. Da mesma forma, o raciocínio vale para as impressões gráficas sob encomenda estampadas em caixas para embalagens.

Com efeito, segundo o entendimento prevalecente na jurisprudência, os serviços personalizados feitos em conformidade com o interesse exclusivo do cliente são distintos dos serviços destinados ao público em geral. A propósito, para o **STJ**, "a 'industrialização por encomenda' caracteriza prestação de serviço sujeita à incidência de ISS, e não de ICMS" (**AgRg no AREsp 207.589/RS, rel. Min. Humberto Martins, 2ª T., j. em 06-11-2012**).

Como se nota, esse quadro de incidência exclusiva de ISS nos serviços gráficos personalizados encontrava-se, de há muito, pacificado nos tribunais, até mesmo antes da Constituição Federal de 1988[105].

Não obstante, a *Associação Brasileira de Embalagem* (ABRE) e a *Confederação Nacional da Indústria* (CNI) propuseram ações diretas de inconstitucionalidade (ADI 4.389 MC/DF e ADI 4.413 MC/DF, respectivamente, uma apensada à outra) contra o art. 1º, *caput* e § 2º, da LC n. 116/2003 (e subitem 13.05 da lista de serviços a ela anexa), propugnando pela não incidência do ISS.

O mote da discussão estava no possível conflito de competência entre o ISS (já sacramentado como o imposto certo) e o ICMS (para o defesa, o imposto "possível"). A complexidade da situação foi retratada nas palavras do então Ministro Relator de ambas as ADIs, Joaquim Barbosa, para quem a celeuma tornava-se patente, uma vez que "*a diferença entre prestação de serviços e operação de circulação de mercadorias seria sutil e que, no caso, nenhuma qualidade intrínseca à produção de embalagens resolveria o impasse relativamente ao aparente conflito entre o ISS e o ICMS nos serviços gráficos*".

Com efeito, uma *embalagem* possui distintos propósitos no ciclo produtivo de um bem: pode, de um lado, permitir a conservação das propriedades físico-químicas dos produtos, ou seja, tendo uma função técnica na industrialização (*v.g.*, caixa de sabão em pó, os remédios em geral), e, de outra banda, apenas servir como instrumento de transporte ou manuseio de produtos (*v.g.*, sacola de plástico ofertada aos clientes de supermercados), no bojo da confecção de embalagens personalizadas. No primeiro caso, a embalagem integra o processo de circulação da mercadoria, uma vez que é produzida em escala industrial para atender a demanda do encomendante;

105. No **STF**, citem-se os seguintes julgados: **(I) RE 92.927/SP**, rel. Min. Moreira Alves, 2ª T., j. em 09-02-1980; **(II) RE 95.954/SP**, rel. Min. Cordeiro Guerra, 2ª T., j. em 12-03-1982; **(III) RE 101.346/SP**, rel. Min. Djaci Falcão, 2ª T., j. em 20-03-1984; **(IV) RE 102.482/SP**, rel. Min. Djaci Falcão, 2ª T., j. em 19-06-1984; **(V) RE 102.608/SP**, rel. Min. Néri da Silveira, 1ª T., j. em 20-11-1984; e **(VI) RE 102.948/SP**, rel. Min. Djaci Falcão, 2ª T., j. em 14-08-1984.

no último caso, a embalagem, não sendo mercadorias (ou insumos), nem se destinando à venda, faz com que os produtos dela prescindam. Aliás, aqui o consumidor final não é o encomendante, mas o consumidor final.

O **STF**, em decisão unânime no Plenário (13-04-2011), ainda que em sede de medida cautelar, analisou as duas ADIs, assim disciplinando:

> **(I) quanto ao pedido da CNI – ADI 4.413 MC/DF** (versando sobre a situação nos contratos entre produtor e indústria gráfica, para a produção de material inteiramente destacado e independente do produto final, como manuais de instrução, adesivos e bulas): **trata-se de "prestação de serviços" (obrigação de fazer), com incidência do ISS.**
>
> **(II) quanto ao pedido da ABRE – ADI 4.389 MC/DF** (versando sobre situação nas operações de industrialização por encomenda de embalagens destinadas à integração ou à utilização direta em processo subsequente de industrialização ou de circulação de mercadoria): **a mercadoria é típico insumo (obrigação de dar), com incidência do ICMS.**

2.6.6 O ISS e a incorporação imobiliária

A incorporação imobiliária (Lei n. 4.591/64) é um negócio jurídico com a finalidade de promover e realizar construção civil voltada para alienação de unidades edificadas autônomas[106]. Na atividade, o construtor pode ser um terceiro ou o próprio incorporador (dando-se ensejo à chamada "incorporação direta"). No primeiro caso, segundo o **STJ (REsp 1.166.039/RN, 2ª T., rel. Min. Castro Meira, j. em 1º-06-2010)**, temos uma típica prestação de serviço de construção civil, constante do subitem 7.02 da Lista anexa à LC n. 116/2003, outrora previsto, com menor detalhamento, no item 32 do DL n. 406/68. Note-o:

> **Subitem 7.02**: Execução, por administração, empreitada ou subempreitada, de obras de construção civil, hidráulica ou elétrica e de outras obras semelhantes, inclusive sondagem, perfuração de poços, escavação, drenagem e irrigação, terraplanagem, pavimentação, concretagem e a instalação e montagem de produtos, peças e equipamentos (exceto o fornecimento de mercadorias produzidas pelo prestador de serviços fora do local da prestação dos serviços, que fica sujeito ao ICMS).

De outra banda, o construtor pode ser o próprio incorporador, afastando-se o ISS, no âmbito da mencionada "incorporação direta". Nesta, o incorporador constrói em terreno próprio, por sua conta e risco, para depois vender as unidades autônomas por preço que compreende a cota do terreno somada à construção. Enquanto ele assume o risco da construção, obrigando-se a entregá-la pronta, o adquirente objetiva a posterior aquisição da propriedade, mediante o pagamento do preço acordado.

---

106. *V.* PAULSEN, Leandro; MELO, José Eduardo Soares de. *Impostos federais, estaduais e municipais*, 6. ed., p. 308.

Assim, o incorporador não presta serviço de "construção civil" ao adquirente, mas para si próprio. Desse modo, não incide o ISS na incorporação direta, já que não se tem uma prestação de serviços em favor de terceiros (serviço-fim), mas um inequívoco "serviço-meio", composto de etapas intermediárias cuja realização vai beneficiar o próprio prestador.

Portanto, não incide o ISS na incorporação direta, uma vez que tal atividade compõe-se de fases intermediárias realizadas em benefício do próprio construtor, no caso, o incorporador.

2.6.7 *O ISS e as franquias ("franchising")*

No contrato de franquia (Lei n. 8.955/94), que se estabelece entre o franqueador e o franqueado, há uma cessão de direito de uso de marca (ou patente), acompanhado do direito de distribuição exclusiva de produtos ou serviços e do direito de uso de tecnologia de implantação e administração de negócio[107]. Vale dizer que o franqueador deverá ofertar ao franqueado a licença para uso da marca, a assistência técnica adequada e, finalmente, a garantia do fornecimento dos bens comercializáveis. Assim, o contrato de franquia possui natureza complexa ou híbrida, mas, ao mesmo tempo, por ser autônomo – e não se confundir com nenhuma outra categoria –, não pode ser associado a um contrato de locação de bens móveis.

É fácil perceber, neste tipo de ajuste, o forte objetivo participativo entre as partes. Daí se falar que não há, em princípio, prestação de serviço entre franqueado e franqueador, mas um envolvimento mútuo e bilateral, de colaboração recíproca, marcado pela existência de direitos e deveres para ambas as partes.

Portanto, na visão do **STJ** – pelo menos, até o advento da LC n. 116/2003 –, o contrato de franquia afastava o contexto de prestação de serviços e, *ipso facto*, rechaçava a incidência do ISS[108]. Esse era o entendimento da Corte Superior até o advento da LC n. 116/2003, que, diferentemente, acabou por estabelecer, no item 17.08 de sua anexa Lista, a incidência do gravame ("Subitem 17.08 – Franquia – *franchising*").

Tal reviravolta[109] fez com que o **STJ** revisse a posição[110], chancelando a normal incidência do ISS, precisamente no caso dos serviços realizados por agências franqueadas dos Correios[111]. Em 23 de outubro de **2014**, a 2ª Turma do **STJ**, no **RMS 46.170/MS** (rel. Min. Humberto Martins), entendeu que a instituição assistencial/educacional sem fins lucrativos, franqueada da ECT – Empresa Brasileira de Correios e Telégrafos, não deve desfrutar da imunidade tributária quanto ao ICMS, uma vez que "*a atividade econômica franqueada dos Correios foge dos fins institucionais da*

107. *V.* PAULSEN, Leandro; MELO, José Eduardo Soares de. *Impostos federais, estaduais e municipais*, 6. ed., p. 318-320.

108. *V.* REsp 221.577/MG, rel. p/ Ac. Min. José Delgado, 1ª T., j. em 23-09-1999.

109. A "virada jurisprudencial" é relatada por PAULSEN, Leandro; MELO, José Eduardo Soares de. *Impostos federais, estaduais e municipais*, 6. ed., pp. 319-320.

110. *V.* EDCl no REsp 1.066.071/SP, rel. ex-Min. Teori Albino Zavascki, 1ª T., j. em 23-02-2010.

111. *V.* REsp 978.719/SP, rel. Min. Eliana Calmon, 2ª T., j. em 05-05-2009.

entidade, ou seja, o serviço prestado não possui relação com seus trabalhos na área de assistência social, ainda que o resultado das vendas seja revertido em prol das suas atividades essenciais". Frise-se que tal entendimento dado às franquias não afeta o que já se estabeleceu, no STF, no âmbito das *imunidades tributárias* (IPTU, IPVA e o próprio ICMS), para a ECT – *Empresa Brasileira de Correios e Telégrafos.*

A propósito, é bom relembrar que o serviço postal e o correio aéreo são atividades consideradas imunes a impostos, no entendimento do STF, uma vez que a ECT é uma empresa pública que desempenha serviços dotados de estatalidade e, portanto, merecedores da imunidade recíproca (art. 150, § 2º, CF).

2.6.8 O ISS e o "Factoring"

Factoring (ou faturização) é o negócio jurídico, bastante semelhante ao desconto bancário, em que se negocia, por meio de agências de fomento mercantil, determinado crédito com ulterior cobrança de juros, à margem das exigências burocráticas e negociais das instituições financeiras.

A sistemática sempre foi bem aceita por empresas, sobretudo aquelas que necessitavam de capital de giro, colocando-se à disposição do cessionário (faturizador ou *factor*) seus créditos ("recebíveis") contra terceiros. Nota-se em tal contrato a presença de variadas figuras jurídicas – financiamento, cobrança, cessão de créditos –, o que o torna atípico e complexo[112].

O **STJ**[113] não vê o *factoring* como atividade própria do sistema financeiro nacional, o que lhe é obstativo da aplicação dos juros permitidos pelas instituições financeiras. Com efeito, não se pode confundir o *factoring* com as operações tipicamente bancárias, privativas das instituições financeiras, cuja prática – adstrita à intermediação financeira de recursos, com enfoque na aquisição de direitos creditórios – depende de autorização governamental, tais como o empréstimo e o desconto de títulos (art. 17 da Lei n. 4.595/64). Nesse passo, o **STJ** nega a incidência de ISS sobre compras de direitos creditórios que resulte de vendas mercantis a prazo (compras de duplicatas contra terceiros) ou, até mesmo, de prestações de serviços[114].

Aliás, para se bem entender a não incidência do ISS em tal campo, é necessário diferenciarmos as duas principais atividades de uma empresa de *factoring*:

1. *compra de faturamento*, o que se dá por meio de cessão de crédito (da empresa cedente) e correspondente aquisição de direito creditório pelo faturizador (cessionário);

2. *assessoria creditícia e gestão financeira* de crédito, feitas pelo faturizador.

112. V. PAULSEN, Leandro; MELO, José Eduardo Soares de. *Impostos federais, estaduais e municipais*, 6. ed., p. 320.

113. V. REsp 119.705/RS, rel. Min. Waldemar Zveiter, 3ª T., j. em 07-04-1998.

114. V. REsp 552.076/RS, rel. Min. Denise Arruda, 1ª T., j. em 19-06-2007.

É fácil perceber que não há prestação de serviços no *item 1*, mas, por outro lado, há prestação de serviços no *item 2*. Daí se falar que a mera compra de faturamento não é prestação de serviço e, portanto, afastado será o ISS – o que se ratifica, aliás, na jurisprudência do **STJ**. Todavia, haverá fato gerador do imposto na atividade financeira de gestão creditícia. Acerca do tema, **o subitem 17.23 da anexa Lista da LC n. 116/2003** prevê o campo de incidência:

> **Subitem 17.23** – Assessoria, análise, avaliação, atendimento, consulta, cadastro, seleção, gerenciamento de informações, administração de contas a receber ou a pagar e em geral, relacionados a operações de faturização (*factoring*).

A propósito dessa dualidade (não incidência *versus* incidência), Aires F. Barreto[115] ensina com mestria:

> Empresas de *factoring* há, todavia, que, paralelamente à aquisição de créditos, se dedicam a outros misteres, muitos até para tornar mais eficaz o recebimento desses créditos. Essas atividades adicionais configuram, em sua grande maioria, serviços tributáveis pelo ISS. (...) Diante de empresa que componha este segundo grupo, as atividades configuradoras de serviço sujeitar-se-ão ao ISS, na medida dos respectivos valores. Mas nestes não poderão ser agregados aqueles decorrentes da mera aquisição de títulos de crédito que seguirão inalcançáveis pelo ISS. Em outras palavras, o fato de a empresa de *factoring* dedicar-se – ao lado da aquisição de créditos – a atividades sujeitas ao ISS, não transforma as de compra de direitos creditórios em prestação de serviços. Nesse caso, conviverão, simultaneamente, atividades de prestação de serviços com outras que de serviço não têm nada. Cabe exigir ISS das primeiras, mas nunca das últimas.

Por fim, é importante frisar que a pessoa física ou jurídica que alienar direitos creditórios decorrentes da venda a prazo às empresas que se dedicam ao *factoring* sujeita-se à cobrança do IOF (art. 58 da Lei n. 9.532/97).

2.6.9 O ISS e a inclusão na base de cálculo do PIS e da COFINS

Em 10 de junho de **2015**, a 1ª Seção do **STJ**, por 7 votos a 2, no julgamento do **REsp 1.330.737/SP** (rel. Min. Og Fernandes), em sede de recurso repetitivo, entendeu pela **legalidade da inclusão** Imposto sobre Serviços (ISS) na base de cálculo do PIS e da Cofins, na sistemática não cumulativa. Em outras palavras, na visão da Corte Superior, o ISS, conquanto pertença aos Municípios e ao Distrito Federal, ao integrar o preço do serviço, seria receita sujeita a incidência das referidas contribuições federais. Para o relator, Ministro Og Fernandes, o valor atribuído ao serviço é verdadeiramente suportado pelo beneficiário da prestação, incrementando o patrimônio da

115. BARRETO, Aires F. *ISS na Constituição e na lei*. 2. ed. São Paulo: Dialética, 2005, p. 144.

entidade prestadora. Portanto, o ISS, ao integrar o conceito de receita bruta ou faturamento, não pode ser deduzido da base de cálculo do PIS e da Cofins.

Nota-se que, aos poucos, vem sendo sedimentada, por força pretoriana, a ideia de que não se impede a incidência de imposto sobre imposto ou de tributo sobre tributo. Aliás, não é de hoje que se convive com essas sobreposições de incidências. Tal orientação intelectiva baseia-se no pensamento, adotado, por exemplo, na Corte Superior, de que é "legítima a incidência de tributo sobre tributo ou imposto sobre imposto, salvo determinação constitucional ou legal expressa em sentido contrário, não havendo aí nenhuma violação, *a priori*, ao princípio da capacidade contributiva". E tal linha de pensamento desfruta de eloquente chancela, tanto no STJ, como no STF. Note alguns exemplos de incidências de "tributos sobre tributos", sistematizados visualmente no quadro a seguir:

<table>
<tr><th>HIPÓTESE</th><th>TRIB.</th><th>RECURSO</th><th>ÓRGÃO</th><th>RELATOR</th><th>DATA</th></tr>
<tr><td>ICMS sobre o ICMS</td><td>STF</td><td>RE 582.461/SP</td><td>Pleno</td><td>Gilmar Mendes</td><td>18-05-11</td></tr>
<tr><td>PIS/PASEP/COFINS sobre PIS/PASEP/ COFINS</td><td>STJ</td><td>REsp 976.836/RS (Rep. Contr.)</td><td>1ª Seção</td><td>Luiz Fux</td><td>25-08-10</td></tr>
<tr><td>IRPJ e CSLL sobre a CSLL</td><td>STJ</td><td>REsp 1.113.159/ AM (Rep. Contr.)</td><td>1ª Seção</td><td>Luiz Fux</td><td>11-11-09</td></tr>
<tr><td>PIS/PASEP/COFINS sobre ISS</td><td></td><td>REsp 1.330.737/ SP (Rep. Contr.)</td><td>1ª Seção</td><td>Og Fernandes</td><td>10-06-15</td></tr>
<tr><td rowspan="3">IPI sobre o ICMS</td><td>STJ</td><td>1. REsp 675.663/ PR</td><td>2ª Turma</td><td>Mauro C. Marques</td><td>24-08-10</td></tr>
<tr><td>STJ</td><td>2. REsp 610.908/ PR</td><td>2ª Turma</td><td>Eliana Calmon</td><td>20-09-05</td></tr>
<tr><td>STJ</td><td>3. AgRg no REsp 462.262/SC</td><td>2ª Turma</td><td>Humberto Martins</td><td>20-11-07</td></tr>
</table>

Frise-se, ainda, que já foi reconhecida a repercussão geral com relação ao **ISS** no **STF** (Tema n. 118), na avaliação do **RE 592.616**, de relatoria do Ministro Celso de Mello, em que se discute a constitucionalidade, ou não, da *inclusão do ISS na base de cálculo do PIS e da Cofins*. Os autos estão conclusos ao relator, Ministro Celso de Mello, desde 11 de maio de **2017** e, de certo modo, o cenário é de compasso de espera do julgamento da **ADC n. 18/DF** (que trata do ICMS, como se estudará no próximo Capítulo), cujos autos estão conclusos ao mesmo relator, desde 12 de dezembro de **2014**.

Do ponto de vista interdisciplinar, vale lembrar que, em **15 de março de 2017**, começou a se desenhar um panorama definitivo no âmbito do **ICMS**, com o julgamento do **RE 574.706**. O Pleno do **STF**, por maioria e nos termos do voto da relatora, Ministra Cármen Lúcia (Presidente), apreciando o Tema 69 da repercussão geral e julgando o mérito do retrocitado recurso, deu-lhe provimento e fixou a seguinte tese: "*O ICMS não compõe a base de cálculo para a incidência do PIS e da Cofins*".

E os impactos dessa decisão do STF rapidamente se revelaram: o STJ passou a entender que o crédito presumido de ICMS não integra a base de cálculo do IRPJ e da CSLL (julgado em novembro de 2017) nem mesmo a base de cálculo do PIS e da COFINS (julgado em fevereiro de 2018). Observemos os detalhamentos:

Em 8 de novembro de **2017**, o **STJ** (**EREsp 1.517.492/PR**, rel. Min. Og Fernandes, rel. p/ ac. Minª. Regina Helena Costa, 1ª Seção) entendeu que o crédito presumido de ICMS não integra a base de cálculo do IRPJ e da CSLL. O novel veredicto se opõe à jurisprudência do próprio **STJ**, que se firmou nos últimos anos, no sentido de que "o crédito presumido do ICMS, ao configurar diminuição de custos e despesas, aumenta indiretamente o lucro tributável e, portanto, deve compor a base de cálculo do IRPJ e da CSLL" (**AgInt no REsp 1.603.082/SC, rel. Min. Herman Benjamin, 2ª T., j. em 22-09-2016**)[116].

De todo modo, a orientação agora prevalecente, que se pauta pela exclusão do ICMS da base de cálculo do IRPJ e da CSLL, respalda-se em alguns importantes fundamentos, entre outros: (**I**) o incentivo fiscal é o próprio estímulo estatal outorgado, o que o torna refratário à tributação mútua de outros entes políticos, em virtude da *imunidade recíproca*; (**II**) é fato que a associação do benefício a lucro franqueia à União a tributação, do que decorre a retirada, por via oblíqua, do incentivo fiscal outorgado pelo Estado-membro, entidade constitucionalmente competente para a benesse legal; (**III**) a sistemática estimula uma competição indireta entre a União e o Estado-membro, em desapreço à cooperação e à igualdade, pedras de toque da Federação; (**IV**) os incentivos fiscais são instrumentos legítimos de política fiscal, e a renúncia da parcela da arrecadação prende-se a importantes valores extrafiscais; (**V**) A tributação irradia efeitos indesejados sobre a autonomia da atividade tributante da pessoa política, colocando em xeque à organicidade do princípio federativo e à segurança jurídica.

Por sua vez, em 27 de fevereiro de **2018**, a 1ª Turma do **STJ** (**REsp 1.100.739/DF**, rel. Min. Sérgio Kukina), adequando-se ao entendimento do STF – em juízo de retratação (art. 1.040, II, do CPC/2015) –, ratificou a orientação de que o ICMS não compõe a base de cálculo para a incidência do PIS e da COFINS. Assim constou da ementa: "Considerando que o STF adotou entendimento diverso da jurisprudência firmada por esta Corte Superior nas Súmulas 68 e 94/STJ e em seu anterior repetitivo (REsp 1.144.469/PR, rel. p/ acórdão Min. Mauro Campbell Marques, 'DJe' 02/12/2016), é de rigor que o juízo de retratação seja feito pelo próprio STJ". Portan-

116. Para o aprofundamento desse linha intelectiva, ver, no **STJ**: (**I**) AgRg no REsp 1.448.693/RS, rel. Min. Mauro Campbell Marques, 2ª T., j. em 05-08-2014; (**II**) EDcl no REsp 1.349.837/SC, rel. Min. Humberto Martins, 2ª T., j. em 23-04-2013; (**III**) AgRg no REsp 1.266.868/PR, rel. Min. Herman Benjamin, 2ª T., j. em 04-04-2013; (**IV**) REsp 859.322/PR, rel. Min. Mauro Campbell Marques, 2ª T., j. em 14-09-2010.

to, hodiernamente, STF e STJ são uníssonos na orientação de que o ICMS <u>não</u> deve compor a base de cálculo do PIS e da COFINS.

Por fim, cumpre registrar, dada a estreita semelhança axiológica entre os casos, que o **STF**, hodiernamente, pugna pela inconstitucionalidade da inclusão do **ICMS**, tanto na base de cálculo do **IRPJ** e da **CSLL**, como na base de cálculo do **PIS** e da **COFINS**.

Para uma boa revisão, observe o quadro sinóptico, o qual sistematiza o enfrentamento da questão no **STJ/STF**:

IMPOSTO	ÓRGÃO	RECURSO	JULGAMENTO	VEREDICTO
ISS	STJ	REsp 1.330.737/SP	10-06-2015	INCLUSÃO na base de cálculo do PIS e da COFINS
	STF	RE 592.616 (Tema 118 – RG)	21-08-2019	Conclusos ao Ministro Relator Celso de Mello
DO PONTO DE VISTA INTERDISCIPLINAR, E QUANTO AO ICMS? (...)				
ICMS	STJ	a) 4 Súmulas antigas (TFR: 191 e 258; STJ: 68 e 94); b) REsp 1.144.469-PR.	a) 4 Súmulas: 1985, 1988, 1993 e 1994, respectivamente; b) 10 de agosto de 2016.	INCLUSÃO na base de cálculo do PIS e da COFINS (num primeiro momento, até o juízo de retratação, em 27-02-2018)
		REsp 1.100.739/DF	27-02-2018	EXCLUSÃO da base de cálculo do PIS e da COFINS
		EREsp 1.517.492/PR	08-11-2017	EXCLUSÃO da base de cálculo do IRPJ e da CSLL
	STF	RE 574.706 (Tema 69 – RG)	15-03-2017	EXCLUSÃO da base de cálculo do PIS e da COFINS

2.6.10 O ISS e as atividades (de administração) das operadoras de planos privados de assistência à saúde

Em 29 de setembro de **2016**, o Pleno do **STF**, no **RE 651.703 – Rep. Geral** (rel. Min. Luiz Fux), entendeu que "*as operadoras de planos privados de assistência à saúde (plano de saúde e seguro-saúde) realizam prestação de serviço sujeita ao Imposto Sobre Serviços de Qualquer Natureza – ISSQN, previsto no art. 156, III, da CF/88*".

O cerne da questão cingiu-se às particularidades da atividade desempenhada pelas empresas de seguro, vale dizer, se tal labor se resume a meros repasses de valores aos profissionais conveniados (uma *obrigação de dar*, portanto, sem fato gerador do ISS) ou, diferentemente, se há uma efetiva prestação de serviço (uma *obrigação de fazer*, portanto, um fato gerador do ISS). No primeiro caso, poder-se-ia argumentar que as atividades desenvolvidas pelas operadoras não têm natureza de prestação de serviços, mas sim uma "natureza securitária", passível de alcance pela tributação federal (o IOF, no caso). De modo oposto, a lista anexa à LC n. 116/2003 apresenta, claramente, como materialidades do ISS, nos **itens 4.22** e **4.23**, os serviços de "*planos de medicina de grupo ou individual e convênios para prestação de assistência médica, hospitalar, odontológica e congêneres*" e "*outros planos de saúde que se cumpram através de serviços de terceiros contratados, credenciados, cooperados ou apenas pagos pelo operador do plano mediante indicação do beneficiário*".

Com o julgamento, houve a chancela da incidência do gravame. Observemos um trecho da ementa que, fazendo menção à peculiar interpretação do conceito de "serviços" lapidada no RE 547.245 (citado alhures), indicou o encaminhamento da exegese que se estabeleceu no caso:

> (...) Consequentemente, o STF, no julgamento do RE 547.245/SC, ao permitir a incidência do ISS nas operações de *leasing* financeiro e *leaseback* teria sinalizado que a interpretação do conceito de "serviços" no texto constitucional tem um sentido mais amplo do que tão somente vinculado ao conceito de "obrigação de fazer". O conceito de prestação de serviços não teria, portanto, por premissa a configuração dada pelo Direito Civil. Seria, por outro lado, relacionado ao oferecimento de uma utilidade para outrem, a partir de um conjunto de atividades imateriais, prestados com habitualidade e intuito de lucro, podendo estar conjugada ou não com a entrega de bens ao tomador. Outrossim, e tendo em conta as premissas expostas, a natureza jurídica securitária alegada pelas operadoras de "planos de saúde" para infirmar a incidência do ISS não indicaria fundamento capaz de afastar a cobrança do tributo no caso em comento. Isso se daria porque, diferentemente dos "seguros-saúde", nos "planos de saúde" a garantia oferecida seria tão somente a utilidade obtida mediante a contratação do respectivo plano, o que não excluiria o fato de as atividades por elas desempenhadas – operadoras de plano de saúde e operadoras de seguro-saúde – serem "serviço". (...)

Nesse sentido, o ISS incide sobre a *comissão*, assim entendida como a receita auferida sobre a diferença entre o valor percebido pelo contratante (operadoras) e aquele que é repassado para os terceiros prestadores dos serviços médicos.

Em **28 de fevereiro de 2019**, o Pleno do **STF** deu provimento parcial aos Embargos de Declaração (Terceiros) ao **RE 651.703** (rel. Min. Luiz Fux), apenas para corrigir parte do texto da tese jurídica fixada ao momento do julgamento do citado Recurso Extraordinário – em 29 de setembro de 2016, conforme se noticiou no início deste tópico 2.6.10 –, dela excluindo-se a referência à expressão "seguro-saúde", hipótese não contemplada pela repercussão geral (Tema 581). Desse modo, a tese passou a ser: "*As operadoras de planos de saúde realizam prestação de serviço sujeita ao Imposto Sobre Serviços de Qualquer Natureza – ISSQN, previsto no art. 156, III, da CRFB/88*".

2.6.11 O ISS e o serviço de proteção ao crédito prestado por associação civil (sindical) sem fins lucrativos

Em 4 de outubro de **2018**, a **1ª Turma do STJ**, no **AREsp 654.401/SP** (rel. Min. Gurgel de Faria), entendeu que, "*por força do art. 8º do DL n. 406/1968 e com base no item 24 da lista anexa, incide o ISSQN sobre os serviços de proteção ao crédito, ainda que prestados por entidade sindical a seus associados*". No caso em tela, o *Sindicato do Comércio Varejista da Baixada Santista* se propôs a oferecer o serviço de "informações sobre a situação creditícia de pessoas que tenham anteriormente comprado mercadorias de seus associados" e o serviço de "cobrança, por conta e ordem dos mesmos associados, de valores devidos por terceiros, com quem aqueles associados tenham negociado". Para o **STJ**, deve haver a incidência do ISS sobre tal serviço, em face do disposto nos **itens 22 e 24 da lista anexa ao DL n. 406**:

> **ITEM 22.** Assessoria ou consultoria de qualquer natureza, não contida em outros incisos desta lista, organização, programação, planejamento, assessoria, processamento de dados, consultoria técnica, financeira ou administrativa;
>
> **ITEM 24.** Análises, inclusive de sistemas, exames, pesquisas e informações, coleta e processamento de dados de qualquer natureza.

A orientação fez coro ao veredicto já lapidado, em março de **1997**, pela 2ª Turma do **STJ**, no **REsp 41.630/SP** (rel. Min. Ari Pargendler), cuja ementa segue abaixo:

> **EMENTA:** TRIBUTÁRIO. ISS. SERVIÇO DE PROTEÇÃO AO CRÉDITO. A sociedade civil, que organizada sob o nome de "serviço de proteção ao crédito", mantém banco de dados, e que a base dele presta informações a associados, mediante paga, está sujeita ao ISSQN. Pouco importa que a remuneração do serviço seja dimensionada sem o propósito de lucro; a regra de tributação desse imposto independe do resultado da atividade, interessando-lhe apenas o fato econômico da circulação de bens imateriais, na espécie caracterizado pelo preço pago, a cada consulta, pelas informações obtidas. Recurso especial conhecido e provido.

Em tempo, é importante frisar que a imunidade prevista no art. 150, VI, "c", da CF é restrita às "entidades sindicais dos trabalhadores", razão pela qual não se aplica à hipótese.

O dilema que ora sobressai é que o próprio **STJ**, em sua **2ª Turma**, já havia se posicionado na direção oposta, em maio de **2015**, no **REsp 1.338.554/RS** (rel. Min. Humberto Martins), quando entendeu pela não incidência do ISSQN sobre o "serviço de consulta a cadastros de proteção ao crédito", prestado pela *Câmara de Dirigentes Lojistas de Caxias do Sul* (associação civil sem fins lucrativos) a seus associados (os diretores das lojas). Na ocasião, a Corte Superior baseou-se em entendimento anterior da mesma **2ª Turma**, exarado em novembro de **2001**, no **REsp 61.926/RJ** (rel. Min. Francisco Peçanha Martins), quando se afastou o ISS do *Clube dos Diretores Lojistas do Estado do Rio de Janeiro* (CDL).

Posto isso, o tema ainda se revela vocacionado a novas discussões, haja vista a polarização intelectiva, de longa data, entre as duas Turmas do STJ.

3 ESTUDO DO ITBI

IMPOSTO	ITBI
Nomen juris	Imposto sobre a transmissão *inter vivos*, a qualquer título, por ato oneroso, de bens imóveis, por natureza ou acessão física, e de direitos reais sobre imóveis, exceto os de garantia, bem como cessão de direitos a sua aquisição
Artigos	Arts. 35 a 42 do CTN e art. 156, II da CF

3.1 Competência e sujeito ativo

No plano histórico, o ITBI surgiu no Direito brasileiro no início do século XIX (em 1809), à luz do Alvará 3[117], tendo aparecido pela primeira vez no texto constitucional de 1891.

Nas Constituições que se seguiram, o imposto assumiu a forma de gravame estadual, o que perdurou até a Constituição de 1988.

O **art. 156, II, da Carta Magna** estabelece ser de competência dos **Municípios** a instituição do ITBI. Observe-o:

Note o item considerado **INCORRETO**, em prova realizada pela FEPESE, para o cargo de Procurador do Município da Prefeitura de Palhoça/SC, em 2014: *"Compete ao Município do domicílio do adquirente instituir e cobrar o imposto transmissão 'inter vivos', a qualquer título, por ato oneroso, de bens imóveis, por natureza ou acessão física, e de direitos reais sobre imóveis".*

Note o item considerado **CORRETO**, em prova realizada pela FUNDEP, para o cargo de Advogado da Câmara Municipal de Itabirito/MG, em 2016: *"Compete aos Municípios instituir impostos sobre a propriedade predial e territorial urbana e sobre a transmissão 'inter vivos'".*

Art. 156. Compete aos Municípios instituir imposto sobre: (...)

II – transmissões *inter vivos*, a qualquer título, por ato oneroso, de bens imóveis, por natureza ou acessão física, e de direitos reais sobre imóveis, exceto os de garantia, bem como cessão de direitos a sua aquisição. (...)

Note o item considerado **CORRETO**, em prova realizada pelo IBFC, para o cargo de Advogado da Câmara de Franca/SP, em 2016: *"Integra a competência tributária municipal a instituição de impostos sobre transmissão 'inter vivos', a qualquer título, por ato oneroso, de bens imóveis, por natureza ou acessão física, e de direitos reais sobre imóveis, exceto os de garantia, bem como cessão de direitos à sua aquisição".*

117. *V.* MARTINS, Ricardo Lacaz. *Tributação das heranças e doação.* Dissertação (Mestrado) – Faculdade de Direito da Universidade de São Paulo – FADUSP, São Paulo, 1998, p. 142.

Note o item considerado **INCORRETO**, em prova realizada pelo IESES, para o cargo de Titular de Serviços de Notas e de Registros – Provimento (TJ/SC), em 2019: *"O ITBI não incide sobre a transferência onerosa do domínio útil de bens imóveis"*.

O ITBI (ou ITIV), também conhecido por *sisa* – termo que vem do francês *saisine*, significando "posse"[118] – é de *competência do* **Município da situação do bem**, conforme o atual inciso II e § 2º, II, ambos do art. 156 da CF. Daí se afirmar que o superado **art. 35 do CTN**, ao prever, na esteira da Constituição Federal anterior, a figura do "ITBI estadual", apresenta-se atualmente derrogado. Veja-o:

Note o item considerado **INCORRETO**, em prova realizada pela VUNESP, TJ-SP, para o cargo de Titular de Serviços de Notas e de Registros, em 2018: *"A respeito do ITBI, sua instituição compete ao Município onde se realiza a transmissão"*.

Note o item considerado **INCORRETO**, em prova realizada pela VUNESP, TJ-SP, para o cargo de Titular de Serviços de Notas e de Registros, em 2018: *"A respeito do ITBI, sua instituição compete ao Estado da situação do bem"*.

> **Art. 35.** O imposto, de competência dos **Estados**, sobre a transmissão de bens imóveis e de direitos a eles relativos tem como fato gerador:
>
> **I** – a transmissão, a qualquer título, da propriedade ou do domínio útil de bens imóveis por natureza ou por acessão física, como definidos na lei civil;
>
> **II** – a transmissão, a qualquer título, de **direitos reais sobre imóveis**, exceto os direitos reais de garantia;

Note o item considerado **INCORRETO**, em prova realizada pela FCC para o cargo de Procurador do Município da Prefeitura de São Luiz/MA, em 2016: *"A Constituição Federal atribui competência aos entes federados para instituir e cobrar impostos. De acordo com o texto constitucional, incide o ITCMD, de competência estadual, sobre a transmissão onerosa de direitos reais sobre bens imóveis localizados em seu território"*.

> **III** – a cessão de direitos relativos às transmissões referidas nos incisos I e II. **(Grifo nosso)**

Sabe-se que o tal "ITBI estadual" foi dividido em dois impostos da atualidade – o *ITBI municipal* e o *ITCMD estadual* –, uma vez que "o imposto como ideado no CTN não mais existe"[119].

Com efeito, o imposto de transmissão *causa mortis* (herança e legados, em virtude de falecimento de uma pessoa natural) e o imposto de transmissão *inter vivos* (referente a atos, fatos ou negócios jurídicos celebrados entre pessoas), até a Consti-

118. *V.* MARTINS, Ricardo Lacaz. *Tributação das heranças e doação*. Dissertação (Mestrado) – Faculdade de Direito da Universidade de São Paulo – FADUSP, São Paulo, 1998, p. 142.

119. COÊLHO, Sacha Calmon Navarro. *Curso de direito tributário brasileiro*. 6. ed. Rio de Janeiro: Forense, 2001, p. 476.

tuição de 1988, faziam parte da competência dos Estados (art. 23, I, da CF/69 e art. 35 do CTN).

Desde a promulgação da Constituição vigente, em outubro de 1988, houve uma bipartição da competência: a transmissão, quando decorrente de evento *causa mortis* ou *não oneroso* entre pessoas, de bens móveis ou imóveis, ficou na competência *dos Estados* (e do *Distrito Federal*), dando ensejo ao atual *ITCMD estadual*; por outro lado, a transmissão *inter vivos* e de caráter *oneroso* de bens imóveis passou a ser exclusividade da competência dos *Municípios* (e do *Distrito Federal*), abrindo-se para o *ITBI municipal*.

Portanto, a atual Carta Magna desmembrou o vetusto "ITBI estadual", deixando com os Estados e Distrito Federal tão somente a parte relativa à transmissão *causa mortis* e por doação (art. 155, I) e, com os Municípios, o restante (art. 156, II).

3.2 Sujeito passivo

O sujeito passivo do ITBI pode ser qualquer uma das partes da operação tributária de transmissão de bem imóvel, tanto o transmitente quanto o adquirente, conforme se depreende do **art. 42 do CTN**:

> **Art. 42.** Contribuinte do imposto é qualquer das partes na operação tributada, como dispuser a lei.

Geralmente, mostra-se como sujeito passivo o ***adquirente do bem***, como se pode notar, *e.g.*, na legislação de São Paulo (Lei n. 11.154/91, art. 6º, I) e na do Rio de Janeiro (Lei n. 1.364/88, art. 9º).

> Note o item considerado **INCORRETO**, em prova realizado pelo Cebraspe, para o cargo de Procurador Municipal da Prefeitura de Belo Horizonte/MG, em 2017: *"A cobrança do imposto municipal devido por transmissão de bens imóveis por ato 'inter vivos', a título oneroso, compete ao município do domicílio tributário do alienante".*

Entretanto, no plano da sujeição passiva, pode despontar a importante figura do *responsável tributário*. Acerca da responsabilidade tributária, Regina Helena Costa[120] ensina:

Além dos contribuintes, há os responsáveis pelo pagamento do imposto. É a hipótese, por exemplo, do art. 134, VI, CTN, que estabelece que, nos casos de impossibilidade de exigência do cumprimento da obrigação principal pelo contribuinte, responderão pelos atos em que intervierem ou pelas omissões de que forem responsáveis "os tabeliães, escrivães e demais serventuários de ofício, pelos tributos devidos sobre os atos praticados por eles, ou perante eles, em razão do seu ofício". Assim, se numa compra e venda de bem imóvel, por ocasião da lavratura da escritura, tais

120. COSTA, Regina Helena. *Curso de direito tributário:* Constituição e Código Tributário Nacional, p. 392. Confirme, também, a associação do art. 134, VI, do CTN com o ITBI em: PAULSEN, Leandro; MELO, José Eduardo Soares de. *Impostos federais, estaduais e municipais*, 6. ed., p. 303.

pessoas não verificarem o recolhimento do ITBI pelo contribuinte, poderão vir a arcar com o ônus do pagamento do tributo.

Desse modo, nota-se que os tabeliães podem evitar a prática dos atos de chancela cartorária, se não for feita prova do pagamento do imposto[121], em temor às consequências da responsabilidade subsidiária do art. 134, VI, do CTN[122].

3.3 Fato gerador

É fato gerador do ITBI a transmissão *inter vivos*, a qualquer título, por ato oneroso (e não gratuito), de bens imóveis (e não móveis), por natureza ou acessão física, e de direitos reais sobre imóveis, exceto os de garantia, bem como cessão de direitos à sua aquisição (art. 156, II, da CF e art. 35 do CTN). Observe o quadro explicativo:

Fato gerador	**1.** a transmissão *inter vivos*, a qualquer título, por ato oneroso, de bens imóveis por natureza; **2.** a transmissão *inter vivos*, a qualquer título, por ato oneroso, de bens imóveis por acessão física; **3.** a transmissão *inter vivos*, a qualquer título, por ato oneroso, de direitos reais sobre imóveis, exceto os de garantia; **4.** cessão (onerosa) de direitos relativos à aquisição de bens imóveis.

Note o item considerado **CORRETO**, em prova realizada UECE-CEV, para o cargo de Auditor Fiscal de Tributos da Prefeitura de Amontada/CE em 2016: *"O ITBI, desde que não compreendido na competência do Estado, é um imposto de competência do Município, que tem como fatos geradores: (1) a transmissão de bens imóveis, por natureza ou acessão física; (2) a transmissão de direitos reais sobre imóveis, exceto os de garantia; e (3) a cessão de direitos relativos à transmissão de bens imóveis ou a transmissão de direitos reais sobre imóveis".*

3.3.1 *O plano semântico da materialidade do fato gerador do ITBI*

Para a boa compreensão do fato gerador do ITBI, faz-se necessário estabelecer os parâmetros conceituais que constam do quadro em epígrafe, a saber:

(I) onerosidade;

(II) bem imóvel por natureza *versus* bem imóvel por acessão física;

(III) direito real sobre imóvel; e

(IV) cessão de direitos.

I. *Onerosidade*: trata-se de atributo imanente ao campo de incidência do ITBI, porquanto há de haver um nexo de causalidade que una os contratantes, em recípro-

121. *V.* PAULSEN, Leandro; MELO, José Eduardo Soares de. *Impostos federais, estaduais e municipais*, 6. ed., pp. 301-303.

122. *V.* COÊLHO, Sacha Calmon Navarro. *Curso de direito tributário brasileiro*, 6. ed., p. 514.

ca e bilateral relação de empobrecimento e enriquecimento patrimonial[123]. Aliás, de outra banda, a transmissão a título gratuito, como a doação, abre-se para a tributação do ITCMD estadual. Nesse passo, um mero "contrato de gaveta" não tem o condão de ensejar o ITBI, por não materializar o fato jurígeno do tributo, que ocorre com a transmissão do domínio do bem imóvel[124]. Observe o julgado[125] no **STJ**:

> **EMENTA:** TRIBUTÁRIO – ITBI – FATO GERADOR – ART. 35, II DO CTN E ART. 156, II DA CF/88 – CONTRATO DE PROMESSA DE COMPRA E VENDA – NÃO INCIDÊNCIA. 1. O fato gerador do ITBI é a transmissão do domínio do bem imóvel, nos termos do art. 35, II, do CTN e art. 156, II, da CF/88. 2. Não incidência do ITBI em promessa de compra e venda, contrato preliminar que poderá ou não se concretizar em contrato definitivo, este sim ensejador da cobrança do aludido tributo – Precedentes do STF. 3. Recurso especial não conhecido. **(REsp 57.641/PE, rel. Min. Eliana Calmon, 2ª T., j. em 04-04-2000)**

I.a) O usucapião e a ausência de onerosidade

A propósito da ausência de onerosidade, a propriedade adquirida por *usucapião* não gera a incidência de ITBI[126], já que somente os modos *derivados* de aquisição de propriedade têm interesse para o Fisco, quanto à tributação.

Aliás, é prudente recordar que os modos de aquisição de propriedade podem ser *derivados* e *originários*. Estes – os modos originários (*usucapião*, *ocupação*, *desapropriação*) – são os que têm no proprietário o seu primeiro titular, não havendo transmissão ou função atributiva de propriedade, porque não há um alienante voluntário. Sobre a não ocorrência do fato gerador, Kiyoshi Harada[127] leciona:

> Como transmissão pressupõe uma vinculação, decorrente da vontade ou da lei, entre o titular anterior (promitente) e o novo titular (adquirente), descabe a cogitação de imposto em se tratando de aquisição originária, como no caso do usucapião, por exemplo, em que inexiste qualquer vínculo entre aquele que perde o direito de propriedade e aquele que o adquire.

123. *V.* FURLAN, Valéria Cristina Pereira. *ITBI – Imposto Sobre a Transmissão Onerosa de Bens Imóveis*, Tese de doutoramento apresentada perante a Pontifícia Universidade Católica de São Paulo, em 2003, pp. 189-190, inédita.

124. A propósito, ver a **Súmula n. 82, STF:** "*São inconstitucionais o imposto de cessão e a taxa sobre inscrição de promessa de venda de imóvel, substitutivos do imposto de transmissão, por incidirem sobre ato que não transfere o domínio*".

125. O julgado também foi citado por: PAULSEN, Leandro; MELO, José Eduardo Soares de. *Impostos federais, estaduais e municipais*, 6. ed., p. 301.

126. *V.* PAULSEN, Leandro; MELO, José Eduardo Soares de. *Impostos federais, estaduais e municipais*, 6. ed., p. 300.

127. HARADA, Kiyoshi. *Direito financeiro e tributário*, 7. ed., p. 333.

Na mesma esteira, Valéria Cristina Pereira Furlan[128] assevera que "o usucapião transforma o possuidor em proprietário e implica a transmissão de direito real, mas não se torna exigível o imposto ante a ausência do requisito da onerosidade, inexistindo reciprocidade de prestações econômicas, uma vez que o adquirente obtém um acréscimo patrimonial sem oferecer nada em troca".

Frise-se que o mesmo raciocínio pode ser aplicado aos casos de desapropriação e de retrocessão na desapropriação de um bem imóvel (ou seja, o desfazimento da desapropriação)[129].

I.b) A incidência do ITBI na arrematação judicial em leilão público

O ITBI deverá incidir nos casos de responsabilidade por sucessão imobiliária, descritos no parágrafo único do art. 130 do CTN, quando há a arrematação do bem imóvel em hasta pública, exsurgindo a sub-rogação sobre o respectivo preço. Esse tem sido o entendimento do **STJ**, que ainda destaca o valor da arrematação como a base de cálculo do tributo, desprezando-se tanto a avaliação judicial como as eventuais avaliações administrativas levadas eventualmente a efeito pela fiscalização municipal.

> **EMENTA:** TRIBUTÁRIO. ITBI. BASE DE CÁLCULO. VALOR VENAL DO BEM. VALOR DA AVALIAÇÃO JUDICIAL. VALOR DA ARREMATAÇÃO. (...) Além disso, já se decidiu no âmbito desta Corte que o cálculo daquele imposto "há de ser feito com base no valor alcançado pelos bens na arrematação, e não pelo valor da avaliação judicial" (REsp 2.525/PR, rel. Min. Armando Rolemberg, *DJ* de 25/6/1990, p. 6027). Tendo em vista que a arrematação corresponde à aquisição do bem vendido judicialmente, é de se considerar como valor venal do imóvel aquele atingido em hasta pública. Este, portanto, é o que deve servir de base de cálculo do ITBI. II – Recurso especial provido. **(REsp 863.893/PR, rel. Min. Francisco Falcão, 1ª T., j. em 17-10-2006)**

Assim, a arrematação judicial de bem imóvel em leilão público será considerada **fato gerador do ITBI.**

> Note o item considerado **CORRETO**, em prova realizada pela IOBV, para o cargo de Procurador da Prefeitura de Chapecó/SC, em 2016: *"Com relação ao ITBI, é correto arguir que este poderá ser exigido nas transferências de titularidade advindas de imóveis arrematados ou adjudicados judicialmente"*.

Diferentemente, será o desdobramento do fenômeno no caso da arrematação judicial fora do contexto da hasta pública. Nesse caso, ela passa a apresentar, à semelhança do usucapião, natureza de aquisição originária, porquanto indica, de um lado, a perda da propriedade, por parte de uma pessoa, e a aquisição daquela, por parte de outra, sem que ocorra uma verdadeira transmissão de propriedade.

128. FURLAN, Valéria Cristina Pereira. *ITBI – Imposto Sobre a Transmissão Onerosa de Bens Imóveis*. Tese (Doutorado) – Pontifícia Universidade Católica de São Paulo, 2003, pp. 235-236, inédita.

129. *V.* PAULSEN, Leandro; MELO, José Eduardo Soares de. *Impostos federais, estaduais e municipais*, 6. ed., p. 698.

Vale dizer que entre tais pessoas não ocorre qualquer relação – jurídica, processual, material ou contratual –, hábil a ensejar o gravame, sob pena de se desvirtuar a inteligência do art. 110 do CTN. Assim tem entendido o **STJ**[130], para o qual "*a natureza da arrematação, assentada pela doutrina e pela jurisprudência, afasta a natureza negocial da compra e venda (...)*".

I.c) A partilha de bens e a onerosidade

Quando há divisão de patrimônio pela metade, por ocasião da partilha em dissolução de sociedade conjugal, não incide o imposto, porque terá havido tão somente partilha dos bens. **Todavia**, se, por conveniência dos envolvidos, um deles ficar com uma parte do patrimônio imobiliário que corresponda a mais da metade do que lhe caberia, haverá nítida transmissão de propriedade.

Note o item considerado **INCORRETO**, em prova realizada pelo IMA, para o cargo de Advogado da Prefeitura Municipal de Uruçuí/PI, em 2016: *"Incide ITBI sobre bens advindos da divisão de patrimônio na separação judicial, em qualquer hipótese de divisão"*.

Em São Paulo, a Lei n. 11.154/91 (art. 2º) e o Decreto n. 37.344/98 (art. 70, VI) dispõem que o imposto incidirá sobre o valor dos imóveis transmitidos acima da meação ou quinhão. Assim, o *excesso da meação* é que gera a tributação. Tal excesso pode ser *oneroso* ou *gratuito*. Se *oneroso*, porque o excedente foi compensado por outras transferências ocorridas quando da partilha, buscando-se a sua equivalência, incidirá o ITBI. Se *gratuito*, haverá a incidência do ITCMD. O **STJ** tem caminhado nessa direção:

> **EMENTA:** TRIBUTÁRIO – IMPOSTO DE TRANSMISSÃO POR DOAÇÃO – ITD – SEPARAÇÃO JUDICIAL – MEAÇÃO. 1. Na separação judicial, a legalização dos bens da meação não está sujeita à tributação. 2. **Em havendo a entrega a um dos cônjuges de bens de valores superiores à meação, sem indícios de compensação pecuniária, entende-se que ocorreu doação, passando a incidir, sobre o que ultrapassar a meação, o Imposto de Transmissão por Doação (ITD), de competência dos Estados** (art. 155, I, da CF). 3. Recurso especial conhecido e provido. **(REsp 723.587/RJ, rel. Min. Eliana Calmon, 2ª T., j. em 05-05-2005)**

Note o item (adaptado) considerado **CORRETO**, em prova realizada pela FGV Projetos, para o cargo de Juiz de Direito Substituto do Estado do Amazonas (TJ/AM), em 2013: *"Na partilha de patrimônio comum entre os irmãos Joaquim e Renato, constituído de dois imóveis (um no valor de R$ 600.000,00 e outro no valor de R$ 1.000.000,00), tem-se o seguinte cenário: Joaquim fica com o imóvel de valor menor, cabendo a Renato o imóvel de maior valor, sem qualquer tipo de compensação de Renato em favor de Joaquim. Diante da situação hipotética, será devido tributo ao Estado, sobre a doação de R$ 200.000,00"*.

---

130. Ver, acerca da não incidência do ITBI em arrematação judicial fora do contexto de hasta pública: (I) REsp 625.322/SP, rel. Min. Luiz Fux, 1ª T., j. em 11-05-2004; e (II) REsp 40.191/SP, rel. Min. Dias Trindade, 4ª T., j. em 14-12-1993.

Em fevereiro de **2011**, a *FGV Projetos*, na prova para o *Exame de Ordem Unificado/OAB*, solicitou a temática em interessante teste. Note o item considerado **correto**:

> **Nos autos de uma ação de divórcio, os ex-cônjuges, casados em regime de comunhão total de bens, dividiram o patrimônio total existente da seguinte maneira: o imóvel situado no Município X, no valor de R$ 50.000,00, pertencerá ao ex-marido, enquanto o imóvel situado no Município Y, no valor de R$ 30.000,00, pertencerá à ex-esposa. O tributo a ser recolhido será o ITCMD, de competência do Estado, e incidirá sobre a base de cálculo no valor de R$ 10.000,00.**

No caso proposto, é fácil perceber que o excesso da meação só ocorrerá com relação ao patrimônio da ex-esposa, equivalendo a R$ 10.000,00 [**Ou seja: (50 + 30) x ½ = 40**]. Portanto, tal valor servirá como a base de cálculo para o imposto, que deverá ser o ITCMD, em razão do fato de que o excesso da meação (**40 – 30 = 10**) foi gratuito: distribuiu-se um imóvel para cada ex-cônjuge, sem compensações relatadas no problema.

II. Bem imóvel por (sua) natureza *versus* bem imóvel por acessão física: o ITBI liga-se ao campo de incidência dos bens imóveis[131]. Quanto aos tipos de *bens imóveis*, não obstante o lacônico tratamento no atual art. 79 do Código Civil (Lei n. 10.406/2002: "*São bens imóveis o solo e tudo quanto se lhe incorporar natural ou artificialmente*"), foram eles minuciosamente classificados no regime anterior (Código Civil de 1916). Tais elementos classificatórios continuam sendo por nós conceitualmente utilizados. Daí se falar em *bem imóvel por natureza* e em *bem imóvel por acessão física*. Passemos ao detalhamento, já apresentado neste capítulo, quando se estudou o fato gerador do IPTU.

- ***Bem imóvel por (sua) natureza* (art. 43, I):** refere-se ao "solo, com sua superfície, os seus acessórios naturais e adjacências naturais, compreendendo as árvores e frutos pendentes, o espaço aéreo e o subsolo". Em outras palavras, tais bens são aqueles que se formaram por força da natureza, compreendendo o solo com a sua superfície, em profundidade e verticalidade, os seus acessórios e adjacências naturais; as árvores, a vegetação e frutos pendentes.
- ***Bem imóvel por acessão física (natural)* (art. 43, II):** atrela-se a "tudo quanto o homem incorporar permanentemente ao solo, como a semente lançada ao solo, os edifícios e construções, de modo que não se possa retirar sem destruição, modificação, fratura ou dano". Vale dizer que esses bens

131. Por essa razão, ver a **Súmula n. 329, STF**: "*O imposto de transmissão 'inter vivos' não incide sobre a transferência de ações de sociedade imobiliária*".

englobam a formação de ilhas, de aluvião, de avulsão, de abandono de álveo, e, sobretudo, aquilo que se une por construção e edificação, de modo que não se possa retirar sem destruição, modificação, fratura ou dano.

À guisa de revisão, lembre-se de que o ITR incide apenas sobre o bem *imóvel por natureza*, enquanto o IPTU e o ITBI incidem sobre os bens imóveis *por natureza* e também sobre os imóveis *por acessão física*.

Por fim, acerca dos imóveis por "acessão intelectual", Hugo de Brito Machado[132] destaca que "não se inclui na base de cálculo do ITBI o valor dos imóveis por acessão intelectual, definidos no art. 43, inciso III, do Código Civil, porque tal inclusão implicaria tributar aqueles imóveis, o que não é admissível, porque a transmissão da propriedade deles não se encontra no âmbito constitucional do imposto e, assim, não pode ser pelo mesmo atingida".

III. Direito real sobre bens imóveis: o art. 1.225 do Código Civil (Lei n. 10.406/2002) enumera os direitos reais sobre bens imóveis – a propriedade, a superfície, as servidões, o usufruto, o uso, a habitação, o direito do promitente comprador do imóvel, o penhor, a hipoteca e a anticrese. As três últimas espécies – penhor, hipoteca e anticrese –, por serem direitos de garantia, não se ligam ao fato gerador do ITBI.

Nessa medida, se considerarmos que o usufrutuário é contribuinte do IPTU, na visão do **STJ**, poderemos entender que haverá incidência de ITBI na cessão de direitos relativa ao *usufruto*. Acerca disso, vale a pena relembrar o trecho da jurisprudência do STJ, já citada neste capítulo, na parte afeta ao IPTU:

> **EMENTA:** USUFRUTUÁRIO. LEGITIMIDADE. (...) Na mesma linha de raciocínio, este STJ, ao apreciar a matéria, assentou que, "em tese, o sujeito passivo do IPTU é o proprietário e não o possuidor, a qualquer título (...) Ocorre que, em certas circunstâncias, a posse tem configuração jurídica de título próprio, de investidura do seu titular como se proprietário fosse. É o caso do usufrutuário que, como todos sabemos, tem a obrigação de proteger a coisa como se detivesse o domínio" (REsp 203.098/SP, rel. Min. Carlos Alberto Menezes Direito, *DJ* 8.3.2000). (REsp 691.714/SC, rel. Min. Franciulli Netto, *DJ* de 27/06/05) III – Agravo regimental improvido. **(AgRg no REsp 698.041/RJ, rel. Min. Francisco Falcão, 1ª T., j. em 06-12-2005)**

Da mesma forma, será "legítima a incidência do imposto de transmissão 'inter vivos' sobre a transferência do domínio útil" (**Súmula n. 326 do STF**), o que o **STF** já chancelara, antes mesmo da Constituição Federal de 1988[133].

Além disso, o ITBI incide sobre a transmissão *inter vivos*, a qualquer título, por ato oneroso, de direitos reais sobre imóveis, exceto os de garantia, ou seja, a anticrese, a hipoteca e o penhor. Passemos ao detalhamento de tais bens:

---

132. MACHADO, Hugo de Brito. *Curso de direito tributário*, 29. ed., p. 398.

133. *V.* PAULSEN, Leandro; MELO, José Eduardo Soares de. *Impostos federais, estaduais e municipais*, 6. ed., p. 699.

a) **Anticrese:** é direito real de garantia, segundo o qual ocorre a entrega de um bem imóvel pelo devedor ao credor, para que este último, em compensação da dívida, perceba os frutos e rendimentos desse imóvel;

b) **Hipoteca:** é direito real de garantia, segundo o qual o proprietário do bem vincula seu imóvel ao pagamento de sua dívida, mas continua na posse deste. Assim, para assegurar o cumprimento de uma obrigação, o devedor oferece ao credor bem imóvel em garantia. Na hipótese de duas ou mais hipotecas, o credor da segunda hipoteca, embora vencida, não poderá executar o imóvel antes de vencida a primeira hipoteca (art. 1.477 do Código Civil, Lei n. 10.406/2002);

c) **Penhor:** é direito real de garantia que recai sobre bens móveis alheios, cuja posse é transferida ao credor, como forma de garantia do débito (art. 1.431 e ss. do Código Civil, Lei n. 10.406/2002).

IV. Cessão de direitos: a cessão de direitos pode ser feita por meio de sentença judicial, de lei, ou de livre acordo entre cedente (aquele que cede) e cessionário (aquele que recebe). Será a cessão de direitos o fato gerador do ITBI quando possuir o timbre de *transmissão de propriedade*, com a efetiva traslação jurídica da propriedade do bem imóvel. São, portanto, enquadrados como "cessão de direitos" aqueles atos que podem levar a pessoa que recebe tais direitos à aquisição do imóvel, equivalendo, portanto, à própria transmissão do bem.

Por fim, frise-se que a promessa de cessão de direitos à aquisição de imóveis não configura fato gerador do ITBI. Veja o julgado[134] no **STJ**:

EMENTA: TRIBUTÁRIO – ITBI – PROMESSA DE CESSÃO – NÃO INCIDÊNCIA. Promessa de cessão de direitos à aquisição de imóvel não é fato gerador de ITBI. **(AgRg no REsp 327.188/DF, rel. Min. Humberto Gomes de Barros, 1ª T., j. em 07-05-2002)**

3.3.2 Os planos espacial e temporal do fato gerador do ITBI

Os elementos espacial e territorial do fato gerador do ITBI são assim entendidos:

a) **Elemento espacial:** é o território do Município da situação do bem (art. 156, II e § 2º, II, CF);

b) **Elemento temporal:** é o momento da transmissão patrimonial ou da cessão de direitos (art. 156, II, CF; art. 35 do CTN). Acerca do tema, Kiyoshi Harada[135] ensina:

134. O julgado também foi citado por: PAULSEN, Leandro; MELO, José Eduardo Soares de. *Impostos federais, estaduais e municipais*, 6. ed., p. 301.

135. HARADA, Kiyoshi. *Direito financeiro e tributário*, 7. ed., pp. 333-334.

Embora a transmissão da propriedade só ocorra com o registro do título de transferência, no Registro Imobiliário competente, nada impede de a lei fixar o aspecto temporal do fato gerador desse imposto antes dela, não tendo a menor relevância jurídica eventual vício do título aquisitivo que venha impedir o seu registro, em face do que dispõe o art. 118 do CTN. O que importa é que o bem adquirido integre-se economicamente ao patrimônio do comprador.

Vale ressaltar que tal transmissão imobiliária ocorre, jurídica e efetivamente, com o *registro da escritura definitiva* em Cartório, em total conformidade com o art. 1.245 do Código Civil (Lei n. 10.406/2002) e com a jurisprudência consolidada do **STJ**:

EMENTA (I)[136]**:** TRIBUTÁRIO. RECURSO ORDINÁRIO. MANDADO DE SEGURANÇA. ITBI. FATO GERADOR. CTN, ART. 35 E CÓDIGO CIVIL, ARTS. 530, I, E 860, PARÁGRAFO ÚNICO. REGISTRO IMOBILIÁRIO. 1. O fato gerador do ITBI ocorre com a transferência efetiva da propriedade ou do domínio útil, na conformidade da Lei Civil, com o registro no cartório imobiliário. 2. A cobrança do ITBI sem obediência dessa formalidade ofende o ordenamento jurídico em vigor. 3. Recurso ordinário conhecido e provido. **(RMS 10.650/DF, rel. Min. Francisco Peçanha Martins, 2ª T., j. em 16-06-2000)**

EMENTA (II): TRIBUTÁRIO. ITBI. FATO GERADOR. REGISTRO IMOBILIÁRIO. (C. CIVIL, ART. 530). A propriedade imobiliária apenas se transfere com o registro respectivo do título (C. Civil, Art. 530). O registro imobiliário é o fato gerador do ITBI. Assim, a pretensão de cobrar o ITBI antes do registro imobiliário contraria o Ordenamento Jurídico. **(REsp 253.364/DF, 1ª T., rel. Min. Humberto Gomes de Barros, j. em 13-02-2001)**

Em **14 de outubro de 2020**, a 1ª Seção do **STJ**, no **REsp 1.493.162-DF** (rel. Min. Napoleão Nunes Maia Filho), entendeu que a nulidade de negócio jurídico de compra e venda de imóvel viabiliza a restituição do valor recolhido pelo contribuinte a título de ITBI. Como é sabido, em consonância com o art. 156, II da CF e com o art. 35, I, II, e III do CTN, o fato gerador do ITBI ocorre, no seu aspecto material e temporal, com a efetiva transmissão, a qualquer título, da propriedade imobiliária, o que se perfectibiliza com a consumação do negócio jurídico hábil a transmitir a titularidade do bem, mediante o registro do título traslativo no **Cartório de Registro de Imóveis**. Entretanto, no caso concreto, o negócio jurídico de transferência de propriedade do imóvel não se concretizou em caráter definitivo devido à superveniente declaração de nulidade por força de sentença judicial transitada em julgado. Logo, não tendo havido a transmissão da propriedade, já que nulo o negócio jurídico de compra e venda de imóvel entabulado pelas partes, não ocorreu o fato gerador do imposto municipal, sendo devida a restituição do correspondente valor recolhido pelo contribuinte.

136. *Idem*.

Por fim, frise-se que "*é legítima a incidência do Imposto de Transmissão 'Inter Vivos' sobre o valor do imóvel ao tempo da alienação e não da promessa, na conformidade da legislação local*" (**Súmula n. 108 do STF**).

3.4 Base de cálculo

É **base de cálculo do ITBI** o *valor venal* dos bens imóveis transmitidos ou direitos reais cedidos (art. 38 do CTN). Vale dizer que a base de cálculo será o valor de mercado (ou preço de venda, à vista, em condições normais de mercado), sendo irrelevante o preço de venda constante da escritura. De outra banda, entende-se que deve prevalecer o valor da escritura (ou, até mesmo, o do carnê do IPTU). O tema é polêmico.

Note o item considerado **CORRETO**, em prova realizada pela ATECEL, para o cargo de Assessor Jurídico da Câmara Municipal de Acari/RN, em 2016: *"A base de cálculo do imposto sobre a transmissão de bens imóveis e de direitos a eles relativos é o valor venal dos bens ou direitos transmitidos"*.

Note o item considerado **CORRETO**, em prova realizada pela FCC, para o cargo de Titular de Serviços de Notas e de Registros (TJ/PE), em 2013: *"Relativamente aos aspectos da hipótese de incidência do IPTU, a base de cálculo é o valor venal do imóvel, que, por sua vez, também é a base de cálculo do ITBI"*.

Em caso de discordância do Fisco, a *base de cálculo* – o tal "valor venal, real, do negócio"[137] – pode ser contestada pelo Fisco, na forma do arbitramento (art. 148 do CTN). Com efeito, "muitos autores entendem que o lançamento na espécie é por declaração, cabendo ao Fisco, após feita esta, aceitar ou não o valor declarado ou simplesmente aceitá-lo num primeiro momento, cabendo-lhe o direito de exercitar lançamentos suplementares"[138].

Quanto à utilização de um peso mínimo para a quantificação da base de cálculo, José Eduardo Soares de Melo[139] ensina:

> A legislação municipal costuma estabelecer um piso mínimo, ao dispor que o imposto não será calculado sobre valor inferior ao bem, utilizado, no exercício, para a base de cálculo do IPTU, atualizado monetariamente de acordo com os índices oficiais, no período compreendido entre 1º de janeiro e a data da ocorrência do fato.

Em 2 de dezembro de **2014**, a 4ª Turma do **STJ**, no **REsp 1.099.480/MG** (rel. Min. Marco Buzzi), entendeu que o valor a ser considerado, diante da necessidade ou não de escritura pública, deverá ser aquele da avaliação realizada pelo fisco, e não

137. COÊLHO, Sacha Calmon Navarro. *Curso de direito tributário brasileiro*, 6. ed., p. 514.

138. *Idem*.

139. MELO, José Eduardo Soares de. *Curso de direito tributário*, 8. ed., p. 544.

aquele declarado pelas partes. Nos negócios que envolvem a transferência da titularidade de bens imóveis, destaca-se o **art. 108 do Código Civil**:

> **Art. 108.** Não dispondo a lei em contrário, a escritura pública é essencial à validade dos negócios jurídicos que visem à constituição, transferência, modificação ou renúncia de direitos reais sobre imóveis de valor superior a trinta vezes o maior salário mínimo vigente no País. **(Lei n. 10.406, de 10 de janeiro de 2002)**

A dúvida surge: *a escritura de compra e venda deve ser feita por instrumento público ou por instrumento particular, quando há divergência na avaliação do imóvel (valor considerado pelo Fisco vs. valor declarado pelas partes*? É que um mesmo imóvel poderá ser avaliado em montante superior a 30 (trinta) salários mínimos (pelo Fisco, à luz de sua legal base de cálculo), e vir a ser declarado por um valor inferior a 30 (trinta) salários mínimos (pelas partes contratantes).

Para o **STJ**, o valor a ser considerado, para fins de aferição da necessidade de escritura pública, não deverá ser aquele declarado pelas partes, mas o da avaliação realizada pelo fisco, até porque o art. 108 do CC se refere ao "valor do imóvel", e não ao preço do negócio. Ademais, a avaliação feita pela Municipalidade para atribuição do valor venal do imóvel baseia-se em critérios objetivos e previstos em lei, e não em estipulações contratuais das quais podem emanar aleatórios preços de negócio.

3.5 Alíquotas

As alíquotas do ITBI são *proporcionais*, estabelecidas em lei municipal, incidindo em percentagem única sobre as bases de cálculo.

3.5.1 A progressividade das alíquotas do ITBI

O ITBI não é um imposto progressivo, inexistindo previsão constitucional para a variação de alíquotas. Como é cediço, existem três impostos progressivos, com previsão explícita no texto constitucional: IR, IPTU e ITR[140]. À luz da jurisprudência, aos poucos se solidificou a tese segundo a qual "as hipóteses de adoção de alíquotas progressivas têm que estar expressamente previstas em texto constitucional para serem legítimas"[141]. Não obstante, essa tese perdeu significativa potência, em face do entendimento atual do STF, que abonou a extensão da progressividade ao ITCMD, ainda que ausente a previsão constitucional (**AgR no RE 542.485, rel. Min. Marco Aurélio, 1ª T., j. em 19-02-2013**).

> Note o item considerado **INCORRETO**, em prova realizada pela FEPESE, para o cargo de Advogado da Prefeitura Municipal de Criciúma/SC, em 2016: *"O Imposto de Transmissão 'Inter Vivos' de Bens Imóveis poderá ter alíquotas progressivas com base no valor venal do imóvel"*.

140. V. PAULSEN, Leandro; MELO, José Eduardo Soares de. *Impostos federais, estaduais e municipais*, 6. ed., p. 65.
141. ALEXANDRINO, Marcelo; PAULO, Vicente. *Direito tributário na Constituição e no STF:* teoria e jurisprudência, 7. ed., p. 208.

Note o item considerado **INCORRETO**, em prova realizada pelo Cespe/Cebraspe, para o cargo de Juiz de Direito Substituto da Justiça do Distrito Federal (TJDFT), em 2016: *"De acordo com a jurisprudência sumulada do STF acerca da legislação tributária, a lei poderá estabelecer alíquotas progressivas para o ITBI com base no valor venal do imóvel"*.

Além disso, o ITBI é doutrinariamente classificado como um *imposto real*, incidindo sobre determinado bem, e, *ipso facto*, não admitindo a progressividade, segundo entendimento do **STF**. Vale insistir que tal orientação intelectiva também perdeu força com a atual chancela da progressividade para o ITCMD, todavia isso não altera a condição de vedação de progressividade para o ITBI. Assim, não se cogita de sua progressividade, consoante posição predominante na doutrina e na jurisprudência[142].

Veja o emblemático julgado[143] do **STF**, no qual se declarou a inconstitucionalidade da norma que previa a progressividade de alíquotas do ITBI, em razão da sua natureza real:

> **EMENTA:** CONSTITUCIONAL. TRIBUTÁRIO. ITBI. ALÍQUOTAS PROGRESSIVAS. CF. Art. 156, II, § 2º. Lei n. 11.154, de 30.12.91, do Município de São Paulo/SP. I. – ITBI: alíquotas progressivas: a CF não autoriza a progressividade das alíquotas, realizando-se o princípio da capacidade contributiva proporcionalmente ao preço da venda. II. – R.E. conhecido e provido. **(RE 234.105, rel. Min. Carlos Velloso, Pleno, j. em 08-04-1999)**

Nesse sentido, seguiram nossos Tribunais, por meio de duas importantes súmulas, coibindo-se a progressividade ao ITBI:

(I) Súmula n. 45 do extinto 1º Tribunal de Alçada Civil de São Paulo (1º TACivil/SP): *"É inconstitucional o art. 10, da Lei 11.154, de 30-12-1991, do Município de São Paulo, que instituiu alíquotas progressivas para o Imposto de Transmissão de Bens Imóveis"*. Em São Paulo, a Lei Municipal n. 11.154/91 instituiu o tributo com alíquotas progressivas de 2% a 6%, variáveis em função do valor venal. O 1º TACivil/SP rechaçou a indigitada progressividade, por meio da Súmula n. 45. Nessa esteira, tal entendimento foi ratificado no Egrégio **STF**.

(II) Súmula n. 656 do STF: *"É inconstitucional a lei que estabelece alíquotas progressivas para o ITBI com base no valor venal do imóvel"*.

Note o item considerado **CORRETO**, em prova realizada pela Copese, para o cargo de Procurador (UFT), em 2014: *"NÃO admite alíquotas progressivas o imposto sobre a transmissão onerosa de bens imóveis"*.

142. V. PAULSEN, Leandro. *Direito tributário:* Constituição e Código Tributário à luz da doutrina e da jurisprudência, 7. ed., p. 389.

143. O julgado também foi citado por: PAULSEN, Leandro. *Direito tributário:* Constituição e Código Tributário à luz da doutrina e da jurisprudência, 7. ed., p. 66.

3.6 ITBI e Imunidades

Em consonância com o § 2º do art. 156 da CF, o ITBI **não incidirá** sobre a transmissão de bens incorporados ao patrimônio da pessoa jurídica, **salvo se** a atividade preponderante da *adquirente* for a compra e venda desses bens, locação de bens imóveis ou arrendamento mercantil. Nesse caso de ressalva, que implica uma incidência da exação, o ITBI deverá ser recolhido para o Município da situação do bem. Observe o comando constitucional:

Note o item considerado **CORRETO**, em prova realizada pela VUNESP, TJ-SP, para o cargo de Titular de Serviços de Notas e de Registros, em 2018: *"A respeito do ITBI, não incide sobre a transmissão de bens ou direitos incorporados ao patrimônio de pessoa jurídica em realização de capital"*.

Note o item considerado **INCORRETO**, em prova realizada pela FAURGS, para o cargo de Juiz de Direito Substituto do Estado do Rio Grande do Sul, em 2016: *"Em qualquer circunstância, haverá imunidade do imposto sobre a transmissão 'inter vivos' de bens imóveis por natureza de bens incorporados ao patrimônio de pessoa jurídica em realização de capital, como meio de manutenção da igualdade tributária"*.

Note o item considerado **INCORRETO**, em prova realizada pela VUNESP, TJ-SP, para o cargo de Titular de Serviços de Notas e de Registros, em 2018: *"A respeito do ITBI, não incide sobre a transmissão de bens ou direitos decorrentes de fusão, incorporação, cisão ou extinção de pessoa jurídica, mesmo que a atividade preponderante do adquirente seja a compra e venda desses bens ou direitos, locação de bens imóveis ou arrendamento mercantil"*.

Art. 156. (...)

§ 2º O imposto previsto no inciso II:

I – não incide sobre a transmissão de bens ou direitos incorporados ao patrimônio de pessoa jurídica em **realização de capital**, nem sobre a transmissão de bens ou direitos decorrentes de fusão, incorporação, cisão ou extinção de pessoa jurídica, salvo se, nesses casos, a atividade preponderante do adquirente for a compra e venda desses bens ou direitos, locação de bens imóveis ou arrendamento mercantil; (...)

Note o item considerado **INCORRETO**, em prova realizada pela SYDCON, para o cargo de Advogado da Câmara Municipal de Santa Rita do Trivelato/MT, em 2016: *"Sobre a transmissão de bens incorporados ao patrimônio da pessoa jurídica em realização de capital incide o imposto sobre transmissão 'inter vivos' de bens imóveis (ITBI)"*.

II – compete ao Município da situação do bem.

Exemplificando: Se uma empresa "A" (atividade: *fabricação de azulejos*), com sede em Brasília, incorpora uma empresa "B" (atividade de ***arrendamento mercan-***

til, **preponderantemente**), com sede no Rio de Janeiro, havendo a transmissão de todos os direitos e bens da empresa "B" para a adquirente "A", incluindo um imóvel localizado na cidade do Recife, pergunta-se: incide o ITBI? Em caso afirmativo, pagar-se-á o ITBI para qual Município – Brasília, Rio de Janeiro ou Recife?

> Note o item considerado **CORRETO**, em prova realizada pela FCC, para o cargo de Procurador do Município de Campinas, em 2016: *"Existe imunidade de ITBI para, dentre outras, a hipótese de incorporação de uma pessoa jurídica por outra, desde que a atividade preponderante da incorporadora não seja a compra e venda desses bens ou direitos, locação de bens imóveis ou arrendamento mercantil".*

Procedendo-se à resposta, dir-se-á que não se pagará o ITBI, uma vez que, a nosso ver, é caso típico de imunidade específica. Se a empresa "A" fosse aquela que exercesse a atividade de *compra e venda de imóveis*, preponderantemente, teríamos, sim, a incidência do ITBI (para Recife, no caso, pois se trata do Município da situação do bem).

A propósito, a *preponderância* existe se a atividade representar mais de 50% da receita operacional nos dois anos anteriores e nos dois anos subsequentes (art. 37, § 1º, CTN).

Curiosamente, para o saudoso professor Ricardo Lobo Torres[144], o contexto dessa desoneração liga-se a uma "não incidência constitucionalmente qualificada, ditada por motivos conjunturais, inconfundível com a imunidade, que protege os direitos humanos. O objetivo da norma superior é promover a capitalização e o desenvolvimento das empresas. O CTN regulamenta o dispositivo constitucional descendo as minúcias (arts. 26 e 37)".

Ainda no plano das imunidades, é importante mencionar o art. 184, § 5º, da CF, acerca da exoneração de impostos nas operações de transferência para reforma agrária:

> **Art. 184. (...)**
>
> **§ 5º** *São isentas* de **impostos federais, estaduais e municipais** as operações de transferência de imóveis desapropriados para fins de reforma agrária.

Trata-se de dispositivo constitucional que, na visão da doutrina majoritária e do STF, veicula uma "falsa isenção", hospedando, verdadeiramente, nítida *imunidade*.

Como o contexto desonerativo envolve a transferência de imóveis, é importante realçar que o ITBI estará afastado de tais operações imobiliárias.

144. TORRES, Ricardo Lobo. *Curso de direito financeiro e tributário*, 12. ed., p. 399.

29

IMPOSTOS ESTADUAIS

1 ESTUDO DO ICMS

Imposto	ICMS
Nomen juris	Imposto sobre operações relativas à circulação de mercadorias e sobre prestação de serviços de transporte interestadual e intermunicipal e de comunicação
Artigos	Art. 155, II, da CF e LC n. 87/96

1.1 Competência e sujeito ativo

O **art. 155 da CF** estabelece ser de competência dos **Estados e do Distrito Federal** a instituição do ICMS. Observe-o:

Note o item considerado **INCORRETO**, em prova realizada pela FCC, para o cargo de Auditor Conselheiro Substituto (TCM/GO), em 2015: *"De acordo com a Constituição Federal, a competência tributária para instituir o ICMS é dos Estados federados e do Distrito Federal. Relativamente a este imposto e, considerando a disciplina estabelecida no CTN, os Estados não poderão delegar sua competência tributária a nenhuma outra pessoa, mas poderão delegar aos Municípios a atribuição de fiscalizá-los, não podendo essa atribuição ser revogada sem a anuência do município que recebeu essa atribuição"*.

> **Art. 155.** Compete aos Estados e ao Distrito Federal instituir impostos sobre: (...)
> **II** – operações relativas à circulação de mercadorias e sobre prestações de serviços de transporte interestadual e intermunicipal e de comunicação, ainda que as operações e as prestações se iniciem no exterior.

O ICMS, imposto estadual, sucessor do antigo *Imposto de Vendas e Consignações* (IVC), foi instituído pela reforma tributária da EC n. 18/65 e representa cerca de

80% da arrecadação dos Estados. É gravame ***plurifásico*** (incide sobre o valor agregado, obedecendo-se ao princípio da não cumulatividade – art. 155, § 2º, I, CF), *real* (as condições da pessoa são irrelevantes) e *proporcional*, tendo, predominantemente, um caráter *fiscal*. Ademais, é imposto que recebeu um significativo tratamento constitucional – art. 155, § 2º, I ao XII, da CF, robustecido pela LC n. 87/96, que substituiu o Decreto-lei n. 406/68 e o Convênio ICMS n. 66/88, esmiuçando-lhe a compreensão, devendo tal norma ser observada relativamente aos preceitos que não contrariarem a Constituição Federal.

> Note o item considerado **INCORRETO**, em prova realizada pela Cetro, para o cargo de Auditor Fiscal Municipal da Prefeitura de São Paulo/SP, em 2014: *"Sobre os impostos, é correto afirmar que imposto plurifásico significa dizer que possui várias fases, ou seja, em cada fase, haverá incidência do tributo, como são os casos, por exemplo, do IOF e do ICMS para combustíveis e lubrificantes"*.

1.2 Sujeito passivo

O art. 155 da Constituição Federal determina expressamente que competirá à *lei complementar* a definição dos contribuintes. Veja-o:

> **Art. 155. (...)**
>
> **§ 2º** O imposto previsto no inciso II, atenderá ao seguinte: (...)
> **XII** – cabe à lei complementar:
> **a)** definir seus *contribuintes* (...). **(Grifo nosso)**

O sujeito passivo do ICMS poderá ser, consoante a dicção do art. 4º da LC n. 87/96:

> **a)** pessoas que pratiquem operações relativas à circulação de mercadorias;
> **b)** importadores de bens de qualquer natureza;
> **c)** prestadores de serviços de transporte interestadual e intermunicipal;
> **d)** prestadores de serviços de comunicação.

Entretanto, há a possibilidade de figurar no polo passivo da relação jurídica o responsável tributário, quando escolhido por lei para pagar o tributo, sem que tenha realizado o fato gerador (art. 121, parágrafo único, II, do CTN). A própria Constituição Federal, em seu art. 150, § 7º, admite o fenômeno da responsabilidade atinente ao ICMS, no contexto da *substituição tributária progressiva* ou *"para frente"* – escolha de uma terceira pessoa para recolher o tributo antes da ocorrência do fato gerador, em uma nítida antecipação de recolhimento perante um fato gerador presumido.

Exemplo: a saída do veículo produzido na indústria automobilística em direção à concessionária. O fato gerador ocorrerá em momento ulterior, com a venda do veículo na concessionária, porém o ICMS é recolhido antes da ocorrência do fato imponível. É a substituição tributária "para frente", pois o fato gerador ocorrerá na "frente".

Impende destacar, no entanto, que, no âmbito do ICMS, é corriqueiro o fenômeno da *Substituição Tributária Regressiva* ou *"para trás"*, marcada pela ocorrência do fato gerador em um momento anterior ao pagamento do tributo, cuja efetivação fica postergada ou diferida. Trata-se do fenômeno do *diferimento*.

O *diferimento é a postergação* do recolhimento do tributo indireto para um momento ulterior ao da ocorrência do fato gerador. Está inserido no contexto tributacional do ICMS, havendo a efetiva extinção do crédito tributário (= pagamento) pelo "contribuinte de fato", e não pelo "contribuinte de direito". Tal fenômeno ocorre por conveniência do sujeito ativo (Fisco), que vê no responsável tributário (terceira pessoa escolhida por lei para pagar o tributo) alguém com maior aptidão a efetuar o pagamento do tributo, mesmo não tendo realizado o fato gerador. Ocorre com produtos como o *leite cru, a sucata, a cana em caule* etc.

Exemplo: produtor rural de leite cru que distribui seu produto para empresa de laticínios. O escolhido por lei para recolher o tributo é a empresa de laticínios. Assim, o fato gerador ocorreu lá "atrás", na saída da propriedade rural, e o recolhimento é feito aqui na "frente" (laticínio). Portanto, adia-se ou difere-se o pagamento, dando azo à figura do *diferimento*.

1.3 Fato gerador

A base nuclear do **fato gerador** é a circulação de mercadoria ou prestação de serviços interestadual ou intermunicipal de transporte e de comunicação, ainda que iniciados no exterior (art. 155, II, CF).

Note o item considerado **CORRETO**, em prova realizada pela FCC, para o cargo de Promotor de Justiça (MPE/PA), em 2014: *"Sobre a LC n. 87/96 – Lei Kandir, é correto afirmar que se considera ocorrido o fato gerador do ICMS no momento da saída de mercadoria de estabelecimento de contribuinte, ainda que para outro estabelecimento do mesmo titular".*

Diz-se que existem, na verdade, *quatro* impostos definidos na outorga de competência do inciso II do art. 155 do texto constitucional vigente, quais sejam:

a) imposto sobre a circulação de mercadorias;

b) imposto sobre serviços de transportes interurbanos e interestaduais e de comunicação;

c) imposto sobre a produção, importação, circulação, distribuição e consumo de combustíveis líquidos e gasosos e energia elétrica;

d) imposto sobre extração, importação, circulação, distribuição e consumo de minerais.

Porém, resumindo, entendemos que o ICMS é um imposto estadual, cujo fato gerador pode consistir:

a) na circulação de mercadorias;

b) na prestação de serviço de transporte (interestadual e intermunicipal);

c) na prestação de serviço de comunicação.

1.3.1 Circulação de mercadoria

O fato gerador do ICMS descrito na Constituição Federal é atinente a *operações relativas à circulação de mercadorias*. Portanto, o fato gerador indica quaisquer atos ou negócios, independentemente da natureza jurídica específica de cada um deles, que implicam a *circulação de mercadorias*, assim entendida a circulação capaz de realizar o trajeto da mercadoria da produção até o consumo.

Portanto, observe os conceitos abaixo:

a) Circulação: é a mudança de titularidade jurídica do bem (não é mera movimentação "física", mas *circulação jurídica* do bem). O bem sai da titularidade de um sujeito e passa à titularidade definitiva de outro. Exemplo: na saída de bens para mostruário não se paga ICMS, pois não ocorre a circulação *jurídica* do bem, apenas a movimentação "física", não havendo mudança de titularidade; o mesmo fato ocorre na mera movimentação física de bens entre matriz e filial.

Note a jurisprudência no **STJ**:

> **EMENTA:** TRIBUTÁRIO. ICMS. Saída física de mercadoria para filial da empresa. Não incidência do tributo. Súmula n. 166, do STJ. Não constitui fato gerador do ICMS o simples deslocamento de mercadoria de um para outro estabelecimento do mesmo contribuinte. **(REsp 113.268/RS, 2ª T., rel. Min. Hélio Mosimman, j. em 03-02-1998)**

No mesmo sentido é a **Súmula n. 166 do STJ** que dispõe "*não constitui fato gerador do ICMS o simples deslocamento da mercadoria de um para outro estabelecimento do mesmo contribuinte*".

> Note o item considerado **INCORRETO**, em prova realizada pela FCC, DPE-RS, para o cargo de Defensor Público, em 2018: *"Quanto ao entendimento jurisprudencial do STJ e do STF sobre o ICMS, constitui fato gerador do imposto o deslocamento de mercadorias de um para outro estabelecimento do mesmo contribuinte"*.

b) Mercadorias: o conceito de mercadoria é fundamental ao estudo do fato gerador deste imposto: *mercadoria* (do latim *merx*) é a *coisa que se constitui objeto de uma venda*. Todavia, a Constituição define implicitamente *mercadoria* em seu sentido estrito, e somente nesse conceito estrito deve ser ela considerada na formatação do fato gerador do ICMS (art. 110 do CTN). Vejamos:

MERCADORIA (sentido estrito) = *produto + intuito de mercancia*
(decorrente da habitualidade ou volume típico de comércio na aquisição de bem)

A mercadoria é bem ou coisa móvel. O que caracteriza uma coisa como *mercadoria* é a destinação, uma vez que é coisa móvel com aptidão ao comércio. Não são mercadorias as coisas que o empresário adquire para uso ou consumo próprio, mas somente aquelas adquiridas para revenda ou venda.

Cabe registrar que a energia elétrica é pacificamente entendida como "mercadoria" para efeito da incidência do ICMS.

Pelas razões expostas, podemos ser levados a concluir que o ICMS não deveria incidir sobre a importação de bens de uso do próprio importador, segundo a melhor doutrina e jurisprudência do STF.

No entanto, a EC n. 23/83, com o objetivo de aumentar a receita tributária dos Estados, fez recair a incidência sobre bens destinados a consumo ou ativo fixo do estabelecimento. Note que a incidência em comento veio delineada na LC n. 87/96, conforme a dicção do art. 2º, § 1º, I, do indigitado instrumento normativo, em total conformidade com o pensamento do legislador constituinte que seguiu no mesmo diapasão, em 1988.

Em tempo, diga-se que a EC n. 33/2001 modificou a matéria ao ampliar a sujeição passiva nas importações, uma vez que, conforme o art. 155, § 2º, IX, "a", da CF, o ICMS passou a incidir sobre bens ou **mercadorias importados do exterior por pessoa física ou jurídica**, ainda que não sejam contribuintes habituais do imposto.

Note o item considerado **CORRETO**, em prova realizada pela Ceperj, para o cargo de Analista de Controle Interno (Sefaz/RJ), em 2013: *"A empresa XX importou, para uso próprio, aparelho de tomografia computadorizada, a ser utilizado em um dos seus inúmeros estabelecimentos. Nos termos da Constituição Federal, sobre a operação deve incidir o seguinte tributo: Imposto de Circulação de Mercadorias e Serviços".*

Note o item considerado **CORRETO**, em prova realizada pela FGV Projetos, para o cargo de Auditor Fiscal Tributário da Receita Municipal de Cuiabá/MT, em 2016: *"Incide ICMS sobre a entrada de bens importados por pessoa física, qualquer que seja sua finalidade".*

Saliente-se que *mercadoria* são bens móveis que podem ser comercializados, devendo haver intuito de obtenção de lucro com a movimentação jurídica do bem. Além disso, essa atividade deve ser habitual. Por essa razão, a saída *eventual* de bens do ativo fixo ou imobilizado de uma empresa não configura circulação de mercadorias, mas mera circulação de bens desgastados pelo uso.

O conceito de *mercadoria* deve passar pelo bem adquirido com a finalidade de ser vendido. Nesse sentido, todos os bens móveis, ainda que potencialmente, podem ser absorvidos no conceito, desde que, na ótica do vendedor, tenham sido adquiridos com intuito de revenda.

Por derradeiro, faz-se mister trazer à baila as situações em que o ICMS **não** deve incidir:

a) sobre coisas corpóreas que não sejam mercadoria, isto é, bens de particulares;

b) na alienação de bens do ativo fixo ou imobilizado. Observe a jurisprudência no STF:

> **EMENTA:** A venda de bens do ativo fixo da empresa não se enquadra na hipótese de incidência determinada pelo art. 155, I, 'b', ('sic') da Carta Federal, tendo em vista que, em tal situação, inexiste circulação no sentido jurídico-tributário: os bens não se ajustam ao conceito de mercadorias e as operações não são efetuadas com habitualidade. **(RE 194.300-9/SP, 1ª T., rel. Min. Ilmar Galvão, j. em 29-04-1997)**

c) na simples transferência de mercadoria de um para outro estabelecimento da mesma empresa (**Súmula n. 166 do STJ**);

d) na mudança integral do estabelecimento da pessoa jurídica, com o deslocamento do seu patrimônio para outro local;

e) na integralização de bens (máquinas, equipamentos, veículos etc.) pela pessoa jurídica para a constituição ou ampliação de uma outra empresa (mero negócio societário);

f) nas remessas de mercadorias para demonstração e/ou consignação.

Quanto à mencionada hipótese de "consignação de bem" (letra "f"), o **STJ** enfrentou instigante questão, em **2013**, ligada à não incidência do ICMS no caso da mera consignação de veículos por agência de automóveis. Observe o trecho da didática ementa:

> **EMENTA:** (...) **4.** Ponderado esse entendimento jurisprudencial, constata-se que a mera consignação do veículo cuja venda deverá ser promovida por agência de automóveis não representa circulação jurídica da mercadoria, porquanto não induz à transferência da propriedade ou da posse da coisa, inexistindo, dessa forma, troca de titularidade a ensejar o fato gerador do ICMS. Nesse negócio, *não há transferência de propriedade (domínio) à agência de automóveis*, pois, conforme assentado pelo acórdão recorrido, ela não adquire o veículo de seu proprietário, mas, apenas, intermedeia a venda da coisa a ser adquirida diretamente pelo comprador. De igual maneira, *não há transferência de posse*, haja vista que a agência de automóveis não exerce nenhum dos poderes inerentes à propriedade (art. 1.228 do Código Civil). Isso porque a consignação do veículo não pressupõe autorização do proprietário para a agência usar ou gozar da coisa, tampouco a agência pode dispor sobre o destino da mercadoria (doação, locação, destruição, desmontagem, *v.g.*), mas, apenas, promover a sua venda em conformidade com as condições prévias estabe-

lecidas pelo proprietário. Em verdade, a consignação do veículo significa mera detenção precária da mercadoria para fins de exibição, facilitando, dessa forma, a consecução do serviço de intermediação contratado. **5.** Recurso especial não provido. **(REsp 1.321.681/DF, rel. Min. Benedito Gonçalves, 1ª T., j. em 26-02-2013) (Grifos nossos)**

1.3.2 Serviços de transporte interestadual e intermunicipal

A prestação de serviços de transporte entre Municípios da mesma unidade federada (intermunicipal) ou entre Estados diferentes (interestadual) representa **fato gerador do ICMS**. Portanto, por exclusão, os serviços de transportes dentro do território do Município (transporte inframunicipal) estão fora do campo de incidência do ICMS. São alvos, sim, de incidência do ISS, conforme o item 16 da Lista de Serviços anexa à LC n. 116/2003.

Note o item considerado **CORRETO**, em prova realizada pela FCC, DPE-RS, para o cargo de Defensor Público, em 2018: *"Quanto ao entendimento jurisprudencial do STJ e do STF sobre o ICMS, é devido o imposto nas operações ou prestações de serviço de transporte terrestre interestadual e intermunicipal de passageiros e de cargas"*.

Quanto à expressão "ainda que as prestações se iniciem no exterior", servem as mesmas considerações feitas em parágrafo anterior.

Uma importante observação que se faz mister é que tais prestações hão de ser *onerosas*, pois as prestações de serviços gratuitos não podem gerar incidência.

É o que se nota no *transporte de carga própria*, em que o valor desse transporte está necessariamente incluído no valor das mercadorias transportadas e, assim, automaticamente, alcançado pelo tributo, conforme entendimento do Egrégio STJ.

Outrossim, é importante enaltecer que, quando ocorre o *transporte da mercadoria em parcelas*, considerar-se-á ocorrido o fato gerador na *data em que se efetivar a saída do primeiro componente, peça ou parte*.

Por fim, a regra geral prevalecente na determinação do local da prestação, para o qual deve haver o recolhimento do tributo, em relação aos serviços de transporte, é simples: vale o local onde tenha início a prestação do transporte.

Exemplo: uma empresa de transporte de carga, com sede no Espírito Santo, contrata serviço que consiste em transportar mercadoria de uma fábrica no Rio de Janeiro para os Estados do Ceará e Piauí. Pergunta-se: pagar-se-á o ICMS para qual Estado? Resposta: para o Rio de Janeiro, onde se iniciou o transporte.

Quanto à possibilidade de incidência do ICMS sobre a prestação de serviços intermunicipais e interestaduais de *transporte aéreo*, o STF vem discutindo o candente assunto, desde 1998. Nesse ano, foi iniciado o julgamento de mérito de ação direta de inconstitucionalidade, ajuizada pelo Procurador-Geral da República, atendendo a representação do Sindicato Nacional das Empresas Aeroviárias – SNEA. O objetivo era o de enfrentar vários dispositivos da LC n. 87/96 (*v.g.*, art. 2º, II), buscando a exclusão da navegação aérea do âmbito de incidência do ICMS. Em fevereiro de **2001**, o Min. Nelson Jobim, no **STF**, proferiu voto-vista no sentido de julgar procedente (em parte) a ação, para o fim de declarar a inconstitucionalidade do ICMS sobre a prestação dos serviços de transporte em apreço. Desse modo, divergiu do Min. Sydney Sanches, relator, que julgou improcedente a ação. Após os demais votos, em alguns meses, prevaleceu a tese da inconstitucionalidade da cobrança do ICMS no transporte aéreo de passageiros. (**ADI n. 1.600, rel. Min. Sydney Sanches, rel. p/ ac. Min. Nelson Jobim, Pleno, j. em 26-11-2001**)

Em 5 de fevereiro de **2014**, por maioria de votos, o Plenário do **STF** julgou improcedente a **Ação Direta de Inconstitucionalidade n. 2.669/DF** (rel. Min. Nelson Jobim, rel. p/ ac. Min. Marco Aurélio), ajuizada pela *Confederação Nacional do Transporte* (CNT). Esta pretendia que o STF estendesse ao transporte terrestre de passageiros, com base em analogia, a decisão da ADI n. 1.600 (acima citada), quando aquela Corte declarou inconstitucional a cobrança do ICMS no transporte aéreo de passageiros. Portanto, é devida a cobrança de ICMS nas operações ou prestações de serviço de transporte terrestre interestadual e intermunicipal de passageiros e de cargas.

1.3.3 Serviços de comunicação

As prestações de serviço de comunicação, "ainda que as prestações se iniciem no exterior", também estão sujeitas ao ICMS, a partir da previsão inaugurada com a Carta de 1988.

A Constituição não entra em detalhes, deixando-os para serem fixados pela lei complementar. Fê-lo a **LC n. 87/96**, estabelecendo que o ICMS incide sobre:

> **Art. 2º, III (LC n. 87/96) – (...)** prestações onerosas de serviços de comunicação, por qualquer meio, inclusive a geração, a emissão, a recepção, a transmissão, a retransmissão, a repetição e a ampliação de comunicação de qualquer natureza.

É importante destacar que, para o **STJ**, "*a prestação de serviços conexos ao de comunicação por meio da telefonia móvel (que são preparatórios, acessórios ou intermediários da comunicação) não se confunde com a prestação da atividade-fim "processo de transmissão" (emissão ou recepção) de informações de qualquer natureza, esta, sim, passível de incidência pelo ICMS*". E, ainda, pode-se extrair da ementa: "*Desse modo, a despeito de alguns deles serem essenciais à efetiva prestação do serviço de comunicação e admitirem a cobrança de tarifa pela prestadora do serviço (concessionária de serviço público), por assumirem o caráter de atividade-meio, não constituem, efetivamente, serviços de comunicação, razão pela qual não é possível a incidência do ICMS*" (**REsp 1.176.753/RJ, rel. Min. Napoleão Nunes Maia Filho, rel. p/ Ac. Min. Mauro Campbell Marques, 1ª T., j. em 28-11-2012**).

À guisa de ilustração, citem-se alguns *serviços acessórios ou suplementares ao de comunicação*: a troca de titularidade de aparelho celular (ou do próprio aparelho e/ou de seu número), o fornecimento de conta detalhada, a mudança de endereço de cobrança de conta telefônica, a troca de área de registro, a troca de plano de serviço, o bloqueio de DDD e DDI, a habilitação e a religação, o acesso à internet. Aliás, nesse rumo, editou-se a **Súmula n. 334 do STJ**: "O ICMS não incide no serviço dos provedores de acesso à Internet". Na mesma direção, veio a **Súmula n. 350 do STJ**, a qual dispõe que *"o ICMS não incide sobre o serviço de habilitação de telefone celular"*.

Note o item considerado **INCORRETO**, em prova realizada pela FCC, DPE-RS, para o cargo de Defensor Público, em 2018: *"Quanto ao entendimento jurisprudencial do STJ e do STF sobre o ICMS, tal imposto incide no serviço dos provedores de acesso à 'internet'"*.

Note o item considerado **CORRETO**, em prova realizada pela FCC, DPE-RS, para o cargo de Defensor Público, em 2018: *"Quanto ao entendimento jurisprudencial do STJ e do STF sobre o ICMS, tal imposto não incide sobre o serviço de habilitação de telefone celular"*.

É curioso notar que, em outubro de **2011**, o **STF** iniciou julgamento no qual se enfrentava o mesmo problema: a possibilidade, ou não, de cobrança de ICMS sobre serviço de *habilitação de telefone celular*. Com o provimento do recurso pelo relator Min. Marco Aurélio e o desprovimento, em divergência, pelo Min. Luiz Fux – este, seguindo o posicionamento já consolidado do **STJ** –, o veredicto veio a se consumar em fevereiro de **2014**, no sentido de que o serviço de habilitação de celular configura atividade preparatória ao serviço de comunicação, portanto, não sujeito à incidência do ICMS. (**RE 572.020/DF, rel. orig. Min. Marco Aurélio, red. p/ ac. Min. Luiz Fux, Pleno, j. em 06-02-2014**)

É mister enaltecer que, se apenas os serviços de transporte interestaduais e intermunicipais estão abrangidos pela regra da incidência, tal restrição *não* se estende aos *serviços de comunicação*, uma vez que a Constituição Federal não especificou, pelo que não cabe ao intérprete distinguir. O ICMS poderá recair também sobre as comunicações intramunicipais, tendo em vista que a Constituição, no art. 156, III, assevera que compete aos Municípios instituir o ISS de qualquer natureza "não compreendidos no art. 155, II".

Em 3 de setembro de **2015**, a 2ª Turma do **STJ**, no **REsp 1.497.364/GO** (rel. Min. Humberto Martins), entendeu que, "*caso o prestador de serviços de televisão por assinatura via satélite forneça pacote de canais por valor fixo mensal para assinantes localizados em outros estados federados, deve-se recolher o ICMS em parcelas iguais para as unidades da Federação em que estiverem localizados o prestador e o tomador*". No caso concreto, discutiu-se a sujeição ativa da obrigação tributária afeta à **cobrança de ICMS sobre serviços de comunicação via satélite na modalidade TV por assinatura.**

A **LC n. 87/96**, com as devidas alterações, orienta-nos quanto à regra geral:

Art. 11 (LC 87/96). O local da operação ou da prestação, para os efeitos da cobrança do imposto e definição do estabelecimento responsável, é: (...) **III** – tratando-se de prestação onerosa de serviço de comunicação: (...) **c-1)** o do estabelecimento ou domicílio do tomador do serviço, quando prestado por meio de satélite; **(Alínea incluída pela LC n. 102/2000) (Grifo nosso)**

Entretanto, o § 6º do próprio art. 11 da LC n. 87/96 aponta para uma ressalva:

Art. 11, § 6º (LC 87/96) Na hipótese do inciso III do *caput* deste artigo, tratando-se de serviços não medidos, que envolvam localidades situadas em diferentes unidades da Federação e cujo preço seja cobrado por períodos definidos, o imposto devido será recolhido em partes iguais para as unidades da Federação onde estiverem localizados o prestador e o tomador. **(Parágrafo incluído pela LC n. 102/2000) (Grifo nosso)**

Ora, na prestação do serviço em comento (TV por assinatura via satélite), não se paga pelo serviço levando-se em conta o tempo de utilização. O assinante costuma escolher o pacote de canais e pagar algo fixo por ele, mês a mês, sem critério de medição do serviço. De modo diverso, quando o usuário paga pelo serviço efetivamente utilizado (por exemplo, água, telefonia, luz etc.), aí, sim, tem-se o chamado *serviço medido*, avocando-se regramento jurídico dessemelhante. Logo, todo serviço de comunicação, definido na LC n. 87/96, poderá estar sujeito à incidência do ICMS, desde que tal definição tenha sido adotada, parcial ou integralmente, pela lei estadual ou distrital, em observância aos Princípios da Legalidade e da Tipicidade Fechada.

Em 6 de dezembro de **2016**, a 1ª Turma do **STJ**, por maioria, no **REsp 1.308.698/SP** (rel. Min. Napoleão Nunes Maia Filho), assim entendeu: "Ainda que as prestações de serviços de comunicação sejam inadimplidas pelo consumidor-final (contratante), não cabe a recuperação dos valores pagos pela prestadora (contratada) a título de ICMS-comunicação incidentes sobre o serviço".

A incidência do ICMS-Comunicação tem como fato gerador a prestação onerosa de serviço de comunicações por qualquer meio, inclusive a geração, a emissão, a recepção, a transmissão, a retransmissão, a repetição e a ampliação de comunicação de qualquer natureza (art. 2º, III, da LC 87/96).

No âmbito de um *contrato oneroso*, de um lado, há a obrigação da concessionária (*Telecomunicações de São Paulo* – TELESP) em disponibilizar o serviço de comunicação avençado e, de outro, a obrigação do consumidor final (tomador-usuário) em retribuir o serviço com o preço estabelecido.

O inadimplemento da obrigação civil assumida pelo consumidor-final (contratante) é desinfluente para a constatação da ocorrência do fato gerador que enseja a exação. Deveras, não se pode confundir a não ocorrência do fato gerador com o não pagamento do serviço, por parte do tomador-usuário. O inadimplemento do contratante é situação estranha ao fenômeno da incidência tributária.

Posto isso, a pretensão restituitória deve ser desprovida, caso se pretenda a recuperação dos valores pagos pela prestadora (contratada), a título de ICMS-comunicação, ainda que a prestação do serviço de comunicação seja inadimplida pelo consumidor-final (contratante).

1.4 Base de cálculo

A base de cálculo pode ser:

a) o *valor da operação*, em se tratando de operação de circulação de mercadoria;

b) o *preço do serviço*, em se tratando de transporte (interurbano e interestadual) e de comunicação;

c) o *valor da mercadoria ou bem importado*, constante em documento de importação, convertido em moeda nacional pela mesma taxa de câmbio utilizada para cálculo do imposto de importação, e acrescido do IPI, do IOF, do próprio II (Imposto de Importação) e das despesas aduaneiras.

1.5 Alíquotas

Para compreender o estudo das alíquotas do ICMS, impende destacar o teor inserto no **§ 2º do art. 155 da CF:**

> **Art. 155. (...)**
>
> **§ 2º** O imposto previsto no inciso II atenderá ao seguinte: (...)
>
> **IV** – resolução do Senado Federal, de iniciativa do Presidente da República ou de um terço dos senadores, aprovada pela maioria absoluta dos seus membros, estabelecerá as alíquotas aplicáveis às operações e prestações, interestaduais e de exportação.
>
> **V** – é facultado ao Senado Federal:
>
> **a)** estabelecer alíquotas mínimas nas operações internas, mediante resolução de iniciativa de um terço e aprovada pela maioria absoluta de seus membros;
>
> **b)** fixar alíquotas máximas nas mesmas operações para resolver conflito específico que envolva interesse de Estados, mediante resolução de iniciativa da maioria absoluta e aprovada por dois terços de seus membros. **(Grifos nossos)**

O texto constitucional atrela às *resoluções* do Senado Federal, **facultativamente**, o estabelecimento de alíquotas de ICMS, aplicáveis às operações e prestações, interestaduais e de exportação.

À luz da Resolução do Senado Federal n. 22/89, existem as alíquotas *internas* – livremente estipuladas pelos Estados-membros (usualmente 17 ou 18%) – e as alíquotas *interestaduais*.

> Note o item considerado **INCORRETO**, em prova realizada pela VUNESP, FAPESP, para o cargo de Procurador, em 2018: *"O Congresso Nacional deverá estabelecer alíquotas mínimas nas operações internas do ICMS, mediante resolução de iniciativa de um terço e aprovada pela maioria absoluta de seus membros"*.

No estabelecimento de alíquotas, os Estados devem observar o que dispõe o Senado Federal, a quem se atribuiu a faculdade de estabelecer (ou fixar) alíquotas mínimas ou máximas, por meio de *resolução* e nos termos da Constituição Federal. Enquanto ausente a fixação de tais alíquotas pelo Senado Federal, os Estados poderão estabelecê-las no âmbito das respectivas competências.

Quanto às operações e prestações interestaduais, sabe-se que, em 17 de abril de **2015**, foi publicada a **Emenda Constitucional n. 87** (cognominada de *Emenda do Comércio Eletrônico*), a qual trouxe importantes modificações na cobrança do ICMS nas operações interestaduais (vendas de mercadorias e prestações de serviços) destinadas a consumidores finais não contribuintes do imposto. Sua aplicabilidade ocorreu a partir de 1º de janeiro de 2016, em homenagem ao *princípio da anterioridade tributária*.

De início, convém dimensionarmos o novo cenário a partir da visualização do texto constitucional:

ANTES DA EC N. 87/15	APÓS A EC N. 87/15
Art. 155. (...) § 2º O imposto previsto no inciso II atenderá ao seguinte: (...) **VII** – em relação às operações e prestações que destinem bens e serviços a consumidor final localizado em outro Estado, adotar-se-á: **a)** a alíquota interestadual, quando o destinatário for contribuinte do imposto; **b)** a alíquota interna, quando o destinatário não for contribuinte dele;	**Art. 155. (...) § 2º** O imposto previsto no inciso II atenderá ao seguinte: (...) **VII** – nas operações e prestações que destinem bens e serviços a consumidor final, contribuinte ou não do imposto, localizado em outro Estado, adotar-se-á a alíquota interestadual e caberá ao Estado de localização do destinatário o imposto correspondente à diferença entre a alíquota interna do Estado destinatário e a alíquota interestadual; **a) (revogada)**; **b) (revogada)**;
VIII – na hipótese da alínea "a" do inciso anterior, caberá ao Estado da localização do destinatário o imposto correspondente à diferença entre a alíquota interna e a interestadual.	**VIII** – a responsabilidade pelo recolhimento do imposto correspondente à diferença entre a alíquota interna e a interestadual de que trata o inciso VII será atribuída: **a)** ao destinatário, quando este for contribuinte do imposto; **b)** ao remetente, quando o destinatário não for contribuinte do imposto.

Lançando um primeiro olhar ao § 2º do art. 155, percebe-se que o texto original dos incisos VII e VIII foram aglutinados no atual inciso VII, revogando-se as duas alíneas daquele superado inciso VII. No tocante ao anterior (e decaído) inciso VIII, houve total alteração, e ele agora passa a conter duas alíneas, expressando um tema que, até então, não tinha sede constitucional.

Para a boa compreensão das novidades oriundas da EC n. 87/2015, recomenda-se recapitular a dinâmica de recolhimento de ICMS nas operações interestaduais. Em resumo, antes da Emenda, a sistemática de recolha do imposto, à luz dos incisos VII, "a" e "b", e VIII do § 2º do art. 155 da CF, assim se desdobrava:

a) Se o destinatário da mercadoria fosse **NÃO CONTRIBUINTE**, o imposto caberia integralmente ao Estado de origem da operação, devendo ser calculado pela alíquota interna ou "cheia" (desse próprio Estado de origem), com fulcro no art. 155, § 2º, VII, "b", CF. Trata-se, em verdade, de "regra de ouro do ICMS", segundo a qual o imposto será sempre devido à unidade federativa de origem da mercadoria.

Daí a nossa provocação, comum em sala de aula, mais didática do que rigorosa, no sentido de que, "*no ICMS, é possível uma operação entre dois Estados sem que se revele, de fato, interestadual*", haja vista o imposto caber apenas a uma unidade federativa. Exemplo:

Uma loja na cidade de Campinas/SP vende por R$ 1.000,00 (mil reais) um aparelho doméstico a um consumidor (pessoa física) da cidade de Uberlândia/MG, devendo ser entregue o bem em domicílio. Calcule o ICMS na operação, supondo as seguintes alíquotas para o cálculo do imposto: – Alíquota interna do Estado de São Paulo: **18%**; – Alíquota interna do Estado de Minas Gerais: **17%**; – Alíquota interestadual: **12%**.

Resposta:

Sobre a operação, incidirá ICMS na alíquota de 18% (18% x R$ 1.000,00 = R$ 180,00) – alíquota do Estado de origem (São Paulo), a quem cabe o valor total do imposto a ser recolhido.

Observação: note que as alíquotas interestadual e interna (Estado de destino) não eram relevantes para esse tipo de operação.

Antes de apresentar a outra hipótese (letra "b"), frise-se que as alterações provenientes da EC n. 87/2015 dizem exatamente com a tentativa de enfrentar o desequilíbrio arrecadatório provocado pela sistemática anteriormente exemplificada, fortemente vocacionada a recrudescer a assimetria no ICMS e a desestabilizar o pacto federativo com a chamada "guerra fiscal".

Para além disso, não se pode vendar os olhos para a pujança do crescente comércio eletrônico (*e-commerce*) no Brasil, em que há a concentração de centros de venda nos Estados "produtores", a saber, aqueles pertencentes às regiões Sudeste e Sul (destaque para o eixo RJ-SP).

Com efeito, o Poder Constituinte Derivado, sensível à nova dinâmica consumerista oriunda das compras feitas pela internet e da virtualização das vendas, objetivou mitigar a perda de arrecadação das unidades federadas destinatárias da mercadoria, ditos "Estados consumidores", máxime aqueles das regiões Norte, Nordeste e Centro-Oeste.

A prática recorrente das *vendas remotas* (vendas a distância ou *on-line*) tornou desnecessário o fluxo de mercadorias pelos centros varejistas e distribuidores estabelecidos nos Estados consumidores, obstaculizando o acesso destes à partilha do ICMS, via diferencial de alíquota, conforme também se notará na exposição da próxima hipótese.

Sem contar o fato de que o inconformismo dos Estados-membros que se sentiam prejudicados, antes mesmo da Emenda, tinha-os levado, de modo reativo, à assinatura do **Protocolo ICMS n. 21/11**, o qual foi julgado inconstitucional pelo STF, em setembro de **2014**, nas **ADIs n. 4.628 e 4.713** (e o **RE 680.089** – Rep. Geral)[1]. Tal derrota permitiu criar o ambiente político favorável para a promulgação da presente Emenda Constitucional.

Passemos à outra hipótese:

b) Se o destinatário da mercadoria fosse **CONTRIBUINTE** (mas como consumidor final)[2], o imposto caberia aos Estados de origem e de destino, incidindo duas vezes, da seguinte forma:

1º Cobrava-se o imposto no Estado de origem pela *alíquota interestadual*: a recolha se dava na saída da mercadoria ou no início da prestação dos serviços pelo estabelecimento de origem; e

2º Cobrava-se o imposto no Estado de destino pela diferença entre a alíquota interna (Estado de destino) e a alíquota interestadual (o chamado DIFAL, na abreviação de "diferencial de alíquota"): a recolha se dava na entrada da mercadoria ou na utilização dos serviços pelo estabelecimento destinatário. Exemplo:

Um estabelecimento atacadista na cidade de Campinas/SP vende um lote de aparelhos domésticos por R$ 100.000,00 (cem mil reais) a um estabelecimento varejista da cidade de Florianópolis/SC. Calcule o ICMS na operação, supondo as seguintes alíquotas para o cálculo do imposto: – Alíquota interna do Estado de São Paulo: **18%**; – Alíquota interna do Estado de Santa Catarina: **17%**; – Alíquota interestadual: **12%**.

1. Recomendamos a leitura da ementa dessa ADI, na página do STF (*www.stf.jus.br*), por ser bastante didática, abrangente e ilustrativa. Ademais, trataremos do tema neste *Manual*, em tópico posterior (Notas gerais).

2. É fundamental trazer à baila o caso do destinatário da mercadoria que é CONTRIBUINTE do ICMS, mas NÃO É CONSUMIDOR FINAL. Observe o **EXEMPLO**: Um estabelecimento atacadista na cidade de Campinas/SP vende um lote de aparelhos domésticos por R$ 100.000,00 (cem mil reais) a um estabelecimento varejista da cidade de Uberlândia/MG, para REVENDA. Calcule o ICMS na operação, supondo as seguintes alíquotas para o cálculo do imposto: Alíquota interna do Estado de São Paulo: **18%**; Alíquota interna do Estado de Minas Gerais: **17%**; e Alíquota interestadual: **12%**. **RESPOSTA**: sobre a operação, incidirá ICMS na alíquota de 12% (12% x R$ 100.000,00 = R$ 12.000) – alíquota interestadual, ao Estado de origem, isto é, São Paulo. Ao Estado de destino, Minas Gerais, somente será devido o ICMS relativo à próxima operação (revenda da mercadoria), quase sempre recolhido pelo mecanismo de substituição tributária pelo Estado de Origem.

Resposta:

1º Para o Estado de origem, ou seja, São Paulo, recolher-se-á o imposto na alíquota de 12%* (12% x R$ 100.000,00 = R$ 12.000,00);

* Alíquota interestadual (art. 155, § 2º, VII, "a", CF).

2º Para o Estado de destino, ou seja, Santa Catarina, recolher-se-á o imposto na alíquota de 5% [(17% – 12%)* x R$ 100.000,00 = R$ 5.000,00];

* Diferença entre a alíquota interna do Estado de destino (SC) e a alíquota interestadual (art. 155, § 2º, VIII, CF).

Observação: note que a alíquota interna (Estado de origem) não é relevante para esse tipo de operação.

A propósito, sempre recomendamos em sala de aula a memorização com certas abreviações mnemônicas que, embora estranhas à primeira vista, podem ajudar o leitor na memorização:

SITUAÇÃO I:
COFI Não Contribuinte → INTERORI

SITUAÇÃO II:
COFI Contribuinte → INTERESTORI + DIFALDEST

Observação:
– **COFI**, como abreviação de *Consumidor Final*;
– **INTERORI**, como abreviação de *Alíquota interna (para o Estado de Origem)*;
– **INTERESTORI**, como abreviação de *Alíquota interestadual (para o Estado de Origem)*;
– **DIFALDEST**, como abreviação de *Diferencial de alíquota (para o Estado de Destino)*.

É fácil perceber que, nas operações entre contribuintes, a sistemática anterior buscava a partilha de arrecadação, "agradando" tanto a origem, quanto o destino. Por outro lado, nas operações destinadas a consumidores finais não contribuintes – uma pessoa física ou, ainda, uma pessoa jurídica prestadora de serviços, estando sujeita apenas ao ISS –, a origem era contemplada com todo o bolo arrecadado, fertilizando o ambiente de "guerra fiscal".

Diante da EC n. 87/2015, entende-se que a nova sistemática não fez ruir todo o mecanismo acima, mas parte dele. Em termos simples, a **SITUAÇÃO II** passa agora a valer para todas as ocorrências, não importando mais saber se o consumidor final (COFI) é contribuinte ou não contribuinte[3]. Será dado o mesmo tratamento ao *COFI Contribuinte* e ao *COFI Não Contribuinte*. Além disso, o DIFAL estará presen-

3. Todavia, isso não significa dizer que deixou de ser relevante distinguir operações realizadas com *contribuintes* daquelas realizadas com *não contribuintes*. Conforme se demonstrará no decorrer do tópico, o rótulo de "contribuinte" ou "não contribuinte" será decisivo para a demarcação da responsabilidade tributária quanto

te sempre, desde que a mercadoria seja adquirida para o consumo final (vale dizer, sem continuidade no fluxo mercantil).

Se, antes da Emenda, era utilizada a alíquota interna do Estado de Origem (INTERORI), agora será empregada a alíquota interestadual (INTERESTORI) e o diferencial de alíquota (DIFAL). Portanto, após a EC n. 87/2015, é possível assegurar, naquela linha de tom didático, que "toda operação entre dois Estados será considerada efetivamente interestadual".

Posto isso, com a EC n. 87/2015, passamos a ter, de modo único:

SITUAÇÃO GERAL (Fórmula atual):
COFI (Não) Contribuinte → INTERESTORI + DIFALDEST

O esquema anterior, em um primeiro momento, demonstra que a mudança na sistemática trouxe simplificação para os cálculos. Todavia, algumas observações precisam ser feitas:

1. O *Estado de origem* não mais se beneficiará da alíquota interna (o tal INTERORI), passando agora a receber o tributo calculado pela alíquota interestadual (o chamado INTERESTORI). Como se sabe, por força da Resolução n. 22/89, já tínhamos as seguintes alíquotas para as *operações interestaduais*[4]:

a) **7%:** para operações interestaduais que destinarem mercadorias ou serviços a contribuintes dos Estados das regiões Norte, Nordeste e Centro-Oeste e para o Espírito Santo;

b) **12%:** para operações interestaduais que destinarem mercadorias ou serviços a contribuintes dos Estados das regiões Sul e Sudeste.

Importante: um modo eficiente e simples para memorizar as alíquotas interestaduais é o seguinte:

---

ao dever de pagar o DIFAL (art. 155, § 2º, VIII, "a" e "b", CF), se a cargo do Estado de Origem ou do Estado de Destino.

4. Frise-se que há, ainda, o caso da alíquota de **4%** para os casos específicos de mercadorias importadas, conforme o disposto na **Resolução do Senado n. 13/2012**:

Art. 1º A alíquota do Imposto sobre Operações Relativas à Circulação de Mercadorias e sobre Prestação de Serviços de Transporte Interestadual e Intermunicipal e de Comunicação (ICMS), nas operações interestaduais com bens e mercadorias importados do exterior, será de **4% (quatro por cento)**.

§ 1º O disposto neste artigo aplica-se aos bens e mercadorias importados do exterior que, após seu desembaraço aduaneiro:

I – não tenham sido submetidos a processo de industrialização;

II – ainda que submetidos a qualquer processo de transformação, beneficiamento, montagem, acondicionamento, reacondicionamento, renovação ou recondicionamento, resultem em mercadorias ou bens com Conteúdo de Importação superior a 40% (quarenta por cento). **(Grifos nossos)**

Adote sempre a alíquota de **12%** (exceto quando os Estados do **SUDESTE** e **SUL** fizerem operações com outros Estados-membros, e não entre si: neste caso, será a alíquota de 7%). Exemplos: **SP x SC** (ALÍQ. INTEREST.: **12%**); **SP x BA** (ALÍQ. INTEREST.: **7%**); **SP x PA** (ALÍQ. INTEREST.: **7%**); **BA x SC** (ALÍQ. INTEREST.: **12%**); **SC x BA** (ALÍQ. INTEREST.: **7%**); **BA x PA** (ALÍQ. INTEREST.: **12%**); etc.

2. Nas operações em que o consumidor final não for contribuinte, mormente se pessoa física, não se torna factível receber o DIFAL desse destinatário, pelas dificuldades naturais de sua capilaridade. Foi por essa razão que a EC n. 87/15 (art. 155, § 2º, VIII, "a" e "b", CF) estabeleceu, textualmente – e de modo até pioneiro[5] – regras de **responsabilidade tributária** para o *Estado de origem*, quanto ao dever de recolhimento desse diferencial. Assim se estabeleceu:

COFI Contribuinte = DIFAL de Responsabilidade do **Destino** **(DIFALDEST[6])**;   **COFI Não Contribuinte** = DIFAL de Responsabilidade da **Origem** (chamaremos **DIFALORI**);

Diante de todo o exposto, podemos aglutinar as informações até aqui expendidas e estabelecer o seguinte cenário resumitivo:[6]

SITUAÇÕES GERAIS (Fórmulas atuais):
COFI Contribuinte = INTERESTORI + DIFALDEST   **COFI Não Contribuinte** = INTERESTORI + DIFALORI

Assim, a EC n. 87/15 trouxe novos dizeres ao **inciso VIII do § 2º do art. 155 da CF:**

Art. 155. (...) § 2º O imposto previsto no inciso II atenderá ao seguinte: (...)
VIII – a responsabilidade pelo recolhimento do imposto correspondente à diferença entre a alíquota interna e a interestadual de que trata o inciso VII será atribuída:
a) ao destinatário, quando este for contribuinte do imposto;

Note o item considerado **INCORRETO**, em prova realizada pela FGV Projetos, para o cargo de Auditor Fiscal Tributário da Receita Municipal de Cuiabá/MT, em 2016: *"Nas operações interestaduais que destinam bens a consumidor final, será aplicada a alíquota interna do Estado, quando o destinatário for contribuinte do ICMS"*.

5. Não se tinha visto até o presente momento uma normatização constitucional de regra de responsabilidade tributária, com a explícita demarcação da figura individualizada do responsável tributário.
6. Há vozes na doutrina no sentido de que a associação do DIFALDEST à responsabilidade tributária não seria de todo adequada, uma vez que o Estado de Destino, sobre o qual recai o DIFAL, apresentar-se-ia mais como contribuinte do que, propriamente, como responsável tributário.

b) ao remetente, quando o destinatário não for contribuinte do imposto.

Note o item considerado **INCORRETO**, em prova realizada pelo MPE/GO (59º Concurso), para o cargo de Promotor de Justiça Substituto de Goiás, em 2016: *"A Constituição define que o Estado destinatário será o sujeito ativo do ICMS nas operações interestaduais aos consumidores finais que não forem contribuintes desse imposto"*.

A bem da verdade, analisando-se a nova indumentária do DIFAL, sabe-se que o imposto correspondente ao diferencial de alíquota para o Estado de origem (DIFALORI) é provisório e tem prazo para acabar. Em poucos anos, o cenário acima só apresentará na fórmula citada, de modo mais simples, o chamado DIFALDEST, desaparecendo o outro dado. É mais um elemento de perda de arrecadação para os Estados de Origem. Foi esse o motivo pelo qual o art. 99 do ADCT, também oriundo da EC n. 87/2015, estabeleceu um rito gradualístico de repartição do DIFAL entre a origem e o destino, para os próximos 5 anos. Trata-se de uma espécie de DIFAL progressivo no tempo. Assim se estabeleceu a *regra de transição com escalonamento* do art. 99 do ADCT:

DIFAL repartido – Estados de Origem/Destino Graduação de alíquotas: 2015 a 2019 Art. 99, ADCT		
Ano	**Detalhes**	**Proporção**
2015	**20% (do DIFAL): (Para o)** Estado de **Destino** **80% (do DIFAL): (Para o)** Estado de **Origem**	**20-80 (%)**
2016	**40% (do DIFAL): (Para o)** Estado de **Destino** **60% (do DIFAL): (Para o)** Estado de **Origem**	**40-60 (%)**
2017	**60% (do DIFAL): (Para o)** Estado de **Destino** **40% (do DIFAL): (Para o)** Estado de **Origem**	**60-40 (%)**
2018	**80% (do DIFAL): (Para o)** Estado de **Destino** **20% (do DIFAL): (Para o)** Estado de **Origem**	**80-20 (%)**
2019	**100% (do DIFAL): (Para o)** Estado de **Destino** **0% (do DIFAL): (Para o)** Estado de **Origem**	**100-0 (%)**
2020 em diante	**(...)**	**(...)**

Conforme já se destacou, a EC n. 87/2015 só produzirá efeitos em 2016, o que acaba por anular, no quadro anterior, a proporção de repartição do DIFAL para 2015, tornando-a inócua. Ademais, nota-se que, apenas em 2019 (e nos anos seguintes), o Estado de Destino irá se apropriar da integralidade do DIFAL. Desse modo, podemos esquematizar:

SITUAÇÃO GERAL: "COFI NÃO CONTRIBUINTE" – OPERAÇÕES INTERESTADUAIS – ICMS					
	Dever decorrente de *obrigação própria* (Contribuinte)	**Dever decorrente de *responsabilidade tributária* (Responsável)**			
Ano	**Percentual de alíquota de ICMS interestadual (para a Origem)**	**+**	**Percentual sobre o DIFAL (para o Origem)**	**E**	**Percentual sobre o DIFAL (para o Destino)**
2015	xxx	+	xxx	E	xxx
2016	INTERESTORI	+	DIFALORI – 60%	E	DIFALDEST – 40%
2017	INTERESTORI	+	DIFALORI – 40%	E	DIFALDEST – 60%
2018	INTERESTORI	+	DIFALORI – 20%	E	DIFALDEST – 80%
2019	INTERESTORI	+	DIFALORI – 0%	E	DIFALDEST – 100%
2020 em diante	(...)		(...)		(...)

Aplicando o mesmo exemplo do início deste tópico a essa atual sistemática, teremos a seguinte hipótese[7]:

---

7. SEGUE MAIS UM EXERCÍCIO, PARA A DEVIDA FIXAÇÃO:

Supondo que, em março de 2017, uma concessionária de tratores sediada em Recife/PE venda um veículo por R$ 100.000,00 (cem mil reais) a um fazendeiro da cidade de Arapiraca/AL, calcule o ICMS na operação, considerando as seguintes alíquotas para o cálculo do imposto:

– Alíquota interna do Estado de Pernambuco: **17%**;
– Alíquota interna do Estado de Alagoas: **18%**;
– Alíquota interestadual: **12%**; e
– DIFAL: **6%**.

RESPOSTA:

1º. Para o Estado de origem (PE), teremos:

[(12% **x** R$ 100.000,00) = R$ 12.000,00] + [(6% **x** R$ 100.000,00) x 40% = R$ 2.400,00] = **R$ 14.400,00;**

2º. Para o Estado de destino (AL), teremos apenas o DIFALDEST (60% do DIFAL para o Destino): (6% **x** R$ 100.000,00) x 60% = **R$ 3.600,00.**

Uma loja na cidade de Campinas/SP, em março de **2017**, vende por R$ 1.000,00 (mil reais) um aparelho doméstico a um consumidor (pessoa física) da cidade de Uberlândia/MG, devendo ser entregue o bem em domicílio. Calcule o ICMS na operação, supondo as seguintes alíquotas para o cálculo do imposto:

– Alíquota interna do Estado de São Paulo: **18%**;

– Alíquota interna do Estado de Minas Gerais: **17%**;

– Alíquota interestadual: **12%**;

Importante: operação ocorrendo, ficticiamente, em março de 2017.

ANTES DA EC n. 87/15	APÓS A EC n. 87/15
CÁLCULO	**CÁLCULO**
Incidirá ICMS na alíquota de **18%** (18% x R$ 1.000,00 = R$ 180,00), ou seja, a alíquota do Estado de origem (SP).	1º Para o Estado de origem (SP), teremos: Assim: [(12%* **x** R$ 1.000,00) = R$ 120,00] + [(5% **x** R$ 1.000,00)** x 40% = R$ 20,00]*** = **R$ 140,00**; **2º** Para o Estado de destino (MG), teremos apenas o DIFALDEST (60% do DIFAL para o Destino): (5% **x** R$ 100.000,00) x 60% = **R$ 30,00**
CONCLUSÃO	**CONCLUSÃO**
O Estado de Origem (SP) ficou com o valor total do imposto a ser recolhido, ou seja, **R$ 180,00**.	**O Estado de Origem (SP) ficou com R$ 140,00, enquanto o Estado de Destino (MG) ficou com R$ 30,00.** **Observação: apenas para argumentar, se a data da operação viesse a ocorrer em um certo mês de 2016, de 2018 e de 2019, teríamos os seguintes resultados, respectivamente, expressos em Reais, já considerando o confronto DIFALORI x DIFALDEST nos períodos: 2016 = 150,00 e 20,00; 2018 = 130,00 e 40,00; 2019 = 120,00 e 50,00.**

Note o item considerado **CORRETO**, em prova realizada pelo Cespe/Cebraspe, para o cargo de Procurador do Estado do Amazonas (PGE/AM), em 2016: *"Aplica-se o princípio da tributação na origem e no destino em caso de comercialização de mercadoria por contribuinte do ICMS localizado em estado-membro diverso do estado-membro do consumidor final, o que enseja a repartição do crédito tributário mediante o sistema de alíquotas interestaduais e internas".*

De todo modo, os desdobramentos da aplicação da novel sistemática serão realmente dimensionados com o passar dos próximos anos. Há pontos que já estão suficientemente claros; subsistem outros tantos que precisam ser esclarecidos (por exemplo, o recolhimento do Simples perante a atual sistemática).

A doutrina deverá produzir os estudos pertinentes; os Tribunais poderão ser instados a se pronunciar em questões controvertidas; as Bancas de concursos deverão explorar com expressividade o tema; e nós, cultores do Direito, deveremos nos manter atentos a toda a dinâmica que circunda o assunto.

Por derradeiro, uma questão que se põe ao estudioso é saber se a empresa vendedora de boa-fé, em operação interestadual com cláusula FOB (*free on board*) pode ser objetivamente responsabilizada pelo pagamento do DIFAL-ICMS, em virtude de tredestinação da mercadoria. Em **14 de março de 2018**, o **STJ** (**EREsp 1.657.359/SP**, 1ª Seção, rel. Min. Gurgel de Faria) entendeu que a empresa vendedora de boa-fé, demonstrando a regularidade da operação interestadual (realizada com cláusula FOB-*Free on Board*) – mediante documentação contábil pertinente e cautelas de praxe –, não pode ser objetivamente responsabilizada pelo pagamento do diferencial de alíquota de ICMS, em razão de a mercadoria não ter chegado ao destino declarado na nota fiscal (caso de tredestinação). Com esse veredicto, pacifica-se o entendimento dissonante no âmbito das Turmas responsáveis pela uniformização das matérias relativas a Direito Público.

É relevante destacar que a cláusula *Free on Board* (FOB), ao prever que o frete se dá por conta e risco do comprador, não infirma a realização do negócio praticado pelo vendedor de boa-fé, nem o obriga a perseguir o itinerário da mercadoria, porquanto essa tarefa é privativa do exercício do poder de polícia pela autoridade fiscal e, por isso, indelegável. A responsabilização do vendedor demanda a prova de que ele tenha agido com fraude, concorrendo para o sucesso da tredestinação da mercadoria.

O art. 155, § 2º, VIII, "a", da CF (EC n. 87/2015) é claro ao dispor que a responsabilidade tributária pelo pagamento do DIFAL-ICMS é do comprador contribuinte do imposto. Se o comprador deu à mercadoria uma tredestinação – levando-a para outro Estado-membro ou mesmo a tendo revendido no próprio Estado-membro de origem –, caberá a ele, e não ao vendedor de boa-fé, responder perante o Fisco competente para complementar o valor do imposto devido. Ademais, a responsabilidade por infração (art. 136 do CTN) também não alcança o vendedor de boa-fé, pois sua configuração exige que o Fisco identifique o agente ou responsável pela tredestinação, não sendo possível atribuir sujeição passiva por mera presunção.

1.6 Notas gerais

Os próximos tópicos dizem respeito a temas relevantes no âmbito do **ICMS**, aqui tratados caso a caso. Para a sua organização, apresentamos o **rol de assuntos** logo a seguir, a fim de propiciar uma visão panorâmica do conjunto de temas que serão versados:

a) Restituição de tributo indireto.

b) Princípio constitucional impositivo (não cumulatividade).

c) Não cumulatividade em isenções e não incidências;

c.1) Não cumulatividade e o direito ao creditamento de ICMS (essencialidade do produto).

d) Princípio constitucional da seletividade.

e) Imunidades.

f) Não incidência de ICMS para o *software*.

g) IPI na base de cálculo do ICMS.

h) Lei complementar especial.

i) LC n. 87/96:

i.1) Autonomia dos estabelecimentos;

i.2) ICMS "por dentro";

i.3) Descontos condicionais e incondicionais;

i.4) ICMS devido no desembaraço aduaneiro;

i.5) ICMS e os salvados de sinistros.

j) Súmula n. 323 do STF.

k) Arrendamento mercantil (ou *leasing*).

l) O ICMS e o fornecimento de água encanada (canalizada ou tratada).

m) O ICMS e a habilitação de celular.

n) O ICMS e o Protocolo n. 21/2011 do CONFAZ.

o) O ICMS e a inclusão na base de cálculo do PIS e da COFINS.

p) Venda de mercadoria, o faturamento e os bens (i)móveis.

q) Forma de recolhimento do tributo e o princípio da legalidade.

r) O ICMS e as Tarifas sobre a Transmissão e Distribuição de Energia Elétrica (TUST e TUSD).

s) Não incidência do ICMS sobre as operações financeiras realizadas no *Mercado de Curto Prazo* da "Câmara de Comercialização de Energia Elétrica" (CCEE).

t) Não recolhimento do ICMS, em operações próprias ou com substituição tributária, e o delito de apropriação indébita tributária.

u) Não incidência do ICMS e o fenômeno físico da dilatação volumétrica de combustível.

Passemos aos detalhamentos:

a) Restituição de tributo indireto: o art. 166 do CTN anuncia que todos os impostos "indiretos", dentre os quais se insere o ICMS, são passíveis de restituição do encargo financeiro suportado, contanto que o comprador ou consumidor da mercadoria cumpra a prova da sua transferência, ou por este se apresente, devidamente autorizado a recebê-la, o requerente, sob pena de caracterização de um enriquecimento sem causa.

Infelizmente, o que tem sido visto no Poder Judiciário é o uso despautado e irracional desse argumento pelas Fazendas, a fim de (in)justificar a recusa da devolução dos valores indevidamente pagos pelo contribuinte, seja alegando que ocorreu a repercussão tributária, quando se apresenta judicialmente o indivíduo que efetuou o pagamento, seja pela alegação da suposta ilegitimidade processual, para afastar a existência de relação jurídico-tributária estabelecida entre ela e o requerente, que somente teria pago o preço da mercadoria, do bem ou do serviço, naqueles casos em que o pedido de restituição é feito por quem afirma ter suportado o ônus[8].

Isso porque, na sistemática dessa exação, não é o comerciante – sujeito passivo legalmente habilitado a suportar o peso financeiro, ou seja, recolher o gravame relativo à operação, mas o consumidor do bem ou mercadoria, quem verdadeiramente arca com seu ônus tributacional.

Nesse cenário, surgem as figuras do *contribuinte de fato* e *contribuinte de direito*. Enquanto este se revela como mercador e, portanto, escolhido pela lei para o pagamento do ICMS, aquele não pode ser senão o contribuinte, e quem efetivamente acaba por realizar a satisfação do débito, uma vez que os valores a título desse imposto vêm sempre embutidos no preço da mercadoria ou do bem.

Dessarte, muito embora o comerciante é quem deva lançar a obrigação tributária e cumprir com seu pagamento, na realidade, que acaba por fazê-lo é o consumidor, elo final da cadeia, pois a ele é integralmente repassado, dentro do preço do objeto a ser adquirido, o *quantum debeatur* do tributo.

b) Princípio constitucional impositivo (não cumulatividade): esse princípio vem regulado no art. 19 da LC n. 87/96. O ICMS será não cumulativo, compensando-se o que for devido em cada operação relativa à circulação de mercadorias ou prestação de serviços de transporte interestadual ou intermunicipal e o de comunicação com o montante cobrado nas operações anteriores pelo mesmo ou por outro Estado. Podemos, ainda, entender a regra constitucional da não cumulatividade como o postulado em que o imposto só recai sobre o valor acrescentado em cada fase da circulação do produto, evitando assim a ocorrência do chamado efeito "cascata", decorrente da incidência do *imposto sobre imposto,* ou *sobreposição de incidências.*

> Note o item considerado **CORRETO**, em prova realizada pela FCC, para o cargo de Analista Legislativo (AL/PE), em 2014: *"Aplica-se ao regime jurídico atribuído ao princípio da não cumulatividade para o ICMS o crédito sobre as operações e prestações anteriores será mantido, mesmo não havendo a cobrança do ICMS nas exportações de mercadorias ao exterior".*

8. *V.* MACHADO, Hugo de Brito. *Comentários ao Código Tributário Nacional.* São Paulo: Atlas, 2005, v. III, p. 394.

Note o item considerado **CORRETO**, em prova realizada pelo MPE/GO (59º Concurso), para o cargo de Promotor de Justiça Substituto de Goiás, em 2016: *"A apropriação de créditos de ICMS na aquisição de mercadorias tem suporte na técnica da não cumulatividade, a fim de evitar que a sua incidência em cascata onere demasiadamente a atividade econômica e gere distorções concorrenciais".*

Note o item considerado **CORRETO**, em prova realizada pela FCC, para o cargo de Procurador do Estado de Mato Grosso (PGE/MT), em 2016: *"O princípio da não cumulatividade é princípio de tributação por meio do qual se pretende evitar a assim chamada 'tributação em cascata' que onera as sucessivas operações e prestações com bens e serviços sujeitos a determinado tributo".*

Anuncia o art. 155 da CF:

Art. 155. (...)

§ 2º (...) O imposto previsto no inciso II atenderá ao seguinte:

I – será não cumulativo, compensando-se o que for devido em cada operação relativa à circulação de mercadorias ou prestação de serviços com o montante cobrado nas anteriores pelo mesmo ou por outro Estado ou pelo Distrito Federal.

Do ponto de vista *econômico*, pode-se afirmar que o Princípio se refere à incidência do valor agregado em cada operação. Do ponto de vista *jurídico*, por seu turno, o ICMS atua pelo mecanismo da "compensação". Não se trata, todavia, de "compensação tributária", pois os créditos não são líquidos e certos; cuida-se de *compensação financeira*, em que apenas *descritivamente* se compensam créditos e débitos. É a compensação pelo sistema *Tax on Tax*, em que se abate do débito gerado na saída o crédito correspondente ao imposto cobrado na entrada. Difere, pois, do sistema *Tax on Base*, em que se compensam as incidências anteriores pela comparação entre as respectivas bases de cálculo.

O cálculo dos impostos não cumulativos pode ocorrer por meio de operações de *adição* ou *subtração*. Quando se compensam as incidências anteriores e atuais, utiliza-se o método da *subtração*. Esse processo pode se dar pelo sistema de *base sobre base* (*Tax on Base*), em que se comparam as bases de cálculo, ou pelo sistema de *imposto sobre imposto* (*Tax on Tax*), em que se abate do tributo devido na saída o importe cobrado na operação antecedente.

Por fim, ressalte-se que a legislação brasileira, em matéria de ICMS, optou pelo método *Tax on Tax*, em detrimento do método *Tax on Base*.

Observação: o ICMS e o IPI diferem quanto à lei reguladora do Princípio da Não cumulatividade: somente se exige lei complementar ao ICMS (art. 155, § 2º, XII, "c", CF).

c) A não cumulatividade em isenções e não incidências: o art. 155, § 2º, II, da CF estabelece que a isenção ou a não incidência, salvo determinação em contrário da legislação:

- não implicará crédito para compensação com o montante devido nas operações seguintes;
- acarretará a anulação do crédito relativo às operações **anteriores.**

Note o item considerado **CORRETO**, em prova realizada pelo CEBRASPE, TJ-CE, para o cargo de Juiz Substituto, em 2018: *"Segundo a CF, a isenção do ICMS, salvo previsão legal específica, acarretará a anulação do crédito relativo às operações anteriores e não implicará crédito para compensação com o montante devido nas operações seguintes"*.

Note o item considerado **INCORRETO**, em prova realizada pela FAURGS, para o cargo de Juiz de Direito Substituto do Estado do Rio Grande do Sul, em 2016: *"Com relação ao aproveitamento de créditos e à não cumulatividade aplicável ao ICMS, a isenção ou não incidência acarretam a anulação do crédito relativo às operações posteriores, salvo determinação em contrário da legislação"*.

Observe os quadros explicativos, a seguir:

1º exemplo explicativo:

(1º) A —I→ B —II→ C

A vende para B por 1.000,00 (operação I)

B vende para C por 1.300,00 (operação II)

Operação I: ICMS = zero (isenção)

Operação II: ICMS = 10% (10% de 1.300,00 = 130,00)

Assim, a isenção *não implica crédito* para compensação com o devido nas operações seguintes.

2º exemplo explicativo:

(2º) A —I→ B —II→ C

A vende para B por 1.000,00 (operação I)

B vende para C por 1.300,00 (operação II)

Operação I: ICMS = 10% (10% de 1.000,00 = 100,00)

Operação II: ICMS = zero (isenção)

Sacha Calmon Navarro Coêlho[9], em mais um brilhante trecho de suas lições, discorre que "a imunidade (não incidência constitucionalmente qualificada) e a isenção (não incidência legalmente qualificada) numa fase do processo de circulação, impedem a transmissão do crédito (já que não teria havido *débito*) ao elo seguinte da cadeia, que adquirirá a mercadoria e o serviço, quando for o caso, *descarregados do imposto que não houve* e que a jurisprudência do **STF** admitia, "como se imposto tivesse havido" para evitar o sacrifício do adquirente, pelo efeito cumulativo, e para recompor a cadeia débito-crédito.

E continua o insigne professor:

> (...) em impostos como o ICMS, em razão da técnica não cumulativa ou, por outro lado, em razão da conta-corrente fiscal, existe uma radical incompatibilidade entre a natureza da exação e as exonerações fiscais. Dar isenção numa fase intermediária do ciclo ou mesmo conceder imunidade significa "transferir" para o elo seguinte o ônus do imposto...A Imunidade ou a isenção só funcionam nos impostos não cumulativos plurifásicos se forem integrais (envolvendo o processo inteiro de circulação) e assim mesmo num mesmo corredor de fases... Afora tais hipóteses, não há como fazer funcionar, *sem gerar disfunções*, as exonerações fiscais nos impostos plurifásicos não cumulativos[10].

Entretanto, enquanto a norma constitucional prevê a anulação do crédito relativo à operação anterior, devendo ser ele estornado, se a operação subsequente for marcada pela "isenção" ou "não incidência", o mesmo raciocínio não se aplica às **imunidades tributárias**.

Para o **STF**, a imunidade tributária não se subsume a nenhuma das duas hipóteses, e, por conseguinte, não se lhe aplica o art. 155, § 2º, II, da CF, garantindo-se o integral creditamento do imposto na entrada da mercadoria no estabelecimento industrial, ou seja, repudiando-se a obrigatoriedade do estorno do imposto. Assim, reconhecer a inexigibilidade do estorno significa homenagear "por tabela" os caros vetores axiológicos que imantam a norma imunizante, por exemplo, a do art. 150, VI, "d", CF. Se o Fisco obsta a utilização do crédito – com a consequente exigência do estorno –, frustra inexoravelmente a concretização da tutela constitucional por meio da imunidade em comento. A propósito, um bom exemplo pode ocorrer com a empresa fabricante de papel destinado à impressão de livros, jornais e periódicos: a operação antecedente refere-se à compra de insumos e matéria-prima para a fabricação de papel, enquanto a operação subsecutiva, *ex vi* do art. 150, VI, "d", da CF, cinge-se à saída do bem, protegida por força da imunidade tributária.

Desse modo, a imunidade exige o não estorno do crédito, ou seja, a sua manutenção, sob pena de o imposto pago na aquisição da matéria-prima transmutar-se em tributo incidente sobre o produto final (e imune), o que é inadmissível. Frise-se que

9. COELHO, Sacha Calmon Navarro. *Curso de direito tributário brasileiro*, 6. ed., p. 333.
10. COELHO, Sacha Calmon Navarro. *Curso de direito tributário brasileiro*, 6. ed., pp. 333-334.

assim entende o STF, conforme se depreende do veredito exarado em **Ação Cautelar (Referendo em Medida Cautelar) n. 2.559, rel. Min. Celso de Mello, 2ª T., j. em 14-06-2010.**

Em 16 de outubro de **2014**, o Plenário do **STF** iniciou julgamento do **RE 635.688**, de **relatoria do Min. Gilmar Mendes**, com repercussão geral reconhecida em 2010. Ele foi julgado em conjunto com o **RE 477.323 (rel. Min. Marco Aurélio)**, admitido antes da exigência de repercussão geral. No julgamento, reafirmou-se a posição de que a redução de base de cálculo equivale à isenção parcial, com previsão de estorno proporcional. Ficou vencido o Ministro Marco Aurélio, para quem a redução de base de cálculo e isenção não podem ser equiparadas.

Assim, reduzida a base de cálculo na operação seguinte, não se torna possível o creditamento integral do imposto nas operações anteriores, sob pena de ofensa ao princípio da não cumulatividade. Desse modo, deve prevalecer a consideração do crédito de forma proporcional, diante dessa modificação no aspecto quantitativo do fato gerador.

Sabe-se que o recurso extraordinário foi interposto por certa empresa contra acórdão do Tribunal de Justiça do Rio Grande do Sul, o qual havia considerado constitucional a exigência de estorno proporcional do crédito do ICMS nos casos em que as operações subsequentes estiverem sujeitas à redução de base de cálculo. Por maioria, o recurso foi julgado improcedente.

Segundo o **TJ/RS**, "*constituindo a redução da base de cálculo hipótese de isenção parcial, acarreta a anulação proporcional do crédito relativo às operações anteriores, impossibilitando o creditamento integral, por expressa determinação constitucional, sem que se possa falar em ofensa ao princípio da não cumulatividade*". Por outro lado, na visão da empresa recorrente – que buscou afastar o argumento da sinonímia entre redução de base de cálculo e isenção –, o entendimento do TJ/RS, inviabilizando o aproveitamento (ou creditamento) integral do ICMS, acaba por desrespeitar o princípio da não cumulatividade (art. 155, § 2º, II, "b", CF).

Nota-se, pois, que a controvérsia, em síntese, disse com a possibilidade de aproveitamento integral dos créditos relativos ao ICMS pago na operação antecedente, nas hipóteses em que a operação subsequente é beneficiada pela redução da base de cálculo. Em outras palavras, a dúvida central consistiu em verificar, diante do texto constitucional, se os casos de redução de base de cálculo compreendem-se no conceito de "isenção".

É bom repisar que o **STF** já havia apreciado o tema, em outras oportunidades:

> **– RE 161.031 (rel. Min. Marco Aurélio, Pleno, j. em 24-03-1997):** a Corte Suprema entendeu que o dispositivo constitucional não seria aplicável aos casos de mera redução de base de cálculo, portanto, prevalecendo a inadmissibilidade do estorno de créditos;

– **RE 174.478 (rel. Min. Marco Aurélio, rel. p/ ac. Min. Cezar Peluso, Pleno, j. em 17-03-2005):** aqui prevaleceu o entendimento contrário, em nítida virada jurisprudencial, equiparando-se a redução de base de cálculo à noção de "isenção parcial". Portanto, a disciplina aplicada à isenção deve ser estendida às hipóteses de redução de base de cálculo. E disso decorre que, tanto quanto os demais casos de isenção, devem acarretar a anulação proporcional do crédito relativo às operações anteriores, a não ser que haja disposição legal em sentido contrário. Na mesma direção, seguiu a **ADI 2.320 (rel. Min. Eros Grau, Pleno, j. em 15-02-2006)**.

Diante do exposto, com o entendimento chancelado no **RE 635.688**, em **2014**, verifica-se que o **STF** retoma a tese sufragada no **RE 174.478**, de **2005**, equiparando a redução de base de cálculo à isenção, para efeito de aplicação das restrições previstas nas alíneas "a" e "b" do inciso II do § 2º do art. 155 da Constituição Federal.

Em 19 de novembro de **2019**, a 1ª Turma do **STJ**, no **REsp 1.643.875-RS** (rel. Min. Gurgel de Faria), entendeu que a possível situação de exceção à manutenção de crédito – que existe para certos produtos – demanda um contribuinte de etapa posterior que adquira a mercadoria isenta do imposto e que esta tenha a sua operação de saída normalmente tributada. Logo, não serve a hipótese benéfica para aquele que realiza a venda contemplada por uma isenção.

A propósito, a LC n. 87/96, em seu art. 20, § 3º, I e II, refletindo o art. 155, § 2º, II, "b", da Constituição Federal, estabelece, como regra geral, a proibição do aproveitamento de crédito de ICMS referente à entrada da mercadoria quando a saída correspondente for isenta. Por outro lado, há uma situação de exceção, prevista no art. 20, § 6º, I, da LC n. 87/96, permitindo a manutenção de créditos nas operações que envolvem certos produtos agropecuários. Não obstante, essa exceção (que permite o aproveitamento do crédito) não é destinada àquele que realiza a venda contemplada pela isenção, mas ao contribuinte da etapa posterior, que adquire a mercadoria isenta do imposto e que tem a sua operação de saída normalmente tributada. Portanto, somente este tipo de contribuinte poderá aproveitar os créditos de ICMS referentes às operações anteriores à operação desonerada, de acordo com a sistemática da *não cumulatividade*.

c.1) Não cumulatividade e o direito ao creditamento de ICMS (essencialidade do produto): em **3 de março de 2020**, a 1ª Turma do **STJ**, no **REsp 1.830.894-RS** (rel. Min. Benedito Gonçalves), entendeu que as sacolas plásticas fornecidas aos clientes para o transporte ou acondicionamento de produtos, bem como bandejas de isopor, não são insumos *essenciais* à atividade dos supermercados, de modo que não geram creditamento de ICMS. Diretriz diversa vale para os sacos e filmes plásticos que envolvem e protegem os produtos perecíveis.

O tema faz parte da vida cotidiana do consumidor: a possível imprescindibilidade do fornecimento de sacolas plásticas e bandejas de isopor – e até de filmes plásticos e transparentes para acomodação de perecíveis – na comercialização de produtos. Do ponto de vista jurídico-tributário, a solução impacta o creditamento do ICMS.

O **STJ** oferta diretriz diferenciada, a depender do produto. Para a Corte Superior, os insumos que geram direito ao creditamento são aqueles que, extrapolando a condição de "mera facilidade", incorporam-se ao produto final de forma a modificar a maneira como este se apresenta, representando parte essencial do processo produtivo (**AgInt no REsp 1.802.032/RS, rel. Min. Mauro Campbell Marques, 2ª T., j. em 20-08-2019**).

Como é de sabença geral, as *sacolas plásticas* e as *bandejas de isopor*, colocadas à disposição dos clientes, por exemplo, em um supermercado, têm finalidade específica na venda: as *sacolas plásticas* acomodam e facilitam o carregamento dos produtos adquiridos pelo cliente; as *bandejas de isopor* acomodam o produto, preservando a integridade do bem. Para o **STJ**, tais bens não são insumos essenciais à comercialização de produtos, mas uma mera comodidade entregue ao consumidor, e sua aquisição não autoriza o creditamento do ICMS (Para as sacolas plásticas, como insumos não essenciais, ver o **REsp 1.808.979/RS, rel. Min. Herman Benjamin, 2ª T., j. em 11-06-2019**; para as bandejas de isopor, como insumos não essenciais, ver o **AgInt no REsp 1.802.032/RS, rel. Min. Mauro Campbell Marques, 2ª T., j. em 20-08-2019**).

De outra banda, o **STJ** entende que os *sacos* e *filmes plásticos* que envolvem e protegem os produtos perecíveis (carnes, bolo, torta, queijos, presuntos etc.) são insumos *essenciais* à atividade desenvolvida pelo supermercado, e sua aquisição autoriza o creditamento do ICMS.

d) Princípio constitucional da seletividade: trata-se de um princípio *orientador*, e não *impositivo*, quanto ao ICMS. Pauta-se pela estipulação de alíquotas diferenciadas para certos produtos e/ou serviços, para mais ou para menos, com base na *seletividade*, em função da essencialidade.

> Note o item considerado **CORRETO**, em prova realizada pela Vunesp, para o cargo de Juiz Substituto (TJ/RJ), em 2014: *"De acordo com o regramento constitucional, é correto afirmar, a respeito do ICMS, que atenderá ao seguinte: poderá ser seletivo, em função da essencialidade das mercadorias e dos serviços".*

> Note o item considerado **CORRETO**, em prova realizada pelo Cespe, para o cargo de Auditor Governamental (CGE/PI), em 2015: *"O ICMS pode ser seletivo em função da essencialidade das mercadorias e dos serviços ofertados em um estado ou no DF".*

> Note o item considerado **INCORRETO**, em prova realizada pela VUNESP, FAPESP, para o cargo de Procurador, em 2018: *"O ICMS será não cumulativo e é vedado ao poder público estabelecer distinção para fins de tributação em função da essencialidade das mercadorias e dos serviços".*

Observe o artigo no texto constitucional:

Art. 155. (...)

§ 2º O imposto previsto no inciso II atenderá ao seguinte: (...)
III – poderá ser seletivo, em função da essencialidade das mercadorias e serviços.

A *seletividade* decorre da conceituação do que é mais essencial ou do que é menos essencial ou supérfluo, visando-se à minimização da carga tributária daquilo que é mais essencial e maior onerosidade do que é dispensável. A seletividade não se confunde com a **progressividade de alíquotas.** Aliás, é sabido que o ICMS não é um imposto progressivo.

> Note o item considerado **INCORRETO**, em prova realizada pelo Cespe/Cebraspe, para o cargo de Especialista em Regulação (ANATEL), em 2014: *"Nos termos da CF, o ICMS pode ser seletivo, característica que se traduz na incidência de alíquotas variadas que aumentam na medida que a base de cálculo é majorada".*

Mais uma vez trazendo à baila os didáticos ensinamentos de Sacha Calmon Navarro Coêlho[11], "o automóvel, em si, não é bem supérfluo, embora um carro Mercedes possa sê-lo".

Exemplo: a Lei n. 6.374/89 (ICMS do Estado de SP) fixa a *alíquota de 25%* nas operações com bebidas alcoólicas, fumo, perfumes, motocicletas, asas-deltas, embarcações de esporte e de recreio, armas e munições, binóculos, jogos eletrônicos, bolas e tacos de bilhar, cartas para jogar, tacos para golfe, entre outros; e estabelece a *alíquota de 12%* nas operações com arroz, feijão, pão, sal, entre outros.

e) **Imunidades**: há várias imunidades relevantes para o ICMS. Observe o dispositivo constitucional abaixo.

Art. 155. (...)

§ 2º O imposto previsto no inciso II atenderá ao seguinte: (...)
X *– não incidirá:*
a) sobre operações que destinem mercadorias para o exterior, nem sobre serviços prestados a destinatários no exterior, assegurada a manutenção e o aproveitamento do montante do imposto cobrado nas operações e prestações anteriores;
b) sobre operações que destinem a outros Estados petróleo, inclusive lubrificantes, combustíveis líquidos e gasosos dele derivados, e energia elétrica;
c) sobre o ouro, nas hipóteses definidas no art. 153, § 5º;
d) nas prestações de serviço de comunicação nas modalidades de radiodifusão sonora e de sons e imagens de recepção livre e gratuita. **(Grifo nosso)**

11. COÊLHO, Sacha Calmon Navarro. *Curso de direito tributário brasileiro*, 6. ed., p. 344.

Passemos a detalhar as **alíneas "a", "b", "c"** e **"d"**:

1º Alínea "a": a regra exoneratória anterior à Emenda disciplinava uma dispensa de pagamento sobre operações que destinavam ao exterior produtos industrializados, excluídos os semielaborados definidos em lei complementar. Com isso, facilitava a exportação diante da competição internacional, constituindo um autêntico instrumento para a realização do comércio exterior e o ingresso de divisas, colimando uma situação positiva na balança de pagamentos.

Por essa disposição desoneradora, o ICMS não incidiria sobre operações que destinassem ao exterior produtos industrializados, excluídos os semielaborados definidos em lei complementar. Assim, entendia-se que *o produto semielaborado definido em lei complementar seria alvo de incidência; os demais produtos semielaborados (todos os outros não definidos em lei complementar) seriam imunes.*

Historicamente, a expressão "*semielaborados*" foi produtora de incontáveis celeumas. A começar pela celebração do Convênio n. 66/88, em cujo art. 3º vieram problemáticas regras definitórias de produto "semielaborado", tendo provocado o repúdio da doutrina. Isso porque o Convênio citado, abusivamente, pretendeu definir produto "semielaborado", o que não poderia tê-lo feito, haja vista tratar-se de mister privativo de lei complementar. Na verdade, somente a lei complementar pode definir o que são produtos industrializados semielaborados, exsurgindo inócua e ousada a definição constante do texto do Convênio. Posto isso, enquanto esta lei complementar não for promulgada, à espécie "semielaborados" deverá ser dispensado o mesmo tratamento do gênero produtos industrializados, isto é, o manto da regra de dispensa.

Entretanto, a LC n. 87/96, em vez de definir os produtos semielaborados, sobre os quais poderia haver a incidência do ICMS, optou por submetê-los à não incidência, conforme dispôs o art. 3º, II, da mencionada lei. Vejamos:

> **Art. 3º, II, da LC n. 87/96:** O ICMS não incide sobre operações e prestações que destinem ao exterior mercadorias, *inclusive* produtos primários e produtos industrializados semielaborados, ou serviços. **(Grifos nossos)**

Dessa forma, procurou fixar a desoneração tributária para qualquer espécie de bem, relativamente à operação de exportação, abrangendo os "semielaborados" – cuja situação era complexa –, e, ainda, os produtos primários, que tradicionalmente sofriam imposição fiscal.

Com o advento da EC n. 42/2003, a alínea "a" do inciso X do § 2º do art. 155 veio incluir no texto constitucional a imunidade do ICMS nas exportações de **quaisquer mercadorias e serviços**, bem como o aproveitamento do imposto cobrado nas operações anteriores.

2º Alínea "b": quanto ao petróleo, inclusive lubrificantes, combustíveis líquidos e gasosos dele derivados, e energia elétrica, a Constituição explicita regra imunizadora no intuito de proteger o equilíbrio no federalismo fiscal, uma vez que as fontes produtoras de petróleo e energia elétrica se concentram em poucos Estados, que seriam exageradamente beneficiados se pudessem tributar esses bens. Todavia, essa **não incidência** valerá tão somente quando tais bens forem destinados à industrialização ou à comercialização (art. 3º, III, da LC n. 87/96), o que permite a incidência sobre a entrada no Estado destinatário daquelas mercadorias quando o destino for para seu próprio consumo, cabendo o imposto ao **Estado onde estiver localizado o adquirente** (art. 2º, § 1º, III, da LC n. 87/96).

Com efeito, a Constituição, quanto à regra de não incidência em comento, não distingue entre consumidor final ou não, pelo que a imunidade abrangeria ambas.

> Note o item considerado **INCORRETO**, em prova realizada pela VUNESP, FAPESP, para o cargo de Procurador, em 2018: *"O ICMS incidirá sobre operações que destinem a outros Estados petróleo, inclusive lubrificantes, combustíveis líquidos e gasosos dele derivados, e energia elétrica, assegurada a manutenção e o aproveitamento do montante do imposto cobrado nas operações e prestações anteriores".*

Em **30 de junho de 2020**, a 1ª Turma do **STF**, no **RE 642.564-AgR** (rel. Min. Roberto Barroso), entendeu que é devido o ICMS para o Estado do Rio de Janeiro quanto à operação interna de compra de *óleo básico da refinaria*, ou seja, a aquisição desse óleo dentro do estado-membro, não tendo havido, à luz do conjunto probatório enfrentado, uma imune operação interestadual de venda de lubrificantes. O contribuinte, por sua vez, defendeu a não incidência do ICMS-Interno, com base na *imunidade* nas remessas interestaduais com combustíveis (art. 155, § 2º, X, "b", CF). Logo, o que esteve em pauta foi o debate acerca da incidência (ou não) de ICMS na atividade de comercialização de óleos lubrificantes, a partir da aquisição do óleo básico como insumo para o produto final.

Não se olvide que, quanto aos aspectos políticos e sociais, a imunidade constitucional do ICMS incidente nas *operações que destinem a outros estados-membros petróleo, inclusive lubrificantes, combustíveis líquidos e gasosos dele derivados, e energia elétrica* assenta-se em uma premissa de justiça entre os entes federados, de modo a evitar um favorecimento desproporcional dos estados-membros detentores desses recursos naturais em detrimento de outros, que seriam, naturalmente, consumidores desses recursos.

De qualquer forma, no caso concreto, como não houve qualquer comprovação de eventual remessa interestadual desse óleo básico adquirido no mercado interno, não se aplicou a referida imunidade tributária.

3º Alínea "c": em relação ao ouro, quando definido em lei da União como *ativo financeiro* ou *instrumento cambial*, sujeita-se exclusivamente ao IOF. Se não o for, será considerado *produto* ou *mercadoria*, incidindo o ICMS.

4º Alínea "d": a radiodifusão sonora e de sons e imagens de recepção livre e gratuita é imune ao ICMS, ou seja, não será alcançada pela tributação, desde que mantenha a característica da recepção livre e gratuita para os ouvintes e telespectadores. Diante desse quadro, só seria possível cogitar-se de tributação, nos casos das TVs de canais fechados, uma vez que, nessas situações, a prestação de serviço de comunicação não importaria em recepção livre e gratuita. Com efeito, a TV fechada é de recepção restrita e de acesso oneroso, atraindo, portanto, a incidência do ICMS.

f) Não incidência de ICMS para o ***software*****:** as operações de licenciamento ou cessão do direito de uso de programas de computador (*software*) referem-se a bem incorpóreo, não tendo por objeto a "mercadoria", propriamente dita. Portanto, em tais operações não haverá incidência de ICMS. Todavia, outro será o tratamento, caso tenhamos a circulação de cópias ou exemplares dos programas de computador produzidos em série ou escala e comercializados no varejo (*software de prateleira ou exemplar standard – off the shelf*). Neste caso, teremos o fato gerador do ICMS.

Este é o entendimento que o **STF** partilha:

> **EMENTA: I.** Recurso extraordinário: prequestionamento mediante embargos de declaração (Súm. 356). A teor da Súmula 356, o que se reputa não prequestionado é o ponto indevidamente omitido pelo acórdão primitivo sobre o qual "não foram opostos embargos declaratórios". Mas se, opostos, o Tribunal *a quo* se recuse a suprir a omissão, por entendê-la inexistente, nada mais se pode exigir da parte (RE 210.638, Pertence, *DJ* 19-06-98). **II.** RE: questão constitucional: âmbito de incidência possível dos impostos previstos na Constituição: ICMS e mercadoria. Sendo a mercadoria o objeto material da norma de competência dos Estados para tributar-lhe a circulação, a controvérsia sobre se determinado bem constitui mercadoria é questão constitucional em que se pode fundar o recurso extraordinário. **III.** Programa de computador ("software"): tratamento tributário: distinção necessária. Não tendo por objeto uma mercadoria, mas um bem incorpóreo, sobre as operações de "licenciamento ou cessão do direito de uso de programas de computador" "matéria exclusiva da lide ", efetivamente não podem os Estados instituir ICMS: dessa impossibilidade, entretanto, não resulta que, de logo, se esteja também a subtrair do campo constitucional de incidência do ICMS a circulação de cópias ou exemplares dos programas de computador produzidos em série e comercializados no varejo – como a do chamado "software de prateleira" (*off the shelf*) – os quais, materializando o *corpus mechanicum* da criação intelectual do programa, constituem mercadorias postas no comércio. **(RE 176.626/SP, 1ª T., rel. Min. Sepúlveda Pertence, j. em 10-11-1998)**

Diga-se que o **STJ** ratifica a postura supramencionada, preconizando, todavia, a incidência do ISS sobre os *softwares de encomenda,* isto é, aqueles elaborados especificamente para certo usuário, uma vez que despontaria o fato gerador do ISS (Item 1, subitens 1.1 a 1.8, "serviços de informática e congêneres", da lista anexa à LC n.

116/2003). Portanto, entendemos que a incidência é de ICMS ou de ISS, dependendo do propósito levado a efeito.

g) IPI na base de cálculo do ICMS: o IPI não integrará a base de cálculo do ICMS. Observe o comando constitucional:

Art. 155. (...)

§ 2º O imposto previsto no inciso II atenderá ao seguinte: (...)

XI – não compreenderá, em sua base de cálculo, o montante do imposto sobre produtos industrializados, quando a operação, realizada entre contribuintes e relativa a produto destinado à industrialização ou à comercialização, configure fato gerador dos dois impostos.

A norma somente tem aplicação quando a operação está sujeita ao IPI e ao ICMS. Consoante o dispositivo mencionado, o IPI não integrará a base de cálculo do ICMS, quando a operação configurar fato gerador dos dois impostos, quando for realizada entre contribuintes e, por fim, referir-se a produto destinado à industrialização ou à comercialização. Assim, há a necessidade de cumprir *três requisitos* cumulativos.

Assim, o IPI somente não integrará a base de cálculo do ICMS quando a operação apresentar os seguintes requisitos cumulativos:

a) for realizada entre contribuintes;
b) for relativa a produto destinado à industrialização ou à comercialização;
c) configurar fato gerador dos dois impostos.

A contrario sensu, a Constituição Federal autoriza os Estados a incluírem o IPI na base de cálculo do ICMS, nas seguintes operações:

a) com produto não destinado à industrialização ou comercialização;
b) entre contribuinte e não contribuinte do ICMS.

1º exemplo explicativo: "Empresa Industrial" vende produto para "Empresa Industrial" (*operação entre contribuintes*). Considere os seguintes dados: produto: 1.000,00; ICMS: 20%; IPI: 10%.

Calculando:
Valor do produto 1.000,00
IPI 100,00
Total da Nota Fiscal 1.100,00
ICMS 200,00

Observe que o cálculo do ICMS não considerou o IPI, uma vez que a operação se realizou entre contribuintes, preenchendo os demais requisitos. Portanto, chegou-se a 200,00, como produto da operação aritmética: 20% de 1.000,00.

2º exemplo explicativo: "Empresa Industrial" vende produto para "Consumidor Final" (operação entre "*contribuinte*" e "*não contribuinte*"). Considere os seguintes dados: Produto: 1.000,00; ICMS: 20%; IPI: 10%.

Calculando:
Valor do produto 1.000,00
IPI 100,00
Total da Nota Fiscal 1.100,00
ICMS 220,00

Observe que o cálculo do ICMS considerou o IPI em sua base de cálculo, uma vez que a operação se realizou entre contribuinte e um "não contribuinte". Portanto, chegou-se a 220,00, como produto da operação aritmética: 20% de 1.100,00.

h) Lei complementar especial: a LC n. 87/96, ao regulamentar inúmeros dispositivos constitucionais, revogou tacitamente as normas da legislação tributária com ela incompatíveis. Conforme seu texto, compete à lei complementar tributária disciplinar aspectos vários atinentes ao ICMS, e assim foi feito, conforme se verifica a seguir:

- **contribuintes:** definição (art. 4º da LC n. 87/96);
- **substituição tributária:** definição (arts. 6º a 10 da LC n. 87/96);
- **compensação:** definição (arts. 19 a 26 da LC n. 87/96);
- **local das operações:** definição (art. 11 da LC n. 87/96).

Observe o **dispositivo constitucional:**

Note o item (adaptado) considerado **CORRETO**, em prova realizada pela FCC, para o cargo de Juiz Substituto (TJ/PR), em 2015: *"O ICMS é imposto de competência estadual. Não obstante isso, a Constituição Federal estabelece que determinadas matérias deverão ser disciplinadas por meio de lei complementar federal. Assim, dentre essas, encontram-se (I) a fixação de sua base de cálculo, de modo que o montante do imposto a integre, também na importação do exterior de bem, mercadoria ou serviço; (II) a definição de seus contribuintes; (III) a disciplina do regime de compensação do imposto".*

Art. 146. Cabe à *lei complementar*: (...)

III – estabelecer normas gerais em matéria de legislação tributária, especialmente sobre:

a) definição de *tributos* e de suas espécies, bem como, com relação aos *impostos* discriminados nesta Constituição, a dos respectivos fatos *geradores*, *bases de cálculo* e *contribuintes*;

Art. 155. (...)

§ 2º O imposto previsto no inciso II atenderá ao seguinte: (...)

XII – cabe à *lei complementar*:

a) definir seus contribuintes;

b) dispor sobre substituição tributária;

c) disciplinar o regime de compensação do imposto;

d) fixar, para efeito de sua *cobrança* e definição do estabelecimento responsável, o local das operações relativas à circulação de mercadorias e das prestações de serviços;

e) excluir da incidência do imposto, nas exportações para o exterior, serviços e outros produtos além dos mencionados no inciso X, "a";

f) prever *casos de manutenção de crédito*, relativamente à remessa para outro Estado e exportação para o exterior, de serviços e de mercadorias;

g) regular a forma como, mediante deliberação dos Estados e do Distrito Federal, isenções, incentivos e benefícios fiscais serão concedidos e revogados;

h) definir os combustíveis e lubrificantes sobre os quais o imposto incidirá uma única vez, qualquer que seja a sua finalidade, hipótese em que não se aplicará o disposto no inciso X, "b";

i) fixar a base de cálculo, de modo que o montante do imposto a integre, também na importação do exterior de bem, mercadoria ou serviço. **(Grifos nossos)**

Quando confrontamos, no texto constitucional, esse art. 155, § 2º, XII (e alíneas) com o art. 146, III, "a", acima reproduzido, percebemos que a lei complementar tratada no primeiro dispositivo não é exatamente a mesma daquela tratada no último: o art. 155, § 2º, XII (e alíneas) refere-se a uma lei complementar especialmente designada para regular matéria de ICMS. No caso, desponta a LC n. 87/96.

Quanto aos *contribuintes*, nota-se que o art. 146, III, "a", da CF já prevê a definição de *contribuintes* dos impostos por uma *lei complementar*. O art. 155, § 2º, XII, "a", da CF especifica a hipótese para o caso do ICMS, enquanto o art. 4º da LC n. 87/96 materializa o desiderato constitucional.

O mesmo raciocínio vale para as regras de *compensação*. O art. 146, III, "b", da CF já prevê o tratamento das normas gerais ligadas ao *crédito tributário* por uma *lei complementar*. A compensação é uma forma de extinção do crédito tributário (art. 156, II, CTN). O art. 155, § 2º, XII, "c", da CF especifica a hipótese para o caso de compensação do ICMS, enquanto os arts. 19 a 26 da LC n. 87/96 materializam o desiderato constitucional. A propósito, em **27 de maio de 2019**, a 1ª Turma do **STJ**, no **AgInt** no **REsp 1.513.936/RS** (rel. Min. Napoleão Nunes Maia Filho), entendeu que uma norma constante de regulamento estadual do ICMS (no caso, o RICMS/RS) que restrinja o direito de compensar, devidamente garantido no art. 20, § 6º, da LC 87/96, inova o ordenamento jurídico com uma genuína regra de compensação, dependente de tratamento em lei complementar. Com isso, ao exigir que a compensação ocorra entre produtos agropecuários da mesma espécie daquela que originou o respectivo crédito (não estorno), afronta a LC n. 87/96 e, por conseguinte, o CTN (arts. 99 e 141, CTN) e a própria CF (art. 146, III, "b", CF). Frise-se que a 2ª Turma do mesmo **STJ** já decidira, nessa direção, em **2012 (REsp 897.513/RS, rel. Min. Mauro Campbell Marques, j. em 18-12-2012)**.

Ademais, não haverá de se confundir a *cobrança do ICMS* (art. 155, § 2º, XII, "d", CF) com o "prazo de pagamento do ICMS" – passível de fixação por ato infralegal –, por não estar sujeito à estrita legalidade (*vide* o já comentado, alhures, **RE 140.669/PE, rel. Min. Ilmar Galvão, j. em 02-12-1998**).

Por sua vez, os casos de *manutenção de crédito* (art. 155, § 2º, XII, "f", CF), se previstos pela lei complementar, guardarão conformidade com o art. 155, § 2º, I e II, da CF.

A **lei complementar**[a] a que se refere a **alínea "g"**[b] (art. 155, § 2º, XII, "g", CF: "*Cabe à lei complementar regular a forma como, mediante deliberação dos Estados e do Distrito Federal, isenções, incentivos e benefícios fiscais serão concedidos e revogados*") é a **LC n. 24/75**, recepcionada pela Carta da República de 1988. De acordo com o *Princípio da Recepção* e consoante o próprio texto constitucional, a LC n. 24/75 está em pleno vigor, disciplinando o intrincado terreno dos atos isencionais concernentes ao ICMS.

a. Note o item considerado **INCORRETO**, em prova realizada pelo Cespe/Cebraspe, para o cargo de Juiz de Direito Substituto do TJ/AM, em 2016: *"Aos estados e aos municípios compete regular a maneira como isenções, incentivos e benefícios fiscais serão concedidos e revogados"*.

b. Note o item considerado **CORRETO**, em prova realizada pela FCC, para o cargo de Auditor Fiscal da Fazenda Estadual (Sefaz/PI), em 2015: *"A Constituição Federal e a LC n. 24, de 1975, relativamente ao ICMS, estabelecem que todos e quaisquer incentivos ou favores fiscais, ou financeiro-fiscais, serão concedidos nos termos de convênios celebrados e ratificados pelos Estados e pelo Distrito Federal"*.

É sabido que os Estados e o Distrito Federal, querendo conceder isenções de ICMS, devem, previamente, firmar entre si **convênios**, celebrados no Conselho Nacional de Política Fazendária – CONFAZ – órgão com representantes de cada Estado e do Distrito Federal, indicados pelo respectivo Chefe do Executivo.

Posto isso, fica evidente que o convênio não é lei, nem o CONFAZ é órgão legislativo. Assim, os funcionários do Poder Executivo que o integram não podem, a pretexto de dispor sobre isenções de ICMS, "legislar" a respeito, no lugar do Poder Legislativo de cada Estado e do Distrito Federal.

Assim, os convênios apenas integram o processo legislativo necessário à concessão dessas desonerações tributárias, que surgem, sim, com o *decreto legislativo* ratificador do convênio interestadual. Este somente passa a valer como direito interno dos Estados e do Distrito Federal depois da ratificação, que é feita por meio de *decreto legislativo.* A ratificação, diga-se de passo, não pode ser feita por "decreto" do Governador – como infelizmente vem acontecendo, com base no art. 4º, da LC n. 24/75 –, mas, por meio de *decreto legislativo* baixado pela respectiva Assembleia Legislativa ou, no caso do Distrito Federal, por sua Câmara Legislativa.

i) LC n. 87/96: os aspectos primordiais da LC n. 87/96 foram referidos durante o exame das disposições constitucionais. Porém, alguns outros merecem ser citados, conforme as **notas** adiante expendidas:

i.1) Autonomia dos estabelecimentos: a LC n. 87/96 estabelece que "é autônomo cada estabelecimento do mesmo titular" (art. 11, § 3º, II), assim também considerado o veículo usado no comércio ambulante e na captura de pescado (art. 11, § 3º, III).

Isso quer dizer que cada estabelecimento é apto a produzir fatos geradores do ICMS, devendo adotar documentação fiscal própria, inconfundível com os documentos adotados pelo estabelecimento-matriz e demais estabelecimentos do mesmo titular.

i.2) ICMS "por dentro": o art. 13, § 1º, I, da LC n. 87/96, reprisando disposição de lei complementar anterior (DL n. 406/68), estabelece que o montante do ICMS integra a própria base de cálculo, fenômeno a que se dá o nome de *ICMS "por dentro".*

Note o item considerado **INCORRETO**, em prova realizada pelo Cespe/Cebraspe, para o cargo de Auditor Governamental (CGE/PI), em 2015: *"O uso do montante devido de ICMS como elemento da base de cálculo do tributo, procedimento denominado de cálculo por dentro, é prática considerada inconstitucional".*

Isso porque, quando verificamos o preço de um produto na prateleira de um supermercado, devemos enxergar nele a soma de vários "preços" compondo o preço final. Refiro-me às despesas várias que o comerciante tem com o produto a ser comercializado: funcionários, manutenção do local, aluguel, seguros etc. Além disso, deve-se embutir no preço final o lucro e, fundamentalmente, os impostos. Aí se vê o ICMS "por dentro", já calculado pelo comerciante. Esse critério vem sendo aplicado desde o Decreto-lei n. 406/68 (art. 2º, § 7º), pelo que se incorporou na prática tributária. Todavia, sua constitucionalidade é duvidosa, porque a regra-matriz constitucional preconiza que compete aos Estados e ao Distrito Federal instituir imposto sobre operações relativas à circulação de mercadorias, mas não assevera que o imposto incide também sobre o próprio ICMS.

Para o **STF**, a inclusão do ICMS em sua própria base de cálculo é constitucional (**RE 582.461 – Rep. Geral, rel. Min. Gilmar Mendes, Pleno, j. em 18-05-2011**), não devendo ser considerada a tese da ocorrência de dupla tributação, bem como a afronta ao princípio da não cumulatividade. Tal veredicto apenas reafirmou o que se dissera, no âmbito da Corte Suprema, em 1999. Observe a ementa:

> **EMENTA:** Constitucional. Tributário. Base de cálculo do ICMS: inclusão no valor da operação ou da prestação de serviço somado ao próprio tributo. Constitucionalidade. Recurso desprovido. **(RE 212.209, rel. Min. Marco Aurélio, rel. p/ Ac. Min. Nelson Jobim, Pleno, j. em 23-06-1999)**

Com efeito, entende-se que a quantia relativa ao ICMS faz parte do conjunto que representa a viabilização jurídica da operação – vale dizer, faz parte da importância paga pelo comprador e recebida pelo vendedor – e, por isso, integra a sua própria base de cálculo, definida como o valor da operação da circulação de mercadorias (art. 155, II, da CF, c/c arts. 2º, I, e 8º, I, da LC n. 87/96).

É bom lembrar, ademais, que a EC n. 33/2001 inseriu a **alínea "i" no inciso XII do § 2º do art. 155 da CF**, estipulando que cabe à lei complementar "fixar a base de cálculo, de modo que o montante do imposto a integre, *também* na importação do exterior de bem, mercadoria ou serviço" (**Grifo nosso**). Ora, se o texto dispõe que o ICMS deve ser calculado com o montante do imposto inserido em sua própria base de cálculo *também* na importação de bens, naturalmente a interpretação que há de ser feita é que o imposto já era calculado dessa forma em relação às operações internas.

> Note o item considerado **CORRETO**, em prova realizada pela FCC, para o cargo de Auditor Fiscal da Fazenda Estadual (Sefaz/PI), em 2015: *"Em relação ao ICMS, cabe à lei complementar fixar a base de cálculo, de modo que o montante do imposto a integre, também na importação do exterior, de bem, mercadoria ou serviço".*

À guisa de curiosidade, sabe-se que o Min. Cezar Peluso, diante do *leading case* em comento, apresentou proposta de redação de súmula vinculante, a ser encaminhada à Comissão de Jurisprudência, com o seguinte teor: "*É constitucional a inclusão do valor do Imposto sobre Circulação de Mercadorias e Serviços – ICMS na sua própria base de cálculo*".

Uma dúvida vem despertando interesse: *essa mesma regra do ICMS calculado por dentro aplica-se para o ICMS substituição tributária (ICMS-ST)?* A resposta afirmativa pôde ser extraída em 5 de maio de **2016**, na 2ª Turma do **STJ**, no **REsp 1.454.184/MG** (rel. Min. Mauro Campbell Marques). Ora, a base de cálculo do ICMS não sofre modificação quando se trata de arrecadação mediante substituição tributária. O ICMS-ST não é um tipo novo de imposto ou um tributo diferente do ICMS próprio, mas uma mera técnica de arrecadação e fiscalização fazendária, não tendo o condão de afastar a aplicabilidade da norma disposta no art. 13, § 1º, I, da LC n. 87/96 (uma regra geral não excluída pelo art. 8º, que trata de substituição tributária). Portanto, a base de cálculo do ICMS-ST não sofre qualquer modificação quando se trata de substituição tributária e, *ipso facto*, é, sim, integrada pelo montante do próprio imposto. Do contrário, não estaríamos diante do ICMS, mas de um outro tributo.

Entendemos que a constitucionalidade da sistemática é admitida por várias razões; entretanto, melhor seria se o cálculo do ICMS fosse "por fora", pois viria facilitar a própria operacionalidade do imposto.

Ademais, o art. 13, § 1º, II, da LC n. 87/96 discrimina, a par do montante do próprio imposto (inciso I), outros valores que integrariam a base de cálculo do ICMS, como: (1) ***seguros, juros e descontos concedidos sob condição***; (2) ***frete (se o transporte for efetuado pelo próprio remetente e cobrado em separado)***.

Em tempo, quanto à **inclusão dos seguros** na base de cálculo do imposto, a 1ª Turma do **STJ**, em 10 de fevereiro de **2015**, no **REsp 1.346.749/MG**, de relatoria do Min. Benedito Gonçalves, entendeu que "*o valor pago pelo consumidor final ao comerciante a título de 'seguro de garantia estendida' não integra a base de cálculo do ICMS incidente sobre a operação de compra e venda da mercadoria*".

Na praxe comercial, a empresa que vende a mercadoria costuma propor tal *seguro de garantia estendida*, o qual se revela como um contrato de adesão voluntária estabelecido entre o consumidor (segurado) e uma sociedade seguradora.

Com base nisso, o **STJ** afastou tal valor da base de cálculo do ICMS, pelos seguintes motivos:

1. O *seguro de garantia estendida* é uma adesão voluntária, podendo, ou não, ser contratado pelo consumidor final. Além disso, não se trata aqui de um pagamento de seguro pelo vendedor para que, depois, venha a ser exigido do comprador, na composição do preço da operação (como se dá na hipótese do art. 13, § 1º, II, "a", da LC n. 87/1996, tendo como exemplo o "prêmio de seguro relativo ao risco do transporte");
2. A contratação desse *seguro de garantia estendida* perfaz um negócio jurídico autônomo e subsequente à operação de compra, sendo até possível a sua contratação quando a mercadoria já está em circulação. Desse modo, tem-se uma nova relação jurídica, impedindo-se que venha a compor o valor da operação já materializada;
3. O valor pago (a título desse *seguro de garantia estendida*), pelo consumidor ao comerciante, deve ser repassado à companhia seguradora. Isso

evidencia que a garantia estendida é um elo entre o consumidor e a seguradora, inexistindo relação jurídico-tributária entre o fisco e o comerciante. Daí por que não se pode imputar a este comerciante o dever de recolher tributo sobre uma receita que não lhe pertence, mas, sim, a terceiro. Isso afrontaria o princípio da capacidade contributiva.

Além disso, quanto à **inclusão dos juros** na base de cálculo do imposto, a questão já foi julgada no **STJ** sob a sistemática da lei dos recursos repetitivos, estabelecendo a variação da base de cálculo do ICMS, a depender do tipo de venda, se *financiada* (com instituição financeira) ou se *a prazo* (sem instituição financeira):

> **EMENTA: (...) 1.** A "venda financiada" e a "venda a prazo" são figuras distintas para o fim de encerrar a base de cálculo de incidência do **ICMS**, sendo certo que, sobre a venda a prazo, que ocorre sem a intermediação de instituição financeira, incide ICMS. **2.** A **"venda a prazo"** revela modalidade de negócio jurídico único, cognominado compra e venda, no qual o vendedor oferece ao comprador o pagamento parcelado do produto, acrescendo-lhe um 'plus' ao preço final, razão pela qual o valor desta operação integra a base de cálculo do ICMS, na qual se incorpora, assim, o preço "normal" da mercadoria (preço de venda à vista) e o acréscimo decorrente do parcelamento. (...) **3.** A **venda financiada**, ao revés, depende de duas operações distintas para a efetiva "saída da mercadoria" do estabelecimento (art. 2º do DL 406/68), quais sejam, uma compra e venda e outra de financiamento, em que há a intermediação de instituição financeira, aplicando-se-lhe o enunciado da **Súmula 237 do STJ**: *"Nas operações com cartão de crédito, os encargos relativos ao financiamento não são considerados no cálculo do ICMS."* 4. 'In casu', dessume-se do voto condutor do aresto recorrido hipótese de venda a prazo, em que o financiamento foi feito pelo próprio vendedor, razão pela qual a base de cálculo do ICMS é o valor total da venda. (...) **(REsp 1.106.462/SP, rel. Min. Luiz Fux, 1ª T., j. em 23-09-2009) (Grifos nossos)**

É importante destacar que idêntico veredicto vem sendo ofertado pelo **STJ** ao IPI, conforme se analisará, nesta obra, no próximo Capítulo (item 5.4). Ainda nessa temática, o Plenário do **STF**, em 26 de maio de **2015**, iniciou julgamento do **RE 514.639/RS**, de relatoria do Min. Dias Toffoli, em que se discute se deveria haver (ou não) a incidência de ICMS sobre os acréscimos financeiros decorrentes de operações de compra de bens com cartões de crédito emitidos pela própria fornecedora das mercadorias, sem a intermediação de instituição financeira. No julgamento, houve a prolação do voto do relator, considerando, na essência que as operações com cartões de crédito emitidos pela própria fornecedora da mercadoria, sem a intermediação de instituição financeira, não configurariam outro tipo de operação que não uma venda a prazo, devendo o ICMS incidir sobre o valor total da operação. O tratamento seria diverso das vendas à vista efetuadas com a utilização de crédito bancário. Para que não houvesse inclusão, seria imprescindível que, ao fim, existissem duas operações distintas: a de compra e venda e a de financiamento. Inexistente intermediação financeira, os encargos devidos a título de ICMS comporiam a base de cálculo sobre a qual o imposto deveria incidir.

A Ministra Cármen Lúcia, em **decisão** prolatada em 3 de novembro de **2015**, divergiu do relator, entendendo que não se pode confundir a operação de compra e venda com a de financiamento, mormente porque, a seu ver, na venda efetuada por meio de cartão de crédito, ocorrem as duas operações. Na primeira, haveria normal incidência do ICMS; na segunda, não. Desse modo, dissociou o ICMS dos custos que porventura venham a ser exigidos por inadimplência da obrigação firmada quando da abertura do crédito rotativo na empresa vendedora. Frise-se, entretanto, que a 2ª Turma do **STF**, em 10 de maio de **2016**, resolvendo questão de ordem, por votação unânime, homologou a renúncia ao direito material sobre o qual se funda a ação, nos termos do voto do Relator. Em 7 de setembro de **2016**, houve o trânsito em julgado da questão.

Por sua vez, no âmbito dos **descontos** (condicionais e incondicionais), o tópico seguinte (**i.3**) trará desdobramentos oportunos.

i.3) Descontos condicionais e incondicionais: os *descontos concedidos sob condição* – conforme o art. 13, § 1º, II, "a", da LC n. 87/96 – integram a base de cálculo do ICMS.

São descontos concedidos "sob condição" aqueles sujeitos a eventos futuros e incertos – por exemplo, relativos às datas de pagamento pela compra efetuada, se em dez, vinte, trinta ou tais ou quais dias – a que está condicionado o percentual ou valor do desconto.

Contrariamente, se o desconto é concedido no momento da emissão da nota fiscal – portanto, sem nenhum condicionamento – o valor do desconto não integrará a base de cálculo do ICMS, quer seja ele mencionado na Nota Fiscal ou não. A propósito, em **2010**, lapidou-se a **Súmula n. 457 do STJ**, segundo a qual "*os descontos incondicionais nas operações mercantis não se incluem na base de cálculo do ICMS*".

Exemplificando: Estabelecimento Industrial sediado em Maceió-AL promoveu a saída, para contribuinte situado em Arapiraca-AL, de produto tributado pelo ICMS, destinado à comercialização. A operação teve as seguintes características:

a) Valor normal da mercadoria: R$ 20.500,00;

b) Desconto Incondicional concedido: R$ 500,00;

c) Seguro debitado ao adquirente: R$ 400,00;

d) IPI: R$ 450,00;

e) Frete destacado na NF e cobrado do adquirente: R$ 400,00.

Resposta: o problema requer conhecimento do art. 155, XI, CF, anteriormente estudado (*vide* item "g"), segundo o qual o IPI não integrará a base de cálculo do ICMS quando a operação (**I**) for realizada entre contribuintes, (**II**) for relativa a produto destinado à industrialização ou à comercialização e, por fim, (**III**) configurar fato gerador dos dois impostos. No caso em tela, houve o preenchimento das condições, de modo que é possível, de início, concluir que o IPI **não** comporá a base de cálculo do ICMS.

Quanto aos demais dados fornecidos, não restam dúvidas: o desconto incondicional não integra a base de cálculo, enquanto o seguro e o frete, de modo contrário, compõem-na.

Portanto:

Valor normal da mercadoria	20.500,00
Desconto Incondicional concedido	(500,00)
Seguro debitado ao adquirente	400,00
Frete destacado na NF	400,00
Base de Cálculo do ICMS	**20.800,00**

Deve, aliás, o preço mais baixo ser considerado salutar para o país, incentivado pela própria concorrência e, infelizmente, vezes há em que algum agente fiscalizador autua a empresa por entender que a base de cálculo foi indevidamente reduzida. Na hipótese aventada, porém, o auto de infração é absolutamente improcedente.

i.4) ICMS devido no desembaraço aduaneiro: a incidência do ICMS ocorre mesmo que as operações "se iniciem no exterior", segundo a incorreta redação do texto constitucional, a qual devemos entender como o momento em que a mercadoria é desembaraçada no território nacional, uma vez que impossível seria a cobrança do imposto no território estrangeiro (o fato gerador é caracterizado no momento "do desembaraço aduaneiro das mercadorias importadas do exterior" – tal como preconiza o inciso IX do art. 12 da LC n. 87/96.

Observe a jurisprudência no **STF**:

> **EMENTA:** TRIBUTÁRIO. ICMS. IMPORTAÇÃO DE MERCADORIAS. DESEMBARAÇO. ART. 155, § 2º, IX, "A", DA CF/88. ART. 2º, I, DO CONVÊNIO ICM 66/88. ART. 1º, § 2º, V, E § 6º, DA LEI FLUMINENSE N. 1.423/89. A Constituição de 1988 suprimiu, no dispositivo indicado, a referência que a Carta anterior (EC 03/83, art. 23, II, § 11) fazia à "entrada, em estabelecimento comercial, industrial ou produtor, da mercadoria importada"; e acrescentou caber "o imposto ao Estado onde estiver situado o estabelecimento destinatário da mercadoria", evidenciando que o elemento temporal referido ao fato ge-

rador, na hipótese, deixou de ser o momento da entrada da mercadoria no estabelecimento do importador. Por isso, tornou-se incompatível com o novo sistema a norma do art. 1º, II, do DL 406/68, que dispunha em sentido contrário, circunstância que legitimou a edição, pelos Estados e pelo Distrito Federal, em conjunto com a União, no exercício da competência prevista no art. 34, § 8º, do ADCT/88, de norma geral, de caráter provisório, sobre a matéria; e, por igual, a iniciativa do Estado do Rio de Janeiro, de dar-lhe consequência, por meio da lei indicada. Incensurável, portanto, em face do novo regime, o condicionamento do desembaraço da mercadoria importada à comprovação do recolhimento do tributo estadual, de par com o tributo federal, sobre ela incidente. Recurso conhecido e provido, para o fim de indeferir o mandado de segurança. **(RE 193.817/RJ, Pleno, rel. Min. Ilmar Galvão, j. em 23-10-1996)**

Tal dispositivo deixa aberta a possibilidade de a lei estadual exigir o pagamento do ICMS no momento do desembaraço aduaneiro da mercadoria importada do exterior. Entretanto, o **STF-Pleno**, antes mesmo do sobrevir da LC n. 87/96, já vinha decidindo pela legitimidade dos Estados para exigir o pagamento por ocasião desse desembaraço (RE 192.711/SP). Por fim, vale mencionar a publicação da **Súmula n. 661 do STF**, segundo a qual "*na entrada de mercadoria importada do exterior, é legítima a cobrança do ICMS por ocasião do desembaraço aduaneiro*". Tal posicionamento superou a "Súmula n. 577" do STF, de cujos dizeres depreendia-se: "*na importação de mercadorias do exterior, o fato gerador do ICM ocorre no momento de sua entrada no estabelecimento do importador*". Frise-se que, em 27 de maio de **2015**, o Plenário do **STF** acolheu proposta de edição de enunciado de súmula vinculante com o seguinte teor: "*Na entrada de mercadoria importada do exterior, é legítima a cobrança do ICMS por ocasião do desembaraço aduaneiro*". Assim, tornou vinculante o conteúdo do Verbete 661 da Súmula do STF. Trata-se da **Súmula Vinculante n. 48 do STF**.

Em caso de importação, o ICMS pertence ao **Estado onde se localiza o estabelecimento destinatário da mercadoria ou do serviço**, até porque é possível que o destinatário não seja o próprio importador. Portanto, em uma importação de bens, *e.g.*, realizada por empresa de Cuiabá, Estado de Mato Grosso, cujo desembarque tenha se dado no Porto de Santos, em São Paulo, ensejará o recolhimento àquele Estado, e não ao do referido desembarque.

Note o item considerado **CORRETO**, em prova realizada pela VUNESP, FAPESP, para o cargo de Procurador, em 2018: "É uma hipótese de incidência do ICMS a entrada de bem importado do exterior por pessoa física, ainda que não seja contribuinte habitual do imposto, cabendo este ao Estado onde estiver situado o domicílio do destinatário do bem".

> Note o item considerado **INCORRETO**, em prova realizada pela FCC, para o cargo de Julgador Administrativo Tributário do Tesouro Estadual (Sefaz/PE), em 2015: *"A empresa Machine Express, na condição de contribuinte, deverá recolher o ICMS para o Estado do Pernambuco, pois nas operações de importação o mencionado imposto cabe ao Estado por meio do qual foi promovido o desembaraço aduaneiro da mercadoria, bem ou serviço".*

Em **22 de outubro de 2020**, o Pleno do **STF**, nas **Ações Cíveis Originárias (ACO) 854, 1.076 e 1.093** (todas de relatoria do Min. Gilmar Mendes) – propostas pelo Estado de Mato Grosso do Sul em face dos Estados de São Paulo, Santa Catarina e Rio Grande do Sul, respectivamente –, entendeu que o ICMS incidente nas operações de importação de mercadorias tem como sujeito ativo o estado-membro em que localizado o domicílio ou o estabelecimento do "destinatário jurídico" da mercadoria importada. O caso se referiu ao ICMS-IMPORTAÇÃO incidente sobre o gás natural importado da Bolívia pela Petrobras, em estabelecimento situado na fronteiriça cidade sul-mato-grossense de Corumbá.

O aspecto material do fato gerador do ICMS-IMPORTAÇÃO é a *circulação de mercadoria*, caracterizada pela transferência do domínio (compra e venda), com a consequente entrada no território nacional de bem ou mercadoria advinda do exterior. O STF decidiu que não é a mera "entrada da mercadoria" no território nacional que enseja a incidência do ICMS-IMPORTAÇÃO, pois deve haver circulação econômico-jurídica da mercadoria com transferência de domínio. Por conseguinte, não se pode confundir a <u>sujeição exacional passiva</u> com o <u>aspecto temporal do fato gerador</u> do imposto (ou seja, o próprio desembaraço aduaneiro – o momento em que o tributo passa a ser exigível, conforme a Súmula Vinculante n. 48 do STF: "Na entrada de mercadoria importada do exterior, é legítima a cobrança do ICMS por ocasião do desembaraço aduaneiro"). Em outras palavras, são coisas diferentes o local do destinatário jurídico da importação e o local do desembaraço aduaneiro: o primeiro diz com o sujeito passivo da obrigação tributária, enquanto o segundo se refere a aspecto do fato gerador da própria obrigação tributária.

Por outro lado, no plano da sujeição ativa da obrigação tributária, conforme o art. 155, § 2º, IX, "a", da CF, o imposto caberá àquele estado-membro onde estiver situado o domicílio ou estabelecimento do *destinatário jurídico da mercadoria ou do bem*. Desse modo, na importação própria, sob encomenda, o destinatário jurídico da mercadoria é o *estabelecimento importador*.

A título de informação, nesse tipo de *importação* (a própria, sob encomenda), a empresa importadora ou *trading* não é uma mera intermediária ou prestadora de serviço, realizando <u>duas operações</u>: a <u>primeira</u> relativa à importação de mercadoria do exterior em seu próprio nome, e a <u>segunda</u> (em decorrência de encomenda do consumidor interno), relativa à venda desse bem ou mercadoria no mercado interno para o solicitante. Havendo <u>duas operações</u>, teremos, consequentemente, duas hipóteses de incidência do ICMS: uma referente ao fato jurídico da importação do bem, sobre a qual deverá ser cobrado o ICMS-IMPORTAÇÃO previsto no art. 155, § 2º, IX, "a", da CF, e a outra concernente à posterior venda desse mesmo bem no mercado interno, fazendo incidir o ICMS previsto no *caput* do art. 155. Ou seja, na importação própria, sob encomenda, a empresa importadora não é mera intermediária do consumidor interno ou simples prestadora de serviço, porque atua por conta própria, negociando e internalizando o bem no mercado para posterior revenda, independentemente de esta ter sido negociada antes ou depois da importação. Por isso, nessa hipótese, o *destinatário jurídico da mercadoria* é o estabelecimento importador.

Como se notou, mediante contrato de importação própria, sob encomenda, estabelecimento da Petrobras, localizado em Corumbá-MS, adquire gás natural diretamente de empresa na Bolívia. O gás é entregue à Petrobras no ponto em que ocorre a sua entrada no território nacional, naquele município fronteiriço. Há a transferência da titularidade jurídica do bem, por meio da qual o gás sai da esfera jurídica da empresa boliviana e passa à titularidade da Petrobras e, somente uma vez internalizado, passa a ser de domínio da empresa situada em território brasileiro.

Diante do exposto, prevaleceu o entendimento na Corte Suprema de que a sujeição ativa exacional pertence a Mato Grosso do Sul, devendo Santa Catarina, São Paulo e Rio Grande do Sul absterem-se da cobrança do ICMS no caso em exame.

> **i.5) ICMS e os salvados de sinistros:** as operações com salvados de sinistros ocorrem **(1)** *na transferência de tais bens para as companhias seguradoras* e, posteriormente, **(2)** *na saída dessas para o adquirente comum*. O inciso IX do art. 3º da LC n. 87/96 determina a não incidência do ICMS nas operações de qualquer natureza de que decorra a transferência de bens móveis salvados de sinistros para companhias seguradoras. É usual que as seguradoras recebam, quando do pagamento das indenizações de seguro, em caso de perda total do bem sinistrado, os respectivos salvados, por menor que seja seu valor. Essa operação de aquisição não gera incidência do ICMS. Todavia, é também usual que as companhias seguradoras revendam esses salvados – aqui, há incidência do ICMS. Nesse caso, as companhias seguradoras agem como comerciantes comuns, devendo recolher o imposto. Tal direcionamento encontra guarida na **Súmula n. 152 do STJ**, editada em março de 1996 (*"Na venda pelo segurador, de bens salvados de sinistros, incide o ICMS")*. No entanto, não foi esse o entendimento que prevaleceu no **STF**, uma vez que, concedendo liminar à **ADIn 1.648-MG (rel. Min. Gilmar Mendes, Pleno, j. em 16-02-2011)** e suspendendo a eficácia da expressão *"e a seguradora"*, constante do inciso IV do art. 15, da Lei Mineira do ICMS (Lei n. 6.763/75), entendeu aquela Corte que os salvados de sinistros, mesmo quando vendidos a terceiros, não autorizam a incidência do ICMS.

Nesse sentido, em fevereiro de **2011**, publicou-se a **Súmula Vinculante n. 32 do STF**, como resultado exegético do impactante **RE 588.149 (Rep. Geral), rel. Min. Gilmar Mendes, Pleno, j. em 16-02-2011**. Observe o seu teor: "*O ICMS não incide sobre alienação de salvados de sinistro pelas seguradoras.*"

> Note o item considerado **INCORRETO**, em prova realizada pela FCC, para o cargo de Auditor Fiscal do Tesouro Estadual (Sefaz/PE), em 2014: *"O ICMS incide sobre alienação de salvados de sinistro pelas seguradoras, pois se tratam de bens móveis destinados à mercancia"*.

Ali se evidenciou que as vendas, por seguradoras, de veículos envolvidos em sinistros integram a própria operação de seguro, constituindo recuperação de receitas, e não atividade mercantil. Daí se cogitar da incidência de imposto federal (no caso, o IOF), mas não do ICMS. Com efeito, não se pode conceber, nem mesmo normativamente (Decreto-lei n. 73/66, art. 73), que as seguradoras sejam comerciantes de sucatas, com a finalidade de obter lucro ou tendo intenção comercial. Assim, é inarredável concluir que a Súmula n. 152 do STJ encontra-se superada, diante da atual visão do STF. Aliás, não é demasiado relembrar que o STF, já em 1969, houve por bem editar a **Súmula n. 541**, nessa mesma direção: "*O imposto sobre vendas e consignações não incide sobre a venda ocasional de veículos e equipamentos usados, que não se insere na atividade profissional do vendedor, e não é realizada com o fim de lucro, sem caráter, pois, de comercialidade*".

j) Súmula n. 323 do STF: é inadmissível a apreensão de mercadorias como meio coercitivo para pagamento de tributos.

> Note o item considerado **CORRETO**, em prova realizada pela CESGRANRIO, Transpetro, para o cargo de Advogado Júnior, em 2018: *"A 'Empresa V', montadora de veículos, efetua operações de deslocamento de peças entre os estabelecimentos que possui, em municípios vizinhos situados no mesmo estado, para que sua produção seja finalizada. Um dia, o fisco estadual decide RETER A MERCADORIA que estava sendo transportada pelo veículo da empresa entre uma filial e outra, como forma de FORÇAR O PAGAMENTO DO ICMS, uma vez que o motorista da empresa não apresentou comprovante referente ao adimplemento do alegado débito fiscal. Considerando a situação apresentada e com base na legislação vigente, o ICMS é indevido, pois não ocorre o fato gerador do imposto, e a retenção dessa mercadoria é ilegal"*.

Nada obsta a que o Fisco proceda à apreensão de mercadoria transportada, quando desacompanhada de nota fiscal, lavrando-se o auto de infração, numa providência imediata, a fim de levar a efeito as providências identificatórias do bem, no entorno da materialidade do fato. Caso contrário, se tal embaraço ganhar foro de eternização, traduzir-se-á em meio coativo de percepção de tributos, não podendo ser tolerado, como preconiza a inteligência da Súmula em comento.

Com efeito, a apreensão indevida se traduz em maneira vexatória e gravosa de cobrança de tributo por via oblíqua, constituindo *sanção política*, o que mobilizou o

Poder Judiciário a repelir tal expediente arbitrário e abusivo, com inúmeros posicionamentos calcados em enunciados Sumulares (**Súmulas n. 70, 323** e **547** do **STF**).

No âmbito da restrição à emissão de notas fiscais, no bojo das **inconstitucionais** sanções políticas (ou **cobranças indiretas de tributos**), o STF vem adotando idêntica orientação intelectiva, ao entender que "consubstancia sanção política visando ao recolhimento de tributo condicionar a **expedição de notas fiscais** a fiança, garantia real ou fidejussória por parte do contribuinte". (**RE 565.048, rel. Min. Marco Aurélio, Pleno, j. em 29-05-2014**[12])

> Note o item considerado **CORRETO**, em prova realizada pelo Cebraspe, para o cargo de Delegado de Polícia Substituto (PC/GO), em 2017: "*Instrução normativa expedida em dezembro de 2015 pelo secretário de Fazenda do Estado de Goiás estabeleceu que, para ter acesso ao sistema de informática de emissão de nota fiscal, relativa ao ICMS, o contribuinte deve estar em dia com suas obrigações tributárias estaduais. Em janeiro de 2016, a empresa Alfa Ltda., com pagamento de tributos em atraso, requereu acesso ao sistema e teve o seu pedido indeferido. Entende-se que a interdição de emissão de notas fiscais é meio indireto de cobrança do tributo, já que inibe a continuidade da atividade profissional do contribuinte, o que torna a instrução normativa em questão inválida*".

> Note o item (adaptado) considerado **INCORRETO**, em prova realizada pela FMP, para o cargo de Procurador do Estado (PGE/AC), em 2017: "*Os Estados costumam apreender mercadorias e não permitir a emissão de notas fiscais a quem deve para o Fisco. O procedimento de apreensão é o correto, pois, muitas vezes, se a fiscalização permitir que a mercadoria passe, mesmo com tributo recolhido a menor, poderá ocorrer de o Estado não mais conseguir cobrar. Assim, apreender as mercadorias é correto, enquanto impedir a empresa de emitir notas fiscais ou vender produtos não*".

> Note o item considerado **CORRETO**, em prova realizada pela FMP, para o cargo de Procurador do Estado (PGE/AC), em 2017: "*Os Estados costumam apreender mercadorias e não permitir a emissão de notas fiscais a quem deve para o Fisco. São inconstitucionais os procedimentos referidos, já assim declarados mais de uma vez pelo STF*".

Aliás, em 22 de maio de **2013**, no **RE 550.769** (rel. Min. Joaquim Barbosa)**,** o Pleno do **STF** enfrentou mais uma questão ligada à proibição de *sanções políticas em matéria tributária*. O inteiro teor do acórdão foi publicado em 3 de abril de **2014**. O Tribunal, por maioria e nos termos do voto do Relator, conheceu e negou provimento ao recurso extraordinário. Foram vencidos os Ministros Gilmar Mendes, Marco Aurélio e Celso de Mello, com eloquentes posicionamentos sobre a questão. Recomendamos, *ipso facto*, a leitura dos votos nesse paradigmático julgado, para uma análise detida e dialética da tormentosa questão das *sanções políticas no Direito Tributário*:

12. **Observação**: este julgado serviu como precedente para outros posteriores – **(I) AI 623.739 AgR**, rel. Min. Roberto Barroso, 1ª T., j. em 04-08-2015; **(II) ARE 914.564 AgR**, rel. Min. Cármen Lúcia, 2ª T., j. em 17-11-2015; **(III) ARE n. 950.398**, rel. Min. Cármen Lúcia, *decisão monocrática*, j. em 23-03-2016.

EMENTA: CONSTITUCIONAL. TRIBUTÁRIO. SANÇÃO POLÍTICA. NÃO PAGAMENTO DE TRIBUTO. INDÚSTRIA DO CIGARRO. REGISTRO ESPECIAL DE FUNCIONAMENTO. CASSAÇÃO. DL n. 1.593/1977, ART. 2º, II. 1. Recurso extraordinário interposto de acórdão prolatado pelo Tribunal Regional Federal da 2ª Região, que reputou constitucional a exigência de rigorosa regularidade fiscal para manutenção do registro especial para fabricação e comercialização de cigarros (DL n. 1.593/1977, art. 2º, II). 2. Alegada contrariedade à proibição de sanções políticas em matéria tributária, entendidas como qualquer restrição ao direito fundamental de exercício de atividade econômica ou profissional lícita. Violação do art. 170 da Constituição, bem como dos princípios da proporcionalidade e da razoabilidade. 3. A orientação firmada pelo Supremo Tribunal Federal rechaça a aplicação de sanção política em matéria tributária. Contudo, para se caracterizar como sanção política, a norma extraída da interpretação do art. 2º, II, do DL n. 1.593/1977 deve atentar contra os seguintes parâmetros: (1) relevância do valor dos créditos tributários em aberto, cujo não pagamento implica a restrição ao funcionamento da empresa; (2) manutenção proporcional e razoável do devido processo legal de controle do ato de aplicação da penalidade; e (3) manutenção proporcional e razoável do devido processo legal de controle da validade dos créditos tributários cujo não pagamento implica a cassação do registro especial. 4. Circunstâncias que não foram demonstradas no caso em exame. 5. Recurso extraordinário conhecido, mas ao qual se nega provimento. **(RE 550.769, rel. Min. Joaquim Barbosa, Pleno, j. em 22-05-2013) (Grifos nossos)**

A apreensão ilícita viola inúmeros dispositivos constitucionais: desrespeita o direito de propriedade (art. 5º, XXII, CF), da qual o cidadão somente será privado mediante justa indenização, com obediência ao devido processo legal. Ademais, arranha-se a liberdade de trabalho, consagrada nos arts. 5º, XIII, XVIII e 170, ambos da CF, na medida em que o comerciante tem a continuação de sua atividade condicionada ao pagamento de tributos. Viola-se, outrossim, o devido processo legal, do qual o contraditório e a ampla defesa são desdobramentos (art. 5º, LIV e LV, CF). Por derradeiro, poder-se-ia falar até mesmo em crime de excesso de exação do agente fazendário (art. 316, § 1º, CP), além de se garantir, ao contribuinte lesado, direito ao integral ressarcimento dos prejuízos sofridos pela apreensão indevida, nos termos do art. 37, § 6º, da CF.

Em **17 de abril de 2018**, a 1ª Turma do **STJ** (**RMS 53.989/SE**, rel. Min. Gurgel de Faria) entendeu que o Estado não pode adotar sanções políticas para constranger o contribuinte ao pagamento de tributos em atraso.

No caso *sub examine*, o contribuinte impetrou mandado de segurança com o objetivo de cancelar a inscrição de seu nome comercial em cadastro de inadimplentes perante a Fazenda Estadual, que o enquadrou na situação de "contribuinte inapto". Tal enquadramento revelou-se prejudicial ao contribuinte, mormente porque orienta a fiscalização quanto ao uso de regra própria para uma responsabilização tributária do transportador, para um procedimento diferenciado de recolhimento do imposto e, até mesmo, para uma majoração direta da carga tributária. Ora, fica evidenciado que o enquadramento da empresa como "inapta" configura um meio de coerção indireta para cobrança dos débitos inscritos na dívida ativa, pois implica tratamento tributário diferenciado que dificulta o exercício da atividade econômica e gera o indevido aumento da carga tributária. Diante do exposto, é clara a presença de sanção política, não admitida pela Constituição Federal.

Por derradeiro, em **19 de março de 2019**, a 2ª Turma do **STJ**, no **AREsp 1.241.527/RS** (rel. Min. Francisco Falcão), entendeu que é legítima a comprovação da recolha do imposto quando o contribuinte adquire mercadoria de um devedor contumaz, incluído no *regime especial de fiscalização*. No caso, exige-se que a nota fiscal – emitida pelas empresas submetidas ao *regime especial de fiscalização* – seja acompanhada pelo comprovante de pagamento do ICMS, fazendo com que o tributo destacado seja pago à vista. Se não fosse assim, o contribuinte submetido ao mencionado *regime especial*, além de não recolher o tributo, geraria um crédito para o comprador da mercadoria. Daí a necessidade de cautela por parte do adquirente de mercadorias, fornecidas por esses devedores recalcitrantes, em relação ao creditamento de ICMS que seja ou venha a ser recolhido. Não obstante a jurisprudência do STF (Súmulas n. 70, 323 e 547) ter rechaçado a aplicação de sanções como interdição de estabelecimento e apreensão de mercadorias como meios indiretos de cobrança de tributos, tal hipótese não é a presente, porquanto se trata apenas de afastar um prêmio ao devedor contumaz, não havendo falar em violação dos princípios da não cumulatividade, isonomia, proporcionalidade ou razoabilidade.

k) Arrendamento mercantil (ou *leasing*): é modalidade de negócio jurídico estabelecida por meio de formato triangular dos sujeitos da relação, ao envolver um intermediário – o agente financiador da operação entre as partes (arrendante e arrendatário), e conferir ao arrendatário três possibilidades de opção.

A jurisprudência não tem sido uníssona sobre o tema, como revelam as decisões abaixo, do **STJ** e do **STF**:

– DEFENDENDO-SE A INCIDÊNCIA, EM 2005 (STF):

EMENTA: RECURSO EXTRAORDINÁRIO. TRIBUTÁRIO. ICMS. ARRENDAMENTO MERCANTIL – "LEASING". *1. De acordo com a Constituição de 1988, incide ICMS sobre a entrada de mercadoria importada do exterior.* Desnecessária, portanto, a verificação da natureza jurídica do negócio internacional do qual decorre a importação, o qual não se encontra ao alcance do Fisco nacional. 2. O disposto no art. 3º, inciso VIII, da LC n. 87/96 aplica-se exclusivamente às operações internas de *leasing*. 3. Recurso extraordinário conhecido e provido. **(RE 206.069/SP, Pleno, rel. Min. Ellen Gracie. j. em 1º-09-2005) (Grifo nosso)**

– DEFENDENDO-SE A NÃO INCIDÊNCIA, EM 2007 (STJ):

EMENTA: TRIBUTÁRIO. RECURSO ESPECIAL. IMPORTAÇÃO DE AERONAVES MEDIANTE *LEASING*. ICMS. INCIDÊNCIA. ALTERAÇÃO DO ENTENDIMENTO DO STJ EM FACE DE PRONUNCIAMENTO DO STF SOBRE O TEMA. **1.** *O STJ, por jurisprudência uniforme, firmou o entendimento de que, em se tratando de importação de mercadoria (aeronave) mediante o negócio jurídico denominado leasing, não incidiria o ICMS*[13]. **2.** As decisões do STJ interpretavam e aplicavam o art. 3º, VIII, da LC n. 87/96. **3.** *O STF, contudo, ao apreciar o RE 206.069-1-SP, considerando a EC n. 33/01* (estatui que incide o ICMS em mercadoria importada desde que ocorra a sua entrada no estabelecimento comercial, industrial ou produtor, seja para consumo ou uso próprio do importador, seja para integrar o seu ativo), *que deu nova redação ao art. 155, "a", da CF, entendeu que incide o ICMS "sobre a entrada de bem ou mercadoria importada do exterior por pessoa física ou jurídica, ainda que não seja contribuinte habitual do imposto, qualquer que seja a sua finalidade...", independentemente do tipo do negócio jurídico celebrado.* **4.** A orientação do STF foi tomada por maioria pelo Pleno, em face de importação decorrente de contrato de leasing, assim, também, a mudança de orientação da jurisprudência adotada pelo STJ deve ser realizada. **5.** Recurso da Fazenda Estadual de São Paulo provido para fazer incidir ICMS sobre mercadoria importada com base em contrato de leasing. **(REsp 822.868/SP, 1ª T., rel. Min. José Delgado, j. em 16-05-2006) (Grifos nossos)**

– MUDANDO-SE O POSICIONAMENTO E PUGNANDO PELA NÃO INCIDÊNCIA, EM 2007 (STF):

EMENTA: RECURSO EXTRAORDINÁRIO. ICMS. NÃO INCIDÊNCIA. ENTRADA DE MERCADORIA IMPORTADA DO EXTERIOR. ART. 155, II DA CB. *LEASING* DE AERONAVES E/OU PEÇAS OU EQUIPAMENTOS DE AERONAVES. OPERAÇÃO DE ARRENDAMENTO MERCANTIL. **1.** A importação de aeronaves e/ou peças ou equipamentos que as componham em regime de *leasing* não admite posterior transferência ao domínio do arrendatário. **2.** A circulação de mercadoria é pressuposto de incidência do ICMS. O imposto – diz o artigo 155, II da Constituição do Brasil – é sobre "operações relativas à circulação de mercadorias e sobre prestações de serviços de transporte interestadual e intermunicipal e de comunicação, ainda que as operações e as prestações se iniciem no exterior". **3.** *Não há operação relativa à circulação de mercadoria sujeita à incidência do ICMS em operação de arrendamento mercantil contratado pela indústria aeronáutica de grande porte para viabilizar o uso, pelas companhias de navegação aérea, de aeronaves por ela construídas.* **4.** Recurso Extraordinário do Estado de São Paulo a que se nega provimento e Recurso Extraordinário de TAM – Linhas Aéreas S.A. que se julga prejudicado. **(RE 461.968/SP, Pleno, rel. Min. Eros Grau, j. em 30-05-2007) (Grifo nosso)**

13. **Precedentes:** **(I)** REsp 146.389/SP (rel. Min. João Otávio Noronha, j. em 07-12-2004, *DJ* 13-06-2005, p. 217); **(II)** REsp 436.173/RJ (rel. Min. Eliana Calmon, *DJ* 30-06-2004, p. 295); **(III)** AgRg no Ag 385.174/RJ (rel. Min. Castro Meira, *DJ* 15-03-2004, p. 223), entre outros.

A judiciosa decisão de relatoria do Min. Eros Grau é de toda importância, uma vez que afasta a incidência do ICMS na importação de mercadoria pela via do contrato de arrendamento mercantil (ou *leasing*). A fundamentação jurídica reside em que se mostra insuficiente à sua tributação por mera entrada em território nacional de bem ou mercadoria vindo do exterior, sendo necessária à caracterização do gravame em estudo as entradas "atinentes a operações relativas à circulação desses mesmos bens"[14].

No que se refere a essa decisão, o eminente tributarista José Eduardo Soares de Melo[15] leciona: "O relator asseverou que não se aplicava o precedente do RE 206.069 (rel. Min. Ellen Gracie) no bojo do qual se verificava a circulação mercantil, pressuposto da incidência do ICMS, ou seja, importação destinada ao ativo fixo da empresa, situação na qual a opção do arrendatário pela compra do bem ao arrendador era mesmo necessária".

Nos últimos anos, o **STF** esteve envolto no julgamento de dois casos retumbantes, relativos à incidência do ICMS em operações de importação de bens adquiridos (aeronave) por arrendamento mercantil (*leasing*): o **RE 540.829 e o RE 226.899**.

No primeiro deles, o **RE 540.829**, com Repercussão geral reconhecida, tendo havido divergência de votos (Ministros Gilmar Mendes e Luiz Fux, com votos pela *incidência* e pela *não incidência* do ICMS, respectivamente) – e após a manifestação dos demais Ministros –, em 11 de setembro de **2014**, foi prolatada a decisão pelo Pleno do STF, negando, por maioria, provimento ao recurso. Para esta Corte, não incide o ICMS-importação na operação de arrendamento mercantil internacional, **salvo na hipótese de antecipação da opção de compra (uma transferência para o ativo fixo, por exemplo)**, na medida em que o arrendamento mercantil não implica, necessariamente, transferência de titularidade sobre o bem. Em mais um ocasião, o resgate do precedente inserto no RE 206.069/SP, aqui empreendido no voto vencido do Min. Gilmar Mendes, foi insuficiente para revelar a pertinência da tese da incidência do ICMS.

> Note o item considerado **CORRETO**, em prova realizada pelo Cespe/Cebraspe, para o cargo de Juiz Substituto (TJ/DF), em 2014: *"Incide ICMS nas operações de circulação de mercadorias derivadas de arrendamento mercantil celebrado entre arrendadora sediada no exterior e empresário sediado no Brasil em caso de bem comprovadamente destinado ao ativo fixo da sociedade empresária"*.

Igual desfecho ocorreu no **RE 226.899**. O Estado de São Paulo havia recorrido da decisão do Tribunal de Justiça, a qual favorecera certa empresa do ramo de eletricidade. Em fevereiro de 2009, no início do julgamento, a relatora Min. Ellen Gracie deu provimento ao recurso. Aberta a divergência com o voto-vista do Min. Eros Grau,

14. **STF**, RE 461.968/SP, Tribunal Pleno, rel. Min. Eros Grau, j. em 30-05-2007, *DJU* de 24-08-2007, p. 56.
15. MELO, José Eduardo Soares de. *ICMS:* teoria e prática. 10. ed. São Paulo: Dialética, 2008, p. 88.

que negou provimento ao recurso – e após a manifestação dos demais Ministros –, em 1º de outubro de **2014**, foi prolatada a decisão pelo Pleno do STF, negando, por maioria, provimento ao recurso.

Assim, sacramentou-se a não incidência do ICMS nos dois casos em epígrafe, uma vez que, na visão daquela Corte, não cabe cogitar no arrendamento mercantil da incidência de um imposto que é próprio à circulação de mercadoria qualificada pela compra e venda.

l) O ICMS e o fornecimento de água encanada (canalizada ou tratada): em tempos mais recentes, o **STF** teve a oportunidade de chancelar a inconstitucionalidade da incidência de ICMS sobre o fornecimento de água encanada por empresa concessionária. A propósito, a tese da não incidência já havia sido sacramentada na **ADI-MC 567 (rel. Min. Ilmar Galvão, Pleno, j. em 12-09-1991)**, com decisão unânime pela suspensão liminar do ICMS sobre o fornecimento de água potável, encanada, no Estado de Minas Gerais. Dez anos após, com a **ADI 2.224 (rel. Min. Néri da Silveira, rel. p/ ac. Min. Nelson Jobim, Pleno, j. em 30-05-2001)**, o **STF** acenou com a manutenção da tese, embora não tenha ali analisado o mérito da questão. Por fim, em **2013**, mais uma vez, prevaleceu o veredicto na Corte Suprema:

> **EMENTA:** Tributário. ICMS. Fornecimento de água tratada por concessionárias de serviço público. Não incidência. Ausência de fato gerador. **1.** O fornecimento de água potável por empresas concessionárias desse serviço público não é tributável por meio do ICMS. **2.** As águas em estado natural são bens públicos e só podem ser exploradas por particulares mediante concessão, permissão ou autorização. **3.** O fornecimento de água tratada à população por empresas concessionárias, permissionárias ou autorizadas não caracteriza uma operação de circulação de mercadoria. **4.** Precedentes da Corte. Tema já analisado na liminar concedida na ADI n. 567, de relatoria do Ministro Ilmar Galvão, e na ADI n. 2.224-5-DF, Relator o Ministro Néri da Silveira. 5. Recurso extraordinário a que se nega provimento. **(RE 607.056/Rep. Geral, rel. Min. Dias Toffoli, Pleno, j. em 10-04-2013)**

Note o item considerado **CORRETO**, em prova realizada pela FCC, DPE-RS, para o cargo de Defensor Público, em 2018: *"Quanto ao entendimento jurisprudencial do STJ e do STF sobre o ICMS, tal imposto não incide sobre o fornecimento de água tratada por concessionária de serviço público"*.

Note o item considerado **INCORRETO**, em prova realizada pela UFPR, para o cargo de Juiz (TJ/PR), em 2013: *"O fornecimento de água potável por empresas concessionárias desse serviço público é tributável por meio do ICMS, pois o fornecimento de água tratada à população por empresas concessionárias, permissionárias ou autorizadas caracteriza uma operação de circulação de mercadoria"*.

Com efeito, as águas públicas derivadas de rios ou mananciais qualificam-se, juridicamente, como *bem de uso comum do povo*, à luz dos arts. 20, III, e 26, I, da CF, não se confundindo com "mercadoria". Aliás, nem mesmo o tratamento químico necessário ao consumo teria o condão de descaracterizar a água como um bem público de uso comum de todos. Frise-se que o art. 18 da Lei n. 9.433/97, a qual institui a "Política Nacional de Recursos Hídricos", deixa claro que a concessão do serviço público de distribuição de água canalizada constitui mera outorga dos direitos de uso, sem implicar a alienação das águas, uma vez que se trata de bem de uso comum, *ipso facto*, inalienável. No mesmo rumo, segue o *Código de Águas* (Decreto n. 24.643/34, art. 46: "concessão não importa, nunca, a alienação parcial das águas públicas, que são inalienáveis, mas no simples direito ao uso destas águas").

Nesse passo, ao tributar o fornecimento de água potável, estar-se-ia a conferir interpretação inadequada ao conceito de "mercadoria", conduzindo, erroneamente, à classificação de água canalizada como "bem de comércio". E mais: a par da ausência do elemento "mercadoria", na adjetivação do aspecto material da hipótese de incidência do ICMS, é patente a falta do signo "circulação", uma vez que as concessionárias – promotoras da operação de fornecimento de água – não deteriam poderes jurídicos de disposição sobre ela. Sem titularidade, como é cediço, não se cogita de movimentação jurídica do bem. Posto isso, não há fato gerador do ICMS.

Por derradeiro, não se pode confundir o *serviço público* adstrito ao fornecimento de "água natural encanada" ("canalizada" ou "tratada") com a venda de *água envasada* – aqui, sim, uma *mercadoria* passível de circulação.

m) O ICMS e a habilitação de celular: em outubro de 2011, o **STF** iniciou julgamento discutindo a possibilidade, ou não, de cobrança de ICMS sobre serviço de *habilitação de telefone celular*. Com o provimento do recurso pelo relator Min. Marco Aurélio e o desprovimento, em divergência, pelo Min. Luiz Fux – este, seguindo o posicionamento já consolidado do **STJ** (**Súmula n. 350:** "*O ICMS não incide sobre o serviço de habilitação de telefone celular*") –, o veredicto veio a se consumar em fevereiro de **2014**, no sentido de que o serviço de habilitação de celular configura *atividade preparatória ao serviço de comunicação*, portanto, não sujeito à incidência do ICMS. O **STJ** e o **STF** rumaram para a mesma direção. **(RE 572.020/DF, rel. orig. Min. Marco Aurélio, red. p/ ac. Min. Luiz Fux, Pleno, j. em 06-02-2014)**

Uma questão complementar à decidida no julgado retrocitado (RE 572.020/DF), foi enfrentada pelo Pleno do **STF**, em 13 de outubro de **2016**, no **RE 912.888 – Rep. Geral** (rel. ex-Min. Teori Zavascki), acerca da definição e alcance da expressão "serviços de comunicação", a que se refere o art. 155, II, da CF. Nessa ocasião, a Corte Suprema entendeu que <u>incide</u> o ICMS sobre o valor da tarifa de assinatura básica mensal de telefonia, cobrada pelas prestadoras de serviço (concessionárias). O cerne da questão girou em torno de se aclarar o cenário de inquietude abaixo reproduzido:

(I) SE a assinatura mensal era uma **atividade-meio** à telefonia (ou "serviço suplementar"), afastando-se o ICMS. A tarifa mensal básica não serviria para remunerar o serviço de comunicação, mas apenas a disponibilização do acesso à rede. Tratar-se-ia de um pagamento que apenas garante a infraestrutura para a comunicação ocorrer.	**OU**	**(II)** SE assinatura básica era o **próprio serviço**, que possibilita as condições para a comunicação entre usuários e terceiros (permitindo receber ligações, independentemente da franquia de minutos que se utiliza nas chamadas), avocando-se o ICMS. A tarifa mensal básica serviria, sim, para remunerar o próprio serviço de comunicação, como uma contraprestação contínua devida pelo usuário em pagamento do próprio serviço. Não seria possível dissociar, de um lado, a exigência da tarifa pela assinatura mensal, e, de outro, a prestação do serviço.

Tendo prevalecido, no entender do Ministro Relator essa última concepção, frisou-se que a cobrança da tarifa básica mensal serve para corroborar a existência de uma prestação de serviço de telecomunicação prestado pelas concessionárias. Portanto, incide o ICMS sobre a tarifa de assinatura básica mensal cobrada pelas prestadoras de serviços de telefonia, independentemente da franquia de minutos concedida ou não ao usuário.

n) O ICMS e o Protocolo n. 21/2011 do CONFAZ: em 17 de setembro de **2014**, o **STF** finalizou retumbante questão ligada à incidência, ou não, do ICMS nas operações interestaduais de vendas de mercadoria a consumidor final, realizadas de forma não presencial (operações virtuais de *e-commerce*). A Corte Suprema julgou em conjunto, em razão da similaridade temática, as Ações Diretas de Inconstitucionalidade (**ADIs**) **4.628** e **4.713** – a primeira ajuizada pela *Confederação Nacional do Comércio de Bens Serviços e Turismo* (CNC) e a segunda, pela *Confederação Nacional da Indústria* (CNI) (ambas relatadas pelo Min. Luiz Fux, além do Recurso Extraordinário **680.089/SE**, com repercussão geral, relatado pelo Min. Gilmar Mendes). Aliás, em fevereiro de **2014**, o Min. Luiz Fux já havia concedido medida cautelar, nessas ADIs, para suspender *ex tunc* a aplicação do Protocolo n. 21. Passados cerca de sete meses, o Plenário do **STF**, por unanimidade e nos termos do voto do Relator, aproveitou para também julgar procedente as duas ações, abrindo-se espaço para a pretensão restituitória de valores pagos indevidamente nesse interregno.

Note o item considerado **INCORRETO**, em prova realizada pelo Cespe/Cebraspe, para o cargo de Analista Legislativo da Câmara dos Deputados, em 2014: *"Independentemente de deliberação do CONFAZ, serão constitucionais as normas que concedam ou autorizem a concessão de benefícios fiscais de ICMS concernentes a créditos presumidos, desde que estabelecidas mediante lei local do ente federado".*

Note o item considerado **INCORRETO**, em prova realizada pela CS-UFG, para o cargo de Procurador (AL/GO), em 2015: *"Proposta legislativa de alteração da legislação tributária em matéria do ICMS deve observar a seguinte norma constitucional: a veiculação de incentivo de ICMS prescinde de autorização do Conselho Nacional de Política Fazendária (CONFAZ) quando concedido com vistas ao desenvolvimento regional, objetivo da República Federativa do Brasil".*

Note o item considerado **CORRETO**, em prova realizada pela FCC, para o cargo de Analista Legislativo (AL/PE), em 2014: *"Sobre a guerra fiscal entre os Estados e Distrito Federal, é correto afirmar que um Estado pode conceder benefícios fiscais relativos ao ICMS desde que haja autorização de todos os demais Estados, o que ocorre pela aprovação de um Convênio no âmbito do CONFAZ".*

Com esse deslinde da questão, o Plenário do **STF** acabou por negar provimento ao mencionado recurso extraordinário, em que se discutia a constitucionalidade do Protocolo n. 21, o qual dispunha sobre a exigência de parcela do ICMS pelo Estado-membro destinatário da mercadoria, parcela essa devida na operação interestadual em que o consumidor final fazia aquisição virtual, por meio de internet, *telemarketing* ou *showroom*. Em outras palavras, derrubou-se um acordo fiscal assumido por cerca de vinte Estados, entre adesões e exclusões, segundo o qual o recolhimento de ICMS em compras virtuais deveria ser feito também no Estado que recebe os produtos, e não apenas no Estado onde a empresa de comércio eletrônico está estabelecida.

É sabido que as vendas *online* têm avançado com expressividade e que as operações via internet e telefone são predominantemente realizadas por centros de venda localizados nos Estados de São Paulo e Rio de Janeiro. Isso faz com que a maior fatia da arrecadação fique com esses Estados sudestinos. Se, por um lado, o Protocolo n. 21 desejou mitigar essa guerra fiscal, não é menos verdade que afrontou diretrizes constitucionais.

Ao cotejar as disposições insertas no citado Protocolo e a farta previsão normativo-constitucional para o ICMS, o STF entendeu que deveria prevalecer a hegemonia constitucional sobre o (inconstitucional) Protocolo n. 21.

O Tribunal, relembrando que, nas operações interestaduais em que a mercadoria fosse destinada a *consumidor final não contribuinte*, apenas o Estado-membro de origem deve cobrar o imposto (com a aplicação da alíquota interna), realçou que um regime tributário diverso configura inequívoca *bitributação* (cobrança dupla do imposto, hábil a gerar o encarecimento dos produtos).

Desse modo, mencionou que os signatários do Protocolo teriam invadido a competência tributária das Unidades federadas de origem, que constitucionalmente seriam os sujeitos ativos da relação tributária, no momento da venda de bens ou serviços a *consumidor final não contribuinte* localizado em outra Unidade da Federação. Em suma, o Protocolo acabou antecipando o objetivo desejado pela PEC n.

282/13, que ainda tramita no Congresso, aguardando-se atualmente a apreciação do plenário.

Ademais, o **STF** consignou que o Protocolo impugnado, ao determinar que o estabelecimento-remetente fosse o responsável pela retenção e recolhimento do ICMS em favor da Unidade federada destinatária, vulnerava a exigência de lei em sentido formal e complementar (art. 155, § 2º, XII, "b", CF) para instituir uma nova modalidade de *substituição tributária*.

Asseverou, por fim, que o expediente era vocacionado a ofender o *princípio da tributação com efeito de confisco*, bem como o *postulado da liberdade* ao *tráfego de pessoas e bens* (art. 150, IV e V, ambos da CF).

Por conseguinte, o STF deixou evidente que as alterações no âmbito do ICMS, ainda que no universo do *e-commerce*, demandam Emenda à Constituição Federal.

o) O ICMS e a inclusão na base de cálculo do PIS e da COFINS: desde a década de 80, a retórica sumular rendeu homenagens ao cenário de compatibilidade entre o ICM (ou ICMS) e a base de cálculo das contribuições: **(I) Súmula n. 191/TFR, de 1985:** "*É compatível a exigência da contribuição para o PIS com o imposto único sobre combustíveis e lubrificantes*"; **(II) Súmula n. 258/TFR, de 1988:** "*Inclui-se na base de cálculo do PIS a parcela relativa ao ICM*"; **(III) Súmula n. 68/STJ, de 1992:** "*A parcela relativa ao ICM inclui-se na base de cálculo do PIS*"; **(IV) Súmula n. 94/STJ, de 1994:** "*A parcela relativa ao ICMS inclui-se na base de cálculo do FINSOCIAL*".

Num primeiro momento, em 10 de agosto de **2016**, a 1ª Seção do **STJ**, por maioria, no **REsp 1.144.469-PR** (rel. Min. Napoleão Nunes Maia Filho; rel. para acórdão Min. Mauro Campbell Marques), entendeu que "*o valor do ICMS, destacado na nota, devido e recolhido pela empresa compõe seu faturamento, submetendo-se à tributação pelas contribuições ao PIS/PASEP e COFINS, sendo integrante também do conceito maior de receita bruta, base de cálculo das referidas exações*". *Vê-se, pois, que o STJ, a princípio, pugnava pela inclusão do ICMS na base de cálculo do PIS e da COFINS.*

Já no âmbito do STF, em setembro de **1999**, foi iniciado o julgamento de *recurso extraordinário* em que se alega a inconstitucionalidade da inclusão do ICMS na base de cálculo da COFINS, conforme autorizado pelo art. 2º, parágrafo único, da LC n. 70/91.

Entendendo que a base de cálculo da COFINS somente pode incidir sobre a soma dos valores obtidos nas operações de venda ou de prestação de serviços, ou seja, sobre a riqueza obtida com a realização da operação, e não sobre o ICMS (que constitui ônus fiscal, e não faturamento), o Min. Marco Aurélio, relator, deu provimento parcial ao recurso, por entender estar configurada a violação ao art. 195, I, da CF. Com efeito, o valor retido a título do ICMS não pode ser incluído na base de cálculo da COFINS sob pena de violar o citado dispositivo constitucional. Ademais, tal valor retido de ICMS não tem o condão de refletir a riqueza obtida com a realização da operação, porquanto constitui ônus fiscal, e não faturamento. Com base nesse entendimento, após cerca de 15 anos de discussão e incidentes processuais, em 8 de outubro de **2014**, o Plenário do **STF**, no **RE 240.785/MG** (rel. Min. Marco Aurélio), concluiu o julgamento e, por maioria, proveu o recurso extraordinário, entendendo que o ICMS **não** compõe a base de cálculo do PIS e da COFINS, o que naturalmente carreia aos contribuintes a possibilidade restituitória de bilhões de reais.

O Pleno do **STF**, no (já finalizado) **RE 574.706/PR**, em 15 de março de **2017**, por maioria e nos termos do voto da relatora (a Ministra Cármen Lúcia – Presidente), e apreciando o Tema 69 da repercussão geral, deu provimento ao retrocitado recurso e fixou a seguinte tese: ***"O ICMS não compõe a base de cálculo para a incidência do PIS e da Cofins"***.

Note o item considerado **CORRETO**, em prova realizada pela CESGRANRIO, Petrobras, para o cargo de Auditor Junior, em 2018: *"Após muito debate, o STF decidiu que não deve ser incluída na base de cálculo do PIS e da COFINS o 'Imposto sobre circulação de mercadoria e serviços'"*.

A orientação agora prevalecente, que se pauta pela exclusão do ICMS da base de cálculo do IRPJ e da CSLL, respalda-se em alguns importantes fundamentos, entre outros: **(I)** o incentivo fiscal é o próprio estímulo estatal outorgado, o que o torna refratário à tributação mútua de outros entes políticos, em virtude da *imunidade recíproca*; **(II)** é fato que a associação do benefício a lucro franqueia à União a tributação, do que decorre a retirada, por via oblíqua, do incentivo fiscal outorgado pelo Estado-membro, entidade constitucionalmente competente para a benesse legal; **(III)** a sistemática estimula uma competição indireta entre a União e o Estado-membro, em desapreço à cooperação e à igualdade, pedras de toque da Federação; **(IV)** os incentivos fiscais são instrumentos legítimos de política fiscal, e a renúncia da parcela da arrecadação prende-se a importantes valores extrafiscais; **(V)** a tributação irradia efeitos indesejados sobre a autonomia da atividade tributante da pessoa política, colocando em xeque a organicidade do princípio federativo e a segurança jurídica.

Os impactos da decisão do **STF**, no paradigmático **RE 574.706/PR**, rapidamente se propagaram para a *Corte Superior*: o **STJ** passou a entender que o crédito presumido de ICMS não integra a base de cálculo do **IRPJ** e da **CSLL** (julgado em novembro de **2017**) nem mesmo a base de cálculo do **PIS** e da **COFINS** (julgado em fevereiro de **2018**). Observemos os detalhamentos: em 8 de novembro de **2017**, o **STJ** (**EREsp 1.517.492/PR**, rel. Min. Og Fernandes, rel. p/ ac. Min. Regina Helena Costa, 1ª Seção) entendeu que o crédito presumido de ICMS não integra a base de cálculo do IRPJ e da CSLL. O novel veredicto se opõe à jurisprudência do próprio **STJ**, que se firmou nos últimos anos no sentido de que "o crédito presumido do ICMS, ao configurar diminuição de custos e despesas, aumenta indiretamente o lucro tributável e, portanto, deve compor a base de cálculo do IRPJ e da CSLL" (**AgInt no REsp 1.603.082/SC**, rel. Min. Herman Benjamin, 2ª T., j. em 22-09-**2016**)[16].

Por sua vez, em 27 de fevereiro de **2018**, a 1ª Turma do **STJ** (**REsp 1.100.739/DF**, rel. Min. Sérgio Kukina), adequando-se ao entendimento do STF – em juízo de retratação (art. 1.040, II, CPC/2015) –, ratificou a orientação de que o ICMS não compõe a base de cálculo para a incidência do **PIS** e da **COFINS**. Assim constou da ementa: "*Considerando que o STF adotou entendimento diverso da jurisprudência firmada por esta Corte Superior nas Súmulas 68 e 94/STJ e em seu anterior repetitivo (REsp 1.144.469/PR, rel. p/ acórdão Min. Mauro Campbell Marques, 'DJe' 02/12/2016), é de rigor que o juízo de retratação seja feito pelo próprio STJ*". Portanto, hodiernamente, STF e STJ são uníssonos na orientação de que o ICMS não deve compor a base de cálculo do PIS e da COFINS.

Em **10 de abril de 2019**, a 1ª Seção do **STJ**, no **REsp 1.624.297/RS** (rel. Min. Regina Helena Costa), chancelou que os valores de ICMS não integram a base de cálculo da **Contribuição Previdenciária sobre a Receita Bruta – CPRB**, instituída pela MP n. 540/2011 (convertida na Lei n. 12.546/2011). É fato que aqui, também, o STJ veio no vácuo do veredicto exarado na 2ª Turma do **STF**, no ano anterior, em 27 de abril de **2018**, no **RE 1.089.337-AgR** (rel. Min. Celso de Mello), na linha de expansão dos efeitos do paradigmático **RE 574.706/PR** a casos similares. Quanto ao caso em apreço, não é demasiado reforçar que os valores correspondentes ao ICMS são ingressos transitórios, que não constituem faturamento ou receita da empresa, estranhos, portanto, ao critério normativo definidor da composição da base de cálculo das contribuições. Do ponto de vista interdisciplinar, é bom frisar que também já foi reconhecida a repercussão geral com relação ao **ISS** no **STF** (Tema 118), na avaliação do **RE 592.616**, da relatoria do Min. Celso de Mello, em que se discute a constitucionalidade, ou não, da inclusão do ISS na base de cálculo do PIS e da Cofins. Os autos estão conclusos ao relator, Min. Celso de Mello, desde **21 de agosto de 2019**, havendo uma expectativa no sentido de que o relator deverá, por coerência, adotar o entendimento exarado no julgamento da **ADC 18/DF** (adstrita ao **ICMS**), em 5 de setembro de **2018**, quando entendeu prejudicada a presente Ação, seja em face da perda superveniente de seu objeto, seja, notadamente, em razão do julgamento plenário do multicitado **RE 574.706/PR**, na qual se fixou a tese já conhecida – "O ICMS não compõe a base cálculo para a incidência do PIS e da COFINS".

Não obstante, em 10 de junho de **2015**, a 1ª Seção do **STJ**, por 7 votos a 2, no julgamento do **REsp 1.330.737/SP** (rel. Min. Og Fernandes), em sede de recurso repetitivo, entendeu pela *legalidade da inclusão* do **Imposto sobre Serviços (ISS)** na base de cálculo do PIS e da Cofins (a receita bruta), na sistemática não cumulativa.

16. Para o aprofundamento dessa linha intelectiva, ver, no **STJ**: **(I)** AgRg no REsp 1.448.693/RS, rel. Min. Mauro Campbell Marques, 2ª T., j. em 05-08-2014; **(II)** EDcl no REsp 1.349.837/SC, rel. Min. Humberto Martins, 2ª T., j. em 23-04-2013; **(III)** AgRg no REsp 1.266.868/PR, rel. Min. Herman Benjamin, 2ª T., j. em 04-04-2013; **(IV)** REsp 859.322/PR, rel. Min. Mauro Campbell Marques, 2ª T., j. em 14-09-2010.

Em outras palavras, na visão da Corte Superior, o ISS, conquanto pertença aos Municípios e ao Distrito Federal, ao integrar o preço do serviço, seria receita sujeita a incidência das referidas contribuições federais. Para o relator, Ministro Og Fernandes, o valor atribuído ao serviço é verdadeiramente suportado pelo beneficiário da prestação, incrementando o patrimônio da entidade prestadora. Portanto, o **ISS**, ao integrar o conceito de receita bruta ou faturamento, não pode ser deduzido da base de cálculo do PIS e da COFINS.

Para uma boa revisão, observe o quadro sinóptico, o qual sistematiza o enfrentamento da questão no **STJ/STF**:

IMPOSTO	ÓRGÃO	RECURSO	JULGAMENTO	VEREDICTO
ICMS	**STJ**	**a) 4 Súmulas antigas (TFR: 191 e 258; STJ: 68 e 94); b) REsp 1.144.469-PR.**	**a) 4 Súmulas: 1985, 1988, 1993 e 1994, respectivamente; b) 10 de agosto de 2016.**	**INCLUSÃO na base de cálculo do PIS e da COFINS (num primeiro momento, até o juízo de retratação, em 27-02-2018)**
		REsp 1.100.739/DF	**27-02-2018**	**EXCLUSÃO da base de cálculo do PIS e da COFINS**
		EREsp 1.517.492/PR	**08-11-2017**	**EXCLUSÃO da base de cálculo do IRPJ e da CSLL**
	STF	**RE 574.706 (Tema 69 – RG)**	**15-03-2017**	**EXCLUSÃO da base de cálculo do PIS e da COFINS**
DO PONTO DE VISTA INTERDISCIPLINAR, E QUANTO AO ISS? (...)				
ISS	**STJ**	**REsp 1.330.737/SP**	**10-06-2015**	**INCLUSÃO na base de cálculo do PIS e da COFINS**
	STF	**RE 592.616 (Tema 118 – RG)**	**21-08-2019**	**Conclusos ao Ministro Relator Celso de Mello**

Nota-se que, aos poucos, vem sendo sedimentada, por força pretoriana, a ideia de que não se impede a incidência de imposto sobre imposto ou de tributo sobre tributo. Aliás, não é de hoje que se convive com essas sobreposições de incidências. Tal orientação intelectiva baseia-se no pensamento, adotado, por exemplo, na Corte Superior, de que é "legítima a incidência de tributo sobre tributo ou imposto sobre imposto, salvo determinação constitucional ou legal expressa em sentido contrário, não havendo aí nenhuma violação, *a priori*, ao princípio da capacidade contributiva". E tal linha de pensamento desfruta de eloquente chancela, tanto no STJ, como no STF. Note alguns exemplos de incidências de "tributos sobre tributos", sistematizados visualmente no quadro a seguir:

HIPÓTESE	TRIB.	RECURSO	ÓRGÃO	RELATOR	DATA
ICMS sobre o ICMS	**STF**	RE 582.461/SP	Pleno	Gilmar Mendes	18-05-11
PIS/PASEP/COFINS sobre PIS/PASEP/COFINS	**STJ**	REsp 976.836/RS (Rep. Contr.)	1ª Seção	Luiz Fux	25-08-10
IRPJ e CSLL sobre a CSLL	**STJ**	REsp 1.113.159/AM (Rep. Contr.)	1ª Seção	Luiz Fux	11-11-09
PIS/PASEP/COFINS sobre ISS		REsp 1.330.737/SP (Rep. Contr.)	1ª Seção	Og Fernandes	10-06-15
IPI sobre o ICMS	**STJ**	1. REsp 675.663/PR	2ª Turma	Mauro C. Marques	24-08-10
	STJ	2. REsp 610.908/PR	2ª Turma	Eliana Calmon	20-09-05
	STJ	3. AgRg no REsp 462.262/SC	2ª Turma	Humberto Martins	20-11-07

p) A venda de mercadoria, o faturamento e os bens (i)móveis: a jurisprudência do **STJ** sacramentou o entendimento de que "a Contribuição para Financiamento da Seguridade Social – COFINS incide sobre as receitas provenientes das operações de locação de bens móveis". Trata-se da **Súmula n. 423**, elaborada em **2010**, muito em razão de jurisprudência anteriormente consolidada. Veja a ementa a seguir, que ilustra o posicionamento em formação:

> **EMENTA:** (...) TRIBUTÁRIO. COFINS. LC N. 70/91. ATIVIDADE DE LOCAÇÃO DE BENS MÓVEIS. INCIDÊNCIA. (...) 2. É firme na 1ª Seção o entendimento segundo o qual as receitas decorrentes de atividade de comercialização de bens imóveis sujeitam-se à incidência da COFINS, por integrarem esses valores o faturamento da empresa, compreendido como o resultado econômico da atividade empresarial exercida. 3. Por essa mesma razão, equipara a jurisprudência dominante as operações compra e venda de imóveis à de locação desses bens, já que ambas geram valores que irão compor o faturamento da empresa. 4. Nessa linha de entendimento, segundo a qual (a) a base de incidência da COFINS é o faturamento, assim entendido o conjunto de receitas decorrentes da execução da atividade empresarial e (b) no conceito de mercadoria da LC n. 70/91 estão compreendidos até mesmo os bens imóveis, com mais razão se há de reconhecer a sujeição das receitas auferidas com a operações de locação de bens móveis à mencionada contribuição. **(REsp 1.010.388/PR, rel. ex-Min. Teori Albino Zavascki, 1ª T., j. em 03-02-2009) (Grifos nossos)**

No julgamento do **RE 585.235/MG**, submetido à Repercussão geral, o **STF** definiu que a noção de faturamento deve ser compreendida no sentido estrito de receita bruta das vendas de mercadorias e da prestação de serviços de qualquer natureza, ou seja, a soma das receitas oriundas do exercício das atividades empresariais, consoante interpretação dada em **três** importantes precedentes: dois deles, da 2ª

Turma, de relatoria do Min. Cezar Peluso (**1. AgR no RE 371.258/SP**, j. em 03-10-2006; e **2. RE 400.479-8/RJ**, j. em 10-10-2006); e um, do Tribunal Pleno, de relatoria do Min. Eros Grau (**RE 527.602/SP**, j. em 05-08-2009). Nesse último, aliás, ficou estabelecido que somente são excluídos do conceito de faturamento "*os aportes financeiros estranhos à atividade desenvolvida pela empresa*".

Quanto aos bens imóveis, se a correção monetária e os juros (receitas financeiras) decorrem diretamente das operações de venda de imóveis realizadas pelas empresas – operações essas que constituem os seus objetos sociais –, esses rendimentos devem ser considerados como um produto da venda de bens ou serviços, ou seja, constituem faturamento, base de cálculo das contribuições ao PIS e da COFINS, pois são receitas inerentes e acessórias aos referidos contratos e devem seguir a sorte do principal.

Assim entendeu o **STJ**, em **2014** (**REsp 1.432.952/PR**, rel. Min. Mauro Campbell Marques, 2ª Turma, j. em 25-02-**2014**).

q) A forma de recolhimento do tributo e o princípio da legalidade: o Plenário do **STF**, em 18 de junho de **2015**, julgou o **RE 632.265**, de relatoria do Min. Marco Aurélio, em que se discute a possibilidade (ou não) de se disciplinar, mediante decreto, forma de recolhimento de tributo diferentemente do que se prevê na LC n. 87/96.

No caso concreto, havia uma previsão de recolhimento do ICMS sobre energia elétrica, a ser feito por estimativa, vale dizer, o imposto seria recolhido em três datas no transcorrer do mês (dias 10, 20 e último dia útil). A "estimativa" se referia à aferição do montante a recolher com base no mês anterior, com possibilidade de compensação de eventuais diferenças. As normas eram os Decretos n. 31.632/2002 e 35.219/2004 do Estado do Rio de Janeiro.

O Tribunal de Justiça do Rio de Janeiro reconheceu a possibilidade de o Estado-membro alterar, sem edição de lei formal, a sistemática de apuração e recolhimento do ICMS, contrariando o art. 26, *caput*, da LC n. 87/96. A *Companhia de Eletricidade do Rio de Janeiro* (CERJ) interpôs recurso contra o TJ fluminense.

A maioria dos ministros, na trilha de pensamento do relator, votou no sentido de reconhecer a repercussão geral no recurso e fixar a seguinte tese: "*Somente lei em sentido formal pode instituir um regime de recolhimento do ICMS por estimativa*".

A nosso sentir, o veredicto, ao rechaçar por inconstitucionalidade os indigitados Decretos, revelou-se acertado, uma vez que tais normas apontaram para uma extrapolação do poder regulamentador do Executivo, colocando em xeque os princípios constitucionais da legalidade e isonomia tributárias, da moralidade administrativa e da separação de poderes. Os parâmetros de recolhimento do imposto não podem se mostrar dissonantes do que a lei determina.

Em **2017**, o tema foi solicitado em prova de concurso realizada pela **Consulplan**, para o cargo de Analista Judiciário do *TRF/2ª Região*. Observe-o, em didática assertiva considerada **correta**:

Idealize que em um Estado qualquer da Federação foi publicado decreto governamental, pelo qual foi alterada a sistemática de recolhimento do ICMS sobre o fornecimento de energia elétrica. Passou-se do sistema de encontro de contas (crédito-débito) estabelecido por lei complementar, para um sistema de recolhimento por estimativa, com base no apurado no mês anterior, realizando-se no mês subsequente o encontro de contas e admitindo-se o creditamento, caso o saldo fosse favorável ao contribuinte. Com relação ao novo sistema de recolhimento do ICMS deste Estado, tal como registrado no decreto, é correto afirmar que ele afronta a Constituição, já que a criação de nova maneira de recolhimento do tributo deve ocorrer mediante lei no sentido formal e material.

r) O ICMS e as Tarifas sobre a Transmissão e Distribuição de Energia Elétrica (TUST e TUSD): com a reestruturação do setor elétrico no Brasil, a partir da publicação da Lei n. 9.074/95 (que regulamenta a outorga e prorrogações de concessões e permissões), passaram a existir duas formas de contratação de energia elétrica, quais sejam: o *ambiente de contratação regulada*, o qual visa atender os consumidores cativos (residências) e o *ambiente de contratação livre*, que atende consumidores com utilização de energia superior a 3.000 kw. O § 6º do art. 15 da indigitada norma prevê que os consumidores, cujo uso de energia exceda a 3.000 kw, detêm livre acesso aos pontos de conexão (de energia), desde que **(I)** sejam celebrados contratos de uso do sistema de transmissão ou de distribuição com as concessionárias e permissionárias e **(II)** haja remuneração pelas *Tarifas de Uso dos Sistemas de Distribuição* (TUSD) e *Transmissão* (TUST) *de energia elétrica*, cobradas quando da disponibilização do consumo dos pontos de conexão à rede elétrica.

É sabido que o ICMS incide sobre a tarifa de energia elétrica. Com efeito, a incidência do gravame decorre do fato de que sua hipótese de incidência, entre outras possibilidades, tipifica-se com a *circulação de mercadorias* (art. 155, II, CF c/c art. 2º, I, da LC n. 87/96). A energia elétrica, ainda que se revele como *bem incorpóreo*, foi estatuída como exemplo de *mercadoria* pelo legislador constituinte, ao expressamente incluí-la no campo de incidência do imposto, nos termos do art. 155, § 3º, da Constituição Federal.

Em resumo, o fato gerador do ICMS sobre a energia elétrica se caracteriza pela *circulação* (aspecto material) e pelo *consumo* (aspecto temporal) de *energia elétrica* (mercadoria), pressupondo ser aquela circulação uma transferência de propriedade. Logo, o fato gerador do imposto se perfaz com a *entrega de energia elétrica ao consumidor*, sendo a base de cálculo o *valor correspondente à demanda efetivamente consumida*, ou seja, o *valor da operação* (e acréscimos), conforme o art. 13, § 1º, II, "a" e "b", da LC n. 87/96. O imposto, pois, incidirá a partir do efetivo fornecimento da energia elétrica que ingressar no estabelecimento do consumidor, registrado no relógio de medição (art. 14 da Resolução n. 414/2010).

As tarifas de TUST e TUSD correspondem a encargos de conexão e uso das redes de transmissão e distribuição, e sua cobrança independe da quantidade de energia consumida, sendo, aliás, faturada separadamente do fornecimento da própria energia (art. 9º da Lei n. 9.648/98). Nota-se, pois, que as tarifas dissociam-se, cristalinamente, da compra e venda de energia elétrica.

Ad argumentandum, a transmissão e distribuição da energia pelo sistema revela-se, verdadeiramente, como uma *circulação física*, ou seja, é uma "atividade-meio" para o nascimento do fato gerador do ICMS – este, sim, como já se disse, o efetivo consumo do bem (isto é, a *circulação jurídica* da energia). Ora, não havendo operação de *circulação jurídica* de energia, a parcela que remunera o mero serviço de entrega física do bem não deve ser tributada. Em outras palavras, a comercialização da energia se dá entre produtor e consumidor, enquanto a transmissão e a distribuição são apenas "atividades-meio", servindo para viabilizar o fornecimento da energia elétrica pelas geradoras aos consumidores finais (a própria "atividade-fim"). Por tudo isso, a nosso ver, desponta a impossibilidade de inclusão das tarifas (com a transmissão de distribuição) na base de cálculo do ICMS.

Do ponto de vista jurisprudencial, vale a pena destacar que, em 11 de março de **2009**, a 1ª Seção do **STJ**, no **REsp 960.476/SC** (rel. ex-Min. Teori Albino Zavascki), já havia consolidado a tese de que o ICMS, não ocorrendo por força de celebração de contratos (ou "tráfico jurídico"), "deve incidir sobre o valor da energia elétrica efetivamente consumida, isto é, a que for entregue ao consumidor, a que tenha saído da linha de transmissão e entrado no estabelecimento da empresa". A propósito, em setembro de **2009**, o **STJ** editou a Súmula n. **391**, a qual estatuiu que "*o ICMS incide sobre o valor da tarifa de energia elétrica correspondente à demanda de potência efetivamente utilizada.*".

Em fevereiro de **2011**, a 2ª Turma do **STJ**, no **AgRg no REsp 1.135.984/MG** (rel. Min. Humberto Martins), partindo da premissa de que inexiste previsão legal para a incidência de ICMS sobre o serviço de "transporte de energia elétrica", asseverou que "o ICMS sobre energia elétrica tem como fato gerador a circulação da 'mercadoria', e não do 'serviço de transporte' de transmissão e distribuição de energia elétrica".

Em **21 de março de 2017**, curiosamente, a 1ª Turma do **STJ**, por apertada maioria, procedeu a uma virada jurisprudencial, no **REsp 1.163.020/RS**, de relatoria do Ministro Gurgel de Faria. No caso analisado, a fabricante de carrocerias e reboques *Randon S.A.*, em demanda com o Estado do Rio Grande do Sul, tentou excluir da base de cálculo do ICMS o valor pago a título de TUSD. O STJ, partindo da premissa de que o processo de fornecimento da energia elétrica é indissociável em suas fases de geração, concluiu que ICMS incide sobre a TUSD e a TUST. Na visão do relator, todas as fases integram o preço total da operação mercantil, não tendo sentido decotar a etapa de transmissão/distribuição da base imponível, por não se tratar de "atividade-meio", mas, sim, de atividade inerente ao próprio fornecimento de energia elétrica. O veredicto provocou grande inquietude.

Para aquecer um pouco mais a controvérsia, passados exatos seis meses, em **21 de setembro de 2017**, a 2ª Turma do **STJ**, em decisão unânime, no **REsp 1.680.759/MS**, de relatoria do Ministro Herman Benjamin, manteve o entendimento originário, resgatando a orientação primeira da Corte Superior. Na ocasião, evidenciou que a guinada pretendida pela 1ª Turma (no REsp 1.163.020/RS) atentava contra os princípios da segurança jurídica, da proteção da confiança e da isonomia, mormente porque não houve mudança no contexto fático em que deu origem ao precedente. Desse modo, o relator enalteceu que a TUSD "não integra a base de cálculo do ICMS sobre o consumo de energia elétrica, uma vez que o fato gerador ocorre apenas no momento em que a energia sai do estabelecimento fornecedor e é efetivamente consumida. Assim, a tarifa cobrada na fase anterior do sistema de distribuição não compõe o valor da operação de saída da mercadoria entregue ao consumidor".

Frise-se que, nesse meio-tempo, em **7 de agosto de 2017**, o **STF** teve a oportunidade de apreciar o **RE 1.041.816-RG** (rel. Min. Edson Fachin) e, afastando a existência de repercussão geral acerca da inclusão da TUST e da TUSD na base de cálculo do ICMS, entendeu que a controvérsia se limita à seara infraconstitucional, ou seja, não possui estatura constitucional. Desse modo, devolveu ao **STJ** a palavra final. Resta-nos aguardar o deslinde de tão aquecida e controvertida discussão.

s) A não incidência do ICMS sobre as operações financeiras realizadas no *Mercado de Curto Prazo* da "Câmara de Comercialização de Energia Elétrica" (CCEE): em **20 de fevereiro de 2018**, a 1ª Turma do **STJ** (**REsp 1.615.790/MG**, rel. Min. Gurgel de Faria) entendeu que não deve incidir o ICMS sobre as operações financeiras realizadas no *Mercado de Curto Prazo* da "Câmara de Comercialização de Energia Elétrica" (CCEE).

Essas operações financeiras realizadas no *Mercado de Curto Prazo* envolvem as sobras e os *deficits* de energia elétrica que foram contratados bilateralmente entre os consumidores livres e os agentes de produção e/ou comercialização, tendo a CCEE o papel de intermediar, de forma multilateral, os consumidores credores e devedores, realizando a liquidação financeira dessas posições e utilizando como parâmetro o *Preço de Liquidação de Diferenças* (PLD) por ela apurado. Tais operações não caracterizam propriamente "contratos de compra e venda de energia elétrica", mas, sim, *cessões de direitos* entre consumidores, mediante a celebração de contratos bilaterais, cujo valor total já sofreu a tributação do imposto estadual, o que permite concluir que uma nova tributação dessas sobras implicaria indevido *bis in idem*. Com efeito, não se cogita do fato gerador do ICMS, porquanto os consumidores, quando operam no *Mercado de Curto Prazo*, não se transformam em agentes do setor elétrico, habilitados a proceder à saída dessa "mercadoria" de seus estabelecimentos, o que, de plano, rechaça o fato gerador do imposto (art. 2º e 12 da LC n. 87/96).

A propósito, em **2009**, o **STJ** (**REsp 960.476/SC**, rel. ex-Min. Teori Albino Zavascki, 1ª Seção, j. em 11-03-**2009**) evidenciara que "*o ICMS não é imposto inciden-*

te sobre tráfico jurídico, não sendo cobrado, por não haver incidência, pelo fato de celebração de contratos", razão pela qual, no que se refere à contratação de demanda de potência elétrica, "*a só formalização desse tipo de contrato de compra ou fornecimento futuro de energia elétrica não caracteriza circulação de mercadoria*". Afirma-se, assim, que "*o ICMS deve incidir sobre o valor da energia elétrica efetivamente consumida, isto é, a que for entregue ao consumidor, a que tenha saído da linha de transmissão e entrado no estabelecimento da empresa*"[17].

Posto isso, é forçoso concluir que, no caso *sub examine*, a tributação do ICMS, quando da aquisição da mercadoria, deu-se antecipadamente em relação a toda a energia elétrica a ser consumida em face do contrato, quer diretamente pelo próprio adquirente, quer pelo cessionário que dele adquiriu as sobras, sendo certo que incidência do imposto, em face da cessão, configura nova e indevida tributação sobre um mesmo fato gerador.

t) O não recolhimento do ICMS, em operações próprias ou com substituição tributária, e o delito de *apropriação indébita tributária*: em 22 de agosto de **2018**, a 3ª Seção do **STJ**, no **HC 399.109/SC** (rel. Min. Rogerio Schietti Cruz), entendeu que a conduta de não recolher ICMS em *operações próprias* (aquelas em que se "cobra" o ICMS como um tributo indireto, incidente sobre o consumo) ou em *operações com substituição tributária* (aquelas em que se "desconta" o ICMS como um tributo direto, nos casos de responsabilidade por substituição), enquadra-se formalmente no tipo previsto no art. 2º, II, da Lei n. 8.137/90 (a chamada "**apropriação indébita tributária**"), desde que comprovado o *dolo*, vale dizer, o elemento subjetivo do tipo, consistente na consciência, ainda que potencial, de não recolher o valor do tributo.

Frise-se que o fato de o contribuinte registrar, apurar e declarar em guia própria ou em livros fiscais o tributo devido não tem o condão de elidir ou exercer nenhuma influência na prática do delito. Ademais, o sujeito ativo do crime em referência é aquele que ostenta a qualidade de sujeito passivo da obrigação tributária, quer na condição de contribuinte-substituído, quer na condição de responsável-substituto.

> Note o item considerado **CORRETO**, em prova realizada pelo MPE/SC, para o cargo de Promotor de Justiça, em 2019: *"O valor de ICMS cobrado pelo vendedor do consumidor final é de propriedade do Estado, e não do comerciante, mesmo antes de seu repasse aos cofres públicos"*.

u) Não incidência do ICMS e o fenômeno físico da dilatação volumétrica de combustível: em **8 de setembro de 2020**, a 1ª Turma do **STJ**, no **REsp 1.884.431-PB** (rel. Min. Benedito Gonçalves), entendeu que a fenomenologia física de dilatação volumétrica do combustível não constitui fato gerador do ICMS.

17. Ver, para aprofundamento, no **STJ**, o julgado que é precedente na matéria: **REsp 222.810/MG**, rel. Min. Milton Luiz Pereira, 1ª T., j. em 14-03-**2000**.

A controvérsia cinge-se à legalidade da cobrança de ICMS incidente sobre a diferença entre o valor de entrada (*carregamento*) e o valor de saída do combustível (*descarregamento*), quando, em virtude de a temperatura da entrada ter sido inferior à de saída, percebe-se um volume maior da mercadoria, um fenômeno físico de *dilatação volumétrica*. A dúvida seria se houve (ou não) um novo fato gerador ou se ocorreu (ou não) uma nova operação tributável. Como se trata de um típico fenômeno físico – mera expansão natural de uma mercadoria volátil por natureza –, não se pode confundir tal situação de volatização com a "natureza jurídica" da operação, para fins de identificação do fato gerador do imposto. Daí não ser pertinente a aplicação do **art. 4º, I, do CTN**: de fato, esse fenômeno (natural e previsível) de evaporação do combustível difere, e muito, das situações em que a venda não ocorre em razão de circunstâncias inesperadas e alheias à vontade do agente. Em tempo, frise-se que o **STJ**, em **2010**, analisando questão análoga, concernente à entrada de cana-de-açúcar na usina de álcool, pronunciara no sentido de que a quebra decorrente da evaporação é irrelevante para fins de tributação do **ICMS (REsp 1.122.126/RS, rel. Min. Benedito Gonçalves, 1ª T., j. em 22-06-2010)**. Posto isso, se o volume de combustível se dilatou ou se retraiu, não há se falar em estorno ou cobrança a maior do ICMS, visto que não se deve qualificar juridicamente um fenômeno próprio da *Física*, por escapar à hipótese de incidência tributária do imposto estadual.

2 ESTUDO DO IPVA

Imposto	IPVA
Nomen juris	Imposto sobre a propriedade de veículos automotores
Artigos	Art. 155, III, da CF

2.1 Competência e sujeito ativo

O **art. 155, III, da CF**, estabelece ser de competência dos **Estados e do Distrito Federal** a instituição do IPVA.

Note o item considerado **INCORRETO**, em prova realizada pela FCC, para o cargo de Procurador do Estado de Terceira Classe (PGE/RN), em 2014: *"O IPVA é um imposto de competência dos Estados e do Distrito Federal, mas pode ser instituído pelos Municípios na ausência de legislação estadual"*.

Observe-o:

Art. 155. Compete aos Estados e ao Distrito Federal instituir impostos sobre: (...)
III – propriedade de veículos automotores.

O IPVA é imposto estadual, com disciplinamento na Constituição Federal, no comando inserto no inciso III do art. 155. Por outro lado, não há menção a tal tributo no CTN, uma vez que seu nascimento data de 1985, com a promulgação da Emenda n. 27/85 à Constituição Federal de 1967, vindo a lume substituir a antiga "TRU" – *Taxa Rodoviária Única*.

O imposto poderá ser exigido em 1º de janeiro de cada exercício, sendo devido no local em que o veículo deva ser registrado e licenciado, inscrito ou matriculado, perante as autoridades de trânsito (automóveis), independentemente do local do domicílio do proprietário ou possuidor.

Para instituição do IPVA, as normas gerais atinentes ao fato gerador, base de cálculo e contribuintes hão de ser definidas por Lei Complementar (art. 146, III, "a", CF). Todavia, não existem normas gerais relativas ao IPVA, podendo os Estados e o Distrito Federal exercerem a competência legislativa plena (art. 24, § 3º, CF).

2.2 Sujeito passivo

É o *proprietário de veículo automotor* – pessoa física ou pessoa jurídica, presumindo-se como tal aquele em cujo nome o veículo esteja licenciado.

2.3 Fato gerador

É a *propriedade* (e não o "uso") de veículo automotor de qualquer espécie (automóvel, motocicleta, caminhão etc.). Com efeito, apenas a propriedade gera incidência de IPVA, e não a mera detenção do veículo, o próprio uso ou mesmo a posse. Do contrário, "as fábricas e os revendedores de automóveis teriam de pagar o IPVA desde o momento em que se completasse a respectiva industrialização ou importação"[18]. A propriedade prova-se pelo CRV – *Certificado de Registro de Veículo* –, sendo também aceito, como prova de propriedade, o documento do licenciamento do ano anterior.

2.3.1 Veículo automotor

É qualquer veículo aéreo, terrestre, aquático ou anfíbio dotado de força-motriz própria, ainda que complementar ou alternativa de fonte de energia natural.

Segundo o anexo I do *Código Brasileiro de Trânsito*, o veículo automotor "*é todo veículo a motor de propulsão que circula por seus próprios meios, e que serve normalmente para o transporte viário de pessoas e coisas, ou para a tração viária de veículos utilizados para transporte de pessoas e coisas. O termo compreende os veículos conectados a uma linha elétrica e que não circulam sobre trilhos (ônibus elétrico)*".

18. MACHADO, Hugo de Brito. *Curso de direito tributário*, 29. ed., p. 384.

2.3.2 Aeronaves "versus" IPVA

A questão gera polêmica quando se pretende incluir no campo competencial do IPVA as aeronaves, cujo conceito legal pode ser extraído do **art. 106 da Lei n. 7.565/86** – *Código Brasileiro de Aeronáutica* –, a seguir exposto:

> **Art. 106 (Lei n. 7.565/86).** Considera-se aeronave todo aparelho manobrável em voo, que possa sustentar-se e circular no espaço aéreo, mediante reações aerodinâmicas, apto a transportar pessoas e/ou coisas.

Argui-se a dissociação do conceito de veículo automotor do conceito de aeronave. Isso porque a aeronave não existe para trafegar no Estado ou no Município, mas para voar no espaço aéreo, que é da competência da União. Quando em terra, apenas faz manobra em áreas aeroportuárias, que não pertencem ao Estado nem ao Município, mas à União, por força do art. 38 do CBA – *Código Brasileiro de Aeronáutica* – Lei n. 7.565/86.

Historicamente, é sabido que a antiga *TRU – Taxa Rodoviária Única*, da qual o IPVA é sucedâneo, deveria onerar apenas os veículos terrestres, trafegáveis por rodovias estaduais, e nunca veículos que transitam por ferrovias, aerovias ou aquavias.

Não é difícil perceber que o conceito de *aeronave* muito se distancia da definição emprestada à expressão "veículo automotor", razão pela qual se pode conceber sobremodo equivocada a tentativa – empreendida pelos Estados de São Paulo e Mato Grosso do Sul – de fazer incidir o IPVA sobre a propriedade desses bens, equiparando-os aos automóveis. Com efeito, as aeronaves são manobráveis em voo, sustentando-se no ar e circulando no espaço aéreo, não em rodovias de qualquer Estado, mas em aerovias. Em consonância com a definição legal de *aeronave* (art. 106 do CBA; art. 5º do Regulamento aprovado pelo Decreto n. 70.050, de 25-01-1972), atribuem-se-lhe caracteres essenciais:

1º ser um aparelho, isto é, um sistema integrado, uma organização, um conjunto de mecanismos, uma complexa máquina;

2º ser manobrável (do francês "manoeuvrer"), isto é, poder executar movimento em todas as direções, no espaço aéreo, quando em voo;

3º ser sustentável e circulável, isto é, poder manter-se e locomover-se, transitar e trafegar no espaço aéreo, mediante reações aerodinâmicas;

4º ter possibilidade de ser meio de transporte de pessoas ou coisas.

Desse modo, é compreensível a impossibilidade de comparação de *veículo automotor* com *aeronave*: aquele não é manobrável em voo, não é sustentável, nem circulável no espaço aéreo; esta o é. Ademais, aquele é licenciado pelo Município; esta é licenciada pela União (arts. 72 a 76 do CBA). Ainda: a propriedade daquele decorre de registro no DETRAN – Departamento Estadual de Trânsito; a propriedade desta decorre do Registro Aeronáutico Brasileiro, que é órgão federal (art. 115 do CBA).

Posto isso, na trilha da jurisprudência, pensamos não ser legítima a cobrança do IPVA sobre **embarcações e aeronaves**, mas tão somente sobre os veículos de circulação terrestre. Nesse sentido, seguiu a melhor jurisprudência, conforme se nota adiante.

> Note o item considerado **INCORRETO**, em prova realizada pelo Cespe/Cebraspe, para o cargo de Especialista em Regulação (ANTAQ), em 2014: *"Os impostos sobre a propriedade de veículos automotores, conforme jurisprudência do STF, incidem sobre a propriedade de aeronaves e embarcações"*.

> Note o item considerado **INCORRETO**, em prova realizada pela FCC, para o cargo de Auditor Fiscal do Tesouro Estadual (Sefaz/PE), em 2014: *"O IPVA não incide sobre a propriedade de aeronaves, mas incide sobre a propriedade de embarcações"*.

Observe o entendimento jurisprudencial que ratifica a não incidência do IPVA sobre aeronaves:

> **EMENTA:** IPVA – Imposto sobre Propriedade de Veículos Automotores (CF, art. 155, III; CF 69, art. 23, III e § 13, cf. EC 27/85): campo de incidência que não inclui embarcações e aeronaves. **(RE 134.509/AM, Pleno, rel. Min. Sepúlveda Pertence, j. em 29-05-2002; ver, ademais, o RE 255.111-2, rel. Min. Marco Aurélio, Pleno, j. em 20-05-2002)**

Em **2007**, o **STF** ratificou o entendimento no **RE 379.572** (rel. Min. Gilmar Mendes, Pleno, j. em 11-04-2007). Em **2013**, a Corte Suprema reafirmou a não incidência no **AgR no RE 525.382** (rel. ex-Min. Teori Zavascki, 2ª T., j. em 26-02-2013).

2.4 Elemento temporal do fato gerador

É *anual*, por ficção jurídica (1º de janeiro de cada ano) ou data estabelecida em lei estadual. Ressalte-se que o momento do fato gerador poderá ser a *data da aquisição*, para *veículo novo*, e a *data do desembaraço aduaneiro*, para o *veículo importado.*

2.5 Base de cálculo

É o valor venal do veículo ou o preço comercial de tabela (= valor de mercado). Utilizam-se as tabelas anuais elaboradas e publicadas pelo poder tributante, que se baseia em publicações especializadas. O preço poderá estar discriminado na Nota Fiscal ou em documentos relativos ao desembaraço aduaneiro (*Preço CIF*), quando se tratar de produto importado.

A EC n. 42/2003 dispôs, na parte final do art. 150, § 1º, CF, que é exceção à anterioridade nonagesimal a **alteração na *base de cálculo* do IPVA**. Portanto, é possível que se proceda à fixação legal do valor venal de um veículo automotor, no fim de ano, e que tal modificação possa ser aplicada no 1º dia do exercício financeiro seguinte.

Note o item considerado **CORRETO**, em prova realizada pela FCC, para o cargo de Auditor do Tribunal de Contas (TCE/SP), em 2013: *"A majoração da base de cálculo do IPVA e do IPTU é exceção, dentre outras, à regra da anterioridade nonagesimal"*.

Note o item considerado **INCORRETO**, em prova realizada pela Funiversa, para o cargo de Delegado de Polícia/DF, em 2015: *"Aplica-se a anterioridade nonagesimal à fixação da base de cálculo do IPVA pelo Distrito Federal"*.

Note o item considerado **CORRETO**, em prova realizada pela FCC, para o cargo de Juiz Substituto (TJ/RR), em 2015: *"A majoração da base de cálculo do IPVA não está sujeita ao princípio da noventena (anterioridade nonagesimal), mas a majoração de sua alíquota está"*.

Exemplo: *Lei n. tal, publicada em 31 de dezembro de 2020, altera o valor venal de um certo veículo automotor.*

Pergunta-se: quando será eficaz o aumento legal?

A resposta é simples: no dia seguinte – 1º de janeiro de 2021 –, valendo o aumento para o exercício de 2021, pois se trata de uma regra à anterioridade anual, porém de uma norma de exceção aos 90 dias.

2.6 Alíquota

Observe o dispositivo constitucional:

> **Art. 155.** Compete aos Estados e ao Distrito Federal instituir impostos sobre: (...)
> **III** – propriedade de veículos automotores. (...)
> **§ 6º** O imposto previsto no inciso III:
> **I** – **terá alíquotas mínimas fixadas pelo Senado Federal**;

Note o item considerado **INCORRETO**, em prova realizada pela FCC, para o cargo de Auditor Fiscal do Tesouro Estadual (Sefaz/PE), em 2014: *"De acordo com a Constituição Federal, o IPVA terá suas alíquotas mínimas fixadas mediante Lei Complementar"*.

> **II** – poderá ter **alíquotas diferenciadas em função do tipo e utilização.**

Note o item considerado **INCORRETO**, em prova realizada pela FCC, para o cargo de Procurador do Estado de Terceira Classe (PGE/RN), em 2014: *"O IPVA pode ter alíquotas progressivas em razão do valor venal do veículo, conforme disposição expressa na Constituição Federal"*.

A alíquota será estabelecida em lei ordinária estadual. Deverá ser proporcional, não existindo limite máximo a ser fixado. No entanto, a EC n. 42/2003 incumbiu ao Senado Federal a estipulação de suas ***alíquotas mínimas***[a]. Ademais, poderá o IPVA ter **alíquotas diferenciadas**[b] em função do *tipo* e *utilização* do veículo, do que se depreende uma *latente* progressividade ao imposto em comento (art. 155, § 6º, I e II, CF). Frise-se que tal progressividade *não* é explícita no texto constitucional, como o é para o IPTU, IR e ITR, parecendo-nos mais o IPVA um imposto que se sujeita à extrafiscalidade, assumindo função regulatória, do que, propriamente, um gravame progressivo.

a. Note o item (adaptado) considerado **CORRETO**, em prova realizada pela FCC, para o cargo de Técnico da Receita Estadual da SEGEP/MA, em 2016: *"A Constituição Federal atribui competência aos Estados para instituir o IPVA, cujas alíquotas mínimas serão fixadas pelo Senado Federal"*. [Observação: e não "...alíquotas máximas..."].

b. Note o item (adaptado) considerado **INCORRETO**, em prova realizada pela FCC, para o cargo de Técnico da Receita Estadual da SEGEP/MA, em 2016: *"A Constituição Federal atribui competência aos Estados para instituir o IPVA. Em função do tipo e utilização, as bases de cálculo poderão ser reduzidas, e as alíquotas, diferenciadas"*.

Ainda sobre o presente assunto, o nobre Kiyoshi Harada[19] argumenta:

> A costumeira distinção de alíquotas, feita pelas legislações estaduais, para aumentar o valor do imposto em relação aos veículos importados, fere o princípio da isonomia tributária, inserto no art. 150, II, da CF. Não socorre o argumento de que essa tributação diferenciada atende ao princípio da capacidade contributiva, previsto no § 1º do art. 145 da Carta Política, como sustentado por alguns julgados, pois, nessa hipótese, a alíquota deveria variar em função do valor venal do veículo, nunca em razão de sua procedência estrangeira.

2.7 Notas gerais

a) **Inexistência de lei complementar:** o IPVA é constitucional, pois foi recepcionado pela CF/88 (art. 34, § 3º, ADCT). Deixando a norma federal de existir, exercem os Estados a competência plena;

Nesse sentido, a jurisprudência:

> **EMENTA:** RECURSO. AGRAVO DE INSTRUMENTO. COMPETÊNCIA. A teor do disposto no artigo 28, § 2º, da Lei n. 8.038/90, compete ao relator a que for distribuído o agravo de instrumento, no âmbito do STF, bem como no STJ, com o fim de ver processado recurso interposto, o julgamento respectivo. IPVA – DISCIPLINA. Mostra-se constitucional a disciplina do IPVA mediante norma local. Deixando a União de editar normas gerais, exerce a unidade

19. HARADA, Kiyoshi. *Direito financeiro e tributário*, 7. ed., p. 326.

da federação a competência legislativa plena – § 3º do artigo 24, do corpo permanente da Carta de 1988 –, sendo que, com a entrada em vigor do sistema tributário nacional, abriu-se à União, aos Estados, ao Distrito Federal e aos Municípios, a via da edição de leis necessárias à respectiva aplicação – § 3º do artigo 34 do ADCT da Carta de 1988. **(AI-AgR 167.777/SP, 2ª T., rel. Min. Marco Aurélio, j. em 04-03-1997)**

b) **Lançamento:** a associação do **IPVA** a modalidades de lançamento sempre esteve marcada por oscilação e polêmica. De nossa parte, vimos recomendando, de há muito, o rótulo de *lançamento direto ou de ofício.* O mais recente posicionamento do **STJ** parece pôr fim à celeuma: em 10 de agosto de **2016**, a 1ª Seção do **STJ**, no **REsp 1.320.825/RJ** (rel. Min. Gurgel de Faria), evidenciou que "o *Imposto sobre a Propriedade de Veículos Automotores* (IPVA) é lançado de ofício no início de cada exercício (art. 142 do CTN)".

O CTN não condiciona a forma de cientificação do sujeito passivo para o recolhimento dos impostos *lançados de ofício*, podendo a legislação de regência da exação disciplinar qualquer meio idôneo para essa finalidade. Em 10 de agosto de **2016**, a 1ª Seção do **STJ**, no **REsp 1.320.825/RJ** (rel. Min. Gurgel de Faria), evidenciou que a cientificação do contribuinte para o recolhimento do **IPVA** pode ser realizada por qualquer meio idôneo, como o *envio de carnê* ou a *publicação de calendário de pagamento*, com instruções para a sua efetivação. Com efeito, a remessa do carnê é apenas uma modalidade de cobrança do tributo do sujeito passivo, que não exclui outras eventualmente mais convenientes para a Administração. Aliás, em 23 de setembro de 2009, já havia sido editada a **Súmula n. 397 do STJ**, segundo a qual "*o contribuinte do IPTU é notificado do lançamento pelo envio do carnê ao seu endereço*".

Note o item considerado **INCORRETO**, em prova realizada pela Serctam, para o cargo de Advogado da Prefeitura de Quixadá/CE, em 2016: *"Segundo o entendimento sumulado do STF e do STJ, o contribuinte do IPTU não é notificado do lançamento pelo simples envio do carnê ao seu endereço".*

c) **A transferência da propriedade do veículo e a responsabilidade tributária pelo IPVA, em momento posterior à alienação:** o art. 134 do *Código de Trânsito Brasileiro* (CTB) prevê uma responsabilidade solidária pelas penalidades impostas até a data da comunicação da transferência do veículo. Observe o teor:

Art. 134 (CTB). No caso de transferência de propriedade, o proprietário antigo deverá encaminhar ao órgão executivo de trânsito do Estado dentro de um prazo de trinta dias, cópia autenticada do comprovante de transferência de propriedade, devidamente assinado e datado, sob pena de ter que se responsabilizar solidariamente pelas penalidades impostas e suas reincidências até a data da comunicação.

Parágrafo único. O comprovante de transferência de propriedade de que trata o *caput* poderá ser substituído por documento eletrônico, na forma regulamentada pelo Contran. (Incluído pela Lei n. 13.154, de **2015**)

Todo comprador de veículo tem o dever de providenciar, no DETRAN, no prazo legal (30 dias), o novo *Certificado de Registro de Veículo* (CRV) (art. 123, I e § 1º, CTB). Se assim não agir, cometerá infração grave, podendo receber multa, além de o veículo poder ser retido para regularização (art. 233 do CTB). Por outro lado, todo vendedor de veículo tem o dever de encaminhar ao DETRAN, também no prazo de 30 dias, a cópia autenticada do *comprovante de transferência de propriedade*, devidamente assinado e datado (art. 134, CTB). Este é o popular DUT (*Documento Único de Transferência*). Se assim não agir, o alienante poderá ser responsabilizado solidariamente pelas penalidades impostas e suas reincidências até a data da comunicação (art. 134, CTB). Vale dizer que, havendo alguma multa pendente, o DETRAN irá cobrá-la do "antigo" proprietário, uma vez que ainda consta o seu nome como "dono" do veículo multado.

Tal cenário levou o Fisco estadual a "pegar carona no CTB", na tentativa de atribuir ao antigo proprietário a responsabilidade tributária pelos débitos pendentes e futuros de IPVA. Exemplo: Maria vende um automóvel a Joana, em outubro de 2016. Maria deixa de enviar o *comprovante de transferência da propriedade* ao DETRAN. Em janeiro de 2017, Joana, a compradora do veículo, não paga o IPVA. Para o Fisco, deve haver a responsabilidade tributária solidária de Maria e Joana, quanto ao IPVA inadimplido. Portanto, ambas podem responder integralmente pelo IPVA pendente, sem benefício de ordem. Entretanto, a tese não convenceu o **STJ** que, "evitando embarcar nessa viagem", editou, logo em 14 de dezembro de **2016**, a **Súmula n. 585**, segundo a qual "a responsabilidade solidária do ex-proprietário, prevista no art. 134 do Código de Trânsito Brasileiro – CTB, não abrange o IPVA incidente sobre o veículo automotor, no que se refere ao período posterior à sua alienação".

d) **Repartição de receitas:** a repartição das receitas tributárias do IPVA será feita por meio do rateio de **50%** para o Estado e **50%** para o Município, onde for efetuado o licenciamento do veículo (art. 158, III, CF);

e) **Isenção:** para veículos utilizados em atividade de interesse socioeconômico específico (*agroindústria, transporte público de passageiros, terraplenagem*), haverá isenção;

f) **Imunidade:** quanto aos veículos das pessoas jurídicas de direito público, dos templos e das instituições de educação e assistência social, não há que se falar em "isenção", mas em *imunidade*, por ser uma não incidência constitucionalmente qualificada, constante do art. 150, VI, "a", "b" e "c", da CF;

g) **Taxa de Licenciamento de Veículos:** é vedada a cobrança de impostos ou taxas incidentes sobre a utilização de veículos. Essa taxa é inconstitucional e continua a ser praticada, em alguns casos. Ninguém se opõe, em virtude do ínfimo valor cobrado de cada particular.

3 ESTUDO DO ITCMD

Imposto	ITCMD
Nomen juris	Imposto sobre transmissão *causa mortis* e doação de quaisquer bens ou direitos
Artigos	Art. 155, I, da CF e art. 35 e seguintes do CTN

3.1 Competência tributária e sujeito ativo

O **art. 155, I, da CF** estabelece ser de competência dos Estados e do Distrito Federal a instituição do ITCMD.

Observe-o:

> **Art. 155.** Compete aos Estados e ao Distrito Federal instituir impostos sobre:
> **I** – transmissão 'causa mortis' e doação, de quaisquer bens ou direitos. (...)
> **§ 1º** O imposto previsto no inciso I:
> **I** – relativamente a bens imóveis e respectivos direitos, compete ao Estado da situação do bem, ou ao Distrito Federal;
> **II** – relativamente a bens móveis, títulos e créditos, compete ao Estado onde se processar o inventário ou arrolamento, ou tiver domicílio o doador, ou ao Distrito Federal;
> **III** – terá competência para sua instituição regulada por lei complementar:
> **a)** se o doador tiver domicílio ou residência no exterior;
> **b)** se o 'de cujus' possuía bens, era residente ou domiciliado ou teve seu inventário processado no exterior;

O ITCMD é um dos impostos mais antigos na história da tributação, havendo relatos de sua exigência em Roma, sob a forma de *vigésima* sobre heranças e doações.

O imposto de transmissão *causa mortis* (herança e legados, em virtude de falecimento de uma pessoa natural) e o imposto de transmissão *inter vivos* (referente a atos, fatos ou negócios jurídicos celebrados entre pessoas), até a Constituição de 1988, estavam na competência dos Estados (art. 23, I, da CF/69 e art. 35 do CTN). Desde a promulgação da Constituição vigente, em outubro de 1988, houve uma bipartição da competência: a transmissão, quando decorrente de evento *causa mortis* ou *não oneroso* entre pessoas, de bens móveis ou imóveis, ficou na competência *estadual*; a transmissão *inter vivos* e de caráter *oneroso* de bens imóveis, por sua vez, passou a ser exclusividade da competência dos *Municípios*.

Com efeito, a Constituição Federal de 1988, ao biparti-lo, o que fez foi desmembrá-lo, deixando com os Estados tão somente a parte relativa à transmissão *causa mortis* e por doação (art. 155, I) e atribuindo o restante aos Municípios (art. 156, II).

Não houve, portanto, criação de imposto, mas simples desdobramento de tributo já existente.

3.2 Sujeito passivo

São sujeitos passivos do ITCMD:

a) herdeiro ou o legatário (transmissões *causa mortis*);

b) qualquer das partes adstritas à doação (**doador ou donatário**), na forma da lei.

> Note o item considerado **CORRETO**, em prova realizada pela FCC, para o cargo de Procurador do Estado de Mato Grosso (PGE/MT), em 2016: *"Considere o seguinte princípio constitucional: '**Art. 152.** É vedado aos Estados, ao Distrito Federal e aos Municípios estabelecer diferença tributária entre bens e serviços, de qualquer natureza, em razão de sua procedência ou destino'. Os Estados e o Distrito Federal estão impedidos de instituir isenções ou alíquotas diferenciadas do ITCMD tendo como fator de discriminação o domicílio do respectivo donatário dos bens doados".*

Ao legislador estadual é concedida a faculdade de eleger o responsável tributário. Por exemplo: se, por ocasião da lavratura do instrumento público, o tabelião não exigiu a prova de quitação do imposto de transmissão (e é obrigado por lei a fazê-lo), ele ficará responsável pelo pagamento do tributo (art. 134, VI, CTN). No caso da doação, o doador pode ser escolhido para ocupar a posição de responsável tributário, caso o donatário não recolha o imposto.

3.3 Fato gerador

O fato gerador do ITCMD é:

a) transmissão de propriedade de quaisquer bens (por exemplo, bens imóveis ou móveis, tais como: *veículos, valores financeiros, títulos de crédito* etc.);

b) transmissão (cessão) de direitos em decorrência de:

– ***falecimento** de seu titular;*

– *transmissão e cessão gratuitas.*

> Note o item considerado **CORRETO**, em prova realizada pela FCC, para o cargo de Titular de Serviços de Notas e de Registros (TJ/PE), em 2013: *"O Imposto de Transmissão 'Causa Mortis' e Doação incidente sobre bens e direitos – ITCMD, tem por fato gerador a abertura da sucessão, que se dá com a morte".*

A transmissão é a passagem jurídica da propriedade ou de bens e direitos de uma pessoa para outra. Ocorre em caráter não oneroso, seja pela ocorrência da morte (transmissão *causa mortis*), ainda ou **doação** (ato de liberalidade).

É imperioso destacar que, conforme o art. 35, parágrafo único, do CTN, nas transmissões *causa mortis* ocorrem tantos fatos geradores distintos quantos sejam os herdeiros ou legatários.

> Note o item considerado **CORRETO**, em prova realizada pelo IESES, para o cargo de Titular de Serviços de Notas e de Registros – Provimento (TJ/SC), em 2019: *"A doação de bens e direitos constitui fato gerador do ITCMD"*.

3.4 Elementos *espacial* e *temporal* do fato gerador

Elemento Espacial do Fato Gerador	
Bens imóveis e respectivos direitos	**Bens móveis, títulos e créditos**
Estado da situação do bem (art. 155, § 1º, I, da CF)	Estado onde se processar o Inventário ou Arrolamento, ou tiver domicílio o **doador**, ou ao Distrito Federal **(art. 155, § 1º, II, da CF)**

> Note o item considerado **CORRETO**, em prova realizada pela VUNESP, TJ-SP, para o cargo de Titular de Serviços de Notas e de Registros, em 2018: *"Em relação à competência para exigir o pagamento do ITCMD, tratando-se de bens móveis, títulos e créditos, compete ao Estado onde se processar o inventário ou arrolamento, ou tiver domicílio o doador, ou ao Distrito Federal"*.

> Note o item considerado **CORRETO**, em prova realizada pela Vunesp, para o cargo de Titular de Serviços de Notas e de Registros (TJ/SP), em 2016: *"Em se tratando de escritura de doação de bens móveis, o imposto de transmissão é devido ao Estado do domicílio do doador"*.

> Note o item considerado **INCORRETO**, em prova realizada pela FCC, para o cargo de Procurador do Estado de Mato Grosso (PGE/MT), em 2016: *"O ITCMD, de competência estadual, será devido em favor do Estado do Mato Grosso, em relação às doações de dinheiro, sempre que o donatário estiver domiciliado nessa Unidade da Federação, ou no Distrito Federal"*.

> Note o item considerado **INCORRETO**, em prova realizada pela VUNESP, FAPESP, para o cargo de Procurador, em 2018: *"O ITCMD é da competência do Estado onde tiver domicílio o doador"*.

Exemplo: José faleceu no Rio de Janeiro. Seu inventário foi feito em Minas Gerais. Possui ele um apartamento em São Paulo e um automóvel no Rio Grande do Sul. Pergunta-se: como ficarão os "ITCMDs" recolhidos, quanto ao carro e ao imóvel? Recolher-se-á o ITCMD para São Paulo, quanto ao apartamento; e, quanto ao automóvel, haverá o recolhimento para Minas Gerais.

Observação: compete à **lei complementar** disciplinar as situações abaixo delineadas:

a) se o doador tiver domicílio ou residência no exterior (art. 155, § 1º, III, "a", CF);

b) se o *de cujus* possuía bens, era residente ou domiciliado ou teve o seu inventário processado no exterior (art. 155, § 1º, III, "b", CF).

Note o item considerado **INCORRETO**, em prova realizada pela VUNESP, TJ-SP, para o cargo de Titular de Serviços de Notas e de Registros, em 2018: *"Em relação à competência para exigir o pagamento do ITCMD, ela será regulada por lei estadual se o doador tiver domicílio ou residência no exterior".*

Note o item (adaptado) considerado **INCORRETO**, em prova realizada pela VUNESP, TJ-SP, para o cargo de Titular de Serviços de Notas e de Registros, em 2018: *"Em relação ao pagamento do ITCMD, tratando-se de bens móveis, no caso de doação, a competência é do domicílio do donatário, mesmo se residente no exterior".*

Elemento Temporal do Fato Gerador
Momento da transmissão (art. 35 do CTN) **ou** como estabelecer a lei ordinária estadual competente.

Ressalte-se que o momento do fato gerador deve ser o do respectivo *registro* da escritura de transmissão, no caso de bens imóveis, em face da condição de ser este o momento em que a transmissão se opera em relação a terceiros, perante o Direito Civil.

Na mesma esteira, é sabido que o fato gerador do ITCMD segue o do ITBI, cujo fato imponível também se perfaz na transmissão da propriedade, mediante a transcrição do documento competente no Registro de Imóveis.

Há quem sustente, todavia, que não podemos nos ater à condição única de o momento do fato gerador ser o do respectivo *registro* da escritura de transmissão, no caso de bens imóveis. Isso porque, em tal situação, estaríamos reconhecendo que o fato gerador atrelar-se-ia a uma atividade estatal, o que é absolutamente impossível na seara do fato gerador de impostos. Assim, devemos entender o *fato gerador* deste imposto, no caso de bens imóveis doados, como *toda a formalidade tendente à transmissão dos direitos da propriedade*, desde a lavratura da escritura até o registro na respectiva circunscrição imobiliária. Posto isso, o momento do fato imponível não seria aquele pertinente ao "Registro", pois ele seria o último de uma série de atos, já existindo consenso pleno entre as partes, autorizando a recolha do tributo.

Não obstante o entendimento doutrinário, reafirmamos a posição, a nosso modesto pensar, de que, tirante as discussões acerca do momento do recolhimento, *o fato gerador dar-se-á com o Registro Imobiliário.*

3.5 Base de cálculo

Consoante a dicção do art. 38 do CTN, a base de cálculo será o valor venal dos bens ou direitos transmitidos e da doação. Em princípio, representará o *valor de mercado do bem* objeto da transmissão, não devendo superá-lo. O **cálculo é feito sobre o valor dos bens na data da avaliação, observada a alíquota vigente na data da abertura da sucessão**. Ademais, sabe-se que o imposto não é exigido antes da homologação do cálculo.

> Note o item considerado **CORRETO**, em prova realizada pelo IESES, para o cargo de Titular de Serviços de Notas e de Registros – Provimento (TJ/SC), em 2019: *"O imposto sobre transmissão 'causa mortis' e doação, de quaisquer bens ou direitos (ITCMD), é calculado sobre o valor dos bens na data da avaliação, enquanto a alíquota aplicável é a vigente ao tempo da abertura da sucessão"*.

3.6 Alíquotas

Observemos o dispositivo constitucional que trata das *alíquotas máximas* no ITCMD:

> **Art. 155.** Compete aos Estados e ao Distrito Federal instituir impostos sobre:
> **I** – transmissão causa mortis e doação, de quaisquer bens ou direitos; (...)
> **§ 1º** O imposto previsto no inciso I: (...)
> **IV** – **terá suas *alíquotas máximas* fixadas pelo *Senado Federal*; (Grifos nossos)**

> Note o item considerado **CORRETO**, em prova realizada pela FCC, para o cargo de Auditor Fiscal da Fazenda Estadual (Sefaz/PI), em 2015: *"Cabe ao Senado Federal, além de outras competências, fixar as alíquotas máximas de ITCMD"*.

> Note o item considerado **INCORRETO**, em prova realizada pela VUNESP, TJ-SP, para o cargo de Titular de Serviços de Notas e de Registros, em 2018: *"Em relação à competência para exigir o pagamento do ITCMD, suas alíquotas máximas serão fixadas por lei complementar estadual"*.

As alíquotas do ITCMD são fixadas livremente pelos Estados, respeitado o máximo fixado pelo Senado Federal por meio da *Resolução n. 9/92* em **8%**.

> Note o item considerado **CORRETO**, em prova realizada pela Fundatec, para o cargo de Procurador do Estado (PGE/RS), em 2015: *"Sua alíquota máxima, fixada pelo Senado Federal, é de 8%"*.

À luz do entendimento majoritário da doutrina e da jurisprudência, sempre foi comum a recusa à progressividade para o Imposto sobre Transmissão *Causa Mortis* e Doação (ITCMD).

Por outro lado, conforme se mencionou, não se pode perder de vista que a **Resolução n. 9/92** do Senado Federal, ao estabelecer alíquota máxima para o ITCMD, de que trata a alínea "a", I, e § 1º, IV do art. 155 da CF, assim dispõe: **(I)** a alíquota máxima do ITCMD será de oito por cento (8%), a partir de 1º de janeiro de 1992; **(II)** as alíquotas dos impostos, fixadas em lei estadual, poderão ser progressivas em função do quinhão que cada herdeiro efetivamente receber, nos termos da Constituição Federal.

Em fevereiro de **2013**, o **STF** declarou constitucional a progressividade para o ITCMD. Dessa forma, com esse emblemático julgado, a Corte Suprema modifica a sua tradicional jurisprudência, colocando em xeque dois pilares exegéticos, ali já sacramentados:

> **1.** os impostos ditos *reais* possuem caráter incompatível com a progressividade (exceto os casos do IPTU e do ITR, por força da expressa previsão constitucional). Daí a lapidação da conhecida ***Súmula n. 656 do STF***, afastando a progressividade para o **ITBI**;
>
> **2.** a progressividade somente se afigura legítima se estiver expressa no texto constitucional, do que deflui a técnica tão somente para **três** impostos, taxativamente indicados: o **IR** (art. 153, § 2º, I, CF), o **ITR** (art. 153, § 4º, I, CF) e o **IPTU** (art. 182, § 4º, II, e art. 156, § 1º, I, ambos da CF).

Em rápida análise histórica, sabe-se que no **STF**, em junho de **2008**, iniciou o julgamento do recurso extraordinário (**RE 562.045**) interposto pelo Estado do Rio Grande do Sul, no qual se discutia a constitucionalidade de um dispositivo da lei gaúcha que previa a **progressividade para o ITCMD**. Os julgadores se dividiram: de um lado, com votos vencidos, entendeu-se que a progressividade para *impostos reais* só seria possível se estivesse expressamente estipulada na Carta Magna, tudo em consonância com o que se pode depreender da interpretação do art. 145, § 1º, CF; de outra banda, os votos vencedores pautaram-se na ideia de que o art. 145, § 1º, da CF faz alusão a "caráter pessoal" dos impostos, não distinguindo *impostos pessoais* de *impostos reais*. Daí se defender, segundo estes últimos, que todos os impostos – mesmo os que não tivessem o indigitado "caráter pessoal" – acabavam guardando relação com a capacidade contributiva do sujeito passivo.

A conclusão do feito, com repercussão geral reconhecida, deu-se em 6 de fevereiro de **2013**, quando o Plenário, por maioria, deu provimento ao recurso extraordinário, considerando constitucional a progressividade para o ITCMD, à semelhança do que já se adota em legislação alienígena (Espanha, Itália, Alemanha etc.). Observe a ementa:

> **EMENTA:** EXTRAORDINÁRIO. ITCMD. PROGRESSIVIDADE. CONSTITUCIONAL. No entendimento majoritário do STF, surge compatível com a Carta da República a progressividade das alíquotas do ITCMD. Precedente: RE n. 562.045/RS, mérito julgado com repercussão geral admitida. **(AgR-RE 542.485, rel. Min. Marco Aurélio, 1ª T., j. em 19-02-2013)**

A linha de pensamento prevalecente na Corte Suprema baseou-se, em síntese, no fato de que o ITCMD, por ser um tributo que incide sobre as transferências de bens e direitos a título gratuito, pressupõe um signo presuntivo de acréscimo patrimonial – motivo bastante para se defender a progressividade. Aliás, com essa faceta, o ITCMD progressivo se aproxima mais do IR e menos do ITBI, evitando que se faça qualquer relação entre ele próprio e este imposto municipal (não progressivo, como se sabe, por força da Súmula n. 656, STF).

Em tempo, diga-se que tal entendimento já encontrava ressonância nas palavras do saudoso professor Ricardo Lobo Torres[20]:

> O imposto *causa mortis*, incidindo sobre o incremento do patrimônio de herdeiros e legatários sem qualquer trabalho ou esforço deles, denota excelente índice de capacidade contributiva e extraordinária aptidão para promover a justiça social, pelo que deve se afinar simultaneamente com os subprincípios da "progressividade", que recomenda a elevação das alíquotas na medida em que aumentar o bolo tributável, (...).

Por fim, com esse veredicto, o **STF** deixou claro o seu entendimento quanto aos "pilares exegéticos" acima prenunciados, evidenciando que:

> **1.** todos os impostos, mesmo os que não têm o "caráter pessoal", guardam relação com a capacidade contributiva do sujeito passivo. Tal entendimento – chancelando a progressividade para o ITCMD – não anula a validade da *Súmula n. 656 do STF* (e até a da *Súmula n. 668 do STF*), mantendo-se ambas aplicáveis;
> **2.** não se pode mais defender que "só a Constituição Federal pode autorizar outras hipóteses de tributação progressiva de impostos reais", uma vez que agora a progressividade pode estar expressa no texto constitucional ou não: na primeira hipótese, destacam-se o IR, o ITR e o IPTU; na última hipótese, por força pretoriana, tem-se o ITCMD.

Desse modo, conclui-se que subsistem **quatro** impostos com previsão de progressividade em nosso sistema tributário: dois federais (IR, ITR), um municipal (IPTU) e, finalmente, **um estadual (ITCMD)**.

> Note o item considerado **INCORRETO**, em prova realizada pelo Cespe/Cebraspe, para o cargo de Procurador do Estado do Amazonas (PGE/AM), em 2016: *"É inconstitucional a fixação de alíquota progressiva para o ITCMD".*

Faz-se mister repisar o entendimento jurisprudencial que indica importantes vetores na estipulação de tal grandeza dimensional do fato gerador em estudo, por meio das seguintes súmulas do **STF**:

20. TORRES, Ricardo Lobo. *Curso de direito financeiro e tributário*. 12. ed., Rio de Janeiro: Renovar, 2005, p. 382.

SÚMULA N. 112

O imposto de transmissão *"causa mortis"* é devido pela alíquota vigente ao tempo da abertura da sucessão.

> Note o item considerado **CORRETO**, em prova realizada pela FAURGS para o cargo de Juiz de Direito Substituto (TJ/RS), em 2016: *"Havendo apenas bens móveis, o ITCD é devido ao Estado em que o inventário será processado, apurando-se o imposto pela alíquota vigente por ocasião da abertura da sucessão"*.

SÚMULA N. 113

O imposto de transmissão *"causa mortis"* é calculado sobre o valor dos bens na data da avaliação.

SÚMULA N. 114

O imposto de transmissão *"causa mortis"* não é exigível antes da homologação do cálculo.

SÚMULA N. 590

Calcula-se o imposto de transmissão 'causa mortis' sobre o saldo credor da promessa de compra e venda de imóvel, no momento da abertura da sucessão do promitente vendedor.

3.7 Notas gerais

a) **Morte presumida:** a referência doutrinária ao instituto da ausência torna legítima a exigência do ITCMD. É o que preconiza a Súmula n. 331 do STF ("É legítima a incidência do imposto de transmissão *causa mortis* no inventário por morte presumida").

b) **Súmula n. 435 do STF:** dispõe que compete ao Estado da sede da Companhia o ITCMD relativo à transferência de ações (*"O imposto de transmissão* causa mortis *pela transferência de ações é devido ao estado em que tem sede a companhia"*).

Para a compreensão exata da referida orientação sumular, há de se fazer um resgate histórico na jurisprudência do **STF**, voltando os olhares para a década de 60. Observe o julgado abaixo:

EMENTA: Imposto de transmissão "causa mortis". Transmissão de ações de sociedade anônima. A competência tributária é do Estado em que se acha a sede da companhia, e não do Estado em que se abre a sucessão, pois é na sede da companhia que se aperfeiçoa a alienação dos títulos, mediante averbação do respectivo termo no livro de registro. Inteligência do art. 19, § 3º da Constituição Federal. Recurso extraordinário conhecido e desprovido. **(RE 52.824, rel. Min. Evandro Lins, 1ª T., j. em 05-12-1963)**

Em tempo, frise-se que, no mesmo sentido da orientação em epígrafe, seguiu o **STF**, ao julgar, três anos após, o **RE 58.356** (rel. Min. Hermes Lima, 3ª T., j. em 28-09-1966). A controvérsia atrelou-se ao Estado do Rio de Janeiro (antes, "Guanabara") – o local da sede de uma companhia em que, concomitantemente, estavam custodiadas as *ações nominativas e ao portador* do *de cujus*. Por outro lado, a sucessão havia sido aberta em Minas Gerais (no Município de Juiz de Fora). A Corte Suprema entendeu que o ITCMD deveria ser recolhido para o Rio de Janeiro (o Estado-membro da sede da companhia), e não para Minas Gerais (o Estado-membro da abertura da sucessão).

Foi nesse ínterim, em julho de **1964**, que se editou a **Súmula n. 435 do STF**, ratificando a ideia de que o imposto sobre a transmissão *causa mortis* de bens incorpóreos – ações (nominativas e ao portador) deveria ser recolhido para o Estado-membro da sede da companhia, ainda que a abertura da sucessão tivesse ocorrido em outro Estado-membro. Com efeito, o Estado-membro da sede da companhia é aquele onde ocorre a "transferência de ações", ou seja, onde os valores de uma herança devem ser entregues, por meio de tradição real ou simbólica. Nas *ações nominativas*, a "transferência" se opera na sede da sociedade a que correspondam. Já quanto às *ações ao portador*, a transferência se efetua pela simples tradição. A propósito, se estas estiverem custodiadas em um estabelecimento bancário no Estado-membro "alfa", será nesse Estado-membro "alfa" que se operará a *transferência*, pela tradição, devendo essa entidade federada carrear para si o imposto sobre transmissão.

Não obstante, é muito relevante destacar que a transferência de ações tratada na Súmula n. 435 se dá no contexto *causa mortis*. Caso tenhamos uma doação, em vida, de "João" para "Maria" de ações de uma dada companhia, não haverá de se aplicar o enunciado sumular, mas a regra do art. 155, § 1º, II, da CF, segundo a qual o imposto sobre transmissão (aqui, mais certo falar em ITCD, e não em ITCMD) compete ao Estado-membro onde tiver domicílio o doador, quando se trata de bens móveis – no caso, as ações. Assim, se "João" é o doador e está domiciliado no Estado-membro "beta", o imposto deverá ser carreado para o Estado Beta. A propósito, em **20 de outubro de 2019**, a **FGV** exigiu esse detalhe capcioso dos candidatos que realizaram a prova da **1ª Fase da OAB (Exame XXX)**, impondo a correta aplicação do comando constitucional, no lugar da (equivocada) aplicação da Súmula n. 435 do STF. Observe a assertiva considerada **correta**:

Otávio, domiciliado no **Estado X**, possui ações representativas do capital social da **Sociedade BETA S/A**, com sede no **Estado Y**, e decide doar parte da sua participação acionária a **Mário**, seu filho, então domiciliado no **Estado Z**. Com dúvidas quanto ao Estado para o qual deverá ser recolhido o **ITCD** incidente nessa operação, **Mário** consulta seu escritório (...). Com base nisso, o ente competente para exigir o **ITCD** na operação em análise é o **Estado X**, onde tem domicílio o doador.

30

IMPOSTOS FEDERAIS

1 ESTUDO DO ITR

Imposto	ITR
Nomen juris	Imposto sobre propriedade territorial rural
Artigos	Art. 29 e seguintes, do CTN e art. 153, VI, da CF e Decreto n. 4.382/2002

1.1 Competência e sujeito ativo

O **art. 153, VI, da CF**, estabelece ser de competência da União a instituição do ITR.

Observe-o:

Art. 153. Compete **à União** instituir impostos sobre: (...)

Note o item considerado **CORRETO**, em prova realizada pela Vunesp, para o cargo de Titular de Serviços de Notas e de Registros (TJ/SP), em 2014: *"Dentro da competência da União, estão o imposto sobre produtos industrializados e o imposto sobre a propriedade territorial rural"*.

Note o item considerado **INCORRETO**, em prova realizada pelo Cespe, para o cargo de Titular de Notas e de Registros (TJ/ES), em 2013: *"A competência para instituir o imposto sobre a propriedade territorial rural é dos municípios, desde que haja convênio entre esses e a União"*.

Note o item considerado **INCORRETO**, em prova realizada pela FCC, para o cargo de Procurador do Ministério Público de Contas (TCM/GO), em 2015: *"Em conformidade com a atribuição de competência tributária feita pela Constituição Federal, a tributação da transmissão de uma propriedade territorial rural por doação está no campo de incidência do ITR"*.

> Note o item considerado **CORRETO**, em prova realizada pela Vunesp, para o cargo de Advogado (Desenvolvesp), em 2014: *"A competência tributária para instituir imposto sobre a propriedade territorial rural pertence exclusivamente à União".*

> Note o item considerado **CORRETO**, em prova realizada pelo IESES, para o cargo de Titular de Serviços de Notas e de Registros – Provimento (TJ/SC), em 2019: *"O ITR é imposto de competência da União".*

VI – propriedade territorial rural.

O imposto, que já foi de competência dos "Estados" (Constituição Federal de 1946) e dos "Municípios" (EC n. 5/61), hoje é de competência da União e está disciplinado na Lei n. 9.393/96, regulamentada pelo Decreto n. 4.382/2002.

Em virtude de sua nítida função extrafiscal, o ITR sempre foi imposto vocacionado a se revestir da condição de veículo auxiliar do disciplinamento estatal da propriedade rural. É considerado um importante instrumento de política agrária, nessa medida, de combate aos latifúndios improdutivos, fomentando, assim, a reforma agrária e a consequente redistribuição de terras no país. O que se quer com tal exação não são "proprietários", mas "proprietários assíduos e produtivos, em prol da nação"[1].

A EC n. 42/2003 trouxe a lume a **progressividade** do ITR. O art. 153, § 4º, I, II e III, da CF, preconiza que será o ITR um imposto progressivo, variando suas alíquotas de forma a **desestimular a manutenção de propriedades improdutivas**. Ademais, não incidirá sobre **pequenas glebas rurais**, definidas em lei, quando as explore o proprietário que não possua outro imóvel. Por fim, ressalte-se que será **fiscalizado e cobrado pelos Municípios** que assim optarem, na forma da lei, **desde que não implique redução do imposto ou qualquer outra forma de renúncia fiscal (art. 153, § 4º, III, CF)**. Atualmente já são mais de 1.500 municípios optantes por essa sistemática de arrecadação. Vale lembrar que, nesse caso, poderão os municípios, a título de repartição de receitas tributárias, conforme o art. 158, II, CF, arrebanharem o percentual de 100% (cem por cento) do produto de arrecadação do ITR.

> Note o item considerado **INCORRETO**, em prova realizada pelo Cespe/UnB, para o cargo de Juiz Federal (TRF/1ª Região), em 2013: *"Dado seu caráter regressivo, o imposto sobre propriedade territorial não desestimula a manutenção de propriedades improdutivas".*

> Note o item considerado **CORRETO**, em prova realizada pelo Cespe/Cebraspe, para o cargo de Defensor Público Federal de Segunda Categoria (DPU), em 2015: *"A União tem competência para instituir o imposto territorial rural, o qual terá como fato gerador a propriedade, o domínio útil ou a posse de imóvel por natureza, como definido na lei civil, localizado fora da zona urbana do município, todavia não poderá esse imposto incidir sobre pequenas glebas rurais exploradas pelo proprietário que não possua outro imóvel, tratando-se, nesse caso, de uma imunidade específica".*

1. COÊLHO, Sacha Calmon Navarro. *Curso de direito tributário brasileiro*, 6. ed., p. 311.

Note o item (adaptado) considerado **CORRETO**, em prova realizada pela FGV, para o cargo de Procurador do Município (PGM/Niterói), em 2014: *"O ITR é o tributo que, atendidas determinadas condições estabelecidas na Constituição Federal, pode ser fiscalizado e cobrado pelos Municípios".*

Note o item considerado **CORRETO**, em prova realizada pela VUNESP, TJ-SP, para o cargo de Titular de Serviços de Notas e de Registros, em 2018: *"O ITR será fiscalizado e cobrado pelos municípios que assim optarem, na forma da lei, desde que não implique redução do imposto ou qualquer outra forma de renúncia fiscal".*

1.2 Sujeito passivo

A sujeição passiva abrange aquele que detém qualquer direito de gozo, relativamente ao bem imóvel rural, seja pleno ou limitado. Os titulares desses direitos, como sujeitos passivos do ITR, conforme o art. 5º do Decreto n. 4.382/2002, são o **proprietário** (pleno, de domínio exclusivo ou na condição de coproprietário), o **titular do domínio útil** (enfiteuta e usufrutuário) ou o **possuidor** (*ad usucapionem*, isto é, aquele com a possibilidade de aquisição do domínio ou propriedade pela usucapião).

Note o item considerado **INCORRETO**, em prova realizada pelo Cebraspe, para o cargo de Promotor de Justiça Substituto (MPE/RR), em 2017: *"O contribuinte do ITR é o real proprietário do imóvel rural; aquele que for apenas possuidor não será considerado contribuinte do imposto".*

Destaque-se que pode haver situações em que exista um possuidor e um proprietário. Nesse caso, em face de a propriedade ter sido eleita como fato gerador, o proprietário, e não o possuidor, é que será o contribuinte do ITR. É o que ocorre, e até com frequência, nos casos de *arrendamento do terreno rural*. O arrendatário tem a posse, mas o proprietário é quem deverá solver o ITR.

Entretanto, caso os elementos da propriedade não estejam reunidos sob o poder de uma só pessoa, o ITR recairá sobre aquele que detém o seu domínio útil ou a sua posse.

É necessário destacar que, quanto ao IPTU, o *bem imóvel* pode ser *por natureza* ou *por acessão física*. Nesse último caso, englobar-se-á aquilo que se une ao imóvel por acessão (Exemplo: as ilhas). Ressalte-se que, no caso do ITR, **não** há fato gerador quanto ao imóvel por "acessão física", mas somente quanto ao *imóvel por natureza*, como definido na lei civil (o solo com sua superfície, os acessórios e adjacências naturais, compreendendo árvores e frutos pendentes, o espaço aéreo e o subsolo – art. 79, 1ª parte, do CC – Lei n. 10.406/2002).

1.3 Fato gerador

O **fato gerador** do ITR é a *propriedade, o domínio útil ou a posse de imóvel por natureza, localizado fora da zona urbana do município*, em 1º de janeiro de cada ano. Observe:

> Note o item considerado **CORRETO**, em prova realizada pelo TJ/RS, para o cargo de Titular de Serviços de Notas e de Registros, em 2013: *"O Imposto sobre a Propriedade Territorial Rural – ITR decorre da propriedade, do domínio útil ou da posse de imóvel por natureza, localizado fora da zona urbana dos municípios"*.

Art. 2º do Decreto n. 4.382/2002: O Imposto sobre a Propriedade Territorial Rural, de apuração anual, tem como fato gerador a propriedade, o domínio útil ou a posse de imóvel por natureza, localizado fora da zona urbana do município, em 1º de janeiro de cada ano (Lei n. 9.393, de 19 de dezembro de 1996, art. 1º).

No mesmo sentido, segue o **CTN**:

Art. 29 (CTN). O ITR, de **competência da União**, tem como fato gerador a propriedade, o domínio útil ou a posse de imóvel por natureza, como definido na lei civil, localizada fora da zona urbana do Município.

> Note o item considerado **INCORRETO**, em prova realizada pela FCC, para o cargo de Procurador Autárquico (ManausPrev), em 2015: *"De acordo com a Constituição Federal, os Municípios têm competência tributária para instituir o ITR, observadas as cláusulas de convênio específico com a União para esse fim"*.

> Note o item considerado **INCORRETO**, em prova realizada pelo IESES, para o cargo de Titular de Serviços de Notas e de Registros – Provimento (TJ/SC), em 2019: *"O ITR, de competência dos Municípios, tem como contribuintes o proprietário do imóvel rural, o titular de seu domínio útil, ou o possuidor a qualquer título"*.

Portanto, observe os conceitos:

a) **Propriedade:** o gozo jurídico pleno de uso, fruição e disposição do bem imóvel;

b) **Domínio útil:** um dos elementos de gozo jurídico da propriedade plena;

c) **Posse:** abrange a situações em que o possuidor age como se fosse titular do domínio útil, portanto, é a posse caracterizada como *usucapionem*. Assim, refere-se à posse juridicamente perfeita, e não àquela de índole irregular. A propósito da posse irregular, vale a pena a leitura da ementa abaixo, acerca da inexigibilidade do ITR em área de invasão do movimento "sem terra":

EMENTA: TRIBUTÁRIO. ITR. INCIDÊNCIA SOBRE IMÓVEL. INVASÃO DO MOVIMENTO "SEM TERRA". PERDA DO DOMÍNIO E DOS DIREITOS INERENTES À PROPRIEDADE. IMPOSSIBILIDADE DA SUBSISTÊNCIA DA EXAÇÃO TRIBUTÁRIA. PRINCÍPIO DA PROPORCIONALIDADE. RECURSO ESPECIAL NÃO PROVIDO. (...) **3.** Ofende os princípios básicos da razoabilidade e da justiça o fato do Estado violar o direito de garantia de propriedade e, concomitantemente, exercer a sua prerrogativa de constituir ônus tributário sobre imóvel expropriado por particulares (proibição do "venire contra factum proprium"). **4.** A propriedade plena pressupõe o domínio, que se subdivide nos poderes de usar, gozar, dispor e reivindicar a coisa. *Em que pese ser a propriedade um dos fatos geradores do ITR, essa propriedade não é plena quando o imóvel encontra-se invadido, pois o proprietário é tolhido das faculdades inerentes ao domínio sobre o imóvel.* **5.** Com a invasão do movimento "sem terra", o direito da recorrida ficou tolhido de praticamente todos seus elementos: não há mais posse, possibilidade de uso ou fruição do bem; consequentemente, não havendo a exploração do imóvel, não há, a partir dele, qualquer tipo de geração de renda ou de benefícios para a proprietária. (...) **8.** Na peculiar situação dos autos, ao considerar-se a privação antecipada da posse e o esvaziamento dos elementos de propriedade sem o devido êxito do processo de desapropriação, *é inexigível o ITR diante do desaparecimento da base material do fato gerador e da violação dos referidos princípios da propriedade, da função social e da proporcionalidade.* (...) **(REsp 1.144.982/PR, rel. Min. Mauro Campbell Marques, 2ª T., j. em 13-10-2009) (Grifos nossos)**

1.3.1 Conceito de bem imóvel

O conceito de bem imóvel por natureza ou acessão física é o decorrente do art. 79, 1ª parte, do Código Civil (Lei n. 10.406/2002), segundo o qual o **imóvel por natureza** é *o solo nu e seus agregados da própria natureza (vegetação, árvores etc.), sem considerar o cultivo ou construções, compreendendo as árvores e frutos pendentes, o espaço aéreo e o subsolo.* Por sua vez, o **imóvel por acessão física** representa *tudo que se une ou adere ao imóvel por acessão, como o caso de formação de ilhas, de aluvião, de avulsão, de abandono de álveo, de construção e edificação.*

1.3.2 Conceito de zona rural

A **Lei n. 5.868/72, em seu art. 6º**, trouxe a definição de zona rural como *aquela que se destina à exploração agrícola, pecuária, extrativa vegetal ou agroindustrial e que tiver área superior a um hectare.*

> **Art. 6º** Para fim de incidência do Imposto sobre a Propriedade Territorial Rural, a que se refere o art. 29 da Lei n. 5.172, de 25 de outubro de 1966, considera-se imóvel rural aquele que se destinar à exploração agrícola, pecuária, extrativa vegetal ou agroindustrial e que, independentemente de sua localização, tiver área superior a 1 (um) hectare.
>
> **Parágrafo único.** Os imóveis que não se enquadrem no disposto neste artigo, independentemente de sua localização, estão sujeitos ao Imposto sobre a Propriedade Predial e Territorial Urbana, a que se refere o art. 32 da Lei n. 5.172, de 25 de outubro de 1966. **(Grifos nossos)**

O dispositivo foi considerado inconstitucional pelo Plenário do **STF**, em **1982**, no **RE 93.850-8/MG**[2]. Em termos resumidos, a declaração de inconstitucionalidade se pautou no fato de que, não sendo lei complementar, não poderia ter estabelecido critério, para fins tributários, de caracterização de imóvel como rural (ou urbano) diverso daquele fixado nos arts. 29 e 32 do CTN. Por fim, o dispositivo teve a sua execução suspensa, em **1983**, pela **Resolução do Senado Federal n. 313.**

Esse veredicto direcionou a busca do conceito de "zona rural" a partir do conceito de zona urbana (**art. 32, § 1º, do CTN c/c art. 15 do DL n. 57/66**):

> **Art. 15.** O disposto no art. 32 da Lei n. 5.172, de 25 de outubro de 1966, não abrange o imóvel de que, comprovadamente, seja utilizado em exploração extrativa vegetal, agrícola, pecuária ou agroindustrial, incidindo assim, sobre o mesmo, o ITR e demais tributos com o mesmo cobrados.
>
> **Art. 32, § 1º** Para efeito deste imposto, entende-se como zona urbana a definida em lei municipal, observando o requisito mínimo da existência de melhoramentos indicados em pelo menos 2 (dois) dos incisos seguintes, construídos ou mantidos pelo Poder Público:
>
> **I** – meio-fio ou calçamento, com canalização de águas pluviais;
>
> **II** – abastecimento de água;
>
> **III** – sistema de esgotos sanitários;
>
> **IV** – rede de iluminação pública, com ou sem posteamento para distribuição domiciliar;
>
> **V** – escola primária ou posto de saúde a uma distância máxima de 3 (três) quilômetros do imóvel considerado.

É importante frisar que, ao ser promulgado, o CTN chancelou o *critério topográfico*, segregando os fatos geradores do ITR e do IPTU. Vale dizer que, para o CTN, se o imóvel estivesse localizado na zona urbana, incidiria o IPTU; por sua vez, se estivesse localizado fora da zona urbana (ou seja, na zona rural), incidiria o ITR.

A questão temporalmente relevante é que, em 21-11-1966, ou seja, antes mesmo da entrada em vigor do CTN (a qual se deu em 1º-01-1967), o DL n. 57/66 alterou o critério topográfico, prevendo estarem sujeitos ao ITR, e não ao IPTU, os imóveis utilizados em exploração extrativa vegetal, agrícola, pecuária ou agroindustrial. Desse modo, não se pode analisar de isoladamente o *critério topográfico* previsto no art. 32, § 1º, I ao V, CTN, mas sempre em cotejo com o art. 15 do DL n. 57/66, do que decorre a

2. **EMENTA:** IMPOSTO PREDIAL. CRITÉRIO PARA A CARACTERIZAÇÃO DO IMÓVEL COMO RURAL OU COMO URBANO. A fixação desse critério, para fins tributários, é princípio geral de direito tributário, e, portanto, só pode ser estabelecido por lei complementar. O CTN, segundo a jurisprudência do STF, é lei complementar. Inconstitucionalidade do artigo 6º, e seu parágrafo único, da Lei Federal 5.868, de 12 de dezembro de 1972, uma vez que, não sendo lei complementar, não poderia ter estabelecido critério, para fins tributários, de caracterização de imóvel como rural ou urbano diverso do fixado nos artigos 29 e 32 do CTN. RE conhecido e provido, declarando-se a inconstitucionalidade do artigo 6º e seu parágrafo único da Lei Federal 5.868, de 12 de dezembro de 1972. **(RE 93.850, rel. Min. Moreira Alves, Pleno, j. em 20-05-1982) (Grifo nosso)**

conclusão de que não incide o IPTU quando o imóvel, mesmo situado na zona urbana, recebe quaisquer das destinações não urbanas (exploração vegetal, agrícola, pecuária ou agroindustrial). Trata-se da prevalência do *critério da destinação econômica*.

Esse ciclo normativo foi didaticamente retratado na ementa do **REsp 492.869/PR, rel. ex-Min. Teori Albino Zavascki, 1ª T., j. em 15-02-2005**[3].

Aliás, um ano antes, em 17 de agosto de **2004**, a **2ª Turma do STJ**, no **REsp 472.628/RS** (rel. João Otávio de Noronha), evidenciara, em eloquente excerto de ementa, que

> o Decreto-Lei n. 57/66, recebido pela Constituição de 1967 como lei complementar, por versar normas gerais de direito tributário, particularmente sobre o ITR, abrandou o princípio da localização do imóvel, consolidando a prevalência do critério da destinação econômica. O referido diploma legal permanece em vigor, sobretudo porque, alçado à condição de lei complementar, não poderia ser atingido pela revogação prescrita na forma do art. 12 da Lei n. 5.868/72. O ITR não incide somente sobre os imóveis localizados na zona rural do município, mas também sobre aqueles que, situados na área urbana, são comprovadamente utilizados em exploração extrativa, vegetal, pecuária ou agroindustrial.

Nos anos seguintes, a orientação intelectiva do **STJ** foi também no sentido de reforçar a tese da prevalência do ***critério da destinação econômica***, como se pode notar dos fragmentos das ementas abaixo:

> Note o item considerado **CORRETO**, em prova realizada pela FCC, para o cargo de Procurador do Município da Prefeitura de São Luiz/MA, em 2016: *"De acordo com a Constituição Federal, compete ao Município instituir IPTU e compete à União instituir ITR. Via de regra, parte do território dos Municípios brasileiros é constituída pela zona urbana e parte pela zona rural. Tendo em vista a atribuição constitucional de competências tributárias e o disposto no CTN e no Decreto-Lei 57, de 1966, acerca dessa matéria, será tributado pelo ITR o imóvel localizado em zona urbana, quando utilizado em exploração extrativa vegetal, agrícola, pecuária ou agroindustrial"*.

> **1.** O artigo 15 do Decreto-Lei n. 57/66 exclui da incidência do IPTU os imóveis cuja destinação seja, comprovadamente a de exploração agrícola, pecuária ou industrial, sobre os quais incide o ITR, de competência da União. Tratando-se de imóvel cuja finalidade é a exploração extrativa vegetal, ilegítima é a cobrança, pelo Município, do IPTU, cujo fato gerador se dá em razão da localização do imóvel e não da destinação econômica. **(REsp 738.628/SP, rel. Min. Castro Meira, 2ª T., j. em 12-05-2005)**;

3. O entendimento jurisprudencial foi também citado por: (I) MELO, José Eduardo Soares de. *Curso de direito tributário*, 8. ed., p. 534; e por (II) PAULSEN, Leandro; MELO, José Eduardo Soares de. *Impostos federais, estaduais e municipais*, 6. ed. rev. e atual. Porto Alegre: Livraria do Advogado, 2011, p. 287.

2. Não incide IPTU, mas ITR, sobre imóvel localizado na área urbana do Município, desde que comprovadamente utilizado em exploração extrativa, vegetal, agrícola, pecuária ou agroindustrial (art. 15 do DL n. 57/1966). **(REsp 1.112.646/SP, rel. Min. Herman Benjamin, 1ª T., j. em 26-08-2009**; submetido ao Colegiado pelo regime da **Lei n. 11.672/08** – sistemática dos **Recursos Repetitivos);**

3. A jurisprudência desta Corte Superior é no sentido de que incide o ITR e, não, o IPTU sobre imóveis nos quais são comprovadamente utilizados em exploração extrativa, vegetal, agrícola, pecuária ou agroindustrial, ainda que localizados em áreas consideradas urbanas por legislação municipal. **(AgRg no REsp 80.947/ES, rel. Min. Mauro Campbell Marques, 2ª T., j. em 28-02-2012)**[4].

Posto isso, diante da atual insuficiência do *critério de localização*, sobretudo em face da referida virada jurisprudencial aqui detalhada, deve-se prestigiar a tributação do ITR *vs.* IPTU em consonância com o *critério da destinação econômica*.

1.3.3 Áreas de expansão urbana

A lei municipal pode também considerar *urbanas* as *áreas urbanizáveis ou de expansão urbana*, constantes de loteamentos aprovados pelos órgãos competentes, destinadas à habitação, à indústria e ao comércio, mesmo que localizados fora das zonas urbanas definidas no aludido § 1º, isto é, mesmo sem o preenchimento dos dois requisitos mínimos indispensáveis à configuração do tributo.

Observe o dispositivo:

Art. 32. (...)

§ 2º A lei municipal pode considerar urbanas as áreas urbanizáveis, ou de expansão urbana, constantes de loteamentos aprovados pelos órgãos competentes, destinados à habitação, à indústria ou ao comércio, mesmo que localizados fora das zonas definidas nos termos do parágrafo anterior.

1.3.4 Elementos temporal e espacial do fato gerador

Os elementos espacial e territorial são assim entendidos:

a) temporal: o fato gerador ocorre uma vez, de modo delimitado por ficção, entendendo a doutrina e a jurisprudência que o fato jurígeno se dá em 1º de janeiro de cada ano. Nesse diapasão, segue o art. 2º do Decreto n. 4.382/2002, que disciplina, igualmente, o momento do fato gerador do ITR em 1º de janeiro de cada ano (art. 1º da Lei n. 9.393/96).

4. **Ver, no mesmo sentido:** (I) AgRg no Ag 498.512/RS, rel. Min. Francisco Peçanha Martins, 2ª T., j. em 22-03-2005; **(II)** AgRg no REsp 679.173/SC, rel. Min. Denise Arruda, 1ª T., j. em 11-09-2007; **(III)** AgRg no Ag 993.224/SP, rel. Min. José Delgado, 1ª T., j. em 06-05-2008.

Por isso, o fato de a propriedade ser transferida, vendida ou doada a terceiros, por várias vezes no mesmo ano, ou permanecer com o mesmo proprietário, nada altera este aspecto.

b) espacial: a propriedade, o domínio útil ou a posse de imóvel, alvo de incidência do ITR, devem estar *fora* da zona urbana do município. Portanto, o aspecto discutido remete-nos ao conceito de *zona rural*.

1.4 Base de cálculo

A **base de cálculo** do ITR é o *valor fundiário do imóvel*, consoante o art. 30 do CTN c/c art. 11 da Lei n. 9.393/96 e com o art. 32 do Decreto n. 4.382/2002. Entende-se que tal valor corresponde ao *valor da terra nua* – VTN, que refletirá o preço de mercado de terras apurado em 1º de janeiro do ano.

> Note o item considerado **CORRETO**, em prova realizada pela PGR, para o 28º Concurso para Procurador da República, em 2015: *"A base de cálculo do Imposto Territorial Rural – ITR é o valor da terra nua tributável, que é o valor do imóvel excluído valores relativos a construções, instalações e benfeitorias, culturas permanentes e temporárias, pastagens e florestas plantadas"*.

> Note o item considerado **INCORRETO**, em prova realizada pelo Cespe/Cebraspe, para o cargo de Titular de Serviços de Notas e de Registros (TJ/DF), em 2014: *"A base de cálculo do ITR corresponde ao valor da terra nua, incluindo os valores de mercado relativos a construções, instalações e benfeitorias"*.

> Note o item considerado **INCORRETO**, em prova realizada pela VUNESP, TJ-SP, para o cargo de Titular de Serviços de Notas e de Registros, em 2018: *"A base de cálculo do ITR é o valor da terra nua"*.

A *Terra Nua* é o preço de mercado, excluído o valor das construções, instalações, benfeitorias, culturas permanentes, pastagens, florestas plantadas. Todavia, compreende as árvores e frutos pendentes, o espaço aéreo e o subsolo.

Observemos a legislação:

Art. 32. O Valor da Terra Nua – VTN é o valor de mercado do imóvel, excluídos os valores de mercado relativos a (Lei n. 9.393, de 1996, art. 8º, § 2º, art. 10, § 1º, inciso I):
I – construções, instalações e benfeitorias;
II – culturas permanentes e temporárias;
III – pastagens cultivadas e melhoradas;
IV – florestas plantadas.
§ 1º O VTN refletirá o preço de mercado de terras, apurado em 1º de janeiro do ano de ocorrência do fato gerador, e será considerado autoavaliação da terra nua a preço de mercado (Lei n. 9.393, de 1996, art. 8º, § 2º).
§ 2º Incluem-se no conceito de construções, instalações e benfeitorias, os prédios, depósitos, galpões, casas de trabalhadores, estábulos, currais, mangueiras, aviários, pocilgas e outras instalações para abrigo ou tratamento de animais, terreiros e si-

milares para secagem de produtos agrícolas, eletricidade rural, colocação de água subterrânea, abastecimento ou distribuição de águas, barragens, represas, tanques, cercas e, ainda, as benfeitorias não relacionadas com a atividade rural.

1.5 Alíquotas

As alíquotas do ITR são *proporcionais* e *progressivas*, segundo o grau de utilização da área rural (caráter extrafiscal – art. 153, § 4º, CF). A fixação da alíquota é feita segundo critérios do art. 34 do Decreto n. 4.382/2002, como se nota adiante:

Área (*ha*)	Grau de exploração/utilização	Alíquota
Até 50 *ha*	80%	0,03%
	Até 30%	1,00%
Acima 5.000 *ha*	80%	0,45%
	Até 30%	20,0%

É importante notar, consoante a demonstração inserta no quadro anterior, que há possibilidade de nítido *confisco* caso o imóvel acima de 5.000 hectares não alcance o limite de 30% de utilização. Conclui-se que, inexoravelmente, o imóvel será confiscado no prazo de cinco anos (5 x 20% = 100%). Ressalte-se, todavia, que, mesmo considerando o desestímulo à manutenção de propriedades improdutivas, a tributação elevada da propriedade rural não poderá ter caráter confiscatório, sob pena de violar o princípio constitucional que veda o tributo com efeito de confisco (art. 150, IV, CF).

No concernente à **progressividade do ITR**, repise-se que tal gravame deve conter alíquotas fixadas de forma a desestimular a manutenção de propriedades improdutivas, pois é imposto com finalidade regulatória da economia (extrafiscalidade).

Note o item considerado **INCORRETO**, em prova realizada pelo Cespe/Cebraspe, para o cargo de Titular de Serviços de Notas e de Registros (TJ/DF), em 2014: *"Não há previsão constitucional para a progressividade do ITR"*.

Note o item considerado **CORRETO**, em prova realizada pela Fundep, para o cargo de Advogado da Câmara Municipal de São Lourenço/MG, em 2016: *"A progressividade de alíquota do ITR, imposto territorial rural, não fere o princípio da isonomia, tendo em vista o seu caráter extrafiscal, cuja finalidade principal não é arrecadatória, mas atende ao objetivo de desestimular a manutenção de propriedades improdutivas"*.

Note o item considerado **CORRETO**, em prova realizada pelo Cebraspe, para o cargo de Promotor de Justiça Substituto (MPE/RR), em 2017: *"O ITR é um imposto progressivo: quanto mais alto for o valor do objeto que recebe o gravame tributário, maior será a alíquota e, portanto, o ônus imputado ao contribuinte"*.

Note o item considerado **INCORRETO**, em prova realizada pelo Cebraspe, para o cargo de Promotor de Justiça Substituto (MPE/RR), em 2017: *"O ITR é classificado como um imposto proporcional, ou seja, a alíquota é constante e o resultado aumenta à medida que aumenta o valor do bem sobre o qual ele incide"*.

Em **6 de fevereiro de 2018**, a 2ª Turma do **STF**, no **RE 1.038.357-AgR** (rel. Min. Dias Toffoli), entendeu que a progressividade do ITR pode existir em razão do tamanho da propriedade rural. O ITR progressivo se justifica pela *extrafiscalidade*, todavia, segundo a Corte Suprema, não haverá inconstitucionalidade na progressividade do imposto que levar em conta o grau de utilização da terra ("GU") – o que é de todo esperável – e, também, a área do imóvel. Um critério não esvazia o outro; pelo contrário, conjugam-se em total alinhamento com o art. 153, § 4º, I, CF. Com efeito, sacramentou-se a ideia de que "*quanto maior for o território rural e menor o seu aproveitamento, maior será a alíquota de ITR. Essa sistemática potencializa a função extrafiscal do tributo e desestimula a manutenção de propriedade improdutiva*".

1.6 Notas gerais

a) **Imunidade em reforma agrária:** o ITR **incide** ainda sobre o imóvel declarado de interesse social para fins de reforma agrária, enquanto *não transferida a propriedade*, exceto se houver imissão prévia na posse (art. 2º, § 1º, I e II, do Decreto n. 4.382/2002). Destaque-se que o art. 184, § 5º, da CF preconiza uma importante imunidade tributária – não obstante o dispositivo mencionar, equivocadamente, "*isenção*" – às operações de transferência de imóveis para fins de reforma agrária. É, sim, uma regra imunizadora, segundo a melhor doutrina[5] e jurisprudência do STF, tratando-se de *imunidade*, e não de "isenção".

> Note o item considerado **INCORRETO**, em prova realizada pela VUNESP, TJ-SP, para o cargo de Titular de Serviços de Notas e de Registros, em 2018: *"O ITR não incide sobre o imóvel declarado como de interesse social para fins de reforma agrária"*.

Observemos a legislação:

> **Art. 2º (Decreto n. 4.382/2002).** O Imposto sobre a Propriedade Territorial Rural, de apuração anual, tem como fato gerador a propriedade, o domínio útil ou a posse de imóvel por natureza, localizado fora da zona urbana do município, em 1º de janeiro de cada ano (Lei n. 9.393, de 19 de dezembro de 1996, art. 1º).
>
> **§ 1º** *O ITR incide sobre a propriedade rural declarada de utilidade ou necessidade pública, ou interesse social, inclusive para fins de reforma agrária:*
>
> **I** – *até a* data da perda da posse pela imissão prévia do Poder Público na posse;

> Note o item considerado **INCORRETO**, em prova realizada pelo IESES, para o cargo de Titular de Serviços de Notas e de Registros (TJ/PB), em 2014: *"São imunes do ITR, desde que atendidos os requisitos constitucionais e legais, a propriedade rural desapropriada por utilidade ou necessidade pública, ou por interesse social, inclusive para fins de reforma agrária até a data da perda da posse pela imissão prévia ou provisória do Poder Público na posse"*.

5. CARRAZZA, Roque Antonio. *Curso de direito constitucional tributário*. 24. ed., p. 824.

II – *até a* data da perda do direito de propriedade pela transferência ou pela incorporação do imóvel ao patrimônio do Poder Público. **(Grifos nossos)**

Art. 184 (CF/88). Compete à União desapropriar por interesse social, para fins de reforma agrária, o imóvel rural que não esteja cumprindo sua função social, mediante prévia e justa indenização em títulos da dívida agrária, com cláusula de preservação do valor real, resgatáveis no prazo de até vinte anos, a partir do segundo ano de sua emissão, e cuja utilização será definida em lei. (...)

§ 5º *São isentas* de impostos federais, estaduais e municipais as *operações de transferência de imóveis desapropriados para fins de reforma agrária.* **(Grifos nossos)**

b) Imunidade e a função social da propriedade: o proprietário que não possua outro imóvel poderá gozar da imunidade das pequenas glebas rurais. O preceptivo imunitório prevê uma relativização do instituto da propriedade na busca da justiça social, procurando diferençar o ausentismo na propriedade rural do seu adequado aproveitamento, por meio de graduar a tributação de acordo com o desiderato constitucional.

O art. 2º, parágrafo único, I, II e III, da Lei n. 9.393/96 estabelecia que o imposto não incidiria sobre pequenas glebas rurais, quando as explorasse, só ou com sua família, o proprietário que não possuísse outro imóvel.

O dispositivo constitucional (art. 153, § 4º, CF), incluído pela EC n. 42/2003, dispondo sobre esta imunidade do "mínimo existencial", veio com redação semelhante, porém sem a expressão "só ou com sua família":

Art. 153. (...)

§ 4º O imposto previsto no inciso VI do *caput*: (...)

II – não incidirá sobre *pequenas glebas rurais,* definidas em lei, quando as explore o proprietário que não possua outro imóvel;

O vocábulo *família*, constante da disposição legal e em dissonância com o texto constitucional, avoca uma interpretação complexa. Pensamos que o legislador não foi feliz ao tratar de imunidade com elementos semânticos dotados de conceitos que se abrem para diferentes interpretações. Aliás, uma exegese possível – e que se mostra esdrúxula – é a de que o dispositivo, sendo aplicado, levaria à contenção de empregos no campo. Com efeito, a geração de empregos significa perda da imunidade, ou seja, o pagamento do imposto.

Com a EC n. 42/2003, remanesceu apenas a necessidade de que o proprietário do minifúndio não possua outro imóvel, rural ou urbano. Parece ser a melhor exegese.

A Lei n. 9.393/96 (art. 2º, parágrafo único, I, II e III, da Lei n. 9.393/96), que tem o *status* de lei ordinária, definiu como *pequena gleba rural* os imóveis com área igual ou inferior a:

I – 100 *ha*, se localizado em município compreendido na Amazônia ocidental ou no Pantanal mato-grossense e sul-mato-grossense;

II – 50 *ha*, se localizado em município compreendido no polígono das secas ou na Amazônia oriental;

III – 30 *ha*, se localizado em qualquer outro município (art. 2º, parágrafo único, da Lei n. 9.393/96 c/c art. 3º, § 1º, I, II e III, do Decreto n. 4.382/2002).

O problema está exatamente na feição de lei ordinária do instrumento normativo supracitado, razão pela qual a lei foi considerada inconstitucional.

Para Roque Antonio Carrazza[6], enquanto não for editada lei específica (no caso, a lei complementar), a "pequena gleba rural" será aquela de tamanho não excedente a cinquenta hectares, baseando-se, por analogia, no art. 191 da CF que dispõe: "aquele que, não sendo proprietário de imóvel rural ou urbano, possua como seu, por cinco anos ininterruptos, sem oposição, área de terra, em zona rural, não superior a cinquenta hectares, tornando-a produtiva por seu trabalho ou de sua família, tendo nela sua moradia, adquirir-lhe-á a propriedade".

c) Delegação de capacidade tributária ativa: o **art. 84, *caput*, do CTN** estipula que "a lei federal pode cometer aos Estados, ao Distrito Federal ou aos Municípios o encargo de arrecadar os impostos de competência da União cujo produto lhes seja distribuído no todo ou em parte". Tal dispositivo oferta os parâmetros normativos para a delegação de capacidade tributária ativa no âmbito do **ITR**. Segundo o art. 158, II, da CF, **50%** do ITR devem ser repartidos com os Municípios nos quais os imóveis estão situados. Todavia, o limite pode atingir 100% para os Municípios, caso estes se dediquem às atividades de *fiscalização* e *cobrança* do tributo, sem que dessa atividade possa resultar **redução de imposto** ou qualquer forma de renúncia fiscal (EC n. 42/2003 – art. 153, § 4º, III, CF). Não é demasiado relembrar que a competência tributária **permanece com a União**, podendo haver a delegação de capacidade tributária ativa, conforme previsão na Lei n. 11.250/2005.

> Note o item considerado **CORRETO**, em prova realizada pela AMAUC, para o cargo de Fiscal de Tributos da Prefeitura do Município de Paial/SC, em 2016: *"Em relação à 'Distribuição de Receitas Tributárias', o CTN prevê que a lei federal pode cometer aos Estados, ao Distrito Federal ou aos Municípios o encargo de arrecadar os impostos de competência da União cujo produto lhes seja distribuído no todo ou em parte"* [e não "(...) 'somente distribuído em parte'! (...)].

> Note o item considerado **CORRETO**, em prova realizada pela FCC, Prefeitura de São Luís-MA, para o cargo de Auditor Fiscal de Tributos I, em 2018: *"Relativamente ao ITR, compete à União instituí-lo (art. 153, 'caput', inciso VI). De acordo com a Constituição Federal, ainda, e desde que não implique redução deste imposto ou qualquer outra forma de renúncia fiscal, o ITR poderá ser, na forma da lei, fiscalizado e cobrado pelos Municípios que assim optarem"*.

6. CARRAZZA, Roque Antonio. *Curso de direito constitucional tributário*, 24. ed., pp. 798-800.

> Note o item considerado **CORRETO**, em prova realizada pela VUNESP, Câmara de Campo Limpo Paulista-SP, para o cargo de Procurador Jurídico, em 2018: *"A respeito da repartição constitucional das receitas tributárias, pertencem aos Municípios 50% do produto da arrecadação do imposto da União sobre a propriedade territorial rural, relativamente aos imóveis neles situados".*

> Note o item considerado **INCORRETO**, em prova realizada pelo Cebraspe, para o cargo de Promotor de Justiça Substituto (MPE/RR), em 2017: *"Quanto ao ITR, o município poderá optar por fiscalizá-lo e cobrá-lo e, até mesmo, reduzi-lo de forma discricionária, conforme a política agrária local".*

> Note o item considerado **INCORRETO**, em prova realizada pela Funiversa, para o cargo de Delegado de Polícia/DF, em 2015: *"A União tem competência para instituir o ITR e, conforme a EC n. 42/2003, essa competência tributária poderá ser delegada ao município, que instituirá, fiscalizará e cobrará o imposto, desde que isso não resulte na redução do imposto ou em qualquer outra forma de renúncia fiscal".*

Temos enfocado, em sala de aula, um interessante **aspecto processual**, que reputamos conveniente dividir com o leitor. Diz com as repercussões processuais, em especial no concernente à legitimidade processual do Município para compor o polo ativo e ao juízo competente para processar o feito em que se discute o ITR totalmente arrecadado e fiscalizado por ele. Ora, como o Município deverá se apropriar dos 100% do volume arrecadado de ITR (art. 158, II, CF), **a nosso ver, faltará à União a titularidade de direitos e obrigações conexas ao imposto, já totalmente arrecadado pelo ente municipal**. A jurisprudência do STJ já consagrou este entendimento em situação análoga, em que a União, ainda que detendo a competência tributária, não possuía a capacidade tributária ativa afeta à contribuição previdenciária arrecadada e fiscalizada pelo INSS. Aquela Corte considerou que apenas o INSS possuía a legitimidade passiva no feito. Observe a ementa:

> Note o item (adaptado) **CORRETO**, em prova realizada pela FCC (Auditor Fiscal da Receita Estadual/MA), em 2016: *"De acordo com a CF, o ITR é um tributo de competência da União, mas 50% do produto de sua arrecadação pertence aos Municípios. Caso, porém, um Município brasileiro opte por fiscalizá-lo e cobrá-lo, na forma da lei, sem reduzir o seu montante e sem adotar qualquer outra forma de renúncia fiscal, caberá a esse Município a integralidade do produto de sua arrecadação. Em dez./2015, um Município brasileiro celebrou convênio com a União, por intermédio do Fisco Federal, que lhe delegou as atribuições de fiscalização (inclusive a de lançamento dos créditos tributários) e de cobrança do ITR, abrindo mão, também, de eventual competência supletiva da União para fiscalizá-lo e cobrá-lo, enquanto o referido Município mantivesse observância de todas as regras legais e de todas as cláusulas do referido convênio. Com base no CTN, o sujeito ativo da obrigação tributária principal, será apenas o 'Município'"* **[e não o que se previu em alternativa diversa, a saber: *"Tanto a União, como o Município, em solidariedade ativa, relativamente a todos os créditos tributários constituídos nesse Município"*].**

EMENTA: (...) CONTRIBUIÇÃO SOCIAL. LEIS N. 7.787/89, 8.212/91 E 8.383/91. COMPENSAÇÃO. ILEGITIMIDADE PASSIVA DA UNIÃO. PRECEDENTES. 1. Agravo Regimental contra decisão que deu parcial provimento ao recurso especial da parte agravante, para determinar o seguinte: a) ilegitimidade passiva da União para participar da presente demanda; b) para determinar ser possível realizar a compensação da contribuição previdenciária incidente sobre o pró-labore com as incidentes sobre os segurados obrigatórios. 2. Não há que se confundir a competência tributária com a capacidade tributária ativa. A União, no caso, detém a competência tributária, podendo legislar sobre a contribuição previdenciária. Mas, quem detém a capacidade tributária ativa para gerenciar, exigir e cobrar a contribuição previdenciária é a autarquia federal INSS. Ilegitimidade passiva da União para participar de demanda que visa a compensar contribuições previdenciárias por empresas vinculadas ao SIMPLES. (...) **(AgRg no REsp 444.136/PR, 1ª T., rel. Min. José Delgado, j. em 26-11-2002; ver, nesse sentido: REsp 263.580/MG, 2ª T., rel. Min. Franciulli Netto, j. em 19-09-2000)**

Daí afirmarmos que, havendo uma demanda judicial que envolva a cobrança do ITR arrecadável em sua integralidade pelo Município, será possível dirimir esta questão na Justiça Estadual, perante uma vara cível (ou da Fazenda Pública) da comarca do Município respectivo. Não perca de vista que o feito adstrito ao ITR corre, em condições normais, na Justiça Federal, perante uma vara cível da seção (ou subseção) judiciária do Município respectivo (ou daquela da qual o Município faça parte).

O mesmo raciocínio deve ser aplicado à ***repartição da receita tributária* prevista, na CF, nos arts. 157, I e 158, I**, quanto ao *Imposto de Renda Retido na Fonte* (IRRF). Em razão da importância doutrinária do tema, reputamos oportuno citar adiante **duas assertivas** de provas de concurso, as quais exploraram esse tão instigante tema:

Note o item **INCORRETO**, em prova realizada pelo Cespe/Cebraspe (Auditor do Tribunal de Contas do Paraná), em 2016: *"No que concerne à repartição de receitas tributárias, a União é parte passiva legítima em ações que discutam matéria relacionada ao IRRF de servidor público estadual, demanda que deve ser processada na justiça federal".*

1ª Assertiva. No que concerne à repartição de receitas tributárias, a União é parte passiva legítima em ações que discutam matéria relacionada ao IRRF de servidor público estadual, demanda que deve ser processada na justiça federal.

A assertiva foi considerada **INCORRETA**, em prova realizada pelo Cebraspe, para o cargo de Auditor do Tribunal de Contas do Paraná, em 2016.

2ª Assertiva. Havendo litígio sobre o imposto de renda incidente na fonte, relativo à licença-prêmio de funcionário público, a demanda foi proposta junto à

vara competente na Justiça Federal. No entanto, o Magistrado determinou a emenda da inicial, com a exclusão da União do polo passivo e a inclusão do Estado-Membro ao qual se vincula o servidor e declinou da competência, alegando ser esta da Justiça Estadual. Com referência à questão da competência para apreciar a lide, pode ser afirmado que o Magistrado agiu com acerto, por não haver interesse da União no litígio, pertencendo ao Estado-Membro o produto da arrecadação do imposto de renda na hipótese do conflito em comento, sendo competente a Justiça Estadual.

A assertiva foi considerada **CORRETA**, em prova realizada pela Consulplan, para o cargo de Analista Judiciário do TRF/2ª Região, em 2017.

Por fim, à guisa de resumo (e recapitulação de pontos até agora estudados), vale a pena observarmos o item considerado **CORRETO**, em prova realizada pelo *TRF/4ª Região*, para o cargo de Juiz Federal Substituto (XVII Concurso), em **2016:**

> **O imposto sobre a propriedade territorial rural será progressivo, terá suas alíquotas fixadas de forma a desestimular a manutenção de propriedades improdutivas, não incidirá sobre pequenas glebas rurais, definidas em lei, quando as explore o proprietário que não possua outro imóvel e será fiscalizado e cobrado pelos Municípios que assim optarem, na forma da lei, desde que não implique redução do imposto ou qualquer outra forma de renúncia fiscal.**

d) Imóvel em mais de um município: o imóvel que pertencer a mais de um município deverá ser enquadrado no município da sede do imóvel e, se esta não existir, será enquadrado no município onde se localize a maior parte do imóvel (**art. 7º, § 1º, do Decreto n. 4.382/2002**). Observemos a legislação:

> **Art. 7º** Para efeito da legislação do ITR, o domicílio tributário do contribuinte ou responsável é o município de localização do imóvel rural, vedada a eleição de qualquer outro (Lei n. 9.393/96, art. 4º, parágrafo único).
>
> **§ 1º** *O imóvel rural cuja área estenda-se a mais de um município deve ser enquadrado no município em que se localize sua sede ou, se esta não existir, no município onde se encontre a maior parte da área do imóvel* (Lei n. 9.393/96, art. 1º, § 3º). **(Grifo nosso)**

e) Sítios de recreio: a propriedade de *sítios de recreio* pode ser considerada fato gerador do IPTU, se estiverem localizados em *zona urbana* ou em **área de expansão urbana**, em atendimento aos requisitos elencados no art. 32 do CTN. Entretanto, hodiernamente a *localização do imóvel* não é mais critério a ser levado, isoladamente, em consideração para se definir o tributo incidente sobre o indigitado bem. A esse propósito, temos notado iterativas decisões não só de tribunais estaduais, mas também do próprio **STJ**[7], no sentido de preterir o critério de localização do imóvel em detri-

7. Citem-se, a propósito, no **STJ**: (**I**) REsp 492.869/PR, rel. ex-Min. Teori Albino Zavascki, 1ª T., j. em 15-02-2005; e (**II**) REsp 1.112.646/SP, rel. Min. Herman Benjamin, 1ª T., j. em 26-08-2009. A ementa do REsp 1.112.646/SP constou do corpo do texto.

mento do critério de sua *destinação econômica*. Tal mudança de posicionamento se deu em função das alterações produzidas pelo art. 15 do Decreto-lei n. 57/66, que, a despeito de ter sido revogado por meio do art. 6º da Lei n. 5.868/72, veio a ser posteriormente revigorado com a declaração de inconstitucionalidade do referido art. 6º da Lei n. 5.868/72, pelo STF. Dessa forma, tendo em vista a insuficiência ínsita ao critério de localização, deve ser prestigiada a tributação dos imóveis localizados em zona urbana segundo o critério de sua destinação econômica. A propósito, vale a pena a leitura das ementas abaixo, as quais atestam, no STJ, a incidência do ITR nesse tipo de imóvel:

> Note o item (adaptado) considerado **CORRETO**, em prova realizada pela FGV Projetos, no Exame de Ordem Unificado/OAB, em 2010: *"Semprônio dos Santos é proprietário de um sítio de recreio, local destinado ao lazer, na área de expansão urbana, na região serrana de Paraíso do Alto. A área é dotada de rede de abastecimento de água, rede de iluminação pública e esgotamento mantidas pelo município, embora não existam próximos quer escola, quer hospitais públicos. Neste caso Semprônio deve pagar IPTU, por ser área de expansão urbana, dotada de melhoramentos"*.

EMENTA (I): TRIBUTÁRIO. IMÓVEL NA ÁREA URBANA. DESTINAÇÃO RURAL. IPTU. NÃO INCIDÊNCIA. ART. 15 DO DL 57/1966. RECURSO REPETITIVO. ART. 543-C DO CPC [ATUAL ART. 1.036 E SEGUINTES DO NCPC]. 1. *Não incide IPTU, mas ITR, sobre imóvel localizado na área urbana do Município, desde que comprovadamente utilizado em exploração extrativa, vegetal, agrícola, pecuária ou agroindustrial (art. 15 do DL 57/1966).* (...) Acórdão sujeito ao regime do art. 543-C do CPC [atual art. 1.036 e seguintes do NCPC] e da Resolução 8/2008 do STJ. **(REsp 1.112.646/SP, rel. Min. Herman Benjamin, 1ª T., j. em 26-08-2009; ver, ainda, o REsp 492.869/PR, rel. ex-Min. Teori Albino Zavascki, 1ª T., j. em 15-02-2005) (Grifo nosso)**

EMENTA (II): TRIBUTÁRIO. IPTU x ITR. IMÓVEL LOCALIZADO EM ÁREA URBANA. EXPLORAÇÃO DE ATIVIDADE AGROINDUSTRIAL. *ITR. INCIDÊNCIA*. TEMA JÁ APRECIADO NA SISTEMÁTICA DOS RECURSOS REPETITIVOS (REsp 1.112.646/SP). NATUREZA DO IMÓVEL. (...). **(AgRg no REsp 80.947/ES, rel. Min. Mauro Campbell Marques, 2ª T., j. em 28-02-2012) (Grifo nosso)**

f) Domicílio fiscal: o domicílio tributário é o do Município do imóvel, sendo vedada a eleição de qualquer outro;

g) Súmula n. 595 do STF: é inconstitucional a Taxa Municipal de Conservação de Estradas de Rodagem, cuja base de cálculo seja idêntica à do ITR (*vide* art. 145, § 2º, da CF/88 c/c art. 77, parágrafo único, do CTN).

h) Isenção: são isentos do ITR, consoante os arts. 4º e 10, do Decreto n. 4.382/2002, vários imóveis. Veja-os:

1º) o imóvel rural compreendido em programa oficial de reforma agrária, caracterizado pelas autoridades competentes como assentamento, que, cumulativamente, atenda aos seguintes requisitos: **(a)** seja explorado por associação ou cooperativa de produção; **(b)** a fração ideal por família assentada não ultrapasse os limites estabelecidos no artigo anterior; **(c)** o assentado não possua outro imóvel;

2º) o conjunto de imóveis rurais de um mesmo proprietário, cuja área total observe os limites fixados no parágrafo único do art. 20, desde que, cumulativamente, o proprietário: **(a)** o explore só ou com sua família, admitida ajuda eventual de terceiros; **(b)** não possua imóvel urbano;

3º) áreas de preservação ambiental permanente, de reserva legal, de reserva particular do patrimônio natural, de servidão florestal, de interesse ecológico para a proteção dos ecossistemas (assim declaradas mediante ato do órgão competente, federal ou estadual), e, por fim, áreas comprovadamente imprestáveis para a atividade rural (declaradas de interesse ecológico mediante ato do órgão competente, federal ou estadual).

i) **Declarações** (art. 41 e seguintes do Decreto n. 4.382/2002): as principais declarações para o ITR são a DIAC e a DIAT. Veja os detalhes:

DIAC (Documento de Informação e Atualização Cadastral do ITR): há formulário a ser preenchido pelo contribuinte com as informações cadastrais correspondentes a cada imóvel, bem como qualquer alteração ocorrida, na forma estabelecida pela Secretaria da Receita Federal. É obrigatória, no prazo de 60 dias, contado de sua ocorrência, a comunicação das seguintes alterações: desmembramento; anexação; transmissão, por alienação da propriedade ou dos direitos a ela inerentes, a qualquer título; sucessão causa mortis; cessão de direitos; constituição de reserva ou usufruto;

DIAT (Documento de Informação e Apuração do ITR): está dispensado de tal declaração o contribuinte cujo imóvel se enquadre nas hipóteses estabelecidas nos casos de imunidade e isenção. Observe, acerca da Declaração, a Lei n. 9.393/96, nos arts. 8º e 9º.

2 ESTUDO DO IOF

Imposto	IOF
Nomen juris	Imposto sobre operações de crédito, câmbio e seguro ou sobre operações relativas a títulos ou valores mobiliários
Artigos	Art. 153, V, da CF; art. 63 e seguintes do CTN e Decretos n. 6.306/2007 e 6.339/2008

2.1 Competência e sujeito ativo

O **art. 153, V, da CF**, estabelece ser de competência da União a instituição do IOF.

Observe-o:

Art. 153. Compete à **União** instituir imposto sobre: (...)

V – operações de crédito, câmbio e seguro, ou relativas a títulos ou valores mobiliários.

O IOF, ou "Imposto sobre Operações Financeiras", como é conhecido em sua forma resumida, é sucessor do antigo *Imposto do Selo*, substituindo-o com o advento da EC n. 18/65. Tem função predominantemente *extrafiscal* (controle da política monetária), embora seja bastante significativa a sua função fiscal, ensejando o recolhimento de somas consideráveis.

Sua arrecadação ocorre nas operações realizadas por instituições financeiras, como os bancos, Caixas Econômicas, corretoras, lojas de câmbio, empresas de seguros privados etc.

2.2 Sujeito passivo

O sujeito passivo do IOF pode ser qualquer das partes na operação tributada, conforme dispõe o art. 66 do CTN, ficando a critério do legislador ordinário. Assim, basicamente, são contribuintes, conforme o Decreto n. 6.306/2007:

a) as pessoas físicas ou jurídicas tomadoras de crédito (art. 4º);

b) as compradoras ou vendedoras de moeda estrangeira, nas operações referentes à transferência financeira para o exterior (art. 12);

c) as pessoas físicas ou jurídicas seguradas (art. 19);

d) os adquirentes de títulos ou valores mobiliários e instituições financeiras (art. 26, I e II);

e) as instituições autorizadas pelo Banco Central do Brasil a efetuarem a primeira aquisição do ouro, ativo financeiro, ou instrumento cambial (art. 37).

2.3 Fato gerador

O fato gerador do IOF, previsto no art. 63 do CTN e segundo o Decreto n. 6.306/2007, será:

a) quanto às operações de crédito, sua efetivação pela entrega total ou parcial do montante ou do valor que constitua o objeto da obrigação, ou sua colocação à disposição do interessado (art. 3º);

b) quanto às operações de câmbio, sua efetivação pela entrega de moeda nacional ou estrangeira, ou de documento que a represente, ou sua colocação à disposição do interessado, em montante equivalente à moeda estrangeira ou nacional, entregue ou posta à disposição por este. Por exemplo: cheques internacionais de viagem – o fato gerador ocorre no momento da liquidação do contrato ou câmbio (art. 11);

c) quanto às operações de seguro, sua efetivação pela emissão da apólice, ou do documento equivalente, ou recebimento do prêmio, na forma da lei aplicável (art. 18);

d) quanto às operações relativas a títulos e valores mobiliários, a emissão, transmissão, pagamento ou resgate desses, na forma de lei aplicável (art. 25). Saliente-se que, se na operação vierem as três situações supramencionadas, o IOF será cobrado tão somente uma única vez. Em 4 de fevereiro de **2016**, o Pleno do **STF**, no **RE 583.712** (rel. Min. Edson Fachin), entendeu que é constitucional o art. 1º, IV, da Lei n. 8.033/90, o qual prevê a incidência de IOF sobre o negócio jurídico de transmissão de títulos e valores mobiliários, tais como a *transmissão de ações de companhias abertas e respectivas bonificações*. O dispositivo cotejado se mostrou consentâneo com os mandamentos constitucionais, sem ferir a anterioridade, a irretroatividade e a reserva de lei complementar (para certos tributos).

O elemento material do fato gerador é a *operação de crédito, câmbio, seguro ou com títulos e valores mobiliários*. Isso significa que, para ocorrer o fato gerador, deve haver uma operação respectiva. Exemplo: a "posse" de um título mobiliário não é fato gerador do imposto, uma vez que a operação com o título é que corresponde à tipologia do fato jurígeno (transmissão, resgate, pagamento etc.).

É importante conhecermos o conceito das principais operações que envolvem o pagamento do IOF:

1. Operação de crédito (art. 3º, § 3º, Decreto n. 6.306/2007): é uma prestação presente contra a promessa de uma prestação futura. É a contraprestação futura em troca de meios monetários do presente. O importante é se detectar a ideia fulcral de troca de bens presentes por bens futuros. Exemplo: *empréstimos bancários a juros; financiamentos; títulos descontados; fiança bancária*. Para o **STF**, um mero saque em caderneta de poupança, *v.g.*, não tem o condão de gerar a incidência do imposto. Nesse sentido, seguiu a **Súmula n. 664 do STF**, cujos dizeres podem ser apreciados a seguir:

> ***É inconstitucional o inciso V do art. 1º da Lei n. 8.033/90, que instituiu a incidência do imposto nas operações de crédito, câmbio e seguros – IOF, sobre saques efetuados em caderneta de poupança.***

Nesse sentido, note a jurisprudência da referida Corte:

EMENTA: TRIBUTÁRIO. IOF SOBRE SAQUES EM CONTA DE POUPANÇA. LEI N. 8.033, DE 12-04-1990, ART. 1º, INCISO V. INCOMPATIBILIDADE COM O ART. 153, V, DA CF. *O saque em conta de poupança,* por não conter promessa de prestação futura e, ainda, porque não se reveste de propriedade circulatória, tampouco configurando título destinado a assegurar a disponibilidade de valores mobiliários, *não pode ser tido por compreendido no conceito de operação de crédito ou de operação relativa a títulos ou valores mobiliários, não se prestando, por isso, para ser definido como hipótese de incidência do IOF, previsto no art. 153, V, da Carta Magna.* Recurso conhecido e improvido; com declaração de inconstitucionalidade do dispositivo legal sob enfoque. (**RE 232.467/SP, Pleno, rel. Min. Ilmar Galvão, j. em 29-09-1999) (Grifos nossos)**

2. Operação de câmbio (art. 12, parágrafo único, Decreto n. 6.306/2007): é a troca de moedas, de uma pela outra. As operações de câmbio podem ser:

a) **de câmbio manual:** refere-se à compra e venda de moedas em espécie (troca física) e de *travellers checks*;

b) **de câmbio sacado:** refere-se à troca escritural e se processa por meio de saques, com letras de câmbio, cartas de crédito, ordens de pagamento ou cheques.

3. Operação de seguro (art. 18, § 1º, Decreto n. 6.306/2007): é o contrato pelo qual se garante algo contra o risco de eventual dano (evento futuro e incerto). Logo, assina-se um contrato (apólice) entre uma empresa (seguradora) e uma pessoa física ou jurídica (segurado), pelo qual a primeira se obriga, mediante a cobrança de uma certa quantia (prêmio), a pagar à segunda uma determinada importância (indenização) para compensar perdas e danos decorrentes de eventualidades, tais como acidentes, incêndios (sinistro) etc.

4. Operação relativa a títulos e valores mobiliários (art. 25, § 2º, Decreto n. 6.306/2007): implica transferência de propriedade desses títulos. Segundo o art. 2º da Lei n. 6.385/76, os títulos ou valores mobiliários são definidos como documentos ou instrumentos que materializam direitos de crédito, sendo aptos para circular no mercado entre mãos estranhas daquelas que lhes deram nascimento. Exemplos:

a) as ações, partes beneficiárias, notas promissórias, letras de câmbio, debêntures, bônus de subscrição, apólices de dívida ativa (TDAs);

b) os certificados de depósitos bancários (CDBs);

c) outros, exceto os Títulos da Dívida Pública (Federal, Estadual ou Municipal).

2.4 Base de cálculo

A base de cálculo do IOF, prevista no art. 64 do CTN e segundo o Decreto n. 6.306/2007, será:

a) quanto às operações de crédito, o montante da operação (mútuo, financiamento, empréstimo), compreendendo o principal mais juros (art. 7º);

b) quanto às operações de câmbio, o respectivo montante da operação em moeda nacional, recebido, entregue ou posto à disposição (art. 14);

c) quanto às operações de seguro, o montante do prêmio (art. 21);

d) quanto às operações relativas a títulos e valores mobiliários (art. 28):

- *o valor nominal mais o ágio, se houver (na emissão);*
- *o preço, o valor nominal ou o valor da cotação em bolsa, como determina a lei (na transmissão);*
- *o respectivo preço (no pagamento ou resgate).*

2.5 Alíquotas

As alíquotas do IOF são *proporcionais*, variando conforme a natureza das operações financeiras ou de mercado de capitais. Para um maior aprofundamento, recomenda-se a leitura do controvertido Decreto n. 6.339, de 3 de janeiro de 2008, que alterou as alíquotas do IOF, no intuito exótico de "compensar" perdas da CPMF.

As alíquotas são diferenciadas em razão das operações. Veja:

a) *Operações de crédito*: A **alíquota máxima** é de **1,5%** ao dia e incide sobre o valor das operações de crédito (base de cálculo). É o que se depreende da dicção do art. 6º do Decreto n. 6.306/2007 *(art. 6º: "O IOF será cobrado à alíquota máxima de um vírgula cinco por cento ao dia sobre o valor das operações de crédito");*

b) *Operações de câmbio*: A **alíquota máxima** é de **25%** (art. 15 do Decreto n. 6.306/2007) e incide sobre o montante em moeda nacional, recebido, entregue ou posto à disposição, correspondente ao valor, em moeda estrangeira, da operação de câmbio (base de cálculo);

c) *Operações de seguro*: A **alíquota máxima** é de **25%** e incide sobre o valor dos prêmios de seguro pagos (art. 22 do Decreto n. 6.306/2007);

d) *Operações relativas a títulos ou valores mobiliários*: A **alíquota máxima** é de **1,5%** ao dia. É o que se depreende da dicção do art. 29 do Decreto n. 6.306/2007 *(Art. 29: "O IOF será cobrado à alíquota máxima de um vírgula cinco por cento ao dia sobre o valor das operações com títulos e valores mobiliários");*

e) *Operações com ouro (ativo financeiro ou instrumento cambial)*: O ouro, como ativo financeiro ou instrumento cambial, sujeita-se, exclusivamente, à incidência do *IOF*, que ocorre uma única vez, na primeira comercialização do ouro após a extração, efetuada por instituição autorizada integrante do Sistema Financeiro Nacional (art. 40 do Decreto n. 6.306/2007. A alíquota é de **1%**, e a base de cálculo do IOF é o *preço de aquisição do ouro*, desde que dentro dos limites de variação da cotação vigente no mercado doméstico, no dia da operação (arts. 38 e 39 do Decreto n. 6.306/2007).

2.6 Princípio da legalidade e extrafiscalidade

Como se estudou em Capítulo inicial desta obra, o **princípio da legalidade tributária** comporta uma atenuação ou mitigação[8] – ou, simplesmente, "exceção", para alguns.

Falar em "exceção" ao princípio em tela parece não ser a melhor exegese dos preceptivos que ressalvam a legalidade, haja vista referirem-se eles a exações tributárias que dependem de lei, mas que podem ter uma alteração de alíquotas empreendidas por ato do Poder Executivo. A bem da verdade, todos os tributos estão sujeitos ao princípio da legalidade, embora, em relação a alguns, sob as vestes de uma "aparente exceção", nos dizeres de José Eduardo Soares de Melo[9], o princípio se mostre mitigado, com relação às alíquotas (e não com relação à base de cálculo!).

Segundo o art. 153, § 1º, da CF, há **quatro impostos federais** que poderão ter suas alíquotas majoradas (ou reduzidas) por ato do Poder Executivo Federal, o que se dá comumente por *decreto* presidencial ou *portaria* do Ministro da Fazenda. São eles:

1. Imposto sobre a Importação (II);
2. Imposto sobre a Exportação (IE);
3. Imposto sobre Produtos Industrializados (IPI);
4. Imposto sobre Operações de Crédito, Câmbio e Seguros (IOF).

Como é sabido, é defeso à lei instituir o tributo sem lhe precisar a alíquota, pois é de sua exclusiva competência descrever todos os aspectos da hipótese de incidência. Definindo-se a alíquota como elemento essencial à reserva legal, é admissível que o Poder Executivo provoque uma alteração em sua fisionomia.

Isso não significa que o Poder Executivo desfrutará de poder para fixar a alíquota a seu bel-prazer, mas de mera autorização para flexibilizá-la, segundo os parâmetros legais (*máximo* e *mínimo*, *teto* e *piso*, e não apenas um patamar destes). Tais balizas podem ser amplas, mas não serão ilimitadas.

Exemplo: lei do **Imposto de Exportação** estipula alíquota de 20% para um certo bem exportável. Pode o Poder Executivo reduzi-la para dez (10%) e, se quiser, retorná-la a seu patamar máximo (20%)[10].

Note o item considerado **CORRETO**, em prova realizada pelo Cebraspe, para o cargo de Procurador do Município de Fortaleza/CE, em 2017: *"A alteração de alíquotas do imposto de exportação não se submete à reserva constitucional de lei tributária, tornando-se admissível a atribuição dessa prerrogativa a órgão integrante do Poder Executivo".*

8. BOTALLO, Eduardo Domingos. *Lições de direito público*, p. 62.
9. MELO, José Eduardo Soares de. *Curso de direito tributário*, 8. ed., p. 20.
10. *Idem*.

Dessarte, não se trata de atuação arbitrária da autoridade administrativa, mas de nítida "atuação legalmente cercada", em que há uma moldura ou circunferência traçada pela lei. Enquanto não exercida a possível alteração pelo Poder Executivo, deverá prevalecer aquela alíquota prevista na lei.

Insta frisar que, "se *quem pode o mais, pode o menos*", a atuação do Poder Executivo não está adstrita apenas à majoração das alíquotas, mas também à sua redução.

Com efeito, tais impostos, ditos "flexíveis", abrem-se para o manejo de alíquotas no intuito de regulação do mercado ou da economia do país. Daí se dizer que tais exações são gravames regulatórios ou reguladores de mercado.

Com base nessas premissas, é possível entender a lógica de tal flexibilidade de que dispõe o Poder Executivo no manejo das alíquotas, prescindindo-se da anuência do Poder Legislativo. Tais impostos são dotados de *extrafiscalidade* – poderoso instrumento financeiro empregado pelo Estado a fim de estimular ou inibir condutas, tendo em vista a consecução de finalidades não meramente arrecadatórias. Note que a extrafiscalidade orienta-se para fins outros que não a captação de recursos para o Erário, visando corrigir externalidades. De fato, os impostos mencionados – II, IE, IPI e o IOF – atrelam-se à ordenação das relações econômico-sociais, servindo para a intervenção em dados conjunturais e estruturais da economia.

Exemplo: quando há necessidade de um equilíbrio no mercado, o Poder Executivo Federal pode valer-se de um aumento de tais impostos regulatórios, a fim de que se fomentem comportamentos, como aquisição de bens produzidos no Brasil (aumentando-se o II), controle de inflação (aumentando-se o IOF) ou desestímulo a processos industriais (aumentando-se o IPI).

É fato que, por meio desse mecanismo, não se irá abolir o princípio da legalidade, banindo-o por completo, mas apenas amoldurar o campo dentro do qual o Poder Executivo irá transitar, deixando-se de levá-lo às últimas consequências.

É cediço que o Estado tributa com vista a auferir receitas, e, assim, a *fiscalidade* ganha prevalência significativa. Todavia, a *extrafiscalidade*, afastando-se do mecanismo de pura arrecadação, objetiva corrigir situações sociais ou econômicas anômalas, buscando o atingimento de objetivos que preponderam sobre os fins simplesmente arrecadatórios de recursos financeiros para o Estado.

Vê-se, pois, que a fiscalidade, como função que demarca quase todos os tributos, visa à finalidade eminentemente arrecadatória, representando o mero tráfego do montante pecuniário, a título de tributo, que sai do patrimônio do destinatário da exação, de modo compulsório, em direção aos cofres públicos.

2.7 Notas gerais

a) Ressalva a princípio constitucional: o art. 153, § 1º, da CF assevera que é facultado ao Poder Executivo, **atendidas as condições e os limites estabelecidos**

em lei, alterar as alíquotas do IOF. Portanto, no concernente à alteração da alíquota, o imposto está **excepcionado** do *Princípio Constitucional da Legalidade*.

> Note o item considerado **CORRETO**, em prova realizada pela FCC, para o cargo de Promotor de Justiça (MPE/PE), em 2014: *"O Presidente da República, por meio de 'decreto', elevou a alíquota do IPI incidente sobre carro zero. É correto afirmar que este ato é constitucional, desde que esta elevação de alíquota tenha ocorrido dentro de condições e limites estabelecidos em Lei"*.

> Note o item considerado **CORRETO**, em prova realizada pela FCC, para o cargo de Técnico Judiciário do TRF/4ª Região, em 2014: *"[O IPI] é instituído por lei, mas tem as alíquotas, incidentes sobre cada produto industrializado, fixadas por ato do Poder Executivo, mais especificamente 'decreto'"*.

Por sua vez, o § 1º do art. 150 do texto constitucional determina que a alteração das alíquotas do IOF não se sujeita ao *Princípio Constitucional da Anterioridade*. A esse respeito, recomenda-se a leitura do Decreto n. 6.339, de 3 de janeiro de 2008, que alterou as alíquotas do IOF, em cujo art. 2º está prevista a concomitância da vigência e da eficácia na mesma data da publicação (03-01-2008).

Com o advento da EC n. 42/2003, o IOF, que já era uma exceção ao período de anterioridade anual (art. 150, § 1º, "parte inicial", CF), passou a ser, igualmente, uma exceção ao período de anterioridade qualificada ou nonagesimal (art. 150, § 1º, *in fine*, CF). Portanto, se para ele usávamos o recurso mnemônico "paga já", hoje, após a EC n. 42/2003, devemos associá-lo a "paga já, já", por ser **exceção concomitante** à anterioridade anual E aos 90 dias.

> Note o item considerado **CORRETO**, em prova realizada pela FCC, para o cargo de Julgador Administrado Tributário do Tesouro Estadual (Sefaz/PE), em 2015: *"O IOF não se submete ao princípio da anterioridade, assim como ao princípio da anterioridade nonagesimal"*.

> Note o item (adaptado) considerado **CORRETO**, em prova realizada pelo COPESE/UFT, para o cargo de Procurador da Prefeitura de Araguaína, em 2014: *"O imposto sobre Operações Financeiras-IOF não deve obediência ao princípio da anterioridade nonagesimal (ou da noventena)"*.

Posto isso, a alteração da alíquota não se sujeita aos **Princípios Constitucionais Tributários da Legalidade (art. 153, § 1º, CF) e da Anterioridade (art. 150, § 1º, CF)**, quer anual, quer nonagesimal. Essa é a razão de o IOF ser considerado um gravame "flexível";

> Note o item considerado **CORRETO**, em prova realizada pelo TRF-3ª REGIÃO, para o cargo de Juiz Federal Substituto, em 2018: *"O IOF pode ter sua alíquota alterada por meio de decreto do Poder Executivo e sem observância do princípio da anterioridade, desde que obedecidas as condições e os limites previstos em lei"*.

b) Súmula n. 34 (TRF da 4ª Região): *"Os Municípios são imunes ao pagamento do IOF sobre suas aplicações financeiras"* (vem corroborar a dicção do art. 150, VI, "a", da CF/88 – Imunidade Intergovernamental Recíproca);

c) Súmula n. 185 (STJ): *"Nos depósitos judiciais, não incide o IOF"*;

> Note o item (adaptado) considerado **CORRETO**, em prova realizada pelo TRF/4ª Região, para o cargo de Juiz Federal Substituto (XVII Concurso), em 2016: *"Segundo entendimento sumulado do STJ, não incide o IOF sobre operações financeiras nos depósitos judiciais"*.

d) Imunidade para o IOF-Ouro: o "ouro", como *ativo financeiro* ou *instrumento cambial*, é devido na **operação de origem** e se sujeita à tributação exclusiva do *IOF (Princípio da Unicidade)*. Assim, o IOF será cobrado uma única vez, no local da extração. Todavia, não é a "extração" que o enseja, mas o negócio jurídico na origem, que possibilite o surgimento do fato gerador. Não basta "garimpar o minério, tem que o negociar". Faz-se mister elucidar, no entanto, que o ouro destinado à fabricação de joias ou utilização em odontologia não se considera *ativo financeiro*, estando sujeito à incidência exclusiva do *ICMS*. Note o teor da Lei n. 7.766/89:

> Note o item considerado **INCORRETO**, em prova realizada pela Funiversa, para o cargo de Delegado de Polícia/DF, em 2015: *"O imposto sobre operações de crédito, câmbio e seguro, ou operações relativas a títulos ou valores mobiliários (IOF) também incide sobre o ouro e, nesse caso, sendo este definido em lei como ativo financeiro ou instrumento cambial, estará sujeito à incidência do imposto na operação de destino"*.

Art. 1º O ouro em qualquer estado de pureza, em bruto ou refinado, quando destinado ao mercado financeiro ou à execução da política cambial do País, em operações realizadas com a interveniência de instituições integrantes do Sistema Financeiro Nacional, na forma e condições autorizadas pelo Banco Central do Brasil, será, desde a extração, inclusive, considerado ativo financeiro ou instrumento cambial. (...)
Art. 4º O ouro destinado ao mercado financeiro sujeita-se, desde sua extração, inclusive, exclusivamente à incidência do imposto sobre operações de crédito, câmbio e seguro, ou relativas a títulos ou valores mobiliários.
§ 1º A alíquota será de 1%.

Observe, também, o que a Constituição anuncia sobre o IOF-Ouro:

Art. 153 da CF. Compete à União instituir imposto sobre: (...) **§ 5º** O ouro, quando definido em lei como ativo financeiro ou instrumento cambial, sujeita-se exclusivamente à incidência do imposto de que trata o inciso V do *caput* deste artigo, devido na operação de origem; a alíquota mínima será de 1%, assegurada a transferência do montante da arrecadação nos seguintes termos:
I – 30% para o Estado, Distrito Federal ou o território, conforme a origem;
II – 70% para o município de origem.

e) Princípio da não afetação dos impostos: é imperioso esclarecer que o art. 167, IV, da CF, ao vedar a vinculação da receita de impostos a órgão, fundo ou despesa, revogou o art. 67 do CTN, que preconizava a destinação da receita líquida do IOF à formação de reservas monetárias ou cambiais. O preclaro doutrinador Aliomar Baleeiro considera o art. 67 do CTN uma "excrescência", uma vez que objetiva insinuar ao legislador ordinário uma destinação rechaçada desde a Constituição Federal de 1967;

Note o item considerado **CORRETO**, em prova realizada pelo Cebraspe, para o cargo de Delegado de Polícia Substituto (PC/GO), em 2017: *"A aplicação do princípio da não vinculação de receita a despesa específica é limitada aos 'impostos'"*.

f) IOF e *factoring*: o IOF incide sobre as operações de *factoring* (**ADInMC 1.763-DF, rel. Min. Sepúlveda Pertence, Pleno, j. em 20-08-1998**), enquanto não deve incidir sobre as *operações de poupança* (**RE 232.467-SP, rel. Min. Ilmar Galvão, Pleno, j. em 29-09-1999**).

3 ESTUDO DO II

Imposto	**II**
Nomen juris	Imposto sobre a importação de produtos estrangeiros
Artigos	Art. 153, I, da CF; arts. 19 a 22 do CTN

3.1 Competência e sujeito ativo

O art. 153, I, da CF, estabelece ser de competência da União a instituição do II.

Observe-o:

> **Art. 153.** Compete à União instituir imposto sobre:
> **I** – importação de produtos estrangeiros.
> **§ 1º** É facultado ao Poder Executivo, atendidas as condições e os limites estabelecidos em lei, alterar as alíquotas do imposto sobre a importação.

O *Imposto de Importação*, também conhecido como *Tarifa Aduaneira*, grava a inserção, no território nacional, de bens procedentes de outros países (art. 19 do CTN). A competência tributária está adstrita à União, uma vez que somente esta, no exercício pleno de sua soberania, pode impor um critério uniforme de tratamento em relação às importações praticadas em todo o território nacional.

O *Imposto de Importação* é um dos mais antigos gravames no mundo, possuindo, hodiernamente, função eminentemente extrafiscal, ao visar proteger a indústria nacional, como verdadeira arma de política econômica e fiscal. Sua participação no total da arrecadação tributária brasileira tem variado em torno de 5%, nos últimos cinco anos. Trata-se de imposto que apresenta inúmeras particularidades na seara doutrinária[11].

3.2 Sujeito passivo

O sujeito passivo está previsto no art. 22 do CTN e no art. 31 do DL n. 37/66 (redação do DL n. 2.472/88).

Podem ser sujeitos passivos:

> **I** – o importador (assim considerada qualquer pessoa física ou jurídica que promova a entrada de mercadoria estrangeira destinada a permanecer de forma definitiva no território nacional) ou quem a lei a ele equiparar;
> **II** – o arrematante de produtos apreendidos ou abandonados;
> **III** – o destinatário de remessa postal internacional indicado pelo respectivo remetente;
> **IV** – o adquirente de mercadoria em entrepostos aduaneiros.

3.3 Fato gerador

É a **entrada real ou ficta do produto estrangeiro no território nacional**, cabendo ao intérprete assimilar o elemento temporal do fato gerador, à luz de uma ficção jurídica, como o momento do **início do despacho aduaneiro**, assim entendido o momento da *apresentação* ou *registro* da *Declaração de Importação* (DI) ou *documento* que lhe faça substituir (e demais documentos pertinentes ao desembaraço), perante a autoridade aduaneira (Receita Federal do Brasil) para a liberação da mercadoria estrangeira entrepostada ou depositada.

> Note o item considerado **CORRETO**, em prova realizada pelo IESES, para o cargo de Titular de Serviços de Notas e de Registros (TJ/RO), em 2017: *"O imposto, de competência da União, sobre a importação de produtos estrangeiros tem como fato gerador a entrada destes no território nacional"*.

Deve-se registrar que os arts. 1º e 23 do DL n. 37/66 estabelecem o momento da ocorrência do fato gerador para fins de incidência do imposto em comento.

Conforme o vetusto *decisum* do **STF** (**RE 73.419, rel. Min. Barros Monteiro, 2ª T., j. em 02-03-1973**), a alíquota aplicável é aquela contemporânea da efetiva introdução do produto estrangeiro no território nacional (o estudo das alíneas será feito no item abaixo).

Com efeito, impende destacar que, para efeito de cálculo do imposto, os valores em moeda estrangeira devem ser convertidos em moeda nacional, à taxa de

---

11. Ao estudioso que deseja aprofundar o estudo acerca do *Imposto de Importação*, recomendamos a obra *Comércio Internacional e Legislação Aduaneira*, de Roberto Caparroz (*Comércio Internacional e Legislação Aduaneira* – Coleção Esquematizado. 4. Ed., São Paulo: Saraiva, 2017).

câmbio vigente no momento da entrada, no país, da mercadoria importada (será o câmbio do dia do *registro*, na repartição competente, da declaração de desembaraço aduaneiro). O próprio CTN, no art. 143, trata do tema:

> **Art. 143.** Salvo disposição de lei em contrário, quando o valor tributário esteja expresso em moeda estrangeira, no lançamento far-se-á sua conversão em moeda nacional ao câmbio do dia da ocorrência do fato gerador da obrigação.

Ressalte-se que a incidência do imposto ocorrerá em casos de permanência definitiva do bem no território, não englobando as mercadorias estrangeiras que ingressam no território nacional, temporariamente, a fim de que cumpram finalidades esporádicas (por exemplo, feiras, exposições etc.).

Outrossim, considerar-se-á ocorrido o fato gerador nas situações de **retorno de mercadoria**. Tal regra, no entanto, não prevalecerá nos casos seguintes, os quais repudiam o recolhimento, quando houver:

a) retorno de mercadoria enviada em consignação, e não vendida no prazo autorizado;

b) retorno de mercadoria (= devolução), por motivo de defeito técnico, para reparo ou substituição;

c) retorno da mercadoria, em face de modificações na sistemática de importação no país importador;

d) retorno da mercadoria, por motivo de guerra ou calamidade pública;

e) retorno da mercadoria, por outros fatores, alheios à vontade do exportador.

Ressalta Hugo de Brito Machado que "outro aspecto concernente ao fato gerador do imposto de importação que merece destaque diz respeito aos casos em que é aplicada ao importador a pena de perdimento dos bens importados. Com o perdimento desfaz-se o fato gerador do imposto, de modo que não se pode admitir mais sua cobrança"[12].

3.4 Base de cálculo

A **base de cálculo** do imposto de importação será:

a) **a quantidade de mercadoria**, expressa na unidade de medida indicada na Tarifa Aduaneira do Brasil (TAB), quando a alíquota for específica (isto é, aquela alíquota que prevê importâncias fixas, aplicáveis em relação aos modos de apresentação do produto importado. Por exemplo, um imposto de tantos reais por tonelada, ou por comprimento – art. 20, I, do CTN);

12. MACHADO, Hugo de Brito. *Curso de direito tributário*, 29. ed., p. 305.

b) a expressão monetária do produto importado – *valor aduaneiro* previsto no art. 7º, n. 2, do Acordo Geral sobre Tarifas Aduaneiras e Comércio (GATT – Decreto n. 92.930/86), quando a alíquota for ***ad valorem*** (isto é, aquela que incidirá sobre o valor aduaneiro do produto importado):

Note o item considerado **CORRETO**, em prova realizada pelo TRF/4ª Região, para o cargo de Juiz Federal Substituto, em 2014: *"A base de cálculo do imposto sobre a importação, quando a alíquota seja 'ad valorem', é o preço normal que o produto, ou seu similar, alcançaria, ao tempo da importação, em uma venda em condições de livre concorrência, para entrega no porto ou no lugar de entrada do produto no país".*

Art. 7º (...) 2 – O **valor aduaneiro** determinado por aplicação das disposições do presente artigo não se baseará:

a) No preço de venda no país de importação de mercadorias produzidas nesse país;

b) Num sistema que preveja a aceitação, para fins aduaneiros, do mais elevado de dois valores possíveis;

c) No preço de mercadorias no mercado interno do país de exportação;

d) No custo de produção distinto dos valores calculados que tiverem sido determinados para mercadorias idênticas ou similares em conformidade com as disposições do artigo 6º;

e) No preço de mercadorias vendidas para exportação com destino a um país distinto do país de importação;

f) Em valores aduaneiros mínimos;

g) Em valores arbitrários ou fictícios.

Ademais, de acordo com o art. 2º do Decreto n. 92.930/86, *"na base de cálculo do imposto de importação, definida de conformidade com o Acordo que com este decreto se promulga [GATT], serão incluídos os elementos a que se referem as alíneas a, b, e c do § 2º de seu artigo oitavo"*:

Art. 8º (...) 2 – Ao elaborar a sua legislação, cada Membro adotará disposições para incluir ou excluir do **valor aduaneiro**, na totalidade ou em parte, os seguintes elementos:

a) Despesas de transporte das mercadorias importadas até ao porto ou local de importação;

b) Despesas de carga, de descarga e de manipulação ligadas ao transporte das mercadorias importadas até ao porto ou local de importação; e

c) Custo do seguro.

Em suma, a expressão monetária "**valor aduaneiro**" geralmente consta da fatura comercial no lugar da expedição da mercadoria, acrescentando-se ao custo as despesas de frete e seguro, até a entrega no porto ou local de destino no Brasil. O maior inconveniente dos direitos *ad valorem* reside na possibilidade de subfaturamento doloso por oportunismo do interessado.

Ao término do tópico (Notas Gerais, Letra "b"), será exposta a temática da base de cálculo do II e o *serviço de capatazia*, como elemento integrante da base de cálculo do II.

c) **o preço da arrematação** do bem adquirido em licitação. Não é o preço normal ou de referência da mercadoria. Incrível é conceber que, como produto da criativa imaginação do importador fraudulento, há casos de abandono propositado da mercadoria nos depósitos aduaneiros, deixando que vá à hasta pública, para que depois a comprem por preço vil. Antes, porém, cuidam para que a mercadoria seja lançada no leilão com falta de alguma peça, componente importante, e, assim, tornam-se os únicos interessados no produto. Como medida para coibir tais fraudes, Aliomar Baleeiro[13] entende que "nos casos de apreensão ou abandono de mercadorias, é contribuinte o arrematante, ressalvada a responsabilidade do importador, se o preço alcançado no leilão não cobre a dívida fiscal".

3.5 Alíquotas

Desde a edição da Decisão n. 22 do Conselho do Mercado Comum – por meio da qual se adotou a *Tarifa Externa Comum* (TEC) –, foram fixadas, de comum acordo entre os participantes do Mercosul, as alíquotas vigentes para o comércio atinente a países não pertencentes ao bloco. Nesse sentido, o nível do imposto ali representado deixa de ser um indicador estritamente brasileiro e prenuncia a possibilidade de políticas macroeconômicas comerciais integradas.

É importante mencionar ainda que, em decorrência de acordos comerciais realizados no âmbito da **ALADI** (*Associação Latino-Americana de Integração*), que estabelecem preferências tarifárias entre os países signatários, as alíquotas que constam na TEC não refletem a realidade impositiva no comércio entre os países membros dessa associação.

A propósito, a ALADI foi criada, em 1980, pelo Tratado de Montevidéu, sendo composta por Argentina, Bolívia, Brasil, Chile, Colômbia, Cuba, Equador, México, Paraguai, Peru, Uruguai e Venezuela. Ela surgiu da transformação da ALALC (Associação Latino-Americana de Livre Comércio) que, desde 1960 e sem a participação Cuba, tinha o objetivo de formar uma zona de livre comércio num prazo pré-definido, mediante negociações exclusivamente multilaterais. Sua sede é em Montevidéu, no Uruguai.

As tarifas podem ser:

13. BALEEIRO, Aliomar. *Direito tributário brasileiro*, 11. ed., p. 221.

a) **específicas:** valor em dinheiro que incide sobre uma unidade de medida prevista em lei, que pode referir-se à metragem, peso etc. Por exemplo, R$ 42,00 por metro cúbico;

b) ***ad valorem*:** aplicação de alíquota sobre determinado valor de operação. Por exemplo, 10% de R$ 15.000,00;

c) **mista:** combinação das duas formas acima. Por exemplo: 10% sobre R$ 5.000,00 e R$ 5,00 por kg.

3.6 Notas gerais

a) **Ressalva a princípio constitucional no plano das *alíquotas*:** O art. 153, § 1º, da CF/88 assevera que é facultado ao Poder Executivo, atendidas as condições e os limites estabelecidos em lei, alterar as alíquotas do *Imposto de Importação*. Portanto, no concernente à alteração da alíquota, o imposto está excepcionado do *Princípio Constitucional da Legalidade* (sobre o assunto, recomendamos a leitura do tópico apresentado neste capítulo).

Em 4 de setembro de **2018**, a 1ª Turma do **STJ**, no **REsp 1.492.832/DF** (rel. Min. Gurgel de Faria), entendeu que não é dever do Estado indenizar eventuais prejuízos financeiros do setor privado oriundos de uma alteração de política econômico-tributária, na hipótese de o ente público não se ter comprometido, formal e previamente, por meio de determinado planejamento específico. É que, em 1994, foi publicada a Portaria MF n. 492, com finalidade extrafiscal, diminuindo para 20% a alíquota do **Imposto de Importação** sobre determinados produtos. Como é cediço, o constituinte assim permitiu, à luz da mitigação do princípio da legalidade tributária (art. 153, § 1º, CF). O contribuinte, irresignado, buscou a responsabilidade civil do Estado pelos prejuízos resultantes da queda dos níveis de venda de seus produtos nacionais. Para o **STJ**, não houve afronta ao princípio da boa-fé ou quebra de confiança, uma vez que, para além do risco da atividade, próprio da álea econômica de cada ramo produtivo, a aplicação de medida protetiva em favor da indústria doméstica não revela uma confissão do Estado de que sua política fiscal, por si, foi equivocada e prejudicial ao mercado.

Na mesma direção, em **10 de dezembro de 2019**, a 1ª Turma do **STF**, no **ARE 1.175.599-AgR** (rel. Min. Rosa Weber), entendeu que a alteração da alíquota do **imposto de importação (II)** por ato do poder público, como instrumento de política econômica, não gera direito à indenização. O caso versou sobre a indústria de brinquedos nacional e a redução do *imposto de importação* (II) de brinquedos na década de 1990 (*Informativo* n. 959, STF). Com efeito, por se tratar de ato legislativo, com efeito geral e abstrato, é inerente à política econômica a possibilidade de alteração para atender a circunstâncias internas e externas, da mesma forma que é própria do risco empresarial a necessidade de adaptação a tais mudanças. Não haveria, dessa forma, direito subjetivo à manutenção de determinada política econômica, desde que estabelecida genericamente e sem compromisso de sua permanência por determinado prazo. Ademais, não haveria afronta ao *princípio da boa-fé* ou *quebra de confiança* a legitimar a expectativa sólida no sentido de manutenção das alíquotas do imposto aduaneiro. Portanto, não se configuraria a responsabilidade civil do Estado pelos prejuízos resultantes da queda dos níveis de venda dos produtos nacionais. A diretriz jurisprudencial em apreço ratificou a orientação já adotada pela Corte Suprema em momento pretérito (RE 225.655 e RE 224.285).

Por sua vez, o § 1º do art. 150, do texto constitucional, determina que a alteração das alíquotas do Imposto de Importação não se submete ao *Princípio Constitucional da Anterioridade.*

Portanto, a alteração da alíquota não se sujeita aos Princípios Constitucionais Tributários da *Legalidade* (art. 153, § 1º, CF) e da *Anterioridade* (art. 150, § 1º, CF).

Com o advento da EC n. 42/2003, o Imposto de Importação, que já era uma exceção ao período de anterioridade anual (art. 150, § 1º, parte inicial, CF), passou a ser, igualmente, uma exceção ao período de anterioridade qualificada ou nonagesimal (art. 150, § 1º, *in fine*, CF). Desse modo, se para ele usávamos o recurso mnemônico "paga já", hoje, após a EC n. 42/2003, devemos associá-lo a "paga já, já", por ser exceção à anterioridade anual e aos 90 dias.

b) Base de cálculo e o serviço de *capatazia*: em **11 de março de 2020**, a 1ª Seção do **STJ**, no **REsp 1.799.306-RS** (rel. Min. Gurgel de Faria; rel. p/ ac. Min. Francisco Falcão), entendeu que os serviços de *capatazia* estão incluídos na composição do "valor aduaneiro" e integram a base de cálculo do imposto de importação (II).

O Decreto n. 2.498/98, no art. 17, para fins de tributação do II, prevê a inclusão no "valor aduaneiro" dos gastos relativos à carga, descarga e manuseio, associados ao transporte das mercadorias importadas até o porto ou local de importação. Essa disposição é reproduzida no § 2º do art. 8º do AVA (*Acordo de Valoração Aduaneira*). Ocorre que tal labor representa, exatamente, a **capatazia**, conforme a previsão no art. 40 da Lei n. 12.815/2013, o qual definiu essa atividade como de *movimentação de mercadorias nas instalações dentro do porto, compreendendo o recebimento, conferência, transporte interno, abertura de volumes para a conferência aduaneira, manipulação, arrumação e entrega, bem como o carregamento e descarga de embarcações, quando efetuados por aparelho portuário.* Portanto, a atividade de *capatazia* se inclui no "valor aduaneiro" para fins de composição da base de cálculo do II.

c) ZFM – Zona Franca de Manaus: como uma importante noção afeta à importação, é imperioso que se assimile a *zona franca* como uma área de livre comércio de importação e exportação e de incentivos fiscais especiais, criada pelo Decreto-lei n. 288/67. Foi ela concebida com a finalidade de criar, no interior da Amazônia, um centro industrial, comercial e agropecuário, dotado de condições econômicas que permitissem seu desenvolvimento;

É sabido que a Zona Franca de Manaus – área de livre comércio, para a qual havia benefício garantido até 2013 – teve, em razão da EC n. 42/2003, uma prorrogação de benefício por mais 10 (dez) anos, conforme o art. 92 do Ato das Disposições Constitucionais Transitórias (ADCT). Seu prazo final ficou, então, para 2023. Entretanto, em sessão solene do dia 5 de agosto de **2014**, o Congresso Nacional promulgou a **EC n. 83**, a qual prorroga os benefícios tributários da Zona Franca de Manaus até o ano de **2073**. De autoria do Executivo, a proposta que resultou na indigitada Emenda acrescenta o **art. 92-A ao ADCT**, estendendo por mais 50 anos, a partir de 2023, os incentivos fiscais à Zona Franca de Manaus. Como a criação dessa área de livre comércio se deu em 1967, ao término do período (2073), tirante a hipótese de ulterior renovação, a Zona Franca terá completado 106 anos de existência.

d) ***DRAWBACK*:** forma de proteção da indústria nacional pela qual o produtor, quando exporta o produto acabado, é ressarcido do *Imposto de Importação* incidente sobre a própria importação de insumos de origem estrangeira. Assim, faculta-se ao importador obter a devolução dos tributos alfandegários pagos pela matéria-prima quando reexportada ou exportada. Mais tecnicamente, o *drawback* é um *regime aduaneiro especial* que permite a importação de insumos sem a incidência do Imposto de Importação (mediante a suspensão da exigibilidade desse crédito tributário), condicionada à re/exportação desses bens, conforme previsto no art. 71 do DL n. 37/66 e atualmente disciplinado no art. 383 do Decreto n. 6.759/2009 (Regulamento Aduaneiro).

O direito ao benefício do regime de *drawback* pressupõe, cumulativamente, que:

(I) a mercadoria importada seja destinada ao acondicionamento do produto exportado ou a exportar (art. 78, II, DL n. 37/66 c/c art. 336, Regulamento Aduaneiro);

(II) haja, comprovadamente, uma agregação de valor ao produto final. Ora, quanto a este último requisito, sobretudo, nota-se um mero desdobramento lógico da finalidade do *drawback*, vale dizer, o incentivo à exportação de mercadorias produzidas, integral ou parcialmente, na indústria nacional. Desse modo, somente se inclui na suspensão dos tributos um certo tipo de mercadoria importada: aquela utilizada no beneficiamento do produto a ser exportado ou aquela utilizada para efeito de embalagem ou acondicionamento. Não se abrangem, portanto, as mercadorias destinadas ao mero transporte exportador do bem importado (por exemplo, frutas, já devidamente acondicionadas em caixas). Com efeito, a lógica da exclusão está na simples razão de que a segurança vinculada a esse tráfego diz respeito à preservação de valor do bem a ser posteriormente exportado, sem a cogitação de beneficiamento ou agregação do valor à mercadoria (cite-se, por exemplo, nesse transporte de frutas importadas, a utilização externa, nos contêineres, *de cantoneiras de* *plástico rígido, filtros de etileno e termógrafos elétricos*, conforme assentou a 2ª Turma do **STJ**, em 17 de maio de **2016**, no **REsp 1.404.148/PE**, rel. Min. Humberto Martins, rel. p/ ac. Min. Herman Benjamin).

O regime especial "*drawback* na modalidade suspensão" acaba assumindo a indumentária de uma "isenção tributária condicional", apresentando-se, portanto, como uma *causa de exclusão do crédito tributário*. Em um primeiro momento, o *regime especial de "drawback"* é concedido a título precário e, só após a ocorrência da condição – com a exportação dos produtos finais elaborados a partir dos insumos importados –, faz com que a isenção se torne definitiva, impedindo o lançamento e, *ipso facto*, a constituição do crédito tributário. Destarte, em condições normais, não havendo exigibilidade para o pagamento do tributo, pela força da exclusão do crédito tributário, não ocorrerá inadimplemento do contribuinte e, por conseguinte, afastada estará a mora. No entanto, caso tais bens não sejam, ao final, exportados, estará descaracterizado o pressuposto fático da *admissão temporária*, exsurgindo uma verdadeira importação, como qualquer outra, de modo que o tributo cuja exigibilidade se encontrava suspensa passa a ser exigível. Embora o fato gerador ocorra no momento da importação, os tributos não são devidos desde logo, pois a obrigação tributária fica sujeita à condição, para posterior lançamento e constituição do crédito tributário. A superação da condição implica que o contribuinte pode: (**a**) devolver as mercadorias ao exterior; (**b**) destruir a mercadoria importada sob fiscalização da autoridade aduaneira; ou (**c**) ultimar a importação com o recolhimento dos tributos no prazo de 30 dias com os acréscimos legais devidos.

Em **26 de fevereiro de 2019**, a 1ª Turma do **STJ**, no **REsp 1.310.141/PR** (rel. Min. Napoleão Nunes Maia Filho), entendeu que o termo inicial para fins de multa e juros moratórios que decorrem da não exportação de produtos que foram isentos do recolhimento de tributos em razão do *drawback-suspensão* é a data em que se encerra a condição suspensiva. No caso concreto, o contribuinte buscou afastar a exigência de multa e juros moratórios no pagamento de tributos (II, IPI, PIS e COFINS) incidentes sobre importação de peças e componentes para a fabricação de máquinas na indústria têxtil, após não proceder à exportação dos produtos fabricados dentro do prazo de um ano, consoante ato concessório do regime especial de *drawback-suspensivo* de tributos. Para a Corte Superior, nesse tipo de regime especial, o termo inicial para fins de multa e juros moratórios será o trigésimo primeiro dia do inadimplemento do compromisso de exportar, ou seja, quando escoado o prazo da suspensão – antes disso, o contribuinte não está em mora, em razão do seu prazo de graça. *In casu*, o pagamento do tributo no regime especial ocorreu dentro do prazo de trinta dias após a não concretização das exportações, não se justificando, desse modo, a aplicação de penalidade em razão da mora, nem para fins de multa moratória, nem de juros moratórios, porquanto o fato (mora) não existiu.

Frise-se que, em 27 de abril de **2016**, foi editada a **Súmula n. 569 do STJ**, com os seguintes dizeres: "*Na importação, é indevida a exigência de nova certidão negativa de débito no desembaraço aduaneiro, se já apresentada a comprovação da quitação de tributos federais quando da concessão do benefício relativo ao regime de 'drawback'*".

Por derradeiro, quanto ao regime de *drawback*-suspensão e o papel da *lei interpretativa* no plano das *licitações internacionais*, em **10 de março de 2020**, a 1ª Turma do **STJ**, no **REsp 1.715.820-RJ** (rel. Min. Regina Helena Costa), entendeu que o conceito abrangente de "licitação internacional", revelado pelo **art. 3º da Lei n. 11.732/2008**, em razão do seu **caráter interpretativo** (art. 106, I, CTN), retroage às situações anteriores a sua entrada em vigor.

É que a **Lei n. 8.032/90 (art. 5º)**, que dispõe sobre a isenção e redução de impostos em importação, disciplinou a aplicação do regime de *drawback*-suspensão, especificamente às operações que envolvam o fornecimento de máquinas e equipamentos para o mercado interno. Por sua vez, passados cerca de 18 anos, em 2008, sobreveio a **Lei n. 11.732**, a qual, fazendo menção àquela norma anterior, lapidou o conceito de "licitação internacional", nos seguintes termos:

> "**Art. 3º** Para efeito de interpretação do **art. 5º da Lei n. 8.032**, de 12 de abril de 1990, licitação internacional é aquela promovida tanto por pessoas jurídicas de direito público com o por pessoas jurídicas de direito privado do setor público e do setor privado". **(Grifos nossos)**

Ora, como é cediço, na órbita do Direito Administrativo, tal conceito já existe no **art. 42 da Lei n. 8.666/93**, porém, aqui, é menos abrangente. A **Lei n. 11.732/2008** encampou, além das licitações realizadas no âmbito da Administração Pública, os certames promovidos pelo setor privado.

Para o **STJ**, a definição de "licitação internacional" amoldável ao regime aduaneiro do *drawback* incidente no fornecimento de bens voltado ao mercado interno deve ser aquela estampada na **Lei n. 11.732/2008 (art. 3º)**, por expressa previsão legal. Ademais, para a Corte Superior, a **Lei n. 11.732/2008** ostenta indiscutível caráter interpretativo, limitando-se a elucidar o sentido e o alcance de expressão constante de outra – **art. 5º da Lei n. 8.032/90** –, sem impor nenhuma inovação ou modificação no regime especial de tributação nela disciplinado, razão pela qual é perfeitamente aplicável às situações anteriores a sua vigência.

e) *DUMPING*: invasão de mercadorias estrangeiras por preços abaixo do custo praticado na indústria nacional, em potencial prática de lesão às leis de trabalho e comerciais do país destinatário do bem. Traduz-se na união de exportadores, às vezes sob a anuência governamental, que visam introduzir em mercado alheio produto cujo preço é inferior ao "de mercado" no país de origem, com o intuito de aniquilar a concorrência no país de destino;

f) GATT – Acordo Geral sobre Tarifas e Comércio: acordo firmado em 1947, na Suíça, é dele o Brasil é signatário, sendo o GATT caracterizado como pacto que visa *estabelecer e administrar regras para o procedimento em comércio internacional, ajudar os governos a reduzir tarifas alfandegárias ou aduaneiras e abolir as barreiras comerciais entre as partes contratantes*;

g) Regulamento Aduaneiro – RA: o Decreto n. 91.030/85 e suas alterações compõem o chamado *regulamento aduaneiro*, que normatiza as atividades aduaneiras no País, cujo estudo aprofundado é de competência daqueles que atuam na função de *Analistas-Tributários da Receita Federal do Brasil* (ATRFBs) ou *Auditores-Fiscais da Receita Federal do Brasil* (AFRFBs), como servidores da Receita Federal do Brasil, quando lotados nos portos, aeroportos e fronteiras.

h) A pena de perdimento e o pagamento do tributo: em 22 de setembro de **2016**, a 2ª Turma do **STJ**, no **REsp 1.385.366/ES** (rel. Min. Herman Benjamin), entendeu que a eventual quitação do tributo devido (numa importação) não implica o direito ao descumprimento das normas que disciplinam a legislação alfandegária. Sendo assim, ainda que tenha ocorrido o adimplemento do tributo, haverá amplo espaço para a decretação administrativa da *pena de perdimento de bens importados* quando houver a adulteração de dados essenciais (origem do produto importado), a fim de que este chegue ao consumidor final como se fosse produto nacional (art. 105, VIII, do Decreto-Lei n. 37/66). Segundo o relator, "*a pena de perdimento não constitui sanção cujo fato gerador tenha por base a inadimplência de tributo. Portanto, a circunstância de a recorrente haver adimplido a obrigação de conteúdo pecuniário não a exime de observar a legislação alfandegária e respeitar os valores por ela protegidos. Em outras palavras, a quitação do tributo devido não implica direito ao descumprimento das normas que disciplinam o direito alfandegário*".

Em 6 de abril de **2017**, a 1ª Turma do **STJ**, no **EREsp 1.316.269/SP** (rel. Min. Gurgel de Faria), entendeu que "o erro culposo na classificação aduaneira de mercadorias importadas e devidamente declaradas ao fisco não se equipara à 'declaração falsa de conteúdo' e, portanto, não legitima a imposição da pena de perdimento". O caso concreto demandou, conceitualmente, a distinção entre "declaração falsa" e "declaração indevida": a primeira é aquela prestada pelo importador com o propósito de iludir a fiscalização e pagar tributo menor do que seria devido; a outra, a declaração indevida, é a que decorre de um mero erro culposo. Assim, o erro na classificação da mercadoria importada, peculiar à *declaração indevida*, não pode ser equiparado à "falsa declaração de conteúdo". Tal dissociação levou o **STJ** a concluir pela impossibilidade da aplicação da *pena de perdimento* quando concomitantes, de um lado, a correta descrição das mercadorias importadas, mas, de outro, o mero erro de classificação, sem má-fé do importador.

4 ESTUDO DO IE

Imposto	IE
Nomen juris	Imposto sobre a exportação, para o exterior, de produtos nacionais ou nacionalizados
Artigos	Art. 153, II, da CF; art. 23 e seguintes do CTN

4.1 Competência e sujeito ativo

O **art. 153, II, da CF**, estabelece ser de competência da **União** a instituição do IE. Observe-o:

> Note o item considerado **CORRETO**, em prova realizada pelo IESES, para o cargo de Titular de Serviços de Notas e de Registros (TJ/MS), em 2014: *"Compete à União instituir impostos sobre exportação, para o exterior, de produtos nacionais ou nacionalizados"*.

> **Art. 153.** Compete à União instituir imposto sobre: (...)
>
> **II** – exportação, para o exterior, de produtos nacionais ou nacionalizados. É facultado ao Poder Executivo, atendidas as condições e os limites estabelecidos em lei, alterar as alíquotas do imposto sobre a exportação.

O *Imposto de Exportação* foi instituído no Brasil por alvará, no século XIX, em 1818. É imposto de competência da União, sendo marcadamente **caracterizado por sua função econômica ou extrafiscal**. Com efeito, "*a receita líquida do imposto destina-se à formação de reservas monetárias, na forma da lei*" (art. 28 do CTN c/c art. 28 do DL n. 1.578/77). Ademais, o gravame incide sobre a exportação de produtos nacionais ou nacionalizados, conforme abaixo veremos.

> Note o item considerado **CORRETO**, em prova realizada pela OBJETIVA, para o cargo de Advogado da Prefeitura Municipal de Santo Augusto/RS, em 2016: *"De acordo com a Lei n. 5.172/66 (CTN), acerca do Imposto sobre Exportação, a receita líquida do imposto destina-se à formação de reservas monetárias, na forma da lei"*.

4.2 Sujeito passivo

O sujeito passivo do Imposto de Exportação é o *exportador* – qualquer pessoa que promova a saída do produto nacional ou nacionalizado do território nacional (art. 27 do CTN e art. 5º do DL n. 1.578/77).

4.3 Fato gerador

O fato gerador do Imposto de Exportação é a **saída do território nacional para o exterior, de produtos nacionais ou nacionalizados**, cabendo ao intérprete assimilar o elemento temporal do fato gerador como o momento da *liberação* pela autoridade aduaneira ou a *data de embarque ou saída* constante na *Declaração de Exportação*. Portanto, o fato gerador é a *saída do território*, mas o momento (ficção jurídica) em que se materializa é o da *expedição da guia de exportação* ou documento equivalente, podendo sua exigibilidade acontecer mesmo antes que se opere a saída do produto, a critério da Receita Federal, nos termos do art. 1º, § 1º, do Decreto-lei n. 1.578/77.

> Note o item considerado **CORRETO**, em prova realizada pelo IESES, para o cargo de Titular de Serviços de Notas e de Registros (TJ/RO), em 2017: *"O imposto, de competência da União, sobre a exportação, para o estrangeiro, de produtos nacionais ou nacionalizados tem como fato gerador a saída destes do território nacional"*.

O conceito de *exportação* baseia-se na saída, do país, de mercadoria nacionalizada para adquirente estabelecido no exterior – a despeito do Regulamento Aduaneiro, que estabelece a ocorrência do fato gerador desta exação com a saída da mercadoria do território aduaneiro.

Nesse passo, não é despiciendo revelar a distinção entre dois aspectos nos quais a terminologia acima utilizada diverge da aplicação habitual: o primeiro é aquele que trata "de território aduaneiro em vez de nacional... sendo território aduaneiro todo o território nacional com pontos jurisdicionados por autoridade que exerce o controle aduaneiro. O segundo ponto está relacionado ao termo "mercadoria". Considerando que mercadoria é uma espécie do gênero produto, quiseram os legisladores, ao elaborarem o Código Tributário Nacional e o Decreto-Lei, ser mais abrangentes, uma vez que mercadoria é todo bem objeto de mercancia, enquanto produto é todo bem produzido pelo homem ou pela natureza"[14].

Para Miguel Hilú Neto, "o sistema constitucional tributário brasileiro, ao se referir a produtos, utiliza o vocábulo em sentido estreito, ou seja, de bens corpóreos resultantes da transformação progressiva de elementos da natureza. Excluem-se, dessa forma, os bens que não têm existência física, como aqueles transferidos por *download*"[15].

O produto *nacional*, por sua vez, é aquele produzido dentro do território nacional.

Nesse rumo, a Portaria MF n. 300/88 estabelece conceitos relativos a regime de entreposto aduaneiro na importação, por meio do qual se chega ao conceito de *produto nacionalizado*. Com efeito, a nacionalização da mercadoria representa a *sequência de atos que transferem a mercadoria da economia estrangeira para a economia nacional*, conforme se depreende do § 1º do art. 221 do Decreto n. 91.030/85, que preconiza, *in verbis*: "Considera-se nacionalizada a mercadoria estrangeira importada a título definitivo" *(art. 221, § 1º)*.

14. COELHO, Guiomar. *Tributos sobre o comércio exterior*. 2. ed. São Paulo: Aduaneiras, 2006, p. 84.
15. HILÚ NETO, Miguel. *Imposto sobre importações e imposto sobre exportações*. São Paulo: Quartier Latin, 2003, p. 73.

4.4 Base de cálculo

A base de cálculo do imposto é o **preço normal** que a mercadoria, ou sua similar, alcançaria ao tempo da exportação, em uma venda em condições de livre concorrência no mercado internacional, observadas as normas expedidas pelo Conselho Monetário Nacional (Decreto-lei n. 1.578/77, art. 2º).

A base de cálculo do imposto de exportação será:

a) **a quantidade de mercadoria**, expressa na unidade de medida indicada na Tarifa Aduaneira do Brasil (TAB), quando a alíquota for **específica** (aquela alíquota que prevê importâncias fixas, aplicáveis em relação aos modos de apresentação do produto exportado). Por exemplo: teremos um imposto de tantos reais por tonelada, ou por comprimento (art. 20, I, CTN);

> Note o item considerado **INCORRETO**, em prova realizada pela OBJETIVA, para o cargo de Advogado da Prefeitura Municipal de Santo Augusto/RS, em 2016: *"De acordo com a Lei n. 5.172/66 (CTN), acerca do Imposto sobre Exportação, a base de cálculo do imposto, quando a alíquota seja 'específica' ou 'ad valorem', é o preço normal que o produto, ou seu similar, alcançaria, ao tempo da exportação, em uma venda em condições de livre concorrência".*

b) a expressão monetária do produto exportado, isto é, o preço normal – valor aduaneiro previsto no inciso VII, n. 2, do Acordo Geral sobre Tarifas Aduaneiras e Comércio (GATT – Decreto n. 92.930/86), quando a alíquota for ***ad valorem*** (aquela que incidirá sobre o valor aduaneiro do produto exportado).

A base de cálculo, desse modo, é o preço normal que o produto alcançaria em uma venda em condições de livre concorrência no mercado internacional. Portanto, o Fisco não está vinculado ao valor consignado na fatura comercial.

O preço à vista do produto – **FOB (*Free on Board*: livre ou posto a bordo)** – é indicativo do preço normal, em caso de transporte marítimo. Por ele, o exportador ou vendedor do produto se compromete a colocar a mercadoria "livre a bordo" no porto de partida, correndo por sua conta todos os custos e riscos até o embarque da mercadoria naquele porto. O importador, por sua vez, assume todos os custos e riscos a partir do momento em que a mercadoria ingressou no navio.

Por meio do indicador **CIF (*Cost, Insurance and Freight* ou "Custo, Seguro e Frete")**, o exportador responderá por todos os custos e riscos até a colocação da mercadoria a bordo do veículo que a transportará para o exterior e, mais, por todos os custos atinentes ao frete internacional e riscos (seguro internacional) até o porto de destino.

c) **o preço da arrematação** do produto adquirido em licitação, que não é o preço normal ou de referência da mercadoria.

4.5 Alíquotas

Estão previstas na TAB (*Tarifa Aduaneira do Brasil*), podendo ser:

a) **específicas:** valor em dinheiro que incide sobre uma unidade de medida prevista em lei, que pode referir-se à metragem, ao peso etc. Por exemplo: R$ 42,00 por metro cúbico.

b) *ad valorem***:** aplicação alíquota sobre determinado valor de operação.

Atualmente, a alíquota do IE é de 30%, sendo facultado ao Poder Executivo aumentá-la em até cinco vezes, conforme a Lei n. 9.716/98. Portanto, a alíquota máxima poderá atingir até 150% (art. 3º do DL n. 1.578/77).

4.6 Notas gerais

a) Ressalva a princípio constitucional: o art. 153, § 1º, da CF/88 assevera que é facultado ao Poder Executivo, atendidas as condições e os limites estabelecidos em lei, alterar as alíquotas do *Imposto de Exportação*. Portanto, no concernente à alteração da alíquota, o imposto está **excepcionado do Princípio Constitucional da Legalidade.**

> Note o item considerado **CORRETO**, em prova realizada pela FCC, para o cargo de Juiz (TJ/CE), em 2014: *"Atendidas as condições e os limites estabelecidos em lei, o IPI, o ICMS, as taxas municipais pelo poder de polícia, as contribuições de melhoria e o Imposto de Exportação podem ter suas alíquotas aumentadas, respectivamente, por decreto, lei ordinária, lei ordinária, lei ordinária e decreto"*.

Por sua vez, o § 1º do art. 150 do texto constitucional determina que a alteração das alíquotas do *Imposto de Exportação* não se submete ao **Princípio Constitucional da Anterioridade.**

> Note o item considerado **CORRETO**, em prova realizada pela Fundep, para o cargo de Professor (IF/SP), em 2014: *"Em relação às limitações ao poder de tributar, a regra da anterioridade, positivada no artigo 150, III, 'b' e 'c' da CR de 1988, não se aplica aos impostos de importação e exportação"*.

Portanto, a alteração da alíquota não se sujeita aos Princípios Constitucionais Tributários da Legalidade (art. 153, § 1º, CF) e da Anterioridade (art. 150, § 1º, CF).

Quanto à aplicação do princípio da legalidade e extrafiscalidade, recomendamos a leitura do tópico apresentado anteriormente, neste capítulo.

Com o advento da EC n. 42/2003, o *Imposto de Exportação*, que já era uma exceção ao período de anterioridade anual (art. 150, § 1º, "parte inicial", CF), passou a ser, igualmente, uma exceção ao período de anterioridade qualificada ou nonagesimal (art. 150, § 1º, *in fine*, CF). Portanto, se para ele usávamos o recurso mnemônico "paga já", hoje, após a EC n. 42/2003, devemos associá-lo a "paga já, já", por ser exceção à anterioridade anual e aos 90 dias;

b) Desoneração e incidência: esse imposto é pouco cobrado nos países, uma vez que retira a competitividade do produto nacional no comércio internacional. No Brasil, o texto constitucional prevê regras de *isenção* sobre a exportação para o **ISS** (art. 156, § 3º, II, CF), a par de regra de imunidade para o **ICMS** (art. 155, § 2º, X, CF) e para o IPI (art. 153, § 3º, III, CF).

5 ESTUDO DO IPI

Imposto	IPI
Nomen juris	Imposto sobre produtos industrializados
Artigos	Art. 153, IV, da CF; art. 46 e seguintes do CTN

5.1 Competência e sujeito ativo

O **art. 153, IV, da CF**, estabelece ser de competência da União a instituição do IPI.

Observe-o:

A União, na forma do art. 153, IV, da CF, poderá instituir:

> Note o item (adaptado) considerado **CORRETO**, em prova realizada pela Vunesp, para o cargo de Titular de Serviços de Notas e de Registros (TJ/SP), em 2014: *"Dentro da competência da União, estão os seguintes impostos, entre outros: imposto sobre produtos industrializados e o imposto sobre a propriedade territorial rural".*

(...)

IV – imposto sobre produtos industrializados.

§ 1º É facultado ao Poder Executivo, atendidas as condições e os limites estabelecidos em lei, alterar as alíquotas do IPI. (...)

§ 3º O imposto previsto no inciso IV:

I – será seletivo, em função da essencialidade do produto;

> Note o item considerado **INCORRETO**, em prova realizada pelo CEC, para o cargo de Procurador Municipal de Prefeitura de Piraquara/PR, em 2014: *"O IPI será progressivo, em função da essencialidade do produto e não cumulativo, compensando-se o que for devido em cada operação com o montante cobrado nas anteriores".*

> Note o item considerado **CORRETO**, em prova realizada pela Funiversa, para o cargo de Delegado de Polícia/DF, em 2015: *"O IPI deve ser seletivo em razão da essencialidade do produto que recebe o gravame tributário".*

> Note o item considerado **CORRETO**, em prova realizada pela FCC, para o cargo de Juiz Substituto (TJ/SC), em 2015: *"Wagner, pequeno empresário, domiciliado na cidade de Mafra/SC, desejando ampliar seus negócios, pensou em transformar seu estabelecimento comercial em estabelecimento industrial. Sua preocupação era ter de pagar um imposto que até então lhe era desconhecido: o IPI. Para melhor conhecer esse imposto, conversou com alguns amigos que também eram proprietários de indústria e cada um deles lhe passou as informações que tinham sobre esse imposto. Disseram-lhe, por exemplo, que a competência para instituir esse imposto está prevista na Constituição Federal e que, de acordo com o texto constitucional, o IPI é imposto seletivo, em função da essencialidade do produto, mas não o é em função do porte do estabelecimento industrial que promove seu fato gerador".*

II – será não cumulativo, compensando-se o que for devido em cada operação com o montante cobrado nas anteriores;

III – não incidirá sobre produtos industrializados destinados ao exterior.

O IPI é imposto *real*, recaindo sobre uma determinada categoria de bens, ou seja, produtos da indústria. É gravame federal de forte interesse fiscal, uma vez que representa importante incremento no orçamento do Fisco. Paralelamente a essa importante função arrecadatória, que lhe é ínsita, perfaz relevante função regulatória do mercado, uma vez que vem onerar mais gravosamente artigos supérfluos e nocivos à saúde. Tal mecanismo de regulação se manifesta na busca da *essencialidade* do produto, variando a exação na razão inversa da necessidade do bem.

Com efeito, urge mencionar que o IPI é imposto seletivo. A *seletividade* é uma técnica de incidência de alíquotas, cuja variação dar-se-á em função da indispensabilidade do produto. Os produtos de primeira necessidade devem ter baixa tributação, e os produtos supérfluos devem receber tributação mais elevada (art. 153, § 3º, I, CF).

Kiyoshi Harada[16] ressalta que a "tendência do IPI é restringir-se à tributação de produtos considerados suntuários ou de luxo, com o que o imposto passará, efetivamente, a ter caráter seletivo, contribuindo para a consecução da justiça social, já que indiscutível sua natureza de imposto de consumo".

5.2 Sujeito passivo

O contribuinte do IPI será:

a) o importador ou quem a lei a ele equiparar;

b) o industrial ou quem a lei a ele equiparar;

c) o comerciante de produtos sujeitos ao imposto, que os forneça a industriais ou a estes equiparados;

d) o arrematante de produtos apreendidos ou abandonados, levados a leilão.

Veja o **art. 51 do CTN**:

Art. 51. Contribuinte do imposto é:

I – o importador ou quem a lei a ele equiparar;

II – o industrial ou quem a lei a ele equiparar;

III – o comerciante de produtos sujeitos ao imposto, que os forneça aos contribuintes definidos no inciso anterior;

IV – o arrematante de produtos apreendidos ou abandonados, levados a leilão.

16. HARADA, Kiyoshi. *Direito financeiro e tributário*, 7. ed., p. 309.

Parágrafo único. Para os efeitos deste imposto, considera-se contribuinte autônomo qualquer estabelecimento de importador, industrial, comerciante ou arrematante.

5.3 Fato gerador

O *fato gerador* poderá, assim, ocorrer nas seguintes situações adiante delineadas:

a) importação (o início do desembaraço aduaneiro);
b) saída do estabelecimento industrial ou equiparado de produto industrializado;
c) aquisição em leilão de produto abandonado ou apreendido;
d) outras hipóteses específicas da lei, como no caso de saída de produtos de estabelecimentos equiparados a industrial ou a primeira saída por revenda de produtos importados etc.

Note o teor do **art. 46 do CTN:**

Art. 46. O imposto, de competência da União, sobre **produtos industrializados**, tem como *fato gerador:*

> Note o item considerado **INCORRETO**, em prova realizada pelo TJ/PR, para o cargo de Assessor Jurídico (TJ/PR), em 2013: *"A arrematação em leilão de produto apreendido ou abandonado é fato gerador do Imposto sobre Produtos Industrializados".*

I – o seu desembaraço aduaneiro, quando de procedência estrangeira;

II – a saída do produto do estabelecimento industrial, ou equiparado a industrial.

III – a sua arrematação, quando apreendido ou abandonado e levado a leilão.

> Note o item considerado **CORRETO**, em prova realizada pelo IMA, para o cargo de Procurador da Prefeitura de Paraibano/MA, em 2014: *"A arrematação de produtos industrializados, quando apreendidos ou abandonados e levados a leilão, é um dos fatos geradores do imposto sobre produtos industrializados".*

Parágrafo único. Considera-se industrializado o produto que tenha sido submetido a qualquer operação que lhe modifique a natureza ou finalidade, ou o aperfeiçoe para o consumo. **(Grifo nosso)**

Quanto ao fato gerador do **IPI**, o **STJ** vem produzindo importantes orientações jurisprudenciais. Vejamo-las:

Em 14 de novembro de **2018**, a 1ª Seção do **STJ**, no **EREsp 734.403/RS** (rel. Min. Napoleão Nunes Maia Filho), entendeu que, somente diante da efetiva entrega do produto ao adquirente, a operação passará a ser dotada de relevância econômica capaz de ser oferecida à tributação. Isso significa que, havendo um roubo/furto da mercadoria, após a sua saída do estabelecimento do fabricante, a operação mercantil não se concretizará, inexistindo proveito econômico para o fabricante sobre o qual deve incidir o tributo. Tal realidade própria do caso fortuito afasta a incidência do IPI, não gerando, por conseguinte, a obrigação tributária respectiva.

Ainda sobre o fato gerador do IPI (e a mudança de titularidade do bem), em **12 de maio de 2020**, a 1ª Turma do **STJ**, no **REsp 1.402.138-RS** (rel. Min. Gurgel de Faria), entendeu que, havendo o mero deslocamento para outro estabelecimento ou para outra localidade, ou seja, permanecendo o produto sob o domínio do contribuinte, **não** haverá incidência do IPI. Como é cediço, o aspecto material do IPI alberga dois momentos distintos e necessários: (**1º**) a industrialização (art. 4º do RIPI – Decreto n. 7.212/2010) e (**2º**) a transferência de propriedade ou posse do produto industrializado, que deve ser onerosa e designativa da mudança de titularidade desse produto industrializado (art. 46, II, do CTN). A controvérsia cingiu-se a uma sociedade empresária que promove a detonação ou desmonte de rochas e, para tanto, industrializa os próprios explosivos, utilizando-os na prestação dos seus serviços, logo não promovendo a venda desses artefatos separadamente ou, ainda, transferindo a propriedade ou posse do produto que industrializa. No caso em apreço, a "saída" do artefato do estabelecimento se dá a título de mero deslocamento até o local onde será empregado na sua atividade-fim, não havendo que se falar em incidência de IPI, porquanto inexistente a transferência de propriedade ou a posse de forma onerosa. Diante do exposto, sempre que houver o mero deslocamento para outro estabelecimento ou para outra localidade, permanecendo o produto sob o domínio do contribuinte, não haverá incidência do IPI. A propósito, essa diretriz alinha-se, *mutatis mutandis*, ao pacífico entendimento jurisprudencial do **STJ**, com relação ao ICMS (Súmula n. 166 do STJ).

Em outra oportunidade, em 25 de fevereiro de **2015**, a 1ª Turma do **STJ**, no **REsp 1.396.488/SC** (rel. Min. Humberto Martins), entendeu, com base em inúmeros precedentes do STF e da própria Corte Superior, que "*não incide IPI no desembaraço aduaneiro de veículo importado por consumidor para uso próprio*". Ora, o consumidor final que importa o veículo para uso próprio não é contribuinte do imposto, uma vez que não realiza atividade mercantil ou assemelhada. E mesmo que se pudesse prescindir de tal argumento, o *princípio da não cumulatividade* acabaria por afastar a incidência do IPI, nesse tipo de operação. A propósito, no tocante ao tema do IPI na importação de veículo automotor, quando o importador for pessoa natural e o fizer para uso próprio, a controvérsia possui, no **STF**, repercussão geral, reconhecida em 11 de abril de **2013**. Em 4 de fevereiro de **2016**, após o voto do Ministro Relator Marco Aurélio, o Pleno do **STF** (**RE 723.651**) passou a defender a incidência do IPI, em uma impactante virada jurisprudencial, a qual veio de encontro à própria orientação daquela Corte, bem como à do STJ, acima demonstrada. A radical mudança de posicionamento levou a Corte Suprema a conceber como válida a incidência do IPI em importação de veículos automotores por pessoa física, ainda que esta não desempenhe atividade empresarial e o faça para uso próprio. Para o

STF, não há, no texto constitucional, qualquer distinção para o contribuinte do imposto. Dessa feita, poderá se enquadrar como tal qualquer pessoa nacional, seja ela natural ou jurídica, sendo irrelevante o fato de o contribuinte comercializar ou não o produto importado. Nesse contexto, o **STJ**, diante do efeito vinculante dos pronunciamentos emanados em via de repercussão geral, passou a adotar o posicionamento do **STF**, segundo o qual incide o IPI na importação de automóvel por pessoas físicas para uso próprio, haja vista que tal cobrança não viola o princípio da não cumulatividade nem configura bitributação. Por conseguinte, em 25 de setembro de **2019**, a 1ª Seção do **STJ**, considerando os princípios da segurança jurídica, da proteção da confiança e da isonomia, revisou a tese fixada no REsp 1.396.488/SC (Tema n. 695/STJ) para adequação com o entendimento formulado no RE 723.651/PR, em repercussão geral (Tema n. 643/STF).

Enfrentando tema ainda ligado ao fato gerador do IPI, a 2ª Turma do **STJ**, em 11 de fevereiro de **2014**, no **REsp 1.429.656/PR** (rel. Min. Mauro Campbell Marques), entendeu que era legítima a nova incidência de IPI no momento da saída de produto de procedência estrangeira do estabelecimento do importador, após a incidência anterior do imposto federal no desembaraço aduaneiro. Tal constatação pôde ser evidenciada a partir da combinação de dispositivos afetos ao *fato gerador* (art. 46, II e art. 51, parágrafo único, ambos do CTN) e, também, à *sujeição passiva* do gravame *sub examine* (art. 51, II, do CTN; art. 4º, I, da Lei n. 4.502/64; art. 79 da MP n. 2.158-35/2001; e art. 13 da Lei n. 11.281/2006).

Adotando um entendimento diverso, alguns meses depois, em 11 de junho de **2014**, a 1ª Turma do **STJ**, no **EREsp 1.411.749/PR** (rel. Min. Sérgio Kukina; rel. p/ ac. Min. Ari Pargendler), entendeu que, "*havendo incidência do IPI no desembaraço aduaneiro de produto de procedência estrangeira (art. 46, I, do CTN), não é possível nova cobrança do tributo na saída do produto do estabelecimento do importador (arts. 46, II, e 51, parágrafo único, do CTN), salvo se, entre o desembaraço aduaneiro e a saída do estabelecimento do importador, o produto tiver sido objeto de uma das formas de industrialização (art. 46, parágrafo único, do CTN)*".

Desse modo, na visão da 1ª Turma do **STJ**, o IPI não poderia incidir sobre acréscimos que exsurgem nas fases da circulação de produtos industrializados. O seu fato gerador deve cingir-se, primacialmente, à "industrialização" ou ao "aperfeiçoamento do produto importado". Desse modo, a Corte Superior entendeu que, naqueles casos em que o produto importado chega ao país com a fase de industrialização encerrada, restando apenas sua revenda no mercado nacional sem qualquer modificação, não será possível uma nova cobrança do IPI na saída do produto do estabelecimento do importador. Nesse sentido, veja-se, ainda, o **EREsp 1.398.721/SC, rel. Min. Ari Pargendler, 1ª T., j. em 11-06-2014**.

Por sua vez, em 14 de outubro de **2015**, a Corte Especial do **STJ** consolidou o veredicto segundo o qual "*é legítima a incidência de IPI na saída do produto importado para revenda*". O julgamento cingiu-se à análise de Embargos de divergência (**EREsp**

1.403.532/SC, rel. Min. Napoleão Nunes Maia Filho), os quais, pela primeira vez, foram apreciados sob o rito dos recursos repetitivos, sacramentando a tese da incidência para as demais instâncias da Justiça brasileira. Divergindo do relator, o Ministro Mauro Campbell Marques se manifestou pela alteração da posição que vinha sendo adotada desde **2014**, tendo sido acompanhado pelos votos dos ministros Herman Benjamin, Assusete Magalhães, Sérgio Kukina e o desembargador convocado Olindo de Menezes.

Na linha dessa visão prevalecente – que retoma uma histórica jurisprudência do **STJ** –, não se pode cogitar de *bis in idem* ou de dupla tributação, porquanto se trata de dois fatos geradores distintos: um deles é o desembaraço aduaneiro resultante da operação de compra do produto industrializado do exterior, e o outro é a saída do produto industrializado do estabelecimento importador equiparado a estabelecimento produtor. Vale dizer que a primeira tributação recai sobre o *preço da compra*, na qual já está embutida a margem de lucro da empresa estrangeira, enquanto a segunda recai sobre o *preço da venda*, na qual já está inserida margem de lucro da empresa brasileira importadora.

Frise-se, em tempo, que essa empresa importadora brasileira pode acumular o crédito do imposto a ser pago na saída do produto como *contribuinte de direito*, à luz do *princípio tributário da não cumulatividade*, mantendo-se a tributação apenas sobre o valor agregado.

Posto isso, o **STJ** chancelou definitivamente o entendimento no sentido de que os produtos importados estão sujeitos ao IPI no momento do despacho aduaneiro e, além disso, que há uma nova incidência do imposto federal na operação de revenda (saída do estabelecimento importador), porquanto se trata de fatos geradores distintos. Para fins didáticos, observemos o quadro mnemônico, fruto do veredicto:

VISÃO DO STJ, EM RECURSO REPETITIVO (EREsp 1.403.532/SC, EM 14-10-2015)	
FATO GERADOR DO IPI (DOIS MOMENTOS)	
Art. 46, I, do CTN	**Art. 46, II c/c art. 51, parágrafo único, ambos do CTN**
Art. 46. *O imposto, de competência da União, sobre produtos industrializados tem como fato gerador:* **I** – *o seu desembaraço aduaneiro, quando de procedência estrangeira; (...)*	**Art. 46.** *O imposto, de competência da União, sobre produtos industrializados tem como fato gerador:* **(...) II** – *a sua saída dos estabelecimentos a que se refere o parágrafo único do artigo 51.* **Art. 51.** *Contribuinte do imposto é:* **(...) Parágrafo único.** *Para os efeitos deste imposto, considera-se contribuinte autônomo qualquer estabelecimento de importador, industrial, comerciante ou arrematante.*

Sendo assim, quando há uma importação de bem para uma posterior revenda no mercado interno, o IPI incide **duas vezes**: uma, no desembaraço aduaneiro; outra, na saída do produto do estabelecimento importador. Aliás, à luz do *princípio da não cumulatividade*, o valor da saída pode ser compensado com o valor pago ao momento do despacho aduaneiro. A exceção ocorre se a revenda for para a Zona Franca de Manaus – ZFM (ou para outras regiões incentivadas), porquanto a saída não deverá ser tributada. A legislação específica (e esparsa)[17] vem, de há muito, garantindo a manutenção na escrita do contribuinte dos créditos provenientes da aquisição de insumos empregados na industrialização de produtos remetidos à ZFM. A propósito, em 1º de outubro de **2015**, a 2ª Turma do **STJ**, no **REsp 1.464.935/PR** (rel. Min. Mauro Campbell Marques), entendera que, não obstante à existência da pluralidade de normas pertinentes, todas convivem harmoniosamente, estando garantida "*a manutenção na escrita do contribuinte dos créditos de IPI provenientes da aquisição de produtos finais do exterior e posteriormente remetidos à ZFM*".

> Note o item considerado **INCORRETO**, em prova realizada pelo TRF/4ª Região, para o cargo de Juiz Federal Substituto (XVII Concurso), em 2016: *"De acordo com a jurisprudência do STJ, não incide o IPI na revenda pelo estabelecimento importador quando esse produto importado não sofrer qualquer processo de industrialização"*.

Por fim, considerar-se-á ocorrido o fato gerador nas situações de **retorno de mercadoria**. No entanto, **não** prevalecerá nos seguintes casos, inexistindo recolhimento, quando houver:

a) retorno de mercadoria enviada em consignação e não vendida no prazo autorizado;

b) retorno de mercadoria (ou seja, a devolução), por motivo de defeito técnico, para reparo ou substituição;

c) retorno da mercadoria, em face de modificações na sistemática de importação no país importador;

d) retorno da mercadoria, por motivo de guerra ou calamidade pública;

e) retorno da mercadoria, por outros fatores, alheios à vontade do exportador.

5.3.1 *Conceito de industrialização*

Considera-se *industrializado*, para fins de incidência de IPI, o produto que tenha sido submetido a qualquer operação que lhe modifique a natureza ou a finalidade, ou o aperfeiçoe para consumo, tais como a *transformação*, o *beneficiamento*, a *montagem* etc.

Observe, portanto, os *conceitos*:

17. Ver, nesse sentido, os seguintes comandos normativos: **(I)** art. 2º da Lei n. 9.716/98; **(II)** art. 11 da Lei n. 9.779/99; **(III)** art. 4º da Lei n. 8.387/91; e **(IV)** art. 226, V e VI, do RIPI/10 – Decreto n. 7.212/2010.

a) **Transformação:** com ela, o produto "velho" perde a "individualidade". É processo mecanizado (ou semimecanizado), automatizado (ou semiautomatizado) exercido sobre matéria-prima (ou produto intermediário), que lhe dá nova forma e finalidade, fazendo surgir um produto com forma, fins e conceitos diversos daqueles que lhe vieram compor na acepção de matéria-prima ou produto intermediário. O bem resultante da *transformação* tem nova classificação na tabela do IPI (nova classificação de nomenclatura nacional de mercadorias). Por exemplo:
   – *transformação de madeira serrada, de outras matérias-primas (tecido, espuma, molas) e de outros produtos intermediários (arames, pregos, colas), em um produto novo: a poltrona estofada;*
   – *transformação do granito em blocos de pedra-sabão, para asfaltamento* (**Súmula n. 81 do TFR**);
b) **Beneficiamento:** processo de modificação, aperfeiçoamento embelezamento ou alteração de funcionamento de um produto já existente. Nesse processo o produto resultante fica na mesma classificação fiscal originária, ou seja, não tem nova classificação na nomenclatura brasileira de mercadorias. Por exemplo:
   – *envernizamento de móveis, com colocação de puxadores e frisos;*
   – *mudança no veículo de cabine simples para cabine dupla;*
c) **Montagem:** reunião de produtos e peças já existentes em nova sistematização, resultando em produto novo, quanto à ampliação, funcionamento ou finalidade. Nesse caso, as peças ou partes não perdem sua "individualidade" na obtenção de um produto novo. Nesse processo, o produto surgido pode ter nova classificação fiscal ou manter a do produto originário da montagem. Por exemplo: a própria *montagem de veículos*, em que praticamente todos os componentes são fabricados por outras empresas e, depois, reunidos, sistematizados e montados pela montadora de veículos;
d) **Acondicionamento ou reacondicionamento:** processo de alteração da embalagem visual do produto, ou seja, modificação da apresentação do produto ao seu consumidor, criando-lhe nova proposta de consumo, novo visual e novo estímulo à aquisição. Exclui-se desse processo a mera alteração de embalagem para fins de transporte. Exemplo: *estojo de produtos de higiene pessoal*, composto por *um sabonete, um perfume e um talco.* Esses três produtos são colocados em um estojo, cuja finalidade de embalagem não se atrela ao próprio transporte, e sim à necessidade de criar um visual convidativo, diferenciado, ao ímpeto do consumidor. Esse estojo terá uma classificação fiscal correspondente ao produto do estojo da alíquota maior;
e) **Renovação ou recondicionamento:** é a renovação exercida em um produto usado ou inutilizado, restaurando-lhe a utilização, como se novo voltasse a ser. O produto resultante do processo continua a ter a classificação fiscal originária. Por exemplo: *recondicionamento de baterias*, de amortecedores.

Ressalte-se que "a legislação do IPI amplia o conceito de *produto industrializado*, nele incluindo operações como o simples acondicionamento, ou embalagem, que na verdade não lhe modificam a natureza, nem a finalidade, nem o aperfeiçoam para o consumo. Tal ampliação viola o art. 46, parágrafo único, do CTN. Configura, outrossim, flagrante inconstitucionalidade, na medida em que o conceito de *produto industrializado*, utilizado pela Constituição para definir a competência tributária da União, não pode ser validamente ampliado pelo legislador ordinário"[18] (art. 110, CTN).

5.4 Base de cálculo

A base de cálculo do **IPI** ganha formatos diversos, conforme o *fato gerador* do imposto, cujas modalidades já foram expostas, à luz do art. 46 do CTN. Observe o quadro sinóptico:

		FATO GERADOR	BASE DE CÁLCULO
IPI	1º	O desembaraço aduaneiro de produto industrializado, quando de procedência estrangeira (art. 46, I, CTN).	**O preço normal (art. 47, I, CTN)**
	2º	A saída do produto industrializado do estabelecimento de qualquer natureza, ou seja, de importador, industrial, comerciante ou arrematante (art. 46, II, CTN).	**O valor da operação de que decorrer a saída da mercadoria (art. 47, II, "a", CTN)**
	3º	A arrematação do produto industrializado, quando apreendido ou abandonado e levado a leilão (art. 46, III, CTN).	**O próprio preço da arrematação (art. 47, III, CTN)**

Passemos ao detalhamento:

1. FATO GERADOR: o desembaraço aduaneiro de produto industrializado, quando de procedência estrangeira (art. 46, I, CTN).

1.1. BASE DE CÁLCULO: o **preço normal** (art. 47, I, CTN), vale dizer, aquele preço "*que o produto, ou seu similar, alcançaria, ao tempo da importação, em uma venda em condições de livre concorrência, para entrega no porto ou lugar de entrada do produto no País*" (art. 20, II, CTN). Em termos simples, preço "normal" é o preço de venda à vista.

> Note o item (adaptado) considerado **CORRETO**, em prova realizada pela FGV, para o XXIII Exame de Ordem Unificado, em 2017: "*O ´Laboratório de Análises Clínicas X´ realizou a importação de equipamento eletrônico necessário para a feitura de alguns exames. Por ocasião do desembaraço aduaneiro, foi-lhe exigido o pagamento de IPI, cuja base de cálculo correspondia a 150% do preço corrente do equipamento no mercado atacadista da praça do remetente, acrescido do II (imposto de importação), das taxas exigidas para a entrada do produto no país e dos encargos cambiais efetivamente pagos pelo laboratório. Sobre a exigência feita, há vício na base de cálculo quanto ao percentual de 150%, mas não quanto às inclusões ou acréscimos de tributos, todos válidos*".

18. MACHADO, Hugo de Brito. *Curso de direito tributário*, 29. ed., p. 329.

A essa base de cálculo, ao momento do despacho aduaneiro, devem ser acrescidos os valores correspondentes ao próprio imposto de importação, às taxas aduaneiras de entrada no país e aos encargos cambiais (alíneas "a", "b" e "c" do inciso I do art. 47 do CTN). A propósito, a inclusão do *imposto de importação* na base de cálculo do IPI, embora represente a tributação de *imposto sobre imposto*, pode justificar-se, nesse caso, como meio de proteção à indústria nacional.

2. FATO GERADOR: a saída do produto industrializado do estabelecimento de qualquer natureza, ou seja, de importador, industrial, comerciante ou arrematante (art. 46, II, CTN).

2.1. BASE DE CÁLCULO: o **valor da operação de que decorrer a saída da mercadoria** (art. 47, II, "a", CTN). Esse valor da operação é representado pelo *preço do produto*, acrescido do valor do frete e das demais despesas acessórias cobradas ou debitadas pelo contribuinte ao comprador ou destinatário. *Ad argumentandum*, na falta desse *valor da operação*, teremos uma **nova base de cálculo**: o preço corrente da mercadoria, ou sua similar, no mercado atacadista da praça do remetente (art. 47, II, "b", CTN).

No plano jurisprudencial, quanto à demarcação conceitual do que vem a ser o "valor da operação", o **STJ** já deixou claro que "*a lei não trata de como foi formado o valor da operação, de raciocínios que seriam até mesmo impossíveis de serem concretizados na prática como cogitar de que 'x' por cento do preço corresponde aos custos de produção, 'y' por cento corresponde ao lucro, 'z' por cento corresponde aos impostos, etc. O que importa é o custo total da operação, sendo irrelevante de que forma o vendedor chegou ao valor que cobrou pelo produto por ele comercializado*". **(REsp 1.586.158/SP, rel. Min. Herman Benjamin, 2ª T., j. em 03-05-2016)**

Por outro lado, se estamos diante de uma **venda a prazo** ou, por outro lado, de uma **venda financiada**, devemos tomar algumas cautelas, já apontadas no trato jurisprudencial do tema:

Para o **STJ**, conforme a ementa do retrocitado **REsp 1.586.158/SP-2016,** "*a 'venda a prazo' e a 'venda financiada' não se confundem. Nesta, o comprador obtém recursos de instituição financeira para pagar a aquisição da mercadoria e o IPI incide apenas sobre o valor efetivamente pago ao vendedor da mercadoria, não englobando os juros pagos ao financiador, sobre o qual incidirá apenas o IOF*". **Exemplo**: se o preço da operação fosse R$ 500,00, a base de cálculo do IPI seria esse exato valor (R$ 500,00), ainda que para poder pagá-lo o comprador acabasse por pagar à instituição financeira (R$ 600,00), ou seja, os R$ 500,00 mais R$ 100,00 de juros. Não haveria de se pensar em incidência de IPI sobre esses R$ 100,00, pois estes não comporiam o preço da operação, constituindo remuneração pelo capital obtido em empréstimo. Aliás, o imposto que incidiria sobre esses R$ 100,00 (juros de financiamento) é o IOF.

E, retomando a leitura da ementa do **REsp 1.586.158/SP-2016**, temos, quanto à *venda a prazo* (sem intermediação da instituição financeira): "*Na 'venda a prazo',* *porém, em que o vendedor recebe o preço em parcelas, o IPI incide sobre a soma de todas essas, ainda que o valor seja maior do que o cobrado em operações de venda à vista, pois esse total corresponde ao valor da operação"*. Não se pode considerar, na situação, que parte do preço, sendo juros (ou, se preferir, encargos do parcelamento), ficaria refratária à tributação. A propósito, essa situação já foi analisada pela Corte Superior no âmbito do ICMS[19], e o resultado foi idêntico a esse aqui aplicado ao IPI, conforme se notou no Capítulo precedente (**1.6** Notas gerais: **i.** Lei Complementar n. 87/96: **i.2** ICMS "por dentro").

Desse modo, memorizemos: na *venda financiada* ("juros pra fora"), a base de cálculo é o valor efetivamente pago ao vendedor; e na *venda a prazo* ("encargos pra dentro"), a base de cálculo é o valor total da operação.

3. FATO GERADOR: a arrematação do produto industrializado, quando apreendido ou abandonado e levado a leilão (art. 46, III, CTN).

3.1. BASE DE CÁLCULO: o próprio **preço da arrematação** (art. 47, III, CTN).

Em 4 de setembro de **2014**, o **STF** julgou importante questão, com Repercussão geral reconhecida (**RE 567.935/SC**, rel. Min. Marco Aurélio), afeta à inconstitucionalidade do art. 15 da Lei n. 7.798/89, no ponto em que determina a inclusão de *descontos incondicionais* na base de cálculo do IPI. Do ponto de vista jurídico-contábil, tais descontos revelam-se como parcelas redutoras dos preços de compra e venda, sendo outorgados independentemente de evento posterior e repercutindo necessariamente no preço final praticado, ou seja, no *valor da operação* – a base de cálculo do IPI (art. 47, II, "a", CTN).

A legislação ordinária ora guerreada, ao impossibilitar a dedução desse desconto incondicional, como se este compusesse o preço final cobrado, acabou por disciplinar de forma inovadora a base de cálculo do IPI, de modo a ampliar o alcance material desse elemento da obrigação tributária para além do previsto na norma complementar competente (CTN). Daí se tornar evidente que a ação posterior do legislador ordinário deveria observar as normas gerais contidas na lei complementar, por força do art. 146, III, "a", da CF, estando-lhe vedado inovar no trato dos fatos

---

19. **EMENTA: (...) 1.** A "venda financiada" e a "venda a prazo" são figuras distintas para o fim de encerrar a base de cálculo de incidência do **ICMS**, sendo certo que, sobre a venda a prazo, que ocorre sem a intermediação de instituição financeira, incide ICMS. **2.** A **"venda a prazo"** revela modalidade de negócio jurídico único, cognominado compra e venda, no qual o vendedor oferece ao comprador o pagamento parcelado do produto, acrescendo-lhe um 'plus' ao preço final, razão pela qual o valor desta operação integra a base de cálculo do ICMS, na qual se incorpora, assim, o preço "normal" da mercadoria (preço de venda à vista) e o acréscimo decorrente do parcelamento. (...) 3. A **venda financiada**, ao revés, depende de duas operações distintas para a efetiva "saída da mercadoria" do estabelecimento (art. 2º do DL 406/68), quais sejam, uma compra e venda e outra de financiamento, em que há a intermediação de instituição financeira, aplicando-se-lhe o enunciado da **Súmula n. 237 do STJ**: "*Nas operações com cartão de crédito, os encargos relativos ao financiamento não são considerados no cálculo do ICMS.*" 4. 'In casu', dessume-se do voto condutor do aresto recorrido hipótese de venda a prazo, em que o financiamento foi feito pelo próprio vendedor, razão pela qual a base de cálculo do ICMS é o valor total da venda. (...) **(REsp 1.106.462/SP, rel. Min. Luiz Fux, 1ª T., j. em 23-09-2009) (Grifos nossos)**

geradores, bases de cálculo e contribuintes dos impostos federais, a revelar disciplina dissociada das normas gerais precedentes. Tal expediente equivale à invasão de competência a ensejar a declaração de inconstitucionalidade do ato ordinário.

5.5 Alíquotas

É imposto *proporcional*, uma vez que, em princípio, sua **alíquota** varia de forma constante, em função da grandeza econômica tributada. Em abono à seletividade do IPI, as alíquotas do vertente gravame variam de 0% (zero) a 365,63% (no caso de cigarros). O IPI será calculado mediante aplicação da alíquota do produto (constante da TIPI, que tem por base a *Nomenclatura Comum do Mercosul* (NCM), constante do Decreto n. 2.376/97), sobre o respectivo valor tributável. Destaque-se que a arrecadação oriunda de bebidas, cigarros e veículos perfaz a maior parte da arrecadação deste imposto.

> Note o item considerado **INCORRETO**, em prova realizada pela FUNDEP (Gestão de Concursos), para o cargo de Advogado (CRM/MG), em 2017: *"O IPI será progressivo e terá suas alíquotas fixadas de forma a desestimular a exportação, privilegiando a produção nacional"*.

> Note o item considerado **INCORRETO**, em prova realizada pela FUNDEP (Gestão de Concursos), para o cargo de Advogado (CRM-MG), em 2017: *"O IPI será progressivo e terá suas alíquotas fixadas de forma a desestimular a exportação, privilegiando a produção nacional"*.

Em 8 de agosto de **2018**, a 1ª Seção do **STJ**, no **REsp 1.405.244/SP** (rel. Min. Napoleão Nunes Maia Filho), entendeu que, no entorno dos selos especiais do IPI (para o controle de certos produtos), o dever de afixá-los tem natureza de *obrigação tributária acessória* (art. 113, § 2º, CTN), enquanto o dever de adquiri-los tem natureza de *obrigação tributária principal* (art. 113, § 1º, CTN) – nesse último caso, assumindo a indumentária de uma taxa de polícia (art. 78, CTN). À luz do *princípio da estrita legalidade* – ou *tipicidade fechada* –, a **Corte Superior** asseverou que a afixação do selo especial pode estar prevista em norma infralegal, todavia a aquisição do selo somente poderá estar prevista em lei, porquanto esta é a norma válida para chancelar a instituição e o aumento do tributo, na esteira do Princípio da (Estrita) Legalidade Tributária – art. 150, I, da CF c/c art. 97, IV, do CTN. Assim, nota-se que o vício formal é patente, haja vista a aquisição do selo ter sido objeto de tratamento no Decreto n. 1.437/95 (art. 3º), e não em uma lei. Por fim, a exação continua sendo tributo da espécie *taxa do poder de polícia*, a despeito de ser intitulada de "ressarcimento prévio".

5.6 Notas gerais

Os próximos tópicos dizem respeito a temas relevantes no âmbito do **IPI**, aqui tratados caso a caso. Para a sua organização, apresentamos o **rol de assuntos** logo a seguir, a fim de propiciar uma visão panorâmica do conjunto de temas que serão versados:

a) **O IPI e a alíquota zero.**
b) **A seletividade do IPI.**
c) **O IPI e o princípio da não cumulatividade.**
d) **O crédito-prêmio do IPI.**
e) **O IPI e a ressalva a princípio constitucional.**
f) **Imunidade para o IPI.**
g) **Isenção para o IPI.**
h) **O IPI e a aquisição de bens de capital.**
i) **O IPI e a aquisição de bens integrantes do ativo permanente da empresa.**
j) **O IPI na base de cálculo do ICMS.**

a) o IPI e a alíquota zero: para a fixação do *quantum debeatur*, a lei tributária deve trazer em seu bojo, além da indicação da base imponível, o critério quantitativo, de natureza numérica, apto a valorar a obrigação tributária[20]. Como é sabido, a essa fração, por via de regra ofertada sob a forma de uma *porcentagem*, dá-se o nome de **alíquota.**

O saudoso professor Ricardo Lobo Torres[21], com a mestria que sempre lhe foi habitual, ensina que a *alíquota zero* "corresponde à inexistência de tributação por falta de um dos elementos quantitativos. Aproxima-se da isenção em seus efeitos, mas dela se afasta porque na isenção suspende-se a eficácia de todos os aspectos do fato gerador, enquanto na alíquota zero só há suspensão desse elemento do aspecto quantitativo".

Para Ruy Barbosa Nogueira[22], "enquanto reduzida a zero a alíquota, não existirá tributação, por falta de um dos elementos do fato gerador".

Hugo de Brito Machado[23] ressalta que a *alíquota zero* encerra "uma solução encontrada pelas autoridades fazendárias no sentido de excluir o ônus do tributo sobre certos produtos, temporariamente, sem os isentar".

Com efeito, a *alíquota zero* adstringe-se à opção adotada pelo legislador para minimizar por completo a tributação, sem utilizar a isenção (que só pode ser concedida por meio de lei). É tributação por percentual inócuo, estando inserida no âmbito da extrafiscalidade do imposto, com a consequente dispensa dos princípios constitucionais tributários da legalidade e da anterioridade, no que concerne à alteração de alíquotas. Assim sendo, temos que *a alíquota zero não se confunde com*

20. *V.* ATALIBA, Geraldo. *Hipótese de incidência tributária*. 6. ed., 3 tir. São Paulo: Malheiros, 2002, pp. 114-115.
21. TORRES, Ricardo Lobo. *Curso de direito financeiro e tributário*. 12. ed. Rio de Janeiro: Renovar, 2005, p. 254.
22. NOGUEIRA, Ruy Barbosa. *Curso de direito tributário*. 14. ed. São Paulo: Saraiva, 1995, pp. 167-168.
23. MACHADO, Hugo de Brito. *Curso de direito tributário*. 29. ed. São Paulo: Malheiros, 2008, p. 329.

isenção ou com *imunidade*, sendo tributação pelo percentual "zero". Nesse passo, não nos esqueçamos de que zero por cento de algum valor é sempre zero.

Diante do exposto, a *alíquota zero* surge em nosso sistema tributário como verdadeira técnica de inexistência de tributação, adotada pelas autoridades fazendárias como instrumento de exclusão, em caráter temporário, do ônus tributário incidente sobre certos produtos ou bens, o que a aproxima do instituto da isenção, ao mesmo tempo em que dela se afasta, na medida em que não é concedida por meio de lei. E não é despiciendo lembrar que, por se encontrar inserida no contexto da extrafiscalidade, não deve atendimento aos princípios constitucionais da legalidade e da anterioridade, no que diz respeito à alteração de alíquotas.

b) a seletividade do IPI: técnica de incidência de alíquotas, cuja variação dar-se-á em função da essencialidade do produto. Os produtos de primeira necessidade devem ter baixa tributação, e os produtos supérfluos devem receber tributação mais elevada. Tal disciplinamento vem ao encontro dos valores prestigiados pela Constituição Federal, como a proteção à família, a valorização do trabalho etc. É instrumento idôneo a frenar o consumo de produtos indesejáveis, alcançando metas de redistribuição de rendas e maior aproximação da justiça fiscal. A imposição de alíquotas mais elevadas ocorrerá na razão inversa da essencialidade dos produtos;

Note o item considerado **CORRETO**, em prova realizada pela QUADRIX, para o cargo de Técnico em Contabilidade (CFO/DF), em 2017: *"A seletividade do IPI, em função da essencialidade do produto, traduz-se na sua elevada incidência sobre produtos supérfluos e na sua reduzida carga sobre produtos básicos".*

Note o item (adaptado) considerado **CORRETO**, em prova realizada pela FGV, para o XVIII Exame de Ordem Unificado, em 2015: *"A Presidência da República, por meio do Decreto 123, de 1º de janeiro de 2015, aprovou novas alíquotas para o IPI, dentro das balizas fiadas na lei tributária, a saber: (I) Cigarro – alíquota de 100%; (II) Vestuário – alíquota de 10%; (III) Macarrão – alíquota zero. Sobre a hipótese, é possível afirmar que o decreto não é inconstitucional, estando as alíquotas diferenciadas em razão do princípio da seletividade do IPI".*

c) o IPI e o princípio da não cumulatividade (técnica denominada de *value-added*, para os norte-americanos): no texto constitucional, encontra-se a associação do IPI ao princípio da não cumulativade de uma forma imperativa, à semelhança do que se observa para o ICMS. Aproveitemos para observar o fenômeno com maior abrangência, a partir do quadro a seguir:

Note o item considerado **INCORRETO**, em prova realizada pelo IBEG, para o cargo de Procurador Previdenciário (IPREV), em 2017: *"A cumulatividade e a seletividade são características essenciais do Imposto sobre Produtos Industrializados".*

PRINCÍPIO DA NÃO CUMULATIVIDADE E OS IMPOSTOS		
IPI	**ICMS**	**IMPOSTO RESIDUAL**
Art. 153. Compete à União instituir impostos sobre: (...) **§ 3º** O imposto previsto no inciso IV **[IPI]**: (...) **II – será não cumulativo**, compensando-se o que for devido em cada operação com o montante cobrado nas anteriores; (...) **(Grifo nosso)**	**Art. 155.** Compete aos Estados e ao Distrito Federal instituir impostos sobre: **§ 2º** O imposto previsto no inciso II **[ICMS]** atenderá ao seguinte: **I** – será não cumulativo, compensando-se o que for devido em cada operação relativa à circulação de mercadorias ou prestação de serviços com o montante cobrado nas anteriores pelo mesmo ou outro Estado ou pelo Distrito Federal; (...) **(Grifo nosso)**	**Art. 154.** A **União** poderá instituir: **I** – mediante lei complementar, impostos não previstos no artigo anterior, desde que sejam não cumulativos e não tenham fato gerador ou base de cálculo próprios dos discriminados nesta Constituição; (...) **(Grifo nosso)**

Note o item considerado **CORRETO**, em prova realizada pela FGV, para o XIX Exame de Ordem Unificado, em 2016: *"O Estado X, visando aumentar a sua arrecadação, instituiu novo imposto, não previsto na Constituição Federal. Sobre a hipótese, é possível assegurar que o Estado X não pode instituir o imposto novo, tendo em vista que a competência residual para a instituição de novos impostos é somente da União"*.

Note o item considerado **INCORRETO**, em prova realizada pela FCC, para o cargo de Julgador Administrativo do Tesouro Estadual (Sefaz/PE), em 2015: *"O IPI poderá ser não cumulativo, compensando-se o que for devido em cada operação com o montante cobrado nas anteriores"*.

Note o item considerado **INCORRETO**, em prova realizada pela Cetro, para o cargo de Auditor Fiscal Municipal da Prefeitura de São Paulo, em 2014: *"O IPI é imposto cumulativo, na medida em que se acumula em cada operação, pois incide sobre o insumo e no produto final"*.

Note o item considerado **CORRETO**, em prova realizada pela FCC, para o cargo de Analista Judiciário (TRF/4ª Região), em 2014: *"Considerando os critérios de tributação, são tributos com tributação não cumulativa e progressiva, respectivamente, IPI e IR"*.

Note o item considerado **INCORRETO**, em prova realizada pela Fundep (Gestão de Concursos), para o cargo de Advogado (CRM/MG), em 2017: *"O IPI será cumulativo, compensando-se o que for devido em cada operação com o montante cobrado nas anteriores"*.

O princípio da não cumulatividade é um postulado segundo o qual se proíbe a técnica cumulativa, permitindo que em cada operação tributada deva ser abatido o valor do mesmo imposto pago na operação imediatamente anterior (art. 49 do

CTN). Com efeito, faz-se o registro contábil como crédito do IPI referente à entrada de uma mercadoria. Por seu turno, faz-se o registro como débito do valor do IPI dos produtos que saírem. No final do período, após a realização dos cálculos, se o débito for maior, o imposto é recolhido; se o crédito for maior, o saldo credor é transferido para uso no período seguinte ou nos períodos seguintes. O IPI, nos documentos fiscais, é destacado separadamente ou, como denomina parte da doutrina, "por fora", somado ao preço e pago pelo adquirente dos insumos. O mesmo fato ocorre com o ICMS.

O cálculo dos impostos não cumulativos pode ocorrer por meio de operações de *adição* ou *subtração*. Quando se compensam as incidências anteriores e atuais, utiliza-se o método da *subtração*. Esse processo pode se dar pelo sistema de *base sobre base* (*Tax on Base*), em que se comparam as bases de cálculo, ou pelo sistema de *imposto sobre imposto* (*Tax on Tax*), em que se abate do tributo devido na saída o importe cobrado na operação antecedente.

Por fim, ressalte-se que a legislação brasileira, em matéria de impostos indiretos, optou pelo método *Tax on Tax*, em detrimento do método *Tax on Base*.

Para fins de aplicação da matéria – *o IPI e a não cumulatividade* (perante a isenção/alíquota zero, há pouco estudadas) –, em provas de concursos públicos, lembre-se:

I – O **STF** limita a concessão de créditos de IPI em matéria-prima tributada para período posterior a 1999, tendo em vista que antes da Lei n. 9.779/99 não existia fundamento para justificar o direito ao creditamento ou à compensação desse imposto. Com efeito, em 16 de fevereiro de **2016**, a 1ª Turma do **STJ**, no **REsp 811.486/RN** (rel. Min. Napoleão Nunes Maia Filho), pautando-se em veredicto exarado no **STF**[24], evidenciou que "*o direito ao creditamento do IPI, decorrente da aquisição de matéria-prima, produto intermediário e material de embalagem utilizados na fabricação de produtos isentos ou sujeitos ao regime de alíquota zero, exsurgiu apenas com a vigência da Lei 9.779/1999 (...)*".

No tocante ao citado "material de embalagem", frise-se que os brindes (produtos perfeitos e acabados em processo industrial próprio) incluídos em pacotes de outros produtos industrializados não o compõem nem se confundem com ele próprio, impedindo, *ipso facto*, o direito ao creditamento de IPI. Tais brindes são itens independentes, utilizados, recorrentemente, como estratégia de "marketing" para estimular o consumo em um certo público (infantojuvenil, por exemplo). Assim entendeu a 1ª Turma do **STJ**, em **6 de agosto de 2019**, no **REsp 1.682.920/SP** (rel. Min. Gurgel de Faria), ao decidir que a aquisição de réguas, distribuídas como brindes em pacotes de biscoitos, não gera direito ao creditamento do IPI.

24. Ver, no **STF**, o citado **RE 562.980/Rep. Geral**, rel. Min. Ricardo Lewandowski; rel. p/ ac. Min. Marco Aurélio, Pleno, j. em 06-05-2009.

II – Antes do início da vigência da Lei n. 9.779/99, não se admitia a possibilidade de o contribuinte se creditar ou se compensar do IPI quando incidente o gravame sobre os insumos ou sobre matérias-primas utilizados na industrialização de produtos considerados isentos ou tributados com *alíquota zero*, por nítida ausência de previsão legal nesse sentido, sendo que hodiernamente há posição assentada no **STF** no sentido de permitir, à luz do disposto no art. 153, § 3º, II, da CF, a aplicação do princípio da não cumulatividade, compensando-se o que for devido em cada operação com o montante cobrado nas anteriores, salvo nos casos de insumos tributados com alíquota zero, que não geram nenhum direito a crédito ou compensação;

III – O princípio da **não cumulatividade** do IPI se aperfeiçoa nos casos em que tal exação é devida e recolhida nas operações anteriores, compensando-se com o tributo cobrado na operação imediatamente posterior. Dessa forma, se o ingresso da matéria-prima ocorre com incidência do tributo, torna-se imperioso o seu recolhimento. Por outro lado, se na operação final sinaliza-se uma isenção, não há se falar em compensação do gravame recolhido anteriormente, em razão da inexistência de objeto. Logo, o art. 153, § 3º, II, da CF, deve ser interpretado levando-se em conta os valores devidos a título de tributo, é dizer, o *quantum* recolhido anteriormente confrontado com o valor exigido na operação subsequente.

Em **22 de agosto de 2017**, a 1ª Turma do **STJ**, no **REsp 1.382.354/PE** (rel. Min. Gurgel de Faria), entendeu que "a manutenção e a utilização do crédito de IPI submetido à 'suspensão' são incentivos fiscais reservados ao estabelecimento industrial fabricante das matérias-primas (MPs), dos produtos intermediários (PIs) e dos materiais de embalagem (MEs) que os vende (saída) para empresas que os utilizam na industrialização de produtos destinados à exportação". O caso concreto versou sobre a seguinte controvérsia: *há ou não direito ao crédito de IPI, pela empresa não fabricante de MP, de ME e de PI, quando adquire tais insumos? Da leitura do* art. 29, § 5º, da Lei n. 10.637/2002, *infere-se que a manutenção e a utilização do crédito de IPI, como um incentivo fiscal, estão reservadas apenas a um tipo de beneficiário: ao estabelecimento industrial fabricante das MPs, dos PIs e dos MEs, que os vende (saída) para empresas que os utilizam na industrialização de produtos destinados à exportação. Se o estabelecimento industrial não for fabricante de tais materiais (MP, PI e ME), não haverá a aplicação do dispositivo.*

Em tempo, vale lembrar que são equivalentes o **IPI** e o **ICMS** no que concerne à aplicação do *princípio da não cumulatividade*, sendo que o art. 155, § 2º, II, "a", da CF/88, é expresso ao delimitar que a isenção ou a não incidência, salvo determinação em contrário da legislação, não resultará em crédito para compensação com o montante devido nas operações ou prestações seguintes.

Em 11 de março de **2015**, o Plenário iniciou julgamento de proposta de edição de enunciado de súmula vinculante (**PSV 26/DF**), com o seguinte teor: "*Inexiste direito a crédito presumido de IPI relativamente à entrada de insumos isentos, sujeitos à alíquota zero ou não tributáveis, o que não contraria o princípio da não cumulativi-*

dade". O Min. Ricardo Lewandowski (Presidente), ao propor o aceite do enunciado, demonstrou a uníssona orientação do **STF** no sentido de que **não haveria direito a crédito de IPI em relação à aquisição de insumos isentos, não tributados ou sujeitos a alíquota zero**, mormente após o término do julgamento de outros anteriores e emblemáticos casos (por exemplo, o **RE 353.657/PR**, citado no rodapé)[25], no que foi acompanhado pelos Ministros Gilmar Mendes, Roberto Barroso, Rosa Weber e Luiz Fux. Em **7 de maio de 2020**, foi publicada a **Súmula Vinculante n. 58 do STF**, sobre créditos do Imposto sobre Produtos Industrializados (IPI) em operações de aquisição de bens tributadas à razão de alíquota zero. O novo enunciado tem a seguinte redação: "*Inexiste direito a crédito presumido de IPI relativamente à entrada de insumos isentos, sujeitos à alíquota zero ou não tributáveis, o que não contraria o princípio da não cumulatividade*".

> Note o item considerado **INCORRETO**, em prova realizada pela FCC, para o cargo de Auditor do Tesouro Estadual (Sefaz/PE), em 2014: *"Há direito ao crédito do IPI na aquisição de insumos não tributados ou sujeitos à alíquota zero, pois o princípio da não cumulatividade não comporta exceção".*

Aliás, acerca do direito a creditamento do IPI em face das operações com a *Zona Franca de Manaus* (**ZFM**), frise-se que, em 25 de maio de **2016**, iniciou-se o julgamento do **RE 592.891/SP** (rel. Min. Rosa Weber), com repercussão geral reconhecida, no qual se discute a possibilidade de aproveitamento desses créditos do IPI quando se adquirem produtos originários da ZFM, submetidos ao regime de isenção. A relatora deixou claro que, no caso em comento, há uma particularidade que lhe avoca uma interpretação singular: *a especial procedência dos produtos, a saber, a da Zona Franca de Manaus*. Isso representa um eloquente critério de distinção perante o que se decidiu, por exemplo, no retrocitado *RE 353.657/PR*, no qual se afastou o direito de crédito presumido do IPI para o contribuinte adquirente de insumos não tributados ou sujeitos à alíquota zero. A seu ver, portanto, embora não deva haver o direito ao creditamento nas hipóteses normais de desoneração, o caso da ZFM é peculiar ("isenção especial de natureza federativa"), em razão da sua estatura constitucional e da necessidade de homenagear o princípio da igualdade, por meio da redução das desigualdades sociais (dessimetrias). A propósito, analisando o figurino constitucional franqueado à ZFM, a relatora externa que "*o tratamento constitucional diferenciado para a ZFM seria manifestação do pacto federativo e, com isso, a isenção do IPI a ela direcionada – mantida pela Constituição – significaria isenção em prol do federalismo*". Por todo o exposto, a relatora pugnou, em sua orientação, pela inaplicabilidade da vedação ao creditamento do imposto, vale dizer, admitiu a utilização dos créditos do IPI.

25. Citem-se, no **STF**: **(I) RE 353.657/PR, rel. Min. Marco Aurélio, Pleno, j. em 25-06-2007**; **(II)** RE 370.682/SC, rel. Min. Ilmar Galvão, rel. p/ ac. Min. Gilmar Mendes, Pleno, j. em 25-06-2007; e **(III)** ED no RE 370.682 ED/SC, rel. Min. Gilmar Mendes, Pleno, j. em 06-10-2010.

Em **24 e 25 de abril de 2019**, o Pleno do **STF**, negando provimento ao **RE 592.891/SP** (rel. Min. Rosa Weber) e ao **RE 596.614/SP** (rel. Min. Marco Aurélio, ref. p/ ac. Min. Edson Fachin), em julgamento conjunto, fixou a seguinte tese: "*Há direito ao creditamento de IPI na entrada de insumos, matéria-prima e material de embalagem adquiridos junto à Zona Franca de Manaus sob o regime da isenção, considerada a previsão de incentivos regionais constante do art. 43, § 2º, III, da Constituição Federal, combinada com o comando do art. 40 do ADCT*". Na ocasião, foi ratificada a orientação intelectiva de que, estando diante da regra geral, para o tributo não cumulativo, quando a operação anterior é isenta, não existe direito de crédito em favor do adquirente. No entanto, com relação à ZFM, é devido o aproveitamento de créditos de IPI, porquanto há na espécie uma exceção constitucionalmente justificada à técnica da não cumulatividade (art. 153, § 3º, II, CF) que legitima o tratamento diferenciado. Para a **Corte Suprema**, a opção do legislador constituinte em assegurar à ZFM um regime jurídico singularizado até o ano de 2073 reforça a ideia de que, sem algum tipo de incentivo, essa região não teria nenhuma condição de ser competitiva no plano nacional.

Por derradeiro, quando o tema é a *não cumulatividade*, podemos olhar para a construção jurisprudencial pertinente às não cumulativas contribuições da seguridade social (PIS e COFINS) e extrair dali, eventualmente, diretrizes pertinentes ao **IPI não cumulativo.** E isso é possível: um ponto de interseção está na *correção monetária do crédito escritural*. A propósito, em **12 de fevereiro de 2020**, a 1ª Seção do **STJ**, no **REsp 1.767.945-PR** (rel. Min. Sérgio Kukina), entendeu que o termo inicial da correção monetária de ressarcimento de *crédito escritural excedente* de contribuições sociais sujeitas ao <u>regime não cumulativo</u> ocorre somente após escoado o prazo de 360 dias para a análise do pedido administrativo pelo Fisco (art. 24 da Lei n. 11.457/2007). De fato, o *crédito escritural* dessas contribuições (PIS e COFINS) não é "receita bruta da empresa" – ou ainda, não resulta de dívida do Fisco com o contribuinte –, devendo servir apenas para a dedução do valor devido da contribuição. Por essa razão, não deve haver a incidência de correção monetária ou juros sobre esses créditos escriturais (**Súmula n. 125, CARF**). Por outro lado, há uma exceção: a jurisprudência deste **STJ** compreende pela desnaturação do crédito escritural e, consequentemente, pela possibilidade de sua atualização monetária, se ficar comprovada a resistência injustificada da Fazenda Pública ao aproveitamento do crédito, por exemplo, se houve necessidade de o contribuinte ingressar em juízo para ser reconhecido o seu direito ao creditamento, ou o transcurso do prazo de 360 dias de que dispõe o Fisco para responder ao contribuinte, sem qualquer manifestação fazendária. Nesse caso, o termo inicial da correção monetária do pleito de ressarcimento de crédito escritural excedente de tributo sujeito ao regime não cumulativo ocorre somente quando caracterizado o ato fazendário de resistência ilegítima, no caso, o transcurso do prazo de 360 dias para a análise do pedido administrativo sem apreciação pelo Fisco.

No plano interdisciplinar, frise-se que essa mesma **1ª Seção do STJ**, a respeito de *créditos escriturais* do **IPI**, por força do **princípio da não cumulatividade** aplicável a esse imposto, firmara as seguintes (e idênticas) diretrizes:

(a) "A correção monetária não incide sobre os créditos de IPI decorrentes do princípio constitucional da não cumulatividade (créditos escriturais), por ausência de previsão legal" **(REsp 1.035.847/RS, rel. Min. Luiz Fux, 1ª Seção, *DJe* 03-08-2009 – Tema 164)**;

(b) "É devida a correção monetária ao creditamento do IPI quando há oposição ao seu aproveitamento decorrente de resistência ilegítima do Fisco" **(Súmula n. 411, STJ)**; e

(c) "Tanto para os requerimentos efetuados anteriormente à vigência da Lei 11.457/07, quanto aos pedidos protocolados após o advento do referido diploma legislativo, o prazo aplicável é de 360 dias a partir do protocolo dos pedidos (art. 24 da Lei 11.457/07)" **(REsp 1.138.206/RS, rel. Min. Luiz Fux, 1ª Seção, *DJe* 1º-09-2010 – Temas 269 e 270)**.

d) o crédito-prêmio do IPI: como é notório em nosso país, as exportações de produtos industrializados têm representado, nas últimas décadas, um grande alicerce de nosso desenvolvimento econômico. Foi almejando esse cenário, no qual hoje nos encontramos, que, em 1969, por meio do Decreto-Lei n. 491, o Governo Federal instituiu o denominado crédito-prêmio do IPI, um estímulo fiscal às empresas fabricantes e exportadoras de produtos manufaturados. Tais empresas exportadoras, ao destinar bens industrializados de origem nacional ao estrangeiro, tinham direito ao ressarcimento dos tributos pagos internamente, mediante a constituição de créditos tributários oriundos de tais vendas ao exterior, que poderiam vir a ser compensadas com o IPI devido nas operações realizadas dentro do mercado brasileiro.

À época da instituição dessa benemerência fiscal, o referido Decreto-Lei não definiu o período de sua vigência, o que, por lógica, provocou o entendimento de sua validade por período indeterminado. Entretanto, tal indefinição não perdurou *ad aeternum*, porquanto, em 24 de janeiro de 1979, editou-se o Decreto-Lei n. 1.658, com o fim específico de reduzir, gradativamente, o crédito-prêmio do IPI, até a sua completa extinção em 30 de junho de 1983.

Todavia, antes que se atingisse a data fulminante, outros diplomas normativos foram publicados, dispondo acerca da vigência do supracitado crédito-prêmio, além de delegarem ao Ministro de Estado da Fazenda a prerrogativa de extinguir o benefício, sendo o mais relevante deles a Portaria n. 176, de 12 de setembro de 1984, que, alterando a Portaria n. 78/81, determinou a extinção do incentivo fiscal em 1º de maio de 1985. É imperioso ressaltar que a Constituição da República de 1969, em vigor à época, não autorizava a delegação de tal competência do Presidente da República para o Ministro da Fazenda, além de tal transferência não ter sido realizada pela via legislativa adequada, o que denota evidente desrespeito ao princípio da legalidade.

A esse propósito, discorre com propriedade a ilustre Maria de Fátima Ribeiro[26], destacando que um "(...) aspecto que merece ser abordado consiste na possibilidade conferida ao Presidente da República de delegar atribuições aos Ministros de Estado *ex vi* do artigo 81 da Constituição de 1967. No elenco das hipóteses previstas pelo texto constitucional não é possível, contudo, o enquadramento de qualquer matéria pertinente às finanças públicas ou normas tributárias. E isso é óbvio à vista do sistema constitucional do período, na medida em que a competência para se legislar sobre tais matérias foi deferida ao Presidente da República, a teor do art. 55, inciso II. Segue-se, pois, que é inadmissível a delegação de competência aos Ministros de Estado no que concerne à disciplina de regras de direito financeiro e direito tributário".

Tendo como base tais inconstitucionalidades, os nossos Tribunais decidiram reiteradamente pela manutenção da vigência do crédito-prêmio do IPI.

Posteriormente, com a promulgação da Constituição Federal de 1988, a matéria foi regulamentada pelo art. 41, § 1º, do ADCT, dispondo que os incentivos fiscais de natureza setorial vigentes à época que não fossem confirmados por lei no prazo de dois anos a partir da data de promulgação da Carta Magna seriam considerados revogados. Tal situação resultou em verdadeira cizânia em nossas cortes, pois essa profusão de normas atinentes ao crédito-prêmio do IPI fizeram com que os estudiosos e operadores do Direito chegassem a conclusões diversas, no que tange ao termo final de vigência do referido estímulo fiscal.

Para uns, o crédito-prêmio do IPI havia sido revogado em 30 de junho de 1983 pelo Decreto-lei n. 1.658/79; para outros, tal benesse foi extinta em 5 de outubro de 1990, nos termos do art. 41, § 1º, do ADCT; e, ainda, para alguns, o benefício permanece em vigor até os dias atuais.

O **STJ** tem ilustrado com fidelidade os efeitos gerados por essa incerteza, tendo sua jurisprudência se alternado perigosamente. Entre 1999 e 2004, ambas as Turmas de Direito Público da Casa eram unissonas em afirmar que o incentivo fiscal não fora extinto em 30 de junho de 1983. Surpreendentemente, em **2005**, a **1ª Turma** modificou seu entendimento, passando a adotar a posição de que o crédito-prêmio havia sido, de fato, aniquilado na metade do ano de 1983 (**REsp 541.239/DF, rel. Min. Luiz Fux**). E, temerariamente, apenas alguns meses depois, em **2006**, a Primeira Seção julgou no sentido de que tal benesse vigorou até 5 de outubro de 1990 (**REsp 765.134/SC, rel. Min. José Delgado**). Finalmente, a partir de **2007**, firmou-se o entendimento no **STJ** de que o crédito-prêmio do IPI vigorou até 5 de outubro de 1990, na esteira do julgamento do **ERESP 738.689/PR**, rel. ex-Min. Teori Albino Zavascki.

Colocando um fim a toda essa insegurança jurídica gerada em torno do prazo de vigência desse estímulo fiscal, foi publicada, em 2009, a manifestação unânime do **STF** acerca do tema em dois acórdãos (**RE 561.485/RS e RE 577.348/RS**), ambos sob

26. RIBEIRO, Maria de Fátima; DINIZ, Marcelo de Lima Castro. IPI, aspectos jurídicos relevantes. *O direito ao crédito-prêmio do IPI*. São Paulo: Quartier Latin, 2003, v. 1, pp. 296-343.

a relatoria do Min. Ricardo Lewandowski, entendendo pela revogação do benefício fiscal a partir de 05 de outubro de 1990, com base no art. 41, § 1º, do ADCT, em razão da falta de lei que o confirmasse dentro do prazo de dois anos, contados da data de promulgação da Constituição Federal vigente.

Portanto, em decisão exteriorizada pelo STF, firmou-se, em caráter final e definitivo, o entendimento de que o crédito-prêmio de IPI encontra-se revogado desde 5 de outubro de 1990, consoante o disposto no art. 41, § 1º, do ADCT, tendo em vista a ausência de lei que o confirmasse dentro do interregno de dois anos, contados da data de promulgação da Carta Maior hodiernamente em vigor.

Ainda no âmbito do IPI, vale a pena confrontarmos duas relevantes sistemáticas: o antigo **crédito-prêmio** e o atual **crédito presumido**. Para tanto, segue o didático trecho extraído da ementa do julgado do **STJ**, em agosto de **2016**:

> O "crédito presumido de IPI" previsto no art. 1º da Lei n. 9.363/96 entrou no ordenamento jurídico pátrio como o sucessor do antigo crédito-prêmio do IPI previsto no art. 1º do DL n. 491/69. Ambos são benefícios adicionais aos exportadores que consistem em ressarcir o valor dos demais tributos acumulados na cadeia produtiva através da criação de créditos de IPI fictícios. Diferem, no entanto, na sua forma de cálculo. Enquanto o antigo crédito-prêmio era calculado diretamente sobre o valor das exportações/saídas (art. 2º do DL n. 491/69), o atual crédito presumido é calculado sobre o valor das aquisições de insumos que integram o produto exportado/entradas (art. 2º da Lei n. 9.363/96). **(REsp 1.611.110/RS, rel. Min. Mauro Campbell Marques, 2ª T., j. em 04-08-2016)**

Por fim, seguindo a trilha de uma pacificada jurisprudência, há mais de uma década[27], o Pleno do **STF**, em 6 de abril de **2016**, ao julgar o **RE 299.605 – EDv no ED no AgR**[28] (rel. Min. Edson Fachin), entendeu que *há o direito à correção monetária do crédito-prêmio de IPI, solicitado na esfera administrativa e referente a valores não aproveitados na etapa seguinte da cadeia produtiva, desde que fique comprovada, na via do contencioso infraconstitucional, a estrita hipótese de* resistência injustificada *da Administração Tributária em realizar tempestivamente a devolução.* Com efeito, a mora injustificada e irrazoável demarca os contornos de uma resistência ilegítima, e esta tem o condão de autorizar a correção monetária.

e) o IPI e a ressalva a princípio constitucional: o art. 153, § 1º, da CF assevera que é facultado ao Poder Executivo, atendidas as condições e os limites estabelecidos

27. A **atualização monetária**, que não advém da permissão legal de compensação, mas do impedimento causado pelo Estado para o lançamento na época própria, foi também acolhida nos seguintes julgados do **STF**: **(I)** RE 282.120, rel. Min. Maurício Corrêa, 2ª T., j. em 15-10-2002; **(II)** AgR no AI 619.664, rel. Min. Marco Aurélio, 1ª T., j. em 16-12-2008; e **(III)** AgR no AI 820.614, rel. Min. Ricardo Lewandowski, 1ª T., j. em 15-02-2011.
28. Trata-se, terminologicamente, dos **Embargos de Divergência nos Embargos Declaratórios no Agravo Regimental no Recurso Extraordinário n. 299.605.**

em lei, alterar as alíquotas do IPI. Portanto, no concernente à alteração da alíquota, o imposto está excepcionado do *princípio constitucional da legalidade*.

Quanto à aplicação do *princípio da legalidade* e *extrafiscalidade*, recomendamos a leitura do tópico apresentado neste Capítulo, no item do IOF.

Nessa esteira, não é demasiado mencionar que o IPI – antiga **exceção ao princípio da anterioridade** –, pelo fato de não constar da lista de ressalvas aos 90 dias, prevista no art. 150, § 1º, *in fine*, da CF (EC n. 42/2003), passou a ser tributo que, quando majorado, deve respeitar a regra nonagesimal, isto é, obedecerá à noventena, em face do teor imposto pela Emenda em destaque. Logo, não mais se concebe o IPI como imposto genuinamente ocupante da lista do "paga já", uma vez que deverá observar o período de 90 dias, caso venha a ser majorado;

Note o item considerado **CORRETO**, em prova realizada pela Funiversa, para o cargo de Delegado de Polícia/DF, em 2015: *"O princípio da anterioridade anual não incide sobre o imposto sobre produtos industrializados (IPI), isto é, em caso de majoração do tributo, este poderá ser cobrado no mesmo exercício financeiro da publicação da lei que o majorou, desde que respeitado o princípio da anterioridade nonagesimal"*.

Note o item considerado **CORRETO**, em prova realizada pela Cetro, para o cargo de Auditor Fiscal Municipal da Prefeitura de São Paulo, em 2014: *"O IPI, embora não se submeta ao princípio da anterioridade, está sujeito à vacância de 90 dias, ou seja, a regra jurídica que cria nova hipótese de incidência ou de qualquer forma o aumenta, ainda que apenas dentro dos limites da lei, só entra em vigor 90 dias depois de publicada (Hugo de Brito Machado)"*.

Note o item considerado **INCORRETO**, em prova realizada pelo Cespe/Cebraspe, para o cargo de Auditor Governamental (CGE/PE), em 2015: *"O IPI é uma exceção ao princípio da anterioridade nonagesimal, que proíbe a cobrança de tributo antes de decorridos noventa dias da data da publicação da lei que instituiu ou majorou o tributo em questão"*.

Note o item (adaptado) considerado **CORRETO**, em prova realizada pela Copese, para o cargo de Procurador (UFT), em 2014: *"Deve obediência ao princípio da anterioridade nonagesimal (ou da noventena) o Imposto sobre Produtos Industrializados – IPI"*.

Note o item considerado **INCORRETO**, em prova realizada pelo IBFC, para o cargo de Titular de Serviços de Notas e de Registros (TJ/PR), em 2014: *"Obedece ao princípio da anterioridade anual, mas não o nonagesimal, o IPI"*.

f) **imunidade para o IPI**: os produtos industrializados destinados ao exterior estão dispensados de IPI (art. 153, § 3º, III, da CF c/c **Súmula n. 536 do STF**).

Note o item considerado **CORRETO**, em prova realizada pela Fundep (Gestão de Concursos), para o cargo de Advogado (CRM/MG), em 2017: *"O IPI não incidirá sobre produtos industrializados destinados ao exterior"*.

g) isenção para o IPI: no âmbito da isenção do IPI, o art. 1º da Lei n. 8.989/95 determina a concessão do benefício fiscal na aquisição de automóveis por portadores de deficiência física, visual, mental, severa ou profunda, ou autistas, diretamente ou por intermédio de seu representante legal. Para o **STJ (REsp 1.370.760/RN, rel. Min. Humberto Martins, 2ª T., j. em 27-08-2013)**, o rol de moléstias passíveis de isenção de IPI descrito no dispositivo retrocitado é taxativo (*numerus clausus*), avocando-se a inteligência do art. 111, I e II, do CTN (interpretação literal).

Em 24 de março de **2015**, a 1ª Turma do **STJ**, no **REsp 1.390.345/RS** (rel. Min. Napoleão Nunes Maia Filho), entendeu que "*a isenção de IPI para aquisição de automóvel por pessoa com necessidades especiais (art. 1º, IV, da Lei 8.989/1995) poderá ser novamente concedida antes do término do prazo de 2 anos contado da aquisição (art. 2º), se o veículo vier a ser roubado durante esse período*". A Corte Superior, prestando homenagem às ações afirmativas, superou o óbice temporal constante do art. 2º da Lei n. 8.989/95 e fez concretizar o princípio da dignidade da pessoa humana diante da inexorabilidade do motivo de força maior (o roubo do veículo).

h) o IPI e a aquisição de bens de capital: segundo o art. 153, § 3º, IV, da CF (inserido com a EC n. 42/2003), haverá atenuação legal do impacto do IPI sobre a aquisição de bens de capital pelo contribuinte do imposto.

i) o IPI e a aquisição de bens integrantes do ativo permanente da empresa: tal aquisição não gera direito a creditamento de IPI. É o que se dispõe na **Súmula n. 495 do STJ**, editada em agosto de 2012.

j) o IPI na base de cálculo do ICMS: o texto constitucional indica a exclusão do IPI da base de cálculo do ICMS. O art. 155 da CF assim determina:

> **Art. 155. (...) § 2º** O imposto previsto no inciso II atenderá ao seguinte: (...)
> **XI** – não compreenderá, em sua base de cálculo, o montante do imposto sobre produtos industrializados, quando a operação, realizada entre contribuintes e relativa a produto destinado à industrialização ou à comercialização, configure fato gerador dos dois impostos.

A norma somente tem aplicação quando a operação está sujeita ao IPI e ao ICMS. Consoante o dispositivo mencionado, o IPI não integrará a base de cálculo do ICMS, quando **(I)** a operação configurar fato gerador dos dois impostos, quando **(II)** for realizada entre contribuintes e, por fim, quando **(III)** referir-se a produto destinado à industrialização ou à comercialização.

Desse modo, o IPI somente não integrará a base de cálculo do ICMS quando a operação apresentar os seguintes requisitos cumulativos:

> **I** – for realizada entre contribuintes;
> **II** – for relativa a produto destinado à industrialização ou à comercialização;

III – configurar fato gerador dos dois impostos.

A contrario sensu, a Constituição Federal autoriza os Estados a incluírem o IPI na base de cálculo do ICMS, nas seguintes operações:

I – com produto não destinado à industrialização ou comercialização;
II – entre contribuinte e não contribuinte do ICMS.

Vamos aos exemplos:

1º exemplo: "Empresa Industrial" vende produto para "Empresa Industrial" (*operação entre contribuintes*). Considere os seguintes dados: Produto: 1.000,00; ICMS: 20%; IPI: 10%.

Calculando:
Valor do Produto..............1.000,00
IPI..100,00
Total de Nota Fiscal..........1.100,00
ICMS.......................................200,00

Observe que o cálculo do ICMS não relevou o IPI, uma vez que a operação se realizou entre contribuintes. Portanto, chegou-se a 200,00 como produto da operação aritmética: 20% de 1.000,00.

2º exemplo: "Empresa Industrial" vende produto para "Consumidor Final" (operação entre "*contribuinte*" e "*não contribuinte*"). Considere os seguintes dados: Produto: 1.000,00; ICMS: 20%; IPI: 10%.

Calculando:
Valor do Produto..............1.000,00
IPI..100,00
Total de Nota Fiscal..........1.100,00
ICMS.......................................220,00

Observe que o cálculo do ICMS considerou o IPI em sua base de cálculo, uma vez que a operação se realizou entre contribuinte e um "não contribuinte". Portanto, chegou-se a 220,00, como produto da operação aritmética: 20% de 1.100,00.

6 ESTUDO DO IR

Imposto	IR
Nomen juris	Imposto sobre a renda e proventos de qualquer natureza
Artigos	Art. 153, III, da CF; art. 43 e seguintes do CTN

6.1 Competência e sujeito ativo

Dispõe o **art. 153 da CF** que a instituição do IR é de competência da **União**. Observe:

> Note o item considerado **INCORRETO**, em prova realizada pela FCC, para o cargo de Procurador Autárquico (ManausPrev), em 2015: *"De acordo com a Constituição Federal, os Municípios têm competência tributária para instituir o IR sobre os rendimentos auferidos pelos funcionários estatutários dos órgãos que compõem sua administração direta"*.

> Note o item considerado **INCORRETO**, em prova realizada pelo IMA, para o cargo de Procurador da Prefeitura de Paraibano/MA, em 2014: *"O imposto de renda é o imposto de competência dos estados que possui a base de cálculo no montante, real, arbitrado ou presumido, da renda ou dos proventos tributáveis"*.

Art. 153. Compete à União instituir imposto sobre: (...)
III – renda e proventos de qualquer natureza.

O imposto de renda é de competência da União, devendo ser utilizado como meio hábil a promover a adequada redistribuição de renda. É a principal fonte de receita tributária da União, quanto aos impostos, possuindo nítida função fiscal.

6.2 Sujeito passivo

O contribuinte do Imposto sobre a renda é a pessoa física ou jurídica, titular de renda ou provento de qualquer natureza. A lei pode atribuir à fonte pagadora da renda a responsabilidade pela retenção e recolhimento do IR (*stoppage at source*), figurando o empregado como *contribuinte*, e o empregador, como *responsável* (art. 121, parágrafo único, I e II, do CTN c/c art. 45, parágrafo único, do CTN). Por conveniência administrativa e sempre por meio de lei, visando à praticabilidade da arrecadação, a fonte pagadora pode ficar no polo passivo da relação jurídica na situação de *responsável* pelo recolhimento do tributo. No caso de omissão de retenção do IRRF, a fonte pagadora irá arcar com a multa pelo não cumprimento da obrigação, enquanto deve ser cobrado o imposto não recolhido da pessoa física, contribuinte do imposto.

Urge mencionar que as pessoas jurídicas estrangeiras, que funcionam no País, serão igualmente consideradas como contribuintes.

6.3 Fato gerador

É a aquisição da disponibilidade econômica ou jurídica de renda (decorrente do capital, do trabalho ou da conjugação de ambos) e de proventos de qualquer natureza, assim entendidos todos os acréscimos não compreendidos no conceito de renda.

Note o item considerado **CORRETO**, em prova realizada pelo IESES, para o cargo de Titular de Serviços de Notas e de Registros (TJ/RO), em 2017: *"O imposto, de competência da União, sobre a renda e proventos de qualquer natureza tem como fato gerador a aquisição da disponibilidade econômica ou jurídica"*.

6.3.1 Definição de renda e proventos de qualquer natureza

O imposto tem como hipótese de sua incidência o *acréscimo patrimonial*, em razão da aquisição da disponibilidade *econômica* ou *jurídica* da renda decorrente do capital, do trabalho ou da combinação de ambos, além de proventos de qualquer natureza.

Para Kiyoshi Harada "a disponibilidade econômica consiste no acréscimo patrimonial decorrente de uma situação de fato, ocorrendo no instante em que se verifiquem **as circunstâncias materiais necessárias** a que produza esse efeito, (art. 116, I, do CTN), ao passo que, a disponibilidade jurídica consiste no direito de usar, por qualquer forma, da renda e dos proventos definitivamente constituídos nos termos do direito aplicável (art. 116, II, do CTN)"[29].

Note o item considerado **INCORRETO**, em prova realizada pelo Instituto AOCP, para o cargo de Advogado da Companhia Catarinense de Águas e Saneamento – CASAN, em 2016: *"Sem exceção, considera-se ocorrido o fato gerador e existentes os seus efeitos, tratando-se de situação de fato, desde o momento em que se verificarem as circunstâncias materiais necessárias a que produza os efeitos que normalmente lhe são próprios"*.

Quanto ao conceito de renda, Hugo de Brito Machado[30] ensina:

> Na expressão do Código, *renda* é sempre um produto, um resultado, quer do trabalho, quer do capital, quer da combinação desses dois fatores. Os demais *acréscimos* patrimoniais que não se comportem no conceito de renda são *proventos*. (...) Não há *renda*, nem *provento*, sem que haja acréscimo patrimonial, pois o CTN adotou expressamente o conceito de renda como *acréscimo*. (...) Quando afirmamos que o conceito de *renda* envolve acréscimo patrimonial, como o conceito de *proventos* também envolve acréscimo patrimonial, não queremos dizer que escape à tributação a renda consumida. O que não se admite é a tributação de algo que na verdade em momento algum ingressou no patrimônio, implicando incremento no valor líquido deste. Como acréscimo se há de entender o que foi auferido, menos parcelas que a lei, expressa ou implicitamente, e sem violência à natureza das coisas, admite sejam diminuídas na determinação desse acréscimo. (...) A renda não se confunde com sua disponibilidade. Pode haver renda, mas esta não ser disponível para seu titular. O fato gerador do imposto de que se cuida não é a renda mas a *aquisição da disponibilidade da renda, ou dos proventos de qualquer*

29. HARADA, Kiyoshi. *Direito financeiro e tributário*, 7. ed., p. 303.
30. MACHADO, Hugo de Brito. *Curso de direito tributário*, 29. ed., pp. 314-315, 317 e 323.

natureza. Assim, não basta, para ser devedor desse imposto, auferir renda ou proventos. É preciso que se tenha adquirido a disponibilidade, que não se configura pelo fato de ter o adquirente da renda *ação* para sua cobrança. Não basta ser credor da renda se esta não está disponível, e a disponibilidade pressupõe ausência de obstáculos jurídicos a serem removidos.

Passemos a detalhar a "disponibilidade econômica ou jurídica", que pode variar, em razão:

a) **da renda de capital:** *aluguel, "royalties", recebimentos decorrentes de aplicações financeiras, lucros, participação nos lucros, bonificações, rendimentos de partes beneficiadas etc.*;
b) **da renda do trabalho:** *salário, honorários, pró-labore, comissões etc.*;
c) **da renda da combinação do capital e do trabalho:** *pró-labore, lucro etc.*;
d) **dos proventos de qualquer natureza:** são os acréscimos patrimoniais não compreendidos no conceito de renda supramencionado – *aposentadorias, pensões, ganhos em loterias, doações, acréscimos patrimoniais não justificáveis etc.*

Passemos agora à análise dos conceitos de *disponibilidade econômica* e *disponibilidade jurídica*:

a) **Disponibilidade econômica:** é a obtenção da faculdade de *usar*, *gozar* e *dispor* de dinheiro ou de coisas conversíveis. É ter o fato concretamente. A disponibilidade "financeira" não é sinônimo de disponibilidade *econômica*. Esta última é somente aquela que representa incorporação ao patrimônio. Nada impede, no entanto, que a lei ordinária agregue o "elemento financeiro" ao fato gerador, desde que tenha havido prévia disponibilidade econômica ou jurídica.
b) **Disponibilidade jurídica:** é a obtenção de direitos de créditos não sujeitos à condição suspensiva, representados por títulos ou documentos de liquidez e certeza. Representa o "ter o direito, abstratamente". O IR só pode incidir quando há *acréscimo patrimonial*, salientando-se que não há a necessidade de o rendimento ser efetivamente recebido pelo sujeito passivo, sendo suficiente que este tenha adquirido o *direito de crédito* sobre ele, ou seja, a *disponibilidade jurídica*. Portanto, se um comerciante vende um produto no último dia do ano, porém só recebe o pagamento no 1º dia do ano subsecutivo, considera-se, para fins de tributação, a data da venda, e não a do "recebimento", pois com a venda o contribuinte adquire a *disponibilidade jurídica* sobre o rendimento tributável.

6.4 Base de cálculo

A base de cálculo do imposto é a soma de fatores algébricos positivos e negativos que se agregam ao patrimônio, conforme se depreende do art. 44 do CTN. É o montante *real*, *arbitrado* ou *presumido*, da renda e do provento de qualquer natureza. Aliás, é bom que se memorize que não existe "renda presumida". Presumido ou arbitrado pode ser o *montante* da renda. Adota-se, no Brasil, um critério de aferição de base de cálculo *"pelo montante absoluto da renda ou provento" (critério global ou unitário)*, segundo o qual as alíquotas incidem sobre o total dos rendimentos, independentemente de sua origem ou razão. Assim, a incidência ocorre sobre o crédito líquido do contribuinte, ou seja, a diferença entre a renda ou provento bruto auferido e os encargos admitidos em lei, tais como gastos com dependentes, planos de saúde etc. Devem-se somar todos os rendimentos e lucros de capital da pessoa física e seus dependentes (rendimento bruto) e subtrair os encargos (reais ou presumidos) autorizados pela legislação (rendimento líquido).

> Note o item considerado **CORRETO**, em prova realizada pelo TRF/4ª Região, para o cargo de Juiz Federal Substituto, em 2014: *"A base de cálculo do imposto sobre a renda e os proventos de qualquer natureza é o montante real, arbitrado ou presumido, da renda ou dos proventos tributáveis".*

6.4.1 Conceito de patrimônio

É o conjunto de direitos e obrigações de titularidade de uma pessoa, formado pelos seus direitos reais (por exemplo: *propriedade*), direitos pessoais (por exemplo: os *direitos de crédito*) e os direitos intelectuais (por exemplo: *direito autoral, de imagem*).

6.5 Alíquotas

Segundo o art. 153, § 2º, I, da CF, o imposto sobre a renda será informado pelos critérios da *generalidade*, *universalidade* e *progressividade*. A *generalidade* diz respeito à sujeição passiva, indicando a incidência sobre todos os contribuintes que pratiquem o fato descrito na hipótese de incidência da exação. A *universalidade*, por sua vez, demarca o critério atrelável à base de cálculo do gravame, que deve abranger quaisquer rendas e proventos auferidos pelo contribuinte, independentemente da denominação da receita ou do rendimento:

> Note o item considerado **CORRETO**, em prova realizada pelo Cespe, para o cargo de Titular de Serviços de Notas e de Registros (TJ/ES), em 2013: *"O imposto incidente sobre a renda e proventos de qualquer natureza deve ser informado pelos critérios da generalidade, da universalidade e da progressividade".*

> Note o item considerado **INCORRETO**, em prova realizada pelo Cespe, para o cargo de Titular de Serviços de Notas e de Registros (TJ/BA), em 2013: *"O imposto incidente sobre renda e proventos de qualquer natureza será informado pelo critério da regressividade".*

CTN: Art. 43, § 1º A incidência do imposto independe da denominação da receita ou do rendimento, da localização, condição jurídica ou nacionalidade da fonte, da origem e da forma de percepção. **(Incluído pela LC n. 104/2001)**

Note o item considerado **CORRETO**, em prova realizada pela ATECEL, para o cargo de Assessor Jurídico da Câmara Municipal de Acari/RN, em 2016: *"A incidência do imposto sobre a renda e proventos de qualquer natureza independe da denominação da receita ou do rendimento, da localização, condição jurídica ou nacionalidade da fonte, da origem e da forma de percepção".*

Por fim, a *progressividade* do IR – mesmo que insuficiente, como é sabido – prevê a variação positiva da alíquota do imposto à medida que há aumento de base de cálculo.

O IR, da forma como o conhecemos hoje, incidente sobre a renda total do contribuinte, foi instituído no Brasil, após diversas tentativas, em 1922, consoante o disposto no art. 31 da Lei de Orçamento n. 4.625, de 31 de dezembro. Feitas algumas alterações normativas, nos anos que se seguiram, já se podia notar no âmbito doméstico a existência de um progressivo imposto sobre a renda, com alíquotas estabelecidas entre 0,5% e 8%[31].

No Brasil de hoje, o imposto sobre a renda, conquanto se revele um importante gravame para a arrecadação federal, aponta dados curiosos: estudos econômicos demonstram que a participação da tributação da renda na carga tributária brasileira é baixa, atingindo pouco mais de 20%, enquanto, em países desenvolvidos, essa participação representa cerca de 70%. Aliás, insta frisar que há sobre o patrimônio, de um modo geral, uma tímida expressividade da participação da tributação na carga tributária brasileira.

Em razão dessa situação, o sistema tributário brasileiro, apresentando um pequeno grau de progressividade no IR, transborda para o terreno da *regressividade*, em face do elevado número de tributos incidentes sobre o consumo de bens e serviços. Daí haver a imposição de maior ônus àqueles que ostentam menor aptidão de contribuir para o custeio das despesas do Estado, uma vez que, em regra, quem possui maiores renda e patrimônio, revelando maior capacidade para contribuir, é destinatário de uma imposição tributária menos gravosa.

É mister que a lei do Imposto sobre a Renda, na busca ideal de uma justiça fiscal, leve a cabo algumas medidas concretas, que, em breve resumo, seriam[32]:

---

31. V. AMED, Fernando José; NEGREIROS, Plínio José Labriola de Campos. *História dos tributos no Brasil*, p. 255.
32. V. COSTA, Regina Helena. Conferência proferida no "Seminário sobre a Reforma Tributária". Realizado pelo Centro de Estudos Judiciários, em 20/21-03-2003, em Fortaleza-CE, publicado na *Revista CEJ*, Brasília, n. 22, jul./set. 2003, pp. 25-30 (p. 28).

(1) *consideração precisa das condições pessoais dos contribuintes (pessoas físicas ou jurídicas) e a prudente fixação de um "mínimo vital", compatível com a realidade:* o art. 6º da Carta Magna arrola, como direitos sociais, a educação, a saúde, o trabalho, a moradia, o lazer, a segurança, a previdência social, a proteção à maternidade e à infância e a assistência aos desamparados. Há de se buscar a efetividade na proteção de tais valores, aqui prestigiados, à luz da tributação progressiva do imposto sobre a renda;

(2) *estipulação de um expressivo número de deduções para o IR devido, adequando a exigência fiscal ao perfil do contribuinte*: a dedutibilidade deve ser ampla, englobando todas as despesas necessárias à manutenção do indivíduo e de sua família, sem limitações arbitrárias, as quais, por amor à lógica e à justiça, não podem integrar o conceito de "renda". Há de haver uma política "de inclusão" de despesas dedutíveis – e não o contrário! –, alcançando-se, quiçá, os medicamentos e o material escolar, diversamente do que atualmente presenciamos;

(3) *estabelecimento de um expressivo grau de progressividade de alíquotas, em função da quantidade de renda auferida*: há que se imprimir maior progressividade às alíquotas, de modo a cumprir, efetivamente, o desígnio constitucional.

Até pouco tempo, a legislação regente do imposto sobre a renda de pessoa física (IRPF) consignava, tão somente, duas alíquotas (15% e 27,5%). Em momento anterior, até 1995, havia também a previsão de uma terceira alíquota, de 35%.

Destaque-se, a propósito, que há vários países, cuja prestação de serviços públicos é de melhor qualidade do que no *Brasil*, que possuem várias faixas diferentes de alíquotas para o IR, com percentuais que chegam a 60%. Citem-se a *Alemanha* (três alíquotas entre 22,9% e 53% do rendimento anual) e a *França* (doze alíquotas entre 5% e 57%).

Em dezembro de 2008, o governo brasileiro anunciou a criação de duas novas alíquotas intermediárias de imposto sobre a renda para as pessoas físicas: 7,5% e 22,5%, elevando para quatro as alíquotas aplicadas a partir de 2009. Ficam mantidas as atuais alíquotas de 15% e 27,5%.

Com as novas medidas, a partir do ano-calendário de 2010, as faixas do Imposto de Renda (IRPF), à luz da Lei n. 11.945 de 4 de junho de 2009, passam a ser de:

- Até R$ 1.499,15: **alíquota zero**
- Acima de R$ 1.499,16 até R$ 2.246,75: **7,5%**
- Acima de R$ 2.246,76 até R$ 2.995,70: **15%**
- Acima de R$ 2.995,71 até R$ 3.743,19: **22,5%**
- Acima de R$ 3.743,19: **27,5%**

Em termos práticos, quem ganha até R$ 1.499,15 continuará isento, e, deste valor até R$ 2.246,75, haverá uma nova alíquota, de **7,5%**. Entre R$ 2.246,76 e R$ 2.995,70, incidirá a alíquota de 15%. Deste valor até R$ 3.743,19, haverá outra alíquota nova, de **22,5%**. Acima deste valor, está mantida a alíquota de 27,5%.

A iniciativa de tornar o IR um pouco mais "progressivo" fez parte do pacote de medidas utilizadas para amenizar a repercussão da crise financeira, que irradiou negativamente, em 2008, pelas economias de todo o mundo.

A decisão do governo federal, prestigiando a mobilidade econômica da sociedade brasileira, a par da valorização ao potencial redistributivo do IR, traduziu-se em uma renúncia fiscal, estimada em R$ 5 bilhões, cujo volume deverá ser injetado na economia por meio do consumo, estimulando o crescimento da economia e o volume de crédito.

Por outro lado, a iniciativa tem sofrido críticas, sob o argumento de que se deveria buscar, efetivamente, a redução das alíquotas existentes, no lugar de trazer novos percentuais intermediários.

Acompanhe, a seguir, a atualização das faixas de alíquota do **IRPF**, nos exercícios de **2013 a 2016** (anos-calendário 2012 a 2015, respectivamente). A partir da publicação da MP n. 528/2011, alteraram-se os valores afetos às bases de cálculo do imposto de renda, cuja demonstração pode ser detectada na **tabela progressiva** adiante, utilizada para o *cálculo mensal* do IRPF. Observe, ainda, os valores correspondentes ao exercício de **2016** (ano-calendário 2015), os quais passaram a valer a partir de abril de 2015 (Lei n. 13.149/2015). Em tempo, frise-se que não houve alteração para os valores correspondentes ao exercício de **2020** (ano-calendário 2019).

IRPF							
Ano-Calendário 2012		**Ano-Calendário 2013**		**Ano-Calendário 2014**		**Ano-Calendário 2015**	
Exercício 2013		**Exercício 2014**		**Exercício 2015**		**Exercício 2016**	
Base de Cálculo	**Alíquota (%)**	**Base de Cálculo**	**Alíquota (%)**	**Base de Cálculo**	**Alíquota (%)**	**Base de Cálculo**	**Alíquota (%)**
Até 1.637,11	–	Até 1.710,78	–	Até 1.787,77	–	Até 1.903,98	–
De 1.637,12 até 2.453,50	**7,5**	De 1.710,79 até 2.563,91	**7,5**	De 1.787,78 até 2.679,29	**7,5**	De 1.903,99 até **2.826,65**	**7,5**
De 2.453,51 até 3.271,38	**15**	De 2.563,92 até 3.418,59	**15**	De 2.679,30 até 3.572,43	**15**	De **2.826,66** até **3.751,05**	**15**

De 3.271,39 até 4.087,65	22,5	De 3.418,60 até 4.271,59	22,5	De 3.572,44 até 4.463,81	22,5	De **3.751,06** até **4.664,68**	22,5
Acima de 4.087,65	27,5	Acima de 4.271,59	27,5	Acima de 4.463,81	27,5	Acima de **4.664,68**	27,5

Por derradeiro, frise-se que, conforme jurisprudência reiterada no **STF**, ficou sacramentado que não cabe ao Poder Judiciário autorizar a correção monetária da *tabela progressiva* do IRPF, na ausência de previsão legal nesse sentido. Tal entendimento fundamentou-se no uso regular do poder estatal de organizar a vida econômica e financeira do país, o qual deve ocorrer no espaço próprio das competências dos Poderes Executivo e Legislativo. Desse modo, não obstante o laborioso voto (vencido) do Min. Marco Aurélio, soçobraram as argumentações ligadas à possível violação dos princípios da *capacidade contributiva* e do *tributo com efeito de confisco* **(RE 388.312, rel. Min. Marco Aurélio, rel. p/ Ac. Min. Cármen Lúcia, Pleno, j. em 1º-08-2011)**. A nosso ver, *data maxima venia*, o veredicto legitima um nocivo aspecto do gravame, o qual mitiga sua vertente constitucional de progressividade e recrudesce os níveis de desigualdade social no Brasil.

6.6 Notas gerais

Os próximos tópicos dizem respeito a temas relevantes no âmbito do **Imposto de Renda (IRPJ, IRRF e IRPF)**, aqui tratados caso a caso. Para a sua organização, apresentamos o **rol de assuntos** logo a seguir, a fim de propiciar uma visão panorâmica do conjunto de assuntos que serão versados:

a) **Imposto de Renda Pessoa Física (IRPF).**

b) **Imposto de Renda Pessoa Jurídica (IRPJ):**

  b.1) **Lucro Real;**

  b.2) **Lucro Presumido;**

  b.3) **Lucro Arbitrado.**

c) **IR e a tributação internacional.**

d) **IR e as verbas indenizatórias.**

e) **IR e o Princípio da Anterioridade Tributária.**

f) **IR e a Súmula n. 447 do STJ.**

g) **IRPF e os valores recebidos acumuladamente.**

h) **IRPF e a isenção sobre os proventos da previdência privada como complementação da aposentadoria (moléstia grave).**

i) **IRPF e a isenção para a patologia "cegueira".**

  i.1) **IRPF e a isenção para o portador de moléstia grave, desde que fora da atividade laboral.**

j) IRPF e o "abono de permanência" do servidor público.

k) IR e a liquidação extrajudicial da entidade de previdência privada.

l) IRRF e a cessão de crédito de precatório judicial.

m) IRRF sobre a remessa de juros ao exterior, em compra de bens a prazo, e a responsabilidade do substituto tributário imune pela retenção do imposto.

m.1) IRRF e o pagamento à pessoa jurídica sediada no exterior – o momento do fato gerador.

n) A incidência do IRPF e a remuneração percebida pelos atletas profissionais a título de "direito de arena".

o) A base de cálculo do IRPJ e o crédito presumido de IPI.

p) IRPF e a *solidariedade tributária* (declaração conjunta do casal).

q) IRPF e a *não incidência* sobre a *cota condominial do síndico*.

r) Compensação de prejuízo fiscal do IRPJ (limite de 30%), no caso de desaparecimento da empresa por incorporação.

Passemos aos detalhamentos:

a) Imposto de Renda Pessoa Física (IRPF): o fato gerador é a receita líquida (total das receitas experimentadas e deduzidas das despesas e gastos autorizados). Baseia-se no chamado *Sistema Acruall Basis.* A Lei n. 7.713/88 previu apenas duas alíquotas para o IRPF. Conforme se notou em tópico precedente, em dezembro de 2008, o governo brasileiro anunciou a criação de duas novas alíquotas intermediárias: 7,5% e 22,5%. Com isso, elevou para **quatro** os percentuais aplicáveis a partir de 2009. Ficam mantidas as atuais alíquotas de 15% e 27,5%.

b) Imposto de Renda Pessoa Jurídica (IRPJ): o fato gerador engloba, além das hipóteses tributadas exclusivamente "na fonte", o próprio *lucro* da pessoa jurídica (ou da equiparada à jurídica). Este pode ser obtido pelos critérios da apuração *real*, *presumida* ou *arbitrada*, dando ensejo às conhecidas opções pelo *lucro real*, *lucro presumido* ou *lucro arbitrado.*

b.1) Lucro Real: qualquer empresa pode optar por essa tributação, independentemente de seu porte ou atividade, mas a opção é adotada, na verdade, pela minoria delas. Trata-se do chamado "regime geral", conquanto seja dotado de certa complexidade.

A opção pelo lucro real se faz com base na contabilidade real, vale dizer, com suporte no chamado *lucro real*, o qual resulta da diferença da receita bruta menos as despesas operacionais, mediante rígidos critérios contábeis ou fiscais de escrita. Desse modo, a sistemática exige naturalmente o arquivo de documentos comprobatórios de tais receitas e despesas. Essa é a razão pela qual a tributação pelo lucro real requer um controle mais rigoroso por parte da empresa optante.

Assim, o *lucro real* é o lucro líquido do período-base, ajustado pelas adições, exclusões ou compensações prescritas ou autorizadas pela lei fiscal. Em resumo, a tributação se baseia na soma das receitas, deduzindo-se as despesas. Após essa etapa, aplica-se a **alíquota** de **15%** do IRPJ (com adicional de **10%** para o lucro acima de R$ 240 mil anuais) e **9%** da CSLL, além dos demais pagamentos de tributos feitos separadamente pela empresa. Com efeito, é sabido que, desde 1997, por força do § 2º do art. 2º da Lei n. 9.430/96, incidirá esse adicional do imposto de renda (10%) sobre a parcela do lucro real que exceder ao valor resultante da multiplicação de R$ 20.000,00 (vinte mil reais) pelo número de meses do respectivo período de apuração. Frise-se que a apuração de prejuízo fiscal afasta a tributação do IRPJ (e também a da CSLL).

Note o item considerado **INCORRETO**, em prova realizada pelo TRF/4ª Região, para o cargo de Juiz Federal Substituto (XVII Concurso), em 2016: *"O IRPJ, na forma da legislação vigente, possui base de cálculo diferente para cada método de tributação, podendo ser por meio de apuração por lucro real, lucro presumido ou arbitramento, sendo, em todos os casos, incidente a mesma alíquota"*.

A apuração pelo lucro real é obrigatória para as empresas indicadas em lei (Lei n. 9.718/98; ver lista abaixo) e opcional às demais.

Com base na Lei n. 12.814/2013, a partir de **1º-01-2014**, a opção poderá ser feita por pessoa jurídica cuja *receita bruta total*, no ano-calendário anterior, tenha sido **superior** ao limite de **R$ 78.000.000,00** (setenta e oito milhões de reais), ou ao **limite proporcional** de **R$ 6.500.000,00** (seis milhões e quinhentos mil reais), multiplicados pelo número de meses de atividade do ano-calendário anterior, quando inferior a 12 (doze) meses[33].

Com respaldo nesse sistema, as pessoas jurídicas podem optar pelo pagamento *por estimativa*, consistente no pagamento mensal de um valor do imposto de renda aferido com base em um lucro estimado fixado em lei (**mesmo critério usado para apurar o lucro presumido** – ver item b.2, a seguir), formalizando-se, no final do ano, um ajuste anual, por meio do qual será abatido o valor que foi pago mensalmente por estimativa durante o ano-base.

Note o item considerado **CORRETO**, em prova realizada pelo IADES, para o cargo de Analista Administrativo e Operacional da Ceitec S.A., em 2016: *"Acerca do IRPJ, conforme Decreto n. 3.000/1999, somente a pessoa jurídica sujeita à tributação com base no lucro real poderá optar pelo recolhimento mensal do imposto determinado sobre base de cálculo estimada"*.

A legislação atual possibilita a quem estiver obrigado ao regime a alternativa de escolher entre pagar o imposto de renda e a contribuição social *por estimativa*, ou, então, utilizar o *sistema de apuração trimestral* – são as modalidades de apuração de *lucro real anual* ou *lucro real trimestral*. Esta última modalidade é recomendável para as empresas que possuem lucros mais lineares (sem os "picos de faturamento"). Vale lembrar que a opção é irretratável (art. 232, RIR/99) e que, desde o ano-calendário de 1997, está extinto o sistema de lucro real mensal.

33. Em relação aos fatos geradores ocorridos **até 31-12-2013**, estavam obrigadas à apuração do lucro real as pessoas jurídicas cuja receita total, no ano-calendário anterior, fosse superior ao limite de R$ 48.000.000,00, ou ao limite proporcional de R$ 4.000.000,00, multiplicados pelo número de meses do período, quando inferior a 12 meses.

Costuma-se dizer que o modelo é vantajoso para aquele tipo de empresa que opera no prejuízo (ou com margem mínima de lucro), todavia não se pode esquecer que a análise deve ser feita levando-se em consideração as contribuições (CSLL, PIS e COFINS), as quais impactarão na tributação.

Estão **automaticamente** obrigadas ao **Lucro Real**, sem prejuízo daquelas que devem observar o citado limite de receita bruta anual, as **pessoas jurídicas...**

> Note o item considerado **INCORRETO**, em prova realizada pelo IADES, para o cargo de Analista Administrativo e Operacional da Ceitec S.A., em 2016: *"Acerca do IRPJ, conforme Decreto n. 3.000/99, cabe ao contribuinte escolher o regime de tributação que julgar mais conveniente para fins de apuração do imposto devido"*.

1. cujas atividades sejam de bancos comerciais, bancos de investimentos, bancos de desenvolvimento, caixas econômicas, sociedades de crédito, financiamento e investimento, sociedades de crédito imobiliário, sociedades corretoras de títulos, valores mobiliários e câmbio, distribuidora de títulos e valores mobiliários, empresas de arrendamento mercantil, cooperativas de crédito, empresas de seguros privados e de capitalização e entidades de previdência privada aberta;
2. que tiverem lucros, rendimentos ou ganhos de capital oriundos do exterior (e isso não se confunde com "receita de exportação");
3. que, autorizadas pela legislação tributária, usufruam benefícios fiscais relativos à isenção ou redução do imposto (BEFIEX, SUDENE, SUDAM etc.);
4. que, no decorrer do ano-calendário, tenham efetuado **pagamento mensal** pelo *regime de estimativa* (art. 2º da Lei n. 9.430/96);

> Note o item considerado **INCORRETO**, em prova realizada pelo IADES, para o cargo de Analista Administrativo e Operacional da Ceitec S.A., em 2016: *"Acerca do IRPJ, conforme Decreto n. 3.000/1999, o contribuinte pessoa jurídica, independentemente da forma de tributação, poderá optar pela apuração mensal, trimestral ou anual do imposto"*.

5. que explorem as atividades de prestação cumulativa e contínua de serviços de assessoria creditícia, mercadológica, gestão de crédito, seleção e riscos, administração de contas a pagar e a receber, compras de direitos creditórios resultantes de vendas mercantis a prazo ou de prestação de serviços (*factoring*);
6. que explorem as atividades de securitização de créditos imobiliários, financeiros e do agronegócio (incluído pelo art. 22 da MP 472/2009);
7. as empresas imobiliárias, enquanto não concluídas as operações imobiliárias para as quais haja registro de *custo orçado* (IN SRF 25/99);
8. as Sociedades de Propósito Específico (SPE) constituídas por optantes pelo Simples (art. 56, § 2º, IV, da LC n. 123/2006).

Na seara jurisprudencial, em 12 de maio de **2015**, a 2ª Turma do **STJ**, no **REsp 1.385.860/CE** (rel. Min. Humberto Martins), entendeu que "*os valores restituídos a título de tributo pago indevidamente serão tributados pelo Imposto sobre a Renda das Pessoas Jurídicas (IRPJ) e pela Contribuição Social sobre o Lucro Líquido (CSLL), se, em períodos anteriores, tiverem sido computados como despesas dedutíveis do lucro real e da base de cálculo da CSLL (art. 1º do ADI SRF 25/2003)*". Em tempo, partindo-se da premissa de que o acessório segue o principal, o próprio **STJ**, em outra oportunidade (**REsp 1.138.695/SC, rel. Min. Mauro Campbell Marques, 1ª T., j. em 22-05-2013**), entendeu que os juros moratórios incidentes na repetição do indébito tributário se encontram dentro da base de cálculo do IRPJ e da CSLL, dada a sua natureza de lucros cessantes e de "lucro operacional" da empresa (ver, entre outros dispositivos, os arts. 373 e 161, IV, ambos do Decreto n. 3.000/99-RIR/99). Com efeito, tais juros detêm natureza remuneratória e evidenciam um acréscimo patrimonial. Assim, para a Corte Superior, nem a verba principal, nem os acessórios, fogem à tributação.

b.2) Lucro Presumido: trata-se de sistema opcional pela pessoa jurídica não obrigada por lei à apuração pelo lucro real. É uma forma de tributação simplificada, a qual consiste na presunção legal de que o lucro da empresa é aquele por ela estabelecido, com base na aplicação de um percentual sobre a *receita bruta* desta, no respectivo período de apuração. A apuração de prejuízo não afasta a tributação do IRPJ e CSLL.

Notou-se que, como primeiro requisito para a opção, temos a não obrigatoriedade pelo regime de tributação pelo lucro real. Para além disso, com supedâneo na Lei n. 12.814/2013, a partir de **1º-01-2014**, a opção poderá ser feita por pessoa jurídica cuja receita bruta total, no ano-calendário anterior, tenha sido **igual ou inferior** ao limite de **R$ 78.000.000,00** (setenta e oito milhões de reais), ou ao **limite proporcional** de **R$ 6.500.000,00** (seis milhões e quinhentos mil reais), multiplicados pelo número de meses de atividade do ano-calendário anterior, quando inferior a 12 (doze) meses. Vê-se, portanto, que tal opção não requer uma receita bruta mínima, mas, sim, um teto de faturamento.

Em resumo, **o regime de lucro presumido se aplica às seguintes empresas:** **(I)** não obrigadas a adotar o regime do lucro real (não enquadradas no art. 14 da Lei n. 9.718/98); **(II)** não atuantes no mercado financeiro (bancos comerciais, bancos de investimento, corretoras etc.); **(III)** não beneficiárias de benefícios fiscais; **(IV)** não detentoras de rendimentos de capital oriundos do exterior; e, finalmente, que não ultrapassem o teto de faturamento de 78 milhões de reais.

Note o item considerado **INCORRETO**, em prova realizada pelo TRF/4ª Região, para o cargo de Juiz Federal Substituto (XVII Concurso), em 2016: *"O contribuinte tem livre escolha do método de tributação do IRPJ – lucro real, lucro presumido e arbitramento –, independentemente do ramo de atividade e faturamento da pessoa jurídica"*.

Ademais, costuma-se afirmar que a opção pode atender as necessidades das empresas de pequeno e médio porte, haja vista a melhor relação *custo-benefício* ou, se preferir, *simplicidade-custo*, em comparação com o Simples Nacional e com o próprio regime do Lucro Real. Da mesma forma, ela é convidativa para as pequenas e médias empresas que sejam prestadoras de serviço, porquanto os principais custos estão na folha de pagamento.

O recolhimento adota sistemática simples, devendo ocorrer trimestralmente e com datas prefixadas (31 de março, 30 de junho, 30 de setembro e 31 de dezembro, tudo em conformidade com os arts. 1º e 25, da Lei n. 9.430/96). O IRPJ e a CSLL deverão ser pagos até o último dia útil do mês subsequente ao do encerramento do período de apuração trimestral.

A alíquota geral é de **15%**, sem prejuízo do adicional na alíquota de **10%**, na hipótese de haver excedente de lucro maior que o valor de R$ 60.000 (valor resultante da multiplicação de R$ 20.000,00 – vinte mil reais – pelo número de meses do respectivo período de apuração). Portanto, fala-se na **alíquota** de IRPJ de **15%** ou **25%**. A alíquota do CSSL é de **9%**.

> Note o item considerado **INCORRETO**, em prova realizada pelo TRF/4ª Região, para o cargo de Juiz Federal Substituto (XVII Concurso), em 2016: *"O IRPJ, na forma da legislação vigente, possui base de cálculo diferente para cada método de tributação, podendo ser por meio de apuração por lucro real, lucro presumido ou arbitramento, sendo, em todos os casos, incidente a mesma alíquota"*.

Na seara jurisprudencial, em 27 de março de **2014**, a 2ª Turma do **STJ (AgRg no REsp 1.423.160/RS**, rel. Min. Herman Benjamin), com suporte em outros precedentes[34], entendeu que, "no regime do lucro presumido, o ICMS compõe a base de cálculo do IRPJ e da CSLL". Por outro lado, quanto ao **IPI** (na sistemática do **crédito presumido**, prevista no art. 1º da Lei n. 9.363/96, referente a período no qual o contribuinte tenha se submetido ao regime de tributação com base no *lucro presumido*), deve ser excluído das bases de cálculo do IRPJ e da CSLL, apuradas pelo regime do lucro presumido (**REsp 1.611.110/RS**, rel. Min. Mauro Campbell Marques, 2ª T., j. em 04-08-**2016**). Portanto, à luz da interpretação pretoriana mais recente do **STJ**, podemos assim memorizar: no regime do lucro presumido, a base de cálculo do IRPJ e da CSLL **é** composta pelo **ICMS**, mas **não é** composta pelo **IPI** (**crédito presumido**).

Ademais, em 4 de setembro de **2018**, a 1ª Turma do **STJ**, no **REsp 1.298.441/GO** (rel. Min. Gurgel de Faria), entendeu que a parcela decorrente do Índice Nacional de Construção Civil (INCC) – índice utilizado para a correção do valor do imóvel objeto de financiamento enquanto a obra está em execução – não pode ser classificada como "*receita financeira*", submetida à tributação em separado, mas

34. Outros precedentes: (I) AgRg no REsp 1.393.280/RN, rel. Min. Humberto Martins, 2ª T., j. em 10-12-2013; e (II) REsp 1.312.024/RS, rel. Min. Mauro Campbell Marques, 2ª T., j. em 02-05-2013.

como *parcela integrante da receita bruta* decorrente da venda do bem imóvel, sendo possível o seu acréscimo à base de cálculo do *lucro presumido* para fins de incidência do IRPJ.

b.3) Lucro Arbitrado: resulta de uma imposição da autoridade fiscal ou, ainda, de uma opção do contribuinte. Na primeira hipótese, afeta à prática irregular do contribuinte que **não manteve em dia a sua gestão contábil (art. 530 do RIR/99)**, decorre da impossibilidade de se apurar o lucro da empresa pelo critério *real* ou *presumido*, em razão do descumprimento de certas obrigações tributárias, tais como:

> Note o item considerado **INCORRETO**, em prova realizada pelo IADES, para o cargo de Analista Administrativo e Operacional da Ceitec S.A., em 2016: *"Acerca do IRPJ, conforme Decreto n. 3.000/1999, o contribuinte obrigado à tributação com base no lucro real, que não mantiver escrituração contábil conforme exigido pela legislação tributária, será tributado com base no lucro presumido".*

(I) *escrituração com vícios ou indícios de fraudes; omissão do contribuinte na apresentação à autoridade tributária dos livros e documentos da escrituração comercial e fiscal;* **(II)** *omissão do contribuinte na apresentação do Livro Caixa (se optante pelo lucro presumido);* **(III)** *inadequação na escrituração e apuração do lucro da atividade de pessoa jurídica estrangeira;* **(IV)** *erro do contribuinte na opção pelo lucro presumido; manutenção desidiosa pelo contribuinte do Livro Razão;* **(V)** *manutenção desidiosa pelo contribuinte da escrituração contábil;* **(VI)** *omissão na elaboração das demonstrações financeiras exigidas pela legislação fiscal (lucro real).*

Todavia, desde o advento da Lei n. 8.981/95, é possível à pessoa jurídica comunicar ao Fisco a *impossibilidade* de apuração do IR pelo lucro real ou presumido, de forma espontânea, optando por sujeitar-se à tributação do *lucro arbitrado* no período (art. 531 do RIR/99). Tirante os casos de opção por iniciativa do próprio contribuinte, a adoção do *lucro arbitrado*, como a própria expressão prenuncia, ocorre geralmente por iniciativa do Fisco, nos casos em que a empresa tenha sua escrituração contábil desqualificada.

A tributação com base no lucro arbitrado ocorre trimestralmente, em períodos de apuração encerrados em 31 de março, 30 de junho, 30 de setembro e 31 de dezembro de cada ano-calendário (arts. 220 e 530 do RIR/99). Leva em conta a chamada "receita bruta", ou seja, o produto da venda de bens nas operações de conta própria, o preço dos serviços prestados e o resultado auferido nas operações de conta alheia (art. 31, da Lei n. 8.981/95).

Como se pôde notar nos tópicos descritos, o resultado de uma empresa pode ser tributado com base em seu *lucro real*, *lucro presumido* ou *lucro arbitrado*. Urge lembrar, ademais, que a opção também pode ser pelo *Simples Nacional*, estudado em Capítulo precedente (Capítulo 19, item 7).

Por derradeiro, frise-se que a abrangente e polêmica **MP n. 627/2013**, alinhando a legislação tributária à legislação societária e às normas contábeis internacionais e eliminando a ideia da dupla contabilidade (balanço societário *vs.* balanço fiscal), foi finalmente convertida em lei em **maio de 2014** (**Lei n. 12.973**, com seus 119 dispositivos). A novel legislação provoca significativas alterações na legislação do IRPJ, as quais podem ser, mediante esforço, assim resumidas:

> **(I)** a legalização, para o IRPJ, da chamada "Escrituração Fiscal Digital" (EFD) e a previsão de multas para o contribuinte inadimplente (omissão na escrituração);
> **(II)** a incorporação definitiva dos conceitos oriundos das normas contábeis internacionais, com a natural extinção do "Regime Tributário de Transição" (RTT);
> **(III)** o disciplinamento do chamado "ágio de rentabilidade futura" (*goodwill*), à luz das regras contábeis e seu registro tempestivo nos órgãos competentes e, também, o fim do ágio gerado internamente; **(IV)** a isenção de tributos sobre os lucros ou dividendos que tenham tomado por base certos resultados (apurados entre janeiro de 2008 e dezembro de 2013); **(V)** o disciplinamento do cálculo dos "juros sobre capital próprio" (de 2008 a 2014), levando-se em conta o patrimônio líquido mensurado à luz da Lei das S.As.; **(VI)** a reabertura do chamado "Refis da Crise", permitindo a inclusão de certos débitos (PIS e COFINS com vencimento até 31-12-2013, para instituições financeiras; e IRPJ e CSLL devido por empresas que deixaram de tributar o lucro do exterior); e **(VII)** e relevantes alterações na tributação de lucros do exterior.

Passemos, agora, a outras notas sobre o imposto sobre a renda:

c) IR e a tributação internacional: como praxe internacional, a renda é tributável no país de quem a aufere. Assim, a renda deve ser tributada no país onde reside o contribuinte, salvo se tiver em outro país residência fixa ou comércio.

O ponto fulcral da tributação da renda em patamar internacional sempre foi a "mobilidade da renda", para a qual se assinam acordos de tributação internacional, a fim de que se inibam tais mecanismos de mobilização, preservando-se uma tributação adequada e justa. Tal "mobilidade" dos agentes econômicos e dos prestadores de serviços provoca, no âmbito da tributação do IR, uma dificuldade em detectar onde está a renda, onde está a sede da empresa contribuinte ou onde se deu a prestação do serviço, diante da fácil pulverização de valores no mundo hodierno. Em outras palavras, a tributação da renda real, no âmbito internacional, está praticamente impossível nos dias de hoje, forçando os países a trocarem informações (art. 199, parágrafo único, CTN) e implementarem medidas conjuntas, no sentido de coibirem a proliferação de paraísos fiscais e obterem a razão final da tributação consentânea com a justiça fiscal. Como exemplos de acordos para evitar a dupla tributação do imposto sobre a renda, podemos citar alguns assinados pelo Brasil com os países adiante enumerados: *China* (Decreto n. 762/93); *Coreia* (Decreto n. 354/91); *Equador* (Decreto n. 95.717/88); *Filipinas* (Decreto n. 241/91); *Finlândia* (Decreto n. 2.465/98); *Holanda* (Decreto n. 355/91); *Hungria* (Decreto n. 53/91); *Índia* (Decreto n. 510/92); e outros tantos;

d) IR e as verbas indenizatórias: as verbas indenizatórias não se sujeitam ao IR, devendo o gravame incidir sobre as parcelas que compõem o ganho com o timbre de *salário*. Portanto, o caráter salarial é fundamental para a incidência do imposto.

Note o entendimento jurisprudencial pertinente:

> **EMENTA:** TRIBUTÁRIO. ABONO SUBSTITUTIVO DE REAJUSTE SALARIAL. INCIDÊNCIA DO IMPOSTO DE RENDA. 1. O imposto sobre a renda tem como fato gerador a aquisição da disponibilidade econômica ou jurídica da renda (produto do capital, do trabalho ou da combinação de ambos) e de proventos de qualquer natureza (art. 43, do CTN). 2. O abono salarial concedido aos empregados em substituição ao reajuste de salários não tem caráter indenizatório, mas salarial, porquanto incorpora ao salário do contribuinte. Sua função é repor a perda do poder aquisitivo do salário mercê do fenômeno inflacionário. 3. O abono pecuniário, substitutivo do reajuste salarial, revela nítido aumento patrimonial, exsurgindo o fato gerador do imposto de renda e formando o montante atualizado da base de cálculo da exação. 4. Recurso desprovido. **(REsp 412.615/SC, 1ª T., rel. Min. Luiz Fux, j. em 15-10-2002) (Grifos nossos)**

Por oportuno, deve-se ressaltar que a indenização no âmbito trabalhista tem a finalidade de ressarcir o empregado por um dano, para cuja ocorrência ele não concorreu, sendo aquela devida apenas quando o rompimento do vínculo contratual decorrer de ato unilateral e injustificado do empregador.

Por essa razão, o **STJ** "*firmou entendimento de que a verba paga a título de indenização por rompimento do contrato de trabalho no período de estabilidade provisória (decorrente de imposição legal, e não de liberalidade do empregador) não pode sofrer a incidência do imposto de renda*" (**AgRg no REsp 1.215.211/RJ, rel. Min. Napoleão Nunes Maia Filho, 1ª T., j. em 06-08-2013**).

> Note o item considerado **CORRETO**, em prova realizada pelo IBEG, para o cargo de Procurador Municipal da Prefeitura de Guarapari/ES, em 2016: "*Não incide imposto de renda sobre o valor da indenização paga ao empregado demitido sem justa causa no período de estabilidade provisória*".

Em **2 de junho de 2020**, a 2ª Turma do **STJ**, no **REsp 1.854.404-SP** (rel. Min. Herman Benjamin), entendeu que não incide imposto de renda sobre o valor recebido a título de **ajuda compensatória mensal** prevista no art. 476-A da CLT (*lay-off*), por força da *suspensão do contrato de trabalho*. Tal ruptura, passível de ocorrência em momentos de crise econômica, indica que o contrato de trabalho do empregado, após celebração de acordo ou de convenção coletiva com o sindicato da categoria, e anuência formal do empregado, fica suspenso pelo período de duração do *curso de requalificação* de no mínimo 2 (dois) e no máximo, 5 (cinco) meses. Nessa modalidade, o empregado recebe bolsa de qualificação profissional, custeada pelo FAT – *Fundo de Amparo ao Trabalhador* –, nos termos do art. 2º-A da Lei n. 7.998/90, durante o curso de aprimoramento profissional, desde que a suspensão tenha duração máxima de cinco meses, após o que o encargo passa a ser de responsabilidade do empregador, conforme o art. 476-A, § 7º, da CLT. A empresa empregadora deve oferecer cursos de qualificação profissional, arcando com todas as despesas decorrentes, além de benefícios como vale-refeição, e a denominada "ajuda compensatória mensal", com valor definido na convenção ou acordo coletivo. Portanto, a *ajuda compensatória* corresponde à diferença devida entre a bolsa recebida para qualificação e o salário líquido percebido, com evidente redução salarial, até porque a *bolsa de qualificação* não tem natureza de salário, assim como a *ajuda compensatória*, que indeniza o trabalhador por dispensar a garantia da irredutibilidade. Para fins de fato gerador do IR, tal *ajuda compensatória* não se enquadra no inciso I do art. 43 do CTN. Ademais, ela não configura "proventos" ou "acréscimos patrimoniais" descritos no inciso II do mesmo dispositivo. O montante pago a título de *ajuda compensatória* tem, portanto, natureza jurídica de *indenização*, destinando-se a reconstituir a perda patrimonial do trabalhador e os próprios prejuízos advindos da *suspensão do contrato de trabalho*, e não um "acréscimo patrimonial" tido como fato gerador do imposto, motivo pelo qual não se sujeita à tributação pelo imposto de renda.

De outra banda, os benefícios recebidos em razão de rescisão para a qual concorra voluntariamente não têm natureza jurídica de "indenização", razão pela qual são *acréscimos patrimoniais* tributáveis como renda.

Observe alguns posicionamentos consagrados na retórica jurisprudencial e sumular:

1. Não incide imposto de renda sobre o pagamento em dinheiro de férias não gozadas por ocasião da rescisão do contrato de trabalho, aí se incluindo a remuneração adicional, exatamente por ter natureza indenizatória (**Súmula n. 125 do STJ**);
2. Não incide imposto de renda sobre o aviso-prévio indenizado. Com efeito, em 6 de março de **2012**, a 1ª Turma do **STJ**, no **AgRg no REsp 806.870/SP** (rel. Min. Napoleão Nunes Maia Filho), entendeu que pela não incidência do imposto de renda sobre o *aviso-prévio indenizado* – a indenização recebida pela renúncia aos períodos de estabilidade, bem como sobre as férias vencidas e não gozadas e seu adicional. No caso concreto, houve uma transação extrajudicial entre as partes, e a autora recebeu uma indenização por ter aberto mão da garantia de estabilidade prevista no art. 118 da Lei n. 8.213/91 ("Art. 118. *O segurado que sofreu acidente do trabalho tem garantida, pelo prazo mínimo de doze meses, a manutenção do seu contrato de trabalho na empresa, após a cessação do auxílio-doença acidentário, independentemente de percepção de auxílio-acidente*"). O **STJ** tem orientação firmada sobre esse tema, entendendo que não se sujeita ao Imposto de Renda a indenização pela renúncia ao período de estabilidade

provisória garantida por lei ou por instrumento de negociação coletiva, com base no art. 39, XX, do Decreto 3.000/99. A esse respeito, ver os precedentes: (I) EREsp 863.244/SP, rel. Min. Castro Meira, 1ª T., j. em 10-11-2010; (II) AgRg no REsp 1223747/PR, rel. Min. Benedito Gonçalves, 1ª T., j. em 05-04-2011;

3. Não incide imposto de renda sobre a indenização recebida pela adesão ao programa de incentivo à demissão voluntária (**Súmula n. 215 do STJ**);
4. Não incide imposto de renda sobre a indenização por danos morais (**Súmula n. 498 do STJ**);
5. Incide imposto de renda sobre os valores percebidos a título de indenização por horas extraordinárias trabalhadas, ainda que sejam decorrentes de acordo coletivo (**Súmula n. 463 do STJ**);
6. Incide imposto de renda sobre o adicional de férias gozadas. Com efeito, em 22 de abril de **2015**, a 1ª Seção do **STJ**, no **REsp 1.459.779/MA** (rel. Min. Mauro Campbell Marques; rel. p/ ac. Min. Benedito Gonçalves), ratificando a jurisprudência tradicional da Corte Superior (de ambas as Turmas), entendeu que incide o IR sobre o adicional (1/3) de férias gozadas, com fulcro no art. 43 do CTN, até porque o "*fato gerador [do imposto] não está relacionado com a composição do salário de contribuição para fins previdenciários ou com a habitualidade de percepção dessa verba, mas, sim, com a existência, ou não, de acréscimo patrimonial, que, como visto, é patente quando do recebimento do adicional de férias gozadas*".

   Em tempo, o tópico – e a própria indicação do julgado – foi objeto de questão de concurso, cuja assertiva **correta** merece ser aqui citada:

   Joana foi contratada pela empresa 'XYZ Prestadora de Serviços de Limpeza Ltda.', em 25.03.2015. Ultrapassado o período de um ano, Joana pleiteou férias, que foram gozadas no período de 01.04.2016 a 30.04.2016. Na ocasião, Joana recebeu o valor correspondente às suas férias e o respectivo terço constitucional, descontado o imposto de renda sobre o montante total recebido. No caso concreto, considerando a atual jurisprudência do STJ, firmada por sua 1ª Seção em sede de julgamento de recurso repetitivo (REsp n. 1.459.779-MA), a inclusão do terço constitucional de férias gozadas na base de cálculo adotada pela empregadora para fins de retenção do imposto de renda está CORRETA, pois o terço constitucional sobre as férias gozadas configura aquisição de disponibilidade econômica, eis que se trata de efetivo acréscimo patrimonial ao trabalhador, fato gerador do imposto de renda.

A assertiva foi considerada **CORRETA**, em prova realizada pela FGV, para o cargo de Procurador (ALERJ), em 2017.

Entretanto, o fato de o **STF** entender, até o presente momento[35], que a referida parcela não pode ser tributada pela contribuição previdenciária sobre a folha de salários[36], não é bastante para que o **STJ** conclua automaticamente pelo caráter indenizatório da parcela em debate e modifique seu entendimento também acerca da sujeição da verba ao IR. O fundamento adotado pela Corte Suprema não teve nada a ver com o caráter indenizatório da verba, mas com o caráter retributivo da contribuição previdenciária no cálculo do benefício.

7. Incide imposto de renda sobre verbas recebidas como incentivo à adesão ao processo de repactuação do regulamento do plano de benefícios de previdência privada. Para o **STJ**, "*se as verbas pagas aos inativos que não migraram de plano submetem-se ao IRPF* [sendo remuneratórias], *e as verbas pagas aos ativos também sofrem a mesma incidência, não há motivos para crer que as verbas pagas aos inativos que migraram de plano devam escapar da incidência do tributo*" (**AgRg no REsp 1.439.516/PR, rel. Min. Humberto Martins, 2ª T., j. em 06-05-2014**);
8. Incide imposto de renda sobre o recebimento de verba pelo empregado em razão de acordo coletivo de trabalho firmado com o empregador, no qual ficou estabelecido que seria constituído fundo de aposentadoria/pensão em favor daquele, ou, como cláusula alternativa, o pagamento de determinado valor em dinheiro correspondente ao que verteria para o fundo. Para o **STJ**, "*os valores recebidos pelo empregado, em razão da não perfectibilização do fundo de aposentadoria e pensão, possuem natureza jurídica de acréscimo patrimonial, a ensejar incidência do imposto de renda*" (**REsp 1.218.222/RS, rel. Min. Mauro Campbell Marques, 2ª T., j. em 04-09-2014**);
9. Incide o imposto de renda sobre "*os valores percebidos, em cumprimento de decisão judicial, a título de pensionamento por redução da capacidade laborativa decorrente de dano físico causado por terceiro são tributáveis pelo Imposto de Renda (IR)*" (**REsp 1.464.786/RS, rel. Min. Og Fernandes, 2ª T., j.**

35. Ainda pende o julgamento do **RE 593.068-SC**, submetido ao rito da repercussão geral. Pode-se dizer que o **STF** ainda não pacificou a controvérsia acerca da natureza indenizatória ou remuneratória do terço constitucional referente às férias gozadas.

36. **EMENTA:** TRIBUTÁRIO E PREVIDENCIÁRIO – INCIDENTE DE UNIFORMIZAÇÃO DE JURISPRUDÊNCIA DAS TURMAS RECURSAIS DOS JUIZADOS ESPECIAIS FEDERAIS – CONTRIBUIÇÃO PREVIDENCIÁRIA – TERÇO CONSTITUCIONAL DE FÉRIAS – NATUREZA JURÍDICA – NÃO INCIDÊNCIA DA CONTRIBUIÇÃO – ADEQUAÇÃO DA JURISPRUDÊNCIA DO STJ AO ENTENDIMENTO FIRMADO NO PRETÓRIO EXCELSO. 1. A *Turma Nacional de Uniformização de Jurisprudência dos Juizados Especiais Federais* firmou entendimento, com base em precedentes do Pretório Excelso, de que não incide contribuição previdenciária sobre o terço constitucional de férias. 2. A Primeira Seção do STJ considera legítima a incidência da contribuição previdenciária sobre o terço constitucional de férias. 3. Realinhamento da jurisprudência do STJ à posição sedimentada no Pretório Excelso de que a contribuição previdenciária não incide sobre o terço constitucional de férias, verba que detém natureza indenizatória e que não se incorpora à remuneração do servidor para fins de aposentadoria. 4. Incidente de uniformização acolhido, para manter o entendimento da Turma Nacional de Uniformização de Jurisprudência dos Juizados Especiais Federais, nos termos acima explicitados. (**Pet 7.296/PE, rel. Min. Eliana Calmon, 1ª Seção, j. em 28-10-2009**) (**Grifos nossos**)

em 25-08-2015). Como é cediço, o IR (*vide* o art. 43, § 1º, CTN, citado alhures) será devido se houver acréscimo patrimonial, ou seja, a aquisição de riqueza nova, independentemente da fonte ou procedência do ganho, exceto em situações de imunidade ou isenção. Aqui se tem o resgate sempre oportuno da máxima latina *pecunia non olet*, já estudada neste *Manual*. No caso *sub examine*, a verba recebida ostenta a natureza de lucros cessantes, o que a qualifica como verba indenizatória, entretanto é nítida a ocorrência de acréscimo patrimonial, autorizando-se a incidência do IR. Aliás, o mero fato de a verba ser rotulada de "indenizatória" (*nomen juris*) não a afasta da campo de incidência do imposto. Há de se perquirir sempre se houve acréscimo patrimonial.

e) **IR e o Princípio da Anterioridade Tributária:** com o advento da EC n. 42/2003, o IR passou a ser uma exceção ao período de anterioridade qualificada ou nonagesimal (art. 150, § 1º, *in fine*, CF). Portanto, o IR deve obedecer à anterioridade anual, sem respeitar o período de 90 dias.

> Note o item considerado **CORRETO**, em prova realizada pela FCC, para o cargo de Juiz Substituto (TJ/PR), em 2015: *"O Imposto de Renda está sujeito ao princípio da anterioridade, mas não ao princípio da noventena (anterioridade nonagesimal)"*.

> Note o item considerado **INCORRETO**, em prova realizada pela Funiversa, para o cargo de Delegado de Polícia/DF, em 2015: *"Caso haja majoração da alíquota do IR, é vedado à União cobrar o tributo com a nova alíquota antes de decorridos noventa dias da publicação da lei que o majorou"*.

> Note o item considerado **INCORRETO**, em prova realizada pela FCC, para o cargo de Analista Judiciário (TRT/20ª Região), em 2016: *"É da União a competência para instituir o IR. De acordo com as regras que disciplinam as limitações do poder de tributar, insculpidas na Constituição Federal, a exigência, aumento e cobrança deste imposto estão sujeitos à observância de vários princípios, dentre os quais se encontram os da anterioridade, anterioridade nonagesimal (noventena) e irretroatividade"*.

f) **IR e a Súmula n. 447 do STJ:** conforme o enunciado sumular, "os Estados e o Distrito Federal são partes legítimas na ação de restituição de imposto de renda retido na fonte proposta por seus servidores". Assim, levando-se em conta que Estados, Distrito Federal e Municípios são responsáveis pela retenção integral (100%) do imposto de renda incidente sobre rendimentos pagos, a qualquer título por eles aos respectivos servidores (arts. 157, I e 158, I, ambos da CF), é crível que sejam partes legítimas na ação de restituição de imposto de renda retido na fonte proposta por seus servidores.

g) IRPF e os valores recebidos acumuladamente: na hipótese de se receberem benefícios pagos acumuladamente, algumas dúvidas surgem, no campo de incidência do imposto de renda: **1.** *Como deve ser calculado o imposto?* **2.** *Deverão ser utilizadas as alíquotas vigentes à época em que os valores deveriam ter sido adimplidos, com base na renda auferida mês a mês pelo contribuinte ou apenas uma alíquota incidente sobre o montante global pago extemporaneamente?*

Os questionamentos levam-nos a refletir sobre qual o regime de cobrança do IR deverá incidir sobre as verbas recebidas em atraso – se o *regime de competência* (próprio das pessoas jurídicas, conforme a legislação concernente às sociedades anônimas), ou o *regime de caixa* (próprio das pessoas físicas). Nesse momento, urge estabelecermos com maior cautela a distinção de tais regimes: enquanto o *regime de caixa* diz respeito à disponibilidade *econômica*, o *regime de competência* se refere à *disponibilidade jurídica*. O primeiro (regime de caixa) pressupõe a percepção efetiva e concreta da renda, sem qualquer empecilho. Basta lembrarmos, mnemonicamente, do "dinheiro em caixa" e, assim, teremos um visão ilustrativa do que vem a ser a disponibilidade econômica. Por outro lado, o regime de competência atrela-se ao título jurídico que permitirá ao beneficiário, após, obter aquela realização da renda.

Voltando às dúvidas iniciais, a depender da solução escolhida, os argumentos de defesa poderão ser diversos.

Diante da incidência de uma alíquota maior, será possível arguir que ela poderia onerar paradoxalmente aquele contribuinte que teve resistida a satisfação do direito, optando por ingressar em Juízo – uma garantia inerente à cidadania. E mais: que tal cenário seria um incentivo ao Estado no descumprimento de suas obrigações, instigando o cidadão a buscar uma solução no Poder Judiciário, sem perceber que, ao final, poderia vir a ser tributado mais gravosamente. Tal linha de raciocínio leva à primazia do regime de competência.

Por outro lado, em face da incidência de uma alíquota maior, será possível arguir que a obrigação de pagar o IRPF surge, de fato, com a disponibilidade econômica da renda, uma vez que o regime de caixa é o que melhor afere a possibilidade de contribuir. Vale dizer que, se não há rendimento percebido (mas uma mera pretensão aos rendimentos), não há fato gerador do gravame. O fracionamento desse fato gerador não desfrutaria de endosso legal, levando a tributação a incidir sobre uma situação ficta. Nessa linha de raciocínio, o legislador teria acertado quando associou o regime de caixa como a regra geral para a tributação das pessoas físicas (art. 12 da Lei n. 7.713/88).

Como se notou, a questão se mostrava dialeticamente vocacionada para o litígio, tendo levado o **STF**, em outubro de 2010, ao reconhecimento da Repercussão Geral.

Após, em 23 de outubro de **2014**, no julgamento do mérito, o Pleno do **STF**, no **RE 614.406** (rel. Min. Rosa Weber, rel. p/ ac. Min. Marco Aurélio), entendeu que "a percepção cumulativa de valores há de ser considerada, para efeito de fixação de alíquotas, presentes, individualmente, os exercícios envolvidos". Desse modo, considerou inconstitucional o art. 12 da Lei n. 7.713/88 ("*No caso de rendimentos recebidos acumuladamente, o imposto incidirá, no mês do recebimento ou crédito, sobre o total dos rendimentos, diminuídos do valor das despesas com ação judicial necessárias ao seu recebimento, inclusive de advogados, se tiverem sido pagas pelo contribuinte, sem indenização*").

Assim, prevaleceu o entendimento de que deve ser considerado o fenômeno nas "épocas próprias", tradutoras da disponibilidade jurídica do contribuinte do IRPF, vale dizer, considerando-se as datas e as alíquotas vigentes na data em que o montante deveria ter sido pago. Em outras palavras, o **STF** deu guarida ao regime de competência, e não ao regime de caixa, até porque não pareceu crível àquela Corte que a capacidade contributiva se elevaria só pelo fato de se perceber, em uma única época, o total que se deveria ter percebido em parcelas.

Reafirmando-se a violação aos princípios da *isonomia*, *capacidade contributiva*, *proporcionalidade* e *não confisco*, entendeu-se que o IR sobre o valor acumulado distinguiria contribuintes de modo desarrazoado, fazendo com que aqueles que recebessem o valor em uma única época viessem a ser duplamente tributados: pelo aumento da alíquota incidente sobre o valor global pago em atraso (acumulado) e, também, pela mora suportada até a concreta materialização do benefício devido.

É importante destacar que, em **2010**, o **STJ** já havia acenado nessa direção:

> **EMENTA:** TRIBUTÁRIO. IRPF. AÇÃO REVISIONAL DE BENEFÍCIO PREVIDENCIÁRIO. PARCELAS ATRASADAS RECEBIDAS DE FORMA ACUMULADA. 1. O Imposto de Renda incidente sobre os benefícios pagos acumuladamente deve ser calculado de acordo com as tabelas e alíquotas vigentes à época em que os valores deveriam ter sido adimplidos, observando a renda auferida mês a mês pelo segurado. Não é legítima a cobrança de IR com parâmetro no montante global pago extemporaneamente. Precedentes do STJ. 2. Recurso Especial não provido. Acórdão sujeito ao regime do art. 543-C do CPC [atual art. 1.036 e seguintes do NCPC] e do art. 8º da Resolução STJ 8/2008. **(REsp 1.118.429/SP, rel. Min. Herman Benjamin, 1ª T., j. em 24-03-2010)**

Posto isso, à luz do entendimento do **STF** (e do **STJ**), na hipótese de percepção acumulada de valores, o IRPF deve ser calculado com base na consideração individualizada dos exercícios envolvidos ("épocas próprias"), com fulcro no *regime de competência*.

h) IRPF e a isenção sobre os proventos da previdência privada como complementação da aposentadoria (moléstia grave): em 10 de fevereiro de **2015**, a 2ª Turma do **STJ**, no **REsp 1.507.320/RS** (rel. Min. Humberto Martins), entendeu que "*são isentos do imposto de renda os proventos percebidos de fundo de previdência privada a título de complementação da aposentadoria por pessoa física acometida de uma das doenças arroladas no art. 6º, XIV, da Lei n. 7.713/88*". De fato, tais valores, detendo natureza previdenciária, conforme já decidiu o próprio **STJ (EREsp 1.121.719/SP,**

rel. Min. Nancy Andrighi, 2ª T., j. em 12-02-2014), legitimam a isenção do IR sobre a parcela complementar (ver o art. 39, § 6º, do Decreto n. 3.000/99 – Regulamento do Imposto de Renda: "*As isenções de que tratam os incisos XXXI e XXXIII também se aplicam à complementação de aposentadoria, reforma ou pensão*").

Em 9 de dezembro de **2015**, o **STJ** lapidou a **Súmula n. 556**: "*É indevida a incidência de imposto de renda sobre o valor da complementação de aposentadoria pago por entidade de previdência privada e em relação ao resgate de contribuições recolhidas para referidas entidades patrocinadoras no período de 1º/1/1989 a 31/12/1995, em razão da isenção concedida pelo art. 6º, VII, 'b', da Lei n. 7.713/1988, na redação anterior à que lhe foi dada pela Lei n. 9.250/1995*".

Do ponto de vista axiológico, tal benefício fiscal, endereçado àqueles que detêm doenças graves, objetiva mitigar o impacto da tributação sobre a renda necessária para a subsistência do enfermo e para a manutenção dos custos do tratamento da moléstia, propiciando uma condição minimamente digna diante da doença.

Ainda na seara da isenção do IR, frise-se que, em 12 de dezembro de **2018**, a Primeira Seção do STJ aprovou a **Súmula n. 627**, com o seguinte enunciado: "*O contribuinte faz jus à concessão ou à manutenção da isenção do imposto de renda, não se lhe exigindo a demonstração da contemporaneidade dos sintomas da doença nem da recidiva da enfermidade*".

i) IRPF e a isenção para a patologia "cegueira": em 15 de dezembro de **2015**, a 1ª Turma do **STJ**, no **REsp 1.553.931/PR** (rel. Min. Regina Helena Costa), entendeu que deve prevalecer a isenção do IR para o gênero patológico "cegueira" (art. 6º, XIV, da Lei n. 7.713/88), não importando se a enfermidade compromete um olho (*cegueira monocular*[37]*) ou os dois olhos (cegueira binocular)*.

i.1) IRPF e a isenção para o portador de moléstia grave, desde que fora da atividade laboral: em **24 de junho de 2020**, a 1ª Seção do **STJ**, no **REsp 1.814.919-DF** (rel. Min. Og Fernandes), entendeu que não se aplica a isenção do IRPF, prevista no inciso XIV do artigo 6º da Lei n. 7.713/88 (seja na redação da Lei n. 11.052/2004, seja nas versões anteriores) aos rendimentos auferidos pelo *portador de moléstia grave que se encontrar no exercício de atividade laboral*. O referido dispositivo isenta do IRPF alguns rendimentos em seus incisos, e, a propósito, o inciso XIV refere-se aos "*proventos de aposentadoria ou reforma motivada por acidente em serviço e os [proventos] percebidos pelos portadores de moléstia profissional*". Assim, se a norma isentiva dispõe acerca de "proventos de aposentaria ou reforma", não pode ser interpretada de forma extensiva para abranger "os rendimentos decorrentes do trabalho", sob pena de ferir o art. 111, II, do CTN (interpretação literal nas isenções) e, ainda, deslocar ao Poder Judiciário o papel precípuo do Poder Legislativo. Portanto, a interpretação do art. 43, I e II, e do art. 111, II, ambos do CTN, e do art. 6º, XIV e XXI, da Lei n. 7.713/88 conduz à conclusão de que a isenção de IRPF, referida nesse último diploma legal, não abrange os rendimentos de portador de moléstia grave que esteja em plena atividade laboral.

37. Para o **STJ**, mesmo aquele que possui a visão normal em um dos olhos pode vir a ser diagnosticado como "cego" (portador de cegueira), se ocorrer a patologia no outro olho.

j) IRPF e o "abono de permanência" do servidor público: o chamado "abono de permanência" é o reembolso da contribuição previdenciária, devido ao servidor público que esteja em condições de se aposentar, mas optou por continuar em atividade laboral. Consiste no recebimento pelo servidor, como bônus, em sua remuneração, do valor equivalente ao da (ainda descontada) contribuição social-previdenciária para o regime próprio de previdência social, neutralizando-a. Observe, na **CF, o art. 40, § 19**, acrescentado pela EC n. 41/2003:

> **Art. 40, § 19.** O servidor de que trata este artigo que tenha completado as exigências para aposentadoria voluntária estabelecidas no § 1º, III, "a", e que opte por permanecer em atividade fará jus a um abono de permanência equivalente ao valor da sua contribuição previdenciária até completar as exigências para aposentadoria compulsória contidas no § 1º, II. **(Grifo nosso)**

É fato que o constituinte reformador pretendeu, com a neutralização do desconto da contribuição social-previdenciária, incentivar o adiamento da inatividade.

É nesse cenário que desponta a candente discussão acerca da (não) incidência do IRPF sobre essa verba, a qual foi retratada pela 1ª Turma do **STJ**, em 7 de junho de **2016**, no julgamento do **REsp 1.596.978/RJ** (rel. Min. Napoleão Nunes Maia Filho). Em breve resumo, podemos assim expor:

Num primeiro momento, entendeu-se que a tributação pelo IR desse adicional seria contraproducente, colocando em xeque (e desvirtuando) a intenção do constituinte reformador. Desse modo, em 19-08-**2008**, a 1ª Turma do **STJ**, no julgamento do **AgRg no REsp 1.021.817/MG** (rel. Min. Francisco Falcão), pugnou pelo afastamento da incidência do IR. Passados alguns meses, o veredicto alterou-se, no próprio **STJ**, agora na **2ª Turma**, em nítida *mutação jurisprudencial tributária*. Passou-se a entender, de modo diametralmente oposto, que a verba possuía, sim, natureza remuneratória por conferir acréscimo patrimonial ao beneficiário e, *ipso facto*, representava fato gerador do IRPF (art. 43 do CTN). Sem contar o fato de que, para o STJ, "*a permanência em atividade é opção que não denota supressão de direito ou vantagem do servidor e, via de consequência, não dá ensejo a qualquer reparação ou recomposição de seu patrimônio*" (**REsp 1.105.814/SC, rel. Min. Humberto Martins, 2ª T., j. em 07-05-2009**). Diante do impasse, em 25-08-**2010** (quase que, precisamente, dois anos após o *decisum* da 1ª Turma), a controvérsia foi submetida ao procedimento dos recursos repetitivos, e a 1ª Seção do **STJ**, no emblemático **REsp 1.192.556/PE** (rel. Min. Mauro Campbell Marques), defendeu a prevalência do ponto de vista esposado pela 2ª Turma, a saber, consolidou o entendimento da incidência do IRPF. A propósito, em 14 de agosto de **2019**, a 1ª Seção do **STJ**, no **EREsp 1.596.978-RJ** (rel. Min. Herman Benjamin), concluiu, com base no anterior **EREsp 1.548.456/BA** – também de relatoria do mesmo Ministro, julgado cerca de um ano antes, em 22-08-2018 – que o entendimento firmado no **Recurso Especial repetitivo 1.192.556/PE** deve ser aplicado de forma plena, sem nenhuma espécie de modulação temporal de seus efeitos.

Feito o breve relato histórico-jurisprudencial, frise-se que houve uma relevante demarcação dos efeitos cronológicos dessa *mutação jurisprudencial tributária* no citado **REsp 1.596.978/RJ**, em 7 de junho de **2016:** fazendo coro à segurança jurídica e ao sentido garantísco dos interesses do contribuinte, e, além disso, buscando evitar a retroação de critérios jurídicos supervenientes a fatos geradores pretéritos, delimitou-se que aquela orientação da 1ª Turma, pela não incidência do gravame, deveria imperar até o julgamento do Repetitivo (agosto de 2010), e, somente desse ponto para frente, a nova diretriz da 2ª Turma, pela incidência da exação, passaria a ter eficácia impositiva. Esses são os termos em que tão instigante questão se pôs.

k) IR e a liquidação extrajudicial da entidade de previdência privada: em **13 de setembro de 2017**, foi aprovada, na 1ª Seção do **STJ**, a **Súmula n. 590**, segundo a qual "*constitui acréscimo patrimonial a atrair a incidência do IR, em caso de liquidação de entidade de previdência privada, a quantia que couber a cada participante, por rateio do patrimônio, superior ao valor das respectivas contribuições à entidade em liquidação, devidamente atualizadas e corrigidas*".

O *plano de previdência complementar* é um plano de benefícios realizado por aquele(a) que visa receber, no futuro, uma aposentadoria, custeada por uma *entidade de previdência privada*. Se esta, desafortunadamente, vier a "quebrar", sua "falência" recebe o nome de *liquidação extrajudicial*, um processo regido pela LC n. 109/2001 (arts. 47 e 48) e, subsidiariamente, pela Lei de Falências (Lei n. 11.101/2005). Observemos o nosso exemplo abaixo:

Prevenidus, servidor público e homem cauteloso, paga contribuição para uma entidade de previdência privada (previdência complementar). Em razão da crise, a entidade entra em processo de liquidação extrajudicial, ocorrendo a distribuição dos valores depositados entre todos os aderentes, incluindo *Prevenidus*. Este havia feito aportes de 200 mil e, na devolução, recebeu 250 mil. Diante disso, não há que se falar em IR sobre o valor inicialmente aportado (200 mil), entretanto deverá haver o pagamento de IR sobre o valor excedente (50 mil), por se tratar de acréscimo patrimonial, nos termos do art. 43, II, CTN.

Em suma, quando ocorre o rateio do patrimônio, em virtude da liquidação de *entidade de previdência privada*, se o participante receber uma quantia igual ou inferior ao montante aportado, não haverá fato gerador do IR; por outro lado, se o participante for agraciado com um valor superavitário, terá que pagar o imposto sobre o montante que exceder o total das contribuições realizadas.

l) IRRF e a cessão de crédito de precatório judicial: em **19 de setembro de 2017**, a 1ª Turma do **STJ**, no **REsp 1.405.296/AL** (rel. Min. Napoleão Nunes Maia Filho), entendeu que "*a cessão de crédito de precatório não tem o condão de alterar a base de cálculo e a alíquota do IR, que deve considerar a origem do crédito e o próprio sujeito passivo originariamente favorecido pelo precatório*".

Como se sabe, o fato gerador do IR é a aquisição da disponibilidade econômica ou jurídica de renda ou de proventos de qualquer natureza (art. 43, CTN). A disponibilidade *econômica* não se confunde com a *jurídica*, haja vista serem disponibilidades alternativas, e não sinônimas ou complementares[38]. Tal traço distintivo já estudamos no início do Capítulo: item 6.3.1.

Para além disso, da mesma forma, **não se pode confundir *disponibilidade financeira com disponibilidade econômica***: embora a doutrina não se mostre uníssona quanto à aproximação ou distanciamento conceitual dos termos[39], podemos dizer que a primeira, a *disponibilidade financeira*, refere-se à imediata "utilidade" da renda (o rendimento ou provento efetivamente realizado ou o "dinheiro em caixa"), enquanto a *disponibilidade econômica* – o próprio fato gerador – está atrelada ao simples acréscimo patrimonial, independentemente da percepção concreta de recursos. No caso dos *precatórios judiciais*, a *disponibilidade financeira* vem depois da *disponibilidade econômica*, esta reconhecida previamente em uma sentença judicial. Em tempo, tal orientação intelectiva já havia sido chancelada na 2ª Turma do **STJ**, em dois julgados: **(I)** em 3 de abril de **2008**, no **REsp 983.134/RS** (rel. Min. Castro Meira) e **(II)** em 2 de fevereiro de **2012**, no **AgRg nos EDcl no REsp 1.232.796/RS** (rel. Min. Humberto Martins).

> Note o item **CORRETO**, em prova realizada pela Esaf, para o cargo de Auditor-fiscal da Receita Federal do Brasil (AFRFB), em 2014: *"Não se deve confundir disponibilidade econômica com disponibilidade financeira da renda ou dos proventos de qualquer natureza"*.

> Note o item **INCORRETO**, em prova realizada pela Esaf, para o cargo de Auditor-fiscal da Receita Federal do Brasil (AFRFB), em 2014: *"Disponibilidade econômica se refere à imediata 'utilidade' da renda, já disponibilidade financeira está atrelada ao simples acréscimo patrimonial"*.

O *precatório judicial* é um documento que veicula um direito de crédito líquido, certo e exigível proveniente de uma decisão judicial transitada em julgado, em favor de determinado beneficiário. Trata-se, pois, de uma ordem de pagamento que materializa um direito creditício, cuja aquisição de disponibilidade (a *econômica*, para o **STJ**) já se opera com o trânsito em julgado da sentença favorável ao jurisdicionado. Aliás, não é por motivo diverso que esse beneficiário pode até proceder à cessão do crédito. Frise-se que essa linha intelectiva já havia sido adotada na 2ª Turma do **STJ**, em 6 de outubro de **2015**, no **RMS 42.409/RJ** (rel. Min. Mauro Campbell Marques).

O fato é que, diante da expedição de precatório, a pessoa física ou jurídica favorecida aufere, sim, um acréscimo de renda (salvo em caso de execução de verba indenizatória), o qual configura o fato gerador do IR (art. 43, I e II, CTN). Logo, uma

38. V. OLIVEIRA, Ricardo Mariz de. *Fundamentos do Imposto de Renda*. São Paulo: Quarter Latin, 2008, p. 289.
39. Cf. MACHADO, Hugo de Brito. *Comentários ao Código Tributário Nacional*. São Paulo: Atlas, 2003, p. 434 (v. 1).

parte do montante pago mediante precatório deixa de ser da titularidade do favorecido, sendo retida e transferida integralmente à Fazenda Pública, a título de IR-FONTE sobre aquele acréscimo patrimonial percebido (art. 157, I, CF).

E qual é o momento do fato gerador? Este surge no momento da *expedição do precatório*, por força da sentença judicial, quando ocorre a aquisição da disponibilidade (a *econômica*, para o STJ) da renda. Segundo o STJ, o fato imponível (disponibilidade econômica) dá-se em **momento anterior** ao do pagamento do precatório (disponibilidade financeira). Desse modo, o *sujeito passivo*, definido no bojo da obrigação tributária surgida com o fato gerador, é demarcado ao momento do reconhecimento em juízo do direito creditício ao precatório, independentemente de avenças posteriores, por exemplo, uma cessão de crédito. Ademais, quanto à *alíquota e base de cálculo*, a cessão de crédito, como um negócio jurídico autônomo, não tem o condão de alterar tais aspectos estruturantes do fato gerador do gravame. O eventual (e costumeiro) *deságio* ocorrido na negociação entre os particulares (cedente *versus* cessionário) não modifica a relação jurídico-tributária entre a parte autora (o credor originário ou cedente) e o Fisco, no tocante à percepção dos vencimentos (ainda que pagos por meio de precatórios). Portanto, deve-se considerar incólumes a origem do crédito, o sujeito passivo, a alíquota e a base de cálculo, sendo desinfluentes a cessão de crédito e as particularidades do cessionário, por força do art. 123 do CTN.

Note o item **CORRETO**, em prova realizada pela Esaf, para o cargo de Auditor-fiscal da Receita Federal do Brasil (AFRFB), em 2014: *"Não é necessário que a renda se torne efetivamente disponível para que se considere ocorrido o fato gerador do imposto de renda"*.

No caso concreto, questionam-se a alíquota e a base de cálculo de IR, aplicáveis por ocasião do recebimento de precatórios (do Estado de Alagoas), por pessoa natural, que os cedeu à empresa concessionária de serviços de telefonia, com deságio de 70%. Pretendeu-se a incidência de alíquota de 15%, como o percentual indicado para uma cessão de direitos geradora de ganho de capital, no lugar da alíquota de 27,5%, um percentual a se aplicar, se concebida a natureza salarial do crédito gerador de imposto incidente sobre vencimentos pagos. *Ad argumentandum*, em relação ao preço recebido pelo cedente, uma nova tributação ocorreria se viesse a ocorrer *ganho de capital* por ocasião da alienação do direito creditício (art. 117 do RIR/99). No entanto, é sabido que essas operações soem ocorrer sempre com deságio, não havendo comumente o que ser tributado nessa fase.

Posto isso, entendeu-se que o requisitório de precatório não modifica a natureza da verba paga por meio dele, tudo em homenagem ao *princípio da irretroatividade tributária* (art. 150, III, "a", CF). Em que pese a cessão de crédito de precatório, a retenção é regida por legislação prevalecente ao momento do fato gerador, hábil a indicar o sujeito passivo (o cedente) e a manter hígidas a base de cálculo e a alíquota originárias (no caso, 27,5%, sobre o valor constante do precatório, por se tratar de verba salarial).

m) IRRF sobre a remessa de juros ao exterior, em compra de bens a prazo, e a responsabilidade do substituto tributário imune pela retenção do imposto: em 19 de setembro de **2017**, a 2ª Turma do **STJ** (**REsp 1.480.918/RS**, rel. Min. Mauro Campbell Marques, rel. p/ Ac. Min. Herman Benjamin), apreciou um controvertido caso, ligado, basicamente, à tributação imposta a um substituto tributário imune. Tratava-se de uma entidade beneficente, cujo dever, como responsável por substituição, era o de reter o IRRF sobre juros remetidos ao exterior, na compra a prazo de máquinas e de equipamentos empregados na confecção de impressos, na forma do art. 11 do Decreto-Lei n. 401/1968 ("**Art 11.** Está sujeito ao desconto do imposto de renda na fonte o valor dos juros remetidos para o exterior devidos em razão da compra de bens a prazo, ainda quando o beneficiário do rendimento for o próprio vendedor.").

O veredito, chancelando a incidência do imposto, foi originariamente construído no **STF**, já na década de **70**, em vetusto precedente da 1ª Turma (**RE 79.157**, rel. Min. Djaci Falcao, j. em 24-09-**1974**). Já sob a égide da Constituição de 1988, em **2009**, a Corte Suprema, por meio de sua 2ª Turma, retomou a diretriz assentada, dispondo que "a imunidade tributária não afeta, tão somente por si, a relação de responsabilidade tributária ou de substituição e não exonera o responsável tributário ou o substituto" (**RE 202.987**, rel. Min. Joaquim Barbosa, j. em 30-06-**2009**).

Entretanto, o veredito acima esconde um clássico e duradouro embate, nas Cortes de Julgamento, nos últimos 50 anos. O histórico jurisprudencial no enfrentamento da questão é sortido: desde os anos 70, o **STF** e o **STJ** oscilaram expressivamente entre a incidência e a imunidade, como se verá adiante. É fundamental, então, para o deslinde da controvérsia, situarmos a perspectiva sobre dois questionamentos pontuais:

(a) *quem é o "contribuinte" do imposto, à luz do art. 11 do Decreto-Lei 401/68?*

(b) *a imunidade exclui a obrigação do responsável tributário de reter na fonte o tributo devido pelo denominado "contribuinte de fato"?*

Com efeito, entendemos que o contribuinte do imposto é o beneficiário residente no exterior, entretanto, especificamente para o IR, "a lei pode atribuir à fonte pagadora da renda ou dos proventos tributáveis a condição de responsável pelo imposto cuja retenção e recolhimento lhe caibam" (art. 45, parágrafo único, do CTN). Ademais, no plano da legislação tributária, há normas que corroboram essa diretriz, a saber, o art. 167 do RIR/99[40].

40. Veja-se o dispositivo: **Art. 167 do RIR/1999**: **a)** "As imunidades, isenções e não incidências de que trata este Capítulo não eximem as pessoas jurídicas das demais obrigações previstas neste decreto, especialmente as relativas à retenção e recolhimento de impostos sobre rendimentos pagos ou creditados e à prestação de informações (Lei n. 4.506, de 1964, art. 33); **b)** "A imunidade, isenção ou não incidência concedida às pessoas jurídicas não aproveita aos que delas percebam rendimentos sob qualquer título e forma (Decreto-Lei nº 5.844, de 1943, art. 31)". **(Grifos nossos)**

A nosso sentir, não pode o legislador ordinário escolher como "contribuinte" a entidade imune, sob pena de veicular um crasso erro de técnica legislativa. Em julgados antigos no **STF**[41], é possível encontrar a criticada corrente jurisprudencial, a qual resvala naturalmente para a manutenção da imunidade, porquanto parte da premissa de que a condição do remetente dos juros é a de um "contribuinte". A falta de lógica é evidente: a prevalecer tal entendimento, garantidor da imunidade, o beneficiário desta não será o destinatário constitucional (uma entidade beneficente ou um estado-membro, por exemplo), mas o próprio credor estrangeiro, residente no exterior, em nítida "exportação do benefício fiscal". Quisesse o legislador agraciar o substituído tributário pela imunidade pertencente ao substituto, certamente teria se valido de disposição legal que excepcionasse a regra (e fez o contrário no retrocitado art. 167 do RIR/99!), e não do artifício de incorrer em erro de técnica legislativa. É bem por isso que o **STJ** houve por bem, no **REsp 1.480.918/RS**, pugnar pelo afastamento de alguns precedentes da própria Corte Superior[42], nos quais prevaleceu a acolhida da tese da imunidade para o IRRF.

Diante do exposto, entendemos que a entidade imune (a remetente do juros) apresenta-se como *substituto tributário* – e não como "contribuinte" ou "substituído"! –, e, *ipso facto*, a imunidade não tem o condão de afastar ao responsável o dever de retenção do imposto. Assim, a entidade imune deve recolher o IRRF, não se devendo cogitar da imunidade.

m.1) IRRF e o pagamento à pessoa jurídica sediada no exterior – o momento do fato gerador: em **18 de agosto de 2020**, a 1ª Turma do **STJ**, no **REsp 1.864.227-SP** (rel. Min. Napoleão Nunes Maia Filho), entendeu que o momento do fato gerador do Imposto de Renda Retido na Fonte – IRRF a ser recolhido pela sociedade empresária brasileira, em razão de pagamento feito a pessoa jurídica domiciliada no exterior, dá-se no vencimento ou pagamento da dívida, o que ocorrer primeiro, independentemente da data do registro contábil da dívida em *contas a pagar* – esta, como uma data que apenas demarca o simples provisionamento ou reconhecimento antecipado de despesa, em obediência ao *regime de competência* (**Solução da Consulta COSIT n. 153/2017, aprovada em 02-03-2017, *Receita Federal do Brasil***).

O art. 685 do Decreto n. 3.000/99 (já revogado) determinava a incidência do IRRF sobre os rendimentos pagos, creditados, entregues, empregados ou remetidos ao exterior. A "escrituração contábil" do débito não corresponde a qualquer dos núcleos verbais próprios do fato gerador do imposto federal (art. 43 do CTN), referentes à *disponibilização econômica* (pagamento, entrega, emprego, remessa) ou à *disponibilização jurídica* (crédito) do dinheiro à sociedade empresária estrangeira.

41. Para conferência, ver, no **STF**, nas décadas de 70 e 80: **(I)** RE 81.530, rel. Min. Cordeiro Guerra, Pleno, j. em 15-10-1975; e **(II)** ACO n. 231, rel. Min. Décio Miranda, Pleno, j. em 21-02-1979; **(III)** RE 115.530, rel. Min. Djaci Falcao, 2ª T., j. em 17-06-1988.

42. Para conferência, ver, no **STJ**: **(I)** REsp 10.322/SP, rel. MIN. José de Jesus Filho, 2ª T., j. em 20-10-1993; e **(II)** REsp 1060321/PR, Rel. Ministro Benedito Gonçalves, 1ª T., j. em 24-11-2009.

Portanto, não se pode considerar a "escrituração contábil" como o momento da ocorrência do fato gerador do IRRF, o que somente acontece com o vencimento ou o pagamento antecipado da dívida.

Por outro lado, na data do vencimento, a obrigação de pagar quantia certa se torna exigível (art. 315 do CC/2002), e a sociedade credora pode exercer com plenitude todos os direitos referentes ao seu crédito – até o de persegui-lo judicialmente (é a *disponibilidade jurídica*). Com o pagamento, por sua vez, o dinheiro passa a estar sob a posse e controle imediatos da pessoa jurídica estrangeira, plenamente integrado ao seu patrimônio (é a *disponibilidade econômica*).

n) A incidência do IRPF e a remuneração percebida pelos atletas profissionais a título de "direito de arena": em **17 de maio de 2018**, a 1ª Turma do **STJ** (**REsp 1.679.649/SP**, rel. Minª. Regina Helena Costa) entendeu que a remuneração percebida pelos atletas profissionais a título de "direito de arena" sujeita-se à incidência do Imposto sobre a Renda de Pessoa Física – IRPF. Em síntese, a relação jurídico-tributária que circunda a prática esportiva, no âmbito do "direito de arena", é sofisticada, envolvendo os seguintes protagonistas: "CLUBE x EMPRESA DE COMUNICAÇÃO x SINDICATO x ATLETA". Essencialmente, o CLUBE esportivo firma um contrato oneroso de divulgação dos eventos esportivos com EMPRESAS DE COMUNICAÇÃO (*grupos de mídia*), de acordo com o art. 42 da Lei n. 9.615/1998 ("Lei Pelé"). Em retribuição, essas empresas remuneram o CLUBE, nos termos pactuados, pelos direitos de divulgação dos elementos audiovisuais das competições. Salvo convenção coletiva de trabalho em contrário, 5% (cinco por cento) sobre a receita proveniente dessa exploração são repassados aos respectivos SINDICATOS, os quais, a seu turno, distribuem-nos em cotas iguais aos ATLETAS que participaram do evento, em até 60 (sessenta) dias, descontada a fração do IR, nos termos do art. 46, parágrafo único, do Decreto n. 7.984/2013.

Percebe-se, pois, que o valor correspondente ao "direito de arena" constitui autêntico rendimento extra para o atleta participante do espetáculo desportivo, denotando nítido conteúdo de acréscimo patrimonial. Ademais, é condição para fazer jus à parcela relativa ao "direito de arena" que o atleta mantenha relação laboral com o clube, formalizada em um *contrato de trabalho*. Daí se afirmar que a verba em cotejo retribui a própria existência do contrato de labor, deste derivando para que o ganho do atleta seja a contrapartida pela autorização dada para o uso da sua imagem. É evidente a sua natureza insitamente remuneratória, não se cogitando de insígnia indenizatória. Sempre é bom lembrar que o nome conferido à verba é irrelevante, uma vez que, para o STJ, "não condiciona o alcance dos seus efeitos tributários, cuja perquirição independe do epíteto que lhe seja atribuído, por força dos arts. 43, I, § 1º, do CTN, e 3º, § 4º, da Lei n. 7.713/88".

o) A base de cálculo do IRPJ e o crédito presumido de IPI: em **22 de maio de 2019**, a 1ª Seção do **STJ**, no **EREsp 1.210.941/RS** (rel. Min. Og Fernandes), entendeu que o *crédito presumido* (ou ficto) de IPI, previsto no art. 1º da Lei n. 9.363/96, integra a base de cálculo do **IRPJ** e da **CSLL**, porquanto todo benefício fiscal, relativo a qualquer tributo, ao diminuir a carga tributária, acaba, indiretamente, majorando o lucro da empresa e, consequentemente, impactando na base de cálculo do **IRPJ**. De fato, nessas situações, o referido imposto está incidindo sobre o lucro da empresa, que é, direta ou indiretamente, influenciado por todas as receitas, créditos, benefícios, despesas etc. Por outro lado, o *crédito presumido* pode ser excluído da base de cálculo do IRPJ apurado pelo regime do lucro presumido quando o contribuinte comprovar que se refira a período no qual tenha se submetido ao regime de tributação pelo lucro presumido ou arbitrado ou, caso sujeito ao regime do lucro real, não tenha sido feita a dedução (arts. 53 da Lei n. 9.430/96 e 521, § 3º, RIR/99).

p) IRPF e a *solidariedade tributária* (declaração conjunta do casal): em 5 de dezembro de **2019**, a 1ª Turma do **STJ**, no **REsp 1.273.396-DF** (rel. Min. Napoleão Nunes Maia Filho), entendeu que a declaração conjunta de imposto de renda não torna o cônjuge – que não participou do fato gerador do tributo – corresponsável pela dívida tributária dos rendimentos percebidos pelo outro. Com efeito, os contornos de *solidariedade tributária*, previstos nos dois incisos do art. 124 do CTN, pressupõem um *interesse comum*, ou pela realização conjunta do fato gerador (inciso I), ou pela disposição da lei (inciso II).

O caso concreto cingiu-se à exótica autuação do marido pela Receita Federal do Brasil, quanto ao IRPF devido pela esposa. É isso mesmo: o marido foi autuado pelo Fisco Federal para pagar tributo sobre os rendimentos auferidos pela sua esposa, percebidos diretamente por ela, como resultado de seu trabalho pessoal, sem que aquele tivesse participação alguma na formação do fato gerador correspondente.

É fato que o casal havia feito a chamada "declaração conjunta", mas, como qualquer outro *dever instrumental*, a entrega de declaração perfaz uma *obrigação tributária acessória* consistente no ato formal realizado pelo contribuinte, pelo qual este leva ao conhecimento da autoridade fiscal a ocorrência do fato gerador e demais elementos necessários à feitura do lançamento. Sendo assim, a "declaração conjunta" não é indicativo legal de corresponsabilidade, a qual só deriva do art. 124 do CTN, e não da vontade unilateral do Fisco, sobretudo se ausente a prova cabal de que teria ocorrido a participação ativa do marido, ao lado da esposa, na produção do fato gerador da percepção dos rendimentos tidos por tributáveis. Se assim não fosse, qualquer indivíduo, que auferisse alguma benesse do percebente da renda (no caso aqui analisado, a esposa), poderia ser designado corresponsável tributário, o que não se mostra razoável e legal.

q) IRPF e a *não incidência* sobre a *cota condominial do síndico*: em 5 de dezembro de **2019**, a 1ª Turma do **STJ**, no **REsp 1.606.234-RJ** (rel. Min. Napoleão Nunes Maia Filho), entendeu que a isenção de *quota condominial do síndico* não configura "renda" para fins de incidência do Imposto de Renda de Pessoa Física (IRPF).

A *quota condominial* é obrigação mensal imposta a todos os condôminos para cobrir gastos necessários à manutenção de um condomínio, ou seja, é um exemplo de "despesa", um encargo devido pelos condôminos por convenção condominial. Assim, a dispensa do adimplemento das taxas condominiais concedida ao síndico em razão do labor por este exercido não pode ser considerada pró-labore (ou rendimento) tampouco acréscimo patrimonial, razão pela qual não se sujeita à incidência do IRPF, sob pena de se violar o *princípio da capacidade contributiva*. Com efeito, quanto ao acervo patrimonial do síndico, não se verifica, de fato, qualquer alteração entre o patrimônio preexistente e o novo, inexistindo ingresso de riqueza nova, que justifique a inclusão do valor correspondente à sua *quota condominial* como "ganho patrimonial", na apuração anual de rendimentos tributáveis.

r) Compensação de prejuízo fiscal do IRPJ (limite de 30%), no caso de desaparecimento da empresa por incorporação: em **23 de junho de 2020**, a 1ª Turma do **STJ**, no **REsp 1.805.925-SP** (rel. Min. Napoleão Nunes Maia Filho; rel. p/ ac. Min. Gurgel de Faria), entendeu que não é direito subjetivo do contribuinte compensar seus prejuízos fiscais do IRPJ e da base de cálculo negativa da CSLL sem observância do limite de 30%, quando ocorre o desaparecimento da empresa por incorporação. A legislação do IRPJ e da CSLL (arts. 15 e 16 da Lei n. 9.065/95) permite que eventuais prejuízos fiscais apurados em períodos anteriores sejam compensados com os lucros apurados posteriormente, estabelecendo que a referida compensação é limitada a 30% (trinta por cento) do lucro real, por ano-calendário.

Decidindo pela constitucionalidade do limite ventilado (30%), o **STF** considerou que a natureza jurídica dessa compensação de prejuízos fiscais é de *benefício fiscal*. Como *benefício fiscal*, a lei é imprescindível, e inexiste permissão legal para que, em caso de extinção da empresa por incorporação, os seus prejuízos fiscais sejam compensados sem qualquer limitação. Da mesma forma, como *benefício fiscal*, a interpretação deve ser restritiva, não se podendo ampliar o sentido da lei nem o seu significado, nos termos do art. 111, II, do CTN. Por fim, não pode o Judiciário se substituir ao legislador e, fazendo uma interpretação extensiva da legislação tributária, ampliar a fruição de um benefício fiscal.

REFERÊNCIAS

ABRÃO, Carlos Henrique. Protesto de CDA. *Revista Dialética de Direito Tributário*, São Paulo, n. 41, fev. 1999.

AGRA, Walber de Moura. *Manual de direito constitucional.* São Paulo: RT, 2002.

ALBUQUERQUE, Marcos Cavalcanti de. *Lei de execução fiscal.* São Paulo: Madras, 2003.

ALEXANDRINO, Marcelo; PAULO, Vicente. *Manual de direito tributário*. 5. ed., rev. e atual. Niterói: Impetus, 2007.

______. *Direito tributário na Constituição e no STF:* teoria e jurisprudência. 7. ed. Rio de Janeiro: Impetus, 2004.

AMADO, Frederico. *Curso de direito e processo previdenciário*. 7. ed. reform. e atual. Salvador: JusPodivm, 2015.

AMARAL, Antonio Carlos Rodrigues. *In:* MARTINS, Ives Gandra da Silva (Coord.). *Comentários ao Código Tributário Nacional.* São Paulo: Saraiva, 1998. v. 2.

AMARAL, Gilberto Luiz; OLENIKE, João Eloi; AMARAL, Letícia Mary Fernandes do; YAZBEK, Cristiano Lisboa. Estudo sobre os dias trabalhados para pagar tributos em 2018. Disponível em: <https://d335luupugsy2.cloudfront.net/cms/files/21658/1528117190Estudo_dias_trabalhados.pdf>. Acesso em: 23 set. 2018.

AMARO, Luciano. Conceito e classificação dos tributos. *Revista de Direito Tributário,* n. 55, São Paulo: RT, 1991.

______. *Direito tributário brasileiro.* 14. ed. São Paulo: Saraiva, 2008.

______. *Lançamento por homologação e decadência*. São Paulo: Resenha Tributária, 1975 (Resenha Tributária, Seção 1.3 – Imposto sobre a Renda – Comentário).

AMED, Fernando José; NEGREIROS, Plínio José Labriola de Campos. *História dos tributos no Brasil.* São Paulo: SINAFRESP, 2000.

ANDRADE, Rodrigo Fonseca Alves de. O princípio base da capacidade contributiva e a sua aplicação diante de uma pluralidade de tributos. *Revista de Informação Legislativa*, Brasília, ano 38, n. 149, jan./mar. 2001.

ATALIBA, Geraldo. Considerações em torno da teoria jurídica da taxa. *RDP* n. 9.

______. Eficácia dos convênios para isenção do ICM. *Revista de Direito Tributário*, São Paulo, v. 11/12, 1980.

______. *Empréstimos públicos e seu regime jurídico*. São Paulo: RT, 1973.

______. *Hipótese de incidência tributária*. 4. ed. São Paulo: RT, 1990.

______. *Hipótese de incidência tributária*. 6. ed., 3. tir. São Paulo: Malheiros, 2002.

______. IPTU – Progressividade. *Revista de Direito Público* (RDP) 93/233.

______. Limitações constitucionais ao poder de tributar. *Revista de Direito Tributário*, São Paulo, v. 51, 1997.

______. *Natureza jurídica da contribuição de melhoria*. São Paulo: RT, 1964.

______. *Noções de direito tributário*. São Paulo: RT, 1964.

______. Progressividade e capacidade contributiva. *Separata da Revista de Direito Tributário*, 1991.

ÁVILA, Alexandre Rossato da Silva. *Curso de direito tributário*. 3. ed. Porto Alegre: Verbo Jurídico, 2007.

BALEEIRO, Aliomar. *Direito tributário brasileiro*. Atualização de Misabel Abreu Machado Derzi. 11. ed. Rio de Janeiro: Forense, 2007.

______. *Limitações constitucionais ao poder de tributar*. Edição revista e atualizada por Misabel Abreu Machado Derzi. 7. ed. Rio de Janeiro: Forense, 2006.

______. *Uma introdução à ciência das finanças*. Atualização de Dejalma de Campos. 16. ed. Rio de Janeiro: Forense, 2004.

BARBOSA, Ruy. *Oração aos moços*. São Paulo: [s.e.] Arcádia, 1944.

BARRETO, Aires Fernandino. Vedação ao efeito de confisco. *Revista de Direito Tributário*. São Paulo: Malheiros, n. 64.

______. *Base de cálculo, alíquota e princípios constitucionais*. São Paulo: RT, 1987.

______. ISS – conflitos de competência. Tributação de Serviços e as Decisões do STJ. *Revista Dialética de Direito Tributário*, São Paulo: v. 60, set. 2000.

______. *ISS na Constituição e na lei*. 2. ed. São Paulo: Dialética, 2005.

______; Gonçalves, Gilberto Rodrigues. A penhora "on-line" na execução fiscal e a LC 118. *Revista Dialética de Direito Tributário*, 116\9, maio 2005.

BARRETO, Paulo Ayres. Contribuições – Regime jurídico, destinação e controle. São Paulo: Noeses, 2006.

BARROSO, Luís Roberto. *Interpretação e aplicação da Constituição*. São Paulo: Saraiva, 2001.

______. *Interpretação e aplicação da Constituição:* fundamentos de uma dogmática constitucional transformadora. 5. ed. rev., atual. e ampl. São Paulo: Saraiva, 2003.

BASTOS, Celso Ribeiro. *Comentários à Constituição do Brasil*. São Paulo: Saraiva, 1993. v. 6.

______. *Curso de direito financeiro e de direito tributário.* São Paulo: Saraiva, 1991.

______. *Curso de direito financeiro e de direito tributário.* 2. ed. São Paulo: Saraiva, 1992.

______. *Curso de direito financeiro e de direito tributário.* 3. ed. São Paulo: Saraiva, 1994.

BASTOS, Celso Ribeiro; MARTINS, Ives Gandra da Silva. *Comentários à Constituição do Brasil.* São Paulo: Saraiva, 1988. v. 6, t. 1.

BECHO, Renato Lopes; PEIXOTO, Marcelo Magalhães; LACOMBE, Rodrigo Santos Masset (Coord.). *Comentários ao Código Tributário Nacional.* São Paulo: MP Editora, 2005.

BECKER, Alfredo Augusto. *Teoria geral do direito tributário.* 2. ed. São Paulo: Saraiva, 1972.

______. *Teoria geral do direito tributário.* 3. ed. São Paulo: Lejus, 1998.

BITENCOURT, Cezar Roberto. *Tratado de direito penal* – parte geral 1. 16. ed. São Paulo: Saraiva, 2011.

BOBBIO, Norberto. O significado clássico e moderno de política. *In: Curso de introdução à ciência política.* Brasília: Universidade de Brasília, 1982. v. 7.

BORBA, Cláudio. *Direito tributário:* teoria e questões. 23. ed. Rio de Janeiro: Elsevier, 2008.

BORGES, Humberto Bonavides. *Planejamento tributário:* IPI, ICMS, ISS. 5. ed. 3ª Parte: Relevantes questões tributárias: capítulo XXIII. São Paulo: Atlas, 1999.

BORGES, José Souto Maior. *Isenções tributárias.* São Paulo: Sugestões Literárias, 1969.

______. Princípio da isonomia e sua significação na Constituição de 1988. *Revista de Direito Público*, São Paulo, n. 93, ano 23, jan./mar., 1990.

______. *Subvenção financeira, isenção e deduções tributárias.* Recife, jan./dez. 1976 (Separata).

______. *Isenções tributárias.* 2. ed. São Paulo: Sugestões Literárias, 1980.

BOTALLO, Eduardo Domingos. *Lições de direito público.* São Paulo: Dialética, 2003.

______. Limitações constitucionais ao poder de tributar. *Revista de Direito Tributário.* São Paulo: Malheiros, n. 48.

______. *Dívidas fiscais. Processo judicial.* São Paulo: Saraiva, 1978.

______. Aspectos fundamentais da Competência Municipal para instituir o ISS (do Decreto-lei n. 406/68 à LC n. 116/2003) (à memória de Geraldo Ataliba). *In:* TÔRRES, Heleno Taveira (Org.). *ISS na Lei Complementar n. 116/2003 e na Constituição.* Série Barão de Ramalho. Col. Dir. Tributário. v. 2/ IASP. Barueri: Manole, 2004.

BOTTESINI, Maury Ângelo et al. *Lei de execução fiscal.* 3. ed. São Paulo: RT, 2000.

BRAGA, Leopoldo. *Do conceito jurídico de instituições de educação ou de assistência social.* Rio de Janeiro: s/ed., 1971.

BRITO, Edvaldo Pereira de. Princípios constitucionais tributários. *Caderno de Pesquisas Tributárias*, n. 18, Coord. Ives Gandra da Silva Martins, São Paulo: Editora Resenha Tributária, 1993.

BRUYN JÚNIOR, Herbert C. P. de. *O princípio do não confisco.* São Paulo: Novas Conquistas, 2001.

CAIS, Cleide Previtalli. *O processo tributário.* 5. ed. São Paulo: RT, 2007.

CAMPOS, Dejalma de. *Direito processual tributário.* 8. ed. São Paulo: Atlas, 2004.

CAMPOS, Flávio. Imunidade tributária na prestação de serviços por templos de qualquer culto. *Revista Dialética de Direito Tributário, In:* ROCHA, Valdir de Oliveira (Coord.), n. 54, mar. 2000.

CAMPOS, Francisco. *Direito constitucional.* Rio de Janeiro: Freitas Bastos, 1956. v. 2.

CANOTILHO, José Joaquim Gomes. *Constituição dirigente e vinculação do legislador.* Coimbra: Coimbra, 1994.

______. *Direito constitucional e teoria da constituição.* 3. ed. Coimbra: Almedina, 1999.

CANTO, Gilberto de Ulhôa. Contribuições sociais. *Caderno de Pesquisas Tributárias.* São Paulo: Coedição Resenha Tributária e CEU, 1991, v. 7.

CAPARROZ, Roberto. Comércio Internacional e legislação aduaneira (Comércio Internacional e Legislação Aduaneira – Coleção Esquematizado). 4. ed. São Paulo: Saraiva, 2017.

CARDOSO, Laís Vieira. Imunidade e o terceiro setor. *In:* PEIXOTO, Marcelo Magalhães; CARVALHO, Cristiano (Coord.). *Imunidade tributária.* São Paulo: Editora MP/APET, 2005.

CARRAZZA, Elizabeth Nazar. *IPTU e progressividade.* 1. ed., 3. tir. Curitiba: Juruá, 2002.

CARRAZZA, Roque Antonio. *Curso de direito constitucional tributário.* 24. ed. São Paulo: Malheiros, 2008.

______. *Curso de direito constitucional tributário.* 27. ed. rev., ampl. e atual. São Paulo: Malheiros, 2011.

______. *ICMS.* 9. ed. São Paulo: Malheiros, 2003.

______. *Imunidades tributárias dos templos e instituições religiosas.* São Paulo: Noeses, 2015.

______. Vigência e aplicação das leis tributárias. *In:* MARTINS, Ives Gandra da Silva. *Curso de direito tributário.* 7. ed. São Paulo: Saraiva, 2000.

CARVALHO, Paulo de Barros. *Curso de direito tributário.* 16. ed. São Paulo: Saraiva, 2004.

______. *Curso de direito tributário.* 18. ed. São Paulo: Saraiva, 2007.

______. O princípio da anterioridade em matéria tributária. *Revista de Direito Tributário.* São Paulo: Malheiros, n. 63, [s.d.].

CASSONE, Vittorio. *Direito tributário.* São Paulo: Atlas, 2000.

______. *Direito tributário.* 18. ed. São Paulo: Atlas, 2007.

______. Fontes do direito tributário: espécies e efeitos práticos. *Cadernos de Direito Tributário e Finanças Públicas.* São Paulo: RT, n. 15, jan./fev. 2007.

______. Verbete 1/16467. *Repertório de Jurisprudência IOB*: Tributário, Constitucional e Administrativo. São Paulo: IOB, n. 19, out. 2001.

CASTILHO, Paulo Cesar Baria de. *Confisco tributário.* São Paulo: RT, 2002.

CASTRO, Aldemiro Araújo; PEIXOTO, Marcelo Magalhães; LACOMBE, Rodrigo Santos Masset (Coord.). *Comentários ao Código Tributário Nacional.* São Paulo: MP Editora, 2005.

CASTRO, Alexandre Barros. *Teoria e prática do direito processual tributário.* 2. ed. São Paulo: Saraiva, 2002.

CATÃO, Marcos André Vinhas. Conflito espacial de competências: conceito de estabelecimento e possibilidade de atribuição de responsabilidade tributária no ISS. *In:* TÔRRES, Heleno Taveira (Org.). *ISS na Lei Complementar n. 116/2003 e na Constituição*. Série Barão de Ramalho. Col. Dir. Tributário. v. 2/ IASP. Barueri: Manole, 2004.

CHIESA, Clélio. *Medidas provisórias:* o regime jurídico constitucional. Curitiba: Juruá, 1996.

COELHO, Fábio Ulhoa. *Manual de direito comercial*. 22. ed. São Paulo: Saraiva, 2010.

COELHO, Guiomar. *Tributos sobre o comércio exterior*. 2. ed. São Paulo: Aduaneiras, 2006.

COELHO, José Washington. *Código Tributário Nacional interpretado*. Rio de Janeiro: Correio da Manhã, 1968.

COÊLHO, Sacha Calmon Navarro. *Comentários à Constituição de 1988:* sistema tributário. 2. ed. Rio de Janeiro: Forense, 1990.

______. *Comentários à Constituição de 1988*. 6. ed. Rio de Janeiro: Forense, 1996.

______. *Comentários à Constituição de 1988:* sistema tributário. 7. ed. Rio de Janeiro: Forense, 1998.

______. *Curso de direito tributário brasileiro:* comentários à Constituição Federal e ao Código Tributário Nacional. 4. ed. Rio de Janeiro: Forense, 1999.

______. *Curso de direito tributário brasileiro:* comentários à Constituição Federal e ao Código Tributário Nacional. 6. ed. Rio de Janeiro: Forense, 2001.

______. *Curso de direito tributário brasileiro:* comentários à Constituição Federal e ao Código Tributário Nacional. 10. ed. Rio de Janeiro: Forense, 2009.

______. *Manual de direito tributário*. 2. ed. Rio de Janeiro: Forense, 2002.

______. *Teoria e prática das multas tributárias*. 2. ed. Rio de Janeiro: Forense.

CONTI, José Maurício. *Princípios da capacidade contributiva e da progressividade*. São Paulo: Dialética, 1996.

CORRÊA, Walter Barbosa. A propósito do fato gerador pendente. *Repertório IOB de Jurisprudência*, 15/277, Cad. 1, 1991.

______. *Curso de direito tributário*. Belém: Cejup, 1993.

COSTA JÚNIOR, Paulo José da; DENARI, Zelmo. *Infrações tributárias e delitos fiscais*. 3. ed. São Paulo: Saraiva, 1998.

COSTA, Alcides Jorge. *Da extinção das obrigações tributárias*. Tese de Titularidade, apresentada na FADUSP, São Paulo, FADUSP, 1991.

______. Natureza jurídica dos empréstimos compulsórios. *Revista de Direito Tributário*, São Paulo, v. 70, out./dez. 1962.

COSTA, Mário Luiz Oliveira da. Lei Complementar n. 118/2005: a pretendida interpretação retroativa acerca do disposto no art. 168, I do CTN. *Revista Dialética de Direito Tributário*, n. 115, abr. 2005.

COSTA, Regina Helena. Conferência proferida no "Seminário sobre a Reforma Tributária". Realizado pelo Centro de Estudos Judiciários, em 20/21-03-2003, em Fortaleza-CE. *Revista CEJ*, Brasília, n. 22, jul./set. 2003.

______. *Curso de Direito Tributário* – Constituição e Código Tributário Nacional. São Paulo: Saraiva, 2009.

______. *Imunidades tributárias*: teoria e análise da jurisprudência do STF. 2. ed. São Paulo: Malheiros, 2006.

______. *Princípio da capacidade contributiva*. 3. ed. São Paulo: Malheiros, 2003.

CUNHA JR., Dirley da. *Curso de direito administrativo*. 6. ed. Salvador: JusPodivm, 2007.

______. *Curso de direito constitucional*. 2. ed. Salvador: JusPodivm, 2008.

DALLARI, Adilson. Imunidade de estatal delegada de serviço público. *Revista de Direito Tributário*, n. 65, 1995.

DALLARI, Dalmo de Abreu. *Elementos de teoria geral do estado*. 15. ed. São Paulo: Saraiva, 1991.

DANILEVICZ, Ígor. Os limites entre o ISS e o ICMS: a LC n. 116/2003 em face do DL n. 406/68 e as leis complementares relativas ao ICMS. *In:* TÔRRES, Heleno Taveira (Org.). *ISS na Lei Complementar n. 116/2003 e na Constituição*. Série Barão de Ramalho. Col. Dir. Tributário. v. 2/IASP. Barueri: Manole, 2004.

DECOMAIN, Pedro Roberto. *Anotações ao Código Tributário Nacional*. São Paulo: Saraiva, 2000.

DENARI, Zelmo. *Curso de direito tributário*. 2. ed. Rio de Janeiro: Forense, 1991.

______. *Curso de direito tributário*. 8. ed. São Paulo: Atlas, 2002.

DEODATO, Alberto. *Manual de ciência das finanças*. 5. ed. São Paulo: Saraiva, 1954.

DERZI, Misabel Abreu Machado. *Do imposto sobre a propriedade predial e territorial urbana*. São Paulo: Saraiva, 1982.

______. *Um retorno necessário a Aliomar Baleeiro:* reflexões sobre os efeitos decorrentes da incidência de impostos e contribuições sobre os bens adquiridos pelos entes estatais. *In:* DERZI, Misabel Abreu Machado; AMARAL, Francisco Xavier; AMARAL, Bruno Monteiro de Castro (Coord.). Juiz de Fora: IDENC, 2008.

______. Medidas provisórias – sua absoluta inadequação à instituição e majoração de tributos. *Revista de Direito Tributário,* São Paulo: RT, n. 45, 1988.

______. *Direito tributário, direito penal e tipo*. São Paulo: RT, 1988.

DI PIETRO, Maria Sylvia Zanella. *Direito administrativo*. 2. ed. São Paulo: Atlas, 1991.

______. *Direito administrativo*. 11. ed. São Paulo: Atlas, 1999.

DIAS DE SOUZA, Hamilton. *In:* MARTINS, Ives Gandra da Silva (Coord.). *Curso de direito tributário*. 7. ed. São Paulo: Saraiva, 2000.

______. *In:* MARTINS, Ives Gandra da Silva (Coord.). *Curso de direito tributário. Comentários ao Código Tributário Nacional*. São Paulo: Saraiva, 1998. v. 1.

DINAMARCO, Cândido Rangel. *Execução civil*. 5. ed. São Paulo: Malheiros, 1997.

DINIZ, Gustavo Saad. *In:* OLIVEIRA SILVA, Volney Zamenhof de (Coord.). *Código Tributário Nacional*: comentado, anotado e atualizado. 2. ed. Campinas: CS Edições, 2002.

DINIZ, Marcelo de Lima Castro; RIBEIRO, Maria de Fátima. Instrumentos normativos primários e secundários. *In*: PEIXOTO, Marcelo Magalhães; LACOMBE, Rodrigo Santos Masset (Coord.). *Comentários ao Código Tributário Nacional*. São Paulo: MP Editora, 2005.

______. IPI, aspectos jurídicos relevantes. *O direito ao crédito-prêmio do IPI.* São Paulo: Quartier Latin, 2003. v. 1.

DINIZ, Maria Helena. *Lei de Introdução ao Código Civil brasileiro interpretada.* 5. ed. São Paulo: Saraiva, 1999.

DÓRIA, Antonio Roberto Sampaio. *Direito constitucional tributário e due process of law.* 2. ed. Rio de Janeiro: Forense, 1986.

______. *Da lei tributária no tempo.* São Paulo: Obelisco, 1968.

FALCÃO, Amílcar de Araújo. *Fato gerador da obrigação tributária.* 2. ed. São Paulo: RT, 1971.

______. *Fato gerador da obrigação tributária.* 6. ed. Rio de Janeiro: Forense, 2002.

______. Imunidade e isenção tributária – Instituição de assistência social (Parecer). 9 de setembro de 1961. *Revista de direito administrativo.* v. 66. p. 367-375, out.-dez. 1961.

______. *Introdução ao direito tributário.* Rio de Janeiro: Financeiras S.A., 1959.

______. Conceito e espécies de empréstimo compulsório. *Revista de Direito Público,* São Paulo: RT, n. 14, out./dez. 1970.

FANUCCHI, Fábio. *Curso de direito tributário brasileiro.* 3. ed. São Paulo: Resenha Tributária, 1975. v. I.

______. *Curso de direito tributário brasileiro.* 4. ed. São Paulo: Editora Resenha Tributária, 1979.

______.; MARTINS, Rogério V. Gandra (atual.). *In:* MARTINS, Ives Gandra da Silva (Coord.). *Comentários ao Código Tributário Nacional,* São Paulo: Saraiva, 1998. v. 1.

FARIA, Luiz Alberto Gurgel; FREITAS, Vladimir Passos de (Coord.). *Código Tributário Nacional comentado.* 4. ed. São Paulo: RT, 2007.

FELIPE, Jorge Franklin Alves. *Direito tributário na prática forense.* 3. ed. Rio de Janeiro: Forense, 1999.

FERNANDES, Cíntia Estefânia. Princípio da vedação de tributo com efeito de confisco. *In:* MARINS, James; MARINS, Gláucia Vieira (Coord.). *Direito tributário atual.* Curitiba: Juruá, 2000.

FERRASSINI, Antônio Alexandre; SILVA, Volney Zamenhof de Oliveira (Coord.). *Código Tributário Nacional comentado e anotado.* 2. ed. Campinas: CS Edições, 2002.

FERRAZ, Roberto; BOARETO, Luiz Alfredo. ISS – A taxatividade das listas de serviços instituídas pelas Leis Complementares 56/87 e 116/2003 e os serviços bancários – matéria submetida à sistemática dos recursos repetitivos no STJ. *Revista Dialética de Direito Tributário,* São Paulo: Dialética, v. 168, set. 2009.

FERREIRA, Aurélio Buarque de Holanda. *Novo dicionário da língua portuguesa.* 2. ed., 24. impr., Rio de Janeiro: Nova Fronteira, 1986.

FERREIRA FILHO, Manoel Gonçalves. *Comentários à Constituição brasileira de 1988.* São Paulo: Saraiva, 1994. v. 3.

FERREIRA, Pinto. *Comentários à Constituição brasileira.* São Paulo: Saraiva, 1989. v. 5.

FERREIRA SOBRINHO, José Wilson. *Imunidade tributária.* Porto Alegre: Sergio Antonio Fabris, 1996.

FIGUEIREDO, Lucia Valle. Princípio de proteção ao contribuinte, princípio da segurança jurídica. *Revista de Direito Tributário,* n. 47.

FIGUEIREDO, Adriana Samato; MOTA Douglas. Aspectos relevantes da nova lei de ISS. *In:* MARTINS, Ives Gandra da Silva; PEIXOTO, Marcelo Magalhães (Org.). *ISS LC 116/2003.* Curitiba: Juruá, 2004.

FLAKS, Milton. *Comentários à lei de execução fiscal*. Rio de Janeiro: Forense, 1981.

FONSECA, Fernando Henrique Costa Roxo da. *In:* OLIVEIRA SILVA, Volney Zamenhof de (Coord.). *Código Tributário Nacional*: comentado, anotado e atualizado. 2. ed. Campinas: CS Edições, 2002.

FRANCISCO, José Carlos; PEIXOTO, Marcelo Magalhães; LACOMBE, Rodrigo Santos Masset (Coord.). *Comentários ao Código Tributário Nacional*. São Paulo: MP Editora, 2005.

FREITAS, Leonardo e Silva de Almendra. Análise crítica da reviravolta da orientação do STJ acerca da legitimidade do contribuinte "de fato" para repetir o indébito tributário indireto. *Revista Dialética de Direito Tributário*, vol. 187, São Paulo, abr. 2011, pp. 96-111.

FURLAN, Valéria. *Imposto predial e territorial urbano*. 2. ed. São Paulo: Malheiros, 2004.

______. *ITBI – Imposto Sobre a Transmissão Onerosa de Bens Imóveis*. Tese (Doutorado) – Pontifícia Universidade Católica de São Paulo, 2003, inédita.

GAGLIANO, Pablo Stolze. *Novo curso de direito civil:* abrangendo o Código de 1916 e o novo Código Civil. São Paulo: Saraiva, 2002.

GAVALDÃO JÚNIOR, Jayr Viégas. A inconstitucionalidade do artigo 32 do CTN. *In: IPTU, aspectos jurídicos relevantes*. Coord. Marcelo Magalhães Peixoto. São Paulo: Quartier Latin, 2002.

GOLDSCHIMIDT, Fabio Brun. *O princípio do não confisco no direito tributário*. São Paulo: RT, 2003.

GOMES, Luiz Flávio. *Responsabilidade penal objetiva e culpabilidade nos crimes contra a ordem tributária. In Direito penal empresarial*. São Paulo: Dialética, 1995.

GOMES, Marcus Lívio; ANTONELLI, Leonardo Pietro. *Curso de direito tributário*. São Paulo: Quartier Latin, 2005. v. 1.

GONÇALVES, José Artur Lima. A imunidade tributária do livro. In: MACHADO, Hugo de Brito (Coord.). *Imunidade tributária do livro eletrônico*. 2. ed. São Paulo: Atlas, 2003. p. 139 a 163.

GONÇALVES, José Artur Lima; ATALIBA, Geraldo. Carga tributária e prazo de recolhimento de tributos. *Revista de Direito Tributário*, v. 45, 1988.

GONÇALVES, José Artur Lima; MARQUES, Márcio Severo. Processo administrativo tributário. *Revista de Direito Tributário*, São Paulo, v. 75, 1999.

GONÇALVES, Marcus Vinícius Rios. *Procedimentos especiais*. 3. ed. São Paulo: Saraiva, 2003.

GORDILLO, Agustin A. *Procedimiento y recursos administrativos*. 2. ed. Buenos Aires: Marchi, 1971.

GRAU, Eros Roberto. Empresas estatais ou estado empresário. *In:* MELLO, Celso Antonio Bandeira (Coord.). *Curso de direito administrativo*. São Paulo: RT, 1986.

GRECO, Marco Aurélio. *Contribuições (uma figura "sui generis")*. São Paulo: Dialética, 2000.

HARADA, Kiyoshi. *Direito financeiro e tributário*. 7. ed. São Paulo: Atlas, 2001.

______. *Direito financeiro e tributário*. 10. ed. São Paulo: Atlas, 2002.

______. *Sistema tributário na Constituição de 1988:* tributação progressiva. São Paulo: Saraiva, 1991.

HILÚ NETO, Miguel. *Imposto sobre importações e imposto sobre exportações*. São Paulo: Quartier Latin, 2003.

HENSEL, Albert. *In:* FALCÃO, Amílcar de Araújo. *Fato gerador da obrigação tributária*. 5. ed. Rio de Janeiro: Forense, 1994.

HORVATH, Estevão. *O princípio do não confisco no direito tributário*. São Paulo: Dialética, 2002.

______; OLIVEIRA, Regis Fernandes. *Manual de direito financeiro*. 6. ed. São Paulo: RT, 2003.

ICHIHARA, Yoshiaki. *Direito tributário*. 3. ed. São Paulo: Atlas, 1990.

______. *Direito tributário*. 7. ed. São Paulo: Atlas, 1998.

______. *Princípio da legalidade tributária na Constituição de 1988*. São Paulo: Atlas, 1995.

JARACH, Dino. *Curso superior de derecho tributario*. Buenos Aires: Nueva, 1969.

______. *O fato imponível*: teoria geral do direito tributário substantivo. Tradução de Dejalma de Campos. São Paulo: RT, 1989.

JARDIM, Eduardo Marcial Ferreira. *Dicionário jurídico tributário*. 2. ed. São Paulo: Saraiva, 1996.

______. *Dicionário jurídico tributário*. 3. ed. São Paulo: Dialética, 2000.

______. *Manual de direito financeiro e tributário*. 2. ed. São Paulo: Saraiva, 1994.

JELLINEK, Georg. *Teoría general del estado*. Buenos Aires: Albatroz, 1954.

JUSTEN FILHO, Marçal. Capacidade contributiva. *Caderno de Pesquisas Tributárias*. São Paulo: Resenha Tributária, v. 14, 1989.

______. *Concessões de serviços públicos*. São Paulo: Dialética, 1997.

______. *Comentários à lei de licitações e contratos administrativos*. 3. ed. Rio de Janeiro: Aide, 1994.

KELSEN, Hans. *Teoria geral do direito e do estado*. 3. ed. São Paulo: Martins Fontes, 1998.

______. *Teoria pura do direito*. Tradução de João Baptista Machado. São Paulo: Martins Fontes, 2000.

KFOURI JR., Anis. *Curso de direito tributário*. São Paulo: Saraiva, 2010.

KREPSKY, Júlio César. *Limites das multas por infrações tributárias*. Leme: JH Mizuno, 2006.

LACOMBE, Américo Lourenço Masset. *In:* PEIXOTO, Marcelo Magalhães;

LACOMBE, Rodrigo Santos Masset. *Comentários ao Código Tributário Nacional*. São Paulo: MP Editora, 2005.

______. Contribuições no direito brasileiro. *Revista de Direito Tributário*, São Paulo, n. 47, 1989.

______. *In:* MARTINS, Ives Gandra da Silva (Coord.). *Comentários ao Código Tributário Nacional*. São Paulo: Saraiva, 1998. v. 2.

______. Taxa e preço público. *Caderno de Pesquisas Tributárias*. São Paulo: Resenha Tributária, v. 10, 1985.

LARENZ, Karl. *Metodologia da ciência do direito*. Tradução de José Lamego. 3. ed. Lisboa: Fundação Calouste Gulbenkian, 1997.

LENZ, Carlos Eduardo Thompson Flores. Empréstimo compulsório e princípio da anterioridade. *Revista de Direito Tributário*, v. 11, n. 40, abr./jun. 1987.

LEONETTI, Carlos Araújo. *A contribuição de melhoria na Constituição de 1988*. Florianópolis: Editora Diploma Legal, 2000.

______. Natureza jurídica do pedágio. *Biblioteca Central, UFSC*, Florianópolis, v. 25, n. 49, dez. 2004.

LIMA, João Franzen de. *Curso de direito civil brasileiro*. 2. ed. Rio de Janeiro: Forense, 1955.

LIMA, Ruy Cirne. Município pode lançar contribuição de melhoria sem esperar regulamento. *Revista de Direito Público*, n. 10.

LIRA, Ricardo Pereira. *Elementos de direito urbanístico*. Rio de Janeiro: Renovar, 1997.

LOPES, Mauro Luís Rocha. *Processo judicial tributário:* execução fiscal e ações tributárias. 3. ed. Rio de Janeiro: Lumen Juris, 2005.

MACHADO, Celso Cordeiro. *Tratado de direito tributário*: garantias, preferências e privilégios do crédito tributário. Rio de Janeiro: Forense, 1984. v. VI.

MACHADO, Hugo de Brito. *Comentários ao Código Tributário Nacional*: artigos 1º a 95. São Paulo: Atlas, 2003. v. I.

______. *Comentários ao Código Tributário Nacional*: artigos 96 a 138. São Paulo: Atlas, 2004. v. II.

______. *Comentários ao Código Tributário Nacional*: artigos 139 a 218. São Paulo: Atlas, 2005. v. III.

______. *Crimes contra a ordem tributária*. São Paulo: Atlas, 2008.

______. *Curso de direito tributário*. 22. ed. São Paulo: Malheiros, 2003.

______. *Curso de direito tributário*. 25. ed. São Paulo: Malheiros, 2004.

______. *Curso de direito tributário*. 29. ed. São Paulo: Malheiros, 2008.

______. *Curso de direito tributário*. 38. ed. São Paulo: Malheiros, 2017.______. Juízo de admissibilidade na execução fiscal. *Revista Dialética de Direito Tributário*, n. 22.

______. *Os princípios jurídicos da tributação na Constituição de 1988*. 5. ed. São Paulo: Dialética, 2004.

______. Progressividade e seletividade no IPTU. *In:* Peixoto, Marcelo Magalhães (Coord.). *IPTU, aspectos jurídicos relevantes*. São Paulo: Quartier Latin, 2002.

______. Protesto de certidão de dívida ativa. *Revista Dialética de Direito Tributário*, n. 130/34, jul. 2006.

______. O ISS e o arrendamento mercantil. *Revista Dialética de Direito Tributário*, São Paulo: Dialética, v. 185, fev. 2011.

MACHADO SEGUNDO, Hugo de Brito. A tributação da energia elétrica e a seletividade do ICMS. *Revista Dialética de Direito Tributário*, São Paulo, n. 62, nov. 2000.

______. *Código Tributário Nacional:* anotações à Constituição, ao Código Tributário *Nacional* e às Leis Complementares 87/1996 e 116/2003. São Paulo: Atlas, 2007.

______. *Processo tributário*. 3. ed. São Paulo: Atlas, 2008.

MACHADO SEGUNDO, Hugo de Brito; RAMOS, Paulo de Tarso Vieira. Lançamento tributário e decadência. *In:* MACHADO, Hugo de Brito (Coord.). *Lançamento tributário e decadência*. São Paulo/Fortaleza: Dialética/ICET, 2002.

MADEIRA, Anderson S. *Direito tributário*. Rio de Janeiro: Rio IOB Thomson, 2006.

MANEIRA, Eduardo. *Direito tributário:* princípio da não surpresa. Belo Horizonte: Del Rey, 1994.

MARIOTTI, Alexandre. *Medidas provisórias*. São Paulo: Saraiva, 1999.

MARQUES, Carlos Roberto. *Contornos e fundamentos modernos da contribuição de melhoria*. Rio de Janeiro: Lumen Juris, 2005.

MARQUES, Márcio Severo. Empréstimo compulsório na Constituição Federal. *Revista de Direito Tributário*, São Paulo, v. 65, 1994.

MARTINS, Alan. *In:* OLIVEIRA SILVA, Volney Zamenhof de (Coord.). *Código Tributário Nacional:* comentado, anotado e atualizado. 2. ed. Campinas: CS Edições, 2002.

MARTINS, Cláudio. *Normas gerais de direito tributário.* 2. ed. São Paulo: Forense, 1969.

MARTINS, Ives Gandra da Silva (Coord.) *Curso de direito tributário*. 7. ed. São Paulo: Saraiva, 2000.

______. (Coord.). *Comentários ao Código Tributário Nacional* (arts. 96 a 218). São Paulo: Saraiva, 1998, v. 2.

______. A contribuição de melhoria no sistema constitucional brasileiro. *Repertório IOB de Jurisprudência*, n. 13/94.

______. Imunidade tributária dos correios e telégrafos. *Revista Jurídica*, 288/32, 38.

______. Os empréstimos compulsórios e as contribuições especiais. *In:* MARTINS, Ives Gandra da Silva (Coord.). *Curso de direito tributário*. 5. ed. Belém: Cejup, 1997. v. 2.

______. *Sistema tributário na Constituição de 1988.* São Paulo: Saraiva, 1990.

______. *Sistema tributário na Constituição de 1988.* 4. ed. São Paulo: Saraiva, 1992.

______. Taxa e preço público. *Caderno de Pesquisas Tributárias*, n. 10.

______. *Teoria da imposição tributária*. São Paulo: Saraiva, 1983.

______. As contribuições especiais numa divisão quinquipartida dos tributos. *In:* ______. (Coord.). *Comentários ao Código Tributário Nacional.* São Paulo, Bushatsky, 1977, v. 3.

MARTINS, Ives Gandra da Silva; RODRIGUES, Marilene Talarico Martins. Aspectos relevantes do ISS. *Revista Dialética de Direito Tributário,* São Paulo, v. 182, nov. 2010.

MARTINS, Ricardo Lacaz. *Tributação das heranças e doação.* Dissertação (Mestrado) – Faculdade de Direito da Universidade de São Paulo – FADUSP, São Paulo, 1998.

MARTINS, Sergio Pinto. Manual de direito tributário. 3. ed. São Paulo: Atlas, 2004.

MAXIMILIANO, Carlos. *Hermenêutica e aplicação do direito.* 18. ed. Rio de Janeiro: Forense, 1999.

MAZZUOLI, Valerio de Oliveira. 2008. Tese (Doutorado) – Universidade Federal do Rio Grande do Sul – Faculdade de Direito, Porto Alegre, 2008.

______. A opção do judiciário brasileiro em face dos conflitos entre tratados internacionais e leis internas. *Revista Meio Jurídico,* ano IV, n. 41, jan. 2001, pp. 36-41.

______. *Curso de direito internacional público.* 3. ed. rev., atual. e ampl. São Paulo: RT, 2009.

______. O novo 3º do art. 5º da Constituição e sua eficácia. *Revista Forense*, v. 378, ano 101, Rio de Janeiro, mar./abr. 2005.

MEIRELLES, Hely Lopes. *Direito administrativo brasileiro*. 5. ed. São Paulo: RT, 1990.

______. *Direito administrativo brasileiro.* 27. ed. São Paulo: Malheiros, 2002.

______. *Direito municipal brasileiro.* 8. ed. São Paulo: Malheiros, 1996.

______. *Direito municipal brasileiro*. 10. ed. São Paulo: Malheiros, 1998.

______. Mandado de segurança e ação popular. 10. ed. São Paulo: RT,

MELLO, Celso Antônio Bandeira de. Taxa de Serviço (parecer). *Revista de Direito Tributário*, n. 9-10, 1979.

______. *Curso de direito administrativo*. 7. ed. São Paulo: Malheiros, 1995.

______. *Curso de direito administrativo*. 13. ed., rev., ampl. e atual. São Paulo: Malheiros, 2000.

______. Perfil constitucional das medidas provisórias. *Revista de Direito Público*, São Paulo: RT, n. 95, jul./set. 1991.

MELLO, Oswaldo Aranha Bandeira de. *Princípios gerais de direito administrativo*. 2. ed. Rio de Janeiro: Forense, 1979. v. 1.

MELO, José Eduardo Soares de. Capacidade contributiva. *Caderno de Pesquisas Tributárias*. São Paulo: Resenha Tributária, v. 14, 1989.

______. *Contribuições sociais no sistema tributário*. São Paulo: Malheiros, 1993.

______. *Curso de direito tributário*. 6. ed. São Paulo: Dialética, 2005.

______. *Curso de direito tributário*. 8. ed. São Paulo: Dialética, 2008.

______. *ICMS:* teoria e prática. 10. ed. São Paulo: Dialética, 2008.

______. *Processo tributário administrativo federal, estadual e municipal*. São Paulo: Quartier Latin, 2006.

MONTESQUIEU. *Do espírito das leis*. São Paulo: Martin Claret, 2002.

MORAES, Alexandre de. *Direito constitucional*. 19. ed. São Paulo: Atlas, 2006.

______. *Direito constitucional*. 20. ed. São Paulo: Atlas, 2006.

MORAES, Bernardo Ribeiro de. *A taxa no sistema tributário brasileiro*. São Paulo: RT, 1968.

______. *Compêndio de direito tributário*. 3. ed. Rio de Janeiro: Forense, 1995. v. 1 e 2.

______. *Compêndio de direito tributário*. 4. ed. Rio de Janeiro: Forense, 1999. v. 1.

______. *Doutrina e prática das taxas*. São Paulo: RT, 1976.

______. *Doutrina e prática de imposto de indústrias e profissões*. São Paulo: Max Limonad, 1964.

______. *Doutrina e prática do Imposto sobre Serviços*. São Paulo: Revista dos Tribunais, 1975.

MOREIRA, João Baptista. Contribuição de melhoria. *In:* Novelli, Flávio Bauer (Coord.). *Tratado de direito tributário*. Rio de Janeiro: Forense, 1981, v. 8.

NABAIS, José Casalta. *O dever fundamental de pagar impostos*. Coimbra: Almedina, 1998.

NEGRÃO, Theotonio. *Código de Processo Civil e legislação processual em vigor*. 9. ed. São Paulo: RT.

NERY JR., Nelson. *Código de Processo Civil comentado*. 9. ed. São Paulo: RT.

______. *Princípios do processo civil na Constituição Federal*. 4. ed. São Paulo: RT, 1997.

NEVES, José Carlos de Souza Costa. Decadência e Prescrição. *In:* martins, Ives Gandra da Silva (Coord.). *Curso de direito tributário*. São Paulo: Saraiva, 2001.

NIEBUHR, Joel de Menezes. *O novo regime constitucional da medida provisória*. São Paulo: Dialética, 2001.

NOBRE JÚNIOR, Edílson Pereira. *Princípio constitucional da capacidade contributiva*. Porto Alegre: Sérgio Antônio Fabris, 2001.

NOGUEIRA, Ruy Barbosa. *Curso de direito tributário.* 14. ed. São Paulo: Saraiva, 1995.

______. *Direito tributário*: estudo de casos e problemas. São Paulo: Bushatsky, 1973 (5ª coletânea).

NOUR, Ricardo Abdul. *Comentários ao Código Tributário Nacional.* São Paulo: Saraiva, 1988.

OLIVEIRA, José Jayme de Macêdo. *Código Tributário Nacional*: comentários, doutrina e jurisprudência. São Paulo: Saraiva, 1998.

OLIVEIRA, José Marcos Domingues de. Contribuição provisória sobre movimentação financeira – Capacidade contributiva e outros questionamentos. *In:* Rocha, Valdir de Oliveira (Coord.). *Contribuições sociais:* problemas jurídicos (Cofins, PIS, CSLL e CPMF). São Paulo: Dialética, 1999.

______. *Capacidade contributiva:* conteúdo e eficácia do princípio. 2. ed. Rio de Janeiro: Renovar, 1998.

OLIVEIRA, Ricardo Mariz de. Elisão e evasão fiscal. *Cadernos de Pesquisas Tributárias,* Resenha Tributária/CEUU, n. 13, 1988.

______. *Fundamentos do Imposto de Renda.* São Paulo: Quarter Latin, 2008.

PAIVA, Ormezindo Ribeiro de. *Imunidade tributária.* São Paulo: Resenha Tributária, 1981.

PAULSEN, Leandro. *Contribuições* – Custeio da Seguridade Social. Porto Alegre: Livraria do Advogado Editora, 2007.

______. *Direito tributário:* Constituição e Código Tributário Nacional à luz da doutrina e da jurisprudência. 9. ed. Porto Alegre: Livraria do Advogado, 2007.

______. *Direito tributário:* Constituição e código tributário nacional à luz da doutrina e da jurisprudência. 15. ed. Porto Alegre: Livraria do Advogado, 2013.

_____. Curso de direito tributário. 9. ed. São Paulo: Saraiva, 2018.

______; MELO, José Eduardo Soares de. *Impostos federais, estaduais e municipais.* 6. ed. rev. e atual. Porto Alegre: Livraria do Advogado, 2011.

PAZELLO, Fernanda Ramos. *Desonerações tributárias das operações de exportação:* a imunidade das contribuições sociais e a isenção do ISS. Dissertação de Mestrado em Direito do Estado. São Paulo: PUC, 2008 (Orientador: Estevão Horvath).

PEREZ, Fernando Augusto Monteiro. Extensão e alcance da imunidade dos templos de qualquer culto. *RTJE,* v. 178, set./out. 2000.

PIMENTEL, Wellington Moreira. *Comentários ao Código de Processo Civil.* São Paulo: RT, v. 8.

PIRES, Adilson Rodrigues. *Manual de direito tributário.* 7. ed. Rio de Janeiro: Forense, 1994.

PIZOLIO, Reinaldo; PEIXOTO, Marcelo Magalhães; LACOMBE, Rodrigo Santos Masset (Coord.). *Comentários ao Código Tributário Nacional.* São Paulo: MP Editora, 2005.

PONTES, Helenilson Cunha. *O princípio da proporcionalidade e o direito tributário.* São Paulo: Dialética, 2000.

______. *Princípio da proporcionalidade no direito tributário.* 2000. Tese (Doutorado) – Faculdade de Direito da Universidade de São Paulo, São Paulo.

PONTES DE MIRANDA, Francisco Cavalcanti. *Comentários à Constituição de 1967.* São Paulo: RT, 1967 (T. V).

_____. *Comentários à Constituição de 1967*: com a Emenda n. 1, de 1969, São Paulo: RT, 1969 (T. I).

______. *Comentários à Constituição de 1967 com a Emenda 1/69*. 2. ed. São Paulo: RT, 1970 (T. II).

______. *Comentários à Constituição de 1967*. 3. ed. Rio de Janeiro: Forense, 1987 (T. II).

______. *Tratado de direito privado*. 3. ed., 2. reimpr. São Paulo: RT, 1984.

QUEIROZ, Luís César Souza de. *Sujeição passiva tributária*. 2. ed. Rio de Janeiro: Forense, 2002.

RANQUETAT JÚNIOR, César Alberto. Laicidade, laicismo e secularização: definindo e esclarecendo conceitos. Revista Sociais e Humanas, Universidade Federal de Santa Maria, Centro de Ciências Sociais e Humanas, Rio Grande do Sul, v. 21, pp. 1-14, 2008.

RAU DE SOUZA, Maria Helena; FREITAS, Vladimir Passos de (Coord.). *Código Tributário Nacional comentado*. 4. ed. São Paulo: RT, 2007.

RAWLS, John. *Uma teoria da justiça*. Tradução de Almiro Pisetta e Lenita Esteves. São Paulo: Martins Fontes, 1997.

REALE, Miguel. Contribuições sociais. *In: Aplicações da Constituição de 1988*. Rio de Janeiro: Forense, 1990.

REZEK, José Francisco. *Direito internacional público:* curso elementar. 6. ed. São Paulo: Saraiva, 1996.

RIBEIRO, Maria de Fátima. Considerações sobre a prevalência dos tratados internacionais sobre a legislação tributária brasileira: o caso do Mercosul. *Scientia Juris*, Londrina, v. I, 1997.

RIOS, Roger Raupp. Direito econômico e direito administrativo: duplo enfoque sobre as razões e limites da exigência de certidões. *Revista da Associação dos Juízes Federais do Brasil*, ano 14, n. 49, mar./abr. 1996.

ROCHA FILHO, J. Virgílio Castelo Branco. *Execução fiscal, doutrina e jurisprudência*. 2. ed. Curitiba: Juruá, 2003.

ROCHA, Valdir de Oliveira. Contribuição de melhoria na Constituição de 1988. *Repertório IOB de Jurisprudência*, n. 19/93.

______. *Determinação do montante do tributo*. 2. ed. São Paulo: Dialética, 1995.

______. *In:* MARTINS, Ives Gandra da Silva (Coord.). *Comentários ao Código Tributário Nacional*. São Paulo: Saraiva, 1998. v. 2.

RODRIGUES, Walter Piva. *Substituição tributária*. São Paulo: Quartier Latin, 2004.

ROSA JUNIOR, Luiz Emygdio Franco da. *Novo manual de direito financeiro e direito tributário à luz da nova Constituição*. 6. ed. Rio de Janeiro: Renovar.

______. *Manual de direito financeiro e direito tributário*. 12. ed. Rio de Janeiro: Renovar, 1998.

______. *Manual de direito financeiro e tributário*. 17. ed. Rio de Janeiro: Renovar, 2003.

SABBAG, Eduardo de Moraes. *Imunidade tributária recíproca e os impostos indiretos*: uma interpretação conforme o Estado federal. São Paulo: RT, 2013.

SAINZ DE BUJANDA, Fernando. *Hacienda y derecho*. Madri: Instituto de Estudios Políticos, 1963. v. 34.

SAKAKIHARA, Zuudi; FREITAS, Vladimir Passos de (Coord.). *Código Tributário Nacional comentado*. 4. ed. São Paulo: RT, 2007.

SANTI, Eurico Marcos Diniz de. Decadência e prescrição no direito tributário – aspectos teóricos, práticos e análise das decisões do STJ. *Revista Dialética de Direito Tributário*, São Paulo n. 62, nov. 2002.

______. *Decadência e prescrição no direito tributário*. 3. ed. São Paulo: Max Limonad, 2004.

SARAIVA FILHO, Oswaldo Othon de Pontes. A imunidade religiosa. *RDDT*, n. 4, ROCHA, Valdir de Oliveira (Coord.), jan. 1996.

SARMENTO, Daniel. O crucifixo nos tribunais e a laicidade do Estado. *In:* LOREA, Roberto Arriada (Org.). *Em defesa das liberdades laicas*. Porto Alegre: Livraria do Advogado, 2008.

SCAFF, Fernando Facury. O estatuto mínimo do contribuinte. *In:* MARTINS, Ives Gandra da Silva (Coord.). *Revista Pesquisas Tributárias* (Nova Série 6). São Paulo: RT, 2000.

SCHIER, Paulo Ricardo. *Direito constitucional:* anotações nucleares. Curitiba: Juruá, 2002.

SCHOUERI, Luís Eduardo. *Direito tributário*. 2. ed. São Paulo: Saraiva, 2012.

______. Contribuição ao estudo do regime jurídico das normas tributárias indutoras como instrumento de intervenção sobre o domínio econômico. Tese de Titularidade. Faculdade de Direito da USP, São Paulo, 2002.

SICCA, Gerson dos Santos. Isonomia tributária e capacidade contributiva no Estado contemporâneo. *Revista de Informação Legislativa*, Brasília, ano 41, n. 164, out./dez. 2004.

SILVA NETO, José Francisco da. *Apontamentos de direito tributário*. 2. ed. Rio de Janeiro: Forense, 2004.

SILVA, De Plácido e. *Vocabulário jurídico*. 27. ed. Rio de Janeiro: Forense, 2006.

SILVA, Edgard Neves da. *In:* MARTINS, Ives Gandra da Silva (Coord.). *Curso de direito tributário*. 7. ed. São Paulo: Saraiva, 2000.

SILVEIRA, Rodrigo Maitto da. *In:* PEIXOTO, Marcelo Magalhães; LACOMBE, Rodrigo Santos Masset (Coord.). *Comentários ao Código Tributário Nacional*. São Paulo: MP Editora, 2005.

SOUZA, Luiz Sergio Fernandes de. Sentença. Imunidade tributária. Templos de qualquer natureza... *Cadernos Jurídicos da Escola Paulista da Magistratura*, São Paulo, v. 3, n. 7, jan./fev. 2002.

SOUSA, Rubens Gomes de. *Compêndio de legislação tributária*. 2. ed. Rio de Janeiro: Edições Financeiras, 1954.

______. *Comentários à Constituição de 1946*. 3. ed. Rio de Janeiro, 1960. v. II.

______. *Compêndio de legislação tributária*. Rio de Janeiro: Financeiras S.A., s/d.

______. *Compêndio de legislação tributária*. São Paulo: Resenha Tributária, 1975 (Edição Póstuma).

______ et al. *Comentários ao Código Tributário Nacional*. São Paulo: RT, 1975.

SPAGNOL, Werther Botelho. *Da tributação e sua destinação*. Belo Horizonte: Del Rey, 1994.

SZKLAROWSKY, Leon Frejda. O Congresso Nacional e a produção de normas tributária. *In:* CAMPOS, Dejalma de (Coord.). *O sistema tributário na revisão constitucional*. São Paulo: Atlas, 1993.

TEMER, Michel. *Elementos de direito constitucional*. 16. ed. São Paulo: Malheiros, 2000.

TIPKE, Klaus. Sobre a unidade da ordem jurídica tributária. *In:* SHOUERI, Luís Eduardo; ZILVETI, Fernando Aurélio. *Direito tributário*: estudos em homenagem a Brandão Machado. São Paulo: Dialética, 1998.

TIPKE, Klaus; YAMASHITA, Douglas. *Justiça fiscal e princípio da capacidade contributiva*. São Paulo: Malheiros, 2002.

TÔRRES, Heleno Taveira (Org.). *ISS na Lei Complementar n. 116/2003 e na Constituição*. Série Barão de Ramalho. Col. Dir. Tributário. v. 2/IASP. Barueri: Manole, 2004.

TORRES, Ricardo Lobo. *Curso de direito financeiro e tributário*. 12. ed. Rio de Janeiro: Renovar, 2005.

______. *Normas de interpretação e integração do direito tributário*. 3. ed. Rio de Janeiro/São Paulo: Renovar, 2000.

______. O princípio da tipicidade no direito tributário. Rio de Janeiro: *Revista de Direito Administrativo*, 2004.

______. *Tratado de direito constitucional, financeiro e tributário* – os direitos humanos e a tributação: imunidades e isonomia. Rio de Janeiro: Renovar, 2005. v. III.

UCKMAR, Victor. *Princípios comuns de direito constitucional tributário*. Tradução de Marco Aurélio Greco. São Paulo: RT, 1976.

______. *Princípios comuns de direito constitucional tributário*. Tradução e notas de Marco Aurélio Greco. 2. ed. São Paulo: Malheiros, 1999.

VALÉRIO, Walter Palder. *Programa de direito tributário. Parte geral*. Porto Alegre: Sulina, 1970.

VELLOSO, Carlos Mário da Silva. O princípio da irretroatividade da lei tributária. *RTDP* n. 15:13/23, São Paulo, 1996.

VIEIRA, José Roberto. Legalidade tributária e medida provisória: mel e veneno. *In:* Fischer, Octávio Campos (Coord.). *Tributos e direitos fundamentais*. São Paulo: Dialética, 2004.

VILLEGAS, Héctor. *Curso de direito tributário*. Tradução de Roque Antonio Carrazza. São Paulo: RT, 1980.

WAMBIER, Luiz Rodrigues; ALMEIDA, Flávio Renato Correia de; TALAMINI, Eduardo. *Curso avançado de processo civil*. 7. ed. São Paulo: RT, 2005. v. 1.

XAVIER, Alberto. *Do lançamento. Teoria geral do ato, do procedimento e do processo tributário*. 2. ed. Rio de Janeiro: Forense, 1998.

______. *Os princípios da legalidade e da tipicidade da tributação*. São Paulo: RT, 1978.

______. *Prazos de decadência:* âmbito de aplicação dos arts. 150, § 4º, e 173, I, do CTN. *RTFP* n. 55/105, abr. 2004.

______. *Direito tributário e empresarial:* pareceres. Rio de Janeiro: Forense, 1982.

APÊNDICE

LINHA DO TEMPO

A Linha do Tempo foi concebida pelo Autor no intuito de sistematizar a assimilação da relação jurídico-tributária. Permite uma visão ampla, conjunta e didática do Direito Tributário em movimento, clarificando os momentos cruciais da relação tributacional, traduzidos em uma ordem cronológica, facilmente digerível ao leitor.

Relação jurídico-tributária – "Linha do Tempo"

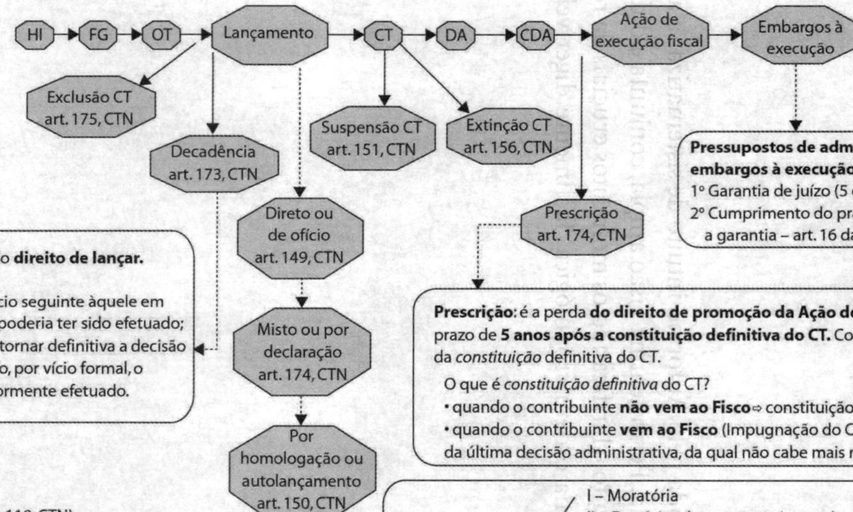

Pressupostos de admissibilidade dos embargos à execução (art. 16 da Lei n. 6.830/80)
1º Garantia de juízo (5 dias) – art. 9º, LEF;
2º Cumprimento do prazo de 30 dias, após a garantia – art. 16 da LEF.

Decadência: é a perda do **direito de lançar.**
Ocorre em 5 anos...
- do 1º dia do exercício seguinte àquele em que o lançamento poderia ter sido efetuado;
- da data em que se tornar definitiva a decisão que houver anulado, por vício formal, o lançamento anteriormente efetuado.

Prescrição: é a perda **do direito de promoção da Ação de Execução Fiscal**, no prazo de **5 anos após a constituição definitiva do CT.** Conta-se, pois, a partir da data da *constituição* definitiva do CT.

O que é *constituição definitiva* do CT?
- quando o contribuinte **não vem ao Fisco** ⇨ constituição definitiva do CT = Lançamento.
- quando o contribuinte **vem ao Fisco** (Impugnação do CT) = 'Trânsito em julgado' da última decisão administrativa, da qual não cabe mais recurso.

HI: Hipótese de incidência

FG: Fato gerador (arts. 114 a 118, CTN)

OT: Obrigação tributária, pode ser:
- Principal (pecúnia);
- Acessória (fazer, não fazer e tolerar).

Lançamento:
- Constitui o crédito tributário (art. 142, CTN);
- Ato documental de cobrança;
- Ato privativo da autoridade de administrativa (vinculado e obrigatório).

CT: Crédito tributário (art. 139, CTN)

DA: Dívida ativa – arts. 201 e 202, CTN (**inscrição** = transforma o CT em DA)

CDA: Certidão dívida ativa
- **Título executivo extrajudicial** – art. 202, parágrafo único, CTN

Ação de execução fiscal e embargos à execução fiscal (Lei n. 6.830/80)

Suspensão do CT art. 151, CTN **"moderecopa" (palavra mnemônica)**
- I – Moratória
- II – Depósito do montante integral
- III – Reclamações e recursos em processo tributário administrativo
- IV – Concessão de medida liminar em mandado de segurança
- V – Concessão tutela antecipada em outras ações (LC n. 104/2001)
- VI – Parcelamento (LC n. 104/2001)

Extinção do CT art. 156, CTN rol taxativo
- I – Pagamento (art. 157)
- *II – Compensação (art. 170)
- *III – Transação (art. 171)
- *IV – Remissão (art. 172) (remitir = perdoar) ⇨ (para tributo e multa lançados)
- V – Conversão do depósito em renda
- VI – Pagto antecipado **E** homologação do lançamento (art. 150, §§ 1º e 4º, CTN)
- VII – Consignação em pagamento (art. 164)
- VIII – Decisão administrativa irrSeformável
- IX – Decisão judicial transitada em julgado
- *X – Dação em pagto (bens imóveis) – (LC n. 104/2001)

***Modalidades indiretas de extinção do CT**

Exclusão do CT
- I – Isenção – arts. 176 a 179 (antes do lançamento e após a OT) – para tributo não lançado.
- II – Anistia – arts. 180 a 182 (antes do lançamento e após a OT) – para multa não lançada.